TOTAL ARRANGEMENT OF
CRIMINAL PROCEDURE RULES

刑事诉讼法规范总整理

第五版

刘志伟 编

北京大学出版社
PEKING UNIVERSITY PRESS

图书在版编目(CIP)数据

刑事诉讼法规范总整理／刘志伟编． —5 版． —北京：北京大学出版社，2023.6
ISBN 978-7-301-34017-2

Ⅰ.①刑… Ⅱ.①刘… Ⅲ.①刑事诉讼法—法律解释—中国 Ⅳ.①D925.205

中国国家版本馆 CIP 数据核字(2023)第 098026 号

书　　　名	刑事诉讼法规范总整理（第五版）
	XINGSHI SUSONGFA GUIFAN ZONG ZHENGLI(DI-WU BAN)
著作责任者	刘志伟　编
责 任 编 辑	陈　康
标 准 书 号	ISBN 978-7-301-34017-2
出 版 发 行	北京大学出版社
地　　　址	北京市海淀区成府路 205 号　100871
网　　　址	http://www.pup.cn　http://www.yandayuanzhao.com
电 子 信 箱	yandayuanzhao@163.com
新 浪 微 博	@北京大学出版社　@北大出版社燕大元照法律图书
电　　　话	邮购部 010-62752015　发行部 010-62750672
	编辑部 010-62117788
印 　刷　 者	南京爱德印刷有限公司
经 　销　 者	新华书店
	880 毫米×1230 毫米　A5　36.75 印张　1562 千字
	2008 年 1 月第 1 版　2012 年 4 月第 2 版
	2013 年 7 月第 3 版　2019 年 3 月第 4 版
	2023 年 6 月第 5 版　2023 年 6 月第 1 次印刷
定　　　价	168.00 元

未经许可，不得以任何方式复制或抄袭本书之部分或全部内容。
版权所有，侵权必究
举报电话：010-62752024　电子信箱：fd@pup.pku.edu.cn
图书如有印装质量问题，请与出版部联系，电话：010-62756370

编写说明

《刑事诉讼法规范总整理》一书自2008年1月出版以来，因编辑方法实用、新颖，查询方法简单、快捷，内容全面、准确，法典与司法解释等规范性文件各自独立、完整而又有合理的链接，受到广大读者的广泛认可与好评，因而得以修订再版。

本次修订，增加了自2019年3月1日以来发布的司法解释等规范性文件，删去了若干已经废止的司法解释等规范性文件。同时，继续保持前四版的如下编写宗旨：

第一，在保持《刑事诉讼法》与相关规范性文件的独立性与完整性的前提下，实现具体条文与各规范性文件的具体规定之间的快速链接，方便读者快捷而集中地查找刑事诉讼法律规范。本书将所有刑事诉讼法律规范分为《刑事诉讼法》、单行法律法规、司法解释及其他规范性文件三大部分，对《刑事诉讼法》之外的各个部分的刑事诉讼法律规范按照《刑事诉讼法》条文的先后顺序进行排列，然后以文内脚注的形式，将所有与《刑事诉讼法》条文有关的法律、法规、司法解释及其他规范性文件的实施时间(发布时间)、发布机关、名称、具体规定的条款序号及其内容在本书中的页码标示出来。这样就在《刑事诉讼法》条文与其相关的法律、法规、司法解释之间实现了链接，以便读者能够快捷地从《刑事诉讼法》条文查阅到与之相关的法律法规、司法解释及其他规范性文件所包含的全部刑事诉讼法律规范。

第二，全面、准确地收录了自中华人民共和国成立以来至2023年5月1日颁行且目前有效的与刑事诉讼有关的法律、司法解释、通知、会议纪要、电话答复等各类规范性文件436件和21件指导案例，使读者一书在手，尽览所有刑事诉讼法律规范，既便于对刑事诉讼法律规范的适用，又方便学术研究与今后立法、司法的修改完善。为了保证本书收录的刑事诉讼法律规范全面、准确，笔者广泛收集并仔细核查了《全国人民代表大会常务委员会公报》《最高人民法院公报》《最高人民检察院公报》以及数十部刑事诉讼法律规范汇编文集；删去了已经废止或内容已被新的《刑事诉讼法》、新的司法解释明确规定或取代的旧的司法解释和规范性文件；同一个规范性文件中既有刑法规定又有刑事诉讼法规定的，删去了刑法规定。因此，可以说本书是截至目前收录中华人民共和国成立以来发布且目前仍在适用的刑事诉讼法律规范比较全面和准确的工具书。

本书为刑事司法实务工作者快速查询、综合理解和正确运用刑事诉讼法律规范提供了便捷的途径,也为刑事法学教学与科研人员和广大刑事法学专业的博士、硕士研究生分析、研究、比较中国刑事诉讼法提供了有价值的立法及司法资料。对于众多法律专业的本科生和参加国家统一法律职业资格考试的考生来说,本书也是一部不可多得的刑事诉讼法工具书。

对《刑事诉讼法规范总整理》一书的修订,虽然我们尽心竭力,但仍不免会有疏漏和不足,真诚希望读者诸君不吝提出宝贵意见和建议并发至邮箱 liuzhiwei@bnu.edu.cn 或者发微信至 liuzhiweijs(微信号),以便我们今后修订本书时予以完善。为了及时传送最新发布的刑事诉讼立法、司法解释以及有关刑事诉讼法规范整理、刑事诉讼法理论和实务问题研究等信息,编者特开设"刑事诉讼法规范总整理"微信公众号(xsssfgfzzl),敬请大家关注!

最后,感谢北京大学出版社副总编辑蒋浩先生和编辑陆建华先生、陈康女士的鼎力支持和帮助,使得本书及时和读者见面。

刘志伟

2023 年 5 月

于北京师范大学刑事法律科学研究院

简 目

第一部分　中华人民共和国刑事诉讼法 ································ 1
第二部分　单行法律、法规 ·· 76
第三部分　司法解释及其他规范性文件 ······························ 114
　一、综合 ·· 114
　二、总则 ·· 459
　三、立案、侦查和提起公诉 ·· 701
　四、审判 ·· 884
　五、执行 ·· 1004
　六、特别程序 ··· 1087

详　目

第一部分　中华人民共和国刑事诉讼法 ··················· 1
第一编　总则 ·· 1
  第一章　任务和基本原则 ································ 1
    第一条　立法目的与根据 ······························· 1
    第二条　刑事诉讼法的任务 ···························· 1
    第三条　职权原则 ·· 1
           严格遵守法定程序原则 ···························· 1
    第四条　国家安全机关的职权 ························· 1
    第五条　人民法院、人民检察院依法独立行使职权原则 ··· 2
    第六条　依靠群众原则 ·································· 2
           以事实为根据,以法律为准绳原则 ················ 2
           公民在适用法律上一律平等原则 ·················· 2
    第七条　分工负责、互相配合、互相制约原则 ······· 2
    第八条　法律监督原则 ·································· 2
    第九条　用本民族语言、文字进行诉讼原则 ········· 2
    第十条　两审终审制 ····································· 2
    第十一条　审判公开原则 ······························· 2
            有权获得辩护原则 ································· 2
    第十二条　法院定罪原则 ······························· 2
    第十三条　人民陪审员制度 ···························· 2
    第十四条　保障诉讼参与人诉讼权利原则 ··········· 2
    第十五条　认罪认罚从宽制度 ························· 2
    第十六条　具有法定情形不予追究刑事责任原则 ··· 2
    第十七条　追究外国人刑事责任适用我国刑事诉讼法原则 ··· 3
    第十八条　刑事司法协助原则 ························· 3

第二章　管辖

- 第十九条　职能管辖 ··· 3
- 第二十条　基层人民法院管辖 ··· 4
- 第二十一条　中级人民法院管辖 ··· 4
- 第二十二条　高级人民法院管辖 ··· 4
- 第二十三条　最高人民法院管辖 ··· 4
- 第二十四条　级别管辖的变通 ··· 5
- 第二十五条　地域管辖 ··· 5
- 第二十六条　优先、移送管辖 ··· 6
- 第二十七条　指定管辖 ··· 6
- 第二十八条　专门管辖 ··· 6

第三章　回避

- 第二十九条　回避的对象、方式与事由 ··································· 6
- 第三十条　办案人员行为之禁止 ··· 7
- 第三十一条　回避的决定主体 ··· 7
  - 回避决定的效力 ··· 7
  - 回避决定的复议 ··· 7
- 第三十二条　其他人员的回避 ··· 7

第四章　辩护与代理

- 第三十三条　辩护人的范围 ··· 7
  - 禁止担任辩护人的范围 ··· 7
- 第三十四条　委托辩护人的时间 ··· 8
  - 办案机关的告知义务 ··· 8
  - 代为委托辩护人 ··· 8
  - 辩护人的告知义务 ··· 8
- 第三十五条　法律援助辩护 ··· 8
- 第三十六条　值班律师制度 ··· 9
- 第三十七条　辩护人的责任 ··· 9
- 第三十八条　侦查阶段辩护人的权利 ······································· 9
- 第三十九条　辩护人的会见权与通信权 ··································· 9
- 第四十条　辩护人的阅卷权 ··· 10
- 第四十一条　辩护人申请调取证据权 ······································· 10
- 第四十二条　无罪证据的及时告知义务 ··································· 10
- 第四十三条　辩护律师的调查取证权 ······································· 10
- 第四十四条　辩护人的义务 ··· 10
- 第四十五条　被告人拒绝辩护 ··· 11

第四十六条　委托诉讼代理人的时间 …………………………… 11
　　第四十七条　诉讼代理人的范围 ………………………………… 11
　　第四十八条　辩护律师的保密权及其例外 ……………………… 11
　　第四十九条　辩护人的申诉、控告 ……………………………… 11

第五章　证据 ……………………………………………………… 11
　　第五十条　证据的概念与种类 …………………………………… 11
　　第五十一条　举证责任 …………………………………………… 12
　　第五十二条　证据收集的一般原则 ……………………………… 12
　　第五十三条　运用证据的原则 …………………………………… 13
　　第五十四条　证据的收集与使用 ………………………………… 13
　　　　　　　　行政证据的使用 …………………………………… 13
　　第五十五条　重证据、重调查研究、不轻信口供原则 ………… 13
　　　　　　　　证据确实、充分的条件 …………………………… 13
　　第五十六条　非法言词证据与非法实物证据的排除 …………… 13
　　第五十七条　非法收集证据行为的调查核实与处理 …………… 14
　　第五十八条　证据收集合法性的调查 …………………………… 14
　　第五十九条　证据收集合法性的证明 …………………………… 14
　　第六十条　非法证据的排除 ……………………………………… 14
　　第六十一条　证言的审查判断 …………………………………… 15
　　第六十二条　证人的资格与义务 ………………………………… 15
　　第六十三条　证人及其近亲属的保护 …………………………… 15
　　第六十四条　证人、鉴定人、被害人的特殊保护 ……………… 15
　　第六十五条　证人作证的保障 …………………………………… 15

第六章　强制措施 ………………………………………………… 16
　　第六十六条　拘传、取保候审、监视居住的概括规定 ………… 16
　　第六十七条　取保候审的适用情形与执行 ……………………… 16
　　第六十八条　取保候审的方式 …………………………………… 17
　　第六十九条　保证人的条件 ……………………………………… 17
　　第七十条　保证人的义务及违反义务的法律后果 ……………… 17
　　第七十一条　被取保候审人的义务及违反义务的法律后果 …… 17
　　第七十二条　保证金数额的确定及缴纳 ………………………… 18
　　第七十三条　保证金退还 ………………………………………… 18
　　第七十四条　监视居住的适用情形与执行机关 ………………… 18
　　第七十五条　监视居住的执行 …………………………………… 19
　　　　　　　　指定监视居住通知家属 …………………………… 19
　　　　　　　　被监视居住人委托辩护人的程序 …………………… 19

　　　　　　　　人民检察院的监督 …………………………………………… 19
　第七十六条　指定居所监视居住的刑期折抵 ………………………… 19
　第七十七条　被监视居住人的义务及违反义务的法律后果 ………… 19
　第七十八条　对被监视居住人的监督与监控 ………………………… 20
　第七十九条　取保候审、监视居住的期限及其解除 ………………… 20
　第八十条　逮捕的批准、决定与执行 ………………………………… 20
　第八十一条　逮捕的条件 ……………………………………………… 20
　第八十二条　拘留的条件 ……………………………………………… 21
　第八十三条　异地拘留、逮捕 ………………………………………… 21
　第八十四条　扭送 ……………………………………………………… 21
　第八十五条　拘留的程序 ……………………………………………… 22
　第八十六条　拘留后的处理 …………………………………………… 22
　第八十七条　提请批准逮捕 …………………………………………… 22
　第八十八条　审查批准逮捕中的讯问 ………………………………… 22
　　　　　　　　审查批准逮捕中的询问与听取意见 ………………… 23
　第八十九条　批捕的决定权 …………………………………………… 23
　第九十条　审查批捕后的决定 ………………………………………… 23
　第九十一条　提请批捕和审查批捕的期限 …………………………… 23
　第九十二条　不批捕的异议 …………………………………………… 23
　第九十三条　逮捕的执行程序 ………………………………………… 24
　第九十四条　逮捕后的处理 …………………………………………… 24
　第九十五条　羁押必要性审查 ………………………………………… 24
　第九十六条　强制措施的撤销和变更 ………………………………… 24
　第九十七条　申请变更强制措施 ……………………………………… 24
　第九十八条　羁押期满后的处理 ……………………………………… 25
　第九十九条　强制措施期限届满的处理 ……………………………… 25
　第一百条　审查批捕中的侦查监督 …………………………………… 25

第七章　附带民事诉讼 …………………………………………………… 25
　第一百零一条　附带民事诉讼的提起 ………………………………… 25
　第一百零二条　财产保全 ……………………………………………… 26
　第一百零三条　附带民事诉讼的调解与裁判 ………………………… 26
　第一百零四条　附带民事诉讼与刑事案件的关系 …………………… 26

第八章　期间、送达 ……………………………………………………… 26
　第一百零五条　期间及其计算 ………………………………………… 26
　第一百零六条　期间恢复 ……………………………………………… 26
　第一百零七条　送达 …………………………………………………… 26

第九章　其他规定 ··· 27
第一百零八条　有关用语的解释 ······················ 27

第二编　立案、侦查和提起公诉 ······················ 27
第一章　立案 ··· 27
第一百零九条　立案的权限 ······························ 27
第一百一十条　立案的材料来源 ······················ 27
　　　　　　　对立案材料的接受和处理 ·········· 27
第一百一十一条　报案、控告、举报的形式及要求 ······ 28
第一百一十二条　对立案材料的审查和处理 ········ 28
　　　　　　　　立案的条件 ····························· 28
第一百一十三条　立案监督 ······························ 29
第一百一十四条　自诉的提起和受理 ················ 29

第二章　侦查 ··· 29
第一百一十五条　侦查的一般要求 ···················· 29
第一百一十六条　预审 ····································· 29
第一百一十七条　申诉、控告 ··························· 29
第一百一十八条　讯问的主体 ··························· 30
第一百一十九条　讯问的时间、地点 ················ 30
　　　　　　　　传唤、拘传的限制性规定 ······· 30
第一百二十条　讯问的程序 ······························ 30
第一百二十一条　讯问聋、哑人的要求 ············· 30
第一百二十二条　讯问笔录的制作 ···················· 30
第一百二十三条　讯问的录音录像 ···················· 31
第一百二十四条　询问证人的地点、方式和要求 ········ 31
　　　　　　　　个别询问原则 ························ 31
第一百二十五条　询问证人时的告知义务 ········· 31
第一百二十六条　询问证人笔录的制作 ············· 31
第一百二十七条　询问被害人 ·························· 31
第一百二十八条　勘验、检查的范围 ················ 31
第一百二十九条　现场保护 ······························ 32
第一百三十条　执行勘验、检查的证明文件 ······ 32
第一百三十一条　尸体解剖 ······························ 32
第一百三十二条　人身检查 ······························ 32
第一百三十三条　勘验、检查笔录的制作 ········· 32
第一百三十四条　复验、复查 ·························· 32

条文	内容	页码
第一百三十五条	侦查实验	32
第一百三十六条	搜查的对象	33
第一百三十七条	协助义务的规定	33
第一百三十八条	搜查证	33
第一百三十九条	搜查的见证人	33
	搜查妇女的身体	33
第一百四十条	搜查笔录的制作	33
第一百四十一条	查封、扣押物证、书证的范围	33
	扣押物证、书证的管理	34
第一百四十二条	扣押清单的制作	34
第一百四十三条	扣押邮件、电报	34
第一百四十四条	查询、冻结财产	34
	禁止重复冻结原则	34
第一百四十五条	对查封、扣押、冻结物的处理	34
第一百四十六条	鉴定的内容	35
	鉴定人的种类	35
第一百四十七条	鉴定的程序	35
	鉴定人的法律责任	35
第一百四十八条	鉴定意见的告知义务	35
	对鉴定意见的异议及其处理	35
第一百四十九条	精神病鉴定的期间规定	36
第一百五十条	技术侦查措施的适用条件	36
第一百五十一条	技术侦查措施的期限	36
第一百五十二条	技术侦查措施的适用	36
第一百五十三条	秘密侦查	36
	控制下交付	37
第一百五十四条	技术侦查措施取得证据的使用	37
第一百五十五条	通缉的条件及程序	37
第一百五十六条	一般侦查羁押期限	37
第一百五十七条	特殊侦查羁押期限	38
第一百五十八条	重大复杂案件的侦查羁押期限的延长	38
第一百五十九条	重刑案件的侦查羁押期限的延长	38
第一百六十条	侦查羁押期限的重新计算	38
	特殊侦查羁押期限的起算	38
第一百六十一条	侦查终结前听取辩护律师意见	38
第一百六十二条	侦查终结	39
第一百六十三条	撤销案件	39

  第一百六十四条 人民检察院自行侦查案件的法律适用 ……… 39
  第一百六十五条 自侦案件中的拘留、逮捕及其执行 ………… 39
  第一百六十六条 自侦案件中拘留后的处理 ……………………… 40
  第一百六十七条 自侦案件中逮捕的期限 …………………………… 40
  第一百六十八条 自侦案件侦查终结 ………………………………… 40

第三章 提起公诉 ……………………………………………………… 40
  第一百六十九条 公诉权 ………………………………………………… 40
  第一百七十条 对监察机关移送起诉案件的审查 ………………… 40
        对监察机关移送案件强制措施的适用 ………… 40
  第一百七十一条 审查起诉的内容 …………………………………… 41
  第一百七十二条 审查起诉的期限 …………………………………… 41
  第一百七十三条 审查起诉的讯问与听取意见 ……………………… 41
  第一百七十四条 自愿认罪认罚的程序 ……………………………… 42
  第一百七十五条 补充侦查 …………………………………………… 42
        补充侦查的时限、次数及审查起诉期限的重新计算 … 42
        存疑不起诉 …………………………………………… 42
  第一百七十六条 提起公诉的条件和程序 ………………………… 42
  第一百七十七条 法定不起诉 ………………………………………… 43
        酌定不起诉 …………………………………………… 43
        不起诉案件的处理 …………………………………… 43
  第一百七十八条 不起诉决定的宣布、送达 ……………………… 44
  第一百七十九条 公安机关对不起诉决定的复议、复核 …………… 44
  第一百八十条 被害人对不起诉决定的异议 ……………………… 44
  第一百八十一条 被不起诉人对不起诉决定的申诉 ………………… 44
  第一百八十二条 特殊案件的撤销、不起诉 ……………………… 44

第三编 审判 ………………………………………………………… 45
第一章 审判组织 ……………………………………………………… 45
  第一百八十三条 合议庭组成 ………………………………………… 45
  第一百八十四条 合议庭评议 ………………………………………… 45
  第一百八十五条 案件提交审判委员会 …………………………… 46

第二章 第一审程序 …………………………………………………… 46
  第一百八十六条 对公诉案件的审查 ……………………………… 46
  第一百八十七条 开庭前的准备 ……………………………………… 46
        庭前会议 ……………………………………………… 46
  第一百八十八条 公开审理、不公开审理 ………………………… 47

第一百八十九条　出庭支持公诉 …………………………………… 47
第一百九十条　开庭 …………………………………………………… 47
第一百九十一条　讯问被告人、向被告人发问 …………………… 47
第一百九十二条　证人、鉴定人出庭作证 ………………………… 48
第一百九十三条　强制出庭作证 …………………………………… 48
　　　　　　　　　拒绝作证的后果 …………………………………… 48
第一百九十四条　调查核实证言、鉴定意见 ……………………… 48
第一百九十五条　调查核实物证、书证 …………………………… 48
第一百九十六条　法庭调查核实证据的方法 ……………………… 49
第一百九十七条　调取新证据 ……………………………………… 49
第一百九十八条　法庭辩论和最后陈述 …………………………… 49
第一百九十九条　违反法庭秩序的处理 …………………………… 49
第二百条　评议、判决 ………………………………………………… 50
第二百零一条　法院对认罪认罚案件量刑建议的处理 …………… 50
第二百零二条　宣告判决 ……………………………………………… 50
第二百零三条　判决书 ………………………………………………… 51
第二百零四条　延期审理 ……………………………………………… 51
第二百零五条　法庭审理中补充侦查的期限 ……………………… 51
第二百零六条　中止审理 ……………………………………………… 51
第二百零七条　法庭笔录 ……………………………………………… 51
第二百零八条　公诉案件的审限 …………………………………… 52
第二百零九条　审判监督 ……………………………………………… 52
第二百一十条　自诉案件范围 ……………………………………… 52
第二百一十一条　自诉案件审查后的处理 ………………………… 52
第二百一十二条　自诉案件的结案方式 …………………………… 53
　　　　　　　　　自诉案件审理的期限 ……………………………… 53
第二百一十三条　反诉 ………………………………………………… 53
第二百一十四条　简易程序的适用范围 …………………………… 53
第二百一十五条　不适用简易程序的情形 ………………………… 53
第二百一十六条　简易程序的审判组织 …………………………… 53
　　　　　　　　　简易程序的检察人员出庭 ……………………… 54
第二百一十七条　简易程序的开庭准备 …………………………… 54
第二百一十八条　简易程序中的法庭辩论 ………………………… 54
第二百一十九条　简易程序的程序简化 …………………………… 54
第二百二十条　简易程序的审限 …………………………………… 54
第二百二十一条　简易程序变更为第一审普通程序 ……………… 54
第二百二十二条　速裁程序适用的条件 …………………………… 54

第二百二十三条　不适用速裁程序的情形 …………………… 54
第二百二十四条　速裁程序的具体适用 ……………………… 55
第二百二十五条　速裁程序案件的审期 ……………………… 55
第二百二十六条　审理中出现不宜适用速裁程序情形的处理 … 55

第三章　第二审程序 …………………………………………… 55
第二百二十七条　上诉的提起 ………………………………… 55
第二百二十八条　抗诉的提起 ………………………………… 55
第二百二十九条　公诉案件被害人请求抗诉 ………………… 56
第二百三十条　上诉、抗诉的期限 …………………………… 56
第二百三十一条　上诉的方式 ………………………………… 56
第二百三十二条　抗诉的方式 ………………………………… 56
第二百三十三条　上诉、抗诉案件的审查 …………………… 56
第二百三十四条　二审审理方式 ……………………………… 57
第二百三十五条　二审检察人员出庭 ………………………… 57
第二百三十六条　二审裁判 …………………………………… 57
第二百三十七条　上诉不加刑及其限制 ……………………… 58
第二百三十八条　一审违反法定程序案件的处理 …………… 58
第二百三十九条　重新审判 …………………………………… 58
第二百四十条　对裁定的二审 ………………………………… 58
第二百四十一条　重新审判的期限 …………………………… 58
第二百四十二条　二审程序 …………………………………… 58
第二百四十三条　二审审限 …………………………………… 59
第二百四十四条　二审效力 …………………………………… 59
第二百四十五条　对查封、扣押、冻结物品的处理 ………… 59

第四章　死刑复核程序 ………………………………………… 60
第二百四十六条　死刑核准权 ………………………………… 60
第二百四十七条　死刑复核程序 ……………………………… 60
第二百四十八条　死缓核准权 ………………………………… 60
第二百四十九条　死刑复核的合议庭组成 …………………… 60
第二百五十条　死刑复核的结果 ……………………………… 60
第二百五十一条　死刑复核的调查 …………………………… 60
　　　　　　　　死刑复核中的检察监督 …………………… 61

第五章　审判监督程序 ………………………………………… 61
第二百五十二条　申诉的提出 ………………………………… 61
第二百五十三条　因申诉而重新审判的情形 ………………… 61
第二百五十四条　提起审判监督程序的主体及理由 ………… 61

第二百五十五条　指令再审 ………………………………… 62
第二百五十六条　重新审判的程序 …………………………… 62
第二百五十七条　再审案件中强制措施的决定 ……………… 62
　　　　　　　　再审可中止原判决、裁定的执行 …………… 63
第二百五十八条　重新审判的期限 …………………………… 63

第四编　执行 …………………………………………………… 63

第二百五十九条　执行的依据 ………………………………… 63
第二百六十条　无罪、免除刑事处罚的执行 ………………… 63
第二百六十一条　死刑令签发及死缓执行 …………………… 63
第二百六十二条　死刑执行及停止 …………………………… 63
第二百六十三条　死刑执行程序 ……………………………… 64
第二百六十四条　死缓、无期徒刑、有期徒刑和拘役判决的执行 … 64
第二百六十五条　监外执行 …………………………………… 65
第二百六十六条　监外执行的程序 …………………………… 65
第二百六十七条　监外执行的监督 …………………………… 66
第二百六十八条　监外执行的终止 …………………………… 66
第二百六十九条　社区矫正 …………………………………… 66
第二百七十条　剥夺政治权利的执行 ………………………… 67
第二百七十一条　罚金的执行 ………………………………… 67
第二百七十二条　没收财产的执行 …………………………… 67
第二百七十三条　对新罪、漏罪的追诉及减刑、假释的提出 … 67
第二百七十四条　对减刑、假释的监督 ……………………… 68
第二百七十五条　刑罚执行中错案、申诉的处理 …………… 68
第二百七十六条　执行的监督 ………………………………… 68

第五编　特别程序 ……………………………………………… 68

第一章　未成年人刑事案件诉讼程序 ………………………… 68

第二百七十七条　办理未成年人刑事案件的方针与原则 …… 68
第二百七十八条　未成年人的法律援助辩护 ………………… 69
第二百七十九条　社会背景调查 ……………………………… 69
第二百八十条　对未成年人羁押措施的适用 ………………… 69
　　　　　　　　分管分押 ……………………………………… 69
第二百八十一条　对未成年人的讯问与审判 ………………… 69
第二百八十二条　附条件不起诉 ……………………………… 70
第二百八十三条　附条件不起诉的监督考察 ………………… 70

第二百八十四条　附条件不起诉的法律后果 …………………………… 70
　　　第二百八十五条　不公开审理原则 …………………………………… 71
　　　第二百八十六条　未成年人犯罪记录的封存与查询 …………………… 71
　　　第二百八十七条　适用其他规定 ……………………………………… 71

第二章　当事人和解的公诉案件诉讼程序 …………………………………… 71
　　　第二百八十八条　刑事和解程序的适用范围 …………………………… 71
　　　第二百八十九条　和解协议的审查与制作 ……………………………… 71
　　　第二百九十条　和解协议的效力 ……………………………………… 72

第三章　缺席审判程序 ……………………………………………………… 72
　　　第二百九十一条　适用缺席审判案件的类型及条件 …………………… 72
　　　　　　　　　　　缺席审判案件的管辖 ……………………………… 72
　　　第二百九十二条　传票、起诉书副本的送达 …………………………… 72
　　　第二百九十三条　辩护权的行使及保障 ……………………………… 72
　　　第二百九十四条　上诉、抗诉 ………………………………………… 72
　　　第二百九十五条　重新审理的条件 …………………………………… 73
　　　第二百九十六条　被告人患有严重疾病时缺席审判的条件 …………… 73
　　　第二百九十七条　被告人死亡情形下缺席审判的适用 ………………… 73

第四章　犯罪嫌疑人、被告人逃匿、死亡案件违法所得的没收程序 ………… 73
　　　第二百九十八条　没收违法所得程序的启动 …………………………… 73
　　　第二百九十九条　没收违法所得的审理程序 …………………………… 74
　　　第三百条　没收违法所得审理的结果 ………………………………… 74
　　　第三百零一条　没收违法所得审理程序的终止 ……………………… 74
　　　　　　　　　　错误没收的返还、赔偿 …………………………… 74

第五章　依法不负刑事责任的精神病人的强制医疗程序 …………………… 74
　　　第三百零二条　强制医疗的对象 ……………………………………… 74
　　　第三百零三条　强制医疗的程序 ……………………………………… 74
　　　第三百零四条　强制医疗的审理 ……………………………………… 75
　　　第三百零五条　强制医疗的审理期限 ………………………………… 75
　　　　　　　　　　不服强制医疗决定的复议 …………………………… 75
　　　第三百零六条　强制医疗的解除 ……………………………………… 75
　　　第三百零七条　强制医疗的检察监督 ………………………………… 75

附则 ………………………………………………………………………… 75
　　　第三百零八条　军队、海上、监狱发生案件的侦查 …………………… 75

第二部分　单行法律、法规 …… 76

《中华人民共和国全国人民代表大会组织法》(节录)(2021.3.11) …… 76

《中华人民共和国全国人民代表大会和地方各级人民代表大会代表法》(节录)(2015.8.29) …… 76

全国人民代表大会常务委员会《关于国家安全机关行使公安机关的侦查、拘留、预审和执行逮捕的职权的决定》(节录)(1983.9.2) …… 77

全国人民代表大会常务委员会《关于对中华人民共和国缔结或者参加的国际条约所规定的罪行行使刑事管辖权的决定》(1987.6.23) …… 77

《中华人民共和国看守所条例》(节录)(1990.3.17) …… 77

全国人民代表大会常务委员会《关于中国人民解放军保卫部门对军队内部发生的刑事案件行使公安机关的侦查、拘留、预审和执行逮捕的职权的决定》(1993.12.29) …… 79

国务院《行政执法机关移送涉嫌犯罪案件的规定》(2020.8.7) …… 79

《中华人民共和国民事诉讼法》(节录)(2021.12.24) …… 82

《中华人民共和国监狱法》(节录)(2012.10.26) …… 83

《中华人民共和国未成年人保护法》(节录)(2020.10.17) …… 85

全国人民代表大会常务委员会《关于〈中华人民共和国刑事诉讼法〉第七十九条第三款的解释》(2014.4.24) …… 86

全国人民代表大会常务委员会《关于〈中华人民共和国刑事诉讼法〉第二百五十四条第五款、第二百五十七条第二款的解释》(2014.4.24) …… 87

全国人民代表大会常务委员会《关于〈中华人民共和国刑事诉讼法〉第二百七十一条第二款的解释》(2014.4.24) …… 87

全国人民代表大会常务委员会《关于司法鉴定管理问题的决定》(2015.4.24) …… 87

《中华人民共和国人民陪审员法》(节录)(2018.4.27) …… 89

《中华人民共和国国际刑事司法协助法》(2018.10.26) …… 91

《中华人民共和国社区矫正法》(2020.7.1) …… 100

《中华人民共和国法律援助法》(节录)(2021.8.20) …… 107

《中华人民共和国监察法实施条例》(节录)(2021.7.20) …… 109

《中华人民共和国反有组织犯罪法》(节录)(2022.5.1) …… 109

全国人民代表大会常务委员会《关于军队战时调整适用〈中华人民共和国刑事诉讼法〉部分规定的决定》(2023.2.24) …… 113

第三部分　司法解释及其他规范性文件 …… 114

一、综合 …… 114

最高人民法院、最高人民检察院、公安部《关于如何处理有同案犯在逃的共同犯罪案件的通知》(1982.4.5) …… 114

最高人民法院、最高人民检察院、公安部、司法部、民政部、总政治部
《关于处理移交政府管理的军队离休干部犯罪案件若干问题的
规定》(1991.10.17) ·············· 114
外交部、最高人民法院、最高人民检察院、公安部、安全部、司法部《关于
处理涉外案件若干问题的规定》(1995.6.20) ·············· 115
最高人民检察院《关于对危害国家安全案件批捕起诉和实行备案制度等
有关事项的通知》(1998.1.12) ·············· 119
海关总署《关于贯彻执行〈关于刑事诉讼法实施中若干问题的规定〉的
通知》(1998.4.15) ·············· 120
中央军委《关于军队执行〈中华人民共和国刑事诉讼法〉若干问题的暂行
规定》(1998.7.21) ·············· 122
最高人民法院、最高人民检察院、公安部、司法部、海关总署《关于走私
犯罪侦查机关办理走私犯罪案件适用刑事诉讼程序若干问题的
通知》(1998.12.3) ·············· 124
最高人民法院、最高人民检察院、公安部《办理骗汇、逃汇犯罪案件联席
会议纪要》(节录)(1999.3.16) ·············· 126
最高人民法院办公厅《关于实施〈法院刑事诉讼文书样式〉若干问题的
解答》(2001.6.15) ·············· 127
最高人民法院、最高人民检察院、海关总署《关于办理走私刑事案件适用
法律若干问题的意见》(2002.7.8) ·············· 136
最高人民法院、最高人民检察院、海关总署、公安部、中国海警局《关于打击
粤港澳海上跨境走私犯罪适用法律若干问题的指导意见》(节录)
(2021.12.14) ·············· 139
最高人民检察院《关于在检察工作中贯彻宽严相济刑事司法政策的若干
意见》(2006.12.28) ·············· 140
最高人民法院、最高人民检察院、公安部、司法部《关于进一步严格依法
办案确保办理死刑案件质量的意见》(节录)(2007.3.9) ·············· 144
最高人民法院、最高人民检察院、公安部、监察部、国家安全生产监督
管理总局《关于严格依法及时办理危害生产安全刑事案件的通知》
(2008.6.6) ·············· 150
最高人民法院、最高人民检察院、公安部《关于公安部证券犯罪侦查局直属分局
办理经济犯罪案件适用刑事诉讼程序若干问题的通知》(2010.1.1) ·············· 152
最高人民法院、最高人民检察院、公安部《办理黑社会性质组织犯罪案件
座谈会纪要》(节录)(2009.12.15) ·············· 153
最高人民法院、最高人民检察院、公安部、司法部《关于办理黑社会性质
组织犯罪若干问题的规定》(2012.9.11) ·············· 154

最高人民法院《全国部分法院审理黑社会性质组织犯罪案件工作座谈会纪要》(节录)(2015.10.13) …… 158

最高人民法院、最高人民检察院、公安部、司法部《关于办理恶势力刑事案件若干问题的意见》(节录)(2019.4.9) …… 160

国家监察委员会、最高人民法院、最高人民检察院、公安部、司法部《关于在扫黑除恶专项斗争中分工负责、互相配合、互相制约严惩公职人员涉黑涉恶违法犯罪问题的通知》(节录)(2019.10.20) …… 160

最高人民法院、最高人民检察院、公安部、司法部《关于办理利用信息网络实施黑恶势力犯罪刑事案件若干问题的意见》(节录)(2019.7.23) … 161

最高人民法院、最高人民检察院、公安部、司法部《关于跨省异地执行刑罚的黑恶势力罪犯坦白检举构成自首立功若干问题的意见》(节录)(2019.10.21) …… 162

最高人民法院、最高人民检察院、公安部、司法部《关于依法惩治拐卖妇女儿童犯罪的意见》(节录)(2010.3.15) …… 164

最高人民法院、最高人民检察院、公安部《关于办理非法集资刑事案件适用法律若干问题的意见》(2014.3.25) …… 165

最高人民法院、最高人民检察院、公安部、国家安全部、工业和信息化部、中国人民银行、中国银行业监督管理委员会《关于办理流动性团伙性跨区域性犯罪案件有关问题的意见》(2011.5.1) …… 167

公安部《关于公安机关办理醉酒驾驶机动车犯罪案件的指导意见》(2011.9.19) …… 168

最高人民法院、最高人民检察院、公安部《关于办理醉酒驾驶机动车刑事案件适用法律若干问题的意见》(节录)(2013.12.18) …… 171

最高人民法院、最高人民检察院、公安部、国家安全部、司法部、全国人大常委会法制工作委员会《关于实施刑事诉讼法若干问题的规定》(2013.1.1) …… 171

公安部《关于进一步加强和改进刑事执法办案工作切实防止发生冤假错案的通知》(节录)(2013.6.5) …… 177

最高人民法院《关于建立健全防范刑事冤假错案工作机制的意见》(2013.10.9) …… 178

最高人民检察院《关于切实履行检察职能防止和纠正冤假错案的若干意见》(节录)(2013.9.9) …… 180

最高人民法院、最高人民检察院、公安部、司法部《关于依法惩治性侵害未成年人犯罪的意见》(2013.10.23) …… 185

最高人民检察院《人民检察院办理网络犯罪案件规定》(2021.1.22) …… 187

最高人民法院、最高人民检察院、公安部《关于办理信息网络犯罪案件适用刑事诉讼程序若干问题的意见》(2022.8.26) …… 196

最高人民法院、最高人民检察院、公安部《关于办理电信网络诈骗等刑事案件适用法律若干问题的意见》(节录)(2016.12.19) …… 200

最高人民法院、最高人民检察院、公安部《关于办理电信网络诈骗等刑事案件适用法律若干问题的意见(二)》(节录)(2021.6.17) …… 201

最高人民法院、最高人民检察院、公安部、国家安全部、司法部《关于推进以审判为中心的刑事诉讼制度改革的意见》(2016.7.20) …… 203

最高人民法院《关于全面推进以审判为中心的刑事诉讼制度改革的实施意见》(2017.2.17) …… 205

最高人民检察院、公安部《关于公安机关办理经济犯罪案件的若干规定》(2018.1.1) …… 209

最高人民法院、最高人民检察院、公安部《关于刑事诉讼中应用电子签名和电子指纹捺印有关问题的意见》(2019.4.1) …… 220

最高人民法院、最高人民检察院、海关总署《打击非设关地成品油走私专题研讨会会议纪要》(节录)(2019.10.25) …… 221

最高人民法院、最高人民检察院、公安部、司法部《关于进一步加强虚假诉讼犯罪惩治工作的意见》(节录)(2021.3.10) …… 222

最高人民法院、最高人民检察院、公安部、国家移民管理局《关于依法惩治妨害国(边)境管理违法犯罪的意见》(节录)(2022.6.29) …… 225

最高人民法院《关于充分发挥环境资源审判职能作用依法惩处盗采矿产资源犯罪的意见》(节录)(2022.7.1) …… 226

最高人民法院、最高人民检察院、公安部、国家文物局《关于办理妨害文物管理等刑事案件若干问题的意见》(节录)(2022.8.16) …… 227

公安部《公安机关反有组织犯罪工作规定》(节录)(2022.8.26) …… 227

最高人民检察院、公安部《关于依法妥善办理轻伤害案件的指导意见》(2022.12.22) …… 232

公安部《公安机关办理刑事案件程序规定》(2020.9.1) …… 235

最高人民法院《人民检察院刑事诉讼规则》(2019.12.30) …… 283

最高人民法院《关于适用〈中华人民共和国刑事诉讼法〉的解释》(2021.3.1) …… 377

二、总则 …… 459

(一) 刑事诉讼法的任务和基本原则 …… 459

最高人民检察院《关于国家安全机关设置的看守所依法接受人民检察院法律监督有关事项的通知》(1997.8.21) …… 459

最高人民检察院《关于新疆生产建设兵团人民检察院对新疆维吾尔自治区高级人民法院生产建设兵团分院审理的案件实施法律监督有关问题的批复》(2006.6.14) …… 460

最高人民法院、最高人民检察院、公安部、国家安全部、司法部《关于适用认罪认罚从宽制度的指导意见》(2019.10.11) ……………… 460

最高人民检察院《人民检察院办理认罪认罚案件监督管理办法》(2020.5.11) ……………………………………………………… 470

最高人民检察院《人民检察院办理认罪认罚案件听取意见同步录音录像规定》(2021.12.2) ………………………………………… 474

最高人民检察院《关于检察机关办理司法协助案件有关问题的通知》(1997.4.23) ………………………………………………… 476

(二) 管辖 ………………………………………………………………… 477

最高人民法院、最高人民检察院、公安部、司法部、铁道部《关于铁路运输法院、检察院办案中有关问题的联合通知》(1982.7.9) …… 477

最高人民法院、最高人民检察院、公安部、总政治部《关于退伍战士在退伍途中违法犯罪案件管辖问题的通知》(1986.3.26) ……… 478

最高人民法院、最高人民检察院、公安部、司法部《关于中国人民武装警察部队人员犯罪案件若干问题的规定》(1987.2.17) ……… 479

公安部《关于办理利用经济合同诈骗案件有关问题的通知》(1997.1.9) … 479

最高人民检察院《关于人民检察院立案侦查司法工作人员相关职务犯罪案件若干问题的规定》(2018.11.24) ……………………… 480

中国人民解放军总政治部、军事法院、军事检察院《关于〈中华人民共和国刑法〉第十章所列刑事案件管辖范围的通知》(1998.8.12) … 481

公安部《关于公安边防部门办理刑事案件有关问题的通知》(2000.3.31) …… 482

公安部《关于公安边防部门在办理跨省、区、市妨害国(边)境管理犯罪案件中加强办案协作的通知》(2000.7.19) ………………… 484

最高人民法院、最高人民检察院《关于办理妨害国(边)境管理刑事案件应用法律若干问题的解释》(节录)(2012.12.20) ………… 485

公安部《关于打击拐卖妇女儿童犯罪适用法律和政策有关问题的意见》(节录)(2000.3.24) ……………………………………… 486

公安部《关于受害人居住地公安机关可否对诈骗犯罪案件立案侦查问题的批复》(2000.10.16) ……………………………… 488

国家林业局、公安部《关于森林和陆生野生动物刑事案件管辖及立案标准》(节录)(2001.5.9) …………………………………… 488

最高人民法院研究室《关于人民法院不受理人民检察院就移送管辖裁定提出抗诉问题的答复》(2001.6.21) ………………… 489

最高人民检察院《关于新疆生产建设兵团各级人民检察院案件管辖权的规定》(2001.6.21) ……………………………………… 490

最高人民法院《关于新疆生产建设兵团人民法院案件管辖权问题的若干规定》(2005.6.6) ……………………………………… 490

最高人民法院、最高人民检察院、公安部《关于旅客列车上发生的刑事
案件管辖问题的通知》(2001.8.23) ………………………………… 491
最高人民检察院研究室《关于非国家工作人员涉嫌职务犯罪案件管辖
问题的意见》(2001.4.10) ……………………………………………… 492
公安部经济犯罪侦查局《关于对非国家工作人员职务犯罪案件管辖权
问题的意见》(2003.4.21) ……………………………………………… 492
公安部《关于口岸限定区域治安管辖和刑事案件管辖问题的批复》
(2003.4.12) …………………………………………………………… 492
公安部《公安机关办理危害税收征管刑事案件管辖若干问题的规定》
(2004.2.19) …………………………………………………………… 493
最高人民检察院办公厅《关于转发内蒙古自治区人民检察院〈关于对集通
铁路发生的刑事案件管辖问题补充请示的批复〉的通知》(2006.2.22) …… 494
最高人民法院、最高人民检察院《关于办理侵犯知识产权刑事案件具体
应用法律若干问题的解释(二)》(节录)(2007.4.5) …………………… 495
最高人民法院、最高人民检察院、公安部《关于办理侵犯知识产权刑事
案件适用法律若干问题的意见》(2011.1.10) ………………………… 495
最高人民法院、最高人民检察院、公安部《关于办理海上发生的违法犯罪
案件有关问题的通知》(节录)(2007.9.17) …………………………… 496
最高人民法院、最高人民检察院、公安部、国家安全部、司法部、总政治部
《办理军队和地方互涉刑事案件规定》(2009.8.1) …………………… 497
最高人民法院、最高人民检察院、公安部《关于严厉打击假币犯罪活动的
通知》(节录)(2009.9.15) ……………………………………………… 500
最高人民法院、最高人民检察院、公安部《关于办理网络赌博犯罪案件
适用法律若干问题的意见》(2010.8.31) ……………………………… 500
最高人民法院、最高人民检察院、公安部《关于信用卡诈骗犯罪管辖有关
问题的通知》(2011.8.8) ………………………………………………… 501
最高人民法院、最高人民检察院、公安部、国家安全部、司法部《关于外国人
犯罪案件管辖问题的通知》(2013.1.17) ……………………………… 501
最高人民检察院《关于分、州、市人民检察院向下级人民检察院交办职务犯罪
案件应严格执行审批程序和报备程序有关规定的通知》(2013.4.2) …… 502
最高人民检察院《人民检察院直接受理立案侦查职务犯罪案件管辖规定》
(2013.1.8) …………………………………………………………… 503
最高人民法院、最高人民检察院、公安部、国家安全部《关于依法办理非法
生产销售使用"伪基站"设备案件的意见》(节录)(2014.3.14) …… 505
最高人民法院、最高人民检察院、公安部、司法部《关于办理恐怖活动和
极端主义犯罪案件适用法律若干问题的意见》(节录)(2018.5.8) …… 506

最高人民法院《关于审理发生在我国管辖海域相关案件若干问题的规定（一）》（节录）(2016.8.2) ······ 507

最高人民法院《关于审理发生在我国管辖海域相关案件若干问题的规定（二）》（节录）(2016.8.2) ······ 507

最高人民法院、最高人民检察院《关于办理虚假诉讼刑事案件适用法律若干问题的解释》（节录）(2018.10.1) ······ 508

最高人民法院、最高人民检察院、公安部《关于办理非法集资刑事案件若干问题的意见》（节录）(2019.1.30) ······ 508

最高人民法院、最高人民检察院、公安部、司法部、生态环境部《关于办理环境污染刑事案件有关问题座谈会纪要》（节录）(2019.2.20) ······ 510

最高人民法院、最高人民检察院、公安部、司法部《关于办理"套路贷"刑事案件若干问题的意见》（节录）(2019.4.9) ······ 512

最高人民法院、最高人民检察院、公安部《办理跨境赌博犯罪案件若干问题的意见》（节录）(2020.10.16) ······ 512

最高人民法院、最高人民检察院、中国海警局《关于海上刑事案件管辖等有关问题的通知》(2020.2.20) ······ 514

最高人民法院《关于完善四级法院审级职能定位改革试点的实施办法》（节录）(2021.9.27) ······ 515

（三）回避 ······ 517

最高人民检察院《关于检察人员任职回避和公务回避暂行办法》（节录）(2000.7.17) ······ 517

最高人民法院《关于审判人员在诉讼活动中执行回避制度若干问题的规定》(2011.6.13) ······ 518

（四）辩护与代理 ······ 519

最高人民法院《关于人民法院应保障被告人辩护律师依法享有的诉讼权利的函》(1983.3.15) ······ 519

最高人民检察院法律政策研究室《关于〈人民检察院刑事诉讼规则〉第一百五十一条规定有关问题的通知》(2001.8.22) ······ 520

最高人民法院、司法部《关于充分保障律师依法履行辩护职责确保死刑案件办理质量的若干规定》(2008.5.21) ······ 520

最高人民法院、最高人民检察院、公安部、司法部《关于刑事诉讼法律援助工作的规定》(2013.3.1) ······ 522

最高人民法院刑事审判第二庭《关于辩护律师能否复制侦查机关讯问录像问题的批复》(2013.9.22) ······ 526

最高人民检察院法律政策研究室《关于辩护人要求查阅、复制讯问录音、录像如何处理的答复》(2014.1.27) ······ 526

最高人民检察院《关于依法保障律师执业权利的规定》(2014.12.23) …… 527
最高人民法院、最高人民检察院、公安部、国家安全部、司法部《关于依法保障律师执业权利的规定》(2015.9.16) …………………………… 529
最高人民法院《关于依法切实保障律师诉讼权利的规定》(2015.12.29) … 536
司法部、中央军委《军人军属法律援助工作实施办法》(2016.9.14) …… 537
公安部、司法部《关于进一步保障和规范看守所律师会见工作的通知》(2019.10.18) ……………………………………………………… 539
最高人民法院、最高人民检察院、公安部、国家安全部、司法部《法律援助值班律师工作办法》(2020.8.20) ……………………………… 541
最高人民法院、最高人民检察院、公安部、司法部《关于进一步深化刑事案件律师辩护全覆盖试点工作的意见》(节录)(2022.10.12) …… 545
最高人民检察院、司法部、中华全国律师协会《关于依法保障律师执业权利的十条意见》(2023.3.2) ……………………………………… 547

(五) 证据 ……………………………………………………………………… 549
最高人民法院《关于刑事案件中证物保管问题的批复》(1964.9.16) …… 549
最高人民法院、最高人民检察院、公安部《关于机关团体和企业事业单位保卫处科在查破案件时收集的证据材料可以在刑事诉讼中使用的通知》(1982.7.6) ………………………………………………… 549
公安部《对〈关于鉴定淫秽物品有关问题的请示〉的批复》(1998.11.27) … 550
最高人民检察院《关于CPS多道心理测试鉴定结论能否作为诉讼证据使用问题的批复》(1999.9.10) ……………………………………… 550
最高人民检察院《关于"骨龄鉴定"能否作为确定刑事责任年龄证据使用的批复》(2000.2.21) ……………………………………………… 550
最高人民法院、最高人民检察院、公安部、司法部、新闻出版署《关于公安部光盘生产源鉴定中心行使行政、司法鉴定权有关问题的通知》(2000.3.9) …………………………………………………… 551
最高人民法院《关于审理生产、销售伪劣商品刑事案件有关鉴定问题的通知》(2001.5.21) ……………………………………………… 552
最高人民法院、国家保密局《关于执行〈关于审理为境外窃取、刺探、收买、非法提供国家秘密、情报案件具体应用法律若干问题的解释〉有关问题的通知》(2001.8.22) ………………………………… 552
公安部《关于贯彻落实〈全国人民代表大会常务委员会关于司法鉴定管理问题的决定〉进一步加强公安机关刑事科学技术工作的通知》(2005.4.20) ……………………………………………………… 553
最高人民检察院《关于贯彻〈全国人民代表大会常务委员会关于司法鉴定管理问题的决定〉有关工作的通知》(2005.9.21) …………… 554

最高人民法院研究室《关于信用卡犯罪法律适用若干问题的复函》
（2010.7.5） ………………………………………………………………… 555
司法部《关于进一步发挥司法鉴定制度作用防止冤假错案的意见》（节录）
（2014.2.13） ……………………………………………………………… 556
司法部《司法鉴定程序通则（修订版）》（2016.5.1） ……………………… 556
最高人民法院、司法部《关于建立司法鉴定管理与使用衔接机制的意见》
（2016.10.9） ……………………………………………………………… 561
最高人民法院、最高人民检察院《关于办理扰乱无线电通讯管理秩序等
刑事案件适用法律若干问题的解释》（节录）（2017.7.1） ………… 563
最高人民法院、最高人民检察院、公安部、国家安全部、司法部《关于办理
刑事案件排除非法证据若干问题的规定》（2010.7.1） ……………… 563
最高人民法院、最高人民检察院、公安部、国家安全部、司法部《关于办理
死刑案件审查判断证据若干问题的规定》（2010.7.1） ……………… 565
最高人民检察院《关于适用〈关于办理死刑案件审查判断证据若干问题的
规定〉和〈关于办理刑事案件排除非法证据若干问题的规定〉的指导
意见》（节录）（2010.12.30） …………………………………………… 572
最高人民法院、最高人民检察院、公安部《办理毒品犯罪案件毒品提取、
扣押、称量、取样和送检程序若干问题的规定》（2016.7.1） ……… 576
最高人民法院、最高人民检察院、公安部《关于办理毒品犯罪案件收集与
审查证据若干问题的意见》（2019.4.29） ……………………………… 582
公安部《公安机关涉案枪支弹药鉴定工作规定》（2019.12.9） …………… 594
最高人民法院、最高人民检察院、公安部《关于办理刑事案件收集提取和
审查判断电子数据若干问题的规定》（2016.10.1） …………………… 596
公安部《公安机关办理刑事案件电子数据取证规则》（2019.2.1） ……… 600
最高人民法院、最高人民检察院《关于办理环境污染刑事案件适用法律
若干问题的解释》（节录）（2017.1.1） ………………………………… 607
最高人民法院、最高人民检察院、公安部、司法部《关于依法严厉打击传播
艾滋病病毒等违法犯罪行为的指导意见》（节录）（2019.5.19） …… 608
最高人民法院指导案例87号郭明升、郭明锋、孙淑标假冒注册商标案
（2017.3.6） ………………………………………………………………… 608
最高人民法院、最高人民检察院、公安部、国家安全部、司法部《关于办理
刑事案件严格排除非法证据若干问题的规定》（2017.6.27） ……… 609
最高人民法院《人民法院办理刑事案件排除非法证据规程（试行）》
（2018.1.1） ………………………………………………………………… 613
公安部《公安机关办理刑事案件证人保护工作规定》（2017.3.1） ……… 618
最高人民检察院指导性案例检例第95号宋某某等人重大责任事故案
（2021.1.20） ……………………………………………………………… 621

最高人民法院《关于进一步加强涉种子刑事审判工作的指导意见》(节录)
(2022.3.2) ……………………………………………………………… 621

(六) 强制措施 ………………………………………………………………… 621
最高人民检察院《关于对由军队保卫部门、军事检察院立案的地方人员
可否采取强制措施问题的批复》(1993.6.19) ……………………… 621
最高人民检察院、公安部《关于适用刑事强制措施有关问题的规定》
(2000.8.28) ……………………………………………………………… 622
最高人民检察院《关于对涉嫌盗窃的不满16周岁未成年人采取刑事拘留
强制措施是否违法问题的批复》(2011.1.25) ……………………… 627
最高人民法院、最高人民检察院、公安部、国家安全部《关于机关事业
单位工作人员被采取刑事强制措施和受刑事处罚实行向所在单位
告知制度的通知》(2015.11.6) ……………………………………… 627
最高人民检察院《人民检察院对指定居所监视居住实行监督的规定》
(2015.12.17) …………………………………………………………… 629
最高人民法院、最高人民检察院、公安部、国家安全部《关于取保候审
若干问题的规定》(2022.9.5) ……………………………………… 633
公安部《关于如何没收逃跑犯罪嫌疑人保证金问题的批复》(2001.12.26) … 639
公安部《关于人民检察院不起诉人民法院终止审理或者判决无罪的案件
公安机关已采取的取保候审是否合法及应否退还已没收的保证金
问题的答复》(2003.12.31) ………………………………………… 639
全国人民代表大会常务委员会法制工作委员会《关于对"犯罪嫌疑人被
监视居住期满后能否转取保候审"问题的答复意见》(2000.10.26) … 639
公安部《关于监视居住期满后能否对犯罪嫌疑人采取取保候审强制措施
问题的批复》(2002.12.12) ………………………………………… 640
最高人民检察院《关于认真执行〈中华人民共和国戒严法〉的通知》(节录)
(1996.3.29) ……………………………………………………………… 640
最高人民检察院《关于对报请批准逮捕的案件可否侦查问题的批复》
(1998.5.12) ……………………………………………………………… 641
最高人民检察院《关于走私犯罪侦查机关提请批准逮捕和移送审查起诉的
案件由分、州、市级人民检察院受理的通知》(1999.2.3) ………… 641
最高人民检察院、公安部《关于依法适用逮捕措施有关问题的规定》
(2001.8.16) ……………………………………………………………… 642
最高人民检察院办公厅《关于对合同诈骗、侵犯知识产权等经济犯罪案件
依法正确适用逮捕措施的通知》(节录)(2002.5.22) ……………… 644
最高人民检察院《检察机关办理侵犯公民个人信息案件指引》(2018.11.9) …… 645
最高人民检察院《检察机关办理电信网络诈骗案件指引》(2018.11.9) …… 652

最高人民检察院、公安部《关于逮捕社会危险性条件若干问题的
规定(试行)》(2015.10.9) ………………………………………… 660
最高人民检察院《人民检察院办理羁押必要性审查案件规定(试行)》
(2016.1.22) …………………………………………………… 661
最高人民检察院刑事执行检察厅《关于贯彻执行〈人民检察院办理羁押
必要性审查案件规定(试行)〉的指导意见》(2016.7.11) ……… 664
最高人民检察院《人民检察院羁押听证办法》(2021.8.17) ………… 670
最高人民检察院指导性案例检例第27号王玉雷不批准逮捕案(2016.5.31) …… 673
最高人民检察院《关于严格执行人民代表大会代表执行职务司法保障
规定的通知》(1994.6.22) …………………………………… 673
最高人民检察院办公厅《关于严格执行人民代表大会代表执行职务司法
保障规定的补充通知》(2000.4.5) …………………………… 674
全国人大常委会法制工作委员会《关于人大代表由刑事拘留转逮捕是否
需要再次许可问题的意见》(2005.4.20) ……………………… 675
中共中央政法委员会《关于对政协委员采取刑事拘留、逮捕强制措施
应向所在政协党组通报情况的通知》(1996.7.18) …………… 675
最高人民法院、最高人民检察院、公安部《关于羁押犯罪嫌疑人、被告人
实行换押制度的通知》(1999.10.27) ………………………… 675
最高人民法院、最高人民检察院、公安部《关于羁押犯罪嫌疑人、被告人
实行换押和羁押期限变更通知制度的通知》(2014.3.3) ……… 676
公安部《公安机关适用刑事羁押期限规定》(2006.5.1) …………… 678
最高人民检察院《人民检察院办理延长侦查羁押期限案件的规定》
(2016.7.1) …………………………………………………… 682
最高人民检察院、最高人民法院、公安部《关于严格执行刑事诉讼法关于
对犯罪嫌疑人、被告人羁押期限的规定坚决纠正超期羁押问题的通知》
(1998.10.19) ………………………………………………… 684
最高人民法院、最高人民检察院、公安部《关于严格执行刑事诉讼法,
切实纠防超期羁押的通知》(节录)(2003.11.12) …………… 686
最高人民检察院《关于在检察工作中防止和纠正超期羁押的若干规定》
(2003.11.24) ………………………………………………… 687
最高人民法院《关于推行十项制度切实防止产生新的超期羁押的通知》
(2003.11.30) ………………………………………………… 689
最高人民检察院刑事执行检察厅《人民检察院刑事执行检察部门预防和
纠正超期羁押和久押不决案件工作规定(试行)》(2015.6.1) …… 691
(七)附带民事诉讼 …………………………………………………… 693
最高人民法院《关于对第一审刑事自诉案件当事人提起附带民事诉讼,
部分共同侵害人未参加诉讼的,人民法院是否应当通知其参加诉讼

问题的答复》(2001.11.15) ………………………………………… 693
　　最高人民法院《关于行政机关工作人员执行职务致人伤亡构成犯罪的
　　　赔偿诉讼程序问题的批复》(2002.8.30) ……………………………… 693
　　最高人民法院《关于对参加聚众斗殴受重伤或者死亡的人及其家属提出
　　　的民事赔偿请求能否予以支持问题的答复》(2004.11.11) …………… 693
　　最高人民法院研究室《关于交通肇事刑事案件附带民事赔偿范围问题的
　　　答复》(2014.2.24) ……………………………………………………… 694
　　最高人民法院、最高人民检察院《关于人民检察院提起刑事附带民事公益
　　　诉讼应否履行诉前公告程序问题的批复》(2019.11.25) ……………… 694
(八) 期间、送达 ………………………………………………………………… 695
　　最高人民法院《关于人民法院办理海峡两岸送达文书和调查取证司法
　　　互助案件的规定》(2011.6.25) ………………………………………… 695
　　最高人民检察院《关于以检察专递方式邮寄送达有关检察法律文书的
　　　若干规定》(2015.2.13) ………………………………………………… 699

三、立案、侦查和提起公诉 …………………………………………………… 701
(一) 综合 ………………………………………………………………………… 701
　　最高人民检察院、公安部《关于规范刑事案件"另案处理"适用的指导
　　　意见》(2014.3.6) ……………………………………………………… 701
(二) 立案 ………………………………………………………………………… 703
　　最高人民法院研究室《关于重婚案件中受骗的一方当事人能否作为
　　　被害人向法院提起诉讼问题的电话答复》(1992.11.7) ……………… 703
　　公安部、最高人民法院、最高人民检察院、司法部《关于办理流窜犯罪
　　　案件中一些问题的意见的通知》(1989.12.13) ……………………… 704
　　司法部监狱管理局《关于河南省监狱管理局〈关于狱内在押案犯有漏罪
　　　案件由何机关办理的请示〉的批复》(1997.2.18) …………………… 705
　　公安部《关于如何处理无法查清身份的外国籍犯罪嫌疑人问题的批复》
　　　(1999.1.11) …………………………………………………………… 706
　　公安部《关于刑事案件如实立案的通知》(2000.5.9) ……………………… 706
　　最高人民检察院、公安部《关于刑事立案监督有关问题的规定(试行)》
　　　(2010.10.1) …………………………………………………………… 707
　　公安部《关于改革完善受案立案制度的意见》(节录)(2015.11.4) ……… 709
　　最高人民检察院《关于"人民检察院发出〈通知立案书〉时,应当将有关
　　　证明应该立案的材料移送公安机关"问题的批复》(1998.5.12) ……… 711
　　监察部、最高人民检察院、国家安全生产监督管理总局《关于加强行政机关
　　　与检察机关在重大责任事故调查处理中的联系和配合的暂行规定》
　　　(2006.2.23) …………………………………………………………… 711

最高人民检察院、全国整顿和规范市场经济秩序领导小组办公室、公安部、
　　监察部《关于在行政执法中及时移送涉嫌犯罪案件的意见》
　　(2006.1.26) ·· 712
最高人民法院、最高人民检察院、公安部、中国证监会《关于办理证券期货
　　违法犯罪案件工作若干问题的意见》(2011.4.27) ························· 714
最高人民法院、最高人民检察院《关于贯彻执行〈关于办理证券期货违法
　　犯罪案件工作若干问题的意见〉有关问题的通知》(2012.3.12) ········ 715
国家食品药品监管总局、公安部、最高人民法院、最高人民检察院、国务院食品
　　安全办《食品药品行政执法与刑事司法衔接工作办法》(2015.12.22) ····· 716
国家药品监督管理局、国家市场监督管理总局、公安部、最高人民法院、最高
　　人民检察院《药品行政执法与刑事司法衔接工作办法》(2023.1.10) ······· 720
公安部《公安机关受理行政执法机关移送涉嫌犯罪案件规定》(2016.6.16) ····· 727
环境保护部、公安部、最高人民检察院《环境保护行政执法与刑事司法
　　衔接工作办法》(2017.1.25) ·· 729
应急管理部、公安部、最高人民法院、最高人民检察院《安全生产行政
　　执法与刑事司法衔接工作办法》(2019.4.16) ······························· 733
最高人民检察院《关于推进行政执法与刑事司法衔接工作的规定》
　　(2021.9.6) ·· 738
国家医保局、公安部《关于加强查处骗取医保基金案件行刑衔接工作的
　　通知》(节录)(2021.11.26) ·· 740
最高人民法院、最高人民检察院、公安部、工业和信息化部、住房和城乡
　　建设部、交通运输部、应急管理部、国家铁路局、中国民用航空局、国家
　　邮政局《关于依法惩治涉枪支、弹药、爆炸物、易燃易爆危险物品犯罪的
　　意见》(节录)(2021.12.31) ·· 741
公安部《公安机关适用继续盘问规定》(2020.8.6) ································· 742
(三)侦查 ··· 749
公安部《关于进一步依法严格规范开展办案协作的通知》(2020.6.4) ····· 749
最高人民检察院、公安部、国家安全部《关于重大案件侦查终结前开展讯问
　　合法性核查工作若干问题的意见》(2020.1.13) ···························· 751
最高人民检察院《人民检察院讯问职务犯罪嫌疑人实行全程同步录音
　　录像的规定》(2014.5.26) ··· 754
公安部《公安机关讯问犯罪嫌疑人录音录像工作规定》(2014.10.1) ········ 757
公安部《公安机关刑事案件现场勘验检查规则》(2015.10.22) ·············· 760
公安部《计算机犯罪现场勘验与电子证据检查规则》(2005.2.25) ·········· 768
最高人民检察院《人民检察院法医工作细则(试行)》(1988.1.28) ········· 772
公安部《关于正确执行〈公安机关办理刑事案件程序规定〉第一百九十九条
　　的批复》(2008.10.22) ·· 776

公安部《关于对公安机关因侦查破案需要可否检查军车问题的批复》
（1998.12.16）……………………………………………………… 776
公安部《关于公安机关在办理刑事案件中可否查封冻结不动产或投资权益
问题的批复》（2001.10.22）…………………………………… 777
中国人民银行《金融机构协助查询、冻结、扣划工作管理规定》（2002.2.1）…… 777
中国人民银行《关于贯彻落实中共中央政法委关于司法机关冻结、扣划
银行存款问题的意见的通知》（1997.3.24）…………………… 780
最高人民法院、最高人民检察院、公安部《关于对冻结、扣划企业事业单位、
机关团体在银行、非银行金融机构存款的执法活动加强监督的通知》
（1996.8.13）…………………………………………………… 782
最高人民法院、最高人民检察院、公安部、中国证监会《关于查询、冻结、
扣划证券和证券交易结算资金有关问题的通知》（2008.3.1）………… 782
最高人民法院、最高人民检察院、公安部等《公安机关办理刑事案件适用
查封、冻结措施有关规定》（2013.9.1）………………………… 785
中共中央办公厅、国务院办公厅《关于进一步规范刑事诉讼涉案财物处置
工作的意见》（2015.1.24）……………………………………… 793
最高人民检察院《人民检察院刑事诉讼涉案财物管理规定》（2015.3.6）… 795
公安部《公安机关涉案财物管理若干规定》（2015.9.1）……………… 802
最高人民法院、最高人民检察院、公安部、司法部《关于办理黑恶势力
刑事案件中财产处置若干问题的意见》（2019.4.9）…………… 807
最高人民法院、最高人民检察院、公安部《关于刑事案件涉扶贫领域财物
依法快速返还的若干规定》（2020.7.24）……………………… 811
国家发展改革委价格认证中心《被盗财物价格认定规则（2020年）》
（2020.11.5）…………………………………………………… 812
公安部《公安机关代为保管涉案人员随身财物若干规定》（2012.9.1）…… 815
公安部《公安机关缴获毒品管理规定》（2016.5.19）………………… 817
公安部《刑事技术鉴定规则》（1980.5.7）…………………………… 821
公安部《公安机关鉴定规则》（2017.2.16）………………………… 822
最高人民检察院《人民检察院文件检验工作细则（试行）》（1988.1.28）… 830
最高人民法院、最高人民检察院、公安部、司法部、卫生部《精神疾病
司法鉴定暂行规定》（1989.8.1）……………………………… 833
最高人民法院《人民法院司法鉴定工作暂行规定》（2001.11.16）…… 836
最高人民法院《人民法院对外委托司法鉴定管理规定》（2002.4.1）…… 838
最高人民检察院《人民检察院鉴定规则（试行）》（2007.1.1）………… 839
最高人民法院、最高人民检察院、国家文物局、公安部、海关总署
《涉案文物鉴定评估管理办法》（2018.6.20）………………… 842
最高人民法院、最高人民检察院《关于办理破坏野生动物资源刑事案件

适用法律若干问题的解释》(节录)(2022.4.6) …………………… 848
　最高人民检察院、公安部《关于公安机关向检察机关随案移送电子文档
　　的通知》(2005.8.18) ……………………………………………… 848
　公安部《公安机关办理刑事复议复核案件程序规定》(2014.11.1) ……… 849
　最高人民法院、最高人民检察院、公安部、司法部《关于监狱办理刑事
　　案件有关问题的规定》(2014.8.11) ……………………………… 853
　最高人民法院、最高人民检察院、公安部《关于办理非法生产光盘案件
　　有关问题的通知》(1997.3.28) …………………………………… 854
　最高人民法院、最高人民检察院、公安部、国家工商行政管理局《关于依法
　　查处盗窃、抢劫机动车案件的规定》(节录)(1998.5.8) ………… 854
(四) 提起公诉 ……………………………………………………………… 855
　中央纪委办公厅、国家监委办公厅、最高人民检察院办公厅《国家监察
　　委员会与最高人民检察院办理职务犯罪案件工作衔接办法》
　　(2018.4.16) ……………………………………………………… 855
　国家安全部、最高人民法院、最高人民检察院《关于广东、江苏、浙江省
　　国家安全厅承办案件批捕起诉问题的通知》(1985.7.15) ……… 861
　最高人民检察院《关于对服刑罪犯暂予监外执行期间在异地又犯罪应由
　　何地检察院受理审查起诉问题的批复》(1998.11.26) …………… 862
　最高人民检察院《关于先后受理同一犯罪嫌疑人涉嫌职务犯罪和其他犯罪
　　的案件审查起诉期限如何起算问题的批复》(2022.11.18) ……… 862
　最高人民检察院《刑事抗诉案件出庭规则(试行)》(2001.3.5) ………… 862
　最高人民检察院《人民检察院办理不起诉案件公开审查规则(试行)》
　　(2001.3.5) ………………………………………………………… 865
　最高人民检察院《人民检察院办理起诉案件质量标准(试行)》(2007.6.19) …… 867
　最高人民检察院《人民检察院办理不起诉案件质量标准(试行)》
　　(2007.6.19) ………………………………………………………… 869
　最高人民检察院法律政策研究室《关于对同案犯罪嫌疑人在逃对解除
　　强制措施的在案犯罪嫌疑人如何适用〈人民检察院刑事诉讼规则〉
　　有关问题的答复》(2002.5.29) …………………………………… 871
　最高人民检察院《关于涉嫌犯罪单位被撤销、注销、吊销营业执照或者
　　宣告破产的应如何进行追诉问题的批复》(2002.7.15) ………… 871
　最高人民检察院《关于人民检察院立案侦查的案件改变定性后可否
　　直接提起公诉问题的批复》(2006.12.22) ……………………… 872
　最高人民检察院《关于审查起诉期间犯罪嫌疑人脱逃或者患有严重
　　疾病的应当如何处理的批复》(2014.1.1) ……………………… 872
　最高人民检察院指导性案例检例第17号陈邓昌抢劫、盗窃,付志强盗窃案
　　(2014.9.15) ………………………………………………………… 873

最高人民检察院指导性案例检例第 19 号张某、沈某某等七人抢劫案
（2014.9.15） ……873
最高人民检察院《关于下级人民检察院对上级人民检察院不批准不起诉
等决定能否提请复议的批复》（2015.12.25） ……873
最高人民检察院、公安部《关于加强和规范补充侦查工作的指导意见》
（2020.3.27） ……874
最高人民检察院《人民检察院办理认罪认罚案件开展量刑建议工作的
指导意见》（2021.12.3） ……878

四、审判 ……884

（一）综合 ……884

最高人民法院《关于报送刑事请示案件的范围和应注意事项的通知》
（1995.11.30） ……884
最高人民检察院公诉厅《人民检察院开展量刑建议工作的指导意见
（试行）》（2010.2.23） ……884
最高人民法院、最高人民检察院、公安部、国家安全部、司法部《关于规范
量刑程序若干问题的意见》（2020.11.5） ……887
最高人民法院《人民法院量刑程序指导意见（试行）》（2009.6.1） ……890
最高人民法院《关于处理自首和立功若干具体问题的意见》（节录）
（2010.12.22） ……891
最高人民法院《关于死刑缓期执行限制减刑案件审理程序若干问题的
规定》（2011.5.1） ……892
最高人民法院《关于裁判文书引用法律、法规等规范性法律文件的
规定》（2009.11.4） ……893
最高人民法院《关于刑事裁判文书中刑期起止日期如何表述问题的
批复》（2000.3.4） ……894
最高人民法院《关于在裁判文书中如何表述修正前后刑法条文的批复》
（2012.6.1） ……894
最高人民法院《关于刑事案件终审判决和裁定何时发生法律效力问题的
批复》（2004.7.29） ……895
最高人民法院研究室《关于重婚案件的被告人长期外逃法院能否中止
审理和是否受追诉时效限制问题的电话答复》（1989.8.16） ……895
最高人民法院《关于严格执行案件审理期限制度的若干规定》（节录）
（2000.9.28） ……896
最高人民法院《关于执行〈最高人民法院关于严格执行案件审理期限
制度的若干规定〉中有关问题的复函》（2001.8.20） ……898
最高人民法院《案件审限管理规定》（2002.1.1） ……898

最高人民法院研究室《关于上级人民检察院能否调阅下级人民法院审判卷宗问题的答复》(1995.1.17) …… 900

最高人民法院《关于规范上下级人民法院审判业务关系的若干意见》(2010.12.28) …… 900

最高人民法院《关于巡回法庭审理案件若干问题的规定》(2015.2.1) …… 901

最高人民法院《全国法院民商事审判工作会议纪要》(节录)(2019.11.8) …… 903

最高人民法院《关于统一法律适用加强类案检索的指导意见(试行)》(节录)(2020.7.27) …… 904

最高人民法院《关于进一步完善"四类案件"监督管理工作机制的指导意见》(节录)(2021.11.4) …… 905

(二) 审判组织 …… 906

最高人民法院《关于定期宣判的案件人民陪审员因故不能参加宣判时可否由审判员开庭宣判问题的批复》(1981.8.4) …… 906

最高人民法院《关于改革和完善人民法院审判委员会制度的实施意见》(2010.1.11) …… 906

最高人民法院、最高人民检察院《关于人民检察院检察长列席人民法院审判委员会会议的实施意见》(2010.4.1) …… 909

最高人民法院《关于人民法院合议庭工作的若干规定》(2002.8.17) …… 910

最高人民法院《关于进一步加强合议庭职责的若干规定》(2010.2.1) …… 912

最高人民法院《关于规范合议庭运行机制的意见》(2022.10.26) …… 913

最高人民法院《中华人民共和国人民法院法庭规则》(2016.5.1) …… 915

最高人民法院《关于进一步全面落实司法责任制的实施意见》(节录)(2018.12.4) …… 918

最高人民法院《关于适用〈中华人民共和国人民陪审员法〉若干问题的解释》(2019.5.1) …… 918

最高人民法院、司法部《〈中华人民共和国人民陪审员法〉实施中若干问题的答复》(节录)(2020.8.11) …… 920

最高人民法院《关于健全完善人民法院审判委员会工作机制的意见》(2019.8.2) …… 921

最高人民法院《关于完善人民法院专业法官会议工作机制的指导意见》(节录)(2021.1.6) …… 924

(三) 第一审程序 …… 925

最高人民检察院《关于公诉案件撤回起诉若干问题的指导意见》(2007.2.2) …… 925

最高人民法院、公安部《关于刑事被告人或上诉人出庭受审时着装问题的通知》(2015.2.10) …… 926

最高人民法院《关于人民法院庭审录音录像的若干规定》(2017.3.1) …… 927

最高人民法院《人民法院办理刑事案件庭前会议规程(试行)》(2018.1.1) …… 928

最高人民法院《人民法院办理刑事案件第一审普通程序法庭调查规程(试行)》(2018.1.1) ……………………………………… 931

最高人民法院《关于严格执行公开审判制度的若干规定》(1999.3.8) …… 938

最高人民法院《关于加强人民法院审判公开工作的若干意见》(2007.6.4) ……………………………………………………… 939

最高人民法院《关于应当允许检察院派书记员随检察长或检察员出庭支持公诉的通知》(1986.11.7) ……………………… 942

最高人民检察院《关于加强出庭公诉工作的意见》(节录)(2015.6.15) ………… 942

最高人民检察院《人民检察院公诉人出庭举证质证工作指引》(节录)(2018.7.3) …………………………………………… 944

最高人民法院、司法部《关于依法保障律师诉讼权利和规范律师参与庭审活动的通知》(节录)(2018.4.21) …………… 945

最高人民法院研究室《关于同一被害人在同一晚上分别被多个互不通谋的人在不同地点强奸可否并案审理问题的电话答复》(1990.5.26) … 945

最高人民法院《关于审理死刑缓期执行期间故意犯罪的一审案件如何制作裁判文书有关问题的通知》(1999.11.18) …… 945

最高人民法院研究室《关于上诉发回重审案件重审判决后确需改判的应当通过何种程序进行的答复》(2014.2.24) …… 947

最高人民法院《关于进一步贯彻"调解优先、调判结合"工作原则的若干意见》(节录)(2016.6.7) ………………………… 948

最高人民法院《关于在审理经济纠纷案件中涉及经济犯罪嫌疑若干问题的规定》(2020.12.23) ……………………… 948

最高人民法院《全国法院维护农村稳定刑事审判工作座谈会纪要》(节录)(1999.10.27) ……………………………………… 950

最高人民法院《关于审理拐卖妇女案件适用法律有关问题的解释》(节录)(2000.1.25) ……………………………………… 951

最高人民法院《关于被告人亲属主动为被告人退缴赃款应如何处理的批复》(1987.8.26) …………………………………… 951

最高人民法院《关于进一步规范人民法院涉港澳台调查取证工作的通知》(2011.8.7) ……………………………………… 952

最高人民法院《关于审理拒不执行判决、裁定刑事案件适用法律若干问题的解释》(节录)(2015.7.22) ………………… 952

(四)第二审程序 ………………………………………………… 953

最高人民检察院《关于抗诉案件向同级人大常委会报告的通知》(1995.9.4) … 953

最高人民检察院办公厅《关于执行高检院〈关于抗诉案件向同级人大常委会报告的通知〉中若干问题的通知》(1995.10.25) ………… 953

最高人民法院《关于人民法院对原审被告人宣告无罪后人民检察院抗诉

的案件由谁决定对原审被告人采取强制措施并通知其出庭等问题的
复函》(2001.1.2) ·· 954
最高人民法院研究室《关于上级人民检察院向同级人民法院撤回抗诉后
又决定支持抗诉的效力问题的答复》(2009.12.23) ············ 954
最高人民检察院《关于加强和改进刑事抗诉工作的意见》(2014.11.26) ··· 954
最高人民检察院《人民检察院刑事抗诉工作指引》(节录)(2018.2.14) ·········· 959
最高人民检察院指导性案例检例第83号琚某忠盗窃案(2020.11.24) 962
最高人民检察院《人民检察院办理死刑第二审案件和复核监督工作
指引(试行)》(节录)(2018.3.31) ································ 962
最高人民法院《关于对人民法庭的判决不服而提起上诉的案件应否由
基层法院审查和转送中级人民法院的批复》(1956.12.24) ······ 962
最高人民法院、最高人民检察院《关于死刑第二审案件开庭审理工作
有关问题的会谈纪要》(2006.4.5) ······························· 963
最高人民法院研究室《关于二审开庭审理过程中检察员当庭提出发回重审
建议后人民法院能否对案件继续审理问题的答复》(2010.11.30) ····· 964
最高人民法院《关于对被判处死刑的被告人未提出上诉、共同犯罪的
部分被告人或者附带民事诉讼原告人提出上诉的案件应适用何种
程序审理的批复》(2010.4.1) ····································· 964
最高人民法院、最高人民检察院《关于对死刑判决提出上诉的被告人在上诉
期满后宣判前提出撤回上诉人民法院是否准许的批复》(2010.9.1) ······ 965
最高人民法院研究室《关于第一审判处被告人有期徒刑后第二审法院
发现被告人已怀孕应如何处理问题的电话答复》(1989.2.15) ······· 965
最高人民法院《关于适用刑事诉讼法第二百二十五条第二款有关问题
的批复》(2016.6.24) ··· 966
中国人民银行、最高人民法院、最高人民检察院、公安部、司法部《关于
查询、停止支付和没收个人在银行的存款以及存款人死亡后的存款
过户或支付手续的联合通知》(1980.11.22) ····················· 966
中国人民银行、最高人民法院、最高人民检察院、公安部、司法部《关于没收
储蓄存款缴库和公证处查询存款问题几点补充规定》(1983.7.4) ····· 968
最高人民法院、最高人民检察院、公安部、国家计委《关于统一赃物估价
工作的通知》(1994.4.22) ··· 969
国家计划委员会、最高人民法院、最高人民检察院、公安部《扣押、追缴、
没收物品估价管理办法》(1997.4.22) ···························· 969
最高人民法院《关于严格执行有关走私案件涉案财物处理规定的通知》
(2006.4.30) ·· 972
国家发展和改革委员会、最高人民法院、最高人民检察院、公安部、财政部《关于
扣押追缴没收及收缴财物价格鉴定管理的补充通知》(2008.6.4) ········· 973

最高人民法院指导案例188号史广振等组织、领导、参加黑社会性质
组织案(2022.11.29) …… 973
（五）死刑复核程序 …… 974
最高人民法院《关于判有死刑的共同犯罪案件被告人未上诉检察院
未抗诉复核中发现判决确有错误的应如何制作法律文书问题
的批复》(1994.5.16) …… 974
最高人民法院《关于报送复核被告人在死缓考验期内故意犯罪应当
执行死刑案件时应当一并报送原审判处和核准被告人死缓案卷
的通知》(2004.6.15) …… 974
最高人民法院《关于统一行使死刑案件核准权有关问题的决定》(2007.1.1) … 975
最高人民法院《关于办理死刑复核案件听取辩护律师意见的办法》
(2015.2.1) …… 975
最高人民法院《关于死刑复核及执行程序中保障当事人合法权益的
若干规定》(2019.9.1) …… 976
最高人民法院、司法部《关于为死刑复核案件被告人依法提供法律援助的
规定(试行)》(2021.12.30) …… 977
（六）审判监督程序 …… 979
最高人民法院《关于规范人民法院再审立案的若干意见(试行)》(节录)
(2002.11.1) …… 979
最高人民法院《关于审理人民检察院按照审判监督程序提出的刑事
抗诉案件若干问题的规定》(2012.1.1) …… 980
最高人民法院《关于再审改判案件几个问题的通知》(1987.12.23) …… 982
最高人民法院研究室《关于对第二审终审的刑事案件第二审法院进行
再审时可否加重刑罚不给上诉权问题的电话答复》(1990.8.16) …… 982
最高人民法院研究室《关于罪犯在服刑期间又犯罪被服刑地法院以数罪
并罚论处的现前罪改判应当由哪一个法院决定执行刑罚问题的电话
答复》(1991.6.18) …… 982
最高人民法院研究室《关于高级人民法院第二审判处无期徒刑的案件
发现原判量刑不当改判死刑应如何适用程序问题的电话答复》
(1991.7.1) …… 983
最高人民法院研究室《关于对无期徒刑犯减刑后原审法院发现原判决
有错误予以改判，原减刑裁定应如何适用法律条款予以撤销问题
的答复》(1994.11.7) …… 983
最高人民法院《关于办理不服本院生效裁判案件的若干规定》(2001.10.29) …… 984
最高人民检察院《关于办理不服人民法院生效刑事裁判申诉案件若干
问题的规定》(2012.1.19) …… 984
最高人民法院《关于刑事再审案件开庭审理程序的具体规定(试行)》

（2002.1.1） ………………………………………………………… 985
最高人民法院研究室《关于对刑罚已执行完毕，由于发现新的证据，
　　又因同一事实被以新的罪名重新起诉的案件，应适用何种程序
　　进行审理等问题的答复》（2002.7.31） ………………………… 989
最高人民检察院《关于调整服刑人员刑事申诉案件管辖的通知》
　　（2003.4.11） ……………………………………………………… 989
最高人民检察院《关于办理服刑人员刑事申诉案件有关问题的通知》
　　（2007.9.5） ……………………………………………………… 990
最高人民检察院《人民检察院办理刑事申诉案件规定》（2020.9.22） … 990
最高人民检察院《人民检察院刑事申诉案件公开审查程序规定》（2012.1.11） … 998
最高人民检察院《人民检察院刑事申诉案件异地审查规定（试行）》
　　（2017.10.10） …………………………………………………… 1001
最高人民检察院指导性案例检例第 25 号于英生申诉案（2016.5.31） ………… 1003
最高人民检察院指导性案例检例第 26 号陈满申诉案（2016.5.31） ………… 1003
最高人民法院《关于处理涉枪、涉爆申诉案件有关问题的通知》
　　（2003.1.15） ……………………………………………………… 1003
最高人民法院研究室《关于在审理盗窃案件中有关适用法律问题的
　　答复》（2010.3.15） ……………………………………………… 1004

五、执行 ………………………………………………………………… 1004

最高人民法院、最高人民检察院、公安部《关于严格控制在死刑执行
　　现场进行拍摄和采访的通知》（1990.7.16） ……………………… 1004
最高人民法院、最高人民检察院、公安部、司法部、卫生部、民政部《关于
　　利用死刑罪犯尸体或尸体器官的暂行规定》（1984.10.9） ……… 1005
最高人民法院办公厅《关于执行死刑命令盖院印问题的电话请示
　　的复函》（2003.4.14） …………………………………………… 1006
最高人民法院、最高人民检察院、公安部《关于办理罪犯在服刑期间
　　又犯罪案件过程中，遇到被告刑期届满如何处理问题的批复》
　　（1982.10.25） …………………………………………………… 1006
最高人民法院、最高人民检察院、公安部、外交部、司法部、财政部《关于
　　强制外国人出境的执行办法的规定》（1992.7.31） ……………… 1006
最高人民检察院《关于执行〈监狱法〉有关问题的通知》（1995.7.20） … 1009
司法部、总政治部《关于军人判处刑罚后执行问题的联合通知》
　　（1998.8.14） ……………………………………………………… 1011
司法部、公安部《关于将在北京违法犯罪的外省籍罪犯和劳教人员遣送
　　原籍执行的通知》（1998.10.30） ………………………………… 1011
公安部《看守所留所执行刑罚罪犯管理办法》（节录）（2013.11.23） ……… 1012

最高人民法院、最高人民检察院、教育部《关于落实从业禁止制度的意见》
　　（节录）（2022.11.10） ………………………………………………… 1016
最高人民法院、最高人民检察院、公安部《关于对在押未决犯不采用保外
　　就医办法的通知》（1984.11.26） ………………………………………… 1016
最高人民检察院、公安部、司法部《关于不允许暂予监外执行的罪犯外出
　　经商问题的通知》（1988.7.9） …………………………………………… 1017
中央社会治安综合治理委员会办公室、最高人民法院、最高人民检察院、
　　公安部、司法部《关于加强和规范监外执行工作的意见》（2009.6.25） …… 1017
最高人民法院、最高人民检察院、公安部、司法部、国家卫生计生委《暂予
　　监外执行规定》（2014.12.1） …………………………………………… 1021
最高人民法院《关于罪犯交付执行前暂予监外执行组织诊断工作有关
　　问题的通知》（2014.12.11） …………………………………………… 1033
最高人民法院《关于人民法院办理接收在台湾地区服刑的大陆居民回
　　大陆服刑案件的规定》（2016.5.1） …………………………………… 1034
司法部《监狱暂予监外执行程序规定》（2016.10.1） ……………………… 1035
最高人民法院《罪犯生活不能自理鉴别标准》（2016.7.26） ……………… 1040
最高人民法院、国家劳动总局《关于判处有期徒刑缓刑仍留在原单位
　　工作的被告人在缓刑期间是否计算工龄问题的批复》（1978.6.6） …… 1047
最高人民法院、最高人民检察院、公安部、劳动人事部《关于被判处管制、
　　剥夺政治权利和宣告缓刑、假释的犯罪分子能否外出经商等问题的
　　通知》（1986.11.8） ……………………………………………………… 1047
最高人民法院、最高人民检察院、公安部、司法部《关于对判处管制、
　　宣告缓刑的犯罪分子适用禁止令有关问题的规定（试行）》（节录）
　　（2011.5.1） ……………………………………………………………… 1048
最高人民法院、最高人民检察院、公安部、司法部《中华人民共和国社区
　　矫正法实施办法》（2020.6.18） ………………………………………… 1048
最高人民法院、最高人民检察院、公安部、司法部《关于进一步加强社区
　　矫正工作衔接配合管理的意见》（2016.8.30） ………………………… 1061
最高人民法院、最高人民检察院、公安部、司法部《关于对因犯罪在大陆
　　受审的台湾居民依法适用缓刑实行社区矫正有关问题的意见》
　　（2017.1.1） ……………………………………………………………… 1064
全国人大常委会法制工作委员会、最高人民法院、最高人民检察院
　　公安部、司法部、民政部《关于正在服刑的罪犯和被羁押的人的
　　选举权问题的联合通知》（1984.3.24） ………………………………… 1066
中国人民银行《关于对银行协助执行有关问题的复函》（1997.6.20） …… 1067
最高人民法院《关于适用财产刑若干问题的规定》（节录）（2000.12.19） …… 1067
最高人民法院《关于刑事裁判涉财产部分执行的若干规定》（2014.11.6） …… 1067

最高人民法院办公厅《关于刑事裁判涉财产部分执行可否收取诉讼费意见的复函》(2017.1.11) …… 1070

最高人民法院《关于人民法院立案、审判与执行工作协调运行的意见》(节录)(2018.5.28) …… 1070

最高人民检察院三厅《关于发现减刑、假释的裁定确有错误应由哪一级人民检察院提出纠正意见问题的答复》(1988.3.29) …… 1070

中共中央政法委《关于严格规范减刑、假释、暂予监外执行切实防止司法腐败的意见》(2014.1.21) …… 1071

最高人民检察院《关于对职务犯罪罪犯减刑、假释、暂予监外执行案件实行备案审查的规定》(2014.6.23) …… 1074

最高人民法院《关于减刑、假释案件审理程序的规定》(2014.6.1) …… 1075

最高人民检察院《人民检察院办理减刑、假释案件规定》(2014.8.1) …… 1078

司法部《监狱提请减刑假释工作程序规定》(2014.12.1) …… 1080

最高人民法院《关于办理减刑、假释案件具体应用法律的规定》(节录)(2017.1.1) …… 1083

最高人民法院、最高人民检察院、公安部、司法部《关于加强减刑、假释案件实质化审理的意见》(节录)(2021.12.1) …… 1085

六、特别程序 …… 1087

(一) 未成年人刑事案件诉讼程序 …… 1087

公安部《关于公安机关办理未成年人违法犯罪案件的规定》(1995.10.23) …… 1087

最高人民法院《关于审理未成年人刑事案件具体应用法律若干问题的解释》(节录)(2006.1.23) …… 1090

最高人民检察院《人民检察院办理未成年人刑事案件的规定》(2013.12.27) …… 1090

最高人民检察院《未成年人刑事检察工作指引(试行)》(节录)(2017.3.2) …… 1102

最高人民法院《关于加强新时代未成年人审判工作的意见》(节录)(2020.12.24) …… 1110

最高人民检察院指导性案例检例第 103 号胡某某抢劫案(2021.3.2) …… 1111

最高人民检察院指导性案例检例第 104 号庄某等人敲诈勒索案(2021.3.2) …… 1111

最高人民检察院指导性案例检例第 105 号李某诈骗、传授犯罪方法牛某等人诈骗案(2021.3.2) …… 1112

最高人民检察院指导性案例检例第 106 号牛某非法拘禁案(2021.3.2) …… 1112

最高人民检察院指导性案例检例第 107 号唐某等人聚众斗殴案(2021.3.2) …… 1113

最高人民检察院指导性案例检例第 171 号防止未成年人滥用药物综合司法保护案(2023.2.24) …… 1113

最高人民检察院指导性案例检例第 173 号惩治组织未成年人进行违反

治安管理活动犯罪综合司法保护案(2023.2.24) ……………………… 1114
　　　最高人民法院、最高人民检察院、公安部、司法部《关于未成年人犯罪记录
　　　　封存的实施办法》(2022.5.24) ……………………………………… 1114
(二)当事人和解的公诉案件诉讼程序 ……………………………………… 1117
　　　最高人民检察院《关于办理当事人达成和解的轻微刑事案件的若干
　　　　意见》(2011.1.29) …………………………………………………… 1117
(三)犯罪嫌疑人、被告人逃匿、死亡案件违法所得的没收程序 …………… 1120
　　　最高人民法院、最高人民检察院《关于适用犯罪嫌疑人、被告人逃匿、死亡
　　　　案件违法所得没收程序若干问题的规定》(2017.1.5) ……………… 1120
　　　最高人民检察院指导性案例检例第 127 号白静贪污违法所得没收案
　　　　(2021.12.9) …………………………………………………………… 1125
　　　最高人民检察院指导性案例检例第 128 号彭旭峰受贿、贾斯语受贿、
　　　　洗钱违法所得没收案(2021.12.9) …………………………………… 1125
　　　最高人民检察院指导性案例检例第 129 号黄艳兰贪污违法所得没收案
　　　　(2021.12.9) …………………………………………………………… 1126
　　　最高人民检察院指导性案例检例第 130 号任润厚受贿、巨额财产来源
　　　　不明违法所得没收案(2021.12.9) …………………………………… 1127
(四)依法不负刑事责任的精神病人的强制医疗 …………………………… 1127
　　　最高人民检察院《人民检察院强制医疗执行检察办法(试行)》(2016.6.2) …… 1127
　　　最高人民法院指导案例 63 号徐加富强制医疗案(2016.6.30) ……… 1131

第一部分　中华人民共和国刑事诉讼法

（1979年7月1日第五届全国人民代表大会第二次会议通过，根据1996年3月17日第八届全国人民代表大会第四次会议《关于修改〈中华人民共和国刑事诉讼法〉的决定》第一次修正，根据2012年3月14日第十一届全国人民代表大会第五次会议《关于修改〈中华人民共和国刑事诉讼法〉的决定》第二次修正，根据2018年10月26日第十三届全国人民代表大会常务委员会第六次会议《关于修改〈中华人民共和国刑事诉讼法〉的决定》第三次修正）

第一编　总　　则

第一章　任务和基本原则

第一条　【立法目的与根据】 为了保证刑法的正确实施，惩罚犯罪，保护人民，保障国家安全和社会公共安全，维护社会主义社会秩序，根据宪法，制定本法。

第二条　【刑事诉讼法的任务】 中华人民共和国刑事诉讼法的任务，是保证准确、及时地查明犯罪事实，正确应用法律，惩罚犯罪分子，保障无罪的人不受刑事追究，教育公民自觉遵守法律，积极同犯罪行为作斗争，维护社会主义法制，尊重和保障人权，保护公民的人身权利、财产权利、民主权利和其他权利，保障社会主义建设事业的顺利进行。

第三条① **【职权原则】** 对刑事案件的侦查、拘留、执行逮捕、预审，由公安机关负责。检察、批准逮捕、检察机关直接受理的案件的侦查、提起公诉，由人民检察院负责。审判由人民法院负责。除法律特别规定的以外，其他任何机关、团体和个人都无权行使这些权力。

【严格遵守法定程序原则】 人民法院、人民检察院和公安机关进行刑事诉讼，必须严格遵守本法和其他法律的有关规定。

第四条② **【国家安全机关的职权】** 国家安全机关依照法律规定，办理危害国家安全的刑事案件，行使与公安机关相同的职权。

---

① 2020年《公安机关办理刑事案件程序规定》第3条，第236页。
② 1983年《关于国家安全机关行使公安机关的侦查、拘留、预审和执行逮捕的职权的决定》，第77页。

第五条　【人民法院、人民检察院依法独立行使职权原则】　人民法院依照法律规定独立行使审判权,人民检察院依照法律规定独立行使检察权,不受行政机关、社会团体和个人的干涉。

第六条　【依靠群众原则】【以事实为根据,以法律为准绳原则】【公民在适用法律上一律平等原则】　人民法院、人民检察院和公安机关进行刑事诉讼,必须依靠群众,必须以事实为根据,以法律为准绳。对于一切公民,在适用法律上一律平等,在法律面前,不允许有任何特权。

第七条　【分工负责、互相配合、互相制约原则】　人民法院、人民检察院和公安机关进行刑事诉讼,应当分工负责,互相配合,互相制约,以保证准确有效地执行法律。

第八条①　【法律监督原则】　人民检察院依法对刑事诉讼实行法律监督。

第九条　【用本民族语言、文字进行诉讼原则】　各民族公民都有用本民族语言文字进行诉讼的权利。人民法院、人民检察院和公安机关对于不通晓当地通用的语言文字的诉讼参与人,应当为他们翻译。

在少数民族聚居或者多民族杂居的地区,应当用当地通用的语言进行审讯,用当地通用的文字发布判决书、布告和其他文件。

第十条　【两审终审制】　人民法院审判案件,实行两审终审制。

第十一条②　【审判公开原则】【有权获得辩护原则】　人民法院审判案件,除本法另有规定的以外,一律公开进行。被告人有权获得辩护,人民法院有义务保证被告人获得辩护。

第十二条　【法院定罪原则】　未经人民法院依法判决,对任何人都不得确定有罪。

第十三条　【人民陪审员制度】　人民法院审判案件,依照本法实行人民陪审员陪审的制度。

第十四条　【保障诉讼参与人诉讼权利原则】　人民法院、人民检察院和公安机关应当保障犯罪嫌疑人、被告人和其他诉讼参与人依法享有的辩护权和其他诉讼权利。

诉讼参与人对于审判人员、检察人员和侦查人员侵犯公民诉讼权利和人身侮辱的行为,有权提出控告。

第十五条③　【认罪认罚从宽制度】　犯罪嫌疑人、被告人自愿如实供述自己的罪行,承认指控的犯罪事实,愿意接受处罚的,可以依法从宽处理。

第十六条　【具有法定情形不予追究刑事责任原则】　有下列情形之一的,不追究刑事责任,已经追究的,应当撤销案件,或者不起诉,或者终止审理,或者宣告无罪:

---

①　a. 1995年《关于上级人民检察院能否调阅下级人民法院审判卷宗问题的答复》,第900页。
　　b. 2019年《人民检察院刑事诉讼规则》第551—556、612—620、664—670条,第356—357、366—367、374—375页。
②　1999年《关于严格执行公开审判制度的若干规定》,第938页。
③　a. 2019年《关于适用认罪认罚从宽制度的指导意见》,第460页。
　　b. 2020年《人民检察院办理认罪认罚案件监督管理办法》,第470页。

(一) 情节显著轻微、危害不大,不认为是犯罪的;
(二) 犯罪已过追诉时效期限的;
(三) 经特赦令免除刑罚的;
(四) 依照刑法告诉才处理的犯罪,没有告诉或者撤回告诉的;
(五) 犯罪嫌疑人、被告人死亡的;
(六) 其他法律规定免予追究刑事责任的。

第十七条① 【追究外国人刑事责任适用我国刑事诉讼法原则】 对于外国人犯罪应当追究刑事责任的,适用本法的规定。

对于享有外交特权和豁免权的外国人犯罪应当追究刑事责任的,通过外交途径解决。

第十八条② 【刑事司法协助原则】 根据中华人民共和国缔结或者参加的国际条约,或者按照互惠原则,我国司法机关和外国司法机关可以相互请求刑事司法协助。

第二章 管　　辖

第十九条③ 【职能管辖】 刑事案件的侦查由公安机关进行,法律另有规定的

---

① a. 1987 年《关于对中华人民共和国缔结或者参加的国际条约所规定的罪行行使刑事管辖权的决定》,第 77 页。
　b. 1992 年《关于强制外国人出境的执行办法的规定》,第 1006 页。
　c. 1995 年《关于处理涉外案件若干问题的规定》一、五,第 115、118 页。
　d. 2015 年《关于审理发生在我国管辖海域相关案件若干问题的规定(一)》第 1—3 条,第 507 页。
　e. 2020 年《公安机关办理刑事案件程序规定》第 357—373 条,第 279—281 页。
　f. 2021 年《关于适用〈中华人民共和国刑事诉讼法〉的解释》第 475—490 条,第 435—438 页。
② a. 1997 年《关于检察机关办理司法协助案件有关问题的通知》,第 476 页。
　b. 1999 年《关于如何处理无法查清身份的外国籍犯罪嫌疑人的批复》,第 706 页。
　c. 2018 年《中华人民共和国国际刑事司法协助法》,第 91 页。
　d. 2019 年《人民检察院刑事诉讼规则》第 671—679 条,第 375—376 页。
　e. 2020 年《公安机关办理刑事案件程序规定》第 13、374—384 条,第 236、281—282 页。
　f. 2021 年《关于适用〈中华人民共和国刑事诉讼法〉的解释》第 491—496 条,第 438—439 页。
　g. 2021 年《人民检察院办理网络犯罪案件规定》第 56—60 条,第 195 页。
　h. 2022 年《公安机关反有组织犯罪工作规定》第 58—61 条,第 231 页。
③ a. 1985 年《关于广东、江苏、浙江省国家安全厅承办案件批捕起诉问题的通知》,第 861 页。
　b. 1986 年《关于退伍战士在退伍途中违法犯罪案件管辖问题的通知》,第 478 页。
　c. 1987 年《关于中国人民武装警察部队人员犯罪案件若干问题的规定》二,第 479 页。
　d. 1991 年《关于处理移交政府管理的军队离休干部犯罪案件若干问题的规定》一,第 115 页。
　e. 1993 年《关于中国人民解放军保卫部门对军队内部发生的刑事案件行使公安机关的侦查、拘留、预审和执行逮捕的职权的决定》,第 79 页。
　f. 1997 年《关于河南省监狱管理局〈关于狱内在押案犯有漏罪案件由何机关办理的请示〉的批复》,第 705 页。
　g. 1998 年《关于贯彻执行〈关于刑事诉讼法实施中若干问题的规定〉的通知》一,第 120 页。
　h. 1998 年《关于〈中华人民共和国刑法〉第十章所列刑事案件管辖范围的通知》,第 481 页。
　i. 1998 年《关于军队执行〈中华人民共和国刑事诉讼法〉若干问题的暂行规定》第 2—7、25 条,第 122、124 页。
　j. 1998 年《关于走私犯罪侦查机关办理走私犯罪案件适用刑事诉讼程序若干问题的通知》一、二,第 125 页。
　k. 1999 年《办理骗汇、逃汇犯罪案件联席会议纪要》三,第 126 页。
　l. 2000 年《关于公安边防部门办理刑事案件有关问题的通知》,第 482 页。(转下页)

除外。

人民检察院在对诉讼活动实行法律监督中发现的司法工作人员利用职权实施的非法拘禁、刑讯逼供、非法搜查等侵犯公民权利、损害司法公正的犯罪,可以由人民检察院立案侦查。对于公安机关管辖的国家机关工作人员利用职权实施的重大犯罪案件,需要由人民检察院直接受理的时候,经省级以上人民检察院决定,可以由人民检察院立案侦查。

自诉案件,由人民法院直接受理。

第二十条[1] 【基层人民法院管辖】 基层人民法院管辖第一审普通刑事案件,但是依照本法由上级人民法院管辖的除外。

第二十一条[2] 【中级人民法院管辖】 中级人民法院管辖下列第一审刑事案件:

(一)危害国家安全、恐怖活动案件;

(二)可能判处无期徒刑、死刑的案件。

第二十二条 【高级人民法院管辖】 高级人民法院管辖的第一审刑事案件,是全省(自治区、直辖市)性的重大刑事案件。

第二十三条[3] 【最高人民法院管辖】 最高人民法院管辖的第一审刑事案件,是全国性的重大刑事案件。

(接上页)

  m. 2001 年《关于森林和陆生野生动物刑事案件管辖及立案标准》一,第 488 页。
  n. 2001 年《关于新疆生产建设兵团各级人民检察院案件管辖权的规定》,第 490 页。
  o. 2001 年《关于旅客列车上发生的刑事案件管辖问题的通知》,第 491 页。
  p. 2003 年《关于口岸限定区域治安管辖和刑事案件管辖问题的批复》,第 492 页。
  q. 2007 年《关于办理海上发生的违法犯罪案件有关问题的通知》一、二,第 496 页。
  r. 2009 年《关于公安部证券犯罪侦查局直属分局办理经济犯罪案件适用刑事诉讼程序若干问题的通知》,第 152 页。
  s. 2012 年《关于办理妨害国(边)境管理刑事案件应用法律若干问题的解释》第 9 条,第 485 页。
  t. 2012 年《中华人民共和国监狱法》第 60 条,第 85 页。
  u. 2012 年《关于办理黑社会性质组织犯罪案件若干问题的规定》第 1—3 条,第 154 页。
  v. 2013 年《关于实施刑事诉讼法若干问题的规定》1、3,第 171、172 页。
  w. 2014 年《关于监狱办理刑事案件有关问题的规定》,第 853 页。
  x. 2018 年《关于人民检察院立案侦查司法工作人员相关职务犯罪案件若干问题的规定》一、二、三,第 480—481 页。
  y. 2019 年《人民检察院刑事诉讼规则》第 13、15、17、18、156—165 条,第 284、285、304—305 页。
  z. 2019 年《关于在扫黑除恶专项斗争中分工负责、互相配合、互相制约严惩公职人员涉黑涉恶违法犯罪问题的通知》11—14,第 160—161 页。
  a+. 2020 年《公安机关办理刑事案件程序规定》第 14、29—31 条,第 237、239 页。
  b+. 2021 年《关于适用〈中华人民共和国刑事诉讼法〉的解释》第 1 条,第 377 页。
  c+. 2021 年《中华人民共和国监狱法实施条例》第 51、52 条,第 109 页。
  [1] a. 2013 年《关于外国人犯罪案件管辖问题的通知》,第 501 页。
  b. 2018 年《关于办理恐怖活动和极端主义犯罪案件适用法律若干问题的意见》二(一),第 506 页。
  c. 2020 年《公安机关办理刑事案件程序规定》第 24、25 条,第 238 页。
  [2] a. 2013 年《关于外国人犯罪案件管辖问题的通知》,第 501 页。
  b. 2019 年《人民检察院刑事诉讼规则》第 14 条,第 284 页。
  [3] a. 1995 年《关于报送刑事请示案件的范围和应注意事项的通知》,第 884 页。
  b. 2021 年《关于完善四级法院审级职能定位改革试点的实施办法》第 18 条,第 516 页。

第二十四条① 【级别管辖的变通】 上级人民法院在必要的时候,可以审判下级人民法院管辖的第一审刑事案件;下级人民法院认为案情重大、复杂需要由上级人民法院审判的第一审刑事案件,可以请求移送上一级人民法院审判。

第二十五条② 【地域管辖】 刑事案件由犯罪地的人民法院管辖。如果由被告人居住地的人民法院审判更为适宜的,可以由被告人居住地的人民法院管辖。

---

① a. 1987年《关于中国人民武装警察部队人员犯罪案件若干问题的规定》四,第479页。
b. 2010年《关于规范上下级人民法院审判业务关系的若干意见》第3—5条,第900页。
c. 2013年《关于建立健全防范刑事冤假错案工作机制的意见》19,第180页。
d. 2019年《人民检察院刑事诉讼规则》第16条,第285页。
e. 2021年《关于完善四级法院审级职能定位改革试点的实施办法》第4—10条,第515—516页。
② a. 1989年《关于办理流窜犯罪案件中一些问题的意见的通知》五,第705页。
b. 1997年《关于办理利用经济合同诈骗案件有关问题的通知》,第479页。
c. 1998年《关于对服刑罪犯暂予监外执行期间在异地又犯罪应由何地检察院受理审查起诉问题的批复》,第862页。
d. 1998年《关于依法查处盗窃、抢劫机动车案件的规定》十五、十六,第854页。
e. 2000年《关于打击拐卖妇女儿童犯罪适用法律和政策有关问题的意见》一(一),第486页。
f. 2000年《关于受害人居住地公安机关可否对诈骗犯罪案件立案侦查问题的批复》,第488页。
g. 2001年《关于非国家工作人员涉嫌职务犯罪案件管辖问题的意见》,第492页。
h. 2002年《关于办理走私刑事案件适用法律若干问题的意见》一,第136页。
i. 2003年《关于对非国家工作人员职务犯罪案件管辖权问题的意见》,第492页。
j. 2004年《公安机关办理危害税收征管刑事案件管辖若干问题的规定》,第493页。
k. 2007年《关于办理海上发生的违法犯罪案件有关问题的通知》三、四,第496—497页。
l. 2009年《关于严厉打击假币犯罪活动的通知》二,第500页。
m. 2010年《关于依法惩治拐卖妇女儿童犯罪的意见》二,第164页。
n. 2010年《关于办理网络赌博犯罪案件适用法律若干问题的意见》四,第500页。
o. 2011年《关于办理侵犯知识产权刑事案件适用法律若干问题的意见》一,第495页。
p. 2011年《关于办理流动性团伙性跨区域性犯罪案件有关问题的意见》第1、3、5—8条,第167—168页。
q. 2011年《关于信用卡诈骗犯罪管辖有关问题的通知》,第501页。
r. 2013年《关于实施刑事诉讼法若干问题的规定》2,第171页。
s. 2013年《关于外国人犯罪案件管辖问题的通知》二,第502页。
t. 2014年《关于依法办理非法生产销售使用"伪基站"设备案件的意见》三,第505页。
u. 2014年《关于办理非法集资刑事案件适用法律若干问题的意见》八,第166页。
v. 2015年《关于审理拒不执行判决、裁定刑事案件适用法律若干问题的解释》第5条,第953页。
w. 2016年《关于办理电信网络诈骗等刑事案件适用法律若干问题的意见》五(一)至(三)、(七)、(八),第200、201页。
x. 2018年《关于公安机关办理经济犯罪案件的若干规定》第8—13、57—64、78、79条,第209—210、217—218、220页。
y. 2018年《关于办理虚假诉讼刑事案件适用法律若干问题的解释》第10条,第508页。
z. 2019年《关于办理非法集资刑事案件若干问题的意见》七、八,第508—509页。
a+. 2019年《关于办理环境污染刑事案件有关问题座谈会纪要》12,第510页。
b+. 2019年《关于办理"套路贷"刑事案件若干问题的意见》11、12,第512页。
c+. 2019年《关于办理利用信息网络实施黑恶势力犯罪刑事案件若干问题的意见》14—17,第161—162页。
d+. 2019年《人民检察院刑事诉讼规则》第19条,第285页。
e+. 2020年《关于海上刑事案件管辖等有关问题的通知》,第514页。
f+. 2020年《办理跨境赌博犯罪案件若干问题的意见》六,第512页。
g+. 2020年《公安机关办理刑事案件程序规定》第15—20、346—356条,第237、278—279页。
h+. 2021年《关于适用〈中华人民共和国刑事诉讼法〉的解释》第2—13、24—26条,第378—380页。
i+. 2021年《关于办理电信网络诈骗等刑事案件适用法律若干问题的意见(二)》一,第201页。
j+. 2021年《关于进一步加强虚假诉讼犯罪惩治的意见》第9条,第222页。
k+. 2022年《关于依法惩治妨害国(边)境管理违法犯罪的意见》三,第225页。
l+. 2022年《关于办理妨害文物管理等刑事案件若干问题的意见》四,第227页。
m+. 2022年《关于办理信息网络犯罪案件适用刑事诉讼程序若干问题的意见》2、4—7,第196—197页。

第二十六条① 【优先、移送管辖】 几个同级人民法院都有权管辖的案件,由最初受理的人民法院审判。在必要的时候,可以移送主要犯罪地的人民法院审判。

第二十七条② 【指定管辖】 上级人民法院可以指定下级人民法院审判管辖不明的案件,也可以指定下级人民法院将案件移送其他人民法院审判。

第二十八条③ 【专门管辖】 专门人民法院案件的管辖另行规定。

第三章 回 避

第二十九条④ 【回避的对象、方式与事由】 审判人员、检察人员、侦查人员有下列情形之一的,应当自行回避,当事人及其法定代理人也有权要求他们回避:

(一)是本案的当事人或者是当事人的近亲属的;
(二)本人或者他的近亲属和本案有利害关系的;
(三)担任过本案的证人、鉴定人、辩护人、诉讼代理人的;
(四)与本案当事人有其他关系,可能影响公正处理案件的。

---

① a. 2000年《关于公安边防部门在办理跨省、区、市妨害国(边)境管理犯罪案件中加强办案协作的通知》,第484页。
  b. 2001年《关于人民法院不受理人民检察院就移送管辖裁定提出抗诉问题的答复》,第489—490页。
  c. 2011年《关于办理流动性团伙性跨区域性犯罪案件有关问题的意见》第2条,第167页。
  d. 2016年《关于办理电信网络诈骗等刑事案件适用法律若干问题的意见》五(五)、(七)、(八),第200、201页。
  e. 2019年《人民检察院刑事诉讼规则》第20—21条,第285页。
  f. 2021年《关于适用〈中华人民共和国刑事诉讼法〉的解释》第14—19条,第379页。
  g. 2022年《关于办理信息网络犯罪案件适用刑事诉讼程序若干问题的意见》3—7,第196—197页。
② a. 2011年《关于办理流动性团伙性跨区域性犯罪案件有关问题的意见》第2、4条,第167页。
  b. 2013年《关于分、州、市人民检察院向下级人民检察院交办职务犯罪案件应严格执行审批程序和报备程序有关规定的通知》,第502页。
  c. 2013年《人民检察院直接受理立案侦查职务犯罪案件管辖规定》第6—21条,第503—505页。
  d. 2016年《关于办理电信网络诈骗等刑事案件适用法律若干问题的意见》五(四)—(八),第200—201页。
  e. 2019年《人民检察院刑事诉讼规则》第22条,第285页。
  f. 2020年《公安机关办理刑事案件程序规定》第22、23条,第238页。
  g. 2021年《关于适用〈中华人民共和国刑事诉讼法〉的解释》第20—23条,第379—380页。
  h. 2022年《关于办理信息网络犯罪案件适用刑事诉讼程序若干问题的意见》3—10,第196—197页。
③ a. 1982年《关于铁路运输法院、检察院办案中有关问题的联合通知》一,第477页。
  b. 2001年《关于旅客列车上发生的刑事案件管辖问题的通知》,第491页。
  c. 2005年《关于新疆生产建设兵团人民法院案件管辖权问题的若干规定》第1、2、5、7、8条,第490、491页。
  d. 2006年《关于转发内蒙古自治区人民检察院〈关于对集通铁路发生的刑事案件管辖问题补充请示的批复〉的通知》,第494页。
  2019年《人民检察院刑事诉讼规则》第23条,第286页。
  e. 2020年《公安机关办理刑事案件程序规定》第26—28条,第238—239页。
④ a. 2000年《关于检察人员任职回避和公务回避暂行办法》第9条,第517页。
  b. 2011年《关于审判人员在执行回避制度若干问题的规定》第1、3条,第518页。
  c. 2019年《人民检察院刑事诉讼规则》第24—28条,第286页。
  d. 2020年《公安机关办理刑事案件程序规定》第32条,第239页。
  e. 2021年《关于适用〈中华人民共和国刑事诉讼法〉的解释》第27、29—31条,第380—381页。

第三十条① 【办案人员行为之禁止】 审判人员、检察人员、侦查人员不得接受当事人及其委托的人的请客送礼,不得违反规定会见当事人及其委托的人。

审判人员、检察人员、侦查人员违反前款规定的,应当依法追究法律责任。当事人及其法定代理人有权要求他们回避。

第三十一条② 【回避的决定主体】 审判人员、检察人员、侦查人员的回避,应当分别由院长、检察长、公安机关负责人决定;院长的回避,由本院审判委员会决定;检察长和公安机关负责人的回避,由同级人民检察院检察委员会决定。

【回避决定的效力】 对侦查人员的回避作出决定前,侦查人员不能停止对案件的侦查。

【回避决定的复议】 对驳回申请回避的决定,当事人及其法定代理人可以申请复议一次。

第三十二条③ 【其他人员的回避】 本章关于回避的规定适用于书记员、翻译人员和鉴定人。

辩护人、诉讼代理人可以依照本章的规定要求回避、申请复议。

第四章　辩护与代理

第三十三条④ 【辩护人的范围】 犯罪嫌疑人、被告人除自己行使辩护权以外,还可以委托一至二人作为辩护人。下列的人可以被委托为辩护人:

(一)律师;

(二)人民团体或者犯罪嫌疑人、被告人所在单位推荐的人;

(三)犯罪嫌疑人、被告人的监护人、亲友。

【禁止担任辩护人的范围】 正在被执行刑罚或者依法被剥夺、限制人身自由的

---

① a. 2000年《关于检察人员任职回避和公务回避暂行办法》第10条,第517页。
b. 2011年《关于审判人员在诉讼活动中执行回避制度若干问题的规定》第2条,第518页。
c. 2020年《公安机关办理刑事案件程序规定》第33条,第239页。
d. 2021年《关于适用〈中华人民共和国刑事诉讼法〉的解释》第28条,第380页。
② a. 2000年《关于检察人员任职回避和公务回避暂行办法》第11—14条,第517页。
b. 2011年《关于审判人员在诉讼活动中执行回避制度若干问题的规定》第4、7条,第518、519页。
c. 2014年《公安机关办理刑事复议复核案件程序规定》,第849—853页。
d. 2019年《人民检察院刑事诉讼规则》第29—36条,第286页。
e. 2020年《公安机关办理刑事案件程序规定》第34—39条,第240页。
f. 2021年《关于适用〈中华人民共和国刑事诉讼法〉的解释》第32—37条,第381页。
③ a. 2000年《关于检察人员任职回避和公务回避暂行办法》第18条,第517页。
b. 2019年《人民检察院刑事诉讼规则》第37条,第287页。
c. 2020年《公安机关办理刑事案件程序规定》第40、41条,第240页。
d. 2021年《关于适用〈中华人民共和国刑事诉讼法〉的解释》第38、39条,第381页。
④ a. 2000年《关于检察人员任职回避和公务回避暂行办法》第15条,第517页。
b. 2011年《关于审判人员在诉讼活动中执行回避制度若干问题的规定》第8、9条,第519页。
c. 2013年《关于实施刑事诉讼法若干问题的规定》,第172页。
d. 2015年《关于依法保障律师执业权利的规定》,第529页。
e. 2015年《关于依法切实保障律师诉讼权利的规定》,第536页。
f. 2021年《关于适用〈中华人民共和国刑事诉讼法〉的解释》第40—43、68条,第381—382、384页。

人,不得担任辩护人。

被开除公职和被吊销律师、公证员执业证书的人,不得担任辩护人,但系犯罪嫌疑人、被告人的监护人、近亲属的除外。

第三十四条① 【委托辩护人的时间】 犯罪嫌疑人自被侦查机关第一次讯问或者采取强制措施之日起,有权委托辩护人;在侦查期间,只能委托律师作为辩护人。被告人有权随时委托辩护人。

【办案机关的告知义务】 侦查机关在第一次讯问犯罪嫌疑人或者对犯罪嫌疑人采取强制措施的时候,应当告知犯罪嫌疑人有权委托辩护人。人民检察院自收到移送审查起诉的案件材料之日起三日以内,应当告知犯罪嫌疑人有权委托辩护人。人民法院自受理案件之日起三日以内,应当告知被告人有权委托辩护人。犯罪嫌疑人、被告人在押期间要求委托辩护人的,人民法院、人民检察院和公安机关应当及时转达其要求。

【代为委托辩护人】 犯罪嫌疑人、被告人在押的,也可以由其监护人、近亲属代为委托辩护人。

【辩护人的告知义务】 辩护人接受犯罪嫌疑人、被告人委托后,应当及时告知办理案件的机关。

第三十五条② 【法律援助辩护】 犯罪嫌疑人、被告人因经济困难或者其他原因没有委托辩护人的,本人及其近亲属可以向法律援助机构提出申请。对于符合法律援助条件的,法律援助机构应当指派律师为其提供辩护。

犯罪嫌疑人、被告人是盲、聋、哑人,或者是尚未完全丧失辨认或者控制自己行为能力的精神病人,没有委托辩护人的,人民法院、人民检察院和公安机关应当通知法律援助机构指派律师为其提供辩护。

犯罪嫌疑人、被告人可能被判处无期徒刑、死刑,没有委托辩护人的,人民法院、人民检察院和公安机关应当通知法律援助机构指派律师为其提供辩护。

---

① a. 2007年《关于进一步严格依法办案确保办理死刑案件质量的意见》13,第146页。
 b. 2014年《关于依法保障律师执业权利的规定》第3条,第527页。
 c. 2015年《关于依法保障律师执业权利的规定》第5条,第530页。
 d. 2019年《人民检察院刑事诉讼规则》第39—46条,第287—288页。
 e. 2020年《公安机关办理刑事案件程序规定》第42—45条,第240—241页。
 f. 2021年《关于适用〈中华人民共和国刑事诉讼法〉的解释》第44、45条,第382页。
 g. 2022年《关于进一步深化刑事案件律师辩护全覆盖试点工作的意见》8,第545页。
② a. 2013年《关于实施刑事诉讼法若干问题的规定》5,第172页。
 b. 2013年《关于刑事诉讼法律援助工作的规定》,第522页。
 c. 2014年《关于依法保障律师执业权利的规定》第4条,第527页。
 d. 2015年《关于依法保障律师执业权利的规定》第5条,第530页。
 e. 2016年《军人军属法律援助工作实施办法》,第537页。
 f. 2019年《人民检察院刑事诉讼规则》第42—44条,第287页。
 g. 2020年《公安机关办理刑事案件程序规定》第46—48条,第241页。
 h. 2021年《关于适用〈中华人民共和国刑事诉讼法〉的解释》第46—52条,第382—383页。
 i. 2021年《中华人民共和国法律援助法》第25—29、32、33、36、39—49、55、56条,第107—109页。
 j. 2022年《关于进一步深化刑事案件律师辩护全覆盖试点工作的意见》7,第545页。

第三十六条① 【值班律师制度】 法律援助机构可以在人民法院、看守所等场所派驻值班律师。犯罪嫌疑人、被告人没有委托辩护人，法律援助机构没有指派律师为其提供辩护的，由值班律师为犯罪嫌疑人、被告人提供法律咨询、程序选择建议、申请变更强制措施、对案件处理提出意见等法律帮助。

人民法院、人民检察院、看守所应当告知犯罪嫌疑人、被告人有权约见值班律师，并为犯罪嫌疑人、被告人约见值班律师提供便利。

第三十七条② 【辩护人的责任】 辩护人的责任是根据事实和法律，提出犯罪嫌疑人、被告人无罪、罪轻或者减轻、免除其刑事责任的材料和意见，维护犯罪嫌疑人、被告人的诉讼权利和其他合法权益。

第三十八条③ 【侦查阶段辩护人的权利】 辩护律师在侦查期间可以为犯罪嫌疑人提供法律帮助；代理申诉、控告；申请变更强制措施；向侦查机关了解犯罪嫌疑人涉嫌的罪名和案件有关情况，提出意见。

第三十九条④ 【辩护人的会见权与通信权】 辩护律师可以同在押的犯罪嫌疑人、被告人会见和通信。其他辩护人经人民法院、人民检察院许可，也可以同在押的犯罪嫌疑人、被告人会见和通信。

辩护律师持律师执业证书、律师事务所证明和委托书或者法律援助公函要求会见在押的犯罪嫌疑人、被告人的，看守所应当及时安排会见，至迟不得超过四十八小时。

危害国家安全犯罪、恐怖活动犯罪案件，在侦查期间辩护律师会见在押的犯罪嫌疑人，应当经侦查机关许可。上述案件，侦查机关应当事先通知看守所。

辩护律师会见在押的犯罪嫌疑人、被告人，可以了解案件有关情况，提供法律咨询等；自案件移送审查起诉之日起，可以向犯罪嫌疑人、被告人核实有关证据。辩护律师会见犯罪嫌疑人、被告人时不被监听。

辩护律师同被监视居住的犯罪嫌疑人、被告人会见、通信，适用第一款、第三款、第四款的规定。

---

① a. 2020年《公安机关办理刑事案件程序规定》第49条，第241页。
b. 2020年《法律援助值班律师工作办法》，第541—545页。
c. 2022年《关于进一步深化刑事案件律师辩护全覆盖试点工作的意见》12、14—19，第546—547页。
② 2022年《关于进一步深化刑事案件律师辩护全覆盖试点工作的意见》9，第545页。
③ a. 1998年《关于贯彻执行〈关于刑事诉讼法实施中若干问题的规定〉的通知》二(一)，第120页。
b. 2007年《关于进一步严格依法办案确保办理死刑案件质量的意见》13，第146页。
c. 2013年《关于实施刑事诉讼法若干问题的规定》6，第172页。
d. 2015年《关于依法保障律师执业权利的规定》第6条，第530页。
e. 2018年《关于公安机关办理经济犯罪案件的若干规定》第66—71条，第218—219页。
f. 2020年《公安机关办理刑事案件程序规定》第50条，第241页。
④ a. 2001年《关于〈人民检察院刑事诉讼规则〉第一百五十一条规定有关问题的通知》，第520页。
b. 2013年《关于实施刑事诉讼法若干问题的规定》7，第172页。
c. 2014年《关于依法保障律师执业权利的规定》第5、8—11条，第527—529页。
d. 2015年《关于依法保障律师执业权利的规定》第7—13条，第530—531页。
e. 2019年《关于进一步保障和规范看守所律师会见工作的通知》，第539页。
f. 2019年《人民检察院刑事诉讼规则》第48条，第288页。
g. 2020年《公安机关办理刑事案件程序规定》第51—55条，第241—242页。
h. 2021年《关于适用〈中华人民共和国刑事诉讼法〉的解释》第56条，第383页。
i. 2022年《关于进一步深化刑事案件律师辩护全覆盖试点工作的意见》10，第546页。

第四十条① 【辩护人的阅卷权】 辩护律师自人民检察院对案件审查起诉之日起,可以查阅、摘抄、复制本案的案卷材料。其他辩护人经人民法院、人民检察院许可,也可以查阅、摘抄、复制上述材料。

第四十一条② 【辩护人申请调取证据权】 辩护人认为在侦查、审查起诉期间公安机关、人民检察院收集的证明犯罪嫌疑人、被告人无罪或者罪轻的证据材料未提交的,有权申请人民检察院、人民法院调取。

第四十二条③ 【无罪证据的及时告知义务】 辩护人收集的有关犯罪嫌疑人不在犯罪现场、未达到刑事责任年龄、属于依法不负刑事责任的精神病人的证据,应当及时告知公安机关、人民检察院。

第四十三条④ 【辩护律师的调查取证权】 辩护律师经证人或者其他有关单位和个人同意,可以向他们收集与本案有关的材料,也可以申请人民检察院、人民法院收集、调取证据,或者申请人民法院通知证人出庭作证。

辩护律师经人民检察院或者人民法院许可,并且经被害人或者其近亲属、被害人提供的证人同意,可以向他们收集与本案有关的材料。

第四十四条⑤ 【辩护人的义务】 辩护人或者其他任何人,不得帮助犯罪嫌疑人、被告人隐匿、毁灭、伪造证据或者串供,不得威胁、引诱证人作伪证以及进行其他干扰司法机关诉讼活动的行为。

违反前款规定的,应当依法追究法律责任。辩护人涉嫌犯罪的,应当由办理辩护人所承办案件的侦查机关以外的侦查机关办理。辩护人是律师的,应当及时通知其所在的律师事务所或者所属的律师协会。

---

① a. 2013 年《关于辩护律师能否复制侦查机关讯问录像问题的批复》,第 526 页。
b. 2014 年《关于辩护人要求查阅、复制讯问录音、录像如何处理的答复》,第 526 页。
c. 2014 年《关于依法保障律师执业权利的规定》6 条,第 528 页。
d. 2015 年《关于依法保障律师执业权利的规定》第 14 条,第 531 页。
e. 2015 年《关于依法切实保障律师诉讼权利的规定》一、二,第 536 页。
f. 2017 年《关于办理刑事案件严格排除非法证据若干问题的规定》第 21、22 条,第 611 页。
g. 2019 年《人民检察院刑事诉讼规则》第 47—49 条,第 288 页。
h. 2021 年《关于适用〈中华人民共和国刑事诉讼法〉的解释》第 53—55 条,第 383 页。
i. 2022 年《关于进一步深化刑事案件律师辩护全覆盖试点工作的意见》10、11,第 546 页。
j. 2023 年《关于依法保障律师执业权利的十条意见》一至六,第 547—548 页。
② a. 2014 年《关于依法保障律师执业权利的规定》第 7 条,第 528 页。
b. 2015 年《关于依法保障律师执业权利的规定》第 15—20 条,第 532—533 页。
c. 2015 年《关于依法切实保障律师诉讼权利的规定》六,第 536 页。
d. 2019 年《人民检察院刑事诉讼规则》第 50、52、54 条,第 288—289 页。
e. 2021 年《关于适用〈中华人民共和国刑事诉讼法〉的解释》第 57 条,第 383 页。
③ 2019 年《人民检察院刑事诉讼规则》第 51 条,第 289 页。
④ a. 1998 年《关于贯彻执行〈关于刑事诉讼法实施中若干问题的规定〉的通知》二(二)、(三),第 121 页。
b. 2013 年《关于实施刑事诉讼法若干问题的规定》8,第 172 页。
c. 2019 年《人民检察院刑事诉讼规则》第 53 条,第 289 页。
d. 2021 年《关于适用〈中华人民共和国刑事诉讼法〉的解释》第 58—61 条,第 384—385 页。
⑤ a. 2013 年《关于实施刑事诉讼法若干问题的规定》9,第 172 页。
b. 2019 年《人民检察院刑事诉讼规则》第 60 条,第 290 页。
c. 2020 年《公安机关办理刑事案件程序规定》第 56 条,第 242 页。

第四十五条① 【被告人拒绝辩护】 在审判过程中,被告人可以拒绝辩护人继续为他辩护,也可以另行委托辩护人辩护。

第四十六条② 【委托诉讼代理人的时间】 公诉案件的被害人及其法定代理人或者近亲属,附带民事诉讼的当事人及其法定代理人,自案件移送审查起诉之日起,有权委托诉讼代理人。自诉案件的自诉人及其法定代理人,附带民事诉讼的当事人及其法定代理人,有权随时委托诉讼代理人。

人民检察院自收到移送审查起诉的案件材料之日起三日以内,应当告知被害人及其法定代理人或者其近亲属、附带民事诉讼的当事人及其法定代理人有权委托诉讼代理人。人民法院自受理自诉案件之日起三日以内,应当告知自诉人及其法定代理人、附带民事诉讼的当事人及其法定代理人有权委托诉讼代理人。

第四十七条③ 【诉讼代理人的范围】 委托诉讼代理人,参照本法第三十三条的规定执行。

第四十八条④ 【辩护律师的保密权及其例外】 辩护律师对在执业活动中知悉的委托人的有关情况和信息,有权予以保密。但是,辩护律师在执业活动中知悉委托人或者其他人,准备或者正在实施危害国家安全、公共安全以及严重危害他人人身安全的犯罪的,应当及时告知司法机关。

第四十九条⑤ 【辩护人的申诉、控告】 辩护人、诉讼代理人认为公安机关、人民检察院、人民法院及其工作人员阻碍其依法行使诉讼权利的,有权向同级或者上一级人民检察院申诉或者控告。人民检察院对申诉或者控告应当及时进行审查,情况属实的,通知有关机关予以纠正。

第五章 证 据

第五十条⑥ 【证据的概念与种类】 可以用于证明案件事实的材料,都是证据。

---

① a. 2021 年《关于适用〈中华人民共和国刑事诉讼法〉的解释》第 311—313 条,第 415 页。
b. 2022 年《关于进一步深化刑事案件律师辩护全覆盖试点工作的意见》13,第 546 页。
② a. 2013 年《关于切实履行检察职能防止和纠正冤假错案的若干意见》5,第 181 页。
b. 2019 年《人民检察院刑事诉讼规则》第 55、56 条,第 289 页。
c. 2021 年《关于适用〈中华人民共和国刑事诉讼法〉的解释》第 62 条,第 384 页。
③ 2021 年《关于适用〈中华人民共和国刑事诉讼法〉的解释》第 63—66 条,第 384 页。
④ a. 2019 年《人民检察院刑事诉讼规则》第 59 条,第 290 页。
b. 2020 年《公安机关办理刑事案件程序规定》第 57 条,第 243 页。
c. 2021 年《关于适用〈中华人民共和国刑事诉讼法〉的解释》第 67 条,第 384 页。
⑤ a. 2013 年《关于实施刑事诉讼法若干问题的规定》10,第 173 页。
b. 2019 年《人民检察院刑事诉讼规则》第 57、58 条,第 289—290 页。
c. 2023 年《关于依法保障律师执业权利的十条意见》七至九,第 548 页。
⑥ a. 1964《关于刑事案件中证物保管问题的批复》,第 549 页。
b. 1999 年《关于 CPS 多道心理测试鉴定结论能否作为诉讼证据使用问题的批复》,第 550 页。
c. 2000 年《关于"骨龄鉴定"能否作为确定刑事责任年龄证据使用的批复》,第 550 页。
d. 2002 年《关于办理走私刑事案件适用法律若干问题的意见》二、三,第 136—137 页。
e. 2005 年《计算机犯罪现场勘验与电子证据检查规则》,第 768—772 页。
f. 2009 年《办理黑社会性质组织犯罪案件座谈会纪要》二(二)7,第 154 页。(转下页)

证据包括:

(一)物证;

(二)书证;

(三)证人证言;

(四)被害人陈述;

(五)犯罪嫌疑人、被告人供述和辩解;

(六)鉴定意见;

(七)勘验、检查、辨认、侦查实验等笔录;

(八)视听资料、电子数据。

证据必须经过查证属实,才能作为定案的根据。

第五十一条　【举证责任】　公诉案件中被告人有罪的举证责任由人民检察院承担,自诉案件中被告人有罪的举证责任由自诉人承担。

第五十二条[①]　**【证据收集的一般原则】**　审判人员、检察人员、侦查人员必须依照法定程序,收集能够证实犯罪嫌疑人、被告人有罪或者无罪、犯罪情节轻重的各种证据。严禁刑讯逼供和以威胁、引诱、欺骗以及其他非法方法收集证据,不得强迫任何人证实自己有罪。必须保证一切与案件有关或者了解案情的公民,有客观地充分

(接上页)

　　g. 2010年《关于依法惩治拐卖妇女儿童犯罪的意见》11—13,第164—165页。
　　h. 2010年《关于办理死刑案件审查判断证据若干问题的规定》,第565—572页。
　　i. 2010年《关于适用〈关于办理死刑案件审查判断证据若干问题的规定〉和〈关于办理刑事案件排除非法证据若干问题的规定〉的指导意见》9—20,第573—575页。
　　j. 2010年《关于办理网络赌博犯罪案件适用法律若干问题的意见》五,第501页。
　　k. 2011年《关于公安机关办理醉酒驾驶机动车犯罪案件的指导意见》1—5、8、9,第168—170页。
　　l. 2013年《关于办理醉酒驾驶机动车刑事案件适用法律若干问题的意见》五、六,第171页。
　　m. 2013年《关于建立健全防范刑事冤假错案工作机制的意见》9、12,第179页。
　　n. 2014年《关于办理非法集资刑事案件适用法律若干问题的意见》六,第166页。
　　o. 2016年《关于办理电信网络诈骗等刑事案件适用法律若干问题的意见》六,第201页。
　　p. 2016年《关于办理刑事案件收集提取和审查判断电子数据若干问题的规定》第5—17、22—29条,第596—600页。
　　q. 2018年《关于办理恐怖活动和极端主义犯罪案件适用法律若干问题的意见》二(三)、(四),第506页。
　　r. 2018年《关于公安机关办理经济犯罪案件的若干规定》第35—45条,第214—215页。
　　s. 2019年《公安机关办理刑事案件电子数据取证规则》,第600—607页。
　　t. 2019年《关于办理环境污染刑事案件有关问题座谈会纪要》15,第512页。
　　u. 2019年《关于办理毒品犯罪案件收集与审查证据若干问题的意见》,第582页。
　　v. 2019年《关于依法严厉打击传播艾滋病病毒等违法犯罪行为的指导意见》三,第608页。
　　w. 2021年《人民检察院办理网络犯罪案件规定》第11—45条,第188—194页。
　　x. 2021年《关于适用〈中华人民共和国刑事诉讼法〉的解释》第69—74,77—79,82—122条,第384—393页。
　　y. 2022年《关于依法惩治妨害国(边)境管理违法犯罪的意见》四,第225页。
　　z. 2022年《关于办理妥善办理轻伤害案件的指导意见》五至(六),第232—233页。
　　a+. 2022年《关于办理信息网络犯罪案件适用刑事诉讼程序若干问题的意见》13—20,第197—199页。
　①　a. 2010年《关于依法惩治拐卖妇女儿童犯罪的意见》四,第164页。
　　b. 2011年《关于办理侵犯知识产权刑事案件适用法律若干问题的意见》三、四,第496页。
　　c. 2011年《关于公安机关办理醉酒驾驶机动车犯罪案件的指导意见》,第168—171页。
　　d. 2013年《关于办理醉酒驾驶机动车刑事案件适用法律若干问题的意见》五、六,第171页。
　　e. 2014年《关于办理非法集资刑事案件适用法律若干问题的意见》六,第166页。
　　f. 2020年《公安机关办理刑事案件程序规定》第60条,第243页。

地提供证据的条件,除特殊情况外,可以吸收他们协助调查。

第五十三条 【运用证据的原则】 公安机关提请批准逮捕书、人民检察院起诉书、人民法院判决书,必须忠实于事实真象。故意隐瞒事实真象的,应当追究责任。

第五十四条① 【证据的收集与使用】 人民法院、人民检察院和公安机关有权向有关单位和个人收集、调取证据。有关单位和个人应当如实提供证据。

【行政证据的使用】 行政机关在行政执法和查办案件过程中收集的物证、书证、视听资料、电子数据等证据材料,在刑事诉讼中可以作为证据使用。

对涉及国家秘密、商业秘密、个人隐私的证据,应当保密。

凡是伪造证据、隐匿证据或者毁灭证据的,无论属于何方,必须受法律追究。

第五十五条② 【重证据、重调查研究、不轻信口供原则】 对一切案件的判处都要重证据,重调查研究,不轻信口供。只有被告人供述,没有其他证据的,不能认定被告人有罪和处以刑罚;没有被告人供述,证据确实、充分的,可以认定被告人有罪和处以刑罚。

【证据确实、充分的条件】 证据确实、充分,应当符合以下条件:

(一)定罪量刑的事实都有证据证明;

(二)据以定案的证据均经法定程序查证属实;

(三)综合全案证据,对所认定事实已排除合理怀疑。

第五十六条③ 【非法言词证据与非法实物证据的排除】 采用刑讯逼供等非法

---

① a. 1982年《关于机关团体和企业事业单位保卫处科在查破案件时收集的证据材料可以在刑事诉讼中使用的通知》,第549页。
b. 2011年《关于办理侵犯知识产权刑事案件适用法律若干问题的意见》二,第495页。
c. 2015年《关于审理发生在我国管辖海域相关案件若干问题的规定(二)》第9条,第507页。
d. 2016年《关于办理环境污染刑事案件适用法律若干问题的解释》第12—14条,第607页。
e. 2016年《关于办理刑事案件收集提取和审查判断电子数据若干问题的规定》第1—15条、第29条,第596—597、600页。
f. 2019年《公安机关办理刑事案件电子数据取证规则》第2—42条,第600—605页。
g. 2019年《人民检察院刑事诉讼规则》第64、65条,第291页。
h. 2019年《打击非设关地成品油走私专题研讨会会议纪要》四,第221页。
j. 2020年《公安机关办理刑事案件程序规定》第61—67条,第243—244页。
k. 2021年《关于适用〈中华人民共和国刑事诉讼法〉的解释》第75、76、81条,第385、386页。
l. 2021年《关于办理电信网络诈骗等刑事案件适用法律若干问题的意见(二)》十三、十四,第202页。
m. 2021年最高人民检察院指导性案例检例第95号宋某某等人重大责任事故案,第621页。
② a. 1989年《关于办理流窜犯罪案件中一些问题的意见的通知》三、四,第704、705页。
b. 2006年《关于审理未成年人刑事案件具体应用法律若干问题的解释》第4条,第1090页。
c. 2009年《办理黑社会性质组织犯罪案件座谈会纪要》二(二)4,第153页。
d. 2010年《关于信用卡犯罪法律适用若干问题的复函》,第555页。
e. 2010年《关于办理死刑案件审查判断证据若干问题的规定》第32—40条,第571—572页。
f. 2016年最高人民法院指导案例87号郭明升、郭明锋、孙淑标假冒注册商标案,第608页。
g. 2016年最高人民检察院指导性案例检例第25号于英生申诉案,第1003页。
h. 2016年最高人民检察院指导性案例检例第26号陈满申诉案,第1003页。
i. 2017年《关于办理扰乱无线电通讯管理秩序等刑事案件适用法律若干问题的解释》第9条,第563页。
j. 2019年《人民检察院刑事诉讼规则》第61—63条,第291页。
k. 2020年《公安机关办理刑事案件程序规定》第8条,第236页。
l. 2021年《关于适用〈中华人民共和国刑事诉讼法〉的解释》第139—146条,第395页。
③ a. 2010年《关于办理刑事案件排除非法证据若干问题的规定》,第563—565页。
b. 2013年《关于建立健全防范刑事冤假错案工作机制的意见》8,第178页。
c. 2013年《关于切实履行检察职能防止和纠正冤假错案的若干意见》13,第182页。
d. 2015年《关于依法保障律师执业权利的规定》第23条,第533页。(转下页)

方法收集的犯罪嫌疑人、被告人供述和采用暴力、威胁等非法方法收集的证人证言、被害人陈述,应当予以排除。收集物证、书证不符合法定程序,可能严重影响司法公正的,应当予以补正或者作出合理解释;不能补正或者作出合理解释的,对该证据应当予以排除。

在侦查、审查起诉、审判时发现有应当排除的证据的,应当依法予以排除,不得作为起诉意见、起诉决定和判决的依据。

第五十七条① 【非法收集证据行为的调查核实与处理】 人民检察院接到报案、控告、举报或者发现侦查人员以非法方法收集证据的,应当进行调查核实。对于确有以非法方法收集证据情形的,应当提出纠正意见;构成犯罪的,依法追究刑事责任。

第五十八条② 【证据收集合法性的调查】 法庭审理过程中,审判人员认为可能存在本法第五十六条规定的以非法方法收集证据情形的,应当对证据收集的合法性进行法庭调查。

当事人及其辩护人、诉讼代理人有权申请人民法院对以非法方法收集的证据依法予以排除。申请排除以非法方法收集的证据的,应当提供相关线索或者材料。

第五十九条③ 【证据收集合法性的证明】 在对证据收集的合法性进行法庭调查的过程中,人民检察院应当对证据收集的合法性加以证明。

现有证据材料不能证明证据收集的合法性的,人民检察院可以提请人民法院通知有关侦查人员或者其他人员出庭说明情况;人民法院可以通知有关侦查人员或者其他人员出庭说明情况。有关侦查人员或者其他人员也可以要求出庭说明情况。经人民法院通知,有关人员应当出庭。

第六十条④ 【非法证据的排除】 对于经过法庭审理,确认或者不能排除存在本法第五十六条规定的以非法方法收集证据情形的,对有关证据应当予以排除。

(接上页)
  e. 2015年《关于依法切实保障律师诉讼权利的规定》五,第536页。
  f. 2017年《关于办理刑事案件严格排除非法证据若干问题的规定》第2—7条,第609页。
  g. 2017年《关于公安机关办理经济犯罪案件的若干规定》第43条,第215页。
  h. 2018年《人民法院办理刑事案件排除非法证据规程(试行)》,第613页。
  i. 2019年《人民检察院刑事诉讼规则》第66—70条,第291—292页。
  j. 2020年《公安机关办理刑事案件程序规定》第71条,第244页。
  k. 2021年《关于适用〈中华人民共和国刑事诉讼法〉的解释》第123—131条,第393—394页。
① 2019年《人民检察院刑事诉讼规则》第71—74条,第292页。
② a. 2013年《关于实施刑事诉讼法若干问题的规定》11,第173页。
  b. 2017年《关于全面推进以审判为中心的刑事诉讼制度改革的实施意见》22—29,第207—208页。
  c. 2017年《关于办理刑事案件严格排除非法证据若干问题的规定》第14条,第610页。
  d. 2019年《人民检察院刑事诉讼规则》第75—78条,第292—293页。
  e. 2020年《公安机关办理刑事案件程序规定》第72条,第245页。
  f. 2021年《关于适用〈中华人民共和国刑事诉讼法〉的解释》第132—138条,第394页。
③ 2019年《关于适用〈关于办理死刑案件审查判断证据若干问题的规定〉和〈关于办理刑事案件排除非法证据若干问题的规定〉的指导意见》21—26,第575—576页。
④ a. 2010年《关于办理刑事案件排除非法证据若干问题的规定》第5—14条,第564—565页。
  b. 2013年《关于切实履行检察职能防止和纠正冤假错案的若干意见》14、15,第182页。

第六十一条 【证言的审查判断】 证人证言必须在法庭上经过公诉人、被害人和被告人、辩护人双方质证并且查实以后,才能作为定案的根据。法庭查明证人有意作伪证或者隐匿罪证的时候,应当依法处理。

第六十二条①【证人的资格与义务】 凡是知道案件情况的人,都有作证的义务。

生理上、精神上有缺陷或者年幼,不能辨别是非、不能正确表达的人,不能作证人。

第六十三条②【证人及其近亲属的保护】 人民法院、人民检察院和公安机关应当保障证人及其近亲属的安全。

对证人及其近亲属进行威胁、侮辱、殴打或者打击报复,构成犯罪的,依法追究刑事责任;尚不够刑事处罚的,依法给予治安管理处罚。

第六十四条③【证人、鉴定人、被害人的特殊保护】 对于危害国家安全犯罪、恐怖活动犯罪、黑社会性质的组织犯罪、毒品犯罪等案件,证人、鉴定人、被害人因在诉讼中作证,本人或者其近亲属的人身安全面临危险的,人民法院、人民检察院和公安机关应当采取以下一项或者多项保护措施:

(一)不公开真实姓名、住址和工作单位等个人信息;
(二)采取不暴露外貌、真实声音等出庭作证措施;
(三)禁止特定的人员接触证人、鉴定人、被害人及其近亲属;
(四)对人身和住宅采取专门性保护措施;
(五)其他必要的保护措施。

证人、鉴定人、被害人认为因在诉讼中作证,本人或者其近亲属的人身安全面临危险的,可以向人民法院、人民检察院、公安机关请求予以保护。

人民法院、人民检察院、公安机关依法采取保护措施,有关单位和个人应当配合。

第六十五条④【证人作证的保障】 证人因履行作证义务而支出的交通、住宿、就餐等费用,应当给予补助。证人作证的补助列入司法机关业务经费,由同级政府财政予以保障。

有工作单位的证人作证,所在单位不得克扣或者变相克扣其工资、奖金及其他福

---

① a. 2020年《公安机关办理刑事案件程序规定》第73条,第245页。
b. 2021年《关于适用〈中华人民共和国刑事诉讼法〉的解释》第80条,第386页。
② 2020年《公安机关办理刑事案件程序规定》第74条,第245页。
③ a. 2012年《关于办理黑社会性质组织犯罪案件若干问题的规定》第9—13、14、16条,第155—156页。
b. 2013年《关于实施刑事诉讼法若干问题的规定》12,第173页。
c. 2017年《关于全面推进以审判为中心的刑事诉讼制度改革的实施意见》13、16,第206、207页。
d. 2017年《公安机关办理刑事案件证人保护工作规定》第2、4—19、23—25条,第618—620页。
e. 2019年《人民检察院刑事诉讼规则》第79条,第293页。
f. 2020年《公安机关办理刑事案件程序规定》第75、76条,第245页。
g. 2022年《中华人民共和国反有组织犯罪法》第61—65条,第112—113页。
h. 2022年《公安机关反有组织犯罪工作规定》第66—70条,第231—232页。
④ a. 2019年《人民检察院刑事诉讼规则》第80条,第294页。
b. 2020年《公安机关办理刑事案件程序规定》第77条,第245页。

利待遇。

第六章　强 制 措 施①

第六十六条② 【拘传、取保候审、监视居住的概括规定】　人民法院、人民检察院和公安机关根据案件情况,对犯罪嫌疑人、被告人可以拘传、取保候审或者监视居住。

第六十七条③ 【取保候审的适用情形与执行】　人民法院、人民检察院和公安机关对于有下列情形之一的犯罪嫌疑人、被告人,可以取保候审:

(一)可能判处管制、拘役或者独立适用附加刑的;

(二)可能判处有期徒刑以上刑罚,采取取保候审不致发生社会危险性的;

(三)患有严重疾病、生活不能自理,怀孕或者正在哺乳自己婴儿的妇女,采取取保候审不致发生社会危险性的;

(四)羁押期限届满,案件尚未办结,需要采取取保候审的。

取保候审由公安机关执行。

---

① a. 2011年《关于对涉嫌盗窃的不满16周岁未成年人采取刑事拘留强制措施是否违法问题的批复》,第627页。
b. 2018年《关于公安机关办理经济犯罪案件的若干规定》31—34条,第213—214页。
c. 2019年《人民检察院刑事诉讼规则》第142—155条,第302—304页。
d. 2020年《公安机关办理刑事案件程序规定》第156,157,164—168条,第256,257页。
② a. 1984年《关于对在押未决犯不采用保外就医办法的通知》,第1016页。
b. 1993年《关于对由军队保卫部门、军事检察院立案的地方人员可否采取强制措施问题的批复》,第621页。
c. 1996年《关于认真执行〈中华人民共和国戒严法〉的通知》,第640页。
d. 1998年《关于走私犯罪侦查机关办理走私犯罪案件适用刑事诉讼程序若干问题的通知》二,第125页。
e. 2001年《关于人民法院对原审被告人宣告无罪后人民检察院抗诉的案件由谁决定对原审被告人采取强制措施并通知其出庭等问题的复函》二,第954页。
f. 2004年《公安机关适用继续盘问规定》,第742页。
g. 2011年《关于公安机关办理醉酒驾驶机动车犯罪案件的指导意见》10,第170页。
h. 2012年《关于办理黑社会性质组织犯罪案件若干问题的规定》第7、8条,第155页。
i. 2013年《关于办理醉酒驾驶机动车刑事案件适用法律若干问题的意见》七,第171页。
j. 2015年《关于机关事业单位工作人员被采取刑事强制措施和受刑事处罚实行向所在单位告知制度的通知》,第627页。
k. 2019年《人民检察院刑事诉讼规则》第81—85条,第294页。
l. 2020年《公安机关办理刑事案件程序规定》第78—80条,第246页。
m. 2021年《关于适用〈中华人民共和国刑事诉讼法〉的解释》第147—149条,第395—396页。
③ a. 1989年《关于第一审判处被告人有期徒刑后第二审法院发现被告人已怀孕应如何处理问题的电话答复》,第965页。
b. 1994年《关于严格执行人民代表大会代表执行职务司法保障规定的通知》,第673—674页。
c. 1998年《关于军队执行〈中华人民共和国刑事诉讼法〉若干问题的暂行规定》第8条,第122页。
d. 2000年《关于严格执行人民代表大会代表执行职务司法保障规定的补充通知》三,第674页。
e. 2000年《关于适用刑事强制措施有关问题的规定》第1—3条,第622页。
f. 2019年《人民检察院刑事诉讼规则》第86—88条,第294页。
g. 2020年《公安机关办理刑事案件程序规定》第81—83、91—94条,第246—248页。
h. 2022年《关于取保候审若干问题的规定》第2、3、14—18、20、21、26、36—39条,第633—638页。

第六十八条① 【取保候审的方式】 人民法院、人民检察院和公安机关决定对犯罪嫌疑人、被告人取保候审,应当责令犯罪嫌疑人、被告人提出保证人或者交纳保证金。

第六十九条② 【保证人的条件】 保证人必须符合下列条件:

(一)与本案无牵连;

(二)有能力履行保证义务;

(三)享有政治权利,人身自由未受到限制;

(四)有固定的住处和收入。

第七十条③ 【保证人的义务及违反义务的法律后果】 保证人应当履行以下义务:

(一)监督被保证人遵守本法第七十一条的规定;

(二)发现被保证人可能发生或者已经发生违反本法第七十一条规定的行为的,应当及时向执行机关报告。

被保证人有违反本法第七十一条规定的行为,保证人未履行保证义务的,对保证人处以罚款,构成犯罪的,依法追究刑事责任。

第七十一条④ 【被取保候审人的义务及违反义务的法律后果】 被取保候审的犯罪嫌疑人、被告人应当遵守以下规定:

(一)未经执行机关批准不得离开所居住的市、县;

(二)住址、工作单位和联系方式发生变动的,在二十四小时以内向执行机关报告;

(三)在传讯的时候及时到案;

---

① a. 2000年《关于适用刑事强制措施有关问题的规定》第5条,第622页。
b. 2019年《人民检察院刑事诉讼规则》第89、96、97条,第294—296页。
c. 2020年《公安机关办理刑事案件程序规定》第84、106条,第246、249页。
d. 2021年《关于适用〈中华人民共和国刑事诉讼法〉的解释》第150—154条,第396页。
e. 2022年《关于取保候审若干问题的规定》第4—6条,第633页。
② a. 2019年《人民检察院刑事诉讼规则》第90条,第295页。
b. 2020年《公安机关办理刑事案件程序规定》第85条,第246页。
③ a. 2000年《关于适用刑事强制措施有关问题的规定》第6条,第623页。
b. 2013年《关于实施刑事诉讼法若干问题的规定》14,第173页。
c. 2014年《公安机关办理刑事复议复核案件程序规定》,第849—853页。
d. 2019年《人民检察院刑事诉讼规则》第91、99条,第295、296页。
e. 2020年《公安机关办理刑事案件程序规定》第86、103—105条,第247、249页。
f. 2021年《关于适用〈中华人民共和国刑事诉讼法〉的解释》第155—157条,第396页。
g. 2022年《关于取保候审若干问题的规定》第22、23、31—33条,第636、638页。
④ a. 2000年《关于适用刑事强制措施有关问题的规定》第4、6、9条,第622、623页。
b. 2001年《关于如何没收逃跑犯罪嫌疑人保证金问题的批复》,第639页。
c. 2013年《关于实施刑事诉讼法若干问题的规定》13、14,第173页。
d. 2014年《公安机关办理刑事复议复核案件程序规定》,第849—583页。
e. 2019年《人民检察院刑事诉讼规则》第93—95、98、100、101条,第295、296页。
f. 2020年《公安机关办理刑事案件程序规定》第89、90、95—100条,第247—248页。
g. 2021年《关于适用〈中华人民共和国刑事诉讼法〉的解释》第158条,第396页。
h. 2022年《关于取保候审若干问题的规定》第7—9、19、23、27—30、34条,第633—638页。

（四）不得以任何形式干扰证人作证；

（五）不得毁灭、伪造证据或者串供。

人民法院、人民检察院和公安机关可以根据案件情况，责令被取保候审的犯罪嫌疑人、被告人遵守以下一项或者多项规定：

（一）不得进入特定的场所；

（二）不得与特定的人员会见或者通信；

（三）不得从事特定的活动；

（四）将护照等出入境证件、驾驶证件交执行机关保存。

被取保候审的犯罪嫌疑人、被告人违反前两款规定，已交纳保证金的，没收部分或者全部保证金，并且区别情形，责令犯罪嫌疑人、被告人具结悔过，重新交纳保证金、提出保证人，或者监视居住、予以逮捕。

对违反取保候审规定，需要予以逮捕的，可以对犯罪嫌疑人、被告人先行拘留。

第七十二条① 【保证金数额的确定及缴纳】 取保候审的决定机关应当综合考虑保证诉讼活动正常进行的需要，被取保候审人的社会危险性，案件的性质、情节，可能判处刑罚的轻重，被取保候审人的经济状况等情况，确定保证金的数额。

提供保证金的人应当将保证金存入执行机关指定银行的专门账户。

第七十三条② 【保证金退还】 犯罪嫌疑人、被告人在取保候审期间未违反本法第七十一条规定的，取保候审结束的时候，凭解除取保候审的通知或者有关法律文书到银行领取退还的保证金。

第七十四条③ 【监视居住的适用情形与执行机关】 人民法院、人民检察院和公安机关对符合逮捕条件，有下列情形之一的犯罪嫌疑人、被告人，可以监视居住：

（一）患有严重疾病、生活不能自理的；

（二）怀孕或者正在哺乳自己婴儿的妇女；

（三）系生活不能自理的人的唯一扶养人；

---

① a. 2019 年《人民检察院刑事诉讼规则》第 92 条，第 295 页。
b. 2020 年《公安机关办理刑事案件程序规定》第 87、88 条，第 247 页。
c. 2021 年《关于适用〈中华人民共和国刑事诉讼法〉的解释》第 153 条，第 396 页。
d. 2022 年《关于取保候审若干问题的规定》第 10—13、35 条，第 634、638 页。
② a. 2000 年《关于适用刑事强制措施有关问题的规定》第 8 条，第 623 页。
b. 2003 年《关于人民检察院不起诉人民法院终止审理或者判决无罪的案件公安机关已采取的取保候审是否合法及应否退还已没收的保证金问题的答复》，第 639 页。
c. 2019 年《人民检察院刑事诉讼规则》第 106 条，第 297 页。
d. 2020 年《公安机关办理刑事案件程序规定》第 101、102 条，第 249 页。
e. 2021 年《关于适用〈中华人民共和国刑事诉讼法〉的解释》第 159 条，第 397 页。
f. 2022 年《关于取保候审若干问题的规定》第 25 条，第 637 页。
③ a. 1994 年《关于严格执行人民代表大会代表执行职务司法保障规定的通知》，第 673—674 页。
b. 2000 年《关于严格执行人民代表大会代表执行职务司法保障规定的补充通知》三，第 674 页。
c. 2000 年《关于适用刑事强制措施有关问题的规定》第 11、12 条，第 623 页。
d. 2019 年《人民检察院刑事诉讼规则》第 107 条，第 297 页。
e. 2020 年《公安机关办理刑事案件程序规定》第 109、110、117—119 条，第 249—251 页。
f. 2021 年《关于适用〈中华人民共和国刑事诉讼法〉的解释》第 160 条，第 397 页。
g. 2022 年《关于取保候审若干问题的规定》第 6 条，第 633 页。

（四）因为案件的特殊情况或者办理案件的需要，采取监视居住措施更为适宜的；

（五）羁押期限届满，案件尚未办结，需要采取监视居住措施的。

对符合取保候审条件，但犯罪嫌疑人、被告人不能提出保证人，也不交纳保证金的，可以监视居住。

监视居住由公安机关执行。

第七十五条① 【监视居住的执行】 监视居住应当在犯罪嫌疑人、被告人的住处执行；无固定住处的，可以在指定的居所执行。对于涉嫌危害国家安全犯罪、恐怖活动犯罪，在住处执行可能有碍侦查的，经上一级公安机关批准，也可以在指定的居所执行。但是，不得在羁押场所、专门的办案场所执行。

【指定监视居住通知家属】 指定居所监视居住的，除无法通知的以外，应当在执行监视居住后二十四小时以内，通知被监视居住人的家属。

【被监视居住人委托辩护人的程序】 被监视居住的犯罪嫌疑人、被告人委托辩护人，适用本法第三十四条的规定。

【人民检察院的监督】 人民检察院对指定居所监视居住的决定和执行是否合法实行监督。

第七十六条 【指定居所监视居住的刑期折抵】 指定居所监视居住的期限应当折抵刑期。被判处管制的，监视居住一日折抵刑期一日；被判处拘役、有期徒刑的，监视居住二日折抵刑期一日。

第七十七条② 【被监视居住人的义务及违反义务的法律后果】 被监视居住的犯罪嫌疑人、被告人应当遵守以下规定：

（一）未经执行机关批准不得离开执行监视居住的处所；

（二）未经执行机关批准不得会见他人或者通信；

（三）在传讯的时候及时到案；

（四）不得以任何形式干扰证人作证；

（五）不得毁灭、伪造证据或者串供；

（六）将护照等出入境证件、身份证件、驾驶证件交执行机关保存。

被监视居住的犯罪嫌疑人、被告人违反前款规定，情节严重的，可以予以逮捕；需要予以逮捕的，可以对犯罪嫌疑人、被告人先行拘留。

---

① a. 2000 年《关于适用刑事强制措施有关问题的规定》第 10—13 条，第 623 页。
b. 2013 年《关于实施刑事诉讼法若干问题的规定》15，第 173 页。
c. 2015 年《人民检察院对指定居所监视居住实行监督的规定》，第 629 页。
d. 2019 年《人民检察院刑事诉讼规则》第 108、109、116—120 条，第 297—299 页。
e. 2020 年《公安机关办理刑事案件程序规定》第 111—115 条，第 250—251 页。
f. 2021 年《关于适用〈中华人民共和国刑事诉讼法〉的解释》第 161 条，第 397 页。
② a. 2000 年《关于适用刑事强制措施有关问题的规定》第 14、15、17 条，第 623、624 页。
b. 2019 年《人民检察院刑事诉讼规则》第 111 条，第 297 页。
c. 2020 年《公安机关办理刑事案件程序规定》第 115、120、121 条，第 251 页。

第七十八条① 【对被监视居住人的监督与监控】 执行机关对被监视居住的犯罪嫌疑人、被告人,可以采取电子监控、不定期检查等监视方法对其遵守监视居住规定的情况进行监督;在侦查期间,可以对被监视居住的犯罪嫌疑人的通信进行监控。

第七十九条② 【取保候审、监视居住的期限及其解除】 人民法院、人民检察院和公安机关对犯罪嫌疑人、被告人取保候审最长不得超过十二个月,监视居住最长不得超过六个月。

在取保候审、监视居住期间,不得中断对案件的侦查、起诉和审理。对于发现不应当追究刑事责任或者取保候审、监视居住期限届满的,应当及时解除取保候审、监视居住。解除取保候审、监视居住,应当及时通知被取保候审、监视居住人和有关单位。

第八十条③ 【逮捕的批准、决定与执行】 逮捕犯罪嫌疑人、被告人,必须经过人民检察院批准或者人民法院决定,由公安机关执行。

第八十一条④ 【逮捕的条件】 对有证据证明有犯罪事实,可能判处徒刑以上

---

① a. 2000 年《关于适用刑事强制措施有关问题的规定》第 13 条,第 623 页。
  b. 2019 年《人民检察院刑事诉讼规则》第 110 条,第 297 页。
  c. 2020 年《公安机关办理刑事案件程序规定》第 116 条,第 251 页。
② a. 2000 年《关于适用刑事强制措施有关问题的规定》第 7、16 条,第 623 页。
  b. 2019 年《人民检察院刑事诉讼规则》第 102—105、112—115 条,第 296—298 页。
  c. 2020 年《公安机关办理刑事案件程序规定》第 107、108、122、123 条,第 249、251 页。
  d. 2021 年《关于适用〈中华人民共和国刑事诉讼法〉的解释》第 162 条,第 397 页。
  e. 2022 年《关于取保候审若干问题的规定》第 24 条,第 636 页。
③ a. 1982 年《中华人民共和国全国人民代表大会组织法》第 44 条,第 76 页。
  b. 1982 年《关于办理罪犯在服刑期间又犯罪案件过程中,遇到被告刑期届满如何处理问题的批复》,第 1006 页。
  c. 1994 年《关于严格执行人民代表大会代表执行职务司法保障规定的通知》,第 673—674 页。
  d. 1996 年《关于对政协委员采取刑事拘留、逮捕强制措施应向所在政协党组通报情况的通知》,第 675 页。
  e. 1998 年《关于军队执行〈中华人民共和国刑事诉讼法〉若干问题的暂行规定》第 9 条,第 123 页。
  f. 1998 年《关于走私犯罪侦查机关办理走私犯罪案件适用刑事诉讼程序若干问题的通知》五,第 125 页。
  g. 2000 年《关于严格执行人民代表大会代表执行职务司法保障规定的补充通知》三,第 674 页。
  h. 2001 年《关于人民法院对原审被告人宣告无罪后人民检察院抗诉的案件由谁决定对原审被告人采取强制措施并通知其出庭等问题的复函》二,第 954 页。
  i. 2015 年《中华人民共和国全国人民代表大会和地方各级人民代表大会代表法》第 32 条,第 76 页。
  j. 2018 年《关于人民检察院立案侦查司法工作人员相关职务犯罪案件若干问题的规定》四,第 481 页。
④ a. 1984 年《关于对在押未决犯不采用保外就医办法的通知》,第 1016 页。
  b. 1989 年《关于办理流窜犯罪案件中一些问题的意见的通知》三、四,第 704、705 页。
  c. 1993 年《关于由军队保卫部门、军事检察院立案的地方人员可否采取强制措施问题的批复》,第 621 页。
  d. 2001 年《关于依法适用逮捕措施有关问题的规定》一,第 642 页。
  e. 2002 年《关于办理走私刑事案件适用法律若干问题的意见》四,第 137 页。
  f. 2006 年《关于在检察工作中贯彻宽严相济刑事司法政策的若干意见》6、7、11—14,第 141—142 页。
  g. 2013 年《关于切实履行检察职能防止和纠正冤假错案的若干意见》16,第 183 页。
  h. 2014 年《关于〈中华人民共和国刑事诉讼法〉第七十九条第三款的解释》,第 86 页。
  i. 2015 年《关于逮捕社会危险性条件若干问题的规定(试行)》,第 660 页。
  j. 2018 年《检察机关办理电信网络诈骗案件指引》一,第 652、658 页。
  k. 2018 年《检察机关办理侵犯公民个人信息案件指引》一、三,第 645、651 页。
  l. 2019 年《人民检察院刑事诉讼规则》第 128—141、270 条,第 300—302、318 页。(转下页)

刑罚的犯罪嫌疑人、被告人,采取取保候审尚不足以防止发生下列社会危险性的,应当予以逮捕:

(一)可能实施新的犯罪的;

(二)有危害国家安全、公共安全或者社会秩序的现实危险的;

(三)可能毁灭、伪造证据,干扰证人作证或者串供的;

(四)可能对被害人、举报人、控告人实施打击报复的;

(五)企图自杀或者逃跑的。

批准或者决定逮捕,应当将犯罪嫌疑人、被告人涉嫌犯罪的性质、情节,认罪认罚等情况,作为是否可能发生社会危险性的考虑因素。

对有证据证明有犯罪事实,可能判处十年有期徒刑以上刑罚的,或者有证据证明有犯罪事实,可能判处徒刑以上刑罚,曾经故意犯罪或者身份不明的,应当予以逮捕。

被取保候审、监视居住的犯罪嫌疑人、被告人违反取保候审、监视居住规定,情节严重的,可以予以逮捕。

第八十二条① 【拘留的条件】 公安机关对于现行犯或者重大嫌疑分子,如果有下列情形之一的,可以先行拘留:

(一)正在预备犯罪、实行犯罪或者在犯罪后即时被发觉的;

(二)被害人或者在场亲眼看见的人指认他犯罪的;

(三)在身边或者住处发现有犯罪证据的;

(四)犯罪后企图自杀、逃跑或者在逃的;

(五)有毁灭、伪造证据或者串供可能的;

(六)不讲真实姓名、住址,身份不明的;

(七)有流窜作案、多次作案、结伙作案重大嫌疑的。

第八十三条② 【异地拘留、逮捕】 公安机关在异地执行拘留、逮捕的时候,应当通知被拘留、逮捕人所在地的公安机关,被拘留、逮捕人所在地的公安机关应当予以配合。

第八十四条 【扭送】 对于有下列情形的人,任何公民都可以立即扭送公安机关、人民检察院或者人民法院处理:

(接上页)

  m. 2020 年《公安机关办理刑事案件程序规定》第 133—136 条,第 253—254 页。

  n. 2021 年《关于适用〈中华人民共和国刑事诉讼法〉的解释》第 163—166 条,第 397—398 页。

  o. 2022 年《关于依法妥善办理轻伤害案件的指导意见》(十六),第 234 页。

 ① a. 1993 年《关于对由军队保卫部门、军事检察院立案的地方人员可否采取强制措施问题的批复》,第 621 页。

  b. 1994 年《关于严格执行人民代表大会代表执行职务司法保障规定的通知》,第 673—674 页。

  c. 1996 年《关于对政协委员采取刑事拘留、逮捕强制措施应向所在政协党组通报情况的通知》,第 675 页。

  d. 2000 年《关于严格执行人民代表大会代表执行职务司法保障规定的补充通知》三,第 674 页。

  e. 2020 年《公安机关办理刑事案件程序规定》第 124 条,第 252 页。

 ② a. 2020 年《公安机关办理刑事案件程序规定》第 146—151 条,第 255—256 页。

  b. 2020 年《关于进一步依法严格规范开展办案协作的通知》,第 749 页。

（一）正在实行犯罪或者在犯罪后即时被发觉的；
（二）通缉在案的；
（三）越狱逃跑的；
（四）正在被追捕的。

第八十五条① 【拘留的程序】 公安机关拘留人的时候，必须出示拘留证。

拘留后，应当立即将被拘留人送看守所羁押，至迟不得超过二十四小时。除无法通知或者涉嫌危害国家安全犯罪、恐怖活动犯罪通知可能有碍侦查的情形以外，应当在拘留后二十四小时以内，通知被拘留人的家属。有碍侦查的情形消失以后，应当立即通知被拘留人的家属。

第八十六条② 【拘留后的处理】 公安机关对被拘留的人，应当在拘留后的二十四小时以内进行讯问。在发现不应当拘留的时候，必须立即释放，发给释放证明。

第八十七条③ 【提请批准逮捕】 公安机关要求逮捕犯罪嫌疑人的时候，应当写出提请批准逮捕书，连同案卷材料、证据，一并移送同级人民检察院审查批准。必要的时候，人民检察院可以派人参加公安机关对于重大案件的讨论。

第八十八条④ 【审查批准逮捕中的讯问】 人民检察院审查批准逮捕，可以讯问犯罪嫌疑人；有下列情形之一的，应当讯问犯罪嫌疑人：

（一）对是否符合逮捕条件有疑问的；

---

① a. 1990年《中华人民共和国看守所条例》第9—15条，第77—78页。
b. 2000年《关于适用刑事强制措施有关问题的规定》第18—21条，第624页。
c. 2012年公安部《公安机关代为保管涉案人员随身财物若干规定》，第815—817页。
d. 2013年《关于实施刑事诉讼法若干问题的规定》16，第173页。
e. 2017年《关于办理刑事案件严格排除非法证据若干问题的规定》第13条，第610页。
f. 2020年《公安机关办理刑事案件程序规定》第125—127、153条，第252、256页。
② a. 1984年《关于正在服刑的罪犯和被羁押的人的选举权问题的联合通知》，第1066页。
b. 2000年《关于适用刑事强制措施有关问题的规定》第21条，第624页。
c. 2006年《公安机关适用刑事羁押期限规定》第5—8条，第678—679页。
d. 2013年《关于进一步深入推进刑事执法办案工作切实防止发生冤假错案的通知》二，第177页。
e. 2015年《关于机关事业单位工作人员被采取刑事强制措施和受刑事处罚实行向所在单位告知制度的通知》，第627页。
f. 2020年《公安机关办理刑事案件程序规定》第128—131条，第252—253页。
③ a. 1999年《关于走私犯罪侦查机关提请批准逮捕和移送审查起诉的案件由分、州、市级人民检察院受理的通知》，第641页。
b. 2001年《关于依法适用逮捕措施有关问题的规定》二，第643页。
c. 2005年《关于人大代表由刑事拘留转逮捕是否需要再次许可问题的意见》，第675页。
d. 2005年《关于公安机关向检察机关随案移送电子文档的通知》，第848页。
e. 2009年《关于公安部证券犯罪侦查局直属分局办理经济犯罪案件适用刑事诉讼程序若干问题的通知》五，第153页。
f. 2019年《人民检察院刑事诉讼规则》第155、156条，第304页。
g. 2020年《公安机关办理刑事案件程序规定》第68、69、137条，第244、254页。
④ a. 1998年最高人民检察院《关于对报请批准逮捕的案件可否侦查问题的批复》，第641页。
b. 2018年最高人民检察院《检察机关办理侵犯公民个人信息案件指引》一（一）、二、三（一），第645、648、651页。
c. 2018年最高人民检察院《检察机关办理电信网络诈骗案件指引》一（一）、二、三（一），第652、655、658页。
d. 2019年《人民检察院刑事诉讼规则》第258—266、280、281条，第316—317、320页。
e. 2021年《人民检察院羁押听证办法》，第670—673页。

（二）犯罪嫌疑人要求向检察人员当面陈述的；
（三）侦查活动可能有重大违法行为的。

【审查批准逮捕中的询问与听取意见】 人民检察院审查批准逮捕，可以询问证人等诉讼参与人，听取辩护律师的意见；辩护律师提出要求的，应当听取辩护律师的意见。

第八十九条① **【批捕的决定权】** 人民检察院审查批准逮捕犯罪嫌疑人由检察长决定。重大案件应当提交检察委员会讨论决定。

第九十条② **【审查批捕后的决定】** 人民检察院对于公安机关提请批准逮捕的案件进行审查后，应当根据情况分别作出批准逮捕或者不批准逮捕的决定。对于批准逮捕的决定，公安机关应当立即执行，并且将执行情况及时通知人民检察院。对于不批准逮捕的，人民检察院应当说明理由，需要补充侦查的，应当同时通知公安机关。

第九十一条③ **【提请批捕和审查批捕的期限】** 公安机关对被拘留的人，认为需要逮捕的，应当在拘留后的三日以内，提请人民检察院审查批准。在特殊情况下，提请审查批准的时间可以延长一日至四日。

对于流窜作案、多次作案、结伙作案的重大嫌疑分子，提请审查批准的时间可以延长至三十日。

人民检察院应当自接到公安机关提请批准逮捕书后的七日以内，作出批准逮捕或者不批准逮捕的决定。人民检察院不批准逮捕的，公安机关应当在接到通知后立即释放，并且将执行情况及时通知人民检察院。对于需要继续侦查，并且符合取保候审、监视居住条件的，依法取保候审或者监视居住。

第九十二条④ **【不批捕的异议】** 公安机关对人民检察院不批准逮捕的决

---

① a. 2019年《人民检察院刑事诉讼规则》第294、295条，第322页。
② a. 1998年《关于对危害国家安全案件批捕起诉和实行备案制度等有关事项的通知》一、四，第119、120页。
b. 2001年《关于依法适用逮捕措施有关问题的规定》三、五—七、九，第643—644页。
c. 2002年《关于对合同诈骗、侵犯知识产权等经济犯罪案件依法正确适用逮捕措施的通知》，第644页。
d. 2010年《关于办理刑事案件排除非法证据若干问题的规定》第3条，第563页。
e. 2013年《关于实施刑事诉讼法若干问题的规定》17，第173页。
f. 2013年《关于切实履行检察职能防止和纠正冤假错案的若干意见》9—16，第181—183页。
g. 2015年《关于依法保障律师执业权利的规定》第21条，第533页。
h. 2016年最高人民检察院指导性案例检例第27号王玉雷不批准逮捕案，第673页。
i. 2016年《办理毒品犯罪案件毒品提取、扣押、称量、取样和送检程序若干问题的规定》第3条，第576页。
j. 2017年《关于办理刑事案件严格排除非法证据若干问题的规定》第16—18条，第610页。
k. 2019年《人民检察院刑事诉讼规则》第257、282—288条，第316、320—321页。
l. 2020年《公安机关办理刑事案件程序规定》第238—240条，第266—267页。
③ a. 2000年《关于适用刑事强制措施有关问题的规定》第23、25条，第624、625页。
b. 2001年《关于依法适用逮捕措施有关问题的规定》四、七，第643页。
c. 2005年《关于人大代表由刑事拘留转逮捕是否需要再次许可问题的意见》，第675页。
d. 2006年《公安机关适用刑事羁押期限规定》第4、9条，第678、679页。
e. 2014年《关于规范刑事案件"另案处理"适用的指导意见》，第701—703页。
④ a. 2000年《关于适用刑事强制措施有关问题的规定》第22、26条，第624、625页。
b. 2001年《关于依法适用逮捕措施有关问题的规定》八，第644页。
c. 2019年《人民检察院刑事诉讼规则》第290—292条，第321—322页。
d. 2020年《公安机关办理刑事案件程序规定》第141条，第254页。

定,认为有错误的时候,可以要求复议,但是必须将被拘留的人立即释放。如果意见不被接受,可以向上一级人民检察院提请复核。上级人民检察院应当立即复核,作出是否变更的决定,通知下级人民检察院和公安机关执行。

第九十三条① 【逮捕的执行程序】 公安机关逮捕人的时候,必须出示逮捕证。

逮捕后,应当立即将被逮捕人送看守所羁押。除无法通知的以外,应当在逮捕后二十四小时以内,通知被逮捕人的家属。

第九十四条② 【逮捕后的处理】 人民法院、人民检察院对于各自决定逮捕的人,公安机关对于经人民检察院批准逮捕的人,都必须在逮捕后的二十四小时以内进行讯问。在发现不应当逮捕的时候,必须立即释放,发给释放证明。

第九十五条③ 【羁押必要性审查】 犯罪嫌疑人、被告人被逮捕后,人民检察院仍应当对羁押的必要性进行审查。对不需要继续羁押的,应当建议予以释放或者变更强制措施。有关机关应当在十日以内将处理情况通知人民检察院。

第九十六条④ 【强制措施的撤销和变更】 人民法院、人民检察院和公安机关如果发现对犯罪嫌疑人、被告人采取强制措施不当的,应当及时撤销或者变更。公安机关释放被逮捕的人或者变更逮捕措施的,应当通知原批准的人民检察院。

第九十七条⑤ 【申请变更强制措施】 犯罪嫌疑人、被告人及其法定代理人、近亲属或者辩护人有权申请变更强制措施。人民法院、人民检察院和公安机关收到申

---

① a. 1990年《中华人民共和国看守所条例》第9—15条,第77—78页。
　b. 2000年《关于适用刑事强制措施有关问题的规定》第27、28条,第625页。
　c. 2006年《公安机关适用刑事羁押期限规定》第10条,第679页。
　d. 2012年《公安机关代为保管涉案人员随身财物若干规定》,第815—817页。
　e. 2017年《关于办理刑事案件严格排除非法证据若干问题的规定》第13条,第610页。
　f. 2020年《公安机关办理刑事案件程序规定》第142、143、145、153条,第255—256页。
　g. 2021年《关于适用〈中华人民共和国刑事诉讼法〉的解释》第167条,第398页。
② a. 1984年《关于正在服刑的罪犯和被羁押的人的选举权问题的联合通知》,第1066页。
　b. 2006年《公安机关适用刑事羁押期限规定》第5—8条,第678—679页。
　c. 2015年《关于机关事业单位工作人员被采取刑事强制措施和受刑事处罚实行向所在单位告知制度的通知》,第627页。
　d. 2020年《公安机关办理刑事案件程序规定》第144条,第255页。
　e. 2021年《关于适用〈中华人民共和国刑事诉讼法〉的解释》第168条,第398页。
③ a. 2016年《人民检察院办理羁押必要性审查案件规定(试行)》,第661页。
　b. 2016年《关于贯彻执行〈人民检察院办理羁押必要性审查案件规定(试行)〉的指导意见》,第664页。
　c. 2019年《人民检察院刑事诉讼规则》第573—582条,第360—362页。
　d. 2020年《公安机关办理刑事案件程序规定》第159条,第256页。
　e. 2021年《关于适用〈中华人民共和国刑事诉讼法〉的解释》第173条,第398页。
　f. 2021年《人民检察院羁押听证办法》,第670—673页。
　g. 2022年《关于依法妥善办理轻伤害案件的指导意见》(十九),第235页。
④ a. 2000年《关于适用刑事强制措施有关问题的规定》第29、32条,第625、626页。
　b. 2001年《关于依法适用逮捕措施有关问题的规定》七,第643页。
　c. 2019年《人民检察院刑事诉讼规则》第289条,第321页。
　d. 2020年《公安机关办理刑事案件程序规定》第158条,第256页。
　e. 2021年《关于适用〈中华人民共和国刑事诉讼法〉的解释》第169—172条,第398页。
⑤ a. 2000年《关于适用刑事强制措施有关问题的规定》第30条,第625页。
　b. 2015年《关于依法保障律师执业权利的规定》第22条,第533页。
　c. 2020年《公安机关办理刑事案件程序规定》第160条,第257页。
　d. 2021年《关于适用〈中华人民共和国刑事诉讼法〉的解释》第174条,第398页。

请后,应当在三日以内作出决定;不同意变更强制措施的,应当告知申请人,并说明不同意的理由。

第九十八条① 【羁押期满后的处理】 犯罪嫌疑人、被告人被羁押的案件,不能在本法规定的侦查羁押、审查起诉、一审、二审期限内办结的,对犯罪嫌疑人、被告人应当予以释放;需要继续查证、审理的,对犯罪嫌疑人、被告人可以取保候审或者监视居住。

第九十九条 ② 【强制措施期限届满的处理】 人民法院、人民检察院或者公安机关对被采取强制措施法定期限届满的犯罪嫌疑人、被告人,应予以释放、解除取保候审、监视居住或者依法变更强制措施。犯罪嫌疑人、被告人及其法定代理人、近亲属或者辩护人对于人民法院、人民检察院或者公安机关采取强制措施法定期限届满的,有权要求解除强制措施。

第一百条③ 【审查批捕中的侦查监督】 人民检察院在审查批准逮捕工作中,如果发现公安机关的侦查活动有违法情况,应当通知公安机关予以纠正,公安机关应当将纠正情况通知人民检察院。

第七章　附带民事诉讼

第一百零一条④ 【附带民事诉讼的提起】 被害人由于被告人的犯罪行为而遭受物质损失的,在刑事诉讼过程中,有权提起附带民事诉讼。被害人死亡或者丧失行为能力的,被害人的法定代理人、近亲属有权提起附带民事诉讼。

如果是国家财产、集体财产遭受损失的,人民检察院在提起公诉的时候,可以提起附带民事诉讼。

---

① 2006年《公安机关适用刑事羁押期限规定》第14—31条,第679—681页。
② a. 2000年《关于对"犯罪嫌疑人被监视居住期满后能否转取保候审"问题的答复意见》,第639页。
b. 2000年《关于适用刑事强制措施有关问题的规定》第31条,第626页。
c. 2002年《关于监视居住期满后能否对犯罪嫌疑人采取取保候审强制措施问题的批复》,第640页。
d. 2015年《关于依法保障律师执业权利的规定》第22条,第533页。
e. 2020年《公安机关办理刑事案件程序规定》第161—163条,第257页。
③ a. 2013年《人民检察院办理未成年人刑事案件的规定》第67条,第1099页。
b. 2019年《人民检察院刑事诉讼规则》第293条,第322页。
c. 2020年《公安机关办理刑事案件程序规定》第147条,第255页。
④ a. 1998年《关于军队执行〈中华人民共和国刑事诉讼法〉若干问题的暂行规定》第14条,第123页。
b. 1999年《全国法院维护农村稳定刑事审判工作座谈会纪要》三(五),第950页。
c. 2002年《关于行政机关工作人员执行职务致人伤亡构成犯罪的赔偿诉讼程序问题的批复》,第693页。
d. 2004年《关于对参加聚众斗殴受重伤或者死亡的人及其家属提出的民事赔偿请求能否予以支持问题的答复》,第693页。
e. 2014年《关于办理非法集资刑事案件适用法律若干问题的意见》七,第166页。
f. 2014年《关于交通肇事刑事案件附带民事赔偿范围问题的答复》,第694页。
g. 2019年《关于人民检察院提起刑事附带民事公益诉讼应否履行诉前公告程序问题的批复》,第694页。
h. 2020《关于在审理经济纠纷案件中涉及经济犯罪嫌疑若干问题的规定》第2—9条,第949—950页。
i. 2021年《关于适用〈中华人民共和国刑事诉讼法〉的解释》第175—188条,第398—400页。

第一百零二条① 【财产保全】 人民法院在必要的时候,可以采取保全措施,查封、扣押或者冻结被告人的财产。附带民事诉讼原告人或者人民检察院可以申请人民法院采取保全措施。人民法院采取保全措施,适用民事诉讼法的有关规定。

第一百零三条② 【附带民事诉讼的调解与裁判】 人民法院审理附带民事诉讼案件,可以进行调解,或者根据物质损失情况作出判决、裁定。

第一百零四条③ 【附带民事诉讼与刑事案件的关系】 附带民事诉讼应当同刑事案件一并审判,只有为了防止刑事案件审判的过分迟延,才可以在刑事案件审判后,由同一审判组织继续审理附带民事诉讼。

第八章 期间、送达

第一百零五条④ 【期间及其计算】 期间以时、日、月计算。

期间开始的时和日不算在期间以内。

法定期间不包括路途上的时间。上诉状或者其他文件在期满前已经交邮的,不算过期。

期间的最后一日为节假日的,以节假日后的第一日为期满日期,但犯罪嫌疑人、被告人或者罪犯在押期间,应当至期满之日为止,不得因节假日而延长。

第一百零六条⑤ 【期间恢复】 当事人由于不能抗拒的原因或者有其他正当理由而耽误期限的,在障碍消除后五日以内,可以申请继续进行应当在期满以前完成的诉讼活动。

前款申请是否准许,由人民法院裁定。

第一百零七条⑥ 【送达】 送达传票、通知书和其他诉讼文件应当交给收件人本人;如果本人不在,可以交给他的成年家属或者所在单位的负责人员代收。

收件人本人或者代收人拒绝接收或者拒绝签名、盖章的时候,送达人可以邀请他的邻居或者其他见证人到场,说明情况,把文件留在他的住处,在送达证上记明拒绝的事由、送达的日期,由送达人签名,即认为已经送达。

---

① a. 2012 年《中华人民共和国民事诉讼法》第 103—108 条,第 82—83 页。
b. 2021 年《关于适用〈中华人民共和国刑事诉讼法〉的解释》第 188、189 条,第 400 页。
② a. 2006 年《关于审理未成年人刑事案件具体应用法律若干问题的解释》第 19 条,第 1090 页。
b. 2016 年《关于进一步贯彻"调解优先、调判结合"工作原则的若干意见》5,第 948 页。
c. 2021 年《关于适用〈中华人民共和国刑事诉讼法〉的解释》第 190—195、197—201 条,第 400—401 页。
③ 2021 年《关于适用〈中华人民共和国刑事诉讼法〉的解释》第 196 条,第 401 页。
④ 2021 年《关于适用〈中华人民共和国刑事诉讼法〉的解释》第 202 条,第 401 页。
⑤ 2021 年《关于适用〈中华人民共和国刑事诉讼法〉的解释》第 203 条,第 401 页。
⑥ a. 2010 年《关于人民法院办理海峡两岸送达文书和调查取证司法互助件的规定》三,第 696 页。
b. 2014 年《关于以检察专递方式邮寄送达有关检察法律文书的若干规定》,第 699—701 页。
c. 2021 年《关于适用〈中华人民共和国刑事诉讼法〉的解释》第 104—108 条,第 390—391 页。

第九章 其 他 规 定

第一百零八条 【有关用语的解释】 本法下列用语的含意是：
（一）"侦查"是指公安机关、人民检察院对于刑事案件，依照法律进行的收集证据、查明案情的工作和有关的强制性措施；
（二）"当事人"①是指被害人、自诉人、犯罪嫌疑人、被告人、附带民事诉讼的原告人和被告人；
（三）"法定代理人"是指被代理人的父母、养父母、监护人和负有保护责任的机关、团体的代表；
（四）"诉讼参与人"是指当事人、法定代理人、诉讼代理人、辩护人、证人、鉴定人和翻译人员；
（五）"诉讼代理人"是指公诉案件的被害人及其法定代理人或者近亲属、自诉案件的自诉人及其法定代理人委托代为参加诉讼的人和附带民事诉讼的当事人及其法定代理人委托代为参加诉讼的人；
（六）"近亲属"是指夫、妻、父、母、子、女、同胞兄弟姊妹。

第二编　立案、侦查和提起公诉②

第一章　立　案

第一百零九条③ **【立案的权限】** 公安机关或者人民检察院发现犯罪事实或者犯罪嫌疑人，应当按照管辖范围，立案侦查。

第一百一十条④ **【立案的材料来源】【对立案材料的接受和处理】** 任何单位和个人发现有犯罪事实或者犯罪嫌疑人，有权利也有义务向公安机关、人民检察院或

---

① 2002年《关于办理走私刑事案件适用法律若干问题的意见》十七、十九，第138页。
② 2019年《关于刑事诉讼中应用电子签名和电子指纹捺印有关问题的意见》，第220—221页。
③ 2010年《关于依法惩治拐卖妇女儿童犯罪的意见》三，第164页。
④ a. 1998年《关于走私犯罪侦查机关办理走私犯罪案件适用刑事诉讼程序若干问题的通知》十一，第126页。
　b. 2001年《行政执法机关移送涉嫌犯罪案件的规定》，第79—82页。
　c. 2006年《关于加强行政机关与检察机关在重大责任事故调查处理中的联系和配合的暂行规定》，第711—712页。
　d. 2006年《关于在行政执法中及时移送涉嫌犯罪案件的意见》，第712—714页。
　e. 2011年《关于办理证券期货违法犯罪案件工作若干问题的意见》，第714—715页。
　f. 2012年《关于贯彻执行〈关于办理证券期货违法犯罪案件工作若干问题的意见〉有关问题的通知》，第715—716页。
　g. 2015年《关于改革完善受案立案制度的意见》，第709—710页。
　h. 2015年《食品药品行政执法与刑事司法衔接工作办法》，第716—720页。
　i. 2016年《公安机关受理行政执法机关移送涉嫌犯罪案件规定》，第727—728页。
　j. 2017年《环境保护行政执法与刑事司法衔接工作办法》，第729—733页。
　k. 2019年《安全生产行政执法与刑事司法衔接工作办法》，第733—738页。（转下页）

者人民法院报案或者举报。

被害人对侵犯其人身、财产权利的犯罪事实或者犯罪嫌疑人,有权向公安机关、人民检察院或者人民法院报案或者控告。

公安机关、人民检察院或者人民法院对于报案、控告、举报,都应当接受。对于不属于自己管辖的,应当移送主管机关处理,并且通知报案人、控告人、举报人;对于不属于自己管辖而又必须采取紧急措施的,应当先采取紧急措施,然后移送主管机关。

犯罪人向公安机关、人民检察院或者人民法院自首的,适用第三款规定。

第一百一十一条① 【报案、控告、举报的形式及要求】 报案、控告、举报可以用书面或者口头提出。接受口头报案、控告、举报的工作人员,应当写成笔录,经宣读无误后,由报案人、控告人、举报人签名或者盖章。

接受控告、举报的工作人员,应当向控告人、举报人说明诬告应负的法律责任。但是,只要不是捏造事实,伪造证据,即使控告、举报的事实有出入,甚至是错告的,也要和诬告严格加以区别。

公安机关、人民检察院或者人民法院应当保障报案人、控告人、举报人及其近亲属的安全。报案人、控告人、举报人如果不愿公开自己的姓名和报案、控告、举报的行为,应当为他保守秘密。

第一百一十二条② 【对立案材料的审查和处理】【立案的条件】 人民法院、人民检察院或者公安机关对于报案、控告、举报和自首的材料,应当按照管辖范围,迅速进行审查,认为有犯罪事实需要追究刑事责任的时候,应当立案;认为没有犯罪事

(接上页)

l. 2019 年《关于跨省异地执行刑罚的黑恶势力罪犯坦白检举构成自首立功若干问题的意见》,第162—163页。
m. 2019 年《人民检察院刑事诉讼规则》第 166—170 条,第 305—306 页。
n. 2020 年《公安机关办理刑事案件程序规定》第 169、170 条,第 257 页。
o. 2020《关于在审理经济纠纷案件中涉及经济犯罪嫌疑若干问题的规定》第 10—12 条,第 950 页。
p. 2021 年《关于加强查处骗取医保基金案件行刑衔接工作的通知》,第 740—741 页。
q. 2021 年《关于进一步加强虚假诉讼犯罪惩治工作的意见》,第 222—225 页。
r. 2021 年《关于依法惩治涉枪支、弹药、爆炸物、易燃易爆危险物品犯罪的意见》,第 741—742 页。
s. 2022 年《中华人民共和国反有组织犯罪法》第 24—32 条,第 110 页。
t. 2022 年《关于办理信息网络犯罪案件适用刑事诉讼程序若干问题的意见》11—13,第 198 页。
u. 2023 年《药品行政执法与刑事司法衔接工作办法》,第 720 页。
① 2020 年《公安机关办理刑事案件程序规定》第 171—173 条,第 258 页。
② a. 1994 年《关于严格执行人民代表大会代表执行职务司法保障规定的通知》,第 673—674 页。
b. 2000 年《关于刑事案件如实立案的通知》,第 706 页。
c. 2000 年《关于严格执行人民代表大会代表执行职务司法保障规定的补充通知》三,第 674 页。
d. 2000 年《关于打击拐卖妇女儿童犯罪适用法律和政策有关问题的意见》一(二)、(三),第 486 页。
e. 2011 年《关于公安机关办理醉酒驾驶机动车犯罪案件的指导意见》8,第 169 页。
f. 2012 年《关于办理黑社会性质组织犯罪案件若干问题的规定》第 5、6 条,第 155 页。
g. 2014 年《公安机关办理刑事复议复核案件程序规定》,第 849—853 页。
h. 2015 年《关于改革完善受案立案制度的意见》,第 709—710 页。
i. 2018 年《关于公安机关办理刑事案件的若干意见》第 15—26、77 条,第 210—212、220 页。
j. 2019 年《人民检察院刑事诉讼规则》第 171—175 条,第 306 页。
k. 2020 年《公安机关办理刑事案件程序规定》第 174—181、184、185 条,第 258—259 页。
l. 2022 年《公安机关反有组织犯罪工作规定》第 28—32 条,第 227—228 页。

实,或者犯罪事实显著轻微,不需要追究刑事责任的时候,不予立案,并且将不立案的原因通知控告人。控告人如果不服,可以申请复议。

第一百一十三条① 【立案监督】 人民检察院认为公安机关对应当立案侦查的案件而不立案侦查的,或者被害人认为公安机关对应当立案侦查的案件而不立案侦查,向人民检察院提出的,人民检察院应当要求公安机关说明不立案的理由。人民检察院认为公安机关不立案理由不能成立的,应当通知公安机关立案,公安机关接到通知后应当立案。

第一百一十四条 【自诉的提起和受理】 对于自诉案件,被害人有权向人民法院直接起诉。被害人死亡或者丧失行为能力的,被害人的法定代理人、近亲属有权向人民法院起诉。人民法院应当依法受理。

第二章 侦 查②

第一节 一 般 规 定

第一百一十五条③ 【侦查的一般要求】 公安机关对已经立案的刑事案件,应当进行侦查,收集、调取犯罪嫌疑人有罪或者无罪、罪轻或者罪重的证据材料。对现行犯或者重大嫌疑分子可以依法先行拘留,对符合逮捕条件的犯罪嫌疑人,应当依法逮捕。

第一百一十六条 【预审】 公安机关经过侦查,对有证据证明有犯罪事实的案件,应当进行预审,对收集、调取的证据材料予以核实。

第一百一十七条④ 【申诉、控告】 当事人和辩护人、诉讼代理人、利害关系人对于司法机关及其工作人员有下列行为之一的,有权向该机关申诉或者控告:

(一)采取强制措施法定期限届满,不予以释放、解除或者变更的;

(二)应当退还取保候审保证金不退还的;

(三)对与案件无关的财物采取查封、扣押、冻结措施的;

(四)应当解除查封、扣押、冻结不解除的;

(五)贪污、挪用、私分、调换、违反规定使用查封、扣押、冻结的财物的。

---

① a. 1998 年《关于"人民检察院发出〈通知立案书〉时应当将有关证明应该立案的材料移送公安机关"问题的批复》,第 711 页。
b. 2010 年《关于刑事立案监督有关问题的规定(试行)》,第 707—709 页。
c. 2013 年《关于实施刑事诉讼法若干问题的规定》18,第 174 页。
d. 2018 年《关于公安机关办理经济犯罪案件的若干规定》第 27—30 条,第 213 页。
e. 2019 年《人民检察院刑事诉讼规则》第 557—566 条,第 357—358 页。
f. 2020 年《公安机关办理刑事案件程序规定》第 182、183 条,第 259 页。
g. 2021 年《关于推进行政执法与刑事司法衔接工作的规定》第 3—7 条,第 738 页。
② a. 2019 年《人民检察院刑事诉讼规则》第 567—569 条,第 359 页。
b. 2020 年《关于进一步依法严格规范开展办案协作的通知》,第 749 页。
c. 2022 年《公安机关反有组织犯罪工作规定》第 34—44 条,第 228—229 页。
③ 2020 年《公安机关办理刑事案件程序规定》第 191—195 条,第 260—262 页。
④ 2020 年《公安机关办理刑事案件程序规定》第 196、197 条,第 261 页。

受理申诉或者控告的机关应当及时处理。对处理不服的,可以向同级人民检察院申诉;人民检察院直接受理的案件,可以向上一级人民检察院申诉。人民检察院对申诉应当及时进行审查,情况属实的,通知有关机关予以纠正。

第二节 讯问犯罪嫌疑人①

第一百一十八条② 【讯问的主体】 讯问犯罪嫌疑人必须由人民检察院或者公安机关的侦查人员负责进行。讯问的时候,侦查人员不得少于二人。

犯罪嫌疑人被送交看守所羁押以后,侦查人员对其进行讯问,应当在看守所内进行。

第一百一十九条③ 【讯问的时间、地点】 对不需要逮捕、拘留的犯罪嫌疑人,可以传唤到犯罪嫌疑人所在市、县内的指定地点或者到他的住处进行讯问,但是应当出示人民检察院或者公安机关的证明文件。对在现场发现的犯罪嫌疑人,经出示工作证件,可以口头传唤,但应当在讯问笔录中注明。

【传唤、拘传的限制性规定】 传唤、拘传持续的时间不得超过十二小时;案情特别重大、复杂,需要采取拘留、逮捕措施的,传唤、拘传持续的时间不得超过二十四小时。

不得以连续传唤、拘传的形式变相拘禁犯罪嫌疑人。传唤、拘传犯罪嫌疑人,应当保证犯罪嫌疑人的饮食和必要的休息时间。

第一百二十条④ 【讯问的程序】 侦查人员在讯问犯罪嫌疑人的时候,应当首先讯问犯罪嫌疑人是否有犯罪行为,让他陈述有罪的情节或者无罪的辩解,然后向他提出问题。犯罪嫌疑人对侦查人员的提问,应当如实回答。但是对与本案无关的问题,有拒绝回答的权利。

侦查人员在讯问犯罪嫌疑人的时候,应当告知犯罪嫌疑人享有的诉讼权利,如实供述自己罪行可以从宽处理和认罪认罚的法律规定。

第一百二十一条⑤ 【讯问聋、哑人的要求】 讯问聋、哑的犯罪嫌疑人,应当有通晓聋、哑手势的人参加,并且将这种情况记明笔录。

第一百二十二条⑥ 【讯问笔录的制作】 讯问笔录应当交犯罪嫌疑人核对,对

---

① 2020年《关于重大案件侦查终结前开展讯问合法性核查工作若干问题的意见》,第751—753页。
② a. 1990年《中华人民共和国看守所条例》第19—21条,第78页。
  b. 2007年《关于进一步严格依法办案确保办理死刑案件质量的意见》11,第146页。
  c. 2017年《关于办理刑事案件严格排除非法证据若干问题的规定》第9条,第609页。
  d. 2020年《公安机关办理刑事案件程序规定》第202条,第262页。
③ a. 2020年《公安机关办理刑事案件程序规定》第198—201条,第261—262页。
  b. 2022年《关于办理信息网络犯罪案件适用刑事诉讼程序若干问题的意见》15,第198页。
④ a. 2013年《关于切实履行检察职能防止和纠正冤假错案的若干意见》4,第181页。
  b. 2020年《公安机关办理刑事案件程序规定》第203、209、258—262条,第262、263、268—269页。
⑤ 2020年《公安机关办理刑事案件程序规定》第204条,第262页。
⑥ a. 2017年《关于办理刑事案件严格排除非法证据若干问题的规定》第12条,第610页。
  b. 2020年《公安机关办理刑事案件程序规定》第205—207条,第262页。

于没有阅读能力的,应当向他宣读。如果记载有遗漏或者差错,犯罪嫌疑人可以提出补充或者改正。犯罪嫌疑人承认笔录没有错误后,应当签名或者盖章。侦查人员也应当在笔录上签名。犯罪嫌疑人请求自行书写供述的,应当准许。必要的时候,侦查人员也可以要犯罪嫌疑人亲笔书写供词。

第一百二十三条① 【讯问的录音录像】 侦查人员在讯问犯罪嫌疑人的时候,可以对讯问过程进行录音或者录像;对于可能判处无期徒刑、死刑的案件或者其他重大犯罪案件,应当对讯问过程进行录音或者录像。

录音或者录像应当全程进行,保持完整性。

第三节 询问证人②

第一百二十四条③ 【询问证人的地点、方式和要求】 侦查人员询问证人,可以在现场进行,也可以到证人所在单位、住处或者证人提出的地点进行,在必要的时候,可以通知证人到人民检察院或者公安机关提供证言。在现场询问证人,应当出示工作证件,到证人所在单位、住处或者证人提出的地点询问证人,应当出示人民检察院或者公安机关的证明文件。

【个别询问原则】 询问证人应当个别进行。

第一百二十五条 【询问证人时的告知义务】 询问证人,应当告知他应当如实地提供证据、证言和有意作伪证或者隐匿罪证要负的法律责任。

第一百二十六条 【询问证人笔录的制作】 本法第一百二十二条的规定,也适用于询问证人。

第一百二十七条④ 【询问被害人】 询问被害人,适用本节各条规定。

第四节 勘验、检查

第一百二十八条⑤ 【勘验、检查的范围】 侦查人员对于与犯罪有关的场所、物

---

① a. 2013 年《关于实施刑事诉讼法若干问题的规定》19,第 174 页。
b. 2013 年《关于切实履行检察职能防止和纠正冤假错案的若干意见》6,第 181 页。
c. 2014 年《公安机关讯问犯罪嫌疑人录音录像工作规定》,第 757—760 页。
d. 2014 年《人民检察院讯问职务犯罪嫌疑人实行全程同步录音录像的规定》,第 754—757 页。
e. 2017 年《关于办理刑事案件严格排除非法证据若干问题的规定》第 10、11 条,第 609—610 页。
f. 2020 年《公安机关办理刑事案件程序规定》第 208 条,第 263 页。
② 2020 年《公安机关办理刑事案件程序规定》第 210—212 条,第 263 页。
③ 2022 年《关于办理信息网络犯罪案件适用刑事诉讼程序若干问题的意见》15,第 198 页。
④ 2022 年《关于办理信息网络犯罪案件适用刑事诉讼程序若干问题的意见》15,第 198 页。
⑤ a. 1988 年《人民检察院法医工作细则(试行)》,第 772—776 页。
b. 2005 年《计算机犯罪现场勘验与电子证据检查规则》,第 768—772 页。
c. 2015 年《公安机关刑事案件现场勘验检查规则》第 5—13 条,第 761 页。
d. 2016 年《办理毒品犯罪案件毒品提取、扣押、称量、取样和送检程序若干问题的规定》第 4—29、35—38 条,第 577—581 页。
e. 2020 年《公安机关办理刑事案件程序规定》第 213 条,第 263 页。

品、人身、尸体应当进行勘验或者检查。在必要的时候,可以指派或者聘请具有专门知识的人,在侦查人员的主持下进行勘验、检查。

第一百二十九条① 【现场保护】 任何单位和个人,都有义务保护犯罪现场,并且立即通知公安机关派员勘验。

第一百三十条② 【执行勘验、检查的证明文件】 侦查人员执行勘验、检查,必须持有人民检察院或者公安机关的证明文件。

第一百三十一条③ 【尸体解剖】 对于死因不明的尸体,公安机关有权决定解剖,并且通知死者家属到场。

第一百三十二条④ 【人身检查】 为了确定被害人、犯罪嫌疑人的某些特征、伤害情况或者生理状态,可以对人身进行检查,可以提取指纹信息,采集血液、尿液等生物样本。

犯罪嫌疑人如果拒绝检查,侦查人员认为必要的时候,可以强制检查。

检查妇女的身体,应当由女工作人员或者医师进行。

第一百三十三条⑤ 【勘验、检查笔录的制作】 勘验、检查的情况应当写成笔录,由参加勘验、检查的人和见证人签名或者盖章。

第一百三十四条⑥ 【复验、复查】 人民检察院审查案件的时候,对公安机关的勘验、检查,认为需要复验、复查时,可以要求公安机关复验、复查,并且可以派检察人员参加。

第一百三十五条⑦ 【侦查实验】 为了查明案情,在必要的时候,经公安机关负责人批准,可以进行侦查实验。

侦查实验的情况应当写成笔录,由参加实验的人签名或者盖章。

侦查实验,禁止一切足以造成危险、侮辱人格或者有伤风化的行为。

---

① a. 2008 年《关于严格依法及时办理危害生产安全刑事案件的通知》二,第 150 页。
b. 2020 年《公安机关办理刑事案件程序规定》第 214 条,第 263 页。
c. 2015 年《公安机关刑事案件现场勘验检查规则》第 14—19 条,第 761—762 页。
② a. 2015 年《公安机关刑事案件现场勘验检查规则》第 21—33、52—68 条,第 762—763、765—766 页。
b. 2020 年《公安机关办理刑事案件程序规定》第 215、216 条,第 263 页。
③ a. 2008 年《关于正确执行〈公安机关办理刑事案件程序规定〉第一百九十九条的批复》,第 776 页。
b. 2015 年《公安机关刑事案件现场勘验检查规则》第 35—41 条,第 763—764 页。
c. 2020 年《公安机关办理刑事案件程序规定》第 218、219 条,第 264 页。
④ a. 2015 年《公安机关刑事案件现场勘验检查规则》第 34 条,第 763 页。
b. 2020 年《公安机关办理刑事案件程序规定》第 217 条,第 263 页。
⑤ 2015 年《公安机关刑事案件现场勘验检查规则》第 42—51、73—78 条,第 764—765、767—768 页。
⑥ a. 2015 年《公安机关刑事案件现场勘验检查规则》第 79、80 条,第 768 页。
b. 2020 年《公安机关办理刑事案件程序规定》第 220 条,第 264 页。
⑦ a. 2015 年《公安机关刑事案件现场勘验检查规则》第 69—72 条,第 766—767 页。
b. 2016 年《关于办理刑事案件收集提取和审查判断电子数据若干问题的规定》第 16 条,第 597 页。
c. 2019 年《公安机关办理刑事案件电子数据取证规则》第 43—54 条,第 605—606 页。
d. 2020 年《公安机关办理刑事案件程序规定》第 221 条,第 264 页。

第五节 搜 查

第一百三十六条① 【搜查的对象】 为了收集犯罪证据、查获犯罪人,侦查人员可以对犯罪嫌疑人以及可能隐藏罪犯或者犯罪证据的人的身体、物品、住处和其他有关的地方进行搜查。

第一百三十七条② 【协助义务的规定】 任何单位和个人,有义务按照人民检察院和公安机关的要求,交出可以证明犯罪嫌疑人有罪或者无罪的物证、书证、视听资料等证据。

第一百三十八条③ 【搜查证】 进行搜查,必须向被搜查人出示搜查证。

在执行逮捕、拘留的时候,遇有紧急情况,不另用搜查证也可以进行搜查。

第一百三十九条④ 【搜查的见证人】 在搜查的时候,应当有被搜查人或者他的家属,邻居或者其他见证人在场。

【搜查妇女的身体】 搜查妇女的身体,应当由女工作人员进行。

第一百四十条⑤ 【搜查笔录的制作】 搜查的情况应当写成笔录,由侦查人员和被搜查人或者他的家属,邻居或者其他见证人签名或者盖章。如果被搜查人或者他的家属在逃或者拒绝签名、盖章,应当在笔录上注明。

第六节 查封、扣押物证、书证

第一百四十一条⑥ 【查封、扣押物证、书证的范围】 在侦查活动中发现的可用

---

① a. 1998年《关于对公安机关因侦查破案需要可否检查军车问题的批复》,第776—777页。
b. 2016年《办理毒品犯罪案件毒品提取、扣押、称量、取样和送检程序若干问题的规定》第4—29、35—38条,第577—581页。
c. 2020年《公安机关办理刑事案件程序规定》第222、223条,第264页。
② 1998年《关于走私犯罪侦查机关办理走私犯罪案件适用刑事诉讼程序若干问题的通知》二、三、四,第125页。
③ 2020年《公安机关办理刑事案件程序规定》第224条,第264页。
④ 2020年《公安机关办理刑事案件程序规定》第225条,第264页。
⑤ 2020年《公安机关办理刑事案件程序规定》第226条,第264页。
⑥ a. 1997年《关于办理非法生产光盘案件有关问题的通知》,第854页。
b. 1998年《关于依法查处盗窃、抢劫机动车案件的规定》,第854—855页。
c. 2001年《关于公安机关在办理刑事案件中可否查封冻结不动产或投资权益问题的批复》,第777页。
d. 2012年《关于办理黑社会性质组织犯罪案件若干问题的规定》第17—19条,第156—157页。
e. 2013年《公安机关办理刑事案件适用查封、冻结措施有关规定》,第785页。
f. 2015年《关于进一步规范刑事诉讼涉案财物处置工作的意见》,第793页。
g. 2015《人民检察院刑事诉讼涉案财物管理规定》,第795页。
h. 2015年《公安机关涉案财物管理若干规定》,第802页。
i. 2016年《办理毒品犯罪案件毒品提取、扣押、称量、取样和送检程序若干问题的规定》第4—29、35—38条,第577—581页。
j. 2016年《公安机关缴获毒品管理规定》,第817页。
k. 2018年《关于公安机关办理经济犯罪案件的若干规定》第46—55条,第215—217页。
l. 2019年公安部《公安机关办理刑事案件电子数据取证规则》第10—15条,第601—602页。
m. 2019年《关于办理非法集资刑事案件若干问题的意见》九,第509页。(转下页)

以证明犯罪嫌疑人有罪或者无罪的各种财物、文件,应当查封、扣押;与案件无关的财物、文件,不得查封、扣押。

【扣押物证、书证的管理】 对查封、扣押的财物、文件,要妥善保管或者封存,不得使用、调换或者损毁。

第一百四十二条① 【扣押清单的制作】 对查封、扣押的财物、文件,应当会同在场见证人和被查封、扣押财物、文件持有人查点清楚,当场开列清单一式二份,由侦查人员、见证人和持有人签名或者盖章,一份交给持有人,另一份附卷备查。

第一百四十三条② 【扣押邮件、电报】 侦查人员认为需要扣押犯罪嫌疑人的邮件、电报的时候,经公安机关或者人民检察院批准,即可通知邮电机关将有关的邮件、电报检交扣押。

不需要继续扣押的时候,应即通知邮电机关。

第一百四十四条③ 【查询、冻结财产】 人民检察院、公安机关根据侦查犯罪的需要,可以依照规定查询、冻结犯罪嫌疑人的存款、汇款、债券、股票、基金份额等财产。有关单位和个人应当配合。

【禁止重复冻结原则】 犯罪嫌疑人的存款、汇款、债券、股票、基金份额等财产已被冻结的,不得重复冻结。

第一百四十五条④ 【对查封、扣押、冻结物的处理】 对查封、扣押的财物、文件、邮件、电报或者冻结的存款、汇款、债券、股票、基金份额等财产,经查明确实与案件无关的,应当在三日以内解除查封、扣押、冻结,予以退还。

(接上页)
    n. 2019 年《关于办理"套路贷"刑事案件若干问题的意见》,第 512 页。
    o. 2019 年《关于办理黑恶势力刑事案件中财产处置若干问题的意见》,第 807 页。
    p. 2020 年《公安机关办理刑事案件程序规定》第 227—229 条,第 265 页。
① 2020 年《公安机关办理刑事案件程序规定》第 230、231 条,第 265 页。
② 2020 年《公安机关办理刑事案件程序规定》第 232、233 条,第 265 页。
③   a. 1996 年《关于对冻结、扣划企业事业单位、机关团体在银行、非银行金融机构存款的执法活动加强监督的通知》,第 782 页。
    b. 1997 年《关于贯彻落实中共中央政法委关于司法机关冻结、扣划银行存款问题的意见的通知》,第 780 页。
    c. 1997 年《关于对银行协助执行有关问题的复函》,第 1067 页。
    d. 2002 年《金融机构协助查询、冻结、扣划工作管理规定》,第 777 页。
    e. 2008 年《关于查询、冻结、扣划证券和证券交易结算资金有关问题的通知》,第 782 页。
    f. 2012 年《关于办理黑社会性质组织犯罪案件若干问题的规定》第 17—19 条,第 156—157 页。
    g. 2013 年《关于实施刑事诉讼法若干问题的规定》37、38,第 176 页。
    h. 2020 年《公安机关办理刑事案件程序规定》第 234、237—247 条,第 266—267 页。
    i. 2022 年《中华人民共和国反有组织犯罪法》第 27、39—43、49 条,第 110—112 页。
    j. 2022 年《公安机关反有组织犯罪工作规定》第 45、46 条,第 229 页。
④   a. 2020 年《公安机关办理刑事案件程序规定》第 335、336 条,第 277 页。
    b. 2020 年《关于刑事案件涉扶贫领域财物依法快速返还的若干规定》,第 811 页。
    c. 2020 年《被盗财物价格认定规则(2020 年)》,第 812 页。
    d. 2021 年《关于打击粤港澳海上跨境走私犯罪适用法律若干问题的指导意见》五,第 139 页。
    e. 2022 年《公安机关反有组织犯罪工作规定》第 47—53 条,第 229—230 页。
    f. 2022 年《关于办理信息网络犯罪案件适用刑事诉讼程序若干问题的意见》21、22,第 199 页。

第七节　鉴　　定①

第一百四十六条② 【鉴定的内容】【鉴定人的种类】 为了查明案情,需要解决案件中某些专门性问题的时候,应当指派、聘请有专门知识的人进行鉴定。

第一百四十七条③ 【鉴定的程序】 鉴定人进行鉴定后,应当写出鉴定意见,并且签名。

【鉴定人的法律责任】 鉴定人故意作虚假鉴定的,应当承担法律责任。

第一百四十八条④ 【鉴定意见的告知义务】【对鉴定意见的异议及其处理】 侦查机关应当将用作证据的鉴定意见告知犯罪嫌疑人、被害人。如果犯罪嫌疑人、被

---

① a. 1980 年《刑事技术鉴定规则》,第 821 页。
　b. 1988 年《人民检察院文件检验工作细则》,第 830 页。
　c. 1988 年《人民检察院法医工作细则(试行)》第 22—28 条,第 774—775 页。
　d. 1989 年《精神疾病司法鉴定暂行规定》,第 833 页。
　e. 2001 年《人民法院司法鉴定工作暂行规定》,第 836 页。
　f. 2002 年《人民法院对外委托司法鉴定管理规定》,第 838 页。
　g. 2007 年《人民检察院鉴定规则(试行)》,第 839 页。
　h. 2007 年《关于进一步严格依法办案确保办理死刑案件质量的意见》9、10,第 146 页。
　i. 2014 年《关于进一步发挥司法鉴定制度作用防止冤假错案的意见》11,第 556 页。
　j. 2012 年《关于办理黑社会性质组织犯罪案件若干问题的规定》第 14、15 条,第 156 页。
　k. 2015 年《关于司法鉴定管理问题的决定》,第 87 页。
　l. 2016 年《司法鉴定程序通则》(修订版),第 556 页。
　m. 2016 年《关于建立司法鉴定管理与使用衔接机制的意见》,第 561 页。
　n. 2016 年《办理毒品犯罪案件毒品提取、扣押、称量、取样和送检程序若干问题的规定》第 30—34 条,第 580—581 页。
　o. 2018 年《涉案文物鉴定评估管理办法》,第 842 页。
　p. 2017 年《公安机关鉴定规则》,第 822 页。
　q. 2019 年《公安机关涉案枪支弹药鉴定工作规定》,第 594 页。
　r. 2022 年《关于办理破坏野生动物资源刑事案件适用法律若干问题的解释》第 16、17 条,第 848 页。
　s. 2022 年《关于办理妨害文物管理等刑事案件若干问题的意见》三,第 227 页。
② a. 1998 年《对〈关于鉴定淫秽物品有关问题的请示〉的批复》,第 550 页。
　b. 2000 年《关于公安部光盘生产源鉴定中心行使行政、司法鉴定权有关问题的通知》,第 551 页。
　c. 2001 年《关于审理生产、销售伪劣商品刑事案件有关鉴定问题的通知》,第 552 页。
　d. 2001 年《关于执行〈关于审理为境外窃取、刺探、收买、非法提供国家秘密、情报案件具体应用法律若干问题的解释〉有关问题的通知》,第 552 页。
　e. 2005 年《关于贯彻落实〈全国人民代表大会常务委员会关于司法鉴定管理问题的决定〉进一步加强公安机关刑事科学技术工作的通知》,第 553 页。
　f. 2005 年《关于贯彻〈全国人民代表大会常务委员会关于司法鉴定管理问题的决定〉有关工作的通知》,第 554 页。
　g. 2008 年《关于严格依法及时办理危害生产安全刑事案件的通知》三,第 150 页。
　h. 2016 年最高人民法院等《关于办理刑事案件收集提取和审查判断电子数据若干问题的规定》第 17 条,第 598 页。
　i. 2019 年《公安机关办理刑事案件电子数据取证规则》第 55—60 条,第 607 页。
　j. 2019 年《办理环境污染刑事案件有关问题座谈会纪要》13、14,第 510—511 页。
　k. 2020 年《公安机关办理刑事案件程序规定》第 248—250 条,第 267 页。
　l. 2022 年《关于进一步加强涉种子刑事审判工作的指导意见》七、八,第 621 页。
③ a. 1998 年《关于军队执行〈中华人民共和国刑事诉讼法〉若干问题的暂行规定》第 15 条,第 123 页。
　b. 2020 年《公安机关办理刑事案件程序规定》第 251、252 条,第 267—268 页。
④ 2020 年《公安机关办理刑事案件程序规定》第 253—256 条,第 268 页。

害人提出申请,可以补充鉴定或者重新鉴定。

第一百四十九条① 【精神病鉴定的期间规定】 对犯罪嫌疑人作精神病鉴定的期间不计入办案期限。

第八节 技术侦查措施

第一百五十条② 【技术侦查措施的适用条件】 公安机关在立案后,对于危害国家安全犯罪、恐怖活动犯罪、黑社会性质的组织犯罪、重大毒品犯罪或者其他严重危害社会的犯罪案件,根据侦查犯罪的需要,经过严格的批准手续,可以采取技术侦查措施。

人民检察院在立案后,对于利用职权实施的严重侵犯公民人身权利的重大犯罪案件,根据侦查犯罪的需要,经过严格的批准手续,可以采取技术侦查措施,按照规定交有关机关执行。

追捕被通缉或者批准、决定逮捕的在逃的犯罪嫌疑人、被告人,经过批准,可以采取追捕所必需的技术侦查措施。

第一百五十一条③ 【技术侦查措施的期限】 批准决定应当根据侦查犯罪的需要,确定采取技术侦查措施的种类和适用对象。批准决定自签发之日起三个月以内有效。对于不需要继续采取技术侦查措施的,应当及时解除;对于复杂、疑难案件,期限届满仍有必要继续采取技术侦查措施的,经过批准,有效期可以延长,每次不得超过三个月。

第一百五十二条④ 【技术侦查措施的适用】 采取技术侦查措施,必须严格按照批准的措施种类、适用对象和期限执行。

侦查人员对采取技术侦查措施过程中知悉的国家秘密、商业秘密和个人隐私,应当保密;对采取技术侦查措施获取的与案件无关的材料,必须及时销毁。

采取技术侦查措施获取的材料,只能用于对犯罪的侦查、起诉和审判,不得用于其他用途。

公安机关依法采取技术侦查措施,有关单位和个人应当配合,并对有关情况予以保密。

第一百五十三条⑤ 【秘密侦查】 为了查明案情,在必要的时候,经公安机关负责人决定,可以由有关人员隐匿其身份实施侦查。但是,不得诱使他人犯罪,不得采

---

① a. 2013年《关于实施刑事诉讼法若干问题的规定》40,第177页。
　b. 2020年《公安机关办理刑事案件程序规定》第257条,第268页。
② a. 1998年《关于走私犯罪侦查机关办理走私犯罪案件适用刑事诉讼程序若干问题的通知》二,第125页。
　b. 2020年《公安机关办理刑事案件程序规定》第263、264条,第269页。
③ a. 2013年《关于实施刑事诉讼法若干问题的规定》20,第174页。
　b. 2020年《公安机关办理刑事案件程序规定》第265、266条,第269页。
④ 2020年《公安机关办理刑事案件程序规定》第267条,第269页。
⑤ 2020年《公安机关办理刑事案件程序规定》第270~273条,第270页。

用可能危害公共安全或者发生重大人身危险的方法。

【控制下交付】 对涉及给付毒品等违禁品或者财物的犯罪活动,公安机关根据侦查犯罪的需要,可以依照规定实施控制下交付。

第一百五十四条① **【技术侦查措施取得证据的使用】** 依照本节规定采取侦查措施所收集的材料在刑事诉讼中可以作为证据使用。如果使用该证据可能危及有关人员的人身安全,或者可能产生其他严重后果的,应当采取不暴露有关人员身份、技术方法等保护措施,必要的时候,可以由审判人员在庭外对证据进行核实。

第九节 通 缉

第一百五十五条② **【通缉的条件及程序】** 应当逮捕的犯罪嫌疑人如果在逃,公安机关可以发布通缉令,采取有效措施,追捕归案。

各级公安机关在自己管辖的地区以内,可以直接发布通缉令;超出自己管辖的地区,应当报请有权决定的上级机关发布。

第十节 侦查终结③

第一百五十六条④ **【一般侦查羁押期限】** 对犯罪嫌疑人逮捕后的侦查羁押期限不得超过二个月。案情复杂、期限届满不能终结的案件,可以经上一级人民检察院批准延长一个月。

---

① a. 2020 年《公安机关办理刑事案件程序规定》第 268、269 条,第 270 页。
b. 2022 年《关于办理信息网络犯罪案件适用刑事诉讼程序若干问题的意见》18、19,第 199 页。
② a. 1998 年《关于走私犯罪侦查机关办理走私犯罪案件适用刑事诉讼程序若干问题的通知》二、三、四,第 125 页。
b. 2000 年《关于适用刑事强制措施有关问题的规定》第 33 条,第 626 页。
c. 2020 年《公安机关办理刑事案件程序规定》第 274—282 条,第 270—271 页。
③ a. 1998 年《关于严格执行刑事诉讼法关于对犯罪嫌疑人、被告人羁押期限的规定坚决纠正超期羁押问题的通知》二,第 685 页。
b. 2003 年《关于严格执行刑事诉讼法,切实纠防超期羁押的通知》,第 686—687 页。
c. 2003 年《关于推行十项制度切实防止产生新的超期羁押的通知》,第 689—691 页。
d. 2003 年《关于在检察工作中防止和纠正超期羁押的若干规定》,第 687—689 页。
e. 2006 年《公安机关适用刑事羁押期限规定》,第 678—682 页。
f. 2015 年《人民检察院刑事执行检察部门预防和纠正超期羁押和久押不决案件工作规定(试行)》,第 691—693 页。
g. 2016 年《人民检察院办理延长侦查羁押期限案件的规定》,第 682—684 页。
④ a. 1998 年《关于军队执行〈中华人民共和国刑事诉讼法〉若干问题的暂行规定》第 11 条,第 123 页。
b. 1999 年《关于羁押犯罪嫌疑人、被告人实行换押制度的通知》,第 675—676 页。
c. 2001 年《关于依法适用逮捕措施有关问题的规定》十,第 644 页。
d. 2006 年《公安机关适用刑事羁押期限规定》第 4 条,第 678 页。
e. 2013 年《关于实施刑事诉讼法若干问题的规定》21,第 174 页。
f. 2014 年《关于羁押犯罪嫌疑人、被告人实行换押和羁押期限变更通知制度的通知》,第 676—678 页。
g. 2019 年《人民检察院刑事诉讼规则》第 305、309—313 条,第 323—324 页。
h. 2020 年《公安机关办理刑事案件程序规定》第 148 条,第 255 页。

第一百五十七条① 【特殊侦查羁押期限】 因为特殊原因,在较长时间内不宜交付审判的特别重大复杂的案件,由最高人民检察院报请全国人民代表大会常务委员会批准延期审理。

第一百五十八条② 【重大复杂案件的侦查羁押期限的延长】 下列案件在本法第一百五十六条规定的期限届满不能侦查终结的,经省、自治区、直辖市人民检察院批准或者决定,可以延长二个月:

(一)交通十分不便的边远地区的重大复杂案件;

(二)重大的犯罪集团案件;

(三)流窜作案的重大复杂案件;

(四)犯罪涉及面广,取证困难的重大复杂案件。

第一百五十九条③ 【重刑案件的侦查羁押期限的延长】 对犯罪嫌疑人可能判处十年有期徒刑以上刑罚,依照本法第一百五十八条规定延长期限届满,仍不能侦查终结的,经省、自治区、直辖市人民检察院批准或者决定,可以再延长二个月。

第一百六十条④ 【侦查羁押期限的重新计算】 在侦查期间,发现犯罪嫌疑人另有重要罪行的,自发现之日起依照本法第一百五十六条的规定重新计算侦查羁押期限。

【特殊侦查羁押期限的起算】 犯罪嫌疑人不讲真实姓名、住址,身份不明的,应当对其身份进行调查,侦查羁押期限自查清其身份之日起计算,但是不得停止对其犯罪行为的侦查取证。对于犯罪事实清楚,证据确实、充分,确实无法查明身份的,也可以按其自报的姓名起诉、审判。

第一百六十一条 【侦查终结前听取辩护律师意见】 在案件侦查终结前,辩护律师提出要求的,侦查机关应当听取辩护律师的意见,并记录在案。辩护律师提出书面意见的,应当附卷。

---

① a. 1999 年《关于羁押犯罪嫌疑人、被告人实行换押制度的通知》,第 675—676 页。
b. 2014 年《关于羁押犯罪嫌疑人、被告人实行换押和羁押期限变更通知制度的通知》,第 676—678 页。
② a. 1999 年《关于羁押犯罪嫌疑人、被告人实行换押制度的通知》,第 675—676 页。
b. 2014 年《关于羁押犯罪嫌疑人、被告人实行换押和羁押期限变更通知制度的通知》,第 676—678 页。
c. 2019 年《人民检察院刑事诉讼规则》第 306 条,第 323 页。
d. 2020 年《公安机关办理刑事案件程序规定》第 149 条,第 255 页。
e. 2021 年《人民检察院羁押听证办法》,第 670—673 页。
③ a. 1999 年《关于羁押犯罪嫌疑人、被告人实行换押制度的通知》,第 675—676 页。
b. 2014 年《关于羁押犯罪嫌疑人、被告人实行换押和羁押期限变更通知制度的通知》,第 676—678 页。
c. 2019 年《人民检察院刑事诉讼规则》第 307、308 条,第 323 页。
d. 2020 年《公安机关办理刑事案件程序规定》第 150 条,第 256 页。
e. 2021 年《人民检察院羁押听证办法》,第 670—673 页。
④ a. 1999 年《关于如何处理无法查清身份的外国籍犯罪嫌疑人问题的批复》,第 706 页。
b. 1999 年《关于羁押犯罪嫌疑人、被告人实行换押制度的通知》,第 675—676 页。
c. 2001 年《关于依法适用逮捕措施有关问题的规定》十一,第 644 页。
d. 2013 年《关于实施刑事诉讼法若干问题的规定》22,第 174 页。
e. 2014 年《关于羁押犯罪嫌疑人、被告人实行换押和羁押期限变更通知制度的通知》,第 676—678 页。
f. 2019 年《人民检察院刑事诉讼规则》第 314、318、319 条,第 324 页。
g. 2020 年《公安机关办理刑事案件程序规定》第 151、152 条,第 256 页。

第一百六十二条① 【侦查终结】 公安机关侦查终结的案件,应当做到犯罪事实清楚,证据确实、充分,并且写出起诉意见书,连同案卷材料、证据一并移送同级人民检察院审查决定;同时将案件移送情况告知犯罪嫌疑人及其辩护律师。

犯罪嫌疑人自愿认罪的,应当记录在案,随案移送,并在起诉意见书中写明有关情况。

第一百六十三条② 【撤销案件】 在侦查过程中,发现不应对犯罪嫌疑人追究刑事责任的,应当撤销案件;犯罪嫌疑人已被逮捕的,应当立即释放,发给释放证明,并且通知原批准逮捕的人民检察院。

第十一节 人民检察院对直接受理的案件的侦查③

第一百六十四条④ 【人民检察院自行侦查案件的法律适用】 人民检察院对直接受理的案件的侦查适用本章规定。

第一百六十五条⑤ 【自侦案件中的拘留、逮捕及其执行】 人民检察院直接受

---

① a. 1982 年《关于如何处理有同案犯在逃的共同犯罪案件的通知》,第 114 页。
 b. 1989 年《关于办理流窜犯罪案件中一些问题的意见的通知》三、四,第 704、705 页。
 c. 1998 年《关于军队执行〈中华人民共和国刑事诉讼法〉若干问题的暂行规定》第 12 条,第 123 页。
 d. 1999 年《关于羁押犯罪嫌疑人、被告人实行换押制度的通知》,第 675—676 页。
 e. 1999 年《关于走私犯罪侦查机关提请批准逮捕和移送审查起诉的案件由分、州、市级人民检察院受理的通知》,第 641 页。
 f. 2005 年《关于公安机关向检察机关随案移送电子文档的通知》,第 848 页。
 g. 2009 年《关于公安部证券犯罪侦查局直属分局办理经济犯罪案件适用刑事诉讼程序若干问题的通知》六,第 153 页。
 h. 2011 年《关于公安机关办理醉酒驾驶机动车犯罪案件的指导意见》7、11,第 169、170 页。
 i. 2013 年《关于进一步加强和改进刑事执法办案工作切实防止发生冤假错案的意见》三,第 178 页。
 j. 2014 年《关于羁押犯罪嫌疑人、被告人实行换押和羁押期限变更通知制度的通知》,第 676—678 页。
 k. 2014 年《关于规范刑事案件"另案处理"适用的指导意见》,第 701—703 页。
 l. 2015 年《关于依法保障律师执业权利的规定》第 21 条,第 533 页。
 m. 2016 年最高人民法院等《关于办理刑事案件收集提取和审查判断电子数据若干问题的规定》第 18—20 条,第 598 页。
 n. 2017 年《关于办理刑事案件严格排除非法证据若干问题的规定》第 14、15 条,第 610 页。
 o. 2019 年《人民检察院刑事诉讼规则》第 320—327 条,第 325 页。
 p. 2020 年《公安机关办理刑事案件程序规定》第 58、68—70、283—294 条,第 243—244、271—272 页。
② a. 1998 年《关于走私犯罪侦查机关办理走私犯罪案件适用刑事诉讼程序若干问题的通知》六,第 125 页。
 b. 2002 年《关于对同案犯罪嫌疑人在逃对解除强制措施的在案犯罪嫌疑人如何适用〈人民检察院刑事诉讼规则〉有关问题的答复》,第 871 页。
 c. 2015 年《关于机关事业单位工作人员被采取刑事强制措施和受刑事处罚实行向所在单位告知制度的通知》,第 627 页。
 d. 2018 年《关于公安机关办理经济犯罪案件的若干规定》第 25 条,第 212 页。
 e. 2020 年《公安机关办理刑事案件程序规定》第 186—190 条,第 260 页。
③ a. 1998 年《关于军队执行〈中华人民共和国刑事诉讼法〉若干问题的暂行规定》第 13 条,第 123 页。
 b. 2013 年《人民检察院直接受理立案侦查职务犯罪案件管辖规定》,第 503—505 页。
④ 2019 年《人民检察院刑事诉讼规则》第 176—236 条,第 306—313 页。
⑤ a. 2013 年《关于实施刑事诉讼法若干问题的规定》16,第 173 页。
 b. 2019 年《人民检察院刑事诉讼规则》第 121、122、296—304 条,第 299、322—323 页。

理的案件中符合本法第八十一条、第八十二条第四项、第五项规定情形,需要逮捕、拘留犯罪嫌疑人的,由人民检察院作出决定,由公安机关执行。

第一百六十六条① 【自侦案件中拘留后的处理】 人民检察院对直接受理的案件中被拘留的人,应当在拘留后的二十四小时以内进行讯问。在发现不应当拘留的时候,必须立即释放,发给释放证明。

第一百六十七条 【自侦案件中逮捕的期限】 人民检察院对直接受理的案件中被拘留的人,认为需要逮捕的,应当在十四日以内作出决定。在特殊情况下,决定逮捕的时间可以延长一日至三日。对不需要逮捕的,应当立即释放;对需要继续侦查,并且符合取保候审、监视居住条件的,依法取保候审或者监视居住。

第一百六十八条② 【自侦案件侦查终结】 人民检察院侦查终结的案件,应当作出提起公诉、不起诉或者撤销案件的决定。

第三章 提起公诉③

第一百六十九条④ 【公诉权】 凡需要提起公诉的案件,一律由人民检察院审查决定。

第一百七十条⑤ 【对监察机关移送起诉案件的审查】 人民检察院对于监察机关移送起诉的案件,依照本法和监察法的有关规定进行审查。人民检察院经审查,认为需要补充核实的,应当退回监察机关补充调查,必要时可以自行补充侦查。

【对监察机关移送案件强制措施的适用】 对于监察机关移送起诉的已采取留置措施的案件,人民检察院应当对犯罪嫌疑人先行拘留,留置措施自动解除。人民检察院应当在拘留后的十日以内作出是否逮捕、取保候审或者监视居住的决定。在特殊情况下,决定的时间可以延长一日至四日。人民检察院决定采取强制措施的期间不计入审查起诉期限。

---

① 2019年《人民检察院刑事诉讼规则》第123—127条,第299—300页。
② a. 1994年《关于严格执行人民代表大会代表执行职务司法保障规定的通知》,第673—674页。
　b. 1999年《关于羁押犯罪嫌疑人、被告人实行换押制度的通知》,第675—676页。
　c. 2000年《关于严格执行人民代表大会代表执行职务司法保障规定的补充通知》三,第674页。
　d. 2006年《关于人民检察院立案侦查的案件改变定性后可否直接提起公诉问题的批复》,第872页。
　e. 2014年《关于羁押犯罪嫌疑人、被告人实行换押和羁押期限变更通知制度的通知》,第676—678页。
　f. 2014年《关于规范刑事案件"另案处理"适用的指导意见》,第701—703页。
　g. 2015年《关于机关事业单位工作人员被采取刑事强制措施和受刑事处罚实行向所在单位告知制度的通知》,第627页。
　h. 2016年《关于办理刑事案件收集提取和审查判断电子数据若干问题的规定》第18—20条,第598页。
　i. 2018年《关于人民检察院立案侦查司法工作人员相关职务犯罪案件若干问题的规定》四,第481页。
　j. 2019年《人民检察院刑事诉讼规则》第237—254条,第313—315页。
③ 2007年《关于进一步严格依法办案确保办理死刑案件质量的意见》16—26,第146—147页。
④ a. 1998年《关于对危害国家安全案件批捕起诉和实行备案制度有关事项的通知》一、四,第119—120页。
　b. 2019年《人民检察院刑事诉讼规则》第328、329条,第325—326页。
⑤ 2018年《国家监察委员会与最高人民检察院办理职务犯罪案件工作衔接办法》,第855页。

第一百七十一条① 【审查起诉的内容】 人民检察院审查案件的时候,必须查明:

(一)犯罪事实、情节是否清楚,证据是否确实、充分,犯罪性质和罪名的认定是否正确;

(二)有无遗漏罪行和其他应当追究刑事责任的人;

(三)是否属于不应追究刑事责任的;

(四)有无附带民事诉讼;

(五)侦查活动是否合法。

第一百七十二条② 【审查起诉的期限】 人民检察院对于监察机关、公安机关移送起诉的案件,应当在一个月以内作出决定,重大、复杂的案件,可以延长十五日;犯罪嫌疑人认罪认罚,符合速裁程序适用条件的,应当在十日以内作出决定,对可能判处的有期徒刑超过一年的,可以延长至十五日。

人民检察院审查起诉的案件,改变管辖的,从改变后的人民检察院收到案件之日起计算审查起诉期限。

第一百七十三条③ 【审查起诉的讯问与听取意见】 人民检察院审查案件,应当讯问犯罪嫌疑人,听取辩护人或者值班律师、被害人及其诉讼代理人的意见,并记录在案。辩护人或者值班律师、被害人及其诉讼代理人提出书面意见的,应当附卷。

犯罪嫌疑人认罪认罚的,人民检察院应当告知其享有的诉讼权利和认罪认罚的法律规定,听取犯罪嫌疑人、辩护人或者值班律师、被害人及其诉讼代理人对下列事项的意见,并记录在案:

(一)涉嫌的犯罪事实、罪名及适用的法律规定;

(二)从轻、减轻或者免除处罚等从宽处罚的建议;

(三)认罪认罚后案件审理适用的程序;

(四)其他需要听取意见的事项。

人民检察院依照前两款规定听取值班律师意见的,应当提前为值班律师了解案

---

① a. 2000 年《关于适用刑事强制措施有关问题的规定》第 34 条,第 626 页。
b. 2010 年《关于办理刑事案件排除非法证据若干问题的规定》第 3 条,第 563 页。
c. 2013 年《关于切实履行检察职能防止和纠正冤假错案的若干意见》9—15,第 181—182 页。
d. 2013《人民检察院办理未成年人刑事案件的规定》第 22—25、67 条,第 1093—1094、1099 页。
e. 2015 年《关于依法保障律师执业权利的规定》第 21 条,第 533 页。
f. 2016 年《办理毒品犯罪案件毒品提取、扣押、称量、取样和送检程序若干问题的规定》第 3 条,第 576 页。
g. 2017 年《关于办理刑事案件严格排除非法证据若干问题的规定》第 16—18 条,第 610 页。
h. 2018 年《检察机关办理侵犯公民个人信息案件指引》一(二)、二、三(二),第 647、648、651 页。
i. 2018 年《检察机关办理电信网络诈骗案件指引》一(二)、二、三(二),第 654、655、659 页。
j. 2019 年《人民检察院刑事诉讼规则》第 271、330、332—337、352—354 条,第 318、326—327、329 页。
② a. 2019 年《人民检察院刑事诉讼规则》第 273、351 条,第 319、328 页。
b. 2022《关于先后受理同一犯罪嫌疑人涉嫌职务犯罪和其他犯罪的案件审查起诉期限如何起算问题的批复》,第 862 页。
③ a. 2013 年《人民检察院办理未成年人刑事案件的规定》第 10 条,第 1092 页。
b. 2014 年《关于审查起诉期间犯罪嫌疑人脱逃或者患有严重疾病的应当如何处理的批复》,第 872 页。
c. 2019 年《人民检察院刑事诉讼规则》第 267—269、331、338 条,第 317—318、326—327 页。
d. 2023 年《关于依法保障律师执业权利的十条意见》四至六,第 548 页。

件有关情况提供必要的便利。

第一百七十四条① 【自愿认罪认罚的程序】 犯罪嫌疑人自愿认罪,同意量刑建议和程序适用的,应当在辩护人或者值班律师在场的情况下签署认罪认罚具结书。

犯罪嫌疑人认罪认罚,有下列情形之一的,不需要签署认罪认罚具结书:

(一)犯罪嫌疑人是盲、聋、哑人,或者是尚未完全丧失辨认或者控制自己行为能力的精神病人的;

(二)未成年犯罪嫌疑人的法定代理人、辩护人对未成年人认罪认罚有异议的;

(三)其他不需要签署认罪认罚具结书的情形。

第一百七十五条② 【补充侦查】 人民检察院审查案件,可以要求公安机关提供法庭审判所必需的证据材料;认为可能存在本法第五十六条规定的以非法方法收集证据情形的,可以要求其对证据收集的合法性作出说明。

人民检察院审查案件,对于需要补充侦查的,可以退回公安机关补充侦查,也可以自行侦查。

【补充侦查的时限、次数及审查起诉期限的重新计算】 对于补充侦查的案件,应当在一个月以内补充侦查完毕。补充侦查以二次为限。补充侦查完毕移送人民检察院后,人民检察院重新计算审查起诉期限。

【存疑不起诉】 对于二次补充侦查的案件,人民检察院仍然认为证据不足,不符合起诉条件的,应当作出不起诉的决定。

第一百七十六条③ 【提起公诉的条件和程序】 人民检察院认为犯罪嫌疑人

---

① a. 2019 年《人民检察院刑事诉讼规则》第 272 条,第 318 页。
b. 2021 年《人民检察院办理认罪认罚案件听取意见同步录音录像规定》,第 474 页。
② a. 1999 年《关于羁押犯罪嫌疑人、被告人实行换押制度的通知》,第 675—676 页。
b. 2000 年《关于适用刑事强制措施有关问题的规定》第 35 条,第 626 页。
c. 2001 年《人民检察院办理不起诉案件公开审查规则(试行)》,第 865 页。
d. 2002 年《关于对同案犯罪嫌疑人在逃或解除强制措施的在案犯罪嫌疑人如何适用〈人民检察院刑事诉讼规则〉有关问题的答复》,第 871 页。
e. 2007 年《关于进一步严格依法办案确保办理死刑案件质量的意见》20—23,第 147 页。
f. 2007 年《人民检察院办理不起诉案件质量标准(试行)》,第 869 页。
g. 2013 年《关于切实履行检察职能防止和纠正冤假错案的若干意见》16,第 183 页。
h. 2014 年《关于羁押犯罪嫌疑人、被告人实行换押和羁押期限变更通知制度的通知》,第 676—678 页。
i. 2015 年《关于机关事业单位工作人员被采取刑事强制措施和受刑事处罚实行向所在单位告知制度的通知》,第 627 页。
j. 2015 年《关于下级人民检察院对上级人民检察院不批准不起诉等决定能否提请复议的批复》,第 873 页。
k. 2019 年《人民检察院刑事诉讼规则》第 257、340—350 条,第 316、327—328 页。
l. 2020 年《关于加强和规范补充侦查工作的指导意见》,第 874 页。
m. 2020 年《公安机关办理刑事案件程序规定》第 295—297 条,第 272—273 页。
③ a. 1982 年《关于如何办理有案犯在逃的共同犯罪案件的通知》,第 114 页。
b. 1989 年《关于办理流窜犯罪案件中一些问题的意见的通知》三、四,第 704、705 页。
c. 1994 年《关于严格执行人民代表大会代表执行职务司法保障规定的通知》,第 673—674 页。
d. 1998 年《关于走私犯罪侦查机关办理走私犯罪案件适用刑事诉讼程序若干问题的通知》七,第 125 页。
e. 1999 年《关于羁押犯罪嫌疑人、被告人实行换押制度的通知》,第 675—676 页。
f. 1999 年《办理骗汇、逃汇犯罪案件联席会议纪要》四,第 126 页。
g. 2000 年《关于严格执行人民代表大会代表执行职务司法保障规定的补充通知》三,第 674 页。
h. 2002 年《关于办理走私刑事案件适用法律若干问题的意见》十七、十九,第 138 页。(转下页)

的犯罪事实已经查清，证据确实、充分，依法应当追究刑事责任的，应当作出起诉决定，按照审判管辖的规定，向人民法院提起公诉，并将案卷材料、证据移送人民法院。

犯罪嫌疑人认罪认罚的，人民检察院应当就主刑、附加刑、是否适用缓刑等提出量刑建议，并随案移送认罪认罚具结书等材料。

第一百七十七条① 　**【法定不起诉】**　犯罪嫌疑人没有犯罪事实，或者有本法第十六条规定的情形之一的，人民检察院应当作出不起诉决定。

【酌定不起诉】　对于犯罪情节轻微，依照刑法规定不需要判处刑罚或者免除刑罚的，人民检察院可以作出不起诉决定。

【不起诉案件的处理】　人民检察院决定不起诉的案件，应当同时对侦查中查封、扣押、冻结的财物解除查封、扣押、冻结。对被不起诉人需要给予行政处罚、处分或者需要没收其违法所得的，人民检察院应当提出检察意见，移送有关主管机关处理。有关主管机关应当将处理结果及时通知人民检察院。

――――――――

(接上页)

　　i. 2002 年《关于涉嫌犯罪单位被撤销、注销、吊销营业执照或者宣告破产的应如何进行追诉问题的批复》，第 871 页。

　　j. 2006 年《关于在检察工作中贯彻宽严相济刑事司法政策的若干意见》8、11—14，第 142 页。

　　k. 2007 年《关于进一步严格依法办案确保办理死刑案件质量的意见》24，第 147 页。

　　l. 2007 年《人民检察院办理起诉案件质量标准(试行)》，第 867 页。

　　m. 2010 年《人民检察院开展量刑建议工作的指导意见(试行)》，第 884 页。

　　n. 2011 年《关于对判处管制、宣告缓刑的犯罪分子适用禁止令有关问题的规定(试行)》，第 1048 页。

　　o. 2012 年《关于办理黑社会性质组织犯罪案件若干问题的规定》14、15，第 156 页。

　　p. 2013 年《关于实施刑事诉讼法若干问题的规定》23、24，第 174 页。

　　q. 2013 年《关于切实履行检察职能防止和纠正冤假错案的若干意见》16，第 183 页。

　　r. 2013 年《人民检察院办理未成年人刑事案件的规定》第 51 条，第 1098 页。

　　s. 2014 年《关于羁押犯罪嫌疑人、被告人实行换押和羁押期限变更通知制度的通知》，第 676—678 页。

　　t. 2014 年最高人民检察院指导性案例检例第 17 号陈邓昌抢劫、盗窃，付志强盗窃案，第 873 页。

　　u. 2014 年最高人民检察院指导性案例检例第 19 号张某、沈某某等七人抢劫案，第 873 页。

　　v. 2016 年《关于办理刑事案件收集提取和审查判断电子数据若干问题的规定》第 18—20 条，第 598 页。

　　w. 2017 年《未成年人刑事检察工作指引(试行)》第 206—215 条，第 1108—1109 页。

　　x. 2019 年《人民检察院刑事诉讼规则》第 274—277、339、355—364 条，第 319、327、329—330 页。

　　y. 2021 年《人民检察院办理认罪认罚案件开展量刑建议工作的指导意见》，第 878 页。

　　① 　a. 1994 年《关于严格执行人民代表大会代表执行职务司法保障规定的通知》，第 673—674 页。

　　b. 1998 年《关于走私犯罪侦查机关办理走私犯罪案件适用刑事诉讼程序若干问题的通知》十，第 126 页。

　　c. 2000 年《关于严格执行人民代表大会代表执行职务司法保障规定的补充通知》三，第 674 页。

　　d. 2001 年《人民检察院办理不起诉案件公开审查规则(试行)》，第 865 页。

　　e. 2006 年《关于在检察工作中贯彻宽严相济刑事司法政策的若干意见》8、11—14、19、20，第 142—143 页。

　　f. 2007 年《关于进一步严格依法办案确保办理死刑案件质量的意见》25，第 147 页。

　　g. 2007 年《人民检察院办理不起诉案件质量标准(试行)》，第 869 页。

　　h. 2015 年《关于下级人民检察院对上级人民检察院不批准不起诉等决定能否提请复议的批复》，第 873 页。

　　i. 2017 年《未成年人刑事检察工作指引(试行)》第 174—176 条，第 1105 页。

　　j. 2018 年《关于人民检察院立案侦查司法工作人员相关职务犯罪案件若干问题的规定》四，第 481 页。

　　k. 2019 年《关于办理环境污染刑事案件有关问题座谈会纪要》11，第 510 页。

　　l. 2019 年《人民检察院刑事诉讼规则》第 365—375、388、389 条，第 331—333 页。

　　m. 2022 年《关于依法妥善办理轻伤害案件的指导意见》(十一)、(十七)、(十八)、(二十二)，第 234、235 页。

第一百七十八条① 【不起诉决定的宣布、送达】 不起诉的决定,应当公开宣布,并且将不起诉决定书送达被不起诉人和他的所在单位。如果被不起诉人在押,应当立即释放。

第一百七十九条② 【公安机关对不起诉决定的复议、复核】 对于公安机关移送起诉的案件,人民检察院决定不起诉的,应当将不起诉决定书送达公安机关。公安机关认为不起诉的决定有错误的时候,可以要求复议,如果意见不被接受,可以向上一级人民检察院提请复核。

第一百八十条③ 【被害人对不起诉决定的异议】 对于有被害人的案件,决定不起诉的,人民检察院应当将不起诉决定书送达被害人。被害人如果不服,可以自收到决定书后七日以内向上一级人民检察院申诉,请求提起公诉。人民检察院应当将复查决定告知被害人。对人民检察院维持不起诉决定的,被害人可以向人民法院起诉。被害人也可以不经申诉,直接向人民法院起诉。人民法院受理案件后,人民检察院应当将有关案件材料移送人民法院。

第一百八十一条④ 【被不起诉人对不起诉决定的申诉】 对于人民检察院依照本法第一百七十七条第二款规定作出的不起诉决定,被不起诉人如果不服,可以自收到决定书后七日以内向人民检察院申诉。人民检察院应当作出复查决定,通知被不起诉的人,同时抄送公安机关。

第一百八十二条⑤ 【特殊案件的撤销、不起诉】 犯罪嫌疑人自愿如实供述涉嫌犯罪的事实,有重大立功或者案件涉及国家重大利益的,经最高人民检察院核准,公安机关可以撤销案件,人民检察院可以作出不起诉决定,也可以对涉嫌数罪中的一项或者多项不起诉。

根据前款规定不起诉或者撤销案件的,人民检察院、公安机关应当及时对查封、扣押、冻结的财物及其孳息作出处理。

---

① a. 2013 年《人民检察院办理未成年人刑事案件的规定》第 28 条,第 1094 页。
b. 2015 年《关于机关事业单位工作人员被采取刑事强制措施和受刑事处罚实行向所在单位告知制度的通知》,第 627 页。
c. 2019 年《人民检察院刑事诉讼规则》第 376—378 条,第 332 页。
d. 2021 年《关于推进行政执法与刑事司法衔接工作的规定》第 8、9 条,第 738—739 页。
e. 2022 年《关于依法妥善办理轻伤害案件的指导意见》(十五),第 234 页。
② a. 2000 年《关于适用刑事强制措施有关问题的规定》第 36 条,第 626 页。
b. 2019 年《人民检察院刑事诉讼规则》第 379、380 条,第 332 页。
③ 2019 年《人民检察院刑事诉讼规则》第 381—384、387 条,第 333 页。
④ 2019 年《人民检察院刑事诉讼规则》第 278、385—387 条,第 319、333 页。
⑤ 2019 年《人民检察院刑事诉讼规则》第 279 条,第 320 页。

第三编 审 判①

第一章 审判组织

第一百八十三条② 【合议庭组成】 基层人民法院、中级人民法院审判第一审案件,应当由审判员三人或者由审判员和人民陪审员共三人或者七人组成合议庭进行,但是基层人民法院适用简易程序、速裁程序的案件可以由审判员一人独任审判。

高级人民法院审判第一审案件,应当由审判员三人至七人或者由审判员和人民陪审员共三人或者七人组成合议庭进行。

最高人民法院审判第一审案件,应当由审判员三人至七人组成合议庭进行。

人民法院审判上诉和抗诉案件,由审判员三人或者五人组成合议庭进行。

合议庭的成员人数应当是单数。

第一百八十四条③ 【合议庭评议】 合议庭进行评议的时候,如果意见分歧,应当按多数人的意见作出决定,但是少数人的意见应当写入笔录。评议笔录由合议庭的组成人员签名。

---

① a. 2001 年《关于实施〈法院刑事诉讼文书样式〉若干问题的解答》,第 127 页。
b. 2007 年《关于进一步严格依法办案确保办理死刑案件质量的意见》31—44,第 148—149 页。
c. 2008 年《关于充分保障律师依法履行辩护职责确保死刑案件办理质量的若干规定》,第 520 页。
d. 2010 年《关于处理自首和立功若干具体问题的意见》六、七,第 891 页。
e. 2010 年《人民检察院开展量刑建议工作的指导意见(试行)》第 12—21 条,第 886—887 页。
f. 2015 年《关于刑事被告人或上诉人出庭受审时着装问题的通知》,第 926 页。
g. 2015 年最高人民法院《关于巡回法庭审理案件若干问题的规定》,第 901 页。
h. 2016 年《关于推进以审判为中心的刑事诉讼制度改革的意见》,第 203—205 页。
i. 2017 年《关于全面推进以审判为中心的刑事诉讼制度改革的实施意见》,第 205—208 页。
j. 2019 年《全国法院民商事审判工作会议纪要》128—130,第 903—904 页。
k. 2019 年《关于刑事诉讼中应用电子签名和电子指纹捺印有关问题的意见》,第 220—221 页。
l. 2020 年《关于统一法律适用加强类案检索的指导意见(试行)》1—4、9—11,第 904 页。
m. 2020 年《关于规范量刑程序若干问题的意见》,第 887—890 页。
n. 2021 年《关于进一步完善"四类案件"监督管理工作机制的指导意见》2—10,第 905—906 页。
② a. 1998 年《关于军队执行〈中华人民共和国刑事诉讼法〉若干问题的暂行规定》第 16 条,第 123 页。
b. 2002 年《关于人民法院合议庭工作的若干规定》第 1—8 条,第 910—911 页。
c. 2010 年《关于进一步加强合议庭职责的若干规定》,第 912—913 页。
d. 2016 年《中华人民共和国人民法院法庭规则》,第 915—918 页。
e. 2018 年《中华人民共和国人民陪审员法》,第 89—91 页。
f. 2018 年《关于进一步全面落实司法责任制的实施意见》8,第 918 页。
g. 2019 年《关于适用〈中华人民共和国人民陪审员法〉若干问题的解释》,第 918 页。
h. 2020 年《〈中华人民共和国人民陪审员法〉实施中若干问题的答复》10、11、13、14、18,第 920 页。
i. 2021 年《关于适用〈中华人民共和国刑事诉讼法〉的解释》第 212、213 条,第 402 页。
j. 2022 年《关于规范合议庭运行机制的意见》一至五,第 913—914 页。
③ a. 2002 年《关于人民法院合议庭工作的若干规定》第 9—18 条,第 888—889 页。
b. 2010 年《关于进一步加强合议庭职责的若干规定》第 6、7 条,第 912 页。
c. 2021 年《关于适用〈中华人民共和国刑事诉讼法〉的解释》第 214、215 条,第 403 页。
d. 2022 年《关于规范合议庭运行机制的意见》六、七、九,第 914—915 页。

第一百八十五条① 【案件提交审判委员会】 合议庭开庭审理并且评议后,应当作出判决。对于疑难、复杂、重大的案件,合议庭认为难以作出决定的,由合议庭提请院长决定提交审判委员会讨论决定。审判委员会的决定,合议庭应当执行。

第二章　第一审程序

第一节　公 诉 案 件②

第一百八十六条③ 【对公诉案件的审查】 人民法院对提起公诉的案件进行审查后,对于起诉书中有明确的指控犯罪事实的,应当决定开庭审判。

第一百八十七条④ 【开庭前的准备】 人民法院决定开庭审判后,应当确定合议庭的组成人员,将人民检察院的起诉书副本至迟在开庭十日以前送达被告人及其辩护人。

【庭前会议】 在开庭以前,审判人员可以召集公诉人、当事人和辩护人、诉讼代理人,对回避、出庭证人名单、非法证据排除等与审判相关的问题,了解情况,听取意见。

人民法院确定开庭日期后,应当将开庭的时间、地点通知人民检察院,传唤当事

---

① a. 2010年《关于改革和完善人民法院审判委员会制度的实施意见》,第906页。
b. 2010年《关于人民检察院检察长列席人民法院审判委员会会议的实施意见》,第909页。
c. 2019年《关于健全完善人民法院审判委员会工作机制的意见》,第921页。
d. 2021年《关于适用〈中华人民共和国刑事诉讼法〉的解释》第216、217条,第403页。
e. 2021年《关于完善人民法院专业法官会议工作机制的指导意见》四、十一,第924页。
f. 2022年《关于规范合议庭运行机制的意见》八,第915页。
② 2021年《关于适用〈中华人民共和国刑事诉讼法〉的解释》第335—358、414—422条,第418—420、427—428页。
③ a. 1990年《关于同一被害人在同一晚上分别被多个互不通谋的人在不同地点强奸可否并案审理问题的电话答复》,第945页。
b. 1999年《关于羁押犯罪嫌疑人、被告人实行换押制度的通知》,第675—676页。
c. 1999年《办理骗汇、逃汇犯罪案件联席会议纪要》四,第126页。
d. 2000年《关于审理拐卖妇女案件适用法律有关问题的解释》第3条,第951页。
e. 2000年《关于严格执行案件审理期限制度的若干规定》第6条,第896页。
f. 2001年《关于执行〈最高人民法院关于严格执行案件审理期限制度的若干规定〉中有关问题的复函》,第898页。
g. 2013年《关于实施刑事诉讼法若干问题的规定》25,第174页。
h. 2014年《关于羁押犯罪嫌疑人、被告人实行换押和羁押期限变更通知制度的通知》,第676—678页。
i. 2015年《全国部分法院审理黑社会性质组织犯罪案件工作座谈会纪要》四、五,第158、159页。
j. 2016年《关于办理刑事案件收集提取和审查判断电子数据若干问题的规定》第18—20条,第598页。
l. 2021年《关于适用〈中华人民共和国刑事诉讼法〉的解释》第218—220条,第403—404页。
④ a. 2009年《办理黑社会性质组织犯罪案件座谈会纪要》二(二)8,第154页。
b. 2015年《关于依法保障律师执业权利的规定》第23—26条,第533页。
c. 2015年《关于依法切实保障律师诉讼权利的规定》三,第536页。
d. 2015年《关于加强出庭公诉工作的意见》3—6,第942—943页。
e. 2017年《关于全面推进以审判为中心的刑事诉讼制度改革的实施意见》5—10,第206页。
f. 2017年《关于办理刑事案件严格排除非法证据若干问题的规定》第23—25条,第611页。
g. 2018年《人民法院办理刑事案件庭前会议规程(试行)》,第928页。
h. 2021年《关于适用〈中华人民共和国刑事诉讼法〉的解释》第221、226—233条,第404—406页。

人,通知辩护人、诉讼代理人、证人、鉴定人和翻译人员,传票和通知书至迟在开庭三日以前送达。公开审判的案件,应当在开庭三日以前先期公布案由、被告人姓名、开庭时间和地点。

上述活动情形应当写入笔录,由审判人员和书记员签名。

第一百八十八条① 【公开审理、不公开审理】 人民法院审判第一审案件应当公开进行。但是有关国家秘密或者个人隐私的案件,不公开审理;涉及商业秘密的案件,当事人申请不公开审理的,可以不公开审理。

不公开审理的案件,应当当庭宣布不公开审理的理由。

第一百八十九条② 【出庭支持公诉】 人民法院审判公诉案件,人民检察院应当派员出席法庭支持公诉。

第一百九十条③ 【开庭】 开庭的时候,审判长查明当事人是否到庭,宣布案由;宣布合议庭的组成人员、书记员、公诉人、辩护人、诉讼代理人、鉴定人和翻译人员的名单;告知当事人有权对合议庭组成人员、书记员、公诉人、鉴定人和翻译人员申请回避;告知被告人享有辩护权利。

被告人认罪认罚的,审判长应当告知被告人享有的诉讼权利和认罪认罚的法律规定,审查认罪认罚的自愿性和认罪认罚具结书内容的真实性、合法性。

第一百九十一条④ 【讯问被告人、向被告人发问】 公诉人在法庭上宣读起诉书后,被告人、被害人可以就起诉书指控的犯罪进行陈述,公诉人可以讯问被告人。

被害人、附带民事诉讼的原告人和辩护人、诉讼代理人,经审判长许可,可以向被告人发问。

审判人员可以讯问被告人。

---

① a. 1998年《关于军队执行〈中华人民共和国刑事诉讼法〉若干问题的暂行规定》第17条,第123页。
b. 1999年《关于严格执行公开审判制度的若干规定》,第938页。
c. 2007年《关于加强人民法院审判公开工作的若干意见》,第939页。
d. 2018年《人民法院办理刑事案件第一审普通程序法庭调查规程(试行)》第39条,第936页。
e. 2021年《关于适用〈中华人民共和国刑事诉讼法〉的解释》第222—225条,第405页。
② a. 1986年《关于应当允许检察院派书记员随检察长或检察员出庭支持公诉的通知》,第942页。
b. 2017年《未成年人刑事检察工作指引(试行)》第216条,第1110页。
c. 2018年《人民检察院公诉人出庭举证质证工作指引》第10条,第944页。
d. 2019年《人民检察院刑事诉讼规则》第390—401、419条,第333—335、338页。
e. 2021年《人民检察院办理网络犯罪案件规定》第46—49条,第194页。
③ a. 2018年《人民法院办理刑事案件第一审普通程序法庭调查规程(试行)》第1—5条,第932页。
b. 2021年《关于适用〈中华人民共和国刑事诉讼法〉的解释》第234—239条,第406—407页。
④ a. 2009年《办理黑社会性质组织犯罪案件座谈会纪要》二(二)8,第154页。
b. 2010年《关于办理刑事案件排除非法证据若干问题的规定》第4—14条,第563—565页。
c. 2015年《关于加强出庭公诉工作的意见》7,第943页。
d. 2017年《关于办理刑事案件严格排除非法证据若干问题的规定》第26—34条,第611—612页。
e. 2018年《人民法院办理刑事案件第一审普通程序法庭调查规程(试行)》第6—11条,第932—933页。
f. 2019年《人民检察院刑事诉讼规则》第402、403条,第336页。
g. 2021年《关于适用〈中华人民共和国刑事诉讼法〉的解释》第240—245条,第407页。

第一百九十二条① 【证人、鉴定人出庭作证】 公诉人、当事人或者辩护人、诉讼代理人对证人证言有异议,且该证人证言对案件定罪量刑有重大影响,人民法院认为证人有必要出庭作证的,证人应当出庭作证。

人民警察就其执行职务时目击的犯罪情况作为证人出庭作证,适用前款规定。

公诉人、当事人或者辩护人、诉讼代理人对鉴定意见有异议,人民法院认为鉴定人有必要出庭的,鉴定人应当出庭作证。经人民法院通知,鉴定人拒不出庭作证的,鉴定意见不得作为定案的根据。

第一百九十三条② 【强制出庭作证】 经人民法院通知,证人没有正当理由不出庭作证的,人民法院可以强制其到庭,但是被告人的配偶、父母、子女除外。

【拒绝作证的后果】 证人没有正当理由拒绝出庭或者出庭后拒绝作证,予以训诫,情节严重的,经院长批准,处以十日以下的拘留。被处罚人对拘留决定不服的,可以向上一级人民法院申请复议。复议期间不停止执行。

第一百九十四条③ 【调查核实证言、鉴定意见】 证人作证,审判人员应当告知他要如实地提供证言和有意作伪证或者隐匿罪证要负的法律责任。公诉人、当事人和辩护人、诉讼代理人经审判长许可,可以对证人、鉴定人发问。审判长认为发问的内容与案件无关的时候,应当制止。

审判人员可以询问证人、鉴定人。

第一百九十五条④ 【调查核实物证、书证】 公诉人、辩护人应当向法庭出示物证,让当事人辨认,对未到庭的证人的证言笔录、鉴定人的鉴定意见、勘验笔录和其他作为证据的文书,应当当庭宣读。审判人员应当听取公诉人、当事人和辩护人、诉讼代理人的意见。

---

① a. 2013 年《关于实施刑事诉讼法若干问题的规定》28、29,第 175 页。
b. 2013 年《关于建立健全防范刑事冤假错案工作机制的意见》13,第 179 页。
c. 2016 年《关于推进以审判为中心的刑事诉讼制度改革的意见》十二,第 204 页。
d. 2018 年《人民法院办理刑事案件第一审普通程序法庭调查规程(试行)》第 12—14、16、17 条,第 933—934 页。
e. 2019 年《人民检察院刑事诉讼规则》第 404、405 条,第 336 页。
f. 2021 年《关于适用〈中华人民共和国刑事诉讼法〉的解释》第 246—260 条,第 407—409 页。
② a. 2018 年《人民法院办理刑事案件第一审普通程序法庭调查规程(试行)》第 15 条,第 933 页。
b. 2021 年《关于适用〈中华人民共和国刑事诉讼法〉的解释》第 255 条,第 408 页。
③ a. 2015 年《关于加强出庭公诉工作的意见》8,第 943 页。
b. 2017 年《关于办理刑事案件严格排除非法证据若干问题的规定》第 26—34、37 条,第 611—612 页。
c. 2018 年《人民法院办理刑事案件第一审普通程序法庭调查规程(试行)》第 18—27 条,第 934—935 页。
d. 2019 年《人民检察院刑事诉讼规则》第 402、406、407 条,第 336、337 页。
e. 2021 年《关于适用〈中华人民共和国刑事诉讼法〉的解释》第 261—266 条,第 409 页。
④ a. 2007 年《关于进一步严格依法办案确保办理死刑案件质量的意见》33,第 148 页。
b. 2010 年《关于办理刑事案件排除非法证据若干问题的规定》第 14 条,第 565 页。
c. 2013 年《关于实施刑事诉讼法若干问题的规定》26,第 175 页。
d. 2015 年《关于加强出庭公诉工作的意见》9—11,第 943—944 页。
e. 2016 年《关于办理刑事案件收集提取和审查判断电子数据若干问题的规定》第 21 条,第 598 页。
f. 2018 年《人民法院办理刑事案件第一审普通程序法庭调查规程(试行)》第 28—35 条,第 935—936 页。
g. 2018 年《人民检察院公诉人出庭举证质证工作指引》第 30 条,第 945 页。
h. 2019 年《人民检察院刑事诉讼规则》第 408、409 条,第 337 页。
i. 2021 年《关于适用〈中华人民共和国刑事诉讼法〉的解释》第 267—270 条,第 409—410 页。

第一百九十六条① 【法庭调查核实证据的方法】 法庭审理过程中,合议庭对证据有疑问的,可以宣布休庭,对证据进行调查核实。

人民法院调查核实证据,可以进行勘验、检查、查封、扣押、鉴定和查询、冻结。

第一百九十七条② 【调取新证据】 法庭审理过程中,当事人和辩护人、诉讼代理人有权申请通知新的证人到庭,调取新的物证,申请重新鉴定或者勘验。

公诉人、当事人和辩护人、诉讼代理人可以申请法庭通知有专门知识的人出庭,就鉴定人作出的鉴定意见提出意见。

法庭对于上述申请,应当作出是否同意的决定。

第二款规定的有专门知识的人出庭,适用鉴定人的有关规定。

第一百九十八条③ 【法庭辩论和最后陈述】 法庭审理过程中,对与定罪、量刑有关的事实、证据都应当进行调查、辩论。

经审判长许可,公诉人、当事人和辩护人、诉讼代理人可以对证据和案件情况发表意见并且可以互相辩论。

审判长在宣布辩论终结后,被告人有最后陈述的权利。

第一百九十九条④ 【违反法庭秩序的处理】 在法庭审判过程中,如果诉讼参与人或者旁听人员违反法庭秩序,审判长应当警告制止。对不听制止的,可以强行带出法庭;情节严重的,处以一千元以下的罚款或者十五日以下的拘留。罚款、拘留必须经院长批准。被处罚人对罚款、拘留的决定不服的,可以向上一级人民法院申请复议。复议期间不停止执行。

对聚众哄闹、冲击法庭或者侮辱、诽谤、威胁、殴打司法工作人员或者诉讼参与人,严重扰乱法庭秩序,构成犯罪的,依法追究刑事责任。

---

① a. 2013 年《关于实施刑事诉讼法若干问题的规定》27,第 175 页。
b. 2015 年《关于依法保障律师执业权利的规定》第 34、38 条,第 534 页。
c. 2018 年《人民法院办理刑事案件第一审普通程序法庭调查规程(试行)》第 36、37 条,第 936 页。
d. 2019 年《人民检察院刑事诉讼规则》第 410—416 条,第 337—338 页。
e. 2021 年《关于适用〈中华人民共和国刑事诉讼法〉的解释》第 271、272 条,第 410 页。
② a. 2010 年《人民法院量刑程序指导意见(试行)》八、九,第 891 页。
b. 2011 年《关于进一步规范人民法院涉港澳台调查取证工作的通知》,第 952 页。
c. 2013 年《关于实施刑事诉讼法若干问题的规定》27,第 175 页。
d. 2018 年《人民法院办理刑事案件第一审普通程序法庭调查规程(试行)》第 38 条,第 936 页。
e. 2021 年《关于适用〈中华人民共和国刑事诉讼法〉的解释》第 273 条,第 410 页。
③ a. 2015 年《关于依法保障律师执业权利的规定》第 35 条,第 534 页。
b. 2015 年《关于依法切实保障律师诉讼权利的规定》四,第 536 页。
c. 2015 年《关于加强出庭公诉工作的意见》12—15,第 944 页。
d. 2018 年《人民法院办理刑事案件第一审普通程序法庭调查规程(试行)》第 42—44 条,第 937 页。
e. 2019 年《人民检察院刑事诉讼规则》第 417、418 条,第 338 页。
f. 2021 年《关于适用〈中华人民共和国刑事诉讼法〉的解释》第 276—290 条,第 410—412 页。
④ a. 2018 年《关于依法保障律师诉讼权利和规范律师参与庭审活动的通知》三,第 945 页。
b. 2021 年《关于适用〈中华人民共和国刑事诉讼法〉的解释》第 305—310 条,第 414—415 页。

第二百条① 【评议、判决】 在被告人最后陈述后,审判长宣布休庭,合议庭进行评议,根据已经查明的事实、证据和有关的法律规定,分别作出以下判决:

(一)案件事实清楚,证据确实、充分,依据法律认定被告人有罪的,应当作出有罪判决;

(二)依据法律认定被告人无罪的,应当作出无罪判决;

(三)证据不足,不能认定被告人有罪的,应当作出证据不足、指控的犯罪不能成立的无罪判决。

第二百零一条 【法院对认罪认罚案件量刑建议的处理】 对于认罪认罚案件,人民法院依法作出判决时,一般应当采纳人民检察院指控的罪名和量刑建议,但有下列情形的除外:

(一)被告人的行为不构成犯罪或者不应当追究其刑事责任的;

(二)被告人违背意愿认罪认罚的;

(三)被告人否认指控的犯罪事实的;

(四)起诉指控的罪名与审理认定的罪名不一致的;

(五)其他可能影响公正审判的情形。

人民法院经审理认为量刑建议明显不当,或者被告人、辩护人对量刑建议提出异议的,人民检察院可以调整量刑建议。人民检察院不调整量刑建议或者调整量刑建议后仍然明显不当的,人民法院应当依法作出判决。

第二百零二条② 【宣告判决】 宣告判决,一律公开进行。

当庭宣告判决的,应当在五日以内将判决书送达当事人和提起公诉的人民检察院;定期宣告判决的,应当在宣告后立即将判决书送达当事人和提起公诉的人民检察院。判决书应当同时送达辩护人、诉讼代理人。

---

① a. 1982年《关于如何处理有同案犯在逃的共同犯罪案件的通知》,第114页。
b. 1989年《关于办理流窜犯案件中一些问题的意见的通知》三、四,第704、705页。
c. 2007年《关于进一步严格依法办案确保办理死刑案件质量的意见》35,第148页。
d. 2007年《关于公诉案件撤回起诉若干问题的指导意见》,第925页。
e. 2010年《关于办理死刑案件审查判断证据若干问题的规定》第565—572页。
f. 2011年《关于办理流动性团伙性跨区域性犯罪案件有关问题的意见》第7条,第168页。
g. 2012年《关于办理黑社会性质组织犯罪案件若干问题的规定》第14、15、17—21条,第156—157页。
h. 2013年《关于建立健全防范刑事冤假错案工作机制的意见》2、6、15,第179、180页。
i. 2016年《关于推进以审判为中心的刑事诉讼制度改革的意见》二,第203页。
j. 2016年《办理毒品犯罪案件毒品提取、扣押、称量、取样和送检程序若干问题的规定》第3条,第576页。
k. 2017年《关于办理刑事案件严格排除非法证据若干问题的规定》第35条,第612页。
l. 2018年《人民法院办理刑事案件第一审普通程序法庭调查规程(试行)》第45—52条,第937—938页。
m. 2019年《人民检察院刑事诉讼规则》第423—426、428、429条,第339页。
n. 2021年《关于适用〈中华人民共和国刑事诉讼法〉的解释》第291、294—298、301条,第412—413页。

② a. 1981《关于定期宣判的案件人民陪审员因故不能参加宣判时可否由审判员开庭宣判问题的批复》,第906页。
b. 2007年《关于加强人民法院审判公开工作的若干意见》14,第941页。
c. 2021年《关于适用〈中华人民共和国刑事诉讼法〉的解释》第302—304、650条,第413—414、459页。

第二百零三条① 【判决书】 判决书应当由审判人员和书记员署名,并且写明上诉的期限和上诉的法院。

第二百零四条② 【延期审理】 在法庭审判过程中,遇有下列情形之一,影响审判进行的,可以延期审理:

(一)需要通知新的证人到庭,调取新的物证,重新鉴定或者勘验的;

(二)检察人员发现提起公诉的案件需要补充侦查,提出建议的;

(三)由于申请回避而不能进行审判的。

第二百零五条③ 【法庭审理中补充侦查的期限】 依照本法第二百零四条第二项的规定延期审理的案件,人民检察院应当在一个月以内补充侦查完毕。

第二百零六条④ 【中止审理】 在审判过程中,有下列情形之一,致使案件在较长时间内无法继续审理的,可以中止审理:

(一)被告人患有严重疾病,无法出庭的;

(二)被告人脱逃的;

(三)自诉人患有严重疾病,无法出庭,未委托诉讼代理人出庭的;

(四)由于不能抗拒的原因。

中止审理的原因消失后,应当恢复审理。中止审理的期间不计入审理期限。

第二百零七条⑤ 【法庭笔录】 法庭审判的全部活动,应当由书记员写成笔录,经审判长审阅后,由审判长和书记员签名。

法庭笔录中的证人证言部分,应当当庭宣读或者交给证人阅读。证人在承认没有错误后,应当签名或者盖章。

---

① a. 1983 年《关于人民法院应保障被告人辩护律师依法享有的诉讼权利的函》,第 519 页。
b. 1999 年《关于审理死刑缓期执行期间故意犯罪的一审案件如何制作裁判文书有关问题的通知》,第 945 页。
c. 2000 年《关于刑事裁判文书中刑期起止日期如何表述问题的批复》,第 894 页。
d. 2009 年《关于裁判文书引用法律、法规等规范性法律文件的规定》,第 893 页。
e. 2010 年《人民法院量刑程序指导意见(试行)》十一,第 891 页。
f. 2011 年《关于对判处管制、宣告缓刑的犯罪分子适用禁止令有关问题的规定(试行)》,第 1048 页。
g. 2012 年《关于在裁判文书中如何表述修正前后刑法条文的批复》,第 894 页。
h. 2015 年《关于依法保障律师执业权利的规定》第 36 条,第 534 页。
i. 2017 年《关于办理刑事案件严格排除非法证据若干问题的规定》第 36 条,第 612 页。
j. 2019 年《关于办理恶势力刑事案件若干问题的意见》17、18,第 160 页。
k. 2021 年《关于适用〈中华人民共和国刑事诉讼法〉的解释》第 299、300 条,第 413 页。
② a. 2007 年《关于进一步严格依法办案确保办理死刑案件质量的意见》51,第 150 页。
b. 2013 年《关于实施刑事诉讼法若干问题的规定》30、31,第 175 页。
c. 2014 年《关于羁押犯罪嫌疑人、被告人实行换押和羁押期限变更通知制度的通知》,第 676—678 页。
d. 2019 年《人民检察院刑事诉讼规则》第 420、421 条,第 338 页。
e. 2021 年《关于适用〈中华人民共和国刑事诉讼法〉的解释》第 274、275 条,第 410 页。
③ a. 2019 年《人民检察院刑事诉讼规则》第 422 条,第 339 页。
④ a. 1989 年《关于重婚案件的被告人长期外逃法院能否中止审理和是否受追诉时效限制问题的电话答复》,第 895 页。
b. 2021 年《关于适用〈中华人民共和国刑事诉讼法〉的解释》第 314 条,第 415 页。
⑤ a. 2017 年《关于人民法院庭审录音录像的若干规定》,第 927 页。
b. 2019 年《人民检察院刑事诉讼规则》第 427 条,第 339 页。
c. 2021 年《关于适用〈中华人民共和国刑事诉讼法〉的解释》第 292、293 条,第 412 页。

法庭笔录应当交给当事人阅读或者向他宣读。当事人认为记载有遗漏或者差错的，可以请求补充或者改正。当事人承认没有错误后，应当签名或者盖章。

第二百零八条① 【公诉案件的审限】 人民法院审理公诉案件，应当在受理后二个月以内宣判，至迟不得超过三个月。对于可能判处死刑的案件或者附带民事诉讼的案件，以及有本法第一百五十八条规定情形之一的，经上一级人民法院批准，可以延长三个月；因特殊情况还需要延长的，报请最高人民法院批准。

人民法院改变管辖的案件，从改变后的人民法院收到案件之日起计算审理期限。

人民检察院补充侦查的案件，补充侦查完毕移送人民法院后，人民法院重新计算审理期限。

第二百零九条② 【审判监督】 人民检察院发现人民法院审理案件违反法律规定的诉讼程序，有权向人民法院提出纠正意见。

第二节 自诉案件

第二百一十条③ 【自诉案件范围】 自诉案件包括下列案件：

（一）告诉才处理的案件；

（二）被害人有证据证明的轻微刑事案件；

（三）被害人有证据证明对被告人侵犯自己人身、财产权利的行为应当依法追究刑事责任，而公安机关或者人民检察院不予追究被告人刑事责任的案件。

第二百一十一条④ 【自诉案件审查后的处理】 人民法院对于自诉案件进行审查后，按照下列情形分别处理：

（一）犯罪事实清楚，有足够证据的案件，应当开庭审判；

（二）缺乏罪证的自诉案件，如果自诉人提不出补充证据，应当说服自诉人撤回

---

① a. 1998年《关于军队执行〈中华人民共和国刑事诉讼法〉若干问题的暂行规定》第20条，第123页。
b. 2000年《关于严格执行案件审理期限制度的若干规定》第8—11、14条，第896—897页。
c. 2001年《案件审限管理规定》第18、20条，第899页。
d. 2021年《关于适用〈中华人民共和国刑事诉讼法〉的解释》第209—211条，第402页。
② a. 2013年《人民检察院办理未成年人刑事案件的规定》第68条，第1100页。
b. 2013年《关于实施刑事诉讼法若干问题的规定》32，第175页。
c. 2019年《人民检察院刑事诉讼规则》第570—572条，第360页。
d. 2021年《关于适用〈中华人民共和国刑事诉讼法〉的解释》第315条，第415页。
③ a. 1992年《关于重婚案件中受骗的一方当事人能否作为被害人向法院提起诉讼问题的电话答复》，第703页。
b. 2007年《关于办理侵犯知识产权刑事案件具体应用法律若干问题的解释（二）》第5条，第495页。
c. 2015年《关于审理拒不执行判决、裁定刑事案件适用法律若干问题的解释》第3、4条，第952—953页。
d. 2021年《关于适用〈中华人民共和国刑事诉讼法〉的解释》第316—319条，第415—416页。
④ a. 1999年《全国法院维护农村稳定刑事审判工作座谈会纪要》三（六），第951页。
b. 2000年《关于严格执行案件审理期限制度的若干规定》第6条，第896页。
c. 2001年《关于执行〈最高人民法院关于严格执行案件审理期限制度的若干规定〉中有关问题的复函》，第898页。
d. 2001年《关于对第一审刑事自诉案件当事人提起附带民事诉讼，部分共同侵害人未参加诉讼的，人民法院是否应当通知其参加诉讼问题的答复》，第693页。
e. 2021年《关于适用〈中华人民共和国刑事诉讼法〉的解释》第320—327、331条，第416—417页。

自诉,或者裁定驳回。

自诉人经两次依法传唤,无正当理由拒不到庭的,或者未经法庭许可中途退庭的,按撤诉处理。

法庭审理过程中,审判人员对证据有疑问,需要调查核实的,适用本法第一百九十六条的规定。

第二百一十二条① 【自诉案件的结案方式】 人民法院对自诉案件,可以进行调解;自诉人在宣告判决前,可以同被告人自行和解或者撤回自诉。本法第二百一十条第三项规定的案件不适用调解。

【自诉案件审理的期限】 人民法院审理自诉案件的期限,被告人被羁押的,适用本法第二百零八条第一款、第二款的规定;未被羁押的,应当在受理后六个月以内宣判。

第二百一十三条② 【反诉】 自诉案件的被告人在诉讼过程中,可以对自诉人提起反诉。反诉适用自诉的规定。

第三节 简 易 程 序

第二百一十四条③ 【简易程序的适用范围】 基层人民法院管辖的案件,符合下列条件的,可以适用简易程序审判:

(一)案件事实清楚、证据充分的;

(二)被告人承认自己所犯罪行,对指控的犯罪事实没有异议的;

(三)被告人对适用简易程序没有异议的。

人民检察院在提起公诉的时候,可以建议人民法院适用简易程序。

第二百一十五条④ 【不适用简易程序的情形】 有下列情形之一的,不适用简易程序:

(一)被告人是盲、聋、哑人,或者是尚未完全丧失辨认或者控制自己行为能力的精神病人的;

(二)有重大社会影响的;

(三)共同犯罪案件中部分被告人不认罪或者对适用简易程序有异议的;

(四)其他不宜适用简易程序审理的。

第二百一十六条 【简易程序的审判组织】 适用简易程序审理案件,对可能判处三年有期徒刑以下刑罚的,可以组成合议庭进行审判,也可以由审判员一人独任审

---

① a. 2000 年《关于严格执行案件审理期限制度的若干规定》第 8—11、14 条,第 896—897 页。
b. 2021 年《关于适用〈中华人民共和国刑事诉讼法〉的解释》第 328—330、332、333 条,第 417 页。
② 2021 年《关于适用〈中华人民共和国刑事诉讼法〉的解释》第 334 条,第 417 页。
③ a. 2019 年《人民检察院刑事诉讼规则》第 430 条,第 340 页。
b. 2021 年《关于适用〈中华人民共和国刑事诉讼法〉的解释》第 359 条,第 420 页。
④ a. 2019 年《人民检察院刑事诉讼规则》第 431 条,第 340 页。
b. 2021 年《关于适用〈中华人民共和国刑事诉讼法〉的解释》第 360 条,第 420 页。

判;对可能判处的有期徒刑超过三年的,应当组成合议庭进行审判。

【简易程序的检察人员出庭】 适用简易程序审理公诉案件,人民检察院应当派员出席法庭。

第二百一十七条① **【简易程序的开庭准备】** 适用简易程序审理案件,审判人员应当询问被告人对指控的犯罪事实的意见,告知被告人适用简易程序审理的法律规定,确认被告人是否同意适用简易程序审理。

第二百一十八条 **【简易程序中的法庭辩论】** 适用简易程序审理案件,经审判人员许可,被告人及其辩护人可以同公诉人、自诉人及其诉讼代理人互相辩论。

第二百一十九条② **【简易程序的程序简化】** 适用简易程序审理案件,不受本章第一节关于送达期限、讯问被告人、询问证人、鉴定人、出示证据、法庭辩论程序规定的限制。但在判决宣告前应当听取被告人的最后陈述意见。

第二百二十条③ **【简易程序的审限】** 适用简易程序审理案件,人民法院应当在受理后二十日以内审结;对可能判处的有期徒刑超过三年的,可以延长至一个半月。

第二百二十一条④ **【简易程序变更为第一审普通程序】** 人民法院在审理过程中,发现不宜适用简易程序的,应当按照本章第一节或者第二节的规定重新审理。

第四节　速　裁　程　序

第二百二十二条⑤ **【速裁程序适用的条件】** 基层人民法院管辖的可能判处三年有期徒刑以下刑罚的案件,案件事实清楚,证据确实、充分,被告人认罪认罚并同意适用速裁程序的,可以适用速裁程序,由审判员一人独任审判。

人民检察院在提起公诉的时候,可以建议人民法院适用速裁程序。

第二百二十三条⑥ **【不适用速裁程序的情形】** 有下列情形之一的,不适用速裁程序:

(一)被告人是盲、聋、哑人,或者是尚未完全丧失辨认或者控制自己行为能力的精神病人的;

(二)被告人是未成年人的;

(三)案件有重大社会影响的;

---

① a. 2019年《人民检察院刑事诉讼规则》第432条,第340页。
b. 2021年《关于适用〈中华人民共和国刑事诉讼法〉的解释》第361—364条,第420—421页。
② a. 2019年《人民检察院刑事诉讼规则》第434条,第340页。
b. 2021年《关于适用〈中华人民共和国刑事诉讼法〉的解释》第365—367条,第421页。
③ 2000年《关于严格执行案件审理期限制度的若干规定》第8—11、14条,第896—897页。
④ a. 2019年《人民检察院刑事诉讼规则》第435、436条,第340页。
b. 2021年《关于适用〈中华人民共和国刑事诉讼法〉的解释》第368条,第421页。
⑤ a. 2019年《人民检察院刑事诉讼规则》第437、439—441条,第341页。
b. 2021年《关于适用〈中华人民共和国刑事诉讼法〉的解释》第369条,第421页。
⑥ a. 2019年《人民检察院刑事诉讼规则》第438条,第341页。
b. 2021年《关于适用〈中华人民共和国刑事诉讼法〉的解释》第370条,第421页。

（四）共同犯罪案件中部分被告人对指控的犯罪事实、罪名、量刑建议或者适用速裁程序有异议的；

（五）被告人与被害人或者其法定代理人没有就附带民事诉讼赔偿等事项达成调解或者和解协议的；

（六）其他不宜适用速裁程序审理的。

第二百二十四条① 【速裁程序的具体适用】 适用速裁程序审理案件，不受本章第一节规定的送达期限的限制，一般不进行法庭调查、法庭辩论，但在判决宣告前应当听取辩护人的意见和被告人的最后陈述意见。

适用速裁程序审理案件，应当当庭宣判。

第二百二十五条 【速裁程序案件的审期】 适用速裁程序审理案件，人民法院应当在受理后十日以内审结；对可能判处的有期徒刑超过一年的，可以延长至十五日。

第二百二十六条② 【审理中出现不宜适用速裁程序情形的处理】 人民法院在审理过程中，发现有被告人的行为不构成犯罪或者不应当追究其刑事责任、被告人违背意愿认罪认罚、被告人否认指控的犯罪事实或者其他不宜适用速裁程序审理的情形的，应当按照本章第一节或者第三节的规定重新审理。

第三章　第二审程序③

第二百二十七条④ 【上诉的提起】 被告人、自诉人和他们的法定代理人，不服地方各级人民法院第一审的判决、裁定，有权用书状或者口头向上一级人民法院上诉。被告人的辩护人和近亲属，经被告人同意，可以提出上诉。

附带民事诉讼的当事人和他们的法定代理人，可以对地方各级人民法院第一审的判决、裁定中的附带民事诉讼部分，提出上诉。

对被告人的上诉权，不得以任何借口加以剥夺。

第二百二十八条⑤ 【抗诉的提起】 地方各级人民检察院认为本级人民法院第一审的判决、裁定确有错误的时候，应当向上一级人民法院提出抗诉。

---

① a. 2019年《人民检察院刑事诉讼规则》第442条，第341页。
　b. 2021年《关于适用〈中华人民共和国刑事诉讼法〉的解释》第371—374条，第422页。
② a. 2019年《人民检察院刑事诉讼规则》第443、444条，第341页。
　b. 2021年《关于适用〈中华人民共和国刑事诉讼法〉的解释》第375—377条，第422页。
③ 2011年《关于死刑缓期执行限制减刑案件审理程序若干问题的规定》，第892—893页。
④ a. 1956年《关于对人民法庭的判决不服而提起上诉的案件应否由基层法院审查和转送中级人民法院的批复》，第962—963页。
　b. 2021年《关于适用〈中华人民共和国刑事诉讼法〉的解释》第378、379条，第422页。
⑤ a. 1998年《关于对危害国家安全案件批捕起诉和实行备案制度等有关事项的通知》四，第120页。
　b. 2001年《关于人民法院不受理人民检察院就移送管辖裁定提出抗诉问题的答复》，第489—490页。
　c. 2006年《关于在检察工作中贯彻宽严相济刑事司法政策的若干意见》10，第142页。
　d. 2006年《关于新疆生产建设兵团人民检察院对新疆维吾尔自治区高级人民法院生产建设兵团分院审理的案件实施法律监督有关问题的批复》，第460页。
　e. 2014年《关于加强和改进刑事抗诉工作的意见》，第954页。
　f. 2018年《人民检察院刑事抗诉工作指引》第9、10、18条，第959—961页。（转下页）

第二百二十九条① 【公诉案件被害人请求抗诉】 被害人及其法定代理人不服地方各级人民法院第一审的判决的,自收到判决书后五日以内,有权请求人民检察院提出抗诉。人民检察院自收到被害人及其法定代理人的请求后五日以内,应当作出是否抗诉的决定并且答复请求人。

第二百三十条② 【上诉、抗诉的期限】 不服判决的上诉和抗诉的期限为十日,不服裁定的上诉和抗诉的期限为五日,从接到判决书、裁定书的第二日起算。

第二百三十一条③ 【上诉的方式】 被告人、自诉人、附带民事诉讼的原告人和被告人通过原审人民法院提出上诉的,原审人民法院应当在三日以内将上诉状连同案卷、证据移送上一级人民法院,同时将上诉状副本送交同级人民检察院和对方当事人。

被告人、自诉人、附带民事诉讼的原告人和被告人直接向第二审人民法院提出上诉的,第二审人民法院应当在三日以内将上诉状交原审人民法院送交同级人民检察院和对方当事人。

第二百三十二条④ 【抗诉的方式】 地方各级人民检察院对同级人民法院第一审判决、裁定的抗诉,应当通过原审人民法院提出抗诉书,并且将抗诉书抄送上一级人民检察院。原审人民法院应当将抗诉书连同案卷、证据移送上一级人民法院,并且将抗诉书副本送交当事人。

上级人民检察院如果认为抗诉不当,可以向同级人民法院撤回抗诉,并且通知下级人民检察院。

第二百三十三条⑤ 【上诉、抗诉案件的审查】 第二审人民法院应当就第一审

(接上页)

  g. 2018 年《人民检察院办理死刑第二审案件和复核监督工作指引(试行)》第 96 条,第 962 页。
  h. 2019 年《人民检察院刑事诉讼规则》第 583、584 条,第 362 页。
  i. 2020 年最高人民检察院指导性案例检例第 83 号据某忠盗窃案,第 962 页。
① 2019 年《人民检察院刑事诉讼规则》第 558 条,第 357 页。
② a. 2004 年《关于刑事案件终审判决和裁定何时发生法律效力问题的批复》,第 895 页。
  b. 2021 年《关于适用〈中华人民共和国刑事诉讼法〉的解释》第 380 条,第 423 页。
③ 2021 年《关于适用〈中华人民共和国刑事诉讼法〉的解释》第 381—383、386 条,第 423 页。
④ a. 1995 年《关于抗诉案件向同级人大常委会报告的通知》,第 953 页。
  b. 1995 年《关于执行高检〈关于抗诉案件向同级人大常委会报告的通知〉中若干问题的通知》,第 953 页。
  c. 2009 年《关于上级人民检察院向同级人民法院撤回抗诉后又决定支持抗诉的效力问题的答复》,第 954 页。
  d. 2018 年《人民检察院刑事抗诉工作指引》第 21 条,第 961 页。
  e. 2019 年《人民检察院刑事诉讼规则》第 585—590、600 条,第 362—364 页。
  f. 2021 年《关于适用〈中华人民共和国刑事诉讼法〉的解释》第 384—386 条,第 423 页。
⑤ a. 2000 年《关于严格执行案件审理期限制度的若干规定》第 6 条,第 896 页。
  b. 2001 年《关于执行〈最高人民法院关于严格执行案件审理期限制度的若干规定〉中有关问题的复函》,第 898 页。
  c. 2001 年《案件审限管理规定》第 13 条,第 899 页。
  d. 2010 年《关于对被判处死刑的被告人未提出上诉、共同犯罪的部分被告人或者附带民事诉讼原告人提出上诉的案件应适用何种程序审理的批复》,第 964 页。
  e. 2010 年《关于对死刑判决提出上诉的被告人在上诉期满后宣判前提出撤回上诉人民法院是否准许的批复》,第 965 页。(转下页)

判决认定的事实和适用法律进行全面审查,不受上诉或者抗诉范围的限制。

共同犯罪的案件只有部分被告人上诉的,应当对全案进行审查,一并处理。

第二百三十四条① 【二审审理方式】 第二审人民法院对于下列案件,应当组成合议庭,开庭审理:

(一)被告人、自诉人及其法定代理人对第一审认定的事实、证据提出异议,可能影响定罪量刑的上诉案件;

(二)被告人被判处死刑的上诉案件;

(三)人民检察院抗诉的案件;

(四)其他应当开庭审理的案件。

第二审人民法院决定不开庭审理的,应当讯问被告人,听取其他当事人、辩护人、诉讼代理人的意见。

第二审人民法院开庭审理上诉、抗诉案件,可以到案件发生地或者原审人民法院所在地进行。

第二百三十五条② 【二审检察人员出庭】 人民检察院提出抗诉的案件或者第二审人民法院开庭审理的公诉案件,同级人民检察院都应当派员出席法庭。第二审人民法院应当在决定开庭审理后及时通知人民检察院查阅案卷。人民检察院应当在一个月以内查阅完毕。人民检察院查阅案卷的时间不计入审理期限。

第二百三十六条③ 【二审裁判】 第二审人民法院对不服第一审判决的上诉、抗诉案件,经过审理后,应当按照下列情形分别处理:

(一)原判决认定事实和适用法律正确、量刑适当的,应当裁定驳回上诉或者抗

(接上页)

　　f. 2014 年《关于羁押犯罪嫌疑人、被告人实行换押和羁押期限变更通知制度的通知》,第 676—678 页。

　　g. 2017 年《关于办理刑事案件严格排除非法证据若干问题的规定》第 38、39 条,第 612、613 页。

　　h. 2021 年《关于适用〈中华人民共和国刑事诉讼法〉的解释》第 387—392 条,第 423—424 页。

　　① 　a. 2001 年《关于人民法院对原审被告人宣告无罪后人民检察院抗诉的案件由谁决定对原审被告人采取强制措施并通知其出庭等问题的复函》一,第 954 页。

　　b. 2006 年《关于死刑第二审案件开庭审理工作有关问题的会谈纪要》,第 963 页。

　　c. 2010 年《关于对被判处死刑的被告人未提出上诉、共同犯罪的部分被告人或者附带民事诉讼原告人提出上诉的案件应适用何种程序审理的批复》,第 964 页。

　　d. 2015 年《关于依法保障律师执业权利的规定》第 21 条,第 533 页。

　　e. 2021 年《关于适用〈中华人民共和国刑事诉讼法〉的解释》第 393—396、398、399 条,第 424、425 页。

　　② 　a. 2001 年《刑事抗诉案件出庭规则(试行)》,第 862 页。

　　b. 2006 年《关于死刑第二审案件开庭审理工作有关问题的会谈纪要》,第 963 页。

　　c. 2019 年《人民检察院刑事诉讼规则》第 445—453 条,第 341—342 页。

　　d. 2021 年《关于适用〈中华人民共和国刑事诉讼法〉的解释》第 397 条,第 425 页。

　　③ 　a. 2010 年《关于规范上下级人民法院审判业务关系的若干意见》第 6、7 条,第 900 页。

　　b. 2010 年《关于二审开庭审理过程中检察员当庭提出发回重审建议后人民法院能否对案件继续审理问题的答复》,第 964 页。

　　c. 2013 年《关于建立健全防范刑事冤假错案工作机制的意见》18,第 180 页。

　　d. 2015 年《关于机关事业单位工作人员被采取刑事强制措施和受刑事处罚实行向所在单位告知制度的通知》,第 627 页。

　　e. 2016 年《关于适用刑事诉讼法第二百二十五条第二款有关问题的批复》,第 966 页。

　　f. 2017 年《关于办理刑事案件严格排除非法证据若干问题的规定》第 40 条,第 613 页。

　　g. 2021 年《关于适用〈中华人民共和国刑事诉讼法〉的解释》第 404—413 条,第 426—427 页。

诉,维持原判;

(二)原判决认定事实没有错误,但适用法律有错误,或者量刑不当的,应当改判;

(三)原判决事实不清楚或者证据不足的,可以在查清事实后改判;也可以裁定撤销原判,发回原审人民法院重新审判。

原审人民法院对于依照前款第三项规定发回重新审判的案件作出判决后,被告人提出上诉或者人民检察院提出抗诉的,第二审人民法院应当依法作出判决或者裁定,不得再发回原审人民法院重新审判。

第二百三十七条① 【上诉不加刑及其限制】 第二审人民法院审理被告人或者他的法定代理人、辩护人、近亲属上诉的案件,不得加重被告人的刑罚。第二审人民法院发回原审人民法院重新审判的案件,除有新的犯罪事实,人民检察院补充起诉的以外,原审人民法院也不得加重被告人的刑罚。

人民检察院提出抗诉或者自诉人提出上诉的,不受前款规定的限制。

第二百三十八条 【一审违反法定程序案件的处理】 第二审人民法院发现第一审人民法院的审理有下列违反法律规定的诉讼程序的情形之一的,应当裁定撤销原判,发回原审人民法院重新审判:

(一)违反本法有关公开审判的规定的;

(二)违反回避制度的;

(三)剥夺或者限制了当事人的法定诉讼权利,可能影响公正审判的;

(四)审判组织的组成不合法的;

(五)其他违反法律规定的诉讼程序,可能影响公正审判的。

第二百三十九条② 【重新审判】 原审人民法院对于发回重新审判的案件,应当另行组成合议庭,依照第一审程序进行审判。对于重新审判后的判决,依照本法第二百二十七条、第二百二十八条、第二百二十九条的规定可以上诉、抗诉。

第二百四十条 【对裁定的二审】 第二审人民法院对不服第一审裁定的上诉或者抗诉,经过审查后,应当参照本法第二百三十六条、第二百三十八条和第二百三十九条的规定,分别情形用裁定驳回上诉、抗诉,或者撤销、变更原裁定。

第二百四十一条 【重新审判的期限】 第二审人民法院发回原审人民法院重新审判的案件,原审人民法院从收到发回的案件之日起,重新计算审理期限。

第二百四十二条 【二审程序】 第二审人民法院审判上诉或者抗诉案件的程序,除本章已有规定的以外,参照第一审程序的规定进行。

---

① a. 1990 年《关于对第二审终审的刑事案件第二审法院进行再审时可否加重刑罚不给上诉权问题的电话答复》,第 982 页。
b. 2014 年《关于上诉发回重审案件重审判决后确需改判的应通过何种程序进行的答复》,第 947 页。
c. 2021 年《关于适用〈中华人民共和国刑事诉讼法〉的解释》第 401—403 条,第 425—426 页。
② a. 2000 年《关于严格执行案件审理期限制度的若干规定》第 6 条,第 896 页。
b. 2014 年《关于羁押犯罪嫌疑人、被告人实行换押和羁押期限变更通知制度的通知》,第 676—678 页。

第二百四十三条① 【二审审限】 第二审人民法院受理上诉、抗诉案件,应当在二个月以内审结。对于可能判处死刑的案件或者附带民事诉讼的案件,以及有本法第一百五十八条规定情形之一的,经省、自治区、直辖市高级人民法院批准或者决定,可以延长二个月;因特殊情况还需要延长的,报请最高人民法院批准。

最高人民法院受理上诉、抗诉案件的审理期限,由最高人民法院决定。

第二百四十四条② 【二审效力】 第二审的判决、裁定和最高人民法院的判决、裁定,都是终审的判决、裁定。

第二百四十五条③ 【对查封、扣押、冻结物品的处理】 公安机关、人民检察院和人民法院对查封、扣押、冻结的犯罪嫌疑人、被告人的财物及其孳息,应当妥善保管,以供核查,并制作清单,随案移送。任何单位和个人不得挪用或者自行处理。对被害人的合法财产,应当及时返还。对违禁品或者不宜长期保存的物品,应当依照国家有关规定处理。

对作为证据使用的实物应当随案移送,对不宜移送的,应当将其清单、照片或者其他证明文件随案移送。

人民法院作出的判决,应当对查封、扣押、冻结的财物及其孳息作出处理。

人民法院作出的判决生效以后,有关机关应当根据判决对查封、扣押、冻结的财

---

① a. 2000 年《关于严格执行案件审理期限制度的若干规定》第 8—11、14 条,第 896—897 页。
 b. 2001 年《案件审限管理规定》第 18、20 条,第 899 页。
 c. 2007 年《关于进一步严格依法办案确保办理死刑案件质量的意见》51,第 150 页。
② a. 2004 年《关于刑事案件终审判决和裁定何时发生法律效力问题的批复》,第 895 页。
 b. 2021 年《关于适用〈中华人民共和国刑事诉讼法〉的解释》第 413 条,第 427 页。
③ a. 1980 年《关于查询、停止支付和没收个人在银行的存款以及存款人死亡后的存款过户或支付手续的联合通知》,第 966 页。
 b. 1983 年《关于没收储蓄存款缴库和公证处查询存款问题几点补充规定》,第 968 页。
 c. 1987 年《关于被告人亲属主动为被告人退缴赃款应如何处理的批复》,第 951 页。
 d. 1994 年《关于统一赃物估价工作的通知》,第 969 页。
 e. 1997 年《扣押、追缴、没收物品估价管理办法》,第 969 页。
 f. 1998 年《关于贯彻执行〈关于刑事诉讼法实施中若干问题的规定〉的通知》三,第 121 页。
 g. 2002 年《关于办理走私刑事案件适用法律若干问题的意见》二十三、二十四,第 138—139 页。
 h. 2006 年《关于严格执行有关走私案件涉案财物处理规定的通知》,第 972 页。
 i. 2008 年《关于扣押追缴没收及收缴财物价格鉴定管理的补充通知》,第 973 页。
 j. 2009 年《办理黑社会性质组织犯罪案件座谈会纪要》二(二)3,第 153 页。
 k. 2013 年《关于实施刑事诉讼法若干问题的规定》36、39,第 176 页。
 l. 2014 年《关于办理非法集资刑事案件适用法律若干问题的意见》五,第 166 页。
 m. 2014 年《人民检察院刑事诉讼涉案财物管理规定》第 22—28 条,第 799—800 页。
 n. 2015 年《公安机关涉案财物管理若干规定》第 18—23 条,第 805—806 页。
 o. 2016 年《关于办理电信网络诈骗等刑事案件适用法律若干问题的意见》七,第 201 页。
 p. 2019 年《打击非设关地成品油走私专题研讨会会议纪要》五、七,第 221、222 页。
 q. 2020 年《关于刑事案件涉扶贫领域财物依法快速返还的若干规定》,第 811 页。
 t. 2020 年《公安机关办理刑事案件程序规定》第 234—236 条,第 266 页。
 u. 2021 年《关于适用〈中华人民共和国刑事诉讼法〉的解释》第 437—450 条,第 430—432 页。
 v. 2021 年《关于打击粤港澳海上跨境走私犯罪适用法律若干问题的指导意见》四、五,第 139 页。
 w. 2022 年《中华人民共和国反有组织犯罪法》第 44—49 条,第 112 页。
 x. 2022 年最高人民法院指导案例 188 号史广振等组织、领导、参加黑社会性质组织案,第 973 页。
 y. 2022 年《关于办理信息网络犯罪案件适用刑事诉讼程序若干问题的意见》21、22,第 199 页。
 z. 2022 年《关于充分发挥环境资源审判职能作用依法惩处盗采矿产资源犯罪的意见》9、13,第 226 页。

物及其孳息进行处理。对查封、扣押、冻结的赃款赃物及其孳息,除依法返还被害人的以外,一律上缴国库。

司法工作人员贪污、挪用或者私自处理查封、扣押、冻结的财物及其孳息的,依法追究刑事责任;不构成犯罪的,给予处分。

第四章 死刑复核程序

第二百四十六条① 【死刑核准权】 死刑由最高人民法院核准。

第二百四十七条② 【死刑复核程序】 中级人民法院判处死刑的第一审案件,被告人不上诉的,应当由高级人民法院复核后,报请最高人民法院核准。高级人民法院不同意判处死刑的,可以提审或者发回重新审判。

高级人民法院判处死刑的第一审案件被告人不上诉的,和判处死刑的第二审案件,都应当报请最高人民法院核准。

第二百四十八条③ 【死缓核准权】 中级人民法院判处死刑缓期二年执行的案件,由高级人民法院核准。

第二百四十九条 【死刑复核的合议庭组成】 最高人民法院复核死刑案件,高级人民法院复核死刑缓期执行的案件,应当由审判员三人组成合议庭进行。

第二百五十条④ 【死刑复核的结果】 最高人民法院复核死刑案件,应当作出核准或者不核准死刑的裁定。对于不核准死刑的,最高人民法院可以发回重新审判或者予以改判。

第二百五十一条⑤ 【死刑复核的调查】 最高人民法院复核死刑案件,应当讯

---

① 2007年《关于统一行使死刑案件核准权有关问题的决定》,第975页。
② a. 1994年《关于判有死刑的共同犯罪案件被告人未上诉检察院未抗诉复核中发现判决确有错误的应如何制作法律文书问题的批复》,第974页。
　b. 1998年《关于军队执行〈中华人民共和国刑事诉讼法〉若干问题的暂行规定》第21条,第123页。
　c. 2001年《案件审限管理规定》第6、13条,第898、899页。
　d. 2004年最高人民法院《关于报送复核被告人在死缓考验期内故意犯罪应当执行死刑案件时应当一并报送原审判处和核准被告人死缓案卷的通知》,第974页。
　e. 2010年《关于对被判处死刑的被告人未提出上诉、共同犯罪的部分被告人或者附带民事诉讼原告人提出上诉的案件应适用何种程序审判的批复》,第964页。
　f. 2014年《关于羁押犯罪嫌疑人、被告人实行换押和羁押期限变更通知制度的通知》,第676—678页。
　g. 2017年《关于办理刑事案件严格排除非法证据若干问题的规定》第41条,第613页。
　h. 2019年《关于死刑复核及执行程序中保障当事人合法权益的若干规定》第1—5条,第976—977页。
　i. 2019年《人民检察院刑事诉讼规则》第648条,第372页。
　j. 2021年《关于适用〈中华人民共和国刑事诉讼法〉的解释》第423、425—427条,第428—429页。
③ 2021年《关于适用〈中华人民共和国刑事诉讼法〉的解释》第424条,第428页。
④ a. 2011年《关于死刑缓期执行限制减刑案件审理程序若干问题的规定》第6条,第892页。
　b. 2014年《关于羁押犯罪嫌疑人、被告人实行换押和羁押期限变更通知制度的通知》,第676—678页。
　c. 2021年《关于适用〈中华人民共和国刑事诉讼法〉的解释》第428—433条,第429—430页。
⑤ a. 2015年《关于办理死刑复核案件听取辩护律师意见的办法》,第975页。
　b. 2015年《关于依法保障律师执业权利的规定》第21条,第533页。
　c. 2019年《人民检察院刑事诉讼规则》第602—611条,第364—365页。
　d. 2021年《关于适用〈中华人民共和国刑事诉讼法〉的解释》第434—436、650条,第430、459页。
　e. 2021年《关于为死刑复核案件被告人依法提供法律援助的规定(试行)》,第977页。

问被告人,辩护律师提出要求的,应当听取辩护律师的意见。

【死刑复核中的检察监督】 在复核死刑案件过程中,最高人民检察院可以向最高人民法院提出意见。最高人民法院应当将死刑复核结果通报最高人民检察院。

第五章　审判监督程序

第二百五十二条① **【申诉的提出】** 当事人及其法定代理人、近亲属,对已经发生法律效力的判决、裁定,可以向人民法院或者人民检察院提出申诉,但是不能停止判决、裁定的执行。

第二百五十三条② **【因申诉而重新审判的情形】** 当事人及其法定代理人、近亲属的申诉符合下列情形之一的,人民法院应当重新审判:

(一)有新的证据证明原判决、裁定认定的事实确有错误,可能影响定罪量刑的;

(二)据以定罪量刑的证据不确实、不充分、依法应当予以排除,或者证明案件事实的主要证据之间存在矛盾的;

(三)原判决、裁定适用法律确有错误的;

(四)违反法律规定的诉讼程序,可能影响公正审判的;

(五)审判人员在审理该案件的时候,有贪污受贿,徇私舞弊,枉法裁判行为的。

第二百五十四条③ **【提起审判监督程序的主体及理由】** 各级人民法院院长对

---

① a. 2002年《关于规范人民法院再审立案的若干意见(试行)》第5条,第979页。
b. 2003年《关于调整服刑人员刑事申诉案件管辖的通知》,第989页。
c. 2007年《关于办理服刑人员刑事申诉案件有关问题的通知》,第990页。
d. 2011年《人民检察院刑事申诉案件公开审查程序规定》,第998页。
e. 2012年《关于办理不服人民法院生效刑事裁判申诉案件若干问题的规定》,第984页。
f. 2017年《人民检察院刑事申诉案件异地审查规定(试行)》,第1001页。
g. 2020年《人民检察院办理刑事申诉案件规定》,第990页。
h. 2021年《关于适用〈中华人民共和国刑事诉讼法〉的解释》第451—456条,第432—433页。
② a. 2002年《关于规范人民法院再审立案的若干意见(试行)》第7、10—16条,第979—980页。
b. 2003年《关于处理涉枪、涉爆申诉案件有关问题的通知》,第1003页。
c. 2010年《关于在审理盗窃案件中有关适用法律问题的答复》,第1004页。
d. 2021年《关于适用〈中华人民共和国刑事诉讼法〉的解释》第457—459条,第433页。
③ a. 1994年《关于对无期徒刑犯减刑后原审法院发现原判决确有错误予以改判,原减刑裁定应如何适用法律条款予以撤销问题的答复》第983页。
b. 1995年《关于抗诉案件向同级人大常委会报告的通知》,第953页。
c. 1995年《关于执行高检院〈关于抗诉案件向同级人大常委会报告的通知〉中若干问题的通知》,第953页。
d. 2001年《关于办理不服本院生效裁判案件的若干规定》,第984页。
e. 2002年《关于规范人民法院再审立案的若干意见(试行)》第1—4条,第979页。
f. 2002年《关于对刑罚已执行完毕,由于发现新的证据,又同一事实被以新的罪名重新起诉的案件,应适用何种程序进行审理等问题的答复》,第989页。
g. 2006年《关于新疆生产建设兵团人民检察院对新疆维吾尔自治区高级人民法院生产建设兵团分院审理的案件实施法律监督有关问题的批复》,第460页。
h. 2012年《关于办理不服人民法院生效刑事裁判申诉案件若干问题的规定》,第984页。
i. 2012年《关于审理人民检察院按照审判监督程序提出的刑事抗诉案件若干问题的规定》第1—3条,第980—981页。
j. 2014年《关于加强和改进刑事抗诉工作的意见》,第954页。(转下页)

本院已经发生法律效力的判决和裁定,如果发现在认定事实上或者在适用法律上确有错误,必须提交审判委员会处理。

最高人民法院对各级人民法院已经发生法律效力的判决和裁定,上级人民法院对下级人民法院已经发生法律效力的判决和裁定,如果发现确有错误,有权提审或者指令下级人民法院再审。

最高人民检察院对各级人民法院已经发生法律效力的判决和裁定,上级人民检察院对下级人民法院已经发生法律效力的判决和裁定,如果发现确有错误,有权按照审判监督程序向同级人民法院提出抗诉。

人民检察院抗诉的案件,接受抗诉的人民法院应当组成合议庭重新审理,对于原判决事实不清楚或者证据不足的,可以指令下级人民法院再审。

第二百五十五条①　【指令再审】　上级人民法院指令下级人民法院再审的,应当指令原审人民法院以外的下级人民法院审理;由原审人民法院审理更为适宜的,也可以指令原审人民法院审理。

第二百五十六条②　【重新审判的程序】　人民法院按照审判监督程序重新审判的案件,由原审人民法院审理的,应当另行组成合议庭进行。如果原来是第一审案件,应当依照第一审程序进行审判,所作的判决、裁定,可以上诉、抗诉;如果原来是第二审案件,或者是上级人民法院提审的案件,应当依照第二审程序进行审判,所作的判决、裁定,是终审的判决、裁定。

人民法院开庭审理的再审案件,同级人民检察院应当派员出席法庭。

第二百五十七条①　【再审案件中强制措施的决定】　人民法院决定再审的案件,需要对被告人采取强制措施的,由人民法院依法决定;人民检察院提起抗诉的再审案件,需要对被告人采取强制措施的,由人民检察院依法决定。

(接上页)

　　k. 2018 年《人民检察院刑事抗诉工作指引》第 30、33 条,第 961—962 页。

　　l. 2019 年《人民检察院刑事诉讼规则》第 591—601 条,第 363—364 页。

　　m. 2021 年《关于适用〈中华人民共和国刑事诉讼法〉的解释》第 460—463 条,第 433—434 页。

　① 　a. 1991 年《关于罪犯在服刑期间又犯罪被服刑地法院以数罪并罚处的现前罪改判应由哪一个法院决定执行刑问题的电话答复》,第 982 页。

　　b. 2002 年《关于规范人民法院再审立案的若干意见(试行)》第 6 条,第 979 页。

　② 　a. 1987 年《关于再审改判案件几个问题的通知》,第 982 页。

　　b. 1990 年最高人民法院《关于对第二审终审的刑事案件第二审法院进行再审时可否加重刑罚不给上诉权问题的电话答复》,第 982 页。

　　c. 1991 年《关于高级人民法院第二审判处无期徒刑的案件发现原判量刑不当应改判死刑应如何适用程序问题的电话答复》,第 983 页。

　　d. 2000 年《关于严格执行案件审理期限制度的若干规定》第 6 条,第 896 页。

　　e. 2001 年《案件审限管理规定》第 13 条,第 899 页。

　　f. 2002 年《关于刑事再审案件开庭审理程序的具体规定(试行)》,第 985 页。

　　g. 2012 年《关于审理人民检察院按照审判监督程序提出的刑事抗诉案件若干问题的规定》第 4—9 条,第 981 页。

　　h. 2017 年《关于办理刑事案件严格排除非法证据若干问题的规定》第 41 条,第 613 页。

　　i. 2019 年《人民检察院刑事诉讼规则》第 454—456 条,第 342—343 页。

　　j. 2021 年《关于适用〈中华人民共和国刑事诉讼法〉的解释》第 465—474 条,第 434 页。

　①　2021 年《关于适用〈中华人民共和国刑事诉讼法〉的解释》第 464 条,第 434 页。

【再审可中止原判决、裁定的执行】 人民法院按照审判监督程序审判的案件,可以决定中止原判决、裁定的执行。

第二百五十八条① 【重新审判的期限】 人民法院按照审判监督程序重新审判的案件,应当在作出提审、再审决定之日起三个月以内审结,需要延长期限的,不得超过六个月。

接受抗诉的人民法院按照审判监督程序审判抗诉的案件,审理期限适用前款规定;对需要指令下级人民法院再审的,应当自接受抗诉之日起一个月以内作出决定,下级人民法院审理案件的期限适用前款规定。

第四编 执 行

第二百五十九条② 【执行的依据】 判决和裁定在发生法律效力后执行。
下列判决和裁定是发生法律效力的判决和裁定:
(一)已过法定期限没有上诉、抗诉的判决和裁定;
(二)终审的判决和裁定;
(三)最高人民法院核准的死刑的判决和高级人民法院核准的死刑缓期二年执行的判决。

第二百六十条③ 【无罪、免除刑事处罚的执行】 第一审人民法院判决被告人无罪、免除刑事处罚的,如果被告人在押,在宣判后应当立即释放。

第二百六十一条④ 【死刑令签发及死缓执行】 最高人民法院判处和核准的死刑立即执行的判决,应当由最高人民法院院长签发执行死刑的命令。

被判处死刑缓期二年执行的罪犯,在死刑缓期执行期间,如果没有故意犯罪,死刑缓期执行期满,应当予以减刑的,由执行机关提出书面意见,报请高级人民法院裁定;如果故意犯罪,情节恶劣,查证属实,应当执行死刑的,由高级人民法院报请最高人民法院核准;对于故意犯罪未执行死刑的,死刑缓期执行的期间重新计算,并报最高人民法院备案。

第二百六十二条⑤ 【死刑执行及停止】 下级人民法院接到最高人民法院执行死刑的命令后,应当在七日以内交付执行。但是发现有下列情形之一的,应当停止执行,并且立即报告最高人民法院,由最高人民法院作出裁定:

---

① 2002 年《关于刑事再审案件开庭审理程序的具体规定(试行)》第 25 条,第 988 页。
② a. 2020 年《公安机关办理刑事案件程序规定》第 298 条,第 273 页。
　b. 2022 年《关于落实从业禁止制度的意见》五、八,第 1016 页。
③ 2020 年《公安机关办理刑事案件程序规定》第 298 条,第 273 页。
④ a. 2003 年最高人民法院《关于执行死刑命令盖院印问题的电话请示的复函》,第 1006 页。
　b. 2019 年《人民检察院刑事诉讼规则》第 650 条,第 373 页。
　c. 2020 年《公安机关办理刑事案件程序规定》第 299 条,第 273 页。
　d. 2021 年《关于适用〈中华人民共和国刑事诉讼法〉的解释》第 497、498 条,第 439 页。
⑤ a. 2007 年《关于进一步严格依法办案确保办理死刑案件质量的意见》47,第 149 页。
　b. 2019 年《人民检察院刑事诉讼规则》第 649 条,第 372 页。
　c. 2021 年《关于适用〈中华人民共和国刑事诉讼法〉的解释》第 499—504 条,第 439—440 页。

（一）在执行前发现判决可能有错误的；

（二）在执行前罪犯揭发重大犯罪事实或者有其他重大立功表现，可能需要改判的；

（三）罪犯正在怀孕。

前款第一项、第二项停止执行的原因消失后，必须报请最高人民法院院长再签发执行死刑的命令才能执行；由于前款第三项原因停止执行的，应当报请最高人民法院依法改判。

第二百六十三条① 【死刑执行程序】 人民法院在交付执行死刑前，应当通知同级人民检察院派员临场监督。

死刑采用枪决或者注射等方法执行。

死刑可以在刑场或者指定的羁押场所内执行。

指挥执行的审判人员，对罪犯应当验明正身，讯问有无遗言、信札，然后交付执行人员执行死刑。在执行前，如果发现可能有错误，应当暂停执行，报请最高人民法院裁定。

执行死刑应当公布，不应示众。

执行死刑后，在场书记员应当写成笔录。交付执行的人民法院应当将执行死刑情况报告最高人民法院。

执行死刑后，交付执行的人民法院应当通知罪犯家属。

第二百六十四条② 【死缓、无期徒刑、有期徒刑和拘役判决的执行】 罪犯被交付执行刑罚的时候，应当由交付执行的人民法院在判决生效后十日以内将有关的法律文书送达公安机关、监狱或者其他执行机关。

对于被判处死刑缓期二年执行、无期徒刑、有期徒刑的罪犯，由公安机关依法将该

---

① a. 1982 年《关于铁路运输法院、检察院办案中有关问题的联合通知》三，第 478 页。
b. 1984 年《关于利用死刑罪犯尸体或利用尸体器官的暂行规定》，第 1005 页。
c. 1990 年《关于严格控制在死刑执行现场进行拍摄和采访的通知》，第 1004 页。
d. 2007 年《关于进一步严格依法办案确保办理死刑案件质量的意见》45—48，第 149 页。
e. 2019 年《关于死刑复核及执行程序中保障当事人合法权益的若干规定》第 6—12 条，第 977 页。
f. 2019 年《人民检察院刑事诉讼规则》第 647、648 条，第 372 页。
g. 2021 年《关于适用〈中华人民共和国刑事诉讼法〉的解释》第 505—510 条，第 440—441 页。
② a. 1982 年《关于铁路运输法院、检察院办案中有关问题的联合通知》三，第 478 页。
b. 1984 年《关于正在服刑的罪犯和被羁押的人的选举权问题的联合通知》，第 1066 页。
c. 1987 年《关于中国人民武装警察部队人员犯罪案件若干问题的规定》六，第 479 页。
d. 1991 年《关于处理移交政府管理的军队离休干部犯罪案件若干问题的规定》一，第 115 页。
e. 1998 年《关于军人判处刑罚后执行问题的联合通知》，第 1011 页。
f. 1998 年《关于将在北京违法犯罪的外省籍罪犯和劳教人员遣送离籍执行的通知》，第 1011 页。
g. 2011 年《关于死刑缓期执行限制减刑案件审理程序若干问题的规定》，第 892—893 页。
h. 2012 年《中华人民共和国监狱法》第 15—20、35—38 条，第 83、85 页。
i. 2012 年《关于办理黑社会性质组织犯罪案件若干问题的规定》第 25—27 条，第 157—158 页。
j. 2013 年《看守所留所执行刑罚罪犯管理办法》，第 1012 页。
k. 2015《关于人民法院办理接收在台湾地区服刑的大陆居民回大陆服刑案件的规定》，第 1034 页。
l. 2020 年《公安机关办理刑事案件程序规定》第 154、155、300—303 条，第 256、273 页。
m. 2021 年《关于适用〈中华人民共和国刑事诉讼法〉的解释》第 511—513 条，第 441 页。
n. 2022 年《中华人民共和国反有组织犯罪法》第 35 条，第 111 页。

罪犯送交监狱执行刑罚。对于被判处有期徒刑的罪犯,在被交付执行刑罚前,剩余刑期在三个月以下的,由看守所代为执行。对于被判处拘役的罪犯,由公安机关执行。

对未成年犯应当在未成年犯管教所执行刑罚。

执行机关应当将罪犯及时收押,并且通知罪犯家属。

判处有期徒刑、拘役的罪犯,执行期满,应当由执行机关发给释放证明书。

第二百六十五条① 【监外执行】 对被判处有期徒刑或者拘役的罪犯,有下列情形之一的,可以暂予监外执行:

(一)有严重疾病需要保外就医的;

(二)怀孕或者正在哺乳自己婴儿的妇女;

(三)生活不能自理,适用暂予监外执行不致危害社会的。

对被判处无期徒刑的罪犯,有前款第二项规定情形的,可以暂予监外执行。

对适用保外就医可能有社会危险性的罪犯,或者自伤自残的罪犯,不得保外就医。

对罪犯确有严重疾病,必须保外就医的,由省级人民政府指定的医院诊断并开具证明文件。

在交付执行前,暂予监外执行由交付执行的人民法院决定;在交付执行后,暂予监外执行由监狱或者看守所提出书面意见,报省级以上监狱管理机关或者设区的市一级以上公安机关批准。

第二百六十六条② 【监外执行的程序】 监狱、看守所提出暂予监外执行的书面意见的,应当将书面意见的副本抄送人民检察院。人民检察院可以向决定或者批准机关提出书面意见。

---

① a. 1984 年《关于对在押未决犯不采用保外就医办法的通知》,第 1016 页。
 b. 1988 年《关于不允许暂予监外执行的罪犯外出经商问题的通知》,第 1017 页。
 c. 1989 年《关于第一审判处被告人有期徒刑后第二审法院发现被告人已怀孕应如何处理问题的电话答复》,第 965 页。
 d. 1998 年《关于军队执行〈中华人民共和国刑事诉讼法〉若干问题的暂行规定》第 22 条,第 123 页。
 e. 2009 年《关于加强和规范监外执行工作的意见》,第 1017 页。
 f. 2012 年《中华人民共和国监狱法》第 25、26 条,第 84 页。
 g. 2012 年《关于办理黑社会性质组织犯罪案件若干问题的规定》第 28 条,第 158 页。
 h. 2013 年《关于实施刑事诉讼法若干问题的规定》33,第 175 页。
 i. 2014 年《关于〈中华人民共和国刑事诉讼法〉第二百五十四条第五款、第二百五十七条第二款的解释》,第 87 页。
 j. 2014 年《关于严格规范减刑、假释、暂予监外执行切实防止司法腐败的意见》,第 1071 页。
 k. 2014 年《暂予监外执行规定》第 2、4—20 条,第 1021—1024 页。
 l. 2014 年《关于罪犯交付执行前暂予监外执行组织诊断工作有关问题的通知》,第 1033 页。
 m. 2015 年《关于人民法院办理接收在台湾地区服刑的大陆居民回大陆服刑案件的规定》第 9 条,第 1035 页。
 n. 2016 年《监狱暂予监外执行程序规定》,第 1035 页。
 o. 2016 年《罪犯生活不能自理鉴别标准》,第 1040 页。
 p. 2020 年《公安机关办理刑事案件程序规定》第 307 条,第 274 页。
 q. 2021 年《关于适用〈中华人民共和国刑事诉讼法〉的解释》第 514、515 条,第 441 页。
② a. 2012 年全国人大常委会《中华人民共和国监狱法》第 26 条,第 84 页。
 b. 2020 年《公安机关办理刑事案件程序规定》第 308 条,第 274 页。

第二百六十七条① 【监外执行的监督】 决定或者批准暂予监外执行的机关应当将暂予监外执行决定抄送人民检察院。人民检察院认为暂予监外执行不当的,应当自接到通知之日起一个月以内将书面意见送交决定或者批准暂予监外执行的机关,决定或者批准暂予监外执行的机关接到人民检察院的书面意见后,应当立即对该决定进行重新核查。

第二百六十八条② 【监外执行的终止】 对于暂予监外执行的罪犯,有下列情形之一的,应当及时收监:

(一)发现不符合暂予监外执行条件的;

(二)严重违反有关暂予监外执行监督管理规定的;

(三)暂予监外执行的情形消失后,罪犯刑期未满的。

对于人民法院决定暂予监外执行的罪犯应当予以收监的,由人民法院作出决定,将有关的法律文书送达公安机关、监狱或者其他执行机关。

不符合暂予监外执行条件的罪犯通过贿赂等非法手段被暂予监外执行的,在监外执行的期间不计入执行刑期。罪犯在暂予监外执行期间脱逃的,脱逃的期间不计入执行刑期。

罪犯在暂予监外执行期间死亡的,执行机关应当及时通知监狱或者看守所。

第二百六十九条③ 【社区矫正】 对被判处管制、宣告缓刑、假释或者暂予监外

---

① a. 2009年《关于加强和规范监外执行工作的意见》20—25,1017页。
   b. 2012年《中华人民共和国监狱法》第26条,第84页。
   c. 2014年《关于对职务犯罪罪犯减刑、假释、暂予监外执行案件实行备案审查的规定》,第1074页。
   d. 2019年《人民检察院刑事诉讼规则》第629—634条,第368—369页。
   e. 2020年《公安机关办理刑事案件程序规定》第309条,第274页。
   f. 2021年《关于适用〈中华人民共和国刑事诉讼法〉的解释》第515条,第441页。
② a. 2012年《中华人民共和国监狱法》第28条,第84页。
   b. 2013年《关于实施刑事诉讼法若干问题的规定》34、35,第176页。
   c. 2014年《关于〈中华人民共和国刑事诉讼法〉第二百五十四条第五款、第二百五十七条第二款的解释》,第87页。
   d. 2020年《公安机关办理刑事案件程序规定》第310条,第274页。
   e. 2021年《关于适用〈中华人民共和国刑事诉讼法〉的解释》第516—518条,第442页。
③ a. 1978年《关于判处有期徒刑缓刑仍留在原单位工作的被告人在缓刑期间是否计算工龄问题的批复》,第1047页。
   b. 1986年《关于被判处管制、剥夺政治权利和宣告缓刑、假释的犯罪分子能否外出经商等问题的通知》,第1047页。
   c. 1987年《关于中国人民武装警察部队人员犯罪案件若干问题的规定》六,第479页。
   d. 1998年《关于军队执行〈中华人民共和国刑事诉讼法〉若干问题的暂行规定》第23条,第124页。
   e. 1998年《走私犯罪侦查机关办理走私犯罪案件适用刑事诉讼程序若干问题的通知》二,第125页。
   f. 2011年《关于对判处管制、宣告缓刑的犯罪分子适用禁止令有关问题的规定(试行)》第9—13条,第1048页。
   g. 2012年《中华人民共和国监狱法》第27、33条,第84页。
   h. 2012年《暂予监外执行规定》第3、21—27条,第1021、1024—1025页。
   i. 2016年《关于进一步加强社区矫正工作衔接配合管理的意见》,第1061页。
   j. 2016年《关于对因犯罪在大陆受审的台湾居民依法适用缓刑实行社区矫正有关问题的意见》,第1064页。
   k. 2019年《人民检察院刑事诉讼规则》第642—644条,第370—371页。
   l. 2020年《中华人民共和国社区矫正法》,第100页。
   m. 2020年《中华人民共和国社区矫正法实施办法》,第1048页。
   n. 2020年《公安机关办理刑事案件程序规定》第302条,第273页。
   o. 2021年《关于适用〈中华人民共和国刑事诉讼法〉的解释》第519、542—545条,第442、445页。

执行的罪犯,依法实行社区矫正,由社区矫正机构负责执行。

第二百七十条① 【剥夺政治权利的执行】 对被判处剥夺政治权利的罪犯,由公安机关执行。执行期满,应当由执行机关书面通知本人及其所在单位、居住地基层组织。

第二百七十一条② 【罚金的执行】 被判处罚金的罪犯,期满不缴纳的,人民法院应当强制缴纳;如果由于遭遇不能抗拒的灾祸等原因缴纳确实有困难的,经人民法院裁定,可以延期缴纳、酌情减少或者免除。

第二百七十二条③ 【没收财产的执行】 没收财产的判决,无论附加适用或者独立适用,都由人民法院执行;在必要的时候,可以会同公安机关执行。

第二百七十三条④ 【对新罪、漏罪的追诉及减刑、假释的提出】 罪犯在服刑期间又犯罪的,或者发现了判决的时候所没有发现的罪行,由执行机关移送人民检察院处理。

被判处管制、拘役、有期徒刑或者无期徒刑的罪犯,在执行期间确有悔改或者立

---

① a. 1986 年《关于被判处管制、剥夺政治权利和宣告缓刑、假释的犯罪分子能否外出经商等问题的通知》,第 1047 页。
  b. 2020 年《公安机关办理刑事案件程序规定》第 302、311—314 条,第 273、274—275 页。
  c. 2021 年《关于适用〈中华人民共和国刑事诉讼法〉的解释》第 520 条,第 442 页。
② a. 1980 年《关于查询、停止支付和没收个人在银行的存款以及存款人死亡后的存款过户或支付手续的联合通知》,第 966 页。
  b. 2000 年《关于严格执行案件审理期限制度的若干规定》第 5 条,第 896 页。
  c. 2000 年《关于适用财产刑若干问题的规定》第 10、11 条,第 1067 页。
  d. 2014 年《关于刑事裁判涉财产部分执行的若干规定》,第 1067 页。
  e. 2017 年《关于刑事裁判涉财产部分执行可否收取诉讼费意见的复函》,第 1070 页。
  f. 2018 年《关于人民法院立案、审判与执行工作协调运行的意见》4、13、15,第 1070 页。
  g. 2019 年《人民检察院刑事诉讼规则》第 645、646 条,第 371 页。
  h. 2021 年《关于适用〈中华人民共和国刑事诉讼法〉的解释》第 521—524、527—532 条,第 442—443 页。
③ a. 1980 年《关于查询、停止支付和没收个人在银行的存款以及存款人死亡后的存款过户或支付手续的联合通知》,第 966 页。
  b. 1983 年《关于没收储蓄存款缴库和公证处查询存款问题几点补充规定》,第 968 页。
  c. 2000 年《关于适用财产刑若干问题的规定》第 10、11 条,第 1067 页。
  d. 2014 年《关于刑事裁判涉财产部分执行的若干规定》,第 1067 页。
  e. 2017 年《关于刑事裁判涉财产部分执行可否收取诉讼费意见的复函》,第 1070 页。
  f. 2021 年《关于适用〈中华人民共和国刑事诉讼法〉的解释》第 525、526 条,第 443 页。
④ a. 1982 年《关于办理罪犯在服刑期间又犯罪案件过程中,遇到被告刑期届满如何处理问题的批复》,第 1006 页。
  b. 1991 年《关于罪犯在服刑期间又犯罪被服刑地法院以数罪并罚论处的现前罪改判应当由哪一个法院决定执行刑罚问题的电话答复》,第 982 页。
  c. 1998 年《关于军队执行〈中华人民共和国刑事诉讼法〉若干问题的暂行规定》第 24 条,第 124 页。
  d. 2012 年《中华人民共和国监狱法》第 29—34 条,第 84—85 页。
  e. 2014 年《关于严格规范减刑、假释、暂予监外执行切实防止司法腐败的意见》,第 1071 页。
  f. 2014 年《关于减刑、假释案件审理程序的规定》,第 1075 页。
  g. 2014 年《监狱提请减刑假释工作程序规定》,第 1080 页。
  h. 2015 年《关于人民法院办理接收在台湾地区服刑的大陆居民回大陆服刑案件的规定》第 9 条,第 1035 页。
  i. 2016 年《关于办理减刑、假释案件具体应用法律的规定》,第 1083 页。
  j. 2020 年《公安机关办理刑事案件程序规定》第 305、306、315、316 条,第 273、275 页。
  k. 2021 年《关于适用〈中华人民共和国刑事诉讼法〉的解释》第 533—545、650 条,第 443—445、459 页。
  l. 2021 年《关于加强减刑、假释案件实质化审理的意见》,第 1085 页。
  m. 2022 年《中华人民共和国反有组织犯罪法》第 35 条,第 111 页。

功表现,应当依法予以减刑、假释的时候,由执行机关提出建议书,报请人民法院审核裁定,并将建议书副本抄送人民检察院。人民检察院可以向人民法院提出书面意见。

第二百七十四条① 【对减刑、假释的监督】 人民检察院认为人民法院减刑、假释的裁定不当,应当在收到裁定书副本后二十日以内,向人民法院提出书面纠正意见。人民法院应当在收到纠正意见后一个月以内重新组成合议庭进行审理,作出最终裁定。

第二百七十五条② 【刑罚执行中错案、申诉的处理】 监狱和其他执行机关在刑罚执行中,如果认为判决有错误或者罪犯提出申诉,应当转请人民检察院或者原判人民法院处理。

第二百七十六条③ 【执行的监督】 人民检察院对执行机关执行刑罚的活动是否合法实行监督。如果发现有违法的情况,应当通知执行机关纠正。

第五编 特别程序

第一章 未成年人刑事案件诉讼程序④

第二百七十七条⑤ 【办理未成年人刑事案件的方针与原则】 对犯罪的未成年人实行教育、感化、挽救的方针,坚持教育为主、惩罚为辅的原则。

人民法院、人民检察院和公安机关办理未成年人刑事案件,应当保障未成年人行

---

① a. 1988年《关于发现减刑、假释的裁定确有错误应由哪一级人民检察院提出纠正意见问题的答复》,第1070页。
b. 2012年《中华人民共和国监狱法》第30、34条,第84、85页。
c. 2014年《关于对职务犯罪罪犯减刑、假释、暂予监外执行案件实行备案审查的规定》,第1074页。
d. 2014年《人民检察院办理减刑、假释案件规定》,第1078页。
e. 2019年《人民检察院刑事诉讼规则》第635—641条,第370页。
② a. 2012年《中华人民共和国监狱法》第21、24条,第83页。
b. 2020年《公安机关办理刑事案件程序规定》第304条,第273页。
③ a. 1995年《关于执行〈监狱法〉有关问题的通知》,第1009页。
b. 1997年《关于国家安全机关设置的看守所依法接受人民检察院法律监督有关事项的通知》,第459页。
c. 2011年《关于对判处管制、宣告缓刑的犯罪分子适用禁止令有关问题的规定(试行)》第10条,第1048页。
d. 2013年《人民检察院办理未成年人刑事案件的规定》第70—74条,第1100—1101页。
e. 2014年《关于对职务犯罪罪犯减刑、假释、暂予监外执行案件实行备案审查的规定》,第1074页。
f. 2014年《暂予监外执行规定》第28—31条,第1025页。
g. 2019年《人民检察院刑事诉讼规则》第621—628、654—663条,第367—368、373—374页。
h. 2022年《关于落实从业禁止制度的意见》七、八,第1016页。
④ a. 1995年《关于公安机关办理未成年人违法犯罪案件的规定》,第1087页。
b. 2006年《关于审理未成年人刑事案件具体应用法律若干问题的解释》第1—4条,第1090页。
c. 2013年《关于依法惩治性侵害未成年人犯罪的意见》,第185页。
d. 2013年《人民检察院办理未成年人刑事案件的规定》,第1090页。
e. 2017年《未成年人刑事检察工作指引(试行)》第2—5条,第1102页。
f. 2020年《中华人民共和国未成年人保护法》第101—106、110—113条,第85—86页。
⑤ a. 2019年《人民检察院刑事诉讼规则》第457—459、489、490条,第343、347页。
b. 2020年《公安机关办理刑事案件程序规定》第317—319、321条,第275页。
c. 2021年《关于适用〈中华人民共和国刑事诉讼法〉的解释》第546—562条,第446—447页。

使其诉讼权利,保障未成年人得到法律帮助,并由熟悉未成年人身心特点的审判人员、检察人员、侦查人员承办。

第二百七十八条① 【未成年人的法律援助辩护】 未成年犯罪嫌疑人、被告人没有委托辩护人的,人民法院、人民检察院、公安机关应当通知法律援助机构指派律师为其提供辩护。

第二百七十九条② 【社会背景调查】 公安机关、人民检察院、人民法院办理未成年人刑事案件,根据情况可以对未成年犯罪嫌疑人、被告人的成长经历、犯罪原因、监护教育等情况进行调查。

第二百八十条③ 【对未成年人羁押措施的适用】 对未成年犯罪嫌疑人、被告人应当严格限制适用逮捕措施。人民检察院审查批准逮捕和人民法院决定逮捕,应当讯问未成年犯罪嫌疑人、被告人,听取辩护律师的意见。

【分管分押】 对被拘留、逮捕和执行刑罚的未成年人与成年人应当分别关押、分别管理、分别教育。

第二百八十一条④ 【对未成年人的讯问与审判】 对于未成年人刑事案件,在讯问和审判的时候,应当通知未成年犯罪嫌疑人、被告人的法定代理人到场。无法通知、法定代理人不能到场或者法定代理人是共犯的,也可以通知未成年犯罪嫌疑人、被告人的其他成年亲属,所在学校、单位、居住地基层组织或者未成年人保护组织的代表到场,并将有关情况记录在案。到场的法定代理人可以代为行使未成年犯罪嫌疑人、被告人的诉讼权利。

到场的法定代理人或者其他人员认为办案人员在讯问、审判中侵犯未成年人合法权益的,可以提出意见。讯问笔录、法庭笔录应当交给到场的法定代理人或者其他人员阅读或者向他宣读。

讯问女性未成年犯罪嫌疑人,应当有女工作人员在场。

审判未成年人刑事案件,未成年被告人最后陈述后,其法定代理人可以进行补充陈述。

---

① a. 2013 年《关于实施刑事诉讼法若干问题的规定》5,第 172 页。
  b. 2019 年《人民检察院刑事诉讼规则》第 460 条,第 343 页。
  c. 2020 年《公安机关办理刑事案件程序规定》第 320 条,第 275 页。
② a. 2013 年《人民检察院办理未成年人刑事案件的规定》第 9 条,第 1091 页。
  b. 2019 年《人民检察院刑事诉讼规则》第 461 条,第 343 页。
  c. 2020 年《公安机关办理刑事案件程序规定》第 322 条,第 275 页。
③ a. 2006 年《关于在检察工作中贯彻宽严相济刑事司法政策的若干意见》7,第 141 页。
  b. 2013 年《人民检察院办理未成年人刑事案件的规定》第 10、13—21、67 条,第 1092—1093、1099 页。
  c. 2017 年《未成年人刑事检察工作指引(试行)》第 158、160、165 条,第 1104 页。
  d. 2019 年《人民检察院刑事诉讼规则》第 462—464、488 条,第 343—344、347 页。
  e. 2020 年《公安机关办理刑事案件程序规定》第 327、328 条,第 276 页。
④ a. 2013 年《关于依法惩治性侵害未成年人犯罪的意见》14,第 186 页。
  b. 2017 年《未成年人刑事检察工作指引(试行)》第 46、51 条,第 1102—1103 页。
  c. 2019 年《人民检察院刑事诉讼规则》第 465—468 条,第 344 页。
  d. 2020 年《公安机关办理刑事案件程序规定》第 323—326 条,第 275—276 页。
  e. 2020 年《关于加强新时代未成年人审判工作的意见》6、7,第 1110—1111 页。
  f. 2021 年《关于适用〈中华人民共和国刑事诉讼法〉的解释》第 563—580、582—586 条,第 447—449 页。

询问未成年被害人、证人,适用第一款、第二款、第三款的规定。

第二百八十二条① 【附条件不起诉】 对于未成年人涉嫌刑法分则第四章、第五章、第六章规定的犯罪,可能判处一年有期徒刑以下刑罚,符合起诉条件,但有悔罪表现的,人民检察院可以作出附条件不起诉的决定。人民检察院在作出附条件不起诉的决定以前,应当听取公安机关、被害人的意见。

对附条件不起诉的决定,公安机关要求复议、提起复核或者被害人申诉的,适用本法第一百七十九条、第一百八十条的规定。

未成年犯罪嫌疑人及其法定代理人对人民检察院决定附条件不起诉有异议的,人民检察院应当作出起诉的决定。

第二百八十三条② 【附条件不起诉的监督考察】 在附条件不起诉的考验期内,由人民检察院对被附条件不起诉的未成年犯罪嫌疑人进行监督考察。未成年犯罪嫌疑人的监护人,应当对未成年犯罪嫌疑人加强管教,配合人民检察院做好监督考察工作。

附条件不起诉的考验期为六个月以上一年以下,从人民检察院作出附条件不起诉的决定之日起计算。

被附条件不起诉的未成年犯罪嫌疑人,应当遵守下列规定:

(一)遵守法律法规,服从监督;
(二)按照考察机关的规定报告自己的活动情况;
(三)离开所居住的市、县或者迁居,应当报经考察机关批准;
(四)按照考察机关的要求接受矫治和教育。

第二百八十四条③ 【附条件不起诉的法律后果】 被附条件不起诉的未成年犯罪嫌疑人,在考验期内有下列情形之一的,人民检察院应当撤销附条件不起诉的决定,提起公诉:

---

① a. 2006 年《关于在检察工作中贯彻宽严相济刑事司法政策的若干意见》8、11、19,第 142、143 页。
b. 2013 年《人民检察院办理未成年人刑事案件的规定》第 30—34、39 条,第 1095—1096 页。
c. 2014 年《关于〈中华人民共和国刑事诉讼法〉第二百七十一条第二款的解释》,第 87 页。
d. 2017 年《未成年人刑事检察工作指引(试行)》第 181、186、191—193 条,第 1105—1107 页。
e. 2019 年《人民检察院刑事诉讼规则》第 469—472 条,第 345 页。
f. 2020 年《公安机关办理刑事案件程序规定》第 329、330 条,第 276 页。
g. 2021 年最高人民检察院指导性案例检例第 105 号李某诈骗、传授犯罪方法牛某等人诈骗案,第 1112 页。
h. 2021 年最高人民检察院指导性案例检例第 106 号牛某非法拘禁案,第 1112 页。
② a. 2013 年《人民检察院办理未成年人刑事案件的规定》第 40、44、50 条,第 1096—1097 页。
b. 2017 年《未成年人刑事检察工作指引(试行)》第 194—196 条,第 1107 页。
c. 2019 年《人民检察院刑事诉讼规则》第 473—476 条,第 346 页。
d. 2021 年最高人民检察院指导性案例检例 103 号胡某某抢劫案,第 1111 页。
e. 2021 年最高人民检察院指导性案例检例 104 号庄某等人敲诈勒索案,第 1111 页。
f. 2023 年最高人民检察院指导性案例检例第 171 号防止未成年人滥用药物综合司法保护案,第 1113 页。
g. 2023 年最高人民检察院指导性案例检例第 173 号惩治组织未成年人进行违反治安管理活动犯罪综合司法保护案,第 1114 页。
③ a. 2017 年《未成年人刑事检察工作指引(试行)》第 204、205 条,第 1108 页。
b. 2019 年《人民检察院刑事诉讼规则》第 477—480 条,第 346 页。
c. 2021 年最高人民检察院指导性案例检例第 107 号唐某等人聚众斗殴案,第 1113 页。

(一)实施新的犯罪或者发现决定附条件不起诉以前还有其他犯罪需要追诉的;

(二)违反治安管理规定或者考察机关有关附条件不起诉的监督管理规定,情节严重的。

被附条件不起诉的未成年犯罪嫌疑人,在考验期内没有上述情形,考验期满的,人民检察院应当作出不起诉的决定。

第二百八十五条① 【不公开审理原则】 审判的时候被告人不满十八周岁的案件,不公开审理。但是,经未成年被告人及其法定代理人同意,未成年被告人所在学校和未成年人保护组织可以派代表到场。

第二百八十六条② 【未成年人犯罪记录的封存与查询】 犯罪的时候不满十八岁,被判处五年有期徒刑以下刑罚的,应当对相关犯罪记录予以封存。

犯罪记录被封存的,不得向任何单位和个人提供,但司法机关为办案需要或者有关单位根据国家规定进行查询的除外。依法进行查询的单位,应当对被封存的犯罪记录的情况予以保密。

第二百八十七条 【适用其他规定】 办理未成年人刑事案件,除本章已有规定的以外,按照本法的其他规定进行。

第二章 当事人和解的公诉案件诉讼程序

第二百八十八条③ 【刑事和解程序的适用范围】 下列公诉案件,犯罪嫌疑人、被告人真诚悔罪,通过向被害人赔偿损失、赔礼道歉等方式获得被害人谅解,被害人自愿和解的,双方当事人可以和解:

(一)因民间纠纷引起,涉嫌刑法分则第四章、第五章规定的犯罪案件,可能判处三年有期徒刑以下刑罚的;

(二)除渎职犯罪以外的可能判处七年有期徒刑以下刑罚的过失犯罪案件。

犯罪嫌疑人、被告人在五年以内曾经故意犯罪的,不适用本章规定的程序。

第二百八十九条④ 【和解协议的审查与制作】 双方当事人和解的,公安机关、

---

① 2013 年《关于依法惩治性侵害未成年人犯罪的意见》30,第 187 页。
② a. 2013 年《人民检察院办理未成年人刑事案件的规定》第 62—66、69 条,第 1099—1100 页。
b. 2019 年《人民检察院刑事诉讼规则》第 481—487 条,第 346—347 页。
c. 2020 年《公安机关办理刑事案件程序规定》第 331、332 条,第 276 页。
d. 2021 年《关于适用〈中华人民共和国刑事诉讼法〉的解释》第 581 条,第 449 页。
e. 2022 年《关于未成年人犯罪记录封存的实施办法》,第 1114 页。
③ a. 2010 年《关于办理当事人达成和解的轻微刑事案件的若干意见》,第 1117 页。
b. 2016 年《关于进一步贯彻"调解优先、调判结合"工作原则的若干意见》5,第 948 页。
c. 2017 年《未成年人刑事检察工作指引(试行)》第 67、71 条,第 1103 页。
d. 2019 年《人民检察院刑事诉讼规则》第 492—496 条,第 347—348 页。
e. 2020 年《公安机关办理刑事案件程序规定》第 333、334 条,第 276—277 页。
f. 2021 年《关于适用〈中华人民共和国刑事诉讼法〉的解释》第 587—589 条,第 449—450 页。
④ a. 2019 年《人民检察院刑事诉讼规则》第 497、498 条,第 348 页。
b. 2020 年《公安机关办理刑事案件程序规定》第 335—337 条,第 277 页。
c. 2021 年《关于适用〈中华人民共和国刑事诉讼法〉的解释》第 590—592 条,第 450 页。

人民检察院、人民法院应当听取当事人和其他有关人员的意见,对和解的自愿性、合法性进行审查,并主持制作和解协议书。

第二百九十条① 【和解协议的效力】 对于达成和解协议的案件,公安机关可以向人民检察院提出从宽处理的建议。人民检察院可以向人民法院提出从宽处罚的建议;对于犯罪情节轻微,不需要判处刑罚的,可以作出不起诉的决定。人民法院可以依法对被告人从宽处罚。

第三章 缺席审判程序

第二百九十一条② 【适用缺席审判案件的类型及条件】 对于贪污贿赂犯罪案件,以及需要及时进行审判,经最高人民检察院核准的严重危害国家安全犯罪、恐怖活动犯罪案件,犯罪嫌疑人、被告人在境外,监察机关、公安机关移送起诉,人民检察院认为犯罪事实已经查清,证据确实、充分,依法应当追究刑事责任的,可以向人民法院提起公诉。人民法院进行审查后,对于起诉书中有明确的指控犯罪事实,符合缺席审判程序适用条件的,应当决定开庭审判。

【缺席审判案件的管辖】 前款案件,由犯罪地、被告人离境前居住地或者最高人民法院指定的中级人民法院组成合议庭进行审理。

第二百九十二条③ 【传票、起诉书副本的送达】 人民法院应当通过有关国际条约规定的或者外交途径提出的司法协助方式,或者被告人所在地法律允许的其他方式,将传票和人民检察院的起诉书副本送达被告人。传票和起诉书副本送达后,被告人未按要求到案的,人民法院应当开庭审理,依法作出判决,并对违法所得及其他涉案财产作出处理。

第二百九十三条④ 【辩护权的行使及保障】 人民法院缺席审判案件,被告人有权委托辩护人,被告人的近亲属可以代为委托辩护人。被告人及其近亲属没有委托辩护人的,人民法院应当通知法律援助机构派遣律师为其提供辩护。

第二百九十四条 【上诉、抗诉】 人民法院应当将判决书送达被告人及其近亲属、辩护人。被告人或者其近亲属不服判决的,有权向上一级人民法院上诉。辩护人经被告人或者其近亲属同意,可以提出上诉。

人民检察院认为人民法院的判决确有错误的,应当向上一级人民法院提出抗诉。

---

① a. 2019 年《人民检察院刑事诉讼规则》第 499—504 条,第 349 页。
  b. 2020 年《公安机关办理刑事案件程序规定》第 338 条,第 277 页。
  c. 2021 年《关于适用〈中华人民共和国刑事诉讼法〉的解释》第 593—597 条,第 450 页。
  d. 2022 年《关于依法妥善办理轻伤害案件的指导意见》(十一),第 234 页。
② a. 2019 年《人民检察院刑事诉讼规则》第 505—508 条,第 349—350 页。
  b. 2021 年《关于适用〈中华人民共和国刑事诉讼法〉的解释》第 598、599、603、604、607、608 条,第 450—452 页。
③ 2021 年《关于适用〈中华人民共和国刑事诉讼法〉的解释》第 600 条,第 451 页。
④ 2021 年《关于适用〈中华人民共和国刑事诉讼法〉的解释》第 601、602 条,第 451 页。

第二百九十五条① 【重新审理的条件】 在审理过程中,被告人自动投案或者被抓获的,人民法院应当重新审理。

罪犯在判决、裁定发生法律效力后到案的,人民法院应当将罪犯交付执行刑罚。交付执行刑罚前,人民法院应当告知罪犯有权对判决、裁定提出异议。罪犯对判决、裁定提出异议的,人民法院应当重新审理。

依照生效判决、裁定对罪犯的财产进行的处理确有错误的,应当予以返还、赔偿。

第二百九十六条② 【被告人患有严重疾病时缺席审判的条件】 因被告人患有严重疾病无法出庭,中止审理超过六个月,被告人仍无法出庭,被告人及其法定代理人、近亲属申请或者同意恢复审理的,人民法院可以在被告人不出庭的情况下缺席审理,依法作出判决。

第二百九十七条③ 【被告人死亡情形下缺席审判的适用】 被告人死亡的,人民法院应当裁定终止审理,但有证据证明被告人无罪,人民法院经缺席审理确认无罪的,应当依法作出判决。

人民法院按照审判监督程序重新审判的案件,被告人死亡的,人民法院可以缺席审理,依法作出判决。

第四章 犯罪嫌疑人、被告人逃匿、死亡案件违法所得的没收程序④

第二百九十八条⑤ 【没收违法所得程序的启动】 对于贪污贿赂犯罪、恐怖活动犯罪等重大犯罪案件,犯罪嫌疑人、被告人逃匿,在通缉一年后不能到案,或者犯罪嫌疑人、被告人死亡,依照刑法规定应当追缴其违法所得及其他涉案财产的,人民检察院可以向人民法院提出没收违法所得的申请。

公安机关认为有前款规定情形的,应当写出没收违法所得意见书,移送人民检察院。

没收违法所得的申请应当提供与犯罪事实、违法所得相关的证据材料,并列明财

---

① 2019 年《人民检察院刑事诉讼规则》第 509、510 条,第 350 页。
② a. 2019 年《人民检察院刑事诉讼规则》第 511 条,第 350 页。
b. 2021 年《关于适用〈中华人民共和国刑事诉讼法〉的解释》第 605 条,第 452 页。
③ 2021 年《关于适用〈中华人民共和国刑事诉讼法〉的解释》第 606 条,第 452 页。
④ 2017 年《关于适用犯罪嫌疑人、被告人逃匿、死亡案件违法所得没收程序若干问题的规定》,第 1120 页。
⑤ a. 2013 年《关于实施刑事诉讼法若干问题的规定》37、38,第 176 页。
b. 2019 年《人民检察院刑事诉讼规则》第 512—528、533 条,第 350—353 页。
c. 2020 年《公安机关办理刑事案件程序规定》第 339—341 条,第 277 页。
d. 2021 年《关于适用〈中华人民共和国刑事诉讼法〉的解释》第 609—613 条,第 452—453 页。
e. 2021 年最高人民检察院指导性案例检第 127 号白静贪污违法所得没收案,第 1125 页。
f. 2021 年最高人民检察院指导性案例检第 128 号彭旭峰受贿,贾斯语受贿、洗钱违法所得没收案,第 1125 页。
g. 2021 年最高人民检察院指导性案例检第 129 号黄艳兰贪污违法所得没收案,第 1126 页。
h. 2021 年最高人民检察院指导性案例检第 130 号任润厚受贿、巨额财产来源不明违法所得没收案,第 1127 页。
i. 2022 年《中华人民共和国反有组织犯罪法》第 47 条,第 112 页。

产的种类、数量、所在地及查封、扣押、冻结的情况。

人民法院在必要的时候,可以查封、扣押、冻结申请没收的财产。

第二百九十九条① 【没收违法所得的审理程序】 没收违法所得的申请,由犯罪地或者犯罪嫌疑人、被告人居住地的中级人民法院组成合议庭进行审理。

人民法院受理没收违法所得的申请后,应当发出公告。公告期间为六个月。犯罪嫌疑人、被告人的近亲属和其他利害关系人有权申请参加诉讼,也可以委托诉讼代理人参加诉讼。

人民法院在公告期满后对没收违法所得的申请进行审理。利害关系人参加诉讼的,人民法院应当开庭审理。

第三百条② 【没收违法所得审理的结果】 人民法院经审理,对经查证属于违法所得及其他涉案财产,除依法返还被害人的以外,应当裁定予以没收;对不属于应当追缴的财产的,应当裁定驳回申请,解除查封、扣押、冻结措施。

对于人民法院依照前款规定作出的裁定,犯罪嫌疑人、被告人的近亲属和其他利害关系人或者人民检察院可以提出上诉、抗诉。

第三百零一条③ 【没收违法所得审理程序的终止】 在审理过程中,在逃的犯罪嫌疑人、被告人自动投案或者被抓获的,人民法院应当终止审理。

【错误没收的返还、赔偿】 没收犯罪嫌疑人、被告人财产确有错误的,应当予以返还、赔偿。

第五章 依法不负刑事责任的精神病人的强制医疗程序④

第三百零二条⑤ 【强制医疗的对象】 实施暴力行为,危害公共安全或者严重危害公民人身安全,经法定程序鉴定依法不负刑事责任的精神病人,有继续危害社会可能的,可以予以强制医疗。

第三百零三条⑥ 【强制医疗的程序】 根据本章规定对精神病人强制医疗的,由人民法院决定。

---

① a. 2019 年《人民检察院刑事诉讼规则》第 529、530 条,第 352 页。
b. 2021 年《关于适用〈中华人民共和国刑事诉讼法〉的解释》第 614—620、626、627、629 条,第 453—456 页。
② a. 2019 年《人民检察院刑事诉讼规则》第 531 条,第 352 页。
b. 2021 年《关于适用〈中华人民共和国刑事诉讼法〉的解释》第 621—624 条,第 455 页。
③ a. 2019 年《人民检察院刑事诉讼规则》第 532 条,第 353 页。
b. 2021 年《关于适用〈中华人民共和国刑事诉讼法〉的解释》第 625、628 条,第 455、456 页。
④ a. 2016 年《人民检察院强制医疗执行检察办法(试行)》,第 1127 页。
b. 2016 年最高人民法院指导案例 63 号徐加富强制医疗案,第 1131 页。
⑤ a. 2019 年《人民检察院刑事诉讼规则》第 534 条,第 353 页。
b. 2020 年《公安机关办理刑事案件程序规定》第 342 条,第 278 页。
c. 2021 年《关于适用〈中华人民共和国刑事诉讼法〉的解释》第 630、631 条,第 456 页。
⑥ a. 2019 年《人民检察院刑事诉讼规则》第 535—543 条,第 353—355 页。
b. 2020 年《公安机关办理刑事案件程序规定》第 343—345 条,第 278 页。
c. 2021 年《关于适用〈中华人民共和国刑事诉讼法〉的解释》第 632、633 条,第 456 页。

公安机关发现精神病人符合强制医疗条件的,应当写出强制医疗意见书,移送人民检察院。对于公安机关移送的或者在审查起诉过程中发现的精神病人符合强制医疗条件的,人民检察院应当向人民法院提出强制医疗的申请。人民法院在审理案件过程中发现被告人符合强制医疗条件的,可以作出强制医疗的决定。

对实施暴力行为的精神病人,在人民法院决定强制医疗前,公安机关可以采取临时的保护性约束措施。

第三百零四条① 【强制医疗的审理】 人民法院受理强制医疗的申请后,应当组成合议庭进行审理。

人民法院审理强制医疗案件,应当通知被申请人或者被告人的法定代理人到场。被申请人或者被告人没有委托诉讼代理人的,人民法院应当通知法律援助机构指派律师为其提供法律帮助。

第三百零五条② 【强制医疗的审理期限】 人民法院经审理,对于被申请人或者被告人符合强制医疗条件的,应当在一个月以内作出强制医疗的决定。

【不服强制医疗决定的复议】 被决定强制医疗的人、被害人及其法定代理人、近亲属对强制医疗决定不服的,可以向上一级人民法院申请复议。

第三百零六条③ 【强制医疗的解除】 强制医疗机构应当定期对被强制医疗的人进行诊断评估。对于已不具有人身危险性,不需要继续强制医疗的,应当及时提出解除意见,报决定强制医疗的人民法院批准。

被强制医疗的人及其近亲属有权申请解除强制医疗。

第三百零七条④ 【强制医疗的检察监督】 人民检察院对强制医疗的决定和执行实行监督。

附 则

第三百零八条⑤ 【军队、海上、监狱发生案件的侦查】 军队保卫部门对军队内部发生的刑事案件行使侦查权。

中国海警局履行海上维权执法职责,对海上发生的刑事案件行使侦查权。

对罪犯在监狱内犯罪的案件由监狱进行侦查。

军队保卫部门、中国海警局、监狱办理刑事案件,适用本法的有关规定。

---

① a. 2019 年《人民检察院刑事诉讼规则》第 544—546 条,第 355 页。
b. 2021 年《关于适用〈中华人民共和国刑事诉讼法〉的解释》第 634—640、649 条,第 456—457、459 页。
② 2021 年《关于适用〈中华人民共和国刑事诉讼法〉的解释》第 641—644 条,第 457—458 页。
③ 2021 年《关于适用〈中华人民共和国刑事诉讼法〉的解释》第 645—647 条,第 458 页。
④ a. 2019 年《人民检察院刑事诉讼规则》第 547—550、651—653 条,第 355、373 页。
b. 2021 年《关于适用〈中华人民共和国刑事诉讼法〉的解释》第 648 条,第 458 页。
⑤ a. 2019 年《人民检察院刑事诉讼规则》第 680、681 条,第 377 页。
b. 2023 年《关于军队战时调整适用〈中华人民共和国刑事诉讼法〉部分规定的决定》,第 113 页。

第二部分　单行法律、法规

《中华人民共和国全国人民代表大会组织法》(节录)

（1982年12月10日第五届全国人民代表大会第五次会议通过，自1982年12月10日起施行，2021年3月11日修正）

第四十九条　全国人民代表大会代表非经全国人民代表大会主席团许可，在全国人民代表大会闭会期间非经全国人民代表大会常务委员会许可，不受逮捕或者刑事审判。

全国人民代表大会代表如果因为是现行犯被拘留，执行拘留的公安机关应当立即向全国人民代表大会主席团或者全国人民代表大会常务委员会报告。

《中华人民共和国全国人民代表大会和地方各级人民代表大会代表法》(节录)

（1992年4月3日第七届全国人民代表大会第五次会议通过，根据2009年8月27日第十一届全国人民代表大会常务委员会第十次会议《关于修改部分法律的决定》第一次修正，根据2010年10月28日第十一届全国人民代表大会常务委员会第十七次会议《关于修改〈中华人民共和国全国人民代表大会和地方各级人民代表大会代表法〉的决定》第二次修正，根据2015年8月29日第十二届全国人民代表大会常务委员会第十六次会议《关于修改〈中华人民共和国地方各级人民代表大会和地方各级人民政府组织法〉、〈中华人民共和国全国人民代表大会和地方各级人民代表大会选举法〉、〈中华人民共和国全国人民代表大会和地方各级人民代表大会代表法〉的决定》第三次修正）

第三十二条　县级以上的各级人民代表大会代表，非经本级人民代表大会主席团许可，在本级人民代表大会闭会期间，非经本级人民代表大会常务委员会许可，不受逮捕或者刑事审判。如果因为是现行犯被拘留，执行拘留的机关应当立即向该人民代表大会主席团或者人民代表大会常务委员会报告。

对县级以上的各级人民代表大会代表，如果采取法律规定的其他限制人身自由的措施，应当经该级人民代表大会主席团或者人民代表大会常务委员会许可。

人民代表大会主席团或者常务委员会受理有关机关依照本条规定提请许可的申请，应当审查是否存在对代表在人民代表大会各种会议上的发言和表决进行法律追究，或者对代表提出建议、批评和意见等其他执行职务行为打击报复的情形,并据此作出决定。

乡、民族乡、镇的人民代表大会代表,如果被逮捕、受刑事审判、或者被采取法律规定的其他限制人身自由的措施,执行机关应当立即报告乡、民族乡、镇的人民代表大会。

全国人民代表大会常务委员会《关于国家安全机关行使公安机关的侦查、拘留、预审和执行逮捕的职权的决定》(节录)

(1983年9月2日第六届全国人民代表大会常务委员会第二次会议通过)

第六届全国人民代表大会第一次会议决定设立的国家安全机关,承担原由公安机关主管的间谍、特务案件的侦查工作,是国家公安机关的性质,因而国家安全机关可以行使宪法和法律规定的公安机关的侦查、拘留、预审和执行逮捕的职权。

全国人民代表大会常务委员会《关于对中华人民共和国缔结或者参加的国际条约所规定的罪行行使刑事管辖权的决定》

(1987年6月23日第六届全国人民代表大会常务委员会第二十一次会议通过)

第六届全国人民代表大会常务委员会第二十一次会议决定:对于中华人民共和国缔结或者参加的国际条约所规定的罪行,中华人民共和国在所承担条约义务的范围内,行使刑事管辖权。

《中华人民共和国看守所条例》(节录)

(自1990年3月17日起施行 国务院令第52号)

第一章 总 则

第二条 看守所是羁押依法被逮捕、刑事拘留的人犯的机关。

被判处有期徒刑一年以下,或者余刑在一年以下,不便送往劳动改造场所执行的罪犯,也可以由看守所监管。

第三条 看守所的任务是依据国家法律对被羁押的人犯实行武装警戒看守,保障安全;对人犯进行教育;管理人犯的生活和卫生;保障侦查、起诉和审判工作的顺利进行。

第二章 收 押

第九条 看守所收押人犯,须凭送押机关持有的县级以上公安机关、国家安全机关签发的逮捕证、刑事拘留证或者县级以上公安机关、国家安全机关、监狱、劳动改造机关,人民法院、人民检察院、押解人犯临时寄押的证明文书。没有上述凭证,或者凭证的记载与实际情况不符的,不予收押。

第十条 看守所收押人犯,应当进行健康检查,有下列情形之一的,不予收押:

(一)患有精神病或者急性传染病的;

(二)患有其他严重疾病,在羁押中

可能发生生命危险或者生活不能自理的,但是,罪大恶极不羁押对社会有危险性的除外;

(三)怀孕或者哺乳自己不满一周岁的婴儿的妇女。

第十一条 看守所收押人犯,应当对其人身和携带的物品进行严格检查。非日常用品应当登记,代为保管,出所时核对发还或者转监狱、劳动改造机关。违禁物品予以没收。发现犯罪证据和可疑物品,要当场制作记录,由人犯签字捺指印后,送案件主管机关处理。

对女性人犯的人身检查,由女工作人员进行。

第十二条 收押人犯,应当建立人犯档案。

第十三条 收押人犯,应当告知人犯在羁押期间必须遵守的监规和享有的合法权益。

第十四条 对男性人犯和女性人犯,成年人犯和未成年人犯,同案人犯以及其他需要分别羁押的人犯,应当分别羁押。

第十五条 公安机关或者国家安全机关侦查终结、人民检察院决定受理的人犯,人民检察院审查或者侦查终结、人民法院决定受理的人犯,递次移送交接,均应办理换押手续,书面通知看守所。

第四章 提讯、押解

第十九条 公安机关、国家安全机关、人民检察院、人民法院提讯人犯时,必须持有提讯证或者提票。提讯人员不得少于二人。

不符合前款规定的,看守所应当拒绝提讯。

第二十条 提讯人员讯问人犯完毕,应当立即将人犯交给值班看守人员收押,并收回提讯证或者提票。

第二十一条 押解人员在押解人犯途中,必须严密看管,防止发生意外。对被押解的人犯,可以使用械具。

押解女性人犯,应当有女工作人员负责途中的生活管理。

第六章 会见、通信

第二十八条 人犯在羁押期间,经办案机关同意,并经公安机关批准,可以与近亲属通信、会见。

第二十九条 人犯的近亲属病重或者死亡时,应当及时通知人犯。

人犯的配偶、父母或者子女病危时,除案情重大的以外,经办案机关同意,并经公安机关批准,在严格监护的条件下,允许人犯回家探视。

第三十条 人犯近亲属给人犯的物品,须经看守人员检查。

第三十一条 看守所接受办案机关的委托,对人犯发收的信件可以进行检查。如果发现有碍侦查、起诉、审判的,可以扣留,并移送办案机关处理。

第三十二条 人民检察院已经决定提起公诉的案件,被羁押的人犯在接到起诉书副本后,可以与本人委托的辩护人或者由人民法院指定的辩护人会见、通信。

第八章 出 所

第三十八条 对于被判处死刑缓期二年执行、无期徒刑、有期徒刑、拘役或者管制的罪犯,看守所根据人民法院的执行通知书、判决书办出所手续。

第三十九条 对于被依法释放的人,看守所根据人民法院、人民检察院、公安机关或者国家安全机关的释放通知文书,办理释放手续。

释放被羁押人,发给释放证明书。

第四十条 对于被决定劳动教养的人和转送外地羁押的人犯,看守所根据有关主管机关的证明文件,办理出所手续。

第十章 其他规定

第四十三条 看守所对人犯的法定羁押期限即将到期而案件又尚未审理终结的,应当及时通知办案机关并迅速审结;超过法定羁押期限的,应当将情况报告人民检察院。

第四十四条 对于人民检察院或者人民法院没有决定停止行使选举权利的被羁押人犯,准予参加县级以下人民代表大会代表的选举。

第四十五条 看守所在人犯羁押期间发现人犯中有错拘、错捕或者错判的,应当及时通知办案机关查证核实,依法处理。

第四十六条 对人犯的上诉书、申诉书,看守所应当及时转送,不得阻挠和扣押。

人犯揭发、控告司法人员违法行为的材料,应当及时报请人民检察院处理。

全国人民代表大会常务委员会《关于中国人民解放军保卫部门对军队内部发生的刑事案件行使公安机关的侦查、拘留、预审和执行逮捕的职权的决定》

(1993年12月29日第八届全国人民代表大会常务委员会第五次会议通过)

中国人民解放军保卫部门承担军队内部发生的刑事案件的侦查工作,同公安机关对刑事案件的侦查工作性质是相同的,因此,军队保卫部门对军队内部发生的刑事案件,可以行使宪法和法律规定的公安机关的侦查、拘留、预审和执行逮捕的职权。

国务院《行政执法机关移送涉嫌犯罪案件的规定》

(2001年7月9日中华人民共和国国务院令第310号公布 根据2020年8月7日《国务院关于修改〈行政执法机关移送涉嫌犯罪案件的规定〉的决定》修订)

第一条 为了保证行政执法机关向公安机关及时移送涉嫌犯罪案件,依法惩罚破坏社会主义市场经济秩序罪、妨害社会管理秩序罪以及其他罪,保障社会主义建设事业顺利进行,制定本规定。

第二条 本规定所称行政执法机关,是指依照法律、法规或者规章的规定,对破坏社会主义市场经济秩序、妨害社会管理秩序以及其他违法行为具有行政处罚权的行政机关,以及法律、法规授权的具有管理公共事务职能、在法定授权范围内实施行政处罚的组织。

第三条 行政执法机关在依法查处违法行为过程中,发现违法事实涉及的金额、违法事实的情节、违法事实造成的后果等,根据刑法关于破坏社会主义市场经济秩序罪、妨害社会管理秩序罪等罪的规定和最高人民法院、最高人民检察院关于破坏社会主义市场经济秩序罪、妨害社会管理秩序罪等罪的司法解释以及最高人民检察院、公安部关于经济犯罪案件的追诉标准等规定,涉嫌构成犯罪,依法需要追究刑事责任的,必须依照本规定向公安机关移送。

知识产权领域的违法案件,行政执法机关根据调查收集的证据和查明的案件事实,认为存在犯罪的合理嫌疑,需要公安机关采取措施进一步获取证据以判断是否达到刑事案件立案追诉标准的,应当向公安机关移送。

第四条 行政执法机关在查处违法行为过程中,必须妥善保存所收集的与违法行为有关的证据。

行政执法机关对查获的涉案物品,应当如实填写涉案物品清单,并按照国家有关规定予以处理。对易腐烂、变质等不宜或者不易保管的涉案物品,应当采取必要措施,留取证据;对需要进行检验、鉴定的涉案物品,应当由法定检验、鉴定机构进行检验、鉴定,并出具检验报告或者鉴定结论。

第五条 行政执法机关对应当向公安机关移送的涉嫌犯罪案件,应当立即指定2名或者2名以上行政执法人员组成专案组专门负责,核实情况后提出移送涉嫌犯罪案件的书面报告,报经本机关正职负责人或者主持工作的负责人审批。

行政执法机关正职负责人或者主持工作的负责人应当自接到报告之日起3日内作出批准移送或者不批准移送的决定。决定批准的,应当在24小时内向同级公安机关移送;决定不批准的,应当将不予批准的理由记录在案。

第六条 行政执法机关向公安机关移送涉嫌犯罪案件,应当附有下列材料:

(一)涉嫌犯罪案件移送书;

(二)涉嫌犯罪案件情况的调查报告;

(三)涉案物品清单;

(四)有关检验报告或者鉴定结论;

(五)其他有关涉嫌犯罪的材料。

第七条 公安机关对行政执法机关移送的涉嫌犯罪案件,应当在涉嫌犯罪案件移送书的回执上签字;其中,不属于本机关管辖的,应当在24小时内转送有管辖权的机关,并书面告知移送案件的行政执法机关。

第八条 公安机关应当自接受行政执法机关移送的涉嫌犯罪案件之日起3日内,依照刑法、刑事诉讼法以及最高人民法院、最高人民检察院关于立案标准和公安部关于公安机关办理刑事案件程序的规定,对所移送的案件进行审查。认为有犯罪事实,需要追究刑事责任,依法决定立案的,应当书面通知移送案件的行政执法机关;认为没有犯罪事实,或者犯罪事实显著轻微,不需要追究刑事责任,依法不予立案的,应当说明理由,并书面通知移送案件的行政执法机关,相应退回案卷材料。

第九条 行政执法机关接到公安机关不予立案的通知书后,认为依法应当由公安机关决定立案的,可以自接到不予立案通知书之日起3日内,提请作出不予立案决定的公安机关复议,也可以建议人民检察院依法进行立案监督。

作出不予立案决定的公安机关应当自收到行政执法机关提请复议的文件之日起3日内作出立案或者不予立案的决定,并书面通知移送案件的行政执法机关。移送案件的行政执法机关对公安机关不予立案的复议决定仍有异议的,应当自收到复议决定通知书之日起3日内建议人民检察院依法进行立案监督。

公安机关应当接受人民检察院依法进行的立案监督。

第十条　行政执法机关对公安机关决定不予立案的案件,应当依法作出处理;其中,依照有关法律、法规或者规章的规定应当给予行政处罚的,应当依法实施行政处罚。

第十一条　行政执法机关对应当向公安机关移送的涉嫌犯罪案件,不得以行政处罚代替移送。

行政执法机关向公安机关移送涉嫌犯罪案件前已经作出的警告,责令停产停业,暂扣或者吊销许可证、暂扣或者吊销执照的行政处罚决定,不停止执行。

依照行政处罚法的规定,行政执法机关向公安机关移送涉嫌犯罪案件前,已经依法给予当事人罚款的,人民法院判处罚金时,依法折抵相应罚金。

第十二条　行政执法机关对公安机关决定立案的案件,应当自接到立案通知书之日起3日内将涉案物品以及与案件有关的其他材料移交公安机关,并办结交接手续;法律、行政法规另有规定的,依照其规定。

第十三条　公安机关对发现的违法行为,经审查,没有犯罪事实,或者立案侦查后认为犯罪事实显著轻微,不需要追究刑事责任,但依法应当追究行政责任的,应当及时将案件移送同级行政执法机关,有关行政执法机关应当依法作出处理。

第十四条　行政执法机关移送涉嫌犯罪案件,应当接受人民检察院和监察机关依法实施的监督。

任何单位和个人对行政执法机关违反本规定,应当向公安机关移送涉嫌犯罪案件而不移送的,有权向人民检察院、监察机关或者上级行政执法机关举报。

第十五条　行政执法机关违反本规定,隐匿、私分、销毁涉案物品的,由本级或者上级人民政府,或者实行垂直管理的上级行政执法机关,对其正职负责人根据情节轻重,给予降级以上的处分;构成犯罪的,依法追究刑事责任。

对前款所列行为直接负责的主管人员和其他直接责任人员,比照前款的规定给予处分;构成犯罪的,依法追究刑事责任。

第十六条　行政执法机关违反本规定,逾期不将案件移送公安机关的,由本级或者上级人民政府,或者实行垂直管理的上级行政执法机关,责令限期移送,并对其正职负责人或者主持工作的负责人根据情节轻重,给予记过以上的处分;构成犯罪的,依法追究刑事责任。

行政执法机关违反本规定,对应当向公安机关移送的案件不移送,或者以行政处罚代替移送的,由本级或者上级人民政府,或者实行垂直管理的上级行政执法机关,责令改正,给予通报;拒不改正的,对其正职负责人或者主持工作的负责人给予记过以上的处分;构成犯罪的,依法追究刑事责任。

对本条第一款、第二款所列行为直接负责的主管人员和其他直接责任人员,分别比照前两款的规定给予处分;构成犯罪的,依法追究刑事责任。

第十七条　公安机关违反本规定,不接受行政执法机关移送的涉嫌犯罪案件,或者逾期不作出立案或者不予立案的决定的,除由人民检察院依法实施立案监督外,由本级或者上级人民政府责令改正,对其正职负责人根据情节轻重,给予记过以上的处分;构成犯罪的,依法追究刑事责任。

对前款所列行为直接负责的主管人

员和其他直接责任人员,比照前款的规定给予处分;构成犯罪的,依法追究刑事责任。

第十八条 有关机关存在本规定第十五条、第十六条、第十七条所列违法行为,需要由监察机关依法给予违法的公职人员政务处分的,该机关及其上级主管机关或者有关人民政府应当依照有关规定将相关案件线索移送监察机关处理。

第十九条 行政执法机关在依法查处违法行为过程中,发现公职人员有贪污贿赂、失职渎职或者利用职权侵犯公民人身权利和民主权利等违法行为,涉嫌构成职务犯罪,应当依照刑法、刑事诉讼法、监察法等法律规定及时将案件线索移送监察机关或者人民检察院处理。

第二十条 本规定自公布之日起施行。

《中华人民共和国民事诉讼法》
(节录)

(1991年4月9日第七届全国人民代表大会第四次会议通过,根据2007年10月28日第十届全国人民代表大会常务委员会第三十次会议《关于修改〈中华人民共和国民事诉讼法〉的决定》第一次修正,根据2012年8月31日第十一届全国人民代表大会常务委员会第二十八次会议《关于修改〈中华人民共和国民事诉讼法〉的决定》第二次修正,根据2017年6月27日第十二届全国人民代表大会常务委员会第二十八次会议《关于修改〈中华人民共和国民事诉讼法〉和〈中华人民共和国行政诉讼法〉的决定》第三次修正,根据2021年12月24日第十三届全国人民代表大会常务委员会第三十二次会议《关于修改〈中华人民共和国民事诉讼法〉的决定》第四次修正)

第一百零三条 人民法院对于可能因当事人一方的行为或者其他原因,使判决难以执行或者造成当事人其他损害的案件,根据对方当事人的申请,可以裁定对其财产进行保全、责令其作出一定行为或者禁止其作出一定行为;当事人没有提出申请的,人民法院在必要时也可以裁定采取保全措施。

人民法院采取保全措施,可以责令申请人提供担保,申请人不提供担保的,裁定驳回申请。

人民法院接受申请后,对情况紧急的,必须在四十八小时内作出裁定;裁定采取保全措施的,应当立即开始执行。

第一百零四条 利害关系人因情况紧急,不立即申请保全将会使其合法权益受到难以弥补的损害的,可以在提起诉讼或者申请仲裁前向被保全财产所在地、被申请人住所地或者对案件有管辖权的人民法院申请采取保全措施。申请人应当提供担保,不提供担保的,裁定驳回申请。

人民法院接受申请后,必须在四十八小时内作出裁定;裁定采取保全措施的,应当立即开始执行。

申请人在人民法院采取保全措施后三十日内不依法提起诉讼或者申请仲裁的,人民法院应当解除保全。

第一百零五条 保全限于请求的范围,或者与本案有关的财物。

第一百零六条 财产保全采取查封、扣押、冻结或者法律规定的其他方法。人民法院保全财产后,应当立即通知被保全财产的人。

财产已被查封、冻结的,不得重复查封、冻结。

第一百零七条　财产纠纷案件,被申请人提供担保的,人民法院应当裁定解除保全。

第一百零八条　申请有错误的,申请人应当赔偿被申请人因保全所遭受的损失。

《中华人民共和国监狱法》(节录)

(1994年12月29日第八届全国人民代表大会常务委员会第十一次会议通过,根据2012年10月26日第十一届全国人民代表大会常务委员会第二十九次会议《关于修改〈中华人民共和国监狱法〉的决定》修正)

第三章　刑罚的执行

第一节　收　　监

第十五条　人民法院对被判处死刑缓期二年执行、无期徒刑、有期徒刑的罪犯,应当将执行通知书、判决书送达羁押该罪犯的公安机关,公安机关应当自收到执行通知书、判决书之日起一个月内将该罪犯送交监狱执行刑罚。

罪犯在被交付执行刑罚前,剩余刑期在三个月以下的,由看守所代为执行。

第十六条　罪犯被交付执行刑罚时,交付执行的人民法院应当将人民检察院的起诉书副本、人民法院的判决书、执行通知书、结案登记表同时送达监狱。监狱没有收到上述文件的,不得收监;上述文件不齐全或者记载有误的,作出生效判决的人民法院应当及时补充齐全或者作出更正;对其中可能导致错误收监的,不予收监。

第十七条　罪犯被交付执行刑罚,符合本法第十六条规定的,应当予以收监。罪犯收监后,监狱应当对其进行身体检查。经检查,对于具有暂予监外执行情形的,监狱可以提出书面意见,报省级以上监狱管理机关批准。

第十八条　罪犯收监,应当严格检查其人身和所携带的物品。非生活必需品,由监狱代为保管或者征得罪犯同意退回其家属,违禁品予以没收。

女犯由女性人民警察检查。

第十九条　罪犯不得携带子女在监内服刑。

第二十条　罪犯收监后,监狱应当通知罪犯家属。通知书应当自收监之日起五日内发出。

第二节　对罪犯提出的申诉、控告、检举的处理

第二十一条　罪犯对生效的判决不服的,可以提出申诉。

对于罪犯的申诉,人民检察院或者人民法院应当及时处理。

第二十二条　对罪犯提出的控告、检举材料,监狱应当及时处理或者转送公安机关或者人民检察院处理,公安机关或者人民检察院应当将处理结果通知监狱。

第二十三条　罪犯的申诉、控告、检举材料,监狱应当及时转递,不得扣压。

第二十四条　监狱在执行刑罚过程中,根据罪犯的申诉,认为判决可能有错误的,应当提请人民检察院或者人民法院处理,人民检察院或者人民法院应当自收到监狱提请处理意见书之日起六个月内将处理结果通知监狱。

第三节 监外执行

第二十五条 对于被判处无期徒刑、有期徒刑在监内服刑的罪犯，符合刑事诉讼法规定的监外执行条件的，可以暂予监外执行。

第二十六条 暂予监外执行，由监狱提出书面意见，报省、自治区、直辖市监狱管理机关批准。批准机关应当将批准的暂予监外执行决定通知公安机关和原判人民法院，并抄送人民检察院。

人民检察院认为对罪犯适用暂予监外执行不当的，应当自接到通知之日起一个月内将书面意见送交批准暂予监外执行的机关，批准暂予监外执行的机关接到人民检察院的书面意见后，应当立即对该决定进行重新核查。

第二十七条 对暂予监外执行的罪犯，依法实行社区矫正，由社区矫正机构负责执行。原关押监狱应当及时将罪犯在监内改造情况通报负责执行的社区矫正机构。

第二十八条 暂予监外执行的罪犯具有刑事诉讼法规定的应当收监的情形的，社区矫正机构应当及时通知监狱收监；刑期届满的，由原关押监狱办理释放手续。罪犯在暂予监外执行期间死亡的，社区矫正机构应当及时通知原关押监狱。

第四节 减刑、假释

第二十九条 被判处无期徒刑、有期徒刑的罪犯，在服刑期间确有悔改或者立功表现的，根据监狱考核的结果，可以减刑。有下列重大立功表现之一的，应当减刑：

（一）阻止他人重大犯罪活动的；

（二）检举监狱内外重大犯罪活动，经查证属实的；

（三）有发明创造或者重大技术革新的；

（四）在日常生产、生活中舍己救人的；

（五）在抗御自然灾害或者排除重大事故中，有突出表现的；

（六）对国家和社会有其他重大贡献的。

第三十条 减刑建议由监狱向人民法院提出，人民法院应当自收到减刑建议书之日起一个月内予以审核裁定；案情复杂或者情况特殊的，可以延长一个月。减刑裁定的副本应当抄送人民检察院。

第三十一条 被判处死刑缓期二年执行的罪犯，在死刑缓期执行期间，符合法律规定的减为无期徒刑、有期徒刑条件的，二年期满时，所在监狱应当及时提出减刑建议，报经省、自治区、直辖市监狱管理机关审核后，提请高级人民法院裁定。

第三十二条 被判处无期徒刑、有期徒刑的罪犯，符合法律规定的假释条件的，由监狱根据考核结果向人民法院提出假释建议，人民法院应当自收到假释建议书之日起一个月内予以审核裁定；案情复杂或者情况特殊的，可以延长一个月。假释裁定的副本应当抄送人民检察院。

第三十三条 人民法院裁定假释的，监狱应当按期假释并发给假释证明书。

对被假释的罪犯，依法实行社区矫正，由社区矫正机构负责执行。被假释的罪犯，在假释考验期限内有违反法律、行政法规或者国务院有关部门关于假释的监督管理规定的行为，尚未构成新的犯罪，社区矫正机构应当向人民法院提出撤销假释的建议,人民法院应当自收到撤销假释建议书之日起一个月内予以审核裁定。人民法院裁定撤销假释的,由公安机关将罪犯送交监狱收监。

第三十四条 对不符合法律规定的减刑、假释条件的罪犯,不得以任何理由将其减刑、假释。

人民检察院认为人民法院减刑、假释的裁定不当,应当依照刑事诉讼法规定的期间向人民法院提出书面纠正意见。对于人民检察院提出书面纠正意见的案件,人民法院应当重新审理。

第五节 释放和安置

第三十五条 罪犯服刑期满,监狱应当按期释放并发给释放证明书。

第三十六条 罪犯释放后,公安机关凭释放证明书办理户籍登记。

第三十七条 对刑满释放人员,当地人民政府帮助其安置生活。

刑满释放人员丧失劳动能力又无法定赡养人、扶养人和基本生活来源的,由当地人民政府予以救济。

第三十八条 刑满释放人员依法享有与其他公民平等的权利。

第四章 狱政管理

第七节 对罪犯服刑期间犯罪的处理

第五十九条 罪犯在服刑期间故意犯罪的,依法从重处罚。

第六十条 对罪犯在监狱内犯罪的案件,由监狱进行侦查。侦查终结后,写出起诉意见书,连同案卷材料、证据一并移送人民检察院。

《中华人民共和国未成年人保护法》(节录)

(1991年9月4日第七届全国人民代表大会常务委员会第二十一次会议通过,2006年12月29日第十届全国人民代表大会常务委员会第二十五次会议第一次修订;根据2012年10月26日第十一届全国人民代表大会常务委员会第二十九次会议《关于修改〈中华人民共和国未成年人保护法〉的决定》修正;2020年10月17日第十三届全国人民代表大会常务委员会第二十二次会议第二次修订)

第一百零一条 公安机关、人民检察院、人民法院和司法行政部门应当确定专门机构或者指定专门人员,负责办理涉及未成年人案件。办理涉及未成年人案件的人员应当经过专门培训,熟悉未成年人身心特点。专门机构或者专门人员中,应当有女性工作人员。

公安机关、人民检察院、人民法院和司法行政部门应当对上述机构和人员实行与未成年人保护工作相适应的评价考核标准。

第一百零二条 公安机关、人民检察院、人民法院和司法行政部门办理涉及未成年人案件,应当考虑未成年人身心特点和健康成长的需要,使用未成年人能够理解的语言和表达方式,听取未成年人的意见。

第一百零三条 公安机关、人民检察院、人民法院、司法行政部门以及其他组织和个人不得披露有关案件中未成年人的姓名、影像、住所、就读学校以及其他可能识别出其身份的信息,但查找失踪、被拐卖未成年人等情形除外。

第一百零四条 对需要法律援助或者司法救助的未成年人,法律援助机构或者公安机关、人民检察院、人民法院和司法行政部门应当给予帮助,依法为其提供法律援助或者司法救助。

法律援助机构应当指派熟悉未成年人身心特点的律师为未成年人提供法律援助服务。

法律援助机构和律师协会应当对办理未成年人法律援助案件的律师进行指导和培训。

第一百零五条 人民检察院通过行使检察权,对涉及未成年人的诉讼活动等依法进行监督。

第一百零六条 未成年人合法权益受到侵犯,相关组织和个人未代为提起诉讼的,人民检察院可以督促、支持其提起诉讼;涉及公共利益的,人民检察院有权提起公益诉讼。

第一百一十条 公安机关、人民检察院、人民法院讯问未成年犯罪嫌疑人、被告人,询问未成年被害人、证人,应当依法通知其法定代理人或者其成年亲属、所在学校的代表等合适成年人到场,并采取适当方式,在适当场所进行,保障未成年人的名誉权、隐私权和其他合法权益。

人民法院开庭审理涉及未成年人案件,未成年被害人、证人一般不出庭作证;必须出庭的,应当采取保护其隐私的技术手段和心理干预等保护措施。

第一百一十一条 公安机关、人民检察院、人民法院应当与其他有关政府部门、人民团体、社会组织互相配合,对遭受性侵害或者暴力伤害的未成年被害人及其家庭实施必要的心理干预、经济救助、法律援助、转学安置等保护措施。

第一百一十二条 公安机关、人民检察院、人民法院办理未成年人遭受性侵害或者暴力伤害案件,在询问未成年被害人、证人时,应当采取同步录音录像等措施,尽量一次完成;未成年被害人、证人是女性的,应当由女性工作人员进行。

第一百一十三条 对违法犯罪的未成年人,实行教育、感化、挽救的方针,坚持教育为主、惩罚为辅的原则。

对违法犯罪的未成年人依法处罚后,在升学、就业等方面不得歧视。

全国人民代表大会常务委员会《关于〈中华人民共和国刑事诉讼法〉第七十九条第三款的解释》

(2014年4月24日第十二届全国人民代表大会常务委员会第八次会议通过)

全国人民代表大会常务委员会根据司法实践中遇到的情况,讨论了刑事诉讼法第七十九条第三款关于违反取保候审、监视居住规定情节严重可以逮捕的规定,是否适用于可能判处徒刑以下刑罚的犯罪嫌疑人、被告人的问题,解释如下:

根据刑事诉讼法第七十九条第三款的规定,对于被取保候审、监视居住的可能判处徒刑以下刑罚的犯罪嫌疑人、被告人,违反取保候审、监视居住规定,严重影响诉讼活动正常进行的,可以予以逮捕。

现予公告。

全国人民代表大会常务委员会《关于〈中华人民共和国刑事诉讼法〉第二百五十四条第五款、第二百五十七条第二款的解释》

（2014年4月24日第十二届全国人民代表大会常务委员会第八次会议通过）

全国人民代表大会常务委员会根据司法实践中遇到的情况，讨论了刑事诉讼法第二百五十四条第五款、第二百五十七条第二款的含义及人民法院决定暂予监外执行的案件，由哪个机关负责组织病情诊断、妊娠检查和生活不能自理的鉴别和由哪个机关对予以收监执行的罪犯送交执行刑罚的问题，解释如下：

罪犯在被交付执行前，因有严重疾病、怀孕或者正在哺乳自己婴儿的妇女、生活不能自理的原因，依法提出暂予监外执行的申请的，有关病情诊断、妊娠检查和生活不能自理的鉴别，由人民法院负责组织进行。

根据刑事诉讼法第二百五十七条第二款的规定，对人民法院决定暂予监外执行的罪犯，有刑事诉讼法第二百五十七条第一款规定的情形，依法应当予以收监的，在人民法院作出决定后，由公安机关依照刑事诉讼法第二百五十三条第二款的规定送交执行刑罚。

现予公告。

全国人民代表大会常务委员会《关于〈中华人民共和国刑事诉讼法〉第二百七十一条第二款的解释》

（2014年4月24日第十二届全国人民代表大会常务委员会第八次会议通过）

全国人民代表大会常务委员会根据司法实践中遇到的情况，讨论了刑事诉讼法第二百七十一条第二款的含义及被害人对附条件不起诉的案件能否依照第一百七十六条的规定向人民法院起诉的问题，解释如下：

人民检察院办理未成年人刑事案件，在作出附条件不起诉的决定以及考验期满作出不起诉的决定以前，应当听取被害人的意见。被害人对人民检察院对未成年犯罪嫌疑人作出的附条件不起诉的决定和不起诉的决定，可以向上一级人民检察院申诉，不适用刑事诉讼法第一百七十六条关于被害人可以向人民法院起诉的规定。

现予公告。

全国人民代表大会常务委员会《关于司法鉴定管理问题的决定》

（2005年2月28日第十届全国人民代表大会常务委员会第十四次会议通过，根据2015年4月24日第十二届全国人民代表大会常务委员会第十四次会议《关于修改〈中华人民共和国义务教育法〉等五部法律的决定》修正）

为了加强对鉴定人和鉴定机构的管

理，适应司法机关和公民、组织进行诉讼的需要，保障诉讼活动的顺利进行，特作如下决定：

一、司法鉴定是指在诉讼活动中鉴定人运用科学技术或者专门知识对诉讼涉及的专门性问题进行鉴别和判断并提供鉴定意见的活动。

二、国家对从事下列司法鉴定业务的鉴定人和鉴定机构实行登记管理制度：

（一）法医类鉴定；

（二）物证类鉴定；

（三）声像资料鉴定；

（四）根据诉讼需要由国务院司法行政部门商最高人民法院、最高人民检察院确定的其他应当对鉴定人和鉴定机构实行登记管理的鉴定事项。

法律对前款规定事项的鉴定人和鉴定机构的管理另有规定的，从其规定。

三、国务院司法行政部门主管全国鉴定人和鉴定机构的登记管理工作。省级人民政府司法行政部门依照本决定的规定，负责对鉴定人和鉴定机构的登记、名册编制和公告。

四、具备下列条件之一的人员，可以申请登记从事司法鉴定业务：

（一）具有与所申请从事的司法鉴定业务相关的高级专业技术职称；

（二）具有与所申请从事的司法鉴定业务相关的专业执业资格或者高等院校相关专业本科以上学历，从事相关工作五年以上；

（三）具有与所申请从事的司法鉴定业务相关工作十年以上经历，具有较强的专业技能。

因故意犯罪或者职务过失犯罪受过刑事处罚的，受过开除公职处分的，以及被撤销鉴定人登记的人员，不得从事司法鉴定业务。

五、法人或者其他组织申请从事司法鉴定业务的，应当具备下列条件：

（一）有明确的业务范围；

（二）有在业务范围内进行司法鉴定所必需的仪器、设备；

（三）有在业务范围内进行司法鉴定所必需的依法通过计量认证或者实验室认可的检测实验室；

（四）每项司法鉴定业务有三名以上鉴定人。

六、申请从事司法鉴定业务的个人、法人或者其他组织，由省级人民政府司法行政部门审核，对符合条件的予以登记，编入鉴定人和鉴定机构名册并公告。

省级人民政府司法行政部门应当根据鉴定人或者鉴定机构的增加和撤销登记情况，定期更新所编制的鉴定人和鉴定机构名册并公告。

七、侦查机关根据侦查工作的需要设立的鉴定机构，不得面向社会接受委托从事司法鉴定业务。

人民法院和司法行政部门不得设立鉴定机构。

八、各鉴定机构之间没有隶属关系；鉴定机构接受委托从事司法鉴定业务，不受地域范围的限制。

鉴定人应当在一个鉴定机构中从事司法鉴定业务。

九、在诉讼中，对本决定第二条所规定的鉴定事项发生争议，需要鉴定的，应当委托列入鉴定人名册的鉴定人进行鉴定。鉴定人从事司法鉴定业务，由所在的鉴定机构统一接受委托。

鉴定人和鉴定机构应当在鉴定人和鉴定机构名册注明的业务范围内从事司法鉴定业务。

鉴定人应当依照诉讼法律规定实行回避。

十、司法鉴定实行鉴定人负责制度。鉴定人应当独立进行鉴定,对鉴定意见负责并在鉴定书上签名或者盖章。多人参加的鉴定,对鉴定意见有不同意见的,应当注明。

十一、在诉讼中,当事人对鉴定意见有异议的,经人民法院依法通知,鉴定人应当出庭作证。

十二、鉴定人和鉴定机构从事司法鉴定业务,应当遵守法律、法规,遵守职业道德和职业纪律,尊重科学,遵守技术操作规范。

十三、鉴定人或者鉴定机构有违反本决定规定行为的,由省级人民政府司法行政部门予以警告,责令改正。

鉴定人或者鉴定机构有下列情形之一的,由省级人民政府司法行政部门给予停止从事司法鉴定业务三个月以上一年以下的处罚;情节严重的,撤销登记:

(一)因严重不负责任给当事人合法权益造成重大损失的;

(二)提供虚假证明文件或者采取其他欺诈手段,骗取登记的;

(三)经人民法院依法通知,拒绝出庭作证的;

(四)法律、行政法规规定的其他情形。

鉴定人故意作虚假鉴定,构成犯罪的,依法追究刑事责任;尚不构成犯罪的,依照前款规定处罚。

十四、司法行政部门在鉴定人和鉴定机构的登记管理工作中,应当严格依法办事,积极推进司法鉴定的规范化、法制化。对于滥用职权、玩忽职守,造成严重后果的直接责任人员,应当追究相应的法律责任。

十五、司法鉴定的收费标准由省、自治区、直辖市人民政府价格主管部门会同同级司法行政部门制定。

十六、对鉴定人和鉴定机构进行登记、名册编制和公告的具体办法,由国务院司法行政部门制定,报国务院批准。

十七、本决定下列用语的含义是:

(一)法医类鉴定,包括法医病理鉴定、法医临床鉴定、法医精神病鉴定、法医物证鉴定和法医毒物鉴定。

(二)物证类鉴定,包括文书鉴定、痕迹鉴定和微量鉴定。

(三)声像资料鉴定,包括对录音带、录像带、磁盘、光盘、图片等载体上记录的声音、图像信息的真实性、完整性及其所反映的情况过程进行的鉴定和对记录的声音、图像中的语言、人体、物体作出种类或者同一认定。

十八、本决定自 2005 年 10 月 1 日起施行。

《中华人民共和国人民陪审员法》（节录）

(2018 年 4 月 27 日第十三届全国人民代表大会常务委员会第二次会议通过,自 2018 年 4 月 27 日之日起施行)

第五条 公民担任人民陪审员,应当具备下列条件:

(一)拥护中华人民共和国宪法;

(二)年满二十八周岁;

(三)遵纪守法、品行良好、公道正派;

(四)具有正常履行职责的身体条件。

担任人民陪审员,一般应当具有高中以上文化程度。

第六条 下列人员不能担任人民陪审员：

（一）人民代表大会常务委员会的组成人员，监察委员会、人民法院、人民检察院、公安机关、国家安全机关、司法行政机关的工作人员；

（二）律师、公证员、仲裁员、基层法律服务工作者；

（三）其他因职务原因不适宜担任人民陪审员的人员。

第七条 有下列情形之一的，不得担任人民陪审员：

（一）受过刑事处罚的；

（二）被开除公职的；

（三）被吊销律师、公证员执业证书的；

（四）被纳入失信被执行人名单的；

（五）因受惩戒被免除人民陪审员职务的；

（六）其他有严重违法违纪行为，可能影响司法公信的。

第十四条 人民陪审员和法官组成合议庭审判案件，由法官担任审判长，可以组成三人合议庭，也可以由法官三人与人民陪审员四人组成七人合议庭。

第十五条 人民法院审判第一审刑事、民事、行政案件，有下列情形之一的，由人民陪审员和法官组成合议庭进行：

（一）涉及群体利益、公共利益的；

（二）人民群众广泛关注或者其他社会影响较大的；

（三）案情复杂或者有其他情形，需要由人民陪审员参加审判的。

人民法院审判前款规定的案件，法律规定由法官独任审理或者由法官组成合议庭审理的，从其规定。

第十六条 人民法院审判下列第一审案件，由人民陪审员和法官组成七人合议庭进行：

（一）可能判处十年以上有期徒刑、无期徒刑、死刑，社会影响重大的刑事案件；

（二）根据民事诉讼法、行政诉讼法提起的公益诉讼案件；

（三）涉及征地拆迁、生态环境保护、食品药品安全，社会影响重大的案件；

（四）其他社会影响重大的案件。

第十七条 第一审刑事案件被告人、民事案件原告或者被告、行政案件原告申请由人民陪审员参加合议庭审判的，人民法院可以决定由人民陪审员和法官组成合议庭审判。

第十八条 人民陪审员的回避，适用审判人员回避的法律规定。

第十九条 基层人民法院审判案件需要由人民陪审员参加合议庭审判的，应当在人民陪审员名单中随机抽取确定。

中级人民法院、高级人民法院审判案件需要由人民陪审员参加合议庭审判的，在其辖区内的基层人民法院的人民陪审员名单中随机抽取确定。

第二十条 审判长应当履行与案件审判相关的指引、提示义务，但不得妨碍人民陪审员对案件的独立判断。

合议庭评议案件，审判长应当对本案中涉及的事实认定、证据规则、法律规定等事项及应当注意的问题，向人民陪审员进行必要的解释和说明。

第二十一条 人民陪审员参加三人合议庭审判案件，对事实认定、法律适用，独立发表意见，行使表决权。

第二十二条 人民陪审员参加七人合议庭审判案件，对事实认定，独立发表意见,并与法官共同表决;对法律适用,可以发表意见,但不参加表决。

第二十三条 合议庭评议案件,实行少数服从多数的原则。人民陪审员同合议庭其他组成人员意见分歧的,应当将其意见写入笔录。

合议庭组成人员意见有重大分歧的,人民陪审员或者法官可以要求合议庭将案件提请院长决定是否提交审判委员会讨论决定。

《中华人民共和国国际刑事司法协助法》

(2018年10月26日第十三届全国人民代表大会常务委员会第六次会议通过)

第一章 总 则

第一条 为了保障国际刑事司法协助的正常进行,加强刑事司法领域的国际合作,有效惩治犯罪,保护个人和组织的合法权益,维护国家利益和社会秩序,制定本法。

第二条 本法所称国际刑事司法协助,是指中华人民共和国和外国在刑事案件调查、侦查、起诉、审判和执行等活动中相互提供协助,包括送达文书,调查取证,安排证人作证或者协助调查,查封、扣押、冻结涉案财物,没收、返还违法所得及其他涉案财物,移管被判刑人以及其他协助。

第三条 中华人民共和国和外国之间开展刑事司法协助,依照本法进行。

执行外国提出的刑事司法协助请求,适用本法、刑事诉讼法及其他相关法律的规定。

对于请求书的签署机关、请求书及所附材料的语言文字、有关办理期限和具体程序等事项,在不违反中华人民共和国法律的基本原则的情况下,可以按照刑事司法协助条约规定或者双方协商办理。

第四条 中华人民共和国和外国按照平等互惠原则开展国际刑事司法协助。

国际刑事司法协助不得损害中华人民共和国的主权、安全和社会公共利益,不得违反中华人民共和国法律的基本原则。

非经中华人民共和国主管机关同意,外国机构、组织和个人不得在中华人民共和国境内进行本法规定的刑事诉讼活动,中华人民共和国境内的机构、组织和个人不得向外国提供证据材料和本法规定的协助。

第五条 中华人民共和国和外国之间开展刑事司法协助,通过对外联系机关联系。

中华人民共和国司法部等对外联系机关负责提出、接收和转递刑事司法协助请求,处理其他与国际刑事司法协助相关的事务。

中华人民共和国和外国之间没有刑事司法协助条约的,通过外交途径联系。

第六条 国家监察委员会、最高人民法院、最高人民检察院、公安部、国家安全部等部门是开展国际刑事司法协助的主管机关,按照职责分工,审核向外国提出的刑事司法协助请求,审查处理对外联系机关转递的外国提出的刑事司法协助请求,承担其他与国际刑事司法协助相关的工作。在移管被判刑人案件中,司法部按照职责分工,承担相应的主管机关职责。

办理刑事司法协助相关案件的机关

是国际刑事司法协助的办案机关,负责向所属主管机关提交需要向外国提出的刑事司法协助请求、执行所属主管机关交办的外国提出的刑事司法协助请求。

第七条 国家保障开展国际刑事司法协助所需经费。

第八条 中华人民共和国和外国相互执行刑事司法协助请求产生的费用,有条约规定的,按照条约承担;没有条约或者条约没有规定的,按照平等互惠原则通过协商解决。

第二章 刑事司法协助请求的提出、接收和处理

第一节 向外国请求刑事司法协助

第九条 办案机关需要向外国请求刑事司法协助的,应当制作刑事司法协助请求书并附相关材料,经所属主管机关审核同意后,由对外联系机关及时向外国提出请求。

第十条 向外国的刑事司法协助请求书,应当依照刑事司法协助条约的规定提出;没有条约或者条约没有规定的,可以参照本法第十三条的规定提出;被请求国有特殊要求的,在不违反中华人民共和国法律的基本原则的情况下,可以按照被请求国的特殊要求提出。

请求书及所附材料应当以中文制作,并附有被请求国官方文字的译文。

第十一条 被请求国就执行刑事司法协助请求提出附加条件,不损害中华人民共和国的主权、安全和社会公共利益的,可以由外交部作出承诺。被请求国明确表示对外联系机关作出的承诺充分有效的,也可以由对外联系机关作出承诺。对于限制追诉的承诺,由最高人民检察院决定;对于量刑的承诺,由最高人民法院决定。

在对涉案人员追究刑事责任时,有关机关应当受所作出的承诺的约束。

第十二条 对外联系机关收到外国的有关通知或者执行结果后,应当及时转交或者转告有关主管机关。

外国就其提供刑事司法协助的案件要求通报诉讼结果的,对外联系机关转交有关主管机关办理。

第二节 向中华人民共和国请求刑事司法协助

第十三条 外国向中华人民共和国提出刑事司法协助请求的,应当依照刑事司法协助条约的规定提出请求书。没有条约或者条约没有规定的,应当在请求书中载明下列事项并附相关材料:

(一)请求机关的名称;
(二)案件性质、涉案人员基本信息及犯罪事实;
(三)本案适用的法律规定;
(四)请求的事项和目的;
(五)请求的事项与案件之间的关联性;
(六)希望请求得以执行的期限;
(七)其他必要的信息或者附加的要求。

在没有刑事司法协助条约的情况下,请求国应当作出互惠的承诺。

请求书及所附材料应当附有中文译文。

第十四条 外国向中华人民共和国提出的刑事司法协助请求,有下列情形之一的,可以拒绝提供协助:

(一)根据中华人民共和国法律,请求针对的行为不构成犯罪;

（二）在收到请求时，在中华人民共和国境内对于请求针对的犯罪正在进行调查、侦查、起诉、审判，已经作出生效判决，终止刑事诉讼程序，或者犯罪已过追诉时效期限；

（三）请求针对的犯罪属于政治犯罪；

（四）请求针对的犯罪纯属军事犯罪；

（五）请求的目的是基于种族、民族、宗教、国籍、性别、政治见解或者身份等方面的原因而进行调查、侦查、起诉、审判、执行刑罚，或者当事人可能由于上述原因受到不公正待遇；

（六）请求的事项与请求协助的案件之间缺乏实质性联系；

（七）其他可以拒绝的情形。

第十五条 对外联系机关收到外国提出的刑事司法协助请求，应当对请求书及所附材料进行审查。对于请求书形式和内容符合要求的，应当按照职责分工，将请求书及所附材料转交有关主管机关处理；对于请求书形式和内容不符合要求的，可以要求请求国补充材料或者重新提出请求。

对于刑事司法协助请求明显损害中华人民共和国的主权、安全和社会公共利益，对外联系机关可以直接拒绝协助。

第十六条 主管机关收到对外联系机关转交的刑事司法协助请求书及所附材料后，应当进行审查，并分别作出以下处理：

（一）根据本法和刑事司法协助条约的规定认为可以协助执行的，作出决定并安排有关办案机关执行；

（二）根据本法第四条、第十四条或者刑事司法协助条约的规定，认为应当全部或者部分拒绝协助的，将请求书及所附材料退回对外联系机关并说明理由；

（三）对执行请求有保密要求或者有其他附加条件的，通过对外联系机关向外国提出，在外国接受条件并且作出书面保证后，决定附条件执行；

（四）需要补充材料的，书面通知对外联系机关要求请求国在合理期限内提供。

执行请求可能妨碍中华人民共和国有关机关正在进行的调查、侦查、起诉、审判或者执行的，主管机关可以决定推迟协助，并将推迟协助的决定和理由书面通知对外联系机关。

外国对执行其请求有保密要求或者特殊程序要求的，在不违反中华人民共和国法律的基本原则的情况下，主管机关可以按照其要求安排执行。

第十七条 办案机关收到主管机关交办的外国刑事司法协助请求后，应当依法执行，并将执行结果或者妨碍执行的情形及时报告主管机关。

办案机关在执行请求过程中，应当维护当事人和其他相关人员的合法权益，保护个人信息。

第十八条 外国请求将通过刑事司法协助取得的证据材料用于请求针对的案件以外的其他目的的，对外联系机关应当转交主管机关，由主管机关作出是否同意的决定。

第十九条 对外联系机关收到主管机关的有关通知或者执行结果后，应当及时转交或者转告请求国。

对于中华人民共和国提供刑事司法协助的案件，主管机关可以通过对外联系机关要求外国通报诉讼结果。

外国通报诉讼结果的，对外联系机关

收到相关材料后,应当及时转交或者转告主管机关,涉及对中华人民共和国公民提起刑事诉讼的,还应当通知外交部。

第三章 送达文书

第一节 向外国请求送达文书

第二十条 办案机关需要外国协助送达传票、通知书、起诉书、判决书和其他司法文书的,应当制作刑事司法协助请求书并附相关材料,经所属主管机关审核同意后,由对外联系机关及时向外国提出请求。

第二十一条 向外国请求送达文书的,请求书应当载明受送达人的姓名或者名称、送达的地址以及需要告知受送达人的相关权利和义务。

第二节 向中华人民共和国请求送达文书

第二十二条 外国可以请求中华人民共和国协助送达传票、通知书、起诉书、判决书和其他司法文书。中华人民共和国协助送达司法文书,不代表对外国司法文书法律效力的承认。

请求协助送达出庭传票的,应当按照有关条约规定的期限提出。没有条约或者条约没有规定的,应当至迟在开庭前三个月提出。

对于要求中华人民共和国公民接受讯问或者作为被告人出庭的传票,中华人民共和国不负有协助送达的义务。

第二十三条 外国向中华人民共和国请求送达文书的,请求书应当载明受送达人的姓名或者名称、送达的地址以及需要告知受送达人的相关权利和义务。

第二十四条 负责执行协助送达文书的人民法院或者其他办案机关,应当及时将执行结果通过所属主管机关告知对外联系机关,由对外联系机关告知请求国。除无法送达的情形外,应当附有受送达人签收的送达回执或者其他证明文件。

第四章 调查取证

第一节 向外国请求调查取证

第二十五条 办案机关需要外国就下列事项协助调查取证的,应当制作刑事司法协助请求书并附相关材料,经所属主管机关审核同意后,由对外联系机关及时向外国提出请求:

(一)查找、辨认有关人员;

(二)查询、核实涉案财物、金融账户信息;

(三)获取并提供有关人员的证言或者陈述;

(四)获取并提供有关文件、记录、电子数据和物品;

(五)获取并提供鉴定意见;

(六)勘验或者检查场所、物品、人身、尸体;

(七)搜查人身、物品、住所和其他有关场所;

(八)其他事项。

请求外国协助调查取证时,办案机关可以同时请求在执行请求时派员到场。

第二十六条 向外国请求调查取证的,请求书及所附材料应当根据需要载明下列事项:

(一)被调查人的姓名、性别、住址、身份信息、联系方式和有助于确认被调查人的其他资料;

(二)需要向被调查人提问的问题;

(三)需要查找、辨认人员的姓名、性

别、住址、身份信息、联系方式、外表和行为特征以及有助于查找、辨认的其他资料;

(四)需要查询、核实的涉案财物的权属、地点、特性、外形和数量等具体信息,需要查询、核实的金融账户相关信息;

(五)需要获取的有关文件、记录、电子数据和物品的持有人、地点、特性、外形和数量等具体信息;

(六)需要鉴定的对象的具体信息;

(七)需要勘验或者检查的场所、物品等的具体信息;

(八)需要搜查的对象的具体信息;

(九)有助于执行请求的其他材料。

第二十七条 被请求国要求归还其提供的证据材料或者物品的,办案机关应当尽快通过对外联系机关归还。

第二节 向中华人民共和国请求调查取证

第二十八条 外国可以请求中华人民共和国就本法第二十五条第一款规定的事项协助调查取证。

外国向中华人民共和国请求调查取证的,请求书及所附材料应当根据需要载明本法第二十六条规定的事项。

第二十九条 外国向中华人民共和国请求调查取证时,可以同时请求在执行请求时派员到场。经同意到场的人员应当遵守中华人民共和国法律,服从主管机关和办案机关的安排。

第三十条 办案机关要求请求国保证归还其提供的证据材料或者物品,请求国作出保证的,可以提供。

第五章 安排证人作证或者协助调查

第一节 向外国请求安排证人作证或者协助调查

第三十一条 办案机关需要外国协助安排证人、鉴定人来中华人民共和国作证或者通过视频、音频作证,或者协助调查的,应当制作刑事司法协助请求书并附相关材料,经所属主管机关审核同意后,由对外联系机关及时向外国提出请求。

第三十二条 向外国请求安排证人、鉴定人作证或者协助调查的,请求书及所附材料应当根据需要载明下列事项:

(一)证人、鉴定人的姓名、性别、住址、身份信息、联系方式和有助于确认证人、鉴定人的其他资料;

(二)作证或者协助调查的目的、必要性、时间和地点等;

(三)证人、鉴定人的权利和义务;

(四)对证人、鉴定人的保护措施;

(五)对证人、鉴定人的补助;

(六)有助于执行请求的其他材料。

第三十三条 来中华人民共和国作证或者协助调查的证人、鉴定人在离境前,其入境前实施的犯罪不受追诉;除因入境后实施违法犯罪而被采取强制措施的以外,其人身自由不受限制。

证人、鉴定人在条约规定的期限内或者被通知无需继续停留后十五日内没有离境的,前款规定不再适用,但是由于不可抗力或者其他特殊原因未能离境的除外。

第三十四条 对来中华人民共和国作证或者协助调查的证人、鉴定人,办案机关应当依法给予补助。

第三十五条　来中华人民共和国作证或者协助调查的人员系在押人员的，由对外联系机关会同主管机关与被请求国就移交在押人员的相关事项事先达成协议。

主管机关和办案机关应当遵守协议内容，依法对被移交的人员予以羁押，并在作证或者协助调查结束后及时将其送回被请求国。

第二节　向中华人民共和国请求安排证人作证或者协助调查

第三十六条　外国可以请求中华人民共和国协助安排证人、鉴定人赴外国作证或者通过视频、音频作证，或者协助调查。

外国向中华人民共和国请求安排证人、鉴定人作证或者协助调查的，请求书及所附材料应当根据需要载明本法第三十二条规定的事项。

请求国应当就本法第三十三条第一款规定的内容作出书面保证。

第三十七条　证人、鉴定人书面同意作证或者协助调查的，办案机关应当及时将证人、鉴定人的意愿、要求和条件通过所属主管机关通知对外联系机关，由对外联系机关通知请求国。

安排证人、鉴定人通过视频、音频作证的，主管机关或者办案机关应当派员到场，发现有损害中华人民共和国的主权、安全和社会公共利益以及违反中华人民共和国法律的基本原则的情形的，应当及时制止。

第三十八条　外国请求移交在押人员出国作证或者协助调查，并保证在作证或者协助调查结束后及时将在押人员送回的，对外联系机关应当征求主管机关和在押人员的意见。主管机关和在押人员均同意出国作证或者协助调查的，由对外联系机关会同主管机关与请求国就移交在押人员的相关事项事先达成协议。

在押人员在外国被羁押的期限，应当折抵其在中华人民共和国被判处的刑期。

第六章　查封、扣押、冻结涉案财物

第一节　向外国请求查封、扣押、冻结涉案财物

第三十九条　办案机关需要外国协助查封、扣押、冻结涉案财物的，应当制作刑事司法协助请求书并附相关材料，经所属主管机关审核同意后，由对外联系机关及时向外国提出请求。

外国对于协助执行中华人民共和国查封、扣押、冻结涉案财物的请求有特殊要求的，在不违反中华人民共和国法律的基本原则的情况下，可以同意。需要由司法机关作出决定的，由人民法院作出。

第四十条　向外国请求查封、扣押、冻结涉案财物的，请求书及所附材料应当根据需要载明下列事项：

（一）需要查封、扣押、冻结的涉案财物的权属证明、名称、特性、外形和数量等；

（二）需要查封、扣押、冻结的涉案财物的地点。资金或者其他金融资产存放在金融机构中的，应当载明金融机构的名称、地址和账户信息；

（三）相关法律文书的副本；

（四）有关查封、扣押、冻结以及利害关系人权利保障的法律规定；

（五）有助于执行请求的其他材料。

第四十一条　外国确定的查封、扣押、冻结的期限届满，办案机关需要外国

继续查封、扣押、冻结相关涉案财物的,应当再次向外国提出请求。

办案机关决定解除查封、扣押、冻结的,应当及时通知被请求国。

第二节　向中华人民共和国请求查封、扣押、冻结涉案财物

第四十二条　外国可以请求中华人民共和国协助查封、扣押、冻结在中华人民共和国境内的涉案财物。

外国向中华人民共和国请求查封、扣押、冻结涉案财物的,请求书及所附材料应当根据需要载明本法第四十条规定的事项。

第四十三条　主管机关经审查认为符合下列条件的,可以同意查封、扣押、冻结涉案财物,并安排有关办案机关执行:

(一)查封、扣押、冻结符合中华人民共和国法律规定的条件;

(二)查封、扣押、冻结涉案财物与请求国正在进行的刑事案件的调查、侦查、起诉和审判活动相关;

(三)涉案财物可以被查封、扣押、冻结;

(四)执行请求不影响利害关系人的合法权益;

(五)执行请求不影响中华人民共和国有关机关正在进行的调查、侦查、起诉、审判和执行活动。

办案机关应当及时通过主管机关通知对外联系机关,由对外联系机关将查封、扣押、冻结的结果告知请求国。必要时,办案机关可以对被查封、扣押、冻结的涉案财物依法采取措施进行处理。

第四十四条　查封、扣押、冻结的期限届满,外国需要继续查封、扣押、冻结相关涉案财物的,应当再次向对外联系机关提出请求。

外国决定解除查封、扣押、冻结的,对外联系机关应当通过主管机关通知办案机关及时解除。

第四十五条　利害关系人对查封、扣押、冻结有异议,办案机关经审查认为查封、扣押、冻结不符合本法第四十三条第一款规定的条件的,应当报请主管机关决定解除查封、扣押、冻结并通知对外联系机关,由对外联系机关告知请求国;对案件处理提出异议的,办案机关可以通过所属主管机关转送对外联系机关,由对外联系机关向请求国提出。

第四十六条　由于请求国的原因导致查封、扣押、冻结不当,对利害关系人的合法权益造成损害的,办案机关可以通过对外联系机关要求请求国承担赔偿责任。

第七章　没收、返还违法所得及其他涉案财物

第一节　向外国请求没收、返还违法所得及其他涉案财物

第四十七条　办案机关需要外国协助没收违法所得及其他涉案财物的,应当制作刑事司法协助请求书并附相关材料,经所属主管机关审核同意后,由对外联系机关及时向外国提出请求。

请求外国将违法所得及其他涉案财物返还中华人民共和国或者返还被害人的,可以在向外国提出没收请求时一并提出,也可以单独提出。

外国对于返还被查封、扣押、冻结的违法所得及其他涉案财物有特殊要求的,在不违反中华人民共和国法律的基本原则的情况下,可以同意。需要由司法机关作出决定的,由人民法院作出决定。

第四十八条 向外国请求没收、返还违法所得及其他涉案财物的,请求书及所附材料应当根据需要载明下列事项:

(一)需要没收、返还的违法所得及其他涉案财物的名称、特性、外形和数量等;

(二)需要没收、返还的违法所得及其他涉案财物的地点。资金或者其他金融资产存放在金融机构中的,应当载明金融机构的名称、地址和账户信息;

(三)没收、返还的理由和相关权属证明;

(四)相关法律文书的副本;

(五)有关没收、返还以及利害关系人权利保障的法律规定;

(六)有助于执行请求的其他材料。

第四十九条 外国协助没收、返还违法所得及其他涉案财物的,由对外联系机关会同主管机关就有关财物的移交问题与外国进行协商。

对于请求外国协助没收、返还违法所得及其他涉案财物,外国提出分享请求的,分享的数额或者比例,由对外联系机关会同主管机关与外国协商确定。

第二节 向中华人民共和国请求没收、返还违法所得及其他涉案财物

第五十条 外国可以请求中华人民共和国协助没收、返还违法所得及其他涉案财物。

外国向中华人民共和国请求协助没收、返还违法所得及其他涉案财物的,请求书及所附材料应当根据需要载明本法第四十八条规定的事项。

第五十一条 主管机关经审查认为符合下列条件的,可以同意协助没收违法所得及其他涉案财物,并安排有关办案机关执行:

(一)没收违法所得及其他涉案财物符合中华人民共和国法律规定的条件;

(二)外国充分保障了利害关系人的相关权利;

(三)在中华人民共和国有可供执行的财物;

(四)请求书及所附材料详细描述了请求针对的财物的权属、名称、特性、外形和数量等信息;

(五)没收在请求国不能执行或者不能完全执行;

(六)主管机关认为应当满足的其他条件。

第五十二条 外国请求协助没收违法所得及其他涉案财物,有下列情形之一的,可以拒绝提供协助,并说明理由:

(一)中华人民共和国或者第三国司法机关已经对请求针对的财物作出生效裁判,并且已经执行完毕或者正在执行;

(二)请求针对的财物不存在,已经毁损、灭失、变卖或者已经转移导致无法执行,但请求没收变卖物或者转移后的财物的除外;

(三)请求针对的人员在中华人民共和国境内有尚未清偿的债务或者尚未了结的诉讼;

(四)其他可以拒绝的情形。

第五十三条 外国请求返还违法所得及其他涉案财物,能够提供确实、充分的证据证明,主管机关经审查认为符合中华人民共和国法律规定的条件的,可以同意并安排有关办案机关执行。返还前,办案机关可以扣除执行请求产生的合理费用。

第五十四条 对于外国请求协助没收、返还违法所得及其他涉案财物的,可

以由对外联系机关会同主管机关提出分享的请求。分享的数额或者比例，由对外联系机关会同主管机关与外国协商确定。

第八章 移管被判刑人

第一节 向外国移管被判刑人

第五十五条 外国可以向中华人民共和国请求移管外国籍被判刑人，中华人民共和国可以向外国请求移管外国籍被判刑人。

第五十六条 向外国移管被判刑人应当符合下列条件：

（一）被判刑人是该国国民；

（二）对被判刑人判处刑罚所针对的行为根据该国法律也构成犯罪；

（三）对被判刑人判处刑罚的判决已经发生法律效力；

（四）被判刑人书面同意移管，或者因被判刑人年龄、身体、精神等状况确有必要，经其代理人书面同意移管；

（五）中华人民共和国和该国均同意移管。

有下列情形之一的，可以拒绝移管：

（一）被判刑人被判处死刑缓期执行或者无期徒刑，但请求移管时已经减为有期徒刑的除外；

（二）在请求移管时，被判刑人剩余刑期不足一年；

（三）被判刑人在中华人民共和国境内存在尚未了结的诉讼；

（四）其他不宜移管的情形。

第五十七条 请求向外国移管被判刑人的，请求书及所附材料应当根据需要载明下列事项：

（一）请求机关的名称；

（二）被请求移管的被判刑人的姓名、性别、国籍、身份信息和其他资料；

（三）被判刑人的服刑场所；

（四）请求移管的依据和理由；

（五）被判刑人或者其代理人同意移管的书面声明；

（六）其他事项。

第五十八条 主管机关应当对被判刑人的移管意愿进行核实。外国请求派员对被判刑人的移管意愿进行核实的，主管机关可以作出安排。

第五十九条 外国向中华人民共和国提出移管被判刑人的请求的，或者主管机关认为需要向外国提出移管被判刑人的请求的，主管机关应当会同相关主管部门，作出是否同意外国请求或者向外国提出请求的决定。作出同意外国移管请求的决定后，对外联系机关应当书面通知请求国和被判刑人。

第六十条 移管被判刑人由主管机关指定刑罚执行机关执行。移交被判刑人的时间、地点、方式等执行事项，由主管机关与外国协商确定。

第六十一条 被判刑人移管后对原生效判决提出申诉的，应当向中华人民共和国有管辖权的人民法院提出。

人民法院变更或者撤销原生效判决的，应当及时通知外国。

第二节 向中华人民共和国移管被判刑人

第六十二条 中华人民共和国可以向外国请求移管中国籍被判刑人，外国可以请求中华人民共和国移管中国籍被判刑人。移管的具体条件和办理程序，参照本章第一节的有关规定执行。

第六十三条 被判刑人移管回国后，由主管机关指定刑罚执行机关先行关押。

第六十四条 人民检察院应当制作刑罚转换申请书并附相关材料,提请刑罚执行机关所在地的中级人民法院作出刑罚转换裁定。

人民法院应当依据外国法院判决认定的事实,根据刑法规定,作出刑罚转换裁定。对于外国法院判处的刑罚性质和期限符合中华人民共和国法律规定的,按照其判处的刑罚和期限予以转换;对于外国法院判处的刑罚性质和期限不符合中华人民共和国法律规定的,按照下列原则确定刑种、刑期:

(一)转换后的刑罚应当尽可能与外国法院判处的刑罚相一致;

(二)转换后的刑罚在性质上或者刑期上不得重于外国法院判处的刑罚,也不得超过中华人民共和国刑法对同类犯罪所规定的最高刑期;

(三)不得将剥夺自由的刑罚转换为财产刑;

(四)转换后的刑罚不受中华人民共和国刑法对同类犯罪所规定的最低刑期的约束。

被判刑人回国服刑前被羁押的,羁押一日折抵转换后的刑期一日。

人民法院作出的刑罚转换裁定,是终审裁定。

第六十五条 刑罚执行机关根据刑罚转换裁定将移管回国的被判刑人收监执行刑罚。刑罚执行以及减刑、假释、暂予监外执行等,依照中华人民共和国法律办理。

第六十六条 被判刑人移管回国后对外国法院判决的申诉,应当向外国有管辖权的法院提出。

第九章 附 则

第六十七条 中华人民共和国与有关国际组织开展刑事司法协助,参照本法规定。

第六十八条 向中华人民共和国提出的刑事司法协助请求或者应中华人民共和国请求提供的文件和证据材料,按照条约的规定办理公证和认证事宜。没有条约或者条约没有规定的,按照互惠原则办理。

第六十九条 本法所称刑事司法协助条约,是指中华人民共和国与外国缔结或者共同参加的刑事司法协助条约、移管被判刑人条约或者载有刑事司法协助、移管被判刑人条款的其他条约。

第七十条 本法自公布之日起施行。

《中华人民共和国社区矫正法》

(2019年12月28日第十三届全国人民代表大会常务委员会第十五次会议通过,自2020年7月1日起施行)

第一章 总 则

第一条 为了推进和规范社区矫正工作,保障刑事判决、刑事裁定和暂予监外执行决定的正确执行,提高教育矫正质量,促进社区矫正对象顺利融入社会,预防和减少犯罪,根据宪法,制定本法。

第二条 对被判处管制、宣告缓刑、假释和暂予监外执行的罪犯,依法实行社区矫正。

对社区矫正对象的监督管理、教育帮扶等活动,适用本法。

第三条 社区矫正工作坚持监督管理与教育帮扶相结合，专门机关与社会力量相结合，采取分类管理、个别化矫正，有针对性地消除社区矫正对象可能重新犯罪的因素，帮助其成为守法公民。

第四条 社区矫正对象应当依法接受社区矫正，服从监督管理。

社区矫正工作应当依法进行，尊重和保障人权。社区矫正对象依法享有的人身权利、财产权利和其他权利不受侵犯，在就业、就学和享受社会保障等方面不受歧视。

第五条 国家支持社区矫正机构提高信息化水平，运用现代信息技术开展监督管理和教育帮扶。社区矫正工作相关部门之间依法进行信息共享。

第六条 各级人民政府应当将社区矫正经费列入本级政府预算。

居民委员会、村民委员会和其他社会组织依法协助社区矫正机构开展工作所需的经费应当按照规定列入社区矫正机构本级政府预算。

第七条 对在社区矫正工作中做出突出贡献的组织、个人，按照国家有关规定给予表彰、奖励。

第二章 机构、人员和职责

第八条 国务院司法行政部门主管全国的社区矫正工作。县级以上地方人民政府司法行政部门主管本行政区域内的社区矫正工作。

人民法院、人民检察院、公安机关和其他有关部门依照各自职责，依法做好社区矫正工作。人民检察院依法对社区矫正工作实行法律监督。

地方人民政府根据需要设立社区矫正委员会，负责统筹协调和指导本行政区域内的社区矫正工作。

第九条 县级以上地方人民政府根据需要设置社区矫正机构，负责社区矫正工作的具体实施。社区矫正机构的设置和撤销，由县级以上地方人民政府司法行政部门提出意见，按照规定的权限和程序审批。

司法所根据社区矫正机构的委托，承担社区矫正相关工作。

第十条 社区矫正机构应当配备具有法律等专业知识的专门国家工作人员（以下称社区矫正机构工作人员），履行监督管理、教育帮扶等执法职责。

第十一条 社区矫正机构根据需要，组织具有法律、教育、心理、社会工作等专业知识或者实践经验的社会工作者开展社区矫正相关工作。

第十二条 居民委员会、村民委员会依法协助社区矫正机构做好社区矫正工作。

社区矫正对象的监护人、家庭成员，所在单位或者就读学校应当协助社区矫正机构做好社区矫正工作。

第十三条 国家鼓励、支持企业事业单位、社会组织、志愿者等社会力量依法参与社区矫正工作。

第十四条 社区矫正机构工作人员应当严格遵守宪法和法律，忠于职守，严守纪律，清正廉洁。

第十五条 社区矫正机构工作人员和其他参与社区矫正工作的人员依法开展社区矫正工作，受法律保护。

第十六条 国家推进高素质的社区矫正工作队伍建设。社区矫正机构应当加强对社区矫正工作人员的管理、监督、培训和职业保障，不断提高社区矫正工作的规范化、专业化水平。

第三章 决定和接收

第十七条 社区矫正决定机关判处管制、宣告缓刑、裁定假释、决定或者批准暂予监外执行时应当确定社区矫正执行地。

社区矫正执行地为社区矫正对象的居住地。社区矫正对象在多个地方居住的,可以确定经常居住地为执行地。

社区矫正对象的居住地、经常居住地无法确定或者不适宜执行社区矫正的,社区矫正决定机关应当根据有利于社区矫正对象接受矫正、更好地融入社会的原则,确定执行地。

本法所称社区矫正决定机关,是指依法判处管制、宣告缓刑、裁定假释、决定暂予监外执行的人民法院和依法批准暂予监外执行的监狱管理机关、公安机关。

第十八条 社区矫正决定机关根据需要,可以委托社区矫正机构或者有关社会组织对被告人或者罪犯的社会危险性和对所居住社区的影响,进行调查评估,提出意见,供决定社区矫正时参考。居民委员会、村民委员会等组织应当提供必要的协助。

第十九条 社区矫正决定机关判处管制、宣告缓刑、裁定假释、决定或者批准暂予监外执行,应当按照刑法、刑事诉讼法等法律规定的条件和程序进行。

社区矫正决定机关应当对社区矫正对象进行教育,告知其在社区矫正期间应当遵守的规定以及违反规定的法律后果,责令其按时报到。

第二十条 社区矫正决定机关应自判决、裁定或者决定生效之日起五日内通知执行地社区矫正机构,并在十日内送达有关法律文书,同时抄送人民检察院和执行地公安机关。社区矫正决定地与执行地不在同一地方的,由执行地社区矫正机构将法律文书转送所在地的人民检察院、公安机关。

第二十一条 人民法院判处管制、宣告缓刑、裁定假释的社区矫正对象,应当自判决、裁定生效之日起十日内到执行地社区矫正机构报到。

人民法院决定暂予监外执行的社区矫正对象,由看守所或者执行取保候审、监视居住的公安机关自收到决定之日起十日内将社区矫正对象移送社区矫正机构。

监狱管理机关、公安机关批准暂予监外执行的社区矫正对象,由监狱或者看守所自收到批准决定之日起十日内将社区矫正对象移送社区矫正机构。

第二十二条 社区矫正机构应当依法接收社区矫正对象,核对法律文书、核实身份、办理接收登记、建立档案,并宣告社区矫正对象的犯罪事实、执行社区矫正的期限以及应当遵守的规定。

第四章 监督管理

第二十三条 社区矫正对象在社区矫正期间应当遵守法律、行政法规,履行判决、裁定、暂予监外执行决定等法律文书确定的义务,遵守国务院司法行政部门关于报告、会客、外出、迁居、保外就医等监督管理规定,服从社区矫正机构的管理。

第二十四条 社区矫正机构应当根据裁判内容和社区矫正对象的性别、年龄、心理特点、健康状况、犯罪原因、犯罪类型、犯罪情节、悔罪表现等情况,制定有针对性的矫正方案,实现分类管理、个别化矫正。矫正方案应当根据社区矫正对象的表现等情况相应调整。

第二十五条　社区矫正机构应当根据社区矫正对象的情况，为其确定矫正小组，负责落实相应的矫正方案。

根据需要，矫正小组可以由司法所、居民委员会、村民委员会的人员，社区矫正对象的监护人、家庭成员，所在单位或者就读学校的人员以及社会工作者、志愿者等组成。社区矫正对象为女性的，矫正小组中应有女性成员。

第二十六条　社区矫正机构应当了解掌握社区矫正对象的活动情况和行为表现。社区矫正机构可以通过通信联络、信息化核查、实地查访等方式核实有关情况，有关单位和个人应当予以配合。

社区矫正机构开展实地查访等工作时，应当保护社区矫正对象的身份信息和个人隐私。

第二十七条　社区矫正对象离开所居住的市、县或者迁居，应当报经社区矫正机构批准。社区矫正机构对于有正当理由的，应当批准；对于因正常工作和生活需要经常性跨市、县活动的，可以根据情况，简化批准程序和方式。

因社区矫正对象迁居等原因需要变更执行地的，社区矫正机构应当按照有关规定作出变更决定。社区矫正机构作出变更决定后，应当通知社区矫正决定机关和变更后的社区矫正机构，并将有关法律文书抄送变更后的社区矫正机构。变更后的社区矫正机构应当将法律文书转送所在地的人民检察院、公安机关。

第二十八条　社区矫正机构根据社区矫正对象的表现，依照有关规定对其实施考核奖惩。社区矫正对象认罪悔罪、遵守法律法规、服从监督管理、接受教育表现突出的，应当给予表扬。社区矫正对象违反法律法规或者监督管理规定的，应当视情节依法给予训诫、警告、提请公安机关予以治安管理处罚，或者依法提请撤销缓刑、撤销假释、对暂予监外执行的收监执行。

对社区矫正对象的考核结果，可以作为认定其是否确有悔改表现或者是否严重违反监督管理规定的依据。

第二十九条　社区矫正对象有下列情形之一的，经县级司法行政部门负责人批准，可以使用电子定位装置，加强监督管理：

（一）违反人民法院禁止令的；

（二）无正当理由，未经批准离开所居住的市、县的；

（三）拒不按照规定报告自己的活动情况，被给予警告的；

（四）违反监督管理规定，被给予治安管理处罚的；

（五）拟提请撤销缓刑、假释或者暂予监外执行收监执行的。

前款规定的使用电子定位装置的期限不得超过三个月。对于不需要继续使用的，应当及时解除；对于期限届满后，经评估仍有必要继续使用的，经过批准，期限可以延长，每次不得超过三个月。

社区矫正机构对通过电子定位装置获得的信息应当严格保密，有关信息只能用于社区矫正工作，不得用于其他用途。

第三十条　社区矫正对象失去联系的，社区矫正机构应当立即组织查找，公安机关等有关单位和人员应当予以配合协助。查找到社区矫正对象后，应当区别情形依法作出处理。

第三十一条　社区矫正机构发现社区矫正对象正在实施违反监督管理规定的行为或者违反人民法院禁止令等违法

行为的,应当立即制止;制止无效的,应当立即通知公安机关到场处置。

第三十二条 社区矫正对象有被依法决定拘留、强制隔离戒毒、采取刑事强制措施等限制人身自由情形的,有关机关应当及时通知社区矫正机构。

第三十三条 社区矫正对象符合刑法规定的减刑条件的,社区矫正机构应当向社区矫正执行地的中级以上人民法院提出减刑建议,并将减刑建议书抄送同级人民检察院。

人民法院应当在收到社区矫正机构的减刑建议书后三十日内作出裁定,并将裁定书送达社区矫正机构,同时抄送人民检察院、公安机关。

第三十四条 开展社区矫正工作,应当保障社区矫正对象的合法权益。社区矫正的措施和方法应当避免对社区矫正对象的正常工作和生活造成不必要的影响;非依法律规定,不得限制或者变相限制社区矫正对象的人身自由。

社区矫正对象认为其合法权益受到侵害的,有权向人民检察院或者有关机关申诉、控告和检举。受理机关应当及时办理,并将办理结果告知申诉人、控告人和检举人。

第五章 教育帮扶

第三十五条 县级以上地方人民政府及其有关部门应当通过多种形式为教育帮扶社区矫正对象提供必要的场所和条件,组织动员社会力量参与教育帮扶工作。

有关人民团体应当依法协助社区矫正机构做好教育帮扶工作。

第三十六条 社区矫正机构根据需要,对社区矫正对象进行法治、道德等教育,增强其法治观念,提高其道德素质和悔罪意识。

对社区矫正对象的教育应当根据其个体特征、日常表现等实际情况,充分考虑其工作和生活情况,因人施教。

第三十七条 社区矫正机构可以协调有关部门和单位,依法对就业困难的社区矫正对象开展职业技能培训、就业指导,帮助社区矫正对象中的在校学生完成学业。

第三十八条 居民委员会、村民委员会可以引导志愿者和社区群众,利用社区资源,采取多种形式,对有特殊困难的社区矫正对象进行必要的教育帮扶。

第三十九条 社区矫正对象的监护人、家庭成员,所在单位或者就读学校应当协助社区矫正机构做好对社区矫正对象的教育。

第四十条 社区矫正机构可以通过公开择优购买社区矫正社会工作服务或者其他社会服务,为社区矫正对象在教育、心理辅导、职业技能培训、社会关系改善等方面提供必要的帮扶。

社区矫正机构也可以通过项目委托社会组织等方式开展上述帮扶活动。国家鼓励有经验和资源的社会组织跨地区开展帮扶交流和示范活动。

第四十一条 国家鼓励企业事业单位、社会组织为社区矫正对象提供就业岗位和职业技能培训。招用符合条件的社区矫正对象的企业,按照规定享受国家优惠政策。

第四十二条 社区矫正机构可以根据社区矫正对象的个人特长,组织其参加公益活动,修复社会关系,培养社会责任感。

第四十三条 社区矫正对象可以按照国家有关规定申请社会救助、参加社会保险、获得法律援助,社区矫正机构应当给予必要的协助。

第六章 解除和终止

第四十四条 社区矫正对象矫正期满或者被赦免的,社区矫正机构应当向社区矫正对象发放解除社区矫正证明书,并通知社区矫正决定机关、所在地的人民检察院、公安机关。

第四十五条 社区矫正对象被裁定撤销缓刑、假释,被决定收监执行,或者社区矫正对象死亡的,社区矫正终止。

第四十六条 社区矫正对象具有刑法规定的撤销缓刑、假释情形的,应当由人民法院撤销缓刑、假释。

对于在考验期限内犯新罪或者发现判决宣告以前还有其他罪没有判决的,应当由审理该案件的人民法院撤销缓刑、假释,并书面通知原审人民法院和执行地社区矫正机构。

对于有第二款规定以外的其他需要撤销缓刑、假释情形的,社区矫正机构应当向原审人民法院或者执行地人民法院提出撤销缓刑、假释建议,并将建议书抄送人民检察院。社区矫正机构提出撤销缓刑、假释建议时,应当说明理由,并提供有关证据材料。

第四十七条 被提请撤销缓刑、假释的社区矫正对象可能逃跑或者可能发生社会危险的,社区矫正机构可以在提出撤销缓刑、假释建议的同时,提请人民法院决定对其予以逮捕。

人民法院应当在四十八小时内作出是否逮捕的决定。决定逮捕的,由公安机关执行。逮捕后的羁押期限不得超过三十日。

第四十八条 人民法院应当在收到社区矫正机构撤销缓刑、假释建议书后三十日内作出裁定,将裁定书送达社区矫正机构和公安机关,并抄送人民检察院。

人民法院拟撤销缓刑、假释的,应当听取社区矫正对象的申辩及其委托的律师的意见。

人民法院裁定撤销缓刑、假释的,公安机关应当及时将社区矫正对象送交监狱或者看守所执行。执行以前被逮捕的,羁押一日折抵刑期一日。

人民法院裁定不予撤销缓刑、假释的,对被逮捕的社区矫正对象,公安机关应当立即予以释放。

第四十九条 暂予监外执行的社区矫正对象具有刑事诉讼法规定的应当予以收监情形的,社区矫正机构应当向执行地或者原社区矫正决定机关提出收监执行建议,并将建议书抄送人民检察院。

社区矫正决定机关应当在收到建议书后三十日内作出决定,将决定书送达社区矫正机构和公安机关,并抄送人民检察院。

人民法院、公安机关对暂予监外执行的社区矫正对象决定收监执行的,由公安机关立即将社区矫正对象送交监狱或者看守所收监执行。

监狱管理机关对暂予监外执行的社区矫正对象决定收监执行的,监狱应当立即将社区矫正对象收监执行。

第五十条 被裁定撤销缓刑、假释和被决定收监执行的社区矫正对象逃跑的,由公安机关追捕,社区矫正机构、有关单位和个人予以协助。

第五十一条 社区矫正对象在社区矫正期间死亡的,其监护人、家庭成员应当及时向社区矫正机构报告。社区矫正机构应当及时通知社区矫正决定机关、所在地的人民检察院、公安机关。

第七章　未成年人社区矫正特别规定

第五十二条　社区矫正机构应当根据未成年社区矫正对象的年龄、心理特点、发育需要、成长经历、犯罪原因、家庭监护教育条件等情况，采取针对性的矫正措施。

社区矫正机构为未成年社区矫正对象确定矫正小组，应当吸收熟悉未成年人身心特点的人员参加。

对未成年人的社区矫正，应当与成年人分别进行。

第五十三条　未成年社区矫正对象的监护人应当履行监护责任，承担抚养、管教等义务。

监护人怠于履行监护职责的，社区矫正机构应当督促、教育其履行监护责任。监护人拒不履行监护职责的，通知有关部门依法作出处理。

第五十四条　社区矫正机构工作人员和其他依法参与社区矫正工作的人员对履行职责过程中获得的未成年人身份信息应当予以保密。

除司法机关办案需要或者有关单位根据国家规定查询外，未成年社区矫正对象的档案信息不得提供给任何单位或者个人。依法进行查询的单位，应当对获得的信息予以保密。

第五十五条　对未完成义务教育的未成年社区矫正对象，社区矫正机构应当通知并配合教育部门为其完成义务教育提供条件。未成年社区矫正对象的监护人应当依法保证其按时入学接受并完成义务教育。

年满十六周岁的社区矫正对象有就业意愿的，社区矫正机构可以协调有关部门和单位为其提供职业技能培训，给予就业指导和帮助。

第五十六条　共产主义青年团、妇女联合会、未成年人保护组织应当依法协助社区矫正机构做好未成年人社区矫正工作。

国家鼓励其他未成年人相关社会组织参与未成年人社区矫正工作，依法给予政策支持。

第五十七条　未成年社区矫正对象在复学、升学、就业等方面依法享有与其他未成年人同等的权利，任何单位和个人不得歧视。有歧视行为的，应当由教育、人力资源和社会保障等部门依法作出处理。

第五十八条　未成年社区矫正对象在社区矫正期间年满十八周岁的，继续按照未成年人社区矫正有关规定执行。

第八章　法律责任

第五十九条　社区矫正对象在社区矫正期间有违反监督管理规定行为的，由公安机关依照《中华人民共和国治安管理处罚法》的规定给予处罚；具有撤销缓刑、假释或者暂予监外执行收监情形的，应当依法作出处理。

第六十条　社区矫正对象殴打、威胁、侮辱、骚扰、报复社区矫正机构工作人员和其他依法参与社区矫正工作的人员及其近亲属，构成犯罪的，依法追究刑事责任；尚不构成犯罪的，由公安机关依法给予治安管理处罚。

第六十一条　社区矫正机构工作人员和其他国家工作人员有下列行为之一的，应当给予处分；构成犯罪的，依法追究刑事责任：

（一）利用职务或者工作便利索取、收受贿赂的；

（二）不履行法定职责的；

（三）体罚、虐待社区矫正对象，或者

违反法律规定限制或者变相限制社区矫正对象的人身自由的；

（四）泄露社区矫正工作秘密或者其他依法应当保密的信息的；

（五）对依法申诉、控告或者检举的社区矫正对象进行打击报复的；

（六）有其他违纪违法行为的。

第六十二条　人民检察院发现社区矫正工作违反法律规定的，应当依法提出纠正意见、检察建议。有关单位应当将采纳纠正意见、检察建议的情况书面回复人民检察院，没有采纳的应当说明理由。

第九章　附　　则

第六十三条　本法自 2020 年 7 月 1 日起施行。

《中华人民共和国法律援助法》（节录）

（2021 年 8 月 20 日第十三届全国人民代表大会常务委员会第三十次会议通过，自 2022 年 1 月 1 日起施行）

第二十五条　刑事案件的犯罪嫌疑人、被告人属于下列人员之一，没有委托辩护人的，人民法院、人民检察院、公安机关应当通知法律援助机构指派律师担任辩护人：

（一）未成年人；

（二）视力、听力、言语残疾人；

（三）不能完全辨认自己行为的成年人；

（四）可能被判处无期徒刑、死刑的人；

（五）申请法律援助的死刑复核案件被告人；

（六）缺席审判案件的被告人；

（七）法律法规规定的其他人员。

其他适用普通程序审理的刑事案件，被告人没有委托辩护人的，人民法院可以通知法律援助机构指派律师担任辩护人。

第二十六条　对可能被判处无期徒刑、死刑的人，以及死刑复核案件的被告人，法律援助机构收到人民法院、人民检察院、公安机关通知后，应当指派具有三年以上相关执业经历的律师担任辩护人。

第二十七条　人民法院、人民检察院、公安机关通知法律援助机构指派律师担任辩护人时，不得限制或者损害犯罪嫌疑人、被告人委托辩护人的权利。

第二十八条　强制医疗案件的被申请人或者被告人没有委托诉讼代理人的，人民法院应当通知法律援助机构指派律师为其提供法律援助。

第二十九条　刑事公诉案件的被害人及其法定代理人或者近亲属，刑事自诉案件的自诉人及其法定代理人，刑事附带民事诉讼案件的原告人及其法定代理人，因经济困难没有委托诉讼代理人的，可以向法律援助机构申请法律援助。

第三十二条　有下列情形之一，当事人申请法律援助的，不受经济困难条件的限制：

（一）英雄烈士近亲属为维护英雄烈士的人格权益；

（二）因见义勇为行为主张相关民事权益；

（三）再审改判无罪请求国家赔偿；

（四）遭受虐待、遗弃或者家庭暴力的受害人主张相关权益；

（五）法律、法规、规章规定的其他情形。

第三十三条　当事人不服司法机关生效裁判或者决定提出申诉或者申请再审,人民法院决定、裁定再审或者人民检察院提出抗诉,因经济困难没有委托辩护人或者诉讼代理人的,本人及其近亲属可以向法律援助机构申请法律援助。

第三十六条　人民法院、人民检察院、公安机关办理刑事案件,发现有本法第二十五条第一款、第二十八条规定情形的,应当在三日内通知法律援助机构指派律师。法律援助机构收到通知后,应当在三日内指派律师并通知人民法院、人民检察院、公安机关。

第三十九条　被羁押的犯罪嫌疑人、被告人、服刑人员,以及强制隔离戒毒人员等提出法律援助申请的,办案机关、监管场所应当在二十四小时内将申请转交法律援助机构。

犯罪嫌疑人、被告人通过值班律师提出代理、刑事辩护等法律援助申请的,值班律师应当在二十四小时内将申请转交法律援助机构。

第四十条　无民事行为能力人或者限制民事行为能力人需要法律援助的,可以由其法定代理人代为提出申请。法定代理人侵犯无民事行为能力人、限制民事行为能力人合法权益的,其他法定代理人或者近亲属可以代为提出法律援助申请。

被羁押的犯罪嫌疑人、被告人、服刑人员,以及强制隔离戒毒人员,可以由其法定代理人或者近亲属代为提出法律援助申请。

第四十二条　法律援助申请人有材料证明属于下列人员之一的,免予核查经济困难状况:

(一)无固定生活来源的未成年人、老年人、残疾人等特定群体;

(二)社会救助、司法救助或者优抚对象;

(三)申请支付劳动报酬或者请求工伤事故人身损害赔偿的进城务工人员;

(四)法律、法规、规章规定的其他人员。

第四十三条　法律援助机构应当自收到法律援助申请之日起七日内进行审查,作出是否给予法律援助的决定。决定给予法律援助的,应当自作出决定之日起三日内指派法律援助人员为受援人提供法律援助;决定不给予法律援助的,应当书面告知申请人,并说明理由。

申请人提交的申请材料不齐全的,法律援助机构应当一次性告知申请人需要补充的材料或者要求申请人作出说明。申请人未按要求补充材料或者作出说明的,视为撤回申请。

第四十四条　法律援助机构收到法律援助申请后,发现有下列情形之一的,可以决定先行提供法律援助:

(一)距法定时效或者期限届满不足七日,需要及时提起诉讼或者申请仲裁、行政复议;

(二)需要立即申请财产保全、证据保全或者先予执行;

(三)法律、法规、规章规定的其他情形。

法律援助机构先行提供法律援助的,受援人应当及时补办有关手续,补充有关材料。

第四十五条　法律援助机构为老年人、残疾人提供法律援助服务的,应当根据实际情况提供无障碍设施设备和服务。

法律法规对向特定群体提供法律援助有其他特别规定的,依照其规定。

第四十六条　法律援助人员接受指派后,无正当理由不得拒绝、拖延或者终止提供法律援助服务。

法律援助人员应当按照规定向受援人通报法律援助事项办理情况,不得损害受援人合法权益。

第四十七条　受援人应当向法律援助人员如实陈述与法律援助事项有关的情况,及时提供证据材料,协助、配合办理法律援助事项。

第四十九条　申请人、受援人对法律援助机构不予法律援助、终止法律援助的决定有异议的,可以向设立该法律援助机构的司法行政部门提出。

司法行政部门应当自收到异议之日起五日内进行审查,作出维持法律援助机构决定或者责令法律援助机构改正的决定。

申请人、受援人对司法行政部门维持法律援助机构决定不服的,可以依法申请行政复议或者提起行政诉讼。

第五十五条　受援人有权向法律援助机构、法律援助人员了解法律援助事项办理情况;法律援助机构、法律援助人员未依法履行职责的,受援人可以向司法行政部门投诉,并可以请求法律援助机构更换法律援助人员。

第五十六条　司法行政部门应当建立法律援助工作投诉查处制度;接到投诉后,应当依照有关规定受理和调查处理,并及时向投诉人告知处理结果。

《中华人民共和国监察法实施条例》(节录)

(2021年7月20日国家监察委员会全体会议决定,自2021年9月20日起施行)

第五十一条　公职人员既涉嫌贪污贿赂、失职渎职等严重职务违法和职务犯罪,又涉嫌公安机关、人民检察院等机关管辖的犯罪,依法由监察机关为主调查的,应当由监察机关和其他机关分别依职权立案,监察机关承担组织协调职责,协调调查和侦查工作进度、重要调查和侦查措施使用等重要事项。

第五十二条　监察机关必要时可以依法调查司法工作人员利用职权实施的涉嫌非法拘禁、刑讯逼供、非法搜查等侵犯公民权利、损害司法公正的犯罪,并在立案后及时通报同级人民检察院。

监察机关在调查司法工作人员涉嫌贪污贿赂等职务犯罪中,可以对其涉嫌的前款规定的犯罪一并调查,并及时通报同级人民检察院。人民检察院在办理直接受理侦查的案件中,发现犯罪嫌疑人同时涉嫌监察机关管辖的其他职务犯罪,经沟通全案移送监察机关管辖的,监察机关应当依法进行调查。

《中华人民共和国反有组织犯罪法》(节录)

(2021年12月24日第十三届全国人民代表大会常务委员会第三十二次会议通过,自2022年5月1日起施行)

第二十二条　办理有组织犯罪案件,应当以事实为根据,以法律为准绳,坚持宽严相济。

对有组织犯罪的组织者、领导者和骨干成员,应当严格掌握取保候审、不起诉、缓刑、减刑、假释和暂予监外执行的适用条件,充分适用剥夺政治权利、没收财产、罚金等刑罚。

有组织犯罪的犯罪嫌疑人、被告人自愿如实供述自己的罪行，承认指控的犯罪事实，愿意接受处罚的，可以依法从宽处理。

第二十三条　利用网络实施的犯罪，符合本法第二条规定的，应当认定为有组织犯罪。

为谋取非法利益或者形成非法影响，有组织地进行滋扰、纠缠、哄闹、聚众造势等，对他人形成心理强制，足以限制人身自由、危及人身财产安全，影响正常社会秩序、经济秩序的，可以认定为有组织犯罪的犯罪手段。

第二十四条　公安机关应当依法运用现代信息技术，建立有组织犯罪线索收集和研判机制，分级分类进行处置。

公安机关接到对有组织犯罪的报案、控告、举报后，应当及时开展统计、分析、研判工作，组织核查或者移送有关主管机关依法处理。

第二十五条　有关国家机关在履行职责时发现有组织犯罪线索，或者接到对有组织犯罪的举报的，应当及时移送公安机关等主管机关依法处理。

第二十六条　公安机关核查有组织犯罪线索，可以按照国家有关规定采取调查措施。公安机关向有关单位和个人收集、调取相关信息和材料的，有关单位和个人应当如实提供。

第二十七条　公安机关核查有组织犯罪线索，经县级以上公安机关负责人批准，可以查询嫌疑人员的存款、汇款、债券、股票、基金份额等财产信息。

公安机关核查黑社会性质组织犯罪线索，发现涉案财产有灭失、转移的紧急风险，经设区的市级以上公安机关负责人批准，可以对有关涉案财产采取紧急止付或者临时冻结、临时扣押的紧急措施，期限不得超过四十八小时。期限届满或者适用紧急措施的情形消失的，应当立即解除紧急措施。

第二十八条　公安机关核查有组织犯罪线索，发现犯罪事实或者犯罪嫌疑人的，应当依照《中华人民共和国刑事诉讼法》的规定立案侦查。

第二十九条　公安机关办理有组织犯罪案件，可以依照《中华人民共和国出境入境管理法》的规定，决定对犯罪嫌疑人采取限制出境措施，通知移民管理机构执行。

第三十条　对有组织犯罪案件的犯罪嫌疑人、被告人，根据办理案件和维护监管秩序的需要，可以采取异地羁押、分别羁押或者单独羁押等措施。采取异地羁押措施的，应当依法通知犯罪嫌疑人、被告人的家属和辩护人。

第三十一条　公安机关在立案后，根据侦查犯罪的需要，依照《中华人民共和国刑事诉讼法》的规定，可以采取技术侦查措施、实施控制下交付或者由有关人员隐匿身份进行侦查。

第三十二条　犯罪嫌疑人、被告人检举、揭发重大犯罪的其他共同犯罪人或者提供侦破重大案件的重要线索或者证据，同案处理可能导致其本人或者近亲属有人身危险的，可以分案处理。

第三十三条　犯罪嫌疑人、被告人积极配合有组织犯罪案件的侦查、起诉、审判等工作，有下列情形之一的，可以依法从宽处罚，但对有组织犯罪的组织者、领导者应当严格适用：

（一）为查明犯罪组织的组织结构及其组织者、领导者、首要分子的地位、作用提供重要线索或者证据的；

（二）为查明犯罪组织实施的重大犯

罪提供重要线索或者证据的；

（三）为查处国家工作人员涉有组织犯罪提供重要线索或者证据的；

（四）协助追缴、没收尚未掌握的赃款赃物的；

（五）其他为查办有组织犯罪案件提供重要线索或者证据的情形。

对参加有组织犯罪组织的犯罪嫌疑人、被告人不起诉或者免予刑事处罚的，可以根据案件的不同情况，依法予以训诫、责令具结悔过、赔礼道歉、赔偿损失，或者由主管部门予以行政处罚或者处分。

第三十四条 对黑社会性质组织的组织者、领导者，应当依法并处没收财产。对其他组织成员，根据其在犯罪组织中的地位、作用以及所参与违法犯罪活动的次数、性质、违法所得数额、造成的损失等，可以依法并处罚金或者没收财产。

第三十五条 对有组织犯罪的罪犯，执行机关应当依法从严管理。

黑社会性质组织的组织者、领导者或者恶势力组织的首要分子被判处十年以上有期徒刑、无期徒刑、死刑缓期二年执行的，应当跨省、自治区、直辖市异地执行刑罚。

第三十六条 对被判处十年以上有期徒刑、无期徒刑、死刑缓期二年执行的黑社会性质组织的组织者、领导者或者恶势力组织的首要分子减刑的，执行机关应当依法提出减刑建议，报经省、自治区、直辖市监狱管理机关复核后，提请人民法院裁定。

对黑社会性质组织的组织者、领导者或者恶势力组织的首要分子假释的，适用前款规定的程序。

第三十七条 人民法院审理黑社会性质组织犯罪罪犯的减刑、假释案件，应当通知人民检察院、执行机关参加审理，并通知被报请减刑、假释的罪犯参加，听取其意见。

第三十八条 执行机关提出减刑、假释建议以及人民法院审理减刑、假释案件，应当充分考虑罪犯履行生效裁判中财产性判项、配合处置涉案财产等情况。

第三十九条 办理有组织犯罪案件中发现的可用以证明犯罪嫌疑人、被告人有罪或者无罪的各种财物、文件，应当依法查封、扣押。

公安机关、人民检察院、人民法院可以依照《中华人民共和国刑事诉讼法》的规定查询、冻结犯罪嫌疑人、被告人的存款、汇款、债券、股票、基金份额等财产。有关单位和个人应当配合。

第四十条 公安机关、人民检察院、人民法院根据办理有组织犯罪案件的需要，可以全面调查涉嫌有组织犯罪的组织及其成员的财产状况。

第四十一条 查封、扣押、冻结、处置涉案财物，应当严格依照法定条件和程序进行，依法保护公民和组织的合法财产权益，严格区分违法所得与合法财产、本人财产与其家属的财产，减少对企业正常经营活动的不利影响。不得查封、扣押、冻结与案件无关的财物。经查明确实与案件无关的财物，应当在三日以内解除查封、扣押、冻结，予以退还。对被害人的合法财产，应当及时返还。

查封、扣押、冻结涉案财物，应当为犯罪嫌疑人、被告人及其扶养的家属保留必需的生活费用和物品。

第四十二条 公安机关可以向反洗钱行政主管部门查询与有组织犯罪相关的信息数据，提请协查与有组织犯罪相关的可疑交易活动,反洗钱行政主管部门应当予以配合并及时回复。

第四十三条　对下列财产,经县级以上公安机关、人民检察院或者人民法院主要负责人批准,可以依法先行出售、变现或者变卖、拍卖,所得价款由扣押、冻结机关保管,并及时告知犯罪嫌疑人、被告人或者其近亲属:

(一)易损毁、灭失、变质等不宜长期保存的物品;

(二)有效期即将届满的汇票、本票、支票等;

(三)债券、股票、基金份额等财产,经权利人申请,出售不损害国家利益、被害人利益,不影响诉讼正常进行的。

第四十四条　公安机关、人民检察院应当对涉案财产审查甄别。在移送审查起诉、提起公诉时,应当对涉案财产提出处理意见。

在审理有组织犯罪案件过程中,应当对与涉案财产的性质、权属有关的事实、证据进行法庭调查、辩论。人民法院应当依法作出判决,对涉案财产作出处理。

第四十五条　有组织犯罪组织及其成员违法所得的一切财物及其孳息、收益,违禁品和供犯罪所用的本人财物,应当依法予以追缴、没收或者责令退赔。

依法应当追缴、没收的涉案财产无法找到、灭失或者与其他合法财产混合且不可分割的,可以追缴、没收其他等值财产或者混合财产中的等值部分。

被告人实施黑社会性质组织犯罪的定罪量刑事实已经查清,有证据证明其在犯罪期间获得的财产高度可能属于黑社会性质组织犯罪的违法所得及其孳息、收益,被告人不能说明财产合法来源的,应当依法予以追缴、没收。

第四十六条　涉案财产符合下列情形之一的,应当依法予以追缴、没收:

(一)为支持或者资助有组织犯罪活动而提供给有组织犯罪组织及其成员的财产;

(二)有组织犯罪组织成员的家庭财产中实际用于支持有组织犯罪活动的部分;

(三)利用有组织犯罪组织及其成员的违法犯罪活动获得的财产及其孳息、收益。

第四十七条　黑社会性质组织犯罪案件的犯罪嫌疑人、被告人逃匿,在通缉一年后不能到案,或者犯罪嫌疑人、被告人死亡,依照《中华人民共和国刑法》规定应当追缴其违法所得及其他涉案财产的,依照《中华人民共和国刑事诉讼法》有关犯罪嫌疑人、被告人逃匿、死亡案件违法所得的没收程序的规定办理。

第四十八条　监察机关、公安机关、人民检察院发现与有组织犯罪相关的洗钱以及掩饰、隐瞒犯罪所得、犯罪所得收益等犯罪的,应当依法查处。

第四十九条　利害关系人对查封、扣押、冻结、处置涉案财物提出异议的,公安机关、人民检察院、人民法院应当及时予以核实,听取其意见,依法作出处理。

公安机关、人民检察院、人民法院对涉案财物作出处理后,利害关系人对处理不服的,可以提出申诉或者控告。

第七章　保障措施

第六十一条　因举报、控告和制止有组织犯罪活动,在有组织犯罪案件中作证,本人或者其近亲属的人身安全面临危险的,公安机关、人民检察院、人民法院应当按照有关规定,采取下列一项或者多项保护措施：

（一）不公开真实姓名、住址和工作单位等个人信息；

（二）采取不暴露外貌、真实声音等出庭作证措施；

（三）禁止特定的人接触被保护人员；

（四）对人身和住宅采取专门性保护措施；

（五）变更被保护人员的身份，重新安排住所和工作单位；

（六）其他必要的保护措施。

第六十二条 采取本法第六十一条第三项、第四项规定的保护措施，由公安机关执行。根据本法第六十一条第五项规定，变更被保护人员身份的，由国务院公安部门批准和组织实施。

公安机关、人民检察院、人民法院依法采取保护措施，有关单位和个人应当配合。

第六十三条 实施有组织犯罪的人员配合侦查、起诉、审判等工作，对侦破案件或者查明案件事实起到重要作用的，可以参照证人保护的规定执行。

第六十四条 对办理有组织犯罪案件的执法、司法工作人员及其近亲属，可以采取人身保护、禁止特定的人接触等保护措施。

第六十五条 对因履行反有组织犯罪工作职责或者协助、配合有关部门开展反有组织犯罪工作导致伤残或者死亡的人员，按照国家有关规定给予相应的待遇。

第六十八条 对有组织犯罪的罪犯，人民法院可以依照《中华人民共和国刑法》有关从业禁止的规定，禁止其从事相关职业，并通报相关行业主管部门。

全国人民代表大会常务委员会《关于军队战时调整适用〈中华人民共和国刑事诉讼法〉部分规定的决定》

（2023年2月24日第十三届全国人民代表大会常务委员会第三十九次会议通过）

为贯彻落实党的二十大精神，完善中国特色军事法治体系，从法律制度上保障人民军队有效履行新时代使命任务、提高打赢能力，第十三届全国人民代表大会常务委员会第三十九次会议决定：军队战时开展刑事诉讼活动，遵循《中华人民共和国刑法》、《中华人民共和国刑事诉讼法》确定的基本原则、基本制度、基本程序，适应战时刑事诉讼特点，保障诉讼当事人合法权益，维护司法公平正义，可以调整适用《中华人民共和国刑事诉讼法》关于管辖、辩护与代理、强制措施、立案、侦查、起诉、审判、执行等部分具体规定。具体由中央军事委员会规定。

本决定自2023年2月25日起施行。

第三部分 司法解释及其他规范性文件

一、综 合

最高人民法院、最高人民检察院、公安部《关于如何处理有同案犯在逃的共同犯罪案件的通知》

[1982年4月5日 〔1982〕公发(审)53号]

各省、市、自治区高级人民法院、人民检察院、公安厅(局)：

据江西、安徽、浙江、福建、广东、黑龙江、湖北、陕西、河南、内蒙等地反映，有一些县、市公检法三机关在处理共同犯罪案件过程中，有的案件因同案犯在逃，影响了对在押犯的依法处理。其中有的超过法定羁押时限，长期拖延不决；有的不了了之，放纵了犯罪分子，引起群众不满。为了及时有力地打击刑事犯罪活动，保护国家和人民的利益，特对如何处理这类案件通知如下：

（一）公安机关应对在逃的同案犯，组织力量，切实采取有力措施，积极追捕归案。

（二）同案犯在逃，对在押犯的犯罪事实已查清并有确实、充分证据的，应按照刑事诉讼法规定的诉讼程序，该起诉的起诉，该定罪判刑的定罪判刑。

如在逃跑的同案犯逮捕归案后，对已按上项办法处理的罪犯查明还有其他罪没有判决时，可以按照刑事诉讼法规定的诉讼程序对新查明的罪行进行起诉和判决。人民法院应依照刑法第六十五条和全国人民代表大会常务委员会《关于处理逃跑或者重新犯罪的劳改犯和劳教人员的决定》的有关规定判处这类案件。

（三）由于同案犯在逃，在押犯主要犯罪事实情节不清并缺乏证据的，可根据不同情况，分别采取依法报请延长羁押期限、监视居住、取保候审等办法，继续侦查，抓紧结案。

（四）由于同案犯在逃，没有确实证据证明在押犯的犯罪事实的，或已查明的情节显著轻微的，应予先行释放，在同案犯追捕归案、查明犯罪事实后再作处理。

最高人民法院、最高人民检察院、公安部、司法部、民政部、总政治部《关于处理移交政府管理的军队离休干部犯罪案件若干问题的规定》

（1991年10月17日 〔1991〕政法字第003号）

国务院、中央军委《批转民政部、总

政治部〈关于做好移交地方的军队离休退休干部安置管理工作的报告〉的通知》（国发〔1984〕171号）规定，军队离休干部移交政府安置后暂时保留军籍。为明确这部分军队离休干部犯罪案件的管辖和刑罚的执行，以及犯罪后政治、生活待遇和军籍处理等问题，根据《中华人民共和国刑法》《中华人民共和国刑事诉讼法》以及有关法规，特作如下规定：

一、案件的管辖与刑罚的执行

已移交政府管理的军队离休干部的犯罪案件，由地方公安机关、人民检察院、人民法院按照案件管辖范围受理。办案中，需要了解其在部队期间有关情况的，原部队应予以协助。对军队和地方互涉的案件，按照最高人民法院、最高人民检察院、公安部、总政治部《关于军队和地方互涉案件几个问题的规定》（〔1982〕政联字8号）以及有关的补充规定办理。

上述人员犯罪，被人民法院依法判处有期徒刑、无期徒刑和死刑缓期二年执行的，由司法行政机关指定的地方劳改场所执行；被判处有期徒刑宣告缓刑、拘役、管制、剥夺政治权利的，由公安机关执行。

二、开除军籍、取消军队离休干部资格、剥夺功勋荣誉章和剥夺军官军衔的批办（略）

三、受刑事处罚后的政治、生活待遇（略）

外交部、最高人民法院、最高人民检察院、公安部、安全部、司法部《关于处理涉外案件若干问题的规定》

（1995年6月20日）

各省、自治区、直辖市人民政府外事办公室、高级人民法院、人民检察院、公安厅（局）、国家安全厅（局）、司法厅（局）、海关、交通厅（局）、渔政厅（局）、民政厅（局），国务院各部委、各直属机构外事司（局），计划单列市人民政府外事办公室：

随着我国改革开放的不断深入，涉外案件工作中出现了许多新情况、新问题。为进一步妥善处理涉外案件的有关问题，明确分工，减少中间环节，提高效率，便于操作，特制定如下规定。

一、总则

（一）本规定中"涉外案件"是指在我国境内发生的涉及外国、外国人（自然人及法人）的刑事、民事经济、行政、治安等案件及死亡事件。

（二）处理涉外案件，必须维护我国主权和利益，维护我国国家、法人、公民及外国国家、法人、公民在华合法权益，严格依照我国法律、法规，做到事实清楚，证据确凿，适用法律正确，法律手续完备。

（三）处理涉外案件，在对等互惠原则的基础上，严格履行我国所承担的国际条约义务。当国内法或者我内部规定同我国所承担的国际条约义务发生冲突时，应当适用国际条约的有关规定（我国声明保留的条款除外）。各主管部门不应当以国内法或者内部规定为由拒绝履行我国所承担的国际条约规定的义务。

（四）处理涉外案件，必须依照有关规定和分工，密切配合，互相协调，严格执行请示报告，征求意见和通报情况等制度。

（五）对应当通知外国驻华使、领馆的涉外案件，必须按规定和分工及时通知。

（六）与我国无外交关系的，按对等互惠原则办理。

二、关于涉外案件的内部通报问题

（一）遇有下列情况之一，公安机关、国家安全机关、人民检察院、人民法院，以及其他主管机关应当将有关案情、处理情况，以及对外表态口径于受理案件或采取措施的四十八小时内报上一级主管机关，同时通报同级人民政府外事办公室。

1. 对外国人实行行政拘留、刑事拘留、司法拘留、拘留审查、逮捕、监视居住、取保候审、扣留护照、限期出境、驱逐出境的案件；

2. 外国船舶因我国内水或领海损毁或搁浅，发生海上交通、污染等事故，走私及其他违法或违反国际公约的行为，被我主管部门扣留或采取其他强制措施的案件；

3. 外国渔船在我管辖水域违法捕捞，发生碰撞或海事纠纷，被我授权执法部门扣留的案件；

4. 外国船舶因经济纠纷被我法院扣留、拍卖的案件；

5. 外国人在华死亡事件或案件；

6. 涉及外国人在华民事和经济纠纷的案件；

7. 其他认为应当通报的案件。

同级人民政府外事办公室在接到通报后应当立即报外交部。案件了结后，也应当尽快向外交部通报结果。

（二）重大涉外案件，或外国政府已向我驻外使、领馆提出交涉或已引起国内外新闻界关注的涉外案件，在案件受理、办理、审理过程中，以及在判决公布前，中央一级主管部门经商外交部后，应当单独或者会同外交部联名将案件进展情况、对外表态口径等及时通报我驻外使、领馆，并答复有关文电。

三、关于通知外国驻华使、领馆问题

（一）凡与我国订有双边领事条约的，按条约的规定办理；未与我签订双边领事条约，但参加《维也纳领事关系公约》的，按照《维也纳领事关系公约》的规定办理；未与我国签订领事条约，也未参加《维也纳领事关系公约》，但与我国有外交关系，可按互惠和对等原则，根据有关规定和国际惯例办理。

在外国驻华领事馆领区内发生的涉外案件，应通知有关外国驻该地区的领事馆；在外国领事馆领区外发生的涉外案件应通知有关外国驻华大使馆。与我国有外交关系，但未设使、领馆的国家，可通知其代管国家驻华使、领馆。无代管国家或代管国家不明的，可不通知。当事人本人要求不通知的，可不通知，但应当由其本人提出书面要求。

（二）通知内容

外国人的外文姓名、性别、入境时间、护照或证件号码、案件发生的时间、地点及有关情况，当事人违章违法犯罪的主要事实，已采取的法律措施及法律依据，各有关主管部门可根据需要制定固定的通知格式。

（三）通知时限

双边领事条约明确规定期限的（四天或七天），应当在条约规定的期限内通知；如无双边领事条约规定，也应当根据或者参照《维也纳领事关系公约》和国际惯例尽快通知,不应超过七天。

(四)通知机关

1. 公安机关、国家安全机关对外国人依法作出行政拘留、刑事拘留、拘留审查、监视居住、取保候审的决定的,由有关省、自治区、直辖市公安厅(局)、国家安全厅(局)通知有关外国驻华使、领馆。

公安机关、国家安全机关对外国人执行逮捕的,由有关省、自治区、直辖市公安厅(局)、国家安全厅(局)通知有关外国驻华使、领馆。

人民法院对外国人依法做出司法拘留、监视居住、取保候审决定的,人民检察院依法对外国人作出监视居住、取保候审决定的,由有关省、自治区、直辖市高级人民法院、人民检察院通知有关外国驻华使、领馆。

依照本规定应予通报并决定开庭审理的涉外案件,人民法院在一审开庭日期确定后,应即报告高级人民法院,由高级人民法院在开庭七日以前,将开庭审理日期通知有关外国驻华使、领馆。

2. 外国船舶因在我国内水或领海损毁、搁浅或发生重大海上交通、污染等事故,各港务监督局应立即报告中华人民共和国港务监督局,由该局通知有关外国驻华使馆。

3. 外国船舶在我国内水或领海走私或有其他违法行为,被我海关、公安机关扣留,有关海关、公安机关应当立即逐级上报海关总署和公安部,由所在省、自治区、直辖市海关或者公安厅(局)通知有关外国驻华使、领馆。

4. 外国渔船在我管辖水域违法捕捞,被我授权执法部门扣留,由公安边防部门监护,渔政渔港监督管理部门处理。有关情况应立即上报国家渔政渔港监督管理局,由该局通知有关外国驻华使馆。

5. 外国船舶因经济纠纷被我海事法院扣留、拍卖的,由海事法院通知有关外国驻华使、领馆。如船籍国与我有外交关系,不论是否订有双边领事条约,均应通知。

6. 外国人在华正常死亡,由接待或者聘用单位通知有关外国驻华使、领馆。如死者在华无接待或者聘用单位,由有关省、自治区、直辖市公安厅(局)通知。

外国人在华非正常死亡,由有关省、自治区、直辖市公安厅(局)通知有关外国驻华使、领馆;在羁押期间或者案件审理中死亡,分别由受理案件的省、自治区、直辖市公安厅(局)、国家安全厅(局)、人民检察院或者高级人民法院通知;在监狱服刑期间死亡的,由省、自治区、直辖市司法厅(局)通知。

外国人在灾难性事故(包括陆上交通事故,空、海难事故)中死亡的,由当事部门通知有关外国驻华使、领馆。省、自治区、直辖市外事办公室予以协助。

7. 在对无有效证件证实死者或者被取保候审、监视居住、拘留审查、拘留、逮捕的人犯的国籍,或者其主要证件存在明显伪造、变造疑点的情况下,我主管机关可以通过查询的方式通告有关外国驻华使、领馆。

外国边民在我国边境地区死亡或者被取保候审、监视居住、拘留审查、拘留、逮捕的,按双边条约规定办理。如无双边条约规定的,也可考虑通过边防会晤的方式通知有关国家。

四、外国驻华使、领馆索要材料、交涉等问题

(一)外国驻华使、领馆如向我索要其公民被取保候审、拘留审查、监视居住、

拘留或逮捕等有关材料，请其向省、自治区、直辖市高级人民法院、人民检察院、公安厅（局）、国家安全厅（局）或司法厅（局）提出。凡公开的材料或者法律规定可以提供的材料，我应予提供。地方外事办公室或者外交部予以协助。

（二）如外国驻华使、领馆要一审和终审判决书副本，可请其向省、自治区、直辖市高级人民法院提出，我可以提供。

（三）外国驻华使馆就有关案件进行交涉，可请其向外交部或者省级外事办公室提出，或者向中央或者省级主管部门直接提出。外国驻华使馆向主管部门提出的重要交涉，主管部门商外交部后答复外国驻华使馆。外国驻华领馆只同其领区内省级主管部门联系。外事办公室与主管部门之间互通情况，共商对外表态口径及交涉事宜。

五、关于探视被监视居住、拘留审查、拘留、逮捕或正在监狱服刑的外国公民以及与其通信问题

（一）外国驻华外交、领事官员要求探视被监视居住、拘留、拘留审查、逮捕或正在服刑的本国公民，我主管部门应在双边领事条约规定的时限内予以安排，如无条约规定，亦应尽快安排。如当事人拒绝其所属国家驻华外交、领事官员探视的，我可拒绝安排，但应由其本人提出书面意见。探视要求可请其向省、自治区、直辖市高级人民法院、人民检察院、公安厅（局）、国家安全厅（局）、司法厅（局）提出。地方外事办公室或者外交部可予以协助。外国驻华外交、领事官员探视时应遵守我有关探视规定。

（二）在侦查终结前的羁押期间，探视的有关事宜由立案侦查的公安机关、国家安全机关或人民检察院安排；侦查终结后移送人民检察院审查起诉的羁押期间，探视的有关事宜由审查起诉的人民检察院安排；人民法院受理案件后在作出终审判决前的羁押期间，探视的有关事宜由审理案件的人民法院安排；人民法院将案件退回人民检察院，或者人民检察院将案件退回公安机关、国家安全机关补充侦查的羁押期间，探视的有关事宜由补充侦查的人民检察院、公安机关、国家安全机关安排；经人民法院判决后在监狱服刑期间，探视的有关事宜由司法行政机关安排。

（三）主办机关需要就探视事宜同有关外国驻华使、领馆联系时，应当分别经过各省、自治区、直辖市高级人民法院、人民检察院、公安厅（局）、国家安全厅（局）、司法厅（局）进行。地方外事办公室或者外交部予以协助。

（四）外国驻华外交、领事官员与其本国在华被监视居住、拘留审查、拘留、逮捕或者正在服刑的本国公民往来信件，我主管部门应按有关领事条约及《维也纳领事关系公约》的规定迅速转交。

六、旁听、新闻报道、司法协助、扣留护照等问题

（一）外国驻华使、领馆官员要求旁听涉外案件的公开审理，应向各省、自治区、直辖市高级人民法院提出申请，有关法院应予安排。旁听者应遵守人民法院的法庭规则。

对于依法不公开审理的涉外案件，外国驻华使、领馆官员要求旁听的，如有关国家与我国已签订的领事条约中明确承担有关义务的，应履行义务；未明确承担有关义务的，应根据我国法律规定，由主管部门商同级外事部门解决。

（二）主管部门就重大涉外案件发布

新闻或者新闻单位对于上述案件进行报道,要从严掌握,应当事先报请省级主管机关审核,征求外事部门的意见。对危害国家安全的涉外案件的新闻报道,由主管部门商外交部后定。对于应通知外国驻华使、领馆的案件,应当在按规定通知有关外国驻华使、领馆后,再公开报道。

(三)对与我国订有双边司法协助协定、条约或者我与其共同参加载有司法协助条款的公约的国家,我中央机关和各主管部门应按照协定、条约或者公约的有关规定办理。未签订上述协定或条约、也未共同参加上述公约的,在对等互惠的基础上通过外交途径解决。

(四)扣留外国人护照问题

根据《中华人民共和国外国人入境出境管理法》和最高人民法院、最高人民检察院、公安部、国家安全部《关于依法限制外国人和中国公民出境问题的若干规定》(〔87〕公发16号),除我公安机关、国家安全机关、司法机关以及法律明确授权的机关外,其他任何单位或者个人都无权扣留外国人护照,也不得以任何方式限制外国人的人身自由;公安机关、国家安全机关、司法机关以及法律明确授权的机关扣留外国人护照,必须按照规定的权限报批,履行必要的手续,发给本人扣留护照的证明,并把有关情况及时上报上级主管部门,通报同级人民政府外事办公室,有关外事办公室应当及时报告外交部。

本规定自发文之日起生效。以前有关规定凡与本规定相抵的,一律以本规定为准。1987年《关于处理涉外案件若干问题的规定》(外发〔1987〕54号)同时废止。

最高人民检察院
《关于对危害国家安全案件批捕起诉和实行备案制度等有关事项的通知》

(1998年1月12日 高检办发〔1998〕第4号)

各省、自治区、直辖市人民检察院,军事检察院:

修订后的《中华人民共和国刑法》实施以来,各地检察机关办理了一批危害国家安全的犯罪案件,对于维护国家安全、保障社会稳定发挥了积极作用。各级检察机关要充分认识同危害国家安全的犯罪活动作斗争的长期性、复杂性和艰巨性。在当地党委的统一领导下,继续把依法打击此类犯罪作为检察机关维护社会政治稳定的重要工作抓紧抓好,为保障国家长治久安作出新的贡献。

为了进一步加强对办理危害国家安全案件的指导,及时研究解决工作中的问题,现就危害国家安全案件的批捕、起诉和备案制度等有关事项通知如下:

一、根据刑事诉讼法第二十条的规定,中级人民法院管辖第一审的危害国家安全案件。与之相应,危害国家安全案件的审查批捕、审查起诉一律由检察分(市)院或者省级检察院的批捕、起诉部门办理。基层人民检察院不办理危害国家安全案件的审查批捕和审查起诉。

二、各级检察机关要增强政治责任感和敏锐性,主动收集和密切注意敌对势力、敌对分子在本地区进行颠覆国家政权、间谍、窃密、民族分裂活动以及非法宗教活动等敌情、社情动态,有重要情况必须及时向最高人民检察院专报。

三、对本地区发生的重、特大危害国家安全犯罪案件、恐怖暴力活动以及影响大的突发性事件,要及时向最高人民检察院专报。

四、检察机关批准逮捕(包括不批捕)、提起公诉(包括不起诉)、抗诉的各种危害国家安全的案件,一律报上一级检察院备案,并由省级院及时报最高人民检察院备案。备案材料包括:提请批准逮捕书、批准逮捕决定书或不批准逮捕决定书(副本);起诉意见书、起诉书或不起诉决定书(副本);抗诉案件的起诉书、抗诉书和判决书(副本)。

五、修订后的刑法对危害国家安全犯罪的规定,与1979年刑法的有关规定相比有重大变化。各级检察机关在办理危害国家安全案件的过程中,要严格执行现行法律,并注意总结经验。对执法中遇到的问题,要认真研究,及时逐级上报最高人民检察院。每半年和全年,各省级院要对办理危害国家安全犯罪案件的情况以及敌、社情动态情况进行汇总分析,分别于7月底和下年的1月底前专报最高人民检察院刑事检察厅。

海关总署
《关于贯彻执行〈关于刑事诉讼法实施中若干问题的规定〉的通知》

(1998年4月15日　署法〔1998〕202号)

广东分署、各直属海关:

为了保障《中华人民共和国刑事诉讼法》(以下简称"刑事诉讼法")的正确执行,最高人民法院、最高人民检察院、公安部、国家安全部、司法部、全国人大常委会法制工作委员会于1998年1月19日联合发布了《关于刑事诉讼法实施中若干问题的规定》(以下简称《规定》),自公布之日起施行。《规定》对海关办理移送走私罪嫌疑案件(以及走私、贩卖、运输、制造毒品罪嫌疑案件,下同)更好地依法行政具有重要意义。现将《规定》转发给你们,请各关组织有关人员,特别是调查、法律部门的人员认真学习。现就《规定》执行中的几个问题明确如下:

一、关于走私罪嫌疑案件侦查的管辖

根据刑事诉讼法第十八条和《规定》第1条、第2条关于刑事案件管辖的分工规定,走私罪嫌疑案件由公安机关立案侦查。海关查获的走私罪嫌疑案件应按规定一律移送公安机关,其他机关向海关提出直接受理走私罪嫌疑案件移送要求的,海关可根据上述规定予以解释。

二、关于律师参加刑事诉讼

(一)刑事诉讼法第九十六条规定,犯罪嫌疑人在被侦查机关第一次讯问后或者侦查机关对犯罪嫌疑人采取强制措施之日起,可以聘请律师为其提供法律咨询、代理申诉、控告;受委托的律师可以会见在押的犯罪嫌疑人,向犯罪嫌疑人了解有关案件情况。鉴于走私罪嫌疑案件的侦查机关为公安机关,而且《中华人民共和国海关法》(以下简称《海关法》)中所规定的海关扣留移送走私罪嫌疑人的措施不属于刑事诉讼法所规定的强制措施,因此,对受委托的律师在海关扣留走私罪嫌疑人期间,要求会见走私罪嫌疑人、向走私罪嫌疑人了解有关案件情况的,海关一般不予批准;认为情况特殊,如涉外案件等,需要批准会见的,应事先报总署调查局。

(二)刑事诉讼法第三十三条规定,公诉案件自案件移送审查起诉之日起,犯罪嫌疑人有权委托辩护人;第三十六条第一款规定,辩护律师自人民检察院对案件审查起诉之日起,可以查阅、摘抄、复制本案的诉讼文书、技术性鉴定材料,其他辩护人经人民检察院许可,也可以查阅、摘抄、复制上述材料;同条第二款和《规定》第13条又规定,辩护律师或者其他辩护人在审判阶段可以到人民法院查阅、摘抄、复制本案所指控的犯罪事实的材料。但是,对于辩护律师或者其他辩护人到海关等行政部门查阅关于被告人(原犯罪嫌疑人)受指控的犯罪事实的案卷材料的则未作规定。据此,对辩护律师向海关提出阅卷要求的,海关应当依法说明并予以婉拒。

(三)刑事诉讼法第三十七条规定,辩护律师经证人或者其他有关单位和个人同意,可以向他们收集与本案有关的材料,也可以申请人民检察院、人民法院收集、调取证据;《规定》第15条也明确了辩护律师在收集与刑事案件有关材料时须经证人或者其他有关单位和个人同意的规定。鉴于法律对律师参与刑事诉讼不同阶段所享有权利与义务有不同的规定,走私罪嫌疑案件在移送人民检察院审查起诉前,遇有律师向海关提出收集、调取与本案有关的材料要求的,海关不予答应;另根据《规定》第15条关于"对辩护律师申请人民检察院、人民法院收集、调取证据的,人民检察院、人民法院认为需要调查取证的,应当由人民检察院、人民法院收集调取证据,不应当向律师签发准许调查决定书,让律师收集、调取证据"的规定,经辩护律师申请,由人民检察院、人民法院到海关调查、收取证据的,海关应当予以配合,但遇有辩护律师持人民检察院或者人民法院签发的调查决定书向海关调查、收取证据的,海关则不予提供。

三、关于走私货物、物品及违法所得的处理

(一)根据刑事诉讼法第一百九十八条和《规定》第48条关于赃款赃物处理程序规定的精神以及《海关法》第五十二条的有关规定,海关在向公安机关移送走私嫌疑案件时,只随案移送有关走私货物、物品以及属于走私犯罪分子所有的走私运输工具的清单、照片或其他可起证据作用的证明文件;对查扣的走私罪嫌疑人违法所得,包括根据《海关法行政处罚实施细则》的有关规定,对确属来源于走私行为非法取得的存款、汇款,已通知银行或者邮局暂停支付的,只随案移送有关证明文件。

(二)海关对查扣的依法不移送的走私货物、物品、违法所得和走私运输工具,应当在人民法院判决生效后,依照国务院和海关总署的有关规定处理。对不宜长期保存的物品需要提前处理的,海关应当按照规定报请海关总署批准并且在处理前通知司法机关和货物、物品的所有人。提前处理走私货物、物品应注意留样以备核查;不便留样的可在处理前提请司法机关或有关检验机关对货物、物品作出鉴定。

以上请研究执行,执行中遇到问题,请报海关总署调查局和法律室。

中央军委《关于军队执行〈中华人民共和国刑事诉讼法〉若干问题的暂行规定》

（1998年7月21日）

第一条 为了保证军队刑事诉讼活动的顺利进行，根据《中华人民共和国刑事诉讼法》（以下简称《刑事诉讼法》）和其他法律的有关规定，结合军队的实际情况，制定本规定。

第二条 军队保卫部门对军队内部发生的刑事案件依法行使侦查权；军事检察院、军事法院对军内人员犯罪的案件依法分别行使检察权、审判权；法律另有规定的除外。

军队和地方互涉的刑事案件依照有关规定办理。

第三条 军队保卫部门、军事检察院、军事法院按照下列规定管辖所在单位和案件管辖单位的刑事案件：

（一）军级以下单位的保卫部门按照侦查权限分工，管辖副团职、专业技术八级、文职副处级以下人员犯罪的案件；副大军区级单位的保卫部门管辖正团职、专业技术七级、文职正处级以下人员犯罪的案件；军级和副大军区级单位的军事检察院、军事法院分别管辖上述人员犯罪可能被判处无期徒刑以下刑罚的案件。

（二）大军区级单位的保卫部门管辖前项规定以外的正团职、副师职、专业技术七级至四级、文职正处级和副局级人员犯罪的案件；大军区级单位的军事检察院、军事法院管辖上述人员犯罪的案件，以及前项所列人员犯罪可能被判处死刑的案件。

（三）总直属队的军事检察院、军事法院管辖副师职、专业技术四级、文职副局级以下人员犯罪的案件。

正师职、专业技术三级、文职正局级以上人员犯罪案件的管辖，由总政治部保卫部、解放军军事检察院、解放军军事法院决定。

犯罪嫌疑人、被告人兼有行政职务和专业技术等级职务的，按照其中较高的行政职务或者专业技术等级确定案件的管辖。

第四条 属于军队保卫部门管辖的刑事案件，涉及两个以上单位的，涉案单位的保卫部门应当共同查清犯罪事实，由犯罪嫌疑人所在单位的保卫部门依法处理。

属于军事检察院管辖的刑事案件，涉及两个以上单位的，比照前款规定执行。

管辖有争议的，由争议双方共同的上级保卫部门或者军事检察院指定管辖。

第五条 上级保卫部门、军事检察院在必要的时候，可以直接侦查下级保卫部门、军事检察院管辖的刑事案件，也可以将本级管辖的刑事案件交由下级保卫部门、军事检察院侦查。

第六条 军内人员利用职权实施的不属于军事检察院立案侦查的重大犯罪案件，需要由军事检察院直接受理时，经解放军军事检察院决定，可以由有管辖权的军事检察院立案侦查。

第七条 未设立保卫部门的军级以上单位和军队院校政治部负责保卫工作的机构办理刑事案件时，在上级保卫部门的组织指导下，依法行使相应的侦查权。

第八条 军队保卫部门、军事检察院、军事法院决定对犯罪嫌疑人、被告人采取监视居住措施的，可以在指定的地点执行,并由专人进行监视。

犯罪嫌疑人、被告人在监视居住期间,应当遵守国家法律和军队的有关规定。

第九条 军事检察院决定拘留、逮捕犯罪嫌疑人,军事法院决定逮捕被告人,应当按照案件管辖权限,通知保卫部门执行。上级保卫部门根据案件情况,可以交由下级保卫部门代为执行。

第十条 军队保卫部门、军事检察院办理重大、复杂案件时,经师级以上单位的政治机关批准,可以临时任命侦查、检察人员参与办案。

第十一条 对犯罪嫌疑人逮捕后的侦查羁押期限届满,需要延长羁押期限的,经上一级军事检察院批准,可以延长一个月。有《刑事诉讼法》第一百二十六条、一百二十七条规定的情形之一,需要延长羁押期限的,由解放军军事检察院依法批准或者决定。

第十二条 案件管辖单位保卫部门立案侦查的案件,需要提请批准逮捕犯罪嫌疑人或者移送审查起诉的,由师级以上单位的保卫部门按照有关规定报上一级保卫部门同意后,可以直接向有管辖权的军事检察院提请批准逮捕或者移送审查起诉。

第十三条 军事检察院立案侦查的案件,应当按照业务分工办理侦查与批准逮捕、起诉工作。

第十四条 被害人或者军事检察院提起附带民事诉讼的,适用《刑事诉讼法》第七章的规定。

第十五条 办理刑事案件中,对人身伤害的医学鉴定有争议需要重新鉴定或者对精神病的医学鉴定,由省级人民政府或者大军区级以上单位指定的医院进行;需作其他鉴定的,应当指派、聘请军级以上单位或者地方有关部门具有专门知识的人进行。

第十六条 军级和副大军区级单位的军事法院、大军区级单位的军事法院和总直属队的军事法院、解放军军事法院在审判第一审案件时,其审判组织分别参照适用《刑事诉讼法》第一百四十七条关于基层人民法院、中级人民法院和高级人民法院的规定。

第十七条 军事法院公开审理案件时,与本案件有关的地方人员经许可可以参加旁听。

第十八条 《刑事诉讼法》第二审程序关于上诉和抗诉的规定,适用于军事法院第一审的判决和裁定。

第十九条 军事法院开庭审理案件时,被告人所在团级以上单位应当根据军事法院的要求,派出有关人员执行法庭勤务和押解任务。

第二十条 军级和副大军区级单位的军事法院审理公诉案件,需要延长审理期限的,由大军区级单位的军事法院依法批准;大军区级以上单位的军事法院审理公诉案件以及上诉、抗诉案件,有《刑事诉讼法》第一百二十六条规定的情形之一,需要延长审理期限的,由解放军军事法院依法批准或者决定。军事法院作出延期审理决定的,应当通知有关的军事检察院。

第二十一条 大军区级单位的军事法院和总直属队的军事法院、解放军军事法院在复核和执行死刑案件中,分别适用《刑事诉讼法》关于地方中级人民法院和高级人民法院的规定。

第二十二条 对于罪犯确有严重疾病,必须保外就医的,由省级人民政府或者大军区级以上单位指定的医院开具证明文件,依照法律规定的程序审批。

第二十三条　对于被判处徒刑缓刑的罪犯,军事法院应当将有关的法律文书送达罪犯所在单位保卫部门,由罪犯所在单位予以考察。

第二十四条　在军队执行刑罚的犯罪分子,需要依法减刑、假释的,由军事法院依照下列规定审核裁定:

(一)被判处无期徒刑的犯罪分子,需要依法予以减刑、假释的,报请解放军军事法院审核裁定;

(二)被判处管制、拘役、有期徒刑的犯罪分子,需要依法予以减刑、假释的,报请对执行机关有案件管辖权的大军区级单位的军事法院或者总直属队的军事法院审核裁定。如果执行机关与大军区级单位的军事法院不在同一省级行政区域内,经大军区级单位的军事法院批准,执行机关也可以报请有案件管辖权的军级或者副大军区级单位的军事法院审核裁定。

第二十五条　军事监狱对罪犯在监狱内犯罪的案件依法进行侦查。侦查终结后需要移送审查起诉的,向有管辖权的军事检察院移送。

第二十六条　本规定所称军队内部发生的刑事案件,是指部队营区内发生的刑事案件和军内人员犯罪的案件。

第二十七条　本规定所称军内人员,是指人民解放军现役军官、文职干部、士兵和具有军籍的学员、在编职工以及由军队管理的离休、退休人员。

第二十八条　本规定所称案件管辖单位,是指由没有行政隶属关系的军事检察院、军事法院管辖其案件的单位。

第二十九条　中国人民武装警察部队的保卫部门、军事检察院、军事法院办理刑事案件,适用本规定。

第三十条　过去的规定与本规定不一致的,以本规定为准。

第三十一条　本规定由总政治部负责解释。

第三十二条　本规定自发布之日起施行。

最高人民法院、最高人民检察院、公安部、司法部、海关总署《关于走私犯罪侦查机关办理走私犯罪案件适用刑事诉讼程序若干问题的通知》

(1998年12月3日　署侦〔1998〕742号)

各省、自治区、直辖市高级人民法院、人民检察院、公安厅(局)、司法厅(局),海关总署广东分署、各直属海关:

根据《国务院关于缉私警察队伍设置方案的批复》(国函〔1998〕53号)和《国务院办公厅关于组建缉私警察队伍实施方案的复函》(国办函〔1998〕52号),海关总署、公安部组建成立走私犯罪侦查局,纳入公安部编制机构序列,设在海关总署。缉私警察是对走私犯罪案件依法进行侦查、拘留、执行逮捕、预审的专职刑警队伍,走私犯罪侦查局既是海关总署的一个内设局,又是公安部的一个序列局,实行海关与公安双重垂直领导、以海关领导为主的体制,按照海关对缉私工作的统一部署和指挥,部署警力,执行任务。走私犯罪侦查局在广东分署和全国各直属海关设立走私犯罪侦查分局;走私犯罪侦查分局原则上在隶属海关设立走私犯罪侦查支局。各级走私犯罪侦查机关负责其所在海关业务管辖区域内的走私犯罪案件的侦查工作。

为保证缉私警察队伍依法履行职责，与各行政执法部门、司法机关密切配合，切实加大打击走私犯罪活动的力度，现将走私犯罪侦查机关办理走私案件适用刑事诉讼程序的若干问题通知如下：

一、走私犯罪侦查机关在中华人民共和国海关关境内，依法查缉涉税走私犯罪案件和发生在海关监管区内的走私武器、弹药、核材料、伪造的货币、文物、贵重金属、珍贵动物及其制品、珍稀植物及其制品、淫秽物品、固体废物和毒品等非涉税走私犯罪案件。接受海关调查部门、地方公安机关（包括公安边防部门）和工商行政等执法部门查获移送的走私犯罪案件。

二、走私犯罪侦查机关在侦办走私犯罪案件过程中，依法采取通缉、边控、拘留、执行逮捕、监视居住等措施，以及核实走私犯罪嫌疑人身份和犯罪经历时，需地方公安机关配合的，应通报有关地方公安机关，地方公安机关应予配合。其中在全国范围通缉、边控走私犯罪嫌疑人，请求国际刑警组织或者境外警方协助的，以及追捕走私犯罪嫌疑人需要地方公安机关调动警力的，应层报公安部批准。

走私犯罪侦查机关决定对走私犯罪嫌疑人采取取保候审的，应通知并移送走私犯罪嫌疑人居住地公安机关执行。罪犯因走私罪被人民法院判处剥夺政治权利、管制以及决定暂予监外执行、假释或者宣告缓刑的，由地方公安机关执行。

走私犯罪侦查机关因办案需要使用技术侦查手段时，应严格遵照有关规定，按照审批程序和权限报批后，由有关公安机关实施。

三、走私犯罪侦查分局、支局在查办走私犯罪案件过程中进行侦查、拘留、执行逮捕、预审等工作，按《公安机关办理刑事案件程序规定》（以下简称《程序规定》）办理。

四、走私犯罪侦查机关依照刑事诉讼法的规定出具和使用刑事法律文书，适用公安部统一制定的文书格式，冠以"×××走私犯罪侦查（分、支）局"字样并加盖"×××走私犯罪（分、支）局"印章。

五、走私犯罪侦查机关在侦办走私犯罪案件过程中，需要提请批准逮捕走私犯罪嫌疑人时，应按《程序规定》制作相应的法律文书，连同有关案卷材料、证据，直接移送走私犯罪侦查机关所在地的分、州、市级人民检察院审查决定。

六、走私犯罪侦查机关对犯罪事实清楚、证据确实、充分，已侦查终结的案件，应当制作《起诉意见书》，连同案卷材料、证据，一并移送走私犯罪侦查机关所在地的分、州、市级人民检察院审查决定。

七、人民检察院认为走私犯罪嫌疑人的犯罪事实已经查清，证据确实、充分，依法应当追究刑事责任的，应当依法提起公诉。对于基层人民法院管辖的案件，可以依照刑事诉讼法第二十三条的规定，向当地中级人民法院提起公诉，人民法院应当依法作出判决。

八、律师参加刑事诉讼活动，应严格按《中华人民共和国刑事诉讼法》、《中华人民共和国律师法》、《最高人民法院、最高人民检察院、公安部、国家安全部、司法部、全国人大常委会法制工作委员会关于刑事诉讼法实施中若干问题的规定》以及本通知等有关规定办理。

九、对走私犯罪案件的侦查、提起公诉、审判的其他程序，依照《中华人民共和国刑事诉讼法》以及其他相关法律的规定办理。

十、对经侦查不构成走私罪和人民检察院依法不起诉或者人民法院依法免予刑事处罚的走私案件,依照《中华人民共和国海关法》的规定,移送海关调查部门处理。

十一、海关调查部门、地方公安机关(包括公安边防部门)和工商行政等执法部门对于查获的需移送走私犯罪侦查机关的案件,应当就近移送。走私犯罪侦查机关应及时接受,出具有关手续,并将案件处理结果书面通报移送部门。

本通知自下发之日起执行。

最高人民法院、最高人民检察院、公安部《办理骗汇、逃汇犯罪案件联席会议纪要》(节录)

(1999年3月16日)

中央部署开展打击骗汇犯罪专项斗争以来,在国务院和中央政法委的统一领导和组织协调下,各级公安机关和人民检察院迅速行动起来,在全国范围内对骗汇犯罪开展了全面打击行动。1998年8月28日最高人民法院《关于审理骗购外汇、非法买卖外汇刑事案件具体应用法律若干问题的解释》发布,对司法机关运用法律武器准确、及时打击犯罪发挥了重要作用。但是,一些地方在办理此类案件过程中,在案件管辖、适用法律及政策把握等方面遇到一些问题,需要予以明确。为了进一步贯彻中央从重从快严厉打击骗汇犯罪的指示精神,准确适用法律,保障专项斗争深入开展,争取尽快起诉、宣判一批骗汇犯罪案件,打击和震慑骗汇犯罪活动,1999年3月16日,中央政法委、最高人民法院、最高人民检察院、公安部、中国人民银行、国家外汇管理局、解放军军事法院、军事检察院、总政保卫部等有关部门在北京昌平召开联席会议,共同研究解决打击骗汇犯罪斗争中出现的各种问题。会议纪要如下:

一、各级公安机关、人民检察院、人民法院和军队保卫、检、法部门在办理骗汇案件过程中,要从维护国家外汇管理秩序和国家经济安全的高度认识打击骗汇、逃汇犯罪专项斗争的重大意义,坚决贯彻党中央、国务院部署,积极参加专项斗争,各司其职,互相配合,加强协调,加快办案进度。

……

三、公安机关侦查骗汇、逃汇犯罪案件中涉及人民检察院管辖的贪污贿赂、渎职犯罪案件的,应当将贪污贿赂、渎职犯罪案件材料移送有管辖权的人民检察院审查。对管辖交叉的案件,可以分别立案,共同工作。如果涉嫌主罪属于公安机关管辖,由公安机关为主侦查,人民检察院予以配合;如果涉嫌主罪属于人民检察院管辖,由人民检察院为主侦查,公安机关予以配合。双方意见有较大分歧的,要协商解决,并及时向当地党委、政法委和上级主管机关请示。

四、公安机关侦查骗汇、逃汇犯罪案件,要及时全面收集和固定犯罪证据,抓紧缉捕犯罪分子。人民检察院和人民法院对正在办理的骗汇、逃汇犯罪案件,只要基本犯罪事实清楚,基本证据确实充分,应当及时依法起诉、审判。主犯在逃或者骗购外汇所需人民币资金的来源无法彻底查清,但证明在案的其他犯罪嫌疑人实施犯罪的基本证据确实充分的,为在法定时限内结案,可以对在案的其他犯罪嫌疑人先行处理。对于已收集到外汇指定银行汇出凭证和境外收汇银行收款凭证等证据,能够证明所骗购外汇确已汇至港澳台地区或国外的,应视为骗购外汇既遂。

五、坚持"惩办与宽大相结合"的政策。对骗购外汇共同犯罪的主犯,或者参与伪造、变造购汇凭证的骗汇人员,以及与骗购外汇的犯罪分子相勾结的国家工作人员,要从严惩处。对具有自首、立功或者其他法定从轻、减轻情节的,依法从轻、减轻处理。

六、各地在办理骗汇、逃汇犯罪案件中遇到的有关问题以及侦查、起诉、审判的信息要及时向各自上级主管机关报告。上级机关要加强对案件的督办、检查和指导协调工作。

最高人民法院办公厅《关于实施〈法院刑事诉讼文书样式〉若干问题的解答》

(2001年6月15日　法办〔2001〕155号)

经最高人民法院审判委员会第1051次会议讨论通过的《法院刑事诉讼文书样式》(以下简称修订样式),自1999年7月1日施行以来,各地提出了一些问题。为正确理解和执行修订样式,现解答如下:

一、第一审刑事裁判文书
(一)首部

1. 问:对于当事人基本情况中的"出生年月日"与"出生地",可否表述为"××××年××月××日出生于×××(地名)"?

答:为行文简洁,也可以采用这种合并的写法。

2. 问:对不愿供述或者无法确定其真实姓名、出生地等基本情况的被告人,如何表述?

答:参照刑事诉讼法第一百二十八条第二款关于"对于犯罪事实清楚,证据确实、充分的,也可以按其自报的姓名移送人民检察院审查起诉"的规定,可以按照被告人自报的姓名和出生地等情况表述,并用括号注明"自报"。

3. 问:被告人所受强制措施的情况,有的表述为"因本案于××××年××月××日被羁押";有的表述为"因涉嫌××犯罪于××××年××月××日被羁押";有的表述为"因涉嫌××于××××年××月××日被羁押";还有的表述为:"因涉嫌犯××罪于××××年××月××日被羁押",哪一种表述正确?

答:可以按最后一种方式表述,即"因涉嫌犯××罪于××××年××月××日被刑事拘留、逮捕(或者被采取其他羁押措施)"。

4. 问:根据最高人民法院《关于严格执行审理期限制度的若干规定》,是否应当在案件由来和审理经过段,写明人民法院审查起诉后的立案日期和延期审理的情况?

答:为了客观反映公诉机关(或者自诉人)的起诉日期和人民法院审查起诉后的立案日期,便于当事人和有关部门监督、检查人民法院对案件审理期限制度的执行情况,体现审理案件的公开性和透明度,提高办案效率,应当在裁判文书中写明审理案件的起始日,即立案的日期。如公诉案件,可以在"×××人民检察院……于××××年××月××日向本院提起公诉"之后,续写:"本院于××××年××月××日立案,并依法组成合议庭……"。需要延长审限的,属于附带民事诉讼案件,应当写明:"经本院院长批准,延长审限两个月";有刑事诉讼法第一百二十六条规定的情形之一的,则应当写明:"经×××高级人民法院批准(或者决定),再延长审限一个月。"

5. 问:依法不公开审理的案件,应否在审理经过段写明不公开审理的理由?

答:为了体现审理程序的合法性,应当写明不公开审理的理由。可表述为:"本院依法组成合议庭,因本案涉及国家秘密(或者个人隐私,或者被告人系未成年人),不公开开庭审理了本案"。

6. 问:在案件由来和审理经过段,对指定管辖或者延期审理、简易程序转入普通程序等情形,应否具体表述?

答:应当具体表述,以客观反映案件的审理过程。

7. 问:刑法第九十八条规定的"告诉才处理"的案件,如果被害人因受强制、威胁无法告诉而由人民检察院起诉或者由被害人的近亲属代为告诉的,对"控方"的称谓应当如何表述?

答:由人民检察院直接起诉的,表述为"公诉机关";由被害人的近亲属代为告诉的,表述为"自诉人",但应当注明与被害人的关系。

8. 问:未成年人犯罪的案件,其法定代理人没有出庭的,是否还应当在首部当事人基本情况中列写"法定代理人"项?

答:应当列写。但在审理经过段出庭人员中,无须表述法定代理人未出庭的内容。

(二)事实和证据

9. 问:在表述控辩双方的意见和审理查明的"事实和证据"部分时,如何做到"繁简适当"?

答:应当因案而异。原则上可以控辩双方有无争议为标准。即:控辩双方没有争议的事实,可以扼要概括,检察机关指控的证据可以用"检察机关提供了相应的证据"一句来概括。在"经审理查明"的事实和证据部分,则应当具体写明经法庭审理认定的事实和证据。在证据的表述上可以首先写明:"上述事实,有检察机关提交,并经法庭质证、认证的下列证据予以证明"。

控辩双方有争议的事实,则无论是"控辩意见"还是"经审理查明"的事实部分,都应当详细叙述,并对有争议的事实、证据进行具体的分析、认证,写明采信证据的理由。

10. 问:对被告人一人或者多人多次犯同种罪的,事实和证据可否归纳表述?

答:控辩双方没有争议并且经庭审查证属实的同种数罪,事实和证据部分可以按犯罪的时间、地点、手段、对象等归纳表述。

11. 问:修订样式要求在裁判文书中写明的"证据来源"的含意是什么?

答:主要指证据是由控辩双方的哪一方提供的。

12. 问:在表述证据时,对被告人供述、被害人陈述、证人证言等言词证据应当用第一人称还是第三人称?

答:原则上应当用第三人称,涉及到证明案件事实的关键言词,也可以使用第一人称。

13. 问:对隐私案件的被害人或者其他案件中不愿在裁判文书中透露真实姓名的证人,为保护其名誉和安全,可否只写姓不写名?

答:为了维护裁判文书的真实性和严

肃性,在裁判文书中,应当写明证人的真实姓名;为了保护被害人的名誉,根据被害人的请求或者案件的具体情况,在裁判文书中,也可以只写姓、不写名,具体可以表述为"张某某"、"王某某",但不宜表述为"张××"、"王××"。

14. 问:对自首或者立功或者累犯等情节,在裁判文书中应当如何表述?

答:按照修订样式的要求,对自首、立功等情节的认定应当写在事实部分,并写明确认自首、立功等情节成立的证据;对具有自首、立功等情节的被告人如何处罚的论述,则应当在理由部分进行表述。

对涉及累犯的情形,则应当在首部被告人的基本情况中写明其原判刑罚的情况和刑满释放的日期。

15. 问:对经审理确认指控的事实不清、证据不足而宣告无罪的案件,事实和证据部分应当如何表述?可否省略该部分而直接写"本院认为"?

答:不可以。对这类因证据不足不能认定被告人有罪的案件,应当在"经审理查明"的事实部分,针对指控的犯罪事实,通过对证据的具体分析、认证,写明"事实不清、证据不足"的具体内容,为判决理由作好铺垫。

16. 问:对检察机关指控被告人犯数罪,经法庭审理后认为被告人只构成一罪时,在事实和理由部分应当如何表述?

答:在控辩意见部分,对检察机关指控的数罪仍应当客观概述;在经审理查明的事实和证据部分,则应当因案而异进行表述。经法庭审理查明检察机关指控的犯罪事实成立,但只构成一罪的,或者按照法律规定指控的"数罪"本属一罪的(如惯犯、结合犯、牵连犯、连续犯等),不构成数罪的理由宜在"本院认为"中表述;如果经庭审查明,指控的"数罪"中,有的指控的犯罪成立,有的因证据不足,指控的犯罪不能成立,只构成一罪的,则指控的犯罪不成立的证据的分析,宜在"事实和证据"部分予以表述,并在理由部分加以论证。

17. 问:法庭经审理确认指控的犯罪事实成立,但控辩双方对犯罪性质的指控和辩护均不成立,被告人的行为构成他罪,事实部分应当如何表述?

答:在指控的"犯罪事实"成立,只是指控的"犯罪性质"不当的情况下,应当据实表述经审理查明的事实和证据;在理由部分写明依法应当认定被告人的行为触犯了何种罪名的理由,以及控辩双方主张的罪名均不成立的理由。

(三) 理由

18. 问:对检察机关在法院宣告判决前要求撤回起诉并经法院准许的,在刑事裁定书上应当如何引用法律依据?

答:应当引用最高人民法院《关于执行〈中华人民共和国刑事诉讼法〉若干问题的解释》第一百七十七条作为裁定的依据。

19. 问:一份裁判文书涉及对多个被告人定罪处刑的法律条款,其中,既有相同的,又有不同的,在制作裁判文书时,应当分别引用对每个被告人适用的法律条款,还是应当综合引用对整个案件都适用的法律条款?

答:为了充分体现对被告人适用法律条文的准确性和增强援引法律条文的针对性,在共同犯罪案件中,对共同犯罪的各被告人所适用的法律条款,应当逐人分别引用。

(四) 判决结果

20. 问:检察机关指控被告人犯数

罪,经审理确认其中一罪因证据不足、指控犯罪不能成立的,判决结果部分是否予以表述?

答:只需在判决理由部分就证据不足、指控的犯罪不能成立予以充分论证即可,在判决结果中不再表述。

21. 问:对同一被告人既判处有期徒刑又并处罚金刑的,其刑期起止日期和缴纳罚金的期限应当如何表述?

答:对同一被告人既被判处有期徒刑又并处罚金的,应当在判处的有期徒刑和罚金刑之后,分别用括号注明有期徒刑刑期起止的日期和缴纳罚金的期限。

22. 问:适用数罪并罚"先减后并"的案件,对前罪"余刑"从何日起算?在裁判文书中如何表述?

答:前罪"余刑"的起算日期,可以从犯新罪之日起算。判决结果的刑期起止日期可表述为:"刑期从判决执行之日起计算。判决执行以前先行羁押的,羁押一日折抵刑期一日,即自××××年××月××日(犯新罪之日)起至××××年××月××日止。"

(五)尾部

23. 问:刑事自诉案件准许撤诉的,刑事裁定书书尾部是否可以不写明"如不服本裁定,可在接到裁定书的第二日起五日内,通过本院或者直接向×××人民法院提出上诉。书面上诉的,应提交上诉状正本一份,副本×份"的内容?

答:应当写明。虽然自诉人提出撤诉,人民法院裁定准许撤诉后,自诉人也可能不上诉,但是法律赋予当事人的诉讼权利应当依法保护,并应在裁定书中予以明示。

二、第一审单位犯罪刑事判决书

24. 问:单位犯罪案件,检察机关起诉到法院后,单位被注销或者被宣告破产的,在裁判文书中如何表述?

答:在首部应当列被告单位的名称,并用括号注明单位已被有关部门注销或者被人民法院宣告破产;在事实部分应当简要写明单位被注销或者被宣告破产的情况;在理由部分应当阐明对被告单位终止审理的理由;在判决结果的第一项先写:"对被告单位××××终止审理";第二项再写对被告人(即直接负责的主管人员和其他直接责任人员)作出的判决。

25. 问:被告单位犯罪后变更名称的,被告单位如何列,判决结果如何表述?

答:一般应当列变更后的单位名称,但需括注单位的原名称。在判决结果中,应当根据庭审查明的事实和法律的有关规定,对变更后的单位定罪判刑(判处罚金),或者宣告无罪。

三、第一审适用简易程序制作的刑事裁判文书

26. 问:人民法院决定或者检察机关建议或者同意适用简易程序的案件,是否应当在裁判文书的首部写明?

答:由于无论是人民法院决定适用简易程序,还是人民检察院建议或者同意适用简易程序,均另有书面材料附卷,故首部只要写明"本院依法适用简易程序,实行独任审判"即可。

27. 问:对适用简易程序审理的案件,在裁判文书中如何体现"简易"的特点?

答:由于适用简易程序的前提是"事实清楚、证据充分",且在通常情况下,控辩双方对指控的事实和证据没有原则分歧。因此,在制作这种裁判文书时,对控辩主张的内容可以高度概括;对"经审理查明"的事实可以概述,对定案的证据可

以不写;对判决理由则可以适当论述。

四、第一审刑事附带民事判决书

28. 问:对于既是刑事被告人又是附带民事诉讼被告人的,在"被告人"项之后,是否应当括注"附带民事诉讼被告人"?

答:刑事被告人同时为附带民事诉讼被告人时,在首部无需另括注"附带民事诉讼被告人";如果不是同一个人,则需另列"附带民事诉讼被告人"。

29. 问:如果附带民事诉讼原告人系隐私(强奸等)案件的被害人,在首部的"附带民事诉讼原告人"项是否应当写出其真实姓名?在判决结果中对其赔偿问题又应当如何表述?

答:为了保护隐私案件被害人的名誉,在裁判文书中可以只写姓,不写名,即用"李某某"来代替,以避免产生副作用。在判决结果中应当表述为:"被告人(或者附带民事诉讼被告人)×××赔偿附带民事诉讼原告人李某某……(经济损失的具体数额)。"

30. 问:在刑事附带民事诉讼中,附带民事诉讼原告人众多的,在判决书首部是否应当将附带民事诉讼原告人全部列出?

答:一般应当全部列出。提起附带民事诉讼是法律赋予被害人的一项诉讼权利。只要被害人及其近亲属或者其法定代理人依法提起附带民事诉讼,都应当在判决书首部将他们一一列出,以体现对被害人合法诉讼权利的保护。但对于依照民事诉讼法的规定实行代表人制度的,则可以只列代表人及其委托代理人,并在裁判文书之后附上提起附带民事诉讼的原告人的名单。

31. 问:在附带民事诉讼中,对被告人未明确辩护人在民事诉讼中的代理权限,而辩护人针对附带民事部分发表的意见,裁判文书中是否要加以表述?

答:被告人如果没有委托辩护人同时担任民事诉讼代理人的,辩护人就无权就附带民事诉讼部分发表代理意见;已发表的也不能在裁判文书中表述。

32. 问:对成年(包括未成家但已成年)被告人的亲属自愿承担民事赔偿责任的刑事附带民事案件,在判决结果中可否表述为:"由被告人父母在家庭共同财产中支付"?

答:不可以。由于被告人已成年,在判决结果中仍应表述为:"被告人×××赔偿附带民事诉讼原告人×××……(写明受偿人的姓名、赔偿的金额和支付的日期)"。对于已由被告人的亲属自愿代为赔偿的,可以在裁判文书的事实部分予以表述。

33. 问:对刑事附带民事案件,在判决结果中,能否表述"免予赔偿"或者单独列项"驳回附带民事诉讼原告人的诉讼请求"?

答:经过审理,确认被告人的犯罪行为(或者违法行为)给被害人造成物质损失(包括已经遭受的实际损失和必然遭受的损失)的,理应承担民事赔偿责任,一般不能判决"免予赔偿",以切实维护被害人的合法权益。依法判决后,在实际执行过程中,查明被告人确无财产可供执行的,则可以作出中止或者终结执行的裁定。如果判决确认被告人不应承担民事赔偿责任,不予赔偿的,按照修订样式的规定,在判决结果中应当表述为:"被告人×××不承担民事赔偿责任",而不宜表述为:"驳回附带民事诉讼原告人的诉讼请求。"

34. 问：对公诉案件中附带民事诉讼部分调解结案的，应当如何制作刑事附带民事调解书？

答：对公诉的刑事附带民事诉讼案件，在判决宣告以前，经调解，双方当事人就经济损失的赔偿达成调解协议的，应当制作"刑事附带民事调解书"。制作时，可以参照一审自诉案件刑事附带民事调解书样式9及其说明。

35. 问：附带民事诉讼原告人撤诉的，应否单独就附带民事诉讼部分作出准予撤诉的裁定？继续审理的刑事诉讼部分是制作刑事判决书还是刑事附带民事判决书？

答：附带民事诉讼原告人撤诉的，人民法院应当单独作出准予撤诉的裁定。由于附带民事诉讼部分已撤诉，刑事诉讼部分审理终结后，则应当制作刑事判决书。

36. 问：刑事附带民事诉讼案件，刑事部分先判决，民事赔偿部分后处理的，使用何种裁判文书，能否使用同一案号？

答：根据刑事诉讼法第七十八条的规定，为了防止刑事案件的审判过分迟延，刑事部分先行判决的，应当制作刑事判决书；民事赔偿部分由同一审判组织继续审理、判决的，则应当制作刑事附带民事判决书，并在审理经过段写明刑事部分已先行判决，以便与本判决相衔接，并使用同一个案号。

五、未成年人犯罪刑事裁判文书

37. 问：判令未成年被告人的监护人（父母）承担民事赔偿责任的，在首部可否将其列为附带民事诉讼被告人？在判决结果中如何表述？

答：应当将依法对未成年被告人享有监护权的监护人列为"法定代理人暨附带民事诉讼被告人"，而不仅仅列为"法定代理人"或者"附带民事诉讼被告人"。在这种附带民事诉讼中，未成年被告人的监护人实际上具有双重诉讼地位和双重身份，他们既是未成年被告人的法定代理人，以维护被告人的合法权益，又是附带民事诉讼的被告人，以承担民事赔偿责任。在判决结果中，则应当表述为："附带民事诉讼被告人×××赔偿附带民事诉讼原告人×××……（写明受偿人的姓名、赔偿的金额和支付的日期）。"

38. 问：如何规范未成年人犯罪刑事裁判文书的制作？

答：未成年人犯罪有其特殊性。制作未成年人犯罪刑事判决书应当坚持"教育、感化、挽救"的方针和"教育为主，惩罚为辅"的原则，并注意充分反映未成年人犯罪的特点。人民法院应当根据刑事诉讼法和最高人民法院《关于审理未成年人刑事案件的若干规定》，按照新补充的一审未成年人刑事案件适用普通程序用的刑事判决书样式及其说明的要求制作（参见补充样式2）。

六、第二审程序刑事裁判文书

39. 问：被告人和附带民事诉讼原告人均提起上诉的案件，对二审裁判文书的首部、事实和理由部分应当按何种顺序排列？

答：首部可以按先民事、后刑事的顺序排列，其他部分按先刑事、后民事的顺序排列。如果两个以上的附带民事诉讼原告人只有部分上诉的，对没有上诉的附带民事诉讼原告人，可以在"上诉人（原审附带民事诉讼原告人）"之后，再列"原审附带民事诉讼原告人"。

40. 问：对一审判处被告人死刑（包

括死缓)而只有附带民事诉讼原告人提起上诉的案件,二审法院的裁判文书应当如何制作? 能否在二审的同时一并对原判死刑(死缓)予以核准或者予以改判?

答:这实际涉及两个程序,是应当制作一份还是两份刑事裁判文书的问题。应当视二审和复核案件的不同情况而定。如果经高级法院(或者解放军军事法院)二审审理,对附带民事赔偿部分维持原判;经高级法院复核,刑事部分核准死刑(包括死缓),为了简便,可以只制作一份刑事附带民事裁定书,程序的代字用"终"字即可。如果经高级法院二审审理,对附带民事赔偿部分需要改判,或者刑事部分需要改判,则应当制作两份刑事裁判文书(一份刑事附带民事判决书,一份刑事裁定书;或者一份刑事附带民事裁定书,一份刑事判决书)。

41. 问:刑事附带民事诉讼中,一审判决后,如果刑事被告人不上诉,只是附带民事诉讼的当事人提出上诉的,二审裁判文书的首部是否还要表述"原公诉机关"? 事实和证据部分是否应写明刑事部分内容? 理由部分是否应写明"刑事部分已生效"? 判决结果部分应否写明"维持刑事判决"?

答:在首部应当表述"原公诉机关",并在审理经过段写明,在法定期限内未提出上诉、抗诉,原审判决的刑事部分在上诉、抗诉期满后即发生法律效力;在事实和证据部分主要应当写明由于被告人的犯罪行为给附带民事诉讼原告人造成的经济损失的事实及其证据;理由部分着重论证上诉人对附带民事部分提出的上诉理由是否成立;判决结果部分只需对附带民事部分作出裁判,不再涉及刑事部分。

42. 问:二审认定的事实和证据与一审没有出入,在二审刑事裁定书的事实和证据部分,应当详写一审还是二审认定的内容? 如有出入时,又应当如何表述?

答:原则上应当因案而异。在一般情况下,如果二审认定的事实和证据与一审没有出入,且控辩双方对此也没有异议的,可以采取"此繁彼简"的方法,详述一审认定的事实和证据,对二审认定的事实和证据可以略述;如果二审认定的事实和证据与一审有出入,或者控辩双方对此有异议的,则应当侧重写明二审与一审有分歧的事实和证据,并针对控辩双方有异议的事实和证据进行分析、认证,写明是否采信的理由。如果根据案件的具体情况,认为采取"此简彼繁"的方法叙述比较适宜的,也可以略述一审,详述二审。总的要求是,繁简适当,避免一、二审之间事实部分不必要的重复。

43. 问:二审(复核)案件刑事裁判文书的理由部分是否应当引用实体法(如刑法)的条款?

答:应当区别不同情况予以援引。对裁定维持原判、发回重审或者核准一审判决的,可以只引用程序法的有关条文;撤销原判,予以改判的,或者一审引用法律条文错误的,则程序法、实体法的有关条文都应当引用,在顺序上,则应当先引用程序法,再引用实体法。但前述无论哪种情形,都应当在表述一审判决理由时,对一审判决适用的法律依据一并引用,这样才使二审(复核)裁判具有针对性。

44. 问:一审判处死缓的案件,检察机关抗诉后在二审期间又撤回抗诉并经法院审查同意的,二审法院应当制作一份还是两份裁判文书?

答:应当制作两份裁定书。一是制作

准许撤回抗诉的刑事裁定书,二是制作核准死缓的刑事裁定书或者改判的刑事判决书。

七、死刑复核刑事裁判文书

45. 问:在共同犯罪的死刑复核案件中,既有判处死刑(死缓)的,又有判处无期徒刑、有期徒刑、拘役、管制等刑罚的,在制作复核死刑(死缓)的裁判文书时,是否还要写明原判无期徒刑和其他刑罚的被告人的基本情况?

答:根据最高人民法院《关于执行〈中华人民共和国刑事诉讼法〉若干问题的解释》第二百八十条的规定,在核准或者改判死刑的共同犯罪案件的裁判文书中,不需要写明原判无期徒刑、有期徒刑、拘役、管制等刑罚的被告人的基本情况。

46. 问:核准死刑缓期二年执行的裁判文书,是否需要写明死刑缓期二年执行期间的起止时间?

答:不需要。死刑缓期二年执行的期限,只是对死缓犯是否执行死刑的考验期限,且对该犯是否执行死刑尚属不确定状态。

47. 问:数罪并罚案件,既有判处死刑(死缓),又有判处其他刑罚或者没收财产、罚金等财产附加刑的,在核准死刑的裁判文书中,裁判结果可否只表述"核准×××中级(或高级)人民法院(××××)×刑初(或终)字第××号以××罪判处被告人×××死刑(死缓)、剥夺政治权利终身的刑事判决"?

答:不可以。分别定罪量刑是数罪并罚的科学方法。人民法院核准死刑判决时,对数罪并罚案件而言,是在分别定罪量刑、然后决定执行刑罚的基础上进行的。因此,它不是只核准数罪中有死刑的判决,而是对原审法院整个判决(包括其他刑罚和没收财产、罚金财产附加刑)的核准。对犯一罪而被判处死刑并被判处财产附加刑的,也应当在裁判结果中一并写明。

八、再审刑事裁判文书

48. 问:上级人民法院按再审程序提审后,发现原一审判决认定事实不清,证据不足,决定发回重审的,文书样式是否可以参照二审发回重审的样式制作?

答:可以。这种裁判文书,在首部应当体现再审案件的特点;在理由和裁定结果部分可以参照二审发回重审的样式16及其说明的要求制作。

49. 问:对非因事实和证据方面的原因进行再审的案件,在制作裁判文书的"事实和证据"部分时,是详述原审认定的事实和证据,还是详述再审认定的事实和证据?

答:可以详述原审认定的事实和证据,略述再审认定的事实和证据。

50. 问:按《再审决定书》的制作要求,尾部均应写明"再审期间不停止原判决(裁定)的执行"。但对于死刑案件和已经执行完毕的案件,《再审决定书》的尾部应当如何表述?

答:再审期间不停止原判决、裁定的执行,是对一般案件来说的。对于死刑案件、已执行完毕的案件和原判宣告无罪、免于刑事处罚的案件,则可以在《再审决定书》的尾部一律不作上述表述。

51. 问:被判处死刑缓期二年执行的罪犯,在缓期二年执行期满后被减为有期徒刑,后又经再审将原判死缓改判为有期徒刑的,其刑期折抵在再审刑事判决书中应当如何表述?

答:刑期折抵的起始日仍应从被告人

犯罪后被羁押之日起计算。

九、执行程序刑事裁判文书

52. 问：减刑裁定书中是否应当写明执行机关提出的建议减刑的幅度？

答：按照修订样式的要求，在裁定书中只需写明执行机关提出减刑建议书及其具体期日即可，不需写明建议减刑的幅度。

53. 问：发现本院已生效的减刑、假释裁定确有错误，依法应当纠正，但人民检察院未提出的，在裁定理由部分应当引用什么法律作为裁定的依据？

答：应当根据生效裁定是认定事实上还是适用法律上确有错误，分别援引刑事诉讼法第二百零四条第（一）项或者第（三）项、刑法第七十九条或者第八十二条的规定作为裁定的法律依据。

54. 问：对于执行机关提出的减刑、假释建议书，经合议庭审理，认为不符合减刑、假释条件的案件，人民法院应当以什么形式退卷？

答：应当以决定书的形式将案卷退回执行机关（参见补充样式5），并在决定书中简要写明不符合减刑、假释条件，不予减刑、假释的具体理由。

55. 问：减刑、假释刑事裁定书尾部是否需要写明"本裁定为终审裁定"？

答：不需要。减刑、假释是刑罚执行过程中的刑罚变更制度，而不是审级制度。因此，在裁定书尾部不须写：" 本裁定为终审裁定。"但必须写明："本裁定送达后即发生法律效力。"

十、其他

56. 问：对涉外刑事案件的被告人，人民法院决定限制其出境的，应当制作何种诉讼文书？

答：根据最高人民法院《关于执行〈中华人民共和国刑事诉讼法〉若干问题的解释》第三百二十二条、第三百二十三条的规定，对涉外刑事案件的被告人，人民法院决定限制其出境的，应当制作限制出境决定书。此决定书适用于人民法院认定的其他相关犯罪嫌疑人，并应另行具函，通报同级公安机关或者国家安全机关（参见补充样式4）。

57. 问：对出庭的检察人员，有的表述为"出庭支持公诉"，有的表述为"出庭履行职务"，还有的表述为"出庭参加诉讼"，哪一种表述正确？

答：根据最高人民法院《关于执行〈中华人民共和国刑事诉讼法〉若干问题的解释》第一百二十九条和修订样式的规定，对出庭的检察人员，在第一审程序中，应当表述为"出庭支持公诉"；在第二审程序中，应当表述为"出庭履行职务"或者"出庭支持抗诉"；在再审程序中，应当根据适用的程序不同，按照前述规定分别表述。

58. 问：对判处死刑的被告人，第一审宣判后、上诉期届满前死亡的，根据刑事诉讼法第十五条的规定，应当裁定终止审理。但此时一审已结束，二审和死刑复核程序还未启动，终止审理的裁定书应当由谁制作，应如何表述？

答：由于一审判决已经宣告，即一审程序已经结束，因此，终止审理的裁定书应当由上一级人民法院制作；上一级人民法院可以参照修订样式41的样式制作刑事裁定书，并对有关部分作相应的改动。

59. 问：人民法院同意人民检察院的建议决定延期审理的，应当采用什么形式？

答：根据最高人民法院《关于执行〈中华人民共和国刑事诉讼法〉若干问

题的解释》第一百五十七条的规定,人民法院应当制作延期审理决定书(参见补充样式3)。

60. 问:修订样式规定了裁判文书的字体、字号,而现在使用的微机字体有的与样式的规定不符,怎样处理？

答:字号大小应严格执行修订样式的规定。但由于不同微机(软件)对字体的设定不完全统一,因此,可以将文书的字体作适当变通,但务必做到庄重、美观、清晰。

最高人民法院、最高人民检察院、海关总署《关于办理走私刑事案件适用法律若干问题的意见》

(2002年7月8日 法〔2002〕139号)

为研究解决近年来公安、司法机关在打击走私刑事案件中遇到的新情况、新问题,最高人民法院、最高人民检察院、海关总署共同开展了调查研究,根据修订后的刑法及有关司法解释的规定,在总结侦查、批捕、起诉、审判工作经验的基础上,就办理走私刑事案件的程序、证据以及法律适用等问题提出如下意见:

一、关于走私犯罪案件的管辖问题

根据刑事诉讼法的规定,走私犯罪案件由犯罪地的走私犯罪侦查机关立案侦查。走私犯罪案件复杂,环节多,其犯罪地可能涉及多个犯罪行为发生地,包括货物、物品的进口(境)地、出口(境)地、报关地、核销地等。如果发生刑法第一百五十四条、第一百五十五条规定的走私犯罪行为的,走私货物、物品的销售地、运输地、收购地和贩卖地均属于犯罪行为的发生地。对有多个走私犯罪行为发生地的,由最初受理的走私犯罪侦查机关或者由主要犯罪地的走私犯罪侦查机关管辖。对管辖有争议的,由共同的上级走私犯罪侦查机关指定管辖。

对发生在海(水)上的走私犯罪案件由该辖区的走私犯罪侦查机关管辖,但对走私船舶有跨辖区连续追缉情形的,由缉获走私船舶的走私犯罪侦查机关管辖。

人民检察院受理走私犯罪侦查机关提请批准逮捕、移送审查起诉的走私犯罪案件,人民法院审理人民检察院提起公诉的走私犯罪案件,按照《最高人民法院、最高人民检察院、海关总署关于走私犯罪侦查机关办理走私犯罪案件适用刑事诉讼程序若干问题的通知》(署侦〔1998〕742号)的有关规定执行。

二、关于电子数据证据的收集、保全问题

走私犯罪侦查机关对于能够证明走私犯罪案件真实情况的电子邮件、电子合同、电子账册、单位内部的电子信息资料等电子数据应当作为刑事证据予以收集、保全。

侦查人员应当对提取、复制电子数据的过程制作有关文字说明,记明案由、对象、内容,提取、复制的时间、地点、电子数据的规格、类别、文件格式等,并由提取、复制电子数据的制作人、电子数据的持有人和能够证明提取、复制过程的见证人签名或者盖章,附所提取、复制的电子数据一并随案移送。

电子数据的持有人不在案或者拒绝签字的,侦查人员应当记明情况;有条件的可将提取、复制有关电子数据的过程拍照或者录像。

三、关于办理走私普通货物、物品刑事案件偷逃应缴税额的核定问题

在办理走私普通货物、物品刑事案件中,对走私行为人涉嫌偷逃应缴税额的核定,应当由走私犯罪案件管辖地的海关出具《涉嫌走私的货物、物品偷逃税款海关核定证明书》(以下简称《核定证明书》)。海关出具的《核定证明书》,经走私犯罪侦查机关、人民检察院、人民法院审查确认,可以作为办案的依据和定罪量刑的证据。

走私犯罪侦查机关、人民检察院和人民法院对《核定证明书》提出异议或者因核定偷逃税额的事实发生变化,认为需要补充核定或者重新核定,可以要求原出具《核定证明书》的海关补充核定或者重新核定。

走私犯罪嫌疑人、被告人或者辩护人对《核定证明书》有异议,向走私犯罪侦查机关、人民检察院或者人民法院提出重新核定申请的,经走私犯罪侦查机关、人民检察院或者人民法院同意,可以重新核定。

重新核定应当另行指派专人进行。

四、关于走私犯罪嫌疑人的逮捕条件

对走私犯罪嫌疑人提请逮捕和审查批准逮捕,应当依照刑事诉讼法第六十条规定的逮捕条件来办理。一般按照下列标准掌握:

(一)有证据证明有走私犯罪事实

1. 有证据证明发生了走私犯罪事实

有证据证明发生了走私犯罪事实,须同时满足下列两项条件:

(1)有证据证明发生了违反国家法律、法规,逃避海关监管的行为;

(2)查扣的或者有证据证明的走私货物、物品的数量、价值或者偷逃税额达到刑法及相关司法解释规定的起刑点。

2. 有证据证明走私犯罪事实系犯罪嫌疑人实施的

有下列情形之一,可认为走私犯罪事实系犯罪嫌疑人实施的:

(1)现场查获犯罪嫌疑人实施走私犯罪的;

(2)视听资料显示犯罪嫌疑人实施走私犯罪的;

(3)犯罪嫌疑人供认的;

(4)有证人证言指证的;

(5)有同案的犯罪嫌疑人供述的;

(6)其他证据能够证明犯罪嫌疑人实施走私犯罪的。

3. 证明犯罪嫌疑人实施走私犯罪行为的证据已经查证属实的

符合下列证据规格要求之一,属于证明犯罪嫌疑人实施走私犯罪行为的证据已经查证属实的:

(1)现场查获犯罪嫌疑人实施犯罪,有现场勘查笔录、留置盘问记录、海关扣留查问笔录或者海关查验(检查)记录等证据证实的;

(2)犯罪嫌疑人的供述有其他证据能够印证的;

(3)证人证言能够相互印证的;

(4)证人证言或者同案犯供述能够与其他证据相互印证的;

(5)证明犯罪嫌疑人实施走私犯罪的其他证据已经查属实的。

(二)可能判处有期徒刑以上的刑罚

是指根据刑法第一百五十一条、第一百五十二条、第一百五十三条、第三百四十七条、第三百五十条规定和《最高人民法院关于审理走私刑事案件具体应用法律若干问题的解释》等有关司法解释的规定,结合已查明的走私犯罪事实,对走私犯罪嫌疑人可能判处有期徒刑以上

的刑罚。

（三）采取取保候审、监视居住等方法，尚不足以防止发生社会危险性而有逮捕必要的

主要是指：走私犯罪嫌疑人可能逃跑、自杀、串供、干扰证人作证以及伪造、毁灭证据等妨碍刑事诉讼活动的正常进行的，或者存在行凶报复、继续作案可能的。

十七、关于单位走私犯罪案件诉讼代表人的确定及其相关问题

单位走私犯罪案件的诉讼代表人，应当是单位的法定代表人或者主要负责人。单位的法定代表人或者主要负责人被依法追究刑事责任或者因其他原因无法参与刑事诉讼的，人民检察院应当另行确定被告单位的其他负责人作为诉讼代表人参加诉讼。

接到出庭通知的被告单位的诉讼代表人应当出庭应诉。拒不出庭的，人民法院在必要的时候，可以拘传到庭。

对直接负责的主管人员和其他直接责任人员均无法归案的单位走私犯罪案件，只要单位走私犯罪的事实清楚、证据确实充分，且能够确定诉讼代表人代表单位参与刑事诉讼活动的，可以先行追究该单位的刑事责任。

被告单位没有合适人选为诉讼代表人出庭的，因不具备追究该单位刑事责任的诉讼条件，可按照单位犯罪的条款先行追究单位犯罪中直接负责的主管人员或者其他直接责任人员。进行判决时，对于扣押、冻结的走私货物、物品、违法所得以及属于犯罪单位所有的走私犯罪工具，应当一并判决予以追缴、没收。

十九、关于单位走私犯罪后发生分立、合并或者其他资产重组情形以及单位被依法注销、宣告破产等情况下，如何追究刑事责任的问题。

单位走私犯罪后，单位发生分立、合并或者其他资产重组等情况的，只要承受该单位权利义务的单位存在，应当追究单位走私犯罪的刑事责任。走私单位发生分立、合并或者其他资产重组后，原单位名称发生更改的，仍以原单位（名称）作为被告单位。承受原单位权利义务的单位法定代表人或负责人为诉讼代表人。

单位走私犯罪后，发生分立、合并或者其他资产重组情形，以及被依法注销、宣告破产等情况的，无论承受该单位权利义务的单位是否存在，均应追究原单位直接负责的主管人员和其他直接责任人员的刑事责任。

人民法院对原走私单位判处罚金的，应当将承受原单位权利义务的单位作为被执行人。罚金超出新单位所承受的财产的，可在执行中予以减除。

二十三、关于走私货物、物品、走私违法所得以及走私犯罪工具的处理问题

在办理走私犯罪案件过程中，对发现的走私货物、物品、走私违法所得以及属于走私犯罪分子所有的犯罪工具，走私犯罪侦查机关应当及时追缴，依法予以查扣、冻结。在移送审查起诉时应当将扣押物品文件清单、冻结存款证明文件等材料随案移送，对于扣押的危险品或者鲜活、易腐、易失效、易贬值等不宜长期保存的货物、物品，已经依法先行变卖、拍卖的，应当随案移送变卖、拍卖物品清单以及原物的照片或者录像资料；人民检察院在提起公诉时应当将上述扣押物品文件清单、冻结存款证明和变卖、拍卖物品清单一并移送；人民法院在判决走私罪案件时，应当对随案清单、证明文件中载明的款、物审查确认并依法判决予以追缴、没

收;海关根据人民法院的判决和海关法的有关规定予以处理,上缴中央国库。

二十四、关于走私货物、物品无法扣押或者不便扣押情况下走私违法所得的追缴问题

在办理走私普通货物、物品犯罪案件中,对于走私货物、物品因流入国内市场或者投入使用,致使走私货物、物品无法扣押或者不便扣押的,应当按照走私货物、物品的进出口完税价格认定违法所得予以追缴;走私货物、物品实际销售价格高于进出口的价格的,应当按照实际销售价格认定违法所得予以追缴。

最高人民法院、最高人民检察院、海关总署、公安部、中国海警局《关于打击粤港澳海上跨境走私犯罪适用法律若干问题的指导意见》(节录)

(2021年12月14日 署缉发〔2021〕141号)

三、犯罪嫌疑人真实姓名、住址无法查清的,按其绰号或者自报的姓名、住址认定,并在法律文书中注明。

犯罪嫌疑人的国籍、身份,根据其入境时的有效证件认定;拥有两国以上护照的,以其入境时所持的护照认定其国籍。

犯罪嫌疑人国籍不明的,可以通过出入境管理部门协助查明,或者以有关国家驻华使、领馆出具的证明认定;确实无法查明国籍的,以无国籍人员对待。

四、对用于运输走私冻品等货物的船舶、车辆,按以下原则处置:

(一)对"三无"船舶,无法提供有效证书的船舶、车辆,依法予以没收、收缴或者移交主管机关依法处置;

(二)对走私犯罪分子自有的船舶、车辆或者假挂靠、长期不作登记、虚假登记等实为走私分子所有的船舶、车辆,作为犯罪工具依法没收;

(三)对所有人明知或者应当知道他人实施走私冻品等犯罪而出租、出借的船舶、车辆,依法予以没收。

具有下列情形之一的,可以认定船舶、车辆出租人、出借人明知或者应当知道他人实施违法犯罪,但有证据证明确属被蒙骗或者有其他相反证据的除外:

(一)出租人、出借人未经有关部门批准,擅自将船舶改装为可运载冻品等货物用的船舶,或者进行伪装的;

(二)出租人、出借人默许实际承运人将船舶改装为可运载冻品等货物用船舶,或者进行伪装的;

(三)因出租、出借船舶、车辆用于走私受过行政处罚,又出租、出借给同一走私人或者同一走私团伙使用的;

(四)出租人、出借人拒不提供真实的实际承运人信息,或者提供虚假的实际承运人信息的;

(五)其他可以认定明知或者应当知道的情形。

是否属于"三无"船舶,按照《"三无"船舶联合认定办法》(署缉发〔2021〕88号印发)规定认定。

五、对查封、扣押的未取得国家检验检疫准入证书的冻品,走私犯罪事实已基本查清的,在做好拍照、录像、称量、勘验、检查等证据固定工作和保留样本后,依照《罚没走私冻品处置办法(试行)》(署缉发〔2015〕289号印发)和《海关总署 财政

部关于查获走私冻品由地方归口处置的通知》(署财函[2019]300号)规定,先行移交有关部门作无害化处理。

六、办理粤港澳海上以外其他地区非设关地走私刑事案件,可以参照本意见的精神依法处理。

最高人民检察院《关于在检察工作中贯彻宽严相济刑事司法政策的若干意见》

(2006年12月28日)

为了在检察工作中全面贯彻宽严相济的刑事司法政策,更好地为构建社会主义和谐社会服务,根据刑法、刑事诉讼法及有关规定,结合检察工作实际,提出以下意见。

一、检察机关贯彻宽严相济刑事司法政策的指导思想和原则

1. 检察机关贯彻宽严相济的刑事司法政策,必须坚持以邓小平理论、"三个代表"重要思想和科学发展观为指导,牢固树立社会主义法治理念和正确的稳定观,把促进社会和谐作为检验检察工作的重要标准,充分履行法律监督职能,有效地遏制、预防和减少犯罪,最大限度地增加和谐因素,最大限度地减少不和谐因素,为构建社会主义和谐社会提供有力的司法保障。

2. 宽严相济是我们党和国家的重要刑事司法政策,是检察机关正确执行国家法律的重要指针。检察机关贯彻宽严相济的刑事司法政策,就是要根据社会治安形势和犯罪分子的不同情况,在依法履行法律监督职能中实行区别对待,注重宽与严的有机统一,该严则严,当宽则宽,宽严互补,宽严有度,对严重犯罪依法从严打击,对轻微犯罪依法从宽处理,对严重犯罪中的从宽情节和轻微犯罪中的从严情节也要依法分别予以宽严体现,对犯罪的实体处理和适用诉讼程序都要体现宽严相济的精神。

3. 检察机关要按照构建社会主义和谐社会的要求,认识和把握宽严相济刑事司法政策在新的形势下对检察工作的重要指导意义,在对严重犯罪依法严厉打击的同时,对犯罪分子依法能争取的尽量争取,能挽救的尽量挽救,能从宽处理的尽量从宽处理,最大限度地化消极因素为积极因素,为构建社会主义和谐社会服务。

4. 检察机关贯彻宽严相济的刑事司法政策应当坚持以下原则:

——全面把握。宽严相济刑事司法政策中的宽与严是一个有机统一的整体,二者相辅相成,必须全面理解,全面把握,全面落实。既要防止只讲严而忽视宽,又要防止只讲宽而忽视严,防止一个倾向掩盖另一个倾向。

——区别对待。宽严相济刑事司法政策的核心是区别对待。应当综合考虑犯罪的社会危害性(包括犯罪侵害的客体、情节、手段、后果等)、犯罪人的主观恶性(包括犯罪时的主观方面、犯罪后的态度、平时表现等)以及案件的社会影响,根据不同时期、不同地区犯罪与社会治安的形势,具体情况具体分析,依法予以从宽或者从严处理。

——严格依法。贯彻宽严相济的刑事司法政策,必须坚持罪刑法定、罪刑相适应、法律面前人人平等原则,实现政策指导与严格执法的有机统一,宽要有节,严要有度,宽和严都必须严格依照法

律,在法律范围内进行,做到宽严合法,于法有据。

——注重效果。贯彻宽严相济的刑事司法政策,应当做到惩治犯罪与保障人权的有机统一,法律效果与社会效果的有机统一,保护犯罪嫌疑人、被告人的合法权利与保护被害人的合法权益的有机统一,特殊预防与一般预防的有机统一,执法办案与化解矛盾的有机统一,以有利于维护稳定,化解矛盾,减少对抗,促进和谐。

二、在履行法律监督职能中全面贯彻宽严相济刑事司法政策

5. 依法严厉打击严重危害社会治安的犯罪和严重破坏市场经济秩序等犯罪。"严打"是宽严相济刑事司法政策的重要内容和有机组成部分,是贯彻宽严相济刑事司法政策的重要体现,必须坚定不移地坚持。必须依法从重从快打击黑社会性质组织犯罪、恐怖犯罪、毒品犯罪以及杀人、爆炸、抢劫、强奸、绑架、投放危险物质等严重危害社会治安的刑事犯罪,依法严厉惩治严重破坏金融秩序、侵犯知识产权、制售严重危害人身安全和人体健康的伪劣商品等严重破坏社会主义市场经济秩序的犯罪,依法打击重大环境污染等破坏环境资源犯罪。该批捕的要坚决批捕,该起诉的要坚决起诉,及时、准确、有力地予以打击。

6. 依法严肃查处贪污贿赂、渎职侵权等国家工作人员职务犯罪。加大对职务犯罪的查处力度,提高侦破率,降低漏网率,有效遏制、震慑职务犯罪。严肃查办党政领导干部的职务犯罪,国家工作人员利用人事权、司法权、行政审批权、行政执法权进行权钱交易的职务犯罪,充当黑恶势力"保护伞"的职务犯罪,重大安全责任事故所涉及的职务犯罪,放纵制售伪劣商品的职务犯罪,企业改制、征地拆迁、资源审批和社会保障等工作中侵害国家利益和人民群众切身利益的职务犯罪,发生在基层或者社会关注的行业以及人民群众反映强烈的职务犯罪。对罪行严重、拒不认罪、拒不退赃或者负案潜逃以及进行串供、毁证等妨害诉讼活动的,要果断采取必要的侦查、控制手段或者拘留、逮捕等措施。对于罪行较轻、真诚悔罪、证据稳定的,特别是其中的过失犯罪,可以依法不予逮捕或者及时变更强制措施。

7. 严格把握"有逮捕必要"的逮捕条件,慎重适用逮捕措施。逮捕是最严厉的刑事强制措施,能用其他强制措施的尽量使用其他强制措施。审查批捕要严格依据法律规定,在把握事实证据条件、可能判处刑罚条件的同时,注重对"有逮捕必要"条件的正确理解和把握。具体可以综合考虑以下因素:一是主体是否属于未成年人或者在校学生、老年人、严重疾病患者、盲聋哑人、初犯、从犯或者怀孕、哺乳自己婴儿的妇女等;二是法定刑是否属于较轻的刑罚;三是情节是否具有中止、未遂、自首、立功等法定从轻、减轻或者免除处罚等情形;四是主观方面是否具有过失、受骗、被胁迫等;五是犯罪后是否具有认罪、悔罪表现,是否具有重新危害社会或者串供、毁证、妨碍作证等妨害诉讼进行的可能;六是犯罪嫌疑人是否属于流窜作案、有无固定住址及帮教、管教条件;七是案件基本证据是否已经收集固定、是否有翻供翻证的可能等。对于罪行严重、主观恶性较大、人身危险性大或者有串供、毁证、妨碍作证等妨害诉讼顺利进行可能,符合逮捕条件的,应当批准逮捕。对于不采取强制措施或者采取其他强制

措施不致于妨害诉讼顺利进行的,应当不予批捕。对于可捕可不捕的坚决不捕。

8. 正确把握起诉和不起诉条件,依法适用不起诉。在审查起诉工作中,严格依法掌握起诉条件,充分考虑起诉的必要性,可诉可不诉的不诉。对于初犯、从犯、预备犯、中止犯、防卫过当、避险过当、未成年人犯罪、老年人犯罪以及亲友、邻里、同学同事等纠纷引发的案件,符合不起诉条件的,可以依法适用不起诉,并可以根据案件的不同情况,对被不起诉人予以训诫或者责令具结悔过、赔礼道歉、赔偿损失。确需提起公诉的,可以依法向人民法院提出从宽处理、适用缓刑等量刑方面的意见。

9. 突出立案监督的重点。完善立案监督机制,将监督的重点放在严重犯罪或者社会影响恶劣以及违法立案造成严重后果的案件上,加强对侦查机关落实立案监督情况的跟踪监督,确保违法立案案件及时得到纠正。

10. 在抗诉工作中正确贯彻宽严相济的刑事司法政策。既要重视对有罪判无罪、量刑畸轻的案件及时提出抗诉,又要重视对无罪判有罪、量刑畸重的案件及时提出抗诉。对于被告人认罪并积极赔偿损失、被害人谅解的案件、未成年人犯罪案件以及具有法定从轻、减轻情节的案件,人民法院处罚偏轻的,一般不提出抗诉。对于第一审宣判后人民检察院在法定期限内未提出抗诉,或者判决、裁定发生法律效力后六个月内未提出抗诉的案件,没有发现新的事实或者证据的,一般也不得为加重被告人刑罚而依照审判监督程序提出抗诉。

11. 对未成年人犯罪案件依法从宽处理。办理未成年人犯罪案件,应当坚持"教育、感化、挽救"的方针和"教育为主、惩罚为辅"的原则。要对未成年犯罪嫌疑人的情况进行调查,了解未成年人的性格特点、家庭情况、社会交往、成长经历以及有无帮教条件等情况,除主观恶性大、社会危害严重的以外,根据案件具体情况,可捕可不捕的不捕,可诉可不诉的不诉。对确需提起公诉的未成年被告人,应当根据情况依法向人民法院提出从宽处理、适用缓刑等量刑方面的意见。

12. 对因人民内部矛盾引发的轻微刑事案件依法从宽处理。对因亲友、邻里及同学同事之间纠纷引发的轻微刑事案件,要本着"冤家宜解不宜结"的精神,着重从化解矛盾、解决纠纷的角度正确处理。对于轻微刑事案件中犯罪嫌疑人认罪悔过、赔礼道歉、积极赔偿损失并得到被害人谅解或者双方达成和解并切实履行,社会危害性不大的,可以依法不予逮捕或者不起诉。确需提起公诉的,可以依法向人民法院提出从宽处理的意见。对属于被害人可以提起自诉的轻微刑事案件,由公安机关立案侦查并提请批捕、移送起诉的,人民检察院可以促使双方当事人在民事赔偿和精神抚慰方面和解,及时化解矛盾,依法从宽处理。

13. 对轻微犯罪中的初犯、偶犯依法从宽处理。对初次实施轻微犯罪、主观恶性小的犯罪嫌疑人,特别是对因生活无着偶然发生的盗窃等轻微犯罪,犯罪嫌疑人人身危险性不大的,一般可以不予逮捕;符合法定条件的,可以依法不起诉。确需提起公诉的,可以依法向人民法院提出从宽处理的意见。

14. 正确处理群体性事件中的犯罪案件。处理群体性事件中的犯罪案件,应当坚持惩治少数,争取、团结、教育大多数的原则。对极少数插手群体性事件、策划、组织、指挥闹事的严重犯罪分子以及进行打砸抢等犯罪活动的首要分子或者骨干分子,要依法严厉打击。对一般参与者,要慎重适用强制措施和提起公诉;确需提起公诉的,可以依法向人民法院提出从宽处理的意见。

三、建立健全贯彻宽严相济刑事司法政策的检察工作机制和办案方式

15. 进一步健全检察环节贯彻"严打"方针的经常性工作机制。加强对社会治安形势的分析,因地制宜地确定打击犯罪的重点,坚持什么犯罪突出就重点打击什么犯罪,增强打击的针对性。对严重刑事犯罪坚持依法快捕、快诉,增强打击的时效性。

16. 加强侦查机制建设,提高发现和查办职务犯罪的能力。推进侦查工作一体化机制建设,突出抓好案件线索的统一管理、侦查活动的统一组织指挥、跨地域侦查的统一协调配合、侦查资源的统一配置使用等各项工作,建立健全纵向指挥有力、横向协作紧密、信息畅通灵敏、运转高效有序的职务犯罪侦查指挥协作机制。加强职务犯罪侦查队伍的专业化建设,提高侦查队伍的侦查技能与水平。加强侦查装备现代化建设,依法规范侦查技术的运用,进一步提高运用科技手段侦查破案的能力。

17. 推进办案专业化,建立快速办理轻微刑事案件的工作机制。在审查逮捕、审查起诉中改进办案分工,对案件实行繁简分流,指定人员专门办理轻微案件,集中力量办理重大、疑难、复杂案件。建立轻微案件审查逮捕、审查起诉的快速办理机制,对案情简单、事实清楚、证据确实充分、可能判处三年有期徒刑以下刑罚、犯罪嫌疑人认罪的案件,简化审查逮捕、审查起诉的办案文书,缩短办案期限,提高诉讼效率。

18. 依法正确适用简易程序和简化审理程序。对于符合法定条件的轻微刑事案件,人民检察院应当建议适用简易程序;被告人及其辩护人提出适用简易程序,人民检察院经审查认为符合法定条件的,应当同意并向人民法院提出建议;人民法院建议适用简易程序,人民检察院经审查认为符合法定条件的,应当同意。对于被告人认罪的普通刑事案件,符合有关规定条件的,人民检察院应当建议适用简化审理程序。

19. 改革完善未成年人犯罪案件的办案方式。对未成年人犯罪案件,应当设立专门工作机构、专门工作小组或者指定专人办理。建立适合未成年人特点的审查逮捕、审查起诉工作机制。对成年人与未成年人共同犯罪案件,原则上实行分案处理。对未成年人犯罪案件适用简易程序的,公诉人一般应当出庭支持公诉并开展庭审教育活动。对于因犯罪情节轻微决定不起诉的未成年人,要落实帮教措施。

20. 在办理刑事案件中强化化解矛盾的工作。检察机关在办理刑事案件中,应当加强对与犯罪有关的社会矛盾、纠纷的化解和调处工作,将矛盾化解情况和达成协议及履行情况作为考虑从宽处理的一个重要因素。对有直接被害人的案件作从宽处理或者决定不起诉的,可以要求犯罪嫌疑人向被害人赔礼道歉、赔偿损失,取得被害人的谅解,检察机关也要做好对被害人的解释、说明工作,防止产生新的涉法上访。

21. 完善对监外执行、社区矫正的法

律监督机制。适应监外执行、社区矫正人员可能增多的趋势，配合有关部门完善相关工作机制，加强对监外执行、社区矫正的法律监督，防止对被监外执行犯罪分子的脱管、漏管和违法管理。

22. 完善办案的考核评价体系。要按照司法规律和检察工作规律管理检察业务工作，从有利于贯彻宽严相济的刑事司法政策出发，科学确定考核各项检察业务工作的指标体系，改进考评办法，保证依法正确适用不批捕、不起诉，改变不适当地控制不捕率、不起诉率的做法，实现办案数量、质量和效果的有机统一。

四、转变观念，加强指导，保障正确贯彻落实宽严相济刑事司法政策

23. 各级检察机关和检察人员特别是领导干部和执法办案人员，应当自觉按照构建社会主义和谐社会的要求，全面准确地理解宽严相济的刑事司法政策，把贯彻落实宽严相济的刑事司法政策与推进司法体制机制改革、加强执法规范化建设结合起来，不断增强惩治犯罪、保护人民、化解矛盾、促进和谐的能力。

24. 最高人民检察院有关业务部门和各省级人民检察院应当结合本部门、本地区的实际情况，深入调查研究，加强对本部门、本地区贯彻宽严相济刑事司法政策的工作指导、检查和监督。上级人民检察院应当及时总结、发现实践中的经验和问题，强化日常管理和定期考核，完善监督制约机制，防止贯彻落实中出现偏差，严肃查处借贯彻宽严相济刑事司法政策名义所进行的徇私枉法、滥用职权等犯罪活动，保证宽严相济刑事司法政策的正确贯彻落实。

25. 各级检察机关应当加强与公安机关、人民法院、司法行政机关等部门的联系与协调，建立经常性的协调配合工作机制，共同研究在刑事诉讼活动中贯彻宽严相济刑事司法政策的具体工作措施，及时解决在贯彻宽严相济刑事司法政策中出现的问题。

26. 要大力加强贯彻宽严相济刑事司法政策的理论研究工作，不断提高运用宽严相济刑事司法政策指导办理刑事案件的水平。同时，要加强对刑事和解、逮捕条件、附条件不起诉、抗诉条件、简易程序以及其他有关问题的研究，积极提出完善贯彻宽严相济刑事司法政策相关法律制度的建议。

最高人民法院、最高人民检察院、公安部、司法部《关于进一步严格依法办案确保办理死刑案件质量的意见》(节录)

(2007年3月9日)

中央决定改革授权高级人民法院行使部分死刑案件核准权的做法，将死刑案件核准权统一收归最高人民法院行使，并要求严格依照法律程序办案，确保死刑案件的办理质量。2006年10月31日，全国人大常委会通过《关于修改〈中华人民共和国人民法院组织法〉的决定》，决定从2007年1月1日起由最高人民法院统一行使死刑案件核准权。为认真落实中央这一重大决策部署，现就人民法院、人民检察院、公安机关、司法行政机关严格依法办理死刑案件提出如下意见：

一、充分认识确保办理死刑案件质量的重要意义(略)

二、办理死刑案件应当遵循的原则

要求

（一）坚持惩罚犯罪与保障人权相结合

3. 我国目前正处于全面建设小康社会、加快推进社会主义现代化建设的重要战略机遇期，同时又是人民内部矛盾凸显、刑事犯罪高发、对敌斗争复杂的时期，维护社会和谐稳定的任务相当繁重，必须继续坚持"严打"方针，正确运用死刑这一刑罚手段同严重刑事犯罪作斗争，有效遏制犯罪活动猖獗和蔓延势头。同时，要全面落实"国家尊重和保障人权"宪法原则，切实保障犯罪嫌疑人、被告人的合法权益。坚持依法惩罚犯罪和依法保障人权并重，坚持罪刑法定、罪刑相适应、适用刑法人人平等和审判公开、程序法定等基本原则，真正做到有罪依法惩处，无罪不受刑事追究。

（二）坚持保留死刑，严格控制和慎重适用死刑

4. "保留死刑，严格控制死刑"是我国的基本死刑政策。实践证明，这一政策是完全正确的，必须继续贯彻执行。要完整、准确地理解和执行"严打"方针，依法严厉打击严重刑事犯罪，对极少数罪行极其严重的犯罪分子，坚决依法判处死刑。我国现在还不能废除死刑，但应逐步减少适用，凡是可杀可不杀的，一律不杀。办理死刑案件，必须根据构建社会主义和谐社会和维护社会稳定的要求，严谨审慎，既要保证根据证据正确认定案件事实，杜绝冤错案件的发生，又要保证定罪准确，量刑适当，做到少杀、慎杀。

（三）坚持程序公正与实体公正并重，保障犯罪嫌疑人、被告人的合法权利

5. 人民法院、人民检察院和公安机关进行刑事诉讼，既要保证案件实体处理的正确性，也要保证刑事诉讼程序本身的正当性和合法性。在侦查、起诉、审判等各个阶段，必须始终坚持依法进行诉讼，坚决克服重实体、轻程序，重打击、轻保护的错误观念，尊重犯罪嫌疑人、被告人的诉讼地位，切实保障犯罪嫌疑人、被告人充分行使辩护权等诉讼权利，避免因剥夺或者限制犯罪嫌疑人、被告人的合法权利而导致冤错案件的发生。

（四）坚持证据裁判原则，重证据、不轻信口供

6. 办理死刑案件，要坚持重证据、不轻信口供的原则。只有被告人供述，没有其他证据的，不能认定被告人有罪；没有被告人供述，其他证据确实充分的，可以认定被告人有罪。对刑讯逼供取得的犯罪嫌疑人供述、被告人供述和以暴力、威胁等非法方法收集的被害人陈述、证人证言，不能作为定案的根据。对被告人作出有罪判决的案件，必须严格按照刑事诉讼法第一百六十二条的规定，做到"事实清楚，证据确实、充分"。证据不足，不能认定被告人有罪的，应当作出证据不足、指控的犯罪不能成立的无罪判决。

（五）坚持宽严相济的刑事政策

7. 对死刑案件适用刑罚时，既要防止重罪轻判，也要防止轻罪重判，做到罪刑相当，罚当其罪，重罪重判，轻罪轻判，无罪不罚。对罪行极其严重的被告人必须依法惩处，严厉打击；对具有法律规定"应当"从轻、减轻或者免除处罚情节的被告人，依法从宽处理；对具有法律规定"可以"从轻、减轻或者免除处罚情节的被告人，如果没有其他特殊情节，原则上依法从宽处理；对具有酌定从宽处罚情节的也依法予以考虑。

三、认真履行法定职责,严格依法办理死刑案件

(一)侦查

8. 侦查机关应当依照刑事诉讼法、司法解释及其他有关规定所规定的程序,全面、及时收集证明犯罪嫌疑人有罪或者无罪、罪重或者罪轻等涉及案件事实的各种证据,严禁违法收集证据。

9. 对可能属于精神病人、未成年人或者怀孕的妇女的犯罪嫌疑人,应当及时进行鉴定或者调查核实。

10. 加强证据的收集、保全和固定工作。对证据的原物、原件要妥善保管,不得损毁、丢失或者擅自处理。对与查明案情有关需要鉴定的物品、文件、电子数据、痕迹、人身、尸体等,应当及时进行刑事科学技术鉴定,并将鉴定报告附卷。涉及命案的,应当通过被害人近亲属辨认、DNA 鉴定、指纹鉴定等方式确定被害人身份。对现场遗留的与犯罪有关的具备同一认定检验鉴定条件的血迹、精斑、毛发、指纹等生物物证、痕迹、物品,应当通过 DNA 鉴定、指纹鉴定等刑事科学技术鉴定方式与犯罪嫌疑人的相应生物检材、生物特征、物品等作同一认定。侦查机关应当将用作证据的鉴定结论告知犯罪嫌疑人、被害人。如果犯罪嫌疑人、被害人提出申请,可以补充鉴定或者重新鉴定。

11. 提讯在押的犯罪嫌疑人,应当在羁押犯罪嫌疑人的看守所内进行。严禁刑讯逼供或者以其他非法方法获取供述。讯问犯罪嫌疑人,在文字记录的同时,可以根据需要录音录像。

12. 侦查人员询问证人、被害人,应当依照刑事诉讼法第九十七条的规定进行。严禁违法取证,严禁暴力取证。

13. 犯罪嫌疑人在被侦查机关第一次讯问后或者采取强制措施之日起,聘请律师或者经法律援助机构指派的律师为其提供法律咨询、代理申诉、控告的,侦查机关应当保障律师依法行使权利和履行职责。涉及国家秘密的案件,犯罪嫌疑人聘请律师或者申请法律援助,以及律师会见在押的犯罪嫌疑人,应当经侦查机关批准。律师发现有刑讯逼供情形的,可以向公安机关、人民检察院反映。

14. 侦查机关将案件移送人民检察院审查起诉时,应当将包括第一次讯问笔录及勘验、检查、搜查笔录在内的证明犯罪嫌疑人有罪或者无罪、罪重或者罪轻等涉及案件事实的所有证据一并移送。

15. 对于可能判处死刑的案件,人民检察院在审查逮捕工作中应当全面、客观地审查证据,对以刑讯逼供等非法方法取得的犯罪嫌疑人供述、被害人陈述、证人证言应当依法排除。对侦查活动中的违法行为,应当提出纠正意见。

(二)提起公诉

16. 人民检察院要依法履行审查起诉职责,严格把握案件的法定起诉标准。

17. 人民检察院自收到移送审查起诉的案件材料之日起三日以内,应当告知犯罪嫌疑人有权委托辩护人;犯罪嫌疑人经济困难的,应当告知其可以向法律援助机构申请法律援助。辩护律师自审查起诉之日起,可以查阅、摘抄、复制本案的诉讼文书、技术性鉴定材料,可以同在押的犯罪嫌疑人会见和通信。其他辩护人经人民检察院许可,也可以查阅、摘抄、复制上述材料,同在押的犯罪嫌疑人会见和通信。人民检察院应当为辩护人查阅、摘抄、复制材料提供便利。

18. 人民检察院审查案件,应当讯问犯罪嫌疑人,听取被害人和犯罪嫌疑人、

被害人委托的人的意见,并制作笔录附卷。被害人和犯罪嫌疑人、被害人委托的人在审查起诉期间没有提出意见的,应当记明附卷。人民检察院对证人证言笔录存在疑问或者认为对证人的询问不具体或者有遗漏的,可以对证人进行询问并制作笔录。

19. 人民检察院讯问犯罪嫌疑人时,既要听取犯罪嫌疑人的有罪供述,又要听取犯罪嫌疑人无罪或罪轻的辩解。犯罪嫌疑人提出受到刑讯逼供的,可以要求侦查人员作出说明,必要时进行核查。对刑讯逼供取得的犯罪嫌疑人供述和以暴力、威胁等非法方法收集的被害人陈述、证人证言,不能作为指控犯罪的根据。

20. 对可能属于精神病人、未成年人或者怀孕的妇女的犯罪嫌疑人,应当及时委托鉴定或者调查核实。

21. 人民检察院审查案件的时候,对公安机关的勘验、检查,认为需要复验、复查的,应当要求公安机关复验、复查,人民检察院可以派员参加;也可以自行复验、复查,商请公安机关派员参加,必要时也可以聘请专门技术人员参加。

22. 人民检察院对物证、书证、视听资料、勘验、检查笔录存在疑问的,可以要求侦查人员提供获取、制作的有关情况。必要时可以询问提供物证、书证、视听资料的人员,对物证、书证、视听资料委托进行技术鉴定。询问过程及鉴定的情况应当附卷。

23. 人民检察院审查案件的时候,认为事实不清、证据不足或者遗漏罪行、遗漏同案犯罪嫌疑人等情形,需要补充侦查的,应当提出需要补充侦查的具体意见,连同案卷材料一并退回公安机关补充侦查。公安机关应当在一个月以内补充侦查完毕。人民检察院也可以自行侦查,必要时要求公安机关提供协助。

24. 人民检察院对案件进行审查后,认为犯罪嫌疑人的犯罪事实已经查清,证据确实、充分,依法应当追究刑事责任的,应当作出起诉决定。具有下列情形之一的,可以确认犯罪事实已经查清:(1)属于单一罪行的案件,查清的事实足以定罪量刑或者与定罪量刑有关的事实已经查清,不影响定罪量刑的事实无法查清的;(2)属于数个罪行的案件,部分罪行已经查清并符合起诉条件,其他罪行无法查清的;(3)作案工具无法起获或者赃物去向不明,但有其他证据足以对犯罪嫌疑人定罪量刑的;(4)证人证言、犯罪嫌疑人的供述和辩解、被害人陈述的内容中主要情节一致,只有个别情节不一致且不影响定罪的。对于符合第(2)项情形的,应当以已经查清的罪行起诉。

25. 人民检察院对于退回补充侦查的案件,经审查仍然认为不符合起诉条件的,可以作出不起诉决定。具有下列情形之一,不能确定犯罪嫌疑人构成犯罪和需要追究刑事责任的,属于证据不足,不符合起诉条件:(1)据以定罪的证据存在疑问,无法查证属实的;(2)犯罪构成要件事实缺乏必要的证据予以证明的;(3)据以定罪的证据之间的矛盾不能合理排除的;(4)根据证据得出的结论具有其他可能性的。

26. 人民法院认为人民检察院起诉移送的有关材料不符合刑事诉讼法第一百五十条规定的条件,向人民检察院提出书面意见要求补充提供的,人民检察院应当在收到通知之日起三日以内补送。逾期不能提供的,人民检察院应当作出书面说明。

（三）辩护、提供法律帮助

27. 律师应当恪守职业道德和执业纪律，办理死刑案件应当尽职尽责，做好会见、阅卷、调查取证、出庭辩护等工作，提高辩护质量，切实维护犯罪嫌疑人、被告人的合法权益。

28. 辩护律师经证人或者其他有关单位和个人同意，可以向他们收集证明犯罪嫌疑人、被告人无罪或者罪轻的证据，申请人民检察院、人民法院收集、调取证据，或者申请人民法院通知证人出庭作证，也可以申请人民检察院、人民法院依法委托鉴定机构对有异议的鉴定结论进行补充鉴定或者重新鉴定。对于辩护律师的上述申请，人民检察院、人民法院应当及时予以答复。

29. 被告人可能被判处死刑而没有委托辩护人的，人民法院应当通过法律援助机构指定承担法律援助义务的律师为其提供辩护。法律援助机构应当在收到指定辩护通知书三日以内，指派有刑事辩护经验的律师提供辩护。

30. 律师在提供法律帮助或者履行辩护职责中遇到困难和问题，司法行政机关应及时与公安机关、人民检察院、人民法院协调解决，保障律师依法履行职责。

（四）审判

31. 人民法院受理案件后，应当告知因犯罪行为遭受物质损失的被害人、已死亡被害人的近亲属、无行为能力或者限制行为能力被害人的法定代理人，有权提起附带民事诉讼和委托诉讼代理人。经济困难的，还应当告知其可以向法律援助机构申请法律援助。在审判过程中，注重发挥附带民事诉讼中民事调解的重要作用，做好被害人、被害人近亲属的安抚工作，切实加强刑事被害人的权益保护。

32. 人民法院应当通知下列情形的被害人、证人、鉴定人出庭作证：（一）人民检察院、被告人及其辩护人对被害人陈述、证人证言、鉴定结论有异议，该被害人陈述、证人证言、鉴定结论对定罪量刑有重大影响的；（二）人民法院认为其他应当出庭作证的。经人民法院依法通知，被害人、证人、鉴定人应当出庭作证；不出庭作证的被害人、证人、鉴定人的书面陈述、书面证言、鉴定结论经质证无法确认的，不能作为定案的根据。

33. 人民法院审理案件，应当注重审查证据的合法性。对有线索或者证据表明可能存在刑讯逼供或者其他非法取证行为的，应当认真审查。人民法院向人民检察院调取相关证据时，人民检察院应当在三日以内提交。人民检察院如果没有相关材料，应当向人民法院说明情况。

34. 第一审人民法院和第二审人民法院审理死刑案件，合议庭应当提请院长决定提交审判委员会讨论。最高人民法院复核死刑案件，高级人民法院复核死刑缓期二年执行的案件，对于疑难、复杂的案件，合议庭认为难以作出决定的，应当提请院长决定提交审判委员会讨论决定。审判委员会讨论案件，同级人民检察院检察长、受检察长委托的副检察长均可列席会议。

35. 人民法院应当根据已经审理查明的事实、证据和有关的法律规定，依法作出裁判。对案件事实清楚，证据确实、充分，依据法律认定被告人有罪的，应当作出有罪判决；对依据法律认定被告人无罪的，应当作出无罪判决；证据不足，不能认定被告人有罪的，应当作出证据不足、指控的犯罪不能成立的无罪判决；定罪的证据确实，但影响量刑的证据存有疑点,处刑时应当留有余地。

36. 第二审人民法院应当及时查明被判处死刑立即执行的被告人是否委托了辩护人。没有委托辩护人的,应当告知被告人可以自行委托辩护人或者通知法律援助机构指定承担法律援助义务的律师为其提供辩护。人民法院应当通知人民检察院、被告人及其辩护人在开庭五日以前提供出庭作证的证人、鉴定人名单,在开庭三日以前送达传唤当事人的传票和通知辩护人、证人、鉴定人、翻译人员的通知书。

37. 审理死刑第二审案件,应当依照法律和有关规定实行开庭审理。人民法院必须在开庭十日以前通知人民检察院查阅案卷。同级人民检察院应当按照人民法院通知的时间派员出庭。

38. 第二审人民法院作出判决、裁定后,当庭宣告的,应当在五日以内将判决书或者裁定书送达当事人、辩护人和同级人民检察院;定期宣告的,应当在宣告后立即送达。

39. 复核死刑案件,应当对原审裁判的事实认定、法律适用和诉讼程序进行全面审查。

40. 死刑案件复核期间,被告人委托的辩护人提出听取意见要求的,应当听取辩护人的意见,并制作笔录附卷。辩护人提出书面意见的,应当附卷。

41. 复核死刑案件,合议庭成员应当阅卷,并提出书面意见存查。对证据有疑问的,应当对证据进行调查核实,必要时到案发现场调查。

42. 高级人民法院复核死刑案件,应当讯问被告人。最高人民法院复核死刑案件,原则上应当讯问被告人。

43. 人民法院在保证办案质量的前提下,要进一步提高办理死刑复核案件的效率,公正、及时地审理死刑复核案件。

44. 人民检察院按照法律规定加强对办理死刑案件的法律监督。

(五)执行

45. 人民法院向罪犯送达核准死刑的裁判文书时,应当告知罪犯有权申请会见其近亲属。罪犯提出会见申请并提供具体地址和联系方式的,人民法院应当准许;原审人民法院应当通知罪犯的近亲属。罪犯近亲属提出会见申请的,人民法院应当准许,并及时安排会见。

46. 第一审人民法院将罪犯交付执行死刑前,应当将核准死刑的裁判文书送同级人民检察院,并在交付执行三日以前通知同级人民检察院派员临场监督。

47. 第一审人民法院在执行死刑前,发现有刑事诉讼法第二百一十一条规定的情形的,应当停止执行,并且立即报告最高人民法院,由最高人民法院作出裁定。临场监督执行死刑的检察人员在执行死刑前,发现有刑事诉讼法第二百一十一条规定的情形的,应当建议人民法院停止执行。

48. 执行死刑应当公布。禁止游街示众或者其他有辱被执行人人格的行为。禁止侮辱尸体。

四、人民法院、人民检察院、公安机关依法互相配合和互相制约

49. 人民法院、人民检察院、公安机关办理死刑案件,应当切实贯彻"分工负责,互相配合,互相制约"的基本诉讼原则,既根据法律规定的明确分工,各司其职,各负其责,又互相支持,通力合作,以保证准确有效地执行法律,共同把好死刑案件的质量关。

50. 人民法院、人民检察院、公安机

关应当按照诉讼职能分工和程序设置,互相制约,以防止发生错误或者及时纠正错误,真正做到不错不漏,不枉不纵。人民法院、人民检察院和公安机关的互相制约,应当体现在各机关法定的诉讼活动之中,不得违反程序干扰、干预、抵制其他机关依法履行职权的诉讼活动。

51. 在审判过程中,发现被告人可能有自首、立功等法定量刑情节,需要补充证据或者补充侦查的,人民检察院应当建议延期审理。延期审理的时间不能超过一个月。查证被告人揭发他人犯罪行为,人民检察院根据犯罪性质,可以依法自行查证,属于公安机关管辖的,可以交由公安机关查证。人民检察院应当将查证的情况在法律规定的期限内及时提交人民法院。

五、严格执行办案责任追究制度

52. 故意违反法律和本意见的规定,或者由于严重不负责任,影响办理死刑案件质量,造成严重后果的,对直接负责的主管人员和其他直接责任人员,由其所在单位或者上级主管机关依照有关规定予以行政处分或者纪律处分;徇私舞弊、枉法裁判构成犯罪的,依法追究刑事责任。

最高人民法院、最高人民检察院、公安部、监察部、国家安全生产监督管理总局《关于严格依法及时办理危害生产安全刑事案件的通知》

(2008年6月6日 高检会〔2008〕5号)

各省、自治区、直辖市高级人民法院、人民检察院、公安厅(局)、监察厅(局)、安全生产监督管理局,新疆维吾尔自治区高级人民法院生产建设兵团分院、新疆生产建设兵团人民检察院、公安局、监察局、安全生产监督管理局,各省级煤矿安全监察机构:

……现就严格依法及时办理危害生产安全刑事案件的有关事项通知如下:

一、进一步提高对办理危害生产安全刑事案件重要性的认识。(略)

二、安全生产监督管理部门、煤矿安全监察机构和负有安全生产监督管理职责的有关部门接到事故报告后,应当按规定及时通知公安机关、监察机关、工会和人民检察院。

有关单位和人员要严格履行保护现场和重要痕迹、物证的义务。因抢救人员、防止事故扩大以及疏通交通等原因,需要移动事故现场物件的,应当做出标志,绘制现场简图并做出书面记录,妥善保存现场重要痕迹、物证。任何单位和个人不得破坏事故现场、毁灭相关证据。

相关单位、部门要在事故调查组的统一组织协调下开展调查取证、现场勘验、技术鉴定等工作,查明事故发生的经过、原因、人员伤亡情况及直接经济损失,认定事故的性质和事故责任,在法定期限内完成事故调查处理工作,并将处理意见抄送有关单位、部门。

事故调查过程中,发现涉嫌犯罪的,事故调查组应当及时将有关材料或者复印件移交公安机关、检察机关。

三、公安机关、人民检察院根据事故的性质和造成的危害后果,对涉嫌构成犯罪的,应当按照案件管辖规定,及时立案侦查,采取强制措施和侦查措施。犯罪嫌疑人逃匿的,公安机关应当迅速开展追捕工作。要全面收集证明犯罪嫌疑人有罪无罪以及犯罪情节轻重的证据材料。对容易灭失的痕迹、物证应当首先采取措施提取、固定。

需要有关部门进行鉴定的,公安机关、检察机关应当及时建议事故调查组组织鉴定,也可以自行组织鉴定。事故调查组组织鉴定,或者委托有关部门鉴定,或者公安机关、检察机关自行组织鉴定的,鉴定报告原则上应当自委托或者决定之日起20日内作出。不涉及机械、电气、瓦斯、化学、有毒有害物(气)体、锅炉压力容器、起重机械、地质勘察、工程设计与施工质量、火灾以及非法开采、破坏矿产资源量认定等专业技术问题的,不需要进行鉴定,相关事实和证据符合法定条件的,可以逮捕、公诉和审判。

四、人民法院、人民检察院、公安机关在办理危害生产安全刑事案件中应当分工负责,互相配合、互相制约。公安机关对已经被刑事拘留的犯罪嫌疑人,在提请批准逮捕前可以先行通知检察机关,听取检察机关对收集、固定证据和开展技术鉴定工作的意见、建议。检察机关应当加强与公安机关的联系配合,认真做好审查批准逮捕工作。公安机关办理的危害生产安全案件中被采取强制措施的犯罪嫌疑人,如系人民检察院办理的渎职等职务犯罪案件的证人或者同案犯,人民检察院需要对其进行询问或者讯问的,可商公安机关予以配合,公安机关应当予以配合。公安机关办理危害生产安全刑事案件涉及渎职等职务犯罪案件的,如果涉嫌主罪属于公安机关管辖的,由公安机关为主侦查,人民检察院予以配合;如果涉嫌主罪属于人民检察院管辖的,由人民检察院为主侦查,公安机关予以配合。

人民法院、人民检察院和公安机关要坚持以事实为根据,以法律为准绳,贯彻宽严相济的刑事政策,依法从快侦查、审查批准逮捕、审查起诉和审判,尽可能提高办案效率。证明案件事实、性质、危害后果以及犯罪嫌疑人刑事责任的证据具备的,应当提起公诉和审判。不能以变更监视居住、取保候审为名压案不办。

五、加强业务指导和案件督办。上级公安机关、人民检察院对危害生产安全的重特大刑事案件可以直接组织办理,获取主要证据后,指定下级公安机关、人民检察院侦查终结,也可以采取挂牌督办、派员参办等方法,专人负责,全程跟踪。上级公安机关、人民检察院要支持下级机关依法办案,帮助他们排除干扰和阻力,研究解决办案过程中遇到的重大疑难问题。对发案地人民法院、人民检察院、公安机关办理确有困难的案件,上级人民法院、人民检察院、公安机关可以指定管辖、异地交办。

六、人民法院、人民检察院、公安机关、监察机关、安全生产监督管理部门、煤矿安全监察机构,对生产安全责任事故刑事案件的事实、性质认定、证据采信、法律适用以及责任追究有意见分歧的,应当加强协调沟通。协调后意见仍然不一致的,各自向上级机关(部门)报告,由上级机关(部门)协调解决。

公安机关、人民检察院对危害生产安全刑事案件的犯罪嫌疑人采取拘留、逮捕等强制措施的,人民法院作出判决的,应当及时通报事故调查组或者相关职能部门。在案件办理过程中,由于事实、证据或者案件性质发生变化,需要改变原处理决定的,也应当及时通报事故调查组或者相关职能部门。

七、严肃查办谎报瞒报事故行为。

对有关单位和个人故意干扰、阻碍办案，或者毁灭、伪造证据、转移藏匿物证书证，或者拒不提供证据资料等违纪违法行为，监察机关要追究直接责任人和有关领导的责任；违反治安管理的，由公安机关进行治安管理处罚；构成犯罪的，依法追究刑事责任。对国家机关工作人员徇私枉法、帮助犯罪分子逃避处罚以及滥用职权、玩忽职守的，检察机关、监察机关要严肃查处；构成犯罪的，依法追究刑事责任。

八、提高工作透明度，主动接受社会监督。生产安全领域刑事案件的调查、判决情况要及时向社会公布，以取信于民。

九、本通知所提出的各项要求适用于《生产安全事故报告和调查处理条例》规定的生产经营活动中发生的造成人身伤亡或者直接经济损失的生产安全事故的报告、调查处理和侦查、公诉、审判工作。环境污染事故、核设施事故、国防科研生产事故的报告、调查处理以及侦查、公诉、审判工作不适用本通知。

最高人民法院、最高人民检察院、公安部《关于公安部证券犯罪侦查局直属分局办理经济犯罪案件适用刑事诉讼程序若干问题的通知》

（自2010年1月1日起施行　公通字〔2009〕51号）

各省、自治区、直辖市高级人民法院，人民检察院，公安厅、局，新疆维吾尔自治区高级人民法院生产建设兵团分院，新疆生产建设兵团人民检察院、公安局：

根据《国务院办公厅关于印发公安部主要职责内设机构和人员编制规定的通知》（国办发〔2008〕59号）要求，公安部证券犯罪侦查局设立第一、第二、第三分局，分别派驻北京、上海、深圳，按管辖区域承办需要公安部侦查的有关经济犯罪案件。为了规范公安部证券犯罪侦查局第一、第二、第三分局（以下简称"直属分局"）的办案工作，进一步加大打击经济犯罪的力度，现就直属分局办理经济犯罪案件适用刑事诉讼程序的若干问题通知如下：

一、直属分局行使《刑事诉讼法》赋予公安机关的刑事侦查权，按管辖区域立案侦查公安部交办的证券领域以及其他领域重大经济犯罪案件。

二、直属分局管辖区域分别是：

第一分局：北京、天津、河北、山西、内蒙古、辽宁、吉林、黑龙江、陕西、甘肃、青海、宁夏、新疆（含生产建设兵团）；

第二分局：上海、江苏、浙江、安徽、福建、江西、山东、河南、湖北、湖南；

第三分局：广东、广西、海南、重庆、四川、贵州、云南、西藏。

经公安部指定，直属分局可以跨区域管辖案件。

三、直属分局依法对本通知第一条规定的案件立案、侦查、预审。对犯罪嫌疑人分别依法决定传唤、拘传、取保候审、监视居住、拘留；认为需要逮捕的，提请人民检察院审查批准；对依法不追究刑事责任的不予立案，已经立案的予以撤销案件；对侦查终结应当起诉的案件，移送人民检察院审查决定。

四、直属分局依照《刑事诉讼法》和《公安机关办理刑事案件程序规定》等有关规定出具和使用刑事法律文书，冠以

"公安部证券犯罪侦查局第 X 分局"字样,加盖"公安部证券犯罪侦查局第 X 分局"印章,需要加盖直属分局局长印章的,加盖直属分局局长印章。

五、直属分局在侦查办案过程中,需要逮捕犯罪嫌疑人的,应当按照《刑事诉讼法》及《公安机关办理刑事案件程序规定》的有关规定,制作相应的法律文书,连同有关案卷材料、证据,一并移送犯罪地的人民检察院审查批准。如果由犯罪嫌疑人居住地的人民检察院办理更为适宜的,可以移送犯罪嫌疑人居住地的人民检察院审查批准。

六、直属分局对于侦查终结的案件,犯罪事实清楚,证据确实、充分的,应当按照《刑事诉讼法》的有关规定,制作《起诉意见书》,连同案卷材料、证据,一并移送犯罪地的人民检察院审查决定。如果由犯罪嫌疑人居住地的人民检察院办理更为适宜的,可以移送犯罪嫌疑人居住地的人民检察院审查决定。

七、人民检察院认为直属分局移送的案件,犯罪事实已经查清,证据确实、充分,依法应当追究刑事责任的,应当依照《刑事诉讼法》有关管辖的规定向人民法院提起公诉。人民法院应当依法作出判决。

八、案情重大、复杂或者确有特殊情况需要改变管辖的,人民法院可以依照《刑事诉讼法》第二十三条、第二十六条的规定决定。

九、对经侦查不构成犯罪和人民检察院依法决定不起诉或者人民法院依法宣告无罪、免予刑事处罚的刑事案件,需要追究行政责任的,依照有关行政法规的规定,移送有关部门处理。

十、本通知自 2010 年 1 月 1 日起施行。2005 年 2 月 28 日下发的《关于公安部证券犯罪侦查局直属分局办理证券期货领域刑事案件适用刑事诉讼程序若干问题的通知》(公通字〔2005〕11 号)同时废止。

最高人民法院、最高人民检察院、公安部《办理黑社会性质组织犯罪案件座谈会纪要》(节录)

(自 2009 年 12 月 15 日起施行 法〔2009〕382 号)

(二)关于办理黑社会性质组织犯罪案件的其他问题

3. 关于涉黑犯罪财物及其收益的认定和处置。在办案时,要依法运用查封、扣押、冻结、追缴、没收等手段,彻底摧毁黑社会性质组织的经济基础,防止其死灰复燃。对于涉黑犯罪财物及其收益以及犯罪工具,均应按照刑法第六十四条和《司法解释》第七条的规定予以追缴、没收。黑社会性质组织及其成员通过犯罪活动聚敛的财物及其收益,是指在黑社会性质组织的形成、发展过程中,该组织及组织成员通过违法犯罪活动或其他不正当手段聚敛的全部财物、财产性权益及其孳息、收益。在办案工作中,应认真审查涉案财产的来源、性质,对被告人及其他单位、个人的合法财产应依法予以保护。

4. 关于认定黑社会性质组织犯罪的证据要求。办理涉黑案件同样应当坚持案件"事实清楚,证据确实、充分"的法定证明标准。但应当注意的是,"事实清楚"是指能够对定罪量刑产生影响的事实必须清楚,而不是指整个案件的所有事实和情节都要一一查证属实;"证据确实、充分"是指能够据以定罪量刑的证据确实、充分,而不是指案件中所涉全部问题的证据都要达到确实、充分的程度。对此,一定要准确理解和把握,不要纠缠那些不影响定罪量刑的枝节问题。比如,在可以认定某犯罪组织已将所获经济利益部分用于组织活动的情况下,即使此部分款项的具体数额难以全部查实,也不影响定案。

7. 关于视听资料的收集、使用。公安机关在侦查时要特别重视对涉黑犯罪视听资料的收集。对于那些能够证明涉案犯罪组织具备黑社会性质组织的"四个特征"及其实施的具体违法犯罪活动的录音、录像资料,要及时提取、固定、移送。通过特殊侦查措施获取的视听资料,在移送审查起诉时,公安机关对证据的来源、提取经过应予说明。

8. 庭审时应注意的有关问题。为确保庭审效果,人民法院在开庭审理涉黑案件之前,应认真做好庭审预案。法庭调查时,除必须传唤共同被告人同时到庭质证外,对各被告人应当分别询问,防止被告人当庭串供或者不敢如实供述、作证。对于诉讼参与人、旁听人员破坏法庭秩序、干扰法庭审理的,法庭应按照刑事诉讼法及有关司法解释的规定及时作出处理。构成犯罪的,应当依法追究刑事责任。

最高人民法院、最高人民检察院、公安部、司法部《关于办理黑社会性质组织犯罪案件若干问题的规定》

(2012年9月11日 公通字〔2012〕45号)

为依法严厉打击黑社会性质组织犯罪,按照宽严相济的刑事政策和"打早打小、除恶务尽"的工作方针,根据《中华人民共和国刑法》、《中华人民共和国刑事诉讼法》和其他有关规定,现就办理黑社会性质组织犯罪案件有关问题,制定本规定。

一、管辖

第一条 公安机关侦查黑社会性质组织犯罪案件时,对黑社会性质组织及其成员在多个地方实施的犯罪,以及其他与黑社会性质组织犯罪有关的犯罪,可以依照法律和有关规定一并立案侦查。对案件管辖有争议的,由共同的上级公安机关指定管辖。

并案侦查的黑社会性质组织犯罪案件,由侦查该案的公安机关所在地同级人民检察院一并审查批准逮捕、受理移送审查起诉,由符合审判级别管辖要求的人民法院审判。

第二条 公安机关、人民检察院、人民法院根据案件情况和需要,可以依法对黑社会性质组织犯罪案件提级管辖或者指定管辖。

提级管辖或者指定管辖的黑社会性质组织犯罪案件,由侦查该案的公安机关所在地同级人民检察院审查批准逮捕、受理移送审查起诉,由同级或者符合审判级别管辖要求的人民法院审判。

第三条 人民检察院对于公安机关提请批准逮捕、移送审查起诉的黑社会性质组织犯罪案件,人民法院对于已进入审判程序的黑社会性质组织犯罪案件,被告人及其辩护人提出管辖异议,或者办案单位发现没有管辖权的,受案人民检察院、人民法院经审查,可以依法报请与有管辖权的人民检察院、人民法院共同的上级人民检察院、人民法院指定管辖,不再自行移交。对于在审查批准逮捕阶段，上级检察机关已经指定管辖的案件，审查起诉工作由同一人民检察院受理。

第四条 公安机关侦查黑社会性质组织犯罪案件过程中，发现人民检察院管辖的贪污贿赂、渎职侵权犯罪案件线索的，应当及时移送人民检察院。人民检察院对于公安机关移送的案件线索应当及时依法进行调查或者立案侦查。人民检察院与公安机关应当相互及时通报案件进展情况。

二、立案

第五条 公安机关对涉嫌黑社会性质组织犯罪的线索，应当及时进行审查。审查过程中，可以采取询问、查询、勘验、检查、鉴定、辨认、调取证据材料等必要的调查活动，但不得采取强制措施，不得查封、扣押、冻结财产。

立案前的审查阶段获取的证据材料经查证属实的，可以作为证据使用。

公安机关因侦查黑社会性质组织犯罪的需要，根据国家有关规定，经过严格的批准手续，对一些重大犯罪线索立案后可以采取技术侦查等秘密侦查措施。

第六条 公安机关经过审查，认为有黑社会性质组织犯罪事实需要追究刑事责任，且属于自己管辖的，经县级以上公安机关负责人批准，予以立案，同时报上级公安机关备案。

三、强制措施和羁押

第七条 对于组织、领导、积极参加黑社会性质组织的犯罪嫌疑人、被告人，不得取保候审；但是患有严重疾病、生活不能自理，怀孕或者是正在哺乳自己婴儿的妇女，采取取保候审不致发生社会危险性的除外。

第八条 对于黑社会性质组织犯罪案件的犯罪嫌疑人、被告人，看守所应当严格管理，防止发生串供、通风报信等行为。

对于黑社会性质组织犯罪案件的犯罪嫌疑人、被告人，可以异地羁押。

对于同一黑社会性质组织犯罪案件的犯罪嫌疑人、被告人，应当分别羁押，在看守所的室外活动应当分开进行。

对于组织、领导黑社会性质组织的犯罪嫌疑人、被告人，有条件的地方应当单独羁押。

四、证人保护

第九条 公安机关、人民检察院和人民法院应当采取必要措施，保障证人及其近亲属的安全。证人的人身和财产受到侵害时，可以视情给予一定的经济补偿。

第十条 在侦查、起诉、审判过程中，对于因作证行为可能导致本人或者近亲属的人身、财产安全受到严重危害的证人，分别经地市级以上公安机关主要负责人、人民检察院检察长、人民法院院长批准，应当对其身份采取保密措施。

第十一条 对于秘密证人，侦查人员、检察人员和审判人员在制作笔录或者文书时，应当以代号代替其真实姓名，不得记录证人住址、单位、身份证号及其他足以识别其身份的信息。证人签名以按指纹代替。

侦查人员、检察人员和审判人员记载秘密证人真实姓名和身份信息的笔录或者文书，以及证人代号与真实姓名对照表，应当单独立卷，交办案单位档案部门封存。

第十二条 法庭审理时不得公开秘密证人的真实姓名和身份信息。用于公开质证的秘密证人的声音、影像，应当进行变声、变像等技术处理。

秘密证人出庭作证,人民法院可以采取限制询问、遮蔽容貌、改变声音或者使用音频、视频传送装置等保护性措施。

经辩护律师申请,法庭可以要求公安机关、人民检察院对使用秘密证人的理由、审批程序出具说明。

第十三条 对报案人、控告人、举报人、鉴定人、被害人的保护,参照本规定第九条至第十二条的规定执行。

五、特殊情况的处理

第十四条 参加黑社会性质组织的犯罪嫌疑人、被告人,自动投案,如实供述自己的罪行,或者在被采取强制措施期间如实供述司法机关还未掌握的本人其他罪行的,应当认定为自首。

参加黑社会性质组织的犯罪嫌疑人、被告人,积极配合侦查、起诉、审判工作,检举、揭发黑社会性质组织其他成员与自己共同犯罪以外的其他罪行,经查证属实的,应当认定为有立功表现。在查明黑社会性质组织的组织结构和组织者、领导者的地位作用,追缴、没收赃款赃物,打击"保护伞"方面提供重要线索,经查证属实的,可以酌情从宽处理。

第十五条 对于有本规定第十四条所列情形之一的,公安机关应当根据犯罪嫌疑人的认罪态度以及在侦查工作中的表现,经县级以上公安机关主要负责人批准,提出从宽处理的建议并说明理由。

人民检察院应当根据已经查明的事实、证据和有关法律规定,在充分考虑全案情况和公安机关建议的基础上依法作出起诉或者不起诉决定,或者起诉后向人民法院提出依法从轻、减轻或者免除刑事处罚的建议。

人民法院应当根据已经查明的事实、证据和有关法律规定,在充分考虑全案情况、公安机关和人民检察院建议和被告人、辩护人辩护意见的基础上,依法作出判决。

对参加黑社会性质组织的犯罪嫌疑人、被告人不起诉或者免予刑事处罚的,应当予以训诫或者责令具结悔过并保证不再从事违法犯罪活动。

第十六条 对于有本规定第十四条第二款情形的犯罪嫌疑人、被告人,可以参照第九条至第十二条的规定,采取必要的保密和保护措施。

六、涉案财产的控制和处理

第十七条 根据黑社会性质组织犯罪案件的诉讼需要,公安机关、人民检察院、人民法院可以依法查询、查封、扣押、冻结与案件有关的下列财产:

(一)黑社会性质组织的财产;

(二)犯罪嫌疑人、被告人个人所有的财产;

(三)犯罪嫌疑人、被告人实际控制的财产;

(四)犯罪嫌疑人、被告人出资购买的财产;

(五)犯罪嫌疑人、被告人转移至他人的财产;

(六)其他与黑社会性质组织及其违法犯罪活动有关的财产。

对于本条第一款的财产,有证据证明与黑社会性质组织及其违法犯罪活动无关的,应当依法立即解除查封、扣押、冻结措施。

第十八条 查封、扣押、冻结财产的,应当一并扣押证明财产所有权或者相关权益的法律文件和文书。

在侦查、起诉、审判过程中,查询、查封、扣押、冻结财产需要其他部门配合或者执行的,应当分别经县级以上公安机关负责人、人民检察院检察长、人民法院院长批准,通知有关部门配合或者执行。

查封、扣押、冻结已登记的不动产、特定动产及其他财产,应当通知有关登记机关,在查封、扣押、冻结期间禁止被查封、扣押、冻结的财产流转,不得办理被查封、扣押、冻结财产权属变更、抵押等手续;必要时可以提取有关产权证照。

第十九条 对于不宜查封、扣押、冻结的经营性财产,公安机关、人民检察院、人民法院可以申请当地政府指定有关部门或者委托有关机构代管。

第二十条 对于黑社会性质组织形成、发展过程中,组织及其成员通过违法犯罪活动或者其他不正当手段聚敛的财产及其孳息、收益,以及用于违法犯罪的工具和其他财物,应当依法追缴、没收。

对于其他个人或者单位利用黑社会性质组织及其成员的违法犯罪活动获得的财产及其孳息、收益,应当依法追缴、没收。

对于明知是黑社会性质组织而予以资助、支持的,依法没收资助、支持的财产。

对于被害人的合法财产及其孳息,应当依法及时返还或者责令退赔。

第二十一条 依法应当追缴、没收的财产无法找到、被他人善意取得、价值灭失或者与其他合法财产混合且不可分割的,可以追缴、没收其他等值财产。

对黑社会性质组织及其成员聚敛的财产及其孳息、收益的数额,办案单位可以委托专门机构评估;确实无法准确计算的,可以根据有关法律规定及查明的事实、证据合理估算。

七、律师辩护代理

第二十二条 公安机关、人民检察院、人民法院应当依法保障律师在办理黑社会性质组织犯罪案件辩护代理工作中的执业权利,保证律师依法履行职责。

公安机关、人民检察院、人民法院应当加强与司法行政机关的沟通和协作,及时协调解决律师辩护代理工作中的问题;发现律师有违法违规行为的,应当及时通报司法行政机关,由司法行政机关依法处理。

第二十三条 律师接受委托参加黑社会性质组织犯罪案件辩护代理工作的,应当严格依法履行职责,依法行使执业权利,恪守律师职业道德和执业纪律。

第二十四条 司法行政机关应当建立对律师办理黑社会性质组织犯罪案件辩护代理工作的指导、监督机制,加强对敏感、重大的黑社会性质组织犯罪案件律师辩护代理工作的业务指导;指导律师事务所建立健全律师办理黑社会性质组织犯罪案件辩护代理工作的登记、报告、保密、集体讨论、档案管理等制度;及时查处律师从事黑社会性质组织犯罪案件辩护代理活动中的违法违规行为。

八、刑罚执行

第二十五条 对于组织、领导、参加黑社会性质组织的罪犯,执行机关应当采取严格的监管措施。

第二十六条 对于判处十年以上有期徒刑、无期徒刑,以及判处死刑缓期二年执行减为有期徒刑、无期徒刑的黑社会性质组织的组织者、领导者,应当跨省、自治区、直辖市异地执行刑罚。

对于被判处十年以下有期徒刑的黑社会性质组织的组织者、领导者,以及黑社会性质组织的积极参加者,可以跨省、自治区、直辖市或者在本省、自治区、直辖市内异地执行刑罚。

第二十七条 对组织、领导和积极参加黑社会性质组织的罪犯减刑的，执行机关应当依法提出减刑建议，报经省、自治区、直辖市监狱管理机关审核后，提请人民法院裁定。监狱管理机关审核时应当向同级人民检察院、公安机关通报情况。

对被判处不满十年有期徒刑的组织、领导和积极参加黑社会性质组织的罪犯假释的，依照前款规定处理。

对因犯组织、领导黑社会性质组织罪被判处十年以上有期徒刑、无期徒刑的罪犯，不得假释。

第二十八条 对于组织、领导和积极参加黑社会性质组织的罪犯，有下列情形之一，确实需要暂予监外执行的，应当依照法律规定的条件和程序严格审批：

（一）确有严重疾病而监狱不具备医治条件，必须保外就医，且适用保外就医不致危害社会的；

（二）怀孕或者正在哺乳自己婴儿的妇女；

（三）因年老、残疾完全丧失生活自理能力，适用暂予监外执行不致危害社会的。

暂予监外执行的审批机关在作出审批决定前，应当向同级人民察院、公安机关通报情况。

第二十九条 办理境外黑社会组织成员入境发展组织成员犯罪案件，参照本规定执行。

第三十条 本规定自印发之日起施行。

最高人民法院
《全国部分法院审理黑社会性质组织犯罪案件工作座谈会纪要》
（节录）

（2015年10月13日　法〔2015〕291号）

四、关于审判程序和证据审查

（一）分案审理问题

为便宜诉讼，提高审判效率，防止因法庭审理过于拖延而损害当事人的合法权益，对于被告人人数众多，合并审理难以保证庭审质量和庭审效率的黑社会性质组织犯罪案件，可分案进行审理。分案应当遵循有利于案件顺利审判、有利于查明案件事实、有利于公正定罪量刑的基本原则，确保有效质证、事实统一、准确定罪、均衡量刑。对于被作为组织者、领导者、积极参加者起诉的被告人，以及黑社会性质组织重大犯罪的共同作案人，分案审理影响庭审调查的，一般不宜分案审理。

（二）证明标准和证据运用问题

办理黑社会性质组织犯罪案件应当坚持"事实清楚，证据确实、充分"的法定证明标准。黑社会性质组织犯罪案件侦查取证难度大，"四个特征"往往难以通过实物证据来加以证明。审判时，应当严格依照刑事诉讼法及有关司法解释的规定对相关证据进行审查与认定。在确保被告人供述、证人证言、被害人陈述等言词证据取证合法、内容真实，且综合全案证据，已排除合理怀疑的情况下，同样可以认定案件事实。

（三）法庭举证、质证问题

审理黑社会性质组织犯罪案件时，合议庭应当按照刑事诉讼法及有关司法解释的规定有效引导控辩双方举证、质证。不得因为案件事实复杂、证据繁多，而不当限制控辩双方就证据问题进行交叉询问、相互辩论的权利。庭审时，应当根据案件事实繁简、被告人认罪态度等采取适当的举证、质证方式，突出重点；对黑社会性质组织的"四个特征"应单独举证、质证。为减少重复举证、质证，提高审判效率，庭审中可以先就认定具体违法犯罪事实的证据进行举证、质证。对认定黑社会性质组织行为特征的证据进行举证、质证时，之前已经宣读、出示过的证据，可以在归纳、概括之后简要征询控辩双方意见。对于认定组织特征、经济特征、非法控制特征（危害性特征）的证据，举证、质证时一般不宜采取前述方式。

（四）对出庭证人、鉴定人、被害人的保护问题

人民法院受理黑社会性质组织犯罪案件后，应当及时了解在侦查、审查起诉阶段有无对证人、鉴定人、被害人采取保护措施的情况，确保相关保护措施在审判阶段能够紧密衔接。开庭审理时，证人、鉴定人、被害人因出庭作证，本人或其近亲属的人身安全面临危险的，应当采取不暴露外貌、真实声音等出庭作证措施。必要时，可以进行物理隔离，以音频、视频传送的方式作证，并对声音、图像进行技术处理。有必要禁止特定人员接触证人、鉴定人、被害人及其近亲属的，以及需要对证人、鉴定人、被害人及其近亲属的人身和住宅采取专门性保护措施的，应当及时与检察机关、公安机关协调，确保保护措施及时执行到位。依法决定不公开证人、鉴定人、被害人真实姓名、住址和工作单位等个人信息的，应当在开庭前核实其身份。证人、鉴定人签署的如实作证保证书应当列入审判副卷，不得对外公开。

五、关于黑社会性质组织犯罪案件审判工作相关问题

（一）涉案财产的处置问题

审理黑社会性质组织犯罪案件时，对于依法查封、冻结、扣押的涉案财产，应当全面审查证明财产来源、性质、用途、权属及价值大小的有关证据，调查财产的权属情况以及是否属于违法所得或者依法应当追缴的其他财物。属于下列情形的，依法应当予以追缴、没收：1.黑社会性质组织形成、发展过程中，该组织及其组织成员通过违法犯罪活动或其他不正当手段聚敛的财产及其孳息、收益，以及合法获取的财产中实际用于支持该组织存在、发展和实施违法犯罪活动的部分；2.其他单位、个人为支持黑社会性质组织存在、发展以及实施违法犯罪活动而资助或提供的财产；3.组织成员通过个人实施的违法犯罪活动所聚敛的财产及其孳息、收益，以及供个人犯罪所用的本人财物；4.黑社会性质组织及其组织成员个人非法持有的违禁品；5.依法应当追缴的其他涉案财物。

（二）发挥庭审功能问题

黑社会性质组织犯罪案件开庭前，应当按照重大案件的审判要求做好从物质保障到人员配备等各方面的庭审准备，并制定详细的庭审预案和庭审提纲。同时，还要充分发挥庭前会议了解情况、听取意见的应有作用，提前了解控辩双方的主要意见，及时解决可能影响庭审顺利进行的程序性问题。对于庭前会议中出示的证据材料，控辩双方无异议的，庭审举证、质证时可以简化。庭审过程中，合议庭应当针对争议焦点和关键的事实、证据问题，有效引导控辩双方进行法庭调查与法庭辩论。庭审时，还应当全程录音录

像,相关音视频资料应当存卷备查。

最高人民法院、最高人民检察院、公安部、司法部《关于办理恶势力刑事案件若干问题的意见》(节录)

(2019年4月9日)

四、办理恶势力刑事案件的其他问题

17. 人民法院、人民检察院、公安机关经审查认为案件符合恶势力认定标准的,应当在起诉意见书、起诉书、判决书、裁定书等法律文书中的案件事实部分明确表述,列明恶势力的纠集者、其他成员、违法犯罪事实以及据以认定的证据;符合恶势力犯罪集团认定标准的,应当在上述法律文书中明确定性,列明首要分子、其他成员、违法犯罪事实以及据以认定的证据,并引用刑法总则关于犯罪集团的相关规定。被告人及其辩护人对恶势力定性提出辩解和辩护意见,人民法院可以在裁判文书中予以评析回应。

恶势力刑事案件的起诉意见书、起诉书、判决书、裁定书等法律文书,可以在案件事实部分先概述恶势力、恶势力犯罪集团的概括事实,再分述具体的恶势力违法犯罪事实。

18. 对于公安机关未在起诉意见书中明确认定,人民检察院在审查起诉期间发现构成恶势力或者恶势力犯罪集团,且相关违法犯罪事实已经查清,证据确实、充分,依法应追究刑事责任的,应当作出起诉决定,根据查明的事实向人民法院提起公诉,并在起诉书中明确认定为恶势力或者恶势力犯罪集团。人民检察院认为恶势力相关违法犯罪事实不清、证据不足,或者存在遗漏恶势力违法犯罪事实、遗漏同案犯罪嫌疑人等情形需要补充侦查的,应当提出具体的书面意见,连同案卷材料一并退回公安机关补充侦查;人民检察院也可以自行侦查,必要时可以要求公安机关提供协助。

对于人民检察院未在起诉书中明确认定,人民法院在审判期间发现构成恶势力或恶势力犯罪集团的,可以建议人民检察院补充或者变更起诉;人民检察院不同意或者在七日内未回复意见的,人民法院不应主动认定,可仅就起诉指控的犯罪事实依照相关规定作出判决、裁定。

审理被告人或者被告人的法定代理人、辩护人、近亲属上诉的案件时,一审判决认定黑社会性质组织有误的,二审法院应当纠正,符合恶势力、恶势力犯罪集团认定标准,应当作出相应认定;一审判决认定恶势力或恶势力犯罪集团有误的,应当纠正,但不得升格认定;一审判决未认定恶势力或恶势力犯罪集团的,不得增加认定。

19. 公安机关、人民检察院、人民法院应当分别以起诉意见书、起诉书、裁判文书所明确的恶势力、恶势力犯罪集团,作为相关数据的统计依据。

国家监察委员会、最高人民法院、最高人民检察院、公安部、司法部《关于在扫黑除恶专项斗争中分工负责、互相配合、互相制约严惩公职人员涉黑涉恶违法犯罪问题的通知》(节录)

(2019年10月20日)

11. 监察机关、公安机关、人民检察

院、人民法院、司法行政机关要建立公职人员涉黑涉恶违法犯罪线索移送制度，对工作中收到、发现的不属于本单位管辖的公职人员涉黑涉恶违法犯罪线索，应当及时移送有管辖权的单位处置。

移送公职人员涉黑涉恶违法犯罪线索，按照以下规定执行：

（1）公安机关、人民检察院、人民法院、司法行政机关在工作中发现公职人员涉黑涉恶违法犯罪中的涉嫌贪污贿赂、失职渎职等职务违法和职务犯罪等应由监察机关管辖的问题线索，应当移送监察机关。

（2）监察机关在信访举报、监督检查、审查调查等工作中发现公职人员涉黑涉恶违法犯罪线索的，应当将其中涉嫌包庇、纵容黑社会性质组织犯罪等由公安机关管辖的案件线索移送公安机关处理。

（3）监察机关、公安机关、人民检察院、人民法院、司法行政机关在工作中发现司法工作人员涉嫌利用职权实施的侵犯公民权利、损害司法公正案件线索的，根据有关规定，经沟通后协商确定管辖机关。

12. 监察机关、公安机关、人民检察院接到移送的公职人员涉黑涉恶违法犯罪线索，应当按各自职责及时处置、核查，依法依规作出处理，并做好沟通反馈工作；必要时，可以与相关线索或案件并案处理。

对于重大疑难复杂的公职人员涉黑涉恶违法犯罪案件，监察机关、公安机关、人民检察院可以同步立案、同步查处，根据案件办理需要，相互移送相关证据，加强沟通配合，做到协同推进。

13. 公职人员涉黑涉恶违法犯罪案件中，既涉嫌贪污贿赂、失职渎职等严重职务违法或职务犯罪，又涉嫌公安机关、人民检察院管辖的违法犯罪的，一般应当以监察机关为主调查，公安机关、人民检察院予以协助。监察机关和公安机关、人民检察院分别立案调查（侦查）的，由监察机关协调调查和侦查工作。犯罪行为仅涉及公安机关、人民检察院管辖的，由有关机关依法按照管辖职能进行侦查。

14. 公安机关、人民检察院、人民法院对公职人员涉黑涉恶违法犯罪移送审查起诉、提起公诉、作出裁判，必要时听取监察机关的意见。

最高人民法院、最高人民检察院、公安部、司法部《关于办理利用信息网络实施黑恶势力犯罪刑事案件若干问题的意见》（节录）

（2019年7月23日发布，自2019年10月21日起施行）

四、利用信息网络实施黑恶势力犯罪案件管辖

14. 利用信息网络实施的黑恶势力犯罪案件管辖依照《关于办理黑社会性质组织犯罪案件若干问题的规定》和《关于办理网络犯罪案件适用刑事诉讼程序若干问题的意见》的有关规定确定，坚持以犯罪地管辖为主、被告人居住地管辖为辅的原则。

15. 公安机关可以依法对利用信息网络实施的黑恶势力犯罪相关案件并案侦查或者指定下级公安机关管辖，并案侦查或者由上级公安机关指定管辖的公安机关应当全面调查收集能够证明黑恶势力犯罪事实的证据，各涉案地公安机关应当积极配合。

并案侦查或者由上级公安机关指定管辖的案件,需要提请批准逮捕、移送审查起诉、提起公诉的,由立案侦查的公安机关所在地的人民检察院、人民法院受理。

16. 人民检察院对于公安机关提请批准逮捕、移送审查起诉的利用信息网络实施的黑恶势力犯罪案件,人民法院对于已进入审判程序的利用信息网络实施的黑恶势力犯罪案件,被告人及其辩护人提出的管辖异议成立,或者办案单位发现没有管辖权的,受案人民检察院、人民法院经审查,可以依法报请与有管辖权的人民检察院、人民法院共同的上级人民检察院、人民法院指定管辖,不再自行移交。对于在审查批准逮捕阶段,上级检察机关已经指定管辖的案件,审查起诉工作由同一人民检察院受理。人民检察院、人民法院认为应当分案起诉、审理的,可以依法分案处理。

17. 公安机关指定下级公安机关办理利用信息网络实施的黑恶势力犯罪案件的,应当同时抄送同级人民检察院、人民法院。人民检察院认为需要依法指定审判管辖的,应当协商同级人民法院办理指定管辖有关事宜。

最高人民法院、最高人民检察院、公安部、司法部《关于跨省异地执行刑罚的黑恶势力罪犯坦白检举构成自首立功若干问题的意见》(节录)

(2019年10月21日)

各省、自治区、直辖市高级人民法院、人民检察院、公安厅(局)、司法厅(局),新疆维吾尔自治区高级人民法院生产建设兵团分院、新疆生产建设兵团人民检察院、公安局、司法局、监狱管理局:

为认真贯彻落实中央开展扫黑除恶专项斗争的部署要求,根据刑法、刑事诉讼法和有关司法解释、规范性文件的规定,现对办理跨省异地执行刑罚的黑恶势力罪犯坦白交代本人犯罪和检举揭发他人犯罪案件提出如下意见:

一、总体工作要求(略)

二、排查和移送案件线索

3. 监狱应当依法从严管理跨省异地执行刑罚的黑恶势力罪犯,积极开展黑恶势力犯罪线索排查,加大政策宣讲力度,教育引导罪犯坦白交代司法机关还未掌握的本人其他犯罪行为,鼓励罪犯检举揭发他人犯罪行为。

4. 跨省异地执行刑罚的黑恶势力罪犯检举揭发他人犯罪行为、提供重要线索,或者协助司法机关抓捕其他犯罪嫌疑人的,各部门在办案中应当采取必要措施,保护罪犯及其近亲属人身和财产安全。

5. 跨省异地执行刑罚的黑恶势力罪犯坦白、检举的,监狱应当就基本犯罪事实、涉案人员和作案时间、地点等情况对罪犯进行询问,形成书面材料后报省级监狱管理机关。省级监狱管理机关根据案件性质移送原办案侦查机关所在地省级公安机关、人民检察院或者其他省级主管部门。

6. 原办案侦查机关所在地省级公安机关、人民检察院收到监狱管理机关移送的案件线索材料后,应当进行初步审查。经审查认为属于公安机关或者人民检察院管辖的,应当按照有关管辖的规定处理。经审查认为不属于公安机关或者人民检察院管辖的,应当及时退回移送的省级监狱管理机关,并书面说明理由。

三、办理案件程序

7. 办案侦查机关收到罪犯坦白、检举案件线索或者材料后,应当及时进行核实。依法不予立案的,应当说明理由,并将不予立案通知书送达罪犯服刑监狱。依法决定立案的,应当在立案后十日内,将立案情况书面告知罪犯服刑监狱。依法决定撤销案件的,应当将案件撤销情况书面告知罪犯服刑监狱。

8. 人民检察院审查起诉跨省异地执行刑罚的黑恶势力罪犯坦白、检举案件,依法决定不起诉的,应当在作出不起诉决定后十日内将有关情况书面告知罪犯服刑监狱。

9. 人民法院审理跨省异地执行刑罚的黑恶势力罪犯坦白案件,可以依法适用简易程序、速裁程序。有条件的地区,可以通过远程视频方式开庭审理。判决生效后十日内,人民法院应当向办案侦查机关和罪犯服刑监狱发出裁判文书。

10. 跨省异地执行刑罚的黑恶势力罪犯在服刑期间,检举揭发他人犯罪、提供重要线索,或者协助司法机关抓捕其他犯罪嫌疑人的,办案侦查机关应当在人民法院判决生效后十日内根据人民法院判决对罪犯是否构成立功或重大立功提出书面意见,与案件相关材料一并送交监狱。

11. 跨省异地执行刑罚的黑恶势力罪犯在原审判决生效前,检举揭发他人犯罪活动、提供重要线索,或者协助司法机关抓捕其他犯罪嫌疑人的,在原审判决生效后才被查证属实的,参照本意见第10条情形办理。

12. 跨省异地执行刑罚的黑恶势力罪犯检举揭发他人犯罪,构成立功或者重大立功的,监狱依法向人民法院提请减刑。对于检举他人犯罪行为基本属实,但未构成立功或者重大立功的,监狱可以根据有关规定给予日常考核奖励或者物质奖励。

13. 公安机关、人民检察院、人民法院认为需要提审跨省异地执行刑罚的黑恶势力罪犯的,提审人员应当持工作证等有效证件和县级以上公安机关、人民检察院、人民法院出具的介绍信等证明材料到罪犯服刑监狱进行提审。

14. 公安机关、人民检察院、人民法院认为需要将异地执行刑罚的黑恶势力罪犯跨省解回侦查、起诉、审判的,办案地省级公安机关、人民检察院、人民法院应当先将解回公函及相关材料送监狱所在地省级公安机关、人民检察院、人民法院审核。经审核确认无误的,监狱所在地省级公安机关、人民检察院、人民法院应当出具确认公函,与解回公函及材料一并转送监狱所在地省级监狱管理机关审批。监狱所在地省级监狱管理机关应当在收到上述材料后三日内作出是否批准的书面决定。批准将罪犯解回侦查、起诉、审判的,办案地公安机关、人民检察院、人民法院应当派员到监狱办理罪犯离监手续。案件办理结束后,除将罪犯依法执行死刑外,应当将罪犯押解回原服刑监狱继续服刑。

15. 本意见所称"办案侦查机关",是指依法对案件行使侦查权的公安机关、人民检察院。

最高人民法院、最高人民检察院、公安部、司法部《关于依法惩治拐卖妇女儿童犯罪的意见》
（节录）

（2010年3月15日）

为加大对妇女、儿童合法权益的司法保护力度，贯彻落实《中国反对拐卖妇女儿童行动计划（2008—2012）》，根据刑法、刑事诉讼法等相关法律及司法解释的规定，最高人民法院、最高人民检察院、公安部、司法部就依法惩治拐卖妇女、儿童犯罪提出如下意见：

……

二、管辖

4. 拐卖妇女、儿童犯罪案件依法由犯罪地的司法机关管辖。拐卖妇女、儿童犯罪的犯罪地包括拐出地、中转地、拐入地以及拐卖活动的途经地。如果由犯罪嫌疑人、被告人居住地的司法机关管辖更为适宜的，可以由犯罪嫌疑人、被告人居住地的司法机关管辖。

5. 几个地区的司法机关都有权管辖的，一般由最先受理的司法机关管辖。犯罪嫌疑人、被告人或者被拐卖的妇女、儿童人数较多，涉及多个犯罪地的，可以移送主要犯罪地或者主要犯罪嫌疑人、被告人居住地的司法机关管辖。

6. 相对固定的多名犯罪嫌疑人、被告人分别在拐出地、中转地、拐入地实施某一环节的犯罪行为，犯罪所跨地域较广，全案集中管辖有困难的，可以由拐出地、中转地、拐入地的司法机关对不同犯罪分子分别实施的拐出、中转和拐入犯罪行为分别管辖。

7. 对管辖权发生争议的，争议各方应当本着有利于迅速查清犯罪事实，及时解救被拐卖的妇女、儿童，以及便于起诉、审判的原则，在法定期间内尽快协商解决；协商不成的，报请共同的上级机关确定管辖。

正在侦查中的案件发生管辖权争议的，在上级机关作出管辖决定前，受案机关不得停止侦查工作。

三、立案

8. 具有下列情形之一，经审查，符合管辖规定的，公安机关应当立即以刑事案件立案，迅速开展侦查工作：

（1）接到拐卖妇女、儿童的报案、控告、举报的；

（2）接到儿童失踪或者已满十四周岁不满十八周岁的妇女失踪报案的；

（3）接到已满十八周岁的妇女失踪，可能被拐卖的报案的；

（4）发现流浪、乞讨的儿童可能系被拐卖的；

（5）发现有收买被拐卖妇女、儿童行为，依法应当追究刑事责任的；

（6）表明可能有拐卖妇女、儿童犯罪事实发生的其他情形的。

9. 公安机关在工作中发现犯罪嫌疑人或者被拐卖的妇女、儿童，不论案件是否属于自己管辖，都应当首先采取紧急措施。经审查，属于自己管辖的，依法立案侦查；不属于自己管辖的，及时移送有管辖权的公安机关处理。

10. 人民检察院要加强对拐卖妇女、儿童犯罪案件的立案监督，确保有案必立、有案必查。

四、证据

11. 公安机关应当依照法定程序，全面收集能够证实犯罪嫌疑人有罪或者无罪、犯罪情节轻重的各种证据。

要特别重视收集、固定买卖妇女、儿童犯罪行为交易环节中钱款的存取证明、犯罪嫌疑人的通话清单、乘坐交通工具往来有关地方的票证、被拐卖儿童的 DNA 鉴定结论、有关监控录像、电子信息等客观性证据。

取证工作应当及时,防止时过境迁,难以弥补。

12. 公安机关应当高度重视并进一步加强 DNA 数据库的建设和完善。对失踪儿童的父母,或者疑似被拐卖的儿童,应当及时采集血样进行检验,通过全国 DNA 数据库,为查获犯罪,帮助被拐卖的儿童及时回归家庭提供科学依据。

13. 拐卖妇女、儿童犯罪所涉地区的办案单位应当加强协作配合。需要到异地调查取证的,相关司法机关应当密切配合;需要进一步补充查证的,应当积极支持。

最高人民法院、最高人民检察院、公安部《关于办理非法集资刑事案件适用法律若干问题的意见》

(2014 年 3 月 25 日　公通字〔2014〕16 号)

各省、自治区、直辖市高级人民法院,人民检察院,公安厅、局,解放军军事法院、军事检察院,新疆维吾尔自治区高级人民法院生产建设兵团分院,新疆生产建设兵团人民检察院、公安局:

为解决近年来公安机关、人民检察院、人民法院在办理非法集资刑事案件中遇到的问题,依法惩治非法吸收公众存款、集资诈骗等犯罪,根据刑法、刑事诉讼法的规定,结合司法实践,现就办理非法集资刑事案件适用法律问题提出以下意见:

一、关于行政认定的问题

行政部门对于非法集资的性质认定,不是非法集资刑事案件进入刑事诉讼程序的必经程序。行政部门未对非法集资作出性质认定的,不影响非法集资刑事案件的侦查、起诉和审判。

公安机关、人民检察院、人民法院应当依法认定案件事实的性质,对于案情复杂、性质认定疑难的案件,可参考有关部门的认定意见,根据案件事实和法律规定作出性质认定。

二、关于"向社会公开宣传"的认定问题

《最高人民法院关于审理非法集资刑事案件具体应用法律若干问题的解释》第一条第一款第二项中的"向社会公开宣传",包括以各种途径向社会公众传播吸收资金的信息,以及明知吸收资金的信息向社会公众扩散而予以放任等情形。

三、关于"社会公众"的认定问题

下列情形不属于《最高人民法院关于审理非法集资刑事案件具体应用法律若干问题的解释》第一条第二款规定的"针对特定对象吸收资金"的行为,应当认定为向社会公众吸收资金:

(一)在向亲友或者单位内部人员吸收资金的过程中,明知亲友或者单位内部人员向不特定对象吸收资金而予以放任的;

(二)以吸收资金为目的,将社会人员吸收为单位内部人员,并向其吸收资金的。

四、关于共同犯罪的处理问题

为他人向社会公众非法吸收资金提供帮助,从中收取代理费、好处费、返点费、佣金、提成等费用，构成非法集资共同犯罪的，应当依法追究刑事责任。能够及时退缴上述费用的，可依法从轻处罚；其中情节轻微的，可以免除处罚；情节显著轻微、危害不大的，不作为犯罪处理。

五、关于涉案财物的追缴和处置问题

向社会公众非法吸收的资金属于违法所得。以吸收的资金向集资参与人支付的利息、分红等回报，以及向帮助吸收资金人员支付的代理费、好处费、返点费、佣金、提成等费用，应当依法追缴。集资参与人本金尚未归还的，所支付的回报可予折抵本金。

将非法吸收的资金及其转换财物用于清偿债务或者转让给他人，有下列情形之一的，应当依法追缴：

（一）他人明知是上述资金及财物而收取的；

（二）他人无偿取得上述资金及财物的；

（三）他人以明显低于市场的价格取得上述资金及财物的；

（四）他人取得上述资金及财物系源于非法债务或者违法犯罪活动的；

（五）其他依法应当追缴的情形。

查封、扣押、冻结的易贬值及保管、养护成本较高的涉案财物，可以在诉讼终结前依照有关规定变卖、拍卖。所得价款由查封、扣押、冻结机关予以保管，待诉讼终结后一并处置。

查封、扣押、冻结的涉案财物，一般应在诉讼终结后，返还集资参与人。涉案财物不足全部返还的，按照集资参与人的集资额比例返还。

六、关于证据的收集问题

办理非法集资刑事案件中，确因客观条件的限制无法逐一收集集资参与人的言词证据的，可结合已收集的集资参与人的言词证据和依法收集并查证属实的书面合同、银行账户交易记录、会计凭证及会计账簿、资金收付凭证、审计报告、互联网电子数据等证据，综合认定非法集资对象人数和吸收资金数额等犯罪事实。

七、关于涉及民事案件的处理问题

对于公安机关、人民检察院、人民法院正在侦查、起诉、审理的非法集资刑事案件，有关单位或者个人就同一事实向人民法院提起民事诉讼或者申请执行涉案财物的，人民法院应当不予受理，并将有关材料移送公安机关或者检察机关。

人民法院在审理民事案件或者执行过程中，发现有非法集资犯罪嫌疑的，应当裁定驳回起诉或者中止执行，并及时将有关材料移送公安机关或者检察机关。

公安机关、人民检察院、人民法院在侦查、起诉、审理非法集资刑事案件中，发现与人民法院正在审理的民事案件属同一事实，或者被申请执行的财物属于涉案财物的，应当及时通报相关人民法院。人民法院经审查认为确属涉嫌犯罪的，依照前款规定处理。

八、关于跨区域案件的处理问题

跨区域非法集资刑事案件，在查清犯罪事实的基础上，可以由不同地区的公安机关、人民检察院、人民法院分别处理。

对于分别处理的跨区域非法集资刑事案件，应当按照统一制定的方案处置涉案财物。

国家机关工作人员违反规定处置涉案财物，构成渎职等犯罪的，应当依法追究刑事责任。

最高人民法院、最高人民检察院、公安部、国家安全部、工业和信息化部、中国人民银行、中国银行业监督管理委员会《关于办理流动性团伙性跨区域性犯罪案件有关问题的意见》

（自 2011 年 5 月 1 日起施行　公通字〔2011〕14 号）

为有效惩治流动性、团伙性、跨区域性犯罪活动，保障公民合法权益，维护社会治安稳定，根据《中华人民共和国刑法》《中华人民共和国刑事诉讼法》等有关法律规定，结合工作实际，制定本意见。

第一条　流动性、团伙性、跨区域性犯罪案件，由犯罪地的公安机关、人民检察院、人民法院管辖。如果由犯罪嫌疑人、被告人居住地的公安机关、人民检察院、人民法院管辖更为适宜的，可以由犯罪嫌疑人、被告人居住地的公安机关、人民检察院、人民法院管辖。犯罪地包括犯罪行为发生地和犯罪结果发生地。犯罪嫌疑人、被告人居住地包括经常居住地、户籍所在地。

前款中所称"犯罪行为发生地"包括被害人接到诈骗、敲诈勒索电话、短信息、电子邮件、信件、传真等犯罪信息的地方，以及犯罪行为持续发生的开始地、流转地、结束地；"犯罪结果发生地"包括被害人向犯罪嫌疑人、被告人指定的账户转账或存款的地方，以及犯罪所得的实际取得地、藏匿地、转移地、使用地、销售地。

第二条　几个公安机关都有管辖权的案件，由最初受理的公安机关管辖。对管辖有争议的，应当本着有利于查清犯罪事实，有利于诉讼的原则，协商解决。经协商无法达成一致的，报共同的上级公安机关指定管辖。

第三条　有下列情形之一的，主办地公安机关可以依照法律和有关规定对全部人员和全部案件一并立案侦查，需要提请批准逮捕、移送审查起诉、提起公诉的，由该公安机关所在地的同级人民检察院、人民法院受理：

（一）一人在两个以上县级行政区域作案的；

（二）一人在一地利用电话、网络、信件等通讯工具和媒介以非接触性的方式作案，涉及两个以上县级行政区域的被害人的；

（三）两人以上结伙在两个以上县级行政区域共同作案的；

（四）两人以上结伙在一地利用电话、网络、信件等通讯工具和媒介以非接触性的方式共同作案，涉及两个以上县级行政区域的被害人的；

（五）三人以上时分时合、交叉结伙在两个以上县级行政区域作案的；

（六）跨区域实施的涉及同一犯罪对象的盗窃、抢劫、抢夺、诈骗、敲诈勒索以及掩饰、隐瞒犯罪所得、犯罪所得收益行为的。

第四条　人民检察院对于公安机关移送审查起诉的案件，人民法院对于已进入审判程序的案件，当事人、法定代理人、诉讼代理人、辩护人提出管辖异议的，或者办案单位发现没有管辖权的，受案的人民检察院、人民法院经审查，可以报请与有管辖权的人民检察院、人民法院共同的上级人民检察院、人民法院指定管辖。

第五条　办案地公安机关跨区域查询、调取银行账户、网站等信息，或者跨区域查询、冻结涉案银行存款、汇款,可以通过公安机关信息化应用系统传输加盖电子签章的办案协作函和相关法律文书及凭证,或者将办案协作函和相关法律文书及凭证电传至协作地县级以上公安机关。办理跨区域查询、调取电话信息的,由地市以上公安机关办理。

协作地公安机关接收后,经审查确认,在传来法律文书上加盖本地公安机关印章,到银行、电信等部门查询、调取相关证据或者查询、冻结银行存款、汇款,银行、电信等部门应当予以配合。

第六条　办案地公安机关跨区域调取犯罪嫌疑人、被告人的户籍证明,可以通过公安机关信息化应用系统获取,加盖本地公安机关印章。调取时不得少于二人,并应当记载调取的时间、使用的电脑等相关信息,经审核证明真实的,可以作为诉讼证据。

有下列情形之一的,应当调取原始户籍证明,但犯罪嫌疑人、被告人没有户籍或者真实姓名无法查明的除外:

(一)犯罪嫌疑人、被告人可能是未满十八周岁或者已满七十五周岁人的;

(二)可能判处五年有期徒刑以上刑罚的;

(三)犯罪嫌疑人、被告人、被害人、辩护人和诉讼代理人对采取本条第一款规定方式所调取的户籍证明提出异议的。

第七条　对部分共同犯罪嫌疑人、被告人在逃的案件,现有证据能够认定已到案犯罪嫌疑人、被告人为共同犯罪的,可以先行追究已到案犯罪嫌疑人、被告人的刑事责任。

第八条　本意见所称的"流动性犯罪案件",是指跨县级行政区域连续作案,或者在居住地作案后逃跑到其他县级行政区域继续作案;"团伙性犯罪案件",是指二人以上共同作案或者三人以上交叉结伙作案;"跨区域性犯罪案件",是指犯罪案件涉及两个以上县级行政区域。

第九条　本意见所称以上、以下,包括本数在内。

第十条　国家安全机关侦办流动性、团伙性、跨区域性犯罪案件适用本意见。涉及跨区域调取有关犯罪嫌疑人户籍证明的,公安机关应予以配合。

第十一条　本意见自二〇一一年五月一日起施行。

公安部
《关于公安机关办理醉酒驾驶机动车犯罪案件的指导意见》

(2011年9月19日　公交管〔2011〕190号)

各省、自治区、直辖市公安厅、局,新疆生产建设兵团公安局:

2011年5月1日《刑法修正案(八)》实施以来,各地公安机关依法查处了一批醉酒驾驶机动车犯罪案件,取得了良好法律效果和社会效果。为保证《刑法修正案(八)》的正确实施,进一步规范公安机关办理醉酒驾驶机动车犯罪的执法活动,依照刑法及有关修正案、刑事诉讼法及公安机关办理刑事案件程序规定等规定,现就公安机关办理醉酒驾驶机动车犯罪案件提出以下指导意见:

一、进一步规范现场调查

1. 严格血样提取条件。交通民警要严格按照《交通警察道路执勤执法工规范》的要求检查酒后驾驶机动车行为,检查中发现机动车驾驶人有酒后驾驶机动车嫌疑的,立即进行呼气酒精测试,对涉嫌醉酒驾驶机动车、当事人对呼气酒精测试结果有异议,或者拒绝配合呼气酒精测试等方法测试以及涉嫌饮酒后、醉酒驾驶机动车发生交通事故的,应当立即提取血样检验血液酒精含量。

2. 及时固定犯罪证据。对查获醉酒驾驶机动车嫌疑人的经过、呼气酒精测试和提取血样过程应当及时制作现场调查记录;有条件的,还应当通过拍照或者录音、录像等方式记录;现场有见证人的,应当及时收集证人证言。发现当事人涉嫌饮酒后或者醉酒驾驶机动车的,依法扣留机动车驾驶证,对当事人驾驶的机动车,需要作为证据的,可以依法扣押。

3. 完善醒酒约束措施。当事人在醉酒状态下,应当先采取保护性约束措施,并进行人身安全检查,由2名以上交通民警或者1名交通民警带领2名以上交通协管员将当事人带至醒酒约束场所,约束至酒醒。对行为举止失控的当事人,可以使用约束带或者警绳,但不得使用手铐、脚镣等警械。醒酒约束场所应当配备醒酒设施和安全防护设施。约束过程中,要加强监护,确认当事人酒醒后,要立即解除约束,并进行询问。

4. 改进执勤检查方式。交通民警在道路上检查酒后驾驶机动车时,应当采取有效措施科学组织疏导交通,根据车流量合理控制拦车数量。车流量较大时,应当采取减少检查车辆数量或者暂时停止拦截等方式,确保现场安全有序。要求驾驶人接受呼气酒精测试时,应当使用规范用语,严格按照工作规程操作,每测试一人更换一次新的吹嘴。当事人违反测试要求的,应当当场重新测试。

二、进一步规范办案期限

5. 规范血样提取送检。交通民警对当事人血样提取过程应当全程监控,保证收集证据合法、有效。提取的血样要当场登记封装,并立即送县级以上公安机关检验鉴定机构或者经公安机关认可的其他具备资格的检验鉴定机构进行血液酒精含量检验。因特殊原因不能立即送检的,应当按照规范低温保存,经上级公安机关交通管理部门负责人批准,可以在3日内送检。

6. 提高检验鉴定效率。要加快血液酒精检验鉴定机构建设,加强检验鉴定技术人员的培养。市、县公安机关尚未建立检验鉴定机构的,要尽快建立具有血液酒精检验职能的检验鉴定机构,并建立24小时值班制度。要切实提高血液酒精检验鉴定效率,对送检的血样,检验鉴定机构应当在3日内出具检验报告。当事人对检验结果有异议的,应当告知其在接到检验报告后3日内提出重新检验申请。

7. 严格办案时限。要建立醉酒驾驶机动车案件快侦快办工作制度,加强内部办案协作,严格办案时限要求。为提高办案效率,对现场发现的饮酒后或者醉酒驾驶机动车的嫌疑人,尚未立刑事案件的,可以口头传唤其到指定地点接受调查;有条件的,对当事人可以现场调查询问;对犯罪嫌疑人采取强制措施的,应当及时进行讯问。对案件事实清楚、证据确实充分的,应当在查获犯罪嫌疑人之日起7日内侦查终结案件并移送人民检察院审查起诉;情况特殊的,经县级公安机关负责人批准,可以适当延长办案时限。

三、进一步规范立案侦查

8. 从严掌握立案标准。经检验驾驶

人血液酒精含量达到醉酒驾驶机动车标准的,一律以涉嫌危险驾驶罪立案侦查;未达到醉酒驾驶机动车标准的,按照道路交通安全法有关规定给予行政处罚。当事人被查获后,为逃避法律追究,在呼气酒精测试或者提取血样前又饮酒,经检验其血液酒精含量达到醉酒驾驶机动车标准的,应当立案侦查。当事人经呼气酒精测试达到醉酒驾驶机动车标准,在提取血样前脱逃的,应当以呼气酒精含量为依据立案侦查。

9. 全面客观收集证据。对已经立案的醉酒驾驶机动车案件,应当全面、客观地收集、调取犯罪证据材料,并严格审查、核实。要及时检查、核实车辆和人员基本情况及机动车驾驶人违法犯罪信息,详细记录现场查获醉酒驾驶机动车的过程、人员车辆基本特征以及现场采取呼气酒精测试、实施强制措施、提取血样、口头传唤、固定证据等情况。讯问犯罪嫌疑人时,应当对犯罪嫌疑人是否有罪以及情节轻重等情况作重点讯问,并听取无罪辩解。要及时收集能够证明犯罪嫌疑人是否醉酒驾驶机动车的证人证言、视听资料等其他证据材料。

10. 规范强制措施适用。要根据案件实际情况,对涉嫌醉酒驾驶机动车的犯罪嫌疑人依法合理适用拘传、取保候审、监视居住、拘留等强制措施,确保办案工作顺利进行。对犯罪嫌疑人企图自杀或者逃跑、在逃的,或者不讲真实姓名、住址,身份不明的,以及确需对犯罪嫌疑人实施羁押的,可以依法采取拘留措施。拘留期限内未能查清犯罪事实的,应当依法办理取保候审或者监视居住手续。发现不应当追究犯罪嫌疑人刑事责任或者强制措施期限届满的,应当及时解除强制措施。

11. 做好办案衔接。案件侦查终结后,对醉酒驾驶机动车犯罪事实清楚,证据确实、充分的,应当在案件移送人民检察院审查起诉前,依法吊销犯罪嫌疑人的机动车驾驶证。对其他道路交通违法行为应当依法给予行政处罚。案件移送审查起诉后,要及时了解掌握案件起诉和判决情况,收到法院的判决书或者有关的司法建议函后,应当及时归档。对检察机关决定不起诉或者法院判决无罪但醉酒驾驶机动车事实清楚,证据确实、充分的,应当依法给予行政处罚。

12. 加强执法办案管理。要进一步明确办案要求,细化呼气酒精测试、血样提取和保管、立案撤案、强制措施适用、物品扣押等重点环节的办案标准和办案流程。要严格落实案件审核制度,进一步规范案件审核范围、审核内容和审核标准,对与案件质量有关的事项必须经法制员和法制部门审核把关,确保案件质量。要提高办案工作信息化水平,大力推行网上办案,严格办案信息网上录入的标准和时限,逐步实现案件受理、立案、侦查、制作法律文书、法制审核、审批等全过程网上运行,加强网上监控和考核,杜绝"人情案"、"关系案"。

四、进一步规范安全防护措施

13. 配备执法装备。交通民警在道路上检查酒后驾驶机动车时,必须配齐呼气酒精含量检测仪、约束带、警绳、摄像机、照相机、执法记录仪、反光指挥棒、停车示意牌等装备。执勤车辆还应配备灭火器材、急救包等急救装备,根据需要可以配备简易破拆工具、拦车破胎器、测速仪等装备。

14. 完善查处程序。交通民警在道路

上检查酒后驾驶机动车时,应当根据道路条件和交通状况,合理选择安全、不妨碍车辆通行的地点进行,检查工作要由 2 名以上交通民警进行。要保证民警人身安全,明确民警检查动作和查处规程,落实安全防护措施,防止发生民警受伤害案件。

最高人民法院、最高人民检察院、公安部《关于办理醉酒驾驶机动车刑事案件适用法律若干问题的意见》(节录)

(2013 年 12 月 18 日　法发〔2013〕15 号)

为保障法律的正确、统一实施,依法惩处醉酒驾驶机动车犯罪,维护公共安全和人民群众生命财产安全,根据刑法、刑事诉讼法的有关规定,结合侦查、起诉、审判实践,制定本意见。

……

五、公安机关在查处醉酒驾驶机动车的犯罪嫌疑人时,对查获经过、呼气酒精含量检验和抽取血样过程应当制作记录;有条件的,应当拍照、录音或者录像;有证人的,应当收集证人证言。

六、血液酒精含量检验鉴定意见是认定犯罪嫌疑人是否醉酒的依据。犯罪嫌疑人经呼气酒精含量检验达到本意见第一条规定的醉酒标准,在抽取血样之前脱逃的,可以以呼气酒精含量检验结果作为认定其醉酒的依据。

犯罪嫌疑人在公安机关依法检查时,为逃避法律追究,在呼气酒精含量检验或者抽取血样前又饮酒,经检验其血液酒精含量达到本意见第一条规定的醉酒标准的,应当认定为醉酒。

七、办理醉酒驾驶机动车刑事案件,应当严格执行刑事诉讼法的有关规定,切实保障犯罪嫌疑人、被告人的诉讼权利,在法定诉讼期限内及时侦查、起诉、审判。

对醉酒驾驶机动车的犯罪嫌疑人、被告人,根据案件情况,可以拘留或者取保候审。对符合取保候审条件,但犯罪嫌疑人、被告人不能提出保证人,也不交纳保证金的,可以监视居住。对违反取保候审、监视居住规定的犯罪嫌疑人、被告人,情节严重的,可以予以逮捕。

最高人民法院、最高人民检察院、公安部、国家安全部、司法部、全国人大常委会法制工作委员会《关于实施刑事诉讼法若干问题的规定》

(自 2013 年 1 月 1 日起施行)

一、管辖

1. 公安机关侦查刑事案件涉及人民检察院管辖的贪污贿赂案件时,应当将贪污贿赂案件移送人民检察院;人民检察院侦查贪污贿赂案件涉及公安机关管辖的刑事案件,应当将属于公安机关管辖的刑事案件移送公安机关。在上述情况中,如果涉嫌主罪属于公安机关管辖,由公安机关为主侦查,人民检察院予以配合;如果涉嫌主罪属于人民检察院管辖,由人民检察院为主侦查,公安机关予以配合。

2. 刑事诉讼法第二十四条中规定:"刑事案件由犯罪地的人民法院管辖。"

刑事诉讼法规定的"犯罪地",包括犯罪的行为发生地和结果发生地。

3. 具有下列情形之一的,人民法院、人民检察院、公安机关可以在其职责范围内并案处理:

（一）一人犯数罪的;

（二）共同犯罪的;

（三）共同犯罪的犯罪嫌疑人、被告人还实施其他犯罪的;

（四）多个犯罪嫌疑人、被告人实施的犯罪存在关联,并案处理有利于查明案件事实的。

二、辩护与代理

4. 人民法院、人民检察院、公安机关、国家安全机关、监狱的现职人员,人民陪审员,外国人或者无国籍人,以及与本案有利害关系的人,不得担任辩护人。但是,上述人员系犯罪嫌疑人、被告人的监护人或者近亲属,犯罪嫌疑人、被告人委托其担任辩护人的,可以准许。无行为能力或者限制行为能力的人,不得担任辩护人。

一名辩护人不得为两名以上的同案犯罪嫌疑人、被告人辩护,不得为两名以上的未同案处理但实施的犯罪存在关联的犯罪嫌疑人、被告人辩护。

5. 刑事诉讼法第三十四条、第二百六十七条、第二百八十六条对法律援助作了规定。对于人民法院、人民检察院、公安机关根据上述规定,通知法律援助机构指派律师提供辩护或者法律帮助的,法律援助机构应当在接到通知后三日以内指派律师,并将律师的姓名、单位、联系方式书面通知人民法院、人民检察院、公安机关。

6. 刑事诉讼法第三十六条规定:"辩护律师在侦查期间可以为犯罪嫌疑人提供法律帮助;代理申诉、控告;申请变更强制措施;向侦查机关了解犯罪嫌疑人涉嫌的罪名和案件有关情况,提出意见。"根据上述规定,辩护律师在侦查期间可以向侦查机关了解犯罪嫌疑人涉嫌的罪名及当时已查明的该罪的主要事实,犯罪嫌疑人被采取、变更、解除强制措施的情况,侦查机关延长侦查羁押期限等情况。

7. 刑事诉讼法第三十七条第二款规定:"辩护律师持律师执业证书、律师事务所证明和委托书或者法律援助公函要求会见在押的犯罪嫌疑人、被告人的,看守所应当及时安排会见,至迟不得超过四十八小时。"根据上述规定,辩护律师要求会见在押的犯罪嫌疑人、被告人的,看守所应当及时安排会见,保证辩护律师在四十八小时以内见到在押的犯罪嫌疑人、被告人。

8. 刑事诉讼法第四十一条第一款规定:"辩护律师经证人或者其他有关单位和个人同意,可以向他们收集与本案有关的材料,也可以申请人民检察院、人民法院收集、调取证据,或者申请人民法院通知证人出庭作证。"对于辩护律师申请人民检察院、人民法院收集、调取证据,人民检察院、人民法院认为需要调查取证的,应当由人民检察院、人民法院收集、调取证据,不得向律师签发准许调查决定书,让律师收集、调取证据。

9. 刑事诉讼法第四十二条第二款中规定:"违反前款规定的,应当依法追究法律责任,辩护人涉嫌犯罪的,应当由办理辩护人所承办案件的侦查机关以外的侦查机关办理。"根据上述规定,公安机关、人民检察院发现辩护人涉嫌犯罪,或者接受报案、控告、举报、有关机关的移送,依照侦查管辖分工进行审查后认为符合立案条件的,应当按照规定报请办理辩护人所承办案件的侦查机关的上一级侦查机关指定其他侦查机关立案侦查,或者由上一级侦查机关立案侦查。不得指定办理辩护人所承办案件的侦查机关的下级侦查机关立案侦查。

10. 刑事诉讼法第四十七条规定:"辩护人、诉讼代理人认为公安机关、人民检察院、人民法院及其工作人员阻碍其依法行使诉讼权利的,有权向同级或者上一级人民检察院申诉或者控告。人民检察院对申诉或者控告应当及时进行审查,情况属实的,通知有关机关予以纠正。"人民检察院受理辩护人、诉讼代理人的申诉或者控告后,应当在十日以内将处理情况书面答复提出申诉或者控告的辩护人、诉讼代理人。

三、证据

11. 刑事诉讼法第五十六条第一款规定:"法庭审理过程中,审判人员认为可能存在本法第五十四条规定的以非法方法收集证据情形的,应当对证据收集的合法性进行法庭调查。"法庭经对当事人及其辩护人、诉讼代理人提供的相关线索或者材料进行审查后,认为可能存在刑事诉讼法第五十四条规定的以非法方法收集证据情形的,应当对证据收集的合法性进行法庭调查。法庭调查的顺序由法庭根据案件审理情况确定。

12. 刑事诉讼法第六十二条规定,对证人、鉴定人、被害人可以采取"不公开真实姓名、住址和工作单位等个人信息"的保护措施。人民法院、人民检察院和公安机关依法决定不公开证人、鉴定人、被害人的真实姓名、住址和工作单位等个人信息的,可以在判决书、裁定书、起诉书、询问笔录等法律文书、证据材料中使用化名等代替证人、鉴定人、被害人的个人信息。但是,应当书面说明使用化名的情况并标明密级,单独成卷。辩护律师经法庭许可,查阅对证人、鉴定人、被害人使用化名情况的,应当签署保密承诺书。

四、强制措施

13. 被取保候审、监视居住的犯罪嫌疑人、被告人无正当理由不得离开所居住的市、县或者执行监视居住的处所,有正当理由需要离开所居住的市、县或者执行监视居住的处所,应当经执行机关批准。如果取保候审、监视居住是由人民检察院、人民法院决定的,执行机关在批准犯罪嫌疑人、被告人离开所居住的市、县或者执行监视居住的处所前,应当征得决定机关同意。

14. 对取保候审保证人是否履行了保证义务,由公安机关认定,对保证人的罚款决定,也由公安机关作出。

15. 指定居所监视居住的,不得要求被监视居住人支付费用。

16. 刑事诉讼法规定,拘留由公安机关执行。对于人民检察院直接受理的案件,人民检察院作出的拘留决定,应当送达公安机关执行,公安机关应当立即执行,人民检察院可以协助公安机关执行。

17. 对于人民检察院批准逮捕的决定,公安机关应当立即执行,并将执行回执及时送达批准逮捕的人民检察院。如果未能执行,也应当将回执送达人民检察院,并写明未能执行的原因。对于人民检察院决定不批准逮捕的,公安机关在收到不批准逮捕决定书后,应当立即释放在押的犯罪嫌疑人或者变更强制措施,并将执行回执在收到不批准逮捕决定书后的三日内送达作出不批准逮捕决定的人民检察院。

五、立案

18. 刑事诉讼法第一百一十一条规定:"人民检察院认为公安机关对应当立案侦查的案件而不立案侦查的,或者被害人认为公安机关对应当立案侦查的案件而不立案侦查,向人民检察院提出的,人民检察院应当要求公安机关说明不立案的理由。人民检察院认为公安机关不立案理由不能成立的,应当通知公安机关立案,公安机关接到通知后应当立案。"根据上述规定,公安机关收到人民检察院要求说明不立案理由通知书后,应当在七日内将说明情况书面答复人民检察院。人民检察院认为公安机关不立案理由不能成立,发出通知立案书时,应当将有关证明应当立案的材料同时移送公安机关。公安机关收到通知立案书后,应当在十五日内决定立案,并将立案决定书送达人民检察院。

六、侦查

19. 刑事诉讼法第一百二十一条第一款规定:"侦查人员在讯问犯罪嫌疑人的时候,可以对讯问过程进行录音或者录像;对于可能判处无期徒刑、死刑的案件或者其他重大犯罪案件,应当对讯问过程进行录音或者录像。"侦查人员对讯问过程进行录音或者录像的,应当在讯问笔录中注明。人民检察院、人民法院可以根据需要调取讯问犯罪嫌疑人的录音或者录像,有关机关应当及时提供。

20. 刑事诉讼法第一百四十九条中规定:"批准决定应当根据侦查犯罪的需要,确定采取技术侦查措施的种类和适用对象。"采取技术侦查措施收集的材料作为证据使用的,批准采取技术侦查措施的法律文书应当附卷,辩护律师可以依法查阅、摘抄、复制,在审判过程中可以向法庭出示。

21. 公安机关对案件提请延长羁押期限的,应当在羁押期限届满七日前提出,并书面呈报延长羁押期限案件的主要案情和延长羁押期限的具体理由,人民检察院应当在羁押期限届满前作出决定。

22. 刑事诉讼法第一百五十八条第一款规定:"在侦查期间,发现犯罪嫌疑人另有重要罪行的,自发现之日起依照本法第一百五十四条的规定重新计算侦查羁押期限。"公安机关依照上述规定重新计算侦查羁押期限的,不需要经人民检察院批准,但应当报人民检察院备案,人民检察院可以进行监督。

七、提起公诉

23. 上级公安机关指定下级公安机关立案侦查的案件,需要逮捕犯罪嫌疑人的,由侦查该案件的公安机关提请同级人民检察院审查批准;需要提起公诉的,由侦查该案件的公安机关移送同级人民检察院审查起诉。

人民检察院对于审查起诉的案件,按照刑事诉讼法的管辖规定,认为应当由上级人民检察院或者同级其他人民检察院起诉的,应当将案件移送有管辖权的人民检察院。人民检察院认为需要依照刑事诉讼法的规定指定审判管辖的,应当协商同级人民法院办理指定管辖有关事宜。

24. 人民检察院向人民法院提起公诉时,应当将案卷材料和全部证据移送人民法院,包括犯罪嫌疑人、被告人翻供的材料,证人改变证言的材料,以及对犯罪嫌疑人、被告人有利的其他证据材料。

八、审判

25. 刑事诉讼法第一百八十一条规定:"人民法院对提起公诉的案件进行审查后,对于起诉书中有明确的指控犯罪事实的,应当决定开庭审判。"对于人民检察院提起公诉的案件,人民法院都应当受理。人民法院对提起公诉的案件进行审查后,对于起诉书中有明确的指控犯罪事实并且附有案卷材料、证据的,应当决定开庭审判,不得以上述材料不充足为由而不开庭审判。如果人民检察院移送的材料中缺少上述材料的,人民法院可以通知人民检察院补充材料,人民检察院应当自收到通知之日起三日内补送。

人民法院对提起公诉的案件进行审查的期限计入人民法院的审理期限。

26. 人民法院开庭审理公诉案件时,出庭的检察人员和辩护人需要出示、宣读、播放已移交人民法院的证据的,可以申请法庭出示、宣读、播放。

27. 刑事诉讼法第三十九条规定:"辩护人认为在侦查、审查起诉期间公安机关、人民检察院收集的证明犯罪嫌疑人、被告人无罪或者罪轻的证据材料未提交的,有权申请人民检察院、人民法院调取。"第一百九十一条第一款规定:"法庭审理过程中,合议庭对证据有疑问的,可以宣布休庭,对证据进行调查核实。"第一百九十二条第一款规定:"法庭审理过程中,当事人和辩护人、诉讼代理人有权申请通知新的证人到庭,调取新的物证,申请重新鉴定或者勘验。"根据上述规定,自案件移送审查起诉之日起,人民检察院可以根据辩护人的申请,向公安机关调取未提交的证明犯罪嫌疑人、被告人无罪或者罪轻的证据材料。在法庭审理过程中,人民法院可以根据辩护人的申请,向人民检察院调取未提交的证明被告人无罪或者罪轻的证据材料,也可以向人民检察院调取需要调查核实的证据材料。公安机关、人民检察院应当自收到要求调

取证据材料决定书后三日内移交。

28. 人民法院依法通知证人、鉴定人出庭作证的,应当同时将证人、鉴定人出庭通知书送交控辩双方,控辩双方应当予以配合。

29. 刑事诉讼法第一百八十七条第三款规定:"公诉人、当事人或者辩护人、诉讼代理人对鉴定意见有异议,人民法院认为鉴定人有必要出庭的,鉴定人应当出庭作证。经人民法院通知,鉴定人拒不出庭作证的,鉴定意见不得作为定案的根据。"根据上述规定,依法应当出庭的鉴定人经人民法院通知未出庭作证的,鉴定意见不得作为定案的根据。鉴定人由于不能抗拒的原因或者有其他正当理由无法出庭的,人民法院可以根据案件审理情况决定延期审理。

30. 人民法院审理公诉案件,发现有新的事实,可能影响定罪的,人民检察院可以要求补充起诉或者变更起诉,人民法院可以建议人民检察院补充起诉或者变更起诉。人民法院建议人民检察院补充起诉或者变更起诉的,人民检察院应当在七日以内回复意见。

31. 法庭审理过程中,被告人揭发他人犯罪行为或者提供重要线索,人民检察院认为需要进行查证的,可以建议补充侦查。

32. 刑事诉讼法第二百零三条规定:"人民检察院发现人民法院审理案件违反法律规定的诉讼程序,有权向人民法院提出纠正意见。"人民检察院对违反法定程序的庭审活动提出纠正意见,应当由人民检察院在庭审后提出。

九、执行

33. 刑事诉讼法第二百五十四条第五款中规定:"在交付执行前,暂予监外

执行由交付执行的人民法院决定"。对于被告人可能被判处拘役、有期徒刑、无期徒刑,符合暂予监外执行条件的,被告人及其辩护人有权向人民法院提出暂予监外执行的申请,看守所可以将有关情况通报人民法院。人民法院应当进行审查,并在交付执行前作出是否暂予监外执行的决定。

34. 刑事诉讼法第二百五十七条第三款规定:"不符合暂予监外执行条件的罪犯通过贿赂等非法手段被暂予监外执行的,在监外执行的期间不计入执行刑期。罪犯在暂予监外执行期间脱逃的,脱逃的期间不计入执行刑期。"对于人民法院决定暂予监外执行的罪犯具有上述情形的,人民法院在决定予以收监的同时,应当确定不计入刑期的期间。对于监狱管理机关或者公安机关决定暂予监外执行的罪犯具有上述情形的,罪犯被收监后,所在监狱或者看守所应当及时向所在地的中级人民法院提出不计入执行刑期的建议书,由人民法院审核裁定。

35. 被决定收监执行的社区矫正人员在逃的,社区矫正机构应当立即通知公安机关,由公安机关负责追捕。

十、涉案财产的处理

36. 对于依照刑法规定应当追缴的违法所得及其他涉案财产,除依法返还被害人的财物以及依法销毁的违禁品外,必须一律上缴国库。查封、扣押的涉案财产,依法不移送的,待人民法院作出生效判决、裁定后,由人民法院通知查封、扣押机关上缴国库,查封、扣押机关应当向人民法院送交执行回单;冻结在金融机构的违法所得及其他涉案财产,待人民法院作出生效判决、裁定后,由人民法院通知有关金融机构上缴国库,有关金融机构应当向人民法院送交执行回单。

对于被扣押、冻结的债券、股票、基金份额等财产,在扣押、冻结期间权利人申请出售,经扣押、冻结机关审查,不损害国家利益、被害人利益,不影响诉讼正常进行的,以及扣押、冻结的汇票、本票、支票的有效期即将届满的,可以在判决生效前依法出售或者变现,所得价款由扣押、冻结机关保管,并及时告知当事人或者其近亲属。

37. 刑事诉讼法第一百四十二条第一款中规定:"人民检察院、公安机关根据侦查犯罪的需要,可以依照规定查询、冻结犯罪嫌疑人的存款、汇款、债券、股票、基金份额等财产。"根据上述规定,人民检察院、公安机关不能扣划存款、汇款、债券、股票、基金份额等财产。对于犯罪嫌疑人、被告人死亡,依照刑法规定应当追缴其违法所得及其他涉案财产的,适用刑事诉讼法第五编第三章规定的程序,由人民检察院向人民法院提出没收违法所得的申请。

38. 犯罪嫌疑人、被告人死亡,现有证据证明存在违法所得及其他涉案财产应当予以没收的,公安机关、人民检察院可以进行调查。公安机关、人民检察院进行调查,可以依法进行查封、扣押、查询、冻结。

人民法院在审理案件过程中,被告人死亡的,应当裁定终止审理;被告人脱逃的,应当裁定中止审理。人民检察院可以依法另行向人民法院提出没收违法所得的申请。

39. 对于人民法院依法作出的没收违法所得的裁定,犯罪嫌疑人、被告人的近亲属和其他利害关系人或者人民检察院可以在五日内提出上诉、抗诉。

十一、其他

40. 刑事诉讼法第一百四十七条规定:"对犯罪嫌疑人作精神病鉴定的期间不计入办案期限。"根据上述规定,犯罪嫌疑人、被告人在押的案件,除对犯罪嫌疑人、被告人的精神病鉴定期间不计入办案期限外,其他鉴定期间都应当计入办案期限。对于因鉴定时间较长,办案期限届满仍不能终结的案件,自期限届满之日起,应当对被羁押的犯罪嫌疑人、被告人变更强制措施,改为取保候审或者监视居住。

国家安全机关依照法律规定,办理危害国家安全的刑事案件,适用本规定中有关公安机关的规定。

本规定自2013年1月1日起施行。1998年1月19日发布的《最高人民法院、最高人民检察院、公安部、国家安全部、司法部、全国人大常委会法制工作委员会关于刑事诉讼法实施中若干问题的规定》同时废止。

公安部《关于进一步加强和改进刑事执法办案工作切实防止发生冤假错案的通知》(节录)

(2013年6月5日 公通字〔2013〕19号)

各省、自治区、直辖市公安厅、局,新疆生产建设兵团公安局:

今年以来,浙江张辉、张高平叔侄强奸案等冤假错案被新闻媒体曝光后,引发社会各界广泛关注。对此,中央领导同志高度重视,批示要求进一步提升执法为民理念、健全完善执法制度、增强队伍素质和执法能力,有效防止冤假错案发生,切实维护人民群众合法权益。为进一步加强和改进公安刑事执法办案工作,确保严格规范公正文明执法,现就有关要求通知如下:

一、进一步增强法治思维,切实打牢防止冤假错案的思想基础。(略)

二、进一步健全完善执法制度和办案标准,从源头上有效防止冤假错案发生。要健全完善执法办案场所建设、管理和使用制度,将犯罪嫌疑人带到公安机关后,要按照规定流程先对其进行人身安全检查、信息采集和涉案财物、随身非涉案财物保管,之后在办案区讯问室依法及时开展讯问;犯罪嫌疑人被拘留、逮捕后,要依法及时送看守所羁押,并在看守所讯问室内讯问,讯问过程要全程录音或录像。要健全完善证据的固定、保管、移送制度,确保证据的真实性、合法性和证明力。要健全完善网上执法办案制度,及时发现、提醒、纠正执法问题,以网上流程化管理促进刑事执法办案规范化。要充分发挥法制部门在执法管理中的职能作用,探索建立刑事案件"统一登记、归口办理、统一审核、统一出口"的执法管理机制。要积极与检察院、法院等部门协调沟通,统一常见多发刑事案件和经济犯罪、网络犯罪、跨国犯罪、电信犯罪等新型犯罪的立案追诉标准及其证据形式、规格和标准,规范取证要求,为广大民警执法办案提供标准化、规范化指引,尽量减少因标准不统一、认识不统一导致不诉不判情形发生。要进一步完善证据审查判断标准,细化非法证据排除规则,明确非法证据的类型、表现形式、排除方法和有关要求,对证据之间存在矛盾的,要严格全面地进行审查分析。

三、进一步强化案件审核把关，及时发现纠正刑事执法办案中存在的问题。各级公安机关领导、办案部门负责人、法制部门以及专兼职法制员要认真履行案件审核审批职责，切实加强对刑事案件的日常审核把关，重点把好事实关、证据关、程序关和法律关，确保侦查终结的案件达到案件事实清楚、证据确实充分、排除合理怀疑、犯罪性质和罪名认定准确、法律手续完备，符合依法应当追究刑事责任的标准，确保每起案件都经得起诉讼和时间的检验。对重大、敏感案件，各级公安法制部门要从受(立)案开始，加强对案件"入口"、"出口"等重点环节的法律审核，及时发现和纠正执法问题。要建立健全重大疑难案件集体讨论制度，对案情复杂、定案存在重大争议、社会广泛关注或可能判处死刑等重大疑难案件，要由公安机关领导班子多名成员、办案部门负责人、法制部门负责人集体研究办理意见，集体研究意见以及不同意见如实记录备查。要进一步加强案件法律审核专门力量建设，全面提高审核把关能力，使案件法律审核队伍的素质与所承担的审核工作任务相适应。

四、进一步规范考评奖惩，推动形成正确的执法绩效观。要严格执行中央政法委、公安部关于建立健全执法办案考评机制的有关文件精神，进一步健全完善执法办案考评标准，不提不切实际的"口号"和工作要求，不得以不科学、不合理的破案率、批捕率、起诉率、退查率等指标搞排名通报，严禁下达"刑事拘留数"、"发案数"、"破案率"、"退查率"等不科学、不合理考评指标，积极引导广大民警既要多办案，更要办好案，坚决防止广大民警因办案指标和"限时破案"压力而刑讯逼供、办错案、办假案；对在考评年度内发生冤假错案的，年度执法质量考评结果直接确定为不达标。要健全完善执法质量考评与队伍管理相结合的机制，在申报优秀公安局、干部任用、晋职晋级、评优评先等工作中，要把执法质量作为重要考核依据；要进一步落实案件主办人责任，对优秀的办案集体、案件主办人在表彰奖励、晋职晋级时予以政策倾斜。需要予以表彰奖励的，必须事先征求法制部门的意见，坚决杜绝"带病奖励"，确保奖励质量。对出现案件质量问题的，要追究主办人责任。经公安机关领导审批后发生冤假错案的，主要领导、分管领导要负主要责任。要商人民法院建立无罪判决通报机制，今后凡是被人民法院判决无罪的案件，各地公安机关都要逐案解剖、点评、通报。要建立冤假错案责任终身追究机制，对有故意或重大过失的执法办案人员，要依法追究责任。

五、进一步加强刑事执法办案队伍建设，全面提升依法办案能力和水平。(略)

最高人民法院《关于建立健全防范刑事冤假错案工作机制的意见》

(2013年10月9日　法发〔2013〕11号)

为依法准确惩治犯罪，尊重和保障人权，实现司法公正，根据《中华人民共和国刑事诉讼法》和相关司法解释等规定，结合司法实际，对人民法院建立健全防范刑事冤假错案的工作机制提出如下意见：

一、坚持刑事诉讼基本原则，树立科学司法理念

1. 坚持尊重和保障人权原则。尊重被告人的诉讼主体地位，维护被告人的辩护权等诉讼权利，保障无罪的人不受刑事追究。

2. 坚持依法独立行使审判权原则。必须以事实为根据，以法律为准绳。不能因为舆论炒作、当事人上访闹访和地方"维稳"等压力，作出违反法律的裁判。

3. 坚持程序公正原则。自觉遵守刑事诉讼法有关规定，严格按照法定程序审判案件，保证准确有效地执行法律。

4. 坚持审判公开原则。依法保障当事人的诉讼权利和社会公众的知情权，审判过程、裁判文书依法公开。

5. 坚持证据裁判原则。认定案件事实，必须以证据为根据。应当依照法定程序审查、认定证据。认定被告人有罪，应当适用证据确实、充分的证明标准。

二、严格执行法定证明标准，强化证据审查机制

6. 定罪证据不足的案件，应当坚持疑罪从无原则，依法宣告被告人无罪，不得降格作出"留有余地"的判决。

定罪证据确实、充分，但影响量刑的证据存疑的，应当在量刑时作出有利于被告人的处理。

死刑案件，认定对被告人适用死刑的事实证据不足的，不得判处死刑。

7. 重证据，重调查研究，切实改变"口供至上"的观念和做法，注重实物证据的审查和运用。只有被告人供述，没有其他证据的，不能认定被告人有罪。

8. 采用刑讯逼供或者冻、饿、晒、烤、疲劳审讯等非法方法收集的被告人供述，应当排除。

除情况紧急必须现场讯问以外，在规定的办案场所外讯问取得的供述，未依法对讯问进行全程录音录像取得的供述，以及不能排除以非法方法取得的供述，应当排除。

9. 现场遗留的可能与犯罪有关的指纹、血迹、精斑、毛发等证据，未通过指纹鉴定、DNA 鉴定等方式与被告人、被害人的相应样本作同一认定的，不得作为定案的根据。涉案物品、作案工具等未通过辨认、鉴定等方式确定来源的，不得作为定案的根据。

对于命案，应当审查是否通过被害人近亲属辨认、指纹鉴定、DNA 鉴定等方式确定被害人身份。

三、切实遵守法定诉讼程序，强化案件审理机制

10. 庭前会议应当归纳事实、证据争点。控辩双方有异议的证据，庭审时重点调查；没有异议的，庭审时举证、质证适当简化。

11. 审判案件应当以庭审为中心。事实证据调查在法庭，定罪量刑辩论在法庭，裁判结果形成于法庭。

12. 证据未经当庭出示、辨认、质证等法庭调查程序查证属实，不得作为定案的根据。

采取技术侦查措施收集的证据，除可能危及有关人员的人身安全，或者可能产生其他严重后果，由人民法院依职权庭外调查核实的外，未经法庭调查程序查证属实，不得作为定案的根据。

13. 依法应当出庭作证的证人没有正当理由拒绝出庭或者出庭后拒绝作证，其庭前证言真实性无法确认的，不得作为定案的根据。

14. 保障被告人及其辩护人在庭审中的发问、质证、辩论等诉讼权利。对于被告人及其辩护人提出的辩解理由、辩护意见和提交的证据材料,应当当庭或者在裁判文书中说明采纳与否及理由。

15. 定罪证据存疑的,应当书面建议人民检察院补充调查。人民检察院在二个月内未提交书面材料的,应当根据在案证据依法作出裁判。

四、认真履行案件把关职责,完善审核监督机制

16. 合议庭成员共同对案件事实负责。承办法官为案件质量第一责任人。

合议庭成员通过庭审或者阅卷等方式审查事实和证据,独立发表评议意见并说明理由。

死刑案件,由经验丰富的法官承办。

17. 审判委员会讨论案件,委员依次独立发表意见并说明理由,主持人最后发表意见。

18. 原判事实不清、证据不足,第二审人民法院查清事实的,不得发回重新审判。以事实不清、证据不足为由发回重新审判的案件,上诉、抗诉后,不得再次发回重新审判。

19. 不得通过降低案件管辖级别规避上级人民法院的监督。不得就事实和证据问题请示上级人民法院。

20. 复核死刑案件,应当讯问被告人。辩护律师提出要求的,应当听取意见。证据存疑的,应当调查核实,必要时到案发地调查。

21. 重大、疑难、复杂案件,不能在法定期限内审结的,应当依法报请延长审理期限。

22. 建立科学的办案绩效考核指标体系,不得以上诉率、改判率、发回重审率等单项考核指标评价办案质量和效果。

五、充分发挥各方职能作用,建立健全制约机制

23. 严格依照法定程序和职责审判案件,不得参与公安机关、人民检察院联合办案。

24. 切实保障辩护人会见、阅卷、调查取证等辩护权利。辩护人申请调取可能证明被告人无罪、罪轻的证据,应当准许。

25. 重大、疑难、复杂案件,可以邀请人大代表、政协委员、基层群众代表等旁听观审。

26. 对确有冤错可能的控告和申诉,应当依法复查。原判决、裁定确有错误的,依法及时纠正。

27. 建立健全审判人员权责一致的办案责任制。审判人员依法履行职责,不受追究。审判人员办理案件违反审判工作纪律或者徇私枉法的,依照有关审判工作纪律和法律的规定追究责任。

最高人民检察院
《关于切实履行检察职能防止和纠正冤假错案的若干意见》(节录)

(2013年9月9日 高检发〔2013〕11号)

为了认真贯彻执行《关于切实防止冤假错案的规定》,提高法律监督水平,确保检察机关办案质量,坚决防止和纠正冤假错案,结合检察机关办案实际,提出以下意见。

一、充分认识检察机关在防止和纠正冤假错案中的重要责任(略)

二、严格规范职务犯罪案件办案程序

3. 人民检察院办理直接受理立案侦查的案件，应当全面、客观地收集、调取犯罪嫌疑人有罪或者无罪、罪轻或者罪重的证据材料，并依法进行审查、核实，严禁刑讯逼供和以威胁、引诱、欺骗以及其他非法方法收集证据，不得强迫任何人证实自己有罪。

4. 严格遵守法律程序。在办案中不得规避管辖、滥用强制措施和侦查措施、违法延长办案期限。讯问犯罪嫌疑人，应当在规定的场所进行，保证犯罪嫌疑人的饮食和必要的休息时间并记录在案。

5. 依法保障犯罪嫌疑人在侦查阶段的辩护权。检察机关侦查部门在第一次开始讯问犯罪嫌疑人或者对其采取强制措施的时候，应当告知犯罪嫌疑人有权委托辩护人。在案件侦查过程中，犯罪嫌疑人委托辩护律师的，检察机关应当依法告知辩护律师犯罪嫌疑人涉嫌的罪名和案件有关情况。对于特别重大贿赂犯罪案件，应当依法保障辩护律师的会见权，及时作出是否许可会见的决定；有碍侦查的情形消失后，应当通知辩护律师，可以不经许可会见犯罪嫌疑人；侦查终结前，应当许可辩护律师会见犯罪嫌疑人。检察人员可以主动听取辩护律师的意见；辩护律师要求当面提出意见的，检察人员应当听取意见并制作笔录。

6. 严格执行全程同步录音、录像制度。在每次讯问犯罪嫌疑人的时候，对讯问过程实行全程录音、录像，并在讯问笔录中注明。因未严格执行相关规定，或者在执行中弄虚作假造成不良后果的，依照有关规定追究主要责任人员的责任。侦查部门移送审查逮捕、审查起诉时，应当将讯问录音、录像连同案卷和证据材料一并移送审查。

7. 规范指定居所监视居住的适用。严格依法定条件适用指定居所监视居住，严格遵守审批程序，不得随意扩大指定居所监视居住的适用范围，加强对指定居所监视居住的决定和执行活动是否合法的监督。

三、严格把好审查逮捕和审查起诉关

8. 正确把握审查逮捕、审查起诉标准。严格把握法律规定的逮捕、起诉标准，既要防止人为提高标准，影响打击力度，又要坚持法定标准，凡是不符合法定逮捕、起诉条件的，依法不捕、不诉。

9. 在审查逮捕和审查起诉工作中，要重点审查下列案件：

（1）故意杀人、故意伤害致人重伤或死亡、强奸、绑架等暴力犯罪案件；

（2）抢劫、盗窃等侵犯财产权利的犯罪和爆炸、放火等危害公共安全的犯罪，可能判处十年以上有期徒刑、无期徒刑或者死刑的案件；

（3）犯罪嫌疑人、辩护人明确提出办案程序严重违法，作无罪辩护的案件；

（4）犯罪嫌疑人控告刑讯逼供的案件；

（5）超期羁押、久拖不决的案件；

（6）犯罪嫌疑人拒不认罪或者供述反复的案件；

（7）事实不清、证据不足的案件；

（8）案件的主要证据存在疑问的案件；

（9）承办人与所在部门或有关部门意见不一致的案件；

（10）其他重大复杂犯罪案件。

10. 注重证据的综合审查和运用。

要注重审查证据的客观性、真实性，尤其是证据的合法性。在审查逮捕、审查起诉过程中，应当认真审查侦查机关是否移交证明犯罪嫌疑人有罪或者无罪、犯罪情节轻重的全部证据。辩护人认为侦查机关收集的证明犯罪嫌疑人无罪或者罪轻的证据材料未移交，申请人民检察院向侦查机关调取，经审查认为辩护人申请调取的证据已收集并且与案件事实有联系的，应当予以调取。只有犯罪嫌疑人供述，没有其他证据的，不得认定犯罪嫌疑人有罪。对于命案等重大案件，应当强化对实物证据和刑事科学技术鉴定的审查，对于其中可能判处死刑的案件，必须坚持最严格的证据标准，确保定罪量刑的事实均有证据证明且查证属实，证据与证据之间、证据与案件事实之间不存在无法排除的矛盾和无法解释的疑问，全案证据已经形成完整的证明体系。在提起公诉时，应当移送全部在案证据材料。

11. 依法讯问犯罪嫌疑人。办理审查逮捕、审查起诉案件，应当依法讯问犯罪嫌疑人，认真听取犯罪嫌疑人供述和辩解，对无罪和罪轻的辩解应当认真调查核实，对前后供述出现反复的原因必须审查，必要时应当调取审查讯问犯罪嫌疑人的录音、录像。审查逮捕、审查起诉过程中第一次讯问犯罪嫌疑人，应当讯问其供述是否真实，并记入笔录。对被羁押的犯罪嫌疑人要结合提讯凭证的记载，核查提讯时间、讯问人与讯问笔录的对应关系。

12. 在审查逮捕、审查起诉中要高度重视、认真听取辩护律师的意见。犯罪嫌疑人已经委托辩护律师的，要按照法律要求，认真听取辩护律师的意见；辩护律师提出书面意见的，应当附卷。辩护律师提出不构成犯罪、无社会危险性、不适宜羁押、侦查活动有违法犯罪情形等书面意见的，办案人员必须进行审查，在相关法律文书中叙明律师提出的意见并说明是否采纳的情况和理由。

13. 依法排除非法证据。采用刑讯逼供等非法方法收集的犯罪嫌疑人供述和采用暴力、威胁等非法方法收集的证人证言、被害人陈述，应当依法排除，不得作为批准、决定逮捕或者提起公诉的依据。收集物证、书证不符合法定程序，可能严重影响司法公正的，应当及时要求侦查机关补正或者作出书面解释；不能补正或者无法作出合理解释的，对该证据应当予以排除。对非法证据依法予以排除后，其他证据不能证明犯罪嫌疑人实施犯罪行为的，应当不批准或者决定逮捕，已经移送审查起诉的，可以将案件退回侦查机关补充侦查或者作出不起诉决定。

14. 及时调查核实非法取证的材料或者线索。当事人及其辩护人、诉讼代理人报案、控告、举报侦查人员采用刑讯逼供等非法方法收集证据并提供涉嫌非法取证的人员、时间、地点、方式和内容等材料或者线索的，人民检察院应当受理并及时进行审查，对于根据现有材料无法证明证据收集合法性的，应当及时进行调查核实。

15. 做好对讯问原始录音、录像的审查。对于侦查机关随案移送或者人民检察院调取的讯问犯罪嫌疑人录音、录像，认为可能存在非法取证行为的，应当审查相关的录音、录像；对于重大、疑难、复杂案件，必要时可以审查全部录音、录像。经审查，发现讯问过程存在违法行为，录音、录像内容与讯问笔录不一致等情形的，应当要求侦查机关予以纠正、补正或者作出书面解释；发现讯问笔录与讯问犯罪嫌疑人录音、录像内容有重大实质性差异的,或者侦查机关不能补正或者作出合理解释的,该讯问笔录不能作为批准、决定逮捕或者提起公诉的依据。

16. 对以下五种情形,不符合逮捕或者起诉条件的,不得批准逮捕或者提起公诉:

（1）案件的关键性证据缺失的；

（2）犯罪嫌疑人拒不认罪或者翻供,而物证、书证、勘验、检查笔录、鉴定意见等其他证据无法证明犯罪的；

（3）只有犯罪嫌疑人供述没有其他证据印证的；

（4）犯罪嫌疑人供述与被害人陈述、证人证言、物证、书证等证据存在关键性矛盾,不能排除的；

（5）不能排除存在刑讯逼供、暴力取证等违法情形可能的。

17. 正确对待社会舆论对办案的影响和当事人的诉求。对于重大敏感案件和当事人有过激行为的案件,加强办案风险评估预警,既要充分尊重舆论监督,充分考虑当事人的诉求,又要坚持用法治思维和法治方式处理问题,抵制和排除各种干扰,依法独立、公正作出决定。

四、坚决依法纠正刑事执法司法活动中的突出问题

18. 进一步健全对立案后侦查工作的跟踪监督机制,加强对公安机关办理刑事案件过程的监督。对命案等重大复杂案件、突发性恶性案件、争议较大的疑难案件、有重大社会影响的案件,应当与侦查机关协商,及时派员介入,通过介入现场勘查、参加案件讨论等方式,提出取证意见和适用法律的意见,引导侦查人员依法全面收集、固定和完善证据,防止隐匿、伪造证据。对命案等重大案件报请延长羁押期限的,应当讯问犯罪嫌疑人和听取律师意见。侦查监督、公诉、渎职侵权检察、监所检察等各职能部门应当通力合作,加大对刑讯逼供、暴力取证、隐匿伪造证据等违法行为的查处力度,区分情况采取提出口头纠正意见、发出纠正违法通知书等方式及时提出意见;涉嫌犯罪的,及时立案侦查;对侦查环节存在的普遍性、倾向性问题,适时向侦查机关通报情况,必要时提出检察建议。

19. 加强对所外讯问的监督。做好对拘留、逮捕之前讯问活动的监督;发现未依法将犯罪嫌疑人送入看守所的,应当查明原因、所外看押地点及讯问情况;重点监督看守所如实、详细、准确地填写犯罪嫌疑人入所体检记录,必要时建议采用录像或者拍照的方式记录犯罪嫌疑人身体状况;对于侦查机关以起赃、辨认等为由提解犯罪嫌疑人出所的,应当及时了解提解的时间、地点、理由、审批手续及是否存在所外讯问等情况,做好提押、还押时的体检情况记录的检察监督。

20. 强化对审判活动的监督。重点做好死刑案件的审查和出庭工作,认真审查死刑上诉和抗诉案件。落实检察长和受检察长委托时副检察长列席人民法院审判委员会会议制度,对审判委员会讨论的案件等议题发表意见。

21. 加强死刑复核案件的法律监督。省级人民检察院对于进入死刑复核程序的案件,认为死刑二审裁判确有错误,依法不应当判处死刑,以及严重违反法定程序可能影响公正审判的,或者发现被告人自首、立功、达成赔偿协议取得被害方谅解等新的证据材料和有关情况,可能影响死刑适用的,应当及时向最高人民检察院报告。最高人民检察院办理死刑复核监

督案件,要认真审查相关案卷材料,重视当事人及其近亲属或者受委托的律师递交的申诉材料,充分考虑办案检察院、被告人、辩护人及被害人的意见,对于事实、证据存在疑问的案件,必要时可以通过调阅案卷、复核主要证据等方式进行核查。对于定罪证据不足的案件,应当坚持疑罪从无原则;对于定罪证据确实、充分,但影响量刑的证据存在疑点的案件,应当依法提出监督意见。

22. 强化刑罚执行和监管活动监督。加强对久押不决案件的分析、研究和指导,做好与有关政法部门的配合协调,区别不同情况,及时妥善清理并依法处理。要加强看守所、监狱监管执法检察,依法严厉打击"牢头狱霸"和体罚虐待被监管人等行为。加强死刑执行临场监督,发现不应当执行死刑的,立即建议停止执行。

23. 对确有冤错可能的申诉应当及时复查。健全刑事申诉案件的接收、受理、办理、移送、答复及跟踪监督制度,坚持和完善刑事申诉案件"两见面"制度,对于具有冤错可能的申诉案件,依法进行复查,复查结果要及时通知申诉人。要高度重视在押和服刑人员的举报和申诉,发现有疑点、有错案可能的,要及时提请原办案部门审查处理。加强对不服人民法院生效裁判申诉案件的办理力度,重点加强对有罪判无罪、无罪判有罪、量刑畸轻畸重的监督,经审查认为判决、裁定确有错误的,应当及时提出抗诉。上级人民检察院对下级人民检察院办理的重大、复杂、疑难或者有阻力的抗诉案件,要及时进行督办。对本院及下级院确有错误的刑事处理决定,依据法定程序及时纠正。依法履行国家赔偿义务,加大刑事被害人救助工作力度。

五、完善防止和纠正冤假错案的工作机制

24. 深化检察官办案责任制改革,建立健全办案质量终身负责制。要明确各层级的办案责任,特别是完善办案组织形式,深化检察官办案责任制改革。对故意违反法律和有关规定,或者工作严重不负责任,导致案件实体错误、程序违法以及其他严重后果或者恶劣影响的,对直接负责的主管人员和其他直接责任人员,依照有关规定予以行政处分或者纪律处分;对于刑讯逼供、暴力取证、徇私舞弊、枉法裁判构成犯罪的,依法追究刑事责任。对发生的冤假错案隐瞒不报、压而不查、故意拖延不予纠正的,应当追究相关人员的责任。完善检察官依法行使职权的保障机制。

25. 积极推进案件管理机制改革,强化对案件的流程监控和质量管理。统一案件进出口管理,加强办案期限预警、办案程序监控、法律文书使用监管、涉案财物监管以及执法办案风险评估预警等工作。

26. 实施案件质量分析评查通报,建立和完善符合司法规律的考评体系。各分、州、市院每季度要对刑事案件质量进行全面分析,形成案件质量综合分析报告进行通报,促进办案质量和执法水平的提高。要改变简单通过办案指标和各种统计数据排队形成绩效排位的做法,把结果考评与过程管理、定期考评与动态指导、综合考评与个案评查结合起来,把办案数量、质量、效率、效果、安全等因素结合起来综合评价业务工作,防止片面追求立案数、批捕率、起诉率、有罪判决率等。在与公安机关、人民法院沟通、协调的基础上,根据各执法环节的特点,确立科学合理的办案绩效考评体系。

27. 落实案件协调报告制度。对于事实不清、证据不足的案件，不得提请有关部门组织协调。参与协调案件时，要严格依照事实、证据和法律发表意见。检察机关的重要意见不被采纳的，及时向上级院报告。明知事实不清、证据不足、适用法律不当而不提出意见或协调后不及时向上级院汇报，造成冤假错案的，坚决按照"谁决定谁负责、谁办案谁负责"的原则严肃追究责任。发现有关协调意见可能产生冤假错案的，可以向上级甚至越级报告，以防冤假错案的发生。

最高人民法院、最高人民检察院、公安部、司法部《关于依法惩治性侵害未成年人犯罪的意见》

(2013年10月23日　法发〔2013〕12号)

为依法惩治性侵害未成年人犯罪，保护未成年人合法权益，根据刑法、刑事诉讼法和未成年人保护法等法律和司法解释的规定，结合司法实践经验，制定本意见。

一、基本要求

1. 本意见所称性侵害未成年人犯罪，包括刑法第二百三十六条、第二百三十七条、第三百五十八条、第三百五十九条、第三百六十条第二款规定的针对未成年人实施的强奸罪，强制猥亵、侮辱妇女罪，猥亵儿童罪，组织卖淫罪，强迫卖淫罪，引诱、容留、介绍卖淫罪，引诱幼女卖淫罪，嫖宿幼女罪等。

2. 对于性侵害未成年人犯罪，应当依法从严惩治。

3. 办理性侵害未成年人犯罪案件，应当充分考虑未成年被害人身心发育尚未成熟、易受伤害等特点，贯彻特殊、优先保护原则，切实保障未成年人的合法权益。

4. 对于未成年人实施性侵害未成年人犯罪的，应当坚持双向保护原则，在依法保护未成年被害人的合法权益时，也要依法保护未成年犯罪嫌疑人、未成年被告人的合法权益。

5. 办理性侵害未成年人犯罪案件，对于涉及未成年被害人、未成年犯罪嫌疑人和未成年被告人的身份信息及可能推断出其身份信息的资料和涉及性侵害的细节等内容，审判人员、检察人员、侦查人员、律师及其他诉讼参与人应当予以保密。

对外公开的诉讼文书，不得披露未成年被害人的身份信息及可能推断出其身份信息的其他资料，对性侵害的事实注意以适当的方式叙述。

6. 性侵害未成年人犯罪案件，应当由熟悉未成年人身心特点的审判人员、检察人员、侦查人员办理，未成年被害人系女性的，应当有女性工作人员参与。

人民法院、人民检察院、公安机关设有办理未成年人刑事案件专门工作机构或者专门工作小组的，可以优先由专门工作机构或者专门工作小组办理性侵害未成年人犯罪案件。

7. 各级人民法院、人民检察院、公安机关和司法行政机关应当加强与民政、教育、妇联、共青团等部门及未成年人保护组织的联系和协作，共同做好性侵害未成年人犯罪预防和未成年被害人的心理安抚、疏导工作，从有利于未成年人身心健康的角度，对其给予必要的帮助。

8. 上级人民法院、人民检察院、公安机关和司法行政机关应当加强对下指导和业务培训。各级人民法院、人民检察院、公安机关和司法行政机关要增强对未成年人予以特殊、优先保护的司法理念，完善工作机制，提高办案能力和水平。

二、办案程序要求

9. 对未成年人负有监护、教育、训练、救助、看护、医疗等特殊职责的人员（以下简称负有特殊职责的人员）以及其他公民和单位，发现未成年人受到性侵害的，有权利也有义务向公安机关、人民检察院、人民法院报案或者举报。

10. 公安机关接到未成年人被性侵害的报案、控告、举报，应当及时受理，迅速进行审查。经审查，符合立案条件的，应当立即立案侦查。

公安机关发现可能有未成年人被性侵害或者接报相关线索的，无论案件是否属于本单位管辖，都应当及时采取制止违法犯罪行为、保护被害人、保护现场等紧急措施，必要时，应当通报有关部门对被害人予以临时安置、救助。

11. 人民检察院认为公安机关应当立案侦查而不立案侦查的，或者被害人及其法定代理人、对未成年人负有特殊职责的人员据此向人民检察院提出异议的，人民检察院应当要求公安机关说明不立案的理由。人民检察院认为不立案理由不成立的，应当通知公安机关立案，公安机关接到通知后应当立案。

12. 公安机关侦查未成年人被性侵害案件，应当依照法定程序，及时、全面收集固定证据。及时对性侵害犯罪现场进行勘查，对未成年被害人、犯罪嫌疑人进行人身检查，提取体液、毛发、被害人和犯罪嫌疑人指甲内的残留物等生物样本，指纹、足迹、鞋印等痕迹，衣物、纽扣等物品；及时提取住宿登记表等书证，现场监控录像等视听资料；及时收集被害人陈述、证人证言和犯罪嫌疑人供述等证据。

13. 办案人员到未成年被害人及其亲属、未成年证人所在学校、单位、居住地调查取证的，应当避免驾驶警车、穿着制服或者采取其他可能暴露被害人身份、影响被害人名誉、隐私的方式。

14. 询问未成年被害人，审判人员、检察人员、侦查人员和律师应当坚持不伤害原则，选择未成年人住所或者其他让未成年人心理上感到安全的场所进行，并通知其法定代理人到场。无法通知、法定代理人不能到场或者法定代理人是性侵害犯罪嫌疑人、被告人的，也可以通知未成年被害人的其他成年亲属或者所在学校、居住地基层组织、未成年人保护组织的代表等有关人员到场，并将相关情况记录在案。

询问未成年被害人，应当考虑其身心特点，采取和缓的方式进行。对与性侵害犯罪有关的事实应当进行全面询问，以一次询问为原则，尽可能避免反复询问。

15. 人民法院、人民检察院办理性侵害未成年人案件，应当及时告知未成年被害人及其法定代理人或者近亲属有权委托诉讼代理人，并告知其如果经济困难，可以向法律援助机构申请法律援助。对需要申请法律援助的，应当帮助其申请法律援助。法律援助机构应当及时指派熟悉未成年人身心特点的律师为其提供法律帮助。

16. 人民法院、人民检察院、公安机关办理性侵害未成年人犯罪案件，除有碍案件办理的情形外，应当将案件进展情况、案件处理结果及时告知被害人及其法定代理人，并对有关情况予以说明。

17. 人民法院确定性侵害未成年人犯罪案件开庭日期后，应当将开庭的时间、地点通知未成年被害人及其法定代理人。未成年被害人的法定代理人可以陪同或者代表未成年被害人参加法庭审理，陈述意见，法定代理人是性侵害犯罪被告人的除外。

18. 人民法院开庭审理性侵害未成年人犯罪案件，未成年被害人、证人确有必要出庭的，应当根据案件情况采取不暴露外貌、真实声音等保护措施。有条件的，可以采取视频等方式播放未成年人的陈述、证言，播放视频亦应采取保护措施。

三、准确适用法律（略）

四、其他事项

28. 对于强奸未成年人的成年犯罪分子判处刑罚时，一般不适用缓刑。

对于性侵害未成年人的犯罪分子确定是否适用缓刑，人民法院、人民检察院可以委托犯罪分子居住地的社区矫正机构，就对其宣告缓刑对所居住社区是否有重大不良影响进行调查。受委托的社区矫正机构应当及时组织调查，在规定的期限内将调查评估意见提交委托机关。

对于判处刑罚同时宣告缓刑的，可以根据犯罪情况，同时宣告禁止令，禁止犯罪分子在缓刑考验期内从事与未成年人有关的工作、活动，禁止其进入中小学校区、幼儿园园区及其他未成年人集中的场所，确因本人就学、居住等原因，经执行机关批准的除外。

29. 外国人在我国领域内实施强奸、猥亵未成年人等犯罪的，应当依法判处，在判处刑罚时，可以独立适用或者附加适用驱逐出境。对于尚不构成犯罪但构成违反治安管理行为的，或者因实施性侵害未成年人犯罪不适宜在中国境内继续停留居留的，公安机关可以依法适用限期出境或者驱逐出境。

30. 对于判决已生效的强奸、猥亵未成年人犯罪案件，人民法院在依法保护被害人隐私的前提下，可以在互联网公布相关裁判文书，未成年人犯罪的除外。

31. 对于未成年人因被性侵害而造成的人身损害，为进行康复治疗所支付的医疗费、护理费、交通费、误工费等合理费用，未成年被害人及其法定代理人、近亲属提出赔偿请求的，人民法院依法予以支持。

32. 未成年人在幼儿园、学校或者其他教育机构学习、生活期间被性侵害而造成人身损害，被害人及其法定代理人、近亲属据此向人民法院起诉要求上述单位承担赔偿责任的，人民法院依法予以支持。

33. 未成年人受到监护人性侵害，其他具有监护资格的人员、民政部门等有关单位和组织向人民法院提出申请，要求撤销监护人资格，另行指定监护人的，人民法院依法予以支持。

34. 对未成年被害人因性侵害犯罪而造成人身损害，不能及时获得有效赔偿，生活困难的，各级人民法院、人民检察院、公安机关可会同有关部门，优先考虑予以司法救助。

最高人民检察院《人民检察院办理网络犯罪案件规定》

（2021年1月22日）

第一章 一般规定

第一条 为规范人民检察院办理网

络犯罪案件,维护国家安全、网络安全、社会公共利益,保护公民、法人和其他组织的合法权益,根据《中华人民共和国刑事诉讼法》《人民检察院刑事诉讼规则》等规定,结合司法实践,制定本规定。

第二条　本规定所称网络犯罪是指针对信息网络实施的犯罪,利用信息网络实施的犯罪,以及其他上下游关联犯罪。

第三条　人民检察院办理网络犯罪案件应当加强全链条惩治,注重审查和发现上下游关联犯罪线索。对涉嫌犯罪,公安机关未立案侦查、应当提请批准逮捕而未提请批准逮捕或者应当移送起诉而未移送起诉的,依法进行监督。

第四条　人民检察院办理网络犯罪案件应当坚持惩治犯罪与预防犯罪并举,建立捕、诉、监、防一体的办案机制,加强以案释法,发挥检察建议的作用,促进有关部门、行业组织、企业等加强网络犯罪预防和治理,净化网络空间。

第五条　网络犯罪案件的管辖适用刑事诉讼法及其他相关规定。

有多个犯罪地的,按照有利于查清犯罪事实、有利于保护被害人合法权益、保证案件公正处理的原则确定管辖。

因跨区域犯罪、共同犯罪、关联犯罪等原因存在管辖争议的,由争议的人民检察院协商解决,协商不成的,报请共同的上级人民检察院指定管辖。

第六条　人民检察院办理网络犯罪案件应当发挥检察一体化优势,加强跨区域协作办案,强化信息互通、证据移交、技术协作,增强惩治网络犯罪的合力。

第七条　人民检察院办理网络犯罪案件应当加强对电子数据收集、提取、保全、固定等的审查,充分运用同一电子数据往往具有的多元关联证明作用,综合运用电子数据与其他证据,准确认定案件事实。

第八条　建立检察技术人员、其他有专门知识的人参与网络犯罪案件办理制度。根据案件办理需要,吸收检察技术人员加入办案组辅助案件办理。积极探索运用大数据、云计算、人工智能等信息技术辅助办案,提高网络犯罪案件办理的专业化水平。

第九条　人民检察院办理网络犯罪案件,对集团犯罪或者涉案人数众多的,根据行为人的客观行为、主观恶性、犯罪情节及地位、作用等综合判断责任轻重和刑事追究的必要性,按照区别对待原则分类处理,依法追诉。

第十条　人民检察院办理网络犯罪案件应当把追赃挽损贯穿始终,主动加强与有关机关协作,保证及时查封、扣押、冻结涉案财物,阻断涉案财物移转链条,督促涉案人员退赃退赔。

第二章　引导取证和案件审查

第十一条　人民检察院办理网络犯罪案件应当重点围绕主体身份同一性、技术手段违法性、上下游行为关联性等方面全面审查案件事实和证据,注重电子数据与其他证据之间的相互印证,构建完整的证据体系。

第十二条　经公安机关商请,根据追诉犯罪的需要,人民检察院可以派员适时介入重大、疑难、复杂网络犯罪案件的侦查活动,并对以下事项提出引导取证意见:

(一)案件的侦查方向及可能适用的罪名;

(二)证据的收集、提取、保全、固定、检验、分析等;

（三）关联犯罪线索；
（四）追赃挽损工作；
（五）其他需要提出意见的事项。

人民检察院开展引导取证活动时，涉及专业性问题的，可以指派检察技术人员共同参与。

第十三条 人民检察院可以通过以下方式了解案件办理情况：
（一）查阅案件材料；
（二）参加公安机关对案件的讨论；
（三）了解讯（询）问犯罪嫌疑人、被害人、证人的情况；
（四）了解、参与电子数据的收集、提取；
（五）其他方式。

第十四条 人民检察院介入网络犯罪案件侦查活动，发现关联犯罪或其他新的犯罪线索，应当建议公安机关依法立案或移送相关部门；对于犯罪嫌疑人不构成犯罪的，依法监督公安机关撤销案件。

第十五条 人民检察院可以根据案件侦查情况，向公安机关提出以下取证意见：
（一）能够扣押、封存原始存储介质的，及时扣押、封存；
（二）扣押可联网设备时，及时采取信号屏蔽、信号阻断或者切断电源等方式，防止电子数据被远程破坏；
（三）及时提取账户密码及相应数据，如电子设备、网络账户、应用软件等的账户密码，以及存储于其中的聊天记录、电子邮件、交易记录等；
（四）及时提取动态数据，如内存数据、缓存数据、网络连接数据等；
（五）及时提取依赖于特定网络环境的数据，如点对点网络传输数据、虚拟专线网络中的数据等；

（六）及时提取书证、物证等客观证据，注意与电子数据相互印证。

第十六条 对于批准逮捕后要求公安机关继续侦查、不批准逮捕后要求公安机关补充侦查或者审查起诉退回公安机关补充侦查的网络犯罪案件，人民检察院应当重点围绕本规定第十二条第一款规定的事项，有针对性地制作继续侦查提纲或者补充侦查提纲。对于专业性问题，应当听取检察技术人员或者其他有专门知识的人的意见。

人民检察院应当及时了解案件继续侦查或者补充侦查的情况。

第十七条 认定网络犯罪的犯罪嫌疑人，应当结合全案证据，围绕犯罪嫌疑人与原始存储介质、电子数据的关联性、犯罪嫌疑人网络身份与现实身份的同一性，注重审查以下内容：
（一）扣押、封存的原始存储介质是否为犯罪嫌疑人所有、持有或者使用；
（二）社交、支付结算、网络游戏、电子商务、物流等平台的账户信息、身份认证信息、数字签名、生物识别信息等是否与犯罪嫌疑人身份关联；
（三）通话记录、短信、聊天信息、文档、图片、语音、视频等文件内容是否能够反映犯罪嫌疑人的身份；
（四）域名、IP 地址、终端 MAC 地址、通信基站信息等是否能够反映电子设备为犯罪嫌疑人所使用；
（五）其他能够反映犯罪嫌疑人主体身份的内容。

第十八条 认定犯罪嫌疑人的客观行为，应当结合全案证据，围绕其利用的程序工具、技术手段的功能及其实现方式、犯罪行为和结果之间的关联性，注重审查以下内容：

（一）设备信息、软件程序代码等作案工具；

（二）系统日志、域名、IP地址、WiFi信息、地理位置信息等是否能够反映犯罪嫌疑人的行为轨迹；

（三）操作记录、网络浏览记录、物流信息、交易结算记录、即时通信信息等是否能够反映犯罪嫌疑人的行为内容；

（四）其他能够反映犯罪嫌疑人客观行为的内容。

第十九条　认定犯罪嫌疑人的主观方面，应当结合犯罪嫌疑人的认知能力、专业水平、既往经历、人员关系、行为次数、获利情况等综合认定，注重审查以下内容：

（一）反映犯罪嫌疑人主观故意的聊天记录、发布内容、浏览记录等；

（二）犯罪嫌疑人行为是否明显违背系统提示要求、正常操作流程；

（三）犯罪嫌疑人制作、使用或者向他人提供的软件程序是否主要用于违法犯罪活动；

（四）犯罪嫌疑人支付结算的对象、频次、数额等是否明显违反正常交易习惯；

（五）犯罪嫌疑人是否频繁采用隐蔽上网、加密通信、销毁数据等措施或者使用虚假身份；

（六）其他能够反映犯罪嫌疑人主观方面的内容。

第二十条　认定犯罪行为的情节和后果，应当结合网络空间、网络行为的特性，从违法所得、经济损失、信息系统的破坏、网络秩序的危害程度以及对被害人的侵害程度等综合判断，注重审查以下内容：

（一）聊天记录、交易记录、音视频文件、数据库信息等能够反映犯罪嫌疑人违法所得、获取和传播数据及文件的性质、数量的内容；

（二）账号数量、信息被点击次数、浏览次数、被转发次数等能够反映犯罪行为对网络空间秩序产生影响的内容；

（三）受影响的计算机信息系统数量、服务器日志信息等能够反映犯罪行为对信息网络运行造成影响程度的内容；

（四）被害人数量、财产损失数额、名誉侵害的影响范围等能够反映犯罪行为对被害人的人身、财产等造成侵害的内容；

（五）其他能够反映犯罪行为情节、后果的内容。

第二十一条　人民检察院办理网络犯罪案件，确因客观条件限制无法逐一收集相关言词证据的，可以根据记录被害人人数、被侵害的计算机信息系统数量、涉案资金数额等犯罪事实的电子数据、书证等证据材料，在审查被告人及其辩护人所提辩解、辩护意见的基础上，综合全案证据材料，对相关犯罪事实作出认定。

第二十二条　对于数量众多的同类证据材料，在证明是否具有同样的性质、特征或者功能时，因客观条件限制不能全部验证的，可以进行抽样验证。

第二十三条　对鉴定意见、电子数据等技术性证据材料，需要进行专门审查的，应当指派检察技术人员或者聘请其他有专门知识的人进行审查并提出意见。

第二十四条　人民检察院在审查起诉过程中，具有下列情形之一的，可以依法自行侦查：

（一）公安机关未能收集的证据，特别是存在灭失、增加、删除、修改风险的电子数据，需要及时收集和固定的；

（二）经退回补充侦查未达到补充侦

查要求的；

（三）其他需要自行侦查的情形。

第二十五条　自行侦查由检察官组织实施，开展自行侦查的检察人员不得少于二人。需要技术支持和安全保障的，由人民检察院技术部门和警务部门派员协助。必要时，可以要求公安机关予以配合。

第二十六条　人民检察院办理网络犯罪案件的部门，发现或者收到侵害国家利益、社会公共利益的公益诉讼案件线索的，应当及时移送负责公益诉讼的部门处理。

第三章　电子数据的审查

第二十七条　电子数据是以数字化形式存储、处理、传输的，能够证明案件事实的数据，主要包括以下形式：

（一）网页、社交平台、论坛等网络平台发布的信息；

（二）手机短信、电子邮件、即时通信、通讯群组等网络通讯信息；

（三）用户注册信息、身份认证信息、数字签名、生物识别信息等用户身份信息；

（四）电子交易记录、通信记录、浏览记录、操作记录、程序安装、运行、删除记录等用户行为信息；

（五）恶意程序、工具软件、网站源代码、运行脚本等行为工具信息；

（六）系统日志、应用程序日志、安全日志、数据库日志等系统运行信息；

（七）文档、图片、音频、视频、数字证书、数据库文件等电子文件及其创建时间、访问时间、修改时间、大小等文件附属信息。

第二十八条　电子数据取证主要包括以下方式：收集、提取电子数据；电子数据检查和侦查实验；电子数据检验和鉴定。

收集、提取电子数据可以采取以下方式：

（一）扣押、封存原始存储介质；

（二）现场提取电子数据；

（三）在线提取电子数据；

（四）冻结电子数据；

（五）调取电子数据。

第二十九条　人民检察院办理网络犯罪案件，应当围绕客观性、合法性、关联性的要求对电子数据进行全面审查。注重审查电子数据与案件事实之间的多元关联，加强综合分析，充分发挥电子数据的证明作用。

第三十条　对电子数据是否客观、真实，注重审查以下内容：

（一）是否移送原始存储介质，在原始存储介质无法封存、不便移动时，是否说明原因，并注明相关情况；

（二）电子数据是否有数字签名、数字证书等特殊标识；

（三）电子数据的收集、提取过程及结果是否可以重现；

（四）电子数据有增加、删除、修改等情形的，是否附有说明；

（五）电子数据的完整性是否可以保证。

第三十一条　对电子数据是否完整，注重审查以下内容：

（一）原始存储介质的扣押、封存状态是否完好；

（二）比对电子数据完整性校验值是否发生变化；

（三）电子数据的原件与备份是否相同；

（四）冻结后的电子数据是否生成新

的操作日志。

第三十二条 对电子数据的合法性，注重审查以下内容：

（一）电子数据的收集、提取、保管的方法和过程是否规范；

（二）查询、勘验、扣押、调取、冻结等的法律手续是否齐全；

（三）勘验笔录、搜查笔录、提取笔录等取证记录是否完备；

（四）是否由符合法律规定的取证人员、见证人、持有人（提供人）等参与，因客观原因没有见证人、持有人（提供人）签名或者盖章的，是否说明原因；

（五）是否按照有关规定进行同步录音录像；

（六）对于收集、提取的境外电子数据是否符合国（区）际司法协作及相关法律规定的要求。

第三十三条 对电子数据的关联性，注重审查以下内容：

（一）电子数据与案件事实之间的关联性；

（二）电子数据及其存储介质与案件当事人之间的关联性。

第三十四条 原始存储介质被扣押封存的，注重从以下方面审查扣押封存过程是否规范：

（一）是否记录原始存储介质的品牌、型号、容量、序列号、识别码、用户标识等外观信息，是否与实物一一对应；

（二）是否封存或者计算完整性校验值，封存前后是否拍摄被封存原始存储介质的照片，照片是否清晰反映封口或者张贴封条处的状况；

（三）是否由取证人员、见证人、持有人（提供人）签名或者盖章。

第三十五条 对原始存储介质制作数据镜像予以提取固定的，注重审查以下内容：

（一）是否记录原始存储介质的品牌、型号、容量、序列号、识别码、用户标识等外观信息，是否记录原始存储介质的存放位置、使用人、保管人；

（二）是否附有制作数据镜像的工具、方法、过程等必要信息；

（三）是否计算完整性校验值；

（四）是否由取证人员、见证人、持有人（提供人）签名或者盖章。

第三十六条 提取原始存储介质中的数据内容并予以固定的，注重审查以下内容：

（一）是否记录原始存储介质的品牌、型号、容量、序列号、识别码、用户标识等外观信息，是否记录原始存储介质的存放位置、使用人、保管人；

（二）所提取数据内容的原始存储路径、提取的工具、方法、过程等信息，是否一并提取相关的附属信息、关联痕迹、系统环境等信息；

（三）是否计算完整性校验值；

（四）是否由取证人员、见证人、持有人（提供人）签名或者盖章。

第三十七条 对于在线提取的电子数据，注重审查以下内容：

（一）是否记录反映电子数据来源的网络地址、存储路径或者数据提取时的进入步骤等；

（二）是否记录远程计算机信息系统的访问方式、电子数据的提取日期和时间、提取的工具、方法等信息，是否一并提取相关的附属信息、关联痕迹、系统环境等信息；

（三）是否计算完整性校验值；

（四）是否由取证人员、见证人、持有

人(提供人)签名或者盖章。

对可能无法重复提取或者可能出现变化的电子数据,是否随案移送反映提取过程的拍照、录像、截屏等材料。

第三十八条 对冻结的电子数据,注重审查以下内容:

(一)冻结手续是否符合规定;

(二)冻结的电子数据是否与案件事实相关;

(三)冻结期限是否即将到期、有无必要继续冻结或者解除;

(四)冻结期间电子数据是否被增加、删除、修改等。

第三十九条 对调取的电子数据,注重审查以下内容:

(一)调取证据通知书是否注明所调取的电子数据的相关信息;

(二)被调取单位、个人是否在通知书回执上签名或者盖章;

(三)被调取单位、个人拒绝签名、盖章的,是否予以说明;

(四)是否计算完整性校验值或者以其他方法保证电子数据的完整性。

第四十条 对电子数据进行检查、侦查实验,注重审查以下内容:

(一)是否记录检查过程、检查结果和其他需要记录的内容,并由检查人员签名或者盖章;

(二)是否记录侦查实验的条件、过程和结果,并由参加侦查实验的人员签名或者盖章;

(三)检查、侦查实验使用的电子设备、网络环境等是否与发案现场一致或者基本一致;

(四)是否使用拍照、录像、录音、通信数据采集等一种或者多种方式客观记录检查、侦查实验过程。

第四十一条 对电子数据进行检验、鉴定,注重审查以下内容:

(一)鉴定主体的合法性。包括审查司法鉴定机构、司法鉴定人员的资质,委托鉴定事项是否符合司法鉴定机构的业务范围,鉴定人员是否存在回避等情形;

(二)鉴定材料的客观性。包括鉴定材料是否真实、完整、充分,取得方式是否合法,是否与原始电子数据一致;

(三)鉴定方法的科学性。包括鉴定方法是否符合国家标准、行业标准,方法标准的选用是否符合相关规定;

(四)鉴定意见的完整性。是否包含委托人、委托时间、检材信息、鉴定或者分析论证过程、鉴定结果以及鉴定人签名、日期等内容;

(五)鉴定意见与其他在案证据能否相互印证。

对于鉴定机构以外的机构出具的检验、检测报告,可以参照本条规定进行审查。

第四十二条 行政机关在行政执法和查办案件过程中依法收集、提取的电子数据,人民检察院经审查符合法定要求的,可以作为刑事案件的证据使用。

第四十三条 电子数据的收集、提取程序有下列瑕疵,经补正或者作出合理解释的,可以采用;不能补正或者作出合理解释的,不得作为定案的根据:

(一)未以封存状态移送的;

(二)笔录或者清单上没有取证人员、见证人、持有人(提供人)签名或者盖章的;

(三)对电子数据的名称、类别、格式等注明不清的;

(四)有其他瑕疵的。

第四十四条 电子数据系篡改、伪

造、无法确定真伪的，或者有其他无法保证电子数据客观、真实情形的，不得作为定案的根据。

电子数据有增加、删除、修改等情形，但经司法鉴定、当事人确认等方式确定与案件相关的重要数据未发生变化，或者能够还原电子数据原始状态、查清变化过程的，可以作为定案的根据。

第四十五条　对于无法直接展示的电子数据，人民检察院可以要求公安机关提供电子数据的内容、存储位置、附属信息、功能作用等情况的说明，随案移送人民法院。

第四章　出庭支持公诉

第四十六条　人民检察院依法提起公诉的网络犯罪案件，具有下列情形之一的，可以建议人民法院召开庭前会议：

（一）案情疑难复杂的；

（二）跨国（边）境、跨区域案件社会影响重大的；

（三）犯罪嫌疑人、被害人等人数众多、证据材料较多的；

（四）控辩双方对电子数据合法性存在较大争议的；

（五）案件涉及技术手段专业性强，需要控辩双方提前交换意见的；

（六）其他有必要召开庭前会议的情形。

必要时，人民检察院可以向法庭申请指派检察技术人员或者聘请其他有专门知识的人参加庭前会议。

第四十七条　人民法院开庭审理网络犯罪案件，公诉人出示证据可以借助多媒体示证、动态演示等方式进行。必要时，可以向法庭申请指派检察技术人员或者聘请其他有专门知识的人进行相关技术操作，并就专门性问题发表意见。

公诉人在出示电子数据时，应当从以下方面进行说明：

（一）电子数据的来源、形成过程；

（二）电子数据所反映的犯罪手段、人员关系、资金流向、行为轨迹等案件事实；

（三）电子数据与被告人供述、被害人陈述、证人证言、物证、书证等的相互印证情况；

（四）其他应当说明的内容。

第四十八条　在法庭审理过程中，被告人及其辩护人针对电子数据的客观性、合法性、关联性提出辩解或者辩护意见的，公诉人可以围绕争议点从证据来源是否合法，提取、复制、制作过程是否规范，内容是否真实完整，与案件事实有无关联等方面，有针对性地予以答辩。

第四十九条　支持、推动人民法院开庭审判网络犯罪案件全程录音录像。对庭审全程录音录像资料，必要时人民检察院可以商请人民法院复制，并将存储介质附检察卷宗保存。

第五章　跨区域协作办案

第五十条　对跨区域网络犯罪案件，上级人民检察院应当加强统一指挥和统筹协调，相关人民检察院应当加强办案协作。

第五十一条　上级人民检察院根据办案需要，可以统一调用辖区内的检察人员参与办理网络犯罪案件。

第五十二条　办理关联网络犯罪案件的人民检察院可以相互申请查阅卷宗材料、法律文书，了解案件情况，被申请的人民检察院应当予以协助。

第五十三条　承办案件的人民检察院需要向办理关联网络犯罪案件的人民

检察院调取证据材料的,可以持相关法律文书和证明文件申请调取在案证据材料,被申请的人民检察院应当配合。

第五十四条 承办案件的人民检察院需要异地调查取证的,可以将相关法律文书及证明文件传输至证据所在地的人民检察院,请其代为调查取证。相关法律文书应当注明具体的取证对象、方式、内容和期限等。

被请求协助的人民检察院应当予以协助,及时将取证结果送达承办案件的人民检察院;无法及时调取的,应当作出说明。被请求协助的人民检察院有异议的,可以与承办案件的人民检察院进行协商;无法解决的,由承办案件的人民检察院报请共同的上级人民检察院决定。

第五十五条 承办案件的人民检察院需要询问异地证人、被害人的,可以通过远程视频系统进行询问,证人、被害人所在地的人民检察院应当予以协助。远程询问的,应当对询问过程进行同步录音录像。

第六章 跨国(边)境司法协作

第五十六条 办理跨国网络犯罪案件应当依照《中华人民共和国国际刑事司法协助法》及我国批准加入的有关刑事司法协助条约,加强国际司法协作,维护我国主权、安全和社会公共利益,尊重协作国司法主权、坚持平等互惠原则,提升跨国司法协作质效。

第五十七条 地方人民检察院在案件办理中需要向外国请求刑事司法协助的,应当制作刑事司法协助请求书并附相关材料,经报最高人民检察院批准后,由我国与被请求国间司法协助条约规定的对外联系机关向外国提出申请。没有刑事司法协助条约的,通过外交途径联系。

第五十八条 人民检察院参加现场移交境外证据的检察人员不少于二人,外方有特殊要求的除外。

移交、开箱、封存、登记的情况应当制作笔录,由最高人民检察院或者承办案件的人民检察院代表、外方移交人员签名或者盖章,一般应当全程录音录像。有其他见证人的,在笔录中注明。

第五十九条 人民检察院对境外收集的证据,应当审查证据来源是否合法、手续是否齐备以及证据的移交、保管、转换等程序是否连续、规范。

第六十条 人民检察院办理涉香港特别行政区、澳门特别行政区、台湾地区的网络犯罪案件,需要当地有关部门协助的,可以参照本规定及其他相关规定执行。

第七章 附 则

第六十一条 人民检察院办理网络犯罪案件适用本规定,本规定没有规定的,适用其他相关规定。

第六十二条 本规定中下列用语的含义:

(一)信息网络,包括以计算机、电视机、固定电话机、移动电话机等电子设备为终端的计算机互联网、广播电视网、固定通信网、移动通信网等信息网络,以及局域网络;

(二)存储介质,是指具备数据存储功能的电子设备、硬盘、光盘、优盘、记忆棒、存储芯片等载体;

(三)完整性校验值,是指为防止电子数据被篡改或者破坏,使用散列算法等特定算法对电子数据进行计算,得出的用于校验数据完整性的数据值;

(四)数字签名,是指利用特定算法

对电子数据进行计算,得出的用于验证电子数据来源和完整性的数据值;

(五)数字证书,是指包含数字签名并对电子数据来源、完整性进行认证的电子文件;

(六)生物识别信息,是指计算机利用人体所固有的生理特征(包括人脸、指纹、声纹、虹膜、DNA 等)或者行为特征(步态、击键习惯等)来进行个人身份识别的信息;

(七)运行脚本,是指使用一种特定的计算机编程语言,依据符合语法要求编写的执行指定操作的可执行文件;

(八)数据镜像,是指二进制(0101 排序的数据码流)相同的数据复制件,与原件的内容无差别;

(九)MAC 地址,是指计算机设备中网卡的唯一标识,每个网卡有且只有一个 MAC 地址。

第六十三条 人民检察院办理国家安全机关、海警机关、监狱等移送的网络犯罪案件,适用本规定和其他相关规定。

第六十四条 本规定由最高人民检察院负责解释。

第六十五条 本规定自发布之日起施行。

最高人民法院、最高人民检察院、公安部《关于办理信息网络犯罪案件适用刑事诉讼程序若干问题的意见》

(2022 年 8 月 26 日 法发〔2022〕23 号)

为依法惩治信息网络犯罪活动,根据《中华人民共和国刑法》《中华人民共和国刑事诉讼法》以及有关法律、司法解释的规定,结合侦查、起诉、审判实践,现就办理此类案件适用刑事诉讼程序问题提出以下意见。

一、关于信息网络犯罪案件的范围

1. 本意见所称信息网络犯罪案件包括:

(1)危害计算机信息系统安全犯罪案件;

(2)拒不履行信息网络安全管理义务、非法利用信息网络、帮助信息网络犯罪活动的犯罪案件;

(3)主要行为通过信息网络实施的诈骗、赌博、侵犯公民个人信息等其他犯罪案件。

二、关于信息网络犯罪案件的管辖

2. 信息网络犯罪案件由犯罪地公安机关立案侦查。必要时,可以由犯罪嫌疑人居住地公安机关立案侦查。

信息网络犯罪案件的犯罪地包括用于实施犯罪行为的网络服务使用的服务器所在地,网络服务提供者所在地,被侵害的信息网络系统及其管理者所在地,犯罪过程中犯罪嫌疑人、被害人或者其他涉案人员使用的信息网络系统所在地,被害人被侵害时所在地以及被害人财产遭受损失地等。

涉及多个环节的信息网络犯罪案件,犯罪嫌疑人为信息网络犯罪提供帮助的,其犯罪地、居住地或者被帮助对象的犯罪地公安机关可以立案侦查。

3. 有多个犯罪地的信息网络犯罪案件,由最初受理的公安机关或者主要犯罪地公安机关立案侦查。有争议的,按照有利于查清犯罪事实、有利于诉讼的原则,协商解决;经协商无法达成一致的,由共同上级公安机关指定有关公安机关立案侦查。需要提请批准逮捕、移送审查起诉、提起公诉的,由立案侦查的公安机关所在地的人民检察院、人民法院受理。

4. 具有下列情形之一的,公安机关、人民检察院、人民法院可以在其职责范围内并案处理:

(1) 一人犯数罪的;

(2) 共同犯罪的;

(3) 共同犯罪的犯罪嫌疑人、被告人还实施其他犯罪的;

(4) 多个犯罪嫌疑人、被告人实施的犯罪行为存在关联,并案处理有利于查明全部案件事实的。

对为信息网络犯罪提供程序开发、互联网接入、服务器托管、网络存储、通讯传输等技术支持,或者广告推广、支付结算等帮助,涉嫌犯罪的,可以依照第一款的规定并案侦查。

有关公安机关依照前两款规定并案侦查的案件,需要提请批准逮捕、移送审查起诉、提起公诉的,由该公安机关所在地的人民检察院、人民法院受理。

5. 并案侦查的共同犯罪或者关联犯罪案件,犯罪嫌疑人人数众多、案情复杂的,公安机关可以分案移送审查起诉。分案移送审查起诉的,应当对并案侦查的依据、分案移送审查起诉的理由作出说明。

对于前款规定的案件,人民检察院可以分案提起公诉,人民法院可以分案审理。

分案处理应当以有利于保障诉讼质量和效率为前提,并不得影响当事人质证权等诉讼权利的行使。

6. 依照前条规定分案处理,公安机关、人民检察院、人民法院在分案前有管辖权的,分案后对相关案件的管辖权不受影响。根据具体情况,分案处理的相关案件可以由不同审级的人民法院分别审理。

7. 对于共同犯罪或者已并案侦查的关联犯罪案件,部分犯罪嫌疑人未到案,但不影响对已到案共同犯罪或者关联犯罪的犯罪嫌疑人、被告人的犯罪事实认定的,可以先行追究已到案犯罪嫌疑人、被告人的刑事责任。之前未到案的犯罪嫌疑人、被告人归案后,可以由原办案机关所在地公安机关、人民检察院、人民法院管辖其所涉及的案件。

8. 对于具有特殊情况,跨省(自治区、直辖市)指定异地公安机关侦查更有利于查清犯罪事实、保证案件公正处理的重大信息网络犯罪案件,以及在境外实施的信息网络犯罪案件,公安部可以商最高人民检察院和最高人民法院指定侦查管辖。

9. 人民检察院对于审查起诉的案件,按照刑事诉讼法的管辖规定,认为应当由上级人民检察院或者同级其他人民检察院起诉的,应当将案件移送有管辖权的人民检察院,并通知移送起诉的公安机关。人民检察院认为需要依照刑事诉讼法的规定指定审判管辖的,应当协商同级人民法院办理指定管辖有关事宜。

10. 犯罪嫌疑人被多个公安机关立案侦查的,有关公安机关一般应当协商并案处理,并依法移送案件。协商不成的,可以报请共同上级公安机关指定管辖。

人民检察院对于审查起诉的案件,发现犯罪嫌疑人还有犯罪被异地公安机关立案侦查的,应当通知移送审查起诉的公安机关。

人民法院对于提起公诉的案件,发现被告人还有其他犯罪被审查起诉、立案侦查的,可以协商人民检察院、公安机关并案处理,但可能造成审判过分迟延的除外。决定对有关犯罪并案处理,符合《中华人民共和国刑事诉讼法》第二百零四条规定的,人民检察院可以建议人民法院延期审理。

三、关于信息网络犯罪案件的调查核实

11. 公安机关对接受的案件或者发现的犯罪线索,在审查中发现案件事实或者线索不明,需要经过调查才能够确认是否达到刑事立案标准的,经公安机关办案部门负责人批准,可以进行调查核实;经过调查核实达到刑事立案标准的,应当及时立案。

12. 调查核实过程中,可以采取询问、查询、勘验、检查、鉴定、调取证据材料等不限制被调查对象人身、财产权利的措施,不得对被调查对象采取强制措施,不得查封、扣押、冻结被调查对象的财产,不得采取技术侦查措施。

13. 公安机关在调查核实过程中依法收集的电子数据等材料,可以根据有关规定作为证据使用。

调查核实过程中收集的材料作为证据使用的,应当随案移送,并附批准调查核实的相关材料。

调查核实过程中收集的证据材料经查证属实,且收集程序符合有关要求的,可以作为定案依据。

四、关于信息网络犯罪案件的取证

14. 公安机关向网络服务提供者调取电子数据的,应当制作调取证据通知书,注明需要调取的电子数据的相关信息。调取证据通知书及相关法律文书可以采用数据电文形式。跨地域调取电子数据的,可以通过公安机关信息化系统传输相关数据电文。

网络服务提供者向公安机关提供电子数据的,可以采用数据电文形式。采用数据电文形式提供电子数据的,应当保证电子数据的完整性,并制作电子证明文件,载明调证法律文书编号、单位电子公章、完整性校验值等保护电子数据完整性方法的说明等信息。

数据电文形式的法律文书和电子证明文件,应当使用电子签名、数字水印等方式保证完整性。

15. 询(讯)问异地证人、被害人以及与案件有关联的犯罪嫌疑人的,可以由办案地公安机关通过远程网络视频等方式进行并制作笔录。

远程询(讯)问的,应当由协作地公安机关事先核实被询(讯)问人的身份。办案地公安机关应当将询(讯)问笔录传输至协作地公安机关。询(讯)问笔录经被询(讯)问人确认并逐页签名、捺指印后,由协作地公安机关协作人员签名或者盖章,并将原件提供给办案地公安机关。询(讯)问人员收到笔录后,应当在首页右上方写明"于某年某月某日收到",并签名或者盖章。

远程询(讯)问的,应当对询(讯)问过程同步录音录像,并随案移送。

异地证人、被害人以及与案件有关联的犯罪嫌疑人亲笔书写证词、供词的,参照执行本条第二款规定。

16. 人民检察院依法自行侦查、补充侦查,或者人民法院调查核实相关证据的,适用本意见第14条、第15条的有关规定。

17. 对于依照本意见第14条的规定调取的电子数据,人民检察院、人民法院可以通过核验电子签名、数字水印、电子数据完整性校验值及调证法律文书编号是否与证明文件相一致等方式,对电子数据进行审查判断。

对调取的电子数据有疑问的,由公安机关、提供电子数据的网络服务提供者作出说明,或者由原调取机关补充收集相关证据。

五、关于信息网络犯罪案件的其他问题

18. 采取技术侦查措施收集的材料作为证据使用的,应当随案移送,并附采取技术侦查措施的法律文书、证据材料清单和有关说明材料。

移送采取技术侦查措施收集的视听资料、电子数据的,应当由两名以上侦查人员制作复制件,并附制作说明,写明原始证据材料、原始存储介质的存放地点等信息,由制作人签名,并加盖单位印章。

19. 采取技术侦查措施收集的证据材料,应当经过当庭出示、辨认、质证等法庭调查程序查证。

当庭调查技术侦查证据材料可能危及有关人员的人身安全,或者可能产生其他严重后果的,法庭应当采取不暴露有关人员身份和技术侦查措施使用的技术设备、技术方法等保护措施。必要时,审判人员可以在庭外对证据进行核实。

20. 办理信息网络犯罪案件,对于数量特别众多且具有同类性质、特征或者功能的物证、书证、证人证言、被害人陈述、视听资料、电子数据等证据材料,确因客观条件限制无法逐一收集的,应当按照一定比例或者数量选取证据,并对选取情况作出说明和论证。

人民检察院、人民法院应当重点审查取证方法、过程是否科学。经审查认为取证不科学的,应当由原取证机关作出补充说明或者重新取证。

人民检察院、人民法院应当结合其他证据材料,以及犯罪嫌疑人、被告人及其辩护人所提辩解、辩护意见,审查认定取得的证据。经审查,对相关事实不能排除合理怀疑的,应当作出有利于犯罪嫌疑人、被告人的认定。

21. 对于涉案人数特别众多的信息网络犯罪案件,确因客观条件限制无法收集证据逐一证明、逐人核实涉案账户的资金来源,但根据银行账户、非银行支付账户等交易记录和其他证据材料,足以认定有关账户主要用于接收、流转涉案资金的,可以按照该账户接收的资金数额认定犯罪数额,但犯罪嫌疑人、被告人能够作出合理说明的除外。案外人提出异议的,应当依法审查。

22. 办理信息网络犯罪案件,应当依法及时查封、扣押、冻结涉案财物,督促涉案人员退赃退赔,及时追赃挽损。

公安机关应当全面收集证明涉案财物性质、权属情况、依法应予追缴、没收或者责令退赔的证据材料,在移送审查起诉时随案移送并作出说明。其中,涉案财物需要返还被害人的,应当尽可能查明被害人损失情况。人民检察院应当对涉案财物的证据材料进行审查,在提起公诉时提出处理意见。人民法院应当依法作出判决,对涉案财物作出处理。

对应当返还被害人的合法财产,权属明确的,应当依法及时返还;权属不明的,应当在人民法院判决、裁定生效后,按比例返还被害人,但已获退赔的部分应予扣除。

23. 本意见自2022年9月1日起施行。《最高人民法院、最高人民检察院、公安部关于办理网络犯罪案件适用刑事诉讼程序若干问题的意见》(公通字〔2014〕10号)同时废止。

最高人民法院、最高人民检察院、公安部《关于办理电信网络诈骗等刑事案件适用法律若干问题的意见》(节录)

(2016年12月20日 法发〔2016〕32号)

一、总体要求(略)

二、依法严惩电信网络诈骗犯罪(略)

三、全面惩处关联犯罪(略)

四、准确认定共同犯罪与主观故意(略)

五、依法确定案件管辖

(一)电信网络诈骗犯罪案件一般由犯罪地公安机关立案侦查,如果由犯罪嫌疑人居住地公安机关立案侦查更为适宜的,可以由犯罪嫌疑人居住地公安机关立案侦查。犯罪地包括犯罪行为发生地和犯罪结果发生地。

"犯罪行为发生地"包括用于电信网络诈骗犯罪的网站服务器所在地,网站建立者、管理者所在地,被侵害的计算机信息系统或其管理者所在地,犯罪嫌疑人、被害人使用的计算机信息系统所在地,诈骗电话、短信息、电子邮件等的拨打地、发送地、到达地、接受地,以及诈骗行为持续发生的实施地、预备地、开始地、途经地、结束地。

"犯罪结果发生地"包括被害人被骗时所在地,以及诈骗所得财物的实际取得地、藏匿地、转移地、使用地、销售地等。

(二)电信网络诈骗最初发现地公安机关侦办的案件,诈骗数额当时未达到"数额较大"标准,但后续累计达到"数额较大"标准,可由最初发现地公安机关立案侦查。

(三)具有下列情形之一的,有关公安机关可以在其职责范围内并案侦查:

1. 一人犯数罪的;
2. 共同犯罪的;
3. 共同犯罪的犯罪嫌疑人还实施其他犯罪的;
4. 多个犯罪嫌疑人实施的犯罪存在直接关联,并案处理有利于查明案件事实的。

(四)对因网络交易、技术支持、资金支付结算等关系形成多层级链条、跨区域的电信网络诈骗等犯罪案件,可由共同上级公安机关按照有利于查清犯罪事实、有利于诉讼的原则,指定有关公安机关立案侦查。

(五)多个公安机关都有权立案侦查的电信网络诈骗等犯罪案件,由最初受理的公安机关或者主要犯罪地公安机关立案侦查。有争议的,按照有利于查清犯罪事实、有利于诉讼的原则,协商解决。经协商无法达成一致的,由共同上级公安机关指定有关公安机关立案侦查。

(六)在境外实施的电信网络诈骗等犯罪案件,可由公安部按照有利于查清犯罪事实、有利于诉讼的原则,指定有关公安机关立案侦查。

(七)公安机关立案、并案侦查,或因有争议,由共同上级公安机关指定立案侦查的案件,需要提请批准逮捕、移送审查起诉、提起公诉的,由该公安机关所在地的人民检察院、人民法院受理。

对重大疑难复杂案件和境外案件,公安机关应在指定立案侦查前,向同级人民检察院、人民法院通报。

（八）已确定管辖的电信诈骗共同犯罪案件，在逃的犯罪嫌疑人归案后，一般由原管辖的公安机关、人民检察院、人民法院管辖。

六、证据的收集和审查判断

（一）办理电信网络诈骗案件，确因被害人人数众多等客观条件的限制，无法逐一收集被害人陈述的，可以结合已收集的被害人陈述，以及经查证属实的银行账户交易记录、第三方支付结算账户交易记录、通话记录、电子数据等证据，综合认定被害人人数及诈骗资金数额等犯罪事实。

（二）公安机关采取技术侦查措施收集的案件证明材料，作为证据使用的，应当随案移送批准采取技术侦查措施的法律文书和所收集的证据材料，并对其来源等作出书面说明。

（三）依照国际条约、刑事司法协助、互助协议或平等互助原则，请求证据材料所在地司法机关收集，或通过国际警务合作机制、国际刑警组织启动合作取证程序收集的境外证据材料，经查证属实，可以作为定案的依据。公安机关应对其来源、提取人、提取时间或者提供人、提供时间以及保管移交的过程等作出说明。

对其他来自境外的证据材料，应当对其来源、提供人、提供时间以及提取人、提取时间进行审查。能够证明案件事实且符合刑事诉讼法规定的，可以作为证据使用。

七、涉案财物的处理

（一）公安机关侦办电信网络诈骗案件，应当随案移送涉案赃款赃物，并附清单。人民检察院提起公诉时，应一并移交受理案件的人民法院，同时就涉案赃款赃物的处理提出意见。

（二）涉案银行账户或者涉案第三方支付账户内的款项，对权属明确的被害人的合法财产，应当及时返还。确因客观原因无法查实全部被害人，但有证据证明该账户系用于电信网络诈骗犯罪，且被告人无法说明款项合法来源的，根据刑法第六十四条的规定，应认定为违法所得，予以追缴。

（三）被告人已将诈骗财物用于清偿债务或者转让给他人，具有下列情形之一的，应当依法追缴：

1. 对方明知是诈骗财物而收取的；
2. 对方无偿取得诈骗财物的；
3. 对方以明显低于市场的价格取得诈骗财物的；
4. 对方取得诈骗财物系源于非法债务或者违法犯罪活动的。

他人善意取得诈骗财物的，不予追缴。

最高人民法院、最高人民检察院、公安部《关于办理电信网络诈骗等刑事案件适用法律若干问题的意见（二）》（节录）

（2021年6月17日　法发〔2021〕22号）

一、电信网络诈骗犯罪地，除《最高人民法院、最高人民检察院、公安部关于办理电信网络诈骗等刑事案件适用法律若干问题的意见》规定的犯罪行为发生地和结果发生地外，还包括：

（一）用于犯罪活动的手机卡、流量卡、物联网卡的开立地、销售地、转移地、藏匿地；

（二）用于犯罪活动的信用卡的开立地、销售地、转移地、藏匿地、使用地以及资金交易对手资金交付和汇出地；

（三）用于犯罪活动的银行账户、非银行支付账户的开立地、销售地、使用地以及资金交易对手资金交付和汇出地；

（四）用于犯罪活动的即时通讯信息、广告推广信息的发送地、接受地、到达地；

（五）用于犯罪活动的"猫池"（Modem Pool）、GOIP设备、多卡宝等硬件设备的销售地、入网地、藏匿地；

（六）用于犯罪活动的互联网账号的销售地、登录地。

二、为电信网络诈骗犯罪提供作案工具、技术支持等帮助以及掩饰、隐瞒犯罪所得及其产生的收益，由此形成多层级犯罪链条的，或者利用同一网站、通讯群组、资金账户、作案窝点实施电信网络诈骗犯罪的，应当认定为多个犯罪嫌疑人、被告人实施的犯罪存在关联，人民法院、人民检察院、公安机关可以在其职责范围内并案处理。

八、认定刑法第二百八十七条之二规定的行为人明知他人利用信息网络实施犯罪，应当根据行为人收购、出售、出租前述第七条规定的信用卡、银行账户、非银行支付账户，具有支付结算功能的互联网账号密码、网络支付接口、网上银行数字证书，或者他人手机卡、流量卡、物联网卡等的次数、张数、个数，并结合行为人的认知能力、既往经历、交易对象、与实施信息网络犯罪的行为人的关系、提供技术支持或者帮助的时间和方式、获利情况以及行为人的供述等主客观因素，予以综合认定。

收购、出售、出租单位银行结算账户、非银行支付机构单位支付账户，或者电信、银行、网络支付等行业从业人员利用履行职责或提供服务便利，非法开办并出售、出租他人手机卡、信用卡、银行账户、非银行支付账户等的，可以认定为《最高人民法院、最高人民检察院关于办理非法利用信息网络、帮助信息网络犯罪活动等刑事案件适用法律若干问题的解释》第十一条第（七）项规定的"其他足以认定行为人明知的情形"。但有相反证据的除外。

十二、为他人实施电信网络诈骗犯罪提供技术支持、广告推广、支付结算等帮助，或者窝藏、转移、收购、代为销售及以其他方法掩饰、隐瞒电信网络诈骗犯罪所得及其产生的收益，诈骗犯罪行为可以确认，但实施诈骗的行为人尚未到案，可以依法先行追究已到案的上述犯罪嫌疑人、被告人的刑事责任。

十三、办案地公安机关可以通过公安机关信息化系统调取异地公安机关依法制作、收集的刑事案件受案登记表、立案决定书、被害人陈述等证据材料。调取时不得少于两名侦查人员，并记载调取的时间、使用的信息化系统名称等相关信息，调取人签名并加盖办案地公安机关印章。经审核证明真实的，可以作为证据使用。

十四、通过国（区）际警务合作收集或者境外警方移交的境外证据材料，确因客观条件限制，境外警方未提供相关证据的发现、收集、保管、移交情况等材料的，公安机关应当对上述证据材料的来源、移交过程以及种类、数量、特征等作出书面说明，由两名以上侦查人员签名并加盖公安机关印章。经审核能够证明案件事实的，可以作为证据使用。

十五、对境外司法机关抓获并羁押的电信网络诈骗犯罪嫌疑人，在境内接受审判的,境外的羁押期限可以折抵刑期。

十七、查扣的涉案账户内资金,应当优先返还被害人,如不足以全额返还的,应当按照比例返还。

最高人民法院、最高人民检察院、公安部、国家安全部、司法部《关于推进以审判为中心的刑事诉讼制度改革的意见》

(2016年7月20日　法发〔2016〕18号)

为贯彻落实《中共中央关于全面推进依法治国若干重大问题的决定》的有关要求,推进以审判为中心的刑事诉讼制度改革,依据宪法法律规定,结合司法工作实际,制定本意见。

一、未经人民法院依法判决,对任何人都不得确定有罪。人民法院、人民检察院和公安机关办理刑事案件,应当分工负责,互相配合,互相制约,保证准确、及时地查明犯罪事实,正确应用法律,惩罚犯罪分子,保障无罪的人不受刑事追究。

二、严格按照法律规定的证据裁判要求,没有证据不得认定犯罪事实。侦查机关侦查终结,人民检察院提起公诉,人民法院作出有罪判决,都应当做到犯罪事实清楚,证据确实、充分。

侦查机关、人民检察院应当按照裁判的要求和标准收集、固定、审查、运用证据,人民法院应当按照法定程序认定证据,依法作出裁判。

人民法院作出有罪判决,对于证明犯罪构成要件的事实,应当综合全案证据排除合理怀疑,对于量刑证据存疑的,应当作出有利于被告人的认定。

三、建立健全符合裁判要求、适应各类案件特点的证据收集指引。探索建立命案等重大案件检查、搜查、辨认、指认等过程录音录像制度。完善技术侦查证据的移送、审查、法庭调查和使用规则以及庭外核实程序。统一司法鉴定标准和程序。完善见证人制度。

四、侦查机关应当全面、客观、及时收集与案件有关的证据。

侦查机关应当依法收集证据。对采取刑讯逼供、暴力、威胁等非法方法收集的言词证据,应当依法予以排除。侦查机关收集物证、书证不符合法定程序,可能严重影响司法公正,不能补正或者作出合理解释的,应当依法予以排除。

对物证、书证等实物证据,一般应当提取原物、原件,确保证据的真实性。需要鉴定的,应当及时送检。证据之间有矛盾的,应当及时查证。所有证据应当妥善保管,随案移送。

五、完善讯问制度,防止刑讯逼供,不得强迫任何人证实自己有罪。严格按照有关规定要求,在规范的讯问场所讯问犯罪嫌疑人。严格依照法律规定对讯问过程全程同步录音录像,逐步实行对所有案件的讯问过程全程同步录音录像。

探索建立重大案件侦查终结前对讯问合法性进行核查制度。对公安机关、国家安全机关和人民检察院侦查的重大案件,由人民检察院驻看守所检察人员询问犯罪嫌疑人,核查是否存在刑讯逼供、非法取证情形,并同步录音录像。经核查,确有刑讯逼供、非法取证情形的,侦查机关应当及时排除非法证据,不得作为提请批准逮捕、移送审查起诉的根据。

六、在案件侦查终结前,犯罪嫌疑人提出无罪或者罪轻的辩解,辩护律师提出犯罪嫌疑人无罪或者依法不应追究刑事责任的意见,侦查机关应当依法予以核实。

七、完善补充侦查制度。进一步明确退回补充侦查的条件,建立人民检察院退回补充侦查引导和说理机制,明确补充侦查方向、标准和要求。规范补充侦查行为,对于确实无法查明的事项,公安机关、国家安全机关应当书面向人民检察院说明理由。对于二次退回补充侦查后,仍然证据不足、不符合起诉条件的,依法作出不起诉决定。

八、进一步完善公诉机制,被告人有罪的举证责任,由人民检察院承担。对被告人不认罪的,人民检察院应当强化庭前准备和当庭讯问、举证、质证。

九、完善不起诉制度,对未达到法定证明标准的案件,人民检察院应当依法作出不起诉决定,防止事实不清、证据不足的案件进入审判程序。完善撤回起诉制度,规范撤回起诉的条件和程序。

十、完善庭前会议程序,对适用普通程序审理的案件,健全庭前证据展示制度,听取出庭证人名单、非法证据排除等方面的意见。

十一、规范法庭调查程序,确保诉讼证据出示在法庭、案件事实查明在法庭。证明被告人有罪或者无罪、罪轻或者罪重的证据,都应当在法庭上出示,依法保障控辩双方的质证权利。对定罪量刑的证据,控辩双方存在争议的,应当单独质证;对庭前会议中控辩双方没有异议的证据,可以简化举证、质证。

十二、完善对证人、鉴定人的法庭质证规则。落实证人、鉴定人、侦查人员出庭作证制度,提高出庭作证率。公诉人、当事人或者辩护人、诉讼代理人对证人证言有异议,人民法院认为该证人证言对案件定罪量刑有重大影响的,证人应当出庭作证。

健全证人保护工作机制,对因作证面临人身安全等危险的人员依法采取保护措施。建立证人、鉴定人等作证补助专项经费划拨机制。完善强制证人到庭制度。

十三、完善法庭辩论规则,确保控辩意见发表在法庭。法庭辩论应当围绕定罪、量刑分别进行,对被告人认罪的案件,主要围绕量刑进行。法庭应当充分听取控辩双方意见,依法保障被告人及其辩护人的辩论辩护权。

十四、完善当庭宣判制度,确保裁判结果形成在法庭。适用速裁程序审理的案件,除附带民事诉讼的案件以外,一律当庭宣判;适用简易程序审理的案件一般应当当庭宣判;适用普通程序审理的案件逐步提高当庭宣判率。规范定期宣判制度。

十五、严格依法裁判。人民法院经审理,对案件事实清楚,证据确实、充分,依据法律认定被告人有罪的,应当作出有罪判决。依据法律规定认定被告人无罪的,应当作出无罪判决。证据不足,不能认定被告人有罪的,应当按照疑罪从无原则,依法作出无罪判决。

十六、完善人民检察院对侦查活动和刑事审判活动的监督机制。建立健全对强制措施的监督机制。加强人民检察院对逮捕后羁押必要性的审查,规范非羁押性强制措施的适用。进一步规范和加强人民检察院对人民法院确有错误的刑事判决和裁定的抗诉工作,保证刑事抗诉的及时性、准确性和全面性。

十七、健全当事人、辩护人和其他诉讼参与人的权利保障制度。

依法保障当事人和其他诉讼参与人的知情权、陈述权、辩论辩护权、申请权、申诉权。犯罪嫌疑人、被告人有权获得辩护，人民法院、人民检察院、公安机关、国家安全机关有义务保证犯罪嫌疑人、被告人获得辩护。

依法保障辩护人会见、阅卷、收集证据和发问、质证、辩论辩护等权利，完善便利辩护人参与诉讼的工作机制。

十八、辩护人或者其他任何人，不得帮助犯罪嫌疑人、被告人隐匿、毁灭、伪造证据或者串供，不得威胁、引诱证人作伪证以及进行其他干扰司法机关诉讼活动的行为。对于实施上述行为的，应当依法追究法律责任。

十九、当事人、诉讼参与人和旁听人员在庭审活动中应当服从审判长或独任审判员的指挥，遵守法庭纪律。对扰乱法庭秩序、危及法庭安全等违法行为，应当依法处理；构成犯罪的，依法追究刑事责任。

二十、建立法律援助值班律师制度，法律援助机构在看守所、人民法院派驻值班律师，为犯罪嫌疑人、被告人提供法律帮助。

完善法律援助制度，健全依申请法律援助工作机制和办案机关通知辩护工作机制。对未履行通知或者指派辩护职责的办案人员，严格实行责任追究。

二十一、推进案件繁简分流，优化司法资源配置。完善刑事案件速裁程序和认罪认罚从宽制度，对案件事实清楚、证据充分的轻微刑事案件，或者犯罪嫌疑人、被告人自愿认罪认罚的，可以适用速裁程序、简易程序或者普通程序简化审理。

最高人民法院
《关于全面推进以审判为中心的刑事诉讼制度改革的实施意见》

（2017年2月17日　法发〔2017〕5号）

为贯彻落实《最高人民法院、最高人民检察院、公安部、国家安全部、司法部关于推进以审判为中心的刑事诉讼制度改革的意见》，确保有罪的人受到公正惩罚、无罪的人不受刑事追究，实现公正司法，依照法律规定，结合审判实际，对人民法院全面推进以审判为中心的刑事诉讼制度改革提出如下意见：

一、坚持严格司法原则，树立依法裁判理念

1. 坚持证据裁判原则，认定案件事实，必须以证据为根据。重证据，重调查研究，不轻信口供，没有证据不得认定案件事实。

2. 坚持非法证据排除原则，不得强迫任何人证实自己有罪。经审查认定的非法证据，应当依法予以排除，不得作为定案的根据。

3. 坚持疑罪从无原则，认定被告人有罪，必须达到犯罪事实清楚，证据确实、充分的证明标准。不得因舆论炒作、上访闹访等压力作出违反法律的裁判。

4. 坚持程序公正原则，通过法庭审判的程序公正实现案件裁判的实体公正。发挥庭审在查明事实、认定证据、保护诉权、公正裁判中的决定性作用，确保诉讼证据出示在法庭、案件事实查明在法庭、诉辩意见发表在法庭、裁判结果形成在法庭。

二、规范庭前准备程序,确保法庭集中审理

5. 对被告人及其辩护人申请排除非法证据,证据材料较多、案情重大复杂,或者社会影响重大等案件,人民法院可以召开庭前会议。

庭前会议在法庭或者其他办案场所进行,由审判人员主持,控辩双方参加,必要时可以通知被告人到场。

6. 人民法院可以在庭前会议中组织控辩双方展示证据,听取控辩双方对在案证据的意见,并梳理存在争议的证据。对控辩双方在庭前会议中没有争议的证据,可以在庭审中简化举证、质证。

人民法院可以在庭前会议中听取控辩双方对与审判相关问题的意见,询问控辩双方是否提出申请或者异议,并归纳控辩双方的争议焦点。对控辩双方没有争议或者达成一致意见的事项,可以在庭审中简化审理。

被害方提起附带民事诉讼的,可以在庭前会议中进行调解。

7. 控辩双方对管辖、回避、出庭证人名单等事项提出申请或者异议,可能导致庭审中断的,人民法院可以在庭前会议中对有关事项依法作出处理,确保法庭集中、持续审理。

对案件中被告人及其辩护人申请排除非法证据的情形,人民法院可以在庭前会议中核实情况、听取意见。人民检察院可以决定撤回有关证据;撤回的证据,没有新的理由,不得在庭审中出示。被告人及其辩护人可以撤回排除非法证据的申请;撤回申请后,没有新的线索或者材料,不得再次对有关证据提出排除申请。

8. 人民法院在庭前会议中听取控辩双方对案件事实证据的意见后,对明显事实不清、证据不足的案件,可以建议人民检察院补充侦查或者撤回起诉。

对人民法院在庭前会议中建议撤回起诉的案件,人民检察院不同意的,人民法院开庭审理后,没有新的事实和理由,一般不准许撤回起诉。

9. 控辩双方在庭前会议中就相关事项达成一致意见,又在庭审中提出异议的,应当说明理由。

召开庭前会议应当制作笔录,由参加人员核对后签名。

审判人员应当制作庭前会议报告,说明庭前会议的基本情况、程序性事项的处理结果、控辩双方的争议焦点以及就相关事项达成的一致意见。

10. 对召开庭前会议的案件,在法庭调查开始前,法庭应当宣布庭前会议报告的主要内容,实现庭前会议与庭审的衔接。

三、规范普通审理程序,确保依法公正审判

11. 证明被告人有罪或者无罪、罪轻或者罪重的证据,都应当在法庭上出示,依法保障控辩双方的质证权。

对影响定罪量刑的关键证据和控辩双方存在争议的证据,一般应当单独质证。

12. 法庭应当依照法定程序审查、核实、认定证据。证据未经当庭出示、辨认、质证等法庭调查程序查证属实,不得作为定案的根据。

13. 采取技术侦查措施收集的证据,当庭质证可能危及有关人员的人身安全,或者可能产生其他严重后果的,应当采取不暴露有关人员身份、不公开技术侦查措施和方法等保护措施。

法庭决定在庭外对技术侦查证据进

行核实的,可以召集公诉人、侦查人员和辩护律师到场。在场人员应当履行保密义务。

14. 控辩双方对证人证言有异议,人民法院认为证人证言对案件定罪量刑有重大影响的,应当通知证人出庭作证。控辩双方申请证人出庭的,人民法院通知证人出庭后,申请方应当负责协助相关证人到庭。

证人没有正当理由不出庭作证的,人民法院在必要时可以强制证人到庭。

根据案件情况,可以实行远程视频作证。

15. 控辩双方对鉴定意见有异议,人民法院认为鉴定人有必要出庭的,应当通知鉴定人出庭作证。

16. 证人、鉴定人、被害人因出庭作证,本人或者其近亲属的人身安全面临危险的,人民法院应当采取不公开其真实姓名、住址、工作单位和联系方式等个人信息,或者不暴露其外貌、真实声音等保护措施。必要时,可以建议有关机关采取专门性保护措施。

人民法院应当建立证人出庭作证补助专项经费机制,对证人出庭作证所支出的交通、住宿、就餐等合理费用给予补助。

17. 人民法院应当依法履行指定辩护和通知辩护职责,确保被告人依法获得法律援助。

配合有关部门逐步扩大法律援助范围,健全法律援助值班律师制度,为派驻人民法院的值班律师提供办公场所及必要的工作条件。

18. 法庭应当依法保障控辩双方在庭审中的发问、质证、辩论等诉讼权利。对控辩双方当庭提出的申请或者异议,法庭应当作出处理。

法庭可以在审理过程中归纳控辩双方的争议焦点,引导控辩双方针对影响定罪量刑的实质性问题进行辩论。对控辩双方的发言与案件无关、重复或者扰乱法庭秩序等情形,法庭应当予以提醒、制止。

19. 法庭应当充分听取控辩双方的量刑建议和意见,根据查明的事实、情节,参照量刑指导意见规范量刑,保证量刑公正。

20. 法庭应当加强裁判说理,通过裁判文书展现法庭审理过程。对控辩双方的意见和争议,应当说明采纳与否的理由。对证据采信、事实认定、定罪量刑等实质性问题,应当阐释裁判的理由和依据。

四、完善证据认定规则,切实防范冤假错案

21. 采取刑讯逼供、暴力、威胁等非法方法收集的言词证据,应当予以排除。

收集物证、书证不符合法定程序,可能严重影响司法公正,不能补正或者作出合理解释的,对有关证据应当予以排除。

22. 被告人在侦查终结前接受检察人员对讯问合法性的核查询问时,明确表示侦查阶段不存在刑讯逼供、非法取证情形,在审判阶段又提出排除非法证据申请,法庭经审查对证据收集的合法性没有疑问的,可以驳回申请。

检察人员在侦查终结前未对讯问合法性进行核查,或者未对核查过程全程同步录音录像,被告人在审判阶段提出排除非法证据申请,人民法院经审查对证据收集的合法性存在疑问的,应当依法进行调查。

23. 法庭决定对证据收集的合法性进行调查的,应当先行当庭调查。但为防止庭审过分迟延,也可以在法庭调查结束前进行调查。

24. 法庭对证据收集的合法性进行调查的,应当重视对讯问过程录音录像的审查。讯问笔录记载的内容与讯问录音录像存在实质性差异的,以讯问录音录像为准。

对于法律规定应当对讯问过程录音录像的案件,公诉人没有提供讯问录音录像,或者讯问录音录像存在选择性录制、剪接、删改等情形,现有证据不能排除以非法方法收集证据情形的,对有关供述应当予以排除。

25. 现有证据材料不能证明证据收集合法性的,人民法院可以通知有关侦查人员出庭说明情况。不得以侦查人员签名并加盖公章的说明材料替代侦查人员出庭。

经人民法院通知,侦查人员不出庭说明情况,不能排除以非法方法收集证据情形的,对有关证据应当予以排除。

26. 法庭对证据收集的合法性进行调查后,应当当庭作出是否排除有关证据的决定。必要时,可以宣布休庭,由合议庭评议或者提交审判委员会讨论,再次开庭时宣布决定。

在法庭作出是否排除有关证据的决定前,不得对有关证据宣读、质证。

27. 通过勘验、检查、搜查等方式收集的物证、书证等证据,未通过辨认、鉴定等方式确定其与案件事实的关联的,不得作为定案的根据。

28. 收集证据的程序、方式存在瑕疵,严重影响证据真实性,不能补正或者作出合理解释的,有关证据不得作为定案的根据。

29. 证人没有出庭作证,其庭前证言真实性无法确认的,不得作为定案的根据。证人当庭作出的证言与其庭前证言矛盾,证人能够作出合理解释,并与相关证据印证的,可以采信其庭审证言;不能作出合理解释,而其庭前证言与相关证据印证的,可以采信其庭前证言。

经人民法院通知,鉴定人拒不出庭作证的,鉴定意见不得作为定案的根据。

30. 人民法院作出有罪判决,对于定罪事实应当综合全案证据排除合理怀疑。

定罪证据不足的案件,不能认定被告人有罪,应当作出证据不足、指控的犯罪不能成立的无罪判决。定罪证据确实、充分,量刑证据存疑的,应当作出有利于被告人的认定。

五、完善繁简分流机制,优化司法资源配置

31. 推进速裁程序改革,逐步扩大速裁程序适用范围,完善速裁程序运行机制。

对被告人认罪的轻微案件,探索实行快速审理和简便裁判机制。

32. 推进认罪认罚从宽制度改革,对适用速裁程序、简易程序或者普通程序简化审理的被告人认罪案件,法庭应当告知被告人享有的诉讼权利,依法审查被告人认罪认罚的自愿性和真实性,确认被告人了解认罪认罚的性质和法律后果。

法庭确认被告人自愿认罪认罚,同意适用简化审理程序的,应当落实从宽处罚的法律制度。被告人当庭不认罪或者不同意适用简化审理程序的,应当适用普通程序审理。

33. 适用速裁程序审理的案件,应当当庭宣判。适用简易程序审理的案件,一般应当当庭宣判。适用普通程序审理的案件,逐步提高当庭宣判率。

最高人民检察院、公安部《关于公安机关办理经济犯罪案件的若干规定》

（2018年1月1日）

第一章 总 则

第一条 为了规范公安机关办理经济犯罪案件程序，加强人民检察院的法律监督，保证严格、规范、公正、文明执法，依法惩治经济犯罪，维护社会主义市场经济秩序，保护公民、法人和其他组织的合法权益，依据《中华人民共和国刑事诉讼法》等有关法律、法规和规章，结合工作实际，制定本规定。

第二条 公安机关办理经济犯罪案件，应当坚持惩罚犯罪与保障人权并重、实体公正与程序公正并重、查证犯罪与挽回损失并重，严格区分经济犯罪与经济纠纷的界限，不得滥用职权、玩忽职守。

第三条 公安机关办理经济犯罪案件，应当坚持平等保护公有制经济与非公有制经济，坚持各类市场主体的诉讼地位平等、法律适用平等、法律责任平等，加强对各种所有制经济产权与合法利益的保护。

第四条 公安机关办理经济犯罪案件，应当严格依照法定程序进行，规范使用调查性侦查措施，准确适用限制人身、财产权利的强制性措施。

第五条 公安机关办理经济犯罪案件，应当既坚持严格依法办案，又注意办案方法，慎重选择办案时机和方式，注重保障正常的生产经营活动顺利进行。

第六条 公安机关办理经济犯罪案件，应当坚持以事实为根据、以法律为准绳，同人民检察院、人民法院分工负责、互相配合、互相制约，以保证准确有效地执行法律。

第七条 公安机关、人民检察院应当按照法律规定的证据裁判要求和标准收集、固定、审查、运用证据，没有确实、充分的证据不得认定犯罪事实，严禁刑讯逼供和以威胁、引诱、欺骗以及其他非法方法收集证据，不得强迫任何人证实自己有罪。

第二章 管 辖

第八条 经济犯罪案件由犯罪地的公安机关管辖。如果由犯罪嫌疑人居住地的公安机关管辖更为适宜的，可以由犯罪嫌疑人居住地的公安机关管辖。

犯罪地包括犯罪行为发生地和犯罪结果发生地。犯罪行为发生地，包括犯罪行为的实施地以及预备地、开始地、途经地、结束地等与犯罪行为有关的地点；犯罪行为有连续、持续或者继续状态的，犯罪行为连续、持续或者继续实施的地方都属于犯罪行为发生地。犯罪结果发生地，包括犯罪对象被侵害地、犯罪所得的实际取得地、藏匿地、转移地、使用地、销售地。

居住地包括户籍所在地、经常居住地。户籍所在地与经常居住地不一致的，由经常居住地的公安机关管辖。经常居住地是指公民离开户籍所在地最后连续居住一年以上的地方，但是住院就医的除外。

单位涉嫌经济犯罪的，由犯罪地或者所在地公安机关管辖。所在地是指单位登记的住所地。主要营业地或者主要办事机构所在地与登记的住所地不一致的、主要营业地或者主要办事机构所在地为其所在地。

法律、司法解释或者其他规范性文件对有关经济犯罪案件的管辖作出特别规定的，从其规定。

第九条 非国家工作人员利用职务上的便利实施经济犯罪的，由犯罪嫌疑人工作单位所在地公安机关管辖。如果由犯罪行为实施地或者犯罪嫌疑人居住地的公安机关管辖更为适宜的，也可以由犯罪行为实施地或者犯罪嫌疑人居住地的公安机关管辖。

第十条 上级公安机关必要时可以立案侦查或者组织、指挥、参与侦查下级公安机关管辖的经济犯罪案件。

对重大、疑难、复杂或者跨区域性经济犯罪案件，需要由上级公安机关立案侦查的，下级公安机关可以请求移送上一级公安机关立案侦查。

第十一条 几个公安机关都有权管辖的经济犯罪案件，由最初受理的公安机关管辖。必要时，可以由主要犯罪地的公安机关管辖。对管辖不明确或者有争议的，应当协商管辖；协商不成，由共同的上级公安机关指定管辖。

主要利用通讯工具、互联网等技术手段实施的经济犯罪案件，由最初发现、受理的公安机关或者主要犯罪地的公安机关管辖。

第十二条 公安机关办理跨区域性涉众型经济犯罪案件，应当坚持统一指挥协调、统一办案要求的原则。

对跨区域性涉众型经济犯罪案件，犯罪地公安机关应当立案侦查，并由一个地方公安机关为主侦查，其他公安机关应当积极协助。必要时，可以并案侦查。

第十三条 上级公安机关指定下级公安机关立案侦查的经济犯罪案件，需要逮捕犯罪嫌疑人的，由侦查该案件的公安机关提请同级人民检察院审查批准；需要移送审查起诉的，由侦查该案件的公安机关移送同级人民检察院审查起诉。

人民检察院受理公安机关移送审查起诉的经济犯罪案件，认为需要依照刑事诉讼法的规定指定审判管辖的，应当协商同级人民法院办理指定管辖有关事宜。

对跨区域性涉众型经济犯罪案件，公安机关指定管辖的，应当事先向同级人民检察院、人民法院通报和协商。

第三章 立案、撤案

第十四条 公安机关对涉嫌经济犯罪线索的报案、控告、举报、自动投案，不论是否有管辖权，都应当接受并登记，由最初受理的公安机关依照法定程序办理，不得以管辖权为由推诿或者拒绝。

经审查，认为有犯罪事实，但不属于其管辖的案件，应当及时移送有管辖权的机关处理。对于不属于其管辖又必须采取紧急措施的，应当先采取紧急措施，再移送主管机关。

第十五条 公安机关接受涉嫌经济犯罪线索的报案、控告、举报、自动投案后，应当立即进行审查，并在七日以内决定是否立案；重大、疑难、复杂线索，经县级以上公安机关负责人批准，立案审查期限可以延长至三十日；特别重大、疑难、复杂或者跨区域性的线索，经上一级公安机关负责人批准，立案审查期限可以再延长三十日。

上级公安机关指定管辖或者书面通知立案的，应当在指定期限以内立案侦查。人民检察院通知立案的，应当在十五日以内立案侦查。

第十六条　公安机关接受行政执法机关移送的涉嫌经济犯罪案件后,移送材料符合相关规定的,应当在三日以内进行审查并决定是否立案,至迟应当在十日以内作出决定。案情重大、疑难、复杂或者跨区域性的,经县级以上公安机关负责人批准,应当在三十日以内决定是否立案。情况特殊的,经上一级公安机关负责人批准,可以再延长三十日作出决定。

第十七条　公安机关经立案审查,同时符合下列条件的,应当立案:

(一)认为有犯罪事实;

(二)涉嫌犯罪数额、结果或者其他情节符合经济犯罪案件的立案追诉标准,需要追究刑事责任;

(三)属于该公安机关管辖。

第十八条　在立案审查中,发现案件事实或者线索不明的,经公安机关办案部门负责人批准,可以依照有关规定采取询问、查询、勘验、鉴定和调取证据材料等不限制被调查对象人身、财产权利的措施。经审查,认为有犯罪事实,需要追究刑事责任的,经县级以上公安机关负责人批准,予以立案。

公安机关立案后,应当采取调查性侦查措施,但是一般不得采取限制人身、财产权利的强制性措施。确有必要采取的,必须严格依照法律规定的条件和程序。严禁在没有证据的情况下,查封、扣押、冻结涉案财物或者拘留、逮捕犯罪嫌疑人。

公安机关立案后,在三十日以内经积极侦查,仍然无法收集到证明有犯罪事实需要对犯罪嫌疑人追究刑事责任的充分证据的,应当立即撤销案件或者终止侦查。重大、疑难、复杂案件,经上一级公安机关负责人批准,可以再延长三十日。

上级公安机关认为不应当立案,责令限期纠正的,或者人民检察院认为不应当立案,通知撤销案件的,公安机关应当及时撤销案件。

第十九条　对有控告人的案件,经审查决定不予立案的,应当在立案审查的期限内制作不予立案通知书,并在三日以内送达控告人。

第二十条　涉嫌经济犯罪的案件与人民法院正在审理或者作出生效裁判文书的民事案件,属于同一法律事实或者有牵连关系,符合下列条件之一的,应当立案:

(一)人民法院在审理民事案件或者执行过程中,发现有经济犯罪嫌疑,裁定不予受理、驳回起诉、中止诉讼、判决驳回诉讼请求或者中止执行生效裁判文书,并将有关材料移送公安机关的;

(二)人民检察院依法通知公安机关立案的;

(三)公安机关认为有证据证明有犯罪事实,需要追究刑事责任,经省级以上公安机关负责人批准的。

有前款第二项、第三项情形的,公安机关立案后,应当严格依照法律规定的条件和程序采取强制措施和侦查措施,并将立案决定书等法律文书及相关案件材料复印件抄送正在审理或者作出生效裁判文书的人民法院并说明立案理由,同时通报与办理民事案件的人民法院同级的人民检察院,必要时可以报告上级公安机关。

在侦查过程中,不得妨碍人民法院民事诉讼活动的正常进行。

第二十一条　公安机关在侦查过程中、人民检察院在审查起诉过程中,发现具有下列情形之一的,应当将立案决定书、起诉意见书等法律文书及相关案件材料复印件抄送正在审理或者作出生效裁判文书的人民法院，由人民法院依法处理：

（一）侦查、审查起诉的经济犯罪案件与人民法院正在审理或者作出生效裁判文书的民事案件属于同一法律事实或者有牵连关系的；

（二）涉案财物已被有关当事人申请执行的。

有前款规定情形的，公安机关、人民检察院应当同时将有关情况通报与办理民事案件的人民法院同级的人民检察院。

公安机关将相关法律文书及案件材料复印件抄送人民法院后一个月以内未收到回复，必要时，可以报告上级公安机关。

立案侦查、审查起诉的经济犯罪案件与仲裁机构作出仲裁裁决的民事案件属于同一法律事实或者有牵连关系，且人民法院已经受理与该仲裁裁决相关申请的，依照本条第一款至第三款的规定办理。

第二十二条　涉嫌经济犯罪的案件与人民法院正在审理或者作出生效裁判文书以及仲裁机构作出裁决的民事案件有关联但不属同一法律事实的，公安机关可以立案侦查，但是不得以刑事立案为由要求人民法院移送案件、裁定驳回起诉、中止诉讼、判决驳回诉讼请求、中止执行或者撤销判决、裁定，或者要求人民法院撤销仲裁裁决。

第二十三条　人民法院在办理民事案件过程中，认为该案件不属于民事纠纷而有经济犯罪嫌疑需要追究刑事责任，并将涉嫌经济犯罪的线索、材料移送公安机关的，接受案件的公安机关应当立即审查，并在十日以内决定是否立案。公安机关不立案的，应当及时告知人民法院。

第二十四条　人民法院在办理民事案件过程中，发现与民事纠纷虽然不是同一事实但是有关联的经济犯罪线索、材料，并将涉嫌经济犯罪的线索、材料移送公安机关的，接受案件的公安机关应当立即审查，并在十日以内决定是否立案。公安机关不立案的，应当及时告知人民法院。

第二十五条　在侦查过程中，公安机关发现具有下列情形之一的，应当及时撤销案件：

（一）对犯罪嫌疑人解除强制措施之日起十二个月以内，仍然不能移送审查起诉或者依法作其他处理的；

（二）对犯罪嫌疑人未采取强制措施，自立案之日起二年以内，仍然不能移送审查起诉或者依法作其他处理的；

（三）人民检察院通知撤销案件的；

（四）其他符合法律规定的撤销案件情形的。

有前款第一项、第二项情形，但是有证据证明有犯罪事实需要进一步侦查的，经省级以上公安机关负责人批准，可以不撤销案件，继续侦查。

撤销案件后，公安机关应当立即停止侦查活动，并解除相关的侦查措施和强制措施。

撤销案件后，又发现新的事实或者证据，依法需要追究刑事责任的，公安机关应当重新立案侦查。

第二十六条　公安机关接报案件后，报案人、控告人、举报人、被害人及其法定代理人、近亲属查询立案情况的，应当在三日以内告知立案情况并记录在案。对已经立案的，应当告知立案时间、涉嫌罪名、办案单位等情况。

第二十七条　对报案、控告、举报、移送的经济犯罪案件，公安机关作出不予立案决定、撤销案件决定或者逾期未作出是否立案决定有异议的，报案人、控告人、举报人可以申请人民检察院进行立案监督，移送案件的行政执法机关可以建议人民检察院进行立案监督。

人民检察院认为需要公安机关说明不予立案、撤销案件或者逾期未作出是否立案决定的理由的，应当要求公安机关在七日以内说明理由。公安机关应当书面说明理由，连同有关证据材料回复人民检察院。人民检察院认为不予立案或者撤销案件的理由不能成立的，应当通知公安机关立案。人民检察院要求公安机关说明逾期未作出是否立案决定的理由后，公安机关在七日以内既不说明理由又不作出是否立案的决定的，人民检察院应当发出纠正违法通知书予以纠正，经审查案件有关证据材料，认为符合立案条件的，应当通知公安机关立案。

第二十八条　犯罪嫌疑人及其法定代理人、近亲属或者辩护律师对公安机关立案提出异议的，公安机关应当及时受理、认真核查。

有证据证明公安机关可能存在违法介入经济纠纷，或者利用立案实施报复陷害、敲诈勒索以及谋取其他非法利益等违法立案情形的，人民检察院应当要求公安机关书面说明立案的理由。公安机关应当在七日以内书面说明立案的依据和理由，连同有关证据材料回复人民检察院。人民检察院认为立案理由不能成立的，应当通知公安机关撤销案件。

第二十九条　人民检察院发现公安机关在办理经济犯罪案件过程中适用另案处理存在违法或者不当的，可以向公安机关提出书面纠正意见或者检察建议。公安机关应当认真审查，并将结果及时反馈人民检察院。没有采纳的，应当说明理由。

第三十条　依照本规定，报经省级以上公安机关负责人批准立案侦查或者继续侦查的案件，撤销案件时应当经原审批的省级以上公安机关负责人批准。

人民检察院通知撤销案件的，应当立即撤销案件，并报告原审批的省级以上公安机关。

第四章　强制措施

第三十一条　公安机关决定采取强制措施时，应当考虑犯罪嫌疑人涉嫌犯罪情节的轻重程度、有无继续犯罪和逃避或者妨碍侦查的可能性，使所适用的强制措施同犯罪的严重程度、犯罪嫌疑人的社会危险性相适应，依法慎用羁押性强制措施。

采取取保候审、监视居住措施足以防止发生社会危险性的，不得适用羁押性强制措施。

第三十二条　公安机关应当依照法律规定的条件和程序适用取保候审措施。

采取保证金担保方式的，应当综合考虑保证诉讼活动正常进行的需要、犯罪嫌疑人的社会危险性的大小、案件的性质、情节、涉案金额、可能判处刑罚的轻重以及犯罪嫌疑人的经济状况等情况，确定适当的保证金数额。

在取保候审期间，不得中断对经济犯罪案件的侦查。执行取保候审超过三个月的，应当至少每个月讯问一次被取保候审人。

第三十三条　对于被决定采取强制

措施并上网追逃的犯罪嫌疑人,经审查发现不构成犯罪或者依法不予追究刑事责任的,应当立即撤销强制措施决定,并按照有关规定,报请省级以上公安机关删除相关信息。

第三十四条 公安机关办理经济犯罪案件应当加强统一审核,依照法律规定的条件和程序逐案逐人审查采取强制措施的合法性和适当性,发现采取强制措施不当的,应当及时撤销或者变更。犯罪嫌疑人在押的,应当立即释放。公安机关释放被逮捕的犯罪嫌疑人或者变更逮捕措施的,应当及时通知作出批准逮捕决定的人民检察院。

犯罪嫌疑人被逮捕后,人民检察院经审查认为不需要继续羁押提出检察建议的,公安机关应当予以调查核实,认为不需要继续羁押的,应当予以释放或者变更强制措施;认为需要继续羁押的,应当说明理由,并在十日以内将处理情况通知人民检察院。

犯罪嫌疑人及其法定代理人、近亲属或者辩护人有权申请人民检察院进行羁押必要性审查。

第五章 侦查取证

第三十五条 公安机关办理经济犯罪案件,应当及时进行侦查,依法全面、客观、及时地收集、调取、固定、审查能够证实犯罪嫌疑人有罪或者无罪、罪重或者罪轻以及与涉案财物有关的各种证据,并防止犯罪嫌疑人逃匿、销毁证据或者转移、隐匿涉案财物。

严禁调取与经济犯罪案件无关的证据材料,不得以侦查犯罪为由滥用侦查措施为他人收集民事诉讼证据。

第三十六条 公安机关办理经济犯罪案件,应当遵守法定程序,遵循有关技术标准,全面、客观、及时地收集、提取电子数据;人民检察院应当围绕真实性、合法性、关联性审查判断电子数据。

依照规定程序通过网络在线提取的电子数据,可以作为证据使用。

第三十七条 公安机关办理经济犯罪案件,需要采取技术侦查措施的,应当严格依照有关法律、规章和规范性文件规定的范围和程序办理。

第三十八条 公安机关办理非法集资、传销以及利用通讯工具、互联网等技术手段实施的经济犯罪案件,确因客观条件的限制无法逐一收集被害人陈述、证人证言等相关证据的,可以结合已收集的言词证据和依法收集并查证属实的物证、书证、视听资料、电子数据等实物证据,综合认定涉案人员人数和涉案资金数额等犯罪事实,做到证据确实、充分。

第三十九条 公安机关办理生产、销售伪劣商品犯罪案件、走私犯罪案件、侵犯知识产权犯罪案件,对同一批次或者同一类型的涉案物品,确因实物数量较大,无法逐一勘验、鉴定、检测、评估的,可以委托或者商请有资格的鉴定机构、专业机构或者行政执法机关依照程序按照一定比例随机抽样勘验、鉴定、检测、评估,并由其制作取样记录和出具相关书面意见。有关抽样勘验、鉴定、检测、评估的结果可以作为该批次或者该类型全部涉案物品的勘验、鉴定、检测、评估结果,但是不符合法定程序,且不能补正或者作出合理解释,可能严重影响案件公正处理的除外。

法律、法规和规范性文件对鉴定机构或者抽样方法另有规定的,从其规定。

第四十条 公安机关办理经济犯罪

案件应当与行政执法机关加强联系、密切配合，保证准确有效地执行法律。

公安机关应当根据案件事实、证据和法律规定依法认定案件性质，对案情复杂、疑难、涉及专业性、技术性问题的，可以参考有关行政执法机关的认定意见。

行政执法机关对经济犯罪案件中有关行为性质的认定，不是案件进入刑事诉讼程序的必经程序或者前置条件。法律、法规和规章另有规定的，从其规定。

第四十一条　公安机关办理重大、疑难、复杂的经济犯罪案件，可以听取人民检察院的意见，人民检察院认为确有必要时，可以派员适时介入侦查活动，对收集证据、适用法律提出意见，监督侦查活动是否合法。对人民检察院提出的意见，公安机关应当认真审查，并将结果及时反馈人民检察院。没有采纳的，应当说明理由。

第四十二条　公安机关办理跨区域性的重大经济犯罪案件，应当向人民检察院通报立案侦查情况，人民检察院可以根据通报情况调度办案力量，开展指导协调等工作。需要逮捕犯罪嫌疑人的，公安机关应当提前与人民检察院沟通。

第四十三条　人民检察院在审查逮捕、审查起诉中发现公安机关办案人员以非法方法收集犯罪嫌疑人供述、被害人陈述、证人证言等证据材料的，应当依法排除非法证据并提出纠正意见。需要重新调查取证的，经县级以上公安机关负责人批准，应当另行指派办案人员重新调查取证。必要时，人民检察院也可以自行收集犯罪嫌疑人供述、被害人陈述、证人证言等证据材料。

公安机关发现收集物证、书证不符合法定程序，可能严重影响司法公正的，应当要求办案人员予以补正或者作出合理解释；不能补正或者作出合理解释的，应当依法予以排除，不得作为提请批准逮捕、移送审查起诉的依据。

人民检察院发现收集物证、书证不符合法定程序，可能严重影响司法公正的，应当要求公安机关予以补正或者作出合理解释，不能补正或者作出合理解释的，应当依法予以排除，不得作为批准逮捕、提起公诉的依据。

第四十四条　对民事诉讼中的证据材料，公安机关在立案后应当依照刑事诉讼法以及相关司法解释的规定进行审查或者重新收集。未经查证核实的证据材料，不得作为刑事证据使用。

第四十五条　人民检察院已经作出不起诉决定的案件，公安机关不得针对同一法律事实的同一犯罪嫌疑人继续侦查或者补充侦查，但是有新的事实或者证据的，可以重新立案侦查。

第六章　涉案财物的控制和处置

第四十六条　查封、扣押、冻结以及处置涉案财物，应当依照法律规定的条件和程序进行。除法律法规和规范性文件另有规定以外，公安机关不得在诉讼程序终结之前处置涉案财物。严格区分违法所得、其他涉案财产与合法财产，严格区分企业法人财产与股东个人财产，严格区分犯罪嫌疑人个人财产与家庭成员财产，不得超权限、超范围、超数额、超时限查封、扣押、冻结，并注意保护利害关系人的合法权益。

对涉众型经济犯罪案件，需要追缴、返还涉案财物的，应当坚持统一资产处置原则。公安机关移送审查起诉时，应当将有关涉案财物及其清单随案移送人民检察院。人民检察院提起公诉时,应当将有关涉案财物及其清单一并移送受理案件的人民法院,并提出处理意见。

第四十七条 对依照有关规定可以分割的土地、房屋等涉案不动产,应当只对与案件有关的部分进行查封。

对不可分割的土地、房屋等涉案不动产或者车辆、船舶、航空器以及大型机器、设备等特定动产,可以查封、扣押、冻结犯罪嫌疑人提供的与涉案金额相当的其他财物。犯罪嫌疑人不能提供的,可以予以整体查封。

冻结涉案账户的款项数额,应当与涉案金额相当。

第四十八条 对自动投案时主动提交的涉案财物和权属证书等,公安机关可以先行接收,如实登记并出具接收财物凭证,根据立案和侦查情况决定是否查封、扣押、冻结。

第四十九条 已被依法查封、冻结的涉案财物,公安机关不得重复查封、冻结,但是可以轮候查封、冻结。

已被人民法院采取民事财产保全措施的涉案财物,依照前款规定办理。

第五十条 对不宜查封、扣押、冻结的经营性涉案财物,在保证侦查活动正常进行的同时,可以允许有关当事人继续合理使用,并采取必要的保值保管措施,以减少侦查办案对正常办公和合法生产经营的影响。必要时,可以申请当地政府指定有关部门或者委托有关机构代管。

第五十一条 对查封、扣押、冻结的涉案财物及其孳息,以及作为证据使用的实物,公安机关应当如实登记,妥善保管,随案移送,并与人民检察院及时交接,变更法律手续。

在查封、扣押、冻结涉案财物时,应当收集、固定与涉案财物来源、权属、性质等有关的证据材料并随案移送。对不宜移送或者依法不移送的实物,应当将其清单、照片或者其他证明文件随案移送。

第五十二条 涉嫌犯罪事实查证属实后,对有证据证明权属关系明确的被害人合法财产及其孳息,及时返还不损害其他被害人或者利害关系人的利益、不影响诉讼正常进行的,可以在登记、拍照或者录像、估价后,经县级以上公安机关负责人批准,开具发还清单,在诉讼程序终结之前返还被害人。办案人员应当在案卷中注明返还的理由,将原物照片、清单和被害人的领取手续存卷备查。

具有下列情形之一的,不得在诉讼程序终结之前返还:

(一)涉嫌犯罪事实尚未查清的;

(二)涉案财物及其孳息的权属关系不明确或者存在争议的;

(三)案件需要变更管辖的;

(四)可能损害其他被害人或者利害关系人利益的;

(五)可能影响诉讼程序正常进行的;

(六)其他不宜返还的。

第五十三条 有下列情形之一的,除依照有关法律法规和规范性文件另行处理的以外,应当立即解除对涉案财物的查封、扣押、冻结措施,并及时返还有关当事人:

(一)公安机关决定撤销案件或者对犯罪嫌疑人终止侦查的;

(二)人民检察院通知撤销案件或者作出不起诉决定的;

(三)人民法院作出生效判决、裁定应当返还的。

第五十四条 犯罪分子违法所得的

一切财物及其孳息，应当予以追缴或者责令退赔。

发现犯罪嫌疑人将经济犯罪违法所得和其他涉案财物用于清偿债务、转让或者设定其他权利负担，具有下列情形之一的，应当依法查封、扣押、冻结：

（一）他人明知是经济犯罪违法所得和其他涉案财物而接受的；

（二）他人无偿或者以明显低于市场价格取得上述财物的；

（三）他人通过非法债务清偿或者违法犯罪活动取得上述财物的；

（四）他人通过其他恶意方式取得上述财物的。

他人明知是经济犯罪违法所得及其产生的收益，通过虚构债权债务关系、虚假交易等方式予以窝藏、转移、收购、代为销售或者以其他方法掩饰、隐瞒，构成犯罪的，应当依法追究刑事责任。

第五十五条 具有下列情形之一，依照刑法规定应当追缴其违法所得及其他涉案财物，经县级以上公安机关负责人批准，公安机关应当出具没收违法所得意见书，连同相关证据材料一并移送同级人民检察院：

（一）重大的走私、金融诈骗、洗钱犯罪案件，犯罪嫌疑人逃匿，在通缉一年后不能到案的；

（二）犯罪嫌疑人死亡的；

（三）涉嫌重大走私、金融诈骗、洗钱犯罪的单位被撤销、注销，直接负责的主管人员和其他直接责任人员逃匿、死亡，导致案件无法适用普通刑事诉讼程序审理的。

犯罪嫌疑人死亡，现有证据证明其存在违法所得及其他涉案财物应当予以没收的，公安机关可以继续调查，并依法进行查封、扣押、冻结。

第七章 办案协作

第五十六条 公安机关办理经济犯罪案件，应当加强协作和配合，依法履行协查、协办等职责。

上级公安机关应当加强监督、协调和指导，及时解决跨区域性协作的争议事项。

第五十七条 办理经济犯罪案件需要异地公安机关协作的，委托地公安机关应当对案件的管辖、定性、证据认定以及所采取的侦查措施负责，办理有关的法律文书和手续，并对协作事项承担法律责任。但是协作地公安机关超权限、超范围采取相关措施的，应当承担相应的法律责任。

第五十八条 办理经济犯罪案件需要异地公安机关协作的，由委托地的县级以上公安机关制作办案协作函件和有关法律文书，通过协作地的县级以上公安机关联系有关协作事宜。协作地公安机关接到委托地公安机关请求协作的函件后，应当指定主管业务部门办理。

各省、自治区、直辖市公安机关根据本地实际情况，就需要外省、自治区、直辖市公安机关协助对犯罪嫌疑人采取强制措施或者查封、扣押、冻结涉案财物事项制定相关审批程序。

第五十九条 协作地公安机关应当对委托地公安机关出具的法律文书和手续予以审核，对法律文书和手续完备的，协作地公安机关应当及时无条件予以配合，不得收取任何形式的费用。

第六十条 委托地公安机关派员赴异地公安机关请求协助查询资料、调查取证等事项时，应当出具办案协作函件和有关法律文书。

委托地公安机关认为不需要派员赴异地的，可以将办案协作函件和有关法律文书寄送协作地公安机关，协作地公安机关协查不得超过十五日；案情重大、情况紧急的，协作地公安机关应当在七日以内回复；因特殊情况不能按时回复的，协作地公安机关应当及时向委托地公安机关说明情况。

必要时，委托地公安机关可以将办案协作函件和有关法律文书通过电传、网络等保密手段或者相关工作机制传至协作地公安机关，协作地公安机关应当及时协查。

第六十一条　委托地公安机关派员赴异地公安机关请求协助采取强制措施或者搜查，查封、扣押、冻结涉案财物等事项时，应当持办案协作函件、有关侦查措施或者强制措施的法律文书、工作证件及相关案件材料，与协作地县级以上公安机关联系，协作地公安机关应当派员协助执行。

第六十二条　对不及时采取措施，有可能导致犯罪嫌疑人逃匿，或者有可能转移涉案财物以及重要证据的，委托地公安机关可以商请紧急协作，将办案协作函件和有关法律文书通过电传、网络等保密手段传至协作地县级以上公安机关，协作地公安机关收到协作函件后，应当及时采取措施，落实协作事项。委托地公安机关应当立即派员携带法律文书前往协作地办理有关事宜。

第六十三条　协作地公安机关在协作过程中，发现委托地公安机关明显存在违反法律规定的行为时，应当及时向委托地公安机关提出并报上一级公安机关。跨省协作的，应当通过协作地的省级公安机关通报委托地的省级公安机关，协商处理。未能达成一致意见的，协作地的省级公安机关应当及时报告公安部。

第六十四条　立案地公安机关赴其他省、自治区、直辖市办案，应当按照有关规定呈报上级公安机关审查批准。

第八章　保障诉讼参与人合法权益

第六十五条　公安机关办理经济犯罪案件，应当尊重和保障人权，保障犯罪嫌疑人、被害人和其他诉讼参与人依法享有的辩护权和其他诉讼权利，在职责范围内依法保障律师的执业权利。

第六十六条　辩护律师向公安机关了解犯罪嫌疑人涉嫌的罪名以及现已查明的该罪的主要事实，犯罪嫌疑人被采取、变更、解除强制措施，延长侦查羁押期限、移送审查起诉等案件有关情况的，公安机关应当依法将上述情况告知辩护律师，并记录在案。

第六十七条　辩护律师向公安机关提交与经济犯罪案件有关的申诉、控告等材料的，公安机关应当在执法办案场所予以接收，当面了解有关情况并记录在案。对辩护律师提供的材料，公安机关应当及时依法审查，并在三十日以内予以答复。

第六十八条　被害人、犯罪嫌疑人及其法定代理人、近亲属或者律师对案件管辖有异议，向立案侦查的公安机关提出申诉的，接受申诉的公安机关应当在接到申诉后的七日以内予以答复。

第六十九条　犯罪嫌疑人及其法定代理人、近亲属或者辩护人认为公安机关所采取的强制措施超过法定期限，有权向原批准或者决定的公安机关提出申诉，接受该项申诉的公安机关应当在接到申诉之日起三十日以内审查完毕并作出决定，将结果书面通知申诉人。对超过法定期限的强制措施,应当立即解除或者变更。

第七十条 辩护人、诉讼代理人认为公安机关阻碍其依法行使诉讼权利并向人民检察院申诉或者控告,人民检察院经审查情况属实后通知公安机关予以纠正的,公安机关应当立即纠正,并将监督执行情况书面答复人民检察院。

第七十一条 辩护人、诉讼代理人对公安机关侦查活动有异议的,可以向有关公安机关提出申诉、控告,或者提请人民检察院依法监督。

第九章 执法监督与责任追究

第七十二条 公安机关应当依据《中华人民共和国人民警察法》等有关法律法规和规范性文件的规定,加强对办理经济犯罪案件活动的执法监督和督察工作。

上级公安机关发现下级公安机关存在违反法律和有关规定行为的,应当责令其限期纠正。必要时,上级公安机关可以就其违法行为直接作出相关处理决定。

人民检察院发现公安机关办理经济犯罪案件中存在违法行为的,或者对有关当事人及其辩护律师、诉讼代理人、利害关系人的申诉、控告事项查证属实的,应当通知公安机关予以纠正。

第七十三条 具有下列情形之一的,公安机关应当责令依法纠正,或者直接作出撤销、变更或者纠正决定。对发生执法过错的,应当根据办案人员在办案中各自承担的职责,区分不同情况,分别追究案件审批人、审核人、办案人及其他直接责任人的责任。构成犯罪的,依法追究刑事责任。

(一)越权管辖或者推诿管辖的;

(二)违反规定立案、不予立案或者撤销案件的;

(三)违反规定对犯罪嫌疑人采取强制措施的;

(四)违反规定对财物采取查封、扣押、冻结措施的;

(五)违反规定处置涉案财物的;

(六)拒不履行办案协作职责,或者阻碍异地公安机关依法办案的;

(七)阻碍当事人、辩护人、诉讼代理人依法行使诉讼权利的;

(八)其他应当予以追究责任的。

对于导致国家赔偿的责任人员,应当依据《中华人民共和国国家赔偿法》的有关规定,追偿其部分或者全部赔偿费用。

第七十四条 公安机关在受理、立案、移送以及涉案财物处置等过程中,与人民检察院、人民法院以及仲裁机构发生争议的,应当协商解决。必要时,可以报告上级公安机关协调解决。上级公安机关应当加强监督,依法处理。

人民检察院发现公安机关存在执法不当行为的,可以向公安机关提出书面纠正意见或者检察建议。公安机关应当认真审查,并将结果及时反馈人民检察院。没有采纳的,应当说明理由。

第七十五条 公安机关办理经济犯罪案件应当加强执法安全防范工作,规范执法办案活动,执行执法办案规定,加强执法监督,对执法不当造成严重后果的,依据相关规定追究责任。

第十章 附 则

第七十六条 本规定所称的"经济犯罪案件",主要是指公安机关经济犯罪侦查部门按照有关规定依法管辖的各种刑事案件,但以资助方式实施的帮助恐怖活动案件,不适用本规定。

公安机关其他办案部门依法管辖刑法分则第三章规定的破坏社会主义市场经济秩序犯罪有关案件的,适用本规定。

第七十七条 本规定所称的"调查性侦查措施",是指公安机关在办理经济犯罪案件过程中,依照法律规定进行的专门调查工作和有关侦查措施,但是不包括限制犯罪嫌疑人人身、财产权利的强制性措施。

第七十八条 本规定所称的"涉众型经济犯罪案件",是指基于同一法律事实、利益受损人数众多、可能影响社会秩序稳定的经济犯罪案件,包括但不限于非法吸收公众存款、集资诈骗、组织、领导传销活动、擅自设立金融机构、擅自发行股票、公司企业债券等犯罪。

第七十九条 本规定所称的"跨区域性",是指涉及两个以上县级行政区域。

第八十条 本规定自 2018 年 1 月 1 日起施行。2005 年 12 月 31 日发布的《公安机关办理经济犯罪案件的若干规定》(公通字〔2005〕101 号)同时废止。本规定发布以前最高人民检察院、公安部制定的关于办理经济犯罪案件的规范性文件与本规定不一致的,适用本规定。

最高人民法院、最高人民检察院、公安部《关于刑事诉讼中应用电子签名和电子指纹捺印有关问题的意见》

(2019 年 4 月 1 日 公通字〔2019〕18 号)

各省、自治区、直辖市高级人民法院、人民检察院、公安厅(局),解放军军事法院、军事检察院,新疆维吾尔自治区高级人民法院生产建设兵团分院,新疆生产建设兵团人民检察院、公安局:

为适应大数据发展要求,推动实现刑事办案信息网上跨部门流转,进一步规范刑事司法行为,提高刑事诉讼效率,根据《中华人民共和国刑事诉讼法》等法律规定,现就刑事诉讼中应用电子签名、电子指纹捺印有关问题制定本意见。

一、本意见所称电子签名、电子指纹捺印,是指人民法院、人民检察院、公安机关在刑事诉讼过程中,使用相关信息系统制作电子法律文书,诉讼参与人核对无误后,通过电子数据采集设备,实现在该电子法律文书上签名、捺印指纹。

二、诉讼参与人在电子法律文书上电子签名、电子指纹捺印,与其在纸质法律文书上手写签名、捺印指纹具有同等法律效力。

三、人民法院、人民检察院、公安机关应用电子签名、电子指纹捺印技术,应当通过安全认证等方式确保安全和规范,确保在技术上不可复制、不可篡改。

四、人民法院、人民检察院、公安机关要求诉讼参与人电子签名、电子指纹捺印,应当使用专用的电子签名、电子指纹捺印设备。

五、对诉讼参与人电子签名、电子指纹捺印的过程,人民法院、人民检察院、公安机关应当同步录音录像。同步录音录像资料应当不间断、易于辨认,不得剪接、删改,且按规定期限保存,必要时随案移送。各司法机关可以根据办案需要调取查阅。

六、电子签名、电子指纹捺印的真实性、合法性由电子法律文书的制作单位负责。

七、需要对电子法律文书上的电子签名、电子指纹捺印的真实性鉴定时,该电子法律文书的制作单位或者存储单位应当配合,并提供信息系统原始数据文件和系统日志。

八、电子签名、电子指纹捺印的原始数据文件及其元数据,应当封装后生成不可更改的文件格式,并能够脱离原系统保存、归档。

最高人民法院、最高人民检察院、海关总署《打击非设关地成品油走私专题研讨会会议纪要》(节录)

(2019年10月25日 署缉发〔2019〕210号)

近一时期,我国东南沿海、西南陆路边境等非设关地成品油走私活动猖獗,严重破坏国家进出境监管秩序,给社会公共安全和环境保护带来重大隐患。2019年3月27日,最高人民法院、最高人民检察院、海关总署在江苏省南京市召开打击非设关地成品油走私专题研讨会,最高人民法院刑五庭、最高人民检察院第四检察厅、海关总署缉私局及部分地方人民法院、人民检察院和海关缉私部门有关同志参加会议。会议分析了当前非设关地成品油走私的严峻形势,总结交流了办理非设关地成品油走私刑事案件的经验,研究探讨了办案中的疑难问题,对人民法院、人民检察院、海关缉私部门依法严厉打击非设关地成品油走私犯罪、正确适用法律办理案件达成共识。现纪要如下:

……

四、关于证据的收集

办理非设关地成品油走私犯罪案件,应当注意收集、提取以下证据:

(一)反映涉案地点的位置、环境,涉案船舶、车辆、油品的特征、数量、属性等的证据;

(二)涉案船舶的航次航图、航海日志、GPS、AIS轨迹、卫星电话及其通话记录;

(三)涉案人员的手机号码及其通话记录、手机短信、微信聊天记录,涉案人员通过微信、支付宝、银行卡等方式收付款的资金交易记录;

(四)成品油取样、计量过程的照片、视听资料;

(五)跟踪守候、监控拍摄的照片、视听资料;

(六)其他应当收集、提取的证据。

依照法律规定采取技术侦查措施收集的物证、书证、视听资料、电子数据等证据材料对定罪量刑有重大影响的,应当随案移送,并移送批准采取技术侦查措施的法律文书和侦查办案部门对证据内容的说明材料。对视听资料中涉及的绰号、暗语、俗语、方言等,侦查机关应当结合犯罪嫌疑人的供述、证人证言等证据说明其内容。

确因客观条件的限制无法逐一收集船员、司机、收购人等人员证言的,可结合已收集的言词证据和物证、书证、视听资料、电子数据等证据,综合认定犯罪事实。

五、关于涉案货物、财产及运输工具的处置

对查封、扣押的涉案成品油及易贬值、不易保管的涉案船舶、车辆,权利人明确的,经其本人书面同意或者申请,依法履行审批程序,并固定证据和留存样本后,可以依法先行变卖、拍卖,变卖、拍卖所得价款暂予保存,待诉讼终结后一并依法处理。

有证据证明依法应当追缴、没收的涉案财产被他人善意取得或者与其他合法财产混合且不可分割的,应当追缴、没收其他等值财产。

侦查机关查封、扣押的财物经审查后应当返还的,应当通知原主认领。无人认领的,应当公告通知,公告满三个月无人认领的,依法拍卖、变卖后所得价款上缴国库;上缴国库后有人认领,经查证属实的,应当申请退库予以返还。

对用于运输走私成品油的船舶、车辆,按照以下原则处置:

(一)对"三无"船舶、无法提供有效证书的船舶、车辆,依法予以没收、收缴或者移交主管机关依法处置;

(二)对走私犯罪分子自有的船舶、车辆或者假挂靠、长期不作登记、虚假登记等实为走私分子所有的船舶、车辆,作为犯罪工具依法没收;

(三)对所有人明知他人实施走私犯罪而出租、出借的船舶、车辆,依法予以没收。

具有下列情形之一的,可以认定船舶、车辆出租人、出借人明知他人实施违法犯罪,但有证据证明确属被蒙骗或者其他相反证据的除外:

(一)出租人、出借人未经有关部门批准,擅自将船舶、车辆改装为可装载油料用的船舶、车辆,或者进行伪装的;

(二)出租人、出借人默许实际承租人将船舶、车辆改装为可装载油料用船舶、车辆,或者进行伪装的;

(三)因出租、出借船舶、车辆用于走私受过行政处罚,又出租、出借给同一走私人或者同一走私团伙使用的;

(四)出租人、出借人拒不提供真实的实际承运人信息,或者提供虚假的实际承运人信息的;

(五)其他可以认定明知的情形。

六、关于办案协作

为有效遏制非设关地成品油走私犯罪活动,各级海关缉私部门、人民检察院和人民法院要进一步加强办案协作,依法及时开展侦查、批捕、起诉和审判工作。要强化人民检察院提前介入机制,并加大对非设关地重特大成品油走私案件联合挂牌督办力度。要强化案件信息沟通,积极发挥典型案例指引作用,保证执法司法标准的统一性和均衡性。

七、其他问题

本纪要中的成品油是指汽油、煤油、柴油以及其他具有相同用途的乙醇汽油和生物柴油等替代燃料(包括添加染色剂的"红油""白油""蓝油"等)。

办理非设关地走私白糖、冻品等刑事案件的相关问题,可以参照本纪要的精神依法处理。

最高人民法院、最高人民检察院、公安部、司法部《关于进一步加强虚假诉讼犯罪惩治工作的意见》(节录)

(2021年3月10日 法发〔2021〕10号)

第九条 虚假诉讼刑事案件由相关虚假民事诉讼案件的受理法院所在地或者执行法院所在地人民法院管辖。有刑法第三百零七条之一第四款情形的,上级人民法院可以指定下级人民法院将案件移送其他人民法院审判。前款所称相关虚假民事诉讼案件的受理法院,包括该民事案件的一审、二审和再审法院。虚假诉讼刑事案件的级别管辖，根据刑事诉讼法的规定确定。

第十条 人民法院、人民检察院向公安机关移送涉嫌虚假诉讼犯罪案件，应当附下列材料：

（一）案件移送函，载明移送案件的人民法院或者人民检察院名称、民事案件当事人名称和案由、所处民事诉讼阶段、民事案件办理人及联系电话等。案件移送函应当附移送材料清单和回执，经人民法院或者人民检察院负责人批准后，加盖人民法院或者人民检察院公章；

（二）移送线索的情况说明，载明案件来源、当事人信息、涉嫌虚假诉讼犯罪的事实、法律依据等，并附相关证据材料；

（三）与民事案件有关的诉讼材料，包括起诉书、答辩状、庭审笔录、调查笔录、谈话笔录等。人民法院、人民检察院应当指定专门职能部门负责涉嫌虚假诉讼犯罪案件的移送。人民法院将涉嫌虚假诉讼犯罪案件移送公安机关的，同时将有关情况通报同级人民检察院。

第十一条 人民法院、人民检察院认定民事诉讼当事人和其他诉讼参与人的行为涉嫌虚假诉讼犯罪，除民事诉讼当事人、其他诉讼参与人或者案外人的陈述、证言外，一般还应有物证、书证或者其他证人证言等证据相印证。

第十二条 人民法院、人民检察院将涉嫌虚假诉讼犯罪案件有关材料移送公安机关的，接受案件的公安机关应当出具接受案件的回执或者在案件移送函所附回执上签收。公安机关收到有关材料后，分别作出以下处理：（一）认为移送的案件材料不全的，应当在收到有关材料之日起三日内通知移送的人民法院或者人民检察院在三日内补正。不得以材料不全为由不接受移送案件；（二）认为有犯罪事实，需要追究刑事责任的，应当在收到有关材料之日起三十日内决定是否立案，并通知移送的人民法院或者人民检察院；（三）认为有犯罪事实，但是不属于自己管辖的，应当立即报经县级以上公安机关负责人批准，在二十四小时内移送有管辖权的机关处理，并告知移送的人民法院或者人民检察院。对于必须采取紧急措施的，应当先采取紧急措施，然后办理手续，移送主管机关；（四）认为没有犯罪事实，或者犯罪情节显著轻微不需要追究刑事责任的，或者具有其他依法不追究刑事责任情形的，经县级以上公安机关负责人批准，不予立案，并应当说明理由，制作不予立案通知书在三日内送达移送的人民法院或者人民检察院，退回有关材料。

第十三条 人民检察院依法对公安机关的刑事立案实行监督。人民法院对公安机关的不予立案决定有异议的，可以建议人民检察院进行立案监督。

第四章 程序衔接

第十四条 人民法院向公安机关移送涉嫌虚假诉讼犯罪案件，民事案件必须以相关刑事案件的审理结果为依据的，应当依照民事诉讼法第一百五十条第一款第五项的规定裁定中止诉讼。刑事案件的审理结果不影响民事诉讼程序正常进行的，民事案件应当继续审理。

第十五条 刑事案件裁判认定民事诉讼当事人的行为构成虚假诉讼犯罪，相关民事案件尚在审理或者执行过程中的，作出刑事裁判的人民法院应当及时函告审理或者执行该民事案件的人民法院。人民法院对于与虚假诉讼刑事案件的裁判存在冲突的已经发生法律效力的民事判决、裁定、调解书,应当及时依法启动审判监督程序予以纠正。

第十六条 公安机关依法自行立案侦办虚假诉讼刑事案件的,应当在立案后三日内将立案决定书等法律文书和相关材料复印件抄送对相关民事案件正在审理、执行或者作出生效裁判文书的人民法院并说明立案事由,同时通报办理民事案件人民法院的同级人民检察院。对相关民事案件正在审理、执行或者作出生效裁判文书的人民法院应当依法审查,依照相关规定做出处理,并在收到材料之日起三十日内将处理意见书面通报公安机关。公安机关在办理刑事案件过程中,发现犯罪嫌疑人还涉嫌实施虚假诉讼犯罪的,可以一并处理。需要逮捕犯罪嫌疑人的,由侦查该案件的公安机关提请同级人民检察院审查批准;需要提起公诉的,由侦查该案件的公安机关移送同级人民检察院审查决定。

第十七条 有管辖权的公安机关接受民事诉讼当事人、诉讼代理人和其他诉讼参与人、利害关系人、其他自然人、法人和非法人组织的报案、控告、举报或者在履行职责过程中发现存在虚假诉讼犯罪嫌疑的,可以开展调查核实工作。经县级以上公安机关负责人批准,公安机关可以依照有关规定拷贝电子卷或者查阅、复制、摘录人民法院的民事诉讼卷宗,人民法院予以配合。公安机关在办理刑事案件过程中,发现犯罪嫌疑人还涉嫌实施虚假诉讼犯罪的,适用前款规定。

第十八条 人民检察院发现已经发生法律效力的判决、裁定、调解书系民事诉讼当事人通过虚假诉讼获得的,应当依照民事诉讼法第二百零八条第一款、第二款等法律和相关司法解释的规定,向人民法院提出再审检察建议或者抗诉。

第十九条 人民法院对人民检察院依照本意见第十八条的规定提出再审检察建议或抗诉的民事案件,应当依照民事诉讼法等法律和相关司法解释的规定处理。按照审判监督程序决定再审、需要中止执行的,裁定中止原判决、裁定、调解书的执行。

第二十条 人民检察院办理民事诉讼监督案件过程中,发现存在虚假诉讼犯罪嫌疑的,可以向民事诉讼当事人或者案外人调查核实有关情况。有关单位和个人无正当理由拒不配合调查核实、妨害民事诉讼的,人民检察院可以建议有关人民法院依照民事诉讼法第一百一十一条第一款第五项等规定处理。人民检察院针对存在虚假诉讼犯罪嫌疑的民事诉讼监督案件依照有关规定调阅人民法院的民事诉讼卷宗的,人民法院予以配合。通过拷贝电子卷、查阅、复制、摘录等方式能够满足办案需要的,可以不调阅诉讼卷宗。人民检察院发现民事诉讼监督案件存在虚假诉讼犯罪嫌疑的,可以听取人民法院原承办人的意见。

第二十一条 对于存在虚假诉讼犯罪嫌疑的民事案件,人民法院可以依职权调查收集证据。当事人自认的事实与人民法院、人民检察院依职权调查并经审理查明的事实不符的,人民法院不予确认。

第五章 责任追究

第二十二条 对于故意制造、参与虚假诉讼犯罪活动的民事诉讼当事人和其他诉讼参与人,人民法院应当加大罚款、拘留等对妨害民事诉讼的强制措施的适用力度。民事诉讼当事人、其他诉讼参与人实施虚假诉讼,人民法院向公安机关移送案件有关材料前,可以依照民事诉讼法的规定先行予以罚款、拘留。对虚假诉讼刑事案件被告人判处罚金、有期徒刑或者拘役的,人民法院已经依照民事诉讼法的规定给予的罚款、拘留,应当依法折抵相应罚金或者刑期。

第二十三条 人民检察院可以建议人民法院依照民事诉讼法的规定,对故意制造、参与虚假诉讼的民事诉讼当事人和其他诉讼参与人采取罚款、拘留等强制措施。

最高人民法院、最高人民检察院、公安部、国家移民管理局《关于依法惩治妨害国(边)境管理违法犯罪的意见》(节录)

(2022年6月29日)

三、关于妨害国(边)境管理刑事案件的管辖

13. 妨害国(边)境管理刑事案件由犯罪地的公安机关立案侦查。如果由犯罪嫌疑人居住地的公安机关立案侦查更为适宜的,可以由犯罪嫌疑人居住地的公安机关立案侦查。

妨害国(边)境管理犯罪的犯罪地包括妨害国(边)境管理犯罪行为的预备地、过境地、查获地等与犯罪活动有关的地点。

14. 对于有多个犯罪地的妨害国(边)境管理刑事案件,由最初受理的公安机关或者主要犯罪地的公安机关立案侦查。有争议的,按照有利于查清犯罪事实、有利于诉讼的原则,由共同上级公安机关指定有关公安机关立案侦查。

15. 具有下列情形之一的,有关公安机关可以在其职责范围内并案侦查:

(1)一人犯数罪的;

(2)共同犯罪的;

(3)共同犯罪的犯罪嫌疑人、被告人还实施其他犯罪的;

(4)多个犯罪嫌疑人、被告人实施的犯罪存在关联,并案处理有利于查明案件事实的。

四、关于证据的收集与审查

16. 对于妨害国(边)境管理案件所涉主观明知的认定,应当结合行为实施的过程、方式、被查获时的情形和环境,行为人的认知能力、既往经历、与同案人的关系、非法获利等,审查相关辩解是否明显违背常理,综合分析判断。

在组织他人偷越国(边)境、运送他人偷越国(边)境等案件中,具有下列情形之一的,可以认定行为人主观明知,但行为人作出合理解释或者有相反证据证明的除外:

(1)使用遮蔽、伪装、改装等隐蔽方式接送、容留偷越国(边)境人员的;

(2)与其他妨害国(边)境管理行为人使用同一通讯群组、暗语等进行联络的;

(3)采取绕关避卡等方式躲避边境检查,或者出境前、入境后途经边境地区的时间、路线等明显违反常理的;

(4)接受执法检查时故意提供虚假的身份、事由、地点、联系方式等信息的;

(5)支付、收取或者约定的报酬明显不合理的;

(6)遇到执法检查时企图逃跑,阻碍、抗拒执法检查,或者毁灭证据的;

(7)其他足以认定行为人明知的

情形。

17. 对于不通晓我国通用语言文字的嫌疑人、被告人、证人及其他相关人员，人民法院、人民检察院、公安机关、移民管理机构应当依法为其提供翻译。

翻译人员在案件办理规定时限内无法到场的，办案机关可以通过视频连线方式进行翻译，并对翻译过程进行全程不间断录音录像，不得选择性录制，不得剪接、删改。

翻译人员应当在翻译文件上签名。

18. 根据国际条约规定或者通过刑事司法协助和警务合作等渠道收集的境外证据材料，能够证明案件事实且符合刑事诉讼法规定的，可以作为证据使用，但提供人或者我国与有关国家签订的双边条约对材料的使用范围有明确限制的除外。

办案机关应当移送境外执法机构对所收集证据的来源、提取人、提取时间或者提供人、提供时间以及保管移交的过程等相关说明材料；确因客观条件限制，境外执法机构未提供相关说明材料的，办案机关应当说明原因，并对所收集证据的有关事项作出书面说明。

19. 采取技术侦查措施收集的材料，作为证据使用的，应当随案移送，并附采取技术侦查措施的法律文书、证据清单和有关情况说明。

20. 办理案件中发现的可用以证明犯罪嫌疑人、被告人有罪或者无罪的各种财物，应当严格依照法定条件和程序进行查封、扣押、冻结。不得查封、扣押、冻结与案件无关的财物。凡查封、扣押、冻结的财物，都要及时进行审查。经查明确实与案件无关的，应当在三日以内予以解除、退还，并通知有关当事人。

查封、扣押、冻结涉案财物及其孳息，应当制作清单，妥善保管，随案移送。待人民法院作出生效判决后，依法作出处理。

公安机关、人民检察院应当对涉案财物审查甄别。在移送审查起诉、提起公诉时，应当对涉案财物提出处理意见。人民法院对随案移送的涉案财物，应当依法作出判决。

最高人民法院《关于充分发挥环境资源审判职能作用依法惩处盗采矿产资源犯罪的意见》（节录）

（2022年7月1日　法发〔2022〕19号）

9. 正确理解和适用《解释》第十三条规定，准确把握矿产品价值认定规则。为获取非法利益而对矿产品进行加工、保管、运输的，其成本支出一般不从销赃数额中扣除。销赃数额与评估、鉴定的矿产品价值不一致的，要结合案件的具体事实、情节作出合理认定。

13. 正确理解和适用《解释》第十二条规定，加强涉案财物处置力度。对盗采矿产资源犯罪的违法所得及其收益，用于盗采矿产资源犯罪的专门工具和供犯罪所用的本人财物，坚决依法追缴、责令退赔或者没收。对在盗采、运输、销赃等环节使用的机械设备、车辆、船舶等大型工具，要综合考虑案件的具体事实、情节及工具的属性、权属等因素，依法妥善认定是否用于盗采矿产资源犯罪的专门工具。

最高人民法院、最高人民检察院、公安部、国家文物局《关于办理妨害文物管理等刑事案件若干问题的意见》(节录)

(2022年8月16日 公通字〔2022〕18号)

三、涉案文物的认定和鉴定评估

对案件涉及的文物等级、类别、价值等专门性问题，如是否属于古文化遗址、古墓葬、古建筑、石窟寺、石刻、壁画、近代现代重要史迹和代表性建筑等不可移动文物，是否具有历史、艺术、科学价值，是否属于各级文物保护单位，是否属于珍贵文物，以及有关行为对文物造成的损毁程度和对文物价值造成的影响等，案发前文物行政部门已作认定的，可以直接对有关案件事实作出认定；案发前未作认定的，可以结合国务院文物行政部门指定的机构出具的《涉案文物鉴定评估报告》作出认定，必要时，办案机关可以依法提请文物行政部门对有关问题作出说明。《涉案文物鉴定评估报告》应当依照《涉案文物鉴定评估管理办法》(文物博发〔2018〕4号)规定的程序和格式文本出具。

四、文物犯罪案件管辖

文物犯罪案件一般由犯罪地的公安机关管辖，包括文物犯罪的预谋地、工具准备地、勘探地、盗掘地、盗窃地、途经地、交易地、倒卖信息发布地、出口(境)地、涉案不可移动文物的所在地、涉案文物的实际取得地、藏匿地、转移地、加工地、储存地、销售地等。多个公安机关都有权立案侦查的文物犯罪案件，由主要犯罪地公安机关立案侦查。

具有下列情形之一的，有关公安机关可以在其职责范围内并案处理：

(1)一人犯数罪的；
(2)共同犯罪的；
(3)共同犯罪的犯罪嫌疑人还实施其他犯罪的；
(4)三人以上时分时合，交叉结伙作案的；
(5)多个犯罪嫌疑人实施的盗掘、盗窃、倒卖、掩饰、隐瞒、走私等犯罪存在直接关联，或者形成多层级犯罪链条，并案处理有利于查明案件事实的。

公安部《公安机关反有组织犯罪工作规定》(节录)

(2022年8月10日第9次公安部部务会议审议通过，2022年8月26日公布，自2022年10月1日起施行)

第三章 线索核查处置

第二十八条 有组织犯罪线索由县级公安机关负责核查，上级公安机关认为必要时可以提级核查或者指定其他公安机关核查。

上级公安机关应当加强对线索核查工作的监督指导，必要时可以组织抽查、复核。

第二十九条 对有组织犯罪线索，经县级以上公安机关负责人批准后启动核查。

核查有组织犯罪线索，可以依照有关法律和规定采取询问、查询、勘验、检查、鉴定和调取证据材料等不限制被调查对象人身、财产权利的调查措施。

采取前款规定的调查措施,依照《公安机关办理刑事案件程序规定》的有关规定进行审批,制作法律文书。

公安机关向有关单位和个人收集、调取相关信息和材料时,应当告知其必须如实提供。

第三十条 公安机关核查黑社会性质组织犯罪线索,发现涉案财产有灭失、转移的紧急风险的,经设区的市级以上公安机关负责人批准后,可以对有关涉案财产采取紧急止付或者临时冻结、临时扣押的紧急措施,期限不得超过四十八小时。

期限届满或者适用紧急措施的情形消失的,应当立即解除紧急措施;符合立案条件的,办案部门应当在紧急措施期限届满前依法立案侦查,并办理冻结、扣押手续。

第三十一条 有组织犯罪线索核查结论,应当经核查的公安机关负责人批准后作出。有明确举报人、报案人或者控告人的,除无法告知或者可能影响后续侦查工作的以外,应当告知核查结论。

对有控告人的有组织犯罪线索,决定对所控告的事实不予立案的,公安机关应当在核查结论作出后制作不予立案通知书,在三日以内送达控告人。

第三十二条 公安机关核查有组织犯罪线索,发现犯罪事实或者犯罪嫌疑人的,应当依照《中华人民共和国刑事诉讼法》的规定立案侦查。

第四章 案件办理

第三十四条 对有组织犯罪的组织者、领导者和骨干成员取保候审的,由办案的公安机关主要负责人组织集体讨论决定。

第三十六条 对于利用信息网络实施的犯罪案件,符合有组织犯罪特征和认定标准的,应当按照有组织犯罪案件侦查、移送起诉。

第三十七条 根据有组织犯罪案件侦查需要,公安机关可以商请人民检察院派员参加案件会商,听取其关于案件定性、证据收集、法律适用等方面的意见。

第三十八条 公安机关办理有组织犯罪案件,可以依照《中华人民共和国出境入境管理法》的规定,决定对犯罪嫌疑人采取限制出境措施,按规定通知移民管理机构执行;对于不需要继续采取限制出境措施的,应当及时解除。

第三十九条 根据办理案件及维护监管秩序的需要,可以对有组织犯罪案件的犯罪嫌疑人、被告人采取异地羁押、分别羁押或者单独羁押等措施。采取异地羁押措施的,应当依法通知犯罪嫌疑人、被告人的家属和辩护人。

第四十条 公安机关在立案后,根据侦查犯罪的需要,依照《中华人民共和国刑事诉讼法》的规定,可以采取技术侦查措施、实施控制下交付或者由有关人员隐匿身份进行侦查。公安机关实施控制下交付或者由有关人员隐匿身份进行侦查的,应当进行风险评估,制定预案,经县级以上公安机关负责人批准后实施。

采取技术侦查、控制下交付、隐匿身份侦查措施收集的与案件有关的材料,可以作为刑事诉讼证据使用。如果使用该证据可能危及有关人员的人身安全,或者可能产生其他严重后果的,应当采取不暴露有关人员身份和使用的技术设备、侦查方法等保护措施。无法采取保护措施或者采取保护措施不足以防止产生严重后果的,可以建议由审判人员在庭外对证据进行核实。

第四十一条　公安机关侦查有组织犯罪案件，应当依法履行认罪认罚从宽告知、教育义务，敦促犯罪嫌疑人如实供述自己的罪行。

犯罪嫌疑人认罪认罚的，应当在起诉意见书中写明自愿认罪认罚的情况和从宽处理意见，并随案移送相关证据材料。

第四十二条　公安机关对于罪行较轻、自愿认罪认罚，采用非羁押性强制措施足以防止发生《中华人民共和国刑事诉讼法》第八十一条第一款规定的社会危险性的犯罪嫌疑人，依法可不适用羁押性强制措施；已经被羁押的，可以依法变更强制措施。

第四十三条　犯罪嫌疑人检举、揭发重大犯罪的其他共同犯罪人或者提供侦破重大案件的重要线索或者证据，同案处理可能导致其本人或者近亲属有人身危险，经县级以上公安机关负责人批准，可以分案处理。

公安机关决定分案处理的，应当就案件管辖等问题书面征求人民法院、人民检察院意见并达成一致，防止分案处理出现证据灭失、证据链脱节或者影响有组织犯罪认定等情况。

第四十四条　犯罪嫌疑人、被告人有《中华人民共和国反有组织犯罪法》第三十三条第一款所列情形之一的，经县级以上公安机关主要负责人批准，公安机关可以向人民检察院提出从宽处理的意见，并说明理由。

对有组织犯罪的组织者、领导者，应当严格适用。

第五章　涉案财产调查与处置

第四十五条　公安机关根据办理有组织犯罪案件的需要，可以全面调查涉嫌有组织犯罪的组织及其成员财产的来源、性质、用途、权属及价值，依法采取查询、查封、扣押、冻结等措施。

全面调查的范围包括：有组织犯罪组织的财产；组织成员个人所有的财产；组织成员实际控制的财产；组织成员出资购买的财产；组织成员转移至他人名下的财产；组织成员涉嫌洗钱及掩饰、隐瞒犯罪所得、犯罪所得孳息、收益等犯罪涉及的财产；其他与有组织犯罪组织及其成员有关的财产。

第四十六条　公安机关根据反有组织犯罪工作需要，可以向反洗钱行政主管部门查询与有组织犯罪相关的信息数据、提请协查与有组织犯罪相关的可疑交易活动。

第四十七条　对下列财产，经县级以上公安机关主要负责人批准，可以依法先行处置，所得价款由扣押、冻结机关保管，并及时告知犯罪嫌疑人、被告人或者其近亲属：（一）易损毁、灭失、变质等不宜长期保存的物品；（二）有效期即将届满的汇票、本票、支票等；（三）债券、股票、基金份额等财产，经权利人申请，出售不损害国家利益、被害人利益，不影响诉讼正常进行的。

第四十八条　有组织犯罪组织及其成员依法应当被追缴、没收的涉案财产无法找到、灭失或者与其他合法财产混合且不可分割的，公安机关应当积极调查、收集有关证据，并在起诉意见书中说明。

第四十九条　有证据证明犯罪嫌疑人在犯罪期间获得的财产高度可能属于黑社会性质组织犯罪的违法所得及其孳息、收益，公安机关应当要求犯罪嫌疑人说明财产来源并予以查证，对犯罪嫌疑人不能说明合法来源的,应当随案移送审查起诉,并对高度可能性作出说明。

第五十条　有组织犯罪案件移送审查起诉时,公安机关应当对涉案财产提出书面处理意见及理由、依据。

黑社会性质组织犯罪案件,一般应当对涉案财产材料单独立卷。

第五十一条　黑社会性质组织犯罪案件的犯罪嫌疑人逃匿,在通缉一年后不能到案,或者犯罪嫌疑人死亡,依照《中华人民共和国刑法》规定应当追缴其违法所得及其他涉案财产的,依照《中华人民共和国刑事诉讼法》及《公安机关办理刑事案件程序规定》有关犯罪嫌疑人逃匿、死亡案件违法所得的没收程序的规定办理。

第五十二条　对于不宜查封、扣押、冻结的经营性财产,经县级以上公安机关主要负责人批准,可以申请当地政府指定有关部门或者委托有关机构代管或者托管。

不宜查封、扣押、冻结情形消失的,公安机关可以依法对相关财产采取查封、扣押、冻结措施。

第五十三条　利害关系人对查封、扣押、冻结、处置涉案财物提出异议的,公安机关应当及时予以核实,听取其意见,依法作出处理,并书面告知利害关系人。经查明确实与案件无关的财物,应当在三日以内解除相关措施,并予以退还。

公安机关对涉案财物作出处理后,利害关系人对处理不服的,可以提出申诉或者控告。受理申诉或者控告的公安机关应当及时进行调查核实,在收到申诉、控告之日起三十日以内作出处理决定并书面回复。

第六章　国家工作人员涉有组织犯罪的处理

第五十四条　公安机关在反有组织犯罪工作中,发现国家工作人员涉嫌《中华人民共和国反有组织犯罪法》第五十条第一款所列情形之一的,应当按照职权进行初步核查。

经核查,属于公安机关管辖的,应当全面调查,依法作出处理;不属于公安机关管辖的,应当及时移送主管机关。

第五十五条　依法从事反有组织犯罪工作的民警,不得有下列行为:(一)接到报案、控告、举报不受理,发现犯罪信息、线索隐瞒不报、不如实报告,或者未经批准、授权擅自处置、不移送犯罪线索、涉案材料;(二)向违法犯罪人员通风报信,阻碍案件查处;(三)违反规定泄露国家秘密、商业秘密和个人隐私;(四)违背事实和法律处理案件;(五)违反规定查封、扣押、冻结、处置涉案财物;(六)其他滥用职权、玩忽职守、徇私舞弊的行为。违反上述规定构成犯罪的,依法追究刑事责任;尚不构成犯罪的,依规依纪依法给予处分。

第五十六条　公安机关应当与监察机关、人民法院、人民检察院、司法行政机关加强协作配合,建立线索办理沟通机制。

对于重大疑难复杂的国家工作人员涉有组织犯罪案件,公安机关可以商监察机关、人民检察院同步立案、同步查处,根据案件办理需要,依法移送相关证据、共享有关信息,确保全面查清案件事实。

第五十七条　公安机关接到对从事反有组织犯罪工作民警的举报后,应当审慎对待,依规依纪依法处理,防止犯罪嫌疑人、被告人等利用举报干扰办案、打击报复。

对利用举报等方式歪曲捏造事实、诬告陷害从事反有组织犯罪工作民警的，应当依规依纪依法追究责任；造成不良影响的，应当按照规定及时澄清事实，恢复民警名誉，消除不良影响。

第七章 国际合作

第五十八条 公安部根据中华人民共和国缔结或者参加的国际条约，或者按照平等互惠原则，开展与其他国家、地区、国际组织的反有组织犯罪合作。

第五十九条 公安部根据国务院授权，代表中国政府与外国政府和有关国际组织开展反有组织犯罪情报信息交流和执法合作。

公安部依照有关法律规定，通过推动缔结条约、协定和签订警务合作文件等形式，加强跨境反有组织犯罪警务合作，推动与有关国家、地区、国际组织建立警务合作机制。

经公安部批准，边境地区公安机关可以与相邻国家或者地区执法机构建立跨境有组织犯罪情报信息交流和警务合作机制。

第六十条 通过跨境反有组织犯罪刑事司法协助和警务合作取得的材料可以在行政处罚、刑事诉讼中作为证据使用，但依据条约规定或者我方承诺不作为证据使用的除外。

第六十一条 公安机关开展跨境反有组织犯罪国际合作其他事宜及具体程序，依照有关法律和《公安机关办理刑事案件程序规定》等有关规定办理。

第八章 保障措施

第六十六条 因举报、控告和制止有组织犯罪活动，在有组织犯罪案件中作证，本人或者其近亲属的人身安全面临危险的，公安机关应当按照有关规定，采取下列一项或者多项保护措施：（一）不公开真实姓名、住址和工作单位等个人信息；（二）禁止特定的人接触被保护人员；（三）对人身和住宅采取专门性保护措施；（四）变更被保护人员的身份，重新安排住所和工作单位；（五）其他必要的保护措施。

采取前款第四项规定的保护措施的，由公安部批准和组织实施。

案件移送审查起诉时，应当将采取保护措施的相关情况一并移交人民检察院。

第六十七条 公安机关发现证人因作证，本人或者其近亲属的人身安全面临危险，或者证人向公安机关请求予以保护，公安机关经评估认为确有必要采取保护措施的，应当制作呈请证人保护报告书，报县级以上公安机关负责人批准实施。

人民法院、人民检察院决定对证人采取第六十六条第一款第二、三项保护措施的，由县级以上公安机关凭人民法院、人民检察院的决定文书执行，并将执行保护的情况及时通知决定机关。必要时，可以请人民法院、人民检察院协助执行。

第六十八条 实施有组织犯罪的人员配合侦查、起诉、审判等工作，有《中华人民共和国反有组织犯罪法》第三十三条第一款所列情形之一，对侦破案件或者查明案件事实起到重要作用的，或者有其他重大立功表现的，可以参照证人保护的规定执行。

第六十九条 对办理有组织犯罪案件的人民警察及其近亲属,可以采取人身保护、禁止特定的人接触等保护措施。

第七十条 公安机关实施证人保护的其他事项,适用《公安机关办理刑事案件证人保护工作规定》。

各级公安机关可以结合本地实际,组建专门的证人保护力量、设置证人保护安全场所。

第九章 法律责任

第七十五条 公安机关调查有组织犯罪,要求有关国家机关、行业主管部门予以配合相关工作或者提供相关证据,有关国家机关、行业主管部门没有正当理由不予配合的,层报相应的上级公安机关书面通报其上级机关。

最高人民检察院、公安部《关于依法妥善办理轻伤害案件的指导意见》

(2022年12月22日)

为全面贯彻习近平法治思想,践行以人民为中心的发展思想,落实宽严相济刑事政策,提升轻伤害案件办案质效,有效化解社会矛盾,促进社会和谐稳定,实现办案政治效果、法律效果和社会效果的统一,根据《中华人民共和国刑法》《中华人民共和国刑事诉讼法》等有关规定,制定本意见。

一、基本要求

(一)坚持严格依法办案。人民检察院、公安机关要严格遵循证据裁判原则,全面、细致收集、固定、审查、判断证据,在查清事实、厘清原委的基础上依法办理案件。要坚持"犯罪事实清楚,证据确实、充分"的证明标准,正确理解与适用法律,准确把握罪与非罪、此罪与彼罪的界限,慎重把握逮捕、起诉条件。

(二)注重矛盾化解、诉源治理。轻伤害案件常见多发,如果处理不当,容易埋下问题隐患或者激化矛盾。人民检察院、公安机关办理轻伤害案件,要依法用足用好认罪认罚从宽制度、刑事和解制度和司法救助制度,把化解矛盾、修复社会关系作为履职办案的重要任务。要充分借助当事人所在单位、社会组织、基层组织、调解组织等第三方力量,不断创新工作机制和方法,促进矛盾纠纷解决以及当事人和解协议的有效履行。

(三)落实宽严相济刑事政策。人民检察院、公安机关要以宽严相济刑事政策为指导,对因婚恋、家庭、亲友、邻里、同学、同事等民间矛盾纠纷或者偶发事件引发的轻伤害案件,结合个案具体情况把握好法理情的统一,依法少捕慎诉慎押;对主观恶性大、情节恶劣的轻伤害案件,应当依法从严惩处,当捕即捕、当诉则诉。

二、依法全面调查取证、审查案件

(四)坚持全面调查取证。公安机关应当注重加强现场调查走访,及时、全面、规范收集、固定证据。建立以物证、勘验笔录、检查笔录、视听资料等客观性较强的证据为核心的证据体系,避免过于依赖言词证据定案。对适用刑事和解和认罪认罚从宽的案件,也应当全面调查取证,查明事实。

(五)坚持全面审查案件。人民检察院应当注重对案发背景、案发起因、当事人的关系、案发时当事人的行为、伤害手段、部位、后果、当事人事后态度等方面进行全面审查,综合运用鉴定意见、有专门知识的人的意见等,准确认定事实,辨明是非曲直。

(六)**对鉴定意见进行实质性审查。**人民检察院、公安机关要注重审查检材与其他证据是否相互印证,文书形式、鉴定人资质、检验程序是否规范合法,鉴定依据、方法是否准确,损伤是否因既往伤病所致,是否及时就医,以及论证分析是否科学严谨,鉴定意见是否明确等。需要对鉴定意见等技术性证据材料进行专门审查的,可以按照有关规定送交检察、侦查技术人员或者其他有专门知识的人进行审查并出具审查意见。

对同一鉴定事项存在两份以上结论不同的鉴定意见或者当事人对鉴定结论有不同意见时,人民检察院、公安机关要注意对分歧点进行重点审查分析,听取当事人、鉴定人、有专门知识的人的意见,开展相关调查取证,综合全案证据决定是否采信。必要时,可以依法进行补充鉴定或者重新鉴定。

(七)**准确区分罪与非罪。**对被害人出现伤害后果的,人民检察院、公安机关判断犯罪嫌疑人是否构成故意伤害罪时,应当在全面审查案件事实、证据的基础上,根据双方的主观方面和客观行为准确认定,避免"唯结果论""谁受伤谁有理"。如果犯罪嫌疑人只是与被害人发生轻微推搡、拉扯的,或者为摆脱被害人拉扯或者控制而实施甩手、后退等应急、防御行为的,不宜认定为刑法意义上的故意伤害行为。

(八)**准确区分寻衅滋事罪与故意伤害罪。**对出现被害人轻伤后果的案件,人民检察院、公安机关要全面分析案件性质,查明案件发生起因、犯罪嫌疑人的动机、是否有涉黑涉恶或者其他严重情节等,依法准确定性,不能简单化办案,一概机械认定为故意伤害罪。犯罪嫌疑人无事生非、借故生非,随意殴打他人的,属于"寻衅滋事",构成犯罪的,应当以寻衅滋事罪依法从严惩处。

(九)**准确区分正当防卫与互殴型故意伤害。**人民检察院、公安机关要坚持主客观相统一的原则,综合考察案发起因、对冲突升级是否有过错、是否使用或者准备使用凶器、是否采用明显不相当的暴力、是否纠集他人参与打斗等客观情节,准确判断犯罪嫌疑人的主观意图和行为性质。因琐事发生争执,双方均不能保持克制而引发打斗,对于过错的一方先动手且手段明显过激,或者一方先动手,在对方努力避免冲突的情况下仍继续侵害,还击一方造成对方伤害的,一般应当认定为正当防卫。故意挑拨对方实施不法侵害,借机伤害对方的,一般不认定为正当防卫。

(十)**准确认定共同犯罪。**二人以上对同一被害人共同故意实施伤害行为,无论是否能够证明伤害结果具体由哪一犯罪嫌疑人的行为造成的,均应当按照共同犯罪认定处理,并根据各犯罪嫌疑人在共同犯罪中的地位、作用、情节等追究刑事责任。

犯罪嫌疑人对被害人实施伤害时,对虽然在场但并无伤害故意和伤害行为的人员,不能认定为共同犯罪。

对虽然有一定参与但犯罪情节轻微,依照刑法规定不需要判处刑罚或者免除刑罚的,可以依法作出不起诉处理。对情节显著轻微、危害不大,不认为是犯罪的,应当撤销案件,或者作出不起诉处理。

三、积极促进矛盾化解

（十一）**充分适用刑事和解制度**。对于轻伤害案件，符合刑事和解条件的，人民检察院、公安机关可以建议当事人进行和解，并告知相应的权利义务，必要时可以提供法律咨询，积极促进当事人自愿和解。

当事人双方达成和解并已实际履行的，应当依法从宽处理，符合不起诉条件的，应当作出不起诉决定。被害人事后反悔要求追究犯罪嫌疑人刑事责任或者不同意对犯罪嫌疑人从宽处理的，人民检察院、公安机关应当调查了解原因，认为被害人理由正当的，应当依法保障被害人的合法权益；对和解系自愿、合法的，应当维持已作出的从宽处理决定。

人民检察院、公安机关开展刑事和解工作的相关证据和材料，应当随案移送。

（十二）**充分适用认罪认罚从宽制度**。人民检察院、公安机关应当向犯罪嫌疑人、被害人告知认罪认罚从宽制度，通过释明认罪认罚从宽制度的法律规定，鼓励犯罪嫌疑人认罪认罚、赔偿损失、赔礼道歉，促成当事人矛盾化解，并依法予以从宽处理。

（十三）**积极开展国家司法救助**。人民检察院、公安机关对于符合国家司法救助条件的被害人，应当及时开展国家司法救助，在解决被害人因该案遭受损伤而面临的生活急迫困难的同时，促进矛盾化解。

（十四）**充分发挥矛盾纠纷多元化解工作机制作用**。对符合刑事和解条件的，人民检察院、公安机关要充分利用检调、公调对接机制，依托调解组织、社会组织、基层组织、当事人所在单位及同事、亲友、律师等单位、个人，促进矛盾化解、纠纷解决。

（十五）**注重通过不起诉释法说理修复社会关系**。人民检察院宣布不起诉决定，一般应当在人民检察院的宣告室等场所进行。根据案件的具体情况，也可以到当事人所在村、社区、单位等场所宣布，并邀请社区、单位有关人员参加。宣布不起诉决定时，应当就案件事实、法律责任、不起诉依据、理由等释法说理。

对于犯罪嫌疑人系未成年人的刑事案件，应当以不公开方式宣布不起诉决定，并结合案件具体情况对未成年犯罪嫌疑人予以训诫和教育。

四、规范落实少捕慎诉慎押刑事司法政策

（十六）**依法准确把握逮捕标准**。轻伤害案件中，犯罪嫌疑人具有认罪认罚，且没有其他犯罪嫌疑；与被害人已达成和解协议并履行赔偿义务；系未成年人或者在校学生，本人确有悔罪表现等情形，人民检察院、公安机关经审查认为犯罪嫌疑人不具有社会危险性的，公安机关可以不再提请批准逮捕，人民检察院可以作出不批捕的决定。

犯罪嫌疑人因其伤害行为致使当事人双方矛盾进一步激化，可能实施新的犯罪或者具有其他严重社会危险性情形的，人民检察院可以依法批准逮捕。

（十七）**依法准确适用不起诉**。对于犯罪事实清楚，证据确实、充分，犯罪嫌疑人具有本意见第十六条第一款规定情形之一，依照刑法规定不需要判处刑罚或者免除刑罚的，可以依法作出不起诉决定。

对犯罪嫌疑人自愿认罪认罚，愿意积极赔偿，并提供了担保，但因被害人赔偿请求明显不合理，未能达成和解谅解的，一般不影响对符合条件的犯罪嫌疑人依法作出不起诉决定。

（十八）**落实不起诉后非刑罚责任**。

人民检察院决定不起诉的轻伤害案件,可以根据案件的不同情况,对被不起诉人予以训诫或者责令具结悔过、赔礼道歉、赔偿损失。被不起诉人在不起诉前已被刑事拘留、逮捕的,或者当事人双方已经和解并承担了民事赔偿责任的,人民检察院作出不起诉决定后,一般不再提出行政拘留的检察意见。

(十九)**依法开展羁押必要性审查**。对于已经批准逮捕的犯罪嫌疑人,如果犯罪嫌疑人认罪认罚,当事人达成刑事和解,没有继续羁押必要的,人民检察院应当依法释放、变更强制措施或者建议公安机关、人民法院释放、变更强制措施。

(二十)**对情节恶劣的轻伤害案件依法从严处理**。对于虽然属于轻伤害案件,但犯罪嫌疑人涉黑涉恶的,雇凶伤害他人的,在被采取强制措施或者刑罚执行期间伤害他人的,犯罪动机、手段恶劣的,伤害多人的,多次伤害他人的,伤害未成年人、老年人、孕妇、残疾人及医护人员等特定职业人员的,以及具有累犯等其他恶劣情节的,应当依法从严惩处。

五、健全完善工作机制

(二十一)**注重发挥侦查监督与协作配合机制的作用**。办理轻伤害案件,人民检察院、公安机关要发挥侦查监督与协作配合办公室的作用,加强案件会商与协作配合,确保案件定性、法律适用准确;把矛盾化解贯穿侦查、起诉全过程,促进当事人达成刑事和解,协同落实少捕慎诉慎押刑事司法政策;共同开展类案总结分析,剖析案发原因,促进犯罪预防,同时要注意查找案件办理中存在的问题,强化监督制约,提高办案质量和效果。

对于不批捕、不起诉的犯罪嫌疑人,人民检察院、公安机关要加强协作配合,并与其所在单位、现居住地村(居)委会等进行沟通,共同做好风险防范工作。

(二十二)**以公开听证促进案件公正处理**。对于事实认定、法律适用、案件处理等方面存在较大争议,或者有重大社会影响,需要当面听取当事人和邻里、律师等其他相关人员意见的案件,人民检察院拟作出不起诉决定的,可以组织听证,把事理、情理、法理讲清说透,实现案结事了人和。对其他拟作不起诉的,也要坚持"应听尽听"。

办理审查逮捕、审查延长侦查羁押期限、羁押必要性审查案件的听证,按照《人民检察院羁押听证办法》相关规定执行。

六、附则

(二十三)本意见所称轻伤害案件,是指根据《中华人民共和国刑法》第二百三十四条第一款的规定,故意伤害他人身体,致人损伤程度达到《人体损伤程度鉴定标准》轻伤标准的案件。

(二十四)本意见自发布之日起施行。

公安部
《公安机关办理刑事案件程序规定》

(2012年12月13日公安部令第127号修订发布,根据2020年7月20日公安部令第159号《公安部关于修改〈公安机关办理刑事案件程序规定〉的决定》修正,自2020年9月1日起施行)

第一章 任务和基本原则

第一条 为了保障《中华人民共和

国刑事诉讼法》的贯彻实施,保证公安机关在刑事诉讼中正确履行职权,规范办案程序,确保办案质量,提高办案效率,制定本规定。

第二条 公安机关在刑事诉讼中的任务,是保证准确、及时地查明犯罪事实,正确应用法律,惩罚犯罪分子,保障无罪的人不受刑事追究,教育公民自觉遵守法律,积极同犯罪行为作斗争,维护社会主义法制,尊重和保障人权,保护公民的人身权利、财产权利、民主权利和其他权利,保障社会主义建设事业的顺利进行。

第三条 公安机关在刑事诉讼中的基本职权,是依照法律对刑事案件立案、侦查、预审;决定、执行强制措施;对依法不追究刑事责任的不予立案,已经追究的撤销案件;对侦查终结应当起诉的案件,移送人民检察院审查决定;对不够刑事处罚的犯罪嫌疑人需要行政处理的,依法予以处理或者移送有关部门;对被判处有期徒刑的罪犯,在被交付执行刑罚前,剩余刑期在三个月以下的,代为执行刑罚;执行拘役、剥夺政治权利、驱逐出境。

第四条 公安机关进行刑事诉讼,必须依靠群众,以事实为根据,以法律为准绳。对于一切公民,在适用法律上一律平等,在法律面前,不允许有任何特权。

第五条 公安机关进行刑事诉讼,同人民法院、人民检察院分工负责,互相配合,互相制约,以保证准确有效地执行法律。

第六条 公安机关进行刑事诉讼,依法接受人民检察院的法律监督。

第七条 公安机关进行刑事诉讼,应当建立、完善和严格执行办案责任制度、执法过错责任追究制度等内部执法监督制度。

在刑事诉讼中,上级公安机关发现下级公安机关作出的决定或者办理的案件有错误的,有权予以撤销或者变更,也可以指令下级公安机关予以纠正。

下级公安机关对上级公安机关的决定必须执行,如果认为有错误,可以在执行的同时向上级公安机关报告。

第八条 公安机关办理刑事案件,应当重证据,重调查研究,不轻信口供。严禁刑讯逼供和以威胁、引诱、欺骗以及其他非法方法收集证据,不得强迫任何人证实自己有罪。

第九条 公安机关在刑事诉讼中,应当保障犯罪嫌疑人、被告人和其他诉讼参与人依法享有的辩护权和其他诉讼权利。

第十条 公安机关办理刑事案件,应当向同级人民检察院提请批准逮捕、移送审查起诉。

第十一条 公安机关办理刑事案件,对不通晓当地通用的语言文字的诉讼参与人,应当为他们翻译。

在少数民族聚居或者多民族杂居的地区,应当使用当地通用的语言进行讯问。对外公布的诉讼文书,应当使用当地通用的文字。

第十二条 公安机关办理刑事案件,各地区、各部门之间应当加强协作和配合,依法履行协查、协办职责。

上级公安机关应当加强监督、协调和指导。

第十三条 根据《中华人民共和国引渡法》《中华人民共和国国际刑事司法协助法》,中华人民共和国缔结或者参加的国际条约和公安部签订的双边、多边合作协议,或者按照互惠原则,我国公安机关可以和外国警察机关开展刑事司法协助和警务合作。

第二章 管　辖

第十四条　根据刑事诉讼法的规定，除下列情形外，刑事案件由公安机关管辖：

（一）监察机关管辖的职务犯罪案件；

（二）人民检察院管辖的在对诉讼活动实行法律监督中发现的司法工作人员利用职权实施的非法拘禁、刑讯逼供、非法搜查等侵犯公民权利、损害司法公正的犯罪，以及经省级以上人民检察院决定立案侦查的公安机关管辖的国家机关工作人员利用职权实施的重大犯罪案件；

（三）人民法院管辖的自诉案件。对于人民法院直接受理的被害人有证据证明的轻微刑事案件，因证据不足驳回起诉，人民法院移送公安机关或者被害人向公安机关控告的，公安机关应当受理；被害人直接向公安机关控告的，公安机关应当受理；

（四）军队保卫部门管辖的军人违反职责的犯罪和军队内部发生的刑事案件；

（五）监狱管辖的罪犯在监狱内犯罪的刑事案件；

（六）海警部门管辖的海（岛屿）岸线以外我国管辖海域内发生的刑事案件。对于发生在沿海港岙口、码头、滩涂、台轮停泊点等区域的，由公安机关管辖；

（七）其他依照法律和规定应当由其他机关管辖的刑事案件。

第十五条　刑事案件由犯罪地的公安机关管辖。如果由犯罪嫌疑人居住地的公安机关管辖更为适宜的，可以由犯罪嫌疑人居住地的公安机关管辖。

法律、司法解释或者其他规范性文件对有关犯罪案件的管辖作出特别规定的，从其规定。

第十六条　犯罪地包括犯罪行为发生地和犯罪结果发生地。犯罪行为发生地，包括犯罪行为的实施地以及预备地、开始地、途经地、结束地等与犯罪行为有关的地点；犯罪行为有连续、持续或者继续状态的，犯罪行为连续、持续或者继续实施的地方都属于犯罪行为发生地。犯罪结果发生地，包括犯罪对象被侵害地、犯罪所得的实际取得地、藏匿地、转移地、使用地、销售地。

居住地包括户籍所在地、经常居住地。经常居住地是指公民离开户籍所在地最后连续居住一年以上的地方，但住院就医的除外。单位登记的住所地为其居住地。主要营业地或者主要办事机构所在地与登记的住所地不一致的，主要营业地或者主要办事机构所在地为其居住地。

第十七条　针对或者主要利用计算机网络实施的犯罪，用于实施犯罪行为的网络服务使用的服务器所在地，网络服务提供者所在地，被侵害的网络信息系统及其管理者所在地，以及犯罪过程中犯罪嫌疑人、被害人使用的网络信息系统所在地，被害人被侵害时所在地和被害人财产遭受损失地公安机关可以管辖。

第十八条　行驶中的交通工具上发生的刑事案件，由交通工具最初停靠地公安机关管辖；必要时，交通工具始发地、途经地、目的地公安机关也可以管辖。

第十九条　在中华人民共和国领域外的中国航空器内发生的刑事案件，由该航空器在中国最初降落地的公安机关管辖。

第二十条　中国公民在中国驻外使、领馆内的犯罪，由其主管单位所在地或者原户籍地的公安机关管辖。

中国公民在中华人民共和国领域外的犯罪，由其入境地、离境前居住地或者现居住地的公安机关管辖；被害人是中国公民的，也可由被害人离境前居住地或者现居住地的公安机关管辖。

第二十一条　几个公安机关都有权管辖的刑事案件，由最初受理的公安机关管辖。必要时，可以由主要犯罪地的公安机关管辖。

具有下列情形之一的，公安机关可以在职责范围内并案侦查：

（一）一人犯数罪的；

（二）共同犯罪的；

（三）共同犯罪的犯罪嫌疑人还实施其他犯罪的；

（四）多个犯罪嫌疑人实施的犯罪存在关联，并案处理有利于查明犯罪事实的。

第二十二条　对管辖不明确或者有争议的刑事案件，可以由有关公安机关协商。协商不成的，由共同的上级公安机关指定管辖。

对情况特殊的刑事案件，可以由共同的上级公安机关指定管辖。

提请上级公安机关指定管辖时，应当在有关材料中列明犯罪嫌疑人基本情况、涉嫌罪名、案件基本事实、管辖争议情况、协商情况和指定管辖理由，经公安机关负责人批准后，层报有权指定管辖的上级公安机关。

第二十三条　上级公安机关指定管辖的，应当将指定管辖决定书分别送达被指定管辖的公安机关和其他有关的公安机关，并根据办案需要抄送同级人民法院、人民检察院。

原受理案件的公安机关，在收到上级公安机关指定其他公安机关管辖的决定书后，不再行使管辖权，同时应当将犯罪嫌疑人、涉案财物以及案卷材料等移送被指定管辖的公安机关。

对指定管辖的案件，需要逮捕犯罪嫌疑人的，由被指定管辖的公安机关提请同级人民检察院审查批准；需要提起公诉的，由该公安机关移送同级人民检察院审查决定。

第二十四条　县级公安机关负责侦查发生在本辖区内的刑事案件。

设区的市一级以上公安机关负责下列犯罪中重大案件的侦查：

（一）危害国家安全犯罪；

（二）恐怖活动犯罪；

（三）涉外犯罪；

（四）经济犯罪；

（五）集团犯罪；

（六）跨区域犯罪。

上级公安机关认为有必要的，可以侦查下级公安机关管辖的刑事案件；下级公安机关认为案情重大需要上级公安机关侦查的刑事案件，可以请求上一级公安机关管辖。

第二十五条　公安机关内部对刑事案件的管辖，按照刑事侦查机构的设置及其职责分工确定。

第二十六条　铁路公安机关管辖铁路系统的机关、厂、段、院、校、所、队、工区等单位发生的刑事案件，车站工作区域内、列车内发生的刑事案件，铁路沿线发生的盗窃或者破坏铁路、通信、电力线路和其他重要设施的刑事案件，以及内部职工在铁路线上工作时发生的刑事案件。

铁路系统的计算机信息系统延伸到地方涉及铁路业务的网点，其计算机信息系统发生的刑事案件由铁路公安机关管辖。

对倒卖、伪造、变造火车票的刑事案件,由最初受理案件的铁路公安机关或者地方公安机关管辖。必要时,可以移送主要犯罪地的铁路公安机关或者地方公安机关管辖。

在列车上发生的刑事案件,犯罪嫌疑人在列车运行途中被抓获的,由前方停靠站所在地的铁路公安机关管辖;必要时,也可以由列车始发站、终点站所在地的铁路公安机关管辖。犯罪嫌疑人不是在列车运行途中被抓获的,由负责该列车乘务的铁路公安机关管辖;但在列车运行途经的车站被抓获的,也可以由该车站所在地的铁路公安机关管辖。

在国际列车上发生的刑事案件,根据我国与相关国家签订的协定确定管辖;没有协定的,由该列车始发或者前方停靠的中国车站所在地的铁路公安机关管辖。

铁路建设施工工地发生的刑事案件由地方公安机关管辖。

第二十七条 民航公安机关管辖民航系统的机关、厂、段、院、校、所、队、工区等单位、机场工作区域内、民航飞机内发生的刑事案件。

重大飞行事故刑事案件由犯罪结果发生地机场公安机关管辖。犯罪结果发生地未设机场公安机关或者不在机场公安机关管辖范围内的,由地方公安机关管辖,有关机场公安机关予以协助。

第二十八条 海关走私犯罪侦查机构管辖中华人民共和国海关关境内发生的涉税走私犯罪和发生在海关监管区内的非涉税走私犯罪等刑事案件。

第二十九条 公安机关侦查的刑事案件的犯罪嫌疑人涉及监察机关管辖的案件时,应当及时与同级监察机关协商,一般应当由监察机关为主调查,公安机关予以协助。

第三十条 公安机关侦查的刑事案件涉及人民检察院管辖的案件时,应当将属于人民检察院管辖的刑事案件移送人民检察院。涉嫌主罪属于公安机关管辖的,由公安机关为主侦查;涉嫌主罪属于人民检察院管辖的,公安机关予以配合。

公安机关侦查的刑事案件涉及其他侦查机关管辖的案件时,参照前款规定办理。

第三十一条 公安机关和军队互涉刑事案件的管辖分工按照有关规定办理。

公安机关和武装警察部队互涉刑事案件的管辖分工依照公安机关和军队互涉刑事案件的管辖分工的原则办理。

第三章 回 避

第三十二条 公安机关负责人、侦查人员有下列情形之一的,应当自行提出回避申请,没有自行提出回避申请的,应当责令其回避,当事人及其法定代理人也有权要求他们回避:

(一)是本案的当事人或者是当事人的近亲属的;

(二)本人或者他的近亲属和本案有利害关系的;

(三)担任过本案的证人、鉴定人、辩护人、诉讼代理人的;

(四)与本案当事人有其他关系,可能影响公正处理案件的。

第三十三条 公安机关负责人、侦查人员不得有下列行为:

(一)违反规定会见本案当事人及其委托人;

(二)索取、接受本案当事人及其委托人的财物或者其他利益;

(三)接受本案当事人及其委托人的

宴请,或者参加由其支付费用的活动;

(四)其他可能影响案件公正办理的不正当行为。

违反前款规定的,应当责令其回避并依法追究法律责任。当事人及其法定代理人有权要求其回避。

第三十四条　公安机关负责人、侦查人员自行提出回避申请的,应当说明回避的理由;口头提出申请的,公安机关应当记录在案。

当事人及其法定代理人要求公安机关负责人、侦查人员回避,应当提出申请,并说明理由;口头提出申请的,公安机关应当记录在案。

第三十五条　侦查人员的回避,由县级以上公安机关负责人决定;县级以上公安机关负责人的回避,由同级人民检察院检察委员会决定。

第三十六条　当事人及其法定代理人对侦查人员提出回避申请的,公安机关应当在收到回避申请后二日以内作出决定并通知申请人;情况复杂的,经县级以上公安机关负责人批准,可以在收到回避申请后五日以内作出决定。

当事人及其法定代理人对县级以上公安机关负责人提出回避申请的,公安机关应当及时将申请移送同级人民检察院。

第三十七条　当事人及其法定代理人对驳回申请回避的决定不服的,可以在收到驳回申请回避决定书后五日以内作出决定的公安机关申请复议。

公安机关应当在收到复议申请后五日以内作出复议决定并书面通知申请人。

第三十八条　在作出回避决定前,申请或者被申请回避的公安机关负责人、侦查人员不得停止对案件的侦查。

作出回避决定后,申请或者被申请回避的公安机关负责人、侦查人员不得再参与本案的侦查工作。

第三十九条　被决定回避的公安机关负责人、侦查人员在回避决定作出以前所进行的诉讼活动是否有效,由作出决定的机关根据案件情况决定。

第四十条　本章关于回避的规定适用于记录人、翻译人员和鉴定人。

记录人、翻译人员和鉴定人需要回避的,由县级以上公安机关负责人决定。

第四十一条　辩护人、诉讼代理人可以依照本章的规定要求回避、申请复议。

第四章　律师参与刑事诉讼

第四十二条　公安机关应当保障辩护律师在侦查阶段依法从事下列执业活动:

(一)向公安机关了解犯罪嫌疑人涉嫌的罪名和案件有关情况,提出意见;

(二)与犯罪嫌疑人会见和通信,向犯罪嫌疑人了解案件有关情况;

(三)为犯罪嫌疑人提供法律帮助、代理申诉、控告;

(四)为犯罪嫌疑人申请变更强制措施。

第四十三条　公安机关在第一次讯问犯罪嫌疑人或者对犯罪嫌疑人采取强制措施的时候,应当告知犯罪嫌疑人有权委托律师作为辩护人,并告知其如果因经济困难或者其他原因没有委托辩护律师的,可以向法律援助机构申请法律援助。告知的情形应当记录在案。

对于同案的犯罪嫌疑人委托同一名辩护律师的,或者两名以上未同案处理但实施的犯罪存在关联的犯罪嫌疑人委托同一名辩护律师的,公安机关应当要求其更换辩护律师。

第四十四条 犯罪嫌疑人可以自己委托辩护律师。犯罪嫌疑人在押的，也可以由其监护人、近亲属代为委托辩护律师。

犯罪嫌疑人委托辩护律师的请求可以书面提出，也可以口头提出。口头提出的，公安机关应当制作笔录，由犯罪嫌疑人签名、捺指印。

第四十五条 在押的犯罪嫌疑人向看守所提出委托辩护律师要求的，看守所应当及时将其请求转达给办案部门，办案部门应当及时向犯罪嫌疑人委托的辩护律师或者律师事务所转达该项请求。

在押的犯罪嫌疑人仅提出委托辩护律师的要求，但提不出具体对象的，办案部门应当及时通知犯罪嫌疑人的监护人、近亲属代为委托辩护律师。犯罪嫌疑人无监护人或者近亲属的，办案部门应当及时通知当地律师协会或者司法行政机关为其推荐辩护律师。

第四十六条 符合下列情形之一，犯罪嫌疑人没有委托辩护人的，公安机关应当自发现该情形之日起三日以内通知法律援助机构为犯罪嫌疑人指派辩护律师：

（一）犯罪嫌疑人是盲、聋、哑人，或者是尚未完全丧失辨认或者控制自己行为能力的精神病人；

（二）犯罪嫌疑人可能被判处无期徒刑、死刑。

第四十七条 公安机关收到在押的犯罪嫌疑人提出的法律援助申请后，应当在二十四小时以内将其申请转交所在地的法律援助机构，并在三日以内通知申请人的法定代理人、近亲属或者其委托的其他人员协助提供有关证件、证明等相关材料。犯罪嫌疑人的法定代理人、近亲属或者其委托的其他人员地址不详无法通知的，应当在转交申请时一并告知法律援助机构。

犯罪嫌疑人拒绝法律援助机构指派的律师作为辩护人或者自行委托辩护人的，公安机关应当在三日以内通知法律援助机构。

第四十八条 辩护律师接受犯罪嫌疑人委托或者法律援助机构的指派后，应当及时告知公安机关并出示律师执业证书、律师事务所证明和委托书或者法律援助公函。

第四十九条 犯罪嫌疑人、被告人入所羁押时没有委托辩护人，法律援助机构也没有指派律师提供辩护的，看守所应当告知其有权约见值班律师，获得法律咨询、程序选择建议、申请变更强制措施、对案件处理提出意见等法律帮助，并为犯罪嫌疑人、被告人约见值班律师提供便利。

没有委托辩护人、法律援助机构没有指派律师提供辩护的犯罪嫌疑人、被告人，向看守所申请由值班律师提供法律帮助的，看守所应当在二十四小时内通知值班律师。

第五十条 辩护律师向公安机关了解案件有关情况的，公安机关应当依法将犯罪嫌疑人涉嫌的罪名以及当时已查明的该罪的主要事实，犯罪嫌疑人被采取、变更、解除强制措施，延长侦查羁押期限等案件有关情况，告知接受委托或者指派的辩护律师，并记录在案。

第五十一条 辩护律师可以同在押或者被监视居住的犯罪嫌疑人会见、通信。

第五十二条 对危害国家安全犯罪案件、恐怖活动犯罪案件，办案部门应当在将犯罪嫌疑人送看守所羁押时书面通知看守所；犯罪嫌疑人被监视居住的，应当在送交执行时书面通知执行机关。

辩护律师在侦查期间要求会见前款规定案件的在押或者被监视居住的犯罪嫌疑人，应当向办案部门提出申请。

对辩护律师提出的会见申请，办案部门应当在收到申请后三日以内，报经县级以上公安机关负责人批准，作出许可或者不许可的决定，书面通知辩护律师，并及时通知看守所或者执行监视居住的部门。除有碍侦查或者可能泄露国家秘密的情形外，应当作出许可的决定。

公安机关不许可会见的，应当说明理由。有碍侦查或者可能泄露国家秘密的情形消失后，公安机关应当许可会见。

有下列情形之一的，属于本条规定的"有碍侦查"：

（一）可能毁灭、伪造证据，干扰证人作证或者串供的；

（二）可能引起犯罪嫌疑人自残、自杀或者逃跑的；

（三）可能引起同案犯逃避、妨碍侦查的；

（四）犯罪嫌疑人的家属与犯罪有牵连的。

第五十三条 辩护律师要求会见在押的犯罪嫌疑人，看守所应当在查验其律师执业证书、律师事务所证明和委托书或者法律援助公函后，在四十八小时以内安排律师会见到犯罪嫌疑人，同时通知办案部门。

侦查期间，辩护律师会见危害国家安全犯罪案件、恐怖活动犯罪案件在押或者被监视居住的犯罪嫌疑人时，看守所或者监视居住执行机关还应当查验侦查机关的许可决定文书。

第五十四条 辩护律师会见在押或者被监视居住的犯罪嫌疑人需要聘请翻译人员的，应当向办案部门提出申请。办案部门应当在收到申请后三日以内，报经县级以上公安机关负责人批准，作出许可或者不许可的决定，书面通知辩护律师。对于具有本规定第三十二条所列情形之一的，作出不予许可的决定，并通知其更换；不具有相关情形的，应当许可。

翻译人员参与会见的，看守所或者监视居住执行机关应当查验公安机关的许可决定文书。

第五十五条 辩护律师会见在押或者被监视居住的犯罪嫌疑人时，看守所或者监视居住执行机关应当采取必要的管理措施，保障会见顺利进行，并告知其遵守会见的有关规定。辩护律师会见犯罪嫌疑人时，公安机关不得监听，不得派员在场。

辩护律师会见在押或者被监视居住的犯罪嫌疑人时，违反法律规定或者会见的规定的，看守所或者监视居住执行机关应当制止。对于严重违反规定或者不听劝阻的，可以决定停止本次会见，并及时通报其所在的律师事务所、所属的律师协会以及司法行政机关。

第五十六条 辩护人或者其他任何人在刑事诉讼中，违反法律规定，实施干扰诉讼活动行为的，应当依法追究法律责任。

辩护人实施干扰诉讼活动行为，涉嫌犯罪，属于公安机关管辖的，应当由办理辩护人所承办案件的公安机关报请上一级公安机关指定其他公安机关立案侦查，或者由上一级公安机关立案侦查。不得指定原承办案件公安机关的下级公安机关立案侦查。辩护人是律师的，立案侦查的公安机关应当及时通知其所在的律师事务所、所属的律师协会以及司法行政机关。

第五十七条　辩护律师对在执业活动中知悉的委托人的有关情况和信息,有权予以保密。但是,辩护律师在执业活动中知悉委托人或者其他人,准备或者正在实施危害国家安全、公共安全以及严重危害他人人身安全的犯罪的,应当及时告知司法机关。

第五十八条　案件侦查终结前,辩护律师提出要求的,公安机关应当听取辩护律师的意见,根据情况进行核实,并记录在案。辩护律师提出书面意见的,应当附卷。

对辩护律师收集的犯罪嫌疑人不在犯罪现场、未达到刑事责任年龄、属于依法不负刑事责任的精神病人的证据,公安机关应当进行核实并将有关情况记录在案,有关证据应当附卷。

第五章　证　据

第五十九条　可以用于证明案件事实的材料,都是证据。

证据包括:

(一)物证;

(二)书证;

(三)证人证言;

(四)被害人陈述;

(五)犯罪嫌疑人供述和辩解;

(六)鉴定意见;

(七)勘验、检查、侦查实验、搜查、查封、扣押、提取、辨认等笔录;

(八)视听资料、电子数据。

证据必须经过查证属实,才能作为认定案件事实的根据。

第六十条　公安机关必须依照法定程序,收集、调取能够证实犯罪嫌疑人有罪或者无罪、犯罪情节轻重的各种证据。必须保证一切与案件有关或者了解案情的公民,有客观地充分地提供证据的条件,除特殊情况外,可以吸收他们协助调查。

第六十一条　公安机关向有关单位和个人收集、调取证据时,应当告知其必须如实提供证据。

对涉及国家秘密、商业秘密、个人隐私的证据,应当保密。

对于伪造证据、隐匿证据或者毁灭证据的,应当追究其法律责任。

第六十二条　公安机关向有关单位和个人调取证据,应当经办案部门负责人批准,开具调取证据通知书,明确调取的证据和提供时限。被调取单位及其经办人、持有证据的个人应当在通知书上盖章或者签名,拒绝盖章或者签名的,公安机关应当注明。必要时,应当采用录音录像方式固定证据内容及取证过程。

第六十三条　公安机关接受或者依法调取的行政机关在行政执法和查办案件过程中收集的物证、书证、视听资料、电子数据、鉴定意见、勘验笔录、检查笔录等证据材料,经公安机关审查符合法定要求的,可以作为证据使用。

第六十四条　收集、调取的物证应当是原物。只有在原物不便搬运、不易保存或者依法应当由有关部门保管、处理或者依法应当返还时,才可以拍摄或者制作足以反映原物外形或者内容的照片、录像或者复制品。

物证的照片、录像或者复制品经与原物核实无误或者经鉴定证明为真实的,或者以其他方式确能证明其真实的,可以作为证据使用。原物的照片、录像或者复制品,不能反映原物的外形和特征的,不能作为证据使用。

第六十五条 收集、调取的书证应当是原件。只有在取得原件确有困难时,才可以使用副本或者复制件。

书证的副本、复制件,经与原件核实无误或者经鉴定证明为真实的,或者以其他方式确能证明其真实的,可以作为证据使用。书证有更改或者更改迹象不能作出合理解释的,或者书证的副本、复制件不能反映书证原件及其内容的,不能作为证据使用。

第六十六条 收集、调取电子数据,能够扣押电子数据原始存储介质的,应当扣押原始存储介质,并制作笔录,予以封存。

确因客观原因无法扣押原始存储介质的,可以现场提取或者网络在线提取电子数据。无法扣押原始存储介质,也无法现场提取或者网络在线提取的,可以采取打印、拍照或者录音录像等方式固定相关证据,并在笔录中注明原因。

收集、调取的电子数据,足以保证完整性,无删除、修改、增加等情形的,可以作为证据使用。经审查无法确定真伪,或者制作、取得的时间、地点、方式等有疑问,不能提供必要证明或者作出合理解释的,不能作为证据使用。

第六十七条 物证的照片、录像或者复制品,书证的副本、复制件,视听资料、电子数据的复制件,应当附有关制作过程及原件、原物存放处的文字说明,并由制作人和物品持有人或者物品持有单位有关人员签名。

第六十八条 公安机关提请批准逮捕书、起诉意见书必须忠实于事实真象。故意隐瞒事实真象的,应当依法追究责任。

第六十九条 需要查明的案件事实包括:

(一)犯罪行为是否存在;

(二)实施犯罪行为的时间、地点、手段、后果以及其他情节;

(三)犯罪行为是否为犯罪嫌疑人实施;

(四)犯罪嫌疑人的身份;

(五)犯罪嫌疑人实施犯罪行为的动机、目的;

(六)犯罪嫌疑人的责任以及与其他同案人的关系;

(七)犯罪嫌疑人有无法定从重、从轻、减轻处罚以及免除处罚的情节;

(八)其他与案件有关的事实。

第七十条 公安机关移送审查起诉的案件,应当做到犯罪事实清楚,证据确实、充分。

证据确实、充分,应当符合以下条件:

(一)认定的案件事实都有证据证明;

(二)认定案件事实的证据均经法定程序查证属实;

(三)综合全案证据,对所认定事实已排除合理怀疑。

对证据的审查,应当结合案件的具体情况,从各证据与待证事实的关联程度、各证据之间的联系等方面进行审查判断。

只有犯罪嫌疑人供述,没有其他证据的,不能认定案件事实;没有犯罪嫌疑人供述,证据确实、充分的,可以认定案件事实。

第七十一条 采用刑讯逼供等非法方法收集的犯罪嫌疑人供述和采用暴力、威胁等非法方法收集的证人证言、被害人陈述,应当予以排除。

收集物证、书证、视听资料、电子数据

违反法定程序，可能严重影响司法公正的，应当予以补正或者作出合理解释；不能补正或者作出合理解释的，对该证据应当予以排除。

在侦查阶段发现有应当排除的证据的，经县级以上公安机关负责人批准，应当依法予以排除，不得作为提请批准逮捕、移送审查起诉的依据。

人民检察院认为可能存在以非法方法收集证据情形，要求公安机关进行说明的，公安机关应当及时进行调查，并向人民检察院作出书面说明。

第七十二条 人民法院认为现有证据材料不能证明证据收集的合法性，通知有关侦查人员或者公安机关其他人员出庭说明情况的，有关侦查人员或者其他人员应当出庭。必要时，有关侦查人员或者其他人员也可以要求出庭说明情况。侦查人员或者其他人员出庭，应当向法庭说明证据收集过程，并就相关情况接受发问。

经人民法院通知，人民警察应当就其执行职务时目击的犯罪情况出庭作证。

第七十三条 凡是知道案件情况的人，都有作证的义务。

生理上、精神上有缺陷或者年幼，不能辨别是非，不能正确表达的人，不能作证人。

对于证人能否辨别是非，能否正确表达，必要时可以进行审查或者鉴别。

第七十四条 公安机关应当保障证人及其近亲属的安全。

对证人及其近亲属进行威胁、侮辱、殴打或者打击报复，构成犯罪的，依法追究刑事责任；尚不够刑事处罚的，依法给予治安管理处罚。

第七十五条 对危害国家安全犯罪、恐怖活动犯罪、黑社会性质的组织犯罪、毒品犯罪等案件，证人、鉴定人、被害人因在侦查过程中作证，本人或者其近亲属的人身安全面临危险的，公安机关应当采取以下一项或者多项保护措施：

（一）不公开真实姓名、住址、通讯方式和工作单位等个人信息；

（二）禁止特定的人员接触被保护人；

（三）对被保护人的人身和住宅采取专门性保护措施；

（四）将被保护人带到安全场所保护；

（五）变更被保护人的住所和姓名；

（六）其他必要的保护措施。

证人、鉴定人、被害人认为因在侦查过程中作证，本人或者其近亲属的人身安全面临危险，向公安机关请求予以保护，公安机关经审查认为符合前款规定的条件，确有必要采取保护措施的，应当采取上述一项或者多项保护措施。

公安机关依法采取保护措施，可以要求有关单位和个人配合。

案件移送审查起诉时，应当将采取保护措施的相关情况一并移交人民检察院。

第七十六条 公安机关依法决定不公开证人、鉴定人、被害人的真实姓名、住址、通讯方式和工作单位等个人信息的，可以在起诉意见书、询问笔录等法律文书、证据材料中使用化名等代替证人、鉴定人、被害人的个人信息。但是，应当另行书面说明使用化名的情况并标明密级，单独成卷。

第七十七条 证人保护工作所必需的人员、经费、装备等，应当予以保障。

证人因履行作证义务而支出的交通、住宿、就餐等费用，应当给予补助。证人作证的补助列入公安机关业务经费。

第六章 强制措施

第一节 拘 传

第七十八条 公安机关根据案件情况对需要拘传的犯罪嫌疑人,或者经过传唤没有正当理由不到案的犯罪嫌疑人,可以拘传到其所在市、县公安机关执法办案场所进行讯问。

需要拘传的,应当填写呈请拘传报告书,并附有关材料,报县级以上公安机关负责人批准。

第七十九条 公安机关拘传犯罪嫌疑人应当出示拘传证,并责令其在拘传证上签名、捺指印。

犯罪嫌疑人到案后,应当责令其在拘传证上填写到案时间;拘传结束后,应当由其在拘传证上填写拘传结束时间。犯罪嫌疑人拒绝填写的,侦查人员应当在拘传证上注明。

第八十条 拘传持续的时间不得超过十二小时;案情特别重大、复杂,需要采取拘留、逮捕措施的,经县级以上公安机关负责人批准,拘传持续的时间不得超过二十四小时。不得以连续拘传的形式变相拘禁犯罪嫌疑人。

拘传期限届满,未作出采取其他强制措施决定的,应当立即结束拘传。

第二节 取保候审

第八十一条 公安机关对具有下列情形之一的犯罪嫌疑人,可以取保候审:

(一)可能判处管制、拘役或者独立适用附加刑的;

(二)可能判处有期徒刑以上刑罚,采取取保候审不致发生社会危险性的;

(三)患有严重疾病、生活不能自理,怀孕或者正在哺乳自己婴儿的妇女,采取取保候审不致发生社会危险性的;

(四)羁押期限届满,案件尚未办结,需要继续侦查的。

对拘留的犯罪嫌疑人,证据不符合逮捕条件,以及提请逮捕后,人民检察院不批准逮捕,需要继续侦查,并且符合取保候审条件的,可以依法取保候审。

第八十二条 对累犯,犯罪集团的主犯,以自伤、自残办法逃避侦查的犯罪嫌疑人,严重暴力犯罪以及其他严重犯罪的犯罪嫌疑人不得取保候审,但犯罪嫌疑人具有本规定第八十一条第一款第三项、第四项规定情形的除外。

第八十三条 需要对犯罪嫌疑人取保候审的,应当制作呈请取保候审报告书,说明取保候审的理由、采取的保证方式以及应当遵守的规定,经县级以上公安机关负责人批准,制作取保候审决定书。取保候审决定书应当向犯罪嫌疑人宣读,由犯罪嫌疑人签名、捺指印。

第八十四条 公安机关决定对犯罪嫌疑人取保候审的,应当责令犯罪嫌疑人提出保证人或者交纳保证金。

对同一犯罪嫌疑人,不得同时责令其提出保证人和交纳保证金。对未成年人取保候审,应当优先适用保证人保证。

第八十五条 采取保证人保证的,保证人必须符合以下条件,并经公安机关审查同意:

(一)与本案无牵连;

(二)有能力履行保证义务;

(三)享有政治权利,人身自由未受到限制;

（四）有固定的住处和收入。

第八十六条　保证人应当履行以下义务：

（一）监督被保证人遵守本规定第八十九条、第九十条的规定；

（二）发现被保证人可能发生或者已经发生违反本规定第八十九条、第九十条规定的行为的，应当及时向执行机关报告。

保证人应当填写保证书，并在保证书上签名、捺指印。

第八十七条　犯罪嫌疑人的保证金起点数额为人民币一千元。犯罪嫌疑人为未成年人的，保证金起点数额为人民币五百元。具体数额应当综合考虑保证诉讼活动正常进行的需要、犯罪嫌疑人的社会危险性、案件的性质、情节、可能判处刑罚的轻重以及犯罪嫌疑人的经济状况等情况确定。

第八十八条　县级以上公安机关应当在其指定的银行设立取保候审保证金专门账户，委托银行代为收取和保管保证金。

提供保证金的人，应当一次性将保证金存入取保候审保证金专门账户。保证金应当以人民币交纳。

保证金应当由办案部门以外的部门管理。严禁截留、坐支、挪用或者以其他任何形式侵吞保证金。

第八十九条　公安机关在宣布取保候审决定时，应当告知被取保候审人遵守以下规定：

（一）未经执行机关批准不得离开所居住的市、县；

（二）住址、工作单位和联系方式发生变动的，在二十四小时以内向执行机关报告；

（三）在传讯的时候及时到案；

（四）不得以任何形式干扰证人作证；

（五）不得毁灭、伪造证据或者串供。

第九十条　公安机关在决定取保候审时，还可以根据案件情况，责令被取保候审人遵守以下一项或者多项规定：

（一）不得进入与其犯罪活动等相关联的特定场所；

（二）不得与证人、被害人及其近亲属、同案犯以及与案件有关联的其他特定人员会见或者以任何方式通信；

（三）不得从事与其犯罪行为等相关联的特定活动；

（四）将护照等出入境证件、驾驶证件交执行机关保存。

公安机关应当综合考虑案件的性质、情节、社会影响、犯罪嫌疑人的社会关系等因素，确定特定场所、特定人员和特定活动的范围。

第九十一条　公安机关决定取保候审的，应当及时通知被取保候审人居住地的派出所执行。必要时，办案部门可以协助执行。

采取保证人担保形式的，应当同时送交有关法律文书、被取保候审人基本情况、保证人基本情况等材料。采取保证金担保形式的，应当同时送交有关法律文书、被取保候审人基本情况和保证金交纳情况等材料。

第九十二条　人民法院、人民检察院决定取保候审的，负责执行的县级公安机关应当在收到法律文书和有关材料后二十四小时以内，指定被取保候审人居住地派出所核实情况后执行。

第九十三条　执行取保候审的派出所应当履行下列职责：

（一）告知被取保候审人必须遵守的规定，及其违反规定或者在取保候审期间重新犯罪应当承担的法律后果；

（二）监督、考察被取保候审人遵守有关规定，及时掌握其活动、住址、工作单位、联系方式及变动情况；

（三）监督保证人履行保证义务；

（四）被取保候审人违反应当遵守的规定以及保证人未履行保证义务的，应当及时制止、采取紧急措施，同时告知决定机关。

第九十四条　执行取保候审的派出所应当定期了解被取保候审人遵守取保候审规定的有关情况，并制作笔录。

第九十五条　被取保候审人无正当理由不得离开所居住的市、县。有正当理由需要离开所居住的市、县的，应当经负责执行的派出所负责人批准。

人民法院、人民检察院决定取保候审的，负责执行的派出所在批准被取保候审人离开所居住的市、县前，应当征得决定取保候审的机关同意。

第九十六条　被取保候审人在取保候审期间违反本规定第八十九条、第九十条规定，已交纳保证金的，公安机关应当根据其违反规定的情节，决定没收部分或者全部保证金，并且区别情形，责令其具结悔过、重新交纳保证金、提出保证人，变更强制措施或者给予治安管理处罚；需要予以逮捕的，可以对其先行拘留。

人民法院、人民检察院决定取保候审的，被取保候审人违反应当遵守的规定，负责执行的派出所应当及时通知决定取保候审的机关。

第九十七条　需要没收保证金的，应当经过严格审核后，报县级以上公安机关负责人批准，制作没收保证金决定书。决定没收五万元以上保证金的，应当经设区的市一级以上公安机关负责人批准。

第九十八条　没收保证金的决定，公安机关应当在三日以内向被取保候审人宣读，并责令其在没收保证金决定书上签名、捺指印；被取保候审人在逃或者具有其他情形不能到场的，应当向其成年家属、法定代理人、辩护人或者单位、居住地的居民委员会、村民委员会宣布，由其成年家属、法定代理人、辩护人或者单位、居住地的居民委员会或者村民委员会的负责人在没收保证金决定书上签名。

被取保候审人或者其成年家属、法定代理人、辩护人或者单位、居民委员会、村民委员会负责人拒绝签名的，公安机关应当在没收保证金决定书上注明。

第九十九条　公安机关在宣读没收保证金决定书时，应当告知如果对没收保证金的决定不服，被取保候审人或者其法定代理人可以在五日以内向作出决定的公安机关申请复议。公安机关应当在收到复议申请后七日以内作出决定。

被取保候审人或者其法定代理人对复议决定不服的，可以在收到复议决定书后五日以内向上一级公安机关申请复核一次。上一级公安机关应当在收到复核申请后七日以内作出决定。对上级公安机关撤销或者变更没收保证金决定的，下级公安机关应当执行。

第一百条　没收保证金的决定已过复议期限，或者复议、复核后维持原决定或者变更没收保证金数额的，公安机关应当及时通知指定的银行将没收的保证金按照国家的有关规定上缴国库。人民法院、人民检察院决定取保候审的，还应当在三日以内通知决定取保候审的机关。

第一百零一条 被取保候审人在取保候审期间，没有违反本规定第八十九条、第九十条有关规定，也没有重新故意犯罪的，或者具有本规定第一百八十六条规定的情形之一的，在解除取保候审、变更强制措施的同时，公安机关应当制作退还保证金决定书，通知银行如数退还保证金。

被取保候审人可以凭退还保证金决定书到银行领取退还的保证金。被取保候审人委托他人领取的，应当出具委托书。

第一百零二条 被取保候审人没有违反本规定第八十九条、第九十条规定，但在取保候审期间涉嫌重新故意犯罪被立案侦查的，负责执行的公安机关应当暂扣其交纳的保证金，待人民法院判决生效后，根据有关判决作出处理。

第一百零三条 被保证人违反应当遵守的规定，保证人未履行保证义务的，查证属实后，经县级以上公安机关负责人批准，对保证人处一千元以上二万元以下罚款；构成犯罪的，依法追究刑事责任。

第一百零四条 决定对保证人罚款的，应当报经县级以上公安机关负责人批准，制作对保证人罚款决定书，在三日以内送达保证人，告知其如果对罚款决定不服，可以在收到决定书之日起五日以内向作出决定的公安机关申请复议。公安机关应当在收到复议申请后七日以内作出决定。

保证人对复议决定不服的，可以在收到复议决定书后五日以内向上一级公安机关申请复核一次。上一级公安机关应当在收到复核申请后七日以内作出决定。对上级公安机关撤销或者变更罚款决定的，下级公安机关应当执行。

第一百零五条 对于保证人罚款的决定已过复议期限，或者复议、复核后维持原决定或者变更罚款数额的，公安机关应当及时通知指定的银行将保证人罚款按照国家的有关规定上缴国库。人民法院、人民检察院决定取保候审的，还应当在三日以内通知决定取保候审的机关。

第一百零六条 对于犯罪嫌疑人采取保证人保证的，如果保证人在取保候审期间情况发生变化，不愿继续担保或者丧失担保条件，公安机关应当责令被取保候审人重新提出保证人或者交纳保证金，或者作出变更强制措施的决定。

人民法院、人民检察院决定取保候审的，负责执行的派出所应当自发现保证人不愿继续担保或者丧失担保条件之日起三日以内通知决定取保候审的机关。

第一百零七条 公安机关在取保候审期间不得中断对案件的侦查，对取保候审的犯罪嫌疑人，根据案情变化，应当及时变更强制措施或者解除取保候审。

取保候审最长不得超过十二个月。

第一百零八条 需要解除取保候审的，应当经县级以上公安机关负责人批准，制作解除取保候审决定书、通知书，并及时通知负责执行的派出所、被取保候审人、保证人和有关单位。

人民法院、人民检察院作出解除取保候审决定的，负责执行的公安机关应当根据决定书及时解除取保候审，并通知被取保候审人、保证人和有关单位。

第三节 监视居住

第一百零九条 公安机关对符合逮捕条件，有下列情形之一的犯罪嫌疑人，可以监视居住：

（一）患有严重疾病、生活不能自理的；

（二）怀孕或者正在哺乳自己婴儿的妇女；

（三）系生活不能自理的人的唯一扶养人；

（四）因案件的特殊情况或者办理案件的需要，采取监视居住措施更为适宜的；

（五）羁押期限届满，案件尚未办结，需要采取监视居住措施的。

对人民检察院决定不批准逮捕的犯罪嫌疑人，需要继续侦查，并且符合监视居住条件的，可以监视居住。

对于符合取保候审条件，但犯罪嫌疑人不能提出保证人，也不交纳保证金的，可以监视居住。

对于被取保候审人违反本规定第八十九条、第九十条规定的，可以监视居住。

第一百一十条　对犯罪嫌疑人监视居住，应当制作呈请监视居住报告书，说明监视居住的理由、采取监视居住的方式以及应当遵守的规定，经县级以上公安机关负责人批准，制作监视居住决定书。监视居住决定书应当向犯罪嫌疑人宣读，由犯罪嫌疑人签名、捺指印。

第一百一十一条　监视居住应当在犯罪嫌疑人、被告人住处执行；无固定住处的，可以在指定的居所执行。对于涉嫌危害国家安全犯罪、恐怖活动犯罪，在住处执行可能有碍侦查的，经上一级公安机关批准，也可以在指定的居所执行。

有下列情形之一的，属于本条规定的"有碍侦查"：

（一）可能毁灭、伪造证据，干扰证人作证或者串供的；

（二）可能引起犯罪嫌疑人自残、自杀或者逃跑的；

（三）可能引起同案犯逃避、妨碍侦查的；

（四）犯罪嫌疑人、被告人在住处执行监视居住有人身危险的；

（五）犯罪嫌疑人、被告人的家属或者所在单位人员与犯罪有牵连的。

指定居所监视居住的，不得要求被监视居住人支付费用。

第一百一十二条　固定住处，是指被监视居住人在办案机关所在的市、县内生活的合法住处；指定的居所，是指公安机关根据案件情况，在办案机关所在的市、县内为被监视居住人指定的生活居所。

指定的居所应当符合下列条件：

（一）具备正常的生活、休息条件；

（二）便于监视、管理；

（三）保证安全。

公安机关不得在羁押场所、专门的办案场所或者办公场所执行监视居住。

第一百一十三条　指定居所监视居住的，除无法通知的以外，应当制作监视居住通知书，在执行监视居住后二十四小时以内，由决定机关通知被监视居住人的家属。

有下列情形之一的，属于本条规定的"无法通知"：

（一）不讲真实姓名、住址、身份不明的；

（二）没有家属的；

（三）提供的家属联系方式无法取得联系的；

（四）因自然灾害等不可抗力导致无法通知的。

无法通知的情形消失以后，应当立即通知被监视居住人的家属。

无法通知家属的,应当在监视居住通知书中注明原因。

第一百一十四条 被监视居住人委托辩护律师,适用本规定第四十三条、第四十四条、第四十五条规定。

第一百一十五条 公安机关在宣布监视居住决定时,应当告知被监视居住人必须遵守以下规定:

(一)未经执行机关批准不得离开执行监视居住的处所;

(二)未经执行机关批准不得会见他人或者以任何方式通信;

(三)在传讯的时候及时到案;

(四)不得以任何形式干扰证人作证;

(五)不得毁灭、伪造证据或者串供;

(六)将护照等出入境证件、身份证件、驾驶证件交执行机关保存。

第一百一十六条 公安机关对被监视居住人,可以采取电子监控、不定期检查等监视方法对其遵守监视居住规定的情况进行监督;在侦查期间,可以对被监视居住的犯罪嫌疑人的电话、传真、信函、邮件、网络等通信进行监控。

第一百一十七条 公安机关决定监视居住的,由被监视居住人住处或者指定居所所在地的派出所执行,办案部门可以协助执行。必要时,也可以由办案部门负责执行,派出所或者其他部门协助执行。

第一百一十八条 人民法院、人民检察院决定监视居住的,负责执行的县级公安机关应当在收到法律文书和有关材料后二十四小时以内,通知被监视居住人住处或者指定居所所在地的派出所,核实被监视居住人身份、住处或者居所等情况后执行。必要时,可以由人民法院、人民检察院协助执行。

负责执行的派出所应当及时将执行情况通知决定监视居住的机关。

第一百一十九条 负责执行监视居住的派出所或者办案部门应当严格对被监视居住人进行监督考察,确保安全。

第一百二十条 被监视居住人有正当理由要求离开住处或者指定的居所以及要求会见他人或者通信的,应当经负责执行的派出所或者办案部门负责人批准。

人民法院、人民检察院决定监视居住的,负责执行的派出所在批准被监视居住人离开住处或者指定的居所以及与他人会见或者通信前,应当征得决定监视居住的机关同意。

第一百二十一条 被监视居住人违反应当遵守的规定,公安机关应当区分情形责令被监视居住人具结悔过或者给予治安管理处罚。情节严重的,可以予以逮捕;需要予以逮捕的,可以对其先行拘留。

人民法院、人民检察院决定监视居住的,被监视居住人违反应当遵守的规定,负责执行的派出所应当及时通知决定监视居住的机关。

第一百二十二条 在监视居住期间,公安机关不得中断案件的侦查,对被监视居住的犯罪嫌疑人,应当根据案情变化,及时解除监视居住或者变更强制措施。

监视居住最长不得超过六个月。

第一百二十三条 需要解除监视居住的,应当经县级以上公安机关负责人批准,制作解除监视居住决定书,并及时通知负责执行的派出所、被监视居住人和有关单位。

人民法院、人民检察院作出解除、变更监视居住决定的,负责执行的公安机关应当及时解除并通知被监视居住人和有关单位。

第四节 拘 留

第一百二十四条 公安机关对于现行犯或者重大嫌疑分子,有下列情形之一的,可以先行拘留:

(一)正在预备犯罪、实行犯罪或者在犯罪后即时被发觉的;

(二)被害人或者在场亲眼看见的人指认他犯罪的;

(三)在身边或者住处发现有犯罪证据的;

(四)犯罪后企图自杀、逃跑或者在逃的;

(五)有毁灭、伪造证据或者串供可能的;

(六)不讲真实姓名、住址,身份不明的;

(七)有流窜作案、多次作案、结伙作案重大嫌疑的。

第一百二十五条 拘留犯罪嫌疑人,应当填写呈请拘留报告书,经县级以上公安机关负责人批准,制作拘留证。执行拘留时,必须出示拘留证,并责令被拘留人在拘留证上签名、捺指印,拒绝签名、捺指印的,侦查人员应当注明。

紧急情况下,对于符合本规定第一百二十四条所列情形之一的,经出示人民警察证,可以将犯罪嫌疑人口头传唤至公安机关后立即审讯,办理法律手续。

第一百二十六条 拘留后,应当立即将被拘留人送看守所羁押,至迟不得超过二十四小时。

异地执行拘留,无法及时将犯罪嫌疑人押解回管辖地的,应当在宣布拘留后立即将其送抓获地看守所羁押,至迟不得超过二十四小时。到达管辖地后,应当立即将犯罪嫌疑人送看守所羁押。

第一百二十七条 除无法通知或者涉嫌危害国家安全犯罪、恐怖活动犯罪通知可能有碍侦查的情形以外,应当在拘留后二十四小时以内制作拘留通知书,通知被拘留人的家属。拘留通知书应当写明拘留原因和羁押处所。

本条规定的"无法通知"的情形适用本规定第一百一十三条第二款的规定。

有下列情形之一的,属于本条规定的"有碍侦查":

(一)可能毁灭、伪造证据,干扰证人作证或者串供的;

(二)可能引起同案犯逃避、妨碍侦查的;

(三)犯罪嫌疑人的家属与犯罪有牵连的。

无法通知、有碍侦查的情形消失以后,应当立即通知被拘留人的家属。

对于没有在二十四小时以内通知家属的,应当在拘留通知书中注明原因。

第一百二十八条 对被拘留的人,应当在拘留后二十四小时以内进行讯问。发现不应当拘留的,应当经县级以上公安机关负责人批准,制作释放通知书,看守所凭释放通知书发给被拘留人释放证明书,将其立即释放。

第一百二十九条 对被拘留的犯罪嫌疑人,经过审查认为需要逮捕的,应当在拘留后的三日以内,提请人民检察院审查批准。在特殊情况下,经县级以上公安机关负责人批准,提请审查批准逮捕的时间可以延长一日至四日。

对流窜作案、多次作案、结伙作案的重大嫌疑分子,经县级以上公安机关负责人批准,提请审查批准逮捕的时间可以延长至三十日。

本条规定的"流窜作案",是指跨市、县管辖范围连续作案,或者在居住地作案后逃跑到外市、县继续作案;"多次作案",是指三次以上作案;"结伙作案",是指二人以上共同作案。

第一百三十条　犯罪嫌疑人不讲真实姓名、住址,身份不明的,应当对其身份进行调查。对符合逮捕条件的犯罪嫌疑人,也可以按其自报的姓名提请批准逮捕。

第一百三十一条　对被拘留的犯罪嫌疑人审查后,根据案件情况报经县级以上公安机关负责人批准,分别作出如下处理:

(一)需要逮捕的,在拘留期限内,依法办理提请批准逮捕手续;

(二)应当追究刑事责任,但不需要逮捕的,依法直接向人民检察院移送审查起诉,或者依法办理取保候审或者监视居住手续后,向人民检察院移送审查起诉;

(三)拘留期限届满,案件尚未办结,需要继续侦查的,依法办理取保候审或者监视居住手续;

(四)具有本规定第一百八十六条规定情形之一的,释放被拘留人,发给释放证明书;需要行政处理的,依法予以处理或者移送有关部门。

第一百三十二条　人民检察院决定拘留犯罪嫌疑人的,由县级以上公安机关凭人民检察院送达的决定拘留的法律文书制作拘留证并立即执行。必要时,可以请人民检察院协助。拘留后,应当及时通知人民检察院。

公安机关未能抓获犯罪嫌疑人的,应当将执行情况和未能抓获犯罪嫌疑人的原因通知作出拘留决定的人民检察院。对于犯罪嫌疑人在逃的,在人民检察院撤销拘留决定之前,公安机关应当组织力量继续执行。

第五节　逮　捕

第一百三十三条　对有证据证明有犯罪事实,可能判处徒刑以上刑罚的犯罪嫌疑人,采取取保候审尚不足以防止发生下列社会危险性的,应当提请批准逮捕:

(一)可能实施新的犯罪的;

(二)有危害国家安全、公共安全或者社会秩序的现实危险的;

(三)可能毁灭、伪造证据,干扰证人作证或者串供的;

(四)可能对被害人、举报人、控告人实施打击报复的;

(五)企图自杀或者逃跑的。

对于有证据证明有犯罪事实,可能判处十年有期徒刑以上刑罚的,或者有证据证明有犯罪事实,可能判处徒刑以上刑罚,曾经故意犯罪或者身份不明的,应当提请批准逮捕。

公安机关在根据第一款的规定提请人民检察院审查批准逮捕时,应当对犯罪嫌疑人具有社会危险性说明理由。

第一百三十四条　有证据证明有犯罪事实,是指同时具备下列情形:

(一)有证据证明发生了犯罪事实;

(二)有证据证明该犯罪事实是犯罪嫌疑人实施的;

(三)证明犯罪嫌疑人实施犯罪行为的证据已有查证属实的。

前款规定的"犯罪事实"既可以是单一犯罪行为的事实,也可以是数个犯罪行为中任何一个犯罪行为的事实。

第一百三十五条　被取保候审人违反取保候审规定,具有下列情形之一的,可以提请批准逮捕:

（一）涉嫌故意实施新的犯罪行为的；

（二）有危害国家安全、公共安全或者社会秩序的现实危险的；

（三）实施毁灭、伪造证据或者干扰证人作证、串供行为，足以影响侦查工作正常进行的；

（四）对被害人、举报人、控告人实施打击报复的；

（五）企图自杀、逃跑，逃避侦查的；

（六）未经批准，擅自离开所居住的市、县，情节严重的，或者两次以上未经批准，擅自离开所居住的市、县的；

（七）经传讯无正当理由不到案，情节严重的，或者经两次以上传讯不到案的；

（八）违反规定进入特定场所、从事特定活动或者与特定人员会见、通信两次以上的。

第一百三十六条 被监视居住人违反监视居住规定，具有下列情形之一的，可以提请批准逮捕：

（一）涉嫌故意实施新的犯罪行为的；

（二）实施毁灭、伪造证据或者干扰证人作证、串供行为，足以影响侦查工作正常进行的；

（三）对被害人、举报人、控告人实施打击报复的；

（四）企图自杀、逃跑，逃避侦查的；

（五）未经批准，擅自离开执行监视居住的处所，情节严重的，或者两次以上未经批准，擅自离开执行监视居住的处所的；

（六）未经批准，擅自会见他人或者通信，情节严重的，或者两次以上未经批准，擅自会见他人或者通信的；

（七）经传讯无正当理由不到案，情节严重的，或者经两次以上传讯不到案的。

第一百三十七条 需要提请批准逮捕犯罪嫌疑人的，应当经县级以上公安机关负责人批准，制作提请批准逮捕书，连同案卷材料、证据，一并移送同级人民检察院审查批准。

犯罪嫌疑人自愿认罪认罚的，应当记录在案，并在提请批准逮捕书中写明有关情况。

第一百三十八条 对于人民检察院不批准逮捕并通知补充侦查的，公安机关应当按照人民检察院的补充侦查提纲补充侦查。

公安机关补充侦查完毕，认为符合逮捕条件的，应当重新提请批准逮捕。

第一百三十九条 对于人民检察院不批准逮捕而未说明理由的，公安机关可以要求人民检察院说明理由。

第一百四十条 对于人民检察院决定不批准逮捕的，公安机关在收到不批准逮捕决定书后，如果犯罪嫌疑人已被拘留的，应当立即释放，发给释放证明书，并在执行完毕后三日以内将执行回执送达作出不批准逮捕决定的人民检察院。

第一百四十一条 对人民检察院不批准逮捕的决定，认为有错误需要复议的，应当在收到不批准逮捕决定书后五日以内制作要求复议意见书，报经县级以上公安机关负责人批准后，送交同级人民检察院复议。

如果意见不被接受，认为需要复核的，应当在收到人民检察院的复议决定书后五日以内制作提请复核意见书，报经县级以上公安机关负责人批准后，连同人民检察院的复议决定书，一并提请上一级人民检察院复核。

第一百四十二条　接到人民检察院批准逮捕决定书后,应当由县级以上公安机关负责人签发逮捕证,立即执行,并在执行完毕后三日以内将执行回执送达作出批准逮捕决定的人民检察院。如果未能执行,也应当将回执送达人民检察院,并写明未能执行的原因。

第一百四十三条　执行逮捕时,必须出示逮捕证,并责令被逮捕人在逮捕证上签名、捺指印,拒绝签名、捺指印的,侦查人员应当注明。逮捕后,应当立即将被逮捕人送看守所羁押。

执行逮捕的侦查人员不得少于二人。

第一百四十四条　对被逮捕的人,必须在逮捕后的二十四小时以内进行讯问。发现不应当逮捕的,经县级以上公安机关负责人批准,制作释放通知书,送看守所和原批准逮捕的人民检察院。看守所凭释放通知书立即释放被逮捕人,并发给释放证明书。

第一百四十五条　对犯罪嫌疑人执行逮捕后,除无法通知的情形以外,应当在逮捕后二十四小时以内,制作逮捕通知书,通知被逮捕人的家属。逮捕通知书应当写明逮捕原因和羁押处所。

本条规定的"无法通知"的情形适用本规定第一百一十三条第二款的规定。

无法通知的情形消除后,应当立即通知被逮捕人的家属。

对于没有在二十四小时以内通知家属的,应当在逮捕通知书中注明原因。

第一百四十六条　人民法院、人民检察院决定逮捕犯罪嫌疑人、被告人的,由县级以上公安机关凭人民法院、人民检察院决定逮捕的法律文书制作逮捕证并立即执行。必要时,可以请人民法院、人民检察院协助执行。执行逮捕后,应当及时通知决定机关。

公安机关未能抓获犯罪嫌疑人、被告人的,应当将执行情况和未能抓获的原因通知决定逮捕的人民检察院、人民法院。对于犯罪嫌疑人、被告人在逃的,在人民检察院、人民法院撤销逮捕决定之前,公安机关应当组织力量继续执行。

第一百四十七条　人民检察院在审查批准逮捕工作中发现公安机关的侦查活动存在违法情况,通知公安机关予以纠正的,公安机关应当调查核实,对于发现的违法情况应当及时纠正,并将纠正情况书面通知人民检察院。

第六节　羁　押

第一百四十八条　对犯罪嫌疑人逮捕后的侦查羁押期限不得超过二个月。案情复杂、期限届满不能侦查终结的案件,应当制作提请批准延长侦查羁押期限意见书,经县级以上公安机关负责人批准后,在期限届满七日前送请同级人民检察院转报上一级人民检察院批准延长一个月。

第一百四十九条　下列案件在本规定第一百四十八条规定的期限届满不能侦查终结的,应当制作提请批准延长侦查羁押期限意见书,经县级以上公安机关负责人批准,在期限届满七日前送请同级人民检察院层报省、自治区、直辖市人民检察院批准,延长二个月:

(一)交通十分不便的边远地区的重大复杂案件;

(二)重大的犯罪集团案件;

(三)流窜作案的重大复杂案件;

(四)犯罪涉及面广,取证困难的重大复杂案件。

第一百五十条 对犯罪嫌疑人可能判处十年有期徒刑以上刑罚,依照本规定第一百四十九条规定的延长期限届满,仍不能侦查终结的,应当制作提请批准延长侦查羁押期限意见书,经县级以上公安机关负责人批准,在期限届满七日前送请同级人民检察院层报省、自治区、直辖市人民检察院批准,再延长二个月。

第一百五十一条 在侦查期间,发现犯罪嫌疑人另有重要罪行的,应当自发现之日起五日以内报县级以上公安机关负责人批准后,重新计算侦查羁押期限,制作变更羁押期限通知书,送达看守所,并报批准逮捕的人民检察院备案。

前款规定的"另有重要罪行",是指与逮捕时的罪行不同种的重大犯罪以及同种犯罪并将影响罪名认定、量刑档次的重大犯罪。

第一百五十二条 犯罪嫌疑人不讲真实姓名、住址,身份不明的,应当对其身份进行调查。经县级以上公安机关负责人批准,侦查羁押期限自查清其身份之日起计算,但不得停止对其犯罪行为的侦查取证。

对于犯罪事实清楚,证据确实、充分,确实无法查明其身份的,按其自报的姓名移送人民检察院审查起诉。

第一百五十三条 看守所应当凭公安机关签发的拘留证、逮捕证收押被拘留、逮捕的犯罪嫌疑人、被告人。犯罪嫌疑人、被告人被送至看守所羁押时,看守所应当在拘留证、逮捕证上注明犯罪嫌疑人、被告人到达看守所的时间。

查获被通缉、脱逃的犯罪嫌疑人以及执行追捕、押解任务需要临时寄押的,应当持通缉令或者其他有关法律文书并经寄押地县级以上公安机关负责人批准,送看守所寄押。

临时寄押的犯罪嫌疑人出所时,看守所应当出具羁押该犯罪嫌疑人的证明,载明该犯罪嫌疑人基本情况、羁押原因、入所和出所时间。

第一百五十四条 看守所收押犯罪嫌疑人、被告人和罪犯,应当进行健康和体表检查,并予以记录。

第一百五十五条 看守所收押犯罪嫌疑人、被告人和罪犯,应当对其人身和携带的物品进行安全检查。发现违禁物品、犯罪证据和可疑物品,应当制作笔录,由被羁押人签名、捺指印后,送办案机关处理。

对女性的人身检查,应当由女工作人员进行。

第七节 其他规定

第一百五十六条 继续盘问期间发现需要对犯罪嫌疑人拘留、逮捕、取保候审或者监视居住的,应当立即办理法律手续。

第一百五十七条 对犯罪嫌疑人执行拘传、拘留、逮捕、押解过程中,应当依法使用约束性警械。遇有暴力性对抗或者暴力犯罪行为,可以依法使用制服性警械或者武器。

第一百五十八条 公安机关发现对犯罪嫌疑人采取强制措施不当的,应当及时撤销或者变更。犯罪嫌疑人在押的,应当及时释放。公安机关释放被逮捕的人或者变更逮捕措施的,应当通知批准逮捕的人民检察院。

第一百五十九条 犯罪嫌疑人被逮捕后,人民检察院经审查认为不需要继续羁押,建议予以释放或者变更强制措施的,公安机关应当予以调查核实。认为不需要继续羁押的,应当予以释放或者变更强制措施;认为需要继续羁押的,应当说明理由。

公安机关应当在十日以内将处理情况通知人民检察院。

第一百六十条 犯罪嫌疑人及其法定代理人、近亲属或者辩护人有权申请变更强制措施。公安机关应当在收到申请后三日以内作出决定;不同意变更强制措施的,应当告知申请人,并说明理由。

第一百六十一条 公安机关对被采取强制措施法定期限届满的犯罪嫌疑人,应当予以释放,解除取保候审、监视居住或者依法变更强制措施。

犯罪嫌疑人及其法定代理人、近亲属或者辩护人对于公安机关采取强制措施法定期限届满的,有权要求公安机关解除强制措施。公安机关应当进行审查,对于情况属实的,应当立即解除或者变更强制措施。

对于犯罪嫌疑人、被告人羁押期限即将届满的,看守所应当立即通知办案机关。

第一百六十二条 取保候审变更为监视居住的,取保候审、监视居住变更为拘留、逮捕的,对原强制措施不再办理解除法律手续。

第一百六十三条 案件在取保候审、监视居住期间移送审查起诉后,人民检察院决定重新取保候审、监视居住或者变更强制措施的,对原强制措施不再办理解除法律手续。

第一百六十四条 公安机关依法对县级以上各级人民代表大会代表拘传、取保候审、监视居住、拘留或者提请批准逮捕的,应当书面报请该代表所属的人民代表大会主席团或者常务委员会许可。

第一百六十五条 公安机关对现行犯拘留的时候,发现其是县级以上人民代表大会代表的,应当立即向其所属的人民代表大会主席团或者常务委员会报告。

公安机关在依法执行拘传、取保候审、监视居住、拘留或者逮捕中,发现被执行人是县级以上人民代表大会代表的,应当暂缓执行,并报告决定或者批准机关。如果在执行后发现被执行人是县级以上人民代表大会代表的,应当立即解除,并报告决定或者批准机关。

第一百六十六条 公安机关依法对乡、民族乡、镇的人民代表大会代表拘传、取保候审、监视居住、拘留或者执行逮捕的,应当在执行后立即报告其所属的人民代表大会。

第一百六十七条 公安机关依法对政治协商委员会委员拘传、取保候审、监视居住的,应当将有关情况通报给该委员所属的政协组织。

第一百六十八条 公安机关依法对政治协商委员会委员执行拘留、逮捕前,应当向该委员所属的政协组织通报情况;情况紧急的,可在执行的同时或者执行以后及时通报。

第七章 立案、撤案

第一节 受 案

第一百六十九条 公安机关对于公民扭送、报案、控告、举报或者犯罪嫌疑人自动投案的,都应当立即接受,问明情况,并制作笔录,经核对无误后,由扭送人、报案人、控告人、举报人、投案人签名、捺指印。必要时,应当对接受过程录音录像。

第一百七十条 公安机关对扭送人、

报案人、控告人、举报人、投案人提供的有关证据材料等应当登记,制作接受证据材料清单,由扭送人、报案人、控告人、举报人、投案人签名,并妥善保管。必要时,应当拍照或者录音录像。

第一百七十一条 公安机关接受案件时,应当制作受案登记表和受案回执,并将受案回执交扭送人、报案人、控告人、举报人。扭送人、报案人、控告人、举报人无法取得联系或者拒绝接受回执的,应当在回执中注明。

第一百七十二条 公安机关接受控告、举报的工作人员,应当向控告人、举报人说明诬告应负的法律责任。但是,只要不是捏造事实、伪造证据,即使控告、举报的事实有出入,甚至是错告的,也要和诬告严格加以区别。

第一百七十三条 公安机关应当保障扭送人、报案人、控告人、举报人及其近亲属的安全。

扭送人、报案人、控告人、举报人如果不愿意公开自己的身份,应当为其保守秘密,并在材料中注明。

第一百七十四条 对接受的案件,或者发现的犯罪线索,公安机关应当迅速进行审查。发现案件事实或者线索不明的,必要时,经办案部门负责人批准,可以进行调查核实。

调查核实过程中,公安机关可以依照有关法律和规定采取询问、查询、勘验、鉴定和调取证据材料等不限制被调查对象人身、财产权利的措施。但是,不得对被调查对象采取强制措施,不得查封、扣押、冻结被调查对象的财产,不得采取技术侦查措施。

第一百七十五条 经过审查,认为有犯罪事实,但不属于自己管辖的案件,应当立即报经县级以上公安机关负责人批准,制作移送案件通知书,在二十四小时以内移送有管辖权的机关处理,并告知扭送人、报案人、控告人、举报人。对于不属于自己管辖而又必须采取紧急措施的,应当先采取紧急措施,然后办理手续,移送主管机关。

对不属于公安机关职责范围的事项,在接报案时能够当场判断的,应当立即口头告知扭送人、报案人、控告人、举报人向其他主管机关报案。

对于重复报案、案件正在办理或者已经办结的,应当向扭送人、报案人、控告人、举报人作出解释,不再登记,但有新的事实或者证据的除外。

第一百七十六条 经过审查,对告诉才处理的案件,公安机关应当告知当事人向人民法院起诉。

对被害人有证据证明的轻微刑事案件,公安机关应当告知被害人可以向人民法院起诉;被害人要求公安机关处理的,公安机关应当依法受理。

人民法院审理自诉案件,依法调取公安机关已经收集的案件材料和有关证据的,公安机关应当及时移交。

第一百七十七条 经过审查,对于不够刑事处罚需要给予行政处理的,依法予以处理或者移送有关部门。

第二节 立 案

第一百七十八条 公安机关接受案件后,经审查,认为有犯罪事实需要追究刑事责任,且属于自己管辖的,经县级以上公安机关负责人批准,予以立案;认为没有犯罪事实,或者犯罪事实显著轻微不需要追究刑事责任,或者具有其他依法不追究刑事责任情形的,经县级以上公安机关负责人批准,不予立案。

对有控告人的案件,决定不予立案的,公安机关应当制作不予立案通知书,并在三日以内送达控告人。

决定不予立案后又发现新的事实或者证据,或者发现原认定事实错误,需要追究刑事责任的,应当及时立案处理。

第一百七十九条 控告人对不予立案决定不服的,可以在收到不予立案通知书后七日以内向作出决定的公安机关申请复议;公安机关应当在收到复议申请后三十日以内作出决定,并将决定书送达控告人。

控告人对不予立案的复议决定不服的,可以在收到复议决定书后七日以内向上一级公安机关申请复核;上一级公安机关应当在收到复核申请后三十日以内作出决定。对上级公安机关撤销不予立案决定的,下级公安机关应当执行。

案情重大、复杂的,公安机关可以延长复议、复核时限,但是延长时限不得超过三十日,并书面告知申请人。

第一百八十条 对行政执法机关移送的案件,公安机关应当自接受案件之日起三日以内进行审查,认为有犯罪事实,需要追究刑事责任,依法决定立案的,应当书面通知移送案件的行政执法机关;认为没有犯罪事实,或者犯罪事实显著轻微,不需要追究刑事责任,依法不立案的,应当说明理由,并将不予立案通知书送达移送案件的行政执法机关,相应退回案件材料。

公安机关认为行政执法机关移送的案件材料不全的,应当在接受案件后二十四小时以内通知移送案件的行政执法机关在三日以内补正,但不得以材料不全为由不接受移送案件。

公安机关认为行政执法机关移送的案件不属于公安机关职责范围的,应当书面通知移送案件的行政执法机关向其他主管机关移送案件,并说明理由。

第一百八十一条 移送案件的行政执法机关对不予立案决定不服的,可以在收到不予立案通知书后三日以内向作出决定的公安机关申请复议;公安机关应当在收到行政执法机关的复议申请后三日以内作出决定,并书面通知移送案件的行政执法机关。

第一百八十二条 对人民检察院要求说明不立案理由的案件,公安机关应当在收到通知书后七日以内,对不立案的情况、依据和理由作出书面说明,回复人民检察院。公安机关作出立案决定的,应当将立案决定书复印件送达人民检察院。

人民检察院通知公安机关立案的,公安机关应当在收到通知书后十五日以内立案,并将立案决定书复印件送达人民检察院。

第一百八十三条 人民检察院认为公安机关不应当立案而立案,提出纠正意见的,公安机关应当进行调查核实,并将有关情况回复人民检察院。

第一百八十四条 经立案侦查,认为有犯罪事实需要追究刑事责任,但不属于自己管辖或者需要由其他公安机关并案侦查的案件,经县级以上公安机关负责人批准,制作移送案件通知书,移送有管辖权的机关或者并案侦查的公安机关,并在移送案件后三日以内书面通知扭送人、报案人、控告人、举报人或者移送案件的行政执法机关;犯罪嫌疑人已经到案的,应当依照本规定的有关规定通知其家属。

第一百八十五条 案件变更管辖或者移送其他公安机关并案侦查时,与案件有关的法律文书、证据、财物及其孳息等应当随案移交。

移交时，由接收人、移交人当面查点清楚，并在交接单据上共同签名。

第三节 撤 案

第一百八十六条 经过侦查，发现具有下列情形之一的，应当撤销案件：

（一）没有犯罪事实的；

（二）情节显著轻微、危害不大，不认为是犯罪的；

（三）犯罪已过追诉时效期限的；

（四）经特赦令免除刑罚的；

（五）犯罪嫌疑人死亡的；

（六）其他依法不追究刑事责任的。

对于经过侦查，发现有犯罪事实需要追究刑事责任，但不是被立案侦查的犯罪嫌疑人实施的，或者共同犯罪案件中部分犯罪嫌疑人不够刑事处罚的，应当对有关犯罪嫌疑人终止侦查，并对该案件继续侦查。

第一百八十七条 需要撤销案件或者对犯罪嫌疑人终止侦查的，办案部门应当制作撤销案件或者终止侦查报告书，报县级以上公安机关负责人批准。

公安机关决定撤销案件或者对犯罪嫌疑人终止侦查时，原犯罪嫌疑人在押的，应当立即释放，发给释放证明书。原犯罪嫌疑人被逮捕的，应当通知原批准逮捕的人民检察院。对原犯罪嫌疑人采取其他强制措施的，应当立即解除强制措施；需要行政处理的，依法予以处理或者移交有关部门。

对查封、扣押的财物及其孳息、文件，或者冻结的财产，除按照法律和有关规定另行处理的以外，应当解除查封、扣押、冻结，并及时返还或者通知当事人。

第一百八十八条 犯罪嫌疑人自愿如实供述涉嫌犯罪的事实，有重大立功或者案件涉及国家重大利益，需要撤销案件的，应当层报公安部，由公安部商请最高人民检察院核准后撤销案件。报请撤销案件的公安机关应当同时将相关情况通报同级人民检察院。

公安机关根据前款规定撤销案件的，应当对查封、扣押、冻结的财物及其孳息作出处理。

第一百八十九条 公安机关作出撤销案件决定后，应当在三日以内告知原犯罪嫌疑人、被害人或者其近亲属、法定代理人以及案件移送机关。

公安机关作出终止侦查决定后，应当在三日以内告知原犯罪嫌疑人。

第一百九十条 公安机关撤销案件以后又发现新的事实或者证据，或者发现原认定事实错误，认为有犯罪事实需要追究刑事责任的，应当重新立案侦查。

对犯罪嫌疑人终止侦查后又发现新的事实或者证据，或者发现原认定事实错误，需要对其追究刑事责任的，应当继续侦查。

第八章 侦 查

第一节 一般规定

第一百九十一条 公安机关对已经立案的刑事案件，应当及时进行侦查，全面、客观地收集、调取犯罪嫌疑人有罪或者无罪、罪轻或者罪重的证据材料。

第一百九十二条 公安机关经过侦查，对有证据证明有犯罪事实的案件，应当进行预审，对收集、调取的证据材料的真实性、合法性、关联性及证明力予以审查、核实。

第一百九十三条　公安机关侦查犯罪,应当严格依照法律规定的条件和程序采取强制措施和侦查措施,严禁在没有证据的情况下,仅凭怀疑就对犯罪嫌疑人采取强制措施和侦查措施。

第一百九十四条　公安机关开展勘验、检查、搜查、辨认、查封、扣押等侦查活动,应当邀请有关公民作为见证人。

下列人员不得担任侦查活动的见证人:

(一)生理上、精神上有缺陷或者年幼,不具有相应辨别能力或者不能正确表达的人;

(二)与案件有利害关系,可能影响案件公正处理的人;

(三)公安机关的工作人员或者其聘用的人员。

确因客观原因无法由符合条件的人员担任见证人的,应当对有关侦查活动进行全程录音录像,并在笔录中注明有关情况。

第一百九十五条　公安机关侦查犯罪,涉及国家秘密、商业秘密、个人隐私的,应当保密。

第一百九十六条　当事人和辩护人、诉讼代理人、利害关系人对于公安机关及其侦查人员有下列行为之一的,有权向该机关申诉或者控告:

(一)采取强制措施法定期限届满,不予以释放、解除或者变更的;

(二)应当退还取保候审保证金不退还的;

(三)对与案件无关的财物采取查封、扣押、冻结措施的;

(四)应当解除查封、扣押、冻结不解除的;

(五)贪污、挪用、私分、调换、违反规定使用查封、扣押、冻结的财物的。

受理申诉或者控告的公安机关应当及时进行调查核实,并在收到申诉、控告之日起三十日以内作出处理决定,书面回复申诉人、控告人。发现公安机关及其侦查人员有上述行为之一的,应当立即纠正。

第一百九十七条　上级公安机关发现下级公安机关存在本规定第一百九十六条第一款规定的违法行为或者对申诉、控告事项不按照规定处理的,应当责令下级公安机关限期纠正,下级公安机关应当立即执行。必要时,上级公安机关可以就申诉、控告事项直接作出处理决定。

第二节　讯问犯罪嫌疑人

第一百九十八条　讯问犯罪嫌疑人,除下列情形以外,应当在公安机关执法办案场所的讯问室进行:

(一)紧急情况下在现场进行讯问的;

(二)对有严重伤病或者残疾、行动不便的,以及正在怀孕的犯罪嫌疑人,在其住处或者就诊的医疗机构进行讯问的。

对于已送交看守所羁押的犯罪嫌疑人,应当在看守所讯问室进行讯问。

对于正在被执行行政拘留、强制隔离戒毒的人员以及正在监狱服刑的罪犯,可以在其执行场所进行讯问。

对于不需要拘留、逮捕的犯罪嫌疑人,经办案部门负责人批准,可以传唤到犯罪嫌疑人所在市、县公安机关执法办案场所或者到他的住处进行讯问。

第一百九十九条　传唤犯罪嫌疑人时,应当出示传唤证和侦查人员的人民警察证,并责令其在传唤证上签名、捺指印。

犯罪嫌疑人到案后,应当由其在传唤

证上填写到案时间。传唤结束时,应当由其在传唤证上填写传唤结束时间。犯罪嫌疑人拒绝填写的,侦查人员应当在传唤证上注明。

对在现场发现的犯罪嫌疑人,侦查人员经出示人民警察证,可以口头传唤,并将传唤的原因和依据告知被传唤人。在讯问笔录中应当注明犯罪嫌疑人到案方式,并由犯罪嫌疑人注明到案时间和传唤结束时间。

对自动投案或者群众扭送到公安机关的犯罪嫌疑人,可以依法传唤。

第二百条 传唤持续的时间不得超过十二小时。案情特别重大、复杂,需要采取拘留、逮捕措施的,经办案部门负责人批准,传唤持续的时间不得超过二十四小时。不得以连续传唤的形式变相拘禁犯罪嫌疑人。

传唤期限届满,未作出采取其他强制措施决定的,应当立即结束传唤。

第二百零一条 传唤、拘传、讯问犯罪嫌疑人,应当保证犯罪嫌疑人的饮食和必要的休息时间,并记录在案。

第二百零二条 讯问犯罪嫌疑人,必须由侦查人员进行。讯问的时候,侦查人员不得少于二人。

讯问同案的犯罪嫌疑人,应当个别进行。

第二百零三条 侦查人员讯问犯罪嫌疑人时,应当首先讯问犯罪嫌疑人是否有犯罪行为,并告知犯罪嫌疑人享有的诉讼权利,如实供述自己罪行可以从宽处理以及认罪认罚的法律规定,让他陈述有罪的情节或者无罪的辩解,然后向他提出问题。

犯罪嫌疑人对侦查人员的提问,应当如实回答。但是对与本案无关的问题,有拒绝回答的权利。

第一次讯问,应当问明犯罪嫌疑人的姓名、别名、曾用名、出生年月日、户籍所在地、现住地、籍贯、出生地、民族、职业、文化程度、政治面貌、工作单位、家庭情况、社会经历,是否属于人大代表、政协委员,是否受过刑事处罚或者行政处理等情况。

第二百零四条 讯问聋、哑的犯罪嫌疑人,应当有通晓聋、哑手势的人参加,并在讯问笔录上注明犯罪嫌疑人的聋、哑情况,以及翻译人员的姓名、工作单位和职业。

讯问不通晓当地语言文字的犯罪嫌疑人,应当配备翻译人员。

第二百零五条 侦查人员应当将问话和犯罪嫌疑人的供述或者辩解如实地记录清楚。制作讯问笔录应当使用能够长期保持字迹的材料。

第二百零六条 讯问笔录应当交犯罪嫌疑人核对;对于没有阅读能力的,应当向他宣读。如果记录有遗漏或者差错,应当允许犯罪嫌疑人补充或者更正,并捺指印。笔录经犯罪嫌疑人核对无误后,应当由其在笔录上逐页签名、捺指印,并在末页写明"以上笔录我看过(或向我宣读过),和我说的相符"。拒绝签名、捺指印的,侦查人员应当在笔录上注明。

讯问笔录上所列项目,应当按照规定填写齐全。侦查人员、翻译人员应当在讯问笔录上签名。

第二百零七条 犯罪嫌疑人请求自行书写供述的,应当准许;必要时,侦查人员也可以要求犯罪嫌疑人亲笔书写供词。犯罪嫌疑人应当在亲笔供词上逐页签名、捺指印。侦查人员收到后,应当在首页右上方写明"于某年某月某日收到"，并签名。

第二百零八条 讯问犯罪嫌疑人，在文字记录的同时，可以对讯问过程进行录音录像。对于可能判处无期徒刑、死刑的案件或者其他重大犯罪案件，应当对讯问过程进行录音录像。

前款规定的"可能判处无期徒刑、死刑的案件"，是指应当适用的法定刑或者量刑档次包含无期徒刑、死刑的案件。"其他重大犯罪案件"，是指致人重伤、死亡的严重危害公共安全犯罪、严重侵犯公民人身权利犯罪，以及黑社会性质组织犯罪、严重毒品犯罪等重大故意犯罪案件。

对讯问过程录音录像的，应当对每一次讯问全程不间断进行，保持完整性。不得选择性地录制，不得剪接、删改。

第二百零九条 对犯罪嫌疑人供述的犯罪事实、无罪或者罪轻的事实、申辩和反证，以及犯罪嫌疑人提供的证明自己无罪、罪轻的证据，公安机关应当认真核查；对有关证据，无论是否采信，都应当如实记录、妥善保管，并连同核查情况附卷。

第三节 询问证人、被害人

第二百一十条 询问证人、被害人，可以在现场进行，也可以到证人、被害人所在单位、住处或者证人、被害人提出的地点进行。在必要的时候，可以书面、电话或者当场通知证人、被害人到公安机关提供证言。

询问证人、被害人应当个别进行。

在现场询问证人、被害人，侦查人员应当出示人民警察证。到证人、被害人所在单位、住处或者证人、被害人提出的地点询问证人、被害人，应当经办案部门负责人批准，制作询问通知书。询问前，侦查人员应当出示询问通知书和人民警察证。

第二百一十一条 询问前，应当了解证人、被害人的身份，证人、被害人、犯罪嫌疑人之间的关系。询问时，应当告知证人、被害人必须如实地提供证据、证言和有意作伪证或者隐匿罪证应负的法律责任。

侦查人员不得向证人、被害人泄露案情或者表示对案件的看法，严禁采用暴力、威胁等非法方法询问证人、被害人。

第二百一十二条 本规定第二百零六条、第二百零七条的规定，也适用于询问证人、被害人。

第四节 勘验、检查

第二百一十三条 侦查人员对于与犯罪有关的场所、物品、人身、尸体应当进行勘验或者检查，及时提取、采集与案件有关的痕迹、物证、生物样本等。在必要的时候，可以指派或者聘请具有专门知识的人，在侦查人员的主持下进行勘验、检查。

第二百一十四条 发案地派出所、巡警等部门应当妥善保护犯罪现场和证据，控制犯罪嫌疑人，并立即报告公安机关主管部门。

执行勘查的侦查人员接到通知后，应当立即赶赴现场；勘查现场，应当持有刑事犯罪现场勘查证。

第二百一十五条 公安机关对案件现场进行勘查，侦查人员不得少于二人。

第二百一十六条 勘查现场，应当拍摄现场照片、绘制现场图、制作笔录，由参加勘查的人和见证人签名。对重大案件的现场勘查，应当录音录像。

第二百一十七条 为了确定被害人、

犯罪嫌疑人的某些特征、伤害情况或者生理状态,可以对人身进行检查,依法提取、采集肖像、指纹等人体生物识别信息,采集血液、尿液等生物样本。被害人死亡的,应当通过被害人近亲属辨认、提取生物样本鉴定等方式确定被害人身份。

犯罪嫌疑人拒绝检查、提取、采集的,侦查人员认为必要的时候,经办案部门负责人批准,可以强制检查、提取、采集。

检查妇女的身体,应当由女工作人员或者医师进行。

检查的情况应当制作笔录,由参加检查的侦查人员、检查人员、被检查人员和见证人签名。被检查人员拒绝签名的,侦查人员应当在笔录中注明。

第二百一十八条 为了确定死因,经县级以上公安机关负责人批准,可以解剖尸体,并且通知死者家属到场,让其在解剖尸体通知书上签名。

死者家属无正当理由拒不到场或者拒绝签名的,侦查人员应当在解剖尸体通知书上注明。对身份不明的尸体,无法通知死者家属的,应当在笔录中注明。

第二百一十九条 对已查明死因,没有继续保存必要的尸体,应当通知家属领回处理,对于无法通知或者通知后家属拒绝领回的,经县级以上公安机关负责人批准,可以及时处理。

第二百二十条 公安机关进行勘验、检查后,人民检察院要求复验、复查的,公安机关应当进行复验、复查,并可以通知人民检察院派员参加。

第二百二十一条 为了查明案情,在必要的时候,经县级以上公安机关负责人批准,可以进行侦查实验。

进行侦查实验,应当全程录音录像,并制作侦查实验笔录,由参加实验的人签名。

进行侦查实验,禁止一切足以造成危险、侮辱人格或者有伤风化的行为。

第五节 搜 查

第二百二十二条 为了收集犯罪证据、查获犯罪人,经县级以上公安机关负责人批准,侦查人员可以对犯罪嫌疑人以及可能隐藏罪犯或者犯罪证据的人的身体、物品、住处和其他有关的地方进行搜查。

第二百二十三条 进行搜查,必须向被搜查人出示搜查证,执行搜查的侦查人员不得少于二人。

第二百二十四条 执行拘留、逮捕的时候,遇有下列紧急情况之一的,不用搜查证也可以进行搜查:

(一)可能随身携带凶器的;

(二)可能隐藏爆炸、剧毒等危险物品的;

(三)可能隐匿、毁弃、转移犯罪证据的;

(四)可能隐匿其他犯罪嫌疑人的;

(五)其他突然发生的紧急情况。

第二百二十五条 进行搜查时,应当有被搜查人或者他的家属、邻居或者其他见证人在场。

公安机关可以要求有关单位和个人交出可以证明犯罪嫌疑人有罪或者无罪的物证、书证、视听资料等证据。遇到阻碍搜查的,侦查人员可以强制搜查。

搜查妇女的身体,应当由女工作人员进行。

第二百二十六条 搜查的情况应当制作笔录,由侦查人员和被搜查人或者他的家属、邻居或者其他见证人签名。

如果被搜查人拒绝签名,或者被搜查人在逃,他的家属拒绝签名或者不在场的,侦查人员应当在笔录中注明。

第六节 查封、扣押

第二百二十七条 在侦查活动中发现的可用以证明犯罪嫌疑人有罪或者无罪的各种财物、文件,应当查封、扣押;但与案件无关的财物、文件,不得查封、扣押。

持有人拒绝交出应当查封、扣押的财物、文件的,公安机关可以强制查封、扣押。

第二百二十八条 在侦查过程中需要扣押财物、文件的,应当经办案部门负责人批准,制作扣押决定书;在现场勘查或者搜查中需要扣押财物、文件的,由现场指挥人员决定;但扣押财物、文件价值较高或者可能严重影响正常生产经营的,应当经县级以上公安机关负责人批准,制作扣押决定书。

在侦查过程中需要查封土地、房屋等不动产,或者船舶、航空器以及其他不宜移动的大型机器、设备等特定动产的,应当经县级以上公安机关负责人批准并制作查封决定书。

第二百二十九条 执行查封、扣押的侦查人员不得少于二人,并出示本规定第二百二十八条规定的有关法律文书。

查封、扣押的情况应当制作笔录,由侦查人员、持有人和见证人签名。对于无法确定持有人或者持有人拒绝签名的,侦查人员应当在笔录中注明。

第二百三十条 对查封、扣押的财物和文件,应当会同在场见证人和被查封、扣押财物、文件的持有人查点清楚,当场开列查封、扣押清单一式三份,写明财物或者文件的名称、编号、数量、特征及其来源等,由侦查人员、持有人和见证人签名,一份交给持有人,一份交给公安机关保管人员,一份附卷备查。

对于财物、文件的持有人无法确定,以及持有人不在现场或者拒绝签名的,侦查人员应当在清单中注明。

依法扣押文物、贵金属、珠宝、字画等贵重财物的,应当拍照或者录音录像,并及时鉴定、估价。

执行查封、扣押时,应当为犯罪嫌疑人及其所扶养的亲属保留必需的生活费用和物品。能够保证侦查活动正常进行的,可以允许有关当事人继续合理使用有关涉案财物,但应采取必要的保值、保管措施。

第二百三十一条 对作为犯罪证据但不便提取或者没有必要提取的财物、文件,经登记、拍照或者录音录像、估价后,可以交财物、文件持有人保管或者封存,并且开具登记保存清单一式两份,由侦查人员、持有人和见证人签名,一份交给财物、文件持有人,另一份连同照片或者录音录像资料附卷备查。财物、文件持有人应当妥善保管,不得转移、变卖、毁损。

第二百三十二条 扣押犯罪嫌疑人的邮件、电子邮件、电报,应当经县级以上公安机关负责人批准,制作扣押邮件、电报通知书,通知邮电部门或者网络服务单位检交扣押。

不需要继续扣押的时候,应当经县级以上公安机关负责人批准,制作解除扣押邮件、电报通知书,立即通知邮电部门或者网络服务单位。

第二百三十三条 对查封、扣押的财物、文件、邮件、电子邮件、电报,经查明确实与案件无关的,应当在三日以内解除查封、扣押,退还原主或者原邮电部门、网络服务单位;原主不明确的,应当采取公告方式告知原主认领。在通知原主或者公告后六个月以内,无人认领的,按照无主财物处理,登记后上缴国库。

第二百三十四条　有关犯罪事实查证属实后,对于有证据证明权属明确且无争议的被害人合法财产及其孳息,且返还不损害其他被害人或者利害关系人的利益,不影响案件正常办理的,应当在登记、拍照或者录音录像和估价后,报经县级以上公安机关负责人批准,开具发还清单返还,并在案卷材料中注明返还的理由,将原物照片、发还清单和被害人的领取手续存卷备查。

领取人应当是涉案财物的合法权利人或者其委托的人;委托他人领取的,应当出具委托书。侦查人员或者公安机关其他工作人员不得代为领取。

查找不到被害人,或者通知被害人后,无人领取的,应当将有关财产及其孳息随案移送。

第二百三十五条　对查封、扣押的财物及其孳息、文件,公安机关应当妥善保管,以供核查。任何单位和个人不得违规使用、调换、损毁或者自行处理。

县级以上公安机关应当指定一个内设部门作为涉案财物管理部门,负责对涉案财物实行统一管理,并设立或者指定专门保管场所,对涉案财物进行集中保管。

对价值较低、易于保管,或者需要作为证据继续使用,以及需要先行返还被害人的涉案财物,可以由办案部门设置专门的场所进行保管。办案部门应当指定不承担办案工作的民警负责本部门涉案财物的接收、保管、移交等管理工作;严禁由侦查人员自行保管涉案财物。

第二百三十六条　在侦查期间,对于易损毁、灭失、腐烂、变质而不宜长期保存,或者难以保管的物品,经县级以上公安机关主要负责人批准,可以在拍照或者录音录像后委托有关部门变卖、拍卖,变卖、拍卖的价款暂予保存,待诉讼终结后一并处理。

对于违禁品,应当依照国家有关规定处理;需要作为证据使用的,应当在诉讼终结后处理。

第七节　查询、冻结

第二百三十七条　公安机关根据侦查犯罪的需要,可以依照规定查询、冻结犯罪嫌疑人的存款、汇款、证券交易结算资金、期货保证金等资金,债券、股票、基金份额和其他证券,以及股权、保单权益和其他投资权益等财产,并可以要求有关单位和个人配合。

对于前款规定的财产,不得划转、转账或者以其他方式变相扣押。

第二百三十八条　向金融机构等单位查询犯罪嫌疑人的存款、汇款、证券交易结算资金、期货保证金等资金,债券、股票、基金份额和其他证券,以及股权、保单权益和其他投资权益等财产,应当经县级以上公安机关负责人批准,制作协助查询财产通知书,通知金融机构等单位协助办理。

第二百三十九条　需要冻结犯罪嫌疑人财产的,应当经县级以上公安机关负责人批准,制作协助冻结财产通知书,明确冻结财产的账户名称、账户号码、冻结数额、冻结期限、冻结范围以及是否及于孳息等事项,通知金融机构等单位协助办理。

冻结股权、保单权益的,应当经设区的市一级以上公安机关负责人批准。

冻结上市公司股权的,应当经省级以上公安机关负责人批准。

第二百四十条 需要延长冻结期限的,应当按照原批准权限和程序,在冻结期限届满前办理继续冻结手续。逾期不办理继续冻结手续的,视为自动解除冻结。

第二百四十一条 不需要继续冻结犯罪嫌疑人财产时,应当经原批准冻结的公安机关负责人批准,制作协助解除冻结财产通知书,通知金融机构等单位协助办理。

第二百四十二条 犯罪嫌疑人的财产已被冻结的,不得重复冻结,但可以轮候冻结。

第二百四十三条 冻结存款、汇款、证券交易结算资金、期货保证金等财产的期限为六个月。每次续冻期限最长不得超过六个月。

对于重大、复杂案件,经设区的市一级以上公安机关负责人批准,冻结存款、汇款、证券交易结算资金、期货保证金等财产的期限可以为一年。每次续冻期限最长不得超过一年。

第二百四十四条 冻结债券、股票、基金份额等证券的期限为二年。每次续冻期限最长不得超过二年。

第二百四十五条 冻结股权、保单权益或者投资权益的期限为六个月。每次续冻期限最长不得超过六个月。

第二百四十六条 对冻结的债券、股票、基金份额等财产,应当告知当事人或者其法定代理人、委托代理人有权申请出售。

权利人书面申请出售被冻结的债券、股票、基金份额等财产,不损害国家利益、被害人、其他权利人利益,不影响诉讼正常进行的,以及冻结的汇票、本票、支票的有效期即将届满的,经县级以上公安机关负责人批准,可以依法出售或者变现,所得价款应当继续冻结在其对应的银行账户中;没有对应的银行账户的,所得价款由公安机关在银行指定专门账户保管,并及时告知当事人或者其近亲属。

第二百四十七条 对冻结的财产,经查明确实与案件无关的,应当在三日以内通知金融机构等单位解除冻结,并通知被冻结财产的所有人。

第八节 鉴 定

第二百四十八条 为了查明案情,解决案件中某些专门性问题,应当指派、聘请有专门知识的人进行鉴定。

需要聘请有专门知识的人进行鉴定,应当经县级以上公安机关负责人批准后,制作鉴定聘请书。

第二百四十九条 公安机关应当为鉴定人进行鉴定提供必要的条件,及时向鉴定人送交有关检材和对比样本等原始材料,介绍与鉴定有关的情况,并且明确提出要求鉴定解决的问题。

禁止暗示或者强迫鉴定人作出某种鉴定意见。

第二百五十条 侦查人员应当做好检材的保管和送检工作,并注明检材送检环节的责任人,确保检材在流转环节中的同一性和不被污染。

第二百五十一条 鉴定人应当按照鉴定规则,运用科学方法独立进行鉴定。鉴定后,应当出具鉴定意见,并在鉴定意见书上签名,同时附上鉴定机构和鉴定人的资质证明或者其他证明文件。

多人参加鉴定,鉴定人有不同意见的,应当注明。

第二百五十二条　对鉴定意见,侦查人员应当进行审查。

对经审查作为证据使用的鉴定意见,公安机关应当及时告知犯罪嫌疑人、被害人或者其法定代理人。

第二百五十三条　犯罪嫌疑人、被害人对鉴定意见有异议提出申请,以及办案部门或者侦查人员对鉴定意见有疑义的,可以将鉴定意见送交其他有专门知识的人员提出意见。必要时,询问鉴定人并制作笔录附卷。

第二百五十四条　经审查,发现有下列情形之一的,经县级以上公安机关负责人批准,应当补充鉴定：

（一）鉴定内容有明显遗漏的;

（二）发现新的有鉴定意义的证物的;

（三）对鉴定证物有新的鉴定要求的;

（四）鉴定意见不完整,委托事项无法确定的;

（五）其他需要补充鉴定的情形。

经审查,不符合上述情形的,经县级以上公安机关负责人批准,作出不准予补充鉴定的决定,并在作出决定后三日以内书面通知申请人。

第二百五十五条　经审查,发现有下列情形之一的,经县级以上公安机关负责人批准,应当重新鉴定：

（一）鉴定程序违法或者违反相关专业技术要求的;

（二）鉴定机构、鉴定人不具备鉴定资质和条件的;

（三）鉴定人故意作虚假鉴定或者违反回避规定的;

（四）鉴定意见依据明显不足的;

（五）检材虚假或者被损坏的;

（六）其他应当重新鉴定的情形。

重新鉴定,应当另行指派或者聘请鉴定人。

经审查,不符合上述情形的,经县级以上公安机关负责人批准,作出不准予重新鉴定的决定,并在作出决定后三日以内书面通知申请人。

第二百五十六条　公诉人、当事人或者辩护人、诉讼代理人对鉴定意见有异议,经人民法院依法通知的,公安机关鉴定人应当出庭作证。

鉴定人故意作虚假鉴定的,应当依法追究其法律责任。

第二百五十七条　对犯罪嫌疑人作精神病鉴定的时间不计入办案期限,其他鉴定时间都应当计入办案期限。

第九节　辨　认

第二百五十八条　为了查明案情,在必要的时候,侦查人员可以让被害人、证人或者犯罪嫌疑人对与犯罪有关的物品、文件、尸体、场所或者犯罪嫌疑人进行辨认。

第二百五十九条　辨认应当在侦查人员的主持下进行。主持辨认的侦查人员不得少于二人。

几名辨认人对同一辨认对象进行辨认时,应当由辨认人个别进行。

第二百六十条　辨认时,应当将辨认对象混杂在特征相类似的其他对象中,不得在辨认前向辨认人展示辨认对象及其影像资料,不得给辨认人任何暗示。

辨认犯罪嫌疑人时,被辨认的人数不得少于七人;对犯罪嫌疑人照片进行辨认的,不得少于十人的照片。

辨认物品时，混杂的同类物品不得少于五件；对物品的照片进行辨认的，不得少于十个物品的照片。

对场所、尸体等特定辨认对象进行辨认，或者辨认人能够准确描述物品独有特征的，陪衬物不受数量的限制。

第二百六十一条　对犯罪嫌疑人的辨认，辨认人不愿意公开进行时，可以在不暴露辨认人的情况下进行，并应当为其保守秘密。

第二百六十二条　对辨认经过和结果，应当制作辨认笔录，由侦查人员、辨认人、见证人签名。必要时，应当对辨认过程进行录音录像。

第十节　技术侦查

第二百六十三条　公安机关在立案后，根据侦查犯罪的需要，可以对下列严重危害社会的犯罪案件采取技术侦查措施：

（一）危害国家安全犯罪、恐怖活动犯罪、黑社会性质的组织犯罪、重大毒品犯罪案件；

（二）故意杀人、故意伤害致人重伤或者死亡、强奸、抢劫、绑架、放火、爆炸、投放危险物质等严重暴力犯罪案件；

（三）集团性、系列性、跨区域性重大犯罪案件；

（四）利用电信、计算机网络、寄递渠道等实施的重大犯罪案件，以及针对计算机网络实施的重大犯罪案件；

（五）其他严重危害社会的犯罪案件，依法可能判处七年以上有期徒刑的。

公安机关追捕被通缉或者批准、决定逮捕的在逃的犯罪嫌疑人、被告人，可以采取追捕所必需的技术侦查措施。

第二百六十四条　技术侦查措施是指由设区的市一级以上公安机关负责技术侦查的部门实施的记录监控、行踪监控、通信监控、场所监控等措施。

技术侦查措施的适用对象是犯罪嫌疑人、被告人以及与犯罪活动直接关联的人员。

第二百六十五条　需要采取技术侦查措施的，应当制作呈请采取技术侦查措施报告书，报设区的市一级以上公安机关负责人批准，制作采取技术侦查措施决定书。

人民检察院等部门决定采取技术侦查措施，交公安机关执行的，由设区的市一级以上公安机关按照规定办理相关手续后，交负责技术侦查的部门执行，并将执行情况通知人民检察院等部门。

第二百六十六条　批准采取技术侦查措施的决定自签发之日起三个月以内有效。

在有效期限内，对不需要继续采取技术侦查措施的，办案部门应当立即书面通知负责技术侦查的部门解除技术侦查措施；负责技术侦查的部门认为需要解除技术侦查措施的，报批准机关负责人批准，制作解除技术侦查措施决定书，并及时通知办案部门。

对复杂、疑难案件，采取技术侦查措施的有效期限届满仍需要继续采取技术侦查措施的，经负责技术侦查的部门审核后，报批准机关负责人批准，制作延长技术侦查措施期限决定书。批准延长期限，每次不得超过三个月。

有效期限届满，负责技术侦查的部门应当立即解除技术侦查措施。

第二百六十七条　采取技术侦查措施，必须严格按照批准的措施种类、适用对象和期限执行。

在有效期限内，需要变更技术侦查措施种类或者适用对象的，应当按照本规定第二百六十五条规定重新办理批准手续。

第二百六十八条 采取技术侦查措施收集的材料在刑事诉讼中可以作为证据使用。使用技术侦查措施收集的材料作为证据时，可能危及有关人员的人身安全，或者可能产生其他严重后果的，应当采取不暴露有关人员身份和使用的技术设备、侦查方法等保护措施。

采取技术侦查措施收集的材料作为证据使用的，采取技术侦查措施决定书应当附卷。

第二百六十九条 采取技术侦查措施收集的材料，应当严格依照有关规定存放，只能用于对犯罪的侦查、起诉和审判，不得用于其他用途。

采取技术侦查措施收集的与案件无关的材料，必须及时销毁，并制作销毁记录。

第二百七十条 侦查人员对采取技术侦查措施过程中知悉的国家秘密、商业秘密和个人隐私，应当保密。

公安机关依法采取技术侦查措施，有关单位和个人应当配合，并对有关情况予以保密。

第二百七十一条 为了查明案情，在必要的时候，经县级以上公安机关负责人决定，可以由侦查人员或者公安机关指定的其他人员隐匿身份实施侦查。

隐匿身份实施侦查时，不得使用促使他人产生犯罪意图的方法诱使他人犯罪，不得采用可能危害公共安全或者发生重大人身危险的方法。

第二百七十二条 对涉及给付毒品等违禁品或者财物的犯罪活动，为查明参与该项犯罪的人员和犯罪事实，根据侦查需要，经县级以上公安机关负责人决定，可以实施控制下交付。

第二百七十三条 公安机关依照本节规定实施隐匿身份侦查和控制下交付收集的材料在刑事诉讼中可以作为证据使用。

使用隐匿身份侦查和控制下交付收集的材料作为证据时，可能危及隐匿身份人员的人身安全，或者可能产生其他严重后果的，应当采取不暴露有关人员身份等保护措施。

第十一节 通 缉

第二百七十四条 应当逮捕的犯罪嫌疑人在逃的，经县级以上公安机关负责人批准，可以发布通缉令，采取有效措施，追捕归案。

县级以上公安机关在自己管辖的地区内，可以直接发布通缉令；超出自己管辖的地区，应当报请有权决定的上级公安机关发布。

通缉令的发送范围，由签发通缉令的公安机关负责人决定。

第二百七十五条 通缉令中应当尽可能写明被通缉人的姓名、别名、曾用名、绰号、性别、年龄、民族、籍贯、出生地、户籍所在地、居住地、职业、身份证号码、衣着和体貌特征、口音、行为习惯，并附被通缉人近期照片，可以附指纹及其他物证的照片。除了必须保密的事项以外，应当写明发案的时间、地点和简要案情。

第二百七十六条 通缉令发出后，如果发现新的重要情况可以补发通报。通报必须注明原通缉令的编号和日期。

第二百七十七条 公安机关接到通缉令后，应当及时布置查缉。抓获犯罪嫌疑人后，报经县级以上公安机关负责人批准,凭通缉令或者相关法律文书羁押,并通知通缉令发布机关进行核实,办理交接手续。

第二百七十八条 需要对犯罪嫌疑人在口岸采取边控措施的,应当按照有关规定制作边控对象通知书,并附有关法律文书,经县级以上公安机关负责人审核后,层报省级公安机关批准,办理全国范围内的边控措施。需要限制犯罪嫌疑人人身自由的,应当附有关限制人身自由的法律文书。

紧急情况下,需要采取边控措施的,县级以上公安机关可以出具公函,先向有关口岸所在地出入境边防检查机关交控,但应当在七日以内按照规定程序办理全国范围内的边控措施。

第二百七十九条 为发现重大犯罪线索,追缴涉案财物、证据,查获犯罪嫌疑人,必要时,经县级以上公安机关负责人批准,可以发布悬赏通告。

悬赏通告应当写明悬赏对象的基本情况和赏金的具体数额。

第二百八十条 通缉令、悬赏通告应当广泛张贴,并可以通过广播、电视、报刊、计算机网络等方式发布。

第二百八十一条 经核实,犯罪嫌疑人已经自动投案、被击毙或者被抓获,以及发现有其他不需要采取通缉、边控、悬赏通告的情形的,发布机关应当在原通缉、通知、通告范围内,撤销通缉令、边控通知、悬赏通告。

第二百八十二条 通缉越狱逃跑的犯罪嫌疑人、被告人或者罪犯,适用本节的有关规定。

第十二节 侦查终结

第二百八十三条 侦查终结的案件,应当同时符合以下条件:

(一)案件事实清楚;
(二)证据确实、充分;
(三)犯罪性质和罪名认定正确;
(四)法律手续完备;
(五)依法应当追究刑事责任。

第二百八十四条 对侦查终结的案件,公安机关应当全面审查证明证据收集合法性的证据材料,依法排除非法证据。排除非法证据后证据不足的,不得移送审查起诉。

公安机关发现侦查人员非法取证的,应当依法作出处理,并可另行指派侦查人员重新调查取证。

第二百八十五条 侦查终结的案件,侦查人员应当制作结案报告。

结案报告应当包括以下内容:

(一)犯罪嫌疑人的基本情况;
(二)是否采取了强制措施及其理由;
(三)案件的事实和证据;
(四)法律依据和处理意见。

第二百八十六条 侦查终结案件的处理,由县级以上公安机关负责人批准;重大、复杂、疑难的案件应当经过集体讨论。

第二百八十七条 侦查终结后,应当将全部案卷材料按照要求装订立卷。

向人民检察院移送案件时,只移送诉讼卷,侦查卷由公安机关存档备查。

第二百八十八条 对查封、扣押的犯罪嫌疑人的财物及其孳息、文件或者冻结的财产,作为证据使用的,应当随案移送,并制作随案移送清单一式两份,一份留存,一份交人民检察院。制作清单时,应当根据已经查明的案情,写明对涉案财物的处理建议。

对于实物不宜移送的,应当将其清单、照片或者其他证明文件随案移送。待人民法院作出生效判决后,按照人民法院送达的生效判决书、裁定书依法作出处理,并向人民法院送交回执。人民法院在判决、裁定中未对涉案财物作出处理的,公安机关应当征求人民法院意见,并根据人民法院的决定依法作出处理。

第二百八十九条 对侦查终结的案件,应当制作起诉意见书,经县级以上公安机关负责人批准后,连同全部案卷材料、证据,以及辩护律师提出的意见,一并移送同级人民检察院审查决定;同时将案件移送情况告知犯罪嫌疑人及其辩护律师。

犯罪嫌疑人自愿认罪的,应当记录在案、随案移送,并在起诉意见书中写明有关情况;认为案件符合速裁程序适用条件的,可以向人民检察院提出适用速裁程序的建议。

第二百九十条 对于犯罪嫌疑人在境外,需要及时进行审判的严重危害国家安全犯罪、恐怖活动犯罪案件,应当在侦查终结后层报公安部批准,移送同级人民检察院审查起诉。

在审查起诉或者缺席审理过程中,犯罪嫌疑人、被告人向公安机关自动投案或者被公安机关抓获的,公安机关应当立即通知人民检察院、人民法院。

第二百九十一条 共同犯罪案件的起诉意见书,应当写明每个犯罪嫌疑人在共同犯罪中的地位、作用、具体罪责和认罪态度,并分别提出处理意见。

第二百九十二条 被害人提出附带民事诉讼的,应当记录在案;移送审查起诉时,应当在起诉意见书末页注明。

第二百九十三条 人民检察院作出不起诉决定的,如果被不起诉人在押,公安机关应当立即办理释放手续。除依法转为行政案件办理外,应当根据人民检察院解除查封、扣押、冻结财物的书面通知,及时解除查封、扣押、冻结。

人民检察院提出对被不起诉人给予行政处罚、处分或者没收其违法所得的检察意见,移送公安机关处理的,公安机关应当将处理结果及时通知人民检察院。

第二百九十四条 认为人民检察院作出的不起诉决定有错误的,应当在收到不起诉决定书后七日以内制作要求复议意见书,经县级以上公安机关负责人批准后,移送人民检察院复议。

要求复议的意见不被接受的,可以在收到人民检察院的复议决定书后七日以内制作提请复核意见书,经县级以上公安机关负责人批准后,连同人民检察院的复议决定书,一并提请上一级人民检察院复核。

第十三节 补充侦查

第二百九十五条 侦查终结,移送人民检察院审查起诉的案件,人民检察院退回公安机关补充侦查的,公安机关接到人民检察院退回补充侦查的法律文书后,应当按照补充侦查提纲在一个月以内补充侦查完毕。

补充侦查以二次为限。

第二百九十六条 对人民检察院退回补充侦查的案件,根据不同情况,报县级以上公安机关负责人批准,分别作如下处理:

(一)原认定犯罪事实不清或者证据不够充分的,应当在查清事实、补充证据后,制作补充侦查报告书,移送人民检察院审查;对确实无法查明的事项或者无法补充的证据,应当书面向人民检察院说明情况；

(二)在补充侦查过程中,发现新的同案犯或者新的罪行,需要追究刑事责任的,应当重新制作起诉意见书,移送人民检察院审查；

(三)发现原认定的犯罪事实有重大变化,不应当追究刑事责任的,应当撤销案件或者对犯罪嫌疑人终止侦查,并将有关情况通知退查的人民检察院；

(四)原认定犯罪事实清楚,证据确实、充分,人民检察院退回补充侦查不当的,应当说明理由,移送人民检察院审查。

第二百九十七条 对于人民检察院在审查起诉过程中以及在人民法院作出生效判决前,要求公安机关提供法庭审判所必需的证据材料的,应当及时收集和提供。

第九章 执行刑罚

第一节 罪犯的交付

第二百九十八条 对被依法判处刑罚的罪犯,如果罪犯已被采取强制措施的,公安机关应当依据人民法院生效的判决书、裁定书以及执行通知书,将罪犯交付执行。

对人民法院作出无罪或者免除刑事处罚的判决,如果被告人在押,公安机关在收到相应的法律文书后应当立即办理释放手续;对人民法院建议给予行政处理的,应当依照有关规定处理或者移送有关部门。

第二百九十九条 对被判处死刑的罪犯,公安机关应当依据人民法院执行死刑的命令,将罪犯交由人民法院执行。

第三百条 公安机关接到人民法院生效的判处死刑缓期二年执行、无期徒刑、有期徒刑的判决书、裁定书以及执行通知书后,应当在一个月以内将罪犯送交监狱执行。

对未成年犯应当送交未成年犯管教所执行刑罚。

第三百零一条 对被判处有期徒刑的罪犯,在被交付执行刑罚前,剩余刑期在三个月以下的,由看守所根据人民法院的判决代为执行。

对被判处拘役的罪犯,由看守所执行。

第三百零二条 对被判处管制、宣告缓刑、假释或者暂予监外执行的罪犯,已被羁押的,由看守所将其交付社区矫正机构执行。

对被判处剥夺政治权利的罪犯,由罪犯居住地的派出所负责执行。

第三百零三条 对被判处有期徒刑由看守所代为执行和被判处拘役的罪犯,执行期间如果没有再犯新罪,执行期满,看守所应当发给刑满释放证明书。

第三百零四条 公安机关在执行刑罚中,如果认为判决有错误或者罪犯提出申诉,应当转请人民检察院或者原判人民法院处理。

第二节 减刑、假释、暂予监外执行

第三百零五条 对依法留看守所执行刑罚的罪犯,符合减刑条件的,由看守所制作减刑建议书,经设区的市一级以上公安机关审查同意后,报请所在地中级以上人民法院审核裁定。

第三百零六条 对依法留看守所执行刑罚的罪犯,符合假释条件的,由看守所制作假释建议书,经设区的市一级以上公安机关审查同意后,报请所在地中级以

上人民法院审核裁定。

第三百零七条 对依法留所执行刑罚的罪犯,有下列情形之一的,可以暂予监外执行:

(一)有严重疾病需要保外就医的;

(二)怀孕或者正在哺乳自己婴儿的妇女;

(三)生活不能自理,适用暂予监外执行不致危害社会的。

对罪犯暂予监外执行的,看守所应当提出书面意见,报设区的市一级以上公安机关批准,同时将书面意见抄送同级人民检察院。

对适用保外就医可能有社会危险性的罪犯,或者自伤自残的罪犯,不得保外就医。

对罪犯确有严重疾病,必须保外就医的,由省级人民政府指定的医院诊断并开具证明文件。

第三百零八条 公安机关决定对罪犯暂予监外执行的,应当将暂予监外执行决定书交被暂予监外执行的罪犯和负责监外执行的社区矫正机构,同时抄送同级人民检察院。

第三百零九条 批准暂予监外执行的公安机关接到人民检察院认为暂予监外执行不当的意见后,应当立即对暂予监外执行的决定进行重新核查。

第三百一十条 对暂予监外执行的罪犯,有下列情形之一的,批准暂予监外执行的公安机关应当作出收监执行决定:

(一)发现不符合暂予监外执行条件的;

(二)严重违反有关暂予监外执行监督管理规定的;

(三)暂予监外执行的情形消失后,罪犯刑期未满的。

对暂予监外执行的罪犯决定收监执行的,由暂予监外执行地看守所将罪犯收监执行。

不符合暂予监外执行条件的罪犯通过贿赂等非法手段被暂予监外执行的,或者罪犯在暂予监外执行期间脱逃的,罪犯被收监执行后,所在看守所应当提出不计入执行刑期的建议,经设区的市一级以上公安机关审查同意后,报请所在地中级以上人民法院审核裁定。

第三节 剥夺政治权利

第三百一十一条 负责执行剥夺政治权利的派出所应当按照人民法院的判决,向罪犯及其所在单位、居住地基层组织宣布其犯罪事实、被剥夺政治权利的期限,以及罪犯在执行期间应当遵守的规定。

第三百一十二条 被剥夺政治权利的罪犯在执行期间应当遵守下列规定:

(一)遵守国家法律、行政法规和公安部制定的有关规定,服从监督管理;

(二)不得享有选举权和被选举权;

(三)不得组织或者参加集会、游行、示威、结社活动;

(四)不得出版、制作、发行书籍、音像制品;

(五)不得接受采访,发表演说;

(六)不得在境内外发表有损国家荣誉、利益或者其他具有社会危害性的言论;

(七)不得担任国家机关职务;

(八)不得担任国有公司、企业、事业单位和人民团体的领导职务。

第三百一十三条 被剥夺政治权利的罪犯违反本规定第三百一十二条的规定,尚未构成新的犯罪的,公安机关依法可以给予治安管理处罚。

第三百一十四条 被剥夺政治权利的罪犯,执行期满,公安机关应当书面通知本人及其所在单位、居住地基层组织。

第四节 对又犯新罪罪犯的处理

第三百一十五条 对留看守所执行刑罚的罪犯,在暂予监外执行期间又犯新罪的,由犯罪地公安机关立案侦查,并通知批准机关。批准机关作出收监执行决定后,应当根据侦查、审判需要,由犯罪地看守所或者暂予监外执行地看守所收监执行。

第三百一十六条 被剥夺政治权利、管制、宣告缓刑和假释的罪犯在执行期间又犯新罪的,由犯罪地公安机关立案侦查。

对留看守所执行刑罚的罪犯,因犯新罪被撤销假释的,应当根据侦查、审判需要,由犯罪地看守所或者原执行看守所收监执行。

第十章 特别程序

第一节 未成年人刑事案件诉讼程序

第三百一十七条 公安机关办理未成年人刑事案件,实行教育、感化、挽救的方针,坚持教育为主、惩罚为辅的原则。

第三百一十八条 公安机关办理未成年人刑事案件,应当保障未成年人行使其诉讼权利并得到法律帮助,依法保护未成年人的名誉和隐私,尊重其人格尊严。

第三百一十九条 公安机关应当设置专门机构或者配备专职人员办理未成年人刑事案件。

未成年人刑事案件应当由熟悉未成年人身心特点,善于做未成年人思想教育工作,具有一定办案经验的人员办理。

第三百二十条 未成年犯罪嫌疑人没有委托辩护人的,公安机关应当通知法律援助机构指派律师为其提供辩护。

第三百二十一条 公安机关办理未成年人刑事案件时,应当重点查清未成年犯罪嫌疑人实施犯罪行为时是否已满十四周岁、十六周岁、十八周岁的临界年龄。

第三百二十二条 公安机关办理未成年人刑事案件,根据情况可以对未成年犯罪嫌疑人的成长经历、犯罪原因、监护教育等情况进行调查并制作调查报告。

作出调查报告的,在提请批准逮捕、移送审查起诉时,应当结合案情综合考虑,并将调查报告与案卷材料一并移送人民检察院。

第三百二十三条 讯问未成年犯罪嫌疑人,应当通知未成年犯罪嫌疑人的法定代理人到场。无法通知、法定代理人不能到场或者法定代理人是共犯的,也可以通知未成年犯罪嫌疑人的其他成年亲属,所在学校、单位、居住地或者办案单位所在地基层组织或者未成年人保护组织的代表到场,并将有关情况记录在案。到场的法定代理人可以代为行使未成年犯罪嫌疑人的诉讼权利。

到场的法定代理人或者其他人员提出侦查人员在讯问中侵犯未成年人合法权益的,公安机关应当认真核查,依法处理。

第三百二十四条 讯问未成年犯罪嫌疑人应当采取适合未成年人的方式,耐心细致地听取其供述或者辩解,认真审核、查证与案件有关的证据和线索,并针对其思想顾虑、恐惧心理、抵触情绪进行疏导和教育。

讯问女性未成年犯罪嫌疑人，应当有女工作人员在场。

第三百二十五条 讯问笔录应当交未成年犯罪嫌疑人、到场的法定代理人或者其他人员阅读或者向其宣读；对笔录内容有异议，应当核实清楚，准予更正或者补充。

第三百二十六条 询问未成年被害人、证人，适用本规定第三百二十三条、第三百二十四条、第三百二十五条的规定。

询问未成年被害人、证人，应当以适当的方式进行，注意保护其隐私和名誉，尽可能减少询问频次，避免造成二次伤害。必要时，可以聘请熟悉未成年人身心特点的专业人员协助。

第三百二十七条 对未成年犯罪嫌疑人应当严格限制和尽量减少使用逮捕措施。

未成年犯罪嫌疑人被拘留、逮捕后服从管理、依法变更强制措施不致发生社会危险性，能够保证诉讼正常进行的，公安机关应当依法及时变更强制措施；人民检察院批准逮捕的案件，公安机关应当将变更强制措施情况及时通知人民检察院。

第三百二十八条 对被羁押的未成年人应当与成年人分别关押、分别管理、分别教育，并根据其生理和心理特点在生活和学习方面给予照顾。

第三百二十九条 人民检察院在对未成年人作出附条件不起诉的决定前，听取公安机关意见时，公安机关应当提出书面意见，经县级以上公安机关负责人批准，移送同级人民检察院。

第三百三十条 认为人民检察院作出的附条件不起诉决定有错误的，应当在收到不起诉决定书后七日以内制作要求复议意见书，经县级以上公安机关负责人批准，移送同级人民检察院复议。

要求复议的意见不被接受的，可以在收到人民检察院的复议决定书后七日以内制作提请复核意见书，经县级以上公安机关负责人批准后，连同人民检察院的复议决定书，一并提请上一级人民检察院复核。

第三百三十一条 未成年人犯罪的时候不满十八周岁，被判处五年有期徒刑以下刑罚的，公安机关应当依据人民法院已经生效的判决书，将该未成年人的犯罪记录予以封存。

犯罪记录被封存的，除司法机关为办案需要或者有关单位根据国家规定进行查询外，公安机关不得向其他任何单位和个人提供。

被封存犯罪记录的未成年人，如果发现漏罪，合并被判处五年有期徒刑以上刑罚的，应当对其犯罪记录解除封存。

第三百三十二条 办理未成年人刑事案件，除本节已有规定的以外，按照本规定的其他规定进行。

第二节 当事人和解的公诉案件诉讼程序

第三百三十三条 下列公诉案件，犯罪嫌疑人真诚悔罪，通过向被害人赔偿损失、赔礼道歉等方式获得被害人谅解，被害人自愿和解的，经县级以上公安机关负责人批准，可以依法作为当事人和解的公诉案件办理：

（一）因民间纠纷引起，涉嫌刑法分则第四章、第五章规定的犯罪案件，可能判处三年有期徒刑以下刑罚的；

（二）除渎职犯罪以外的可能判处七年有期徒刑以下刑罚的过失犯罪案件。

犯罪嫌疑人在五年以内曾经故意犯

罪的,不得作为当事人和解的公诉案件办理。

第三百三十四条 有下列情形之一的,不属于因民间纠纷引起的犯罪案件:
(一)雇凶伤害他人的;
(二)涉及黑社会性质组织犯罪的;
(三)涉及寻衅滋事的;
(四)涉及聚众斗殴的;
(五)多次故意伤害他人身体的;
(六)其他不宜和解的。

第三百三十五条 双方当事人和解的,公安机关应当审查案件事实是否清楚,被害人是否自愿和解,是否符合规定的条件。

公安机关审查时,应当听取双方当事人的意见,并记录在案;必要时,可以听取双方当事人亲属、当地居民委员会或者村民委员会人员以及其他了解案件情况的相关人员的意见。

第三百三十六条 达成和解的,公安机关应当主持制作和解协议书,并由双方当事人及其他参加人员签名。

当事人中有未成年人的,未成年当事人的法定代理人或者其他成年亲属应当在场。

第三百三十七条 和解协议书应当包括以下内容:
(一)案件的基本事实和主要证据;
(二)犯罪嫌疑人承认自己所犯罪行,对指控的犯罪事实没有异议,真诚悔罪;
(三)犯罪嫌疑人通过向被害人赔礼道歉、赔偿损失等方式获得被害人谅解;涉及赔偿损失的,应当写明赔偿的数额、方式等;提起附带民事诉讼的,由附带民事诉讼原告人撤回附带民事诉讼;

(四)被害人自愿和解,请求或者同意对犯罪嫌疑人依法从宽处罚。

和解协议应当及时履行。

第三百三十八条 对达成和解协议的案件,经县级以上公安机关负责人批准,公安机关将案件移送人民检察院审查起诉时,可以提出从宽处理的建议。

第三节 犯罪嫌疑人逃匿、死亡案件
违法所得的没收程序

第三百三十九条 有下列情形之一,依照刑法规定应当追缴其违法所得及其他涉案财产的,经县级以上公安机关负责人批准,公安机关应当写出没收违法所得意见书,连同相关证据材料一并移送同级人民检察院:
(一)恐怖活动犯罪等重大犯罪案件,犯罪嫌疑人逃匿,在通缉一年后不能到案的;
(二)犯罪嫌疑人死亡的。

犯罪嫌疑人死亡,现有证据证明其存在违法所得及其他涉案财产应当予以没收的,公安机关可以进行调查。公安机关进行调查,可以依法进行查封、扣押、查询、冻结。

第三百四十条 没收违法所得意见书应当包括以下内容:
(一)犯罪嫌疑人的基本情况;
(二)犯罪事实和相关的证据材料;
(三)犯罪嫌疑人逃匿、被通缉或者死亡的情况;
(四)犯罪嫌疑人的违法所得及其他涉案财产的种类、数量、所在地;
(五)查封、扣押、冻结的情况等。

第三百四十一条 公安机关将没收违法所得意见书移送人民检察院后,在逃的犯罪嫌疑人自动投案或者被抓获的,公安机关应当及时通知同级人民检察院。

第四节 依法不负刑事责任的精神病人的强制医疗程序

第三百四十二条 公安机关发现实施暴力行为，危害公共安全或者严重危害公民人身安全的犯罪嫌疑人，可能属于依法不负刑事责任的精神病人的，应当对其进行精神病鉴定。

第三百四十三条 对经法定程序鉴定依法不负刑事责任的精神病人，有继续危害社会可能，符合强制医疗条件的，公安机关应当在七日以内写出强制医疗意见书，经县级以上公安机关负责人批准，连同相关证据材料和鉴定意见一并移送同级人民检察院。

第三百四十四条 对实施暴力行为的精神病人，在人民法院决定强制医疗前，经县级以上公安机关负责人批准，公安机关可以采取临时的保护性约束措施。必要时，可以将其送精神病医院接受治疗。

第三百四十五条 采取临时的保护性约束措施时，应当对精神病人严加看管，并注意约束的方式、方法和力度，以避免和防止危害他人和精神病人的自身安全为限度。

对于精神病人已没有继续危害社会可能，解除约束后不致发生社会危险性的，公安机关应当及时解除保护性约束措施。

第十一章 办案协作

第三百四十六条 公安机关在异地执行传唤、拘传、拘留、逮捕，开展勘验、检查、搜查、查封、扣押、冻结、讯问等侦查活动，应当向当地公安机关提出办案协作请求，并在当地公安机关协助下进行，或者委托当地公安机关代为执行。

开展查询、询问、辨认等侦查活动或者送达法律文书的，也可以向当地公安机关提出办案协作请求，并按照有关规定进行通报。

第三百四十七条 需要异地公安机关协助的，办案地公安机关应当制作办案协作函件，连同有关法律文书和人民警察证复印件一并提供给协作地公安机关。必要时，可以将前述法律手续传真或者通过公安机关有关信息系统传输至协作地公安机关。

请求协助执行传唤、拘传、拘留、逮捕的，应当提供传唤证、拘传证、拘留证、逮捕证；请求协助开展搜查、查封、扣押、查询、冻结等侦查活动的，应当提供搜查证、查封决定书、扣押决定书、协助查询财产通知书、协助冻结财产通知书；请求协助开展勘验、检查、讯问、询问等侦查活动的，应当提供立案决定书。

第三百四十八条 公安机关应当指定一个部门归口接收协作请求，并进行审核。对符合本规定第三百四十七条规定的协作请求，应当及时交主管业务部门办理。

异地公安机关提出协作请求的，只要法律手续完备，协作地公安机关就应当及时无条件予以配合，不得收取任何形式的费用或者设置其他条件。

第三百四十九条 对协作过程中获取的犯罪线索，不属于自己管辖的，应当及时移交有管辖权的公安机关或者其他有关部门。

第三百五十条 异地执行传唤、拘传的，协作地公安机关应当协助将犯罪嫌疑人传唤、拘传到本市、县公安机关执法办案场所或者到他的住处进行讯问。

异地执行拘留、逮捕的,协作地公安机关应当派员协助执行。

第三百五十一条 已被决定拘留、逮捕的犯罪嫌疑人在逃的,可以通过网上工作平台发布犯罪嫌疑人相关信息、拘留证或者逮捕证。各地公安机关发现网上逃犯的,应当立即组织抓捕。

协作地公安机关抓获犯罪嫌疑人后,应当立即通知办案地公安机关。办案地公安机关应当立即携带法律文书及时提解,提解的侦查人员不得少于二人。

办案地公安机关不能及时到达协作地的,应当委托协作地公安机关在拘留、逮捕后二十四小时以内进行讯问。

第三百五十二条 办案地公安机关请求代为讯问、询问、辨认的,协作地公安机关应当制作讯问、询问、辨认笔录,交被讯问、询问人和辨认人签名、捺指印后,提供给办案地公安机关。

办案地公安机关可以委托协作地公安机关协助进行远程视频讯问、询问,讯问、询问过程应当全程录音录像。

第三百五十三条 办案地公安机关请求协查犯罪嫌疑人的身份、年龄、违法犯罪经历等情况的,协作地公安机关应当在接到请求后七日以内将协查结果通知办案地公安机关;交通十分不便的边远地区,应当在十五日以内将协查结果通知办案地公安机关。

办案地公安机关请求协助调查取证或者查询犯罪信息、资料的,协作地公安机关应当及时协查并反馈。

第三百五十四条 对不履行办案协作程序或者协作职责造成严重后果的,对直接负责的主管人员和其他直接责任人员,应当给予处分;构成犯罪的,依法追究刑事责任。

第三百五十五条 协作地公安机关依照办案地公安机关的协作请求履行办案协作职责所产生的法律责任,由办案地公安机关承担。但是,协作行为超出协作请求范围,造成执法过错的,由协作地公安机关承担相应法律责任。

第三百五十六条 办案地和协作地公安机关对于案件管辖、定性处理等发生争议的,可以进行协商。协商不成的,提请共同的上级公安机关决定。

第十二章 外国人犯罪案件的办理

第三百五十七条 办理外国人犯罪案件,应当严格依照我国法律、法规、规章,维护国家主权和利益,并在对等互惠原则的基础上,履行我国所承担的国际条约义务。

第三百五十八条 外国籍犯罪嫌疑人在刑事诉讼中,享有我国法律规定的诉讼权利,并承担相应的义务。

第三百五十九条 外国籍犯罪嫌疑人的国籍,以其在入境时持用的有效证件予以确认;国籍不明的,由出入境管理部门协助予以查明。国籍确实无法查明的,以无国籍人对待。

第三百六十条 确认外国籍犯罪嫌疑人身份,可以依照有关国际条约或者通过国际刑事警察组织、警务合作渠道办理。确实无法查明的,可以按其自报的姓名移送人民检察院审查起诉。

第三百六十一条 犯罪嫌疑人为享有外交或者领事特权和豁免权的外国人的,应当层报公安部,同时通报同级人民政府外事办公室,由公安部商请外交部通过外交途径办理。

第三百六十二条 公安机关办理外

国人犯罪案件，使用中华人民共和国通用的语言文字。犯罪嫌疑人不通晓我国语言文字的，公安机关应当为他翻译；犯罪嫌疑人通晓我国语言文字，不需要他人翻译的，应当出具书面声明。

第三百六十三条 外国人犯罪案件，由犯罪地的县级以上公安机关立案侦查。

第三百六十四条 外国人犯中华人民共和国缔结或者参加的国际条约规定的罪行后进入我国领域内的，由该外国人被抓获地的设区的市一级以上公安机关立案侦查。

第三百六十五条 外国人在中华人民共和国领域外对中华人民共和国国家或者公民犯罪，应当受刑罚处罚的，由该外国人入境地或者入境后居住地的县级以上公安机关立案侦查；该外国人未入境的，由被害人居住地的县级以上公安机关立案侦查；没有被害人或者是对中华人民共和国国家犯罪的，由公安部指定管辖。

第三百六十六条 发生重大或者可能引起外交交涉的外国人犯罪案件的，有关省级公安机关应当及时将案件办理情况报告公安部，同时通报同级人民政府外事办公室。必要时，由公安部商外交部将案件情况通知我国驻外使馆、领事馆。

第三百六十七条 对外国籍犯罪嫌疑人依法作出取保候审、监视居住决定或者执行拘留、逮捕后，应当在四十八小时以内层报省级公安机关，同时通报同级人民政府外事办公室。

重大涉外案件应当在四十八小时以内层报公安部，同时通报同级人民政府外事办公室。

第三百六十八条 对外国籍犯罪嫌疑人依法作出取保候审、监视居住决定或者执行拘留、逮捕后，由省级公安机关根据有关规定，将其姓名、性别、入境时间、护照或者证件号码、案件发生的时间、地点、涉嫌犯罪的主要事实、已采取的强制措施及其法律依据等，通知该外国人所属国家的驻华使馆、领事馆，同时报告公安部。经省级公安机关批准，领事通报任务较重的副省级城市公安局可以直接行使领事通报职能。

外国人在公安机关侦查或者执行刑罚期间死亡的，有关省级公安机关应当通知该外国人国籍国的驻华使馆、领事馆，同时报告公安部。

未在华设立使馆、领事馆的国家，可以通知其代管国家的驻华使馆、领事馆；无代管国家或者代管国家不明的，可以不予通知。

第三百六十九条 外国籍犯罪嫌疑人委托辩护人的，应当委托在中华人民共和国的律师事务所执业的律师。

第三百七十条 公安机关侦查终结前，外国驻华外交、领事官员要求探视被监视居住、拘留、逮捕或者正在看守所服刑的本国公民的，应当及时安排有关探视事宜。犯罪嫌疑人拒绝其国籍国驻华外交、领事官员探视的，公安机关可以不予安排，但应当由其本人提出书面声明。

在公安机关侦查羁押期间，经公安机关批准，外国籍犯罪嫌疑人可以与其近亲属、监护人会见、与外界通信。

第三百七十一条 对判处独立适用驱逐出境刑罚的外国人，省级公安机关在收到人民法院的刑事判决书、执行通知书的副本后，应当指定该外国人所在地的设区的市一级公安机关执行。

被判处徒刑的外国人，主刑执行期满后应当执行驱逐出境附加刑的，省级公安机关在收到执行监狱的上级主管部门转交的刑事判决书、执行通知书副本或者复印件后,应当通知该外国人所在地的设区的市一级公安机关或者指定有关公安机关执行。

我国政府已按照国际条约或者《中华人民共和国外交特权与豁免条例》的规定,对实施犯罪,但享有外交或者领事特权和豁免权的外国人宣布为不受欢迎的人,或者不可接受并拒绝承认其外交或者领事人员身份,责令限期出境的人,无正当理由逾期不自动出境的,由公安部凭外交部公文指定该外国人所在地的省级公安机关负责执行或者监督执行。

第三百七十二条 办理外国人犯罪案件,本章未规定的,适用本规定其他各章的有关规定。

第三百七十三条 办理无国籍人犯罪案件,适用本章的规定。

第十三章 刑事司法协助和警务合作

第三百七十四条 公安部是公安机关进行刑事司法协助和警务合作的中央主管机关,通过有关法律、国际条约、协议规定的联系途径、外交途径或者国际刑事警察组织渠道,接收或者向外国提出刑事司法协助或者警务合作请求。

地方各级公安机关依照职责权限办理刑事司法协助事务和警务合作事务。

其他司法机关在办理刑事案件中,需要外国警方协助的,由其中央主管机关与公安部联系办理。

第三百七十五条 公安机关进行刑事司法协助和警务合作的范围,主要包括犯罪情报信息的交流与合作,调查取证,安排证人作证或者协助调查,查封、扣押、冻结涉案财物,没收、返还违法所得及其他涉案财物,送达刑事诉讼文书,引渡、缉捕和递解犯罪嫌疑人、被告人或者罪犯,以及国际条约、协议规定的其他刑事司法协助和警务合作事宜。

第三百七十六条 在不违背我国法律和有关国际条约、协议的前提下,我国边境地区设区的市一级公安机关和县级公安机关与相邻国家的警察机关,可以按照惯例相互开展执法会晤、人员往来、边境管控、情报信息交流等警务合作,但应当报省级公安机关批准,并报公安部备案;开展其他警务合作的,应当报公安部批准。

第三百七十七条 公安部收到外国的刑事司法协助或者警务合作请求后,应当依据我国法律和国际条约、协议的规定进行审查。对于符合规定的,交有关省级公安机关办理,或者移交其他有关中央主管机关;对于不符合条约或者协议规定的,通过接收请求的途径退回请求方。

对于请求书的签署机关、请求书及所附材料的语言文字、有关办理期限和具体程序等事项,在不违反我国法律基本原则的情况下,可以按照刑事司法协助条约、警务合作协议规定或者双方协商办理。

第三百七十八条 负责执行刑事司法协助或者警务合作的公安机关收到请求书和所附材料后,应当按照我国法律和有关国际条约、协议的规定安排执行,并将执行结果及其有关材料报经省级公安机关审核后报送公安部。

在执行过程中,需要采取查询、查封、扣押、冻结等措施或者返还涉案财物,且符合法律规定的条件的,可以根据我国有关法律和公安部的执行通知办理有关法律手续。

请求书提供的信息不准确或者材料

不齐全难以执行的,应当立即通过省级公安机关报请公安部要求请求方补充材料;因其他原因无法执行或者具有应当拒绝协助、合作的情形等不能执行的,应当将请求书和所附材料,连同不能执行的理由通过省级公安机关报送公安部。

第三百七十九条　执行刑事司法协助和警务合作,请求书中附有办理期限的,应当按期完成。未附办理期限的,调查取证应当在三个月以内完成;送达刑事诉讼文书,应当在十日以内完成。不能按期完成的,应当说明情况和理由,层报公安部。

第三百八十条　需要请求外国警方提供刑事司法协助或者警务合作的,应当按照我国有关法律、国际条约、协议的规定提出刑事司法协助或者警务合作请求书,所附文件及相应译文,经省级公安机关审核后报送公安部。

第三百八十一条　需要通过国际刑事警察组织查找或者缉捕犯罪嫌疑人、被告人或者罪犯,查询资料、调查取证的,应当提出申请层报国际刑事警察组织中国国家中心局。

第三百八十二条　公安机关需要外国协助安排证人、鉴定人来中华人民共和国作证或者通过视频、音频作证,或者协助调查的,应当制作刑事司法协助请求书并附相关材料,经公安部审核同意后,由对外联系机关及时向外国提出请求。

来中华人民共和国作证或者协助调查的证人、鉴定人离境前,公安机关不得就其入境前实施的犯罪进行追究;除因入境后实施违法犯罪而被采取强制措施的以外,其人身自由不受限制。

证人、鉴定人在条约规定的期限内或者被通知无需继续停留后十五日内没有离境的,前款规定不再适用,但是由于不可抗力或者其他特殊原因未能离境的除外。

第三百八十三条　公安机关提供或者请求外国提供刑事司法协助或者警务合作,应当收取或者支付费用的,根据有关国际条约、协议的规定,或者按照对等互惠的原则协商办理。

第三百八十四条　办理引渡案件,依照《中华人民共和国引渡法》等法律规定和有关条约执行。

第十四章　附　　则

第三百八十五条　本规定所称"危害国家安全犯罪",包括刑法分则第一章规定的危害国家安全罪以及危害国家安全的其他犯罪;"恐怖活动犯罪",包括以制造社会恐慌、危害公共安全或者胁迫国家机关、国际组织为目的,采取暴力、破坏、恐吓等手段,造成或者意图造成人员伤亡、重大财产损失、公共设施损坏、社会秩序混乱等严重社会危害的犯罪,以及煽动、资助或者以其他方式协助实施上述活动的犯罪。

第三百八十六条　当事人及其法定代理人、诉讼代理人、辩护律师提出的复议复核请求,由公安机关法制部门办理。

办理刑事复议、复核案件的具体程序,适用《公安机关办理刑事复议复核案件程序规定》。

第三百八十七条　公安机关可以使用电子签名、电子指纹捺印技术制作电子笔录等材料,可以使用电子印章制作法律文书。对案件当事人进行电子签名、电子指纹捺印的过程,公安机关应当同步录音录像。

第三百八十八条　本规定自2013年

1月1日起施行。1998年5月14日发布的《公安机关办理刑事案件程序规定》（公安部令第35号）和2007年10月25日发布的《公安机关办理刑事案件程序规定修正案》（公安部令第95号）同时废止。

最高人民法院
《人民检察院刑事诉讼规则》

（2019年12月2日最高人民检察院第十三届检察委员会第二十八次会议通过，2019年12月30日公布，自2019年12月30日起施行，高检发释字〔2019〕4号）

第一章 通 则

第一条 为保证人民检察院在刑事诉讼中严格依照法定程序办案，正确履行职权，实现惩罚犯罪与保障人权的统一，根据《中华人民共和国刑事诉讼法》《中华人民共和国人民检察院组织法》和有关法律规定，结合人民检察院工作实际，制定本规则。

第二条 人民检察院在刑事诉讼中的任务，是立案侦查直接受理的案件、审查逮捕、审查起诉和提起公诉、对刑事诉讼实行法律监督，保证准确、及时查明犯罪事实，正确应用法律，惩罚犯罪分子，保障无罪的人不受刑事追究，保障刑事法律的统一正确实施，维护社会主义法制，尊重和保障人权，保护公民的人身权利、财产权利、民主权利和其他权利，保障社会主义建设事业的顺利进行。

第三条 人民检察院办理刑事案件，应当严格遵守《中华人民共和国刑事诉讼法》以及其他法律的有关规定，秉持客观公正的立场，尊重和保障人权，既要追诉犯罪，也要保障无罪的人不受刑事追究。

第四条 人民检察院办理刑事案件，由检察官、检察长、检察委员会在各自职权范围内对办案事项作出决定，并依照规定承担相应司法责任。

检察官在检察长领导下开展工作。重大办案事项，由检察长决定。检察长可以根据案件情况，提交检察委员会讨论决定。其他办案事项，检察长可以自行决定，也可以委托检察官决定。

本规则对应当由检察长或者检察委员会决定的重大办案事项有明确规定的，依照本规则的规定。本规则没有明确规定的，省级人民检察院可以制定有关规定，报最高人民检察院批准。

以人民检察院名义制发的法律文书，由检察长签发；属于检察官职权范围内决定事项的，检察长可以授权检察官签发。

重大、疑难、复杂或者有社会影响的案件，应当向检察长报告。

第五条 人民检察院办理刑事案件，根据案件情况，可以由一名检察官独任办理，也可以由两名以上检察官组成办案组办理。由检察官办案组办理的，检察长应当指定一名检察官担任主办检察官，组织、指挥办案组办理案件。

检察官办理案件，可以根据需要配备检察官助理、书记员、司法警察、检察技术人员等检察辅助人员。检察辅助人员依照法律规定承担相应的检察辅助事务。

第六条 人民检察院根据检察工作需要设置业务机构，在刑事诉讼中按照分工履行职责。

业务机构负责人对本部门的办案活动进行监督管理。需要报请检察长决定的事项和需要向检察长报告的案件,应当先由业务机构负责人审核。业务机构负责人可以主持召开检察官联席会议进行讨论,也可以直接报请检察长决定或者向检察长报告。

第七条 检察长不同意检察官处理意见的,可以要求检察官复核,也可以直接作出决定,或者提请检察委员会讨论决定。

检察官执行检察长决定时,认为决定错误的,应当书面提出意见。检察长不改变原决定的,检察官应当执行。

第八条 对同一刑事案件的审查逮捕、审查起诉、出庭支持公诉和立案监督、侦查监督、审判监督等工作,由同一检察官或者检察官办案组负责,但是审查逮捕、审查起诉由不同人民检察院管辖,或者依照法律、有关规定应当另行指派检察官或者检察官办案组办理的除外。

人民检察院履行审查逮捕和审查起诉职责的办案部门,本规则中统称为负责捕诉的部门。

第九条 最高人民检察院领导地方各级人民检察院和专门人民检察院的工作,上级人民检察院领导下级人民检察院的工作。检察长统一领导人民检察院的工作。

上级人民检察院可以依法统一调用辖区的检察人员办理案件,调用的决定应当以书面形式作出。被调用的检察官可以代表办理案件的人民检察院履行出庭支持公诉等各项检察职责。

第十条 上级人民检察院对下级人民检察院作出的决定,有权予以撤销或者变更;发现下级人民检察院办理的案件有错误的,有权指令下级人民检察院予以纠正。

下级人民检察院对上级人民检察院的决定应当执行。如果认为有错误的,应当在执行的同时向上级人民检察院报告。

第十一条 犯罪嫌疑人、被告人自愿如实供述自己的罪行,承认指控的犯罪事实,愿意接受处罚的,可以依法从宽处理。

认罪认罚从宽制度适用于所有刑事案件。人民检察院办理刑事案件的各个诉讼环节,都应当做好认罪认罚的相关工作。

第十二条 人民检察院办理刑事案件的活动依照规定接受人民监督员监督。

第二章 管 辖

第十三条 人民检察院在对诉讼活动实行法律监督中发现的司法工作人员利用职权实施的非法拘禁、刑讯逼供、非法搜查等侵犯公民权利、损害司法公正的犯罪,可以由人民检察院立案侦查。

对于公安机关管辖的国家机关工作人员利用职权实施的重大犯罪案件,需要由人民检察院直接受理的,经省级以上人民检察院决定,可以由人民检察院立案侦查。

第十四条 人民检察院办理直接受理侦查的案件,由设区的市级人民检察院立案侦查。基层人民检察院发现犯罪线索的,应当报设区的市级人民检察院决定立案侦查。

设区的市级人民检察院根据案件情况也可以将案件交由基层人民检察院立案侦查,或者要求基层人民检察院协助侦查。对于刑事执行派出检察院辖区内与刑事执行活动有关的犯罪线索,可以交由刑事执行派出检察院立案侦查。

最高人民检察院、省级人民检察院发现犯罪线索的，可以自行立案侦查，也可以将犯罪线索交由指定的省级人民检察院或者设区的市级人民检察院立案侦查。

第十五条　对本规则第十三条第二款规定的案件，人民检察院需要直接立案侦查的，应当层报省级人民检察院决定。

报请省级人民检察院决定立案侦查的案件，应当制作提请批准直接受理书，写明案件情况以及需要由人民检察院立案侦查的理由，并附有关材料。

省级人民检察院应当在收到提请批准直接受理书后十日以内作出是否立案侦查的决定。省级人民检察院可以决定由设区的市级人民检察院立案侦查，也可以自行立案侦查。

第十六条　上级人民检察院在必要的时候，可以直接立案侦查或者组织、指挥、参与侦查下级人民检察院管辖的案件。下级人民检察院认为案情重大、复杂，需要由上级人民检察院立案侦查的案件，可以请求移送上级人民检察院立案侦查。

第十七条　人民检察院办理直接受理侦查的案件，发现犯罪嫌疑人同时涉嫌监察机关管辖的职务犯罪线索的，应当及时与同级监察机关沟通。

经沟通，认为全案由监察机关管辖更为适宜的，人民检察院应当将案件和相应职务犯罪线索一并移送监察机关；认为由监察机关和人民检察院分别管辖更为适宜的，人民检察院应当将监察机关管辖的相应职务犯罪线索移送监察机关，对依法由人民检察院管辖的犯罪案件继续侦查。

人民检察院应当及时将沟通情况报告上一级人民检察院。沟通期间不得停止对案件的侦查。

第十八条　人民检察院办理直接受理侦查的案件涉及公安机关管辖的刑事案件，应当将属于公安机关管辖的刑事案件移送公安机关。如果涉嫌的主罪属于公安机关管辖，由公安机关为主侦查，人民检察院予以配合；如果涉嫌的主罪属于人民检察院管辖，由人民检察院为主侦查，公安机关予以配合。

对于一人犯数罪、共同犯罪、共同犯罪的犯罪嫌疑人还实施其他犯罪、多个犯罪嫌疑人实施的犯罪存在关联，并案处理有利于查明案件事实和诉讼进行的，人民检察院可以在职责范围内对相关犯罪案件并案处理。

第十九条　本规则第十三条规定的案件，由犯罪嫌疑人工作单位所在地的人民检察院管辖。如果由其他人民检察院管辖更为适宜的，可以由其他人民检察院管辖。

第二十条　对管辖不明确的案件，可以由有关人民检察院协商确定管辖。

第二十一条　几个人民检察院都有权管辖的案件，由最初受理的人民检察院管辖。必要时，可以由主要犯罪地的人民检察院管辖。

第二十二条　对于下列案件，上级人民检察院可以指定管辖：

（一）管辖有争议的案件；

（二）需要改变管辖的案件；

（三）需要集中管辖的特定类型的案件；

（四）其他需要指定管辖的案件。

对前款案件的审查起诉指定管辖的，人民检察院应当与相应的人民法院协商一致。对前款第三项案件的审查逮捕指定管辖的，人民检察院应当与相应的公安机关协商一致。

第二十三条 军事检察院等专门人民检察院的管辖以及军队与地方互涉刑事案件的管辖,按照有关规定执行。

第三章 回 避

第二十四条 检察人员在受理举报和办理案件过程中,发现有刑事诉讼法第二十九条或者第三十条规定的情形之一的,应当自行提出回避;没有自行提出回避的,人民检察院应当决定其回避,当事人及其法定代理人有权要求其回避。

第二十五条 检察人员自行回避的,应当书面或者口头提出,并说明理由。口头提出的,应当记录在案。

第二十六条 人民检察院应当告知当事人及其法定代理人有依法申请回避的权利,并告知办理相关案件的检察人员、书记员等人员的姓名、职务等有关情况。

第二十七条 当事人及其法定代理人要求检察人员回避的,应当书面或者口头向人民检察院提出,并说明理由。口头提出的,应当记录在案。根据刑事诉讼法第三十条的规定要求检察人员回避的,应当提供有关证明材料。

人民检察院经过审查或者调查,认为检察人员符合回避条件的,应当作出回避决定;不符合回避条件的,应当驳回申请。

第二十八条 在开庭审理过程中,当事人及其法定代理人向法庭申请出庭的检察人员回避的,在收到人民法院通知后,人民检察院应当作出回避或者驳回申请的决定。不属于刑事诉讼法第二十九条、第三十条规定情形的回避申请,出席法庭的检察人员应当建议法庭当庭驳回。

第二十九条 检察长的回避,由检察委员会讨论决定。检察委员会讨论检察长回避问题时,由副检察长主持,检察长不得参加。

其他检察人员的回避,由检察长决定。

第三十条 当事人及其法定代理人要求公安机关负责人回避,向同级人民检察院提出,或者向公安机关提出后,公安机关移送同级人民检察院的,由检察长提交检察委员会讨论决定。

第三十一条 检察长应当回避,本人没有自行回避,当事人及其法定代理人也没有申请其回避的,检察委员会应当决定其回避。

其他检察人员有前款规定情形的,检察长应当决定其回避。

第三十二条 人民检察院作出驳回申请回避的决定后,应当告知当事人及其法定代理人如不服本决定,有权在收到驳回申请回避的决定书后五日以内向原决定机关申请复议一次。

第三十三条 当事人及其法定代理人对驳回申请回避的决定不服申请复议的,决定机关应当在三日以内作出复议决定并书面通知申请人。

第三十四条 对人民检察院直接受理的案件进行侦查的人员或者进行补充侦查的人员在回避决定作出以前和复议期间,不得停止对案件的侦查。

第三十五条 参加过同一案件侦查的人员,不得承办该案的审查逮捕、审查起诉、出庭支持公诉和诉讼监督工作,但在审查起诉阶段参加自行补充侦查的人员除外。

第三十六条 被决定回避的检察长在回避决定作出以前所取得的证据和进

行的诉讼行为是否有效,由检察委员会根据案件具体情况决定。

被决定回避的其他检察人员在回避决定作出以前所取得的证据和进行的诉讼行为是否有效,由检察长根据案件具体情况决定。

被决定回避的公安机关负责人在回避决定作出以前所进行的诉讼行为是否有效,由作出决定的人民检察院检察委员会根据案件具体情况决定。

第三十七条 本规则关于回避的规定,适用于书记员、司法警察和人民检察院聘请或者指派的翻译人员、鉴定人。

书记员、司法警察和人民检察院聘请或者指派的翻译人员、鉴定人的回避由检察长决定。

辩护人、诉讼代理人可以依照刑事诉讼法及本规则关于回避的规定要求回避、申请复议。

第四章 辩护与代理

第三十八条 人民检察院在办案过程中,应当依法保障犯罪嫌疑人行使辩护权利。

第三十九条 辩护人、诉讼代理人向人民检察院提出有关申请、要求或者提交有关书面材料的,负责案件管理的部门应当接收并及时移送办案部门或者与办案部门联系,具体业务由办案部门负责办理,本规则另有规定的除外。

第四十条 人民检察院负责侦查的部门在第一次讯问犯罪嫌疑人或者对其采取强制措施时,应当告知犯罪嫌疑人有权委托辩护人,并告知其如果因经济困难或者其他原因没有委托辩护人的,可以申请法律援助。属于刑事诉讼法第三十五条规定情形的,应当告知犯罪嫌疑人有权获得法律援助。

人民检察院自收到移送起诉案卷材料之日起三日以内,应当告知犯罪嫌疑人有权委托辩护人,并告知其如果因经济困难或者其他原因没有委托辩护人的,可以申请法律援助。属于刑事诉讼法第三十五条规定情形的,应当告知犯罪嫌疑人有权获得法律援助。

当面口头告知的,应当记入笔录,由被告知人签名;电话告知的,应当记录在案;书面告知的,应当将送达回执入卷。

第四十一条 在押或者被指定居所监视居住的犯罪嫌疑人向人民检察院提出委托辩护人要求的,人民检察院应及时向其监护人、近亲属或者其指定的人员转达要求,并记录在案。

第四十二条 人民检察院办理直接受理侦查案件和审查起诉案件,发现犯罪嫌疑人是盲、聋、哑人或者是尚未完全丧失辨认或者控制自己行为能力的精神病人,或者可能被判处无期徒刑、死刑,没有委托辩护人的,应当自发现之日起三日以内书面通知法律援助机构指派律师为其提供辩护。

第四十三条 人民检察院收到在押或者被指定居所监视居住的犯罪嫌疑人提出的法律援助申请,应当在二十四小时以内将申请材料转交法律援助机构,并通知犯罪嫌疑人的监护人、近亲属或者其委托的其他人员协助提供有关证件、证明等材料。

第四十四条 属于应当提供法律援助的情形,犯罪嫌疑人拒绝法律援助机构指派的律师作为辩护人的,人民检察院应当查明拒绝的原因。有正当理由的,予以准许,但犯罪嫌疑人需另行委托辩护人;犯罪嫌疑人未另行委托辩护人的,应当书面通知法律援助机构另行指派律师为其提供辩护。

第四十五条　辩护人接受委托后告知人民检察院，或者法律援助机构指派律师后通知人民检察院的，人民检察院负责案件管理的部门应当及时登记辩护人的相关信息，并将有关情况和材料及时通知、移交办案部门。

负责案件管理的部门对办理业务的辩护律师，应当查验其律师执业证书、律师事务所证明和授权委托书或者法律援助公函。对其他辩护人、诉讼代理人，应当查验其身份证明和授权委托书。

第四十六条　人民检察院负责案件管理的部门应当依照法律规定对辩护人、诉讼代理人的资格进行审查，办案部门应当予以协助。

第四十七条　自人民检察院对案件审查起诉之日起，应当允许辩护律师查阅、摘抄、复制本案的案卷材料。案卷材料包括案件的诉讼文书和证据材料。

人民检察院直接受理侦查案件移送起诉，审查起诉案件退回补充侦查、改变管辖、提起公诉的，应当及时告知辩护律师。

第四十八条　自人民检察院对案件审查起诉之日起，律师以外的辩护人向人民检察院申请查阅、摘抄、复制本案的案卷材料或者申请同在押、被监视居住的犯罪嫌疑人会见和通信的，由人民检察院负责捕诉的部门进行审查并作出是否许可的决定，在三日以内书面通知申请人。

人民检察院许可律师以外的辩护人同在押或者被监视居住的犯罪嫌疑人通信的，可以要求看守所或者公安机关将书信送交人民检察院进行检查。

律师以外的辩护人申请查阅、摘抄、复制案卷材料或者申请同在押、被监视居住的犯罪嫌疑人会见和通信，具有下列情形之一的，人民检察院可以不予许可：

（一）同案犯罪嫌疑人在逃的；

（二）案件事实不清，证据不足，或者遗漏罪行、遗漏同案犯罪嫌疑人需要补充侦查的；

（三）涉及国家秘密或者商业秘密的；

（四）有事实表明存在串供、毁灭、伪造证据或者危害证人人身安全可能的。

第四十九条　辩护律师或者经过许可的其他辩护人到人民检察院查阅、摘抄、复制本案的案卷材料，由负责案件管理的部门及时安排，由办案部门提供案卷材料。因办案部门工作等原因无法及时安排的，应当向辩护人说明，并自即日起三个工作日以内安排辩护人阅卷，办案部门应当予以配合。

人民检察院应当为辩护人查阅、摘抄、复制案卷材料设置专门的场所或者电子卷宗阅卷终端设备。必要时，人民检察院可以派员在场协助。

辩护人复制案卷材料可以采取复印、拍照、扫描、刻录等方式，人民检察院不收取费用。

第五十条　案件提请批准逮捕或者移送起诉后，辩护人认为公安机关在侦查期间收集的证明犯罪嫌疑人无罪或者罪轻的证据材料未提交，申请人民检察院向公安机关调取的，人民检察院负责捕诉的部门应当及时审查。经审查，认为辩护人申请调取的证据已收集并且与案件事实有联系的，应当予以调取；认为辩护人申请调取的证据未收集或者与案件事实没有联系的，应当决定不予调取并向辩护人说明理由。公安机关移送相关证据材料的,人民检察院应当在三日以内告知辩护人。

人民检察院办理直接受理侦查的案件,适用前款规定。

第五十一条 在人民检察院侦查、审查逮捕、审查起诉过程中,辩护人收集的有关犯罪嫌疑人不在犯罪现场、未达到刑事责任年龄、属于依法不负刑事责任的精神病人的证据,告知人民检察院的,人民检察院应当及时审查。

第五十二条 案件移送起诉后,辩护律师依据刑事诉讼法第四十三条第一款的规定申请人民检察院收集、调取证据的,人民检察院负责捕诉的部门应当及时审查。经审查,认为需要收集、调取证据的,应当决定收集、调取并制作笔录附卷;决定不予收集、调取的,应当书面说明理由。

人民检察院根据辩护律师的申请收集、调取证据时,辩护律师可以在场。

第五十三条 辩护律师申请人民检察院许可其向被害人或者其近亲属、被害人提供的证人收集与本案有关材料的,人民检察院负责捕诉的部门应当及时进行审查。人民检察院应当在五日以内作出是否许可的决定,通知辩护律师;不予许可的,应当书面说明理由。

第五十四条 在人民检察院侦查、审查逮捕、审查起诉过程中,辩护人要求听取其意见的,办案部门应当及时安排。辩护人提出书面意见的,办案部门应当接收并登记。

听取辩护人意见应当制作笔录或者记录在案,辩护人提出的书面意见应当附卷。

辩护人提交案件相关材料的,办案部门应当将辩护人提交材料的目的、来源及内容等情况记录在案,一并附卷。

第五十五条 人民检察院自收到移送起诉案卷材料之日起三日以内,应当告知被害人及其法定代理人或者其近亲属、附带民事诉讼的当事人及其法定代理人有权委托诉讼代理人。被害人及其法定代理人、近亲属因经济困难没有委托诉讼代理人的,应当告知其可以申请法律援助。

当面口头告知的,应当记入笔录,由被告知人签名;电话告知的,应当记录在案;书面告知的,应当将送达回执入卷。被害人众多或者不确定,无法以上述方式逐一告知的,可以公告告知。无法告知的,应当记录在案。

被害人有法定代理人的,应当告知其法定代理人;没有法定代理人的,应当告知其近亲属。

法定代理人或者近亲属为二人以上的,可以告知其中一人。告知时应当按照刑事诉讼法第一百零八条第三项、第六项列举的顺序择先进行。

当事人及其法定代理人、近亲属委托诉讼代理人的,参照刑事诉讼法第三十三条等法律规定执行。

第五十六条 经人民检察院许可,诉讼代理人查阅、摘抄、复制本案案卷材料的,参照本规则第四十九条的规定办理。

律师担任诉讼代理人,需要申请人民检察院收集、调取证据的,参照本规则第五十二条的规定办理。

第五十七条 辩护人、诉讼代理人认为公安机关、人民检察院、人民法院及其工作人员具有下列阻碍其依法行使诉讼权利行为之一,向同级或者上一级人民检察院申诉或者控告的,人民检察院负责控告申诉检察的部门应当接受并依法办

理,其他办案部门应当予以配合:

(一)违反规定,对辩护人、诉讼代理人提出的回避要求不予受理或者对不予回避决定不服的复议申请不予受理的;

(二)未依法告知犯罪嫌疑人、被告人有权委托辩护人的;

(三)未转达在押或者被监视居住的犯罪嫌疑人、被告人委托辩护人的要求或者未转交其申请法律援助材料的;

(四)应当通知而不通知法律援助机构为符合条件的犯罪嫌疑人、被告人或者被申请强制医疗的人指派律师提供辩护或法律援助的;

(五)在规定时间内不受理、不答复辩护人提出的变更强制措施申请或者解除强制措施要求的;

(六)未依法告知辩护律师犯罪嫌疑人涉嫌的罪名和案件有关情况的;

(七)违法限制辩护律师同在押、被监视居住的犯罪嫌疑人、被告人会见和通信的;

(八)违法不允许辩护律师查阅、摘抄、复制本案的案卷材料的;

(九)违法限制辩护律师收集、核实有关证据材料的;

(十)没有正当理由不同意辩护律师收集、调取证据或者通知证人出庭作证的申请,或者不答复、不说明理由的;

(十一)未依法提交证明犯罪嫌疑人、被告人无罪或者罪轻的证据材料的;

(十二)未依法听取辩护人、诉讼代理人意见的;

(十三)未依法将开庭的时间、地点及时通知辩护人、诉讼代理人的;

(十四)未依法向辩护人、诉讼代理人及时送达本案的法律文书或者及时告知案件移送情况的;

(十五)阻碍辩护人、诉讼代理人在法庭审理过程中依法行使诉讼权利的;

(十六)其他阻碍辩护人、诉讼代理人依法行使诉讼权利的。

对于直接向上一级人民检察院申诉或者控告的,上一级人民检察院可以交下级人民检察院办理,也可以直接办理。

辩护人、诉讼代理人认为看守所及其工作人员有阻碍其依法行使诉讼权利的行为,向人民检察院申诉或者控告的,由负责刑事执行检察的部门接受并依法办理;其他办案部门收到申诉或者控告的,应当及时移送负责刑事执行检察的部门。

第五十八条 辩护人、诉讼代理人认为其依法行使诉讼权利受到阻碍向人民检察院申诉或者控告的,人民检察院应当及时受理并调查核实,在十日以内办结并书面答复。情况属实的,通知有关机关或者本院有关部门、下级人民检察院予以纠正。

第五十九条 辩护律师告知人民检察院其委托人或者其他人员准备实施、正在实施危害国家安全、危害公共安全以及严重危及他人人身安全犯罪的,人民检察院应当接受并立即移送有关机关依法处理。

人民检察院应当为反映情况的辩护律师保密。

第六十条 人民检察院发现辩护人有帮助犯罪嫌疑人、被告人隐匿、毁灭、伪造证据、串供,或者威胁、引诱证人作伪证以及其他干扰司法机关诉讼活动的行为,可能涉嫌犯罪的,应当将涉嫌犯罪的线索或者证据材料移送有管辖权的机关依法处理。

人民检察院发现辩护律师在刑事诉

讼中违反法律、法规或者执业纪律的，应当及时向其所在的律师事务所、所属的律师协会以及司法行政机关通报。

第五章 证 据

第六十一条 人民检察院认定案件事实，应当以证据为根据。

公诉案件中被告人有罪的举证责任由人民检察院承担。人民检察院在提起公诉指控犯罪时，应当提出确实、充分的证据，并运用证据加以证明。

人民检察院提起公诉，应当秉持客观公正立场，对被告人有罪、罪重、罪轻的证据都应当向人民法院提出。

第六十二条 证据的审查认定，应当结合案件的具体情况，从证据与待证事实的关联程度、各证据之间的联系、是否依照法定程序收集等方面进行综合审查判断。

第六十三条 人民检察院侦查终结或者提起公诉的案件，证据应当确实、充分。证据确实、充分，应当符合以下条件：

（一）定罪量刑的事实都有证据证明；

（二）据以定案的证据均经法定程序查证属实；

（三）综合全案证据，对所认定事实已排除合理怀疑。

第六十四条 行政机关在行政执法和查办案件过程中收集的物证、书证、视听资料、电子数据等证据材料，经人民检察院审查符合法定要求的，可以作为证据使用。

行政机关在行政执法和查办案件过程中收集的鉴定意见、勘验、检查笔录，经人民检察院审查符合法定要求的，可以作为证据使用。

第六十五条 监察机关依照法律规定收集的物证、书证、证人证言、被调查人供述和辩解、视听资料、电子数据等证据材料，在刑事诉讼中可以作为证据使用。

第六十六条 对采用刑讯逼供等非法方法收集的犯罪嫌疑人供述和采用暴力、威胁等非法方法收集的证人证言、被害人陈述，应当依法排除，不得作为移送审查逮捕、批准或者决定逮捕、移送起诉以及提起公诉的依据。

第六十七条 对采用下列方法收集的犯罪嫌疑人供述，应当予以排除：

（一）采用殴打、违法使用戒具等暴力方法或者变相肉刑的恶劣手段，使犯罪嫌疑人遭受难以忍受的痛苦而违背意愿作出的供述；

（二）采用以暴力或者严重损害本人及其近亲属合法权益等进行威胁的方法，使犯罪嫌疑人遭受难以忍受的痛苦而违背意愿作出的供述；

（三）采用非法拘禁等非法限制人身自由的方法收集的供述。

第六十八条 对采用刑讯逼供方法使犯罪嫌疑人作出供述，之后犯罪嫌疑人受该刑讯逼供行为影响而作出的与该供述相同的重复性供述，应当一并排除，但下列情形除外：

（一）侦查期间，根据控告、举报或者自己发现等，公安机关确认或者不能排除以非法方法收集证据而更换侦查人员，其他侦查人员再次讯问时告知诉讼权利和认罪认罚的法律规定，犯罪嫌疑人自愿供述的；

（二）审查逮捕、审查起诉期间，检察人员讯问时告知诉讼权利和认罪认罚的法律规定，犯罪嫌疑人自愿供述的。

第六十九条 采用暴力、威胁以及非法限制人身自由等非法方法收集的证人证言、被害人陈述，应当予以排除。

第七十条　收集物证、书证不符合法定程序，可能严重影响司法公正的，人民检察院应当及时要求公安机关补正或者作出书面解释；不能补正或者无法作出合理解释的，对该证据应当予以排除。

对公安机关的补正或者解释，人民检察院应当予以审查。经补正或者作出合理解释的，可以作为批准或者决定逮捕、提起公诉的依据。

第七十一条　对重大案件，人民检察院驻看守所检察人员在侦查终结前应当对讯问合法性进行核查并全程同步录音、录像，核查情况应当及时通知本院负责捕诉的部门。

负责捕诉的部门认为确有刑讯逼供等非法取证情形的，应当要求公安机关依法排除非法证据，不得作为提请批准逮捕、移送起诉的依据。

第七十二条　人民检察院发现侦查人员以非法方法收集证据的，应当及时进行调查核实。

当事人及其辩护人或者值班律师、诉讼代理人报案、控告、举报侦查人员采用刑讯逼供等非法方法收集证据，并提供涉嫌非法取证的人员、时间、地点、方式和内容等材料或者线索的，人民检察院应当受理并进行审查。根据现有材料无法证明证据收集合法性的，应当及时进行调查核实。

上一级人民检察院接到对侦查人员采用刑讯逼供等非法方法收集证据的报案、控告、举报，可以直接进行调查核实，也可以交由下级人民检察院调查核实。交由下级人民检察院调查核实的，下级人民检察院应当及时将调查结果报告上一级人民检察院。

人民检察院决定调查核实的，应当及时通知公安机关。

第七十三条　人民检察院经审查认定存在非法取证行为的，对该证据应当予以排除，其他证据不能证明犯罪嫌疑人实施犯罪行为的，应当不批准或者决定逮捕。已经移送起诉的，可以依法将案件退回监察机关补充调查或者退回公安机关补充侦查，或者作出不起诉决定。被排除的非法证据应当随案移送，并写明为依法排除的非法证据。

对于侦查人员的非法取证行为，尚未构成犯罪的，应当依法向其所在机关提出纠正意见。对于需要补正或者作出合理解释的，应当提出明确要求。

对于非法取证行为涉嫌犯罪需要追究刑事责任的，应当依法立案侦查。

第七十四条　人民检察院认为可能存在以刑讯逼供等非法方法收集证据情形的，可以书面要求监察机关或者公安机关对证据收集的合法性作出说明。说明应当加盖单位公章，并由调查人员或者侦查人员签名。

第七十五条　对于公安机关立案侦查的案件，存在下列情形之一的，人民检察院在审查逮捕、审查起诉和审判阶段，可以调取公安机关讯问犯罪嫌疑人的录音、录像，对证据收集的合法性以及犯罪嫌疑人、被告人供述的真实性进行审查：

（一）认为讯问活动可能存在刑讯逼供等非法取证行为的；

（二）犯罪嫌疑人、被告人或者辩护人提出犯罪嫌疑人、被告人供述系非法取得，并提供相关线索或者材料的；

（三）犯罪嫌疑人、被告人提出讯问

活动违反法定程序或者翻供,并提供相关线索或者材料的;

(四)犯罪嫌疑人、被告人或者辩护人提出讯问笔录内容不真实,并提供相关线索或者材料的;

(五)案情重大、疑难、复杂的。

人民检察院调取公安机关讯问犯罪嫌疑人的录音、录像,公安机关未提供,人民检察院经审查认为不能排除有刑讯逼供等非法取证行为的,相关供述不得作为批准逮捕、提起公诉的依据。

人民检察院直接受理侦查的案件,负责侦查的部门移送审查逮捕、移送起诉时,应当将讯问录音、录像连同案卷材料一并移送审查。

第七十六条　对于提起公诉的案件,被告人及其辩护人提出审前供述系非法取得,并提供相关线索或者材料的,人民检察院可以将讯问录音、录像连同案卷材料一并移送人民法院。

第七十七条　在法庭审理过程中,被告人或者辩护人对讯问活动合法性提出异议,公诉人可以要求被告人及其辩护人提供相关线索或者材料。必要时,公诉人可以提请法庭当庭播放相关时段的讯问录音、录像,对有关异议或者事实进行质证。

需要播放的讯问录音、录像中涉及国家秘密、商业秘密、个人隐私或者含有其他不宜公开内容的,公诉人应当建议在法庭组成人员、公诉人、侦查人员、被告人及其辩护人范围内播放。因涉及国家秘密、商业秘密、个人隐私或者其他犯罪线索等内容,人民检察院对讯问录音、录像的相关内容进行技术处理的,公诉人应当向法庭作出说明。

第七十八条　人民检察院认为第一审人民法院有关证据收集合法性的审查、调查结论导致第一审判决、裁定错误的,可以依照刑事诉讼法第二百二十八条的规定向人民法院提出抗诉。

第七十九条　人民检察院在办理危害国家安全犯罪、恐怖活动犯罪、黑社会性质的组织犯罪、毒品犯罪等案件过程中,证人、鉴定人、被害人因在诉讼中作证,本人或者其近亲属人身安全面临危险,向人民检察院请求保护的,人民检察院应当受理并及时进行审查。对于确实存在人身安全危险的,应当立即采取必要的保护措施。人民检察院发现存在上述情形的,应当主动采取保护措施。

人民检察院可以采取以下一项或者多项保护措施:

(一)不公开真实姓名、住址和工作单位等个人信息;

(二)建议法庭采取不暴露外貌、真实声音等出庭作证措施;

(三)禁止特定的人员接触证人、鉴定人、被害人及其近亲属;

(四)对人身和住宅采取专门性保护措施;

(五)其他必要的保护措施。

人民检察院依法决定不公开证人、鉴定人、被害人的真实姓名、住址和工作单位等个人信息的,可以在起诉书、询问笔录等法律文书、证据材料中使用化名。但是应当另行书面说明使用化名的情况并标明密级,单独成卷。

人民检察院依法采取保护措施,可以要求有关单位和个人予以配合。

对证人及其近亲属进行威胁、侮辱、殴打或者打击报复,构成犯罪或者应当给予治安管理处罚的,人民检察院应当移送公安机关处理;情节轻微的,予以批评教育、训诫。

第八十条　证人在人民检察院侦查、审查逮捕、审查起诉期间因履行作证义务而支出的交通、住宿、就餐等费用，人民检察院应当给予补助。

第六章　强制措施

第一节　拘　　传

第八十一条　人民检察院根据案件情况，对犯罪嫌疑人可以拘传。

第八十二条　拘传时，应当向被拘传的犯罪嫌疑人出示拘传证。对抗拒拘传的，可以使用戒具，强制到案。

执行拘传的人员不得少于二人。

第八十三条　拘传的时间从犯罪嫌疑人到案时开始计算。犯罪嫌疑人到案后，应当责令其在拘传证上填写到案时间，签名或者盖章，并捺指印，然后立即讯问。拘传结束后，应当责令犯罪嫌疑人在拘传证上填写拘传结束时间。犯罪嫌疑人拒绝填写的，应当在拘传证上注明。

一次拘传持续的时间不得超过十二小时；案情特别重大、复杂，需要采取拘留、逮捕措施的，拘传持续的时间不得超过二十四小时。两次拘传间隔的时间一般不得少于十二小时，不得以连续拘传的方式变相拘禁犯罪嫌疑人。

拘传犯罪嫌疑人，应当保证犯罪嫌疑人的饮食和必要的休息时间。

第八十四条　人民检察院拘传犯罪嫌疑人，应当在犯罪嫌疑人所在市、县内的地点进行。

犯罪嫌疑人工作单位与居住地不在同一市、县的，拘传应当在犯罪嫌疑人工作单位所在的市、县内进行；特殊情况下，也可以在犯罪嫌疑人居住地所在的市、县内进行。

第八十五条　需要对被拘传的犯罪嫌疑人变更强制措施的，应当在拘传期限内办理变更手续。

在拘传期间决定不采取其他强制措施的，拘传期限届满，应当结束拘传。

第二节　取保候审

第八十六条　人民检察院对于具有下列情形之一的犯罪嫌疑人，可以取保候审：

（一）可能判处管制、拘役或者独立适用附加刑的；

（二）可能判处有期徒刑以上刑罚，采取取保候审不致发生社会危险性的；

（三）患有严重疾病、生活不能自理，怀孕或者正在哺乳自己婴儿的妇女，采取取保候审不致发生社会危险性的；

（四）羁押期限届满，案件尚未办结，需要采取取保候审的。

第八十七条　人民检察院对于严重危害社会治安的犯罪嫌疑人，以及其他犯罪性质恶劣、情节严重的犯罪嫌疑人不得取保候审。

第八十八条　被羁押或者监视居住的犯罪嫌疑人及其法定代理人、近亲属或者辩护人向人民检察院申请取保候审，人民检察院应当在三日以内作出是否同意的答复。经审查符合本规则第八十六条规定情形之一的，可以对被羁押或者监视居住的犯罪嫌疑人依法办理取保候审手续。经审查不符合取保候审条件的，应当告知申请人，并说明不同意取保候审的理由。

第八十九条　人民检察院决定对犯

罪嫌疑人取保候审，应当责令犯罪嫌疑人提出保证人或者交纳保证金。

对同一犯罪嫌疑人决定取保候审，不得同时使用保证人保证和保证金保证方式。

对符合取保候审条件，具有下列情形之一的犯罪嫌疑人，人民检察院决定取保候审时，可以责令其提供一至二名保证人：

（一）无力交纳保证金的；

（二）系未成年人或者已满七十五周岁的人；

（三）其他不宜收取保证金的。

第九十条　采取保证人保证方式的，保证人应当符合刑事诉讼法第六十九条规定的条件，并经人民检察院审查同意。

第九十一条　人民检察院应当告知保证人履行以下义务：

（一）监督被保证人遵守刑事诉讼法第七十一条的规定；

（二）发现被保证人可能发生或者已经发生违反刑事诉讼法第七十一条规定的行为的，及时向执行机关报告。

保证人保证承担上述义务后，应当在取保候审保证书上签名或者盖章。

第九十二条　采取保证金保证方式的，人民检察院可以根据犯罪嫌疑人的社会危险性，案件的性质、情节，可能判处刑罚的轻重，犯罪嫌疑人的经济状况等，责令犯罪嫌疑人交纳一千元以上的保证金。对于未成年犯罪嫌疑人，可以责令交纳五百元以上的保证金。

第九十三条　人民检察院决定对犯罪嫌疑人取保候审的，应当制作取保候审决定书，载明取保候审开始的时间、保证方式、被取保候审人应当履行的义务和应当遵守的规定。

人民检察院作出取保候审决定时，可以根据犯罪嫌疑人涉嫌犯罪的性质、危害后果、社会影响，犯罪嫌疑人、被害人的具体情况等，有针对性地责令其遵守以下一项或者多项规定：

（一）不得进入特定的场所；

（二）不得与特定的人员会见或者通信；

（三）不得从事特定的活动；

（四）将护照等出入境证件、驾驶证件交执行机关保存。

第九十四条　人民检察院应当向取保候审的犯罪嫌疑人宣读取保候审决定书，由犯罪嫌疑人签名或者盖章，并捺指印，责令犯罪嫌疑人遵守刑事诉讼法第七十一条的规定，告知其违反规定应负的法律责任。以保证金方式保证的，应当同时告知犯罪嫌疑人一次性将保证金存入公安机关指定银行的专门账户。

第九十五条　向犯罪嫌疑人宣布取保候审决定后，人民检察院应当将执行取保候审通知书送达公安机关执行，并告知公安机关在执行期间拟批准犯罪嫌疑人离开所居住的市、县的，应当事先征得人民检察院同意。以保证人方式保证的，应当将取保候审保证书同时送交公安机关。

人民检察院核实保证金已经交纳到公安机关指定银行的凭证后，应当将银行出具的凭证及其他有关材料与执行取保候审通知书一并送交公安机关。

第九十六条　采取保证人保证方式的，如果保证人在取保候审期间不愿继续保证或者丧失保证条件的，人民检察院应当在收到保证人不愿继续保证的申请或者发现其丧失保证条件后三日以内，责令犯罪嫌疑人重新提出保证人或者交纳保证金,并将变更情况通知公安机关。

第九十七条 采取保证金保证方式的,被取保候审人拒绝交纳保证金或者交纳保证金不足决定数额时,人民检察院应当作出变更取保候审措施、变更保证方式或者变更保证金数额的决定,并将变更情况通知公安机关。

第九十八条 公安机关在执行取保候审期间向人民检察院征询是否同意批准犯罪嫌疑人离开所居住的市、县时,人民检察院应当根据案件的具体情况及时作出决定,并通知公安机关。

第九十九条 人民检察院发现保证人没有履行刑事诉讼法第七十条规定的义务,应当通知公安机关,要求公安机关对保证人作出罚款决定。构成犯罪的,依法追究保证人的刑事责任。

第一百条 人民检察院发现犯罪嫌疑人违反刑事诉讼法第七十一条的规定,已交纳保证金的,应当书面通知公安机关没收部分或者全部保证金,并且根据案件的具体情况,责令犯罪嫌疑人具结悔过、重新交纳保证金、提出保证人,或者决定对其监视居住、予以逮捕。

公安机关发现犯罪嫌疑人违反刑事诉讼法第七十一条的规定,提出没收保证金或者变更强制措施意见的,人民检察院应当在收到意见后五日以内作出决定,并通知公安机关。

重新交纳保证金的程序适用本规则第九十二条的规定;提出保证人的程序适用本规则第九十条、第九十一条的规定。对犯罪嫌疑人继续取保候审的,取保候审的时间应当累计计算。

对犯罪嫌疑人决定监视居住的,应当办理监视居住手续。监视居住的期限应当自执行监视居住决定之日起计算并告知犯罪嫌疑人。

第一百零一条 犯罪嫌疑人有下列违反取保候审规定的行为,人民检察院应当对犯罪嫌疑人予以逮捕:

(一)故意实施新的犯罪;

(二)企图自杀、逃跑;

(三)实施毁灭、伪造证据,串供或者干扰证人作证,足以影响侦查、审查起诉工作正常进行;

(四)对被害人、证人、鉴定人、举报人、控告人及其他人员实施打击报复。

犯罪嫌疑人有下列违反取保候审规定的行为,人民检察院可以对犯罪嫌疑人予以逮捕:

(一)未经批准,擅自离开所居住的市、县,造成严重后果,或者两次未经批准,擅自离开所居住的市、县;

(二)经传讯不到案,造成严重后果,或者经两次传讯不到案;

(三)住址、工作单位和联系方式发生变动,未在二十四小时以内向公安机关报告,造成严重后果;

(四)违反规定进入特定场所、与特定人员会见或者通信、从事特定活动,严重妨碍诉讼程序正常进行。

有前两款情形,需要对犯罪嫌疑人予以逮捕的,可以先行拘留;已交纳保证金的,同时书面通知公安机关没收保证金。

第一百零二条 人民检察院决定对犯罪嫌疑人取保候审,最长不得超过十二个月。

第一百零三条 公安机关决定对犯罪嫌疑人取保候审,案件移送人民检察院审查起诉后,对于需要继续取保候审的,人民检察院应当依法重新作出取保候审决定,并对犯罪嫌疑人办理取保候审手续。取保候审的期限应当重新计算并告知犯罪嫌疑人。对继续采取保证金方式取保候审的,被取保候审人没有违反刑事诉讼法第七十一条规定的,不变更保证金数额,不再重新收取保证金。

第一百零四条 在取保候审期间,不得中断对案件的侦查、审查起诉。

第一百零五条 取保候审期限届满或者发现不应当追究犯罪嫌疑人的刑事责任的,应当及时解除或者撤销取保候审。

解除或者撤销取保候审的决定,应当及时通知执行机关,并将解除或者撤销取保候审的决定书送达犯罪嫌疑人;有保证人的,应当通知保证人解除保证义务。

第一百零六条 犯罪嫌疑人在取保候审期间没有违反刑事诉讼法第七十一条的规定,或者发现不应当追究犯罪嫌疑人刑事责任的,变更、解除或者撤销取保候审时,应当告知犯罪嫌疑人可以凭变更、解除或者撤销取保候审的通知或者有关法律文书到银行领取退还的保证金。

第三节 监视居住

第一百零七条 人民检察院对于符合逮捕条件,具有下列情形之一的犯罪嫌疑人,可以监视居住:

(一)患有严重疾病、生活不能自理的;

(二)怀孕或者正在哺乳自己婴儿的妇女;

(三)系生活不能自理的人的唯一扶养人;

(四)因为案件的特殊情况或者办理案件的需要,采取监视居住措施更为适宜的;

(五)羁押期限届满,案件尚未办结,需要采取监视居住措施的。

前款第三项中的扶养包括父母、祖父母、外祖父母对子女、孙子女、外孙子女的抚养和子女、孙子女、外孙子女对父母、祖父母、外祖父母的赡养以及配偶、兄弟姐妹之间的相互扶养。

对符合取保候审条件,但犯罪嫌疑人不能提出保证人,也不交纳保证金的,可以监视居住。

第一百零八条 人民检察院应当向被监视居住的犯罪嫌疑人宣读监视居住决定书,由犯罪嫌疑人签名或者盖章,并捺指印,责令犯罪嫌疑人遵守刑事诉讼法第七十七条的规定,告知其违反规定应负的法律责任。

指定居所监视居住的,不得要求被监视居住人支付费用。

第一百零九条 人民检察院核实犯罪嫌疑人住处或者为其指定居所后,应当制作监视居住执行通知书,将有关法律文书和案由、犯罪嫌疑人基本情况材料,送交监视居住地的公安机关执行,必要时人民检察院可以协助公安机关执行。

人民检察院应当告知公安机关在执行期间拟批准犯罪嫌疑人离开执行监视居住的处所、会见他人或者通信的,应当事先征得人民检察院同意。

第一百一十条 人民检察院可以根据案件的具体情况,商请公安机关对被监视居住的犯罪嫌疑人采取电子监控、不定期检查等监视方法,对其遵守监视居住规定的情况进行监督。

人民检察院办理直接受理侦查的案件对犯罪嫌疑人采取监视居住的,在侦查期间可以商请公安机关对其通信进行监控。

第一百一十一条 犯罪嫌疑人有下列违反监视居住规定的行为,人民检察院应当对犯罪嫌疑人予以逮捕：

（一）故意实施新的犯罪行为；

（二）企图自杀、逃跑；

（三）实施毁灭、伪造证据或者串供、干扰证人作证行为，足以影响侦查、审查起诉工作正常进行；

（四）对被害人、证人、鉴定人、举报人、控告人及其他人员实施打击报复。

犯罪嫌疑人有下列违反监视居住规定的行为，人民检察院可以对犯罪嫌疑人予以逮捕：

（一）未经批准，擅自离开执行监视居住的处所，造成严重后果，或者两次未经批准，擅自离开执行监视居住的处所；

（二）未经批准，擅自会见他人或者通信，造成严重后果，或者两次未经批准，擅自会见他人或者通信；

（三）经传讯不到案，造成严重后果，或者经两次传讯不到案。

有前两款情形，需要对犯罪嫌疑人予以逮捕的，可以先行拘留。

第一百一十二条　人民检察院决定对犯罪嫌疑人监视居住，最长不得超过六个月。

第一百一十三条　公安机关决定对犯罪嫌疑人监视居住，案件移送人民检察院审查起诉后，对于需要继续监视居住的，人民检察院应当依法重新作出监视居住决定，并对犯罪嫌疑人办理监视居住手续。监视居住的期限应当重新计算并告知犯罪嫌疑人。

第一百一十四条　在监视居住期间，不得中断对案件的侦查、审查起诉。

第一百一十五条　监视居住期限届满或者发现不应当追究犯罪嫌疑人刑事责任的，应当解除或者撤销监视居住。

解除或者撤销监视居住的决定应当通知执行机关，并将解除或者撤销监视居住的决定书送达犯罪嫌疑人。

第一百一十六条　监视居住应当在犯罪嫌疑人的住处执行。犯罪嫌疑人无固定住处的，可以在指定的居所执行。

固定住处是指犯罪嫌疑人在办案机关所在地的市、县内工作、生活的合法居所。

指定的居所应当符合下列条件：

（一）具备正常的生活、休息条件；

（二）便于监视、管理；

（三）能够保证安全。

采取指定居所监视居住，不得在看守所、拘留所、监狱等羁押、监管场所以及留置室、讯问室等专门的办案场所、办公区域执行。

第一百一十七条　在指定的居所执行监视居住，除无法通知的以外，人民检察院应当在执行监视居住后二十四小时以内，将指定居所监视居住的原因通知被监视居住人的家属。无法通知的，应当将原因写明附卷。无法通知的情形消除后，应当立即通知。

无法通知包括下列情形：

（一）被监视居住人无家属；

（二）与其家属无法取得联系；

（三）受自然灾害等不可抗力阻碍。

第一百一十八条　对于公安机关、人民法院决定指定居所监视居住的案件，由批准或者决定的公安机关、人民法院的同级人民检察院负责捕诉的部门对决定是否合法实行监督。

人民检察院决定指定居所监视居住的案件，由负责控告申诉检察的部门对决定是否合法实行监督。

第一百一十九条　被指定居所监视居住人及其法定代理人、近亲属或者辩护人认为指定居所监视居住决定存在违法情形,提出控告或者举报的,人民检察院应当受理。

人民检察院可以要求有关机关提供指定居所监视居住决定书和相关案卷材料。经审查,发现存在下列违法情形之一的,应当及时通知其纠正：

（一）不符合指定居所监视居住的适用条件的；

（二）未按法定程序履行批准手续的；

（三）在决定过程中有其他违反刑事诉讼法规定的行为的。

第一百二十条　对于公安机关、人民法院决定指定居所监视居住的案件,由人民检察院负责刑事执行检察的部门对指定居所监视居住的执行活动是否合法实行监督。发现存在下列违法情形之一的,应当及时提出纠正意见：

（一）执行机关收到指定居所监视居住决定书、执行通知书等法律文书后不派员执行或者不及时派员执行的；

（二）在执行指定居所监视居住后二十四小时以内没有通知被监视居住人的家属的；

（三）在羁押场所、专门的办案场所执行监视居住的；

（四）为被监视居住人通风报信、私自传递信件、物品的；

（五）违反规定安排辩护人同被监视居住人会见、通信,或者违法限制被监视居住人与辩护人会见、通信的；

（六）对被监视居住人刑讯逼供、体罚、虐待或者变相体罚、虐待的；

（七）有其他侵犯被监视居住人合法权利行为或者其他违法行为的。

被监视居住人及其法定代理人、近亲属或者辩护人认为执行机关或者执行人员存在上述违法情形,提出控告或者举报的,人民检察院应当受理。

人民检察院决定指定居所监视居住的案件,由负责控告申诉检察的部门对指定居所监视居住的执行活动是否合法实行监督。

第四节　拘　　留

第一百二十一条　人民检察院对于具有下列情形之一的犯罪嫌疑人,可以决定拘留：

（一）犯罪后企图自杀、逃跑或者在逃的；

（二）有毁灭、伪造证据或者串供可能的。

第一百二十二条　人民检察院作出拘留决定后,应当将有关法律文书和案由、犯罪嫌疑人基本情况的材料送交同级公安机关执行。必要时,人民检察院可以协助公安机关执行。

拘留后,应当立即将被拘留人送看守所羁押,至迟不得超过二十四小时。

第一百二十三条　对犯罪嫌疑人拘留后,除无法通知的以外,人民检察院应当在二十四小时以内,通知被拘留人的家属。

无法通知的,应当将原因写明附卷。无法通知的情形消除后,应当立即通知其家属。

第一百二十四条　对被拘留的犯罪嫌疑人,应当在拘留后二十四小时以内进行讯问。

第一百二十五条　对被拘留的犯罪嫌疑人,发现不应当拘留的,应当立即释放；依法可以取保候审或者监视居住的,按照本规则的有关规定办理取保候审或者监视居住手续。

对被拘留的犯罪嫌疑人,需要逮捕的,按照本规则的有关规定办理逮捕手续;决定不予逮捕的,应当及时变更强制措施。

第一百二十六条 人民检察院直接受理侦查的案件,拘留犯罪嫌疑人的羁押期限为十四日,特殊情况下可以延长一日至三日。

第一百二十七条 公民将正在实行犯罪或者在犯罪后即被发觉的、通缉在案的、越狱逃跑的、正在被追捕的犯罪嫌疑人或者犯罪人扭送到人民检察院的,人民检察院应当予以接受,并且根据具体情况决定是否采取相应的紧急措施。不属于自己管辖的,应当移送主管机关处理。

第五节 逮 捕

第一百二十八条 人民检察院对有证据证明有犯罪事实,可能判处徒刑以上刑罚的犯罪嫌疑人,采取取保候审尚不足以防止发生下列社会危险性的,应当批准或者决定逮捕:

(一)可能实施新的犯罪的;

(二)有危害国家安全、公共安全或者社会秩序的现实危险的;

(三)可能毁灭、伪造证据,干扰证人作证或者串供的;

(四)可能对被害人、举报人、控告人实施打击报复的;

(五)企图自杀或者逃跑的。

有证据证明有犯罪事实是指同时具备下列情形:

(一)有证据证明发生了犯罪事实;

(二)有证据证明该犯罪事实是犯罪嫌疑人实施的;

(三)证明犯罪嫌疑人实施犯罪行为的证据已经查证属实。

犯罪事实既可以是单一犯罪行为的事实,也可以是数个犯罪行为中任何一个犯罪行为的事实。

第一百二十九条 犯罪嫌疑人具有下列情形之一的,可以认定为"可能实施新的犯罪":

(一)案发前或者案发后正在策划、组织或者预备实施新的犯罪的;

(二)扬言实施新的犯罪的;

(三)多次作案、连续作案、流窜作案的;

(四)一年内曾因故意实施同类违法行为受到行政处罚的;

(五)以犯罪所得为主要生活来源的;

(六)有吸毒、赌博等恶习的;

(七)其他可能实施新的犯罪的情形。

第一百三十条 犯罪嫌疑人具有下列情形之一的,可以认定为"有危害国家安全、公共安全或者社会秩序的现实危险":

(一)案发前或者案发后正在积极策划、组织或者预备实施危害国家安全、公共安全或者社会秩序的重大违法犯罪行为的;

(二)曾因危害国家安全、公共安全或者社会秩序受到刑事处罚或者行政处罚的;

(三)在危害国家安全、黑恶势力、恐怖活动、毒品犯罪中起组织、策划、指挥作用或者积极参加的;

(四)其他有危害国家安全、公共安全或者社会秩序的现实危险的情形。

第一百三十一条 犯罪嫌疑人具有下列情形之一的,可以认定为"可能毁

灭、伪造证据,干扰证人作证或者串供":

（一）曾经或者企图毁灭、伪造、隐匿、转移证据的;

（二）曾经或者企图威逼、恐吓、利诱、收买证人,干扰证人作证的;

（三）有同案犯罪嫌疑人或者与其在事实上存在密切关联犯罪的犯罪嫌疑人在逃,重要证据尚未收集到位的;

（四）其他可能毁灭、伪造证据,干扰证人作证或者串供的情形。

第一百三十二条　犯罪嫌疑人具有下列情形之一的,可以认定为"可能对被害人、举报人、控告人实施打击报复":

（一）扬言或者准备、策划对被害人、举报人、控告人实施打击报复的;

（二）曾经对被害人、举报人、控告人实施打击、要挟、迫害等行为的;

（三）采取其他方式滋扰被害人、举报人、控告人的正常生活、工作的;

（四）其他可能对被害人、举报人、控告人实施打击报复的情形。

第一百三十三条　犯罪嫌疑人具有下列情形之一的,可以认定为"企图自杀或者逃跑":

（一）着手准备自杀、自残或者逃跑的;

（二）曾经自杀、自残或者逃跑的;

（三）有自杀、自残或者逃跑的意思表示的;

（四）曾经以暴力、威胁手段抗拒抓捕的;

（五）其他企图自杀或者逃跑的情形。

第一百三十四条　人民检察院办理审查逮捕案件,应当全面把握逮捕条件,对有证据证明有犯罪事实,可能判处徒刑以上刑罚的犯罪嫌疑人,除具有刑事诉讼法第八十一条第三款、第四款规定的情形外,应当严格审查是否具备社会危险性条件。

第一百三十五条　人民检察院审查认定犯罪嫌疑人是否具有社会危险性,应当以公安机关移送的社会危险性相关证据为依据,并结合案件具体情况综合认定。必要时,可以通过讯问犯罪嫌疑人、询问证人等诉讼参与人、听取辩护律师意见等方式,核实相关证据。

依据在案证据不能认定犯罪嫌疑人符合逮捕社会危险性条件的,人民检察院可以要求公安机关补充相关证据,公安机关没有补充移送的,应当作出不批准逮捕的决定。

第一百三十六条　对有证据证明有犯罪事实,可能判处十年有期徒刑以上刑罚的犯罪嫌疑人,应当批准或者决定逮捕。

对有证据证明有犯罪事实,可能判处徒刑以上刑罚,犯罪嫌疑人曾经故意犯罪或者不讲真实姓名、住址,身份不明的,应当批准或者决定逮捕。

第一百三十七条　人民检察院经审查认为被取保候审、监视居住的犯罪嫌疑人违反取保候审、监视居住规定,依照本规则第一百零一条、第一百一十一条的规定办理。

对于被取保候审、监视居住的可能判处徒刑以下刑罚的犯罪嫌疑人,违反取保候审、监视居住规定,严重影响诉讼活动正常进行的,可以予以逮捕。

第一百三十八条　对实施多个犯罪行为或者共同犯罪案件的犯罪嫌疑人,符合本规则第一百二十八条的规定,具有下列情形之一的,应当批准或者决定逮捕:

（一）有证据证明犯有数罪中的一

罪的；

（二）有证据证明实施多次犯罪中的一次犯罪的；

（三）共同犯罪中，已有证据证明有犯罪事实的犯罪嫌疑人。

第一百三十九条 对具有下列情形之一的犯罪嫌疑人，人民检察院应当作出不批准逮捕或者不予逮捕的决定：

（一）不符合本规则规定的逮捕条件的；

（二）具有刑事诉讼法第十六条规定的情形之一的。

第一百四十条 犯罪嫌疑人涉嫌的罪行较轻，且没有其他重大犯罪嫌疑，具有下列情形之一的，可以作出不批准逮捕或者不予逮捕的决定：

（一）属于预备犯、中止犯，或者防卫过当、避险过当的；

（二）主观恶性较小的初犯，共同犯罪中的从犯、胁从犯，犯罪后自首、有立功表现或者积极退赃、赔偿损失、确有悔罪表现的；

（三）过失犯罪的犯罪嫌疑人，犯罪后有悔罪表现，有效控制损失或者积极赔偿损失的；

（四）犯罪嫌疑人与被害人双方根据刑事诉讼法的有关规定达成和解协议，经审查，认为和解系自愿、合法且已经履行或者提供担保的；

（五）犯罪嫌疑人认罪认罚的；

（六）犯罪嫌疑人系已满十四周岁未满十八周岁的未成年人或者在校学生，本人有悔罪表现，其家庭、学校或者所在社区、居民委员会、村民委员会具备监护、帮教条件的；

（七）犯罪嫌疑人系已满七十五周岁的人。

第一百四十一条 对符合刑事诉讼法第七十四条第一款规定的犯罪嫌疑人，人民检察院经审查认为不需要逮捕的，可以在作出不批准逮捕决定的同时，向公安机关提出采取监视居住措施的建议。

第六节 监察机关移送案件的强制措施

第一百四十二条 对于监察机关移送起诉的已采取留置措施的案件，人民检察院应当在受理案件后，及时对犯罪嫌疑人作出拘留决定，交公安机关执行。执行拘留后，留置措施自动解除。

第一百四十三条 人民检察院应当在执行拘留后十日以内，作出是否逮捕、取保候审或者监视居住的决定。特殊情况下，决定的时间可以延长一日至四日。

人民检察院决定采取强制措施的期间不计入审查起诉期限。

第一百四十四条 除无法通知的以外，人民检察院应当在公安机关执行拘留、逮捕后二十四小时以内，通知犯罪嫌疑人的家属。

第一百四十五条 人民检察院应当自收到移送起诉的案卷材料之日起三日以内告知犯罪嫌疑人有权委托辩护人。对已经采取留置措施的，应当在执行拘留时告知。

第一百四十六条 对于监察机关移送起诉的未采取留置措施的案件，人民检察院受理后，在审查起诉过程中根据案件情况，可以依照本规则相关规定决定是否采取逮捕、取保候审或者监视居住措施。

第一百四十七条 对于监察机关移送起诉案件的犯罪嫌疑人采取强制措施，本节未规定的，适用本规则相关规定。

第七节 其他规定

第一百四十八条 人民检察院对担任县级以上各级人民代表大会代表的犯罪嫌疑人决定采取拘传、取保候审、监视居住、拘留、逮捕强制措施的,应当报请该代表所属的人民代表大会主席团或者常务委员会许可。

人民检察院对担任本级人民代表大会代表的犯罪嫌疑人决定采取强制措施的,应当报请本级人民代表大会主席团或者常务委员会许可。

对担任上级人民代表大会代表的犯罪嫌疑人决定采取强制措施的,应当层报该代表所属的人民代表大会同级的人民检察院报请许可。

对担任下级人民代表大会代表的犯罪嫌疑人决定采取强制措施的,可以直接报请该代表所属的人民代表大会主席团或者常务委员会许可,也可以委托该代表所属的人民代表大会同级的人民检察院报请许可。

对担任两级以上的人民代表大会代表的犯罪嫌疑人决定采取强制措施的,分别依照本条第二、三、四款的规定报请许可。

对担任办案单位所在省、市、县(区)以外的其他地区人民代表大会代表的犯罪嫌疑人决定采取强制措施的,应当委托该代表所属的人民代表大会同级的人民检察院报请许可;担任两级以上人民代表大会代表的,应当分别委托该代表所属的人民代表大会同级的人民检察院报请许可。

对于公安机关提请人民检察院批准逮捕的案件,犯罪嫌疑人担任人民代表大会代表的,报请许可手续由公安机关负责办理。

担任县级以上人民代表大会代表的犯罪嫌疑人,经报请该代表所属人民代表大会主席团或者常务委员会许可后被刑事拘留的,适用逮捕措施时不需要再次报请许可。

第一百四十九条 担任县级以上人民代表大会代表的犯罪嫌疑人因现行犯被人民检察院拘留的,人民检察院应当立即向该代表所属的人民代表大会主席团或者常务委员会报告。报告的程序参照本规则第一百四十八条报请许可的程序规定。

对担任乡、民族乡、镇的人民代表大会代表的犯罪嫌疑人决定采取强制措施的,由县级人民检察院向乡、民族乡、镇的人民代表大会报告。

第一百五十条 犯罪嫌疑人及其法定代理人、近亲属或者辩护人认为人民检察院采取强制措施法定期限届满,要求解除、变更强制措施或者释放犯罪嫌疑人的,人民检察院应当在收到申请后三日以内作出决定。

经审查,认为法定期限届满的,应当决定解除、变更强制措施或者释放犯罪嫌疑人,并通知公安机关执行;认为法定期限未满的,书面答复申请人。

第一百五十一条 犯罪嫌疑人及其法定代理人、近亲属或者辩护人向人民检察院提出变更强制措施申请的,人民检察院应当在收到申请后三日以内作出决定。

经审查,同意变更强制措施的,应当在作出决定的同时通知公安机关执行;不同意变更强制措施的,应当书面告知申请人,并说明不同意的理由。

犯罪嫌疑人及其法定代理人、近亲属或者辩护人提出变更强制措施申请的,应当说明理由,有证据和其他材料的,应当附上相关材料。

第一百五十二条 人民检察院在侦查、审查起诉期间,对犯罪嫌疑人拘留、逮捕后发生依法延长侦查羁押期限、审查起诉期限,重新计算侦查羁押期限、审查起诉期限等期限改变的情形的,应当及时将变更后的期限书面通知看守所。

第一百五十三条 人民检察院决定对涉嫌犯罪的机关事业单位工作人员取保候审、监视居住、拘留、逮捕的,应当在采取或者解除强制措施后五日以内告知其所在单位;决定撤销案件或者不起诉的,应当在作出决定后十日以内告知其所在单位。

第一百五十四条 取保候审变更为监视居住,或者取保候审、监视居住变更为拘留、逮捕的,在变更的同时原强制措施自动解除,不再办理解除法律手续。

第一百五十五条 人民检察院已经对犯罪嫌疑人取保候审、监视居住,案件起诉至人民法院后,人民法院决定取保候审、监视居住或者变更强制措施的,原强制措施自动解除,不再办理解除法律手续。

第七章 案件受理

第一百五十六条 下列案件,由人民检察院负责案件管理的部门统一受理:

(一)公安机关提请批准逮捕、移送起诉、提请批准延长侦查羁押期限、要求复议、提请复核、申请复查、移送申请强制医疗、移送申请没收违法所得的案件;

(二)监察机关移送起诉、提请没收违法所得、对不起诉决定提请复议的案件;

(三)下级人民检察院提出或者提请抗诉、报请指定管辖、报请核准追诉、报请核准缺席审判或者提请死刑复核监督的案件;

(四)人民法院通知出席第二审法庭或者再审法庭的案件;

(五)其他依照规定由负责案件管理的部门受理的案件。

第一百五十七条 人民检察院负责案件管理的部门受理案件时,应当接收案卷材料,并立即审查下列内容:

(一)依据移送的法律文书载明的内容确定案件是否属于本院管辖;

(二)案卷材料是否齐备、规范,符合有关规定的要求;

(三)移送的款项或者物品与移送清单是否相符;

(四)犯罪嫌疑人是否在案以及采取强制措施的情况;

(五)是否在规定的期限内移送案件。

第一百五十八条 人民检察院负责案件管理的部门对接收的案卷材料审查后,认为具备受理条件的,应当及时进行登记,并立即将案卷材料和案件受理登记表移送办案部门办理。

经审查,认为案卷材料不齐备的,应当及时要求移送案件的单位补送相关材料。对于案卷装订不符合要求的,应当要求移送案件的单位重新装订后移送。

对于移送起诉的案件,犯罪嫌疑人在逃的,应当要求公安机关采取措施保证犯罪嫌疑人到案后再移送起诉。共同犯罪案件中部分犯罪嫌疑人在逃的,对在案犯罪嫌疑人的移送起诉应当受理。

第一百五十九条 对公安机关送达的执行情况回执和人民法院送达的判决书、裁定书等法律文书,人民检察院负责案件管理的部门应当接收,即时登记。

第一百六十条　人民检察院直接受理侦查的案件,移送审查逮捕、移送起诉的,按照本规则第一百五十六条至第一百五十八条的规定办理。

第一百六十一条　人民检察院负责控告申诉检察的部门统一接受报案、控告、举报、申诉和犯罪嫌疑人投案自首,并依法审查,在七日以内作出以下处理:

(一)属于本院管辖且符合受理条件的,应当予以受理;

(二)不属于本院管辖的报案、控告、举报、自首,应当移送主管机关处理。必须采取紧急措施的,应当先采取紧急措施,然后移送主管机关。不属于本院管辖的申诉,应当告知其向有管辖权的机关提出;

(三)案件情况不明的,应当进行必要的调查核实,查明情况后依法作出处理。

负责控告申诉检察的部门可以向下级人民检察院交办控告、申诉、举报案件,并依照有关规定进行督办。

第一百六十二条　控告、申诉符合下列条件的,人民检察院应当受理:

(一)属于人民检察院受理案件范围;

(二)本院具有管辖权;

(三)申诉人是原案的当事人或者其法定代理人、近亲属;

(四)控告、申诉材料符合受理要求。

控告人、申诉人委托律师代理控告、申诉,符合上述条件的,应当受理。

控告、申诉材料不齐备的,应当告知控告人、申诉人补齐。受理时间从控告人、申诉人补齐相关材料之日起计算。

第一百六十三条　对于收到的群众来信,负责控告申诉检察的部门应当在七日以内进行程序性答复,办案部门应当在三个月以内将办理进展或者办理结果答复来信人。

第一百六十四条　负责控告申诉检察的部门对受理的刑事申诉案件应当根据事实、法律进行审查,必要时可以进行调查核实。认为原案处理可能错误的,应当移送相关办案部门办理;认为原案处理没有错误的,应当书面答复申诉人。

第一百六十五条　办案部门应当在规定期限内办结控告、申诉案件,制作相关法律文书,送达报案人、控告人、申诉人、举报人、自首人,并做好释法说理工作。

第八章　立　　案

第一节　立案审查

第一百六十六条　人民检察院直接受理侦查案件的线索,由负责侦查的部门统一受理、登记和管理。负责控告申诉检察的部门接受的控告、举报,或者本院其他办案部门发现的案件线索,属于人民检察院直接受理侦查案件线索的,应当在七日以内移送负责侦查的部门。

负责侦查的部门对案件线索进行审查后,认为属于本院管辖,需要进一步调查核实的,应当报检察长决定。

第一百六十七条　对于人民检察院直接受理侦查案件的线索,上级人民检察院在必要时,可以直接调查核实或者组织、指挥、参与下级人民检察院的调查核实,可以将下级人民检察院管辖的案件线索指定辖区内其他人民检察院调查核实,也可以将本院管辖的案件线索交由下级人民检察院调查核实;下级人民检察院认为案件线索重大、复杂，需要由上级人民检察院调查核实的，可以提请移送上级人民检察院调查核实。

第一百六十八条 调查核实一般不得接触被调查对象。必须接触被调查对象的，应当经检察长批准。

第一百六十九条 进行调查核实，可以采取询问、查询、勘验、检查、鉴定、调取证据材料等不限制被调查对象人身、财产权利的措施。不得对被调查对象采取强制措施，不得查封、扣押、冻结被调查对象的财产，不得采取技术侦查措施。

第一百七十条 负责侦查的部门调查核实后，应当制作审查报告。

调查核实终结后，相关材料应当立卷归档。立案进入侦查程序的，对于作为诉讼证据以外的其他材料应当归入侦查内卷。

第二节　立案决定

第一百七十一条 人民检察院对于直接受理的案件，经审查认为有犯罪事实需要追究刑事责任的，应当制作立案报告书，经检察长批准后予以立案。

符合立案条件，但犯罪嫌疑人尚未确定的，可以依据已查明的犯罪事实作出立案决定。

对具有下列情形之一的，报请检察长决定不予立案：

（一）具有刑事诉讼法第十六条规定情形之一的；

（二）认为没有犯罪事实的；

（三）事实或者证据尚不符合立案条件的。

第一百七十二条 对于其他机关或者本院其他办案部门移送的案件线索，决定不予立案的，负责侦查的部门应当制作不立案通知书，写明案由和案件来源、决定不立案的原因和法律依据，自作出不立案决定之日起十日以内送达移送案件线索的机关或者部门。

第一百七十三条 对于控告和实名举报，决定不予立案的，应当制作不立案通知书，写明案由和案件来源、决定不立案的原因和法律依据，由负责侦查的部门在十五日以内送达控告人、举报人，同时告知本院负责控告申诉检察的部门。

控告人如果不服，可以在收到不立案通知书后十日以内向上一级人民检察院申请复议。不立案的复议，由上一级人民检察院负责侦查的部门审查办理。

人民检察院认为被控告人、被举报人的行为未构成犯罪，决定不予立案，但需要追究其党纪、政纪、违法责任的，应当移送有管辖权的主管机关处理。

第一百七十四条 错告对被控告人、被举报人造成不良影响的，人民检察院应当自作出不立案决定之日起一个月以内向其所在单位或者有关部门通报调查核实的结论，澄清事实。

属于诬告陷害的，应当移送有关机关处理。

第一百七十五条 人民检察院决定对人民代表大会代表立案，应当按照本规则第一百四十八条、第一百四十九条规定的程序向该代表所属的人民代表大会主席团或者常务委员会进行通报。

第九章　侦　　查

第一节　一般规定

第一百七十六条 人民检察院办理直接受理侦查的案件，应当全面、客观地收集、调取犯罪嫌疑人有罪或者无罪、罪轻或者罪重的证据材料,并依法进行审查、核实。办案过程中必须重证据,重调查研究,不轻信口供。严禁刑讯逼供和以威胁、引诱、欺骗以及其他非法方法收集证据,不得强迫任何人证实自己有罪。

第一百七十七条　人民检察院办理直接受理侦查的案件,应当保障犯罪嫌疑人和其他诉讼参与人依法享有的辩护权和其他各项诉讼权利。

第一百七十八条　人民检察院办理直接受理侦查的案件,应当严格依照刑事诉讼法规定的程序,严格遵守刑事案件办案期限的规定,依法提请批准逮捕、移送起诉、不起诉或者撤销案件。

对犯罪嫌疑人采取强制措施,应当经检察长批准。

第一百七十九条　人民检察院办理直接受理侦查的案件,应当对侦查过程中知悉的国家秘密、商业秘密及个人隐私予以保密。

第一百八十条　办理案件的人民检察院需要派员到本辖区以外进行搜查、调取物证、书证等证据材料,或者查封、扣押财物和文件的,应当持相关法律文书和证明文件等与当地人民检察院联系,当地人民检察院应当予以协助。

需要到本辖区以外调取证据材料的,必要时,可以向证据所在地的人民检察院发函调取证据。调取证据的函件应当注明具体的取证对象、地址和内容。证据所在地的人民检察院应当在收到函件后一个月以内将取证结果送达办理案件的人民检察院。

被请求协助的人民检察院有异议的,可以与办理案件的人民检察院进行协商。必要时,报请共同的上级人民检察院决定。

第一百八十一条　人民检察院对于直接受理案件的侦查,可以适用刑事诉讼法第二编第二章规定的各项侦查措施。

刑事诉讼法规定进行侦查活动需要制作笔录的,应当制作笔录。必要时,可以对相关活动进行录音、录像。

第二节　讯问犯罪嫌疑人

第一百八十二条　讯问犯罪嫌疑人,由检察人员负责进行。讯问时,检察人员或者检察人员和书记员不得少于二人。

讯问同案的犯罪嫌疑人,应当个别进行。

第一百八十三条　对于不需要逮捕、拘留的犯罪嫌疑人,可以传唤到犯罪嫌疑人所在市、县内的指定地点或者到他的住处进行讯问。

传唤犯罪嫌疑人,应当出示传唤证和工作证件,并责令犯罪嫌疑人在传唤证上签名或者盖章,并捺指印。

犯罪嫌疑人到案后,应当由其在传唤证上填写到案时间。传唤结束时,应当由其在传唤证上填写传唤结束时间。拒绝填写的,应当在传唤证上注明。

对在现场发现的犯罪嫌疑人,经出示工作证件,可以口头传唤,并将传唤的原因和依据告知被传唤人。在讯问笔录中应当注明犯罪嫌疑人到案时间、到案经过和传唤结束时间。

本规则第八十四条第二款的规定适用于传唤犯罪嫌疑人。

第一百八十四条　传唤犯罪嫌疑人时,其家属在场的,应当当场将传唤的原因和处所口头告知其家属,并在讯问笔录中注明。其家属不在场的,应当及时将传唤的原因和处所通知被传唤人家属。无法通知的,应当在讯问笔录中注明。

第一百八十五条　传唤持续的时间不得超过十二小时。案情特别重大、复杂,需要采取拘留、逮捕措施的,传唤持续的时间不得超过二十四小时。两次传唤间隔的时间一般不得少于十二小时,不得以连续传唤的方式变相拘禁犯罪嫌疑人。

传唤犯罪嫌疑人,应当保证犯罪嫌疑人的饮食和必要的休息时间。

第一百八十六条　犯罪嫌疑人被送交看守所羁押后,检察人员对其进行讯问,应当填写提讯、提解证,在看守所讯问室进行。

因辨认、鉴定、侦查实验或者追缴犯罪有关财物的需要,经检察长批准,可以提押犯罪嫌疑人出所,并应当由两名以上司法警察押解。不得以讯问为目的将犯罪嫌疑人提押出所进行讯问。

第一百八十七条　讯问犯罪嫌疑人一般按照下列顺序进行:

(一)核实犯罪嫌疑人的基本情况,包括姓名、出生年月日、户籍地、公民身份号码、民族、职业、文化程度、工作单位及职务、住所、家庭情况、社会经历、是否属于人大代表、政协委员等;

(二)告知犯罪嫌疑人在侦查阶段的诉讼权利,有权自行辩护或者委托律师辩护,告知其如实供述自己罪行可以依法从宽处理和认罪认罚的法律规定;

(三)讯问犯罪嫌疑人是否有犯罪行为,让他陈述有罪的事实或者无罪的辩解,应当允许其连贯陈述。

犯罪嫌疑人对检察人员的提问,应当如实回答。但是对与本案无关的问题,有拒绝回答的权利。

讯问犯罪嫌疑人时,应当告知犯罪嫌疑人将对讯问进行全程同步录音、录像。告知情况应当在录音、录像中予以反映,并记明笔录。

讯问时,对犯罪嫌疑人提出的辩解要认真查核。严禁刑讯逼供和以威胁、引诱、欺骗以及其他非法的方法获取供述。

第一百八十八条　讯问犯罪嫌疑人,应当制作讯问笔录。讯问笔录应当忠实于原话,字迹清楚,详细具体,并交犯罪嫌疑人核对。犯罪嫌疑人没有阅读能力的,应当向他宣读。如果记载有遗漏或者差错,应当补充或者改正。犯罪嫌疑人认为讯问笔录没有错误的,由其在笔录上逐页签名或者盖章,并捺指印,在末页写明"以上笔录我看过(向我宣读过),和我说的相符",同时签名或者盖章,并捺指印,注明日期。如果犯罪嫌疑人拒绝签名、盖章、捺指印的,应当在笔录上注明。讯问的检察人员、书记员也应当在笔录上签名。

第一百八十九条　犯罪嫌疑人请求自行书写供述的,检察人员应当准许。必要时,检察人员也可以要求犯罪嫌疑人亲笔书写供述。犯罪嫌疑人应当在亲笔供述的末页签名或者盖章,并捺指印,注明书写日期。检察人员收到后,应当在首页右上方写明"于某年某月某日收到",并签名。

第一百九十条　人民检察院办理直接受理侦查的案件,应当在每次讯问犯罪嫌疑人时,对讯问过程实行全程录音、录像,并在讯问笔录中注明。

第三节　询问证人、被害人

第一百九十一条　人民检察院在侦查过程中,应当及时询问证人,并且告知证人履行作证的权利和义务。

人民检察院应当保证一切与案件有

关或者了解案情的公民有客观充分地提供证据的条件,并为他们保守秘密。除特殊情况外,人民检察院可以吸收他们协助调查。

第一百九十二条 询问证人,应当由检察人员负责进行。询问时,检察人员或者检察人员和书记员不得少于二人。

第一百九十三条 询问证人,可以在现场进行,也可以到证人所在单位、住处或者证人提出的地点进行。必要时,也可以通知证人到人民检察院提供证言。到证人提出的地点进行询问的,应当在笔录中记明。

询问证人应当个别进行。

在现场询问证人,应当出示工作证件。到证人所在单位、住处或者证人提出的地点询问证人,应当出示人民检察院的证明文件。

第一百九十四条 询问证人,应当问明证人的基本情况以及与当事人的关系,并且告知证人应当如实提供证据、证言和故意作伪证或者隐匿罪证应当承担的法律责任,但是不得向证人泄露案情,不得采用拘禁、暴力、威胁、引诱、欺骗以及其他非法方法获取证言。

询问重大或者有社会影响的案件的重要证人,应当对询问过程实行全程录音、录像,并在询问笔录中注明。

第一百九十五条 询问被害人,适用询问证人的规定。

第四节 勘验、检查

第一百九十六条 检察人员对于与犯罪有关的场所、物品、人身、尸体应当进行勘验或者检查。必要时,可以指派检察技术人员或者聘请其他具有专门知识的人,在检察人员的主持下进行勘验、检查。

第一百九十七条 勘验时,人民检察院应当邀请两名与案件无关的见证人在场。

勘查现场,应当拍摄现场照片。勘查的情况应当写明笔录并制作现场图,由参加勘查的人和见证人签名。勘查重大案件的现场,应当录像。

第一百九十八条 人民检察院解剖死因不明的尸体,应当通知死者家属到场,并让其在解剖通知书上签名或者盖章。

死者家属无正当理由拒不到场或者拒绝签名、盖章的,不影响解剖的进行,但是应当在解剖通知书上记明。对于身份不明的尸体,无法通知死者家属的,应当记明笔录。

第一百九十九条 为了确定被害人、犯罪嫌疑人的某些特征、伤害情况或者生理状态,人民检察院可以对其人身进行检查,可以提取指纹信息,采集血液、尿液等生物样本。

必要时,可以指派、聘请法医或者医师进行人身检查。采集血液等生物样本应当由医师进行。

犯罪嫌疑人如果拒绝检查,检察人员认为必要时可以强制检查。

检查妇女的身体,应当由女工作人员或者医师进行。

人身检查不得采用损害被检查人生命、健康或者贬低其名誉、人格的方法。在人身检查过程中知悉的被检查人的个人隐私,检察人员应当予以保密。

第二百条 为了查明案情,必要时经检察长批准,可以进行侦查实验。

侦查实验,禁止一切足以造成危险、侮辱人格或者有伤风化的行为。

第二百零一条 侦查实验,必要时可

以聘请有关专业人员参加,也可以要求犯罪嫌疑人、被害人、证人参加。

第五节 搜 查

第二百零二条 人民检察院有权要求有关单位和个人,交出能够证明犯罪嫌疑人有罪或者无罪以及犯罪情节轻重的证据。

第二百零三条 为了收集犯罪证据,查获犯罪人,经检察长批准,检察人员可以对犯罪嫌疑人以及可能隐藏罪犯或者犯罪证据的人的身体、物品、住处、工作地点和其他有关的地方进行搜查。

第二百零四条 搜查应当在检察人员的主持下进行,可以有司法警察参加。必要时,可以指派检察技术人员参加或者邀请当地公安机关、有关单位协助进行。

执行搜查的人员不得少于二人。

第二百零五条 搜查时,应当向被搜查人或者他的家属出示搜查证。

在执行逮捕、拘留的时候,遇有下列紧急情况之一,不另用搜查证也可以进行搜查:

(一)可能随身携带凶器的;
(二)可能隐藏爆炸、剧毒等危险物品的;
(三)可能隐匿、毁弃、转移犯罪证据的;
(四)可能隐匿其他犯罪嫌疑人的;
(五)其他紧急情况。

搜查结束后,搜查人员应当在二十四小时以内补办有关手续。

第二百零六条 搜查时,应当有被搜查人或者其家属、邻居或者其他见证人在场,并且对被搜查人或者其家属说明阻碍搜查、妨碍公务应负的法律责任。

搜查妇女的身体,应当由女工作人员进行。

第二百零七条 搜查时,如果遇到阻碍,可以强制进行搜查。对以暴力、威胁方法阻碍搜查的,应当予以制止,或者由司法警察将其带离现场。阻碍搜查构成犯罪的,应当依法追究刑事责任。

第六节 调取、查封、扣押、查询、冻结

第二百零八条 检察人员可以凭人民检察院的证明文件,向有关单位和个人调取能够证明犯罪嫌疑人有罪或者无罪以及犯罪情节轻重的证据材料,并且可以根据需要拍照、录像、复印和复制。

第二百零九条 调取物证应当调取原物。原物不便搬运、保存,或者依法应当返还被害人,或者因保密工作需要不能调取原物的,可以将原物封存,并拍照、录像。对原物拍照或者录像应当足以反映原物的外形、内容。

调取书证、视听资料应当调取原件。取得原件确有困难或者因保密需要不能调取原件的,可以调取副本或者复制件。

调取书证、视听资料的副本、复制件和物证的照片、录像的,应当书面记明不能调取原件、原物的原因,制作过程和原件、原物存放地点,并由制作人员和原书证、视听资料、物证持有人签名或者盖章。

第二百一十条 在侦查活动中发现的可以证明犯罪嫌疑人有罪、无罪或者犯罪情节轻重的各种财物和文件,应当查封或者扣押;与案件无关的,不得查封或者扣押。查封或者扣押应当经检察长批准。

不能立即查明是否与案件有关的可疑的财物和文件,也可以查封或者扣押,但应当及时审查。经查明确实与案件无关的,应当在三日以内解除查封或者予以退还。

持有人拒绝交出应当查封、扣押的财物和文件的,可以强制查封、扣押。

对于犯罪嫌疑人、被告人到案时随身携带的物品需要扣押的,可以依照前款规定办理。对于与案件无关的个人用品,应当逐件登记,并随案移交或者退还其家属。

第二百一十一条 对犯罪嫌疑人使用违法所得与合法收入共同购置的不可分割的财产,可以先行查封、扣押、冻结。对无法分割退还的财产,应当在结案后予以拍卖、变卖,对不属于违法所得的部分予以退还。

第二百一十二条 人民检察院根据侦查犯罪的需要,可以依照规定查询、冻结犯罪嫌疑人的存款、汇款、债券、股票、基金份额等财产,并可以要求有关单位和个人配合。

查询、冻结前款规定的财产,应当制作查询、冻结财产通知书,通知银行或者其他金融机构、邮政部门执行。冻结财产的,应当经检察长批准。

第二百一十三条 犯罪嫌疑人的存款、汇款、债券、股票、基金份额等财产已冻结的,人民检察院不得重复冻结,可以轮候冻结。人民检察院应当要求有关银行或者其他金融机构、邮政部门在解除冻结或者作出处理前通知人民检察院。

第二百一十四条 扣押、冻结债券、股票、基金份额等财产,应当书面告知当事人或者其法定代理人、委托代理人有权申请出售。

对于被扣押、冻结的债券、股票、基金份额等财产,在扣押、冻结期间权利人申请出售,经审查认为不损害国家利益、被害人利益,不影响诉讼正常进行的,以及扣押、冻结的汇票、本票、支票的有效期即将届满的,经检察长批准,可以在案件办结前依法出售或者变现,所得价款由人民检察院指定的银行账户保管,并及时告知当事人或者其近亲属。

第二百一十五条 对于冻结的存款、汇款、债券、股票、基金份额等财产,经查明确实与案件无关的,应当在三日以内解除冻结,并通知财产所有人。

第二百一十六条 查询、冻结与案件有关的单位的存款、汇款、债券、股票、基金份额等财产的办法适用本规则第二百一十二条至第二百一十五条的规定。

第二百一十七条 对于扣押的款项和物品,应当在三日以内将款项存入唯一合规账户,将物品送负责案件管理的部门保管。法律或者有关规定另有规定的除外。

对于查封、扣押在人民检察院的物品、文件、邮件、电报,人民检察院应当妥善保管。经查明确实与案件无关的,应当在三日以内作出解除或者退还决定,并通知有关单位、当事人办理相关手续。

第七节 鉴 定

第二百一十八条 人民检察院为了查明案情,解决案件中某些专门性的问题,可以进行鉴定。

鉴定由人民检察院有鉴定资格的人员进行。必要时,也可以聘请其他有鉴定资格的人员进行,但是应当征得鉴定人所在单位同意。

第二百一十九条 人民检察院应当为鉴定人提供必要条件,及时向鉴定人送交有关检材和对比样本等原始材料,介绍与鉴定有关的情况,并明确提出要求鉴定解决的问题,但是不得暗示或者强迫鉴定人作出某种鉴定意见。

第二百二十条 对于鉴定意见,检察人员应当进行审查,必要时可以进行补充鉴定或者重新鉴定。重新鉴定的,应当另行指派或者聘请鉴定人。

第二百二十一条 用作证据的鉴定意见,人民检察院办案部门应当告知犯罪嫌疑人、被害人;被害人死亡或者没有诉讼行为能力的,应当告知其法定代理人、近亲属或诉讼代理人。

犯罪嫌疑人、被害人或被害人的法定代理人、近亲属、诉讼代理人提出申请,可以补充鉴定或者重新鉴定,鉴定费用由申请求方承担。但原鉴定违反法定程序的,由人民检察院承担。

犯罪嫌疑人的辩护人或者近亲属以犯罪嫌疑人有患精神病可能而申请对犯罪嫌疑人进行鉴定的,鉴定费用由申请方承担。

第二百二十二条 对犯罪嫌疑人作精神病鉴定的期间不计入羁押期限和办案期限。

第八节 辨 认

第二百二十三条 为了查明案情,必要时,检察人员可以让被害人、证人和犯罪嫌疑人对与犯罪有关的物品、文件、尸体或场所进行辨认;也可以让被害人、证人对犯罪嫌疑人进行辨认,或者让犯罪嫌疑人对其他犯罪嫌疑人进行辨认。

第二百二十四条 辨认应当在检察人员的主持下进行,执行辨认的人员不得少于二人。在辨认前,应当向辨认人详细询问被辨认对象的具体特征,避免辨认人见到被辨认对象,并应当告知辨认人有意作虚假辨认应负的法律责任。

第二百二十五条 几名辨认人对同一被辨认对象进行辨认时,应当由每名辨认人单独进行。必要时,可以有见证人在场。

第二百二十六条 辨认时,应当将辨认对象混杂在其他对象中。不得在辨认前向辨认人展示辨认对象及其影像资料,不得给辨认人任何暗示。

辨认犯罪嫌疑人时,被辨认的人数不得少于七人,照片不得少于十张。

辨认物品时,同类物品不得少于五件,照片不得少于五张。

对犯罪嫌疑人的辨认,辨认人不愿公开进行时,可以在不暴露辨认人的情况下进行,并应当为其保守秘密。

第九节 技术侦查措施

第二百二十七条 人民检察院在立案后,对于利用职权实施的严重侵犯公民人身权利的重大犯罪案件,经过严格的批准手续,可以采取技术侦查措施,交有关机关执行。

第二百二十八条 人民检察院办理直接受理侦查的案件,需要追捕被通缉或者决定逮捕的在逃犯罪嫌疑人、被告人的,经过批准,可以采取追捕所必需的技术侦查措施,不受本规则第二百二十七条规定的案件范围的限制。

第二百二十九条 人民检察院采取技术侦查措施应当根据侦查犯罪的需要,确定采取技术侦查措施的种类和适用对象,按照有关规定报请批准。批准决定自签发之日起三个月以内有效。对于不需要继续采取技术侦查措施的,应当及时解除;对于复杂、疑难案件,期限届满仍有必要继续采取技术侦查措施的,应当在期限届满前十日以内制作呈请延长技术侦查措施期限报告书,写明延长的期限及理由,经过原批准机关批准,有效期可以延长,每次不得超过三个月。

采取技术侦查措施收集的材料作为证据使用的,批准采取技术侦查措施的法律文书应当附卷,辩护律师可以依法查阅、摘抄、复制。

第二百三十条 采取技术侦查措施收集的物证、书证及其他证据材料,检察人员应当制作相应的说明材料,写明获取证据的时间、地点、数量、特征以及采取技术侦查措施的批准机关、种类等,并签名和盖章。

对于使用技术侦查措施获取的证据材料,如果可能危及特定人员的人身安全、涉及国家秘密或者公开后可能暴露侦查秘密或者严重损害商业秘密、个人隐私的,应当采取不暴露有关人员身份、技术方法等保护措施。必要时,可以建议不在法庭上质证,由审判人员在庭外对证据进行核实。

第二百三十一条 检察人员对采取技术侦查措施过程中知悉的国家秘密、商业秘密和个人隐私,应当保密;对采取技术侦查措施获取的与案件无关的材料,应当及时销毁,并对销毁情况制作记录。

采取技术侦查措施获取的证据、线索及其他有关材料,只能用于对犯罪的侦查、起诉和审判,不得用于其他用途。

第十节 通 缉

第二百三十二条 人民检察院办理直接受理侦查的案件,应当逮捕的犯罪嫌疑人在逃,或者已被逮捕的犯罪嫌疑人脱逃的,经检察长批准,可以通缉。

第二百三十三条 各级人民检察院需要在本辖区内通缉犯罪嫌疑人的,可以直接决定通缉;需要在本辖区外通缉犯罪嫌疑人的,由有决定权的上级人民检察院决定。

第二百三十四条 人民检察院应当将通缉通知书和通缉对象的照片、身份、特征、案情简况送达公安机关,由公安机关发布通缉令,追捕归案。

第二百三十五条 为防止犯罪嫌疑人等涉案人员逃往境外,需要在边防口岸采取边控措施的,人民检察院应当按照有关规定制作边控对象通知书,商请公安机关办理边控手续。

第二百三十六条 应当逮捕的犯罪嫌疑人潜逃出境的,可以按照有关规定层报最高人民检察院商请国际刑警组织中国国家中心局,请求有关方面协助,或者通过其他法律规定的途径进行追捕。

第十一节 侦查终结

第二百三十七条 人民检察院经过侦查,认为犯罪事实清楚,证据确实、充分,依法应当追究刑事责任的,应当写出侦查终结报告,并且制作起诉意见书。

犯罪嫌疑人自愿认罪的,应当记录在案,随案移送,并在起诉意见书中写明有关情况。

对于犯罪情节轻微,依照刑法规定不需要判处刑罚或者免除刑罚的案件,应当写出侦查终结报告,并且制作不起诉意见书。

侦查终结报告和起诉意见书或者不起诉意见书应当报请检察长批准。

第二百三十八条 负责侦查的部门应当将起诉意见书或者不起诉意见书,查封、扣押、冻结的犯罪嫌疑人的财物及其孳息、文件清单以及对查封、扣押、冻结的涉案财物的处理意见和其他案卷材料,一并移送本院负责捕诉的部门审查。国家或者集体财产遭受损失的,在提出提起公诉意见的同时,可以提出提起附带民事诉讼的意见。

第二百三十九条 在案件侦查过程中,犯罪嫌疑人委托辩护律师的,检察人员可以听取辩护律师的意见。

辩护律师要求当面提出意见的,检察人员应当听取意见,并制作笔录附卷。辩护律师提出书面意见的,应当附卷。

侦查终结前,犯罪嫌疑人提出无罪或者罪轻的辩解,辩护律师提出犯罪嫌疑人无罪或者依法不应当追究刑事责任意见的,人民检察院应当依法予以核实。

案件侦查终结移送起诉时,人民检察院应当同时将案件移送情况告知犯罪嫌疑人及其辩护律师。

第二百四十条 人民检察院侦查终结的案件,需要在异地起诉、审判的,应当在移送起诉前与人民法院协商指定管辖的相关事宜。

第二百四十一条 上级人民检察院侦查终结的案件,依照刑事诉讼法的规定应当由下级人民检察院提起公诉或者不起诉的,应当将有关决定、侦查终结报告连同案卷材料交由下级人民检察院审查。

下级人民检察院认为上级人民检察院的决定有错误的,可以向上级人民检察院报告。上级人民检察院维持原决定的,下级人民检察院应当执行。

第二百四十二条 人民检察院在侦查过程中或者侦查终结后,发现具有下列情形之一的,负责侦查的部门应当制作拟撤销案件意见书,报请检察长决定:

(一)具有刑事诉讼法第十六条规定情形之一的;

(二)没有犯罪事实的,或者依照刑法规定不负刑事责任或者不是犯罪的;

(三)虽有犯罪事实,但不是犯罪嫌疑人所为的。

对于共同犯罪的案件,如有符合本条规定情形的犯罪嫌疑人,应当撤销对该犯罪嫌疑人的立案。

第二百四十三条 地方各级人民检察院决定撤销案件的,负责侦查的部门应当将撤销案件意见书连同本案全部案卷材料,在法定期限届满七日前报上一级人民检察院审查;重大、复杂案件在法定期限届满十日前报上一级人民检察院审查。

对于共同犯罪案件,应当将处理同案犯罪嫌疑人的有关法律文书以及案件事实、证据材料复印件等,一并报送上一级人民检察院。

上一级人民检察院负责侦查的部门应当对案件事实、证据和适用法律进行全面审查。必要时,可以讯问犯罪嫌疑人。

上一级人民检察院负责侦查的部门审查后,应当提出是否同意撤销案件的意见,报请检察长决定。

人民检察院决定撤销案件的,应当告知控告人、举报人,听取其意见并记明笔录。

第二百四十四条 上一级人民检察院审查下级人民检察院报送的拟撤销案件,应当在收到案件后七日以内批复;重大、复杂案件,应当在收到案件后十日以内批复。情况紧急或者因其他特殊原因不能按时送达的,可以先行通知下级人民检察院执行。

第二百四十五条 上一级人民检察院同意撤销案件的,下级人民检察院应当作出撤销案件决定,并制作撤销案件决定书。上一级人民检察院不同意撤销案件的,下级人民检察院应当执行上一级人民检察院的决定。

报请上一级人民检察院审查期间,犯罪嫌疑人羁押期限届满的,应当依法释放犯罪嫌疑人或者变更强制措施。

第二百四十六条 撤销案件的决定,应当分别送达犯罪嫌疑人所在单位和犯罪嫌疑人。犯罪嫌疑人死亡的,应当送达犯罪嫌疑人原所在单位。如果犯罪嫌疑人在押,应当制作决定释放通知书,通知公安机关依法释放。

第二百四十七条 人民检察院作出撤销案件决定的,应当在三十日以内报经检察长批准,对犯罪嫌疑人的违法所得作出处理。情况特殊的,可以延长三十日。

第二百四十八条 人民检察院撤销案件时,对犯罪嫌疑人的违法所得及其他涉案财产应当区分不同情形,作出相应处理:

(一)因犯罪嫌疑人死亡而撤销案件,依照刑法规定应当追缴其违法所得及其他涉案财产的,按照本规则第十二章第四节的规定办理。

(二)因其他原因撤销案件,对于查封、扣押、冻结的犯罪嫌疑人违法所得及其他涉案财产需要没收的,应当提出检察意见,移送有关主管机关处理。

(三)对于冻结的犯罪嫌疑人存款、汇款、债券、股票、基金份额等财产需要返还被害人的,可以通知金融机构、邮政部门返还被害人;对于查封、扣押的犯罪嫌疑人的违法所得及其他涉案财产需要返还被害人的,直接决定返还被害人。

人民检察院申请人民法院裁定处理犯罪嫌疑人涉案财产的,应当向人民法院移送有关案卷材料。

第二百四十九条 人民检察院撤销案件时,对查封、扣押、冻结的犯罪嫌疑人的涉案财物需要返还犯罪嫌疑人的,应当解除查封、扣押或者书面通知有关金融机构、邮政部门解除冻结,返还犯罪嫌疑人或者其合法继承人。

第二百五十条 查封、扣押、冻结的财物,除依法应当返还被害人或者经查明确实与案件无关的以外,不得在诉讼程序终结之前处理。法律或者有关规定另有规定的除外。

第二百五十一条 处理查封、扣押、冻结的涉案财物,应当由检察长决定。

第二百五十二条 人民检察院直接受理侦查的共同犯罪案件,如果同案犯罪嫌疑人在逃,但在案犯罪嫌疑人犯罪事实清楚,证据确实、充分的,对在案犯罪嫌疑人应当根据本规则第二百三十七条的规定分别移送起诉或者移送不起诉。

由于同案犯罪嫌疑人在逃,在案犯罪嫌疑人的犯罪事实无法查清的,对在案犯罪嫌疑人应当根据案件的不同情况分别报请延长侦查羁押期限、变更强制措施或者解除强制措施。

第二百五十三条 人民检察院直接受理侦查的案件,对犯罪嫌疑人没有采取取保候审、监视居住、拘留或者逮捕措施的,负责侦查的部门应当在立案后二年以内提出移送起诉、移送不起诉或者撤销案件的意见;对犯罪嫌疑人采取取保候审、监视居住、拘留或者逮捕措施的,负责侦查的部门应当在解除或者撤销强制措施后一年以内提出移送起诉、移送不起诉或者撤销案件的意见。

第二百五十四条 人民检察院直接受理侦查的案件,撤销案件以后,又发现新的事实或者证据,认为有犯罪事实需要追究刑事责任的,可以重新立案侦查。

第十章 审查逮捕和审查起诉

第一节 一般规定

第二百五十五条 人民检察院办理审查逮捕、审查起诉案件,应当全面审查证明犯罪嫌疑人有罪或者无罪、罪轻或者罪重的证据。

第二百五十六条 经公安机关商请或者人民检察院认为确有必要时,可以派员适时介入重大、疑难、复杂案件的侦查活动,参加公安机关对于重大案件的讨论,对案件性质、收集证据、适用法律等提出意见,监督侦查活动是否合法。

经监察机关商请,人民检察院可以派员介入监察机关办理的职务犯罪案件。

第二百五十七条 对于批准逮捕后要求公安机关继续侦查、不批准逮捕后要求公安机关补充侦查或者审查起诉阶段退回公安机关补充侦查的案件,人民检察院应当分别制作继续侦查提纲或者补充侦查提纲,写明需要继续侦查或者补充侦查的事项、理由、侦查方向、需补充收集的证据及其证明作用等,送交公安机关。

第二百五十八条 人民检察院讯问犯罪嫌疑人时,应当首先查明犯罪嫌疑人的基本情况,依法告知犯罪嫌疑人诉讼权利和义务,以及认罪认罚的法律规定,听取其供述和辩解。犯罪嫌疑人翻供的,应当讯问其原因。犯罪嫌疑人申请排除非法证据的,应当告知其提供相关线索或者材料。犯罪嫌疑人检举揭发他人犯罪的,应当予以记录,并依照有关规定移送有关机关、部门处理。

讯问犯罪嫌疑人应当制作讯问笔录,并交犯罪嫌疑人核对或者向其宣读。经核对无误后逐页签名或者盖章,并捺指印后附卷。犯罪嫌疑人请求自行书写供述的,应当准许,但不得以自行书写的供述代替讯问笔录。

犯罪嫌疑人被羁押的,讯问应当在看守所讯问室进行。

第二百五十九条 办理审查逮捕、审查起诉案件,可以询问证人、被害人、鉴定人等诉讼参与人,并制作笔录附卷。询问时,应当告知其诉讼权利和义务。

询问证人、被害人的地点按照刑事诉讼法第一百二十四条的规定执行。

第二百六十条 讯问犯罪嫌疑人,询问被害人、证人、鉴定人,听取辩护人、被害人及其诉讼代理人的意见,应当由检察人员负责进行。检察人员或者检察人员和书记员不得少于二人。

讯问犯罪嫌疑人,询问证人、鉴定人、被害人,应当个别进行。

第二百六十一条 办理审查逮捕案件,犯罪嫌疑人已经委托辩护律师的,可以听取辩护律师的意见。辩护律师提出要求的,应当听取辩护律师的意见。对辩护律师的意见应当制作笔录,辩护律师提出的书面意见应当附卷。

办理审查起诉案件,应当听取辩护人或者值班律师、被害人及其诉讼代理人的意见,并制作笔录。辩护人或者值班律师、被害人及其诉讼代理人提出书面意见的,应当附卷。

对于辩护律师在审查逮捕、审查起诉阶段多次提出意见的,均应如实记录。

辩护律师提出犯罪嫌疑人不构成犯罪、无社会危险性、不适宜羁押或者侦查活动有违法犯罪情形等书面意见的,检察人员应当审查,并在相关工作文书中说明是否采纳的情况和理由。

第二百六十二条 直接听取辩护人、

被害人及其诉讼代理人的意见有困难的,可以通过电话、视频等方式听取意见并记录在案,或者通知辩护人、被害人及其诉讼代理人提出书面意见。无法通知或者在指定期限内未提出意见的,应当记录在案。

第二百六十三条 对于公安机关提请批准逮捕、移送起诉的案件,检察人员审查时发现存在本规则第七十五条第一款规定情形的,可以调取公安机关讯问犯罪嫌疑人的录音、录像并审查相关的录音、录像。对于重大、疑难、复杂的案件,必要时可以审查全部录音、录像。

对于监察机关移送起诉的案件,认为需要调取有关录音、录像的,可以商请监察机关调取。

对于人民检察院直接受理侦查的案件,审查时发现负责侦查的部门未按照本规则第七十五条第三款的规定移送录音、录像或者移送不全的,应当要求其补充移送。对取证合法性或者讯问笔录真实性等产生疑问的,应当有针对性地审查相关的录音、录像。对于重大、疑难、复杂的案件,可以审查全部录音、录像。

第二百六十四条 经审查讯问犯罪嫌疑人录音、录像,发现公安机关、本院负责侦查的部门讯问不规范,讯问过程存在违法行为,录音、录像内容与讯问笔录不一致等情形的,应当逐一列明并向公安机关、本院负责侦查的部门书面提出,要求其予以纠正、补正或者书面作出合理解释。发现讯问笔录与讯问犯罪嫌疑人录音、录像内容有重大实质性差异的,或者公安机关、本院负责侦查的部门不能补正或者作出合理解释的,该讯问笔录不能作为批准或者决定逮捕、提起公诉的依据。

第二百六十五条 犯罪嫌疑人及其辩护人申请排除非法证据,并提供相关线索或者材料的,人民检察院应当调查核实。发现侦查人员以刑讯逼供等非法方法收集证据的,应当依法排除相关证据并提出纠正意见。

审查逮捕期限届满前,经审查无法确定存在非法取证的行为,但也不能排除非法取证可能的,该证据不作为批准逮捕的依据。检察官应当根据在案的其他证据认定案件事实和决定是否逮捕,并在作出批准或者不批准逮捕的决定后,继续对可能存在的非法取证行为进行调查核实。经调查核实确认存在以刑讯逼供等非法方法收集证据情形的,应当向公安机关提出纠正意见。以非法方法收集的证据,不得作为提起公诉的依据。

第二百六十六条 审查逮捕期间,犯罪嫌疑人申请排除非法证据,但未提交相关线索或者材料,人民检察院经全面审查案件事实、证据,未发现侦查人员存在以非法方法收集证据的情形,认为符合逮捕条件的,可以批准逮捕。

审查起诉期间,犯罪嫌疑人及其辩护人又提出新的线索或者证据,或者人民检察院发现新的证据,经调查核实认为侦查人员存在以刑讯逼供等非法方法收集证据情形的,应当依法排除非法证据,不得作为提起公诉的依据。

排除非法证据后,犯罪嫌疑人不再符合逮捕条件但案件需要继续审查起诉的,应当及时变更强制措施。案件不符合起诉条件的,应当作出不起诉决定。

第二节 认罪认罚从宽案件办理

第二百六十七条 人民检察院办理犯罪嫌疑人认罪认罚案件,应当保障犯罪嫌疑人获得有效法律帮助,确保其了解认罪认罚的性质和法律后果，自愿认罪认罚。

人民检察院受理案件后，应当向犯罪嫌疑人了解其委托辩护人的情况。犯罪嫌疑人自愿认罪认罚、没有辩护人的，在审查逮捕阶段，人民检察院应当要求公安机关通知值班律师为其提供法律帮助；在审查起诉阶段，人民检察院应当通知值班律师为其提供法律帮助。符合通知辩护条件的，应当依法通知法律援助机构指派律师为其提供辩护。

第二百六十八条　人民检察院应当商法律援助机构设立法律援助工作站派驻值班律师或者及时安排值班律师，为犯罪嫌疑人提供法律咨询、程序选择建议、申请变更强制措施、对案件处理提出意见等法律帮助。

人民检察院应当告知犯罪嫌疑人有权约见值班律师，并为其约见值班律师提供便利。

第二百六十九条　犯罪嫌疑人认罪认罚的，人民检察院应当告知其享有的诉讼权利和认罪认罚的法律规定，听取犯罪嫌疑人、辩护人或者值班律师、被害人及其诉讼代理人对下列事项的意见，并记录在案：

（一）涉嫌的犯罪事实、罪名及适用的法律规定；

（二）从轻、减轻或者免除处罚等从宽处罚的建议；

（三）认罪认罚后案件审理适用的程序；

（四）其他需要听取意见的事项。

依照前款规定听取值班律师意见的，应当提前为值班律师了解案件有关情况提供必要的便利。自人民检察院对案件审查起诉之日起，值班律师可以查阅案卷材料，了解案情。人民检察院应当为值班律师查阅案卷材料提供便利。

人民检察院不采纳辩护人或者值班律师所提意见的，应当向其说明理由。

第二百七十条　批准或者决定逮捕，应当将犯罪嫌疑人涉嫌犯罪的性质、情节，认罪认罚等情况，作为是否可能发生社会危险性的考虑因素。

已经逮捕的犯罪嫌疑人认罪认罚的，人民检察院应当及时对羁押必要性进行审查。经审查，认为没有继续羁押必要的，应当予以释放或者变更强制措施。

第二百七十一条　审查起诉阶段，对于在侦查阶段认罪认罚的案件，人民检察院应当重点审查以下内容：

（一）犯罪嫌疑人是否自愿认罪认罚，有无因受到暴力、威胁、引诱而违背意愿认罪认罚；

（二）犯罪嫌疑人认罪认罚时的认知能力和精神状态是否正常；

（三）犯罪嫌疑人是否理解认罪认罚的性质和可能导致的法律后果；

（四）公安机关是否告知犯罪嫌疑人享有的诉讼权利，如实供述自己罪行可以从宽处理和认罪认罚的法律规定，并听取意见；

（五）起诉意见书中是否写明犯罪嫌疑人认罪认罚情况；

（六）犯罪嫌疑人是否真诚悔罪，是否向被害人赔礼道歉。

经审查，犯罪嫌疑人违背意愿认罪认罚的，人民检察院可以重新开展认罪认罚工作。存在刑讯逼供等非法取证行为的，依照法律规定处理。

第二百七十二条　犯罪嫌疑人自愿认罪认罚，同意量刑建议和程序适用的，应当在辩护人或者值班律师在场的情况下签署认罪认罚具结书。具结书应当包括犯罪嫌疑人如实供述罪行、同意量刑建议和程序适用等内容，由犯罪嫌疑人及其辩护人、值班律师签名。

犯罪嫌疑人具有下列情形之一的，不需要签署认罪认罚具结书：

（一）犯罪嫌疑人是盲、聋、哑人，或者是尚未完全丧失辨认或者控制自己行为能力的精神病人的；

（二）未成年犯罪嫌疑人的法定代理人、辩护人对未成年人认罪认罚有异议的；

（三）其他不需要签署认罪认罚具结书的情形。

有前款情形，犯罪嫌疑人未签署认罪认罚具结书的，不影响认罪认罚从宽制度的适用。

第二百七十三条　犯罪嫌疑人认罪认罚，人民检察院经审查，认为符合速裁程序适用条件的，应当在十日以内作出是否提起公诉的决定，对可能判处的有期徒刑超过一年的，可以延长至十五日；认为不符合速裁程序适用条件的，应当在本规则第三百五十一条规定的期限以内作出是否提起公诉的决定。

对于公安机关建议适用速裁程序办理的案件，人民检察院负责案件管理的部门应当在受理案件的当日将案件移送负责捕诉的部门。

第二百七十四条　认罪认罚案件，人民检察院向人民法院提起公诉的，应当提出量刑建议，在起诉书中写明被告人认罪认罚情况，并移送认罪认罚具结书等材料。量刑建议可以另行制作文书，也可以在起诉书中写明。

第二百七十五条　犯罪嫌疑人认罪认罚的，人民检察院应当就主刑、附加刑、是否适用缓刑等提出量刑建议。量刑建议一般应当为确定刑。对新类型、不常见犯罪案件，量刑情节复杂的重罪案件等，也可以提出幅度刑量刑建议。

第二百七十六条　办理认罪认罚案件，人民检察院应当将犯罪嫌疑人是否与被害方达成和解或者调解协议，或者赔偿被害方损失，取得被害方谅解，或者自愿承担公益损害修复、赔偿责任，作为提出量刑建议的重要考虑因素。

犯罪嫌疑人自愿认罪并且愿意积极赔偿损失，但由于被害方赔偿请求明显不合理，未能达成和解或者调解协议的，一般不影响对犯罪嫌疑人从宽处理。

对于符合当事人和解程序适用条件的公诉案件，犯罪嫌疑人认罪认罚的，人民检察院应当积极促使当事人自愿达成和解。和解协议书和被害方出具的谅解意见应当随案移送。被害方符合司法救助条件的，人民检察院应当积极协调办理。

第二百七十七条　犯罪嫌疑人认罪认罚，人民检察院拟提出适用缓刑或者判处管制的量刑建议，可以委托犯罪嫌疑人居住地的社区矫正机构进行调查评估，也可以自行调查评估。

第二百七十八条　犯罪嫌疑人认罪认罚，人民检察院依照刑事诉讼法第一百七十七条第二款作出不起诉决定后，犯罪嫌疑人反悔的，人民检察院应当进行审查，并区分下列情形依法作出处理：

（一）发现犯罪嫌疑人没有犯罪事实，或者符合刑事诉讼法第十六条规定的情形之一的，应当撤销原不起诉决定，依照刑事诉讼法第一百七十七条第一款的规定重新作出不起诉决定；

（二）犯罪嫌疑人犯罪情节轻微，依

照刑法不需要判处刑罚或者免除刑罚的,可以维持原不起诉决定;

(三)排除认罪认罚因素后,符合起诉条件的,应当根据案件具体情况撤销原不起诉决定,依法提起公诉。

第二百七十九条 犯罪嫌疑人自愿如实供述涉嫌犯罪的事实,有重大立功或者案件涉及国家重大利益的,经最高人民检察院核准,公安机关可以撤销案件,人民检察院可以作出不起诉决定,也可以对涉嫌数罪中的一项或者多项不起诉。

前款规定的不起诉,应当由检察长决定。决定不起诉的,人民检察院应当及时对查封、扣押、冻结的财物及其孳息作出处理。

第三节 审查批准逮捕

第二百八十条 人民检察院办理审查逮捕案件,可以讯问犯罪嫌疑人;具有下列情形之一的,应当讯问犯罪嫌疑人:

(一)对是否符合逮捕条件有疑问的;

(二)犯罪嫌疑人要求向检察人员当面陈述的;

(三)侦查活动可能有重大违法行为的;

(四)案情重大、疑难、复杂的;

(五)犯罪嫌疑人认罪认罚的;

(六)犯罪嫌疑人系未成年人的;

(七)犯罪嫌疑人是盲、聋、哑人或者是尚未完全丧失辨认或者控制自己行为能力的精神病人的。

讯问未被拘留的犯罪嫌疑人,讯问前应当听取公安机关的意见。

办理审查逮捕案件,对被拘留的犯罪嫌疑人不予讯问的,应当送达听取犯罪嫌疑人意见书,由犯罪嫌疑人填写后及时收回审查并附卷。经审查认为应当讯问犯罪嫌疑人的,应当及时讯问。

第二百八十一条 对有重大影响的案件,可以采取当面听取侦查人员、犯罪嫌疑人及其辩护人等意见的方式进行公开审查。

第二百八十二条 对公安机关提请批准逮捕的犯罪嫌疑人,已经被拘留的,人民检察院应当在收到提请批准逮捕书后七日以内作出是否批准逮捕的决定;未被拘留的,应当在收到提请批准逮捕书后十五日以内作出是否批准逮捕的决定,重大、复杂案件,不得超过二十日。

第二百八十三条 上级公安机关指定犯罪地或者犯罪嫌疑人居住地以外的下级公安机关立案侦查的案件,需要逮捕犯罪嫌疑人的,由侦查该案件的公安机关提请同级人民检察院审查批准逮捕。人民检察院应当依法作出批准或者不批准逮捕的决定。

第二百八十四条 对公安机关提请批准逮捕的犯罪嫌疑人,人民检察院经审查认为符合本规则第一百二十八条、第一百三十六条、第一百三十八条规定情形,应当作出批准逮捕的决定,连同案卷材料送达公安机关执行,并可以制作继续侦查提纲,送交公安机关。

第二百八十五条 对公安机关提请批准逮捕的犯罪嫌疑人,具有本规则第一百三十九条至第一百四十一条规定情形,人民检察院作出不批准逮捕决定的,应当说明理由,连同案卷材料送达公安机关执行。需要补充侦查的,应当制作补充侦查提纲,送交公安机关。

人民检察院办理审查逮捕案件,不另行侦查,不得直接提出采取取保候审措施的意见。

对于因犯罪嫌疑人没有犯罪事实、具有刑事诉讼法第十六条规定的情形之一或者证据不足，人民检察院拟作出不批准逮捕决定的，应当经检察长批准。

第二百八十六条 人民检察院应当将批准逮捕的决定交公安机关立即执行，并要求公安机关将执行回执及时送达作出批准决定的人民检察院。如果未能执行，也应当要求其将回执及时送达人民检察院，并写明未能执行的原因。对于人民检察院不批准逮捕的，应当要求公安机关在收到不批准逮捕决定书后，立即释放在押的犯罪嫌疑人或者变更强制措施，并将执行回执在收到不批准逮捕决定书后三日以内送达作出不批准逮捕决定的人民检察院。

公安机关在收到不批准逮捕决定书后对在押的犯罪嫌疑人不立即释放或者变更强制措施的，人民检察院应当提出纠正意见。

第二百八十七条 对于没有犯罪事实或者犯罪嫌疑人具有刑事诉讼法第十六条规定情形之一，人民检察院作出不批准逮捕决定的，应当同时告知公安机关撤销案件。

对于有犯罪事实需要追究刑事责任，但不是被立案侦查的犯罪嫌疑人实施，或者共同犯罪案件中部分犯罪嫌疑人不负刑事责任，人民检察院作出不批准逮捕决定的，应当同时告知公安机关对有关犯罪嫌疑人终止侦查。

公安机关在收到不批准逮捕决定书后超过十五日未要求复议、提请复核，也不撤销案件或者终止侦查的，人民检察院应当发出纠正违法通知书。公安机关仍不纠正的，报上一级人民检察院协商同级公安机关处理。

第二百八十八条 人民检察院办理公安机关提请批准逮捕的案件，发现遗漏应当逮捕的犯罪嫌疑人的，应当经检察长批准，要求公安机关提请批准逮捕。公安机关不提请批准逮捕或者说明的不提请批准逮捕的理由不成立的，人民检察院可以直接作出逮捕决定，送达公安机关执行。

第二百八十九条 对已经作出的批准逮捕决定发现确有错误的，人民检察院应当撤销原批准逮捕决定，送达公安机关执行。

对已经作出的不批准逮捕决定发现确有错误，需要批准逮捕的，人民检察院应当撤销原不批准逮捕决定，并重新作出批准逮捕决定，送达公安机关执行。

对因撤销原批准逮捕决定而被释放的犯罪嫌疑人或者逮捕后公安机关变更为取保候审、监视居住的犯罪嫌疑人，又发现需要逮捕的，人民检察院应当重新办理逮捕手续。

第二百九十条 对不批准逮捕的案件，公安机关要求复议的，人民检察院负责捕诉的部门应当另行指派检察官或者检察官办案组进行审查，并在收到要求复议意见书和案卷材料后七日以内，经检察长批准，作出是否变更的决定，通知公安机关。

第二百九十一条 对不批准逮捕的案件，公安机关提请上一级人民检察院复核的，上一级人民检察院应当在收到提请复核意见书和案卷材料后十五日以内，经检察长批准，作出是否变更的决定，通知下级人民检察院和公安机关执行。需要改变原决定的，应当通知作出不批准逮捕决定的人民检察院撤销原不批准逮捕决定，另行制作批准逮捕决定书。必要时,上级人民检察院也可以直接作出批准逮捕决定,通知下级人民检察院送达公安机关执行。

对于经复议复核维持原不批准逮捕决定的,人民检察院向公安机关送达复议复核决定时应当说明理由。

第二百九十二条 人民检察院作出不批准逮捕决定,并且通知公安机关补充侦查的案件,公安机关在补充侦查后又要求复议的,人民检察院应当告知公安机关重新提请批准逮捕。公安机关坚持要求复议的,人民检察院不予受理。

对于公安机关补充侦查后应当提请批准逮捕而不提请批准逮捕的,按照本规则第二百八十八条的规定办理。

第二百九十三条 对公安机关提请批准逮捕的案件,负责捕诉的部门应当将批准、变更、撤销逮捕措施的情况书面通知本院负责刑事执行检察的部门。

第二百九十四条 外国人、无国籍人涉嫌危害国家安全犯罪的案件或者涉及国与国之间政治、外交关系的案件以及在适用法律上确有疑难的案件,需要逮捕犯罪嫌疑人的,按照刑事诉讼法关于管辖的规定,分别由基层人民检察院或者设区的市级人民检察院审查并提出意见,层报最高人民检察院审查。最高人民检察院认为需要逮捕的,经征求外交部的意见后,作出批准逮捕的批复;认为不需要逮捕的,作出不批准逮捕的批复。基层人民检察院或者设区的市级人民检察院根据最高人民检察院的批复,依法作出批准或者不批准逮捕的决定。层报过程中,上级人民检察院认为不需要逮捕的,应当作出不批准逮捕的批复。报送的人民检察院根据批复依法作出不批准逮捕的决定。

基层人民检察院或者设区的市人民检察院认为不需要逮捕的,可以直接依法作出不批准逮捕的决定。

外国人、无国籍人涉嫌本条第一款规定以外的其他犯罪案件,决定批准逮捕的人民检察院应当在作出批准逮捕决定后四十八小时以内报上一级人民检察院备案,同时向同级人民政府外事部门通报。上一级人民检察院经审查发现批准逮捕决定错误的,应当依法及时纠正。

第二百九十五条 人民检察院办理审查逮捕的危害国家安全犯罪案件,应当报上一级人民检察院备案。

上一级人民检察院经审查发现错误的,应当依法及时纠正。

第四节 审查决定逮捕

第二百九十六条 人民检察院办理直接受理侦查的案件,需要逮捕犯罪嫌疑人的,由负责侦查的部门制作逮捕犯罪嫌疑人意见书,连同案卷材料、讯问犯罪嫌疑人录音、录像一并移送本院负责捕诉的部门审查。犯罪嫌疑人已被拘留的,负责侦查的部门应当在拘留后七日以内将案件移送本院负责捕诉的部门审查。

第二百九十七条 对本院负责侦查的部门移送审查逮捕的案件,犯罪嫌疑人已被拘留的,负责捕诉的部门应当在收到逮捕犯罪嫌疑人意见书后七日以内,报请检察长决定是否逮捕,特殊情况下,决定逮捕的时间可以延长一日至三日;犯罪嫌疑人未被拘留的,负责捕诉的部门应当在收到逮捕犯罪嫌疑人意见书后十五日以内,报请检察长决定是否逮捕,重大、复杂案件,不得超过二十日。

第二百九十八条 对犯罪嫌疑人决定逮捕的,负责捕诉的部门应当将逮捕决定书连同案卷材料、讯问犯罪嫌疑人录音、录像移交负责侦查的部门,并可以对收集证据、适用法律提出意见。由负责侦查的部门通知公安机关执行,必要时可以协助执行。

第二百九十九条 对犯罪嫌疑人决定不予逮捕的,负责捕诉的部门应当将不予逮捕的决定连同案卷材料、讯问犯罪嫌疑人录音、录像移交负责侦查的部门,并说明理由。需要补充侦查的,应当制作补充侦查提纲。犯罪嫌疑人已被拘留的,负责侦查的部门应当通知公安机关立即释放。

第三百条 对应当逮捕而本院负责侦查的部门未移送审查逮捕的犯罪嫌疑人,负责捕诉的部门应当向负责侦查的部门提出移送审查逮捕犯罪嫌疑人的建议。建议不被采纳的,应当报请检察长决定。

第三百零一条 逮捕犯罪嫌疑人后,应当立即送看守所羁押。除无法通知的以外,负责侦查的部门应当把逮捕的原因和羁押的处所,在二十四小时以内通知其家属。对于无法通知的,在无法通知的情形消除后,应当立即通知其家属。

第三百零二条 对被逮捕的犯罪嫌疑人,应当在逮捕后二十四小时以内进行讯问。

发现不应当逮捕的,应当经检察长批准,撤销逮捕决定或者变更为其他强制措施,并通知公安机关执行,同时通知负责捕诉的部门。

对按照前款规定被释放或者变更强制措施的犯罪嫌疑人,又发现需要逮捕的,应当重新移送审查逮捕。

第三百零三条 已经作出不予逮捕的决定,又发现需要逮捕犯罪嫌疑人的,应当重新办理逮捕手续。

第三百零四条 犯罪嫌疑人在异地羁押的,负责侦查的部门应当将决定、变更、撤销逮捕措施的情况书面通知羁押地人民检察院负责刑事执行检察的部门。

第五节 延长侦查羁押期限和重新计算侦查羁押期限

第三百零五条 人民检察院办理直接受理侦查的案件,对犯罪嫌疑人逮捕后的侦查羁押期限不得超过二个月。案情复杂、期限届满不能终结的案件,可以经上一级人民检察院批准延长一个月。

第三百零六条 设区的市级人民检察院和基层人民检察院办理直接受理侦查的案件,符合刑事诉讼法第一百五十八条规定,在本规则第三百零五条规定的期限届满前不能侦查终结的,经省级人民检察院批准,可以延长二个月。

省级人民检察院直接受理侦查的案件,有前款情形的,可以直接决定延长二个月。

第三百零七条 设区的市级人民检察院和基层人民检察院办理直接受理侦查的案件,对犯罪嫌疑人可能判处十年有期徒刑以上刑罚,依照本规则第三百零六条的规定依法延长羁押期限届满,仍不能侦查终结的,经省级人民检察院批准,可以再延长二个月。

省级人民检察院办理直接受理侦查的案件,有前款情形的,可以直接决定再延长二个月。

第三百零八条 最高人民检察院办理直接受理侦查的案件,依照刑事诉讼法的规定需要延长侦查羁押期限的,直接决定延长侦查羁押期限。

第三百零九条 公安机关需要延长侦查羁押期限的,人民检察院应当要求其在侦查羁押期限届满七日前提请批准延长侦查羁押期限。

人民检察院办理直接受理侦查的案件,负责侦查的部门认为需要延长侦查羁押期限的,应当按照前款规定向本院负责捕诉的部门移送延长侦查羁押期限意见书及有关材料。

对于超过法定羁押期限提请延长侦查羁押期限的,不予受理。

第三百一十条　人民检察院审查批准或者决定延长侦查羁押期限,由负责捕诉的部门办理。

受理案件的人民检察院对延长侦查羁押期限的意见审查后,应当提出是否同意延长侦查羁押期限的意见,将公安机关延长侦查羁押期限的意见和本院的审查意见层报有决定权的人民检察院审查决定。

第三百一十一条　对于同时具备下列条件的案件,人民检察院应当作出批准延长侦查羁押期限一个月的决定:

(一)符合刑事诉讼法第一百五十六条的规定;

(二)符合逮捕条件;

(三)犯罪嫌疑人有继续羁押的必要。

第三百一十二条　犯罪嫌疑人虽然符合逮捕条件,但经审查,公安机关在对犯罪嫌疑人执行逮捕后二个月以内未有效开展侦查工作或者侦查取证工作没有实质进展的,人民检察院可以作出不批准延长侦查羁押期限的决定。

犯罪嫌疑人不符合逮捕条件,需要撤销下级人民检察院逮捕决定的,上级人民检察院在作出不批准延长侦查羁押期限决定的同时,应当作出撤销逮捕的决定,或者通知下级人民检察院撤销逮捕决定。

第三百一十三条　有决定权的人民检察院作出批准延长侦查羁押期限或者不批准延长侦查羁押期限的决定后,应当将决定书交由最初受理案件的人民检察院送达公安机关。

最初受理案件的人民检察院负责捕诉的部门收到批准延长侦查羁押期限决定书或者不批准延长侦查羁押期限决定书,应当书面告知本院负责刑事执行检察的部门。

第三百一十四条　因为特殊原因,在较长时间内不宜交付审判的特别重大复杂的案件,由最高人民检察院报请全国人民代表大会常务委员会批准延期审理。

第三百一十五条　人民检察院在侦查期间发现犯罪嫌疑人另有重要罪行的,自发现之日起依照本规则第三百零五条的规定重新计算侦查羁押期限。

另有重要罪行是指与逮捕时的罪行不同种的重大犯罪或者同种的影响罪名认定、量刑档次的重大犯罪。

第三百一十六条　人民检察院重新计算侦查羁押期限,应当由负责侦查的部门提出重新计算侦查羁押期限的意见,移送本院负责捕诉的部门审查。负责捕诉的部门审查后应当提出是否同意重新计算侦查羁押期限的意见,报检察长决定。

第三百一十七条　对公安机关重新计算侦查羁押期限的备案,由负责捕诉的部门审查。负责捕诉的部门认为公安机关重新计算侦查羁押期限不当的,应当提出纠正意见。

第三百一十八条　人民检察院直接受理侦查的案件,不能在法定侦查羁押期限内侦查终结的,应当依法释放犯罪嫌疑人或者变更强制措施。

第三百一十九条　负责捕诉的部门审查延长侦查羁押期限、审查重新计算侦查羁押期限,可以讯问犯罪嫌疑人,听取辩护律师和侦查人员的意见,调取案卷及相关材料等。

第六节 核准追诉

第三百二十条 法定最高刑为无期徒刑、死刑的犯罪,已过二十年追诉期限的,不再追诉。如果认为必须追诉的,须报请最高人民检察院核准。

第三百二十一条 须报请最高人民检察院核准追诉的案件,公安机关在核准之前可以依法对犯罪嫌疑人采取强制措施。

公安机关报请核准追诉并提请逮捕犯罪嫌疑人,人民检察院经审查认为必须追诉而且符合法定逮捕条件的,可以依法批准逮捕,同时要求公安机关在报请核准追诉期间不得停止对案件的侦查。

未经最高人民检察院核准,不得对案件提起公诉。

第三百二十二条 报请核准追诉的案件应当同时符合下列条件:

(一)有证据证明存在犯罪事实,且犯罪事实是犯罪嫌疑人实施的;

(二)涉嫌犯罪的行为应当适用的法定量刑幅度的最高刑为无期徒刑或者死刑;

(三)涉嫌犯罪的性质、情节和后果特别严重,虽然已过二十年追诉期限,但社会危害性和影响依然存在,不追诉会严重影响社会稳定或者产生其他严重后果,而必须追诉的;

(四)犯罪嫌疑人能够及时到案接受追诉。

第三百二十三条 公安机关报请核准追诉的案件,由同级人民检察院受理并层报最高人民检察院审查决定。

第三百二十四条 地方各级人民检察院对公安机关报请核准追诉的案件,应当及时进行审查并开展必要的调查。经检察委员会审议提出是否同意核准追诉的意见,制作报请核准追诉案件报告书,连同案卷材料一并层报最高人民检察院。

第三百二十五条 最高人民检察院收到省级人民检察院报送的报请核准追诉案件报告书及案卷材料后,应当及时审查,必要时指派检察人员到案发地了解案件有关情况。经检察长批准,作出是否核准追诉的决定,并制作核准追诉决定书或者不予核准追诉决定书,逐级下达至最初受理案件的人民检察院,由其送达报请核准追诉的公安机关。

第三百二十六条 对已经采取强制措施的案件,强制措施期限届满不能作出是否核准追诉决定的,应当对犯罪嫌疑人变更强制措施或者延长侦查羁押期限。

第三百二十七条 最高人民检察院决定核准追诉的案件,最初受理案件的人民检察院应当监督公安机关的侦查工作。

最高人民检察院决定不予核准追诉,公安机关未及时撤销案件的,同级人民检察院应当提出纠正意见。犯罪嫌疑人在押的,应当立即释放。

第七节 审查起诉

第三百二十八条 各级人民检察院提起公诉,应当与人民法院审判管辖相适应。负责捕诉的部门收到移送起诉的案件后,经审查认为不属于本院管辖的,应当在发现之日起五日以内经由负责案件管理的部门移送有管辖权的人民检察院。

属于上级人民法院管辖的第一审案件,应当报送上级人民检察院,同时通知移送起诉的公安机关;属于同级其他人民法院管辖的第一审案件,应当移送有管辖权的人民检察院或者报送共同的上级人民检察院指定管辖,同时通知移送起诉的公安机关。

上级人民检察院受理同级公安机关移送起诉的案件,认为属于下级人民法院管辖的,可以交下级人民检察院审查,由下级人民检察院向同级人民法院提起公诉,同时通知移送起诉的公安机关。

一人犯数罪、共同犯罪和其他需要并案审理的案件,只要其中一人或者一罪属于上级人民检察院管辖的,全案由上级人民检察院审查起诉。

公安机关移送起诉的案件,需要依照刑事诉讼法的规定指定审判管辖的,人民检察院应当在公安机关移送起诉前协商同级人民法院办理指定管辖有关事宜。

第三百二十九条 监察机关移送起诉的案件,需要依照刑事诉讼法的规定指定审判管辖的,人民检察院应当在监察机关移送起诉二十日前协商同级人民法院办理指定管辖有关事宜。

第三百三十条 人民检察院审查移送起诉的案件,应当查明:

(一)犯罪嫌疑人身份状况是否清楚,包括姓名、性别、国籍、出生年月日、职业和单位等;单位犯罪的,单位的相关情况是否清楚;

(二)犯罪事实、情节是否清楚;实施犯罪的时间、地点、手段、危害后果是否明确;

(三)认定犯罪性质和罪名的意见是否正确;有无法定的从重、从轻、减轻或者免除处罚情节及酌定从重、从轻情节;共同犯罪案件的犯罪嫌疑人在犯罪活动中的责任认定是否恰当;

(四)犯罪嫌疑人是否认罪认罚;

(五)证明犯罪事实的证据材料是否随案移送;证明相关财产系违法所得的证据材料是否随案移送;不宜移送的证据的清单、复制件、照片或者其他证明文件是否随案移送;

(六)证据是否确实、充分,是否依法收集,有无应当排除非法证据的情形;

(七)采取侦查措施包括技术侦查措施的法律手续和诉讼文书是否完备;

(八)有无遗漏罪行和其他应当追究刑事责任的人;

(九)是否属于不应当追究刑事责任的;

(十)有无附带民事诉讼;对于国家财产、集体财产遭受损失的,是否需要由人民检察院提起附带民事诉讼;对于破坏生态环境和资源保护,食品药品安全领域侵害众多消费者合法权益,侵害英雄烈士的姓名、肖像、名誉、荣誉等损害社会公共利益的行为,是否需要由人民检察院提起附带民事公益诉讼;

(十一)采取的强制措施是否适当,对于已经逮捕的犯罪嫌疑人,有无继续羁押的必要;

(十二)侦查活动是否合法;

(十三)涉案财物是否查封、扣押、冻结并妥善保管,清单是否齐备;对被害人合法财产的返还和对违禁品或者不宜长期保存的物品的处理是否妥当,移送的证明文件是否完备。

第三百三十一条 人民检察院办理审查起诉案件应当讯问犯罪嫌疑人。

第三百三十二条 人民检察院认为需要对案件中某些专门性问题进行鉴定而监察机关或者公安机关没有鉴定的,应当要求监察机关或者公安机关进行鉴定。必要时,也可以由人民检察院进行鉴定,或者由人民检察院聘请有鉴定资格的人进行鉴定。

人民检察院自行进行鉴定的,可以商请监察机关或者公安机关派员参加,必要时可以聘请有鉴定资格或者有专门知识的人参加。

第三百三十三条 在审查起诉中,发现犯罪嫌疑人可能患有精神病的,人民检察院应当依照本规则的有关规定对犯罪嫌疑人进行鉴定。

犯罪嫌疑人的辩护人或者近亲属以犯罪嫌疑人可能患有精神病而申请对犯罪嫌疑人进行鉴定的,人民检察院也可以依照本规则的有关规定对犯罪嫌疑人进行鉴定。鉴定费用由申请方承担。

第三百三十四条 人民检察院对鉴定意见有疑问的,可以询问鉴定人或者有专门知识的人并制作笔录附卷,也可以指派有鉴定资格的检察技术人员或者聘请其他有鉴定资格的人进行补充鉴定或者重新鉴定。

人民检察院对鉴定意见等技术性证据材料需要进行专门审查的,按照有关规定交检察技术人员或者其他有专门知识的人进行审查并出具审查意见。

第三百三十五条 人民检察院审查案件时,对监察机关或者公安机关的勘验、检查,认为需要复验、复查的,应当要求其复验、复查,人民检察院可以派员参加;也可以自行复验、复查,商请监察机关或者公安机关派员参加,必要时也可以指派检察技术人员或者聘请其他有专门知识的人参加。

第三百三十六条 人民检察院对物证、书证、视听资料、电子数据及勘验、检查、辨认、侦查实验等笔录存在疑问的,可以要求调查人员或者侦查人员提供获取、制作的有关情况,必要时也可以询问提供相关证据材料的人员和见证人并制作笔录附卷,对物证、书证、视听资料、电子数据进行鉴定。

第三百三十七条 人民检察院在审查起诉阶段认为需要逮捕犯罪嫌疑人的,应当经检察长决定。

第三百三十八条 对于人民检察院正在审查起诉的案件,被逮捕的犯罪嫌疑人及其法定代理人、近亲属或者辩护人认为羁押期限届满,向人民检察院提出释放犯罪嫌疑人或者变更强制措施要求的,人民检察院应当在三日以内审查决定。经审查,认为法定期限届满的,应当决定释放或者依法变更强制措施,并通知公安机关执行;认为法定期限未满的,书面答复申请人。

第三百三十九条 人民检察院对案件进行审查后,应当依法作出起诉或者不起诉以及是否提起附带民事诉讼、附带民事公益诉讼的决定。

第三百四十条 人民检察院对监察机关或者公安机关移送的案件进行审查后,在人民法院作出生效判决之前,认为需要补充提供证据材料的,可以书面要求监察机关或者公安机关提供。

第三百四十一条 人民检察院在审查起诉中发现有应当排除的非法证据,应当依法排除,同时可以要求监察机关或者公安机关另行指派调查人员或者侦查人员重新取证。必要时,人民检察院也可以自行调查取证。

第三百四十二条 人民检察院认为犯罪事实不清、证据不足或者存在遗漏罪行、遗漏同案犯罪嫌疑人等情形需要补充侦查的,应当制作补充侦查提纲,连同案卷材料一并退回公安机关补充侦查。人民检察院也可以自行侦查,必要时可以要求公安机关提供协助。

第三百四十三条　人民检察院对于监察机关移送起诉的案件,认为需要补充调查的,应当退回监察机关补充调查。必要时,可以自行补充侦查。

需要退回补充调查的案件,人民检察院应当出具补充调查决定书、补充调查提纲,写明补充调查的事项、理由、调查方向、需补充收集的证据及其证明作用等,连同案卷材料一并送交监察机关。

人民检察院决定退回补充调查的案件,犯罪嫌疑人已被采取强制措施的,应当将退回补充调查情况书面通知强制措施执行机关。监察机关需要讯问的,人民检察院应当予以配合。

第三百四十四条　对于监察机关移送起诉的案件,具有下列情形之一的,人民检察院可以自行补充侦查:

(一)证人证言、犯罪嫌疑人供述和辩解、被害人陈述的内容主要情节一致,个别情节不一致的;

(二)物证、书证等证据材料需要补充鉴定的;

(三)其他由人民检察院查证更为便利、更有效率、更有利于查清案件事实的情形。

自行补充侦查完毕后,应当将相关证据材料入卷,同时抄送监察机关。人民检察院自行补充侦查的,可以商请监察机关提供协助。

第三百四十五条　人民检察院负责捕诉的部门对本院负责侦查的部门移送起诉的案件进行审查后,认为犯罪事实不清、证据不足或者存在遗漏罪行、遗漏同案犯罪嫌疑人等情形需要补充侦查的,应当制作补充侦查提纲,连同案卷材料一并退回负责侦查的部门补充侦查。必要时,也可以自行侦查,可以要求负责侦查的部门予以协助。

第三百四十六条　退回监察机关补充调查、退回公安机关补充侦查的案件,均应当在一个月以内补充调查、补充侦查完毕。

补充调查、补充侦查以二次为限。

补充调查、补充侦查完毕移送起诉后,人民检察院重新计算审查起诉期限。

人民检察院负责捕诉的部门退回本院负责侦查的部门补充侦查的期限、次数按照本条第一款至第三款的规定执行。

第三百四十七条　补充侦查期限届满,公安机关未将案件重新移送起诉的,人民检察院应当要求公安机关说明理由。

人民检察院发现公安机关违反法律规定撤销案件的,应当提出纠正意见。

第三百四十八条　人民检察院在审查起诉中决定自行侦查的,应当在审查起诉期限内侦查完毕。

第三百四十九条　人民检察院对已经退回监察机关二次补充调查或者退回公安机关二次补充侦查的案件,在审查起诉中又发现新的犯罪事实,应当将线索移送监察机关或者公安机关。对已经查清的犯罪事实,应当依法提起公诉。

第三百五十条　对于在审查起诉期间改变管辖的案件,改变后的人民检察院对于符合刑事诉讼法第一百七十五条第二款规定的案件,可以经原受理案件的人民检察院协助,直接退回原侦查案件的公安机关补充侦查,也可以自行侦查。改变管辖前后退回补充侦查的次数总共不得超过二次。

第三百五十一条　人民检察院对于

移送起诉的案件,应当在一个月以内作出决定;重大、复杂的案件,一个月以内不能作出决定的,可以延长十五日。

人民检察院审查起诉的案件,改变管辖的,从改变后的人民检察院收到案件之日起计算审查起诉期限。

第三百五十二条　追缴的财物中,属于被害人的合法财产,不需要在法庭出示的,应当及时返还被害人,并由被害人在发还款物清单上签名或者盖章,注明返还的理由,并将清单、照片附卷。

第三百五十三条　追缴的财物中,属于违禁品或者不宜长期保存的物品,应当依照国家有关规定处理,并将清单、照片、处理结果附卷。

第三百五十四条　人民检察院在审查起诉阶段,可以适用本规则规定的侦查措施和程序。

第八节　起　诉

第三百五十五条　人民检察院认为犯罪嫌疑人的犯罪事实已经查清,证据确实、充分,依法应当追究刑事责任的,应当作出起诉决定。

具有下列情形之一的,可以认为犯罪事实已经查清:

(一)属于单一罪行的案件,查清的事实足以定罪量刑或者与定罪量刑有关的事实已经查清,不影响定罪量刑的事实无法查清的;

(二)属于数个罪行的案件,部分罪行已经查清并符合起诉条件,其他罪行无法查清的;

(三)无法查清作案工具、赃物去向,但有其他证据足以对被告人定罪量刑的;

(四)证人证言、犯罪嫌疑人供述和辩解、被害人陈述的内容主要情节一致,个别情节不一致,但不影响定罪的。

对于符合前款第二项情形的,应当以已经查清的罪行起诉。

第三百五十六条　人民检察院在办理公安机关移送起诉的案件中,发现遗漏罪行或者有依法应当移送起诉的同案犯罪嫌疑人未移送起诉的,应当要求公安机关补充侦查或者补充移送起诉。对于犯罪事实清楚,证据确实、充分的,也可以直接提起公诉。

第三百五十七条　人民检察院立案侦查时认为属于直接受理侦查的案件,在审查起诉阶段发现属于监察机关管辖的,应当及时商监察机关办理。属于公安机关管辖,案件事实清楚、证据确实、充分,符合起诉条件的,可以直接起诉;事实不清、证据不足的,应当及时移送有管辖权的机关办理。

在审查起诉阶段,发现公安机关移送起诉的案件属于监察机关管辖,或者监察机关移送起诉的案件属于公安机关管辖,但案件事实清楚、证据确实、充分,符合起诉条件的,经征求监察机关、公安机关意见后,没有不同意见的,可以直接起诉;提出不同意见,或者事实不清、证据不足的,应当将案件退回移送案件的机关并说明理由,建议其移送有管辖权的机关办理。

第三百五十八条　人民检察院决定起诉的,应当制作起诉书。

起诉书的主要内容包括:

(一)被告人的基本情况,包括姓名、性别、出生年月日、出生地和户籍地、公民身份号码、民族、文化程度、职业、工作单位及职务、住址,是否受过刑事处分及处分的种类和时间,采取强制措施的情况等；如果是单位犯罪，应当写明犯罪单位的名称和组织机构代码、所在地址、联系方式，法定代表人和诉讼代表人的姓名、职务、联系方式；如果还有应当负刑事责任的直接负责的主管人员或其他直接责任人员，应当按上述被告人基本情况的内容叙写；

（二）案由和案件来源；

（三）案件事实，包括犯罪的时间、地点、经过、手段、动机、目的、危害后果等与定罪量刑有关的事实要素。起诉书叙述的指控犯罪事实的必备要素应当明晰、准确。被告人被控有多项犯罪事实的，应当逐一列举，对于犯罪手段相同的同一犯罪可以概括叙写；

（四）起诉的根据和理由，包括被告人触犯的刑法条款、犯罪的性质及认定的罪名、处罚条款、法定从轻、减轻或者从重处罚的情节，共同犯罪各被告人应负的罪责等；

（五）被告人认罪认罚情况，包括认罪认罚的内容、具结书签署情况等。

被告人真实姓名、住址无法查清的，可以按其绰号或者自报的姓名、住址制作起诉书，并在起诉书中注明。被告人自报的姓名可能造成损害他人名誉、败坏道德风俗等不良影响的，可以对被告人编号并按编号制作起诉书，附具被告人的照片，记明足以确定被告人面貌、体格、指纹以及其他反映被告人特征的事项。

起诉书应当附有被告人现在处所，证人、鉴定人、需要出庭的有专门知识的人的名单，需要保护的被害人、证人、鉴定人的化名名单，查封、扣押、冻结的财物及孳息的清单，附带民事诉讼、附带民事公益诉讼情况以及其他需要附注的情况。

证人、鉴定人、有专门知识的人的名单应当列明姓名、性别、年龄、职业、住址、联系方式，并注明证人、鉴定人是否出庭。

第三百五十九条　人民检察院提起公诉的案件，应当向人民法院移送起诉书、案卷材料、证据和认罪认罚具结书等材料。

起诉书应当一式八份，每增加一名被告人增加起诉书五份。

关于被害人姓名、住址、联系方式、被告人被采取强制措施的种类、是否在案及羁押处所等问题，人民检察院应当在起诉书中列明，不再单独移送材料；对于涉及被害人隐私或者为保护证人、鉴定人、被害人人身安全，而不宜公开证人、鉴定人、被害人姓名、住址、工作单位和联系方式等个人信息的，可以在起诉书中使用化名。但是应当另行书面说明使用化名的情况并标明密级，单独成卷。

第三百六十条　人民检察院对于犯罪嫌疑人、被告人或者证人等翻供、翻证的材料以及对犯罪嫌疑人、被告人有利的其他证据材料，应当移送人民法院。

第三百六十一条　人民法院向人民检察院提出书面意见要求补充移送材料，人民检察院认为有必要移送的，应当自收到通知之日起三日以内补送。

第三百六十二条　对提起公诉后，在人民法院宣告判决前补充收集的证据材料，人民检察院应当及时移送人民法院。

第三百六十三条　在审查起诉期间，人民检察院可以根据辩护人的申请，向监察机关、公安机关调取在调查、侦查期间收集的证明犯罪嫌疑人、被告人无罪或者罪轻的证据材料。

第三百六十四条　人民检察院提起公诉的案件，可以向人民法院提出量刑建议。除有减轻处罚或者免除处罚情节外,量刑建议应当在法定量刑幅度内提出。建议判处有期徒刑、管制、拘役的,可以具有一定的幅度,也可以提出具体确定的建议。

提出量刑建议的,可以制作量刑建议书,与起诉书一并移送人民法院。量刑建议书的主要内容应当包括被告人所犯罪行的法定刑、量刑情节、建议人民法院对被告人判处刑罚的种类、刑罚幅度、可以适用的刑罚执行方式以及提出量刑建议的依据和理由等。

认罪认罚案件的量刑建议,按照本章第二节的规定办理。

第九节 不起诉

第三百六十五条 人民检察院对于监察机关或者公安机关移送起诉的案件,发现犯罪嫌疑人没有犯罪事实,或者符合刑事诉讼法第十六条规定的情形之一的,经检察长批准,应当作出不起诉决定。

对于犯罪事实并非犯罪嫌疑人所为,需要重新调查或者侦查的,应当在作出不起诉决定后书面说明理由,将案卷材料退回监察机关或者公安机关并建议重新调查或者侦查。

第三百六十六条 负责捕诉的部门对于本院负责侦查的部门移送起诉的案件,发现具有本规则第三百六十五条第一款规定情形的,应当退回本院负责侦查的部门,建议撤销案件。

第三百六十七条 人民检察院对于二次退回补充调查或者补充侦查的案件,仍然认为证据不足,不符合起诉条件的,经检察长批准,依法作出不起诉决定。

人民检察院对于经过一次退回补充调查或者补充侦查的案件,认为证据不足,不符合起诉条件,且没有再次退回补充调查或者补充侦查必要的,经检察长批准,可以作出不起诉决定。

第三百六十八条 具有下列情形之一,不能确定犯罪嫌疑人构成犯罪和需要追究刑事责任的,属于证据不足,不符合起诉条件:

(一)犯罪构成要件事实缺乏必要的证据予以证明的;

(二)据以定罪的证据存在疑问,无法查证属实的;

(三)据以定罪的证据之间、证据与案件事实之间的矛盾不能合理排除的;

(四)根据证据得出的结论具有其他可能性,不能排除合理怀疑的;

(五)根据证据认定案件事实不符合逻辑和经验法则,得出的结论明显不符合常理的。

第三百六十九条 人民检察院根据刑事诉讼法第一百七十五条第四款规定决定不起诉的,在发现新的证据,符合起诉条件时,可以提起公诉。

第三百七十条 人民检察院对于犯罪情节轻微,依照刑法规定不需要判处刑罚或者免除刑罚的,经检察长批准,可以作出不起诉决定。

第三百七十一条 人民检察院直接受理侦查的案件,以及监察机关移送起诉的案件,拟作不起诉决定的,应当报请上一级人民检察院批准。

第三百七十二条 人民检察院决定不起诉的,应当制作不起诉决定书。

不起诉决定书的主要内容包括:

(一)被不起诉人的基本情况,包括姓名、性别、出生年月日、出生地和户籍地、公民身份号码、民族、文化程度、职业、工作单位及职务、住址,是否受过刑事处分,采取强制措施的情况以及羁押处所等;如果是单位犯罪,应当写明犯罪单位的名称和组织机构代码、所在地址、联系方式,法定代表人和诉讼代表人的姓名、职务、联系方式;

(二)案由和案件来源;

(三)案件事实,包括否定或者指控被不起诉人构成犯罪的事实以及作为不起诉决定根据的事实;

(四)不起诉的法律根据和理由,写明作出不起诉决定适用的法律条款;

(五)查封、扣押、冻结的涉案财物的处理情况;

(六)有关告知事项。

第三百七十三条　人民检察院决定不起诉的案件,可以根据案件的不同情况,对被不起诉人予以训诫或者责令具结悔过、赔礼道歉、赔偿损失。

对被不起诉人需要给予行政处罚、政务处分或者其他处分的,经检察长批准,人民检察院应当提出检察意见,连同不起诉决定书一并移送有关主管机关处理,并要求有关主管机关及时通报处理情况。

第三百七十四条　人民检察院决定不起诉的案件,应当同时书面通知作出查封、扣押、冻结决定的机关或者执行查封、扣押、冻结决定的机关解除查封、扣押、冻结。

第三百七十五条　人民检察院决定不起诉的案件,需要没收违法所得的,经检察长批准,应当提出检察意见,移送有关主管机关处理,并要求有关主管机关及时通报处理情况。具体程序可以参照本规则第二百四十八条的规定办理。

第三百七十六条　不起诉的决定,由人民检察院公开宣布。公开宣布不起诉决定的活动应当记录在案。

不起诉决定书自公开宣布之日起生效。

被不起诉人在押的,应当立即释放;被采取其他强制措施的,应当通知执行机关解除。

第三百七十七条　不起诉决定书应当送达被害人或者其近亲属及其诉讼代理人、被不起诉人及其辩护人以及被不起诉人所在单位。送达时,应当告知被害人或者其近亲属及其诉讼代理人,如果对不起诉决定不服,可以自收到不起诉决定书后七日以内向上一级人民检察院申诉;也可以不经申诉,直接向人民法院起诉。依照刑事诉讼法第一百七十七条第二款作出不起诉决定的,应当告知被不起诉人,如果对不起诉决定不服,可以自收到不起诉决定书后七日以内向人民检察院申诉。

第三百七十八条　对于监察机关或者公安机关移送起诉的案件,人民检察院决定不起诉的,应当将不起诉决定书送达监察机关或者公安机关。

第三百七十九条　监察机关认为不起诉的决定有错误,向上一级人民检察院提请复议的,上一级人民检察院应当在收到提请复议意见书后三十日以内,经检察长批准,作出复议决定,通知监察机关。

公安机关认为不起诉决定有错误要求复议的,人民检察院负责捕诉的部门应当另行指派检察官或者检察官办案组进行审查,并在收到要求复议意见书后三十日以内,经检察长批准,作出复议决定,通知公安机关。

第三百八十条　公安机关对不起诉决定提请复核的,上一级人民检察院应当在收到提请复核意见书后三十日以内,经检察长批准，作出复核决定，通知提请复核的公安机关和下级人民检察院。经复核认为下级人民检察院不起诉决定错误的，应当指令下级人民检察院纠正，或者撤销、变更下级人民检察院作出的不起诉决定。

第三百八十一条　被害人不服不起诉决定，在收到不起诉决定书后七日以内提出申诉的，由作出不起诉决定的人民检察院的上一级人民检察院负责捕诉的部门进行复查。

被害人向作出不起诉决定的人民检察院提出申诉的，作出决定的人民检察院应当将申诉材料连同案卷一并报送上一级人民检察院。

第三百八十二条　被害人不服不起诉决定，在收到不起诉决定书七日以后提出申诉的，由作出不起诉决定的人民检察院负责控告申诉检察的部门进行审查。经审查，认为不起诉决定正确的，出具审查结论直接答复申诉人，并做好释法说理工作；认为不起诉决定可能存在错误的，移送负责捕诉的部门进行复查。

第三百八十三条　人民检察院应当将复查决定书送达被害人、被不起诉人和作出不起诉决定的人民检察院。

上级人民检察院经复查作出起诉决定的，应当撤销下级人民检察院的不起诉决定，交由下级人民检察院提起公诉，并将复查决定抄送移送起诉的监察机关或者公安机关。

第三百八十四条　人民检察院收到人民法院受理被害人对被不起诉人起诉的通知后，应当终止复查，将作出不起诉决定所依据的有关案卷材料移送人民法院。

第三百八十五条　对于人民检察院依照刑事诉讼法第一百七十七条第二款规定作出的不起诉决定，被不起诉人不服，在收到不起诉决定书后七日以内提出申诉的，应当由作出决定的人民检察院负责捕诉的部门进行复查；被不起诉人在收到不起诉决定书七日以后提出申诉的，由负责控告申诉检察的部门进行审查。经审查，认为不起诉决定正确的，出具审查结论直接答复申诉人，并做好释法说理工作；认为不起诉决定可能存在错误的，移送负责捕诉的部门复查。

人民检察院应当将复查决定书送达被不起诉人、被害人。复查后，撤销不起诉决定，变更不起诉的事实或者法律依据的，应当同时将复查决定书抄送移送起诉的监察机关或者公安机关。

第三百八十六条　人民检察院复查不服不起诉决定的申诉，应当在立案后三个月以内报经检察长批准作出复查决定。案情复杂的，不得超过六个月。

第三百八十七条　被害人、被不起诉人对不起诉决定不服提出申诉的，应当递交申诉书，写明申诉理由。没有书写能力的，也可以口头提出申诉。人民检察院应当根据其口头提出的申诉制作笔录。

第三百八十八条　人民检察院发现不起诉决定确有错误，符合起诉条件的，应当撤销不起诉决定，提起公诉。

第三百八十九条　最高人民检察院对地方各级人民检察院的起诉、不起诉决定，上级人民检察院对下级人民检察院的起诉、不起诉决定，发现确有错误的，应当予以撤销或者指令下级人民检察院纠正。

第十一章　出席法庭

第一节　出席第一审法庭

第三百九十条　提起公诉的案件，人

民检察院应当派员以国家公诉人的身份出席第一审法庭,支持公诉。

公诉人应当由检察官担任。检察官助理可以协助检察官出庭。根据需要可以配备书记员担任记录。

第三百九十一条 对于提起公诉后人民法院改变管辖的案件,提起公诉的人民检察院参照本规则第三百二十八条的规定将案件移送与审判管辖相对应的人民检察院。

接受移送的人民检察院重新对案件进行审查的,根据刑事诉讼法第一百七十二条第二款的规定自收到案件之日起计算审查起诉期限。

第三百九十二条 人民法院决定开庭审判的,公诉人应当做好以下准备工作:

(一)进一步熟悉案情,掌握证据情况;

(二)深入研究与本案有关的法律政策问题;

(三)充实审判中可能涉及的专业知识;

(四)拟定讯问被告人、询问证人、鉴定人、有专门知识的人和宣读、出示、播放证据的计划并制定证质方案;

(五)对可能出现证据合法性争议的,拟定证明证据合法性的提纲并准备相关材料;

(六)拟定公诉意见,准备辩论提纲;

(七)需要对出庭证人等的保护向人民法院提出建议或者配合工作的,做好相关准备。

第三百九十三条 人民检察院在开庭审理前收到人民法院或者被告人及其辩护人、被害人、证人等送交的反映证据系非法取得的书面材料的,应当进行审查。对于审查逮捕、审查起诉期间已经提出并经查证不存在非法取证行为的,应当通知人民法院、有关当事人和辩护人,并按照查证的情况做好庭审准备。对于新的材料或者线索,可以要求监察机关、公安机关对证据收集的合法性进行说明或者提供相关证明材料。

第三百九十四条 人民法院通知人民检察院派员参加庭前会议的,由出席法庭的公诉人参加。检察官助理可以协助。根据需要可以配备书记员担任记录。

人民检察院认为有必要召开庭前会议的,可以建议人民法院召开庭前会议。

第三百九十五条 在庭前会议中,公诉人可以对案件管辖、回避、出庭证人、鉴定人、有专门知识的人的名单、辩护人提供的无罪证据、非法证据排除、不公开审理、延期审理、适用简易程序或者速裁程序、庭审方案等与审判相关的问题提出和交换意见,了解辩护人收集的证据等情况。

对辩护人收集的证据有异议的,应当提出,并简要说明理由。

公诉人通过参加庭前会议,了解案件事实、证据和法律适用的争议和不同意见,解决有关程序问题,为参加法庭审理做好准备。

第三百九十六条 当事人、辩护人、诉讼代理人在庭前会议中提出证据系非法取得,人民法院认为可能存在以非法方法收集证据情形的,人民检察院应当对证据收集的合法性进行说明。需要调查核实的,在开庭审理前进行。

第三百九十七条 人民检察院向人民法院移送全部案卷材料后,在法庭审理过程中,公诉人需要出示、宣读、播放有关证据的,可以申请法庭出示、宣读、播放。

人民检察院基于出庭准备和庭审举证工作的需要，可以取回有关案卷材料和证据。

取回案卷材料和证据后，辩护律师要求查阅案卷材料的，应当允许辩护律师在人民检察院查阅、摘抄、复制案卷材料。

第三百九十八条 公诉人在法庭上应当依法进行下列活动：

（一）宣读起诉书，代表国家指控犯罪，提请人民法院对被告人依法审判；

（二）讯问被告人；

（三）询问证人、被害人、鉴定人；

（四）申请法庭出示物证，宣读书证、未到庭证人的证言笔录、鉴定人的鉴定意见、勘验、检查、辨认、侦查实验等笔录和其他作为证据的文书，播放作为证据的视听资料、电子数据等；

（五）对证据采信、法律适用和案件情况发表意见，提出量刑建议及理由，针对被告人、辩护人的辩护意见进行答辩，全面阐述公诉意见；

（六）维护诉讼参与人的合法权利；

（七）对法庭审理案件有无违反法律规定诉讼程序的情况记明笔录；

（八）依法从事其他诉讼活动。

第三百九十九条 在法庭审理中，公诉人应当客观、全面、公正地向法庭出示与定罪、量刑有关的证明被告人有罪、罪重或者罪轻的证据。

按照审判长要求，或者经审判长同意，公诉人可以按照以下方式举证、质证：

（一）对于可能影响定罪量刑的关键证据和控辩双方存在争议的证据，一般应当单独举证、质证；

（二）对于不影响定罪量刑且控辩双方无异议的证据，可以仅就证据的名称及其证明的事项、内容作出说明；

（三）对于证明方向一致、证明内容相近或者证据种类相同，存在内在逻辑关系的证据，可以归纳、分组示证、质证。

公诉人出示证据时，可以借助多媒体设备等方式出示、播放或者演示证据内容。

定罪证据与量刑证据需要分开的，应当分别出示。

第四百条 公诉人讯问被告人，询问证人、被害人、鉴定人，出示物证，宣读书证、未出庭证人的证言笔录等应围绕下列事实进行：

（一）被告人的身份；

（二）指控的犯罪事实是否存在，是否为被告人所实施；

（三）实施犯罪行为的时间、地点、方法、手段、结果，被告人犯罪后的表现等；

（四）犯罪集团或者其他共同犯罪案件中参与犯罪人员的各自地位和应负的责任；

（五）被告人有无刑事责任能力，有无故意或者过失，行为的动机、目的；

（六）有无依法不应当追究刑事责任的情况，有无法定的从重或者从轻、减轻以及免除处罚的情节；

（七）犯罪对象、作案工具的主要特征，与犯罪有关的财物的来源、数量以及去向；

（八）被告人全部或者部分否认起诉书指控的犯罪事实的，否认的根据和理由能否成立；

（九）与定罪、量刑有关的其他事实。

第四百零一条 在法庭审理中，下列事实不必提出证据进行证明：

（一）为一般人共同知晓的常识性事实；

（二）人民法院生效裁判所确认并且

未依审判监督程序重新审理的事实;

(三)法律、法规的内容以及适用等属于审判人员履行职务所应当知晓的事实;

(四)在法庭审理中不存在异议的程序事实;

(五)法律规定的推定事实;

(六)自然规律或者定律。

第四百零二条 讯问被告人、询问证人不得采取可能影响陈述或者证言客观真实的诱导性发问以及其他不当发问方式。

辩护人向被告人或者证人进行诱导性发问以及其他不当发问可能影响陈述或者证言的客观真实的,公诉人可以要求审判长制止或者要求对该项陈述或者证言不予采纳。

讯问共同犯罪案件的被告人、询问证人应当个别进行。

被告人、证人、被害人对同一事实的陈述存在矛盾的,公诉人可以建议法庭传唤有关被告人、通知有关证人同时到庭对质,必要时可以建议法庭询问被害人。

第四百零三条 被告人在庭审中的陈述与在侦查、审查起诉中的供述一致或者不一致的内容不影响定罪量刑的,可以不宣读被告人供述笔录。

被告人在庭审中的陈述与在侦查、审查起诉中的供述不一致,足以影响定罪量刑的,可以宣读被告人供述笔录,并针对笔录中被告人的供述内容对被告人进行讯问,或者提出其他证据进行证明。

第四百零四条 公诉人对证人证言有异议,且该证人证言对案件定罪量刑有重大影响的,可以申请人民法院通知证人出庭作证。

人民警察就其执行职务时目击的犯罪情况作为证人出庭作证,适用前款规定。

公诉人对鉴定意见有异议的,可以申请人民法院通知鉴定人出庭作证。经人民法院通知,鉴定人拒不出庭作证的,公诉人可以建议法庭不予采纳该鉴定意见作为定案的根据,也可以申请法庭重新通知鉴定人出庭作证或者申请重新鉴定。

必要时,公诉人可以申请法庭通知有专门知识的人出庭,就鉴定人作出的鉴定意见提出意见。

当事人或者辩护人、诉讼代理人对证人证言、鉴定意见有异议的,公诉人认为必要时,可以申请人民法院通知证人、鉴定人出庭作证。

第四百零五条 证人应当由人民法院通知并负责安排出庭作证。

对于经人民法院通知而未到庭的证人或者出庭后拒绝作证的证人的证言笔录,公诉人应当当庭宣读。

对于经人民法院通知而未到庭的证人的证言笔录存在疑问,确实需要证人出庭作证,且可以强制其到庭的,公诉人应当建议人民法院强制证人到庭作证和接受质证。

第四百零六条 证人在法庭上提供证言,公诉人应当按照审判长确定的顺序向证人发问。可以要求证人就其所了解的与案件有关的事实进行陈述,也可以直接发问。

证人不能连贯陈述的,公诉人可以直接发问。

向证人发问,应当针对证言中有遗漏、矛盾、模糊不清和有争议的内容,并着重围绕与定罪量刑紧密相关的事实进行。

发问采取一问一答形式,提问应当简洁、清楚。

证人进行虚假陈述的,应当通过发问澄清事实,必要时可以宣读在侦查、审查起诉阶段制作的该证人的证言笔录或者出示、宣读其他证据。

当事人和辩护人、诉讼代理人向证人发问后,公诉人可以根据证人回答的情况,经审判长许可,再次向证人发问。

询问鉴定人、有专门知识的人参照上述规定进行。

第四百零七条 必要时,公诉人可以建议法庭采取不暴露证人、鉴定人、被害人外貌、真实声音等出庭作证保护措施,或者建议法庭根据刑事诉讼法第一百五十四条的规定在庭外对证据进行核实。

第四百零八条 对于鉴定意见、勘验、检查、辨认、侦查实验等笔录和其他作为证据的文书以及经人民法院通知而未到庭的被害人的陈述笔录,公诉人应当当庭宣读。

第四百零九条 公诉人向法庭出示物证,一般应当出示原物,原物不易搬运、不易保存或者已返还被害人的,可以出示反映原物外形和特征的照片、录像、复制品,并向法庭说明情况及与原物的同一性。

公诉人向法庭出示书证,一般应当出示原件。获取书证原件确有困难的,可以出示书证副本或者复制件,并向法庭说明情况及与原件的同一性。

公诉人向法庭出示物证、书证,应当对该物证、书证所要证明的内容、获取情况作出说明,并向当事人、证人等问明物证的主要特征,让其辨认。对该物证、书证进行鉴定的,应当宣读鉴定意见。

第四百一十条 在法庭审理过程中,被告人及其辩护人提出被告人庭前供述系非法取得,审判人员认为需要进行法庭调查的,公诉人可以通过出示讯问笔录、提讯登记、体检记录、采取强制措施或者侦查措施的法律文书、侦查终结前对讯问合法性进行核查的材料等证据材料,有针对性地播放讯问录音、录像,提请法庭通知调查人员、侦查人员或者其他人员出庭说明情况等方式,对证据收集的合法性加以证明。

审判人员认为可能存在刑事诉讼法第五十六条规定的以非法方法收集其他证据的情形,需要进行法庭调查的,公诉人可以参照前款规定对证据收集的合法性进行证明。

公诉人不能当庭证明证据收集的合法性,需要调查核实的,可以建议法庭休庭或者延期审理。

在法庭审理期间,人民检察院可以要求监察机关或者公安机关对证据收集的合法性进行说明或者提供相关证明材料。必要时,可以自行调查核实。

第四百一十一条 公诉人对证据收集的合法性进行证明后,法庭仍有疑问的,可以建议法庭休庭,由人民法院对相关证据进行调查核实。人民法院调查核实证据,通知人民检察院派员到场的,人民检察院可以派员到场。

第四百一十二条 在法庭审理过程中,对证据合法性以外的其他程序事实存在争议的,公诉人应当出示、宣读有关诉讼文书、侦查或者审查起诉活动笔录。

第四百一十三条 对于搜查、查封、扣押、冻结、勘验、检查、辨认、侦查实验等活动中形成的笔录存在争议,需要调查人员、侦查人员以及上述活动的见证人出庭陈述有关情况的,公诉人可以建议合议庭通知其出庭。

第四百一十四条 在法庭审理过程

中，合议庭对证据有疑问或者人民法院根据辩护人、被告人的申请，向人民检察院调取在侦查、审查起诉中收集的有关被告人无罪或者罪轻的证据材料的，人民检察院应当自收到人民法院要求调取证据材料决定书后三日以内移交。没有上述材料的，应当向人民法院说明情况。

第四百一十五条　在法庭审理过程中，合议庭对证据有疑问并在休庭后进行勘验、检查、查封、扣押、鉴定和查询、冻结的，人民检察院应当依法进行监督，发现上述活动有违法情况的，应当提出纠正意见。

第四百一十六条　人民法院根据申请收集、调取的证据或者在合议庭休庭后自行调查取得的证据，应当经过庭审出示、质证才能决定是否作为判决的依据。未经庭审出示、质证直接采纳为判决依据的，人民检察院应当提出纠正意见。

第四百一十七条　在法庭审理过程中，经审判长许可，公诉人可以逐一对正在调查的证据和案件情况发表意见，并同被告人、辩护人进行辩论。证据调查结束时，公诉人应当发表总结性意见。

在法庭辩论中，公诉人与被害人、诉讼代理人意见不一致的，公诉人应当认真听取被害人、诉讼代理人的意见，阐明自己的意见和理由。

第四百一十八条　人民检察院向人民法院提出量刑建议的，公诉人应当在发表公诉意见时提出。

对认罪认罚案件，人民法院经审理认为人民检察院的量刑建议明显不当向人民检察院提出的，或者被告人、辩护人对量刑建议提出异议的，人民检察院可以调整量刑建议。

第四百一十九条　适用普通程序审理的认罪认罚案件，公诉人可以建议适当简化法庭调查、辩论程序。

第四百二十条　在法庭审判过程中，遇有下列情形之一的，公诉人可以建议法庭延期审理：

（一）发现事实不清、证据不足，或者遗漏罪行、遗漏同案犯罪嫌疑人，需要补充侦查或者补充提供证据的；

（二）被告人揭发他人犯罪行为或者提供重要线索，需要补充侦查进行查证的；

（三）发现遗漏罪行或者遗漏同案犯罪嫌疑人，虽不需要补充侦查和补充提供证据，但需要补充、追加起诉的；

（四）申请人民法院通知证人、鉴定人出庭作证或者有专门知识的人出庭提出意见的；

（五）需要调取新的证据，重新鉴定或者勘验的；

（六）公诉人出示、宣读开庭前移送人民法院的证据以外的证据，或者补充、追加、变更起诉，需要给予被告人、辩护人必要时间进行辩护准备的；

（七）被告人、辩护人向法庭出示公诉人不掌握的与定罪量刑有关的证据，需要调查核实的；

（八）公诉人对证据收集的合法性进行证明，需要调查核实的。

在人民法院开庭审理前发现具有前款情形之一的，人民检察院可以建议人民法院延期审理。

第四百二十一条　法庭宣布延期审理后，人民检察院应当在补充侦查期限内提请人民法院恢复法庭审理或者撤回起诉。

公诉人在法庭审理过程中建议延期审理的次数不得超过两次，每次不得超过一个月。

第四百二十二条 在审判过程中,对于需要补充提供法庭审判所必需的证据或者补充侦查的,人民检察院应当自行收集证据和进行侦查,必要时可以要求监察机关或者公安机关提供协助;也可以书面要求监察机关或者公安机关补充提供证据。

人民检察院补充侦查,适用本规则第六章、第九章、第十章的规定。

补充侦查不得超过一个月。

第四百二十三条 人民法院宣告判决前,人民检察院发现被告人的真实身份或者犯罪事实与起诉书中叙述的身份或者指控犯罪事实不符的,或者事实、证据没有变化,但罪名、适用法律与起诉书不一致的,可以变更起诉。发现遗漏同案犯罪嫌疑人或者罪行的,应当要求公安机关补充移送起诉或者补充侦查;对于犯罪事实清楚,证据确实、充分的,可以直接追加、补充起诉。

第四百二十四条 人民法院宣告判决前,人民检察院发现具有下列情形之一的,经检察长批准,可以撤回起诉:

(一)不存在犯罪事实的;

(二)犯罪事实并非被告人所为的;

(三)情节显著轻微、危害不大,不认为是犯罪的;

(四)证据不足或证据发生变化,不符合起诉条件的;

(五)被告人因未达到刑事责任年龄,不负刑事责任的;

(六)法律、司法解释发生变化导致不应当追究被告人刑事责任的;

(七)其他不应当追究被告人刑事责任的。

对于撤回起诉的案件,人民检察院应当在撤回起诉后三十日以内作出不起诉决定。需要重新调查或者侦查的,应当在作出不起诉决定后将案卷材料退回监察机关或公安机关,建议监察机关或者公安机关重新调查或者侦查,并书面说明理由。

对于撤回起诉的案件,没有新的事实或者新的证据,人民检察院不得再行起诉。

新的事实是指原起诉书中未指控的犯罪事实。该犯罪事实触犯的罪名既可以是原指控罪名的同一罪名,也可以是其他罪名。

新的证据是指撤回起诉后收集、调取的足以证明原指控犯罪事实的证据。

第四百二十五条 在法庭审理过程中,人民法院建议人民检察院补充侦查、补充起诉、追加起诉或者变更起诉的,人民检察院应当审查有关理由,并作出是否补充侦查、补充起诉、追加起诉或者变更起诉的决定。人民检察院不同意的,可以要求人民法院就起诉指控的犯罪事实依法作出裁判。

第四百二十六条 变更、追加、补充或者撤回起诉应当以书面方式在判决宣告前向人民法院提出。

第四百二十七条 出庭的书记员应当制作出庭笔录,详细记载庭审的时间、地点、参加人员、公诉人出庭执行任务情况和法庭调查、法庭辩论的主要内容以及法庭判决结果,由公诉人和书记员签名。

第四百二十八条 人民检察院应当当庭向人民法院移交取回的案卷材料和证据。在审判长宣布休庭后,公诉人应当与审判人员办理交接手续。无法当庭移交的,应当在休庭后三日以内移交。

第四百二十九条 人民检察院对查

封、扣押、冻结的被告人财物及其孳息,应当根据不同情况作以下处理:

(一)对作为证据使用的实物,应当依法随案移送;对不宜移送的,应当将其清单、照片或者其他证明文件随案移送。

(二)冻结在金融机构、邮政部门的违法所得及其他涉案财产,应当向人民法院随案移送该金融机构、邮政部门出具的证明文件。待人民法院作出生效判决、裁定后,由人民法院通知该金融机构上缴国库。

(三)查封、扣押的涉案财物,对依法不移送的,应当随案移送清单、照片或者其他证明文件。待人民法院作出生效判决、裁定后,由人民检察院根据人民法院的通知上缴国库,并向人民法院送交执行回单。

(四)对于被扣押、冻结的债券、股票、基金份额等财产,在扣押、冻结期间权利人申请出售的,参照本规则第二百一十四条的规定办理。

第二节 简易程序

第四百三十条 人民检察院对于基层人民法院管辖的案件,符合下列条件的,可以建议人民法院适用简易程序审理:

(一)案件事实清楚、证据充分的;

(二)被告人承认自己所犯罪行,对指控的犯罪事实没有异议的;

(三)被告人对适用简易程序没有异议的。

第四百三十一条 具有下列情形之一的,人民检察院不得建议人民法院适用简易程序:

(一)被告人是盲、聋、哑人,或者是尚未完全丧失辨认或者控制自己行为能力的精神病人的;

(二)有重大社会影响的;

(三)共同犯罪案件中部分被告人不认罪或者对适用简易程序有异议的;

(四)比较复杂的共同犯罪案件;

(五)辩护人作无罪辩护或者对主要犯罪事实有异议的;

(六)其他不宜适用简易程序的。

人民法院决定适用简易程序审理的案件,人民检察院认为具有刑事诉讼法第二百一十五条规定情形之一的,应当向人民法院提出纠正意见;具有其他不宜适用简易程序情形的,人民检察院可以建议人民法院不适用简易程序。

第四百三十二条 基层人民检察院审查案件,认为案件事实清楚、证据充分的,应当在讯问犯罪嫌疑人时,了解其是否承认自己所犯罪行,对指控的犯罪事实有无异议,告知其适用简易程序的法律规定,确认其是否同意适用简易程序。

第四百三十三条 适用简易程序审理的公诉案件,人民检察院应当派员出席法庭。

第四百三十四条 公诉人出席简易程序法庭时,应当主要围绕量刑以及其他有争议的问题进行法庭调查和法庭辩论。在确认被告人庭前收到起诉书并对起诉书指控的犯罪事实没有异议后,可以简化宣读起诉书,根据案件情况决定是否讯问被告人、询问证人、鉴定人和出示证据。

根据案件情况,公诉人可以建议法庭简化法庭调查和法庭辩论程序。

第四百三十五条 适用简易程序审理的公诉案件,公诉人发现不宜适用简易程序审理的,应当建议法庭按照第一审普通程序重新审理。

第四百三十六条 转为普通程序审

理的案件，公诉人需要为出席法庭进行准备的，可以建议人民法院延期审理。

第三节 速裁程序

第四百三十七条 人民检察院对基层人民法院管辖的案件，符合下列条件的，在提起公诉时，可以建议人民法院适用速裁程序审理：

（一）可能判处三年有期徒刑以下刑罚；

（二）案件事实清楚，证据确实、充分；

（三）被告人认罪认罚、同意适用速裁程序。

第四百三十八条 具有下列情形之一的，人民检察院不得建议人民法院适用速裁程序：

（一）被告人是盲、聋、哑人，或者是尚未完全丧失辨认或者控制自己行为能力的精神病人的；

（二）被告人是未成年人的；

（三）案件有重大社会影响的；

（四）共同犯罪案件中部分被告人对指控的犯罪事实、罪名、量刑建议或者适用速裁程序有异议的；

（五）被告人与被害人或者其法定代理人没有就附带民事诉讼赔偿等事项达成调解或者和解协议的；

（六）其他不宜适用速裁程序审理的。

第四百三十九条 公安机关、犯罪嫌疑人及其辩护人建议适用速裁程序，人民检察院经审查认为符合条件的，可以建议人民法院适用速裁程序审理。

公安机关、辩护人未建议适用速裁程序，人民检察院经审查认为符合速裁程序适用条件，且犯罪嫌疑人同意适用的，可以建议人民法院适用速裁程序审理。

第四百四十条 人民检察院建议人民法院适用速裁程序的案件，起诉书内容可以适当简化，重点写明指控的事实和适用的法律。

第四百四十一条 人民法院适用速裁程序审理的案件，人民检察院应当派员出席法庭。

第四百四十二条 公诉人出席速裁程序法庭时，可以简要宣读起诉书指控的犯罪事实、证据、适用法律及量刑建议，一般不再讯问被告人。

第四百四十三条 适用速裁程序审理的案件，人民检察院发现有不宜适用速裁程序审理情形的，应当建议人民法院转为普通程序或者简易程序重新审理。

第四百四十四条 转为普通程序审理的案件，公诉人需要为出席法庭进行准备的，可以建议人民法院延期审理。

第四节 出席第二审法庭

第四百四十五条 对提出抗诉的案件或者公诉案件中人民法院决定开庭审理的上诉案件，同级人民检察院应当指派检察官出席第二审法庭。检察官助理可以协助检察官出席。根据需要可以配备书记员担任记录。

第四百四十六条 检察官出席第二审法庭的任务是：

（一）支持抗诉或者听取上诉意见，对原审人民法院作出的错误判决或者裁定提出纠正意见；

（二）维护原审人民法院正确的判决或者裁定，建议法庭维持原判；

（三）维护诉讼参与人的合法权利；

（四）对法庭审理案件有无违反法律规定诉讼程序的情况记明笔录；

（五）依法从事其他诉讼活动。

第四百四十七条 对抗诉和上诉案件,第二审人民法院的同级人民检察院可以调取下级人民检察院与案件有关的材料。

人民检察院在接到第二审人民法院决定开庭、查阅案卷通知后,可以查阅或者调阅案卷材料。查阅或者调阅案卷材料应当在接到人民法院的通知之日起一个月以内完成。在一个月以内无法完成的,可以商请人民法院延期审理。

第四百四十八条 检察人员应当客观全面地审查原审案卷材料,不受上诉或者抗诉范围的限制。应当审查原审判决认定案件事实、适用法律是否正确,证据是否确实、充分,量刑是否适当,审判活动是否合法,并应当审查下级人民检察院的抗诉书或者上诉人的上诉状,了解抗诉或者上诉的理由是否正确、充分,重点审查有争议的案件事实、证据和法律适用问题,有针对性地做好庭审准备工作。

第四百四十九条 检察人员在审查第一审案卷材料时,应当复核主要证据,可以讯问原审被告人。必要时,可以补充收集证据、重新鉴定或者补充鉴定。需要原侦查案件的公安机关补充收集证据的,可以要求其补充收集。

被告人、辩护人提出被告人自首、立功等可能影响定罪量刑的材料和线索的,可以移交公安机关调查核实,也可以自行调查核实。发现遗漏罪行或者同案犯罪嫌疑人的,应当建议公安机关侦查。

对于下列原审被告人,应当进行讯问：

（一）提出上诉的；

（二）人民检察院提出抗诉的；

（三）被判处无期徒刑以上刑罚的。

第四百五十条 人民检察院办理死刑上诉、抗诉案件,应当进行下列工作：

（一）讯问原审被告人,听取原审被告人的上诉理由或者辩解；

（二）听取辩护人的意见；

（三）复核主要证据,必要时询问证人；

（四）必要时补充收集证据；

（五）对鉴定意见有疑问的,可以重新鉴定或者补充鉴定；

（六）根据案件情况,可以听取被害人的意见。

第四百五十一条 出席第二审法庭前,检察人员应当制作讯问原审被告人、询问被害人、证人、鉴定人和出示、宣读、播放证据计划,拟写答辩提纲,并制作出庭意见。

第四百五十二条 在法庭审理中,检察官应当针对原审判决或者裁定认定事实或适用法律、量刑等方面的问题,围绕抗诉或者上诉理由以及辩护人的辩护意见,讯问原审被告人,询问被害人、证人、鉴定人,出示和宣读证据,并提出意见和进行辩论。

第四百五十三条 需要出示、宣读、播放第一审期间已移交人民法院的证据的,出庭的检察官可以申请法庭出示、宣读、播放。

在第二审法庭宣布休庭后需要移交证据材料的,参照本规则第四百二十八条的规定办理。

第五节　出席再审法庭

第四百五十四条 人民法院开庭审理再审案件,同级人民检察院应当派员出席法庭。

第四百五十五条 人民检察院对于人民法院按照审判监督程序重新审判的

案件,应当对原判决、裁定认定的事实、证据、适用法律进行全面审查,重点审查有争议的案件事实、证据和法律适用问题。

第四百五十六条 人民检察院派员出席再审法庭,如果再审案件按照第一审程序审理,参照本章第一节有关规定执行;如果再审案件按照第二审程序审理,参照本章第四节有关规定执行。

第十二章 特别程序

第一节 未成年人刑事案件诉讼程序

第四百五十七条 人民检察院办理未成年人刑事案件,应当贯彻"教育、感化、挽救"方针和"教育为主、惩罚为辅"的原则,坚持优先保护、特殊保护、双向保护,以帮助教育和预防重新犯罪为目的。

人民检察院可以借助社会力量开展帮助教育未成年人的工作。

第四百五十八条 人民检察院应当指定熟悉未成年人身心特点的检察人员办理未成年人刑事案件。

第四百五十九条 人民检察院办理未成年人与成年人共同犯罪案件,一般应当对未成年人与成年人分案办理、分别起诉。不宜分案处理的,应当对未成年人采取隐私保护、快速办理等特殊保护措施。

第四百六十条 人民检察院受理案件后,应当向未成年犯罪嫌疑人及其法定代理人了解其委托辩护人的情况,并告知其有权委托辩护人。

未成年犯罪嫌疑人没有委托辩护人的,人民检察院应当书面通知法律援助机构指派律师为其提供辩护。

对于公安机关未通知法律援助机构指派律师为未成年犯罪嫌疑人提供辩护的,人民检察院应当提出纠正意见。

第四百六十一条 人民检察院根据情况可以对未成年犯罪嫌疑人的成长经历、犯罪原因、监护教育等情况进行调查,并制作社会调查报告,作为办案和教育的参考。

人民检察院开展社会调查,可以委托有关组织和机构进行。开展社会调查应当尊重和保护未成年人隐私,不得向不知情人员泄露未成年犯罪嫌疑人的涉案信息。

人民检察院应当对公安机关移送的社会调查报告进行审查。必要时,可以进行补充调查。

人民检察院制作的社会调查报告应当随案移送人民法院。

第四百六十二条 人民检察院对未成年犯罪嫌疑人审查逮捕,应当根据未成年犯罪嫌疑人涉嫌犯罪的性质、情节、主观恶性、有无监护与社会帮教条件、认罪认罚等情况,综合衡量其社会危险性,严格限制适用逮捕措施。

第四百六十三条 对于罪行较轻,具备有效监护条件或者社会帮教措施,没有社会危险性或者社会危险性较小的未成年犯罪嫌疑人,应当不批准逮捕。

对于罪行比较严重,但主观恶性不大,有悔罪表现,具备有效监护条件或者社会帮教措施,具有下列情形之一,不逮捕不致发生社会危险性的未成年犯罪嫌疑人,可以不批准逮捕:

(一)初次犯罪、过失犯罪的;

(二)犯罪预备、中止、未遂的;

(三)防卫过当、避险过当的;

(四)有自首或者立功表现的;

(五)犯罪后认罪认罚,或者积极退赃,尽力减少和赔偿损失,被害人谅解的;

(六)不属于共同犯罪的主犯或者集

团犯罪中的首要分子的；

（七）属于已满十四周岁不满十六周岁的未成年人或者系在校学生的；

（八）其他可以不批准逮捕的情形。

对于没有固定住所、无法提供保证人的未成年犯罪嫌疑人适用取保候审的，可以指定合适的成年人作为保证人。

第四百六十四条 审查逮捕未成年犯罪嫌疑人，应当重点查清其是否已满十四、十六、十八周岁。

对犯罪嫌疑人实际年龄难以判断，影响对该犯罪嫌疑人是否应当负刑事责任认定的，应当不批准逮捕。需要补充侦查的，同时通知公安机关。

第四百六十五条 在审查逮捕、审查起诉中，人民检察院应当讯问未成年犯罪嫌疑人，听取辩护人的意见，并制作笔录附卷。辩护人提出书面意见的，应当附卷。对于辩护人提出犯罪嫌疑人无罪、罪轻或者减轻、免除刑事责任、不适宜羁押或者侦查活动有违法情形等意见的，检察人员应当进行审查，并在相关工作文书中叙明辩护人提出的意见，说明是否采纳的情况和理由。

讯问未成年犯罪嫌疑人，应当通知其法定代理人到场，告知法定代理人依法享有的诉讼权利和应当履行的义务。到场的法定代理人可以代为行使未成年犯罪嫌疑人的诉讼权利，代为行使权利时不得损害未成年犯罪嫌疑人的合法权益。

无法通知、法定代理人不能到场或者法定代理人是共犯的，也可以通知未成年犯罪嫌疑人的其他成年亲属，所在学校、单位或者居住地的村民委员会、居民委员会、未成年人保护组织的代表到场，并将有关情况记录在案。未成年犯罪嫌疑人明确拒绝法定代理人以外的合适成年人到场，且有正当理由的，人民检察院可以准许，但应当在征求其意见后通知其他合适成年人到场。

到场的法定代理人或者其他人员认为检察人员在讯问中侵犯未成年犯罪嫌疑人合法权益提出意见的，人民检察院应当记录在案。对合理意见，应当接受并纠正。讯问笔录应当交由到场的法定代理人或者其他人员阅读或者向其宣读，并由其在笔录上签名或者盖章，并捺指印。

讯问女性未成年犯罪嫌疑人，应当有女性检察人员参加。

询问未成年被害人、证人，适用本条第二款至第五款的规定。询问应当以一次为原则，避免反复询问。

第四百六十六条 讯问未成年犯罪嫌疑人应当保护其人格尊严。

讯问未成年犯罪嫌疑人一般不得使用戒具。对于确有人身危险性必须使用戒具的，在现实危险消除后应当立即停止使用。

第四百六十七条 未成年犯罪嫌疑人认罪认罚的，人民检察院应当告知本人及其法定代理人享有的诉讼权利和认罪认罚的法律规定，并依照刑事诉讼法第一百七十三条的规定，听取、记录未成年犯罪嫌疑人及其法定代理人、辩护人、被害人及其诉讼代理人的意见。

第四百六十八条 未成年犯罪嫌疑人认罪认罚的，应当在法定代理人、辩护人在场的情况下签署认罪认罚具结书。法定代理人、辩护人对认罪认罚有异议的，不需要签署具结书。

因未成年犯罪嫌疑人的法定代理人、辩护人对其认罪认罚有异议而不签署具结书的，人民检察院应当对未成年人认罪认罚情况，法定代理人、辩护人的异议情况如实记录。提起公诉的,应当将该材料与其他案卷材料一并移送人民法院。

未成年犯罪嫌疑人的法定代理人、辩护人对认罪认罚有异议而不签署具结书的,不影响从宽处理。

法定代理人无法到场的,合适成年人可以代为行使到场权、知情权、异议权等。法定代理人未到场的原因以及听取合适成年人意见等情况应当记录在案。

第四百六十九条 对于符合刑事诉讼法第二百八十二条第一款规定条件的未成年人刑事案件,人民检察院可以作出附条件不起诉的决定。

人民检察院在作出附条件不起诉的决定以前,应当听取公安机关、被害人、未成年犯罪嫌疑人及其法定代理人、辩护人的意见,并制作笔录附卷。

第四百七十条 未成年犯罪嫌疑人及其法定代理人对拟作出附条件不起诉决定提出异议的,人民检察院应当提起公诉。但是,未成年犯罪嫌疑人及其法定代理人提出无罪辩解,人民检察院经审查认为无罪辩解理由成立的,应当按照本规则第三百六十五条的规定作出不起诉决定。

未成年犯罪嫌疑人及其法定代理人对案件作附条件不起诉处理没有异议,仅对所附条件及考验期有异议的,人民检察院可以依法采纳其合理的意见,对考察的内容、方式、时间等进行调整;其意见不利于对未成年犯罪嫌疑人帮教,人民检察院不采纳的,应当进行释法说理。

人民检察院作出起诉决定前,未成年犯罪嫌疑人及其法定代理人撤回异议的,人民检察院可以依法作出附条件不起诉决定。

第四百七十一条 人民检察院作出附条件不起诉的决定后,应当制作附条件不起诉决定书,并在三日以内送达公安机关、被害人或者其近亲属及其诉讼代理人、未成年犯罪嫌疑人及其法定代理人、辩护人。

人民检察院应当当面向未成年犯罪嫌疑人及其法定代理人宣布附条件不起诉决定,告知考验期限、在考验期内应当遵守的规定以及违反规定应负的法律责任,并制作笔录附卷。

第四百七十二条 对附条件不起诉的决定,公安机关要求复议、提请复核或者被害人提出申诉的,具体程序参照本规则第三百七十九条至第三百八十三条的规定。被害人不服附条件不起诉决定的,应当告知其不适用刑事诉讼法第一百八十条关于被害人可以向人民法院起诉的规定,并做好释法说理工作。

前款规定的复议、复核、申诉由相应人民检察院负责未成年人检察的部门进行审查。

第四百七十三条 人民检察院作出附条件不起诉决定的,应当确定考验期。考验期为六个月以上一年以下,从人民检察院作出附条件不起诉的决定之日起计算。

第四百七十四条 在附条件不起诉的考察期内,由人民检察院对被附条件不起诉的未成年犯罪嫌疑人进行监督考察。人民检察院应当要求未成年犯罪嫌疑人的监护人对未成年犯罪嫌疑人加强管教,配合人民检察院做好监督考察工作。

人民检察院可以会同未成年犯罪嫌疑人的监护人、所在学校、单位、居住地的村民委员会、居民委员会、未成年人保护组织等的有关人员,定期对未成年犯罪嫌疑人进行考察、教育,实施跟踪帮教。

第四百七十五条 人民检察院对于

被附条件不起诉的未成年犯罪嫌疑人,应当监督考察其是否遵守下列规定:

（一）遵守法律法规,服从监督;

（二）按照规定报告自己的活动情况;

（三）离开所居住的市、县或者迁居,应当报经批准;

（四）按照要求接受矫治和教育。

第四百七十六条　人民检察院可以要求被附条件不起诉的未成年犯罪嫌疑人接受下列矫治和教育:

（一）完成戒瘾治疗、心理辅导或者其他适当的处遇措施;

（二）向社区或者公益团体提供公益劳动;

（三）不得进入特定场所,与特定的人员会见或者通信,从事特定的活动;

（四）向被害人赔偿损失、赔礼道歉等;

（五）接受相关教育;

（六）遵守其他保护被害人安全以及预防再犯的禁止性规定。

第四百七十七条　考验期届满,检察人员应当制作附条件不起诉考察意见书,提出起诉或者不起诉的意见,报请检察长决定。

考验期满作出不起诉的决定以前,应当听取被害人意见。

第四百七十八条　考验期满作出不起诉决定,被害人提出申诉的,依照本规则第四百七十二条规定办理。

第四百七十九条　被附条件不起诉的未成年犯罪嫌疑人,在考验期内具有下列情形之一的,人民检察院应当撤销附条件不起诉的决定,提起公诉:

（一）实施新的犯罪的;

（二）发现决定附条件不起诉以前还有其他犯罪需要追诉的;

（三）违反治安管理规定,造成严重后果,或者多次违反治安管理规定的;

（四）违反有关附条件不起诉的监督管理规定,造成严重后果,或者多次违反有关附条件不起诉的监督管理规定的。

第四百八十条　被附条件不起诉的未成年犯罪嫌疑人,在考验期内没有本规则第四百七十九条规定的情形,考验期满的,人民检察院应当作出不起诉的决定。

第四百八十一条　人民检察院办理未成年人刑事案件过程中,应当对涉案未成年人的资料予以保密,不得公开或者传播涉案未成年人的姓名、住所、照片、图像及可能推断出该未成年人的其他资料。

第四百八十二条　犯罪的时候不满十八周岁,被判处五年有期徒刑以下刑罚的,人民检察院应当在收到人民法院生效判决、裁定后,对犯罪记录予以封存。

生效判决、裁定由第二审人民法院作出的,同级人民检察院依照前款规定封存犯罪记录时,应当通知下级人民检察院对相关犯罪记录予以封存。

第四百八十三条　人民检察院应当将拟封存的未成年人犯罪记录、案卷等相关材料装订成册,加密保存,不予公开,并建立专门的未成年人犯罪档案库,执行严格的保管制度。

第四百八十四条　除司法机关为办案需要或者有关单位根据国家规定进行查询的以外,人民检察院不得向任何单位和个人提供封存的犯罪记录,并不得提供未成年人有犯罪记录的证明。

司法机关或者有关单位需要查询犯罪记录的,应当向封存犯罪记录的人民检察院提出书面申请。人民检察院应当在七日以内作出是否许可的决定。

第四百八十五条 未成年人犯罪记录封存后，没有法定事由、未经法定程序不得解封。

对被封存犯罪记录的未成年人，符合下列条件之一的，应当对其犯罪记录解除封存：

（一）实施新的犯罪，且新罪与封存记录之罪数罪并罚后被决定执行五年有期徒刑以上刑罚的；

（二）发现漏罪，且漏罪与封存记录之罪数罪并罚后被决定执行五年有期徒刑以上刑罚的。

第四百八十六条 人民检察院对未成年犯罪嫌疑人作出不起诉决定后，应当对相关记录予以封存。除司法机关为办案需要进行查询外，不得向任何单位和个人提供。封存的具体程序参照本规则第四百八十三条至第四百八十五条的规定。

第四百八十七条 被封存犯罪记录的未成年人或者其法定代理人申请出具无犯罪记录证明的，人民检察院应当出具。需要协调公安机关、人民法院为其出具无犯罪记录证明的，人民检察院应当予以协助。

第四百八十八条 负责未成年人检察的部门应当依法对看守所、未成年犯管教所监管未成年人的活动实行监督，配合做好对未成年人的教育。发现没有对未成年犯罪嫌疑人、被告人与成年犯罪嫌疑人、被告人分别关押、管理或者违反规定对未成年犯留所执行刑罚的，应当依法提出纠正意见。

负责未成年人检察的部门发现社区矫正机构违反未成年人社区矫正相关规定的，应当依法提出纠正意见。

第四百八十九条 本节所称未成年人刑事案件，是指犯罪嫌疑人实施涉嫌犯罪行为时已满十四周岁、未满十八周岁的刑事案件。

本节第四百六十条、第四百六十五条、第四百六十六条、第四百六十七条、第四百六十八条所称的未成年犯罪嫌疑人，是指在诉讼过程中未满十八周岁的人。犯罪嫌疑人实施涉嫌犯罪行为时未满十八周岁，在诉讼过程中已满十八周岁的，人民检察院可以根据案件的具体情况适用上述规定。

第四百九十条 人民检察院办理侵害未成年人犯罪案件，应当采取适合未成年被害人身心特点的方法，充分保护未成年被害人的合法权益。

第四百九十一条 办理未成年人刑事案件，除本节已有规定的以外，按照刑事诉讼法和其他有关规定进行。

第二节 当事人和解的公诉案件诉讼程序

第四百九十二条 下列公诉案件，双方当事人可以和解：

（一）因民间纠纷引起，涉嫌刑法分则第四章、第五章规定的犯罪案件，可能判处三年有期徒刑以下刑罚的；

（二）除渎职犯罪以外的可能判处七年有期徒刑以下刑罚的过失犯罪案件。

当事人和解的公诉案件应当同时符合下列条件：

（一）犯罪嫌疑人真诚悔罪，向被害人赔偿损失、赔礼道歉等；

（二）被害人明确表示对犯罪嫌疑人予以谅解；

（三）双方当事人自愿和解，符合有关法律规定；

（四）属于侵害特定被害人的故意犯罪或者有直接被害人的过失犯罪；

（五）案件事实清楚，证据确实、充分。

犯罪嫌疑人在五年以内曾经故意犯罪的，不适用本节规定的程序。

犯罪嫌疑人在犯刑事诉讼法第二百八十八条第一款规定的犯罪前五年内曾经故意犯罪，无论该故意犯罪是否已经追究，均应当认定为前款规定的五年以内曾经故意犯罪。

第四百九十三条 被害人死亡的，其法定代理人、近亲属可以与犯罪嫌疑人和解。

被害人系无行为能力或者限制行为能力人的，其法定代理人可以代为和解。

第四百九十四条 犯罪嫌疑人系限制行为能力人的，其法定代理人可以代为和解。

犯罪嫌疑人在押的，经犯罪嫌疑人同意，其法定代理人、近亲属可以代为和解。

第四百九十五条 双方当事人可以就赔偿损失、赔礼道歉等民事责任事项进行和解，并且可以就被害人及其法定代理人或者近亲属是否要求或者同意公安机关、人民检察院、人民法院对犯罪嫌疑人依法从宽处理进行协商，但不得对案件的事实认定、证据采信、法律适用和定罪量刑等依法属于公安机关、人民检察院、人民法院职权范围的事宜进行协商。

第四百九十六条 双方当事人可以自行达成和解，也可以经人民调解委员会、村民委员会、居民委员会、当事人所在单位或者同事、亲友等组织或者个人调解后达成和解。

人民检察院对于本规则第四百九十二条规定的公诉案件，可以建议当事人进行和解，并告知相应的权利义务，必要时可以提供法律咨询。

第四百九十七条 人民检察院应当对和解的自愿性、合法性进行审查，重点审查以下内容：

（一）双方当事人是否自愿和解；

（二）犯罪嫌疑人是否真诚悔罪，是否向被害人赔礼道歉，赔偿数额与其所造成的损害和赔偿能力是否相适应；

（三）被害人及其法定代理人或者近亲属是否明确表示对犯罪嫌疑人予以谅解；

（四）是否符合法律规定；

（五）是否损害国家、集体和社会公共利益或者他人的合法权益；

（六）是否符合社会公德。

审查时，应当听取双方当事人和其他有关人员对和解的意见，告知刑事案件可能从宽处理的法律后果和双方的权利义务，并制作笔录附卷。

第四百九十八条 经审查认为双方自愿和解，内容合法，且符合本规则第四百九十二条规定的范围和条件的，人民检察院应当主持制作和解协议书。

和解协议书的主要内容包括：

（一）双方当事人的基本情况；

（二）案件的主要事实；

（三）犯罪嫌疑人真诚悔罪，承认自己所犯罪行，对指控的犯罪没有异议，向被害人赔偿损失、赔礼道歉等。赔偿损失的，应当写明赔偿的数额、履行的方式、期限等；

（四）被害人及其法定代理人或者近亲属对犯罪嫌疑人予以谅解，并要求或者同意公安机关、人民检察院、人民法院对犯罪嫌疑人依法从宽处理。

和解协议书应当由双方当事人签字，可以写明和解协议书系在人民检察院主持下制作。检察人员不在当事人和解协议书上签字,也不加盖人民检察院印章。

和解协议书一式三份,双方当事人各持一份,另一份交人民检察院附卷备查。

第四百九十九条 和解协议书约定的赔偿损失内容,应当在双方签署协议后立即履行,至迟在人民检察院作出从宽处理决定前履行。确实难以一次性履行的,在提供有效担保并且被害人同意的情况下,也可以分期履行。

第五百条 双方当事人在侦查阶段达成和解协议,公安机关向人民检察院提出从宽处理建议的,人民检察院在审查逮捕和审查起诉时应当充分考虑公安机关的建议。

第五百零一条 人民检察院对于公安机关提请批准逮捕的案件,双方当事人达成和解协议的,可以作为有无社会危险性或者社会危险性大小的因素予以考虑。经审查认为不需要逮捕的,可以作出不批准逮捕的决定;在审查起诉阶段可以依法变更强制措施。

第五百零二条 人民检察院对于公安机关移送起诉的案件,双方当事人达成和解协议的,可以作为是否需要判处刑罚或者免除刑罚的因素予以考虑。符合法律规定的不起诉条件的,可以决定不起诉。

对于依法应当提起公诉的,人民检察院可以向人民法院提出从宽处罚的量刑建议。

第五百零三条 人民检察院拟对当事人达成和解的公诉案件作出不起诉决定的,应当听取双方当事人对和解的意见,并且查明犯罪嫌疑人是否已经切实履行和解协议、不能即时履行的是否已经提供有效担保,将其作为是否决定不起诉的因素予以考虑。

当事人在不起诉决定作出之前反悔的,可以另行达成和解。不能另行达成和解的,人民检察院应当依法作出起诉或者不起诉决定。

当事人在不起诉决定作出之后反悔的,人民检察院不撤销原决定,但有证据证明和解违反自愿、合法原则的除外。

第五百零四条 犯罪嫌疑人或者其亲友等以暴力、威胁、欺骗或者其他非法方法强迫、引诱被害人和解,或者在协议履行完毕之后威胁、报复被害人的,应当认定和解协议无效。已经作出不批准逮捕或者不起诉决定的,人民检察院根据案件情况可以撤销原决定,对犯罪嫌疑人批准逮捕或者提起公诉。

第三节 缺席审判程序

第五百零五条 对于监察机关移送起诉的贪污贿赂犯罪案件,犯罪嫌疑人、被告人在境外,人民检察院认为犯罪事实已经查清,证据确实、充分,依法应当追究刑事责任的,可以向人民法院提起公诉。

对于公安机关移送起诉的需要及时进行审判的严重危害国家安全犯罪、恐怖活动犯罪案件,犯罪嫌疑人、被告人在境外,人民检察院认为犯罪事实已经查清,证据确实、充分,依法应当追究刑事责任的,经最高人民检察院核准,可以向人民法院提起公诉。

前两款规定的案件,由有管辖权的中级人民法院的同级人民检察院提起公诉。

人民检察院提起公诉的,应当向人民法院提交被告人已出境的证据。

第五百零六条 人民检察院对公安机关移送起诉的需要报请最高人民检察

院核准的案件,经检察委员会讨论提出提起公诉意见的,应当层报最高人民检察院核准。报送材料包括起诉意见书、案件审查报告、报请核准的报告及案件证据材料。

第五百零七条 最高人民检察院收到下级人民检察院报请核准提起公诉的案卷材料后,应当及时指派检察官对案卷材料进行审查,提出核准或者不予核准的意见,报检察长决定。

第五百零八条 报请核准的人民检察院收到最高人民检察院核准决定书后,应当提起公诉,起诉书中应当载明经最高人民检察院核准的内容。

第五百零九条 审查起诉期间,犯罪嫌疑人自动投案或者被抓获的,人民检察院应当重新审查。

对严重危害国家安全犯罪、恐怖活动犯罪案件报请核准期间,犯罪嫌疑人自动投案或者被抓获的,报请核准的人民检察院应当及时撤回报请,重新审查案件。

第五百一十条 提起公诉后被告人到案,人民法院拟重新审理的,人民检察院应当商人民法院将案件撤回并重新审查。

第五百一十一条 因被告人患有严重疾病无法出庭,中止审理超过六个月,被告人仍无法出庭,被告人及其法定代理人、近亲属申请或者同意恢复审理的,人民检察院可以建议人民法院适用缺席审判程序审理。

第四节 犯罪嫌疑人、被告人逃匿、死亡案件违法所得的没收程序

第五百一十二条 对于贪污贿赂犯罪、恐怖活动犯罪等重大犯罪案件,犯罪嫌疑人、被告人逃匿,在通缉一年后不能到案,依照刑法规定应当追缴其违法所得及其他涉案财产的,人民检察院可以向人民法院提出没收违法所得的申请。

对于犯罪嫌疑人、被告人死亡,依照刑法规定应当追缴其违法所得及其他涉案财产的,人民检察院也可以向人民法院提出没收违法所得的申请。

第五百一十三条 犯罪嫌疑人、被告人为逃避侦查和刑事追究潜逃、隐匿,或者在刑事诉讼过程中脱逃的,应当认定为"逃匿"。

犯罪嫌疑人、被告人因意外事故下落不明满二年,或者因意外事故下落不明,经有关机关证明其不可能生存的,按照前款规定处理。

第五百一十四条 公安机关发布通缉令或者公安部通过国际刑警组织发布红色国际通报,应当认定为"通缉"。

第五百一十五条 犯罪嫌疑人、被告人通过实施犯罪直接或者间接产生、获得的任何财产,应当认定为"违法所得"。

违法所得已经部分或者全部转变、转化为其他财产的,转变、转化后的财产应当视为前款规定的"违法所得"。

来自违法所得转变、转化后的财产收益,或者来自已经与违法所得相混合财产中违法所得相应部分的收益,也应当视为第一款规定的违法所得。

第五百一十六条 犯罪嫌疑人、被告人非法持有的违禁品、供犯罪所用的本人财物,应当认定为"其他涉案财产"。

第五百一十七条 刑事诉讼法第二百九十九条第三款规定的"利害关系人"包括犯罪嫌疑人、被告人的近亲属和其他对申请没收的财产主张权利的自然人和单位。

刑事诉讼法第二百九十九条第二款、

第三百条第二款规定的"其他利害关系人"是指前款规定的"其他对申请没收的财产主张权利的自然人和单位"。

第五百一十八条 人民检察院审查监察机关或者公安机关移送的没收违法所得意见书,向人民法院提出没收违法所得的申请以及对违法所得没收程序中调查活动、审判活动的监督,由负责捕诉的部门办理。

第五百一十九条 没收违法所得的申请,应当由有管辖权的中级人民法院的同级人民检察院提出。

第五百二十条 人民检察院向人民法院提出没收违法所得的申请,应当制作没收违法所得申请书。没收违法所得申请书应当载明以下内容:

(一)犯罪嫌疑人、被告人的基本情况,包括姓名、性别、出生年月日、出生地、户籍地、公民身份号码、民族、文化程度、职业、工作单位及职务、住址等;

(二)案由及案件来源;

(三)犯罪嫌疑人、被告人的犯罪事实及相关证据材料;

(四)犯罪嫌疑人、被告人逃匿、被通缉或者死亡的情况;

(五)申请没收的财产种类、数量、价值、所在地以及查封、扣押、冻结财产清单和相关法律手续;

(六)申请没收的财产属于违法所得及其他涉案财产的相关事实及证据材料;

(七)提出没收违法所得申请的理由和法律依据;

(八)有无近亲属和其他利害关系人以及利害关系人的姓名、身份、住址、联系方式;

(九)其他应当写明的内容。

上述材料需要翻译件的,人民检察院应当随没收违法所得申请书一并移送人民法院。

第五百二十一条 监察机关或者公安机关向人民检察院移送没收违法所得意见书,应当由有管辖权的人民检察院的同级监察机关或者公安机关移送。

第五百二十二条 人民检察院审查监察机关或者公安机关移送的没收违法所得意见书,应当审查下列内容:

(一)是否属于本院管辖;

(二)是否符合刑事诉讼法第二百九十八条第一款规定的条件;

(三)犯罪嫌疑人基本情况,包括姓名、性别、国籍、出生年月日、职业和单位等;

(四)犯罪嫌疑人涉嫌犯罪的事实和相关证据材料;

(五)犯罪嫌疑人逃匿、下落不明、被通缉或者死亡的情况,通缉令或者死亡证明是否随案移送;

(六)违法所得及其他涉案财产的种类、数量、所在地以及查封、扣押、冻结的情况,查封、扣押、冻结的财产清单和相关法律手续是否随案移送;

(七)违法所得及其他涉案财产的相关事实和证据材料;

(八)有无近亲属和其他利害关系人以及利害关系人的姓名、身份、住址、联系方式。

对于与犯罪事实、违法所得及其他涉案财产相关的证据材料,不宜移送的,应当审查证据的清单、复制件、照片或者其他证明文件是否随案移送。

第五百二十三条 人民检察院应当在接到监察机关或者公安机关移送的没收违法所得意见书后三十日以内作出是否提出没收违法所得申请的决定。三十日以内不能作出决定的,可以延长十五日。

对于监察机关或者公安机关移送的没收违法所得案件,经审查认为不符合刑事诉讼法第二百九十八条第一款规定条件的,应当作出不提出没收违法所得申请的决定,并向监察机关或者公安机关书面说明理由;认为需要补充证据的,应当书面要求监察机关或者公安机关补充证据,必要时也可以自行调查。

监察机关或者公安机关补充证据的时间不计入人民检察院办案期限。

第五百二十四条 人民检察院发现公安机关应当启动违法所得没收程序而不启动的,可以要求公安机关在七日以内书面说明不启动的理由。

经审查,认为公安机关不启动理由不能成立的,应当通知公安机关启动程序。

第五百二十五条 人民检察院发现公安机关在违法所得没收程序的调查活动中有违法情形的,应当向公安机关提出纠正意见。

第五百二十六条 在审查监察机关或者公安机关移送的没收违法所得意见书的过程中,在逃的犯罪嫌疑人、被告人自动投案或者被抓获的,人民检察院应当终止审查,并将案卷退回监察机关或者公安机关处理。

第五百二十七条 人民检察院直接受理侦查的案件,犯罪嫌疑人死亡而撤销案件,符合刑事诉讼法第二百九十八条第一款规定条件的,负责侦查的部门应当启动违法所得没收程序进行调查。

负责侦查的部门进行调查应当查明犯罪嫌疑人涉嫌的犯罪事实,犯罪嫌疑人死亡的情况,以及犯罪嫌疑人的违法所得及其他涉案财产的情况,并可以对违法所得及其他涉案财产依法进行查封、扣押、查询、冻结。

负责侦查的部门认为符合刑事诉讼法第二百九十八条第一款规定条件的,应当写出没收违法所得意见书,连同案卷材料一并移送有管辖权的人民检察院负责侦查的部门,并由有管辖权的人民检察院负责侦查的部门移送本院负责捕诉的部门。

负责捕诉的部门对没收违法所得意见书进行审查,作出是否提出没收违法所得申请的决定,具体程序按照本规则第五百二十二条、第五百二十三条的规定办理。

第五百二十八条 在人民检察院审查起诉过程中,犯罪嫌疑人死亡,或者贪污贿赂犯罪、恐怖活动犯罪等重大犯罪案件的犯罪嫌疑人逃匿,在通缉一年后不能到案,依照刑法规定应当追缴其违法所得及其他涉案财产的,人民检察院可以直接提出没收违法所得的申请。

在人民法院审理案件过程中,被告人死亡而裁定终止审理,或者被告人脱逃而裁定中止审理,人民检察院可以依法另行向人民法院提出没收违法所得的申请。

第五百二十九条 人民法院对没收违法所得的申请进行审理,人民检察院应当承担举证责任。

人民法院对没收违法所得的申请开庭审理的,人民检察院应当派员出席法庭。

第五百三十条 出席法庭的检察官应当宣读没收违法所得申请书,并在法庭调查阶段就申请没收的财产属于违法所得及其他涉案财产等相关事实出示、宣读证据。

第五百三十一条 人民检察院发现

人民法院或者审判人员审理没收违法所得案件违反法律规定的诉讼程序，应当向人民法院提出纠正意见。

人民检察院认为同级人民法院按照违法所得没收程序所作的第一审裁定确有错误的，应当在五日以内向上一级人民法院提出抗诉。

最高人民检察院、省级人民检察院认为下级人民法院按照违法所得没收程序所作的已经发生法律效力的裁定确有错误的，应当按照审判监督程序向同级人民法院提出抗诉。

第五百三十二条 在审理案件过程中，在逃的犯罪嫌疑人、被告人自动投案或者被抓获，人民法院按照刑事诉讼法第三百零一条第一款的规定终止审理的，人民检察院应当将案卷退回监察机关或者公安机关处理。

第五百三十三条 对于刑事诉讼法第二百九十八条第一款规定以外需要没收违法所得的，按照有关规定执行。

第五节 依法不负刑事责任的精神病人的强制医疗程序

第五百三十四条 对于实施暴力行为，危害公共安全或者严重危害公民人身安全，已经达到犯罪程度，经法定程序鉴定依法不负刑事责任的精神病人，有继续危害社会可能的，人民检察院应当向人民法院提出强制医疗的申请。

提出强制医疗的申请以及对强制医疗决定的监督，由负责捕诉的部门办理。

第五百三十五条 强制医疗的申请由被申请人实施暴力行为所在地的基层人民检察院提出；由被申请人居住地的人民检察院提出更为适宜的，可以由被申请人居住地的基层人民检察院提出。

第五百三十六条 人民检察院向人民法院提出强制医疗的申请，应当制作强制医疗申请书。强制医疗申请书的主要内容包括：

（一）涉案精神病人的基本情况，包括姓名、性别、出生年月日、出生地、户籍地、公民身份号码、民族、文化程度、职业、工作单位及职务、住址，采取临时保护性约束措施的情况及处所等；

（二）涉案精神病人的法定代理人的基本情况，包括姓名、住址、联系方式等；

（三）案由及案件来源；

（四）涉案精神病人实施危害公共安全或者严重危害公民人身安全的暴力行为的事实，包括实施暴力行为的时间、地点、手段、后果等及相关证据情况；

（五）涉案精神病人不负刑事责任的依据，包括有关鉴定意见和其他证据材料；

（六）涉案精神病人继续危害社会的可能；

（七）提出强制医疗申请的理由和法律依据。

第五百三十七条 人民检察院审查公安机关移送的强制医疗意见书，应当查明：

（一）是否属于本院管辖；

（二）涉案精神病人身份状况是否清楚，包括姓名、性别、国籍、出生年月日、职业和单位等；

（三）涉案精神病人实施危害公共安全或者严重危害公民人身安全的暴力行为的事实；

（四）公安机关对涉案精神病人进行鉴定的程序是否合法，涉案精神病人是否依法不负刑事责任；

（五）涉案精神病人是否有继续危害

社会的可能；

（六）证据材料是否随案移送，不宜移送的证据的清单、复制件、照片或者其他证明文件是否随案移送；

（七）证据是否确实、充分；

（八）采取的临时保护性约束措施是否适当。

第五百三十八条 人民检察院办理公安机关移送的强制医疗案件，可以采取以下方式开展调查，调查情况应当记录并附卷：

（一）会见涉案精神病人，听取涉案精神病人的法定代理人、诉讼代理人意见；

（二）询问办案人员、鉴定人；

（三）向被害人及其法定代理人、近亲属了解情况；

（四）向涉案精神病人的主治医生、近亲属、邻居、其他知情人员或者基层组织等了解情况；

（五）就有关专门性技术问题委托具有法定资质的鉴定机构、鉴定人进行鉴定。

第五百三十九条 人民检察院应当在接到公安机关移送的强制医疗意见书后三十日以内作出是否提出强制医疗申请的决定。

对于公安机关移送的强制医疗案件，经审查认为不符合刑事诉讼法第三百零二条规定条件的，应当作出不提出强制医疗申请的决定，并向公安机关书面说明理由。认为需要补充证据的，应当书面要求公安机关补充证据，必要时也可以自行调查。

公安机关补充证据的时间不计入人民检察院办案期限。

第五百四十条 人民检察院发现公安机关应当启动强制医疗程序而不启动的，可以要求公安机关在七日以内书面说明不启动的理由。

经审查，认为公安机关不启动理由不能成立的，应当通知公安机关启动强制医疗程序。

公安机关收到启动强制医疗程序通知书后，未按要求启动强制医疗程序的，人民检察院应当提出纠正意见。

第五百四十一条 人民检察院对公安机关移送的强制医疗案件，发现公安机关对涉案精神病人进行鉴定违反法律规定，具有下列情形之一的，应当依法提出纠正意见：

（一）鉴定机构不具备法定资质的；

（二）鉴定人不具备法定资质或者违反回避规定的；

（三）鉴定程序违反法律或者有关规定，鉴定的过程和方法违反相关专业规范要求的；

（四）鉴定文书不符合法定形式要件的；

（五）鉴定意见没有依法及时告知相关人员的；

（六）鉴定人故意作虚假鉴定的；

（七）其他违反法律规定的情形。

人民检察院对精神病鉴定程序进行监督，可以要求公安机关补充鉴定或者重新鉴定。必要时，可以询问鉴定人并制作笔录，或者委托具有法定资质的鉴定机构进行补充鉴定或者重新鉴定。

第五百四十二条 人民检察院发现公安机关对涉案精神病人不应当采取临时保护性约束措施而采取的，应当提出纠正意见。

认为公安机关应当采取临时保护性约束措施而未采取的，应当建议公安机关采取临时保护性约束措施。

第五百四十三条　在审查起诉中，犯罪嫌疑人经鉴定系依法不负刑事责任的精神病人的，人民检察院应当作出不起诉决定。认为符合刑事诉讼法第三百零二条规定条件的，应当向人民法院提出强制医疗的申请。

第五百四十四条　人民法院对强制医疗案件开庭审理的，人民检察院应当派员出席法庭。

第五百四十五条　人民检察院发现人民法院强制医疗案件审理活动具有下列情形之一的，应当提出纠正意见：

（一）未通知被申请人或者被告人的法定代理人到场的；

（二）被申请人或者被告人没有委托诉讼代理人，未通知法律援助机构指派律师为其提供法律帮助的；

（三）未组成合议庭或者合议庭组成人员不合法的；

（四）未经被申请人、被告人的法定代理人请求直接作出不开庭审理决定的；

（五）未会见被申请人的；

（六）被申请人、被告人要求出庭且具备出庭条件，未准许其出庭的；

（七）违反法定审理期限的；

（八）收到人民检察院对强制医疗决定不当的书面纠正意见后，未另行组成合议庭审理或者未在一个月以内作出复议决定的；

（九）人民法院作出的强制医疗决定或者驳回强制医疗申请决定不当的；

（十）其他违反法律规定的情形。

第五百四十六条　出席法庭的检察官发现人民法院或者审判人员审理强制医疗案件违反法律规定的诉讼程序，应当记录在案，并在休庭后及时向检察长报告，由人民检察院在庭审后向人民法院提出纠正意见。

第五百四十七条　人民检察院认为人民法院作出的强制医疗决定或者驳回强制医疗申请的决定，具有下列情形之一的，应当在收到决定书副本后二十日以内向人民法院提出纠正意见：

（一）据以作出决定的事实不清或者确有错误的；

（二）据以作出决定的证据不确实、不充分的；

（三）据以作出决定的证据依法应当予以排除的；

（四）据以作出决定的主要证据之间存在矛盾的；

（五）有确实、充分的证据证明应当决定强制医疗而予以驳回的，或者不应当决定强制医疗而决定强制医疗的；

（六）审理过程中严重违反法定诉讼程序，可能影响公正审理和决定的。

第五百四十八条　人民法院在审理案件过程中发现被告人符合强制医疗条件，适用强制医疗程序对案件进行审理的，人民检察院应当在庭审中发表意见。

人民法院作出宣告被告人无罪或者不负刑事责任的判决和强制医疗决定的，人民检察院应当进行审查。对判决确有错误的，应当依法提出抗诉；对强制医疗决定不当或者未作出强制医疗的决定不当的，应当提出纠正意见。

第五百四十九条　人民法院收到被决定强制医疗的人、被害人及其法定代理人、近亲属复议申请后，未组成合议庭审理，或者未在一个月以内作出复议决定，或者有其他违法行为的，人民检察院应当提出纠正意见。

第五百五十条　人民检察院对于人

民法院批准解除强制医疗的决定实行监督,发现人民法院解除强制医疗的决定不当的,应当提出纠正意见。

第十三章　刑事诉讼法律监督

第一节　一般规定

第五百五十一条　人民检察院对刑事诉讼活动实行法律监督,发现违法情形的,依法提出抗诉、纠正意见或者检察建议。

人民检察院对于涉嫌违法的事实,可以采取以下方式进行调查核实:

(一)讯问、询问犯罪嫌疑人;

(二)询问证人、被害人或者其他诉讼参与人;

(三)询问办案人员;

(四)询问在场人员或者其他可能知情的人员;

(五)听取申诉人或者控告人的意见;

(六)听取辩护人、值班律师意见;

(七)调取、查询、复制相关登记表册、法律文书、体检记录及案卷材料等;

(八)调取讯问笔录、询问笔录及相关录音、录像或其他视听资料;

(九)进行伤情、病情检查或者鉴定;

(十)其他调查核实方式。

人民检察院在调查核实过程中不得限制被调查对象的人身、财产权利。

第五百五十二条　人民检察院发现刑事诉讼活动中的违法行为,对于情节较轻的,由检察人员以口头方式提出纠正意见;对于情节较重的,经检察长决定,发出纠正违法通知书。对于带有普遍性的违法情形,经检察长决定,向相关机关提出检察建议。构成犯罪的,移送有关机关、部门依法追究刑事责任。

有申诉人、控告人的,调查核实和纠正违法情况应予告知。

第五百五十三条　人民检察院发出纠正违法通知书的,应当监督落实。被监督单位在纠正违法通知书规定的期限内没有回复纠正情况的,人民检察院应当督促回复。经督促被监督单位仍不回复或者没有正当理由不纠正的,人民检察院应当向上一级人民检察院报告。

第五百五十四条　被监督单位对纠正意见申请复查的,人民检察院应当在收到被监督单位的书面意见后七日以内进行复查,并将复查结果及时通知申请复查的单位。经过复查,认为纠正意见正确的,应当及时向上一级人民检察院报告;认为纠正意见错误的,应当及时予以撤销。

上一级人民检察院经审查,认为下级人民检察院纠正意见正确的,应当及时通报被监督单位的上级机关或者主管机关,并建议其督促被监督单位予以纠正;认为下级人民检察院纠正意见错误的,应当书面通知下级人民检察院予以撤销,下级人民检察院应当执行,并及时向被监督单位说明情况。

第五百五十五条　当事人和辩护人、诉讼代理人、利害关系人对于办案机关及其工作人员有刑事诉讼法第一百一十七条规定的行为,向该机关申诉或者控告,对该机关作出的处理不服或者该机关未在规定时间内作出答复,而向人民检察院申诉的,办案机关的同级人民检察院应当受理。

人民检察院直接受理侦查的案件,当事人和辩护人、诉讼代理人、利害关系人对办理案件的人民检察院的处理不服的，可以向上一级人民检察院申诉，上一级人民检察院应当受理。

未向办案机关申诉或者控告，或者办案机关在规定时间内尚未作出处理决定，直接向人民检察院申诉的，人民检察院应当告知其向办案机关申诉或者控告。人民检察院在审查逮捕、审查起诉中发现有刑事诉讼法第一百一十七条规定的违法情形的，可以直接监督纠正。

当事人和辩护人、诉讼代理人、利害关系人对刑事诉讼法第一百一十七条规定情形之外的违法行为提出申诉或者控告的，人民检察院应当受理，并及时审查，依法处理。

第五百五十六条 对人民检察院及其工作人员办理案件中违法行为的申诉、控告，由负责控告申诉检察的部门受理和审查办理。对其他司法机关处理决定不服向人民检察院提出的申诉，由负责控告申诉检察的部门受理后，移送相关办案部门审查办理。

审查办理的部门应当在受理之日起十五日以内提出审查意见。人民检察院对刑事诉讼法第一百一十七条的申诉，经审查认为需要其他司法机关说明理由的，应当要求有关机关说明理由，并在收到理由说明后十五日以内提出审查意见。

人民检察院及其工作人员办理案件中存在的违法情形属实的，应当予以纠正；不存在违法行为的，书面答复申诉人、控告人。

其他司法机关对申诉、控告的处理不正确的，人民检察院应当通知有关机关予以纠正；处理正确的，书面答复申诉人、控告人。

第二节 刑事立案监督

第五百五十七条 被害人及其法定代理人、近亲属或者行政执法机关，认为公安机关对其控告或者移送的案件应当立案侦查而不立案侦查，或者当事人认为公安机关不应当立案而立案，向人民检察院提出的，人民检察院应当受理并进行审查。

人民检察院发现公安机关可能存在应当立案侦查而不立案侦查情形的，应当依法进行审查。

人民检察院接到控告、举报或者发现行政执法机关不移送涉嫌犯罪案件的，经检察长批准，应当向行政执法机关提出检察意见，要求其按照管辖规定向公安机关移送涉嫌犯罪案件。

第五百五十八条 人民检察院负责控告申诉检察的部门受理对公安机关应当立案而不立案或者不应当立案而立案的控告、申诉，应当根据事实、法律进行审查。认为需要公安机关说明不立案或者立案理由的，应当及时将案件移送负责捕诉的部门办理；认为公安机关立案或者不立案决定正确的，应当制作相关法律文书，答复控告人、申诉人。

第五百五十九条 人民检察院经审查，认为需要公安机关说明不立案理由的，应当要求公安机关书面说明不立案的理由。

对于有证据证明公安机关可能存在违法动用刑事手段插手民事、经济纠纷，或者利用立案实施报复陷害、敲诈勒索以及谋取其他非法利益等违法立案情形，尚未提请批准逮捕或者移送起诉的，人民检察院应当要求公安机关书面说明立案理由。

第五百六十条 人民检察院要求公安机关说明不立案或者立案理由，应当书面通知公安机关，并且告知公安机关在收到通知后七日以内，书面说明不立案或者立案的情况、依据和理由，连同有关证据材料回复人民检察院。

第五百六十一条 公安机关说明不立案或者立案的理由后，人民检察院应当进行审查。认为公安机关不立案或者立案理由不能成立的，经检察长决定，通知公安机关立案或者撤销案件。

人民检察院认为公安机关不立案或者立案理由成立的，应当在十日以内将不立案或者立案的依据和理由告知被害人及其法定代理人、近亲属或者行政执法机关。

第五百六十二条 公安机关对当事人的报案、控告、举报或者行政执法机关移送的涉嫌犯罪案件受理后未在规定期限内作出是否立案决定，当事人或者行政执法机关向人民检察院提出的，人民检察院应当受理并进行审查。经审查，认为尚未超过规定期限的，应当移送公安机关处理，并答复报案人、控告人、举报人或者行政执法机关；认为超过规定期限的，应当要求公安机关在七日以内书面说明逾期不作出是否立案决定的理由，连同有关证据材料回复人民检察院。公安机关在七日以内不说明理由也不作出立案或者不立案决定的，人民检察院应当提出纠正意见。人民检察院经审查有关证据材料认为符合立案条件的，应当通知公安机关立案。

第五百六十三条 人民检察院通知公安机关立案或者撤销案件，应当制作通知立案书或者通知撤销案件书，说明依据和理由，连同证据材料送达公安机关，并且告知公安机关应当在收到通知立案书后十五日以内立案，对通知撤销案件书没有异议的应当立即撤销案件，并将立案决定书或者撤销案件决定书及时送达人民检察院。

第五百六十四条 人民检察院通知公安机关立案或者撤销案件的，应当依法对执行情况进行监督。

公安机关在收到通知立案书或者通知撤销案件书后超过十五日不予立案或者未要求复议、提请复核也不撤销案件的，人民检察院应当发出纠正违法通知书。公安机关仍不纠正的，报上一级人民检察院协商同级公安机关处理。

公安机关立案后三个月以内未侦查终结的，人民检察院可以向公安机关发出立案监督案件催办函，要求公安机关及时向人民检察院反馈侦查工作进展情况。

第五百六十五条 公安机关认为人民检察院撤销案件通知有错误，要求同级人民检察院复议的，人民检察院应当重新审查。在收到要求复议意见书和案卷材料后七日以内作出是否变更的决定，并通知公安机关。

公安机关不接受人民检察院复议决定，提请上一级人民检察院复核的，上级人民检察院应当在收到提请复核意见书和案卷材料后十五日以内作出是否变更的决定，通知下级人民检察院和公安机关执行。

上级人民检察院复核认为撤销案件通知有错误的，下级人民检察院应当立即纠正；上级人民检察院复核认为撤销案件通知正确的，应当作出复核决定并送达下级公安机关。

第五百六十六条 人民检察院负责捕诉的部门发现本院负责侦查的部门对

应当立案侦查的案件不立案侦查或者对不应当立案侦查的案件立案侦查的,应当建议负责侦查的部门立案侦查或者撤销案件。建议不被采纳的,应当报请检察长决定。

第三节 侦查活动监督

第五百六十七条 人民检察院应当对侦查活动中是否存在以下违法行为进行监督：

（一）采用刑讯逼供以及其他非法方法收集犯罪嫌疑人供述的；

（二）讯问犯罪嫌疑人依法应当录音或者录像而没有录音或者录像,或者未在法定羁押场所讯问犯罪嫌疑人的；

（三）采用暴力、威胁以及非法限制人身自由等非法方法收集证人证言、被害人陈述,或者以暴力、威胁等方法阻止证人作证或者指使他人作伪证的；

（四）伪造、隐匿、销毁、调换、私自涂改证据,或者帮助当事人毁灭、伪造证据的；

（五）违反刑事诉讼法关于决定、执行、变更、撤销强制措施的规定,或者强制措施法定期限届满,不予释放、解除或者变更的；

（六）应当退还取保候审保证金不退还的；

（七）违反刑事诉讼法关于讯问、询问、勘验、检查、搜查、鉴定、采取技术侦查措施等规定的；

（八）对与案件无关的财物采取查封、扣押、冻结措施,或者应当解除查封、扣押、冻结而不解除的；

（九）贪污、挪用、私分、调换、违反规定使用查封、扣押、冻结的财物及其孳息的；

（十）不应当撤案而撤案的；

（十一）侦查人员应当回避而不回避的；

（十二）依法应当告知犯罪嫌疑人诉讼权利而不告知,影响犯罪嫌疑人行使诉讼权利的；

（十三）对犯罪嫌疑人拘留、逮捕、指定居所监视居住后依法应当通知家属而未通知的；

（十四）阻碍当事人、辩护人、诉讼代理人、值班律师依法行使诉讼权利的；

（十五）应当对证据收集的合法性出具说明或者提供证明材料而不出具、不提供的；

（十六）侦查活动中的其他违反法律规定的行为。

第五百六十八条 人民检察院发现侦查活动中的违法情形已涉嫌犯罪,属于人民检察院管辖的,依法立案侦查；不属于人民检察院管辖的,依照有关规定移送有管辖权的机关。

第五百六十九条 人民检察院负责捕诉的部门发现本院负责侦查的部门在侦查活动中有违法情形,应当提出纠正意见。需要追究相关人员违法违纪责任的,应当报告检察长。

上级人民检察院发现下级人民检察院在侦查活动中有违法情形,应当通知其纠正。下级人民检察院应当及时纠正,并将纠正情况报告上级人民检察院。

第四节 审判活动监督

第五百七十条 人民检察院应当对审判活动中是否存在以下违法行为进行监督：

（一）人民法院对刑事案件的受理违反管辖规定的；

（二）人民法院审理案件违反法定审理和送达期限的；

（三）法庭组成人员不符合法律规定，或者依照规定应当回避而不回避的；

（四）法庭审理案件违反法定程序的；

（五）侵犯当事人、其他诉讼参与人的诉讼权利和其他合法权利的；

（六）法庭审理时对有关程序问题所作的决定违反法律规定的；

（七）违反法律规定裁定发回重审的；

（八）故意毁弃、篡改、隐匿、伪造、偷换证据或者其他诉讼材料，或者依据未经法定程序调查、质证的证据定案的；

（九）依法应当调查收集相关证据而不收集的；

（十）徇私枉法，故意违背事实和法律作枉法裁判的；

（十一）收受、索取当事人及其近亲属或者其委托的律师等人财物或者其他利益的；

（十二）违反法律规定采取强制措施或采取强制措施法定期限届满，不予释放、解除或者变更的；

（十三）应当退还取保候审保证金不退还的；

（十四）对与案件无关的财物采取查封、扣押、冻结措施，或者应当解除查封、扣押、冻结而不解除的；

（十五）贪污、挪用、私分、调换、违反规定使用查封、扣押、冻结的财物及其孳息的；

（十六）其他违反法律规定的行为。

第五百七十一条 人民检察院检察长或者检察长委托的副检察长，可以列席同级人民法院审判委员会会议，依法履行法律监督职责。

第五百七十二条 人民检察院在审判活动监督中，发现人民法院或者审判人员审理案件违反法律规定的诉讼程序，应当向人民法院提出纠正意见。

人民检察院对违反程序的庭审活动提出纠正意见，应当由人民检察院在庭审后提出。出席法庭的检察人员发现法庭审判违反法律规定的诉讼程序，应当在休庭后及时向检察长报告。

第五节　羁押必要性审查

第五百七十三条 犯罪嫌疑人、被告人被逮捕后，人民检察院仍应当对羁押的必要性进行审查。

第五百七十四条 人民检察院在办案过程中可以依职权主动进行羁押必要性审查。

犯罪嫌疑人、被告人及其法定代理人、近亲属或者辩护人可以申请人民检察院进行羁押必要性审查。申请时应当说明不需要继续羁押的理由，有相关证据或者其他材料的应当提供。

看守所根据在押人员身体状况，可以建议人民检察院进行羁押必要性审查。

第五百七十五条 负责捕诉的部门依法对侦查和审判阶段的羁押必要性进行审查。经审查认为不需要继续羁押的，应当建议公安机关或者人民法院释放犯罪嫌疑人、被告人或者变更强制措施。

审查起诉阶段，负责捕诉的部门经审查认为不需要继续羁押的，应当直接释放犯罪嫌疑人或者变更强制措施。

负责刑事执行检察的部门收到有关材料或者发现不需要继续羁押的，应当及时将有关材料和意见移送负责捕诉的部门。

第五百七十六条 办案机关对应的同级人民检察院负责控告申诉检察的部门或者负责案件管理的部门收到羁押必要性审查申请后,应当在当日移送本院负责捕诉的部门。

其他人民检察院收到羁押必要性审查申请的,应当告知申请人向办案机关对应的同级人民检察院提出申请,或者在二日以内将申请材料移送办案机关对应的同级人民检察院,并告知申请人。

第五百七十七条 人民检察院可以采取以下方式进行羁押必要性审查:

(一)审查犯罪嫌疑人、被告人不需要继续羁押的理由和证明材料;

(二)听取犯罪嫌疑人、被告人及其法定代理人、辩护人的意见;

(三)听取被害人及其法定代理人、诉讼代理人的意见,了解是否达成和解协议;

(四)听取办案机关的意见;

(五)调查核实犯罪嫌疑人、被告人的身体健康状况;

(六)需要采取的其他方式。

必要时,可以依照有关规定进行公开审查。

第五百七十八条 人民检察院应当根据犯罪嫌疑人、被告人涉嫌的犯罪事实、主观恶性、悔罪表现、身体状况、案件进展情况、可能判处的刑罚和有无再危害社会的危险等因素,综合评估有无必要继续羁押犯罪嫌疑人、被告人。

第五百七十九条 人民检察院发现犯罪嫌疑人、被告人具有下列情形之一的,应当向办案机关提出释放或者变更强制措施的建议:

(一)案件证据发生重大变化,没有证据证明有犯罪事实或者犯罪行为系犯罪嫌疑人、被告人所为的;

(二)案件事实或者情节发生变化,犯罪嫌疑人、被告人可能被判处拘役、管制、独立适用附加刑、免予刑事处罚或者判决无罪的;

(三)继续羁押犯罪嫌疑人、被告人,羁押期限将超过依法可能判处的刑期的;

(四)案件事实基本查清,证据已经收集固定,符合取保候审或者监视居住条件的。

第五百八十条 人民检察院发现犯罪嫌疑人、被告人具有下列情形之一,且具有悔罪表现,不予羁押不致发生社会危险性的,可以向办案机关提出释放或者变更强制措施的建议:

(一)预备犯或者中止犯;

(二)共同犯罪中的从犯或者胁从犯;

(三)过失犯罪的;

(四)防卫过当或者避险过当的;

(五)主观恶性较小的初犯;

(六)系未成年人或者已满七十五周岁的人;

(七)与被害方依法自愿达成和解协议,且已经履行或者提供担保的;

(八)认罪认罚的;

(九)患有严重疾病、生活不能自理的;

(十)怀孕或者正在哺乳自己婴儿的妇女;

(十一)系生活不能自理的人的唯一扶养人;

(十二)可能被判处一年以下有期徒刑或者宣告缓刑的;

(十三)其他不需要继续羁押的情形。

第五百八十一条 人民检察院向办案机关发出释放或者变更强制措施建议书的,应当说明不需要继续羁押犯罪嫌疑人、被告人的理由和法律依据,并要求办案机关在十日以内回复处理情况。

人民检察院应当跟踪办案机关对释放或者变更强制措施建议的处理情况。办案机关未在十日以内回复处理情况的,应当提出纠正意见。

第五百八十二条 对于依申请审查的案件,人民检察院办结后,应当将提出建议的情况和公安机关、人民法院的处理情况,或者有继续羁押必要的审查意见和理由及时书面告知申请人。

第六节 刑事判决、裁定监督

第五百八十三条 人民检察院依法对人民法院的判决、裁定是否正确实行法律监督,对人民法院确有错误的判决、裁定,应当依法提出抗诉。

第五百八十四条 人民检察院认为同级人民法院第一审判决、裁定具有下列情形之一的,应当提出抗诉:

(一)认定的事实确有错误或者据以定罪量刑的证据不确实、不充分的;

(二)有确实、充分证据证明有罪判无罪,或者无罪判有罪的;

(三)重罪轻判,轻罪重判,适用刑罚明显不当的;

(四)认定罪名不正确,一罪判数罪、数罪判一罪,影响量刑或者造成严重社会影响的;

(五)免除刑事处罚或者适用缓刑、禁止令、限制减刑等错误的;

(六)人民法院在审理过程中严重违反法律规定的诉讼程序的。

第五百八十五条 人民检察院在收到人民法院第一审判决书或者裁定书后,应当及时审查。对于需要提出抗诉的案件,应当报请检察长决定。

第五百八十六条 人民检察院对同级人民法院第一审判决的抗诉,应当在接到判决书后第二日起十日以内提出;对第一审裁定的抗诉,应当在接到裁定书后第二日起五日以内提出。

第五百八十七条 人民检察院对同级人民法院第一审判决、裁定的抗诉,应当制作抗诉书,通过原审人民法院向上一级人民法院提出,并将抗诉书副本连同案卷材料报送上一级人民检察院。

第五百八十八条 被害人及其法定代理人不服地方各级人民法院第一审的判决,在收到判决书后五日以内请求人民检察院提出抗诉的,人民检察院应当立即进行审查,在收到被害人及其法定代理人的请求后五日以内作出是否抗诉的决定,并且答复请求人。经审查认为应当抗诉的,适用本规则第五百八十四条至第五百八十七条的规定办理。

被害人及其法定代理人在收到判决书五日以后请求人民检察院提出抗诉的,由人民检察院决定是否受理。

第五百八十九条 上一级人民检察院对下级人民检察院按照第二审程序提出抗诉的案件,认为抗诉正确的,应当支持抗诉。

上一级人民检察院认为抗诉不当的,应当听取下级人民检察院的意见。听取意见后,仍然认为抗诉不当的,应当向同级人民法院撤回抗诉,并且通知下级人民检察院。

上一级人民检察院在上诉、抗诉期限内,发现下级人民检察院应当提出抗诉而没有提出抗诉的案件,可以指令下级人民检察院依法提出抗诉。

上一级人民检察院支持或者部分支持抗诉意见的，可以变更、补充抗诉理由，及时制作支持抗诉意见书，并通知提出抗诉的人民检察院。

第五百九十条　第二审人民法院发回原审人民法院按照第一审程序重新审判的案件，如果人民检察院认为重新审判的判决、裁定确有错误的，可以按照第二审程序提出抗诉。

第五百九十一条　人民检察院认为人民法院已经发生法律效力的判决、裁定确有错误，具有下列情形之一的，应当按照审判监督程序向人民法院提出抗诉：

（一）有新的证据证明原判决、裁定认定的事实确有错误，可能影响定罪量刑的；

（二）据以定罪量刑的证据不确实、不充分的；

（三）据以定罪量刑的证据依法应当予以排除的；

（四）据以定罪量刑的主要证据之间存在矛盾的；

（五）原判决、裁定的主要事实依据被依法变更或者撤销的；

（六）认定罪名错误且明显影响量刑的；

（七）违反法律关于追诉时效期限的规定的；

（八）量刑明显不当的；

（九）违反法律规定的诉讼程序，可能影响公正审判的；

（十）审判人员在审理案件的时候有贪污受贿，徇私舞弊，枉法裁判行为的。

对于同级人民法院已经发生法律效力的判决、裁定，人民检察院认为可能有错误的，应当另行指派检察官或者检察官办案组进行审查。经审查，认为有前款规定情形之一的，应当提请上一级人民检察院提出抗诉。

对已经发生法律效力的判决、裁定的审查，参照本规则第五百八十五条的规定办理。

第五百九十二条　对于高级人民法院判处死刑缓期二年执行的案件，省级人民检察院认为确有错误提请抗诉的，一般应当在收到生效判决、裁定后三个月以内提出，至迟不得超过六个月。

第五百九十三条　当事人及其法定代理人、近亲属认为人民法院已经发生法律效力的判决、裁定确有错误，向人民检察院申诉的，由作出生效判决、裁定的人民法院的同级人民检察院依法办理。

当事人及其法定代理人、近亲属直接向上级人民检察院申诉的，上级人民检察院可以交由作出生效判决、裁定的人民法院的同级人民检察院受理；案情重大、疑难、复杂的，上级人民检察院可以直接受理。

当事人及其法定代理人、近亲属对人民法院已经发生法律效力的判决、裁定提出申诉，经人民检察院复查决定不予抗诉后继续提出申诉的，上一级人民检察院应当受理。

第五百九十四条　对不服人民法院已经发生法律效力的判决、裁定的申诉，经两级人民检察院办理且省级人民检察院已经复查的，如果没有新的证据，人民检察院不再复查，但原审被告人可能被宣告无罪或者判决、裁定有其他重大错误可能的除外。

第五百九十五条　人民检察院对已经发生法律效力的判决、裁定的申诉复查后，认为需要提请或者提出抗诉的，报请检察长决定。

地方各级人民检察院对不服同级人民法院已经发生法律效力的判决、裁定的申诉复查后，认为需要提出抗诉的，应当提请上一级人民检察院抗诉。

上级人民检察院对下一级人民检察院提请抗诉的申诉案件进行审查后，认为需要提出抗诉的，应当向同级人民法院提出抗诉。

人民法院开庭审理时，同级人民检察院应当派员出席法庭。

第五百九十六条 人民检察院对不服人民法院已经发生法律效力的判决、裁定的申诉案件复查终结后，应当制作刑事申诉复查通知书，在十日以内通知申诉人。

经复查向上一级人民检察院提请抗诉的，应当在上一级人民检察院作出是否抗诉的决定后制作刑事申诉复查通知书。

第五百九十七条 最高人民检察院发现各级人民法院已经发生法律效力的判决或者裁定，上级人民检察院发现下级人民法院已经发生法律效力的判决或者裁定确有错误时，可以直接向同级人民法院提出抗诉，或者指令作出生效判决、裁定人民法院的上一级人民检察院向同级人民法院提出抗诉。

第五百九十八条 人民检察院按照审判监督程序向人民法院提出抗诉的，应当将抗诉书副本报送上一级人民检察院。

第五百九十九条 对按照审判监督程序提出抗诉的案件，人民检察院认为人民法院再审作出的判决、裁定仍然确有错误的，如果案件是依照第一审程序审判的，同级人民检察院应当按照第二审程序向上一级人民法院提出抗诉；如果案件是依照第二审程序审判的，上一级人民检察院应当按照审判监督程序向同级人民法院提出抗诉。

第六百条 人民检察院办理按照第二审程序、审判监督程序抗诉的案件，认为需要对被告人采取强制措施的，参照本规则相关规定。决定采取强制措施应当经检察长批准。

第六百零一条 人民检察院对自诉案件的判决、裁定的监督，适用本节的规定。

第七节 死刑复核监督

第六百零二条 最高人民检察院依法对最高人民法院的死刑复核活动实行法律监督。

省级人民检察院依法对高级人民法院复核未上诉且未抗诉死刑立即执行案件和死刑缓期二年执行案件的活动实行法律监督。

第六百零三条 最高人民检察院、省级人民检察院通过办理下列案件对死刑复核活动实行法律监督：

（一）人民法院向人民检察院通报的死刑复核案件；

（二）下级人民检察院提请监督或者报告重大情况的死刑复核案件；

（三）当事人及其近亲属或者受委托的律师向人民检察院申请监督的死刑复核案件；

（四）认为应当监督的其他死刑复核案件。

第六百零四条 省级人民检察院对于进入最高人民法院死刑复核程序的案件，发现具有下列情形之一的，应当及时向最高人民检察院提请监督：

（一）案件事实不清、证据不足，依法应当发回重新审判或者改判的；

(二)被告人具有从宽处罚情节,依法不应当判处死刑的;

(三)适用法律错误的;

(四)违反法律规定的诉讼程序,可能影响公正审判的;

(五)其他应当提请监督的情形。

第六百零五条 省级人民检察院发现死刑复核案件被告人有自首、立功、怀孕或者被告人家属与被害人家属达成赔偿谅解协议等新的重大情况,影响死刑适用的,应当及时向最高人民检察院报告。

第六百零六条 当事人及其近亲属或者受委托的律师向最高人民检察院提出不服死刑裁判的申诉,由负责死刑复核监督的部门审查。

第六百零七条 对于适用死刑存在较大分歧或者在全国有重大影响的死刑第二审案件,省级人民检察院应当及时报最高人民检察院备案。

第六百零八条 高级人民法院死刑复核期间,设区的市级人民检察院向省级人民检察院报告重大情况、备案等程序,参照本规则第六百零五条、第六百零七条规定办理。

第六百零九条 对死刑复核监督案件的审查可以采取下列方式:

(一)审查人民法院移送的材料、下级人民检察院报送的相关案卷材料、当事人及其近亲属或者受委托的律师提交的材料;

(二)向下级人民检察院调取案件审查报告、公诉意见书、出庭意见书等,了解案件相关情况;

(三)向人民法院调阅或者查阅案卷材料;

(四)核实或者委托核实主要证据;

(五)讯问被告人、听取受委托的律师的意见;

(六)就有关技术性问题向专门机构或者有专门知识的人咨询,或者委托进行证据审查;

(七)需要采取的其他方式。

第六百一十条 审查死刑复核监督案件,具有下列情形之一的,应当听取下级人民检察院的意见:

(一)对案件主要事实、证据有疑问的;

(二)对适用死刑存在较大争议的;

(三)可能引起司法办案重大风险的;

(四)其他应当听取意见的情形。

第六百一十一条 最高人民检察院经审查发现死刑复核案件具有下列情形之一的,应当经检察长决定,依法向最高人民法院提出检察意见:

(一)认为适用死刑不当,或者案件事实不清、证据不足,依法不应当核准死刑的;

(二)认为不予核准死刑的理由不成立,依法应当核准死刑的;

(三)发现新的事实和证据,可能影响被告人定罪量刑的;

(四)严重违反法律规定的诉讼程序,可能影响公正审判的;

(五)司法工作人员在办理案件时,有贪污受贿、徇私舞弊、枉法裁判等行为的;

(六)其他需要提出检察意见的情形。

同意最高人民法院核准或者不核准意见的,应当经检察长批准,书面回复最高人民法院。

对于省级人民检察院提请监督、报告重大情况的案件,最高人民检察院认为具有影响死刑适用情形的,应当及时将有关材料转送最高人民法院。

第八节 羁押期限和办案期限监督

第六百一十二条 人民检察院依法对羁押期限和办案期限是否合法实行法律监督。

第六百一十三条 对公安机关、人民法院办理案件相关期限的监督,犯罪嫌疑人、被告人被羁押的,由人民检察院负责刑事执行检察的部门承担;犯罪嫌疑人、被告人未被羁押的,由人民检察院负责捕诉的部门承担。对人民检察院办理案件相关期限的监督,由负责案件管理的部门承担。

第六百一十四条 人民检察院在办理案件过程中,犯罪嫌疑人、被告人被羁押,具有下列情形之一的,办案部门应当在作出决定或者收到决定书、裁定书后十日以内通知本院负有监督职责的部门:

(一)批准或者决定延长侦查羁押期限的;

(二)对于人民检察院直接受理侦查的案件,决定重新计算侦查羁押期限、变更或者解除强制措施的;

(三)对犯罪嫌疑人、被告人进行精神病鉴定的;

(四)审查起诉期间改变管辖、延长审查起诉期限的;

(五)案件退回补充侦查,或者补充侦查完毕移送起诉后重新计算审查起诉期限的;

(六)人民法院决定适用简易程序、速裁程序审理第一审案件,或者将案件由简易程序转为普通程序、由速裁程序转为简易程序、普通程序重新审理的;

(七)人民法院改变管辖、决定延期审理、中止审理,或者同意人民检察院撤回起诉的。

第六百一十五条 人民检察院发现看守所的羁押期限管理活动具有下列情形之一的,应当依法提出纠正意见:

(一)未及时督促办案机关办理换押手续的;

(二)未在犯罪嫌疑人、被告人羁押期限届满前七日以内向办案机关发出羁押期限即将届满通知书的;

(三)犯罪嫌疑人、被告人被超期羁押后,没有立即书面报告人民检察院并通知办案机关的;

(四)收到犯罪嫌疑人、被告人及其法定代理人、近亲属或者辩护人提出的变更强制措施、羁押必要性审查、羁押期限届满要求释放或者变更强制措施的申请、申诉、控告后,没有及时转送有关办案机关或者人民检察院的;

(五)其他违法情形。

第六百一十六条 人民检察院发现公安机关的侦查羁押期限执行情况具有下列情形之一的,应当依法提出纠正意见:

(一)未按规定办理换押手续的;

(二)决定重新计算侦查羁押期限、经批准延长侦查羁押期限,未书面通知人民检察院和看守所的;

(三)对犯罪嫌疑人进行精神病鉴定,没有书面通知人民检察院和看守所的;

(四)其他违法情形。

第六百一十七条 人民检察院发现人民法院的审理期限执行情况具有下列情形之一的,应当依法提出纠正意见:

(一)在一审、二审和死刑复核阶段未按规定办理换押手续的;

（二）违反刑事诉讼法的规定重新计算审理期限、批准延长审理期限、改变管辖、延期审理、中止审理或者发回重审的；

（三）决定重新计算审理期限、批准延长审理期限、改变管辖、延期审理、中止审理、对被告人进行精神病鉴定，没有书面通知人民检察院和看守所的；

（四）其他违法情形。

第六百一十八条　人民检察院发现同级或者下级公安机关、人民法院超期羁押的，应当向该办案机关发出纠正违法通知书。

发现上级公安机关、人民法院超期羁押的，应当及时层报该办案机关的同级人民检察院，由同级人民检察院向该办案机关发出纠正违法通知书。

对异地羁押的案件，发现办案机关超期羁押的，应当通报该办案机关的同级人民检察院，由其依法向办案机关发出纠正违法通知书。

第六百一十九条　人民检察院发出纠正违法通知书后，有关办案机关未回复意见或者继续超期羁押的，应当及时报告上一级人民检察院。

对于造成超期羁押的直接责任人员，可以书面建议其所在单位或者有关主管机关依照法律或者有关规定予以处分；对于造成超期羁押情节严重，涉嫌犯罪的，应当依法追究其刑事责任。

第六百二十条　人民检察院办理直接受理侦查的案件或者审查逮捕、审查起诉案件，在犯罪嫌疑人侦查羁押期限、办案期限即将届满前，负责案件管理的部门应当依照有关规定向本院办案部门进行期限届满提示。发现办案部门办理案件超过规定期限的，应当依照有关规定提出纠正意见。

第十四章　刑罚执行和监管执法监督

第一节　一般规定

第六百二十一条　人民检察院依法对刑事判决、裁定和决定的执行工作以及监狱、看守所等的监管执法活动实行法律监督。

第六百二十二条　人民检察院根据工作需要，可以对监狱、看守所等场所采取巡回检察、派驻检察等方式进行监督。

第六百二十三条　人民检察院对监狱、看守所等场所进行监督，除可以采取本规则第五百五十一条规定的调查核实措施外，还可以采取实地查看禁闭室、会见室、监区、监舍等有关场所，列席监狱、看守所有关会议，与有关监管民警进行谈话，召开座谈会，开展问卷调查等方式。

第六百二十四条　人民检察院对刑罚执行和监管执法活动实行监督，可以根据下列情形分别处理：

（一）发现执法瑕疵、安全隐患，或者违法情节轻微的，口头提出纠正意见，并记录在案；

（二）发现严重违法，发生重大事故，或者口头提出纠正意见后七日以内未予纠正的，书面提出纠正意见；

（三）发现存在可能导致执法不公问题，或者存在重大监管漏洞、重大安全隐患、重大事故风险等问题的，提出检察建议。

对于在巡回检察中发现的前款规定的问题、线索的整改落实情况，通过巡回检察进行督导。

第二节　交付执行监督

第六百二十五条　人民检察院发现

人民法院、公安机关、看守所等机关的交付执行活动具有下列情形之一的,应当依法提出纠正意见:

(一)交付执行的第一审人民法院没有在法定期间内将判决书、裁定书、人民检察院的起诉书副本、自诉状复印件、执行通知书、结案登记表等法律文书送达公安机关、监狱、社区矫正机构等执行机关的;

(二)对被判处死刑缓期二年执行、无期徒刑或者有期徒刑余刑在三个月以上的罪犯,公安机关、看守所自接到人民法院执行通知书等法律文书后三十日以内,没有将成年罪犯送交监狱执行刑罚,或者没有将未成年罪犯送交未成年犯管教所执行刑罚的;

(三)对需要收监执行刑罚而判决、裁定生效前未被羁押的罪犯,第一审人民法院没有及时将罪犯收监送交公安机关,并将判决书、裁定书、执行通知书等法律文书送达公安机关的;

(四)公安机关对需要收监执行刑罚但下落不明的罪犯,在收到人民法院的判决书、裁定书、执行通知书等法律文书后,没有及时抓捕、通缉的;

(五)对被判处管制、宣告缓刑或者人民法院决定暂予监外执行的罪犯,在判决、裁定生效后或者收到人民法院暂予监外执行决定后,未依法交付罪犯居住地社区矫正机构执行,或者对被单处剥夺政治权利的罪犯,在判决、裁定生效后,未依法交付罪犯居住地公安机关执行的,或者人民法院依法交付执行,社区矫正机构或者公安机关应当接收而拒绝接收的;

(六)其他违法情形。

第六百二十六条 人民法院判决被告人无罪、免予刑事处罚、判处管制、宣告缓刑、单处罚金或者剥夺政治权利,被告人被羁押的,人民检察院应当监督被告人是否被立即释放。发现被告人没有被立即释放的,应当立即向人民法院或者看守所提出纠正意见。

第六百二十七条 人民检察院发现公安机关未依法执行拘役、剥夺政治权利,拘役执行期满未依法发给释放证明,或者剥夺政治权利执行期满未书面通知本人及其所在单位、居住地基层组织等违法情形的,应当依法提出纠正意见。

第六百二十八条 人民检察院发现监狱、看守所对服刑期满或者依法应当予以释放的人员没有按期释放,对被裁定假释的罪犯依法应当交付罪犯居住地社区矫正机构实行社区矫正而不交付,对主刑执行完毕仍然需要执行附加剥夺政治权利的罪犯依法应当交付罪犯居住地公安机关执行而不交付,或者对服刑期未满又无合法释放根据的罪犯予以释放等违法行为的,应当依法提出纠正意见。

第三节 减刑、假释、暂予监外执行监督

第六百二十九条 人民检察院发现人民法院、监狱、看守所、公安机关暂予监外执行的活动具有下列情形之一的,应当依法提出纠正意见:

(一)将不符合法定条件的罪犯提请、决定暂予监外执行的;

(二)提请、决定暂予监外执行的程序违反法律规定或者没有完备的合法手续,或者对于需要保外就医的罪犯没有省级人民政府指定医院的诊断证明和开具的证明文件的;

(三)监狱、看守所提出暂予监外执行书面意见,没有同时将书面意见副本抄送人民检察院的;

（四）罪犯被决定或者批准暂予监外执行后，未依法交付罪犯居住地社区矫正机构实行社区矫正的；

（五）对符合暂予监外执行条件的罪犯没有依法提请暂予监外执行的；

（六）人民法院在作出暂予监外执行决定前，没有依法征求人民检察院意见的；

（七）发现罪犯不符合暂予监外执行条件，在暂予监外执行期间严重违反暂予监外执行监督管理规定，或者暂予监外执行的条件消失且刑期未满，应当收监执行而未及时收监执行的；

（八）人民法院决定将暂予监外执行的罪犯收监执行，并将有关法律文书送达公安机关、监狱、看守所后，监狱、看守所未及时收监执行的；

（九）对不符合暂予监外执行条件的罪犯通过贿赂、欺骗等非法手段被暂予监外执行以及在暂予监外执行期间脱逃的罪犯，监狱、看守所未建议人民法院将其监外执行期间、脱逃期间不计入执行刑期或者对罪犯执行刑期计算的建议违法、不当的；

（十）暂予监外执行的罪犯刑期届满，未及时办理释放手续的；

（十一）其他违法情形。

第六百三十条 人民检察院收到监狱、看守所抄送的暂予监外执行书面意见副本后，应当逐案进行审查，发现罪犯不符合暂予监外执行法定条件或者提请暂予监外执行违反法定程序的，应当在十日以内报经检察长批准，向决定或者批准机关提出书面检察意见，同时抄送执行机关。

第六百三十一条 人民检察院接到决定或者批准机关抄送的暂予监外执行决定书后，应当及时审查下列内容：

（一）是否属于被判处有期徒刑或者拘役的罪犯；

（二）是否属于有严重疾病需要保外就医的罪犯；

（三）是否属于怀孕或者正在哺乳自己婴儿的妇女；

（四）是否属于生活不能自理，适用暂予监外执行不致危害社会的罪犯；

（五）是否属于适用保外就医可能有社会危险性的罪犯，或者自伤自残的罪犯；

（六）决定或者批准机关是否符合刑事诉讼法第二百六十五条第五款的规定；

（七）办理暂予监外执行是否符合法定程序。

第六百三十二条 人民检察院经审查认为暂予监外执行不当的，应当自接到通知之日起一个月以内，向决定或者批准暂予监外执行的机关提出纠正意见。下级人民检察院认为暂予监外执行不当的，应当立即层报决定或者批准暂予监外执行的机关的同级人民检察院，由其决定是否向决定或者批准暂予监外执行的机关提出纠正意见。

第六百三十三条 人民检察院向决定或者批准暂予监外执行的机关提出不同意暂予监外执行的书面意见后，应当监督其对决定或者批准暂予监外执行的结果进行重新核查，并监督重新核查的结果是否符合法律规定。对核查不符合法律规定的，应当依法提出纠正意见，并向上一级人民检察院报告。

第六百三十四条 对于暂予监外执行的罪犯，人民检察院发现罪犯不符合暂予监外执行条件、严重违反有关暂予监外执行的监督管理规定或者暂予监外执行的情形消失而罪犯刑期未满的,应当通知执行机关收监执行,或者建议决定或者批准暂予监外执行的机关作出收监执行决定。

第六百三十五条 人民检察院收到执行机关抄送的减刑、假释建议书副本后,应当逐案进行审查。发现减刑、假释建议不当或者提请减刑、假释违反法定程序的,应当在十日以内报经检察长批准,向审理减刑、假释案件的人民法院提出书面检察意见,同时也可以向执行机关提出书面纠正意见。案情复杂或者情况特殊的,可以延长十日。

第六百三十六条 人民检察院发现监狱等执行机关提请人民法院裁定减刑、假释的活动具有下列情形之一的,应当依法提出纠正意见:

(一)将不符合减刑、假释法定条件的罪犯,提请人民法院裁定减刑、假释的;

(二)对依法应当减刑、假释的罪犯,不提请人民法院裁定减刑、假释的;

(三)提请对罪犯减刑、假释违反法定程序,或者没有完备的合法手续的;

(四)提请对罪犯减刑的减刑幅度、起始时间、间隔时间或者减刑后又假释的间隔时间不符合有关规定的;

(五)被提请减刑、假释的罪犯被减刑后实际执行的刑期或者假释考验期不符合有关法律规定的;

(六)其他违法情形。

第六百三十七条 人民法院开庭审理减刑、假释案件,人民检察院应当指派检察人员出席法庭,发表意见。

第六百三十八条 人民检察院收到人民法院减刑、假释的裁定书副本后,应当及时审查下列内容:

(一)被减刑、假释的罪犯是否符合法定条件,对罪犯减刑的减刑幅度、起始时间、间隔时间或者减刑后又假释的间隔时间、罪犯被减刑后实际执行的刑期或者假释考验期是否符合有关规定;

(二)执行机关提请减刑、假释的程序是否合法;

(三)人民法院审理、裁定减刑、假释的程序是否合法;

(四)人民法院对罪犯裁定不予减刑、假释是否符合有关规定;

(五)人民法院减刑、假释裁定书是否依法送达执行并向社会公布。

第六百三十九条 人民检察院经审查认为人民法院减刑、假释的裁定不当,应当在收到裁定书副本后二十日以内,向作出减刑、假释裁定的人民法院提出纠正意见。

第六百四十条 对人民法院减刑、假释裁定的纠正意见,由作出减刑、假释裁定的人民法院的同级人民检察院书面提出。

下级人民检察院发现人民法院减刑、假释裁定不当的,应当向作出减刑、假释裁定的人民法院的同级人民检察院报告。

第六百四十一条 人民检察院对人民法院减刑、假释的裁定提出纠正意见后,应当监督人民法院是否在收到纠正意见后一个月以内重新组成合议庭进行审理,并监督重新作出的裁定是否符合法律规定。对最终裁定不符合法律规定的,应当向同级人民法院提出纠正意见。

第四节 社区矫正监督

第六百四十二条 人民检察院发现社区矫正决定机关、看守所、监狱、社区矫正机构在交付、接收社区矫正对象活动中违反有关规定的,应当依法提出纠正意见。

第六百四十三条 人民检察院发现社区矫正执法活动具有下列情形之一的，应当依法提出纠正意见：

（一）社区矫正对象报到后，社区矫正机构未履行法定告知义务，致使其未按照有关规定接受监督管理的；

（二）违反法律规定批准社区矫正对象离开所居住的市、县，或者违反人民法院禁止令的内容批准社区矫正对象进入特定区域或者场所的；

（三）没有依法监督管理而导致社区矫正对象脱管的；

（四）社区矫正对象违反监督管理规定或者人民法院的禁止令，未依法予以警告、未提请公安机关给予治安管理处罚的；

（五）对社区矫正对象有殴打、体罚、虐待、侮辱人格、强迫其参加超时间或者超体力社区服务等侵犯其合法权利行为的；

（六）未依法办理解除、终止社区矫正的；

（七）其他违法情形。

第六百四十四条 人民检察院发现对社区矫正对象的刑罚变更执行活动具有下列情形之一的，应当依法提出纠正意见：

（一）社区矫正机构未依法向人民法院、公安机关、监狱管理机关提出撤销缓刑、撤销假释建议或者对暂予监外执行的收监执行建议，或者未依法向人民法院提出减刑建议的；

（二）人民法院、公安机关、监狱管理机关未依法作出裁定、决定，或者未依法送达的；

（三）公安机关未依法将罪犯送交看守所、监狱，或者看守所、监狱未依法收监执行的；

（四）公安机关未依法对在逃的罪犯实施追捕的；

（五）其他违法情形。

第五节 刑事裁判涉财产部分执行监督

第六百四十五条 人民检察院发现人民法院执行刑事裁判涉财产部分具有下列情形之一的，应当依法提出纠正意见：

（一）执行立案活动违法的；

（二）延期缴纳、酌情减少或者免除罚金违法的；

（三）中止执行或者终结执行违法的；

（四）被执行人有履行能力，应当执行而不执行的；

（五）损害被执行人、被害人、利害关系人或者案外人合法权益的；

（六）刑事裁判全部或者部分被撤销后未依法返还或者赔偿的；

（七）执行的财产未依法上缴国库的；

（八）其他违法情形。

人民检察院对人民法院执行刑事裁判涉财产部分进行监督，可以对公安机关查封、扣押、冻结涉案财物的情况，人民法院审判部门、立案部门、执行部门移送、立案、执行情况，被执行人的履行能力等情况向有关单位和个人进行调查核实。

第六百四十六条 人民检察院发现被执行人或者其他人员有隐匿、转移、变卖财产等妨碍执行情形的，可以建议人民法院及时查封、扣押、冻结。

公安机关不依法向人民法院移送涉案财物、相关清单、照片和其他证明文件,或者对涉案财物的查封、扣押、冻结、返还、处置等活动存在违法情形的,人民检察院应当依法提出纠正意见。

第六节 死刑执行监督

第六百四十七条 被判处死刑立即执行的罪犯在被执行死刑时,人民检察院应当指派检察官临场监督。

死刑执行临场监督由人民检察院负责刑事执行检察的部门承担。人民检察院派驻看守所、监狱的检察人员应当予以协助,负责捕诉的部门应当提供有关情况。

执行死刑过程中,人民检察院临场监督人员根据需要可以进行拍照、录像。执行死刑后,人民检察院临场监督人员应当检查罪犯是否确已死亡,并填写死刑执行临场监督笔录,签名后入卷归档。

第六百四十八条 省级人民检察院负责案件管理的部门收到高级人民法院报请最高人民法院复核的死刑判决书、裁定书副本后,应当在三日以内将判决书、裁定书副本移送本院负责刑事执行检察的部门。

判处死刑的案件一审是由中级人民法院审理的,省级人民检察院应当及时将死刑判决书、裁定书副本移送中级人民法院的同级人民检察院负责刑事执行检察的部门。

人民检察院收到同级人民法院执行死刑临场监督通知后,应当查明同级人民法院是否收到最高人民法院核准死刑的裁定或者作出的死刑判决、裁定和执行死刑的命令。

第六百四十九条 执行死刑前,人民检察院发现具有下列情形之一的,应当建议人民法院立即停止执行,并层报最高人民检察院负责死刑复核监督的部门:

(一)被执行人并非应当执行死刑的罪犯的;

(二)罪犯犯罪时不满十八周岁,或者审判的时候已满七十五周岁,依法不应当适用死刑的;

(三)罪犯正在怀孕的;

(四)共同犯罪的其他犯罪嫌疑人到案,共同犯罪的其他罪犯被暂停或者停止执行死刑,可能影响罪犯量刑的;

(五)罪犯可能有其他犯罪的;

(六)罪犯揭发他人重大犯罪事实或者有其他重大立功表现,可能需要改判的;

(七)判决、裁定可能有影响定罪量刑的其他错误的。

在执行死刑活动中,发现人民法院有侵犯被执行死刑罪犯的人身权、财产权或者其近亲属、继承人合法权利等违法情形的,人民检察院应当依法提出纠正意见。

第六百五十条 判处被告人死刑缓期二年执行的判决、裁定在执行过程中,人民检察院监督的内容主要包括:

(一)死刑缓期执行期满,符合法律规定应当减为无期徒刑、有期徒刑条件的,监狱是否及时提出减刑建议提请人民法院裁定,人民法院是否依法裁定;

(二)罪犯在缓期执行期间故意犯罪,监狱是否依法侦查和移送起诉;罪犯确系故意犯罪,情节恶劣,查证属实,应当执行死刑的,人民法院是否依法核准或者裁定执行死刑。

被判处死刑缓期二年执行的罪犯在死刑缓期执行期间故意犯罪,执行机关向人民检察院移送起诉的,由罪犯服刑所在地设区的市级人民检察院审查决定是否提起公诉。

人民检察院发现人民法院对被判处

死刑缓期二年执行的罪犯减刑不当的,应当依照本规则第六百三十九条、第六百四十条的规定,向人民法院提出纠正意见。罪犯在死刑缓期执行期间又故意犯罪,经人民检察院起诉后,人民法院仍然予以减刑的,人民检察院应当依照本规则相关规定,向人民法院提出抗诉。

第七节 强制医疗执行监督

第六百五十一条 人民检察院发现人民法院、公安机关、强制医疗机构在对依法不负刑事责任的精神病人的强制医疗的交付执行、医疗、解除等活动中违反有关规定的,应当依法提出纠正意见。

第六百五十二条 人民检察院在强制医疗执行监督中发现被强制医疗的人不符合强制医疗条件或者需要依法追究刑事责任,人民法院作出的强制医疗决定可能错误的,应当在五日以内将有关材料转交作出强制医疗决定的人民法院的同级人民检察院。收到材料的人民检察院负责捕诉的部门应当在二十日以内进行审查,并将审查情况和处理意见反馈负责强制医疗执行监督的人民检察院。

第六百五十三条 人民检察院发现公安机关在对涉案精神病人采取临时保护性约束措施时有违法情形的,应当依法提出纠正意见。

第八节 监管执法监督

第六百五十四条 人民检察院发现看守所收押活动和监狱收监活动中具有下列情形之一的,应当依法提出纠正意见:

(一)没有收押、收监文书、凭证,文书、凭证不齐全,或者被收押、收监人员与文书、凭证不符的;

(二)依法应当收押、收监而不收押、收监,或者对依法不应当关押的人员收押、收监的;

(三)未告知被收押、收监人员权利、义务的;

(四)其他违法情形。

第六百五十五条 人民检察院发现监狱、看守所等执行机关在管理、教育改造罪犯等活动中有违法行为的,应当依法提出纠正意见。

第六百五十六条 看守所对收押的犯罪嫌疑人进行身体检查时,人民检察院驻看守所检察人员可以在场。发现收押的犯罪嫌疑人有伤或者身体异常的,应当要求看守所进行拍照或者录像,由送押人员、犯罪嫌疑人说明原因,在体检记录中写明,并由送押人员、收押人员和犯罪嫌疑人签字确认。必要时,驻看守所检察人员可以自行拍照或者录像,并将相关情况记录在案。

第六百五十七条 人民检察院发现看守所、监狱等监管场所有殴打、体罚、虐待、违法使用戒具、违法适用禁闭等侵害在押人员人身权利情形的,应当依法提出纠正意见。

第六百五十八条 人民检察院发现看守所违反有关规定,有下列情形之一的,应当依法提出纠正意见:

(一)为在押人员通风报信,私自传递信件、物品,帮助伪造、毁灭、隐匿证据或者干扰证人作证、串供的;

(二)违反规定同意侦查人员将犯罪嫌疑人提出看守所讯问的;

(三)收到在押犯罪嫌疑人、被告人及其法定代理人、近亲属或者辩护人的变更强制措施申请或者其他申请、申诉、控告、举报,不及时转交、转告人民检察院或

者有关办案机关的;

(四)应当安排辩护律师依法会见在押的犯罪嫌疑人、被告人而没有安排的;

(五)违法安排辩护律师或者其他人员会见在押的犯罪嫌疑人、被告人的;

(六)辩护律师会见犯罪嫌疑人、被告人时予以监听的;

(七)其他违法情形。

第六百五十九条 人民检察院发现看守所代为执行刑罚的活动具有下列情形之一的,应当依法提出纠正意见:

(一)将被判处有期徒刑剩余刑期在三个月以上的罪犯留所服刑的;

(二)将留所服刑罪犯与犯罪嫌疑人、被告人混押、混管、混教的;

(三)其他违法情形。

第六百六十条 人民检察院发现监狱没有按照规定对罪犯进行分押分管、监狱人民警察没有对罪犯实行直接管理等违反监管规定情形的,应当依法提出纠正意见。

人民检察院发现监狱具有未按照规定安排罪犯与亲属或者监护人会见、对伤病罪犯未及时治疗以及未执行国家规定的罪犯生活标准等侵犯罪犯合法权益情形的,应当依法提出纠正意见。

第六百六十一条 人民检察院发现看守所出所活动和监狱出监活动具有下列情形之一的,应当依法提出纠正意见:

(一)没有出所、出监文书、凭证,文书、凭证不齐全,或者出所、出监人员与文书、凭证不符的;

(二)应当释放而没有释放,不应当释放而释放,或者未依照规定送达释放通知书的;

(三)对提押、押解、转押出所的在押人员,特许离监、临时离监、调监或者暂予监外执行的罪犯,未依照规定派员押送并办理交接手续的;

(四)其他违法情形。

第九节 事 故 检 察

第六百六十二条 人民检察院发现看守所、监狱、强制医疗机构等场所具有下列情形之一的,应当开展事故检察:

(一)被监管人、被强制医疗人非正常死亡、伤残、脱逃的;

(二)被监管人破坏监管秩序,情节严重的;

(三)突发公共卫生事件的;

(四)其他重大事故。

发生被监管人、被强制医疗人非正常死亡的,应当组织巡回检察。

第六百六十三条 人民检察院应当对看守所、监狱、强制医疗机构等场所或者主管机关的事故调查结论进行审查。具有下列情形之一的,人民检察院应当调查核实:

(一)被监管人、被强制医疗人及其法定代理人、近亲属对调查结论有异议的,人民检察院认为有必要调查的;

(二)人民检察院对调查结论有异议的;

(三)其他需要调查的。

人民检察院应当将调查核实的结论书面通知监管场所或者主管机关和被监管人、被强制医疗人的近亲属。认为监管场所或者主管机关处理意见不当,或者监管执法存在问题的,应当提出纠正意见或者检察建议;认为可能存在违法犯罪情形的,应当移送有关部门处理。

第十五章 案 件 管 理

第六百六十四条 人民检察院负责

案件管理的部门对检察机关办理案件的受理、期限、程序、质量等进行管理、监督、预警。

第六百六十五条 人民检察院负责案件管理的部门发现本院办案活动具有下列情形之一的，应当及时提出纠正意见：

（一）查封、扣押、冻结、保管、处理涉案财物不符合有关法律和规定的；

（二）法律文书制作、使用不符合法律和有关规定的；

（三）违反羁押期限、办案期限规定的；

（四）侵害当事人、辩护人、诉讼代理人的诉讼权利的；

（五）未依法对立案、侦查、审查逮捕、公诉、审判等诉讼活动以及执行活动中的违法行为履行法律监督职责的；

（六）其他应当提出纠正意见的情形。

情节轻微的，可以口头提示；情节较重的，应当发送案件流程监控通知书，提示办案部门及时查明情况并予以纠正；情节严重的，应当同时向检察长报告。

办案部门收到案件流程监控通知书后，应当在十日以内将核查情况书面回复负责案件管理的部门。

第六百六十六条 人民检察院负责案件管理的部门对以本院名义制发法律文书实施监督管理。

第六百六十七条 人民检察院办理的案件，办结后需要向其他单位移送案卷材料的，统一由负责案件管理的部门审核移送材料是否规范、齐备。负责案件管理的部门认为材料规范、齐备，符合移送条件的，应当立即由办案部门按照规定移送；认为材料不符合要求的，应当及时通知办案部门补送、更正。

第六百六十八条 监察机关或者公安机关随案移送涉案财物及其孳息的，人民检察院负责案件管理的部门应当在受理案件时进行审查，并及时办理入库保管手续。

第六百六十九条 人民检察院负责案件管理的部门对扣押的涉案物品进行保管，并对查封、扣押、冻结、处理涉案财物工作进行监督管理。对违反规定的行为提出纠正意见；涉嫌违法违纪的，报告检察长。

第六百七十条 人民检察院办案部门需要调用、移送、处理查封、扣押、冻结的涉案财物的，应当按照规定办理审批手续。审批手续齐全的，负责案件管理的部门应当办理出库手续。

第十六章 刑事司法协助

第六百七十一条 人民检察院依据国际刑事司法协助法等有关法律和有关刑事司法协助条约进行刑事司法协助。

第六百七十二条 人民检察院刑事司法协助的范围包括刑事诉讼文书送达，调查取证，安排证人作证或者协助调查，查封、扣押、冻结涉案财物，返还违法所得及其他涉案财物，移管被判刑人以及其他协助。

第六百七十三条 最高人民检察院是检察机关开展国际刑事司法协助的主管机关，负责审核地方各级人民检察院向外国提出的刑事司法协助请求，审查处理对外联系机关转递的外国提出的刑事司法协助请求，审查决定是否批准执行外国的刑事司法协助请求，承担其他与国际刑事司法协助相关的工作。

办理刑事司法协助相关案件的地方各级人民检察院应当向最高人民检察院层报需要向外国提出的刑事司法协助请

求,执行最高人民检察院交办的外国提出的刑事司法协助请求。

第六百七十四条 地方各级人民检察院需要向外国请求刑事司法协助的,应当制作刑事司法协助请求书并附相关材料。经省级人民检察院审核同意后,报送最高人民检察院。

刑事司法协助请求书应当依照相关刑事司法协助条约的规定制作;没有条约或者条约没有规定的,可以参照国际刑事司法协助法第十三条的规定制作。被请求方有特殊要求的,在不违反我国法律的基本原则的情况下,可以按照被请求方的特殊要求制作。

第六百七十五条 最高人民检察院收到地方各级人民检察院刑事司法协助请求书及所附相关材料后,应当依照国际刑事司法协助法和有关条约进行审查。对符合规定、所附材料齐全的,最高人民检察院是对外联系机关的,应当及时向外国提出请求;不是对外联系机关的,应当通过对外联系机关向外国提出请求。对不符合规定或者材料不齐全的,应当退回提出请求的人民检察院或者要求其补充、修正。

第六百七十六条 最高人民检察院收到外国提出的刑事司法协助请求后,应当对请求书及所附材料进行审查。对于请求书形式和内容符合要求的,应当按照职责分工,将请求书及所附材料转交有关主管机关或者省级人民检察院处理;对于请求书形式和内容不符合要求的,可以要求请求方补充材料或者重新提出请求。

外国提出的刑事司法协助请求明显损害我国主权、安全和社会公共利益的,可以直接拒绝提供协助。

第六百七十七条 最高人民检察院在收到对外联系机关转交的刑事司法协助请求书及所附材料后,经审查,分别作出以下处理:

(一)根据国际刑事司法协助法和刑事司法协助条约的规定,认为可以协助执行的,作出决定并安排有关省级人民检察院执行;

(二)根据国际刑事司法协助法或者刑事司法协助条约的规定,认为应当全部或者部分拒绝协助的,将请求书及所附材料退回对外联系机关并说明理由;

(三)对执行请求有保密要求或者有其他附加条件的,通过对外联系机关向外国提出,在外国接受条件并且作出书面保证后,决定附条件执行;

(四)需要补充材料的,书面通过对外联系机关要求请求方在合理期限内提供。

第六百七十八条 有关省级人民检察院收到最高人民检察院交办的外国刑事司法协助请求后,应当依法执行,或者交由下级人民检察院执行。

负责执行的人民检察院收到刑事司法协助请求书和所附材料后,应当立即安排执行,并将执行结果及有关材料报经省级人民检察院审查后,报送最高人民检察院。

对于不能执行的,应当将刑事司法协助请求书和所附材料,连同不能执行的理由,通过省级人民检察院报送最高人民检察院。

因请求书提供的地址不详或者材料不齐全,人民检察院难以执行该项请求的,应当立即通过最高人民检察院书面通知对外联系机关,要求请求方补充提供材料。

第六百七十九条 最高人民检察院应当对执行结果进行审查。对于符合请求要求和有关规定的,通过对外联系机关转交或者转告请求方。

第十七章 附 则

第六百八十条 人民检察院办理国家安全机关、海警机关、监狱移送的刑事案件以及对国家安全机关、海警机关、监狱立案、侦查活动的监督,适用本规则关于公安机关的规定。

第六百八十一条 军事检察院等专门人民检察院办理刑事案件,适用本规则和其他有关规定。

第六百八十二条 本规则所称检察官,包括检察长、副检察长、检察委员会委员、检察员。

本规则所称检察人员,包括检察官和检察官助理。

第六百八十三条 本规则由最高人民检察院负责解释。

第六百八十四条 本规则自2019年12月30日起施行。本规则施行后,《人民检察院刑事诉讼规则(试行)》(高检发释字〔2012〕2号)同时废止;最高人民检察院以前发布的司法解释和规范性文件与本规则不一致的,以本规则为准。

最高人民法院
《关于适用〈中华人民共和国刑事诉讼法〉的解释》

(2020年12月7日最高人民法院审判委员会第1820次会议通过,2021年1月26日公布,自2021年3月1日起施行,法释〔2021〕1号)

2018年10月26日,第十三届全国人民代表大会常务委员会第六次会议通过了《关于修改〈中华人民共和国刑事诉讼法〉的决定》。为正确理解和适用修改后的刑事诉讼法,结合人民法院审判工作实际,制定本解释。

第一章 管 辖

第一条 人民法院直接受理的自诉案件包括:

(一)告诉才处理的案件:

1. 侮辱、诽谤案(刑法第二百四十六条规定的,但严重危害社会秩序和国家利益的除外);

2. 暴力干涉婚姻自由案(刑法第二百五十七条第一款规定的);

3. 虐待案(刑法第二百六十条第一款规定的,但被害人没有能力告诉或者因受到强制、威吓无法告诉的除外);

4. 侵占案(刑法第二百七十条规定的)。

(二)人民检察院没有提起公诉,被害人有证据证明的轻微刑事案件:

1. 故意伤害案(刑法第二百三十四条第一款规定的);

2. 非法侵入住宅案(刑法第二百四十五条规定的);

3. 侵犯通信自由案(刑法第二百五十二条规定的);

4. 重婚案(刑法第二百五十八条规定的);

5. 遗弃案(刑法第二百六十一条规定的);

6. 生产、销售伪劣商品案(刑法分则第三章第一节规定的,但严重危害社会秩序和国家利益的除外);

7. 侵犯知识产权案(刑法分则第三章第七节规定的,但严重危害社会秩序和国家利益的除外）；

8.刑法分则第四章、第五章规定的,可能判处三年有期徒刑以下刑罚的案件。

本项规定的案件,被害人直接向人民法院起诉的,人民法院应当依法受理。对其中证据不足,可以由公安机关受理的,或者认为对被告人可能判处三年有期徒刑以上刑罚的,应当告知被害人向公安机关报案,或者移送公安机关立案侦查。

（三）被害人有证据证明对被告人侵犯自己人身、财产权利的行为应当依法追究刑事责任,且有证据证明曾经提出控告,而公安机关或者人民检察院不予追究被告人刑事责任的案件。

第二条 犯罪地包括犯罪行为地和犯罪结果地。

针对或者主要利用计算机网络实施的犯罪,犯罪地包括用于实施犯罪行为的网络服务使用的服务器所在地,网络服务提供者所在地,被侵害的信息网络系统及其管理者所在地,犯罪过程中被告人、被害人使用的信息网络系统所在地,以及被害人被侵害时所在地和被害人财产遭受损失地等。

第三条 被告人的户籍地为其居住地。经常居住地与户籍地不一致的,经常居住地为其居住地。经常居住地为被告人被追诉前已连续居住一年以上的地方,但住院就医的除外。

被告单位登记的住所地为其居住地。主要营业地或者主要办事机构所在地与登记的住所地不一致的,主要营业地或者主要办事机构所在地为其居住地。

第四条 在中华人民共和国内水、领海发生的刑事案件,由犯罪地或者被告人登陆地的人民法院管辖。由被告人居住地的人民法院审判更为适宜的,可以由被告人居住地的人民法院管辖。

第五条 在列车上的犯罪,被告人在列车运行途中被抓获的,由前方停靠站所在地负责审判铁路运输刑事案件的人民法院管辖。必要时,也可以由始发站或者终点站所在地负责审判铁路运输刑事案件的人民法院管辖。

被告人不是在列车运行途中被抓获的,由负责该列车乘务的铁路公安机关对应的审判铁路运输刑事案件的人民法院管辖;被告人在列车运行途经车站被抓获的,也可以由该车站所在地负责审判铁路运输刑事案件的人民法院管辖。

第六条 在国际列车上的犯罪,根据我国与相关国家签订的协定确定管辖;没有协定的,由该列车始发或者前方停靠的中国车站所在地负责审判铁路运输刑事案件的人民法院管辖。

第七条 在中华人民共和国领域外的中国船舶内的犯罪,由该船舶最初停泊的中国口岸所在地或者被告人登陆地、入境地的人民法院管辖。

第八条 在中华人民共和国领域外的中国航空器内的犯罪,由该航空器在中国最初降落地的人民法院管辖。

第九条 中国公民在中国驻外使领馆内的犯罪,由其主管单位所在地或者原户籍地的人民法院管辖。

第十条 中国公民在中华人民共和国领域外的犯罪,由其登陆地、入境地、离境前居住地或者现居住地的人民法院管辖;被害人是中国公民的,也可以由被害人离境前居住地或者现居住地的人民法院管辖。

第十一条 外国人在中华人民共和国领域外对中华人民共和国国家或者公

民犯罪,根据《中华人民共和国刑法》应当受处罚的,由该外国人登陆地、入境地或者入境后居住地的人民法院管辖,也可以由被害人离境前居住地或者现居住地的人民法院管辖。

第十二条 对中华人民共和国缔结或者参加的国际条约所规定的罪行,中华人民共和国在所承担条约义务的范围内行使刑事管辖权的,由被告人被抓获地、登陆地或者入境地的人民法院管辖。

第十三条 正在服刑的罪犯在判决宣告前还有其他罪没有判决的,由原审地人民法院管辖;由罪犯服刑地或者犯罪地的人民法院审判更为适宜的,可以由罪犯服刑地或者犯罪地的人民法院管辖。

罪犯在服刑期间又犯罪的,由服刑地的人民法院管辖。

罪犯在脱逃期间又犯罪的,由服刑地的人民法院管辖。但是,在犯罪地抓获罪犯并发现其在脱逃期间犯罪的,由犯罪地的人民法院管辖。

第十四条 人民检察院认为可能判处无期徒刑、死刑,向中级人民法院提起公诉的案件,中级人民法院受理后,认为不需要判处无期徒刑、死刑的,应当依法审判,不再交基层人民法院审判。

第十五条 一人犯数罪、共同犯罪或者其他需要并案审理的案件,其中一人或者一罪属于上级人民法院管辖的,全案由上级人民法院管辖。

第十六条 上级人民法院决定审判下级人民法院管辖的第一审刑事案件的,应当向下级人民法院下达改变管辖决定书,并书面通知同级人民检察院。

第十七条 基层人民法院对可能判处无期徒刑、死刑的第一审刑事案件,应当移送中级人民法院审判。

基层人民法院对下列第一审刑事案件,可以请求移送中级人民法院审判:

(一)重大、复杂案件;
(二)新类型的疑难案件;
(三)在法律适用上具有普遍指导意义的案件。

需要将案件移送中级人民法院审判的,应当在报请院长决定后,至迟于案件审理期限届满十五日以前书面请求移送。中级人民法院应当在接到申请后十日以内作出决定。不同意移送的,应当下达不同意移送决定书,由请求移送的人民法院依法审判;同意移送的,应当下达同意移送决定书,并书面通知同级人民检察院。

第十八条 有管辖权的人民法院因案件涉及本院院长需要回避或者其他原因,不宜行使管辖权的,可以请求移送上一级人民法院管辖。上一级人民法院可以管辖,也可以指定与提出请求的人民法院同级的其他人民法院管辖。

第十九条 两个以上同级人民法院都有管辖权的案件,由最初受理的人民法院审判。必要时,可以移送主要犯罪地的人民法院审判。

管辖权发生争议的,应当在审理期限内协商解决;协商不成的,由争议的人民法院分别层报共同的上级人民法院指定管辖。

第二十条 管辖不明的案件,上级人民法院可以指定下级人民法院审判。

有关案件,由犯罪地、被告人居住地以外的人民法院审判更为适宜的,上级人民法院可以指定下级人民法院管辖。

第二十一条 上级人民法院指定管辖,应当将指定管辖决定书送达被指定管辖的人民法院和其他有关的人民法院。

第二十二条 原受理案件的人民法

院在收到上级人民法院改变管辖决定书、同意移送决定书或者指定其他人民法院管辖的决定书后,对公诉案件,应当书面通知同级人民检察院,并将案卷材料退回,同时书面通知当事人;对自诉案件,应当将案卷材料移送被指定管辖的人民法院,并书面通知当事人。

第二十三条　第二审人民法院发回重新审判的案件,人民检察院撤回起诉后,又向原第一审人民法院的下级人民法院重新提起公诉的,下级人民法院应当将有关情况层报原第二审人民法院。原第二审人民法院根据具体情况,可以决定将案件移送原第一审人民法院或者其他人民法院审判。

第二十四条　人民法院发现被告人还有其他犯罪被起诉的,可以并案审理;涉及同种犯罪的,一般应当并案审理。

人民法院发现被告人还有其他犯罪被审查起诉、立案侦查、立案调查的,可以参照前款规定协商人民检察院、公安机关、监察机关并案处理,但可能造成审判过分迟延的除外。

根据前两款规定并案处理的案件,由最初受理地的人民法院审判。必要时,可以由主要犯罪地的人民法院审判。

第二十五条　第二审人民法院在审理过程中,发现被告人还有其他犯罪没有判决的,参照前条规定处理。第二审人民法院决定并案审理的,应当发回第一审人民法院,由第一审人民法院作出处理。

第二十六条　军队和地方互涉刑事案件,按照有关规定确定管辖。

第二章　回　避

第二十七条　审判人员具有下列情形之一的,应当自行回避,当事人及其法定代理人有权申请其回避:

（一）是本案的当事人或者是当事人的近亲属的;

（二）本人或者其近亲属与本案有利害关系的;

（三）担任过本案的证人、鉴定人、辩护人、诉讼代理人、翻译人员的;

（四）与本案的辩护人、诉讼代理人有近亲属关系的;

（五）与本案当事人有其他利害关系,可能影响公正审判的。

第二十八条　审判人员具有下列情形之一的,当事人及其法定代理人有权申请其回避:

（一）违反规定会见本案当事人、辩护人、诉讼代理人的;

（二）为本案当事人推荐、介绍辩护人、诉讼代理人,或者为律师、其他人员介绍办理本案的;

（三）索取、接受本案当事人及其委托的人的财物或者其他利益的;

（四）接受本案当事人及其委托的人的宴请,或者参加由其支付费用的活动的;

（五）向本案当事人及其委托的人借用款物的;

（六）有其他不正当行为,可能影响公正审判的。

第二十九条　参与过本案调查、侦查、审查起诉工作的监察、侦查、检察人员,调至人民法院工作的,不得担任本案的审判人员。

在一个审判程序中参与过本案审判工作的合议庭组成人员或者独任审判员,不得再参与本案其他程序的审判。但是,发回重新审判的案件,在第一审人民法院作出裁判后又进入第二审程序,在法定刑以下判处刑罚的复核程序或者死刑复核程序的，原第二审程序、在法定刑以下判处刑罚的复核程序或者死刑复核程序中的合议庭组成人员不受本款规定的限制。

第三十条　依照法律和有关规定应当实行任职回避的，不得担任案件的审判人员。

第三十一条　人民法院应当依法告知当事人及其法定代理人有权申请回避，并告知其合议庭组成人员、独任审判员、法官助理、书记员等人员的名单。

第三十二条　审判人员自行申请回避，或者当事人及其法定代理人申请审判人员回避的，可以口头或者书面提出，并说明理由，由院长决定。

院长自行申请回避，或者当事人及其法定代理人申请院长回避的，由审判委员会讨论决定。审判委员会讨论时，由副院长主持，院长不得参加。

第三十三条　当事人及其法定代理人依照刑事诉讼法第三十条和本解释第二十八条的规定申请回避的，应当提供证明材料。

第三十四条　应当回避的审判人员没有自行回避，当事人及其法定代理人也没有申请其回避的，院长或者审判委员会应当决定其回避。

第三十五条　对当事人及其法定代理人提出的回避申请，人民法院可以口头或者书面作出决定，并将决定告知申请人。

当事人及其法定代理人申请回避被驳回的，可以在接到决定时申请复议一次。不属于刑事诉讼法第二十九条、第三十条规定情形的回避申请，由法庭当庭驳回，并不得申请复议。

第三十六条　当事人及其法定代理人申请出庭的检察人员回避的，人民法院应当区分情况作出处理：

（一）属于刑事诉讼法第二十九条、第三十条规定情形的回避申请，应当决定休庭，并通知人民检察院尽快作出决定；

（二）不属于刑事诉讼法第二十九条、第三十条规定情形的回避申请，应当当庭驳回，并不得申请复议。

第三十七条　本章所称的审判人员，包括人民法院院长、副院长、审判委员会委员、庭长、副庭长、审判员和人民陪审员。

第三十八条　法官助理、书记员、翻译人员和鉴定人适用审判人员回避的有关规定，其回避问题由院长决定。

第三十九条　辩护人、诉讼代理人可以依照本章的有关规定要求回避、申请复议。

第三章　辩护与代理

第四十条　人民法院审判案件，应当充分保障被告人依法享有的辩护权利。

被告人除自己行使辩护权以外，还可以委托辩护人辩护。下列人员不得担任辩护人：

（一）正在被执行刑罚或者处于缓刑、假释考验期间的人；

（二）依法被剥夺、限制人身自由的人；

（三）被开除公职或者被吊销律师、公证员执业证书的人；

（四）人民法院、人民检察院、监察机关、公安机关、国家安全机关、监狱的现职人员；

（五）人民陪审员；

（六）与本案审理结果有利害关系

的人；

（七）外国人或者无国籍人；

（八）无行为能力或者限制行为能力的人。

前款第三项至第七项规定的人员，如果是被告人的监护人、近亲属，由被告人委托担任辩护人的，可以准许。

第四十一条 审判人员和人民法院其他工作人员从人民法院离任后二年内，不得以律师身份担任辩护人。

审判人员和人民法院其他工作人员从人民法院离任后，不得担任原任职法院所审理案件的辩护人，但系被告人的监护人、近亲属的除外。

审判人员和人民法院其他工作人员的配偶、子女或者父母不得担任其任职法院所审理案件的辩护人，但系被告人的监护人、近亲属的除外。

第四十二条 对接受委托担任辩护人的，人民法院应当核实其身份证明和授权委托书。

第四十三条 一名被告人可以委托一至二人作为辩护人。

一名辩护人不得为两名以上的同案被告人，或者未同案处理但犯罪事实存在关联的被告人辩护。

第四十四条 被告人没有委托辩护人的，人民法院自受理案件之日起三日以内，应当告知其有权委托辩护人；被告人因经济困难或者其他原因没有委托辩护人的，应当告知其可以申请法律援助；被告人属于应当提供法律援助情形的，应当告知其将依法通知法律援助机构指派律师为其提供辩护。

被告人没有委托辩护人，法律援助机构也没有指派律师为其提供辩护的，人民法院应当告知被告人有权约见值班律师，并为被告人约见值班律师提供便利。

告知可以采取口头或者书面方式。

第四十五条 审判期间，在押的被告人要求委托辩护人的，人民法院应当在三日以内向其监护人、近亲属或者其指定的人员转达要求。被告人应当提供有关人员的联系方式。有关人员无法通知的，应当告知被告人。

第四十六条 人民法院收到在押被告人提出的法律援助或者法律帮助申请，应当依照有关规定及时转交法律援助机构或者通知值班律师。

第四十七条 对下列没有委托辩护人的被告人，人民法院应当通知法律援助机构指派律师为其提供辩护：

（一）盲、聋、哑人；

（二）尚未完全丧失辨认或者控制自己行为能力的精神病人；

（三）可能被判处无期徒刑、死刑的人。

高级人民法院复核死刑案件，被告人没有委托辩护人的，应当通知法律援助机构指派律师为其提供辩护。

死刑缓期执行期间故意犯罪的案件，适用前两款规定。

第四十八条 具有下列情形之一，被告人没有委托辩护人的，人民法院可以通知法律援助机构指派律师为其提供辩护：

（一）共同犯罪案件中，其他被告人已经委托辩护人的；

（二）案件有重大社会影响的；

（三）人民检察院抗诉的；

（四）被告人的行为可能不构成犯罪的；

（五）有必要指派律师提供辩护的其他情形。

第四十九条 人民法院通知法律援

助机构指派律师提供辩护的,应当将法律援助通知书、起诉书副本或者判决书送达法律援助机构;决定开庭审理的,除适用简易程序或者速裁程序审理的以外,应当在开庭十五日以前将上述材料送达法律援助机构。

法律援助通知书应当写明案由、被告人姓名、提供法律援助的理由、审判人员的姓名和联系方式;已确定开庭审理的,应当写明开庭的时间、地点。

第五十条　被告人拒绝法律援助机构指派的律师为其辩护,坚持自己行使辩护权的,人民法院应当准许。

属于应当提供法律援助的情形,被告人拒绝指派的律师为其辩护的,人民法院应当查明原因。理由正当的,应当准许,但被告人应当在五日以内另行委托辩护人;被告人未另行委托辩护人的,人民法院应当在三日以内通知法律援助机构另行指派律师为其提供辩护。

第五十一条　对法律援助机构指派律师为被告人提供辩护,被告人的监护人、近亲属又代为委托辩护人的,应当听取被告人的意见,由其确定辩护人人选。

第五十二条　审判期间,辩护人接受被告人委托的,应当在接受委托之日起三日以内,将委托手续提交人民法院。

接受法律援助机构指派为被告人提供辩护的,适用前款规定。

第五十三条　辩护律师可以查阅、摘抄、复制案卷材料。其他辩护人经人民法院许可,也可以查阅、摘抄、复制案卷材料。合议庭、审判委员会的讨论记录以及其他依法不公开的材料不得查阅、摘抄、复制。

辩护人查阅、摘抄、复制案卷材料的,人民法院应当提供便利,并保证必要的时间。

值班律师查阅案卷材料的,适用前两款规定。

复制案卷材料可以采用复印、拍照、扫描、电子数据拷贝等方式。

第五十四条　对作为证据材料向人民法院移送的讯问录音录像,辩护律师申请查阅的,人民法院应当准许。

第五十五条　查阅、摘抄、复制案卷材料,涉及国家秘密、商业秘密、个人隐私的,应当保密;对不公开审理案件的信息、材料,或者在办案过程中获悉的案件重要信息、证据材料,不得违反规定泄露、披露,不得用于办案以外的用途。人民法院可以要求相关人员出具承诺书。

违反前款规定的,人民法院可以通报司法行政机关或者有关部门,建议给予相应处罚;构成犯罪的,依法追究刑事责任。

第五十六条　辩护律师可以同在押的或者被监视居住的被告人会见和通信。其他辩护人经人民法院许可,也可以同在押的或者被监视居住的被告人会见和通信。

第五十七条　辩护人认为在调查、侦查、审查起诉期间监察机关、公安机关、人民检察院收集的证明被告人无罪或者罪轻的证据材料未随案移送,申请人民法院调取的,应当以书面形式提出,并提供相关线索或者材料。人民法院接受申请后,应当向人民检察院调取。人民检察院移送相关证据材料后,人民法院应当及时通知辩护人。

第五十八条　辩护律师申请向被害人及其近亲属、被害人提供的证人收集与本案有关的材料,人民法院认为确有必要的,应当签发准许调查书。

第五十九条　辩护律师向证人或者

有关单位、个人收集、调取与本案有关的证据材料,因证人或者有关单位、个人不同意,申请人民法院收集、调取,或者申请通知证人出庭作证,人民法院认为确有必要的,应当同意。

第六十条 辩护律师直接申请人民法院向证人或者有关单位、个人收集、调取证据材料,人民法院认为确有必要,且不宜或者不能由辩护律师收集、调取的,应当同意。

人民法院向有关单位收集、调取的书面证据材料,必须由提供人签名,并加盖单位印章;向个人收集、调取的书面证据材料,必须由提供人签名。

人民法院对有关单位、个人提供的证据材料,应当出具收据,写明证据材料的名称、收到的时间、件数、页数以及是否为原件等,由书记员、法官助理或者审判人员签名。

收集、调取证据材料后,应当及时通知辩护律师查阅、摘抄、复制,并告知人民检察院。

第六十一条 本解释第五十八条至第六十条规定的申请,应当以书面形式提出,并说明理由,写明需要收集、调取证据材料的内容或者需要调查问题的提纲。

对辩护律师的申请,人民法院应当在五日以内作出是否准许、同意的决定,并通知申请人;决定不准许、不同意的,应当说明理由。

第六十二条 人民法院自受理自诉案件之日起三日以内,应当告知自诉人及其法定代理人、附带民事诉讼当事人及其法定代理人,有权委托诉讼代理人,并告知其如果经济困难,可以申请法律援助。

第六十三条 当事人委托诉讼代理人的,参照适用刑事诉讼法第三十三条和本解释的有关规定。

第六十四条 诉讼代理人有权根据事实和法律,维护被害人、自诉人或者附带民事诉讼当事人的诉讼权利和其他合法权益。

第六十五条 律师担任诉讼代理人的,可以查阅、摘抄、复制案卷材料。其他诉讼代理人经人民法院许可,也可以查阅、摘抄、复制案卷材料。

律师担任诉讼代理人,需要收集、调取与本案有关的证据材料的,参照适用本解释第五十九条至第六十一条的规定。

第六十六条 诉讼代理人接受当事人委托或者法律援助机构指派后,应当在三日以内将委托手续或者法律援助手续提交人民法院。

第六十七条 辩护律师向人民法院告知其委托人或者其他人准备实施、正在实施危害国家安全、公共安全以及严重危害他人人身安全犯罪的,人民法院应当记录在案,立即转告主管机关依法处理,并为反映有关情况的辩护律师保密。

第六十八条 律师担任辩护人、诉讼代理人,经人民法院准许,可以带一名助理参加庭审。律师助理参加庭审的,可以从事辅助工作,但不得发表辩护、代理意见。

第四章 证 据

第一节 一般规定

第六十九条 认定案件事实,必须以证据为根据。

第七十条 审判人员应当依照法定程序收集、审查、核实、认定证据。

第七十一条 证据未经当庭出示、辨认、质证等法庭调查程序查证属实,不得作为定案的根据。

第七十二条　应当运用证据证明的案件事实包括：

（一）被告人、被害人的身份；

（二）被指控的犯罪是否存在；

（三）被指控的犯罪是否为被告人所实施；

（四）被告人有无刑事责任能力，有无罪过，实施犯罪的动机、目的；

（五）实施犯罪的时间、地点、手段、后果以及案件起因等；

（六）是否系共同犯罪或者犯罪事实存在关联，以及被告人在犯罪中的地位、作用；

（七）被告人有无从重、从轻、减轻、免除处罚情节；

（八）有关涉案财物处理的事实；

（九）有关附带民事诉讼的事实；

（十）有关管辖、回避、延期审理等的程序事实；

（十一）与定罪量刑有关的其他事实。

认定被告人有罪和对被告人从重处罚，适用证据确实、充分的证明标准。

第七十三条　对提起公诉的案件，人民法院应当审查证明被告人有罪、无罪、罪重、罪轻的证据材料是否全部随案移送；未随案移送的，应当通知人民检察院在指定时间内移送。人民检察院未移送的，人民法院应当根据在案证据对案件事实作出认定。

第七十四条　依法应当对讯问过程录音录像的案件，相关录音录像未随案移送的，必要时，人民法院可以通知人民检察院在指定时间内移送。人民检察院未移送，导致不能排除属于刑事诉讼法第五十六条规定的以非法方法收集证据情形的，对有关证据应当依法排除；导致有关证据的真实性无法确认的，不得作为定案的根据。

第七十五条　行政机关在行政执法和查办案件过程中收集的物证、书证、视听资料、电子数据等证据材料，经法庭查证属实，且收集程序符合有关法律、行政法规规定的，可以作为定案的根据。

根据法律、行政法规规定行使国家行政管理职权的组织，在行政执法和查办案件过程中收集的证据材料，视为行政机关收集的证据材料。

第七十六条　监察机关依法收集的证据材料，在刑事诉讼中可以作为证据使用。

对前款规定证据的审查判断，适用刑事审判关于证据的要求和标准。

第七十七条　对来自境外的证据材料，人民检察院应当随案移送有关材料来源、提供人、提取人、提取时间等情况的说明。经人民法院审查，相关证据材料能够证明案件事实且符合刑事诉讼法规定的，可以作为证据使用，但提供人或者我国与有关国家签订的双边条约对材料的使用范围有明确限制的除外；材料来源不明或者真实性无法确认的，不得作为定案的根据。

当事人及其辩护人、诉讼代理人提供来自境外的证据材料的，该证据材料应当经所在国公证机关证明，所在国中央外交主管机关或者其授权机关认证，并经中华人民共和国驻该国使领馆认证，或者履行中华人民共和国与该所在国订立的有关条约中规定的证明手续，但我国与该国之间有互免认证协定的除外。

第七十八条　控辩双方提供的证据材料涉及外国语言、文字的，应当附中文译本。

第七十九条 人民法院依照刑事诉讼法第一百九十六条的规定调查核实证据,必要时,可以通知检察人员、辩护人、自诉人及其法定代理人到场。上述人员未到场的,应当记录在案。

人民法院调查核实证据时,发现对定罪量刑有重大影响的新的证据材料的,应当告知检察人员、辩护人、自诉人及其法定代理人。必要时,也可以直接提取,并及时通知检察人员、辩护人、自诉人及其法定代理人查阅、摘抄、复制。

第八十条 下列人员不得担任见证人:

(一)生理上、精神上有缺陷或者年幼,不具有相应辨别能力或者不能正确表达的人;

(二)与案件有利害关系,可能影响案件公正处理的人;

(三)行使勘验、检查、搜查、扣押、组织辨认等监察调查、刑事诉讼职权的监察、公安、司法机关的工作人员或者其聘用的人员。

对见证人是否属于前款规定的人员,人民法院可以通过相关笔录载明的见证人的姓名、身份证件种类及号码、联系方式以及常住人口信息登记表等材料进行审查。

由于客观原因无法由符合条件的人员担任见证人的,应当在笔录材料中注明情况,并对相关活动进行全程录音录像。

第八十一条 公开审理案件时,公诉人、诉讼参与人提出涉及国家秘密、商业秘密或者个人隐私的证据的,法庭应当制止;确与本案有关的,可以根据具体情况,决定将案件转为不公开审理,或者对相关证据的法庭调查不公开进行。

第二节 物证、书证的审查与认定

第八十二条 对物证、书证应当着重审查以下内容:

(一)物证、书证是否为原物、原件,是否经过辨认、鉴定;物证的照片、录像、复制品或者书证的副本、复制件是否与原物、原件相符,是否由二人以上制作,有无制作人关于制作过程以及原物、原件存放于何处的文字说明和签名;

(二)物证、书证的收集程序、方式是否符合法律、有关规定;经勘验、检查、搜查提取、扣押的物证、书证,是否附有相关笔录、清单,笔录、清单是否经调查人员或者侦查人员、物品持有人、见证人签名,没有签名的,是否注明原因;物品的名称、特征、数量、质量等是否注明清楚;

(三)物证、书证在收集、保管、鉴定过程中是否受损或者改变;

(四)物证、书证与案件事实有无关联;对现场遗留与犯罪有关的具备鉴定条件的血迹、体液、毛发、指纹等生物样本、痕迹、物品,是否已作 DNA 鉴定、指纹鉴定等,并与被告人或者被害人的相应生物特征、物品等比对;

(五)与案件事实有关联的物证、书证是否全面收集。

第八十三条 据以定案的物证应当是原物。原物不便搬运、不易保存、依法应当返还或者依法应当由有关部门保管、处理的,可以拍摄、制作足以反映原物外形和特征的照片、录像、复制品。必要时,审判人员可以前往保管场所查看原物。

物证的照片、录像、复制品,不能反映原物的外形和特征的,不得作为定案的根据。

物证的照片、录像、复制品，经与原物核对无误、经鉴定或者以其他方式确认真实的，可以作为定案的根据。

第八十四条 据以定案的书证应当是原件。取得原件确有困难的，可以使用副本、复制件。

对书证的更改或者更改迹象不能作出合理解释，或者书证的副本、复制件不能反映原件及其内容的，不得作为定案的根据。

书证的副本、复制件，经与原件核对无误、经鉴定或者以其他方式确认真实的，可以作为定案的根据。

第八十五条 对与案件事实可能有关联的血迹、体液、毛发、人体组织、指纹、足迹、字迹等生物样本、痕迹和物品，应当提取而没有提取，应当鉴定而没有鉴定，应当移送鉴定意见而没有移送，导致案件事实存疑的，人民法院应当通知人民检察院依法补充收集、调取、移送证据。

第八十六条 在勘验、检查、搜查过程中提取、扣押的物证、书证，未附笔录或者清单，不能证明物证、书证来源的，不得作为定案的根据。

物证、书证的收集程序、方式有下列瑕疵，经补正或者作出合理解释的，可以采用：

（一）勘验、检查、搜查、提取笔录或者扣押清单上没有调查人员或者侦查人员、物品持有人、见证人签名，或者对物品的名称、特征、数量、质量等注明不详的；

（二）物证的照片、录像、复制品，书证的副本、复制件未注明与原件核对无异，无复制时间，或者无被收集、调取人签名的；

（三）物证的照片、录像、复制品，书证的副本、复制件没有制作人关于制作过程和原物、原件存放地点的说明，或者说明中无签名的；

（四）有其他瑕疵的。

物证、书证的来源、收集程序有疑问，不能作出合理解释的，不得作为定案的根据。

第三节 证人证言、被害人陈述的审查与认定

第八十七条 对证人证言应当着重审查以下内容：

（一）证言的内容是否为证人直接感知；

（二）证人作证时的年龄，认知、记忆和表达能力，生理和精神状态是否影响作证；

（三）证人与案件当事人、案件处理结果有无利害关系；

（四）询问证人是否个别进行；

（五）询问笔录的制作、修改是否符合法律、有关规定，是否注明询问的起止时间和地点，首次询问时是否告知证人有关权利义务和法律责任，证人对询问笔录是否核对确认；

（六）询问未成年证人时，是否通知其法定代理人或者刑事诉讼法第二百八十一条第一款规定的合适成年人到场，有关人员是否到场；

（七）有无以暴力、威胁等非法方法收集证人证言的情形；

（八）证言之间以及与其他证据之间能否相互印证，有无矛盾；存在矛盾的，能否得到合理解释。

第八十八条 处于明显醉酒、中毒或者麻醉等状态，不能正常感知或者正确表达的证人所提供的证言，不得作为证据

使用。

证人的猜测性、评论性、推断性的证言,不得作为证据使用,但根据一般生活经验判断符合事实的除外。

第八十九条 证人证言具有下列情形之一的,不得作为定案的根据:

(一)询问证人没有个别进行的;

(二)书面证言没有经证人核对确认的;

(三)询问聋、哑人,应当提供通晓聋、哑手势的人员而未提供的;

(四)询问不通晓当地通用语言、文字的证人,应当提供翻译人员而未提供的。

第九十条 证人证言的收集程序、方式有下列瑕疵,经补正或者作出合理解释的,可以采用;不能补正或者作出合理解释的,不得作为定案的根据:

(一)询问笔录没有填写询问人、记录人、法定代理人姓名以及询问的起止时间、地点的;

(二)询问地点不符合规定的;

(三)询问笔录没有记录告知证人有关权利义务和法律责任的;

(四)询问笔录反映出在同一时段,同一询问人员询问不同证人的;

(五)询问未成年人,其法定代理人或者合适成年人不在场的。

第九十一条 证人当庭作出的证言,经控辩双方质证、法庭查证属实的,应当作为定案的根据。

证人当庭作出的证言与其庭前证言矛盾,证人能够作出合理解释,并有其他证据印证的,应当采信其庭审证言;不能作出合理解释,而其庭前证言有其他证据印证的,可以采信其庭前证言。

经人民法院通知,证人没有正当理由拒绝出庭或者出庭后拒绝作证,法庭对其证言的真实性无法确认的,该证人证言不得作为定案的根据。

第九十二条 对被害人陈述的审查与认定,参照适用本节的有关规定。

第四节 被告人供述和辩解的审查与认定

第九十三条 对被告人供述和辩解应当着重审查以下内容:

(一)讯问的时间、地点,讯问人的身份、人数以及讯问方式等是否符合法律、有关规定;

(二)讯问笔录的制作、修改是否符合法律、有关规定,是否注明讯问的具体起止时间和地点,首次讯问时是否告知被告人有关权利和法律规定,被告人是否核对确认;

(三)讯问未成年被告人时,是否通知其法定代理人或者合适成年人到场,有关人员是否到场;

(四)讯问女性未成年被告人时,是否有女性工作人员在场;

(五)有无以刑讯逼供等非法方法收集被告人供述的情形;

(六)被告人的供述是否前后一致,有无反复以及出现反复的原因;

(七)被告人的供述和辩解是否全部随案移送;

(八)被告人的辩解内容是否符合案情和常理,有无矛盾;

(九)被告人的供述和辩解与同案被告人的供述和辩解以及其他证据能否相互印证,有无矛盾;存在矛盾的,能否得到合理解释。

必要时,可以结合现场执法音视频记录、讯问录音录像、被告人进出看守所的健康检查记录、笔录等,对被告人的供述和辩解进行审查。

第九十四条 被告人供述具有下列情形之一的,不得作为定案的根据:

(一)讯问笔录没有经被告人核对确认的;

(二)讯问聋、哑人,应当提供通晓聋、哑手势的人员而未提供的;

(三)讯问不通晓当地通用语言、文字的被告人,应当提供翻译人员而未提供的;

(四)讯问未成年人,其法定代理人或者合适成年人不在场的。

第九十五条 讯问笔录有下列瑕疵,经补正或者作出合理解释的,可以采用;不能补正或者作出合理解释的,不得作为定案的根据:

(一)讯问笔录填写的讯问时间、讯问地点、讯问人、记录人、法定代理人等有误或者存在矛盾的;

(二)讯问人没有签名的;

(三)首次讯问笔录没有记录告知被讯问人有关权利和法律规定的。

第九十六条 审查被告人供述和辩解,应当结合控辩双方提供的所有证据以及被告人的全部供述和辩解进行。

被告人庭审中翻供,但不能合理说明翻供原因或者其辩解与全案证据矛盾,而其庭前供述与其他证据相互印证的,可以采信其庭前供述。

被告人庭前供述和辩解存在反复,但庭审中供认,且与其他证据相互印证的,可以采信其庭审供述;被告人庭前供述和辩解存在反复,庭审中不供认,且无其他证据与庭前供述印证的,不得采信其庭前供述。

第五节 鉴定意见的审查与认定

第九十七条 对鉴定意见应当着重审查以下内容:

(一)鉴定机构和鉴定人是否具有法定资质;

(二)鉴定人是否存在应当回避的情形;

(三)检材的来源、取得、保管、送检是否符合法律、有关规定,与相关提取笔录、扣押清单等记载的内容是否相符,检材是否可靠;

(四)鉴定意见的形式要件是否完备,是否注明提起鉴定的事由、鉴定委托人、鉴定机构、鉴定要求、鉴定过程、鉴定方法、鉴定日期等相关内容,是否由鉴定机构盖章并由鉴定人签名;

(五)鉴定程序是否符合法律、有关规定;

(六)鉴定的过程和方法是否符合相关专业的规范要求;

(七)鉴定意见是否明确;

(八)鉴定意见与案件事实有无关联;

(九)鉴定意见与勘验、检查笔录及相关照片等其他证据是否矛盾;存在矛盾的,能否得到合理解释;

(十)鉴定意见是否依法及时告知相关人员,当事人对鉴定意见有无异议。

第九十八条 鉴定意见具有下列情形之一的,不得作为定案的根据:

(一)鉴定机构不具备法定资质,或者鉴定事项超出该鉴定机构业务范围、技术条件的;

(二)鉴定人不具备法定资质,不具有相关专业技术或者职称,或者违反回避规定的;

(三)送检材料、样本来源不明,或者

因污染不具备鉴定条件的;

（四）鉴定对象与送检材料、样本不一致的;

（五）鉴定程序违反规定的;

（六）鉴定过程和方法不符合相关专业的规范要求的;

（七）鉴定文书缺少签名、盖章的;

（八）鉴定意见与案件事实没有关联的;

（九）违反有关规定的其他情形。

第九十九条 经人民法院通知，鉴定人拒不出庭作证的，鉴定意见不得作为定案的根据。

鉴定人由于不能抗拒的原因或者有其他正当理由无法出庭的，人民法院可以根据情况决定延期审理或者重新鉴定。

鉴定人无正当理由拒不出庭作证的，人民法院应当通报司法行政机关或者有关部门。

第一百条 因无鉴定机构，或者根据法律、司法解释的规定，指派、聘请有专门知识的人就案件的专门性问题出具的报告，可以作为证据使用。

对前款规定的报告的审查与认定，参照适用本节的有关规定。

经人民法院通知，出具报告的人拒不出庭作证的，有关报告不得作为定案的根据。

第一百零一条 有关部门对事故进行调查形成的报告，在刑事诉讼中可以作为证据使用;报告中涉及专门性问题的意见，经法庭查证属实，且调查程序符合法律、有关规定的，可以作为定案的根据。

第六节 勘验、检查、辨认、侦查实验等笔录的审查与认定

第一百零二条 对勘验、检查笔录应当着重审查以下内容:

（一）勘验、检查是否依法进行，笔录制作是否符合法律、有关规定，勘验、检查人员和见证人是否签名或者盖章;

（二）勘验、检查笔录是否记录了提起勘验、检查的事由，勘验、检查的时间、地点，在场人员、现场方位、周围环境等，现场的物品、人身、尸体等的位置、特征等情况，以及勘验、检查的过程;文字记录与实物或者绘图、照片、录像是否相符;现场、物品、痕迹等是否伪造、有无破坏;人身特征、伤害情况、生理状态有无伪装或者变化等;

（三）补充进行勘验、检查的，是否说明了再次勘验、检查的原由，前后勘验、检查的情况是否矛盾。

第一百零三条 勘验、检查笔录存在明显不符合法律、有关规定的情形，不能作出合理解释的，不得作为定案的根据。

第一百零四条 对辨认笔录应当着重审查辨认的过程、方法，以及辨认笔录的制作是否符合有关规定。

第一百零五条 辨认笔录具有下列情形之一的，不得作为定案的根据:

（一）辨认不是在调查人员、侦查人员主持下进行的;

（二）辨认前使辨认人见到辨认对象的;

（三）辨认活动没有个别进行的;

（四）辨认对象没有混杂在具有类似特征的其他对象中，或者供辨认的对象数量不符合规定的;

（五）辨认中给辨认人明显暗示或者明显有指认嫌疑的;

（六）违反有关规定，不能确定辨认笔录真实性的其他情形。

第一百零六条 对侦查实验笔录应

当着重审查实验的过程、方法,以及笔录的制作是否符合有关规定。

第一百零七条 侦查实验的条件与事件发生时的条件有明显差异,或者存在影响实验结论科学性的其他情形的,侦查实验笔录不得作为定案的根据。

第七节 视听资料、电子数据的审查与认定

第一百零八条 对视听资料应当着重审查以下内容:

(一)是否附有提取过程的说明,来源是否合法;

(二)是否为原件,有无复制及复制份数;是复制件的,是否附有无法调取原件的原因、复制件制作过程和原件存放地点的说明,制作人、原视听资料持有人是否签名;

(三)制作过程中是否存在威胁、引诱当事人等违反法律、有关规定的情形;

(四)是否写明制作人、持有人的身份,制作的时间、地点、条件和方法;

(五)内容和制作过程是否真实,有无剪辑、增加、删改等情形;

(六)内容与案件事实有无关联。

对视听资料有疑问的,应当进行鉴定。

第一百零九条 视听资料具有下列情形之一的,不得作为定案的根据:

(一)系篡改、伪造或者无法确定真伪的;

(二)制作、取得的时间、地点、方式等有疑问,不能作出合理解释的。

第一百一十条 对电子数据是否真实,应当着重审查以下内容:

(一)是否移送原始存储介质;在原始存储介质无法封存、不便移动时,有无说明原因,并注明收集、提取过程及原始存储介质的存放地点或者电子数据的来源等情况;

(二)是否具有数字签名、数字证书等特殊标识;

(三)收集、提取的过程是否可以重现;

(四)如有增加、删除、修改等情形的,是否附有说明;

(五)完整性是否可以保证。

第一百一十一条 对电子数据是否完整,应当根据保护电子数据完整性的相应方法进行审查、验证:

(一)审查原始存储介质的扣押、封存状态;

(二)审查电子数据的收集、提取过程,查看录像;

(三)比对电子数据完整性校验值;

(四)与备份的电子数据进行比较;

(五)审查冻结后的访问操作日志;

(六)其他方法。

第一百一十二条 对收集、提取电子数据是否合法,应当着重审查以下内容:

(一)收集、提取电子数据是否由二名以上调查人员、侦查人员进行,取证方法是否符合相关技术标准;

(二)收集、提取电子数据,是否附有笔录、清单,并经调查人员、侦查人员、电子数据持有人、提供人、见证人签名或者盖章;没有签名或者盖章的,是否注明原因;对电子数据的类别、文件格式等是否注明清楚;

(三)是否依照有关规定由符合条件的人员担任见证人,是否对相关活动进行录像;

(四)采用技术调查、侦查措施收集、提取电子数据的,是否依法经过严格的批

准手续；

（五）进行电子数据检查的，检查程序是否符合有关规定。

第一百一十三条 电子数据的收集、提取程序有下列瑕疵，经补正或者作出合理解释的，可以采用；不能补正或者作出合理解释的，不得作为定案的根据：

（一）未以封存状态移送的；

（二）笔录或者清单上没有调查人员或者侦查人员、电子数据持有人、提供人、见证人签名或者盖章的；

（三）对电子数据的名称、类别、格式等注明不清的；

（四）有其他瑕疵的。

第一百一十四条 电子数据具有下列情形之一的，不得作为定案的根据：

（一）系篡改、伪造或者无法确定真伪的；

（二）有增加、删除、修改等情形，影响电子数据真实性的；

（三）其他无法保证电子数据真实性的情形。

第一百一十五条 对视听资料、电子数据，还应当审查是否移送文字抄清材料以及对绰号、暗语、俗语、方言等不易理解内容的说明。未移送的，必要时，可以要求人民检察院移送。

第八节 技术调查、侦查证据的审查与认定

第一百一十六条 依法采取技术调查、侦查措施收集的材料在刑事诉讼中可以作为证据使用。

采取技术调查、侦查措施收集的材料，作为证据使用的，应当随案移送。

第一百一十七条 使用采取技术调查、侦查措施收集的证据材料可能危及有关人员的人身安全，或者可能产生其他严重后果的，可以采取下列保护措施：

（一）使用化名等代替调查、侦查人员及有关人员的个人信息；

（二）不具体写明技术调查、侦查措施使用的技术设备和技术方法；

（三）其他必要的保护措施。

第一百一十八条 移送技术调查、侦查证据材料的，应当附采取技术调查、侦查措施的法律文书、技术调查、侦查证据材料清单和有关说明材料。

移送采用技术调查、侦查措施收集的视听资料、电子数据的，应当制作新的存储介质，并附制作说明，写明原始证据材料、原始存储介质的存放地点等信息，由制作人签名，并加盖单位印章。

第一百一十九条 对采取技术调查、侦查措施收集的证据材料，除根据相关证据材料所属的证据种类，依照本章第二节至第七节的相应规定进行审查外，还应当着重审查以下内容：

（一）技术调查、侦查措施所针对的案件是否符合法律规定；

（二）技术调查措施是否经过严格的批准手续，按照规定交有关机关执行；技术侦查措施是否在刑事立案后，经过严格的批准手续；

（三）采取技术调查、侦查措施的种类、适用对象和期限是否按照批准决定载明的内容执行；

（四）采取技术调查、侦查措施收集的证据材料与其他证据是否矛盾；存在矛盾的，能否得到合理解释。

第一百二十条 采取技术调查、侦查措施收集的证据材料，应当经过当庭出示、辨认、质证等法庭调查程序查证。

当庭调查技术调查、侦查证据材料可

能危及有关人员的人身安全，或者可能产生其他严重后果的，法庭应当采取不暴露有关人员身份和技术调查、侦查措施使用的技术设备、技术方法等保护措施。必要时，审判人员可以在庭外对证据进行核实。

第一百二十一条 采用技术调查、侦查证据作为定案根据的，人民法院在裁判文书中可以表述相关证据的名称、证据种类和证明对象，但不得表述有关人员身份和技术调查、侦查措施使用的技术设备、技术方法等。

第一百二十二条 人民法院认为应当移送的技术调查、侦查证据材料未随案移送的，应当通知人民检察院在指定时间内移送。人民检察院未移送的，人民法院应当根据在案证据对案件事实作出认定。

第九节 非法证据排除

第一百二十三条 采用下列非法方法收集的被告人供述，应当予以排除：

（一）采用殴打、违法使用戒具等暴力方法或者变相肉刑的恶劣手段，使被告人遭受难以忍受的痛苦而违背意愿作出的供述；

（二）采用以暴力或者严重损害本人及其近亲属合法权益等相威胁的方法，使被告人遭受难以忍受的痛苦而违背意愿作出的供述；

（三）采用非法拘禁等非法限制人身自由的方法收集的被告人供述。

第一百二十四条 采用刑讯逼供方法使被告人作出供述，之后被告人受该刑讯逼供行为影响而作出的与该供述相同的重复性供述，应当一并排除，但下列情形除外：

（一）调查、侦查期间，监察机关、侦查机关根据控告、举报或者自己发现等，确认或者不能排除以非法方法收集证据而更换调查、侦查人员，其他调查、侦查人员再次讯问时告知有关权利和认罪的法律后果，被告人自愿供述的；

（二）审查逮捕、审查起诉和审判期间，检察人员、审判人员讯问时告知诉讼权利和认罪的法律后果，被告人自愿供述的。

第一百二十五条 采用暴力、威胁以及非法限制人身自由等非法方法收集的证人证言、被害人陈述，应当予以排除。

第一百二十六条 收集物证、书证不符合法定程序，可能严重影响司法公正的，应当予以补正或者作出合理解释；不能补正或者作出合理解释的，对该证据应当予以排除。

认定"可能严重影响司法公正"，应当综合考虑收集证据违反法定程序以及所造成后果的严重程度等情况。

第一百二十七条 当事人及其辩护人、诉讼代理人申请人民法院排除以非法方法收集的证据的，应当提供涉嫌非法取证的人员、时间、地点、方式、内容等相关线索或者材料。

第一百二十八条 人民法院向被告人及其辩护人送达起诉书副本时，应当告知其申请排除非法证据的，应当在开庭审理前提出，但庭审期间才发现相关线索或者材料的除外。

第一百二十九条 开庭审理前，当事人及其辩护人、诉讼代理人申请人民法院排除非法证据的，人民法院应当在开庭前及时将申请书或者申请笔录及相关线索、材料的复制件送交人民检察院。

第一百三十条 开庭审理前，人民法院可以召开庭前会议，就非法证据排除等问题了解情况,听取意见。

在庭前会议中,人民检察院可以通过出示有关证据材料等方式,对证据收集的合法性加以说明。必要时,可以通知调查人员、侦查人员或者其他人员参加庭前会议,说明情况。

第一百三十一条 在庭前会议中,人民检察院可以撤回有关证据。撤回的证据,没有新的理由,不得在庭审中出示。

当事人及其辩护人、诉讼代理人可以撤回排除非法证据的申请。撤回申请后,没有新的线索或者材料,不得再次对有关证据提出排除申请。

第一百三十二条 当事人及其辩护人、诉讼代理人在开庭审理前未申请排除非法证据,在庭审过程中提出申请的,应当说明理由。人民法院经审查,对证据收集的合法性有疑问的,应当进行调查;没有疑问的,驳回申请。

驳回排除非法证据的申请后,当事人及其辩护人、诉讼代理人没有新的线索或者材料,以相同理由再次提出申请的,人民法院不再审查。

第一百三十三条 控辩双方在庭前会议中对证据收集是否合法未达成一致意见,人民法院对证据收集的合法性有疑问的,应当在庭审中进行调查;对证据收集的合法性没有疑问,且无新的线索或者材料表明可能存在非法取证的,可以决定不再进行调查并说明理由。

第一百三十四条 庭审期间,法庭决定对证据收集的合法性进行调查的,应当先行当庭调查。但为防止庭审过分迟延,也可以在法庭调查结束前调查。

第一百三十五条 法庭决定对证据收集的合法性进行调查的,由公诉人通过宣读调查、侦查讯问笔录、出示提讯登记、体检记录、对讯问合法性的核查材料等证据材料,有针对性地播放讯问录音录像,提请法庭通知有关调查人员、侦查人员或者其他人员出庭说明情况等方式,证明证据收集的合法性。

讯问录音录像涉及国家秘密、商业秘密、个人隐私或者其他不宜公开内容的,法庭可以决定对讯问录音录像不公开播放、质证。

公诉人提交的取证过程合法的说明材料,应当经有关调查人员、侦查人员签名,并加盖单位印章。未经签名或者盖章的,不得作为证据使用。上述说明材料不能单独作为证明取证过程合法的根据。

第一百三十六条 控辩双方申请法庭通知调查人员、侦查人员或者其他人员出庭说明情况,法庭认为有必要的,应当通知有关人员出庭。

根据案件情况,法庭可以依职权通知调查人员、侦查人员或者其他人员出庭说明情况。

调查人员、侦查人员或者其他人员出庭的,应当向法庭说明证据收集过程,并就相关情况接受控辩双方和法庭的询问。

第一百三十七条 法庭对证据收集的合法性进行调查后,确认或者不能排除存在刑事诉讼法第五十六条规定的以非法方法收集证据情形的,对有关证据应当排除。

第一百三十八条 具有下列情形之一的,第二审人民法院应当对证据收集的合法性进行审查,并根据刑事诉讼法和本解释的有关规定作出处理:

(一)第一审人民法院对当事人及其辩护人、诉讼代理人排除非法证据的申请没有审查,且以该证据作为定案根据的;

(二)人民检察院或者被告人、自诉

人及其法定代理人不服第一审人民法院作出的有关证据收集合法性的调查结论,提出抗诉、上诉的;

(三)当事人及其辩护人、诉讼代理人在第一审结束后才发现相关线索或者材料,申请人民法院排除非法证据的。

第十节 证据的综合审查与运用

第一百三十九条 对证据的真实性,应当综合全案证据进行审查。

对证据的证明力,应当根据具体情况,从证据与案件事实的关联程度、证据之间的联系等方面进行审查判断。

第一百四十条 没有直接证据,但间接证据同时符合下列条件的,可以认定被告人有罪:

(一)证据已经查证属实;

(二)证据之间相互印证,不存在无法排除的矛盾和无法解释的疑问;

(三)全案证据形成完整的证据链;

(四)根据证据认定案件事实足以排除合理怀疑,结论具有唯一性;

(五)运用证据进行的推理符合逻辑和经验。

第一百四十一条 根据被告人的供述、指认提取到了隐蔽性很强的物证、书证,且被告人的供述与其他证明犯罪事实发生的证据相互印证,并排除串供、逼供、诱供等可能性的,可以认定被告人有罪。

第一百四十二条 对监察机关、侦查机关出具的被告人到案经过、抓获经过等材料,应当审查是否有出具该说明材料的办案人员、办案机关的签名、盖章。

对到案经过、抓获经过或者确定被告人有重大嫌疑的根据有疑问的,应当通知人民检察院补充说明。

第一百四十三条 下列证据应当慎重使用,有其他证据印证的,可以采信:

(一)生理上、精神上有缺陷,对案件事实的认知和表达存在一定困难,但尚未丧失正确认知、表达能力的被害人、证人和被告人所作的陈述、证言和供述;

(二)与被告人有亲属关系或者其他密切关系的证人所作的有利于被告人的证言,或者与被告人有利害冲突的证人所作的不利于被告人的证言。

第一百四十四条 证明被告人自首、坦白、立功的证据材料,没有加盖接受被告人投案、坦白、检举揭发等的单位的印章,或者接受人员没有签名的,不得作为定案的根据。

对被告人及其辩护人提出有自首、坦白、立功的事实和理由,有关机关未予认定,或者有关机关提出被告人有自首、坦白、立功表现,但证据材料不全的,人民法院应当要求有关机关提供证明材料,或者要求有关人员作证,并结合其他证据作出认定。

第一百四十五条 证明被告人具有累犯、毒品再犯情节等的证据材料,应当包括前罪的裁判文书、释放证明等材料;材料不全的,应当通知人民检察院提供。

第一百四十六条 审查被告人实施被指控的犯罪时或者审判时是否达到相应法定责任年龄,应当根据户籍证明、出生证明文件、学籍卡、人口普查登记、无利害关系人的证言等证据综合判断。

证明被告人已满十二周岁、十四周岁、十六周岁、十八周岁或者不满七十五周岁的证据不足的,应当作出有利于被告人的认定。

第五章 强制措施

第一百四十七条 人民法院根据案

件情况,可以决定对被告人拘传、取保候审、监视居住或者逮捕。

对被告人采取、撤销或者变更强制措施的,由院长决定;决定继续取保候审、监视居住的,可以由合议庭或者独任审判员决定。

第一百四十八条 对经依法传唤拒不到庭的被告人,或者根据案件情况有必要拘传的被告人,可以拘传。

拘传被告人,应当由院长签发拘传票,由司法警察执行,执行人员不得少于二人。

拘传被告人,应当出示拘传票。对抗拒拘传的被告人,可以使用戒具。

第一百四十九条 拘传被告人,持续的时间不得超过十二小时;案情特别重大、复杂,需要采取逮捕措施的,持续的时间不得超过二十四小时。不得以连续拘传的形式变相拘禁被告人。应当保证被拘传人的饮食和必要的休息时间。

第一百五十条 被告人具有刑事诉讼法第六十七条第一款规定情形之一的,人民法院可以决定取保候审。

对被告人决定取保候审的,应当责令其提出保证人或者交纳保证金,不得同时使用保证人保证与保证金保证。

第一百五十一条 对下列被告人决定取保候审的,可以责令其提出一至二名保证人:

(一)无力交纳保证金的;

(二)未成年或者已满七十五周岁的;

(三)不宜收取保证金的其他被告人。

第一百五十二条 人民法院应当审查保证人是否符合法定条件。符合条件的,应当告知其必须履行的保证义务,以及不履行义务的法律后果,并由其出具保证书。

第一百五十三条 对决定取保候审的被告人使用保证金保证的,应当依照刑事诉讼法第七十二条第一款的规定确定保证金的具体数额,并责令被告人或者为其提供保证金的单位、个人将保证金一次性存入公安机关指定银行的专门账户。

第一百五十四条 人民法院向被告人宣布取保候审决定后,应当将取保候审决定书等相关材料送交当地公安机关。

对被告人使用保证金保证的,应当在核实保证金已经存入公安机关指定银行的专门账户后,将银行出具的收款凭证一并送交公安机关。

第一百五十五条 被告人被取保候审期间,保证人不愿继续履行保证义务或者丧失履行保证义务能力的,人民法院应当在收到保证人的申请或者公安机关的书面通知后三日以内,责令被告人重新提出保证人或者交纳保证金,或者变更强制措施,并通知公安机关。

第一百五十六条 人民法院发现保证人未履行保证义务的,应当书面通知公安机关依法处理。

第一百五十七条 根据案件事实和法律规定,认为已经构成犯罪的被告人在取保候审期间逃匿的,如果系保证人协助被告人逃匿,或者保证人明知被告人藏匿地点但拒绝向司法机关提供,对保证人应当依法追究责任。

第一百五十八条 人民法院发现使用保证金保证的被取保候审人违反刑事诉讼法第七十一条第一款、第二款规定的,应当书面通知公安机关依法处理。

人民法院收到公安机关已经没收保证金的书面通知或者变更强制措施的建议后,应当区别情形,在五日以内责令被告人具结悔过,重新交纳保证金或者提出保证人,或者变更强制措施,并通知公安机关。

人民法院决定对被依法没收保证金的被告人继续取保候审的,取保候审的期限连续计算。

第一百五十九条 对被取保候审的被告人的判决、裁定生效后,如果保证金属于其个人财产,且需要用以退赔被害人、履行附带民事赔偿义务或者执行财产刑的,人民法院可以书面通知公安机关移交全部保证金,由人民法院作出处理,剩余部分退还被告人。

第一百六十条 对具有刑事诉讼法第七十四条第一款、第二款规定情形的被告人,人民法院可以决定监视居住。

人民法院决定对被告人监视居住的,应当核实其住处;没有固定住处的,应当为其指定居所。

第一百六十一条 人民法院向被告人宣布监视居住决定后,应当将监视居住决定书等相关材料送交被告人住处或者指定居所所在地的公安机关执行。

对被告人指定居所监视居住后,人民法院应当在二十四小时以内,将监视居住的原因和处所通知其家属;确实无法通知的,应当记录在案。

第一百六十二条 人民检察院、公安机关已经对犯罪嫌疑人取保候审、监视居住,案件起诉至人民法院后,需要继续取保候审、监视居住或者变更强制措施的,人民法院应当在七日以内作出决定,并通知人民检察院、公安机关。

决定继续取保候审、监视居住的,应当重新办理手续,期限重新计算;继续使用保证金保证的,不再收取保证金。

第一百六十三条 对具有刑事诉讼法第八十一条第一款、第三款规定情形的被告人,人民法院应当决定逮捕。

第一百六十四条 被取保候审的被告人具有下列情形之一的,人民法院应当决定逮捕:

(一)故意实施新的犯罪的;

(二)企图自杀或者逃跑的;

(三)毁灭、伪造证据,干扰证人作证或者串供的;

(四)打击报复、恐吓滋扰被害人、证人、鉴定人、举报人、控告人等的;

(五)经传唤,无正当理由不到案,影响审判活动正常进行的;

(六)擅自改变联系方式或者居住地,导致无法传唤,影响审判活动正常进行的;

(七)未经批准,擅自离开所居住的市、县,影响审判活动正常进行,或者两次未经批准,擅自离开所居住的市、县的;

(八)违反规定进入特定场所、与特定人员会见或者通信、从事特定活动,影响审判活动正常进行,或者两次违反有关规定的;

(九)依法应当决定逮捕的其他情形。

第一百六十五条 被监视居住的被告人具有下列情形之一的,人民法院应当决定逮捕:

(一)具有前条第一项至第五项规定情形之一的;

(二)未经批准,擅自离开执行监视居住的处所,影响审判活动正常进行,或者两次未经批准,擅自离开执行监视居住的处所的;

(三)未经批准,擅自会见他人或者通信,影响审判活动正常进行,或者两次未经批准,擅自会见他人或者通信的;

(四)对因患有严重疾病、生活不能

自理,或者因怀孕、正在哺乳自己婴儿而未予逮捕的被告人,疾病痊愈或者哺乳期已满的;

(五)依法应当决定逮捕的其他情形。

第一百六十六条 对可能判处徒刑以下刑罚的被告人,违反取保候审、监视居住规定,严重影响诉讼活动正常进行的,可以决定逮捕。

第一百六十七条 人民法院作出逮捕决定后,应当将逮捕决定书等相关材料送交公安机关执行,并将逮捕决定书抄送人民检察院。逮捕被告人后,人民法院应当将逮捕的原因和羁押的处所,在二十四小时以内通知其家属;确实无法通知的,应当记录在案。

第一百六十八条 人民法院对决定逮捕的被告人,应当在逮捕后二十四小时以内讯问。发现不应当逮捕的,应当立即释放。必要时,可以依法变更强制措施。

第一百六十九条 被逮捕的被告人具有下列情形之一的,人民法院可以变更强制措施:

(一)患有严重疾病、生活不能自理的;

(二)怀孕或者正在哺乳自己婴儿的;

(三)系生活不能自理的人的唯一扶养人。

第一百七十条 被逮捕的被告人具有下列情形之一的,人民法院应当立即释放;必要时,可以依法变更强制措施:

(一)第一审人民法院判决被告人无罪、不负刑事责任或者免予刑事处罚的;

(二)第一审人民法院判处管制、宣告缓刑、单独适用附加刑,判决尚未发生法律效力的;

(三)被告人被羁押的时间已到第一审人民法院对其判处的刑期期限的;

(四)案件不能在法律规定的期限内审结的。

第一百七十一条 人民法院决定释放被告人的,应当立即将释放通知书送交公安机关执行。

第一百七十二条 被采取强制措施的被告人,被判处管制、缓刑的,在社区矫正开始后,强制措施自动解除;被单处附加刑的,在判决、裁定发生法律效力后,强制措施自动解除;被判处监禁刑的,在刑罚开始执行后,强制措施自动解除。

第一百七十三条 对人民法院决定逮捕的被告人,人民检察院建议释放或者变更强制措施的,人民法院应当在收到建议后十日以内将处理情况通知人民检察院。

第一百七十四条 被告人及其法定代理人、近亲属或者辩护人申请变更、解除强制措施的,应当说明理由。人民法院收到申请后,应当在三日以内作出决定。同意变更、解除强制措施的,应当依照本解释规定处理;不同意的,应当告知申请人,并说明理由。

第六章 附带民事诉讼

第一百七十五条 被害人因人身权利受到犯罪侵犯或者财物被犯罪分子毁坏而遭受物质损失的,有权在刑事诉讼过程中提起附带民事诉讼;被害人死亡或者丧失行为能力的,其法定代理人、近亲属有权提起附带民事诉讼。

因受到犯罪侵犯,提起附带民事诉讼或者单独提起民事诉讼要求赔偿精神损失的,人民法院一般不予受理。

第一百七十六条 被告人非法占有、处置被害人财产的,应当依法予以追缴或者责令退赔。被害人提起附带民事诉讼的,人民法院不予受理。追缴、退赔的情况，可以作为量刑情节考虑。

第一百七十七条 国家机关工作人员在行使职权时，侵犯他人人身、财产权利构成犯罪，被害人或者其法定代理人、近亲属提起附带民事诉讼的，人民法院不予受理，但应当告知其可以依法申请国家赔偿。

第一百七十八条 人民法院受理刑事案件后，对符合刑事诉讼法第一百零一条和本解释第一百七十五条第一款规定的，可以告知被害人或者其法定代理人、近亲属有权提起附带民事诉讼。

有权提起附带民事诉讼的人放弃诉讼权利的，应当准许，并记录在案。

第一百七十九条 国家财产、集体财产遭受损失，受损失的单位未提起附带民事诉讼，人民检察院在提起公诉时提起附带民事诉讼的，人民法院应当受理。

人民检察院提起附带民事诉讼的，应当列为附带民事诉讼原告人。

被告人非法占有、处置国家财产、集体财产的，依照本解释第一百七十六条的规定处理。

第一百八十条 附带民事诉讼中依法负有赔偿责任的人包括：

（一）刑事被告人以及未被追究刑事责任的其他共同侵害人；

（二）刑事被告人的监护人；

（三）死刑罪犯的遗产继承人；

（四）共同犯罪案件中，案件审结前死亡的被告人的遗产继承人；

（五）对被害人的物质损失依法应当承担赔偿责任的其他单位和个人。

附带民事诉讼被告人的亲友自愿代为赔偿的，可以准许。

第一百八十一条 被害人或者其法定代理人、近亲属仅对部分共同侵害人提起附带民事诉讼的，人民法院应当告知其可以对其他共同侵害人，包括没有被追究刑事责任的共同侵害人，一并提起附带民事诉讼，但共同犯罪案件中同案犯在逃的除外。

被害人或者其法定代理人、近亲属放弃对其他共同侵害人的诉讼权利的，人民法院应当告知其相应法律后果，并在裁判文书中说明其放弃诉讼请求的情况。

第一百八十二条 附带民事诉讼的起诉条件是：

（一）起诉人符合法定条件；

（二）有明确的被告人；

（三）有请求赔偿的具体要求和事实、理由；

（四）属于人民法院受理附带民事诉讼的范围。

第一百八十三条 共同犯罪案件，同案犯在逃的，不应列为附带民事诉讼被告人。逃跑的同案犯到案后，被害人或者其法定代理人、近亲属可以对其提起附带民事诉讼，但已经从其他共同犯罪人处获得足额赔偿的除外。

第一百八十四条 附带民事诉讼应当在刑事案件立案后及时提起。

提起附带民事诉讼应当提交附带民事起诉状。

第一百八十五条 侦查、审查起诉期间，有权提起附带民事诉讼的人提出赔偿要求，经公安机关、人民检察院调解，当事人双方已经达成协议并全部履行，被害人或者其法定代理人、近亲属又提起附带民事诉讼的，人民法院不予受理，但有证据证明调解违反自愿、合法原则的除外。

第一百八十六条 被害人或者其法定代理人、近亲属提起附带民事诉讼的，人民法院应当在七日以内决定是否受理。符合刑事诉讼法第一百零一条以及本解释有关规定的,应当受理;不符合的,裁定不予受理。

第一百八十七条　人民法院受理附带民事诉讼后,应当在五日以内将附带民事起诉状副本送达附带民事诉讼被告人及其法定代理人,或者将口头起诉的内容及时通知附带民事诉讼被告人及其法定代理人,并制作笔录。

人民法院送达附带民事起诉状副本时,应当根据刑事案件的审理期限,确定被告人及其法定代理人的答辩准备时间。

第一百八十八条　附带民事诉讼当事人对自己提出的主张,有责任提供证据。

第一百八十九条　人民法院对可能因被告人的行为或者其他原因,使附带民事判决难以执行的案件,根据附带民事诉讼原告人的申请,可以裁定采取保全措施,查封、扣押或者冻结被告人的财产;附带民事诉讼原告人未提出申请的,必要时,人民法院也可以采取保全措施。

有权提起附带民事诉讼的人因情况紧急,不立即申请保全将会使其合法权益受到难以弥补的损害的,可以在提起附带民事诉讼前,向被保全财产所在地、被申请人居住地或者对案件有管辖权的人民法院申请采取保全措施。申请人在人民法院受理刑事案件后十五日以内未提起附带民事诉讼的,人民法院应当解除保全措施。

人民法院采取保全措施,适用民事诉讼法第一百条至第一百零五条的有关规定,但民事诉讼法第一百零一条第三款的规定除外。

第一百九十条　人民法院审理附带民事诉讼案件,可以根据自愿、合法的原则进行调解。经调解达成协议的,应当制作调解书。调解书经双方当事人签收后即具有法律效力。

调解达成协议并即时履行完毕的,可以不制作调解书,但应当制作笔录,经双方当事人、审判人员、书记员签名后即发生法律效力。

第一百九十一条　调解未达成协议或者调解书签收前当事人反悔的,附带民事诉讼应当同刑事诉讼一并判决。

第一百九十二条　对附带民事诉讼作出判决,应当根据犯罪行为造成的物质损失,结合案件具体情况,确定被告人应当赔偿的数额。

犯罪行为造成被害人人身损害的,应当赔偿医疗费、护理费、交通费等为治疗和康复支付的合理费用,以及因误工减少的收入。造成被害人残疾的,还应当赔偿残疾生活辅助器具费等费用;造成被害人死亡的,还应当赔偿丧葬费等费用。

驾驶机动车致人伤亡或者造成公私财产重大损失,构成犯罪的,依照《中华人民共和国道路交通安全法》第七十六条的规定确定赔偿责任。

附带民事诉讼当事人就民事赔偿问题达成调解、和解协议的,赔偿范围、数额不受第二款、第三款规定的限制。

第一百九十三条　人民检察院提起附带民事诉讼的,人民法院经审理,认为附带民事诉讼被告人依法应当承担赔偿责任的,应当判令附带民事诉讼被告人直接向遭受损失的单位作出赔偿;遭受损失的单位已经终止,有权利义务继受人的,应当判令其向继受人作出赔偿;没有权利义务继受人的,应当判令其向人民检察院交付赔偿款,由人民检察院上缴国库。

第一百九十四条 审理刑事附带民事诉讼案件,人民法院应当结合被告人赔偿被害人物质损失的情况认定其悔罪表现,并在量刑时予以考虑。

第一百九十五条 附带民事诉讼原告人经传唤,无正当理由拒不到庭,或者未经法庭许可中途退庭的,应当按撤诉处理。

刑事被告人以外的附带民事诉讼被告人经传唤,无正当理由拒不到庭,或者未经法庭许可中途退庭的,附带民事部分可以缺席判决。

刑事被告人以外的附带民事诉讼被告人下落不明,或者用公告送达以外的其他方式无法送达,可能导致刑事案件审判过分迟延的,可以不将其列为附带民事诉讼被告人,告知附带民事诉讼原告人另行提起民事诉讼。

第一百九十六条 附带民事诉讼应当同刑事案件一并审判,只有为了防止刑事案件审判的过分迟延,才可以在刑事案件审判后,由同一审判组织继续审理附带民事诉讼;同一审判组织的成员确实不能继续参与审判的,可以更换。

第一百九十七条 人民法院认定公诉案件被告人的行为不构成犯罪,对已经提起的附带民事诉讼,经调解不能达成协议的,可以一并作出刑事附带民事判决,也可以告知附带民事原告人另行提起民事诉讼。

人民法院准许人民检察院撤回起诉的公诉案件,对已经提起的附带民事诉讼,可以进行调解;不宜调解或者经调解不能达成协议的,应当裁定驳回起诉,并告知附带民事诉讼原告人可以另行提起民事诉讼。

第一百九十八条 第一审期间未提起附带民事诉讼,在第二审期间提起的,第二审人民法院可以依法进行调解;调解不成的,告知当事人可以在刑事判决、裁定生效后另行提起民事诉讼。

第一百九十九条 人民法院审理附带民事诉讼案件,不收取诉讼费。

第二百条 被害人或者其法定代理人、近亲属在刑事诉讼过程中未提起附带民事诉讼,另行提起民事诉讼的,人民法院可以进行调解,或者根据本解释第一百九十二条第二款、第三款的规定作出判决。

第二百零一条 人民法院审理附带民事诉讼案件,除刑法、刑事诉讼法以及刑事司法解释已有规定的以外,适用民事法律的有关规定。

第七章 期间、送达、审理期限

第二百零二条 以月计算的期间,自本月某日至下月同日为一个月;期限起算日为本月最后一日的,至下月最后一日为一个月;下月同日不存在的,自本月某日至下月最后一日为一个月;半个月一律按十五日计算。

以年计算的刑期,自本年本月某日至次年同月同日的前一日为一年;次年同月同日不存在的,自本年本月某日至次年同月最后一日的前一日为一年。以月计算的刑期,自本月某日至下月同日的前一日为一个月;刑期起算日为本月最后一日的,至下月最后一日的前一日为一个月;下月同日不存在的,自本月某日至下月最后一日的前一日为一个月;半个月一律按十五日计算。

第二百零三条 当事人由于不能抗拒的原因或者有其他正当理由而耽误期限,依法申请继续进行应当在期满前完成的诉讼活动的,人民法院查证属实后,应当裁定准许。

第二百零四条　送达诉讼文书,应当由收件人签收。收件人不在的,可以由其成年家属或者所在单位负责收件的人员代收。收件人或者代收人在送达回证上签收的日期为送达日期。

收件人或者代收人拒绝签收的,送达人可以邀请见证人到场,说明情况,在送达回证上注明拒收的事由和日期,由送达人、见证人签名或者盖章,将诉讼文书留在收件人、代收人的住处或者单位;也可以把诉讼文书留在受送达人的住处,并采用拍照、录像等方式记录送达过程,即视为送达。

第二百零五条　直接送达诉讼文书有困难的,可以委托收件人所在地的人民法院代为送达或者邮寄送达。

第二百零六条　委托送达的,应当将委托函、委托送达的诉讼文书及送达回证寄送受托法院。受托法院收到后,应当登记,在十日以内送达收件人,并将送达回证寄送委托法院;无法送达的,应当告知委托法院,并将诉讼文书及送达回证退回。

第二百零七条　邮寄送达的,应当将诉讼文书、送达回证邮寄给收件人。签收日期为送达日期。

第二百零八条　诉讼文书的收件人是军人的,可以通过其所在部队团级以上单位的政治部门转交。

收件人正在服刑的,可以通过执行机关转交。

收件人正在接受专门矫治教育等的,可以通过相关机构转交。

由有关部门、单位代为转交诉讼文书的,应当请有关部门、单位收到后立即交收件人签收,并将送达回证及时寄送人民法院。

第二百零九条　指定管辖案件的审理期限,自被指定管辖的人民法院收到指定管辖决定书和案卷、证据材料之日起计算。

第二百一十条　对可能判处死刑的案件或者附带民事诉讼的案件,以及有刑事诉讼法第一百五十八条规定情形之一的案件,上一级人民法院可以批准延长审理期限一次,期限为三个月。因特殊情况还需要延长的,应当报请最高人民法院批准。

申请批准延长审理期限的,应当在期限届满十五日以前层报。有权决定的人民法院不同意的,应当在审理期限届满五日以前作出决定。

因特殊情况报请最高人民法院批准延长审理期限,最高人民法院经审查,予以批准的,可以延长审理期限一至三个月。期限届满案件仍然不能审结的,可以再次提出申请。

第二百一十一条　审判期间,对被告人作精神病鉴定的时间不计入审理期限。

第八章　审判组织

第二百一十二条　合议庭由审判员担任审判长。院长或者庭长参加审理案件时,由其本人担任审判长。

审判员依法独任审判时,行使与审判长相同的职权。

第二百一十三条　基层人民法院、中级人民法院、高级人民法院审判下列第一审刑事案件,由审判员和人民陪审员组成合议庭进行:

(一)涉及群体利益、公共利益的;

(二)人民群众广泛关注或者其他社

会影响较大的；

（三）案情复杂或者有其他情形，需要由人民陪审员参加审判的。

基层人民法院、中级人民法院、高级人民法院审判下列第一审刑事案件，由审判员和人民陪审员组成七人合议庭进行：

（一）可能判处十年以上有期徒刑、无期徒刑、死刑，且社会影响重大的；

（二）涉及征地拆迁、生态环境保护、食品药品安全，且社会影响重大的；

（三）其他社会影响重大的。

第二百一十四条　开庭审理和评议案件，应当由同一合议庭进行。合议庭成员在评议案件时，应当独立发表意见并说明理由。意见分歧的，应当按多数意见作出决定，但少数意见应当记入笔录。评议笔录由合议庭的组成人员在审阅确认无误后签名。评议情况应当保密。

第二百一十五条　人民陪审员参加三人合议庭审判案件，应当对事实认定、法律适用独立发表意见，行使表决权。

人民陪审员参加七人合议庭审判案件，应当对事实认定独立发表意见，并与审判员共同表决；对法律适用可以发表意见，但不参加表决。

第二百一十六条　合议庭审理、评议后，应当及时作出判决、裁定。

对下列案件，合议庭应当提请院长决定提交审判委员会讨论决定：

（一）高级人民法院、中级人民法院拟判处死刑立即执行的案件，以及中级人民法院拟判处死刑缓期执行的案件；

（二）本院已经发生法律效力的判决、裁定确有错误需要再审的案件；

（三）人民检察院依照审判监督程序提出抗诉的案件。

对合议庭成员意见有重大分歧的案件、新类型案件、社会影响重大的案件以及其他疑难、复杂、重大的案件，合议庭认为难以作出决定的，可以提请院长决定提交审判委员会讨论决定。

人民陪审员可以要求合议庭将案件提请院长决定是否提交审判委员会讨论决定。

对提请院长决定提交审判委员会讨论决定的案件，院长认为不必要的，可以建议合议庭复议一次。

独任审判的案件，审判员认为有必要的，也可以提请院长决定提交审判委员会讨论决定。

第二百一十七条　审判委员会的决定，合议庭、独任审判员应当执行；有不同意见的，可以建议院长提交审判委员会复议。

第九章　公诉案件第一审普通程序

第一节　审查受理与庭前准备

第二百一十八条　对提起公诉的案件，人民法院应当在收到起诉书（一式八份，每增加一名被告人，增加起诉书五份）和案卷、证据后，审查以下内容：

（一）是否属于本院管辖；

（二）起诉书是否写明被告人的身份，是否受过或者正在接受刑事处罚、行政处罚、处分，被采取留置措施的情况，被采取强制措施的时间、种类、羁押地点，犯罪的时间、地点、手段、后果以及其他可能影响定罪量刑的情节；有多起犯罪事实的，是否在起诉书中将事实分别列明；

（三）是否移送证明指控犯罪事实及影响量刑的证据材料，包括采取技术调查、侦查措施的法律文书和所收集的证据材料；

（四）是否查封、扣押、冻结被告人的违法所得或者其他涉案财物，查封、扣押、冻结是否逾期；是否随案移送涉案财物、附涉案财物清单；是否列明涉案财物权属情况；是否就涉案财物处理提供相关证据材料；

（五）是否列明被害人的姓名、住址、联系方式；是否附有证人、鉴定人名单；是否申请法庭通知证人、鉴定人、有专门知识的人出庭，并列明有关人员的姓名、性别、年龄、职业、住址、联系方式；是否附有需要保护的证人、鉴定人、被害人名单；

（六）当事人已委托辩护人、诉讼代理人或者已接受法律援助的，是否列明辩护人、诉讼代理人的姓名、住址、联系方式；

（七）是否提起附带民事诉讼；提起附带民事诉讼的，是否列明附带民事诉讼当事人的姓名、住址、联系方式等，是否附有相关证据材料；

（八）监察调查、侦查、审查起诉程序的各种法律手续和诉讼文书是否齐全；

（九）被告人认罪认罚的，是否提出量刑建议、移送认罪认罚具结书等材料；

（十）有无刑事诉讼法第十六条第二项至第六项规定的不追究刑事责任的情形。

第二百一十九条 人民法院对提起公诉的案件审查后，应当按照下列情形分别处理：

（一）不属于本院管辖的，应当退回人民检察院；

（二）属于刑事诉讼法第十六条第二项至第六项规定情形的，应当退回人民检察院；属于告诉才处理的案件，应当同时告知被害人有权提起自诉；

（三）被告人不在案的，应当退回人民检察院；但是，对人民检察院按照缺席审判程序提起公诉的，应当依照本解释第二十四章的规定作出处理；

（四）不符合前条第二项至第九项规定之一，需要补充材料的，应当通知人民检察院在三日以内补送；

（五）依照刑事诉讼法第二百条第三项规定宣告被告人无罪后，人民检察院根据新的事实、证据重新起诉的，应当依法受理；

（六）依照本解释第二百九十六条规定裁定准许撤诉的案件，没有新的影响定罪量刑的事实、证据，重新起诉的，应当退回人民检察院；

（七）被告人真实身份不明，但符合刑事诉讼法第一百六十条第二款规定的，应当依法受理。

对公诉案件是否受理，应当在七日以内审查完毕。

第二百二十条 对一案起诉的共同犯罪或者关联犯罪案件，被告人人数众多、案情复杂，人民法院经审查认为，分案审理更有利于保障庭审质量和效率的，可以分案审理。分案审理不得影响当事人质证权等诉讼权利的行使。

对分案起诉的共同犯罪或者关联犯罪案件，人民法院经审查认为，合并审理更有利于查明案件事实、保障诉讼权利、准确定罪量刑的，可以并案审理。

第二百二十一条 开庭审理前，人民法院应当进行下列工作：

（一）确定审判长及合议庭组成人员；

（二）开庭十日以前将起诉书副本送达被告人、辩护人；

（三）通知当事人、法定代理人、辩护人、诉讼代理人在开庭五日以前提供证人、鉴定人名单,以及拟当庭出示的证据;申请证人、鉴定人、有专门知识的人出庭的,应当列明有关人员的姓名、性别、年龄、职业、住址、联系方式;

(四)开庭三日以前将开庭的时间、地点通知人民检察院;

(五)开庭三日以前将传唤当事人的传票和通知辩护人、诉讼代理人、法定代理人、证人、鉴定人等出庭的通知书送达;通知有关人员出庭,也可以采取电话、短信、传真、电子邮件、即时通讯等能够确认对方收悉的方式;对被害人人数众多的涉众型犯罪案件,可以通过互联网公布相关文书,通知有关人员出庭;

(六)公开审理的案件,在开庭三日以前公布案由、被告人姓名、开庭时间和地点。

上述工作情况应当记录在案。

第二百二十二条 审判案件应当公开进行。

案件涉及国家秘密或者个人隐私的,不公开审理;涉及商业秘密,当事人提出申请的,法庭可以决定不公开审理。

不公开审理的案件,任何人不得旁听,但具有刑事诉讼法第二百八十五条规定情形的除外。

第二百二十三条 精神病人、醉酒的人、未经人民法院批准的未成年人以及其他不宜旁听的人不得旁听案件审理。

第二百二十四条 被害人人数众多,且案件不属于附带民事诉讼范围的,被害人可以推选若干代表人参加庭审。

第二百二十五条 被害人、诉讼代理人经传唤或者通知未到庭,不影响开庭审理的,人民法院可以开庭审理。

辩护人经通知未到庭,被告人同意的,人民法院可以开庭审理,但被告人属于应当提供法律援助情形的除外。

第二节 庭前会议与庭审衔接

第二百二十六条 案件具有下列情形之一的,人民法院可以决定召开庭前会议:

(一)证据材料较多、案情重大复杂的;

(二)控辩双方对事实、证据存在较大争议的;

(三)社会影响重大的;

(四)需要召开庭前会议的其他情形。

第二百二十七条 控辩双方可以申请人民法院召开庭前会议,提出申请应当说明理由。人民法院经审查认为有必要的,应当召开庭前会议;决定不召开的,应当告知申请人。

第二百二十八条 庭前会议可以就下列事项向控辩双方了解情况,听取意见:

(一)是否对案件管辖有异议;

(二)是否申请有关人员回避;

(三)是否申请不公开审理;

(四)是否申请排除非法证据;

(五)是否提供新的证据材料;

(六)是否申请重新鉴定或者勘验;

(七)是否申请收集、调取证明被告人无罪或者罪轻的证据材料;

(八)是否申请证人、鉴定人、有专门知识的人、调查人员、侦查人员或者其他人员出庭,是否对出庭人员名单有异议;

(九)是否对涉案财物的权属情况和人民检察院的处理建议有异议;

(十)与审判相关的其他问题。

庭前会议中,人民法院可以开展附带

民事调解。

对第一款规定中可能导致庭审中断的程序性事项,人民法院可以在庭前会议后依法作出处理,并在庭审中说明处理决定和理由。控辩双方没有新的理由,在庭审中再次提出有关申请或者异议的,法庭可以在说明庭前会议情况和处理决定理由后,依法予以驳回。

庭前会议情况应当制作笔录,由参会人员核对后签名。

第二百二十九条 庭前会议中,审判人员可以询问控辩双方对证据材料有无异议,对有异议的证据,应当在庭审时重点调查;无异议的,庭审时举证、质证可以简化。

第二百三十条 庭前会议由审判长主持,合议庭其他审判员也可以主持庭前会议。

召开庭前会议应当通知公诉人、辩护人到场。

庭前会议准备就非法证据排除了解情况、听取意见,或者准备询问控辩双方对证据材料的意见的,应当通知被告人到场。有多名被告人的案件,可以根据情况确定参加庭前会议的被告人。

第二百三十一条 庭前会议一般不公开进行。

根据案件情况,庭前会议可以采用视频等方式进行。

第二百三十二条 人民法院在庭前会议中听取控辩双方对案件事实、证据材料的意见后,对明显事实不清、证据不足的案件,可以建议人民检察院补充材料或者撤回起诉。建议撤回起诉的案件,人民检察院不同意的,开庭审理后,没有新的事实和理由,一般不准许撤回起诉。

第二百三十三条 对召开庭前会议的案件,可以在开庭时告知庭前会议情况。对庭前会议中达成一致意见的事项,法庭在向控辩双方核实后,可以当庭予以确认;未达成一致意见的事项,法庭可以归纳控辩双方争议焦点,听取控辩双方意见,依法作出处理。

控辩双方在庭前会议中就有关事项达成一致意见,在庭审中反悔的,除有正当理由外,法庭一般不再进行处理。

第三节 宣布开庭与法庭调查

第二百三十四条 开庭审理前,书记员应当依次进行下列工作:

(一)受审判长委托,查明公诉人、当事人、辩护人、诉讼代理人、证人及其他诉讼参与人是否到庭;

(二)核实旁听人员中是否有证人、鉴定人、有专门知识的人;

(三)请公诉人、辩护人、诉讼代理人及其他诉讼参与人入庭;

(四)宣读法庭规则;

(五)请审判长、审判员、人民陪审员入庭;

(六)审判人员就座后,向审判长报告开庭前的准备工作已经就绪。

第二百三十五条 审判长宣布开庭,传被告人到庭后,应当查明被告人的下列情况:

(一)姓名、出生日期、民族、出生地、文化程度、职业、住址,或者被告单位的名称、住所地、法定代表人、实际控制人以及诉讼代表人的姓名、职务;

(二)是否受过刑事处罚、行政处罚、处分及其种类、时间;

(三)是否被采取留置措施及留置的时间,是否被采取强制措施及强制措施的种类、时间;

（四）收到起诉书副本的日期；有附带民事诉讼的，附带民事诉讼被告人收到附带民事起诉状的日期。

被告人较多的，可以在开庭前查明上述情况，但开庭时审判长应当作出说明。

第二百三十六条 审判长宣布案件的来源、起诉的案由、附带民事诉讼当事人的姓名及是否公开审理；不公开审理的，应当宣布理由。

第二百三十七条 审判长宣布合议庭组成人员、法官助理、书记员、公诉人的名单，以及辩护人、诉讼代理人、鉴定人、翻译人员等诉讼参与人的名单。

第二百三十八条 审判长应当告知当事人及其法定代理人、辩护人、诉讼代理人在法庭审理过程中依法享有下列诉讼权利：

（一）可以申请合议庭组成人员、法官助理、书记员、公诉人、鉴定人和翻译人员回避；

（二）可以提出证据，申请通知新的证人到庭、调取新的证据，申请重新鉴定或者勘验；

（三）被告人可以自行辩护；

（四）被告人可以在法庭辩论终结后作最后陈述。

第二百三十九条 审判长应当询问当事人及其法定代理人、辩护人、诉讼代理人是否申请回避、申请何人回避和申请回避的理由。

当事人及其法定代理人、辩护人、诉讼代理人申请回避的，依照刑事诉讼法及本解释的有关规定处理。

同意或者驳回回避申请的决定及复议决定，由审判长宣布，并说明理由。必要时，也可以由院长到庭宣布。

第二百四十条 审判长宣布法庭调查开始后，应当先由公诉人宣读起诉书；公诉人宣读起诉书后，审判长应当询问被告人对起诉书指控的犯罪事实和罪名有无异议。

有附带民事诉讼的，公诉人宣读起诉书后，由附带民事诉讼原告人或者其法定代理人、诉讼代理人宣读附带民事起诉状。

第二百四十一条 在审判长主持下，被告人、被害人可以就起诉书指控的犯罪事实分别陈述。

第二百四十二条 在审判长主持下，公诉人可以就起诉书指控的犯罪事实讯问被告人。

经审判长准许，被害人及其法定代理人、诉讼代理人可以就公诉人讯问的犯罪事实补充发问；附带民事诉讼原告人及其法定代理人、诉讼代理人可以就附带民事部分的事实向被告人发问；被告人的法定代理人、辩护人，附带民事诉讼被告人及其法定代理人、诉讼代理人可以在控诉方、附带民事诉讼原告方就某一问题讯问、发问完毕后向被告人发问。

根据案件情况，就证据问题对被告人的讯问、发问可以在举证、质证环节进行。

第二百四十三条 讯问同案审理的被告人，应当分别进行。

第二百四十四条 经审判长准许，控辩双方可以向被害人、附带民事诉讼原告人发问。

第二百四十五条 必要时，审判人员可以讯问被告人，也可以向被害人、附带民事诉讼当事人发问。

第二百四十六条 公诉人可以提请法庭通知证人、鉴定人、有专门知识的人、调查人员、侦查人员或者其他人员出庭，或者出示证据。被害人及其法定代理人、诉讼代理人,附带民事诉讼原告人及其诉讼代理人也可以提出申请。

在控诉方举证后,被告人及其法定代理人、辩护人可以提请法庭通知证人、鉴定人、有专门知识的人、调查人员、侦查人员或者其他人员出庭,或者出示证据。

第二百四十七条 控辩双方申请证人出庭作证,出示证据,应当说明证据的名称、来源和拟证明的事实。法庭认为有必要的,应当准许;对方提出异议,认为有关证据与案件无关或者明显重复、不必要,法庭经审查异议成立的,可以不予准许。

第二百四十八条 已经移送人民法院的案卷和证据材料,控辩双方需要出示的,可以向法庭提出申请,法庭可以准许。案卷和证据材料应当在质证后当庭归还。

需要播放录音录像或者需要将证据材料交由法庭、公诉人或者诉讼参与人查看的,法庭可以指令值庭法警或者相关人员予以协助。

第二百四十九条 公诉人、当事人或者辩护人、诉讼代理人对证人证言有异议,且该证人证言对定罪量刑有重大影响,或者对鉴定意见有异议,人民法院认为证人、鉴定人有必要出庭作证的,应当通知证人、鉴定人出庭。

控辩双方对侦破经过、证据来源、证据真实性或者合法性等有异议,申请调查人员、侦查人员或者有关人员出庭,人民法院认为有必要的,应当通知调查人员、侦查人员或者有关人员出庭。

第二百五十条 公诉人、当事人及其辩护人、诉讼代理人申请法庭通知有专门知识的人出庭,就鉴定意见提出意见的,应当说明理由。法庭认为有必要的,应当通知有专门知识的人出庭。

申请有专门知识的人出庭,不得超过二人。有多种类鉴定意见的,可以相应增加人数。

第二百五十一条 为查明案件事实、调查核实证据,人民法院可以依职权通知证人、鉴定人、有专门知识的人、调查人员、侦查人员或者其他人员出庭。

第二百五十二条 人民法院通知有关人员出庭的,可以要求控辩双方予以协助。

第二百五十三条 证人具有下列情形之一,无法出庭作证的,人民法院可以准许其不出庭:

(一)庭审期间身患严重疾病或者行动极为不便的;

(二)居所远离开庭地点且交通极为不便的;

(三)身处国外短期无法回国的;

(四)有其他客观原因,确实无法出庭的。

具有前款规定情形的,可以通过视频等方式作证。

第二百五十四条 证人出庭作证所支出的交通、住宿、就餐等费用,人民法院应当给予补助。

第二百五十五条 强制证人出庭的,应当由院长签发强制证人出庭令,由法警执行。必要时,可以商请公安机关协助。

第二百五十六条 证人、鉴定人、被害人因出庭作证,本人或者其近亲属的人身安全面临危险的,人民法院应当采取不公开其真实姓名、住址和工作单位等个人信息,或者不暴露其外貌、真实声音等保护措施。辩护律师经法庭许可,查阅对证人、鉴定人、被害人使用化名情况的,应当签署保密承诺书。

审判期间，证人、鉴定人、被害人提出保护请求的，人民法院应当立即审查；认为确有保护必要的，应当及时决定采取相应保护措施。必要时，可以商请公安机关协助。

第二百五十七条　决定对出庭作证的证人、鉴定人、被害人采取不公开个人信息的保护措施的，审判人员应当在开庭前核实其身份，对证人、鉴定人如实作证的保证书不得公开，在判决书、裁定书等法律文书中可以使用化名等代替其个人信息。

第二百五十八条　证人出庭的，法庭应当核实其身份、与当事人以及本案的关系，并告知其有关权利义务和法律责任。证人应当保证向法庭如实提供证言，并在保证书上签名。

第二百五十九条　证人出庭后，一般先向法庭陈述证言；其后，经审判长许可，由申请通知证人出庭的一方发问，发问完毕后，对方也可以发问。

法庭依职权通知证人出庭的，发问顺序由审判长根据案件情况确定。

第二百六十条　鉴定人、有专门知识的人、调查人员、侦查人员或者其他人员出庭的，参照适用前两条规定。

第二百六十一条　向证人发问应当遵循以下规则：

（一）发问的内容应当与本案事实有关；

（二）不得以诱导方式发问；

（三）不得威胁证人；

（四）不得损害证人的人格尊严。

对被告人、被害人、附带民事诉讼当事人、鉴定人、有专门知识的人、调查人员、侦查人员或者其他人员的讯问、发问，适用前款规定。

第二百六十二条　控辩双方的讯问、发问方式不当或者内容与本案无关的，对方可以提出异议，申请审判长制止，审判长应当判明情况予以支持或者驳回；对方未提出异议的，审判长也可以根据情况予以制止。

第二百六十三条　审判人员认为必要时，可以询问证人、鉴定人、有专门知识的人、调查人员、侦查人员或者其他人员。

第二百六十四条　向证人、调查人员、侦查人员发问应当分别进行。

第二百六十五条　证人、鉴定人、有专门知识的人、调查人员、侦查人员或者其他人员不得旁听对本案的审理。有关人员作证或者发表意见后，审判长应当告知其退庭。

第二百六十六条　审理涉及未成年人的刑事案件，询问未成年被害人、证人，通知未成年被害人、证人出庭作证，适用本解释第二十二章的有关规定。

第二百六十七条　举证方当庭出示证据后，由对方发表质证意见。

第二百六十八条　对可能影响定罪量刑的关键证据和控辩双方存在争议的证据，一般应当单独举证、质证，充分听取质证意见。

对控辩双方无异议的非关键证据，举证方可以仅就证据的名称及拟证明的事实作出说明。

召开庭前会议的案件，举证、质证可以按照庭前会议确定的方式进行。

根据案件和庭审情况，法庭可以对控辩双方的举证、质证方式进行必要的指引。

第二百六十九条　审理过程中，法庭认为有必要的，可以传唤同案被告人、分案审理的共同犯罪或者关联犯罪案件的被告人等到庭对质。

第二百七十条　当庭出示的证据,尚未移送人民法院的,应当在质证后当庭移交。

第二百七十一条　法庭对证据有疑问的,可以告知公诉人、当事人及其法定代理人、辩护人、诉讼代理人补充证据或者作出说明;必要时,可以宣布休庭,对证据进行调查核实。

对公诉人、当事人及其法定代理人、辩护人、诉讼代理人补充的和审判人员庭外调查核实取得的证据,应当经过当庭质证才能作为定案的根据。但是,对不影响定罪量刑的非关键证据、有利于被告人的量刑证据以及认定被告人有犯罪前科的裁判文书等证据,经庭外征求意见,控辩双方没有异议的除外。

有关情况,应当记录在案。

第二百七十二条　公诉人申请出示开庭前未移送或者提交人民法院的证据,辩护方提出异议的,审判长应当要求公诉人说明理由;理由成立并确有出示必要的,应当准许。

辩护方提出需要对新的证据作辩护准备的,法庭可以宣布休庭,并确定准备辩护的时间。

辩护方申请出示开庭前未提交的证据,参照适用前两款规定。

第二百七十三条　法庭审理过程中,控辩双方申请通知新的证人到庭、调取新的证据,申请重新鉴定或者勘验的,应当提供证人的基本信息、证据的存放地点,说明拟证明的事项,申请重新鉴定或者勘验的理由。法庭认为有必要的,应当同意,并宣布休庭;根据案件情况,可以决定延期审理。

人民法院决定重新鉴定的,应当及时委托鉴定,并将鉴定意见告知人民检察院、当事人及其辩护人、诉讼代理人。

第二百七十四条　审判期间,公诉人发现案件需要补充侦查,建议延期审理的,合议庭可以同意,但建议延期审理不得超过两次。

人民检察院将补充收集的证据移送人民法院的,人民法院应当通知辩护人、诉讼代理人查阅、摘抄、复制。

补充侦查期限届满后,人民检察院未将补充的证据材料移送人民法院的,人民法院可以根据在案证据作出判决、裁定。

第二百七十五条　人民法院向人民检察院调取需要调查核实的证据材料,或者根据被告人、辩护人的申请,向人民检察院调取在调查、侦查、审查起诉期间收集的有关被告人无罪或者罪轻的证据材料,应当通知人民检察院在收到调取证据材料决定书后三日以内移交。

第二百七十六条　法庭审理过程中,对与量刑有关的事实、证据,应当进行调查。

人民法院除应当审查被告人是否具有法定量刑情节外,还应当根据案件情况审查以下影响量刑的情节:

(一)案件起因;

(二)被害人有无过错及过错程度,是否对矛盾激化负有责任及责任大小;

(三)被告人的近亲属是否协助抓获被告人;

(四)被告人平时表现,有无悔罪态度;

(五)退赃、退赔及赔偿情况;

(六)被告人是否取得被害人或者其近亲属谅解;

(七)影响量刑的其他情节。

第二百七十七条 审判期间,合议庭发现被告人可能有自首、坦白、立功等法定量刑情节,而人民检察院移送的案卷中没有相关证据材料的,应当通知人民检察院在指定时间内移送。

审判期间,被告人提出新的立功线索的,人民法院可以建议人民检察院补充侦查。

第二百七十八条 对被告人认罪的案件,在确认被告人了解起诉书指控的犯罪事实和罪名,自愿认罪且知悉认罪的法律后果后,法庭调查可以主要围绕量刑和其他有争议的问题进行。

对被告人不认罪或者辩护人作无罪辩护的案件,法庭调查应当在查明定罪事实的基础上,查明有关量刑事实。

第二百七十九条 法庭审理过程中,应当对查封、扣押、冻结财物及其孳息的权属、来源等情况,是否属于违法所得或者依法应当追缴的其他涉案财物进行调查,由公诉人说明情况、出示证据、提出处理建议,并听取被告人、辩护人等诉讼参与人的意见。

案外人对查封、扣押、冻结的财物及其孳息提出权属异议的,人民法院应当听取案外人的意见;必要时,可以通知案外人出庭。

经审查,不能确认查封、扣押、冻结的财物及其孳息属于违法所得或者依法应当追缴的其他涉案财物的,不得没收。

第四节 法庭辩论与最后陈述

第二百八十条 合议庭认为案件事实已经调查清楚的,应当由审判长宣布法庭调查结束,开始就定罪、量刑、涉案财物处理的事实、证据、适用法律等问题进行法庭辩论。

第二百八十一条 法庭辩论应当在审判长的主持下,按照下列顺序进行:

(一)公诉人发言;
(二)被害人及其诉讼代理人发言;
(三)被告人自行辩护;
(四)辩护人辩护;
(五)控辩双方进行辩论。

第二百八十二条 人民检察院可以提出量刑建议并说明理由;建议判处管制、宣告缓刑的,一般应当附有调查评估报告,或者附有委托调查函。

当事人及其辩护人、诉讼代理人可以对量刑提出意见并说明理由。

第二百八十三条 对被告人认罪的案件,法庭辩论时,应当指引控辩双方主要围绕量刑和其他有争议的问题进行。

对被告人不认罪或者辩护人作无罪辩护的案件,法庭辩论时,可以指引控辩双方先辩论定罪问题,后辩论量刑和其他问题。

第二百八十四条 附带民事部分的辩论应当在刑事部分的辩论结束后进行,先由附带民事诉讼原告人及其诉讼代理人发言,后由附带民事诉讼被告人及其诉讼代理人答辩。

第二百八十五条 法庭辩论过程中,审判长应当充分听取控辩双方的意见,对控辩双方与案件无关、重复或者指责对方的发言应当提醒、制止。

第二百八十六条 法庭辩论过程中,合议庭发现与定罪、量刑有关的新的事实,有必要调查的,审判长可以宣布恢复法庭调查,在对新的事实调查后,继续法庭辩论。

第二百八十七条 审判长宣布法庭辩论终结后,合议庭应当保证被告人充分行使最后陈述的权利。

被告人在最后陈述中多次重复自己的意见的,法庭可以制止;陈述内容蔑视法庭、公诉人,损害他人及社会公共利益,或者与本案无关的,应当制止。

在公开审理的案件中,被告人最后陈述的内容涉及国家秘密、个人隐私或者商业秘密的,应当制止。

第二百八十八条 被告人在最后陈述中提出新的事实、证据,合议庭认为可能影响正确裁判的,应当恢复法庭调查;被告人提出新的辩解理由,合议庭认为可能影响正确裁判的,应当恢复法庭辩论。

第二百八十九条 公诉人当庭发表与起诉书不同的意见,属于变更、追加、补充或者撤回起诉的,人民法院应当要求人民检察院在指定时间内以书面方式提出;必要时,可以宣布休庭。人民检察院在指定时间内未提出的,人民法院应当根据法庭审理情况,就起诉书指控的犯罪事实依法作出判决、裁定。

人民检察院变更、追加、补充起诉的,人民法院应当给予被告人及其辩护人必要的准备时间。

第二百九十条 辩护人应当及时将书面辩护意见提交人民法院。

第五节 评议案件与宣告判决

第二百九十一条 被告人最后陈述后,审判长应当宣布休庭,由合议庭进行评议。

第二百九十二条 开庭审理的全部活动,应当由书记员制作笔录;笔录经审判长审阅后,分别由审判长和书记员签名。

第二百九十三条 法庭笔录应当在庭审后交由当事人、法定代理人、辩护人、诉讼代理人阅读或者向其宣读。

法庭笔录中的出庭证人、鉴定人、有专门知识的人、调查人员、侦查人员或者其他人员的证言、意见部分,应当在庭审后分别交由有关人员阅读或者向其宣读。

前两款所列人员认为记录有遗漏或者差错的,可以请求补充或者改正;确认无误后,应当签名;拒绝签名的,应当记录在案;要求改变庭审中陈述的,不予准许。

第二百九十四条 合议庭评议案件,应当根据已经查明的事实、证据和有关法律规定,在充分考虑控辩双方意见的基础上,确定被告人是否有罪、构成何罪,有无从重、从轻、减轻或者免除处罚情节,应否处以刑罚、判处何种刑罚,附带民事诉讼如何解决,查封、扣押、冻结的财物及其孳息如何处理等,并依法作出判决、裁定。

第二百九十五条 对第一审公诉案件,人民法院审理后,应当按照下列情形分别作出判决、裁定:

(一)起诉指控的事实清楚,证据确实、充分,依据法律认定指控被告人的罪名成立的,应当作出有罪判决;

(二)起诉指控的事实清楚,证据确实、充分,但指控的罪名不当的,应当依据法律和审理认定的事实作出有罪判决;

(三)案件事实清楚,证据确实、充分,依据法律认定被告人无罪的,应当判决宣告被告人无罪;

(四)证据不足,不能认定被告人有罪的,应当以证据不足、指控的犯罪不能成立,判决宣告被告人无罪;

(五)案件部分事实清楚,证据确实、充分的,应当作出有罪或者无罪的判决;对事实不清、证据不足部分,不予认定;

(六)被告人因未达到刑事责任年龄,不予刑事处罚的,应当判决宣告被告人不负刑事责任；

（七）被告人是精神病人，在不能辨认或者不能控制自己行为时造成危害结果，不予刑事处罚的，应当判决宣告被告人不负刑事责任；被告人符合强制医疗条件的，应当依照本解释第二十六章的规定进行审理并作出判决；

（八）犯罪已过追诉时效期限且不是必须追诉，或者经特赦令免除刑罚的，应当裁定终止审理；

（九）属于告诉才处理的案件，应当裁定终止审理，并告知被害人有权提起自诉；

（十）被告人死亡的，应当裁定终止审理；但有证据证明被告人无罪，经缺席审理确认无罪的，应当判决宣告被告人无罪。

对涉案财物，人民法院应当根据审理查明的情况，依照本解释第十八章的规定作出处理。

具有第一款第二项规定情形的，人民法院应当在判决前听取控辩双方的意见，保障被告人、辩护人充分行使辩护权。必要时，可以再次开庭，组织控辩双方围绕被告人的行为构成何罪及如何量刑进行辩论。

第二百九十六条 在开庭后、宣告判决前，人民检察院要求撤回起诉的，人民法院应当审查撤回起诉的理由，作出是否准许的裁定。

第二百九十七条 审判期间，人民法院发现新的事实，可能影响定罪量刑的，或者需要补查补证的，应当通知人民检察院，由其决定是否补充、变更、追加起诉或者补充侦查。

人民检察院不同意或者在指定时间内未回复书面意见的，人民法院应当就其指控的事实，依照本解释第二百九十五条的规定作出判决、裁定。

第二百九十八条 对依照本解释第二百一十九条第一款第五项规定受理的案件，人民法院应当在判决中写明被告人曾被人民检察院提起公诉，因证据不足，指控的犯罪不能成立，被人民法院依法判决宣告无罪的情况；前案依照刑事诉讼法第二百条第三项规定作出的判决不予撤销。

第二百九十九条 合议庭成员、法官助理、书记员应当在评议笔录上签名，在判决书、裁定书等法律文书上署名。

第三百条 裁判文书应当写明裁判依据，阐释裁判理由，反映控辩双方的意见并说明采纳或者不予采纳的理由。

适用普通程序审理的被告人认罪的案件，裁判文书可以适当简化。

第三百零一条 庭审结束后、评议前，部分合议庭成员不能继续履行审判职责的，人民法院应当依法更换合议庭组成人员，重新开庭审理。

评议后、宣判前，部分合议庭成员因调动、退休等正常原因不能参加宣判，在不改变原评议结论的情况下，可以由审判本案的其他审判员宣判，裁判文书上仍署审判本案的合议庭成员的姓名。

第三百零二条 当庭宣告判决的，应当在五日以内送达判决书。定期宣告判决的，应当在宣判前，先期公告宣判的时间和地点，传唤当事人并通知公诉人、法定代理人、辩护人和诉讼代理人；判决宣告后，应当立即送达判决书。

第三百零三条 判决书应当送达人民检察院、当事人、法定代理人、辩护人、诉讼代理人，并可以送达被告人的近亲属。被害人死亡，其近亲属申请领取判决书的,人民法院应当及时提供。

判决生效后,还应当送达被告人的所在单位或者户籍地的公安派出所,或者被告单位的注册登记机关。被告人系外国人,且在境内有居住地的,应当送达居住地的公安派出所。

第三百零四条 宣告判决,一律公开进行。宣告判决结果时,法庭内全体人员应当起立。

公诉人、辩护人、诉讼代理人、被害人、自诉人或者附带民事诉讼原告人未到庭的,不影响宣判的进行。

第六节 法庭纪律与其他规定

第三百零五条 在押被告人出庭受审时,不着监管机构的识别服。

庭审期间不得对被告人使用戒具,但法庭认为其人身危险性大,可能危害法庭安全的除外。

第三百零六条 庭审期间,全体人员应当服从法庭指挥,遵守法庭纪律,尊重司法礼仪,不得实施下列行为:

(一)鼓掌、喧哗、随意走动;

(二)吸烟、进食;

(三)拨打、接听电话,或者使用即时通讯工具;

(四)对庭审活动进行录音、录像、拍照或者使用即时通讯工具等传播庭审活动;

(五)其他危害法庭安全或者扰乱法庭秩序的行为。

旁听人员不得进入审判活动区,不得随意站立、走动,不得发言和提问。

记者经许可实施第一款第四项规定的行为,应当在指定的时间及区域进行,不得干扰庭审活动。

第三百零七条 有关人员危害法庭安全或者扰乱法庭秩序的,审判长应当按照下列情形分别处理:

(一)情节较轻的,应当警告制止;根据具体情况,也可以进行训诫;

(二)训诫无效的,责令退出法庭;拒不退出的,指令法警强行带出法庭;

(三)情节严重的,报经院长批准后,可以对行为人处一千元以下的罚款或者十五日以下的拘留。

未经许可对庭审活动进行录音、录像、拍照或者使用即时通讯工具等传播庭审活动的,可以暂扣相关设备及存储介质,删除相关内容。

有关人员对罚款、拘留的决定不服的,可以直接向上一级人民法院申请复议,也可以通过决定罚款、拘留的人民法院向上一级人民法院申请复议。通过决定罚款、拘留的人民法院申请复议的,该人民法院应当自收到复议申请之日起三日以内,将复议申请、罚款或者拘留决定书和有关事实、证据材料一并报上一级人民法院复议。复议期间,不停止决定的执行。

第三百零八条 担任辩护人、诉讼代理人的律师严重扰乱法庭秩序,被强行带出法庭或者被处以罚款、拘留的,人民法院应当通报司法行政机关,并可以建议依法给予相应处罚。

第三百零九条 实施下列行为之一,危害法庭安全或者扰乱法庭秩序,构成犯罪的,依法追究刑事责任:

(一)非法携带枪支、弹药、管制刀具或者爆炸性、易燃性、毒害性、放射性以及传染病病原体等危险物质进入法庭;

(二)哄闹、冲击法庭;

(三)侮辱、诽谤、威胁、殴打司法工作人员或者诉讼参与人;

（四）毁坏法庭设施，抢夺、损毁诉讼文书、证据；

（五）其他危害法庭安全或者扰乱法庭秩序的行为。

第三百一十条　辩护人严重扰乱法庭秩序，被责令退出法庭、强行带出法庭或者被处以罚款、拘留，被告人自行辩护的，庭审继续进行；被告人要求另行委托辩护人，或者被告人属于应当提供法律援助情形的，应当宣布休庭。

辩护人、诉讼代理人被责令退出法庭、强行带出法庭或者被处以罚款后，具结保证书，保证服从法庭指挥、不再扰乱法庭秩序的，经法庭许可，可以继续担任辩护人、诉讼代理人。

辩护人、诉讼代理人具有下列情形之一的，不得继续担任同一案件的辩护人、诉讼代理人：

（一）擅自退庭的；

（二）无正当理由不出庭或者不按时出庭，严重影响审判顺利进行的；

（三）被拘留或者具结保证书后再次被责令退出法庭、强行带出法庭的。

第三百一十一条　被告人在一个审判程序中更换辩护人一般不得超过两次。

被告人当庭拒绝辩护人辩护，要求另行委托辩护人或者指派律师的，合议庭应当准许。被告人拒绝辩护人辩护后，没有辩护人的，应当宣布休庭；仍有辩护人的，庭审可以继续进行。

有多名被告人的案件，部分被告人拒绝辩护人辩护后，没有辩护人的，根据案件情况，可以对该部分被告人另案处理，对其他被告人的庭审继续进行。

重新开庭后，被告人再次当庭拒绝辩护人辩护的，可以准许，但被告人不得再次另行委托辩护人或者要求另行指派律师，由其自行辩护。

被告人属于应当提供法律援助的情形，重新开庭后再次当庭拒绝辩护人辩护的，不予准许。

第三百一十二条　法庭审理过程中，辩护人拒绝为被告人辩护，有正当理由的，应当准许；是否继续庭审，参照适用前条规定。

第三百一十三条　依照前两条规定另行委托辩护人或者通知法律援助机构指派律师的，自案件宣布休庭之日起至第十五日止，由辩护人准备辩护，但被告人及其辩护人自愿缩短时间的除外。

庭审结束后、判决宣告前另行委托辩护人的，可以不重新开庭；辩护人提交书面辩护意见的，应当接受。

第三百一十四条　有多名被告人的案件，部分被告人具有刑事诉讼法第二百零六条第一款规定情形的，人民法院可以对全案中止审理；根据案件情况，也可以对该部分被告人中止审理，对其他被告人继续审理。

对中止审理的部分被告人，可以根据案件情况另案处理。

第三百一十五条　人民检察院认为人民法院审理案件违反法定程序，在庭审后提出书面纠正意见，人民法院认为正确的，应当采纳。

第十章　自诉案件第一审程序

第三百一十六条　人民法院受理自诉案件必须符合下列条件：

（一）符合刑事诉讼法第二百一十条、本解释第一条的规定；

（二）属于本院管辖；

（三）被害人告诉；

（四）有明确的被告人、具体的诉讼

请求和证明被告人犯罪事实的证据。

第三百一十七条　本解释第一条规定的案件,如果被害人死亡、丧失行为能力或者因受强制、威吓等无法告诉,或者是限制行为能力人以及因年老、患病、盲、聋、哑等不能亲自告诉,其法定代理人、近亲属告诉或者代为告诉的,人民法院应当依法受理。

被害人的法定代理人、近亲属告诉或者代为告诉的,应当提供与被害人关系的证明和被害人不能亲自告诉的原因的证明。

第三百一十八条　提起自诉应当提交刑事自诉状;同时提起附带民事诉讼的,应当提交刑事附带民事自诉状。

第三百一十九条　自诉状一般应当包括以下内容:

(一)自诉人(代为告诉人)、被告人的姓名、性别、年龄、民族、出生地、文化程度、职业、工作单位、住址、联系方式;

(二)被告人实施犯罪的时间、地点、手段、情节和危害后果等;

(三)具体的诉讼请求;

(四)致送的人民法院和具状时间;

(五)证据的名称、来源等;

(六)证人的姓名、住址、联系方式等。

对两名以上被告人提出告诉的,应当按照被告人的人数提供自诉状副本。

第三百二十条　对自诉案件,人民法院应当在十五日以内审查完毕。经审查,符合受理条件的,应当决定立案,并书面通知自诉人或者代为告诉人。

具有下列情形之一的,应当说服自诉人撤回起诉;自诉人不撤回起诉的,裁定不予受理:

(一)不属于本解释第一条规定的案件的;

(二)缺乏罪证的;

(三)犯罪已过追诉时效期限的;

(四)被告人死亡的;

(五)被告人下落不明的;

(六)除因证据不足而撤诉的以外,自诉人撤诉后,就同一事实又告诉的;

(七)经人民法院调解结案后,自诉人反悔,就同一事实再行告诉的;

(八)属于本解释第一条第二项规定的案件,公安机关正在立案侦查或者人民检察院正在审查起诉的;

(九)不服人民检察院对未成年犯罪嫌疑人作出的附条件不起诉决定或者附条件不起诉考验期满后作出的不起诉决定,向人民法院起诉的。

第三百二十一条　对已经立案,经审查缺乏罪证的自诉案件,自诉人提不出补充证据的,人民法院应当说服其撤回起诉或者裁定驳回起诉;自诉人撤回起诉或者被驳回起诉后,又提出了新的足以证明被告人有罪的证据,再次提起自诉的,人民法院应当受理。

第三百二十二条　自诉人对不予受理或者驳回起诉的裁定不服的,可以提起上诉。

第二审人民法院查明第一审人民法院作出的不予受理裁定有错误的,应当在撤销原裁定的同时,指令第一审人民法院立案受理;查明第一审人民法院驳回起诉裁定有错误的,应当在撤销原裁定的同时,指令第一审人民法院进行审理。

第三百二十三条　自诉人明知有其他共同侵害人,但只对部分侵害人提起自诉的,人民法院应当受理,并告知其放弃告诉的法律后果;自诉人放弃告诉,判决宣告后又对其他共同侵害人就同一事实提起自诉的,人民法院不予受理。

共同被害人中只有部分人告诉的，人民法院应当通知其他被害人参加诉讼，并告知其不参加诉讼的法律后果。被通知人接到通知后表示不参加诉讼或者不出庭的，视为放弃告诉。第一审宣判后，被通知人就同一事实又提起自诉的，人民法院不予受理。但是，当事人另行提起民事诉讼的，不受本解释限制。

第三百二十四条 被告人实施两个以上犯罪行为，分别属于公诉案件和自诉案件，人民法院可以一并审理。对自诉部分的审理，适用本章的规定。

第三百二十五条 自诉案件当事人因客观原因不能取得的证据，申请人民法院调取的，应当说明理由，并提供相关线索或者材料。人民法院认为有必要的，应当及时调取。

对通过信息网络实施的侮辱、诽谤行为，被害人向人民法院告诉，但提供证据确有困难的，人民法院可以要求公安机关提供协助。

第三百二十六条 对犯罪事实清楚，有足够证据的自诉案件，应当开庭审理。

第三百二十七条 自诉案件符合简易程序适用条件的，可以适用简易程序审理。

不适用简易程序审理的自诉案件，参照适用公诉案件第一审普通程序的有关规定。

第三百二十八条 人民法院审理自诉案件，可以在查明事实、分清是非的基础上，根据自愿、合法的原则进行调解。调解达成协议的，应当制作刑事调解书，由审判人员、法官助理、书记员署名，并加盖人民法院印章。调解书经双方当事人签收后，即具有法律效力。调解没有达成协议，或者调解书签收前当事人反悔的，应当及时作出判决。

刑事诉讼法第二百一十条第三项规定的案件不适用调解。

第三百二十九条 判决宣告前，自诉案件的当事人可以自行和解，自诉人可以撤回自诉。

人民法院经审查，认为和解、撤回自诉确属自愿的，应当裁定准许；认为系被强迫、威吓等，并非自愿的，不予准许。

第三百三十条 裁定准许撤诉的自诉案件，被告人被采取强制措施的，人民法院应当立即解除。

第三百三十一条 自诉人经两次传唤，无正当理由拒不到庭，或者未经法庭准许中途退庭的，人民法院应当裁定按撤诉处理。

部分自诉人撤诉或者被裁定按撤诉处理的，不影响案件的继续审理。

第三百三十二条 被告人在自诉案件审判期间下落不明的，人民法院可以裁定中止审理；符合条件的，可以对被告人依法决定逮捕。

第三百三十三条 对自诉案件，应当参照刑事诉讼法第二百条和本解释第二百九十五条的有关规定作出判决。对依法宣告无罪的案件，有附带民事诉讼的，其附带民事部分可以依法进行调解或者一并作出判决，也可以告知附带民事诉讼原告人另行提起民事诉讼。

第三百三十四条 告诉才处理和被害人有证据证明的轻微刑事案件的被告人或者其法定代理人在诉讼过程中，可以对自诉人提起反诉。反诉必须符合下列条件：

（一）反诉的对象必须是本案自诉人；

（二）反诉的内容必须是与本案有关的行为；

（三）反诉的案件必须符合本解释第一条第一项、第二项的规定。

反诉案件适用自诉案件的规定，应当与自诉案件一并审理。自诉人撤诉的，不影响反诉案件的继续审理。

第十一章　单位犯罪案件的审理

第三百三十五条　人民法院受理单位犯罪案件，除依照本解释第二百一十八条的有关规定进行审查外，还应当审查起诉书是否列明被告单位的名称、住所地、联系方式，法定代表人、实际控制人、主要负责人以及代表被告单位出庭的诉讼代表人的姓名、职务、联系方式。需要人民检察院补充材料的，应当通知人民检察院在三日以内补送。

第三百三十六条　被告单位的诉讼代表人，应当是法定代表人、实际控制人或者主要负责人；法定代表人、实际控制人或者主要负责人被指控为单位犯罪直接责任人员或者因客观原因无法出庭的，应当由被告单位委托其他负责人或者职工作为诉讼代表人。但是，有关人员被指控为单位犯罪直接责任人员或者知道案件情况、负有作证义务的除外。

依据前款规定难以确定诉讼代表人的，可以由被告单位委托律师等单位以外的人员作为诉讼代表人。

诉讼代表人不得同时担任被告单位或者被指控为单位犯罪直接责任人员的有关人员的辩护人。

第三百三十七条　开庭审理单位犯罪案件，应当通知被告单位的诉讼代表人出庭；诉讼代表人不符合前条规定的，应当要求人民检察院另行确定。

被告单位的诉讼代表人不出庭的，应当按照下列情形分别处理：

（一）诉讼代表人系被告单位的法定代表人、实际控制人或者主要负责人，无正当理由拒不出庭的，可以拘传其到庭；因客观原因无法出庭，或者下落不明的，应当要求人民检察院另行确定诉讼代表人；

（二）诉讼代表人系其他人员的，应当要求人民检察院另行确定诉讼代表人。

第三百三十八条　被告单位的诉讼代表人享有刑事诉讼法规定的有关被告人的诉讼权利。开庭时，诉讼代表人席位置于审判台前左侧，与辩护人席并列。

第三百三十九条　被告单位委托辩护人的，参照适用本解释的有关规定。

第三百四十条　对应当认定为单位犯罪的案件，人民检察院只作为自然人犯罪起诉的，人民法院应当建议人民检察院对犯罪单位追加起诉。人民检察院仍以自然人犯罪起诉的，人民法院应当依法审理，按照单位犯罪直接负责的主管人员或者其他直接责任人员追究刑事责任，并援引刑法分则关于追究单位犯罪中直接负责的主管人员和其他直接责任人员刑事责任的条款。

第三百四十一条　被告单位的违法所得及其他涉案财物，尚未被依法追缴或者查封、扣押、冻结的，人民法院应当决定追缴或者查封、扣押、冻结。

第三百四十二条　为保证判决的执行，人民法院可以先行查封、扣押、冻结被告单位的财产，或者由被告单位提出担保。

第三百四十三条　采取查封、扣押、冻结等措施，应当严格依照法定程序进行，最大限度降低对被告单位正常生产经营活动的影响。

第三百四十四条 审判期间,被告单位被吊销营业执照、宣告破产但尚未完成清算、注销登记的,应当继续审理;被告单位被撤销、注销的,对单位犯罪直接负责的主管人员和其他直接责任人员应当继续审理。

第三百四十五条 审判期间,被告单位合并、分立的,应当将原单位列为被告单位,并注明合并、分立情况。对被告单位所判处的罚金以其在新单位的财产及收益为限。

第三百四十六条 审理单位犯罪案件,本章没有规定的,参照适用本解释的有关规定。

第十二章 认罪认罚案件的审理

第三百四十七条 刑事诉讼法第十五条规定的"认罪",是指犯罪嫌疑人、被告人自愿如实供述自己的罪行,对指控的犯罪事实没有异议。

刑事诉讼法第十五条规定的"认罚",是指犯罪嫌疑人、被告人真诚悔罪,愿意接受处罚。

被告人认罪认罚的,可以依照刑事诉讼法第十五条的规定,在程序上从简、实体上从宽处理。

第三百四十八条 对认罪认罚案件,应当根据案件情况,依法适用速裁程序、简易程序或者普通程序审理。

第三百四十九条 对人民检察院提起公诉的认罪认罚案件,人民法院应当重点审查以下内容:

(一)人民检察院讯问犯罪嫌疑人时,是否告知其诉讼权利和认罪认罚的法律规定;

(二)是否随案移送听取犯罪嫌疑人、辩护人或者值班律师、被害人及其诉讼代理人意见的笔录;

(三)被告人与被害人达成调解、和解协议或者取得被害人谅解的,是否随案移送调解、和解协议、被害人谅解书等相关材料;

(四)需要签署认罪认罚具结书的,是否随案移送具结书。

未随案移送前款规定的材料的,应当要求人民检察院补充。

第三百五十条 人民法院应当将被告人认罪认罚作为其是否具有社会危险性的重要考虑因素。被告人罪行较轻,采用非羁押性强制措施足以防止发生社会危险性的,应当依法适用非羁押性强制措施。

第三百五十一条 对认罪认罚案件,法庭审理时应当告知被告人享有的诉讼权利和认罪认罚的法律规定,审查认罪认罚的自愿性和认罪认罚具结书内容的真实性、合法性。

第三百五十二条 对认罪认罚案件,人民检察院起诉指控的事实清楚,但指控的罪名与审理认定的罪名不一致的,人民法院应当听取人民检察院、被告人及其辩护人对审理认定罪名的意见,依法作出判决。

第三百五十三条 对认罪认罚案件,人民法院经审理认为量刑建议明显不当,或者被告人、辩护人对量刑建议提出异议的,人民检察院可以调整量刑建议。人民检察院不调整或者调整后仍然明显不当的,人民法院应当依法作出判决。

适用速裁程序审理认罪认罚案件,需要调整量刑建议的,应当在庭前或者当庭作出调整;调整量刑建议后,仍然符合速裁程序适用条件的,继续适用速裁程序审理。

第三百五十四条 对量刑建议是否明显不当,应当根据审理认定的犯罪事实、认罪认罚的具体情况,结合相关犯罪的法定刑、类似案件的刑罚适用等作出审查判断。

第三百五十五条 对认罪认罚案件,人民法院一般应当对被告人从轻处罚;符合非监禁刑适用条件的,应当适用非监禁刑;具有法定减轻处罚情节的,可以减轻处罚。

对认罪认罚案件,应当根据被告人认罪认罚的阶段早晚以及认罪认罚的主动性、稳定性、彻底性等,在从宽幅度上体现差异。

共同犯罪案件,部分被告人认罪认罚的,可以依法对该部分被告人从宽处罚,但应当注意全案的量刑平衡。

第三百五十六条 被告人在人民检察院提起公诉前未认罪认罚,在审判阶段认罪认罚的,人民法院可以不再通知人民检察院提出或者调整量刑建议。

对前款规定的案件,人民法院应当就定罪量刑听取控辩双方意见,根据刑事诉讼法第十五条和本解释第三百五十五条的规定作出判决。

第三百五十七条 对被告人在第一审程序中未认罪认罚,在第二审程序中认罪认罚的案件,应当根据其认罪认罚的具体情况决定是否从宽,并依法作出裁判。确定从宽幅度时应当与第一审程序认罪认罚有所区别。

第三百五十八条 案件审理过程中,被告人不再认罪认罚的,人民法院应当根据审理查明的事实,依法作出裁判。需要转换程序的,依照本解释的相关规定处理。

第十三章 简易程序

第三百五十九条 基层人民法院受理公诉案件后,经审查认为案件事实清楚、证据充分的,在将起诉书副本送达被告人时,应当询问被告人对指控的犯罪事实的意见,告知其适用简易程序的法律规定。被告人对指控的犯罪事实没有异议并同意适用简易程序的,可以决定适用简易程序,并在开庭前通知人民检察院和辩护人。

对人民检察院建议或者被告人及其辩护人申请适用简易程序审理的案件,依照前款规定处理;不符合简易程序适用条件的,应当通知人民检察院或者被告人及其辩护人。

第三百六十条 具有下列情形之一的,不适用简易程序:

(一)被告人是盲、聋、哑人的;

(二)被告人是尚未完全丧失辨认或者控制自己行为能力的精神病人的;

(三)案件有重大社会影响的;

(四)共同犯罪案件中部分被告人不认罪或者对适用简易程序有异议的;

(五)辩护人作无罪辩护的;

(六)被告人认罪但经审查认为可能不构成犯罪的;

(七)不宜适用简易程序审理的其他情形。

第三百六十一条 适用简易程序审理的案件,符合刑事诉讼法第三十五条第一款规定的,人民法院应当告知被告人及其近亲属可以申请法律援助。

第三百六十二条 适用简易程序审理案件,人民法院应当在开庭前将开庭的时间、地点通知人民检察院、自诉人、被告人、辩护人,也可以通知其他诉讼参与人。

通知可以采用简便方式,但应当记录在案。

第三百六十三条　适用简易程序审理案件,被告人有辩护人的,应当通知其出庭。

第三百六十四条　适用简易程序审理案件,审判长或者独任审判员应当当庭询问被告人对指控的犯罪事实的意见,告知被告人适用简易程序审理的法律规定,确认被告人是否同意适用简易程序。

第三百六十五条　适用简易程序审理案件,可以对庭审作如下简化:

(一)公诉人可以摘要宣读起诉书;

(二)公诉人、辩护人、审判人员对被告人的讯问、发问可以简化或者省略;

(三)对控辩双方无异议的证据,可以仅就证据的名称及所证明的事项作出说明;对控辩双方有异议或者法庭认为有必要调查核实的证据,应当出示,并进行质证;

(四)控辩双方对与定罪量刑有关的事实、证据没有异议的,法庭审理可以直接围绕罪名确定和量刑问题进行。

适用简易程序审理案件,判决宣告前应当听取被告人的最后陈述。

第三百六十六条　适用简易程序独任审判过程中,发现对被告人可能判处的有期徒刑超过三年的,应当转由合议庭审理。

第三百六十七条　适用简易程序审理案件,裁判文书可以简化。

适用简易程序审理案件,一般应当当庭宣判。

第三百六十八条　适用简易程序审理案件,在法庭审理过程中,具有下列情形之一的,应当转为普通程序审理:

(一)被告人的行为可能不构成犯罪的;

(二)被告人可能不负刑事责任的;

(三)被告人当庭对起诉指控的犯罪事实予以否认的;

(四)案件事实不清、证据不足的;

(五)不应当或者不宜适用简易程序的其他情形。

决定转为普通程序审理的案件,审理期限应当从作出决定之日起计算。

第十四章　速裁程序

第三百六十九条　对人民检察院在提起公诉时建议适用速裁程序的案件,基层人民法院经审查认为案件事实清楚,证据确实、充分,可能判处三年有期徒刑以下刑罚的,在将起诉书副本送达被告人时,应当告知被告人适用速裁程序的法律规定,询问其是否同意适用速裁程序。被告人同意适用速裁程序的,可以决定适用速裁程序,并在开庭前通知人民检察院和辩护人。

对人民检察院未建议适用速裁程序的案件,人民法院经审查认为符合速裁程序适用条件的,可以决定适用速裁程序,并在开庭前通知人民检察院和辩护人。

被告人及其辩护人可以向人民法院提出适用速裁程序的申请。

第三百七十条　具有下列情形之一的,不适用速裁程序:

(一)被告人是盲、聋、哑人的;

(二)被告人是尚未完全丧失辨认或者控制自己行为能力的精神病人的;

(三)被告人是未成年人的;

(四)案件有重大社会影响的;

(五)共同犯罪案件中部分被告人对指控的犯罪事实、罪名、量刑建议或者适用速裁程序有异议的；

（六）被告人与被害人或者其法定代理人没有就附带民事诉讼赔偿等事项达成调解、和解协议的；

（七）辩护人作无罪辩护的；

（八）其他不宜适用速裁程序的情形。

第三百七十一条　适用速裁程序审理案件，人民法院应当在开庭前将开庭的时间、地点通知人民检察院、被告人、辩护人，也可以通知其他诉讼参与人。

通知可以采用简便方式，但应当记录在案。

第三百七十二条　适用速裁程序审理案件，可以集中开庭，逐案审理。公诉人简要宣读起诉书后，审判人员应当当庭询问被告人对指控事实、证据、量刑建议以及适用速裁程序的意见，核实具结书签署的自愿性、真实性、合法性，并核实附带民事诉讼赔偿等情况。

第三百七十三条　适用速裁程序审理案件，一般不进行法庭调查、法庭辩论，但在判决宣告前应当听取辩护人的意见和被告人的最后陈述。

第三百七十四条　适用速裁程序审理案件，裁判文书可以简化。

适用速裁程序审理案件，应当当庭宣判。

第三百七十五条　适用速裁程序审理案件，在法庭审理过程中，具有下列情形之一的，应当转为普通程序或者简易程序审理：

（一）被告人的行为可能不构成犯罪或者不应当追究刑事责任的；

（二）被告人违背意愿认罪认罚的；

（三）被告人否认指控的犯罪事实的；

（四）案件疑难、复杂或者对适用法律有重大争议的；

（五）其他不宜适用速裁程序的情形。

第三百七十六条　决定转为普通程序或者简易程序审理的案件，审理期限应当从作出决定之日起计算。

第三百七十七条　适用速裁程序审理的案件，第二审人民法院依照刑事诉讼法第二百三十六条第一款第三项的规定发回原审人民法院重新审判的，原审人民法院应当适用第一审普通程序重新审判。

第十五章　第二审程序

第三百七十八条　地方各级人民法院在宣告第一审判决、裁定时，应当告知被告人、自诉人及其法定代理人不服判决和准许撤回起诉、终止审理等裁定的，有权在法定期限内以书面或者口头形式，通过本院或者直接向上一级人民法院提出上诉；被告人的辩护人、近亲属经被告人同意，也可以提出上诉；附带民事诉讼当事人及其法定代理人，可以对判决、裁定中的附带民事部分提出上诉。

被告人、自诉人、附带民事诉讼当事人及其法定代理人是否提出上诉，以其在上诉期满前最后一次的意思表示为准。

第三百七十九条　人民法院受理的上诉案件，一般应当有上诉状正本及副本。

上诉状内容一般包括：第一审判决书、裁定书的文号和上诉人收到的时间，第一审人民法院的名称，上诉的请求和理由，提出上诉的时间。被告人的辩护人、近亲属经被告人同意提出上诉的，还应当写明其与被告人的关系，并应当以被告人作为上诉人。

第三百八十条 上诉、抗诉必须在法定期限内提出。不服判决的上诉、抗诉的期限为十日；不服裁定的上诉、抗诉的期限为五日。上诉、抗诉的期限，从接到判决书、裁定书的第二日起计算。

对附带民事判决、裁定的上诉、抗诉期限，应当按照刑事部分的上诉、抗诉期限确定。附带民事部分另行审判的，上诉期限也应当按照刑事诉讼法规定的期限确定。

第三百八十一条 上诉人通过第一审人民法院提出上诉的，第一审人民法院应当审查。上诉符合法律规定的，应当在上诉期满后三日以内将上诉状连同案卷、证据移送上一级人民法院，并将上诉状副本送交同级人民检察院和对方当事人。

第三百八十二条 上诉人直接向第二审人民法院提出上诉的，第二审人民法院应当在收到上诉状后三日以内将上诉状交第一审人民法院。第一审人民法院应当审查上诉是否符合法律规定。符合法律规定的，应当在接到上诉状后三日以内将上诉状连同案卷、证据移送上一级人民法院，并将上诉状副本送交同级人民检察院和对方当事人。

第三百八十三条 上诉人在上诉期限内要求撤回上诉的，人民法院应当准许。

上诉人在上诉期满后要求撤回上诉的，第二审人民法院经审查，认为原判认定事实和适用法律正确，量刑适当的，应当裁定准许；认为原判确有错误的，应当不予准许，继续按照上诉案件审理。

被判处死刑立即执行的被告人提出上诉，在第二审开庭后宣告裁判前申请撤回上诉的，应当不予准许，继续按照上诉案件审理。

第三百八十四条 地方各级人民检察院对同级人民法院第一审判决、裁定的抗诉，应当通过第一审人民法院提交抗诉书。第一审人民法院应当在抗诉期满后三日以内将抗诉书连同案卷、证据移送上一级人民法院，并将抗诉书副本送交当事人。

第三百八十五条 人民检察院在抗诉期限内要求撤回抗诉的，人民法院应当准许。

人民检察院在抗诉期满后要求撤回抗诉的，第二审人民法院可以裁定准许，但是认为原判存在将无罪判为有罪、轻罪重判等情形的，应当不予准许，继续审理。

上级人民检察院认为下级人民检察院抗诉不当，向第二审人民法院要求撤回抗诉的，适用前两款规定。

第三百八十六条 在上诉、抗诉期满前撤回上诉、抗诉的，第一审判决、裁定在上诉、抗诉期满之日起生效。在上诉、抗诉期满后要求撤回上诉、抗诉，第二审人民法院裁定准许的，第一审判决、裁定应当自第二审裁定书送达上诉人或者抗诉机关之日起生效。

第三百八十七条 第二审人民法院对第一审人民法院移送的上诉、抗诉案卷、证据，应当审查是否包括下列内容：

（一）移送上诉、抗诉案件函；

（二）上诉状或者抗诉书；

（三）第一审判决书、裁定书八份（每增加一名被告人增加一份）及其电子文本；

（四）全部案卷、证据，包括案件审理报告和其他应当移送的材料。

前款所列材料齐全的，第二审人民法

院应当收案;材料不全的,应当通知第一审人民法院及时补送。

第三百八十八条 第二审人民法院审理上诉、抗诉案件,应当就第一审判决、裁定认定的事实和适用法律进行全面审查,不受上诉、抗诉范围的限制。

第三百八十九条 共同犯罪案件,只有部分被告人提出上诉,或者自诉人只对部分被告人的判决提出上诉,或者人民检察院只对部分被告人的判决提出抗诉的,第二审人民法院应当对全案进行审查,一并处理。

第三百九十条 共同犯罪案件,上诉的被告人死亡,其他被告人未上诉的,第二审人民法院应当对死亡的被告人终止审理;但有证据证明被告人无罪,经缺席审理确认无罪的,应当判决宣告被告人无罪。

具有前款规定的情形,第二审人民法院仍应对全案进行审查,对其他同案被告人作出判决、裁定。

第三百九十一条 对上诉、抗诉案件,应当着重审查下列内容:

(一)第一审判决认定的事实是否清楚,证据是否确实、充分;

(二)第一审判决适用法律是否正确,量刑是否适当;

(三)在调查、侦查、审查起诉、第一审程序中,有无违反法定程序的情形;

(四)上诉、抗诉是否提出新的事实、证据;

(五)被告人的供述和辩解情况;

(六)辩护人的辩护意见及采纳情况;

(七)附带民事部分的判决、裁定是否合法、适当;

(八)对涉案财物的处理是否正确;

(九)第一审人民法院合议庭、审判委员会讨论的意见。

第三百九十二条 第二审期间,被告人除自行辩护外,还可以继续委托第一审辩护人或者另行委托辩护人辩护。

共同犯罪案件,只有部分被告人提出上诉,或者自诉人只对部分被告人的判决提出上诉,或者人民检察院只对部分被告人的判决提出抗诉的,其他同案被告人也可以委托辩护人辩护。

第三百九十三条 下列案件,根据刑事诉讼法第二百三十四条的规定,应当开庭审理:

(一)被告人、自诉人及其法定代理人对第一审认定的事实、证据提出异议,可能影响定罪量刑的上诉案件;

(二)被告人被判处死刑的上诉案件;

(三)人民检察院抗诉的案件;

(四)应当开庭审理的其他案件。

被判处死刑的被告人没有上诉,同案的其他被告人上诉的案件,第二审人民法院应当开庭审理。

第三百九十四条 对上诉、抗诉案件,第二审人民法院经审查,认为原判事实不清、证据不足,或者具有刑事诉讼法第二百三十八条规定的违反法定诉讼程序情形,需要发回重新审判的,可以不开庭审理。

第三百九十五条 第二审期间,人民检察院或者被告人及其辩护人提交新证据的,人民法院应当及时通知对方查阅、摘抄或者复制。

第三百九十六条 开庭审理第二审公诉案件,应当在决定开庭审理后及时通知人民检察院查阅案卷。自通知后的第二日起,人民检察院查阅案卷的时间不计入审理期限。

第三百九十七条 开庭审理上诉、抗诉的公诉案件，应当通知同级人民检察院派员出庭。

抗诉案件，人民检察院接到开庭通知后不派员出庭，且未说明原因的，人民法院可以裁定按人民检察院撤回抗诉处理。

第三百九十八条 开庭审理上诉、抗诉案件，除参照适用第一审程序的有关规定外，应当按照下列规定进行：

（一）法庭调查阶段，审判人员宣读第一审判决书、裁定书后，上诉案件由上诉人或者辩护人先宣读上诉状或者陈述上诉理由；抗诉案件由检察员先宣读抗诉书；既有上诉又有抗诉的案件，先由检察员宣读抗诉书，再由上诉人或者辩护人宣读上诉状或者陈述上诉理由；

（二）法庭辩论阶段，上诉案件，先由上诉人、辩护人发言，后由检察员、诉讼代理人发言；抗诉案件，先由检察员、诉讼代理人发言，后由被告人、辩护人发言；既有上诉又有抗诉的案件，先由检察员、诉讼代理人发言，后由上诉人、辩护人发言。

第三百九十九条 开庭审理上诉、抗诉案件，可以重点围绕对第一审判决、裁定有争议的问题或者有疑问的部分进行。根据案件情况，可以按照下列方式审理：

（一）宣读第一审判决书，可以只宣读案由、主要事实、证据名称和判决主文等；

（二）法庭调查应当重点围绕对第一审判决提出异议的事实、证据以及新的证据等进行；对没有异议的事实、证据和情节，可以直接确认；

（三）对同案审理案件中未上诉的被告人，未被申请出庭或者人民法院认为没有必要到庭的，可以不再传唤到庭；

（四）被告人犯有数罪的案件，对其中事实清楚且无异议的犯罪，可以不在庭审时审理。

同案审理的案件，未提出上诉、人民检察院也未对其判决提出抗诉的被告人要求出庭的，应当准许。出庭的被告人可以参加法庭调查和辩论。

第四百条 第二审案件依法不开庭审理的，应当讯问被告人，听取其他当事人、辩护人、诉讼代理人的意见。合议庭全体成员应当阅卷，必要时应当提交书面阅卷意见。

第四百零一条 审理被告人或者其法定代理人、辩护人、近亲属提出上诉的案件，不得对被告人的刑罚作出实质不利的改判，并应当执行下列规定：

（一）同案审理的案件，只有部分被告人上诉的，既不得加重上诉人的刑罚，也不得加重其他同案被告人的刑罚；

（二）原判认定的罪名不当的，可以改变罪名，但不得加重刑罚或者对刑罚执行产生不利影响；

（三）原判认定的罪数不当的，可以改变罪数，并调整刑罚，但不得加重决定执行的刑罚或者对刑罚执行产生不利影响；

（四）原判对被告人宣告缓刑的，不得撤销缓刑或者延长缓刑考验期；

（五）原判没有宣告职业禁止、禁止令的，不得增加宣告；原判宣告职业禁止、禁止令的，不得增加内容、延长期限；

（六）原判对被告人判处死刑缓期执行没有限制减刑、决定终身监禁的，不得限制减刑、决定终身监禁；

（七）原判判处的刑罚不当、应当适用附加刑而没有适用的，不得直接加重刑罚、适用附加刑。原判判处的刑罚畸轻，必须依法改判的，应当在第二审判决、裁定生效后，依照审判监督程序重新审判。

人民检察院抗诉或者自诉人上诉的案件，不受前款规定的限制。

第四百零二条 人民检察院只对部分被告人的判决提出抗诉，或者自诉人只对部分被告人的判决提出上诉的，第二审人民法院不得对其他同案被告人加重刑罚。

第四百零三条 被告人或者其法定代理人、辩护人、近亲属提出上诉，人民检察院未提出抗诉的案件，第二审人民法院发回重新审判后，除有新的犯罪事实且人民检察院补充起诉的以外，原审人民法院不得加重被告人的刑罚。

对前款规定的案件，原审人民法院对上诉发回重新审判的案件依法作出判决后，人民检察院抗诉的，第二审人民法院不得改判为重于原审人民法院第一次判处的刑罚。

第四百零四条 第二审人民法院认为第一审判决事实不清、证据不足的，可以在查清事实后改判，也可以裁定撤销原判，发回原审人民法院重新审判。

有多名被告人的案件，部分被告人的犯罪事实不清、证据不足或者有新的犯罪事实需要追诉，且有关犯罪与其他同案被告人没有关联的，第二审人民法院根据案件情况，可以对该部分被告人分案处理，将该部分被告人发回原审人民法院重新审判。原审人民法院重新作出判决后，被告人上诉或者人民检察院抗诉，其他被告人的案件尚未作出第二审判决、裁定的，第二审人民法院可以并案审理。

第四百零五条 原判事实不清、证据不足，第二审人民法院发回重新审判的案件，原审人民法院重新作出判决后，被告人上诉或者人民检察院抗诉的，第二审人民法院应当依法作出判决、裁定，不得再发回重新审判。

第四百零六条 第二审人民法院发现原审人民法院在重新审判过程中，有刑事诉讼法第二百三十八条规定的情形之一，或者违反第二百三十九条规定的，应当裁定撤销原判，发回重新审判。

第四百零七条 第二审人民法院审理对刑事部分提出上诉、抗诉，附带民事部分已经发生法律效力的案件，发现第一审判决、裁定中的附带民事部分确有错误的，应当依照审判监督程序对附带民事部分予以纠正。

第四百零八条 刑事附带民事诉讼案件，只有附带民事诉讼当事人及其法定代理人上诉的，第一审刑事部分的判决在上诉期满后即发生法律效力。

应当送监执行的第一审刑事被告人是第二审附带民事诉讼被告人的，在第二审附带民事诉讼案件审结前，可以暂缓送监执行。

第四百零九条 第二审人民法院审理对附带民事部分提出上诉，刑事部分已经发生法律效力的案件，应当对全案进行审查，并按照下列情形分别处理：

（一）第一审判决的刑事部分并无不当的，只需就附带民事部分作出处理；

（二）第一审判决的刑事部分确有错误的，依照审判监督程序对刑事部分进行再审，并将附带民事部分与刑事部分一并审理。

第四百一十条 第二审期间，第一审附带民事诉讼原告人增加独立的诉讼请求或者第一审附带民事诉讼被告人提出反诉的，第二审人民法院可以根据自愿、合法的原则进行调解；调解不成的，告知当事人另行起诉。

第四百一十一条 对第二审自诉案件，必要时可以调解，当事人也可以自行和解。调解结案的，应当制作调解书，第一审判决、裁定视为自动撤销。当事人自行和解的，依照本解释第三百二十九条的规定处理；裁定准许撤回自诉的，应当撤销第一审判决、裁定。

第四百一十二条 第二审期间，自诉案件的当事人提出反诉的，应当告知其另行起诉。

第四百一十三条 第二审人民法院可以委托第一审人民法院代为宣判，并向当事人送达第二审判决书、裁定书。第一审人民法院应当在代为宣判后五日以内将宣判笔录送交第二审人民法院，并在送达完毕后及时将送达回证送交第二审人民法院。

委托宣判的，第二审人民法院应当直接向同级人民检察院送达第二审判决书、裁定书。

第二审判决、裁定是终审的判决、裁定的，自宣告之日起发生法律效力。

第十六章 在法定刑以下判处刑罚和特殊假释的核准

第四百一十四条 报请最高人民法院核准在法定刑以下判处刑罚的案件，应当按照下列情形分别处理：

（一）被告人未上诉、人民检察院未抗诉的，在上诉、抗诉期满后三日以内报请上一级人民法院复核。上级人民法院同意原判的，应当书面层报最高人民法院核准；不同意的，应当裁定发回重新审判，或者按照第二审程序提审；

（二）被告人上诉或者人民检察院抗诉的，上一级人民法院维持原判，或者改判后仍在法定刑以下判处刑罚的，应当依照前项规定层报最高人民法院核准。

第四百一十五条 对符合刑法第六十三条第二款规定的案件，第一审人民法院未在法定刑以下判处刑罚的，第二审人民法院可以在法定刑以下判处刑罚，并层报最高人民法院核准。

第四百一十六条 报请最高人民法院核准在法定刑以下判处刑罚的案件，应当报送判决书、报请核准的报告各五份，以及全部案卷、证据。

第四百一十七条 对在法定刑以下判处刑罚的案件，最高人民法院予以核准的，应当作出核准裁定书；不予核准的，应当作出不核准裁定书，并撤销原判决、裁定，发回原审人民法院重新审判或者指定其他下级人民法院重新审判。

第四百一十八条 依照本解释第四百一十四条、第四百一十七条规定发回第二审人民法院重新审判的案件，第二审人民法院可以直接改判；必须通过开庭查清事实、核实证据或者纠正原审程序违法的，应当开庭审理。

第四百一十九条 最高人民法院和上级人民法院复核在法定刑以下判处刑罚案件的审理期限，参照适用刑事诉讼法第二百四十三条的规定。

第四百二十条 报请最高人民法院核准因罪犯具有特殊情况，不受执行刑期限制的假释案件，应当按照下列情形分别处理：

（一）中级人民法院依法作出假释裁定后，应当报请高级人民法院复核。高级人民法院同意的，应当书面报请最高人民法院核准；不同意的，应当裁定撤销中级人民法院的假释裁定；

(二)高级人民法院依法作出假释裁定的,应当报请最高人民法院核准。

第四百二十一条 报请最高人民法院核准因罪犯具有特殊情况,不受执行刑期限制的假释案件,应当报送报请核准的报告、罪犯具有特殊情况的报告、假释裁定书各五份,以及全部案卷。

第四百二十二条 对因罪犯具有特殊情况,不受执行刑期限制的假释案件,最高人民法院予以核准的,应当作出核准裁定书;不予核准的,应当作出不核准裁定书,并撤销原裁定。

第十七章 死刑复核程序

第四百二十三条 报请最高人民法院核准死刑的案件,应当按照下列情形分别处理:

(一)中级人民法院判处死刑的第一审案件,被告人未上诉、人民检察院未抗诉的,在上诉、抗诉期满后十日以内报请高级人民法院复核。高级人民法院同意判处死刑的,应当在作出裁定后十日以内报请最高人民法院核准;认为原判认定的某一具体事实或者引用的法律条款等存在瑕疵,但判处被告人死刑并无不当的,可以在纠正后作出核准的判决、裁定;不同意判处死刑的,应当依照第二审程序提审或者发回重新审判;

(二)中级人民法院判处死刑的第一审案件,被告人上诉或者人民检察院抗诉,高级人民法院裁定维持的,应当在作出裁定后十日以内报请最高人民法院核准;

(三)高级人民法院判处死刑的第一审案件,被告人未上诉、人民检察院未抗诉的,应当在上诉、抗诉期满后十日以内报请最高人民法院核准。

高级人民法院复核死刑案件,应当讯问被告人。

第四百二十四条 中级人民法院判处死刑缓期执行的第一审案件,被告人未上诉、人民检察院未抗诉的,应当报请高级人民法院核准。

高级人民法院复核死刑缓期执行案件,应当讯问被告人。

第四百二十五条 报请复核的死刑、死刑缓期执行案件,应当一案一报。报送的材料包括报请复核的报告,第一、二审裁判文书,案件综合报告各五份以及全部案卷、证据。案件综合报告,第一、二审裁判文书和审理报告应当附送电子文本。

同案审理的案件应当报送全案案卷、证据。

曾经发回重新审判的案件,原第一、二审案卷应当一并报送。

第四百二十六条 报请复核死刑、死刑缓期执行的报告,应当写明案由、简要案情、审理过程和判决结果。

案件综合报告应当包括以下内容:

(一)被告人、被害人的基本情况。被告人有前科或者曾受过行政处罚、处分的,应当写明;

(二)案件的由来和审理经过。案件曾经发回重新审判的,应当写明发回重新审判的原因、时间、案号等;

(三)案件侦破情况。通过技术调查、侦查措施抓获被告人、侦破案件,以及与自首、立功认定有关的情况,应当写明;

(四)第一审审理情况。包括控辩双方意见,第一审认定的犯罪事实,合议庭和审判委员会意见;

(五)第二审审理或者高级人民法院复核情况。包括上诉理由、人民检察院的意见,第二审审理或者高级人民法院复核

认定的事实,证据采信情况及理由,控辩双方意见及采纳情况;

(六)需要说明的问题。包括共同犯罪案件中另案处理的同案犯的处理情况,案件有无重大社会影响,以及当事人的反应等情况;

(七)处理意见。写明合议庭和审判委员会的意见。

第四百二十七条 复核死刑、死刑缓期执行案件,应当全面审查以下内容:

(一)被告人的年龄,被告人有无刑事责任能力、是否系怀孕的妇女;

(二)原判认定的事实是否清楚,证据是否确实、充分;

(三)犯罪情节、后果及危害程度;

(四)原判适用法律是否正确,是否必须判处死刑,是否必须立即执行;

(五)有无法定、酌定从重、从轻或者减轻处罚情节;

(六)诉讼程序是否合法;

(七)应当审查的其他情况。

复核死刑、死刑缓期执行案件,应当重视审查被告人及其辩护人的辩解、辩护意见。

第四百二十八条 高级人民法院复核死刑缓期执行案件,应当按照下列情形分别处理:

(一)原判认定事实和适用法律正确、量刑适当、诉讼程序合法的,应当裁定核准;

(二)原判认定的某一具体事实或者引用的法律条款等存在瑕疵,但判处被告人死刑缓期执行并无不当的,可以在纠正后作出核准的判决、裁定;

(三)原判认定事实正确,但适用法律有错误,或者量刑过重的,应当改判;

(四)原判事实不清、证据不足的,可以裁定不予核准,并撤销原判,发回重新审判,或者依法改判;

(五)复核期间出现新的影响定罪量刑的事实、证据的,可以裁定不予核准,并撤销原判,发回重新审判,或者依照本解释第二百七十一条的规定审理后依法改判;

(六)原审违反法定诉讼程序,可能影响公正审判的,应当裁定不予核准,并撤销原判,发回重新审判。

复核死刑缓期执行案件,不得加重被告人的刑罚。

第四百二十九条 最高人民法院复核死刑案件,应当按照下列情形分别处理:

(一)原判认定事实和适用法律正确、量刑适当、诉讼程序合法的,应当裁定核准;

(二)原判认定的某一具体事实或者引用的法律条款等存在瑕疵,但判处被告人死刑并无不当的,可以在纠正后作出核准的判决、裁定;

(三)原判事实不清、证据不足的,应当裁定不予核准,并撤销原判,发回重新审判;

(四)复核期间出现新的影响定罪量刑的事实、证据的,应当裁定不予核准,并撤销原判,发回重新审判;

(五)原判认定事实正确、证据充分,但依法不应当判处死刑的,应当裁定不予核准,并撤销原判,发回重新审判;根据案件情况,必要时,也可以依法改判;

(六)原审违反法定诉讼程序,可能影响公正审判的,应当裁定不予核准,并撤销原判,发回重新审判。

第四百三十条 最高人民法院裁定不予核准死刑的,根据案件情况,可以发回第二审人民法院或者第一审人民法院重新审判。

对最高人民法院发回第二审人民法院重新审判的案件,第二审人民法院一般不得发回第一审人民法院重新审判。

第一审人民法院重新审判的,应当开庭审理。第二审人民法院重新审判的,可以直接改判;必须通过开庭查清事实、核实证据或者纠正原审程序违法的,应当开庭审理。

第四百三十一条 高级人民法院依照复核程序审理后报请最高人民法院核准死刑,最高人民法院裁定不予核准,发回高级人民法院重新审判的,高级人民法院可以依照第二审程序提审或者发回重新审判。

第四百三十二条 最高人民法院裁定不予核准死刑,发回重新审判的案件,原审人民法院应当另行组成合议庭审理,但本解释第四百二十九条第四项、第五项规定的案件除外。

第四百三十三条 依照本解释第四百三十条、第四百三十一条发回重新审判的案件,第一审人民法院判处死刑、死刑缓期执行的,上一级人民法院依照第二审程序或者复核程序审理后,应当依法作出判决或者裁定,不得再发回重新审判。但是,第一审人民法院有刑事诉讼法第二百三十八条规定的情形或者违反刑事诉讼法第二百三十九条规定的除外。

第四百三十四条 死刑复核期间,辩护律师要求当面反映意见的,最高人民法院有关合议庭应当在办公场所听取其意见,并制作笔录;辩护律师提出书面意见的,应当附卷。

第四百三十五条 死刑复核期间,最高人民检察院提出意见的,最高人民法院应当审查,并将采纳情况及理由反馈最高人民检察院。

第四百三十六条 最高人民法院应当根据有关规定向最高人民检察院通报死刑案件复核结果。

第十八章 涉案财物处理

第四百三十七条 人民法院对查封、扣押、冻结的涉案财物及其孳息,应当妥善保管,并制作清单,附卷备查;对人民检察院随案移送的实物,应当根据清单核查后妥善保管。任何单位和个人不得挪用或者自行处理。

查封不动产、车辆、船舶、航空器等财物,应当扣押其权利证书,经拍照或者录像后原地封存,或者交持有人、被告人的近亲属保管,登记并写明财物的名称、型号、权属、地址等详细信息,并通知有关财物的登记、管理部门办理查封登记手续。

扣押物品,应当登记并写明物品名称、型号、规格、数量、重量、质量、成色、纯度、颜色、新旧程度、缺损特征和来源等。扣押货币、有价证券,应当登记并写明货币、有价证券的名称、数额、面额等,货币应当存入银行专门账户,并登记银行存款凭证的名称、内容。扣押文物、金银、珠宝、名贵字画等贵重物品以及违禁品,应当拍照,需要鉴定的,应当及时鉴定。对扣押的物品应当根据有关规定及时估价。

冻结存款、汇款、债券、股票、基金份额等财产,应当登记并写明编号、种类、面值、张数、金额等。

第四百三十八条 对被害人的合法财产,权属明确的,应当依法及时返还,但须经拍照、鉴定、估价,并在案卷中注明返还的理由,将原物照片、清单和被害人的领取手续附卷备查;权属不明的,应当在人民法院判决、裁定生效后，按比例返还被害人，但已获退赔的部分应予扣除。

第四百三十九条 审判期间，对不宜长期保存、易贬值或者市场价格波动大的财产，或者有效期即将届满的票据等，经权利人申请或者同意，并经院长批准，可以依法先行处理，所得款项由人民法院保管。

涉案财物先行处置应当依法、公开、公平。

第四百四十条 对作为证据使用的实物，应当随案移送。第一审判决、裁定宣告后，被告人上诉或者人民检察院抗诉的，第一审人民法院应当将上述证据移送第二审人民法院。

第四百四十一条 对实物未随案移送的，应当根据情况，分别审查以下内容：

（一）大宗的、不便搬运的物品，是否随案移送查封、扣押清单，并附原物照片和封存手续，注明存放地点等；

（二）易腐烂、霉变和不易保管的物品，查封、扣押机关变卖处理后，是否随案移送原物照片、清单、变价处理的凭证（复印件）等；

（三）枪支弹药、剧毒物品、易燃易爆物品以及其他违禁品、危险物品，查封、扣押机关根据有关规定处理后，是否随案移送原物照片和清单等。

上述未随案移送的实物，应当依法鉴定、估价的，还应当审查是否附有鉴定、估价意见。

对查封、扣押的货币、有价证券等，未移送实物的，应当审查是否附有原物照片、清单或者其他证明文件。

第四百四十二条 法庭审理过程中，应当依照本解释第二百七十九条的规定，依法对查封、扣押、冻结的财物及其孳息进行审查。

第四百四十三条 被告人将依法应当追缴的涉案财物用于投资或者置业的，对因此形成的财产及其收益，应当追缴。

被告人将依法应当追缴的涉案财物与其他合法财产共同用于投资或者置业的，对因此形成的财产中与涉案财物对应的份额及其收益，应当追缴。

第四百四十四条 对查封、扣押、冻结的财物及其孳息，应当在判决书中写明名称、金额、数量、存放地点及其处理方式等。涉案财物较多，不宜在判决主文中详细列明的，可以附清单。

判决追缴违法所得或者责令退赔的，应当写明追缴、退赔的金额或者财物的名称、数量等情况；已经发还的，应当在判决书中写明。

第四百四十五条 查封、扣押、冻结的财物及其孳息，经审查，确属违法所得或者依法应当追缴的其他涉案财物的，应当判决返还被害人，或者没收上缴国库，但法律另有规定的除外。

对判决时尚未追缴到案或者尚未足额退赔的违法所得，应当判决继续追缴或者责令退赔。

判决返还被害人的涉案财物，应当通知被害人认领；无人认领的，应当公告通知；公告满一年无人认领的，应当上缴国库；上缴国库后有人认领，经查证属实的，应当申请退库予以返还；原物已经拍卖、变卖的，应当返还价款。

对侵犯国有财产的案件，被害单位已经终止且没有权利义务继受人，或者损失已经被核销的，查封、扣押、冻结的财物及其孳息应当上缴国库。

第四百四十六条 第二审期间，发现第一审判决未对随案移送的涉案财物及其孳息作出处理的,可以裁定撤销原判,发回原审人民法院重新审判,由原审人民法院依法对涉案财物及其孳息一并作出处理。

判决生效后,发现原判未对随案移送的涉案财物及其孳息作出处理的,由原审人民法院依法对涉案财物及其孳息另行作出处理。

第四百四十七条 随案移送的或者人民法院查封、扣押的财物及其孳息,由第一审人民法院在判决生效后负责处理。

实物未随案移送、由扣押机关保管的,人民法院应当在判决生效后十日以内,将判决书、裁定书送达扣押机关,并告知其在一个月以内将执行回单送回,确因客观原因无法按时完成的,应当说明原因。

第四百四十八条 对冻结的存款、汇款、债券、股票、基金份额等财产判决没收的,第一审人民法院应当在判决生效后,将判决书、裁定书送达相关金融机构和财政部门,通知相关金融机构依法上缴国库并在接到执行通知书后十五日以内,将上缴国库的凭证、执行回单送回。

第四百四十九条 查封、扣押、冻结的财物与本案无关但已列入清单的,应当由查封、扣押、冻结机关依法处理。

查封、扣押、冻结的财物属于被告人合法所有的,应当在赔偿被害人损失、执行财产刑后及时返还被告人。

第四百五十条 查封、扣押、冻结财物及其处理,本解释没有规定的,参照适用其他司法解释的有关规定。

第十九章 审判监督程序

第四百五十一条 当事人及其法定代理人、近亲属对已经发生法律效力的判决、裁定提出申诉的,人民法院应当审查处理。

案外人认为已经发生法律效力的判决、裁定侵害其合法权益,提出申诉的,人民法院应当审查处理。

申诉可以委托律师代为进行。

第四百五十二条 向人民法院申诉,应当提交以下材料:

(一)申诉状。应当写明当事人的基本情况、联系方式以及申诉的事实与理由;

(二)原一、二审判决书、裁定书等法律文书。经过人民法院复查或者再审的,应当附有驳回申诉通知书、再审决定书、再审判决书、裁定书;

(三)其他相关材料。以有新的证据证明原判决、裁定认定的事实确有错误为由申诉的,应当同时附有相关证据材料;申请人民法院调查取证的,应当附有相关线索或者材料。

申诉符合前款规定的,人民法院应当出具收到申诉材料的回执。申诉不符合前款规定的,人民法院应当告知申诉人补充材料;申诉人拒绝补充必要材料且无正当理由的,不予审查。

第四百五十三条 申诉由终审人民法院审查处理。但是,第二审人民法院裁定准许撤回上诉的案件,申诉人对第一审判决提出申诉的,可以由第一审人民法院审查处理。

上一级人民法院对未经终审人民法院审查处理的申诉,可以告知申诉人向终审人民法院提出申诉,或者直接交终审人民法院审查处理,并告知申诉人;案件疑难、复杂、重大的,也可以直接审查处理。

对未经终审人民法院及其上一级人

民法院审查处理,直接向上级人民法院申诉的,上级人民法院应当告知申诉人向下级人民法院提出。

第四百五十四条 最高人民法院或者上级人民法院可以指定终审人民法院以外的人民法院对申诉进行审查。被指定的人民法院审查后,应当制作审查报告,提出处理意见,层报最高人民法院或者上级人民法院审查处理。

第四百五十五条 对死刑案件的申诉,可以由原核准的人民法院直接审查处理,也可以交由原审人民法院审查。原审人民法院应当制作审查报告,提出处理意见,层报原核准的人民法院审查处理。

第四百五十六条 对立案审查的申诉案件,人民法院可以听取当事人和原办案单位的意见,也可以对原判据以定罪量刑的证据和新的证据进行核实。必要时,可以进行听证。

第四百五十七条 对立案审查的申诉案件,应当在三个月以内作出决定,至迟不得超过六个月。因案件疑难、复杂、重大或者其他特殊原因需要延长审查期限的,参照本解释第二百一十条的规定处理。

经审查,具有下列情形之一的,应当根据刑事诉讼法第二百五十三条的规定,决定重新审判:

(一)有新的证据证明原判决、裁定认定的事实确有错误,可能影响定罪量刑的;

(二)据以定罪量刑的证据不确实、不充分、依法应当排除的;

(三)证明案件事实的主要证据之间存在矛盾的;

(四)主要事实依据被依法变更或者撤销的;

(五)认定罪名错误的;

(六)量刑明显不当的;

(七)对违法所得或者其他涉案财物的处理确有明显错误的;

(八)违反法律关于溯及力规定的;

(九)违反法定诉讼程序,可能影响公正裁判的;

(十)审判人员在审理该案件时有贪污受贿、徇私舞弊、枉法裁判行为的。

申诉不具有上述情形的,应当说服申诉人撤回申诉;对仍然坚持申诉的,应当书面通知驳回。

第四百五十八条 具有下列情形之一,可能改变原判决、裁定据以定罪量刑的事实的证据,应当认定为刑事诉讼法第二百五十三条第一项规定的"新的证据":

(一)原判决、裁定生效后新发现的证据;

(二)原判决、裁定生效前已经发现,但未予收集的证据;

(三)原判决、裁定生效前已经收集,但未经质证的证据;

(四)原判决、裁定所依据的鉴定意见,勘验、检查等笔录被改变或者否定的;

(五)原判决、裁定所依据的被告人供述、证人证言等证据发生变化,影响定罪量刑,且有合理理由的。

第四百五十九条 申诉人对驳回申诉不服的,可以向上一级人民法院申诉。上一级人民法院经审查认为申诉不符合刑事诉讼法第二百五十三条和本解释第四百五十七条第二款规定的,应当说服申诉人撤回申诉;对仍然坚持申诉的,应当驳回或者通知不予重新审判。

第四百六十条 各级人民法院院长发现本院已经发生法律效力的判决、裁定确有错误的,应当提交审判委员会讨论决定是否再审。

第四百六十一条 上级人民法院发现下级人民法院已经发生法律效力的判决、裁定确有错误的,可以指令下级人民法院再审;原判决、裁定认定事实正确但适用法律错误,或者案件疑难、复杂、重大,或者有不宜由原审人民法院审理情形的,也可以提审。

上级人民法院指令下级人民法院再审的,一般应当指令原审人民法院以外的下级人民法院审理;由原审人民法院审理更有利于查明案件事实、纠正裁判错误的,可以指令原审人民法院审理。

第四百六十二条 对人民检察院依照审判监督程序提出抗诉的案件,人民法院应当在收到抗诉书后一个月以内立案。但是,有下列情形之一的,应当区别情况予以处理:

(一)不属于本院管辖的,应当将案件退回人民检察院;

(二)按照抗诉书提供的住址无法向被抗诉的原审被告人送达抗诉书的,应当通知人民检察院在三日以内重新提供原审被告人的住址;逾期未提供的,将案件退回人民检察院;

(三)以有新的证据为由提出抗诉,但未附相关证据材料或者有关证据不是指向原起诉事实的,应当通知人民检察院在三日以内补送相关材料;逾期未补送的,将案件退回人民检察院。

决定退回的抗诉案件,人民检察院经补充相关材料后再次抗诉,经审查符合受理条件的,人民法院应当受理。

第四百六十三条 对人民检察院依照审判监督程序提出抗诉的案件,接受抗诉的人民法院应当组成合议庭审理。对原判事实不清、证据不足,包括有新的证据证明原判可能有错误,需要指令下级人民法院再审的,应当在立案之日起一个月以内作出决定,并将指令再审决定书送达抗诉的人民检察院。

第四百六十四条 对决定依照审判监督程序重新审判的案件,人民法院应当制作再审决定书。再审期间不停止原判决、裁定的执行,但被告人可能经再审改判无罪,或者可能经再审减轻原判刑罚而致刑期届满的,可以决定中止原判决、裁定的执行,必要时,可以对被告人采取取保候审、监视居住措施。

第四百六十五条 依照审判监督程序重新审判的案件,人民法院应当重点针对申诉、抗诉和决定再审的理由进行审理。必要时,应当对原判决、裁定认定的事实、证据和适用法律进行全面审查。

第四百六十六条 原审人民法院审理依照审判监督程序重新审判的案件,应当另行组成合议庭。

原来是第一审案件,应当依照第一审程序进行审判,所作的判决、裁定可以上诉、抗诉;原来是第二审案件,或者是上级人民法院提审的案件,应当依照第二审程序进行审判,所作的判决、裁定是终审的判决、裁定。

符合刑事诉讼法第二百九十六条、第二百九十七条规定的,可以缺席审判。

第四百六十七条 对依照审判监督程序重新审判的案件,人民法院在依照第一审程序进行审判的过程中,发现原审被告人还有其他犯罪的,一般应当并案审理,但分案审理更为适宜的,可以分案审理。

第四百六十八条 开庭审理再审案件,再审决定书或者抗诉书只针对部分原审被告人,其他同案原审被告人不出庭不影响审理的,可以不出庭参加诉讼。

第四百六十九条 除人民检察院抗诉的以外,再审一般不得加重原审被告人的刑罚。再审决定书或者抗诉书只针对部分原审被告人的,不得加重其他同案原审被告人的刑罚。

第四百七十条 人民法院审理人民检察院抗诉的再审案件,人民检察院在开庭审理前撤回抗诉的,应当裁定准许;人民检察院接到出庭通知后不派员出庭,且未说明原因的,可以裁定按撤回抗诉处理,并通知诉讼参与人。

人民法院审理申诉人申诉的再审案件,申诉人在再审期间撤回申诉的,可以裁定准许;但认为原判确有错误的,应当不予准许,继续按照再审案件审理。申诉人经依法通知无正当理由拒不到庭,或者未经法庭许可中途退庭的,可以裁定按撤回申诉处理,但申诉人不是原审当事人的除外。

第四百七十一条 开庭审理的再审案件,系人民法院决定再审的,由合议庭组成人员宣读再审决定书;系人民检察院抗诉的,由检察员宣读抗诉书;系申诉人申诉的,由申诉人或者其辩护人、诉讼代理人陈述申诉理由。

第四百七十二条 再审案件经过重新审判后,应当按照下列情形分别处理:

(一)原判决、裁定认定事实和适用法律正确、量刑适当的,应当裁定驳回申诉或者抗诉,维持原判决、裁定;

(二)原判决、裁定定罪准确、量刑适当,但在认定事实、适用法律等方面有瑕疵的,应当裁定纠正并维持原判决、裁定;

(三)原判决、裁定认定事实没有错误,但适用法律错误或者量刑不当的,应当撤销原判决、裁定,依法改判;

(四)依照第二审程序审理的案件,原判决、裁定事实不清、证据不足的,可以在查清事实后改判,也可以裁定撤销原判,发回原审人民法院重新审判。

原判决、裁定事实不清或者证据不足,经审理事实已经查清的,应当根据查清的事实依法裁判;事实仍无法查清,证据不足,不能认定被告人有罪的,应当撤销原判决、裁定,判决宣告被告人无罪。

第四百七十三条 原判决、裁定认定被告人姓名等身份信息有误,但认定事实和适用法律正确、量刑适当的,作出生效判决、裁定的人民法院可以通过裁定对有关信息予以更正。

第四百七十四条 对再审改判宣告无罪并依法享有申请国家赔偿权利的当事人,人民法院宣判时,应当告知其在判决发生法律效力后可以依法申请国家赔偿。

第二十章 涉外刑事案件的审理和刑事司法协助

第一节 涉外刑事案件的审理

第四百七十五条 本解释所称的涉外刑事案件是指:

(一)在中华人民共和国领域内,外国人犯罪或者我国公民对外国、外国人犯罪的案件;

(二)符合刑法第七条、第十条规定情形的我国公民在中华人民共和国领域外犯罪的案件;

(三)符合刑法第八条、第十条规定情形的外国人犯罪的案件;

(四)符合刑法第九条规定情形的中华人民共和国在所承担国际条约义务范

围内行使管辖权的案件。

第四百七十六条 第一审涉外刑事案件,除刑事诉讼法第二十一条至第二十三条规定的以外,由基层人民法院管辖。必要时,中级人民法院可以指定辖区内若干基层人民法院集中管辖第一审涉外刑事案件,也可以依照刑事诉讼法第二十四条的规定,审理基层人民法院管辖的第一审涉外刑事案件。

第四百七十七条 外国人的国籍,根据其入境时持用的有效证件确认;国籍不明的,根据公安机关或者有关国家驻华使领馆出具的证明确认。

国籍无法查明的,以无国籍人对待,适用本章有关规定,在裁判文书中写明"国籍不明"。

第四百七十八条 在刑事诉讼中,外国籍当事人享有我国法律规定的诉讼权利并承担相应义务。

第四百七十九条 涉外刑事案件审判期间,人民法院应当将下列事项及时通报同级人民政府外事主管部门,并依照有关规定通知有关国家驻华使领馆:

(一)人民法院决定对外国籍被告人采取强制措施的情况,包括外国籍当事人的姓名(包括译名)、性别、入境时间、护照或者证件号码、采取的强制措施及法律依据、羁押地点等;

(二)开庭的时间、地点、是否公开审理等事项;

(三)宣判的时间、地点。

涉外刑事案件宣判后,应当将处理结果及时通报同级人民政府外事主管部门。

对外国籍被告人执行死刑的,死刑裁决下达后执行前,应当通知其国籍国驻华使领馆。

外国籍被告人在案件审理中死亡的,应当及时通报同级人民政府外事主管部门,并通知有关国家驻华使领馆。

第四百八十条 需要向有关国家驻华使领馆通知有关事项的,应当层报高级人民法院,由高级人民法院按照下列规定通知:

(一)外国籍当事人国籍国与我国签订有双边领事条约的,根据条约规定办理;未与我国签订双边领事条约,但参加《维也纳领事关系公约》的,根据公约规定办理;未与我国签订领事条约,也未参加《维也纳领事关系公约》,但与我国有外交关系的,可以根据外事主管部门的意见,按照互惠原则,根据有关规定和国际惯例办理;

(二)在外国驻华领馆领区内发生的涉外刑事案件,通知有关外国驻该地区的领馆;在外国领馆领区外发生的涉外刑事案件,通知有关外国驻华使馆;与我国有外交关系,但未设使领馆的国家,可以通知其代管国家驻华使领馆;无代管国家、代管国家不明的,可以不通知;

(三)双边领事条约规定通知时限的,应当在规定的期限内通知;没有规定的,应当根据或者参照《维也纳领事关系公约》和国际惯例尽快通知,至迟不得超过七日;

(四)双边领事条约没有规定必须通知,外国籍当事人要求不通知其国籍国驻华使领馆的,可以不通知,但应当由其本人出具书面声明。

高级人民法院向外国驻华使领馆通知有关事项,必要时,可以请人民政府外事主管部门协助。

第四百八十一条 人民法院受理涉外刑事案件后,应当告知在押的外国籍被告人享有与其国籍国驻华使领馆联系,与其监护人、近亲属会见、通信,以及请求人民法院提供翻译的权利。

第四百八十二条 涉外刑事案件审判期间,外国籍被告人在押,其国籍国驻华使领馆官员要求探视的,可以向受理案件的人民法院所在地的高级人民法院提出。人民法院应当根据我国与被告人国籍国签订的双边领事条约规定的时限予以安排;没有条约规定的,应当尽快安排。必要时,可以请人民政府外事主管部门协助。

涉外刑事案件审判期间,外国籍被告人在押,其监护人、近亲属申请会见的,可以向受理案件的人民法院所在地的高级人民法院提出,并依照本解释第四百八十六条的规定提供与被告人关系的证明。人民法院经审查认为不妨碍案件审判的,可以批准。

被告人拒绝接受探视、会见的,应当由其本人出具书面声明。拒绝出具书面声明的,应当记录在案;必要时,应当录音录像。

探视、会见被告人应当遵守我国法律规定。

第四百八十三条 人民法院审理涉外刑事案件,应当公开进行,但依法不应公开审理的除外。

公开审理的涉外刑事案件,外国籍当事人国籍国驻华使领馆官员要求旁听的,可以向受理案件的人民法院所在地的高级人民法院提出申请,人民法院应当安排。

第四百八十四条 人民法院审判涉外刑事案件,使用中华人民共和国通用的语言、文字,应当为外国籍当事人提供翻译。翻译人员应当在翻译文件上签名。

人民法院的诉讼文书为中文本。外国籍当事人不通晓中文的,应当附有外文译本,译本不加盖人民法院印章,以中文本为准。

外国籍当事人通晓中国语言、文字,拒绝他人翻译,或者不需要诉讼文书外文译本的,应当由其本人出具书面声明。拒绝出具书面声明的,应当记录在案;必要时,应当录音录像。

第四百八十五条 外国籍被告人委托律师辩护,或者外国籍附带民事诉讼原告人、自诉人委托律师代理诉讼的,应当委托具有中华人民共和国律师资格并依法取得执业证书的律师。

外国籍被告人在押的,其监护人、近亲属或者其国籍国驻华使领馆可以代为委托辩护人。其监护人、近亲属代为委托的,应当提供与被告人关系的有效证明。

外国籍当事人委托其监护人、近亲属担任辩护人、诉讼代理人的,被委托人应当提供与当事人关系的有效证明。经审查,符合刑事诉讼法、有关司法解释规定的,人民法院应当准许。

外国籍被告人没有委托辩护人的,人民法院可以通知法律援助机构为其指派律师提供辩护。被告人拒绝辩护人辩护的,应当由其出具书面声明,或者将其口头声明记录在案;必要时,应当录音录像。被告人属于应当提供法律援助情形的,依照本解释第五十条规定处理。

第四百八十六条 外国籍当事人从中华人民共和国领域外寄交或者托交给中国律师或者中国公民的委托书,以及外国籍当事人的监护人、近亲属提供的与当事人关系的证明,必须经所在国公证机关证明,所在国中央外交主管机关或者其授权机关认证,并经中华人民共和国驻该国使领馆认证,或者履行中华人民共和国与该所在国订立的有关条约中规定的证明手续,但我国与该国之间有互免认证协定的除外。

第四百八十七条 对涉外刑事案件的被告人,可以决定限制出境;对开庭审理案件时必须到庭的证人,可以要求暂缓出境。限制外国人出境的,应当通报同级人民政府外事主管部门和当事人国籍国驻华使领馆。

人民法院决定限制外国人和中国公民出境的,应当书面通知被限制出境的人在案件审理终结前不得离境,并可以采取扣留护照或者其他出入境证件的办法限制其出境;扣留证件的,应当履行必要手续,并发给本人扣留证件的证明。

需要对外国人和中国公民在口岸采取边控措施的,受理案件的人民法院应当按照规定制作边控对象通知书,并附有关法律文书,层报高级人民法院办理交控手续。紧急情况下,需要采取临时边控措施的,受理案件的人民法院可以先向有关口岸所在地出入境边防检查机关交控,但应当在七日以内按照规定层报高级人民法院办理手续。

第四百八十八条 涉外刑事案件,符合刑事诉讼法第二百零八条第一款、第二百四十三条规定的,经有关人民法院批准或者决定,可以延长审理期限。

第四百八十九条 涉外刑事案件宣判后,外国籍当事人国籍国驻华使领馆要求提供裁判文书的,可以向受理案件的人民法院所在地的高级人民法院提出,人民法院可以提供。

第四百九十条 涉外刑事案件审理过程中的其他事项,依照法律、司法解释和其他有关规定办理。

第二节 刑事司法协助

第四百九十一条 请求和提供司法协助,应当依照《中华人民共和国国际刑事司法协助法》、我国与有关国家、地区签订的刑事司法协助条约、移管被判刑人条约和有关法律规定进行。

对请求书的签署机关、请求书及所附材料的语言文字、有关办理期限和具体程序等事项,在不违反中华人民共和国法律的基本原则的情况下,可以按照刑事司法协助条约规定或者双方商办理。

第四百九十二条 外国法院请求的事项有损中华人民共和国的主权、安全、社会公共利益以及违反中华人民共和国法律的基本原则的,人民法院不予协助;属于有关法律规定的可以拒绝提供刑事司法协助情形的,可以不予协助。

第四百九十三条 人民法院请求外国提供司法协助的,应当层报最高人民法院,经最高人民法院审核同意后交由有关对外联系机关及时向外国提出请求。

外国法院请求我国提供司法协助,有关对外联系机关认为属于人民法院职权范围的,经最高人民法院审核同意后转有关人民法院办理。

第四百九十四条 人民法院请求外国提供司法协助的请求书,应当依照刑事司法协助条约的规定提出;没有条约或者条约没有规定的,应当载明法律规定的相关信息并附相关材料。请求书及其所附材料应当以中文制作,并附有被请求国官方文字的译本。

外国请求我国法院提供司法协助的请求书,应当依照刑事司法协助条约的规定提出;没有条约或者条约没有规定的,应当载明我国法律规定的相关信息并附相关材料。请求书及所附材料应当附有中文译本。

第四百九十五条 人民法院向在中华人民共和国领域外居住的当事人送达刑事诉讼文书,可以采用下列方式:

(一)根据受送达人所在国与中华人民共和国缔结或者共同参加的国际条约规定的方式送达;

(二)通过外交途径送达;

(三)对中国籍当事人,所在国法律允许或者经所在国同意的,可以委托我国驻受送达人所在国的使领馆代为送达;

(四)当事人是自诉案件的自诉人或者附带民事诉讼原告人的,可以向有权代其接受送达的诉讼代理人送达;

(五)当事人是外国单位的,可以向其在中华人民共和国领域内设立的代表机构或者有权接受送达的分支机构、业务代办人送达;

(六)受送达人所在国法律允许的,可以邮寄送达;自邮寄之日起满三个月,送达回证未退回,但根据各种情况足以认定已经送达的,视为送达;

(七)受送达人所在国法律允许的,可以采用传真、电子邮件等能够确认受送达人收悉的方式送达。

第四百九十六条 人民法院通过外交途径向在中华人民共和国领域外居住的受送达人送达刑事诉讼文书的,所送达的文书应当经高级人民法院审查后报最高人民法院审核。最高人民法院认为可以发出的,由最高人民法院交外交部主管部门转递。

外国法院通过外交途径请求人民法院送达刑事诉讼文书的,由该国驻华使馆将法律文书交我国外交部主管部门转最高人民法院。最高人民法院审核后认为属于人民法院职权范围,且可以代为送达的,应当转有关人民法院办理。

第二十一章 执 行 程 序

第一节 死刑的执行

第四百九十七条 被判处死刑缓期执行的罪犯,在死刑缓期执行期间犯罪的,应当由罪犯服刑地的中级人民法院依法审判,所作的判决可以上诉、抗诉。

认定故意犯罪,情节恶劣,应当执行死刑的,在判决、裁定发生法律效力后,应当层报最高人民法院核准执行死刑。

对故意犯罪未执行死刑的,不再报高级人民法院核准,死刑缓期执行的期间重新计算,并层报最高人民法院备案。备案不影响判决、裁定的生效和执行。

最高人民法院经备案审查,认为原判不予执行死刑错误,确需改判的,应当依照审判监督程序予以纠正。

第四百九十八条 死刑缓期执行的期间,从判决或者裁定核准死刑缓期执行的法律文书宣告或者送达之日起计算。

死刑缓期执行期满,依法应当减刑的,人民法院应当及时减刑。死刑缓期执行期满减为无期徒刑、有期徒刑的,刑期自死刑缓期执行期满之日起计算。

第四百九十九条 最高人民法院的执行死刑命令,由高级人民法院交付第一审人民法院执行。第一审人民法院接到执行死刑命令后,应当在七日以内执行。

在死刑缓期执行期间故意犯罪,最高人民法院核准执行死刑的,由罪犯服刑地的中级人民法院执行。

第五百条 下级人民法院在接到执行死刑命令后、执行前,发现有下列情形之一的,应当暂停执行,并立即将请求停止执行死刑的报告和相关材料层报最高人民法院：

（一）罪犯可能有其他犯罪的；

（二）共同犯罪的其他犯罪嫌疑人到案，可能影响罪犯量刑的；

（三）共同犯罪的其他罪犯被暂停或者停止执行死刑，可能影响罪犯量刑的；

（四）罪犯揭发重大犯罪事实或者有其他重大立功表现，可能需要改判的；

（五）罪犯怀孕的；

（六）判决、裁定可能有影响定罪量刑的其他错误的。

最高人民法院经审查，认为可能影响罪犯定罪量刑的，应当裁定停止执行死刑；认为不影响的，应当决定继续执行死刑。

第五百零一条 最高人民法院在执行死刑命令签发后、执行前，发现有前条第一款规定情形的，应当立即裁定停止执行死刑，并将有关材料移交下级人民法院。

第五百零二条 下级人民法院接到最高人民法院停止执行死刑的裁定后，应当会同有关部门调查核实停止执行死刑的事由，并及时将调查结果和意见层报最高人民法院审核。

第五百零三条 对下级人民法院报送的停止执行死刑的调查结果和意见，由最高人民法院原作出核准死刑判决、裁定的合议庭负责审查；必要时，另行组成合议庭进行审查。

第五百零四条 最高人民法院对停止执行死刑的案件，应当按照下列情形分别处理：

（一）确认罪犯怀孕的，应当改判；

（二）确认罪犯有其他犯罪，依法应当追诉的，应当裁定不予核准死刑，撤销原判，发回重新审判；

（三）确认原判决、裁定有错误或者罪犯有重大立功表现，需要改判的，应当裁定不予核准死刑，撤销原判，发回重新审判；

（四）确认原判决、裁定没有错误，罪犯没有重大立功表现，或者重大立功表现不影响原判决、裁定执行的，应当裁定继续执行死刑，并由院长重新签发执行死刑的命令。

第五百零五条 第一审人民法院在执行死刑前，应当告知罪犯有权会见其近亲属。罪犯申请会见并提供具体联系方式的，人民法院应当通知其近亲属。确实无法与罪犯近亲属取得联系，或者其近亲属拒绝会见的，应当告知罪犯。罪犯申请通过录音录像等方式留下遗言的，人民法院可以准许。

罪犯近亲属申请会见的，人民法院应当准许并及时安排，但罪犯拒绝会见的除外。罪犯拒绝会见的，应当记录在案并及时告知其近亲属；必要时，应当录音录像。

罪犯申请会见近亲属以外的亲友，经人民法院审查，确有正当理由的，在确保安全的情况下可以准许。

罪犯申请会见未成年子女的，应当经未成年子女的监护人同意；会见可能影响未成年人身心健康的，人民法院可以通过视频方式安排会见，会见时监护人应当在场。

会见一般在罪犯羁押场所进行。

会见情况应当记录在案，附卷存档。

第五百零六条 第一审人民法院在执行死刑三日以前，应当通知同级人民检察院派员临场监督。

第五百零七条 死刑采用枪决或者注射等方法执行。

采用注射方法执行死刑的，应当在指

定的刑场或者羁押场所内执行。

采用枪决、注射以外的其他方法执行死刑的，应当事先层报最高人民法院批准。

第五百零八条 执行死刑前，指挥执行的审判人员应当对罪犯验明正身，讯问有无遗言、信札，并制作笔录，再交执行人员执行死刑。

执行死刑应当公布，禁止游街示众或者其他有辱罪犯人格的行为。

第五百零九条 执行死刑后，应当由法医验明罪犯确实死亡，在场书记员制作笔录。负责执行的人民法院应当在执行死刑后十五日以内将执行情况，包括罪犯被执行死刑前后的照片，上报最高人民法院。

第五百一十条 执行死刑后，负责执行的人民法院应当办理以下事项：

（一）对罪犯的遗书、遗言笔录，应当及时审查；涉及财产继承、债务清偿、家事嘱托等内容的，将遗书、遗言笔录交给家属，同时复制附卷备查；涉及案件线索等问题的，抄送有关机关；

（二）通知罪犯家属在限期内领取罪犯骨灰；没有火化条件或者因民族、宗教等原因不宜火化的，通知领取尸体；过期不领取的，由人民法院通知有关单位处理，并要求有关单位出具处理情况的说明；对罪犯骨灰或者尸体的处理情况，应当记录在案；

（三）对外国籍罪犯执行死刑后，通知外国驻华使领馆的程序和时限，根据有关规定办理。

第二节 死刑缓期执行、无期徒刑、有期徒刑、拘役的交付执行

第五百一十一条 被判处死刑缓期执行、无期徒刑、有期徒刑、拘役的罪犯，第一审人民法院应当在判决、裁定生效后十日以内，将判决书、裁定书、起诉书副本、自诉状复印件、执行通知书、结案登记表送达公安机关、监狱或者其他执行机关。

第五百一十二条 同案审理的案件中，部分被告人被判处死刑，对未被判处死刑的同案被告人需要羁押执行刑罚的，应当根据前条规定及时交付执行。但是，该同案被告人参与实施有关死刑之罪的，应当在复核讯问被判处死刑的被告人后交付执行。

第五百一十三条 执行通知书回执经看守所盖章后，应当附卷备查。

第五百一十四条 罪犯在被交付执行前，因有严重疾病、怀孕或者正在哺乳自己婴儿的妇女、生活不能自理的原因，依法提出暂予监外执行的申请的，有关病情诊断、妊娠检查和生活不能自理的鉴别，由人民法院负责组织进行。

第五百一十五条 被判处无期徒刑、有期徒刑或者拘役的罪犯，符合刑事诉讼法第二百六十五条第一款、第二款的规定，人民法院决定暂予监外执行的，应当制作暂予监外执行决定书，写明罪犯基本情况、判决确定的罪名和刑罚、决定暂予监外执行的原因、依据等。

人民法院在作出暂予监外执行决定前，应当征求人民检察院的意见。

人民检察院认为人民法院的暂予监外执行决定不当，在法定期限内提出书面意见的，人民法院应当立即对该决定重新核查，并在一个月以内作出决定。

对暂予监外执行的罪犯，适用本解释第五百一十九条的有关规定，依法实行社区矫正。

人民法院决定暂予监外执行的,由看守所或者执行取保候审、监视居住的公安机关自收到决定之日起十日以内将罪犯移送社区矫正机构。

第五百一十六条 人民法院收到社区矫正机构的收监执行建议书后,经审查,确认暂予监外执行的罪犯具有下列情形之一的,应当作出收监执行的决定:

(一)不符合暂予监外执行条件的;

(二)未经批准离开所居住的市、县,经警告拒不改正,或者拒不报告行踪、脱离监管的;

(三)因违反监督管理规定受到治安管理处罚,仍不改正的;

(四)受到执行机关两次警告,仍不改正的;

(五)保外就医期间不按规定提交病情复查情况,经警告拒不改正的;

(六)暂予监外执行的情形消失后,刑期未满的;

(七)保证人丧失保证条件或者因不履行义务被取消保证人资格,不能在规定期限内提出新的保证人的;

(八)违反法律、行政法规和监督管理规定,情节严重的其他情形。

第五百一十七条 人民法院应当在收到社区矫正机构的收监执行建议书后三十日以内作出决定。收监执行决定书一经作出,立即生效。

人民法院应当将收监执行决定书送达社区矫正机构和公安机关,并抄送人民检察院,由公安机关将罪犯交付执行。

第五百一十八条 被收监执行的罪犯有不计入执行刑期情形的,人民法院应当在作出收监决定时,确定不计入执行刑期的具体时间。

第三节 管制、缓刑、剥夺政治权利的交付执行

第五百一十九条 对被判处管制、宣告缓刑的罪犯,人民法院应当依法确定社区矫正执行地。社区矫正执行地为罪犯的居住地;罪犯在多个地方居住的,可以确定其经常居住地为执行地;罪犯的居住地、经常居住地无法确定或者不适宜执行社区矫正的,应当根据有利于罪犯接受矫正、更好地融入社会的原则,确定执行地。

宣判时,应当告知罪犯自判决、裁定生效之日起十日以内到执行地社区矫正机构报到,以及不按期报到的后果。

人民法院应当自判决、裁定生效之日起五日以内通知执行地社区矫正机构,并在十日以内将判决书、裁定书、执行通知书等法律文书送达执行地社区矫正机构,同时抄送人民检察院和执行地公安机关。人民法院与社区矫正执行地不在同一地方的,由执行地社区矫正机构将法律文书转送所在地的人民检察院和公安机关。

第五百二十条 对单处剥夺政治权利的罪犯,人民法院应当在判决、裁定生效后十日以内,将判决书、裁定书、执行通知书等法律文书送达罪犯居住地的县级公安机关,并抄送罪犯居住地的县级人民检察院。

第四节 刑事裁判涉财产部分和附带民事裁判的执行

第五百二十一条 刑事裁判涉财产部分的执行,是指发生法律效力的刑事裁判中下列判项的执行:

(一)罚金、没收财产;

(二)追缴、责令退赔违法所得;

（三）处置随案移送的赃款赃物；

（四）没收随案移送的供犯罪所用本人财物；

（五）其他应当由人民法院执行的相关涉财产的判项。

第五百二十二条 刑事裁判涉财产部分和附带民事裁判应当由人民法院执行的，由第一审人民法院负责裁判执行的机构执行。

第五百二十三条 罚金在判决规定的期限内一次或者分期缴纳。期满无故不缴纳或者未足额缴纳的，人民法院应当强制缴纳。经强制缴纳仍不能全部缴纳的，在任何时候，包括主刑执行完毕后，发现被执行人有可供执行的财产的，应当追缴。

行政机关对被告人就同一事实已经处以罚款的，人民法院判处罚金时应当折抵，扣除行政处罚已执行的部分。

第五百二十四条 因遭遇不能抗拒的灾祸等原因缴纳罚金确有困难，被执行人申请延期缴纳、酌情减少或者免除罚金的，应当提交相关证明材料。人民法院应当在收到申请后一个月以内作出裁定。符合法定条件的，应当准许；不符合条件的，驳回申请。

第五百二十五条 判处没收财产的，判决生效后，应当立即执行。

第五百二十六条 执行财产刑，应当参照被扶养人住所地政府公布的上年度当地居民最低生活费标准，保留被执行人及其所扶养人的生活必需费用。

第五百二十七条 被判处财产刑，同时又承担附带民事赔偿责任的被执行人，应当先履行民事赔偿责任。

第五百二十八条 执行刑事裁判涉财产部分、附带民事裁判过程中，当事人、利害关系人认为执行行为违反法律规定，或者案外人对被执行标的书面提出异议的，人民法院应当参照民事诉讼法的有关规定处理。

第五百二十九条 执行刑事裁判涉财产部分、附带民事裁判过程中，具有下列情形之一的，人民法院应当裁定终结执行：

（一）据以执行的判决、裁定被撤销的；

（二）被执行人死亡或者被执行死刑，且无财产可供执行的；

（三）被判处罚金的单位终止，且无财产可供执行的；

（四）依照刑法第五十三条规定免除罚金的；

（五）应当终结执行的其他情形。

裁定终结执行后，发现被执行人的财产有被隐匿、转移等情形的，应当追缴。

第五百三十条 被执行财产在外地的，第一审人民法院可以委托财产所在地的同级人民法院执行。

第五百三十一条 刑事裁判涉财产部分、附带民事裁判全部或者部分被撤销的，已经执行的财产应当全部或者部分返还被执行人；无法返还的，应当依法赔偿。

第五百三十二条 刑事裁判涉财产部分、附带民事裁判的执行，刑事诉讼法及有关刑事司法解释没有规定的，参照适用民事执行的有关规定。

第五节 减刑、假释案件的审理

第五百三十三条 被判处死刑缓期执行的罪犯，在死刑缓期执行期间，没有故意犯罪的，死刑缓期执行期满后，应当裁定减刑；死刑缓期执行期满后，尚未裁定减刑前又犯罪的，应当在依法减刑后，对其所犯新罪另行审判。

第五百三十四条　对减刑、假释案件，应当按照下列情形分别处理：

（一）对被判处死刑缓期执行的罪犯的减刑，由罪犯服刑地的高级人民法院在收到同级监狱管理机关审核同意的减刑建议书后一个月以内作出裁定；

（二）对被判处无期徒刑的罪犯的减刑、假释，由罪犯服刑地的高级人民法院在收到同级监狱管理机关审核同意的减刑、假释建议书后一个月以内作出裁定，案情复杂或者情况特殊的，可以延长一个月；

（三）对被判处有期徒刑和被减为有期徒刑的罪犯的减刑、假释，由罪犯服刑地的中级人民法院在收到执行机关提出的减刑、假释建议书后一个月以内作出裁定，案情复杂或者情况特殊的，可以延长一个月；

（四）对被判处管制、拘役的罪犯的减刑，由罪犯服刑地的中级人民法院在收到同级执行机关审核同意的减刑建议书后一个月以内作出裁定。

对社区矫正对象的减刑，由社区矫正执行地的中级以上人民法院在收到社区矫正机构减刑建议书后三十日以内作出裁定。

第五百三十五条　受理减刑、假释案件，应当审查执行机关移送的材料是否包括下列内容：

（一）减刑、假释建议书；

（二）原审法院的裁判文书、执行通知书、历次减刑裁定书的复制件；

（三）证明罪犯确有悔改、立功或者重大立功表现具体事实的书面材料；

（四）罪犯评审鉴定表、奖惩审批表等；

（五）罪犯假释后对所居住社区影响的调查评估报告；

（六）刑事裁判涉财产部分、附带民事裁判的执行、履行情况；

（七）根据案件情况需要移送的其他材料。

人民检察院对报请减刑、假释案件提出意见的，执行机关应当一并移送受理减刑、假释案件的人民法院。

经审查，材料不全的，应当通知提请减刑、假释的执行机关在三日以内补送；逾期未补送的，不予立案。

第五百三十六条　审理减刑、假释案件，对罪犯积极履行刑事裁判涉财产部分、附带民事裁判确定的义务的，可以认定有悔改表现，在减刑、假释时从宽掌握；对确有履行能力而不履行或者不全部履行的，在减刑、假释时从严掌握。

第五百三十七条　审理减刑、假释案件，应当在立案后五日以内对下列事项予以公示：

（一）罪犯的姓名、年龄等个人基本情况；

（二）原判认定的罪名和刑期；

（三）罪犯历次减刑情况；

（四）执行机关的减刑、假释建议和依据。

公示应当写明公示期限和提出意见的方式。

第五百三十八条　审理减刑、假释案件，应当组成合议庭，可以采用书面审理的方式，但下列案件应当开庭审理：

（一）因罪犯有重大立功表现提请减刑的；

（二）提请减刑的起始时间、间隔时间或者减刑幅度不符合一般规定的；

（三）被提请减刑、假释罪犯系职务

犯罪罪犯,组织、领导、参加、包庇、纵容黑社会性质组织罪犯,破坏金融管理秩序罪犯或者金融诈骗罪犯的;

(四)社会影响重大或者社会关注度高的;

(五)公示期间收到不同意见的;

(六)人民检察院提出异议的;

(七)有必要开庭审理的其他案件。

第五百三十九条 人民法院作出减刑、假释裁定后,应当在七日以内送达提请减刑、假释的执行机关、同级人民检察院以及罪犯本人。人民检察院认为减刑、假释裁定不当,在法定期限内提出书面纠正意见的,人民法院应当在收到意见后另行组成合议庭审理,并在一个月以内作出裁定。

对假释的罪犯,适用本解释第五百一十九条的有关规定,依法实行社区矫正。

第五百四十条 减刑、假释裁定作出前,执行机关书面提请撤回减刑、假释建议的,人民法院可以决定是否准许。

第五百四十一条 人民法院发现本院已经生效的减刑、假释裁定确有错误的,应当另行组成合议庭审理;发现下级人民法院已经生效的减刑、假释裁定确有错误的,可以指令下级人民法院另行组成合议庭审理,也可以自行组成合议庭审理。

第六节 缓刑、假释的撤销

第五百四十二条 罪犯在缓刑、假释考验期限内犯新罪或者被发现在判决宣告前还有其他罪没有判决,应当撤销缓刑、假释的,由审判新罪的人民法院撤销原判决、裁定宣告的缓刑、假释,并书面通知原审人民法院和执行机关。

第五百四十三条 人民法院收到社区矫正机构的撤销缓刑建议书后,经审查,确认罪犯在缓刑考验期限内具有下列情形之一的,应当作出撤销缓刑的裁定:

(一)违反禁止令,情节严重的;

(二)无正当理由不按规定时间报到或者接受社区矫正期间脱离监管,超过一个月的;

(三)因违反监督管理规定受到治安管理处罚,仍不改正的;

(四)受到执行机关二次警告,仍不改正的;

(五)违反法律、行政法规和监督管理规定,情节严重的其他情形。

人民法院收到社区矫正机构的撤销假释建议书后,经审查,确认罪犯在假释考验期限内具有前款第二项、第四项规定情形之一,或者有其他违反监督管理规定的行为,尚未构成新的犯罪的,应当作出撤销假释的裁定。

第五百四十四条 被提请撤销缓刑、假释的罪犯可能逃跑或者可能发生社会危险,社区矫正机构在提出撤销缓刑、假释建议的同时,提请人民法院决定对其予以逮捕的,人民法院应当在四十八小时以内作出是否逮捕的决定。决定逮捕的,由公安机关执行。逮捕后的羁押期限不得超过三十日。

第五百四十五条 人民法院应当在收到社区矫正机构的撤销缓刑、假释建议书后三十日以内作出裁定。撤销缓刑、假释的裁定一经作出,立即生效。

人民法院应当将撤销缓刑、假释裁定书送达社区矫正机构和公安机关,并抄送人民检察院,由公安机关将罪犯送交执行。执行以前被逮捕的,羁押一日折抵刑期一日。

第二十二章 未成年人刑事案件诉讼程序

第一节 一般规定

第五百四十六条 人民法院审理未成年人刑事案件,应当贯彻教育、感化、挽救的方针,坚持教育为主、惩罚为辅的原则,加强对未成年人的特殊保护。

第五百四十七条 人民法院应当加强同政府有关部门、人民团体、社会组织等的配合,推动未成年人刑事案件人民陪审、情况调查、安置帮教等工作的开展,充分保障未成年人的合法权益,积极参与社会治安综合治理。

第五百四十八条 人民法院应当加强同政府有关部门、人民团体、社会组织等的配合,对遭受性侵害或者暴力伤害的未成年被害人及其家庭实施必要的心理干预、经济救助、法律援助、转学安置等保护措施。

第五百四十九条 人民法院应当确定专门机构或者指定专门人员,负责审理未成年人刑事案件。审理未成年人刑事案件的人员应当经过专门培训,熟悉未成年人身心特点、善于做未成年人思想教育工作。

参加审理未成年人刑事案件的人民陪审员,可以从熟悉未成年人身心特点、关心未成年人保护工作的人民陪审员名单中随机抽取确定。

第五百五十条 被告人实施被指控的犯罪时不满十八周岁、人民法院立案时不满二十周岁的案件,由未成年人案件审判组织审理。

下列案件可以由未成年人案件审判组织审理:

(一)人民法院立案时不满二十二周岁的在校学生犯罪案件;

(二)强奸、猥亵、虐待、遗弃未成年人等侵害未成年人身权利的犯罪案件;

(三)由未成年人案件审判组织审理更为适宜的其他案件。

共同犯罪案件有未成年被告人的或者其他涉及未成年人的刑事案件,是否由未成年人案件审判组织审理,由院长根据实际情况决定。

第五百五十一条 对分案起诉至同一人民法院的未成年人与成年人共同犯罪案件,可以由同一个审判组织审理;不宜由同一个审判组织审理的,可以分别审理。

未成年人与成年人共同犯罪案件,由不同人民法院或者不同审判组织分别审理的,有关人民法院或者审判组织应当互相了解共同犯罪被告人的审判情况,注意全案的量刑平衡。

第五百五十二条 对未成年人刑事案件,必要时,上级人民法院可以根据刑事诉讼法第二十七条的规定,指定下级人民法院将案件移送其他人民法院审判。

第五百五十三条 对未成年被告人应当严格限制适用逮捕措施。

人民法院决定逮捕,应当讯问未成年被告人,听取辩护律师的意见。

对被逮捕且没有完成义务教育的未成年被告人,人民法院应当与教育行政部门互相配合,保证其接受义务教育。

第五百五十四条 人民法院对无固定住所、无法提供保证人的未成年被告人适用取保候审的,应当指定合适成年人作为保证人,必要时可以安排取保候审的被告人接受社会观护。

第五百五十五条 人民法院审理未

成年人刑事案件,在讯问和开庭时,应当通知未成年被告人的法定代理人到场。法定代理人无法通知、不能到场或者是共犯的,也可以通知合适成年人到场,并将有关情况记录在案。

到场的法定代理人或者其他人员,除依法行使刑事诉讼法第二百八十一条第二款规定的权利外,经法庭同意,可以参与对未成年被告人的法庭教育等工作。

适用简易程序审理未成年人刑事案件,适用前两款规定。

第五百五十六条　询问未成年被害人、证人,适用前条规定。

审理未成年人遭受性侵害或者暴力伤害案件,在询问未成年被害人、证人时,应当采取同步录音录像等措施,尽量一次完成;未成年被害人、证人是女性的,应当由女性工作人员进行。

第五百五十七条　开庭审理时被告人不满十八周岁的案件,一律不公开审理。经未成年被告人及其法定代理人同意,未成年被告人所在学校和未成年人保护组织可以派代表到场。到场代表的人数和范围,由法庭决定。经法庭同意,到场代表可以参与对未成年被告人的法庭教育工作。

对依法公开审理,但可能需要封存犯罪记录的案件,不得组织人员旁听;有旁听人员的,应当告知其不得传播案件信息。

第五百五十八条　开庭审理涉及未成年人的刑事案件,未成年被害人、证人一般不出庭作证;必须出庭的,应当采取保护其隐私的技术手段和心理干预等保护措施。

第五百五十九条　审理涉及未成年人的刑事案件,不得向外界披露未成年人的姓名、住所、照片以及可能推断出未成年人身份的其他资料。

查阅、摘抄、复制的案卷材料,涉及未成年人的,不得公开和传播。

第五百六十条　人民法院发现有关单位未尽到对未成年人教育、管理、救助、看护等保护职责的,应当向该单位提出司法建议。

第五百六十一条　人民法院应当结合实际,根据涉及未成年人刑事案件的特点,开展未成年人法治宣传教育工作。

第五百六十二条　审理未成年人刑事案件,本章没有规定的,适用本解释的有关规定。

第二节　开庭准备

第五百六十三条　人民法院向未成年被告人送达起诉书副本时,应当向其讲明被指控的罪行和有关法律规定,并告知其审判程序和诉讼权利、义务。

第五百六十四条　审判时不满十八周岁的未成年被告人没有委托辩护人的,人民法院应当通知法律援助机构指派熟悉未成年人身心特点的律师为其提供辩护。

第五百六十五条　未成年被害人及其法定代理人因经济困难或者其他原因没有委托诉讼代理人的,人民法院应当帮助其申请法律援助。

第五百六十六条　对未成年人刑事案件,人民法院决定适用简易程序审理的,应当征求未成年被告人及其法定代理人、辩护人的意见。上述人员提出异议的,不适用简易程序。

第五百六十七条　被告人实施被指控的犯罪时不满十八周岁,开庭时已满十八周岁、不满二十周岁的,人民法院开庭时,一般应当通知其近亲属到庭。经法庭同意,近亲属可以发表意见。近亲属无法通知、不能到场或者是共犯的,应当记录在案。

第五百六十八条 对人民检察院移送的关于未成年被告人性格特点、家庭情况、社会交往、成长经历、犯罪原因、犯罪前后的表现、监护教育等情况的调查报告,以及辩护人提交的反映未成年被告人上述情况的书面材料,法庭应当接受。

必要时,人民法院可以委托社区矫正机构、共青团、社会组织等对未成年被告人的上述情况进行调查,或者自行调查。

第五百六十九条 人民法院根据情况,可以对未成年被告人、被害人、证人进行心理疏导;根据实际需要并经未成年被告人及其法定代理人同意,可以对未成年被告人进行心理测评。

心理疏导、心理测评可以委托专门机构、专业人员进行。

心理测评报告可以作为办理案件和教育未成年人的参考。

第五百七十条 开庭前和休庭时,法庭根据情况,可以安排未成年被告人与其法定代理人或者合适成年人会见。

第三节 审 判

第五百七十一条 人民法院应当在辩护台靠近旁听区一侧为未成年被告人的法定代理人或者合适成年人设置席位。

审理可能判处五年有期徒刑以下刑罚或者过失犯罪的未成年人刑事案件,可以采取适合未成年人特点的方式设置法庭席位。

第五百七十二条 未成年被告人或者其法定代理人当庭拒绝辩护人辩护的,适用本解释第三百一十一条第二款、第三款的规定。

重新开庭后,未成年被告人或者其法定代理人再次当庭拒绝辩护人辩护的,不予准许。重新开庭时被告人已满十八周岁的,可以准许,但不得再另行委托辩护人或者要求另行指派律师,由其自行辩护。

第五百七十三条 法庭审理过程中,审判人员应当根据未成年被告人的智力发育程度和心理状态,使用适合未成年人的语言表达方式。

发现有对未成年被告人威胁、训斥、诱供或者讽刺等情形的,审判长应当制止。

第五百七十四条 控辩双方提出对未成年被告人判处管制、宣告缓刑等量刑建议的,应当向法庭提供有关未成年人能够获得监护、帮教以及对所居住社区无重大不良影响的书面材料。

第五百七十五条 对未成年被告人情况的调查报告,以及辩护人提交的有关未成年被告人情况的书面材料,法庭应当审查并听取控辩双方意见。上述报告和材料可以作为办理案件和教育未成年人的参考。

人民法院可以通知作出调查报告的人员出庭说明情况,接受控辩双方和法庭的询问。

第五百七十六条 法庭辩论结束后,法庭可以根据未成年人的生理、心理特点和案件情况,对未成年被告人进行法治教育;判决未成年被告人有罪的,宣判后,应当对未成年被告人进行法治教育。

对未成年被告人进行教育,其法定代理人以外的成年亲属或者教师、辅导员等参与有利于感化、挽救未成年人的,人民法院应当邀请其参加有关活动。

适用简易程序审理的案件,对未成年被告人进行法庭教育,适用前两款规定。

第五百七十七条 未成年被告人最后陈述后,法庭应当询问其法定代理人是否补充陈述。

第五百七十八条 对未成年人刑事案件,宣告判决应当公开进行。

对依法应当封存犯罪记录的案件,宣判时,不得组织人员旁听;有旁听人员的,应当告知其不得传播案件信息。

第五百七十九条 定期宣告判决的未成年人刑事案件,未成年被告人的法定代理人无法通知、不能到场或者是共犯的,法庭可以通知合适成年人到庭,并在宣判后向未成年被告人的成年亲属送达判决书。

第四节 执 行

第五百八十条 将未成年罪犯送监执行刑罚或者送交社区矫正时,人民法院应当将有关未成年罪犯的调查报告及其在案件审理中的表现材料,连同有关法律文书,一并送达执行机关。

第五百八十一条 犯罪时不满十八周岁,被判处五年有期徒刑以下刑罚以及免予刑事处罚的未成年人的犯罪记录,应当封存。

司法机关或者有关单位向人民法院申请查询封存的犯罪记录的,应当提供查询的理由和依据。对查询申请,人民法院应当及时作出是否同意的决定。

第五百八十二条 人民法院可以与未成年犯管教所等服刑场所建立联系,了解未成年罪犯的改造情况,协助做好帮教、改造工作,并可以对正在服刑的未成年罪犯进行回访考察。

第五百八十三条 人民法院认为必要时,可以督促被收监服刑的未成年罪犯的父母或者其他监护人及时探视。

第五百八十四条 对被判处管制、宣告缓刑、裁定假释、决定暂予监外执行的未成年罪犯,人民法院可以协助社区矫正机构制定帮教措施。

第五百八十五条 人民法院可以适时走访被判处管制、宣告缓刑、免予刑事处罚、裁定假释、决定暂予监外执行等的未成年罪犯及其家庭,了解未成年罪犯的管理和教育情况,引导未成年罪犯的家庭承担管教责任,为未成年罪犯改过自新创造良好环境。

第五百八十六条 被判处管制、宣告缓刑、免予刑事处罚、裁定假释、决定暂予监外执行等的未成年罪犯,具备就学、就业条件的,人民法院可以就其安置问题向有关部门提出建议,并附送必要的材料。

第二十三章 当事人和解的公诉案件诉讼程序

第五百八十七条 对符合刑事诉讼法第二百八十八条规定的公诉案件,事实清楚、证据充分的,人民法院应当告知当事人可以自行和解;当事人提出申请的,人民法院可以主持双方当事人协商以达成和解。

根据案件情况,人民法院可以邀请人民调解员、辩护人、诉讼代理人、当事人亲友等参与促成双方当事人和解。

第五百八十八条 符合刑事诉讼法第二百八十八条规定的公诉案件,被害人死亡的,其近亲属可以与被告人和解。近亲属有多人的,达成和解协议,应当经处于最先继承顺序的所有近亲属同意。

被害人系无行为能力或者限制行为能力人的,其法定代理人、近亲属可以代为和解。

第五百八十九条 被告人的近亲属经被告人同意，可以代为和解。

被告人系限制行为能力人的，其法定代理人可以代为和解。

被告人的法定代理人、近亲属依照前两款规定代为和解的，和解协议约定的赔礼道歉等事项，应当由被告人本人履行。

第五百九十条 对公安机关、人民检察院主持制作的和解协议书，当事人提出异议的，人民法院应当审查。经审查，和解自愿、合法的，予以确认，无需重新制作和解协议书；和解违反自愿、合法原则的，应当认定无效。和解协议被认定无效后，双方当事人重新达成和解的，人民法院应当主持制作新的和解协议书。

第五百九十一条 审判期间，双方当事人和解的，人民法院应当听取当事人及其法定代理人等有关人员的意见。双方当事人在庭外达成和解的，人民法院应当通知人民检察院，并听取其意见。经审查，和解自愿、合法的，应当主持制作和解协议书。

第五百九十二条 和解协议书应当包括以下内容：

（一）被告人承认自己所犯罪行，对犯罪事实没有异议，并真诚悔罪；

（二）被告人通过向被害人赔礼道歉、赔偿损失等方式获得被害人谅解；涉及赔偿损失的，应当写明赔偿的数额、方式等；提起附带民事诉讼的，由附带民事诉讼原告人撤回起诉；

（三）被害人自愿和解，请求或者同意对被告人依法从宽处罚。

和解协议书应当由双方当事人和审判人员签名，但不加盖人民法院印章。

和解协议书一式三份，双方当事人各持一份，另一份交人民法院附卷备查。

对和解协议中的赔偿损失内容，双方当事人要求保密的，人民法院应当准许，并采取相应的保密措施。

第五百九十三条 和解协议约定的赔偿损失内容，被告人应当在协议签署后即时履行。

和解协议已经全部履行，当事人反悔的，人民法院不予支持，但有证据证明和解违反自愿、合法原则的除外。

第五百九十四条 双方当事人在侦查、审查起诉期间已经达成和解协议并全部履行，被害人或者其法定代理人、近亲属又提起附带民事诉讼的，人民法院不予受理，但有证据证明和解违反自愿、合法原则的除外。

第五百九十五条 被害人或者其法定代理人、近亲属提起附带民事诉讼后，双方愿意和解，但被告人不能即时履行全部赔偿义务的，人民法院应当制作附带民事调解书。

第五百九十六条 对达成和解协议的案件，人民法院应当对被告人从轻处罚；符合非监禁刑适用条件的，应当适用非监禁刑；判处法定最低刑仍然过重的，可以减轻处罚；综合全案认为犯罪情节轻微不需要判处刑罚的，可以免予刑事处罚。

共同犯罪案件，部分被告人与被害人达成和解协议的，可以依法对该部分被告人从宽处罚，但应当注意全案的量刑平衡。

第五百九十七条 达成和解协议的，裁判文书应当叙明，并援引刑事诉讼法的相关条文。

第二十四章　缺席审判程序

第五百九十八条 对人民检察院依照刑事诉讼法第二百九十一条第一款的

规定提起公诉的案件，人民法院应当重点审查以下内容：

（一）是否属于可以适用缺席审判程序的案件范围；

（二）是否属于本院管辖；

（三）是否写明被告人的基本情况，包括明确的境外居住地、联系方式等；

（四）是否写明被告人涉嫌有关犯罪的主要事实，并附证据材料；

（五）是否写明被告人有无近亲属以及近亲属的姓名、身份、住址、联系方式等情况；

（六）是否列明违法所得及其他涉案财产的种类、数量、价值、所在地等，并附证据材料；

（七）是否附有查封、扣押、冻结违法所得及其他涉案财产的清单和相关法律手续。

前款规定的材料需要翻译件的，人民法院应当要求人民检察院一并移送。

第五百九十九条 对人民检察院依照刑事诉讼法第二百九十一条第一款的规定提起公诉的案件，人民法院审查后，应当按照下列情形分别处理：

（一）符合缺席审判程序适用条件，属于本院管辖，且材料齐全的，应当受理；

（二）不属于可以适用缺席审判程序的案件范围、不属于本院管辖或者不符合缺席审判程序的其他适用条件的，应当退回人民检察院；

（三）材料不全的，应当通知人民检察院在三十日以内补送；三十日以内不能补送的，应当退回人民检察院。

第六百条 对人民检察院依照刑事诉讼法第二百九十一条第一款的规定提起公诉的案件，人民法院立案后，应当将传票和起诉书副本送达被告人，传票应当载明被告人到案期限以及不按要求到案的法律后果等事项；应当将起诉书副本送达被告人近亲属，告知其有权代为委托辩护人，并通知其敦促被告人归案。

第六百零一条 人民法院审理人民检察院依照刑事诉讼法第二百九十一条第一款的规定提起公诉的案件，被告人有权委托或者由近亲属代为委托一至二名辩护人。委托律师担任辩护人的，应当委托具有中华人民共和国律师资格并依法取得执业证书的律师；在境外委托的，应当依照本解释第四百八十六条的规定对授权委托进行公证、认证。

被告人及其近亲属没有委托辩护人的，人民法院应当通知法律援助机构指派律师为被告人提供辩护。

被告人及其近亲属拒绝法律援助机构指派的律师辩护的，依照本解释第五十条第二款的规定处理。

第六百零二条 人民法院审理人民检察院依照刑事诉讼法第二百九十一条第一款的规定提起公诉的案件，被告人的近亲属申请参加诉讼的，应当在收到起诉书副本后、第一审开庭前提出，并提供与被告人关系的证明材料。有多名近亲属的，应当推选一至二人参加诉讼。

对被告人的近亲属提出申请的，人民法院应当及时审查决定。

第六百零三条 人民法院审理人民检察院依照刑事诉讼法第二百九十一条第一款的规定提起公诉的案件，参照适用公诉案件第一审普通程序的有关规定。被告人的近亲属参加诉讼的，可以发表意见，出示证据，申请法庭通知证人、鉴定人等出庭，进行辩论。

第六百零四条 对人民检察院依照刑事诉讼法第二百九十一条第一款的规

定提起公诉的案件,人民法院审理后应当参照本解释第二百九十五条的规定作出判决、裁定。

作出有罪判决的,应当达到证据确实、充分的证明标准。

经审理认定的罪名不属于刑事诉讼法第二百九十一条第一款规定的罪名的,应当终止审理。

适用缺席审判程序审理案件,可以对违法所得及其他涉案财产一并作出处理。

第六百零五条 因被告人患有严重疾病导致缺乏受审能力,无法出庭受审,中止审理超过六个月,被告人仍无法出庭,被告人及其法定代理人、近亲属申请或者同意恢复审理的,人民法院可以根据刑事诉讼法第二百九十六条的规定缺席审判。

符合前款规定的情形,被告人无法表达意愿的,其法定代理人、近亲属可以代为申请或者同意恢复审理。

第六百零六条 人民法院受理案件后被告人死亡的,应当裁定终止审理;但有证据证明被告人无罪,经缺席审理确认无罪的,应当判决宣告被告人无罪。

前款所称"有证据证明被告人无罪,经缺席审理确认无罪",包括案件事实清楚,证据确实、充分,依据法律认定被告人无罪的情形,以及证据不足,不能认定被告人有罪的情形。

第六百零七条 人民法院按照审判监督程序重新审判的案件,被告人死亡的,可以缺席审理。有证据证明被告人无罪,经缺席审理确认被告人无罪的,应当判决宣告被告人无罪;虽然构成犯罪,但原判量刑畸重的,应当依法作出判决。

第六百零八条 人民法院缺席审理案件,本章没有规定的,参照适用本解释的有关规定。

第二十五章 犯罪嫌疑人、被告人逃匿、死亡案件违法所得的没收程序

第六百零九条 刑事诉讼法第二百九十八条规定的"贪污贿赂犯罪、恐怖活动犯罪等"犯罪案件,是指下列案件:

(一)贪污贿赂、失职渎职等职务犯罪案件;

(二)刑法分则第二章规定的相关恐怖活动犯罪案件,以及恐怖活动组织、恐怖活动人员实施的杀人、爆炸、绑架等犯罪案件;

(三)危害国家安全、走私、洗钱、金融诈骗、黑社会性质组织、毒品犯罪案件;

(四)电信诈骗、网络诈骗犯罪案件。

第六百一十条 在省、自治区、直辖市或者全国范围内具有较大影响的犯罪案件,或者犯罪嫌疑人、被告人逃匿境外的犯罪案件,应当认定为刑事诉讼法第二百九十八条第一款规定的"重大犯罪案件"。

第六百一十一条 犯罪嫌疑人、被告人死亡,依照刑法规定应当追缴其违法所得及其他涉案财产,人民检察院提出没收违法所得申请的,人民法院应当依法受理。

第六百一十二条 对人民检察院提出的没收违法所得申请,人民法院应当审查以下内容:

(一)是否属于可以适用违法所得没收程序的案件范围;

(二)是否属于本院管辖;

(三)是否写明犯罪嫌疑人、被告人基本情况,以及涉嫌有关犯罪的情况,并附证据材料;

(四)是否写明犯罪嫌疑人、被告人

逃匿、被通缉、脱逃、下落不明、死亡等情况，并附证据材料；

（五）是否列明违法所得及其他涉案财产的种类、数量、价值、所在地等，并附证据材料；

（六）是否附有查封、扣押、冻结违法所得及其他涉案财产的清单和法律手续；

（七）是否写明犯罪嫌疑人、被告人有无利害关系人，利害关系人的姓名、身份、住址、联系方式及其要求等情况；

（八）是否写明申请没收的理由和法律依据；

（九）其他依法需要审查的内容和材料。

前款规定的材料需要翻译件的，人民法院应当要求人民检察院一并移送。

第六百一十三条 对没收违法所得的申请，人民法院应当在三十日以内审查完毕，并按照下列情形分别处理：

（一）属于没收违法所得申请受案范围和本院管辖，且材料齐全、有证据证明有犯罪事实的，应当受理；

（二）不属于没收违法所得申请受案范围或者本院管辖的，应当退回人民检察院；

（三）没收违法所得申请不符合"有证据证明有犯罪事实"标准要求的，应当通知人民检察院撤回申请；

（四）材料不全的，应当通知人民检察院在七日以内补送；七日以内不能补送的，应当退回人民检察院。

人民检察院尚未查封、扣押、冻结申请没收的财产或者查封、扣押、冻结期限即将届满，涉案财产有被隐匿、转移或者毁损、灭失危险的，人民法院可以查封、扣押、冻结申请没收的财产。

第六百一十四条 人民法院受理没收违法所得的申请后，应当在十五日以内发布公告。公告应当载明以下内容：

（一）案由、案件来源；

（二）犯罪嫌疑人、被告人的基本情况；

（三）犯罪嫌疑人、被告人涉嫌犯罪的事实；

（四）犯罪嫌疑人、被告人逃匿、被通缉、脱逃、下落不明、死亡等情况；

（五）申请没收的财产的种类、数量、价值、所在地等以及已查封、扣押、冻结财产的清单和法律手续；

（六）申请没收的财产属于违法所得及其他涉案财产的相关事实；

（七）申请没收的理由和法律依据；

（八）利害关系人申请参加诉讼的期限、方式以及未按照该期限、方式申请参加诉讼可能承担的不利法律后果；

（九）其他应当公告的情况。

公告期为六个月，公告期间不适用中止、中断、延长的规定。

第六百一十五条 公告应当在全国公开发行的报纸、信息网络媒体、最高人民法院的官方网站发布，并在人民法院公告栏发布。必要时，公告可以在犯罪地、犯罪嫌疑人、被告人居住地或者被申请没收财产所在地发布。最后发布的公告的日期为公告日期。发布公告的，应当采取拍照、录像等方式记录发布过程。

人民法院已经掌握境内利害关系人联系方式的，应当直接送达含有公告内容的通知；直接送达有困难的，可以委托代为送达、邮寄送达。经受送达人同意的，可以采用传真、电子邮件等能够确认其收悉的方式告知公告内容，并记录在案。

人民法院已经掌握境外犯罪嫌疑人、

被告人、利害关系人联系方式，经受送达人同意的，可以采用传真、电子邮件等能够确认其收悉的方式告知公告内容，并记录在案；受送达人未表示同意，或者人民法院未掌握境外犯罪嫌疑人、被告人、利害关系人联系方式，其所在国、地区的主管机关明确提出应当向受送达人送达含有公告内容的通知的，人民法院可以决定是否送达。决定送达的，应当依照本解释第四百九十三条的规定请求所在国、地区提供司法协助。

第六百一十六条 刑事诉讼法第二百九十九条第二款、第三百条第二款规定的"其他利害关系人"，是指除犯罪嫌疑人、被告人的近亲属以外的，对申请没收的财产主张权利的自然人和单位。

第六百一十七条 犯罪嫌疑人、被告人的近亲属和其他利害关系人申请参加诉讼的，应当在公告期间内提出。犯罪嫌疑人、被告人的近亲属应当提供其与犯罪嫌疑人、被告人关系的证明材料，其他利害关系人应当提供证明其对违法所得及其他涉案财产主张权利的证据材料。

利害关系人可以委托诉讼代理人参加诉讼。委托律师担任诉讼代理人的，应当委托具有中华人民共和国律师资格并依法取得执业证书的律师；在境外委托的，应当依照本解释第四百八十六条的规定对授权委托进行公证、认证。

利害关系人在公告期满后申请参加诉讼，能够合理说明理由的，人民法院应当准许。

第六百一十八条 犯罪嫌疑人、被告人逃匿境外，委托诉讼代理人申请参加诉讼，且违法所得或者其他涉案财产所在国、地区主管机关明确提出意见予以支持的，人民法院可以准许。

人民法院准许参加诉讼的，犯罪嫌疑人、被告人的诉讼代理人依照本解释关于利害关系人的诉讼代理人的规定行使诉讼权利。

第六百一十九条 公告期满后，人民法院应当组成合议庭对申请没收违法所得的案件进行审理。

利害关系人申请参加或者委托诉讼代理人参加诉讼的，应当开庭审理。没有利害关系人申请参加诉讼的，或者利害关系人及其诉讼代理人无正当理由拒不到庭的，可以不开庭审理。

人民法院确定开庭日期后，应当将开庭的时间、地点通知人民检察院、利害关系人及其诉讼代理人、证人、鉴定人、翻译人员。通知书应当依照本解释第六百一十五条第二款、第三款规定的方式，至迟在开庭审理三日以前送达；受送达人在境外的，至迟在开庭审理三十日以前送达。

第六百二十条 开庭审理申请没收违法所得的案件，按照下列程序进行：

（一）审判长宣布法庭调查开始后，先由检察员宣读申请书，后由利害关系人、诉讼代理人发表意见；

（二）法庭应当依次就犯罪嫌疑人、被告人是否实施了贪污贿赂犯罪、恐怖活动犯罪等重大犯罪并已经通缉一年不能到案，或者是否已经死亡，以及申请没收的财产是否依法应当追缴进行调查；调查时，先由检察员出示证据，后由利害关系人、诉讼代理人出示证据，并进行质证；

（三）法庭辩论阶段，先由检察员发言，后由利害关系人、诉讼代理人发言，并进行辩论。

利害关系人接到通知后无正当理由拒不到庭，或者未经法庭许可中途退庭的,可以转为不开庭审理,但还有其他利害关系人参加诉讼的除外。

第六百二十一条 对申请没收违法所得的案件,人民法院审理后,应当按照下列情形分别处理:

(一)申请没收的财产属于违法所得及其他涉案财产的,除依法返还被害人的以外,应当裁定没收;

(二)不符合刑事诉讼法第二百九十八条第一款规定的条件的,应当裁定驳回申请,解除查封、扣押、冻结措施。

申请没收的财产具有高度可能属于违法所得及其他涉案财产的,应当认定为前款规定的"申请没收的财产属于违法所得及其他涉案财产"。巨额财产来源不明犯罪案件中,没有利害关系人对违法所得及其他涉案财产主张权利,或者利害关系人对违法所得及其他涉案财产虽然主张权利但提供的证据没有达到相应证明标准的,应当视为"申请没收的财产属于违法所得及其他涉案财产"。

第六百二十二条 对没收违法所得或者驳回申请的裁定,犯罪嫌疑人、被告人的近亲属和其他利害关系人或者人民检察院可以在五日以内提出上诉、抗诉。

第六百二十三条 对不服第一审没收违法所得或者驳回申请裁定的上诉、抗诉案件,第二审人民法院经审理,应当按照下列情形分别处理:

(一)第一审裁定认定事实清楚和适用法律正确的,应当驳回上诉或者抗诉,维持原裁定;

(二)第一审裁定认定事实清楚,但适用法律有错误的,应当改变原裁定;

(三)第一审裁定认定事实不清的,可以在查清事实后改变原裁定,也可以撤销原裁定,发回原审人民法院重新审判;

(四)第一审裁定违反法定诉讼程序,可能影响公正审判的,应当撤销原裁定,发回原审人民法院重新审判。

第一审人民法院对发回重新审判的案件作出裁定后,第二审人民法院对不服第一审人民法院裁定的上诉、抗诉,应当依法作出裁定,不得再发回原审人民法院重新审判;但是,第一审人民法院在重新审判过程中违反法定诉讼程序,可能影响公正审判的除外。

第六百二十四条 利害关系人非因故意或者重大过失在第一审期间未参加诉讼,在第二审期间申请参加诉讼的,人民法院应当准许,并撤销原裁定,发回原审人民法院重新审判。

第六百二十五条 在审理申请没收违法所得的案件过程中,在逃的犯罪嫌疑人、被告人到案的,人民法院应当裁定终止审理。人民检察院向原受理申请的人民法院提起公诉的,可以由同一审判组织审理。

第六百二十六条 在审理案件过程中,被告人脱逃或者死亡,符合刑事诉讼法第二百九十八条第一款规定的,人民检察院可以向人民法院提出没收违法所得的申请;符合刑事诉讼法第二百九十一条第一款规定的,人民检察院可以按照缺席审判程序向人民法院提起公诉。

人民检察院向原受理案件的人民法院提出没收违法所得申请的,可以由同一审判组织审理。

第六百二十七条 审理申请没收违法所得案件的期限,参照公诉案件第一审普通程序和第二审程序的审理期限执行。

公告期间和请求刑事司法协助的时间不计入审理期限。

第六百二十八条　没收违法所得裁定生效后,犯罪嫌疑人、被告人到案并对没收裁定提出异议,人民检察院向原作出裁定的人民法院提起公诉的,可以由同一审判组织审理。

人民法院经审理,应当按照下列情形分别处理:

(一)原裁定正确的,予以维持,不再对涉案财产作出判决;

(二)原裁定确有错误的,应当撤销原裁定,并在判决中对有关涉案财产一并作出处理。

人民法院生效的没收裁定确有错误的,除第一款规定的情形外,应当依照审判监督程序予以纠正。

第六百二十九条　人民法院审理申请没收违法所得的案件,本章没有规定的,参照适用本解释的有关规定。

第二十六章　依法不负刑事责任的精神病人的强制医疗程序

第六百三十条　实施暴力行为,危害公共安全或者严重危害公民人身安全,社会危害性已经达到犯罪程度,但经法定程序鉴定依法不负刑事责任的精神病人,有继续危害社会可能的,可以予以强制医疗。

第六百三十一条　人民检察院申请对依法不负刑事责任的精神病人强制医疗的案件,由被申请人实施暴力行为所在地的基层人民法院管辖;由被申请人居住地的人民法院审判更为适宜的,可以由被申请人居住地的基层人民法院管辖。

第六百三十二条　对人民检察院提出的强制医疗申请,人民法院应当审查以下内容:

(一)是否属于本院管辖;

(二)是否写明被申请人的身份,实施暴力行为的时间、地点、手段、所造成的损害等情况,并附证据材料;

(三)是否附有法医精神病鉴定意见和其他证明被申请人属于依法不负刑事责任的精神病人的证据材料;

(四)是否列明被申请人的法定代理人的姓名、住址、联系方式;

(五)需要审查的其他事项。

第六百三十三条　对人民检察院提出的强制医疗申请,人民法院应当在七日以内审查完毕,并按照下列情形分别处理:

(一)属于强制医疗程序受案范围和本院管辖,且材料齐全的,应当受理;

(二)不属于本院管辖的,应当退回人民检察院;

(三)材料不全的,应当通知人民检察院在三日以内补送;三日以内不能补送的,应当退回人民检察院。

第六百三十四条　审理强制医疗案件,应当通知被申请人或者被告人的法定代理人到场;被申请人或者被告人的法定代理人经通知未到场的,可以通知被申请人或者被告人的其他近亲属到场。

被申请人或者被告人没有委托诉讼代理人的,应当自受理强制医疗申请或者发现被告人符合强制医疗条件之日起三日以内,通知法律援助机构指派律师担任其诉讼代理人,为其提供法律帮助。

第六百三十五条　审理强制医疗案件,应当组成合议庭,开庭审理。但是,被申请人、被告人的法定代理人请求不开庭审理,并经人民法院审查同意的除外。

审理强制医疗案件,应当会见被申请人,听取被害人及其法定代理人的意见。

第六百三十六条 开庭审理申请强制医疗的案件,按照下列程序进行:

(一)审判长宣布法庭调查开始后,先由检察员宣读申请书,后由被申请人的法定代理人、诉讼代理人发表意见;

(二)法庭依次就被申请人是否实施了危害公共安全或者严重危害公民人身安全的暴力行为、是否属于依法不负刑事责任的精神病人、是否有继续危害社会的可能进行调查;调查时,先由检察员出示证据,后由被申请人的法定代理人、诉讼代理人出示证据,并进行质证;必要时,可以通知鉴定人出庭对鉴定意见作出说明;

(三)法庭辩论阶段,先由检察员发言,后由被申请人的法定代理人、诉讼代理人发言,并进行辩论。

被申请人要求出庭,人民法院经审查其身体和精神状态,认为可以出庭的,应当准许。出庭的被申请人,在法庭调查、辩论阶段,可以发表意见。

检察员宣读申请书后,被申请人的法定代理人、诉讼代理人无异议的,法庭调查可以简化。

第六百三十七条 对申请强制医疗的案件,人民法院审理后,应当按照下列情形分别处理:

(一)符合刑事诉讼法第三百零二条规定的强制医疗条件的,应当作出对被申请人强制医疗的决定;

(二)被申请人属于依法不负刑事责任的精神病人,但不符合强制医疗条件的,应当作出驳回强制医疗申请的决定;被申请人已经造成危害结果的,应当同时责令其家属或者监护人严加看管和医疗;

(三)被申请人具有完全或者部分刑事责任能力,依法应当追究刑事责任的,应当作出驳回强制医疗申请的决定,并退回人民检察院依法处理。

第六百三十八条 第一审人民法院在审理刑事案件过程中,发现被告人可能符合强制医疗条件的,应当依照法定程序对被告人进行法医精神病鉴定。经鉴定,被告人属于依法不负刑事责任的精神病人的,应当适用强制医疗程序,对案件进行审理。

开庭审理前款规定的案件,应当先由合议庭组成人员宣读对被告人的法医精神病鉴定意见,说明被告人可能符合强制医疗的条件,后依次由公诉人和被告人的法定代理人、诉讼代理人发表意见。经审判长许可,公诉人和被告人的法定代理人、诉讼代理人可以进行辩论。

第六百三十九条 对前条规定的案件,人民法院审理后,应当按照下列情形分别处理:

(一)被告人符合强制医疗条件的,应当判决宣告被告人不负刑事责任,同时作出对被告人强制医疗的决定;

(二)被告人属于依法不负刑事责任的精神病人,但不符合强制医疗条件的,应当判决宣告被告人无罪或者不负刑事责任;被告人已经造成危害结果的,应当同时责令其家属或者监护人严加看管和医疗;

(三)被告人具有完全或者部分刑事责任能力,依法应当追究刑事责任的,应当依照普通程序继续审理。

第六百四十条 第二审人民法院在审理刑事案件过程中,发现被告人可能符合强制医疗条件的,可以依照强制医疗程序对案件作出处理,也可以裁定发回原审人民法院重新审判。

第六百四十一条 人民法院决定强制医疗的,应当在作出决定后五日以内,向公安机关送达强制医疗决定书和强制医疗执行通知书,由公安机关将被决定强制医疗的人送交强制医疗。

第六百四十二条 被决定强制医疗的人、被害人及其法定代理人、近亲属对强制医疗决定不服的,可以自收到决定书第二日起五日以内向上一级人民法院申请复议。复议期间不停止执行强制医疗的决定。

第六百四十三条 对不服强制医疗决定的复议申请,上一级人民法院应当组成合议庭审理,并在一个月以内,按照下列情形分别作出复议决定:

(一)被决定强制医疗的人符合强制医疗条件的,应当驳回复议申请,维持原决定;

(二)被决定强制医疗的人不符合强制医疗条件的,应当撤销原决定;

(三)原审违反法定诉讼程序,可能影响公正审判的,应当撤销原决定,发回原审人民法院重新审判。

第六百四十四条 对本解释第六百三十九条第一项规定的判决、决定,人民检察院提出抗诉,同时被决定强制医疗的人、被害人及其法定代理人、近亲属申请复议的,上一级人民法院应当依照第二审程序一并处理。

第六百四十五条 被强制医疗的人及其近亲属申请解除强制医疗的,应当向决定强制医疗的人民法院提出。

被强制医疗的人及其近亲属提出的解除强制医疗申请被人民法院驳回,六个月后再次提出申请的,人民法院应当受理。

第六百四十六条 强制医疗机构提出解除强制医疗意见,或者被强制医疗的人及其近亲属申请解除强制医疗的,人民法院应当审查是否附有对被强制医疗的人的诊断评估报告。

强制医疗机构提出解除强制医疗意见,未附诊断评估报告的,人民法院应当要求其提供。

被强制医疗的人及其近亲属向人民法院申请解除强制医疗,强制医疗机构未提供诊断评估报告的,申请人可以申请人民法院调取。必要时,人民法院可以委托鉴定机构对被强制医疗的人进行鉴定。

第六百四十七条 强制医疗机构提出解除强制医疗意见,或者被强制医疗的人及其近亲属申请解除强制医疗的,人民法院应当组成合议庭进行审查,并在一个月以内,按照下列情形分别处理:

(一)被强制医疗的人已不具有人身危险性,不需要继续强制医疗的,应当作出解除强制医疗的决定,并可责令被强制医疗的人的家属严加看管和医疗;

(二)被强制医疗的人仍具有人身危险性,需要继续强制医疗的,应当作出继续强制医疗的决定。

对前款规定的案件,必要时,人民法院可以开庭审理,通知人民检察院派员出庭。

人民法院应当在作出决定后五日以内,将决定书送达强制医疗机构、申请解除强制医疗的人、被决定强制医疗的人和人民检察院。决定解除强制医疗的,应当通知强制医疗机构在收到决定书的当日解除强制医疗。

第六百四十八条 人民检察院认为强制医疗决定或者解除强制医疗决定不当,在收到决定书后二十日以内提出书面纠正意见的,人民法院应当另行组成合议庭审理,并在一个月以内作出决定。

第六百四十九条 审理强制医疗案件,本章没有规定的,参照适用本解释的有关规定。

第二十七章 附 则

第六百五十条 人民法院讯问被告人、宣告判决、审理减刑、假释案件等，可以根据情况采取视频方式。

第六百五十一条 向人民法院提出自诉、上诉、申诉、申请等的，应当以书面形式提出。书写有困难的，除另有规定的以外，可以口头提出，由人民法院工作人员制作笔录或者记录在案，并向口述人宣读或者交其阅读。

第六百五十二条 诉讼期间制作、形成的工作记录、告知笔录等材料，应当由制作人员和其他有关人员签名、盖章。宣告或者送达裁判文书、通知书等诉讼文书的，应当由接受宣告或者送达的人在诉讼文书、送达回证上签名、盖章。

诉讼参与人未签名、盖章的，应当捺指印；刑事被告人除签名、盖章外，还应当捺指印。

当事人拒绝签名、盖章、捺指印的，办案人员应当在诉讼文书或者笔录材料中注明情况，有见证人见证或者有录音录像证明的，不影响相关诉讼文书或者笔录材料的效力。

第六百五十三条 本解释的有关规定适用于军事法院等专门人民法院。

第六百五十四条 本解释有关公安机关的规定，依照刑事诉讼法的有关规定，适用于国家安全机关、军队保卫部门、中国海警局和监狱。

第六百五十五条 本解释自2021年3月1日起施行。最高人民法院2012年12月20日发布的《关于适用〈中华人民共和国刑事诉讼法〉的解释》（法释〔2012〕21号）同时废止。最高人民法院以前发布的司法解释和规范性文件，与本解释不一致的，以本解释为准。

二、总 则

（一）刑事诉讼法的任务和基本原则

最高人民检察院《关于国家安全机关设置的看守所依法接受人民检察院法律监督有关事项的通知》

（1997年8月21日 高检会〔1997〕2号）

各省、自治区、直辖市人民检察院，国家安全厅（局）：

近年来，国家安全机关根据工作需要，在各省、自治区、直辖市陆续建成一批看守所，依法收押了一批危害国家安全的犯罪嫌疑人、被告人。为保障刑事诉讼活动的顺利进行，维护国家法律统一正确实施，根据《中华人民共和国刑事诉讼法》、《中华人民共和国看守所条例》的规定，人民检察院应当对国家安全机关设置的看守所实行法律监督，现将有关事项通知如下：

一、人民检察院对国家安全机关设置的看守所的执法活动实行法律监督，由主管该看守所的国家安全机关的同级人民检察院负责。

二、人民检察院对国家安全机关设置的看守所的执法活动进行检察的方式，可根据其羁押人数、监管任务轻重决定派驻检察或定期巡回检察。

三、国家安全机关设置的看守所应当依法接受人民检察院的法律监督,定期向对该看守所有法律监督职责的人民检察院通报监管情况;对人民检察院提出纠正违法的意见,应当认真进行研究,并对违法情况及时采取有效措施予以纠正;对发生的有关犯罪案件,要主动配合检察机关依法查处。

最高人民检察院《关于新疆生产建设兵团人民检察院对新疆维吾尔自治区高级人民法院生产建设兵团分院审理的案件实施法律监督有关问题的批复》

(2006年6月7日最高人民检察院第十届检察委员会第五十五次会议通过,自2006年6月14日起颁布施行,高检发释字〔2006〕1号)

新疆生产建设兵团人民检察院:

你院新兵检发〔2005〕23号《新疆生产建设兵团人民检察院关于对新疆维吾尔自治区高级人民法院生产建设兵团分院审理的案件实施法律监督有关问题的请示》收悉。经研究,现批复如下:

新疆生产建设兵团人民检察院认为新疆维吾尔自治区高级人民法院生产建设兵团分院刑事第一审的判决、裁定确有错误的时候,应当向最高人民法院提出抗诉。

新疆生产建设兵团人民检察院如果发现新疆维吾尔自治区高级人民法院生产建设兵团分院已经发生法律效力的判决和裁定确有错误,可以向最高人民检察院提请抗诉。

最高人民法院、最高人民检察院、公安部、国家安全部、司法部《关于适用认罪认罚从宽制度的指导意见》

(2019年10月11日)

适用认罪认罚从宽制度,对准确及时惩罚犯罪、强化人权司法保障、推动刑事案件繁简分流、节约司法资源、化解社会矛盾、推动国家治理体系和治理能力现代化,具有重要意义。为贯彻落实修改后刑事诉讼法,确保认罪认罚从宽制度正确有效实施,根据法律和有关规定,结合司法工作实际,制定本意见。

一、基本原则

1. 贯彻宽严相济刑事政策。落实认罪认罚从宽制度,应当根据犯罪的具体情况,区分案件性质、情节和对社会的危害程度,实行区别对待,做到该宽则宽,当严则严,宽严相济,罚当其罪。对可能判处三年有期徒刑以下刑罚的认罪认罚案件,要尽量依法从简从快从宽办理,探索相适应的处理原则和办案方式;对因民间矛盾引发的犯罪,犯罪嫌疑人、被告人自愿认罪、真诚悔罪并取得谅解、达成和解、尚未严重影响人民群众安全感的,要积极适用认罪认罚从宽制度,特别是对其中社会危害不大的初犯、偶犯、过失犯、未成年犯,一般应当体现从宽;对严重危害国家安全、公共安全犯罪,严重暴力犯罪,以及社会普遍关注的重大敏感案件,应当慎重把握从宽,避免案件处理明显违背人民群众的公平正义观念。

2. 坚持罪责刑相适应原则。办理认罪认罚案件，既要考虑体现认罪认罚从宽，又要考虑其所犯罪行的轻重、应负刑事责任和人身危险性的大小，依照法律规定提出量刑建议，准确裁量刑罚，确保罚当其罪，避免罪刑失衡。特别是对于共同犯罪案件，主犯认罪认罚，从犯不认罪认罚的，人民法院、人民检察院应当注意两者之间的量刑平衡，防止因量刑失当严重偏离一般的司法认知。

3. 坚持证据裁判原则。办理认罪认罚案件，应当以事实为根据，以法律为准绳，严格按照证据裁判要求，全面收集、固定、审查和认定证据。坚持法定证明标准，侦查终结、提起公诉、作出有罪裁判应当做到犯罪事实清楚，证据确实、充分，防止因犯罪嫌疑人、被告人认罪而降低证据要求和证明标准。对犯罪嫌疑人、被告人认罪认罚，但证据不足，不能认定其有罪的，依法作出撤销案件、不起诉决定或者宣告无罪。

4. 坚持公检法三机关配合制约原则。办理认罪认罚案件，公、检、法三机关应当分工负责、互相配合、互相制约，保证犯罪嫌疑人、被告人自愿认罪认罚，依法推进从宽落实。要严格执法、公正司法，强化对自身执法司法办案活动的监督，防止产生"权权交易"、"权钱交易"等司法腐败问题。

二、适用范围和适用条件

5. 适用阶段和适用案件范围。认罪认罚从宽制度贯穿刑事诉讼全过程，适用于侦查、起诉、审判各个阶段。

认罪认罚从宽制度没有适用罪名和可能判处刑罚的限定，所有刑事案件都可以适用，不能因罪轻、罪重或者罪名特殊等原因而剥夺犯罪嫌疑人、被告人自愿认罪认罚获得从宽处理的机会。但"可以"适用不是一律适用，犯罪嫌疑人、被告人认罪认罚后是否从宽，由司法机关根据案件具体情况决定。

6. "认罪"的把握。认罪认罚从宽制度中的"认罪"，是指犯罪嫌疑人、被告人自愿如实供述自己的罪行，对指控的犯罪事实没有异议。承认指控的主要犯罪事实，仅对个别事实情节提出异议，或者虽然对行为性质提出辩解但表示接受司法机关认定意见的，不影响"认罪"的认定。犯罪嫌疑人、被告人犯数罪，仅如实供述其中一罪或部分罪名事实的，全案不作"认罪"的认定，不适用认罪认罚从宽制度，但对如实供述的部分，人民检察院可以提出从宽处罚的建议，人民法院可以从宽处罚。

7. "认罚"的把握。认罪认罚从宽制度中的"认罚"，是指犯罪嫌疑人、被告人真诚悔罪，愿意接受处罚。"认罚"，在侦查阶段表现为表示愿意接受处罚；在审查起诉阶段表现为接受人民检察院拟作出的起诉或不起诉决定，认可人民检察院的量刑建议，签署认罪认罚具结书；在审判阶段表现为当庭确认自愿签署具结书，愿意接受刑罚处罚。

"认罚"考察的重点是犯罪嫌疑人、被告人的悔罪态度和悔罪表现，应当结合退赃退赔、赔偿损失、赔礼道歉等因素来考量。犯罪嫌疑人、被告人虽然表示"认罚"，却暗中串供、干扰证人作证、毁灭、伪造证据或者隐匿、转移财产，有赔偿能力而不赔偿损失，则不能适用认罪认罚从宽制度。犯罪嫌疑人、被告人享有程序选择权，不同意适用速裁程序、简易程序的，不影响"认罪"的认定。

三、认罪认罚后"从宽"的把握

8. "从宽"的理解。从宽处理既包括

实体上从宽处罚,也包括程序上从简处理。"可以从宽",是指一般应当体现法律规定和政策精神,予以从宽处理。但可以从宽不是一律从宽,对犯罪性质和危害后果特别严重、犯罪手段特别残忍、社会影响特别恶劣的犯罪犯罪嫌疑人、被告人,认罪认罚不足以从轻处罚的,依法不予从宽处罚。

办理认罪认罚案件,应当依照刑法、刑事诉讼法的基本原则,根据犯罪的事实、性质、情节和对社会的危害程度,结合法定、酌定的量刑情节,综合考虑认罪认罚的具体情况,依法决定是否从宽、如何从宽。对于减轻、免除处罚,应当于法有据;不具备减轻处罚情节的,应当在法定幅度以内提出从轻处罚的量刑建议和量刑;对其中犯罪情节轻微不需要判处刑罚的,可以依法作出不起诉决定或者判决免予刑事处罚。

9. 从宽幅度的把握。办理认罪认罚案件,应当区别认罪认罚的不同诉讼阶段,对查明案件事实的价值和意义、是否确有悔罪表现,以及罪行严重程度等,综合考量确定从宽的限度和幅度。在刑罚评价上,主动认罪优于被动认罪,早认罪优于晚认罪,彻底认罪优于不彻底认罪,稳定认罪优于不稳定认罪。

认罪认罚的从宽幅度一般应当大于仅有坦白,或者虽认罪但不认罚的从宽幅度。对犯罪嫌疑人、被告人具有自首、坦白情节,同时认罪认罚的,应当在法定刑幅度内给予相对更大的从宽幅度。认罪认罚与自首、坦白不作重复评价。

对罪行较轻、人身危险性较小的,特别是初犯、偶犯,从宽幅度可以大一些;罪行较重、人身危险性较大的,以及累犯、再犯,从宽幅度应当从严把握。

四、犯罪嫌疑人、被告人辩护权保障

10. 获得法律帮助权。人民法院、人民检察院、公安机关办理认罪认罚案件,应当保障犯罪嫌疑人、被告人获得有效法律帮助,确保其了解认罪认罚的性质和法律后果,自愿认罪认罚。

犯罪嫌疑人、被告人自愿认罪认罚,没有辩护人的,人民法院、人民检察院、公安机关(看守所)应当通知值班律师为其提供法律咨询、程序选择建议、申请变更强制措施等法律帮助。符合通知辩护条件的,应当依法通知法律援助机构指派律师为其提供辩护。

人民法院、人民检察院、公安机关(看守所)应当告知犯罪嫌疑人、被告人有权约见值班律师,获得法律帮助,并为其约见值班律师提供便利。犯罪嫌疑人、被告人及其近亲属提出法律帮助请求的,人民法院、人民检察院、公安机关(看守所)应当通知值班律师为其提供法律帮助。

11. 派驻值班律师。法律援助机构可以在人民法院、人民检察院、看守所派驻值班律师。人民法院、人民检察院、看守所应当为派驻值班律师提供必要办公场所和设施。

法律援助机构应当根据人民法院、人民检察院、看守所的法律帮助需求和当地法律服务资源,合理安排值班律师。值班律师可以定期值班或轮流值班,律师资源短缺的地区可以通过探索现场值班和电话、网络值班相结合,在人民法院、人民检察院毗邻设置联合工作站,省内和市内统筹调配律师资源,以及建立政府购买值班律师服务机制等方式,保障法律援助值班律师工作有序开展。

12. 值班律师的职责。值班律师应

当维护犯罪嫌疑人、被告人的合法权益,确保犯罪嫌疑人、被告人在充分了解认罪认罚性质和法律后果的情况下,自愿认罪认罚。值班律师应当为认罪认罚的犯罪嫌疑人、被告人提供下列法律帮助:

(一)提供法律咨询,包括告知涉嫌或指控的罪名、相关法律规定、认罪认罚的性质和法律后果等;

(二)提出程序适用的建议;

(三)帮助申请变更强制措施;

(四)对人民检察院认定罪名、量刑建议提出意见;

(五)就案件处理,向人民法院、人民检察院、公安机关提出意见;

(六)引导、帮助犯罪嫌疑人、被告人及其近亲属申请法律援助;

(七)法律法规规定的其他事项。

值班律师可以会见犯罪嫌疑人、被告人,看守所应当为值班律师会见提供便利。危害国家安全犯罪、恐怖活动犯罪案件,侦查期间值班律师会见在押犯罪嫌疑人的,应当经侦查机关许可。自人民检察院对案件审查起诉之日起,值班律师可以查阅案卷材料、了解案情。人民法院、人民检察院应当为值班律师查阅案卷材料提供便利。

值班律师提供法律咨询、查阅案卷材料、会见犯罪嫌疑人或者被告人、提出书面意见等法律帮助活动的相关情况应当记录在案,并随案移送。

13. 法律帮助的衔接。对于被羁押的犯罪嫌疑人、被告人,在不同诉讼阶段,可以由派驻看守所的同一值班律师提供法律帮助。对于未被羁押的犯罪嫌疑人、被告人,前一诉讼阶段的值班律师可以在后续诉讼阶段继续为犯罪嫌疑人、被告人提供法律帮助。

14. 拒绝法律帮助的处理。犯罪嫌疑人、被告人自愿认罪认罚,没有委托辩护人,拒绝值班律师帮助的,人民法院、人民检察院、公安机关应当允许,记录在案并随案移送。但是审查起诉阶段签署认罪认罚具结书时,人民检察院应当通知值班律师到场。

15. 辩护人职责。认罪认罚案件犯罪嫌疑人、被告人委托辩护人或者法律援助机构指派律师为其辩护的,辩护律师在侦查、审查起诉和审判阶段,应当与犯罪嫌疑人、被告人就是否认罪认罚进行沟通,提供法律咨询和帮助,并就定罪量刑、诉讼程序适用等向办案机关提出意见。

五、被害方权益保障

16. 听取意见。办理认罪认罚案件,应当听取被害人及其诉讼代理人的意见,并将犯罪嫌疑人、被告人是否与被害方达成和解协议、调解协议或者赔偿被害方损失,取得被害方谅解,作为从宽处罚的重要考虑因素。人民检察院、公安机关听取意见情况应当记录在案并随案移送。

17. 促进和解谅解。对符合当事人和解程序适用条件的公诉案件,犯罪嫌疑人、被告人认罪认罚的,人民法院、人民检察院、公安机关应当积极促进当事人自愿达成和解。对其他认罪认罚案件,人民法院、人民检察院、公安机关可以促进犯罪嫌疑人、被告人通过向被害方赔偿损失、赔礼道歉等方式获得谅解,被害方出具的谅解意见应当随案移送。

人民法院、人民检察院、公安机关在促进当事人和解谅解过程中,应当向被害方释明认罪认罚从宽、公诉案件当事人和解适用程序等具体法律规定,充分听取被害方意见,符合司法救助条件的,应当积极协调办理。

18. 被害方异议的处理。被害人及其诉讼代理人不同意对认罪认罚的犯罪嫌疑人、被告人从宽处理的,不影响认罪认罚从宽制度的适用。犯罪嫌疑人、被告人认罪认罚,但没有退赃退赔、赔偿损失,未能与被害方达成调解或者和解协议的,从宽时应当予以酌减。犯罪嫌疑人、被告人自愿认罪并且愿意积极赔偿损失,但由于被害方赔偿请求明显不合理,未能达成调解或者和解协议的,一般不影响对犯罪嫌疑人、被告人从宽处理。

六、强制措施的适用

19. 社会危险性评估。人民法院、人民检察院、公安机关应当将犯罪嫌疑人、被告人认罪认罚作为其是否具有社会危险性的重要考虑因素。对于罪行较轻、采用非羁押性强制措施足以防止发生刑事诉讼法第八十一条第一款规定的社会危险性的犯罪嫌疑人、被告人,根据犯罪性质及可能判处的刑罚,依法可不适用羁押性强制措施。

20. 逮捕的适用。犯罪嫌疑人认罪认罚,公安机关认为罪行较轻、没有社会危险性的,应当不再提请人民检察院审查逮捕。对提请逮捕的,人民检察院认为没有社会危险性不需要逮捕的,应当作出不批准逮捕的决定。

21. 逮捕的变更。已经逮捕的犯罪嫌疑人、被告人认罪认罚的,人民法院、人民检察院应当及时审查羁押的必要性,经审查认为没有继续羁押必要的,应当变更为取保候审或者监视居住。

七、侦查机关的职责

22. 权利告知和听取意见。公安机关在侦查过程中,应当告知犯罪嫌疑人享有的诉讼权利、如实供述罪行可以从宽处理和认罪认罚的法律规定,听取犯罪嫌疑人及其辩护人或者值班律师的意见,记录在案并随案移送。

对在非讯问时间、办案人员不在场情况下,犯罪嫌疑人向看守所工作人员或者辩护人、值班律师表示愿意认罪认罚的,有关人员应当及时告知办案单位。

23. 认罪教育。公安机关在侦查阶段应当同步开展认罪教育工作,但不得强迫犯罪嫌疑人认罪,不得作出具体的从宽承诺。犯罪嫌疑人自愿认罪,愿意接受司法机关处罚的,应当记录在案并附卷。

24. 起诉意见。对移送审查起诉的案件,公安机关应当在起诉意见书中写明犯罪嫌疑人自愿认罪认罚情况。认为案件符合速裁程序适用条件的,可以在起诉意见书中建议人民检察院适用速裁程序办理,并简要说明理由。

对可能适用速裁程序的案件,公安机关应当快速办理,对犯罪嫌疑人未被羁押的,可以集中移送审查起诉,但不得为集中移送拖延案件办理。

对人民检察院在审查逮捕期间或者重大案件听取意见中提出的开展认罪认罚工作的意见或建议,公安机关应当认真听取,积极开展相关工作。

25. 执法办案管理中心建设。加快推进公安机关执法办案管理中心建设,探索在执法办案管理中心设置速裁法庭,对适用速裁程序的案件进行快速办理。

八、审查起诉阶段人民检察院的职责

26. 权利告知。案件移送审查起诉后,人民检察院应当告知犯罪嫌疑人享有的诉讼权利和认罪认罚的法律规定,保障犯罪嫌疑人的程序选择权。告知应当采取书面形式,必要时应当充分释明。

27. 听取意见。犯罪嫌疑人认罪认罚的,人民检察院应当就下列事项听取犯

罪嫌疑人、辩护人或者值班律师的意见,记录在案并附卷:

（一）涉嫌的犯罪事实、罪名及适用的法律规定;

（二）从轻、减轻或者免除处罚等从宽处罚的建议;

（三）认罪认罚后案件审理适用的程序;

（四）其他需要听取意见的情形。

人民检察院未采纳辩护人、值班律师意见的,应当说明理由。

28. 自愿性、合法性审查。对侦查阶段认罪认罚的案件,人民检察院应当重点审查以下内容:

（一）犯罪嫌疑人是否自愿认罪认罚,有无因受到暴力、威胁、引诱而违背意愿认罪认罚;

（二）犯罪嫌疑人认罪认罚时的认知能力和精神状态是否正常;

（三）犯罪嫌疑人是否理解认罪认罚的性质和可能导致的法律后果;

（四）侦查机关是否告知犯罪嫌疑人享有的诉讼权利,如实供述自己罪行可以从宽处理和认罪认罚的法律规定,并听取意见;

（五）起诉意见书中是否写明犯罪嫌疑人认罪认罚情况;

（六）犯罪嫌疑人是否真诚悔罪,是否向被害人赔礼道歉。

经审查,犯罪嫌疑人违背意愿认罪认罚的,人民检察院可以重新开展认罪认罚工作。存在刑讯逼供等非法取证行为的,依照法律规定处理。

29. 证据开示。人民检察院可以针对案件具体情况,探索证据开示制度,保障犯罪嫌疑人的知情权和认罪认罚的真实性及自愿性。

30. 不起诉的适用。完善起诉裁量权,充分发挥不起诉的审前分流和过滤作用,逐步扩大相对不起诉在认罪认罚案件中的适用。对认罪认罚后没有争议,不需要判处刑罚的轻微刑事案件,人民检察院可以依法作出不起诉决定。人民检察院应当加强对案件量刑的预判,对其中可能判处免刑的轻微刑事案件,可以依法作出不起诉决定。

对认罪认罚后案件事实不清、证据不足的案件,应当依法作出不起诉决定。

31. 签署具结书。犯罪嫌疑人自愿认罪,同意量刑建议和程序适用的,应当在辩护人或者值班律师在场的情况下签署认罪认罚具结书。犯罪嫌疑人被羁押的,看守所应当为签署具结书提供场所。具结书应当包括犯罪嫌疑人如实供述罪行、同意量刑建议、程序适用等内容,由犯罪嫌疑人、辩护人或者值班律师签名。

犯罪嫌疑人认罪认罚,有下列情形之一的,不需要签署认罪认罚具结书:

（一）犯罪嫌疑人是盲、聋、哑人,或者是尚未完全丧失辨认或者控制自己行为能力的精神病人的;

（二）未成年犯罪嫌疑人的法定代理人、辩护人对未成年人认罪认罚有异议的;

（三）其他不需要签署认罪认罚具结书的情形。

上述情形犯罪嫌疑人未签署认罪认罚具结书的,不影响认罪认罚从宽制度的适用。

32. 提起公诉。人民检察院向人民法院提起公诉的,应当在起诉书中写明被告人认罪认罚情况,提出量刑建议,并移送认罪认罚具结书等材料。量刑建议书可以另行制作,也可以在起诉书中写明。

33. 量刑建议的提出。犯罪嫌疑人认罪认罚的，人民检察院应当就主刑、附加刑、是否适用缓刑等提出量刑建议。人民检察院提出量刑建议前，应当充分听取犯罪嫌疑人、辩护人或者值班律师的意见，尽量协商一致。

办理认罪认罚案件，人民检察院一般应当提出确定刑量刑建议。对新类型、不常见犯罪案件，量刑情节复杂的重罪案件等，也可以提出幅度刑量刑建议。提出量刑建议，应当说明理由和依据。

犯罪嫌疑人认罪认罚没有其他法定量刑情节的，人民检察院可以根据犯罪的事实、性质等，在基准刑基础上适当减让提出确定刑量刑建议。有其他法定量刑情节的，人民检察院应当综合认罪认罚和其他法定量刑情节，参照相关量刑规范提出确定刑量刑建议。

犯罪嫌疑人在侦查阶段认罪认罚的，主刑从宽的幅度可以在前款基础上适当放宽；被告人在审判阶段认罪认罚的，在前款基础上可以适当缩减。建议判处罚金刑的，参照主刑的从宽幅度提出确定的数额。

34. 速裁程序的办案期限。犯罪嫌疑人认罪认罚，人民检察院经审查，认为符合速裁程序适用条件的，应当在十日以内作出是否提起公诉的决定；对可能判处的有期徒刑超过一年的，可以在十五日以内作出是否提起公诉的决定。

九、社会调查评估

35. 侦查阶段的社会调查。犯罪嫌疑人认罪认罚，可能判处管制、宣告缓刑的，公安机关可以委托犯罪嫌疑人居住地的社区矫正机构进行调查评估。

公安机关在侦查阶段委托社区矫正机构进行调查评估，社区矫正机构在公安机关移送审查起诉后完成调查评估的，应当及时将评估意见提交受理案件的人民检察院或者人民法院，并抄送公安机关。

36. 审查起诉阶段的社会调查。犯罪嫌疑人认罪认罚，人民检察院拟提出缓刑或者管制量刑建议的，可以及时委托犯罪嫌疑人居住地的社区矫正机构进行调查评估，也可以自行调查评估。人民检察院提起公诉时，已收到调查材料的，应当将材料一并移送，未收到调查材料的，应当将委托文书随案移送；在提起公诉后收到调查材料的，应当及时移送人民法院。

37. 审判阶段的社会调查。被告人认罪认罚，人民法院拟判处管制或者宣告缓刑的，可以及时委托被告人居住地的社区矫正机构进行调查评估，也可以自行调查评估。

社区矫正机构出具的调查评估意见，是人民法院判处管制、宣告缓刑的重要参考。对没有委托社区矫正机构进行调查评估或者判决前未收到社区矫正机构调查评估报告的认罪认罚案件，人民法院经审理认为被告人符合管制、缓刑适用条件的，可以判处管制、宣告缓刑。

38. 司法行政机关的职责。受委托的社区矫正机构应当根据委托机关的要求，对犯罪嫌疑人、被告人的居所情况、家庭和社会关系、一贯表现、犯罪行为的后果和影响、居住地村（居）民委员会和被害人意见、拟禁止的事项等进行调查了解，形成评估意见，及时提交委托机关。

十、审判程序和人民法院的职责

39. 审判阶段认罪认罚自愿性、合法性审查。办理认罪认罚案件，人民法院应当告知被告人享有的诉讼权利和认罪认罚的法律规定，听取被告人及其辩护人或者值班律师的意见。庭审中应当对认罪认罚的自愿性、具结书内容的真实性和合法性进行审查核实，重点核实以下内容：

（一）被告人是否自愿认罪认罚，有无因受到暴力、威胁、引诱而违背意愿认罪认罚；

（二）被告人认罪认罚时的认知能力和精神状态是否正常；

（三）被告人是否理解认罪认罚的性质和可能导致的法律后果；

（四）人民检察院、公安机关是否履行告知义务并听取意见；

（五）值班律师或者辩护人是否与人民检察院进行沟通，提供了有效法律帮助或者辩护，并在场见证认罪认罚具结书的签署。

庭审中审判人员可以根据具体案情，围绕定罪量刑的关键事实，对被告人认罪认罚的自愿性、真实性等进行发问，确认被告人是否实施犯罪，是否真诚悔罪。

被告人违背意愿认罪认罚，或认罪认罚后又反悔，依法需要转换程序的，应当按照普通程序对案件重新审理。发现存在刑讯逼供等非法取证行为的，依照法律规定处理。

40. 量刑建议的采纳。对于人民检察院提出的量刑建议，人民法院应当依法进行审查。对于事实清楚，证据确实、充分，指控的罪名准确，量刑建议适当的，人民法院应当采纳。具有下列情形之一的，不予采纳：

（一）被告人的行为不构成犯罪或者不应当追究刑事责任的；

（二）被告人违背意愿认罪认罚的；

（三）被告人否认指控的犯罪事实的；

（四）起诉指控的罪名与审理认定的罪名不一致的；

（五）其他可能影响公正审判的情形。

对于人民检察院起诉指控的事实清楚，量刑建议适当，但指控的罪名与审理认定的罪名不一致的，人民法院可以听取人民检察院、被告人及其辩护人对审理认定罪名的意见，依法作出裁判。

人民法院不采纳人民检察院量刑建议的，应当说明理由和依据。

41. 量刑建议的调整。人民法院经审理，认为量刑建议明显不当，或者被告人、辩护人对量刑建议有异议且有理有据的，人民法院应当告知人民检察院，人民检察院可以调整量刑建议。人民法院认为调整后的量刑建议适当的，应当予以采纳；人民检察院不调整量刑建议或者调整后仍然明显不当的，人民法院应当依法作出判决。

适用速裁程序审理的，人民检察院调整量刑建议应当在庭前或者当庭提出。调整量刑建议后，被告人同意继续适用速裁程序的，不需要转换程序处理。

42. 速裁程序的适用条件。基层人民法院管辖的可能判处三年有期徒刑以下刑罚的案件，案件事实清楚，证据确实、充分，被告人认罪认罚并同意适用速裁程序的，可以适用速裁程序，由审判员一人独任审判。人民检察院提起公诉时，可以建议人民法院适用速裁程序。

有下列情形之一的，不适用速裁程序办理：

（一）被告人是盲、聋、哑人，或者是尚未完全丧失辨认或者控制自己行为能力的精神病人的；

（二）被告人是未成年人的；

（三）案件有重大社会影响的；

（四）共同犯罪案件中部分被告人对

指控的犯罪事实、罪名、量刑建议或者适用速裁程序有异议的;

(五)被告人与被害人或者其法定代理人没有就附带民事诉讼赔偿等事项达成调解或者和解协议的;

(六)其他不宜适用速裁程序办理的案件。

43. 速裁程序的审理期限。适用速裁程序审理案件,人民法院应当在受理后十日以内审结;对可能判处的有期徒刑超过一年的,应当在十五日以内审结。

44. 速裁案件的审理程序。适用速裁程序审理案件,不受刑事诉讼法规定的送达期限的限制,一般不进行法庭调查、法庭辩论,但在判决宣告前应当听取辩护人的意见和被告人的最后陈述意见。

人民法院适用速裁程序审理案件,可以在向被告人送达起诉书时一并送达权利义务告知书、开庭传票,并核实被告人自然信息等情况。根据需要,可以集中送达。

人民法院适用速裁程序审理案件,可以集中开庭,逐案审理。人民检察院可以指派公诉人集中出庭支持公诉。公诉人简要宣读起诉书后,审判人员应当当庭询问被告人对指控事实、证据、量刑建议以及适用速裁程序的意见,核实具结书签署的自愿性、真实性、合法性,并核实附带民事诉讼赔偿等情况。

适用速裁程序审理案件,应当当庭宣判。集中审理的,可以集中当庭宣判。宣判时,根据案件需要,可以由审判员进行法庭教育。裁判文书可以简化。

45. 速裁案件的二审程序。被告人不服适用速裁程序作出的第一审判决提出上诉的案件,可以不开庭审理。第二审人民法院审查后,按照下列情形分别处理:

(一)发现被告人以事实不清、证据不足为由提出上诉的,应当裁定撤销原判,发回原审人民法院适用普通程序重新审理,不再按认罪认罚案件从宽处罚;

(二)发现被告人以量刑不当为由提出上诉的,原判量刑适当的,应当裁定驳回上诉,维持原判;原判量刑不当的,经审理后依法改判。

46. 简易程序的适用。基层人民法院管辖的被告人认罪认罚案件,事实清楚、证据充分,被告人对适用简易程序没有异议的,可以适用简易程序审判。

适用简易程序审理认罪认罚案件,公诉人可以简要宣读起诉书,审判人员当庭询问被告人对指控的犯罪事实、证据、量刑建议及适用简易程序的意见,核实具结书签署的自愿性、真实性、合法性。法庭调查可以简化,但对有争议的事实和证据应当进行调查、质证,法庭辩论可以仅围绕有争议的问题进行。裁判文书可以简化。

47. 普通程序的适用。适用普通程序办理认罪认罚案件,可以适当简化法庭调查、辩论程序。公诉人宣读起诉书后,合议庭当庭询问被告人对指控的犯罪事实、证据及量刑建议的意见,核实具结书签署的自愿性、真实性、合法性。公诉人、辩护人、审判人员对被告人的讯问、发问可以简化。对控辩双方无异议的证据,可以仅就证据名称及证明内容进行说明;对控辩双方有异议,或者法庭认为有必要调查核实的证据,应当出示并进行质证。法庭辩论主要围绕有争议的问题进行,裁判文书可以适当简化。

48. 程序转换。人民法院在适用速裁程序审理过程中,发现有被告人的行为不构成犯罪或者不应当追究刑事责任、被告人违背意愿认罪认罚、被告人否认指控的犯罪事实情形的，应当转为普通程序审理。发现其他不宜适用速裁程序但符合简易程序适用条件的，应当转为简易程序重新审理。

发现有不宜适用简易程序审理情形的，应当转为普通程序审理。

人民检察院在人民法院适用速裁程序审理案件过程中，发现有不宜适用速裁程序审理情形的，应当建议人民法院转为普通程序或者简易程序重新审理；发现有不宜适用简易程序审理情形的，应当建议人民法院转为普通程序重新审理。

49. 被告人当庭认罪认罚案件的处理。被告人在侦查、审查起诉阶段没有认罪认罚，但当庭认罪、愿意接受处罚的，人民法院应当根据审理查明的事实，就定罪和量刑听取控辩双方意见，依法作出裁判。

50. 第二审程序中被告人认罪认罚案件的处理。被告人在第一审程序中未认罪认罚，在第二审程序中认罪认罚的，审理程序依照刑事诉讼法规定的第二审程序进行。第二审人民法院应当根据其认罪认罚的价值、作用决定是否从宽，并依法作出裁判。确定从宽幅度时应当与第一审程序认罪认罚有所区别。

十一、认罪认罚的反悔和撤回

51. 不起诉后反悔的处理。因犯罪嫌疑人认罪认罚，人民检察院依照刑事诉讼法第一百七十七条第二款作出不起诉决定后，犯罪嫌疑人否认指控的犯罪事实或者不积极履行赔礼道歉、退赃退赔、赔偿损失等义务的，人民检察院应当进行审查，区分下列情形依法作出处理：

（一）发现犯罪嫌疑人没有犯罪事实，或者符合刑事诉讼法第十六条规定的情形之一的，应当撤销原不起诉决定，依法重新作出不起诉决定；

（二）认为犯罪嫌疑人仍属于犯罪情节轻微，依照刑法规定不需要判处刑罚或者免除刑罚的，可以维持原不起诉决定；

（三）排除认罪认罚因素后，符合起诉条件的，应当根据案件具体情况撤销原不起诉决定，依法提起公诉。

52. 起诉前反悔的处理。犯罪嫌疑人认罪认罚，签署认罪认罚具结书，在人民检察院提起公诉前反悔的，具结书失效，人民检察院应当在全面审查事实证据的基础上，依法提起公诉。

53. 审判阶段反悔的处理。案件审理过程中，被告人反悔不再认罪认罚的，人民法院应当根据审理查明的事实，依法作出裁判。需要转换程序的，依照本意见的相关规定处理。

54. 人民检察院的法律监督。完善人民检察院对侦查活动和刑事审判活动的监督机制，加强对认罪认罚案件办理全过程的监督，规范认罪认罚案件的抗诉工作，确保无罪的人不受刑事追究、有罪的人受到公正处罚。

十二、未成年人认罪认罚案件的办理

55. 听取意见。人民法院、人民检察院办理未成年人认罪认罚案件，应当听取未成年犯罪嫌疑人、被告人的法定代理人的意见，法定代理人无法到场的，应当听取合适成年人的意见，但受案时犯罪嫌疑人已经成年的除外。

56. 具结书签署。未成年犯罪嫌疑人签署认罪认罚具结书时，其法定代理人应当到场并签字确认。法定代理人无法到场的，合适成年人应当到场签字确认。法定代理人、辩护人对未成年人认罪认罚有异议的，不需要签署认罪认罚具结书。

57. 程序适用。未成年人认罪认罚案件,不适用速裁程序,但应当贯彻教育、感化、挽救的方针,坚持从快从宽原则,确保案件及时办理,最大限度保护未成年人合法权益。

58. 法治教育。办理未成年人认罪认罚案件,应当做好未成年犯罪嫌疑人、被告人的认罪服法、悔过教育工作,实现惩教结合目的。

十三、附则

59. 国家安全机关、军队保卫部门、中国海警局、监狱办理刑事案件,适用本意见的有关规定。

60. 本指导意见由会签单位协商解释,自发布之日起施行。

最高人民检察院《人民检察院办理认罪认罚案件监督管理办法》

(2020年5月11日)

第一条 为健全办理认罪认罚案件检察权运行监督机制,加强检察官办案廉政风险防控,确保依法规范适用认罪认罚从宽制度,根据《刑事诉讼法》《人民检察院刑事诉讼规则》《关于加强司法权力运行监督管理的意见》等相关规定,结合检察工作实际,制定本办法。

第二条 加强对检察官办理认罪认罚案件监督管理,应当坚持以下原则:

(一)坚持加强对办案活动的监督管理与保障检察官依法行使职权相结合;

(二)坚持检察官办案主体职责与分级分类监督管理职责相结合;

(三)坚持案件管理、流程监控与信息留痕、公开透明相结合;

(四)坚持加强检察机关内部监督管理与外部监督制约相结合。

第三条 办理认罪认罚案件,检察官应当依法履行听取犯罪嫌疑人、被告人及其辩护人或者值班律师、被害人及其诉讼代理人的意见等各项法定职责,依法保障犯罪嫌疑人、被告人诉讼权利和认罪认罚的自愿性、真实性和合法性。

听取意见可以采取当面或者电话、视频等方式进行,听取情况应当记录在案,对提交的书面意见应当附卷。对于有关意见,办案检察官应当认真审查,并将审查意见写入案件审查报告。

第四条 辩护人、被害人及其诉讼代理人要求当面反映意见的,检察官应当在工作时间和办公场所接待。确因特殊且正当原因需要在非工作时间或者非办公场所接待的,检察官应当依照相关规定办理审批手续并获批准后方可会见。因不明情况或者其他原因在非工作时间或者非工作场所接触听取相关意见的,应当在当日或者次日向本院检务督察部门报告有关情况。

辩护人、被害人及其诉讼代理人当面提交书面意见、证据材料的,检察官应当了解其提交材料的目的、材料的来源和主要内容等有关情况并记录在案,与相关材料一并附卷,并出具回执。

当面听取意见时,检察人员不得少于二人,必要时可进行同步录音或者录像。

第五条 办理认罪认罚案件,检察官应当依法在权限范围内提出量刑建议。在确定和提出量刑建议前,应当充分听取犯罪嫌疑人、被告人、辩护人或者值班律师的意见,切实开展量刑协商工作,保证量刑建议依法体现从宽、适当,并在协商一致后由犯罪嫌疑人签署认罪认罚具结书。

第六条 检察官提出量刑建议，应当与审判机关对同一类型、情节相当案件的判罚尺度保持基本均衡。在起诉文书中，应当对量刑建议说明理由和依据，其中拟以速裁程序审理的案件可以在起诉书中概括说明，拟以简易程序、普通程序审理的案件应当在起诉书或者量刑建议书中充分叙明。

第七条 案件提起公诉后，出现新的量刑情节，或者法官经审理认为量刑建议明显不当建议检察官作出调整的，或者被告人、辩护人对量刑建议提出异议的，检察官可以视情作出调整。若原量刑建议由检察官提出的，检察官调整量刑建议后应当向部门负责人报告备案；若原量刑建议由检察长（分管副检察长）决定的，由检察官报请检察长（分管副检察长）决定。

第八条 办理认罪认罚案件，出现以下情形的，检察官应当向部门负责人报告：

（一）案件处理结果可能与同类案件或者关联案件处理结果明显不一致的；

（二）案件处理与监察机关、侦查机关、人民法院存在重大意见分歧的；

（三）犯罪嫌疑人、被告人签署认罪认罚具结书后拟调整量刑建议的；

（四）因案件存在特殊情形，提出的量刑建议与同类案件相比明显失衡的；

（五）变更、补充起诉的；

（六）犯罪嫌疑人、被告人自愿认罪认罚，拟不适用认罪认罚从宽制度办理的；

（七）法院建议调整量刑建议，或者判决未采纳量刑建议的；

（八）被告人、辩护人、值班律师对事实认定、案件定性、量刑建议存在重大意见分歧的；

（九）一审判决后被告人决定上诉的；

（十）其他应当报告的情形。

部门负责人、分管副检察长承办案件遇有以上情形的，应当向上一级领导报告。

第九条 对于犯罪嫌疑人罪行较轻且认罪认罚，检察官拟作出不批准逮捕或者不起诉决定的案件，应当报请检察长决定。报请检察长决定前，可以提请部门负责人召开检察官联席会议研究讨论。检察官联席会议可以由本部门全体检察官组成，也可以由三名以上检察官（不包括承办检察官）组成。

参加联席会议的检察官应当根据案件的类型、讨论重点等情况，通过查阅卷宗、案件审查报告、听取承办检察官介绍等方式，在全面准确掌握案件事实、情节的基础上参加讨论、发表意见，供承办检察官决策参考，并在讨论笔录上签字确认。

检察官联席会议讨论意见一致或者形成多数意见的，由承办检察官自行决定或者按检察官职权配置规定报请决定。承办检察官与多数意见分歧的，应当提交部门负责人审核后报请检察长（分管副检察长）决定。

第十条 对于下列拟作不批捕、不起诉的认罪认罚从宽案件，可以进行公开听证：

（一）被害人不谅解、不同意从宽处理的；

（二）具有一定社会影响，有必要向社会释法介绍案件情况的；

（三）当事人多次涉诉信访，引发的社会矛盾尚未化解的；

（四）食品、医疗、教育、环境等领域与民生密切相关，公开听证有利于宣扬法治、促进社会综合治理的；

（五）具有一定典型性，有法治宣传教育意义的。

人民检察院办理认罪认罚案件应当按照规定接受人民监督员的监督。对公开听证的认罪认罚案件，可以邀请人民监督员参加，听取人民监督员对案件事实、证据认定和案件处理的意见。

第十一条 检察长、分管副检察长和部门负责人要认真履行检察官办案中的监督管理责任，承担全面从严治党、全面从严治检主体责任，检务督察、案件管理等有关部门承担相应的监督管理责任，自觉接受派驻纪检监察机构的监督检查，对涉嫌违纪违法的依照规定及时移交派驻纪检监察机构处理。

第十二条 部门负责人除作为检察官承办案件，履行检察官职责外，还应当履行以下监督管理职责：

（一）听取或者要求检察官报告办案情况；

（二）对检察官办理的认罪认罚案件进行监督管理，必要时审阅案卷，调阅与案件有关材料，要求承办检察官对案件情况进行说明，要求检察官复核、补充、完善证据；

（三）召集或者根据检察官申请召集并主持检察官联席会议；

（四）对于应当由检察长（分管副检察长）决定的事项，经审核并提出处理意见后报检察长（分管副检察长）决定；

（五）定期组织分析、汇总通报本部门办案情况，指导检察官均衡把握捕与不捕、诉与不诉法律政策、量刑建议等问题，提请检察委员会审议作出决定；

（六）其他应当履行的职责，或者依据检察长（分管副检察长）授权履行的职责。

第十三条 部门负责人、分管副检察长对检察官办理案件出现以下情形的，应当报请检察长决定：

（一）处理意见与检察官联席会议多数检察官意见存在分歧的；

（二）案件处理与监察机关、侦查机关、人民法院存在重大意见分歧需要报请检察长（分管副检察长）决定的；

（三）发现检察官提出的处理意见错误，量刑建议明显不当，或者明显失衡的，应当及时提示检察官，经提示后承办检察官仍然坚持原处理意见或者量刑建议的；

（四）变更、补充起诉的；

（五）其他应当报告的情形。

第十四条 检察长（分管副检察长）除作为检察官承办案件，履行检察官职责外，还应当履行以下职责：

（一）听取或者要求检察官报告办案情况；

（二）对检察官的办案活动进行监督管理；

（三）发现检察官不正确履行职责的，应当予以纠正；

（四）依据职权清单，在职权范围内对检察官办理的认罪认罚案件作出决定；

（五）听取部门负责人关于认罪认罚案件办理情况的报告；

（六）要求部门负责人对本院办理的认罪认罚案件定期分析、汇总通报，涉及法律、政策理解、适用的办案经验总结、规则明确等，提请检察委员会审议，必要时向上级检察院汇报；

（七）其他应当履行的职责。

第十五条　检察长(分管副检察长)发现检察官办理认罪认罚案件不适当的,可以要求检察官复核,也可以直接作出决定或者提请检察委员会讨论决定。检察长(分管副检察长)要求复核的意见、决定应当以书面形式作出并附卷。

第十六条　案件管理部门对认罪认罚案件办理应当履行以下监督管理职责:

(一)进行案件流程监控,对案件办理期限、诉讼权利保障、文书制作的规范化等进行监督;

(二)组织案件评查,对评查中发现的重要情况及时向检察长报告;

(三)发现违反检察职责行为、违纪违法线索的,及时向相关部门移送;

(四)其他应当履行的职责。

第十七条　下列情形的案件应当作为重点评查案件,经检察长(分管副检察长)批准后进行评查,由案件管理部门或者相关办案部门组织开展:

(一)检察官超越授权范围、职权清单作出处理决定的;

(二)经复议、复核、复查后改变原决定的;

(三)量刑建议明显不当的;

(四)犯罪嫌疑人、被告人认罪认罚后又反悔的;

(五)当事人对人民检察院的处理决定不服提出申诉的;

(六)人民法院裁判宣告无罪、改变指控罪名或者新发现影响定罪量刑重要情节的;

(七)其他需要重点评查的。

第十八条　检务督察部门应当指导办案部门做好认罪认罚案件廉政风险防控和检察官履职督查和失责惩戒工作,重点履行以下监督职责:

(一)对检察官办理认罪认罚案件执行法律、规范性文件和最高人民检察院规定、决定等情况进行执法督察;

(二)在执法督察、巡视巡察、追责惩戒、内部审计中发现以及有关单位、个人举报投诉办案检察官违反检察职责的,依职权进行调查,提出处理意见;

(三)对检察官违反检察职责和违规过问案件,不当接触当事人及其律师、特殊关系人、中介组织等利害关系人的,依职权进行调查,提出处理意见;

(四)针对认罪认罚案件办案廉政风险,加强廉政风险防控制度建设和工作指导,开展司法办案廉政教育;

(五)其他应当监督的情形。

第十九条　上级人民检察院要履行对下级人民检察院办理认罪认罚案件指导、监督管理责任,定期分析、汇总通报本辖区内办案整体情况,通过案件指导、备案备查、专项检查、错案责任倒查、审核决定等方式,对下级人民检察院办理认罪认罚案件进行监督。对存在严重瑕疵或者不规范司法行为,提出监督纠正意见。案件处理决定确有错误的,依法通过指令下级人民检察院批准逮捕、提起公诉、提出抗诉或者撤销逮捕、撤回起诉等方式予以纠正。

第二十条　人民检察院办理认罪认罚案件,应当按照规定公开案件程序性信息、重要案件信息和法律文书,接受社会监督。

第二十一条　严格落实领导干部干预司法活动、插手具体案件处理,司法机关内部或者其他人员过问案件,司法人员不正当接触交往的记录报告和责任追究等相关规定,对违反规定的严肃追责问责。

检察官对存在过问或者干预、插手办案活动,发现有与当事人、律师、特殊关系人、中介组织不当接触交往行为情况的,应当如实记录并及时报告部门负责人。

检察长、分管副检察长和部门负责人口头或者短信、微信、电话等形式向检察官提出指导性意见,检察官记录在案后,依程序办理。

第二十二条 当事人、律师等举报、投诉检察官违反法律规定办理认罪认罚案件或者有过失行为并提供相关线索或者证据的,检察长(分管副检察长)可以要求检察官报告办案情况。检察长(分管副检察长)认为确有必要的,可以更换承办案件的检察官,将涉嫌违反检察职责行为、违纪违法线索向有关部门移送,并将相关情况记录在案。

第二十三条 对检察官办理认罪认罚案件的质量效果、办案活动等情况进行绩效考核,考核结果纳入司法业绩档案,作为检察官奖惩、晋升、调整职务职级和工资、离岗培训、免职、降职、辞退的重要依据。

第二十四条 检察官因故意违反法律法规或者因重大过失导致案件办理出现错误并造成严重后果的,应当承担司法责任。

检察官在事实认定、证据采信、法律适用、办案程序、文书制作以及司法作风等方面不符合法律和有关规定,存在司法瑕疵但不影响案件结论的正确性和效力的,依照相关纪律规定处理。

第二十五条 负有监督管理职责的检察人员因故意或者重大过失怠于行使或者不当行使职责,造成严重后果的,应当承担司法责任。

最高人民检察院
《人民检察院办理认罪认罚案件听取意见同步录音录像规定》

(2021年11月15日最高人民检察院第十三届检察委员会第七十八次会议通过,2021年12月2日印发)

第一条 为规范人民检察院办理认罪认罚案件听取意见活动,依法保障犯罪嫌疑人、被告人诉讼权利,确保认罪认罚自愿性、真实性、合法性,根据法律和相关规定,结合办案实际,制定本规定。

第二条 人民检察院办理认罪认罚案件,对于检察官围绕量刑建议、程序适用等事项听取犯罪嫌疑人、被告人、辩护人或者值班律师意见、签署具结书活动,应当同步录音录像。

听取意见同步录音录像不包括讯问过程,但是讯问与听取意见、签署具结书同时进行的,可以一并录制。

多次听取意见的,至少要对量刑建议形成、确认以及最后的具结书签署过程进行同步录音录像。对依法不需要签署具结书的案件,应当对能够反映量刑建议形成的环节同步录音录像。

第三条 认罪认罚案件听取意见同步录音录像适用于所有认罪认罚案件。

第四条 同步录音录像一般应当包含如下内容:

(一)告知犯罪嫌疑人、被告人、辩护人或者值班律师对听取意见过程进行同步录音录像的情况;

(二)告知犯罪嫌疑人、被告人诉讼权利义务和认罪认罚法律规定,释明认罪认罚的法律性质和法律后果的情况;

（三）告知犯罪嫌疑人、被告人无正当理由反悔的法律后果的情况；

（四）告知认定的犯罪事实、罪名、处理意见，提出的量刑建议、程序适用建议并进行说明的情况；

（五）检察官听取犯罪嫌疑人、被告人、辩护人或者值班律师意见，犯罪嫌疑人、被告人听取辩护人或者值班律师意见的情况；

（六）根据需要，开示证据的情况；

（七）犯罪嫌疑人、被告人签署具结书及辩护人或者值班律师见证的情况；

（八）其他需要录制的情况。

第五条　认罪认罚案件听取意见应当由检察官主持，检察官助理、检察技术人员、司法警察、书记员协助。犯罪嫌疑人、被告人、辩护人或者值班律师等人员参与。

同步录音录像由检察技术人员或其他检察辅助人员负责录制。

第六条　同步录音录像一般应当在羁押场所或者检察机关办案区进行，有条件的可以探索在上述地点单独设置听取意见室。

采取远程视频等方式听取意见的，应当保存视频音频作为同步录音录像资料。

第七条　听取意见前，人民检察院应当告知辩护人或者值班律师听取意见的时间、地点，并听取辩护人或者值班律师意见。

在听取意见过程中，人民检察院应当为辩护人或者值班律师会见犯罪嫌疑人、查阅案卷材料提供必要的便利。

第八条　同步录音录像，应当客观、全面地反映听取意见的参与人员、听取意见过程，画面完整、端正，声音和影像清晰可辨。同步录音录像应当保持完整、连续，不得选择性录制，不得篡改、删改。

第九条　同步录音录像的起始和结束由检察官宣布。开始录像前，应当告知犯罪嫌疑人、被告人、辩护人或者值班律师。

第十条　听取意见过程中发现可能影响定罪量刑的新情况，需要补充核实的，应当中止听取意见和同步录音录像。核实完毕后，视情决定重新或者继续听取意见并进行同步录音录像。

因技术故障无法录制的，一般应当中止听取意见，待故障排除后再行听取意见和录制。技术故障一时难以排除的，征得犯罪嫌疑人、被告人、辩护人或者值班律师同意，可以继续听取意见，但应当记录在案。

第十一条　同步录音录像结束后，录制人员应当及时制作同步录音录像文件，交由案件承办人员办案使用，案件办结后由案件承办人员随案归档。同步录音录像文件的命名应当与全国检察业务应用系统内案件对应。各级人民检察院应当逐步建立同步录音录像文件管理系统，统一存储和保管同步录音录像文件。同步录音录像文件保存期限为十年。

第十二条　同步录音录像文件是人民检察院办理认罪认罚案件的工作资料，实行有条件调取使用。因人民法院、犯罪嫌疑人、被告人、辩护人或者值班律师对认罪认罚自愿性、真实性、合法性提出异议或者疑问等原因，需要查阅同步录音录像文件的，人民检察院可以出示，也可以将同步录音录像文件移送人民法院，必要时提请法庭播放。

因案件质量评查、复查、检务督察等工作，需要查阅、调取、复制、出示同步录音像文件的，应当履行审批手续并记录在案。

第十三条 检察人员听取意见应当着检察制服,做到仪表整洁,举止严肃、端庄,用语文明、规范。

第十四条 人民检察院刑事检察、检察技术、计划财务装备、案件管理、司法警察、档案管理等部门应当各司其职、各负其责、协调配合,保障同步录音录像工作规范、高效、有序开展。

第十五条 人民检察院办理未成年人认罪认罚案件开展听取意见同步录音录像工作的,根据相关法律规定,结合未成年人检察工作实际,参照本规定执行。

第十六条 本规定自2022年3月1日起实施。

最高人民检察院《关于检察机关办理司法协助案件有关问题的通知》

(1997年4月23日 高检发外字〔1997〕26号)

各省、自治区、直辖市人民检察院,军事检察院:

随着我国改革开放的不断深入和民主法制建设的不断发展,自1987年我国开始同有关国家谈判、签订司法协助条约(协定)以来,我国已与23个国家签订了司法协助条约(协定)和引渡条约,其中司法协助条约已生效的17个,引渡条约生效的1个。这些条约均涉及检察院的职责,有些条约中还规定最高人民检察院是中方中央机关。最高人民检察院已经与波兰、古巴、乌克兰、哈萨克斯坦、印度尼西亚、罗马尼亚和俄罗斯联邦的总检察院签订了合作协议或议定书。为更好地履行职责,执行好我国参加或缔结的国际公约、双边条约和高检院与外国检察机关订的协议,特通知如下:

一、各级人民检察院要认真学习和掌握有关条约、协议和修改后的《刑事诉讼法》、《人民检察院实施刑事诉讼法规则(试行)》中的有关规定,切实加以执行。要重视做好司法协助工作,认真、及时办理司法协助案件。

二、最高人民检察院外事局负责检察机关司法协助工作的管理、协调及对外联络。

三、高检院有关业务部门负责检察机关司法协助案件的审查和办理。

四、各省、自治区、直辖市人民检察院和军事检察院负责承办高检院交办的司法协助案件。根据案件情况,可指定下级检察院作为具体办理机关。

五、高检院外事局收到外国请求司法协助的案件后,对案件是否符合我国与外国签订的司法协助条约和引渡条约的规定进行审查。对不符合有关条约或法律规定的,退回外国有关请求机构;对符合规定的,按案件管辖分工移送有关业务部门就案件内容进行审查。案情简单的,外事局可直接办理。

六、有关业务部门收到移送的案件后,就案情及适用法律提出审查意见,与外事局会签后报请主管检察长审批。经主管检察长审批同意后,由有关业务部门以高检院函的形式交有关省级检察院办理,函件同时抄送外事局。

七、省级检察院接到高检院交办司法协助案件函后,可直接办理案件,也可指定下级检察院办理。在案件办结后,由省级检察院将案件材料及报告书上报高检院交办部门。交办部门对案件材料进行审查，制作答复请求国的文书，送外事局会签。

八、会签的答复文书呈报主管检察长审批同意后，由外事局将有关材料译成请求国文字或条约规定的文字，转交请求国有关部门。

九、我国其他司法机关作为条约规定的中方中央机关，移送检察机关办理外国请求提供司法协助的，应归口高检院外事局进行。

十、高检院有关业务部门办理的案件，需请求外国司法机关提供司法协助的，应当制作请求书，连同调查提纲和有关材料送外事局审核。

十一、各级地方检察机关办理的案件，需请求外国司法机关提供司法协助的，由省级检察院制作请求书，连同调查提纲和有关材料报高检院有关业务部门；有关业务部门审查提出意见后，送外事局审核。

十二、凡条约规定高检为中央机关的，我国其他司法机关请求有关国家提供司法协助的，应通过其主管部门与高检院外事局联系。

十三、高检院外事局收到上述部门移送的请求外国提供司法协助的案件材料后，审查确认案件材料是否齐全，请求书和调查提纲的内容、格式是否符合条约的规定，提出书面意见，呈报院主管检察长审批。在主管检察长审批同意后，将有关文书翻译成被请求国文字或条约规定的文字，送被请求国有关司法机关。

十四、凡办理与我国尚未签订司法协助条约国家的司法协助案件，在检察系统内部仍按本通知规定程序办理。

十五、各有关业务部门审查案件一般应在一周内完成，负责具体调查取证的部门一般应在3个月内完成。由于案件复杂不能在3个月内完成的，应及时向交办部门说明理由。翻译、送达时间不计在内。

十六、各地在执行本通知中遇到的问题和有关意见，应及时报高检院外事局。

（二）管　　辖

最高人民法院、最高人民检察院、公安部、司法部、铁道部《关于铁路运输法院、检察院办案中有关问题的联合通知》

（1982年7月9日）

各省、市、自治区高级人民法院、检察院、公安厅（局）、司法厅（局），铁路运输高级法院、全国铁路运输检察院、铁道部公安局：

各级铁路法院、检察院已于5月1日正式办案。现就办案中的有关问题通知如下：

一、铁路运输法院、检察院的案件管辖。应从保护铁路运输的任务出发，体现其专门性。目前主要受理铁路运输系统公安机关负责侦破的刑事案件和与铁路运输有关的经济案件、法纪案件、涉外案件（包括铁道部委托路局党委代管单位的案件）。对各类民事案件及不属于铁路运输范围的铁道部直属工厂、工程局、勘测设计院、大专院校等地发生的案件，仍由地方法院、检察院受理。如铁路运输法院、检察院与地方法院、检察院对案件管辖发生争议,暂由地方受理。

二、审判人员、检察人员的任免。党内由有关铁路党组(党委)按中央规定的干部任免权限审批,由法院、检察院系统分别办理行政任免手续。

三、案犯的羁押与执行。铁路运输法院审理的未决犯,由铁路公安机关羁押,也可由沿线就近的地方公安机关所属的看守所羁押。对判处一年以上(含一年)有期徒刑、无期徒刑、死刑缓期两年执行的罪犯,送所在省、市、自治区公安机关所属就近监狱、劳改队执行。对于判处一年以上有期徒刑的罪犯和判处拘役、管制的罪犯,可由铁路公安机关就地执行。判处死刑立即执行的罪犯,暂由铁路公安机关的警察执行。

四、各级铁路运输法院、检察院所需枪支、服装,由中院、分院所在省、市、自治区公安厅(局)、检察院、法院解决。

五、各级铁路运输法院的人民陪审员,由各基层单位的职工大会或职工代表大会推选,其任期一般与代表任期相同;必要时也可由法院临时邀请。

人民陪审员在法院执行职务期间,由原单位照发工资和奖金;没有工资收入的由法院适当补助。

六、铁路运输法院进行诉讼活动所需律师,由当地法律顾问处负责。也可由依法取得律师资格的铁路人员担任兼职律师,在地方法律顾问处统一领导下承办律师业务。兼职律师的酬金,按1981年2月21日司法部、财政部《关于兼职律师酬金问题的联合通知》的规定办理。

七、铁路运输法院、检察院受理1982年5月1日以后侦破、批捕、起诉的案件。在铁路运输法院、检察院正式办案之前的铁路案件,无论积压待办或申诉复查的案件,原来由哪个检察院、法院受理承办的仍由哪个检察院、法院继续承办。

八、铁路运输法院、检察院工作人员的待遇,按铁路现行制度规定,享受与铁路职工相当人员的待遇。

最高人民法院、最高人民检察院、公安部、总政治部《关于退伍战士在退伍途中违法犯罪案件管辖问题的通知》

(1986年3月26日 〔1986〕政联字1号)

各省、自治区、直辖市高级人民法院、人民检察院、公安厅(局),铁路运输高级法院、全国铁路运输检察院、军事法院、军事检察院,各军区、各军兵种、各总部、国防科工委、军事科学院、国防大学、各高级陆军学校政治部:

经国务院、中央军委批准,从1985年8月起,军队对退伍战士的运送工作进行了改革,由退伍战士购买客票自行回入伍地的人武部报到。现对退伍战士在退伍途中违法犯罪案件的管辖问题通知如下:

退伍战士在离开部队时即已办理离队手续,退出现役。其退伍途中在地方作案的违法犯罪案件,由犯罪地的公安机关、人民检察院、人民法院按照案件管辖范围受理。需要了解在部队期间有关情况的,原部队应予协助。

退伍战士在退伍途中到军队作案的,按照1982年11月25日最高人民法院、最高人民检察院、公安部、总政治部

《关于军队和地方互涉案件几个问题的规定》办理。

最高人民法院、最高人民检察院、公安部、司法部《关于中国人民武装警察部队人员犯罪案件若干问题的规定》

(1987年2月17日 公发〔87〕11号)

各省、自治区、直辖市高级人民法院、人民检察院、公安厅(局)、司法厅(局):

为了明确中国人民武装警察部队人员犯罪案件的管辖,及时处理案件,加强部队建设,现作如下规定:

一、中国人民武装警察部队(以下简称武警部队)人员(包括干部、战士和在编职工,下同)犯罪案件,由地方县以上公安机关、人民检察院、人民法院管辖。具体案件的管辖分工,按照1979年12月15日《最高人民法院、最高人民检察院、公安部关于执行刑事诉讼法规定的案件管辖范围的通知》执行。

二、武警部队人员犯罪案件,属于公安机关管辖的,可由武警部队保卫部门负责侦查,需要逮捕、起诉或免予起诉的,由地方县以上公安机关提请或者移送同级人民检察院审查决定;属于人民检察院、人民法院管辖的,武警部队保卫部门应当将有关材料、证据提交受理案件的人民检察院、人民法院。人民检察院或人民法院认为需要对提交的材料、证据作进一步审核的,武警部队保卫部门应积极协助,提供方便。

三、人民法院审理武警部队人员犯罪案件,对于构成军人违反职责罪的,适用《中华人民共和国惩治军人违反职责罪暂行条例》。

四、下级人民法院受理武警部队人员犯罪案件,如涉及重要军事机密的,认为案情重大的,可以请求移送上一级人民法院审判;上级人民法院在必要的时候,也可以审判下级人民法院管辖的第一审武警部队人员犯罪案件。

五、人民法院审理武警部队人员犯罪案件依法应当公开进行的,可以组织武警部队人员出席旁听。需要人民陪审员参加合议庭的,可以从武警部队人员中选派。

六、武警部队人员犯罪,被人民法院判处刑罚,需在监狱或其他劳动改造场所执行的,由司法行政机关指定的场所执行;被判处拘役宣告缓刑、有期徒刑宣告缓刑、管制、剥夺政治权利,没有开除军籍的,由武警部队执行。

七、处理武警部队人员犯罪案件,可以参照人民解放军处理现役军人犯罪案件的有关规定。

公安部《关于办理利用经济合同诈骗案件有关问题的通知》

(1997年1月9日)

利用经济合同诈骗案件由犯罪地的公安机关办理,犯罪地包括犯罪行为地和犯罪结果地。如果由犯罪嫌疑人居住地的公安机关办理更为适宜,可以由犯罪嫌疑人居住地的公安机关负责办理。几个地方的公安机关都有管辖权的案件,由上一级的公安机关办理。管辖权有争议的或者管辖权不明的案件,由争议双方的上级公安机关办理。

最高人民检察院
《关于人民检察院立案侦查司法
工作人员相关职务犯罪案件
若干问题的规定》

(2018年11月1日最高人民检察院第十三届检察委员会第八次会议通过,2018年11月24日印发)

2018年10月26日,第十三届全国人民代表大会常务委员会第六次会议审议通过了《关于修改〈中华人民共和国刑事诉讼法〉的决定》。修改后的《刑事诉讼法》第十九条第二款规定:"人民检察院在对诉讼活动实行法律监督中发现的司法工作人员利用职权实施的非法拘禁、刑讯逼供、非法搜查等侵犯公民权利、损害司法公正的犯罪,可以由人民检察院立案侦查。"为做好人民检察院与监察委员会案件管辖范围的衔接,对在诉讼监督中发现的司法工作人员利用职权实施的侵犯公民权利、损害司法公正的犯罪依法履行侦查职责,作出如下规定:

一、案件管辖范围

人民检察院在对诉讼活动实行法律监督中,发现司法工作人员涉嫌利用职权实施的下列侵犯公民权利、损害司法公正的犯罪案件,可以立案侦查:

1. 非法拘禁罪(刑法第二百三十八条)(非司法工作人员除外);
2. 非法搜查罪(刑法第二百四十五条)(非司法工作人员除外);
3. 刑讯逼供罪(刑法第二百四十七条);
4. 暴力取证罪(刑法第二百四十七条);
5. 虐待被监管人罪(刑法第二百四十八条);
6. 滥用职权罪(刑法第三百九十七条)(非司法工作人员滥用职权侵犯公民权利、损害司法公正的情形除外);
7. 玩忽职守罪(刑法第三百九十七条)(非司法工作人员玩忽职守侵犯公民权利、损害司法公正的情形除外);
8. 徇私枉法罪(刑法第三百九十九条第一款);
9. 民事、行政枉法裁判罪(刑法第三百九十九条第二款);
10. 执行判决、裁定失职罪(刑法第三百九十九条第三款);
11. 执行判决、裁定滥用职权罪(刑法第三百九十九条第三款);
12. 私放在押人员罪(刑法第四百条第一款);
13. 失职致使在押人员脱逃罪(刑法第四百条第二款);
14. 徇私舞弊减刑、假释、暂予监外执行罪(刑法第四百零一条)。

二、级别管辖和侦查部门

本规定所列犯罪案件,由设区的市级人民检察院立案侦查。基层人民检察院发现犯罪线索的,应当报设区的市级人民检察院决定立案侦查。设区的市级人民检察院也可以将案件交由基层人民检察院立案侦查,或者由基层人民检察院协助侦查。最高人民检察院、省级人民检察院发现犯罪线索的,可以自行决定立案侦查,也可以将案件线索交由指定的省级人民检察院、设区的市级人民检察院立案侦查。

本规定所列犯罪案件,由人民检察院

负责刑事检察工作的专门部门负责侦查。设区的市级以上人民检察院侦查终结的案件，可以交有管辖权的基层人民法院相对应的基层人民检察院提起公诉；需要指定其他基层人民检察院提起公诉的，应当与同级人民法院协商指定管辖；依法应当由中级人民法院管辖的案件，应当由设区的市级人民检察院提起公诉。

三、案件线索的移送和互涉案件的处理

人民检察院立案侦查本规定所列犯罪时，发现犯罪嫌疑人同时涉嫌监察委员会管辖的职务犯罪线索的，应当及时与同级监察委员会沟通，一般应当由监察委员会为主调查，人民检察院予以协助。经沟通，认为全案由监察委员会管辖更为适宜的，人民检察院应当撤销案件，将案件和相应职务犯罪线索一并移送监察委员会；认为由监察委员会和人民检察院分别管辖更为适宜的，人民检察院应当将监察委员会管辖的相应职务犯罪线索移送监察委员会，对依法由人民检察院管辖的犯罪案件继续侦查。人民检察院应当及时将沟通情况报告上一级人民检察院。沟通期间，人民检察院不得停止对案件的侦查。监察委员会和人民检察院分别管辖的案件，调查（侦查）终结前，人民检察院应当就移送审查起诉有关事宜与监察委员会加强沟通，协调一致，由人民检察院依法对全案审查起诉。

人民检察院立案侦查本规定所列犯罪时，发现犯罪嫌疑人同时涉嫌公安机关管辖的犯罪线索的，依照现行有关法律和司法解释的规定办理。

四、办案程序

（一）人民检察院办理本规定所列犯罪案件，不再适用对直接受理立案侦查案件决定立案报上一级人民检察院备案，逮捕犯罪嫌疑人报上一级人民检察院审查决定的规定。

（二）对本规定所列犯罪案件，人民检察院拟作撤销案件、不起诉决定的，应当报上一级人民检察院审查批准。

（三）人民检察院负责刑事检察工作的专门部门办理本规定所列犯罪案件，认为需要逮捕犯罪嫌疑人的，应当由相应的刑事检察部门审查，报检察长或者检察委员会决定。

（四）人民检察院办理本规定所列犯罪案件，应当依法接受人民监督员的监督。

最高人民检察院此前印发的规范性文件与本规定不一致的，以本规定为准。

中国人民解放军总政治部、军事法院、军事检察院《关于〈中华人民共和国刑法〉第十章所列刑事案件管辖范围的通知》

（1998年8月12日 〔1998〕军检字第17号）

各军区、各军、兵种、各总部、军事科学院、国防大学、武警部队政治部保卫部，各军区、海军、空军、总直属队、武警部队军事法院、军事检察院：

为了保证修订的《中华人民共和国刑法》分则第十章关于军人违反职责罪规定的贯彻实施，根据《中华人民共和国刑事诉讼法》第十八条的规定，以及最高人民法院、最高人民检察院、公安部、国家安全部、司法部、全国人大常委会法制工作委员会《关于刑事诉讼法实施中若干问题的规定》中关于刑事案件管辖分工的规定精神,结合军队司法工作的实际情况,对军人违反职责罪一章所列案件管辖分工范围通知如下:

一、保卫部门负责侦查下列案件:
1. 战时违抗命令案(第421条);
2. 隐瞒、谎报军情案(第422条);
3. 拒传、假传军令案(第422条);
4. 投降案(第423条);
5. 战时临阵脱逃案(第424条);
6. 阻碍执行军事职务案(第426条);
7. 军人叛逃案(第430条);
8. 非法获取军事秘密案(第431条第1款);
9. 境外窃取、刺探、收买、非法提供军事秘密案(第431条第2款);
10. 故意泄露军事秘密案(第432条);
11. 战时造谣惑众案(第433条);
12. 战时自伤案(第434条);
13. 逃离部队案(第435条);
14. 武器装备肇事案(第436条);
15. 盗窃、抢夺武器装备、军用物资案(第438条);
16. 非法出卖、转让武器装备案(第439条);
17. 遗弃武器装备案(第440条);
18. 遗失武器装备案(第441条);
19. 战时残害居民、掠夺居民财物案(第446条);
20. 私放俘虏案(第447条)。

二、军事检察院直接受理下列案件:
1. 擅离、玩忽军事职守案(第425条);
2. 指使部属违反职责案(第427条);
3. 违令作战消极案(第428条);
4. 拒不救援友邻部队案(第429条);
5. 过失泄露军事秘密案(第432条);
6. 擅自改变武器装备编配用途案(第437条);
7. 擅自出卖、转让军队房地产案(第442条);
8. 虐待部属案(第443条);
9. 战时拒不救治伤病军人案(第445条);
10. 军官、警官、文职干部利用职权实施的其他重大的犯罪案件,需要由军事检察院受理的时候,经解放军军事检察院决定,可以由军事检察院立案侦查。

三、军事法院直接受理下列案件:
1. 遗弃伤病军人案(第444条);
2. 虐待俘虏案(第448条)。

本通知自一九九八年八月十二日起施行,原《关于惩治军人违反职责罪暂行条例所列案件的管辖范围的通知》即日废止。

公安部
《关于公安边防部门办理刑事案件有关问题的通知》

(2000年3月31日 公通字〔2000〕29号)

各省、自治区、直辖市公安厅、局,新疆生产建设兵团公安局:

根据《公安部关于印发〈公安部刑事案件管辖分工规定〉的通知》(公通字〔1998〕80号),公安边防部门负责管辖在边境管理区和沿海地区发生的组织他人偷越国(边)境案、运送他人偷越国(边)境案、偷越国(边)境案和破坏界碑、界桩案,以及边防管理部门在边境管理区和沿海地区查获的走私、贩卖、运输毒品案和走私制毒物品案。为进一步明确职责分

工与协作事宜,现将有关问题通知如下:

一、公安边防部门办理刑事案件,要在所属公安机关的领导和指导下进行。要按照公安机关办理刑事案件的要求,认真学习《刑法》、《刑事诉讼法》、《公安机关办理刑事案件程序规定》等刑事法律和规定,掌握办理刑事案件的基本知识和技能,切实担负起办理刑事案件的工作任务。

二、公安边防部门要建立健全办案机制,确定以边境调查人员为主体的办案力量,增加必要的投入,以保证办案工作的实施。边境调查机构负责案件侦查工作的指导和侦查业务的基础建设。办案人员的配备,可在现有编制数额内进行调整。

三、公安边防部门管辖的一般案件由边防大队级单位负责侦办;支队级以上单位负责侦查重大涉外犯罪案件、重大集团犯罪案件和下级单位侦破有困难的重大犯罪案件,其中,总队以上单位主要负责组织、协调和指挥跨区域犯罪案件的侦查工作。

四、公安边防支队级以上单位在立案、侦查、采取刑事强制措施等方面行使相应的县(市)级以上公安机关的审批权限。县(市)公安边防大队办案,由所属县(市)公安机关负责人审批;地区(市、州、盟)公安边防支队(含海警支队、巡逻艇支队、广东边防五、六、七支队、特检站)办案,由支队(站)负责人审批;省(自治区、直辖市)公安边防总队办案,由总队负责人审批;侦办跨省(自治区、直辖市)案件,由省(自治区、直辖市)公安边防总队组织、指挥、协调或者直接立案侦查,报公安部边防管理局备案;侦办跨省(自治区、直辖市)重特大案件,由公安部边防管理局组织、指挥、协调或者直接立案侦查。

五、公安边防部门办理刑事案件,统一使用所属或所在地公安机关的法律文书,以公(边)字单独编号。即县(市)边防大队使用所属县(市)公安机关的法律文书;地区(市、州、盟)边防支队使用所属地区(市、州、盟)公安机关的法律文书;海警支队、巡逻艇支队、广东边防五、六、七支队、特检站使用所在地的地区(市)公安机关的法律文书;省级以上公安边防部门使用所属或所在地公安机关的法律文书。各级公安边防部门所需法律文书,可按所属或所在地公安机关文书的格式自行印制。

六、公安边防部门在侦查办案中,对已批准刑事拘留、逮捕的犯罪嫌疑人,交由所属或所在地公安机关看守所羁押;采取取保候审、监视居住等强制措施的,由犯罪嫌疑人居住地公安派出所执行。

七、公安边防部门承办的刑事案件,在侦查终结时,由本部门的法制机构审核把关,以所属或所在地公安机关的名义提请同级人民检察院审查批准逮捕,移送同级人民检察院审查起诉。

八、公安边防部门应加强同公安机关其他有关部门的协作配合。为及时、有效地侦破案件,打击犯罪,对发生在边境管理区和沿海地区(包括海上)的非边防部门管辖的刑事案件,发现犯罪线索或接到报案、举报、控告的,应立即接受,并按有关程序及时移送有管辖权的部门处理;边境地区和沿海地区(限于地、市行政辖区)公安机关有关其他部门发现的属边防部门管辖的刑事案件,发现犯罪线索或接到报案、举报、控告的,也应立即接受,并按有关程序及时移交边防部门处理。

边境地区和沿海地区边防检查站在口岸查获的偷渡案件,除涉及《公安部刑事案件管辖分工规定》规定由刑事侦查部门管辖的第 98、99、100 种案件外,移交当地边防部门处理。

侦查协作中出现分歧时,由争议双方共同的上一级公安机关协调决定。

九、各级公安边防部门要建立内部执法监督、执法过错责任追究制度,保证办案质量。对故意或重大过失违法的,要追究有关责任人和领导的责任。公安边防部门管辖、审批的案件,有关应诉、赔偿等事宜由具体办案的边防部门负责。各级公安边防部门要明确各自职责,分清责任,加强监督,保证严格、公正执法、依法、文明办案。

十、各级公安边防部门要加强刑事办案队伍建设。要根据办理刑事案件的需要,选调懂法律、懂侦查业务的人员充实到办案队伍,并对现有人员实施全员培训,提高业务素质。担负办理刑事案件任务的在职业务干部和支队、大队主管领导要统一参加省、自治区、直辖市公安厅、局组织的刑事侦查人员培训和资格考试,取得合格证书后持证上岗。各级公安边防部门也要有计划地自行组织培训,并保持办案队伍的相对稳定。

各地接到此通知后,请认真贯彻执行,执行中的问题请及时报部。

公安部
《关于公安边防部门在办理跨省、区、市妨害国(边)境管理犯罪案件中加强办案协作的通知》

〔2000 年 7 月 19 日　公边(调)〔2000〕161 号〕

各省、自治区、直辖市公安边防总队:

为了充分发挥公安边防部门的职能作用和整体优势,有力打击跨省、自治区、直辖市(以下简称省、区、市)组织他人偷越国(边)境、运送他人偷越国(边)境和偷越国(边)境等妨害国(边)境管理犯罪活动,现将有关要求和事项通知如下:

一、协作办理妨害国(边)境管理犯罪案件,要严格执行《公安机关办理刑事案件程序规定》(1998 年 5 月 14 日第 35 号公安部令)、《公安部关于公安边防部门办理刑事案件有关问题的通知》(公通字〔2000〕29 号)和《公安部关于妨害国(边)境管理犯罪案件立案标准及有关问题的通知》(公通字〔2000〕30 号)规定。

二、跨省、区、市妨害国(边)境管理犯罪案件,几个边防部门都有权管辖的,由最初受理的边防部门立案侦查,必要时也可由主要犯罪地的边防部门立案侦查。在海上与外国执法部门接控的案件,由负责接控的单位立案侦查,也可以由上级边防部门指定的单位立案侦查。跨省、区、市妨害国(边)境管理犯罪案件,由办理案件的省、区、市边防总队负责协调并报公安部边防管理局备案;重大、特别重大和有分歧的案件,由公安部边防管理局协调指导。

三、各级边防部门发现的跨省、区、市妨害国(边)境管理犯罪线索,归口所在地的省、区、市边防总队通报有关省、区、市边防总队。接到线索通报的单位要立即组织查证,并将查证情况及时反馈提供线索的一方。核查情况属实需要立案的,由有关边防部门根据案件管辖的有关规定立案侦查。

四、办案单位需要异地查询妨害国

(边)境管理犯罪信息、资料,协查犯罪嫌疑人身份、年龄、涉嫌犯罪事实等情况的,应当制作查询函件,请求有关边防部门协查。协查的边防部门应当按查询要求在七日内将协查结果通知请求协查的边防部门。紧急情况应及时核查反馈。

五、已经立案且侦查工作涉及到其他省、区、市的妨害国(边)境管理犯罪案件,仍由原立案单位为主侦查。需要其他省、区、市边防部门协作的,应当持办案协作函件和工作证件,在涉案或犯罪嫌疑人所在省、区、市边防总队协调下,请求协作地的公安边防部门派员或指定单位协助侦查。

六、异地执行传唤、拘传以及拘留、逮捕等强制措施的,办理案件的边防部门需持《传唤通知书》、《拘传证》、《拘留证》、《逮捕证》等相关法律文书、办案协作函件和工作证件,请求有关边防部门协助执行。委托异地边防部门执行拘留、逮捕等强制措施的,立案单位应当将《拘留证》、《逮捕证》等法律文书和协作函件送达协作地边防部门。协作地边防部门依据请求对犯罪嫌疑人采取强制措施,并通知主办单位。

七、边防部门查获的妨害国(边)境管理犯罪案件,有其他省、区、市人员涉嫌组织、运送和参与偷越国(边)境犯罪活动的,主办单位应将异地组织、运送及参与偷越国(边)境犯罪嫌疑人的情况通报有关省、区、市边防部门。

八、跨省、区、市妨害国(边)境管理犯罪案件办案协作,只要法律手续完备,协作单位应当及时、无条件地予以配合,不得收取任何形式的费用。对不履行办案协作职责造成严重后果的直接负责人和直接责任人,要追究责任,给予处分;

构成犯罪的要追究刑事责任。

九、协作地边防部门依照有关边防部门的办案协作请求履行办案协作职责所产生的法律责任,由请求协作的公安边防部门承担。超越协作请求产生的法律责任,由协作地边防部门承担。

十、公安边防部门办理妨害国(边)境管理犯罪案件,同公安刑侦、技侦等部门的办案协作,按照《公安机关办理刑事案件程序规定》的有关规定执行。

各地接到通知后,请认真贯彻执行。执行中遇到的问题,请及时报公安部边防管理局。

最高人民法院、最高人民检察院《关于办理妨害国(边)境管理刑事案件应用法律若干问题的解释》(节录)

(2012年8月20日最高人民法院审判委员会第1553次会议、2012年11月19日最高人民检察院第十一届检察委员会第82次会议通过,2012年12月12日公布,自2012年12月20日起施行,法释〔2012〕17号)

第九条 对跨地区实施的不同妨害国(边)境管理犯罪,符合并案处理要求,有关地方公安机关依照法律和相关规定一并立案侦查,需要提请批准逮捕、移送审查起诉、提起公诉的,由该公安机关所在地的同级人民检察院、人民法院依法受理。

公安部
《关于打击拐卖妇女儿童犯罪适用法律和政策有关问题的意见》
（节录）

（2000年3月24日）

一、关于立案、管辖问题

（一）对发现的拐卖妇女、儿童案件，拐出地（即妇女、儿童被拐骗地）、拐入地或者中转地公安机关应当立案管辖。两个以上公安机关都有管辖权的，由最先立案的公安机关侦查。必要时，可以由主要犯罪地或者主要犯罪嫌疑人居住地公安机关管辖。有关公安机关不得相互推诿。对管辖有争议的案件，应报请争议双方共同的上一级公安机关指定管辖。

铁路、交通、民航公安机关按照《公安机关办理刑事案件程序规定》第20条的规定立案侦查拐卖妇女、儿童案件。在运输途中查获的拐卖妇女、儿童案件，可以直接移送拐出地公安机关处理。

（二）对于公民报案、控告、举报的与拐卖妇女、儿童有关的犯罪嫌疑人、犯罪线索或者材料，扭送的犯罪嫌疑人，或者犯罪嫌疑人自首的，公安机关都应当接受。对于接受的案件或者发现的犯罪线索，应当迅速进行审查。对于需要采取解救被拐卖的妇女、儿童等紧急措施的，应当先采取紧急措施。

（三）经过审查，认为有犯罪事实，需要追究刑事责任的，应当区别情况，作出如下处理：

1. 属于本公安机关管辖的案件，应当及时立案侦查。

2. 属于其他公安机关管辖的案件，应当在二十四小时内移送有管辖权的公安机关办理。

3. 不属于公安机关管辖的案件，如属于人民检察院管辖的不解救被拐卖、绑架妇女、儿童案和阻碍解救被拐卖、绑架妇女、儿童案等，属于人民法院管辖的重婚案等，应当及时将案件材料和有关证据送交有管辖权的人民检察院、人民法院，并告知报案人、控告人、举报人到人民检察院、人民法院报案、控告、举报或者起诉。

二、关于拐卖妇女、儿童犯罪（略）

三、关于收买被拐卖的妇女、儿童犯罪（略）

四、关于自首和立功（略）

五、关于解救工作

（一）解救妇女、儿童工作由拐入地公安机关负责。对于拐出地公安机关主动派工作组到拐入地进行解救的，也要以拐入地公安机关为主开展工作。对解救的被拐卖妇女，由其户口所在地公安机关负责接回；对解救的被拐卖儿童，由其父母或者其他监护人户口所在地公安机关负责接回。拐出地、拐入地、中转地公安机关应当积极协作配合，坚决杜绝地方保护主义。

（二）要充分依靠当地党委、政府的支持，做好对基层干部和群众的法制宣传和说服教育工作，注意方式、方法，慎用警械、武器，避免激化矛盾，防止出现围攻执法人员、聚众阻碍解救等突发事件。

以暴力、威胁方法阻碍国家机关工作人员解救被收买的妇女、儿童的，以妨害公务罪立案侦查。对聚众阻碍国家机关工作人员解救被收买的妇女、儿童的首要分子，以聚众阻碍解救被收买的妇女、儿童罪立案侦查。其他使用暴力、威胁方法的参与者，以妨害公务罪立案侦查。阻碍解救被收买的妇女、儿童，没有使用暴力、威胁方法的,依照《中华人民共和国治安管理处罚条例》的有关规定处罚。

(三)对于被拐卖的未成年女性、现役军人配偶、受到买主摧残虐待的、被强迫卖淫或从事其他色情服务的妇女,以及本人要求解救的妇女,要立即解救。

对于自愿继续留在现住地生活的成年女性,应当尊重本人意愿,愿在现住地结婚且符合法定结婚条件的,应当依法办理结婚登记手续。被拐卖妇女与买主所生子女的抚养问题,可由双方协商解决或者由人民法院裁决。

(四)对于遭受摧残虐待的、被强迫乞讨或从事违法犯罪活动的,以及本人要求解救的被拐卖儿童,应当立即解救。

对于被解救的儿童,暂时无法查明其父母或者其他监护人的,依法交由民政部门收容抚养。

对于被解救的儿童,如买主对该儿童既没有虐待行为又不阻碍解救,其父母又自愿送养,双方符合收养和送养条件的,可依法办理收养手续。

(五)任何个人或者组织不得向被拐卖的妇女、儿童及其家属索要收买妇女、儿童的费用和生活费用;已经索取的,应当予以返还。

(六)被解救的妇女、儿童户口所在地公安机关应当协助民政等有关部门妥善安置其生产和生活。

六、关于不解救或者阻碍解救被拐卖的妇女、儿童等渎职犯罪(略)

七、关于严格执法、文明办案

(一)各级公安机关必须严格依照《刑法》《刑事诉讼法》和《公安机关办理刑事案件程序规定》以及其他有关规定,严格执法,文明办案,防止滥用强制措施、超期羁押,严禁刑讯逼供以及威胁、引诱、欺骗以及其他非法的方法收集证据。

(二)依法保障律师在侦查阶段参与刑事诉讼活动,保障犯罪嫌疑人聘请律师提供法律帮助的权利。对于律师提出会见犯罪嫌疑人的,公安机关应当依法及时安排会见,不得借故阻碍、拖延。

(三)对犯罪分子违法所得的一切财物及其产生的孳息,应当依法追缴。对依法扣押的犯罪工具及犯罪嫌疑人的财物及其孳息,应当妥为保管,不得挪用、毁损和自行处理。对作为证据使用的实物,应当随案移送;对不宜移送的,应当将其清单、照片或者其他证明文件随案移送,待人民法院作出生效判决后,由扣押的公安机关按照人民法院的通知,上缴国库或者返还受害人。

(四)认真做好办案协作工作。需要异地公安机关协助调查、执行强制措施的,要及时向有关地区公安机关提出协作请求。接受请求的公安机关应当及时予以协作配合,并尽快回复。对不履行办案协作职责造成严重后果的,对直接负责的主管人员和其他直接责任人员,应当给予行政处分;构成犯罪的,依法追究刑事责任。对在逃的拐卖妇女、儿童的犯罪分子,有关公安机关应密切配合,及时通缉,追捕归案。

八、关于办理涉外案件

(一)外国人或者无国籍人拐卖外国妇女、儿童到我国境内被查获的,应当适用我国刑法,以拐卖妇女、儿童罪立案侦查。

(二)拐卖妇女犯罪中的"妇女",既包括具有中国国籍的妇女,也包括具有外国国籍和无国籍的妇女。被拐卖的外国妇女没有身份证明的,不影响对犯罪分子的立案侦查。

（三）对外国人依法作出取保候审、监视居住决定或者执行拘留、逮捕后，由有关省、自治区、直辖市公安厅、局在规定的期限内，将外国人的有关情况、涉嫌犯罪的主要事实、已采取的强制措施及其法律依据，通知该外国人所属国家的驻华使、领馆，同时报告公安部。

（四）对于外国籍犯罪嫌疑人身份无法查明或者其国籍国拒绝提供有关身份证明的，也可以按其自报的姓名依法提请人民检察院批准逮捕、移送审查起诉。

（五）对非法入出我国国境、非法居留的外国人，应当依照《中华人民共和国外国人入境出境管理法》及其实施细则进行处罚；情节严重，构成犯罪的，依法追究刑事责任。

九、关于法制宣传工作（略）

公安部
《关于受害人居住地公安机关可否对诈骗犯罪案件立案侦查问题的批复》

（2000年10月16日　公复字〔2000〕10号）

广西壮族自治区公安厅：

你厅《关于被骗受害人居住地的公安机关可否对诈骗犯罪案件立案侦查的请示》（桂公请〔2000〕77号）收悉。现批复如下：

《公安机关办理刑事案件程序规定》第十五条规定："刑事案件由犯罪地的公安机关管辖。如果由犯罪嫌疑人居住地的公安机关管辖更为适宜的，可以由犯罪嫌疑人居住地的公安机关管辖。"根据《中华人民共和国刑法》第六条第三款的规定，犯罪地包括犯罪行为地和犯罪结果地。根据上述规定，犯罪行为地、犯罪结果地以及犯罪嫌疑人居住地的公安机关可以依法对属于公安机关管辖的刑事案件立案侦查。诈骗犯罪案件的犯罪结果地是指犯罪嫌疑人实际取得财产地。因此，除诈骗行为地、犯罪嫌疑人实际取得财产的结果发生地和犯罪嫌疑人居住地外，其他地方公安机关不能对诈骗犯罪案件立案侦查，但对于公民扭送、报案、控告、举报或者犯罪嫌疑人自首的，都应当立即受理，经审查认为有犯罪事实的，移送有管辖权的公安机关处理。

国家林业局、公安部
《关于森林和陆生野生动物刑事案件管辖及立案标准》（节录）

（2001年5月9日）

根据《中华人民共和国刑法》、《中华人民共和国刑事诉讼法》、《公安机关办理刑事案件程序规定》及其他有关规定，现将森林和陆生野生动物刑事案件管辖及立案标准规定如下：

一、森林公安机关管辖在其辖区内发生的刑法规定的下列森林和陆生野生动物刑事案件

（一）盗伐林木案件（第三百四十五条第一款）；

（二）滥伐林木案件（第三百四十五条第二款）；

（三）非法收购盗伐、滥伐的林木案件（第三百四十五条第三款）；

（四）非法采伐、毁坏珍贵树木案件

(第三百四十四条);

(五)走私珍稀植物、珍稀植物制品案件(第一百五十一条第三款);

(六)放火案件中,故意放火烧毁森林或者其他林木的案件(第一百一十四条、第一百一十五条第一款);

(七)失火案件中,过失烧毁森林或者其他林木的案件(第一百一十五条第二款);

(八)聚众哄抢案件中,哄抢林木的案件(第二百六十八条);

(九)破坏生产经营案件中,故意毁坏用于造林、育林、护林和木材生产的机械设备或者以其他方法破坏林业生产经营的案件(第二百七十六条);

(十)非法猎捕、杀害珍贵、濒危陆生野生动物案件(第三百四十一条第一款);

(十一)非法收购、运输、出售珍贵、濒危陆生野生动物、珍贵、濒危陆生野生动物制品案件(第三百四十一条第一款);

(十二)非法狩猎案件(第三百四十一条第二款);

(十三)走私珍贵陆生野生动物、珍贵陆生野生动物制品案件(第一百五十一条第二款);

(十四)非法经营案件中,买卖《允许进口证明书》、《允许出口证明书》、《允许再出口证明书》、进出口原产地证明及国家机关批准的其他关于林业和陆生野生动物的经营许可证明文件的案件(第二百二十五条第二项);

(十五)伪造、变造、买卖国家机关公文、证件案件中,伪造、变造、买卖林木和陆生野生动物允许进出口证明书、进出口原产地证明、狩猎证、特许猎捕证、驯养繁殖许可证、林木采伐许可证、木材运输证明、森林、林木、林地权属证书、征用或者

占用林地审核同意书、育林基金等缴费收据以及由国家机关批准的其他关于林业和陆生野生动物公文、证件的案件(第二百八十条第一、二款);

(十六)盗窃案件中,盗窃国家、集体、他人所有并已经伐倒的树木、偷砍他人房前屋后、自留地种植的零星树木,以谋取经济利益为目的非法实施采种、采脂、挖笋、掘根、剥树皮等以及盗窃国家重点保护陆生野生动物或其制品的案件(第二百六十四条);

(十七)抢劫案件中,抢劫国家重点保护陆生野生动物或其制品的案件(第二百六十三条);

(十八)抢夺案件中,抢夺国家重点保护陆生野生动物或其制品的案件(第二百六十七条);

(十九)窝藏、转移、收购、销售赃物案件中,涉及被盗伐滥伐的木材、国家重点保护陆生野生动物或其制品的案件(第三百一十二条);

未建立森林公安机关的地方,上述案件由地方公安机关负责查处。

二、森林和陆生野生动物刑事案件的立案标准(略)

三、其他规定(略)

最高人民法院研究室《关于人民法院不受理人民检察院就移送管辖裁定提出抗诉问题的答复》

(2001年6月21日)

北京市高级人民法院:

你院京高法〔1993〕134号《关于人民

检察院对人民法院作出的移送管辖的裁定提出抗诉人民法院应否受理的请示》收悉。经研究，我们同意你院的意见，即：人民检察院对人民法院作出的移送管辖裁定提出抗诉，没有法律依据，人民法院不予受理。

最高人民检察院
《关于新疆生产建设兵团各级人民检察院案件管辖权的规定》

（2001年6月21日　高检发研字〔2001〕2号）

根据《全国人民代表大会常务委员会关于新疆维吾尔自治区生产建设兵团设置人民法院和人民检察院的决定》和《中华人民共和国刑事诉讼法》的规定，现对新疆生产建设兵团各级人民检察院案件管辖作如下规定：

一、兵团所属的国家工作人员职务犯罪案件，属检察机关管辖的，由兵团检察机关立案侦查。

二、兵团各级检察机关的案件管辖范围，由兵团人民检察院依照《刑事诉讼法》、《人民检察院刑事诉讼规则》以及最高人民检察院其他有关案件管辖问题的规定另行规定。

三、兵团检察机关直接立案侦查的案件侦查终结后，依照刑事诉讼法有关管辖的规定，由与审判管辖相适应的兵团检察机关或者地方检察机关审查起诉。

四、对于兵团所属的国家工作人员与地方国家工作人员共同实施的职务犯罪案件，依据主要犯罪地或者在共同犯罪中起主要作用的犯罪嫌疑人工作单位所在地确定侦查管辖。侦查终结后，由与审判管辖相适应的兵团检察机关或者地方检察机关审查起诉。

五、发生在垦区内的案件，由兵团检察机关依照刑事诉讼法关于管辖的规定审查起诉。

六、兵团单位发生贪污贿赂、渎职等职务犯罪案件以外的其他刑事案件，所在城区未设兵团检察分院和基层检察院的，由地方人民检察院依照刑事诉讼法的有关规定审查逮捕、审查起诉。

七、根据宪法和法律关于上级检察机关领导下级检察机关的规定，兵团检察机关与新疆地方检察机关对案件管辖有争议的，由自治区人民检察院决定。

最高人民法院
《关于新疆生产建设兵团人民法院案件管辖权问题的若干规定》

（2005年1月13日最高人民法院审判委员会第1340次会议通过，自2005年6月6日起施行，法释〔2005〕4号）

根据《全国人民代表大会常务委员会关于新疆维吾尔自治区生产建设兵团设置人民法院和人民检察院的决定》第三条的规定，对新疆生产建设兵团各级人民法院案件管辖权问题规定如下：

第一条　新疆生产建设兵团基层人民法院和中级人民法院分别行使地方基层人民法院和中级人民法院的案件管辖权，管辖兵团范围内的各类案件。

新疆维吾尔自治区高级人民法院生产建设兵团分院管辖原应当由高级人民法院管辖的兵团范围内的第一审案件、上诉案件和其他案件,其判决和裁定是新疆维吾尔自治区高级人民法院的判决和裁定。但兵团各中级人民法院判处死刑(含死缓)的案件的上诉案件以及死刑复核案件由新疆维吾尔自治区高级人民法院管辖。

第二条 兵团人民检察院提起公诉的第一审刑事案件,由兵团人民法院管辖。

兵团人民法院对第一审刑事自诉案件、第二审刑事案件以及再审刑事案件的管辖,适用刑事诉讼法的有关规定。

第三条 兵团人民法院管辖以下民事案件:

(一)垦区范围内发生的案件;

(二)城区内发生的双方当事人均为兵团范围内的公民、法人或者其他组织的案件;

(三)城区内发生的双方当事人一方为兵团范围内的公民、法人或者其他组织,且被告住所地在兵团工作区、生活区或者管理区内的案件。

对符合协议管辖和专属管辖条件的案件,依照民事诉讼法的有关规定确定管辖权。

第四条 以兵团的行政机关作为被告的行政案件由该行政机关所在地的兵团人民法院管辖,其管辖权限依照行政诉讼法的规定办理。

第五条 兵团人民法院管辖兵团范围内发生的涉外案件。新疆维吾尔自治区高级人民法院生产建设兵团分院根据最高人民法院的有关规定确定管辖涉外案件的兵团法院。

第六条 兵团各级人民法院与新疆维吾尔自治区地方各级人民法院之间因管辖权发生争议的,由争议双方协商解决;协商不成的,报请新疆维吾尔自治区高级人民法院决定管辖。

第七条 新疆维吾尔自治区高级人民法院生产建设兵团分院所管辖第一审案件的上诉法院是最高人民法院。

第八条 对于新疆维吾尔自治区高级人民法院生产建设兵团分院审理再审案件所作出的判决、裁定,新疆维吾尔自治区高级人民法院不再进行再审。

第九条 本规定自发布之日起实施。人民法院关于兵团人民法院案件管辖的其他规定与本规定不一致的,以本规定为准。

最高人民法院、最高人民检察院、公安部《关于旅客列车上发生的刑事案件管辖问题的通知》

(2001年8月23日 公通字〔2001〕70号)

各省、自治区、直辖市高级人民法院,人民检察院,公安厅、局,新疆维吾尔自治区高级人民法院生产建设兵团分院、新疆生产建设兵团人民检察院、公安局:

为维护旅客列车的治安秩序,及时、有效地处理发生在旅客列车上的刑事案件,现对旅客列车上发生的刑事案件的管辖问题规定如下:

一、列车上发生的刑事案件,由负责该车乘务的乘警队所属的铁路公安机关立案,列车乘警应及时收集案件证据,填写有关法律文书。对于已经查获犯罪嫌疑人的,列车乘警应对犯罪嫌疑人认真盘查,制作盘查笔录。对被害人、证人要进行询问,制作询问笔录,或者由被害人、证人书写被害经过、证言。取证结束后,列车乘警应当将犯罪嫌疑人及盘查笔录、被害人、证人的证明材料以及其他与案件有关证据一并移交前方停车站铁路公安机关。对于未查获犯罪嫌疑人的案件，列车乘警应当及时收集案件线索及证据，并由负责该车乘务的乘警队所属的铁路公安机关继续侦查。

二、车站铁路公安机关对于法律手续齐全并附有相关证据材料的交站处理案件应当受理。经审查和进一步侦查，认为需要逮捕犯罪嫌疑人或者移送审查起诉的，应当依法向同级铁路运输检察院提请批准逮捕或者移送审查起诉。

三、铁路运输检察院对同级公安机关提请批准逮捕或者移送审查起诉的交站处理案件应当受理。经审查符合逮捕条件的，应当依法批准逮捕；符合起诉条件的，应当依法提起公诉或者将案件移送有管辖权的铁路运输检察院审查起诉。

四、铁路运输法院对铁路运输检察院提起公诉的交站处理案件，经审查认为符合受理条件的，应当受理并依法审判。

各地接本通知后，请认真贯彻执行。执行中遇到的问题，请及时分别报告最高人民法院、最高人民检察院、公安部。

最高人民检察院研究室
《关于非国家工作人员涉嫌职务犯罪案件管辖问题的意见》

（2001年4月10日）

公安部经济犯罪侦查局：

你局《关于征求对案件管辖权问题意见的函》（公经〔2001〕248号）收悉。经研究，提出以下意见，供参考：

鉴于职务犯罪案件的特殊性，对于非国家工作人员涉嫌职务犯罪案件的侦查管辖问题，原则上以犯罪嫌疑人工作单位所在地的公安机关管辖为宜，如果由犯罪行为实施地或者犯罪嫌疑人居住地的公安机关管辖更为适宜的，也可以由犯罪行为实施地或者犯罪嫌疑人居住地的公安机关管辖。

公安部经济犯罪侦查局
《关于对非国家工作人员职务犯罪案件管辖权问题的意见》

（2003年4月21日　公经〔2003〕436号）

近来，有多地公安机关就非国家工作人员涉嫌职务犯罪案件，犯罪嫌疑人工作单位所在地公安机关是否有管辖权问题请示部经侦局。对于该问题，部经侦局曾于2001年3月正式批复，此批复征求过最高人民检察院研究室的意见，最高人民检察院研究室同意部经侦局意见，即非国家工作人员涉嫌职务犯罪案件中，犯罪嫌疑人工作单位所在地公安机关具有管辖权。现予网上公布，请各地参照执行。

公安部
《关于口岸限定区域治安管辖和刑事案件管辖问题的批复》

（2003年4月12日　公境〔2003〕515号）

广东省公安厅：

你厅《关于明确口岸监管区治安管辖权和刑事案件管辖权的请示》〔粤公

（请）字〔2003〕14号）收悉。现批复如下：

一、边防检查站按照《中华人民共和国出入境边防检查条例》的规定对口岸限定区域进行警戒，维持出入境秩序。

二、发生在口岸限定区域内的刑事案件和超出边防检查职权的治安案件，由口岸所在地公安机关管辖。边境地区和沿海地区边防检查站在口岸限定区域查获的偷渡案件的管辖仍按公安刑事案件管辖分工的有关规定执行。

三、口岸所在地公安机关与口岸边防检查站要加强协调配合。边防检查站对口岸限定区域内发生的刑事案件和超出边防检查职权的治安案件，要及时采取措施，制止正在发生的违法犯罪行为，保护现场，控制违法犯罪嫌疑人并及时移交口岸所在地公安机关；口岸所在地公安机关对边防检查站移交的案件，要及时受理，并认真作出处理。

四、地方公安机关因办案需要进入口岸限定区域时，应通报边防检查站，边防检查站要给予积极配合。

公安部
《公安机关办理危害税收征管刑事案件管辖若干问题的规定》

（2004年2月19日　公通字〔2004〕12号）

为进一步规范危害税收征管刑事案件的管辖问题，根据《中华人民共和国刑法》、《中华人民共和国刑事诉讼法》和《公安机关办理刑事案件程序规定》等有关法律和规章的规定，结合公安机关的办案实际和危害税收征管刑事案件的特点，制定本规定。

一、偷税案、逃避追缴欠税案（刑法第201条、第203条）

纳税人未根据法律、行政法规规定应当向税务机关办理税务登记的，由税务登记机关所在地县级以上公安机关管辖。如果由纳税义务发生地公安机关管辖更为适宜的，可以由纳税义务发生地县级以上公安机关管辖；纳税人未根据法律、行政法规规定不需要向税务机关办理税务登记的，由纳税义务发生地或其他法定纳税地县级以上公安机关管辖。

扣缴义务人偷税案适用前款规定。

二、抗税案（刑法第202条）

由抗税行为发生地县级以上公安机关管辖。

三、骗取出口退税案（刑法第204条第1款）

由骗取出口退税地县级以上公安机关管辖，其他涉案地公安机关予以配合。

四、虚开增值税专用发票、用于骗取出口退税、抵扣税款发票案（刑法第205条）

为他人虚开案件，由开票企业税务登记机关所在地县级以上公安机关管辖；为自己虚开案件、让他人为自己虚开案件，由受票企业税务登记机关所在地县级以上公安机关管辖；介绍他人虚开案件，可以与为他人虚开案件、让他人为自己虚开案件并案处理。

对于自然人实施的前款规定的虚开案件，由虚开地县级以上公安机关管辖。如果几个公安机关都有权管辖的，由最初受理的公安机关管辖；必要时，可以由主要犯罪地县级以上公安机关管辖。

对为他人虚开、为自己虚开、让他人为自己虚开、介绍他人虚开等几种情况交织在一起，且几个公安机关都有权管辖的,由最初受理的公安机关管辖;必要时,由票源集中地或虚开行为集中企业的税务登记机关所在地县级以上公安机关管辖。

五、伪造增值税专用发票案、非法制造用于骗取出口退税、抵扣税款发票案、非法制造发票案(刑法第 206 条、第 209 条第 1 款、第 2 款)

由伪造地、非法制造地县级以上公安机关管辖。

六、出售伪造的增值税专用发票案、购买伪造的增值税专用发票案、出售非法制造的用于骗取出口退税、抵扣税款发票案、出售非法制造的发票案(刑法第 206 条、第 208 条第 1 款、第 209 条第 1 款、第 2 款)

由出售地、购买地县级以上公安机关管辖;在办理本条规定的案件过程中,发现伪造地、非法制造地的,由最初受理的公安机关管辖,伪造地、非法制造地公安机关予以配合;如果由伪造地、非法制造地公安机关管辖更为适宜的,可以将案件移交伪造地、非法制造地县级以上公安机关管辖。

七、非法出售增值税专用发票案、非法购买增值税专用发票案、非法出售用于骗取出口退税、抵扣税款发票案、非法出售发票案(刑法第 207 条、208 条第 1 款、第 209 条第 3 款、第 4 款)

由出售地、购买地县级以上公安机关管辖。如果由最初受理的公安机关管辖更为适宜的,由最初受理的公安机关管辖;必要时,可以将案件移交票源集中地县级以上公安机关管辖。

八、对于本规定第一条至第七条规定的案件,如果由犯罪嫌疑人居住地公安机关管辖更为适宜的,由犯罪嫌疑人居住地县级以上公安机关管辖。

九、对于本规定第一条至第七条规定的案件,凡是属于重大涉外犯罪、重大集团犯罪和下级公安机关侦破有困难的严重刑事案件,由地(市)级以上公安机关管辖。

十、对管辖不明确或者几个公安机关都有权管辖的案件,可以由有关公安机关协商确定管辖。对管辖有争议或者情况特殊的案件,可以由共同的上级公安机关指定管辖。

十一、上级公安机关可以指定下级公安机关立案侦查管辖不明确或者需要改变管辖的案件。下级公安机关认为案情重大、复杂,需要由上级公安机关侦查的案件,可以请求移送上级公安机关侦查。

最高人民检察院办公厅《关于转发内蒙古自治区人民检察院〈关于对集通铁路发生的刑事案件管辖问题补充请示的批复〉的通知》

(2006 年 2 月 22 日　高检办发〔2006〕5 号)

各省、自治区、直辖市人民检察院,各铁路运输检察分院:

集通铁路系铁道部和内蒙古自治区人民政府共同投资兴建的全国最长的一条合资铁路。由于铁路点多线长,地区跨度较大,有关职务犯罪案件管辖问题较为复杂。经呼和浩特铁路运输检察分院请示,内蒙古自治区人民检察院商自治区高级人民法院后,批复同意集通铁路发生的属于检察机关直接受理侦查的案件由呼和浩特铁路运输检察机关管辖。现将这个批复转发给你们,供参考。

最高人民法院、最高人民检察院《关于办理侵犯知识产权刑事案件具体应用法律若干问题的解释(二)》(节录)

(2007年4月4日由最高人民法院审判委员会第1422次会议、最高人民检察院第十届检察委员会第75次会议通过,2007年4月5日公布,自2007年4月5日起施行,法释〔2007〕6号)

第五条 被害人有证据证明的侵犯知识产权刑事案件,直接向人民法院起诉的,人民法院应当依法受理;严重危害社会秩序和国家利益的侵犯知识产权刑事案件,由人民检察院依法提起公诉。

最高人民法院、最高人民检察院、公安部《关于办理侵犯知识产权刑事案件适用法律若干问题的意见》

(2011年1月10日)

为解决近年来公安机关、人民检察院、人民法院在办理侵犯知识产权刑事案件中遇到的新情况、新问题,依法惩治侵犯知识产权犯罪活动,维护社会主义市场经济秩序,根据刑法、刑事诉讼法及有关司法解释的规定,结合侦查、起诉、审判实践,制定本意见。

一、关于侵犯知识产权犯罪案件的管辖问题

侵犯知识产权犯罪案件由犯罪地公安机关立案侦查。必要时,可以由犯罪嫌疑人居住地公安机关立案侦查。侵犯知识产权犯罪案件的犯罪地,包括侵权产品制造地、储存地、运输地、销售地,传播侵权作品、销售侵权产品的网站服务器所在地、网络接入地、网站建立者或者管理者所在地,侵权作品上传者所在地,权利人受到实际侵害的犯罪结果发生地。对有多个侵犯知识产权犯罪地的,由最初受理的公安机关或者主要犯罪地公安机关管辖。多个侵犯知识产权犯罪地的公安机关对管辖有争议的,由共同的上级公安机关指定管辖,需要提请批准逮捕、移送审查起诉、提起公诉的,由该公安机关所在地的同级人民检察院、人民法院受理。

对于不同犯罪嫌疑人、犯罪团伙跨地区实施的涉及同一批侵权产品的制造、储存、运输、销售等侵犯知识产权犯罪行为,符合并案处理要求的,有关公安机关可以一并立案侦查,需要提请批准逮捕、移送审查起诉、提起公诉的,由该公安机关所在地的同级人民检察院、人民法院受理。

二、关于办理侵犯知识产权刑事案件中行政执法部门收集、调取证据的效力问题

行政执法部门依法收集、调取、制作的物证、书证、视听资料、检验报告、鉴定结论、勘验笔录、现场笔录,经公安机关、人民检察院审查,人民法院庭审质证确认,可以作为刑事证据使用。

行政执法部门制作的证人证言、当事人陈述等调查笔录,公安机关认为有必要

作为刑事证据使用的,应当依法重新收集、制作。

三、关于办理侵犯知识产权刑事案件的抽样取证问题和委托鉴定问题

公安机关在办理侵犯知识产权刑事案件时,可以根据工作需要抽样取证,或者商请同级行政执法部门、有关检验机构协助抽样取证。法律、法规对抽样机构或者抽样方法有规定的,应当委托规定的机构并按照规定方法抽取样品。

公安机关、人民检察院、人民法院在办理侵犯知识产权刑事案件时,对于需要鉴定的事项,应当委托国家认可的有鉴定资质的鉴定机构进行鉴定。

公安机关、人民检察院、人民法院应当对鉴定结论进行审查,听取权利人、犯罪嫌疑人、被告人对鉴定结论的意见,可以要求鉴定机构作出相应说明。

四、关于侵犯知识产权犯罪自诉案件的证据收集问题

人民法院依法受理侵犯知识产权刑事自诉案件,对于当事人因客观原因不能取得的证据,在提起自诉时能够提供有关线索,申请人民法院调取的,人民法院应当依法调取。

最高人民法院、最高人民检察院、公安部《关于办理海上发生的违法犯罪案件有关问题的通知》
(节录)

(2007年9月17日)

各省、自治区、直辖市高级人民法院、人民检察院、公安厅(局),解放军军事法院、军事检察院,新疆维吾尔自治区高级人民法院生产建设兵团分院、新疆生产建设兵团人民检察院、公安局:

为维护我国国家安全和海域治安秩序,保护公共财产和公民人身财产安全,及时、有效地办理发生在海上的违法犯罪案件,现就有关问题通知如下:

一、公安机关海上执法任务由沿海省、自治区、直辖市公安边防总队及其所属的海警支队、海警大队承担。在办理海上治安行政案件和刑事案件时,公安边防总队行使地(市)级人民政府公安机关的职权,海警支队行使县级人民政府公安机关的职权,海警大队行使公安派出所的职权,分别以自己名义作出决定和制作法律文书。

二、对省、自治区、直辖市公安边防总队及其下设的海警支队管辖海域的划分,应当充分考虑执法办案工作的需要,可以不受行政区划海域划分的限制。

海警支队的管辖海域由其隶属的省、自治区、直辖市公安边防总队划定,报公安部边防管理局和所在省、自治区、直辖市公安厅、局备案,并抄送所在地省、自治区、直辖市高级人民法院、人民检察院。

沿海省、自治区、直辖市公安边防总队的管辖海域由公安部边防管理局划定,并抄送最高人民法院、最高人民检察院。

三、海上发生的一般治安行政案件,由违法行为发生海域海警大队管辖;重大、复杂、涉外的治安行政案件,由违法行为发生海域海警支队管辖;如果由违法嫌疑人居住地公安机关管辖更为适宜的,可以由违法嫌疑人居住地的公安机关管辖。

海上发生的刑事案件,由犯罪行为发生海域海警支队管辖;如果由犯罪嫌疑人居住地或者主要犯罪行为发生地公

安机关管辖更为适宜的,可以由犯罪嫌疑人居住地或者主要犯罪行为发生地的公安机关管辖;对管辖有争议或者情况特殊的刑事案件,可报请上级公安机关指定管辖。

同一省、自治区、直辖市内跨海警支队管辖海域的行政案件和刑事案件,由违法犯罪行为发生海域海警支队协商确定管辖;协商不成的,由省、自治区、直辖市公安边防总队指定管辖。

跨省、自治区、直辖市管辖海域的行政案件和刑事案件,由违法犯罪行为发生海域省、自治区、直辖市公安边防总队协商确定管辖;协商不成的,由公安部边防管理局指定管辖。

四、海警支队办理刑事案件,需要提请批准逮捕或者移送审查起诉的,依法向所在地人民检察院提请或者移送,人民检察院应当依法进行审查并作出决定。

人民检察院提起公诉的海上犯罪案件,同级人民法院依法审判。人民法院判处管制、剥夺政治权利以及决定暂予监外执行、缓刑、假释的,由罪犯居住地公安机关执行。

八、对海上违法犯罪案件的调查处理、侦查、提起公诉和审判,分别依照《刑事诉讼法》《治安管理处罚法》等相关法律、法规、规章和司法解释的规定办理。

公安边防海警办理行政复议、参与行政诉讼、进行国家赔偿等,分别依照《行政诉讼法》《行政复议法》《国家赔偿法》等相关法律、法规、规章和司法解释的规定办理。

各地接本通知后,请认真贯彻执行。执行中遇到的问题,请及时分别报最高人民法院、最高人民检察院、公安部。

最高人民法院、最高人民检察院、公安部、国家安全部、司法部、总政治部《办理军队和地方互涉刑事案件规定》

(自 2009 年 8 月 1 日起施行)

第一条 为了规范办理军队和地方互涉刑事案件(以下简称军地互涉案件)工作,依法及时有效打击犯罪,保护国家军事利益,维护军队和社会稳定,根据刑法、刑事诉讼法和其他有关规定,制定本规定。

第二条 本规定适用于下列案件:
(一)军人与地方人员共同犯罪的;
(二)军人在营区外犯罪的;
(三)军人在营区侵害非军事利益犯罪的;
(四)地方人员在营区犯罪的;
(五)地方人员在营区外侵害军事利益犯罪的;
(六)其他需要军队和地方协作办理的案件。

第三条 办理军地互涉案件,应当坚持分工负责、相互配合、及时规范、依法处理的原则。

第四条 对军人的侦查、起诉、审判,由军队保卫部门、军事检察院、军事法院管辖。军队文职人员、非现役公勤人员、在编职工、由军队管理的离退休人员,以及执行军事任务的预备役人员和其他人员,按照军人确定管辖。

对地方人员的侦查、起诉、审判,由地方公安机关、国家安全机关、人民检察院、人民法院管辖。

第五条 发生在营区的案件,由军队

保卫部门或者军事检察院立案侦查;其中犯罪嫌疑人不明确且侵害军事利益的,由军队保卫部门或者军事检察院与地方公安机关或者国家安全机关、人民检察院,按照管辖分工共同组织侦查,查明犯罪嫌疑人属于本规定第四条第二款规定管辖的,移交地方公安机关或者国家安全机关、人民检察院处理。

发生在营区外的案件,由地方公安机关或者国家安全机关、人民检察院立案侦查;查明犯罪嫌疑人属于本规定第四条第一款规定管辖的,移交军队保卫部门或者军事检察院处理。

第六条 军队和地方共同使用的营房、营院、机场、码头等区域发生的案件,发生在军队管理区域的,按照本规定第五条第一款的规定办理;发生在地方管理区域的,按照本规定第五条第二款的规定办理。管理区域划分不明确的,由军队和地方主管机关协商办理。

军队在地方国家机关和单位设立的办公场所、对外提供服务的场所、实行物业化管理的住宅小区,以及在地方执行警戒勤务任务的部位、住处发生的案件,按照本规定第五条第二款的规定办理。

第七条 军人入伍前涉嫌犯罪需要依法追究刑事责任的,由地方公安机关、国家安全机关、人民检察院提供证据材料,送交军队军级以上单位保卫部门、军事检察院审查后,移交地方公安机关、国家安全机关、人民检察院处理。

军人退出现役后,发现其在服役期内涉嫌犯罪的,由地方公安机关、国家安全机关、人民检察院处理;但涉嫌军人违反职责罪的,由军队保卫部门、军事检察院处理。

第八条 军地互涉案件管辖不明确的,由军队军区级以上单位保卫部门、军事检察院、军事法院与地方省级公安机关、国家安全机关、人民检察院、人民法院协商确定管辖;管辖有争议或者情况特殊的案件,由总政治部保卫部与公安部、国家安全部协商确定,或者由解放军军事检察院、解放军军事法院报请最高人民检察院、最高人民法院指定管辖。

第九条 军队保卫部门、军事检察院、军事法院和地方公安机关、国家安全机关、人民检察院、人民法院对于军地互涉案件的报案、控告、举报或者犯罪嫌疑人自首的,都应当接受。对于不属于自己管辖的,应当移送主管机关处理,并通知报案人、控告人、举报人;对于不属于自己管辖而又必须采取紧急措施的,应当先采取紧急措施,然后移送主管机关处理。

第十条 军人在营区外作案被当场抓获或者有重大犯罪嫌疑的,地方公安机关、国家安全机关、人民检察院可以对其采取紧急措施,二十四小时内通知军队有关部门,及时移交军队保卫部门、军事检察院处理;地方人员在营区作案被当场抓获或者有重大犯罪嫌疑的,军队保卫部门、军事检察院可以对其采取紧急措施,二十四小时内移交地方公安机关、国家安全机关、人民检察院处理。

第十一条 地方人员涉嫌非法生产、买卖军队制式服装,伪造、盗窃、买卖或者非法提供、使用军队车辆号牌等专用标志,伪造、变造、买卖或者盗窃、抢夺军队公文、证件、印章,非法持有属于军队绝密、机密的文件、资料或者其他物品,冒充军队单位和人员犯罪等被军队当场查获的,军队保卫部门可以对其采取紧急措施,核实身份后二十四小时内移交地方公安机关处理。

第十二条　军队保卫部门、军事检察院办理案件,需要在营区外采取侦查措施的,应当通报地方公安机关、国家安全机关、人民检察院,地方公安机关、国家安全机关、人民检察院应当协助实施。

地方公安机关、国家安全机关、人民检察院办理案件,需要在营区采取侦查措施的,应当通报军队保卫部门、军事检察院,军队保卫部门、军事检察院应当协助实施。

第十三条　军队保卫部门、军事检察院、军事法院和地方公安机关、国家安全机关、人民检察院、人民法院相互移交案件时,应当将有关证据材料和赃款赃物等随案移交。

军队保卫部门、军事检察院、军事法院和地方公安机关、国家安全机关、人民检察院、人民法院依法获取的证据材料、制作的法律文书等,具有同等法律效力。

第十四条　军队保卫部门、军事检察院、军事法院和地方公安机关、国家安全机关、人民检察院、人民法院办理案件,经军队军区级以上单位保卫部门、军事检察院、军事法院与地方省级以上公安机关、国家安全机关、人民检察院、人民法院协商同意后,可以凭相关法律手续相互代为羁押犯罪嫌疑人、被告人。

第十五条　军队保卫部门、军事检察院、军事法院和地方公安机关、国家安全机关、人民检察院、人民法院对共同犯罪的军人和地方人员分别侦查、起诉、审判的,应当及时协调,依法处理。

第十六条　军人因犯罪被判处刑罚并开除军籍的,除按照有关规定在军队执行刑罚的以外,移送地方执行刑罚。

地方人员被军事法院判处刑罚的,除掌握重要军事秘密的以外,移送地方执行刑罚。

军队和地方需要相互代为对罪犯执行刑罚、调整罪犯关押场所的,由总政治部保卫部与司法部监狱管理部门或者公安部、国家安全部监所管理部门协商同意后,凭相关法律手续办理。

第十七条　战时发生的侵害军事利益或者危害军事行动安全的军地互涉案件,军队保卫部门、军事检察院可先行对涉嫌犯罪的地方人员进行必要的调查和采取相应的强制措施。查清主要犯罪事实后,移交地方公安机关、国家安全机关、人民检察院处理。

第十八条　军队保卫部门、军事检察院、军事法院和地方公安机关、国家安全机关、人民检察院、人民法院应当建立健全办案协作机制,加强信息通报、技术支持和协作配合。

第十九条　本规定所称军人,是指中国人民解放军的现役军官、文职干部、士兵及具有军籍的学员和中国人民武装警察部队的现役警官、文职干部、士兵及具有军籍的学员;军人身份自批准入伍之日获取,批准退出现役之日终止。

第二十条　本规定所称营区,是指由军队管理使用的区域,包括军事禁区、军事管理区,以及军队设立的临时驻地等。

第二十一条　中国人民武装警察部队(除公安边防、消防、警卫部队外)保卫部门、军事检察院、军事法院办理武警部队与地方互涉刑事案件,适用本规定。

第二十二条　本规定自2009年8月1日起施行。1982年11月25日最高人民法院、最高人民检察院、公安部、总政治部《关于军队和地方互涉案件几个问题的规定》和1987年12月21日最高人民检察院、公安部、总政治部《关于军队和地方互涉案件侦查工作的补充规定》同时废止。

最高人民法院、最高人民检察院、公安部《关于严厉打击假币犯罪活动的通知》(节录)

(2009年9月15日 公通字〔2009〕45号)

各省、自治区、直辖市高级人民法院,人民检察院,公安厅、局,新疆维吾尔自治区高级人民法院生产建设兵团分院,新疆生产建设兵团人民检察院、公安局:

近年来……现就有关工作要求通知如下:

一、统一思想,提高认识。(略)

二、密切配合,强化合力。……

根据刑事诉讼法的有关规定,假币犯罪案件的地域管辖应当遵循以犯罪地管辖为主,犯罪嫌疑人居住地管辖为辅的原则。假币犯罪案件中的犯罪地,既包括犯罪预谋地、行为发生地,也包括运输假币的途经地。假币犯罪案件中的犯罪嫌疑人居住地,不仅包括犯罪嫌疑人经常居住地和户籍所在地,也包括其临时居住地。几个公安机关都有权管辖的假币犯罪案件,由最初立案地或者主要犯罪地公安机关管辖;对管辖有争议或者情况特殊的,由共同的上级公安机关指定管辖。如需人民检察院、人民法院指定管辖的,公安机关要及时提出相关建议。经审查需要指定的,人民检察院、人民法院要依法指定管辖。

三、严格依法,从严惩处。(略)

四、强化宣传,营造声势。(略)

最高人民法院、最高人民检察院、公安部《关于办理网络赌博犯罪案件适用法律若干问题的意见》

(2010年8月31日 公通字〔2010〕40号)

为依法惩治网络赌博犯罪活动,根据《中华人民共和国刑法》、《中华人民共和国刑事诉讼法》和《最高人民法院、最高人民检察院关于办理赌博刑事案件具体应用法律若干问题的解释》等有关规定,结合司法实践,现就办理网络赌博犯罪案件适用法律的若干问题,提出如下意见:

四、关于网络赌博犯罪案件的管辖

网络赌博犯罪案件的地域管辖,应当坚持以犯罪地管辖为主、被告人居住地管辖为辅的原则。

"犯罪地"包括赌博网站服务器所在地、网络接入地、赌博网站建立者、管理者所在地,以及赌博网站代理人、参赌人实施网络赌博行为地等。

公安机关对侦办跨区域网络赌博犯罪案件的管辖权有争议的,应本着有利于查清犯罪事实、有利于诉讼的原则,认真协商解决。经协商无法达成一致的,报共同的上级公安机关指定管辖。对即将侦查终结的跨省(自治区、直辖市)重大网络赌博案件,必要时可由公安部商最高人民法院和最高人民检察院指定管辖。

为保证及时结案,避免超期羁押,人民检察院对于公安机关提请审查逮捕、移送审查起诉的案件,人民法院对于已进入审判程序的案件,犯罪嫌疑人、被告人及其辩护人提出管辖异议或者办案单位发现没有管辖权的,受案人民检察院、人民法院经审查可以依法报请上级人民检察院、人民法院指定管辖，不再自行移送有管辖权的人民检察院、人民法院。

五、关于电子证据的收集与保全

侦查机关对于能够证明赌博犯罪案件真实情况的网站页面、上网记录、电子邮件、电子合同、电子交易记录、电子账册等电子数据，应当作为刑事证据予以提取、复制、固定。

侦查人员应当对提取、复制、固定电子数据的过程制作相关文字说明，记录案由、对象、内容以及提取、复制、固定的时间、地点、方法，电子数据的规格、类别、文件格式等，并由提取、复制、固定电子数据的制作人、电子数据的持有人签名或者盖章，附所提取、复制、固定的电子数据一并随案移送。

对于电子数据存储在境外的计算机上的，或者侦查机关从赌博网站提取电子数据时犯罪嫌疑人未到案的，或者电子数据的持有人无法签字或者拒绝签字的，应当由能够证明提取、复制、固定过程的见证人签名或者盖章，记明有关情况。必要时，可对提取、复制、固定有关电子数据的过程拍照或者录像。

最高人民法院、最高人民检察院、公安部《关于信用卡诈骗犯罪管辖有关问题的通知》

（2011年8月8日　公通字〔2011〕29号）

各省、自治区、直辖市高级人民法院、人民检察院、公安厅（局），新疆维吾尔自治区高级人民法院生产建设兵团分院、新疆生产建设兵团人民检察院、公安局：

近年来，信用卡诈骗流窜作案逐年增多，受害人在甲地申领的信用卡，被犯罪嫌疑人在乙地盗取了信用卡信息，并在丙地被提现或消费。犯罪嫌疑人企图通过空间的转换逃避刑事打击。为及时有效打击此类犯罪，现就有关案件管辖问题通知如下：

对以窃取、收买等手段非法获取他人信用卡信息资料后在异地使用的信用卡诈骗犯罪案件，持卡人信用卡申领地的公安机关、人民检察院、人民法院可以依法立案侦查、起诉、审判。

最高人民法院、最高人民检察院、公安部、国家安全部、司法部《关于外国人犯罪案件管辖问题的通知》

（2013年1月17日　法发〔2013〕2号）

各省、自治区、直辖市高级人民法院、人民检察院、公安厅（局）、国家安全厅（局）、司法厅（局），新疆维吾尔自治区高级人民法院生产建设兵团分院，新疆生产建设兵团人民检察院、公安局、国家安全局、司法局：

为贯彻实施好修改后刑事诉讼法关于犯罪案件管辖的规定，确保外国人犯罪案件办理质量，结合外国人犯罪案件的特点和案件办理工作实际，现就外国人犯罪案件管辖的有关事项通知如下：

一、第一审外国人犯罪案件，除刑事诉讼法第二十条至第二十二条规定的以外，由基层人民法院管辖。外国人犯罪案件较多的地区，中级人民法院可以指定辖区内一个或者几个基层人民法院集中管辖第一审外国人犯罪案件；外国人犯罪案件较少的地区，中级人民法院可以依照刑事诉讼法第二十三条的规定，审理基层人民法院管辖的第一审外国人犯罪案件。

二、外国人犯罪案件的侦查，由犯罪地或者犯罪嫌疑人居住地的公安机关或者国家安全机关负责。需要逮捕犯罪嫌疑人的，由负责侦查的公安机关或者国家安全机关向所在地同级人民检察院提请批准逮捕；侦查终结需要移送审查起诉的案件，应当向侦查机关所在地的同级人民检察院移送。人民检察院受理同级侦查机关移送审查起诉的案件，按照刑事诉讼法的管辖规定和本通知要求，认为应当由上级人民检察院或者同级其他人民检察院起诉的，应当将案件移送有管辖权的人民检察院审查起诉。

三、辖区内集中管辖第一审外国人犯罪案件的基层人民法院，应当由中级人民法院商同级人民检察院、公安局、国家安全局、司法局综合考虑办案质量、效率、工作衔接配合等因素提出，分别报高级人民法院、省级人民检察院、公安厅（局）、国家安全厅（局）、司法厅（局）同意后确定，并报最高人民法院、最高人民检察院、公安部、国家安全部、司法部备案。

各高级人民法院、省级人民检察院、公安厅（局）、国家安全厅（局）要切实加强对基层人民法院、人民检察院、公安机关、国家安全机关办理外国人犯罪案件工作的监督、指导。司法行政机关要加强对外国人犯罪案件中律师辩护、代理工作的指导、监督。对于遇到的法律适用等重大问题要及时层报最高人民法院、最高人民检察院、公安部、国家安全部、司法部。

最高人民检察院《关于分、州、市人民检察院向下级人民检察院交办职务犯罪案件应严格执行审批程序和报备程序有关规定的通知》

（2013年4月2日　高检发侦监字〔2013〕3号）

各省、自治区、直辖市人民检察院，军事检察院，新疆生产建设兵团人民检察院：

2013年1月8日，高检院下发了《关于印发〈人民检察院直接受理立案侦查职务犯罪案件管辖规定〉的通知》（高检发反贪字〔2013〕2号，以下简称《管辖规定》）。该《管辖规定》第14条规定："上级人民检察院向下级人民检察院交办或者指定异地侦查职务犯罪案件，应当经本院检察长批准。"第16条第1款规定："上级人民检察院将本院管辖的案件交由下级人民检察院侦查，应当作出《交办案件决定书》，并抄送本院侦查监督、公诉部门。分、州、市人民检察院向下级人民检察院交办案件，应当同时将《交办案件决定书》报省、自治区、直辖市人民检察院侦查监督部门备案。"新修订的《人民检察院刑事诉讼规则（试行）》（以下简称《刑诉规则》）第18条第3款规定："分、州、市人民检察院办理直接立案侦查的案件，需要将属于本院管辖的案件指定下级人民检察院管辖的，应当报请上一级人民检察院批准。"2013年2月6日高检院下发的《检察机关执法工作基本规范（2013年版）》（高检发〔2013〕3号，以下简称《执法规范》）第4·16条重申了《刑诉规则》的这一规定。对上述规定，有的地方在执行中产生了不同的理解。为统一执法程序，特通知如下：

一、《刑诉规则》和《执法规范》是检察机关执行刑事诉讼法的基本准则和基本规范，各级人民检察院应当严格执行。分、州、市人民检察院需要将属于本院管辖的案件向下级人民检察院交办的，应当根据《刑诉规则》和《管辖规定》的有关规定，由本院侦查部门报经本院检察长批准后，报请省、自治区、直辖市人民检察院审批。

二、省、自治区、直辖市人民检察院经审查批准交办案件的，应当书面批复分、州、市人民检察院。分、州、市人民检察院应当按照《管辖规定》第16条第1款的规定制作《交办案件决定书》，送达下级人民检察院；同时抄送本院侦查监督、公诉部门，并报省、自治区、直辖市人民检察院侦查监督部门备案。

最高人民检察院《人民检察院直接受理立案侦查职务犯罪案件管辖规定》

（2013年1月8日 高检发反贪字〔2013〕2号）

第一条 为了规范检察机关直接受理立案侦查的职务犯罪案件的管辖，根据《中华人民共和国刑事诉讼法》、《人民检察院刑事诉讼规则》及有关规定，结合办案工作实际，制定本规定。

第二条 人民检察院对直接受理的贪污贿赂、渎职侵权等职务犯罪案件，实行分级立案侦查。

最高人民检察院立案侦查在全国有重大影响的职务犯罪案件；省、自治区、直辖市人民检察院立案侦查在本省、自治区、直辖市有重大影响的职务犯罪案件；分、州、市人民检察院立案侦查本辖区的重大职务犯罪案件；基层人民检察院立案侦查本辖区的职务犯罪案件。

中央国家机关、事业单位、人民团体及其所属单位厅局级领导干部的职务犯罪案件，以及中央国有企业同等级别领导干部的职务犯罪案件，由最高人民检察院管辖。

第三条 上级人民检察院在必要的时候，可以直接侦查或者组织、指挥、参与侦查下级人民检察院管辖的案件，也可以将本院管辖的案件交由下级人民检察院侦查。下级人民检察院认为案情重大、复杂，需要由上级人民检察院侦查的案件，可以请求移送上级人民检察院侦查。

第四条 国家工作人员的职务犯罪案件，由犯罪嫌疑人工作单位所在地的人民检察院管辖；由其他人民检察院管辖更为适宜的，可以由其他人民检察院管辖。

第五条 几个人民检察院都有管辖权的案件，由最初受理或者发现犯罪的人民检察院管辖。必要时，可以由主要犯罪地的人民检察院管辖。

第六条 对管辖不明确的案件，有关人民检察院可以协商确定管辖，必要时上级人民检察院可以指定管辖。对管辖权有争议的或者情况特殊的案件，由共同的上级人民检察院指定管辖。

第七条 上级人民检察院在必要的时候，可以将下级人民检察院管辖的案件指定改变管辖；下级人民检察院认为属其管辖的案件不适宜由本院侦查，可以提请上级人民检察院指定改变管辖。

第八条 上级人民检察院将本院管辖的案件交由下级人民检察院侦查，或者将下级人民检察院管辖的案件指定异地

侦查,应当遵循以下原则:
（一）有利于惩治职务犯罪；
（二）有利于保障司法公正；
（三）有利于提高办案效率。

第九条 在下列情况下,上级人民检察院可以将本院管辖的案件交由下级人民检察院侦查：
（一）交由下级人民检察院侦查便于案件办理的；
（二）由本院自行侦查办案力量不足的。

第十条 上级人民检察院将本院管辖的案件交由下级人民检察院侦查,应当根据办案力量、侦查水平、诉讼成本、与审判管辖的衔接等因素,优先交给下列人民检察院：
（一）犯罪嫌疑人工作单位所在地或者主要犯罪地的人民检察院；
（二）与犯罪嫌疑人工作单位所在地相邻近的人民检察院；
（三）根据上级人民检察院的指派,参与案件前期调查的人民检察院；
（四）与其他案件一并办理更为适宜的人民检察院。

第十一条 对于下列案件,下级人民检察院应当提请上级人民检察院指定改变管辖,上级人民检察院应当指定异地侦查：
（一）根据《中华人民共和国刑事诉讼法》的规定,本院检察长应当回避的；
（二）本院工作人员涉嫌职务犯罪,按照分级管辖的规定属于本院管辖的。

第十二条 对于下列案件,下级人民检察院可以提请上级人民检察院指定改变管辖,上级人民检察院可以指定异地侦查：
（一）犯罪嫌疑人在当地党委、人大、政府、政协所属机关（部门）、国有企业、事业单位担任主要领导职务的；
（二）犯罪嫌疑人是同级党委、人大、政府、政协领导成员的特定关系人的；
（三）犯罪嫌疑人是当地人民法院、公安、国家安全、司法行政机关领导成员的；
（四）有管辖权的人民检察院认为不适宜由本院侦查,或者由于客观因素难以办理,提请改变管辖,经审查确有必要的；
（五）上级人民检察院组织指挥查办的重大专案或者系列案件,需要指定管辖的；
（六）上级人民检察院认为有管辖权的人民检察院不适宜继续办理,有必要改变管辖的。

第十三条 上级人民检察院将下级人民检察院管辖的案件指定异地侦查,应当优先指定下列人民检察院侦查：
（一）与犯罪嫌疑人工作单位所在地相邻近的人民检察院；
（二）发现该犯罪线索或者正在办理相关案件的人民检察院；
（三）根据办案力量和侦查水平等情况,适宜办理该案件的人民检察院。

第十四条 上级人民检察院向下级人民检察院交办或者指定异地侦查职务犯罪案件,应当经本院检察长批准。

第十五条 上级人民检察院向下级人民检察院交办或者指定异地侦查职务犯罪案件,应当逐级进行。下级人民检察院对上级人民检察院交办的案件,应当自行立案侦查；如需再向下交办,应当报经上级人民检察院同意。接受指定管辖的人民检察院报经上级人民检察院同意,可以根据分级管辖的规定和案件具体情况,再次向下指定管辖。

第十六条 上级人民检察院将本院管辖的案件交由下级人民检察院侦查,应当作出《交办案件决定书》,并抄送本院侦查监督、公诉部门。分、州、市人民检察院向下级人民检察院交办案件,应当同时将《交办案件决定书》报省、自治区、直辖市人民检察院侦查监督部门备案。

上级人民检察院将下级人民检察院管辖的案件指定异地侦查,应当作出《指定管辖决定书》,并抄送本院侦查监督、公诉部门。

第十七条 上级人民检察院交办或者指定管辖的案件需要协调审判管辖的,由最初作出交办案件或者指定管辖决定的上级人民检察院与同级人民法院协商。

第十八条 上级人民检察院立案侦查的案件侦查终结后,应当根据刑事诉讼法关于案件管辖的规定移送审查起诉;移送下级人民检察院审查起诉、需要改变审判管辖的,由上级人民检察院与同级人民法院协商。

第十九条 上级人民检察院交办或者指定管辖的案件,侦查、审查起诉不在同一人民检察院,需要补充侦查的,一般由负责侦查案件的人民检察院补充侦查;由负责审查起诉的人民检察院补充侦查的,原负责侦查案件的人民检察院应当予以协助。

第二十条 下级人民检察院在办理上级人民检察院交办或者指定管辖的案件过程中,发现不属于本院管辖的其他职务犯罪线索,应当报送最初作出交办或者指定管辖决定的上级人民检察院依法处理。

第二十一条 上级人民检察院应当严格按照本规定向下级人民检察院交办案件或者指定管辖,下级人民检察院对交办案件、指定管辖有不同意见的,可以逐级向上级人民检察院提出。对于交办案件、指定管辖不规范的,上级人民检察院应当及时纠正。

第二十二条 本规定自发布之日起施行。最高人民检察院此前有关规定与本规定不一致的,适用本规定。

最高人民法院、最高人民检察院、公安部、国家安全部《关于依法办理非法生产销售使用"伪基站"设备案件的意见》(节录)

(2014年3月14日 公通字〔2014〕13号)

三、合理确定管辖

(一)案件一般由犯罪地公安机关管辖,犯罪嫌疑人居住地公安机关管辖更为适宜的,也可以由犯罪嫌疑人居住地公安机关管辖。对案件管辖有争议的,可以由共同的上级公安机关指定管辖;情况特殊的,上级公安机关可以指定其他公安机关管辖。

(二)上级公安机关指定下级公安机关立案侦查的案件,需要逮捕犯罪嫌疑人的,由侦查该案件的公安机关提请同级人民检察院审查批准,人民检察院应当依法作出批准逮捕或者不批准逮捕的决定;需要移送审查起诉的,由侦查该案件的公安机关移送同级人民检察院审查起诉。

(三)人民检察院对于审查起诉的案件,按照《刑事诉讼法》的管辖规定,认为应当由上级人民检察院或者同级其他人民检察院起诉的,将案件移送有管辖权的人民检察院,或者报上级检察机关指定管辖。

(四)符合最高人民法院、最高人民检察院、公安部、国家安全部、司法部、全国人大法工委《关于实施刑事诉讼法若干问题的规定》有关并案处理规定的,人民法院、人民检察院、公安机关可以在职责范围内并案处理。

四、加强协作配合

人民法院、人民检察院、公安机关、国家安全机关要认真履行职责,加强协调配合,形成工作合力。国家安全机关要依法做好相关鉴定工作;公安机关要全面收集证据,特别是注意做好相关电子数据的收集、固定工作,对疑难、复杂案件,及时向人民检察院、人民法院通报情况,对已经提请批准逮捕的案件,积极跟进、配合人民检察院的审查批捕工作,认真听取意见;人民检察院对于公安机关提请批准逮捕、移送审查起诉的案件,符合批捕、起诉条件的,应当依法尽快予以批捕、起诉;人民法院应当加强审判力量,制订庭审预案,并依法及时审结。

最高人民法院、最高人民检察院、公安部、司法部《关于办理恐怖活动和极端主义犯罪案件适用法律若干问题的意见》(节录)

(2018年5月8日 高检会〔2018〕1号)

二、正确适用程序

(一)组织、领导、参加恐怖组织罪,帮助恐怖活动罪,准备实施恐怖活动罪,宣扬恐怖主义、煽动实施恐怖活动罪,强制穿戴宣扬恐怖主义服饰、标志罪,非法持有宣扬恐怖主义物品罪的第一审刑事案件由中级人民法院管辖;宣扬极端主义罪,利用极端主义破坏法律实施罪,强制穿戴宣扬极端主义服饰、标志罪,非法持有宣扬极端主义物品罪的第一审刑事案件由基层人民法院管辖。高级人民法院可以根据级别管辖的规定,结合本地区社会治安状况、案件数量等情况,决定实行相对集中管辖,指定辖区内特定的中级人民法院集中审理恐怖活动和极端主义犯罪第一审刑事案件,或者指定辖区内特定的基层人民法院集中审理极端主义犯罪第一审刑事案件,并将指定法院名单报最高人民法院备案。

(二)国家反恐怖主义工作领导机构对恐怖活动组织和恐怖活动人员作出认定并予以公告的,人民法院可以在办案中根据公告直接认定。国家反恐怖主义工作领导机构没有公告的,人民法院应当严格依照《中华人民共和国反恐怖主义法》有关恐怖活动组织和恐怖活动人员的定义认定,必要时,可以商地市级以上公安机关出具意见作为参考。

(三)宣扬恐怖主义、极端主义的图书、音频视频资料,服饰、标志或者其他物品的认定,应当根据《中华人民共和国反恐怖主义法》有关恐怖主义、极端主义的规定,从其记载的内容、外观特征等分析判断。公安机关应当对涉案物品全面查并逐一标注或者摘录,提出审读意见,与扣押、移交物品清单及涉案物品原件一并移送人民检察院审查。人民检察院、人民法院可以结合在案证据、案件情况、办案经验等综合审查判断。

(四)恐怖活动和极端主义犯罪案件初查过程中收集提取的电子数据,以及通过网络在线提取的电子数据,可以作为证据使用。对于原始存储介质位于境外或者远程计算机信息系统上的恐怖活动和极端主义犯罪电子数据,可以通过网络在线提取。必要时,可以对远程计算机信息系统进行网络远程勘验。立案后,经设区的市一级以上公安机关负责人批准,可以采取技术侦查措施。对于恐怖活动和极端主义犯罪电子数据量大或者提取时间长等需要冻结的,经县级以上公安机关负责人或者检察长批准,可以进行冻结。对于电子数据涉及的专门性问题难以确定的,由具备资格的司法鉴定机构出具鉴定意见,或者由公安部指定的机构出具报告。

三、完善工作机制

(一)人民法院、人民检察院和公安机关办理恐怖活动和极端主义犯罪案件,应当互相配合,互相制约,确保法律有效执行。对于主要犯罪事实、关键证据和法律适用等可能产生分歧或者重大、疑难、复杂的恐怖活动和极端主义犯罪案件,公安机关商请听取有管辖权的人民检察院意见和建议的,人民检察院可以提出意见和建议。

(二)恐怖活动和极端主义犯罪案件一般由犯罪地公安机关管辖,犯罪嫌疑人居住地公安机关管辖更为适宜的,也可以由犯罪嫌疑人居住地公安机关管辖。移送案件应当一案一卷,将案件卷宗、提取物证和扣押物品等全部随案移交。移送案件的公安机关应当指派专人配合接收案件的公安机关开展后续案件办理工作。

(三)人民法院、人民检察院和公安机关办理恐怖活动和极端主义犯罪案件,应当坚持对涉案人员区别对待,实行教育转化。对被教唆、胁迫、引诱参与恐怖活动、极端主义活动,或者参与恐怖活动、极端主义活动情节轻微,尚不构成犯罪的人员,公安机关应当组织有关部门、村民委员会、居民委员会、所在单位、就读学校、家庭和监护人对其进行帮教。对被判处有期徒刑以上刑罚的恐怖活动罪犯和极端主义罪犯,服刑地的中级人民法院应当根据其社会危险性评估结果和安置教育建议,在其刑满释放前作出是否安置教育的决定。人民检察院依法对安置教育进行监督,对于实施安置教育过程中存在违法行为的,应当及时提出纠正意见或者检察建议。

最高人民法院
《关于审理发生在我国管辖海域相关案件若干问题的规定(一)》
(节录)

(2015年12月28日最高人民法院审判委员会第1674次会议通过,自2016年8月2日起施行,法释〔2016〕16号)

第一条 本规定所称我国管辖海域,是指中华人民共和国内水、领海、毗连区、专属经济区、大陆架,以及中华人民共和国管辖的其他海域。

第二条 中国公民或组织在我国与有关国家缔结的协定确定的共同管理的渔区或公海从事捕捞等作业的,适用本规定。

第三条 中国公民或者外国人在我国管辖海域实施非法猎捕、杀害珍贵濒危野生动物或者非法捕捞水产品等犯罪的,依照我国刑法追究刑事责任。

最高人民法院
《关于审理发生在我国管辖海域相关案件若干问题的规定(二)》
(节录)

(2016年5月9日最高人民法院审判委员会第1682次会议通过,自2016年8月2日起施行,法释〔2016〕17号)

第九条 行政机关在行政诉讼中提

交的于中华人民共和国领域外形成的,符合我国相关法律规定的证据,可以作为人民法院认定案件事实的依据。

下列证据不得作为定案依据:

(一)调查人员不具有所在国法律规定的调查权;

(二)证据调查过程不符合所在国法律规定,或者违反我国法律、法规的禁止性规定;

(三)证据不完整,或保管过程存在瑕疵,不能排除篡改可能的;

(四)提供的证据为复制件、复制品,无法与原件核对,且所在国执法部门亦未提供证明复制件、复制品与原件一致的公函;

(五)未履行中华人民共和国与该国订立的有关条约中规定的证明手续,或者未经所在国公证机关证明,并经中华人民共和国驻该国使领馆认证;

(六)不符合证据真实性、合法性、关联性的其他情形。

最高人民法院、最高人民检察院《关于办理虚假诉讼刑事案件适用法律若干问题的解释》(节录)

(2018年1月25日最高人民法院审判委员会第1732次会议、2018年6月13日最高人民检察院第十三届检察委员会第二次会议通过,自2018年10月1日起施行,法释〔2018〕17号)

第十条 虚假诉讼刑事案件由虚假民事诉讼案件的受理法院所在地或者执行法院所在地人民法院管辖。有刑法第三百零七条之一第四款情形的,上级人民法院可以指定下级人民法院将案件移送其他人民法院审判。

最高人民法院、最高人民检察院、公安部《关于办理非法集资刑事案件若干问题的意见》(节录)

(2019年1月30日印发)

七、关于管辖问题

跨区域非法集资刑事案件按照《国务院关于进一步做好防范和处置非法集资工作的意见》(国发〔2015〕59号)确定的工作原则办理。如果合并侦查、诉讼更为适宜的,可以合并办理。

办理跨区域非法集资刑事案件,如果多个公安机关都有权立案侦查的,一般由主要犯罪地公安机关作为案件主办地,对主要犯罪嫌疑人立案侦查和移送审查起诉;由其他犯罪地公安机关作为案件分办地根据案件具体情况,对本地区犯罪嫌疑人立案侦查和移送审查起诉。

管辖不明或者有争议的,按照有利于查清犯罪事实、有利于诉讼的原则,由其共同的上级公安机关协调确定或者指定有关公安机关作为案件主办地立案侦查。需要提请批准逮捕、移送审查起诉、提起公诉的,由分别立案侦查的公安机关所在地的人民检察院、人民法院受理。

对于重大、疑难、复杂的跨区域非法集资刑事案件,公安机关应当在协调确定或者指定案件主办地立案侦查的同时,通报同级人民检察院、人民法院。人民检察院、人民法院参照前款规定,确定主要犯罪地作为案件主办地,其他犯罪地作为案件分办地,由所在地的人民检察院、人民法院负责起诉、审判。

本条规定的"主要犯罪地",包括非法集资活动的主要组织、策划、实施地,集资行为人的注册地、主要营业地、主要办事机构所在地,集资参与人的主要所在地等。

八、关于办案工作机制问题

案件主办地和其他涉案地办案机关应当密切沟通协调,协同推进侦查、起诉、审判、资产处置工作,配合有关部门最大限度追赃挽损。

案件主办地办案机关应当统一负责主要犯罪嫌疑人、被告人涉嫌非法集资全部犯罪事实的立案侦查、起诉、审判,防止遗漏犯罪事实;并就全案处理政策、追诉主要犯罪嫌疑人、被告人的证据要求及诉讼时限、追赃挽损、资产处置等工作要求,向其他涉案地办案机关进行通报。其他涉案地办案机关应当对本地区犯罪嫌疑人、被告人涉嫌非法集资的犯罪事实及时立案侦查、起诉、审判,积极协助主办地处置涉案资产。

案件主办地和其他涉案地办案机关应当建立和完善证据交换共享机制。对涉及主要犯罪嫌疑人、被告人的证据,一般由案件主办地办案机关负责收集,其他涉案地提供协助。案件主办地办案机关应当及时通报接收涉及主要犯罪嫌疑人、被告人的证据材料的程序及要求。其他涉案地办案机关需要案件主办地提供证据材料的,应当向案件主办地办案机关提出证据需求,由案件主办地收集并依法移送。无法移送证据原件的,应当在移送复制件的同时,按照相关规定作出说明。

九、关于涉案财物追缴处置问题

办理跨区域非法集资刑事案件,案件主办地办案机关应当及时归集涉案财物,为统一资产处置做好基础性工作。其他涉案地办案机关应当及时查明涉案财物,明确其来源、去向、用途、流转情况,依法办理查封、扣押、冻结手续,并制作详细清单,对扣押款项应当设立明细账,在扣押后立即存入办案机关唯一合规账户,并将有关情况提供案件主办地办案机关。

人民法院、人民检察院、公安机关应当严格依照刑事诉讼法和相关司法解释的规定,依法移送、审查、处理查封、扣押、冻结的涉案财物。对审判时尚未追缴到案或者尚未足额退赔的违法所得,人民法院应判决继续追缴或者责令退赔,并由人民法院负责执行,处置非法集资职能部门、人民检察院、公安机关等应当予以配合。

人民法院对涉案财物依法作出判决后,有关地方和部门应当在处置非法集资职能部门统筹协调下,切实履行协作义务,综合运用多种手段,做好涉案财物清运、财产变现、资金归集、资金清退等工作,确保最大限度减少实际损失。

根据有关规定,查封、扣押、冻结的涉案财物,一般应在诉讼终结后返还集资参与人。涉案财物不足全部返还的,按照集资参与人的集资额比例返还。退赔集资参与人的损失一般优先于其他民事债务以及罚金、没收财产的执行。

十、关于集资参与人权利保障问题

集资参与人,是指向非法集资活动投入资金的单位和个人,为非法集资活动提供帮助并获取经济利益的单位和个人除外。

人民法院、人民检察院、公安机关应当通过及时公布案件进展、涉案资产处置情况等方式,依法保障集资参与人的合法权利。集资参与人可以推选代表人向人民法院提出相关意见和建议;推选不出代表人的,人民法院可以指定代表人。人民法院可以视案件情况决定集资参与人代表人参加或者旁听庭审,对集资参与人提起附带民事诉讼等请求不予受理。

十一、关于行政执法与刑事司法衔接问题

处置非法集资职能部门或者有关行政主管部门,在调查非法集资行为或者行政执法过程中,认为案情重大、疑难、复杂的,可以商请公安机关就追诉标准、证据固定等问题提出咨询或者参考意见;发现非法集资行为涉嫌犯罪的,应当按照《行政执法机关移送涉嫌犯罪案件的规定》等规定,履行相关手续,在规定的期限内将案件移送公安机关。

人民法院、人民检察院、公安机关在办理非法集资刑事案件过程中,可商请处置非法集资职能部门或者有关行政主管部门指派专业人员配合开展工作,协助查阅、复制有关专业资料,就案件涉及的专业问题出具认定意见。涉及需要行政处理的事项,应当及时移交处置非法集资职能部门或者有关行政主管部门依法处理。

最高人民法院、最高人民检察院、公安部、司法部、生态环境部《关于办理环境污染刑事案件有关问题座谈会纪要》(节录)

(2019年2月20日)

11. 关于严格适用不起诉、缓刑、免予刑事处罚

会议认为,具有下列情形之一的,一般不适用不起诉、缓刑或者免予刑事处罚:(1)不如实供述罪行的;(2)属于共同犯罪中情节严重的主犯的;(3)犯有数个环境污染犯罪依法实行并罚或者以一罪处理的;(4)曾因环境污染违法犯罪行为受过行政处罚或者刑事处罚的;(5)其他不宜适用不起诉、缓刑、免予刑事处罚的情形。

12. 关于管辖的问题

会议针对环境污染犯罪案件的管辖问题进行了讨论。会议认为,实践中一些环境污染犯罪案件属于典型的跨区域刑事案件,容易存在管辖不明或者有争议的情况,各级人民法院、人民检察院、公安机关要加强沟通协调,共同研究解决。

会议提出,跨区域环境污染犯罪案件由犯罪地的公安机关管辖。如果由犯罪嫌疑人居住地的公安机关管辖更为适宜的,可以由犯罪嫌疑人居住地的公安机关管辖。犯罪地包括环境污染行为发生地和结果发生地。"环境污染行为发生地"包括环境污染行为的实施地以及预备地、开始地、途经地、结束地以及排放、倾倒污染物的车船停靠地、始发地、途经地、到达地等地点;环境污染行为有连续、持续或者继续状态的,相关地方都属于环境污染行为发生地。"环境污染结果发生地"包括污染物排放地、倾倒地、堆放地、污染发生地等。

多个公安机关都有权立案侦查的,由最初受理的或者主要犯罪地的公安机关立案侦查,管辖有争议的,按照有利于查清犯罪事实、有利于诉讼的原则,由共同的上级公安机关协调确定的公安机关立案侦查,需要提请批准逮捕、移送审查起诉、提起公诉的,由该公安机关所在地的人民检察院、人民法院受理。

13. 关于危险废物的认定

会议针对危险废物如何认定以及是

否需要鉴定的问题进行了讨论。会议认为，根据《环境解释》的规定精神，对于列入《国家危险废物名录》的，如果来源和相应特征明确，司法人员根据自身专业技术知识和工作经验认定难度不大的，司法机关可以依据名录直接认定。对于来源和相应特征不明确的，由生态环境部门、公安机关等出具书面意见，司法机关可以依据涉案物质的来源、产生过程、被告人供述、证人证言以及经批准或者备案的环境影响评价文件等证据，结合上述书面意见作出是否属于危险废物的认定。对于需要生态环境部门、公安机关等出具书面认定意见的，区分下列情况分别处理：(1)对已确认固体废物产生单位，且产废单位环评文件中明确为危险废物的，根据产废单位建设项目环评文件和审批、验收意见、案件笔录等材料，可对照《国家危险废物名录》等出具认定意见。(2)对已确认固体废物产生单位，但产废单位环评文件中未明确为危险废物的，应进一步分析废物产生工艺，对照判断其是否列入《国家危险废物名录》。列入名录的可以直接出具认定意见；未列入名录的，应根据原辅材料、产生工艺等进一步分析其是否具有危险特性，不可能具有危险特性的，不属于危险废物；可能具有危险特性的，抽取典型样品进行检测，并根据典型样品检测指标浓度，对照《危险废物鉴别标准》(GB5085.1-7)出具认定意见。(3)对固体废物产生单位无法确定的，应抽取典型样品进行检测，根据典型样品检测指标浓度，对照《危险废物鉴别标准》(GB5085.1-7)出具认定意见。对确需进一步委托有相关资质的检测鉴定机构进行检测鉴定的，生态环境部门或者公安机关按照有关规定开展检测鉴定工作。

14．关于鉴定的问题

会议指出，针对当前办理环境污染犯罪案件中存在的司法鉴定有关问题，司法部将会同生态环境部，加快准入一批诉讼急需、社会关注的环境损害司法鉴定机构，加快对环境损害司法鉴定相关技术规范和标准的制定、修改和认定工作，规范鉴定程序，指导各地司法行政机关会同价格主管部门制定出台环境损害司法鉴定收费标准，加强与办案机关的沟通衔接，更好地满足办案机关需求。

会议要求，司法部应当根据《关于严格准入严格监管提高司法鉴定质量和公信力的意见》(司发〔2017〕11号)的要求，会同生态环境部加强对环境损害司法鉴定机构的事中事后监管，加强司法鉴定社会信用体系建设，建立黑名单制度，完善退出机制，及时向社会公开违法违规的环境损害司法鉴定机构和鉴定人行政处罚、行业惩戒等监管信息，对弄虚作假造成环境损害鉴定评估结论严重失实或者违规收取高额费用、情节严重的，依法撤销登记。鼓励有关单位或者个人向司法部、生态环境部举报环境损害司法鉴定机构的违法违规行为。

会议认为，根据《环境解释》的规定精神，对涉及案件定罪量刑的核心或者关键专门性问题难以确定的，由司法鉴定机构出具鉴定意见。实践中，这类核心或者关键专门性问题主要是案件具体适用的定罪量刑标准涉及的专门性问题，比如公私财产损失数额、超过排放标准倍数、污染物性质判断等。对案件的其他非核心或者关键专门性问题，或者可鉴定也可不鉴定的专门性问题，一般不委托鉴定。比如，适用《环境解释》第一条第二项"非法排放、倾倒、处置危险废物三吨以上"的规定对当事人追究刑事责任的,除可能适用公私财产损失第二档定罪量刑标准的以外,则不应再对公私财产损失数额或者超过排放标准倍数进行鉴定。涉及案件定罪量刑的核心或者关键专门性问题难以鉴定或者鉴定费用明显过高的,司法机关可以结合案件其他证据,并参考生态环境部门意见、专家意见等作出认定。

15. 关于监测数据的证据资格问题

会议针对实践中地方生态环境部门及其所属监测机构委托第三方监测机构出具报告的证据资格问题进行了讨论。会议认为,地方生态环境部门及其所属监测机构委托第三方监测机构出具的监测报告,地方生态环境部门及其所属监测机构在行政执法过程中予以采用的,其实质属于《环境解释》第十二条规定的"环境保护主管部门及其所属监测机构在行政执法过程中收集的监测数据",在刑事诉讼中可以作为证据使用。

最高人民法院、最高人民检察院、公安部、司法部《关于办理"套路贷"刑事案件若干问题的意见》(节录)

(2019年4月9日印发)

三、依法确定"套路贷"刑事案件管辖

11. "套路贷"犯罪案件一般由犯罪地公安机关侦查,如果由犯罪嫌疑人居住地公安机关立案侦查更为适宜的,可以由犯罪嫌疑人居住地公安机关立案侦查。犯罪地包括犯罪行为发生地和犯罪结果发生地。

"犯罪行为发生地"包括为实施"套路贷"所设立的公司所在地、"借贷"协议或相关协议签订地、非法讨债行为实施地、为实施"套路贷"而进行诉讼、仲裁、公证的受案法院、仲裁委员会、公证机构所在地,以及"套路贷"行为的预备地、开始地、途经地、结束地等。

"犯罪结果发生地"包括违法所得财物的支付地、实际取得地、藏匿地、转移地、使用地、销售地等。

除犯罪地、犯罪嫌疑人居住地外,其他地方公安机关对于公民扭送、报案、控告、举报或者犯罪嫌疑人自首的"套路贷"犯罪案件,都应当立即受理,经审查认为有犯罪事实的,移送有管辖权的公安机关处理。

黑恶势力实施的"套路贷"犯罪案件,由侦办黑社会性质组织、恶势力或者恶势力犯罪集团案件的公安机关进行侦查。

12. 具有下列情形之一的,有关公安机关可以在其职责范围内并案侦查:

(1)一人犯数罪的;

(2)共同犯罪的;

(3)共同犯罪的犯罪嫌疑人还实施其他犯罪的;

(4)多个犯罪嫌疑人实施的犯罪存在直接关联,并案处理有利于查明案件事实的。

最高人民法院、最高人民检察院、公安部《办理跨境赌博犯罪案件若干问题的意见》(节录)

(2020年10月16日 公通字[2020]14号)

六、关于跨境赌博犯罪案件的管辖

(一)跨境赌博犯罪案件一般由犯罪

地公安机关立案侦查，由犯罪嫌疑人居住地公安机关立案侦查更为适宜的，可以由犯罪嫌疑人居住地公安机关立案侦查。犯罪地包括犯罪行为发生地和犯罪结果发生地。

跨境网络赌博犯罪地包括用于实施赌博犯罪行为的网络服务使用的服务器所在地，网络服务提供者所在地，犯罪嫌疑人、参赌人员使用的网络信息系统所在地，犯罪嫌疑人为网络赌博犯罪提供帮助的犯罪地等。

（二）多个公安机关都有权立案侦查的跨境赌博犯罪案件，由最初受理的公安机关或者主要犯罪地公安机关立案侦查。有争议的，应当按照有利于查清犯罪事实、有利于诉讼的原则，协商解决。经协商无法达成一致的，由共同上级公安机关指定有关公安机关立案侦查。

在境外实施的跨境赌博犯罪案件，由公安部商最高人民检察院和最高人民法院指定管辖。

（三）具有下列情形之一的，有关公安机关可以在其职责范围内并案侦查：

1. 一人犯数罪的；
2. 共同犯罪的；
3. 共同犯罪的犯罪嫌疑人实施其他犯罪的；
4. 多个犯罪嫌疑人实施的犯罪存在直接关联，并案处理有利于查明案件事实的。

（四）部分犯罪嫌疑人在逃，但不影响对已到案共同犯罪嫌疑人、被告人的犯罪事实认定的，可以依法先行追究已到案共同犯罪嫌疑人、被告人的刑事责任。

已确定管辖的跨境赌博共同犯罪案件，在逃的犯罪嫌疑人、被告人归案后，一般由原管辖的公安机关、人民检察院、人民法院管辖。

七、关于跨境赌博犯罪案件证据的收集和审查判断

（一）公安机关、人民检察院、人民法院在办理跨境赌博犯罪案件中应当注意对电子证据的收集、审查判断。公安机关应当遵守法定程序，遵循有关技术标准，全面、客观、及时收集、提取电子证据；人民检察院、人民法院应当围绕真实性、合法性、关联性审查判断电子证据。

公安机关、人民检察院、人民法院收集、提取、固定、移送、展示、审查、判断电子证据应当严格依照《最高人民法院、最高人民检察院、公安部关于办理刑事案件收集提取和审查判断电子数据若干问题的规定》《最高人民法院、最高人民检察院、公安部关于办理网络犯罪案件适用刑事诉讼程序若干问题的意见》的规定进行。

（二）公安机关采取技术侦查措施收集的证据材料，能够证明案件事实的，应当随案移送，并移送批准采取技术侦查措施的法律文书。

（三）依照国际条约、刑事司法协助、互助协议或者平等互助原则，请求证据材料所在地司法机关收集，或者通过国际警务合作机制、国际刑警组织启动合作取证程序收集的境外证据材料，公安机关应当对其来源、提取人、提取时间或者提供人、提供时间以及保管移交的过程等作出说明。

当事人及其辩护人、诉讼代理人提供的来自境外的证据材料，该证据材料应当经所在国公证机关证明，所在国中央外交主管机关或者其授权机关认证，并经我国驻该国使、领馆认证。未经证明、认证的，不能作为证据使用。

来自境外的证据材料,能够证明案件事实且符合刑事诉讼法及相关规定的,经查证属实,可以作为定案的根据。

最高人民法院、最高人民检察院、中国海警局《关于海上刑事案件管辖等有关问题的通知》

(2020年2月20日 海警〔2020〕1号)

各省、自治区、直辖市高级人民法院、人民检察院,解放军军事法院、军事检察院,新疆维吾尔自治区高级人民法院生产建设兵团分院、新疆生产建设兵团人民检察院,中国海警局各分局、直属局,沿海省、自治区、直辖市海警局:

为依法惩治海上犯罪,维护国家主权、安全、海洋权益和海上秩序,根据《中华人民共和国刑事诉讼法》《全国人民代表大会常务委员会关于中国海警局行使海上维权执法职权的决定》以及其他相关法律,现就海上刑事案件管辖等有关问题通知如下:

一、对海上发生的刑事案件,按照下列原则确定管辖:

(一)在中华人民共和国内水、领海发生的犯罪,由犯罪地或者被告人登陆地的人民法院管辖,如果由被告人居住地的人民法院审判更为适宜的,可以由被告人居住地的人民法院管辖。

(二)在中华人民共和国领域外的中国船舶内的犯罪,由该船舶最初停泊的中国口岸所在地或者被告人登陆地、入境地的人民法院管辖。

(三)中国公民在中华人民共和国领海以外的海域犯罪,由其登陆地、入境地、离境前居住地或者现居住地的人民法院管辖;被害人是中国公民的,也可以由被害人离境前居住地或者现居住地的人民法院管辖;

(四)外国人在中华人民共和国领海以外的海域对中华人民共和国国家或者公民犯罪,根据《中华人民共和国刑法》应当受到处罚的,由该外国人登陆地、入境地、入境后居住地的人民法院管辖,也可以由被害人离境前居住地或者现居住地的人民法院管辖;

(五)对中华人民共和国缔结或者参加的国际条约所规定的罪行,中华人民共和国在所承担的条约义务的范围内行使刑事管辖权的,由被告人被抓获地、登陆地或者入境地的人民法院管辖。

前款第一项规定的犯罪地包括犯罪行为发生地和犯罪结果发生地。前款第二项至第五项规定的入境地,包括进入我国陆地边境、领海以及航空器降落在我国境内的地点。

二、海上发生的刑事案件的立案侦查,由海警机构根据本通知第一条规定的管辖原则进行。

依据第一条规定确定的管辖地未设置海警机构的,由有关海警局商同级人民检察院、人民法院指定管辖。

三、沿海省、自治区、直辖市海警局办理刑事案件,需要提请批准逮捕或者移送起诉的,依法向所在地省级人民检察院提请或者移送。

沿海省、自治区、直辖市海警局下属海警局,中国海警局各分局、直属局办理刑事案件,需要提请批准逮捕或者移送起诉的,依法向所在地设区的市级人民检察院提请或者移送。

海警工作站办理刑事案件,需要提请

批准逮捕或者移送起诉的,依法向所在地基层人民检察院提请或者移送。

四、人民检察院对于海警机构移送起诉的海上刑事案件,按照刑事诉讼法、司法解释以及本通知的有关规定进行审查后,认为应当由其他人民检察院起诉的,应当将案件移送有管辖权的人民检察院。

需要按照刑事诉讼法、司法解释以及本通知的有关规定指定审判管辖的,海警机构应当在移送起诉前向人民检察院通报,由人民检察院协商同级人民法院办理指定管辖有关事宜。

五、对人民检察院提起公诉的海上刑事案件,人民法院经审查认为符合刑事诉讼法、司法解释以及本通知有关规定的,应当依法受理。

六、海警机构办理刑事案件应当主动接受检察机关监督,与检察机关建立信息共享平台,定期向检察机关通报行政执法与刑事司法衔接,刑事立案、破案,采取强制措施等情况。

海警机构所在地的人民检察院依法对海警机构的刑事立案、侦查活动实行监督。

海警机构办理重大、疑难、复杂的刑事案件,可以商请人民检察院介入侦查活动,并听取人民检察院的意见和建议。人民检察院认为确有必要时,可以派员介入海警机构的侦查活动,对收集证据、适用法律提出意见,监督侦查活动是否合法,海警机构应当予以配合。

本通知自印发之日起施行。各地接本通知后,请认真贯彻执行。执行中遇到的问题,请及时分别报告最高人民法院、最高人民检察院、中国海警局。

最高人民法院《关于完善四级法院审级职能定位改革试点的实施办法》(节录)

(2021年9月27日印发,自2021年10月1日起施行 法〔2021〕242号)

一、一般规定(略)

二、完善行政案件级别管辖制度(略)

三、完善案件提级管辖机制

第四条 基层人民法院对所管辖的第一审民事、刑事、行政案件,认为属于下列情形之一,需要由中级人民法院审理的,可以报请上一级人民法院审理:

(一)涉及重大国家利益、社会公共利益,不宜由基层人民法院审理的;

(二)在辖区内属于新类型,且案情疑难复杂的;

(三)具有普遍法律适用指导意义的;

(四)上一级人民法院或者其辖区内各基层人民法院之间近三年裁判生效的同类案件存在重大法律适用分歧,截至案件审理时仍未解决的;

(五)由中级人民法院一审更有利于公正审理的。

中级人民法院对辖区基层人民法院已经受理的第一审民事、刑事、行政案件,认为属于上述情形之一,有必要由本院审理的,应当决定提级管辖。

第五条 中级人民法院对所管辖的第一审民事、刑事、行政案件,认为属于下列情形之一,需要由高级人民法院审理的,可以报请上一级人民法院审理:

(一)具有普遍法律适用指导意义的;

(二)上一级人民法院或者其辖区内各中级人民法院之间近三年裁判生效的同类案件存在重大法律适用分歧,截至案件审理时仍未解决的;

(三)由高级人民法院一审更有利于公正审理的。

高级人民法院对辖区中级人民法院已经受理的第一审民事、刑事、行政案件,认为属于上述情形之一,有必要由本院审理的,应当决定提级管辖。

第六条 本办法所称具有普遍法律适用指导意义的案件,是指法律、司法解释规定不明确或者司法解释没有规定,需要通过司法裁判进一步明确法律适用的案件。

第七条 案件报请上一级人民法院审理的,应当经本院院长批准,至迟于案件法定审理期限届满三十日前报送;涉及法律统一适用问题的,应当经审判委员会讨论决定。

第八条 上级人民法院收到下一级人民法院根据本办法第四条、第五条提出的请求后,由立案庭转相关审判庭审查,并应当在十五日内作出下述处理:

(一)同意提级管辖;

(二)不同意提级管辖。

中级、高级人民法院根据本办法第四条、第五条提级管辖的案件,应当报上一级人民法院立案庭备案。

第九条 上级人民法院决定提级管辖的案件,由检察机关提起公诉的,应当同时书面通知同级人民检察院。

原受诉人民法院收到上一级人民法院同意提级管辖的文书后,应当在十日内将案卷材料移送上一级人民法院,并书面通知当事人;对检察机关提起公诉的案件,应当书面通知同级人民检察院,将案卷材料退回检察机关,并书面通知当事人。

第十条 按本办法提级管辖案件的审理期限,自上一级人民法院立案之日起重新计算。

向上一级人民法院报送期间和上一级人民法院审查处理期间,不计入原审案件审理期限。

四、改革再审程序(略)

五、完善最高人民法院审判权力运行机制

第十七条 最高人民法院立案庭和各巡回法庭、知识产权法庭的诉讼服务中心根据法律、司法解释和本办法第十二条的规定收取申请再审材料,确保材料齐全;材料齐全的,交由相关审判庭、巡回法庭、知识产权法庭的审判人员审核。

第十八条 因统一法律适用、审判监督管理等工作需要,最高人民法院相关审判庭和各巡回法庭、知识产权法庭可以向审判管理办公室提出申请,报院长批准后,组成跨审判机构的五人以上合议庭。最高人民法院院长认为确有必要的,可以直接要求就特定案件组成跨审判机构的合议庭,并指定一名大法官担任审判长。

最高人民法院开庭审理具有普遍法律适用指导意义的案件,可以结合案件情况,优化庭审程序,重点围绕案件所涉法律适用问题展开。

（三）回　避

最高人民检察院
《关于检察人员任职回避和公务回避暂行办法》(节录)

(2000年7月17日　高检发〔2000〕18号)

第九条　检察人员从事检察活动，具有下列情形之一的，应当自行回避，当事人及其法定代理人也有权要求其回避：

（一）是本案的当事人或者是当事人的近亲属的；

（二）本人或者他的近亲属和本案有利害关系的；

（三）担任过本案的证人、鉴定人、辩护人、诉讼代理人的；

（四）与本案当事人有其他关系，可能影响公正处理案件的。

第十条　检察人员在检察活动中，接受当事人及其委托的人的请客送礼或者违反规定会见当事人及其委托的人的，当事人及其法定代理人有权要求其回避。

第十一条　检察人员在检察活动中的回避，按照以下程序进行：

（一）检察人员自行回避的，可以书面或者口头向所在人民检察院提出回避申请，并说明理由；当事人及其法定代理人要求检察人员回避的，应当向该检察人员所在人民检察院提出书面或者口头申请，并说明理由，根据本办法第十条的规定提出回避申请的，应当提供有关证明材料。

（二）检察人员所在人民检察院有关工作部门对回避申请进行审查，调查核实有关情况，提出是否回避的意见。

（三）检察长作出是否同意检察人员回避的决定；对检察长的回避，由检察委员会作出决定并报上一级人民检察院备案。检察委员会讨论检察长回避问题时，由副检察长主持会议，检察长不得参加。

应当回避的检察人员，本人没有自行回避，当事人及其法定代理人也没有要求其回避的，检察长或者检察委员会应当决定其回避。

第十二条　对人民检察院作出的驳回回避申请的决定，当事人及其法定代理人不服的，可以在收到驳回回避申请决定的五日内，向作出决定的人民检察院申请复议。

人民检察院对当事人及其法定代理人的复议申请，应当在三日内作出复议决定，并书面通知申请人。

第十三条　检察人员自行回避或者被申请回避，在检察长或者检察委员会作出决定前，应当暂停参与案件的办理；但是，对人民检察院直接受理案件进行侦查或者补充侦查的检察人员，在回避决定作出前不能停止对案件的侦查。

第十四条　因符合本办法第九条或者第十条规定的情形之一而决定回避的检察人员，在回避决定作出以前所取得的证据和进行诉讼的行为是否有效，由检察长或者检察委员会根据案件的具体情况决定。

第十五条　检察人员离任后两年内，不得担任诉讼代理人和辩护人。

第十七条　当事人、诉讼代理人、辩护人或者其他知情人认为检察人员有违反法律、法规有关回避规定行为的，可以向检察人员所在人民检察院监察部门举报。受理举报的部门应当及时处理，并将有关意见反馈举报人。

第十八条　本规定所称检察人员，是指各级人民检察院检察官、书记员、司法行政人员和司法警察。

人民检察院聘请或者指派的翻译人员、司法鉴定人员、勘验人员在诉讼活动中的回避,参照检察人员回避的有关规定执行。

最高人民法院
《关于审判人员在诉讼活动中执行回避制度若干问题的规定》

(2011 年 4 月 11 日由最高人民法院审判委员会第 1517 次会议通过,2011 年 6 月 10 日公布,自 2011 年 6 月 13 日起施行,法释〔2011〕12 号)

为进一步规范审判人员的诉讼回避行为,维护司法公正,根据《中华人民共和国人民法院组织法》《中华人民共和国法官法》《中华人民共和国民事诉讼法》《中华人民共和国刑事诉讼法》《中华人民共和国行政诉讼法》等法律规定,结合人民法院审判工作实际,制定本规定。

第一条 审判人员具有下列情形之一的,应当自行回避,当事人及其法定代理人有权以口头或者书面形式申请其回避:

(一)是本案的当事人或者与当事人有近亲属关系的;

(二)本人或者其近亲属与本案有利害关系的;

(三)担任过本案的证人、翻译人员、鉴定人、勘验人、诉讼代理人、辩护人的;

(四)与本案的诉讼代理人、辩护人有夫妻、父母、子女或者兄弟姐妹关系的;

(五)与本案当事人之间存在其他利害关系,可能影响案件公正审理的。

本规定所称近亲属,包括与审判人员有夫妻、直系血亲、三代以内旁系血亲及近姻亲关系的亲属。

第二条 当事人及其法定代理人发现审判人员违反规定,具有下列情形之一的,有权申请其回避:

(一)私下会见本案一方当事人及其诉讼代理人、辩护人的;

(二)为本案当事人推荐、介绍诉讼代理人、辩护人,或者为律师、其他人员介绍办理该案件的;

(三)索取、接受本案当事人及其受托人的财物、其他利益,或者要求当事人及其受托人报销费用的;

(四)接受本案当事人及其受托人的宴请,或者参加由其支付费用的各项活动的;

(五)向本案当事人及其受托人借款,借用交通工具、通讯工具或者其他物品,或者索取、接受当事人及其受托人在购买商品、装修住房以及其他方面给予的好处的;

(六)有其他不正当行为,可能影响案件公正审理的。

第三条 凡在一个审判程序中参与过本案审判工作的审判人员,不得再参与该案其他程序的审判。但是,经过第二审程序发回重审的案件,在一审法院作出裁判后又进入第二审程序的,原第二审程序中合议庭组成人员不受本条规定的限制。

第四条 审判人员应当回避,本人没有自行回避,当事人及其法定代理人也没有申请其回避的,院长或者审判委员会应当决定其回避。

第五条 人民法院应当依法告知当事人及其法定代理人有申请回避的权利,以及合议庭组成人员、书记员的姓名、职务等相关信息。

第六条 人民法院依法调解案件,应当告知当事人及其法定代理人有申请回避的权利,以及主持调解工作的审判人员及其他参与调解工作的人员的姓名、职务等相关信息。

第七条 第二审人民法院认为第一审人民法院的审理有违反本规定第一条至第三条规定的,应当裁定撤销原判,发回原审人民法院重新审判。

第八条 审判人员及法院其他工作人员从人民法院离任后二年内,不得以律师身份担任诉讼代理人或者辩护人。

审判人员及法院其他工作人员从人民法院离任后,不得担任原任职法院所审理案件的诉讼代理人或者辩护人,但是作为当事人的监护人或者近亲属代理诉讼或者进行辩护的除外。

本条所规定的离任,包括退休、调离、解聘、辞职、辞退、开除等离开法院工作岗位的情形。

本条所规定的原任职法院,包括审判人员及法院其他工作人员曾任职的所有法院。

第九条 审判人员及法院其他工作人员的配偶、子女或者父母不得担任其所任职法院审理案件的诉讼代理人或者辩护人。

第十条 人民法院发现诉讼代理人或者辩护人违反本规定第八条、第九条的规定的,应当责令其停止相关诉讼代理或者辩护行为。

第十一条 当事人及其法定代理人、诉讼代理人、辩护人认为审判人员有违反本规定行为的,可以向法院纪检、监察部门或者其他有关部门举报。受理举报的人民法院应当及时处理,并将相关意见反馈给举报人。

第十二条 对明知具有本规定第一条至第三条规定情形不依法自行回避的审判人员,依照《人民法院工作人员处分条例》的规定予以处分。

对明知诉讼代理人、辩护人具有本规定第八条、第九条规定情形之一,未责令其停止相关诉讼代理或者辩护行为的审判人员,依照《人民法院工作人员处分条例》的规定予以处分。

第十三条 本规定所称审判人员,包括各级人民法院院长、副院长、审判委员会委员、庭长、副庭长、审判员和助理审判员。

本规定所称法院其他工作人员,是指审判人员以外的在编工作人员。

第十四条 人民陪审员、书记员和执行员适用审判人员回避的有关规定,但不属于本规定第十三条所规定人员的,不适用本规定第八条、第九条的规定。

第十五条 自本规定施行之日起,最高人民法院《关于审判人员严格执行回避制度的若干规定》(法发〔2000〕5号)即行废止;本规定施行前本院发布的司法解释与本规定不一致的,以本规定为准。

(四)辩护与代理

最高人民法院《关于人民法院应保障被告人辩护律师依法享有的诉讼权利的函》

[1983年3月15日 (83)法研字第7号]

湖南省高级人民法院:

我院接到司法部公证律师司转来湖

南省司法厅公证律师处湘司公律字(1983)4号《律师参与刑事诉讼工作中有关问题的情况反映》一份。这份材料中提出：你院在(82)刑监郴字第6号祝造峰强奸案刑事判决书、怀化地区中级人民法院在(82)刑上字第161号罗建华杀人未遂案刑事裁定书中，均有指责辩护律师的词句。我们认为，这种做法是不妥当的。人民法院在审理一、二审和依照审判监督程序提审或再审的刑事案件中，均应保障被告人的辩护律师依法享有的诉讼权利。律师为被告人辩护或上诉的理由，正确的予以采纳，不正确的不予采纳。如果人民法院认为律师在参与诉讼活动中有错误，可向律师工作机构和司法行政部门反映。在判决书、裁定书中对辩护律师进行指责，是不符合审判文书的规格的，也是不利于辩护制度的推行和律师工作开展的。希你院和怀化地区中级人民法院对祝造峰、罗建华两案的判决书、裁定书中指责律师的词句进行检查纠正，并将处理结果和你们的意见报告我院。

关于查明律师在祝造峰、罗建华两案中的责任问题，司法部公证律师司已另作安排。

最高人民检察院法律政策研究室《关于〈人民检察院刑事诉讼规则〉第一百五十一条规定有关问题的通知》

(2001年8月22日　高检研发第10号)

各省、自治区、直辖市人民检察院研究室，军事检察院办公室，新疆生产建设兵团人民检察院研究室：

全国人大常委会刑诉法执法检查组对刑诉法进行执法检查期间，一些地方反映，检察人员和律师对《人民检察院刑事诉讼规则》第一百五十一条的理解和执行经常发生分歧；为此，全国人大常委会内务司法委员会负责同志建议我院进一步明确此问题。根据院领导的批示和中央六机关制发的《关于刑事诉讼法实施中的若干问题的规定》，现对《人民检察院刑事诉讼规则》第一百五十一条规定的有关问题通知如下：

对于不涉及国家秘密的案件，律师提出会见在押犯罪嫌疑人的，人民检察院应当在收到律师会见申请后四十八小时内安排会见；对于贪污贿赂犯罪等重大复杂的两人以上的共同犯罪案件，应当在收到律师会见申请后五日内安排会见。

最高人民法院、司法部《关于充分保障律师依法履行辩护职责确保死刑案件办理质量的若干规定》

(2008年5月21日　法发〔2008〕14号)

为确保死刑案件的办理质量，根据《中华人民共和国刑事诉讼法》及相关法律、法规和司法解释的有关规定，结合人民法院刑事审判和律师辩护、法律援助工作的实际，现就人民法院审理死刑案件、律师依法履行辩护职责的具体问题规定如下：

一、人民法院对可能被判处死刑的被告人，应当根据刑事诉讼法的规定，充分保障其辩护权及其他合法权益，并充分保障辩护律师依法履行辩护职责。司法行政机关、律师协会应当加强对死刑案件辩护工作的指导，积极争取政府财政部门落实并逐步提高法律援助工作经费。律师办理死刑案件应当恪尽职守，切实维护被告人的合法权益。

二、被告人可能被判处死刑而没有委托辩护人的，人民法院应当通过法律援助机构指定律师为其提供辩护。被告人拒绝指定的律师为其辩护，有正当理由的，人民法院应当准许，被告人可以另行委托辩护人；被告人没有委托辩护人的，人民法院应当通知法律援助机构为其另行指定辩护人；被告人无正当理由再次拒绝指定的律师为其辩护的，人民法院应当不予准许并记录在案。

三、法律援助机构在收到指定辩护通知书三日以内，指派具有刑事案件出庭辩护经验的律师担任死刑案件的辩护人。

四、被指定担任死刑案件辩护人的律师，不得将案件转由律师助理办理；有正当理由不能接受指派的，经法律援助机构同意，由法律援助机构另行指派其他律师办理。

五、人民法院受理死刑案件后，应当及时通知辩护律师查阅案卷，并积极创造条件，为律师查阅、复制指控犯罪事实的材料提供方便。

人民法院对承办法律援助案件的律师复制涉及被告人主要犯罪事实并直接影响定罪量刑的证据材料的复制费用，应当免收或者按照复制材料所必需的工本费收取。

律师接受委托或者被指定担任死刑案件的辩护人后，应当及时到人民法院阅卷；对于查阅的材料中涉及国家秘密、商业秘密、个人隐私、证人身份等情况的，应当保守秘密。

六、律师应当在开庭前会见在押的被告人，征询是否同意为其辩护，并听取被告人的陈述和意见。

七、律师书面申请人民法院收集、调取证据，申请通知证人出庭作证，申请鉴定或者补充鉴定、重新鉴定的，人民法院应当及时予以书面答复并附卷。

八、第二审开庭前，人民检察院提交新证据、进行重新鉴定或者补充鉴定的，人民法院应当至迟在开庭三日以前通知律师查阅。

九、律师出庭辩护应当认真做好准备工作，围绕案件事实、证据、适用法律、量刑、诉讼程序等，从被告人无罪、罪轻或者减轻、免除其刑事责任等方面提出辩护意见，切实保证辩护质量，维护被告人的合法权益。

十、律师接到人民法院开庭通知后，应当保证准时出庭。人民法院应当按时开庭。法庭因故不能按期开庭，或者律师确有正当理由不能按期出庭的，人民法院应当在不影响案件审理期限的情况下，另行安排开庭时间，并于开庭三日前通知当事人、律师和人民检察院。

十一、人民法院应当加强审判场所的安全保卫，保障律师及其他诉讼参与人的人身安全，确保审判活动的顺利进行。

十二、法官应当严格按照法定诉讼程序进行审判活动，尊重律师的诉讼权利，认真听取控辩双方的意见，保障律师发言的完整性。对于律师发言过于冗长、明显重复或者与案件无关，或者在公开开庭审理中发言涉及国家秘密、个人隐私，或者进行人身攻击的，法官应当提醒或者制止。

十三、法庭审理中，人民法院应当如

实、详细地记录律师意见。法庭审理结束后，律师应当在闭庭三日以内向人民法院提交书面辩护意见。

十四、人民法院审理被告人可能被判处死刑的刑事附带民事诉讼案件，在对赔偿事项进行调解时，律师应当在其职责权限范围内，根据案件和当事人的具体情况，依法提出有利于案件处理、切实维护当事人合法权益的意见，促进附带民事诉讼案件调解解决。

十五、人民法院在裁判文书中应当写明指派律师担任辩护人的法律援助机构、律师姓名及其所在的执业机构。对于律师的辩护意见，合议庭、审判委员会在讨论案件时应当认真进行研究，并在裁判文书中写明采纳与否的理由。

人民法院应当按照有关规定将裁判文书送达律师。

十六、人民法院审理案件过程中，律师提出会见法官请求的，合议庭根据案件具体情况，可以在工作时间和办公场所安排会见、听取意见。会见活动，由书记员制作笔录，律师签名后附卷。

十七、死刑案件复核期间，被告人的律师提出当面反映意见要求或者提交证据材料的，人民法院有关合议庭应当在工作时间和办公场所接待，并制作笔录附卷。律师提出的书面意见，应当附卷。

十八、司法行政机关和律师协会应当加强对律师的业务指导和培训，以及职业道德和执业纪律教育，不断提高律师办理死刑案件的质量，并建立对律师从事法律援助工作的考核机制。

最高人民法院、最高人民检察院、公安部、司法部《关于刑事诉讼法律援助工作的规定》

（2013年3月1日）

第一条 为加强和规范刑事诉讼法律援助工作，根据《中华人民共和国刑事诉讼法》《中华人民共和国律师法》《法律援助条例》以及其他相关规定，结合法律援助工作实际，制定本规定。

第二条 犯罪嫌疑人、被告人因经济困难没有委托辩护人的，本人及其近亲属可以向办理案件的公安机关、人民检察院、人民法院所在地同级司法行政机关所属法律援助机构申请法律援助。

具有下列情形之一，犯罪嫌疑人、被告人没有委托辩护人的，可以依照前款规定申请法律援助：

（一）有证据证明犯罪嫌疑人、被告人属于一级或者二级智力残疾的；

（二）共同犯罪案件中，其他犯罪嫌疑人、被告人已委托辩护人的；

（三）人民检察院抗诉的；

（四）案件具有重大社会影响的。

第三条 公诉案件中的被害人及其法定代理人或者近亲属，自诉案件中的自诉人及其法定代理人，因经济困难没有委托诉讼代理人的，可以向办理案件的人民检察院、人民法院所在地同级司法行政机关所属法律援助机构申请法律援助。

第四条 公民经济困难的标准，按案件受理地所在的省、自治区、直辖市人民政府的规定执行。

第五条 公安机关、人民检察院在第一次讯问犯罪嫌疑人或者采取强制措的时候,应当告知犯罪嫌疑人有权委托辩护人,并告知其如果符合本规定第二条规定,本人及其近亲属可以向法律援助机构申请法律援助。

人民检察院自收到移送审查起诉的案件材料之日起3日内,应当告知犯罪嫌疑人有权委托辩护人,并告知其如果符合本规定第二条规定,本人及其近亲属可以向法律援助机构申请法律援助;应当告知被害人及其法定代理人或者近亲属有权委托诉讼代理人,并告知其如果经济困难,可以向法律援助机构申请法律援助。

人民法院自受理案件之日起3日内,应当告知被告人有权委托辩护人,并告知其如果符合本规定第二条规定,本人及其近亲属可以向法律援助机构申请法律援助;应当告知自诉人及其法定代理人有权委托诉讼代理人,并告知其如果经济困难,可以向法律援助机构申请法律援助。人民法院决定再审的案件,应当自决定再审之日起3日内履行相关告知职责。

犯罪嫌疑人、被告人具有本规定第九条规定情形的,公安机关、人民检察院、人民法院应当告知其如果不委托辩护人,将依法通知法律援助机构指派律师为其提供辩护。

第六条 告知可以采取口头或者书面方式,告知的内容应当易于被告知人理解。口头告知的,应当制作笔录,由被告知人签名;书面告知的,应当将送达回执入卷。对于被告知人当场表达申请法律援助意愿的,应当记录在案。

第七条 被羁押的犯罪嫌疑人、被告人提出法律援助申请的,公安机关、人民检察院、人民法院应当在收到申请24小时内将其申请转交或者告知法律援助机构,并于3日内通知申请人的法定代理人、近亲属或者其委托的其他人员协助向法律援助机构提供有关证件、证明等相关材料。犯罪嫌疑人、被告人的法定代理人或者近亲属无法通知的,应当在转交申请时一并告知法律援助机构。

第八条 法律援助机构收到申请后应当及时进行审查并于7日内作出决定。对符合法律援助条件的,应当决定给予法律援助,并制作给予法律援助决定书;对不符合法律援助条件的,应当决定不予法律援助,制作不予法律援助决定书。给予法律援助决定书和不予法律援助决定书应当及时发送申请人,并函告公安机关、人民检察院、人民法院。

对于犯罪嫌疑人、被告人申请法律援助的案件,法律援助机构可以向公安机关、人民检察院、人民法院了解案件办理过程中掌握的犯罪嫌疑人、被告人是否具有本规定第二条规定情形等情况。

第九条 犯罪嫌疑人、被告人具有下列情形之一没有委托辩护人的,公安机关、人民检察院、人民法院应当自发现该情形之日起3日内,通知所在地同级司法行政机关所属法律援助机构指派律师为其提供辩护:

(一)未成年人;

(二)盲、聋、哑人;

(三)尚未完全丧失辨认或者控制自己行为能力的精神病人;

(四)可能被判处无期徒刑、死刑的人。

第十条 公安机关、人民检察院、人民法院通知辩护的,应当将通知辩护公函和采取强制措施决定书、起诉意见书、起诉书、判决书副本或者复印件送交法律援助机构。

通知辩护公函应当载明犯罪嫌疑人

或者被告人的姓名、涉嫌的罪名、羁押场所或者住所、通知辩护的理由、办案机关联系人姓名和联系方式等。

第十一条　人民法院自受理强制医疗申请或者发现被告人符合强制医疗条件之日起3日内,对于被申请人或者被告人没有委托诉讼代理人的,应当向法律援助机构送交通知代理公函,通知其指派律师担任被申请人或被告人的诉讼代理人,为其提供法律帮助。

人民检察院申请强制医疗的,人民法院应当将强制医疗申请书副本一并送交法律援助机构。

通知代理公函应当载明被申请人或者被告人的姓名、法定代理人的姓名和联系方式、办案机关联系人姓名和联系方式。

第十二条　法律援助机构应当自作出给予法律援助决定或者自收到通知辩护公函、通知代理公函之日起3日内,确定承办律师并函告公安机关、人民检察院、人民法院。

法律援助机构出具的法律援助公函应当载明承办律师的姓名、所属单位及联系方式。

第十三条　对于可能被判处无期徒刑、死刑的案件,法律援助机构应当指派具有一定年限刑事辩护执业经历的律师担任辩护人。

对于未成年人案件,应当指派熟悉未成年人身心特点的律师担任辩护人。

第十四条　承办律师接受法律援助机构指派后,应当按照有关规定及时办理委托手续。

承办律师应当在首次会见犯罪嫌疑人、被告人时,询问是否同意为其辩护,并制作笔录。犯罪嫌疑人、被告人不同意的,律师应当书面告知公安机关、人民检察院、人民法院和法律援助机构。

第十五条　对于依申请提供法律援助的案件,犯罪嫌疑人、被告人坚持自己辩护,拒绝法律援助机构指派的律师为其辩护的,法律援助机构应当准许,并作出终止法律援助的决定;对于有正当理由要求更换律师的,法律援助机构应当另行指派律师为其提供辩护。

对于应当通知辩护的案件,犯罪嫌疑人、被告人拒绝法律援助机构指派的律师为其辩护的,公安机关、人民检察院、人民法院应当查明拒绝的原因,有正当理由的,应当准许,同时告知犯罪嫌疑人、被告人需另行委托辩护人。犯罪嫌疑人、被告人未另行委托辩护人的,公安机关、人民检察院、人民法院应当及时通知法律援助机构另行指派律师为其提供辩护。

第十六条　人民检察院审查批准逮捕时,认为犯罪嫌疑人具有应当通知辩护的情形,公安机关未通知法律援助机构指派律师的,应当通知公安机关予以纠正,公安机关应当将纠正情况通知人民检察院。

第十七条　在案件侦查终结前,承办律师提出要求的,侦查机关应当听取其意见,并记录在案。承办律师提出书面意见的,应当附卷。

第十八条　人民法院决定变更开庭时间的,应当在开庭3日前通知承办律师。承办律师有正当理由不能按时出庭的,可以申请人民法院延期开庭。人民法院同意延期开庭的,应当及时通知承办律师。

第十九条　人民法院决定不开庭审理的案件,承办律师应当在接到人民法院不开庭通知之日起10日内向人民法院提交书面辩护意见。

第二十条　人民检察院、人民法院应

当对承办律师复制案卷材料的费用予以免收或者减收。

第二十一条 公安机关在撤销案件或者移送审查起诉后,人民检察院在作出提起公诉、不起诉或者撤销案件决定后,人民法院在终止审理或者作出裁决后,以及公安机关、人民检察院、人民法院将案件移送其他机关办理后,应当在5日内将相关法律文书副本或者复印件送达承办律师,或者书面告知承办律师。

公安机关的起诉意见书,人民检察院的起诉书、不起诉决定书,人民法院的判决书、裁定书等法律文书,应当载明作出指派的法律援助机构名称、承办律师姓名以及所属单位等情况。

第二十二条 具有下列情形之一的,法律援助机构应当作出终止法律援助决定,制作终止法律援助决定书发送受援人,并自作出决定之日起3日内函告公安机关、人民检察院、人民法院:

(一)受援人的经济收入状况发生变化,不再符合法律援助条件的;

(二)案件终止办理或者已被撤销的;

(三)受援人自行委托辩护人或者代理人的;

(四)受援人要求终止法律援助的,但应当通知辩护的情形除外;

(五)法律、法规规定应当终止的其他情形。

公安机关、人民检察院、人民法院在案件办理过程中发现有前款规定情形的,应当及时函告法律援助机构。

第二十三条 申请人对法律援助机构不予援助的决定有异议的,可以向主管该法律援助机构的司法行政机关提出。司法行政机关应当在收到异议之日起5个工作日内进行审查,经审查认为申请人符合法律援助条件的,应当以书面形式责令法律援助机构及时对该申请人提供法律援助,同时通知申请人;认为申请人不符合法律援助条件的,应当维持法律援助机构不予援助的决定,并书面告知申请人。

受援人对法律援助机构终止法律援助的决定有异议的,按照前款规定办理。

第二十四条 犯罪嫌疑人、被告人及其近亲属、法定代理人,强制医疗案件中的被申请人、被告人的法定代理人认为公安机关、人民检察院、人民法院应当告知其可以向法律援助机构申请法律援助而没有告知,或者应当通知法律援助机构指派律师为其提供辩护或者诉讼代理而没有通知的,有权向同级或者上一级人民检察院申诉或者控告。人民检察院应当对申诉或者控告及时进行审查,情况属实的,通知有关机关予以纠正。

第二十五条 律师应当遵守有关法律法规和法律援助业务规程,做好会见、阅卷、调查取证、解答咨询、参加庭审等工作,依法为受援人提供法律服务。

律师事务所应当对律师办理法律援助案件进行业务指导,督促律师在办案过程中尽职尽责,恪守职业道德和执业纪律。

第二十六条 法律援助机构依法对律师事务所、律师开展法律援助活动进行指导监督,确保办案质量。

司法行政机关和律师协会根据律师事务所、律师履行法律援助义务情况实施奖励和惩戒。

公安机关、人民检察院、人民法院在案件办理过程中发现律师有违法或者违反职业道德和执业纪律行为,损害受援人利益的,应当及时向法律援助机构通报有关情况。

第二十七条 公安机关、人民检察院、人民法院和司法行政机关应当加强协调,建立健全工作机制,做好法律援助咨询、申请转交、组织实施等方面的衔接工作,促进刑事法律援助工作有效开展。

第二十八条 本规定自2013年3月1日起施行。2005年9月28日最高人民法院、最高人民检察院、公安部、司法部下发的《关于刑事诉讼法律援助工作的规定》同时废止。

最高人民法院刑事审判第二庭《关于辩护律师能否复制侦查机关讯问录像问题的批复》

(2013年9月22日 〔2013〕刑他字第239号)

广东省高级人民法院:

你院(2013)粤高法刑二终字第12号《关于辩护律师请求复制侦查机关讯问录像法律适用问题的请示》收悉。经研究,答复如下:

根据《中华人民共和国刑事诉讼法》第三十八条和最高人民法院《关于适用〈中华人民共和国刑事诉讼法〉的解释》第四十七条的规定,自人民检察院对案件审查起诉之日起,辩护律师可以查阅、摘抄、复制案卷材料,但其中涉及国家秘密、个人隐私的,应严格履行保密义务。你院请示的案件,侦查机关对被告人的讯问录音录像已经作为证据材料向人民法院移送并已在庭审中播放,不属于依法不能公开的材料,在辩护律师提出要求复制有关录音录像的情况下,应当准许。

最高人民检察院法律政策研究室《关于辩护人要求查阅、复制讯问录音、录像如何处理的答复》

(2014年1月27日)

上海市人民检察院法律政策研究室:

你室《关于辩护人要求查阅、复制讯问录音、录像如何处理的请示》(沪检研〔2013〕22号)收悉,经与公诉厅研究并征求最高法院意见,现答复如下:

一、根据《刑事诉讼法》第三十八条的规定,辩护律师自人民检察院对案件审查起诉之日起,可以查阅、摘抄、复制本案的案卷材料,即法律规定的辩护人的阅卷范围仅限于案件的案卷材料。对案卷材料以外的其他与案件有关的材料,刑事诉讼法及有关司法解释并未授权辩护人查阅、摘抄、复制。辩护人是否可以查阅、摘抄和复制,需要由人民检察院根据案件情况决定。

二、根据《人民检察院刑事诉讼规则(试行)》第四十七条第二款的规定,案卷材料包括案件的诉讼文书和证据材料。讯问犯罪嫌疑人录音、录像不是诉讼文书和证据材料,属于案卷材料之外的其他与案件有关的材料,辩护人未经许可,无权查阅、复制。

三、根据《刑事诉讼法》第五十六和《人民检察院刑事诉讼规则(试行)》第七十四条、第七十五的规定,在人民检察院审查起诉阶段,辩护人对讯问活动合法性提出异议,申请排除以非法方法收集的证据,并提供相关线索或者材料的,可以在人民检察院查看(听)相关的录音、录像。对涉及国家秘密、商业秘密、个人隐私或者其他犯罪线索的内容,人民检察院可以对讯问录音、录像的相关内容作技术处理或者要求辩护人保密;在人民法院审判阶段,人民法院调取讯问犯罪嫌疑人录音、录像的,人民检察院应当将讯问录音、录像移送人民法院。必要时,公诉人可以提请法庭当庭播放相关时段的录音、录像。但辩护人无权自行查阅、复制讯问犯罪嫌疑人录音、录像。

此复。

最高人民检察院《关于依法保障律师执业权利的规定》

(2014年12月16日最高人民检察院第十二届检察委员会第三十二次会议通过,2014年12月23日印发,高检发〔2014〕21号)

第一条 为了切实保障律师依法行使执业权利,严肃检察人员违法行使职权行为的责任追究,促进人民检察院规范司法,维护司法公正,根据《中华人民共和国刑事诉讼法》、《中华人民共和国民事诉讼法》、《中华人民共和国行政诉讼法》和《中华人民共和国律师法》等有关法律规定,结合工作实际,制定本规定。

第二条 各级人民检察院和全体检察人员应当充分认识律师在法治建设中的重要作用,认真贯彻落实各项法律规定,尊重和支持律师依法履行职责,依法为当事人委托律师和律师履职提供相关协助和便利,切实保障律师依法行使执业权利,共同维护国家法律统一、正确实施,维护社会公平正义。

第三条 人民检察院应当依法保障当事人委托权的行使。人民检察院在办理案件中应当依法告知当事人有权委托辩护人、诉讼代理人。对于在押或者被指定居所监视居住的犯罪嫌疑人提出委托辩护人要求的,人民检察院应当及时转达其要求。犯罪嫌疑人的监护人、近亲属代为委托辩护律师的,应当由犯罪嫌疑人确认委托关系。

人民检察院应当及时查验接受委托的律师是否具有辩护资格,发现有不得担任辩护人情形的,应当及时告知当事人、律师或者律师事务所解除委托关系。

第四条 人民检察院应当依法保障当事人获得法律援助的权利。对于符合法律援助情形而没有委托辩护人或者诉讼代理人的,人民检察院应当及时告知当事人有权申请法律援助,并依照相关规定向法律援助机构转交申请材料。人民检察院发现犯罪嫌疑人属于法定通知辩护情形的,应当及时通知法律援助机构指派律师为其提供辩护,对于犯罪嫌疑人拒绝法律援助的,应当查明原因,依照相关规定处理。

第五条 人民检察院应当依法保障律师在刑事诉讼中的会见权。人民检察院办理直接受理立案侦查案件,除特别重大贿赂犯罪案件外,其他案件依法不需要经许可会见。律师在侦查阶段提出会见特别重大贿赂案件犯罪嫌疑人的,人民检察院应当严格按照法律和相关规定及时审查决定是否许可,并在三日以内答复;有碍侦查的情形消失后,应当通知律师,可以不经许可会见犯罪嫌疑人;侦查终结前,应当许可律师会见犯罪嫌疑人。人民检察院在会见时不得派员在场,不得通过任何方式监听律师会见的谈话内容。

第六条　人民检察院应当依法保障律师的阅卷权。自案件移送审查起诉之日起，人民检察院应当允许辩护律师查阅、摘抄、复制本案的案卷材料；经人民检察院许可，诉讼代理人也可以查阅、摘抄、复制本案的案卷材料。人民检察院应当及时受理并安排律师阅卷，无法及时安排的，应当向律师说明并安排其在三个工作日以内阅卷。人民检察院应当依照检务公开的相关规定，完善互联网等律师服务平台，并配备必要的速拍、复印、刻录等设施，为律师阅卷提供尽可能的便利。律师查阅、摘抄、复制案卷材料应当在人民检察院设置的专门场所进行。必要时，人民检察院可以派员在场协助。

第七条　人民检察院应当依法保障律师在刑事诉讼中的申请收集、调取证据权。律师收集到有关犯罪嫌疑人不在犯罪现场、未达到刑事责任年龄、属于依法不负刑事责任的精神病人的证据，告知人民检察院的，人民检察院相关办案部门应当及时进行审查。

案件移送审查逮捕或者审查起诉后，律师依据刑事诉讼法第三十九条申请人民检察院调取侦查部门收集但未提交的证明犯罪嫌疑人无罪或者罪轻的证据材料的，人民检察院应当及时进行审查，决定是否调取。经审查，认为律师申请调取的证据未收集或者与案件事实没有联系决定不予调取的，人民检察院应当向律师说明理由。人民检察院决定调取后，侦查机关移送相关证据材料的，人民检察院应当在三日以内告知律师。

案件移送审查起诉后，律师依据刑事诉讼法第四十一条第一款的规定申请人民检察院收集、调取证据，人民检察院认为需要收集、调取证据的，应当决定收集、调取并制作笔录附卷；决定不予收集、调取的，应当书面说明理由。人民检察院根据律师的申请收集、调取证据时，律师可以在场。

律师向被害人或者其近亲属、被害人提供的证人收集与本案有关的材料，向人民检察院提出申请的，人民检察院应当在七日以内作出是否许可的决定。人民检察院没有许可的，应当书面说明理由。

第八条　人民检察院应当依法保障律师在诉讼中提出意见的权利。人民检察院应当主动听取并高度重视律师意见。法律未作规定但律师要求听取意见的，也应当及时安排听取。听取律师意见应当制作笔录，律师提出的书面意见应当附卷。对于律师提出不构成犯罪，罪轻或者减轻、免除刑事责任，无社会危险性，不适宜羁押，侦查活动有违法情形等书面意见的，办案人员必须进行审查，在相关工作文书中叙明律师提出的意见并说明是否采纳的情况和理由。

第九条　人民检察院应当依法保障律师在刑事诉讼中的知情权。律师在侦查期间向人民检察院了解犯罪嫌疑人涉嫌的罪名以及当时已查明的涉嫌犯罪的主要事实，犯罪嫌疑人被采取、变更、解除强制措施等情况的，人民检察院应当依法及时告知。办理直接受理立案侦查案件报请上一级人民检察院审查逮捕时，人民检察院应当将报请情况告知律师。案件侦查终结移送审查起诉时，人民检察院应当将案件移送情况告知律师。

第十条　人民检察院应当依法保障律师在民事、行政诉讼中的代理权。在民事行政检察工作中，当事人委托律师代理的，人民检察院应当尊重律师的权利，依法听取律师意见，认真审查律师提交的证据材料。律师根据当事人的委托要求参加人民检察院案件听证的,人民检察院应当允许。

第十一条 人民检察院应当切实履行对妨碍律师依法执业的法律监督职责。律师根据刑事诉讼法第四十七条的规定,认为公安机关、人民检察院、人民法院及其工作人员阻碍其依法行使诉讼权利,向同级或者上一级人民检察院申诉或者控告的,接受申诉或者控告的人民检察院控告检察部门应当在受理后十日以内进行审查,情况属实的,通知有关机关或者本院有关部门、下级人民检察院予以纠正,并将处理情况书面答复律师;情况不属实的,应当将办理情况书面答复律师,并做好说明解释工作。人民检察院在办案过程中发现有阻碍律师依法行使诉讼权利行为的,应当依法提出纠正意见。

第十二条 建立完善检察机关办案部门和检察人员违法行使职权行为记录、通报和责任追究制度。对检察机关办案部门或者检察人员在诉讼活动中阻碍律师依法行使会见权、阅卷权等诉讼权利的申诉或者控告,接受申诉或者控告的人民检察院控告检察部门应当立即进行调查核实,情节较轻的,应当提出纠正意见;具有违反规定扩大经许可会见案件的范围、不按规定时间答复是否许可会见等严重情节的,应当发出纠正通知书。通知后仍不纠正或者屡纠屡犯的,应当向纪检监察部门通报并报告检察长,由纪检监察部门依照有关规定调查处理,相关责任人构成违纪的给予纪律处分,并记入执法档案,予以通报。

第十三条 人民检察院应当主动加强与司法行政机关、律师协会和广大律师的工作联系,通过业务研讨、情况通报、交流会商、定期听取意见等形式,分析律师依法行使执业权利中存在的问题,共同研究解决办法,共同提高业务素质。

第十四条 本规定自发布之日起施行。2004年2月10日最高人民检察院发布的《关于人民检察院保障律师在刑事诉讼中依法执业的规定》、2006年2月23日最高人民检察院发布的《关于进一步加强律师执业权利保障工作的通知》同时废止。最高人民检察院以前发布的有关规定与本规定不一致的,以本规定为准。

最高人民法院、最高人民检察院、公安部、国家安全部、司法部《关于依法保障律师执业权利的规定》

(2015年9月16日 司发〔2015〕14号)

第一条 为切实保障律师执业权利,充分发挥律师维护当事人合法权益、维护法律正确实施、维护社会公平和正义的作用,促进司法公正,根据有关法律法规,制定本规定。

第二条 人民法院、人民检察院、公安机关、国家安全机关、司法行政机关应当尊重律师,健全律师执业权利保障制度,依照刑事诉讼法、民事诉讼法、行政诉讼法及律师法的规定,在各自职责范围内依法保障律师知情权、申请权、申诉权,以及会见、阅卷、收集证据和发问、质证、辩论等方面的执业权利,不得阻碍律师依法履行辩护、代理职责,不得侵害律师合法权利。

第三条 人民法院、人民检察院、公安机关、国家安全机关、司法行政机关和律师协会应当建立健全律师执业权利救济机制。

律师因依法执业受到侮辱、诽谤、威胁、报复、人身伤害的，有关机关应当及时制止并依法处理，必要时对律师采取保护措施。

第四条 人民法院、人民检察院、公安机关、国家安全机关、司法行政机关应当建立和完善诉讼服务中心、立案或受案场所、律师会见室、阅卷室，规范工作流程，方便律师办理立案、会见、阅卷、参与庭审、申请执行等事务。探索建立网络信息系统和律师服务平台，提高案件办理效率。

第五条 办案机关在办理案件中应当依法告知当事人有权委托辩护人、诉讼代理人。对于符合法律援助条件而没有委托辩护人或者诉讼代理人的，办案机关应当及时告知当事人有权申请法律援助，并按照相关规定向法律援助机构转交申请材料。办案机关发现犯罪嫌疑人、被告人属于依法应当提供法律援助的情形的，应当及时通知法律援助机构指派律师为其提供辩护。

第六条 辩护律师接受犯罪嫌疑人、被告人委托或者法律援助机构的指派后，应当告知办案机关，并可以依法向办案机关了解犯罪嫌疑人、被告人涉嫌或者被指控的罪名及当时已查明的该罪的主要事实，犯罪嫌疑人、被告人被采取、变更、解除强制措施的情况，侦查机关延长侦查羁押期限等情况，办案机关应当依法及时告知辩护律师。

办案机关作出移送审查起诉、退回补充侦查、提起公诉、延期审理、二审不开庭审理、宣告判决等重大程序性决定的，以及人民检察院将直接受理立案侦查案件报请上一级人民检察院审查决定逮捕的，应当依法及时告知辩护律师。

第七条 辩护律师到看守所会见在押的犯罪嫌疑人、被告人，看守所在查验律师执业证书、律师事务所证明和委托书或者法律援助公函后，应当及时安排会见。能当时安排的，应当当时安排；不能当时安排的，看守所应当向辩护律师说明情况，并保证辩护律师在四十八小时以内会见到在押的犯罪嫌疑人、被告人。

看守所安排会见不得附加其他条件或者变相要求辩护律师提交法律规定以外的其他文件、材料，不得以未收到办案机关通知为由拒绝安排辩护律师会见。

看守所应当设立会见预约平台，采取网上预约、电话预约等方式为辩护律师会见提供便利，但不得以未预约会见为由拒绝安排辩护律师会见。

辩护律师会见在押的犯罪嫌疑人、被告人时，看守所应当采取必要措施，保障会见顺利和安全进行。律师会见在押的犯罪嫌疑人、被告人的，看守所应当保障律师履行辩护职责需要的时间和次数，并与看守所工作安排和办案机关侦查工作相协调。辩护律师会见犯罪嫌疑人、被告人时不被监听，办案机关不得派员在场。在律师会见室不足的情况下，看守所经辩护律师书面同意，可以安排在讯问室会见，但应当关闭录音、监听设备。犯罪嫌疑人、被告人委托两名律师担任辩护人的，两名辩护律师可以共同会见，也可以单独会见。辩护律师可以带一名律师助理协助会见。助理人员随同辩护律师参加会见的，应当出示律师事务所证明和律师执业证书或申请律师执业人员实习证。办案机关应当核实律师助理的身份。

第八条 在押的犯罪嫌疑人、被告人提出解除委托关系的,办案机关应当要求其出具或签署书面文件,并在三日以内转交受委托的律师或者律师事务所。辩护律师可以要求会见在押的犯罪嫌疑人、被告人,当面向其确认解除委托关系,看守所应当安排会见;但犯罪嫌疑人、被告人书面拒绝会见的,看守所应当将有关书面材料转交辩护律师,不予安排会见。

在押的犯罪嫌疑人、被告人的监护人、近亲属解除代为委托辩护律师关系的,经犯罪嫌疑人、被告人同意,看守所应当允许新代为委托的辩护律师会见,由犯罪嫌疑人、被告人确认新的委托关系;犯罪嫌疑人、被告人不同意解除原辩护律师的委托关系的,看守所应当终止新代为委托的辩护律师会见。

第九条　辩护律师在侦查期间要求会见危害国家安全犯罪、恐怖活动犯罪、特别重大贿赂犯罪案件在押的犯罪嫌疑人的,应当向侦查机关提出申请。侦查机关应当依法及时审查辩护律师提出的会见申请,在三日以内将是否许可的决定书面答复辩护律师,并明确告知负责与辩护律师联系的部门及工作人员的联系方式。对许可会见的,应当向辩护律师出具许可决定文书;因有碍侦查或者可能泄露国家秘密而不许可会见的,应当向辩护律师说明理由。有碍侦查或者可能泄露国家秘密的情形消失后,应当许可会见,并及时通知看守所和辩护律师。对特别重大贿赂案件在侦查终结前,侦查机关应当许可辩护律师至少会见一次犯罪嫌疑人。

侦查机关不得随意解释和扩大前款所述三类案件的范围,限制律师会见。

第十条　自案件移送审查起诉之日起,辩护律师会见犯罪嫌疑人、被告人,可以向其核实有关证据。

第十一条　辩护律师会见在押的犯罪嫌疑人、被告人,可以根据需要制作会见笔录,并要求犯罪嫌疑人、被告人确认无误后在笔录上签名。

第十二条　辩护律师会见在押的犯罪嫌疑人、被告人需要翻译人员随同参加的,应当提前向办案机关提出申请,并提交翻译人员身份证明及其所在单位出具的证明。办案机关应当及时审查并在三日以内作出是否许可的决定。许可翻译人员参加会见的,应当向辩护律师出具许可决定文书,并通知看守所。不许可的,应当向辩护律师书面说明理由,并通知其更换。

翻译人员应当持办案机关许可决定文书和本人身份证明,随同辩护律师参加会见。

第十三条　看守所应当及时传递辩护律师同犯罪嫌疑人、被告人的往来信件。看守所可以对信件进行必要的检查,但不得截留、复制、删改信件,不得向办案机关提供信件内容,但信件内容涉及危害国家安全、公共安全、严重危害他人人身安全以及涉嫌串供、毁灭证据等情形的除外。

第十四条　辩护律师自人民检察院对案件审查起诉之日起,可以查阅、摘抄、复制本案的案卷材料,人民检察院检察委员会的讨论记录、人民法院合议庭、审判委员会的讨论记录以及其他依法不能公开的材料除外。人民检察院、人民法院应当为辩护律师查阅、摘抄、复制案卷材料提供便利,有条件的地方可以推行电子化阅卷,允许刻录、下载材料。侦查机关应当在案件移送审查起诉后三日以内,人民检察院应当在提起公诉后三日以内,将案件移送情况告知辩护律师。案件提起公诉后，人民检察院对案卷所附证据材料有调整或者补充的，应当及时告知辩护律师。辩护律师对调整或者补充的证据材料，有权查阅、摘抄、复制。辩护律师办理申诉、抗诉案件，在人民检察院、人民法院经审查决定立案后，可以持律师执业证书、律师事务所证明和委托书或者法律援助公函到案卷档案管理部门、持有案卷档案的办案部门查阅、摘抄、复制已经审理终结案件的案卷材料。

辩护律师提出阅卷要求的，人民检察院、人民法院应当当时安排辩护律师阅卷，无法当时安排的，应当向辩护律师说明并安排其在三个工作日以内阅卷，不得限制辩护律师阅卷的次数和时间。有条件的地方可以设立阅卷预约平台。

人民检察院、人民法院应当为辩护律师阅卷提供场所和便利，配备必要的设备。因复制材料发生费用的，只收取工本费。律师办理法律援助案件复制材料发生的费用，应当予以免收或者减收。辩护律师可以采用复印、拍照、扫描、电子数据拷贝等方式复制案卷材料，可以根据需要带律师助理协助阅卷。办案机关应当核实律师助理的身份。

辩护律师查阅、摘抄、复制的案卷材料属于国家秘密的，应当经过人民检察院、人民法院同意并遵守国家保密规定。律师不得违反规定，披露、散布案件重要信息和案卷材料，或者将其用于本案辩护、代理以外的其他用途。

第十五条 辩护律师提交与案件有关材料的，办案机关应当在工作时间和办公场所予以接待，当面了解辩护律师提交材料的目的、材料的来源和主要内容等有关情况并记录在案，与相关材料一并附卷，并出具回执。辩护律师应当提交原件，提交原件确有困难的，经办案机关准许，也可以提交复印件，经与原件核对无误后由辩护律师签名确认。辩护律师通过服务平台网上提交相关材料的，办案机关应当在网上出具回执。辩护律师应当及时向办案机关提供原件核对，并签名确认。

第十六条 在刑事诉讼审查起诉、审理期间，辩护律师书面申请调取公安机关、人民检察院在侦查、审查起诉期间收集但未提交的证明犯罪嫌疑人、被告人无罪或者罪轻的证据材料的，人民检察院、人民法院应当依法及时审查。经审查，认为辩护律师申请调取的证据材料已收集并且与案件事实有联系的，应当及时调取。相关证据材料提交后，人民检察院、人民法院应当及时通知辩护律师查阅、摘抄、复制。经审查决定不予调取的，应当书面说明理由。

第十七条 辩护律师申请向被害人或者其近亲属、被害人提供的证人收集与本案有关的材料的，人民检察院、人民法院应当在七日以内作出是否许可的决定，并通知辩护律师。辩护律师书面提出有关申请时，办案机关不许可的，应当书面说明理由；辩护律师口头提出申请的，办案机关可以口头答复。

第十八条 辩护律师申请人民检察院、人民法院收集、调取证据的，人民检察院、人民法院应当在三日以内作出是否同意的决定，并通知辩护律师。辩护律师书面提出有关申请时，办案机关不同意的，应当书面说明理由；辩护律师口头提出申请的，办案机关可以口头答复。

第十九条 辩护律师申请向正在服刑的罪犯收集与案件有关的材料的，监狱和其他监管机关在查验律师执业证书、律师事务所证明和犯罪嫌疑人、被告人委托书或法律援助公函后，应当及时安排并提供合适的场所和便利。

正在服刑的罪犯属于辩护律师所承办案件的被害人或者其近亲属、被害人提供的证人的，应当经人民检察院或者人民法院许可。

第二十条　在民事诉讼、行政诉讼过程中，律师因客观原因无法自行收集证据的，可以依法向人民法院申请调取。经审查符合规定的，人民法院应当予以调取。

第二十一条　侦查机关在案件侦查终结前，人民检察院、人民法院在审查批准、决定逮捕期间，最高人民法院在复核死刑案件期间，辩护律师提出要求的，办案机关应当听取辩护律师的意见。人民检察院审查起诉、第二审人民法院决定不开庭审理的，应当充分听取辩护律师的意见。

辩护律师要求当面反映意见或者提交证据材料的，办案机关应当依法办理，并制作笔录附卷。辩护律师提出的书面意见和证据材料，应当附卷。

第二十二条　辩护律师书面申请变更或者解除强制措施的，办案机关应当在三日以内作出处理决定。辩护律师的申请符合法律规定的，办案机关应当及时变更或者解除强制措施；经审查认为不应当变更或者解除强制措施的，应当告知辩护律师，并书面说明理由。

第二十三条　辩护律师在侦查、审查起诉、审判期间发现案件有关证据存在刑事诉讼法第五十四条规定的情形的，可以向办案机关申请排除非法证据。

辩护律师在开庭以前申请排除非法证据，人民法院对证据收集合法性有疑问的，应当依照刑事诉讼法第一百八十二条第二款的规定召开庭前会议，就非法证据排除问题了解情况，听取意见。

辩护律师申请排除非法证据的，办案机关应当听取辩护律师的意见，按照法定程序审查核实相关证据，并依法决定是否予以排除。

第二十四条　辩护律师在开庭以前提出召开庭前会议、回避、补充鉴定或者重新鉴定以及证人、鉴定人出庭等申请的，人民法院应当及时审查作出处理决定，并告知辩护律师。

第二十五条　人民法院确定案件开庭日期时，应当为律师出庭预留必要的准备时间并书面通知律师。律师因开庭日期冲突等正当理由申请变更开庭日期的，人民法院应当在不影响案件审理期限的情况下，予以考虑并调整日期，决定调整日期的，应当及时通知律师。

律师可以根据需要，向人民法院申请带律师助理参加庭审。律师助理参加庭审仅能从事相关辅助工作，不得发表辩护、代理意见。

第二十六条　有条件的人民法院应当建立律师参与诉讼专门通道，律师进入人民法院参与诉讼确需安全检查的，应当与出庭履行职务的检察人员同等对待。有条件的人民法院应当设置专门的律师更衣室、休息室或者休息区域，并配备必要的桌椅、饮水及上网设施等，为律师参与诉讼提供便利。

第二十七条　法庭审理过程中，律师对审判人员、检察人员提出回避申请的，人民法院、人民检察院应当依法作出处理。

第二十八条　法庭审理过程中，经审判长准许，律师可以向当事人、证人、鉴定人和有专门知识的人发问。

第二十九条　法庭审理过程中,律师可以就证据的真实性、合法性、关联性,从证明目的、证明效果、证明标准、证明过程等方面,进行法庭质证和相关辩论。

第三十条　法庭审理过程中,律师可以就案件事实、证据和适用法律等问题,进行法庭辩论。

第三十一条　法庭审理过程中,法官应当注重诉讼权利平等和控辩平衡。对于律师发问、质证、辩论的内容、方式、时间等,法庭应当依法公正保障,以便律师充分发表意见,查清案件事实。

法庭审理过程中,法官可以对律师的发问、辩论进行引导,除发言过于重复、相关问题已在庭前会议达成一致、与案件无关或者侮辱、诽谤、威胁他人,故意扰乱法庭秩序的情况外,法官不得随意打断或者制止律师按程序进行的发言。

第三十二条　法庭审理过程中,律师可以提出证据材料,申请通知新的证人、有专门知识的人出庭,申请调取新的证据,申请重新鉴定或者勘验、检查。在民事诉讼中,申请有专门知识的人出庭,应当在举证期限届满前向人民法院申请,经法庭许可后才可以出庭。

第三十三条　法庭审理过程中,遇有被告人供述发生重大变化、拒绝辩护等重大情形,经审判长许可,辩护律师可以与被告人进行交流。

第三十四条　法庭审理过程中,有下列情形之一的,律师可以向法庭申请休庭:

(一)辩护律师因法定情形拒绝为被告人辩护的;

(二)被告人拒绝辩护律师为其辩护的;

(三)需要对新的证据作辩护准备的;

(四)其他严重影响庭审正常进行的情形。

第三十五条　辩护律师作无罪辩护的,可以当庭就量刑问题发表辩护意见,也可以庭后提交量刑辩护意见。

第三十六条　人民法院适用普通程序审理案件,应当在裁判文书中写明律师依法提出的辩护、代理意见,以及是否采纳的情况,并说明理由。

第三十七条　对于诉讼中的重大程序信息和送达当事人的诉讼文书,办案机关应当通知辩护、代理律师。

第三十八条　法庭审理过程中,律师就回避、案件管辖、非法证据排除、申请通知证人、鉴定人、有专门知识的人出庭,申请通知新的证人到庭,调取新的证据,申请重新鉴定、勘验等问题当庭提出申请,或者对法庭审理程序提出异议的,法庭原则上应当休庭进行审查,依照法定程序作出决定。其他律师有相同异议的,应一并提出,法庭一并休庭审查。法庭决定驳回申请或者异议的,律师可当庭提出复议。经复议后,律师应当尊重法庭的决定,服从法庭的安排。

律师不服法庭决定保留意见的内容应当详细记入法庭笔录,可以作为上诉理由,或者向同级或者上一级人民检察院申诉、控告。

第三十九条　律师申请查阅人民法院录制的庭审过程的录音、录像的,人民法院应当准许。

第四十条　侦查机关依法对在诉讼活动中涉嫌犯罪的律师采取强制措施后,应当在四十八小时以内通知其所在的律师事务所或者所属的律师协会。

第四十一条　律师认为办案机关及

其工作人员明显违反法律规定，阻碍律师依法履行辩护、代理职责，侵犯律师执业权利的，可以向该办案机关或者其上一级机关投诉。

办案机关应当畅通律师反映问题和投诉的渠道，明确专门部门负责处理律师投诉，并公开联系方式。

办案机关应当对律师的投诉及时调查，律师要求当面反映情况的，应当当面听取律师的意见。经调查情况属实的，应当依法立即纠正，及时答复律师，做好说明解释工作，并将处理情况通报其所在地司法行政机关或者所属的律师协会。

第四十二条　在刑事诉讼中，律师认为办案机关及其工作人员的下列行为阻碍律师依法行使诉讼权利的，可以向同级或者上一级人民检察院申诉、控告：

（一）未依法向律师履行告知、转达、通知和送达义务的；

（二）办案机关认定律师不得担任辩护人、代理人的情形有误的；

（三）对律师依法提出的申请，不接收、不答复的；

（四）依法应当许可律师提出的申请未许可的；

（五）依法应当听取律师的意见未听取的；

（六）其他阻碍律师依法行使诉讼权利的行为。

律师依照前款规定提出申诉、控告的，人民检察院应当在受理后十日以内进行审查，并将处理情况书面答复律师。情况属实的，通知有关机关予以纠正。情况不属实的，做好说明解释工作。

人民检察院应当依法严格履行保障律师依法执业的法律监督职责，处理律师申诉控告。在办案过程中发现有阻碍律师依法行使诉讼权利行为的，应当依法、及时提出纠正意见。

第四十三条　办案机关或者其上一级机关、人民检察院对律师提出的投诉、申诉、控告，经调查核实后要求有关机关予以纠正，有关机关拒不纠正或者累纠累犯的，应当由相关机关的纪检监察部门依照有关规定调查处理，相关责任人构成违纪的，给予纪律处分。

第四十四条　律师认为办案机关及其工作人员阻碍其依法行使执业权利的，可以向其所执业律师事务所所在地的市级司法行政机关、所属的律师协会申请维护执业权利。情况紧急的，可以向事发地的司法行政机关、律师协会申请维护执业权利。事发地的司法行政机关、律师协会应当给予协助。

司法行政机关、律师协会应当建立维护律师执业权利快速处置机制和联动机制，及时安排专人负责协调处理。律师的维权申请合法有据的，司法行政机关、律师协会应当建议有关办案机关依法处理，有关办案机关应当将处理情况及时反馈司法行政机关、律师协会。

司法行政机关、律师协会持有关证明调查核实律师权益保障或者违纪有关情况的，办案机关应当予以配合、协助，提供相关材料。

第四十五条　人民法院、人民检察院、公安机关、国家安全机关、司法行政机关和律师协会应当建立联席会议制度，定期沟通保障律师执业权利工作情况，及时调查处理侵犯律师执业权利的突发事件。

第四十六条　依法规范法律服务秩序，严肃查处假冒律师执业和非法从事法律服务的行为。对未取得律师执业证书或者已经被注销、吊销执业证书的人员以律师名义提供法律服务或者从事相关活动的，或者利用相关法律关于公民代理的规定从事诉讼代理或者辩护业务非法牟利的，依法追究责任，造成严重后果的，依法追究刑事责任。

第四十七条 本规定所称"办案机关"，是指负责侦查、审查逮捕、审查起诉和审判工作的公安机关、国家安全机关、人民检察院和人民法院。

第四十八条 本规定所称"律师助理"，是指辩护、代理律师所在律师事务所的其他律师和申请律师执业实习人员。

第四十九条 本规定自发布之日起施行。

最高人民法院
《关于依法切实保障律师诉讼权利的规定》

（2015年12月29日 法发〔2015〕16号）

为深入贯彻落实全面推进依法治国战略，充分发挥律师维护当事人合法权益、促进司法公正的积极作用，切实保障律师诉讼权利，根据中华人民共和国刑事诉讼法、民事诉讼法、行政诉讼法、律师法和《最高人民法院、最高人民检察院、公安部、国家安全部、司法部关于依法保障律师执业权利的规定》，作出如下规定：

一、依法保障律师知情权。人民法院要不断完善审判流程公开、裁判文书公开、执行信息公开"三大平台"建设，方便律师及时获取诉讼信息。对诉讼程序、诉权保障、调解和解、裁判文书等重要事项及相关进展情况，应当依法及时告知律师。

二、依法保障律师阅卷权。对律师申请阅卷的，应当在合理时间内安排。案卷材料被其他诉讼主体查阅的，应当协调安排各方阅卷时间。律师依法查阅、摘抄、复制有关卷宗材料或者查看庭审录音录像的，应当提供场所和设施。有条件的法院，可提供网上卷宗查阅服务。

三、依法保障律师出庭权。确定开庭日期时，应当为律师预留必要的出庭准备时间。因特殊情况更改开庭日期的，应当提前三日告知律师。律师因正当理由请求变更开庭日期的，法官可在征询其他当事人意见后准许。律师带助理出庭的，应当准许。

四、依法保障律师辩论、辩护权。法官在庭审过程中应合理分配诉讼各方发问、质证、陈述和辩论、辩护的时间，充分听取律师意见。除律师发言过于重复、与案件无关或者相关问题已在庭前达成一致等情况外，不应打断律师发言。

五、依法保障律师申请排除非法证据的权利。律师申请排除非法证据并提供相关线索或者材料，法官经审查对证据收集合法性有疑问的，应当召开庭前会议或者进行法庭调查。经审查确认存在法律规定的以非法方法收集证据情形的，对有关证据应当予以排除。

六、依法保障律师申请调取证据的权利。律师因客观原因无法自行收集证据的，可以依法向人民法院书面申请调取证据。律师申请调取证据符合法定条件的，法官应当准许。

七、依法保障律师的人身安全。案件审理过程中出现当事人矛盾激化，可能危及律师人身安全情形的，应当及时采取必要措施。对在法庭上发生的殴打、威胁、侮辱、诽谤律师等行为，法官应当及时制止，依法处置。

八、依法保障律师代理申诉的权利。对律师代理当事人对案件提出申诉的，要依照法律规定的程序认真处理。认为原案件处理正确的，要支持律师向申诉人做好释法析理、息诉息访工作。

九、为律师依法履职提供便利。要进一步完善网上立案、缴费、查询、阅卷、申请保全、提交代理词、开庭排期、文书送达等功能。有条件的法院要为参加庭审的律师提供休息场所，配备桌椅、饮水及其他必要设施。

十、完善保障律师诉讼权利的救济机制。要指定专门机构负责处理律师投诉，公开联系方式，畅通投诉渠道。对投诉要及时调查，依法处理，并将结果及时告知律师。对司法行政机关、律师协会就维护律师执业权利提出的建议，要及时予以答复。

司法部、中央军委《军人军属法律援助工作实施办法》

（2016年9月14日）

第一条 为贯彻落实《国务院、中央军委关于进一步加强军人军属法律援助工作的意见》（国发〔2014〕37号）精神，切实做好军人军属法律援助工作，依法维护国防利益和军人军属合法权益，制定本办法。

第二条 本办法所称军人，是指现役军(警)官、文职干部、士兵以及具有军籍的学员。军队中的文职人员、非现役公勤人员、在编职工，由军队管理的离退休人员，以及执行军事任务的预备役人员和其他人员，按军人对待。

本办法所称军属，是指军人的配偶、父母、子女和其他具有法定扶养关系的近亲属。烈士、因公牺牲军人、病故军人的遗属按军属对待。

第三条 县级以上司法行政机关和军队团级以上单位负责司法行政工作的部门应当密切协作、相互配合，建立健全军地联席会议、法律援助人员培训、工作考评通报等机制，共同做好军人军属法律援助工作。

第四条 法律援助人员办理军人军属法律援助案件，应当保守国家秘密、军事秘密，不得泄露当事人的隐私。

第五条 除《法律援助条例》规定的事项外，军人军属对下列事项因经济困难没有委托代理人的，可以向法律援助机构申请法律援助：

（一）请求给予优抚待遇的；

（二）涉及军人婚姻家庭纠纷的；

（三）因医疗、交通、工伤事故以及其他人身伤害案件造成人身损害或财产损失请求赔偿的；

（四）涉及农资产品质量纠纷、土地承包纠纷、宅基地纠纷以及保险赔付的。

第六条 军人军属申请法律援助，应当提交下列申请材料：

（一）法律援助申请表；

（二）军人军属身份证明；

（三）法律援助申请人经济状况证明表；

（四）与所申请法律援助事项有关的案件材料。

第七条 下列军人军属申请法律援助的，无需提交经济困难证明：

（一）义务兵、供给制学员及军属；

（二）执行作战、重大非战争军事行动任务的军人及军属；

（三）烈士、因公牺牲军人、病故军人的遗属。

第八条 军人军属就本办法第五条规定的事项申请法律援助的，由义务机关所在地或者义务人住所地的法律援助机构受理，也可以由军人军属法律援助工作站或者联络点受理。

第九条 对军人军属申请法律援助的，法律援助机构应当优化办理程序，优先受理、优先审批、优先指派。对情况紧急的可以先行受理，事后补充材料、补办手续。对伤病残等特殊困难的军人军属，实行电话申请、邮寄申请、上门受理等便利服务。有条件的可以实行网上办理。

法律援助机构对军人军属的法律援助申请作出给予法律援助的决定后，应当及时告知军队有关部门。

第十条 法律援助机构办理军人军属法律援助案件，需要军队有关部门协助的，军队有关部门应当予以协助。

第十一条 法律援助机构可以在省军区(卫戍区、警备区)、军分区(警备区)、县(市、区)人民武装部建立军人军属法律援助工作站，有条件的可以在军队团级以上单位建立军人军属法律援助工作站或者联络点。

法律援助机构可以根据需要，依托符合条件的律师事务所建立军人军属法律援助工作站。

军人军属法律援助工作站可以在乡(镇)人武部、营连级以下部队设立法律援助联络点，为军人军属申请法律援助提供服务。

第十二条 军人军属法律援助工作站应当具备以下条件：

（一）有固定的办公场所和设备；

（二）有具备一定法律知识的工作人员；

（三）有必要的工作经费；

（四）有规范的工作制度；

（五）有统一的标识及公示栏。

第十三条 军人军属法律援助工作站的职责范围包括：

（一）接受军人军属的法律援助申请并进行初步审查，对符合条件的转交有权办理的法律援助机构；

（二）开展军人军属法治宣传教育；

（三）解答法律咨询、代写法律文书；

（四）办理简单的非诉讼法律援助事项；

（五）收集、分析和报送军人军属法律需求信息。

第十四条 军人军属法律援助工作站应当在接待场所和相关网站公示办公地址、通讯方式以及军人军属法律援助条件、程序、申请材料目录等信息。

第十五条 军人军属法律援助工作站应当建立军人军属来函、来电来访咨询事项登记制度。对属于法律援助范围的，应当一次性告知申请程序，指导当事人依法提出申请；对不属于法律援助范围的，应当告知有关规定，指引当事人寻求其他解决渠道。

第十六条 军人军属法律援助工作站应当向所属法律援助机构和所驻军队单位负责司法行政工作的部门及时报告工作，接受其业务指导和监督。

第十七条 法律援助机构应当安排本机构人员或者指派律师到军人军属法律援助工作站值班。

第十八条 县级以上司法行政机关和军队团级以上单位负责司法行政工

的部门应当建立联席会议制度，其主要职责是：

（一）研究制定军人军属法律援助工作发展规划、重要制度和措施，安排部署军人军属法律援助工作任务；

（二）通报有关情况，协调落实军人军属法律援助工作；

（三）指导、检查军人军属法律援助工作，开展调查研究，及时解决工作中的困难和问题；

（四）总结推广军人军属法律援助工作经验，组织宣传相关政策制度和先进典型；

（五）组织军地法律援助人员学习交流、培训活动。

第十九条　司法行政机关应当把军人军属法律援助工作站和联络点人员培训工作纳入当地法律援助业务培训规划。军队负责司法行政工作的部门应当为军人军属法律援助工作站和联络点人员参加培训提供必要的条件和保障。

军队法律顾问处与法律援助机构、相关律师事务所可以开展业务研究、办案交流等活动，提高军人军属法律援助队伍业务素质。

第二十条　县级以上司法行政机关应当会同军队团级以上单位负责司法行政工作的部门协调地方财政部门，推动将军人军属法律援助经费纳入财政保障范围，并根据经济社会发展水平逐步加大经费投入。

有条件的地方可探索建立军人军属法律援助专项基金，专门用于办理军人军属法律援助案件。法律援助基金会等组织应当通过多种渠道，积极募集社会资金，支持军人军属法律援助工作。

军队有关部门应当将军人军属法律援助工作站、联络点日常办公所需经费纳入单位年度预算。

第二十一条　建立健全法律援助机构和法律援助人员开展军人军属法律援助工作考评机制。考评结果应当报送上一级司法行政机关和军队负责司法行政工作的部门。

第二十二条　本办法由司法部和中央军委政法委员会解释。

第二十三条　本办法自2016年9月14日起施行。

公安部、司法部
《关于进一步保障和规范看守所律师会见工作的通知》

（公监管〔2019〕372号，2019年10月18日）

各省、自治区、直辖市公安厅（局）司法厅（局），新疆生产建设兵团公安局、司法局：

近年来，全国公安机关、司法行政机关切实加强协作配合，按照最高人民法院、最高人民检察院、公安部、国家安全部、司法部《关于依法保障律师执业权利的规定》（司发〔2015〕14号）要求，不断创新协作机制、完善保障制度、加强硬件建设，严格依法保障律师在看守所会见在押犯罪嫌疑人、被告人的权利，取得明显成效。但随着刑事案件律师辩护全覆盖、法律援助值班律师等新制度的实施，看守所律师会见量急剧增多，一些看守所律师会见排队时间过长，甚至出现个别变相限制律师会见的现象，影响了律师的正常执业。同时，个别律师违反会见管理相关规定，甚至发生假冒律师会见等问题，影响

了监所安全。对此,公安部、司法部经共同协商研究,现就进一步保障和规范看守所律师会见工作的相关要求通知如下:

一、依法安排及时会见,保障律师正常执业。辩护律师到看守所要求会见在押的犯罪嫌疑人、被告人,看守所在核验律师执业证书、律师事务所证明和委托书或者法律援助公函后,应当及时安排会见,能当时安排的应当时安排,不能当时安排的应向辩护律师说明情况,并保证辩护律师在48小时内会见到在押的犯罪嫌疑人、被告人。看守所安排会见不得附加其他条件或者变相要求辩护律师提交法律规定以外的其他文件、材料,不得以未收到办案部门通知为由拒绝安排辩护律师会见。在押犯罪嫌疑人、被告人提出解除委托关系的,辩护律师要求当面向其确认解除委托关系的,看守所应当安排会见;犯罪嫌疑人、被告人书面拒绝会见的,看守所应当将有关书面材料转交辩护律师。

二、加强制度硬件建设,满足律师会见需求。要加强制度建设,看守所应设立律师会见预约平台,在确保在押人员信息安全的前提下,通过网络、微信、电话等方式为律师预约会见,但不得以未预约为由拒绝安排律师会见,有条件的地方可以探索视频会见。要加强会见场所建设,新建看守所律师会见室数量要按照设计押量每百人4间的标准建设,老旧看守所要因地制宜、挖掘潜力,通过改建、扩建等办法,进一步增加律师会见室数量。在律师会见室不足的情况下,经书面征得律师同意,可以使用讯问室安排律师会见,但应当关闭录音、监听设备。律师会见量较大的看守所可设置快速会见室,对于会见时间不超过30分钟的会见申请,看守所应安排快速会见。要加强服务保障,有条件的看守所可设立律师等候休息区,并配备一些必要的服务设施及办公设备,最大限度为律师会见提供便利。律师可以携带个人电脑会见,但应当遵守相关法律法规的规定,确保会见安全。在正常工作时间内无法满足律师会见需求的,经看守所所长批准可适当延长工作时间,或利用公休日安排律师会见。

三、加强信息共享和协作配合,确保羁押秩序和安全。公安部、司法部建立全国律师信息共享机制,共享全国律师的执业资格、执业状态等相关信息,并进一步规范辩护委托书、会见介绍信和刑事法律援助辩护(代理)函等文书的格式。律师应当遵守看守所安全管理规定,严禁携带违禁物品进入会见区,严禁带经办案单位核实或许可的律师助理、翻译以外的其他人员参加会见,严禁将通讯工具提供给犯罪嫌疑人、被告人使用或者传递违禁物品、文件。发现律师在会见中有违规行为的,看守所应立即制止,并及时通报同级司法行政机关、律师协会。律师认为自己的会见权利受到侵害的,可以向看守所及所属公安机关、司法行政机关、律师协会或者检察机关投诉,公安机关应当公开受理律师投诉的机构名称和具体联系人、联系方式等。司法行政机关和律师协会要协同相关部门依法整治看守所周边违法设点执业的律师事务所,严肃查处违规执业、以不正当手段争揽业务和扰乱正常会见秩序等行为。

各地贯彻落实情况及工作中遇到的问题,请及时报公安部监所管理局、司法部律师工作局。

最高人民法院、最高人民检察院、公安部、国家安全部、司法部《法律援助值班律师工作办法》

(2020年8月20日印发　司规〔2020〕6号)

第一章　总　　则

第一条　为保障犯罪嫌疑人、被告人依法享有的诉讼权利,加强人权司法保障,进一步规范值班律师工作,根据《中华人民共和国刑事诉讼法》《中华人民共和国律师法》等规定,制定本办法。

第二条　本办法所称值班律师,是指法律援助机构在看守所、人民检察院、人民法院等场所设立法律援助工作站,通过派驻或安排的方式,为没有辩护人的犯罪嫌疑人、被告人提供法律帮助的律师。

第三条　值班律师工作应当坚持依法、公平、公正、效率的原则,值班律师应当提供符合标准的法律服务。

第四条　公安机关(看守所)、人民检察院、人民法院、司法行政机关应当保障没有辩护人的犯罪嫌疑人、被告人获得值班律师法律帮助的权利。

第五条　值班律师工作由司法行政机关牵头组织实施,公安机关(看守所)、人民检察院、人民法院应当依法予以协助。

第二章　值班律师工作职责

第六条　值班律师依法提供以下法律帮助:

(一)提供法律咨询;

(二)提供程序选择建议;

(三)帮助犯罪嫌疑人、被告人申请变更强制措施;

(四)对案件处理提出意见;

(五)帮助犯罪嫌疑人、被告人及其近亲属申请法律援助;

(六)法律法规规定的其他事项。

值班律师在认罪认罚案件中,还应当提供以下法律帮助:

(一)向犯罪嫌疑人、被告人释明认罪认罚的性质和法律规定;

(二)对人民检察院指控罪名、量刑建议、诉讼程序适用等事项提出意见;

(三)犯罪嫌疑人签署认罪认罚具结书时在场。

值班律师办理案件时,可以应犯罪嫌疑人、被告人的约见进行会见,也可以经办案机关允许主动会见;自人民检察院对案件审查起诉之日起可以查阅案卷材料、了解案情。

第七条　值班律师提供法律咨询时,应当告知犯罪嫌疑人、被告人有关法律帮助的相关规定,结合案件所在的诉讼阶段解释相关诉讼权利和程序规定,解答犯罪嫌疑人、被告人咨询的法律问题。

犯罪嫌疑人、被告人认罪认罚的,值班律师应当了解犯罪嫌疑人、被告人对被指控的犯罪事实和罪名是否有异议,告知被指控罪名的法定量刑幅度,释明从宽从重处罚的情节以及认罪认罚的从宽幅度,并结合案件情况提供程序选择建议。

值班律师提供法律咨询的,应当记录犯罪嫌疑人、被告人涉嫌的罪名、咨询的法律问题、提供的法律解答。

第八条　在审查起诉阶段,犯罪嫌疑人认罪认罚的,值班律师可以就以下事项向人民检察院提出意见:

(一)涉嫌的犯罪事实、指控罪名及适用的法律规定;

(二)从轻、减轻或者免除处罚等从

宽处罚的建议；

（三）认罪认罚后案件审理适用的程序；

（四）其他需要提出意见的事项。

值班律师对前款事项提出意见的，人民检察院应当记录在案并附卷，未采纳值班律师意见的，应当说明理由。

第九条 犯罪嫌疑人、被告人提出申请羁押必要性审查的，值班律师应当告知其取保候审、监视居住、逮捕等强制措施的适用条件和相关法律规定，人民检察院进行羁押必要性审查的程序；犯罪嫌疑人、被告人已经被逮捕的，值班律师可以帮助其向人民检察院提出羁押必要性审查申请，并协助提供相关材料。

第十条 犯罪嫌疑人签署认罪认罚具结书时，值班律师对犯罪嫌疑人认罪认罚自愿性、人民检察院量刑建议、程序适用等均无异议的，应当在具结书上签名，同时留存一份复印件归档。

值班律师对人民检察院量刑建议、程序适用有异议的，在确认犯罪嫌疑人系自愿认罪认罚后，应当在具结书上签字，同时可以向人民检察院提出法律意见。

犯罪嫌疑人拒绝值班律师帮助的，值班律师无需在具结书上签字，应当将犯罪嫌疑人签字拒绝法律帮助的书面材料留存一份归档。

第十一条 对于被羁押的犯罪嫌疑人、被告人，在不同诉讼阶段，可以由派驻看守所的同一值班律师提供法律帮助。对于未被羁押的犯罪嫌疑人、被告人，前一诉讼阶段的值班律师可以在后续诉讼阶段继续为犯罪嫌疑人、被告人提供法律帮助。

第三章 法律帮助工作程序

第十二条 公安机关、人民检察院、人民法院应当在侦查、审查起诉和审判各阶段分别告知没有辩护人的犯罪嫌疑人、被告人有权约见值班律师获得法律帮助，并为其约见值班律师提供便利。

第十三条 看守所应当告知犯罪嫌疑人、被告人有权约见值班律师，并为其约见值班律师提供便利。

看守所应当将值班律师制度相关内容纳入在押人员权利义务告知书，在犯罪嫌疑人、被告人入所时告知其有权获得值班律师的法律帮助。

犯罪嫌疑人、被告人要求约见值班律师的，可以书面或者口头申请。书面申请的，看守所应当将其填写的法律帮助申请表及时转交值班律师。口头申请的，看守所应当安排代为填写法律帮助申请表。

第十四条 犯罪嫌疑人、被告人没有委托辩护人并且不符合法律援助机构指派律师为其提供辩护的条件，要求约见值班律师的，公安机关、人民检察院、人民法院应当及时通知法律援助机构安排。

第十五条 依法应当通知值班律师提供法律帮助而犯罪嫌疑人、被告人明确拒绝的，公安机关、人民检察院、人民法院应当记录在案。

前一诉讼程序犯罪嫌疑人、被告人明确拒绝值班律师法律帮助的，后一诉讼程序的办案机关仍需告知其有权获得值班律师法律帮助的权利，有关情况应当记录在案。

第十六条 公安机关、人民检察院、人民法院需要法律援助机构通知值班律师为犯罪嫌疑人、被告人提供法律帮助的，应当向法律援助机构出具法律帮助通知书，并附相关法律文书。

单次批量通知的，可以在一份法律帮助通知书后附多名犯罪嫌疑人、被告人相关信息的材料。

除通知值班律师到羁押场所提供法律帮助的情形外,人民检察院、人民法院可以商法律援助机构简化通知方式和通知手续。

第十七条 司法行政机关和法律援助机构应当根据当地律师资源状况、法律帮助需求,会同看守所、人民检察院、人民法院合理安排值班律师的值班方式、值班频次。

值班方式可以采用现场值班、电话值班、网络值班相结合的方式。现场值班的,可以采取固定专人或轮流值班,也可以采取预约值班。

第十八条 法律援助机构应当综合律师政治素质、业务能力、执业年限等确定值班律师人选,建立值班律师名册或值班律师库。并将值班律师库或名册信息、值班律师工作安排,提前告知公安机关(看守所)、人民检察院、人民法院。

第十九条 公安机关、人民检察院、人民法院应当在确定的法律帮助日期前三个工作日,将法律帮助通知书送达法律援助机构,或者直接送达现场值班律师。

该期间没有安排现场值班律师的,法律援助机构应当自收到法律帮助通知书之日起两个工作日内确定值班律师,并通知公安机关、人民检察院、人民法院。

公安机关、人民检察院、人民法院和法律援助机构之间的送达及通知方式,可以协商简化。

适用速裁程序的案件、法律援助机构需要跨地区调配律师等特殊情形的通知和指派时限,不受前款限制。

第二十条 值班律师在人民检察院、人民法院现场值班的,应当按照法律援助机构的安排,或者人民检察院、人民法院送达的通知,及时为犯罪嫌疑人、被告人提供法律帮助。

犯罪嫌疑人、被告人提出法律帮助申请,看守所转交给现场值班律师的,值班律师应当根据看守所的安排及时提供法律帮助。

值班律师通过电话、网络值班的,应当及时提供法律帮助,疑难案件可以另行预约咨询时间。

第二十一条 侦查阶段,值班律师可以向侦查机关了解犯罪嫌疑人涉嫌的罪名及案件有关情况;案件进入审查起诉阶段后,值班律师可以查阅案卷材料,了解案情,人民检察院、人民法院应当及时安排,并提供便利。已经实现卷宗电子化的地方,人民检察院、人民法院可以安排在线阅卷。

第二十二条 值班律师持律师执业证或者律师工作证、法律帮助申请表或者法律帮助通知书到看守所办理法律帮助会见手续,看守所应当及时安排会见。

危害国家安全犯罪、恐怖活动犯罪案件,侦查期间值班律师会见在押犯罪嫌疑人的,应当经侦查机关许可。

第二十三条 值班律师提供法律帮助时,应当出示律师执业证或者律师工作证或者相关法律文书,表明值班律师身份。

第二十四条 值班律师会见犯罪嫌疑人、被告人时不被监听。

第二十五条 值班律师在提供法律帮助过程中,犯罪嫌疑人、被告人向值班律师表示愿意认罪认罚的,值班律师应当及时告知相关的公安机关、人民检察院、人民法院。

第四章 值班律师工作保障

第二十六条 在看守所、人民检察

院、人民法院设立的法律援助工作站,由同级司法行政机关所属的法律援助机构负责派驻并管理。

看守所、人民检察院、人民法院等机关办公地点临近的,法律援助机构可以设立联合法律援助工作站派驻值班律师。

看守所、人民检察院、人民法院应当为法律援助工作站提供必要办公场所和设施。有条件的人民检察院、人民法院,可以设置认罪认罚等案件专门办公区域,为值班律师设立专门会见室。

第二十七条 法律援助工作站应当公示法律援助条件及申请程序、值班律师工作职责、当日值班律师基本信息等,放置法律援助格式文书及宣传资料。

第二十八条 值班律师提供法律咨询、查阅案卷材料、会见犯罪嫌疑人或者被告人、提出书面意见等法律帮助活动的相关情况应当记录在案,并随案移送。

值班律师应当将提供法律帮助的情况记入工作台账或者形成工作卷宗,按照规定时限移交法律援助机构。

公安机关(看守所)、人民检察院、人民法院应当与法律援助机构确定工作台账格式,将值班律师履行职责情况记录在案,并定期移送法律援助机构。

第二十九条 值班律师提供法律帮助时,应当遵守相关法律法规、执业纪律和职业道德,依法保守国家秘密、商业秘密和个人隐私,不得向他人泄露工作中掌握的案件情况,不得向受援人收取财物或者谋取不正当利益。

第三十条 司法行政机关应当会同财政部门,根据直接费用、基本劳务费等因素合理制定值班律师法律帮助补贴标准,并纳入预算予以保障。

值班律师提供法律咨询、转交法律援助申请等法律帮助的补贴标准按工作日计算;为认罪认罚案件的犯罪嫌疑人、被告人提供法律帮助的补贴标准,由各地结合本地实际情况按件或按工作日计算。

法律援助机构应当根据值班律师履行工作职责情况,按照规定支付值班律师法律帮助补贴。

第三十一条 法律援助机构应当建立值班律师准入和退出机制,建立值班律师服务质量考核评估制度,保障值班律师服务质量。

法律援助机构应当建立值班律师培训制度,值班律师首次上岗前应当参加培训,公安机关、人民检察院、人民法院应当提供协助。

第三十二条 司法行政机关和法律援助机构应当加强本行政区域值班律师工作的监督和指导。对律师资源短缺的地区,可采取在省、市范围内统筹调配律师资源,建立政府购买值班律师服务机制等方式,保障值班律师工作有序开展。

第三十三条 司法行政机关会同公安机关、人民检察院、人民法院建立值班律师工作会商机制,明确专门联系人,及时沟通情况,协调解决相关问题。

第三十四条 司法行政机关应当加强对值班律师的监督管理,对表现突出的值班律师给予表彰;对违法违纪的值班律师,依职权或移送有权处理机关依法依规处理。

法律援助机构应当向律师协会通报值班律师履行职责情况。

律师协会应当将值班律师履行职责、获得表彰情况纳入律师年度考核及律师诚信服务记录,对违反职业道德和执业纪律的值班律师依法依规处理。

第五章 附 则

第三十五条 国家安全机关、中国海警局、监狱履行刑事诉讼法规定职责，涉及值班律师工作的，适用本办法有关公安机关的规定。

第三十六条 本办法自发布之日起施行。《关于开展法律援助值班律师工作的意见》(司发通[2017]84号)同时废止。

最高人民法院、最高人民检察院、公安部、司法部《关于进一步深化刑事案件律师辩护全覆盖试点工作的意见》(节录)

(2022年10月12日)

各省、自治区、直辖市高级人民法院、人民检察院、公安厅(局)、司法厅(局)，新疆维吾尔自治区高级人民法院生产建设兵团分院、新疆生产建设兵团人民检察院、公安局、司法局：

……为贯彻落实法律援助法，进一步加强刑事案件犯罪嫌疑人、被告人人权司法保障，现就深化刑事案件律师辩护全覆盖试点工作提出如下意见。

一、充分认识深化刑事案件律师辩护全覆盖试点工作的重大意义(略)

二、巩固审判阶段刑事案件律师辩护全覆盖试点工作成效(略)

三、开展审查起诉阶段律师辩护全覆盖试点工作

6. 确定试点区域。(略)

7. 确定通知辩护范围。犯罪嫌疑人没有委托辩护人，且有可能判处三年以上有期徒刑，本人或其共同犯罪嫌疑人拒不认罪、案情重大复杂、可能造成重大社会影响情形之一的，人民检察院应当通知法律援助机构指派律师为其提供辩护。已先行开展试点的地区，可以结合本地实际扩大通知辩护案件范围。

8. 确定工作程序。人民检察院自收到移送审查起诉的案件材料之日起三日内，应当告知犯罪嫌疑人有权委托辩护人。犯罪嫌疑人具有本意见第七条规定情形的，人民检察院应当告知其如果不委托辩护人，将通知法律援助机构指派律师为其提供辩护。犯罪嫌疑人决定不自行委托辩护人的，人民检察院应当记录在案并将通知辩护公函送交法律援助机构。通知辩护公函应当载明犯罪嫌疑人的姓名、涉嫌的罪名、羁押场所或者住所、通知辩护的理由、检察人员姓名和联系方式等。法律援助机构应当自收到通知辩护公函之日起三日内，确定承办律师并将辩护师姓名、所属单位及联系方式函告人民检察院。

9. 辩护律师职责。辩护律师依照刑事诉讼法、律师法等规定，依法履行辩护职责。在审查起诉阶段，辩护律师应当向犯罪嫌疑人释明认罪认罚从宽的法律规定和法律后果，依法向犯罪嫌疑人提供法律咨询、程序选择建议、申请变更强制措施、提出羁押必要性审查申请等法律帮助。犯罪嫌疑人自愿认罪认罚的，辩护律师应当对刑事诉讼法第一百七十三条第二款规定的事项提出意见。法律援助机构指派的辩护律师应当自接到指派通知之日起及时阅卷、会见犯罪嫌疑人。对人民检察院拟建议适用速裁程序办理的犯罪嫌疑人认罪认罚案件，辩护律师应当在人民检察院办案期限内完成阅卷、会见。

10. **切实保障律师辩护权**。人民检察院应当依法保障辩护律师会见、阅卷等诉讼权利,为辩护律师履行职责提供便利。人民检察院作出退回补充侦查、延长审查起诉期限、提起公诉、不起诉等重大程序性决定的,应当依法及时告知辩护律师,及时向辩护律师公开案件的流程信息。

11. **及时安排阅卷**。辩护律师提出阅卷要求的,人民检察院应当及时安排阅卷,因工作等原因无法及时安排的,应当向辩护律师说明,并自即日起三个工作日内安排阅卷,不得限制辩护律师合理的阅卷次数和时间。有条件的地方可以设立阅卷预约平台,推行电子化阅卷,允许下载、刻录案卷材料。

12. **做好法律帮助衔接**。犯罪嫌疑人没有委托辩护人的,也不属于本意见第七条规定由法律援助机构指派律师提供辩护情形的,人民检察院应当及时通知法律援助机构安排值班律师提供法律帮助。

13. **拒绝辩护处理**。属于法律援助法第二十五条第一款、本意见第七条规定的应当通知辩护情形,犯罪嫌疑人拒绝法律援助机构指派的律师为其辩护的,人民检察院应当查明原因。理由正当的,应当准许,但犯罪嫌疑人必须另行委托辩护人;犯罪嫌疑人未另行委托辩护人的,应当书面通知法律援助机构另行指派律师为其提供辩护。犯罪嫌疑人拒绝法律援助机构指派的律师为其辩护,坚持自己行使辩护权,人民检察院准许的,法律援助机构应当作出终止法律援助的决定;对于有正当理由要求更换律师的,法律援助机构应当另行指派律师为其提供辩护。

四、实质发挥值班律师法律帮助作用

14. **完善值班律师派驻**。人民法院、人民检察院、公安机关应当为法律援助工作站提供必要办公场所和设施,加快推进法律援助工作站建设。司法行政机关和法律援助机构应当根据当地律师资源状况、法律帮助需求灵活采用现场值班、电话值班、网络值班等多种形式,确保值班律师法律帮助全覆盖。

15. **落实权利告知**。人民法院、人民检察院、公安机关应当在侦查、审查起诉、审判各阶段分别告知没有辩护人的犯罪嫌疑人、被告人有权约见值班律师获得法律帮助,并为犯罪嫌疑人、被告人约见值班律师提供便利。前一诉讼程序犯罪嫌疑人、被告人拒绝值班律师法律帮助的,后一诉讼程序的办案机关仍需告知其有权获得值班律师法律帮助,有关情况应当记录在案。

16. **及时通知值班律师**。犯罪嫌疑人、被告人没有委托辩护人,法律援助机构也没有指派律师提供辩护的,犯罪嫌疑人、被告人申请约见值班律师的,人民法院、人民检察院、公安机关可以直接送达现场派驻的值班律师或即时通知电话、网络值班律师。不能直接安排或即时通知的,应当在二十四小时内将法律帮助通知书送达法律援助机构。法律援助机构应当在收到法律帮助通知书之日起两个工作日内确定值班律师,并将值班律师姓名、单位、联系方式告知办案机关。除通知值班律师到羁押场所提供法律帮助的情形外,人民检察院、人民法院可以商法律援助机构简化通知方式和通知手续。办案机关应当为值班律师与犯罪嫌疑人、被告人会见提供便利。

17. **切实保障值班律师权利**。犯罪嫌疑人、被告人没有辩护人的,人民法院、人民检察院、公安机关应当在侦查、审查逮捕、审查起诉和审判阶段分别听取值班律师意见，充分发挥值班律师在各个诉讼阶段的法律帮助作用。人民法院、人民检察院、公安机关应当依法保障值班律师会见等诉讼权利。涉嫌危害国家安全犯罪、恐怖活动犯罪案件，在侦查期间，犯罪嫌疑人会见值班律师的，应当经侦查机关许可；侦查机关同意值班律师会见的，应当及时通知值班律师。值班律师会见犯罪嫌疑人、被告人时不被监听。案件移送审查起诉后，值班律师可以查阅案卷材料，了解案情，人民检察院、人民法院应当及时安排，并提供便利。已经实现卷宗电子化的地方，人民检察院、人民法院可以安排在线阅卷。对于值班律师数量有限、案件量较大的地区，值班律师可采取集中查阅案卷方式。

18. **值班律师依法履行职责**。值班律师提供法律帮助应当充分了解案情，对于案情较为复杂的案件，应当在查阅案卷材料并向犯罪嫌疑人、被告人充分释明相关诉讼权利和程序规定后对案件处理提出意见。犯罪嫌疑人、被告人自愿认罪认罚的，值班律师应当结合案情向犯罪嫌疑人、被告人释明认罪认罚的性质和法律规定，对人民检察院指控的罪名、量刑建议、诉讼程序适用等提出意见，在犯罪嫌疑人签署具结书时在场。

19. **值班律师的控告申诉**。值班律师在提供法律帮助过程中，认为人民法院、人民检察院、公安机关及其工作人员明显违反法律规定，阻碍其依法提供法律帮助，侵犯律师执业权利的，有权向同级或者上一级人民检察院申诉或者控告。人民检察院对申诉或者控告应当及时审查，情况属实的，通知有关机关予以纠正。

五、健全完善衔接配合机制（略）

六、加强组织领导（略）

最高人民检察院、司法部、中华全国律师协会《关于依法保障律师执业权利的十条意见》

（2023年3月2日公布）

为深入学习贯彻党的二十大精神，全面贯彻习近平法治思想，认真落实《中共中央关于加强新时代检察机关法律监督工作的意见》，依法保障律师执业权利，进一步为律师会见、阅卷、听取意见等提供便利，根据《中华人民共和国刑事诉讼法》《中华人民共和国律师法》《人民检察院刑事诉讼规则》等规定，结合工作实际，制定如下工作意见。

一、加强接待律师平台建设

人民检察院12309检察服务中心统一接收律师提交的案件材料，集中受理律师提出的阅卷、约见案件承办人、调取证据、查询等事项，为律师执业提供便利。律师可以直接拨打12309检察服务热线、登陆12309中国检察网或者到12309检察服务中心现场提出上述事项。人民检察院应当及时办理，并将办理情况或结果告知律师，做到"件件有回复"。

二、充分保障律师对案件办理重要程序性事项的知情权

人民检察院受理公安机关提请批准逮捕，作出退回补充侦查、改变管辖、提起公诉等重要程序性决定的，应当通过电话、短信、手机App信息推送等方式及时告知辩护律师。办案人员的姓名及联系方式也应向辩护律师提供。

三、充分保障律师查阅案卷的权利

人民检察院在律师提出阅卷申请后，一般应当提供电子卷宗，便于律师查阅、复制。律师提出调阅案件纸质卷宗的,人民检察院了解具体原因后,认为应予支持的,应当及时安排。各级人民检察院应当进一步规范电子卷宗制作标准,提高制作效率,确保电子卷宗完整、清晰、准确,便于查阅。对于符合互联网阅卷要求的,应当在三日内完成律师互联网阅卷申请的办理和答复。

四、充分保障律师反映意见的权利

人民检察院听取律师意见,应当坚持"能见尽见、应听尽听"原则,充分保障律师向办案部门反映意见的权利。人民检察院拟决定或者批准逮捕犯罪嫌疑人的,应当在作出决定前征询辩护律师意见。拟当面听取律师意见的,应当由检察官或者检察官助理在专门的律师会见室进行,并配备记录人员,完整记录律师意见和工作过程。当面听取律师意见有困难的,可以通过书面、电话、视频等方式进行并记录在案。

五、及时向律师反馈意见采纳情况

人民检察院应当全面审查律师就办案工作提出的意见,有事实和法律依据的意见应当吸收。在案件办结前,应当通过约见、书面、电话、视频等方式向律师反馈意见采纳情况及不予采纳的理由,并记录在案。制作法律文书时,应当写明律师相关信息,并载明律师意见、检察机关采纳情况及不予采纳的理由。

六、认真听取律师对认罪认罚案件的意见

人民检察院办理认罪认罚案件,应当认真听取辩护律师或者值班律师的意见。已委托辩护律师的,应当提前通知辩护律师,确保犯罪嫌疑人签署认罪认罚具结书时在场并有明确的意见,不得绕开辩护律师安排值班律师代为见证具结。辩护律师确因客观原因无法到场的,可以通过远程视频方式见证具结;确有不便的,经辩护律师同意,可以安排值班律师在场履职。

七、加强对律师会见权的监督保障

人民检察院应当在看守所、监狱等律师会见场所公布派驻监管场所检察人员姓名及办公电话。律师提出会见在押的犯罪嫌疑人、被告人、罪犯,认为受到相关部门工作人员阻碍的,可以向检察机关提出控告申诉。对相关部门工作人员阻碍律师会见,派驻监管场所检察人员能够当场处理的,应当及时监督相关部门依法保障律师行使会见权;不能当场处理的,应当在五个工作日内审查办理完毕。经审查,认为不符合会见条件的,要及时向律师说明情况,取得理解。派驻监管场所检察室应当与看守所、监狱建立及时畅通的沟通交流机制,促进律师会见问题解决。

八、畅通权利救济渠道

律师认为人民检察院及其工作人员未严格执行本意见的,可以向该检察院或者上一级人民检察院提出控告申诉,也可以向所属律师协会反映,律师协会要及时将问题线索转交检察机关。人民检察院收到相关控告申诉或问题线索后,应当作为阻碍律师执业权利监督案件在第一时间受理,并于十日内办结并书面答复律师。对于律师提出的情况紧急、需要尽快办理的控告申诉,人民检察院一般应当在三个工作日内办理并答复律师。中华全国律师协会维护律师执业权利中心公布各地维权联系电话、联系人姓名,方便律师查询联系。

九、严肃责任落实

人民检察院应当将依法保障律师执业权利工作情况纳入检察人员业绩考评

体系,引导检察人员全面履行依法保障律师执业权利的司法责任。人民检察院调查核实后认为律师控告申诉情况属实的,应当及时通知本院有关部门、下级人民检察院予以纠正。本院有关部门、下级人民检察院未予纠正或者纠正不到位的,应当及时了解情况予以通报或移送相关线索。对于检察人员违反职责阻碍律师依法执业需要追究司法责任的,应当按照《人民检察院司法责任追究条例》的规定,严格依法处理。

十、强化沟通协调

人民检察院、司法行政机关和律师协会应当加强沟通协调,切实发挥维护律师执业权利快速联动处置机制作用,及时发现和解决不能保证律师依法行使执业权利问题,做好相关组织、协调和落实工作。地方各级人民检察院、司法行政机关、律师协会每半年召开一次联席会议,相互通报保障律师依法执业工作情况。建立健全检律同堂培训机制,常态化组织开展检律同堂培训。围绕律师执业权利保障、检律互动亲清有度,联合开展专项调研工作,不断提高保障律师依法执业的法治化水平。

(五)证 据

最高人民法院《关于刑事案件中证物保管问题的批复》

(1964年9月16日)

四川省高级人民法院:

你院(64)法办秘字第34号关于刑事案件中证物保管问题的请示已收阅。现就你们提出的意见答复如下:

一、刑事案件中的文字证明材料,如法医鉴定书、检举材料、照片等,应当订入诉讼卷宗,永久保存。

二、刑事案件中的证物,如凶器、血衣、妇女被奸污后流有精液的衣、裤等,应当开列清单附卷,并在证物上粘贴标笺,注明年度、档案,另放一处妥善保管,至少保存十五年,以后如认为没有必要保存时,可造具清册,经院领导批准后销毁。

三、对于尸骨、尸体,经有关部门鉴定或照片附卷后,可按以下办法处理:如果死者亲属要求收回的,可予发还;如果死者亲属不收回的,可由司法机关埋葬,对今后确实不会再用的尸骨、尸体,也可以采取其他适当办法予以处理。

最高人民法院、最高人民检察院、公安部《关于机关团体和企业事业单位保卫处科在查破案件时收集的证据材料可以在刑事诉讼中使用的通知》

[1982年7月6日 (82)公发(经)96号]

各省、市、自治区高级人民法院、人民检察院、公安厅(局):

最近,有些地区的公安机关、人民检察院、人民法院和基层保卫部门提出:机关、团体、企业、事业单位保卫处、科在查破案件时收集的证据材料,可否移送公、检、法机关在刑事诉讼中使用?经我们共同研究,现通知如下:

县(市辖区)以上的直属机关、团体、

企业、事业单位保卫处、科,在公安机关指导下,查破一般反革命案件和其他一般刑事案件时,可以依法进行现场勘查、询问证人、讯问被告人、追缴赃款赃物的工作。对于需要逮捕或应当移送起诉的案件(不含由人民检察院直接受理的案件),保卫处、科应将案卷连同通过上述工作所获取的证据材料,一并报送县以上公安机关审核同意后,由公安机关提请人民检察院审查决定。保卫处、科依照法定程序所获取的证据材料,可以在刑事诉讼中使用。

公安部
《对〈关于鉴定淫秽物品有关问题的请示〉的批复》

(1998年11月27日 公复字〔1998〕8号)

江苏省公安厅:

你厅《关于鉴定淫秽物品有关问题的请示》(苏公厅〔1998〕459号)收悉。现批复如下:

鉴于近年来各地公安机关查获淫秽物品数量不断增加、查禁任务日趋繁重的情况,为及时打击处理走私、制作、贩卖、传播淫秽物品的违法犯罪分子,今后各地公安机关查获的物品,需审查认定是否为淫秽物品的,可以由县级以上公安机关治安部门负责鉴定工作,但要指定两名政治、业务素质过硬的同志共同进行,其他人员一律不得参加。当事人提出不同意见需重新鉴定的,由上一级公安机关治安部门会同同级新闻出版、音像归口管理等部门重新鉴定。对送审鉴定和收缴的淫秽物品,由县级以上公安机关治安部门统一集中,登记造册,适时组织全部销毁。对于淫秽物品鉴定工作中与新闻出版、音像归口管理等部门的配合问题,仍按现行规定执行。

最高人民检察院
《关于CPS多道心理测试鉴定结论能否作为诉讼证据使用问题的批复》

(1999年9月10日 高检发研字〔1999〕12号)

四川省人民检察院:

你院川检发研〔1999〕20号《关于CPS多道心理测试鉴定结论能否作为诉讼证据使用的请示》收悉。经研究,批复如下:

CPS多道心理测试(俗称测谎)鉴定结论与刑事诉讼法规定的鉴定结论不同,不属于刑事诉讼法规定的证据种类。人民检察院办理案件,可以使用CPS多道心理测试鉴定结论帮助审查、判断证据,但不能将CPS多道心理测试鉴定结论作为证据使用。

此复。

最高人民检察院
《关于"骨龄鉴定"能否作为确定刑事责任年龄证据使用的批复》

(2000年2月21日)

宁夏回族自治区人民检察院:

你院《关于"骨龄鉴定"能否作为证

据使用的请示》收悉,经研究批复如下:

犯罪嫌疑人不讲真实姓名、住址,年龄不明的,可以委托进行骨龄鉴定或其他科学鉴定,经审查,鉴定结论能够准确确定犯罪嫌疑人实施犯罪行为时的年龄的,可以作为判断犯罪嫌疑人年龄的证据使用。如果鉴定结论不能准确确定犯罪嫌疑人实施犯罪行为时的年龄,而且鉴定结论又表明犯罪嫌疑人年龄在刑法规定的应负刑事责任年龄上下的,应当依法慎重处理。

最高人民法院、最高人民检察院、公安部、司法部、新闻出版署《关于公安部光盘生产源鉴定中心行使行政、司法鉴定权有关问题的通知》

(2000年3月9日 公通字[2000]21号)

各省、自治区、直辖市高级人民法院,人民检察院,公安厅、局,司法厅、局,新闻出版局及有关音像行政管理部门;解放军军事法院、军事检察院,新疆生产建设兵团公安局:

为适应"扫黄"、"打非"、保护知识产权工作的需要,解决目前各地办案过程中遇到的光盘生产源无法识别的问题,经中央机构编制委员会办公室批准,公安部组建了光盘生产源鉴定中心(设在广东省深圳市,以下简称鉴定中心)。目前,鉴定中心的各项筹备工作已完毕,所开发研制的光盘生产源识别方法已通过了由最高人民法院、最高人民检察院、公安部、司法部和国家新闻出版署派员组成的专家委员会的评审鉴定,具备了行政、司法鉴定能力。现将有关问题通知如下:

一、鉴定范围和内容

鉴定中心负责对各地人民法院、人民检察院、公安机关、司法行政机关、新闻出版行政机关、音像行政管理部门和其他行政执法机关在办理制黄贩黄、侵权盗版案件中所查获的光盘及母盘进行鉴定,确定送检光盘及母盘的生产企业。

企事业单位因业务工作需要,提出鉴定申请的,鉴定中心也可以进行上述鉴定。

二、鉴定程序

办案单位认为需要进行行政、司法鉴定的,应持有本单位所在地县级以上人民法院、人民检察院、公安机关、司法行政机关或其他行政执法机关出具的公函;新闻出版行政机关、音像行政管理部门办案需要鉴定的,由当地省级以上新闻出版机关、音像行政管理部门出具委托鉴定公函。

企事业单位需要鉴定的,由本单位向鉴定中心出具委托鉴定公函。鉴定中心在接受鉴定委托后,应立即组织2名以上专业技术人员进行鉴定,在30天以内出具《中华人民共和国公安部光盘生产源鉴定书》(见附件),并报公安部治安管理局备案。

委托鉴定可通过寄递方式提出。

三、鉴定费用

鉴定中心接受人民法院、人民检察院、公安机关、司法行政机关、新闻出版行政机关、音像行政管理部门或其他行政执法机关委托鉴定的,不收取鉴定费用。

鉴定中心接受企事业单位委托鉴定的,按照国家有关规定收取鉴定费用。

四、鉴定的法律效力

鉴定中心出具的鉴定书可以作为定案依据。

本通知自发布之日起执行。

最高人民法院
《关于审理生产、销售伪劣商品刑事案件有关鉴定问题的通知》

（2001年5月21日 法〔2001〕70号）

各省、自治区、直辖市高级人民法院，解放军军事法院，新疆维吾尔自治区高级人民法院生产建设兵团分院：

自全国开展整顿和规范市场经济秩序工作以来，各地人民法院陆续受理了一批生产、销售伪劣产品、假冒商标和非法经营等严重破坏社会主义市场经济秩序的犯罪案件。此类案件中涉及的生产、销售的产品，有的纯属伪劣产品，有的则只是侵犯知识产权的产品。由于涉案产品是否"以假充真"、"以次充好"、"以不合格产品冒充合格产品"，直接影响到对被告人的定罪及处刑，为准确适用刑法和《最高人民法院、最高人民检察院关于办理生产、销售伪劣商品刑事案件具体应用法律若干问题的解释》（以下简称《解释》），严惩假冒伪劣商品犯罪，不放纵和轻纵犯罪分子，现就审理生产、销售伪劣商品、假冒商标和非法经营等严重破坏社会主义市场经济秩序的犯罪案件中可能涉及的假冒伪劣商品的有关鉴定问题通知如下：

一、对于提起公诉的生产、销售伪劣产品、假冒商标、非法经营等严重破坏社会主义市场经济秩序的犯罪案件，所涉生产、销售的产品是否属于"以假充真"、"以次充好"、"以不合格产品冒充合格产品"难以确定的，应当根据《解释》第一条第五款的规定，由公诉机关委托法律、行政法规规定的产品质量检验机构进行鉴定。

二、根据《解释》第三条和第四条的规定，人民法院受理的生产、销售假药犯罪案件和生产、销售不符合卫生标准的食品犯罪案件，均需有"省级以上药品监督管理部门设置或者确定的药品检验机构"和"省级以上卫生行政部门确定的机构"出具的鉴定结论。

三、经鉴定确系伪劣商品，被告人的行为既构成生产、销售伪劣产品罪，又构成生产、销售假药罪或者生产、销售不符合卫生标准的食品罪，或者同时构成侵犯知识产权、非法经营等其他犯罪的，根据刑法第一百四十九条第二款和《解释》第十条的规定，应当依照处罚较重的规定定罪处罚。

最高人民法院、国家保密局
《关于执行〈关于审理为境外窃取、刺探、收买、非法提供国家秘密、情报案件具体应用法律若干问题的解释〉有关问题的通知》

（2001年8月22日 〔2001〕117号）

各省、自治区、直辖市高级人民法院，解放军军事法院，新疆维吾尔自治区高级人民法院生产建设兵团分院；各省、自治区、直辖市保密局：

为正确执行最高人民法院法释

〔2001〕4号《关于审理为境外窃取、刺探、收买、非法提供国家秘密、情报案件具体应用法律若干问题的解释》，审理好涉及情报的刑事案件，现就有关情报的鉴定问题通知如下：

人民法院审理为境外窃取、刺探、收买、非法提供情报案件，需要对有关事项是否属于情报进行鉴定的，由国家保密工作部门或者省、自治区、直辖市保密工作部门鉴定。

公安部《关于贯彻落实〈全国人民代表大会常务委员会关于司法鉴定管理问题的决定〉进一步加强公安机关刑事科学技术工作的通知》

（2005年4月20日）

各省、自治区、直辖市公安厅、局，新疆生产建设兵团公安局：

2005年2月28日，第十届全国人民代表大会常务委员会第十四次会议通过了《全国人民代表大会常务委员会关于司法鉴定管理问题的决定》（以下简称《决定》）。为贯彻落实《决定》精神，进一步加强公安机关刑事科学技术工作，现就有关事项通知如下：

一、充分认识《决定》对规范和加强我国司法鉴定工作的重要意义，正确理解《决定》的有关内容

司法鉴定制度改革是我国司法体制改革的重要组成部分。《决定》对进一步规范我国司法鉴定管理工作，解决当前司法鉴定中存在的突出问题具有重要意义。

各地公安机关特别是刑事科学技术主管部门在贯彻落实《决定》精神时，要认真理解和正确把握以下几个具体问题：

（一）《决定》提出了对我国司法鉴定工作进行调整和改革的主要措施。公安机关所属鉴定资源占全国的80%，承担的鉴定工作量占全国的95%，是我国鉴定工作的重要组成部分，是推进司法鉴定事业进步和发展，维护司法公正，为公安机关履行职责提供鉴定技术支撑的重要力量。在国家司法鉴定工作改革过程中，公安机关刑事科学技术工作不能削弱，必须得到进一步规范和加强。

（二）《决定》所指的司法鉴定机构和司法鉴定人，是指在诉讼中面向社会提供司法鉴定服务的鉴定人和鉴定机构。公安机关所属的鉴定机构和鉴定人不属于《决定》规定的"司法鉴定机构"和"司法鉴定人"的范畴，不在司法行政机关登记之列。根据《决定》精神，公安机关不再面向社会提供涉及诉讼的鉴定服务。

（三）下列五种对象委托的鉴定不在《决定》限制之列，公安机关鉴定机构应予受理：

1. 公安机关内部委托的鉴定；

2. 人民法院、人民检察院、司法行政机关、国家安全机关、军队保卫部门、其他行政执法机关、仲裁机构委托的鉴定；

3. 纪律监察机关委托的鉴定；

4. 公证机关和公民个人委托的非诉讼鉴定；

5. 通过指纹、DNA等数据库进行人体生物特征检索，提供有无犯罪记录查询等非诉讼鉴定。

二、贯彻落实《决定》的初步意见

为贯彻落实《决定》精神，按照中央司法体制改革领导小组关于司法体制和

工作机制改革的初步意见,公安部将继续鼓励公安机关鉴定机构参加国家实验室认证认可,深入推进公安部重点实验室建设和科技强警示范城市建设。公安部将进一步加强和规范公安机关鉴定机构和鉴定人登记管理工作,并出台相关管理办法。目前,《公安机关鉴定工作规则》、《公安机关鉴定机构登记管理办法》和《公安机关鉴定人登记管理办法》已列入公安部 2005 年度立法计划,争取尽早出台。今年下半年,公安部将在全国开展第二次模拟杀人案件现场勘查考核和第二次全国公安刑事科学技术室等级评定活动,促进公安刑事科学技术的现代化、规范化和专业化建设。

三、当前贯彻落实《决定》的有关工作要求

根据中央司法体制改革领导小组关于司法体制和工作机制改革的初步意见,各项司法体制改革,必须在中央的统一领导下,稳步、有序地推进。各级公安机关要在公安部的统一领导下,稳步推进鉴定体制改革,维护鉴定工作的正常秩序。

(一)根据《决定》,2005 年 9 月 30 日之前,公安机关鉴定机构仍按照现行的鉴定范围工作。自 2005 年 10 月 1 日起,公安机关鉴定机构将不再受理公民个人委托的与诉讼有关的鉴定。

(二)各级公安机关刑事科学技术主管部门要进一步加强对鉴定工作的管理、监督和指导,公安机关鉴定机构和鉴定人一律不准到司法行政机关登记注册。自 2005 年 10 月 1 日起,已在司法行政机关进行的登记注册将自动失效。

(三)各级公安机关要根据即将出台的《公安机关鉴定机构登记管理办法》和《公安机关鉴定人登记管理办法》对所属鉴定机构和鉴定人的资格进行登记管理。公安机关将实行统一的鉴定机构和鉴定人名册制度,准予登记的鉴定机构和鉴定人,将统一编入公安机关鉴定机构和鉴定人名册。公安机关鉴定机构和鉴定人名册抄送审判机关和检察机关。

(四)各级公安机关刑事科学技术主管部门要根据《决定》精神,加强对所属鉴定机构和鉴定人的管理,维护正常的鉴定工作秩序,保证鉴定工作质量。对工作中出现的重大情况要及时上报。

最高人民检察院《关于贯彻〈全国人民代表大会常务委员会关于司法鉴定管理问题的决定〉有关工作的通知》

(2005 年 9 月 21 日)

各省、自治区、直辖市人民检察院,军事检察院,新疆生产建设兵团人民检察院:

2005 年 2 月 28 日,十届全国人大常委会第十四次会议通过了《全国人民代表大会常务委员会关于司法鉴定管理问题的决定》(以下简称《决定》),将从今年 10 月 1 日起施行。

司法鉴定体制改革是司法体制改革的重要内容。全国人大常委会专门就司法鉴定管理问题作出决定,是推进司法鉴定体制改革的重要举措,对于完善我国司法鉴定法律制度,规范司法鉴定管理活动,解决当前司法鉴定管理工作中存在的问题,促进公正执法,具有十分重要的意义。检察机关作为国家法律监督机关,在维护法律的统一正确实施、保障在全社会实现公平和正义方面承担着重要职责。检察机关设立鉴定机构，开展必要的鉴定工作，是履行法律监督职能的客观需要，不仅可以为职务犯罪侦查工作提供有力的技术支持，也可以为批捕、公诉工作中正确审查判断证据提供科学的依据。《决定》明确了检察机关鉴定机构的设置、职能和工作范围，是检察机关开展鉴定工作的重要法律依据。各级人民检察院要认真贯彻《决定》，严格规范检察机关的鉴定工作，依法开展司法鉴定活动。

根据中央关于司法鉴定管理体制改革的精神，结合"两院三部"关于做好《全国人民代表大会常务委员会关于司法鉴定管理问题的决定》实施前有关工作的通知中关于侦查机关要在各系统的统一部署下，积极稳妥地推进现有鉴定机构及其职能的调整，健全管理体制的要求，检察机关将依据《决定》，对鉴定工作实行统一管理。各级人民检察院要在最高人民检察院的统一领导下，按照《决定》和中央关于司法鉴定体制改革的部署，稳步推进司法鉴定体制改革。

一、根据《决定》的规定，自10月1日起，各级检察机关的鉴定机构不得面向社会接受委托从事鉴定业务，鉴定人员不得参与面向社会服务的司法鉴定机构组织的司法鉴定活动。

二、根据《决定》的有关规定，检察机关的鉴定机构和鉴定人员不得在司法行政机关登记注册从事面向社会的鉴定业务。已经登记注册的事业性质鉴定机构，如继续面向社会从事司法鉴定业务，要在10月1日前与人民检察院在人、财、物上脱钩，否则应办理注销登记。

三、检察机关鉴定机构可以受理下列鉴定案件：

1. 检察机关业务工作所需的鉴定；
2. 有关部门交办的鉴定；
3. 其他司法机关委托的鉴定。

四、各级检察技术部门要围绕"强化法律监督，维护公平正义"的检察工作主题，着眼于提高检察机关法律监督能力，加大对批捕、公诉工作中技术性证据的审查力度，积极开展文证审查工作，为检察机关履行法律监督职能提供技术保障。

五、检察机关内部委托的鉴定，仍实行逐级委托制度。其他司法机关委托的鉴定，实行同级委托制度，即进行鉴定前，需有同级司法机关的委托或介绍。

六、为贯彻落实《决定》，最高人民检察院将制定《人民检察院鉴定工作规则》、《人民检察院鉴定机构管理办法》、《人民检察院鉴定人管理办法》、《人民检察院文证审查工作规定》和各专业门类的工作细则等，进一步加强和规范人民检察院的鉴定工作。各级人民检察院要根据《决定》要求和精神，结合中央政法委关于开展"规范执法行为，促进执法公正"专项整改活动的要求，加强检察机关鉴定工作管理，规范工作程序，保证鉴定质量。

最高人民法院研究室 《关于信用卡犯罪法律适用 若干问题的复函》

（2010年7月5日　法研〔2010〕105号）

公安部经济犯罪侦查局：

你局公经金融〔2010〕110号《关于公安机关办理信用卡犯罪案件法律适用若干问题征求意见的函》收悉。经研究，提出以下意见供参考：

一、对于一人持有多张信用卡进行恶意透支，每张信用卡透支数额均未达到1万元的立案追诉标准的，原则上可以累计数额进行追诉。但考虑到一人办多张信用卡的情况复杂，如累计透支数额不大的，应分别不同情况慎重处理。

二、发卡银行的"催收"应有电话录音、持卡人或其家属签字等证据证明。"两次催收"一般应分别采用电话、信函、上门等两种以上催收形式。

三、若持卡人在透支大额款项后，仅向发卡行偿还远低于最低还款额的欠款，具有非法占有目的的，可以认定为"恶意透支"；行为人确实不具有非法占有目的的，不能认定为"恶意透支"。

四、非法套现犯罪的证据规格，仍应遵循刑事诉讼法规定的证据确实、充分的证明标准。原则上应向各持卡人询问并制作笔录。如因持卡人数量众多、下落不明等客观原因导致无法取证，且其他证据已能确实、充分地证明使用信用卡非法套现的犯罪事实及套现数额的，则可以不向所有持卡人询问并制作笔录。

司法部
《关于进一步发挥司法鉴定制度作用防止冤假错案的意见》(节录)

（2014年2月13日　司发通〔2014〕10号）

一、充分认识司法鉴定对于防止冤假错案的重要意义（略）

二、健全完善统一权威的司法鉴定管理体制（略）

三、持续提升司法鉴定质量（略）

四、严格规范司法鉴定执业行为

11. 严格规范委托受理。要严格规范司法鉴定的委托受理，认真审查委托事项、鉴定要求和鉴定材料。对于不属于司法鉴定事项的、超出机构业务范围、技术条件和鉴定能力的或者发现同一事项多头委托的，不予受理并说明理由；对于委托人拒绝签订委托协议的，可以中止受理或者终止鉴定；对于不符合重新鉴定条件的，不予受理并说明理由；对于重新鉴定意见与原鉴定意见不一致的，应当在鉴定意见书中充分说明理由和依据。

五、不断加强司法鉴定队伍建设（略）

司法部
《司法鉴定程序通则(修订版)》

（自2016年5月1日起实施　司法部令第132号）

第一章　总　　则

第一条　为了规范司法鉴定机构和司法鉴定人的司法鉴定活动，保障司法鉴定质量，保障诉讼活动的顺利进行，根据《全国人民代表大会常务委员会关于司法鉴定管理问题的决定》和有关法律、法规的规定，制定本通则。

第二条　司法鉴定是指在诉讼活动中鉴定人运用科学技术或者专门知识对诉讼涉及的专门性问题进行鉴别和判断并提供鉴定意见的活动。司法鉴定程序是指司法鉴定机构和司法鉴定人进行司法鉴定活动的方式、步骤以及相关规则的总称。

第三条 本通则适用于司法鉴定机构和司法鉴定人从事各类司法鉴定业务的活动。

第四条 司法鉴定机构和司法鉴定人进行司法鉴定活动,应当遵守法律、法规、规章,遵守职业道德和执业纪律,尊重科学,遵守技术操作规范。

第五条 司法鉴定实行鉴定人负责制度。司法鉴定人应当依法独立、客观、公正地进行鉴定,并对自己作出的鉴定意见负责。司法鉴定人不得违反规定会见诉讼当事人及其委托的人。

第六条 司法鉴定机构和司法鉴定人应当保守在执业活动中知悉的国家秘密、商业秘密,不得泄露个人隐私。

第七条 司法鉴定人在执业活动中应当依照有关诉讼法律和本通则规定实行回避。

第八条 司法鉴定收费执行国家有关规定。

第九条 司法鉴定机构和司法鉴定人进行司法鉴定活动应当依法接受监督。对于有违反有关法律、法规、规章规定行为的,由司法行政机关依法给予相应的行政处罚;对于有违反司法鉴定行业规范行为的,由司法鉴定协会给予相应的行业处分。

第十条 司法鉴定机构应当加强对司法鉴定人执业活动的管理和监督。司法鉴定人违反本通则规定的,司法鉴定机构应当予以纠正。

第二章 司法鉴定的委托与受理

第十一条 司法鉴定机构应当统一受理办案机关的司法鉴定委托。

第十二条 委托人委托鉴定的,应当向司法鉴定机构提供真实、完整、充分的鉴定材料,并对鉴定材料的真实性、合法性负责。司法鉴定机构应当核对并记录鉴定材料的名称、种类、数量、性状、保存状况、收到时间等。

诉讼当事人对鉴定材料有异议的,应当向委托人提出。

本通则所称鉴定材料包括生物检材和非生物检材、比对样本材料以及其他与鉴定事项有关的鉴定资料。

第十三条 司法鉴定机构应当自收到委托之日起七个工作日内作出是否受理的决定。对于复杂、疑难或者特殊鉴定事项的委托,司法鉴定机构可以与委托人协商决定受理的时间。

第十四条 司法鉴定机构应当对委托鉴定事项、鉴定材料等进行审查。对属于本机构司法鉴定业务范围,鉴定用途合法,提供的鉴定材料能够满足鉴定需要的,应当受理。

对于鉴定材料不完整、不充分,不能满足鉴定需要的,司法鉴定机构可以要求委托人补充;经补充后能够满足鉴定需要的,应当受理。

第十五条 具有下列情形之一的鉴定委托,司法鉴定机构不得受理:

(一)委托鉴定事项超出本机构司法鉴定业务范围的;

(二)发现鉴定材料不真实、不完整、不充分或者取得方式不合法的;

(三)鉴定用途不合法或者违背社会公德的;

(四)鉴定要求不符合司法鉴定执业规则或者相关鉴定技术规范的;

(五)鉴定要求超出本机构技术条件或者鉴定能力的;

(六)委托人就同一鉴定事项同时委托其他司法鉴定机构进行鉴定的;

（七）其他不符合法律、法规、规章规定的情形。

第十六条　司法鉴定机构决定受理鉴定委托的，应当与委托人签订司法鉴定委托书。司法鉴定委托书应当载明委托人名称、司法鉴定机构名称、委托鉴定事项、是否属于重新鉴定、鉴定用途、与鉴定有关的基本案情、鉴定材料的提供和退还、鉴定风险，以及双方商定的鉴定时限、鉴定费用及收取方式、双方权利义务等其他需要载明的事项。

第十七条　司法鉴定机构决定不予受理鉴定委托的，应当向委托人说明理由，退还鉴定材料。

第三章　司法鉴定的实施

第十八条　司法鉴定机构受理鉴定委托后，应当指定本机构具有该鉴定事项执业资格的司法鉴定人进行鉴定。

委托人有特殊要求的，经双方协商一致，也可以从本机构中选择符合条件的司法鉴定人进行鉴定。

委托人不得要求或者暗示司法鉴定机构、司法鉴定人按其意图或者特定目的提供鉴定意见。

第十九条　司法鉴定机构对同一鉴定事项，应当指定或者选择二名司法鉴定人进行鉴定；对复杂、疑难或者特殊鉴定事项，可以指定或者选择多名司法鉴定人进行鉴定。

第二十条　司法鉴定人本人或者其近亲属与诉讼当事人、鉴定事项涉及的案件有利害关系，可能影响其独立、客观、公正进行鉴定的，应当回避。

司法鉴定人曾经参加过同一鉴定事项鉴定的，或者曾经作为专家提供过咨询意见的，或者曾被聘请为有专门知识的人参与过同一鉴定事项法庭质证的，应当回避。

第二十一条　司法鉴定人自行提出回避的，由其所属的司法鉴定机构决定；委托人要求司法鉴定人回避的，应当向该司法鉴定人所属的司法鉴定机构提出，由司法鉴定机构决定。

委托人对司法鉴定机构作出的司法鉴定人是否回避的决定有异议的，可以撤销鉴定委托。

第二十二条　司法鉴定机构应当建立鉴定材料管理制度，严格监控鉴定材料的接收、保管、使用和退还。

司法鉴定机构和司法鉴定人在鉴定过程中应当严格依照技术规范保管和使用鉴定材料，因严重不负责任造成鉴定材料损毁、遗失的，应当依法承担责任。

第二十三条　司法鉴定人进行鉴定，应当依下列顺序遵守和采用该专业领域的技术标准、技术规范和技术方法：

（一）国家标准；

（二）行业标准和技术规范；

（三）该专业领域多数专家认可的技术方法。

第二十四条　司法鉴定人有权了解进行鉴定所需要的案件材料，可以查阅、复制相关资料，必要时可以询问诉讼当事人、证人。

经委托人同意，司法鉴定机构可以派员到现场提取鉴定材料。现场提取鉴定材料应当由不少于二名司法鉴定机构的工作人员进行，其中至少一名应为该鉴定事项的司法鉴定人。现场提取鉴定材料时，应当有委托人指派或者委托的人员在场见证并在提取记录上签名。

第二十五条　鉴定过程中，需要对无民事行为能力人或者限制民事行为能力人进行身体检查的,应当通知其监护人或者近亲属到场见证;必要时,可以通知委托人到场见证。

对被鉴定人进行法医精神病鉴定的,应当通知委托人或者被鉴定人的近亲属或者监护人到场见证。

对需要进行尸体解剖的,应当通知委托人或者死者的近亲属或者监护人到场见证。

到场见证人员应当在鉴定记录上签名。见证人员未到场的,司法鉴定人不得开展相关鉴定活动,延误时间不计入鉴定时限。

第二十六条 鉴定过程中,需要对被鉴定人身体进行法医临床检查的,应当采取必要措施保护其隐私。

第二十七条 司法鉴定人应当对鉴定过程进行实时记录并签名。记录可以采取笔记、录音、录像、拍照等方式。记录应当载明主要的鉴定方法和过程、检查、检验、检测结果,以及仪器设备使用情况等。记录的内容应当真实、客观、准确、完整、清晰,记录的文本资料、音像资料等应当存入鉴定档案。

第二十八条 司法鉴定机构应当自司法鉴定委托书生效之日起三十个工作日内完成鉴定。

鉴定事项涉及复杂、疑难、特殊技术问题或者鉴定过程需要较长时间的,经本机构负责人批准,完成鉴定的时限可以延长,延长时限一般不得超过三十个工作日。鉴定时限延长的,应当及时告知委托人。

司法鉴定机构与委托人对鉴定时限另有约定的,从其约定。

在鉴定过程中补充或者重新提取鉴定材料所需的时间,不计入鉴定时限。

第二十九条 司法鉴定机构在鉴定过程中,有下列情形之一的,可以终止鉴定:

(一)发现有本通则第十五条第二项至第七项规定情形的;

(二)鉴定材料发生耗损,委托人不能补充提供的;

(三)委托人拒不履行司法鉴定委托书规定的义务、被鉴定人拒不配合或者鉴定活动受到严重干扰,致使鉴定无法继续进行的;

(四)委托人主动撤销鉴定委托,或者委托人、诉讼当事人拒绝支付鉴定费用的;

(五)因不可抗力致使鉴定无法继续进行的;

(六)其他需要终止鉴定的情形。

终止鉴定的,司法鉴定机构应当书面通知委托人,说明理由并退还鉴定材料。

第三十条 有下列情形之一的,司法鉴定机构可以根据委托人的要求进行补充鉴定:

(一)原委托鉴定事项有遗漏的;

(二)委托人就原委托鉴定事项提供新的鉴定材料的;

(三)其他需要补充鉴定的情形。

补充鉴定是原委托鉴定的组成部分,应当由原司法鉴定人进行。

第三十一条 有下列情形之一的,司法鉴定机构可以接受办案机关委托进行重新鉴定:

(一)原司法鉴定人不具有从事委托鉴定事项执业资格的;

(二)原司法鉴定机构超出登记的业务范围组织鉴定的;

(三)原司法鉴定人应当回避没有回避的;

(四)办案机关认为需要重新鉴定的;

（五）法律规定的其他情形。

第三十二条 重新鉴定应当委托原司法鉴定机构以外的其他司法鉴定机构进行；因特殊原因，委托人也可以委托原司法鉴定机构进行，但原司法鉴定机构应当指定原司法鉴定人以外的其他符合条件的司法鉴定人进行。

接受重新鉴定委托的司法鉴定机构的资质条件应当不低于原司法鉴定机构，进行重新鉴定的司法鉴定人中应当至少有一名具有相关专业高级专业技术职称。

第三十三条 鉴定过程中，涉及复杂、疑难、特殊技术问题的，可以向本机构以外的相关专业领域的专家进行咨询，但最终的鉴定意见应当由本机构的司法鉴定人出具。

专家提供咨询意见应当签名，并存入鉴定档案。

第三十四条 对于涉及重大案件或者特别复杂、疑难、特殊技术问题或者多个鉴定类别的鉴定事项，办案机关可以委托司法鉴定行业协会组织协调多个司法鉴定机构进行鉴定。

第三十五条 司法鉴定人完成鉴定后，司法鉴定机构应当指定具有相应资质的人员对鉴定程序和鉴定意见进行复核；对于涉及复杂、疑难、特殊技术问题或者重新鉴定的鉴定事项，可以组织三名以上的专家进行复核。

复核人员完成复核后，应当提出复核意见并签名，存入鉴定档案。

第四章 司法鉴定意见书的出具

第三十六条 司法鉴定机构和司法鉴定人应当按照统一规定的文本格式制作司法鉴定意见书。

第三十七条 司法鉴定意见书应当由司法鉴定人签名。多人参加的鉴定，对鉴定意见有不同意见的，应当注明。

第三十八条 司法鉴定意见书应当加盖司法鉴定机构的司法鉴定专用章。

第三十九条 司法鉴定意见书应当一式四份，三份交委托人收执，一份由司法鉴定机构存档。司法鉴定机构应当按照有关规定或者与委托人约定的方式，向委托人发送司法鉴定意见书。

第四十条 委托人对鉴定过程、鉴定意见提出询问的，司法鉴定机构和司法鉴定人应当给予解释或者说明。

第四十一条 司法鉴定意见书出具后，发现有下列情形之一的，司法鉴定机构可以进行补正：

（一）图像、谱图、表格不清晰的；

（二）签名、盖章或者编号不符合制作要求的；

（三）文字表达有瑕疵或者错别字，但不影响司法鉴定意见的。

补正应当在原司法鉴定意见书上进行，由至少一名司法鉴定人在补正处签名。必要时，可以出具补正书。

对司法鉴定意见书进行补正，不得改变司法鉴定意见的原意。

第四十二条 司法鉴定机构应当按照规定将司法鉴定意见书以及有关资料整理立卷、归档保管。

第五章 司法鉴定人出庭作证

第四十三条 经人民法院依法通知，司法鉴定人应当出庭作证，回答与鉴定事项有关的问题。

第四十四条 司法鉴定机构接到出庭通知后，应当及时与人民法院确认司法鉴定人出庭的时间、地点、人数、费用、要求等。

第四十五条 司法鉴定机构应当支持司法鉴定人出庭作证,为司法鉴定人依法出庭提供必要条件。

第四十六条 司法鉴定人出庭作证,应当举止文明,遵守法庭纪律。

第六章 附 则

第四十七条 本通则是司法鉴定机构和司法鉴定人进行司法鉴定活动应当遵守和采用的一般程序规则,不同专业领域对鉴定程序有特殊要求的,可以依据本通则制定鉴定程序细则。

第四十八条 本通则所称办案机关,是指办理诉讼案件的侦查机关、审查起诉机关和审判机关。

第四十九条 在诉讼活动之外,司法鉴定机构和司法鉴定人依法开展相关鉴定业务的,参照本通则规定执行。

第五十条 本通则自2016年5月1日起施行。司法部2007年8月7日发布的《司法鉴定程序通则》(司法部第107号令)同时废止。

最高人民法院、司法部《关于建立司法鉴定管理与使用衔接机制的意见》

(2016年10月9日 司发通〔2016〕98号)

各省、自治区、直辖市高级人民法院、司法厅(局),解放军军事法院,新疆维吾尔自治区高级人民法院生产建设兵团分院,新疆生产建设兵团司法局:

为贯彻落实党的十八届四中、五中全会精神,充分发挥司法鉴定在审判活动中的积极作用,最高人民法院、司法部根据《全国人民代表大会常务委员会关于司法鉴定管理问题的决定》(以下简称《决定》),就建立司法鉴定管理与使用衔接机制提出以下意见。

一、加强沟通协调,促进司法鉴定管理与使用良性互动

建立司法鉴定管理与使用衔接机制,规范司法鉴定工作,提高司法鉴定质量,是发挥司法鉴定作用,适应以审判为中心的诉讼制度改革的重要举措。人民法院和司法行政机关要充分认识司法鉴定管理与使用衔接机制对于促进司法公正、提高审判质量与效率的重要意义,立足各自职能定位,加强沟通协调,共同推动司法鉴定工作健康发展,确保审判活动的顺利进行。

司法行政机关要严格按照《决定》规定履行登记管理职能,切实加强对法医类、物证类、声像资料、环境损害司法鉴定以及根据诉讼需要由司法部商最高人民法院、最高人民检察院确定的其他应当实行登记管理的鉴定事项的管理,严格把握鉴定机构和鉴定人准入标准,加强对鉴定能力和质量的管理,规范鉴定行为,强化执业监管,健全淘汰退出机制,清理不符合规定的鉴定机构和鉴定人,推动司法鉴定工作依法有序进行。

人民法院要根据审判工作需要,规范鉴定委托,完善鉴定材料的移交程序,规范技术性证据审查工作,规范庭审质证程序,指导和保障鉴定人出庭作证,加强审查判断鉴定意见的能力,确保司法公正。

人民法院和司法行政机关要以问题为导向,进一步理顺司法活动与行政管理的关系,建立常态化的沟通协调机制,开展定期和不定期沟通会商,协调解决司法鉴定委托与受理、鉴定人出庭作证等实践中的突出问题，不断健全完善相关制度。

人民法院和司法行政机关要积极推动信息化建设，建立信息交流机制，开展有关司法鉴定程序规范、名册编制、公告等政务信息和相关资料的交流传阅，加强鉴定机构和鉴定人执业资格、能力评估、奖惩记录、鉴定人出庭作证等信息共享，推动司法鉴定管理与使用相互促进。

二、完善工作程序，规范司法鉴定委托与受理

委托与受理是司法鉴定的关键环节，是保障鉴定活动顺利实施的重要条件。省级司法行政机关要适应人民法院委托鉴定需要，依法科学、合理编制鉴定机构和鉴定人名册，充分反映鉴定机构和鉴定人的执业能力和水平，在向社会公告的同时，提供多种获取途径和检索服务，方便人民法院委托鉴定。

人民法院要加强对委托鉴定事项特别是重新鉴定事项的必要性和可行性的审查，择优选择与案件审理要求相适应的鉴定机构和鉴定人。

司法行政机关要严格规范鉴定受理程序和条件，明确鉴定机构不得违规接受委托；无正当理由不得拒绝接受人民法院的鉴定委托；接受人民法院委托鉴定后，不得私自接收当事人提交而未经人民法院确认的鉴定材料；鉴定机构应规范鉴定材料的接收和保存，实现鉴定过程和检验材料流转的全程记录和有效控制；鉴定过程中需要调取或者补充鉴定材料的，由鉴定机构或者当事人向委托法院提出申请。

三、加强保障监督，确保鉴定人履行出庭作证义务

鉴定人出庭作证对于法庭通过质证解决鉴定意见争议具有重要作用。人民法院要加强对鉴定意见的审查，通过强化法庭质证解决鉴定意见争议，完善鉴定人出庭作证的审查、启动和告知程序，在开庭前合理期限以书面形式告知鉴定人出庭作证的相关事项。人民法院要为鉴定人出庭提供席位、通道等，依法保障鉴定人出庭作证时的人身安全及其他合法权益。经人民法院同意，鉴定人可以使用视听传输技术或者同步视频作证室等作证。刑事法庭可以配置同步视频作证室，供依法应当保护或其他确有保护必要的鉴定人作证时使用，并可采取不暴露鉴定人外貌、真实声音等保护措施。

鉴定人在人民法院指定日期出庭发生的交通费、住宿费、生活费和误工补贴，按照国家有关规定应当由当事人承担的，由人民法院代为收取。

司法行政机关要监督、指导鉴定人依法履行出庭作证义务。对于无正当理由拒不出庭作证的，要依法严格查处，追究鉴定人和鉴定机构及机构代表人的责任。

四、严处违法违规行为，维持良好司法鉴定秩序

司法鉴定事关案件当事人切身利益，对于司法鉴定违法违规行为必须及时处置，严肃查处。司法行政机关要加强司法鉴定监督，完善处罚规则，加大处罚力度，促进鉴定人和鉴定机构规范执业。监督信息应当向社会公开。鉴定人和鉴定机构对处罚决定有异议的，可依法申请行政复议或者提起行政诉讼。人民法院在委托鉴定和审判工作中发现鉴定机构或鉴定人存在违规受理、无正当理由不按照规定或约定时限完成鉴定、经人民法院通知无正当理由拒不出庭作证等违法违规情形的，可暂停委托其从事人民法院司法鉴定业务,并告知司法行政机关或发出司法建议书。司法行政机关按照规定的时限调查处理,并将处理结果反馈人民法院。鉴定人或者鉴定机构经依法认定有故意作虚假鉴定等严重违法行为的,由省级人民政府司法行政部门给予停止从事司法鉴定业务三个月至一年的处罚;情节严重的,撤销登记;构成犯罪的,依法追究刑事责任;人民法院可视情节不再委托其从事人民法院司法鉴定业务;在执业活动中因故意或者重大过失给当事人造成损失的,依法承担民事责任。

人民法院和司法行政机关要根据本地实际情况,切实加强沟通协作,根据本意见建立灵活务实的司法鉴定管理与使用衔接机制,发挥司法鉴定在促进司法公正、提高司法公信力、维护公民合法权益和社会公平正义中的重要作用。

最高人民法院、最高人民检察院《关于办理扰乱无线电通讯管理秩序等刑事案件适用法律若干问题的解释》(节录)

(2017年4月17日最高人民法院审判委员会第1715次会议、2017年5月25日最高人民检察院第十二届检察委员会第64次会议通过,自2017年7月1日起施行,法释〔2017〕11号)

第九条 对案件所涉的有关专门性问题难以确定的,依据司法鉴定机构出具的鉴定意见,或者下列机构出具的报告,结合其他证据作出认定:

(一)省级以上无线电管理机构、省级无线电管理机构依法设立的派出机构、地市级以上广播电视主管部门就是否系"伪基站""黑广播"出具的报告;

(二)省级以上广播电视主管部门及其指定的检测机构就"黑广播"功率、覆盖范围出具的报告;

(三)省级以上航空、铁路、船舶等主管部门就是否干扰导航、通信等出具的报告。

对移动终端用户受影响的情况,可以依据相关通信运营商出具的证明,结合被告人供述、终端用户证言等证据作出认定。

最高人民法院、最高人民检察院、公安部、国家安全部、司法部《关于办理刑事案件排除非法证据若干问题的规定》

(自2010年7月1日起施行 法发〔2010〕20号)

为规范司法行为,促进司法公正,根据刑事诉讼法和相关司法解释,结合人民法院、人民检察院、公安机关、国家安全机关和司法行政机关办理刑事案件工作实际,制定本规定。

第一条 采用刑讯逼供等非法手段取得的犯罪嫌疑人、被告人供述和采用暴力、威胁等非法手段取得的证人证言、被害人陈述,属于非法言词证据。

第二条 经依法确认的非法言词证据,应当予以排除,不能作为定案的根据。

第三条 人民检察院在审查批准逮捕、审查起诉中,对于非法言词证据应当依法予以排除,不能作为批准逮捕、提起公诉的根据。

第四条 起诉书副本送达后开庭审

判前，被告人提出其审判前供述是非法取得的，应当向人民法院提交书面意见。被告人书写确有困难的，可以口头告诉，由人民法院工作人员或者其辩护人作出笔录，并由被告人签名或者捺指印。

人民法院应当将被告人的书面意见或者告诉笔录复印件在开庭前交人民检察院。

第五条 被告人及其辩护人在开庭审理前或者庭审中，提出被告人审判前供述是非法取得的，法庭在公诉人宣读起诉书之后，应当先行当庭调查。

法庭辩论结束前，被告人及其辩护人提出被告人审判前供述是非法取得的，法庭也应当进行调查。

第六条 被告人及其辩护人提出被告人审判前供述是非法取得的，法庭应当要求其提供涉嫌非法取证的人员、时间、地点、方式、内容等相关线索或者证据。

第七条 经审查，法庭对被告人审判前供述取得的合法性有疑问的，公诉人应当向法庭提供讯问笔录、原始的讯问过程录音录像或者其他证据，提请法庭通知讯问时其他在场人员或者其他证人出庭作证，仍不能排除刑讯逼供嫌疑的，提请法庭通知讯问人员出庭作证，对该供述取得的合法性予以证明。公诉人当庭不能举证的，可以根据刑事诉讼法第一百六十五条的规定，建议法庭延期审理。

经依法通知，讯问人员或者其他人员应当出庭作证。

公诉人提交加盖公章的说明材料，未经有关讯问人员签名或者盖章的，不能作为证明取证合法性的证据。

控辩双方可以就被告人审判前供述取得的合法性问题进行质证、辩论。

第八条 法庭对于控辩双方提供的证据有疑问的，可以宣布休庭，对证据进行调查核实。必要时，可以通知检察人员、辩护人到场。

第九条 庭审中，公诉人为提供新的证据需要补充侦查，建议延期审理的，法庭应当同意。

被告人及其辩护人申请通知讯问人员、讯问时其他在场人员或者其他证人到庭，法庭认为有必要的，可以宣布延期审理。

第十条 经法庭审查，具有下列情形之一的，被告人审判前供述可以当庭宣读、质证：

（一）被告人及其辩护人未提供非法取证的相关线索或者证据的；

（二）被告人及其辩护人已提供非法取证的相关线索或者证据，法庭对被告人审判前供述取得的合法性没有疑问的；

（三）公诉人提供的证据确实、充分，能够排除被告人审判前供述属非法取得的。

对于当庭宣读的被告人审判前供述，应当结合被告人当庭供述以及其他证据确定能否作为定案的根据。

第十一条 对被告人审判前供述的合法性，公诉人不提供证据加以证明，或者已提供的证据不够确实、充分的，该供述不能作为定案的根据。

第十二条 对于被告人及其辩护人提出的被告人审判前供述是非法取得的意见，第一审人民法院没有审查，并以被告人审判前供述作为定案根据的，第二审人民法院应当对被告人审判前供述取得的合法性进行审查。检察人员不提供证据加以证明，或者已提供的证据不够确实、充分的，被告人该供述不能作为定案的根据。

第十三条 庭审中，检察人员、被告人及其辩护人提出未到庭证人的书面证言、未到庭被害人的书面陈述是非法取得的，举证方应当对其取证的合法性予以证明。

对前款所述证据，法庭应当参照本规定有关规定进行调查。

第十四条 物证、书证的取得明显违反法律规定，可能影响公正审判的，应当予以补正或者作出合理解释，否则，该物证、书证不能作为定案的根据。

第十五条 本规定自二〇一〇年七月一日起施行。

最高人民法院、最高人民检察院、公安部、国家安全部、司法部《关于办理死刑案件审查判断证据若干问题的规定》

（自2010年7月1日起施行 法发〔2010〕20号）

为依法、公正、准确、慎重地办理死刑案件，惩罚犯罪，保障人权，根据《中华人民共和国刑事诉讼法》等有关法律规定，结合司法实际，制定本规定。

一、一般规定

第一条 办理死刑案件，必须严格执行刑法和刑事诉讼法，切实做到事实清楚，证据确实、充分，程序合法，适用法律正确，确保案件质量。

第二条 认定案件事实，必须以证据为根据。

第三条 侦查人员、检察人员、审判人员应当严格遵守法定程序，全面、客观地收集、审查、核实和认定证据。

第四条 经过当庭出示、辨认、质证等法庭调查程序查证属实的证据，才能作为定罪量刑的根据。

第五条 办理死刑案件，对被告人犯罪事实的认定，必须达到证据确实、充分。

证据确实、充分是指：

（一）定罪量刑的事实都有证据证明；

（二）每一个定案的证据均已经法定程序查证属实；

（三）证据与证据之间、证据与案件事实之间不存在矛盾或者矛盾得以合理排除；

（四）共同犯罪案件中，被告人的地位、作用均已查清；

（五）根据证据认定案件事实的过程符合逻辑和经验规则，由证据得出的结论为唯一结论。

办理死刑案件，对于以下事实的证明必须达到证据确实、充分：

（一）被指控的犯罪事实的发生；

（二）被告人实施了犯罪行为与被告人实施犯罪行为的时间、地点、手段、后果以及其他情节；

（三）影响被告人定罪的身份情况；

（四）被告人有刑事责任能力；

（五）被告人的罪过；

（六）是否共同犯罪及被告人在共同犯罪中的地位、作用；

（七）对被告人从重处罚的事实。

二、证据的分类审查与认定

1. 物证、书证

第六条 对物证、书证应当着重审查以下内容：

（一）物证、书证是否为原物、原件，物证的照片、录像或者复制品及书证的副本、复制件与原物、原件是否相符；物证、书证是否经过辨认、鉴定；物证的照片、录像或者复制品和书证的副本、复制件是否由二人以上制作，有无制作人关于制作过程及原件、原物存放于何处的文字说明及签名。

（二）物证、书证的收集程序、方式是否符合法律及有关规定；经勘验、检查、搜查提取、扣押的物证、书证，是否附有相关笔录或者清单；笔录或者清单是否有侦查人员、物品持有人、见证人签名，没有物品持有人签名的，是否注明原因；对物品的特征、数量、质量、名称等注明是否清楚。

（三）物证、书证在收集、保管及鉴定过程中是否受到破坏或者改变。

（四）物证、书证与案件事实有无关联。对现场遗留与犯罪有关的具备检验鉴定条件的血迹、指纹、毛发、体液等生物物证、痕迹、物品，是否通过 DNA 鉴定、指纹鉴定等鉴定方式与被告人或者被害人的相应生物检材、生物特征、物品等作同一认定。

（五）与案件事实有关联的物证、书证是否全面收集。

第七条　对在勘验、检查、搜查中发现与案件事实可能有关联的血迹、指纹、足迹、字迹、毛发、体液、人体组织等痕迹和物品应当提取而没有提取，应当检验而没有检验，导致案件事实存疑的，人民法院应当向人民检察院说明情况，人民检察院依法可以补充收集、调取证据，作出合理的说明或者退回侦查机关补充侦查，调取有关证据。

第八条　据以定案的物证应当是原物。只有在原物不便搬运、不易保存或者依法应当由有关部门保管、处理或者依法应当返还时，才可以拍摄或者制作足以反映原物外形或者内容的照片、录像或者复制品。物证的照片、录像或者复制品，经与原物核实无误或者经鉴定证明为真实的，或者以其他方式确能证明其真实的，可以作为定案的根据。原物的照片、录像或者复制品，不能反映原物的外形和特征的，不能作为定案的根据。

据以定案的书证应当是原件。只有在取得原件确有困难时，才可以使用副本或者复制件。书证的副本、复制件，经与原件核实无误或者经鉴定证明为真实的，或者以其他方式确能证明其真实的，可以作为定案的根据。书证有更改或者更改迹象不能作出合理解释的，书证的副本、复制件不能反映书证原件及其内容的，不能作为定案的根据。

第九条　经勘验、检查、搜查提取、扣押的物证、书证，未附有勘验、检查笔录，搜查笔录，提取笔录，扣押清单，不能证明物证、书证来源的，不能作为定案的根据。

物证、书证的收集程序、方式存在下列瑕疵，通过有关办案人员的补正或者作出合理解释的，可以采用：

（一）收集调取的物证、书证，在勘验、检查笔录，搜查笔录，提取笔录，扣押清单上没有侦查人员、物品持有人、见证人签名或者物品特征、数量、质量、名称等注明不详的；

（二）收集调取物证照片、录像或者复制品，书证的副本、复制件未注明与原件核对无异，无复制时间，无被收集、调取人（单位）签名（盖章）的；

（三）物证照片、录像或者复制品，书证的副本、复制件没有制作人关于制作过程及原物、原件存放于何处的说明或者说明中无签名的；

（四）物证、书证的收集程序、方式存在其他瑕疵的。

对物证、书证的来源及收集过程有疑问，不能作出合理解释的，该物证、书证不能作为定案的根据。

第十条 具备辨认条件的物证、书证应当交由当事人或者证人进行辨认，必要时应当进行鉴定。

2. 证人证言

第十一条 对证人证言应当着重审查以下内容：

（一）证言的内容是否为证人直接感知。

（二）证人作证时的年龄、认知水平、记忆能力和表达能力，生理上和精神上的状态是否影响作证。

（三）证人与案件当事人、案件处理结果有无利害关系。

（四）证言的取得程序、方式是否符合法律及有关规定；有无使用暴力、威胁、引诱、欺骗以及其他非法手段取证的情形；有无违反询问证人应当个别进行的规定；笔录是否经证人核对确认并签名（盖章）、捺指印；询问未成年人，是否通知了其法定代理人到场，其法定代理人是否在场等。

（五）证人证言之间以及与其他证据之间能否相互印证，有无矛盾。

第十二条 以暴力、威胁等非法手段取得的证人证言，不能作为定案的根据。

处于明显醉酒、麻醉品中毒或者精神药物麻醉状态，以致不能正确表达的证人所提供的证言，不能作为定案的根据。

证人的猜测性、评论性、推断性的证言，不能作为证据使用，但根据一般生活经验判断符合事实的除外。

第十三条 具有下列情形之一的证人证言，不能作为定案的根据：

（一）询问证人没有个别进行而取得的证言；

（二）没有经证人核对确认并签名（盖章）、捺指印的书面证言；

（三）询问聋哑人或者不通晓当地通用语言、文字的少数民族人员、外国人，应当提供翻译而未提供的。

第十四条 证人证言的收集程序和方式有下列瑕疵，通过有关办案人员的补正或者作出合理解释的，可以采用：

（一）没有填写询问人、记录人、法定代理人姓名或者询问的起止时间、地点的；

（二）询问证人的地点不符合规定的；

（三）询问笔录没有记录告知证人应当如实提供证言和有意作伪证或者隐匿罪证要负法律责任内容的；

（四）询问笔录反映出在同一时间段内，同一询问人员询问不同证人的。

第十五条 具有下列情形的证人，人民法院应当通知出庭作证；经依法通知不出庭作证证人的书面证言经质证无法确认的，不能作为定案的根据：

（一）人民检察院、被告人及其辩护人对证人证言有异议，该证人证言对定罪量刑有重大影响的；

（二）人民法院认为其他应当出庭作证的。

证人在法庭上的证言与其庭前证言相互矛盾，如果证人当庭能够对其翻证作出合理解释，并有相关证据印证的，应当采信庭审证言。

对未出庭作证证人的书面证言，应当听取出庭检察人员、被告人及其辩护人的意见，并结合其他证据综合判断。未出庭作证证人的书面证言出现矛盾，不能排除矛盾且无证据印证的，不能作为定案的根据。

第十六条 证人作证，涉及国家秘密或者个人隐私的，应当保守秘密。

证人出庭作证，必要时，人民法院可以采取限制公开证人信息、限制询问、遮蔽容貌、改变声音等保护性措施。

3. 被害人陈述

第十七条 对被害人陈述的审查与认定适用前述关于证人证言的有关规定。

4. 被告人供述和辩解

第十八条 对被告人供述和辩解应当着重审查以下内容：

（一）讯问的时间、地点、讯问人的身份等是否符合法律及有关规定，讯问被告人的侦查人员是否不少于二人，讯问被告人是否个别进行等；

（二）讯问笔录的制作、修改是否符合法律及有关规定，讯问笔录是否注明讯问的起止时间和讯问地点，首次讯问时是否告知被告人申请回避、聘请律师等诉讼权利，被告人是否核对确认并签名（盖章）、捺指印，是否有不少于二人的讯问人签名等；

（三）讯问聋哑人、少数民族人员、外国人时是否提供了通晓聋、哑手势的人员或者翻译人员，讯问未成年同案犯时，是否通知了其法定代理人到场，其法定代理人是否在场；

（四）被告人的供述有无以刑讯逼供等非法手段获取的情形，必要时可以调取被告人进出看守所的健康检查记录、笔录；

（五）被告人的供述是否前后一致，有无反复以及出现反复的原因；被告人的所有供述和辩解是否均已收集入卷；应当入卷的供述和辩解没有入卷的，是否出具了相关说明。

（六）被告人的辩解内容是否符合案情和常理，有无矛盾。

（七）被告人的供述和辩解与同案犯的供述和辩解以及其他证据能否相互印证，有无矛盾。

对于上述内容，侦查机关随案移送有录音录像资料的，应当结合相关录音录像资料进行审查。

第十九条 采用刑讯逼供等非法手段取得的被告人供述，不能作为定案的根据。

第二十条 具有下列情形之一的被告人供述，不能作为定案的根据：

（一）讯问笔录没有经被告人核对确认并签名（盖章）、捺指印的；

（二）讯问聋哑人、不通晓当地通用语言、文字的人员时，应当提供通晓聋、哑手势的人员或者翻译人员而未提供的。

第二十一条 讯问笔录有下列瑕疵，通过有关办案人员的补正或者作出合理解释的，可以采用：

（一）笔录填写的讯问时间、讯问人、记录人、法定代理人等有误或者存在矛盾的；

（二）讯问人没有签名的；

（三）首次讯问笔录没有记录告知被讯问人诉讼权利内容的。

第二十二条 对被告人供述和辩解的审查，应当结合控辩双方提供的所有证据以及被告人本人的全部供述和辩解进行。

被告人庭前供述一致，庭审中翻供，但被告人不能合理说明翻供理由或者其辩解与全案证据相矛盾，而庭前供述与其他证据能够相互印证，可以采信被告人庭前供述。

被告人庭前供述和辩解出现反复，但庭审中供认的，且庭审中的供述与其他证据能够印证的，可以采信庭审中的供述；被告人庭前供述和辩解出现反复，庭审中不供认，且无其他证据与庭前供述印证的，不能采信庭前供述。

5. 鉴定意见

第二十三条 对鉴定意见应当着重

审查以下内容：

（一）鉴定人是否存在应当回避而未回避的情形。

（二）鉴定机构和鉴定人是否具有合法的资质。

（三）鉴定程序是否符合法律及有关规定。

（四）检材的来源、取得、保管、送检是否符合法律及有关规定，与相关提取笔录、扣押物品清单等记载的内容是否相符，检材是否充足、可靠。

（五）鉴定的程序、方法、分析过程是否符合本专业的检验鉴定规程和技术方法要求。

（六）鉴定意见的形式要件是否完备，是否注明提起鉴定的事由、鉴定委托人、鉴定机构、鉴定要求、鉴定过程、检验方法、鉴定文书的日期等相关内容，是否由鉴定机构加盖鉴定专用章并由鉴定人签名盖章。

（七）鉴定意见是否明确。

（八）鉴定意见与案件待证事实有无关联。

（九）鉴定意见与其他证据之间是否有矛盾，鉴定意见与检验笔录及相关照片是否有矛盾。

（十）鉴定意见是否依法及时告知相关人员，当事人对鉴定意见是否有异议。

第二十四条　鉴定意见具有下列情形之一的，不能作为定案的根据：

（一）鉴定机构不具备法定的资格和条件，或者鉴定事项超出本鉴定机构项目范围或者鉴定能力的；

（二）鉴定人不具备法定的资格和条件、鉴定人不具有相关专业技术或者职称、鉴定人违反回避规定的；

（三）鉴定程序、方法有错误的；

（四）鉴定意见与证明对象没有关联的；

（五）鉴定对象与送检材料、样本不一致的；

（六）送检材料、样本来源不明或者确实被污染且不具备鉴定条件的；

（七）违反有关鉴定特定标准的；

（八）鉴定文书缺少签名、盖章的；

（九）其他违反有关规定的情形。

对鉴定意见有疑问的，人民法院应当依法通知鉴定人出庭作证或者由其出具相关说明，也可以依法补充鉴定或者重新鉴定。

6. 勘验、检查笔录

第二十五条　对勘验、检查笔录应当着重审查以下内容：

（一）勘验、检查是否依法进行，笔录的制作是否符合法律及有关规定的要求，勘验、检查人员和见证人是否签名或者盖章等。

（二）勘验、检查笔录的内容是否全面、详细、准确、规范：是否准确记录了提起勘验、检查的事由，勘验、检查的时间、地点，在场人员，现场方位，周围环境等情况；是否准确记载了现场、物品、人身、尸体等的位置、特征等详细情况以及勘验、检查、搜查的过程；文字记载与实物或者绘图、录像、照片是否相符；固定证据的形式、方法是否科学、规范；现场、物品、痕迹等是否被破坏或者伪造，是否是原始现场；人身特征、伤害情况、生理状况有无伪装或者变化等。

（三）补充进行勘验、检查的，前后勘验、检查的情况是否有矛盾，是否说明了再次勘验、检查的原由。

（四）勘验、检查笔录中记载的情况与被告人供述、被害人陈述、鉴定意见等其他证据能否印证,有无矛盾。

第二十六条 勘验、检查笔录存在明显不符合法律及有关规定的情形,并且不能作出合理解释或者说明的,不能作为证据使用。

勘验、检查笔录存在勘验、检查没有见证人的,勘验、检查人员和见证人没有签名、盖章的,勘验、检查人员违反回避规定的等情形,应当结合案件其他证据,审查其真实性和关联性。

7. 视听资料

第二十七条 对视听资料应当着重审查以下内容:

(一)视听资料的来源是否合法,制作过程中当事人有无受到威胁、引诱等违反法律及有关规定的情形;

(二)是否载明制作人或者持有人的身份,制作的时间、地点和条件以及制作方法;

(三)是否为原件,有无复制及复制份数;调取的视听资料是复制件的,是否附有无法调取原件的原因、制作过程和原件存放地点的说明,是否有制作人和原视听资料持有人签名或者盖章;

(四)内容和制作过程是否真实,有无经过剪辑、增加、删改、编辑等伪造、变造情形;

(五)内容与案件事实有无关联性。

对视听资料有疑问的,应当进行鉴定。

对视听资料,应当结合案件其他证据,审查其真实性和关联性。

第二十八条 具有下列情形之一的视听资料,不能作为定案的根据:

(一)视听资料经审查或者鉴定无法确定真伪的;

(二)对视听资料的制作和取得的时间、地点、方式等有异议,不能作出合理解释或者提供必要证明的。

8. 其他规定

第二十九条 对于电子邮件、电子数据交换、网上聊天记录、网络博客、手机短信、电子签名、域名等电子证据,应当主要审查以下内容:

(一)该电子证据存储磁盘、存储光盘等可移动存储介质是否与打印件一并提交;

(二)是否载明该电子证据形成的时间、地点、对象、制作人、制作过程及设备情况等;

(三)制作、储存、传递、获得、收集、出示等程序和环节是否合法,取证人、制作人、持有人、见证人等是否签名或者盖章;

(四)内容是否真实,有无剪裁、拼凑、篡改、添加等伪造、变造情形;

(五)该电子证据与案件事实有无关联性。

对电子证据有疑问的,应当进行鉴定。

对电子证据,应当结合案件其他证据,审查其真实性和关联性。

第三十条 侦查机关组织的辨认,存在下列情形之一的,应当严格审查,不能确定其真实性的,辨认结果不能作为定案的根据:

(一)辨认不是在侦查人员主持下进行的;

(二)辨认前使辨认人见到辨认对象的;

(三)辨认人的辨认活动没有个别进行的;

(四)辨认对象没有混杂在具有类似特征的其他对象中,或者供辨认的对象数量不符合规定的;尸体、场所等特定辨认对象除外。

（五）辨认中给辨认人明显暗示或者明显有指认嫌疑的。

有下列情形之一的，通过有关办案人员的补正或者作出合理解释的，辨认结果可以作为证据使用：

（一）主持辨认的侦查人员少于二人的；

（二）没有向辨认人详细询问辨认对象的具体特征的；

（三）对辨认经过和结果没有制作专门的规范的辨认笔录，或者辨认笔录没有侦查人员、辨认人、见证人的签名或者盖章的；

（四）辨认记录过于简单，只有结果没有过程的；

（五）案卷中只有辨认笔录，没有被辨认对象的照片、录像等资料，无法获悉辨认的真实情况的。

第三十一条 对侦查机关出具的破案经过等材料，应当审查是否有出具该说明材料的办案人、办案机关的签字或者盖章。

对破案经过有疑问，或者对确定被告人有重大嫌疑的根据有疑问的，应当要求侦查机关补充说明。

三、证据的综合审查和运用

第三十二条 对证据的证明力，应当结合案件的具体情况，从各证据与待证事实的关联程度、各证据之间的联系等方面进行审查判断。

证据之间具有内在的联系，共同指向同一待证事实，且能合理排除矛盾的，才能作为定案的根据。

第三十三条 没有直接证据证明犯罪行为系被告人实施，但同时符合下列条件的可以认定被告人有罪：

（一）据以定案的间接证据已经查证属实；

（二）据以定案的间接证据之间相互印证，不存在无法排除的矛盾和无法解释的疑问；

（三）据以定案的间接证据已经形成完整的证明体系；

（四）依据间接证据认定的案件事实，结论是唯一的，足以排除一切合理怀疑；

（五）运用间接证据进行的推理符合逻辑和经验判断。

根据间接证据定案的，判处死刑应当特别慎重。

第三十四条 根据被告人的供述、指认提取到了隐蔽性很强的物证、书证，且与其他证明犯罪事实发生的证据互相印证，并排除串供、逼供、诱供等可能性的，可以认定有罪。

第三十五条 侦查机关依照有关规定采用特殊侦查措施所收集的物证、书证及其他证据材料，经法庭查证属实，可以作为定案的根据。

法庭依法不公开特殊侦查措施的过程及方法。

第三十六条 在对被告人作出有罪认定后，人民法院认定被告人的量刑事实，除审查法定情节外，还应审查以下影响量刑的情节：

（一）案件起因；

（二）被害人有无过错及过错程度，是否对矛盾激化负有责任及责任大小；

（三）被告人的近亲属是否协助抓获被告人；

（四）被告人平时表现及有无悔罪态度；

（五）被害人附带民事诉讼赔偿情况，被告人是否取得被害人或者被害人近亲属谅解；

（六）其他影响量刑的情节。

既有从轻、减轻处罚等情节，又有从

重处罚等情节的,应当依法综合相关情节予以考虑。

不能排除被告人具有从轻、减轻处罚等量刑情节的,判处死刑应当特别慎重。

第三十七条 对于有下列情形的证据应当慎重使用,有其他证据印证的,可以采信:

(一)生理上、精神上有缺陷的被害人、证人和被告人,在对案件事实的认知和表达上存在一定困难,但尚未丧失正确认知、正确表达能力而作的陈述、证言和供述;

(二)与被告人有亲属关系或者其他密切关系的证人所作的对该被告人有利的证言,或者与被告人有利害冲突的证人所作的对该被告人不利的证言。

第三十八条 法庭对证据有疑问的,可以告知出庭检察人员、被告人及其辩护人补充证据或者作出说明;确有核实必要的,可以宣布休庭,对证据进行调查核实。法庭进行庭外调查时,必要时,可以通知出庭检察人员、辩护人到场。出庭检察人员、辩护人一方或者双方不到场的,法庭记录在案。

人民检察院、辩护人补充的和法庭庭外调查核实取得的证据,法庭可以庭外征求出庭检察人员、辩护人的意见。双方意见不一致,有一方要求人民法院开庭进行调查的,人民法院应当开庭。

第三十九条 被告人及其辩护人提出有自首的事实及理由,有关机关未予认定的,应当要求有关机关提供证明材料或者要求相关人员作证,并结合其他证据判断自首是否成立。

被告人是否协助或者如何协助抓获同案犯的证明材料不全,导致无法认定被告人构成立功的,应当要求有关机关提供证明材料或者要求相关人员作证,并结合其他证据判断立功是否成立。

被告人有检举揭发他人犯罪情形的,应当审查是否已经查证属实;尚未查证的,应当及时查证。

被告人累犯的证明材料不全,应当要求有关机关提供证明材料。

第四十条 审查被告人实施犯罪时是否满十八周岁,一般应当以户籍证明为依据;对户籍证明有异议,并有经查证属实的出生证明文件、无利害关系人的证言等证据证明被告人不满十八周岁的,应认定被告人不满十八周岁;没有户籍证明以及出生证明文件的,应当根据人口普查登记、无利害关系人的证言等证据综合进行判断,必要时,可以进行骨龄鉴定,并将结果作为判断被告人年龄的参考。

未排除证据之间的矛盾,无充分证据证明被告人实施被指控的犯罪时已满十八周岁且确实无法查明的,不能认定其已满十八周岁。

第四十一条 本规定自二○一○年七月一日起施行。

最高人民检察院《关于适用〈关于办理死刑案件审查判断证据若干问题的规定〉和〈关于办理刑事案件排除非法证据若干问题的规定〉的指导意见》(节录)

(2010年11月24日最高人民检察院第十一届检察委员会第四十九次会议通过,2010年12月30日印发 高检发研字[2010]13号)

为了正确适用最高人民法院、最高人

民检察院、公安部、国家安全部、司法部《关于办理死刑案件审查判断证据若干问题的规定》、《关于办理刑事案件排除非法证据若干问题的规定》（以下简称两个《规定》），结合检察机关办案实际，提出如下指导意见。

一、认真贯彻执行两个《规定》，提高执法办案水平（略）

二、进一步规范职务犯罪案件办案程序，依法客观收集证据

5. 人民检察院办理职务犯罪案件，应当严格依法收集和固定证据，既要收集证明案件事实的各种证据，又要及时固定证明取证行为合法性的证据，确保案件事实清楚，证据确实、充分，取证程序合法。

6. 人民检察院办理职务犯罪案件，应当全面、客观地收集和固定证据。既要收集证明犯罪嫌疑人有罪、罪重的各种证据，又要收集证明犯罪嫌疑人无罪、罪轻的各种证据。

7. 严格执行讯问职务犯罪嫌疑人全程同步录音录像制度。因未严格执行相关规定，或者在执行中弄虚作假造成不良后果的，依照有关规定追究主要责任人员的责任。

8. 侦查监督、公诉、控告申诉等部门应当依照两个《规定》的要求，加强对检察机关侦查部门收集、固定证据活动的审查与监督，发现违反有关规定的，及时提出纠正意见。

三、严格审查、判断证据，确保办案质量

9. 严格遵守两个《规定》确立的规则，认真审查、鉴别、分析证据，正确认定案件事实。既要审查证据的内容是否真实客观，形式是否合法完备，也要审查证据收集过程是否合法；既要依法排除非法证据，也要做好瑕疵证据的审查补正和完善工作。

10. 对犯罪嫌疑人供述和证人证言、被害人陈述，要结合全案的其他证据，综合审查其内容的客观真实性，同时审查侦查机关（部门）是否将每一次讯问、询问笔录全部移送。对以刑讯逼供等非法手段取得的犯罪嫌疑人供述和采用暴力、威胁等非法手段取得的证人证言、被害人陈述，应当依法排除；对于使用其他非法手段获取的犯罪嫌疑人供述、证人证言、被害人陈述，根据其违法危害程度与刑讯逼供和暴力、威胁手段是否相当，决定是否依法排除。

11. 审查逮捕、审查起诉过程中第一次讯问犯罪嫌疑人，应当讯问其供述是否真实，并记入笔录。对被羁押的犯罪嫌疑人要结合提讯凭证的记载，核查提讯时间、讯问人与讯问笔录的对应关系；对提押至看守所以外的场所讯问的，应当要求侦查机关（部门）提供必要性的说明，审查其理由是否成立。要审查犯罪嫌疑人是否通晓当地通用语言。

12. 对犯罪嫌疑人的供述和辩解，应当结合其全部供述和辩解及其他证据进行审查；犯罪嫌疑人的有罪供述，无其他证据相互印证，不能作为批准或者决定逮捕、提起公诉的根据；有其他证据相互印证，无罪辩解理由不能成立的，该供述可以作为批准或者决定逮捕、提起公诉的根据。

13. 犯罪嫌疑人或者其聘请的律师提出受到刑讯逼供的，应当告知其如实提供相关的证据或者线索，并认真予以核查。认为有刑讯逼供嫌疑的，应当要求侦查机关（部门）提供全部讯问笔录、原始

的讯问过程录音录像、出入看守所的健康检查情况、看守管教人员的谈话记录以及讯问过程合法性的说明；必要时，可以询问讯问人员、其他在场人员、看守管教人员或者证人，调取驻所检察室的相关材料。发现犯罪嫌疑人有伤情的，应当及时对伤势的成因和程度进行必要的调查和鉴定。对同步录音录像有疑问的，可以要求侦查机关（部门）对不连贯部分的原因予以说明，必要时可以协同检察技术部门进行审查。

14. 加强对侦查活动中讯问犯罪嫌疑人的监督。犯罪嫌疑人没有在决定羁押的当日被送入看守所的，应当查明所外看押地点及提讯情况；要监督看守所如实、详细、准确地填写犯罪嫌疑人入所体检记录，必要时建议采用录像或者拍照的方式记录犯罪嫌疑人身体状况；发现侦查机关（部门）所外提讯的，应当及时了解所外提讯的时间、地点、理由、审批手续和犯罪嫌疑人所外接受讯问的情况，做好押、还押时的体检情况记录的检察监督。发现违反有关监管规定的，及时依照有关法律、规定提出纠正意见或者检察建议，并记录在案。

15. 审查证人证言、被害人陈述，应当注意对询问程序、方式、内容以及询问笔录形式的审查。发现不符合规定的，应当要求侦查机关（部门）补正或者说明。注意审查证人、被害人能否辨别是非、正确表达，必要时进行询问、了解，同时审查证人、被害人作证是否个别进行；对证人、被害人在法律规定以外的地点接受询问的，应当审查其原因，必要时对该证言或者陈述进行复核。对证人证言、被害人陈述的内容是否真实，应当结合其他证据综合判断。对于犯罪嫌疑人及其辩护人或者证人、被害人提出侦查机关（部门）采用暴力、威胁等非法手段取证的，应当告知其要如实提供相关证据或者线索，并认真核查。

16. 对物证、书证以及勘验、检查笔录、搜查笔录、视听资料、电子证据等，既要审查其是否客观、真实反映案件事实，也要加强对证据的收集、制作程序和证据形式的审查。发现物证、书证和视听资料、电子证据等来源及收集、制作过程不明，或者勘验、检查笔录、搜查笔录的形式不符合规定或者记载内容有矛盾的，应当要求侦查机关（部门）补正，无法补正的应当作出说明或者合理解释，无法作出合理说明或者解释的，不能作为证据使用；发现侦查机关（部门）在勘验、检查、搜查过程中对与案件事实可能有关联的相关痕迹、物品应当提取而没有提取，应当要求侦查机关（部门）补充收集、调取；对物证的照片、录像或者复制品不能反映原物的外形和特征，或者书证的副本、复制件不能反映原件特征及其内容的，应当要求侦查机关（部门）重新制作；发现在案的物证、书证以及视听资料、电子证据等应当鉴定而没有鉴定的，应当要求侦查机关（部门）鉴定，必要时自行委托鉴定。

17. 对侦查机关（部门）的补正、说明，以及重新收集、制作的情况，应当认真审查，必要时可以进行复核。对于经侦查机关（部门）依法重新收集、及时补正或者能够作出合理解释，不影响物证、书证真实性的，可以作为批准或者决定逮捕、提起公诉的根据。侦查机关（部门）没有依法重新收集、补正，或者无法补正、重新制作且没有作出合理的解释或者说明，无法认定证据真实性的，该证据不能作为批准或者决定逮捕、提起公诉的根据。

18. 对于根据犯罪嫌疑人的供述、指认,提取到隐蔽性很强的物证、书证的,既要审查与其他证明犯罪事实发生的证据是否相互印证,也要审查侦查机关(部门)在犯罪嫌疑人供述、指认之前是否掌握该证据的情况,综合全案证据,判断是否作为批准或者决定逮捕、提起公诉的根据。

19. 审查鉴定意见,要着重审查检材的来源、提取、保管、送检是否符合法律及有关规定,鉴定机构或者鉴定人员是否具备法定资格和鉴定条件,鉴定意见的形式要件是否完备,鉴定程序是否合法,鉴定结论是否科学合理。检材来源不明或者可能被污染导致鉴定意见存疑的,应当要求侦查机关(部门)进行重新鉴定或者补充鉴定,必要时检察机关可以另行委托进行重新鉴定或者补充鉴定;鉴定机构或者鉴定人员不具备法定资格和鉴定条件,或者鉴定事项超出其鉴定范围以及违反回避规定的,应当要求侦查机关(部门)另行委托重新鉴定,必要时检察机关可以另行委托进行重新鉴定;鉴定意见形式要件不完备的,应当通过侦查机关(部门)要求鉴定机构补正;对鉴定程序、方法、结论等涉及专门技术问题的,必要时听取检察技术部门或者其他具有专门知识的人员的意见。

20. 发现侦查人员以刑讯逼供或者暴力、威胁等非法手段收集犯罪嫌疑人供述、被害人陈述、证人证言的,应当提出纠正意见,同时应当要求侦查机关(部门)另行指派侦查人员重新调查取证,必要时也可以自行调查取证。侦查机关(部门)未另行指派侦查人员重新调查取证的,可以依法退回补充侦查。经审查发现存在刑讯逼供、暴力取证等非法行为,该非法言词证据被排除后,其他证据不能证明犯罪嫌疑人实施犯罪行为的,应当不批准或者决定逮捕,已经移送审查起诉的,可以将案件退回侦查机关(部门)或者不起诉。办案人员排除非法证据的,应当在审查报告中说明。

四、做好证据合法性证明工作,提高依法指控犯罪的能力

21. 对证据的合法性进行证明,是检察机关依法指控犯罪、强化诉讼监督、保证办案质量的一项重要工作。要坚持对证据的合法性进行严格审查,依法排除非法证据,进一步提高出庭公诉水平,做好证据合法性证明工作。

22. 收到人民法院送交的反映被告人庭前供述是非法取得的书面意见或者告诉笔录复印件等有关材料后,应当及时根据提供的相关证据或者线索进行审查。审查逮捕、审查起诉期间已经提出并经查证不存在非法取证行为的,按照查证的情况做好庭审应对准备。提起公诉后提出新的证据或者线索的,应当要求侦查机关(部门)提供相关证明,必要时可以自行调查核实。

23. 庭审中,被告人及其辩护人提出被告人庭前供述是非法取得,没有提供相关证据或者线索的,公诉人应当根据全案证据情况综合说明该证据的合法性。被告人及其辩护人提供了相关证据或者线索,法庭经审查对被告人审判前供述取得的合法性有疑问的,公诉人应当向法庭提供讯问笔录、出入看守所的健康检查记录、看守管教人员的谈话记录以及侦查机关(部门)对讯问过程合法性的说明,讯问过程有录音录像的,应当提供。必要时提请法庭通知讯问时其他在场人员或者其他证人出庭作证,仍不能证明的,提请

法庭通知讯问人员出庭作证。对被告人及其辩护人庭审中提出的新证据或者线索,当庭不能举证证明的,应当依法建议法庭延期审理,要求侦查机关(部门)提供相关证明,必要时可以自行调查核实。

24. 对于庭审中经综合举证、质证后认为被告人庭前供述取得的合法性已经能够证实,但法庭仍有疑问的,可以建议法庭休庭对相关证据进行:调查核实。法庭进行庭外调查通知检察人员到场的,必要时检察人员应当到场。对法庭调查核实后的证据持有异议的,应当建议法庭重新开庭进行调查。

25. 对于庭审中被告人及其辩护人提出未到庭证人的书面证言、未到庭被害人的书面陈述是非法取得的,可以从证人或者被害人的作证资格、询问人员、询问程序和方式以及询问笔录的法定形式等方面对合法性作出说明;有原始询问过程录音录像或者其他证据能证明合法性的,可以在法庭上宣读或者出示。被告人及其辩护人提出明确的新证据或者线索,需要进一步调查核实的,应当依法建议法庭延期审理,要求侦查机关(部门)提供相关证明,必要时可以自行调查核实,对被告人及其辩护人所提供的证人证言、被害人陈述等证据取得的合法性有疑问的,应当建议法庭要求其提供证明。

26. 被告人及其辩护人在提起公诉后提出证据不合法的新证据或者线索,侦查机关(部门)对证据的合法性不能提供证据予以证明,或者提供的证据不够确实、充分,且其他证据不能充分证明被告人有罪的,可以撤回起诉,将案件退回侦查机关(部门)或者不起诉。

五、进一步健全工作机制,形成监督合力(略)

最高人民法院、最高人民检察院、公安部《办理毒品犯罪案件毒品提取、扣押、称量、取样和送检程序若干问题的规定》

(自 2016 年 7 月 1 日起施行 公禁毒〔2016〕511 号)

第一章 总 则

第一条 为规范毒品的提取、扣押、称量、取样和送检程序,提高办理毒品犯罪案件的质量和效率,根据《中华人民共和国刑事诉讼法》《最高人民法院关于适用〈中华人民共和国刑事诉讼法〉的解释》《人民检察院刑事诉讼规则(试行)》《公安机关办理刑事案件程序规定》等有关规定,结合办案工作实际,制定本规定。

第二条 公安机关对于毒品的提取、扣押、称量、取样和送检工作,应当遵循依法、客观、准确、公正、科学和安全的原则,确保毒品实物证据的收集、固定和保管工作严格依法进行。

第三条 人民检察院、人民法院办理毒品犯罪案件,应当审查公安机关对毒品的提取、扣押、称量、取样、送检程序以及相关证据的合法性。

毒品的提取、扣押、称量、取样、送检程序存在瑕疵,可能严重影响司法公正的,人民检察院、人民法院应当要求公安机关予以补正或者作出合理解释。经公安机关补正或者作出合理解释的,可以采用相关证据;不能补正或者作出合理解释的,对相关证据应当依法予以排除,不得作为批准逮捕、提起公诉或者判决的依据。

第二章 提取、扣押

第四条 侦查人员应当对毒品犯罪案件有关的场所、物品、人身进行勘验、检查或者搜查，及时准确地发现、固定、提取、采集毒品及内外包装物上的痕迹、生物样本等物证，依法予以扣押。必要时，可以指派或者聘请具有专门知识的人，在侦查人员的主持下进行勘验、检查。

侦查人员对制造毒品、非法生产制毒物品犯罪案件的现场进行勘验、检查或者搜查时，应当提取并当场扣押制造毒品、非法生产制毒物品的原料、配剂、成品、半成品和工具、容器、包装物以及上述物品附着的痕迹、生物样本等物证。

提取、扣押时，不得将不同包装物内的毒品混合。

现场勘验、检查或者搜查时，应当对查获毒品的原始状态拍照或者录像，采取措施防止犯罪嫌疑人及其他无关人员接触毒品及包装物。

第五条 毒品的扣押应当在有犯罪嫌疑人在场并有见证人的情况下，由两名以上侦查人员执行。

毒品的提取、扣押情况应当制作笔录，并当场开具扣押清单。

笔录和扣押清单应当由侦查人员、犯罪嫌疑人和见证人签名。犯罪嫌疑人拒绝签名的，应当在笔录和扣押清单中注明。

第六条 对同一案件在不同位置查获的两个以上包装的毒品，应当根据不同的查获位置进行分组。

对同一位置查获的两个以上包装的毒品，应当按照以下方法进行分组：

（一）毒品或者包装物的外观特征不一致的，根据毒品及包装物的外观特征进行分组；

（二）毒品及包装物的外观特征一致，但犯罪嫌疑人供述非同一批次毒品的，根据犯罪嫌疑人供述的不同批次进行分组；

（三）毒品及包装物的外观特征一致，但犯罪嫌疑人辩称其中部分不是毒品或者不知是否为毒品的，对犯罪嫌疑人辩解的部分疑似毒品单独分组。

第七条 对查获的毒品应当按其独立最小包装逐一编号或者命名，并将毒品的编号、名称、数量、查获位置以及包装、颜色、形态等外观特征记录在笔录或者扣押清单中。

在毒品的称量、取样、送检等环节，毒品的编号、名称以及对毒品外观特征的描述应当与笔录和扣押清单保持一致；不一致的，应当作出书面说明。

第八条 对体内藏毒的案件，公安机关应当监控犯罪嫌疑人排出体内的毒品，及时提取、扣押并制作笔录。笔录应当由侦查人员和犯罪嫌疑人签字；犯罪嫌疑人拒绝签名的，应当在笔录中注明。在保障犯罪嫌疑人隐私权和人格尊严的情况下，可以对排毒的主要过程进行拍照或者录像。

必要时，可以在排毒前对犯罪嫌疑人体内藏毒情况进行透视检验并以透视影像的形式固定证据。

体内藏毒的犯罪嫌疑人为女性的，应当由女性工作人员或者医师检查其身体，并由女性工作人员监控其排毒。

第九条 现场提取、扣押等工作完成后，一般应当由两名以上侦查人员对提取、扣押的毒品及包装物进行现场封装，并记录在笔录中。

封装应当在有犯罪嫌疑人在场并有

见证人的情况下进行;应当使用封装袋封装毒品并加密封口,或者使用封条贴封包装,作好标记和编号,由侦查人员、犯罪嫌疑人和见证人在封口处、贴封处或者指定位置签名并签署封装日期。犯罪嫌疑人拒绝签名的,侦查人员应当注明。

确因情况紧急、现场环境复杂等客观原因无法在现场实施封装的,经公安机关办案部门负责人批准,可以及时将毒品带至公安机关办案场所或者其他适当的场所进行封装,并对毒品移动前后的状态进行拍照固定,作出书面说明。

封装时,不得将不同包装内的毒品混合。对不同组的毒品,应当分别独立封装,封装后可以统一签名。

第十条　必要时,侦查人员应当对提取、扣押和封装的主要过程进行拍照或者录像。

照片和录像资料应当反映提取、扣押和封装活动的主要过程以及毒品的原始位置、存放状态和变动情况。照片应当附有相应的文字说明,文字说明应当与照片反映的情况相对应。

第十一条　公安机关应当设置专门的毒品保管场所或者涉案财物管理场所,指定专人保管封装后的毒品及包装物,并采取措施防止毒品发生变质、泄漏、遗失、损毁或者受到污染等。

对易燃、易爆、具有毒害性以及对保管条件、保管场所有特殊要求的毒品,在处理前应当存放在符合条件的专门场所。公安机关没有具备保管条件的场所的,可以借用其他单位符合条件的场所进行保管。

第三章　称　　量

第十二条　毒品的称量一般应当由两名以上侦查人员在查获毒品的现场完成。

不具备现场称量条件的,应当按照本规定第九条的规定对毒品及包装物封装后,带至公安机关办案场所或者其他适当的场所进行称量。

第十三条　称量应当在有犯罪嫌疑人在场并有见证人的情况下进行,并制作称量笔录。

对已经封装的毒品进行称量前,应当在有犯罪嫌疑人在场并有见证人的情况下拆封,并记录在称量笔录中。

称量笔录应当由称量人、犯罪嫌疑人和见证人签名。犯罪嫌疑人拒绝签名的,应当在称量笔录中注明。

第十四条　称量应当使用适当精度和称量范围的衡器。称量的毒品质量不足一百克的,衡器的分度值应当达到零点零一克;一百克以上且不足一千克的,分度值应当达到零点一克;一千克以上且不足十千克的,分度值应当达到一克;十千克以上且不足一百千克的,分度值应当达到十克;一百千克以上且不足一吨的,分度值应当达到一百克;一吨以上的,分度值应当达到一千克。

称量前,称量人应当将衡器示数归零,并确保其处于正常的工作状态。

称量所使用的衡器应当经过法定计量检定机构检定并在有效期内,一般不得随意搬动。

法定计量检定机构出具的计量检定证书复印件应当归入证据材料卷,并随案移送。

第十五条　对两个以上包装的毒品,应当分别称量,并统一制作称量笔录,不得混合后称量。

对同一组内的多个包装的毒品,可以

采取全部毒品及包装物总质量减去包装物质量的方式确定毒品的净质量；称量时，不同包装物内的毒品不得混合。

第十六条　多个包装的毒品系包装完好、标识清晰完整的麻醉药品、精神药品制剂的，可以按照其包装、标识或者说明书上标注的麻醉药品、精神药品成分的含量计算全部毒品的质量，或者从相同批号的药品制剂中随机抽取三个包装进行称量后，根据麻醉药品、精神药品成分的含量计算全部毒品的质量。

第十七条　对体内藏毒的案件，应当将犯罪嫌疑人排出体外的毒品逐一称量，统一制作称量笔录。

犯罪嫌疑人供述所排出的毒品系同一批次或者毒品及包装物的外观特征相似的，可以按照本规定第十五条第二款规定的方法进行称量。

第十八条　对同一容器内的液态毒品或者固液混合状态毒品，应当采用拍照或者录像等方式对其原始状态进行固定，再统一称量。必要时，可以对其原始状态固定后，再进行固液分离并分别称量。

第十九条　现场称量后将毒品带回公安机关办案场所或者送至鉴定机构取样的，应当按照本规定第九条的规定对毒品及包装物进行封装。

第二十条　侦查人员应当对称量的主要过程进行拍照或者录像。

照片和录像资料应当清晰显示毒品的外观特征、衡器示数和犯罪嫌疑人对称量结果的指认情况。

第四章　取　样

第二十一条　毒品的取样一般应当在称量工作完成后，由两名以上侦查人员在查获毒品的现场或者公安机关办案场所完成。必要时，可以指派或者聘请具有专门知识的人进行取样。

在现场或者公安机关办案场所不具备取样条件的，应当按照本规定第九条的规定对毒品及包装物进行封装后，将其送至鉴定机构并委托鉴定机构进行取样。

第二十二条　在查获毒品的现场或者公安机关办案场所取样的，应当在有犯罪嫌疑人在场并有见证人的情况下进行，并制作取样笔录。

对已经封装的毒品进行取样前，应当在有犯罪嫌疑人在场并有见证人的情况下拆封，并记录在取样笔录中。

取样笔录应当由取样人、犯罪嫌疑人和见证人签名。犯罪嫌疑人拒绝签名的，应当在取样笔录中注明。

必要时，侦查人员应当对拆封和取样的主要过程进行拍照或者录像。

第二十三条　委托鉴定机构进行取样的，对毒品的取样方法、过程、结果等情况应当制作取样笔录，但鉴定意见包含取样方法的除外。

取样笔录应当由侦查人员和取样人签名，并随案移送。

第二十四条　对单个包装的毒品，应当按照下列方法选取或者随机抽取检材：

（一）粉状。将毒品混合均匀，并随机抽取约一克作为检材；不足一克的全部取作检材。

（二）颗粒状、块状。随机选择三个以上不同的部位，各抽取一部分混合作为检材，混合后的检材质量不少于一克；不足一克的全部取作检材。

（三）膏状、胶状。随机选择三个以上不同的部位，各抽取一部分混合作为检材，混合后的检材质量不少于三克；不足三克的全部取作检材。

（四）胶囊状、片剂状。先根据形状、颜色、大小、标识等外观特征进行分组；对于外观特征相似的一组，从中随机抽取三粒作为检材，不足三粒的全部取作检材。

（五）液态。将毒品混合均匀，并随机抽取约二十毫升作为检材；不足二十毫升的全部取作检材。

（六）固液混合状态。按照本款以上各项规定的方法，分别对固态毒品和液态毒品取样；能够混合均匀成溶液的，可以将其混合均匀后按照本款第五项规定的方法取样。

对其他形态毒品的取样，参照前款规定的取样方法进行。

第二十五条　对同一组内两个以上包装的毒品，应当按照下列标准确定选取或者随机抽取独立最小包装的数量，再根据本规定第二十四条规定的取样方法从单个包装中选取或者随机抽取检材：

（一）少于十个包装的，应当选取所有的包装；

（二）十个以上包装且少于一百个包装的，应当随机抽取其中的十个包装；

（三）一百个以上包装的，应当随机抽取与包装总数的平方根数值最接近的整数个包装。

对选取或者随机抽取的多份检材，应当逐一编号或者命名，且检材的编号、名称应当与其他笔录和扣押清单保持一致。

第二十六条　多个包装的毒品系包装完好、标识清晰完整的麻醉药品、精神药品制剂的，可以从相同批号的药品制剂中随机抽取三个包装，再根据本规定第二十四条规定的取样方法从单个包装中选取或者随机抽取检材。

第二十七条　在查获毒品的现场或者公安机关办案场所取样的，应当使用封装袋封装检材并加密封口，作好标记和编号，由取样人、犯罪嫌疑人和见证人在封口处或者指定位置签名并签署封装日期。犯罪嫌疑人拒绝签名的，侦查人员应当注明。

从不同包装中选取或者随机抽取的检材应当分别独立封装，不得混合。

对取样后剩余的毒品及包装物，应当按照本规定第九条的规定进行封装。选取或者随机抽取的检材应当由专人负责保管。在检材保管和送检过程中，应当采取妥善措施防止其发生变质、泄漏、遗失、损毁或者受到污染等。

第二十八条　委托鉴定机构进行取样的，应当使用封装袋封装取样后剩余的毒品及包装物并加密封口，作好标记和编号，由侦查人员和取样人在封口处签名并签署封装日期。

第二十九条　对取样后剩余的毒品及包装物，应当及时送至公安机关毒品保管场所或者涉案财物管理场所进行妥善保管。

对需要作为证据使用的毒品，不起诉决定或者判决、裁定（含死刑复核判决、裁定）发生法律效力后方可处理。

第五章　送　检

第三十条　对查获的全部毒品或者从查获的毒品中选取或者随机抽取的检材，应当由两名以上侦查人员自毒品被查获之日起三日以内，送至鉴定机构进行鉴定。

具有案情复杂、查获毒品数量较多、异地办案、在交通不便地区办案等情形的，送检时限可以延长至七日。

公安机关应当向鉴定机构提供真实、完整、充分的鉴定材料,并对鉴定材料的真实性、合法性负责。

第三十一条 侦查人员送检时,应当持本人工作证件、鉴定聘请书等材料,并提供鉴定事项相关的鉴定资料;需要复核、补充或者重新鉴定的,还应当持原鉴定意见复印件。

第三十二条 送检的侦查人员应当配合鉴定机构核对鉴定材料的完整性、有效性,并检查鉴定材料是否满足鉴定需要。

公安机关鉴定机构应当在收到鉴定材料的当日作出是否受理的决定,决定受理的,应当与公安机关办案部门签订鉴定委托书;不予受理的,应当退还鉴定材料并说明理由。

第三十三条 具有下列情形之一的,公安机关应当委托鉴定机构对查获的毒品进行含量鉴定:

(一)犯罪嫌疑人、被告人可能被判处死刑的;

(二)查获的毒品系液态、固液混合物或者系毒品半成品的;

(三)查获的毒品可能大量掺假的;

(四)查获的毒品系成分复杂的新类型毒品,且犯罪嫌疑人、被告人可能被判处七年以上有期徒刑的;

(五)人民检察院、人民法院认为含量鉴定对定罪量刑有重大影响而书面要求进行含量鉴定的。

进行含量鉴定的检材应当与进行成分鉴定的检材来源一致,且一一对应。

第三十四条 对毒品原植物及其种子、幼苗,应当委托具备相应资质的鉴定机构进行鉴定。当地没有具备相应资质的鉴定机构的,可以委托侦办案件的公安机关所在地的县级以上农牧、林业行政主管部门,或者设立农林相关专业的普通高等学校、科研院所出具检验报告。

第六章 附 则

第三十五条 本规定所称的毒品,包括毒品的成品、半成品、疑似物以及含有毒品成分的物质。

毒品犯罪案件中查获的其他物品,如制毒物品及其半成品、含有制毒物品成分的物质、毒品原植物及其种子和幼苗的提取、扣押、称量、取样和送检程序,参照本规定执行。

第三十六条 本规定所称的"以上"、"以内"包括本数,"日"是指工作日。

第三十七条 扣押、封装、称量或者在公安机关办案场所取样时,无法确定犯罪嫌疑人、犯罪嫌疑人在逃或者犯罪嫌疑人在异地被抓获且无法及时到场的,应当在有见证人的情况下进行,并在相关笔录、扣押清单中注明。

犯罪嫌疑人到案后,公安机关应当以告知书的形式告知其扣押、称量、取样的过程、结果。犯罪嫌疑人拒绝在告知书上签名的,应当将告知情况形成笔录,一并附卷;犯罪嫌疑人对称量结果有异议,有条件重新称量的,可以重新称量,并制作称量笔录。

第三十八条 毒品的提取、扣押、封装、称量、取样活动有见证人的,笔录材料中应当写明见证人的姓名、身份证件种类及号码和联系方式,并附其常住人口信息登记表等材料。

下列人员不得担任见证人:

(一)生理上、精神上有缺陷或者年幼,不具有相应辨别能力或者不能正确表达的人;

(二)犯罪嫌疑人的近亲属、被引诱、教唆、欺骗、强迫吸毒的被害人及其近亲属,以及其他与案件有利害关系并可能影响案件公正处理的人;

(三)办理该毒品犯罪案件的公安机关、人民检察院、人民法院的工作人员、实习人员或者其聘用的协勤、文职、清洁、保安等人员。

由于客观原因无法由符合条件的人员担任见证人或者见证人不愿签名的,应当在笔录材料中注明情况,并对相关活动进行拍照并录像。

第三十九条　本规定自2016年7月1日起施行。

最高人民法院、最高人民检察院、公安部《关于办理毒品犯罪案件收集与审查证据若干问题的意见》

(2019年4月29日)

为规范毒品犯罪案件的证据收集与审查工作,提高案件办理质量,根据《中华人民共和国刑事诉讼法》及有关规定,结合工作实际,制定本意见。

一、一般规定

第一条　办理毒品犯罪案件,应当严格执行刑法、刑事诉讼法及有关规定,切实做到案件事实清楚,证据确实、充分,诉讼程序合法,适用法律正确,确保案件质量。

第二条　公安机关办理毒品犯罪案件,应当依照法定程序,全面、客观、及时地收集能够证实犯罪嫌疑人有罪或者无罪、犯罪情节轻重以及是否具有社会危险性的各种证据材料。

案件侦查终结移送审查起诉时,应当随案移送侦查过程中收集、调取的全部涉案证据材料以及相关法律文书和其他诉讼材料。对采用非法方法收集的证据依法应当排除的,不得作为提请批准逮捕、移送审查起诉的依据。

人民检察院在刑事诉讼过程中,要求提供批准逮捕、提起公诉或者法庭审判所必需的证据材料的,公安机关应当及时收集、提供。

第三条　人民检察院办理毒品犯罪案件,应当对证据收集的合法性和证据是否确实、充分进行全面、客观地审查。

人民检察院发现公安机关收集证据行为不符合法律规定的,应当根据具体情形要求公安机关予以纠正、补正或者书面作出合理解释;对采用非法方法收集的证据依法应当排除的,不得作为批准逮捕、提起公诉的依据;认为案件需要补充侦查的,可以提出具体的书面意见,通知或者退回公安机关补充侦查,也可以依法自行侦查,必要时可以要求公安机关提供协助。

在审判过程中,人民检察院对补充收集的法庭审判所必需的证据材料,应当及时移送人民法院。

第四条　人民法院办理毒品犯罪案件,应当严格贯彻证据裁判原则,在确认证据合法性的基础上,对全案证据进行综合审查判断,准确认定犯罪事实,依法定罪量刑。

人民法院在审判过程中对证据有疑问的,可以告知人民检察院补充证据或者作出书面说明。对采用非法方法收集的证据依法应当排除的,不得作为判决的依据。对定罪证据不足的案件,应当作出证据不足、指控的犯罪不能成立的无罪判决;对定罪证据确实、充分,量刑证据存疑的,应当作出有利于被告人的认定。

二、证据的收集

1. 物证、书证

第五条 办理毒品犯罪案件,应当根据案件情况收集下列物证:

(一)毒品、毒品半成品、制毒物品、毒品原植物及其种子、幼苗;

(二)制造、运输、称量、包装、盛装毒品、制毒物品以及吸食、注射毒品的工具;

(三)毒资、毒赃、银行卡、存折、手机、计算机;

(四)其他应当收集的物证。

对涉毒场所、物品上的指纹、掌纹等痕迹和体液、毛发等生物检材,附着在犯罪嫌疑人身体、衣服、随身物品以及作案工具上的毒品残留物,应当及时发现、提取。

第六条 对查获毒品的提取、扣押、称量、取样和送检,应当依法、规范进行。具体工作要求,按照《最高人民法院、最高人民检察院、公安部办理毒品犯罪案件毒品提取、扣押、称量、取样和送检程序若干问题的规定》执行。

第七条 对查获的毒品等不宜随案移送的物证,应当妥善保管,并将其清单、照片及情况说明等证明材料随案移送。在人民检察院作出不起诉决定或者人民法院作出的判决、裁定(含死刑复核判决、裁定)生效前,不得进行销毁等处理。

对易燃、易爆、易腐蚀等不宜长期保存的制毒物品与其他相关化学品,可以在采取勘验、称量、取样、鉴定以及拍照、录像、留样等措施固定证据后,按照有关规定处理。

第八条 办理毒品犯罪案件,应当根据案件情况收集下列书证:

(一)银行账户交易记录,托运、邮寄毒品的物流寄递单据,记载制造、交易毒品情况的记录本或者记账单;

(二)机票、乘机记录、车船票、路桥费票据、出入境记录;

(三)租车合同、租房合同、住宿登记;

(四)其他应当收集的书证。

收集的书证应当是相关主管部门或者经营部门等证据持有人出具的原件。由于客观原因取得原件确有困难的,可以使用确认为真实的副本或者复制件。

第九条 犯罪嫌疑人使用银行账户、第三方支付平台等方式交易毒品的,应当收集交易双方的账户资料、交易金额、交易时间、交易发生地等证据材料。账户登记人与实际使用人不一致的,应当一并收集证明账户实际使用人的证据材料。

2. 鉴定意见

第十条 办理毒品犯罪案件,应当指派、聘请具有相关资质的鉴定人员,对毒品、制毒物品、毒品原植物及其种子或者幼苗、笔迹、痕迹和生物检材等分别进行成分、含量或者同一性等鉴定。

对毒品原植物及其种子、幼苗,办案机关所在地没有具备相应资质的鉴定机构和鉴定人的,可以委托县级以上农牧、林业行政主管部门或者设立农林相关专业的普通高等学校、科研院所进行检验、鉴定。

鉴定意见、检验报告应当随案移送。对查获的毒品疑似物未检出毒品成分的,鉴定意见也应当随案移送。

第十一条 对查获毒品的含量鉴定,按照《最高人民法院、最高人民检察院、公安部办理毒品犯罪案件毒品提取、扣押、称量、取样和送检程序若干问题的规定》第三十三条执行。

对查获的易制毒化学品,一般可以不作含量鉴定。但是,对查获的第一类易制毒化学品,犯罪嫌疑人、被告人可能被判处七年有期徒刑以上刑罚的,可以根据案件需要作出含量鉴定。

第十二条 对从涉毒场所、物品上提取的痕迹、生物检材,以及存取款凭证、物流寄递单据、住宿登记等书证上的笔迹,可以根据案件需要与犯罪嫌疑人的相关样本进行比对鉴定。

具有下列情形之一的,应当进行前款规定的比对鉴定:

(一)犯罪嫌疑人否认实施毒品犯罪的;

(二)毒品归属存在疑问的;

(三)犯罪嫌疑人、被告人可能被判处无期徒刑、死刑的。

第十三条 对毒品犯罪案件的犯罪嫌疑人,被引诱、教唆、欺骗、强迫、容留吸毒的人员,应当及时进行吸毒检测,并收集犯罪嫌疑人供述、被害人陈述、证人证言、行政处罚决定书等证据材料,查明其是否吸毒以及吸食毒品的种类。吸毒检测结果等证据材料应当随案移送。

3. 勘验、检查、搜查、辨认等笔录

第十四条 对与毒品犯罪有关的场所、物品、人身等,公安机关应当根据案件情况及时进行勘验、检查,全面提取、扣押现场的毒品、毒资、作案工具以及毒品包装物上的痕迹和生物检材等各类证据材料。

勘验、检查应当录像、拍照,客观、完整地反映查获毒品场所的整体情况以及毒品、制毒物品和其他证据的原始状态、外观特征、所处位置等具体情况。

经复验、复查提取毒品、毒资等证据的,应当同时收集证明该证据来源真实、合法的证据材料。

第十五条 对犯罪嫌疑人以及可能藏匿毒品的人员的身体、物品、住处、车辆和其他场所,公安机关应当依法搜查并扣押毒品、毒资、作案工具、相关书证等证据材料。

搜查时,应当有被搜查人或者其家属、邻居或者其他见证人在场。除犯罪嫌疑人暴力抗拒搜查等突发紧急情况外,对搜查的过程应当录像、拍照。

第十六条 毒品犯罪案件的现场勘验、检查、搜查等笔录,应当完整记录工作的步骤、方法和提取证据的过程,准确反映被查获的毒品、制毒物品、毒资、作案工具等证据的名称、外观特征、型号、数量、位置等情况。

第十七条 为查明案件事实,公安机关可以根据案件需要及时组织犯罪嫌疑人、证人对涉案毒品、作案工具、毒品交易或者藏匿地点等与案件事实有关的物证、书证和场所进行辨认。

对上下家犯罪或者共同犯罪等案件,应当组织犯罪嫌疑人之间、犯罪嫌疑人与涉案吸毒人员之间进行相互辨认;必要时,可以组织其他证人对犯罪嫌疑人进行辨认。

辨认应当依法、规范进行,必要时,对辨认过程进行录音录像。

4. 视听资料、电子数据

第十八条 公安机关应当依照法定程序及时调取与毒品犯罪有关的银行监控视频、宾馆监控视频、道路交通监控视频等视听资料,并对其内容制作说明材料随案移送。

第十九条 公安机关应当依照法定程序和有关技术标准,及时收集与毒品犯罪有关的网络平台发布的信息、网络应用服务的通信信息、电子文件等各类电子数据。

收集、提取电子数据的具体工作要求,按照《最高人民法院、最高人民检察院、公安部关于办理刑事案件收集提取和审查判断电子数据若干问题的规定》执行。

本意见第十八条规定的视听资料以数字化形式存储的,提取程序适用前款规定。

第二十条 对犯罪嫌疑人使用的涉案手机,应当收集手机的号码、品牌、型号、国际移动设备识别码(串号),规范地提取并保存手机内存储的与案件事实有关的通话记录、短信,利用即时通信服务产生的聊天记录,以及文档、图片、音视频等电子文件。手机内存储的相关信息、文件被删除或者毁坏,有条件的,应当予以恢复、提取。

对犯罪嫌疑人使用的手机号码,应当及时调取号码登记资料、身份认证信息、犯罪嫌疑人与案件相关人员的双向通信记录等证据材料。调取的材料应当由电信业务经营者、互联网服务提供者等证据持有人出具并加盖印章;确实无法盖章的,公安机关应当出具情况说明。侦查人员对调取的通信记录中与案件事实有关的内容,应当注明通信地点和对方联系人身份情况,由于客观原因确实无法查明的除外。

手机号码登记人与实际使用人不一致的,应当查明手机号码的实际使用人。必要时,可以将通信记录上的通信时间、地点、漫游区域、主被叫联系人等信息与犯罪嫌疑人活动情况相结合,制作犯罪嫌疑人活动轨迹分析报告。

5. 证人证言、犯罪嫌疑人供述和辩解

第二十一条 公安机关应当依照法定程序全面、及时地收集毒品犯罪线索提供人、检举揭发人、涉案吸毒人员以及其他案件知情人的证言。

询问证人时,应当了解证人的作证能力及其与案件的利害关系,客观、完整地记录证人对案件事实的陈述。证人证言对证明案件事实有重大影响的,可以对询问证人的过程进行同步录音录像。

第二十二条 对毒品犯罪嫌疑人,应当主要针对以下事实、情节进行讯问:

(一)犯罪时间、地点、经过、次数;

(二)涉案毒品的种类、数量、价格、交付方式、来源与去向;

(三)资金渠道、支付方式、获利数额、赃款去向;

(四)通讯工具、交通工具以及其他作案工具;

(五)上下家犯罪案件中各犯罪嫌疑人在犯意提起、付款、运输、促成交易等环节所起的作用;

(六)共同犯罪案件中的预谋、分工、出资、毒品归属、利润分配情况,以及各犯罪嫌疑人的地位、作用;

(七)是否有累犯、毒品再犯等前科情况,是否曾因实施毒品违法行为被行政处罚,是否有自首、立功等情节;

(八)涉案财物的权属、犯罪嫌疑人的经济状况;

(九)其他重要事实、情节。

犯罪嫌疑人的供述、辩解没有证据予以印证或者与其他证据相矛盾的,公安机关应当收集相关证据,核查其供述是否真实、辩解是否成立。

对犯罪嫌疑人所作罪轻或者无罪的供述和辩解,无论是否采信,都应当如实记录、妥善保管,并附卷随案移送。

第二十三条 办理走私、贩卖、运输、制造毒品,非法持有毒品数量大,包庇走私、贩卖、运输、制造毒品的犯罪分子情节严重,非法生产、买卖、运输制毒物品、走私制毒物品情节严重,以及其他重大毒品犯罪案件,应当对讯问犯罪嫌疑人的过程进行同步录音录像。具体工作要求,按照《公安机关讯问犯罪嫌疑人录音录像工作规定》执行。

对前款规定的讯问录音录像,公安机关可以单独立卷随案移送。未随案移送的,人民检察院、人民法院可以根据案件需要进行调取,有关机关应当及时提供。

6. 技术侦查证据

第二十四条 公安机关办理重大毒品犯罪案件,依照法律和有关规定采取技术侦查措施的,收集的材料在诉讼中可以作为证据使用。

采取技术侦查措施收集的物证、书证、视听资料、电子数据等证据材料,具有下列情形之一的,应当随案移送:

(一)对认定犯罪嫌疑人、被告人有罪或者无罪有影响的;

(二)对认定犯罪嫌疑人、被告人的罪行性质有影响的;

(三)对认定犯罪嫌疑人、被告人的罪行轻重,尤其是对死刑适用有影响的。

采取技术侦查措施收集的证据材料随案移送的,应当一并移送批准采取技术侦查措施的法律文书和侦查办案部门对证据内容的说明材料。随案移送的证据材料涉及国家秘密、商业秘密或者个人隐私的,应当单独立卷,涉及国家秘密的,应当标明密级,相关办案人员应当予以保密。

第二十五条 采取技术侦查措施收集的音视频资料作为证据使用的,应当制作新的存储介质、文字抄清材料并出具加盖印章的制作说明。对音视频资料中涉及的绰号、暗语、俗语、方言等,公安机关应当结合犯罪嫌疑人供述、证人证言等证据说明其含义。

采取技术侦查措施收集的音视频资料作为证据使用的,应当同时收集证明声音主体身份的证据。犯罪嫌疑人否认系音视频资料中的声音主体,且缺少其他证据证明,需要鉴定的,由公安机关委托鉴定机构进行声纹鉴定。

第二十六条 公安机关依照法律规定由有关人员隐匿身份对毒品犯罪案件实施侦查的,应当收集证明下列事实的证据材料:

(一)隐匿身份人员的身份材料及其实施侦查前与犯罪嫌疑人的关系;

(二)犯罪嫌疑人实施毒品犯罪的犯意如何产生;

(三)犯罪嫌疑人是否准备或者已经着手实施毒品犯罪;

(四)涉案毒品的数量如何确定;

(五)犯罪嫌疑人是否有毒品违法犯罪经历;

(六)其他应当收集的证据材料。

在诉讼证据材料中,对隐匿身份人员可以使用化名或者代号,其真实身份材料可以另行制作保密卷供检察人员、审判人员核实,相关办案人员应当予以保密。

对隐匿身份的有关人员在侦查过程中的作用,公安机关应当出具书面说明,并随案移送。

第二十七条 公安机关办理毒品犯罪案件实施控制下交付的,应当收集证明犯罪嫌疑人准备或者已经着手实施毒品犯罪,以及对涉案人员、毒品、资金实施监控等情况的证据材料。

对实施控制下交付的过程,公安机关应当出具书面说明,并随案移送。

7. 其他证据

第二十八条 采取勘验、检查、搜查、辨认等侦查措施,依照法律和有关规定需要有见证人在场的,应当邀请符合条件的人员担任见证人,并在相关法律文书中写明见证人的姓名、职业、住址和联系方式等信息。

担任见证人的条件,适用法律、司法解释和规范性文件的有关规定。

由于客观原因确实无法由符合条件的人员担任见证人的,应当在笔录中注明情况或者另行出具说明材料,并对相关侦查活动进行录音录像。

第二十九条 公安机关办理毒品犯罪案件应当制作侦破经过材料,由办案人员签名、办案机关加盖印章,并随案移送。

侦破经过材料应当写明下列内容:

(一)案件线索的具体来源,是否根据群众举报、有关人员检举或者在侦办其他案件中发现线索等;

(二)查获的毒品、毒资、作案工具等主要涉案物品的来源、名称、数量、特征等情况;

(三)犯罪嫌疑人到案的具体方式,是否有自动投案、抗拒抓捕等情形;

(四)犯罪嫌疑人到案后是否有如实供述罪行、检举揭发他人犯罪、协助抓获其他犯罪嫌疑人等情形;

(五)其他应当写明的内容。

第三十条 公安机关办理毒品犯罪案件,应当收集证明犯罪地、犯罪嫌疑人居住地等有关侦查管辖权的证据材料。犯罪地包括犯罪预谋地、毒资筹集地、交易进行地、毒品制造地、毒品和毒资、毒赃的藏匿地、转移地,走私或者贩运毒品的途经地、目的地等。

对毒品犯罪案件中一人犯数罪、上下家犯罪、共同犯罪以及共同犯罪的犯罪嫌疑人实施其他犯罪的,一般应当并案侦查。对上下家犯罪的犯罪嫌疑人实施其他犯罪,以及他人实施包庇毒品犯罪分子、窝藏毒品、为毒品犯罪洗钱等存在关联的犯罪,并案处理有利于查明案件事实的,公安机关可以在职责范围内并案侦查。对并案侦查的案件,应当全面收集、提取相关证据材料,准确查明各犯罪嫌疑人的犯罪事实。

对并案侦查的毒品犯罪案件,一般应当一并移送审查起诉、提起公诉;未一并移送审查起诉、提起公诉的,有关机关应当书面说明理由。

对依照本条第二款规定并案侦查的案件,需要逮捕犯罪嫌疑人或者移送审查起诉的,由侦查该案件的公安机关向同级人民检察院提请批准逮捕或者移送审查起诉;人民检察院提起公诉的,由人民法院依法审理。

第三十一条 公安机关办理毒品犯罪案件,应当收集犯罪嫌疑人的户籍证明等身份证明材料。户籍证明由犯罪嫌疑人户籍所在地公安机关出具,并附犯罪嫌疑人的近期免冠照片。户籍证明未附照片或者无户籍证明的,应当由犯罪嫌疑人亲属或者其他密切关系人对犯罪嫌疑人进行辨认并制作笔录。必要时,对犯罪嫌疑人进行 DNA 鉴定。

犯罪嫌疑人的户籍证明与其他身份证明材料记载的出生日期存在矛盾,影响定罪量刑的,应当收集犯罪嫌疑人的出生证明文件、学籍卡、人口普查登记以及无利害关系人的证言等证据材料。

犯罪嫌疑人具有国家工作人员等特殊主体身份或者案件属于单位犯罪的,应当收集有关主体身份的证明材料。

第三十二条 犯罪嫌疑人在实施毒品犯罪过程中进行武装掩护或者以暴力抗拒检查、拘留、逮捕的,应当对涉案枪支、弹药、爆炸物,执法人员伤亡以及财产损失情况等进行鉴定,并收集被害人陈述、证人证言等相关证据材料。

犯罪嫌疑人曾因犯罪被判刑的,应当调取其前罪生效裁判文书、刑满释放证明等证据材料;曾因实施毒品违法行为被行政处罚的,应当调取行政处罚决定书等证据材料。

第三十三条 犯罪嫌疑人有自首情节的,公安机关应当收集由接受投案人员签名、接受投案单位盖章的证明材料,并写明犯罪嫌疑人投案的时间、地点、方式和如实供述情况等内容。

犯罪嫌疑人虽不具有自首情节,但到案后如实供述自己的罪行,并协助公安机关提取、追回涉案毒品、毒资、毒赃,或者有其他避免严重危害后果发生的表现的,公安机关应当出具相关证明材料。

犯罪嫌疑人、被告人检举揭发他人犯罪的,公安机关应当收集有关检举揭发内容、线索来源、调查核实过程和结果、被检举揭发人的供述等证据材料;被检举揭发案件已经进入刑事诉讼程序的,还应当收集相关法律文书。

犯罪嫌疑人主动或者按照公安机关的安排,协助抓获其他犯罪嫌疑人(包括同案犯)的,公安机关应当出具证明材料;有条件的,可以对协助抓捕过程进行录音录像。

第三十四条 公安机关办理毒品犯罪案件,应当收集证明犯罪嫌疑人违法所得及其他涉案财物性质的证据材料。对毒品犯罪的违法所得及其收益,供毒品犯罪所用的本人财物,以及其他涉案财物,公安机关应当及时采取查封、扣押、冻结措施,并收集书证、犯罪嫌疑人供述、证人证言等相关证据材料随案移送。

犯罪嫌疑人将毒品犯罪的违法所得用于投资、置业形成的财产及其收益,应当依法查封、扣押、冻结。

犯罪嫌疑人将毒品犯罪的违法所得及其他涉案财物用于清偿债务、转让或者设定其他权利负担,具有下列情形之一的,应当依法查封、扣押、冻结:

(一)他人明知是毒品犯罪的违法所得或者其他涉案财物而接受的;

(二)他人无偿或者以明显低于市场价格取得上述财物的;

(三)他人通过非法债务清偿或者违法犯罪活动取得上述财物的;

(四)他人通过其他恶意方式取得上述财物的。

第三十五条 公安机关在办理毒品犯罪案件过程中,发现他人以窝藏、转移等方式掩饰、隐瞒毒品犯罪的违法所得及其收益,或者协助毒品犯罪分子洗钱的,应当依法立案侦查,收集、固定相关证据。

对犯罪嫌疑人、被告人逃匿或者死亡的毒品犯罪案件,公安机关应当及时收集证明毒品犯罪违法所得及其他涉案财产情况的证据,由有关机关依照法律和司法解释规定的程序予以没收。

第三十六条 对走私、贩卖、运输、制造毒品等案件,犯罪嫌疑人、被告人可能被并处没收财产的,公安机关应当全面收集有关犯罪嫌疑人财产的证据,及时调查犯罪嫌疑人的存款、汇款、债券、股票、基金份额、房产、机动车辆、金银珠宝、古玩字画,以及投资、经营公司、企业情况等,查明其财产的数额、来源、用途和权属状况,并制作财产清单与收集的相关证据材料一并随案移送。

公安机关在实施前款规定的财产调查过程中发现涉案财物的,应当及时采取查封、扣押、冻结措施。

三、证据的审查

第三十七条 对毒品、毒资、银行账户交易记录、物流寄递单据等物证、书证,应当注重审查是否全面收集,证据的来源是否清楚,勘验、检查、搜查、提取、扣押、辨认等取证程序和相关笔录的制作是否符合法律和有关规定,应当鉴定的是否进行鉴定等。

对毒品犯罪案件中的银行监控视频、宾馆监控视频、道路交通监控视频等视听资料和手机通信记录、网络聊天记录、电子交易记录等电子数据,应当注重审查收集程序、方式是否符合法律和有关技术标准,内容是否真实、完整,与其他证据是否存在矛盾等。

收集物证、书证不符合法定程序,可能严重影响司法公正的,应当予以补正或者作出合理解释;不能补正或者作出合理解释的,对相关证据应当予以排除。

第三十八条 毒品的提取、扣押、称量、取样、送检程序有下列情形之一,影响证据真实性的,应当予以补正或者作出合理解释;不能补正或者作出合理解释的,相关证据不得作为定案的根据:

(一)未按照有关规定对不同位置、不同包装的毒品分别进行提取、扣押、封装、称量,或者称量所用衡器不符合有关规定、标准的;

(二)未按照有关规定要求的方法和标准对查获的毒品进行取样的;

(三)毒品的提取、扣押、称量、取样等工作,违反犯罪嫌疑人在场、见证人见证或者拍照、录像等有关规定的;

(四)毒品的称量、取样、送检笔录记载的毒品编号、名称、外观特征与提取笔录、扣押清单不一致的;

(五)其他违反有关规定的情形。

在勘验、检查、搜查过程中提取、扣押的毒品,未附笔录或者清单,或者有其他严重违反证据收集程序的情形,不能证明毒品来源的,不得作为定案的根据。

第三十九条 对毒品犯罪案件中的鉴定意见,应当注重审查鉴定主体是否具有相关资质,检材的来源是否清楚,取样是否符合有关规定,鉴定过程和方法是否符合相关专业规范的要求,鉴定意见的形式要件是否完备。

对应当鉴定而没有鉴定或者鉴定程序违反有关规定,影响案件事实认定,经人民检察院或者人民法院提出的,应当进行补充鉴定或者重新鉴定。

公诉人、当事人或者辩护人、诉讼代理人对鉴定意见有异议,人民法院认为鉴定人有必要出庭的,应当通知鉴定人出庭作证。必要时,对鉴定人作证采取不公开其个人信息等保护措施。经人民法院通知,鉴定人拒不出庭作证的,鉴定意见不得作为定案的根据。

对检验报告的审查,参照适用鉴定意见的有关规定。

第四十条 对毒品犯罪案件中的证人证言,应当注重审查证人是否具有作证能力,询问过程是否合法、规范,证言内容是否真实、完整,证言是否与犯罪嫌疑人、被告人供述等其他证据相互印证。

公诉人、当事人或者辩护人、诉讼代

理人对证人证言有异议,且该证人证言对定罪量刑有重大影响,人民法院认为证人有必要出庭作证的,应当通知证人出庭作证。必要时,对证人作证采取不公开其个人信息等保护措施。侦查人员就执行职务过程中目击的犯罪事实、经历的侦查活动等情况出庭作证的,适用前述规定。

证人当庭作出的证言与其庭前证言存在矛盾,证人能够作出合理解释,并有相关证据印证的,应当采信其庭审证言;不能作出合理解释,而其庭前证言有相关证据印证的,可以采信其庭前证言。

经人民法院通知,证人没有正当理由拒不出庭或者出庭后拒绝作证,法庭无法确认其庭前证言真实性的,该证人证言不得作为定案的根据。

第四十一条 对犯罪嫌疑人、被告人的供述和辩解,应当注重审查以下内容:

(一)讯问的主体、时间、地点、方式以及制作讯问笔录等程序是否符合法律和有关规定,讯问笔录是否全部随案移送;

(二)对本意见第二十三条规定的毒品犯罪案件,在讯问犯罪嫌疑人时是否进行同步录音录像,录音录像与讯问笔录的内容是否一致;

(三)犯罪嫌疑人、被告人关于毒品犯罪事实的供述和辩解是否前后一致,是否符合案情、常理,与同案犯罪嫌疑人、被告人的供述和辩解以及其他证据能否相互印证,是否存在无法排除的矛盾;

(四)是否存在采用刑讯逼供等非法方法收集犯罪嫌疑人、被告人供述的情形。

讯问笔录的内容与同步录音录像存在实质性差异,不能作出合理解释的,该部分内容不得作为定案的根据,以讯问录音录像为准。对确认或者不能排除采用刑讯逼供等非法方法收集的犯罪嫌疑人、被告人供述,应当予以排除。

第四十二条 犯罪嫌疑人、被告人翻供的,可以按照下列情形分别处理:

(一)翻供前有罪供述稳定、详细,且与其他证据相互印证,犯罪嫌疑人、被告人不能合理说明翻供理由的,可以采信其翻供前的有罪供述。

(二)翻供前有罪供述存在矛盾且无其他证据印证,或者无法排除刑讯逼供、串供等情形的,不得采信其翻供前的有罪供述;翻供理由合理,翻供后的供述或者辩解内容稳定、详细且与其他证据相互印证的,可以采信其翻供后的供述或者辩解。

犯罪嫌疑人、被告人在庭审前不供认犯罪或者供述存在反复,但在庭审中供认,且与其他证据相互印证的,可以采信其庭审供述。犯罪嫌疑人、被告人庭前供述存在反复,在庭审中不供认犯罪,且无其他证据与庭前有罪供述相印证的,不得采信其庭前有罪供述。

第四十三条 犯罪嫌疑人、被告人到案后否认明知是毒品,但综合同案犯罪嫌疑人、被告人供述,相关证人证言,从毒品包装物上提取的痕迹、生物检材,调取的物流寄递单据、资金交易记录、通信记录等其他证据足以证明其明知的,可以认定其明知是毒品。

犯罪嫌疑人、被告人到案后否认明知是毒品,又缺乏其他证据证明其明知的,可以根据其实施毒品犯罪的方式、过程、毒品被查获时的情形,结合其年龄、文化程度、生活状况、职业背景、是否有毒品违法犯罪经历以及与同案犯罪嫌疑人、被告人之间的关系等情况,综合分析认定其是否明知是毒品。

第四十四条　具有下列情形之一，犯罪嫌疑人、被告人不能作出合理解释的，可以认定其明知走私、贩卖、运输、非法持有的是毒品，但有证据证明其确实不知情或者确系被蒙骗的除外：

（一）执法人员在口岸、机场、车站、港口、邮局等场所检查时，要求申报为他人携带、运输、寄递的物品和其他毒品疑似物，并告知其法律责任，但未如实申报，在其携带、运输、寄递的物品中查获毒品的；

（二）以伪报、藏匿、伪装等蒙蔽手段逃避海关、边防等检查，或者行程路线故意绕开检查站点，在其携带、运输的物品中查获毒品的；

（三）在执法人员检查时有逃跑、藏匿、丢弃携带的物品、弃车逃离或者其他逃避、抗拒检查行为，在其携带、藏匿、丢弃的物品或者遗弃的车辆中查获毒品的；

（四）在体内或者贴身隐秘处藏匿毒品的；

（五）采用高度隐蔽的方式携带、运输、交接物品，明显违背合法物品的惯常携带、运输、交接方式，从中查获毒品的；

（六）以虚假的身份、地址或者物品名称办理托运、寄递手续，从托运、寄递的物品中查获毒品的；

（七）采用隐匿真实身份、支付不等值报酬等不合理方式，雇用、指使他人携带、运输或者代为接收物流寄递的物品，从中查获毒品的；

（八）为获取不同寻常的高额、不等值报酬为他人携带、运输或者接收物流寄递的物品，从中查获毒品的；

（九）其他可以认定犯罪嫌疑人、被告人明知的情形。

具有下列情形之一，犯罪嫌疑人、被告人不能作出合理解释的，可以认定其明知制造的是毒品，但有证据证明其确实不知情或者确系被蒙骗的除外：

（一）在现场查获制造毒品的工具、设备、原料、配剂、制毒方法说明的；

（二）在偏远、隐蔽等选址明显不合理的场所或者采用伪装方式制造物品，经鉴定是毒品的；

（三）在执法人员检查时有逃避、抗拒检查等行为，在现场查获制造出的物品，经鉴定是毒品的；

（四）为获取不同寻常的高额、不等值报酬为他人制造物品，经鉴定是毒品的；

（五）其他可以认定犯罪嫌疑人、被告人明知的情形。

第四十五条　对毒品犯罪案件中的侦破经过材料，应当注重审查案件的线索来源是否清楚，是否写明查获毒品、毒资、作案工具等主要涉案物品情况，犯罪嫌疑人是否有自首、坦白、立功等情节，侦破经过与犯罪嫌疑人、被告人供述是否相符等。

人民检察院、人民法院对侦破经过有疑问的，由公安机关作出书面补充说明。

第四十六条　公安机关采取技术侦查措施收集的材料作为证据使用的，应当注重审查以下内容：

（一）采取技术侦查措施是否按照法律和有关规定履行批准手续，批准采取技术侦查措施的法律文书是否随案移送；

（二）采取技术侦查措施的种类、适用对象和期限是否按照批准决定载明的内容执行；

（三）对采取技术侦查措施收集的物证、书证、视听资料、电子数据等证据材料

的内容是否作出说明;

(四)采取技术侦查措施收集的证据材料是否与其他证据相印证。

第四十七条 采取技术侦查措施收集的材料作为证据使用的,应当经当庭出示、辨认、质证等法庭调查程序查证属实。

执行前款规定,可能危及有关人员的人身安全,或者可能产生其他严重后果的,法庭调查应当采取不暴露有关人员的身份、不公开具体技术方法等保护措施,必要时转为不公开审理。无法采取保护措施或者采取保护措施不足以防止产生严重后果的,可以由审判人员在庭外对证据进行核实。

法庭决定在庭外对技术侦查证据进行核实的,可以召集检察人员、侦查人员和辩护律师到场,在场人员应当履行保密义务。

依照本意见第二十四条的规定应当移送技术侦查证据材料而没有移送,或者人民检察院、人民法院认为没有移送的技术侦查证据材料对案件处理有重大影响的,人民检察院可以要求公安机关移送,人民法院也可以通知人民检察院移送。有关机关仍未移送的,应当根据案件情况作出有利于犯罪嫌疑人、被告人的认定。

第四十八条 对有关人员隐匿身份实施侦查的案件,应当注重审查是否履行批准手续,犯罪嫌疑人、被告人的犯意如何产生,涉案毒品、毒资的来源和去向,毒品数量如何确定,隐匿身份人员在侦查活动中所起的作用等。

隐匿身份人员在侦查活动中收集的材料作为证据使用的,必要时,应当采取不暴露其身份等保护措施。

隐匿身份人员在侦查活动中诱使本无犯意的人实施毒品犯罪,并向其提供涉案毒品,或者向其提供毒资和购毒渠道的,所提供的毒品、毒资以及从其提供的渠道购买的毒品不得作为认定被引诱人员实施毒品犯罪的证据。

第四十九条 对实施控制下交付的毒品犯罪案件,应当注重审查是否履行批准手续,犯罪嫌疑人、被告人是否准备或者正在实施毒品犯罪,对涉案人员、毒品、毒资等进行监控及查获的过程,对涉案毒品实施替代交付的是否拍照、录像并制作笔录,证明实施控制下交付的证据与其他证据是否存在矛盾等。

实施控制下交付收集的材料作为证据使用的,必要时,应当采取不公开有关技术方法等保护措施。

第五十条 对犯罪嫌疑人、被告人及其辩护人提出具有自首、坦白情节的,应当注重审查公安机关出具的侦破经过、证明材料结合犯罪嫌疑人、被告人供述以及相关证人证言等证据,综合分析认定。

对犯罪嫌疑人、被告人及其辩护人提出具有立功表现的,应当注重审查公安机关出具的证明材料、检举线索来源、有关机关的调查核实材料、被检举揭发人的供述及其受到刑事追诉的相关法律文书等证据,综合分析认定。

人民检察院、人民法院审查认为证明犯罪嫌疑人、被告人具有自首、坦白、立功情节的材料不规范、不全面的,应当通知有关机关予以补正、补充。被告人在审判阶段有检举揭发他人犯罪等情形需要查证的,有关机关应当及时调查核实并移送查证结果。

第五十一条 从犯罪嫌疑人、被告人的身体、衣服、随身物品及其住处、车辆中查获毒品的,一般可以认定该毒品系犯罪嫌疑人、被告人持有，但确有相反证据的除外。

对从不同场所分别查获毒品和犯罪嫌疑人的案件，犯罪嫌疑人、被告人否认查获的毒品系其持有或者由其实际控制的，应当审查是否提取到本意见第五条第二款所列犯罪嫌疑人、被告人的痕迹、生物检材或者相关毒品残留物，是否收集到证明查获毒品场所的所有人和实际使用人的证据，以及证明查获的毒品与犯罪嫌疑人、被告人存在关联的证人证言、监控视频等其他证据。综合全案证据能够确认查获的毒品系犯罪嫌疑人、被告人持有或者由其实际控制的，可以依法认定。

犯罪嫌疑人、被告人否认其明知查获的物品是毒品的，依照本意见第四十三条、第四十四条的规定作出认定。

第五十二条　对全案未查获毒品，但其他证据确实、充分的，可以认定犯罪事实；全案未查获毒品，又缺乏其他证据的，不能仅根据犯罪嫌疑人、被告人的供述认定犯罪事实。

全案涉及多起毒品犯罪事实，部分犯罪事实中未查获毒品的，对未查获毒品的犯罪事实的认定，可以按照下列情形分别处理：

（一）犯罪嫌疑人、被告人供认犯罪，能够排除刑讯逼供、串供等情形，且所作供述与相关书证、证人证言、电子数据等其他证据相互印证，证据确实、充分的，可以认定该起犯罪事实；

（二）两名以上犯罪嫌疑人、被告人中部分人供认犯罪，能够排除刑讯逼供、串供等情形，有罪供述与其他证据相互印证，且其他人否认犯罪的辩解不能成立，证明相关事实的证据确实、充分的，可以认定该起犯罪事实；

（三）各犯罪嫌疑人、被告人的有罪供述在主要犯罪事实上存在无法排除的重大矛盾或者疑问，或者有罪供述与其他证据之间存在无法排除的重大矛盾或者疑问，证明相关事实的证据未达到确实、充分标准的，对该起犯罪事实不予认定。

第五十三条　对可能判处死刑的毒品犯罪案件，应当注重审查下列影响死刑适用的证据，并查明相关事实：

（一）证明是否属于上下家犯罪以及罪行严重程度的证据，查明毒品的来源、去向，上下家的贩毒数量、次数和对象范围，犯罪的主动性，对促成交易所起的作用，犯罪行为的危害后果等；

（二）证明是否属于共同犯罪以及被告人的地位、作用的证据，查明被告人是否属于毒品犯罪集团的首要分子，共同犯罪的组织者、领导者，罪责最为严重的主犯，是否受他人指使、雇用参与犯罪以及是否有未到案的共同犯罪人等；

（三）证明涉案毒品成分和含量的鉴定意见，查明是否属于成分复杂的新类型毒品，毒品是否含量极低等；

（四）证明是否存在隐匿身份人员引诱犯罪的证据，查明被告人是否受到犯意引诱或者数量引诱等；

（五）证明被告人有无犯罪前科或者毒品犯罪经历的证据，查明被告人是否属于累犯、毒品再犯、职业毒犯、多次犯罪或者初犯、偶犯等；

（六）证明被告人有无法定或者重大酌定从宽处罚情节的证据，查明被告人是否具有自首、坦白、立功等情节及其对量刑的影响等；

（七）证明关联案件处理情况的证据，查明关联案件的办理进展和结果。

对主要犯罪事实中未查获毒品的案

件，判处死刑应当特别慎重。

第五十四条 人民检察院、人民法院办理毒品犯罪案件，应当注重审查证明涉案财物及其孳息的来源、用途和权属情况的证据。上述证据经当庭出示、辨认、质证等法庭调查程序查证属实，才能作为定案的根据。人民检察院应当在提起公诉时对涉案财物及其孳息提出处理意见。人民法院应当在判决书中写明对涉案财物及其孳息的具体处理情况。

对查封、扣押、冻结的涉案财物及其孳息，有证据证明确属毒品犯罪的违法所得及其收益、供毒品犯罪所用的本人财产的，应当判决没收上缴国库，但法律另有规定的除外；不能认定属于依法应当追缴的涉案财物的，不得判决没收。对属于犯罪嫌疑人、被告人的个人合法财产的，应当作为财产刑的执行对象，执行完毕的剩余部分应当及时返还；相关财物未随案移送的，应当通知查封、扣押、冻结机关将执行财产刑的部分移送人民法院。

第五十五条 查封、扣押、冻结的涉案财物具有下列情形之一的，可以认定为毒品犯罪的违法所得及其收益：

（一）犯罪嫌疑人、被告人本人供认，且有相关书证、证人证言同案犯罪嫌疑人、被告人的供述等证据印证的；

（二）犯罪嫌疑人、被告人本人不予供认，但有相关书证、证人证言、同案犯罪嫌疑人、被告人的供述等证据证明，足以认定的；

（三）犯罪嫌疑人、被告人本人不予供认，且缺乏同案犯罪嫌疑人、被告人的供述等直接证据证明，但综合银行交易记录、购买证明、相关证人证言、视听资料等其他证据能够达到证据确实、充分标准，足以认定的。

对本意见第三十四条第二款、第三款规定的情形，相关证据确实、充分的，应当认定属于毒品犯罪的违法所得。

对犯罪嫌疑人、被告人逃匿或者死亡的毒品犯罪案件，人民检察院依法提出没收违法所得的申请，人民法院经审理认为申请没收的财产具有高度可能属于毒品犯罪的违法所得及其他涉案财产的，应当予以认定。

四、附则

第五十六条 本意见自2019年5月1日起施行。之前发布的有关规范性文件的规定与本意见不一致的，适用本意见。

公安部
《公安机关涉案枪支弹药
鉴定工作规定》

（2019年12月9日 公通字[2019]30号）

为规范涉案枪支、弹药的鉴定工作，确保鉴定意见合法、准确、公正，根据《中华人民共和国刑事诉讼法》《中华人民共和国枪支管理法》和有关法律法规，制定本规定。

一、鉴定范围

公安机关在依法办理案件中需要鉴定涉案枪支、弹药及其散件的，适用本规定。

本规定所称枪支，是指符合《中华人民共和国枪支管理法》第四十六条之规定，以火药或者压缩气体等为动力，利用管状器具发射金属弹丸或者其他物质，足以致人伤亡或者丧失知觉的各种枪支。枪支一般应具备枪身、枪管、击发机构、发射机构等。

本规定所称弹药，一般应具备弹头（弹丸）、弹壳、底火、发射药四部分结构。气枪弹虽不具备上述结构，但属于本规定所称弹药。

本规定所称枪支散件，是指专门用于组成枪支的主要零部件。

本规定所称弹药散件，是指组成弹药的弹头、弹壳、底火等。

本规定所称制式枪支、弹药，是指按照国家标准或者公安部、军队下达的战术技术指标要求，经国家有关部门或者军队批准定型，由合法企业生产的各类枪支、弹药，以及境外合法企业制造的枪支、弹药和历史遗留的各类旧杂式枪支、弹药。

本规定所称非制式枪支、弹药，是指未经有关部门批准定型或者不符合国家标准的各类枪支、弹药，包括自制、改制的枪支、弹药和枪支、弹药生产企业研制工作中的中间产品。

二、鉴定机关

涉案枪支、弹药的鉴定工作由地(市)级及以上公安机关鉴定机构负责。

三、鉴定标准

（一）制式枪支、弹药及其散件的鉴定标准

与制式枪支、弹药及其散件的实物或者资料相符，或者具备制式枪支、弹药及其散件特征的，应认定为枪支、弹药及其散件。

制式枪支、弹药，无论能否击发，均应认定为枪支、弹药。

（二）非制式枪支、弹药及其散件的鉴定标准

1. 以火药为动力的非制式枪支、弹药的鉴定标准

对以火药为动力的非制式枪支，能发射制式或者非制式弹药的，应认定为枪支。对火铳类枪支，其枪管、传火孔贯通，且能实现发射功能的，应认定为枪支。

对以火药为动力的非制式枪支，因缺少个别零件或者锈蚀不能完成击发动作，经加装相关零件或者除锈后具备发射功能的，应认定为枪支。

对以火药为动力的非制式弹药，具备弹药组成结构，且各部分具备相应功能或者能够发射的，应认定为弹药。

2. 以压缩气体等为动力的非制式枪支、弹药的鉴定标准

对以压缩气体等为动力的非制式枪支，所发射弹丸的枪口比动能大于等于1.8焦耳/平方厘米的，应认定为枪支。因缺少个别零件或者锈蚀不能完成击发动作，经加装相关零件或者除锈后具备发射功能，且枪口比动能大于等于1.8焦耳/平方厘米的，应认定为枪支。

对非制式气枪弹，与境内外生产的制式气枪弹外形、规格相符或者相近的，应认定为气枪弹。

3. 非制式枪支、弹药散件的鉴定标准

对非制式枪支散件，与制式或者非制式枪支散件的实物、资料相符或者相近，或者具备枪支散件相同功能的，应认定为枪支散件。

对非制式弹药散件，与制式弹药散件的实物、资料相符或者相近的，应认定为弹药散件。

四、附则

（一）对同一类型的枪支、弹药及其散件，因数量较大等原因无法进行全部检验的，可按照有关规定进行抽样检验。

（二）涉案枪支、弹药的鉴定程序，按照《公安机关鉴定规则》执行。

最高人民法院、最高人民检察院、公安部《关于办理刑事案件收集提取和审查判断电子数据若干问题的规定》

（自 2016 年 10 月 1 日起施行　法发〔2016〕22 号）

为规范电子数据的收集提取和审查判断，提高刑事案件办理质量，根据《中华人民共和国刑事诉讼法》等有关法律规定，结合司法实际，制定本规定。

一、一般规定

第一条　电子数据是案件发生过程中形成的，以数字化形式存储、处理、传输的，能够证明案件事实的数据。

电子数据包括但不限于下列信息、电子文件：

（一）网页、博客、微博客、朋友圈、贴吧、网盘等网络平台发布的信息；

（二）手机短信、电子邮件、即时通信、通讯群组等网络应用服务的通信信息；

（三）用户注册信息、身份认证信息、电子交易记录、通信记录、登录日志信息；

（四）文档、图片、音视频、数字证书、计算机程序等电子文件。

以数字化形式记载的证人证言、被害人陈述以及犯罪嫌疑人、被告人供述和辩解等证据，不属于电子数据。确有必要的，对相关证据的收集、提取、移送、审查，可以参照适用本规定。

第二条　侦查机关应当遵守法定程序，遵循有关技术标准，全面、客观、及时地收集、提取电子数据；人民检察院、人民法院应当围绕真实性、合法性、关联性审查判断电子数据。

第三条　人民法院、人民检察院和公安机关有权依法向有关单位和个人收集、调取电子数据。有关单位和个人应当如实提供。

第四条　电子数据涉及国家秘密、商业秘密、个人隐私的，应当保密。

第五条　对作为证据使用的电子数据，应当采取以下一种或者几种方法保护电子数据的完整性：

（一）扣押、封存电子数据原始存储介质；

（二）计算电子数据完整性校验值；

（三）制作、封存电子数据备份；

（四）冻结电子数据；

（五）对收集、提取电子数据的相关活动进行录像；

（六）其他保护电子数据完整性的方法。

第六条　初查过程中收集、提取的电子数据，以及通过网络在线提取的电子数据，可以作为证据使用。

二、电子数据的收集与提取

第七条　收集、提取电子数据，应当由二名以上侦查人员进行。取证方法应当符合相关技术标准。

第八条　收集、提取电子数据，能够扣押电子数据原始存储介质的，应当扣押、封存原始存储介质，并制作笔录，记录原始存储介质的封存状态。

封存电子数据原始存储介质，应当保证在不解除封存状态的情况下，无法增加、删除、修改电子数据。封存前后应当拍摄被封存原始存储介质的照片，清晰反映封口或者张贴封条处的状况。

封存手机等具有无线通信功能的存

储介质,应当采取信号屏蔽、信号阻断或者切断电源等措施。

第九条 具有下列情形之一,无法扣押原始存储介质的,可以提取电子数据,但应当在笔录中注明不能扣押原始存储介质的原因、原始存储介质的存放地点或者电子数据的来源等情况,并计算电子数据的完整性校验值:

(一)原始存储介质不便封存的;

(二)提取计算机内存数据、网络传输数据等不是存储在存储介质上的电子数据的;

(三)原始存储介质位于境外的;

(四)其他无法扣押原始存储介质的情形。

对于原始存储介质位于境外或者远程计算机信息系统上的电子数据,可以通过网络在线提取。

为进一步查明有关情况,必要时,可以对远程计算机信息系统进行网络远程勘验。进行网络远程勘验,需要采取技术侦查措施的,应当依法经过严格的批准手续。

第十条 由于客观原因无法或者不宜依据第八条、第九条的规定收集、提取电子数据的,可以采取打印、拍照或者录像等方式固定相关证据,并在笔录中说明原因。

第十一条 具有下列情形之一的,经县级以上公安机关负责人或者检察长批准,可以对电子数据进行冻结:

(一)数据量大,无法或者不便提取的;

(二)提取时间长,可能造成电子数据被篡改或者灭失的;

(三)通过网络应用可以更为直观地展示电子数据的;

(四)其他需要冻结的情形。

第十二条 冻结电子数据,应当制作协助冻结通知书,注明冻结电子数据的网络应用账号等信息,送交电子数据持有人、网络服务提供者或者有关部门协助办理。解除冻结的,应当在三日内制作协助解除冻结通知书,送交电子数据持有人、网络服务提供者或者有关部门协助办理。

冻结电子数据,应当采取以下一种或者几种方法:

(一)计算电子数据的完整性校验值;

(二)锁定网络应用账号;

(三)其他防止增加、删除、修改电子数据的措施。

第十三条 调取电子数据,应当制作调取证据通知书,注明需要调取电子数据的相关信息,通知电子数据持有人、网络服务提供者或者有关部门执行。

第十四条 收集、提取电子数据,应当制作笔录,记录案由、对象、内容、收集、提取电子数据的时间、地点、方法、过程,并附电子数据清单,注明类别、文件格式、完整性校验值等,由侦查人员、电子数据持有人(提供人)签名或者盖章;电子数据持有人(提供人)无法签名或者拒绝签名的,应当在笔录中注明,由见证人签名或者盖章。有条件的,应当对相关活动进行录像。

第十五条 收集、提取电子数据,应当根据刑事诉讼法的规定,由符合条件的人员担任见证人。由于客观原因无法由符合条件的人员担任见证人的,应当在笔录中注明情况,并对相关活动进行录像。

针对同一现场多个计算机信息系统收集、提取电子数据的,可以由一名见证人见证。

第十六条 对扣押的原始存储介质

或者提取的电子数据,可以通过恢复、破解、统计、关联、比对等方式进行检查。必要时,可以进行侦查实验。

电子数据检查,应当对电子数据存储介质拆封过程进行录像,并将电子数据存储介质通过写保护设备接入到检查设备进行检查;有条件的,应当制作电子数据备份,对备份进行检查;无法使用写保护设备且无法制作备份的,应当注明原因,并对相关活动进行录像。

电子数据检查应当制作笔录,注明检查方法、过程和结果,由有关人员签名或者盖章。进行侦查实验的,应当制作侦查实验笔录,注明侦查实验的条件、经过和结果,由参加实验的人员签名或者盖章。

第十七条 对电子数据涉及的专门性问题难以确定的,由司法鉴定机构出具鉴定意见,或者由公安部指定的机构出具报告。对于人民检察院直接受理的案件,也可以由最高人民检察院指定的机构出具报告。

具体办法由公安部、最高人民检察院分别制定。

三、电子数据的移送与展示

第十八条 收集、提取的原始存储介质或者电子数据,应当以封存状态随案移送,并制作电子数据的备份一并移送。

对网页、文档、图片等可以直接展示的电子数据,可以不随案移送打印件;人民法院、人民检察院因设备等条件限制无法直接展示电子数据的,侦查机关应当随案移送打印件,或者附展示工具和展示方法说明。

对冻结的电子数据,应当移送被冻结电子数据的清单,注明类别、文件格式、冻结主体、证据要点、相关网络应用账号,并附查看工具和方法的说明。

第十九条 对侵入、非法控制计算机信息系统的程序、工具以及计算机病毒等无法直接展示的电子数据,应当附电子数据属性、功能等情况的说明。

对数据统计量、数据同一性等问题,侦查机关应当出具说明。

第二十条 公安机关报请人民检察院审查批准逮捕犯罪嫌疑人,或者对侦查终结的案件移送人民检察院审查起诉的,应当将电子数据等证据一并移送人民检察院。人民检察院在审查批准逮捕和审查起诉过程中发现应当移送的电子数据没有移送或者移送的电子数据不符合相关要求的,应当通知公安机关补充移送或者进行补正。

对于提起公诉的案件,人民法院发现应当移送的电子数据没有移送或者移送的电子数据不符合相关要求的,应当通知人民检察院。

公安机关、人民检察院应当自收到通知后三日内移送电子数据或者补充有关材料。

第二十一条 控辩双方向法庭提交的电子数据需要展示的,可以根据电子数据的具体类型,借助多媒体设备出示、播放或者演示。必要时,可以聘请具有专门知识的人进行操作,并就相关技术问题作出说明。

四、电子数据的审查与判断

第二十二条 对电子数据是否真实,应当着重审查以下内容:

(一)是否移送原始存储介质;在原始存储介质无法封存、不便移动时,有无说明原因,并注明收集、提取过程及原始存储介质的存放地点或者电子数据的来源等情况;

(二)电子数据是否具有数字签名、

数字证书等特殊标识；

（三）电子数据的收集、提取过程是否可以重现；

（四）电子数据如有增加、删除、修改等情形的，是否附有说明；

（五）电子数据的完整性是否可以保证。

第二十三条　对电子数据是否完整，应当根据保护电子数据完整性的相应方法进行验证：

（一）审查原始存储介质的扣押、封存状态；

（二）审查电子数据的收集、提取过程，查看录像；

（三）比对电子数据完整性校验值；

（四）与备份的电子数据进行比较；

（五）审查冻结后的访问操作日志；

（六）其他方法。

第二十四条　对收集、提取电子数据是否合法，应当着重审查以下内容：

（一）收集、提取电子数据是否由二名以上侦查人员进行，取证方法是否符合相关技术标准；

（二）收集、提取电子数据，是否附有笔录、清单，并经侦查人员、电子数据持有人（提供人）、见证人签名或者盖章；没有持有人（提供人）签名或者盖章的，是否注明原因；对电子数据的类别、文件格式等是否注明清楚；

（三）是否依照有关规定由符合条件的人员担任见证人，是否对相关活动进行录像；

（四）电子数据检查是否将电子数据存储介质通过写保护设备接入到检查设备；有条件的，是否制作电子数据备份，并对备份进行检查；无法制作备份且无法使用写保护设备的，是否附有录像。

第二十五条　认定犯罪嫌疑人、被告人的网络身份与现实身份的同一性，可以通过核查相关 IP 地址、网络活动记录、上网终端归属、相关证人证言以及犯罪嫌疑人、被告人供述和辩解等进行综合判断。

认定犯罪嫌疑人、被告人与存储介质的关联性，可以通过核查相关证人证言以及犯罪嫌疑人、被告人供述和辩解等进行综合判断。

第二十六条　公诉人、当事人或者辩护人、诉讼代理人对电子数据鉴定意见有异议，可以申请人民法院通知鉴定人出庭作证。人民法院认为鉴定人有必要出庭的，鉴定人应当出庭作证。

经人民法院通知，鉴定人拒不出庭作证的，鉴定意见不得作为定案的根据。对没有正当理由拒不出庭作证的鉴定人，人民法院应当通报司法行政机关或者有关部门。

公诉人、当事人或者辩护人、诉讼代理人可以申请法庭通知有专门知识的人出庭，就鉴定意见提出意见。

对电子数据涉及的专门性问题的报告，参照适用前三款规定。

第二十七条　电子数据的收集、提取程序有下列瑕疵，经补正或者作出合理解释的，可以采用；不能补正或者作出合理解释的，不得作为定案的根据：

（一）未以封存状态移送的；

（二）笔录或者清单上没有侦查人员、电子数据持有人（提供人）、见证人签名或者盖章的；

（三）对电子数据的名称、类别、格式等注明不清的；

（四）有其他瑕疵的。

第二十八条　电子数据具有下列情形之一的，不得作为定案的根据：

（一）电子数据系篡改、伪造或者无法确定真伪的；

（二）电子数据有增加、删除、修改等情形，影响电子数据真实性的；

（三）其他无法保证电子数据真实性的情形。

五、附则

第二十九条 本规定中下列用语的含义：

（一）存储介质，是指具备数据信息存储功能的电子设备、硬盘、光盘、优盘、记忆棒、存储卡、存储芯片等载体。

（二）完整性校验值，是指为防止电子数据被篡改或者破坏，使用散列算法等特定算法对电子数据进行计算，得出的用于校验数据完整性的数据值。

（三）网络远程勘验，是指通过网络对远程计算机信息系统实施勘验，发现、提取与犯罪有关的电子数据，记录计算机信息系统状态，判断案件性质，分析犯罪过程，确定侦查方向和范围，为侦查破案、刑事诉讼提供线索和证据的侦查活动。

（四）数字签名，是指利用特定算法对电子数据进行计算，得出的用于验证电子数据来源和完整性的数据值。

（五）数字证书，是指包含数字签名并对电子数据来源、完整性进行认证的电子文件。

（六）访问操作日志，是指为审查电子数据是否被增加、删除或者修改，由计算机信息系统自动生成的对电子数据访问、操作情况的详细记录。

第三十条 本规定自2016年10月1日起施行。之前发布的规范性文件与本规定不一致的，以本规定为准。

公安部
《公安机关办理刑事案件电子数据取证规则》

（2018年12月13日发布，自2019年2月1日起实施。公通字〔2018〕41号）

第一章 总 则

第一条 为规范公安机关办理刑事案件电子数据取证工作，确保电子数据取证质量，提高电子数据取证效率，根据《中华人民共和国刑事诉讼法》《公安机关办理刑事案件程序规定》等有关规定，制定本规则。

第二条 公安机关办理刑事案件应当遵守法定程序，遵循有关技术标准，全面、客观、及时地收集、提取涉案电子数据，确保电子数据的真实、完整。

第三条 电子数据取证包括但不限于：

（一）收集、提取电子数据；

（二）电子数据检查和侦查实验；

（三）电子数据检验与鉴定。

第四条 公安机关电子数据取证涉及国家秘密、警务工作秘密、商业秘密、个人隐私的，应当保密；对于获取的材料与案件无关的，应当及时退还或者销毁。

第五条 公安机关接受或者依法调取的其他国家机关在行政执法和查办案件过程中依法收集、提取的电子数据可以作为刑事案件的证据使用。

第二章 收集提取电子数据

第一节 一般规定

第六条 收集、提取电子数据，应当由二名以上侦查人员进行。必要时，可以指派或者聘请专业技术人员在侦查人员主持下进行收集、提取电子数据。

第七条 收集、提取电子数据，可以根据案情需要采取以下一种或者几种措施、方法：

（一）扣押、封存原始存储介质；

（二）现场提取电子数据；

（三）网络在线提取电子数据；

（四）冻结电子数据；

（五）调取电子数据。

第八条 具有下列情形之一的，可以采取打印、拍照或者录像等方式固定相关证据：

（一）无法扣押原始存储介质并且无法提取电子数据的；

（二）存在电子数据自毁功能或装置，需要及时固定相关证据的；

（三）需现场展示、查看相关电子数据的。

根据前款第二、三项的规定采取打印、拍照或者录像等方式固定相关证据后，能够扣押原始存储介质的，应当扣押原始存储介质；不能扣押原始存储介质但能够提取电子数据的，应当提取电子数据。

第九条 采取打印、拍照或者录像方式固定相关证据的，应当清晰反映电子数据的内容，并在相关笔录中注明采取打印、拍照或者录像等方式固定相关证据的原因，电子数据的存储位置、原始存储介质特征和所在位置等情况，由侦查人员、电子数据持有人（提供人）签名或者盖章；电子数据持有人（提供人）无法签名或者拒绝签名的，应当在笔录中注明，由见证人签名或者盖章。

第二节 扣押、封存原始存储介质

第十条 在侦查活动中发现的可以证明犯罪嫌疑人有罪或者无罪、罪轻或者罪重的电子数据，能够扣押原始存储介质的，应当扣押、封存原始存储介质，并制作笔录，记录原始存储介质的封存状态。

勘验、检查与电子数据有关的犯罪现场时，应当按照有关规范处置相关设备，扣押、封存原始存储介质。

第十一条 对扣押的原始存储介质，应当按照以下要求封存：

（一）保证在不解除封存状态的情况下，无法使用或者启动被封存的原始存储介质，必要时，具备数据信息存储功能的电子设备和硬盘、存储卡等内部存储介质可以分别封存；

（二）封存前后应当拍摄被封存原始存储介质的照片。照片应当反映原始存储介质封存前后的状况，清晰反映封口或者张贴封条处的状况；必要时，照片还要清晰反映电子设备的内部存储介质细节；

（三）封存手机等具有无线通信功能的原始存储介质，应当采取信号屏蔽、信号阻断或者切断电源等措施。

第十二条 对扣押的原始存储介质，应当会同在场见证人和原始存储介质持有人（提供人）查点清楚，当场开列《扣押清单》一式三份，写明原始存储介质名称、编号、数量、特征及其来源等，由侦查人员、持有人（提供人）和见证人签名或者盖章，一份交给持有人（提供人），一份交给公安机关保管人员，一份附卷备查。

第十三条 对无法确定原始存储介质持有人（提供人）或者原始存储介质持有人（提供人）无法签名、盖章或者拒绝签名、盖章的，应当在有关笔录中注明，由见证人签名或者盖章。由于客观原因无法由符合条件的人员担任见证人的，应当在有关笔录中注明情况，并对扣押原始存储介质的过程全程录像。

第十四条　扣押原始存储介质，应当收集证人证言以及犯罪嫌疑人供述和辩解等与原始存储介质相关联的证据。

第十五条　扣押原始存储介质时，可以向相关人员了解、收集并在有关笔录中注明以下情况：

（一）原始存储介质及应用系统管理情况，网络拓扑与系统架构情况，是否由多人使用及管理，管理及使用人员的身份情况；

（二）原始存储介质及应用系统管理的用户名、密码情况；

（三）原始存储介质的数据备份情况，有无加密磁盘、容器，有无自毁功能，有无其它移动存储介质，是否进行过备份，备份数据的存储位置等情况；

（四）其他相关的内容。

第三节　现场提取电子数据

第十六条　具有下列无法扣押原始存储介质情形之一的，可以现场提取电子数据：

（一）原始存储介质不便封存的；

（二）提取计算机内存数据、网络传输数据等不是存储在存储介质上的电子数据的；

（三）案件情况紧急，不立即提取电子数据可能会造成电子数据灭失或者其他严重后果的；

（四）关闭电子设备会导致重要信息系统停止服务的；

（五）需通过现场提取电子数据排查可疑存储介质的；

（六）正在运行的计算机信息系统功能或者应用程序关闭后，没有密码无法提取的；

（七）其他无法扣押原始存储介质的情形。

无法扣押原始存储介质的情形消失后，应当及时扣押、封存原始存储介质。

第十七条　现场提取电子数据可以采取以下措施保护相关电子设备：

（一）及时将犯罪嫌疑人或者其他相关人员与电子设备分离；

（二）在未确定是否易丢失数据的情况下，不能关闭正在运行状态的电子设备；

（三）对现场计算机信息系统可能被远程控制的，应当及时采取信号屏蔽、信号阻断、断开网络连接等措施；

（四）保护电源；

（五）有必要采取的其他保护措施。

第十八条　现场提取电子数据，应当遵守以下规定：

（一）不得将提取的数据存储在原始存储介质中；

（二）不得在目标系统中安装新的应用程序。如果因为特殊原因，需要在目标系统中安装新的应用程序的，应当在笔录中记录所安装的程序及目的；

（三）应当在有关笔录中详细、准确记录实施的操作。

第十九条　现场提取电子数据，应当制作《电子数据现场提取笔录》，注明电子数据的来源、事由和目的、对象、提取电子数据的时间、地点、方法、过程、不能扣押原始存储介质的原因、原始存储介质的存放地点，并附《电子数据提取固定清单》，注明类别、文件格式、完整性校验值等，由侦查人员、电子数据持有人（提供人)签名或者盖章;电子数据持有人(提供人)无法签名或者拒绝签名的,应当在笔录中注明,由见证人签名或者盖章。

第二十条 对提取的电子数据可以进行数据压缩,并在笔录中注明相应的方法和压缩后文件的完整性校验值。

第二十一条 由于客观原因无法由符合条件的人员担任见证人的,应当在《电子数据现场提取笔录》中注明情况,并全程录像,对录像文件应当计算完整性校验值并记入笔录。

第二十二条 对无法扣押的原始存储介质且无法一次性完成电子数据提取的,经登记、拍照或者录像后,可以封存后交其持有人(提供人)保管,并且开具《登记保存清单》一式两份,由侦查人员、持有人(提供人)和见证人签名或者盖章,一份交给持有人(提供人),另一份连同照片或者录像资料附卷备查。

持有人(提供人)应当妥善保管,不得转移、变卖、毁损,不得解除封存状态,不得未经办案部门批准接入网络,不得对其中可能用作证据的电子数据增加、删除、修改。必要时,应当保持计算机信息系统处于开机状态。

对登记保存的原始存储介质,应当在七日以内作出处理决定,逾期不作出处理决定,视为自动解除。经查明确实与案件无关的,应当在三日以内解除。

第四节 网络在线提取电子数据

第二十三条 对公开发布的电子数据、境内远程计算机信息系统上的电子数据,可以通过网络在线提取。

第二十四条 网络在线提取应当计算电子数据的完整性校验值;必要时,可以提取有关电子签名认证证书、数字签名、注册信息等关联性信息。

第二十五条 网络在线提取时,对可能无法重复提取或者可能会出现变化的电子数据,应当采用录像、拍照、截获计算机屏幕内容等方式记录以下信息:

(一)远程计算机信息系统的访问方式;

(二)提取的日期和时间;

(三)提取使用的工具和方法;

(四)电子数据的网络地址、存储路径或者数据提取时的进入步骤等;

(五)计算完整性校验值的过程和结果。

第二十六条 网络在线提取电子数据应当在有关笔录中注明电子数据的来源、事由和目的、对象,提取电子数据的时间、地点、方法、过程,不能扣押原始存储介质的原因,并附《电子数据提取固定清单》,注明类别、文件格式、完整性校验值等,由侦查人员签名或者盖章。

第二十七条 网络在线提取时需要进一步查明下列情形之一的,应当对远程计算机信息系统进行网络远程勘验:

(一)需要分析、判断提取的电子数据范围的;

(二)需要展示或者描述电子数据内容或者状态的;

(三)需要在远程计算机信息系统中安装新的应用程序的;

(四)需要通过勘验行为让远程计算机信息系统生成新的除正常运行数据外电子数据的;

(五)需要收集远程计算机信息系统状态信息、系统架构、内部系统关系、文件目录结构、系统工作方式等电子数据相关信息的;

(六)其他网络在线提取时需要进

一步查明有关情况的情形。

第二十八条 网络远程勘验由办理案件的县级公安机关负责。上级公安机关对下级公安机关刑事案件网络远程勘验提供技术支援。对于案情重大、现场复杂的案件，上级公安机关认为有必要时，可以直接组织指挥网络远程勘验。

第二十九条 网络远程勘验应当统一指挥，周密组织，明确分工，落实责任。

第三十条 网络远程勘验应当由符合条件的人员作为见证人。由于客观原因无法由符合条件的人员担任见证人的，应当在《远程勘验笔录》中注明情况，并按照本规则第二十五条的规定录像，录像可以采用屏幕录像或者录像机录像等方式，录像文件应当计算完整性校验值并记入笔录。

第三十一条 远程勘验结束后，应当及时制作《远程勘验笔录》，详细记录远程勘验有关情况以及勘验照片、截获的屏幕截图等内容。由侦查人员和见证人签名或者盖章。

远程勘验并且提取电子数据的，应当按照本规则第二十六条的规定，在《远程勘验笔录》注明有关情况，并附《电子数据提取固定清单》。

第三十二条 《远程勘验笔录》应当客观、全面、详细、准确、规范，能够作为还原远程计算机信息系统原始情况的依据，符合法定的证据要求。

对计算机信息系统进行多次远程勘验的，在制作首次《远程勘验笔录》后，逐次制作补充《远程勘验笔录》。

第三十三条 网络在线提取或者网络远程勘验时，应当使用电子数据持有人、网络服务提供者提供的用户名、密码等远程计算机信息系统访问权限。

采用技术侦查措施收集电子数据的，应当严格依照有关规定办理批准手续。收集的电子数据在诉讼中作为证据使用时，应当依照刑事诉讼法第一百五十四条规定执行。

第三十四条 对以下犯罪案件，网络在线提取、远程勘验过程应当全程同步录像：

（一）严重危害国家安全、公共安全的案件；

（二）电子数据是罪与非罪、是否判处无期徒刑、死刑等定罪量刑关键证据的案件；

（三）社会影响较大的案件；

（四）犯罪嫌疑人可能被判处五年有期徒刑以上刑罚的案件；

（五）其他需要全程同步录像的重大案件。

第三十五条 网络在线提取、远程勘验使用代理服务器、点对点传输软件、下载加速软件等网络工具的，应当在《网络在线提取笔录》或者《远程勘验笔录》中注明采用的相关软件名称和版本号。

第五节　冻结电子数据

第三十六条 具有下列情形之一的，可以对电子数据进行冻结：

（一）数据量大，无法或者不便提取的；

（二）提取时间长，可能造成电子数据被篡改或者灭失的；

（三）通过网络应用可以更为直观地展示电子数据的；

（四）其他需要冻结的情形。

第三十七条 冻结电子数据，应当经县级以上公安机关负责人批准，制作《协助冻结电子数据通知书》，注明冻结电子数据的网络应用账号等信息，送交电子数据持有人、网络服务提供者或者有关部门协助办理。

第三十八条　不需要继续冻结电子数据时,应当经县级以上公安机关负责人批准,在三日以内制作《解除冻结电子数据通知书》,通知电子数据持有人、网络服务提供者或者有关部门执行。

第三十九条　冻结电子数据的期限为六个月。有特殊原因需要延长期限的,公安机关应当在冻结期限届满前办理继续冻结手续。每次续冻期限最长不得超过六个月。继续冻结的,应当按照本规则第三十七条的规定重新办理冻结手续。逾期不办理继续冻结手续的,视为自动解除。

第四十条　冻结电子数据,应当采取以下一种或者几种方法:

(一)计算电子数据的完整性校验值;

(二)锁定网络应用账号;

(三)采取写保护措施;

(四)其他防止增加、删除、修改电子数据的措施。

第六节　调取电子数据

第四十一条　公安机关向有关单位和个人调取电子数据,应当经办案部门负责人批准,开具《调取证据通知书》,注明需要调取电子数据的相关信息,通知电子数据持有人、网络服务提供者或者有关部门执行。被调取单位、个人应当在通知书回执上签名或者盖章,并附完整性校验值等保护电子数据完整性方法的说明,被调取单位、个人拒绝盖章、签名或者附说明的,公安机关应当注明。必要时,应当采取录音或者录像等方式固定证据内容及取证过程。

公安机关应当协助因客观条件限制无法保护电子数据完整性的被调取单位、个人进行电子数据完整性的保护。

第四十二条　公安机关跨地域调查取证的,可以将《办案协作函》和相关法律文书及凭证传真或者通过公安机关信息化系统传输至协作地公安机关。协作地办案部门经审查确认后,在传来的法律文书上加盖本地办案部门印章后,代为调查取证。

协作地办案部门代为调查取证后,可以将相关法律文书回执或者笔录邮寄至办案地公安机关,将电子数据或者电子数据的获取、查看工具和方法说明通过公安机关信息化系统传输至办案地公安机关。

办案地公安机关应当审查调取电子数据的完整性,对保证电子数据的完整性有疑问的,协作地办案部门应当重新代为调取。

第三章　电子数据的检查和侦查实验

第一节　电子数据检查

第四十三条　对扣押的原始存储介质或者提取的电子数据,需要通过数据恢复、破解、搜索、仿真、关联、统计、比对等方式,以进一步发现和提取与案件相关的线索和证据时,可以进行电子数据检查。

第四十四条　电子数据检查,应当由二名以上具有专业技术的侦查人员进行。必要时,可以指派或者聘请有专门知识的人参加。

第四十五条　电子数据检查应当符合相关技术标准。

第四十六条　电子数据检查应当保护在公安机关内部移交过程中电子数据的完整性。移交时,应当办理移交手

续,并按照以下方式核对电子数据:

(一)核对其完整性校验值是否正确;

(二)核对封存的照片与当前封存的状态是否一致。

对于移交时电子数据完整性校验值不正确、原始存储介质封存状态不一致或者未封存可能影响证据真实性、完整性的,检查人员应当在有关笔录中注明。

第四十七条 检查电子数据应当遵循以下原则:

(一)通过写保护设备接入到检查设备进行检查,或者制作电子数据备份、对备份进行检查;

(二)无法使用写保护设备且无法制作备份的,应当注明原因,并全程录像;

(三)检查前解除封存、检查后重新封存前后应当拍摄被封存原始存储介质的照片,清晰反映封口或者张贴封条处的状况;

(四)检查具有无线通信功能的原始存储介质,应当采取信号屏蔽、信号阻断或者切断电源等措施保护电子数据的完整性。

第四十八条 检查电子数据,应当制作《电子数据检查笔录》,记录以下内容:

(一)基本情况。包括检查的起止时间,指挥人员、检查人员的姓名、职务,检查的对象,检查的目的等;

(二)检查过程。包括检查过程使用的工具,检查的方法与步骤等;

(三)检查结果。包括通过检查发现的案件线索、电子数据、等相关信息。

(四)其他需要记录的内容。

第四十九条 电子数据检查时需要提取电子数据的,应当制作《电子数据提取固定清单》,记录该电子数据的来源、提取方法和完整性校验值。

第二节 电子数据侦查实验

第五十条 为了查明案情,必要时,经县级以上公安机关负责人批准可以进行电子数据侦查实验。

第五十一条 电子数据侦查实验的任务包括:

(一)验证一定条件下电子设备发生的某种异常或者电子数据发生的某种变化;

(二)验证在一定时间内能否完成对电子数据的某种操作行为;

(三)验证在某种条件下使用特定软件、硬件能否完成某种特定行为、造成特定后果;

(四)确定一定条件下某种计算机信息系统应用或者网络行为能否修改、删除特定的电子数据;

(五)其他需要验证的情况。

第五十二条 电子数据侦查实验应当符合以下要求:

(一)应当采取技术措施保护原始存储介质数据的完整性;

(二)有条件的,电子数据侦查实验应当进行二次以上;

(三)侦查实验使用的电子设备、网络环境等应当与发案现场一致或者基本一致;必要时,可以采用相关技术方法对相关环境进行模拟或者进行对照实验;

(四)禁止可能泄露公民信息或者影响非实验环境计算机信息系统正常运行的行为。

第五十三条 进行电子数据侦查实验,应当使用拍照、录像、录音、通信数据采集等一种或多种方式客观记录实验过程。

第五十四条 进行电子数据侦查实

验,应当制作《电子数据侦查实验笔录》,记录侦查实验的条件、过程和结果,并由参加侦查实验的人员签名或者盖章。

第四章 电子数据委托检验与鉴定

第五十五条 为了查明案情,解决案件中某些专门性问题,应当指派、聘请有专门知识的人进行鉴定,或者委托公安部指定的机构出具报告。

需要聘请有专门知识的人进行鉴定,或者委托公安部指定的机构出具报告的,应当经县级以上公安机关负责人批准。

第五十六条 侦查人员送检时,应当封存原始存储介质、采取相应措施保护电子数据完整性,并提供必要的案件相关信息。

第五十七条 公安部指定的机构及其承担检验工作的人员应当独立开展业务并承担相应责任,不受其他机构和个人影响。

第五十八条 公安部指定的机构应当按照法律规定和司法审判机关要求承担回避、保密、出庭作证等义务,并对报告的真实性、合法性负责。

公安部指定的机构应当运用科学方法进行检验、检测,并出具报告。

第五十九条 公安部指定的机构应当具备必需的仪器、设备并且依法通过资质认定或者实验室认可。

第六十条 委托公安部指定的机构出具报告的其他事宜,参照《公安机关鉴定规则》等有关规定执行。

第五章 附 则

第六十一条 本规则自2019年2月1日起施行。公安部之前发布的文件与本规则不一致的,以本规则为准。

最高人民法院、最高人民检察院《关于办理环境污染刑事案件适用法律若干问题的解释》(节录)

(2016年11月7日最高人民法院审判委员会第1698次会议、2016年12月8日最高人民检察院第十二届检察委员会第58次会议通过,自2017年1月1日起施行,法释〔2016〕29号)

第十二条 环境保护主管部门及其所属监测机构在行政执法过程中收集的监测数据,在刑事诉讼中可以作为证据使用。

公安机关单独或者会同环境保护主管部门,提取污染物样品进行检测获取的数据,在刑事诉讼中可以作为证据使用。

第十三条 对国家危险废物名录所列的废物,可以依据涉案物质的来源、产生过程、被告人供述、证人证言以及经批准或者备案的环境影响评价文件等证据,结合环境保护主管部门、公安机关等出具的书面意见作出认定。

对于危险废物的数量,可以综合被告人供述、涉案企业的生产工艺、物耗、能耗情况,以及经批准或者备案的环境影响评价文件等证据作出认定。

第十四条 对案件所涉的环境污染专门性问题难以确定的,依据司法鉴定机构出具的鉴定意见,或者国务院环境保护主管部门、公安部门指定的机构出具的报告,结合其他证据作出认定。

最高人民法院、最高人民检察院、公安部、司法部《关于依法严厉打击传播艾滋病病毒等违法犯罪行为的指导意见》(节录)

(2019年5月19日　公通字〔2019〕23号)

三、依法收集证据查明案件事实

公安机关要依法、及时,全面收集固定证据,确保证据真实性、合法性。突出以下取证重点:

(一)查明违法犯罪嫌疑人明知自己感染艾滋病病毒或者患有艾滋病的情况。通过调查违法犯罪嫌疑人背景、患病状况、含有艾滋病病毒的血液来源等,查明其明知自己感染艾滋病病毒或者患有艾滋病的情况。特别要调取违法犯罪嫌疑人被医院或者其他医疗机构诊断感染艾滋病病毒或者患有艾滋病的有关证据,询问被害人获取违法犯罪嫌疑人事后告知其患病情况的陈述,收集违法犯罪嫌疑人亲属、朋友有关患病、就医等方面的证人证言等。

(二)查明发生性关系的情况。鉴于发生性行为情况比较隐蔽,办案中应当加大收集取证力度。对发生性行为后即报案报警的,应当及时提取痕迹物证。对发生性行为距报案报警时间较长的,应当多方收集证据,形成证据链,例如及时讯问犯罪嫌疑人、询问被害人、被害人家属等人,查明犯罪嫌疑人、被害人进出案发场所的时间、持续时长,查明犯罪嫌疑人、被害人联系情况,事后犯罪嫌疑人向他人炫耀情况等。

(三)查明非法采集供应血液情况,及时讯问犯罪嫌疑人获取对非法采集供应血液过程、使用器械工具的供述。收集工商登记营业执照等书证,查明犯罪嫌疑人未经国家主管部门批准或者超过批准的业务范围采集供应血液的情况。及时对非法采集供应的血液进行艾滋病病毒抗体检测,查明是否含有艾滋病病毒。询问被害人获取其使用非法供应血液的时间、地点、经过等陈述。调查非法采集供应血液过程的中间介绍人、血液供应者以及其他参与人员,查明是否参与共同犯罪。

(四)收集提取电子数据。勘验检查与违法犯罪嫌疑人发布信息有关的信息网络平台、网络存储设备、社交网络等,及时收集固定违法犯罪嫌疑人在信息网络发布炫耀传播艾滋病、出售谎称含有或者含有艾滋病病毒的血液、传授传播艾滋病病毒的犯罪方法、向被害人发送嘲讽威胁等信息等。

(五)查明危害结果。及时收集被害人事后就医、诊断证明、病历等情况,对其进行艾滋病病毒抗体检测,查明其是否已经感染艾滋病病毒,及时询问被害人,及时鉴定其伤害情况,查明其财产损失情况等。收集固定编造、传播的虚假信息在信息网络上被转发、评论,报道,造成公共秩序严重混乱的相关证据。

最高人民法院指导案例87号 郭明升、郭明锋、孙淑标 假冒注册商标案

(2017年3月6日)

【裁判要点】

假冒注册商标犯罪的非法经营数额、

违法所得数额,应当综合被告人供述、证人证言、被害人陈述、网络销售电子数据、被告人银行账户往来记录、送货单、快递公司电脑系统记录、被告人等所作记账等证据认定。被告人辩解称网络销售记录存在刷信誉的不真实交易,但无证据证实的,对其辩解不予采纳。

最高人民法院、最高人民检察院、公安部、国家安全部、司法部《关于办理刑事案件严格排除非法证据若干问题的规定》

(自2017年6月27日起施行 法发〔2017〕15号)

为准确惩罚犯罪,切实保障人权,规范司法行为,促进司法公正,根据《中华人民共和国刑事诉讼法》及有关司法解释等规定,结合司法实际,制定如下规定。

一、一般规定

第一条 严禁刑讯逼供和以威胁、引诱、欺骗以及其他非法方法收集证据,不得强迫任何人证实自己有罪。对一切案件的判处都要重证据,重调查研究,不轻信口供。

第二条 采取殴打、违法使用戒具等暴力方法或者变相肉刑的恶劣手段,使犯罪嫌疑人、被告人遭受难以忍受的痛苦而违背意愿作出的供述,应当予以排除。

第三条 采用以暴力或者严重损害本人及其近亲属合法权益等进行威胁的方法,使犯罪嫌疑人、被告人遭受难以忍受的痛苦而违背意愿作出的供述,应当予以排除。

第四条 采用非法拘禁等非法限制人身自由的方法收集的犯罪嫌疑人、被告人供述,应当予以排除。

第五条 采用刑讯逼供方法使犯罪嫌疑人、被告人作出供述,之后犯罪嫌疑人、被告人受该刑讯逼供行为影响而作出的与该供述相同的重复性供述,应当一并排除,但下列情形除外:

(一)侦查期间,根据控告、举报或者自己发现等,侦查机关确认或者不能排除以非法方法收集证据而更换侦查人员,其他侦查人员再次讯问时告知诉讼权利和认罪的法律后果,犯罪嫌疑人自愿供述的;

(二)审查逮捕、审查起诉和审判期间,检察人员、审判人员讯问时告知诉讼权利和认罪的法律后果,犯罪嫌疑人、被告人自愿供述的。

第六条 采用暴力、威胁以及非法限制人身自由等非法方法收集的证人证言、被害人陈述,应当予以排除。

第七条 收集物证、书证不符合法定程序,可能严重影响司法公正的,应当予以补正或者作出合理解释;不能补正或者作出合理解释的,对有关证据应当予以排除。

二、侦查

第八条 侦查机关应当依照法定程序开展侦查,收集、调取能够证实犯罪嫌疑人有罪或者无罪、罪轻或者罪重的证据材料。

第九条 拘留、逮捕犯罪嫌疑人后,应当按照法律规定送看守所羁押。犯罪嫌疑人被送交看守所羁押后,讯问应当在看守所讯问室进行。因客观原因侦查机关在看守所讯问室以外的场所进行讯问的,应当作出合理解释。

第十条 侦查人员在讯问犯罪嫌疑

人的时候,可以对讯问过程进行录音录像;对于可能判处无期徒刑、死刑的案件或者其他重大犯罪案件,应当对讯问过程进行录音录像。

侦查人员应当告知犯罪嫌疑人对讯问过程录音录像,并在讯问笔录中写明。

第十一条 对讯问过程录音录像,应当不间断进行,保持完整性,不得选择性地录制,不得剪接、删改。

第十二条 侦查人员讯问犯罪嫌疑人,应当依法制作讯问笔录。讯问笔录应当交犯罪嫌疑人核对,对于没有阅读能力的,应当向他宣读。对讯问笔录中有遗漏或者差错等情形,犯罪嫌疑人可以提出补充或者改正。

第十三条 看守所应当对提讯进行登记,写明提讯单位、人员、事由、起止时间以及犯罪嫌疑人姓名等情况。

看守所收押犯罪嫌疑人,应当进行身体检查。检查时,人民检察院驻看守所检察人员可以在场。检查发现犯罪嫌疑人有伤或者身体异常的,看守所应当拍照或者录像,分别由送押人员、犯罪嫌疑人说明原因,并在体检记录中写明,由送押人员、收押人员和犯罪嫌疑人签字确认。

第十四条 犯罪嫌疑人及其辩护人在侦查期间可以向人民检察院申请排除非法证据。对犯罪嫌疑人及其辩护人提供相关线索或者材料的,人民检察院应当调查核实。调查结论应当书面告知犯罪嫌疑人及其辩护人。对确有以非法方法收集证据情形的,人民检察院应当向侦查机关提出纠正意见。

侦查机关对审查认定的非法证据,应当予以排除,不得作为提请批准逮捕、移送审查起诉的根据。

对重大案件,人民检察院驻看守所检察人员应当在侦查终结前询问犯罪嫌疑人,核查是否存在刑讯逼供、非法取证情形,并同步录音录像。经核查,确有刑讯逼供、非法取证情形的,侦查机关应当及时排除非法证据,不得作为提请批准逮捕、移送审查起诉的根据。

第十五条 对侦查终结的案件,侦查机关应当全面审查证明证据收集合法性的证据材料,依法排除非法证据。排除非法证据后,证据不足的,不得移送审查起诉。

侦查机关发现办案人员非法取证的,应当依法作出处理,并可另行指派侦查人员重新调查取证。

三、审查逮捕、审查起诉

第十六条 审查逮捕、审查起诉期间讯问犯罪嫌疑人,应当告知其有权申请排除非法证据,并告知诉讼权利和认罪的法律后果。

第十七条 审查逮捕、审查起诉期间,犯罪嫌疑人及其辩护人申请排除非法证据,并提供相关线索或者材料的,人民检察院应当调查核实。调查结论应当书面告知犯罪嫌疑人及其辩护人。

人民检察院在审查起诉期间发现侦查人员以刑讯逼供等非法方法收集证据的,应当依法排除相关证据并提出纠正意见,必要时人民检察院可以自行调查取证。

人民检察院对审查认定的非法证据,应当予以排除,不得作为批准或者决定逮捕、提起公诉的根据。被排除的非法证据应当随案移送,并写明为依法排除的非法证据。

第十八条 人民检察院依法排除非法证据后,证据不足,不符合逮捕、起诉条件的,不得批准或者决定逮捕、提起公诉。

对于人民检察院排除有关证据导致对涉嫌的重要犯罪事实未予认定,从而作出不批准逮捕、不起诉决定,或者对涉嫌的部分重要犯罪事实决定不起诉的,公安机关、国家安全机关可要求复议、提请复核。

四、辩护

第十九条　犯罪嫌疑人、被告人申请提供法律援助的,应当按照有关规定指派法律援助律师。

法律援助值班律师可以为犯罪嫌疑人、被告人提供法律帮助,对刑讯逼供、非法取证情形代理申诉、控告。

第二十条　犯罪嫌疑人、被告人及其辩护人申请排除非法证据,应当提供涉嫌非法取证的人员、时间、地点、方式、内容等相关线索或者材料。

第二十一条　辩护律师自人民检察院对案件审查起诉之日起,可以查阅、摘抄、复制讯问笔录、提讯登记、采取强制措施或者侦查措施的法律文书等证据材料。其他辩护人经人民法院、人民检察院许可,也可以查阅、摘抄、复制上述证据材料。

第二十二条　犯罪嫌疑人、被告人及其辩护人向人民法院、人民检察院申请调取公安机关、国家安全机关、人民检察院收集但未提交的讯问录音录像、体检记录等证据材料,人民法院、人民检察院经审查认为犯罪嫌疑人、被告人及其辩护人申请调取的证据材料与证明证据收集的合法性有联系的,应当予以调取;认为与证明证据收集的合法性没有联系的,应当决定不予调取并向犯罪嫌疑人、被告人及其辩护人说明理由。

五、审判

第二十三条　人民法院向被告人及其辩护人送达起诉书副本时,应当告知其有权申请排除非法证据。

被告人及其辩护人申请排除非法证据,应当在开庭审理前提出,但在庭审期间发现相关线索或者材料等情形除外。人民法院应当在开庭审理前将申请书和相关线索或者材料的复制件送交人民检察院。

第二十四条　被告人及其辩护人在开庭审理前申请排除非法证据,未提供相关线索或者材料,不符合法律规定的申请条件的,人民法院对申请不予受理。

第二十五条　被告人及其辩护人在开庭审理前申请排除非法证据,按照法律规定提供相关线索或者材料的,人民法院应当召开庭前会议。人民检察院应当通过出示有关证据材料等方式,有针对性地对证据收集的合法性作出说明。人民法院可以核实情况,听取意见。

人民检察院可以决定撤回有关证据,撤回的证据,没有新的理由,不得在庭审中出示。

被告人及其辩护人可以撤回排除非法证据的申请。撤回申请后,没有新的线索或者材料,不得再次对有关证据提出排除申请。

第二十六条　公诉人、被告人及其辩护人在庭前会议中对证据收集是否合法未达成一致意见,人民法院对证据收集的合法性有疑问的,应当在庭审中进行调查;人民法院对证据收集的合法性没有疑问,且没有新的线索或者材料表明可能存在非法取证的,可以决定不再进行调查。

第二十七条　被告人及其辩护人申请人民法院通知侦查人员或者其他人员出庭,人民法院认为现有证据材料不能证明证据收集的合法性,确有必要通知上述人员出庭作证或者说明情况的,可以通知上述人员出庭。

第二十八条 公诉人宣读起诉书后,法庭应当宣布开庭审理前对证据收集合法性的审查及处理情况。

第二十九条 被告人及其辩护人在开庭审理前未申请排除非法证据,在法庭审理过程中提出申请的,应当说明理由。

对前述情形,法庭经审查,对证据收集的合法性有疑问的,应当进行调查;没有疑问的,应当驳回申请。

法庭驳回排除非法证据申请后,被告人及其辩护人没有新的线索或者材料,以相同理由再次提出申请的,法庭不再审查。

第三十条 庭审期间,法庭决定对证据收集的合法性进行调查的,应当先行当庭调查。但为防止庭审过分迟延,也可以在法庭调查结束前进行调查。

第三十一条 公诉人对证据收集的合法性加以证明,可以出示讯问笔录、提讯登记、体检记录、采取强制措施或者侦查措施的法律文书、侦查终结前对讯问合法性的核查材料等证据材料,有针对性地播放讯问录音录像,提请法庭通知侦查人员或者其他人员出庭说明情况。

被告人及其辩护人可以出示相关线索或者材料,并申请法庭播放特定时段的讯问录音录像。

侦查人员或者其他人员出庭,应当向法庭说明证据收集过程,并就相关情况接受发问。对发问方式不当或者内容与证据收集的合法性无关的,法庭应当制止。

公诉人、被告人及其辩护人可以对证据收集的合法性进行质证、辩论。

第三十二条 法庭对控辩双方提供的证据有疑问的,可以宣布休庭,对证据进行调查核实。必要时,可以通知公诉人、辩护人到场。

第三十三条 法庭对证据收集的合法性进行调查后,应当当庭作出是否排除有关证据的决定。必要时,可以宣布休庭,由合议庭评议或者提交审判委员会讨论,再次开庭时宣布决定。

在法庭作出是否排除有关证据的决定前,不得对有关证据宣读、质证。

第三十四条 经法庭审理,确认存在本规定所规定的以非法方法收集证据情形的,对有关证据应当予以排除。法庭根据相关线索或者材料对证据收集的合法性有疑问,而人民检察院未提供证据或者提供的证据不能证明证据收集的合法性,不能排除存在本规定所规定的以非法方法收集证据情形的,对有关证据应当予以排除。

对依法予以排除的证据,不得宣读、质证,不得作为判决的根据。

第三十五条 人民法院排除非法证据后,案件事实清楚,证据确实、充分,依据法律认定被告人有罪的,应当作出有罪判决;证据不足,不能认定被告人有罪的,应当作出证据不足、指控的犯罪不能成立的无罪判决;案件部分事实清楚,证据确实、充分的,依法认定该部分事实。

第三十六条 人民法院对证据收集合法性的审查、调查结论,应当在裁判文书中写明,并说明理由。

第三十七条 人民法院对证人证言、被害人陈述等证据收集合法性的审查、调查,参照上述规定。

第三十八条 人民检察院、被告人及其法定代理人提出抗诉、上诉,对第一审人民法院有关证据收集合法性的审查、调查结论提出异议的,第二审人民法院应当审查。

被告人及其辩护人在第一审程序中未申请排除非法证据,在第二审程序中提出申请的,应当说明理由。第二审人民法院应当审查。

人民检察院在第一审程序中未出示证据证明证据收集的合法性,第一审人民法院依法排除有关证据的,人民检察院在第二审程序中不得出示之前未出示的证据,但在第一审程序后发现的除外。

第三十九条 第二审人民法院对证据收集合法性的调查,参照上述第一审程序的规定。

第四十条 第一审人民法院对被告人及其辩护人排除非法证据的申请未予审查,并以有关证据作为定案根据,可能影响公正审判的,第二审人民法院可以裁定撤销原判,发回原审人民法院重新审判。

第一审人民法院对依法应当排除的非法证据未予排除的,第二审人民法院可以依法排除非法证据。排除非法证据后,原判决认定事实和适用法律正确、量刑适当的,应当裁定驳回上诉或者抗诉,维持原判;原判决认定事实没有错误,但适用法律有错误,或者量刑不当的,应当改判;原判决事实不清楚或者证据不足的,可以裁定撤销原判,发回原审人民法院重新审判。

第四十一条 审判监督程序、死刑复核程序中对证据收集合法性的审查、调查,参照上述规定。

第四十二条 本规定自 2017 年 6 月 27 日起施行。

最高人民法院
《人民法院办理刑事案件排除非法证据规程(试行)》

(2018 年 1 月 1 日 法发〔2017〕31 号)

为贯彻落实最高人民法院、最高人民检察院、公安部、国家安全部、司法部《关于推进以审判为中心的刑事诉讼制度改革的意见》和《关于办理刑事案件严格排除非法证据若干问题的规定》,规范非法证据排除程序,准确惩罚犯罪,切实保障人权,有效防范冤假错案,根据法律规定,结合司法实际,制定本规程。

第一条 采用下列非法方法收集的被告人供述,应当予以排除:

(一)采用殴打、违法使用戒具等暴力方法或者变相肉刑的恶劣手段,使被告人遭受难以忍受的痛苦而违背意愿作出的供述;

(二)采用以暴力或者严重损害本人及其近亲属合法权益等进行威胁的方法,使被告人遭受难以忍受的痛苦而违背意愿作出的供述;

(三)采用非法拘禁等非法限制人身自由的方法收集的被告人供述。

采用刑讯逼供方法使被告人作出供述,之后被告人受该刑讯逼供行为影响而作出的与该供述相同的重复性供述,应当一并排除,但下列情形除外:

(一)侦查期间,根据控告、举报或者自己发现等,侦查机关确认或者不能排除以非法方法收集证据而更换侦查人员,其他侦查人员再次讯问时告知诉讼权利和认罪的法律后果,被告人自愿供述的;

(二)审查逮捕、审查起诉和审判期

间,检察人员、审判人员讯问时告知诉讼权利和认罪的法律后果,被告人自愿供述的。

第二条 采用暴力、威胁以及非法限制人身自由等非法方法收集的证人证言、被害人陈述,应当予以排除。

第三条 采用非法搜查、扣押等违反法定程序的方法收集物证、书证,可能严重影响司法公正的,应当予以补正或者作出合理解释;不能补正或者作出合理解释的,对有关证据应当予以排除。

第四条 依法予以排除的非法证据,不得宣读、质证,不得作为定案的根据。

第五条 被告人及其辩护人申请排除非法证据,应当提供相关线索或者材料。"线索"是指内容具体、指向明确的涉嫌非法取证的人员、时间、地点、方式等;"材料"是指能够反映非法取证的伤情照片、体检记录、医院病历、讯问笔录、讯问录音录像或者同监室人员的证言等。

被告人及其辩护人申请排除非法证据,应当向人民法院提交书面申请。被告人书写确有困难的,可以口头提出申请,但应当记录在案,并由被告人签名或者捺印。

第六条 证据收集合法性的举证责任由人民检察院承担。

人民检察院未提供证据,或者提供的证据不能证明证据收集的合法性,经过法庭审理,确认或者不能排除以非法方法收集证据情形的,对有关证据应当予以排除。

第七条 开庭审理前,承办法官应当阅卷,并对证据收集的合法性进行审查:

(一)被告人在侦查、审查起诉阶段是否提出排除非法证据申请;提出申请的,是否提供相关线索或者材料;

(二)侦查机关、人民检察院是否对证据收集的合法性进行调查核实;调查核实的,是否作出调查结论;

(三)对于重大案件,人民检察院驻看守所检察人员在侦查终结前是否核查讯问的合法性,是否对核查过程同步录音录像;进行核查的,是否作出核查结论;

(四)对于人民检察院在审查逮捕、审查起诉阶段排除的非法证据,是否随案移送并写明为依法排除的非法证据。

人民法院对证据收集的合法性进行审查后,认为需要补充证据材料的,应当通知人民检察院在三日内补送。

第八条 人民法院向被告人及其辩护人送达起诉书副本时,应当告知其有权在开庭审理前申请排除非法证据并同时提供相关线索或者材料。上述情况应当记录在案。

被告人申请排除非法证据,但没有辩护人的,人民法院应当通知法律援助机构指派律师为其提供辩护。

第九条 被告人及其辩护人申请排除非法证据,应当在开庭审理前提出,但在庭审期间发现相关线索或者材料等情形除外。

第十条 被告人及其辩护人申请排除非法证据,并提供相关线索或者材料的,人民法院应当召开庭前会议,并在召开庭前会议三日前将申请书和相关线索或者材料的复制件送交人民检察院。

被告人及其辩护人申请排除非法证据,未提供相关线索或者材料的,人民法院应当告知其补充提交。被告人及其辩护人未能补充的,人民法院对申请不予受理,并在开庭审理前告知被告人及其辩护人。上述情况应当记录在案。

第十一条　对于可能判处无期徒刑、死刑或者黑社会性质组织犯罪、严重毒品犯罪等重大案件,被告人在驻看守所检察人员对讯问的合法性进行核查询问时,明确表示侦查阶段没有刑讯逼供等非法取证情形,在审判阶段又提出排除非法证据申请的,应当说明理由。人民法院经审查对证据收集的合法性没有疑问的,可以驳回申请。

驻看守所检察人员在重大案件侦查终结前未对讯问的合法性进行核查询问,或者未对核查询问过程全程同步录音录像,被告人及其辩护人在审判阶段提出排除非法证据申请,提供相关线索或者材料,人民法院对证据收集的合法性有疑问的,应当依法进行调查。

第十二条　在庭前会议中,人民法院对证据收集的合法性进行审查的,一般按照以下步骤进行:

(一)被告人及其辩护人说明排除非法证据的申请及相关线索或者材料;

(二)公诉人提供证明证据收集合法性的证据材料;

(三)控辩双方对证据收集的合法性发表意见;

(四)控辩双方对证据收集的合法性未达成一致意见的,审判人员归纳争议焦点。

第十三条　在庭前会议中,人民检察院应当通过出示有关证据材料等方式,有针对性地对证据收集的合法性作出说明。人民法院可以对有关材料进行核实,经控辩双方申请,可以有针对性地播放讯问录音录像。

第十四条　在庭前会议中,人民检察院可以撤回有关证据。撤回的证据,没有新的理由,不得在庭审中出示。

被告人及其辩护人可以撤回排除非法证据的申请。撤回申请后,没有新的线索或者材料,不得再次对有关证据提出排除申请。

第十五条　控辩双方在庭前会议中对证据收集的合法性达成一致意见的,法庭应当在庭审中向控辩双方核实并当庭予以确认。对于一方在庭审中反悔的,除有正当理由外,法庭一般不再进行审查。

控辩双方在庭前会议中对证据收集的合法性未达成一致意见,人民法院应当在庭审中进行调查,但公诉人提供的相关证据材料确实、充分,能够排除非法取证情形,且没有新的线索或者材料表明可能存在非法取证的,庭审调查举证、质证可以简化。

第十六条　审判人员应当在庭前会议报告中说明证据收集合法性的审查情况,主要包括控辩双方的争议焦点以及就相关事项达成的一致意见等内容。

第十七条　被告人及其辩护人在开庭审理前未申请排除非法证据,在庭审过程中提出申请的,应当说明理由。人民法院经审查,对证据收集的合法性有疑问的,应当进行调查;没有疑问的,应当驳回申请。

人民法院驳回排除非法证据的申请后,被告人及其辩护人没有新的线索或者材料,以相同理由再次提出申请的,人民法院不再审查。

第十八条　人民法院决定对证据收集的合法性进行法庭调查的,应当先行当庭调查。对于被申请排除的证据和其他犯罪事实没有关联等情形,为防止庭审过分迟延,可以先调查其他犯罪事实,再对证据收集的合法性进行调查。

在对证据收集合法性的法庭调查程

序结束前,不得对有关证据宣读、质证。

第十九条　法庭决定对证据收集的合法性进行调查的,一般按照以下步骤进行:

(一)召开庭前会议的案件,法庭应当在宣读起诉书后,宣布庭前会议中对证据收集合法性的审查情况,以及控辩双方的争议焦点;

(二)被告人及其辩护人说明排除非法证据的申请及相关线索或者材料;

(三)公诉人出示证明证据收集合法性的证据材料,被告人及其辩护人可以对相关证据进行质证,经审判长准许,公诉人、辩护人可以向出庭的侦查人员或者其他人员发问;

(四)控辩双方对证据收集的合法性进行辩论。

第二十条　公诉人对证据收集的合法性加以证明,可以出示讯问笔录、提讯登记、体检记录、采取强制措施或者侦查措施的法律文书、侦查终结前对讯问合法性的核查材料等证据材料,也可以针对被告人及其辩护人提出异议的讯问时段播放讯问录音录像,提请法庭通知侦查人员或者其他人员出庭说明情况。不得以侦查人员签名并加盖公章的说明材料替代侦查人员出庭。

庭审中,公诉人当庭不能举证或者为提供新的证据需要补充侦查,建议延期审理的,法庭可以同意。

第二十一条　被告人及其辩护人可以出示相关线索或者材料,并申请法庭播放特定讯问时段的讯问录音录像。

被告人及其辩护人向人民法院申请调取侦查机关、人民检察院收集但未提交的讯问录音录像、体检记录等证据材料,人民法院经审查认为该证据材料与证据收集的合法性有关的,应当予以调取;认为与证据收集的合法性无关的,应当决定不予调取,并向被告人及其辩护人说明理由。

被告人及其辩护人申请人民法院通知侦查人员或者其他人员出庭说明情况,人民法院认为确有必要的,可以通知上述人员出庭。

第二十二条　法庭对证据收集的合法性进行调查的,应当重视对讯问录音录像的审查,重点审查以下内容:

(一)讯问录音录像是否依法制作。对于可能判处无期徒刑、死刑的案件或者其他重大犯罪案件,是否对讯问过程进行录音录像;

(二)讯问录音录像是否完整。是否对每一次讯问过程录音录像,录音录像是否全程不间断进行,是否有选择性录制、剪接、删改等情形;

(三)讯问录音录像是否同步制作。录音录像是否自讯问开始时制作,至犯罪嫌疑人核对讯问笔录、签字确认后结束;讯问笔录记载的起止时间是否与讯问录音录像反映的起止时间一致;

(四)讯问录音录像与讯问笔录的内容是否存在差异。对与定罪量刑有关的内容,讯问笔录记载的内容与讯问录音录像是否存在实质性差异,存在实质性差异的,以讯问录音录像为准。

第二十三条　侦查人员或者其他人员出庭的,应当向法庭说明证据收集过程,并就相关情况接受发问。对发问方式不当或者内容与证据收集的合法性无关的,法庭应当制止。

经人民法院通知,侦查人员不出庭说明情况,不能排除以非法方法收集证据情形的,对有关证据应当予以排除。

第二十四条　人民法院对控辩双方提供的证据来源、内容等有疑问的，可以告知控辩双方补充证据或者作出说明；必要时，可以宣布休庭，对证据进行调查核实。法庭调查核实证据，可以通知控辩双方到场，并将核实过程记录在案。

对于控辩双方补充的和法庭庭外调查核实取得的证据，未经当庭出示、质证等法庭调查程序查证属实，不得作为证明证据收集合法性的根据。

第二十五条　人民法院对证据收集的合法性进行调查后，应当当庭作出是否排除有关证据的决定。必要时，可以宣布休庭，由合议庭评议或者提交审判委员会讨论，再次开庭时宣布决定。

第二十六条　经法庭审理，具有下列情形之一的，对有关证据应当予以排除：

（一）确认以非法方法收集证据的；

（二）应当对讯问过程录音录像的案件没有提供讯问录音录像，或者讯问录音录像存在选择性录制、剪接、删改等情形，现有证据不能排除以非法方法收集证据的；

（三）侦查机关除紧急情况外没有在规定的办案场所讯问，现有证据不能排除以非法方法收集证据的；

（四）驻看守所检察人员在重大案件侦查终结前未对讯问合法性进行核查，或者未对核查过程同步录音录像，或者录像存在选择性录制、剪接、删改等情形，现有证据不能排除以非法方法收集证据的；

（五）其他不能排除存在以非法方法收集证据的。

第二十七条　人民法院对证人证言、被害人陈述、物证、书证等证据收集合法性的审查、调查程序，参照上述规定。

第二十八条　人民法院对证据收集合法性的审查、调查结论，应当在裁判文书中写明，并说明理由。

第二十九条　人民检察院、被告人及其法定代理人提出抗诉、上诉，对第一审人民法院有关证据收集合法性的审查、调查结论提出异议的，第二审人民法院应当审查。

第三十条　被告人及其辩护人在第一审程序中未提出排除非法证据的申请，在第二审程序中提出申请，有下列情形之一的，第二审人民法院应当审查：

（一）第一审人民法院没有依法告知被告人申请排除非法证据的权利的；

（二）被告人及其辩护人在第一审庭审后发现涉嫌非法取证的相关线索或者材料的。

第三十一条　人民检察院应当在第一审程序中全面出示证明证据收集合法性的证据材料。

人民检察院在第一审程序中未出示证明证据收集合法性的证据，第一审人民法院依法排除有关证据的，人民检察院在第二审程序中不得出示之前未出示的证据，但在第一审程序后发现的除外。

第三十二条　第二审人民法院对证据收集合法性的调查，参照上述第一审程序的规定。

第三十三条　第一审人民法院对被告人及其辩护人排除非法证据的申请未予审查，并以有关证据作为定案的根据，可能影响公正审判的，第二审人民法院应当裁定撤销原判，发回原审人民法院重新审判。

第三十四条　第一审人民法院对依法应当排除的非法证据未予排除的，第二审人民法院可以依法排除相关证据。

排除非法证据后,应当按照下列情形分别作出处理:

(一)原判决认定事实和适用法律正确、量刑适当的,应当裁定驳回上诉或者抗诉,维持原判;

(二)原判决认定事实没有错误,但适用法律有错误,或者量刑不当的,应当改判;

(三)原判决事实不清或者证据不足的,可以在查清事实后改判;也可以裁定撤销原判,发回原审人民法院重新审判。

第三十五条 审判监督程序、死刑复核程序中对证据收集合法性的审查、调查,参照上述规定。

第三十六条 本规程自 2018 年 1 月 1 日起试行。

公安部
《公安机关办理刑事案件证人保护工作规定》

(2017 年 3 月 1 日 公通字[2017]2 号)

第一条 为加强和规范公安机关证人保护工作,提高证人作证积极性,保障刑事诉讼顺利进行,根据《中华人民共和国刑事诉讼法》和《公安机关办理刑事案件程序规定》等法律和规章,结合公安工作实际,制定本规定。

第二条 对危害国家安全犯罪、恐怖活动犯罪、黑社会性质的组织犯罪、毒品犯罪案件,证人、鉴定人、被害人(以下统称证人)因在侦查过程中作证,本人或者其近亲属的人身安全面临危险,确有必要采取保护措施的,公安机关应当依法采取相应的保护措施,保障有关人员安全。

第三条 公安机关证人保护工作应当遵循必要、适当、及时、有效的原则。

第四条 公安机关按照"谁办案、谁负责"的原则,由承办证人所涉案件的办案部门负责证人保护工作,被保护人居住地公安派出所或者其他部门根据工作需要予以配合,重大案件由公安机关统一组织部署。公安机关可以根据需要指定有关部门负责证人保护工作。

第五条 对于本规定第二条规定的案件,公安机关在侦办过程中发现证人因在侦查过程中作证,本人或者其近亲属的人身安全面临危险,或者证人向公安机关请求予以保护的,办案部门应当结合案件性质、犯罪嫌疑人的社会危险性、证人证言的重要性和真实性、证人自我保护能力、犯罪嫌疑人被采取强制措施的情况等,对证人人身安全面临危险的现实性、程度进行评估。

第六条 办案部门经评估认为确有必要采取保护措施的,应当制作呈请证人保护报告书,报县级以上公安机关负责人批准,实施证人保护措施。呈请证人保护报告书应当包括以下内容:

(一)被保护人的姓名、性别、年龄、住址、工作单位、身份证件信息以及与案件、犯罪嫌疑人的关系;

(二)案件基本情况以及作证事项有关情况;

(三)保护的必要性;

(四)保护的具体措施;

(五)执行保护的部门;

(六)其他有关内容。

证人或者其近亲属人身安全面临现实危险、情况紧急的,公安机关应当立即采取必要的措施予以保护,并同时办理呈请证人保护手续。

第七条 经批准,负责执行证人保护任务的部门(以下统称证人保护部门)可以对被保护人采取以下一项或者多项保护措施:

(一)不公开真实姓名、住址、通讯方式和工作单位等个人信息;

(二)禁止特定人员接触被保护人;

(三)对被保护人的人身和住宅采取专门性保护措施;

(四)将被保护人带到安全场所护;

(五)变更被保护人的住所和姓名;

(六)其他必要的保护措施。

第八条 经批准决定采取证人保护措施的,证人保护部门应当立即制定保护方案,明确具体保护措施、警力部署、处置预案、通信联络、装备器材等。

证人保护部门应当将采取的保护措施和需要被保护人配合的事项告知被保护人,并及时实施保护方案。

第九条 采取不公开个人信息保护措施的,公安机关在讯问犯罪嫌疑人时不得透露证人的姓名、住址、通讯方式、工作单位等个人信息,在制作讯问、询问笔录等证据材料或者提请批准逮捕书、起诉意见书等法律文书时,应当使用化名等代替证人的个人信息,签名以捺指印代替。

对于证人真实身份信息和使用化名的情况应当另行书面说明,单独成卷,标明密级,妥善保管。证人保护密卷不得提供给人民法院、人民检察院和公安机关的承办人员以外的人员查阅,法律另有规定的除外。

对上述证人询问过程制作同步录音录像的,应当对视音频资料进行处理,避免暴露证人外貌、声音等。在公安机关以外的场所询问证人时,应当对询问场所进行清理、控制,无关人员不得在场,并避免与犯罪嫌疑人接触。

第十条 采取禁止特定人员接触被保护人措施的,公安机关应当制作禁止令,书面告知特定人员,禁止其在一定期限内接触被保护人。

特定人员违反禁止令,接触被保护人,公安机关应当依法进行调查处理,对犯罪嫌疑人视情采取或者变更强制措施,其他人员构成违反治安管理行为的,依法给予治安管理处罚;涉嫌犯罪的,依法追究刑事责任。

第十一条 被保护人面临重大人身安全危险的,经被保护人同意,公安机关可以在被保护人的人身或者住宅安装定位、报警、视频监控等装置。必要时,可以指派专门人员对被保护人的住宅进行巡逻、守护,或者在一定期限内开展贴身保护,防止侵害发生。

证人保护部门对人身和住宅采取专门性保护措施,需要由被保护人居住地辖区公安派出所或者公安机关其他部门协助落实的,应当及时将协助函送交有关派出所或者部门。有关派出所或部门应当及时安排人员协助证人保护部门落实证人保护工作。

有条件的地方,可以聘请社会安保力量承担具体保护工作。

第十二条 被保护人面临急迫的人身安全危险的,经被保护人同意,公安机关可以在一定期限内将被保护人安置于能够保障其人身安全的适当环境,并采取必要的保护措施。

第十三条 被保护人面临特别重大人身安全危险的,经被保护人同意,公安机关可以协调有关部门将被保护人在一定期限内或者长期安排到其他地方居住生活。确需变更姓名,被保护人提出申请的,公安机关应当依法办理。

第十四条　证人保护部门应当根据案情进展情况和被保护人受到安全威胁程度的变化,及时调整保护方案。被保护人也可以向证人保护部门申请变更保护措施。

证人保护部门系办案部门以外的部门的,调整保护方案前应当商办案部门同意。

第十五条　证人反映其本人或者近亲属受到威胁、侮辱、殴打或者受到打击报复的,公安机关应当依法进行调查处理。构成违反治安管理行为的,依法给予治安管理处罚;涉嫌犯罪的,依法追究刑事责任。

第十六条　公安机关依法采取证人保护措施,需要证人及其近亲属所在单位以及财政、民政、社会保障、银行、通信、基层群众组织等单位或者个人提供便利、服务或者支持的,应当协调有关单位或者个人予以配合。

第十七条　需要跨地区开展证人保护工作的,由办理案件的公安机关商被保护人居住地公安机关予以协助,被商请单位应当予以协助。必要时,由共同的上级公安机关统一协调部署。

第十八条　具有下列情形之一,不再需要采取证人保护措施的,经县级以上公安机关负责人批准,证人保护工作终止:

(一)被保护人的人身安全危险消除的;

(二)被保护人主动提出书面终止保护申请的;

(三)证人有作虚假证明、诬告陷害或者其他不履行作证义务行为的;

(四)证人不再具备证人身份的。

证人保护工作终止的,应当及时告知被保护人和协助执行证人保护工作的部门。

第十九条　证人所涉案件管辖发生变更的,证人保护工作同时移交,并办理移交手续。

第二十条　证人保护工作所需的经费、装备等相关支出,公安机关应当予以保障。

第二十一条　参与案件办理以及证人保护工作的民警和其他工作人员对证人信息、证人保护相关事项应当予以保密。

第二十二条　参与案件办理及证人保护工作的民警和其他工作人员泄露证人保护有关工作秘密或者因玩忽职守导致证人人身财产安全受到损害的,依照有关规定给予处分;构成犯罪的,依法追究刑事责任。

第二十三条　下列人员的人身安全面临危险,确有保护必要的,参照本规定予以保护:

(一)在本规定第二条规定的案件中作证的证人的未婚夫(妻)、共同居住人等其他与证人有密切关系的人员;

(二)参加危害国家安全犯罪、恐怖活动犯罪、黑社会性质的组织犯罪、毒品犯罪组织的犯罪嫌疑人,在查明有关犯罪组织结构和组织者、领导者的地位作用,追缴、没收赃款赃物等方面提供重要线索和证据的。

第二十四条　证人、鉴定人、被害人因在本规定第二条规定的案件范围以外的案件中作证,本人或者其近亲属的人身安全面临危险,确有保护必要的,参照本规定执行。

第二十五条　本规定第二条规定的证人,包括共同犯罪中指认同案犯的其他犯罪事实的犯罪嫌疑人。

本规定第七条、第十条中的特定人员是指犯罪嫌疑人以及与犯罪组织、犯罪嫌疑人有一定关系,可能实施危害证人及其近亲属人身安全的人员。

第二十六条　本规定自2017年3月1日起施行。

最高人民检察院
指导性案例检例第95号
宋某某等人重大责任事故案

（2021年1月20日）

【指导意义】

（一）安全生产事故调查报告在刑事诉讼中可以作为证据使用,应结合全案证据进行审查。安全生产事故发生后,相关部门作出的事故调查报告,与收集调取的物证、书证、视听资料、电子数据等相关证据材料一并移送给司法机关后,调查报告和这些证据材料在刑事诉讼中可以作为证据使用。调查报告对事故原因、事故性质、责任认定、责任者处理等提出的具体意见和建议,是检察机关办案中是否追究相关人员刑事责任的重要参考,但不应直接作为定案的依据,检察机关应结合全案证据进行审查,准确认定案件事实和涉案人员责任。对于调查报告中未建议移送司法机关处理,侦查(调查)机关也未移送起诉的人员,检察机关审查后认为应当追究刑事责任的,要依法追诉。对于调查报告建议移送司法机关处理,侦查(调查)机关移送起诉的涉案人员,检察机关审查后认为证据不足或者不应当追究刑事责任的,应依法作出不起诉决定。

最高人民法院
《关于进一步加强涉种子刑事审判工作的指导意见》(节录)

（2022年3月2日　法〔2022〕66号）

七、依法解决鉴定难问题,准确认定伪劣种子。对是否属于假的、失去使用效能的或者不合格的种子,或者使生产遭受的损失难以确定的,可以依据具有法定资质的种子质量检验机构出具的鉴定意见、检验报告,农业农村、林业和草原主管部门出具的书面意见,农业农村主管部门所属的种子管理机构组织出具的田间现场鉴定书等,结合其他证据作出认定。

八、坚持多措并举,健全完善工作机制。各级人民法院要加强与农业农村主管部门、林业和草原主管部门、公安机关、检察机关等部门的协作配合,推动构建专业咨询和信息互通渠道,建立健全涉种子行政执法与刑事司法衔接长效工作机制,有效解决伪劣种子的认定,涉案物品的保管、移送和处理,案件信息共享等问题。

（六）强制措施

最高人民检察院
《关于对由军队保卫部门、军事检察院立案的地方人员可否采取强制措施问题的批复》

（1993年6月19日　高检发研字〔1993〕3号）

中国人民解放军军事检察院：

你院检呈字第5号(1993)《关于对

由军队保卫部门、军事检察院立案侦查的地方人员可否采取强制措施的请示》收悉。经研究并征求公安部意见,现批复如下:

根据最高人民法院、最高人民检察院、公安部、总政治部《关于军队和地方互涉案件几个问题的规定》(1982 政联字 8 号)第三条和《关于军队和地方互涉案件侦查工作的补充规定》(1987 政联字第 14 号)第一条所规定的精神,对于发生在没有设置接受当地公安机关业务领导的保卫部门或治安保卫组织的由军队注册实行企业化管理的公司、厂矿、宾馆、饭店、影剧院以及军地合资经营企业的案件,如果作案人身份明确,是地方人员,应由地方公安机关、人民检察院管辖;如果是在立案后才查明作案人是地方人员的,应移交地方公安机关、人民检察院处理。军队保卫部门、军事检察院不能对地方人员采取强制措施。

最高人民检察院、公安部《关于适用刑事强制措施有关问题的规定》

(2000 年 8 月 28 日 高检会〔2000〕2 号)

为了正确适用刑事诉讼法规定的强制措施,保障刑事诉讼活动的顺利进行,根据刑事诉讼法和其他有关法律规定,现对人民检察院、公安机关适用刑事强制措施的有关问题作如下规定:

一、取保候审

第一条 人民检察院决定对犯罪嫌疑人采取取保候审措施的,应当在向犯罪嫌疑人宣布后交由公安机关执行。对犯罪嫌疑人采取保证人担保形式的,人民检察院应当将有关法律文书和有关案由、犯罪嫌疑人基本情况、保证人基本情况的材料,送交犯罪嫌疑人居住地的同级公安机关;对犯罪嫌疑人采取保证金担保形式的,人民检察院应当在核实保证金已经交纳到公安机关指定的银行后,将有关法律文书、有关案由、犯罪嫌疑人基本情况的材料和银行出具的收款凭证,送交犯罪嫌疑人居住地的同级公安机关。

第二条 公安机关收到有关法律文书和材料后,应当立即交由犯罪嫌疑人居住地的县级公安机关执行。负责执行的县级公安机关应当在二十四小时以内核实被取保候审人、保证人的身份以及相关材料,并报告县级公安机关负责人后,通知犯罪嫌疑人居住地派出所执行。

第三条 执行取保候审的派出所应当指定专人负责对被取保候审进行监督考察,并将取保候审的执行情况报告所属县级公安机关通知决定取保候审的人民检察院。

第四条 人民检察院决定对犯罪嫌疑人取保候审的案件,在执行期间,被取保候审人有正当理由需要离开所居住的市、县的,负责执行的派出所应当及时报告所属县级公安机关,由该县级公安机关征得决定取保候审的人民检察院同意后批准。

第五条 人民检察院决定对犯罪嫌疑人采取保证人担保形式取保候审的,如果保证人在取保候审期间不愿继续担保或者丧失担保条件,人民检察院应当在收到保证人不愿继续担保的申请或者发现其丧失担保条件后的三日以内,责令犯罪嫌疑人重新提出保证人或者交纳保证金,或者变更为其他强制措施,并通知公安机关执行。

公安机关在执行期间收到保证人不愿继续担保的申请或者发现其丧失担保条件的,应当在三日以内通知作出决定的人民检察院。

第六条 人民检察院决定对犯罪嫌疑人取保候审的案件,被取保候审人、保证人违反应遵守的规定的,由县级以上公安机关决定没收保证金、对保证人罚款,并在执行后三日以内将执行情况通知人民检察院。人民检察院应当在接到通知后五日以内,区别情形,责令犯罪嫌疑人具结悔过、重新交纳保证金、提出保证人或者监视居住、予以逮捕。

第七条 人民检察院决定对犯罪嫌疑人取保候审的案件,取保候审期限届满十五日前,负责执行的公安机关应当通知作出决定的人民检察院。人民检察院应当在取保候审期限届满前,作出解除取保候审或者变更强制措施的决定,并通知公安机关执行。

第八条 人民检察院决定对犯罪嫌疑人采取保证金担保方式取保候审的,犯罪嫌疑人在取保候审期间没有违反刑事诉讼法第五十六条规定,也没有故意重新犯罪的,人民检察院解除取保候审时,应当通知公安机关退还保证金。

第九条 公安机关决定对犯罪嫌疑人取保候审的案件,犯罪嫌疑人违反应当遵守的规定,情节严重的,公安机关应当依法提请批准逮捕。人民检察院应当根据刑事诉讼法第五十六条的规定审查批准逮捕。

二、监视居住

第十条 人民检察院决定对犯罪嫌疑人采取监视居住措施的,应当核实犯罪嫌疑人的住处。犯罪嫌疑人没有固定住处的,人民检察院应当为其指定居所。

第十一条 人民检察院核实犯罪嫌疑人住处或者为其指定居所后,应当制作监视居住执行通知书,将有关法律文书和有关案由、犯罪嫌疑人基本情况的材料,送交犯罪嫌疑人住处或者居所地的同级公安机关执行。人民检察院可以协助公安机关执行。

第十二条 公安机关收到有关法律文书和材料后,应当立即交由犯罪嫌疑人住处或者居所地的县级公安机关执行。负责执行的县级公安机关应当在二十四小时以内,核实被监视居住人的身份和住所或者居所,报告县级公安机关负责人后,通知被监视居住人住处或者居所地的派出所执行。

第十三条 负责执行监视居住的派出所应当指定专人对被监视居住人进行监督考察,并及时将监视居住的执行情况报告所属县级公安机关通知决定监视居住的人民检察院。

第十四条 人民检察院决定对犯罪嫌疑人监视居住的案件,在执行期间,犯罪嫌疑人有正当理由需要离开住处或者指定居所的,负责执行的派出所应当及时报告所属县级公安机关,由该县级公安机关征得决定监视居住的人民检察院同意后予以批准。

第十五条 人民检察院决定对犯罪嫌疑人监视居住的案件,犯罪嫌疑人违反应当遵守的规定的,执行监视居住的派出所应当及时报告县级公安机关通知决定监视居住的人民检察院。情节严重的,人民检察院应当决定予以逮捕,通知公安机关执行。

第十六条 人民检察院决定对犯罪嫌疑人监视居住的案件,监视居住期限届满十五日前，负责执行的县级公安机关应当通知决定监视居住的人民检察院。人民检察院应当在监视居住期限届满前，作出解除监视居住或者变更强制措施的决定，并通知公安机关执行。

第十七条　公安机关决定对犯罪嫌疑人监视居住的案件，犯罪嫌疑人违反应当遵守的规定，情节严重的，公安机关应当依法提请批准逮捕。人民检察院应当根据刑事诉讼法第五十七条的规定审查批准逮捕。

三、拘留

第十八条　人民检察院直接立案侦查的案件，需要拘留犯罪嫌疑人的，应当依法作出拘留决定，并将有关法律文书和有关案由、犯罪嫌疑人基本情况的材料送交同级公安机关执行。

第十九条　公安机关核实有关法律文书和材料后，应当报请县级以上公安机关负责人签发拘留证，并立即派员执行，人民检察院可以协助公安机关执行。

第二十条　人民检察院对于符合刑事诉讼法第六十一条第（四）项或者第（五）项规定情形的犯罪嫌疑人，因情况紧急，来不及办理拘留手续的，可以先行将犯罪嫌疑人带至公安机关，同时立即办理拘留手续。

第二十一条　公安机关拘留犯罪嫌疑人后，应当立即将执行回执送达作出拘留决定的人民检察院。人民检察院应当在拘留后的二十四小时以内对犯罪嫌疑人进行讯问。除有碍侦查或者无法通知的情形以外，人民检察院还应当把拘留的原因和羁押的处所，在二十四小时以内，通知被拘留人的家属或者他的所在单位。

公安机关未能抓获犯罪嫌疑人的，应当在二十四小时以内，将执行情况和未能抓获犯罪嫌疑人的原因通知作出拘留决定的人民检察院。对于犯罪嫌疑人在逃的，在人民检察院撤销拘留决定之前，公安机关应当组织力量继续执行，人民检察院应当及时向公安机关提供新的情况和线索。

第二十二条　人民检察院对于决定拘留的犯罪嫌疑人的，经检察长或者检察委员会决定不予逮捕的，应当通知公安机关释放犯罪嫌疑人，公安机关接到通知后应当立即释放；需要逮捕而证据还不充足的，人民检察院可以变更为取保候审或者监视居住，并通知公安机关执行。

第二十三条　公安机关对于决定拘留的犯罪嫌疑人，经审查认为需要逮捕的，应当在法定期限内提请同级人民检察院审查批准。犯罪嫌疑人不讲真实姓名、住址，身份不明的，拘留期限自查清其真实身份之日起计算。对于有证据证明有犯罪事实的，也可以按犯罪嫌疑人自报的姓名提请人民检察院批准逮捕。

对于需要确认外国籍犯罪嫌疑人身份的，应当按照我国和该犯罪嫌疑人所称的国籍国签订的有关司法协助条约、国际公约的规定，或者通过外交途径、国际刑警组织渠道查明其身份。如果确实无法查清或者有关国家拒绝协助的，只要有证据证明有犯罪事实，可以按照犯罪嫌疑人自报的姓名提请人民检察院批准逮捕。侦查终结后，对于犯罪事实清楚，证据确实、充分的，也可以按其自报的姓名移送人民检察院审查起诉。

四、逮捕

第二十四条　对于公安机关提请批准逮捕的案件，人民检察院应当就犯罪嫌疑人涉嫌的犯罪事实和证据进行审查。除刑事诉讼法第五十六条和第五十七条规定的情形外，人民检察院应当按照刑事诉讼法第六十条规定的逮捕条件审查批准逮捕。

第二十五条 对于公安机关提请批准逮捕的犯罪嫌疑人，人民检察院决定不批准逮捕的，应当说明理由；不批准逮捕并且通知公安机关补充侦查的，应当同时列出补充侦查提纲。

公安机关接到人民检察院不批准逮捕决定书后，应当立即释放犯罪嫌疑人；认为需要逮捕而进行补充侦查、要求复议或者提请复核的，可以变更为取保候审或者监视居住。

第二十六条 公安机关认为人民检察院不批准逮捕的决定有错误的，应当在收到不批准逮捕决定书后五日以内，向同级人民检察院要求复议。人民检察院应当在收到公安机关要求复议意见后七日以内作出复议决定。

公安机关对复议决定不服的，应当在收到人民检察院复议决定书后五日以内，向上一级人民检察院提请复核。上一级人民检察院应当在收到公安机关提请复核意见书后十五日以内作出复核决定。

第二十七条 人民检察院直接立案侦查的案件，依法作出逮捕犯罪嫌疑人的决定后，应当将有关法律文书和有关案由、犯罪嫌疑人基本情况的材料送交同级公安机关执行。

公安机关核实人民检察院送交的有关法律文书和材料后，应当报请县级以上公安机关负责人签发逮捕证，并立即派员执行，人民检察院可以协助公安机关执行。

第二十八条 人民检察院直接立案侦查的案件，公安机关逮捕犯罪嫌疑人后，应当立即将执行回执送达决定逮捕的人民检察院。人民检察院应当在逮捕后二十四小时以内，对犯罪嫌疑人进行讯问。除有碍侦查或者无法通知的情形以外，人民检察院还应当将逮捕的原因和羁押的处所，在二十四小时以内，通知被逮捕人的家属或者其所在单位。

公安机关未能抓获犯罪嫌疑人的，应当在二十四小时以内，将执行情况和未能抓获犯罪嫌疑人的原因通知决定逮捕的人民检察院。对于犯罪嫌疑人在逃的，在人民检察院撤销逮捕决定之前，公安机关应当组织力量继续执行，人民检察院应当及时提供新的情况和线索。

第二十九条 人民检察院直接立案侦查的案件，对已经逮捕的犯罪嫌疑人，发现不应当逮捕的，应当经检察长批准或者检察委员会讨论决定，撤销逮捕决定或者变更为取保候审、监视居住，并通知公安机关执行。人民检察院将逮捕变更为取保候审、监视居住的，执行程序适用本规定。

第三十条 人民检察院直接立案侦查的案件，被拘留、逮捕的犯罪嫌疑人或者他的法定代理人、近亲属和律师向负责执行的公安机关提出取保候审申请的，公安机关应当告知其直接向作出决定的人民检察院提出。

被拘留、逮捕的犯罪嫌疑人的法定代理人、近亲属和律师向人民检察院申请对犯罪嫌疑人取保候审的，人民检察院应当在收到申请之日起七日内作出是否同意的答复。同意取保候审的，应当作出变更强制措施的决定，办理取保候审手续，并通知公安机关执行。

第三十一条　对于人民检察院决定逮捕的犯罪嫌疑人,公安机关应当在侦查羁押期限届满十日前通知决定逮捕的人民检察院。

对于需要延长侦查羁押期限的,人民检察院应当在侦查羁押期限届满前,将延长侦查羁押期限决定书送交公安机关;对于犯罪嫌疑人另有重要罪行,需要重新计算侦查羁押期限的,人民检察院应当在侦查羁押期限届满前,将重新计算侦查羁押期限决定书送交公安机关。

对于不符合移送审查起诉条件或者延长侦查羁押期限条件、重新计算侦查羁押期限条件的,人民检察院应当在侦查羁押期限届满前,作出予以释放或者变更强制措施的决定,并通知公安机关执行。公安机关应当将执行情况及时通知人民检察院。

第三十二条　公安机关立案侦查的案件,对于已经逮捕的犯罪嫌疑人变更为取保候审、监视居住后,又发现需要逮捕该犯罪嫌疑人的,公安机关应当重新提请批准逮捕。

人民检察院直接立案侦查的案件具有前款规定情形的,应当重新审查决定逮捕。

五、其他有关规定

第三十三条　人民检察院直接立案侦查的案件,需要通缉犯罪嫌疑人的,应当作出逮捕决定,并将逮捕决定书、通缉通知书和犯罪嫌疑人的照片、身份、特征等情况及简要案情,送达同级公安机关,由公安机关按照规定发布通缉令。人民检察院应当予以协助。

各级人民检察院需要在本辖区内通缉犯罪嫌疑人的,可以直接决定通缉;需要在本辖区外通缉犯罪嫌疑人的,由有决定权的上级人民检察院决定。

第三十四条　公安机关侦查终结后,应当按照刑事诉讼法第一百二十九条的规定,移送同级人民检察院审查起诉。人民检察院认为应当由上级人民检察院、同级其他人民检察院或者下级人民检察院审查起诉的,由人民检察院将案件移送有管辖权的人民检察院审查起诉。

第三十五条　人民检察院审查公安机关移送起诉的案件,认为需要补充侦查的,可以退回公安机关补充侦查,也可以自行侦查。

补充侦查以二次为限。公安机关已经补充侦查二次后移送审查起诉的案件,人民检察院依法改变管辖的,如果需要补充侦查,由人民检察院自行侦查;人民检察院在审查起诉中又发现新的犯罪事实的,应当移送公安机关立案侦查,对已经查清的犯罪事实依法提起公诉。

人民检察院提起公诉后,发现案件需要补充侦查的,由人民检察院自行侦查,公安机关应当予以协助。

第三十六条　公安机关认为人民检察院的不起诉决定有错误的,应当在收到人民检察院不起诉决定书后七日内制作要求复议意见书,要求同级人民检察院复议。人民检察院应当在收到公安机关要求复议意见书后三十日内作出复议决定。

公安机关对人民检察院的复议决定不服的,可以在收到人民检察院复议决定书后七日内制作提请复核意见书,向上一级人民检察院提请复核。上一级人民检察院应当在收到公安机关提请复核意见书后三十日内作出复核决定。

第三十七条　人民检察院应当加强对公安机关、人民检察院办案部门适用刑事强制措施工作的监督,对于超期羁押、超期限办案、不依法执行的,应当及时提出纠正意见,督促公安机关或者人民检察院办案部门依法执行。

公安机关、人民检察院的工作人员违反刑事诉讼法和本规定,玩忽职守、滥用职权、徇私舞弊,导致超期羁押、超期限办案或者实施其他违法行为的,应当依照有关法律和规定追究法律责任;构成犯罪的,依法追究刑事责任。

第三十八条 对于人民检察院直接立案侦查的案件,人民检察院由承办案件的部门负责强制措施的移送执行事宜。公安机关由刑事侦查部门负责拘留、逮捕措施的执行事宜;由治安管理部门负责安排取保候审、监视居住的执行事宜。

第三十九条 各省、自治区、直辖市人民检察院、公安厅(局)和最高人民检察院、公安部直接立案侦查的刑事案件,适用刑事诉讼法和本规定。

第四十条 本规定自公布之日起施行。

最高人民检察院《关于对涉嫌盗窃的不满16周岁未成年人采取刑事拘留强制措施是否违法问题的批复》

(2011年1月10日最高人民检察院第十一届检察委员会第五十四次会议通过,自2011年1月25日起施行,高检发释字〔2011〕1号)

北京市人民检察院:

你院京检字〔2010〕107号《关于对涉嫌盗窃的不满16周岁未成年人采取刑事拘留强制措施是否违法的请示》收悉。经研究,批复如下:

根据刑法、刑事诉讼法、未成年人保护法等有关法律规定,对于实施犯罪时未满16周岁的未成年人,且未犯刑法第十七条第二款规定之罪的,公安机关查明犯罪嫌疑人实施犯罪时年龄确系未满16周岁依法不负刑事责任后仍予以刑事拘留的,检察机关应当及时提出纠正意见。

最高人民法院、最高人民检察院、公安部、国家安全部《关于机关事业单位工作人员被采取刑事强制措施和受刑事处罚实行向所在单位告知制度的通知》

(2015年11月6日 高检会〔2015〕10号)

各省、自治区、直辖市高级人民法院、人民检察院、公安厅(局)、国家安全厅(局),解放军军事法院、军事检察院,新疆维吾尔自治区高级人民法院生产建设兵团分院、新疆生产建设兵团人民检察院、公安局、国家安全局:

为确保机关事业单位及时规范处理本单位被采取刑事强制措施和受刑事处罚工作人员的工资待遇,有效预防和纠正机关事业单位工作人员"带薪羁押"问题,维护司法公正,提高司法公信力,根据法律规定和刑事政策精神,结合办案工作实际,人民法院、人民检察院、公安机关、国家安全机关对被采取刑事强制措施和受刑事处罚的机关事业单位工作人员,实行向所在单位告知的制度。现将有关事项通知如下:

一、机关事业单位工作人员范围

1. 本通知所称机关事业单位工作人员包括公务员、参照公务员法管理的机关（单位）工作人员、事业单位工作人员和机关工人。

二、告知情形及例外规定

2. 办案机关对涉嫌犯罪的机关事业单位工作人员采取取保候审、监视居住、刑事拘留或者逮捕等刑事强制措施的，应当在采取刑事强制措施后五日以内告知其所在单位。

办案机关对被采取刑事强制措施的机关事业单位工作人员，予以释放、解除取保候审、监视居住的，应当在解除刑事强制措施后五日以内告知其所在单位；变更刑事强制措施的，不再另行告知。

3. 办案机关决定撤销案件或者对犯罪嫌疑人终止侦查的，应当在作出撤销案件或终止侦查决定后十日以内，告知机关事业单位工作人员所在单位。

人民检察院决定不起诉的，应当在作出不起诉决定后十日以内，告知机关事业单位工作人员所在单位。

人民法院作出有罪、无罪或者终止审理判决、裁定的，应当在判决、裁定生效后十五日以内，告知机关事业单位工作人员所在单位。

4. 具有下列情形之一，有碍侦查的，办案机关不予告知：

（1）可能导致同案犯逃跑、自杀，毁灭、伪造证据的；

（2）可能导致同案犯干扰证人作证或者串供的；

（3）所在单位的其他人员与犯罪有牵连的；

（4）其他有碍侦查的情形。

5. 具有下列情形之一，无法告知的，办案机关不予告知：

（1）办案机关无法确认其机关事业单位工作人员身份的；

（2）受自然灾害等不可抗力阻碍的；

（3）其他无法告知的情形。

6. 可能危害国家安全或者社会公共利益的，办案机关不予告知。

7. 不予告知的情形消失后，办案机关应当及时将机关事业单位工作人员被采取刑事强制措施和受刑事处罚情况告知其所在单位。

三、告知的程序规定

8. 公安机关决定取保候审、监视居住、刑事拘留、提请批准逮捕并经人民检察院批准、撤销案件或者终止侦查的，由公安机关负责告知；国家安全机关决定取保候审、监视居住、刑事拘留、提请批准逮捕并经人民检察院批准或者撤销案件的，由国家安全机关负责告知；人民检察院决定取保候审、监视居住、刑事拘留、逮捕、撤销案件或者不起诉的，由人民检察院负责告知；人民法院决定取保候审、监视居住、逮捕或者作出生效刑事裁判的，由人民法院负责告知。

9. 办案机关一般应当采取送达告知书的形式进行告知。采取或者解除刑事强制措施的，办案机关应当填写《机关事业单位工作人员被采取/解除刑事强制措施情况告知书》并加盖单位公章。公安机关决定撤销案件或者对犯罪嫌疑人终止侦查的，应当填写《机关事业单位工作人员涉嫌犯罪撤销案件/终止侦查情况告知书》并加盖单位公章。

人民检察院决定撤销案件、不起诉的，应当将撤销案件决定书、不起诉决定书送达机关事业单位工作人员所在单位，不再另行送达告知书。人民法院作出有罪、无罪或者终止审理判决、裁定的,应当将生效裁判文书送达机关事业单位工作人员所在单位,不再另行送达告知书。

10. 告知书一般应当由办案机关直接送达机关事业单位工作人员所在单位。告知书应当由所在单位负责人或经其授权的人签收,并在告知书回执上签名或者盖章。

收件人拒绝签收的,办案机关可以邀请见证人到场,说明情况,在告知书回执上注明拒收的事由和日期,由送达人、见证人签名或者盖章,将告知书留在机关事业单位工作人员所在单位。

直接送达告知书有困难的,可以邮寄告知或者传真告知。通过传真告知的,应当随后及时将告知书原件送达。邮寄告知或者传真告知的,机关事业单位工作人员所在单位签收后,应将告知书回执寄送办案机关。

11. 办案机关应当将告知书回执归入工作卷,作为工作资料存档备查。

四、责任追究

12. 办案机关负责人或者上级办案机关应当督促办案人员及时履行告知责任,未按照上述规定进行告知,造成机关事业单位工作人员"带薪羁押",情节严重或者造成恶劣社会影响的,应当根据有关规定追究相关责任人的纪律责任。

五、附则

13. 机关事业单位工作人员被收容教育或者行政拘留的,参照本通知执行;被强制隔离戒毒的,依照《中华人民共和国禁毒法》、《禁毒条例》的相关规定执行,并送达告知书。

14. 本通知自发布之日施行。

最高人民检察院
《人民检察院对指定居所监视居住实行监督的规定》

(2015年10月13日最高人民检察院第十二届检察委员会第四十一次会议通过,2015年12月17日发布并施行,高检发执检字〔2015〕18号)

第一章 总 则

第一条 为了加强和规范人民检察院对指定居所监视居住决定和执行的监督,根据《中华人民共和国刑事诉讼法》等有关规定,结合检察工作实际,制定本规定。

第二条 公安机关、人民检察院、人民法院对犯罪嫌疑人、被告人适用指定居所监视居住的,人民检察院应当依法对指定居所监视居住的决定和执行是否合法实行监督。

第三条 对指定居所监视居住决定的监督,由人民检察院侦查监督部门、公诉部门负责。对指定居所监视居住执行的监督,由人民检察院刑事执行检察部门负责。

第四条 指定的居所应当具备正常的生活、休息条件,与审讯场所分离;安装监控设备,便于监视、管理;具有安全防范措施,保证办案安全。

第二章 对指定居所监视

第五条 对于公安机关决定对无固定住处的犯罪嫌疑人指定居所监视居住的,由同级人民检察院侦查监督部门依法对该决定是否合法实行监督。

对于上一级公安机关批准对涉嫌危害国家安全犯罪、恐怖活动犯罪的犯罪嫌疑人决定指定居所监视居住的,由作出批准决定公安机关的同级人民检察院侦查监督部门依法对该决定是否合法实行监督。

第六条 对于人民检察院决定对无固定住处的犯罪嫌疑人指定居所监视居住的,由上一级人民检察院侦查监督部门依法对该决定是否合法实行监督。

对于上一级人民检察院批准对涉嫌特别重大贿赂犯罪的犯罪嫌疑人决定指定居所监视居住的,由作出批准决定的人民检察院侦查监督部门依法对该决定是否合法实行监督。

第七条 具有以下情形之一的,人民检察院应当对指定居所监视居住决定是否合法启动监督:

(一)犯罪嫌疑人及其法定代理人、近亲属或者辩护人认为指定居所监视居住决定违法,向人民检察院提出控告、举报、申诉的;

(二)人民检察院通过介入侦查、审查逮捕、审查起诉、刑事执行检察、备案审查等工作,发现侦查机关(部门)作出的指定居所监视居住决定可能违法的;

(三)人民监督员认为指定居所监视居住决定违法,向人民检察院提出监督意见的;

(四)其他应当启动监督的情形。

第八条 人民检察院对无固定住处的犯罪嫌疑人决定指定居所监视居住的,侦查部门应当在三日以内将立案决定书、指定居所监视居住决定书等法律文书副本以及主要证据复印件报送上一级人民检察院侦查监督部门。对特别重大贿赂犯罪嫌疑人指定居所监视居住的,作出批准决定的人民检察院侦查部门应当在三日以内将上述材料抄送本院侦查监督部门。

人民检察院监督公安机关指定居所监视居住决定时,可以要求公安机关提供上述材料。

第九条 人民检察院对指定居所监视居住决定进行监督,可以采取以下方式:

(一)查阅相关案件材料;

(二)听取侦查机关(部门)作出指定居所监视居住决定的理由和事实依据;

(三)听取犯罪嫌疑人及其法定代理人、近亲属或者辩护人的意见;

(四)其他方式。

第十条 人民检察院监督指定居所监视居住决定是否合法,应当审查该决定是否符合刑事诉讼法第七十二条、第六十九条第三款规定的指定居所监视居住的条件,并进一步审查是否符合以下情形:

(一)犯罪嫌疑人在办案机关所在的市、县无固定住处的;

(二)涉嫌危害国家安全犯罪、恐怖活动犯罪或者特别重大贿赂犯罪的犯罪嫌疑人,在其住处执行有碍侦查,经上一级公安机关或者人民检察院批准指定居所监视居住的。

第十一条 人民检察院侦查监督部门审查指定居所监视居住决定是否合法,应当在启动监督后七日以内作出决定。

第十二条 人民检察院经审查,对于公安机关决定指定居所监视居住不符合法定条件的,应当报经检察长批准后,向公安机关发出纠正违法通知书,并建议公安机关撤销指定居所监视居住决定。

对于本院或者下一级人民检察院决定指定居所监视居住不符合法定条件的,人民检察院侦查监督部门应当报经检察长决定后,通知本院侦查部门或者下一级人民检察院撤销指定居所监视居住决定。通知下一级人民检察院撤销指定居所监视居住决定的,应当通报本院侦查部门。

第十三条 对于上一级人民检察院的纠正意见,下一级人民检察院应当立即执行,并将执行情况报告上一级人民检察院侦查监督部门。

下一级人民检察院认为上一级人民检察院对于指定居所监视居住决定的纠正意见有错误的,可以在收到纠正意见后三日以内报请上一级人民检察院重新审查。上一级人民检察院应当另行指派检察人员审查,并在五日以内作出是否变更的决定。

第十四条 对人民检察院在审查起诉过程中作出的指定居所监视居住决定的监督,由本院侦查监督部门按照本规定执行。

对人民法院作出的指定居所监视居住决定的监督,由同级人民检察院公诉部门按照本规定执行。

第三章 对指定居所监视

第十五条 对指定居所监视居住执行的监督,由执行监视居住的公安机关的同级人民检察院刑事执行检察部门负责。

第十六条 人民检察院对指定居所监视居住执行进行监督,应当包括以下内容:

(一)指定居所监视居住决定书、执行通知书等法律文书是否齐全;

(二)执行的场所、期限、执行人员是否符合规定;

(三)被监视居住人的合法权利是否得到保障;

(四)是否有在指定的居所进行讯问、体罚虐待被监视居住人等违法行为;

(五)其他依法应当监督的内容。

第十七条 人民检察院对指定居所监视居住执行活动进行监督,可以采取以下方式:

(一)查阅相关法律文书和被监视居住人的会见、通讯、外出情况、身体健康检查记录等材料;

(二)实地检查指定的居所是否符合法律规定;

(三)查看有关监控录像等资料,必要时对被监视居住人进行体表检查;

(四)与被监视居住人、执行人员、办案人员或者其他有关人员谈话,调查了解有关情况。

第十八条 人民检察院案件管理部门收到公安机关、人民法院的指定居所监视居住决定书副本后,应当在二十四小时以内移送本院刑事执行检察部门。

人民检察院侦查部门、公诉部门以本院名义作出指定居所监视居住决定的,应当在二十四小时以内将监视居住决定书副本抄送刑事执行检察部门,并告知其指定居所的地址。

第十九条 人民检察院刑事执行检察部门在收到指定居所监视居住决定书副本后二十四小时以内,应当指派检察人员实地检查并填写监督情况检查记录。对指定居所监视居住的执行活动应当进行巡回检察,巡回检察每周不少于一次,检察人员不得少于二人。

检察指定居所监视居住执行活动时,不得妨碍侦查办案工作的正常进行。

第二十条　人民检察院在指定居所监视居住执行监督时发现下列情形之一的,应当依法向执行机关或者办案机关提出纠正意见:

(一)执行机关收到指定居所监视居住决定书、执行通知书等法律文书后不派员执行或者不及时派员执行的;

(二)除无法通知的以外,没有在执行指定居所监视居住后二十四小时以内通知被监视居住人的家属的;

(三)在看守所、拘留所、监狱以及留置室、办案区或者在不符合指定居所规定的其他场所执行监视居住的;

(四)违反规定安排辩护律师同被监视居住人会见、通信,或者违法限制被监视居住人与辩护律师会见、通信的;

(五)诉讼阶段发生变化,新的办案机关应当依法重新作出指定居所监视居住决定而未及时作出的;

(六)办案机关作出解除或者变更指定居所监视居住决定并通知执行机关,执行机关没有及时解除监视居住并通知被监视居住人的;

(七)要求被监视居住人或者其家属支付费用的;

(八)其他违法情形。

人民检察院刑事执行检察部门发现本院侦查部门、公诉部门具有上述情形之一的,应当报经检察长批准后提出纠正意见。

第二十一条　人民检察院刑事执行检察部门发现指定居所监视居住执行中存在执法不规范、安全隐患等问题,应当报经检察长批准后向执行机关或者办案机关提出检察建议。

第二十二条　发出纠正违法通知书或者检察建议的,应当抄报上一级人民检察院,同时抄送执行机关或者办案机关的上一级机关。

第二十三条　被监视居住人在指定居所监视居住期间死亡的,参照最高人民检察院关于监管场所被监管人死亡检察程序的规定办理。

第二十四条　人民法院、人民检察院指派司法警察协助公安机关执行指定居所监视居住的,人民检察院刑事执行检察部门应当对其协助执行活动进行监督。

第四章　附　　则

第二十五条　对于犯罪嫌疑人及其法定代理人、近亲属或者辩护人提出的对指定居所监视居住决定和执行的控告、举报、申诉,人民检察院应当及时办理并答复。

第二十六条　人民检察院侦查监督部门、公诉部门发现指定居所监视居住执行可能存在违法情形的,应当及时通报刑事执行检察部门。刑事执行检察部门发现指定居所监视居住决定可能存在违法情形的,应当及时通报侦查监督部门或者公诉部门。

第二十七条　人民检察院在指定居所监视居住决定和执行监督工作中发现办案人员、执行人员有违纪违法行为的,应当报请检察长决定后及时移送有关部门处理;构成犯罪的,应当依法追究刑事责任。

第二十八条　检察人员在指定居所监视居住决定和执行监督工作中有违纪违法行为的,应当按照有关规定追究违法违纪责任;构成犯罪的,应当依法追究刑事责任。

第二十九条　人民检察院对指定居所监视居住决定和执行的监督,应当在检察机关统一业务应用系统上办理。人民检察院案件管理部门应当定期进行统计分析、质量评查，并及时通报有关部门。

第三十条 本规定自发布之日起施行。

最高人民法院、最高人民检察院、公安部、国家安全部《关于取保候审若干问题的规定》

（2022年9月5日印发　公通字〔2022〕25号）

第一章　一般规定

第一条 为了规范适用取保候审，贯彻落实少捕慎诉慎押的刑事司法政策，保障刑事诉讼活动顺利进行，保护公民合法权益，根据《中华人民共和国刑事诉讼法》及有关规定，制定本规定。

第二条 对犯罪嫌疑人、被告人取保候审的，由公安机关、国家安全机关、人民检察院、人民法院根据案件的具体情况依法作出决定。

公安机关、人民检察院、人民法院决定取保候审的，由公安机关执行。国家安全机关决定取保候审的，以及人民检察院、人民法院办理国家安全机关移送的刑事案件决定取保候审的，由国家安全机关执行。

第三条 对于采取取保候审足以防止发生社会危险性的犯罪嫌疑人，应当依法适用取保候审。

决定取保候审的，不得中断对案件的侦查、起诉和审理。严禁以取保候审变相放纵犯罪。

第四条 对犯罪嫌疑人、被告人决定取保候审的，应当责令其提出保证人或者交纳保证金。

对同一犯罪嫌疑人、被告人决定取保候审的，不得同时使用保证人保证和保证金保证。对未成年人取保候审的，应当优先适用保证人保证。

第五条 采取保证金形式取保候审的，保证金的起点数额为人民币一千元；被取保候审人为未成年人的，保证金的起点数额为人民币五百元。

决定机关应当综合考虑保证诉讼活动正常进行的需要，被取保候审人的社会危险性，案件的性质、情节，可能判处刑罚的轻重，被取保候审人的经济状况等情况，确定保证金的数额。

第六条 对符合取保候审条件，但犯罪嫌疑人、被告人不能提出保证人也不交纳保证金的，可以监视居住。

前款规定的被监视居住人提出保证人或者交纳保证金的，可以对其变更为取保候审。

第二章　决　　定

第七条 决定取保候审时，可以根据案件情况责令被取保候审人不得进入下列"特定的场所"：

（一）可能导致其再次实施犯罪的场所；

（二）可能导致其实施妨害社会秩序、干扰他人正常活动行为的场所；

（三）与其所涉嫌犯罪活动有关联的场所；

（四）可能导致其实施毁灭证据、干扰证人作证等妨害诉讼活动的场所；

（五）其他可能妨害取保候审执行的特定场所。

第八条 决定取保候审时，可以根据案件情况责令被取保候审人不得与下列"特定的人员"会见或者通信：

（一）证人、鉴定人、被害人及其法定代理人和近亲属；

（二）同案违法行为人、犯罪嫌疑人、被告人以及与案件有关联的其他人员；

（三）可能遭受被取保候审人侵害、滋扰的人员；

（四）可能实施妨害取保候审执行、影响诉讼活动的人员。

前款中的"通信"包括以信件、短信、电子邮件、通话，通过网络平台或者网络应用服务交流信息等各种方式直接或者间接通信。

第九条 决定取保候审时，可以根据案件情况责令被取保候审人不得从事下列"特定的活动"：

（一）可能导致其再次实施犯罪的活动；

（二）可能对国家安全、公共安全、社会秩序造成不良影响的活动；

（三）与所涉嫌犯罪相关联的活动；

（四）可能妨害诉讼的活动；

（五）其他可能妨害取保候审执行的特定活动。

第十条 公安机关应当在其指定的银行设立取保候审保证金专门账户，委托银行代为收取和保管保证金，并将相关信息通知同级人民检察院、人民法院。

保证金应当以人民币交纳。

第十一条 公安机关决定使用保证金保证的，应当及时收取保证金通知书送达被取保候审人，责令其在三日内向指定的银行一次性交纳保证金。

第十二条 人民法院、人民检察院决定使用保证金保证的，应当责令被取保候审人在三日内向公安机关指定银行的专门账户一次性交纳保证金。

第十三条 被取保候审人或者为其提供保证金的人应当将所交纳的保证金存入取保候审保证金专门账户，并由银行出具相关凭证。

第三章 执　　行

第十四条 公安机关决定取保候审的，在核实被取保候审人已经交纳保证金后，应当将取保候审决定书、取保候审执行通知书和其他有关材料一并送交执行。

第十五条 公安机关决定取保候审的，应当及时通知被取保候审人居住地的派出所执行。被取保候审人居住地在异地的，应当及时通知居住地公安机关，由其指定被取保候审人居住地的派出所执行。必要时，办案部门可以协助执行。

被取保候审人居住地变更的，执行取保候审的派出所应当及时通知决定取保候审的公安机关，由其重新确定被取保候审人变更后的居住地派出所执行。变更后的居住地在异地的，决定取保候审的公安机关应当通知该地公安机关，由其指定被取保候审人居住地的派出所执行。原执行机关应当与变更后的执行机关进行工作交接。

第十六条 居住地包括户籍所在地、经常居住地。经常居住地是指被取保候审人离开户籍所在地最后连续居住一年以上的地方。

取保候审一般应当在户籍所在地执行，但已形成经常居住地的，可以在经常居住地执行。

被取保候审人具有下列情形之一的，也可以在其暂住地执行取保候审：

（一）被取保候审人离开户籍所在地

一年以上且无经常居住地，但在暂住地有固定住处的；

（二）被取保候审人系外国人、无国籍人，香港特别行政区、澳门特别行政区、台湾地区居民的；

（三）被取保候审人户籍所在地无法查清且无经常居住地的。

第十七条　在本地执行取保候审的，决定取保候审的公安机关应当将法律文书和有关材料送达负责执行的派出所。

在异地执行取保候审的，决定取保候审的公安机关应当将法律文书和载有被取保候审人的报到期限、联系方式等信息的有关材料送达执行机关，送达方式包括直接送达、委托送达、邮寄送达等，执行机关应当及时出具回执。被取保候审人应当在收到取保候审决定书后五日以内向执行机关报到。执行机关应当在被取保候审人报到后三日以内向决定机关反馈。

被取保候审人未在规定期限内向负责执行的派出所报到，且无正当事由的，执行机关应当通知决定机关，决定机关应当依法传讯被取保候审人，被取保候审人不到案的，依照法律和本规定第五章的有关规定处理。

第十八条　执行机关在执行取保候审时，应当告知被取保候审人必须遵守刑事诉讼法第七十一条的规定，以及违反规定或者在取保候审期间重新犯罪的法律后果。

保证人保证的，应当告知保证人必须履行的保证义务，以及不履行义务的法律后果，并由其出具保证书。

执行机关应当依法监督、考察被取保候审人遵守规定的有关情况，及时掌握其住址、工作单位、联系方式变动情况，预防、制止其实施违反规定的行为。

被取保候审人应当遵守取保候审有关规定，接受执行机关监督管理，配合执行机关定期了解有关情况。

第十九条　被取保候审人未经批准不得离开所居住的市、县。

被取保候审人需要离开所居住的市、县的，应当向负责执行的派出所提出书面申请，并注明事由、目的地、路线、交通方式、往返日期、联系方式等。被取保候审人有紧急事由，来不及提出书面申请的，可以先通过电话、短信等方式提出申请，并及时补办书面申请手续。

经审查，具有工作、学习、就医等正当合理事由的，由派出所负责人批准。

负责执行的派出所批准后，应当通知决定机关，并告知被取保候审人遵守下列要求：

（一）保持联系方式畅通，并在传讯的时候及时到案；

（二）严格按照批准的地点、路线、往返日期出行；

（三）不得从事妨害诉讼的活动；

（四）返回居住地后及时向执行机关报告。

对于因正常工作和生活需要经常性跨市、县活动的，可以根据情况，简化批准程序。

第二十条　人民法院、人民检察院决定取保候审的，应当将取保候审决定书、取保候审执行通知书和其他有关材料一并送交所在地同级公安机关，由所在地同级公安机关依照本规定第十五条、第十六条、第十七条的规定交付执行。

人民法院、人民检察院可以采用电子方式向公安机关送交法律文书和有关材料。

负责执行的县级公安机关应当在收到法律文书和有关材料后二十四小时以内，指定被取保候审人居住地派出所执行，并将执行取保候审的派出所通知作出取保候审决定的人民法院、人民检察院。

被取保候审人居住地变更的，由负责执行的公安机关通知变更后的居住地公安机关执行，并通知作出取保候审决定的人民法院、人民检察院。

人民法院、人民检察院决定取保候审的，执行机关批准被取保候审人离开所居住的市、县前，应当征得决定机关同意。

第二十一条 决定取保候审的公安机关、人民检察院传讯被取保候审人的，应当制作法律文书，并向被取保候审人送达。被传讯的被取保候审人不在场的，也可以交与其同住的成年亲属代收，并与被取保候审人联系确认告知。无法送达或者被取保候审人未按照规定接受传讯的，应当在法律文书上予以注明，并通知执行机关。

情况紧急的，决定取保候审的公安机关、人民检察院可以通过电话通知等方式传讯被取保候审人，但应当在法律文书上予以注明，并通知执行机关。

异地传讯的，决定取保候审的公安机关、人民检察院可以委托执行机关代为送达，执行机关送达后应当及时向决定机关反馈。无法送达的，应当在法律文书上注明，并通知决定机关。

人民法院传讯被取保候审的被告人，依照其他有关规定执行。

第二十二条 保证人应当对被取保候审人遵守取保候审管理规定情况进行监督，发现被保证人已经或者可能违反刑事诉讼法第七十一条规定的，应当及时向执行机关报告。

保证人不愿继续保证或者丧失保证条件的，保证人或者被取保候审人应当及时报告执行机关。执行机关应当在发现或者被告知该情形之日起三日以内通知决定机关。决定机关应当责令被取保候审人重新提出保证人或者交纳保证金，或者变更强制措施，并通知执行机关。

第二十三条 执行机关发现被取保候审人违反应当遵守的规定以及保证人未履行保证义务的，应当及时制止、采取相应措施，同时告知决定机关。

第四章 变更、解除

第二十四条 取保候审期限届满，决定机关应当作出解除取保候审或者变更强制措施的决定，并送交执行机关。决定机关未解除取保候审或者未对被取保候审人采取其他刑事强制措施的，被取保候审人及其法定代理人、近亲属或者辩护人有权要求决定机关解除取保候审。

对于发现不应当追究被取保候审人刑事责任并作出撤销案件或者终止侦查决定的，决定机关应当及时作出解除取保候审决定，并送交执行机关。

有下列情形之一的，取保候审自动解除，不再办理解除手续，决定机关应当及时通知执行机关：

（一）取保候审依法变更为监视居住、拘留、逮捕，变更后的强制措施已经开始执行的；

（二）人民检察院作出不起诉决定的；

（三）人民法院作出的无罪、免予刑事处罚或者不负刑事责任的判决、裁定已经发生法律效力的；

（四）被判处管制或者适用缓刑，社区矫正已经开始执行的；

（五）被单处附加刑，判决、裁定已经发生法律效力的；

（六）被判处监禁刑，刑罚已经开始执行的。

执行机关收到决定机关上述决定书或者通知后，应当立即执行，并将执行情况及时通知决定机关。

第二十五条　采取保证金方式保证的被取保候审人在取保候审期间没有违反刑事诉讼法第七十一条的规定，也没有故意实施新的犯罪的，在解除取保候审、变更强制措施或者执行刑罚的同时，公安机关应当通知银行如数退还保证金。

被取保候审人或者其法定代理人可以凭有关法律文书到银行领取退还的保证金。被取保候审人不能自己领取退还的保证金的，经本人出具书面申请并经公安机关同意，由公安机关书面通知银行将退还的保证金转账至被取保候审人或者其委托的人提供的银行账户。

第二十六条　在侦查或者审查起诉阶段已经采取取保候审的，案件移送至审查起诉或者审判阶段时，需要继续取保候审、变更保证方式或者变更强制措施的，受案机关应当在七日内作出决定，并通知移送案件的机关和执行机关。

受案机关作出取保候审决定并执行后，原取保候审措施自动解除，不再办理解除手续。对继续采取保证金保证的，原则上不变更保证金数额，不再重新收取保证金。受案机关变更的强制措施开始执行后，应当及时通知移送案件的机关和执行机关，原取保候审决定自动解除，不再办理解除手续，执行机关应当依法退还保证金。

取保候审期限即将届满，受案机关仍未作出继续取保候审或者变更强制措施 决定的，移送案件的机关应当在期限届满十五日前书面通知受案机关。受案机关应当在取保候审期限届满前作出决定，并通知移送案件的机关和执行机关。

第五章　责　　任

第二十七条　使用保证金保证的被取保候审人违反刑事诉讼法第七十一条规定，依法应当没收保证金的，由公安机关作出没收部分或者全部保证金的决定，并通知决定机关。人民检察院、人民法院发现使用保证金保证的被取保候审人违反刑事诉讼法第七十一条规定，应当告知公安机关，由公安机关依法处理。

对被取保候审人没收保证金的，决定机关应当区别情形，责令被取保候审人具结悔过，重新交纳保证金、提出保证人，或者变更强制措施，并通知执行机关。

重新交纳保证金的，适用本规定第十一条、第十二条、第十三条的规定。

第二十八条　被取保候审人构成《中华人民共和国治安管理处罚法》第六十条第四项行为的，依法给予治安管理处罚。

第二十九条　被取保候审人没有违反刑事诉讼法第七十一条的规定，但在取保候审期间涉嫌故意实施新的犯罪被立案侦查的，公安机关应当暂扣保证金，待人民法院判决生效后，决定是否没收保证金。对故意实施新的犯罪的，应当没收保证金；对过失实施新的犯罪或者不构成犯罪的，应当退还保证金。

第三十条　公安机关决定没收保证金的，应当制作没收保证金决定书，在三日以内向被取保候审人宣读，告知其如果对没收保证金决定不服，被取保候审人或者其法定代理人可以在五日以内向作出没收决定的公安机关申请复议。

被取保候审人或者其法定代理人对复议决定不服的,可以在收到复议决定书后五日以内向上一级公安机关申请复核一次。

第三十一条 保证人未履行监督义务,或者被取保候审人违反刑事诉讼法第七十一条的规定,保证人未及时报告或者隐瞒不报告的,经查证属实后,由公安机关对保证人处以罚款,并将有关情况及时通知决定机关。

保证人帮助被取保候审人实施妨害诉讼等行为,构成犯罪的,依法追究其刑事责任。

第三十二条 公安机关决定对保证人罚款的,应当制作对保证人罚款决定书,在三日以内向保证人宣布,告知其如果对罚款决定不服,可以在五日以内向作出罚款决定的公安机关申请复议。

保证人对复议决定不服的,可以在收到复议决定书后五日以内向上一级公安机关申请复核一次。

第三十三条 没收保证金的决定、对保证人罚款的决定已过复议期限,或者复议、复核后维持原决定或者变更罚款数额的,作出没收保证金的决定、对保证人罚款的决定的公安机关应当及时通知指定的银行将没收的保证金、保证人罚款按照国家的有关规定上缴国库,并应当在三日以内通知决定机关。

如果保证金系被取保候审人的个人财产,且需要用以退赔被害人、履行附带民事赔偿义务或者执行财产刑的,人民法院可以书面通知公安机关移交全部保证金,由人民法院作出处理,剩余部分退还被告人。

第三十四条 人民检察院、人民法院决定取保候审的,被取保候审人违反取保候审规定,需要予以逮捕的,可以对被取保候审人先行拘留,并提请人民检察院、人民法院依法作出逮捕决定。人民法院、人民检察院决定逮捕的,由所在地同级公安机关执行。

第三十五条 保证金的收取、管理和没收应当严格按照本规定和国家的财经管理制度执行,任何单位和个人不得擅自收取、没收、退还保证金以及截留、坐支、私分、挪用或者以其他任何方式侵吞保证金。对违反规定的,应当依照有关法律和规定给予行政处分;构成犯罪的,依法追究刑事责任。

第六章 附 则

第三十六条 对于刑事诉讼法第六十七条第一款第三项规定的"严重疾病"和"生活不能自理",分别参照最高人民法院、最高人民检察院、公安部、司法部、国家卫生计生委印发的《暂予监外执行规定》所附《保外就医严重疾病范围》和《最高人民法院关于印发〈罪犯生活不能自理鉴别标准〉的通知》所附《罪犯生活不能自理鉴别标准》执行。

第三十七条 国家安全机关决定、执行取保候审的,适用本规定中关于公安机关职责的规定。

第三十八条 对于人民法院、人民检察院决定取保候审,但所在地没有同级公安机关的,由省级公安机关会同同级人民法院、人民检察院,依照本规定确定公安机关负责执行或者交付执行,并明确工作衔接机制。

第三十九条 本规定中的执行机关是指负责执行取保候审的公安机关和国家安全机关。

第四十条 本规定自印发之日起施行。

公安部《关于如何没收逃跑犯罪嫌疑人保证金问题的批复》

(2001年12月26日 公复字〔2001〕22号)

辽宁省公安厅：

你厅《关于在被取保候审犯罪嫌疑人逃跑而无法告知其复核权的情况下可否没收保证金问题的请示》(辽公明发〔2001〕977号)收悉。现批复如下：

公安机关没收犯罪嫌疑人取保候审保证金，应当严格按照《刑事诉讼法》和公安部《公安机关办理刑事案件程序规定》进行。如果犯罪嫌疑人在逃的，公安机关应当按照《刑事诉讼法》第八十一条和《公安机关办理刑事案件程序规定》第八十条的规定，由犯罪嫌疑人的家属、法定代理人或者单位负责人代收《没收保证金决定书》，并告知其犯罪嫌疑人对没收保证金决定不服的，可以在五日以内向上一级公安机关申请复核一次。复核期限已过，犯罪嫌疑人没有提出复核申请的，应当依法没收其保证金。

公安部《关于人民检察院不起诉人民法院终止审理或者判决无罪的案件公安机关已采取的取保候审是否合法及应否退还已没收的保证金问题的答复》

(2003年12月31日)

广西、广东公安厅法制处：

广西公安厅《关于人民检察院不起诉的案件公安机关已采取的刑事强制措施是否合法的请示》(桂公请〔2002〕109号)和广东省公安厅法制处《关于犯罪嫌疑人违反规定被没收保证金后被宣判无罪是否应当退还保证金问题的请示》收悉。经研究，答复如下：

一、关于取保候审的合法性问题

根据刑事诉讼法第51条、第141条、第162条的规定，取保候审的条件与起诉、作出有罪判决的条件不同，对事实和证据的要求也存在较大差异，不能简单地根据人民检察院不起诉、人民法院终止审理或者作出无罪判决认定公安机关采取的取保候审违法。取保候审是否合法应当依据刑事诉讼法的规定来确认。

二、关于是否退还保证金问题

对于人民检察院不起诉、人民法院终止审理或者判决无罪的案件，公安机关应否退还已经没收的取保候审保证金问题，应当分析具体情况，分别处理：

(一)被取保候审人在取保候审期间未违反刑事诉讼法第56条规定，也未故意重新犯罪，而被没收保证金的，没收的保证金应当退还。

(二)被取保候审人在取保候审期间违反刑事诉讼法第56条的规定，被依法没收保证金的，原则上不退还；如果被取保候审人确实无罪，且违反规定行为的情节较为轻微，其被没收的保证金可以退还。

全国人民代表大会常务委员会法制工作委员会《关于对"犯罪嫌疑人被监视居住期满后能否转取保候审"问题的答复意见》

(2000年10月26日)

公安部：

公安部法制局7月11日来函(公法〔2000〕113号)收悉，经研究，现答复如下：

因侦查犯罪需要,对于监视居住期满的犯罪嫌疑人,如果确有必要采取取保候审强制措施,并且符合取保候审条件的,可以决定取保候审,依法作出取保候审决定书,但是不能不经依法变更就转为取保候审,不能中止对案件的侦查。

公安部
《关于监视居住期满后能否对犯罪嫌疑人采取取保候审强制措施问题的批复》

(2002年12月12日 公复字〔2000〕13号)

广东省公安厅:

你厅《关于监视居住期满后能否转取保候审问题的请示》(粤公请字〔2000〕109号)收悉。现批复如下:

公安机关因侦查犯罪需要,对于监视居住期限届满的犯罪嫌疑人,如果确有必要采取取保候审强制措施,并且符合取保候审条件的,可以依法决定取保候审,但是不得未经依法变更就转为取保候审,不能中止对案件的侦查。

最高人民检察院
《关于认真执行〈中华人民共和国戒严法〉的通知》(节录)

(1996年3月29日 高检发研字〔1996〕2号)

各省、自治区、直辖市人民检察院,军事检察院:

《中华人民共和国戒严法》(以下简称《戒严法》)已经第八届全国人民代表大会常务委员会第十八次会议通过,并于1996年3月1日起施行。为保证各级检察机关认真执行《戒严法》,特通知如下:

……

三、根据《戒严法》第二十七条第二款的规定,戒严期间拘留、逮捕的程序和期限可以不受《中华人民共和国刑事诉讼法》有关规定的限制,但逮捕须经人民检察院批准或者决定。在戒严期间,戒严地区的人民检察院批准或者决定。在戒严期间,戒严地区的人民检察院要认真履行这一职责,依法严格、从速进行批准和决定逮捕工作。对于正在实施危害国家安全、破坏社会秩序的犯罪或者有重大嫌疑的;阻挠或者抗拒戒严执勤人员执行戒严任务的;抗拒交通管制或者宵禁规定的;从事其他抗拒戒严令活动的,而被戒严执勤人员拘留的人员,以及非法进行集会、游行、示威以及其他聚众活动的;非法占据公共场所或者在公共场所煽动破坏活动的;冲击国家机关或者其他重要单位、场所的;扰乱交通秩序或者故意堵塞交通的;哄抢或者破坏机关、团体、企业事业单位和公民个人财产等活动的,而被戒严执勤人员拘留的组织者和拒不服从强行制止或者驱散命令的人员,凡符合有关法律规定逮捕条件的,要根据《戒严法》第二十七条第二款和其他法律规定,及时作出批准或者决定逮捕的决定。

四、根据《戒严法》第三十一条的规定,在个别县、市的局部范围内突然发生严重危及国家安全,社会公共安全和人民的生命财产安全的骚乱,在国家没有作出戒严决定时,省级人民政府可以组织实施一些恢复和维持正常社会秩序的措施。一旦出现这些情况,有关检察机关也应予以高度的重视,采取及时有效的措施依法履行检察职责,与有关部门通力配合,适时介入,熟悉情况,快捕快诉,并配合有关部门做好平息事态工作。

最高人民检察院
《关于对报请批准逮捕的案件可否侦查问题的批复》

(1998年5月12日 高检发释字〔1998〕2号)

海南省人民检察院:

你院琼检发刑捕字〔1998〕1号《关于执行〈关于刑事诉讼法实施中若干问题的规定〉有关问题的请示》收悉。经研究,批复如下:

人民检察院审查公安机关提请逮捕的案件,经审查,应当作出批准或者不批准逮捕的决定,对报请批准逮捕的案件不另行侦查。人民检察院在审查批捕中如果认为报请批准逮捕的证据存有疑问的,可以复核有关证据,讯问犯罪嫌疑人、询问证人,以保证批捕案件的质量,防止错捕或漏捕。

最高人民检察院
《关于走私犯罪侦查机关提请批准逮捕和移送审查起诉的案件由分、州、市级人民检察院受理的通知》

(1999年2月3日 高检发研字〔1999〕2号)

各省、自治区、直辖市人民检察院,军事检察院:

根据《最高人民法院、最高人民检察院、公安部、司法部、海关总署关于走私犯罪侦查机关办理走私犯罪案件适用刑事诉讼程序若干问题的通知》(以下简称《通知》),为加强人民检察院和走私犯罪侦查机关在查处走私犯罪案件工作中的配合,及时受理走私犯罪侦查机关提请批准逮捕和移送审查起诉的案件,现就有关问题通知如下:

一、根据《通知》关于走私犯罪侦查分局(设在直属海关)、走私犯罪侦查支局(设在隶属海关)负责向人民检察院提请批准逮捕和移送起诉工作的规定,走私犯罪侦查分局、支局所在地的分、州、市级人民检察院负责受理走私犯罪侦查机关向人民检察院提请批准逮捕和移送起诉的案件。

二、走私犯罪侦查中队(设在隶属海关下一级海关)侦查的案件,应当报请走私犯罪侦查支局或者分局向所在地的分、州、市级人民检察院提请批准逮捕和移送起诉,受理的人民检察院应当将有关法律文书送达移送案件的走私犯罪侦查分局或者支局。

三、走私犯罪侦查局直接办理的案件,交由案件发生地的走私犯罪侦查分局向所在地的分、州、市级人民检察院提请批准逮捕和移送审查起诉,受理的人民检察院应当将有关法律文书送达移送案件的走私犯罪侦查分局。

四、人民检察院对走私犯罪侦查机关移送起诉的案件经审查决定起诉的,应当向本地中级人民法院提起公诉。

五、人民检察院对于走私犯罪侦查机关移送起诉的走私案件,经审查决定不起诉的,应当依照《中华人民共和国刑事诉讼法》的规定移送相应的海关处理,同时将不起诉决定书送达移送案件的走私犯罪侦查机关。

六、走私犯罪侦查机关建立有看守所的，由看守所所在地的分、州、市级人民检察院履行法律监督职责。

七、省级人民检察院根据办案需要，可以按照与审判管辖相适应的原则，指定本地区有关分、州、分市人民检察院受理走私犯罪侦查机关提请批准逮捕和移送起诉的案件。

最高人民检察院、公安部《关于依法适用逮捕措施有关问题的规定》

（2001年8月16日　高检会〔2001〕10号）

为了进一步加强人民检察院和公安机关的配合，依法适用逮捕措施，加大打击犯罪力度，保障刑事诉讼的顺利进行，维护社会稳定和市场经济秩序，根据《中华人民共和国刑事诉讼法》和其他有关法律的规定，现对人民检察院和公安机关依法适用逮捕措施的有关问题作如下规定：

一、公安机关提请批准逮捕、人民检察院审查批准逮捕都应当严格依照法律规定的条件和程序进行。

（一）刑事诉讼法第六十条规定的"有证据证明有犯罪事实"是指同时具备以下三种情形：

1. 有证据证明发生了犯罪事实；

2. 有证据证明该犯罪事实是犯罪嫌疑人实施的；

3. 证明犯罪嫌疑人实施犯罪行为的证据已有查证属实的。

"有证据证明有犯罪事实"，并不要求查清全部犯罪事实。其中"犯罪事实"既可以是单一犯罪行为的事实，也可以是数个犯罪行为中任何一个犯罪行为的事实。

（二）具有下列情形之一的，即为刑事诉讼法第六十条规定的"有逮捕必要"：

1. 可能继续实施犯罪行为，危害社会的；

2. 可能毁灭、伪造证据、干扰证人作证或者串供的；

3. 可能自杀或逃跑的；

4. 可能实施打击报复行为的；

5. 可能有碍其他案件侦查的；

6. 其他可能发生社会危险性的情形。

对有组织犯罪、黑社会性质组织犯罪、暴力犯罪和多发性犯罪等严重危害社会治安和社会秩序以及可能有碍侦查的犯罪嫌疑人，一般应予逮捕。

（三）对实施多个犯罪行为或者共同犯罪案件的犯罪嫌疑人，符合本条第（一）项、第（二）项的规定，具有下列情形之一的，应当予以逮捕：

1. 有证据证明有数罪中的一罪的；

2. 有证据证明有多次犯罪中的一次犯罪的；

3. 共同犯罪中，已有证据证明有犯罪行为的。

（四）根据刑事诉讼法第五十六条第二款的规定，对下列违反取保候审规定的犯罪嫌疑人，应当予以逮捕：

1. 企图自杀、逃跑、逃避侦查、审查起诉的；

2. 实施毁灭、伪造证据或者串供，干扰证人作证行为，足以影响侦查、审查起诉工作正常进行的；

3. 未经批准，擅自离开所居住的市、县，造成严重后果，或者两次未经批准，擅自离开所居住的市、县的；

4. 经传讯不到案，造成严重后果，或者经两次传讯不到案的。

对在取保候审期间故意实施新的犯罪行为的犯罪嫌疑人，应当予以逮捕。

（五）根据刑事诉讼法第五十七条第二款的规定，被监视居住的犯罪嫌疑人具有下列情形之一的，属于"情节严重"，应当予以逮捕：

1. 故意实施新的犯罪行为的；

2. 企图自杀、逃跑、逃避侦查、审查起诉的；

3. 实施毁灭、伪造证据或者串供、干扰证人作证行为，足以影响侦查、审查起诉工作正常进行的；

4. 未经批准，擅自离开住处或者指定的居所，造成严重后果，或者两次未经批准，擅自离开住处或者指定的居所的；

5. 未经批准，擅自会见他人，造成严重后果，或者两次未经批准，擅自会见他人的；

6. 经传讯不到案，造成严重后果，或者经两次传讯不到案的。

二、公安机关在作出是否提请人民检察院批准逮捕的决定之前，应当对收集、调取的证据材料予以核实。对于符合逮捕条件的犯罪嫌疑人，应当提请人民检察院批准逮捕；对于不符合逮捕条件但需要继续侦查的，公安机关可以依法取保候审或者监视居住。

公安机关认为需要人民检察院派员参加重大案件讨论的，应当及时通知人民检察院，人民检察院接到通知后，应当及时派员参加。参加的检察人员在充分了解案情的基础上，应当对侦查活动提出意见和建议。

三、人民检察院收到公安机关提请批准逮捕的案件后，应当立即指定专人进行审查，发现不符合刑事诉讼法第六十六条规定，提请批准逮捕书、案卷材料和证据不齐全的，应当要求公安机关补充有关材料。

对公安机关提请批准逮捕的案件，人民检察院经审查，认为符合逮捕条件的，应当批准逮捕。对于不符合逮捕条件的，或者具有刑事诉讼法第十五条规定的情形之一的，应当作出不批准逮捕的决定，并说明理由。

对公安机关报请批准逮捕的案件人民检察院在审查逮捕期间不另行侦查。必要的时候，人民检察院可以派人参加公安机关对重大案件的讨论。

四、对公安机关提请批准逮捕的犯罪嫌疑人，已被拘留的，人民检察院应当在接到提请批准逮捕书后的七日以内作出是否批准逮捕的决定；未被拘留的，应当在接到提请批准逮捕书后的十五日以内作出是否批准逮捕的决定，重大、复杂的案件，不得超过二十日。

五、对不批准逮捕，需要补充侦查的案件，人民检察院应当通知提请批准逮捕的公安机关补充侦查，并附补充侦查提纲，列明需要查清的事实和需要收集、核实的证据。

六、对人民检察院补充侦查提纲中所列的事项，公安机关应当及时进行侦查、核实，并逐一作出说明。不得未经侦查和说明，以相同材料再次提请批准逮捕。公安机关未经侦查、不作说明的，人民检察院可以作出不批准逮捕的决定。

七、人民检察院批准逮捕的决定，公安机关应当立即执行，并将执行回执在执行后三日内送达作出批准决定的人民检察院；未能执行的，也应当将执行回执送达人民检察院，并写明未能执行的原因。

对于人民检察院决定不批准逮捕的,公安机关在收到不批准逮捕决定书后,应当立即释放在押的犯罪嫌疑人或者变更强制措施,并将执行回执在收到不批准逮捕决定书后三日内送达作出不批准逮捕决定的人民检察院。如果公安机关发现逮捕不当的,应当及时予以变更,并将变更的情况及原因在作出变更决定后三日内通知原批准逮捕的人民检察院。人民检察院认为变更不当的,应当通知作出变更决定的公安机关纠正。

八、公安机关认为人民检察院不批准逮捕的决定有错误的,应当在收到不批准逮捕决定书后五日以内,向同级人民检察院要求复议。人民检察院应当在收到公安机关要求复议意见书后七日内作出复议决定。

公安机关对复议决定不服的,应当在收到人民检察院复议决定书后五日以内向上一级人民检察院提请复核。上一级人民检察院应当在收到公安机关提请复核意见书后十五日以内作出复核决定。原不批准逮捕决定错误的,应当及时纠正。

九、人民检察院办理审查逮捕案件,发现应当逮捕而公安机关未提请批准逮捕的犯罪嫌疑人的,应当建议公安机关提请批准逮捕。公安机关认为建议正确的,应当立即提请批准逮捕;认为建议不正确的,应当将不提请批准逮捕的理由通知人民检察院。

十、公安机关需要延长侦查羁押期限的,应当在侦查羁押期限届满七日前,向同级人民检察院移送提请延长侦查羁押期限意见书,写明案件的主要案情、延长侦查羁押期限的具体理由和起止日期,并附逮捕证复印件。有决定权的人民检察院应当在侦查羁押期限届满前作出是否批准延长侦查羁押期限的决定,并交由受理案件的人民检察院送达公安机关。

十一、公安机关发现犯罪嫌疑人另有重要罪行,需要重新计算侦查羁押期限的,可以按照刑事诉讼法有关规定决定重新计算侦查羁押期限,同时报送原作出批准逮捕决定的人民检察院备案。

十二、公安机关发现不应当对犯罪嫌疑人追究刑事责任的,应当撤销案件;犯罪嫌疑人已被逮捕的,应当立即释放,并将释放的原因在释放后三日内通知原作出批准逮捕决定的人民检察院。

十三、人民检察院在审查批准逮捕工作中,如果发现公安机关的侦查活动有违法情况,应当通知公安机关予以纠正,公安机关应当将纠正情况通知人民检察院。

十四、公安机关、人民检察院在提请批准逮捕和审查批准逮捕工作中,要加强联系,互相配合,在工作中可以建立联席会议制度,定期互通有关情况。

十五、关于适用逮捕措施的其他问题,依照《中华人民共和国刑事诉讼法》、《最高人民检察院、公安部关于适用刑事强制措施有关问题的规定》和其他有关规定办理。

最高人民检察院办公厅
《关于对合同诈骗、侵犯知识产权
等经济犯罪案件依法正确适用
逮捕措施的通知》(节录)

(2002年5月22日 高检办发〔2002〕14号)

各省、自治区、直辖市人民检察院,军事检察院,新疆生产建设兵团人民检察院:

近来,……特通知如下:

一、要全面正确贯彻为经济建设服务的指导思想和"强化监督,公正执法"的检察工作主题。(略)

二、要严格区分经济犯罪与经济纠纷的界限。(略)

三、要正确掌握逮捕条件,严格办案程序。各级检察机关在审查批捕经济犯罪案件工作中,要严格遵循刑事诉讼法和《人民检察院刑事诉讼规则》规定的逮捕条件和办案程序,严把事实关、证据关、程序关和适用法律关,确保办案质量。对公安机关提请审查批捕的经济犯罪案件,必须符合法律规定的条件,才能作出批捕决定,对于明显属于经济纠纷不构成犯罪的,或者罪与非罪性质不明的,或者事实不清、证据不足的案件,不应作出批捕决定。特别是对于涉及异地的经济犯罪案件,不仅要审查控告方的证据材料,而且要认真审查被控告方提供的材料和辩解,对只有控告方的控告,没有其他证据证明的,不能作出批捕决定。

四、上级检察机关要加强协调和指导,支持下级检察机关依法办案。(略)

五、要加强监督,严肃办案纪律。(略)

最高人民检察院
《检察机关办理侵犯公民
个人信息案件指引》

(2018年8月24日最高人民检察院第十三届检察委员会第五次会议通过,自2018年11月9日起施行,高检发侦监字〔2018〕13号)

根据《中华人民共和国刑法》第二百五十三条之一的规定,侵犯公民个人信息罪是指违反国家有关规定,向他人出售、提供公民个人信息,或者通过窃取等方法非法获取公民个人信息,情节严重的行为。结合《最高人民法院、最高人民检察院关于办理侵犯公民个人信息刑事案件适用法律若干问题的解释》(法释〔2017〕10号)(以下简称《解释》),办理侵犯公民个人信息案件,应当特别注意以下问题:一是对"公民个人信息"的审查认定;二是对"违反国家有关规定"的审查认定;三是对"非法获取"的审查认定;四是对"情节严重"和"情节特别严重"的审查认定;五是对关联犯罪的审查认定。

一、审查证据的基本要求

(一)审查逮捕

1. 有证据证明发生了侵犯公民个人信息犯罪事实

(1)证明侵犯公民个人信息案件发生

主要证据包括:报案登记、受案登记、立案决定书、破案经过、证人证言、被害人陈述、犯罪嫌疑人供述和辩解以及证人、被害人提供的短信、微信或QQ截图等电子数据。

(2)证明被侵犯对象系公民个人信息

主要证据包括:扣押物品清单、勘验检查笔录、电子数据、司法鉴定意见及公民信息查询结果说明、被害人陈述、被害人提供的原始信息资料和对比资料等。

2. 有证据证明侵犯公民个人信息行为是犯罪嫌疑人实施的

(1)证明违反国家有关规定的证据:犯罪嫌疑人关于所从事的职业的供述、其所在公司的工商注册资料、公司出具的犯罪嫌疑人职责范围说明、劳动合同、保密协议及公司领导、同事关于犯罪嫌疑人职责范围的证言等。

(2) 证明出售、提供行为的证据：远程勘验笔录及 QQ、微信等即时通讯工具聊天记录、论坛、贴吧、电子邮件、手机短信记录等电子数据，证明犯罪嫌疑人通过上述途径向他人出售、提供、交换公民个人信息的情况。公民个人信息贩卖者、提供者、担保交易人及购买者、收受者的证言或供述，相关银行账户明细、第三方支付平台账户明细，证明出售公民个人信息违法所得情况。此外，如果犯罪嫌疑人系通过信息网络发布方式提供公民个人信息，证明该行为的证据还包括远程勘验笔录、扣押笔录、扣押物品清单、对手机、电脑存储介质、云盘、FTP 等的司法鉴定意见等。

(3) 证明犯罪嫌疑人或公民个人信息购买者、收受者控制涉案信息的证据：搜查笔录、扣押笔录、扣押物品清单、对手机、电脑存储介质等的司法鉴定意见等，证实储存有公民个人信息的电脑、手机、U 盘或者移动硬盘、云盘、FTP 等介质与犯罪嫌疑人或公民个人信息购买者、收受者的关系。犯罪嫌疑人供述、辨认笔录及证人证言等，证实犯罪嫌疑人或公民个人信息购买者、收受者所有或实际控制、使用涉案存储介质。

(4) 证明涉案公民个人信息真实性的证据：被害人陈述、被害人提供的原始信息资料、公安机关或相关单位出具的涉案公民个人信息与权威数据库内信息同一性的比对说明。针对批量的涉案公民个人信息的真实性问题，根据《解释》精神，可以根据查获的数量直接认定，但有证据证明信息不真实或重复的除外。

(5) 证明违反国家规定，通过窃取、购买、收受、交换等方式非法获取公民个人信息的证据：主要证据与上述以出售、提供方式侵犯公民个人信息行为的证据基本相同。针对窃取的方式如通过技术手段非法获取公民个人信息的行为，需证明犯罪嫌疑人实施上述行为，除被害人陈述、犯罪嫌疑人供述和辩解外，还包括侦查机关从被害公司数据库中发现入侵电脑 IP 地址情况、从犯罪嫌疑人电脑中提取的侵入被害公司数据的痕迹等现场勘验检查笔录，以及涉案程序（木马）的司法鉴定意见等。

3. 有证据证明犯罪嫌疑人具有侵犯公民个人信息的主观故意

(1) 证明犯罪嫌疑人明知没有获取、提供公民个人信息的法律依据或资格，主要证据包括：犯罪嫌疑人的身份证明、犯罪嫌疑人关于所从事职业的供述，其所在公司的工商资料和营业范围、公司关于犯罪嫌疑人的职责范围说明、公司主要负责人的证人证言等。

(2) 证明犯罪嫌疑人积极实施窃取、出售、提供、购买、交换、收受公民个人信息的行为，主要证据除了证人证言、犯罪嫌疑人供述和辩解外，还包括远程勘验笔录、手机短信记录、即时通讯工具聊天记录、电子数据司法鉴定意见、银行账户明细、第三方支付平台账户明细等。

4. 有证据证明"情节严重"或"情节特别严重"

(1) 公民个人信息购买者或收受者的证言或供述。

(2) 公民个人信息购买、收受公司工作人员利用公民个人信息进行电话或短信推销、商务调查等经营性活动后出具的证言或供述。

(3) 公民个人信息购买者或者收受者利用所获信息从事违法犯罪活动后出具的证言或供述。

（4）远程勘验笔录、电子数据司法鉴定意见书、最高人民检察院或公安部指定的机构对电子数据涉及的专门性问题出具的报告，公民个人信息资料等。证明犯罪嫌疑人通过即时通讯工具、电子邮箱、论坛、贴吧、手机等向他人出售、提供、购买、交换、收受公民个人信息的情况。

（5）银行账户明细、第三方支付平台账户明细。

（6）死亡证明、伤情鉴定意见、医院诊断记录、经济损失鉴定意见、相关案件起诉书、判决书等。

（二）审查起诉

除审查逮捕阶段证据审查基本要求之外，对侵犯公民个人信息案件的审查起诉工作还应坚持"犯罪事实清楚，证据确实、充分"的标准，保证定罪量刑的事实都有证据证明；据以定案的证据均经法定程序查证属实；综合全案证据，对所认定的事实已排除合理怀疑。

1. 有确实充分的证据证明发生了侵犯公民个人信息犯罪事实。该证据与审查逮捕的证据类型相同。

2. 有确实充分的证据证明侵犯公民个人信息行为是犯罪嫌疑人实施的

（1）对于证明犯罪行为是犯罪嫌疑人实施的证据审查，需要结合《解释》精神，准确把握对"违反国家有关规定""出售、提供行为""窃取或以其他方法"的认定。

（2）对证明违反国家有关规定的证据审查，需要明确国家有关规定的具体内容，违反法律、行政法规、部门规章有关公民个人信息保护规定的，应当认定为刑法第二百五十三条之一规定的"违反国家有关规定"。

（3）对证明出售、提供行为的证据审查，应当明确"出售、提供"包括在履职或提供服务的过程中将合法持有的公民个人信息出售或者提供给他人的行为；向特定人提供、通过信息网络或者其他途径发布公民个人信息，未经被收集者同意，将合法收集的公民个人信息（经过处理无法识别特定个人且不能复原的除外）向他人提供的，均属于刑法第二百五十三条之一规定的"提供公民个人信息"。应当全面审查犯罪嫌疑人所出售提供公民个人信息的来源、途经与去向，对相关供述、物证、书证、证人证言、被害人陈述、电子数据等证据种类进行综合审查，针对使用信息网络进行犯罪活动的，需要结合专业知识，根据证明该行为的远程勘验笔录、扣押笔录、扣押物品清单、电子存储介质、网络存储介质等的司法鉴定意见进行审查。

（4）对证明通过窃取或以其他非法方法获取公民个人信息等方式非法获取公民个人信息的证据审查，应当明确"以其他方法获取公民个人信息"包括购买、收受、交换等方式获取公民个人信息，或者在履行职责、提供服务过程中收集公民个人信息的行为。

针对窃取行为，如通过信息网络窃取公民个人信息，则应当结合犯罪嫌疑人供述、证人证言、被害人陈述，着重审查证明犯罪嫌疑人侵入信息网络、数据库时的IP 地址、MAC 地址、侵入工具、侵入痕迹等内容的现场勘验检查笔录以及涉案程序（木马）的司法鉴定意见等。

针对购买、收受、交换行为，应当全面审查购买、收受、交换公民个人信息的来源、途经、去向，结合犯罪嫌疑人供述和辩解、辨认笔录、证人证言等证据，对搜查笔录、扣押笔录、扣押物品清单、涉案电子存储介质等司法鉴定意见进行审查,明确上述证据同犯罪嫌疑人或公民个人信息购买、收受、交换者之间的关系。

针对履行职责、提供服务过程中收集公民个人信息的行为,应当审查证明犯罪嫌疑人所从事职业及其所负职责的证据,结合法律、行政法规、部门规章等国家有关公民个人信息保护的规定,明确犯罪嫌疑人的行为属于违反国家有关规定,以其他方法非法获取公民个人信息的行为。

(5)对证明涉案公民个人信息真实性证据的审查,应当着重审查被害人陈述、被害人提供的原始信息资料、公安机关或其他相关单位出具的涉案公民个人信息与权威数据库内信息同一性的对比说明。对批量的涉案公民个人信息的真实性问题,根据《解释》精神,可以根据查获的数量直接认定,但有证据证明信息不真实或重复的除外。

3. 有确实充分的证据证明犯罪嫌疑人具有侵犯公民个人信息的主观故意

(1)对证明犯罪嫌疑人主观故意的证据审查,应当综合审查犯罪嫌疑人的身份证明、犯罪嫌疑人关于所从事职业的供述、其所在公司的工商资料和营业范围、公司关于犯罪嫌疑人的职责范围说明、公司主要负责人的证人证言等,结合国家公民个人信息保护的相关规定,夯实犯罪嫌疑人在实施犯罪时的主观明知。

(2)对证明犯罪嫌疑人积极实施窃取或者以其他方法非法获取公民个人信息行为的证据审查,应当结合犯罪嫌疑人供述、证人证言,着重审查远程勘验笔录、手机短信记录、即时通讯工具聊天记录、电子数据司法鉴定意见、银行账户明细、第三方支付账户明细等,明确犯罪嫌疑人在实施犯罪时的积极作为。

4. 有确实充分的证据证明"情节严重"或"情节特别严重"。该证据与审查逮捕的证据类型相同。

二、需要特别注意的问题

在侵犯公民个人信息案件审查逮捕、审查起诉中,要根据相关法律、司法解释等规定,结合在案证据,重点注意以下问题:

(一)对"公民个人信息"的审查认定

根据《解释》的规定,公民个人信息是指以电子或者其他方式记录的能够单独或者与其他信息结合识别特定自然人身份或者反映特定自然人活动情况的各种信息,包括姓名、身份证件号码、通信通讯联系方式、住址、账号密码、财产状况、行踪轨迹等。经过处理无法识别特定自然人且不能复原的信息,虽然也可能反映自然人活动情况,但与特定自然人无直接关联,不属于公民个人信息的范畴。

对于企业工商登记等信息中所包含的手机、电话号码等信息,应当明确该号码的用途。对由公司购买、使用的手机、电话号码等信息,不属于个人信息的范畴,从而严格区分"手机、电话号码等由公司购买,归公司使用"与"公司经办人在工商登记等活动中登记个人电话、手机号码"两种不同情形。

(二)对"违反国家有关规定"的审查认定

《中华人民共和国刑法修正案(九)》将原第二百五十三条之一的"违反国家规定"修改为"违反国家有关规定",后者的范围明显更广。根据刑法第九十六条的规定,"国家规定"仅限于全国人大及其常委会制定的法律和决定,国务院制定的行政法规、规定的行政措施、发布的决定和命令。而"国家有关规定"还包括部门规章,这些规定散见于金融、电信、交通、教育、医疗、统计、邮政等领域的法律、行政法规或部门规章中。

(三)对"非法获取"的审查认定

在窃取或者以其他方法非法获取公民个人信息的行为中,需要着重把握"其他方法"的范围问题。"其他方法",是指"窃取"以外,与窃取行为具有同等危害性的方法,其中,购买是最常见的非法获取手段。侵犯公民个人信息犯罪作为电信网络诈骗的上游犯罪,诈骗分子往往先通过网络向他人购买公民个人信息,然后自己直接用于诈骗或转发给其他同伙用于诈骗,诈骗分子购买公民个人信息的行为属于非法获取行为,其同伙接收公民个人信息的行为明显也属于非法获取行为。同时,一些房产中介、物业管理公司、保险公司、担保公司的业务员往往与同行通过QQ、微信群互相交换各自掌握的客户信息,这种交换行为也属于非法获取行为。此外,行为人在履行职责、提供服务过程中,违反国家有关规定,未经他人同意收集公民个人信息,或者收集与提供的服务无关的公民个人信息的,也属于非法获取公民个人信息的行为。

(四)对"情节严重"和"情节特别严重"的审查认定

1. 关于"情节严重"的具体认定标准,根据《解释》第五条第一款的规定,主要涉及五个方面:

(1)信息类型和数量。①行踪轨迹信息、通信内容、征信信息、财产信息,此类信息与公民人身、财产安全直接相关,数量标准为五十条以上,且仅限于上述四类信息,不允许扩大范围。对于财产信息,既包括银行、第三方支付平台、证券期货等金融服务账户的身份认证信息(一组确认用户操作权限的数据,包括账号、口令、密码、数字证书等),也包括存款、房产、车辆等财产状况信息。②住宿信息、通信记录、健康生理信息、交易信息等可能影响公民人身、财产安全的信息,数量标准为五百条以上,此类信息也与人身、财产安全直接相关,但重要程度要弱于行踪轨迹信息、通信内容、征信信息、财产信息。对"其他可能影响人身、财产安全的公民个人信息"的把握,应当确保所适用的公民个人信息涉及人身、财产安全,且与"住宿信息、通信记录、健康生理信息、交易信息"在重要程度上具有相当性。③除上述两类信息以外的其他公民个人信息,数量标准为五千条以上。

(2)违法所得数额。对于违法所得,可直接以犯罪嫌疑人出售公民个人信息的收入予以认定,不必扣减其购买信息的犯罪成本。同时,在审查认定违法所得数额过程中,应当以查获的银行交易记录、第三方支付平台交易记录、聊天记录、犯罪嫌疑人供述、证人证言综合予以认定,对于犯罪嫌疑人无法说明合法来源的用于专门实施侵犯公民个人信息犯罪的银行账户或第三方支付平台账户内资金收入,可综合全案证据认定为违法所得。

(3)信息用途。公民个人信息被他人用于违法犯罪活动的,不要求他人的行为必须构成犯罪,只要行为人明知他人非法获取公民个人信息用于违法犯罪活动即可。

(4)主体身份。如果行为人系将在履行职责或者提供服务过程中获得的公民个人信息出售或者提供给他人的,涉案信息数量、违法所得数额只要达到一般主体的一半，即可认为"情节严重"。

（5）主观恶性。曾因侵犯公民个人信息受过刑事处罚或者二年内受过行政处罚，又非法获取、出售或者提供公民个人信息的，即可认为"情节严重"。

2. 关于"情节特别严重"的认定标准，根据《解释》，主要分为两类：一是信息数量、违法所得数额标准。二是信息用途引发的严重后果，其中造成人身伤亡、经济损失、恶劣社会影响等后果，需要审查认定侵犯公民个人信息的行为与严重后果间存在因果关系。

对于涉案公民个人信息数量的认定，根据《解释》第十一条，非法获取公民个人信息后又出售或者提供的，公民个人信息的条数不重复计算；向不同单位或者个人分别出售、提供同一公民个人信息的，公民个人信息的条数累计计算；对批量出售、提供公民个人信息的条数，根据查获的数量直接认定，但是有证据证明信息不真实或者重复的除外。在实践中，如犯罪嫌疑人多次获取同一条公民个人信息，一般认定为一条，不重复累计；但获取的该公民个人信息内容发生了变化的除外。

对于涉案公民个人信息的数量、社会危害性等因素的审查，应当结合刑法第二百五十三条和《解释》的规定进行综合审查。涉案公民个人信息数量极少，但造成被害人死亡等严重后果的，应审查犯罪嫌疑人行为与该后果之间的因果关系，符合条件的，可以认定为实施《解释》第五条第一款第十项"其他情节严重的情形"的行为，造成被害人死亡等严重后果，从而认定为"情节特别严重"。如涉案公民个人信息数量较多，但犯罪嫌疑人仅仅获取而未向他人出售或提供，则可以在认定相关犯罪事实的基础上，审查该行为是否符合《解释》第五条第一款第三、四、五、六、九项及第二款第三项的情形，符合条件的，可以分别认定为"情节严重""情节特别严重"。

此外，针对为合法经营活动而购买、收受公民个人信息的行为，在适用《解释》第六条的定罪量刑标准时须满足三个条件：一是为了合法经营活动，对此可以综合全案证据认定，但主要应当由犯罪嫌疑人一方提供相关证据；二是限于普通公民个人信息，即不包括可能影响人身、财产安全的敏感信息；三是信息没有再流出扩散，即行为方式限于购买、收受。如果将购买、收受的公民个人信息非法出售或者提供的，定罪量刑标准应当适用《解释》第五条的规定。

（五）对关联犯罪的审查认定

对于侵犯公民个人信息犯罪与电信网络诈骗犯罪相交织的案件，应严格按照《最高人民法院、最高人民检察院、公安部关于办理电信网络诈骗等刑事案件适用法律若干问题的意见》（法发〔2016〕32号）的规定进行审查认定，即通过认真审查非法获取、出售、提供公民个人信息的犯罪嫌疑人对电信网络诈骗犯罪的参与程度，结合能够证实其认知能力的学历文化、聊天记录、通话频率、获取固定报酬还是参与电信网络诈骗犯罪分成等证据，分析判断其是否属于诈骗共同犯罪、是否应该数罪并罚。

根据《解释》第八条的规定，设立用于实施出售、提供或者非法获取公民个人信息违法犯罪活动的网站、通讯群组，情节严重的，应当依照刑法第二百八十七条之一的规定，以非法利用信息网络罪定罪;同时构成侵犯公民个人信息罪的,应当认定为侵犯公民个人信息罪。

对于违反国家有关规定,采用技术手段非法侵入合法存储公民个人信息的单位数据库窃取公民个人信息的行为,也符合刑法第二百八十五条第二款非法获取计算机信息系统数据罪的客观特征,同时触犯侵犯公民个人信息罪和非法获取计算机信息系统数据罪的,应择一重罪论处。

此外,针对公安民警在履行职责过程中,违反国家有关规定,查询、提供公民个人信息的情形,应当认定为"违反国家有关规定,将在履行职责或者提供服务过程中以其他方法非法获取或提供公民个人信息"。但同时,应当审查犯罪嫌疑人除该行为之外有无其他行为侵害其他法益,从而对可能存在的其他犯罪予以准确认定。

三、社会危险性及羁押必要性审查

(一)审查逮捕

1. 犯罪动机:一是出售牟利;二是用于经营活动;三是用于违法犯罪活动。犯罪动机表明犯罪嫌疑人主观恶性,也能证明犯罪嫌疑人是否可能实施新的犯罪。

2. 犯罪情节。犯罪嫌疑人的行为直接反映其人身危险性。具有下列情节的侵犯公民个人信息犯罪,能够证实犯罪嫌疑人主观恶性和人身危险性较大,实施新的犯罪的可能性也较大,可以认为具有较大的社会危险性:一是犯罪持续时间较长、多次实施侵犯公民个人信息犯罪的;二是被侵犯的公民个人信息数量或违法所得巨大的;三是利用公民个人信息进行违法犯罪活动的;四是犯罪手段行为本身具有违法性或者破坏性,即犯罪手段恶劣的,如骗取、窃取公民个人信息,采取胁迫、植入木马程序侵入他人计算机系统等方式非法获取信息。

犯罪嫌疑人实施侵犯公民个人信息犯罪,不属于"情节特别严重",系初犯,全部退赃,并确有悔罪表现的,可以认定社会危险性较小,没有逮捕必要。

(二)审查起诉

在审查起诉阶段,要结合侦查阶段取得的事实证据,进一步引导侦查机关加大捕后侦查力度,及时审查新证据。在羁押期限届满前对全案进行综合审查,对于未达到逮捕证明标准的,撤销原逮捕决定。

经羁押必要性审查,发现犯罪嫌疑人具有下列情形之一的,应当向办案机关提出释放或者变更强制措施的建议:

1. 案件证据发生重大变化,没有证据证明有犯罪事实或者犯罪行为系犯罪嫌疑人、被告人所为的。

2. 案件事实或者情节发生变化,犯罪嫌疑人、被告人可能被判处拘役、管制、独立适用附加刑、免予刑事处罚或者判决无罪的。

3. 继续羁押犯罪嫌疑人、被告人,羁押期限将超过依法可能判处的刑期的。

4. 案件事实基本查清,证据已经收集固定,符合取保候审或者监视居住条件的。

经羁押必要性审查,发现犯罪嫌疑人、被告人具有下列情形之一,且具有悔罪表现,不予羁押不致发生社会危险性的,可以向办案机关提出释放或者变更强制措施的建议:

1. 预备犯或者中止犯;共同犯罪中的从犯或者胁从犯。

2. 主观恶性较小的初犯。

3. 系未成年人或者年满七十五周岁

的人。

4. 与被害方依法自愿达成和解协议,且已经履行或者提供担保的。

5. 患有严重疾病、生活不能自理的。

6. 系怀孕或者正在哺乳自己婴儿的妇女。

7. 系生活不能自理的人的唯一扶养人。

8. 可能被判处一年以下有期徒刑或者宣告缓刑的。

9. 其他不需要继续羁押犯罪嫌疑人、被告人的情形。

最高人民检察院《检察机关办理电信网络诈骗案件指引》

(2018年8月24日最高人民检察院第13届检察委员会第5次会议通过,自2018年11月9日起施行,高检发侦监字〔2018〕12号)

电信网络诈骗犯罪,是指以非法占有为目的,利用电话、短信、互联网等电信网络技术手段,虚构事实,设置骗局,实施远程、非接触式诈骗,骗取公私财物的犯罪行为。根据《中华人民共和国刑法》第二百六十六条、《最高人民法院、最高人民检察院关于办理诈骗刑事案件具体应用法律若干问题的解释》(法释〔2011〕7号)(以下简称《解释》)、《最高人民法院、最高人民检察院、公安部关于办理电信网络诈骗等刑事案件适用法律若干问题的意见》(法发〔2016〕32号)(以下简称《意见》),办理电信网络诈骗案件除了要把握普通诈骗案件的基本要求外,还要特别注意以下问题:一是电信网络诈骗犯罪的界定;二是犯罪形态的审查;三是诈骗数额及发送信息、拨打电话次数的认定;四是共同犯罪及主从犯责任的认定;五是关联犯罪事前通谋的审查;六是电子数据的审查;七是境外证据的审查。

一、审查证据的基本要求

(一)审查逮捕

1. 有证据证明发生了电信网络诈骗犯罪事实

(1)证明电信网络诈骗案件发生

证据主要包括:报案登记、受案登记、受案笔录、立案决定书、破案经过、证人证言、被害人陈述、犯罪嫌疑人供述和辩解、被害人银行开户申请、开户明细单、银行转账凭证、银行账户交易记录、银行汇款单、网银转账记录、第三方支付结算交易记录、手机转账信息等证据。跨国电信网络诈骗还可能需要有国外有关部门出具的与案件有关的书面材料。

(2)证明电信网络诈骗行为的危害结果

①证明诈骗数额达到追诉标准的证据:证人证言、被害人陈述、犯罪嫌疑人供述和辩解、银行转账凭证、汇款凭证、转账信息、银行卡、银行账户交易记录、第三方支付结算交易记录以及其他与电信网络诈骗关联的账户交易记录、犯罪嫌疑人提成记录、诈骗账目记录等证据以及其它有关证据。

②证明发送信息条数、拨打电话次数以及页面浏览量达到追诉标准的证据:QQ、微信、skype等即时通讯工具聊天记录、CDR电话清单、短信记录、电话录音、电子邮件、远程勘验笔录、电子数据鉴定意见、网页浏览次数统计、网页浏览次数鉴定意见、改号软件、语音软件的登录情

况及数据、拨打电话记录内部资料以及其他有关证据。

2. 有证据证明诈骗行为是犯罪嫌疑人实施的

（1）言词证据：证人证言、被害人陈述、犯罪嫌疑人供述和辩解等，注意审查犯罪嫌疑人供述的行为方式与被害人陈述的被骗方式、交付财物过程或者其他证据是否一致。对于团伙作案的，要重视对同案犯罪嫌疑人供述和辩解的审查，梳理各个同案犯罪嫌疑人的指证是否相互印证。

（2）有关资金链条的证据：银行转账凭证、交易流水、第三方支付交易记录以及其他关联账户交易记录、现场查扣的书证、与犯罪关联的银行卡及申请资料等，从中审查相关银行卡信息与被害人存款、转移赃款等账号有无关联，资金交付支配占有过程；犯罪嫌疑人的短信以及QQ、微信、skype等即时通讯工具聊天记录，审查与犯罪有关的信息，是否出现过与本案资金流转有关的银行卡账号、资金流水等信息。要注意审查被害人转账、汇款账号、资金流向等是否有相应证据印证赃款由犯罪嫌疑人取得。对诈骗集团租用或交叉使用账户的，要结合相关言词证据及书证、物证、勘验笔录等分析认定。

（3）有关信息链条的证据：侦查机关远程勘验笔录，远程提取证据笔录，CDR电话清单、查获的手机IMEI串号、语音网关设备、路由设备、交换设备、手持终端等。要注意审查诈骗窝点物理IP地址是否与所使用电话CDR数据清单中记录的主叫IP地址或IP地址所使用的线路（包括此线路的账号、用户名称、对接服务器、语音网关、手持终端等设备的IP配置）一致，电话CDR数据清单中是否存在被害人的相关信息资料，改号电话显示号码、呼叫时间、电话、IP地址是否与被害人陈述及其它在案证据印证。在电信网络诈骗窝点查获的手机IMEI串号以及其他电子作案工具，是否与被害人所接到的诈骗电话显示的信息来源一致。

（4）其他证据：跨境电信网络诈骗犯罪案件犯罪嫌疑人出入境记录、户籍证明材料、在境外使用的网络设备及虚拟网络身份的网络信息，证明犯罪嫌疑人出入境情况及身份情况。诈骗窝点的纸质和电子账目报表，审查时间、金额等细节是否与被害人陈述相互印证。犯罪过程中记载被害人身份、诈骗数额、时间等信息的流转单，审查相关信息是否与被害人陈述、银行转账记录等相互印证。犯罪嫌疑人之间的聊天记录、诈骗脚本、内部分工、培训资料、监控视频等证据，审查犯罪的具体手法、过程。购买作案工具和资源（手机卡、银行卡、POS机、服务器、木马病毒、改号软件、公民个人信息等）的资金流水、电子数据等证据。

3. 有证据证明犯罪嫌疑人具有诈骗的主观故意

（1）证明犯罪嫌疑人主观故意的证据：犯罪嫌疑人的供述和辩解、证人证言、同案犯指证；诈骗脚本、诈骗信息内容、工作日记、分工手册、犯罪嫌疑人的具体职责、地位、参与实施诈骗行为的时间等；赃款的账册、分赃的记录、诈骗账目记录、提成记录、工作环境、工作形式等；短信、QQ、微信、skype等即时通讯工具聊天记录等，审查其中是否出现有关诈骗的内容以及诈骗专用的黑话、暗语等。

（2）证明提供帮助者的主观故意的证据：提供帮助犯罪嫌疑人供述和辩解、电信网络诈骗犯罪嫌疑人的指证、证人证言;双方短信以及QQ、微信、skype等即时通讯工具聊天记录等信息材料;犯罪嫌疑人的履历、前科记录、行政处罚记录、双方资金往来的凭证、犯罪嫌疑人提供帮助、协助的收益数额、取款时的监控视频、收入记录、处罚判决情况等。

(二)审查起诉

除审查逮捕阶段证据审查基本要求之外,对电信网络诈骗案件的审查起诉工作还应坚持"犯罪事实清楚,证据确实、充分"的标准,保证定罪量刑的事实都有证据证明;据以定案的证据均经法定程序查证属实;综合全案证据,对所认定的事实均已排除合理怀疑。

1. 有确实充分的证据证明发生了电信网络诈骗犯罪事实

(1)证明电信网络诈骗事实发生。除审查逮捕要求的证据类型之外,跨国电信网络诈骗还需要有出入境记录、飞机铁路等交通工具出行记录,必要时需国外有关部门出具的与案件有关的书面证据材料,包括原件、翻译件、使领馆认证文件等。

(2)证明电信网络诈骗行为的危害结果

①证明诈骗数额达到追诉标准的证据:能查清诈骗事实的相关证人证言、被害人陈述、犯罪嫌疑人供述和辩解、银行账户交易明细、交易凭证、第三方支付结算交易记录以及其他与电信网络诈骗关联的账户交易记录、犯罪嫌疑人的诈骗账目记录以及其它有关证据。

需要特别注意"犯罪数额接近提档"的情形。当诈骗数额接近"数额巨大""数额特别巨大"的标准(一般掌握在80%以上,即达到2.4万元、40万元),根据《解释》和《意见》的规定,具有《意见》第二条第二款"酌情从重处罚"十种情形之一的,应当分别认定为刑法第二百六十六条规定的"其他严重情节""其他特别严重情节",提高一档量刑。

②证明发送信息条数、拨打电话次数以及页面浏览量达到追诉标准的证据类型与审查逮捕的证据类型相同。

2. 有确实充分的证据证明诈骗行为是犯罪嫌疑人实施的

(1)有关资金链条的证据。重点审查被害人的银行交易记录和犯罪嫌疑人持有的银行卡及账号的交易记录,用于查明被害人遭受的财产损失及犯罪嫌疑人诈骗的犯罪数额;重点审查犯罪嫌疑人的短信,以及QQ、微信、skype等即时通讯工具聊天记录,用于查明是否出现涉案银行卡账号、资金流转等犯罪信息,赃款是否由犯罪嫌疑人取得。此外,对诈骗团伙或犯罪集团租用或交叉使用多层级账户洗钱的,要结合资金存取流转的书证、监控录像、辨认笔录、证人证言、被害人陈述、犯罪嫌疑人供述和辩解等证据分析认定。

(2)有关人员链条的证据。电信网络诈骗多为共同犯罪,在审查刑事责任年龄、刑事责任能力方面的证据基础上,应重点审查犯罪嫌疑人供述和辩解、手机通信记录等,通过自供和互证,以及与其他证据之间的相互印证,查明各自的分工和作用,以区分主、从犯。对于分工明确、有明显主要分子、较为固定的组织结构的三人以上固定的犯罪组织,应当认定为犯罪集团。

言词证据及有关信息链条的证据与审查逮捕的证据类型相同。

3. 有确实充分的证据证明犯罪嫌疑人具有诈骗的主观故意

证明犯罪嫌疑人及提供帮助者主观

故意的证据类型同审查逮捕证据类型相同。需要注意的是,由于犯罪嫌疑人各自分工不同,其供述和辩解也呈现不同的证明力。一般而言,专门行骗人对于单起事实的细节记忆相对粗略,只能供述诈骗的手段和方式;专业取款人对于取款的具体细目记忆也粗略,只能供述大概经过和情况,重点审查犯罪手段的同类性、共同犯罪人之间的关系及各自分工和作用。

二、需要特别注意的问题

在电信网络诈骗案件审查逮捕、审查起诉中,要根据相关法律、司法解释等规定,结合在案证据,重点注意以下问题:

(一)电信网络诈骗犯罪的界定

1. 此罪彼罪

在一些案件中,尤其是利用网络钓鱼、木马链接实施犯罪的案件中,既存在虚构事实、隐瞒真相的诈骗行为,又可能存在秘密窃取的行为,关键要审查犯罪嫌疑人取得财物是否基于被害人对财物的主动处分意识。如果行为人通过秘密窃取的行为获取他人财物,则应认定构成盗窃罪;如果窃取或者骗取的是他人信用卡资料,并通过互联网、通讯终端等使用的,根据《最高人民法院、最高人民检察院关于办理妨害信用卡管理刑事案件具体应用法律若干问题的解释》(法释〔2009〕19号),则可能构成信用卡诈骗罪;如果通过电信网络技术向不特定多数人发送诈骗信息后又转入接触式诈骗,或者为实现诈骗目的,线上线下并行同时进行接触式和非接触式诈骗,应当按照诈骗取财行为的本质定性,虽然使用电信网络技术但被害人基于接触被骗的,应当认定普通诈骗;如果出现电信网络诈骗和合同诈骗、保险诈骗等特殊诈骗罪名的竞合,应依据刑法有关规定定罪量刑。

2. 追诉标准低于普通诈骗犯罪且无地域差别

追诉标准直接决定了法律适用问题甚至罪与非罪的认定。《意见》规定,利用电信网络技术手段实施诈骗,诈骗公私财物价值三千元以上的,认定为刑法第二百六十六条规定的"数额较大"。而《解释》规定,诈骗公私财物价值三千元至一万元以上的,认定为刑法第二百六十六条规定的"数额较大"。因此,电信网络诈骗的追诉标准要低于普通诈骗的追诉标准,且全国统一无地域差别,即犯罪数额达到三千元以上、三万元以上、五十万元以上的,应当分别认定为刑法第二百六十六条规定的"数额较大""数额巨大""数额特别巨大"。

(二)犯罪形态的审查

1. 可以查证诈骗数额的未遂

电信网络诈骗应以被害人失去对被骗钱款的实际控制为既遂认定标准。一般情形下,诈骗款项转出后即时到账构成既遂。但随着银行自助设备、第三方支付平台陆续推出"延时到账""撤销转账"等功能,被害人通过自助设备、第三方支付平台向犯罪嫌疑人指定账户转账,可在规定时间内撤销转账,资金并未实时转出。此种情形下被害人并未对被骗款项完全失去控制,而犯罪嫌疑人亦未取得实际控制,应当认定为未遂。

2. 无法查证诈骗数额的未遂

根据《意见》规定,对于诈骗数额难以查证的,犯罪嫌疑人发送诈骗信息五千条以上,或者拨打诈骗电话五百人次以上,或者在互联网上发布诈骗信息的页面浏览量累计五千次以上,可以认定为诈骗罪中"其他严重情节",以诈骗罪(未遂)定罪处罚。具有上述情形,数量达到相应标准十倍以上的,应当认定为刑法第二百六十六条规定的"其他特别严重情节",以诈骗罪(未遂)定罪处罚。

(三)诈骗数额及发送信息、拨打电话次数的认定

1. 诈骗数额的认定

(1)根据犯罪集团诈骗账目登记表、犯罪嫌疑人提成表等书证,结合证人证言、犯罪嫌疑人供述和辩解等言词证据,认定犯罪嫌疑人的诈骗数额。

(2)根据经查证属实的银行账户交易记录、第三方支付结算账户交易记录、通话记录、电子数据等证据,结合已收集的被害人陈述,认定被害人人数及诈骗资金数额。

(3)对于确因客观原因无法查实全部被害人,尽管有证据证明该账户系用于电信网络诈骗犯罪,且犯罪嫌疑人无法说明款项合法来源的,也不能简单将账户内的款项全部推定为"犯罪数额"。要根据在案其他证据,认定犯罪集团是否有其他收入来源,"违法所得"有无其他可能性。如果证据足以证实"违法所得"的排他性,则可以将"违法所得"均认定为犯罪数额。

(4)犯罪嫌疑人为实施犯罪购买作案工具、伪装道具、租用场地、交通工具甚至雇佣他人等诈骗成本不能从诈骗数额中扣除。对通过向被害人交付一定货币,进而骗取其信任并实施诈骗的,由于货币具有流通性和经济价值,该部分货币可以从诈骗数额中扣除。

2. 发送信息、拨打电话次数的认定

(1)拨打电话包括拨出诈骗电话和接听被害人回拨电话。反复拨打、接听同一电话号码,以及反复向同一被害人发送诈骗信息的,拨打、接听电话次数、发送信息条数累计计算。

(2)被害人是否接听、接收到诈骗电话、信息不影响次数、条数计算。

(3)通过语音包发送的诈骗录音或通过网络等工具辅助拨出的电话,应当认定为拨打电话。

(4)发送信息条数、拨打电话次数的证据难以收集的,可以根据经查证属实的日发送信息条数、日拨打人次数,结合犯罪嫌疑人实施犯罪的时间、犯罪嫌疑人的供述等相关证据予以认定。

(5)发送信息条数和拨打电话次数在法律及司法解释未明确的情况下不宜换算累加。

(四)共同犯罪及主从犯责任的认定

1. 对于三人以上为实施电信网络诈骗而组成的较为固定的犯罪组织,应当依法认定为犯罪集团。对于犯罪集团的首要分子,按照集团所犯全部犯罪处罚,并且对犯罪集团中组织、指挥、策划者和骨干分子依法从严惩处。

2. 对于其余主犯,按照其所参与或者组织、指挥的全部犯罪处罚。多人共同实施电信网络诈骗,犯罪嫌疑人、被告人应对其参与期间该诈骗团伙实施的全部诈骗行为承担责任。

3. 对于部分被招募发送信息、拨打电话的犯罪嫌疑人,应当对其参与期间整个诈骗团伙的诈骗行为承担刑事责任,但可以考虑参与时间较短、诈骗数额较低、发送信息、拨打电话较少,认定为从犯,从宽处理。

4. 对于专门取款人,由于其可在短时间内将被骗款项异地转移,对诈骗既遂起到了至关重要的作用,也大大增加了侦查和追赃难度,因此应按其在共同犯罪中的具体作用进行认定,不宜一律认定为从犯。

（五）关联犯罪事前通谋的审查

根据《意见》规定，明知是电信网络诈骗犯罪所得及其产生的收益，通过使用销售点终端机具（POS 机）刷卡套现等非法途径，协助转换或者转移财物等五种方式转账、套现、取现的，需要与直接实施电信网络诈骗犯罪嫌疑人事前通谋的才以共同犯罪论处。因此，应当重点审查帮助转换或者转移财物行为人是否在诈骗罪既遂之前与实施诈骗犯罪嫌疑人共谋或者虽无共谋但明知他人实施犯罪而提供帮助。对于帮助者明知的内容和程度，并不要求其明知被帮助者实施诈骗行为的具体细节，其只要认识到对方实施诈骗犯罪行为即可。审查时，要根据犯罪嫌疑人的认知能力、既往经历、行为次数和手段、与他人关系、获利情况、是否曾因电信网络诈骗受过处罚以及是否故意规避调查等主观因素分析认定。

（六）电子数据的审查

1. 电子数据真实性的审查

（1）是否移送原始存储介质；在原始存储介质无法封存、不便移动时，有无说明原因，并注明收集、提取过程及原始存储介质的存放地点或者电子数据的来源等情况。

（2）电子数据是否具有数字签名、数字证书等特殊标识。

（3）电子数据的收集、提取过程是否可以重现。

（4）电子数据如有增加、删除、修改等情形的，是否附有说明。

（5）电子数据的完整性是否可以保证。

2. 电子数据合法性的审查

（1）收集、提取电子数据是否由二名以上侦查人员进行，取证方法是否符合相关技术标准。

（2）收集、提取电子数据，是否附有笔录、清单，并经侦查人员、电子数据持有人（提供人）、见证人签名或者盖章；没有持有人（提供人）签名或者盖章的，是否注明原因；对电子数据的类别、文件格式等是否注明清楚。

（3）是否依照有关规定由符合条件的人员担任见证人，是否对相关活动进行录像。

（4）电子数据检查是否将电子数据存储介质通过写保护设备接入到检查设备；有条件的，是否制作电子数据备份，并对备份进行检查；无法制作备份且无法使用写保护设备的，是否附有录像。

（5）通过技术侦查措施，利用远程计算机信息系统进行网络远程勘验收集到电子数据，作为证据使用的，是否随案移送批准采取技术侦查措施的法律文书和所收集的证据材料，是否对其来源等作出书面说明。

（6）对电子数据作出鉴定意见的鉴定机构是否具有司法鉴定资质。

3. 电子数据的采信

（1）经过公安机关补正或者作出合理解释可以采信的电子数据：未以封存状态移送的；笔录或者清单上没有侦查人员、电子数据持有人（提供人）、见证人签名或者盖章的；对电子数据的名称、类别、格式等注明不清的；有其他瑕疵的。

（2）不能采信的电子数据：电子数据系篡改、伪造或者无法确定真伪的；电子数据有增加、删除、修改等情形，影响电子数据真实性的；其他无法保证电子数据真实性的情形。

（七）境外证据的审查

1. 证据来源合法性的审查

境外证据的来源包括：外交文件（国

际条约、互助协议);司法协助(刑事司法协助、平等互助原则);警务合作(国际警务合作机制、国际刑警组织)。

由于上述来源方式均需要有法定的程序和条件,对境外证据的审查要注意:证据来源是否是通过上述途径收集,审查报批、审批手续是否完备,程序是否合法;证据材料移交过程是否合法,手续是否齐全,确保境外证据的来源合法性。

2. 证据转换的规范性审查

对于不符合我国证据种类和收集程序要求的境外证据,侦查机关要重新进行转换和固定,才能作为证据使用。注重审查:

(1)境外交接证据过程的连续性,是否有交接文书,交接文书是否包含接收证据。

(2)接收移交、开箱、登记时是否全程录像,确保交接过程的真实性,交接物品的完整性。

(3)境外证据按照我国证据收集程序重新进行固定的,依据相关规定进行,注意证据转换过程的连续性和真实性的审查。

(4)公安机关是否对境外证据来源、提取人、提取时间或者提供人、提供时间以及保管移交的过程等作出说明,有无对电子数据完整性等专门性问题的鉴定意见等。

(5)无法确认证据来源、证据真实性、收集程序违法无法补正等境外证据应予排除。

3. 其他来源的境外证据的审查

通过其他渠道收集的境外证据材料,作为证据使用的,应注重对其来源、提供人、提供时间以及提取人、提取时间进行审查。能够证明案件事实且符合刑事诉讼法规定的,可以作为证据使用。

三、社会危险性及羁押必要性审查

(一)审查逮捕

符合下列情形之一的,可以结合案件具体情况考虑认定犯罪嫌疑人具有社会危险性,有羁押必要:

1.《最高人民检察院、公安部关于逮捕社会危险性条件若干问题的规定(试行)》(高检会〔2015〕9号)规定的具有社会危险性情节的。

2. 犯罪嫌疑人是诈骗团伙的首要分子或者主犯。对于首要分子,要重点审查其在电信网络诈骗集团中是否起到组织、策划、指挥作用。对于其他主犯,要重点审查其是否是犯意的发起者、犯罪的组织者、策划者、指挥者、主要责任者,是否参与了犯罪的全过程或关键环节以及在犯罪中所起的作用:诈骗团伙的具体管理者、组织者、招募者、电脑操盘人员、对诈骗成员进行培训的人员以及制作、提供诈骗方案、术语清单、语音包、信息的人员可以认定为主犯;取款组、供卡组、公民个人信息提供组等负责人,对维持诈骗团伙运转起着重要作用的,可以认定为主犯;对于其他实行犯是否属于主犯,主要通过其参加时段实施共同犯罪活动的程度、具体罪行的大小、对造成危害后果的作用等来认定。

3. 有证据证明犯罪嫌疑人实施诈骗行为,犯罪嫌疑人拒不供认或者作虚假供述的。

4. 有证据显示犯罪嫌疑人参与诈骗且既遂数额巨大、被害人众多,诈骗数额等需进一步核实的。

5. 有证据证明犯罪嫌疑人参与诈骗的时间长,应当明知诈骗团伙其他同案犯犯罪事实的,但犯罪嫌疑人拒绝指证或虚假指证的。

6. 其他具有社会危险性或羁押必要的情形。

在犯罪嫌疑人罪行较轻的前提下,根据犯罪嫌疑人在犯罪团伙中的地位、作用、参与时间、工作内容、认罪态度、悔罪表现等情节,结合案件整体情况,依据主客观相一致原则综合判断犯罪嫌疑人的社会危险性或者羁押必要性。在犯罪嫌疑人真诚认罪悔罪,如实供述且供述稳定的情况下,有下列情形的可以考虑社会危险性较小:

1. 预备犯、中止犯。
2. 直接参与诈骗的数额未达巨大,有自首、立功表现的。
3. 直接参与诈骗的数额未达巨大,参与时间短的发送信息、拨打电话人员。
4. 涉案数额未达巨大,受雇负责饮食、住宿等辅助工作人员。
5. 直接参与诈骗的数额未达巨大,积极退赃的从犯。
6. 被胁迫参加电信网络诈骗团伙,没有造成严重影响和后果的。
7. 其他社会危险性较小的情形。

需要注意的是,对犯罪嫌疑人社会危险性的把握,要根据案件社会影响、造成危害后果、打击力度的需要等多方面综合判断和考虑。

(二)审查起诉

在审查起诉阶段,要结合侦查阶段取得的事实证据,进一步引导侦查机关加大捕后侦查力度,及时审查新证据。在羁押期限届满前对全案进行综合审查,对于未达到逮捕证明标准的,撤销原逮捕决定。

经羁押必要性审查,发现犯罪嫌疑人具有下列情形之一的,应当向办案机关提出释放或者变更强制措施的建议:

1. 案件证据发生重大变化,没有证据证明有犯罪事实或者犯罪行为系犯罪嫌疑人、被告人所为的。
2. 案件事实或者情节发生变化,犯罪嫌疑人、被告人可能被判处拘役、管制、独立适用附加刑、免予刑事处罚或者判决无罪的。
3. 继续羁押犯罪嫌疑人、被告人,羁押期限将超过依法可能判处的刑期的。
4. 案件事实基本查清,证据已经收集固定,符合取保候审或者监视居住条件的。

经羁押必要性审查,发现犯罪嫌疑人、被告人具有下列情形之一,且具有悔罪表现,不予羁押不致发生社会危险性的,可以向办案机关提出释放或者变更强制措施的建议:

1. 预备犯或者中止犯;共同犯罪中的从犯或者胁从犯。
2. 主观恶性较小的初犯。
3. 系未成年人或者年满七十五周岁的人。
4. 与被害方依法自愿达成和解协议,且已经履行或者提供担保的。
5. 患有严重疾病、生活不能自理的。
6. 系怀孕或者正在哺乳自己婴儿的妇女。
7. 系生活不能自理的人的唯一扶养人。
8. 可能被判处一年以下有期徒刑或者宣告缓刑的。
9. 其他不需要继续羁押犯罪嫌疑人、被告人的情形。

最高人民检察院、公安部《关于逮捕社会危险性条件若干问题的规定(试行)》

(2015年10月9日 高检会〔2015〕9号)

第一条 为了规范逮捕社会危险性条件证据收集、审查认定,依法准确适用逮捕措施,依照《中华人民共和国刑事诉讼法》、《人民检察院刑事诉讼规则(试行)》、《公安机关办理刑事案件程序规定》,制定本规定。

第二条 人民检察院办理审查逮捕案件,应当全面把握逮捕条件,对有证据证明有犯罪事实、可能判处徒刑以上刑罚的犯罪嫌疑人,除刑诉法第七十九条第二、三款规定的情形外,应当严格审查是否具备社会危险性条件。公安机关侦查刑事案件,应当收集、固定犯罪嫌疑人是否具有社会危险性的证据。

第三条 公安机关提请逮捕犯罪嫌疑人的,应当同时移送证明犯罪嫌疑人具有社会危险性的证据。对于证明犯罪事实的证据能够证明犯罪嫌疑人具有社会危险性的,应当在提请批准逮捕书中专门予以说明。对于证明犯罪事实的证据不能证明犯罪嫌疑人具有社会危险性的,应当收集、固定犯罪嫌疑人具备社会危险性条件的证据,并在提请逮捕时随卷移送。

第四条 人民检察院审查认定犯罪嫌疑人是否具有社会危险性,应当以公安机关移送的社会危险性相关证据为依据,并结合案件具体情况综合认定。必要时可以通过讯问犯罪嫌疑人、询问证人等诉讼参与人、听取辩护律师意见等方式,核实相关证据。依据在案证据不能认定犯罪嫌疑人符合逮捕社会危险性条件的,人民检察院可以要求公安机关补充相关证据,公安机关没有补充移送的,应当作出不批准逮捕的决定。

第五条 犯罪嫌疑人"可能实施新的犯罪",应当具有下列情形之一:

(一)案发前或者案发后正在策划、组织或者预备实施新的犯罪的;

(二)扬言实施新的犯罪的;

(三)多次作案、连续作案、流窜作案的;

(四)一年内曾因故意实施同类违法行为受到行政处罚的;

(五)以犯罪所得为主要生活来源的;

(六)有吸毒、赌博等恶习的;

(七)其他可能实施新的犯罪的情形。

第六条 犯罪嫌疑人"有危害国家安全、公共安全或者社会秩序的现实危险",应当具有下列情形之一:

(一)案发前或者案发后正在积极策划、组织或者预备实施危害国家安全、公共安全或者社会秩序的重大违法犯罪行为的;

(二)曾因危害国家安全、公共安全或者社会秩序受到刑事处罚或者行政处罚的;

(三)在危害国家安全、黑恶势力、恐怖活动、毒品犯罪中起组织、策划、指挥作用或者积极参加的;

(四)其他有危害国家安全、公共安全或者社会秩序的现实危险的情形。

第七条 犯罪嫌疑人"可能毁灭、伪造证据,干扰证人作证或者串供",应当具有下列情形之一:

(一)曾经或者企图毁灭、伪造、隐匿、转移证据的;

（二）曾经或者企图威逼、恐吓、利诱、收买证人，干扰证人作证的；

（三）有同案犯罪嫌疑人或者与其在事实上存在密切关联犯罪的犯罪嫌疑人在逃，重要证据尚未收集到位的；

（四）其他可能毁灭、伪造证据，干扰证人作证或者串供的情形。

第八条 犯罪嫌疑人"可能对被害人、举报人、控告人实施打击报复"，应当具有下列情形之一：

（一）扬言或者准备、策划对被害人、举报人、控告人实施打击报复的；

（二）曾经对被害人、举报人、控告人实施打击、要挟、迫害等行为的；

（三）采取其他方式滋扰被害人、举报人、控告人的正常生活、工作的；

（四）其他可能对被害人、举报人、控告人实施打击报复的情形。

第九条 犯罪嫌疑人"企图自杀或者逃跑"，应当具有下列情形之一：

（一）着手准备自杀、自残或者逃跑的；

（二）曾经自杀、自残或者逃跑的；

（三）有自杀、自残或者逃跑的意思表示的；

（四）曾经以暴力、威胁手段抗拒抓捕的；

（五）其他企图自杀或者逃跑的情形。

第十条 人民检察院对于以无社会危险性不批准逮捕的，应当向公安机关说明理由，必要时可以向被害人说明理由。对于社会关注的重大敏感案件或者可能引发群体性事件的，在作出不捕决定前应当进行风险评估并做好处置预案。

第十一条 本规定自下发之日起施行。

最高人民检察院《人民检察院办理羁押必要性审查案件规定（试行）》

（高检发执检字〔2016〕1号 自2016年1月22日起试行）

第一章 总 则

第一条 为了加强和规范羁押必要性审查工作，维护被逮捕的犯罪嫌疑人、被告人合法权益，保障刑事诉讼活动顺利进行，根据《中华人民共和国刑事诉讼法》《人民检察院刑事诉讼规则（试行）》等有关规定，结合检察工作实际，制定本规定。

第二条 羁押必要性审查，是指人民检察院依据《中华人民共和国刑事诉讼法》第九十三条规定，对被逮捕的犯罪嫌疑人、被告人有无继续羁押的必要性进行审查，对不需要继续羁押的，建议办案机关予以释放或者变更强制措施的监督活动。

第三条 羁押必要性审查案件由办案机关对应的同级人民检察院刑事执行检察部门统一办理，侦查监督、公诉、侦查、案件管理、检察技术等部门予以配合。

第四条 羁押必要性审查案件的受理、立案、结案、释放或者变更强制措施建议书等应当依照有关规定在检察机关统一业务应用系统登记、流转和办理，案件管理部门在案件立案后对办案期限、办案程序、办案质量等进行管理、监督、预警。

第五条 办理羁押必要性审查案件过程中，涉及国家秘密、商业秘密、个人隐私的，应当保密。

第六条 人民检察院进行羁押必要性审查,不得滥用建议权影响刑事诉讼依法进行。

第二章 立　　案

第七条 犯罪嫌疑人、被告人及其法定代理人、近亲属、辩护人申请进行羁押必要性审查的,应当说明不需要继续羁押的理由。有相关证明材料的,应当一并提供。

第八条 羁押必要性审查的申请由办案机关对应的同级人民检察院刑事执行检察部门统一受理。

办案机关对应的同级人民检察院控告检察、案件管理等部门收到羁押必要性审查申请后,应当在一个工作日以内移送本院刑事执行检察部门。

其他人民检察院收到羁押必要性审查申请的,应当告知申请人向办案机关对应的同级人民检察院提出申请,或者在两个工作日以内将申请材料移送办案机关对应的同级人民检察院,并告知申请人。

第九条 刑事执行检察部门收到申请材料后,应当进行初审,并在三个工作日以内提出是否立案审查的意见。

第十条 刑事执行检察部门应当通过检察机关统一业务应用系统等途径及时查询本院批准或者决定、变更、撤销逮捕措施的情况。

第十一条 刑事执行检察部门对本院批准逮捕和同级人民法院决定逮捕的犯罪嫌疑人、被告人,应当依职权对羁押必要性进行初审。

第十二条 经初审,对于犯罪嫌疑人、被告人可能具有本规定第十七条、第十八条情形之一的,检察官应当制作立案报告书,经检察长或者分管副检察长批准后予以立案。

对于无理由或者理由明显不成立的申请,或者经人民检察院审查后未提供新的证明材料或者没有新的理由而再次申请的,由检察官决定不予立案,并书面告知申请人。

第三章 审　　查

第十三条 人民检察院进行羁押必要性审查,可以采取以下方式:

(一)审查犯罪嫌疑人、被告人不需要继续羁押的理由和证明材料;

(二)听取犯罪嫌疑人、被告人及其法定代理人、辩护人的意见;

(三)听取被害人及其法定代理人、诉讼代理人的意见,了解是否达成和解协议;

(四)听取现阶段办案机关的意见;

(五)听取侦查监督部门或者公诉部门的意见;

(六)调查核实犯罪嫌疑人、被告人的身体状况;

(七)其他方式。

第十四条 人民检察院可以对羁押必要性审查案件进行公开审查。但是,涉及国家秘密、商业秘密、个人隐私的案件除外。

公开审查可以邀请与案件没有利害关系的人大代表、政协委员、人民监督员、特约检察员参加。

第十五条 人民检察院应当根据犯罪嫌疑人、被告人涉嫌犯罪事实、主观恶性、悔罪表现、身体状况、案件进展情况、可能判处的刑罚和有无再危害社会的危险等因素,综合评估有无必要继续羁押犯罪嫌疑人、被告人。

第十六条 评估犯罪嫌疑人、被告人有无继续羁押必要性可以采取量化方式、设置加分项目、减分项目、否决项目等具体标准。犯罪嫌疑人、被告人的得分情况可以作为综合评估的参考。

第十七条　经羁押必要性审查，发现犯罪嫌疑人、被告人具有下列情形之一的，应当向办案机关提出释放或者变更强制措施的建议：

（一）案件证据发生重大变化，没有证据证明有犯罪事实或者犯罪行为系犯罪嫌疑人、被告人所为的；

（二）案件事实或者情节发生变化，犯罪嫌疑人、被告人可能被判处拘役、管制、独立适用附加刑、免予刑事处罚或者判决无罪的；

（三）继续羁押犯罪嫌疑人、被告人，羁押期限将超过依法可能判处的刑期的；

（四）案件事实基本查清，证据已经收集固定，符合取保候审或者监视居住条件的。

第十八条　经羁押必要性审查，发现犯罪嫌疑人、被告人具有下列情形之一，且具有悔罪表现，不予羁押不致发生社会危险性的，可以向办案机关提出释放或者变更强制措施的建议：

（一）预备犯或者中止犯；

（二）共同犯罪中的从犯或者胁从犯；

（三）过失犯罪的；

（四）防卫过当或者避险过当的；

（五）主观恶性较小的初犯；

（六）系未成年人或者年满七十五周岁的人；

（七）与被害方依法自愿达成和解协议，且已经履行或者提供担保的；

（八）患有严重疾病、生活不能自理的；

（九）系怀孕或者正在哺乳自己婴儿的妇女；

（十）系生活不能自理的人的唯一扶养人；

（十一）可能被判处一年以下有期徒刑或者宣告缓刑的；

（十二）其他不需要继续羁押犯罪嫌疑人、被告人的情形。

第十九条　办理羁押必要性审查案件应当制作羁押必要性审查报告，报告中应当写明：犯罪嫌疑人或者被告人基本情况、原案简要情况和诉讼阶段、立案审查理由和证据、办理情况、审查意见等。

第四章　结　案

第二十条　办理羁押必要性审查案件，应当在立案后十个工作日以内决定是否提出释放或者变更强制措施的建议。案件复杂的，可以延长五个工作日。

第二十一条　经审查认为无继续羁押必要的，检察官应当报经检察长或者分管副检察长批准，以本院名义向办案机关发出释放或者变更强制措施建议书，并要求办案机关在十日以内回复处理情况。

释放或者变更强制措施建议书应当说明不需要继续羁押犯罪嫌疑人、被告人的理由和法律依据。

第二十二条　人民检察院应当跟踪办案机关对释放或者变更强制措施建议的处理情况。

办案机关未在十日以内回复处理情况的，可以报经检察长或者分管副检察长批准，以本院名义向其发出纠正违法通知书，要求其及时回复。

第二十三条　经审查认为有继续羁押必要的，由检察官决定结案，并通知办案机关。

第二十四条　对于依申请立案审查

的案件,人民检察院办结后,应当将提出建议和办案机关处理情况,或者有继续羁押必要的审查意见和理由及时书面告知申请人。

第二十五条 刑事执行检察部门应当通过检察机关统一业务应用系统等途径将审查情况、提出建议和办案机关处理情况及时通知本院侦查监督、公诉、侦查等部门。

第五章 附 则

第二十六条 对于检察机关正在侦查或者审查起诉的案件,刑事执行检察部门进行羁押必要性审查的,参照本规定办理。

第二十七条 人民检察院依看守所建议进行羁押必要性审查的,参照依申请进行羁押必要性审查的程序办理。

第二十八条 检察人员办理羁押必要性审查案件应当纳入检察机关司法办案监督体系,有受贿、玩忽职守、滥用职权、徇私枉法、泄露国家秘密等违纪违法行为的,依纪依法严肃处理;构成犯罪的,依法追究刑事责任。

第二十九条 本规定自发布之日起试行。

最高人民检察院刑事执行检察厅《关于贯彻执行〈人民检察院办理羁押必要性审查案件规定(试行)〉的指导意见》

(2016年7月11日)

第一章 总 则

第一条 为了加强、规范和促进羁押必要性审查工作,根据《人民检察院办理羁押必要性审查案件规定(试行)》,制定本指导意见。

第二条 羁押必要性审查,是指人民检察院依据《中华人民共和国刑事诉讼法》第九十三条规定,对被逮捕的犯罪嫌疑人、被告人有无继续羁押的必要性进行审查,对不需要继续羁押的,建议办案机关予以释放或者变更强制措施的监督活动。

人民法院、人民检察院和公安机关依据《中华人民共和国刑事诉讼法》第九十四条规定,对犯罪嫌疑人、被告人撤销或者变更逮捕强制措施的,以及犯罪嫌疑人、被告人及其法定代理人、近亲属或者辩护人依据《中华人民共和国刑事诉讼法》第九十五条规定,申请变更逮捕强制措施的,不属于羁押必要性审查。

第三条 羁押必要性审查案件由办案机关对应的同级人民检察院刑事执行检察部门统一办理。没有设立刑事执行检察部门的,由负责刑事执行检察工作的专职人员办理。侦查监督、公诉、侦查、案件管理、检察技术等部门予以配合。

异地羁押的,羁押地派驻看守所检察室应当提供必要的配合。

必要时,上级人民检察院刑事执行检察部门可以将本部门办理的羁押必要性审查案件指定下级人民检察院刑事执行检察部门办理,经审查,需要向办案机关提出释放或者变更强制措施建议的,应当按照对等监督原则,由上级人民检察院刑事执行检察部门向办案机关发出建议书。

第四条 犯罪嫌疑人、被告人及其法定代理人、近亲属、辩护人依据《中华人民共和国刑事诉讼法》第九十五条规定,向人民检察院刑事执行检察部门申请变更强制措施,或者援引该规定但申请事项表述为羁押必要性审查的,人民检察院刑事执行检察部门应当向其说明情况,并在其修改申请材料后依法受理。

第五条 羁押必要性审查案件的受理、立案、审查、结案、提出释放或者变更强制措施建议等应当依照有关规定在检察机关统一业务应用系统登记、流转、办理和审批,案件管理部门在案件立案后对办案期限、办案程序、办案质量等进行管理、监督、预警。

第六条 办理羁押必要性审查案件过程中,涉及国家秘密、商业秘密、个人隐私的,应当保密。

办案过程中所获悉的原案侦查进展、取证情况、证据内容,应当保密。

第七条 人民检察院刑事执行检察部门进行羁押必要性审查,不得滥用建议权影响刑事诉讼依法进行。

第二章 立 案

第八条 犯罪嫌疑人、被告人被逮捕后,羁押地的派驻看守所检察室应当在五个工作日以内进行羁押必要性审查权利告知。

没有设立派驻看守所检察室的,由巡回检察人员或派驻专职检察人员进行权利告知。

第九条 犯罪嫌疑人、被告人及其法定代理人、近亲属、辩护人申请进行羁押必要性审查的,应当说明不需要继续羁押的理由。有相关证明材料的,应当一并提供。

第十条 羁押必要性审查的申请由办案机关对应的同级人民检察院刑事执行检察部门统一受理。

办案机关对应的同级人民检察院控告检察、案件管理等部门收到羁押必要性审查申请后,应当在一个工作日以内移送本院刑事执行检察部门。

其他人民检察院收到羁押必要性审查申请的,应当告知申请人向办案机关对应的同级人民检察院提出申请,或者在两个工作日以内将申请材料移送办案机关对应的同级人民检察院,并告知申请人。

异地羁押的,羁押地派驻看守所检察室收到羁押必要性审查申请后,应当告知申请人向办案机关对应的同级人民检察院刑事执行检察部门提出申请,或者在两个工作日以内将申请材料移送办案机关对应的同级人民检察院刑事执行检察部门,并告知申请人。

第十一条 刑事执行检察部门收到申请材料后,应当进行初审,并在三个工作日以内提出是否立案审查的意见。

第十二条 刑事执行检察部门应当通过检察机关统一业务应用系统等途径及时查询本院批准或者决定、变更、撤销逮捕措施的情况。

第十三条 刑事执行检察部门对本院批准逮捕和同级人民法院决定逮捕的犯罪嫌疑人、被告人,应当依职权对羁押必要性进行初审。

第十四条 报请上一级人民检察院审查决定逮捕的案件,由该上一级人民检察院刑事执行检察部门依职权对羁押必要性进行初审,经初审认为可能需要立案的,应当交由办案机关对应的同级人民检察院刑事执行检察部门立案审查。

第十五条 犯罪嫌疑人、被告人具有下列情形之一的,经初审后一般不予立案,但是犯罪嫌疑人、被告人患有严重疾病或者具有其他特殊法定情形不适宜继续羁押的除外:

（一）涉嫌危害国家安全犯罪、恐怖活动犯罪、黑社会性质的组织犯罪、重大毒品犯罪或者其他严重危害社会的犯罪的；

（二）涉嫌故意杀人、故意伤害致人重伤或死亡、强奸、抢劫、绑架、贩卖毒品、放火、爆炸、投放危险物质等严重破坏社会秩序犯罪或者有组织的暴力性犯罪的；

（三）涉嫌重大贪污、贿赂犯罪，或者利用职权实施的严重侵犯公民人身权利的犯罪的；

（四）系累犯或曾因危害国家安全犯罪、恐怖活动犯罪、黑社会性质的组织犯罪、重大毒品犯罪或者其他严重危害社会的犯罪被判处刑罚的；

（五）可能判处十年有期徒刑以上刑罚的；

（六）案件事实尚未查清，证据尚未固定或者犯罪嫌疑人、被告人有其他犯罪事实尚未查清，需要进一步查证属实的；

（七）同案犯罪嫌疑人、被告人不在案，有串供可能的；

（八）比较复杂的共同犯罪案件，有串供可能的；

（九）系被通缉到案或者因违反取保候审、监视居住规定而被逮捕的；

（十）侦查监督部门作出批准逮捕或者批准延长侦查羁押期限决定不满一个月的；

（十一）其他不宜立案进行羁押必要性审查的情形。

第十六条　经初审，对于犯罪嫌疑人、被告人可能具有本指导意见第二十六条、第二十七条情形之一的，检察官应当制作立案报告书，经检察长或者分管副检察长批准后予以立案。

对于无理由或者理由明显不成立的申请，或者经人民检察院审查决定不予立案后，未提供新的证明材料或者没有新的理由而再次申请的，由检察官决定不予立案，并书面告知申请人。

第十七条　刑事执行检察部门依申请对羁押必要性审查案件进行初审，受理案件后应当录入检察机关统一业务应用系统，进行登记、流转、办理和审批；依职权进行初审，决定不予立案的，可以不录入检察机关统一业务应用系统。

第十八条　办理羁押必要性审查案件过程中，办案机关发生变化的，应当将羁押必要性审查案件移送给变化后的办案机关对应的同级人民检察院刑事执行检察部门办理。所对应的同级人民检察院刑事执行检察部门仍为本部门的，不需要重新立案。办案期限从变化后的办案机关受理案件之日起重新计算。

第三章　审　　查

第十九条　人民检察院刑事执行检察部门进行羁押必要性审查，可以采取以下方式：

（一）审查犯罪嫌疑人、被告人不需要继续羁押的理由和证明材料；

（二）听取犯罪嫌疑人、被告人及其法定代理人、近亲属、辩护人的意见；

（三）听取被害人及其法定代理人、诉讼代理人、近亲属或者其他有关人员的意见，了解是否达成和解协议；

（四）听取现阶段办案机关的意见；

（五）听取侦查监督部门或者公诉部门的意见；

（六）调查核实犯罪嫌疑人、被告人的身体健康状况；

（七）向看守所调取有关犯罪嫌疑人、被告人羁押期间表现的材料；

（八）查阅、复制原案卷宗中有关证据材料；

（九）其他方式。

第二十条 人民检察院刑事执行检察部门办理羁押必要性审查案件，应当审查以下内容：

（一）犯罪嫌疑人、被告人的基本情况，原案涉嫌的罪名、犯罪的性质、情节，可能判处的刑罚；

（二）原案所处的诉讼阶段，侦查取证的进展情况，犯罪事实是否基本查清，证据是否收集固定，犯罪嫌疑人是否认罪，供述是否稳定；

（三）犯罪嫌疑人、被告人的羁押期限是否符合法律规定，是否有相应的审批手续，羁押期限是否即将届满，是否属于羁押超过五年的久押不决案件或者羁押期限已满四年的久押不决预警案件；

（四）犯罪嫌疑人、被告人是否存在可能作不起诉处理、被判处管制、拘役、独立适用附加刑、免予刑事处罚、判决无罪或者宣告缓刑的情形；

（五）犯罪嫌疑人、被告人是否有认罪、悔罪、坦白、自首、立功、积极退赃、与被害人达成和解协议并履行赔偿义务等从宽处理情节；

（六）犯罪嫌疑人、被告人是否有前科、累犯等从严处理情节；

（七）共同犯罪的，是否有不在案的共犯，是否存在串供可能；

（八）犯罪嫌疑人、被告人的身体健康状况；

（九）犯罪嫌疑人、被告人在本地有无固定住所、工作单位，是否具备取保候审、监视居住的条件；

（十）犯罪嫌疑人、被告人的到案方式，是否被通缉到案，或者是否因违反取保候审、监视居住规定而被逮捕；

（十一）其他内容。

第二十一条 人民检察院刑事执行检察部门应当根据犯罪嫌疑人、被告人涉嫌犯罪事实、主观恶性、悔罪表现、身体状况、案件进展情况、可能判处的刑罚和有无再危害社会的危险等因素，综合评估有无必要继续羁押犯罪嫌疑人、被告人。

第二十二条 评估犯罪嫌疑人、被告人有无继续羁押必要性可以采取量化方式，设置加分项目、减分项目、否决项目等具体标准。犯罪嫌疑人、被告人的得分情况可以作为综合评估的参考。

第二十三条 加分项目可以包括：

（一）具有《人民检察院刑事诉讼规则（试行）》第六百一十九条规定的情形的；

（二）具有本指导意见第二十六条、第二十七条规定的情形的；

（三）积极退赃、退赔的；

（四）被害人有过错的；

（五）系在校学生犯罪的；

（六）在本市有固定住所、工作单位的；

（七）能够提供适格保证人或者缴纳足额保证金的；

（八）具备监视居住条件的；

（九）其他应当加分的情形。

第二十四条 减分项目可以包括：

（一）犯罪嫌疑人、被告人不认罪或者供述不稳定，反复翻供的；

（二）矛盾尚未化解的；

（三）犯罪嫌疑人、被告人在本市没有固定住所、固定工作，无力维持正常生活的；

（四）办案机关明确反对变更强制措施，认为有继续羁押的必要且具有合法、合理的理由的；

（五）犯罪嫌疑人、被告人所在单位、

所居住社区明确反对变更强制措施,认为有继续羁押的必要且具有合法、合理的理由的;

(六)其他应当减分的情形。

第二十五条 否决项目可以包括:

(一)具有《中华人民共和国刑事诉讼法》第七十九条规定的情形的;

(二)具有本指导意见第十五条规定的情形的;

(三)具有重大社会影响,不宜进行羁押必要性审查的;

(四)提供的申请材料故意造假的;

(五)其他应当否决的情形。

第二十六条 经羁押必要性审查,发现犯罪嫌疑人、被告人具有下列情形之一的,应当向办案机关提出释放或者变更强制措施的建议:

(一)案件证据发生重大变化,没有证据证明有犯罪事实或者犯罪行为系犯罪嫌疑人、被告人所为的;

(二)案件事实或者情节发生变化,犯罪嫌疑人、被告人可能被判处拘役、管制、独立适用附加刑、免予刑事处罚或者判决无罪的;

(三)继续羁押犯罪嫌疑人、被告人,羁押期限将超过依法可能判处的刑期的;

(四)案件事实基本查清,证据已经收集固定,符合取保候审或者监视居住条件的。

第二十七条 经羁押必要性审查,发现犯罪嫌疑人、被告人具有下列情形之一,且具有悔罪表现,不予羁押不致发生社会危险性的,可以向办案机关提出释放或者变更强制措施的建议:

(一)预备犯或者中止犯;

(二)共同犯罪中的从犯或者胁从犯;

(三)过失犯罪的;

(四)防卫过当或者避险过当的;

(五)主观恶性较小的初犯;

(六)系未成年人或者年满七十五周岁的人;

(七)与被害方依法自愿达成和解协议,且已经履行或者提供担保的;

(八)患有严重疾病、生活不能自理的;

(九)系怀孕或者正在哺乳自己婴儿的妇女;

(十)系生活不能自理的人的唯一扶养人;

(十一)可能被判处一年以下有期徒刑或者宣告缓刑的;

(十二)其他不需要继续羁押犯罪嫌疑人、被告人的情形。

第二十八条 犯罪嫌疑人、被告人被羁押超过五年,案件仍然处于侦查、审查起诉、一审、二审阶段的久押不决案件,或者犯罪嫌疑人、被告人被羁押已满四年,可能形成久押不决的案件,可以向办案机关提出释放或者变更强制措施的建议。

第二十九条 人民检察院刑事执行检察部门可以对羁押必要性审查案件进行公开审查。但是,涉及国家秘密、商业秘密、个人隐私的案件除外。

公开审查可以邀请与案件没有利害关系的人大代表、政协委员、人民监督员、特约检察员等人员参加。

第三十条 人民检察院刑事执行检察部门办理羁押必要性审查案件,经审查认为有必要进行公开审查的,应当报经检察长或分管副检察长决定。

第三十一条 公开审查应当在犯罪嫌疑人、被告人所羁押的看守所、人民检察院办案场所或者人民检察院确定的场所进行。

有条件的地方,也可以通过远程视频方式进行。

第三十二条 公开审查应当由检察官主持,一般可以包括以下程序:

(一)检察官宣布公开审查的目的和程序;

(二)犯罪嫌疑人、被告人及其法定代理人、近亲属、辩护人说明申请释放或者变更强制措施的理由;

(三)被害人及其法定代理人、诉讼代理人、近亲属或者其他有关人员发表意见;

(四)原案办案人员发表意见;

(五)看守所监管人员对犯罪嫌疑人、被告人在羁押期间的表现发表意见;

(六)犯罪嫌疑人、被告人所在单位、所居住社区和相关公安派出所发表意见;

(七)检察官宣布公开审查程序结束。

有相关证据材料的,应当在发表意见时一并出示。

公开审查过程中,检察官可以就有关证据或有关问题,向参加人员提问,或者请参加人员说明。参加人员经检察官许可,也可以互相提问或者作答。

第三十三条 公开审查过程中,发现新的证据,可能影响犯罪嫌疑人、被告人羁押必要性综合评估的,可以中止公开审查,对新的证据进行调查核实。经调查核实,报检察长或者分管副检察长同意后,可以恢复或者终止公开审查。

第三十四条 公开审查应当制作公开审查笔录,参加公开审查的人员应当对笔录进行核对,并在确认无误后签名或者盖章。拒绝签名或者盖章的,应当在笔录上注明情况。

第三十五条 办理羁押必要性审查案件应当制作羁押必要性审查报告,报告中应当写明:犯罪嫌疑人或者被告人基本情况、原案简要情况和诉讼阶段、立案审查理由和证据、办理情况、审查意见等。

进行公开审查的,应当在审查报告中写明公开审查的情况,重点写明各方的一致性意见或者存在的主要分歧。

第三十六条 办理羁押必要性审查案件过程中,出现下列情形之一的,应当报经检察长或者分管副检察长批准后终止审查:

(一)犯罪嫌疑人、被告人死亡的;

(二)犯罪嫌疑人、被告人已被释放或者变更强制措施的;

(三)人民法院作出生效判决、裁定的;

(四)其他应当终止审查的情形。

第四章 结 案

第三十七条 办理羁押必要性审查案件,应当在立案后十个工作日以内决定是否提出释放或者变更强制措施的建议。案件复杂或者情况特殊的,经检察长或者分管副检察长批准,可以延长五个工作日。

办案过程中涉及病情鉴定等专业知识,委托检察技术部门进行技术性证据审查的期间不计入办案期限。

第三十八条 经审查认为无继续羁押必要的,检察官应当报经检察长或者分管副检察长批准,以本院名义向办案机关发出释放或者变更强制措施建议书,并要求办案机关在十日以内回复处理情况。

释放或者变更强制措施建议书应当说明不需要继续羁押犯罪嫌疑人、被告人的理由和法律依据。

第三十九条 人民检察院刑事执行检察部门应当跟踪办案机关对释放或者

变更强制措施建议的处理情况。

办案机关未在十日以内回复处理情况的,可以报经检察长或者分管副检察长批准,以本院名义向其发出纠正违法通知书,要求其及时回复。

第四十条　经审查认为有继续羁押必要的,由检察官决定结案,并通知办案机关。

第四十一条　对于依申请立案审查的案件,人民检察院刑事执行检察部门办结后,应当将提出建议和办案机关处理情况,或者有继续羁押必要的审查意见和理由及时书面告知申请人。

第四十二条　刑事执行检察部门应当通过检察机关统一业务应用系统等途径将审查情况、提出建议和办案机关处理情况及时通知本院侦查监督、公诉、侦查等部门。

第四十三条　羁押必要性审查案件结案后,人民检察院刑事执行检察部门应当及时将办理羁押必要性审查案件的有关材料归档。

第五章　附　则

第四十四条　对于检察机关正在侦查或者审查起诉的案件,刑事执行检察部门进行羁押必要性审查的,参照本指导意见办理。

第四十五条　对于公安机关、人民法院、其他人民检察院、人民检察院其他部门、人大代表、政协委员、人民监督员、特约检察员等移送的羁押必要性审查申请,以及依看守所建议进行羁押必要性审查的,参照依申请程序办理。

第四十六条　检察人员办理羁押必要性审查案件应当纳入检察机关司法办案监督体系,有受贿、玩忽职守、滥用职权、徇私枉法、泄露国家秘密等违纪违法行为的,依纪依法严肃处理;构成犯罪的,依法追究刑事责任。

第四十七条　本指导意见自发布之日起施行。原《关于人民检察院监所检察部门开展羁押必要性审查工作的参考意见》同时废止。

附件:

1.《羁押必要性审查权利告知书》样式及制作说明(略)

2.《羁押必要性审查立案报告书》样式及制作说明(略)

3.《羁押必要性审查立案决定书》样式及制作说明(略)

4.《羁押必要性审查不立案通知书》样式及制作说明(略)

5.《羁押必要性审查报告》样式及制作说明(略)

6.《对犯罪嫌疑人、被告人予以释放或者变更强制措施建议书》样式及制作说明(略)

7.《对犯罪嫌疑人、被告人予以释放或者变更强制措施建议函》样式及制作说明(略)

8.《羁押必要性审查结果通知书》样式及制作说明(略)

最高人民检察院 《人民检察院羁押听证办法》

(2021年4月8日最高人民检察院第十三届检察委员会第六十五次会议通过,自2021年8月17日起施行)

第一条　为了依法贯彻落实少捕慎

诉慎押刑事司法政策,进一步加强和规范人民检察院羁押审查工作,准确适用羁押措施,依法保障犯罪嫌疑人、被告人的合法权利,根据《中华人民共和国刑事诉讼法》及有关规定,结合检察工作实际,制定本办法。

第二条 羁押听证是指人民检察院办理审查逮捕、审查延长侦查羁押期限、羁押必要性审查案件,以组织召开听证会的形式,就是否决定逮捕、是否批准延长侦查羁押期限、是否继续羁押听取各方意见的案件审查活动。

第三条 具有下列情形之一,且有必要当面听取各方意见,以依法准确作出审查决定的,可以进行羁押听证:

(一)需要核实评估犯罪嫌疑人、被告人是否具有社会危险性,未成年犯罪嫌疑人、被告人是否具有社会帮教条件的;

(二)有重大社会影响的;

(三)涉及公共利益、民生保障、企业生产经营等领域,听证审查有利于实现案件办理政治效果、法律效果和社会效果统一的;

(四)在押犯罪嫌疑人、被告人及其法定代理人、近亲属或者辩护人申请变更强制措施的;

(五)羁押必要性审查案件在事实认定、法律适用、案件处理等方面存在较大争议的;

(六)其他有必要听证审查的。

第四条 羁押听证由负责办理案件的人民检察院组织开展。

经审查符合本办法第三条规定的羁押审查案件,经检察长批准,可以组织羁押听证。犯罪嫌疑人、被告人及其法定代理人、近亲属或者辩护人申请羁押听证的,人民检察院应当及时作出决定并告知申请人。

第五条 根据本办法开展的羁押听证一般不公开进行。人民检察院认为有必要公开的,经检察长批准,听证活动可以公开进行。

未成年人案件羁押听证一律不公开进行。

第六条 羁押听证由承办案件的检察官办案组的主办检察官或者独任办理案件的检察官主持。检察长或者部门负责人参加听证的,应当主持听证。

第七条 除主持听证的检察官外,参加羁押听证的人员一般包括参加案件办理的其他检察人员、侦查人员、犯罪嫌疑人、被告人及其法定代理人和辩护人、被害人及其诉讼代理人。

其他诉讼参与人,犯罪嫌疑人、被告人、被害人的近亲属,未成年犯罪嫌疑人、被告人的合适成年人等其他人员,经人民检察院许可,可以参加听证并发表意见。必要时,人民检察院可以根据相关规定邀请符合条件的社会人士作为听证员参加听证。

有重大影响的审查逮捕案件和羁押必要性审查案件的公开听证,应当邀请人民监督员参加。

第八条 决定开展听证审查的,承办案件的检察官办案组或者独任检察官应当做好以下准备工作:

(一)认真审查案卷材料,梳理、明确听证审查的重点问题;

(二)拟定听证审查提纲,制定听证方案;

(三)及时通知听证参加人员,并告知其听证案由、听证时间和地点。参加听证人员有书面意见或者相关证据材料的,要求其在听证会前提交人民检察院。

第九条　听证审查按照以下程序进行：

（一）主持人宣布听证审查开始，核实犯罪嫌疑人、被告人身份，介绍参加人员。

（二）告知参加人员权利义务。

（三）宣布听证程序和纪律要求。

（四）介绍案件基本情况、明确听证审查重点问题。

（五）侦查人员围绕听证审查重点问题，说明犯罪嫌疑人、被告人需要羁押或者延长羁押的事实和依据，出示证明社会危险性条件的证据材料。羁押必要性审查听证可以围绕事实认定出示相关证据材料。

（六）犯罪嫌疑人、被告人及其法定代理人和辩护人发表意见，出示相关证据材料。

（七）需要核实评估社会危险性和社会帮教条件的，参加听证的其他相关人员发表意见，提交相关证据材料。

（八）检察官可以向侦查人员、犯罪嫌疑人、被告人、辩护人、被害人及其他相关人员发问。经主持人许可，侦查人员、辩护人可以向犯罪嫌疑人、被告人等相关人员发问。社会人士作为听证员参加听证的，可以向相关人员发问。

（九）经主持人许可，被害人等其他参加人员可以发表意见。

（十）社会人士作为听证员参加听证的，检察官应当听取其意见。必要时，听取意见可以单独进行。

两名以上犯罪嫌疑人、被告人参加听证审查的，应当分别进行。

第十条　涉及国家秘密、商业秘密、侦查秘密和个人隐私案件的羁押听证，参加人员应当严格限制在检察人员和侦查人员、犯罪嫌疑人、被告人及其法定代理人和辩护人、其他诉讼参与人范围内。听证审查过程中认为有必要的，检察官可以在听证会结束后单独听取意见、核实证据。

第十一条　犯罪嫌疑人、被告人认罪认罚的，听证审查时主持听证的检察官应当核实认罪认罚的自愿性、合法性，并听取侦查人员对犯罪嫌疑人是否真诚认罪认罚的意见。

犯罪嫌疑人、被告人认罪认罚的情况是判断其是否具有社会危险性的重要考虑因素。

第十二条　听证过程应当全程录音录像并由书记员制作笔录。

听证笔录由主持听证的检察官、其他参加人和记录人签名或者盖章，与录音录像、相关书面意见等归入案件卷宗。

第十三条　听证员的意见是人民检察院依法提出审查意见和作出审查决定的重要参考。拟不采纳听证员多数意见的，应当向检察长报告并获同意后作出决定。

第十四条　检察官充分听取各方意见后，综合案件情况，依法提出审查意见或者作出审查决定。

当场作出审查决定的，应当当场宣布并说明理由；在听证会后依法作出决定的，应当依照相关规定及时履行宣告、送达和告知义务。

第十五条　人民监督员对羁押听证活动的监督意见，人民检察院应当依照相关规定及时研究处理并做好告知和解释说明等工作。

第十六条　参加羁押听证的人员应当严格遵守有关保密规定，根据案件情况确有必要的，可以要求参加人员签订保密承诺书。

故意或者过失泄露国家秘密、商业秘

密、侦查秘密、个人隐私的，依法依纪追究责任人员的法律责任和纪律责任。

第十七条　犯罪嫌疑人、被告人被羁押的，羁押听证应当在看守所进行。犯罪嫌疑人、被告人未被羁押的，听证一般在人民检察院听证室进行。

羁押听证的安全保障、技术保障，由本院司法警察和技术信息等部门负责。

第十八条　本办法自公布之日起施行。

最高人民检察院指导性案例 检例第 27 号王玉雷不批准逮捕案

（2016 年 5 月 31 日）

【要旨】

检察机关办理审查逮捕案件，要严格坚持证据合法性原则，既要善于发现非法证据，又要坚决排除非法证据。非法证据排除后，其他在案证据不能证明犯罪嫌疑人实施犯罪行为的，应当依法对犯罪嫌疑人作出不批准逮捕的决定。要加强对审查逮捕案件的跟踪监督，引导侦查机关全面及时收集证据，促进侦查活动依法规范进行。

最高人民检察院 《关于严格执行人民代表大会代表 执行职务司法保障规定的通知》

（1994 年 6 月 22 日　高检发研字〔1994〕7 号）

各省、自治区、直辖市人民检察院，军事检察院：

《中华人民共和国全国人民代表大会和地方各级人民代表大会代表法》对人民代表大会代表（以下简称人大代表）执行职务的司法保障作了规定。近来，有的地方和部门法制观念淡薄，非法侵犯人大代表人身权利的现象时有发生，严重影响了人大代表依法执行职务。为严格执行法律有关人大代表执行职务司法保障的规定，保障人大代表的权利不受侵犯，正确履行法律监督职责，现通知如下：

一、人大代表代表人民的利益和意志，依照宪法和法律赋予本级人民代表大会的职权，参加行使国家权力。人民检察院要依法为人大代表执行代表职务提供司法保障，对于非法拘禁人大代表或以其他方法非法剥夺人大代表人身自由的，以暴力、威胁方法阻碍代表依法执行代表职务的，国家工作人员对人大代表依法执行代表职务进行打击报复构成犯罪的，应当严肃追究有关人员的法律责任。在办案中，遇有违反法律规定限制人大代表人身自由情形时，应当及时予以纠正，切实保障人大代表依法行使职权。

二、审查公安机关、安全机关提请批准逮捕的刑事案件被告人为县级以上人大代表时，经审查符合逮捕条件的，应当按照《中华人民共和国全国人民代表大会和地方各级人民代表大会代表法》第三十条的规定报告并经许可后再办理批捕手续。

三、各级人民检察院直接立案侦查的刑事案件，依法需要对本级人大代表决定采取逮捕，或者监视居住、取保候审、拘传等限制人身自由措施的，应当报经同级人民代表大会主席团或人民代表大会常务委员会许可。

各级人民检察院办理直接立案侦查的案件,对人大代表依法拘留的,应当由执行拘留的机关立即向该代表所属的人民代表大会主席团或者常务委员会报告。

四、各级人民检察院办理本级人大代表的案件,依法决定立案、决定提起公诉、免于起诉、不予起诉或撤销案件决定的,应当向本级人民代表大会主席团或人民代表大会常务委员会通报。

五、办理上级人大代表的案件,需要履行本通知第二、三、四条程序的,应当层报人大代表所属人民代表大会同级的人民检察院办理。

办理下级人大代表的案件,需要履行本通知第二、三、四条程序的,可以自行直接办理,也可以委托人大代表所属人民代表大会同级的人民检察院办理。

对于乡、民族乡、镇的人民代表大会代表依法决定或者批准逮捕,采取监视居住、取保候审、拘传等限制人身自由的措施,由人民检察院执行的,应当由县级人民检察院或上级人民检察院委托县级人民检察院立即报告乡、民族乡、镇的人民代表大会。

六、各级人民检察院办理有关人大代表的案件应报上一级人民检察院及人民代表所属人民代表大会同级的人民检察院备案。

七、各级人民检察院在办理有关人大代表的案件中,遇到执行法律方面的问题,要及时层报最高人民检察院。

最高人民检察院办公厅《关于严格执行人民代表大会代表执行职务司法保障规定的补充通知》

(2000年4月5日　高检办发〔2000〕7号)

各省、自治区、直辖市人民检察院,军事检察院,新疆生产建设兵团人民检察院:

《中华人民共和国全国人民代表大会和地方各级人民代表大会代表法》通过后,最高人民检察院于1994年6月22日制定了《关于严格执行人民代表大会代表执行职务司法保障规定的通知》,对保障人大代表依法履行职责起到了重要作用。为进一步保障人大代表的权利,现就有关问题作如下补充通知:

一、各级人民检察院应当进一步提高认识,认真、严格执行《关于严格执行人民代表大会代表执行职务司法保障规定的通知》的规定,依法严肃查处非法拘禁人大代表或者以其他方式非法剥夺人大代表人身自由的案件,切实为人大代表执行职务提供司法保障,维护人大代表的合法权益。

二、检察机关办理人大代表涉嫌犯罪的案件,应当严格依法进行。对于在办案中,违反法律规定限制人大代表人身自由的,应当及时纠正,并追究有关人员的责任。

三、各级人民检察院要继续坚持和完善备案、报告制度。检察机关依法办理人大代表涉嫌犯罪的案件,应当报上一级人民检察院及该代表所属的人民代表大会同级的人民检察院备案;检察机关依法办理全国人大代表涉嫌犯罪的案件,需要对犯罪嫌疑人采取逮捕措施的,省级人民检察院应当按照法律的规定将意见报送最高人民检察院。

四、各级人民检察院在执行本通知中发现的问题和情况,请及时报告高检院。

全国人大常委会法制工作委员会《关于人大代表由刑事拘留转逮捕是否需要再次许可问题的意见》

(2005年4月20日)

陕西省人大常委会:

你省人大法制委员会2005年3月16日来函收悉,经研究,答复如下:

市人民代表涉嫌刑事犯罪,经市人大常委会许可后被刑事拘留,逮捕时不需要报经市人大常委会许可。

中共中央政法委员会《关于对政协委员采取刑事拘留、逮捕强制措施应向所在政协党组通报情况的通知》

(1996年7月18日)

各省、自治区、直辖市党委,党委政法委员会,中央政法各部门党组(党委):

政协是中国共产党领导下的多党合作和政治协商的重要机构,是爱国统一战线组织。各级政协委员在政协全国委员会和各级地方委员会的领导下,行使政治协商、民主监督、参政议政职能。为了保障政协组织充分发挥职能作用,维护各级政协委员的合法权益,调动他们参政议政的积极性,进一步做好统战工作,今后各级公安机关、国家安全机关、人民检察院、人民法院依法对有犯罪嫌疑的政协委员采取刑事拘留、逮捕强制措施前,应向该委员所在的政协党组通报情况;情况紧急的,可同时或事后及时通报,以利于政协党组及时掌握情况,采取相应的配合措施,保证案件的顺利查处。

最高人民法院、最高人民检察院、公安部《关于羁押犯罪嫌疑人、被告人实行换押制度的通知》

(1999年10月27日 公通字〔1999〕83号)

各省、自治区、直辖市高级人民法院,人民检察院,公安厅、局,军事法院、军事检察院:

为正确实施《中华人民共和国刑事诉讼法》,依法及时、准确地打击犯罪,保护公民的合法权益,维护法律的尊严,加强执法监督和制约,根据《中华人民共和国看守所条例》第十五条的规定,现就看守所羁押犯罪嫌疑人、被告人的换押问题通知如下:

一、凡对在押的犯罪嫌疑人、被告人依法变更刑事诉讼程序的,均应办理换押手续。即:公安机关、国家安全机关侦查终结后人民检察院决定受理的,人民检察院审查或者侦查终结后人民法院决定受理的,以及人民检察院退回补充侦查的,在递次移送交接时,移送机关应当填写《换押证》,并加盖公章随案移送;接收机关应当在《换押证》上注明承接时间,填写本诉讼阶段的法定办案起止期限,加盖公章后及时送达看守所。看守所凭《换押证》办理换押手续。

二、看守所办理换押手续或者收押犯罪嫌疑人、被告人时,应当在接收机关或者送押机关的《提讯证》或者《提解证》上加盖公章,并注明法定办案起止期限。

《提讯证》或者《提解证》每次办理一份,用完续办。

三、依法延长、重新计算羁押期限的,不需要办理换押手续,但是办案机关应当及时将新的法定办案起止期限书面通知看守所,依照上述规定重新办理《提讯证》或者《提解证》。

凡在同一诉讼阶段内办案部门改变的,如刑事拘留转逮捕的;案件改变管辖的;人民检察院侦查部门移送审查起诉部门的;在法庭审判过程中,人民检察院建议补充侦查的,以及补充侦查完毕移送人民法院的,不需要办理换押手续,但是改变后的办案机关应当及时书面通知看守所,注明改变情况及新的法定办案起止期限,依照上述规定重新办理《提讯证》或者《提解证》。

四、办案人员凭加盖看守所公章并注明法定办案起止期限的《提讯证》或者《提解证》和有效身份证明提讯、提解犯罪嫌疑人、被告人。证明手续不全或者不符合规定以及超过法定办案期限的,看守所应当拒绝提讯、提解。

五、《换押证》式样由公安部统一制定。

本通知自下发之日起执行。各地在执行中有何问题,请及时分别向最高人民法院、最高人民检察院和公安部报告。

附件:《换押证》式样(略)

最高人民法院、最高人民检察院、公安部《关于羁押犯罪嫌疑人、被告人实行换押和羁押期限变更通知制度的通知》

(2014年3月3日　公监管〔2014〕96号)

为正确执行《中华人民共和国刑事诉讼法》,准确掌握在押犯罪嫌疑人、被告人羁押期限,有效预防和纠正超期羁押,维护在押犯罪嫌疑人、被告人合法权益,公安机关、人民检察院、人民法院羁押犯罪嫌疑人、被告人实行换押和羁押期限变更通知制度。现就有关事项通知如下:

一、换押和通知范围

(一)换押范围

具有下列情形之一的,办案机关应当办理换押手续:

1. 侦查机关侦查终结,移送人民检察院审查起诉的;

2. 人民检察院退回侦查机关补充侦查的,以及侦查机关补充侦查完毕后重新移送人民检察院审查起诉的;

3. 人民检察院提起公诉,移送人民法院审理的;

4. 审理过程中,人民检察院建议补充侦查,人民法院决定延期审理的,以及人民检察院补充侦查完毕后提请人民法院恢复审理的;

5. 人民检察院对人民法院第一审判决或者裁定提出抗诉以及被告人、自诉人及其法定代理人不服人民法院第一审判决或者裁定提出上诉,第二审人民法院受理的;

6. 第二审人民法院裁定撤销原判,发回原审人民法院重新审判的;

7. 中级人民法院判处死刑的第一审案件进入死刑复核程序,或者死刑复核法院与第二审人民法院不属同一法院,案件进入死刑复核程序,以及死刑复核后人民法院裁定不核准死刑发回重新审判的;

8. 案件在侦查、审查起诉以及审判阶段改变办案机关的。

(二)羁押期限变更通知范围

具有下列情形之一的,办案机关应当将变更后的羁押期限书面通知看守所:

1. 依法延长拘留时间的;

2. 依法延长逮捕后的侦查羁押期限、审查起诉期限、审理期限的;

3. 发现犯罪嫌疑人另有重要罪行,重新计算侦查羁押期限的;

4. 因犯罪嫌疑人不讲真实姓名、住址,身份不明,不计算羁押期限以及从查清其身份之日起开始计算侦查羁押期限的;

5. 适用简易程序审理的案件转为第一审普通程序的;

6. 因精神病鉴定停止计算羁押期限以及恢复计算羁押期限的;

7. 审理过程中,人民法院决定中止审以及恢复审理的;

8. 死刑复核法院与第二审人民法院为同一法院,案件进入死刑复核程序的;

9. 羁押期限改变的其他情形。

二、换押和通知程序

(一)换押程序

换押时,由移送机关填写《换押证》并加盖公章,一联送达看守所,其余各联随案移送。接收机关接收案件后,填写《换押证》,加盖公章后送达看守所。

对进入最高人民法院死刑复核程序的,由移送案件的高级人民法院填写《换押证》并加盖公章,送达看守所。最高人民法院发回重审的死刑案件,由接收案件的人民法院填写《换押证》并加盖公章,送达看守所。

(二)羁押期限变更通知程序

对于办案机关未改变,但是羁押期限发生变化的,办案机关应当在原法定羁押期限届满前,填写《变更羁押期限通知书》送达看守所。其中因犯罪嫌疑人、被告人不讲真实姓名、住址,身份不明等不计算羁押期限,或者因精神病鉴定停止计算羁押期限,以及恢复计算羁押期限的,办案机关应当在该情形出现或者消失后3日内,将《变更羁押期限通知书》送达看守所。

(三)送达方式

《换押证》和《变更羁押期限通知书》一般应当直接送达。不能直接送达的,可以邮寄送达或者传真送达。邮寄途中时间不计入移送机关或者接收机关办案期限,接收机关签收邮件时间为收案时间;传真送达的,应当随后将原件及时送达。

三、《提讯提解证》的办理和使用

办案机关将犯罪嫌疑人、被告人送看守所羁押时,应当在《拘留证》或者《逮捕证》上注明法定羁押起止时间。看守所在办案机关的《提讯提解证》上加盖提讯专用章,注明法定羁押起止时间。

换押后,看守所凭接收机关的《换押证》在其《提讯提解证》上加盖提讯专用章,注明法定羁押起止时间。

对羁押期限变更的,不需要重新办理《提讯提解证》,但需在《提讯提解证》上注明新的法定羁押起止时间和变更原因,所标注内容应当与《变更羁押期限通知书》中内容一致。

对死刑复核案件,最高人民法院凭第二审或者第一审人民法院的《提讯提解证》对被告人进行现场提讯或者远程视频提讯。其中进行现场提讯的,最高人民法院工作人员应当同时出具有效工作证明。

对超过《提讯提解证》上注明的法定羁押起止时间,没有《提讯提解证》,或者《提讯提解证》中注明的提解出所情形不符合有关规定,办案机关要求提讯或者提解的,看守所应当拒绝提讯或者提解。

四、超期羁押责任

凡不按照上述规定办理换押手续和羁押期限变更通知手续,造成超期羁押的,应当依照法律和有关规定追究办案机关有关负责人员的纪律责任或者法律责任。

五、法律文书制作

执行上述规定所需要的法律文书由公安机关、人民检察院、人民法院自行制作(具体式样附后)。《公安机关刑事法律文书式样(2012版)》(公通字〔2012〕62号)中的《换押证》、《延长侦查羁押期限通知书》、《计算/重新计算侦查羁押期限通知书》、《提讯提解证》不再使用。

附件:
1.《换押证》式样(略)
2.《变更羁押期限通知书》式样(略)
3.《提讯提解证》式样(略)

公安部《公安机关适用刑事羁押期限规定》

(2006年5月1日　公通字〔2006〕17号)

第一章　总　　则

第一条　为了规范公安机关适用刑事羁押期限工作,维护犯罪嫌疑人的合法权益,保障刑事诉讼活动顺利进行,根据《中华人民共和国刑事诉讼法》等有关法律规定,制定本规定。

第二条　公安机关办理刑事案件,必须严格执行刑事诉讼法关于拘留、逮捕后的羁押期限的规定,对于符合延长羁押期限、重新计算羁押期限条件的,或者应当释放犯罪嫌疑人的,必须在羁押期限届满前及时办理完审批手续。

第三条　公安机关应当切实树立尊重和保障人权意识,防止因超期羁押侵犯犯罪嫌疑人的合法权益。

第四条　对犯罪嫌疑人的羁押期限,按照以下方式计算:

(一)拘留后的提请审查批准逮捕的期限以日计算,执行拘留后满二十四小时为一日;

(二)逮捕后的侦查羁押期限以月计算,自对犯罪嫌疑人执行逮捕之日起至下一个月的对应日止为一个月;没有对应日的,以该月的最后一日为截止日。

对犯罪嫌疑人作精神病鉴定的期间不计入羁押期限。精神病鉴定期限自决定对犯罪嫌疑人进行鉴定之日起至收到鉴定结论后决定恢复计算侦查羁押期限之日止。

第二章　羁　　押

第五条　对犯罪嫌疑人第一次讯问开始时或者采取强制措施时,侦查人员应当向犯罪嫌疑人送达《犯罪嫌疑人诉讼权利义务告知书》,并在讯问笔录中注明或者由犯罪嫌疑人在有关强制措施附卷联中签收。犯罪嫌疑人拒绝签收的,侦查人员应当注明。

第六条　县级以上公安机关负责人

在作出批准拘留的决定时,应当在呈请报告上同时注明一日至三日的拘留时间。需要延长一日至四日或者延长至三十日的,应当办理延长拘留手续。

第七条 侦查人员应当在宣布拘留或者逮捕决定时,将拘留或者逮捕的决定机关、法定羁押起止时间以及羁押处所告知犯罪嫌疑人。

第八条 侦查人员应当在拘留或者逮捕犯罪嫌疑人后的二十四小时以内对其进行讯问,发现不应当拘留或者逮捕的,应当报经县级以上公安机关负责人批准,制作《释放通知书》送达看守所。看守所凭《释放通知书》发给被拘留或者逮捕人《释放证明书》,将其立即释放。

在羁押期间发现对犯罪嫌疑人拘留或者逮捕不当的,应当在发现后的十二小时以内,经县级以上公安机关负责人批准将被拘留或者逮捕人释放,或者变更强制措施。

释放被逮捕的人或者变更强制措施的,应当在作出决定后的三日以内,将释放或者变更的原因及情况通知原批准逮捕的人民检察院。

第九条 对被拘留的犯罪嫌疑人在拘留后的三日以内无法提请人民检察院审查批准逮捕的,如果有证据证明犯罪嫌疑人有流窜作案、多次作案、结伙作案的重大嫌疑,报经县级以上公安机关负责人批准,可以直接将提请审查批准的时间延长至三十日。

第十条 对人民检察院批准逮捕的,应当在收到人民检察院批准逮捕的决定书后二十四小时以内制作《逮捕证》,向犯罪嫌疑人宣布执行,并将执行回执及时送达作出批准逮捕决定的人民检察院。对未能执行的,应当将回执送达人民检察院,并写明未能执行的原因。

第十一条 拘留或者逮捕犯罪嫌疑人后,除有碍侦查或者无法通知的情形以外,应当在二十四小时以内将拘留或者逮捕的原因和羁押的处所通知被拘留或者逮捕人的家属或者所在单位。对于有碍侦查和无法通知的范围,应当严格按照《公安机关办理刑事案件程序规定》第一百零八条第一款、第一百二十五条第一款的规定执行。

第十二条 对已经被拘留或者逮捕的犯罪嫌疑人,经审查符合取保候审或者监视居住条件的,应当在拘留或者逮捕的法定羁押期限内及时将强制措施变更为取保候审或者监视居住。

第十三条 被羁押的犯罪嫌疑人及其法定代理人、近亲属、被逮捕的犯罪嫌疑人聘请的律师提出取保候审申请的,公安机关应当在接到申请之日起七日以内作出同意或者不同意的答复。同意取保候审的,依法办理取保候审手续;不同意取保候审的,应当书面通知申请人并说明理由。

第十四条 对犯罪嫌疑人已被逮捕的案件,在逮捕后二个月的侦查羁押期限以及依法变更的羁押期限内不能侦查终结移送审查起诉的,应当在侦查羁押期限届满前释放犯罪嫌疑人。需要变更强制措施的,应当在释放犯罪嫌疑人前办理完审批手续。

第十五条 对人民检察院不批准逮捕被拘留的犯罪嫌疑人的,应当在收到不批准逮捕决定书后十二小时以内,报经县级以上公安机关负责人批准,制作《释放通知书》送交看守所。看守所凭《释放通知书》发给被拘留人《释放证明书》,将其立即释放。需要变更强制措施的,应当在释放犯罪嫌疑人前办理完审批手续。

第十六条 对犯罪嫌疑人因不讲真实姓名、住址,身份不明,经县级以上公安机关负责人批准,侦查羁押期限自查清其身份之日起计算的,办案部门应当在作出决定后的二日以内通知看守所;查清犯罪嫌疑人身份的,应当在查清后的二日以内将侦查羁押期限起止时间通知看守所。

第十七条 对依法延长侦查羁押期限的,办案部门应当在作出决定后的二日以内将延长侦查羁押期限的法律文书送达看守所,并向犯罪嫌疑人宣布。

第十八条 在侦查期间,发现犯罪嫌疑人另有重要罪行的,应当自发现之日起五日以内,报经县级以上公安机关负责人批准,将重新计算侦查羁押期限的法律文书送达看守所,向犯罪嫌疑人宣布,并报原批准逮捕的人民检察院备案。

前款规定的另有重要罪行,是指与逮捕时的罪行不同种的重大犯罪以及同种犯罪并将影响罪名认定、量刑档次的重大犯罪。

第十九条 对于因进行司法精神病鉴定不计入办案期限的,办案部门应当在决定对犯罪嫌疑人进行司法精神病鉴定后的二日以内通知看守所。

办案部门应当自决定进行司法精神病鉴定之日起二日以内将委托鉴定书送达省级人民政府指定的医院。

第二十条 公安机关接到省级人民政府指定的医院的司法精神病鉴定结论后决定恢复计算侦查羁押期限的,办案部门应当在作出恢复计算羁押期限决定后的二十四小时以内将恢复计算羁押期限的决定以及剩余的侦查羁押期限通知看守所。

第二十一条 需要提请有关机关协调或者请示上级主管机关的,应当在办案期限内提请、请示、处理完毕;在法定侦查羁押期限内未处理完毕的,应当依法释放犯罪嫌疑人或者变更强制措施。

第二十二条 公安机关经过侦查,对案件事实清楚,证据确实、充分的,应当在法定羁押期限内移送同级人民检察院审查起诉。

犯罪嫌疑人实施的数个犯罪行为中某一犯罪事实一时难以查清的,应当在法定羁押期限内对已查清的罪行移送审查起诉。

共同犯罪中同案犯罪嫌疑人在逃的,对已归案的犯罪嫌疑人应当按照基本事实清楚、基本证据确凿的原则,在法定侦查羁押期限内移送审查起诉。

犯罪嫌疑人被羁押的案件,不能在法定侦查羁押期限内办结,需要继续侦查的,对犯罪嫌疑人可以取保候审或者监视居住。

第二十三条 人民检察院对公安机关移送审查起诉的案件,经审查后决定退回公安机关补充侦查的,公安机关在接到人民检察院退回补充侦查的法律文书后,应当按照补充侦查提纲的要求在一个月以内补充侦查完毕。

补充侦查以两次为限。对公安机关移送审查起诉的案件,人民检察院退回补充侦查两次后或者已经提起公诉后再退回补充侦查的,公安机关应当依法拒绝。

对人民检察院因补充侦查需要提出协助请求的,公安机关应当依法予以协助。

第二十四条 对侦查终结移送审查起诉或者补充侦查终结的案件犯罪嫌疑

人在押的，应当在案件移送审查起诉的同时，填写《换押证》，随同案件材料移送同级人民检察院，并通知看守所。

第二十五条　人民检察院将案件退回公安机关补充侦查的，办案部门应当在收到人民检察院移送的《换押证》的二十四小时以内，到看守所办理换押手续。

第二十六条　案件改变管辖，犯罪嫌疑人羁押地点不变的，原办案的公安机关和改变管辖后的公安机关均应办理换押手续。

第二十七条　看守所应当在犯罪嫌疑人被延长拘留至三十日的拘留期限届满三日前或者逮捕后的侦查羁押期限届满七日前通知办案部门。

第二十八条　侦查羁押期限届满，原《提讯证》停止使用，看守所应当拒绝办案部门持原《提讯证》提讯犯罪嫌疑人。办案部门将依法变更侦查羁押期限的法律文书送达看守所，看守所在《提讯证》上注明变更后的羁押期限的，可以继续使用《提讯证》提讯犯罪嫌疑人。

第二十九条　看守所对犯罪嫌疑人的羁押情况实行一人一卡登记制度，记明犯罪嫌疑人的基本情况、诉讼阶段的变更、法定羁押期限以及变更情况等。有条件的看守所应当对犯罪嫌疑人的羁押期限实行计算机管理。

第三章　监　督

第三十条　公安机关应当加强对适用羁押措施的执法监督，发现对犯罪嫌疑人超期羁押的，应当立即纠正。

第三十一条　对犯罪嫌疑人及其法定代理人、近亲属或者犯罪嫌疑人委托的律师认为拘留或者逮捕犯罪嫌疑人超过法定期限，要求解除的，公安机关应当在接到申请后三日内进行审查，对确属超期羁押的，应当依法予以纠正。

第三十二条　人民检察院认为公安机关超期羁押犯罪嫌疑人，向公安机关发出纠正违法通知书的，公安机关应当在接到纠正违法通知书后的三日内进行审查。对犯罪嫌疑人超期羁押的，应当依法予以纠正，并将纠正情况及时通知人民检察院。对不属于超期羁押的，应当向人民检察院说明情况。

第三十三条　看守所应当自接到被羁押的犯罪嫌疑人有关超期羁押的申诉、控告后二十四小时以内，将有关申诉、控告材料转送驻所检察室、公安机关执法监督部门或者其他有关机关、部门处理。

驻所检察员接到有关超期羁押的申诉、控告材料后，提出会见被羁押的犯罪嫌疑人的，看守所应当及时安排。

第三十四条　地方各级公安机关应当每月向上一级公安机关报告上月本级公安机关辖区内对犯罪嫌疑人超期羁押的情况。

上级公安机关接到有关超期羁押的报告后，应当责令下级公安机关限期纠正，并每季度通报下级公安机关超期羁押的情况。

第四章　责任追究

第三十五条　对超期羁押的责任认定及处理，按照《公安机关人民警察执法过错责任追究规定》执行。

第三十六条　对犯罪嫌疑人超期羁押，具有下列情形之一的，应当从重处理；构成犯罪的，依法追究刑事责任：

（一）因贪赃枉法、打击报复或者其他非法目的故意致使犯罪嫌疑人被超期羁押的；

（二）弄虚作假隐瞒超期羁押事实的；

（三）超期羁押期间犯罪嫌疑人自残、自杀或者因受到殴打导致重伤、死亡或者发生其他严重后果的；

（四）其他超期羁押犯罪嫌疑人情节严重的。

第三十七条 公安机关所属执法部门或者派出机构超期羁押犯罪嫌疑人，造成犯罪嫌疑人在被超期羁押期间自杀或者因受到殴打导致死亡的，或者有其他严重情节的，本级公安机关年度执法质量考核评议结果应当确定为不达标。

第五章 附 则

第三十八条 本规定所称超期羁押，是指公安机关在侦查过程中，对犯罪嫌疑人拘留、逮捕后，法定羁押期限届满，未依法办理变更羁押期限的手续，未向人民检察院报请批准逮捕和移送审查起诉，对犯罪嫌疑人继续羁押的情形。

第三十九条 超期羁押的时间，是指犯罪嫌疑人实际被羁押的时间扣除法定羁押期限以及依法不计入的羁押期限后的时间。

第四十条 本规定中的办案部门，是指公安机关内设的负责办理刑事案件的部门。

第四十一条 公安机关执行本规定通知有关单位、人员时，如情况紧急或者距离被通知的有关单位、人员路途较远，可以通过电话、传真等方式先行通知，再送达有关法律文书。

第四十二条 本规定自2006年5月1日起实施。

最高人民检察院
《人民检察院办理延长侦查羁押期限案件的规定》

（2016年7月1日最高人民检察院第十二届检察委员会第五十二次会议通过，高检发侦监字〔2016〕9号）

第一条 为了规范人民检察院办理延长侦查羁押期限案件，保障刑事诉讼活动依法进行，维护犯罪嫌疑人的合法权益，根据《中华人民共和国刑事诉讼法》《人民检察院刑事诉讼规则（试行）》等规定，结合工作实际，制定本规定。

第二条 人民检察院办理延长侦查羁押期限案件，应当坚持惩罚犯罪与保障人权并重、监督制约与支持配合并重、程序审查与实体审查并重的原则。

第三条 侦查机关依照《中华人民共和国刑事诉讼法》第一百五十四条规定提请延长犯罪嫌疑人侦查羁押期限的案件，由同级人民检察院受理审查并提出意见后，报上一级人民检察院审查决定。

人民检察院直接受理立案侦查的案件，依照《中华人民共和国刑事诉讼法》第一百五十四条规定提请延长犯罪嫌疑人侦查羁押期限的，由本院审查提出意见后，报上一级人民检察院审查决定。

第四条 侦查机关需要延长侦查羁押期限的，应当在侦查羁押期限届满七日前，向同级人民检察院移送以下材料：

（一）提请批准延长侦查羁押期限意见书和延长侦查羁押期限案情报告；

（二）立案决定书、逮捕证以及重新计算侦查羁押期限决定书等相关法律文书复印件；

（三）罢免、辞去县级以上人大代表或者报请许可对其采取强制措施手续等文书；

（四）案件的其他情况说明。

人民检察院直接受理立案侦查的案件，需要延长侦查羁押期限的，侦查部门应当依照本条第一款的规定向本院侦查监督部门移送延长侦查羁押期限意见书和前款规定的有关材料。

第五条　侦查机关应当在延长侦查羁押期限案情报告中详细写明犯罪嫌疑人基本情况、采取强制措施的具体情况、主要案情和捕后侦查工作进展情况、下一步侦查工作计划、延长侦查羁押期限的具体理由和法律依据、继续羁押的必要以及提请批准延长侦查羁押期限的起止日期。

人民检察院直接受理立案侦查的案件，侦查部门应当在延长侦查羁押期限意见书中详细写明前款规定的内容。

第六条　受理案件的人民检察院侦查监督部门应当制作提请批准延长侦查羁押期限报告书和提请延长侦查羁押期限案件审查报告，连同审查逮捕意见书以及侦查机关（部门）移送的材料，经本院案件管理部门报上一级人民检察院审查。

第七条　上一级人民检察院案件管理部门收到案件材料后，应当及时审核，符合报送材料要求的，移交本院侦查监督部门办理。发现材料不全的，应当要求在规定的时间内予以补充。

对于未及时补充或者未按规定时间移送材料的，应当及时告知侦查监督部门，由侦查监督部门决定是否予以受理。

对于侦查机关（部门）超过法定羁押期限仍提请延长侦查羁押期限的，上一级人民检察院不予受理。

第八条　人民检察院侦查监督部门应当在提请延长侦查羁押期限案件审查报告中详细写明受案和审查过程、犯罪嫌疑人基本情况、采取强制措施的情况和羁押地点、主要案情、延长侦查羁押期限的理由和法律依据、继续羁押的必要、提请批准延长侦查羁押期限的起止日期以及审查意见。

第九条　人民检察院侦查监督部门办理延长侦查羁押期限案件，应当审查以下内容：

（一）本院或者下级人民检察院的逮捕决定是否符合法律规定；

（二）犯罪嫌疑人逮捕后侦查工作进展情况；

（三）下一步侦查计划是否具体明确；

（四）延长侦查羁押期限的理由、日期是否符合法律规定；

（五）犯罪嫌疑人有无继续羁押的必要；

（六）有无超期羁押等违法情况；

（七）其他需要审查的内容。

第十条　人民检察院侦查监督部门办理延长侦查羁押期限案件，应当由承办检察官提出审查意见，报检察长决定。

第十一条　人民检察院侦查监督部门审查延长侦查羁押期限案件，对于案件是否符合延长侦查羁押期限条件有疑问或者侦查活动可能存在重大违法等情形的，可以讯问犯罪嫌疑人，听取律师意见、侦查机关（部门）意见，调取案卷及相关材料。

第十二条　经审查，同时具备下列条件的案件，人民检察院应当作出批准延长侦查羁押期限一个月的决定：

（一）符合《中华人民共和国刑事诉讼法》第一百五十四条的规定；

（二）符合逮捕条件；

（三）犯罪嫌疑人有继续羁押的必要；

第十三条 经审查,对于不符合《中华人民共和国刑事诉讼法》第一百五十四条规定、犯罪嫌疑人不符合逮捕条件或者犯罪嫌疑人没有继续羁押必要的,人民检察院应当作出不批准延长侦查羁押期限决定。

对于犯罪嫌疑人虽然符合逮捕条件,但经审查,侦查机关(部门)在犯罪嫌疑人逮捕后二个月以内未有效开展侦查工作或者侦查取证工作没有实质进展的,人民检察院可以作出不批准延长侦查羁押期限的决定。

对于犯罪嫌疑人不符合逮捕条件,需要撤销下级人民检察院逮捕决定的,上一级人民检察院作出不批准延长侦查羁押期限决定后,应当作出撤销逮捕决定,或者通知下级人民检察院撤销逮捕决定。

第十四条 《中华人民共和国刑事诉讼法》第一百五十四条规定的"案情复杂、期限届满不能终结的案件",包括以下情形之一:

(一)影响定罪量刑的重要证据无法在侦查羁押期限内调取到的;

(二)共同犯罪案件,犯罪事实需要进一步查清的;

(三)犯罪嫌疑人涉嫌多起犯罪或者多个罪名,犯罪事实需要进一步查清的;

(四)涉外案件,需要境外取证的;

(五)与其他重大案件有关联,重大案件尚未侦查终结,影响本案或者其他重大案件处理的。

第十五条 有决定权的人民检察院在侦查羁押期限届满前作出是否批准延长侦查羁押期限的决定后,交由受理案件的人民检察院侦查监督部门送达侦查机关(部门)。

受理案件的人民检察院侦查监督部门在收到批准延长侦查羁押期限决定书或者不批准延长侦查羁押期限决定书的同时,应当书面告知本院刑事执行检察部门。

第十六条 逮捕后侦查羁押期限日期的计算,应当自对犯罪嫌疑人执行逮捕的第二日起,至二个月后对应日期的前一日止,无对应日期的,以该月的最后一日为截止日。

延长侦查羁押期限的起始日应当与延长前侦查羁押期限的截止日连续计算。

第十七条 人民检察院侦查监督部门在审查延长侦查羁押期限案件中发现侦查机关(部门)的侦查活动存在违法情形的,应当向侦查机关(部门)提出纠正违法意见。

第十八条 依照《中华人民共和国刑事诉讼法》第一百五十六条、第一百五十七条规定提请批准延长侦查羁押期限的案件,参照本规定办理。

第十九条 本规定由最高人民检察院负责解释。

第二十条 本规定自印发之日起施行。最高人民检察院以前发布的有关规定与本规定不一致的,以本规定为准。

最高人民检察院、最高人民法院、公安部《关于严格执行刑事诉讼法关于对犯罪嫌疑人、被告人羁押期限的规定坚决纠正超期羁押问题的通知》

(1998年10月19日 高检会〔1998〕1号)

各省、自治区、直辖市人民检察院、高级人民法院、公安厅(局),军事检察院,军事法院、总政治部保卫部：

修改后的《刑事诉讼法》对办理刑事案件羁押犯罪嫌疑人、被告人的期限作了更加明确、具体的规定，但有些地方的司法机关在办案中对犯罪嫌疑人、被告人超期羁押的问题仍然比较突出。为维护国家法律的严肃性，保障刑事诉讼活动的顺利进行，保护犯罪嫌疑人、被告人的合法权益，各级司法机关必须采取有效措施，对犯罪嫌疑人、被告人超期羁押的问题坚决予以纠正。现就有关问题通知如下：

一、对犯罪嫌疑人、被告人已经采取刑事拘留、逮捕强制措施的案件，要集中力量查办，在法定期限内办结。对于在法定期限内确实难以办结的案件，应当根据案件的具体情况依法变更强制措施或者释放犯罪嫌疑人、被告人。

二、严格执行《刑事诉讼法》关于延长、重新计算羁押期限的规定。对不符合有关规定的，不得随意延长、重新计算羁押期限；检察机关立案侦查的案件，侦查与审查起诉羁押期限不得互相借用；经最高人民法院核准或授权高级人民法院核准的死刑罪犯，下级人民法院在接到执行死刑命令后，应当按期执行。办理犯罪嫌疑人、被告人在押的案件，需要向上级机关请示的，请示、答复时间应当计入办案期限。

三、对复杂、疑难和重大案件，羁押期限届满的，应当分别不同情况，采取果断措施依法作出处理：（1）对于流窜作案、多次作案的犯罪嫌疑人、被告人的主要罪行或某一罪行事实清楚，证据确实充分，而其他罪行一时又难以查清的，应当对已查清的主要罪行或某一罪行移送起诉、提起公诉或者进行审判；（2）对于共同犯罪案件中主犯或者从犯在逃，在押犯罪嫌疑人、被告人的犯罪事实清楚，证据确实充分的，应当对在押犯罪嫌疑人、被告人移送起诉、提起公诉或者进行审判；犯罪事实一时难以查清的，应当对在押犯罪嫌疑人、被告人依法变更强制措施；（3）对于司法机关之间有争议的案件通过协调后意见仍不能一致的，办案单位应按照各自的职权在法定期限内依法作出处理。

四、各级司法机关必须严格执行对犯罪嫌疑人、被告人羁押换押制度。公安机关移送起诉、检察机关向法院提起公诉以及人民法院审理一审、二审案件递次移送时，均应按照有关规定及时对犯罪嫌疑人、被告人办理换押手续。

五、上级司法机关发现下级司法机关超期羁押犯罪嫌疑人、被告人的，要依法予以纠正，下级司法机关应当将纠正结果报告上级司法机关。本机关负责人发现业务部门承办的案件超期羁押犯罪嫌疑人、被告人的，应当立即研究解决办法，及时予以纠正。

六、看守所发现对犯罪嫌疑人、被告人羁押超过法定期限的，应当将超期羁押的情况报告人民检察院。各级人民检察院应当认真履行法律监督职责，发现办案机关超期羁押犯罪嫌疑人、被告人的，应当及时向办案机关提出纠正意见。办案机关接到人民检察院纠正超期羁押通知后，应当及时进行研究，根据案件的具体情况采取相应的纠正措施，并将纠正情况回复提出纠正意见的人民检察院。

七、办案机关超期羁押犯罪嫌疑人、被告人，经上级机关或人民检察院提出纠正意见后，在一个月内不予纠正的，或者在超期羁押期间造成被羁押人伤残、死亡或其他严重后果的，应当追究办案机关负责人和直接责任人员的责任。

地方各级人民检察院、人民法院、公安厅(局)要组织力量，对本机关超期羁押的案件进行一次全面清理，逐案进行研究，根据本通知的精神，及时依法作出处理。

各省、自治区、直辖市人民检察院、高级人民法院、公安厅(局)要在今年年底前，将本系统清理和纠正超期羁押犯罪嫌疑人、被告人的情况分别书面报告最高人民检察院、最高人民法院、公安部。

最高人民法院、最高人民检察院、公安部《关于严格执行刑事诉讼法，切实纠防超期羁押的通知》（节录）

（2003年11月12日）

各省、自治区、直辖市高级人民法院、人民检察院、公安厅(局)，解放军军事法院、军事检察院、总政治部保卫部：

……现就有关问题通知如下：

一、进一步端正执法思想，牢固树立实体法和程序法并重，打击犯罪和保障人权并重的刑事诉讼观念。（略）

二、严格适用刑事诉讼法关于犯罪嫌疑人、被告人羁押期限的规定，严禁随意延长羁押期限。犯罪嫌疑人、被告人被羁押的，人民法院、人民检察院和公安机关在刑事诉讼的不同阶段，要及时办理换押手续。在侦查阶段，要严格遵守拘留、逮捕后的羁押期限的规定；犯罪嫌疑人被逮捕以后，需要延长羁押期限的，应当符合刑事诉讼法第一百二十四条、第一百二十六条或者第一百二十七条规定的情形，并应当经过上一级人民检察院或者省、自治区、直辖市人民检察院的批准或者决定。在审查逮捕阶段和审查起诉阶段，人民检察院应当在法定期限内作出决定。在审判阶段，人民法院要严格遵守刑事诉讼法关于审理期限的规定；需要延长一个月审理期限的，应当属于刑事诉讼法第一百二十六条规定的情形之一，而且应当经过省、自治区、直辖市高级人民法院批准或者决定。

凡不符合刑事诉讼法关于重新计算犯罪嫌疑人、被告人羁押期限规定的，不得重新计算羁押期限。严禁滥用退回补充侦查、撤回起诉、改变管辖等方式变相超期羁押犯罪嫌疑人、被告人。

三、准确适用刑事诉讼法关于取保候审、监视居住的规定。人民法院、人民检察院和公安机关在对犯罪嫌疑人、被告人采取强制措施时，凡符合取保候审、监视居住条件的，应当依法采取取保候审、监视居住。对已被羁押的犯罪嫌疑人、被告人，在其法定羁押期限已满时必须立即释放，如侦查、起诉、审判活动尚未完成，需要继续查证、审理的，要依法变更强制措施为取保候审或者监视居住，充分发挥取保候审、监视居住这两项强制措施的作用，做到对追究犯罪与保障犯罪嫌疑人、被告人合法权益的统一。

四、坚持依法办案，正确适用法律，有罪依法追究，无罪坚决放人，人民法院、人民检察院和公安机关在刑事诉讼过程中，要分工负责，互相配合，互相制约，依法进行，避免超期羁押现象的发生。在侦查、起诉、审判等各个诉讼阶段，凡发现犯罪嫌疑人、被告人不应或者不需要追究刑事责任的，应当依法撤销案件，或者不起诉，或者终止审理，或者宣告无罪。公安机关、人民检察院要严格执行刑事诉讼法关于拘留、逮捕条件的规定，不符合条件的坚决不拘、不提请批准逮捕或者决定不批准逮捕。人民检察院对于经过两次补充侦查或者在审判阶段建议补充侦查并经人民法院决定延期审理的案件，不再退回公安机关；对于经过两次补充侦查，仍然证据不足、不符合起诉条件的案件，要依法作出不起诉的决定。公安机关要依法加强对看守所的管理，及时向办案机关通报超期羁押情况。人民法院对于人民检察院提起公诉的案件，经过审理，认为证据不足，不能认定被告人有罪的，要依法作出证据不足、指控的犯罪不能成立的无罪判决。第二审人民法院经过审理，对于事实不清或者证据不足的案件，只能一次裁定撤销原判、发回原审人民法院重新审判；对于经过查证，只有部分犯罪事实清楚、证据充分的案件，只就该部分罪行进行认定和宣判；对于查证以后，仍然事实不清或者证据不足的案件，要依法作出证据不足、指控的犯罪不能成立的无罪判决，不得拖延不决，迟迟不判。

五、严格执行超期羁押责任追究制度。超期羁押侵犯犯罪嫌疑人、被告人的合法权益，损害司法公正，对此必须严肃查处，绝不姑息。本通知发布以后，凡违反刑事诉讼法和本通知的规定，造成犯罪嫌疑人、被告人超期羁押的，对于直接负责的主管人员和其他直接责任人员，由其所在单位或者上级主管机关依照有关规定予以行政或者纪律处分；造成犯罪嫌疑人、被告人超期羁押，情节严重的，对于直接负责的主管人员和其他直接责任人员，依照刑法第三百九十七条的规定，以玩忽职守罪或者滥用职权罪追究刑事责任。

六、对于重大、疑难、复杂的案件，涉外案件，新类型案件以及危害国家安全案件涉及的适用法律问题，应及时报请全国人大常委会作出立法解释或者最高人民法院、最高人民检察院作出司法解释。

执行本通知的情况，请及时层报最高人民法院、最高人民检察院和公安部。

最高人民检察院
《关于在检察工作中防止和纠正超期羁押的若干规定》

（2003年9月24日最高人民检察院第十届检察委员会第10次会议通过，自2003年11月24日起施行）

各省、自治区、直辖市人民检察院、军事检察院、新疆生产建设兵团人民检察院：

为保证检察机关严格执法、文明执法，有效防止和纠正检察工作中存在的超期羁押现象，维护犯罪嫌疑人的人权及其他合法权益，保障刑事诉讼活动的顺利进行，根据《中华人民共和国刑事诉讼法》等有关法律的规定，结合检察工作实际，制定本规定。

一、严格依法正确适用逮捕措施

各级人民检察院应当严格按照《中华人民共和国刑事诉讼法》的有关规定适用逮捕等剥夺人身自由的强制措施，依法全面、正确掌握逮捕条件，慎用逮捕措施，对确有逮捕必要的，才能适用逮捕措施。办案人员应当树立保障人权意识，提高办案效率，依法快办快结。对犯罪嫌疑人已经采取逮捕措施的案件，要在法定羁押期限内依法办结。严禁违背法律规定的条件，通过滥用退回补充侦查、发现新罪、改变管辖等方式变相超期羁押犯罪嫌疑人。对于在法定羁押期限内确实难以办结的案件,应当根据案件的具体情况依法变更强制措施或者释放犯罪嫌疑人。对于已经逮捕但经侦查或者审查,认定不构成犯罪、不需要追究刑事责任或者证据不足、不符合起诉条件的案件,应当及时、依法作出撤销案件或者不起诉的决定,释放在押的犯罪嫌疑人。

二、实行和完善听取、告知制度

实行听取制度。人民检察院在审查决定、批准逮捕中,应当讯问犯罪嫌疑人。检察人员在讯问犯罪嫌疑人的时候,应当认真听取犯罪嫌疑人的陈述或者无罪、罪轻的辩解。犯罪嫌疑人委托律师提供法律帮助或者委托辩护人的,检察人员应当注意听取律师以及其他辩护人关于适用逮捕措施的意见。

完善告知制度。人民检察院在办理直接受理立案侦查的案件中,对于被逮捕的人,应当由承办部门办案人员在逮捕后的二十四小时以内进行讯问,讯问时即应把逮捕的原因、决定机关、羁押起止日期、羁押处所以及在羁押期间的权利、义务用犯罪嫌疑人能听(看)懂的语言和文书告知犯罪嫌疑人。人民检察院在逮捕犯罪嫌疑人以后,除有碍侦查或者无法通知的情形以外,应当把逮捕的原因和羁押的处所,在二十四小时以内通知被逮捕人的家属或者他的所在单位,并告知其家属有权为犯罪嫌疑人申请变更强制措施,对超期羁押有权向人民检察院投诉。

无论在侦查阶段还是审查起诉阶段,人民检察院依法延长或者重新计算羁押期限,都应当将法律根据、羁押期限书面告知犯罪嫌疑人、被告人及其委托的人。

人民检察院应当将听取和告知记明笔录,并将上述告知文书副本存工作卷中。

三、实行羁押情况通报制度

人民检察院在犯罪嫌疑人被逮捕或者在决定、批准延长侦查羁押期限、重新计算侦查羁押期限以后,侦查部门应当在三日以内将有关情况书面通知本院监所检察部门。

人民检察院在决定对在押的犯罪嫌疑人延长审查起诉期限、改变管辖、退回补充侦查重新计算审查起诉期限以后,公诉部门应当在三日以内将有关情况书面通知本院监所检察部门。

对犯罪嫌疑人异地羁押的,办案部门应当将羁押情况书面通知羁押地人民检察院的监所检察部门。羁押地人民检察院监所检察部门发现羁押超期的,应当及时报告、通知作出羁押决定的人民检察院监所检察部门,由作出羁押决定的人民检察院的监所检察部门对超期羁押提出纠正意见。

已经建成计算机局域网的人民检察院,有关部门可以运用局域网通报、查询羁押情况。

四、实行羁押期限届满提示制度

监所检察部门对本院办理案件的犯罪嫌疑人的羁押情况实行一人一卡登记制度。案卡应当记明犯罪嫌疑人的基本情况、诉讼阶段的变更、羁押起止时间以及变更情况等。有条件的地方应当推广和完善对羁押期限实施网络化管理。监所检察部门应当在每月底向检察长报告本院办理案件的羁押人员情况。

监所检察部门应当在本院办理案件的犯罪嫌疑人羁押期限届满前七日制发《犯罪嫌疑人羁押期满提示函》,通知办案部门犯罪嫌疑人羁押期限即将届满,督促其依法及时办结案件。《犯罪嫌疑人羁押期满提示函》应当载明犯罪嫌疑的基本情况、案由、逮捕时间、期限届满时间、是否已经延长办案期限等内容。

案件承办人接到提示后，应当检查案件的办理情况并向本部门负责人报告，严格依法在法定期限内办结案件。如果需要延长羁押期限、变更强制措施，应当及时提出意见，按照有关规定办理审批手续。

五、严格依法执行换押制度

人民检察院凡对在押的犯罪嫌疑人依法变更刑事诉讼阶段的，应当严格按照有关规定办理换押手续。

人民检察院对于公安机关等侦查机关侦查终结移送审查起诉的、决定退回补充侦查以及决定提起公诉的案件，公诉部门应当在三日以内将有关换押情况书面通知本院监所检察部门。

六、实行定期检查通报制度

各级人民检察院应当将检察环节遵守法定羁押期限情况作为执法检查工作的重点之一。检察长对本院办理案件的羁押情况、上级检察机关对下级检察机关办理案件的羁押情况应当定期进行检查；对办案期限即将届满的，应当加强督办。各业务部门负责人应当定期了解、检查本部门办理案件的犯罪嫌疑人羁押情况，督促办案人员在法定期限内办结。

基层人民检察院监所检察部门应当向本院检察长及时报告本院业务部门办理案件执行法定羁押期限情况；分、州、市人民检察院应当每月向所辖检察机关通报辖区内检察机关办案中执行法定羁押期限情况；各省、自治区、直辖市人民检察院应当每季度向所辖检察机关通报本省、自治区、直辖市检察机关办案中执行法定羁押期限情况；最高人民检察院应当在每年年中和年底向全国检察机关通报检察机关办案中执行法定羁押期限情况。

七、建立超期羁押投诉和纠正机制

犯罪嫌疑人及其法定代理人、近亲属或者犯罪嫌疑人委托的律师及其他辩护人认为超期羁押的，有权向作出逮捕决定的人民检察院或者其上级人民检察院投诉，要求解除有关强制措施。在押的犯罪嫌疑人可以约见驻所检察人员对超期羁押进行投诉。

人民检察院监所检察部门负责受理关于超期羁押的投诉，接受投诉材料或者将投诉内容记明笔录，并及时对投诉进行审查，提出处理意见报请检察长决定。检察长对于确属超期羁押的，应当立即作出释放犯罪嫌疑人或者变更强制措施的决定。

人民检察院监所检察部门在投诉处理以后，应当及时向投诉人反馈处理意见。

八、实行超期羁押责任追究制

进一步健全和落实超期羁押责任追究制，严肃查处和追究超期羁押有关责任人员。对于违反刑事诉讼法和本规定，滥用职权或者严重不负责任，造成犯罪嫌疑人超期羁押的，应当追究直接负责的主管人员和其他直接责任人员的纪律责任；构成犯罪的，依照《中华人民共和国刑法》第三百九十七条关于滥用职权罪、玩忽职守罪的规定追究刑事责任。

最高人民法院
《关于推行十项制度切实防止产生新的超期羁押的通知》

（2003年11月30日）

各省、自治区、直辖市高级人民法院，解放军军事法院，新疆维吾尔自治区高级人民

法院生产建设兵团分院：

……现特作如下通知：

一、全面实行以审限管理为中心的案件流程管理制度，建立超期羁押预警机制，切实防止超期羁押。各级人民法院在审理案件过程中，应当严格遵守刑事诉讼法关于审理期限的规定，进一步实行以审限管理为中心的案件流程管理制度，建立超期羁押预警机制。对被羁押的被告人，及时办理换押手续。对审理时间达到法定审限三分之二的案件，以"催办通知"的方式，向承办案件审判庭和承办案件法官催办；对审理时间接近法定审限的案件，以"审限警示"的方式，向承办案件审判庭和承办案件法官发送"审限警示"。

二、实行严格依法适用取保候审、监视居住等法律措施的制度。各级人民法院必须实行严格适用刑事诉讼法关于取保候审、监视居住规定的制度。对被告人符合取保候审、监视居住条件的，应当依法采取取保候审、监视居住。对过失犯罪等社会危险性较小且符合法定条件的被告人，应当依法适用取保候审、监视居住等法律措施。对已被羁押超过法定羁押期限的被告人，应当依法予以释放；如果被告人被羁押的案件不能在法定期限内审结，需要继续审理的，应当依法变更强制措施。

三、建立及时通报制度，告知法院羁押期限。根据法定事由，例如依法延期审理、中止审理、进行司法精神病鉴定等，人民法院依法办理法律手续延长审限的案件，不计入审限。人民法院应当及时将上述不计入审限的情况书面通知看守所、被告人及其家属，并说明审限延长的理由。对于人民检察院因抗诉等原因阅卷的案件，根据《最高人民法院关于严格执行案件审理期限制度的若干规定》（法释〔2000〕29号），其占用的时间不计入审限，人民法院应当及时将情况书面通知看守所、被告人及其家属，并说明理由。

四、完善依法独立审判制度，规范以至逐步取消内部请示的做法。人民法院审理刑事案件，应当依照刑事诉讼法的规定独立审判，坚持两审终审制。除了适用法律疑难案件以外，不得向上级人民法院请示。要规范以至逐步取消内部请示的做法。

五、建立严格的案件发回重审制度。按照刑事诉讼法以及《最高人民法院、最高人民检察院、公安部关于严格执行刑事诉讼法，切实纠防超期羁押通知》的规定，第二审人民法院经过审理，对于原判决事实不清楚或者证据不足的案件，只能裁定撤销原判，发回原审人民法院重新审判一次，严格禁止多次发回重审。

六、坚持依法办案，有罪依法追究，无罪坚决放人。人民法院审理刑事案件，依法惩罚犯罪、保障人权，有罪依法追究，无罪坚决放人。经过审理，对于案件事实清楚，证据确实、充分，依据法律认定被告人有罪的，应当作出有罪判决；对于经过审理，只有部分犯罪事实清楚、证据确实、充分的案件，只就该部分事实和证据进行认定和判决；对于审理后，仍然证据不足，在法律规定的审限内无法收集充分的证据，不能认定被告人有罪的案件，应当坚决依法作出证据不足、指控的犯罪不能成立的无罪判决，绝不能搞悬案、疑案，拖延不决，迟迟不判。

七、完善及时宣判制度。人民法院依法作出判决后，应当按照法律规定及时公开宣判并送达执行通知书，不得为了营造声势而延期宣判和执行。

八、建立高效率的送达、移送卷宗制度。依照刑事诉讼法规定，法定期间不包括路途上的时间。人民法院在审判过程中，因送达裁判文书以及第一审案件审结后进入第二审程序，或者第二审案件审结后进入死刑复核程序等移送卷宗的案件，路途上的时间不计入审限。人民法院应当积极采取各种措施，努力改进送达、移送案卷等工作，尽量缩短占用的时间，使其更加制度化、规范化，不得无故拖延。

九、坚持超期羁押案件月报制度，做到月清月结。人民法院应当坚持超期羁押案件月报制度，每月定期向上级人民法院书面报告；最高人民法院每月定期向全国法院发布《全国法院超期羁押案件情况月报》。积极采取措施，努力做到超期羁押案件月清月结。

十、严格执行超期羁押责任追究制度。凡故意违反刑事诉讼法和《最高人民法院、最高人民检察院、公安部关于严格执行刑事诉讼法，切实纠防超期羁押通知》的规定，造成被告人超期羁押的，对于直接负责的主管人员和其他责任人员，由其所在单位或者上级主管机关依照有关规定予以行政处分或者纪律处分，构成犯罪的，依法追究刑事责任。

最高人民检察院刑事执行检察厅《人民检察院刑事执行检察部门预防和纠正超期羁押和久押不决案件工作规定(试行)》

(2015年6月1日)

第一条　为预防和纠正刑事诉讼中的超期羁押和久押不决，切实维护在押犯罪嫌疑人、被告人的合法权益，根据《中华人民共和国刑事诉讼法》《人民检察院刑事诉讼规则(试行)》等有关规定，结合刑事执行检察工作实际，制定本规定。

第二条　犯罪嫌疑人、被告人在侦查、审查起诉、审判阶段的羁押时间超过法律规定的羁押期限的，为超期羁押案件。

犯罪嫌疑人、被告人被羁押超过五年，案件仍然处于侦查、审查起诉、一审、二审阶段的，为久押不决案件。

第三条　预防和纠正超期羁押和久押不决案件，遵循对等监督、分级督办、方便工作、注重预防的原则。

第四条　对超期羁押和久押不决案件，由办案机关对应的同级人民检察院刑事执行检察部门负责监督纠正。

派驻看守所检察室在预防和纠正超期羁押和久押不决案件中承担发现、预防、报告、通知、提出纠正意见等职责。

第五条　发现看守所未及时督促办案机关办理换押手续和羁押期限变更通知手续的，派驻检察室应当及时向看守所提出口头或者书面建议。情节严重的，派驻检察室应当报经检察长批准，以本院名义向看守所提出书面检察建议。

第六条　发现办案机关没有依照规定办理换押手续和羁押期限变更通知手续的，派驻检察室应当及时报告或者通知办案机关对应的同级人民检察院刑事执行检察部门。刑事执行检察部门核实后，应当报经检察长批准，立即以本院名义向办案机关发出《纠正违法通知书》。

第七条　发现看守所在犯罪嫌疑人、被告人羁押期限到期前七日，未向办案机关发出《案件即将到期通知书》的，派驻检察室应当向看守所提出口头或者书面纠正意见。情节严重的，派驻检察室应当报经检察长批准，以本院名义向看守所发出《纠正违法通知书》。

第八条　发现犯罪嫌疑人、被告人被超期羁押后，看守所没有及时书面报告人民检察院并通知办案机关的，派驻检察室应当报经检察长批准，以本院名义向看守所发出《纠正违法通知书》。

第九条　发现犯罪嫌疑人、被告人被超期羁押后，派驻检察室应当立即报告或者通知办案机关对应的同级人民检察院刑事执行检察部门。刑事执行检察部门核实后，应当报经检察长批准，立即以本院名义向办案机关发出《纠正违法通知书》。

第十条　向办案机关发出《纠正违法通知书》后，办案机关在七日内未依法释放犯罪嫌疑人、被告人或者变更强制措施，也没有办理延长羁押期限手续的，刑事执行检察部门应当及时向上一级人民检察院刑事执行检察部门报告。

上一级人民检察院刑事执行检察部门核实后，应当报经检察长批准，立即以本院名义向办案机关的上一级机关通报，并监督其督促办案机关立即纠正超期羁押。

第十一条　发现犯罪嫌疑人、被告人久押不决的，派驻检察室应当及时报告或者通知办案机关对应的同级人民检察院刑事执行检察部门。刑事执行检察部门应当报经检察长批准，及时以本院名义督促办案机关加快办案进度。

第十二条　久押不决案件同时存在超期羁押的，办案机关对应的同级人民检察院刑事执行检察部门应当报经检察长批准，立即以本院名义向办案机关发出《纠正违法通知书》。

第十三条　超期羁押超过三个月和羁押期限超过五年的久押不决案件，由省级人民检察院刑事执行检察部门负责督办；超期羁押超过六个月和羁押期限超过八年的久押不决案件，由最高人民检察院刑事执行检察部门负责督办。

第十四条　督办超期羁押和久押不决案件，应当指定专人负责；可以采取电话督办、发函督办、实地督办等方式；可以协调办案机关的上一级机关联合督办；必要时，可以报经检察长批准，以本院名义提请同级党委政法委或者人大内司委研究解决。

第十五条　上级人民检察院刑事执行检察部门对看守所进行巡视检察时，要将派驻检察室开展预防和纠正超期羁押和久押不决案件工作的情况作为一项重要巡视内容。

第十六条　各省级人民检察院刑事执行检察部门应当定期对本地区预防和纠正超期羁押和久押不决案件工作情况进行通报。通报可以报经检察长批准，以本院名义印发，同时抄送省级党委政法委、人大内司委、高级人民法院、公安厅（局）。

最高人民检察院刑事执行检察部门每半年对全国检察机关预防和纠正超期羁押和久押不决案件工作情况进行一次通报。

第十七条　对超期羁押和久押不决负有监督职责的刑事执行检察人员，不认真履行监督职责，应当发现、报告、通知、提出纠正意见而未发现、报告、通知、提出纠正意见的，依纪依法追究责任。

第十八条　对于造成超期羁押的直接责任人员，可以报经检察长批准，以本院名义书面建议其所在单位或者有关主管机关予以纪律处分;情节严重,涉嫌犯罪的,依法追究刑事责任。

第十九条 本规定中的办案机关,是指公安机关、人民法院。

对于人民检察院办理案件存在超期羁押或者久押不决的,派驻检察室或者刑事执行检察部门发现后,应当及时通知该人民检察院的案件管理部门。

第二十条 本规定自印发之日起试行。

(七)附带民事诉讼

最高人民法院《关于对第一审刑事自诉案件当事人提起附带民事诉讼,部分共同侵害人未参加诉讼的,人民法院是否应当通知其参加诉讼问题的答复》

(2001年11月15日　法函〔2001〕71号)

广东省高级人民法院:

你院粤高法〔2000〕189号《关于对第一审刑事自诉案件当事人提起附带民事诉讼,部分共同被告人未参加诉讼的,人民法院是否应当通知其参加诉讼问题的请示》收悉。经研究,答复如下:

根据民事诉讼法第一百一十九条的规定,对第一审刑事自诉案件当事人提起附带民事诉讼,必须共同进行诉讼的其他侵害人未参加诉讼的,人民法院应当通知其参加诉讼。

最高人民法院《关于行政机关工作人员执行职务致人伤亡构成犯罪的赔偿诉讼程序问题的批复》

(2002年8月5日最高人民法院审判委员会第1236次会议通过,自2002年8月30日起施行,法释〔2002〕28号)

山东省高级人民法院:

你院鲁高法函〔1998〕132号《关于对行政机关工作人员执行职务时致人伤、亡,法院以刑事附带民事判决赔偿损失后,受害人或其亲属能否再提起行政赔偿诉讼的请示》收悉。经研究,答复如下:

一、行政机关工作人员在执行职务中致人伤、亡已构成犯罪,受害人或其亲属提起刑事附带民事赔偿诉讼的,人民法院对民事赔偿诉讼请求不予受理。但应当告知其可以依据《中华人民共和国国家赔偿法》的有关规定向人民法院提起行政赔偿诉讼。

二、本批复公布以前发生的此类案件,人民法院已作刑事附带民事赔偿处理,受害人或其亲属再提起行政赔偿诉讼的,人民法院不予受理。

最高人民法院《关于对参加聚众斗殴受重伤或者死亡的人及其家属提出的民事赔偿请求能否予以支持问题的答复》

(2004年11月11日　法研〔2004〕179号)

江苏省高级人民法院:

你院苏高法〔2004〕296号《关于对聚

众斗殴案件中受伤或死亡的当事人及其家属提出的民事赔偿请求能否予以支持问题的请示》收悉。经研究,答复如下:

根据《刑法》第二百九十二条第一款的规定,聚众斗殴的参加者,无论是否首要分子,均明知自己的行为有可能产生伤害他人以及自己被他人的行为伤害的后果,其仍然参加聚众斗殴的,应当自行承担相应的刑事和民事责任。根据《刑法》第二百九十二条第二款的规定,对于参加聚众斗殴,造成他人重伤或者死亡的,行为性质发生变化,应认定为故意伤害罪或者故意杀人罪。聚众斗殴中受重伤或者死亡的人,既是故意伤害罪或者故意杀人罪的受害人,又是聚众斗殴犯罪的行为人。对于参加聚众斗殴受重伤或者死亡的人或其家属提出的民事赔偿请求,依法应予支持,并适用混合过错责任原则。

最高人民法院研究室《关于交通肇事刑事案件附带民事赔偿范围问题的答复》

(2014年2月24日 法研〔2014〕30号)

湖北省高级人民法院:

你院鄂高法〔2013〕280号《关于交通肇事刑事案件附带民事赔偿范围的请示》收悉,经研究,答复如下:

根据刑事诉讼法第九十九条、第一百零一条和《最高人民法院关于适用〈中华人民共和国刑事诉讼法〉的解释》第一百五十五条的规定,交通肇事刑事案件的附带民事诉讼当事人未能就民事赔偿问题达成调解、和解协议的,无论附带民事诉讼被告人是否投保机动车第三者强制责任保险,均可将死亡赔偿金、残疾赔偿金纳入判决赔偿的范围。

最高人民法院、最高人民检察院《关于人民检察院提起刑事附带民事公益诉讼应否履行诉前公告程序问题的批复》

(2019年9月9日最高人民法院审判委员会第1776次会议、2019年9月12日最高人民检察院第十三届检察委员会第二十四次会议通过,2019年11月25日公布,自2019年12月6日起施行。法释〔2019〕18号)

各省、自治区、直辖市高级人民法院、人民检察院,解放军军事法院、军事检察院,新疆维吾尔自治区高级人民法院生产建设兵团分院、新疆生产建设兵团人民检察院:

近来,部分高级人民法院、省级人民检察院就人民检察院提起刑事附带民事公益诉讼应否履行诉前公告程序的问题提出请示。经研究,批复如下:

人民检察院提起刑事附带民事公益诉讼,应履行诉前公告程序。对于未履行诉前公告程序的,人民法院应当进行释明,告知人民检察院公告后再行提起诉讼。

因人民检察院履行诉前公告程序,可能影响相关刑事案件审理期限的,人民检察院可以另行提起民事公益诉讼。

此复。

（八）期间、送达

最高人民法院
《关于人民法院办理海峡两岸送达文书和调查取证司法互助案件的规定》

（2010年12月16日最高人民法院审判委员会第1506次会议通过，自2011年6月25日起施行）

为落实《海峡两岸共同打击犯罪及司法互助协议》（以下简称协议），进一步推动海峡两岸司法互助业务的开展，确保协议中涉及人民法院有关送达文书和调查取证司法互助工作事项的顺利实施，结合各级人民法院开展海峡两岸司法互助工作实践，制定本规定。

一、总则

第一条 人民法院依照协议，办理海峡两岸民事、刑事、行政诉讼案件中的送达文书和调查取证司法互助业务，适用本规定。

第二条 人民法院应当在法定职权范围内办理海峡两岸司法互助业务。

人民法院办理海峡两岸司法互助业务，应当遵循一个中国原则，遵守国家法律的基本原则，不得违反社会公共利益。

二、职责分工

第三条 人民法院和台湾地区业务主管部门通过各自指定的协议联络人，建立办理海峡两岸司法互助业务的直接联络渠道。

第四条 最高人民法院是与台湾地区业务主管部门就海峡两岸司法互助业务进行联络的一级窗口。最高人民法院台湾司法事务办公室主任是最高人民法院指定的协议联络人。

最高人民法院负责：就协议中涉及人民法院的工作事项与台湾地区业务主管部门开展磋商、协调和交流；指导、监督、组织、协调地方各级人民法院办理海峡两岸司法互助业务；就海峡两岸调查取证司法互助业务与台湾地区业务主管部门直接联络，并在必要时具体办理调查取证司法互助案件；及时将本院和台湾地区业务主管部门指定的协议联络人的姓名、联络方式及变动情况等工作信息通报高级人民法院。

第五条 最高人民法院授权高级人民法院就办理海峡两岸送达文书司法互助案件，建立与台湾地区业务主管部门联络的二级窗口。高级人民法院应当指定专人作为经最高人民法院授权的二级联络窗口联络人。

高级人民法院负责：指导、监督、组织、协调本辖区人民法院办理海峡两岸送达文书和调查取证司法互助业务；就办理海峡两岸送达文书司法互助案件与台湾地区业务主管部门直接联络，并在必要时具体办理送达文书和调查取证司法互助案件；登记、统计本辖区人民法院办理的海峡两岸送达文书司法互助案件；定期向最高人民法院报告本辖区人民法院办理海峡两岸送达文书司法互助业务情况；及时将本院联络人的姓名、联络方式及变动情况报告最高人民法院，同时通报台湾地区联络人和下级人民法院。

第六条 中级人民法院和基层人民法院应当指定专人负责海峡两岸司法互助业务。

中级人民法院和基层人民法院负责：具体办理海峡两岸送达文书和调查取证

司法互助案件；定期向高级人民法院层报本院办理海峡两岸送达文书司法互助业务情况；及时将本院海峡两岸司法互助业务负责人员的姓名、联络方式及变动情况层报高级人民法院。

三、送达文书司法互助

第七条 人民法院向住所地在台湾地区的当事人送达民事和行政诉讼司法文书，可以采用下列方式：

（一）受送达人居住在大陆的，直接送达。受送达人是自然人，本人不在的，可以交其同住成年家属签收；受送达人是法人或者其他组织的，应当由法人的法定代表人、其他组织的主要负责人或者该法人、其他组织负责收件的人签收。

受送达人不在大陆居住，但送达时在大陆的，可以直接送达。

（二）受送达人在大陆有诉讼代理人的，向诉讼代理人送达。但受送达人在授权委托书中明确表明其诉讼代理人无权代为接收的除外。

（三）受送达人有指定代收人的，向代收人送达。

（四）受送达人在大陆有代表机构、分支机构、业务代办人的，向其代表机构或者经受送达人明确授权接受送达的分支机构、业务代办人送达。

（五）通过协议确定的海峡两岸司法互助方式，请求台湾地区送达。

（六）受送达人在台湾地区的地址明确的，可以邮寄送达。

（七）有明确的传真号码、电子信箱地址的，可以通过传真、电子邮件方式向受送达人送达。

采用上述方式均不能送达或者台湾地区当事人下落不明的，可以公告送达。

人民法院需要向住所地在台湾地区的当事人送达刑事司法文书，可以通过协议确定的海峡两岸司法互助方式，请求台湾地区送达。

第八条 人民法院协助台湾地区法院送达司法文书，应当采用民事诉讼法、刑事诉讼法、行政诉讼法等法律和相关司法解释规定的送达方式，并应尽可能采用直接送达方式，但不采用公告送达方式。

第九条 人民法院协助台湾地区送达司法文书，应当充分负责，及时努力送达。

第十条 审理案件的人民法院需要台湾地区协助送达司法文书的，应当填写《〈海峡两岸共同打击犯罪及司法互助协议〉送达文书请求书》附录部分，连同需要送达的司法文书，一式二份，及时送交高级人民法院。

需要台湾地区协助送达的司法文书中有指定开庭日期等类似期限的，一般应当为协助送达程序预留不少于六个月的时间。

第十一条 高级人民法院收到本院或者下级人民法院《〈海峡两岸共同打击犯罪及司法互助协议〉送达文书请求书》附录部分和需要送达的司法文书后，应当在七个工作日内完成审查。经审查认为可以请求台湾地区协助送达的，高级人民法院联络人应当填写《〈海峡两岸共同打击犯罪及司法互助协议〉送达文书请求书》正文部分，连同附录部分和需要送达的司法文书，立即寄送台湾地区联络人；经审查认为欠缺相关材料、内容或者认为不需要请求台湾地区协助送达的，应当立即告知提出请求的人民法院补充相关材料、内容或者在说明理由后将材料退回。

第十二条 台湾地区成功送达并将送达证明材料寄送高级人民法院联络

人，或者未能成功送达并将相关材料送还，同时出具理由说明给高级人民法院联络人的，高级人民法院应当在收到之日起七个工作日内，完成审查并转送提出请求的人民法院。经审查认为欠缺相关材料或者内容的，高级人民法院联络人应当立即与台湾地区联络人联络并请求补充相关材料或者内容。

自高级人民法院联络人向台湾地区寄送有关司法文书之日起满四个月，如果未能收到送达证明材料或者说明文件，且根据各种情况不足以认定已经送达的，视为不能按照协议确定的海峡两岸司法互助方式送达。

第十三条 台湾地区请求人民法院协助送达台湾地区法院的司法文书并通过其联络人将请求书和相关司法文书寄送高级人民法院联络人的，高级人民法院应当在七个工作日内完成审查。经审查认为可以协助送达的，应当立即转送有关下级人民法院送达或者由本院送达；经审查认为欠缺相关材料、内容或者认为不宜协助送达的，高级人民法院联络人应当立即向台湾地区联络人说明情况并告知其补充相关材料、内容或者将材料送还。

具体办理送达文书司法互助案件的人民法院应当在收到高级人民法院转送的材料之日起五个工作日内，以"协助台湾地区送达民事（刑事、行政诉讼）司法文书"案由立案，指定专人办理，并应当自立案之日起十五日内完成协助送达，最迟不得超过两个月。

收到台湾地区送达文书请求时，司法文书中指定的开庭日期或者其他期限逾期的，人民法院亦应予以送达，同时高级人民法院联络人应当及时向台湾地区联络人说明情况。

第十四条 具体办理送达文书司法互助案件的人民法院成功送达的，应当由送达人在《〈海峡两岸共同打击犯罪及司法互助协议〉送达回证》上签名或者盖章，并在成功送达之日起七个工作日内将送达回证送交高级人民法院；未能成功送达的，应当由送达人在《〈海峡两岸共同打击犯罪及司法互助协议〉送达回证》上注明未能成功送达的原因并签名或者盖章，在确认不能送达之日起七个工作日内，将该送达回证和未能成功送达的司法文书送交高级人民法院。

高级人民法院应当在收到前款所述送达回证之日起七个工作日内完成审查，由高级人民法院联络人在前述送达回证上签名或者盖章，同时出具《〈海峡两岸共同打击犯罪及司法互助协议〉送达文书回复书》，连同该送达回证和未能成功送达的司法文书，立即寄送台湾地区联络人。

四、调查取证司法互助

第十五条 人民法院办理海峡两岸调查取证司法互助业务，限于与台湾地区法院相互协助调取与诉讼有关的证据，包括取得证言及陈述；提供书证、物证及视听资料；确定关系人所在地或者确认其身份、前科等情况；进行勘验、检查、扣押、鉴定和查询等。

第十六条 人民法院协助台湾地区法院调查取证，应当采用民事诉讼法、刑事诉讼法、行政诉讼法等法律和相关司法解释规定的方式。

在不违反法律和相关规定、不损害社会公共利益、不妨碍正在进行的诉讼程序的前提下，人民法院应当尽力协助调查取证，并尽可能依照台湾地区请求的内容和形式予以协助。

台湾地区调查取证请求书所述的犯

罪事实,依照大陆法律规定不认为涉嫌犯罪的,人民法院不予协助,但有重大社会危害并经双方业务主管部门同意予以个案协助的除外。台湾地区请求促使大陆居民至台湾地区作证,但未作出非经大陆主管部门同意不得追诉其进入台湾地区之前任何行为的书面声明的,人民法院可以不予协助。

第十七条　审理案件的人民法院需要台湾地区协助调查取证的,应当填写《〈海峡两岸共同打击犯罪及司法互助协议〉调查取证请求书》附录部分,连同相关材料,一式三份,及时送交高级人民法院。

高级人民法院应当在收到前款所述材料之日起七个工作日内完成初步审查,并将审查意见和《〈海峡两岸共同打击犯罪及司法互助协议〉调查取证请求书》附录部分及相关材料,一式二份,立即转送最高人民法院。

第十八条　最高人民法院收到高级人民法院转送的《〈海峡两岸共同打击犯罪及司法互助协议〉调查取证请求书》附录部分和相关材料以及高级人民法院审查意见后,应当在七个工作日内完成最终审查。经审查认为可以请求台湾地区协助调查取证的,最高人民法院联络人应当填写《〈海峡两岸共同打击犯罪及司法互助协议〉调查取证请求书》正文部分,连同附录部分和相关材料,立即寄送台湾地区联络人;经审查认为欠缺相关材料、内容或者认为不需要请求台湾地区协助调查取证的,应当立即通过高级人民法院告知提出请求的人民法院补充相关材料、内容或者在说明理由后将材料退回。

第十九条　台湾地区成功调查取证并将取得的证据材料寄送最高人民法院联络人,或者未能成功调查取证并将相关材料送还,同时出具理由说明给最高人民法院联络人的,最高人民法院应当在收到之日起七个工作日内完成审查并转送高级人民法院,高级人民法院应当在收到之日起七个工作日内转送提出请求的人民法院。经审查认为欠缺相关材料或者内容的,最高人民法院联络人应当立即与台湾地区联络人联络并请求补充相关材料或者内容。

第二十条　台湾地区请求人民法院协助台湾地区法院调查取证并通过其联络人将请求书和相关材料寄送最高人民法院联络人的,最高人民法院应当在收到之日起七个工作日内完成审查。经审查认为可以协助调查取证的,应当立即转送有关高级人民法院或者由本院办理,高级人民法院应当在收到之日起七个工作日内转送有关下级人民法院办理或者由本院办理;经审查认为欠缺相关材料、内容或者认为不宜协助调查取证的,最高人民法院联络人应当立即向台湾地区联络人说明情况并告知其补充相关材料、内容或者将材料送还。

具体办理调查取证司法互助案件的人民法院应当在收到高级人民法院转送的材料之日起五个工作日内,以"协助台湾地区民事(刑事、行政诉讼)调查取证"案由立案,指定专人办理,并应当自立案之日起一个月内完成协助调查取证,最迟不得超过三个月。因故不能在期限届满前完成的,应当提前函告高级人民法院,并由高级人民法院转报最高人民法院。

第二十一条　具体办理调查取证司法互助案件的人民法院成功调查取证的,应当在完成调查取证之日起七个工作日内将取得的证据材料一式三份,连同台湾地区提供的材料,并在必要时附具情况说明，送交高级人民法院；未能成功调查取证的，应当出具说明函一式三份，连同台湾地区提供的材料，在确认不能成功调查取证之日起七个工作日内送交高级人民法院。

高级人民法院应当在收到前款所述材料之日起七个工作日内完成初步审查，并将审查意见和前述取得的证据材料或者说明函等，一式二份，连同台湾地区提供的材料，立即转送最高人民法院。

最高人民法院应当在收到之日起七个工作日内完成最终审查，由最高人民法院联络人出具《海峡两岸共同打击犯罪及司法互助协议》调查取证回复书》，必要时连同相关材料，立即寄送台湾地区联络人。

证据材料不适宜复制或者难以取得备份的，可不按本条第一款和第二款的规定提供备份材料。

五、附则

第二十二条 人民法院对于台湾地区请求协助所提供的和执行请求所取得的相关资料应当予以保密。但依据请求目的使用的除外。

第二十三条 人民法院应当依据请求书载明的目的使用台湾地区协助提供的资料。但最高人民法院和台湾地区业务主管部门另有商定的除外。

第二十四条 对于依照协议和本规定从台湾地区获得的证据和司法文书等材料，不需要办理公证、认证等形式证明。

第二十五条 人民法院办理海峡两岸司法互助业务，应当使用统一、规范的文书样式。

第二十六条 对于执行台湾地区的请求所发生的费用，由有关人民法院负担。但下列费用应当由台湾地区业务主管部门负责支付：

（一）鉴定费用；

（二）翻译费用和誊写费用；

（三）为台湾地区提供协助的证人和鉴定人，因前往、停留、离开台湾地区所发生的费用；

（四）其他经最高人民法院和台湾地区业务主管部门商定的费用。

第二十七条 人民法院在办理海峡两岸司法互助案件中收到、取得、制作的各种文件和材料，应当以原件或者复制件形式，作为诉讼档案保存。

第二十八条 最高人民法院审理的案件需要请求台湾地区协助送达司法文书和调查取证的，参照本规定由本院自行办理。

专门人民法院办理海峡两岸送达文书和调查取证司法互助业务，参照本规定执行。

第二十九条 办理海峡两岸司法互助案件和执行本规定的情况，应当纳入对有关人民法院及相关工作人员的工作绩效考核和案件质量评查范围。

第三十条 此前发布的司法解释与本规定不一致的，以本规定为准。

最高人民检察院《关于以检察专递方式邮寄送达有关检察法律文书的若干规定》

（2014年12月30日由最高人民检察院第十二届检察委员会第三十三次会议通过，自2015年2月13日起施行，高检发释字〔2015〕1号）

为了方便当事人依法行使申请监督

和申诉权利,根据《中华人民共和国民事诉讼法》、《中华人民共和国行政诉讼法》、《中华人民共和国邮政法》等规定,结合检察工作实际,制定本规定。

第一条 法律规定可以邮寄送达的检察法律文书,人民检察院可以交由邮政企业以检察专递方式邮寄送达,但下列情形除外:

(一)受送达人或者其诉讼代理人、受送达人指定的代收人同意在指定的期间内到人民检察院接受送达的;

(二)受送达人下落不明的;

(三)法律规定、我国缔结或者参加的国际条约中约定有特别送达方式的。

第二条 以检察专递方式邮寄送达有关检察法律文书的,该送达与人民检察院直接送达具有同等法律效力。

第三条 当事人向人民检察院申请监督、提出申诉或者提交答辩意见时,应当向人民检察院提供或者确认自己准确的送达地址及联系方式,并填写当事人联系方式确认书。

第四条 当事人联系方式确认书的内容应当包括送达地址的邮政编码、详细地址以及受送达人的联系电话等内容。

对当事人联系方式确认书记载的内容,人民检察院和邮政企业应当为其保密。

当事人变更送达地址的,应当及时以书面方式告知人民检察院。

第五条 经人民检察院告知,当事人仍拒绝提供自己送达地址的,自然人以其户籍登记中的住所地或者经常居住地为其送达地址;法人或者其他组织以其工商登记或者其他依法登记、备案中的住所地为其送达地址。

第六条 邮政企业按照当事人提供或者确认的送达地址送达的,应当在规定的日期内将回执退回人民检察院。

邮政企业按照当事人提供或者确认的送达地址在五个工作日内投送三次未能送达,通过电话或者其他联系方式无法通知到受送达人的,应当将邮件退回人民检察院,并说明退回的理由。

第七条 邮寄送达检察法律文书,应当直接送交受送达人。受送达人是公民的,由其本人签收,本人不在其提供或者确认的送达地址的,邮政企业可以将邮件交给与他同住的成年家属代收,但同住的成年家属是同一案件中另一方当事人的除外;受送达人是法人或者其他组织的,应当由法人的法定代表人、其他组织的主要负责人或者该法人、组织负责收件的工作人员签收;受送达人有诉讼代理人的,可以送交其代理人签收;受送达人已向人民检察院指定代收人的,送交代收人签收。

第八条 受送达人或者其代收人应当在邮件回执上签名、盖章或者捺印。

受送达人或者其代收人在签收时,应当出示其有效身份证件并在回执上填写该证件的号码,代收人还应填写其与受送达人的关系;受送达人或者其代收人拒绝签收的,由邮政企业的投递员记明情况,并将邮件退回人民检察院。

第九条 有下列情形之一的,即为送达:

(一)受送达人在邮件回执上签名、盖章或者捺印的;

(二)受送达人是无民事行为能力或者限制民事行为能力的自然人,其法定代理人签收的;

(三)受送达人是法人或者其他组织,其法人的法定代表人、该组织的主要

负责人或者办公室、收发室、值班室的工作人员签收的;

(四)受送达人的诉讼代理人签收的;

(五)受送达人指定的代收人签收的;

(六)受送达人的同住成年家属签收的。

第十条 签收人是受送达人本人或者是受送达人的法定代表人、主要负责人、法定代理人、诉讼代理人的,签收人应当当场核对邮件内容。签收人发现邮件内容与回执上的文书名称不一致的,应当当场向邮政企业的投递员提出,由投递员在回执上记明情况,并将邮件退回人民检察院。

签收人是受送达人办公室、收发室、值班室的工作人员或者是与受送达人同住的成年家属,受送达人发现邮件内容与回执上的文书名称不一致的,应当在三日内将该邮件退回人民检察院,并以书面方式说明退回的理由。

第十一条 邮寄送达检察法律文书的费用,从各级人民检察院办案经费中支出。

第十二条 本规定所称检察专递是指邮政企业针对送达检察法律文书所采取的特快专递邮寄形式。

第十三条 本规定由最高人民检察院负责解释,自发布之日起施行。

最高人民检察院以前的有关规定与本规定不一致的,以本规定为准。

三、立案、侦查和提起公诉

(一)综　　合

最高人民检察院、公安部《关于规范刑事案件"另案处理"适用的指导意见》

(2014年3月6日　高检会〔2014〕1号)

第一条 为进一步规范刑事案件"另案处理"的适用,促进严格公正司法,根据《中华人民共和国刑事诉讼法》、《人民检察院刑事诉讼规则(试行)》、《公安机关办理刑事案件程序规定》等有关规定,结合实际工作,制定本意见。

第二条 本意见所称"另案处理",是指在办理刑事案件过程中,对于涉嫌共同犯罪案件或者与该案件有牵连关系的部分犯罪嫌疑人,由于法律有特殊规定或者案件存在特殊情况等原因,不能或者不宜与其他同案犯罪嫌疑人同案处理,而从案件中分离出来单独或者与其他案件并案处理的情形。

第三条 涉案的部分犯罪嫌疑人有下列情形之一的,可以适用"另案处理":

(一)依法需要移送管辖处理的;

(二)系未成年人需要分案办理的;

(三)在同案犯罪嫌疑人被提请批准逮捕或者移送审查起诉时在逃,无法到案的;

(四)涉嫌其他犯罪,需要进一步侦查,不宜与同案犯罪嫌疑人一并提请批准逮捕或者移送审查起诉,或者其他犯罪更为严重,另案处理更为适宜的;

（五）涉嫌犯罪的现有证据暂不符合提请批准逮捕或者移送审查起诉标准，需要继续侦查，而同案犯罪嫌疑人符合提请批准逮捕或者移送审查起诉标准的；

（六）其他适用"另案处理"更为适宜的情形。

第四条 对于下列情形，不适用"另案处理"，但公安机关应当在提请批准逮捕书、起诉意见书中注明处理结果，并将有关法律文书复印件及相关说明材料随案移送人民检察院：

（一）现有证据表明行为人在本案中的行为不构成犯罪或者情节显著轻微、危害不大，依法不应当或者不需要追究刑事责任，拟作或者已经作出行政处罚、终止侦查或者其他处理的；

（二）行为人在本案中所涉犯罪行为，之前已被司法机关依法作不起诉决定、刑事判决等处理并生效的。

第五条 公安机关办案部门在办理刑事案件时，发现其中部分犯罪嫌疑人符合本意见第三条规定的情形之一，拟作"另案处理"的，应当提出书面意见并附下列证明材料，经审核后报县级以上公安机关负责人审批：

（一）依法需要移送管辖的，提供移送管辖通知书、指定管辖决定书等材料；

（二）系未成年人需要分案处理的，提供未成年人户籍证明、立案决定书、提请批准逮捕书、起诉意见书等材料；

（三）犯罪嫌疑人在逃的，提供拘留证、上网追逃信息等材料；

（四）犯罪嫌疑人涉嫌其他犯罪，需要进一步侦查的，提供立案决定书等材料；

（五）涉嫌犯罪的现有证据暂不符合提请批准逮捕或者移送审查起诉标准，需要继续侦查的，提供相应说明材料；

（六）因其他原因暂不能提请批准逮捕或者移送审查起诉的，提供相应说明材料。

第六条 公安机关对适用"另案处理"案件进行审核时，应当重点审核以下内容：

（一）是否符合适用"另案处理"条件；

（二）适用"另案处理"的相关证明材料是否齐全；

（三）对本意见第三条第三项、第五项规定的情形适用"另案处理"的，是否及时开展相关工作。

对于审核中发现的问题，办案部门应当及时纠正。

第七条 公安机关对下列案件应当进行重点审核：

（一）一案中存在多名适用"另案处理"人员的；

（二）适用"另案处理"的人员涉嫌黑社会性质的组织犯罪以及故意杀人、强奸、抢劫、绑架等严重危及人身安全的暴力犯罪的；

（三）适用"另案处理"可能引起当事人及其法定代理人、辩护人、诉讼代理人、近亲属或者其他相关人员投诉的；

（四）适用"另案处理"的案件受到社会广泛关注，敏感复杂的。

第八条 公安机关在提请批准逮捕、移送审查起诉案件时，对适用"另案处理"的犯罪嫌疑人，应当在提请批准逮捕书、起诉意见书中注明"另案处理"，并将其涉嫌犯罪的主要证据材料的复印件，连同本意见第五条规定的相关证明材料一并随案移送。

对未批准适用"另案处理"的刑事案件，应当对符合逮捕条件的全部犯罪嫌疑人一并提请批准逮捕，或者在侦查终结后对全部犯罪嫌疑人一并移送审查起诉。

第九条 在提请人民检察院批准逮捕时已对犯罪嫌疑人作"另案处理"，但在移送审查起诉时"另案处理"的原因已经消失的，公安机关应当对其一并移送审查起诉；"另案处理"原因仍然存在的，公安机关应当继续适用"另案处理"，并予以书面说明。

第十条 人民检察院在审查逮捕、审查起诉时，对于适用"另案处理"的案件，应当一并对适用"另案处理"是否合法、适当进行审查。人民检察院审查的重点适用本意见第六条、第七条的规定。

第十一条 人民检察院对于缺少本意见第五条规定的相关材料的案件，应当要求公安机关补送，公安机关应当及时补送。

第十二条 人民检察院发现公安机关在办案过程中适用"另案处理"存在违法或者不当的，应当向公安机关提出书面纠正意见或者检察建议。公安机关应当认真审查，并将结果及时反馈人民检察院。

第十三条 对于本意见第四条规定的情形，人民检察院应当对相关人员的处理情况及相关法律文书进行审查，发现依法需要追究刑事责任的，应当依法予以法律监督。

第十四条 人民检察院对于犯罪嫌疑人长期在逃或者久侦不结的"另案处理"案件，可以适时向公安机关发函催办。公安机关应当及时将开展工作情况函告人民检察院。

第十五条 人民检察院和公安机关应当建立信息通报制度，相互通报"另案处理"案件数量、工作开展情况、案件处理结果等信息，共同研究办理"另案处理"案件过程中存在的突出问题。对于案情重大、复杂、敏感案件，人民检察院和公安机关可以根据实际情况会商研究。

第十六条 人民检察院和公安机关应当建立对"另案处理"案件的动态管理和核销制度。公安机关应当及时向人民检察院通报案件另案处理结果并提供法律文书等相关材料。市、县级人民检察院与公安机关每六个月对办理的"另案处理"案件进行一次清理核对。对"另案处理"原因已经消失或者已作出相关处理的案件，应当及时予以核销。

第十七条 在办理"另案处理"案件中办案人员涉嫌徇私舞弊、失职、渎职等违法违纪行为的，由有关部门依法依纪处理；构成犯罪的，依法追究刑事责任。

第十八条 各地人民检察院、公安机关可以根据本意见并结合本地工作实际，制定"另案处理"的具体实施办法。

第十九条 本意见自下发之日起施行。

（二）立　　案

最高人民法院研究室《关于重婚案件中受骗的一方当事人能否作为被害人向法院提起诉讼问题的电话答复》

（1992年11月7日）

广东省高级人民法院：

你院《关于重婚案件中受骗的一方当事人能否作为被害人向法院提起诉讼问题的请示》收阅。经研究，答复如下：

基本同意你院的第二种意见，即：重

婚案件中的被害人，既包括重婚者在原合法婚姻关系中的配偶，也包括后来受欺骗而与重婚者结婚的人。鉴于受骗一方当事人在主观上不具有重婚的故意，因此，根据你院《请示》中介绍的案情，陈若容可以作为本案的被害人。根据最高人民法院、最高人民检察院1983年7月26日《关于重婚案件管辖问题的通知》中关于"由被害人提出控告的重婚案件……由人民法院直接受理"的规定，陈若容可以作为自诉人，直接向人民法院提起诉讼。

公安部、最高人民法院、最高人民检察院、司法部《关于办理流窜犯罪案件中一些问题的意见的通知》

（1989年12月13日 〔89〕公发27号）

各省、自治区、直辖市公安厅、局，高级人民法院，人民检察院，司法厅、局：

流窜犯罪是当前严重危害社会治安的一个突出问题，必须依法予以严厉打击。流窜犯罪具有易地作案，骚扰面广，社会危害大等特点。这类案件，一般抓获难、查证更难，往往给侦查、批捕、起诉、审判工作带来诸多困难。为了及时有效地惩处流窜犯罪分子，现对办理流窜犯罪案件中的一些具体问题，提出以下意见：

一、关于流窜犯的认定

流窜犯是指跨市、县管辖范围作案的犯罪分子。

凡构成犯罪且符合下列条件之一的，属于流窜犯罪分子：

1. 跨市、县管辖范围连续作案的；

2. 在居住地作案后，逃跑到外省、市、县继续作案的。有下列情形之一的，不视为流窜犯罪分子：

1. 确属到外市、县旅游、经商、做工等，在当地偶尔犯罪的；

2. 在其居住地与外市、县的交界边沿结合部进行犯罪的。

二、关于流窜犯罪团伙案件的认定和处理

凡三人以上经常纠结在一起进行流窜犯罪活动的，为流窜犯罪团伙。对流窜犯罪团伙案件，只要符合犯罪集团基本特征的按犯罪集团处理，不符合犯罪集团特征的按共同犯罪处理。对于只抓获了流窜犯罪团伙的一部分案犯，短期内不能将全部案犯抓获归案的案件，可根据已查清的犯罪事实、证据，分清罪责，对已抓获的罪该逮捕、起诉、判刑的案犯，要先行批捕、起诉、审判。对在逃的案犯，待抓获后再依法另行处理。

三、关于流窜犯罪案件的定案处理

1. 对流窜犯罪事实和证据材料，公安机关要认真调查核实，对其主要犯罪事实应做到证据充分、确凿。在人民检察院批捕、起诉，人民法院审判以及律师辩护过程中，均应考虑到流窜犯罪分子易地作案，查证十分困难的实际情况，只要基本事实清楚和基本证据确凿，应及时批捕、起诉、审判。对抓获的案犯，如有个别犯罪事实一时难以查清的，可暂不认定，就已经查证核实的事实，依法及时作出处理。对于共同犯罪案件，原则上应一案处理。如果有的同案犯在短期内不能追捕归案的，可对已抓获的案犯就已查清的犯罪事实依法处理，不能久拖不决。

2. 涉及刑事责任年龄界限的案件，必须查清核实被告人的出生年月日。经调查，确实无法查清的，可先按被告人交代的年龄收审、批捕,但是需要定罪量刑的,必须查证清楚。

3. 流窜犯因盗窃或扒窃被抓获后,赃款赃物虽未查获,但其供述的事实、情节与被害人的陈述(包括报案登记)、同案人的供述相一致的,或者其供述与被害人的陈述(包括报案登记)和其他间接证据相一致的,应予认定。

4. 被查获的流窜犯供述的盗窃或扒窃事实、情节与缴获的赃款赃物、同案人的供述相一致,或者被告人的供述与缴获的赃款赃物和其他间接证据相一致,如果找不到被害人和报案登记的,也应予以认定。

5. 流窜犯在盗窃或扒窃时被当场抓获,除缴获当次作案的赃款赃物外,还从其身上或其临时落脚点搜获的其他数额较大的款物,被告人否认系作案所得,但不能说明其合法来源的,只要这些款物在名称、品种、特征、数量等方面均与被害人的陈述或报案登记、同案人的供述相吻合,亦应认定为赃款赃物。

6. 流窜犯作案虽未被当场抓获,但同案人的供述,被害人的陈述、其他间接证据能相互吻合,确能证实其作案的时间、地点、情节、手段、次数和作案所得的赃款赃物数额的,也应予认定。

7. 对于需要判处死刑的案犯,在查证核实时,应当特别慎重,务必把事实和证据搞清、搞准、搞扎实。

四、关于认定流窜犯罪赃款赃物的数额起点

在办理流窜盗窃或者扒窃案件时,既要看其作案所得的数额,又应看其作案的手段、情节及社会危害程度。对那些抓获时作案所得的款物数额虽略低于当地非流窜犯罪的同类案件的数额标准,但情节

恶劣,构成犯罪的,也要依法定罪判刑;对多次作案,属惯犯、累犯的,亦应依法从重惩处。

五、关于流窜犯罪案件的管辖范围

根据《刑事诉讼法》有关规定,对罪该逮捕、判刑的流窜犯罪分子,原则上由抓获地处理。流出地和其他犯罪地公安机关应负责向抓获地公安机关提供有关违法犯罪证据材料。在逃劳改犯、劳教人员流窜多处进行犯罪被抓获后,或由主罪地公安、司法机关处理,处理后原则上仍送回原劳改、劳教单位执行。抓获的在逃未决犯、通缉案犯,已批准逮捕、刑事拘留和收容审查潜逃的案犯,除重新犯罪罪行特别严重者由抓获地处理外,原则上由原办案单位公安机关提回处理。案件管辖不明的,由最先发现的公安机关或上级指定的公安机关办理。

司法部监狱管理局
《关于河南省监狱管理局〈关于狱内在押案犯有漏罪案件由何机关办理的请示〉的批复》

(1997年2月18日 〔1997〕司狱字第16号)

河南省监狱管理局:

你局《关于狱内在押案犯有漏罪案件由何机关办理的请示》,经研究,并请示最高人民检察院的意见,现批复如下:

根据《中华人民共和国刑事诉讼法》第221条之规定,监狱发现正在服刑的在押犯判决时没有发现的罪行,由监狱将犯罪线索案卷移送该罪犯原审地人民检察院处理。公安机关、国家安全机关需要提

审有漏罪的罪犯或人民检察院要将有漏罪的罪犯解回审理的，应当按照〔1995〕司狱字第170号文件规定的程序，办理有关手续。

公安部
《关于如何处理无法查清身份的外国籍犯罪嫌疑人问题的批复》

（1999年1月11日 公复字〔1999〕1号）

吉林省公安厅：

你厅《关于打击拐卖朝鲜妇女犯罪中有关问题的请示》（公吉明发〔98〕2239号）收悉。经研究，现就如何处理无法查清身份的外国籍犯罪嫌疑人问题，批复如下：

公安机关在办理刑事案件过程中，需要确认外国籍犯罪嫌疑人身份的，如果我国与该犯罪嫌疑人所称的国籍国签订的有关司法协助条约或者共同缔结或参加的国际公约有规定，可以按照有关司法协助条约或者国际公约的规定，请求该国协助查明其身份。如果没有司法协助条约或者国际公约规定，可以通过外交途径或者国际刑警组织渠道办理。

公安机关应当尽可能地查明外国籍犯罪嫌疑人的身份，避免引起外交交涉。如果确实无法查清或者有关国家拒绝协助，可以根据《刑事诉讼法》第一百二十八条第二款的规定处理，即犯罪嫌疑人不讲真实姓名、住址，身份不明，但犯罪事实清楚，证据确实、充分的，也可以按其自报的姓名移送人民检察院审查起诉。

公安部
《关于刑事案件如实立案的通知》

（2000年5月9日 公通字〔2000〕40号）

各省、自治区、直辖市公安厅、局，新疆生产建设兵团公安局：

为了进一步加强对刑事案件受理、立案、统计工作的社会监督和内部监督，切实做好公安机关对刑事案件如实立案工作，保障立案数据的真实性和准确性，根据《刑事诉讼法》、《统计法》和中央办公厅、国务院办公厅《关于坚决反对和制止在统计上弄虚作假的通知》的有关精神，现就公安机关关于刑事案件如实立案问题作出如下通知：

一、各地公安机关的刑警队、派出所、110报警服务台等部门对于公民扭送、报案、控告、举报或者犯罪嫌疑人自首的，都应当立即给予认真的接待，无条件接受，如实登记。

二、接受案件的民警应当向扭送人、报案人、控告人、举报人（以下统称报案人）问明案件的有关情况，制作询问笔录，同时填写《接受案件回执单》（式样附后）一式四份，一份由受案单位存档，一份报主管部门（由县、市级公安机关根据本地实际情况明确主管部门），一份交给案件主办部门，一份交报案人收执。回执中必须填明受案单位名称、受案民警姓名以及相关电话号码，以便报案人了解立案情况，监督受案单位的工作进展情况。

《接受案件回执单》由地、市公安机关按公安部制定的样式统一印制、统一编号；由县、市公安机关回执主管部门集中管理，统一发放各受案单位。报案人及其家属凭《接受案件回执单》，可以通过电话或直接到接受案件的公安机关查询该案是否立案或者是否已移送审查起诉的情况。受案单位与办案单位不一致时，受案单位应把办案单位的地址、电话告知报案人，以便报案人查询。接受查询的民警在不泄露国家秘密和侦查秘密以及不妨碍侦查工作正常进行的前提下，要如实、耐心地予以答复。

三、对不够立案标准而不予立案的，有控告人的案件，主办案件的单位，应当依法通知控告人，并告知其如不服，可以申请复议；有其他报案人的案件，应告知报案人，并做好解释说明工作。各级办案部门还可将立案情况采用公告栏形式向社会公布，有条件的地方可将信息输入微机，实行电脑管理，并向社会公布查询电话号码，及时接受报案人的查询。

四、对不够立案标准的，也要及时开展调查，并将调查处理结果告知当事人。盗窃、个人诈骗和抢夺公私财物的案件的立案标准仍按《公安部关于修改盗窃案件统计办法的通知》（公发〔1992〕12号）中规定的标准执行。各地不得擅自提高立案标准。

五、各受案单位应按时上报客观真实的受案、立案数据，统计部门要及时准确客观真实地向上级部门填报受案、立案数据。任何单位、个人均不得干涉、干扰如实立案和统计上报工作。

六、案件侦破后，破案的部门要对犯罪嫌疑人供认的案件逐一倒查，看是否有《接受案件登记表》、《接受案件回执单》（存根）、《立案报告表》等原始记录。并将倒查情况及时报告主管领导。

七、公安机关的纪检、监察、督察、法制以及主管领导要对基层立案情况进行明查暗访，特别是对那些破案率不正常和群众投诉较多的单位，要作为检查重点，及时发现和纠正立案及统计上报等环节存在的问题。

八、110报警服务台对群众反映公安机关刑警队、派出所等单位不立案的投诉，应认真登记并及时转交相关单位处理。

九、对破案倒查、立案抽查、群众投诉以及其他途径发现的立案、统计、上报不实、弄虚作假的单位和民警，各级公安机关要严肃处理有关领导和责任人员，并选择典型案例给予曝光。对不如实立案的单位和个人，不得参加各种评先创优活动；对不认真接受报案的民警要离岗培训。

最高人民检察院、公安部《关于刑事立案监督有关问题的规定（试行）》

（2010年10月1日）

为加强和规范刑事立案监督工作，保障刑事侦查权的正确行使，根据《中华人民共和国刑事诉讼法》等有关规定，结合工作实际，制定本规定。

第一条 刑事立案监督的任务是确保依法立案，防止和纠正有案不立和违法立案，依法、及时打击犯罪，保护公民的合法权利，保障国家法律的统一正确实施，维护社会和谐稳定。

第二条 刑事立案监督应当坚持监督与配合相统一，人民检察院法律监督与公安机关内部监督相结合，办案数量、质量、效率、效果相统一和有错必纠的原则。

第三条 公安机关对于接受的案件

或者发现的犯罪线索,应当及时进行审查,依照法律和有关规定作出立案或者不予立案的决定。

公安机关与人民检察院应当建立刑事案件信息通报制度,定期相互通报刑事发案、报案、立案、破案和刑事立案监督、侦查活动监督、批捕、起诉等情况,重大案件随时通报。有条件的地方,应当建立刑事案件信息共享平台。

第四条 被害人及其法定代理人、近亲属或者行政执法机关,认为公安机关对其控告或者移送的案件应当立案侦查而不立案侦查,向人民检察院提出的,人民检察院应当受理并进行审查。

人民检察院发现公安机关可能存在应当立案侦查而不立案侦查情形的,应当依法进行审查。

第五条 人民检察院对于公安机关应当立案侦查而不立案侦查的线索进行审查后,应当根据不同情况分别作出处理:

(一)没有犯罪事实发生,或者犯罪情节显著轻微不需要追究刑事责任,或者具有其他依法不追究刑事责任情形的,及时答复投诉人或者行政执法机关;

(二)不属于被投诉的公安机关管辖的,应当将有管辖权的机关告知投诉人或者行政执法机关,并建议向该机关控告或者移送;

(三)公安机关尚未作出不予立案决定的,移送公安机关处理;

(四)有犯罪事实需要追究刑事责任,属于被投诉的公安机关管辖,且公安机关已作出不立案决定的,经检察长批准,应当要求公安机关书面说明不立案理由。

第六条 人民检察院对于不服公安机关立案决定的投诉,可以移送立案的公安机关处理。

人民检察院经审查,有证据证明公安机关可能存在违法动用刑事手段插手民事、经济纠纷,或者办案人员利用立案实施报复陷害、敲诈勒索以及谋取其他非法利益等违法立案情形,且已采取刑事拘留等强制措施或者搜查、扣押、冻结等强制性侦查措施,尚未提请批准逮捕或者移送审查起诉的,经检察长批准,应当要求公安机关书面说明立案理由。

第七条 人民检察院要求公安机关说明不立案或者立案理由,应当制作《要求说明不立案理由通知书》或者《要求说明立案理由通知书》,及时送达公安机关。

公安机关应当在收到《要求说明不立案理由通知书》或者《要求说明立案理由通知书》后七日以内作出书面说明,客观反映不立案或者立案的情况、依据和理由,连同有关证据材料复印件回复人民检察院。公安机关主动立案或者撤销案件的,应当将《立案决定书》或者《撤销案件决定书》复印件及时送达人民检察院。

第八条 人民检察院经调查核实,认为公安机关不立案或者立案理由不成立的,经检察长或者检察委员会决定,应当通知公安机关立案或者撤销案件。

人民检察院开展调查核实,可以询问办案人员和有关当事人,查阅、复印公安机关刑事受案、立案、破案等登记表册和立案、不立案、撤销案件、治安处罚、劳动教养等相关法律文书及案卷材料,公安机关应当配合。

第九条 人民检察院通知公安机关立案或者撤销案件的,应当制作《通知立案书》或者《通知撤销案件书》,说明依据和理由,连同证据材料移送公安机关。

公安机关应当在收到《通知立案书》

后十五日以内决定立案,对《通知撤销案件书》没有异议的应当立即撤销案件,并将《立案决定书》或者《撤销案件决定书》复印件及时送达人民检察院。

第十条 公安机关认为人民检察院撤销案件通知有错误的,应当在五日以内经县级以上公安机关负责人批准,要求同级人民检察院复议。人民检察院应当重新审查,在收到《要求复议意见书》和案卷材料后七日以内作出是否变更的决定,并通知公安机关。

公安机关不接受人民检察院复议决定的,应当在五日以内经县级以上公安机关负责人批准,提请上一级人民检察院复核。上级人民检察院应当在收到《提请复核意见书》和案卷材料后十五日以内作出是否变更的决定,通知下级人民检察院和公安机关执行。

上级人民检察院复核认为撤销案件通知有错误的,下级人民检察院应当立即纠正;上级人民检察院复核认为撤销案件通知正确的,下级公安机关应当立即撤销案件,并将《撤销案件决定书》复印件及时送达同级人民检察院。

第十一条 公安机关对人民检察院监督立案的案件应当及时侦查。犯罪嫌疑人在逃的,应当加大追捕力度;符合逮捕条件的,应当及时提请人民检察院批准逮捕;侦查终结需要追究刑事责任的,应当及时移送人民检察院审查起诉。

监督立案后三个月未侦查终结的,人民检察院可以发出《立案监督案件催办函》,公安机关应当及时向人民检察院反馈侦查进展情况。

第十二条 人民检察院在立案监督过程中,发现侦查人员涉嫌徇私舞弊等违法违纪行为的,应当移交有关部门处理;涉嫌职务犯罪的,依法立案侦查。

第十三条 公安机关在提请批准逮捕、移送审查起诉时,应当将人民检察院刑事立案监督法律文书和相关材料随案移送。人民检察院在审查逮捕、审查起诉时,应当及时录入刑事立案监督信息。

第十四条 本规定自2010年10月1日起试行。

公安部《关于改革完善受案立案制度的意见》(节录)

(2015年11月4日 公通字〔2015〕32号)

为有效解决受案立案工作中存在的突出问题,依法惩治违法犯罪活动,切实维护人民群众合法权益,结合公安工作实际,现就改革完善公安机关受案立案制度提出如下意见。

一、任务目标和基本原则(略)
二、主要内容
(一)规范工作流程
1. 健全接报案登记。各省级公安机关依托警务信息综合应用平台,建立完善全省区市统一的接报案、受案立案功能模块。对于群众报案、控告、举报、扭送,违法犯罪嫌疑人投案,以及上级机关交办案件或者其他机关移送的案件,属于公安机关管辖的,各办案警种、部门都必须接受并依照有关规定办理,不得推诿。对于上述接受的案件以及工作中发现的案件,除性质和事实涉及国家秘密的以外,都必须进行网上登记。涉嫌犯罪的,按照刑事案件进行立案审查;涉嫌行政违法的,按照行政案件进行受案审查。群众上门报案的,应当当场进行接报案登记,当场接受证据材料,当场出具接报案回执并告知查询案件进展情况的方式和途径。对明显不属于公安机关职责范围的报案事项,应当立即告知报案人向其他有关主管机关报案。对重复报案、案件正在办理或者已经办结的,应当向报案人作出解释,不再重复接报案登记。

2. 及时审查办理。接报案件后,应当立即进行受案立案审查。对于违法犯罪事实清楚的案件,公安机关各办案警种、部门应当即受即立即办,不得推诿拖延。行政案件受案审查期限原则上不超过24小时,疑难复杂案件受案审查期限不超过3日。刑事案件立案审查期限原则上不超过3日;涉嫌犯罪线索需要查证的,立案审查期限不超过7日;重大疑难复杂案件,经县级以上公安机关负责人批准,立案审查期限可以延长至30日。法律、法规、规章等对受案立案审查期限另有规定的,从其规定。决定不予受案立案后又发现新的事实证据,或者发现原认定事实错误,需要追究行政、刑事责任的,应当及时受案立案处理。

3. 紧急情况处置。对于违法犯罪活动正在进行以及其他情况紧急的案件,接到报案后应当先进行紧急处置,第一时间制止违法犯罪,控制嫌疑人,救治伤员,保护现场,及时开展现场调查取证等工作。紧急处置完毕后,应当在24小时内完成接报案登记;符合受案立案条件的,依法及时受案立案。

(二)强化监督管理

1. 明确主管部门。各级公安法制部门是公安机关受案立案工作监督管理的主管部门,主要履行以下职责:通过受案立案信息系统掌握、监督和管理本级公安机关各办案警种、部门受案立案情况,及时发现、预警和纠正受案立案环节的执法问题;对经济犯罪案件以及其他易出问题、有争议的案件是否受案立案进行审核监督;统一接受检察机关通知立案的案件;协调解决本级公安机关各办案警种、部门之间的案件管辖争议;办理不予立案复议复核案件。

2. 形成监督合力。各有关警种、部门要结合自身职能,积极发挥作用,分工负责,密切配合,共同做好受案立案监督管理工作。指挥中心要通过回访报警人、检查处警警情反馈等形式,及时发现受案立案问题;督察部门要通过执法检查、网上督察等方式加强对接报案、受案立案工作的现场督察,运用督察手段及时处理群众对接报案、受案立案工作的投诉;纪检监察部门要及时查处受案立案工作中存在的违纪违法问题;信访部门要认真组织调查处理受案立案信访事项。

3. 改进考评机制。坚决取消发案数、破案率等影响依法如实受案立案的不科学、不合理考评指标,增加案件当事人对公安机关接报案、受案立案工作满意度的评价比重,树立正确的考核评价激励导向,促进和保障依法如实受案立案。

4. 严格追究责任。完善受案立案工作责任制,明确接报案登记、受案立案审查工作责任。对于报案不接、接报案后不登记不受案不立案、受案立案后不查处、越权管辖、违法受案立案、插手经济纠纷,以及虚报接报案和受案立案统计数据等违法违纪行为,依照有关规定追究相关领导和直接责任人员的责任。

(三)提高信息化水平(略)
(四)完善刑事案件立案标准(略)

三、工作要求(略)

最高人民检察院《关于"人民检察院发出〈通知立案书〉时,应当将有关证明应该立案的材料移送公安机关"问题的批复》

(1998年5月12日 高检发释字〔1998〕3号)

海南省人民检察院:

你院琼检发刑捕字〔1998〕1号《关于执行〈关于刑事诉讼法实施若干问题的规定〉有关问题的请示》收悉。经研究,批复如下:

人民检察院向公安机关发出《通知立案书》时,应当将有关证明应该立案的材料同时移送公安机关。以上"有关证明应该立案的材料"主要是指被害人的控告材料,或者是检察机关在审查举报、审查批捕、审查起诉过程中发现的材料。人民检察院在立案监督中,不得进行侦查。但可以对通知公安机关立案所依据的有关材料,进行必要的调查核实。

监察部、最高人民检察院、国家安全生产监督管理总局《关于加强行政机关与检察机关在重大责任事故调查处理中的联系和配合的暂行规定》

(2006年2月23日)

第一条 为加强行政机关与检察机关在重大责任事故调查处理中的联系和配合,严肃查处重大责任事故涉及的职务犯罪,根据《中华人民共和国刑法》、《中华人民共和国刑事诉讼法》、《中华人民共和国安全生产法》、《中华人民共和国行政监察法》、《国务院特别重大事故调查程序暂行规定》及其他有关法律、法规的规定,制定本规定。

第二条 国务院或国务院授权有关部门组成的事故调查组,应当邀请最高人民检察院参加;地方各级人民政府或政府授权有关部门组成的事故调查组,应当邀请同级检察机关参加。

第三条 事故调查工作由事故调查组统一领导、组织协调。事故调查组成员和检察机关所派人员应当积极配合,紧密协作,在事故调查组领导下,各自在法定职权范围内开展调查工作。

第四条 事故调查组调查的有关材料,应当及时分送检察机关参与调查的工作人员。事故调查组召开的有关会议,应当及时通知检察机关人员参加。

第五条 事故调查组调查中发现与事故责任有关的国家机关工作人员涉嫌下列行为之一的,应当及时将有关证据材料及必要的调查材料复印件移交参与事故调查的检察机关所派人员,检察机关可视情况组织办案组依法查办涉嫌职务犯罪案件:

一、贪污、挪用公款,收受财物或者向他人行贿的;

二、不依法履行职责,工作中严重失职渎职的;

三、违法审批产生严重后果的;

四、不依法查封、取缔、给予行政处罚,产生严重后果的;

五、事故发生后,有关部门不立即组织抢险救灾、贻误抢救时机造成事故扩大，产生严重后果的；

六、对事故隐瞒不报、谎报、拖延迟报，产生严重后果的；

七、其他渎职行为。

第六条 事故调查组和检察机关在事故调查和案件查处工作中，要互通情况，协调配合。

第七条 检察机关发现涉嫌渎职犯罪线索后，根据立案前审查的需要，经检察机关和事故调查组有关负责人批准，可以借阅和复制事故调查组的有关材料和卷宗；可以接触与事故调查有关的人员，向其询问和了解有关情况。事故调查组和各有关部门应当予以协助和配合。检察机关参加调查的工作人员可与事故调查组工作人员一起向事故有关责任人员了解情况，谈话记录由事故调查组作出。

第八条 检察机关在重大责任事故调查期间，对犯罪嫌疑人决定立案侦查，或者决定采取拘留、逮捕等强制措施的，应当向事故调查组负责人通报。

第九条 检察机关应将对犯罪嫌疑人的查处情况及时告知事故调查组。

最高人民检察院、全国整顿和规范市场经济秩序领导小组办公室、公安部、监察部《关于在行政执法中及时移送涉嫌犯罪案件的意见》

（2006年1月26日　高检会〔2006〕2号）

为了完善行政执法与刑事司法相衔接工作机制，加大对破坏社会主义市场经济秩序犯罪、妨害社会管理秩序犯罪以及其他犯罪的打击力度，根据《中华人民共和国刑事诉讼法》、国务院《行政执法机关移送涉嫌犯罪案件的规定》等有关规定，现就在行政执法中及时移送涉嫌犯罪案件提出如下意见：

一、行政执法机关在查办案件过程中，对符合刑事追诉标准、涉嫌犯罪的案件，应当制作《涉嫌犯罪案件移送书》，及时将案件向同级公安机关移送，并抄送同级人民检察院。对未能及时移送并已作出行政处罚的涉嫌犯罪案件，行政执法机关应当于作出行政处罚十日以内向同级公安机关、人民检察院抄送《行政处罚决定书》副本，并书面告知相关权利人。

现场查获的涉案货值或者案件其他情节明显达到刑事追诉标准、涉嫌犯罪的，应当立即移送公安机关查处。

二、任何单位和个人发现行政执法机关不按规定向公安机关移送涉嫌犯罪案件，向公安机关、人民检察院、监察机关或者上级行政执法机关举报的，公安机关、人民检察院、监察机关或者上级行政执法机关应当根据有关规定及时处理，并向举报人反馈处理结果。

三、人民检察院接到控告、举报或者发现行政执法机关不移送涉嫌犯罪案件，经审查或者调查后认为情况基本属实的，可以向行政执法机关查询案件情况、要求行政执法机关提供有关案件材料或者派员查阅案卷材料，行政执法机关应当配合。确属应当移送公安机关而不移送的，人民检察院应当向行政执法机关提出移送的书面意见，行政执法机关应当移送。

四、行政执法机关在查办案件过程中，应当妥善保存案件的相关证据。对易腐烂、变质、灭失等不宜或者不易保管的涉案物品，应当采取必要措施固定证据；

对需要进行检验、鉴定的涉案物品,应当由有关部门或者机构依法检验、鉴定,并出具检验报告或者鉴定结论。

行政执法机关向公安机关移送涉嫌犯罪的案件,应当附涉嫌犯罪案件的调查报告、涉案物品清单、有关检验报告或者鉴定结论及其他有关涉嫌犯罪的材料。

五、对行政执法机关移送的涉嫌犯罪案件,公安机关应当及时审查,自受理之日起十日以内作出立案或者不立案的决定;案情重大、复杂的,可以在受理之日起三十日以内作出立案或者不立案的决定。公安机关作出立案或者不立案决定,应当书面告知移送案件的行政执法机关、同级人民检察院及相关权利人。

公安机关对不属于本机关管辖的案件,应当在二十四小时以内转送有管辖权的机关,并书面告知移送案件的行政执法机关、同级人民检察院及相关权利人。

六、行政执法机关对公安机关决定立案的案件,应当自接到立案通知书之日起三日以内将涉案物品以及与案件有关的其他材料移送公安机关,并办理交接手续;法律、行政法规另有规定的,依照其规定办理。

七、行政执法机关对公安机关不立案决定有异议的,在接到不立案通知书后的三日以内,可以向作出不立案决定的公安机关提请复议,也可以建议人民检察院依法进行立案监督。

公安机关接到行政执法机关提请复议书后,应当在三日以内作出复议决定,并书面告知提请复议的行政执法机关。行政执法机关对公安机关不立案的复议决定仍有异议的,可以在接到复议决定书后的三日以内,建议人民检察院依法进行立案监督。

八、人民检察院接到行政执法机关提出的对涉嫌犯罪案件进行立案监督的建议后,应当要求公安机关说明不立案理由,公安机关应当在七日以内向人民检察院作出书面说明。对公安机关的说明,人民检察院应当进行审查,必要时可以进行调查,认为公安机关不立案理由成立的,应当将审查结论书面告知提出立案监督建议的行政执法机关;认为公安机关不立案理由不能成立的,应当通知公安机关立案。公安机关接到立案通知书后应当在十五日以内立案,同时将立案决定书送达人民检察院,并书面告知行政执法机关。

九、公安机关对发现的违法行为,经审查,没有犯罪事实,或者立案侦查后认为犯罪情节显著轻微,不需要追究刑事责任,但依法应当追究行政责任的,应当及时将案件移送行政执法机关,有关行政执法机关应当依法作出处理,并将处理结果书面告知公安机关和人民检察院。

十、行政执法机关对案情复杂、疑难,性质难以认定的案件,可以向公安机关、人民检察院咨询,公安机关、人民检察院应当认真研究,在七日以内回复意见。对有证据表明可能涉嫌犯罪的行为人可能逃匿或者销毁证据,需要公安机关参与、配合的,行政执法机关可以商请公安机关提前介入,公安机关可以派员介入。对涉嫌犯罪的,公安机关应当及时依法立案侦查。

十一、对重大、有影响的涉嫌犯罪案件,人民检察院可以根据公安机关的请求派员介入公安机关的侦查,参加案件讨论,审查相关案件材料,提出取证建议,并对侦查活动实施法律监督。

十二、行政执法机关在依法查处违法行为过程中,发现国家工作人员贪污贿赂或者国家机关工作人员渎职等违纪、犯罪线索的,应当根据案件的性质,及时向监察机关或者人民检察院移送。监察机关、人民检察院应当认真审查,依纪、依法处理,并将处理结果书面告知移送案件线索的行政执法机关。

十三、监察机关依法对行政执法机关查处违法案件和移送涉嫌犯罪案件工作进行监督,发现违纪、违法问题的,依照有关规定进行处理。发现涉嫌职务犯罪的,应当及时移送人民检察院。

十四、人民检察院依法对行政执法机关移送涉嫌犯罪案件情况实施监督,发现行政执法人员徇私舞弊,对依法应当移送的涉嫌犯罪案件不移送,情节严重,构成犯罪的,应当依照刑法有关的规定追究其刑事责任。

十五、国家机关工作人员以及在依照法律、法规规定行使国家行政管理职权的组织中从事公务的人员,或者在受国家机关委托代表国家机关行使职权的组织中从事公务的人员,或者虽未列入国家机关人员编制但在国家机关中从事公务的人员,利用职权干预行政执法机关和公安机关执法,阻挠案件移送和刑事追诉,构成犯罪的,人民检察院应当依照刑法关于渎职罪的规定追究其刑事责任。国家行政机关和法律、法规授权的具有管理公共事务职能的组织以及国家行政机关依法委托的组织及其工勤人员以外的工作人员,利用职权干预行政执法机关和公安机关执法,阻挠案件移送和刑事追诉,构成违纪的,监察机关应当依法追究其纪律责任。

十六、在查办违法犯罪案件工作中,公安机关、监察机关、行政执法机关和人民检察院应当建立联席会议、情况通报、信息共享等机制,加强联系,密切配合,各司其职,相互制约,保证准确有效地执行法律。

十七、本意见所称行政执法机关,是指依照法律、法规或者规章的规定,对破坏社会主义市场经济秩序、妨害社会管理秩序以及其他违法行为具有行政处罚权的行政机关,以及法律、法规授权的具有管理公共事务职能、在法定授权范围内实施行政处罚的组织,不包括公安机关、监察机关。

最高人民法院、最高人民检察院、公安部、中国证监会《关于办理证券期货违法犯罪案件工作若干问题的意见》

(2011年4月27日　证监发〔2011〕30号)

为加强办理证券期货违法犯罪案件工作,完善行政执法与刑事司法的衔接机制,进一步依法有效惩治证券期货违法犯罪,提出如下意见:

一、证券监管机构依据行政机关移送涉嫌犯罪案件的有关规定,在办理可能移送公安机关查处的证券期货违法案件过程中,经履行批准程序,可商请公安机关协助查询、复制被调查对象的户籍、出入境信息等资料,对有关涉案人员按照相关规定采取边控、报备措施。证券监管机构向公安机关提出请求时,应当明确协助办理的具体事项,提供案件情况及相关材料。

二、证券监管机构办理证券期货违法案件,案情重大、复杂、疑难的,可商请公安机关就案件性质、证据等问题提出参考意见;对有证据表明可能涉嫌犯罪的行为人可能逃匿或者销毁证据的,证券监管机构应当及时通知公安机关;涉嫌犯罪的，公安机关应当及时立案侦查。

三、证券监管机构与公安机关建立和完善协调会商机制。证券监管机构依据行政机关移送涉嫌犯罪案件的有关规定，在向公安机关移送重大、复杂、疑难的涉嫌证券期货犯罪案件前，应当启动协调会商机制，就行为性质认定、案件罪名适用、案件管辖等问题进行会商。

四、公安机关、人民检察院和人民法院在办理涉嫌证券期货犯罪案件过程中，可商请证券监管机构指派专业人员配合开展工作，协助查阅、复制有关专业资料。证券监管机构可以根据司法机关办案需要，依法就案件涉及的证券期货专业问题向司法机关出具认定意见。

五、司法机关对证券监管机构随案移送的物证、书证、鉴定结论、视听资料、现场笔录等证据要及时审查，作出是否立案的决定；随案移送的证据，经法定程序查证属实的，可作为定案的根据。

六、证券监管机构依据行政机关移送涉嫌犯罪案件的有关规定向公安机关移交证据，应当制作证据移交清单，双方经办人员应当签字确认，加盖公章，相关证据随证据移交清单一并移交。

七、对涉众型证券期货犯罪案件，在已收集的证据能够充分证明基本犯罪事实的前提下，公安机关可在被调查对象范围内按一定比例收集和调取书证、被害人陈述、证人证言等相关证据。

八、以证券交易所、期货交易所、证券登记结算机构、期货保证金监控机构以及证券公司、期货公司留存的证券期货委托记录和交易记录、登记存管结算资料等电子数据作为证据的，数据提供单位应以电子光盘或者其他载体记录相关原始数据，并说明制作方法、制作时间及制作人等信息，并由复制件制作人和原始电子数据持有人签名或盖章。

九、发行人、上市公司或者其他信息披露义务人在证券监管机构指定的信息披露媒体、信息披露义务人或证券交易所网站发布的信息披露公告，其打印件或据此制作的电子光盘，经核对无误后，说明其来源、制作人、制作时间、制作地点等的，可作为刑事证据使用，但有其他证据证明打印件或光盘内容与公告信息不一致的除外。

十、涉嫌证券期货犯罪的第一审案件，由中级人民法院管辖，同级人民检察院负责提起公诉，地(市)级以上公安机关负责立案侦查。

最高人民法院、最高人民检察院《关于贯彻执行〈关于办理证券期货违法犯罪案件工作若干问题的意见〉有关问题的通知》

（法发〔2012〕8号　2012年3月12日）

各省、自治区、直辖市高级人民法院、人民检察院，解放军军事法院、军事检察院，新疆维吾尔自治区高级人民法院生产建设兵团分院、新疆生产建设兵团人民检察院：

最高人民法院、最高人民检察院、公安部、中国证监会《关于办理证券期货违法犯罪案件工作若干问题的意见》（证监发〔2011〕30号，以下简称《意见》）已于2011年12月下发各地执行。为正确适用《意见》，做好证券期货犯罪案件起诉审判工作，现就贯彻执行《意见》的有关问题通知如下：

一、《意见》第十条中的"证券期货犯

罪",是指刑法第一百六十条、第一百六十一条、第一百六十九条之一、第一百七十八条第二款、第一百七十九条、第一百八十条、第一百八十一条、第一百八十二条、第一百八十五条之一第一款规定的犯罪。

二、2012年1月1日以后,证券期货犯罪的第一审案件,适用《意见》第十条的规定,由中级人民法院管辖,同级人民检察院负责提起公诉。

三、2011年12月31日以前已经提起公诉的证券期货犯罪案件,不适用《意见》第十条关于级别管辖的规定。

四、各级人民法院、人民检察院在贯彻执行《意见》的过程中,应当注意总结办案经验,加强调查研究。对于贯彻执行过程中遇到的疑难问题,请及时报告最高人民法院、最高人民检察院。最高人民法院、最高人民检察院将在进一步总结司法审判经验的基础上,通过有关工作会议、司法文件、公布典型案例等方式,对证券期货犯罪案件司法审判工作加强指导,以更好地服务经济社会发展和依法惩处证券期货违法犯罪工作的需要。

特此通知。

国家食品药品监管总局、公安部、最高人民法院、最高人民检察院、国务院食品安全办《食品药品行政执法与刑事司法衔接工作办法》

(2015年12月22日)

第一章 总 则

第一条 为进一步健全食品药品行政执法与刑事司法衔接工作机制,加大对食品药品领域违法犯罪行为打击力度,切实维护人民群众生命安全和身体健康,根据《中华人民共和国刑法》、《中华人民共和国刑事诉讼法》、《中华人民共和国食品安全法》、《中华人民共和国药品管理法》等法律、行政法规和相关司法解释,制定本办法。

第二条 本办法适用于各级食品药品监管部门、公安机关、人民检察院、人民法院办理的食品(含食品添加剂)、药品、医疗器械、化妆品等领域涉嫌违法犯罪案件。

第三条 各级食品药品监管部门、公安机关、人民检察院、人民法院之间应当建立健全线索通报、案件移送、信息共享、信息发布等工作机制。

第四条 人民检察院对食品药品监管部门移送涉嫌犯罪案件活动和公安机关对移送案件的立案活动,依法实施法律监督。

第二章 案件移送与法律监督

第五条 食品药品监管部门在查办食品药品违法案件过程中,发现涉嫌犯罪,依法需要追究刑事责任的,应当及时将案件移送公安机关,并抄送同级人民检察院。

食品药品监管部门向公安机关移送的案件,应当符合下列条件:

(一)实施行政执法的主体与程序合法。

(二)有证据证明涉嫌犯罪事实发生。

第六条 食品药品监管部门在查处食品药品违法行为过程中,应当妥善保存所收集的与违法行为有关的证据。

第七条 食品药品监管部门向公安机关移送涉嫌犯罪案件,应当自作出移送决定之日起24小时内移交案件材料,并将案件移送书抄送同级人民检察院。

食品药品监管部门向公安机关移送

涉嫌犯罪案件，应当附有下列材料：

（一）涉嫌犯罪案件的移送书；

（二）涉嫌犯罪案件情况的调查报告；

（三）涉案物品清单；

（四）有关检验报告或者鉴定意见；

（五）其他有关涉嫌犯罪的材料。

公安机关认为需要补充材料的，食品药品监管部门应当及时提供。

第八条 人民检察院发现食品药品监管部门不依法移送涉嫌犯罪案件线索的，应当及时与食品药品监管部门协商，并可以派员调阅、查询有关案卷材料；对于涉嫌犯罪的，应当提出建议依法移送的检察意见。食品药品监管部门应自收到检察意见之日起3日内将案件移送公安机关，并将执行情况通知人民检察院。

第九条 公安机关对食品药品监管部门按照本办法第七条规定移送的涉嫌犯罪案件，一般应当自受理之日起10日内依法作出立案或者不予立案的决定；案情重大的，应当自受理之日起30日内作出立案或者不予立案的决定；特殊情况下，受案单位报经上一级公安机关批准，可以再延长30日作出决定。

公安机关作出立案、不予立案、撤销案件决定的，应当自作出决定之日起3日内书面通知食品药品监管部门，同时抄送人民检察院。公安机关作出不予立案或者撤销案件决定的，应当将案卷材料退回食品药品监管部门，并说明理由。

第十条 食品药品监管部门认为公安机关不予立案决定不当的，可以在接到不予立案通知书之日起3日内提请复议，公安机关应当在接到复议请求之日起3日内作出立案或者不予立案的复议决定，并书面通知食品药品监管部门。

对于公安机关逾期未作出是否立案决定，以及对不予立案决定、复议决定、立案后撤销案件决定有异议的，食品药品监管部门可以建议人民检察院予以立案监督。

第十一条 食品药品监管部门建议人民检察院进行立案监督的案件，应当提供立案监督建议书、相关案件材料，并附公安机关不予立案、立案后撤销案件决定及说明理由的材料，复议维持不予立案决定的材料或者公安机关逾期未作出是否立案决定的材料。

人民检察院认为需要补充材料的，食品药品监管部门应当及时提供。

第十二条 食品药品监管部门对于不追究刑事责任的案件，应当依法作出行政处罚或者其他处理。

食品药品监管部门向公安机关移送涉嫌犯罪案件前，已经作出的警告、责令停产停业、暂扣或者吊销许可证的行政处罚决定，不停止执行；向公安机关移送涉嫌犯罪案件时，应当附有行政处罚决定书。已经作出罚款行政处罚的，人民法院在判处罚金时依法折抵。未作出行政处罚决定的，原则上应当在公安机关决定不予立案或者撤销案件、人民检察院作出不起诉决定、人民法院作出无罪判决或者免予刑事处罚后，再决定是否给予行政处罚。

第十三条 公安机关对发现的食品药品违法行为，经审查没有犯罪事实，或者立案侦查后认为犯罪事实显著轻微、不需要追究刑事责任，但依法应当予以行政处罚的，应当及时将案件移交食品药品监管部门。

第十四条 人民检察院对作出不起诉决定的案件、人民法院对作出无罪判决或者免予刑事处罚的案件，认为依法应当给予行政处罚的，应当及时移交食品药品监管部门处理，并可以提出检察意见或者司法建议。

第十五条 对于尚未作出生效裁判的案件,食品药品监管部门依法应当作出责令停产停业、吊销许可证等行政处罚,需要配合的,公安机关、人民检察院、人民法院应当给予配合。对于人民法院已经作出生效裁判的案件,依法还应当由食品药品监管部门作出吊销许可证等行政处罚的,食品药品监管部门可以依据人民法院生效裁判认定的事实和证据依法予以行政处罚。食品药品监管部门认为上述事实和证据有重大问题的,应当及时向人民法院反馈,并在人民法院通过法定程序重新处理后,依法作出处理。

第十六条 对流动性、团伙性、跨区域性危害食品药品安全犯罪案件的管辖,依照最高人民法院、最高人民检察院、公安部等部门联合印发的《关于办理流动性、团伙性、跨区域性犯罪案件有关问题的意见》(公通字〔2011〕14号)相关规定执行。

第十七条 案件移送中涉及多次实施危害食品药品安全违法行为,未经处理的,涉案产品的销售金额或者货值金额累计计算。

第十八条 食品药品监管部门在行政执法和查办案件过程中依法收集的物证、书证、视听资料、电子数据、检验报告、鉴定意见、勘验笔录、检查笔录等证据材料,经公安机关、人民检察院审查,人民法院庭审质证确认,可以作为证据使用。

第三章 涉案物品检验与认定

第十九条 公安机关、人民检察院、人民法院办理危害食品药品安全犯罪案件,商请食品药品监管部门提供检验结论、认定意见协助的,应当按照公安机关、人民检察院、人民法院刑事案件办理的法定时限要求积极协助,及时提供检验结论、认定意见,并承担相关费用。

第二十条 地方各级食品药品监管部门应当及时将会同有关部门认定的食品药品检验检测机构名单、检验检测资质及项目等,向公安机关、人民检察院、人民法院通报。

第二十一条 对同一批次或者同一类型的涉案食品药品,如因数量较大等原因,无法进行全部检验检测,根据办案需要,可以依法进行抽样检验检测。公安机关、人民检察院、人民法院对符合行政执法规范要求的抽样检验检测结果予以认可,可以作为该批次或该类型全部涉案产品的检验检测结果。

第二十二条 对于符合《最高人民法院 最高人民检察院关于办理危害食品安全刑事案件适用法律若干问题的解释》(法释〔2013〕12号)第一条第二项中属于病死、死因不明的畜、禽、兽、水产动物及其肉类、肉类制品和第三项规定情形的涉案食品,食品药品监管部门可以直接出具认定意见并说明理由。

第二十三条 对于符合《中华人民共和国药品管理法》第四十八条第三款第一、二、五、六项规定情形的涉案药品,地市级以上食品药品监管部门可以直接出具认定意见并说明理由;确有必要的,应当载明检测结果。

第二十四条 根据食品药品监管部门或者公安机关、人民检察院的委托,对尚未建立食品安全标准检验方法的,相关检验检测机构可以采用非食品安全标准等规定的检验项目和检验方法对涉案食品进行检验,检验结果可以作为定罪量刑的参考。通过上述办法仍不能得出明确结论的,根据公安机关、人民检察院的委托,地市级以上的食品药品监管部门可以组织专家对涉案食品进行评估认定,该评估认定意见可作为定罪量刑的参考。

对药品的检验检测按照《中华人民共和国药品管理法》及其实施条例等有关规定执行。

对医疗器械的检测按照《医疗器械监督管理条例》有关规定执行。

第二十五条 食品药品监管部门依据检验检测报告、结合专家意见等相关材料得出认定意见的,应当按照以下格式出具结论:

(一)假药案件,结论中应写明"经认定……属于假药(或者按假药论处)";

(二)劣药案件,结论中应写明"经认定……属于劣药(或者按劣药论处)";

(三)生产、销售不符合食品安全标准的案件,符合《最高人民法院 最高人民检察院关于办理危害食品安全刑事案件适用法律若干问题的解释》(法释〔2013〕12号)第一条相关情形的,结论中应写明"经认定,某食品……不符合食品安全标准,足以造成严重食物中毒事故(或者其他严重食源性疾病)";

(四)生产、销售不符合保障人体健康的国家标准、行业标准的医疗器械案件,符合最高人民检察院、公安部联合印发的《关于公安机关管辖的刑事案件立案追诉标准的规定(一)》(公通字〔2008〕36号)第二十一条相关情形的,结论中应写明"经认定,某医疗器械……不符合国家标准、行业标准,足以严重危害人体健康";

(五)其他案件也均应写明认定涉嫌犯罪应当具备的结论性意见。

第二十六条 办案部门应当及时告知犯罪嫌疑人、被害人或者其辩护律师、法定代理人,在涉案物品依法处置前提出重新或补充检验检测、认定的申请。

第四章 协作配合

第二十七条 食品药品监管部门在日常工作中发现属于《中华人民共和国食品安全法》、《中华人民共和国药品管理法》规定的明显涉嫌犯罪的案件线索,应当立即以书面形式向同级公安机关通报。

公安机关应当及时进行审查,必要时可以进行初查。初查过程中,公安机关可以依法采取询问、查询、勘验、鉴定和调取证据材料等不限制被调查对象人身、财产权利的措施。对符合立案条件的,公安机关应当及时依法立案侦查。

第二十八条 各级食品药品监管部门在日常监管、监督抽检、风险监测和处理投诉举报中发现的食品药品重要违法信息,应当及时通报同级公安机关;公安机关应当将侦办案件中发现的重大监管问题通报食品药品监管部门。

公安机关在侦查食品药品犯罪案件中,已查明涉案食品药品流向的,应当及时通报同级食品药品监管部门依法采取控制措施。

第二十九条 食品药品监管部门和公安机关在查办食品药品违法犯罪案件过程中发现包庇纵容、徇私舞弊、贪污受贿、失职渎职等涉嫌职务犯罪行为的,应当及时将线索移送人民检察院。

第三十条 食品药品监管部门、公安机关、人民检察院、人民法院应当相互配合、支持,及时、全面回复专业咨询。

第三十一条 食品药品监管部门、公安机关和人民检察院,应当加强对重大案件的联合督办工作。

国家食品药品监督管理总局、公安部、最高人民检察院可以对下列重大案件实行联合督办：

（一）在全国范围内有重大影响的案件；

（二）引发公共安全事件，对公民生命健康、财产造成特别重大损害、损失的案件；

（三）跨地区、案情复杂、涉案金额特别巨大的案件；

（四）其他有必要联合督办的重大案件。

第三十二条　各级食品药品监管部门、公安机关、人民检察院、人民法院之间建立食品药品违法犯罪案件信息发布的沟通协作机制。发布案件信息前，应当互相通报情况；联合督办的重要案件信息应当联合发布。

第三十三条　各级食品药品监管部门、公安机关、人民检察院应当定期召开联席会议，通报案件办理工作情况，研究解决重大问题。

第三十四条　各级食品安全委员会办公室负责推动建立地区间、部门间食品案件查办联动机制，协调相关部门解决办案协作、涉案物品处置等方面重大问题。

第五章　信息共享

第三十五条　各级食品药品监管部门、公安机关、人民检察院应当积极建设行政执法与刑事司法衔接信息共享平台，逐步实现涉嫌犯罪案件的网上移送、网上受理、网上监督。

第三十六条　已经接入信息共享平台的食品药品监管部门、公安机关、人民检察院，应当在作出相关决定之日起7日内分别录入下列信息：

（一）适用一般程序的食品药品违法案件行政处罚、案件移送、提请复议和建议人民检察院进行立案监督的信息；

（二）移送涉嫌犯罪案件的立案、复议、人民检察院监督立案后的处理情况，以及提请批准逮捕、移送审查起诉的信息；

（三）监督移送、监督立案以及批准逮捕、提起公诉的信息。

尚未建成信息共享平台的食品药品监管部门、公安机关、人民检察院，应当自作出相关决定后及时向其他部门通报前款规定的信息。

第三十七条　各级食品药品监管部门、公安机关、人民检察院应当对信息共享平台录入的案件信息及时汇总、分析，定期对平台运行情况总结通报。

第六章　附　　则

第三十八条　各省、自治区、直辖市的食品药品监管部门、公安机关、人民检察院、人民法院可以根据本办法制定本行政区域的实施细则。

第三十九条　本办法自发布之日起施行。

国家药品监督管理局、国家市场监督管理总局、公安部、最高人民法院、最高人民检察院《药品行政执法与刑事司法衔接工作办法》

（2023年1月10日　国药监法〔2022〕41号）

第一章　总　　则

第一条　为进一步健全药品行政执

法与刑事司法衔接工作机制,加大对药品领域违法犯罪行为打击力度,切实维护人民群众身体健康和生命安全,根据《中华人民共和国刑法》《中华人民共和国刑事诉讼法》《中华人民共和国行政处罚法》《中华人民共和国药品管理法》《中华人民共和国疫苗管理法》《医疗器械监督管理条例》《化妆品监督管理条例》《行政执法机关移送涉嫌犯罪案件的规定》等法律、行政法规和相关司法解释,结合工作实际,制定本办法。

第二条 本办法适用于各级药品监管部门、公安机关、人民检察院、人民法院办理的药品领域(含药品、医疗器械、化妆品,下同)涉嫌违法犯罪案件。

第三条 各级药品监管部门、公安机关、人民检察院、人民法院之间应当加强协作,统一法律适用,健全情况通报、案件移送、信息共享、信息发布等工作机制。

第四条 药品监管部门应当依法向公安机关移送药品领域涉嫌犯罪案件,对发现违法行为明显涉嫌犯罪的,及时向公安机关、人民检察院通报,根据办案需要依法出具认定意见或者协调检验检测机构出具检验结论,依法处理不追究刑事责任、免予刑事处罚或者已给予刑事处罚,但仍应当给予行政处罚的案件。

第五条 公安机关负责药品领域涉嫌犯罪移送案件的受理、审查工作。对符合立案条件的,应当依法立案侦查。对药品监管部门商请协助的重大、疑难案件,与药品监管部门加强执法联动,对明显涉嫌犯罪的,协助采取紧急措施,加快移送进度。

第六条 人民检察院对药品监管部门移送涉嫌犯罪案件活动和公安机关有关立案侦查活动,依法实施法律监督。

第七条 人民法院应当充分发挥刑事审判职能,依法审理危害药品安全刑事案件,准确适用财产刑、职业禁止或者禁止令,提高法律震慑力。

第二章 案件移送与法律监督

第八条 药品监管部门在依法查办案件过程中,发现违法事实涉及的金额、情节、造成的后果,根据法律、司法解释、立案追诉标准等规定,涉嫌构成犯罪,依法需要追究刑事责任的,应当依照本办法向公安机关移送。对应当移送的涉嫌犯罪案件,立即指定2名以上行政执法人员组成专案组专门负责,核实情况后,提出移送涉嫌犯罪案件的书面报告。药品监管部门主要负责人应当自接到报告之日起3日内作出批准移送或者不批准移送的决定。批准移送的,应当在24小时内向同级公安机关移送;不批准移送的,应当将不予批准的理由记录在案。

第九条 药品监管部门向公安机关移送涉嫌犯罪案件,应当附有下列材料,并将案件移送书抄送同级人民检察院:

(一)涉嫌犯罪案件的移送书,载明移送机关名称、违法行为涉嫌犯罪罪名、案件主办人及联系电话等。案件移送书应当附移送材料清单,并加盖移送机关公章;

(二)涉嫌犯罪案件情况的调查报告,载明案件来源,查获情况,犯罪嫌疑人基本情况,涉嫌犯罪的事实、证据和法律依据,处理建议等;

(三)涉案物品清单,载明涉案物品的名称、数量、特征、存放地等事项,并附采取行政强制措施、表明涉案物品来源的相关材料;

(四)对需要检验检测的,附检验检测机构出具的检验结论及检验检测机构资质证明;

(五)现场笔录、询问笔录、认定意见等其他有关涉嫌犯罪的材料。有鉴定意见的,应附鉴定意见。

对有关违法行为已经作出行政处罚决定的,还应当附行政处罚决定书和相关执行情况。

第十条 公安机关对药品监管部门移送的涉嫌犯罪案件,应当出具接受案件的回执或者在案件移送书的回执上签字。

公安机关审查发现移送的涉嫌犯罪案件材料不全的,应当在接受案件的24小时内书面告知移送机关在3日内补正,公安机关不得以材料不全为由不接受移送案件。

公安机关审查发现移送的涉嫌犯罪案件证据不充分的,可以就证明有犯罪事实的相关证据等提出补充调查意见,由移送机关补充调查并及时反馈公安机关。因客观条件所限,无法补正的,移送机关应当向公安机关作出书面说明。根据实际情况,公安机关可以依法自行调查。

第十一条 药品监管部门移送涉嫌犯罪案件,应当接受人民检察院依法实施的监督。人民检察院发现药品监管部门不依法移送涉嫌犯罪案件的,应当向药品监管部门提出检察意见并抄送同级司法行政机关。药品监管部门应当自收到检察意见之日起3日内将案件移送公安机关,并将案件移送书抄送人民检察院。

第十二条 公安机关对药品监管部门移送的涉嫌犯罪案件,应当自接受案件之日起3日内作出立案或者不立案的决定;案件较为复杂的,应当在10日内作出决定;案情重大、疑难、复杂或者跨区域性的,经县级以上公安机关负责人批准,应当在30日内决定是否立案;特殊情况下,受案单位报经上一级公安机关批准,可以再延长30日作出决定。接受案件后对属于公安机关管辖但不属于本公安机关管辖的案件,应当在24小时内移送有管辖权的公安机关,并书面通知移送机关,抄送同级人民检察院。对不属于公安机关管辖的,应当在24小时内退回移送机关,并书面说明理由。

公安机关作出立案、不予立案、撤销案件决定的,应当自作出决定之日起3日内书面通知移送机关,同时抄送同级人民检察院。公安机关作出不予立案或者撤销案件决定的,应当说明理由,并将案卷材料退回移送机关。

第十三条 药品监管部门接到公安机关不予立案的通知书后,认为依法应当由公安机关决定立案的,可以自接到不予立案通知书之日起3日内,提请作出不予立案决定的公安机关复议,也可以建议人民检察院依法进行立案监督。

作出不予立案决定的公安机关应当自收到药品监管部门提请复议的文件之日起3日内作出立案或者不予立案的决定,并书面通知移送机关。移送机关对公安机关不予立案的复议决定仍有异议的,应当自收到复议决定通知书之日起3日内建议人民检察院依法进行立案监督。

公安机关应当接受人民检察院依法进行的立案监督。

第十四条 药品监管部门建议人民检察院进行立案监督的案件,应当提供立案监督建议书、相关案件材料,并附公安机关不予立案、立案后撤销案件决定及说明理由的材料,复议维持不予立案决定的材料或者公安机关逾期未作出是否立案决定的材料。

人民检察院认为需要补充材料的，药品监管部门应当及时提供。

第十五条　药品监管部门对于不追究刑事责任的案件，应当依法作出行政处罚或者其他处理。

药品监管部门向公安机关移送涉嫌犯罪案件前，已经作出的警告、责令停产停业、暂扣或者吊销许可证件、责令关闭、限制从业等行政处罚决定，不停止执行。未作出行政处罚决定的，原则上应当在公安机关决定不予立案或者撤销案件、人民检察院作出不起诉决定、人民法院作出无罪或者免予刑事处罚判决后，再决定是否给予行政处罚，但依法需要给予警告、通报批评、限制开展生产经营活动、责令停产停业、责令关闭、限制从业、暂扣或者吊销许可证件行政处罚的除外。

已经作出罚款行政处罚并已全部或者部分执行的，人民法院在判处罚金时，在罚金数额范围内对已经执行的罚款进行折抵。

违法行为构成犯罪，人民法院判处拘役或者有期徒刑时，公安机关已经给予当事人行政拘留并执行完毕的，应当依法折抵相应刑期。

药品监管部门作出移送决定之日起，涉嫌犯罪案件的移送办理时间，不计入行政处罚期限。

第十六条　公安机关对发现的药品违法行为，经审查没有犯罪事实，或者立案侦查后认为犯罪事实显著轻微、不需要追究刑事责任，但依法应当予以行政处罚的，应当将案件及相关证据材料移交药品监管部门。

药品监管部门应当自收到材料之日起 15 日内予以核查，按照行政处罚程序作出立案、不立案、移送案件决定的，应当自作出决定之日起 3 日内书面通知公安机关，并抄送同级人民检察院。

第十七条　人民检察院对作出不起诉决定的案件，认为依法应当给予行政处罚的，应当将案件及相关证据材料移交药品监管部门处理，并提出检察意见。药品监管部门应当自收到检察意见书之日起 2 个月内向人民检察院通报处理情况或者结果。

人民法院对作出无罪或者免予刑事处罚判决的案件，认为依法应当给予行政处罚的，应当将案件及相关证据材料移交药品监管部门处理，并可以提出司法建议。

第十八条　对于尚未作出生效裁判的案件，药品监管部门依法应当作出责令停产停业、吊销许可证件、责令关闭、限制从业等行政处罚，需要配合的，公安机关、人民检察院、人民法院应当给予配合。

对于人民法院已经作出生效裁判的案件，依法还应当由药品监管部门作出吊销许可证件等行政处罚的，需要人民法院提供生效裁判文书，人民法院应当及时提供。药品监管部门可以依据人民法院生效裁判认定的事实和证据依法予以行政处罚。

第十九条　对流动性、团伙性、跨区域性危害药品安全犯罪案件的管辖，依照最高人民法院、最高人民检察院、公安部等部门联合印发的《关于办理流动性、团伙性、跨区域性犯罪案件有关问题的意见》（公通字〔2011〕14 号）相关规定执行。

上级公安机关指定下级公安机关立案侦查的案件，需要人民检察院审查批准逮捕、审查起诉的，按照最高人民法院、最高人民检察院、公安部、国家安全部、司法部、全国人大常委会法制工作委员会联合印发的《关于实施刑事诉讼法若干问题的规定》相关规定执行。

第二十条 多次实施危害药品安全违法犯罪行为,未经处理,且依法应当追诉的,涉案产品的销售金额或者货值金额累计计算。

第二十一条 药品监管部门在行政执法和查办案件过程中依法收集的物证、书证、视听资料、电子数据等证据材料,在刑事诉讼中可以作为证据使用;经人民法院查证属实,可以作为定案的根据。

第二十二条 药品监管部门查处危害药品安全违法行为,依据《中华人民共和国药品管理法》《中华人民共和国疫苗管理法》等相关规定,认为需要对有关责任人员予以行政拘留的,应当在依法作出其他种类的行政处罚后,参照本办法,及时将案件移送有管辖权的公安机关决定是否行政拘留。

第三章 涉案物品检验、认定与移送

第二十三条 公安机关、人民检察院、人民法院办理危害药品安全犯罪案件,商请药品监管部门提供检验结论、认定意见协助的,药品监管部门应当按照公安机关、人民检察院、人民法院刑事案件办理的法定时限要求积极协助,及时提供检验结论、认定意见,并承担相关费用。

药品监管部门应当在其设置或者确定的检验检测机构协调设立检验检测绿色通道,对涉嫌犯罪案件涉案物品的检验检测实行优先受理、优先检验、优先出具检验结论。

第二十四条 地方各级药品监管部门应当及时向公安机关、人民检察院、人民法院通报药品检验检测机构名单、检验检测资质及项目等信息。

第二十五条 对同一批次或者同一类型的涉案药品,如因数量较大等原因,无法进行全部检验检测,根据办案需要,可以依法进行抽样检验检测。公安机关、人民检察院、人民法院对符合行政执法规范要求的抽样检验检测结果予以认可,可以作为该批次或者该类型全部涉案产品的检验检测结果。

第二十六条 对于《中华人民共和国药品管理法》第九十八条第二款第二项、第四项及第三款第三项至第六项规定的假药、劣药,能够根据在案证据材料作出判断的,可以由地市级以上药品监管部门出具认定意见。

对于依据《中华人民共和国药品管理法》第九十八条第二款、第三款的其他规定认定假药、劣药,或者是否属于第九十八条第二款第二项、第三款第六项规定的假药、劣药存在争议的,应当由省级以上药品监管部门设置或者确定的药品检验机构进行检验,出具质量检验结论。

对于《中华人民共和国刑法》第一百四十二条之一规定的"足以严重危害人体健康"难以确定的,根据地市级以上药品监管部门出具的认定意见,结合其他证据作出认定。

对于是否属于民间传统配方难以确定的,根据地市级以上药品监管部门或者有关部门出具的认定意见,结合其他证据作出认定。

第二十七条 药品、医疗器械、化妆品的检验检测,按照《中华人民共和国药品管理法》及其实施条例、《医疗器械监督管理条例》《化妆品监督管理条例》等

有关规定执行。必要时，检验机构可以使用经国务院药品监督管理部门批准的补充检验项目和检验方法进行检验，出具检验结论。

第二十八条　药品监管部门依据检验检测报告、结合专家意见等相关材料得出认定意见的，应当包括认定依据、理由、结论。按照以下格式出具结论：

（一）假药案件，结论中应当写明"经认定，……为假药"；

（二）劣药案件，结论中应当写明"经认定，……为劣药"；

（三）妨害药品管理案件，对属于难以确定"足以严重危害人体健康"的，结论中应当写明"经认定，当事人实施……的行为，足以严重危害人体健康"；

（四）生产、销售不符合保障人体健康的国家标准、行业标准的医疗器械案件，结论中应当写明"经认定，涉案医疗器械……不符合……标准，结合本案其他情形，足以严重危害人体健康"；

（五）生产、销售不符合卫生标准的化妆品案件，结论中应当写明"经认定，涉案化妆品……不符合……标准或者化妆品安全技术规范"。

其他案件也应当写明认定涉嫌犯罪应具备的结论性意见。

第二十九条　办案部门应当告知犯罪嫌疑人、被害人或者其辩护律师、法定代理人，在涉案物品依法处置前可以提出重新或者补充检验检测、认定的申请。提出申请的，应有充分理由并提供相应证据。

第三十条　药品监管部门在查处药品违法行为过程中，应当妥善保存所收集的与违法行为有关的证据。

药品监管部门对查获的涉案物品，应当如实填写涉案物品清单，并按照国家有关规定予以处理。对需要进行检验检测的涉案物品，应当由法定检验检测机构进行检验检测，并出具检验结论。

第三十一条　药品监管部门应当自接到公安机关立案通知书之日起3日内，将涉案物品以及与案件有关的其他材料移交公安机关，并办理交接手续。

对于已采取查封、扣押等行政强制措施的涉案物品，药品监管部门于交接之日起解除查封、扣押，由公安机关重新对涉案物品履行查封、扣押手续。

第三十二条　公安机关办理药品监管部门移送的涉嫌犯罪案件和自行立案侦查的案件时，因客观条件限制，或者涉案物品对保管条件、保管场所有特殊要求，或者涉案物品需要无害化处理的，在采取必要措施固定留取证据后，可以委托药品监管部门代为保管和处置。

公安机关应当与药品监管部门签订委托保管协议，并附有公安机关查封、扣押涉案物品的清单。

药品监管部门应当配合公安机关、人民检察院、人民法院在办案过程中对涉案物品的调取、使用及检验检测等工作。

药品监管部门不具备保管条件的，应当出具书面说明，推荐具备保管条件的第三方机构代为保管。

涉案物品相关保管、处置等费用有困难的，由药品监管部门会同公安机关等部门报请本级人民政府解决。

第四章　协作配合与督办

第三十三条　各级药品监管部门、公安机关、人民检察院应当定期召开联席会议，推动建立地区间、部门间药品案件查办联动机制，通报案件办理工作情况，研究解决办案协作、涉案物品处置等重大问题。

第三十四条 药品监管部门、公安机关、人民检察院、人民法院应当建立双向案件咨询制度。药品监管部门对重大、疑难、复杂案件，可以就刑事案件立案追诉标准、证据固定和保全等问题咨询公安机关、人民检察院；公安机关、人民检察院、人民法院可以就案件办理中的专业性问题咨询药品监管部门。受咨询的机关应当认真研究，及时答复；书面咨询的，应当书面答复。

第三十五条 药品监管部门、公安机关和人民检察院应当加强对重大案件的联合督办工作。

国家药品监督管理局、公安部、最高人民检察院可以对下列重大案件实行联合督办：

（一）在全国范围内有重大影响的案件；

（二）引发公共安全事件，对公民生命健康、财产造成特别重大损害、损失的案件；

（三）跨地区、案情复杂、涉案金额特别巨大的案件；

（四）其他有必要联合督办的重大案件。

第三十六条 药品监管部门在日常工作中发现违反药品领域法律法规行为明显涉嫌犯罪的，应当立即以书面形式向同级公安机关和人民检察院通报。

公安机关应当及时进行审查，必要时，经办案部门负责人批准，可以进行调查核实。调查核实过程中，公安机关可以依照有关法律和规定采取询问、查询、勘验、鉴定和调取证据材料等不限制被调查对象人身、财产权利的措施。对符合立案条件的，公安机关应当及时依法立案侦查。

第三十七条 药品监管部门对明显涉嫌犯罪的案件，在查处、移送过程中，发现行为人可能存在逃匿或者转移、灭失、销毁证据等情形的，应当及时通报公安机关，由公安机关协助采取紧急措施，必要时双方协同加快移送进度，依法采取紧急措施予以处置。

第三十八条 各级药品监管部门对日常监管、监督抽检、风险监测和处理投诉举报中发现的涉及药品刑事犯罪的重要违法信息，应当及时通报同级公安机关和人民检察院；公安机关应当将侦办案件中发现的重大药品安全风险信息通报同级药品监管部门。

公安机关在侦查药品犯罪案件中，已查明涉案药品流向的，应当及时通报同级药品监管部门依法采取控制措施，并提供必要的协助。

第三十九条 各级药品监管部门、公安机关、人民检察院、人民法院应当建立药品违法犯罪案件信息发布沟通协作机制。发布案件信息，应当及时提前互相通报情况；联合督办的重要案件信息应当联合发布。

第五章 信息共享与通报

第四十条 各级药品监管部门、公安机关、人民检察院应当通过行政执法与刑事司法衔接信息共享平台，逐步实现涉嫌犯罪案件网上移送、网上受理、网上监督。

第四十一条 已经接入信息共享平台的药品监管部门、公安机关、人民检察院，应当在作出相关决定之日起7日内分别录入下列信息：

（一）适用普通程序的药品违法案件

行政处罚、案件移送、提请复议和建议人民检察院进行立案监督的信息；

（二）移送涉嫌犯罪案件的立案、复议、人民检察院监督立案后的处理情况，以及提请批准逮捕、移送审查起诉的信息；

（三）监督移送、监督立案以及批准逮捕、提起公诉的信息。

尚未建成信息共享平台的药品监管部门、公安机关、人民检察院，应当自作出相关决定后及时向其他部门通报前款规定的信息。

有关信息涉及国家秘密、工作秘密的，可免予录入、共享，或者在录入、共享时作脱密处理。

第四十二条 各级药品监管部门、公安机关、人民检察院应当对信息共享平台录入的案件信息及时汇总、分析，定期对平台运行情况总结通报。

第六章 附 则

第四十三条 属于《中华人民共和国监察法》规定的公职人员在行使公权力过程中发生的依法由监察机关负责调查的案件，不适用本办法，应当依法及时将有关问题线索移送监察机关处理。

第四十四条 各省、自治区、直辖市的药品监管部门、公安机关、人民检察院、人民法院可以根据本办法制定本行政区域的实施细则。

第四十五条 本办法中"3日""7日""15日"的规定是指工作日，不含法定节假日、休息日。法律、行政法规和部门规章有规定的从其规定。

第四十六条 本办法自2023年2月1日起施行。《食品药品行政执法与刑事司法衔接工作办法》（食药监稽〔2015〕271号）中有关规定与本办法不一致的，以本办法为准。

公安部
《公安机关受理行政执法机关移送涉嫌犯罪案件规定》

（2016年6月16日 公通字〔2016〕16号）

第一条 为规范公安机关受理行政执法机关移送涉嫌犯罪案件工作，完善行政执法与刑事司法衔接工作机制，根据有关法律、法规，制定本规定。

第二条 对行政执法机关移送的涉嫌犯罪案件，公安机关应当接受，及时录入执法办案信息系统，并检查是否附有下列材料：

（一）案件移送书，载明移送机关名称、行政违法行为涉嫌犯罪罪名、案件主办人及联系电话等。案件移送书应当附移送材料清单，并加盖移送机关公章；

（二）案件调查报告，载明案件来源、查获情况、嫌疑人基本情况、涉嫌犯罪的事实、证据和法律依据、处理建议等；

（三）涉案物品清单，载明涉案物品的名称、数量、特征、存放地等事项，并附采取行政强制措施、现场笔录等表明涉案物品来源的相关材料；

（四）附有鉴定机构和鉴定人资质证明或者其他证明文件的检验报告或者鉴定意见；

（五）现场照片、询问笔录、电子数据、视听资料、认定意见、责令整改通知书等其他与案件有关的证据材料。

移送材料表明移送案件的行政执法机关已经或者曾经作出有关行政处罚决

定的,应当检查是否附有有关行政处罚决定书。

对材料不全的,应当在接受案件的二十四小时内书面告知移送的行政执法机关在三日内补正。但不得以材料不全为由,不接受移送案件。

第三条 对接受的案件,公安机关应当按照下列情形分别处理:

(一)对属于本公安机关管辖的,迅速进行立案审查;

(二)对属于公安机关管辖但不属于本公安机关管辖的,移送有管辖权的公安机关,并书面告知移送案件的行政执法机关;

(三)对不属于公安机关管辖的,退回移送案件的行政执法机关,并书面说明理由。

第四条 对接受的案件,公安机关应当立即审查,并在规定的时间内作出立案或者不立案的决定。

决定立案的,应当书面通知移送案件的行政执法机关。对决定不立案的,应当说明理由,制作不予立案通知书,连同案卷材料在三日内送达移送案件的行政执法机关。

第五条 公安机关审查发现涉嫌犯罪案件移送材料不全、证据不充分的,可以就证明有犯罪事实的相关证据要求等提出补充调查意见,商请移送案件的行政执法机关补充调查。必要时,公安机关可以自行调查。

第六条 对决定立案的,公安机关应当自立案之日起三日内与行政执法机关交接涉案物品以及与案件有关的其他证据材料。

对保管条件、保管场所有特殊要求的涉案物品,公安机关可以在采取必要措施固定留取证据后,商请行政执法机关代为保管。

移送案件的行政执法机关在移送案件后,需要作出责令停产停业、吊销许可证等行政处罚,或者在相关行政复议、行政诉讼中,需要使用已移送公安机关证据材料的,公安机关应当协助。

第七条 单位或者个人认为行政执法机关办理的行政案件涉嫌犯罪,向公安机关报案、控告、举报或者自首的,公安机关应当接受,不得要求相关单位或者人员先行向行政执法机关报案、控告、举报或者自首。

第八条 对行政执法机关移送的涉嫌犯罪案件,公安机关立案后决定撤销案件的,应当将撤销案件决定书连同案卷材料送达移送案件的行政执法机关。对依法应当追究行政法律责任的,可以同时向行政执法机关提出书面建议。

第九条 公安机关应当定期总结受理审查行政执法机关移送涉嫌犯罪案件情况,分析衔接工作中存在的问题,并提出意见建议,通报行政执法机关、同级人民检察院。必要时,同时通报本级或者上一级人民政府,或者实行垂直管理的行政执法机关的上一级机关。

第十条 公安机关受理行政执法机关移送涉嫌犯罪案件,依法接受人民检察院的法律监督。

第十一条 公安机关可以根据法律法规,联合同级人民检察院、人民法院、行政执法机关制定行政执法机关移送涉嫌犯罪案件类型、移送标准、证据要求、法律文书等文件。

第十二条 本规定自印发之日起实施。

环境保护部、公安部、最高人民检察院《环境保护行政执法与刑事司法衔接工作办法》

(2017年1月25日　环环监〔2017〕17号)

第一章　总　　则

第一条　为进一步健全环境保护行政执法与刑事司法衔接工作机制,依法惩治环境犯罪行为,切实保障公众健康,推进生态文明建设,依据《刑法》《刑事诉讼法》《环境保护法》《行政执法机关移送涉嫌犯罪案件的规定》(国务院令第310号)等法律、法规及有关规定,制定本办法。

第二条　本办法适用于各级环境保护主管部门(以下简称环保部门)、公安机关和人民检察院办理的涉嫌环境犯罪案件。

第三条　各级环保部门、公安机关和人民检察院应当加强协作,统一法律适用,不断完善线索通报、案件移送、资源共享和信息发布等工作机制。

第四条　人民检察院对环保部门移送涉嫌环境犯罪案件活动和公安机关对移送案件的立案活动,依法实施法律监督。

第二章　案件移送与法律监督

第五条　环保部门在查办环境违法案件过程中,发现涉嫌环境犯罪案件,应当核实情况并作出移送涉嫌环境犯罪案件的书面报告。本机关负责人应当自接到报告之日起3日内作出批准移送或者不批准移送的决定。向公安机关移送的涉嫌环境犯罪案件,应当符合下列条件:

(一)实施行政执法的主体与程序合法;

(二)有合法证据证明有涉嫌环境犯罪的事实发生。

第六条　环保部门移送涉嫌环境犯罪案件,应当自作出移送决定后24小时内向同级公安机关移交案件材料,并将案件移送书抄送同级人民检察院。

环保部门向公安机关移送涉嫌环境犯罪案件时,应当附下列材料:

(一)案件移送书,载明移送机关名称、涉嫌犯罪罪名及主要依据、案件主办人及联系方式等。案件移送书应当附移送材料清单,并加盖移送机关公章。

(二)案件调查报告,载明案件来源、查获情况、犯罪嫌疑人基本情况、涉嫌犯罪的事实、证据和法律依据、处理建议和法律依据等。

(三)现场检查(勘察)笔录、调查询问笔录、现场勘验图、采样记录单等。

(四)涉案物品清单,载明已查封、扣押等采取行政强制措施的涉案物品名称、数量、特征、存放地等事项,并附采取行政强制措施、现场笔录等表明涉案物品来源的相关材料。

(五)现场照片或者录音录像资料及清单,载明需证明的事实对象、拍摄人、拍摄时间、拍摄地点等。

(六)监测、检验报告、突发环境事件调查报告、认定意见等。

(七)其他有关涉嫌犯罪的材料。

对环境违法行为已经作出行政处罚决定的,还应当附行政处罚决定书。

第七条　对环保部门移送的涉嫌环境犯罪案件,公安机关应当依法接受,并立即出具接受案件回执或者在涉嫌环境犯罪案件移送书的回执上签字。

第八条　公安机关审查发现移送的

涉嫌环境犯罪案件材料不全的,应当在接受案件的24小时内书面告知移送的环保部门在3日内补正。但不得以材料不全为由,不接受移送案件。

公安机关审查发现移送的涉嫌环境犯罪案件证据不充分的,可以就证明有犯罪事实的相关证据等提出补充调查意见,由移送案件的环保部门补充调查。环保部门应当按照要求补充调查,并及时将调查结果反馈公安机关。因客观条件所限,无法补正的,环保部门应当向公安机关作出书面说明。

第九条 公安机关对环保部门移送的涉嫌环境犯罪案件,应当自接受案件之日起3日内作出立案或者不予立案的决定;涉嫌环境犯罪线索需要查证的,应当自接受案件之日起7日内作出决定;重大疑难复杂案件,经县级以上公安机关负责人批准,可以自受案之日起30日内作出决定。接受案件后对属于公安机关管辖但不属于本公安机关管辖的案件,应当在24小时内移送有管辖权的公安机关,并书面通知移送案件的环保部门,抄送同级人民检察院。对不属于公安机关管辖的,应当在24小时内退回移送案件的环保部门。

公安机关作出立案、不予立案、撤销案件决定的,应当自作出决定之日起3日内书面通知环保部门,并抄送同级人民检察院。公安机关作出不予立案或者撤销案件决定的,应当书面说明理由,并将案卷材料退回环保部门。

第十条 环保部门应当自接到公安机关立案通知书之日起3日内将涉案物品以及与案件有关的其他材料移交公安机关,并办理交接手续。

涉及查封、扣押物品的,环保部门和公安机关应当密切配合,加强协作,防止涉案物品转移、隐匿、损毁、灭失等情况发生。对具有危险性或者环境危害性的涉案物品,环保部门应当组织临时处理处置,公安机关应当积极协助;对无明确责任人、责任人不具备履行责任能力或者超出部门处置能力的,应当呈报涉案物品所在地政府组织处置。上述处置费用清单随附处置合同、缴费凭证等作为犯罪获利的证据,及时补充移送公安机关。

第十一条 环保部门认为公安机关不予立案决定不当的,可以自接到不予立案通知书之日起3个工作日内向作出决定的公安机关申请复议,公安机关应当自收到复议申请之日起3个工作日内作出立案或者不予立案的复议决定,并书面通知环保部门。

第十二条 环保部门对公安机关逾期未作出是否立案决定,以及对不予立案决定、复议决定、立案后撤销案件决定有异议的,应当建议人民检察院进行立案监督。人民检察院应当受理并进行审查。

第十三条 环保部门建议人民检察院进行立案监督的案件,应当提供立案监督建议书、相关案件材料,并附公安机关不予立案、立案后撤销案件决定及说明理由材料,复议维持不予立案决定材料或者公安机关逾期未作出是否立案决定的材料。

第十四条 人民检察院发现环保部门不移送涉嫌环境犯罪案件的,可以派员查询、调阅有关案件材料,认为涉嫌环境犯罪应当移送的,应当提出建议移送的检察意见。环保部门应当自收到检察意见后3日内将案件移送公安机关,并将执行情况通知人民检察院。

第十五条 人民检察院发现公安机

关可能存在应当立案而不立案或者逾期未作出是否立案决定的,应当启动立案监督程序。

第十六条 环保部门向公安机关移送涉嫌环境犯罪案件,已作出的警告、责令停产停业、暂扣或者吊销许可证的行政处罚决定,不停止执行。未作出行政处罚决定的,原则上应当在公安机关决定不予立案或者撤销案件、人民检察院作出不起诉决定、人民法院作出无罪判决或者免予刑事处罚后,再决定是否给予行政处罚。涉嫌犯罪案件的移送办理期间,不计入行政处罚期限。

对尚未作出生效裁判的案件,环保部门依法应当给予或者提请人民政府给予暂扣或者吊销许可证、责令停产停业等行政处罚,需要配合的,公安机关、人民检察院应当给予配合。

第十七条 公安机关对涉嫌环境犯罪案件,经审查没有犯罪事实,或者立案侦查后认为犯罪事实显著轻微、不需要追究刑事责任,但经审查依法应当予以行政处罚的,应当及时将案件移交环保部门,并抄送同级人民检察院。

第十八条 人民检察院对符合逮捕、起诉条件的环境犯罪嫌疑人,应当及时批准逮捕、提起公诉。人民检察院对决定不起诉的案件,应当自作出决定之日起3日内,书面告知移送案件的环保部门,认为应当给予行政处罚的,可以提出予以行政处罚的检察意见。

第十九条 人民检察院对公安机关提请批准逮捕的犯罪嫌疑人作出不批准逮捕决定,并通知公安机关补充侦查的,或者人民检察院对公安机关移送审查起诉的案件审查后,认为犯罪事实不清、证据不足,将案件退回补充侦查的,应当

制作补充侦查提纲,写明补充侦查的方向和要求。

对退回补充侦查的案件,公安机关应当按照补充侦查提纲的要求,在一个月内补充侦查完毕。公安机关补充侦查和人民检察院自行侦查需要环保部门协助的,环保部门应当予以协助。

第三章 证据的收集与使用

第二十条 环保部门在行政执法和查办案件过程中依法收集制作的物证、书证、视听资料、电子数据、监测报告、检验报告、认定意见、鉴定意见、勘验笔录、检查笔录等证据材料,在刑事诉讼中可以作为证据使用。

第二十一条 环保部门、公安机关、人民检察院收集的证据材料,经法庭查证属实,且收集程序符合有关法律、行政法规规定的,可以作为定案的根据。

第二十二条 环保部门或者公安机关依据《国家危险废物名录》或者组织专家研判等得出认定意见的,应当载明涉案单位名称、案由、涉案物品识别认定的理由,按照"经认定,……属于\不属于……危险废物,废物代码……"的格式出具结论,加盖公章。

第四章 协作机制

第二十三条 环保部门、公安机关和人民检察院应当建立健全环境行政执法与刑事司法衔接的长效工作机制。确定牵头部门及联络人,定期召开联席会议,通报衔接工作情况,研究存在的问题,提出加强部门衔接的对策,协调解决环境执法问题,开展部门联合培训。联席会议应明确议定事项。

第二十四条 环保部门、公安机关、

人民检察院应当建立双向案件咨询制度。环保部门对重大疑难复杂案件,可以就刑事案件立案追诉标准、证据的固定和保全等问题咨询公安机关、人民检察院;公安机关、人民检察院可以就案件办理中的专业性问题咨询环保部门。受咨询的机关应当认真研究,及时答复;书面咨询的,应当在7日内书面答复。

第二十五条 公安机关、人民检察院办理涉嫌环境污染犯罪案件,需要环保部门提供环境监测或者技术支持的,环保部门应当按照上述部门刑事案件办理的法定时限要求积极协助,及时提供现场勘验、环境监测及认定意见。所需经费,应当列入本机关的行政经费预算,由同级财政予以保障。

第二十六条 环保部门在执法检查时,发现违法行为明显涉嫌犯罪的,应当及时向公安机关通报。公安机关认为有必要的可以依法开展初查,对符合立案条件的,应当及时依法立案侦查。在公安机关立案侦查前,环保部门应当继续对违法行为进行调查。

第二十七条 环保部门、公安机关应当相互依托"12369"环保举报热线和"110"报警服务平台,建立完善接处警的快速响应和联合调查机制,强化对打击涉嫌环境犯罪的联勤联动。在办案过程中,环保部门、公安机关应当依法及时启动相应的调查程序,分工协作,防止证据灭失。

第二十八条 在联合调查中,环保部门应当重点查明排污者严重污染环境的事实,污染物的排放方式,及时收集、提取、监测、固定污染物种类、浓度、数量、排放去向等。公安机关应当注意控制现场,重点查明相关责任人身份、岗位信息,视情节轻重对直接负责的主管人员和其他责任人员依法采取相应强制措施。两部门均应规范制作笔录,并留存现场摄像或照片。

第二十九条 对案情重大或者复杂疑难案件,公安机关可以听取人民检察院的意见。人民检察院应当及时提出意见和建议。

第三十条 涉及移送的案件在庭审中,需要出庭说明情况的,相关执法或者技术人员有义务出庭说明情况,接受庭审质证。

第三十一条 环保部门、公安机关和人民检察院应当加强对重大案件的联合督办工作,适时对重大案件进行联合挂牌督办,督促案件办理。同时,要逐步建立专家库,吸纳污染防治、重点行业以及环境案件侦办等方面的专家和技术骨干,为查处打击环境污染犯罪案件提供专业支持。

第三十二条 环保部门和公安机关在查办环境污染违法犯罪案件过程中发现包庇纵容、徇私舞弊、贪污受贿、失职渎职等涉嫌职务犯罪行为的,应当及时将线索移送人民检察院。

第五章 信息共享

第三十三条 各级环保部门、公安机关、人民检察院应当积极建设、规范使用行政执法与刑事司法衔接信息共享平台,逐步实现涉嫌环境犯罪案件的网上移送、网上受理和网上监督。

第三十四条 已经接入信息共享平台的环保部门、公安机关、人民检察院,应当自作出相关决定之日起7日内分别录入下列信息:

(一)适用一般程序的环境违法事实、案件行政处罚、案件移送、提请复议和建议人民检察院进行立案监督的信息；

（二）移送涉嫌犯罪案件的立案、不予立案、立案后撤销案件、复议、人民检察院监督立案后的处理情况，以及提请批准逮捕、移送审查起诉的信息；

（三）监督移送、监督立案以及批准逮捕、提起公诉、裁判结果的信息。尚未建成信息共享平台的环保部门、公安机关、人民检察院，应当自作出相关决定后及时向其他部门通报前款规定的信息。

第三十五条 各级环保部门、公安机关、人民检察院应当对信息共享平台录入的案件信息及时汇总、分析、综合研判，定期总结通报平台运行情况。

第六章 附 则

第三十六条 各省、自治区、直辖市的环保部门、公安机关、人民检察院可以根据本办法制定本行政区域的实施细则。

第三十七条 环境行政执法中部分专有名词的含义。

（一）"现场勘验图"，是指描绘主要生产及排污设备布置等案发现场情况、现场周边环境、各采样点位、污染物排放途径的平面示意图。

（二）"外环境"，是指污染物排入的自然环境。满足下列条件之一的，视同为外环境。

1. 排污单位停产或没有排污，但依法取得的证据证明其有持续或间歇排污，而且无可处理相应污染因子的措施的，经核实生产工艺后，其产污环节之后的废水收集池（槽、罐、沟）内。

2. 发现暗管，虽无当场排污，但在外环境有确认由该单位排放污染物的痕迹，此暗管连通的废水收集池（槽、罐、沟）内。

3. 排污单位连通外环境的雨水沟（井、渠）中任何一处。

4. 对排放含第一类污染物的废水，其产生车间或车间处理设施的排放口。无法在车间或者车间处理设施排放口对含第一类污染物的废水采样的，废水总排放口或查实由该企业排入其他外环境处。

第三十八条 本办法所涉期间除明确为工作日以外，其余均以自然日计算。期间开始之日不算在期间以内。期间的最后一日为节假日的，以节假日后的第一日为期满日期。

第三十九条 本办法自发布之日起施行。原国家环保总局、公安部和最高人民检察院《关于环境保护主管部门移送涉嫌环境犯罪案件的若干规定》（环发〔2007〕78号）同时废止。

应急管理部、公安部、最高人民法院、最高人民检察院《安全生产行政执法与刑事司法衔接工作办法》

（2019年4月16日）

第一章 总 则

第一条 为了建立健全安全生产行政执法与刑事司法衔接工作机制，依法惩治安全生产违法犯罪行为，保障人民群众生命财产安全和社会稳定，依据《中华人民共和国刑法》《中华人民共和国刑事诉讼法》《中华人民共和国安全生产法》《中华人民共和国消防法》和《行政执法机关移送涉嫌犯罪案件的规定》《生产安全事故报告和调查处理条例》《最高人民法院最高人民检察院关于办理危害生产安全刑事案件适用法律若干问题的解释》等法律、行政法规、司法解释及有关规定,制定本办法。

第二条 本办法适用于应急管理部门、公安机关、人民法院、人民检察院办理的涉嫌安全生产犯罪案件。

应急管理部门查处违法行为时发现的涉嫌其他犯罪案件,参照本办法办理。

本办法所称应急管理部门,包括煤矿安全监察机构、消防机构。

属于《中华人民共和国监察法》规定的公职人员在行使公权力过程中发生的依法由监察机关负责调查的涉嫌安全生产犯罪案件,不适用本办法,应当依法及时移送监察机关处理。

第三条 涉嫌安全生产犯罪案件主要包括下列案件:

(一)重大责任事故案件;

(二)强令违章冒险作业案件;

(三)重大劳动安全事故案件;

(四)危险物品肇事案件;

(五)消防责任事故、失火案件;

(六)不报、谎报安全事故案件;

(七)非法采矿,非法制造、买卖、储存爆炸物,非法经营,伪造、变造、买卖国家机关公文、证件、印章等涉嫌安全生产的其他犯罪案件。

第四条 人民检察院对应急管理部门移送涉嫌安全生产犯罪案件和公安机关有关立案活动,依法实施法律监督。

第五条 各级应急管理部门、公安机关、人民检察院、人民法院应当加强协作,统一法律适用,不断完善案件移送、案情通报、信息共享等工作机制。

第六条 应急管理部门在行政执法过程中发现行使公权力的公职人员涉嫌安全生产犯罪的问题线索,或者应急管理部门、公安机关、人民检察院在查处有关违法犯罪行为过程中发现行使公权力的公职人员涉嫌贪污贿赂、失职渎职等职务违法或者职务犯罪的问题线索,应当依法及时移送监察机关处理。

第二章 日常执法中的案件移送与法律监督

第七条 应急管理部门在查处违法行为过程中发现涉嫌安全生产犯罪案件的,应当立即指定2名以上行政执法人员组成专案组专门负责,核实情况后提出移送涉嫌犯罪案件的书面报告。应急管理部门正职负责人或者主持工作的负责人应当自接到报告之日起3日内作出批准移送或者不批准移送的决定。批准移送的,应当在24小时内向同级公安机关移送;不批准移送的,应当将不予批准的理由记录在案。

第八条 应急管理部门向公安机关移送涉嫌安全生产犯罪案件,应当附下列材料,并将案件移送书抄送同级人民检察院。

(一)案件移送书,载明移送案件的应急管理部门名称、违法行为涉嫌犯罪罪名、案件主办人及联系电话等。案件移送书应当附移送材料清单,并加盖应急管理部门公章;

(二)案件调查报告,载明案件来源、查获情况、嫌疑人基本情况、涉嫌犯罪的事实、证据和法律依据、处理建议等;

(三)涉案物品清单,载明涉案物品的名称、数量、特征、存放地等事项,并附采取行政强制措施、现场笔录等表明涉案物品来源的相关材料;

(四)附有鉴定机构和鉴定人资质证

明或者其他证明文件的检验报告或者鉴定意见；

（五）现场照片、询问笔录、电子数据、视听资料、认定意见、责令整改通知书等其他与案件有关的证据材料。

对有关违法行为已经作出行政处罚决定的，还应当附行政处罚决定书。

第九条 公安机关对应急管理部门移送的涉嫌安全生产犯罪案件，应当出具接受案件的回执或者在案件移送书的回执上签字。

第十条 公安机关审查发现移送的涉嫌安全生产犯罪案件材料不全的，应当在接受案件的24小时内书面告知应急管理部门在3日内补正。

公安机关审查发现涉嫌安全生产犯罪案件移送材料不全、证据不充分的，可以就证明有犯罪事实的相关证据要求等提出补充调查意见，由移送案件的应急管理部门补充调查。根据实际情况，公安机关可以依法自行调查。

第十一条 公安机关对移送的涉嫌安全生产犯罪案件，应当自接受案件之日起3日内作出立案或者不予立案的决定；涉嫌犯罪线索需要查证的，应当自接受案件之日起7日内作出决定；重大疑难复杂案件，经县级以上公安机关负责人批准，可以自受案之日起30日内作出决定。依法不予立案的，应当说明理由，相应退回案件材料。

对属于公安机关管辖但不属于本公安机关管辖的案件，应当在接受案件后24小时内移送有管辖权的公安机关，并书面通知移送案件的应急管理部门，抄送同级人民检察院。对不属于公安机关管辖的案件，应当在24小时内退回移送案件的应急管理部门。

第十二条 公安机关作出立案、不予立案决定的，应当自作出决定之日起3日内书面通知应急管理部门，并抄送同级人民检察院。

对移送的涉嫌安全生产犯罪案件，公安机关立案后决定撤销案件的，应当将撤销案件决定书送达移送案件的应急管理部门，并退回案卷材料。对依法应当追究行政法律责任的，可以同时提出书面建议。有关撤销案件决定书应当抄送同级人民检察院。

第十三条 应急管理部门应当自接到公安机关立案通知书之日起3日内将涉案物品以及与案件有关的其他材料移交公安机关，并办理交接手续。

对保管条件、保管场所有特殊要求的涉案物品，可以在公安机关采取必要措施固定留取证据后，由应急管理部门代为保管。应急管理部门应当妥善保管涉案物品，并配合公安机关、人民检察院、人民法院在办案过程中对涉案物品的调取、使用及鉴定等工作。

第十四条 应急管理部门接到公安机关不予立案的通知书后，认为依法应当由公安机关决定立案的，可以自接到不予立案通知书之日起3日内提请作出不予立案决定的公安机关复议，也可以建议人民检察院进行立案监督。

公安机关应当自收到提请复议的文件之日起3日内作出复议决定，并书面通知应急管理部门。应急管理部门对公安机关的复议决定仍有异议的，应当自收到复议决定之日起3日内建议人民检察院进行立案监督。

应急管理部门对公安机关逾期未作出是否立案决定以及立案后撤销案件决定有异议的，可以建议人民检察院进行立案监督。

第十五条　应急管理部门建议人民检察院进行立案监督的，应当提供立案监督建议书、相关案件材料，并附公安机关不予立案通知、复议维持不予立案通知或者立案后撤销案件决定及有关说明理由材料。

第十六条　人民检察院应当对应急管理部门立案监督建议进行审查，认为需要公安机关说明不予立案、立案后撤销案件的理由的，应当要求公安机关在 7 日内说明理由。公安机关应当书面说明理由，回复人民检察院。

人民检察院经审查认为公安机关不予立案或者立案后撤销案件理由充分，符合法律规定情形的，应当作出支持不予立案、撤销案件的检察意见。认为有关理由不能成立的，应当通知公安机关立案。

公安机关收到立案通知书后，应当在 15 日内立案，并将立案决定书送达人民检察院。

第十七条　人民检察院发现应急管理部门不移送涉嫌安全生产犯罪案件的，可以派员查询、调阅有关案件材料，认为应当移送的，应当提出检察意见。应急管理部门应当自收到检察意见后 3 日内将案件移送公安机关，并将案件移送书抄送人民检察院。

第十八条　人民检察院对符合逮捕、起诉条件的犯罪嫌疑人，应当依法批准逮捕、提起公诉。

人民检察院对决定不起诉的案件，应当自作出决定之日起 3 日内，将不起诉决定书送达公安机关和应急管理部门。对依法应当追究行政法律责任的，可以同时提出检察意见，并要求应急管理部门及时通报处理情况。

第三章　事故调查中的案件移送与法律监督

第十九条　事故发生地有管辖权的公安机关根据事故的情况，对涉嫌安全生产犯罪的，应当依法立案侦查。

第二十条　事故调查中发现涉嫌安全生产犯罪的，事故调查组或者负责火灾调查的消防机构应当及时将有关材料或者其复印件移交有管辖权的公安机关依法处理。

事故调查过程中，事故调查组或者负责火灾调查的消防机构可以召开专题会议，向有管辖权的公安机关通报事故调查进展情况。

有管辖权的公安机关对涉嫌安全生产犯罪案件立案侦查的，应当在 3 日内将立案决定书抄送同级应急管理部门、人民检察院和组织事故调查的应急管理部门。

第二十一条　对有重大社会影响的涉嫌安全生产犯罪案件，上级公安机关采取挂牌督办、派员参与等方法加强指导和督促，必要时，可以按照有关规定直接组织办理。

第二十二条　组织事故调查的应急管理部门及同级公安机关、人民检察院对涉嫌安全生产犯罪案件的事实、性质认定、证据采信、法律适用以及责任追究有意见分歧的，应当加强协调沟通。必要时，可以就法律适用等方面问题听取人民法院意见。

第二十三条　对发生一人以上死亡的情形，经依法组织调查，作出不属于生产安全事故或者生产安全责任事故的书面调查结论的，应急管理部门应当将该调查结论及时抄送同级监察机关、公安机关、人民检察院。

第四章 证据的收集与使用

第二十四条 在查处违法行为的过程中,有关应急管理部门应当全面收集、妥善保存证据材料。对容易灭失的痕迹、物证,应当采取措施提取、固定;对查获的涉案物品,如实填写涉案物品清单,并按照国家有关规定予以处理;对需要进行检验、鉴定的涉案物品,由法定检验、鉴定机构进行检验、鉴定,并出具检验报告或者鉴定意见。

在事故调查的过程中,有关部门根据有关法律法规的规定或者事故调查组的安排,按照前款规定收集、保存相关的证据材料。

第二十五条 在查处违法行为或者事故调查的过程中依法收集制作的物证、书证、视听资料、电子数据、检验报告、鉴定意见、勘验笔录、检查笔录等证据材料以及经依法批复的事故调查报告,在刑事诉讼中可以作为证据使用。

事故调查组依照有关规定提交的事故调查报告应当由其成员签名。没有签名的,应当予以补正或者作出合理解释。

第二十六条 当事人及其辩护人、诉讼代理人对检验报告、鉴定意见、勘验笔录、检查笔录等提出异议,申请重新检验、鉴定、勘验或者检查的,应当说明理由。人民法院经审理认为有必要的,应当同意。人民法院同意重新鉴定申请的,应当及时委托鉴定,并将鉴定意见告知人民检察院、当事人及其辩护人、诉讼代理人;也可以由公安机关自行或者委托相关机构重新进行检验、鉴定、勘验、检查等。

第五章 协作机制

第二十七条 各级应急管理部门、公安机关、人民检察院、人民法院应当建立安全生产行政执法与刑事司法衔接长效工作机制。明确本单位的牵头机构和联系人,加强日常工作沟通与协作。定期召开联席会议,协调解决重要问题,并以会议纪要等方式明确议定事项。

各省、自治区、直辖市应急管理部门、公安机关、人民检察院、人民法院应当每年定期联合通报辖区内有关涉嫌安全生产犯罪案件移送、立案、批捕、起诉、裁判结果等方面信息。

第二十八条 应急管理部门对重大疑难复杂案件,可以就刑事案件立案追诉标准、证据的固定和保全等问题咨询公安机关、人民检察院;公安机关、人民检察院可以就案件办理中的专业性问题咨询应急管理部门。受咨询的机关应当及时答复;书面咨询的,应当在7日内书面答复。

第二十九条 人民法院应当在有关案件的判决、裁定生效后,按照规定及时将判决书、裁定书在互联网公布。适用职业禁止措施的,应当在判决、裁定生效后10日内将判决书、裁定书送达罪犯居住地的县级应急管理部门和公安机关,同时抄送罪犯居住地的县级人民检察院。具有国家工作人员身份的,应当将判决书、裁定书送达罪犯原所在单位。

第三十条 人民检察院、人民法院发现有关生产经营单位在安全生产保障方面存在问题或者有关部门在履行安全生产监督管理职责方面存在违法、不当情形的,可以发出检察建议、司法建议。有关生产经营单位或者有关部门应当按规定及时处理,并将处理情况书面反馈提出建议的人民检察院、人民法院。

第三十一条 各级应急管理部门、公安机关、人民检察院应当运用信息化手段,逐步实现涉嫌安全生产犯罪案件的网上移送、网上受理和网上监督。

第六章 附 则

第三十二条 各省、自治区、直辖市的应急管理部门、公安机关、人民检察院、人民法院可以根据本地区实际情况制定实施办法。

第三十三条 本办法自印发之日起施行。

最高人民检察院
《关于推进行政执法与刑事司法衔接工作的规定》

（2021年9月6日 高检发释字〔2021〕4号）

第一条 为了健全行政执法与刑事司法衔接工作机制,根据《中华人民共和国人民检察院组织法》《中华人民共和国行政处罚法》《中华人民共和国刑事诉讼法》等有关规定,结合《行政执法机关移送涉嫌犯罪案件的规定》,制定本规定。

第二条 人民检察院开展行政执法与刑事司法衔接工作,应当严格依法、准确及时,加强与监察机关、公安机关、司法行政机关和行政执法机关的协调配合,确保行政执法与刑事司法有效衔接。

第三条 人民检察院开展行政执法与刑事司法衔接工作由负责捕诉的部门按照管辖案件类别办理。负责捕诉的部门可以在办理时听取其他办案部门的意见。

本院其他办案部门在履行检察职能过程中,发现涉及行政执法与刑事司法衔接线索的,应当及时移送本院负责捕诉的部门。

第四条 人民检察院依法履行职责时,应当注意审查是否存在行政执法机关对涉嫌犯罪案件应当移送公安机关立案侦查而不移送,或者公安机关对行政执法机关移送的涉嫌犯罪案件应当立案侦查而不立案侦查的情形。

第五条 公安机关收到行政执法机关移送涉嫌犯罪案件后应当立案侦查而不立案侦查,行政执法机关建议人民检察院依法监督的,人民检察院应当依法受理并进行审查。

第六条 对于行政执法机关应当依法移送涉嫌犯罪案件而不移送,或者公安机关应当立案侦查而不立案侦查的举报,属于本院管辖且符合受理条件的,人民检察院应当受理并进行审查。

第七条 人民检察院对本规定第四条至第六条的线索审查后,认为行政执法机关应当依法移送涉嫌犯罪案件而不移送的,经检察长批准,应当向同级行政执法机关提出检察意见,要求行政执法机关及时向公安机关移送案件并将有关材料抄送人民检察院。人民检察院应当将检察意见抄送同级司法行政机关,行政执法机关实行垂直管理的,应当将检察意见抄送其上级机关。

行政执法机关收到检察意见后无正当理由仍不移送的,人民检察院应当将有关情况书面通知公安机关。

对于公安机关可能存在应当立案而不立案情形的,人民检察院应当依法开展立案监督。

第八条 人民检察院决定不起诉的案件,应当同时审查是否需要对被不起诉人给予行政处罚。对被不起诉人需要给予行政处罚的,经检察长批准,人民检察院应当向同级有关主管机关提出检察意见,自不起诉决定作出之日起三日以内连同不起诉决定书一并送达。人民检察院应当将检察意见抄送同级司法行政机关,主管机关实行垂直管理的,应当将检察意见抄送其上级机关。

检察意见书应当写明采取和解除刑事强制措施,查封、扣押、冻结涉案财物以及对被不起诉人予以训诫或者责令具结悔过、赔礼道歉、赔偿损失等情况。对于需要没收违法所得的,人民检察院应当将查封、扣押、冻结的涉案财物一并移送。对于在办案过程中收集的相关证据材料,人民检察院可以一并移送。

第九条 人民检察院提出对被不起诉人给予行政处罚的检察意见,应当要求有关主管机关自收到检察意见书之日起两个月以内将处理结果或者办理情况书面回复人民检察院。因情况紧急需要立即处理的,人民检察院可以根据实际情况确定回复期限。

第十条 需要向上级有关单位提出检察意见的,应当层报其同级人民检察院决定并提出,或者由办理案件的人民检察院制作检察意见书后,报上级有关单位的同级人民检察院审核并转送。

需要向下级有关单位提出检察意见的,应当指令对应的下级人民检察院提出。

需要异地提出检察意见的,应当征求有关单位所在地同级人民检察院意见。意见不一致的,层报共同的上级人民检察院决定。

第十一条 有关单位在要求的期限内不回复或者无正当理由不作处理的,经检察长决定,人民检察院可以将有关情况书面通报同级司法行政机关,或者提请上级人民检察院通报其上级机关。必要时可以报告同级党委和人民代表大会常务委员会。

第十二条 人民检察院发现行政执法人员涉嫌职务违法、犯罪的,应当将案件线索移送监察机关处理。

第十三条 行政执法机关就刑事案件立案追诉标准、证据收集固定保全等问题咨询人民检察院,或者公安机关就行政执法机关移送的涉嫌犯罪案件主动听取人民检察院意见建议的,人民检察院应当及时答复。书面咨询的,人民检察院应当在七日以内书面回复。

人民检察院在办理案件过程中,可以就行政执法专业问题向相关行政执法机关咨询。

第十四条 人民检察院应当定期向有关单位通报开展行政执法与刑事司法衔接工作的情况。发现存在需要完善工作机制等问题的,可以征求被建议单位的意见,依法提出检察建议。

第十五条 人民检察院根据工作需要,可以会同有关单位研究分析行政执法与刑事司法衔接工作中的问题,提出解决方案。

第十六条 人民检察院应当配合司法行政机关建设行政执法与刑事司法衔接信息共享平台。已经接入信息共享平台的人民检察院,应当自作出相关决定之日起七日以内,录入相关案件信息。尚未建成信息共享平台的人民检察院,应当及时向有关单位通报相关案件信息。

第十七条 本规定自公布之日起施行,《人民检察院办理行政执法机关移送涉嫌犯罪案件的规定》(高检发释字〔2001〕4号)同时废止。

国家医保局、公安部《关于加强查处骗取医保基金案件行刑衔接工作的通知》(节录)

(2021年11月26日 医保发〔2021〕49号)

各省、自治区、直辖市及新疆生产建设兵团医疗保障局、公安厅(局):

……现就进一步加强查处骗取医保基金案件行刑衔接工作通知如下:

一、切实加强查处骗取医保基金案件行刑衔接工作(略)

二、明确查处骗取医保基金案件移送范围

各级医疗保障行政部门在医保基金监管执法过程中,发现公民、法人和其他组织有《骗取医保基金案件移送情形》(详见附件1)所列行为,涉嫌犯罪的,应依法向同级公安机关移送。

三、规范查处骗取医保基金案件移送程序

(一)移送办理。医疗保障行政部门移送骗取医保基金的案件,应确定不少于2名行政执法人员组成专案组,核实情况后,提出移送涉嫌犯罪案件书面报告,报本部门正职负责人或主持工作负责人审批,本部门正职负责人或主持工作负责人应当自接到报告之日起3日内作出批准移送或者不批准移送的决定。决定批准的,在24小时内向同级公安机关移送;决定不批准的,应当将不予批准的理由记录在案。

(二)移送材料。移送案件应当附以下材料:《涉嫌犯罪案件移送书》(详见附件2),并附骗取医保基金涉嫌犯罪《案件调查报告》(详见附件3)、涉案物品清单及有关书证、物证、检验报告或者鉴定结论及其他有关涉嫌犯罪的材料。

移送案件时已经作出行政处罚决定的,应当将行政处罚决定书一并抄送。

(三)接受立案。公安机关对医疗保障行政部门移送的骗取医保基金案件,应当予以受理,并在《涉嫌犯罪案件移送书(回执)》(详见附件4)上签字。公安机关认为医疗保障行政部门移送的案件材料不全的,应当在接受案件后24小时内通知移送案件的医疗保障行政部门在3日内补正,但不得以材料不全为由不接受移送案件。公安机关认为医疗保障行政部门移送的案件不属于本机关管辖的,应当在24小时内转送有管辖权的机关,并书面告知移送案件的医疗保障行政部门。

公安机关应当自接受案件之日起进行立案审查,立案审查期限原则上不超过3日,涉嫌犯罪线索需要查证的,立案审查期限不超过7日,重大疑难复杂案件,经县级及以上公安机关负责人批准,立案审查期限可以延长至30日。认为有犯罪事实,应当追究刑事责任的,依法立案。公安机关作出立案或者不予立案决定,应当在作出决定之日起3日内书面告知移送案件的医疗保障行政部门。决定不予立案的,应当书面说明不立案的理由,并退回案卷材料。医疗保障行政部门对于公安机关不予立案的决定有异议的,可以自接到通知后3日内向作出不予立案的公安机关提出复议,也可以建议检察机关依法进行立案监督。

四、健全查处骗取医保基金案件协作机制

(一)深化移送案件查办协作。……对幕后组织操纵者、骨干成员、职业收卡人、职业贩药者要坚持依法从严处罚,对社会危害不大、涉案不深的初犯、偶犯从轻处理，对认罪认罚的医务人员、患者依法从宽处理。

五、工作要求（略）

此项工作由国家医疗保障局基金监管司、公安部刑事侦查局具体负责组织指导。

最高人民法院、最高人民检察院、公安部、工业和信息化部、住房和城乡建设部、交通运输部、应急管理部、国家铁路局、中国民用航空局、国家邮政局《关于依法惩治涉枪支、弹药、爆炸物、易燃易爆危险物品犯罪的意见》（节录）

（2021年12月28日印发，自2021年12月31日起施行 法发〔2021〕35号）

为依法惩治涉枪支、弹药、爆炸物、易燃易爆危险物品犯罪，维护公共安全，保护人民群众生命财产安全，根据《中华人民共和国刑法》《中华人民共和国刑事诉讼法》《中华人民共和国安全生产法》《行政执法机关移送涉嫌犯罪案件的规定》等法律、行政法规和相关司法解释的规定，结合工作实际，制定本意见。

一、总体要求（略）
二、正确认定犯罪（略）
三、准确把握刑事政策（略）
四、加强行政执法与刑事司法衔接

15. 有关行政执法机关在查处违法行为过程中发现涉嫌枪支、弹药、爆炸物、易燃易爆危险物品犯罪的，应当立即指定2名或者2名以上行政执法人员组成专案组专门负责，核实情况后提出移送涉嫌犯罪案件的书面报告，报本机关正职负责人或者主持工作的负责人审批。

有关行政执法机关正职负责人或者主持工作的负责人应当自接到报告之日起3日内作出批准移送或者不批准移送的决定。决定批准移送的，应当在24小时内向同级公安机关移送，并将案件移送书抄送同级人民检察院；决定不批准移送的，应当将不予批准的理由记录在案。

16. 有关行政执法机关向公安机关移送涉嫌枪支、弹药、爆炸物、易燃易爆危险物品犯罪案件，应当附下列材料：

（1）涉嫌犯罪案件移送书，载明移送案件的行政执法机关名称、涉嫌犯罪的罪名、案件主办人和联系电话，并应当附移送材料清单和回执，加盖公章；

（2）涉嫌犯罪案件情况的调查报告，载明案件来源、查获枪支、弹药、爆炸物、易燃易爆危险物品情况、犯罪嫌疑人基本情况、涉嫌犯罪的主要事实、证据和法律依据、处理建议等；

（3）涉案物品清单，载明涉案枪支、弹药、爆炸物、易燃易爆危险物品的具体类别和名称、数量、特征、存放地点等，并附采取行政强制措施、现场笔录等表明涉案枪支、弹药、爆炸物、易燃易爆危险物品来源的材料；

（4）有关检验报告或者鉴定意见，并附鉴定机构和鉴定人资质证明；没有资质证明的，应当附其他证明文件；

（5）现场照片、询问笔录、视听资料、电子数据、责令整改通知书等其他与案件有关的证据材料。

有关行政执法机关对违法行为已经作出行政处罚决定的，还应当附行政处罚决定书及执行情况说明。

17. 公安机关对有关行政执法机关移送的涉嫌枪支、弹药、爆炸物、易燃易爆危险物品犯罪案件，应当在案件移送书的回执上签字或者出具接受案件回执，并依照有关规定及时进行审查处理。不得以材料不全为由不接受移送案件。

18. 人民检察院应当依照《行政执法机关移送涉嫌犯罪案件的规定》《最高人民检察院关于推进行政执法与刑事司法衔接工作的规定》《安全生产行政执法与刑事司法衔接工作办法》等规定，对有关行政执法机关移送涉嫌枪支、弹药、爆炸物、易燃易爆危险物品犯罪案件，以及公安机关的立案活动，依法进行法律监督。

有关行政执法机关对公安机关的不予立案决定有异议的，可以建议人民检察院进行立案监督。

19. 公安机关、有关行政执法机关在办理涉枪支、弹药、爆炸物、易燃易爆危险物品违法犯罪案件过程中，发现公职人员有贪污贿赂、失职渎职或者利用职权侵犯公民人身权利和民主权利等违法行为，涉嫌构成职务犯罪的，应当依法及时移送监察机关或者人民检察院处理。

20. 有关行政执法机关在行政执法和查办涉枪支、弹药、爆炸物、易燃易爆危险物品案件过程中收集的物证、书证、视听资料、电子数据以及对事故进行调查形成的报告，在刑事诉讼中可以作为证据使用。

21. 有关行政执法机关对应当向公安机关移送的涉嫌枪支、弹药、爆炸物、易燃易爆危险物品犯罪案件，不得以行政处罚代替案件移送。

有关行政执法机关向公安机关移送涉嫌枪支、弹药、爆炸物、易燃易爆危险物品犯罪案件的，已经作出的警告、责令停产停业、暂扣或者吊销许可证、暂扣或者吊销执照的行政处罚决定，不停止执行。

22. 人民法院对涉枪支、弹药、爆炸物、易燃易爆危险物品犯罪案件被告人判处罚金、有期徒刑或者拘役的，有关行政执法机关已经依法给予的罚款、行政拘留，应当依法折抵相应罚金或者刑期。有关行政执法机关尚未给予罚款的，不再给予罚款。

对于人民检察院依法决定不起诉或者人民法院依法免予刑事处罚的案件，需要给予行政处罚的，由有关行政执法机关依法给予行政处罚。

五、其他问题

23. 本意见所称易燃易爆危险物品，是指具有爆炸、易燃性质的危险化学品、危险货物等，具体范围依照相关法律、行政法规、部门规章和国家标准确定。依照有关规定属于爆炸物的除外。

24. 本意见所称有关行政执法机关，包括民用爆炸物品行业主管部门、燃气管理部门、交通运输主管部门、应急管理部门、铁路监管部门、民用航空主管部门和邮政管理部门等。

公安部
《公安机关适用继续盘问规定》

（2004年7月12日公安部令第75号发布，根据2020年8月6日公安部令第160号《公安部关于废止和修改部分规章的决定》修订）

第一章 总　　则

第一条 为了规范继续盘问工作，保证公安机关依法履行职责和行使权限，维护社会治安秩序，保护公民的合法权益，根据《中华人民共和国人民警察法》，制定本规定。

第二条　本规定所称继续盘问，是指公安机关的人民警察为了维护社会治安秩序，对有违法犯罪嫌疑的人员当场盘问、检查后，发现具有法定情形而将其带至公安机关继续进行盘问的措施。

第三条　公安机关适用继续盘问，应当遵循依法、公正、及时、文明和确保安全的原则，做到适用对象准确、程序合法、处理适当。

第四条　继续盘问工作由公安机关主管公安派出所工作的部门负责业务指导和归口管理。

第五条　继续盘问工作由人民警察执行。严禁不具有人民警察身份的人员从事有关继续盘问的执法工作。

第六条　公安机关适用继续盘问，依法接受人民检察院、行政监察机关以及社会和公民的监督。

第二章　适用对象和时限

第七条　为维护社会治安秩序，公安机关的人民警察对有违法犯罪嫌疑的人员，经表明执法身份后，可以当场盘问、检查。

未穿着制式服装的人民警察在当场盘问、检查前，必须出示执法证件表明人民警察身份。

第八条　对有违法犯罪嫌疑的人员当场盘问、检查后，不能排除其违法犯罪嫌疑，且具有下列情形之一的，人民警察可以将其带至公安机关继续盘问：

（一）被害人、证人控告或者指认其有犯罪行为的；

（二）有正在实施违反治安管理或者犯罪行为嫌疑的；

（三）有违反治安管理或者犯罪嫌疑且身份不明的；

（四）携带的物品可能是违反治安管理或者犯罪的赃物的。

第九条　对具有下列情形之一的人员，不得适用继续盘问：

（一）有违反治安管理或者犯罪嫌疑，但未经当场盘问、检查的；

（二）经过当场盘问、检查，已经排除违反治安管理和犯罪嫌疑的；

（三）涉嫌违反治安管理行为的法定最高处罚为警告、罚款或者其它非限制人身自由的行政处罚的；

（四）从其住处、工作地点抓获以及其它应当依法直接适用传唤或者拘传的；

（五）已经到公安机关投案自首的；

（六）明知其所涉案件已经作为治安案件受理或者已经立为刑事案件的；

（七）不属于公安机关管辖的案件或者事件当事人的；

（八）患有精神病、急性传染病或者其它严重疾病的；

（九）其它不符合本规定第八条所列条件的。

第十条　对符合本规定第八条所列条件，同时具有下列情形之一的人员，可以适用继续盘问，但必须在带至公安机关之时起的四小时以内盘问完毕，且不得送入候问室：

（一）怀孕或者正在哺乳自己不满一周岁婴儿的妇女；

（二）不满十六周岁的未成年人；

（三）已满七十周岁的老年人。

对前款规定的人员在晚上九点至次日早上七点之间释放的，应当通知其家属或者监护人领回；对身份不明或者没有家属和监护人而无法通知的，应当护送至其住地。

第十一条　继续盘问的时限一般为十二小时；对在十二小时以内确实难以证实或者排除其违法犯罪嫌疑的，可以延长至二十四小时；对不讲真实姓名、住址、身份，且在二十四小时以内仍不能证实或者排除其违法犯罪嫌疑的，可以延长至四十八小时。

前款规定的时限自有违法犯罪嫌疑的人员被带至公安机关之时起，至被盘问人可以自由离开公安机关之时或者被决定刑事拘留、逮捕、行政拘留、强制戒毒而移交有关监管场所执行之时止，包括呈报和审批继续盘问、延长继续盘问时限、处理决定的时间。

第十二条　公安机关应当严格依照本规定的适用范围和时限适用继续盘问，禁止实施下列行为：

（一）超适用范围继续盘问；

（二）超时限继续盘问；

（三）适用继续盘问不履行审批、登记手续；

（四）以继续盘问代替处罚；

（五）将继续盘问作为催要罚款、收费的手段；

（六）批准继续盘问后不立即对有违法犯罪嫌疑的人员继续进行盘问；

（七）以连续继续盘问的方式变相拘禁他人。

第三章　审批和执行

第十三条　公安派出所的人民警察对符合本规定第八条所列条件，确有必要继续盘问的有违法犯罪嫌疑的人员，可以立即带回，并制作《当场盘问、检查笔录》、填写《继续盘问审批表》报公安派出所负责人审批决定继续盘问十二小时。对批准继续盘问的，应当将《继续盘问审批表》复印、传真或者通过计算机网络报所属县、市、旗公安局或者城市公安分局主管公安派出所工作的部门备案。

县、市、旗公安局或者城市公安分局其它办案部门和设区的市级以上公安机关及其内设机构的人民警察对有违法犯罪嫌疑的人员，应当依法直接适用传唤、拘传、刑事拘留、逮捕、取保候审或者监视居住，不得适用继续盘问；对符合本规定第八条所列条件，确有必要继续盘问的有违法犯罪嫌疑的人员，可以带至就近的公安派出所，按照本规定适用继续盘问。

第十四条　对有违法犯罪嫌疑的人员批准继续盘问的，公安派出所应当填写《继续盘问通知书》，送达被盘问人，并立即通知其家属或者单位；未批准继续盘问的，应当立即释放。

对被盘问人身份不明或者没有家属和单位而无法通知的，应当在《继续盘问通知书》上注明，并由被盘问人签名或者捺指印。但是，对因身份不明而无法通知的，在继续盘问期间查明身份后，应当依照前款的规定通知其家属或者单位。

第十五条　被盘问人的家属为老年人、残疾人、精神病人、不满十六周岁的未成年人或者其它没有独立生活能力的人，因公安机关实施继续盘问而使被盘问人的家属无人照顾的，公安机关应当通知其亲友予以照顾或者采取其它适当办法妥善安排，并将安排情况及时告知被盘问人。

第十六条　对有违法犯罪嫌疑的人员批准继续盘问后，应当立即结合当场盘问、检查的情况继续对其进行盘问，以证实或者排除其违法犯罪嫌疑。

对继续盘问的情况，应当制作《继续盘问笔录》，并载明被盘问人被带至公安机关的具体时间，由被盘问人核对无误后签名或者捺指印。对被盘问人拒绝签名和捺指印的，应当在笔录上注明。

第十七条　对符合本规定第十一条所列条件，确有必要将继续盘问时限延长至二十四小时的，公安派出所应当填写《延长继续盘问时限审批表》，报县、市、旗公安局或者城市公安分局的值班负责人审批；确有必要将继续盘问时限从二十四小时延长至四十八小时的，公安派出所应当填写《延长继续盘问时限审批表》，报县、市、旗公安局或者城市公安分局的主管负责人审批。

县、市、旗公安局或者城市公安分局的值班或主管负责人应当在继续盘问时限届满前作出是否延长继续盘问时限的决定，但不得决定将继续盘问时限直接从十二小时延长至四十八小时。

第十八条　除具有《中华人民共和国人民警察使用警械和武器条例》规定的情形外，对被盘问人不得使用警械或者武器。

第十九条　对具有下列情形之一的，应当立即终止继续盘问，并立即释放被盘问人或者依法作出处理决定：

（一）继续盘问中发现具有本规定第九条所列情形之一的；

（二）已经证实有违法犯罪行为的；

（三）有证据证明有犯罪嫌疑的。

对经过继续盘问已经排除违法犯罪嫌疑，或者经过批准的继续盘问、延长继续盘问时限届满，尚不能证实其违法犯罪嫌疑的，应当立即释放被盘问人。

第二十条　对终止继续盘问或者释放被盘问人的，应当在《继续盘问登记表》上载明终止继续盘问或者释放的具体时间、原因和处理结果，由被盘问人核对无误后签名或者捺指印。被盘问人拒绝签名和捺指印的，应当在《继续盘问登记表》上注明。

第二十一条　在继续盘问期间对被盘问人依法作出刑事拘留、逮捕或者行政拘留、强制戒毒决定的，应当立即移交有关监管场所执行；依法作出取保候审、监视居住或者警告、罚款等行政处罚决定的，应当立即释放。

第二十二条　在继续盘问期间，公安机关及其人民警察应当依法保障被盘问人的合法权益，严禁实施下列行为：

（一）对被盘问人进行刑讯逼供；

（二）殴打、体罚、虐待、侮辱被盘问人；

（三）敲诈勒索或者索取、收受贿赂；

（四）侵吞、挪用、损毁被盘问人的财物；

（五）违反规定收费或者实施处罚；

（六）其它侵犯被盘问人合法权益的行为。

第二十三条　对在继续盘问期间突患疾病或者受伤的被盘问人，公安派出所应当立即采取措施予以救治，通知其家属或者单位，并向县、市、旗公安局或者城市公安分局负责人报告，做好详细记录。对被盘问人身份不明或者没有家属和单位而无法通知的，应当在《继续盘问登记表》上注明。

救治费由被盘问人或者其家属承担。但是，由于公安机关或者他人的过错导致被盘问人患病、受伤的，救治费由有过错的一方承担。

第二十四条　被盘问人在继续盘问

期间死亡的,公安派出所应当做好以下工作:

（一）保护好现场,保管好尸体;

（二）立即报告所属县、市、旗公安局或者城市公安分局的主管负责人或者值班负责人、警务督察部门和主管公安派出所工作的部门;

（三）立即通知被盘问人的家属或者单位。

第二十五条　县、市、旗公安局或者城市公安分局接到被盘问人死亡的报告后,应当做好以下工作:

（一）立即通报同级人民检察院;

（二）在二十四小时以内委托具有鉴定资格的人员进行死因鉴定;

（三）在作出鉴定结论后三日以内将鉴定结论送达被盘问人的家属或者单位。对被盘问人身份不明或者没有家属和单位而无法通知的,应当在鉴定结论上注明。

被盘问人的家属或者单位对鉴定结论不服的,可以在收到鉴定结论后的七日以内向上一级公安机关申请重新鉴定。上一级公安机关接到申请后,应当在三日以内另行委托具有鉴定资格的人员进行重新鉴定。

第四章　候问室的设置和管理

第二十六条　县、市、旗公安局或者城市公安分局经报请设区的市级以上公安机关批准,可以在符合下列条件的公安派出所设置候问室:

（一）确有维护社会治安秩序的工作需要;

（二）警力配置上能够保证在使用候问室时由人民警察值班、看管和巡查。

县、市、旗公安局或者城市公安分局以上公安机关及其内设机构,不得设置候问室。

第二十七条　候问室的建设必须达到以下标准:

（一）房屋牢固、安全、通风、透光,单间使用面积不得少于六平方米,层高不低于二点五五米;

（二）室内应当配备固定的坐具,并保持清洁、卫生;

（三）室内不得有可能被直接用以行凶、自杀、自伤的物品;

（四）看管被盘问人的值班室与候问室相通,并采用栏杆分隔,以便于观察室内情况。

对有违法犯罪嫌疑的人员继续盘问十二小时以上的,应当为其提供必要的卧具。

候问室应当标明名称,并在明显位置公布有关继续盘问的规定、被盘问人依法享有的权利和候问室管理规定。

第二十八条　候问室必须经过设区的市级以上公安机关验收合格后,才能投入使用。

第二十九条　候问室应当建立以下日常管理制度,依法严格、文明管理:

（一）设立《继续盘问登记表》,载明被盘问人的姓名、性别、年龄、住址、单位,以及办案部门、承办人、批准人、继续盘问的原因、起止时间、处理结果等情况;

（二）建立值班、看管和巡查制度,明确值班岗位责任,候问室有被盘问人时,应当由人民警察值班、看管和巡查,如实记录有关情况,并做好交接工作;

（三）建立档案管理制度,对《继续盘问登记表》等有关数据按照档案管理的要求归案保存,以备查验。

第三十条 除本规定第十条所列情形外,在继续盘问间隙期间,应当将被盘问人送入候问室;未设置候问室的,应当由人民警察在讯问室、办公室看管,或者送入就近公安派出所的候问室。

禁止将被盘问人送入看守所、拘役所、拘留所、强制戒毒所或者其它监管场所关押,以及将不同性别的被盘问人送入同一个候问室。

第三十一条 被盘问人被送入候问室时,看管的人民警察应当问清其身体状况,并做好记录;发现被盘问人有外伤、有严重疾病发作的明显症状的,或者具有本规定第十条所列情形之一的,应当立即报告县、市、旗公安局或者城市公安分局警务督察部门和主管公安派出所工作的部门,并做好详细记录。

第三十二条 将被盘问人送入候问室时,对其随身携带的物品,公安机关应当制作《暂存物品清单》,经被盘问人签名或者捺指印确认后妥为保管,不得侵吞、挪用或者损毁。

继续盘问结束后,被盘问人的物品中属于违法犯罪证据或者违禁品的,应当依法随案移交或者作出处理,并在《暂存物品清单》上注明;与案件无关的,应当立即返还被盘问人,并在《暂存物品清单》上注明,由被盘问人签名或者捺指印。

第三十三条 候问室没有厕所和卫生用具的,人民警察带领被盘问人离开候问室如厕时,必须严加看管,防止发生事故。

第三十四条 在继续盘问期间,公安机关应当为被盘问人提供基本的饮食。

第五章 执法监督

第三十五条 公安机关应当将适用继续盘问的情况纳入执法质量考核评议范围,建立和完善办案责任制度、执法过错责任追究制度及其它内部执法监督制度。

第三十六条 除本规定第二十四条、第三十一条所列情形外,发生被盘问人重伤、逃跑、自杀、自伤等事故以及继续盘问超过批准时限的,公安派出所必须立即将有关情况报告县、市、旗公安局或者城市公安分局警务督察部门和主管公安派出所工作的部门,并做好详细记录。

县、市、旗公安局或者城市公安分局警务督察部门应当在接到报告后立即进行现场督察。

第三十七条 警务督察部门负责对继续盘问的下列情况进行现场督察:

(一)程序是否合法,法律手续是否齐全;

(二)继续盘问是否符合法定的适用范围和时限;

(三)候问室的设置和管理是否违反本规定;

(四)有无刑讯逼供或者殴打、体罚、虐待、侮辱被盘问人的行为;

(五)有无违法使用警械、武器的行为;

(六)有无违反规定收费或者实施处罚的行为;

(七)有无其它违法违纪行为。

第三十八条 警务督察部门在现场督察时,发现办案部门或者人民警察在继续盘问中有违法违纪行为的,应当按照有关规定,采取当场制止、纠正、发督察法律文书、责令停止执行职务或者禁闭等督察措施进行处理；对需要给予处分或者追究刑事责任的，应当依法移送有关部门处理。

第三十九条 对在适用继续盘问中有下列情形之一的，公安机关应当依照《公安机关督察条例》《公安机关人民警察执法过错责任追究规定》追究有关责任人员的执法过错责任，并依照《中华人民共和国人民警察法》《国家公务员暂行条例》和其它有关规定给予处分；构成犯罪的，依法追究直接负责的主管人员和其它直接责任人员的刑事责任：

（一）违法使用警械、武器，或者实施本规定第十二条、第二十二条、第三十条第二款所列行为之一的；

（二）未经批准设置候问室，或者将被盘问人送入未经验收合格的候问室的；

（三）不按照本规定第十四条、第十五条的规定通知被盘问人家属或者单位、安排被盘问人无人照顾的家属的；

（四）不按照本规定第十九条、第二十一条的规定终止继续盘问、释放被盘问人的；

（五）不按照本规定第二十三条、第二十四条、第三十一条和第三十六条的规定报告情况的；

（六）因疏于管理导致发生被盘问人伤亡、逃跑、自杀、自伤等事故的；

（七）指派不具有人民警察身份的人员从事有关继续盘问的执法工作的；

（八）警务督察部门不按照规定进行现场督察、处理或者在现场督察中对违法违纪行为应当发现而没有发现的；

（九）有其它违反本规定或者违法违纪行为的。

因违法使用警械、武器或者疏于管理导致被盘问人在继续盘问期间自杀身亡、被殴打致死或者其它非正常死亡的，除依法追究有关责任人员的法律责任外，应当对负有直接责任的人民警察予以开除，对公安派出所的主要负责人予以撤职，对所属公安机关的分管负责人和主要负责人予以处分，并取消该公安派出所及其所属公安机关参加本年度评选先进的资格。

第四十条 被盘问人认为公安机关及其人民警察违法实施继续盘问侵犯其合法权益造成损害，依法向公安机关申请国家赔偿的，公安机关应当依照国家赔偿法的规定办理。

公安机关依法赔偿损失后，应当责令有故意或者重大过失的人民警察承担部分或者全部赔偿费用，并对有故意或者重大过失的责任人员，按照本规定第三十九条追究其相应的责任。

第六章 附　则

第四十一条 本规定所称"以上"、"以内"，均包含本数或者本级。

第四十二条 本规定涉及的有关法律文书格式，由公安部统一制定。

第四十三条 各省、自治区、直辖市公安厅、局和新疆生产建设兵团公安局可以根据本规定，制定具体操作规程、候问室建设标准和管理规定，报公安部备案审查后施行。

第四十四条 本规定自二〇〇四年十月一日起施行。公安部以前制定的关于继续盘问或者留置的规定，凡与本规定不一致的同时废止。

(三) 侦 查

公安部
《关于进一步依法严格规范开展办案协作的通知》

(2020年6月4日 公法制〔2020〕535号)

各省、自治区、直辖市公安厅(局),新疆生产建设兵团公安局:

近期,一些地方公安机关接连发生不规范履行办案协作程序,管辖争议未妥善解决即擅自赴异地开展抓捕、搜查、扣押等侦查活动,甚至出境抓捕,以及趋利执法、争抢案件和过度采取强制措施、侦查措施等违法违规问题,造成不良社会影响,严重损害法律尊严和公安机关执法形象。对此,公安部党委高度重视,于近日专门制定下发了《公安机关异地办案协作"六个严禁"》(公通字〔2020〕6号)。为进一步规范公安机关办案协作活动,切实抓好"六个严禁"的贯彻落实,现就有关要求通知如下:

一、严格落实办案协作事项范围和工作要求

对于应当通过办案协作渠道办理的事项,公安机关应当依法提出协作请求,严禁未经履行办案协作程序擅自赴异地开展相关办案活动。

1. 公安机关异地执行传唤、拘传、拘留、逮捕,开展勘验、检查、搜查、查封、扣押、冻结、讯问等侦查活动,必须向当地公安机关提出协作请求并在当地公安机关协助下进行,或者委托当地公安机关代为开展,不得自行在异地开展办案活动。

办理电信网络新型违法犯罪案件,需要对涉案财产进行紧急止付、快速冻结的,依照有关规定执行。

因案件情况特殊,由共同的上级公安机关部署在异地采取强制措施、侦查措施的,按照上级公安机关有关要求执行。

2. 公安机关异地开展查询、询问、辨认等侦查活动或者送达法律文书的,根据需要也可以向当地公安机关提出协作请求。

赴异地询问企业负责人,或者询问企业员工五人以上,以及同时向同一市、县派出五名以上侦查人员执行任务的,应当提前向当地公安机关通报。

3. 需要异地公安机关协助的,办案地公安机关侦查人员应当持办案协作函件、相关法律文书和人民警察证,向协作地公安机关提出协作请求。必要时,也可以将前述材料传真或者通过公安机关有关信息系统传输至协作地公安机关。

请求协助执行传唤、拘传、拘留、逮捕的,应当提供传唤证、拘传证、拘留证、逮捕证;请求协助开展搜查、查封、扣押、查询、冻结等侦查活动的,应当提供搜查证、查封决定书、扣押决定书、协助查询财产通知书、协助冻结财产通知书;请求协助开展勘验、检查、讯问、询问等侦查活动的,应当提供立案决定书。

委托异地公安机关代为开展侦查活动的,应当提供办案协作函件和前款规定的相应法律文书。

二、依法及时提供办案协作

异地公安机关提出协作请求的,只要法律手续完备,协作地公安机关就应当及时无条件予以配合。

4. 公安机关应当指定一个部门归口接收协作请求,并对本通知第3条规定的法律手续是否完备进行审核。对符合要求的协作请求,应当依照案件管辖分工及时转交有关办案部门办理;对不符合要求的,应当立即告知办案地公安机关补充或者重新提交相关法律手续。

5. 有关办案部门接到协作请求后,应当在有关规定要求的时限内或者协作请求提出的时限内协助办理,不得要求提供其他材料,不得设置其他条件,不得收取任何形式的费用。

三、妥善处理案件管辖等相关争议

公安机关应当严格执行《刑事诉讼法》《公安机关办理刑事案件程序规定》关于管辖的规定,严禁违法违规争抢管辖,严禁在办案现场发生冲突。

6. 公安机关在办案过程中或者提出协作请求后,发现其他公安机关已经对同一涉案人员、企业或者同一案件及其关联案件立案的,应当与有关公安机关就管辖问题进行协商;协商不成的,应当层报共同的上级公安机关指定管辖。

上级公安机关发现多个下级公安机关对同一涉案人员、企业或者同一案件及其关联案件立案的,应当予以协调,确定案件管辖单位。

7. 协作地公安机关发现多个公安机关分别对同一涉案人员、企业或者同一案件及其关联案件立案并提出协作请求的,应当优先向首先提出协作请求的公安机关提供协助,并告知有关公安机关管辖冲突情况。有关公安机关应当就管辖问题进行协商;协商不成的,应当层报共同的上级公安机关指定管辖。

8. 协作地和办案地公安机关因案件管辖、定性处理或者采取强制措施、侦查措施等发生争议的,应当充分沟通协商;协商不成的,应当将有关情况层报共同的上级公安机关。

在上级公安机关就争议问题作出决定前,除接到协作请求前已经立案侦查的情形外,协作地公安机关应当依法履行办案协作职责。但是,不得以对原本未立案的案件办理立案手续的方式拒绝履行办案协作职责。

9. 未经上级公安机关指定管辖,不得对无管辖权的案件立案侦查。管辖争议解决前,不得擅自跨区域采取强制措施和侦查措施,为防止人员逃跑、转移财产而依法进行先期处置的除外。

发现其他公安机关已经对犯罪嫌疑人采取强制措施或者对涉案财产采取查封、扣押、冻结措施的,不得对同一人员重复采取强制措施,不得对同一财产重复采取查封、扣押、冻结措施。

四、严格依法开展办案活动

公安机关应当严把刑事案件立案关,准确认定罪与非罪、一般违法与犯罪的界限,严禁趋利执法;严格依照法定条件和范围适用强制措施和强制性侦查措施,严禁过度执法。

10. 公安机关应当强化立案审查工作,对情节显著轻微不构成犯罪的,或者证据不足、不能认定有犯罪事实的,应当依法及时撤销案件,避免案件久拖不决。对于违反有关行政管理法律法规,但尚不构成犯罪的,依法移交有关主管部门处理。

对异地企业立案侦查的,应当报请设区的市一级公安机关批准。

11. 严格依照法定条件和范围适用强制措施,慎用羁押性强制措施。对采取取保候审、监视居住措施足以防止发生社会危险性的,依法适用取保候审、监视居住。

12. 办案地公安机关赴异地对犯罪嫌疑人进行传唤的,应当通过办案协作程序将犯罪嫌疑人传唤到其所在市、县公安机关的执法办案场所或者到他的住处进行讯问,严禁违规将犯罪嫌疑人带离所在市、县。

13. 对涉嫌犯罪但仍在正常生产经营的企业,依法慎用查封、扣押、冻结等强制性侦查措施,减少对企业正常生产经营的不利影响。确需查封、扣押、冻结的,应当严格区分违法所得、其他涉案财产与合法财产,禁止超权限、超范围、超数额、超时限查封、扣押、冻结。

14. 对于涉案人员、企业金融账户内的财产,只能依法采取冻结措施,严禁以划转、转账或者其他任何方式变相扣押。

对于违法扣押的账户内财产,公安机关应当按原渠道退回;上级公安机关发现下级公安机关违法扣押的,应当责令其按原渠道退回。对于经审核确系涉案财产的,可以依法采取冻结措施。

15. 需要赴境外开展警务合作的,应当层报公安部与国外有关主管部门联系办理,并按规定通报我驻外使领馆和警务联络官,严禁违反规定擅自出境开展办案活动。

五、严肃追究违法违规责任

16. 协作地公安机关依照办案地公安机关的协作请求履行办案协作职责,所产生的法律责任由办案地公安机关承担。

协作行为超出协作请求范围,造成执法过错的,由协作地公安机关承担相应法律责任。

17. 对于未依法履行办案协作手续、不按要求协商解决争议、违法开展侦查活动等引发冲突、舆论炒作等问题,或者侵犯公民和企业合法权益的,依照有关规定对直接负责的主管人员和其他直接责任人员追究责任;构成犯罪的,依法追究刑事责任。

18. 对于违反规定以设置条件、制造管辖争议等方式不履行办案协作职责,或者推诿敷衍,造成不良后果的,依照有关规定对直接负责的主管人员和其他直接责任人员追究责任。

19. 对于违反规定擅自出境开展办案活动的,依照有关规定对直接负责的主管人员和其他直接责任人员追究责任。

20. 对于协作过程中或者接到通报后知悉的案件情况,应当严格保密。违反保密规定泄露案件信息的,依照有关规定对相关责任人员追究责任。

各地公安机关接此通知后,请迅速组织传达,认真贯彻执行。要牢固树立全国"一盘棋"思想,切实增强大局意识、法治意识、程序意识,进一步加强办案协作,坚持严格规范公正文明执法,为疫后复工复产、恢复经济创造良好法治环境。要抓紧部署对跨区域办案活动开展自查自纠、专项整治,坚决纠正违法违规行为,狠刹争抢案件、趋利执法、过度执法的歪风。对于违反规定顶风妄为的,对有关公安机关一律予以通报批评,并从严追究相关领导和直接责任人员的责任。

各地执行情况和遇到的问题,请及时报部。

最高人民检察院、公安部、国家安全部《关于重大案件侦查终结前开展讯问合法性核查工作若干问题的意见》

(2020年1月13日 高检发办字〔2020〕4号)

第一条 为了促进侦查讯问规范进

行，防止刑讯逼供等非法讯问行为，依法及时排除非法证据，根据《中华人民共和国刑事诉讼法》和有关规定，结合工作实际，制定本意见。

第二条　重大案件侦查终结前讯问合法性核查，是指对于可能判处无期徒刑、死刑的案件或者其他重大案件，人民检察院在侦查终结前对讯问合法性进行核查。

第三条　人民检察院、公安机关和国家安全机关应当分工负责，互相配合，互相制约，共同做好重大案件侦查终结前讯问合法性核查工作。

第四条　侦查机关在侦查终结前，及时制作重大案件即将侦查终结通知书，通知人民检察院驻看守所检察人员开展讯问合法性核查。

人民检察院驻看守所检察人员收到侦查机关通知后，应当立即开展核查。

人民检察院驻看守所检察人员或者人民检察院负责捕诉部门的检察人员，凭侦查机关重大案件即将侦查终结通知书和有效工作证件到看守所开展调查核查工作。

第五条　检察人员开展重大案件讯问合法性核查工作，应当首先听取犯罪嫌疑人的辩护律师或者值班律师的意见，制作听取律师意见笔录。辩护律师或者值班律师提出书面意见的，应当附卷。

第六条　检察人员开展重大案件讯问合法性核查，应当询问相关犯罪嫌疑人，并全程同步录音录像。所录制的图像应当反映犯罪嫌疑人、检察人员及询问场景等情况，犯罪嫌疑人应当在图像中全程反映，并显示与询问同步的日期和时间信息。询问笔录记载的起止时间应当与询问录音录像反映的起止时间一致。

询问犯罪嫌疑人，应当个别进行，检察人员不得少于两人。

第七条　检察人员对重大案件犯罪嫌疑人进行核查询问时，应当向其告知：如果经调查核实存在刑讯逼供等非法取证情形的，办案机关将依法排除相关证据；如果犯罪嫌疑人在核查询问时明确表示侦查阶段没有刑讯逼供等非法取证情形，在审判阶段又提出排除非法证据申请的，应当说明理由，人民法院经审查对证据收集的合法性没有疑问的，可以驳回申请。

第八条　检察人员应当围绕侦查阶段是否存在刑讯逼供等非法取证情形对相关犯罪嫌疑人进行核查询问，一般不询问具体案情。犯罪嫌疑人提出存在刑讯逼供等非法取证情形的，可以要求犯罪嫌疑人具体说明刑讯逼供、非法取证的人员、时间、地点、方式等相关信息。犯罪嫌疑人当场向检察人员展示身体损害伤情的，检察人员应当进行拍照或者录像。必要的时候，可以组织对犯罪嫌疑人进行身体检查。

检察人员应当制作询问笔录，询问结束时，将询问笔录交犯罪嫌疑人核对，犯罪嫌疑人没有阅读能力的，应当向他宣读，发现漏记、错记的，应当及时补正。犯罪嫌疑人确认询问笔录没有错误的，由犯罪嫌疑人在笔录上逐页签名、捺指印确认，并标明日期。询问笔录应当与录音录像内容一致或者意思相符。

第九条　犯罪嫌疑人、辩护律师或者值班律师在人民检察院开展核查询问和听取意见时均明确表示没有刑讯逼供等非法取证情形，并且检察人员未发现刑讯逼供等非法取证线索的，人民检察院驻看守所检察人员可以据此制作重大案件讯问合法性核查意见书，送达侦查机关，讯问合法性核查程序终结,并将相关材料移送人民检察院负责捕诉的部门。

第十条 犯罪嫌疑人、辩护律师或者值班律师反映存在刑讯逼供等非法取证情形的,人民检察院驻看守所检察人员可以采取以下方式进行初步调查核实:

(一)询问相关人员;

(二)根据需要,可以听取犯罪嫌疑人的辩护律师或者值班律师意见;

(三)调取看守所或者办案区视频监控录像;

(四)调取、查询犯罪嫌疑人出入看守所的身体检查记录及相关材料,调取提讯登记、押解记录等有关材料;

(五)其他调查核实方式。

驻所检察人员初步调查核实后,应当制作初步核查意见函,连同证据材料一并移送人民检察院负责捕诉的部门。

第十一条 人民检察院驻看守所检察人员应当自收到侦查机关重大案件即将侦查终结通知书后七个工作日以内,完成第五至第十条规定的核查工作。

第十二条 人民检察院负责捕诉的部门可以采取以下方式对刑讯逼供等非法取证行为进行进一步调查核实:

(一)询问犯罪嫌疑人;

(二)向办案人员了解情况;

(三)询问在场人员及证人;

(四)听取犯罪嫌疑人的辩护律师或者值班律师意见;

(五)调取讯问笔录、讯问录音、录像;

(六)调取、查询犯罪嫌疑人出入看守所的身体检查记录及相关材料;

(七)进行伤情、病情检查或者鉴定;

(八)其他调查核实方式。

驻所检察人员应当做好配合工作。

第十三条 经调查核实,人民检察院负责捕诉的部门发现存在刑讯逼供等非法取证线索的,应当听取侦查机关意见,并记录在案。

第十四条 人民检察院开展重大案件讯问合法性核查尚未终结的,不影响侦查机关依法移送审查起诉。

第十五条 调查核实结束后七个工作日以内,人民检察院负责捕诉的部门应当根据核查情况作出核查结论,制作重大案件讯问合法性核查意见书,并送达侦查机关。

经核查,确有刑讯逼供等非法取证情形,或者现有证据不能排除刑讯逼供等非法取证情形的,应当报经本院检察长批准后,通知侦查机关依法排除非法证据。

侦查机关提出异议的,人民检察院应当在七个工作日以内予以复查,并将复查结果通知侦查机关。

第十六条 侦查机关对存在刑讯逼供等非法取证情形无异议或者经复查认定确有刑讯逼供等非法取证情形的,侦查机关应当及时依法排除非法证据,不得作为提请批准逮捕、移送审查起诉的根据,并制作排除非法证据结果告知书,将排除非法证据情况书面告知人民检察院负责捕诉的部门。

人民检察院对审查认定的非法证据,应当依法予以排除,不得作为批准或者决定逮捕、提起公诉的根据。

第十七条 开展重大案件侦查终结前讯问合法性核查工作过程中,涉及国家秘密、商业秘密、个人隐私的,应当保密。调查核实过程中所获悉的案件侦查进展、取证情况、证据内容,应当保密。

第十八条 本意见自发布之日起施行。

最高人民检察院
《人民检察院讯问职务犯罪嫌疑人实行全程同步录音录像的规定》

（高检发反贪字〔2014〕213号 自2014年5月26日起施行）

第一条 为了进一步规范执法行为，依法惩治犯罪，保障人权，提高执法水平和办案质量，根据《中华人民共和国刑事诉讼法》、《人民检察院刑事诉讼规则（试行）》等有关规定，结合人民检察院直接受理侦查职务犯罪案件工作实际，制定本规定。

第二条 人民检察院讯问职务犯罪嫌疑人实行全程同步录音、录像，是指人民检察院办理直接受理侦查的职务犯罪案件，讯问犯罪嫌疑人时，应当对每一次讯问的全过程实施不间断的录音、录像。

讯问录音、录像是人民检察院在直接受理侦查职务犯罪案件工作中规范讯问行为、保证讯问活动合法性的重要手段。讯问录音、录像应当保持完整，不得选择性录制，不得剪接、删改。

讯问录音、录像资料是检察机关讯问职务犯罪嫌疑人的工作资料，实行有条件调取查看或者法庭播放。

第三条 讯问录音、录像，实行讯问人员和录制人员相分离的原则。讯问由检察人员负责，不得少于二人；录音、录像应当由检察技术人员负责。特别情况下，经检察长批准，也可以指定其他检察人员负责。刑事诉讼法有关回避的规定适用于录制人员。

第四条 讯问录音、录像的，应当由检察人员填写《录音录像通知单》，写明讯问开始的时间、地点等情况送检察技术部门或者通知其他检察人员。检察技术部门接到《录音录像通知单》后，应当指派检察技术人员实施。其他检察人员接到通知后，应当按照本规定进行录制。

第五条 讯问在押犯罪嫌疑人，应当在看守所进行。讯问未羁押的犯罪嫌疑人，除客观原因或者法律另有规定外，应当在人民检察院讯问室进行。

在看守所、人民检察院的讯问室或者犯罪嫌疑人的住处等地点讯问的，讯问录音、录像应当从犯罪嫌疑人进入讯问室或者讯问人员进入其住处时开始录制，至犯罪嫌疑人在讯问笔录上签字、捺指印，离开讯问室或者讯问人员离开犯罪嫌疑人的住处等地点时结束。

第六条 讯问开始时，应当告知犯罪嫌疑人将对讯问进行全程同步录音、录像，告知情况应在录音、录像和笔录中予以反映。

犯罪嫌疑人不同意录音、录像的，讯问人员应当进行解释，但不影响录音、录像进行。

第七条 全程同步录像，录制的图像应当反映犯罪嫌疑人、检察人员、翻译人员及讯问场景等情况，犯罪嫌疑人应当在图像中全程反映，并显示与讯问同步的时间数码。在人民检察院讯问室讯问的，应当显示温度和湿度。

第八条 讯问犯罪嫌疑人时，除特殊情况外，检察人员应当着检察服，做到仪表整洁，举止严肃、端庄，用语文明、规范。严禁刑讯逼供或者使用威胁、引诱、欺骗等非法方法进行讯问。

第九条 讯问过程中，需要出示、核实或者辨认书证、物证等证据的，应当当场出示，让犯罪嫌疑人核实或者辨认，并对核实、辨认的全过程进行录音、录像。

第十条 讯问过程中,因技术故障等客观情况无法录音、录像的,一般应当停止讯问,待故障排除后再行讯问。讯问停止的原因、时间和再行讯问开始的时间等情况,应当在笔录和录音、录像中予以反映。

无法录音、录像的客观情况一时难以消除又必须继续讯问的,讯问人员可以继续进行讯问,但应当告知犯罪嫌疑人,同时报告检察长并获得批准。未录音、录像的情况及告知、报告情况应当在笔录中予以说明,由犯罪嫌疑人签字确认。待条件具备时,应当对未录的内容及时进行补录。

第十一条 讯问结束后,录制人员应当立即将讯问录音、录像资料原件交给讯问人员,经讯问人员和犯罪嫌疑人签字确认后当场封存,交由检察技术部门保存。同时,复制讯问录音、录像资料存入讯问录音、录像数据管理系统,按照授权供审查决定逮捕、审查起诉以及法庭审理时审查之用。没有建立讯问录音、录像数据管理系统的,应当制作讯问录音、录像资料复制件,交办案人员保管,按照人民检察院刑事诉讼规则的有关规定移送。

讯问结束后,录制人员应当及时制作讯问录音、录像的相关说明,经讯问人员和犯罪嫌疑人签字确认后,交由检察技术部门立卷保管。

讯问录音、录像制作说明应当反映讯问的具体起止时间,参与讯问的检察人员、翻译人员及录制人员等姓名、职务、职称,犯罪嫌疑人姓名及案由,讯问地点等情况。讯问在押犯罪嫌疑人的,讯问人员应当在说明中注明提押和还押时间,由监管人员和犯罪嫌疑人签字确认。对犯罪嫌疑人拒绝签字的,应当在说明中注明。

第十二条 讯问笔录应当与讯问录音、录像内容一致或者意思相符。禁止记录人员原封不动复制此前笔录中的讯问内容,作为本次讯问记录。

讯问结束时,讯问人员应当对讯问笔录进行检查、核对,发现漏记、错记的,应当及时补正,并经犯罪嫌疑人签字确认。

第十三条 人民检察院直接受理侦查的案件,侦查部门移送审查决定逮捕、审查起诉时,应当注明讯问录音、录像资料存入讯问录音、录像数据管理系统,并将讯问录音、录像次数、起止时间等情况,随同案卷材料移送案件管理部门审查后,由案件管理部门移送侦查监督或者公诉部门审查。侦查监督或者公诉部门审查认为讯问活动可能涉嫌违法或者讯问笔录可能不真实,需要审查讯问录音、录像资料的,应当说明涉嫌违法讯问或者讯问笔录可能失实的时间节点并告知侦查部门。侦查部门应当及时予以授权,供侦查监督或者公诉部门对存入讯问录音、录像数据管理系统相应的讯问录音、录像资料进行审查。没有建立讯问录音、录像数据管理系统的,应当调取相应时段的讯问录音、录像资料并刻录光盘,及时移送侦查监督或者公诉部门审查。

移送讯问录音、录像资料复制件的,侦查监督部门审查结束后,应当将移送审查的讯问录音、录像资料复制件连同案卷材料一并送还侦查部门。公诉部门对移送的讯问录音、录像资料复制件应当妥善保管,案件终结后随案归档保存。

第十四条 案件提起公诉后在庭前会议或者法庭审理过程中,人民法院、被告人或者其辩护人对庭前讯问活动合法性提出异议的,或者被告人辩解因受刑讯逼供等非法方法而供述的，公诉人应当要求被告人及其辩护人提供相关线索或者材料。被告人及其辩护人提供相关线索或者材料的，公诉人可以将相关时段的讯问录音、录像资料提请法庭播放，对有关异议或者事实进行质证。

第十五条　公诉人认为讯问录音、录像资料不宜在法庭上播放的，应当建议在审判人员、公诉人、被告人及其辩护人的范围内进行播放、质证，必要时可以建议法庭通知讯问人员、录制人员参加。

第十六条　人民法院、被告人或者其辩护人对讯问录音、录像资料刻录光盘或者复制件提出异议的，公诉人应当将检察技术部门保存的相应原件当庭启封质证。案件审结后，经公诉人和被告人签字确认后对讯问录音、录像资料原件再行封存，并由公诉部门及时送还检察技术部门保存。

第十七条　讯问过程中犯罪嫌疑人检举揭发与本案无关的犯罪事实或者线索的，应当予以保密，不得泄露。违反本条规定，造成泄密后果的，应当追究相关责任。

庭前会议或者法庭审理过程中，人民法院、被告人及其辩护人认为被告人检举揭发与本案无关的犯罪事实或者线索影响量刑，需要举证、质证的，应当由承办案件的人民检察院出具证明材料，经承办人签名后，交公诉人向审判人员、被告人及其辩护人予以说明。提供的证明材料必须真实，发现证明材料失实或者是伪造的，经查证属实，应当追究相关责任。

第十八条　案件办理完毕，办案期间录制的讯问录音、录像资料存入讯问录音、录像数据管理系统的或者刻录光盘的原件，由检察技术部门向本院档案部门移交归档。讯问录音、录像资料的保存期限与案件卷宗保存期限相同。

讯问录音、录像资料一般不公开使用。需要公开使用的，应当由检察长决定。非办案部门或者人员需要查阅讯问录音、录像资料的，应当报经检察长批准。

案件在申诉、复查过程中，涉及讯问活动合法性或者办案人员责任认定等情形，需要启封讯问录音、录像资料原件的，应当由检察长决定。启封时，被告人或者其委托的辩护人、近亲属应当到场见证。

第十九条　参与讯问录音、录像的人员，对讯问情况应当严格保密。泄露办案秘密的，应当追究相关责任。

第二十条　初查阶段询问初查对象需要录音或者录像的，应当告知初查对象。询问证人需要录音或者录像的，应当事先征得证人同意，并参照本规定执行。

第二十一条　实施讯问录音、录像，禁止下列情形：

（一）未按照刑事诉讼法第121条和本规定对讯问活动进行全程同步录音、录像的；

（二）对讯问活动采取不供不录等选择性录音、录像的；

（三）为规避监督故意关闭讯问录音录像系统、视频监控系统的；

（四）擅自公开或者泄露讯问录音、录像资料或者泄露办案秘密的；

（五）因玩忽职守、管理不善等造成讯问录音、录像资料遗失或者违规使用讯问录音、录像资料的；

（六）其他违反本规定或者玩忽职守、弄虚作假，给案件侦查、起诉、审判造成不良后果等情形的。

讯问人员、检察技术人员及其他有关

人员具有以上情形之一的，根据《检察人员纪律处分条例(试行)》等规定，应当给予批评教育；情节较重，给案件侦查、起诉、审判造成较为严重后果或者对案件当事人合法权益造成较为严重侵害的，应当视情给予警告、记过、记大过处分；情节严重，给案件侦查、起诉、审判造成严重后果或者对案件当事人合法权益造成严重侵害的，应当视情给予降级、撤职或者开除处分；构成犯罪的，应当追究相关责任人员的刑事责任。

第二十二条 本规定由最高人民检察院负责解释。自发布之日起施行。此前规定与本规定不一致的，以本规定为准。

公安部
《公安机关讯问犯罪嫌疑人录音录像工作规定》

(2014年10月1日 公通字〔2014〕33号)

第一章 总 则

第一条 为保证公安机关依法讯问取证，规范讯问犯罪嫌疑人录音录像工作，保障犯罪嫌疑人的合法权益，根据《中华人民共和国刑事诉讼法》、《公安机关办理刑事案件程序规定》的有关规定，制定本规定。

第二条 讯问犯罪嫌疑人录音录像，是指公安机关讯问犯罪嫌疑人，在文字记录的同时，利用录音录像设备对讯问过程进行全程音视频同步记录。

第三条 对讯问过程进行录音录像，应当对每一次讯问全程不间断进行，保持完整性，不得选择性地录制，不得剪接、删改。

第四条 对下列重大犯罪案件，应当对讯问过程进行录音录像：

(一)可能判处无期徒刑、死刑的案件；

(二)致人重伤、死亡的严重危害公共安全犯罪、严重侵犯公民人身权利犯罪案件；

(三)黑社会性质组织犯罪案件，包括组织、领导黑社会性质组织，入境发展黑社会组织，包庇、纵容黑社会性质组织等犯罪案件；

(四)严重毒品犯罪案件，包括走私、贩卖、运输、制造毒品，非法持有毒品数量大的，包庇走私、贩卖、运输、制造毒品的犯罪分子情节严重的，走私、非法买卖制毒物品数量大的犯罪案件；

(五)其他故意犯罪案件，可能判处十年以上有期徒刑的。

前款规定的"讯问"，既包括在执法办案场所进行的讯问，也包括对不需要拘留、逮捕的犯罪嫌疑人在指定地点或者其住处进行的讯问，以及紧急情况下在现场进行的讯问。

本条第一款规定的"可能判处无期徒刑、死刑的案件"和"可能判处十年以上有期徒刑的案件"，是指应当适用的法定刑或者量刑档次包含无期徒刑、死刑、十年以上有期徒刑的案件。

第五条 在办理刑事案件过程中，在看守所讯问或者通过网络视频等方式远程讯问犯罪嫌疑人的，应当对讯问过程进行录音录像。

第六条 对具有下列情形之一的案件，应当对讯问过程进行录音录像：

（一）犯罪嫌疑人是盲、聋、哑人，未成年人或者尚未完全丧失辨认或者控制自己行为能力的精神病人，以及不通晓当地通用的语言文字的；

（二）犯罪嫌疑人反侦查能力较强或者供述不稳定，翻供可能性较大的；

（三）犯罪嫌疑人作无罪辩解和辩护人可能作无罪辩护的；

（四）犯罪嫌疑人、被害人、证人对案件事实、证据存在较大分歧的；

（五）共同犯罪中难以区分犯罪嫌疑人相关责任的；

（六）引发信访、舆论炒作风险较大的；

（七）社会影响重大、舆论关注度高的；

（八）其他重大、疑难、复杂情形。

第七条　各级公安机关应当积极创造条件，尽快实现对所有刑事案件讯问过程全程录音录像。装备财务、警务保障、科技、信通等部门应当为讯问录音录像工作提供保障和支持。

第二章　录　　制

第八条　对讯问过程进行录音录像，可以使用专门的录制设备，也可以通过声像监控系统进行。

第九条　讯问开始前，应当做好录音录像的准备工作，对讯问场所及录音录像设备进行检查和调试，确保设备运行正常、时间显示准确。

第十条　录音录像应当自讯问开始时开始，至犯罪嫌疑人核对讯问笔录、签字捺指印后结束。讯问笔录记载的起止时间应当与讯问录音录像资料反映的起止时间一致。

第十一条　对讯问过程进行录音录像，应当对侦查人员、犯罪嫌疑人、其他在场人员、讯问场景和计时装置、温度计显示的信息进行全面摄录，图像应当显示犯罪嫌疑人正面中景。有条件的地方，可以通过画中画技术同步显示侦查人员正面画面。

讯问过程中出示证据和犯罪嫌疑人辨认证据、核对笔录、签字捺指印的过程应当在画面中予以反映。

第十二条　讯问录音录像的图像应当清晰稳定，话音应当清楚可辨，能够真实反映讯问现场的原貌，全面记录讯问过程，并同步显示日期和24小时制时间信息。

第十三条　在制作讯问笔录时，侦查人员可以对犯罪嫌疑人的供述进行概括，但涉及犯罪的时间、地点、作案手段、作案工具、被害人情况、主观心态等案件关键事实的，讯问笔录记载的内容应当与讯问录音录像资料记录的犯罪嫌疑人供述一致。

第十四条　讯问过程中，因存储介质空间不足、技术故障等客观原因导致不能录音录像的，应当中止讯问，并视情及时采取更换存储介质、排除故障、调换讯问室、更换移动录音录像设备等措施。

对于本规定第四条规定以外的案件，因案情紧急、排除中止情形所需时间过长等原因不宜中止讯问的，可以继续讯问。有关情况应当在讯问笔录中载明，并由犯罪嫌疑人签字确认。

第十五条　中止讯问的情形消失后继续讯问的，应当同时进行录音录像。侦查人员应当在录音录像开始后，口头说明中断的原因、起止时间等情况，在讯问笔录中载明并由犯罪嫌疑人签字确认。

第三章 资料管理和使用

第十六条 办案部门应当指定办案人员以外的人员保管讯问录音录像资料，不得由办案人员自行保管。讯问录音录像资料的保管条件应当符合公安声像档案管理有关规定，保密要求应当与本案讯问笔录一致。

有条件的地方，可以对讯问录音录像资料实行信息化管理，并与执法办案信息系统关联。

案件侦查终结后，应当将讯问录音录像资料和案件卷宗一并移交档案管理部门保管。

第十七条 讯问录音录像资料应当刻录光盘保存或者利用磁盘等存储设备存储。

刻录光盘保存的，应当制作一式两份，在光盘标签或者封套上标明制作单位、制作人、制作时间、被讯问人、案件名称及案件编号，一份装袋密封作为正本，一份作为副本。对一起案件中的犯罪嫌疑人多次讯问的，可以将多次讯问的录音录像资料刻录在同一张光盘内。刻录完成后，办案人员应当在24小时内将光盘移交保管人员，保管人员应当登记入册并与办案人员共同签名。

利用磁盘等存储设备存储的，应当在讯问结束后立即上传到专门的存储设备中，并制作数据备份；必要时，可以转录为光盘。

第十八条 刑事诉讼过程中，除因副本光盘损坏、灭失需要重新复制，或者对副本光盘的真实性存在疑问需要查阅外，不得启封正本光盘。确需调取正本光盘的，应当经办案部门负责人批准，使用完毕后应当及时重新封存。

第十九条 公安机关办案和案件审核、执法监督、核查信访投诉等工作需要使用讯问录音录像资料的，可以调取副本光盘或者通过信息系统调阅。

人民法院、人民检察院依法调取讯问录音录像资料的，办案部门应当在三日内将副本光盘移交人民法院、人民检察院。利用磁盘等存储设备存储的，应当转录为光盘后移交。

第二十条 调取光盘时，保管人员应当在专门的登记册上登记调取人员、时间、事由、预计使用时间、审批人等事项，并由调取人员和保管人员共同签字。

对调取、使用的光盘，有关单位应当妥善保管，并在使用完毕后及时交还保管人员。

调取人归还光盘时，保管人员应当进行检查、核对，有损毁、调换、灭失等情况的，应当如实记录，并报告办案部门负责人。

第二十一条 通过信息系统调阅讯问录音录像资料的，应当综合考虑部门职责、岗位性质、工作职权等因素，严格限定使用权限，严格落实管理制度。

第四章 监督与责任

第二十二条 讯问录音录像工作和讯问录音录像资料的管理使用情况，应当纳入所在单位案件审核和执法质量考评范围。

对本规定第四条规定的案件，办案部门在报送审核时应当同时提交讯问录音录像资料。审核部门应当重点审查是否存在以下情形：

（一）以刑讯逼供等非法方法收集证据；

（二）未在讯问室讯问犯罪嫌疑人；

（三）未保证犯罪嫌疑人的饮食和必要的休息时间；

（四）讯问笔录记载的起止时间与讯问录音录像资料反映的起止时间不一致；

（五）讯问笔录与讯问录音录像资料内容严重不符。

对本规定第四条规定以外的案件，存在刑讯逼供等非法取证嫌疑的，审核部门应当对讯问录音录像资料进行审查。

第二十三条 审核部门发现具有下列情形之一的，不得将犯罪嫌疑人供述作为提请批准逮捕、移送审查起诉的依据：

（一）存在本规定第二十二条第二款第一项情形的；

（二）存在本规定第二十二条第二款第二项至第五项情形而未进行补正、解释，或者经补正、解释后仍不能有效证明讯问过程合法性的。

第二十四条 对违反本规定，具有下列情形之一的，应当根据有关规定追究有关单位和人员的责任：

（一）未对本规定第四条规定的案件讯问过程进行录音录像，导致有关证据被人民法院、人民检察院依法排除的；

（二）讯问笔录与讯问录音录像资料内容严重不符，影响证据效力的；

（三）对讯问录音录像资料进行剪接、删改的；

（四）未按规定保管，致使讯问录音录像资料毁损、灭失、泄露的；

（五）私自或者违规调取、使用、披露讯问录音录像资料，影响案件办理或者侵犯当事人合法权益的；

（六）其他违反本规定，应当追究责任的。

第五章 附 则

第二十五条 公安机关办理刑事案件，需要对询问被害人、证人过程进行录音录像的，适用本规定。

第二十六条 公安机关办理行政案件，需要对询问违法嫌疑人、被侵害人、证人过程进行录音录像的，参照本规定执行。

第二十七条 本规定自2014年10月1日起施行。各地公安机关可以根据本规定，结合本地实际制定实施细则，并报上一级公安机关备案。

公安部《公安机关刑事案件现场勘验检查规则》

（2015年10月22日 公通字〔2015〕31号）

第一章 总 则

第一条 为规范公安机关刑事案件现场勘验、检查工作，保证现场勘验、检查质量，根据《中华人民共和国刑事诉讼法》和《公安机关办理刑事案件程序规定》的有关规定，制定本规则。

第二条 刑事案件现场勘验、检查，是侦查人员运用科学技术手段，对与犯罪有关的场所、物品、人身、尸体等进行勘验、检查的侦查活动。

第三条 刑事案件现场勘验、检查的任务，是发现、固定、提取与犯罪有关的痕迹、物证及其他信息，存储现场信息资料，判断案件性质，分析犯罪过程，确定侦查方向和范围，为侦查破案、刑事诉讼提供线索和证据。

第四条 公安机关对具备勘验、检查条件的刑事案件现场,应当及时进行勘验、检查。

第五条 刑事案件现场勘验、检查的内容,包括现场保护、现场实地勘验检查、现场访问、现场搜索与追踪、侦查实验、现场分析、现场处理、现场复验与复查等。

第六条 刑事案件现场勘验、检查由公安机关组织现场勘验、检查人员实施。必要时,可以指派或者聘请具有专门知识的人,在侦查人员的组织下进行勘验、检查。

公安机关现场勘验、检查人员是指公安机关及其派出机构经过现场勘验、检查专业培训考试,取得现场勘验、检查资格的侦查人员。

第七条 公安机关进行现场勘验、检查应当注意保护公民生命健康安全,尽量避免或者减少财产损失。

第八条 刑事案件现场勘验、检查工作应当遵循依法、安全、及时、客观、全面、细致的原则。

现场勘验、检查人员应当严格遵守保密规定,不得擅自发布刑事案件现场有关情况,泄露国家秘密、商业秘密、个人隐私。

第二章 现场勘验检查职责的划分

第九条 县级公安机关及其派出机构负责辖区内刑事案件的现场勘验、检查。对于案情重大、现场复杂的案件,可以向上一级公安机关请求支援。上级公安机关认为有必要时,可以直接组织现场勘验、检查。

第十条 涉及两个县级以上地方公安机关的刑事案件现场勘验、检查,由受案地公安机关进行,案件尚未受理的,由现场所在地公安机关进行。

第十一条 新疆生产建设兵团和铁路、交通、民航、森林公安机关及海关缉私部门负责其管辖的刑事案件的现场勘验、检查。

第十二条 公安机关和军队、武装警察部队互涉刑事案件的现场勘验、检查,依照公安机关和军队互涉刑事案件管辖分工的有关规定确定现场勘验、检查职责。

第十三条 人民法院、人民检察院和国家安全机关、军队保卫部门、监狱等部门管辖的案件,需要公安机关协助进行现场勘验、检查,并出具委托书的,有关公安机关应当予以协助。

第三章 现场保护

第十四条 发案地公安机关接到刑事案件报警后,对于有犯罪现场的,应当迅速派员赶赴现场,做好现场保护工作。

第十五条 负责保护现场的人民警察应当根据案件具体情况,划定保护范围,设置警戒线和告示牌,禁止无关人员进入现场。

第十六条 负责保护现场的人民警察除抢救伤员、紧急排险等情况外,不得进入现场,不得触动现场上的痕迹、物品和尸体;处理紧急情况时,应当尽可能避免破坏现场上的痕迹、物品和尸体,对现场保护情况应当予以记录,对现场原始情况应当拍照或者录像。

第十七条 负责保护现场的人民警察对现场可能受到自然、人为因素破坏的,应当对现场上的痕迹、物品和尸体等采取相应的保护措施。

第十八条 保护现场的时间,从发现刑事案件现场开始,至现场勘验、检查结束。需要继续勘验、检查或者需要保留现场的,应当对整个现场或者部分现场继续予以保护。

第十九条 负责现场保护的人民警察应当将现场保护情况及时报告现场勘验、检查指挥员。

第四章 现场勘验检查的组织指挥

第二十条 公安机关对刑事案件现场勘验、检查应当统一指挥,周密组织,明确分工,落实责任,及时完成各项任务。

第二十一条 现场勘验、检查的指挥员由具有现场勘验、检查专业知识和组织指挥能力的人民警察担任。

第二十二条 现场勘验、检查的指挥员依法履行下列职责:

(一)决定和组织实施现场勘验、检查的紧急措施;

(二)制定和实施现场勘验、检查的工作方案;

(三)对参加现场勘验、检查人员进行分工;

(四)指挥、协调现场勘验、检查工作;

(五)确定现场勘验、检查见证人;

(六)审核现场勘验检查工作记录;

(七)组织现场分析;

(八)决定对现场的处理。

第二十三条 现场勘验、检查人员依法履行下列职责:

(一)实施现场紧急处置;

(二)开展现场调查访问;

(三)发现、固定和提取现场痕迹、物证等;

(四)记录现场保护情况、现场原始情况和现场勘验、检查情况,制作《现场勘验检查工作记录》;

(五)参与现场分析;

(六)提出处理现场的意见;

(七)将现场勘验信息录入"全国公安机关现场勘验信息系统";

(八)利用现场信息串并案件。

第五章 现场实地勘验检查

第二十四条 公安机关对刑事案件现场进行勘验、检查不得少于二人。

勘验、检查现场时,应当邀请一至二名与案件无关的公民作见证人。由于客观原因无法由符合条件的人员担任见证人的,应当在笔录材料中注明情况,并对相关活动进行录像。

勘验、检查现场,应当拍摄现场照片,绘制现场图,制作笔录,由参加勘查的人和见证人签名。对重大案件的现场,应当录像。

第二十五条 现场勘验、检查人员到达现场后,应当了解案件发生、发现和现场保护情况。需要采取搜索、追踪、堵截、鉴别、安全检查和控制销赃等紧急措施的,应当立即报告现场指挥员,并依照有关法律法规果断处置。

具备使用警犬追踪或者鉴别条件的,在不破坏现场痕迹、物证的前提下,应当立即使用警犬搜索和追踪,提取有关物品、嗅源。

第二十六条 勘验、检查暴力犯罪案件现场,可以视案情部署武装警戒,防止造成新的危害后果。

第二十七条 公安机关应当为现场勘验、检查人员配备必要的安全防护设施和器具。现场勘验、检查人员应当增强安全意识,注意自身防护。对涉爆、涉枪、放火、制毒、涉危险物质、危险场所等可能危害勘验、检查人身安全的现场,应当先由专业人员排除险情,再进行现场勘验、检查。

第二十八条　执行现场勘验、检查任务的人员,应当持有《刑事案件现场勘查证》。《刑事案件现场勘查证》由公安部统一样式,省级公安机关统一制发。

第二十九条　执行现场勘验、检查任务的人员,应当使用相应的个人防护装置,防止个人指纹、足迹、DNA等信息遗留现场造成污染。

第三十条　勘验、检查现场时,非勘验、检查人员不得进入现场。确需进入现场的,应当经指挥员同意,并按指定路线进出现场。

第三十一条　现场勘验、检查按照以下工作步骤进行:

(一)巡视现场,划定勘验、检查范围;

(二)按照"先静后动,先下后上,先重点后一般,先固定后提取"的原则,根据现场实际情况确定勘验、检查流程;

(三)初步勘验、检查现场,固定和记录现场原始状况;

(四)详细勘验、检查现场,发现、固定、记录和提取痕迹、物证;

(五)记录现场勘验、检查情况。

第三十二条　勘验、检查人员应当及时采集并记录现场周边的视频信息、基站信息、地理信息及电子信息等相关信息。勘验、检查与电子数据有关的犯罪现场时,应当按照有关规范处置相关设备,保护电子数据和其他痕迹、物证。

第三十三条　勘验、检查繁华场所、敏感地区发生的煽动性或者影响较恶劣的案件时,应当采用适当方法对现场加以遮挡,在取证结束后及时清理现场,防止造成不良影响。

第三十四条　为了确定被害人、犯罪嫌疑人的某些特征、伤害情况或者生理状态,可以对人身进行检查,可以提取指纹信息,采集血液、口腔拭子、尿液等生物样本。犯罪嫌疑人拒绝检查、提取、采集的,侦查人员认为必要的时候,经办案部门负责人批准,可以强制检查、提取、采集。

检查妇女的身体,应当由女工作人员或者医师进行。

检查的情况应当制作笔录,由参加检查的侦查人员、检查人员、被检查人员和见证人签名。被检查人员拒绝签名的,侦查人员应当在笔录中注明。

第三十五条　勘验、检查有尸体的现场,应当有法医参加。

第三十六条　为了确定死因,经县级以上公安机关负责人批准,可以解剖尸体。

第三十七条　解剖尸体应当通知死者家属到场,并让死者家属在《解剖尸体通知书》上签名。死者家属无正当理由拒不到场或者拒绝签名的,可以解剖尸体,但是应当在《解剖尸体通知书》上注明。对于身份不明的尸体,无法通知死者家属的,应当在笔录中注明。

解剖外国人尸体应当通知死者家属或者其所属国家驻华使、领馆有关官员到场,并请死者家属或者其所属国家驻华使、领馆有关官员在《解剖尸体通知书》上签名。死者家属或者其所属国家驻华使、领馆有关官员无正当理由拒不到场或者拒绝签名的,可以解剖尸体,但应当在《解剖尸体通知书》上注明。对于身份不明外国人的尸体,无法通知死者家属或者有关使、领馆的,应当在笔录中注明。

第三十八条　移动现场尸体前,应当

对尸体的原始状况及周围的痕迹、物品进行照相、录像,并提取有关痕迹、物证。

第三十九条　解剖尸体应当在尸体解剖室进行。确因情况紧急,或者受条件限制,需要在现场附近解剖的,应当采取隔离、遮挡措施。

第四十条　检验、解剖尸体时,应当捺印尸体指纹和掌纹。必要时,提取血液、尿液、胃内容和有关组织、器官等。尸体指纹和掌纹因客观条件无法捺印时需在相关记录中注明。

第四十一条　检验、解剖尸体时,应当照相、录像。对尸体损伤痕迹和有关附着物等应当进行细目照相、录像。

对无名尸体的面貌、生理、病理特征,以及衣着、携带物品和包裹尸体物品等,应当进行详细检查和记录,拍摄辨认照片。

第六章　现场勘验检查工作记录

第四十二条　现场勘验、检查结束后,应当及时将现场信息录入"全国公安机关现场勘验信息系统"并制作《现场勘验检查工作记录》。其中,对命案现场信息应当在勘查结束后七个工作日内录入,对其他现场信息应当在勘查结束后五个工作日内录入。

《现场勘验检查工作记录》包括现场勘验笔录、现场图、现场照片、现场录像和现场录音。

第四十三条　现场勘验检查工作记录应当客观、全面、详细、准确、规范,能够作为核查现场或者恢复现场原状的依据。

第四十四条　现场勘验笔录正文需要载明现场勘验过程及结果,包括与犯罪有关的痕迹和物品的名称、位置、数量、性状、分布等情况,尸体的位置、衣着、姿势、血迹分布、性状和数量以及提取痕迹、物证情况等。

第四十五条　对现场进行多次勘验、检查的,在制作首次现场勘验检查工作记录后,逐次制作补充勘验检查工作记录。

第四十六条　现场勘验、检查人员应当制作现场力位图、现场平面示意图,并根据现场情况选择制作现场平面比例图、现场平面展开图、现场立体图和现场剖面图等。

第四十七条　绘制现场图应当符合以下基本要求:

(一)标明案件名称,案件发现时间、案发地点;

(二)完整反映现场的位置、范围;

(三)准确反映与犯罪活动有关的主要物体,标明尸体、主要痕迹、主要物证、作案工具等具体位置;

(四)文字说明简明、准确;

(五)布局合理,重点突出,画面整洁,标识规范;

(六)现场图注明方向、图例、绘图单位、绘图日期和绘图人。

第四十八条　现场照相和录像包括方位、概貌、重点部位和细目四种。

第四十九条　现场照相和录像应当符合以下基本要求:

(一)影像清晰、主题突出、层次分明、色彩真实;

(二)清晰、准确记录现场方位、周围环境及原始状态,记录痕迹、物证所在部位、形状、大小及其相互之间的关系;

(三)细目照相、录像应当放置比例尺;

(四)现场照片需有文字说明。

第五十条　现场绘图、现场照相、录像、现场勘验笔录应当相互吻合。

第五十一条 现场绘图、现场照相、录像、现场勘验笔录等现场勘验、检查的原始资料应当妥善保存。现场勘验、检查原始记录可以用纸质形式或者电子形式记录，现场勘验、检查人员、见证人应当在现场签字确认，以电子形式记录的可以使用电子签名。

第七章 现场痕迹物品文件的提取与扣押

第五十二条 现场勘验、检查中发现与犯罪有关的痕迹、物品，应当固定、提取。

提取现场痕迹、物品，应当分别提取，分开包装，统一编号，注明提取的地点、部位、日期，提取的数量、名称、方法和提取人；对特殊检材，应当采取相应的方法提取和包装，防止损坏或者污染。

第五十三条 提取秘密级以上的文件，应当由县级以上公安机关负责人批准，按照有关规定办理，防止泄密。

第五十四条 在现场勘验、检查中，应当对能够证明犯罪嫌疑人有罪或者无罪的各种物品和文件予以扣押；对有可能成为痕迹物证载体的物品、文件，应当予以提取、扣押，进一步检验，但不得扣押或者提取与案件无关的物品、文件，对与犯罪有关的物品、文件和有可能成为痕迹物证载体的物品、文件的持有人无正当理由拒绝交出物品、文件的，现场勘验、检查人员可以强行扣押或者提取。

第五十五条 现场勘验、检查中需要扣押或者提取物品、文件的，由现场勘验、检查指挥员决定。执行扣押或者提取物品、文件时，侦查人员不得少于二人，并持有关法律文书和相关证件，同时应当有见证人在场。

第五十六条 现场勘验、检查中，发现爆炸物品、毒品、枪支、弹药和淫秽物品以及其他危险品或者违禁物品，应当立即扣押，固定相关证据后，交有关部门处理。

第五十七条 扣押物品、文件时，当场开具《扣押清单》，写明扣押的日期和物品、文件的名称、编号、数量、特征及其来源等，由侦查人员、见证人和物品、文件持有人分别签名或者盖章。对于持有人拒绝签名或者无法查清持有人的，应当在《扣押清单》上注明。

《扣押清单》一式三份，一份交物品、文件持有人，一份交公安机关保管人员，一份附卷备查。

提取现场痕迹、物品应当填写《提取痕迹、物证登记表》，写明物品、文件的编号、名称、数量、特征和来源等，由侦查人员、见证人和物品、文件持有人分别签名或者盖章。对于物品持有人拒绝签名或者无法查清持有人的，应当在《提取痕迹、物证登记表》上注明。

第五十八条 对应当扣押但不便提取的物品、文件，经登记、拍照或者录像、估价后，可以交被扣押物品、文件持有人保管或者封存，并明确告知物品持有人应当妥善保管，不得转移、变卖、毁损。

交被扣押物品、文件持有人保管或者封存的，应当开具《登记保存清单》，在清单上写明封存地点和保管责任人，注明已经拍照或者录像，由侦查人员、见证人和持有人签名或者盖章。

《登记保存清单》一式两份，一份交给物品、文件持有人，一份连同照片或者录像资料附卷备查。

对应当扣押但容易腐烂变质以及其他不易保管的物品，权利人明确的，经其本人书面同意或者申请，经县级以上公安机关负责人批准,在拍照或者录像固定后委托有关部门变卖、拍卖,所得款项存入本单位唯一合规账户,待诉讼终结后一并处理。

第五十九条　对不需要继续保留或者经调查证实与案件无关的检材和被扣押物品、文件,应当及时退还原主,填写《发还清单》一式三份,由承办人、领取人签名或者盖章,一份交物品、文件的原主,一份交物品保管人,一份附卷备查。

第六十条　对公安机关扣押物品、文件有疑问的,物品、文件持有人可以向扣押单位咨询;认为扣押不当的,可以向扣押物品、文件的公安机关申诉或者控告。

第六十一条　上级公安机关发现下级公安机关扣押物品、文件不当的,应当责令下级公安机关纠正,下级公安机关应当立即执行。必要时,上级公安机关可以就申诉、控告事项直接作出处理决定。

第六十二条　对于现场提取的痕迹、物品和扣押的物品、文件,应当按照有关规定建档管理,存放于专门场所,由专人负责,严格执行存取登记制度,严禁侦查人员自行保管。

第八章　现场访问

第六十三条　现场勘验、检查人员应当向报案人、案件发现人,被害人及其亲属,其他知情人或者目击者了解、收集有关刑事案件现场的情况和线索。

第六十四条　现场访问包括以下主要内容:

(一)刑事案件发现和发生的时间、地点、详细经过,发现后采取的保护措施,现场情况,有无可疑人或者其他人在现场,现场有无反常情况,以及物品损失等情况;

(二)现场可疑人或者作案人数、作案人性别、年龄、口音、身高、体态、相貌、衣着打扮、携带物品及特征,来去方向、路线等;

(三)与刑事案件现场、被害人有关的其他情况。

第六十五条　现场访问应当制作询问笔录。

第九章　现场外围的搜索和追踪

第六十六条　现场勘验、检查中,应当根据痕迹、视频、嗅源、物证、目击者描述及其他相关信息对现场周围和作案人的来去路线进行搜索和追踪。

第六十七条　现场搜索、追踪的任务包括:

(一)搜寻隐藏在现场周围或者尚未逃离的作案人;

(二)寻找与犯罪有关的痕迹、物品等;

(三)搜寻被害人尸体、人体生物检材、衣物等;

(四)寻找隐藏、遗弃的赃款赃物等;

(五)发现并排除可能危害安全的隐患;

(六)确定作案人逃跑的方向和路线,追踪作案人;

(七)发现现场周边相关视频信息。

第六十八条　在现场搜索、追踪中,发现与犯罪有关的痕迹、物证,应当予以固定、提取。

第十章　侦查实验

第六十九条　为了证实现场某一具体情节的形成过程、条件和原因等,可以进行侦查实验。

进行侦查实验应当经县级以上公安

机关负责人批准。

第七十条　侦查实验的任务包括：

（一）验证在现场条件下能否听到某种声音或者看到某种情形；

（二）验证在一定时间内能否完成某一行为；

（三）验证在现场条件下某种行为或者作用与遗留痕迹、物品的状态是否吻合；

（四）确定某种条件下某种工具能否形成某种痕迹；

（五）研究痕迹、物品在现场条件下的变化规律；

（六）分析判断某一情节的发生过程和原因；

（七）其他需要通过侦查实验作出进一步研究、分析、判断的情况。

第七十一条　侦查实验应当符合以下要求：

（一）侦查实验一般在发案地点进行，燃烧、爆炸等危险性实验，应当在其他能够确保安全的地点进行；

（二）侦查实验的时间、环境条件应当与发案时间、环境条件基本相同；

（三）侦查实验使用的工具、材料应当与发案现场一致或者基本一致；必要时，可以使用不同类型的工具或者材料进行对照实验；

（四）如条件许可，类同的侦查实验应当进行二次以上；

（五）评估实验结果应当考虑到客观环境、条件变化对实验的影响和可能出现的误差；

（六）侦查实验，禁止一切足以造成危险、侮辱人格或者有伤风化的行为。

第七十二条　对侦查实验的过程和结果，应当制作《侦查实验笔录》，参加侦查实验的人员应当在《侦查实验笔录》上签名。进行侦查实验，应当录音、录像。

第十一章　现场分析

第七十三条　现场勘验、检查结束后，勘验、检查人员应当进行现场分析。

第七十四条　现场分析的内容包括：

（一）侵害目标和损失；

（二）作案地点、场所；

（三）开始作案的时间和作案所需要的时间；

（四）作案人出入现场的位置、侵入方式和行走路线；

（五）作案人数；

（六）作案方式、手段和特点；

（七）作案工具；

（八）作案人在现场的活动过程；

（九）作案人的个人特征和作案条件；

（十）有无伪装或者其他反常现象；

（十一）作案动机和目的；

（十二）案件性质；

（十三）是否系列犯罪；

（十四）侦查方向和范围；

（十五）其他需要分析解决的问题。

第七十五条　勘验、检查人员在现场勘验、检查后，应当运用"全国公安机关现场勘验信息系统"和各种信息数据库开展刑事案件率并工作，并将串并案情况录入"全国公安机关现场勘验信息系统"。

第十二章　现场的处理

第七十六条　现场勘验、检查结束后，现场勘验、检查指挥员决定是否保留现场。

对不需要保留的现场，应当及时通知有关单位和人员进行处理。

对需要保留的现场,应当及时通知有关单位和个人,指定专人妥善保护。

第七十七条 对需要保留的现场,可以整体保留或者局部保留。

第七十八条 现场勘验、检查结束后,现场勘验、检查指挥员决定是否保留尸体。

(一)遇有死因未定、身份不明或者其他情况需要复验的,应当保存尸体;

(二)对没有必要继续保存的尸体,经县级以上公安机关负责人批准,应当立即通知死者家属处理。对无法通知或者通知后家属拒绝领回的,经县级以上公安机关负责人批准,可以按照有关规定及时处理;

(三)对没有必要继续保存的外国人尸体,经县级以上公安机关负责人批准,应当立即通知死者家属或者所属国驻华使、领馆的官员处理。对无法通知或者通知后外国人家属或者其所属国驻华使、领馆的官员拒绝领回的,经县级以上公安机关负责人批准,并书面通知外事部门后,可以按照有关规定及时处理。

第十三章 现场的复验、复查

第七十九条 遇有下列情形之一,应当对现场进行复验、复查:

(一)案情重大、现场情况复杂的;

(二)侦查工作需要从现场进一步收集信息、获取证据的;

(三)人民检察院审查案件时认为需要复验、复查的;

(四)当事人提出不同意见,公安机关认为有必要复验、复查的;

(五)其他需要复验、复查的。

第八十条 对人民检察院要求复验、复查的,公安机关复验、复查时,可以通知人民检察院派员参加。

第十四章 附 则

第八十一条 公安机关对其他案件、事件、事故现场的勘验、检查,可以参照本规则执行。

第八十二条 本规则自发布之日起施行。《公安机关刑事案件现场勘验检查规则》(2005年10月1日颁布并实施)同时废止。

公安部
《计算机犯罪现场勘验与
电子证据检查规则》

(2005年2月25日 公信安〔2005〕161号)

第一章 总 则

第一条 【立法目的】为规范计算机犯罪现场勘验与电子证据检查工作,确保现场勘验检查质量,根据《刑事诉讼法》、《公安机关办理刑事案件程序规定》、《公安部刑事案件现场勘查规则》,制定本规则。

第二条 【电子证据的内容】在本规则中,电子证据包括电子数据、存储媒介和电子设备。

第三条 【内容】计算机犯罪现场勘验与电子证据检查包括:

(一)现场勘验检查。是指在犯罪现场实施勘验,以提取、固定现场存留的与犯罪有关电子证据和其他相关证据。

(二)远程勘验。是指通过网络对远程目标系统实施勘验,以提取、固定远程目标系统的状态和存留的电子数据。

（三）电子证据检查。是指检查已扣押、封存、固定的电子证据，以发现和提取与案件相关的线索和证据。

第四条　【任务】计算机犯罪现场勘验与电子证据检查的任务是，发现、固定、提取与犯罪相关的电子证据及其他证据，进行现场调查访问，制作和存储现场信息资料，判断案件性质，确定侦查方向和范围，为侦查破案提供线索和证据。

第五条　【规定】计算机犯罪现场勘验与电子证据检查，应当严格遵守国家法律、法规的有关规定。不受其他任何单位、个人的干涉。

第六条　【人员资质】执行计算机犯罪现场勘验与电子证据检查任务的人员，应当具备计算机现场勘验与电子证据检查的专业知识和技能。

第七条　【纪律规范】计算机犯罪现场勘验与电子证据检查工作，应当以事实为依据，防止主观臆断，严禁弄虚作假。

第二章　组织与指挥

第八条　【实施组织】计算机犯罪现场勘验与电子证据检查，应当由县级以上公安机关公共信息网络安全监察部门负责组织实施。必要时，可以指派或者聘请具有专门知识的人参加。

第九条　【人员要求】对计算机犯罪现场进行勘验和对电子证据进行检查不得少于二人。现场勘验检查，应当邀请一至两名与案件无关的公民作见证人。公安司法人员不能充当见证人。电子证据检查，应当遵循办案人员与检查人员分离的原则。检查工作应当由具备电子证据检查技能的专业技术人员实施，办案人员应当予以配合。

第十条　【工作原则】对计算机犯罪现场勘验与电子证据检查应当统一指挥，周密组织，明确分工，落实责任。

第十一条　【指挥员】计算机犯罪现场勘验与电子证据检查的指挥员应当由具有计算机犯罪现场勘验与电子证据检查专业知识和组织指挥能力的人民警察担任。重大、特别重大案件的勘验检查工作，指挥员由案发地公安机关负责人担任。必要时，上级公安机关可以直接组织指挥现场勘验和电子证据检查工作。

第三章　电子证据的固定与封存

第十二条　【固定目的】固定和封存电子证据的目的是保护电子证据的完整性、真实性和原始性。

作为证据使用的存储媒介、电子设备和电子数据应当在现场固定或封存。

第十三条　【封存方法】封存电子设备和存储媒介的方法是：

（一）采用的封存方法应当保证在不解除封存状态的情况下，无法使用被封存的存储媒介和启动被封存电子设备。

（二）封存前后应当拍摄被封存电子设备和存储媒介的照片并制作《封存电子证据清单》，照片应当从各个角度反映设备封存前后的状况，清晰反映封口或张贴封条处的状况。

第十四条　【固定方法】固定存储媒介和电子数据包括以下方式：

（一）完整性校验方式。是指计算电子数据和存储媒介的完整性校验值，并制作、填写《固定电子证据清单》；

（二）备份方式。是指复制、制作原始存储媒介的备份，并依照第十三条规定的方法封存原始存储媒介；

（三）封存方式。对于无法计算存储

媒介完整性校验值或制作备份的情形,应当依照第十三条规定的方法封存原始存储媒介,并在勘验、检查笔录上注明不计算完整性校验值或制作备份的理由。

第四章 现场勘验检查

第十五条 【程序内容】现场勘验检查程序包括:

(一)保护现场;

(二)收集证据;

(三)提取、固定易丢失数据;

(四)在线分析;

(五)提取、固定证物。

第十六条 【现场录像】对现场状况以及提取数据、封存物品文件的过程、在线分析的关键步骤应当录像,录像带应当编号封存。

第十七条 在现场拍摄的照片应当统一编号制作《勘验检查照片记录表》。

第十八条 【完整性校验值】在现场提取的易丢失数据以及现场在线分析时生成和提取的电子数据,应当计算其完整性校验值并制作、填写《固定电子证据清单》,以保证其完整性和真实性。

第十九条 在线分析是指在现场不关闭电子设备的情况下直接分析和提取电子系统中的数据。除以下情形外,一般不得实施在线分析:

(一)案件情况紧急,在现场不实施在线分析可能会造成严重后果的;

(二)情况特殊,不允许关闭电子设备或扣押电子设备的;

(三)在线分析不会损害目标设备中重要电子数据的完整性、真实性的。重要电子数据是指可能作为证据的电子数据。

第二十条 易丢失数据提取和在线分析,应当依循以下原则:

(一)不得将生成、提取的数据存储在原始存储媒介中。

(二)不得在目标系统中安装新的应用程序。如果因为特殊原因,需要在目标系统中安装新的应用程序的,应当在《现场勘验检查笔录》中记录所安装的程序及其目的。

(三)应当在《现场勘验检查笔录》中详细、准确记录实施的操作以及对目标系统可能造成的影响。

第二十一条 现场勘验检查结束后,应当及时制作《现场勘验检查工作记录》。《现场勘验检查工作记录》由《现场勘验检查笔录》、《固定电子证据清单》、《封存电子证据清单》和《勘验检查照片记录表》等内容组成。

第五章 远程勘验

第二十二条 【目标】远程勘验过程中提取的目标系统状态信息、目标网站内容以及勘验过程中生成的其他电子数据,应当计算其完整性校验值并制作《固定电子证据清单》。

第二十三条 【方式】应当采用录像、照相、截获计算机屏幕内容等方式记录远程勘验过程中提取、生成电子证据等关键步骤。

第二十四条 【工作记录内容】远程勘验结束后,应当及时制作《远程勘验工作记录》。《远程勘验工作记录》由《远程勘验笔录》、《固定电子证据清单》、《勘验检查照片记录表》以及截获的屏幕截图等内容组成。

第二十五条 【网络监听】通过网络监听获取特定主机通信内容以提取电子证据时,应当遵循与远程勘验相同的规定。

第六章 电子证据检查

第二十六条 【完整性检查】办案人员将电子证据移交给检查人员时应同时提供《固定电子证据清单》和《封存电子证据清单》的复印件，检查人员应当依照以下原则检查电子证据的完整性：

（一）对于以完整性校验方式保护的电子数据，检查人员应当核对其完整性校验值是否正确；

（二）对于以封存方式保护的电子设备或存储媒介，检查人员应当比对封存的照片与当前封存的状态是否一致；

（三）存储媒介完整性校验值不正确、封存状态不一致或未封存，检查人员应当在《电子证据检查笔录》中注明，并由送检人签名。

第二十七条 电子证据检查包括：

（一）检查、分析电子证据中包含的电子数据，提取与案件相关的电子证据。

（二）检查、分析电子证据中包含的电子数据，制作《电子证据检查笔录》描述检查结论。

第二十八条 从电子证据中提取电子数据，应当制作《提取电子数据清单》，记录该电子数据的来源和提取方法。

第二十九条 【备份原则】复制、制作原始存储媒介的备份应当遵循以下原则：

（一）复制并重新封存原始存储媒介。

（二）对解除封存状态、开始复制、复制结束、重新封存等关键步骤应当录像记录检查人员实施的操作。

（三）复制完成后应当依照第十三条规定重新封存原始存储媒介，并制作、填写《封存电子证据清单》。

第三十条 【直接检查原始存储媒介情形】除下列情形外，不得直接检查原始存储媒介，应当制作、复制原始存储媒介的备份，并在备份存储媒介上实施检查：

（一）情况紧急的重大案件，不立即检查可能延误案件的侦查工作，导致严重后果的；

（二）已计算存储媒介的完整性校验值，检查过程能够保证不修改原始存储媒介所存储的数据的；

（三）因技术条件限制，无法复制原始存储媒介的。

第三十一条 【直接检查原则】检查原始电子设备，或者因第三十条描述的原因，需要直接检查原始存储媒介的，应当遵循以下原则：

（一）对解除封存状态、检查过程的关键操作、重新封存等重要步骤应当录像；

（二）检查完毕后应当依照第十三条规定重新封存原始存储媒介和原始电子设备，并制作、填写《封存电子证据清单》。

（三）应当制作《原始证据使用记录》，记录直接检查原始证据的原因和目的、实施的操作、对原始存储媒介和原始电子设备中存储的信息可能产生的影响，并由两名检查人员签名。

第三十二条 【工作记录】电子证据检查结束后，应当及时制作《电子证据检查工作记录》。

《电子证据检查工作记录》由《电子证据检查笔录》、《提取电子数据清单》、《封存电子证据清单》和《原始证据使用记录》等内容构成。

第七章 勘验检查记录

第三十三条 【盖章签名】《现场勘

验检查工作记录》《远程勘验工作记录》《电子证据检查工作记录》应当加盖骑缝章后由至少两名勘验、检查人员签名。

《现场勘验检查工作记录》应当由至少一名见证人签名。

第三十四条 《现场勘验检查笔录》的内容一般包括：

（一）基本情况。包括勘验检查的地点、起止时间、指挥人员、勘查人员的姓名、职务、见证人的姓名、住址等；

（二）现场情形。包括现场的设备环境、网络结构、运行状态等；

（三）勘查过程。包括勘查的基本情况、易丢失证据提取的过程、产生的数据、在线勘验、检查过程中实施的操作、对数据可能产生的影响、提取的数据、封存物品、固定证据的有关情况等；

（四）勘查结果。包括提取物证的有关情况、勘查形成的结论以及发现的案件线索等。

第三十五条 《现场勘查照片记录表》应当记录该相片拍摄的内容、对象，并编号入卷。拍摄的照片可以是数码照片或光学照片。

第三十六条 《远程勘验笔录》的内容一般包括：

（一）基本情况。包括勘验的起止时间，指挥人员、勘验人员的姓名、职务，勘验的对象，勘验的目的等；

（二）勘验过程。包括勘验使用的工具，勘验的方法与步骤，提取和固定数据的方法等；

（三）勘验结果。包括通过勘验发现的案件线索，目标系统的状况，目标网站的内容等。

第三十七条 《电子证据检查笔录》的内容一般包括：

（一）基本情况。包括检查的起止时间，指挥人员、勘验人员的姓名、职务，检查的对象，检查的目的等；

（二）检查过程。包括检查过程使用的工具，检查的方法与步骤，提取数据的方法等；

（三）检查结果。包括通过检查发现的案件线索，提取的信息内容等。

第八章 附 则

第三十八条 对刑事案件现场勘验、检查应当遵循公安机关对刑事案件现场勘验、检查的有关规定。

第三十九条 本规则自发布之日起施行。

最高人民检察院《人民检察院法医工作细则（试行）》

（1988年1月28日）

第一章 总 则

第一条 根据《中华人民共和国刑事诉讼法》、《中华人民共和国人民检察院组织法》，结合人民检察院法医工作实践，特制定本细则。

第二条 人民检察院法医学检验鉴定工作的宗旨是：法医工作要以辩证唯物主义思想为指针，坚持实事求是的原则和理论联系实际的工作作风，配合各项检察业务，进行各种法医学检验鉴定工作，以保证检察机关履行法律的监督职能。

第三条 人民检察院法医工作的任务是：运用现代法医学理论和技术，对检察机关直接受理的案件和公安机关移送审查批捕、审查起诉案件中,有关人身伤亡和涉及法律的各种医学问题进行检验鉴定。

第四条 人民检察院法医工作范围:

一、检察机关自行侦查的案件中,涉及人身伤亡的现场、尸体、活体、法医物证及文证进行勘验、检查、检验鉴定。

二、审查公安、法院等机关出具的法医鉴定书,必要时进行复查复验,并出具复核鉴定书。

三、受理的各类案件中,有关活体损伤程序的鉴定。

四、配合刑事检察部门参加公安机关侦查的重大伤亡案件的现场勘验。

五、检验鉴定人民检察院认为需要直接受理的涉及人身伤亡的其他案件。

六、参加各检察业务部门对重大疑难案件的讨论,必要时组织法医共同鉴定。

七、在检察人员中普及法医学知识。开展经验交流和学术讨论,组织以应用为主的法医学科研工作。

第二章 勘验鉴定

第一节 现场勘验

第五条 法医参加现场勘验的主要任务是:了解案情的经过。进行尸体、活体检验,发现和搜集犯罪的痕迹和物证,判断伤亡原因和案件性质以及其他有关问题,分析判断犯罪分子在现场的活动情况,为侦查提供方向和范围,为诉讼提供证据。

第六条 勘验现场必须做到及时、全面、认真、细致。检验尸体、检查活体,提取法医物证以及其他检材时,必须严格遵守法律的有关规定。

第七条 要如实反映现场情况,对尸体、活体上的损伤和暴力痕迹,以及其他可供鉴定的征象,及时进行记录、绘图、拍照或录相。

第八条 复验现场时要有明确的目的,尽量恢复现场原来的条件、全面客观地分析研究,力求解决办案中的疑难问题。

第二节 尸体检验

第九条 尸体检验鉴定的目的是:确定死亡原因,推断死亡时间,判断致死方式和手段,推断致死工具,认定死亡性质(他杀、自杀、意外、或疾病死亡)。

第十条 尸体检验的对象包括:

一、涉及刑事案件,必须经过尸体检验方能查明死因的尸体。

二、被监管人员中非正常死亡的尸体。

三、重大责任事故案件中死亡,需要查明死因的尸体。

四、医疗责任事故造成死亡,需要查明死因的尸体。

五、体罚虐待被监管人员,刑讯逼供,违法乱纪致人死亡,需要查明死因的尸体。

六、控告申诉案件中涉及人身死亡,需要查明死因的尸体。

七、其他需要检验的尸体。

第十一条 尸体检验包括尸表检验和解剖检验。检验要求全面、系统、应提取有关脏器和组织做病理组织学检验。必要时抽取胃内容物、内脏、血液、尿液等作毒物分析或其他检验;提取心血作细菌培养。对已埋葬的尸体,需要查明死因者,要进行开棺检验。

第十二条 尸体解剖可遵照一九七九年卫生部重新颁发的解剖尸体规则的有关规定执行。

第三节 活体检查

第十三条 活体检查主要是对被害人、被告人的某些特征、损伤情况、生理状态、病理状态和各器官、系统功能状态等进行检验、鉴定。

一、个人特征:查明性别、年龄、检查血型及生理、病理特征。

二、检查人身是否有伤和损伤程度,推断损伤性质、受伤时间、致伤工具等。

三、检查有无被奸、妊娠、分娩以及性功能状态,协助解决有无性犯罪方面的问题。

四、查明人体有无中毒症状和体征,检查体内是否有某种毒物,并测定其含量及人体途径等。

五、检查有关人的精神状态,确定有无精神病及其类型,并断定其辨认能力或责任能力。

第十四条 活体检查一般由办案人员带领被检人在法医活体检验室内进行。被检人因健康关系不能行动,可在医院或家里进行。对妇女身体检验时,应由女法医进行,无女法医时,要有女工作人员在场。

第十五条 对伤害、疾病有关的活体检验,必须将被检人的病历及有关材料送交法医鉴定人。涉及临床医学各科时,可聘请专家共同鉴定。

第四节 法医物证检验

第十六条 法医物证是指对案件的真实情况具有证明作用的人体组织器官的一部分或其分泌物、排泄物等。

第十七条 法医物证检验鉴定的要求是:

一、血痕鉴定主要是检验检材上是否有血,是人血还是动物血、属何血型,出血部位以及性别等。

二、毛发认定主要是认定是否人毛,确定其生长部位、脱落、损伤的原因,有无附着物以及毛发性别、血型,比对现场遗留毛发与嫌疑人毛发是否相似等。

三、精斑鉴定主要是认定检材上是否附有精斑,属何血型等。

四、骨质鉴定主要认定是否人骨,是一人骨还是多人骨,从人骨上推断性别、年龄、身高和其他个体特征,骨质损伤是生前还是生后形成以及致伤工具等。

第十八条 法医物证检验的一般程序包括:肉眼检查、预备试验、确证试验、种属试验、个人识别等。

第十九条 法医物证的提取,包装,送检及保管应按不同种类的检材,严格遵照有关规定进行。

第五节 文证审查

第二十条 法医文证审查主要是对起证据作用的法医鉴定书、司法精神病学鉴定书,医疗事故鉴定意见书,病历以及现场勘验、调查访问等文证材料进行审查,并出具文证审查意见书。

第二十一条 文证审查重点是审查材料的科学性、可靠性、准确性。检验记载是否全面、细致;检验方法是否规范、可靠;论点是否明确、清楚,论据是否科学、充分;结论是否客观、正确,以及是否符合鉴定目的和要求。

第三章 检验鉴定程序

第二十二条 法医鉴定人员接到委

托书后,首先要查阅委托公函,并由送检人填写委托鉴定登记表;听到送检人介绍案件情况和鉴定要求;查验检材有无鉴定条件,核对名称、数量。凡符合条件的应予受理,不能鉴定的,应说明理由。

第二十三条 法医鉴定人进行各种检验时,必须全面、细致,要按检验的步骤、方法、严守操作规程,对检验中发现的各种特征和出现的结果,要做综合分析、判断,同时要进行复核。检验过程中,必须认真做好检验记录,拍照。对尸体或法医物证检验时,应留取一定数量检材,以备诉讼阶段复验,或重新鉴定。

第二十四条 法医鉴定书要做到文字简练、描述确切、通俗易懂,结论明确,并附照片和说明。

鉴定书内容包括:绪言、案情摘要、现场情况、检验所见、分析说明、结论。

确因检验条件不足,或技术水平所限,无法作出结论时,可出具分析意见,或送交上级鉴定机关鉴定。

第二十五条 鉴定书应由鉴定人签名或盖章,注明技术职务,并加盖"刑事科学技术鉴定专用章"。

第二十六条 活体检查、文证审查、物证检验自送检时间始,应在一周内作出鉴定结论。尸体检验需做毒物分析、病理组织学检验的,应在二周内作出结论。特殊情况可适当延长时间,对疑难案件的鉴定,需进行复核和"会诊"时,可根据具体情况,尽快作出鉴定结论。

第二十七条 检验鉴定结束后,应将案卷、病历等复印材料和各种检验报告、检验鉴定记录、图片或照片、原法医鉴定书等副本材料,编号整理,装订成卷,存档备查。

剩余的检材应退回送检单位,对有研究价值的或可作为标本保存的检材,在征得送检单位同意后,方可保留。

第二十八条 委托鉴定单位在案件办结后,应将案件处理结果告原鉴定单位法医室,以便入卷备查。

第四章 工作原则

第二十九条 法医鉴定人必须是医学院、校毕业或有相应技术水平的医师、士,经过半年以上法医专业训练结业的专职人员来担任。

第三十条 法医鉴定权必须由具有专业技术职务的法医来行使。技术职务尚未评定的,经省级检察机关刑事技术部门审查认可后,方可行使鉴定权。

法医技术职务为:主任法医师、副主任法医师、主检法医师、法医师、法医士。

第三十一条 法医鉴定人应由与本案件无利害关系的人担任。凡属《刑事诉讼法》第二十三条、第二十四条之规定的鉴定人员,应主动回避。

第三十二条 法医鉴定人进行检验鉴定时,有权审阅受理案件的全部卷宗,有权了解案情,调取物证;提审和询问与鉴定有关的被告人或其他人员。有权重新勘验现场,依法进行尸体、活体和法医物证检验。

第三十三条 法医鉴定人有权对非法或不符合法律程序的案件拒绝检验和鉴定;对鉴定依据不足或无鉴定条件的案件,法医可以不出鉴定结论,任何人不能强迫鉴定人做出鉴定。

第三十四条 法医鉴定人对自己作出的鉴定结论要高度负责。几名鉴定人共同进行鉴定时,持不同意见者,有权不署名。

第三十五条 法医鉴定人对自己职

责范围内的检验鉴定工作有义不容辞的责任。在任何困难情况下，如偏远地区现场勘验，检验高度腐败尸体等均不能借故拒绝检验，也不能拖延鉴定时间。

第三十六条 凡涉及党和国家机密、个人隐私和不能公开的鉴定资料等，必须严格保密。

第三十七条 鉴定人接到各级人民法院的通知后，应出庭作证，出示鉴定书并阐明鉴定结论的科学依据，对案件当事人、辩护人，依照法律程序提出的与案件有关的法医鉴定问题，鉴定人应予解答。与鉴定无关的问题，鉴定人有权拒绝回答。

第三十八条 对法医作出的鉴定结论如果辩护人有异议或者被告不服，依照诉讼程序可以补充鉴定或重新鉴定。

第五章 其 他

第三十九条 加强法医学科学研究。各级检察机关的法医技术人员都应在实践中注意总结经验，开展以应用为主的科研活动，建设具有检察机关特点的法医检察鉴定工作。法医技术人员在工作中有显著贡献或科研成果者，除组织交流或推广，应及时给予表扬和奖励，有重大突破者应破格晋升。

第四十条 本细则自印发之日起实施。

公安部《关于正确执行〈公安机关办理刑事案件程序规定〉第一百九十九条的批复》

（2008年10月22日 公复字〔2008〕5号）

黑龙江省公安厅：

你厅《关于〈公安机关办理刑事案件程序规定〉第一百九十九条应如何理解的请示》（黑公传发〔2008〕521号）收悉。现批复如下：

一、根据《公安机关办理刑事案件程序规定》第一百九十九条的规定，死者家属无正当理由拒不到场或者拒绝签名、盖章的，不影响解剖或者开棺检验，公安机关可以在履行规定的审批程序后，解剖尸体；但应当认真核实死者家属提出的不到场或者拒绝签名、盖章的理由，对于有正当理由的，应当予以妥善处理，争取家属的配合，而不能简单地作为无正当理由对待。

二、对于重大、疑难、复杂的案件，可能引起争议的案件，或者死者家属无正当理由拒不到场或者拒绝签名、盖章的案件，为确保取得良好的社会效果，公安机关在进行尸体解剖、开棺检验、死因鉴定时，应当进行全程录音录像，商请检察机关派员到场，并邀请与案件无关的第三方或者死者家属聘请的律师到场见证。

公安部《关于对公安机关因侦查破案需要可否检查军车问题的批复》

（1998年12月16日 公复字〔1998〕9号）

广东省公安厅：

你厅《关于公安机关因侦查破案需要可否检查军车的请示》（粤公请字〔1998〕86号）收悉。经研究并征求总政保卫部意见，现批复如下：

军队是国家的武装力量，担负着保卫国家安全的重要任务，公安机关一般不直接对军车进行检查。对已立案侦查或有充分证据证明犯罪嫌疑人、被告人或者罪犯利用军车犯罪、隐藏证据或者逃逸的,公安机关应当及时通报军车所属部队保卫部门或当地军队的警备部门,并与其共同组织进行检查;如果案情特别重大且情况紧急,不立即进行检查可能导致犯罪嫌疑人、被告人、罪犯逃逸或者造成其他严重危害后果的,经县级以上公安机关负责人批准可直接对军车进行检查,但应同时通报军车所属部队保卫部门或者当地军队的警备部门。检查时,应注意工作态度和方法,避免发生冲突。检查后,应及时将有关情况通报军车所属部队保卫部门或当地军队的警备部门,并按照军地互涉案件的有关规定处理,同时报省公安厅备案。

公安部
《关于公安机关在办理刑事案件中可否查封冻结不动产或投资权益问题的批复》

(2001年10月22日 公复字〔2001〕17号)

广东省公安厅:

你厅《关于我省深圳市公安局在办理一特大诈骗案件中对涉案资产依法进行查封、冻结问题的请示》〔粤公(请)字〔2001〕40号〕收悉。经征求最高人民法院、最高人民检察院意见,现批复如下:

根据《中华人民共和国刑事诉讼法》第一百一十四条和最高人民法院、最高人民检察院、公安部、司法部、国家安全部、全国人大常委会法制工作委员会《关于刑事诉讼法实施中若干问题的规定》第四十八条的规定,公安机关在办理刑事案件中有权依法查封、冻结犯罪嫌疑人以违法所得购买的不动产、获取的投资权益或股权。但由于投资权益或股权具有一定的风险性,对其采取冻结等侦查措施应严格依照法定的适用条件和程序,慎重使用。

中国人民银行
《金融机构协助查询、冻结、扣划工作管理规定》

(2002年2月1日 银发〔2002〕第1号)

第一条 为规范金融机构协助有权机关查询、冻结和扣划单位、个人在金融机构存款的行为,根据《中华人民共和国商业银行法》及其他有关法律、行政法规的规定,制定本规定。

第二条 本规定所称"协助查询、冻结、扣划"是指金融机构依法协助有权机关查询、冻结、扣划单位或个人在金融机构存款的行为。

协助查询是指金融机构依照有关法律或行政法规的规定以及有权机关查询的要求,将单位或个人存款的金额、币种以及其他存款信息告知有权机关的行为。

协助冻结是指金融机构依照法律的规定以及有权机关冻结的要求,在一定时期内禁止单位或个人提取其存款账户内的全部或部分存款的行为。

协助扣划是指金融机构依照法律的规定以及有权机关扣划的要求,将单位或个人存款账户内的全部或部分存款资金划拨到指定账户上的行为。

第三条 本规定所称金融机构是指依法经营存款业务的金融机构(含外资

金融机构），包括政策性银行、商业银行、城市和农村信用合作社、财务公司、邮政储蓄机构等。

金融机构协助查询、冻结和扣划存款，应当在存款人开户的营业分支机构具体办理。

第四条 本规定所称有权机关是指依照法律、行政法规的明确规定，有权查询、冻结、扣划单位或个人在金融机构存款的司法机关、行政机关、军事机关及行使行政职能的事业单位（详见附表）。

第五条 协助查询、冻结和扣划工作应当遵循依法合规、不损害客户合法权益的原则。

第六条 金融机构应当依法做好协助工作，建立健全有关规章制度，切实加强协助查询、冻结、扣划的管理工作。

第七条 金融机构应当在其营业机构确定专期部门或专职人员，负责接待要求协助查询、冻结、扣划的有权机关，及时处理协助事宜，并注意保守国家秘密。

第八条 办理协助查询业务时，经办人员应当核实执法人员的工作证件，以及有权机关县团级以上(含,下同)机构签发的协助查询存款通知书。

第九条 办理协助冻结业务时，金融机构经办人员应当核实以下证件和法律文书：

（一）有权机关执法人员的工作证件；

（二）有权机关县团级以上机构签发的协助冻结存款通知书，法律、行政法规规定应当由有权机关主要负责人签字的，应当由主要负责人签字；

（三）人民法院出具的冻结存款裁定书，其他有权机关出具的冻结存款决定书。

第十条 办理协助扣划业务时，金融机构经办人员应当核实以下证件和法律文书：

（一）有权机关执法人员的工作证件；

（二）有权机关县团级以上机构签发的协助扣划存款通知书，法律、行政法规规定应当由有权机关主要负责人签字的，应当由主要负责人签字；

（三）有关生效法律文书或行政机关的有关决定书。

第十一条 金融机构在协助冻结、扣划单位或个人存款时，应当审查以下内容：

（一）"协助冻结、扣划存款通知书"填写的需被冻结或扣划存款的单位或个人开户金融机构名称、户名和账号、大小写金额；

（二）协助冻结或扣划存款通知书上的义务人应与所依据的法律文书上的义务人相同；

（三）协助冻结或扣划存款通知书上的冻结或扣划金额应当是确定的。如发现缺少应附的法律文书，以及法律文书有关内容与"协助冻结、扣划存款通知书"的内容不符，应说明原因，退回"协助冻结、扣划存款通知书"或所附的法律文书。

有权机关对个人存款户不能提供账户的，金融机构应当要求有权机关提供该个人的居民身份证号码或其他足以确定该个人存款账户的情况。

第十二条 金融机构应当按照内控制度的规定建立和完善协助查询、冻结和扣划工作的登记制度。

金融机构在协助有权机关办理查询、冻结和扣划手续时，应对下列情况进行登记：有权机关名称，执法人员姓名和证件号码，金融机构经办人员姓名，被查询、冻结、扣划单位或个人的名称或姓名，协助查询、冻结、扣划的时间和金额，相关法律文书名称及文号,协助结果等。

登记表应当在协助办理查询、冻结、扣划手续时填写,并由有权机关执法人员和金融机构经办人签字。

金融机构应当妥善保存登记表,并严格保守有关国家秘密。

金融机构协助查询、冻结、扣划存款,涉及内控制度中的核实、授权和审批工作时,应当严格按内控制度及时办理相关手续,不得拖延推诿。

第十三条 金融机构对有权机关办理查询、冻结和扣划手续完备的,应当认真协助办理。在接到协助冻结、扣划存款通知书后,不得再扣划应当协助执行的款项用于收贷收息,不得向被查询、冻结、扣划单位或个人通风报信,帮助隐匿或转移存款。

金融机构在协助有权机关办理完毕查询存款手续后,有权机关要求予以保密的,金融机构应当保守秘密。金融机构在协助有权机关办理完毕冻结、扣划存款手续后,根据业务需要可以通知存款单位或个人。

第十四条 金融机构协助有权机关查询的资料应限于存款资料,包括被查询单位或个人开户、存款情况以及与存款有关的会计凭证、账簿、对账单等资料。对上述资料,金融机构应如实提供,有权机关根据需要可以抄录、复制、照相,但不得带走原件。

金融机构协助复制存款资料等支付了成本费用的,可以按相关规定收取工本费。

第十五条 有权机关在查询单位存款情况时,只提供被查询单位名称而未提供账号的,金融机构应当根据账户管理档案积极协助查询,没有所查询的账户

的,应如实告知有权机关。

第十六条 冻结单位或个人存款的期限最长为六个月,期满后可以续冻。有权机关应在冻结期满前办理续冻手续,逾期未办理续冻手续的,视为自动解除冻结措施。

第十七条 有权机关要求对已被冻结的存款再行冻结的,金融机构不予办理并应当说明情况。

第十八条 在冻结期限内,只有在原作出冻结决定的有权机关作出解冻决定并出具解除冻结存款通知书的情况下,金融机构才能对已经冻结的存款予以解冻。被冻结存款的单位或个人对冻结提出异议的,金融机构应告知其与作出冻结决定的有权机关联系,在存款冻结期限内金融机构不得自行解冻。

第十九条 有权机关在冻结、解冻工作中发生错误,其上级机关直接作出变更决定或裁定的,金融机构接到变更决定书或裁定书后,应当予以办理。

第二十条 金融机构协助扣划时,应当将扣划的存款直接划入有权机关指定的账户。有权机关要求提取现金的,金融机构不予协助。

第二十一条 查询、冻结、扣划存款通知书与解除冻结、扣划存款通知书均应由有权机关执法人员依法送达,金融机构不接受有权机关执法人员以外的人员代为送达的上述通知书。

第二十二条 两个以上有权机关对同一单位或个人的同一笔存款采取冻结或扣划措施时,金融机构应当协助最先送达协助冻结、扣划存款通知书的有权机关办理冻结、扣划手续。

两个以上有权机关对金融机构协助冻结、扣划的具体措施有争议的,金融机

构应当按照有关争议机关协商后的意见办理。

第二十三条 本规定由中国人民银行负责解释。

第二十四条 本规定自2002年2月1日起施行。

附表：有权查询、冻结、扣划单位、个人存款的执法机关一览表

单位名称	查询		冻结		扣划	
	单位	个人	单位	个人	单位	个人
人民法院	有权	有权	有权	有权	有权	有权
税务机关	有权	有权	有权	有权	有权	有权
海关	有权	有权	有权	有权	有权	有权
人民检察院	有权	有权	有权	有权	无权	无权
公安机关	有权	有权	有权	有权	无权	无权
国家安全机关	有权	有权	有权	有权	无权	无权
军队保卫部门	有权	有权	有权	有权	无权	无权
监狱	有权	有权	权	有权	无权	无权
走私犯罪侦查机关	有权	有权	有权	有权	无权	无权
监察机关（包括军队监察机关）	有权	有权	无权	无权	无权	无权
审计机关	有权	无权	无权	无权	无权	无权
工商行政管理机关	有权	无权	暂停结算	暂停结算	无权	无权
证券监管管理机关	有权	无权	无权	无权	无权	无权

注：本表所列机关是《金融机构查询、冻结、扣划工作管理规定》发布之日前有关法律、行政法规明确规定具有查询、冻结或者扣划存款权力的机关。规定发布实施之后，法律、行政法规有新规定的，从其规定。

中国人民银行《关于贯彻落实中共中央政法委关于司法机关冻结、扣划银行存款问题的意见的通知》

(1997年3月24日 银发〔1997〕94号)

最近，中共中央政法委员会《关于司法机关冻结、扣划银行存款问题的意见》（政法办转〔1997〕2号文，以下简称《意见》）已发至最高人民法院、最高人民检察院、公安部、全国人大法工委、中国人民银行、国务院法制局。《意见》就执行中国人民银行、公安部、最高人民法院、最高人民检察院联合下发的《关于查询、冻结、扣划企业事业单位、机关、团体银行存款的通知》（银发〔1993〕356号，以下简称356号文）和最高人民法院、最高人民检察院和公安部联合下发的《关于对冻结、

扣划企事业单位、机关团体在银行、非银行金融机构存款的执法活动加强监督的通知》(法〔1996〕83号),以及金融机构应积极协助司法机关的执法工作,提出了具体要求。为认真贯彻落实《意见》的精神,并依法积极协助司法机关的执行活动,现将有关问题通知如下:

一、1993年12月11日下发的银发〔1993〕356号文规定,人民检察院和公安机关可以扣划单位的银行存款。但1996年3月17日第八届全国人民代表大会第四次会议修改的《中华人民共和国刑事诉讼法》(以下简称《刑事诉讼法》)只规定人民检察院和公安机关可以查询、冻结犯罪嫌疑人的存款,而未规定人民检察院和公安机关可扣划犯罪嫌疑存款。对此,应按《刑事诉讼法》的规定执行。

二、对司法机关只提供单位账户名称而未提供账号,要求金融机构协助查询的,金融机构应根据账户管理档案积极协助查询。如查明账户管理档案中没有所查询的账户,金融机构应如实告知司法机关。

三、根据《中华人民共和国中国人民银行法》的规定,中国人民银行及其分支机构不办理金融机构对企事业单位所开展的业务。因此,对司法机关向人民银行查询有关企事业单位存款情况的,人民银行应做好耐心细致的解释工作,并协调有关金融机构积极配合司法机关的执行活动。

附:

关于司法机关冻结、扣划银行存款问题的意见

(1996年12月10日 政法办〔1996〕120号)

建新同志:

根据镕基同志和您的批示,我们会同最高法院、最高检察院、公安部、全国人大法工委、中国人民银行、国务院法制局对中国人民银行深圳分行关于《尽快制止强制冻结、扣划金融机构在人民银行存款的行为》、福建省高级人民法院关于《部分省、市银行系统制定司法协助实施细则增加法院执行难度》的材料进行了研究,现将意见综合报告如下:

一、对商业银行在中国人民银行所存的准备金和备付金,司法机关不宜冻结、扣划。根据《商业银行法》第32条的规定,商业银行必须向中国人民银行交存准备金,留足备付金(下称"两金")。这"两金"是有法定用途的,是人民银行对商业银行监督管理的重要手段,事关中国人民银行对宏观经济的调控,不宜视为一般意义上的存款。去年,全国人大常委会王汉斌副委员长提出的司法机关不宜冻结、扣划"两金"的意见已报经乔石、朱镕基同志和您同意。因此,司法机关对商业银行存在人民银行的"两金"不宜冻结、扣划,但对非"两金"资金可以依法冻结、扣划。对这个问题还应由全国人大常委会通过立法解释加以确认。

二、银行和非银行金融机构作为当事人应当自动履行法定义务,拒不履行的,司法机关可以依照法律规定采取必要的强制措施。这是保护有关债权人合法权益,保证严肃执法,促使银行和非银行金融机构履行法定义务所必须的手段。

三、对司法机关的执法工作,金融机构应当积极协助。继续执行中国人民银行、公安部、最高法院、最高检察院联合下发的《关于查询、冻结、扣划企业事业单位、机关、团体银行存款的通知(银发〔1993〕356号)》以及最高法院、最高检察院和公安部联合下发的《关于对冻结、扣

划企事业单位、机关团体在银行、非银行金融机构存款的执法活动加强监督的通知(法〔1996〕83号)》。银行、非银行金融机构对司法机关依法查询、冻结、扣划企业事业单位、机关、团体在银行、非银行金融机构存款的执法活动,应积极协助。

四、各地、各部门不得制定违反法律法规的规定,凡有违反的一律撤销。

以上报告妥否,请批示。

最高人民法院、最高人民检察院、公安部《关于对冻结、扣划企业事业单位、机关团体在银行、非银行金融机构存款的执法活动加强监督的通知》

(1996年8月13日 法〔1996〕83号)

各省、自治区、直辖市高级人民法院、人民检察院、公安厅(局);军事法院、军事检察院:

为了加强执法监督,必要时及时纠正地方人民法院、人民检察院、公安机关关于冻结、扣划有关单位在银行、非银行金融机构存款的错误决定,特通知如下:

一、最高人民法院、最高人民检察院、公安部发现地方各级人民法院、人民检察院、公安机关冻结、解冻、扣划有关单位在银行、非银行金融机构存款有错误时,上级人民法院、人民检察院、公安机关发现下级人民法院、人民检察院、公安机关冻结、解冻、扣划有关单位在银行、非银行金融机构存款有错误时,可以依照法定程序作出决定或者裁定,送达本系统地方各级或下级有关法院、检察院、公安机关限期纠正。有关法院、检察院、公安机关应当立即执行。

二、有关法院、检察院、公安机关认为上级机关的决定或者裁定有错误的,可在收到该决定或者裁定之日起5日以内向作出决定或裁定的人民法院、人民检察院、公安机关请求复议。最高人民法院、最高人民检察院、公安部或上级人民法院、人民检察院、公安机关经审查,认为请求复议的理由不能成立,依法有权直接向有关银行发出法律文书,纠正各自的下级机关所作的错误决定,并通知原作出决定的机关;有关银行、非银行金融机构接到此项法律文书后,应当立即办理,不得延误,不必征得原作出决定机关的同意。

最高人民法院、最高人民检察院、公安部、中国证监会《关于查询、冻结、扣划证券和证券交易结算资金有关问题的通知》

(2008年3月1日 法发〔2008〕4号)

各省、自治区、直辖市高级人民法院、人民检察院、公安厅(局)、证监局,解放军军事法院、军事检察院,新疆维吾尔自治区高级人民法院生产建设兵团分院,新疆生产建设兵团人民检察院、公安局:

为维护正常的证券交易结算秩序,保护公民、法人和其他组织的合法权益,保障执法机关依法执行公务,根据《中华人民共和国刑事诉讼法》、《中华人民共和国民事诉讼法》、《中华人民共和国证券法》等法律以及司法解释的规定,现就人民法院、人民检察院、公安机关查询、冻结、扣划证券和证券交易结算资金的有关问题通知如下：

一、人民法院、人民检察院、公安机关在办理案件过程中，按照法定权限需要通过证券登记结算机构或者证券公司查询、冻结、扣划证券和证券交易结算资金的，证券登记结算机构或者证券公司应当依法予以协助。

二、人民法院要求证券登记结算机构或者证券公司协助查询、冻结、扣划证券和证券交易结算资金，人民检察院、公安机关要求证券登记结算机构或者证券公司协助查询、冻结、扣划证券和证券交易结算资金时，有关执法人员应当依法出具相关证件和有效法律文书。

执法人员证件齐全、手续完备的，证券登记结算机构或者证券公司应当签收有关法律文书并协助办理有关事项。

拒绝签收人民法院生效法律文书的，可以留置送达。

三、人民法院、人民检察院、公安机关可以依法向证券登记结算机构查询客户和证券公司的证券账户、证券交收账户和资金交收账户内已完成清算交收程序的余额、余额变动、开户资料等内容。

人民法院、人民检察院、公安机关可以依法向证券公司查询客户的证券账户和资金账户、证券交收账户和资金交收账户内的余额、余额变动、证券及资金流向、开户资料等内容。

查询自然人账户的，应当提供自然人姓名和身份证件号码；查询法人账户的，应当提供法人名称和营业执照或者法人注册登记证书号码。

证券登记结算机构或者证券公司应当出具书面查询结果并加盖业务专用章。查询机关对查询结果有疑问时，证券登记结算机构、证券公司在必要时应当进行书面解释并加盖业务专用章。

四、人民法院、人民检察院、公安机关按照法定权限冻结、扣划相关证券、资金时，应当明确拟冻结、扣划证券、资金所在的账户名称、账户号码、冻结期限，所冻结、扣划证券的名称、数量或者资金的数额。扣划时，还应当明确拟划入的账户名称、账号。

冻结证券和交易结算资金时，应当明确冻结的范围是否及于孳息。

本通知规定的以证券登记结算机构名义建立的各类专门清算交收账户不得整体冻结。

五、证券登记结算机构依法按照业务规则收取并存放于专门清算交收账户内的下列证券，不得冻结、扣划：

（一）证券登记结算机构设立的证券集中交收账户、专用清偿账户、专用处置账户内的证券；

（二）证券公司在证券登记结算机构开设的客户证券交收账户、自营证券交收账户和证券处置账户内的证券。

六、证券登记结算机构依法按照业务规则收取并存放于专门清算交收账户内的下列资金，不得冻结、扣划：

（一）证券登记结算机构设立的资金集中交收账户、专用清偿账户内的资金；

（二）证券登记结算机构依法收取的证券结算风险基金和结算互保金；

（三）证券登记结算机构在银行开设的结算备付金专用存款账户和新股发行验资专户内的资金，以及证券登记结算机构为新股发行网下申购配售对象开立的网下申购资金账户内的资金；

（四）证券公司在证券登记结算机构开设的客户资金交收账户内的资金；

（五）证券公司在证券登记结算机构开设的自营资金交收账户内最低限额自营结算备付金及根据成交结果确定的应付资金。

七、证券登记结算机构依法按照业务规则要求证券公司等结算参与人、投资者或者发行人提供的回购质押券、价差担保物、行权担保物、履约担保物等担保物，在交收完成之前，不得冻结、扣划。

八、证券公司在银行开立的自营资金账户内的资金可以冻结、扣划。

九、在证券公司托管的证券的冻结、扣划，既可以在托管的证券公司办理，也可以在证券登记结算机构办理。不同的执法机关同一交易日分别在证券公司、证券登记结算机构对同一笔证券办理冻结、扣划手续的，证券公司协助办理的为在先冻结、扣划。

冻结、扣划未在证券公司或者其他托管机构托管的证券或者证券公司自营证券的，由证券登记结算机构协助办理。

十、证券登记结算机构受理冻结、扣划要求后，应当在受理日对应的交收日交收程序完成后根据交收结果协助冻结、扣划。

证券公司受理冻结、扣划要求后，应当立即停止证券交易，冻结时已经下单但尚未撮合成功的应当采取撤单措施。冻结后，根据成交结果确定的用于交收的应付证券和应付资金可以进行正常交收。在交收程序完成后，对于剩余部分可以扣划。同时，证券公司应当根据成交结果计算出同等数额的应收资金或者应收证券交由执法机关冻结或者扣划。

十一、已被人民法院、人民检察院、公安机关冻结的证券或证券交易结算资金，其他人民法院、人民检察院、公安机关或者同一机关因不同案件可以进行轮候冻结。冻结解除的，登记在先的轮候冻结自动生效。

轮候冻结生效后，协助冻结的证券登记结算机构或者证券公司应当书面通知做出该轮候冻结的机关。

十二、冻结证券的期限不得超过二年，冻结交易结算资金的期限不得超过六个月。

需要延长冻结期限的，应当在冻结期限届满前办理续行冻结手续，每次续行冻结的期限不得超过前款规定的期限。

十三、不同的人民法院、人民检察院、公安机关对同一笔证券或者交易结算资金要求冻结、扣划或者轮候冻结时，证券登记结算机构或者证券公司应当按照送达协助冻结、扣划通知书的先后顺序办理协助事项。

十四、要求冻结、扣划的人民法院、人民检察院、公安机关之间，因冻结、扣划事项发生争议的，要求冻结、扣划的机关应当自行协商解决。协商不成的，由其共同上级机关决定；没有共同上级机关的，由其各自的上级机关协商解决。

在争议解决之前，协助冻结的证券登记结算机构或者证券公司应当按照争议机关所送达法律文书载明的最大标的范围对争议标的进行控制。

十五、依法应当予以协助而拒绝协助，或者向当事人通风报信，或者与当事人通谋转移、隐匿财产的，对有关的证券登记结算机构或者证券公司和直接责任人应当依法进行制裁。

十六、以前规定与本通知规定内容不一致的，以本通知为准。

十七、本通知中所规定的证券登记结算机构，是指中国证券登记结算有限责任公司及其分公司。

十八、本通知自 2008 年 3 月 1 日起实施。

最高人民法院、最高人民检察院、公安部等《公安机关办理刑事案件适用查封、冻结措施有关规定》

（2013 年 9 月 1 日　公通字〔2013〕30 号）

第一章　总　　则

第一条　为进一步规范公安机关办理刑事案件适用查封、冻结措施，加强人民检察院的法律监督，保护公民、法人和其他组织的合法权益，保障刑事诉讼活动的顺利进行，根据《中华人民共和国刑事诉讼法》及其有关法律、法规、规章，制定本规定。

第二条　根据侦查犯罪的需要，公安机关依法对涉案财物予以查封、冻结，有关部门、单位和个人应当协助和配合。

本规定所称涉案财物，是指公安机关在办理刑事案件过程中，依法以查封、冻结等方式固定的可用以证明犯罪嫌疑人有罪或者无罪的各种财产和物品，包括：

（一）犯罪所得及其孳息；

（二）用于实施犯罪行为的工具；

（三）其他可以证明犯罪行为是否发生以及犯罪情节轻重的财物。

第三条　查封、冻结以及保管、处置涉案财物，必须严格依照法定的适用条件和程序进行。与案件无关的财物不得查封、冻结。查封、冻结涉案财物，应当为犯罪嫌疑人及其所扶养的家属保留必要的生活费用和物品。

严禁在立案之前查封、冻结财物。对于境外司法、警察机关依据国际条约、协议或者互惠原则提出的查封、冻结请求，可以根据公安部的执行通知办理有关法律手续。

查封、冻结的涉案财物，除依法应当返还被害人或者经查明确实与案件无关的以外，不得在诉讼程序终结之前作出处理。法律和有关规定另有规定的除外。

第四条　查封、冻结的涉案财物涉及国家秘密、商业秘密、个人隐私的，应当保密。

第二章　查　　封

第五条　根据侦查犯罪的需要，公安机关可以依法查封涉案的土地、房屋等不动产，以及涉案的车辆、船舶、航空器和大型机器、设备等特定动产。必要时，可以一并扣押证明其财产所有权或者相关权益的法律文件和文书。

置于不动产上的设施、家具和其他相关物品，需要作为证据使用的，应当扣押；不宜移动的，可以一并查封。

第六条　查封涉案财物需要国土资源、房地产管理、交通运输、农业、林业、民航等有关部门协助的，应当经县级以上公安机关负责人批准，制作查封决定书和协助查封通知书，明确查封财物情况、查封方式、查封期限等事项，送交有关部门协助办理，并及时告知有关当事人。

涉案土地和房屋面积、金额较大的，应当经设区的市一级以上公安机关负责人批准，制作查封决定书和协助查封通知书。

第七条　查封期限不得超过二年。期限届满可以续封一次，续封应当经作出原查封决定的县级以上公安机关负责人批准，在期限届满前五日以内重新制作查封决定书和协助查封通知书，送交有关部门协助办理，续封期限最长不得超过一年。

案件重大复杂，确需再续封的，应当经设区的市一级以上公安机关负责人批准，在期限届满前五日以内重新制作查封决定书和协助查封通知书，且每次再续封的期限最长不得超过一年。

查封期限届满，未办理续封手续的，查封自动解除。

公安机关应当及时将续封决定告知有关当事人。

第八条　查封土地、房屋等涉案不动产，需要查询不动产权属情况的，应当经县级以上公安机关负责人批准，制作协助查询财产通知书。

侦查人员到国土资源、房地产管理等有关部门办理查询时，应当出示本人工作证件，提交协助查询财产通知书，依照相关规定办理查询事项。

需要查询其他涉案财物的权属登记情况的，参照上述规定办理。

第九条　国土资源、房地产管理等有关部门应当及时协助公安机关办理查询事项。公安机关查询并复制的有关书面材料，由权属登记机构或者权属档案管理机构加盖印章。

因情况特殊，不能当场提供查询的，应当在五日以内提供查询结果。

无法查询的，有关部门应当书面告知公安机关。

第十条　土地、房屋等涉案不动产的权属确认以国土资源、房地产管理等有关部门的不动产登记簿或者不动产权属证书为准。不动产权属证书与不动产登记簿不一致的，除有证据证明不动产登记簿确有错误外，以不动产登记簿为准。

第十一条　国土资源、房地产管理等有关部门在协助公安机关办理查封事项时，认为查封涉案不动产信息有误无法办理的，可以暂缓办理协助事项，并向公安机关提出书面审查建议，公安机关应当及时审查处理。

第十二条　查封土地、房屋等涉案不动产的，应当经县级以上公安机关负责人批准，制作协助查封通知书，明确涉案土地、房屋等不动产的详细地址、权属证书号、权利人姓名或者单位名称等事项，送交国土资源、房地产管理等有关部门协助办理，有关部门应当在相关通知书回执中注明办理情况。

侦查人员到国土资源、房地产管理等有关部门办理土地使用权或者房屋查封登记手续时，应当出示本人工作证件，提交查封决定书和协助查封通知书，依照有关规定办理查封事项。

第十三条　查封土地、房屋等涉案不动产的侦查人员不得少于二人，持侦查人员工作证件和相关法律文书，通知有关当事人、见证人到场，制作查封笔录，并会同在场人员对被查封的财物查点清楚，当场开列查封清单一式三份，由侦查人员、见证人和不动产所有权人或者使用权人签名后，一份交给不动产所有权人或者使用权人，一份交给公安机关保管人员，一份连同照片、录像资料或者扣押的产权证照附卷备查，并且应当在不动产的显著位置张贴公告。必要时，可以张贴制式封条。

查封清单中应当写明涉案不动产的详细地址、相关特征和置于该不动产上不宜移动的设施、家具和其他相关物品清单，注明已经拍照或者录像以及是否扣押其产权证照等情况。

对于无法确定不动产相关权利人或者权利人拒绝签名的,应当在查封笔录中注明情况。

第十四条 国土资源、房地产管理等有关部门对被公安机关依法查封的土地、房屋等涉案不动产,在查封期间不予办理变更、转让或者抵押权、地役权登记。

第十五条 对依照有关规定可以分割的土地、房屋等涉案不动产,应当只对与案件有关的部分进行查封,并在协助查封通知书中予以明确;对依照有关规定不可分割的土地、房屋等涉案不动产,可以进行整体查封。

第十六条 国土资源、房地产管理等有关部门接到协助查封通知书时,已经受理该土地、房屋等涉案不动产的转让登记申请,但尚未记载于不动产登记簿的,应当协助公安机关办理查封登记。

第十七条 对下列尚未进行权属登记的房屋,公安机关可以按照本规定进行查封:

(一)涉案的房地产开发企业已经办理商品房预售许可证但尚未出售的房屋;

(二)犯罪嫌疑人购买的已经由房地产开发企业办理房屋权属初始登记的房屋;

(三)犯罪嫌疑人购买的已经办理商品房预售合同登记备案手续或者预购商品房预告登记的房屋。

第十八条 查封地上建筑物的效力及于该地上建筑物占用范围内的建设用地使用权,查封建设用地使用权的效力及于地上建筑物,但建设用地使用权与地上建筑物的所有权分属不同权利人的除外。

地上建筑物和土地使用权的登记机构不是同一机构的,应当分别办理查封登记。

第十九条 查封车辆、船舶、航空器以及大型机器、设备等特定动产的,应当制作协助查封通知书,明确涉案财物的名称、型号、权属、地址等事项,送交有关登记管理部门协助办理。必要时,可以扣押有关权利证书。

执行查封时,应当将涉案财物拍照或者录像后封存,或者交持有人、近亲属保管,或者委托第三方保管。有关保管人应当妥善保管,不得转移、变卖、损毁。

第二十条 查封土地、房屋等涉案不动产或者车辆、船舶、航空器以及大型机器、设备等特定动产的,可以在保证侦查活动正常进行的同时,允许有关当事人继续合理使用,并采取必要保值保管措施。

第二十一条 对以公益为目的的教育、医疗、卫生以及社会福利机构等场所、设施,保障性住房,原则上不得查封。确有必要查封的,应当经设区的市一级以上公安机关负责人批准。

第二十二条 查封土地、房屋以外的其他涉案不动产的,参照本规定办理。查封共有财产、担保财产以及其他特殊财物的,依照相关规定办理。

第三章 冻 结

第二十三条 根据侦查犯罪的需要,公安机关可以依法冻结涉案的存款、汇款、证券交易结算资金、期货保证金等资金,债券、股票、基金份额和国务院依法认定的其他证券,以及股权、保单权益和其他投资权益等财产。

第二十四条 在侦查工作中需要冻结财产的,应当经县级以上公安机关负责人批准,制作协助冻结财产通知书,明确冻结财产的账户名称、账户号码、冻结数额、冻结期限、冻结范围以及是否及于孳息等事项,送交银行业金融机构、特定非金融机构、邮政部门、证券公司、证券登记结算机构、证券投资基金管理公司、保险公司、信托公司、公司登记机关和银行间市场交易组织机构、银行间市场集中清算机构、银行间市场登记托管结算机构、经国务院批准或者同意设立的黄金交易组织机构和结算机构等单位协助办理,有关单位应当在相关通知书回执中注明办理情况。

第二十五条 有关单位接到公安机关协助冻结财产通知书后,应当立即对涉案财物予以冻结,办理相关手续,不得推诿拖延,不得泄露有关信息。有关单位办理完毕冻结手续后,在当事人查询时可以予以告知。

第二十六条 冻结存款、汇款、证券交易结算资金、期货保证金等资金,或者投资权益等其他财产的期限为六个月。需要延长期限的,应当经作出原冻结决定的县级以上公安机关负责人批准,在冻结期限届满前五日以内办理续冻手续。每次续冻期限最长不得超过六个月。

对重大、复杂案件,经设区的市一级以上公安机关负责人批准,冻结存款、汇款、证券交易结算资金、期货保证金等资金的期限可以为一年。需要延长期限的,应当按照原批准权限和程序,在冻结期限届满前五日以内办理续冻手续。每次续冻期限最长不得超过一年。

冻结债券、股票、基金份额等证券的期限为二年。需要延长冻结期限的,应当经作出原冻结决定的县级以上公安机关负责人批准,在冻结期限届满前五日以内办理续冻手续。每次续冻期限最长不得超过二年。

冻结期限届满,未办理续冻手续的,冻结自动解除。

第二十七条 冻结涉案账户的款项数额,应当与涉案金额相当。不得超出涉案金额范围冻结款项。

第二十八条 冻结股权的,应当经设区的市一级以上公安机关负责人批准,冻结上市公司股权应当经省级以上公安机关负责人批准,并在协助冻结财产通知书中载明公司名称、股东姓名或者名称、冻结数额或者股份等与登记事项有关的内容。冻结股权期限为六个月。需要延长期限的,应当按照原批准权限和程序,在冻结期限届满前五日以内办理续冻手续。每次续冻期限最长不得超过六个月。

第二十九条 冻结保单权益的,应当经设区的市一级以上公安机关负责人批准,冻结保单权益期限为六个月。需要延长期限的,应当按照原批准权限和程序,在冻结期限届满前五日以内办理续冻手续。每次续冻期限最长不得超过六个月。

冻结保单权益没有直接对应本人账户的,可以冻结相关受益人的账户,并要求有关单位协助,但不得变更受益人账户,不得损害第三方利益。

人寿险、养老险、交强险、机动车第三者责任险等提供基本保障的保单原则上不得冻结,确需冻结的,应当经省级以上公安机关负责人批准。

第三十条 对下列账户和款项,不得冻结:

(一)金融机构存款准备金和备付金;

(二)特定非金融机构备付金;

(三)封闭贷款专用账户(在封闭贷款未结清期间);

(四)商业汇票保证金;

（五）证券投资者保障基金、保险保障基金、存款保险基金；

（六）党、团费账户和工会经费集中户；

（七）社会保险基金；

（八）国有企业下岗职工基本生活保障资金；

（九）住房公积金和职工集资建房账户资金；

（十）人民法院开立的执行账户；

（十一）军队、武警部队一类保密单位开设的"特种预算存款"、"特种其他存款"和连队账户的存款；

（十二）金融机构质押给中国人民银行的债券、股票、贷款；

（十三）证券登记结算机构、银行间市场交易组织机构、银行间市场集中清算机构、银行间市场登记托管结算机构、经国务院批准或者同意设立的黄金交易组织机构和结算机构等依法按照业务规则收取并存放于专门清算交收账户内的特定股票、债券、票据、贵金属等有价凭证、资产和资金，以及按照业务规则要求金融机构等登记托管结算参与人、清算参与人、投资者或者发行人提供的、在交收或者清算结算完成之前的保证金、清算基金、回购质押券、价差担保物、履约担保物等担保物，支付机构客户备付金；

（十四）其他法律、行政法规、司法解释、部门规章规定不得冻结的账户和款项。

第三十一条　对金融机构账户、特定非金融机构账户和以证券登记结算机构、银行间市场交易组织机构、银行间市场集中清算机构、银行间市场登记托管结算机构、经国务院批准或者同意设立的黄金交易组织机构和结算机构、支付机构等名义开立的各类专门清算交收账户、保证金账户、清算基金账户、客户备付金账户，不得整体冻结，法律另有规定的除外。

第三十二条　办案地公安机关需要异地办理冻结的，应当由二名以上侦查人员持办案协作函、法律文书和工作证件前往协作地联系办理，协作地公安机关应当协助执行。

在紧急情况下，可以将办案协作函、相关法律文书和工作证件复印件通过传真、电传等方式发至协作地县级以上公安机关委托执行，或者通过信息化应用系统传输加盖电子签章的办案协作函、相关法律文书和工作证件扫描件。协作地公安机关收到材料后，经审查确认，应当在传来法律文书上加盖本地公安机关印章，及时到有关银行业金融机构执行冻结，有关银行业金融机构应当予以协助。

第三十三条　根据侦查犯罪的需要，对于涉案账户较多，办案地公安机关需要对其集中冻结的，可以分别按照以下程序办理：

涉案账户开户地属同一省、自治区、直辖市的，应当由办案地公安机关出具协助冻结财产通知书，填写冻结申请表，经该公安机关负责人审核，逐级上报省级公安机关批准后，由办案地公安机关指派二名以上侦查人员持工作证件，将冻结申请表、协助冻结财产通知书等法律文书送交有关银行业金融机构的省、区、市分行。该分行应当在二十四小时以内采取冻结措施，并将有关法律文书传至相关账户开户的分支机构。

涉案账户开户地分属不同省、自治区、直辖市的，应当由办案地公安机关出具协助冻结财产通知书，填写冻结申请表，经该公安机关负责人审核，逐级上报公安部按照规定程序批准后,由办案地公安机关指派二名以上侦查人员持工作证件,将冻结申请表、协助冻结财产通知书等法律文书送交有关银行业金融机构总部。该总部应当在二十四小时以内采取冻结措施,并将有关法律文书传至相关账户开户的分支机构。

有关银行业金融机构因技术条件等客观原因,无法按照前款要求及时采取冻结措施的,应当向公安机关书面说明原因,并立即向中国银行业监督管理委员会或者其派出机构报告。

第三十四条 冻结市场价格波动较大或者有效期限即将届满的债券、股票、基金份额等财产的,在送达协助冻结财产通知书的同时,应当书面告知当事人或者其法定代理人、委托代理人有权申请出售、如期受偿或者变现。如果当事人或者其法定代理人、委托代理人书面申请出售或者变现被冻结的债券、股票、基金份额等财产,不损害国家利益、被害人利益、其他权利人利益,不影响诉讼正常进行的,以及冻结的汇票、本票、支票的有效期即将届满的,经作出冻结决定的县级以上公安机关负责人批准,可以依法在三日以内予以出售或者变现,所得价款应当继续冻结在其对应的银行账户中;没有对应的银行账户的,所得价款由公安机关在银行专门账户保管,并及时告知当事人或者其近亲属。

第四章 解除查封冻结

第三十五条 公安机关在采取查封、冻结措施后,应当及时查清案件事实,在法定期限内对涉案财物依法作出处理。

经查明查封、冻结的财物确实与案件无关的,应当在三日以内解除查封、冻结。

第三十六条 对查封、冻结的涉案财物及其孳息,应当制作清单,随案移送。对作为证据使用的实物应当随案移送,对不宜移送的,应当将其清单、照片或者其他证明文件随案移送。对于随案移送的财物,人民检察院需要继续查封、冻结的,应当及时书面通知公安机关解除原查封、冻结措施,并同时依法重新作出查封、冻结决定。

第三十七条 人民检察院决定不起诉并对涉案财物解除查封、冻结的案件,公安机关应当在接到人民检察院的不起诉决定和解除查封、冻结财物的通知之日起三日以内对不宜移送而未随案移送的财物解除查封、冻结。对于人民检察院提出的对被不起诉人给予行政处罚、行政处分等检察意见中涉及查封、冻结涉案财物的,公安机关应当及时予以处理或者移送有关行政主管机关处理,并将处理结果通知人民检察院。

第三十八条 公安机关决定撤销案件或者对犯罪嫌疑人终止侦查的,除依照法律和有关规定另行处理的以外,应当在作出决定之日起三日以内对侦查中查封、冻结的涉案财物解除查封、冻结。需要给予行政处理的,应当及时予以处理或者移交有关行政主管机关处理。

第三十九条 解除查封的,应当在三日以内制作协助解除查封通知书,送交协助查封的有关部门办理,并通知所有权人或者使用权人。张贴制式封条的,启封时应当通知当事人到场;当事人经通知不到场,也未委托他人到场的,办案人员应当在见证人的见证下予以启封。提取的有关产权证照应当发还。必要时,可以予以公告。

第四十条 解除冻结的,应当在三日

以内制作协助解除冻结财产通知书,送交协助办理冻结的有关单位,同时通知被冻结财产的所有人。有关单位接到协助解除冻结财产通知书后,应当及时解除冻结。

第四十一条 需要解除集中冻结措施的,应当由作出冻结决定的公安机关出具协助解除冻结财产通知书,银行业金融机构应当协助解除冻结。

上级公安机关认为应当解除集中冻结措施的,可以责令下级公安机关解除。

第五章 协作配合

第四十二条 有关行政主管机关与公安机关在案件移送过程中,涉及查封、冻结涉案财物的,应当密切配合,加强协作,防止涉案财物发生转移、隐匿、损毁、灭失。

第四十三条 已被有关国家机关依法查封、冻结的涉案财物,不得重复查封、冻结。需要轮候查封、冻结的,应当依照有关部门共同发布的规定执行。查封、冻结依法解除或者到期解除后,按照时间顺序登记在先的轮候查封、冻结自动生效。

第四十四条 不同国家机关之间,对同一涉案财物要求查封、冻结的,协助办理的有关部门和单位应当按照送达相关通知书的先后顺序予以登记,协助首先送达通知书的国家机关办理查封、冻结手续,对后送达通知书的国家机关作轮候查封、冻结登记,并书面告知该涉案财物已被查封、冻结的有关情况。

第四十五条 查封、冻结生效后,协助办理的有关部门和单位应当在其他轮候查封、冻结的公安机关出具的查封、冻结通知书回执中注明该涉案财物已被查封、冻结以及轮候查封、冻结的有关情况。

相关公安机关可以查询轮候查封、冻结的生效情况。

第四十六条 公安机关根据侦查犯罪的需要,对其已经查封、冻结的涉案财物,继续办理续封、续冻手续的,或者公安机关移送审查起诉,人民检察院需要重新办理查封、冻结手续的,应当在原查封、冻结期限届满前办理续封、续冻手续。申请轮候查封、冻结的其他国家机关不得以送达通知书在先为由,对抗相关办理续封、续冻手续的效力。

第四十七条 要求查封、冻结涉案财物的有关国家机关之间,因查封、冻结事项发生争议的,应当自行协商解决。协商不成的,由其共同上级机关决定;分属不同部门的,由其各自的上级机关协商解决。

协助执行的部门和单位按照有关争议机关协商一致后达成的书面意见办理。

第四十八条 需要查封、冻结的或者已被查封、冻结的涉案财物,涉及扣押或者民事诉讼中的抵押、质押或者民事执行等特殊情况的,公安机关应当根据查封、冻结财物的权属状态和争议问题,与相关国家机关协商解决。协商不成的,各自报请上级机关协商解决。

协助执行的部门和单位按照有关争议机关协商一致后达成的书面意见办理。

第六章 执法监督与法律责任

第四十九条 公安机关应当加强对办理刑事案件适用查封、冻结措施的执法监督。违法采取查封、冻结措施的,根据人民警察在办案中各自承担的职责,区分不同情况,分别追究案件审批人、审核人、办案人及其他直接责任人的责任。构成犯罪的,依法追究刑事责任。

需要异地办理查封、冻结措施的,应当严格执行办案协作的有关规定。违反办案协作的有关规定,造成严重后果的,按照前款规定处理。

第五十条 公安机关应当严格执行有关规定,建立健全涉案财物管理制度,指定专门部门,建立专门台账,对涉案财物加强管理、妥善保管。任何单位和个人不得贪污、侵占、挪用、私分、调换、抵押或者违反规定使用、处置查封、冻结的涉案财物,造成查封、冻结的涉案财物损毁或者灭失的,应当承担相应的法律责任。

第五十一条 当事人和辩护人、诉讼代理人、利害关系人对于公安机关及其侦查人员有下列行为之一的,有权向该机关申诉或者控告:

(一)对与案件无关的财物采取查封、冻结措施的;

(二)明显超出涉案范围查封、冻结财物的;

(三)应当解除查封、冻结不解除的;

(四)贪污、侵占、挪用、私分、调换、抵押、质押以及违反规定使用、处置查封、冻结财物的。

受理申诉或者控告的公安机关应当及时进行调查核实,并在收到申诉、控告之日起三十日以内作出处理决定,书面回复申诉人、控告人。发现公安机关及其侦查人员有上述行为之一的,应当立即纠正。

当事人及其辩护律师、诉讼代理人、利害关系人对处理决定不服的,可以向上级公安机关或者同级人民检察院申诉。上级公安机关发现下级公安机关存在前款规定的违法行为或者对申诉、控告事项不按照规定处理的,应当责令下级公安机关限期纠正,下级公安机关应当立即执行。必要时,上级公安机关可以就申诉、控告事项直接作出处理决定。人民检察院对申诉查证属实的,应当通知公安机关予以纠正。

第五十二条 公安机关办理刑事案件适用查封、冻结措施,因违反有关规定导致国家赔偿的,应当承担相应的赔偿责任,并依照《国家赔偿法》的规定向有关责任人员追偿部分或者全部赔偿费用,协助执行的部门和单位不承担赔偿责任。

第五十三条 国土资源、房地产管理等有关部门根据有关国家机关的协助查封通知书作出的协助查封行为,公民、法人或者其他组织不服提起行政诉讼的,人民法院不予受理,但公民、法人或者其他组织认为协助查封行为与协助查封文书内容不一致的除外。

第五十四条 根据本规定依法应当协助办理查封、冻结措施的有关部门、单位和个人有下列行为之一的,公安机关应当向有关部门和单位通报情况,依法追究相应责任:

(一)对应当查封、冻结的涉案财物不予查封、冻结,致使涉案财物转移的;

(二)在查封冻结前向当事人泄露信息的;

(三)帮助当事人转移、隐匿财产的;

(四)其他无正当理由拒绝协助配合的。

第五十五条 公安机关对以暴力、威胁等方法阻碍有关部门和单位协助办理查封、冻结措施的行为,应当及时制止,依法查处。

第七章 附 则

第五十六条 对查封、冻结、保管和处理涉案财物,本规定未规范的,依照

《公安机关办理刑事案件程序规定》等有关规定办理。此前有关公安机关查封、冻结的规范性文件与本规定不一致的,以本规定为准。

第五十七条　本规定施行后适用查封、冻结措施的,按照本规定办理。本规定施行前已生效的查封、冻结措施,依照措施适用时的有关规定执行。

第五十八条　国家安全机关依照法律规定,办理危害国家安全的刑事案件适用查封、冻结措施的,适用本规定。

第五十九条　本规定的"有关国家机关",是指人民法院、人民检察院、公安机关、国家安全机关,以及其他法律法规规定有权实施查封、冻结措施的行政机关或者具有管理公共事务职能的组织。

第六十条　本规定自印发之日起施行。

中共中央办公厅、国务院办公厅《关于进一步规范刑事诉讼涉案财物处置工作的意见》

(2015年1月24日　中办发〔2015〕7号)

为贯彻落实《中共中央关于全面深化改革若干重大问题的决定》有关要求,进一步规范刑事诉讼涉案财物处置工作,根据刑法、刑事诉讼法有关规定,提出如下意见。

一、进一步规范刑事诉讼涉案财物处置工作,应当坚持公正与效率相统一、改革创新与于法有据相统一、保障当事人合法权益与适应司法办案需要相统一的原则,健全处置涉案财物的程序、制度和机制。

二、规范涉案财物查封、扣押、冻结程序。查封、扣押、冻结涉案财物,应当严格依照法定条件和程序进行。严禁在立案之前查封、扣押、冻结财物。不得查封、扣押、冻结与案件无关的财物。凡查封、扣押、冻结的财物,都应当及时进行审查;经查明确实与案件无关的,应当在三日内予以解除、退还,并通知有关当事人。

查封、扣押、冻结涉案财物,应当为犯罪嫌疑人、被告人及其所扶养的亲属保留必需的生活费用和物品,减少对涉案单位正常办公、生产、经营等活动的影响。

公安机关、国家安全机关决定撤销案件或者终止侦查、人民检察院决定撤销案件或者不起诉、人民法院作出无罪判决的,涉案财物除依法另行处理外,应当解除查封、扣押、冻结措施,需要返还当事人的应当及时返还。

在查封、扣押、冻结涉案财物时,应当收集固定依法应当追缴的证据材料并随案移送。

三、建立办案部门与保管部门、办案人员与保管人员相互制约制度。涉案财物应当由公安机关、国家安全机关、人民检察院、人民法院指定本机关的一个部门或者专职人员统一保管,严禁由办案部门、办案人员自行保管。办案部门、保管部门截留、坐支、私分或者擅自处理涉案财物的,对其直接负责的主管人员和其他直接责任人员,按滥用职权等依法依纪追究责任;办案人员、保管人员调换、侵吞、窃取、挪用涉案财物的,按贪污等依法依纪追究责任。

四、规范涉案财物保管制度。对查封、扣押、冻结的财物,均应当制作详细清单。对扣押款项应当逐案设立明细账,在扣押后立即存入扣押机关唯一合规账户。

对赃物特别是贵重物品实行分类保管,做到一案一账、一物一卡、账实相符。对作为证据使用的实物一般应当随案移送,如实登记,妥善保管,健全交接手续,防止损毁、丢失等。

五、探索建立跨部门的地方涉案财物集中管理信息平台。公安机关、人民检察院和人民法院查封、扣押、冻结、处理涉案财物,应当依照相关规定将财物清单及时录入信息平台,实现信息共享,确保涉案财物管理规范、移送顺畅、处置及时。

六、完善涉案财物审前返还程序。对权属明确的被害人合法财产,凡返还不损害其他被害人或者利害关系人的利益、不影响诉讼正常进行的,公安机关、国家安全机关、人民检察院、人民法院都应当及时返还。权属有争议的,应当在人民法院判决时一并处理。

七、完善涉案财物先行处置程序。对易损毁、灭失、变质等不宜长期保存的物品,易贬值的汽车、船艇等物品,或者市场价格波动大的债券、股票、基金份额等财产,有效期即将届满的汇票、本票、支票等,经权利人同意或者申请,并经县级以上公安机关、国家安全机关、人民检察院或者人民法院主要负责人批准,可以依法出售、变现或者先行变卖、拍卖。所得款项统一存入各单位唯一合规账户。

涉案财物先行处置应当做到公开、公平。

八、提高查询、冻结、划扣工作效率。办案单位依法需要查询、冻结或者划扣涉案款项的,金融机构等相关单位应当予以协助,并探索建立统一的专门查询机制,建立涉案账户紧急止付制度,完善集中查询、冻结和定期续冻制度。

九、完善违法所得追缴、执行工作机制。对审判时尚未追缴到案或者尚未足额退赔的违法所得,人民法院应当判决继续追缴或者责令退赔,并由人民法院负责执行,人民检察院、公安机关、国家安全机关、司法行政机关等应当予以配合。

十、建立中央政法机关交办案件涉案财物上缴中央国库制度。凡由最高人民检察院、公安部立案或者由其指定地方异地查办的重特大案件,涉案财物应当纳入中央政法机关的涉案财物账户;判决生效后,涉案财物除依法返还被害人外,一律通过中央财政汇缴专户缴入中央国库。

建立中央政法机关交办案件办案经费安排制度。凡中央政法机关指定地方异地查办的重特大案件,办案经费由中央财政保障,必要时提前预拨办案经费。涉案财物上缴中央国库后,由中央政法委员会会同中央政法机关对承办案件单位办案经费提出安排意见,财政部通过转移支付及时核拨地方财政,并由地方财政部门将经费按实际支出拨付承办案件单位。

十一、健全境外追逃追赃工作体制机制。公安部确定专门机构统一负责到境外开展追逃追赃工作。

我国缔结或者参加的国际条约指定履行司法协助职责的最高人民法院、最高人民检察院、公安部、司法部等,应当及时向有关国家(地区)提出司法协助请求,并将有关情况通报公安部专门负责境外追逃追赃的机构。

在案件侦查、审查起诉环节,办案机关应当积极核查境外涉案财物去向;对犯罪嫌疑人、被告人逃匿的,应当继续开展侦查取证工作。需要到境外追逃追赃的,办案机关应当将案件基本情况及调查取证清单,按程序送公安部专门负责境外追逃追赃的机构,并配合公安部专门机构开展境外调查取证工作。

十二、明确利害关系人诉讼权利。善意第三人等案外人与涉案财物处理存在利害关系的,公安机关、国家安全机关、人民检察院应当告知其相关诉讼权利,人民法院应当通知其参加诉讼并听取其意见。被告人、自诉人、附带民事诉讼的原告和被告人对涉案财物处理决定不服的,可以就财物处理部分提出上诉,被害人或者其他利害关系人可以请求人民检察院抗诉。

十三、完善权利救济机制。人民法院、人民检察院、公安机关、国家安全机关应当建立有效的权利救济机制,对当事人、利害关系人提出异议、复议、申诉、投诉或者举报的,应当依法及时受理并反馈处理结果。

十四、进一步加强协调配合。人民法院、人民检察院、公安机关、国家安全机关在办理案件过程中,应当共同研究解决涉案财物处置工作中遇到的突出问题,确保执法司法工作顺利进行,切实保障当事人合法权益。

十五、进一步加强监督制约。人民法院、人民检察院、公安机关、国家安全机关应当对涉案财物处置工作进行相互监督。人民检察院应当加强法律监督。上级政法机关发现下级政法机关涉案财物处置工作确有错误的,应当依照法定程序要求限期纠正。

十六、健全责任追究机制。违法违规查封、扣押、冻结和处置涉案财物的,应依法依纪给予处分;构成犯罪的,应当依法追究刑事责任;导致国家赔偿的,应当依法向有关责任人员追偿。

十七、最高人民法院、最高人民检察院、公安部、国家安全部、财政部、中国人民银行等应当结合工作实际,制定实施办法,细化政策标准,规范工作流程,明确相关责任,完善协作配合机制,确保有关规定落到实处。

最高人民检察院《人民检察院刑事诉讼涉案财物管理规定》

(自 2015 年 3 月 6 日起施行　高检发〔2015〕6 号)

第一章　总　　则

第一条　为了贯彻落实中央关于规范刑事诉讼涉案财物处置工作的要求,进一步规范人民检察院刑事诉讼涉案财物管理工作,提高司法水平和办案质量,保护公民、法人和其他组织的合法权益,根据刑法、刑事诉讼法、《人民检察院刑事诉讼规则(试行)》,结合检察工作实际,制定本规定。

第二条　本规定所称人民检察院刑事诉讼涉案财物,是指人民检察院在刑事诉讼过程中查封、扣押、冻结的与案件有关的财物及其孳息以及从其他办案机关接收的财物及其孳息,包括犯罪嫌疑人的违法所得及其孳息、供犯罪所用的财物、非法持有的违禁品以及其他与案件有关的财物及其孳息。

第三条　违法所得的一切财物,应当予以追缴或者责令退赔。对被害人的合法财产,应当依照有关规定返还。违禁品和供犯罪所用的财物,应当予以查封、扣押、冻结,并依法处理。

第四条　人民检察院查封、扣押、冻结、保管、处理涉案财物,必须严格依照刑事诉讼法、《人民检察院刑事诉讼规则（试行）》以及其他相关规定进行。不得查封、扣押、冻结与案件无关的财物。凡查封、扣押、冻结的财物，都应当及时进行审查；经查明确实与案件无关的，应当在三日内予以解除、退还，并通知有关当事人。

严禁以虚假立案或者其他非法方式采取查封、扣押、冻结措施。对涉案单位违规的账外资金但与案件无关的，不得查封、扣押、冻结，可以通知有关主管机关或者其上级单位处理。

查封、扣押、冻结涉案财物，应当为犯罪嫌疑人、被告人及其所扶养的亲属保留必需的生活费用和物品，减少对涉案单位正常办公、生产、经营等活动的影响。

第五条 严禁在立案之前查封、扣押、冻结财物。立案之前发现涉嫌犯罪的财物，符合立案条件的，应当及时立案，并采取查封、扣押、冻结措施，以保全证据和防止涉案财物转移、损毁。

个人或者单位在立案之前向人民检察院自首时携带涉案财物的，人民检察院可以根据管辖规定先行接收，并向自首人开具接收凭证，根据立案和侦查情况决定是否查封、扣押、冻结。

人民检察院查封、扣押、冻结涉案财物后，应当对案件及时进行侦查，不得在无法定理由情况下撤销案件或者停止对案件的侦查。

第六条 犯罪嫌疑人到案后，其亲友受犯罪嫌疑人委托或者主动代为向检察机关退还或者赔偿涉案财物的，参照《人民检察院刑事诉讼规则（试行）》关于查封、扣押、冻结的相关程序办理。符合相关条件的，人民检察院应当开具查封、扣押、冻结决定书，并由检察人员、代为退还或者赔偿的人员和有关规定要求的其他人员在清单上签名或者盖章。

代为退还或者赔偿的人员应当在清单上注明系受犯罪嫌疑人委托或者主动代为犯罪嫌疑人退还或者赔偿。

第七条 人民检察院实行查封、扣押、冻结、处理涉案财物与保管涉案财物相分离的原则，办案部门与案件管理、计划财务装备等部门分工负责、互相配合、互相制约。侦查监督、公诉、控告检察、刑事申诉检察等部门依照刑事诉讼法和其他相关规定对办案部门查封、扣押、冻结、保管、处理涉案财物等活动进行监督。

办案部门负责对涉案财物依法进行查封、扣押、冻结、处理，并对依照本规定第十条第二款、第十二条不移送案件管理部门或者不存入唯一合规账户的涉案财物进行管理；案件管理部门负责对办案部门和其他办案机关移送的涉案物品进行保管，并依照有关规定对查封、扣押、冻结、处理涉案财物工作进行监督管理；计划财务装备部门负责对存入唯一合规账户的扣押款项进行管理。

人民检察院监察部门依照有关规定对查封、扣押、冻结、保管、处理涉案财物工作进行监督。

第八条 人民检察院查封、扣押、处理涉案财物，应当使用最高人民检察院统一制定的法律文书，填写必须规范、完整。禁止使用不符合规定的文书查封、扣押、冻结、处理涉案财物。

第九条 查封、扣押、冻结、保管、处理涉及国家秘密、商业秘密、个人隐私的财物，应当严格遵守有关保密规定。

第二章 涉案财物的移送与接收

第十条 人民检察院办案部门查封、

扣押、冻结涉案财物及其孳息后，应当及时按照下列情形分别办理，至迟不得超过三日，法律和有关规定另有规定的除外：

（一）将扣押的款项存入唯一合规账户；

（二）将扣押的物品和相关权利证书、支付凭证以及具有一定特征能够证明案情的现金等，送案件管理部门入库保管；

（三）将查封、扣押、冻结涉案财物的清单和扣押款项存入唯一合规账户的存款凭证等，送案件管理部门登记；案件管理部门应当对存款凭证复印保存，并将原件送计划财务装备部门。

扣押的款项或者物品因特殊原因不能按时存入唯一合规账户或者送案件管理部门保管的，经检察长批准，可以由办案部门暂时保管，在原因消除后及时存入或者移交，但应当将扣押清单和相关权利证书、支付凭证等依照本条第一款规定的期限送案件管理部门登记、保管。

第十一条　案件管理部门接收人民检察院办案部门移送的涉案财物或者清单时，应当审查是否符合下列要求：

（一）有立案决定书和相应的查封、扣押、冻结法律文书以及查封、扣押清单，并填写规范、完整，符合相关要求；

（二）移送的财物与清单相符；

（三）移送的扣押物品清单，已经依照《人民检察院刑事诉讼规则（试行）》有关扣押的规定注明扣押财物的主要特征；

（四）移送的外币、金银珠宝、文物、名贵字画以及其他不易辨别真伪的贵重物品，已经依照《人民检察院刑事诉讼规则（试行）》有关扣押的规定予以密封，检察人员、见证人和被扣押物品持有人在密封材料上签名或者盖章，经过鉴定的，附有鉴定意见复印件；

（五）移送的存折、信用卡、有价证券等支付凭证和具有一定特征能够证明案情的现金，已经依照《人民检察院刑事诉讼规则（试行）》有关扣押的规定予以密封，注明特征、编号、种类、面值、张数、金额等，检察人员、见证人和被扣押物品持有人在密封材料上签名或者盖章；

（六）移送的查封清单，已经依照《人民检察院刑事诉讼规则（试行）》有关查封的规定注明相关财物的详细地址和相关特征，检察人员、见证人和持有人签名或者盖章，注明已经拍照或者录像及其权利证书是否已被扣押，注明财物被查封后由办案部门保管或者交持有人或者其近亲属保管，注明查封决定书副本已送达相关的财物登记、管理部门等。

第十二条　人民检察院办案部门查封、扣押的下列涉案财物不移送案件管理部门保管，由办案部门拍照或者录像后妥善管理或者及时按照有关规定处理：

（一）查封的不动产和置于该不动产上不宜移动的设施等财物，以及涉案的车辆、船舶、航空器和大型机械、设备等财物，及时依照《人民检察院刑事诉讼规则（试行）》有关查封的规定扣押相关权利证书，将查封决定书副本送达有关登记、管理部门，并告知其在查封期间禁止办理抵押、转让、出售等权属关系变更、转移登记手续；

（二）珍贵文物、珍贵动物及其制品、珍稀植物及其制品，按照国家有关规定移送主管机关；

（三）毒品、淫秽物品等违禁品，及时移送有关主管机关，或者根据办案需要严格封存，不得擅自使用或者扩散；

（四）爆炸性、易燃性、放射性、毒害

性、腐蚀性等危险品,及时移送有关部门或者根据办案需要委托有关主管机关妥善保管;

(五)易损毁、灭失、变质等不宜长期保存的物品,易贬值的汽车、船艇等物品,经权利人同意或者申请,并经检察长批准,可以及时委托有关部门先行变卖、拍卖,所得款项存入唯一合规账户。先行变卖、拍卖应当做到公开、公平。

人民检察院办案部门依照前款规定不将涉案财物移送案件管理部门保管的,应当将查封、扣押清单以及相关权利证书、支付凭证等依照本规定第十条第一款的规定送案件管理部门登记、保管。

第十三条　人民检察院案件管理部门接收其他办案机关随案移送的涉案财物的,参照本规定第十一条、第十二条的规定进行审查和办理。

对移送的物品、权利证书、支付凭证以及具备一定特征能够证明案情的现金,案件管理部门审查后认为符合要求的,予以接收并入库保管。对移送的涉案款项,由其他办案机关存入检察机关指定的唯一合规账户,案件管理部门对转账凭证进行登记并联系计划财务装备部门进行核对。其他办案机关直接移送现金的,案件管理部门可以告知其存入指定的唯一合规账户,也可以联系计划财务装备部门清点、接收并及时存入唯一合规账户。计划财务装备部门应当在收到款项后三日以内将收款凭证复印件送案件管理部门登记。

对于其他办案机关移送审查起诉时随案移送的有关实物,案件管理部门经商公诉部门后,认为属于不宜移送的,可以依照刑事诉讼法第二百三十四条第一款、第二款的规定,只接收清单、照片或者其他证明文件。必要时,人民检察院案件管理部门可以会同公诉部门与其他办案机关相关部门进行沟通协商,确定不随案移送的实物。

第十四条　案件管理部门应当指定专门人员,负责有关涉案财物的接收、管理和相关信息录入工作。

第十五条　案件管理部门接收密封的涉案财物,一般不进行拆封。移送部门或者案件管理部门认为有必要拆封的,由移送人员和接收人员共同启封、检查、重新密封,并对全过程进行录像。根据《人民检察院刑事诉讼规则(试行)》有关扣押的规定应当予以密封的涉案财物,启封、检查、重新密封时应当依照规定有见证人、持有人或者单位负责人等在场并签名或者盖章。

第十六条　案件管理部门对于接收的涉案财物、清单及其他相关材料,认为符合条件的,应当及时在移送清单上签字并制作入库清单,办理入库手续。认为不符合条件的,应当将原因告知移送单位,由移送单位及时补送相关材料,或者按照有关规定进行补正或者作出合理解释。

第三章　涉案财物的保管

第十七条　人民检察院对于查封、扣押、冻结的涉案财物及其孳息,应当如实登记,妥善保管。

第十八条　人民检察院计划财务装备部门对扣押款项及其孳息应当逐案设立明细账,严格收付手续。

计划财务装备部门应当定期对唯一合规账户的资金情况进行检查,确保账实相符。

第十九条　案件管理部门对收到的

物品应当建账设卡，一案一账，一物一卡（码）。对于贵重物品和细小物品，根据物品种类实行分袋、分件、分箱设卡和保管。

案件管理部门应当定期对涉案物品进行检查，确保账实相符。

第二十条 涉案物品专用保管场所应当符合下列防火、防盗、防潮、防尘等要求：

（一）安装防盗门窗、铁柜和报警器、监视器；

（二）配备必要的储物格、箱、袋等设备设施；

（三）配备必要的除湿、调温、密封、防霉变、防腐烂等设备设施；

（四）配备必要的计量、鉴定、辨认等设备设施；

（五）需要存放电子存储介质类物品的，应当配备防磁柜；

（六）其他必要的设备设施。

第二十一条 人民检察院办案部门人员需要查看、临时调用涉案财物的，应当经办案部门负责人批准；需要移送、处理涉案财物的，应当经检察长批准。案件管理部门对于审批手续齐全的，应当办理查看、出库手续并认真登记。

对于密封的涉案财物，在查看、出库、归还时需要拆封的，应当遵守本规定第十五条的要求。

第四章 涉案财物的处理

第二十二条 对于查封、扣押、冻结的涉案财物及其孳息，除按照有关规定返还被害人或者经查明确实与案件无关的以外，不得在诉讼程序终结之前上缴国库或者作其他处理。法律和有关规定另有规定的除外。

在诉讼过程中，对权属明确的被害人合法财产，凡返还不损害其他被害人或者利害关系人的利益、不影响诉讼正常进行的，人民检察院应当依法及时返还。权属有争议的，应当在决定撤销案件、不起诉或者由人民法院判决时一并处理。

在扣押、冻结期间，权利人申请出售被扣押、冻结的债券、股票、基金份额等财产的，以及扣押、冻结的汇票、本票、支票的有效期即将届满的，人民检察院办案部门应当依照《人民检察院刑事诉讼规则（试行）》的有关规定及时办理。

第二十三条 人民检察院作出撤销案件决定、不起诉决定或者收到人民法院作出的生效判决、裁定后，应当在三十日以内对涉案财物作出处理。情况特殊的，经检察长批准，可以延长三十日。

前款规定的对涉案财物的处理工作，人民检察院决定撤销案件的，由侦查部门负责办理；人民检察院决定不起诉或者人民法院作出判决、裁定的案件，由公诉部门负责办理；对人民检察院直接立案侦查的案件，公诉部门可以要求侦查部门协助配合。

人民检察院按照本规定第五条第二款的规定先行接收涉案财物，如果决定不予立案的，侦查部门应当按照本条第一款规定的期限对先行接收的财物作出处理。

第二十四条 处理由案件管理部门保管的涉案财物，办案部门应当持经检察长批准的相关文书或者报告，到案件管理部门办理出库手续；处理存入唯一合规账户的涉案款项，办案部门应当持经检察长批准的相关文书或者报告，经案件管理部门办理出库手续后，到计划财务装备部门办理提现或者转账手续。案件管理部或者计划财务装备部门对于符合审批手续的,应当及时办理。

对于依照本规定第十条第二款、第十二条的规定未移交案件管理部门保管或者未存入唯一合规账户的涉案财物,办案部门应当依照本规定第二十三条规定的期限报经检察长批准后及时作出处理。

第二十五条 对涉案财物,应当严格依照有关规定,区分不同情形,及时作出相应处理:

(一)因犯罪嫌疑人死亡而撤销案件、决定不起诉,依照刑法规定应当追缴其违法所得及其他涉案财产的,应当按照《人民检察院刑事诉讼规则(试行)》有关犯罪嫌疑人逃匿、死亡案件违法所得的没收程序的规定办理;对于不需要追缴的涉案财物,应当依照本规定第二十三条规定的期限及时返还犯罪嫌疑人、被不起诉人的合法继承人;

(二)因其他原因撤销案件、决定不起诉,对于查封、扣押、冻结的犯罪嫌疑人违法所得及其他涉案财产需要没收的,应当依照《人民检察院刑事诉讼规则(试行)》有关撤销案件时处理犯罪嫌疑人违法所得的规定提出检察建议或者依照刑事诉讼法第一百七十三条第三款的规定提出检察意见,移送有关主管机关处理;未认定为需要没收并移送有关主管机关处理的涉案财物,应当依照本规定第二十三条规定的期限及时返还犯罪嫌疑人、被不起诉人;

(三)提起公诉的案件,在人民法院作出生效判决、裁定后,对于冻结在金融机构的涉案财产,由人民法院通知该金融机构上缴国库;对于查封、扣押且依法未随案移送人民法院的涉案财物,人民检察院根据人民法院的判决、裁定上缴国库;

(四)人民检察院侦查部门移送审查起诉的案件,起诉意见书中未认定为与犯罪有关的涉案财物;提起公诉的案件,起诉书中未认定或者起诉书认定但人民法院生效判决、裁定中未认定为与犯罪有关的涉案财物,应当依照本条第二项的规定移送有关主管机关处理或者及时返还犯罪嫌疑人、被不起诉人、被告人;

(五)对于需要返还被害人的查封、扣押、冻结涉案财物,应当按照有关规定予以返还。

人民检察院应当加强与人民法院、公安机关、国家安全机关的协调配合,共同研究解决涉案财物处理工作中遇到的突出问题,确保司法工作顺利进行,切实保障当事人合法权益。

第二十六条 对于应当返还被害人的查封、扣押、冻结涉案财物,无人认领的,应当公告通知。公告满六个月无人认领的,依法上缴国库。上缴国库后有人认领,经查证属实的,人民检察院应当向人民政府财政部门申请退库予以返还。原物已经拍卖、变卖的,应当退回价款。

第二十七条 对于贪污、挪用公款等侵犯国有资产犯罪案件中查封、扣押、冻结的涉案财物,除人民法院判决上缴国库的以外,应当归还原单位或者原单位的权利义务继受单位。犯罪金额已经作为损失核销或者原单位已不存在且无权利义务继受单位的,应当上缴国库。

第二十八条 查封、扣押、冻结的涉案财物应当依法上缴国库或者返还有关单位和个人的,如果有孳息,应当一并上缴或者返还。

第五章 涉案财物工作监督

第二十九条 人民检察院监察部门

应当对本院和下级人民检察院的涉案财物工作进行检查或者专项督察,每年至少一次,并将结果在本辖区范围内予以通报。发现违纪违法问题的,应当依照有关规定作出处理。

第三十条 人民检察院案件管理部门可以通过受案审查、流程监控、案件质量评查、检察业务考评等途径,对本院和下级人民检察院的涉案财物工作进行监督管理。发现违法违规问题的,应当依照有关规定督促相关部门依法及时处理。

第三十一条 案件管理部门在涉案财物管理工作中,发现办案部门或者办案人员有下列情形之一的,可以进行口头提示;对于违规情节较重的,应当发送案件流程监控通知书;认为需要追究纪律或者法律责任的,应当移送本院监察部门处理或者向检察长报告:

(一)查封、扣押、冻结的涉案财物与清单存在不一致,不能作出合理解释或者说明的;

(二)查封、扣押、冻结涉案财物时,未按照有关规定进行密封、签名或者盖章,影响案件办理的;

(三)查封、扣押、冻结涉案财物后,未及时存入唯一合规账户、办理入库保管手续,或者未及时向案件管理部门登记,不能作出合理解释或者说明的;

(四)在立案之前采取查封、扣押、冻结措施的,或者未依照有关规定开具法律文书而采取查封、扣押、冻结措施的;

(五)对明知与案件无关的财物采取查封、扣押、冻结措施的,或者对经查明确实与案件无关的财物仍不解除查封、扣押、冻结或者不予退还的,或者应当将被查封、扣押、冻结的财物返还被害人而不返还的;

(六)违反有关规定,在诉讼程序依法终结之前将涉案财物上缴国库或者作其他处理的;

(七)在诉讼程序依法终结之后,未按照有关规定及时、依法处理涉案财物,经督促后仍不及时、依法处理的;

(八)因不负责任造成查封、扣押、冻结的涉案财物丢失、损毁或者泄密的;

(九)贪污、挪用、截留、私分、调换、违反规定使用查封、扣押、冻结的涉案财物的;

(十)其他违反法律和有关规定的情形。人民检察院办案部门收到案件管理部门的流程监控通知书后,应当在十日以内将核查情况书面回复案件管理部门。

人民检察院侦查监督、公诉、控告检察、刑事申诉检察等部门发现本院办案部门有本条第一款规定的情形的,应当依照刑事诉讼法和其他相关规定履行监督职责。案件管理部门发现办案部门有上述情形,认为有必要的,可以根据案件办理所处的诉讼环节,告知侦查监督、公诉、控告检察或者刑事申诉检察等部门。

第三十二条 人民检察院查封、扣押、冻结、保管、处理涉案财物,应当按照有关规定做好信息查询和公开工作,并为当事人和其他诉讼参与人行使权利提供保障和便利。善意第三人等案外人与涉案财物处理存在利害关系的,人民检察院办案部门应当告知其相关诉讼权利。

当事人及其法定代理人和辩护人、诉讼代理人、利害关系人对人民检察院的查封、扣押、冻结不服或者对人民检察院撤销案件决定、不起诉决定中关于涉案财物的处理部分不服,可以依照刑事诉讼法和《人民检察院刑事诉讼规则(试行)》的有关规定提出申诉或者控告;人民检察院控告检察部门对申诉或者控告应当依照有关规定及时受理和审查办理并反馈处理结果。人民检察院提起公诉的案件,被告人、自诉人、附带民事诉讼的原告人和被告人对涉案财物处理决定不服的,可以依照有关规定就财物处理部分提出上诉,被害人或者其他利害关系人可以依照有关规定请求人民检察院抗诉。

第三十三条　人民检察院刑事申诉检察部门在办理国家赔偿案件过程中,可以向办案部门调查核实相关查封、扣押、冻结等行为是否合法。国家赔偿决定对相关涉案财物作出处理的,有关办案部门应当及时执行。

第三十四条　人民检察院查封、扣押、冻结、保管、处理涉案财物,应当接受人民监督员的监督。

第三十五条　人民检察院及其工作人员在查封、扣押、冻结、保管、处理涉案财物工作中违反相关规定的,应当追究纪律责任;构成犯罪的,应当依法追究刑事责任;导致国家赔偿的,应当依法向有关责任人员追偿。

第六章　附　　则

第三十六条　对涉案财物的保管、鉴定、估价、公告等支付的费用,列入人民检察院办案(业务)经费,不得向当事人收取。

第三十七条　本规定所称犯罪嫌疑人、被告人、被害人,包括自然人、单位。

第三十八条　本规定所称有关主管机关,是指对犯罪嫌疑人违反法律、法规的行为以及对有关违禁品、危险品具有行政管理、行政处罚、行政处分权限的机关和纪检监察部门。

第三十九条　本规定由最高人民检察院解释。

第四十条　本规定自公布之日起施行。最高人民检察院 2010 年 5 月 9 日公布的《人民检察院扣押、冻结涉案款物工作规定》同时废止。

公安部《公安机关涉案财物管理若干规定》

(2015 年 9 月 1 日　公通字〔2015〕21 号)

第一章　总　　则

第一条　为进一步规范公安机关涉案财物管理工作,保护公民、法人和其他组织的合法财产权益,保障办案工作依法有序进行,根据有关法律、法规和规章,制定本规定。

第二条　本规定所称涉案财物,是指公安机关在办理刑事案件和行政案件过程中,依法采取查封、扣押、冻结、扣留、调取、先行登记保存、抽样取证、追缴、收缴等措施提取或者固定,以及从其他单位和个人接收的与案件有关的物品、文件和款项,包括:

(一)违法犯罪所得及其孳息;

(二)用于实施违法犯罪行为的工具;

(三)非法持有的淫秽物品、毒品等违禁品;

(四)其他可以证明违法犯罪行为发生、违法犯罪行为情节轻重的物品和文件。

第三条　涉案财物管理实行办案与管理相分离、来源去向明晰、依法及时处理、全面接受监督的原则。

第四条 公安机关管理涉案财物，必须严格依法进行。任何单位和个人不得贪污、挪用、私分、调换、截留、坐支、损毁、擅自处理涉案财物。

对于涉及国家秘密、商业秘密、个人隐私的涉案财物，应当保密。

第五条 对涉案财物采取措施，应当严格依照法定条件和程序进行，履行相关法律手续，开具相应法律文书。严禁在刑事案件立案之前或者行政案件受案之前对财物采取查封、扣押、冻结、扣留措施，但有关法律、行政法规另有规定的除外。

第六条 公安机关对涉案财物采取措施后，应当及时进行审查。经查明确实与案件无关的，应当在三日以内予以解除、退还，并通知有关当事人。对与本案无关，但有证据证明涉及其他部门管辖的违纪、违法、犯罪行为的财物，应当依照相关法律规定，连同有关线索移送有管辖权的部门处理。

对涉案财物采取措施后，应当为违法犯罪嫌疑人及其所扶养的亲属保留必需的生活费用和物品；根据案件具体情况，在保证侦查活动正常进行的同时，可以允许有关当事人继续合理使用有关涉案财物，并采取必要的保值保管措施，以减少侦查办案对正常办公和合法生产经营的影响。

第七条 公安机关对涉案财物进行保管、鉴定、估价、公告等，不得向当事人收取费用。

第二章 涉案财物的保管

第八条 公安机关应当完善涉案财物管理制度，建立办案部门与保管部门、办案人员与保管人员相互制约制度。

公安机关应当指定一个部门作为涉案财物管理部门，负责对涉案财物实行统一管理，并设立或者指定专门保管场所，对各办案部门经手的全部涉案财物或者价值较大、管理难度较高的涉案财物进行集中保管。涉案财物集中保管的范围，由地方公安机关根据本地区实际情况确定。

对于价值较低、易于保管，或者需要作为证据继续使用，以及需要先行返还被害人、被侵害人的涉案财物，可以由办案部门设置专门的场所进行保管。

办案部门应当指定不承担办案工作的民警负责本部门涉案财物的接收、保管、移交等管理工作；严禁由办案人员自行保管涉案财物。

第九条 公安机关应当设立或者指定账户，作为本机关涉案款项管理的唯一合规账户。

办案部门扣押涉案款项后，应当立即将其移交涉案财物管理部门。涉案财物管理部门应当对涉案款项逐案设立明细账，存入唯一合规账户，并将存款回执交办案部门附卷保存。但是，对于具有特定特征、能够证明某些案件事实而需要作为证据使用的现金，应当交由涉案财物管理部门或者办案部门涉案财物管理人员，作为涉案物品进行管理，不再存入唯一合规账户。

第十条 公安机关应当建立涉案财物集中管理信息系统，对涉案财物信息进行实时、全程录入和管理，并与执法办案信息系统关联。涉案财物管理人员应当对所有涉案财物逐一编号，并将案由、来源、财物基本情况、保管状态、场所和去向等信息录入信息系统。

第十一条 对于不同案件、不同种类的涉案财物,应当分案、分类保管。

涉案财物保管场所和保管措施应当适合被保管财物的特性,符合防火、防盗、防潮、防蛀、防磁、防腐蚀等安全要求。涉案财物保管场所应当安装视频监控设备,并配备必要的储物容器、一次性储物袋、计量工具等物品。有条件的地方,可以会同人民法院、人民检察院等部门,建立多部门共用的涉案财物管理中心,对涉案财物进行统一管理。

对于易燃、易爆、毒害性、放射性等危险物品,鲜活动植物、大宗物品、车辆、船舶、航空器等大型交通工具,以及其他对保管条件、保管场所有特殊要求的涉案财物,应当存放在符合条件的专门场所。公安机关没有具备保管条件的场所的,可以委托具有相应条件、资质或者管理能力的单位代为保管。

依法对文物、金银、珠宝、名贵字画等贵重财物采取查封、扣押、扣留等措施的,应当拍照或者录像,并及时鉴定、估价;必要时,可以实行双人保管。

未经涉案财物管理部门或者管理涉案财物的办案部门负责人批准,除保管人员以外的其他人员不得进入涉案财物保管场所。

第十二条　办案人员依法提取涉案财物后,应当在二十四小时以内按照规定将其移交涉案财物管理部门或者本部门的涉案财物管理人员,并办理移交手续。

对于采取查封、冻结、先行登记保存等措施后不在公安机关保管的涉案财物,办案人员应当在采取有关措施后的二十四小时以内,将相关法律文书和清单的复印件移交涉案财物管理人员予以登记。

第十三条　因情况紧急,需要在提取后的二十四小时以内开展鉴定、辨认、检验、检查等工作的,经办案部门负责人批准,可以在上述工作完成后的二十四小时以内将涉案财物移交涉案财物管理人员,并办理移交手续。

异地办案或者在偏远、交通不便地区办案的,应当在返回办案单位后的二十四小时以内办理移交手续;行政案件在提取后的二十四小时以内已将涉案财物处理完毕的,可以不办理移交手续,但应当将处理涉案财物的相关手续附卷保存。

第十四条　涉案财物管理人员对办案人员移交的涉案财物,应当对照有关法律文书当场查验核对、登记入册,并与办案人员共同签名。

对于缺少法律文书、法律文书对必要事项记载不全或者实物与法律文书记载严重不符的,涉案财物管理人员可以拒绝接收涉案财物,并应当要求办案人员补齐相关法律文书、信息或者财物。

第十五条　因讯问、询问、鉴定、辨认、检验、检查等办案工作需要,经办案部门负责人批准,办案人员可以向涉案财物管理人员调用涉案财物。调用结束后,应当在二十四小时以内将涉案财物归还涉案财物管理人员。

因宣传教育等工作需要调用涉案财物的,应当经公安机关负责人批准。

涉案财物管理人员应当详细登记调用人、审批人、时间、事由、期限、调用的涉案财物状况等事项。

第十六条　调用人应当妥善保管和使用涉案财物。调用人归还涉案财物时,涉案财物管理人员应当进行检查、核对。对于有损毁、短少、调换、灭失等情况的,涉案财物管理人员应当如实记录,并报告调用人所属部门负责人和涉案财物管理部门负责人。因鉴定取样等事由导致涉案财物出现合理损耗的，不需要报告，但调用人应当向涉案财物管理人员提供相应证明材料和书面说明。

调用人未按照登记的调用时间归还涉案财物的，涉案财物管理人员应当报告调用人所属部门负责人；有关负责人应当责令调用人立即归还涉案财物。确需继续调用涉案财物的，调用人应当按照原批准程序办理延期手续，并交由涉案财物管理人员留存。

第十七条 办案部门扣押、扣留涉案车辆时，应当认真查验车辆特征，并在清单或者行政强制措施凭证中详细载明当事人的基本情况、案由、厂牌型号、识别代码、牌照号码、行驶里程、重要装备、车身颜色、车辆状况等情况。

对车辆内的物品，办案部门应当仔细清点。对与案件有关，需要作为证据使用的，应当依法扣押；与案件无关的，通知当事人或者其家属、委托的人领取。

公安机关应当对管理的所有涉案车辆进行专门编号登记，严格管理，妥善保管，非因法定事由并经公安机关负责人批准，不得调用。

对船舶、航空器等交通工具采取措施和进行管理，参照前三款规定办理。

第三章 涉案财物的处理

第十八条 公安机关应当依据有关法律规定，及时办理涉案财物的移送、返还、变卖、拍卖、销毁、上缴国库等工作。

对刑事案件中作为证据使用的涉案财物，应当随案移送；对于危险品、大宗大型物品以及容易腐烂变质等不宜随案移送的物品，应当移送相关清单、照片或者其他证明文件。

第十九条 有关违法犯罪事实查证属实后，对于有证据证明权属明确且无争议的被害人、被侵害人合法财产及其孳息，凡返还不损害其他被害人、被侵害人或者利害关系人的利益，不影响案件正常办理的，应当在登记、拍照或者录像和估价后，报经县级以上公安机关负责人批准，开具发还清单并返还被害人、被侵害人。办案人员应当在案卷材料中注明返还的理由，并将原物照片、发还清单和害人、被侵害人的领取手续存卷备查。

领取人应当是涉案财物的合法权利人或者其委托的人，办案人员或者公安机关其他工作人员不得代为领取。

第二十条 对于刑事案件依法撤销、行政案件因违法事实不能成立而作出不予行政处罚决定的，除依照法律、行政法规有关规定另行处理的以外，公安机关应当解除对涉案财物采取的相关措施并返还当事人。

人民检察院决定不起诉、人民法院作出无罪判决，涉案财物由公安机关管理的，公安机关应当根据人民检察院的书面通知或者人民法院的生效判决，解除对涉案财物采取的相关措施并返还当事人。

人民法院作出有罪判决，涉案财物由公安机关管理的，公安机关应当根据人民法院的生效判决，对涉案财物作出处理。人民法院的判决没有明确涉案财物如何处理的，公安机关应当征求人民法院意见。

第二十一条 对于因自身材质原因易损毁、灭失、腐烂、变质而不宜长期保存的食品、药品及其原材料等物品，长期不使用容易导致机械性能下降、价值贬损的车辆、船舶等物品，市场价格波动大的债券、股票、基金份额等财产和有效期即将届满的汇票、本票、支票等，权利人明确的，经其本人书面同意或者申请，并经县级以上公安机关主要负责人批准，可以依法变卖、拍卖，所得款项存入本单位唯一合规账户；其中，对于冻结的债券、股票、基金份额等财产，有对应的银行账户的，应当将变现后的款项继续冻结在对应账户中。

对涉案财物的变卖、拍卖应当坚持公开、公平原则，由县级以上公安机关商本级人民政府财政部门统一组织实施，严禁暗箱操作。

善意第三人等案外人与涉案财物处理存在利害关系的，公安机关应当告知其相关诉讼权利。

第二十二条 公安机关在对违法行为人、犯罪嫌疑人依法作出限制人身自由的处罚或者采取限制人身自由的强制措施时，对其随身携带的与案件无关的财物，应当按照《公安机关代为保管涉案人员随身财物若干规定》有关要求办理。

第二十三条 对于违法行为人、犯罪嫌疑人或者其家属、亲友给予被害人、被侵害人退、赔款物的，公安机关应当通知其向被害人、被侵害人或者其家属、委托的人直接交付，并将退、赔情况及时书面告知公安机关。公安机关不得将退、赔款物作为涉案财物扣押或者暂存，但需要作为证据使用的除外。

被害人、被侵害人或者其家属、委托的人不愿意当面接收的，经其书面同意或者申请，公安机关可以记录其银行账号，通知违法行为人、犯罪嫌疑人或者其家属、亲友将退、赔款项汇入该账户。

公安机关应当将双方的退赔协议或者交付手续复印附卷保存，并将退赔履行情况记录在案。

第四章 监督与救济

第二十四条 公安机关应当将涉案财物管理工作纳入执法监督和执法质量考评范围；定期或者不定期组织有关部门对本机关及办案部门负责管理的涉案财物进行核查，防止涉案财物损毁、灭失或者被挪用、不按规定及时移交、移送、返还、处理等；发现违法采取措施或者管理不当的，应当责令有关部门及时纠正。

第二十五条 公安机关纪检、监察、警务督察、审计、装备财务、警务保障、法制等部门在各自职权范围内对涉案财物管理工作进行监督。

公安机关负责人在审批案件时，应当对涉案财物情况一并进行严格审查，发现对涉案财物采取措施或者处理不合法、不适当的，应当责令有关部门立即予以纠正。

法制部门在审核案件时，发现对涉案财物采取措施或者处理不合法、不适当的，应当通知办案部门及时予以纠正。

第二十六条 办案人员有下列行为之一的，应当根据其行为的情节和后果，依照有关规定追究责任；涉嫌犯罪的，移交司法机关依法处理：

（一）对涉案财物采取措施违反法定程序的；

（二）对明知与案件无关的财物采取查封、扣押、冻结等措施的；

（三）不按照规定向当事人出具有关法律文书的；

（四）提取涉案财物后，在规定的时限内无正当理由不向涉案财物管理人员移交涉案财物的；

（五）擅自处置涉案财物的；

（六）依法应当将有关财物返还当事

人而拒不返还，或者向当事人及其家属等索取费用的；

（七）因故意或者过失，致使涉案财物损毁、灭失的；

（八）其他违反法律规定的行为。

案件审批人、审核人对于前款规定情形的发生负有责任的，依照前款规定处理。

第二十七条　涉案财物管理人员不严格履行管理职责，有下列行为之一的，应当根据其行为的情节和后果，依照有关规定追究责任；涉嫌犯罪的，移交司法机关依法处理：

（一）未按照规定严格履行涉案财物登记、移交、调用等手续的；

（二）因故意或者过失，致使涉案财物损毁、灭失的；

（三）发现办案人员不按照规定移交、使用涉案财物而不及时报告的；

（四）其他不严格履行管理职责的行为。

调用人有前款第一项、第二项行为的，依照前款规定处理。

第二十八条　对于贪污、挪用、私分、调换、截留、坐支、损毁涉案财物，以及在涉案财物拍卖、变卖过程中弄虚作假、中饱私囊的有关领导和直接责任人员，应当依照有关规定追究责任；涉嫌犯罪的，移交司法机关依法处理。

第二十九条　公安机关及其工作人员违反涉案财物管理规定，给当事人造成损失的，公安机关应当依法予以赔偿，并责令有故意或者重大过失的有关领导和直接责任人员承担部分或者全部赔偿费用。

第三十条　在对涉案财物采取措施、管理和处置过程中，公安机关及其工作人员存在违法违规行为，损害当事人合法财产权益的，当事人和辩护人、诉讼代理人、利害关系人有权向公安机关提出投诉、控告、举报、复议或者国家赔偿。公安机关应当依法及时受理，并依照有关规定进行处理；对于情况属实的，应当予以纠正。

上级公安机关发现下级公安机关存在前款规定的违法违规行为，或者对投诉、控告、举报或者复议事项不按照规定处理的，应当责令下级公安机关限期纠正，下级公安机关应当立即执行。

第五章　附　　则

第三十一条　各地公安机关可以根据本规定，结合本地和各警种实际情况，制定实施细则，并报上一级公安机关备案。

第三十二条　本规定自 2015 年 9 月 1 日起施行。2010 年 11 月 4 日印发的《公安机关涉案财物管理若干规定》（公通字〔2010〕57 号）同时废止。公安部此前制定的有关涉案财物管理的规范性文件与本规定不一致的，以本规定为准。

最高人民法院、最高人民检察院、公安部、司法部《关于办理黑恶势力刑事案件中财产处置若干问题的意见》

（2019 年 4 月 9 日）

为认真贯彻中央关于开展扫黑除恶专项斗争的重大决策部署，彻底铲除黑恶势力犯罪的经济基础，根据刑法、刑事诉讼法及最高人民法院、最高人民检察院、公安部、司法部《关于办理黑恶势力犯罪

案件若干问题的指导意见》(法发〔2018〕1号)等规定,现对办理黑恶势力刑事案件中财产处置若干问题提出如下意见:

一、总体工作要求

1. 公安机关、人民检察院、人民法院在办理黑恶势力犯罪案件时,在查明黑恶势力组织违法犯罪事实并对黑恶势力成员依法定罪量刑的同时,要全面调查黑恶势力组织及其成员的财产状况,依法对涉案财产采取查询、查封、扣押、冻结等措施,并根据查明的情况,依法作出处理。

前款所称处理既包括对涉案财产中犯罪分子违法所得、违禁品、供犯罪所用的本人财物以及其他等值财产等依法追缴、没收,也包括对被害人的合法财产等依法返还。

2. 对涉案财产采取措施,应当严格依照法定条件和程序进行。严禁在立案之前查封、扣押、冻结财物。凡查封、扣押、冻结的财物,都应当及时进行审查,防止因程序违法、工作瑕疵等影响案件审理以及涉案财产处置。

3. 对涉案财产采取措施,应当为犯罪嫌疑人、被告人及其所扶养的亲属保留必需的生活费用和物品。

根据案件具体情况,在保证诉讼活动正常进行的同时,可以允许有关人员继续合理使用有关涉案财产,并采取必要的保值保管措施,以减少案件办理对正常办公和合法生产经营的影响。

4. 要彻底摧毁黑社会性质组织的经济基础,防止其死灰复燃。对于组织者、领导者一般应当并处没收个人全部财产。对于确属骨干成员或者为该组织转移、隐匿资产的积极参加者,可以并处没收个人全部财产。对于其他组织成员,应当根据所参与实施违法犯罪活动的次数、性质、

地位、作用、违法所得数额以及造成损失的数额等情节,依法决定财产刑的适用。

5. 要深挖细查并依法打击黑恶势力组织进行的洗钱以及掩饰、隐瞒犯罪所得、犯罪所得收益等转变涉案财产性质的关联犯罪。

二、依法采取措施全面收集证据

6. 公安机关侦查期间,要根据《公安机关办理刑事案件适用查封、冻结措施相关规定》(公通字〔2013〕30号)等有关规定,会同有关部门全面调查黑恶势力及其成员的财产状况,并可以根据诉讼需要,先行依法对下列财产采取查询、查封、扣押、冻结等措施:

(1) 黑恶势力组织的财产;

(2) 犯罪嫌疑人个人所有的财产;

(3) 犯罪嫌疑人实际控制的财产;

(4) 犯罪嫌疑人出资购买的财产;

(5) 犯罪嫌疑人转移至他人名下的财产;

(6) 犯罪嫌疑人涉嫌洗钱以及掩饰、隐瞒犯罪所得、犯罪所得收益等犯罪涉及的财产;

(7) 其他与黑恶势力组织及其违法犯罪活动有关的财产。

7. 查封、扣押、冻结已登记的不动产、特定动产及其他财产,应当通知有关登记机关,在查封、扣押、冻结期间禁止被查封、扣押、冻结的财产流转,不得办理被查封、扣押、冻结财产权属变更、抵押等手续。必要时可以提取有关产权证照。

8. 公安机关对于采取措施的涉案财产,应当全面收集证明其来源、性质、用途、权属及价值的有关证据,审查判断是否应当依法追缴、没收。

证明涉案财产来源、性质、用途、权属及价值的有关证据一般包括:

(1)犯罪嫌疑人、被告人关于财产来源、性质、用途、权属、价值的供述；

(2)被害人、证人关于财产来源、性质、用途、权属、价值的陈述、证言；

(3)财产购买凭证、银行往来凭证、资金注入凭证、权属证明等书证；

(4)财产价格鉴定、评估意见；

(5)可以证明财产来源、性质、用途、权属、价值的其他证据。

9. 公安机关对应当依法追缴、没收的财产中黑恶势力组织及其成员聚敛的财产及其孳息、收益的数额，可以委托专门机构评估；确实无法准确计算的，可以根据有关法律规定及查明的事实、证据合理估算。

人民检察院、人民法院对于公安机关委托评估、估算的数额有不同意见的，可以重新委托评估、估算。

10. 人民检察院、人民法院根据案件诉讼的需要，可以依法采取上述相关措施。

三、准确处置涉案财产

11. 公安机关、人民检察院应当加强对在案财产审查甄别。在移送审查起诉、提起公诉时，一般应当对采取措施的涉案财产提出处理意见建议，并将采取措施的涉案财产及其清单随案移送。

人民检察院经审查，除对随案移送的涉案财产提出处理意见外，还需要对继续追缴的尚未被足额查封、扣押的其他违法所得提出处理意见建议。

涉案财产不宜随案移送的，应当按照相关法律、司法解释的规定，提供相应的清单、照片、录像、封存手续、存放地点说明、鉴定、评估意见、变价处理凭证等材料。

12. 对于不宜查封、扣押、冻结的经营性财产，公安机关、人民检察院、人民法院可以申请当地政府指定有关部门或者委托有关机构代管或者托管。

对易损毁、灭失、变质等不宜长期保存的物品，易贬值的汽车、船艇等物品，或者市场价格波动大的债券、股票、基金等财产，有效期即将届满的汇票、本票、支票等，经权利人同意或者申请，并经县级以上公安机关、人民检察院或者人民法院主要负责人批准，可以依法出售、变现或者先行变卖、拍卖，所得价款由扣押、冻结机关保管，并及时告知当事人或者其近亲属。

13. 人民检察院在法庭审理时应当对证明黑恶势力犯罪涉案财产情况进行举证质证，对于既能证明具体个罪又能证明经济特征的涉案财产情况相关证据在具体个罪中出示后，在经济特征中可以简要说明，不再重复出示。

14. 人民法院作出的判决，除应当对随案移送的涉案财产作出处理外，还应当在判决书中写明需要继续追缴尚未被足额查封、扣押的其他违法所得；对随案移送财产进行处理时，应当列明相关财产的具体名称、数量、金额、处置情况等。涉案财产或者有关当事人人数较多，不宜在判决书正文中详细列明的，可以概括叙述并另附清单。

15. 涉案财产符合下列情形之一的，应当依法追缴、没收：

(1)黑恶势力组织及其成员通过违法犯罪活动或者其他不正当手段聚敛的财产及其孳息、收益；

(2)黑恶势力组织成员通过个人实施违法犯罪活动聚敛的财产及其孳息、收益；

(3)其他单位、组织、个人为支持该

黑恶势力组织活动资助或者主动提供的财产；

（4）黑恶势力组织及其成员通过合法的生产、经营活动获取的财产或者组织成员个人、家庭合法财产中，实际用于支持该组织活动的部分；

（5）黑恶势力组织成员非法持有的违禁品以及供犯罪所用的本人财物；

（6）其他单位、组织、个人利用黑恶势力组织及其成员违法犯罪活动获取的财产及其孳息、收益；

（7）其他应当追缴、没收的财产。

16. 应当追缴、没收的财产已用于清偿债务或者转让、或者设置其他权利负担，具有下列情形之一的，应当依法追缴：

（1）第三人明知是违法犯罪所得而接受的；

（2）第三人无偿或者以明显低于市场的价格取得涉案财物的；

（3）第三人通过非法债务清偿或者违法犯罪活动取得涉案财物的；

（4）第三人通过其他方式恶意取得涉案财物的。

17. 涉案财产符合下列情形之一的，应当依法返还：

（1）有证据证明确属被害人合法财产；

（2）有证据证明确与黑恶势力及其违法犯罪活动无关。

18. 有关违法犯罪事实查证属实后，对于有证据证明权属明确且无争议的被害人、善意第三人或者其他人员合法财产及其孳息，凡返还不损害其他利害关系人的利益，不影响案件正常办理的，应当在登记、拍照或者录像后，依法及时返还。

四、依法追缴、没收其他等值财产

19. 有证据证明依法应当追缴、没收的涉案财产无法找到、被他人善意取得、价值灭失或者与其他合法财产混合且不可分割的，可以追缴、没收其他等值财产。

对于证明前款各种情形的证据，公安机关或者人民检察院应当及时调取。

20. 本意见第 19 条所称"财产无法找到"，是指有证据证明存在依法应当追缴、没收的财产，但无法查证财产去向、下落的。被告人有不同意见的，应当出示相关证据。

21. 追缴、没收的其他等值财产的数额，应当与无法直接追缴、没收的具体财产的数额相对应。

五、其他

22. 本意见所称孳息，包括天然孳息和法定孳息。

本意见所称收益，包括但不限于以下情形：

（1）聚敛、获取的财产直接产生的收益，如使用聚敛、获取的财产购买彩票中奖所得收益等；

（2）聚敛、获取的财产用于违法犯罪活动产生的收益，如使用聚敛、获取的财产赌博赢利所得收益、非法放贷所得收益、购买并贩卖毒品所得收益等；

（3）聚敛、获取的财产投资、置业形成的财产及其收益；

（4）聚敛、获取的财产和其他合法财产共同投资或者置业形成的财产中，与聚敛、获取的财产对应的份额及其收益；

（5）应当认定为收益的其他情形。

23. 本意见未规定的黑恶势力刑事案件财产处置工作其他事宜，根据相关法律法规、司法解释等规定办理。

24. 本意见自 2019 年 4 月 9 日起施行。

最高人民法院、最高人民检察院、公安部《关于刑事案件涉扶贫领域财物依法快速返还的若干规定》

（2020年7月24日　高检发〔2020〕12号）

第一条　为规范扶贫领域涉案财物快速返还工作，提高扶贫资金使用效能，促进国家惠民利民政策落实，根据《中华人民共和国刑法》《中华人民共和国刑事诉讼法》等法律和有关规定，制定本规定。

第二条　本规定所称涉案财物，是指办案机关办理有关刑事案件过程中，查封、扣押、冻结的与扶贫有关的财物及孳息，以及由上述财物转化而来的财产。

第三条　对于同时符合下列条件的涉案财物，应当依法快速返还有关个人、单位或组织：

（一）犯罪事实清楚，证据确实充分；

（二）涉案财物权属关系已经查明；

（三）有明确的权益被侵害的个人、单位或组织；

（四）返还涉案财物不损害其他被害人或者利害关系人的利益；

（五）不影响诉讼正常进行或者案件公正处理；

（六）犯罪嫌疑人、被告人以及利害关系人对涉案财物快速返还没有异议。

第四条　人民法院、人民检察院、公安机关办理有关扶贫领域刑事案件，应当依法积极追缴涉案财物，对于本办案环节具备快速返还条件的，应当及时快速返还。

第五条　人民法院、人民检察院、公安机关对追缴到案的涉案财物，应当及时调查、审查权属关系。

对于权属关系未查明的，人民法院可以通知人民检察院，由人民检察院通知前一办案环节补充查证，或者由人民检察院自行补充侦查。

第六条　公安机关办理涉扶贫领域财物刑事案件期间，可以就涉案财物处理等问题听取人民检察院意见，人民检察院应当提出相关意见。

第七条　人民法院、人民检察院、公安机关认为涉案财物符合快速返还条件的，应当在作出返还决定五个工作日内返还有关个人、单位或组织。

办案机关返还涉案财物时，应当制作返还财物清单，注明返还理由，由接受个人、单位或组织在返还财物清单上签名或者盖章，并将清单、照片附卷。

第八条　公安机关、人民检察院在侦查阶段、审查起诉阶段返还涉案财物的，在案件移送人民检察院、人民法院时，应当将返还财物清单随案移送，说明返还的理由并附相关证据材料。

未快速返还而随案移送的涉案财物，移送机关应当列明权属情况、提出处理建议并附相关证据材料。

第九条　对涉案财物中易损毁、灭失、变质等不宜长期保存的物品，易贬值的汽车等物品，市场价格波动大的债券、股票、基金份额等财产，有效期即将届满的汇票、本票、支票等，经权利人同意或者申请，并经人民法院、人民检察院、公安机关主要负责人批准，可以及时依法出售、变现或者先行变卖、拍卖。所得款项依照本规定快速返还，或者按照有关规定处理。

第十条　人民法院、人民检察院应当跟踪了解有关单位和村（居）民委员会等组织对返还涉案财物管理发放情况,跟进开展普法宣传教育,对于管理环节存在漏洞的,要及时提出司法建议、检察建议,确保扶贫款物依法正确使用。

第十一条 发现快速返还存在错误的,应当由决定快速返还的机关及时纠正,依法追回返还财物;侵犯财产权的,依据《中华人民共和国国家赔偿法》第十八条及有关规定处理。

第十二条 本规定自印发之日起施行。

国家发展改革委价格认证中心《被盗财物价格认定规则(2020年)》

(2020年11月5日 发改价认办〔2020〕97号)

第一条 为规范被盗财物价格认定工作,统一操作方法和标准,保证价格认定结论客观、公正、合理,保障司法活动的顺利进行,维护社会公共利益和当事人合法权益,根据国家有关法律法规和规范性文件,结合工作实际,制定本规则。

第二条 各级价格认定机构对被盗财物进行价格认定,适用本规则。国家法律、法规另有规定的,从其规定。

第三条 本规则所称被盗财物价格认定,是指价格认定机构对公安机关、人民检察院、人民法院(以下简称"提出机关")办理的涉嫌盗窃罪案件中无被盗财物有效价格证明或者根据价格证明认定盗窃数额明显不合理时,进行价格确认的行为。

第四条 价格认定机构应当要求提出机关提供必要、完整、准确的价格认定委托书、协助书和价格认定必需的相关材料。提出机关对上述文书、材料的真实性、合法性负责。

价格认定委托书、协助书上应当载明价格认定机构名称,价格认定目的,被盗财物名称、数量、规格型号、真伪质量检测证明,价格内涵(被盗财物所处不同环节、区域及其他特定情况的价格限定),价格认定基准日,提出机关名称、联系人、联系方式,提供材料名称和份数,其他需要说明的事项等内容。如,农产品的价格内涵包括生长周期(芽、花、果等)、生命周期(种、芽、苗、初果、盛果、衰老、死亡等)、流通环节(产品收购、储运、批发、零售等)等环节的价格;工业品的价格内涵包括生产过程(在产品、产成品等)、流通过程(出厂、储运、总经销、分销、批发、零售)、回收过程等环节的价格。

第五条 被盗财物具有下列情形之一的,可以按照灭失状况进行价格认定:

(一)实物因挥霍、丢弃、隐匿、毁坏、发回等原因导致提出机关无法提供的;

(二)查验日或者勘验日实物状况和基准日相比发生重大变化,无法确定基准日实物状况的;

(三)无法确定基准日实物状况的其他情形。

第六条 被盗财物灭失的,除本规则第四条的规定外,还应当要求提出机关在价格认定委托书、协助书中明确被盗财物具体购置时间(启用时间)、购置价格;在基准日的实物状况,包括新旧程度、使用情况(使用强度、使用环境、是否正常使用)、维护保养情况、鲜活程度等;成分、含量、保质期限、质量等级、是否符合产品质量标准等影响价格的因素并提供相关材料。

第七条 有下列情形之一的,价格认定机构可以不予受理:

(一)被盗财物为人民币、外币、有价支付凭证、有价证券、有价票证以及其他提出机关可以直接确认价格的财物;

(二)被盗财物为国有馆藏文物,珍贵、濒危动物及其制品,珍稀植物及其制品,毒品,淫秽物品,枪支、弹药、管制刀具、核材料等不以价格数额作为定罪量刑标准的物品;

(三)被盗财物已经灭失,且不能通过文字、照片等材料全面准确反映其名称、数量、规格型号、真伪质量、实物状况等影响价格重要因素的。

第八条 价格认定人员应当根据价格认定委托书、协助书内容进行实物查验或者勘验。

(一)被盗财物为工业品的,应当对品名、规格型号、制造厂家、出厂日期、购置日期、技术指标、质量等级、保质期限、外形尺寸、数量(重量)等进行查验或者勘验,并确认其基准日的状态;应当根据磨损程度、损坏程度、维护保养状况、物理形状变化、操控性能、配置状况、功能适用状况等因素,确定成新率;

(二)被盗财物为农产品的,属于种植产品,应当对立地条件、栽培面积、品种、生长势、生长周期具体时段、生长发育阶段、正常产量、品质、成品率等进行查验或者勘验;属于养殖产品,应当对种类、品系、养殖条件、面积、规模、用途、出栏率、产品周期、生长时间、生长发育阶段、主产品和副产品正常产量、仔畜死亡率等进行查验或者勘验;

(三)被盗财物为书画、文物、珠宝玉石等需要进行真伪、质量等检测的,应当结合提出机关提供的真伪、质量检测证明,对作者、创作年代、作品质量、历史价值、规格尺寸、品相以及品牌、重量、材质、颜色、净度等级、工艺水平和配件等进行查验或者勘验;

(四)进行查验或者勘验时,应当注意区别查验日或者勘验日与价格认定基准日时实物状况可能存在的差异。

第九条 被盗财物已经灭失,无法进行实物查验或者勘验时,对于该财物属于某设备(设施)的组成部分的,可对设备(设施)剩余部分进行查验或者勘验,结合查验或者勘验情况确定被盗财物状况。

第十条 遇有下列情形之一的,应当及时告知提出机关,由其修改价格认定委托书、协助书,补充材料或者对相关情况予以书面确认。必要时,可以按照相关规定中止或者终止价格认定。

(一)查验或者勘验的实物与提出机关提供材料不符的;

(二)被盗财物已经灭失,以及查验或者勘验日实物状态与价格认定基准日相比发生重大变化,提出机关不能确定价格认定基准日实物状态的;

(三)提出机关应当提供真实有效的质量、技术、真伪等检测报告或者鉴定意见而未提供的;

(四)提出机关提供的材料不完整,不能达到价格认定基本要求的。

第十一条 被盗财物价格认定一般采取市场法、成本法、专家咨询法等方法。

根据价格认定目的、被盗财物类别、状态、价格内涵、可以采集的数据和信息资料情况等因素,选择一种或者几种价格认定方法。采用多种认定方法时,应当综合考虑不同方法的测算思路和参数来源,分析每种方法对应结果的合理性,最终确定价格认定结论。

第十二条 具备充分发育的交易市场,能够搜集相关交易实例和正常价格信息的,应当优先选用市场法。

在价格认定过程中,应当选择可以修正调整的、相同或者近似的实例作为参照;相关因素调整时,单项因素修正一般不应超过20%,综合修正一般不应超过30%。

第十三条 具备可以采用的成本资料,能够取得被盗财物重置价格和实体性、功能性、经济性贬值或者成新率等指标的,可以采用成本法。

查验或者勘验确定的成新率与通过年限测算的成新率有差异时,应当综合分析确定成新率。接近经济使用年限上限,或者虽然超过经济使用年限但尚能正常使用的,成新率应当结合实际情况确定。

第十四条 被盗财物属性特殊、专业性强,难以采用市场法和成本法进行价格认定时,可以采用专家咨询法。

在运用市场法和成本法过程中咨询有关专家的,不属于专家咨询法。

第十五条 被盗财物价格认定一般按照市场价值标准,根据价格认定委托书、协助书内容和调查掌握的资料情况进行测算:

(一)生产领域的产品,产成品按照出厂价计算;在产品按完工程度比照产品的出厂价格折算;自制生产资料按照生产企业的合理生产成本测算;

(二)流通领域的商品,按照价格认定委托书、协助书载明的价格内涵,按照相同或者近似的同类商品的中等价格测算。其中:

1. 专供外销商品,国内无销售的,按照离岸价测算;

2. 进口商品,国内市场可以采集到同类物品相应价格的,按照该价格计算;无法采集国内市场价格但是可以采集到国外市场相应价格的,按照国外价格考虑基准日汇率及各项进口税费测算;国内外均无法采集同类物品相应价格的,可以通过比较质量、功能、性能和品牌等因素综合推算。

(三)农产品,根据价格认定委托书、协助书载明的价格内涵,按照同类同等级产品的中等价格测算;

(四)珠宝玉石和贵金属制品,根据工艺、品质、品牌等,按照与其相当的经销商店或者专业市场的中等价格测算;无销售的,可以采用成本法或者专家咨询法测算,不考虑新旧因素;

(五)民间收藏的文物,按照国有文物商店、文物市场的中等价格或者文物拍卖企业的拍卖价格,结合专家咨询意见测算;

(六)邮票、纪念币等收藏品、纪念品,按照市场销售价格测算;无销售的,根据原始销售金额、发行数量、发行年代、品相和近似的收藏品、纪念品市场行情,结合专家咨询意见测算;

(七)特殊用途的专用物品,根据相关机构、部门、行业协会或者专家提供的同类物品价格进行测算;

(八)残次品,有使用价值的,比照合格品价格折算;废品或者不具备原有使用价值但是可以回收利用的物品,可以按照废弃资源和废旧材料回收加工业的收购价格测算;既无残值又无使用价值、无法回收利用的,认定其价格为零;

(九)达到国家强制报废标准的被盗财物,按照规定的报废价格计算。

(十)被盗财物是伪劣商品或者侵犯

知识产权商品时,按照其实际价值认定。

第十六条 抢劫罪、抢夺罪、诈骗罪、聚众哄抢公私财物罪、侵占罪、职务侵占罪、挪用特定款物罪、敲诈勒索罪等侵犯财产罪案件涉案财物价格认定,可以参照本规则执行。

第十七条 本规则由国家发展改革委价格认证中心负责解释。

第十八条 本规则自2021年1月1日起执行,《被盗财物价格认定规则(试行)》(发改价证办〔2014〕235号)同时废止。

公安部
《公安机关代为保管涉案人员随身财物若干规定》

(2012年9月1日 公通字〔2012〕40号)

第一条 为规范公安机关代为保管涉案人员随身财物工作,保障涉案人员的合法财产权益,根据有关法律、法规、规章,制定本规定。

第二条 本规定所称涉案人员随身财物,是指违法犯罪嫌疑人到案时随身携带或者使用的与案件无关的财物。

第三条 公安机关对代为保管的涉案人员随身财物,应当严格依法规范管理。任何单位或者个人不得贪污、挪用、调换、损毁或者违反规定处理涉案人员随身财物。

对于涉及国家秘密、商业秘密、个人隐私的涉案人员随身财物,应当按照规定采取保密措施。

第四条 涉案人员到案后,民警应当立即对其进行安全检查,对其随身携带的财物进行审查和甄别。经审查,与案件无关的,依照本规定处理;属于涉案财物的,依法予以扣押;确实无法查清的,由办案部门暂时代为保管,待查清后依法处理。

第五条 对涉案人员随身财物,除生活必需品且不影响执法安全的以外,应当告知涉案人员委托家属或者其他人员领回。具有下列情形之一的,可以由公安机关代为保管:

(一)被拘留的犯罪嫌疑人涉嫌危害国家安全犯罪、恐怖活动犯罪,通知家属领回可能有碍侦查的;

(二)无法通知涉案人员家属或者其他受委托人的;

(三)涉案人员拒绝委托家属或者其他人员代领的;

(四)受委托人拒绝代领或者未到公安机关领取的;

(五)需要由公安机关代为保管的其他情形。

前款第(一)项规定中,有碍侦查的情形消失以后,应当及时通知涉案人员委托家属或者其他人员领回随身财物。

第六条 公安机关应当指定办案民警以外的人员担任随身财物管理人员,负责涉案人员随身财物的保管、移交、返还等工作;严禁由办案民警自行保管涉案人员随身财物。

第七条 公安机关应当建立涉案人员随身财物专门台账,对保管的涉案人员随身财物逐一编号登记,写明随身财物的名称、编号、数量、特征等,并载明案由、来源、涉案人员信息以及接收、领取时间等内容。具备条件的,可建立电子台账,进行实时、动态、信息化管理。

第八条 涉案人员委托家属或者其

他人员领取本人随身财物的,应当出具书面委托意见。公安机关应当通知受委托人凭有效身份证件领取有关财物。受委托人领取财物时,应当在随身财物专门台账上签名。

第九条 公安机关应当在执法办案场所办案区设置专门用于存放涉案人员随身财物的存放柜,存放柜应当加有锁具。具备条件的,可以配置密码式存放柜或者指纹认证式存放柜。

对存放柜应当进行 24 小时视频监控,除因工作需要外,任何人不得擅自开启。

第十条 对于代为保管的涉案人员随身财物,办案人员、随身财物管理人员应当会同涉案人员查点清楚,并在随身财物专门台账中登记,由办案人员、随身财物管理人员和涉案人员共同签名确认,将有关财物放入存放柜保管。

对于已通知涉案人员家属或者其他人员领回的随身财物,在受委托人前来领取前,应当先将有关财物登记保管。

采用带锁具存放柜的,钥匙由随身财物管理人员统一保管;采用密码式存放柜的,密码由涉案人员自行保管。

第十一条 对于代为保管的贵重物品或者其他价值较高的随身财物,应当放入保存袋(箱)密封后,由办案人员、随身财物管理人员和涉案人员共同在密封袋(箱)上签名后,放入存放柜中保存。

对于代为保管的车辆或者无法入柜存放的大件物品,应当粘贴封条予以封存。

第十二条 对容易腐烂、变质及其他不宜长期保存的随身财物,涉案人员确实无法委托家属或者其他人员及时领回的,公安机关应当建议涉案人员委托变卖、拍卖。

涉案人员书面委托公安机关变卖、拍卖的,可以在拍照或者录像后委托有关部门变卖、拍卖,变卖、拍卖委托书、相关票据凭证以及所得价款放入存放柜中保存或者交涉案人员委托的人员领回。涉案人员不同意委托的,应当责令其在随身财物专门台账上注明情况并签名。

第十三条 涉案人员离开公安机关时,由随身财物管理人员在涉案人员在场的情况下,开启存放柜,或者由涉案人员凭密码或者本人指纹开启存放柜,共同对财物查点清楚,并分别在随身财物专门台账上签名后,交涉案人员领回。

使用密码式存放柜或者指纹认证式存放柜的,遇有密码丢失或者指纹认证失败等特殊情况,无法开启存放柜时,由随身财物管理人员在涉案人员在场情况下开启存放柜,并在随身财物专门台账上注明情况,由随身财物管理人员和涉案人员共同签名。

第十四条 涉案人员被移送其他机关、公安机关其他办案部门或者看守所、拘留所、强制隔离戒毒所、收容教育所等公安机关管理的羁押场所以及司法行政机关管理的执行场所时,应当将财物一并移交有关部门或者场所。

公安机关其他办案部门或者监管场所应当接收移交的涉案人员随身财物,并且办理移交和保管手续。

第十五条 公安机关应当将涉案人员随身财物保管工作纳入执法监督和执法质量考评范围,定期或者不定期组织有关部门对各办案部门代为保管的涉案人员随身财物进行核查,发现违法采取措施或者保管不当的,应当责令有关部门及时纠正。

第十六条　公安机关负责人以及案件审核部门、审核人员在审批、审核案件时，发现对涉案人员随身财物处置、保管违法或者不当的，应当责令有关部门立即予以纠正。

第十七条　对于不严格履行保管职责、贪污、挪用、调换、损毁或者违反规定处理涉案人员随身财物的有关人员，应当依照有关规定予以处理。

第十八条　对违反本规定，造成涉案人员财产损失的，公安机关应当依法予以赔偿，并责令有故意或者重大过失的有关责任人员承担部分或者全部赔偿费用。

第十九条　本规定自 2012 年 9 月 1 日起施行。

公安部
《公安机关缴获毒品管理规定》

（2016 年 5 月 19 日　公禁毒[2016]486 号）

第一章　总　　则

第一条　为进一步规范公安机关缴获毒品管理工作，保障毒品案件的顺利办理，根据有关法律、行政法规和规章，制定本规定。

第二条　公安机关（含铁路、交通、民航、森林公安机关和海关缉私机构、边防管理部门）对办理毒品刑事案件、行政案件过程中依法扣押、收缴的毒品进行保管、移交、入库、调用、出库、处理等工作，适用本规定。

第三条　各级公安机关应当高度重视毒品管理工作，建立健全毒品管理制度，强化监督，确保安全，严防流失，适时销毁。

第二章　毒品的保管

第四条　省级公安机关禁毒部门负责对缴获毒品实行集中统一保管。

办理毒品案件的公安派出所、出入境边防检查机关以及除省级公安机关禁毒部门外的县级以上公安机关办案部门（以下统称办案部门）负责临时保管缴获毒品。

经省级公安机关禁毒部门批准并报公安部禁毒局备案，设区的市一级公安机关禁毒部门可以对缴获毒品实行集中统一保管。

第五条　有条件的公安机关可以指定涉案财物管理部门负责临时保管缴获毒品。

经省级公安机关批准并报公安部禁毒局备案，设区的市一级公安机关涉案财物管理部门可以对缴获毒品实行集中统一保管。

第六条　公安机关鉴定机构负责临时保管鉴定剩余的毒品检材和留存备查的毒品检材。

对不再需要保留的毒品检材，公安机关鉴定机构应当及时交还委托鉴定的办案部门或者移交同级公安机关禁毒部门。

第七条　公安机关集中统一保管毒品的，应当划设独立的房间或者场地，设置长期固定的专用保管仓库；临时保管毒品的，应当设置保管仓库或者使用专用保管柜。

毒品保管仓库应当符合避光、防潮、通风和保密的要求，安装防盗安全门、防护栏、防火设施、通风设施、控温设施、视频监控系统和入侵报警系统。

毒品专用保管仓库不得存放其他

物品。

第八条 办案部门应当指定不承担办案或者鉴定工作的民警负责本部门毒品的接收、保管、移交等管理工作。

毒品保管仓库和专用保险柜应当由专人负责看守。毒品保管实行双人双锁制度；毒品入库双人验收，出库双人复核，做到账物相符。

第九条 办案部门和负责毒品保管的涉案财物管理部门应当设立毒品保管账册并保存二十年备查。

有条件的省级公安机关，可以建立缴获毒品管理信息系统，对毒品进行实时、全程录入和管理，并与执法办案信息系统关联。

第十条 对易燃、易爆、具有毒害性以及对保管条件、保管场所有特殊要求的毒品，在处理前应当存放在符合条件的专门场所。公安机关没有具备保管条件的场所的，可以借用其他单位符合条件的场所进行保管。

对借用其他单位的场所保管的毒品，公安机关应当派专人看守或者进行定期检查。

第十一条 公安机关应当采取安全保障措施，防止保管的毒品发生泄漏、遗失、损毁或者受到污染等。

毒品保管人员应当定期检查毒品保管仓库和毒品保管柜并清点保管的毒品，及时发现和排除安全隐患。

第三章 毒品的移交、入库

第十二条 对办理毒品案件过程中发现的毒品，办案人员应当及时固定、提取，依法予以扣押、收缴。

办案人员应当在缴获毒品的现场对毒品及其包装物进行封装，并及时完成称量、取样、送检等工作；确因客观原因无法在现场实施封装的，应当经办案部门负责人批准。

第十三条 办案人员依法扣押、收缴毒品后，应当在二十四小时以内将毒品移交本部门的毒品保管人员，并办理移交手续。

异地办案或者在偏远、交通不便地区办案的，办案人员应当在返回办案单位后的二十四小时以内办理移交手续。

需要将毒品送至鉴定机构进行取样、鉴定的，经办案部门负责人批准，办案人员可以在送检完成后的二十四小时以内办理移交手续。

第十四条 除禁毒部门外的其他办案部门应当在扣押、收缴毒品之日起七日以内将毒品移交所在地的县级或者设区的市一级公安机关禁毒部门。

具有案情复杂、缴获毒品数量较大、异地办案等情形的，移交毒品的时间可以延长至二十日。

第十五条 刑事案件侦查终结、依法撤销或者对行政案件作出行政处罚决定、终止案件调查后，县级公安机关禁毒部门应当及时将临时保管的毒品移交上一级公安机关禁毒部门。

对因犯罪嫌疑人或者违法行为人无法确定、负案在逃等客观原因无法侦查终结或者无法作出行政处罚决定的案件，应当在立案或者受案后的一年以内移交。

第十六条 不起诉决定或者判决、裁定（含死刑复核判决、裁定）发生法律效力，或者行政处罚决定已过复议诉讼期限后，负责临时保管毒品的设区的市一级公安机关禁毒部门应当及时将临时保管的毒品移交省级公安机关禁毒部门集中统一保管。

第十七条　公安机关指定涉案财物管理部门负责保管毒品的,禁毒部门应当及时将本部门缴获的毒品和其他办案部门、鉴定机构移交的毒品移交同级涉案财物管理部门。

负责临时保管毒品的涉案财物管理部门应当依照本规定第十五条、第十六条的规定及时移交临时保管的毒品。

第十八条　毒品保管人员对本部门办案人员或者其他办案部门、鉴定机构移交的毒品,应当当场检查毒品及其包装物的封装是否完好以及封装袋上的标记、编号、签名等是否清晰、完整,并对照有关法律文书对移交的毒品逐一查验、核对。

对符合条件可以办理入库的毒品,毒品保管人员应当将入库毒品登记造册,详细登记移交毒品的种类、数量、封装情况、移交单位、移交人员、移交时间等情况,在《扣押清单》《证据保全清单》或者《收缴/追缴物品清单》上签字并留存一份备查。

对缺少法律文书、法律文书对必要事项记载不全、移交的毒品与法律文书记载不符或者移交的毒品未按规定封装的,毒品保管人员可以拒绝接收,并应当要求办案人员及时补齐相关法律文书、信息或者按规定封装后移交。

第四章　毒品的调用、出库

第十九条　因讯问、询问、鉴定、辨认、检验等办案工作需要,经本条第二款规定的负责人审批,办案人员可以调用毒品。

调用办案部门保管的毒品的,应当经办案部门负责人批准;调用涉案财物管理部门保管的毒品的,应当经涉案财物管理部门所属公安机关的禁毒部门负责人批准;除禁毒部门外的其他办案部门调用禁毒部门保管的毒品的,应当经负责毒品保管的禁毒部门负责人批准。

人民法院、人民检察院在案件诉讼过程中需要调用毒品的,应当由办案部门依照前两款的规定办理调用手续。

第二十条　因开展禁毒宣传教育、缉毒犬训练、教学科研等工作需要调用集中统一保管的毒品的,应当经省级或者经授权的设区的市一级公安机关分管禁毒工作的负责人批准。

第二十一条　毒品保管人员应当对照批准文件核对调用出库的毒品,详细登记调用人、审批人、调用事由、调用期限、出库时间以及出库毒品的状态和数量等事项。

第二十二条　调用人应当按照批准的调用目的使用毒品,并采取措施妥善保管调用的毒品,防止流失或者出现缺损、调换、灭失等情况。

调用人应当在调用结束后的二十四小时以内将毒品归还毒品保管人员。

调用人归还毒品时,毒品保管人员应当对照批准文件进行核对,检查包装,复称重量;必要时,可以进行检验或者鉴定。经核对、检查无误,毒品保管人员应当重新办理毒品入库手续。

对出现缺损、调换、灭失等情况的,毒品保管人员应当如实记录,并报告调用人所属部门;毒品在调用过程中出现分解、潮解等情况的,调用人应当作出书面说明;因鉴定取样、实验研究等情况导致调用毒品发生合理损耗的,调用人应当提供相应的证明材料。

第二十三条　公安机关需要运输毒品的,应当由两名以上民警负责押运或者通过安全可靠的运输渠道进行运输。

负责押运的民警应当自启运起全程

携带相关证明文件。

运输毒品过程中,公安机关应当采取安全保障措施,防止毒品发生泄漏、遗失、损毁或者受到污染等。

第五章 毒品的处理

第二十四条 缴获毒品不随案移送人民检察院、人民法院,但办案部门应当将其清单、照片或者其他证明文件随案移送。

对需要作为证据使用的毒品,不起诉决定或者判决、裁定(含死刑复核判决、裁定)发生法律效力,或者行政处罚决定已过复议诉讼期限后方可销毁。

第二十五条 对集中统一保管的毒品,除因办案、留样备查等工作需要少量留存外,省级公安机关或者经授权的市一级公安机关应当适时组织销毁。

其他任何部门或者个人不得以任何理由擅自处理毒品。

第二十六条 需要销毁毒品的,应当由负责毒品集中统一保管的禁毒部门提出销毁毒品的种类、数量和销毁的地点、时间、方式等,经省级公安机关负责人批准,方可销毁。

第二十七条 毒品保管人员应当对照批准文件核对出库销毁的毒品,并将毒品出库情况登记造册。

公安机关需要销毁毒品的,应当制定安全保卫方案和突发事件应急处理预案;必要时,可以邀请检察机关和环境保护主管部门派员监督;有条件的,可以委托具有危险废物无害化处理资质的单位进行销毁。

第二十八条 设区的市一级公安机关禁毒部门应当于每年 12 月 31 日前将本年度保管毒品的入库量、出库量、库存量、销毁量和缴获毒品管理工作情况报省级公安机关禁毒部门备案。

省级公安机关禁毒部门应当于每年 1 月 31 日前将上年度保管毒品的入库量、出库量、库存量、销毁量和本省(自治区、直辖市)缴获毒品管理工作情况报公安部禁毒局备案。

第六章 监 督

第二十九条 各级公安机关分管禁毒工作的负责人对毒品管理工作承担重要领导责任,各级公安机关禁毒部门和负责毒品保管的涉案财物管理部门的主要负责人对毒品管理工作承担主要领导责任。

第三十条 各级公安机关应当将毒品管理工作纳入执法监督和执法质量考评范围,定期或者不定期地组织有关部门对本机关和办案部门负责保管的毒品进行核查,防止流失、毁灭或者不按规定移交、调用、处理等;发现毒品管理不当的,应当责令立即改正。

第三十一条 未按本规定严格管理毒品,致使毒品流失、毁灭或者导致严重后果的,应当依照有关规定追究相关责任人和毒品管理人员的责任;涉嫌犯罪的,移送司法机关依法追究刑事责任。

第七章 附 则

第三十二条 本规定所称的公安机关禁毒部门,包括县级以上地方公安机关毒品犯罪侦查部门以及县级以上地方公安机关根据公安部有关规定确定的承担禁毒工作职责的业务部门。

本规定所称的毒品,包括毒品的成品、半成品、疑似物以及其他含有毒品成分的物质,但不包括含有毒品成分的人体生物样本。

第三十三条 本规定所称的"以上""以内"包括本数,"日"是指工作日。

第三十四条 各地公安机关可以根据本规定,结合本地和各警种实际情况,制定缴获毒品管理的具体办法,并报上一级公安机关备案。

第三十五条 公安机关从其他部门和个人接收毒品的管理,依照本规定执行。

第三十六条 本规定自2016年7月1日起施行。2001年8月23日印发的《公安机关缴获毒品管理规定》(公禁毒〔2001〕218号)同时废止。

公安部
《刑事技术鉴定规则》

(1980年5月7日)

第一章 总 则

第一条 为了贯彻《中华人民共和国刑事诉讼法》有关刑事案件勘验、检查、鉴定的规定,准确及时地进行刑事技术鉴定,以揭露犯罪,打击犯罪分子,保护公民权利,特制订本规则。

第二条 刑事技术鉴定的范围:必须是与犯罪案件有关的物品、文件、痕迹、人身、尸体。

第三条 刑事技术鉴定,由县以上公安机关的刑事技术部门负责进行。必要时,可聘请有专门知识的人协助鉴定。

第四条 刑事技术鉴定,必须由具有鉴定员以上职称的专业技术人员担任。本人或者近亲属与案件有利害关系的人,担任过本案的侦察、证人,或者与本案当事人有其他关系,可能影响公正鉴定的人,不能充当鉴定人。鉴定人的回避,由所在公安机关负责人决定。

第五条 鉴定人必须坚持实事求是的原则,忠实于事实真象,运用科学方法,客观地作出鉴定结论,不受任何外界因素的影响。

第六条 鉴定人必须依法办事,并遵守下列鉴定纪律:

(一)严格遵守技术鉴定的操作规程,不得玩忽职守;

(二)妥善保管送检物品和材料,不得挪用、丢失、损坏;

(三)廉洁奉公,不得贪赃枉法,弄虚作假;

(四)严格保守秘密。

第二章 受理鉴定

第七条 刑事技术部门,只承担办案单位有关犯罪案件的鉴定任务。受理鉴定的手续是:

(一)查验委托公函;

(二)听取送检人介绍案件情况和鉴定要求;

(三)查验检材有无鉴定条件,核对其名称、数量;

(四)查验样本的来源和收集方法,是否具备比对条件。

根据查验情况,确定是否接受委托,或修改鉴定要求,或补送材料。

接受委托的,由送检人填写《委托鉴定登记表》(表样附后)。

第三章 鉴 定

第八条 刑事技术鉴定,要按下列程序进行:预备检验、分别检验、比对检验、综合评断。每个程序都要作出详细、客观的记录。最后制作鉴定书。

第九条　对检材进行物理检验或化学检验,要标明取材部位,并作详细记录。消耗性的检材,要注意留存,以备复核检验;检材过少无法留存的,应事先征得送检单位同意,并在委托登记表中注明。

第十条　凡需做鉴定实验的,由主办的鉴定人组织实施。要严格选用与检材质量、形态相同或近似的材料,运用与发生案件时相同或近似的形成条件和方法进行实验。实验情况,要如实记录,并由参加实验的人签名。鉴定实验记录,是综合评断的依据,不能代替鉴定书。

第十一条　鉴定书的内容,包括绪论、检验、论证、结论。"绪论":收检日期,送检单位,送检人,简要案情,检材名称、种类、数量、提取方法,载体及包装、运输情况,鉴定要求。"检验":检材和样本的形态、色质、大小,检验、实验的步骤、方法、手段、数据、特征图形。"论证":对检验发现的特征、数据进行综合评断,论述结论的科学依据。"结论":鉴定的结果。鉴定书(规格附后)要文字简练,描述确切。照片要真实清晰,特征要标划鲜明。尸体检验、物证分析,出具检验报告,不出鉴定书。确因检材不够鉴定条件,而无法作出肯定性结论的,可以出具分析意见。

第十二条　鉴定书由鉴定人签名,检验报告由检验人签名,注明技术职称,并加盖"刑事技术鉴定专用章"(式样附后)。

第十三条　鉴定结束后,应将鉴定书连同剩余的检材,一并发还送检单位。有研究价值,需要留作标本的,应征得送检单位的同意,并商定留用的时限和保管、销毁的责任。

第十四条　由于技术水平或设备条件的限制,做不出结论,需要进行复核或重新鉴定的,应逐级上送刑事技术部门复核或重新鉴定。鉴定中遇有重大疑难问题或鉴定结论有分歧时,可邀请有关人员进行鉴定"会诊"。复核鉴定,除按规定办理委托鉴定手续外,送检单位还应提供原鉴定书或检验报告,并说明要求复核的原因。

第四章　出　　庭

第十五条　接到人民法院的出庭通知后,鉴定人应出庭作证。本案当事人、辩护人,依照法律程序对鉴定提出的有关问题,鉴定人应予回答,并阐明鉴定结论的科学依据。对与鉴定无关的问题,鉴定人有权拒绝回答。本规则自颁布之日起施行。

附:刑事技术鉴定专用章的使用范围和刻制说明刑事技术鉴定书文书格式(略)

公安部
《公安机关鉴定规则》

(2017年2月16日　公通字〔2017〕6号)

第一章　总　　则

第一条　为规范公安机关鉴定工作,保证鉴定质量,维护司法公正,根据《中华人民共和国刑事诉讼法》《中华人民共和国民事诉讼法》《中华人民共和国行政诉讼法》《全国人民代表大会常务委员会关于司法鉴定管理问题的决定》和有关法律法规,结合公安机关工作实际,制定本规则。

第二条　本规则所称的鉴定,是指为解决案(事)件调查和诉讼活动中某些专门性问题,公安机关鉴定机构的鉴定人运用自然科学和社会科学的理论成果与技术方法,对人身、尸体、生物检材、痕迹、文件、视听资料、电子数据及其它相关物品、物质等进行检验、鉴别、分析、判断,并出具鉴定意见或检验结果的科学实证活动。

第三条　本规则所称的鉴定机构,是指根据《公安机关鉴定机构登记管理办法》,经公安机关登记管理部门核准登记,取得鉴定机构资格证书并开展鉴定工作的机构。

第四条　本规则所称的鉴定人,是指根据《公安机关鉴定人登记管理办法》,经公安机关登记管理部门核准登记,取得鉴定人资格证书并从事鉴定工作的专业技术人员。

第五条　公安机关的鉴定工作,是国家司法鉴定工作的重要组成部分。公安机关鉴定机构及其鉴定人依法出具的鉴定文书,可以在刑事司法和行政执法活动,以及事件、事故、自然灾害等调查处置中应用。

第六条　公安机关鉴定机构及其鉴定人应当遵循合法、科学、公正、独立、及时、安全的工作原则。

第七条　公安机关应当保障所属鉴定机构开展鉴定工作所必需的人员编制、基础设施、仪器设备和有关经费等。

第二章　鉴定人的权利与义务

第八条　鉴定人享有下列权利:

(一)了解与鉴定有关的案(事)件情况,开展与鉴定有关的调查、实验等;

(二)要求委托鉴定单位提供鉴定所需的检材、样本和其他材料;

(三)在鉴定业务范围内表达本人的意见;

(四)与其他鉴定人的鉴定意见不一致时,可以保留意见;

(五)对提供虚假鉴定材料或者不具备鉴定条件的,可以向所在鉴定机构提出拒绝鉴定;

(六)发现违反鉴定程序,检材、样本和其他材料虚假或者鉴定意见错误的,可以向所在鉴定机构申请撤销鉴定意见;

(七)法律、法规规定的其他权利。

第九条　鉴定人应当履行下列义务:

(一)遵守国家有关法律、法规;

(二)遵守职业道德和职业纪律;

(三)遵守鉴定工作原则和鉴定技术规程;

(四)按规定妥善接收、保管、移交与鉴定有关的检材、样本和其他材料;

(五)依法出庭作证;

(六)保守鉴定涉及的国家秘密、商业秘密和个人隐私;

(七)法律、法规规定的其他义务。

第三章　鉴定人的回避

第十条　具有下列情形之一的,鉴定人应当自行提出回避申请;没有自行提出回避申请的,有关公安机关负责人应当责令其回避;当事人及其法定代理人也有权要求其回避:

(一)是本案当事人或者当事人的近亲属的;

(二)本人或者其近亲属与本案有利害关系的;

(三)担任过本案证人、辩护人、诉讼代理人的;

(四)担任过本案侦查人员的;

（五）是重新鉴定事项的原鉴定人的；

（六）担任过本案专家证人，提供过咨询意见的；

（七）其他可能影响公正鉴定的情形。

第十一条　鉴定人自行提出回避申请的，应当说明回避的理由；口头提出申请的，公安机关应当记录在案。

当事人及其法定代理人要求鉴定人回避的，应当提出申请，并说明理由；口头提出申请的，公安机关应当记录在案。

第十二条　鉴定人的回避，由县级以上公安机关负责人决定。

第十三条　当事人及其法定代理人对鉴定人提出回避申请的，公安机关应当在收到回避申请后二日以内作出决定并通知申请人；情况复杂的，经县级以上公安机关负责人批准，可以在收到回避申请后五日以内作出决定。

第十四条　当事人或者其法定代理人对驳回申请回避的决定不服的，可以在收到驳回申请回避决定书后五日以内向作出决定的公安机关申请复议。

公安机关应当在收到复议申请后五日以内作出复议决定并书面通知申请人。

第十五条　在作出回避决定前，申请或者被申请回避的鉴定人不得停止与申请回避鉴定事项有关的检验鉴定工作。在作出回避决定后，申请或者被申请回避的鉴定人不得再参与申请回避鉴定事项相关的检验鉴定工作。

第四章　鉴定的委托

第十六条　公安机关办案部门对与案(事)件有关需要检验鉴定的人身、尸体、生物检材、痕迹、文件、视听资料、电子数据及其它相关物品、物质等，应当及时委托鉴定。

第十七条　本级公安机关鉴定机构有鉴定能力的，应当委托该机构；超出本级公安机关鉴定机构鉴定项目或者鉴定能力范围的，应当向上级公安机关鉴定机构逐级委托；特别重大案(事)件的鉴定或者疑难鉴定，可以向有鉴定能力的公安机关鉴定机构委托。

第十八条　因技术能力等原因，需要委托公安机关以外的鉴定机构进行鉴定的，应当严格管理。各省级公安机关应当制定对外委托鉴定管理办法以及对外委托鉴定机构和鉴定人名册。

第十九条　委托鉴定单位应当向鉴定机构提交：

（一）鉴定委托书；

（二）证明送检人身份的有效证件；

（三）委托鉴定的检材；

（四）鉴定所需的比对样本；

（五）鉴定所需的其他材料。

委托鉴定单位应当指派熟悉案(事)件情况的两名办案人员送检。

第二十条　委托鉴定单位提供的检材，应当是原物、原件。无法提供原物、原件的，应当提供符合本专业鉴定要求的复印件、复制件。所提供的复印件、复制件应当有复印、复制无误的文字说明，并加盖委托鉴定单位公章。送检的检材、样本应当使用规范包装，标识清楚。

第二十一条　委托鉴定单位及其送检人向鉴定机构介绍的情况、提供的检材和样本应当客观真实，来源清楚可靠。委托鉴定单位应当保证鉴定材料的真实性、合法性。

对受到污染、可能受到污染或者已经

使用过的原始检材、样本,应当作出文字说明。

对具有爆炸性、毒害性、放射性、传染性等危险的检材、样本,应当作出文字说明和明显标识,并在排除危险后送检;因鉴定工作需要不能排除危险的,应当采取相应防护措施。不能排除危险或者无法有效防护,可能危及鉴定人员和机构安全的,不得送检。

第二十二条　委托鉴定单位及其送检人不得暗示或者强迫鉴定机构及其鉴定人作出某种鉴定意见。

第二十三条　具有下列情形之一的,公安机关办案部门不得委托该鉴定机构进行鉴定:

(一)未取得合法鉴定资格证书的;

(二)超出鉴定项目或者鉴定能力范围的;

(三)法律、法规规定的其他情形。

第五章　鉴定的受理

第二十四条　鉴定机构可以受理下列委托鉴定:

(一)公安系统内部委托的鉴定;

(二)人民法院、人民检察院、国家安全机关、司法行政机关、军队保卫部门,以及监察、海关、工商、税务、审计、卫生计生等其他行政执法机关委托的鉴定;

(三)金融机构保卫部门委托的鉴定;

(四)其他党委、政府职能部门委托的鉴定。

第二十五条　鉴定机构应当在公安机关登记管理部门核准的鉴定项目范围内受理鉴定事项。

第二十六条　鉴定机构可以内设专门部门或者专门人员负责受理委托鉴定工作。

第二十七条　鉴定机构受理鉴定时,按照下列程序办理:

(一)查验委托主体和委托文件是否符合要求;

(二)听取与鉴定有关的案(事)件情况介绍;

(三)查验可能具有爆炸性、毒害性、放射性、传染性等危险的检材或者样本,对确有危险的,应当采取措施排除或者控制危险。

(四)核对检材和样本的名称、数量和状态,了解检材和样本的来源、采集和包装方法等;

(五)确认是否需要补送检材和样本;

(六)核准鉴定的具体要求;

(七)鉴定机构受理人与委托鉴定单位送检人共同填写鉴定事项确认书,一式两份,鉴定机构和委托鉴定单位各持一份。

第二十八条　鉴定事项确认书应当包括下列内容:

(一)鉴定事项确认书编号;

(二)鉴定机构全称和受理人姓名;

(三)委托鉴定单位全称和委托书编号;

(四)送检人姓名、职务、证件名称及号码和联系电话;

(五)鉴定有关案(事)件名称、案件编号;

(六)案(事)件情况摘要;

(七)收到的检材和样本的名称、数量、性状、包装,检材的提取部位和提取方法等情况;

(八)鉴定要求;

(九)鉴定方法和技术规范;

（十）鉴定机构与委托鉴定单位对鉴定时间以及送检检材和样本等使用、保管、取回事项进行约定，并由送检人和受理人分别签字。

第二十九条　鉴定机构对检验鉴定可能造成检材、样本损坏或者无法留存的，应当事先征得委托鉴定单位同意，并在鉴定事项确认书中注明。

第三十条　具有下列情形之一的，鉴定机构不予受理：

（一）超出本规则规定的受理范围的；

（二）违反鉴定委托程序的；

（三）委托其他鉴定机构正在进行相同内容鉴定的；

（四）超出本鉴定机构鉴定项目范围或者鉴定能力的；

（五）检材、样本不具备鉴定条件的或危险性未排除的；

（六）法律、法规规定的其他情形。

鉴定机构对委托鉴定不受理的，应当经鉴定机构负责人批准，并向委托鉴定单位出具《不予受理鉴定告知书》。

第六章　鉴定的实施

第三十一条　鉴定工作实行鉴定人负责制度。鉴定人应当独立进行鉴定。

鉴定的实施，应当由两名以上具有本专业鉴定资格的鉴定人负责。

第三十二条　必要时，鉴定机构可以聘请本机构以外的具有专门知识的人员参与，为鉴定提供专家意见。

第三十三条　鉴定机构应当在受理鉴定委托之日起十五个工作日内作出鉴定意见，出具鉴定文书。法律法规、技术规程另有规定，或者侦查破案、诉讼活动有特别需要，或者鉴定内容复杂、疑难、检材数量较大的，鉴定机构可以与委托鉴定单位另行约定鉴定时限。

需要补充检材、样本的，鉴定时限从检材、样本补充齐全之日起计算。

第三十四条　实施鉴定前，鉴定人应当查看鉴定事项确认书，核对受理鉴定的检材和样本，明确鉴定任务和鉴定方法，做好鉴定的各项准备工作。

第三十五条　鉴定人应当按照本专业的技术规范和方法实施鉴定，并全面、客观、准确地记录鉴定的过程、方法和结果。

多人参加鉴定，鉴定人有不同意见的，应当注明。

第三十六条　具有下列情形之一的，鉴定机构及其鉴定人应当中止鉴定：

（一）因存在技术障碍无法继续进行鉴定的；

（二）需补充鉴定材料无法补充的；

（三）委托鉴定单位书面要求中止鉴定的；

（四）因不可抗力致使鉴定无法继续进行的；

（五）委托鉴定单位拒不履行鉴定委托书规定的义务，被鉴定人拒不配合或者鉴定活动受到严重干扰，致使鉴定无法继续进行的。

中止鉴定原因消除后，应当继续进行鉴定。鉴定时限从批准继续鉴定之日起重新计算。

中止鉴定或者继续鉴定，由鉴定机构负责人批准。

第三十七条　中止鉴定原因确实无法消除的，鉴定机构应当终止鉴定，将有关检材和样本等及时退还委托鉴定单位，并出具书面说明。

终止鉴定，由鉴定机构负责人批准。

第三十八条 根据鉴定工作需要，省级以上公安机关可以依托所属鉴定机构按鉴定专业设立鉴定专家委员会。

鉴定专家委员会应当根据本规则规定，按照鉴定机构的指派对辖区有争议和疑难鉴定事项提供专家意见。

第三十九条 鉴定专家委员会的成员应当具有高级专业技术资格或者职称。

鉴定专家委员会可以聘请公安机关外的技术专家。

鉴定专家委员会组织实施鉴定时，相同专业的鉴定专家人数应当是奇数且不得少于三人。

第四十条 对鉴定意见，办案人员应当进行审查。

对经审查作为证据使用的鉴定意见，公安机关应当及时告知犯罪嫌疑人、被害人或者其法定代理人。

第四十一条 犯罪嫌疑人、被害人对鉴定意见有异议提出申请，以及办案部门或者办案人员对鉴定意见有疑义的，公安机关可以将鉴定意见送交其他有专门知识的人员提出意见。必要时，询问鉴定人并制作笔录附卷。

第七章 补充鉴定、重新鉴定

第四十二条 对有关人员提出的补充鉴定申请，经审查，发现有下列情形之一的，经县级以上公安机关负责人批准，应当补充鉴定：

（一）鉴定内容有明显遗漏的；

（二）发现新的有鉴定意义的证物的；

（三）对鉴定证物有新的鉴定要求的；

（四）鉴定意见不完整，委托事项无法确定的；

（五）其他需要补充鉴定的情形。

经审查，不存在上述情形的，经县级以上公安机关负责人批准，作出不准予补充鉴定的决定，并在作出决定后三日以内书面通知申请人。

第四十三条 对有关人员提出的重新鉴定申请，经审查，发现有下列情形之一的，经县级以上公安机关负责人批准，应当重新鉴定：

（一）鉴定程序违法或者违反相关专业技术要求的；

（二）鉴定机构、鉴定人不具备鉴定资质和条件的；

（三）鉴定人故意作出虚假鉴定或者违反回避规定的；

（四）鉴定意见依据明显不足的；

（五）检材虚假或者被损坏的；

（六）其他应当重新鉴定的情形。

重新鉴定，应当另行指派或者聘请鉴定人。

经审查，不存在上述情形的，经县级以上公安机关负责人批准，作出不准予重新鉴定的决定，并在作出决定后三日以内书面通知申请人。

第四十四条 进行重新鉴定，可以另行委托其他鉴定机构进行鉴定。鉴定机构应当从列入鉴定人名册的鉴定人中，选择与原鉴定人专业技术资格或者职称同等以上的鉴定人实施。

第八章 鉴定文书

第四十五条 鉴定文书分为《鉴定书》和《检验报告》两种格式。

客观反映鉴定的由来、鉴定过程，经过检验、论证得出鉴定意见的，出具《鉴定书》。

客观反映鉴定的由来、鉴定过程，经

过检验直接得出检验结果的,出具《检验报告》。

鉴定后,鉴定机构应当出具鉴定文书,并由鉴定人及授权签字人在鉴定文书上签名,同时附上鉴定机构和鉴定人的资质证明或者其他证明文件。

第四十六条 鉴定文书应当包括:

(一)标题;

(二)鉴定文书的唯一性编号和每一页的标识;

(三)委托鉴定单位名称、送检人姓名;

(四)鉴定机构受理鉴定委托的日期;

(五)案件名称或者与鉴定有关的案(事)件情况摘要;

(六)检材和样本的描述;

(七)鉴定要求;

(八)鉴定开始日期和实施鉴定的地点;

(九)鉴定使用的方法;

(十)鉴定过程;

(十一)《鉴定书》中应当写明必要的论证和鉴定意见,《检验报告》中应当写明检验结果;

(十二)鉴定人的姓名、专业技术资格或者职称、签名;

(十三)完成鉴定文书的日期;

(十四)鉴定文书必要的附件;

(十五)鉴定机构必要的声明。

第四十七条 鉴定文书的制作应当符合以下要求:

(一)鉴定文书格式规范、文字简练、图片清晰、资料齐全、卷面整洁、论证充分、表述准确;使用规范的文字和计量单位;

(二)鉴定文书正文使用打印文稿,并在首页唯一性编号和末页成文日期上加盖鉴定专用章。鉴定文书内页纸张两页以上的,应当在内页纸张正面右侧边缘中部骑缝加盖鉴定专用章。

(三)鉴定文书制作正本、副本各一份。正本交委托鉴定单位,副本由鉴定机构存档。

(四)鉴定文书存档文件包括:鉴定文书副本、审批稿、检材和样本照片或者检材和样本复制件、检验记录、检验图表、实验记录、鉴定委托书、鉴定事项确认书、鉴定文书审批表等资料。

(五)补充鉴定或者重新鉴定的,应当单独制作鉴定文书。

第四十八条 鉴定机构应当指定授权签字人、实验室负责人审核鉴定文书。审批签发鉴定文书,应当逐一审验下列内容:

(一)鉴定主体是否合法;

(二)鉴定程序是否规范;

(三)鉴定方法是否科学;

(四)鉴定意见是否准确;

(五)文书制作是否合格;

(六)鉴定资料是否完备。

第四十九条 鉴定文书制作完成后,鉴定机构应当及时通知委托鉴定单位领取,或者按约定的方式送达委托鉴定单位。

委托鉴定单位应当在约定时间内领取鉴定文书。

鉴定文书和相关检材、样本的领取情况,由领取人和鉴定机构经办人分别签字。

第五十条 委托鉴定单位有要求的,鉴定机构应当向其解释本鉴定意见的具体含义和使用注意事项。

第九章　鉴定资料和检材样本的管理

第五十一条　鉴定机构和委托鉴定单位应当在职责范围内妥善管理鉴定资料和相应检材、样本。

第五十二条　具有下列情形之一的，鉴定完成后应当永久保存鉴定资料：

（一）涉及国家秘密没有解密的；

（二）未破获的刑事案件；

（三）可能或者实际被判处有期徒刑十年以上、无期徒刑、死刑的案件；

（四）特别重大的火灾、交通事故、责任事故和自然灾害；

（五）办案部门或者鉴定机构认为有永久保存必要的；

（六）法律、法规规定的其他情形。

其他案（事）件的鉴定资料保存三十年。

第十章　出庭作证

第五十三条　公诉人、当事人或者辩护人、诉讼代理人对鉴定意见有异议，经人民法院依法通知的，公安机关鉴定人应当出庭作证。

第五十四条　鉴定人出庭作证时，应当依法接受法庭质证，回答与鉴定有关的询问。

第五十五条　公安机关应当对鉴定人出庭作证予以保障，并保证鉴定人的安全。

第十一章　鉴定工作纪律与责任

第五十六条　鉴定人应当遵守下列工作纪律：

（一）不得擅自受理任何机关、团体和个人委托的鉴定；

（二）不得擅自参加任何机关、团体和个人组织的鉴定活动；

（三）不得违反规定会见当事人及其代理人；

（四）不得接受当事人及其代理人的宴请或者礼物；

（五）不得擅自向当事人及其代理人或者其他无关人员泄露鉴定事项的工作情况；

（六）不得违反检验鉴定技术规程要求；

（七）不得以任何形式泄露委托鉴定涉及的国家秘密、商业秘密和个人隐私；

（八）不得在其他面向社会提供有偿鉴定服务的组织中兼职。

第五十七条　鉴定机构及其鉴定人违反本规则有关规定，情节轻微的，按照《公安机关鉴定机构登记管理办法》、《公安机关鉴定人登记管理办法》有关规定处理。

第五十八条　鉴定人在鉴定工作中玩忽职守、以权谋私、收受贿赂，或者故意损毁检材、泄露鉴定意见情节、后果严重的，或者故意作虚假鉴定、泄露国家秘密的，依据有关法律、法规进行处理；构成犯罪的，依法追究刑事责任。

第五十九条　送检人具有以下行为的，依照有关规定追究相应责任：

（一）暗示、强迫鉴定机构、鉴定人作出某种鉴定意见，导致冤假错案或者其他严重后果的；

（二）故意污染、损毁、调换检材的；

（三）因严重过失致使检材污染、减损、灭失，导致无法鉴定或者作出错误鉴定的；

（四）未按照规定对检材排除风险或者作出说明，危及鉴定人、鉴定机构安全的。

第十二章 附　则

第六十条　本规则自发布之日起施行。此前有关规定与本规则不一致的，以本规则为准。

最高人民检察院
《人民检察院文件检验工作细则(试行)》

（1988 年 1 月 28 日）

第一章 总　则

第一条　根据《中华人民共和国刑事诉讼法》、《中华人民共和国人民检察院组织法》，结合人民检察院文件检验工作实践，特制定本细则。

第二条　文件检验是刑事科学技术的重要组成部门，是运用现代科学的理论和方法，为揭露犯罪，证实犯罪提供科学证据的专门技术手段。

第三条　文件检验的任务是：对检察机关直接受理的案件和公安机关移送审查批捕、审查起诉案件中的有关笔迹、印章、印文、票据、商标、文印品、印刷品以及纸张、墨迹等进行检验鉴定。

第四条　文件检验的工作范围是：

一、对检察机关自行侦查案件中的文检物证材料进行检验和鉴定。

二、对公安机关移送审查批捕、审查起诉案件和法院审理的案件中的有关文检物证材料，进行审查复检。

三、对上级检察机关和其他机关送检的文检物证材料，经检察长批准，方可进行检验。

第五条　文件检验鉴定权必须由具有专业技术职务的文检技术人员来行使。技术职务尚未评定前，经省级检察机关刑事技术部门审查认可后，方可行使鉴定权。

第六条　根据有关规定，鉴定人是否应当回避，由所在检察机关的检察长决定。

第七条　鉴定人接到人民法院的出庭通知后，应出庭作证，宣读鉴定结论。对案件当事人、辩护人依照法律程序提出的与案件有关的文检鉴定中的问题时，鉴定人应予以解答，与鉴定无关的或具体技术问题，鉴定人有权拒绝回答。

第八条　文检技术人员必须遵守《刑事技术人员工作守则》，做到实事求是，依法办事，认真负责，严格保守案情机密。

第二章 送　检

第九条　各检察业务部门承办的案件，需要进行文检检验鉴定时，应填写《委托鉴定书》，由送检部门领导鉴定，向刑事技术部门送检。

第十条　送检的检材，原则上要求是原件，样本材料应符合检验和鉴定的要求。

第十一条　对笔迹检验样本的要求是：

一、必须是嫌疑人亲笔所写。

二、与检材字体基本一致，书写速度接近、书写条件相似。

三、应有不同时期的笔迹材料。

四、有足够数量的相同单字。

第十二条　送检的压痕笔迹和复写笔迹等容易损坏的检材时，应妥善包装和运送。尽可能保持原样不变。

第十三条　送检的检材需要化验分析的，应分别妥善包装，防止污染，并应在包装上注明案别、名称、数量及提取日期和送检单位。

第十四条 为顺利进行检验,有利于作出正确的结论,送检部门应如实介绍案情及有关情况。

第十五条 向上级检察机关呈送复核时,除将原鉴定的检材和样本材料全部送检外,还应将原检验的特征比对表、检验记录和综合评断记录一并送交。

第三章 受 理

第十六条 受理文件检验鉴定时,应做好以下工作:

一、查验《委托鉴定书》;

二、听取送检人的案情介绍和鉴定要求;

三、查验检材有无鉴定条件,核对检材的名称、数量,列出清单;

四、查验样本的来源和收集的方法,确定是否具备检验鉴定要求的条件;

五、根据查验结果,确定是否接受委托或要求补充样本材料。对需要补充样本的,应给予必要的技术指导。

第十七条 接受委托时,应填写《受理检验鉴定登记表》,由刑事技术部门负责人签署意见指定专人检验鉴定。

第四章 检 验

第十八条 文件检验按下列程序进行:预备检验、分别检验、比较检验、综合评断。每个程序都要制作检验记录。

第十九条 预备检验,应根据送检要求设计检验方案,确定检验方法,做好器材、资料和材料准备。

第二十条 分别检验,主要是对检材和样本材料分别进行观察研究,或取材化验。经过反复检验,力求明确检材和样本的性质、状态和特征的价值、作用及变化规律。笔迹检验必须制作对比表。

第二十一条 比较检验,主要是通过对检材和样本各个相应特征的比较,反复对照,充分提示它们之间的异同和内在联系。

第二十二条 综合评断,是对比较检验的结果进行科学分析和综合研究,以确定是否作出鉴定结论。评断时,要注意从特征的质量和数量等方面全面研究,明确解释符合点和差异点形成的原因,规律和科学依据。

第二十三条 在检验过程中需进行实验的,首先要制定周密的计划,由主检人组织实施。实施过程要严格选用与检材质量、形态等条件相同的材料,采取与案件检材形成相近似的方法进行,实验情况要如实记录,并由参加实验的人员签名(实验记录不能代替鉴定书)。

第二十四条 对检材和样本要妥善保管,防止丢失和损坏。检验中如要损坏检材原件时,应征得送检单位同意后方能进行。实施前还应对原件进行复制。

第二十五条 文检鉴定的时限:受理后应尽速进行检验,一般案件应在受理案件起十日内做出鉴定结论,特殊情况可适当延长。

第五章 鉴定书的制作

第二十六条 应根据受理案件的检材性质,拟定明确的鉴定标题。如:《笔迹鉴定书》、《印文鉴定书》、《商标鉴定书》、《纸张检验报告》等。

第二十七条 鉴定书包括文字和照片两部分。文字部分的内容包括:绪论、检验、论证、结论。有些简明的案件,也可不写论证,但论证性质的内容应写入检验部门。

一、绪论。应包括:何时、何单位、何

人送检的案件,送检的检材和样本数量及检验要求等。

二、检验。应写明:采用的检验方法、检验所见、检材和样本材料的质量、形状、特征以及进行比较检验所发现的符合点和差异点等。

三、论证。主要应写明检验采用方法的原理、公式和程序,对相同或差异点做出科学解释。

四、结论。根据检验要求和检验结果,确切地做出认定或否定结论,或分析意见。

五、鉴定书的文字,要力求客观明确、繁简有致、结构严密、论证有力。但不要过细地描述文件检验技术环节。

六、对复核的案件,应出具《复核鉴定书》。

第二十八条 照片部分是鉴定书的重要组成部分,是辅助文字论述的直观材料。照片部分包括:文件物证的全貌照片、样本概貌照片和所选用的单字比对照片、特征并列对比照片、技术检验效果照片等。

一、所用照片均应注写文字说明。

二、单字比对照片,要根据案情需要选用足够量的相同单字。左边贴检材笔迹,右边贴笔迹样本。检验的单字均应标明所选用的特征。

三、技术检验照片应分为两套,其中一套建立副本留档存查。

四、照片上的特征标志符号要标划清晰、准确。符合点用红色标划,差异点用兰色标划。

第二十九条 鉴定书的签发

一、鉴定书草稿拟定后,应经主管领导签发,打印成正式鉴定书,并加盖"刑事科学技术鉴定专用章"。

二、"刑事科学技术鉴定专用章"应加盖在检验报告或鉴定书第一页上方的编号处。

三、检验鉴定人和复核人,应在检验报告和鉴定书结尾处署名盖章。

第三十条 鉴定书(包括复核鉴定书、检验报告)的装订应为正卷和副卷两类。

一、正卷。卷内材料顺序是:封面、目录、鉴定书、照片说明。正卷发往送检单位。

二、副卷。卷内材料顺序是:封面、委托鉴定书、检验对比表、检验记录、实验记录,综合评断记录、鉴定书、照片说明及底片、鉴定书草稿等。副卷应归档妥善保管。

第三十一条 建立文检案回执制度

一、鉴定书发出时,应与《鉴定回执单》一并发出。办案单位在案件终结后,应将鉴定结论所起到的作用如实填写在回执单上,寄回原鉴定机关。

二、遇有重大、特殊、疑难的案件,鉴定人可在适当时机专程回访,以更好地总结经验。

第三十二条 鉴定结束后,应将检材和样本材料与鉴定书一并发还送检单位。对某材料拟留作标本时,应征得送检单位同意。并商定留用时限和保留、销毁的责任。

第六章 复 核

第三十三条 最高人民检察院以及各省、自治区、直辖市人民检察院可根据实际情况逐步建立复核制度。目前,有条件的可建立文件检验复核小组,以解决疑难复杂案件的复核任务。

文件检验复核小组除本系统的文检

技术骨干外,还可聘请有关专家参加。

第三十四条 同一技术部门内的文检技术人员在检验时,应实行互相复核制度。

第三十五条 在检验中,如遇重大疑难案件或由于技术水平和技术设备条件所限,难以做出结论以及讨论仍对鉴定结论持有分歧意见时,可逐级呈送上级刑事技术部门复核。

第三十六条 文件检验复核小组经过复核,仍有不同意见时,不实行少数服从多数,允许保留分歧意见,并应将不同意见如实向送检单位介绍。

第七章 其 他

第三十七条 加强文件检验的科学研究。各级检察机关的文检技术人员,都应在实践中注意总结经验,开展以应用为主的科研活动,开拓文件检验领域,建立起具有检察机关特点的文件检验学。

第三十八条 文检技术人员在工作中有显著贡献或科研成果者,除组织交流或推广,应及时给予表扬和奖励,有重大突破者应破格晋升。

第三十九条 本细则自印发之日起试行。

最高人民法院、最高人民检察院、公安部、司法部、卫生部《精神疾病司法鉴定暂行规定》

(1989年8月1日 卫医字[89]第17号)

第一章 总 则

第一条 根据《中华人民共和国刑法》、《中华人民共和国刑事诉讼法》、《中华人民共和国民法通则》、《中华人民共和国民事诉讼法(试行)》、《中华人民共和国治安管理处罚条例》及其他有关法规,为司法机关依法正确处理案件,保护精神疾病患者的合法权益,特制定本规定。

第二条 精神病的司法鉴定,根据案件事实和被鉴定人的精神状态,作出鉴定结论,为委托鉴定机关提供有关法定能力的科学证据。

第二章 司法鉴定机构

第三条 为开展精神疾病的司法鉴定工作,各省、自治区、直辖市、地区、地级市,应当成立精神疾病司法鉴定委员会,负责审查、批准鉴定人,组织技术鉴定组,协调、开展鉴定工作。

第四条 鉴定委员会由人民法院、人民检察院和公安、司法、卫生机关的有关负责干部和专家若干人组成,人选由上述机关协商确定。

第五条 鉴定委员会根据需要,可以设置若干个技术鉴定组,承担具体鉴定工作,其成员由鉴定委员会聘请、指派。技术鉴定组不得少于两名成员参加鉴定。

第六条 对疑难案件,在省、自治区、直辖市内难以鉴定的,可以由委托鉴定机关重新委托其他省、自治区、直辖市鉴定委员会进行鉴定。

第三章 鉴定内容

第七条 对可能患有精神疾病的下列人员应当进行鉴定:
(一)刑事案件的被告人、被害人;
(二)民事案件的当事人;
(三)行政案件的原告人(自然人);
(四)违反治安管理应当受拘留处罚

的人员；

（五）劳动改造的罪犯；

（六）劳动教养人员；

（七）收容审查人员；

（八）与案件有关需要鉴定的其他人员。

第八条　鉴定委员会根据情况可以接受被鉴定人补充鉴定、重新鉴定、复核鉴定的要求。

第九条　刑事案件中，精神疾病司法鉴定包括：

（一）确定被鉴定人是否患有精神疾病，患何种精神疾病，实施危害行为时的精神状态，精神疾病和所实施危害行为之间的关系，以及有无刑事责任能力。

（二）确定被鉴定人在诉讼过程中的精神状态以及有无诉讼能力。

（三）确定被鉴定人在服刑期间的精神状态以及对应当采取的法律措施的建议。

第十条　民事案件中精神疾病司法鉴定任务如下：

（一）确定被鉴定人是否患有精神疾病，患何种精神疾病，在进行民事活动时的精神状态，精神疾病对其意思表达能力的影响，以及有无民事行为能力。

（二）确定被鉴定人在调解或审理阶段期间的精神状态，以及有无诉讼能力。

第十一条　确定各类案件的被害人等，在其人身、财产等合法权益遭受侵害时的精神状态，以及对侵犯行为有无辨认能力或者自卫、保护能力。

第十二条　确定案件中有关证人的精神状态，以及有无作证能力。

第四章　鉴　定　人

第十三条　具有下列资格之一的，可以担任鉴定人：

（一）具有五年以上精神科临床经验并具有司法精神病学知识的主治医师以上人员。

（二）具有司法精神病学知识、经验和工作能力的主检法医师以上人员。

第十四条　鉴定人权利

（一）被鉴定人案件材料不充分时，可以要求委托鉴定机关提供所需要的案件材料。

（二）鉴定人有权通过委托鉴定机关，向被鉴定人的工作单位和亲属以及有关证人了解情况。

（三）鉴定人根据需要有权要求委托鉴定机关将被鉴定人移送至收治精神病人的医院住院检查和鉴定。

（四）鉴定机构可以向委托鉴定机关了解鉴定后的处理情况。

第十五条　鉴定人义务

（一）进行鉴定时，应当履行职责，正确、及时地作出结论。

（二）解答委托鉴定机关提出的与鉴定结论有关的问题。

（三）保守案件秘密。

（四）遵守有关回避的法律规定。

第十六条　鉴定人在鉴定过程中徇私舞弊、故意作虚假鉴定的，应当追究法律责任。

第五章　委托鉴定和鉴定书

第十七条　司法机关委托鉴定时，需有《委托鉴定书》，说明鉴定的要求和目的，并应当提供下列材料：

（一）被鉴定人及其家庭情况；

（二）案件的有关材料；

（三）工作单位提供的有关材料；

（四）知情人对鉴定人精神状态的有

关证言；

（五）医疗记录和其他有关检查结果。

第十八条　鉴定结束后，应当制作《鉴定书》。

《鉴定书》包括以下内容：

（一）委托鉴定机关的名称；

（二）案由、案号、鉴定书号；

（三）鉴定的目的和要求；

（四）鉴定的日期、场所、在场人；

（五）案情摘要；

（六）被鉴定人的一般情况；

（七）被鉴定人发案时和发案前后各阶段的精神状态；

（八）被鉴定精神状态检查和其他检查所见；

（九）分析说明；

（十）鉴定结论；

（十一）鉴定人员签名，并加盖鉴定专用章；

（十二）有关医疗或监护的建议。

第六章　责任能力和行为能力的评定

第十九条　刑事案件被鉴定人责任能力的评定：

被鉴定人实施危害行为时，经鉴定患有精神疾病，由于严重的精神活动障碍，致使不能辨认或者不能控制自己行为的，为无刑事责任能力。

被鉴定人实施危害行为时，经鉴定属于下列情况之一的，为具有责任能力。

1. 具有精神疾病的既往史，但实施危害行为时并无精神异常；

2. 精神疾病的间歇期，精神症状已经完全消失。

第二十条　民事案件被鉴定人行为能力的评定：

（一）被鉴定人在进行民事活动时，经鉴定患有精神疾病，由于严重的精神活动障碍致使不能辨认或者不能保护自己合法权益的，为无民事行为能力。

（二）被鉴定人在进行民事活动时，经鉴定患有精神疾病，由于精神活动障碍，致使不能完全辨认、不能控制或者不能完全保护自己合法权益的，为限制民事行为能力。

（三）被鉴定人在进行民事活动时，经鉴定属于下列情况之一的，为具有民事行为能力：

1. 具有精神疾病既往史，但在民事活动时并无精神异常；

2. 精神疾病的间歇期，精神症状已经消失；

3. 虽患有精神疾病，但其病理性精神活动具有明显局限性，并对他所进行的民事活动具有辨认能力和能保护自己合法权益的；

4. 智能低下，但对自己的合法权益仍具有辨认能力和保护能力的。

第二十一条　诉讼过程中有关法定能力的评定：

（一）被鉴定人为刑事案件的被告人，在诉讼过程中，经鉴定患有精神疾病，致使不能行使诉讼权利的，为无诉讼能力。

（二）被鉴定人为民事案件的当事人或者是刑事案件的自诉人，在诉讼过程中经鉴定患有精神疾病，致使不能行使诉讼权利的，为无诉讼能力。

（三）控告人、检举人、证人等提供不符合事实的证言，经鉴定患有精神疾病，致使缺乏对客观事实的理解力或判断力的，为无作证能力。

第二十二条　其他有关法定能力的评定：

（一）被鉴定人是女性，经鉴定患有精神病，在她的性不可侵犯遭到侵害时，对自身所受的侵害或严重后果缺乏实质性理解能力的，为无自我防卫能力。

（二）被鉴定人在服刑、劳动教养或者被裁决受治安处罚中，经鉴定患有精神疾病，由于严重的精神活动障碍，致使其无辨认能力或控制能力，为无服刑、受劳动教养能力或者无受处罚能力。

第七章 附 则

第二十三条 本规定自一九八九年八月一日起施行。

最高人民法院《人民法院司法鉴定工作暂行规定》

（2001年11月16日 法发〔2001〕23号）

第一章 总 则

第一条 为了规范人民法院司法鉴定工作，根据《中华人民共和国刑事诉讼法》、《中华人民共和国民事诉讼法》、《中华人民共和国行政诉讼法》、《中华人民共和国人民法院组织法》等法律，制定本规定。

第二条 本规定所称司法鉴定，是指在诉讼过程中，为查明案件事实，人民法院依据职权，或者应当事人及其他诉讼参与人的申请，指派或委托具有专门知识的人，对专门性问题进行检验、鉴别和评定的活动。

第三条 司法鉴定应当遵循下列原则：

（一）合法、独立、公开；

（二）客观、科学、准确；

（三）文明、公正、高效。

第四条 凡需要进行司法鉴定的案件，应当由人民法院司法鉴定机构鉴定，或者由人民法院司法鉴定机构统一对外委托鉴定。

第五条 最高人民法院指导地方各级人民法院的司法鉴定工作，上级人民法院指导下级人民法院的司法鉴定工作。

第二章 司法鉴定机构及鉴定人

第六条 最高人民法院、各高级人民法院和有条件的中级人民法院设立独立的司法鉴定机构。新建司法鉴定机构须报最高人民法院批准。

最高人民法院的司法鉴定机构为人民法院司法鉴定中心，根据工作需要可设立分支机构。

第七条 鉴定人权利：

（一）了解案情，要求委托人提供鉴定所需的材料；

（二）勘验现场，进行有关的检验，询问与鉴定有关的当事人。必要时，可申请人民法院依据职权采集鉴定材料，决定鉴定方法和处理检材；

（三）自主阐述鉴定观点，与其他鉴定人意见不同时，可不在鉴定文书上署名；

（四）拒绝受理违反法律规定的委托。

第八条 鉴定人义务：

（一）尊重科学，恪守职业道德；

（二）保守案件秘密；

（三）及时出具鉴定结论；

（四）依法出庭宣读鉴定结论并回答与鉴定相关的提问。

第九条 有下列情形之一的，鉴定人应当回避：

（一）鉴定人系案件的当事人，或者当事人的近亲属；

（二）鉴定人的近亲属与案件有利害关系；

（三）鉴定人担任过本案的证人、辩护人、诉讼代理人；

（四）其他可能影响准确鉴定的情形。

第三章　委托与受理

第十条　各级人民法院司法鉴定机构，受理本院及下级人民法院委托的司法鉴定。下级人民法院可逐级委托上级人民法院司法鉴定机构鉴定。

第十一条　司法鉴定应当采用书面委托形式，提出鉴定目的、要求，提供必要的案情说明材料和鉴定材料。

第十二条　司法鉴定机构应当在3日内做出是否受理的决定。对不予受理的，应当向委托人说明原因。

第十三条　司法鉴定机构接受委托后，可根据情况自行鉴定，也可以组织专家、联合科研机构或者委托从相关鉴定人名册中随机选定的鉴定人进行鉴定。

第十四条　有下列情形之一需要重新鉴定的，人民法院应当委托上级法院的司法鉴定机构做重新鉴定：

（一）鉴定人不具备相关鉴定资格的；

（二）鉴定程序不符合法律规定的；

（三）鉴定结论与其他证据有矛盾的；

（四）鉴定材料有虚假，或者原鉴定方法有缺陷的；

（五）鉴定人应当回避没有回避，而对其鉴定结论有持不同意见的；

（六）同一案件有多个不同鉴定结论的；

（七）有证据证明存在影响鉴定人准确鉴定因素的。

第十五条　司法鉴定机构可受人民法院的委托，对拟作为证据使用的鉴定文书、检验报告、勘验检查记录、医疗病情资料、会计资料等材料作文证审查。

第四章　检验与鉴定

第十六条　鉴定工作一般应按下列步骤进行：

（一）审查鉴定委托书；

（二）查验送检材料、客体，审查相关技术资料；

（三）根据技术规范制定鉴定方案；

（四）对鉴定活动进行详细记录；

（五）出具鉴定文书。

第十七条　对存在损耗检材的鉴定，应当向委托人说明。必要时，应由委托人出具检材处理授权书。

第十八条　检验取样和鉴定取样时，应当通知委托人、当事人或者代理人到场。

第十九条　进行身体检查时，受检人、鉴定人互为异性的，应当增派一名女性工作人员在场。

第二十条　对疑难或者涉及多学科的鉴定，出具鉴定结论前，可听取有关专家的意见。

第五章　鉴定期限、鉴定中止

第二十一条　鉴定期限是指决定受理委托鉴定之日起，到发出鉴定文书之日止的时间。

一般的司法鉴定应当在30个工作日内完成；疑难的司法鉴定应当在60个工作日内完成。

第二十二条　具有下列情形之一，影响鉴定期限的，应当中止鉴定：

（一）受检人或者其他受检物处于不稳定状态，影响鉴定结论的；

（二）受检人不能在指定的时间、地点接受检验的；

（三）因特殊检验需预约时间或者等待检验结果的；

（四）须补充鉴定材料的。

第二十三条 具有下列情形之一的，可终结鉴定：

（一）无法获取必要的鉴定材料的；

（二）被鉴定人或者受检人不配合检验，经做工作仍不配合的；

（三）鉴定过程中撤诉或者调解结案的；

（四）其他情况使鉴定无法进行的。

在规定期限内，鉴定人因鉴定中止、终结或者其他特殊情况不能完成鉴定的，应当向司法鉴定机构申请办理延长期限或者终结手续。司法鉴定机构对是否中止、终结应当做出决定。做出中止、终结决定的，应当函告委托人。

第六章 其 他

第二十四条 人民法院司法鉴定机构工作人员因徇私舞弊、严重不负责任造成鉴定错误导致错案的，参照《人民法院审判人员违法审判责任追究办法（试行）》和《人民法院审判纪律处分办法（试行）》追究责任。

其他鉴定人因鉴定结论错误导致错案的，依法追究其法律责任。

第二十五条 司法鉴定按国家价格主管部门核定的标准收取费用。

第二十六条 人民法院司法鉴定中心根据本规定制定细则。

第二十七条 本规定自颁布之日起实行。

第二十八条 本规定由最高人民法院负责解释。

最高人民法院
《人民法院对外委托司法
鉴定管理规定》

（2002年4月1日 法释〔2002〕8号）

第一条 为规范人民法院对外委托和组织司法鉴定工作，根据《人民法院司法鉴定工作暂行规定》，制定本办法。

第二条 人民法院司法鉴定机构负责统一对外委托和组织司法鉴定。未设司法鉴定机构的人民法院，可在司法行政管理部门配备专职司法鉴定人员，并由司法行政管理部门代行对外委托司法鉴定的职责。

第三条 人民法院司法鉴定机构建立社会鉴定机构和鉴定人（以下简称鉴定人）名册，根据鉴定对象对专业技术的要求，随机选择和委托鉴定人进行司法鉴定。

第四条 自愿接受人民法院委托从事司法鉴定，申请进入人民法院司法鉴定人名册的社会鉴定、检测、评估机构，应当向人民法院司法鉴定机构提交申请书和以下材料：

（一）企业或社团法人营业执照副本；

（二）专业资质证书；

（三）专业技术人员名单、执业资格和主要业绩；

（四）年检文书；

（五）其他必要的文件、资料。

第五条 以个人名义自愿接受人民

法院委托从事司法鉴定，申请进入人民法院司法鉴定人名册的专业技术人员，应当向人民法院司法鉴定机构提交申请书和以下材料：

（一）单位介绍信；
（二）专业资格证书；
（三）主要业绩证明；
（四）其他必要的文件、资料等。

第六条 人民法院司法鉴定机构应当对提出申请的鉴定人进行全面审查，择优确定对外委托和组织司法鉴定的鉴定人候选名单。

第七条 申请进入地方人民法院鉴定人名册的单位和个人，其入册资格由有关人民法院司法鉴定机构审核，报上一级人民法院司法鉴定机构批准，并报最高人民法院司法鉴定机构备案。

第八条 经批准列入人民法院司法鉴定人名册的鉴定人，在《人民法院报》予以公告。

第九条 已列入名册的鉴定人应当接受有关人民法院司法鉴定机构的年度审核，并提交以下材料：

（一）年度业务工作报告书；
（二）专业技术人员变更情况；
（三）仪器设备更新情况；
（四）其他变更情况和要求提交的材料。

年度审核有变更事项的，有关司法鉴定机构应当逐级报最高人民法院司法鉴定机构备案。

第十条 人民法院司法鉴定机构依据尊重当事人选择和人民法院指定相结合的原则，组织诉讼双方当事人进行司法鉴定的对外委托。

诉讼双方当事人协商不一致的，由人民法院司法鉴定机构在列入名册的、符合鉴定要求的鉴定人中，选择受委托人鉴定。

第十一条 司法鉴定所涉及的专业未纳入名册时，人民法院司法鉴定机构可以从社会相关专业中，择优选定受委托单位或专业人员进行鉴定。如果被选定的单位或专业人员需要进入鉴定人名册的，仍应当呈报上一级人民法院司法鉴定机构批准。

第十二条 遇有鉴定人应当回避等情形时，有关人民法院司法鉴定机构应当重新选择鉴定人。

第十三条 人民法院司法鉴定机构对外委托鉴定的，应当指派专人负责协调，主动了解鉴定的有关情况，及时处理可能影响鉴定的问题。

第十四条 接受委托的鉴定人认为需要补充鉴定材料时，如果由申请鉴定的当事人提供确有困难的，可以向有关人民法院司法鉴定机构提出请求，由人民法院决定依据职权采集鉴定材料。

第十五条 鉴定人应当依法履行出庭接受质询的义务。人民法院司法鉴定机构应当协调鉴定人做好出庭工作。

第十六条 列入名册的鉴定人有不履行义务，违反司法鉴定有关规定的，由有关人民法院视情节取消入册资格，并在《人民法院报》公告。

最高人民检察院
《人民检察院鉴定规则(试行)》

（2006年11月30日发布，自2007年1月1日起施行，高检发办字〔2006〕33号）

第一章 总 则

第一条 为规范人民检察院鉴定工

作,根据《中华人民共和国刑事诉讼法》和《全国人民代表大会常务委员会关于司法鉴定管理问题的决定》等有关规定,结合检察工作实际,制定本规则。

第二条 本规则所称鉴定,是指人民检察院鉴定机构及其鉴定人运用科学技术或者专门知识,就案件中某些专门性问题进行鉴别和判断并出具鉴定意见的活动。

第三条 鉴定工作应当遵循依法、科学、客观、公正、独立的原则。

第二章 鉴定机构、鉴定人

第四条 本规则所称鉴定机构,是指在人民检察院设立的,取得鉴定机构资格并开展鉴定工作的部门。

第五条 本规则所称鉴定人,是指取得鉴定人资格,在人民检察院鉴定机构中从事法医类、物证类、声像资料、司法会计鉴定以及心理测试等工作的专业技术人员。

第六条 鉴定人享有下列权利:

(一)了解与鉴定有关的案件情况,要求委托单位提供鉴定所需的材料;

(二)进行必要的勘验、检查;

(三)查阅与鉴定有关的案件材料,询问与鉴定事项有关的人员;

(四)对违反法律规定委托的案件、不具备鉴定条件或者提供虚假鉴定材料的案件,有权拒绝鉴定;

(五)对与鉴定无关问题的询问,有权拒绝回答;

(六)与其他鉴定人意见不一致时,有权保留意见;

(七)法律、法规规定的其他权利。

第七条 鉴定人应当履行下列义务:

(一)严格遵守法律、法规和鉴定工作规章制度;

(二)保守案件秘密;

(三)妥善保管送检的检材、样本和资料;

(四)接受委托单位与鉴定有关问题的咨询;

(五)出庭接受质证;

(六)法律、法规规定的其他义务。

第八条 鉴定人有下列情形之一的,应当自行回避,委托单位也有权要求鉴定人回避:

(一)是本案的当事人或者是当事人的近亲属的;

(二)本人或者其近亲属和本案有利害关系的;

(三)担任过本案的证人或者诉讼代理人的;

(四)重新鉴定时,是本案原鉴定人的;

(五)其他可能影响鉴定客观、公正的情形。

鉴定人自行提出回避的,应当说明理由,由所在鉴定机构负责人决定是否回避。

委托单位要求鉴定人回避的,应当提出书面申请,由检察长决定是否回避。

第三章 委托与受理

第九条 鉴定机构可以受理人民检察院、人民法院和公安机关以及其他侦查机关委托的鉴定。

第十条 人民检察院内部委托的鉴定实行逐级受理制度,对其他机关委托的鉴定实行同级受理制度。

第十一条 人民检察院各业务部门向上级人民检察院或者对外委托鉴定时,应当通过本院或者上级人民检察院检察技术部门统一协助办理。

第十二条　委托鉴定应当以书面委托为依据,客观反映案件基本情况、送检材料和鉴定要求等内容。鉴定机构受理鉴定时,应当制作委托受理登记表。

第十三条　鉴定机构对不符合法律规定、办案程序和不具备鉴定条件的委托,应当拒绝受理。

第四章　鉴　　定

第十四条　鉴定机构接受鉴定委托后,应当指派两名以上鉴定人共同进行鉴定。根据鉴定需要可以聘请其他鉴定机构的鉴定人参与鉴定。

第十五条　具备鉴定条件的,一般应当在受理后十五个工作日以内完成鉴定;特殊情况不能完成的,经检察长批准,可以适当延长,并告知委托单位。

第十六条　鉴定应当严格执行技术标准和操作规程。需要进行实验的,应当记录实验时间、条件、方法、过程、结果等,并由实验人签名,存档备查。

第十七条　具有下列情形之一的,鉴定机构可以接受案件承办单位的委托,进行重新鉴定:

(一)鉴定意见与案件中其他证据相矛盾的;

(二)有证据证明鉴定意见确有错误的;

(三)送检材料不真实的;

(四)鉴定程序不符合法律规定的;

(五)鉴定人应当回避而未回避的;

(六)鉴定人或者鉴定机构不具备鉴定资格的;

(七)其他可能影响鉴定客观、公正情形的。

重新鉴定时,应当另行指派或者聘请鉴定人。

第十八条　鉴定事项有遗漏或者发现新的相关重要鉴定材料的,鉴定机构可以接受委托,进行补充鉴定。

第十九条　遇有重大、疑难、复杂的专门性问题时,经检察长批准,鉴定机构可以组织会检鉴定。

会检鉴定人可以由本鉴定机构的鉴定人与聘请的其他鉴定机构的鉴定人共同组成;也可以全部由聘请的其他鉴定机构的鉴定人组成。

会检鉴定人应当不少于三名,采取鉴定人分别独立检验,集体讨论的方式进行。

会检鉴定应当出具鉴定意见。鉴定人意见有分歧的,应当在鉴定意见中写明分歧的内容和理由,并分别签名或者盖章。

第五章　鉴　定　文　书

第二十条　鉴定完成后,应当制作鉴定文书。鉴定文书包括鉴定书、检验报告等。

第二十一条　鉴定文书应当语言规范,内容完整,描述准确,论证严谨,结论科学。

鉴定文书应当由鉴定人签名,有专业技术职称的,应当注明,并加盖鉴定专用章。

第二十二条　鉴定文书包括正本和副本,正本交委托单位,副本由鉴定机构存档备查。

第二十三条　鉴定文书的归档管理,依照人民检察院立卷归档管理的相关规定执行。

第六章　出　　庭

第二十四条　鉴定人接到人民法院

的出庭通知后,应当出庭。因特殊情况不能出庭的,应当向法庭说明原因。

第二十五条 鉴定人在出庭前,应当准备出庭需要的相关材料。

鉴定人出庭时,应当遵守法庭规则,依法接受法庭质证,回答与鉴定有关的询问。

第七章 附 则

第二十六条 本规则自2007年1月1日起实施,最高人民检察院此前有关规定与本规则不一致的,以本规则为准。

第二十七条 本规则由最高人民检察院负责解释。

最高人民法院、最高人民检察院、国家文物局、公安部、海关总署《涉案文物鉴定评估管理办法》

(2018年6月20日 文物博发〔2018〕4号)

第一章 总 则

第一条 为适应人民法院、人民检察院和公安机关等办案机关办理文物犯罪刑事案件的需要,规范涉案文物鉴定评估活动,保证涉案文物鉴定评估质量,根据《中华人民共和国文物保护法》《最高人民法院、最高人民检察院关于办理妨害文物管理等刑事案件适用法律若干问题的解释》和有关法律法规,制定本办法。

第二条 本办法所称涉案文物,专指文物犯罪刑事案件涉及的文物或者疑似文物。

本办法所称涉案文物鉴定评估,是指涉案文物鉴定评估机构组织文物鉴定评估人员,运用专门知识或者科学技术对涉案文物的专门性问题进行鉴别、判断、评估并提供鉴定评估报告的活动。

第三条 国家文物局指定的涉案文物鉴定评估机构和予以备案的文物鉴定评估人员开展涉案文物鉴定评估活动,适用本办法。

第四条 涉案文物鉴定评估机构开展涉案文物鉴定评估活动,应当遵循合法、独立、客观、公正的原则。

第五条 文物鉴定评估人员在涉案文物鉴定评估活动中,应当遵守法律法规,遵守职业道德和职业纪律,尊重科学,遵守标准规范。

第六条 国家文物局负责遴选指定涉案文物鉴定评估机构,制定涉案文物鉴定评估管理制度和标准规范,对全国涉案文物鉴定评估工作进行宏观指导。

第七条 省级文物行政部门负责推荐本行政区域内涉案文物鉴定评估机构,对涉案文物鉴定评估工作进行监督管理。

省级文物行政部门应当保障本行政区域内涉案文物鉴定评估机构开展涉案文物鉴定评估工作所需的业务经费。

第八条 涉案文物鉴定评估机构的发展应当符合统筹规划、合理布局、严格标准、确保质量的要求。

第二章 鉴定评估范围和内容

第九条 涉案文物鉴定评估范围涵盖可移动文物和不可移动文物。

(一)可移动文物鉴定评估类别包括陶瓷器、玉石器、金属器、书画、杂项等五个类别。

(二)不可移动文物鉴定评估类别包

括古文化遗址、古墓葬、古建筑、石窟寺及石刻、近现代重要史迹及代表性建筑、其他等六个类别。

第十条 已被拆解的不可移动文物的构件，涉案文物鉴定评估机构可以应办案机关的要求，将其作为可移动文物进行鉴定评估。

第十一条 可移动文物鉴定评估内容包括：

（一）确定疑似文物是否属于文物；

（二）确定文物产生或者制作的时代；

（三）评估文物的历史、艺术、科学价值，确定文物级别；

（四）评估有关行为对文物造成的损毁程度；

（五）评估有关行为对文物价值造成的影响；

（六）其他需要鉴定评估的文物专门性问题。

可移动文物及其等级已经文物行政部门认定的，涉案文物鉴定评估机构不再对上述第一至三项内容进行鉴定评估。

第十二条 不可移动文物鉴定评估内容包括：

（一）确定疑似文物是否属于古文化遗址、古墓葬；

（二）评估有关行为对文物造成的损毁程度；

（三）评估有关行为对文物价值造成的影响；

（四）其他需要鉴定评估的文物专门性问题。

不可移动文物及其等级已经文物行政部门认定的，涉案文物鉴定评估机构不再对上述第一项内容进行鉴定评估。

第十三条 涉案文物鉴定评估机构可以根据自身专业条件，并应办案机关的要求，对文物的经济价值进行评估。

第三章 鉴定评估机构和人员

第十四条 国有文物博物馆机构申请从事涉案文物鉴定评估业务，应当具备下列条件：

（一）有独立法人资格；

（二）有固定的办公场所和必要的文物鉴定技术设备；

（三）能够从事本办法第九条规定的可移动文物所有类别或者不可移动文物所有类别的鉴定评估业务，每类别有三名以上专职或者兼职的文物鉴定评估人员；

（四）有一定数量的专职文物鉴定评估人员；

（五）具备一定的文物鉴定评估组织工作经验。

第十五条 国有文物博物馆机构申请从事涉案文物鉴定评估业务，应当提交下列材料：

（一）申请从事涉案文物鉴定评估业务的文件；

（二）涉案文物鉴定评估机构申请表；

（三）文物鉴定评估人员登记表；

（四）法人证书复印件或者证明法人资格的相关文件；

（五）此前组织开展文物鉴定评估工作的相关情况说明。

第十六条 省级文物行政部门按照本办法第十四条规定的条件，对本行政区域内申请从事涉案文物鉴定评估业务的国有文物博物馆机构进行初审，初审合格的报国家文物局。

国家文物局对各省上报的机构进行遴选，指定其中符合要求的为涉案文物鉴定评估机构，并通过适当方式向社会公告。

第十七条 涉案文物鉴定评估机构的文物鉴定评估人员,应当至少符合下列条件之一:

(一)取得文物博物及相关系列中级以上专业技术职务,并有至少持续五年文物鉴定实践经历;

(二)是文物进出境责任鉴定人员;

(三)是国家或者省级文物鉴定委员会委员。

第十八条 省级文物行政部门按照本办法第十七条规定的条件,对拟从事涉案文物鉴定评估工作的文物鉴定评估人员进行审核,审核合格的报国家文物局备案。

第十九条 涉案文物鉴定评估机构的文物鉴定评估人员只能在一个鉴定评估机构中任职(包括兼职),但可以接受其他涉案文物鉴定评估机构的聘请,从事特定事项的涉案文物鉴定评估活动。

文物鉴定评估人员不得私自接受涉案文物鉴定评估委托。

第四章 鉴定评估程序

第一节 委托与受理

第二十条 涉案文物鉴定评估机构受理所在省(自治区、直辖市)行政区域内人民法院、人民检察院和公安机关等办案机关的涉案文物鉴定评估委托。

第二十一条 办案机关委托文物鉴定评估的,应当向涉案文物鉴定评估机构提供立案决定书、办案机关介绍信或者委托函、鉴定评估物品清单、照片、资料等必要的鉴定评估材料,并对鉴定评估材料的真实性、合法性负责。

经双方同意,办案机关可以将涉评估文物暂时委托涉案文物鉴定评估机构保管。

第二十二条 涉案文物鉴定评估机构收到鉴定评估材料和鉴定评估文物后,应当详细查验并进行登记,并严格开展鉴定评估文物和其他鉴定评估材料的交接、保管、使用和退还工作。

第二十三条 涉案文物鉴定评估机构对属于本机构涉案文物鉴定评估业务范围,鉴定评估用途合法,提供的鉴定评估材料能够满足鉴定评估需要的鉴定评估委托,应当受理。

鉴定评估材料不完整、不充分,不能满足鉴定评估需要的,涉案文物鉴定评估机构可以要求委托办案机关进行补充。

委托办案机关故意提供虚假鉴定评估材料的,涉案文物鉴定评估机构应当主动向委托办案机关的上级部门报告。

第二十四条 有下列情形之一的鉴定评估委托,涉案文物鉴定评估机构不予受理:

(一)委托主体不符合本办法对办案机关的规定的;

(二)委托鉴定评估物品不符合本办法对涉案文物的规定的;

(三)鉴定评估范围和内容不属于涉案文物鉴定评估机构业务范围或者不符合本办法规定的;

(四)鉴定评估材料不具备鉴定评估条件或者与鉴定评估要求不相符的。

第二十五条 涉案文物鉴定评估机构应当自收到鉴定评估材料之日起五个工作日内,作出是否受理鉴定评估委托的决定。

第二十六条 涉案文物鉴定评估机构决定受理鉴定评估委托的,应当与委托办案机关签订涉案文物鉴定评估委托书。

鉴定评估委托书应当载明委托办案机关名称、涉案文物鉴定评估机构名称、委托鉴定评估内容、鉴定评估时限以及双方权利义务等事项。

第二十七条 涉案文物鉴定评估机构决定不予受理鉴定评估委托的,应当向委托主体说明理由,并退还鉴定评估材料。

第二十八条 对于本办法三十五条第二款和三十六条第一款规定的鉴定评估终止情形,或者因其它重大特殊原因,办案机关可以申请跨行政区域委托涉案文物鉴定评估。

跨行政区域委托涉案文物鉴定评估的,由办案机关所在地省级文物行政部门商拟委托涉案文物鉴定评估机构所在地省级文物行政部门,共同确定具有相应鉴定评估能力的涉案文物鉴定评估机构开展。协商不成的,可以由办案机关所在地省级文物行政部门报国家文物局指定。

第二节 鉴定评估

第二十九条 涉案文物鉴定评估机构接受鉴定评估委托后,应当组织本机构与委托鉴定评估文物类别一致的文物鉴定评估人员进行鉴定评估。每类别文物鉴定评估应当有两名以上文物鉴定评估人员参加鉴定评估。

对复杂、疑难和重大案件所涉的鉴定评估事项,可以聘请其他涉案文物鉴定评估机构相关文物类别的文物鉴定评估人员参加鉴定评估。

第三十条 文物鉴定评估人员有下列情形之一的,应当自行回避,涉案文物鉴定评估机构负责人也应当要求其回避:

(一)是案件的当事人或者是当事人的近亲属的;

(二)本人或者其近亲属与案件有利害关系;

(三)与案件当事人和案件有其他关系,可能影响其独立、客观、公正鉴定评估的。

第三十一条 可移动文物的鉴定评估,应当依托涉案文物实物开展,并依照相关标准和技术规范进行。

第三十二条 不可移动文物的鉴定评估,应当到涉案文物所在地现场开展调查研究,并依照相关标准和技术规范进行。

第三十三条 涉案文物鉴定评估过程中,需要进行有损科技检测的,涉案文物鉴定评估机构应当征得委托办案机关书面同意。文物鉴定评估人员应当对科技检测的手段、过程和结果进行记录,并签名存档备查。

第三十四条 涉案文物鉴定评估采取文物鉴定评估人员独立鉴定评估和合议相结合的方式进行。文物鉴定评估人员应当对鉴定评估的方法、过程和结论进行记录,并签名存档备查。

第三十五条 鉴定评估活动完成后,涉案文物鉴定评估机构应当对文物鉴定评估人员作出的鉴定评估意见进行审查,对鉴定评估意见一致的出具鉴定评估报告。

鉴定评估意见不一致的,涉案文物鉴定评估机构应当组织原鉴定人员以外的文物鉴定评估人员再次进行鉴定评估,再次鉴定评估意见一致的出具鉴定评估报告;再次鉴定评估意见仍不一致的,可以终止鉴定评估,涉案文物鉴定评估机构应当书面通知委托办案机关终止鉴定评估决定并说明理由。

第三十六条 有下列情形之一的,涉

案文物鉴定评估机构可以终止鉴定评估：

（一）在鉴定评估过程中发现本机构难以解决的技术性问题的；

（二）确需补充鉴定评估材料而委托办案机关无法补充的；

（三）委托办案机关要求终止鉴定评估的；

（四）其他需要终止鉴定评估的情形。

除上述第三项情形外，涉案文物鉴定评估机构应当书面通知委托办案机关终止鉴定评估决定并说明理由。

第三十七条　有下列情形之一的，涉案文物鉴定评估机构应当接受办案机关委托进行重新鉴定评估：

（一）有明确证据证明鉴定评估报告内容有错误的；

（二）鉴定评估程序不符合本办法规定的；

（三）文物鉴定评估人员故意作出虚假鉴定评估或者应当回避而未予回避的；

（四）其他可能影响鉴定评估客观、公正的情形。

涉案文物鉴定评估机构应当组织原鉴定评估人员以外的文物鉴定评估人员进行重新鉴定评估。

鉴定评估报告中出现的明显属于错别字或者语言表述瑕疵的，可以由鉴定评估机构出具更正说明，更正说明属于原鉴定评估报告的组成部分。

第三十八条　有下列情形之一的，涉案文物鉴定评估机构应当根据办案机关要求进行补充鉴定评估：

（一）鉴定评估报告内容有遗漏的；

（二）鉴定评估报告意见不明确的；

（三）办案机关发现新的相关重要鉴定评估材料的；

（四）办案机关对涉案文物有新的鉴定评估要求的；

（五）鉴定评估报告不完整，委托事项无法确定的；

（六）其他需要补充鉴定评估的情形。

补充鉴定评估是原委托鉴定评估活动的组成部分，应当由涉案文物鉴定评估机构组织原文物鉴定评估人员进行。

第三十九条　办案机关对有明确证据证明涉案文物鉴定评估机构重新出具的鉴定评估报告有错误的，可以由最高人民法院、最高人民检察院、公安部、海关总署商国家文物局，由国家文物局指定涉案文物鉴定评估机构进行再次鉴定评估。

第四十条　涉案文物鉴定评估机构一般应当自鉴定评估委托书签订之日起十五个工作日内完成鉴定评估。

因办案时限规定或者其他特殊事由，需要缩减或者延长鉴定评估时限的，由双方协商确定。延长鉴定评估时限的，一般不超过四十五个工作日。

第四十一条　涉案文物鉴定评估机构应当按照统一规定的文本格式制作鉴定评估报告。

鉴定评估报告一式五份，三份交委托办案机关，一份由涉案文物鉴定评估机构存档，一份在鉴定评估活动完成次月15日前报所在地省级文物行政部门备案。

第四十二条　鉴定评估事项结束后，涉案文物鉴定评估机构应当将鉴定评估报告以及在鉴定评估过程中产生的有关资料整理立卷、归档保管。

第四十三条　未经委托办案机关同意，涉案文物鉴定评估机构和文物鉴定评估人员不得向文物行政部门以外的其他组织或者个人提供与鉴定评估事项有关的信息。

第五章 监督管理

第四十四条 涉案文物鉴定评估机构应当于每年11月15日前,将本年度涉案文物鉴定评估业务情况和鉴定的涉案文物信息书面报告所在地省级文物行政部门。省级文物行政部门汇总后于当年12月1日前报送国家文物局。

第四十五条 最高人民法院、最高人民检察院、公安部、海关总署直接办理或者督办的刑事案件所涉的文物鉴定评估,涉案文物鉴定评估机构应当在接受鉴定评估委托后,及时通过省级文物行政部门向国家文物局报告。

第四十六条 涉案文物鉴定评估机构发生法定代表人、办公地点或者机构性质等重大事项变更,或者文物鉴定评估人员发生变动的,应当及时将相关情况通过省级文物行政部门报国家文物局备案。

第四十七条 省级文物行政部门应当对本行政区域内涉案文物鉴定评估机构进行不定期检查,发现问题或者有举报、投诉等情况的,应当及时进行调查处理。

第四十八条 涉案文物鉴定评估机构有下列情形之一的,由所在地省级文物行政部门给予警告,并责令其改正:

(一)超出本办法规定的涉案文物鉴定评估业务范围开展涉案文物鉴定评估活动的;

(二)组织未经国家文物局备案的文物鉴定评估人员开展涉案文物鉴定评估活动的;

(三)鉴定评估活动未按照本办法规定的程序要求和标准规范开展的;

(四)无正当理由拒绝接受涉案文物鉴定评估委托的;

(五)无正当理由超出鉴定评估时限的;

(六)法律、法规规定的其他情形。

第四十九条 涉案文物鉴定评估机构有下列情形之一的,由所在地省级文物行政部门进行调查,国家文物局根据情节严重程度暂停或者终止其从事涉案文物鉴定评估业务:

(一)因严重不负责任造成鉴定评估报告内容明显错误的;

(二)因严重不负责任造成委托鉴定评估文物实物损毁、遗失的;

(三)法律、法规规定的其他情形。

第五十条 文物鉴定评估人员有下列情形之一的,由所在涉案文物鉴定评估机构给予警告,并责令其改正:

(一)无正当理由拒绝接受涉案文物鉴定评估工作的;

(二)向委托办案机关私自收取鉴定评估费用的;

(三)法律、法规规定的其他情形。

第五十一条 文物鉴定评估人员有下列情形之一的,由所在涉案文物鉴定评估机构给予警告,并责令其改正;情节严重的,报省级文物行政部门同意后暂停或者终止其开展涉案文物鉴定评估活动:

(一)应当回避而未予回避,造成恶劣影响的;

(二)违反职业道德和职业纪律,造成恶劣影响的;

(三)因严重不负责任造成委托鉴定评估文物实物损毁、遗失的;

(四)法律、法规规定的其他情形。

第五十二条 涉案文物鉴定评估机构负责人在管理工作中滥用职权、玩忽职守造成严重后果的,依法追究相应的法律责任。

涉案文物鉴定评估机构负责人和文物鉴定评估人员故意出具虚假鉴定评估报告,或者故意隐匿、侵占、毁损委托鉴定评估文物,构成犯罪的,依法追究刑事责任。

第六章 附 则

第五十三条 对古猿化石、古人类化石及其与人类活动有关的第四纪古脊椎动物化石的鉴定评估活动,依照本办法执行。

第五十四条 涉案文物鉴定评估机构和文物鉴定评估人员开展行政案件、民事案件涉及文物的鉴定评估活动,可以参照本办法执行。

第五十五条 对尚未登记公布的古文化遗址、古墓葬,县级以上文物行政部门可以依据已生效判决采纳的鉴定评估意见,依法开展登记公布工作。

第五十六条 本办法自公布之日起实施。此前有关规定与本办法不一致的,以本办法为准。

最高人民法院、最高人民检察院《关于办理破坏野生动物资源刑事案件适用法律若干问题的解释》(节录)

(2022年4月6日公布,自2022年4月9日起施行,法释〔2022〕12号)

第十六条 根据本解释第十五条规定难以确定涉案动物及其制品价值的,依据司法鉴定机构出具的鉴定意见,或者下列机构出具的报告,结合其他证据作出认定:

(一)价格认证机构出具的报告;

(二)国务院野生动物保护主管部门、国家濒危物种进出口管理机构或者海关总署等指定的机构出具的报告;

(三)地、市级以上人民政府野生动物保护主管部门、国家濒危物种进出口管理机构的派出机构或者直属海关等出具的报告。

第十七条 对于涉案动物的种属类别、是否系人工繁育,非法捕捞、狩猎的工具、方法,以及对野生动物资源的损害程度等专门性问题,可以由野生动物保护主管部门、侦查机关依据现场勘验、检查笔录等出具认定意见;难以确定的,依据司法鉴定机构出具的鉴定意见、本解释第十六条所列机构出具的报告,被告人及其辩护人提供的证据材料,结合其他证据材料综合审查,依法作出认定。

最高人民检察院、公安部《关于公安机关向检察机关随案移送电子文档的通知》

(2005年8月18日 高检会〔2005〕3号)

各省、自治区、直辖市人民检察院,公安厅、局,新疆生产建设兵团人民检察院,公安局:

为了降低办案成本,提高工作效率,实现资源共享,最高人民检察院和公安部经协商决定,公安机关向检察机关提请批准逮捕或移送审查起诉犯罪嫌疑人时,《提请批准逮捕书》、《起诉意见书》有电子文档的,应当将电子文档一并随案卷材料移送给受案的检察机关(《提请批准逮捕书》、《起诉意见书》以书面原件为准)。

公安部
《公安机关办理刑事复议复核案件程序规定》

（2014年11月1日 公安部令第133号）

第一章 总 则

第一条 为了规范公安机关刑事复议、复核案件的办理程序，依法保护公民、法人和其他组织的合法权益，保障和监督公安机关依法行使职责，根据《中华人民共和国刑事诉讼法》及相关规定，制定本规定。

第二条 刑事案件中的相关人员对公安机关作出的驳回申请回避、没收保证金、对保证人罚款、不予立案决定不服，向公安机关提出刑事复议、复核申请，公安机关受理刑事复议、复核申请，作出刑事复议、复核决定，适用本规定。

第三条 公安机关办理刑事复议、复核案件，应当遵循合法公正、有错必纠的原则，确保国家法律正确实施。

第四条 本规定所称刑事复议、复核机构，是指公安机关法制部门。

公安机关各相关部门应当按照职责分工，配合法制部门共同做好刑事复议、复核工作。

第五条 刑事复议、复核机构办理刑事复议、复核案件所需经费应当在本级公安业务费中列支；办理刑事复议、复核事项所需的设备、工作条件，所属公安机关应当予以保障。

第二章 申 请

第六条 在办理刑事案件过程中，下列相关人员可以依法向作出决定的公安机关提出刑事复议申请：

（一）对驳回申请回避决定不服的，当事人及其法定代理人、诉讼代理人、辩护律师可以提出；

（二）对没收保证金决定不服的，被取保候审人或者其法定代理人可以提出；

（三）保证人对罚款决定不服的，其本人可以提出；

（四）对不予立案决定不服的，控告人可以提出；

（五）移送案件的行政机关对不予立案决定不服的，该行政机关可以提出。

第七条 刑事复议申请人对公安机关就本规定第六条第二至四项决定作出的刑事复议决定不服的，可以向其上一级公安机关提出刑事复核申请。

第八条 申请刑事复议、复核应当在《公安机关办理刑事案件程序规定》规定的期限内提出，因不可抗力或者其他正当理由不能在法定期限内提出的，应当在障碍消除后五个工作日以内提交相应证明材料。经刑事复议、复核机构认定的，耽误的时间不计算在法定申请期限内。

前款规定中的"其他正当理由"包括：

（一）因严重疾病不能在法定申请期限内申请刑事复议、复核的；

（二）无行为能力人或者限制行为能力人的法定代理人在法定申请期限内不能确定的；

（三）法人或者其他组织合并、分立或者终止，承受其权利的法人或者其他组织在法定申请期限内不能确定的；

（四）刑事复议、复核机构认定的其他正当理由。

第九条 申请刑事复议，应当书面申

请,但情况紧急或者申请人不便提出书面申请的,可以口头申请。

申请刑事复核,应当书面申请。

第十条 书面申请刑事复议、复核的,应当向刑事复议、复核机构提交刑事复议、复核申请书,载明下列内容:

(一)申请人及其代理人的姓名、性别、出生年月日、工作单位、住所、联系方式;法人或者其他组织的名称、地址、法定代表人或者主要负责人的姓名、职务、住所、联系方式;

(二)作出决定或者复议决定的公安机关名称;

(三)刑事复议、复核请求;

(四)申请刑事复议、复核的事实和理由;

(五)申请刑事复议、复核的日期。

刑事复议、复核申请书应当由申请人签名或者捺指印。

第十一条 申请人口头申请刑事复议的,刑事复议机构工作人员应当按照本规定第十条规定的事项,当场制作刑事复议申请记录,经申请人核对或者向申请人宣读并确认无误后,由申请人签名或者捺指印。

第十二条 申请刑事复议、复核时,申请人应当提交下列材料:

(一)原决定书、通知书的复印件;

(二)申请刑事复核的还应当提交复议决定书复印件;

(三)申请人的身份证明复印件;

(四)诉讼代理人提出申请的,还应当提供当事人的委托书;

(五)辩护律师提出申请的,还应当提供律师执业证书复印件、律师事务所证明和委托书或者法律援助公函等材料;

(六)申请人自行收集的相关事实、证据材料。

第十三条 刑事复议、复核机构开展下列工作时,办案人员不得少于二人:

(一)接受口头刑事复议申请的;

(二)向有关组织和人员调查情况的;

(三)听取申请人和相关人员意见的。

刑事复议机构参与审核原决定的人员,不得担任刑事复议案件的办案人员。

第三章 受理与审查

第十四条 刑事复议、复核机构收到刑事复议、复核申请后,应当对申请是否同时符合下列条件进行初步审查:

(一)属于本机关受理;

(二)申请人具有法定资格;

(三)有明确的刑事复议、复核请求;

(四)属于刑事复议、复核的范围;

(五)在规定期限内提出;

(六)所附材料齐全。

第十五条 刑事复议、复核机构应当自收到刑事复议、复核申请之日起五个工作日以内分别作出下列处理:

(一)符合本规定第十四条规定条件的,予以受理;

(二)不符合本规定第十四条规定条件的,不予受理。不属于本机关受理的,应当告知申请人向有权受理的公安机关提出;

(三)申请材料不齐全的,应当一次性书面通知申请人在五个工作日以内补充相关材料,刑事复议、复核时限自收到申请人的补充材料之日起计算。

公安机关作出刑事复议、复核决定后,相关人员就同一事项再次申请刑事复议、复核的,不予受理。

第十六条　收到控告人对不予立案决定的刑事复议、复核申请后,公安机关应当对控告人是否就同一事项向检察机关提出控告、申诉进行审核。检察机关已经受理控告人对同一事项的控告、申诉的,公安机关应当决定不予受理;公安机关受理后,控告人就同一事项向检察机关提出控告、申诉,检察机关已经受理的,公安机关应当终止刑事复议、复核程序。

第十七条　申请人申请刑事复议、复核时一并提起国家赔偿申请的,刑事复议、复核机构应当告知申请人另行提起国家赔偿申请。

第十八条　公安机关不予受理刑事复议、复核申请或者终止刑事复议、复核程序的,应当在作出决定后三个工作日以内书面告知申请人。

第十九条　对受理的驳回申请回避决定的刑事复议案件,刑事复议机构应当重点审核下列事项:

（一）是否具有应当回避的法定事由;
（二）适用依据是否正确;
（三）是否符合法定程序。

第二十条　对受理的没收保证金决定的刑事复议、复核案件,刑事复议、复核机构应当重点审核下列事项:

（一）被取保候审人是否违反在取保候审期间应当遵守的相关规定;
（二）适用依据是否正确;
（三）是否存在明显不当;
（四）是否符合法定程序;
（五）是否超越或者滥用职权。

第二十一条　对受理的保证人不服罚款决定的刑事复议、复核案件,刑事复议、复核机构应当重点审核下列事项:

（一）被取保候审人是否违反在取保候审期间应当遵守的相关规定;
（二）保证人是否未履行保证义务;
（三）适用依据是否正确;
（四）是否存在明显不当;
（五）是否符合法定程序;
（六）是否超越或者滥用职权。

第二十二条　对受理的不予立案决定的刑事复议、复核案件,刑事复议、复核机构应当重点审核下列事项:

（一）是否符合立案条件;
（二）是否有控告行为涉嫌犯罪的证据;
（三）适用依据是否正确;
（四）是否符合法定程序;
（五）是否属于不履行法定职责。

前款第二项规定的"涉嫌犯罪",不受控告的具体罪名的限制。

办理过程中发现控告行为之外的其他事实,可能涉嫌犯罪的,应当建议办案部门进行调查,但调查结果不作为作出刑事复议、复核决定的依据。

第二十三条　受理刑事复议、复核申请后,刑事复议、复核机构应当及时通知办案部门或者作出刑事复议决定的机关在规定期限内提供作出决定依据的证据以及其他有关材料。

办案部门或者作出刑事复议决定的机关应当在刑事复议、复核机构规定的期限内全面如实提供相关案件材料。

第二十四条　办理刑事复核案件时,刑事复核机构可以征求同级公安机关有关业务部门的意见,有关业务部门应当及时提出意见。

第二十五条　根据申请人提供的材料无法确定案件事实,需要另行调查取证的,经刑事复议、复核机构负责人报公安机关负责人批准,刑事复议、复核机构应当通知办案部门或者作出刑事复议决定的机关调查取证。办案部门或者作出刑事复议决定的机关应当在通知的期限内将调查取证结果反馈给刑事复议、复核机构。

第二十六条 刑事复议、复核决定作出前,申请人要求撤回申请的,应当书面申请并说明理由。刑事复议、复核机构允许申请人撤回申请的,应当终止刑事复议、复核程序。但具有下列情形之一的,不允许申请人撤回申请,并告知申请人:

(一)撤回申请可能损害国家利益、公共利益或者他人合法权益的;

(二)撤回申请不是出于申请人自愿的;

(三)其他不允许撤回申请的情形。

公安机关允许申请人撤回申请后,申请人以同一事实和理由重新提出申请的,不予受理。

第四章 决 定

第二十七条 当事人及其法定代理人、诉讼代理人、辩护律师对驳回申请回避决定申请刑事复议的,公安机关应当在收到申请后五个工作日以内作出决定并书面告知申请人。

第二十八条 移送案件的行政执法机关对不予立案决定申请刑事复议的,公安机关应当在收到申请后三个工作日以内作出决定并书面告知移送案件的行政执法机关。

第二十九条 对没收保证金决定和对保证人罚款决定申请刑事复议、复核的,公安机关应当在收到申请后七个工作日以内作出决定并书面告知申请人。

第三十条 控告人对不予立案决定申请刑事复议、复核的,公安机关应当在收到申请后三十日以内作出决定并书面告知申请人。

案情重大、复杂的,经刑事复议、复核机构负责人批准,可以延长,但是延长时限不得超过三十日,并书面告知申请人。

第三十一条 刑事复议、复核期间,有下列情形之一的,经刑事复议、复核机构负责人批准,可以中止刑事复议、复核,并书面告知申请人:

(一)案件涉及专业问题,需要有关机关或者专业机构作出解释或者确认的;

(二)无法找到有关当事人的;

(三)需要等待鉴定意见的;

(四)其他应当中止复议、复核的情形。

中止事由消失后,刑事复议、复核机构应当及时恢复刑事复议、复核,并书面告知申请人。

第三十二条 原决定或者刑事复议决定认定的事实清楚、证据充分、依据准确、程序合法的,公安机关应当作出维持原决定或者刑事复议决定的复议、复核决定。

第三十三条 原决定或者刑事复议决定认定的主要事实不清、证据不足、依据错误、违反法定程序、超越职权或者滥用职权的,公安机关应当作出撤销、变更原决定或者刑事复议决定的复议、复核决定。

经刑事复议,公安机关撤销原驳回申请回避决定、不予立案决定的,应当重新作出决定;撤销原没收保证金决定、对保证人罚款决定的,应当退还保证金或者罚款;认为没收保证金数额、罚款数额明显不当的,应当作出变更原决定的复议决定,但不得提高没收保证金、罚款的数额。

经刑事复核,上级公安机关撤销刑事复议决定的,作出复议决定的公安机关应当执行;需要重新作出决定的,应当责令作出复议决定的公安机关依法重新作出决定,重新作出的决定不得与原决定相同,不得提高没收保证金、罚款的数额。

第五章 附 则

第三十四条 铁路、交通、民航、森林公安机关,海关走私犯罪侦查机构办理刑事复议、复核案件,适用本规定。

第三十五条 本规定自 2014 年 11 月 1 日起施行。本规定发布前公安部制定的有关规定与本规定不一致的,以本规定为准。

最高人民法院、最高人民检察院、公安部、司法部《关于监狱办理刑事案件有关问题的规定》

(2014 年 8 月 11 日 司发通〔2014〕80 号)

为依法惩治罪犯在服刑期间的犯罪活动,确保监狱持续安全稳定,根据有关法律规定,结合工作实际,现就监狱办理刑事案件有关问题规定如下:

一、对监狱在押罪犯与监狱工作人员(监狱警察、工人)或者狱外人员共同犯罪案件,涉案的在押罪犯由监狱立案侦查,涉案的监狱工作人员或者狱外人员由人民检察院或者公安机关立案侦查,在侦查过程中,双方应当相互协作。侦查终结后,需要追究刑事责任的,由侦查机关分别向当地人民检察院移送审查起诉。如果案件适宜合并起诉的,有关人民检察院可以并案向人民法院提起公诉。

二、罪犯在监狱内犯罪,办理案件期间该罪犯原判刑期即将届满需要逮捕的,在侦查阶段由监狱在刑期届满前提请人民检察院审查批准逮捕,在审查起诉阶段由人民检察院决定逮捕,在审判阶段由人民法院决定逮捕;批准或者决定逮捕后,监狱将被逮捕人送监狱所在地看守所羁押。

三、罪犯在监狱内犯罪,假释期间被发现的,由审判新罪的人民法院撤销假释,并书面通知原裁定假释的人民法院和社区矫正机构。撤销假释的决定作出前,根据案件情况需要逮捕的,由人民检察院或者人民法院批准或者决定逮捕,公安机关执行逮捕,并将被逮捕人送监狱所在地看守所羁押,同时通知社区矫正机构。

刑满释放后被发现,需要逮捕的,由监狱提请人民检察院审查批准逮捕,公安机关执行逮捕后,将被逮捕人送监狱所在地看守所羁押。

四、在押罪犯脱逃后未实施其他犯罪的,由监狱立案侦查,公安机关抓获后通知原监狱押回,监狱所在地人民检察院审查起诉。罪犯脱逃期间又实施其他犯罪,在捕回监狱前发现的,由新罪犯罪地公安机关侦查新罪,并通知监狱;监狱对脱逃罪侦查终结后移送管辖新罪的公安机关,由公安机关一并移送当地人民检察院审查起诉,人民法院判决后,送当地监狱服刑,罪犯服刑的原监狱应当配合。

五、监狱办理罪犯在监狱内犯罪案件,需要相关刑事技术支持的,由监狱所在地公安机关提供协助。需要在监狱外采取侦查措施的,应当通报当地公安机关,当地公安机关应当协助实施。

最高人民法院、最高人民检察院、公安部《关于办理非法生产光盘案件有关问题的通知》

(1997年3月28日 公发〔1997〕6号)

各省、自治区、直辖市高级人民法院、人民检察院、公安厅(局)、解放军军事法院、解放军军事检察院:

1996年以来,公安机关在打击侵犯知识产权违法犯罪活动的斗争中,陆续侦破了一批非法生产光盘案件,查获一批光盘生产线设备。鉴于光盘生产线设备价格昂贵,长期封存容易造成损坏,根据《中华人民共和国刑事诉讼法》第198条的规定,现就办案中处理光盘生产线设备的有关问题通知如下:

一、公安机关对查获的非法生产光盘案件,经侦查初步认定构成犯罪的,应当对查获的光盘生产线设备作为犯罪工具依法追缴。追缴后,应采取拍照、录像等方式做好物证的保全、固定工作,再变卖给有关部门指定的单位,变卖的价款及其孳息可暂存入银行。制作的原物照片、录像、物品清单、处理凭证以及其他证明文件,作为证据随案移送。

二、对查获的非法生产光盘案件,经侦查认定构不成犯罪的,其光盘生产线设备应当移交有关行政部门依法处理。

三、对主要犯罪嫌疑人未抓获,案情尚未全部查清的案件,其随案查获的光盘生产线设备,由公安机关按照本通知第一条规定做好证据保全、固定及设备的变卖工作。待案件查清后,对构成犯罪的,按照本通知第一条办理;对构不成犯罪的,按照本通知第二条办理。

四、变卖、罚没光盘生产线设备的收入,一律上缴国库。

最高人民法院、最高人民检察院、公安部、国家工商行政管理局《关于依法查处盗窃、抢劫机动车案件的规定》(节录)

(1998年5月8日 公通字〔1998〕31号)

十二、对明知是赃车而购买的,应将车辆无偿追缴;对违反国家规定购买车辆,经查证是赃车的,公安机关可以根据《刑事诉讼法》第一百一十条和第一百一十四条规定进行追缴和扣押。对不明知是赃车而购买的,结案后予以退还买主。

十三、对购买赃车后使用非法提供的入户、过户手续或者使用伪造、变造的入户、过户手续为赃车入户、过户的,应当吊销牌证,并将车辆无偿追缴;已将入户、过户车辆变卖的,追缴变卖所得并责令赔偿经济损失。

十四、对直接从犯罪分子处追缴的被盗窃、抢劫的机动车辆,经检验鉴定,查证属实后,可依法先行返还失主,移送案件时附清单、照片及其他证据。在返还失主前,按照赃物管理规定管理,任何单位和个人都不得挪用、损毁或者自行处理。

十五、盗窃、抢劫机动车案件,由案件发生地公安机关立案侦查,赃车流入地公安机关应当予以配合。跨地区系列盗窃、抢劫机动车案件,由最初受理的公安机关立案侦查;必要时,可由主要犯罪地公安机关立案侦查,或者由上级公安机关指定立案侦查。

十六、各地公安机关扣押或者协助

管辖单位追回的被盗窃、抢劫的机动车应当移送管辖单位依法处理，不得以任何理由扣留或者索取费用。拖延不交的，给予单位领导行政处分。

（四）提起公诉

中央纪委办公厅、国家监委办公厅、最高人民检察院办公厅
《国家监察委员会与最高人民检察院办理职务犯罪案件工作衔接办法》

（2018年4月16日 国监办发〔2018〕1号）

加强党对反腐败工作的集中统一领导，促进国家监察委员会和最高人民检察院在办理职务犯罪案件过程中互相配合、互相制约，建立权威高效、衔接顺畅的工作机制，根据《中华人民共和国监察法》《中华人民共和国刑事诉讼法》，结合工作实际，制定本办法。

第一章 国家监察委员会案件审理

第一条 案件调查部门收集、固定、审查被调查人涉嫌职务犯罪的供述和辩解、证人证言、物证、书证等证据材料，应严格遵循刑事审判关于证据的要求和标准。

首次讯问、询问时应当告知被调查人、证人有关权利义务等事项；讯问、询问应当制作完整的笔录，注明具体起止时间、地点，并由调查人员和被调查人、证人签名；对关键事实，一般应制作多份笔录，由被调查人书写自书材料。不得在多份笔录之间相互复制；避免提示性、诱导性提问。

讯问以及搜查、查封、扣押等重要取证工作应全程同步录音录像。

第二条 经调查，被调查人涉嫌职务犯罪事实清楚、证据确实充分，需要追究刑事责任的，调查部门应形成调查报告、《起诉建议书》和移送审理的请示，按程序报批后，连同全部案卷、同步录音录像等材料一并移送案件审理室。对被调查人采取留置措施的，应在留置期限届满30日前移送审理。

调查报告应载明被调查人的基本情况、调查简况、涉嫌职务犯罪事实、被调查人的态度和认识、涉案款物情况、调查部门意见、法律依据以及是否移送检察机关依法提起公诉等内容。将被调查人忏悔反思材料、涉案款物报告、《起诉建议书》等材料作为附件。

《起诉建议书》应载明被调查人基本情况，调查简况，采取留置措施的时间，涉嫌职务犯罪事实以及证据，被调查人从重、从轻、减轻等情节，提出对被调查人起诉的理由和法律依据，采取强制措施的建议，并注明移送案卷数及涉案款物等内容。

第三条 被调查人涉嫌职务犯罪的案卷材料应参照刑事诉讼要求装订成卷，并按照犯罪事实分别组卷。一般应包括全部证据、法律手续和文书等材料：

（一）证据材料。包括主体身份材料，被调查人供述和辩解，证人证言，物证、书证，视听资料，电子数据，鉴定意见，勘验、检查、搜查笔录等。

（二）法律手续和文书。包括立案决定书、留置决定书、留置通知书、查封、扣押、限制出境等相关文书。

（三）被调查人到案经过等材料。包

括被调查人如何到案,调查部门接触被调查人之前是否掌握其犯罪线索、掌握何种犯罪线索,被调查人是否如实供述犯罪事实、供述何种犯罪事实,被调查人是否有自动投案、检举揭发等从宽处罚情形的说明以及相关证据材料。

报请领导审批的内部审批文件,另行归入违纪违法问题案卷。

第四条 案件审理室收到调查部门移送的报告及全部案卷材料后,经审核符合移送条件的,按程序报批后予以受理;经审核不符合要求的,按程序报批后,可暂缓受理或不予受理,并通知调查部门及时补充、更正。

第五条 调查取证工作基本结束,已经查清涉嫌职务犯罪主要事实并提出倾向性意见,但存在重大、疑难、复杂问题等情形的,案件审理室可以提前介入审理。

需提前介入审理的,调查部门应在正式移送审理10日前提出,与案件审理室沟通,并报双方分管领导批准后实施。调查部门应将相关情况及时告知案件监督管理室。

第六条 案件审理室受理案件后,应当成立由2人以上组成的审理组,全面审理案卷材料,按照事实清楚、证据确凿、定性准确、处理恰当、手续完备、程序合法的要求,提出审理意见。

案件审理室根据案件审理情况,可以与被调查人谈话,核对违纪和违法犯罪事实,听取辩解意见,了解有关情况。

第七条 审理中,对存在主要事实不清、证据不足等问题的,按程序报批后,由案件审理室退回调查部门重新调查。

对基本事实清楚,但需要补充完善证据的,按程序报批后,由案件审理室退回调查部门补充调查。

重新调查或者补充调查结束后,调查部门应及时将补证情况报告及相关材料移送案件审理室。

第八条 审理组形成审理意见后应当提请案件审理室室务会议讨论。

案件审理室与调查部门就重大问题意见不一致的,由分管案件审理室的委领导主持召开审理协调会议,对有关问题进行研究。

第九条 审理工作结束后,案件审理室应形成审理报告,并在审核调查部门《起诉建议书》的基础上形成《起诉意见书》,作为审理报告附件,按程序报批后,提请复审。

第十条 审理报告应载明被调查人的基本情况、调查简况、违纪违法或者涉嫌职务犯罪的事实、被调查人的态度和认识、涉案款物情况、调查部门意见,并提出给予处分、涉案款物处置以及是否移送检察机关依法提起公诉等审理意见。

第十一条 国家监察委员会根据工作需要,设立法律专家咨询委员会。

对案件涉及专业技术问题或者具体业务政策、规定的,按程序报批后,可以向法律专家咨询委员会咨询。根据工作需要,可以采取会议或书面等方式咨询。

在审理阶段,对存在重大、疑难、复杂问题等情形的,按程序报批后,由案件审理室组织法律专家咨询委员会论证。参加论证人员应当对论证问题提出书面意见,并由法律专家委员会形成会议纪要。

咨询、论证工作必须严格遵循保密规定,相关人员应严格履行保密义务。

第二章 最高人民检察院提前介入工作

第十二条 国家监察委员会办理的重大、疑难、复杂案件在进入案件审理阶段后,可以书面商请最高人民检察院派员介入。

第十三条 最高人民检察院在收到提前介入书面通知后,应当及时指派检察官带队介入并成立工作小组。

第十四条 工作小组应当在15日内审核案件材料,对证据标准、事实认定、案件定性及法律适用提出书面意见,对是否需要采取强制措施进行审查。

书面意见应当包括提前介入工作的基本情况、审查认定的事实、定性意见、补证意见及需要研究和说明的问题等内容。

第十五条 国家监察委员会案件审理室对最高人民检察院工作小组书面意见审核后,需要补证的,按程序报批后,及时交由调查部门进行补证。补证工作结束后,调查部门应当形成补证情况报告,并将调取的证据材料装订成卷,一并移送案件审理室。

第三章 国家监察委员会向最高人民检察院移送案件

第十六条 国家监察委员会决定移送的案件,案件审理室应当将《起诉意见书》及时移交案件监督管理室,由案件监督管理室出具移送函,连同《起诉意见书》一并移送最高人民检察院。由调查部门负责移送被调查人、全部案卷材料、涉案款物等。案件移送前,应当按程序报批后作出党纪处分、政务处分决定,需要终止人大代表资格的,应当提请有关机关终止人大代表资格。案件移送最高人民检察院后,国家监察委员会调查部门应当跟踪了解案件办理情况,发现问题及时报告,不得违规过问、干预案件办理工作。

第十七条 《起诉意见书》主要内容包括:

(一)被调查人基本情况;
(二)案件来源及立案;
(三)留置的时间;
(四)依法查明的犯罪事实和证据清单;
(五)被调查人从重、从轻、减轻等情节;
(六)涉案款物情况;
(七)涉嫌罪名和法律依据;
(八)对被调查人采取强制措施的建议;
(九)其他需要说明的情况。

第十八条 对被调查人采取留置措施的国家监察委员会应当在正式移送起诉10日前书面通知 最高人民检察院移送事宜。

案件材料移送路途时间不计入办案期限。

第十九条 国家监察委员会调查的职务犯罪案件需要在异地起诉、审判的,一般应当在移送起诉20日前,由最高人民检察院商最高人民法院办理指定管辖事宜,并由最高人民检察院向国家监察委员会通报。

第四章 检察机关审查起诉

第二十条 对于国家监察委员会移送的案件,最高人民检察院案件管理部门接收案卷材料后应当立即审查下列内容:

(一)案卷材料齐备、规范,符合有关规定的要求;
(二)移送的款项或者物品与移送清单相符;
(三)被调查人在案情况。

第二十一条 最高人民检察院案件管理部门认为具备受理条件的,应当及时进行登记,并立即将案卷材料移送公诉部门办理;认为不具备受理条件的,应当商国家监察委员会相关部门补送材料。

第二十二条　最高人民检察院公诉部门经审查认为有犯罪事实需要追究刑事责任的,应当立即决定采取强制措施,并与国家监察委员会调查部门办理交接手续。国家监察委员会对被调查人的留置措施自其被检察机关采取强制措施之时自动解除。

最高人民检察院公诉部门在审查期间,检察官应当持《起诉意见书》和检察提讯证提讯犯罪嫌疑人。

对于正在被留置的被调查人,一般应当予以逮捕。如果犯罪嫌疑人涉嫌的罪行较轻,或者患有严重疾病、生活不能自理,是怀孕或者正在哺乳自己婴儿的妇女,不逮捕不致发生社会危险性的,可以采取取保候审或者监视居住措施。

第二十三条　对于确定指定管辖的,应当综合考虑当地人民检察院、人民法院、看守所等的办案力量、办案场所以及交通等因素决定,一般应当指定人民检察院分院、州、市人民检察院审查起诉。

对于一人犯数罪、共同犯罪、多个犯罪嫌疑人实施的犯罪相互关联,并案处理有利于查明案件事实和诉讼进行的,可以并案指定由同一人民检察院审查起诉。

第二十四条　最高人民检察院作出指定管辖决定后,应当在10日内将案卷材料交由被指定的人民检察院办理。

被指定的人民检察院应当重新作出强制措施决定。犯罪嫌疑人被采取监视居住、逮捕措施的,最高人民检察院应当与被指定的人民检察院办理移交犯罪嫌疑人的手续。

第二十五条　被指定的人民检察院应当自收到案卷材料之日起3日内,告知犯罪嫌疑人有权委托辩护人,并告知其如果经济困难或者其他原因没有聘请辩护人的,可以依法申请法律援助。

第二十六条　被指定的人民检察院审查移送起诉的案件,应当查明:

(一)犯罪嫌疑人身份状况是否清楚,包括姓名、性别、国籍、出生年月日、职业和单位等;单位犯罪的,单位的相关情况是否清楚;

(二)犯罪事实、情节是否清楚;实施犯罪的时间、地点、手段、犯罪事实、危害后果是否明确;

(三)认定犯罪性质和罪名的意见是否正确;有无法定的从重、从轻、减轻或者免除处罚的情节及酌定从重、从轻情节;共同犯罪案件的犯罪嫌疑人在犯罪活动中的责任的认定是否恰当;

(四)证明犯罪事实的证据材料包括采取技术调查措施的决定书及证据材料是否随案移送;证明相关财产系违法所得的证据材料是否随案移送;不宜移送的证据的清单、复制件、照片或者其他证明文件是否随案移送;

(五)证据是否确实、充分,是否依法收集,有无应当排除非法证据的情形;

(六)调查的各种手续和文书是否完备;

(七)有无遗漏罪行和其他应当追究刑事责任的人;

(八)是否属于不应当追究刑事责任的;

(九)有无附带民事诉讼;对于国家财产、集体财产遭受损失的,是否需要由人民检察院提起附带民事诉讼;

(十)涉案财物是否查封、扣押、冻结并妥善保管,清单是否齐备;对被害人合法财产的返还和对违禁品或者不宜长期

保存的物品的处理是否妥当,移送的证明文件是否完备;

(十一)其他需要审查的事项。

第二十七条 国家监察委员会调查取得的证据材料,可以在刑事诉讼中作为证据使用。被指定的人民检察院应当对取证合法性进行审查。

国家监察委员会对调查过程的录音、录像不随案移送最高人民检察院。最高人民检察院认为需要调取与指控犯罪有关并且需要对证据合法性进行审查的讯问录音录像,可以同国家监察委员会沟通协商后予以调取。所有因案件需要接触录音、录像的人员,应当对录音、录像的内容严格保密。

第二十八条 被指定的人民检察院在审查起诉过程中,发现需要补充提供证据的,可以列明需补充证据的目录及理由,由最高人民检察院同国家监察委员会沟通协商。

第二十九条 在审查起诉阶段,被指定的人民检察院认为可能存在非法取证行为,需要调查核实的,应当报最高人民检察院批准。

第三十条 被指定的人民检察院可以采取以下方式进行调查核实:

(一)讯问犯罪嫌疑人;

(二)询问在场人员及证人;

(三)听取辩护律师意见;

(四)进行伤情、病情检查或者鉴定;

(五)其他调查核实方式。

被指定的人民检察院认为需要国家监察委员会对证据收集的合法性作出书面说明或提供相关证明材料,应当报最高人民检察院,由最高人民检察院同国家监察委员会沟通协商。

第三十一条 最高人民检察院对于调取讯问录音录像、体检记录等材料的申请,经审查认为申请调取的材料与证明证据收集的合法性有联系的,应当同国家监察委员会沟通协商;认为与证明证据收集的合法性没有联系的,应当决定不予调取。

第三十二条 被指定的人民检察院调查完毕后,应当提出排除或者不排除非法证据的处理意见,报最高人民检察院批准决定。最高人民检察院经与国家监察委员会沟通协商后,作出决定。

被排除的非法证据应当随案移送,并写明为依法排除的非法证据。

第三十三条 被指定的人民检察院对案件进行审查后,认为犯罪嫌疑人的犯罪事实已经查清,证据确实、充分,依法应当追究刑事责任的,应当报最高人民检察院批准后,作出起诉决定,并由最高人民检察院向国家监察委员会通报。对拟作不起诉决定,或者改变犯罪性质、罪名的,应当报??高人民检察院,由最高人民检察院与国家监察委员会沟通协商。

第三十四条 对国家监察委员会移送的案件,最高人民检察院公诉部门应当与最高人民法院相关审判庭共同制定审判预案,对可能出现的突发情况和问题提出应对措施,保证起诉、审判等工作顺利进行。对案件涉及重大复杂敏感问题的,应当及时与国家监察委员会沟通协商,必要时提请中央政法委员会协调,确保案件办理的政治效果、法律效果和社会效果。

第三十五条 国家监察委员会调查的案件,被调查人逃匿,在通缉一年后不能到案,或者死亡,依照刑法规定应当追缴其违法所得及其他涉案财产的,国家监察委员会应当写出没收违法所得意见书,连同相关证据材料一并移送最高人民检察院。

国家监察委员会在移送没收违法所得意见书之前,应当与最高人民检察院、最高人民法院协商办理指定管辖有关事宜。

第三十六条　对于国家监察委员会移送的没收违法所得案件,被指定的人民检察院拟提出没收违法所得申请的,应当报最高人民检察院批准。在审查过程中认为需要补充证据,或者拟不提出没收违法所得申请的,应当报最高人民检察院,由最高人民检察院同国家监察委员会沟通协商。

第五章　退回补充调查和自行补充侦查

第三十七条　移送审查起诉的案件,犯罪事实不清、证据不足的,应当退回国家监察委员会补充调查。被指定的人民检察院经审查,拟退回补充调查的,应当报最高人民检察院批准。最高人民检察院在作出决定前,应当与国家监察委员会沟通协商,具体由最高人民检察院公诉部门和国家监察委员会案件审理室进行对接。

需要退回补充调查的案件,应当以最高人民检察院的名义出具退回补充调查决定书、补充调查提纲,连同案卷材料由最高人民检察院一并送交国家监察委员会案件监督管理室。

第三十八条　最高人民检察院决定退回补充调查的案件,补充调查期间,犯罪嫌疑人沿用人民检察院作出的强制措施。被指定的人民检察院应当将退回补充调查情况书面通知看守所。国家监察委员会需要讯问被调查人的,被指定的人民检察院应当予以配合。

第三十九条　对于退回国家监察委员会补充调查的案件,调查部门应当在一个月内补充调查完毕并形成补充调查报告,经案件审理室审核后按程序报批。

补充调查以二次为限。

补充调查结束后需要提起公诉的,应当由国家监察委员会重新移送最高人民检察院。审查起诉期限重新计算。

第四十条　被指定的人民检察院经审查,认为本案定罪量刑的基本犯罪事实已经查清,但具有下列情形之一的,经报最高人民检察院批准,并同时通报国家监察委员会后,可以自行补充侦查:

(一)证人证言、犯罪嫌疑人供述和辩解、被害人陈述的内容中主要情节一致,个别情节不一致且不影响定罪量刑的;

(二)书证、物证等证据材料需要补充鉴定的;

(三)其他由被指定的人民检察院查证更为便利、更有效率、更有利于查清案件事实的情形。

第四十一条　自行补充侦查的案件,应当在审查起诉期间补充侦查完毕。

被指定的人民检察院自行补充侦查的,可以由最高人民检察院商国家监察委员会提供协助。

自行补充侦查完毕后,被指定的人民检察院应当制作补充侦查终结报告并附相关证据材料,报最高人民检察院批准后入卷,同时抄送国家监察委员会。

第四十二条　被指定的人民检察院发现新的职务犯罪线索的,应当在3日内报最高人民检察院。经批准后,通过最高人民检察院转交国家监察委员会。

第四十三条　被指定的人民检察院

经审查发现有下列情形的,经报最高人民检察院批准,分别作出如下处理:

(一)犯罪嫌疑人没有犯罪事实,或者有《中华人民共和国刑事诉讼法》第十五条规定的情形之一的,可以将案件退回国家监察委员会处理,也可以作出不起诉决定;

(二)经二次退回补充调查仍然认为证据不足,不符合起诉条件的,应当作出不起诉决定;

(三)犯罪情节轻微,依照刑法规定不需要判处刑罚或者免除刑罚的,可以作出不起诉决定。

最高人民检察院在批准不起诉决定前,应当与国家监察委员会沟通协商。

第四十四条 不起诉决定书应当由被指定的人民检察院作出,通过最高人民检察院送达国家监察委员会。国家监察委员会认为不起诉决定书确有错误的,应当在收到不起诉决定书后30日内向最高人民检察院申请复议。

第四十五条 对于国家监察委员会对不起诉决定申请复议的案件,最高人民检察院应当另行指定检察官审查提出意见,并自收到复议申请后30日内,经由检察长或者检察委员会决定后,以最高人民检察院的名义答复国家监察委员会。

最高人民检察院的复议决定可以撤销或者变更原有不起诉决定,交由下级人民检察院执行。

第四十六条 人民检察院决定不起诉的案件,对国家监察委员会随案移送的涉案财产,经最高人民检察院批准,应当区分不同情形,作出相应处理:

(一)因犯罪嫌疑人死亡而决定不起诉,符合《中华人民共和国刑事诉讼法》第二百八十条规定的没收程序条件的,按照本办法的相关规定办理;

(二)因其他原因决定不起诉,对于查封、扣押、冻结的犯罪嫌疑人违法所得及其他涉案财产需要没收的,应当提出检察意见,退回国家监察委员会处理;

(三)对于冻结的犯罪嫌疑人存款、汇款、债券、股票、基金份额等财产能够查明需要返还被害人的,可以通知金融机构返还被害人;对于查封、扣押的犯罪嫌疑人的违法所得及其他涉案财产能够查明需要返还被害人的,直接决定返还被害人。

最高人民检察院批准上述决定前,应当与国家监察委员会沟通。

国家安全部、最高人民法院、最高人民检察院《关于广东、江苏、浙江省国家安全厅承办案件批捕起诉问题的通知》

[1985年7月15日 〔1985〕国安发(六)15号]

广东、江苏、浙江省人民检察院、高级人民法院、国家安全厅,广州、南京、杭州市人民检察院、中级人民法院:

由于广东、江苏、浙江三省的省会所在城市不设立国家安全机构,这三个省的国家安全厅承办的间谍特务案件和其他危害国家安全的案件,认为构成犯罪,需要提请批捕、移送起诉的,直接送省会所在地的市人民检察院审查;市人民检察院认为需要提起公诉的,可向市中级人民法院提起公诉。

最高人民检察院《关于对服刑罪犯暂予监外执行期间在异地又犯罪应由何地检察院受理审查起诉问题的批复》

(1998年11月26日 高检发释字〔1998〕5号)

四川省人民检察院：

你院川检发研〔1998〕12号《关于服刑罪犯暂予监外执行期间在异地又犯罪应由何地检察院受理审查起诉的问题的请示》收悉。经研究，批复如下：

对罪犯在暂予监外执行期间在异地犯罪，如果罪行是在犯罪地被发现、罪犯是在犯罪地被捕获的，由犯罪地人民检察院审查起诉；如果案件由罪犯暂予监外执行地人民法院审判更为适宜的，也可以由罪犯暂予监外执行地的人民检察院审查起诉；如果罪行是在暂予监外执行的情形消失，罪犯被继续收监执行剩余刑期期间发现的，由罪犯服刑地的人民检察院审查起诉。

最高人民检察院《关于先后受理同一犯罪嫌疑人涉嫌职务犯罪和其他犯罪的案件审查起诉期限如何起算问题的批复》

(2022年11月9日由最高人民检察院第十三届检察委员会第一百零八次会议通过，2022年11月15日公布，自2022年11月18日起施行)

江苏省人民检察院：

你院《关于互涉案件如何起算审查起诉期限的请示》(苏检发三部字〔2022〕2号)收悉。经研究，批复如下：

对于同一犯罪嫌疑人涉嫌职务犯罪和其他犯罪的案件，监察机关、侦查机关移送人民检察院审查起诉时间不一致，需要并案处理的，审查起诉期限自受理后案之日起重新计算。

此复。

最高人民检察院《刑事抗诉案件出庭规则(试行)》

(2001年3月5日 高检诉发〔2001〕第11号)

一、通则

第一条 为了规范刑事抗诉案件的出庭工作程序，根据《中华人民共和国刑事诉讼法》和《人民检察院刑事诉讼规则》等有关规定，制定本规则。

第二条 本规则适用于人民检察院检察人员出席人民法院开庭审理的刑事抗诉案件。

第三条 检察人员出席刑事抗诉案件法庭的任务是：

(一)支持抗诉；

(二)维护诉讼参与人的合法权利；

(三)代表人民检察院对法庭审判活动是否合法进行监督。

二、庭前准备

第四条 收到刑事抗诉案件开庭通知书后，出席法庭的检察人员应当做好如下准备工作：

(一)熟悉案情和证据情况，了解证人证言、被告人供述等证据材料是否发生变化；

（二）深入研究与本案有关的法律、政策问题，充实相关的专业知识；

（三）拟定出席抗诉法庭提纲；

（四）上级人民检察院对下级人民检察院按照第二审程序提出抗诉的案件决定支持抗诉的，应当制作支持抗诉意见书，并在开庭前送达同级人民法院。

第五条　出席抗诉法庭提纲一般应当包括：

（一）讯问原审被告人提纲；

（二）询问证人、被害人、鉴定人提纲；

（三）出示物证，宣读书证、证人证言、被害人陈述、被告人供述、勘验检查笔录，播放视听资料的举证和质证方案；

（四）支持抗诉的事实、证据和法律意见；

（五）对原审被告人、辩护人辩护内容的预测和答辩要点；

（六）对庭审中可能出现的其他情况的预测和相应的对策。

第六条　上级人民检察院支持下级人民检察院提出的抗诉意见和理由的，支持抗诉意见书应当叙述支持的意见和理由；部分支持的，叙述部分支持的意见和理由，不予支持部分的意见应当说明。

上级人民检察院不支持下级人民检察院提出的抗诉意见和理由，但认为原审判决、裁定确有其他错误的，应当在支持抗诉意见书中表明不同意见和理由，并且提出新的抗诉意见和理由。

第七条　庭审开始前，出席法庭的检察人员应当做好如下预备工作：

（一）核对被告人及其辩护人，附带民事诉讼的原告人及其诉讼代理人，以及其他应到庭的诉讼参与人是否已经到庭；

（二）审查合议庭的组成是否合法；刑事抗诉书副本等诉讼文书的送达期限是否符合法律规定；被告人是盲、聋、哑、未成年人或者可能被判处死刑而没有委托辩护人的，人民法院是否指定律师为其提供辩护；

（三）审查到庭被告人的身份材料与刑事抗诉书中原审被告人的情况是否相符；审判长告知诉讼参与人的诉讼权利是否清楚、完整；审判长对回避申请的处理是否正确、合法。法庭准备工作结束，审判长征求检察人员对法庭准备工作有无意见时，出庭的检察人员应当就存在的问题提出意见，请审判长予以纠正，或者表明没有意见。

三、法庭调查

第八条　审判长或者审判员宣读原审判决书或者裁定书后，由检察人员宣读刑事抗诉书。宣读刑事抗诉书时应当起立，文号及正文括号内的内容不宣读，结尾读至"此致某某人民法院"止。

按照第二审程序提出抗诉的案件，出庭的检察人员应当在宣读刑事抗诉书后接着宣读支持抗诉意见书，引导法庭调查围绕抗诉重点进行。

第九条　检察人员应当根据抗诉案件的不同情况分别采取以下举证方式：

（一）对于事实清楚，证据确实、充分，只是由于原审判决、裁定定性不准、适用法律错误导致量刑明显不当，或者因人民法院审判活动违反法定诉讼程序而提起抗诉的案件，如果原审事实、证据没有变化，在宣读支持抗诉意见书后由检察人员提请，并经审判长许可和辩护方同意，除了对新的辩论观点所依据的证据进行举证、质证以外，可以直接进入法庭辩论。

（二）对于因原审判决、裁定认定部

分事实不清、运用部分证据错误,导致定性不准,量刑明显不当而抗诉的案件,出庭的检察人员对经过原审举证、质证并成为判决、裁定依据,且诉讼双方没有异议的证据,不必逐一举证、质证,应当将法庭调查、辩论的焦点放在检察机关认为原审判决、裁定认定错误的事实和运用错误的证据上,并就有关事实和证据进行详细调查、举证和论证。对原审未质证清楚,二审、再审对犯罪事实又有争议的证据,或者在二审、再审期间收集的新的证据,应当进行举证、质证。

(三)对于因原审判决、裁定认定事实不清、证据不足,导致定性不准、量刑明显不当而抗诉的案件,出庭的检察人员应当对案件的事实、证据、定罪、量刑等方面的问题进行全面举证。庭审中应当注意围绕抗诉重点举证、质证、答辩,充分阐明抗诉观点,详实、透彻地论证抗诉理由及其法律依据。

第十条 检察人员在审判长的主持下讯问被告人、讯问应当围绕抗诉理由以及对原审判决、裁定认定事实有争议的部分进行,对没有异议的事实不再全面讯问。

讯问前应当先就原审被告人过去所作的供述是否属实进行讯问。如果被告人回答不属实,应当讯问哪些不属实。针对翻供,可以进行政策攻心和法制教育,或者利用被告人供述的前后矛盾进行讯问,或者适时举出相关证据予以反驳。

讯问时应当注意方式、方法,讲究技巧和策略。对被告人供述不清、不全、前后矛盾,或者供述明显不合情理,或者供述与已查证属实的证据相矛盾的问题,应当讯问。与案件无关、被告人已经供述清楚或者无争议的问题,不应当讯问。

讯问被告人应当有针对性,语言准确、简练、严密。

对辩护人已经提问而被告人作出客观回答的问题,一般不进行重复讯问。辩护人提问后,被告人翻供或者回答含糊不清的,如果涉及案件事实、性质的认定或者影响量刑的,检察人员必须有针对性重复讯问。辩护人提问的内容与案件无关,或者采取不适当的发问语言和态度的,检察人员应当及时请求合议庭予以制止。

在法庭调查结束前,检察人员可以根据辩护人、诉讼代理人、审判长(审判员)发问的情况,进行补充讯问。

第十一条 证人、鉴定人应当由人民法院通知并负责安排出庭作证。对证人的询问,应当按照刑事诉讼法第一百五十六条规定的顺序进行,但对辩方提供的证人,公诉人认为由辩护人先行发问更为适当的,可以由辩护人先行发问。

检察人员对证人发问,应当针对证言中有遗漏、矛盾、模糊不清的有争议的内容,并着重围绕与定罪量刑紧密相关的事实进行。发问应当采取一问一答的形式,做到简洁清楚。

证人进行虚假陈述的,应当通过发问澄清事实,必要时还应当出示、宣读证据配合发问。

第十二条 询问鉴定人参照第十一条的规定进行。

第十三条 检察人员应当在提请合议庭同意宣读有关证言、书证或者出示物证时,说明该证据的证明对象。合议庭同意后,在举证前,检察人员应当说明取证主体、取证对象以及取证时间和地点,说明取证程序合法。

对检察人员收集的新证据,向法庭出示时也应当说明证据的来源和证明作用以及证人的有关情况,提请法庭质证。

第十四条　二审期间审判人员通过调查核实取得的新证据,应当由审判人员在法庭上出示,检察人员应当进行质证。

第十五条　检察人员对辩护人在法庭上出示的证据材料,无论是新的证据材料还是原审庭审时已经举证、质证的证据材料,均应积极参与质证。既要对辩护人所出示证据材料的真实性发表意见,也要注意辩护人的举证意图。如果辩护人运用该证据材料所说明观点不能成立,应当及时予以反驳。对辩护人、当事人、原审被告人出示的新的证据材料,检察人员认为必要时,可以进行讯问、质证,并就该证据材料的合法性证明力提出意见。

第十六条　法庭审理过程中,对证据有疑问或者需要补充新的证据、重新鉴定或勘验现场等,检察人员可以向审判长提出休庭或延期审理的建议。

四、法庭辩论

第十七条　审判长宣布法庭调查结束,开始进行法庭辩论时,检察人员应当发表支持抗诉的意见。

出庭支持抗诉的意见包括以下内容:

(一)原审判决、裁定认定的事实、证据及当庭质证的情况进行概括,论证原审判决认定的事实是否清楚,证据是否确实充分;

(二)论证原审判决、裁定定罪量刑、适用法律的错误之处,阐述正确观点,明确表明支持抗诉的意见;

(三)揭露被告人犯罪行为的性质和危害程度。

第十八条　检察人员对原审被告人、辩护人提出的观点,认为需要答辩的,应当在法庭上进行答辩。答辩应当抓住重点,主次分明。对与案件无关或者已经辩论过的观点和内容,不再答辩。

第十九条　法庭辩论结束后,检察人员应当认真听取原审被告人的最后陈述。

五、其他规定

第二十条　书记员应当认真记录庭审情况。庭审笔录应当入卷。

第二十一条　检察人员发现人民法院审理案件违反法定诉讼程序的,应当在开庭审理结束后报经检察长同意,以人民检察院的名义,向人民法院提出书面纠正的意见。

最高人民检察院
《人民检察院办理不起诉案件
公开审查规则(试行)》

(2001年3月5日　高检诉发〔2001〕第11号)

一、制定目的和法律依据

第一条　为保证不起诉决定的公正性,保障当事人的合法权利,规范不起诉案件公开审查程序,根据《中华人民共和国刑事诉讼法》、《人民检察院刑事诉讼规则》等有关规定,结合人民检察院办理不起诉案件工作实际,制定本规则。

第二条　本规则所称不起诉案件,是指审查起诉过程中拟作不起诉决定的案件。

第三条　不起诉案件公开审查,是为了充分听取侦查机关(部门)和犯罪嫌疑人、被害人以及犯罪嫌疑人、被害人委托的人等对案件处理的意见,为人民检察院对案件是否作不起诉处理提供参考。

二、适用范围

第四条　公开审查的不起诉案件应

当是存在较大争议并且在当地有较大社会影响的,经人民检察院审查后准备作不起诉的案件。

第五条 对下列案件不进行公开审查:

(一)案情简单,没有争议的案件;

(二)涉及国家秘密或者个人隐私的案件;

(三)十四岁以上不满十六岁未成年人犯罪的案件;

十六岁以上不满十八岁未成年人犯罪的案件,一般也不进行公开审查;

(四)其他没有必要进行公开审查的案件。

三、公开审查程序及内容

第六条 人民检察院对于拟作不起诉处理的案件,可以根据侦查机关(部门)的要求或者犯罪嫌疑人及其法定代理人、辩护人,被害人及其法定代理人、辩护人,被害人及其法定代理人、诉讼代理人的申请,经检察长决定,进行公开审查。

第七条 人民检察院对不起诉案件进行公开审查,应当听取侦查机关(部门),犯罪嫌疑人及其法定代理人、辩护人,被害人及法定代理人、诉讼代理人的意见。听取意见可以分别进行,也可以同时进行。

第八条 公开审查活动应当在人民检察院进行,也可以在人民检察院指定的处所进行。

第九条 公开审查活动应当由案件承办人主持进行,并配备书记员记录。

第十条 不起诉案件公开审查时,允许公民旁听;可以邀请人大代表、政协委员、特约检察员参加;可以根据案件需要或者当事人的请求,邀请有关专家及与案件有关的人参加;经人民检察院许可,新闻记者可以旁听和采访。

对涉及国家财产、集体财产遭受损失的案件,可以通知有关单位派代表参加。

第十一条 人民检察院在公开审查三日前,应当向社会公告案由、公开审查时间和地点,并通知参加公开审查活动的人员。

第十二条 人民检察院在公开审查时,应当公布案件承办人和书记员的姓名,宣布案由以及公开审查的内容、目的,告知当事人有关权利和义务,并询问是否申请回避。

第十三条 人民检察院主要就案件拟作不起诉处理听取侦查机关(部门),犯罪嫌疑人及其法定代理人,诉讼代理人的意见。

第十四条 案件承办人应当根据案件证据,依照法律的有关规定,阐述不起诉的理由,但不需要出示证据。

参加公开审查的侦查人员,犯罪嫌疑人及其法定代理人、辩护人、被害人及其法定代理人、诉讼代理人可以就案件事实、证据、适用的法律以及是否应予不起诉,各自发表意见,但不能直接进行辩护。

第十五条 公开审查的活动内容由书记员制作笔录。笔录应当交参加公开审查的侦查人员,犯罪嫌疑人及其法定代理人、辩护人,被害人及其法定代理人、诉讼代理人阅读或者向其宣读,如果认为记录有误或有遗漏的,可以请求补充或更正,确认无误后,应当签名或盖章。

第十六条 公开审查活动结束后,应当制作不起诉案件公开审查的情况报告。报告中应当重点写明公开审查过程中各方一致性意见或者存在的主要分歧,并提出起诉或者不起诉的建议,连同公开审查笔录,呈报检察长或者检察委员会,作为案件是否作出不起诉决定的参考。

四、其他规定

第十七条　人民检察院公开审查不起诉案件应当在审查起诉期限内完成。

第十八条　审查不起诉案件的其他有关事项,依照《中华人民共和国刑事诉讼法》和《人民检察院刑事诉讼规则》的有关规定办理。

最高人民检察院
《人民检察院办理起诉案件
质量标准(试行)》

(2007年6月19日　〔2007〕高检诉发63号)

为了依法行使起诉权,保证起诉案件的办案质量,根据《中华人民共和国刑法》、《中华人民共和国刑事诉讼法》和《人民检察院刑事诉讼规则》等有关规定,结合检察机关起诉工作实际,制定本标准。

一、符合下列条件的,属于达到起诉案件质量标准

(一)指控的犯罪事实清楚

1. 指控的被告人的身份,实施犯罪的时间、地点、经过、手段、动机、目的、危害后果以及其他影响定罪量刑的事实、情节清楚;

2. 无遗漏犯罪事实;

3. 无遗漏被告人。

(二)证据确实、充分

1. 证明案件事实和情节的证据合法有效,依据法律和有关司法解释排除非法证据;

2. 证明犯罪构成要件的事实和证据确实、充分;

3. 据以定罪的证据之间不存在矛盾或者矛盾能够合理排除;

4. 根据证据得出的结论具有排他性。

(三)适用法律正确

1. 认定的犯罪性质和罪名准确;

2. 认定的一罪或者数罪正确;

3. 认定从重、从轻、减轻或者免除处罚的法定情节准确;

4. 认定共同犯罪的各被告人在犯罪活动中的作用和责任恰当;

5. 引用法律条文准确、完整。

(四)诉讼程序合法

1. 本院有案件管辖权;

2. 符合回避条件的人员依法回避;

3. 适用强制措施正确;

4. 依法讯问犯罪嫌疑人,听取被害人和犯罪嫌疑人、被害人委托的人的意见;

5. 依法告知当事人诉讼权利;

6. 在法定期限内审结,未超期羁押;

7. 遵守法律、法规及最高人民检察院规定的其他办案程序。

(五)依法履行法律监督职责

1. 依法对侦查、审判活动中的违法行为提出纠正意见;

2. 依法向有关单位提出检察意见或书面纠正意见;

3. 对发现的犯罪线索,及时进行初查或移送有关部门处理;

4. 依法追诉漏罪、漏犯;

5. 依法对人民法院确有错误的判决、裁定提出抗诉。

(六)符合宽严相济刑事司法政策的要求

1. 充分考虑起诉的必要性,可诉可不诉的不诉;

2. 正确适用量刑建议,根据具体案

情,依法向人民法院提出从宽或者从严处罚的量刑建议;

3. 对符合条件的轻微刑事案件,适用快速办理机制进行处理;

4. 对符合条件的轻微刑事案件,建议或同意人民法院适用简易程序;

5. 对符合条件的被告人认罪的刑事案件,建议或同意人民法院适用普通程序简化审理;

6. 对未成年人刑事案件,办案方式应符合有关特殊规定。

(七)其他情形

1. 犯罪行为造成国家财产、集体财产损失,需要由人民检察院提起附带民事诉讼的,依法提起;

2. 依法应当移送或者作出处理的有关证据材料、扣押款物、非法所得及其孳息等,移送有关机关或者依法作出处理,证明文件完备;

3. 法律文书、工作文书符合有关规范。

二、具有下列情形之一的,属于起诉错误

1. 本院没有案件管辖权而提起公诉的;

2. 对不构成犯罪的人或者具有刑事诉讼法第十五条规定的情形不应当被追究刑事责任的人提起公诉的;

3. 法院作出无罪判决,经审查确认起诉确有错误的;

4. 案件撤回起诉,经审查确认起诉确有错误的;

5. 具有其他严重违反法律规定的情形,造成起诉错误的。

三、具有下列情形之一的,属于起诉质量不高

1. 认定事实、情节有误或者遗漏部分犯罪事实的;

2. 没有依法排除非法证据尚未造成错案的;

3. 遗漏认定从重、从轻、减轻或者免除处罚的法定情节的;

4. 对共同犯罪的各被告人在犯罪活动中的作用和责任认定严重不当的;

5. 没有依法变更起诉、追加起诉,或者适用变更起诉、追加起诉明显不当的;

6. 引用法律条文不准确或者不完整的;

7. 在出庭讯问被告人和举证、质证、辩论中有明显失误的;

8. 依法应当回避的人员没有依法回避的;

9. 没有依法讯问犯罪嫌疑人,或没有依法听取被害人和犯罪嫌疑人、被害人委托的人的意见的;

10. 没有依法告知当事人诉讼权利的;

11. 超过了法定办案期限,或者具有超期羁押情形的;

12. 适用强制措施错误或者明显不当的;

13. 没有依法履行法律监督职责的;

14. 办理案件明显不符合宽严相济刑事司法政策要求的;

15. 依法应当提起附带民事诉讼而没有提起的;

16. 依法应当移送或者作出处理的有关证据材料、扣押款物、非法所得及其孳息等,没有移送有关机关,或者没有依法作出处理,证明文件不完备的;

17. 法律文书、工作文书不符合有关规范的;

18. 具有其他违反法律及最高人民检察院有关规定的情形,影响了起诉质量,但不属于起诉错误的。

最高人民检察院
《人民检察院办理不起诉案件质量标准(试行)》

(2007年6月19日 〔2007〕高检诉发63号)

为了依法行使不起诉权,保证不起诉案件的办案质量,根据《中华人民共和国刑法》、《中华人民共和国刑事诉讼法》和《人民检察院刑事诉讼规则》的有关规定,结合检察机关不起诉工作实际,制定本标准。

一、符合下列条件的,属于达到不起诉案件质量标准

(一)根据刑事诉讼法第一百四十第四款决定不起诉的案件

人民检察院对于经过补充侦查并且具有下列情形之一的案件,经检察委员会讨论决定,可以作出不起诉决定:

1. 据以定罪的证据存在疑问,无法查证属实的;

2. 犯罪构成要件事实缺乏必要的证据予以证明的;

3. 据以定罪的证据之间的矛盾不能合理排除的;

4. 根据证据得出的结论具有其他可能性的。

(二)根据刑事诉讼法第一百四十二条第一款决定不起诉的案件

人民检察院对于犯罪嫌疑人有刑事诉讼法第十五条规定的六种情形之一的,经检察长决定,应当作出不起诉决定。

对于犯罪嫌疑人没有违法犯罪行为的,或者犯罪事实并非犯罪嫌疑人所为的案件,人民检察院应当书面说明理由将案件退回侦查机关作撤案处理或者重新侦查;侦查机关坚持移送的,经检察长决定,人民检察院可以根据刑事诉讼法第一百四十二条第一款的规定作不起诉处理。

(三)根据刑事诉讼法第一百四十二条第二款决定不起诉的案件

人民检察院对于犯罪情节轻微,依照刑法规定不需要判处刑罚或者免除刑罚的,经检察委员会讨论决定,可以作出不起诉决定。

对符合上述条件,同时具有下列情形之一的,依法决定不起诉:

1. 未成年犯罪嫌疑人、老年犯罪嫌疑人,主观恶性较小、社会危害不大的;

2. 因亲友、邻里及同学同事之间纠纷引发的轻微犯罪中的犯罪嫌疑人,认罪悔过、赔礼道歉、积极赔偿损失并得到被害人谅解或者双方达成和解并切实履行,社会危害不大的;

3. 初次实施轻微犯罪的犯罪嫌疑人,主观恶性较小的;

4. 因生活无着偶然实施盗窃等轻微犯罪的犯罪嫌疑人,人身危险性不大的;

5. 群体性事件引起的刑事犯罪中的犯罪嫌疑人,属于一般参与者的。

具有下列情形之一的,不应适用刑事诉讼法第一百四十二条第二款作不起诉决定:

1. 实施危害国家安全犯罪的;

2. 一人犯数罪的;

3. 犯罪嫌疑人有脱逃行为或者构成累犯的;

4. 犯罪嫌疑人系共同犯罪中的主犯,而从犯已被提起公诉或者已被判处刑罚的;

5. 共同犯罪中的同案犯,一并起诉、

审理更为适宜的;

6. 犯罪后订立攻守同盟,毁灭证据,逃避或者对抗侦查的;

7. 因犯罪行为给国家或者集体造成重大经济损失或者有严重政治影响的;

8. 需要人民检察院提起附带民事诉讼的;

9. 其他不应当适用刑事诉讼法第一百四十二条第二款作不起诉处理的。

(四)其他情形

1. 关于案件事实和证据的认定、法律适用、诉讼程序、法律监督等方面的质量标准,参照《人民检察院办理起诉案件质量标准(试行)》中"办理起诉案件质量标准"部分的相关规定执行;

2. 对未成年人犯罪案件,办案方式应符合有关规定;

3. 对需要进行公开审查的不起诉案件,按照有关规定进行公开审查;

4. 根据刑事诉讼法第一百四十条第四款和第一百四十二条第二款的规定作不起诉的案件应当报送上一级人民检察院备案;

5. 对检察机关直接受理侦查的案件,拟作不起诉处理的,应由人民监督员提出监督意见;

6. 省级以下人民检察院对直接受理侦查的案件拟作不起诉决定的,应报上一级人民检察院批准;

7. 不起诉的决定应当公开宣布,并将不起诉决定书送达被不起诉人、被不起诉人所在单位、被害人或者其近亲属及其诉讼代理人、侦查机关。如果被不起诉人在押,应当立即释放;

8. 人民检察院决定不起诉的案件,需要对侦查中扣押、冻结的财物解除扣押、冻结的,应当书面通知作出扣押、冻结决定的机关或者执行扣押、冻结决定的机关解除扣押、冻结;

9. 需要对被不起诉人给予行政处罚、处分或者没收其违法所得的,应当提出书面检察意见,连同不起诉决定书一并移送有关主管机关处理;

10. 侦查机关对不起诉决定要求复议或者提请复核的,被不起诉人或者被害人不服不起诉决定提出申诉的,人民检察院应当及时审查并在法定期限内作出决定;

11. 人民检察院收到人民法院受理被害人对被不起诉人起诉的通知后,应当将作出不起诉决定所依据的有关案件材料移送人民法院。

二、具有下列情形之一的,属于不起诉错误

1. 本院没有案件管辖权;

2. 对应当提起公诉的案件或者不符合不起诉法定条件的案件作出不起诉决定的;

3. 对定罪的证据确实、充分,仅是影响量刑的证据不足或者对界定此罪与彼罪有不同认识的案件,依照刑事诉讼法第一百四十条第四款作出不起诉决定的;

4. 适用不起诉法律条文(款)错误的;

5. 经审查确认不起诉决定确有错误,被上级检察机关依法撤销的;

6. 具有其他违反法律规定的情形,造成不起诉错误的。

三、具有下列情形之一的,属于不起诉质量不高

1. 关于案件事实和证据的认定、法律适用、诉讼程序、法律监督以及符合刑事政策要求等方面的不起诉质量不高的情形,参照《人民检察院办理起诉案件质量标准(试行)》中"起诉案件质量不高"

部分的相关规定执行；

2. 对检察机关直接受理侦查的案件，拟作不起诉处理，未由人民监督员提出监督意见的；

3. 省级以下人民检察院对直接受理侦查的案件作出不起诉决定，未报上一级人民检察院批准的；

4. 应当报送上一级人民检察院备案而没有报送的；

5. 未按有关规定对不起诉案件进行公开审查的；

6. 没有公开宣布不起诉决定，或者没有向被不起诉人及其所在单位、被害人或者其近亲属及其诉讼代理人、侦查机关送达不起诉决定书，或者没有将在押的被不起诉人立即释放的；

7. 人民检察院决定不起诉的案件，需要对侦查中扣押、冻结的财物解除扣押冻结的，没有书面通知有关机关解除扣押、冻结，或者直接解除了扣押、冻结的；

8. 需要对被不起诉人给予行政处罚、处分或没收其违法所得的，没有提出书面检察意见连同不起诉决定书一并移送有关主管机关处理的；

9. 侦查机关对不起诉决定要求复议或提请复核，被不起诉人或者被害人不服不起诉决定提出申诉，人民检察院没有及时审查并在法定期限内作出决定的；

10. 人民检察院收到人民法院受理被害人对被不起诉人起诉的通知后，没有将作出不起诉决定所依据的有关案件材料移送人民法院的；

11. 具有其他违反法律及最高人民检察院有关规定的情形，影响了不起诉质量，但不属于不起诉错误的。

最高人民检察院法律政策研究室《关于对同案犯罪嫌疑人在逃对解除强制措施的在案犯罪嫌疑人如何适用〈人民检察院刑事诉讼规则〉有关问题的答复》

（2002年5月29日）

山东省人民检察院研究室：

你院鲁检发研字［2001］第8号《关于同案犯罪嫌疑人在逃，对解除强制措施的在案犯罪嫌疑人如何适用〈人民检察院刑事诉讼规则〉有关规定的请示》收悉。经研究，答复如下：

在共同犯罪案件中，由于同案犯罪嫌疑人在逃，在案犯罪嫌疑人的犯罪事实无法查清，对在案犯罪嫌疑人解除取保候审后，对在案的犯罪嫌疑人可以撤销案件，也可以依据刑事诉讼法第一百四十条第四款的规定作出不起诉决定。撤销案件或者作出不起诉决定以后，又发现有犯罪事实需要追究刑事责任的，可以重新立案侦查。

最高人民检察院《关于涉嫌犯罪单位被撤销、注销、吊销营业执照或者宣告破产的应如何进行追诉问题的批复》

（2002年7月4日最高人民检察院第九届检察委员会第111次会议通过，自2002年7月15日起施行，高检发释字［2002］4号）

四川省人民检察院：

你院《关于对已注销的单位原犯罪

行为是否应当追诉的请示》(川检发研〔2001〕25号)收悉。经研究,批复如下:

涉嫌犯罪的单位被撤销、注销、吊销营业执照或者宣告破产的,应当根据刑法关于单位犯罪的相关规定,对实施犯罪行为的该单位直接负责的主管人员和其他直接责任人员追究刑事责任,对该单位不再追诉。

最高人民检察院
《关于人民检察院立案侦查的案件改变定性后可否直接提起公诉问题的批复》

(2006年12月22日 高检发研字〔2006〕8号)

内蒙古自治区人民检察院:

你院关于人民检察院立案侦查的案件改变定性后可否直接提起公诉问题的请示(内检发研字〔2006〕159号)收悉。经研究并征求全国人民代表大会常务委员会法制工作委员会刑法室的意见,现批复如下:

人民检察院立案侦查刑事案件,应当严格按照刑事诉讼法有关立案侦查管辖的规定进行。人民检察院立案侦查的案件在侦查阶段发现不属于自己管辖或者在审查起诉阶段发现事实不清、证据不足并且不属于自己管辖,应当及时移送有管辖权的机关办理。人民检察院立案侦查时认为属于自己管辖的案件,到审查起诉阶段发现不属于人民检察院管辖的,如果证据确实、充分,符合起诉条件的,可以直接起诉。

最高人民检察院
《关于审查起诉期间犯罪嫌疑人脱逃或者患有严重疾病的应当如何处理的批复》

(2013年12月19日最高人民检察院第十二届检察委员会第十四次会议通过,自2014年1月1日起施行,高检发释字〔2013〕4号)

北京市人民检察院:

你院京检字〔2013〕75号《关于审查起诉期间犯罪嫌疑人潜逃或身患严重疾病应如何处理的请示》收悉。经研究,批复如下:

一、人民检察院办理犯罪嫌疑人被羁押的审查起诉案件,应当严格依照法律规定的期限办结。未能依法办结的,应当根据刑事诉讼法第九十六条的规定予以释放或者变更强制措施。

二、人民检察院对于侦查机关移送审查起诉的案件,如果犯罪嫌疑人脱逃的,应当根据《人民检察院刑事诉讼规则(试行)》第一百五十四条第三款的规定,要求侦查机关采取措施保证犯罪嫌疑人到案后再移送审查起诉。

三、人民检察院在审查起诉过程中发现犯罪嫌疑人脱逃的,应当及时通知侦查机关,要求侦查机关开展追捕活动。

人民检察院应当及时全面审阅案卷材料。经审查,对于案件事实不清、证据不足的,可以根据刑事诉讼法第一百七十一条第二款、《人民检察院刑事诉讼规则(试行)》第三百八十条的规定退回侦查机关补充侦查。

侦查机关补充侦查完毕移送审查起

诉的,人民检察院应当按照本批复第二条的规定进行审查。

共同犯罪中的部分犯罪嫌疑人脱逃的,对其他犯罪嫌疑人的审查起诉应当照常进行。

四、犯罪嫌疑人患有精神病或者其他严重疾病丧失诉讼行为能力不能接受讯问的,人民检察院可以依法变更强制措施。对实施暴力行为的精神病人,人民检察院可以商请公安机关采取临时的保护性约束措施。

经审查,应当按照下列情形分别处理:

(一)经鉴定系依法不负刑事责任的精神病人的,人民检察院应当作出不起诉决定。符合刑事诉讼法第二百八十四条规定的条件的,可以向人民法院提出强制医疗的申请;

(二)有证据证明患有精神病的犯罪嫌疑人尚未完全丧失辨认或者控制自己行为的能力,或者患有间歇性精神病的犯罪嫌疑人实施犯罪行为时精神正常,符合起诉条件的,可以依法提起公诉;

(三)案件事实不清、证据不足的,可以根据刑事诉讼法第一百七十一条第二款、《人民检察院刑事诉讼规则(试行)》第三百八十条的规定退回侦查机关补充侦查。

五、人民检察院在审查起诉期间,犯罪嫌疑人脱逃或者死亡,符合刑事诉讼法第二百八十第一款规定的条件的,人民检察院可以向人民法院提出没收违法所得的申请。

最高人民检察院指导性案例检例第 17 号陈邓昌抢劫、盗窃,付志强盗窃案

(2014 年 9 月 15 日)

【要旨】

2. 在人民法院宣告判决前,人民检察院发现被告人有遗漏的罪行可以一并起诉和审理的,可以补充起诉。

3. 人民检察院认为同级人民法院第一审判决重罪轻判,适用刑罚明显不当的,应当提出抗诉。

最高人民检察院指导性案例检例第 19 号张某、沈某某等七人抢劫案

(2014 年 9 月 15 日)

【要旨】

1. 办理未成年人与成年人共同犯罪案件,一般应当将未成年人与成年人分案起诉,但对于未成年人系犯罪集团的组织者或者其他共同犯罪中的主犯,或者具有其他不宜分案起诉情形的,可以不分案起诉。

最高人民检察院《关于下级人民检察院对上级人民检察院不批准不起诉等决定能否提请复议的批复》

(2015 年 12 月 9 日最高人民检察院第十二届检察委员会第四十四次会议通过,自 2015 年 12 月 25 日起施行)

宁夏回族自治区人民检察院:

你院《关于下级人民检察院对上级

人民检察院不批准不起诉等决定能否提请复议的请示》(宁检〔2015〕126号)收悉。经研究,批复如下:

一、上级人民检察院的决定,下级人民检察院应当执行。下级人民检察院认为上级人民检察院的决定有错误或者对上级人民检察院的决定有不同意见的,可以在执行的同时向上级人民检察院报告。

二、下级人民检察院对上级人民检察院的决定有不同意见,法律、司法解释设置复议程序或者重新审查程序的,可以向上级人民检察院提请复议或者报请重新审查;法律、司法解释未设置复议程序或者重新审查程序的,不能向上级人民检察院提请复议或者报请重新审查。

三、根据《人民检察院检察委员会组织条例》第十五条的规定,对上级人民检察院检察委员会作出的不批准不起诉等决定,下级人民检察院可以提请复议;上级人民检察院非经检察委员会讨论作出的决定,且不属于法律、司法解释规定的可以提请复议情形的,下级人民检察院不得对上级人民检察院的决定提请复议。

最高人民检察院、公安部 《关于加强和规范补充侦查 工作的指导意见》

(2020年3月27日)

第一条 为进一步完善以证据为核心的刑事指控体系,加强和规范补充侦查工作,提高办案质效,根据《中华人民共和国刑事诉讼法》《人民检察院刑事诉讼规则》《公安机关办理刑事案件程序规定》等有关规定,结合办案实践,制定本指导意见。

第二条 补充侦查是依照法定程序,在原有侦查工作的基础上,进一步查清事实,补充完善证据的诉讼活动。

人民检察院审查逮捕提出补充侦查意见、审查起诉退回补充侦查、自行补充侦查,要求公安机关提供证据材料,要求公安机关对证据的合法性作出说明等情形,适用本指导意见的相关规定。

第三条 开展补充侦查工作应当遵循以下原则:

1. 必要性原则。补充侦查工作应当具备必要性,不得因与案件事实、证据无关的原因退回补充侦查。

2. 可行性原则。要求补充侦查的证据材料应当具备收集固定的可行性,补充侦查工作应当具备可操作性,对于无法通过补充侦查收集证据材料的情形,不能适用补充侦查。

3. 说理性原则。补充侦查提纲应当写明补充侦查的理由、案件定性的考虑、补充侦查的方向、每一项补证的目的和意义,对复杂问题、争议问题作适当阐明,具备条件的,可以写明补充侦查的渠道、线索和方法。

4. 配合性原则。人民检察院、公安机关在补充侦查之前和补充侦查过程中,应当就案件事实、证据、定性等方面存在的问题和补充侦查的相关情况,加强当面沟通、协作配合,共同确保案件质量。

5. 有效性原则。人民检察院、公安机关应当以增强补充侦查效果为目标,把提高证据质量、解决证据问题贯穿于侦查、审查逮捕、审查起诉全过程。

第四条 人民检察院开展补充侦查工作,应当书面列出补充侦查提纲。补侦查提纲应当分别归入检察内卷、侦查内卷。

第五条 公安机关提请人民检察院审查批准逮捕的,人民检察院应当接收。经审查,不符合批捕条件的,应当依法作出不批准逮捕决定。人民检察院对于因证据不足作出不批准逮捕决定,需要补充侦查的,应当制作补充侦查提纲,列明证据体系存在的问题、补充侦查方向、取证要求等事项并说明理由。公安机关应当按照人民检察院的要求开展补充侦查。补充侦查完毕,认为符合逮捕条件的,应当重新提请批准逮捕。对于人民检察院不批准逮捕而未说明理由的,公安机关可以要求人民检察院说明理由。对人民检察院不批准逮捕的决定认为有错误的,公安机关可以依法要求复议、提请复核。

对于作出批准逮捕决定的案件,确有必要的,人民检察院可以根据案件证据情况,就完善证据体系、补正证据合法性、全面查清案件事实等事项,向公安机关提出捕后侦查意见。逮捕之后,公安机关应当及时开展侦查工作。

第六条 人民检察院在审查起诉期间发现案件存在事实不清、证据不足或者存在遗漏罪行、遗漏同案犯罪嫌疑人等情形需要补充侦查的,应当制作补充侦查提纲,连同案卷材料一并退回公安机关并引导公安机关进一步查明案件事实、补充收集证据。

人民检察院第一次退回补充侦查时,应当向公安机关列明全部补充侦查事项。在案件事实或证据发生变化、公安机关未补充侦查到位、或者重新报送的材料中发现矛盾和问题的,可以第二次退回补充侦查。

第七条 退回补充侦查提纲一般包括以下内容:

(一)阐明补充侦查的理由,包括案件事实不清、证据不足的具体表现和问题;

(二)阐明补充侦查的方向和取证目的;

(三)明确需要补充侦查的具体事项和需要补充收集的证据目录;

(四)根据起诉和审判的证据标准,明确补充、完善证据需要达到的标准和必备要素;

(五)有遗漏罪行的,应当指出在起诉意见书中没有认定的犯罪嫌疑人的罪行;

(六)有遗漏同案犯罪嫌疑人需要追究刑事责任的,应当建议补充移送;

(七)其他需要列明的事项。

补充侦查提纲、捕后侦查意见可参照本条执行。

第八条 案件退回补充侦查后,人民检察院和公安机关的办案人员应当加强沟通,及时就取证方向、落实补证要求等达成一致意见。公安机关办案人员对于补充侦查提纲有异议的,双方及时沟通。

对于事实证据发生重大变化的案件,可能改变定性的案件,证据标准难以把握的重大、复杂、疑难、新型案件,以及公安机关提出请求的案件,人民检察院在退回补充侦查期间,可以了解补充侦查开展情况,查阅证据材料,对补充侦查方向、重点、取证方式等提出建议,必要时可列席公安机关的案件讨论并发表意见。

第九条 具有下列情形之一的,一般不退回补充侦查:

(一)查清的事实足以定罪量刑或者与定罪量刑有关的事实已经查清,不影响定罪量刑的事实无法查清的;

（二）作案工具、赃物去向等部分事实无法查清，但有其他证据足以认定，不影响定罪量刑的；

（三）犯罪嫌疑人供述和辩解、证人证言、被害人陈述的主要情节能够相互印证，只有个别情节不一致但不影响定罪量刑的；

（四）遗漏同案犯罪嫌疑人或者同案犯罪嫌疑人在逃，在案犯罪嫌疑人定罪量刑的事实已经查清且符合起诉条件，公安机关不能及时补充移送同案犯罪嫌疑人的；

（五）补充侦查事项客观上已经没有查证可能性的；

（六）其他没有必要退回补充侦查的。

第十条 对于具有以下情形可以及时调取的有关证据材料，人民检察院可以发出《调取证据材料通知书》，通知公安机关直接补充相关证据并移送，以提高办案效率：

（一）案件基本事实清楚，虽欠缺某些证据，但收集、补充证据难度不大且在审查起诉期间内能够完成的；

（二）证据存在书写不规范、漏填、错填等瑕疵，公安机关可以在审查起诉期间补正、说明的；

（三）证据材料制作违反程序规定但程度较轻微，通过补正可以弥补的；

（四）案卷诉讼文书存在瑕疵，需进行必要的修改或补充的；

（五）缺少前科材料、释放证明、抓获经过等材料，侦查人员能够及时提供的；

（六）其他可以通知公安机关直接补充相关证据的。

第十一条 人民检察院在审查起诉过程中，具有下列情形之一，自行补充侦查更为适宜的，可以依法自行开展侦查工作：

（一）影响定罪量刑的关键证据存在灭失风险，需要及时收集和固定证据，人民检察院有条件自行侦查的；

（二）经退回补充侦查未达到要求，自行侦查具有可行性的；

（三）有证据证明或者有迹象表明侦查人员可能存在利用侦查活动插手民事、经济纠纷、实施报复陷害等违法行为和刑讯逼供、非法取证等违法行为，不宜退回补充侦查的；

（四）其他需要自行侦查的。

人民检察院开展自行侦查工作应依法规范开展。

第十二条 自行侦查由检察官组织实施，必要时可以调配办案人员。开展自行侦查的检察人员不得少于二人。自行侦查过程中，需要技术支持和安全保障的，由检察机关的技术部门和警务部门派员协助。

人民检察院通过自行侦查方式补强证据的，公安机关应当依法予以配合。

人民检察院自行侦查，适用《中华人民共和国刑事诉讼法》规定的讯问、询问、勘验、检查、查封、扣押、鉴定等侦查措施，应当遵循法定程序，在法定期限内侦查完毕。

第十三条 人民检察院对公安机关移送的案件进行审查后，在法院作出生效判决前，认为需要补充审判所必需的证据材料的，可以发出《调取证据材料通知书》，要求公安机关提供。人民检察院办理刑事审判监督案件，可以向公安机关发出《调取证据材料通知书》。

第十四条 人民检察院在办理刑事案件过程中，发现可能存在《中华人民共和国刑事诉讼法》第五十六条规定的以非法方法收集证据情形的,可以要求公安机关对证据收集的合法性作出书面说明或者提供相关证明材料,必要时,可以自行调查核实。

第十五条 公安机关经补充侦查重新移送后,人民检察院应当接收,及时审查公安机关制作的书面补充侦查报告和移送的补充证据,根据补充侦查提纲的内容核对公安机关应补充侦查事项是否补查到位,补充侦查活动是否合法,补充侦查后全案证据是否已确实、充分。经审查,公安机关未能按要求开展补充侦查工作,无法达到批捕标准的,应当依法作出不批捕决定;经二次补充侦查仍然证据不足,不符合起诉条件的,人民检察院应当依法作出不起诉决定。对人民检察院不起诉决定认为错误的,公安机关可以依法复议、复核。

对公安机关要求复议的不批准逮捕案件、不起诉案件,人民检察院应当另行指派检察官办理。人民检察院办理公安机关对不批准逮捕决定和不起诉决定要求复议、提请复核的案件,应当充分听取公安机关的意见,相关意见应当附卷备查。

第十六条 公安机关开展补充侦查工作,应当按照人民检察院补充侦查提纲的要求,及时、认真补充完善相关证据材料;对于补充侦查提纲不明确或者有异议的,应当及时与人民检察院沟通;对于无法通过补充侦查取得证据的,应书面说明原因、补充侦查过程中所做的工作以及采取的补救措施。公安机关补充侦查后,应当单独立卷移送人民检察院,人民检察院应当依法接收案卷。

第十七条 对公安机关未及时有效开展补充侦查工作的,人民检察院应当进行口头督促,对公安机关不及时补充侦查导致证据无法收集影响案件处理的,必要时可以发出检察建议;公安机关存在非法取证等情形的,应当依法启动调查核实程序,根据情节,依法向公安机关发出纠正违法通知书,涉嫌犯罪的,依法进行侦查。

公安机关以非法方法收集的犯罪嫌疑人供述、被害人陈述、证人证言等证据材料,人民检察院应当依法排除并提出纠正意见,同时可以建议公安机关另行指派侦查人员重新调查取证,必要时人民检察院也可以自行调查取证。公安机关发现办案人员非法取证的,应当依法作出处理,并可另行指派侦查人员重新调查取证。

第十八条 案件补充侦查期限届满,公安机关认为原认定的犯罪事实有重大变化,不应当追究刑事责任而未将案件重新移送审查起诉的,应当以书面形式告知人民检察院,并说明理由。公安机关应当将案件重新移送审查起诉而未重新移送审查起诉的,人民检察院应当要求公安机关说明理由。人民检察院认为公安机关理由不成立的,应当要求公安机关重新移送审查起诉。人民检察院发现公安机关不应当撤案而撤案的,应当进行立案监督。公安机关未重新移送审查起诉,且未及时以书面形式告知并说明理由的,人民检察院应当提出纠正意见。

第十九条 人民检察院、公安机关在自行侦查、补充侦查工作中,根据工作需要,可以提出协作要求或者意见、建议,加强沟通协调。

第二十条 人民检察院、公安机关应当建立联席会议、情况通报会等工作机制,定期通报补充侦查工作总体情况,评析证据收集和固定上存在的问题及争议。

针对补充侦查工作中发现的突出问题,适时组织联合调研检查,共同下发问题通报并督促整改,加强沟通,统一认识,共同提升补充侦查工作质量。

推行办案人员旁听法庭审理机制,了解指控犯罪、定罪量刑的证据要求和审判标准。

第二十一条 人民检察院各部门之间应当加强沟通,形成合力,提升补充侦查工作质效。人民检察院需要对技术性证据和专门性证据补充侦查的,可以先由人民检察院技术部门或有专门知识的人进行审查,根据审查意见,开展补充侦查工作。

第二十二条 本指导意见自下发之日起实施。

最高人民检察院《人民检察院办理认罪认罚案件开展量刑建议工作的指导意见》

(2021年11月15日最高人民检察院第十三届检察委员会第七十八次会议通过,2021年12月3日印发)

为深入贯彻落实宽严相济刑事政策,规范人民检察院办理认罪认罚案件量刑建议工作,促进量刑公开公正,加强对检察机关量刑建议活动的监督制约,根据刑事诉讼法、人民检察院刑事诉讼规则等规定,结合检察工作实际,制定本意见。

第一章 一般规定

第一条 犯罪嫌疑人认罪认罚的,人民检察院应当就主刑、附加刑、是否适用缓刑等提出量刑建议。对认罪认罚案件,人民检察院应当在全面审查证据、查明事实、准确认定犯罪的基础上提出量刑建议。

第二条 人民检察院对认罪认罚案件提出量刑建议,应当坚持以下原则:

(一)宽严相济。应当根据犯罪的具体情况,综合考虑从重、从轻、减轻或者免除处罚等各种量刑情节提出量刑建议,做到该宽则宽,当严则严,宽严相济,轻重有度。

(二)依法建议。应当根据犯罪的事实、性质、情节和对于社会的危害程度等,依照刑法、刑事诉讼法以及相关司法解释的规定提出量刑建议。

(三)客观公正。应当全面收集、审查有罪、无罪、罪轻、罪重、从宽、从严等证据,依法听取犯罪嫌疑人、被告人、辩护人或者值班律师、被害人及其诉讼代理人的意见,客观公正提出量刑建议。

(四)罪责刑相适应。提出量刑建议既要体现认罪认罚从宽,又要考虑犯罪嫌疑人、被告人所犯罪行的轻重、应负的刑事责任和社会危险性的大小,确保罚当其罪,避免罪责刑失衡。

(五)量刑均衡。涉嫌犯罪的事实、情节基本相同的案件,提出的量刑建议应当保持基本均衡。

第三条 人民检察院对认罪认罚案件提出量刑建议,应当符合以下条件:

(一)犯罪事实清楚,证据确实、充分;

(二)提出量刑建议所依据的法定从重、从轻、减轻或者免除处罚等量刑情节已查清;

(三)提出量刑建议所依据的酌定从重、从轻处罚等量刑情节已查清。

第四条 办理认罪认罚案件,人民检察院一般应当提出确定刑量刑建议。对新类型、不常见犯罪案件,量刑情节复杂的重罪案件等,也可以提出幅度刑量刑建议,但应当严格控制所提量刑建议的幅度。

第五条　人民检察院办理认罪认罚案件提出量刑建议,应当按照有关规定对听取意见情况进行同步录音录像。

第二章　量刑证据的审查

第六条　影响量刑的基本事实和各量刑情节均应有相应的证据加以证明。

对侦查机关移送审查起诉的案件,人民检察院应当审查犯罪嫌疑人有罪和无罪、罪重和罪轻、从宽和从严的证据是否全部随案移送,未随案移送的,应当通知侦查机关在指定时间内移送。侦查机关应当收集而未收集量刑证据的,人民检察院可以通知侦查机关补充相关证据或者退回侦查机关补充侦查,也可以自行补充侦查。

对于依法需要判处财产刑的案件,人民检察院应当要求侦查机关收集并随案移送涉及犯罪嫌疑人财产状况的证据材料。

第七条　对于自首情节,应当重点审查投案的主动性、供述的真实性和稳定性等情况。

对于立功情节,应当重点审查揭发罪行的轻重、提供的线索对侦破案件或者协助抓捕其他犯罪嫌疑人所起的作用、被检举揭发的人可能或者已经被判处的刑罚等情况。犯罪嫌疑人提出检举、揭发犯罪立功线索的,应当审查犯罪嫌疑人掌握线索的来源、有无移送侦查机关、侦查机关是否开展调查核实等。

对于累犯、惯犯以及前科、劣迹等情节,应当调取相关的判决、裁定、释放证明等材料,并重点审查前后行为的性质、间隔长短、次数、罪行轻重等情况。

第八条　人民检察院应当根据案件情况对犯罪嫌疑人犯罪手段、犯罪动机、主观恶性、是否和解谅解、是否退赃退赔、有无前科劣迹等酌定量刑情节进行审查,并结合犯罪嫌疑人的家庭状况、成长环境、心理健康情况等进行审查,综合判断。

有关个人品格方面的证据材料不得作为定罪证据,但与犯罪相关的个人品格情况可以作为酌定量刑情节予以综合考虑。

第九条　人民检察院办理认罪认罚案件提出量刑建议,应当听取被害人及其诉讼代理人的意见,并将犯罪嫌疑人是否与被害方达成调解协议、和解协议或者赔偿被害方损失,取得被害方谅解,是否自愿承担公益损害修复及赔偿责任等,作为从宽处罚的重要考虑因素。

犯罪嫌疑人自愿认罪并且有赔偿意愿,但被害方拒绝接受赔偿或者赔偿请求明显不合理,未能达成调解或者和解协议的,可以综合考量赔偿情况及全案情节对犯罪嫌疑人予以适当从宽,但罪行极其严重、情节极其恶劣的除外。

必要时,人民检察院可以听取侦查机关、相关行政执法机关、案发地或者居住地基层组织和群众的意见。

第十条　人民检察院应当认真审查侦查机关移送的关于犯罪嫌疑人社会危险性和案件对所居住社区影响的调查评估意见。侦查机关未委托调查评估,人民检察院拟提出判处管制、缓刑量刑建议的,一般应当委托犯罪嫌疑人居住地的社区矫正机构或者有关组织进行调查评估,必要时,也可以自行调查评估。

调查评估意见是人民检察院提出判处管制、缓刑量刑建议的重要参考。人民检察院提起公诉时,已收到调查评估材料的,应当一并移送人民法院,已经委托调查评估但尚未收到调查评估材料的,人民检察院经审查全案情况认为犯罪嫌疑人符合管制、缓刑适用条件的,可以提出判处管制、缓刑的量刑建议,同时将委托文书随案移送人民法院。

第三章 量刑建议的提出

第十一条 人民检察院应当按照有关量刑指导意见规定的量刑基本方法,依次确定量刑起点、基准刑和拟宣告刑,提出量刑建议。对新类型、不常见犯罪案件,可以参照相关量刑规范和相似案件的判决提出量刑建议。

第十二条 提出确定刑量刑建议应当明确主刑适用刑种、刑期和是否适用缓刑。

建议判处拘役的,一般应当提出确定刑量刑建议。

建议判处附加刑的,应当提出附加刑的类型。

建议判处罚金刑的,应当以犯罪情节为根据,综合考虑犯罪嫌疑人缴纳罚金的能力提出确定的数额。

建议适用缓刑的,应当明确提出。

第十三条 除有减轻处罚情节外,幅度刑量刑建议应当在法定量刑幅度内提出,不得兼跨两种以上主刑。

建议判处有期徒刑的,一般应当提出相对明确的量刑幅度。建议判处六个月以上不满一年有期徒刑的,幅度一般不超过二个月;建议判处一年以上不满三年有期徒刑的,幅度一般不超过六个月;建议判处三年以上不满十年有期徒刑的,幅度一般不超过一年;建议判处十年以上有期徒刑的,幅度一般不超过二年。

建议判处管制的,幅度一般不超过三个月。

第十四条 人民检察院提出量刑建议应当区别认罪认罚的不同诉讼阶段、对查明案件事实的价值和意义、是否确有悔罪表现,以及罪行严重程度等,综合考量确定从宽的限度和幅度。在从宽幅度上,主动认罪认罚优于被动认罪认罚,早认罪认罚优于晚认罪认罚,彻底认罪认罚优于不彻底认罪认罚,稳定认罪认罚优于不稳定认罪认罚。

认罪认罚的从宽幅度一般应当大于仅有坦白,或者虽认罪但不认罚的从宽幅度。对犯罪嫌疑人具有自首、坦白情节,同时认罪认罚的,应当在法定刑幅度内给予相对更大的从宽幅度。

第十五条 犯罪嫌疑人虽然认罪认罚,但所犯罪行具有下列情形之一的,提出量刑建议应当从严把握从宽幅度或者依法不予从宽:

(一)危害国家安全犯罪、恐怖活动犯罪、黑社会性质组织犯罪的首要分子、主犯;

(二)犯罪性质和危害后果特别严重、犯罪手段特别残忍、社会影响特别恶劣的;

(三)虽然罪行较轻但具有累犯、惯犯等恶劣情节的;

(四)性侵等严重侵害未成年人的;

(五)其他应当从严把握从宽幅度或者不宜从宽的情形。

第十六条 犯罪嫌疑人既有从重又有从轻、减轻处罚情节,应当全面考虑各情节的调节幅度,综合分析提出量刑建议,不能仅根据某一情节一律从轻或者从重。

犯罪嫌疑人具有减轻处罚情节的,应当在法定刑以下提出量刑建议,有数个量刑幅度的,应当在法定量刑幅度的下一个量刑幅度内提出量刑建议。

第十七条 犯罪嫌疑人犯数罪,同时具有立功、累犯等量刑情节的,先适用该量刑情节调节个罪基准刑,分别提出量刑建议,再依法提出数罪并罚后决定执行的刑罚的量刑建议。人民检察院提出量刑建议时应当分别列明个罪量刑建议和数罪并罚后决定执行的刑罚的量刑建议。

第十八条 对于共同犯罪案件,人民检察院应当根据各犯罪嫌疑人在共同犯罪中的地位、作用以及应当承担的刑事责任分别提出量刑建议。提出量刑建议时应当注意各犯罪嫌疑人之间的量刑平衡。

第十九条 人民检察院可以根据案件实际情况,充分考虑提起公诉后可能出现的退赃退赔、刑事和解、修复损害等量刑情节变化,提出满足相应条件情况下的量刑建议。

第二十条 人民检察院可以借助量刑智能辅助系统分析案件、计算量刑,在参考相关结论的基础上,结合案件具体情况,依法提出量刑建议。

第二十一条 检察官应当全面审查事实证据,准确认定案件性质,根据量刑情节拟定初步的量刑建议,并组织听取意见。

案件具有下列情形之一的,检察官应当向部门负责人报告或者建议召开检察官联席会议讨论,确定量刑建议范围后再组织听取意见:

(一)新类型、不常见犯罪;
(二)案情重大、疑难、复杂的;
(三)涉案犯罪嫌疑人人数众多的;
(四)性侵未成年人的;
(五)与同类案件或者关联案件处理结果明显不一致的;
(六)其他认为有必要报告或讨论的。

检察官应当按照有关规定在权限范围内提出量刑建议。案情重大、疑难、复杂的,量刑建议应当由检察长或者检察委员会讨论决定。

第四章 听取意见

第二十二条 办理认罪认罚案件,人民检察院应当依法保障犯罪嫌疑人获得有效法律帮助。犯罪嫌疑人要求委托辩护人的,应当充分保障其辩护权,严禁要求犯罪嫌疑人解除委托。

对没有委托辩护人的,应当及时通知值班律师为犯罪嫌疑人提供法律咨询、程序选择建议、申请变更强制措施等法律帮助。对符合通知辩护条件的,应当通知法律援助机构指派律师为其提供辩护。

人民检察院应当为辩护人、值班律师会见、阅卷等提供便利。

第二十三条 对法律援助机构指派律师为犯罪嫌疑人提供辩护,犯罪嫌疑人的监护人、近亲属又代为委托辩护人的,应当听取犯罪嫌疑人的意见,由其确定辩护人人选。犯罪嫌疑人是未成年人的,应当听取其监护人意见。

第二十四条 人民检察院在听取意见时,应当将犯罪嫌疑人享有的诉讼权利和认罪认罚从宽的法律规定、拟认定的犯罪事实、涉嫌罪名、量刑情节,拟提出的量刑建议及法律依据告知犯罪嫌疑人及其辩护人或者值班律师。

人民检察院听取意见可以采取当面、远程视频等方式进行。

第二十五条 人民检察院应当充分说明量刑建议的理由和依据,听取犯罪嫌疑人及其辩护人或者值班律师对量刑建议的意见。

犯罪嫌疑人及其辩护人或者值班律师对量刑建议提出不同意见，或者提交影响量刑的证据材料，人民检察院经审查认为犯罪嫌疑人及其辩护人或者值班律师意见合理的，应当采纳，相应调整量刑建议，审查认为意见不合理的，应当结合法律规定、全案情节、相似案件判决等作出解释、说明。

第二十六条　人民检察院在听取意见的过程中，必要时可以通过出示、宣读、播放等方式向犯罪嫌疑人开示或部分开示影响定罪量刑的主要证据材料，说明证据证明的内容，促使犯罪嫌疑人认罪认罚。

言词证据确需开示的，应注意合理选择开示内容及方式，避免妨碍诉讼、影响庭审。

第二十七条　听取意见后，达成一致意见的，犯罪嫌疑人应当签署认罪认罚具结书。有刑事诉讼法第一百七十四条第二款不需要签署具结书情形的，不影响对其提出从宽的量刑建议。

犯罪嫌疑人有辩护人的，应当由辩护人在场见证具结并签字，不得绕开辩护人安排值班律师代为见证具结。辩护人确因客观原因无法到场的，可以通过远程视频方式见证具结。

犯罪嫌疑人自愿认罪认罚，没有委托辩护人，拒绝值班律师帮助的，签署具结书时，应当通知值班律师到场见证，并在具结书上注明。值班律师对人民检察院量刑建议、程序适用有异议的，检察官应当听取其意见，告知其确认犯罪嫌疑人认罪认罚的自愿性后应当在具结书上签字。

未成年犯罪嫌疑人签署具结书时，其法定代理人应当到场并签字确认。法定代理人无法到场的，合适成年人应当到场签字确认。法定代理人、辩护人对未成年人认罪认罚有异议的，未成年犯罪嫌疑人不需要签署具结书。

第二十八条　听取意见过程中，犯罪嫌疑人及其辩护人或者值班律师提供可能影响量刑的新的证据材料或者提出不同意见，需要审查、核实的，可以中止听取意见。人民检察院经审查、核实并充分准备后可以继续听取意见。

第二十九条　人民检察院提起公诉后开庭前，被告人自愿认罪认罚的，人民检察院可以组织听取意见。达成一致的，被告人应当在辩护人或者值班律师在场的情况下签署认罪认罚具结书。

第三十条　对于认罪认罚案件，犯罪嫌疑人签署具结书后，没有新的事实和证据，且犯罪嫌疑人未反悔的，人民检察院不得撤销具结书、变更量刑建议。除发现犯罪嫌疑人认罪悔罪不真实、认罪认罚后又反悔或者不履行具结书中需要履行的赔偿损失、退赃退赔等情形外，不得提出加重犯罪嫌疑人刑罚的量刑建议。

第三十一条　人民检察院提出量刑建议，一般应当制作量刑建议书，与起诉书一并移送人民法院。对于案情简单、量刑情节简单，适用速裁程序的案件，也可以在起诉书中载明量刑建议。

量刑建议书中应当写明建议对犯罪嫌疑人科处的主刑、附加刑、是否适用缓刑等及其理由和依据，必要时可以单独出具量刑建议理由说明书。适用速裁程序审理的案件，通过起诉书载明量刑建议的，可以在起诉书中简化说理。

第五章　量刑建议的调整

第三十二条　人民法院经审理，认为

量刑建议明显不当或者认为被告人、辩护人对量刑建议的异议合理，建议人民检察院调整量刑建议的，人民检察院应当认真审查，认为人民法院建议合理的，应当调整量刑建议，认为人民法院建议不当的，应当说明理由和依据。

人民检察院调整量刑建议，可以制作量刑建议调整书移送人民法院。

第三十三条　开庭审理前或者休庭期间调整量刑建议的，应当重新听取被告人及其辩护人或者值班律师的意见。

庭审中调整量刑建议，被告人及其辩护人没有异议的，人民检察院可以当庭调整量刑建议并记录在案。当庭无法达成一致或者调整量刑建议需要履行相应报告、决定程序的，可以建议法庭休庭，按照本意见第二十四条、第二十五条的规定组织听取意见，履行相应程序后决定是否调整。

适用速裁程序审理认罪认罚案件，需要调整量刑建议的，应当在庭前或者当庭作出调整。

第三十四条　被告人签署认罪认罚具结书后，庭审中反悔不再认罪认罚的，人民检察院应当了解反悔的原因，被告人明确不再认罪认罚的，人民检察院应当建议人民法院不再适用认罪认罚从宽制度，撤回从宽量刑建议，并建议法院在量刑时考虑相应情况。依法需要转为普通程序或者简易程序审理的，人民检察院应当向人民法院提出建议。

第三十五条　被告人认罪认罚而庭审中辩护人作无罪辩护的，人民检察院应当核实被告人认罪认罚的真实性、自愿性。被告人仍然认罪认罚的，可以继续适用认罪认罚从宽制度，被告人反悔不再认罪认罚的，按照本意见第三十四条的规定处理。

第三十六条　检察官应当在职责权限范围内调整量刑建议。根据本意见第二十一条规定，属于检察官职责权限范围内的，可以由检察官调整量刑建议并向部门负责人报告备案；属于检察长或者检察委员会职责权限范围内的，应当由检察长或者检察委员会决定调整。

第六章　量刑监督

第三十七条　人民法院违反刑事诉讼法第二百零一条第二款规定，未告知人民检察院调整量刑建议而直接作出判决的，人民检察院一般应当以违反法定程序为由依法提出抗诉。

第三十八条　认罪认罚案件审理中，人民法院认为量刑建议明显不当建议人民检察院调整，人民检察院不予调整或者调整后人民法院不予采纳，人民检察院认为判决、裁定量刑确有错误的，应当依法提出抗诉，或者根据案件情况，通过提出检察建议或者发出纠正违法通知书等进行监督。

第三十九条　认罪认罚案件中，人民法院采纳人民检察院提出的量刑建议作出判决、裁定，被告人仅以量刑过重为由提出上诉，因被告人反悔不再认罪认罚致从宽量刑明显不当的，人民检察院应当依法提出抗诉。

第七章　附　则

第四十条　人民检察院办理认罪认罚二审、再审案件，参照本意见提出量刑建议。

第四十一条　本意见自发布之日起施行。

四、审　判

(一) 综合

最高人民法院
《关于报送刑事请示案件的范围和应注意事项的通知》

(1995年11月30日　法〔1995〕151号)

各省、自治区、直辖市高级人民法院,解放军军事法院:

自一九八六年本院下发法(刑一)函〔1986〕20号《关于报送请示案件应注意的问题的通知》以来,刑事法律及司法解释不断完善,为刑事审判工作提供了更多新的法律依据,使许多案件勿需请示也可依法妥善处理。为避免案件久拖不决,使案件能及时审结,现对向我院报送请示案件的范围及应注意事项重新通知如下:

一、报送请示案件的范围应严格限制在:

1. 中央和最高人民法院关注的案件。

2. 在本省、市乃至全国或国际上有重大影响,易引发群众激愤、新的社会矛盾和外事交涉的案件。

3. 适用法律不明的案件。

4. 按有关规定须报我院内审的涉外、涉港澳台和涉侨眷案件。

5. 案件管辖不明或管辖有争议的案件。

除以上各类案件外,其他案件请各省、区、市高级人民法院自行依法研究处理,不要再报送我院请示。

二、报送请示案件,必须事实清楚,证据确凿。对于案件事实的认定,由报送单位负完全责任。凡属案件事实不清、证据不扎实以及对事实、证据的认定有不同意见,不要上报请示。

三、对事实清楚、证据确凿、定性也无大的分歧,只是对量刑分歧意见大的,亦不宜上报请示。

四、报送请示案件,要写出正式请示报告并附详细案情报告和案卷。请示报告中要写明中、高级法院审委会的意见,重大案件以及司法部门之间存在原则分歧的案件还须附政法委员会的意见。如果审委会、政法委有几种不同意见,也应写明各自倾向性的意见。

最高人民检察院公诉厅
《人民检察院开展量刑建议工作的指导意见(试行)》

(2010年2月23日　〔2010〕高检诉发21号)

为积极推进人民检察院提起公诉案件的量刑建议工作,促进量刑的公开、公正,根据刑事诉讼法和有关司法解释的规定,结合检察工作实际,制定本意见。

第一条　量刑建议是指人民检察院对提起公诉的被告人,依法就其适用的刑罚种类、幅度及执行方式等向人民法院提出的建议。量刑建议是检察机关公诉权的一项重要内容。

第二条　人民检察院提出量刑建议,应当遵循以下原则:

(一)依法建议。应当根据犯罪的事实、犯罪的性质、情节和对于社会的危害程度,依照刑法、刑事诉讼法以及相关司法解释的规定提出量刑建议。

(二)客观公正。应当从案件的实际情况出发,客观、全面地审查证据,严格以事实为根据,提出公正的量刑建议。

(三)宽严相济。应当贯彻宽严相济刑事政策,在综合考虑案件从重、从轻、减轻或者免除处罚等各种情节的基础上,提出量刑建议。

(四)注重效果。提出量刑建议时,既要依法行使检察机关的法律监督职权,也要尊重人民法院独立行使审判权,争取量刑建议的最佳效果。

第三条 人民检察院对向人民法院提起公诉的案件,可以提出量刑建议。

第四条 提出量刑建议的案件应当具备以下条件:

(一)犯罪事实清楚,证据确实充分;

(二)提出量刑建议所依据的各种法定从重、从轻、减轻等量刑情节已查清;

(三)提出量刑建议所依据的重要酌定从重,从轻等量刑情节已查清。

第五条 除有减轻处罚情节外,量刑建议应当在法定量刑幅度内提出,不得兼跨两种以上主刑。

(一)建议判处死刑、无期徒刑的,应当慎重。

(二)建议判处有期徒刑的,一般应当提出一个相对明确的量刑幅度,法定刑的幅度小于3年(含3年)的,建议幅度一般不超过1年;法定刑的幅度大于3年小于5年(含5年)的,建议幅度一般不超过2年;法定刑的幅度大于5年的,建议幅度一般不超过3年.根据案件具体情况,如确有必要,也可以提出确定刑期的建议。

(三)建议判处管制的,幅度一般不超过3个月。

(四)建议判处拘役的,幅度一般不超过1个月。

(五)建议适用缓刑的,应当明确提出。

(六)建议判处附加刑的,可以只提出适用刑种的建议。

对不宜提出具体量刑建议的特殊案件,可以提出依法从重、从轻、减轻处罚等概括性建议。

第六条 人民检察院指控被告人犯有数罪的,应当对指控的各罪分别提出量刑建议,可以不再提出总的建议。

第七条 对于共同犯罪案件,人民检察院应当根据各被告人在共同犯罪中的地位、作用以及应当承担的刑事责任分别提出量刑建议。

第八条 公诉部门承办人在审查案件时,应当对犯罪嫌疑人所犯罪行、承担的刑事责任和各种量刑情节进行综合评估,并提出量刑的意见。

第九条 量刑评估应当全面考虑案件所有可能影响量刑的因素,包括从重、从轻、减轻或者免除处罚等法定情节和犯罪嫌疑人的认罪态度等酌定情节。

一案中多个法定、酌定情节并存时,每个量刑情节均应得到实际评价。

第十条 提出量刑建议,应当区分不同情形,按照以下审批程序进行:

(一)对于主诉检察官决定提起公诉的一般案件,由主诉检察官决定提出量刑建议;公诉部门负责人对于主诉检察官提出的量刑建议有异议的,报分管副检察长决定。

(二)对于特别重大、复杂的案件、社会高度关注的敏感案件或者建议减轻处罚、免除处罚的案件以及非主诉检察官承办的案件,由承办检察官提出量刑的意见,部门负责人审核,检察长或者检察委员会决定。

第十一条 人民检察院提出量刑建议,一般应制作量刑建议书,根据案件具体情况,也可以在公诉意见书中提出。

对于人民检察院不派员出席法庭的简易程序案件,应当制作量刑建议书。

量刑建议书一般应载明检察机关建议人民法院对被告人处以刑罚的种类、刑罚幅度、可以适用的刑罚执行方式以及提出量刑建议的依据和理由等。

第十二条 在法庭调查中,公诉人可以根据案件的不同种类、特点和庭审的实际情况,合理安排和调整举证顺序。定罪证据和量刑证据可以分开出示的,应当先出示定罪证据,后出示量刑证据。

对于有数起犯罪事实的案件,其中涉及每起犯罪中量刑情节的证据,应当在对该起犯罪事实举证时出示;涉及全案综合量刑情节的证据,应当在举证阶段的最后出示。

第十三条 对于辩护方提出的量刑证据,公诉人应当进行质证。辩护方对公诉人出示的量刑证据质证的,公诉人应当答辩。公诉人质证应紧紧围绕案件事实、证据进行,质证应做到目的明确,重点突出、逻辑清楚,如有必要,可以简要概述已经法庭质证的其他证据,用以反驳辩护方的质疑。

第十四条 公诉人应当在法庭辩论阶段提出量刑建议。根据法庭的安排,可以先对定性问题发表意见,后对量刑问题发表意见,也可以对定性与量刑问题一并发表意见。

对于检察机关未提出明确的量刑建议而辩护方提出量刑意见的,公诉人应当提出答辩意见。

第十五条 对于公诉人出庭的简易程序案件和普通程序审理的被告人认罪案件,参照相关司法解释和规范性文件的规定开展法庭调查,可以主要围绕量刑的事实.情节、法律适用进行辩论。

第十六条 在进行量刑辩论过程中,为查明与量刑有关的重要事实和情节,公诉人可以依法申请恢复法庭调查。

第十七条 在庭审过程中,公诉人发现拟定的量刑建议不当需要调整的,可以根据授权作出调整;需要报检察长决定调整的,应当依法建议法庭休庭后报检察长决定。出现新的事实、证据导致拟定的量刑建议不当需要调整的,可以依法建议法庭延期审理。

第十八条 对于人民检察院派员出席法庭的案件,一般应将量刑建议书与起诉书一并送达人民法院;对庭审中调整量刑建议的,可以在庭审后将修正后的量刑建议书向人民法院提交。

对于人民检察院不派员出席法庭的简易程序案件,应当将量刑建议书与起诉书一并送达人民法院。

第十九条 人民检察院收到人民法院的判决、裁定后,应当对判决、裁定是否采纳检察机关的量刑建议以及量刑理由、依据进行审查,认为判决、裁定量刑确有错误、符合抗诉条件的,经检察委员会讨论决定,依法向人民法院提出抗诉。

人民检察院不能单纯以量刑建议未被采纳作为提出抗诉的理由。人民法院未采纳人民检察院的量刑建议并无不当的,人民检察院在必要时可以向有关当事人解释说明。

第二十条 人民检察院办理刑事二审再审案件,可以参照本意见提出量刑建议。

第二十一条　对于二审或者再审案件，检察机关认为应当维持原审裁判量刑的，可以在出席法庭时直接提出维持意见；认为应当改变原审裁判量刑的，可以另行制作量刑建议书提交法庭审理。

第二十二条　各级人民检察院应当结合办案加强对量刑问题的研究和分析，不断提高量刑建议的质量。

第二十三条　各地可以结合实际情况，根据本意见制定本地的工作规程或者实施细则，并报上一级人民检察院公诉部门备案。

最高人民法院、最高人民检察院、公安部、国家安全部、司法部《关于规范量刑程序若干问题的意见》

(2020年11月5日　法发〔2020〕38号)

为深入推进以审判为中心的刑事诉讼制度改革，落实认罪认罚从宽制度，进一步规范量刑程序，确保量刑公开公正，根据刑事诉讼法和有关司法解释等规定，结合工作实际，制定本意见。

第一条　人民法院审理刑事案件，在法庭审理中应当保障量刑程序的相对独立性。

人民检察院在审查起诉中应当规范量刑建议。

第二条　侦查机关、人民检察院应当依照法定程序，全面收集、审查、移送证明犯罪嫌疑人、被告人犯罪事实、量刑情节的证据。

对于法律规定并处或者单处财产刑的案件，侦查机关应当根据案件情况对被告人的财产状况进行调查，并向人民检察院移送相关证据材料。人民检察院应当审查并向人民法院移送相关证据材料。

人民检察院在审查起诉时发现侦查机关应当收集而未收集量刑证据的，可以退回侦查机关补充侦查，也可以自行侦查。人民检察院退回补充侦查的，侦查机关应当按照人民检察院退回补充侦查提纲的要求及时收集相关证据。

第三条　对于可能判处管制、缓刑的案件，侦查机关、人民检察院、人民法院可以委托社区矫正机构或者有关社会组织进行调查评估，提出意见，供判处管制、缓刑时参考。

社区矫正机构或者有关社会组织收到侦查机关、人民检察院或者人民法院调查评估的委托后，应当根据委托机关的要求依法进行调查，形成评估意见，并及时提交委托机关。

对于没有委托进行调查评估或者判决前没有收到调查评估报告的，人民法院经审理认为被告人符合管制、缓刑适用条件的，可以依法判处管制、宣告缓刑。

第四条　侦查机关在移送审查起诉时，可以根据犯罪嫌疑人涉嫌犯罪的情况，就宣告禁止令和从业禁止向人民检察院提出意见。

人民检察院在提起公诉时，可以提出宣告禁止令和从业禁止的建议。被告人及其辩护人、被害人及其诉讼代理人可以就是否对被告人宣告禁止令和从业禁止提出意见，并说明理由。

人民法院宣告禁止令和从业禁止，应当根据被告人的犯罪原因、犯罪性质、犯罪手段、悔罪表现、个人一贯表现等，充分考虑与被告人所犯罪行的关联程度，有针对性地决定禁止从事特定的职业、活动,进入特定区域、场所,接触特定的人等。

第五条 符合下列条件的案件,人民检察院提起公诉时可以提出量刑建议;被告人认罪认罚的,人民检察院应当提出量刑建议:

(一)犯罪事实清楚,证据确实、充分;

(二)提出量刑建议所依据的法定从重、从轻、减轻或者免除处罚等量刑情节已查清;

(三)提出量刑建议所依据的酌定从重、从轻处罚等量刑情节已查清。

第六条 量刑建议包括主刑、附加刑、是否适用缓刑等。主刑可以具有一定的幅度,也可以根据案件具体情况,提出确定刑期的量刑建议。建议判处财产刑的,可以提出确定的数额。

第七条 对常见犯罪案件,人民检察院应当按照量刑指导意见提出量刑建议。对新类型、不常见犯罪案件,可以参照相关量刑规范提出量刑建议。提出量刑建议,应当说明理由和依据。

第八条 人民检察院指控被告人犯有数罪的,应当对指控的个罪分别提出量刑建议,并依法提出数罪并罚后决定执行的刑罚的量刑建议。

对于共同犯罪案件,人民检察院应当根据各被告人在共同犯罪中的地位、作用以及应当承担的刑事责任分别提出量刑建议。

第九条 人民检察院提出量刑建议,可以制作量刑建议书,与起诉书一并移送人民法院;对于案情简单、量刑情节简单的适用速裁程序的案件,也可以在起诉书中写明量刑建议。

量刑建议书中应当写明人民检察院建议对被告人处以的主刑、附加刑、是否适用缓刑等及其理由和依据。

人民检察院以量刑建议书方式提出量刑建议的,人民法院在送达起诉书副本时,应当将量刑建议书一并送达被告人。

第十条 在刑事诉讼中,自诉人、被告人及其辩护人、被害人及其诉讼代理人可以提出量刑意见,并说明理由,人民检察院、人民法院应当记录在案并附卷。

第十一条 人民法院、人民检察院、侦查机关应当告知犯罪嫌疑人、被告人申请法律援助的权利,对符合法律援助条件的,依法通知法律援助机构指派律师为其提供辩护或者法律帮助。

第十二条 适用速裁程序审理的案件,在确认被告人认罪认罚的自愿性和认罪认罚具结书内容的真实性、合法性后,一般不再进行法庭调查、法庭辩论,但在判决宣告前应当听取辩护人的意见和被告人的最后陈述意见。

适用速裁程序审理的案件,应当当庭宣判。

第十三条 适用简易程序审理的案件,在确认被告人对起诉书指控的犯罪事实和罪名没有异议,自愿认罪且知悉认罪的法律后果后,法庭审理可以直接围绕量刑进行,不再区分法庭调查、法庭辩论,但在判决宣告前应当听取被告人的最后陈述意见。

适用简易程序审理的案件,一般应当当庭宣判。

第十四条 适用普通程序审理的被告人认罪案件,在确认被告人了解起诉书指控的犯罪事实和罪名,自愿认罪且知悉认罪的法律后果后,法庭审理主要围绕量刑和其他有争议的问题进行,可以适当简化法庭调查、法庭辩论程序。

第十五条　对于被告人不认罪或者辩护人做无罪辩护的案件,法庭调查和法庭辩论分别进行。

在法庭调查阶段,应当在查明定罪事实的基础上,查明有关量刑事实,被告人及其辩护人可以出示证明被告人无罪或者罪轻的证据,当庭发表质证意见。

在法庭辩论阶段,审判人员引导控辩双方先辩论定罪问题。在定罪辩论结束后,审判人员告知控辩双方可以围绕量刑问题进行辩论,发表量刑建议或者意见,并说明依据和理由。被告人及其辩护人参加量刑问题的调查的,不影响作无罪辩解或者辩护。

第十六条　在法庭调查中,公诉人可以根据案件的不同种类、特点和庭审的实际情况,合理安排和调整举证顺序。定罪证据和量刑证据分开出示的,应当先出示定罪证据,后出示量刑证据。

对于有数起犯罪事实的案件的量刑证据,可以在对每起犯罪事实举证时分别出示,也可以对同类犯罪事实一并出示;涉及全案综合量刑情节的证据,一般应当在举证阶段最后出示。

第十七条　在法庭调查中,人民法院应当查明对被告人适用具体法定刑幅度的犯罪事实以及法定或者酌定量刑情节。

第十八条　人民法院、人民检察院、侦查机关或者辩护人委托有关方面制作涉及未成年人的社会调查报告的,调查报告应当在法庭上宣读,并进行质证。

第十九条　在法庭审理中,审判人员对量刑证据有疑问的,可以宣布休庭,对证据进行调查核实,必要时也可以要求人民检察院补充调查核实。人民检察院补充调查核实有关证据,必要时可以要求侦查机关提供协助。

对于控辩双方补充的证据,应当经过庭审质证才能作为定案的根据。但是,对于有利于被告人的量刑证据,经庭外征求意见,控辩双方没有异议的除外。

第二十条　被告人及其辩护人、被害人及其诉讼代理人申请人民法院调取在侦查、审查起诉阶段收集的量刑证据材料,人民法院认为确有必要的,应当依法调取;人民法院认为不需要调取的,应当说明理由。

第二十一条　在法庭辩论中,量刑辩论按照以下顺序进行:

(一)公诉人发表量刑建议,或者自诉人及其诉讼代理人发表量刑意见;

(二)被害人及其诉讼代理人发表量刑意见;

(三)被告人及其辩护人发表量刑意见。

第二十二条　在法庭辩论中,出现新的量刑事实,需要进一步调查的,应当恢复法庭调查,待事实查清后继续法庭辩论。

第二十三条　对于人民检察院提出的量刑建议,人民法院应当依法审查。对于事实清楚,证据确实、充分,指控的罪名准确,量刑建议适当的,人民法院应当采纳。

人民法院经审理认为,人民检察院的量刑建议不当的,可以告知人民检察院。人民检察院调整量刑建议的,应当在法庭审理结束前提出。人民法院认为人民检察院调整后的量刑建议适当的,应当予以采纳;人民检察院不调整量刑建议或者调整量刑建议后仍不当的,人民法院应当依法作出判决。

第二十四条　有下列情形之一,被告人当庭认罪,愿意接受处罚的,人民法院

应当根据审理查明的事实,就定罪和量刑听取控辩双方意见,依法作出裁判:

(一)被告人在侦查、审查起诉阶段认罪认罚,但人民检察院没有提出量刑建议的;

(二)被告人在侦查、审查起诉阶段没有认罪认罚的;

(三)被告人在第一审程序中没有认罪认罚,在第二审程序中认罪认罚的;

(四)被告人在庭审过程中不同意量刑建议的。

第二十五条 人民法院应当在刑事裁判文书中说明量刑理由。量刑说理主要包括:

(一)已经查明的量刑事实及其对量刑的影响;

(二)是否采纳公诉人、自诉人、被告人及其辩护人、被害人及其诉讼代理人发表的量刑建议、意见及理由;

(三)人民法院判处刑罚的理由和法律依据。

对于适用速裁程序审理的案件,可以简化量刑说理。

第二十六条 开庭审理的二审、再审案件的量刑程序,依照有关法律规定进行。法律没有规定的,参照本意见进行。

对于不开庭审理的二审、再审案件,审判人员在阅卷、讯问被告人、听取自诉人、辩护人、被害人及其诉讼代理人的意见时,应当注意审查量刑事实和证据。

第二十七条 对于认罪认罚案件量刑建议的提出、采纳与调整等,适用最高人民法院、最高人民检察院、公安部、国家安全部、司法部《关于适用认罪认罚从宽制度的指导意见》的有关规定。

第二十八条 本意见自2020年11月6日起施行。2010年9月13日最高人民法院、最高人民检察院、公安部、国家安全部、司法部《印发〈关于规范量刑程序若干问题的意见(试行)〉的通知》(法发〔2010〕35号)同时废止。

最高人民法院《人民法院量刑程序指导意见(试行)》

(2009年6月1日 法发〔2009〕151号)

为进一步规范量刑活动,实现量刑公开和公正,根据刑事诉讼法和司法解释的有关规定,结合审判工作实际,制定本意见。

一、人民法院审理刑事案件,应当将量刑纳入法庭审理程序。在法庭调查、法庭辩论等阶段,应当保障量刑活动的相对独立性。

二、在刑事裁判文书中,应当说明量刑理由。

三、在法庭审理过程中,审判人员应当注意听取公诉人、当事人、辩护人和诉讼代理人提出的量刑意见。

量刑意见应当具有一定幅度,并应当有相应证据和理由。

四、适用普通程序审理的案件,在法庭调查过程中,可以根据案件具体情况先调查犯罪事实,后调查量刑事实;在法庭辩论过程中,也可以先辩论定罪问题,后辩论量刑问题。

被告人认罪或者虽然不认罪但同意参与审理量刑问题的,按照被告人认罪案件的程序审理量刑问题。

被告人不认罪且不同意参与审理量刑问题的,合议庭应当告知其有权提出从轻、减轻、免除处罚的意见和理由,记录在卷后,法庭审理继续进行。

五、适用简易程序或普通程序审理的被告人认罪案件,在核实犯罪事实后,庭审主要围绕量刑事实、情节和刑罚适用问题进行举证、质证和辩论。

六、量刑事实的调查按照以下顺序进行:

(1)审判人员首先归纳在犯罪事实调查阶段已经查明的量刑事实,并告知公诉人、当事人和辩护人、诉讼代理人不再重复举证和质证;

(2)公诉人、自诉人及其诉讼代理人就其掌握的未经审理的量刑事实举证,并接受质证;

(3)被告人及其辩护人就其掌握的未经审理的量刑事实举证,并接受质证。

被害人及其诉讼代理人到庭参加诉讼的,可以向法庭提交量刑事实证据,并接受质证。

有关方面向法庭提交涉及未成年人量刑的社会调查报告的,调查报告应当当庭宣读,并接受质证。

七、人民法院发现影响量刑的情节有遗漏或者事实不清的,可以建议人民检察院补充侦查。

八、被告人及其辩护人确因客观原因未能收集到量刑证据,申请调取证据的,人民法院认为必要时,可以依法调取。

九、在法庭审理过程中,当事人及其辩护人、诉讼代理人申请新的证人到庭,调取新的物证、书证,申请鉴定或者重新鉴定,人民法院认为有必要的,应当同意。

十、在法庭辩论阶段,审判长应当注意引导控辩双方围绕有争议的量刑事实和刑罚适用问题进行辩论。

在法庭辩论过程中,法庭发现新的量刑事实,认为有必要进行调查的,审判长可以宣布恢复法庭调查,待事实查清后继续法庭辩论。

十一、裁判文书中的量刑说理,一般包括以下内容:

(1)已经查明的量刑事实及其对量刑的影响;

(2)是否采纳公诉人、当事人和辩护人、诉讼代理人的量刑意见及其理由;

(3)人民法院的量刑理由和法律依据。

十二、人民法院审理二审、再审刑事案件的量刑程序,除法律另有规定外,可以参照本意见进行。

十三、本意见自发布之日起试行。

最高人民法院 《关于处理自首和立功若干具体问题的意见》(节录)

(2010年12月22日)

六、关于立功线索的查证程序和具体认定

被告人在一、二审审理期间检举揭发他人犯罪行为或者提供侦破其他案件的重要线索,人民法院经审查认为该线索内容具体、指向明确的,应及时移交有关人民检察院或者公安机关依法处理。

侦查机关出具材料,表明在三个月内还不能查证并抓获被检举揭发的人,或者不能查实的,人民法院审理案件可不再等待查证结果。

被告人检举揭发他人犯罪行为或者提供侦破其他案件的重要线索经查证不属实,又重复提供同一线索,且没有提出新的证据材料的,可以不再查证。

根据被告人检举揭发破获的他人犯罪案件,如果已有审判结果,应当依据判决确认的事实认定是否查证属实;如果被检举揭发的他人犯罪案件尚未进入审判程序,可以依据侦查机关提供的书面查证情况认定是否查证属实。检举揭发的线索经查确有犯罪发生,或者确定了犯罪嫌疑人,可能构成重大立功,只是未能将犯罪嫌疑人抓获归案的,对可能判处死刑的被告人一般要留有余地,对其他被告人原则上应酌情从轻处罚。

被告人检举揭发或者协助抓获的人的行为构成犯罪,但因法定事由不追究刑事责任、不起诉、终止审理的,不影响对被告人立功表现的认定;被告人检举揭发或者协助抓获的人的行为应判处无期徒刑以上刑罚,但因具有法定、酌定从宽情节,宣告刑为有期徒刑或者更轻刑罚的,不影响对被告人重大立功表现的认定。

七、关于自首、立功证据材料的审查

人民法院审查的自首证据材料,应当包括被告人投案经过、有罪供述以及能够证明其投案情况的其他材料。投案经过的内容一般应包括被告人投案时间、地点、方式等。证据材料应加盖接受被告人投案的单位的印章,并有接受人员签名。

人民法院审查的立功证据材料,一般应包括被告人检举揭发材料及证明其来源的材料、司法机关的调查核实材料、被检举揭发人的供述等。被检举揭发案件已立案、侦破,被检举揭发人被采取强制措施、公诉或者审判的,还应审查相关的法律文书。证据材料应加盖接收被告人检举揭发材料的单位的印章,并有接收人员签名。

人民法院经审查认为证明被告人自首、立功的材料不规范、不全面的,应当由检察机关、侦查机关予以完善或者提供补充材料。

上述证据材料在被告人被指控的犯罪一、二审审理时已形成的,应当经庭审质证。

最高人民法院
《关于死刑缓期执行限制减刑案件审理程序若干问题的规定》

(2011年4月20日最高人民法院审判委员会第1519次会议通过,自2011年5月1日起施行)

为正确适用《中华人民共和国刑法修正案(八)》关于死刑缓期执行限制减刑的规定,根据刑事诉讼法的有关规定,结合审判实践,现就相关案件审理程序的若干问题规定如下:

第一条 根据刑法第五十条第二款的规定,对被判处死刑缓期执行的累犯以及因故意杀人、强奸、抢劫、绑架、放火、爆炸、投放危险物质或者有组织的暴力性犯罪被判处死刑缓期执行的犯罪分子,人民法院根据犯罪情节、人身危险性等情况,可以在作出裁判的同时决定对其限制减刑。

第二条 被告人对第一审人民法院作出的限制减刑判决不服的,可以提出上诉。被告人的辩护人和近亲属,经被告人同意,也可以提出上诉。

第三条 高级人民法院审理或者复核判处死刑缓期执行并限制减刑的案件,认为原判对被告人判处死刑缓期执行适当,但判决限制减刑不当的,应当改判,撤销限制减刑。

第四条 高级人民法院审理判处死刑缓期执行没有限制减刑的上诉案件,认为原判事实清楚、证据充分,但应当限制减刑的,不得直接改判,也不得发回重审。确有必要限制减刑的,应当在第二审判决、裁定生效后,按照审判监督程序重新审判。

高级人民法院复核判处死刑缓期执行没有限制减刑的案件,认为应当限制减刑的,不得以提高审级等方式对被告人限制减刑。

第五条 高级人民法院审理判处死刑的第二审案件,对被告人改判死刑缓期执行的,如果符合刑法第五十条第二款的规定,可以同时决定对其限制减刑。

高级人民法院复核判处死刑后没有上诉、抗诉的案件,认为应当改判死刑缓期执行并限制减刑的,可以提审或者发回重新审判。

第六条 最高人民法院复核死刑案件,认为对被告人可以判处死刑缓期执行并限制减刑的,应当裁定不予核准,并撤销原判,发回重新审判。

一案中两名以上被告人被判处死刑,最高人民法院复核后,对其中部分被告人改判死刑缓期执行的,如果符合刑法第五十条第二款的规定,可以同时决定对其限制减刑。

第七条 人民法院对被判处死刑缓期执行的被告人所作的限制减刑决定,应当在判决书主文部分单独作为一项予以宣告。

第八条 死刑缓期执行限制减刑案件审理程序的其他事项,依照刑事诉讼法和有关司法解释的规定执行。

最高人民法院
《关于裁判文书引用法律、法规等规范性法律文件的规定》

(2009年7月13日最高人民法院审判委员会第1470次会议通过,自2009年11月4日起施行,法释〔2009〕14号)

为进一步规范裁判文书引用法律、法规等规范性法律文件的工作,提高裁判质量,确保司法统一,维护法律权威,根据《中华人民共和国立法法》等法律规定,制定本规定。

第一条 人民法院的裁判文书应当依法引用相关法律、法规等规范性法律文件作为裁判依据。引用时应当准确完整写明规范性法律文件的名称、条款序号,需要引用具体条文的,应当整条引用。

第二条 并列引用多个规范性法律文件的,引用顺序如下:法律及法律解释、行政法规、地方性法规、自治条例或者单行条例、司法解释。同时引用两部以上法律的,应当先引用基本法律,后引用其他法律。引用包括实体法和程序法的,先引用实体法,后引用程序法。

第三条 刑事裁判文书应当引用法律、法律解释或者司法解释。刑事附带民事诉讼裁判文书引用规范性法律文件,同时适用本规定第四条规定。

第四条 民事裁判文书应当引用法律、法律解释或者司法解释。对于应当适用的行政法规、地方性法规或者自治条例和单行条例,可以直接引用。

第五条 行政裁判文书应当引用法律、法律解释、行政法规或者司法解释。对于应当适用的地方性法规、自治条例和单行条例、国务院或者国务院授权的部门公布的行政法规解释或者行政规章,可以直接引用。

第六条　对于本规定第三条、第四条、第五条规定之外的规范性文件,根据审理案件的需要,经审查认定为合法有效的,可以作为裁判说理的依据。

第七条　人民法院制作裁判文书确需引用的规范性法律文件之间存在冲突,根据立法法等有关法律规定无法选择适用的,应当依法提请有决定权的机关做出裁决,不得自行在裁判文书中认定相关规范性法律文件的效力。

第八条　本院以前发布的司法解释与本规定不一致的,以本规定为准。

最高人民法院
《关于刑事裁判文书中刑期起止
日期如何表述问题的批复》

(2000年2月13日最高人民法院审判委员会第1099次会议通过,自2000年3月4日起施行,法释〔2000〕7号)

江西省高级人民法院:

你院赣高法〔1999〕第151号《关于裁判文书中刑期起止时间如何表述的请示》收悉。经研究,答复如下:

根据刑法第四十一条、第四十四条、第四十七条和《法院刑事诉讼文书样式》(样本)的规定,判处管制、拘役、有期徒刑的,应当在刑事裁判文书中写明刑种、刑期和主刑刑期的起止日期及折抵办法。刑期从判决执行之日起计算。判决执行以前先行羁押的,羁押一日折抵刑期一日(判处管制刑的,羁押一日折抵刑期二日),即自××××年××月××日(羁押之日)起至××××年××月××日止。羁押期间取保候审的,刑期的终止日顺延。

最高人民法院
《关于在裁判文书中如何表述
修正前后刑法条文的批复》

(2012年2月20日最高人民法院审判委员会第1542次会议通过,自2012年6月1日起施行,法释〔2012〕7号)

各省、自治区、直辖市高级人民法院,解放军军事法院,新疆维吾尔自治区高级人民法院生产建设兵团分院:

近来,一些法院就在裁判文书中引用修正前后刑法条文如何具体表述问题请示我院。经研究,批复如下:

一、根据案件情况,裁判文书引用1997年3月14日第八届全国人民代表大会第五次会议修订的刑法条文,应当根据具体情况分别表述:

(一)有关刑法条文在修订的刑法施行后未经修正,或者经过修正,但引用的是现行有效条文,表述为"《中华人民共和国刑法》第××条"。

(二)有关刑法条文经过修正,引用修正前的条文,表述为"1997年修订的《中华人民共和国刑法》第××条"。

(三)有关刑法条文经两次以上修正,引用经修正、且为最后一次修正前的条文,表述为"经××××年《中华人民共和国刑法修正案(×)》修正的《中华人民共和国刑法》第××条"。

二、根据案件情况,裁判文书引用1997年3月14日第八届全国人民代表大会第五次会议修订前的刑法条文,应当表述为"1979年《中华人民共和国刑法》第××条"。

三、根据案件情况,裁判文书引用有关单行刑法条文,应当直接引用相应该条例、补充规定或者决定的具体条款。

四、《最高人民法院关于在裁判文书中如何引用修订前、后刑法名称的通知》(法〔1997〕192号)、《最高人民法院关于在裁判文书中如何引用刑法修正案的批复》(法释〔2007〕7号)不再适用。

最高人民法院
《关于刑事案件终审判决和裁定何时发生法律效力问题的批复》

(2004年7月20日最高人民法院审判委员会第1320次会议通过,自2004年7月29日起施行,法释〔2004〕7号)

各省、自治区、直辖市高级人民法院,解放军军事法院,新疆维吾尔自治区高级人民法院生产建设兵团分院:

近来,有的法院反映,关于刑事案件终审判决和裁定何时发生法律效力问题不明确。经研究,批复如下:

根据《中华人民共和国刑事诉讼法》第一百六十三条、第一百九十五条和第二百零八条规定的精神,终审的判决和裁定自宣告之日起发生法律效力。

最高人民法院研究室
《关于重婚案件的被告人长期外逃法院能否中止审理和是否受追诉时效限制问题的电话答复》

(1989年8月16日)

陕西省高级人民法院:

你院陕高法研〔1989〕35号《关于重婚案件的被告人长期外逃法院能否中止审理和是否受追诉时效限制问题的请示》收悉。经研究,答复如下:

同意你院意见,即胡应亭诉焦有枝、赵炳信重婚一案,在人民法院对焦有枝采取取保候审的强制措施后,焦有枝潜逃并和赵炳信一直在外流窜,下落不明的情况下,可参照最高人民法院法(研)复〔1988〕29号《关于刑事案件取保候审的被告人在法院审理期间潜逃应宣告中止审理的批复》的规定,中止审理,俟被告人追捕归案后,再恢复审理。关于追诉时效问题,根据刑法第七十七条的规定,对焦有枝追究刑事责任不受追诉期限的限制。对于赵炳信,只要他同焦有枝的非法婚姻关系不解除,他们的重婚犯罪行为就处于一种继续状态,根据刑法第七十八条的规定,人民法院随时都可以对他追究刑事责任。此外,如果公安机关已对赵炳信发布了通缉令,也可以根据刑法第七十七条的规定,对他追究刑事责任,不受追诉期限的限制。

最高人民法院《关于严格执行案件审理期限制度的若干规定》(节录)

(2000年9月14日最高人民法院审判委员会第1130次会议通过,自2000年9月28日起施行,法释〔2000〕29号)

为提高诉讼效率,确保司法公正,根据刑事诉讼法、民事诉讼法、行政诉讼法和海事诉讼特别程序法的有关规定,现就人民法院执行案件审理期限制度的有关问题规定如下:

一、各类案件的审理、执行期限

第五条 执行案件应当在立案之日起六个月内执结,非诉执行案件应当在立案之日起三个月内执结;有特殊情况需要延长的,经本院院长批准,可以延长三个月,还需延长的,层报高级人民法院备案。

委托执行的案件,委托的人民法院应当在立案后一个月内办理完委托执行手续,受委托的人民法院应当在收到委托函件后三十日内执行完毕。未执行完毕,应当在期限届满后十五日内将执行情况函告委托人民法院。

刑事案件没收财产刑应当及时执行。

刑事案件罚金刑,应当在判决、裁定发生法律效力后三个月内执行完毕,至迟不超过六个月。

二、立案、结案时间及审理期限的计算

第六条 第一审人民法院收到起诉书(状)或者执行申请书后,经审查认为符合受理条件的应当在七日内立案;收到自诉人自诉状或者口头告诉的,经审查认为符合自诉案件受理条件的应当在十五日内立案。

改变管辖的刑事、民事、行政案件,应当在收到案卷材料后的三日内立案。

第二审人民法院应当在收到第一审人民法院移送的上(抗)诉材料及案卷材料后的五日内立案。

发回重审或指令再审的案件,应当在收到发回重审或指令再审裁定及案卷材料后的次日内立案。

按照审判监督程序重新审判的案件,应当在作出提审、再审裁定(决定)的次日立案。

第七条 立案机构应当在决定立案的三日内将案卷材料移送审判庭。

第八条 案件的审理期限从立案次日起计算。

由简易程序转为普通程序审理的第一审刑事案件的期限,从决定转为普通程序次日起计算;由简易程序转为普通程序审理的第一审民事案件的期限,从立案次日起连续计算。

第九条 下列期间不计入审理、执行期限:

(一)刑事案件对被告人作精神病鉴定的期间;

(二)刑事案件因另行委托、指定辩护人,法院决定延期审理的,自案件宣布延期审理之日起至第十日止准备辩护的时间;

(三)公诉人发现案件需要补充侦查,提出延期审理建议后,合议庭同意延期审理的期间;

(四)刑事案件二审期间,检察院查阅案卷超过七日后的时间;

(五)因当事人、诉讼代理人、辩护人申请通知新的证人到庭、调取新的证据、申请重新鉴定或者勘验,法院决定延期审

理一个月之内的期间;

(六)民事、行政案件公告、鉴定的期间;

(七)审理当事人提出的管辖权异议和处理法院之间的管辖争议的期间;

(八)民事、行政、执行案件由有关专业机构进行审计、评估、资产清理的期间;

(九)中止诉讼(审理)或执行至恢复诉讼(审理)或执行的期间;

(十)当事人达成执行和解或者提供执行担保后,执行法院决定暂缓执行的期间;

(十一)上级人民法院通知暂缓执行的期间;

(十二)执行中拍卖、变卖被查封、扣押财产的期间。

第十条 人民法院判决书宣判、裁定书宣告或者调解书送达最后一名当事人的日期为结案时间。如需委托宣判、送达的,委托宣判、送达的人民法院应当在审限届满前将判决书、裁定书、调解书送达受托人民法院。受托人民法院应当在收到委托书后七日内送达。

人民法院判决书宣判、裁定书宣告或者调解书送达有下列情形之一的,结案时间遵守以下规定:

(一)留置送达的,以裁判文书留在受送达人的住所日为结案时间;

(二)公告送达的,以公告刊登之日为结案时间;

(三)邮寄送达的,以交邮日期为结案时间;

(四)通过有关单位转交送达的,以送达回证上当事人签收的日期为结案时间。

三、案件延长审理期限的报批

第十一条 刑事公诉案件、被告人被羁押的自诉案件,需要延长审理期限的,应当在审理期限届满七日以前,向高级人民法院提出申请;被告人未被羁押的刑事自诉案件,需要延长审理期限的,应当在审理期限届满十日前向本院院长提出申请。

第十四条 对于下级人民法院申请延长办案期限的报告,上级人民法院应当在审理期限届满三日前作出决定,并通知提出申请延长审理期限的人民法院。

需要本院院长批准延长办案期限的,院长应当在审限届满前批准或者决定。

四、上诉、抗诉二审案件的移送期限

第十五条 被告人、自诉人、附带民事诉讼的原告人和被告人通过第一审人民法院提出上诉的刑事案件,第一审人民法院应当在上诉期限届满后三日内将上诉状连同案卷、证据移送第二审人民法院。被告人、自诉人、附带民事诉讼的原告人和被告人直接向上级人民法院提出上诉的刑事案件,第一审人民法院应当在接到第二审人民法院移交的上诉状后三日内将案卷、证据移送上一级人民法院。

第十六条 人民检察院抗诉的刑事二审案件,第一审人民法院应当在上诉、抗诉期届满后三日内将抗诉书连同案卷、证据移送第二审人民法院。

第十八条 第二审人民法院立案时发现上诉案件材料不齐全的,应当在两日内通知第一审人民法院。第一审人民法院应当在接到第二审人民法院的通知后五日内补齐。

第十九条 下级人民法院接到上级人民法院调卷通知后,应当在五日内将全部案卷和证据移送,最迟不超过十日。

最高人民法院《关于执行〈最高人民法院关于严格执行案件审理期限制度的若干规定〉中有关问题的复函》

(2001年8月20日 法函〔2001〕46号)

江苏省高级人民法院：

你院苏立函字第10号《关于执行〈最高人民法院关于严格执行案件审理期限制度的若干规定〉中有关问题的请示》收悉。经研究，答复如下：

立案庭承担有关法律文书送达、对管辖权异议的审查、诉讼保全、庭前证据交换等庭前程序性工作的，向审判庭移送案卷材料的期限可不受《最高人民法院关于严格执行案件审理期限制度的若干规定》(以下简称《若干规定》)第七条"立案机构应当在决定立案的三日内将案卷材料移送审判庭"规定的限制，但第一审案件移送案卷材料的期限最长不得超过二十日，第二审案件最长不得超过十五日。

立案庭未承担上述程序性工作的，仍应执行《若干规定》第七条的规定。

最高人民法院《案件审限管理规定》

(2001年10月16日由最高人民法院审判委员会第1195次会议通过，自2002年1月1日起施行，法〔2001〕164号)

为了严格执行法律和有关司法解释关于审理期限的规定，提高审判工作效率，保护当事人的诉讼权利，结合本院实际情况，制定本规定。

一、本院各类案件的审理期限

第一条 审理刑事上诉、抗诉案件的期限为一个月，至迟不得超过一个半月；有刑事诉讼法第一百二十六条规定情形之一的，经院长批准，可以延长一个月。

第二条 审理对民事判决的上诉案件，期限为三个月；有特殊情况需要延长的，经院长批准，可以延长三个月。

审理对民事裁定的上诉案件，期限为一个月。

第三条 审理对妨害诉讼的强制措施的民事决定不服申请复议的案件，期限为五日。

第四条 审理行政上诉案件的期限为两个月；有特殊情况需要延长的，经院长批准，可以延长两个月。

第五条 审理赔偿案件的期限为三个月；有特殊情况需要延长的，经院长批准，可以延长三个月。

第六条 办理刑事复核案件的期限为两个月；有特殊情况需要延长的，由院长批准。

办理再审刑事复核案件的期限为四个月；有特殊情况需要延长的，由院长批准。

第七条 对不服本院生效裁判或不服高级人民法院复查驳回、再审改判的各类申诉或申请再审案件，应当在三个月内审查完毕，作出决定或裁定，至迟不得超过六个月。

第八条 按照审判监督程序重新审理的刑事案件的审理期限为三个月；有特殊情况需要延长的，经院长批准，可以延长三个月。裁定再审的民事、行政案件，根据再审适用的不同程序，分别执行第一审或第二审审理期限的规定。

第九条 办理下级人民法院按规定向我院请示的各类适用法律的特殊案件，期限为三个月；有特殊情况需要延长的，经院长批准，可以延长三个月。

第十条 涉外、涉港、澳、台民事案件应当在庭审结束后三个月内结案；有特殊情况需要延长的，由院长批准。

第十一条 办理管辖争议案件的期限为两个月；有特殊情况需要延长的，经院长批准，可以延长两个月。

第十二条 办理执行协调案件的期限为三个月，至迟不得超过六个月。

二、立案、结案时间及审理期限的计算

第十三条 二审案件应当在收到上（抗）诉书及案卷材料后的五日内立案。按照审判监督程序重新审判的案件，应当在作出提审、再审裁定或决定的次日立案。

刑事复核案件、适用法律的特殊请示案件、管辖争议案件、执行协调案件应当在收到高级人民法院报送的案卷材料后三日内立案。

第十四条 立案庭应当在决定立案并办妥有关诉讼收费事宜后，三日内将案卷材料移送相关审判庭。

第十五条 案件的审理期限从立案次日起计算。

申诉或申请再审的审查期限从收到申诉或申请再审材料并经立案后的次日起计算。

涉外、涉港、澳、台民事案件的结案期限从最后一次庭审结束后的次日起计算。

第十六条 不计入审理期限的期间依照本院《关于严格执行案件审理期限制度的若干规定》（下称《若干规定》）第九条执行。案情重大、疑难，需由审判委员会作出决定的案件，自提交审判委员会之日起至审判委员会作出决定之日止的期间，不计入审理期限。

需要向有关部门征求意见的案件，征求意见的期间不计入审理期限，参照《若干规定》第九条第八项的规定办理。

要求下级人民法院查报的案件，下级人民法院复查的期间不计入审理期限。

第十七条 结案时间除按《若干规定》第十条执行外，请示案件的结案时间以批复、复函签发日期为准，审查申诉的结案时间以作出决定或裁定的日期为准，执行协调案件以批准协调方案日期为准。

三、案件延长审理期限的报批

第十八条 刑事案件需要延长审理期限的，应当在审理期限届满七日以前，向院长提出申请。

第十九条 其他案件需要延长审理期限的，应当在审理期限届满十日以前，向院长提出申请。

第二十条 需要院长批准延长审理期限的，院长应当在审限届满以前作出决定。

第二十一条 凡变动案件审理期限的，有关合议庭应当及时到立案庭备案。

四、对案件审理期限的监督、管理

第二十二条 本院各类案件审理期限的监督、管理工作由立案庭负责。

距案件审限届满前十日，立案庭应当向有关审判庭发出提示。

对超过审限的案件实行按月通报制度。

第二十三条 审判人员故意拖延办案，或者因过失延误办案，造成严重后果的，依照《人民法院审判纪律处分办法（试行）》第五十九条的规定予以处分。

最高人民法院研究室《关于上级人民检察院能否调阅下级人民法院审判卷宗问题的答复》

(1995年1月17日 法明传〔1995〕16号)

四川省高级人民法院：

你院川高法〔1994〕167号《关于上级检察机关能否调阅下级人民法院审判卷宗问题的请示》收悉。经研究，答复如下：

根据刑事诉讼法有关规定的精神，上级人民检察院或者同级人民检察院在办理刑事案件过程中，可以查阅同级人民法院的有关案卷材料或者通过同级人民法院查阅下级人民法院的有关案卷材料，但是不应直接调阅下级人民法院的有关案卷材料。可以查阅的案卷不包括合议庭评议记录、审判委员会讨论记录等法院内部对案件研究处理的意见材料。

最高人民法院《关于规范上下级人民法院审判业务关系的若干意见》

(2010年12月28日 法发〔2010〕61号)

为进一步规范上下级人民法院之间的审判业务关系，明确监督指导的范围与程序，保障各级人民法院依法独立行使审判权，根据《中华人民共和国宪法》和《中华人民共和国人民法院组织法》等相关法律规定，结合审判工作实际，制定本意见。

第一条 最高人民法院监督指导地方各级人民法院和专门人民法院的审判业务工作。上级人民法院监督指导下级人民法院的审判业务工作。监督指导的范围、方式和程序应当符合法律规定。

第二条 各级人民法院在法律规定范围内履行各自职责，依法独立行使审判权。

第三条 基层人民法院和中级人民法院对于已经受理的下列第一审案件，必要时可以根据相关法律规定，书面报请上一级人民法院审理：

（1）重大、疑难、复杂案件；

（2）新类型案件；

（3）具有普遍法律适用意义的案件；

（4）有管辖权的人民法院不宜行使审判权的案件。

第四条 上级人民法院对下级人民法院提出的移送审理请求，应当及时决定是否由自己审理，并下达同意移送决定书或者不同意移送决定书。

第五条 上级人民法院认为下级人民法院管辖的第一审案件，属于本意见第三条所列类型，有必要由自己审理的，可以决定提级管辖。

第六条 第一审人民法院已经查清事实的案件，第二审人民法院原则上不得以事实不清、证据不足为由发回重审。

第二审人民法院作出发回重审裁定时，应当在裁定书中详细阐明发回重审的理由及法律依据。

第七条 第二审人民法院因原审判决事实不清、证据不足将案件发回重审的，原则上只能发回重审一次。

第八条 最高人民法院通过审理案件、制定司法解释或者规范性文件、发布指导性案例、召开审判业务会议、组织法官培训等形式，对地方各级人民法院和专门人民法院的审判业务工作进行指导。

第九条 高级人民法院通过审理案件、制定审判业务文件、发布参考性案例、召开审判业务会议、组织法官培训等形式,对辖区内各级人民法院和专门人民法院的审判业务工作进行指导。

高级人民法院制定审判业务文件,应当经审判委员会讨论通过。最高人民法院发现高级人民法院制定的审判业务文件与现行法律、司法解释相抵触的,应当责令其纠正。

第十条 中级人民法院通过审理案件、总结审判经验、组织法官培训等形式,对基层人民法院的审判业务工作进行指导。

第十一条 本意见自公布之日起施行。

最高人民法院《关于巡回法庭审理案件若干问题的规定》

(2015年1月5日最高人民法院审判委员会第1640次会议通过,2015年1月28日公布,自2015年2月1日起施行。根据2016年12月19日最高人民法院审判委员会第1704次会议通过的《最高人民法院关于修改〈最高人民法院关于巡回法庭审理案件若干问题的规定〉的决定》修正)

为依法及时公正审理跨行政区域重大行政和民商事等案件,推动审判工作重心下移、就地解决纠纷、方便当事人诉讼,根据《中华人民共和国人民法院组织法》《中华人民共和国行政诉讼法》《中华人民共和国民事诉讼法》《中华人民共和国刑事诉讼法》等法律以及有关司法解释,结合最高人民法院审判工作实际,就最高人民法院巡回法庭(简称巡回庭)审理案件等问题规定如下。

第一条 最高人民法院设立巡回法庭,受理巡回区内相关案件。第一巡回法庭设在广东省深圳市,巡回区为广东、广西、海南、湖南四省区。第二巡回法庭设在辽宁省沈阳市,巡回区为辽宁、吉林、黑龙江三省。第三巡回法庭设在江苏省南京市,巡回区为江苏、上海、浙江、福建、江西五省市。第四巡回法庭设在河南省郑州市,巡回区为河南、山西、湖北、安徽四省。第五巡回法庭设在重庆市,巡回区为重庆、四川、贵州、云南、西藏五省区。第六巡回法庭设在陕西省西安市,巡回区为陕西、甘肃、青海、宁夏、新疆五省区。最高人民法院本部直接受理北京、天津、河北、山东、内蒙古五省区市有关案件。

最高人民法院根据有关规定和审判工作需要,可以增设巡回法庭,并调整巡回法庭的巡回区和案件受理范围。

第二条 巡回法庭是最高人民法院派出的常设审判机构。巡回法庭作出的判决、裁定和决定,是最高人民法院的判决、裁定和决定。

第三条 巡回法庭审理或者办理巡回区内应当由最高人民法院受理的以下案件:

(一)全国范围内重大、复杂的第一审行政案件;

(二)在全国有重大影响的第一审民商事案件;

(三)不服高级人民法院作出的第一审行政或者民商事判决、裁定提起上诉的案件;

(四)对高级人民法院作出的已经发

生法律效力的行政或者民商事判决、裁定、调解书申请再审的案件；

（五）刑事申诉案件；

（六）依法定职权提起再审的案件；

（七）不服高级人民法院作出的罚款、拘留决定申请复议的案件；

（八）高级人民法院因管辖权问题报请最高人民法院裁定或者决定的案件；

（九）高级人民法院报请批准延长审限的案件；

（十）涉港澳台民商事案件和司法协助案件；

（十一）最高人民法院认为应当由巡回法庭审理或者办理的其他案件。

巡回法庭依法办理巡回区内向最高人民法院提出的来信来访事项。

第四条 知识产权、涉外商事、海事海商、死刑复核、国家赔偿、执行案件和最高人民检察院抗诉的案件暂由最高人民法院本部审理或者办理。

第五条 巡回法庭设立诉讼服务中心，接受并登记属于巡回法庭受案范围的案件材料，为当事人提供诉讼服务。对于依照本规定应当由最高人民法院本部受理案件的材料，当事人要求巡回法庭转交的，巡回法庭应当转交。

巡回法庭对于符合立案条件的案件，应当在最高人民法院办案信息平台统一编号立案。

第六条 当事人不服巡回区内高级人民法院作出的第一审行政或者民商事判决、裁定提起上诉的，上诉状应当通过原审人民法院向巡回法庭提出。当事人直接向巡回法庭上诉的，巡回法庭应当在五日内将上诉状移交原审人民法院。原审人民法院收到上诉状、答辩状后，应当在五日内连同全部案卷和证据，报送巡回法庭。

第七条 当事人对巡回区内高级人民法院作出的已经发生法律效力的判决、裁定申请再审或者申诉的，应当向巡回法庭提交再审申请书、申诉书等材料。

第八条 最高人民法院认为巡回法庭受理的案件对统一法律适用有重大指导意义的，可以决定由本部审理。

巡回法庭对于已经受理的案件，认为对统一法律适用有重大指导意义的，可以报请最高人民法院本部审理。

第九条 巡回法庭根据审判工作需要，可以在巡回区内巡回审理案件、接待来访。

第十条 巡回法庭按照让审理者裁判、由裁判者负责原则，实行主审法官、合议庭办案责任制。巡回法庭主审法官由最高人民法院从办案能力突出、审判经验丰富的审判人员中选派。巡回法庭的合议庭由主审法官组成。

第十一条 巡回法庭庭长、副庭长应当参加合议庭审理案件。合议庭审理案件时，由承办案件的主审法官担任审判长。庭长或者副庭长参加合议庭审理案件时，自己担任审判长。巡回法庭作出的判决、裁定，经合议庭成员签署后，由审判长签发。

第十二条 巡回法庭受理的案件，统一纳入最高人民法院审判信息综合管理平台进行管理，立案信息、审判流程、裁判文书面向当事人和社会依法公开。

第十三条 巡回法庭设廉政监察员，负责巡回法庭的日常廉政监督工作。

最高人民法院监察局通过受理举报投诉、查处违纪案件、开展司法巡查和审务督察等方式，对巡回法庭及其工作人员进行廉政监督。

最高人民法院
《全国法院民商事审判工作会议纪要》(节录)

(2019年11月8日　法〔2019〕254号)

十二、关于民刑交叉案件的程序处理

会议认为,近年来,在民间借贷、P2P等融资活动中,与涉嫌诈骗、合同诈骗、票据诈骗、集资诈骗、非法吸收公众存款等犯罪有关的民商事案件的数量有所增加,出现了一些新情况和新问题。在审理案件时,应当依照《最高人民法院关于在审理经济纠纷案件中涉及经济犯罪嫌疑若干问题的规定》《最高人民法院关于审理非法集资刑事案件具体应用法律若干问题的解释》《最高人民法院最高人民检察院公安部关于办理非法集资刑事案件适用法律若干问题的意见》以及民间借贷司法解释等规定,处理好民刑交叉案件之间的程序关系。

128.【分别审理】同一当事人因不同事实分别发生民商事纠纷和涉嫌刑事犯罪,民商事案件与刑事案件应当分别审理,主要有下列情形:

(1)主合同的债务人涉嫌刑事犯罪或者刑事裁判认定其构成犯罪,债权人请求担保人承担民事责任的;

(2)行为人以法人、非法人组织或者他人名义订立合同的行为涉嫌刑事犯罪或者刑事裁判认定其构成犯罪,合同相对人请求该法人、非法人组织或者他人承担民事责任的;

(3)法人或者非法人组织的法定代表人、负责人或者其他工作人员的职务行为涉嫌刑事犯罪或者刑事裁判认定其构成犯罪,受害人请求该法人或者非法人组织承担民事责任的;

(4)侵权行为人涉嫌刑事犯罪或者刑事裁判认定其构成犯罪,被保险人、受益人或者其他赔偿权利人请求保险人支付保险金的;

(5)受害人请求涉嫌刑事犯罪的行为人之外的其他主体承担民事责任的。

审判实践中出现的问题是,在上述情形下,有的人民法院仍然以民事案件涉嫌刑事犯罪为由不予受理,已经受理的,裁定驳回起诉。对此,应予纠正。

129.【涉众型经济犯罪与民商事案件的程序处理】2014年颁布实施的《最高人民法院最高人民检察院公安部关于办理非法集资刑事案件适用法律若干问题的意见》和2019年1月颁布实施的《最高人民法院最高人民检察院公安部关于办理非法集资刑事案件若干问题的意见》规定的涉嫌集资诈骗、非法吸收公众存款等涉众型经济犯罪,所涉人数众多、当事人分布地域广、标的额特别巨大、影响范围广,严重影响社会稳定,对于受害人就同一事实提起的以犯罪嫌疑人或者刑事被告人为被告的民事诉讼,人民法院应当裁定不予受理,并将有关材料移送侦查机关、检察机关或者正在审理该刑事案件的人民法院。受害人的民事权利保护应当通过刑事追赃、退赔的方式解决。正在审理民商事案件的人民法院发现有上述涉众型经济犯罪线索的,应当及时将犯罪线索和有关材料移送侦查机关。侦查机关作出立案决定前,人民法院应当中止审理;作出立案决定后,应当裁定驳回起诉;侦查机关未及时立案的,人民法院必要时可以将案件报请党委政法委协调处理。除上述情形人民法院不予受理外,要防止通过刑事手段干预民商事审判，搞地方保护，影响营商环境。

当事人因租赁、买卖、金融借款等与上述涉众型经济犯罪无关的民事纠纷，请求上述主体承担民事责任的，人民法院应予受理。

130.【民刑交叉案件中民商事案件中止审理的条件】人民法院在审理民商事案件时，如果民商事案件必须以相关刑事案件的审理结果为依据，而刑事案件尚未审结的，应当根据《民事诉讼法》第150条第5项的规定裁定中止诉讼。待刑事案件审结后，再恢复民商事案件的审理。如果民商事案件不是必须以相关的刑事案件的审理结果为依据，则民商事案件应当继续审理。

最高人民法院
《关于统一法律适用加强类案检索的指导意见（试行）》
（节录）

（2020年7月27日发布，自2020年7月31日起试行）

一、本意见所称类案，是指与待决案件在基本事实、争议焦点、法律适用问题等方面具有相似性，且已经人民法院裁判生效的案件。

二、人民法院办理案件具有下列情形之一，应当进行类案检索：

（一）拟提交专业（主审）法官会议或者审判委员会讨论的；

（二）缺乏明确裁判规则或者尚未形成统一裁判规则的；

（三）院长、庭长根据审判监督管理权限要求进行类案检索的；

（四）其他需要进行类案检索的。

三、承办法官依托中国裁判文书网、审判案例数据库等进行类案检索，并对检索的真实性、准确性负责。

四、类案检索范围一般包括：

（一）最高人民法院发布的指导性案例；

（二）最高人民法院发布的典型案例及裁判生效的案件；

（三）本省（自治区、直辖市）高级人民法院发布的参考性案例及裁判生效的案件；

（四）上一级人民法院及本院裁判生效的案件。

除指导性案例以外，优先检索近三年的案例或者案件；已经在前一顺位中检索到类案的，可以不再进行检索。

九、检索到的类案为指导性案例的，人民法院应当参照作出裁判，但与新的法律、行政法规、司法解释相冲突或者为新的指导性案例所取代的除外。

检索到其他类案的，人民法院可以作为作出裁判的参考。

十、公诉机关、案件当事人及其辩护人、诉讼代理人等提交指导性案例作为控（诉）辩理由的，人民法院应当在裁判文书说理中回应是否参照并说明理由；提交其他类案作为控（诉）辩理由的，人民法院可以通过释明等方式予以回应。

十一、检索到的类案存在法律适用不一致的，人民法院可以综合法院层级、裁判时间、是否经审判委员会讨论等因素，依照《最高人民法院关于建立法律适用分歧解决机制的实施办法》等规定，通过法律适用分歧解决机制予以解决。

最高人民法院
《关于进一步完善"四类案件"监督管理工作机制的指导意见》
（节录）

(2021年11月4日　法发〔2021〕30号)

二、本意见所称"四类案件"，是指符合下列情形之一的案件：

（一）重大、疑难、复杂、敏感的；

（二）涉及群体性纠纷或者引发社会广泛关注，可能影响社会稳定的；

（三）与本院或者上级人民法院的类案裁判可能发生冲突的；

（四）有关单位或者个人反映法官有违法审判行为的。

三、"重大、疑难、复杂、敏感"的案件主要包括下列案件：涉及国家利益、社会公共利益的；对事实认定或者法律适用存在较大争议的；具有首案效应的新类型案件；具有普遍法律适用指导意义的；涉及国家安全、外交、民族、宗教等敏感案件。

四、"涉及群体性纠纷或者引发社会广泛关注，可能影响社会稳定"的案件主要包括下列案件：当事人或者被害人人数众多，可能引发群体性事件的；可能或者已经引发社会广泛关注，存在激化社会矛盾风险的；具有示范效应、可能引发后续批量诉讼的；可能对特定行业产业发展、特定群体利益、社会和谐稳定产生较大影响的。

五、"与本院或者上级人民法院的类案裁判可能发生冲突"的案件主要包括下列案件：与本院或者上级人民法院近三年类案生效裁判可能发生冲突的；与本院正在审理的类案裁判结果可能发生冲突，有必要统一法律适用的；本院近三年类案生效裁判存在重大法律适用分歧，截至案件审理时仍未解决的。

六、"有关单位或者个人反映法官有违法审判行为"的案件主要包括下列案件：当事人、诉讼代理人、辩护人、利害关系人实名反映参与本案审理的法官有违法审判行为，并提供具体线索的；当事人、诉讼代理人、辩护人实名反映案件久拖不决，经初步核实确属违反审判执行期限管理规定的；有关部门通过审务督察、司法巡查、案件评查、信访接待或者受理举报、投诉等方式，发现法官可能存在违法审判行为的；承办审判组织在"三个规定"记录报告平台反映存在违反规定干预过问案件情况，可能或者已经影响司法公正的。

有关单位或者个人反映审判辅助人员有违纪违法行为，可能或者已经影响司法公正的，参照上述情形监督管理。

七、各级人民法院可以结合本院工作实际，对下列案件适用"四类案件"的监督管理措施：本院已经发生法律效力的判决、裁定、调解书等确有错误需要再审的；人民检察院提出抗诉的；拟判处死刑（包括死刑缓期两年执行）的；拟宣告被告人无罪或者拟在法定刑以下判处刑罚、免予刑事处罚的；指令再审或者发回重审的；诉讼标的额特别巨大的；其他有必要适用"四类案件"监督管理措施的。

九、立案阶段识别标注的"四类案件"，可以指定分案。审理"四类案件"，应当依法组成合议庭，一般由院庭长担任审判长，并根据案件所涉情形、复杂程度等因素，综合确定合议庭组成人员和人数。

案件进入审理阶段后被识别标注为"四类案件"的,院庭长可以根据案件所涉情形、进展情况,按权限决定作出下述调整,调整结果应当及时通知当事人,并在办案平台注明原因:

(一)由独任审理转为合议庭审理;

(二)调整承办法官;

(三)调整合议庭组成人员或者人数;

(四)决定由自己担任审判长。

十、院庭长应当根据《中华人民共和国法官法》第九条的规定,针对"四类案件"审理中需要关注和解决的问题,按照职务权限采取以下监督管理措施:

(一)按权限调整分案;

(二)要求合议庭报告案件进展、评议结果;

(三)要求合议庭提供类案裁判文书或者制作类案检索报告;

(四)审阅案件庭审提纲、审理报告;

(五)调阅卷宗、旁听庭审;

(六)要求合议庭复议并报告复议结果,但同一案件一般不得超过两次;

(七)决定将案件提交专业法官会议讨论;

(八)决定按照工作程序将案件提交审判委员会讨论;

(九)决定按程序报请上一级人民法院审理;

(十)其他与其职务相适应的必要监督管理措施。

院庭长在分管领域、职务权限范围内,按工作程序采取上述监督管理措施,或者对下级人民法院审理的"四类案件"依法履行监督指导职责,不属于违反规定干预过问案件。

(二)审判组织

最高人民法院
《关于定期宣判的案件人民陪审员
因故不能参加宣判时可否由
审判员开庭宣判问题的批复》

(1981年8月4日)

山东省高级人民法院:

你院(81)鲁法研字第10号请示报告收悉。关于定期宣判的案件人民陪审员因故不能参加宣判可否由审判员开庭审判的问题,本院1957年2月15日法研字第3417号批复曾规定:"定期宣判的案件,人民陪审员因故不能参加宣判,在不改变原来评议时所作的决定的情况下,可以由原来审判本案的审判员独自开庭宣判;判决书上仍应署审判本案的审判员和人民陪审员的姓名。"我们认为,现在仍可按照这一规定办理,即:当合议庭组成人员中某一人民陪审员因故不能参加宣判时,可由审判员和其他人民陪审员开庭宣判;人民陪审员都因故不能参加宣判时,可由审判员独自开庭宣判。判决书仍应由合议庭全体组成人员署名。

最高人民法院
《关于改革和完善人民法院审判
委员会制度的实施意见》

(2010年1月11日 法发〔2010〕3号)

为改革和完善人民法院审判委员会

制度,提高审判工作质量和效率,根据人民法院组织法、刑事诉讼法、民事诉讼法、行政诉讼法等法律的规定,结合人民法院审判工作实际,制定本意见。

一、人民法院审判委员会制度是中国特色社会主义司法制度的重要组成部分。(略)

二、改革和完善审判委员会制度,应当坚持"三个至上"的人民法院工作指导思想,坚持党对人民法院工作的领导,自觉接受人民代表大会监督,自觉维护宪法、法律的尊严和权威,自觉维护人民合法权益,坚持从审判工作实际出发,依法积极稳妥推进。

三、审判委员会是人民法院的最高审判组织,在总结审判经验、审理疑难、复杂、重大案件中具有重要的作用。

四、最高人民法院审判委员会履行审理案件和监督、管理、指导审判工作的职责:

(一)讨论疑难、复杂、重大案件;

(二)总结审判工作经验;

(三)制定司法解释和规范性文件;

(四)听取审判业务部门的工作汇报;

(五)讨论决定对审判工作具有指导性意义的典型案例;

(六)讨论其他有关审判工作的重大问题。

五、地方各级人民法院审判委员会履行审理案件和监督、管理、指导审判工作的职责:

(一)讨论疑难、复杂、重大案件;

(二)结合本地区和本院实际,总结审判工作经验;

(三)听取审判业务部门的工作汇报;

(四)讨论决定对本院或者本辖区的审判工作具有参考意义的案例;

(五)讨论其他有关审判工作的重大问题。

六、各级人民法院应当加强审判委员会的专业化建设,提高审判委员会委员的政治素质、道德素质和法律专业素质,增强司法能力,确保审判委员会组成人员成为人民法院素质最好、水平最高的法官。各级人民法院审判委员会除由院长、副院长、庭长担任审判委员会委员外,还应当配备若干名不担任领导职务,政治素质好、审判经验丰富、法学理论水平较高、具有法律专业高等学历的资深法官委员。

中共中央《关于进一步加强人民法院、人民检察院工作的决定》已经明确了审判委员会专职委员的配备规格和条件,各级人民法院应当配备若干名审判委员会专职委员。

七、人民法院审判工作中的重大问题和疑难、复杂、重大案件以及合议庭难以作出裁决的案件,应当由审判委员会讨论或者审理后作出决定。案件或者议题是否提交审判委员会讨论,由院长或者主管副院长决定。

八、最高人民法院审理的下列案件应当提交审判委员会讨论决定:

(一)本院已经发生法律效力的判决、裁定确有错误需要再审的案件;

(二)最高人民检察院依照审判监督程序提出抗诉的刑事案件。

九、高级人民法院和中级人民法院审理的下列案件应当提交审判委员会讨论决定:

(一)本院已经发生法律效力的判决、裁定确有错误需要再审的案件;

（二）同级人民检察院依照审判监督程序提出抗诉的刑事案件；

（三）拟判处死刑立即执行的案件；

（四）拟在法定刑以下判处刑罚或者免于刑事处罚的案件；

（五）拟宣告被告人无罪的案件；

（六）拟就法律适用问题向上级人民法院请示的案件；

（七）认为案情重大、复杂，需要报请移送上级人民法院审理的案件。

十、基层人民法院审理的下列案件应当提交审判委员会讨论决定：

（一）本院已经发生法律效力的判决、裁定确有错误需要再审的案件；

（二）拟在法定刑以下判处刑罚或者免于刑事处罚的案件；

（三）拟宣告被告人无罪的案件；

（四）拟就法律适用问题向上级人民法院请示的案件；

（五）认为应当判处无期徒刑、死刑，需要报请移送中级人民法院审理的刑事案件；

（六）认为案情重大、复杂，需要报请移送上级人民法院审理的案件。

十一、人民法院审理下列案件时，合议庭可以提请院长决定提交审判委员会讨论：

（一）合议庭意见有重大分歧、难以作出决定的案件；

（二）法律规定不明确，存在法律适用疑难问题的案件；

（三）案件处理结果可能产生重大社会影响的案件；

（四）对审判工作具有指导意义的新类型案件；

（五）其他需要提交审判委员会讨论的疑难、复杂、重大案件。

合议庭没有建议提请审判委员会讨论的案件，院长、主管副院长或者庭长认为有必要的，得提请审判委员会讨论。

十二、需要提交审判委员会讨论的案件，由合议庭层报庭长、主管副院长提请院长决定。院长、主管副院长或者庭长认为不需要提交审判委员会的，可以要求合议庭复议。

审判委员会讨论案件，合议庭应当提交案件审理报告。案件审理报告应当符合规范要求，客观、全面反映案件事实、证据以及双方当事人或控辩双方的意见，说明合议庭争议的焦点、分歧意见和拟作出裁判的内容。案件审理报告应当提前发送审判委员会委员。

十三、审判委员会讨论案件时，合议庭全体成员及审判业务部门负责人应当列席会议。对本院审结的已发生法律效力的案件提起再审的，原审合议庭成员及审判业务部门负责人也应当列席会议。院长或者受院长委托主持会议的副院长可以决定其他有必要列席的人员。

审判委员会讨论案件，同级人民检察院检察长或者受检察长委托的副检察长可以列席。

十四、审判委员会会议由院长主持。院长因不能主持会议时，可以委托副院长主持。

十五、审判委员会讨论案件按照听取汇报、询问、发表意见、表决的顺序进行。案件由承办人汇报，合议庭其他成员补充。审判委员会委员在听取汇报、进行询问和发表意见后，其他列席人员经主持人同意可以发表意见。

十六、审判委员会讨论案件实行民主集中制。审判委员会委员发表意见的顺序，一般应当按照职级高的委员后发言的原则进行,主持人最后发表意见。

审判委员会应当充分、全面地对案件进行讨论。审判委员会委员应当客观、公正、独立、平等地发表意见,审判委员会委员发表意见不受追究,并应当记录在卷。

审判委员会委员发表意见后,主持人应当归纳委员的意见,按多数意见拟出决议,付诸表决。审判委员会的决议应当按照全体委员二分之一以上多数意见作出。

十七、审判委员会以会议决议的方式履行对审判工作的监督、管理、指导职责。

十八、中级以上人民法院可以设立审判委员会日常办事机构,基层人民法院可以设审判委员会专职工作人员。

审判委员会日常办事机构负责处理审判委员会的日常事务,负责督促、检查和落实审判委员会的决定,承担审判委员会交办的其他事项。

最高人民法院、最高人民检察院《关于人民检察院检察长列席人民法院审判委员会会议的实施意见》

(自2014年4月1日起施行 法发〔2010〕4号)

为进一步落实和规范人民检察院检察长列席人民法院审判委员会会议制度,根据《中华人民共和国人民法院组织法》等法律的有关规定,提出如下意见:

一、人民检察院检察长可以列席同级人民法院审判委员会会议。

检察长不能列席时,可以委托副检察长列席同级人民法院审判委员会会议。

二、人民检察院检察长列席人民法院审判委员会会议的任务是,对于审判委员会讨论的案件和其他有关议题发表意见,依法履行法律监督职责。

三、人民法院审判委员会讨论下列案件或者议题,同级人民检察院检察长可以列席:

(一)可能判处被告人无罪的公诉案件;

(二)可能判处被告人死刑的案件;

(三)人民检察院提出抗诉的案件;

(四)与检察工作有关的其他议题。

四、人民法院院长决定将本意见第三条所列案件或者议题提交审判委员会讨论的,人民法院应当通过适当方式告知同级人民检察院。人民检察院检察长决定列席审判委员会会议的,人民法院应当将会议议程、会议时间通知人民检察院。

对于人民法院审判委员会讨论的议题,人民检察院认为有必要的,可以向人民法院提出列席审判委员会会议;人民法院认为有必要的,可以邀请人民检察院检察长列席审判委员会会议。

五、人民检察院检察长列席审判委员会会议的,人民法院应当将会议材料在送审判委员会委员的同时送人民检察院检察长。

六、人民检察院检察长列席审判委员会会议,应当在会前进行充分准备,必要时可就有关问题召开检察委员会会议进行讨论。

七、检察长或者受检察长委托的副检察长列席审判委员会讨论案件的会议,可以在人民法院承办人汇报完毕后、审判委员会委员表决前发表意见。

审判委员会会议讨论与检察工作有关的其他议题,检察长或者受检察长委托的副检察长的发言程序适用前款规定。

检察长或者受检察长委托的副检察长在审判委员会会议上发表的意见,应当记录在卷。

八、人民检察院检察长列席审判委员会会议讨论的案件,人民法院应当将裁判文书及时送达或者抄送人民检察院。

人民检察院检察长列席的审判委员会会议讨论的其他议题,人民法院应当将讨论通过的决定文本及时送给人民检察院。

九、出席、列席审判委员会会议的所有人员,对审判委员会讨论内容应当保密。

十、人民检察院检察长列席审判委员会会议的具体事宜由审判委员会办事机构和检察委员会办事机构负责办理。

最高人民法院
《关于人民法院合议庭工作的
若干规定》

(2002年7月30日最高人民法院审判委员会第1234次会议通过,自2002年8月17日起施行,法释〔2002〕25号)

为了进一步规范合议庭的工作程序,充分发挥合议庭的职能作用,根据《中华人民共和国法院组织法》、《中华人民共和国刑事诉讼法》、《中华人民共和国民事诉讼法》、《中华人民共和国行政诉讼法》等法律的有关规定,结合人民法院审判工作实际,制定本规定。

第一条 人民法院实行合议制审判第一审案件,由法官或者由法官和人民陪审员组成合议庭进行;人民法院实行合议制审判第二审案件和其他应当组成合议庭审判的案件,由法官组成合议庭进行。

人民陪审员在人民法院执行职务期间,除不能担任审判长外,同法官有同等的权利义务。

第二条 合议庭的审判长由符合审判长任职条件的法官担任。

院长或者庭长参加合议庭审判案件的时候,自己担任审判长。

第三条 合议庭组成人员确定后,除因回避或者其他特殊情况,不能继续参加案件审理的之外,不得在案件审理过程中更换。更换合议庭成员,应当报请院长或者庭长决定。合议庭成员的更换情况应当及时通知诉讼当事人。

第四条 合议庭的审判活动由审判长主持,全体成员平等参与案件的审理、评议、裁判,共同对案件认定事实和适用法律负责。

第五条 合议庭承担下列职责:

(一)根据当事人的申请或者案件的具体情况,可以作出财产保全、证据保全、先予执行等裁定;

(二)确定案件委托评估、委托鉴定等事项;

(三)依法开庭审理第一审、第二审和再审案件;

(四)评议案件;

(五)提请院长决定将案件提交审判委员会讨论决定;

(六)按照权限对案件及其有关程序性事项作出裁判或者提出裁判意见;

(七)制作裁判文书;

(八)执行审判委员会决定;

(九)办理有关审判的其他事项。

第六条 审判长履行下列职责:

(一)指导和安排审判辅助人员做好庭前调解、庭前准备及其他审判业务辅助性工作；

（二）确定案件审理方案、庭审提纲、协调合议庭成员的庭审分工以及做好其他必要的庭审准备工作；

（三）主持庭审活动；

（四）主持合议庭对案件进行评议；

（五）依照有关规定，提请院长决定将案件提交审判委员会讨论决定；

（六）制作裁判文书，审核合议庭其他成员制作的裁判文书；

（七）依照规定权限签发法律文书；

（八）根据院长或者庭长的建议主持合议庭对案件复议；

（九）对合议庭遵守案件审理期限制度的情况负责；

（十）办理有关审判的其他事项。

第七条 合议庭接受案件后，应当根据有关规定确定案件承办法官，或者由审判长指定案件承办法官。

第八条 在案件开庭审理过程中，合议庭成员必须认真履行法定职责，遵守《中华人民共和国法官职业道德基本准则》中有关司法礼仪的要求。

第九条 合议庭评议案件应当在庭审结束后五个工作日内进行。

第十条 合议庭评议案件时，先由承办法官对认定案件事实、证据是否确实、充分以及适用法律等发表意见，审判长最后发表意见；审判长作为承办法官的，由审判长最后发表意见。对案件的裁判结果进行评议时，由审判长最后发表意见。审判长应当根据评议情况总结合议庭评议的结论性意见。

合议庭成员进行评议的时候，应当认真负责，充分陈述意见，独立行使表决权，不得拒绝陈述意见或者仅作同意与否的简单表态。同意他人意见的，也应当提出事实根据和法律依据，进行分析论证。

合议庭成员对评议结果的表决，以口头表决的形式进行。

第十一条 合议庭进行评议的时候，如果意见分歧，应当按多数人的意见作出决定，但是少数人的意见应当写入笔录。

评议笔录由书记员制作，由合议庭的组成人员签名。

第十二条 合议庭应当依照规定的权限，及时对评议意见一致或者形成多数意见的案件直接作出判决或者裁定。但是对于下列案件，合议庭应当提请院长决定提交审判委员会讨论决定：

（一）拟判处死刑的；

（二）疑难、复杂、重大或者新类型的案件，合议庭认为有必要提交审判委员会讨论决定的；

（三）合议庭在适用法律方面有重大意见分歧的；

（四）合议庭认为需要提请审判委员会讨论决定的其他案件，或者本院审判委员会确定的应当由审判委员会讨论决定的案件。

第十三条 合议庭对审判委员会的决定有异议，可以提请院长决定提交审判委员会复议一次。

第十四条 合议庭一般应当在作出评议结论或者审判委员会作出决定后的五个工作日内制作出裁判文书。

第十五条 裁判文书一般由审判长或者承办法官制作。但是审判长或者承办法官的评议意见与合议庭评议结论或者审判委员会的决定有明显分歧的，也可以由其他合议庭成员制作裁判文书。

对制作的裁判文书，合议庭成员应当

共同审核,确认无误后签名。

第十六条　院长、庭长可以对合议庭的评议意见和制作的裁判文书进行审核,但是不得改变合议庭的评议结论。

第十七条　院长、庭长在审核合议庭的评议意见和裁判文书过程中,对评议结论有异议的,可以建议合议庭复议,同时应当对要求复议的问题及理由提出书面意见。

合议庭复议后,庭长仍有异议的,可以将案件提请院长审核,院长可以提交审判委员会讨论决定。

第十八条　合议庭应当严格执行案件审理期限的有关规定。遇有特殊情况需要延长审理期限的,应当在审限届满前按规定的时限报请审批。

最高人民法院《关于进一步加强合议庭职责的若干规定》

(2009年12月14日最高人民法院审判委员会第1479次会议通过,2010年1月11日公布,自2010年2月1日起施行,法释〔2010〕1号)

为了进一步加强合议庭的审判职责,充分发挥合议庭的职能作用,根据《中华人民共和国人民法院组织法》和有关法律规定,结合人民法院工作实际,制定本规定。

第一条　合议庭是人民法院的基本审判组织。合议庭全体成员平等参与案件的审理、评议和裁判,依法履行审判职责。

第二条　合议庭由审判员、助理审判员或者人民陪审员随机组成。合议庭成员相对固定的,应当定期交流。人民陪审员参加合议庭的,应当从人民陪审员名单中随机抽取确定。

第三条　承办法官履行下列职责:

(一)主持或者指导审判辅助人员进行庭前调解、证据交换等庭前准备工作;

(二)拟定庭审提纲,制作阅卷笔录;

(三)协助审判长组织法庭审理活动;

(四)在规定期限内及时制作审理报告;

(五)案件需要提交审判委员会讨论的,受审判长指派向审判委员会汇报案件;

(六)制作裁判文书提交合议庭审核;

(七)办理有关审判的其他事项。

第四条　依法不开庭审理的案件,合议庭全体成员均应当阅卷,必要时提交书面阅卷意见。

第五条　开庭审理时,合议庭全体成员应当共同参加,不得缺席、中途退庭或者从事与该庭审无关的活动。合议庭成员未参加庭审、中途退庭或者从事与该庭审无关的活动,当事人提出异议的,应当纠正。合议庭仍不纠正的,当事人可以要求休庭,并将有关情况记入庭审笔录。

第六条　合议庭全体成员均应当参加案件评议。评议案件时,合议庭成员应当针对案件的证据采信、事实认定、法律适用、裁判结果以及诉讼程序等问题充分发表意见。必要时,合议庭成员还可提交书面评议意见。

合议庭成员评议时发表意见不受追究。

第七条　除提交审判委员会讨论的案件外,合议庭对评议意见一致或者形成多数意见的案件，依法作出判决或者裁定。下列案件可以由审判长提请院长或者庭长决定组织相关审判人员共同讨论，合议庭成员应当参加：

（一）重大、疑难、复杂或者新类型的案件；

（二）合议庭在事实认定或法律适用上有重大分歧的案件；

（三）合议庭意见与本院或上级法院以往同类型案件的裁判有可能不一致的案件；

（四）当事人反映强烈的群体性纠纷案件；

（五）经审判长提请且院长或者庭长认为确有必要讨论的其他案件。

上述案件的讨论意见供合议庭参考，不影响合议庭依法作出裁判。

第八条　各级人民法院的院长、副院长、庭长、副庭长应当参加合议庭审理案件，并逐步增加审理案件的数量。

第九条　各级人民法院应当建立合议制落实情况的考评机制，并将考评结果纳入岗位绩效考评体系。考评可采取抽查卷宗、案件评查、检查庭审情况、回访当事人等方式。考评包括以下内容：

（一）合议庭全体成员参加庭审的情况；

（二）院长、庭长参加合议庭庭审的情况；

（三）审判委员会委员参加合议庭庭审的情况；

（四）承办法官制作阅卷笔录、审理报告以及裁判文书的情况；

（五）合议庭其他成员提交阅卷意见、发表评议意见的情况；

（六）其他应当考核的事项。

第十条　合议庭组成人员存在违法审判行为的，应当按照《人民法院审判人员违法审判责任追究办法（试行）》等规定追究相应责任。合议庭审理案件有下列情形之一的，合议庭成员不承担责任：

（一）因对法律理解和认识上的偏差而导致案件被改判或者发回重审的；

（二）因对案件事实和证据认识上的偏差而导致案件被改判或者发回重审的；

（三）因新的证据而导致案件被改判或者发回重审的；

（四）因法律修订或者政策调整而导致案件被改判或者发回重审的；

（五）因裁判所依据的其他法律文书被撤销或变更而导致案件被改判或者发回重审的；

（六）其他依法履行审判职责不应当承担责任的情形。

第十一条　执行工作中依法需要组成合议庭的，参照本规定执行。

第十二条　本院以前发布的司法解释与本规定不一致的，以本规定为准。

最高人民法院《关于规范合议庭运行机制的意见》

（2022年10月26日　法发〔2022〕31号）

为了全面准确落实司法责任制，规范合议庭运行机制，明确合议庭职责，根据《中华人民共和国人民法院组织法》《中华人民共和国法官法》《中华人民共和国刑事诉讼法》《中华人民共和国民事诉讼法》《中华人民共和国行政诉讼法》等有关法律和司法解释规定，结合人民法院工作实际，制定本意见。

一、合议庭是人民法院的基本审判组

织。合议庭全体成员平等参与案件的阅卷、庭审、评议、裁判等审判活动,对案件的证据采信、事实认定、法律适用、诉讼程序、裁判结果等问题独立发表意见并对此承担相应责任。

二、合议庭可以通过指定或者随机方式产生。因专业化审判或者案件繁简分流工作需要,合议庭成员相对固定的,应当定期轮换交流。属于"四类案件"或者参照"四类案件"监督管理的,院庭长可以按照其职权指定合议庭成员。以指定方式产生合议庭的,应当在办案平台全程留痕,或者形成书面记录入卷备查。

合议庭的审判长由院庭长指定。院庭长参加合议庭的,由院庭长担任审判长。

合议庭成员确定后,因回避、工作调动、身体健康、廉政风险等事由,确需调整成员的,由院庭长按照职权决定,调整结果应当及时通知当事人,并在办案平台标注原因,或者形成书面记录入卷备查。

法律、司法解释规定"另行组成合议庭"的案件,原合议庭成员及审判辅助人员均不得参与办理。

三、合议庭审理案件时,审判长除承担由合议庭成员共同承担的职责外,还应当履行以下职责:

(一)确定案件审理方案、庭审提纲,协调合议庭成员庭审分工,指导合议庭成员或者审判辅助人员做好其他必要的庭审准备工作;

(二)主持、指挥庭审活动;

(三)主持合议庭评议;

(四)建议将合议庭处理意见分歧较大的案件,依照有关规定和程序提交专业法官会议讨论或者审判委员会讨论决定;

(五)依法行使其他审判权力。

审判长承办案件时,应当同时履行承办法官的职责。

四、合议庭审理案件时,承办法官履行以下职责:

(一)主持或者指导审判辅助人员做好庭前会议、庭前调解、证据交换等庭前准备工作及其他审判辅助工作;

(二)就当事人提出的管辖权异议及保全、司法鉴定、证人出庭、非法证据排除申请等提请合议庭评议;

(三)全面审核涉案证据,提出审查意见;

(四)拟定案件审理方案、庭审提纲,根据案件审理需要制作阅卷笔录;

(五)协助审判长开展庭审活动;

(六)参与案件评议,并先行提出处理意见;

(七)根据案件审理需要,制作或者指导审判辅助人员起草审理报告、类案检索报告等;

(八)根据合议庭评议意见或者审判委员会决定,制作裁判文书等;

(九)依法行使其他审判权力。

五、合议庭审理案件时,合议庭其他成员应当共同参与阅卷、庭审、评议等审判活动,根据审判长安排完成相应审判工作。

六、合议庭应当在庭审结束后及时评议。合议庭成员确有客观原因难以实现线下同场评议的,可以通过人民法院办案平台采取在线方式评议,但不得以提交书面意见的方式参加评议或者委托他人参加评议。合议庭评议过程不向未直接参加案件审理工作的人员公开。

合议庭评议案件时,先由承办法官对案件事实认定、证据采信以及适用法律等发表意见,其他合议庭成员依次发表意见。审判长应当根据评议情况总结合议庭评议的结论性意见。

审判长主持评议时,与合议庭其他成员权利平等。合议庭成员评议时,应当充分陈述意见,独立行使表决权,不得拒绝陈述意见;同意他人意见的,应当提供事实和法律根据并论证理由。

合议庭成员对评议结果的表决以口头形式进行。评议过程应当以书面形式完整记入笔录,评议笔录由审判辅助人员制作,由参加合议的人员和制作人签名。评议笔录属于审判秘密,非经法定程序和条件,不得对外公开。

七、合议庭评议时,如果意见存在分歧,应当按照多数意见作出决定,但是少数意见应当记入笔录。

合议庭可以根据案情或者院庭长提出的监督意见复议。合议庭无法形成多数意见时,审判长应当按照有关规定和程序建院庭长将案件提交专业法官会议讨论,或者由院长将案件提交审判委员会讨论决定。专业法官会议讨论形成的意见,供合议庭复议时参考;审判委员会的决定,合议庭应当执行。

八、合议庭发现审理的案件属于"四类案件"或者有必要参照"四类案件"监督管理的,应当按照有关规定及时向院庭长报告。

对于"四类案件"或者参照"四类案件"监督管理的案件,院庭长可以按照职权要求合议庭报告案件审理进展和评议结果,就案件审理涉及的相关问题提出意见,视情建议合议庭复议。院庭长对审理过程或者评议、复议结果有异议的,可以决定将案件提交专业法官会议讨论,或者按照程序提交审判委员会讨论决定,但不得直接改变合议庭意见。院庭长监督管理的情况应当在办案平台全程留痕,或者形成书面记录入卷备查。

九、合议庭审理案件形成的裁判文书,由合议庭成员签署并共同负责。合议庭其他成员签署前,可以对裁判文书提出修改意见,并反馈承办法官。

十、由法官组成合议庭审理案件的,适用本意见。依法由法官和人民陪审员组成合议庭的运行机制另行规定。执行案件办理过程中需要组成合议庭评议或者审核的事项,参照适用本意见。

十一、本意见自 2022 年 11 月 1 日起施行。之前有关规定与本意见不一致的,按照本意见执行。

最高人民法院
《中华人民共和国人民法院
法庭规则》

(1993 年 11 月 26 日最高人民法院审判委员会第 617 次会议通过,根据 2015 年 12 月 21 日最高人民法院审判委员会第 1673 次会议通过的《最高人民法院关于修改〈中华人民共和国人民法院法庭规则〉的决定》修正,自 2016 年 5 月 1 日起施行)

第一条 为了维护法庭安全和秩序,保障庭审活动正常进行,保障诉讼参与人依法行使诉讼权利,方便公众旁听,促进司法公正,彰显司法权威,根据《中华人民共和国人民法院组织法》《中华人民共和国刑事诉讼法》《中华人民共和国民事诉讼法》《中华人民共和国行政诉讼法》等有关法律规定,制定本规则。

第二条 法庭是人民法院代表国家依法审判各类案件的专门场所。

法庭正面上方应当悬挂国徽。

第三条 法庭分设审判活动区和旁听区,两区以栏杆等进行隔离。

审理未成年人案件的法庭应当根据未成年人身心发展特点设置区域和席位。

有新闻媒体旁听或报道庭审活动时,旁听区可以设置专门的媒体记者席。

第四条 刑事法庭可以配置同步视频作证室,供依法应当保护或其他确有保护必要的证人、鉴定人、被害人在庭审作证时使用。

第五条 法庭应当设置残疾人无障碍设施;根据需要配备合议庭合议室、检察人员、律师及其他诉讼参与人休息室,被告人羁押室等附属场所。

第六条 进入法庭的人员应当出示有效身份证件,并接受人身及携带物品的安全检查。

持有效工作证件和出庭通知履行职务的检察人员、律师可以通过专门通道进入法庭。需要安全检查的,人民法院对检察人员和律师平等对待。

第七条 除经人民法院许可,需要在法庭上出示的证据外,下列物品不得携带进入法庭:

(一)枪支、弹药、管制刀具以及其他具有杀伤力的器具;

(二)易燃易爆物、疑似爆炸物;

(三)放射性、毒害性、腐蚀性、强气味性物质以及传染病病原体;

(四)液体及胶状、粉末状物品;

(五)标语、条幅、传单;

(六)其他可能危害法庭安全或妨害法庭秩序的物品。

第八条 人民法院应当通过官方网站、电子显示屏、公告栏等向公众公开各法庭的编号、具体位置以及旁听席位数量等信息。

第九条 公开的庭审活动,公民可以旁听。

旁听席位不能满足需要时,人民法院可以根据申请的先后顺序或者通过抽签、摇号等方式发放旁听证,但应当优先安排当事人的近亲属或其他与案件有利害关系的人旁听。

下列人员不得旁听:

(一)证人、鉴定人以及准备出庭提出意见的有专门知识的人;

(二)未获得人民法院批准的未成年人;

(三)拒绝接受安全检查的人;

(四)醉酒的人、精神病人或其他精神状态异常的人;

(五)其他有可能危害法庭安全或妨害法庭秩序的人。

依法有可能封存犯罪记录的公开庭审活动,任何单位或个人不得组织人员旁听。

依法不公开的庭审活动,除法律另有规定外,任何人不得旁听。

第十条 人民法院应当对庭审活动进行全程录像或录音。

第十一条 依法公开进行的庭审活动,具有下列情形之一的,人民法院可以通过电视、互联网或其他公共媒体进行图文、音频、视频直播或录播:

(一)公众关注度较高;

(二)社会影响较大;

(三)法治宣传教育意义较强。

第十二条 出庭履行职务的人员,按照职业着装规定着装。但是,具有下列情形之一的,着正装:

(一)没有职业着装规定;

(二)侦查人员出庭作证;

(三)所在单位系案件当事人。

非履行职务的出庭人员及旁听人员,应当文明着装。

第十三条 刑事在押被告人或上诉人出庭受审时,着正装或便装,不着监管机构的识别服。

人民法院在庭审活动中不得对被告人或上诉人使用戒具,但认为其人身危险性大,可能危害法庭安全的除外。

第十四条 庭审活动开始前,书记员应当宣布本规则第十七条规定的法庭纪律。

第十五条 审判人员进入法庭以及审判长或独任审判员宣告判决、裁定、决定时,全体人员应当起立。

第十六条 人民法院开庭审判案件应当严格按照法律规定的诉讼程序进行。

审判人员在庭审活动中应当平等对待诉讼各方。

第十七条 全体人员在庭审活动中应当服从审判长或独任审判员的指挥,尊重司法礼仪,遵守法庭纪律,不得实施下列行为:

(一)鼓掌、喧哗;

(二)吸烟、进食;

(三)拨打或接听电话;

(四)对庭审活动进行录音、录像、拍照或使用移动通信工具等传播庭审活动;

(五)其他危害法庭安全或妨害法庭秩序的行为。

检察人员、诉讼参与人发言或提问,应当经审判长或独任审判员许可。

旁听人员不得进入审判活动区,不得随意站立、走动,不得发言和提问。

媒体记者经许可实施第一款第四项规定的行为,应当在指定的时间及区域进行,不得影响或干扰庭审活动。

第十八条 审判长或独任审判员主持庭审活动时,依照规定使用法槌。

第十九条 审判长或独任审判员对违反法庭纪律的人员应当予以警告;对不听警告的,予以训诫;对训诫无效的,责令其退出法庭;对拒不退出法庭的,指令司法警察将其强行带出法庭。

行为人违反本规则第十七条第一款第四项规定的,人民法院可以暂扣其使用的设备及存储介质,删除相关内容。

第二十条 行为人实施下列行为之一,危及法庭安全或扰乱法庭秩序的,根据相关法律规定,予以罚款、拘留;构成犯罪的,依法追究其刑事责任:

(一)非法携带枪支、弹药、管制刀具或者爆炸性、易燃性、放射性、毒害性、腐蚀性物品以及传染病病原体进入法庭;

(二)哄闹、冲击法庭;

(三)侮辱、诽谤、威胁、殴打司法工作人员或诉讼参与人;

(四)毁坏法庭设施,抢夺、损毁诉讼文书、证据;

(五)其他危害法庭安全或扰乱法庭秩序的行为。

第二十一条 司法警察依照审判长或独任审判员的指令维持法庭秩序。

出现危及法庭内人员人身安全或者严重扰乱法庭秩序等紧急情况时,司法警察可以直接采取必要的处置措施。

人民法院依法对违反法庭纪律的人采取的扣押物品、强行带出法庭以及罚款、拘留等强制措施,由司法警察执行。

第二十二条 人民检察院认为审判人员违反本规则的,可以在庭审活动结束后向人民法院提出处理建议。

诉讼参与人、旁听人员认为审判人员、书记员、司法警察违反本规则的,可以在庭审活动结束后向人民法院反映。

第二十三条 检察人员违反本规则的,人民法院可以向人民检察院通报情况并提出处理建议。

第二十四条 律师违反本规则的,人民法院可以向司法行政机关及律师协会通报情况并提出处理建议。

第二十五条 人民法院进行案件听证、国家赔偿案件质证、网络视频远程审理以及在法院以外的场所巡回审判等,参照适用本规则。

第二十六条 外国人、无国籍人旁听庭审活动,外国媒体记者报道庭审活动,应当遵守本规则。

第二十七条 本规则自2016年5月1日起施行;最高人民法院此前发布的司法解释及规范性文件与本规则不一致的,以本规则为准。

最高人民法院《关于进一步全面落实司法责任制的实施意见》(节录)

(2018年12月4日 法发〔2018〕23号)

3. ……各级人民法院领导干部要在严格落实主体责任上率先垂范,充分尊重独任法官、合议庭法定审判组织地位,除审判委员会讨论决定的案件外,院长、副院长、庭长不再审核签发未直接参加审理案件的裁判文书,不得以口头指示等方式变相审批案件,不得违反规定要求法官汇报案件。

8. 健全专业法官会议制度和审判委员会制度。……

健全专业法官会议与合议庭评议、审判委员会讨论的工作衔接机制。判决可能形成新的裁判标准或者改变上级人民法院、本院同类生效案件裁判标准的,应当提交专业法官会议或者审判委员会讨论。合议庭不采纳专业法官会议一致意见或者多数意见的,应当在办案系统中标注并说明理由,并提请庭长、院长予以监督,庭长、院长认为有必要提交审判委员会讨论的,应当按程序将案件提交审判委员会讨论。除法律规定不应当公开的情形外,审判委员会讨论案件的决定及其理由应当在裁判文书中公开。

9. 健全完善法律统一适用机制。各级人民法院应当在完善类案参考、裁判指引等工作机制基础上,建立类案及关联案件强制检索机制,确保类案裁判标准统一、法律适用统一。存在法律适用争议或者"类案不同判"可能的案件,承办法官应当制作关联案件和类案检索报告,并在合议庭评议或者专业法官会议讨论时说明。

最高人民法院《关于适用〈中华人民共和国人民陪审员法〉若干问题的解释》

(2019年2月18日最高人民法院审判委员会第1761次会议通过,自2019年5月1日起施行,法释〔2019〕5号)

为依法保障和规范人民陪审员参加审判活动,根据《中华人民共和国人民陪审员法》等法律的规定,结合审判实际,制定本解释。

第一条 根据人民陪审员法第十五条、第十六条的规定,人民法院决定由人民陪审员和法官组成合议庭审判的,合议庭成员确定后,应当及时告知当事人。

第二条 对于人民陪审员法第十五条、第十六条规定之外的第一审普通程序案件,人民法院应当告知刑事案件被告人、民事案件原告和被告、行政案件原告,在收到通知五日内有权申请由人民陪审员参加合议庭审判案件。

人民法院接到当事人在规定期限内提交的申请后,经审查决定由人民陪审员和法官组成合议庭审判的,合议庭成员确定后,应当及时告知当事人。

第三条 人民法院应当在开庭七日前从人民陪审员名单中随机抽取确定人民陪审员。

人民法院可以根据案件审判需要,从人民陪审员名单中随机抽取一定数量的候补人民陪审员,并确定递补顺序,一并告知当事人。

因案件类型需要具有相应专业知识的人民陪审员参加合议庭审判的,可以根据具体案情,在符合专业需求的人民陪审员名单中随机抽取确定。

第四条 人民陪审员确定后,人民法院应当将参审案件案由、当事人姓名或名称、开庭地点、开庭时间等事项告知参审人民陪审员及候补人民陪审员。

必要时,人民法院可以将参加审判活动的时间、地点等事项书面通知人民陪审员所在单位。

第五条 人民陪审员不参加下列案件的审理:

(一)依照民事诉讼法适用特别程序、督促程序、公示催告程序审理的案件;

(二)申请承认外国法院离婚判决的案件;

(三)裁定不予受理或者不需要开庭审理的案件。

第六条 人民陪审员不得参与审理由其以人民调解员身份先行调解的案件。

第七条 当事人依法有权申请人民陪审员回避。人民陪审员的回避,适用审判人员回避的法律规定。

人民陪审员回避事由经审查成立的,人民法院应当及时确定递补人选。

第八条 人民法院应当在开庭前,将相关权利和义务告知人民陪审员,并为其阅卷提供便利条件。

第九条 七人合议庭开庭前,应当制作事实认定问题清单,根据案件具体情况,区分事实认定问题与法律适用问题,对争议事实问题逐项列举,供人民陪审员在庭审时参考。事实认定问题和法律适用问题难以区分的,视为事实认定问题。

第十条 案件审判过程中,人民陪审员依法有权参加案件调查和调解工作。

第十一条 庭审过程中,人民陪审员依法有权向诉讼参加人发问,审判长应当提示人民陪审员围绕案件争议焦点进行发问。

第十二条 合议庭评议案件时,先由承办法官介绍案件涉及的相关法律、证据规则,然后由人民陪审员和法官依次发表意见,审判长最后发表意见并总结合议庭意见。

第十三条 七人合议庭评议时,审判长应当归纳和介绍需要通过评议讨论决定的案件事实认定问题,并列出案件事实问题清单。

人民陪审员全程参加合议庭评议,对于事实认定问题,由人民陪审员和法官在共同评议的基础上进行表决。对于法律适用问题,人民陪审员不参加表决,但可以发表意见,并记录在卷。

第十四条　人民陪审员应当认真阅读评议笔录,确认无误后签名。

第十五条　人民陪审员列席审判委员会讨论其参加审理的案件时,可以发表意见。

第十六条　案件审结后,人民法院应将裁判文书副本及时送交参加该案审判的人民陪审员。

第十七条　中级、基层人民法院应当保障人民陪审员均衡参审,结合本院实际情况,一般在不超过 30 件的范围内合理确定每名人民陪审员年度参加审判案件的数量上限,报高级人民法院备案,并向社会公告。

第十八条　人民法院应当依法规范和保障人民陪审员参加审判活动,不得安排人民陪审员从事与履行法定审判职责无关的工作。

第十九条　本解释自 2019 年 5 月 1 日起施行。

本解释公布施行后,最高人民法院于 2010 年 1 月 12 日发布的《最高人民法院关于人民陪审员参加审判活动若干问题的规定》同时废止。最高人民法院以前发布的司法解释与本解释不一致的,不再适用。

最高人民法院、司法部《〈中华人民共和国人民陪审员法〉实施中若干问题的答复》(节录)

(2020 年 8 月 11 日　法发〔2020〕29 号)

10. 人民法院可否吸收人民陪审员参加减刑、假释案件的审理?

答:人民法院可以结合案件情况,吸收人民陪审员参加减刑、假释案件审理,但不需要开庭审理的除外。

11. 人民陪审员是否可以参加案件执行工作?

答:根据《人民陪审员法》,人民陪审员参加第一审刑事、民事、行政案件的审判。人民法院不得安排人民陪审员参加案件执行工作。

13. 根据《最高人民法院关于适用〈中华人民共和国人民陪审员法〉若干问题的解释》,七人合议庭开庭前和评议时,应当制作事实认定问题清单。审判实践中,如何制作事实认定问题清单?

答:事实认定问题清单应当立足全部案件事实,重点针对案件难点和争议的焦点内容。刑事案件中,可以以犯罪构成要件事实为基础,主要包括构成犯罪的事实、不构成犯罪的事实,以及有关量刑情节的事实等。民事案件中,可以根据不同类型纠纷的请求权规范基础,归纳出当事人争议的要件事实。行政案件中,主要包括审查行政行为合法性所必须具备的事实。

14. 合议庭评议案件时,人民陪审员和法官可否分组分别进行评议、表决?

答:合议庭评议案件时,人民陪审员和法官应当共同评议、表决,不得分组进行。

18. 人民陪审员是否适用法官法中法官任职回避的规定?

答:人民陪审员适用民事、刑事、行政诉讼法中诉讼回避的规定,不适用法官法中法官任职回避的规定。

最高人民法院
《关于健全完善人民法院审判委员会工作机制的意见》

（2019年8月2日　法发〔2019〕20号）

为贯彻落实中央关于深化司法体制综合配套改革的总体部署，健全完善人民法院审判委员会工作机制，进一步全面落实司法责任制，根据人民法院组织法、刑事诉讼法、民事诉讼法、行政诉讼法等法律及司法解释规定，结合人民法院工作实际，制定本意见。

一、基本原则

1. 坚持党的领导。坚持以习近平新时代中国特色社会主义思想为指导，增强"四个意识"、坚定"四个自信"、做到"两个维护"，坚持党对人民法院工作的绝对领导，坚定不移走中国特色社会主义法治道路，健全公正高效权威的社会主义司法制度。

2. 实行民主集中制。坚持充分发扬民主和正确实行集中有机结合，健全完善审判委员会议事程序和议事规则，确保审判委员会委员客观、公正、独立、平等发表意见，防止和克服议而不决、决而不行，切实发挥民主集中制优势。

3. 遵循司法规律。优化审判委员会人员组成，科学定位审判委员会职能，健全审判委员会运行机制，全面落实司法责任制，推动建立权责清晰、权责统一、运行高效、监督有力的工作机制。

4. 恪守司法公正。认真总结审判委员会制度改革经验，不断完善工作机制，坚持以事实为根据、以法律为准绳，坚持严格公正司法，坚持程序公正和实体公正相统一，充分发挥审判委员会职能作用，努力让人民群众在每一个司法案件中感受到公平正义。

二、组织构成

5. 各级人民法院设审判委员会。审判委员会由院长、副院长和若干资深法官组成，成员应当为单数。

审判委员会可以设专职委员。

6. 审判委员会会议分为全体会议和专业委员会会议。

专业委员会会议是审判委员会的一种会议形式和工作方式。中级以上人民法院根据审判工作需要，可以召开刑事审判、民事行政审判等专业委员会会议。

专业委员会会议组成人员应当根据审判委员会委员的专业和工作分工确定。审判委员会委员可以参加不同的专业委员会会议。专业委员会会议全体组成人员应当超过审判委员会全体委员的二分之一。

三、职能定位

7. 审判委员会的主要职能是：

（1）总结审判工作经验；

（2）讨论决定重大、疑难、复杂案件的法律适用；

（3）讨论决定本院已经发生法律效力的判决、裁定、调解书是否应当再审；

（4）讨论决定其他有关审判工作的重大问题。

最高人民法院审判委员会通过制定司法解释、规范性文件及发布指导性案例等方式，统一法律适用。

8. 各级人民法院审理的下列案件，应当提交审判委员会讨论决定：

（1）涉及国家安全、外交、社会稳定等敏感案件和重大、疑难、复杂案件；

（2）本院已经发生法律效力的判决、裁定、调解书等确有错误需要再审的案件；

（3）同级人民检察院依照审判监督程序提出抗诉的刑事案件；

（4）法律适用规则不明的新类型案件；

（5）拟宣告被告人无罪的案件；

（6）拟在法定刑以下判处刑罚或者免予刑事处罚的案件；

高级人民法院、中级人民法院拟判处死刑的案件，应当提交本院审判委员会讨论决定。

9. 各级人民法院审理的下列案件，可以提交审判委员会讨论决定：

（1）合议庭对法律适用问题意见分歧较大，经专业（主审）法官会议讨论难以作出决定的案件；

（2）拟作出的裁判与本院或者上级法院的类案裁判可能发生冲突的案件；

（3）同级人民检察院依照审判监督程序提出抗诉的重大、疑难、复杂民事案件及行政案件；

（4）指令再审或者发回重审的案件；

（5）其他需要提交审判委员会讨论决定的案件。

四、运行机制

10. 合议庭或者独任法官认为案件需要提交审判委员会讨论决定的，由其提出申请，层报院长批准；未提出申请，院长认为有必要的，可以提请审判委员会讨论决定。

其他事项提交审判委员会讨论决定的，参照案件提交程序执行。

11. 拟提请审判委员会讨论决定的案件，应当有专业（主审）法官会议研究讨论的意见。

专业（主审）法官会议意见与合议庭或者独任法官意见不一致的，院长、副院长、庭长可以按照审判监督管理权限要求合议庭或者独任法官复议；经复议仍未采纳专业（主审）法官会议意见的，应当按程序报请审判委员会讨论决定。

12. 提交审判委员会讨论的案件，合议庭应当形成书面报告。书面报告应当客观全面反映案件事实、证据、当事人或者控辩双方的意见，列明需要审判委员会讨论决定的法律适用问题、专业（主审）法官会议意见、类案与关联案件检索情况，有合议庭拟处理意见和理由。有分歧意见的，应归纳不同的意见和理由。

其他事项提交审判委员会讨论之前，承办部门应在认真调研并征求相关部门意见的基础上提出办理意见。

13. 对提交审判委员会讨论决定的案件或者事项，审判委员会工作部门可以先行审查是否属于审判委员会讨论范围并提出意见，报请院长决定。

14. 提交审判委员会讨论决定的案件，审判委员会委员有应当回避情形的，应当自行回避并报院长决定；院长的回避，由审判委员会决定。

审判委员会委员的回避情形，适用有关法律关于审判人员回避情形的规定。

15. 审判委员会委员应当提前审阅会议材料，必要时可以调阅相关案卷、文件及庭审音频视频资料。

16. 审判委员会召开全体会议和专业委员会会议，应当有其组成人员的过半数出席。

17. 审判委员会全体会议及专业委员会会议应当由院长或者院长委托的副院长主持。

18. 下列人员应当列席审判委员会会议：

（1）承办案件的合议庭成员、独任法官或者事项承办人；

（2）承办案件、事项的审判庭或者部门负责人；

(3)其他有必要列席的人员。

审判委员会召开会议,必要时可以邀请人大代表、政协委员、专家学者等列席。

经主持人同意,列席人员可以提供说明或者表达意见,但不参与表决。

19. 审判委员会举行会议时,同级人民检察院检察长或者其委托的副检察长可以列席。

20. 审判委员会讨论决定案件和事项,一般按照以下程序进行:

(1)合议庭、承办人汇报;

(2)委员就有关问题进行询问;

(3)委员按照法官等级和资历由低到高顺序发表意见,主持人最后发表意见;

(4)主持人作会议总结,会议作出决议。

21. 审判委员会全体会议和专业委员会会议讨论案件或者事项,一般按照各自全体组成人员过半数的多数意见作出决定,少数委员的意见应当记录在卷。

经专业委员会会议讨论的案件或者事项,无法形成决议或者院长认为有必要的,可以提交全体会议讨论决定。

经审判委员会全体会议和专业委员会会议讨论的案件或者事项,院长认为有必要的,可以提请复议。

22. 审判委员会讨论案件或者事项的决定,合议庭、独任法官或者相关部门应当执行。审判委员会工作部门发现案件处理结果与审判委员会决定不符的,应当及时向院长报告。

23. 审判委员会会议纪要或者决定由院长审定后,发送审判委员会委员、相关审判庭或者部门。

同级人民检察院检察长或者副检察长列席审判委员会的,会议纪要或者决定抄送同级人民检察院检察委员会办事机构。

24. 审判委员会讨论案件的决定及其理由应当在裁判文书中公开,法律规定不公开的除外。

25. 经审判委员会讨论决定的案件,合议庭、独任法官应及时审结,并将判决书、裁定书、调解书等送审判委员会工作部门备案。

26. 各级人民法院应当建立审判委员会会议全程录音录像制度,按照保密要求进行管理。审判委员会议题的提交、审核、讨论、决定等纳入审判流程管理系统,实行全程留痕。

27. 各级人民法院审判委员会工作部门负责处理审判委员会日常事务性工作,根据审判委员会授权,督促检查审判委员会决定执行情况,落实审判委员会交办的其他事项。

五、保障监督

28. 审判委员会委员依法履职行为受法律保护。

29. 领导干部和司法机关内部人员违法干预、过问、插手审判委员会委员讨论决定案件的,应当予以记录、通报,并依纪依法追究相应责任。

30. 审判委员会委员因依法履职遭受诬告陷害或者侮辱诽谤的,人民法院应当会同有关部门及时采取有效措施,澄清事实真相,消除不良影响,并依法追究相关单位或者个人的责任。

31. 审判委员会讨论案件,合议庭、独任法官对其汇报的事实负责,审判委员会委员对其本人发表的意见和表决负责。

32. 审判委员会委员有贪污受贿、徇私舞弊、枉法裁判等严重违纪违法行为的,依纪依法严肃追究责任。

33. 各级人民法院应当将审判委员会委员出席会议情况纳入考核体系,并以适当形式在法院内部公示。

34. 审判委员会委员、列席人员及其他与会人员应严格遵守保密工作纪律，不得泄露履职过程中知悉的审判工作秘密。因泄密造成严重后果的，严肃追究纪律责任和法律责任。

六、附则

35. 本意见关于审判委员会委员的审判责任范围、认定及追究程序，依据《最高人民法院关于完善人民法院司法责任制的若干意见》及法官惩戒相关规定等执行。

36. 各级人民法院可以根据本意见，结合本院审判工作实际，制定工作细则。

37. 本意见自2019年8月2日起施行。最高人民法院以前发布的规范性文件与本意见不一致的，以本意见为准。

最高人民法院
《关于完善人民法院专业法官会议工作机制的指导意见》(节录)

(2021年1月6日 法发〔2021〕2号)

四、专业法官会议讨论案件的法律适用问题或者与事实认定高度关联的证据规则适用问题，必要时也可以讨论其他事项。独任庭、合议庭办理案件时，存在下列情形之一的，应当建议院庭长提交专业法官会议讨论：

(一)独任庭认为需要提交讨论的；

(二)合议庭内部无法形成多数意见，或者持少数意见的法官认为需要提交讨论的；

(三)有必要在审判团队、审判庭、审判专业领域之间或者辖区法院内统一法律适用的；

(四)属于《最高人民法院关于完善人民法院司法责任制的若干意见》第24条规定的"四类案件"范围的；

(五)其他需要提交专业法官会议讨论的。

院庭长履行审判监督管理职责时，发现案件存在前款情形之一的，可以提交专业法官会议讨论；综合业务部门认为存在前款第(三)(四)项情形的，应当建议院庭长提交专业法官会议讨论。

各级人民法院应当结合审级职能定位、受理案件规模、内部职责分工、法官队伍状况等，进一步细化专业法官会议讨论范围。

十一、专业法官会议讨论形成的意见供审判组织和院庭长参考。

经专业法官会议讨论的"四类案件"，独任庭、合议庭应当及时复议；专业法官会议没有形成多数意见，独任庭、合议庭复议后的意见与专业法官会议多数意见不一致，或者独任庭、合议庭对法律适用问题难以作出决定的，应当层报院长提交审判委员会讨论决定。

对于"四类案件"以外的其他案件，专业法官会议没有形成多数意见，或者独任庭、合议庭复议后的意见仍然与专业法官会议多数意见不一致的，可以层报院长提交审判委员会讨论决定。

独任庭、合议庭复议情况，以及院庭长提交审判委员会讨论决定的情况，应当在办案平台或者案卷中留痕。

十八、本意见自2021年1月12日起施行，《关于健全完善人民法院主审法官会议工作机制的指导意见(试行)》(法发〔2018〕21号)同时废止。最高人民法院此前发布的文件与本意见不一致的，适用本意见。

（三）第一审程序

最高人民检察院《关于公诉案件撤回起诉若干问题的指导意见》

(2007年2月2日 高检诉发〔2007〕18号)

第一条 根据《刑事诉讼法》、《人民检察院刑事诉讼规则》等法律、司法解释的有关规定，结合人民检察院公诉工作实际，制定本意见。

第二条 撤回起诉是指人民检察院在案件提起公诉后、人民法院作出判决前，因出现一定法定事由，决定对提起公诉的全部或者部分被告人撤回处理的诉讼活动。

第三条 对于提起公诉的案件，发现下列情形之一的，人民检察院可以撤回起诉：

（一）不存在犯罪事实的；

（二）犯罪事实并非被告人所为的；

（三）情节显著轻微、危害不大，不认为是犯罪的；

（四）证据不足或证据发生变化，不符合起诉条件的；

（五）被告人因未达到刑事责任年龄，不负刑事责任的；

（六）被告人是精神病人，在不能辨认或者不能控制自己行为的时候造成危害结果，经法定程序鉴定确认，不负刑事责任的；

（七）法律、司法解释发生变化导致不应当追究被告人刑事责任的；

（八）其他不应当追究被告人刑事责任的。

第四条 对于人民法院建议人民检察院撤回起诉或拟作无罪判决的，人民检察院应当认真审查并与人民法院交换意见；对于符合本意见第三条规定的撤回起诉条件的，可以撤回起诉；认为犯罪事实清楚，证据确实、充分，依法应当追究刑事责任的，由人民法院依法判决。

第五条 案件提起公诉后出现如下情况的，不得撤回起诉，应当依照有关规定分别作出处理：

（一）人民检察院发现被告人的真实身份或者犯罪事实与起诉书中叙述的身份或者指控犯罪事实不符的，可以要求变更起诉；发现遗漏的同案犯罪嫌疑人或者罪行可以一并起诉和审理的，可以要求追加起诉；

（二）人民法院在审理中发现新的犯罪事实，可能影响定罪量刑，建议人民检察院追加或变更起诉，人民检察院经审查同意的，应当提出追加或变更起诉；不同意的，应当要求人民法院就起诉指控的犯罪事实依法判决。

（三）人民法院认为不属于其管辖或者改变管辖的，由人民法院决定将案件退回人民检察院，由原提起公诉的人民检察院移送有管辖权的人民检察院审查起诉；

（四）公诉人符合回避条件的，由人民检察院作出变更公诉人的决定；

（五）因被告人患精神病或者其他严重疾病以及被告人脱逃，致使案件在较长时间内无法继续审理的，由人民法院裁定中止审理；

（六）对于犯罪已过追诉时效期限并且不是必须追诉的，经特赦令免除刑罚的,依照刑法告诉才处理的犯罪没有告诉或者撤回告诉的,或者被告人在宣告判决前死亡的,由人民法院裁定终止审理。

第六条　对于人民检察院决定变更起诉、追加起诉的案件,应当书面通知人民法院,并制作变更起诉书或追加起诉书。变更起诉书、追加起诉书文号分别编为:×检刑变诉(××××)×号、×检刑追诉(××××)×号。在案件提起公诉后、作出判决前,发现被告人存在新的犯罪事实需要追究刑事责任的,人民检察院如果在法定期限内能够追加起诉的,原则上应当合并审理。如果人民法院在法定期限内不能将追加部分与原案件一并审结的,可以另行起诉,原案件诉讼程序继续进行。

第七条　在法庭审判过程中,人民检察院发现提起公诉的案件证据不足或者证据发生变化,需要补充侦查的,应当要求法庭延期审理;经补充侦查后,仍然认为证据不足,不符合起诉条件的,可以作出撤回起诉决定。

第八条　对于提起公诉的案件拟撤回起诉的,应当由承办人制作撤回起诉报告,写明撤回起诉的理由以及处理意见,经公诉部门负责人审核后报本院检察长或检察委员会决定。

第九条　人民检察院决定撤回起诉的,应当制作《人民检察院撤回起诉决定书》,加盖院章后送达人民法院。人民法院要求书面说明撤回起诉理由的,人民检察院应当书面说明。对于人民法院认为人民检察院撤回起诉的理由不充分,不同意撤回起诉并决定继续审理的,人民检察院应当继续参与刑事诉讼,建议人民法院依法裁判。

第十条　对于撤回起诉的案件,没有新的事实或者新的证据,人民检察院不得再行起诉。新的事实,是指原起诉书中未指控的犯罪事实。该犯罪事实触犯的罪名既可以是原指控罪名的同种罪名,也可以是异种罪名;新的证据,是指撤回起诉后收集、调取的足以证明原指控犯罪事实能够认定的证据。因为发现新的证据而重新起诉的,应当重新编号,制作新的起诉书。重新起诉的起诉书应当列明原提起公诉以及撤回起诉等诉讼经过。

第十一条　对于撤回起诉的案件,人民检察院应当在撤回起诉后七日内作出不起诉决定,或者书面说明理由将案卷退回侦查机关处理,并提出重新侦查或者撤销案件的建议。

第十二条　对于退回侦查机关提出重新侦查意见的案件,人民检察院应当及时督促侦查机关作出撤销、解除或者变更强制措施的决定。

退回侦查机关提出撤销案件意见的案件,检察院应当及时督促侦查机关作出撤销强制措施的决定,依法处理对财物的扣押、冻结。

第十三条　对于撤回起诉的案件,应当在撤回起诉后三十日内将撤回起诉案件分析报告,连同起诉意见书、起诉书、撤回起诉决定书等相关法律文书上报上一级人民检察院公诉部门备案。

最高人民法院、公安部《关于刑事被告人或上诉人出庭受审时着装问题的通知》

(2015年2月10日　法〔2015〕45号)

各省、自治区、直辖市高级人民法院、公安厅(局),解放军军事法院,新疆维吾尔自治区高级人民法院生产建设兵团分院、公安局：

为进一步加强刑事被告人人权保障，彰显现代司法文明，人民法院开庭时，刑事被告人或上诉人不再穿着看守所的识别服出庭受审。人民法院到看守所提解在押刑事被告人或上诉人的，看守所应当将穿着正装或便装的在押刑事被告人或上诉人移交人民法院。

特此通知，请遵照执行。

最高人民法院《关于人民法院庭审录音录像的若干规定》

（2017年1月25日最高人民法院审判委员会第1708次会议通过，自2017年3月1日起施行，法释〔2017〕5号）

为保障诉讼参与人诉讼权利，规范庭审活动，提高庭审效率，深化司法公开，促进司法公正，根据《中华人民共和国刑事诉讼法》《中华人民共和国民事诉讼法》《中华人民共和国行政诉讼法》等法律规定，结合审判工作实际，制定本规定。

第一条 人民法院开庭审判案件，应当对庭审活动进行全程录音录像。

第二条 人民法院应当在法庭内配备固定或者移动的录音录像设备。

有条件的人民法院可以在法庭安装使用智能语音识别同步转换文字系统。

第三条 庭审录音录像应当自宣布开庭时开始，至闭庭时结束。除下列情形外，庭审录音录像不得人为中断：

（一）休庭；

（二）公开庭审中的不公开举证、质证活动；

（三）不宜录制的调解活动。

负责录音录像的人员应当对录音录像的起止时间、有无中断等情况进行记录并附卷。

第四条 人民法院应当采取叠加同步录制时间或者其他措施保证庭审录音录像的真实和完整。

因设备故障或技术原因导致录音录像不真实、不完整的，负责录音录像的人员应当作出书面说明，经审判长或独任审判员审核签字后附卷。

第五条 人民法院应当使用专门设备在线或离线存储、备份庭审录音录像。因设备故障等原因导致不符合技术标准的录音录像，应当一并存储。

庭审录音录像的归档，按照人民法院电子诉讼档案管理规定执行。

第六条 人民法院通过使用智能语音识别系统同步转换生成的庭审文字记录，经审判人员、书记员、诉讼参与人核对签字后，作为法庭笔录管理和使用。

第七条 诉讼参与人对法庭笔录有异议并申请补正的，书记员可以播放庭审录音录像进行核对、补正；不予补正的，应当将申请记录在案。

第八条 适用简易程序审理民事案件的庭审录音录像，经当事人同意的，可以替代法庭笔录。

第九条 人民法院应当将替代法庭笔录的庭审录音录像同步保存在服务器或者刻录成光盘，并由当事人和其他诉讼参与人对其完整性校验值签字或者采取其他方法进行确认。

第十条 人民法院应当通过审判流程信息公开平台、诉讼服务平台以及其他便民诉讼服务平台，为当事人、辩护律师、诉讼代理人等依法查阅庭审录音录像提供便利。

对提供查阅的录音录像,人民法院应当设置必要的安全防范措施。

第十一条 当事人、辩护律师、诉讼代理人等可以依照规定复制录音或者誊录庭审录音录像,必要时人民法院应当配备相应设施。

第十二条 人民法院可以播放依法公开审理案件的庭审录音录像。

第十三条 诉讼参与人、旁听人员违反法庭纪律或者有关法律规定,危害法庭安全、扰乱法庭秩序的,人民法院可以通过庭审录音录像进行调查核实,并将其作为追究法律责任的证据。

第十四条 人民检察院、诉讼参与人认为庭审活动不规范或者违反法律规定的,人民法院应当结合庭审录音录像进行调查核实。

第十五条 未经人民法院许可,任何人不得对庭审活动进行录音录像,不得对庭审录音录像进行拍录、复制、删除和迁移。

行为人实施前款行为的,依照规定追究其相应责任。

第十六条 涉及国家秘密、商业秘密、个人隐私等庭审活动的录制,以及对庭审录音录像的存储、查阅、复制、誊录等,应当符合保密管理等相关规定。

第十七条 庭审录音录像涉及的相关技术保障、技术标准和技术规范,由最高人民法院另行制定。

第十八条 人民法院从事其他审判活动或者进行执行、听证、接访等活动需要进行录音录像的,参照本规定执行。

第十九条 本规定自 2017 年 3 月 1 日起施行。最高人民法院此前发布的司法解释及规范性文件与本规定不一致的,以本规定为准。

最高人民法院
《人民法院办理刑事案件庭前会议规程(试行)》

(2018 年 1 月 1 日 法发〔2017〕31 号)

为贯彻落实最高人民法院、最高人民检察院、公安部、国家安全部、司法部《关于推进以审判为中心的刑事诉讼制度改革的意见》,完善庭前会议程序,确保法庭集中持续审理,提高庭审质量和效率,根据法律规定,结合司法实际,制定本规程。

第一条 人民法院适用普通程序审理刑事案件,对于证据材料较多、案情疑难复杂、社会影响重大或者控辩双方对事实证据存在较大争议等情形的,可以决定在开庭审理前召开庭前会议。

控辩双方可以申请人民法院召开庭前会议。申请召开庭前会议的,应当说明需要处理的事项。人民法院经审查认为有必要的,应当决定召开庭前会议;决定不召开庭前会议的,应当告知申请人。

被告人及其辩护人在开庭审理前申请排除非法证据,并依照法律规定提供相关线索或者材料的,人民法院应当召开庭前会议。

第二条 庭前会议中,人民法院可以就与审判相关的问题了解情况,听取意见,依法处理回避、出庭证人名单、非法证据排除等可能导致庭审中断的事项,组织控辩双方展示证据,归纳争议焦点,开展附带民事调解。

第三条　庭前会议由承办法官主持,其他合议庭成员也可以主持或者参加庭前会议。根据案件情况,承办法官可以指导法官助理主持庭前会议。

公诉人、辩护人应当参加庭前会议。根据案件情况,被告人可以参加庭前会议;被告人申请参加庭前会议或者申请排除非法证据等情形的,人民法院应当通知被告人到场;有多名被告人的案件,主持人可以根据案件情况确定参加庭前会议的被告人。

被告人申请排除非法证据,但没有辩护人的,人民法院应当通知法律援助机构指派律师为被告人提供帮助。

庭前会议中进行附带民事调解的,人民法院应当通知附带民事诉讼当事人到场。

第四条　被告人不参加庭前会议的,辩护人应当在召开庭前会议前就庭前会议处理事项听取被告人意见。

第五条　庭前会议一般不公开进行。

根据案件情况,庭前会议可以采用视频会议等方式进行。

第六条　根据案件情况,庭前会议可以在开庭审理前多次召开;休庭后,可以在再次开庭前召开庭前会议。

第七条　庭前会议应当在法庭或者其他办案场所召开。被羁押的被告人参加的,可以在看守所办案场所召开。

被告人参加庭前会议,应当有法警在场。

第八条　人民法院应当根据案件情况,综合控辩双方意见,确定庭前会议需要处理的事项,并在召开庭前会议三日前,将会议的时间、地点、人员和事项等通知参会人员。通知情况应当记录在案。

被告人及其辩护人在开庭审理前申请排除非法证据的,人民法院应当在召开庭前会议三日前,将申请书及相关线索或者材料的复制件送交人民检察院。

第九条　庭前会议开始后,主持人应当核实参会人员情况,宣布庭前会议需要处理的事项。

有多名被告人参加庭前会议,涉及事实证据问题的,应当组织各被告人分别参加,防止串供。

第十条　庭前会议中,主持人可以就下列事项向控辩双方了解情况,听取意见:

(一)是否对案件管辖有异议;

(二)是否申请有关人员回避;

(三)是否申请不公开审理;

(四)是否申请排除非法证据;

(五)是否申请提供新的证据材料;

(六)是否申请重新鉴定或者勘验;

(七)是否申请调取在侦查、审查起诉期间公安机关、人民检察院收集但未随案移送的证明被告人无罪或者罪轻的证据材料;

(八)是否申请向证人或有关单位、个人收集、调取证据材料;

(九)是否申请证人、鉴定人、侦查人员、有专门知识的人出庭,是否对出庭人员名单有异议;

(十)与审判相关的其他问题。

对于前款规定中可能导致庭审中断的事项,人民法院应当依法作出处理,在开庭审理前告知处理决定,并说明理由。控辩双方没有新的理由,在庭审中再次提出有关申请或者异议的,法庭应当依法予以驳回。

第十一条　被告人及其辩护人对案件管辖提出异议,应当说明理由。人民法院经审查认为异议成立的,应当依法将案件退回人民检察院或者移送有管辖权的人民法院;认为本院不宜行使管辖权的,可以请求上一级人民法院处理。人民法院经审查认为异议不成立的,应当依法驳回异议。

第十二条 被告人及其辩护人申请审判人员、书记员、翻译人员、鉴定人回避,应当说明理由。人民法院经审查认为申请成立的,应当依法决定有关人员回避;认为申请不成立的,应当依法驳回申请。

被告人及其辩护人申请回避被驳回的,可以在接到决定时申请复议一次。对于不属于刑事诉讼法第二十八条、第二十九条规定情形的,回避申请被驳回后,不得申请复议。

被告人及其辩护人申请检察人员回避的,人民法院应当通知人民检察院。

第十三条 被告人及其辩护人申请不公开审理,人民法院经审查认为案件涉及国家秘密或者个人隐私的,应当准许;认为案件涉及商业秘密的,可以准许。

第十四条 被告人及其辩护人在开庭审理前申请排除非法证据,并依照法律规定提供相关线索或者材料的,人民检察院应当在庭前会议中通过出示有关证据材料等方式,有针对性地对证据收集的合法性作出说明。人民法院可以对有关证据材料进行核实;经控辩双方申请,可以有针对性地播放讯问录音录像。

人民检察院可以撤回有关证据,撤回的证据,没有新的理由,不得在庭审中出示。被告人及其辩护人可以撤回排除非法证据的申请,撤回申请后,没有新的线索或者材料,不得再次对有关证据提出排除申请。

控辩双方在庭前会议中对证据收集的合法性未达成一致意见,人民法院应当开展庭审调查,但公诉人提供的相关证据材料确实、充分,能够排除非法取证情形,且没有新的线索或者材料表明可能存在非法取证的,庭审调查举证、质证可以简化。

第十五条 控辩双方申请重新鉴定或者勘验,应当说明理由。人民法院经审查认为理由成立,有关证据材料可能影响定罪量刑且不能补正的,应当准许。

第十六条 被告人及其辩护人书面申请调取公安机关、人民检察院在侦查、审查起诉期间收集但未随案移送的证明被告人无罪或者罪轻的证据材料,并提供相关线索或者材料的,人民法院应当调取,并通知人民检察院在收到调取决定书后三日内移交。

被告人及其辩护人申请向证人或有关单位、个人收集、调取证据材料,应当说明理由。人民法院经审查认为有关证据材料可能影响定罪量刑的,应当准许;认为有关证据材料与案件无关或者明显重复、没有必要的,可以不予准许。

第十七条 控辩双方申请证人、鉴定人、侦查人员、有专门知识的人出庭,应当说明理由。人民法院经审查认为理由成立的,应当通知有关人员出庭。

控辩双方对出庭证人、鉴定人、侦查人员、有专门知识的人的名单有异议,人民法院经审查认为异议成立的,应当依法作出处理;认为异议不成立的,应当依法驳回。

人民法院通知证人、鉴定人、侦查人员、有专门知识的人等出庭后,应当告知控辩双方协助有关人员到庭。

第十八条 召开庭前会议前,人民检察院应当将全部证据材料移送人民法院。被告人及其辩护人应当将收集的有关被告人不在犯罪现场、未达到刑事责任年龄、属于依法不负刑事责任的精神病人等证明被告人无罪或者依法不负刑事责任的全部证据材料提交人民法院。

人民法院收到控辩双方移送或者提交的证据材料后,应当通知对方查阅、摘抄、复制。

第十九条 庭前会议中,对于控辩双方决定在庭审中出示的证据,人民法院可以组织展示有关证据,听取控辩双方对在案证据的意见,梳理存在争议的证据。

对于控辩双方在庭前会议中没有争议的证据材料,庭审时举证、质证可以简化。

人民法院组织展示证据的,一般应当通知被告人到场,听取被告人意见;被告人不到场,辩护人应当在召开庭前会议前听取被告人意见。

第二十条 人民法院可以在庭前会议中归纳控辩双方的争议焦点。对控辩双方没有争议或者达成一致意见的事项,可以在庭审中简化审理。

人民法院可以组织控辩双方协商确定庭审的举证顺序、方式等事项,明确法庭调查的方式和重点。协商不成的事项,由人民法院确定。

第二十一条 对于被告人在庭前会议前不认罪,在庭前会议中又认罪的案件,人民法院核实被告人认罪的自愿性和真实性后,可以依法适用速裁程序或者简易程序审理。

第二十二条 人民法院在庭前会议中听取控辩双方对案件事实证据的意见后,对于明显事实不清、证据不足的案件,可以建议人民检察院补充材料或者撤回起诉。建议撤回起诉的案件,人民检察院不同意的,人民法院开庭审理后,没有新的事实和理由,一般不准许撤回起诉。

第二十三条 庭前会议情况应当制作笔录,由参会人员核对后签名。

庭前会议结束后应当制作庭前会议报告,说明庭前会议的基本情况、与审判相关的问题的处理结果、控辩双方的争议焦点以及就相关事项达成的一致意见等。

第二十四条 对于召开庭前会议的案件,在宣读起诉书后,法庭应当宣布庭前会议报告的主要内容;有多起犯罪事实的案件,可以在有关犯罪事实的法庭调查开始前,分别宣布庭前会议报告的相关内容;对庭前会议处理管辖异议、申请回避、申请不公开审理等事项的,法庭可以在告知当事人诉讼权利后宣布庭前会议报告的相关内容。

第二十五条 宣布庭前会议报告后,对于庭前会议中达成一致意见的事项,法庭向控辩双方核实后当庭予以确认;对于未达成一致意见的事项,法庭可以归纳控辩双方争议焦点,听取控辩双方意见,依法作出处理。

控辩双方在庭前会议中就有关事项达成一致意见,在庭审中反悔的,除有正当理由外,法庭一般不再进行处理。

第二十六条 第二审人民法院召开庭前会议的,参照上述规定。

第二十七条 本规程自2018年1月1日起试行。

最高人民法院《人民法院办理刑事案件第一审普通程序法庭调查规程(试行)》

(2018年1月1日 法发〔2017〕31号)

为贯彻落实最高人民法院、最高人民检察院、公安部、国家安全部、司法部《关于推进以审判为中心的刑事诉讼制度改革的意见》，规范法庭调查程序，提高庭审质量和效率，确保诉讼证据出示在法庭、案件事实查明在法庭、诉辩意见发表在法庭、裁判结果形成在法庭，根据法律规定，结合司法实际，制定本规程。

一、一般规定

第一条 法庭应当坚持证据裁判原则。认定案件事实，必须以证据为根据。法庭调查应当以证据调查为中心，法庭认定并依法排除的非法证据，不得宣读、质证。证据未经当庭出示、宣读、辨认、质证等法庭调查程序查证属实，不得作为定案的根据。

第二条 法庭应当坚持程序公正原则。人民检察院依法承担被告人有罪的举证责任，被告人不承担证明自己无罪的责任。法庭应当居中裁判，严格执行法定的审判程序，确保控辩双方在法庭调查环节平等对抗，通过法庭审判的程序公正实现案件裁判的实体公正。

第三条 法庭应当坚持集中审理原则。规范庭前准备程序，避免庭审出现不必要的迟延和中断。承办法官应当在开庭前阅卷，确定法庭审理方案，并向合议庭通报开庭准备情况。召开庭前会议的案件，法庭可以依法处理可能导致庭审中断的事项，组织控辩双方展示证据，归纳控辩双方争议焦点。

第四条 法庭应当坚持诉权保障原则。依法保障当事人和其他诉讼参与人的知情权、陈述权、辩护辩论权、申请权、申诉权，依法保障辩护人发问、质证、辩论辩护等权利，完善便利辩护人参与诉讼的工作机制。

二、宣布开庭和讯问、发问程序

第五条 法庭宣布开庭后，应当告知当事人在法庭审理过程中依法享有的诉讼权利。

对于召开庭前会议的案件，在庭前会议中处理诉讼权利事项的，可以在开庭后告知诉讼权利的环节，一并宣布庭前会议对有关事项的处理结果。

第六条 公诉人宣读起诉书后，对于召开庭前会议的案件，法庭应当宣布庭前会议报告的主要内容。有多起犯罪事实的案件，法庭可以在有关犯罪事实的法庭调查开始前，分别宣布庭前会议报告的相关内容。

对于庭前会议中达成一致意见的事项，法庭可以向控辩双方核实后当庭予以确认；对于未达成一致意见的事项，法庭可以在庭审涉及该事项的环节归纳争议焦点，听取控辩双方意见，依法作出处理。

第七条 公诉人宣读起诉书后，审判长应当询问被告人对起诉书指控的犯罪事实是否有异议，听取被告人的供述和辩解。对于被告人当庭认罪的案件，应当核实被告人认罪的自愿性和真实性，听取其供述和辩解。

在审判长主持下，公诉人可以就起诉书指控的犯罪事实讯问被告人，为防止庭审过分迟延，就证据问题向被告人的讯问可在举证、质证环节进行。经审判长准许，被害人及其法定代理人、诉讼代理人可以就公诉人讯问的犯罪事实补充发问；附带民事诉讼原告人及其法定代理人、诉讼代理人可以就附带民事部分的事实向被告人发问；被告人的法定代理人、辩护人，附带民事诉讼被告人及其法定代理人、诉讼代理人可以在控诉一方就某一问题讯问完毕后向被告人发问。有多名被告人的案件，辩护人对被告人的发问，应当在审判长主持下，先由被告人本人的辩护人进行,再由其他被告人的辩护人进行。

第八条 有多名被告人的案件,对被告人的讯问应当分别进行。

被告人供述之间存在实质性差异的,法庭可以传唤有关被告人到庭对质。审判长可以分别讯问被告人,就供述的实质性差异进行调查核实。经审判长准许,控辩双方可以向被告人讯问、发问。审判长认为有必要的,可以准许被告人之间相互发问。

根据案件审理需要,审判长可以安排被告人与证人、被害人依照前款规定的方式进行对质。

第九条 申请参加庭审的被害人众多,且案件不属于附带民事诉讼范围的,被害人可以推选若干代表人参加或者旁听庭审,人民法院也可以指定若干代表人。

对被告人讯问、发问完毕后,其他证据出示前,在审判长主持下,参加庭审的被害人可以就起诉书指控的犯罪事实作出陈述。经审判长准许,控辩双方可以在被害人陈述后向被害人发问。

第十条 为解决被告人供述和辩解中的疑问,审判人员可以讯问被告人,也可以向被害人、附带民事诉讼当事人发问。

第十一条 有多起犯罪事实的案件,对被告人不认罪的事实,法庭调查一般应当分别进行。

被告人不认罪或者认罪后又反悔的案件,法庭应当对与定罪和量刑有关的事实、证据进行全面调查。

被告人当庭认罪的案件,法庭核实被告人认罪的自愿性和真实性,确认被告人知悉认罪的法律后果后,可以重点围绕量刑事实和其他有争议的问题进行调查。

三、出庭作证程序

第十二条 控辩双方可以申请法庭通知证人、鉴定人、侦查人员和有专门知识的人等出庭。

被害人及其法定代理人、诉讼代理人,附带民事诉讼原告人及其诉讼代理人也可以提出上述申请。

第十三条 控辩双方对证人证言、被害人陈述有异议,申请证人、被害人出庭,人民法院经审查认为证人证言、被害人陈述对案件定罪量刑有重大影响的,应当通知证人、被害人出庭。

控辩双方对鉴定意见有异议,申请鉴定人或者有专门知识的人出庭,人民法院经审查认为有必要的,应当通知鉴定人或者有专门知识的人出庭。

控辩双方对侦破经过、证据来源、证据真实性或者证据收集合法性等有异议,申请侦查人员或者有关人员出庭,人民法院经审查认为有必要的,应当通知侦查人员或者有关人员出庭。

为查明案件事实、调查核实证据,人民法院可以依职权通知上述人员到庭。

人民法院通知证人、被害人、鉴定人、侦查人员、有专门知识的人等出庭的,控辩双方协助有关人员到庭。

第十四条 应当出庭作证的证人,在庭审期间因身患严重疾病等客观原因确实无法出庭的,可以通过视频等方式作证。

证人视频作证的,发问、质证参照证人出庭作证的程序进行。

前款规定适用于被害人、鉴定人、侦查人员。

第十五条 人民法院通知出庭的证人,无正当理由拒不出庭的,可以强制其出庭,但是被告人的配偶、父母、子女除外。

强制证人出庭的,应当由院长签发强制证人出庭令,并由法警执行。必要时,可以商请公安机关协助执行。

第十六条 证人、鉴定人、被害人因出庭作证,本人或者其近亲属的人身安全面临危险的,人民法院应当采取不公开其真实姓名、住址和工作单位等个人信息,或者不暴露其外貌、真实声音等保护措施。

决定对出庭作证的证人、鉴定人、被害人采取不公开个人信息的保护措施的,审判人员应当在开庭前核实其身份,对证人、鉴定人如实作证的保证书不得公开,在判决书、裁定书等法律文书中可以使用化名代替其个人信息。

审判期间,证人、鉴定人、被害人提出保护请求的,人民法院应当立即审查,确有必要的,应当及时决定采取相应的保护措施。必要时,可以商请公安机关采取专门性保护措施。

第十七条 证人、鉴定人和有专门知识的人出庭作证所支出的交通、住宿、就餐等合理费用,除由控辩双方支付的以外,列入出庭作证补助专项经费,在出庭作证后由人民法院依照规定程序发放。

第十八条 证人、鉴定人出庭,法庭应当当庭核实其身份、与当事人以及本案的关系,审查证人、鉴定人的作证能力、专业资质,并告知其有关作证的权利义务和法律责任。

证人、鉴定人作证前,应当保证向法庭如实提供证言、说明鉴定意见,并在保证书上签名。

第十九条 证人出庭后,先向法庭陈述证言,然后先由举证方发问;发问完毕后,对方也可以发问。根据案件审理需要,也可以先由申请方发问。

控辩双方向证人发问完毕后,可以发表本方对证人证言的质证意见。控辩双方如有新的问题,经审判长准许,可以再行向证人发问。

审判人员认为必要时,可以询问证人。法庭依职权通知证人出庭的情形,审判人员应当主导对证人的询问。经审判长准许,被告人可以向证人发问。

第二十条 向证人发问应当遵循以下规则:

(一)发问内容应当与案件事实有关;
(二)不得采用诱导方式发问;
(三)不得威胁或者误导证人;
(四)不得损害证人人格尊严;
(五)不得泄露证人个人隐私。

第二十一条 控辩一方发问方式不当或者内容与案件事实无关,违反有关发问规则的,对方可以提出异议。对方当庭提出异议的,发问方应当说明发问理由,审判长判明情况予以支持或者驳回;对方未当庭提出异议的,审判长也可以根据情况予以制止。

第二十二条 审判长认为证人当庭陈述的内容与案件事实无关或者明显重复的,可以进行必要的提示。

第二十三条 有多名证人出庭作证的案件,向证人发问应当分别进行。

多名证人出庭作证的,应当在法庭指定的地点等候,不得谈论案情,必要时可以采取隔离等候措施。证人出庭作证后,审判长应当通知法警引导其退庭。证人不得旁听对案件的审理。

被害人没有列为当事人参加法庭审理,仅出庭陈述案件事实的,参照适用前款规定。

第二十四条　证人证言之间存在实质性差异的,法庭可以传唤有关证人到庭对质。

审判长可以分别询问证人,就证言的实质性差异进行调查核实。经审判长准许,控辩双方可以向证人发问。审判长认为必要的,可以准许证人之间相互发问。

第二十五条　证人出庭作证的,其庭前证言一般不再出示、宣读,但下列情形除外:

(一)证人出庭作证时遗忘或者遗漏庭前证言的关键内容,需要向证人作出必要提示的;

(二)证人的当庭证言与庭前证言存在矛盾,需要证人作出合理解释的。

为核实证据来源、证据真实性等问题,或者帮助证人回忆,经审判长准许,控辩双方可以在询问证人时向其出示物证、书证等证据。

第二十六条　控辩双方可以申请法庭通知有专门知识的人出庭,协助本方就鉴定意见进行质证。有专门知识的人可以与鉴定人同时出庭,在鉴定人作证后向鉴定人发问,并对案件中的专门性问题提出意见。

申请有专门知识的人出庭,应当提供人员名单,并不得超过二人。有多种类鉴定意见的,可以相应增加人数。

第二十七条　对被害人、鉴定人、侦查人员、有专门知识的人的发问,参照适用证人的有关规定。

同一鉴定意见由多名鉴定人作出,有关鉴定人以及对该鉴定意见进行质证的有专门知识的人,可以同时出庭,不受分别发问规则的限制。

四、举证、质证程序

第二十八条　开庭讯问、发问结束后,公诉人先行举证。公诉人举证完毕后,被告人及其辩护人举证。

公诉人出示证据后,经审判长准许,被告人及其辩护人可以有针对性地出示证据予以反驳。

控辩一方举证后,对方可以发表质证意见。必要时,控辩双方可以对争议证据进行多轮质证。

被告人及其辩护人认为公诉人出示的有关证据对本方诉讼主张有利的,可以在发表质证意见时予以认可,或者在发表辩护意见时直接援引有关证据。

第二十九条　控辩双方随案移送或者庭前提交,但没有当庭出示的证据,审判长可以进行必要的提示;对于其中可能影响定罪量刑的关键证据,审判长应当提示控辩双方出示。

对于案件中可能影响定罪量刑的事实、证据存在疑问,控辩双方没有提及的,审判长应当引导控辩双方发表质证意见,并依法调查核实。

第三十条　法庭应当重视对证据收集合法性的审查,对证据收集的合法性有疑问的,应当调查核实证明取证合法性的证据材料。

对于被告人及其辩护人申请排除非法证据,依法提供相关线索或者材料,法庭对证据收集的合法性有疑问,决定进行调查的,一般应当先行当庭调查。

第三十一条　对于可能影响定罪量刑的关键证据和控辩双方存在争议的证据,一般应当单独举证、质证,充分听取质证意见。

对于控辩双方无异议的非关键性证据,举证方可以仅就证据的名称及其证明的事项作出说明,对方可以发表质证意见。

召开庭前会议的案件,举证、质证可

以按照庭前会议确定的方式进行。根据案件审理需要，法庭可以对控辩双方的举证、质证方式进行必要的提示。

第三十二条　物证、书证、视听资料、电子数据等证据，应当出示原物、原件。取得原物、原件确有困难的，可以出示照片、录像、副本、复制件等足以反映原物、原件外形和特征以及真实内容的材料，并说明理由。

对于鉴定意见和勘验、检查、辨认、侦查实验等笔录，应当出示原件。

第三十三条　控辩双方出示证据，应当重点围绕与案件事实相关的内容或者控辩双方存在争议的内容进行。

出示证据时，可以借助多媒体设备等方式出示、播放或者演示证据内容。

第三十四条　控辩双方对证人证言、被害人陈述、鉴定意见无异议，有关人员不需要出庭的，或者有关人员因客观原因无法出庭且无法通过视频等方式作证的，可以出示、宣读庭前收集的书面证据材料或者作证过程录音录像。

被告人当庭供述与庭前供述的实质性内容一致的，可以不再出示庭前供述；当庭供述与庭前供述存在实质性差异的，可以出示、宣读庭前供述中存在实质性差异的内容。

第三十五条　采用技术侦查措施收集的证据，应当当庭出示。当庭出示、辨认、质证可能危及有关人员的人身安全，或者可能产生其他严重后果的，应当采取不暴露有关人员身份、不公开技术侦查措施和方法等保护措施。

法庭决定在庭外对技术侦查证据进行核实的，可以召集公诉人和辩护律师到场。在场人员应当履行保密义务。

第三十六条　法庭对证据有疑问的，可以告知控辩双方补充证据或者作出说明；必要时，可以在其他证据调查完毕后宣布休庭，对证据进行调查核实。法庭调查核实证据，可以通知控辩双方到场，并将核实过程记录在案。

对于控辩双方补充的和法庭庭外调查核实取得的证据，应当经过庭审质证才能作为定案的根据。但是，对于不影响定罪量刑的非关键性证据和有利于被告人的量刑证据，经庭外征求意见，控辩双方没有异议的除外。

第三十七条　控辩双方申请出示庭前未移送或提交人民法院的证据，对方提出异议的，申请方应当说明理由，法庭经审查认为理由成立并确有出示必要的，应当准许。

对方提出需要对新的证据作辩护准备的，法庭可以宣布休庭，并确定准备的时间。

第三十八条　法庭审理过程中，控辩双方申请通知新的证人到庭，调取新的证据，申请重新鉴定或者勘验的，应当提供证人的基本信息、证据的存放地点，说明拟证明的案件事实、要求重新鉴定或者勘验的理由。法庭认为有必要的，应当同意，并宣布延期审理；不同意的，应当说明理由并继续审理。

第三十九条　公开审理案件时，控辩双方提出涉及国家秘密、商业秘密或者个人隐私的证据的，法庭应当制止。有关证据确与本案有关的，可以根据具体情况，决定将案件转为不公开审理，或者对相关证据的法庭调查不公开进行。

第四十条　审判期间，公诉人发现案件需要补充侦查，建议延期审理的，法庭可以同意，但建议延期审理不得超过两次。人民检察院将补充收集的证据移送人民法院的,人民法院应当通知辩护人、诉讼代理人查阅、摘抄、复制。辩护方提出需要对补充收集的证据作辩护准备的,法庭可以宣布休庭,并确定准备的时间。

补充侦查期限届满后,经人民法院通知,人民检察院未建议案件恢复审理,且未说明原因的,人民法院可以决定按人民检察院撤诉处理。

第四十一条　人民法院向人民检察院调取需要调查核实的证据材料,或者根据被告人及其辩护人的申请,向人民检察院调取在侦查、审查起诉期间收集的有关被告人无罪或者罪轻的证据材料,应当通知人民检察院在收到调取证据材料决定书后三日内移交。

第四十二条　法庭除应当审查被告人是否具有法定量刑情节外,还应当根据案件情况审查以下影响量刑的情节:

(一)案件起因;

(二)被害人有无过错及过错程度,是否对矛盾激化负有责任及责任大小;

(三)被告人的近亲属是否协助抓获被告人;

(四)被告人平时表现,有无悔罪态度;

(五)退赃、退赔及赔偿情况;

(六)被告人是否取得被害人或者其近亲属谅解;

(七)影响量刑的其他情节。

第四十三条　审判期间,被告人及其辩护人提出有自首、坦白、立功等法定量刑情节,或者人民法院发现被告人可能有上述法定量刑情节,而人民检察院移送的案卷中没有相关证据材料的,应当通知人民检察院移送。

审判期间,被告人及其辩护人提出新的立功情节,并提供相关线索或者材料的,人民法院可以建议人民检察院补充侦查。

第四十四条　被告人当庭不认罪或者辩护人作无罪辩护的,法庭对定罪事实进行调查后,可以对与量刑有关的事实、证据进行调查。被告人及其辩护人可以当庭发表质证意见,出示证明被告人罪轻或者无罪的证据。被告人及其辩护人参加量刑事实、证据的调查,不影响无罪辩解或者辩护。

五、认证规则

第四十五条　经过控辩双方质证的证据,法庭应当结合控辩双方质证意见,从证据与待证事实的关联程度、证据之间的印证联系、证据自身的真实性程度等方面,综合判断证据能否作为定案的根据。

证据与待证事实没有关联,或者证据自身存在无法解释的疑问,或者证据与待证事实以及其他证据存在无法排除的矛盾的,不得作为定案的根据。

第四十六条　通过勘验、检查、搜查等方式收集的物证、书证等证据,未通过辨认、鉴定等方式确定其与案件事实的关联的,不得作为定案的根据。

法庭对鉴定意见有疑问的,可以重新鉴定。

第四十七条　收集证据的程序、方式不符合法律规定,严重影响证据真实性的,人民法院应当建议人民检察院予以补正或者作出合理解释;不能补正或者作出合理解释的,有关证据不得作为定案的根据。

第四十八条　证人没有出庭作证,其庭前证言真实性无法确认的,不得作为定案的根据。

证人当庭作出的证言与其庭前证言矛盾,证人能够作出合理解释,并与相关证据印证的,应当采信其庭审证言;不能作出合理解释,而其庭前证言与相关证据印证的,可以采信其庭前证言。

第四十九条 经人民法院通知,鉴定人拒不出庭作证的,鉴定意见不得作为定案的根据。

有专门知识的人当庭对鉴定意见提出质疑,鉴定人能够作出合理解释,并与相关证据印证的,应当采信鉴定意见;不能作出合理解释,无法确认鉴定意见可靠性的,有关鉴定意见不能作为定案的根据。

第五十条 被告人的当庭供述与庭前供述、自书材料存在矛盾,被告人能够作出合理解释,并与相关证据印证的,应当采信其当庭供述;不能作出合理解释,而其庭前供述、自书材料与相关证据印证的,可以采信其庭前供述、自书材料。

法庭应当结合讯问录音录像对讯问笔录进行全面审查。讯问笔录记载的内容与讯问录音录像存在实质性差异的,以讯问录音录像为准。

第五十一条 对于控辩双方提出的事实证据争议,法庭应当当庭进行审查,经审查后作出处理的,应当当庭说明理由,并在裁判文书中写明;需要庭后评议作出处理的,应当在裁判文书中说明理由。

第五十二条 法庭认定被告人有罪,必须达到犯罪事实清楚,证据确实、充分,对于定罪事实应当综合全案证据排除合理怀疑。定罪证据不足的案件,不能认定被告人有罪,应当作出证据不足、指控的犯罪不能成立的无罪判决。定罪证据确实、充分,量刑证据存疑的,应当作出有利于被告人的认定。

第五十三条 本规程自2018年1月1日起试行。

最高人民法院《关于严格执行公开审判制度的若干规定》

(1999年3月8日 法发〔1999〕3号)

各省、自治区、直辖市高级人民法院,解放军军事法院,新疆维吾尔自治区高级人民法院生产建设兵团分院:

为了严格执行公开审判制度,根据我国宪法和有关法律,特作如下规定:

一、人民法院进行审判活动,必须坚持依法公开审判制度,做到公开开庭,公开举证、质证,公开宣判。

二、人民法院对于第一审案件,除下列案件外,应当依法一律公开审理:

(一)涉及国家秘密的案件;

(二)涉及个人隐私的案件;

(三)十四岁以上不满十六岁未成年人犯罪的案件;经人民法院决定不公开审理的十六岁以上不满十八岁未成年人犯罪的案件;

(四)经当事人申请,人民法院决定不公开审理的涉及商业秘密的案件;

(五)经当事人申请,人民法院决定不公开审理的离婚案件;

(六)法律另有规定的其他不公开审理的案件。

对于不公开审理的案件,应当当庭宣布不公开审理的理由。

三、下列第二审案件应当公开审理:

(一)当事人对不服公开审理的第一审案件的判决、裁定提起上诉的,但因违反法定程序发回重审的和事实清楚依法径行判决、裁定的除外。

(二)人民检察院对公开审理的案件

的判决、裁定提起抗诉的，但需发回重审的除外。

四、依法公开审理案件应当在开庭三日以前公告。公告应当包括案由、当事人姓名或者名称、开庭时间和地点。

五、依法公开审理案件，案件事实未经法庭公开调查不能认定。

证明案件事实的证据未在法庭公开举证、质证，不能进行认证，但无需举证的事实除外。缺席审理的案件，法庭可以结合其他事实和证据进行认证。

法庭能够当庭认证的，应当当庭认证。

六、人民法院审理的所有案件应当一律公开宣告判决。

宣告判决，应当对案件事实和证据进行认定，并在此基础上正确适用法律。

七、凡应当依法公开审理的案件没有公开审理的，应当按下列规定处理：

（一）当事人提起上诉或者人民检察院对刑事案件的判决、裁定提起抗诉的，第二审人民法院应当裁定撤销原判决，发回重审；

（二）当事人申请再审的，人民法院可以决定再审；人民检察院按照审判监督程序提起抗诉的，人民法院应当决定再审。

上述发回重审或者决定再审的案件应当依法公开审理。

八、人民法院公开审理案件，庭审活动应当在审判法庭进行。需要巡回依法公开审理的，应当选择适当的场所进行。

九、审判法庭和其他公开进行案件审理活动的场所，应当按照最高人民法院关于法庭布置的要求悬挂国徽，设置审判席和其他相应的席位。

十、依法公开审理案件，公民可以旁听，但精神病人、醉酒的人和未经人民法院批准的未成年人除外。

根据法庭场所和参加旁听人数等情况，旁听人需要持旁听证进入法庭的，旁听证由人民法院制发。

外国人和无国籍人持有效证件要求旁听的，参照中国公民旁听的规定办理。

旁听人员必须遵守《中华人民共和国人民法院法庭规则》的规定，并应当接受安全检查。

十一、依法公开审理案件，经人民法院许可，新闻记者可以记录、录音、录像、摄影、转播庭审实况。

外国记者的旁听按照我国有关外事管理规定办理。

最高人民法院
《关于加强人民法院审判公开
工作的若干意见》

（自2007年6月4日起施行　法发〔2007〕20号）

为进一步落实宪法规定的公开审判原则，深入贯彻党的十六届六中全会提出的健全公开审判制度的要求，充分发挥人民法院在构建社会主义和谐社会中的职能作用，现就加强人民法院审判公开工作提出以下意见。

一、充分认识加强人民法院审判公开工作的重大意义

1. 加强审判公开工作是构建社会主义和谐社会的内在要求。审判公开是以公开审理案件为核心内容的、人民法院审判工作各重要环节的依法公开，是对宪法规定的公开审判原则的具体落实，是我国

人民民主专政本质的重要体现,是在全社会实现公平和正义的重要保障。各级人民法院要充分认识到广大人民群众和全社会对不断增强审判工作公开性的高度关注和迫切需要,从发展社会主义民主政治、落实依法治国方略、构建社会主义和谐社会的高度,在各项审判和执行工作中依法充分落实审判公开。

2. 加强审判公开工作是建设公正、高效、权威的社会主义司法制度的迫切需要。深入贯彻落实《中共中央关于构建社会主义和谐社会若干重大问题的决定》,建设公正、高效、权威的社会主义司法制度,是当前和今后一个时期人民法院工作的重要目标。实现这一目标,必须加强审判公开。司法公正应当是"看得见的公正",司法高效应当是"能感受的高效",司法权威应当是"被认同的权威"。各级人民法院要通过深化审判公开,充分保障当事人诉讼权利,积极接受当事人监督,主动接受人大及其常委会的工作监督,正确面对新闻媒体的舆论监督,建设公正、高效、权威的社会主义司法制度。

二、准确把握人民法院审判公开工作的基本原则

3. 依法公开。要严格履行法律规定的公开审判职责,切实保障当事人依法参与审判活动、知悉审判工作信息的权利。要严格执行法律规定的公开范围,在审判工作中严守国家秘密和审判工作秘密,依法保护当事人隐私和商业秘密。

4. 及时公开。法律规定了公开时限的,要严格遵守法律规定的时限,在法定时限内快速、完整地依法公开审判工作信息。法律没有规定公开时限的,要在合理时间内快速、完整地依法公开审判工作信息。

5. 全面公开。要按照法律规定,在案件审理过程中做到公开开庭,公开举证、质证,公开宣判;根据审判工作需要,公开与保护当事人权利有关的人民法院审判工作各重要环节的有效信息。

三、切实加强人民法院审判公开工作的基本要求

6. 人民法院应当以设置宣传栏或者公告牌、建立网站等方便查阅的形式,公布本院管辖的各类案件的立案条件、由当事人提交的法律文书的样式、诉讼费用的收费标准及缓、减、免交诉讼费的基本条件和程序、案件审理与执行工作流程等事项。

7. 对当事人起诉材料、手续不全的,要尽量做到一次性全面告知当事人应当提交的材料和手续,有条件的人民法院应当采用书面形式告知。能够当场补齐的,立案工作人员应当指导当事人当场补齐。

8. 对决定受理适用普通程序的案件,应当在案件受理通知书和应诉通知书中,告知当事人所适用的审判程序及有关的诉讼权利和义务。决定由适用简易程序转为适用普通程序的,应当在作出决定后及时将决定的内容及事实和法律根据告知当事人。

9. 当事人及其诉讼代理人请求人民法院调查取证的,应当提出书面申请。人民法院决定调查收集证据的,应当及时告知申请人及其他当事人。决定不调查收集证据的,应当制作书面通知,说明不调查收集证据的理由,并及时送达申请人。

10. 人民法院裁定采取财产保全措施或者先予执行的,应当在裁定书中写明采取财产保全措施或者先予执行所依

据的事实和法律根据,及申请人提供担保的种类、金额或者免予担保的事实和法律根据。人民法院决定不采取财产保全措施或者先予执行的,应当作出书面裁定,并在裁定书中写明有关事实和法律根据。

11. 人民法院必须严格执行《中华人民共和国刑事诉讼法》、《中华人民共和国民事诉讼法》、《中华人民共和国行政诉讼法》及相关司法解释关于公开审理的案件范围的规定,应当公开审理的,必须公开审理。当事人提出案件涉及个人隐私或者商业秘密的,人民法院应当综合当事人意见、社会一般理性认识等因素,必要时征询专家意见,在合理判断基础上作出决定。

12. 审理刑事二审案件,应当积极创造条件,逐步实现开庭审理;被告人一审被判处死刑的上诉案件和检察机关提出抗诉的案件,应当开庭审理。要逐步加大民事、行政二审案件开庭审理的力度。

13. 刑事二审案件不开庭审理的,人民法院应当在全面审查案卷材料和证据基础上讯问被告人,听取辩护人、代理人的意见,核实证据,查清事实;民事、行政二审案件不开庭审理的,人民法院应当全面审查案卷,充分听取当事人意见,核实证据,查清事实。

14. 要逐步提高当庭宣判比率,规范定期宣判、委托宣判。人民法院审理案件,能够当庭宣判的,应当当庭宣判。定期宣判、委托宣判的,应当在裁判文书签发或者收到委托函后及时进行,宣判前应当通知当事人和其他诉讼参与人。宣判时允许旁听,宣判后应当立即送达法律文书。

15. 依法公开审理的案件,我国公民可以持有效证件旁听,人民法院应当妥善安排好旁听工作。因审判场所、安全保卫等客观因素所限发放旁听证的,应当作出必要的说明和解释。

16. 对群众广泛关注、有较大社会影响或者有利于社会主义法治宣传教育的案件,可以有计划地通过相关组织安排群众旁听,邀请人大代表、政协委员旁听,增进广大群众、人大代表、政协委员了解法院审判工作,方便对审判工作的监督。

17. 申请执行人向人民法院提供被执行人财产线索的,人民法院应当在收到有关线索后尽快决定是否调查,决定不予调查的,应当告知申请执行人具体理由。人民法院根据申请执行人提供的线索或依职权调查被执行人财产状况的,应当在调查结束后及时将调查结果告知申请执行人。被执行人向人民法院申报财产的,人民法院应当在收到申报后及时将被执行人申报的财产状况告知申请执行人。

18. 人民法院应当公告选择评估、拍卖等中介机构的条件和程序,公开进行选定,并及时公告选定的中介机构名单。人民法院应当向当事人、利害关系人公开评估、拍卖、变卖的过程和结果;不能及时拍卖、变卖的,应当向当事人、利害关系人说明原因。

19. 对办案过程中涉及当事人或案外人重大权益的事项,法律没有规定办理程序的,各级人民法院应当根据实际情况,建立灵活、方便的听证机制,举行听证。对当事人、利害关系人提出的执行异议、变更或追加被执行人的请求、经调卷复查认为符合再审条件的申诉申请再审案件,人民法院应当举行听证。

20. 人民法院应当建立和公布案件

办理情况查询机制,方便当事人及其委托代理人及时了解与当事人诉讼权利、义务相关的审判和执行信息。

21. 有条件的人民法院对于庭审活动和相关重要审判活动可以录音、录像,建立审判工作的声像档案,当事人可以按规定查阅和复制。

22. 各高级人民法院应当根据本辖区内的情况制定通过出版物、局域网、互联网等方式公布生效裁判文书的具体办法,逐步加大生效裁判文书公开的力度。

23. 通过电视、互联网等媒体对人民法院公开审理案件进行直播、转播的,由高级人民法院批准后进行。

四、规范审判公开工作,维护法律权威和司法形象

24. 人民法院公开审理案件,庭审活动应当在审判法庭进行。巡回审理案件,有固定审判场所的,庭审活动应当在该固定审判场所进行;尚无固定审判场所的,可根据实际条件选择适当的场所。

25. 人民法院裁判文书是人民法院公开审判活动、裁判理由、裁判依据和裁判结果的重要载体。裁判文书的制作应当符合最高人民法院颁布的裁判文书样式要求,包含裁判文书的必备要素,并按照繁简得当、易于理解的要求,清楚地反映裁判过程、事实、理由和裁判依据。

26. 人民法院工作人员实施公务活动,应当依据有关规定着装,并主动出示工作证。

27. 人民法院应当向社会公开审判、执行工作纪律规范,公开违法审判、违法执行的投诉办法,便于当事人及社会监督。

最高人民法院 《关于应当允许检察院派书记员随检察长或检察员出庭支持公诉的通知》

[1986年11月7日　法(司)通〔1986〕3号]

湖北省高级人民法院:

近接最高人民检察院转来湖北省人民检察院刑事检察处和远安县人民检察院两位同志的信,反映有的法院拒绝检察院派书记员随检察长或检察员出庭办理记录工作一事。经我们研究认为,虽然刑事诉讼法、人民法院组织法和人民检察院组织法对检察院可否派书记员随检察长或检察员出庭支持公诉问题未作明确规定,但从审判实践来看,检察院派书记员随检察长或检察员出庭有利于工作,应当允许。

特此通知

最高人民检察院 《关于加强出庭公诉工作的意见》 (节录)

(2015年6月15日　高检发诉字〔2015〕5号)

一、加强出庭公诉工作的重要意义和总体思路(略)

二、进一步加强庭前准备工作

3. 积极介入侦查引导取证。对重大、疑难、复杂案件,坚持介入范围适当、介入时机适时、介入程度适度原则,通过出席现场勘查和案件讨论等方式,按照提起公诉的标准,对收集证据、适用法律提出意

见,监督侦查活动是否合法,引导侦查机关(部门)完善证据链条和证明体系。

4. 加强庭前审查。全面审查证据材料的客观性、关联性、合法性,全面审查涉及定罪量刑的各种证据,对据以定罪的关键证据必须严格审查,对犯罪嫌疑人、被告人的无罪辩解必须高度重视,对定罪疑难且单一的言词证据必须认真复核,对矛盾证据必须严格甄别。对没有直接证据证实犯罪的,要综合审查判断间接证据是否形成完整证据链条。高度重视对物证、书证等客观性证据的审查和运用,掌握司法会计、法医、精神病、痕迹检验等鉴定意见以及电子证据相关的专业性知识和审查判断方法。突出对证据合法性的审查,坚决排除非法证据,及时补正瑕疵证据。正确适用法律和司法解释,全面贯彻宽严相济刑事政策,准确认定行为性质,确保不枉不纵。

5. 有效运用庭前会议解决争议。对需要召开庭前会议提请解决的案件管辖、回避、庭审方案和出庭证人、鉴定人、有专门知识的人、侦查人员的名单等与审判相关的问题,公诉人要提前准备好意见。注意了解辩护人收集证据的情况,明确诉辩焦点,有针对性地交换意见和向法庭阐明观点。重视辩护人提出的非法证据排除意见,正确区分非法证据与瑕疵证据,能够在庭前会议环节解决的非法证据问题力争解决。庭前会议结束后注意查漏补缺,充分利用会议中获取的事实、证据信息和辩护意见,做好证据补强、程序安排和庭审预案的调整完善等工作。对辩护律师提出的执业权利受侵犯的情况,要积极查证并监督纠正。

6. 加强庭前预测和应对准备。充分听取辩护人意见,全面了解和分析辩护意见和辩护策略,及时掌握庭前案件动态。

加强庭前预测,针对争议焦点做好庭审预案和重大复杂敏感案件临庭处置预案,对案件可能存在的信访风险做好应对准备,确保庭前准备与庭上应对紧密衔接。对申请关键证人、被害人、鉴定人、侦查人员出庭作证的,庭前充分沟通,介绍庭审程序、法庭纪律和有关法律知识,并进行必要的心理疏导,确保出庭作证顺利和良好庭审效果。

三、强化当庭指控证实犯罪和庭外监督工作

7. 强化当庭讯问。法庭讯问要讲究章法,合理选择运用解释性讯问、追问等方式,做到层次分明、重点突出、有的放矢。讯问被告人应把握主动,从容应对,确保当庭指控犯罪全面、准确、有力。对被告人的合理辩解认真予以对待,对被告人当庭不实供述予以揭露,对庭前的有罪供述予以固定。

8. 强化当庭询问。公诉人询问出庭作证的证人,可以要求证人连贯陈述,也可以直接发问。发问应简洁清楚,重点围绕与定罪量刑紧密相关的事实以及证言中有遗漏、矛盾、模糊不清和有争议的内容进行。当事人和辩护人、诉讼代理人对证人发问后,公诉人可以根据证人回答的情况,向法庭申请再次对证人发问。发现辩护人对证人有提示性、诱导性发问的,公诉人要及时提请合议庭予以制止。

9. 强化当庭示证。公诉人出示证据应以证明公诉主张为目的,善于根据案件的不同种类、特点和庭审实际情况,围绕犯罪构成要件和争议焦点,合理安排和调整示证顺序,做到详略得当,要点突出。根据案件的具体情况和证据状况,结合被告人的认罪态度,示证可以采用分组示证或逐一示证的方式。

10. 强化当庭质证。公诉人质证要目的明确、逻辑清晰，紧紧围绕案件事实和证据的客观性、关联性、合法性进行。熟练掌握各类证据的质证方法和质证策略，熟悉言词证据和实物证据的特点差异，善于从不同角度区别质证，保证质证效果。善于根据庭审变化动向，掌握质证主动性，提高质证的针对性和有效性。

11. 强化证据合法性的证明。对被告人或辩护人当庭提出被告人庭前供述系非法取得，法庭决定进行调查时，公诉人可以根据讯问笔录、羁押记录、出入看守所的健康检查记录、看守管教人员的谈话记录以及侦查机关对讯问过程合法性的说明等，对庭前讯问被告人的合法性进行证明。必要时，可以要求法庭播放讯问录音、录像，申请法庭通知侦查人员或者其他人员出庭说明情况。审判人员认为可能存在以非法方法收集其他证据的情形需要进行法庭调查的，公诉人可以参照上述方法对证据收集的合法性进行证明。

12. 强化发表公诉意见和庭审辩论工作。公诉人要善于围绕控辩双方在事实、证据、法律适用和量刑方面的分歧焦点，运用事实证据、法律规定和刑事政策，客观公正地发表公诉意见。善于把控辩论方向，围绕辩护意见有针对性地答辩，对于起诉书、公诉意见中已详细阐明过的观点，与案件无关的细枝末节，控辩双方没有原则分歧的一般问题，无需正面答辩。针对不同案情和被告人的认罪态度，合理选择主动出击或后发制胜的辩论策略。善于根据庭审实际情况灵活应变，及时针对被告人辩解、辩护人辩护观点提出答辩意见。

13. 强化庭审突发情况应对处置。对当事人或辩护人在庭审中的妨害诉讼等不当行为，及时建议法庭予以处理。对于庭审中被告人翻供、证人翻证、证据突袭、当庭查明的事实与起诉书认定事实不一致或量刑建议需要调整等突发情况，应当根据庭审预案及时应对。遇有庭前未能预料且无法当时处理的，应当建议法庭延期审理，并区别不同情况依照有关规定及时处理。

14. 加强庭上法治宣传教育。公诉人要结合案件事实和庭审情况开展法治宣传教育，善于运用语言技巧，注意运用群众语言，加强释法说理，普及法律常识，剖析犯罪原因，阐述警示意义，促使被告人认罪悔罪，激发法庭和旁听人员共鸣，提升庭审综合效果。

15. 强化刑事审判监督。公诉人出席法庭，应当增强法律监督意识，发现法庭审判违反法律规定的诉讼程序，应当记录在案并在休庭后及时向检察长报告；对违反程序的庭审活动提出纠正意见，由人民检察院在庭审后提出。

……

四、加强出庭公诉工作的保障措施（略）

最高人民检察院《人民检察院公诉人出庭举证质证工作指引》（节录）

（2018年5月2日最高人民检察院第十三届检察委员会第一次会议通过，自2018年7月3日起施行）

第十条 ……

公诉人可以在庭前会议中撤回有关证据。撤回的证据，没有新的理由，不得在庭审中出示。

第三十条　出示的物证一般应当是原物。原物不易搬运、不易保存或者已返还被害人的，可以出示反映原物外形和特征的照片、录像、复制品，并向法庭说明情况及与原物的同一性。

出示的书证一般应当是原件，获取书证原件确有困难的，可以出示书证副本或者复制件，并向法庭说明情况及与原件的同一性。

出示物证、书证时，应当对物证、书证所要证明的内容、收集情况作概括说明，可以提请法庭让当事人、证人等诉讼参与人辨认。物证、书证经过技术鉴定的，可以宣读鉴定意见。

最高人民法院、司法部
《关于依法保障律师诉讼权利和
规范律师参与庭审活动的通知》
（节录）

（2018年4月21日　法发通〔2018〕36号）

　　三、法庭审理过程中，法官应当尊重律师，不得侮辱、嘲讽律师。审判长或者独任审判员认为律师在法庭审理过程中违反法庭规则、法庭纪律的，应当依法给予警告、训诫等，确有必要时可以休庭处置，除当庭攻击党和国家政治制度、法律制度等严重扰乱法庭秩序的，不采取责令律师退出法庭或者强行带出法庭措施。确需司法警察当庭对律师采取措施维持法庭秩序的，有关执法行为要规范、文明，保持必要、合理限度。律师被依法责令退出法庭、强行带出法庭或者被处以罚款后，具结保证书，保证服从法庭指令、不再扰乱法庭秩序的，经法庭许可，可以继续担任同一案件的辩护人、诉讼代理人；具有擅自退庭、无正当理由不按时出庭参加诉讼、被拘留或者具结保证书后再次被依法责令退出法庭、强行带出法庭的，不得继续担任同一案件的辩护人、诉讼代理人。人民法院应当对庭审活动进行全程录像或录音，对律师在庭审活动中违反法定程序的情形应当记录在案。

最高人民法院研究室
《关于同一被害人在同一晚上
分别被多个互不通谋的人在不同
地点强奸可否并案审理
问题的电话答复》

（1990年5月26日）

广东省高级人民法院：

　　你院请示：一被害人在同一个晚上分别被3个互不通谋的犯罪分子在不同地点和时间实施了强奸。公安机关同时侦破，检察院以一个案件起诉，法院是作一案审理还是分案审理？

　　经研究，我们认为，根据上述情况，这3个被告人的行为不属于共同犯罪，而是各个被告人分别实施的各自独立的犯罪，因此，应分案审理，不宜并案审理。

最高人民法院
《关于审理死刑缓期执行期间
故意犯罪的一审案件如何制作
裁判文书有关问题的通知》

（1999年11月18日）

各省、自治区、直辖市高级人民法院，解放军事法院，新疆维吾尔自治区高级人民

法院生产建设兵团分院：

为进一步规范审理死刑缓期执行期间故意犯罪的一审案件制作裁判文书的问题，根据刑事诉讼法第二百一十条第二款的规定，特作如下规定：

被判处死刑缓期二年执行的罪犯，在缓期执行期间，故意犯罪的，中级人民法院在对新罪作出一审判决时，应当在判决书的尾部交待上述事项后写明："依据刑法第五十条、刑事诉讼法第二百一十条第二款和最高人民法院《关于执行〈中华人民共和国刑事诉讼法〉若干问题的解释》第三百三十九条第二款的规定，本判决生效以后，经最高人民法院（或者依授权有死刑核准权的高级人民法院和解放军军事法院）核准，对被告人×××应当执行死刑。

附：

×××人民法院刑事判决书

（死缓期间故意犯罪一审适用普通程序用）

（××××）×刑初字第×号

公诉机关×××人民检察院。

被告人……（写明姓名、性别、出生年月日、生于××地、民族、文化程度，因犯××罪在××监狱服刑）。

辩护人……（写明姓名、工作单位和职务）。

×××人民检察院以×检×诉〔××××〕×号起诉书指控被告人×××在死刑缓期二年执行期间犯××罪，于××××年××月××日向本院提起公诉。本院依法组成合议庭，公开（或者不公开）开庭审理了本案。×××人民检察院指派检察员×××出庭支持公诉，被害人×××及其法定代理人×××、诉讼代理人×××，被告人×××及其法定代理人×××，辩护人×××，证人×××，鉴定人×××，翻译人员×××等到庭参加诉讼。现已审理终结。

×××人民检察院指控……（概述人民检察院指控被告人犯罪的事实、证据和适用法律的意见）。

被告人×××辩称……（概述被告人对指控的犯罪事实予以供述、辩解、自行辩护的意见和有关证据）。辩护人×××提出的辩护意见是……（概述辩护人的辩护意见和有关证据）。

经审理查明，……（首先写明法庭审理查明的事实；其次写明经举证、质证定案的证据及其来源；最后对控辩双方有异议的事实、证据进行分析、认证）

另查：被告人×××曾因犯××罪于××××年××月××日被×××中级人民法院以（×××）×刑初字第×号刑事判决判处死刑，缓期二年执行，剥夺政治权利终身（或者判处死刑，剥夺政治权利终身）；×××高级人民法院于××××年××月××日以（××××）×刑终字第××号刑事裁定（或者判决），维持原判（或者判处被告人×××死刑，缓期二年执行，剥夺政治权利终身。如果系最高人民法院改判为死刑，缓期二年执行的，亦应一并写明。）

本院认为，……（根据查证属实的事实、证据和有关法律规定，论证公诉机关指控的犯罪是否成立，被告人的行为是否构成犯罪，犯的什么罪，应否从轻、减轻、免除处罚或者从重处罚。对于控辩双方关于适用法律方面的意见，应当有分析地表示是否予以采纳，并阐明理由）。依照……（写明判决的法律依据），判决如下：

第一，定罪判刑的，表述为：被告人××

×犯××罪,判处……(写明主刑、附加刑)。

第二,宣告无罪的,无论是适用《中华人民共和国刑事诉讼法》第一百六十二条第(二)项还是第(三)项,均应表述为:

被告人×××无罪。

如不服本判决,可在接到判决书的第二日起十日内,通过本院或者直接向×××高级人民法院提出上诉。书面上诉的,应当提交上诉状正本一份,副本×份。

对于定罪判刑的,还应当在全部交待上述之后,另起一段,写明:

依据刑法第五十条、刑事诉讼法第二百一十条第二款和最高人民法院《关于执行〈中华人民共和国刑事诉讼法〉若干问题的解释》第三百三十九条第二款的规定,本判决生效以后,经最高人民法院(或者依授权有死刑核准权的高级人民法院和解放军军事法院)核准,对被告人×××应当执行死刑。

审判长　×××

审判员　×××

审判员　×××

××××年×月×日

本件与原本核对无异

书记员　×××

法院刑事诉讼文书样式(补充)
说　明

一、本样式根据《中华人民共和国人民法院组织法》第十三条、《中华人民共和国刑事诉讼法》第二百一十条第二款、《中华人民共和国刑法》第五十条和最高人民法院《关于执行〈中华人民共和国刑事诉讼法〉若干问题的解释》第三百三十九条第二款的规定制订,供中级人民法院对公诉机关起诉的被告人在死刑缓期二年执行期间故意犯罪的案件审理终结后,根据已经查明的事实、证据,依据有关法律规定,作出被告人有罪或者无罪,犯的什么罪,判处什么刑罚或者宣告无罪等处理决定时使用。

二、本样式基本上是按照一审刑事判决书样式的内容和要求设计的。但由于是死缓期间故意犯罪的一审案件,根据法律规定,判决发生法律效力后有可能要执行被告人死刑,因此,在事实部分还要简要叙述被告人曾以何罪被判处死缓;对于定罪判刑的案件,在尾部,不论被告人是否上诉人、人民检察院是否抗诉,还必须写明:"依照刑法第五十条、刑事诉讼法第二百一十条第二款和最高人民法院《关于执行〈中华人民共和国刑事诉讼法〉若干问题的解释》第三百三十九条第二款的规定,本判决生效以后,经最高人民法院(或者依授权有死刑核准权的高级人民法院和解放军军事法院)核准,对被告人×××应当执行死刑。"(宣告无罪的不写)。

最高人民法院研究室《关于上诉发回重审案件重审判决后确需改判的应当通过何种程序进行的答复》

(2014年2月24日　法研〔2014〕26号)

上海市高级人民法院:

你院沪高法〔2013〕279号《关于上诉发回重审案件重审判决后确需改判的应当通过何种程序进行的请示》收悉。经研究,答复如下:

根据刑事诉讼法第二百二十六条第一款规定,对被告人上诉、人民检察院未提出抗诉的案件,第二审人民法院发回原审人民法院重新审判的,只要人民检察院没有补充起诉新的犯罪事实,原审人民法院不得加重被告人的刑罚。原审人民法院对上诉发回重新审判的案件依法作出维持原判的判决后,人民检察院抗诉的,第二审人民法院也不得改判加重被告人的刑罚。

最高人民法院
《关于进一步贯彻"调解优先、调判结合"工作原则的若干意见》(节录)

(2016年6月7日 法发〔2010〕16号)

一、牢固树立调解意识,进一步增强贯彻"调解优先、调判结合"工作原则的自觉性(略)

二、完善调解工作制度,抓好重点环节,全面推进调解工作

……

5. 积极探索刑事案件调解、和解工作。要在依法惩罚犯罪的同时,按照宽严相济刑事政策的要求,通过积极有效的调解工作,化解当事人恩怨和对抗情绪,促进社会和谐。

要根据刑事诉讼法有关规定,积极开展刑事自诉案件调解工作,促进双方自行和解。对被告人认罪悔过、愿意赔偿被害人损失,取得被害人谅解,从而达成和解协议的,可以由自诉人撤回起诉,或者对被告人依法从轻或免予刑事处罚。对民间纠纷引发的轻伤害等轻微刑事案件,诉至法院后当事人自行和解的,应当准许并记录在案。也可以在不违反法律规定的前提下,对此类案件尝试做一些促进和解的工作。

对刑事附带民事诉讼案件,要在调解的方法、赔偿方式、调解案件适用时间、期间和审限等方面进行积极探索,把握一切有利于附带民事诉讼调解结案的积极因素,争取达成民事赔偿调解协议,为正确适用法律和执行宽严相济刑事政策创造条件。

……

三、规范调解活动,创新调解工作机制,提高调解工作质量(略)

四、进一步推动"大调解"工作体系建设,不断完善中国特色纠纷解决机制(略)

最高人民法院
《关于在审理经济纠纷案件中涉及经济犯罪嫌疑若干问题的规定》

(1998年4月9日由最高人民法院审判委员会第974次会议通过,根据2020年12月23日最高人民法院审判委员会第1823次会议通过的《最高人民法院关于修改〈最高人民法院关于在民事审判工作中适用《中华人民共和国工会法》若干问题的解释〉等二十七件民事类司法解释的决定》修正)

根据《中华人民共和国民法典》《中华人民共和国刑法》《中华人民共和国民事诉讼法》《中华人民共和国刑事诉讼法》等有关规定,对审理经济纠纷案件中涉及经济犯罪嫌疑问题作以下规定:

第一条 同一自然人、法人或非法人组织因不同的法律事实,分别涉及经济纠

纷和经济犯罪嫌疑的,经济纠纷案件和经济犯罪嫌疑案件应当分开审理。

第二条 单位直接负责的主管人员和其他直接责任人员,以为单位骗取财物为目的,采取欺骗手段对外签订经济合同,骗取的财物被该单位占有、使用或处分构成犯罪的,除依法追究有关人员的刑事责任,责令该单位返还骗取的财物外,如给被害人造成经济损失的,单位应当承担赔偿责任。

第三条 单位直接负责的主管人员和其他直接责任人员,以该单位的名义对外签订经济合同,将取得的财物部分或全部占为己有构成犯罪的,除依法追究行为人的刑事责任外,该单位对行为人因签订、履行该经济合同造成的后果,依法应当承担民事责任。

第四条 个人借用单位的业务介绍信、合同专用章或者盖有公章的空白合同书,以出借单位名义签订经济合同,骗取财物归个人占有、使用、处分或者进行其他犯罪活动,给对方造成经济损失构成犯罪的,除依法追究借用人的刑事责任外,出借业务介绍信、合同专用章或者盖有公章的空白合同书的单位,依法应当承担赔偿责任。但是,有证据证明被害人明知签订合同对方当事人是借用行为,仍与之签订合同的除外。

第五条 行为人盗窃、盗用单位的公章、业务介绍信、盖有公章的空白合同书,或者私刻单位的公章签订经济合同,骗取财物归个人占有、使用、处分或者进行其他犯罪活动构成犯罪的,单位对行为人该犯罪行为所造成的经济损失不承担民事责任。

行为人私刻单位公章或者擅自使用单位公章、业务介绍信、盖有公章的空白合同书以签订经济合同的方法进行的犯罪行为,单位有明显过错,且该过错行为与被害人的经济损失之间具有因果关系的,单位对该犯罪行为所造成的经济损失,依法应当承担赔偿责任。

第六条 企业承包、租赁经营合同期满后,企业按规定办理了企业法定代表人的变更登记,而企业法人未采取有效措施收回其公章、业务介绍信、盖有公章的空白合同书,或者没有及时采取措施通知相对人,致原企业承包人、租赁人得以用原承包、租赁企业的名义签订经济合同,骗取财物占为己有构成犯罪的,该企业对被害人的经济损失,依法应当承担赔偿责任。但是,原承包人、承租人利用擅自保留的公章、业务介绍信、盖有公章的空白合同书以原承包、租赁企业的名义签订经济合同,骗取财物占为己有构成犯罪的,企业一般不承担民事责任。

单位聘用的人员被解聘后,或者受单位委托保管公章的人员被解除委托后,单位未及时收回其公章,行为人擅自利用保留的原单位公章签订经济合同,骗取财物占为己有构成犯罪,如给被害人造成经济损失的,单位应当承担赔偿责任。

第七条 单位直接负责的主管人员和其他直接责任人员,将单位进行走私或其他犯罪活动所得财物以签订经济合同的方法予以销售,买方明知或者应当知道的,如因此造成经济损失,其损失由买方自负。但是,如果买方不知该经济合同的标的物是犯罪行为所得财物而购买的,卖方对买方所造成的经济损失应当承担民事责任。

第八条 根据《中华人民共和国刑事诉讼法》第一百零一条第一款的规定,被害人或其法定代理人、近亲属对本规定第二条因单位犯罪行为造成经济损失的,对第四条、第五条第一款、第六条应当承担刑事责任的被告人未能返还财物而遭受经济损失提起附带民事诉讼的,受理刑事案件的人民法院应当依法一并审理。被害人或其法定代理人、近亲属因被害人遭受经济损失也有权对单位另行提起民事诉讼。若被害人或其法定代理人、近亲属另行提起民事诉讼的,有管辖权的人民法院应当依法受理。

第九条 被害人请求保护其民事权利的诉讼时效在公安机关、检察机关查处经济犯罪嫌疑期间中断。如果公安机关决定撤销涉嫌经济犯罪案件或者检察机关决定不起诉的,诉讼时效从撤销案件或决定不起诉之次日起重新计算。

第十条 人民法院在审理经济纠纷案件中,发现与本案有牵连,但与本案不是同一法律关系的经济犯罪嫌疑线索、材料,应将犯罪嫌疑线索、材料移送有关公安机关或检察机关查处,经济纠纷案件继续审理。

第十一条 人民法院作为经济纠纷受理的案件,经审理认为不属经济纠纷案件而有经济犯罪嫌疑的,应当裁定驳回起诉,将有关材料移送公安机关或检察机关。

第十二条 人民法院已立案审理的经济纠纷案件,公安机关或检察机关认为有经济犯罪嫌疑,并说明理由附有关材料函告受理该案的人民法院的,有关人民法院应当认真审查。经过审查,认为确有经济犯罪嫌疑的,应当将案件移送公安机关或检察机关,并书面通知当事人,退还案件受理费;如认为确属经济纠纷案件的,应当依法继续审理,并将结果函告有关公安机关或检察机关。

最高人民法院
《全国法院维护农村稳定刑事审判工作座谈会纪要》(节录)

(1999 年 10 月 27 日)

三、会议……以下问题取得了一致意见:

(五)关于刑事附带民事诉讼问题

人民法院审理附带民事诉讼案件的受案范围,应只限于被害人因人身权利受到犯罪行为侵犯和财物被犯罪行为损毁而遭受的物质损失,不包括因犯罪分子非法占有、处置被害人财产而使其遭受的物质损失。对因犯罪分子非法占有、处置被害人财产而使其遭受的物质损失,应当根据刑法第六十四条的规定处理,即应通过追缴赃款赃物、责令退赔的途径解决。如赃款赃物尚在的,应一律追缴;已被用掉、毁坏或挥霍的,应责令退赔。无法退赔的,在决定刑罚时,应作为酌定从重处罚的情节予以考虑。

关于附带民事诉讼的赔偿范围,在没有司法解释规定之前,应注意把握以下原则:一是要充分运用现有法律规定,在法律许可的范围内最大限度地补偿被害人因被告人的犯罪行为而遭受的物质损失。物质损失应包括已造成的损失,也包括将来必然遭受的损失。二是赔偿只限于犯罪行为直接造成的物质损失,不包括精神损失和间接造成的物质损失。三是要适当考虑被告人的赔偿能力。被告人的赔偿能力包括现在的赔偿能力和将来的赔偿能力,对未成年被告人还应考虑到其监护人的赔偿能力,以避免数额过大的空判引起的负面效应,被告人的民事赔偿情况可作为量刑的酌定情节。四是要切实维护被害人的合法权益。附带民事原告人提出起诉的,对于没有构成犯罪的共同致害人,也要追究其民事赔偿责任。未成年致害人由其法定代理人或者监护人承担赔偿责任。但是,在逃的同案犯不应列为附带民事诉讼的被告人。关于赔偿责任的分担:共同致害人应当承担连带赔偿责任;在学校等单位内部发生犯罪造成受害人损失,在管理上有过错责任的学校等单位有赔偿责任,但不承担连带赔偿责任;交通肇事犯罪的车辆所有人(单位)在犯罪分子无赔偿能力的情况下,承担代为赔偿或者垫付的责任。

(六)关于刑事自诉案件问题

要把好自诉案件的立案关。有的地方为了便于具体操作,制定了具体立案标准,也有的地方实行"立案听证",让合议庭听取有关方面的意见,审查证据材料,决定是否立案。这些做法可以进一步总结,效果好的,可逐步推广。

要注重指导和协助双方当事人自行取证举证。由于广大农民群众法律水平尚不高,个人取证有相当难度,一般情况下很难达到法律规定的证据要求。如果因证据不足而简单、轻率地决定对自诉案件不予受理,就有可能使矛盾激化,引发新的刑事案件。因此,对于当事人所举证据不充分的,在指导自诉人取证的基础上,对于确有困难的,人民法院应当依法调查取证。

要正确适用调解。调解应查清事实、分清责任,在双方自愿的基础上依法进行,不能强迫调解,更不能违法调解。

要正确适用强制措施和刑罚。自诉案件经审查初步认定构成犯罪且较为严重的,对有可能逃避刑事责任和民事责任的被告人,要依法及时采取强制措施。对可能判处管制、拘役或者独立适用附加刑或者能及时到案,不致发生社会危险的被告人,不应当决定逮捕。在处刑上,对自诉案件被告人更应当注意尽量依法多适用非监禁刑罚。

最高人民法院
《关于审理拐卖妇女案件适用法律有关问题的解释》(节录)

(2000年1月25日 法释〔2000〕1号)

第三条 对于外国籍被告人身份无法查明或者其国籍国拒绝提供有关身份证明,人民检察院根据刑事诉讼法第一百二十八条第二款的规定起诉的案件,人民法院应当依法受理。

最高人民法院
《关于被告人亲属主动为被告人退缴赃款应如何处理的批复》

〔1987年8月26日 法(研)复〔1987〕32号〕

广东省高级人民法院:

你院〔1986〕粤法刑经文字第42号《关于被告人亲属主动为被告人退缴赃款法院应如何处理的请示报告》收悉。经研究,答复如下:

一、被告人是成年人,其违法所得都由自己挥霍,无法追缴的,应责令被告人退赔,其家属没有代为退赔的义务。

被告人在家庭共同财产中有其个人

应有部分的,只能在其个人应有部分的范围内,责令被告人退赔。

二、如果被告人的违法所得有一部分用于家庭日常生活,对这部分违法所得,被告人和家属均有退赔义务。

三、如果被告人对责令其本人退赔的违法所得已无实际上的退赔能力,但其家属应被告人的请求,或者主动提出并征得被告人的同意,自愿代被告人退赔部分或者全部违法所得的,法院也可考虑其具体情况,收下其亲属自愿代被告人退赔的款项,并视为被告人主动退赔的款项。

四、属于以上三种情况,已作了退赔的,均可视为被告人退赃较好,可以依法适当从宽处罚。

五、如果被告人的罪行应当判处死刑,并必须执行,属于以上第一、二种两种情况的,法院可以接收退赔的款项;属于以上第三种情况的,其亲属自愿代为退赔的款项,法院不应接收。

最高人民法院《关于进一步规范人民法院涉港澳台调查取证工作的通知》

(2011年8月7日 法〔2011〕243号)

各省、自治区、直辖市高级人民法院,解放军军事法院,新疆维吾尔自治区高级人民法院生产建设兵团分院:

……为确保人民法院涉港澳台调查取证工作规范有序地开展,现就有关事项通知如下:

一、人民法院在案件审判中,需要从港澳特区或者台湾地区调取证据的,应当按照相关司法解释和规范性文件规定的权限和程序,委托港澳特区或者台湾地区业务主管部门协助调查取证。除有特殊情况层报最高人民法院并经中央有关部门批准外,人民法院不得派员赴港澳特区或者台湾地区调查取证。

二、人民法院不得派员随同公安机关、检察机关团组赴港澳特区或者台湾地区就特定案件进行调查取证。

三、各高级人民法院应切实担负起职责,指导辖区内各级人民法院做好涉港澳台调查取证工作。对有关法院提出的派员赴港澳特区或者台湾地区调查取证的申请,各高级人民法院要严格把关,凡不符合有关规定和本通知精神的,应当予以退回。

四、对于未经报请最高人民法院并经中央有关部门批准,擅自派员赴港澳特区或者台湾地区调查取证的,除严肃追究有关法院和人员的责任,并予通报批评外,还要视情暂停审批有关法院一定期限内的赴港澳台申请。

请各高级人民法院接此通知后,及时将有关精神传达至辖区内各级人民法院。执行中遇有问题,及时层报最高人民法院港澳台司法事务办公室。

最高人民法院《关于审理拒不执行判决、裁定刑事案件适用法律若干问题的解释》(节录)

(2015年7月6日由最高人民法院审判委员会第1657次会议通过,2015年7月20日公布,自2015年7月22日起施行,法释〔2015〕16号)

第三条 申请执行人有证据证明同

时具有下列情形,人民法院认为符合刑事诉讼法第二百零四条第三项规定的,以自诉案件立案审理:

(一)负有执行义务的人拒不执行判决、裁定,侵犯了申请执行人的人身、财产权利,应当依法追究刑事责任的;

(二)申请执行人曾经提出控告,而公安机关或者人民检察院对负有执行义务的人不予追究刑事责任的。

第四条 本解释第三条规定的自诉案件,依照刑事诉讼法第二百零六条的规定,自诉人在宣告判决前,可以同被告人自行和解或者撤回自诉。

第五条 拒不执行判决、裁定刑事案件,一般由执行法院所在地人民法院管辖。

(四)第二审程序

最高人民检察院
《关于抗诉案件向同级人大
常委会报告的通知》

(1995年9月4日 高检发〔1995〕15号)

各省、自治区、直辖市人民检察院,军事检察院:

为进一步贯彻"严格执法,狠抓办案"的工作方针,自觉地接受人大常委会的监督,切实加强检察机关的法律监督工作,最高人民检察院第八届检察委员会第三十八次会议决定,今后各级人民检察院向人民法院提起抗诉的案件,一律将抗诉书副本报同级人大常委会。在执行此项制度中有什么经验和问题,请及时报告最高人民检察院。

最高人民检察院办公厅
《关于执行高检院〈关于抗诉案件
向同级人大常委会报告的通知〉
中若干问题的通知》

(1995年10月25日 高检办发〔1995〕40号)

各省、自治区、直辖市人民检察院:

最高人民检察院《关于抗诉案件向同级人大常委会报告的通知》(高检发〔1995〕15号)下发以后,各地在执行通知过程中遇到了一些具体问题。现就有关问题通知如下,请遵照执行。

一、地方各级人民检察院按照上诉程序提出的抗诉,由支持抗诉的上一级人民检察院向同级人大常委会报告。

二、最高人民检察院、上级人民检察院按照审判监督程序提出的抗诉,由作出抗诉决定的人民检察院向同级人大常委会报告。

三、省、区、市人民检察院分院支持抗诉或者作出抗诉决定时,由省级人民检察院向同级人大常委会报告。

四、专门人民检察院提出抗诉时,向上级人民检察院报告。

最高人民法院
《关于人民法院对原审被告人宣告无罪后人民检察院抗诉的案件由谁决定对原审被告人采取强制措施并通知其出庭等问题的复函》

(2001年1月2日 〔2001〕刑监他字第1号)

西藏自治区高级人民法院:

你院请示收悉,经研究,答复如下:

一、如果人民检察院提供的原审被告人住址准确,应当参照《刑事诉讼法》第一百五十一条的规定,由人民法院按照人民检察院提供的地址,向原审被告人送达抗诉书并通知其出庭;如果人民检察院提供的原审被告人住址不明确,应当参照《最高人民法院关于执行〈中华人民共和国刑事诉讼法〉若干问题的解释》第一百一十七条第(一)、(二)项的规定,由人民法院通知人民检察院在3日内补充提供;如果确实无法提供或者按照人民检察院提供的原审被告人住址确实无法找到原审被告人的,应当认定原审被告人不在案,由人民法院作出不予受理的决定,将该案退回人民检察院。

二、由于人民法院已依法对原审被告人宣告无罪并予释放,因此不宜由人民法院采取强制措施;人民检察院认为其有罪并提出抗诉的,应当由提出抗诉的检察机关决定是否采取强制措施。

最高人民法院研究室
《关于上级人民检察院向同级人民法院撤回抗诉后又决定支持抗诉的效力问题的答复》

(2009年12月23日 法研〔2009〕226号)

湖北省高级人民法院:

你院鄂高法[2009]282号《关于上级人民检察院向同级人民法院撤回抗诉后又决定支持抗诉的效力问题的请示》收悉。经研究,答复如下:

抗诉期满后第二审人民法院宣告裁判前,上级人民检察院认为下级人民检察院的抗诉不当,向同级人民法院撤回抗诉,而后又重新支持抗诉的,应区分不同情况处理:如果人民法院未裁定准许人民检察院撤回抗诉的,原抗诉仍然有效;如果人民法院已裁定准许撤回抗诉的,对同级人民检察院重新支持抗诉不予准许。

此复。

最高人民检察院
《关于加强和改进刑事抗诉工作的意见》

(2014年11月26日 高检发诉字〔2014〕29号)

为促进司法公正,保证法律统一正确实施,强化检察机关法律监督,提升刑事抗诉工作水平,根据法律规定,结合检察工作实际,现就加强和改进人民检察院刑事抗诉工作提出以下意见。

一、刑事抗诉工作的基本要求

1. 刑事抗诉是法律赋予检察机关的重要职权。通过刑事抗诉纠正确有错误的裁判,切实维护司法公正,是人民检察院履行法律监督职能的重要体现。全面加强和改进刑事抗诉工作,对于维护司法公正,保护诉讼当事人合法权益,实现社会公平正义,促进社会和谐稳定,树立和维护法治权威具有重要意义。

2. 对刑事抗诉工作的基本要求是:

——依法。严格依照法律规定独立公正开展刑事抗诉工作,不受任何干预,防止滥用抗诉权或者怠于行使抗诉权。

——准确。案件质量是刑事抗诉工作的生命线。要精细化审查案件事实、证据和法律适用,全面理解、准确把握刑事抗诉的条件和标准,确保刑事抗诉案件质量。

——及时。增强时限意识,严格遵守办理刑事抗诉案件期限的规定,对符合抗诉条件和标准的案件,及时提出抗诉,提高工作效率。

——有效。围绕经济社会发展大局,关注社会热点,回应公众关切,突出监督重点,加强矛盾化解,注重刑事政策在抗诉工作中的具体运用,实现抗诉工作法律效果和社会效果的统一。

二、刑事抗诉的情形

3. 人民法院刑事判决、裁定在认定事实方面确有下列错误的,导致定罪或者量刑明显不当的,人民检察院应当提出抗诉和支持抗诉:

(1)刑事判决、裁定认定的事实与证据证明的事实不一致的;

(2)认定的事实与裁判结论有矛盾的;

(3)有新的证据证明原判决、裁定认定的事实确有错误的。

4. 人民法院刑事判决、裁定在采信证据方面确有下列错误,导致定罪或者量刑明显不当的,人民检察院应当提出抗诉和支持抗诉:

(1)刑事判决、裁定据以认定案件事实的证据不确实的;

(2)据以定案的证据不足以认定案件事实,或者所证明的案件事实与裁判结论之间缺乏必然联系的;

(3)据以定案的证据依法应当予以排除而未被排除的;

(4)不应当排除的证据作为非法证据被排除或者不予采信的;

(5)据以定案的主要证据之间存在矛盾,无法排除合理怀疑的;

(6)因被告人翻供、证人改变证言而不采纳依法收集并经庭审质证为合法、有效的其他证据,判决无罪或者改变事实认定的;

(7)经审查犯罪事实清楚,证据确实、充分,人民法院以证据不足为由判决无罪或者改变事实认定的。

5. 人民法院刑事判决、裁定在适用法律方面确有下列错误的,人民检察院应当提出抗诉和支持抗诉:

(1)定罪错误,即对案件事实进行评判时发生错误。主要包括:有罪判无罪,无罪判有罪;混淆此罪与彼罪、一罪与数罪的界限,造成罪刑不相适应,或者在司法实践中产生重大不良影响的;

(2)量刑错误,即适用刑罚与犯罪的事实、性质、情节和社会危害程度不相适应,重罪轻判或者轻罪重判,导致量刑明显不当。主要包括:不具有法定量刑情节而超出法定刑幅度量刑;认定或者适用法定量刑情节错误,导致未在法定刑幅度内量刑或者量刑明显不当;共同犯罪案件中各被告人量刑与其在共同犯罪中的地位、作用明显不相适应或者不均衡;适用主刑刑种错误;适用附加刑错误;适用免予刑事处罚、缓刑错误;适用刑事禁止令、限制减刑错误的。

6. 人民法院在审判过程中有下列严重违反法定诉讼程序情形之一,可能影响公正裁判的,人民检察院应当提出抗诉和支持抗诉:

(1)违反有关公开审判规定的;

(2)违反有关回避规定的;

(3)剥夺或者限制当事人法定诉讼权利的;

(4)审判组织的组成不合法的;

(5)除另有规定的以外,证据材料未经庭审质证直接采纳作为定案根据,或者人民法院依申请收集、调取的证据材料和合议庭休庭后自行调查取得的证据材料没有经过庭审质证而直接采纳作为定案根据的;

(6)由合议庭进行审判的案件未经过合议庭评议直接宣判的;

(7)其他严重违反法定诉讼程序情形的。

7. 对人民检察院提出的刑事附带民事诉讼部分所作判决、裁定明显不当的,或者当事人提出申诉的已生效刑事附带民事诉讼部分判决、裁定明显不当的,人民检察院应当提出抗诉和支持抗诉。

8. 人民法院适用犯罪嫌疑人、被告人逃匿、死亡案件违法所得的没收程序所作的裁定确有错误的,人民检察院应当提出抗诉和支持抗诉。

9. 审判人员在审理案件的时候,有贪污受贿、徇私舞弊或者枉法裁判行为,影响公正审判的,人民检察院应当提出抗诉和支持抗诉。

10. 人民法院刑事判决、裁定认定事实、采信证据有下列情形之一的,一般不应当提出抗诉:

(1)被告人提出罪轻、无罪辩解或者翻供后,认定犯罪性质、情节或者有罪的证据之间的矛盾无法排除,导致判决书未认定起诉指控罪名或者相关犯罪事实的;

(2)刑事判决改变起诉指控罪名,导致量刑差异较大,但没有足够证据或者法律依据证明人民法院改变罪名错误的;

(3)案件定罪事实清楚,因有关量刑情节难以查清,人民法院在法定刑幅度内从轻处罚的;

(4)依法排除非法证据后,证明部分或者全部案件事实的证据达不到确实、充分的标准,人民法院不予认定该部分案件事实或者判决无罪的。

11. 人民法院刑事判决、裁定在适用法律方面有下列情形之一的,一般不应当提出抗诉:

(1)法律规定不明确、存有争议,抗诉的法律依据不充分的;

(2)具有法定从轻或者减轻处罚情节,量刑偏轻的;

(3)被告人系患有严重疾病、生活不能自理的人,怀孕或者正在哺乳自己婴儿的妇女,生活不能自理的人的唯一扶养人,量刑偏轻的;

(4)被告人认罪并积极赔偿损失,取得被害方谅解,量刑偏轻的。

12. 人民法院审判活动违反法定诉讼程序,其严重程度不足以影响公正裁判,或者判决书、裁定书存在技术性差错,不影响案件实质性结论的,一般不应当提出抗诉。必要时以纠正审理违法意见书监督人民法院纠正审判活动中的违法情形或者以检察建议书等形式要求人民法院更正法律文书中的差错。

13. 人民法院判处被告人死刑缓期二年执行的案件，具有下列情形之一，除原判决认定事实、适用法律有严重错误或者社会反响强烈的以外，一般不应当提出判处死刑立即执行的抗诉：

（1）被告人有自首、立功等法定从轻、减轻处罚情节的；

（2）定罪的证据确实、充分，但影响量刑的主要证据存在疑问的；

（3）因婚姻家庭、邻里纠纷等民间矛盾激化引发的案件，因被害方的过错行为引起的案件，案发后被告人真诚悔罪、积极赔偿被害方经济损失并取得被害方谅解的；

（4）罪犯被送交监狱执行刑罚后，认罪服法，狱中表现较好，且死缓考验期限将满的。

三、刑事抗诉案件的审查

14. 办理刑事抗诉案件，应当严格按照刑法、刑事诉讼法、相关司法解释和规范性文件的要求，全面、细致地审查案件事实、证据、法律适用以及程序执行，综合考虑犯罪性质、情节和社会危害程度等因素，准确分析认定原审裁判是否确有错误，根据错误的性质和程度，决定是否提出（请）抗诉。

15. 对刑事抗诉案件的事实，应当重点从以下几个方面进行审查：犯罪动机、目的是否明确；犯罪手段是否清楚；与定罪量刑有关的事实、情节是否查明；犯罪的危害后果是否查明；行为和结果之间是否存在刑法上的因果关系。

16. 对刑事抗诉案件的证据，应当重点从以下几个方面进行审查：认定犯罪主体的证据是否确实、充分；认定犯罪事实的证据是否确实、充分；涉及犯罪性质、决定罪名的证据是否确实、充分；涉及量刑情节的证据是否确实、充分；提出抗诉的刑事案件，支持抗诉意见的证据是否具备合法性、客观性和关联性；抗诉证据之间、抗诉意见与抗诉证据之间是否存在矛盾；支持抗诉意见的证据是否确实、充分。

17. 办理刑事抗诉案件，应当讯问原审被告人，并可根据案情需要复核或者补充相关证据。

18. 对刑事抗诉案件的法律适用，应当重点从以下几个方面进行审查：适用的法律和法律条文是否正确；罪与非罪、此罪与彼罪、一罪与数罪的认定是否正确；具有法定从重、从轻、减轻或者免除处罚情节的，适用法律是否正确；适用刑种和量刑幅度是否正确；刑事附带民事诉讼，以及犯罪嫌疑人、被告人逃匿、死亡案件违法所得的没收程序的判决、裁定是否符合法律规定。

19. 人民检察院依照刑事审判监督程序提出抗诉的案件，需要对原审被告人采取强制措施的，由人民检察院依法决定。

20. 按照第二审程序提出抗诉的人民检察院，应当及时将刑事抗诉书和检察卷报送上一级人民检察院。提请上一级人民检察院按照审判监督程序抗诉的人民检察院，应当及时将提请抗诉报告书（一式十份）和侦查卷、检察卷、人民法院审判卷报送上一级人民检察院。经本院检察委员会讨论决定的，应当一并报送本院检察委员会会议纪要。刑事抗诉书和提请抗诉报告书应当充分阐述抗诉理由。

21. 上一级人民检察院对下级人民检察院按照第二审程序提出抗诉的案

件,支持或者部分支持抗诉意见的,可以变更、补充抗诉理由,及时制作支持刑事抗诉意见书,阐明支持或者部分支持抗诉的意见和理由,送达同级人民法院,同时通知提出抗诉的人民检察院;不支持抗诉的,应当制作撤回抗诉决定书,送达同级人民法院,同时通知提出抗诉的人民检察院,并向提出抗诉的人民检察院书面说明撤回抗诉理由。

上一级人民检察院在抗诉期限内,发现下级人民检察院应当提出抗诉而没有提出抗诉的,可以指令下级人民检察院依法提出抗诉。

22. 承办刑事抗诉案件的检察人员,应当认真履行出席二审或者再审法庭的职责。

出席刑事抗诉案件法庭,承办案件的检察人员应当制作出庭预案,做好庭审前各项准备。庭审中举证、质证、辩论,应当围绕抗诉重点进行,针对原审法院判决、裁定中的错误进行重点阐述和论证。

23. 强化办案时限意识,及时办理刑事抗诉案件。对一审或者生效裁判的抗诉,刑事诉讼法、《人民检察院刑事诉讼规则(试行)》和最高人民检察院相关规范性文件规定了明确的期限,经审查认为法院裁判确有错误的,应当在规定期限内提出(请)抗诉,及时启动二审或者再审程序。

四、健全和落实刑事抗诉工作机制

24. 严格落实对法院裁判逐案审查机制。人民检察院公诉部门对提起公诉的案件,在收到法院裁判后要指定专人在规定期限内认真审查。

25. 落实刑事抗诉案件审核机制。对于需要提出抗诉的案件,承办人员应当及时提出意见,报部门负责人或者检察官办案组织负责人审核,由检察长决定;案情重大、疑难、复杂的案件,由检察委员会决定。

26. 健全上级检察院对刑事抗诉工作的业务指导机制。上级检察院要加强刑事抗诉个案和类案专项指导,主动帮助下级检察院解决办案中遇到的问题,排除阻力和干扰。要结合本地区实际,组织开展工作情况通报、工作经验推广、案件剖析评查、优秀案件评选、典型案例评析、业务研讨培训、庭审观摩交流等活动,推动刑事抗诉工作发展。

27. 落实检察长列席人民法院审判委员会工作机制。按照最高人民法院、最高人民检察院《关于人民检察院检察长列席人民法院审判委员会会议的实施意见》的相关规定,人民法院审判委员会讨论人民检察院提出的刑事抗诉案件,同级人民检察院检察长或者受检察长委托的副检察长应当依法列席。列席人员应当在会前熟悉案情、准备意见和预案,在会上充分阐述人民检察院的抗诉意见和理由。

28. 健全同级人民检察院与人民法院之间的沟通联系工作机制。地方各级人民检察院要与同级人民法院进行经常性的工作联系,就个案或者类案的认识分歧以及法律政策适用等问题充分交换意见。

29. 建立健全新形势下刑事抗诉案件舆情应对工作机制。对于引起媒体关注的热点敏感刑事抗诉案件,要建立快速反应工作机制,及时采取措施,依法公开相关信息,树立人民检察院维护司法公正的形象。

30. 当事人及其法定代理人、近亲属认为人民法院已经发生法律效力的刑事判决、裁定确有错误,向人民检察院申诉的,适用《最高人民检察院关于办理不服人民法院生效刑事裁判申诉案件若干问题的规定》和《人民检察院复查刑事申诉案件的规定》的规定。

对人民法院作出的职务犯罪案件第一审判决,由上下两级人民检察院同步审查,审查办理案件适用《最高人民检察院关于加强对职务犯罪案件第一审判决法律监督的若干规定(试行)》的规定。

31. 本意见由最高人民检察院负责解释。自发布之日起施行。本意见发布前最高人民检察院有关刑事抗诉的规定,与本意见相抵触的,以本意见为准。

最高人民检察院
《人民检察院刑事抗诉
工作指引》(节录)

(2018年2月14日 高检发诉字〔2018〕2号)

第九条 人民法院的判决、裁定有下列情形之一的,应当提出抗诉:

(一)原审判决或裁定认定事实确有错误,导致定罪或者量刑明显不当的:

1. 刑事判决、裁定认定的事实与证据证明的事实不一致的;

2. 认定的事实与裁判结论有矛盾的;

3. 有新的证据证明原判决、裁定认定的事实确有错误的。

(二)原审判决或裁定采信证据确有错误,导致定罪或者量刑明显不当的:

1. 刑事判决、裁定据以认定案件事实的证据不确实的;

2. 据以定案的证据不足以认定案件事实,或者所证明的案件事实与裁判结论之间缺乏必然联系的;

3. 据以定案的证据依法应当作为非法证据予以排除而未被排除的;

4. 不应当排除的证据作为非法证据被排除或者不予采信的;

5. 据以定案的主要证据之间存在矛盾,无法排除合理怀疑的;

6. 因被告人翻供、证人改变证言而不采纳依法收集并经庭审质证为合法、有效的其他证据,判决无罪或者改变事实认定的;

7. 犯罪事实清楚,证据确实、充分,但人民法院以证据不足为由判决无罪或者改变事实认定的。

(三)原审判决或裁定适用法律确有错误的:

1. 定罪错误,即对案件事实进行评判时发生错误:

(1)有罪判无罪,无罪判有罪的;

(2)混淆此罪与彼罪、一罪与数罪的界限,造成罪刑不相适应,或者在司法实践中产生重大不良影响的。

2. 量刑错误,即适用刑罚与犯罪的事实、性质、情节和社会危害程度不相适应,重罪轻判或者轻罪重判,导致量刑明显不当:

(1)不具有法定量刑情节而超出法定刑幅度量刑的;

(2)认定或者适用法定量刑情节错误,导致未在法定刑幅度内量刑或者量刑明显不当的;

(3)共同犯罪案件中各被告人量刑与其在共同犯罪中的地位、作用明显不相适应或者不均衡的;

(4)适用主刑刑种错误的;

(5)适用附加刑错误的;

(6)适用免予刑事处罚、缓刑错误的;

(7)适用刑事禁止令、限制减刑错误的。

(四)人民法院在审判过程中有下列严重违反法定诉讼程序情形之一,可能影响公正裁判的:

1. 违反有关公开审判规定的;

2. 违反有关回避规定的;

3. 剥夺或者限制当事人法定诉讼权利的;

4. 审判组织的组成不合法的;

5. 除另有规定的以外,证据材料未经庭审质证直接采纳作为定案根据,或者人民法院依申请收集、调取的证据材料和合议庭休庭后自行调查取得的证据材料没有经过庭审质证而直接采纳作为定案根据的;

6. 由合议庭进行审判的案件未经过合议庭评议直接宣判的;

7. 违反审判管辖规定的;

8. 其他严重违反法定诉讼程序情形的。

(五)刑事附带民事诉讼部分所作判决、裁定明显不当的。

(六)人民法院适用犯罪嫌疑人、被告人逃匿、死亡案件违法所得的没收程序所作的裁定确有错误的。

(七)审判人员在审理案件的时候,有贪污受贿、徇私舞弊或者枉法裁判行为,影响公正审判的。

第十条 下列案件一般不提出抗诉:

(一)原审判决或裁定认定事实、采信证据有下列情形之一的:

1. 被告人提出罪轻、无罪辩解或者翻供后,认定犯罪性质、情节或者有罪证据之间的矛盾无法排除,导致人民法院未认定起诉指控罪名或者相关犯罪事实的;

2. 刑事判决改变起诉指控罪名,导致量刑差异较大,但没有足够证据或者法律依据证明人民法院改变罪名错误的;

3. 案件定罪事实清楚,因有关量刑情节难以查清,人民法院在法定刑幅度内从轻处罚的;

4. 依法排除非法证据后,证明部分或者全部案件事实的证据达不到确实、充分的标准,人民法院不予认定该部分案件事实或者判决无罪的。

(二)原审判决或裁定适用法律有下列情形之一的:

1. 法律规定不明确、存有争议,抗诉的法律依据不充分的;

2. 具有法定从轻或者减轻处罚情节,量刑偏轻的;

3. 被告人系患有严重疾病、生活不能自理的人,怀孕或者正在哺乳自己婴儿的妇女,生活不能自理的人的唯一扶养人,量刑偏轻的;

4. 被告人认罪并积极赔偿损失,取得被害方谅解,量刑偏轻的。

(三)人民法院审判活动违反法定诉讼程序,其严重程度不足以影响公正裁判,或者判决书、裁定书存在技术性差错,不影响案件实质性结论的,一般不提出抗诉。必要时以纠正审理违法意见书形式监督人民法院纠正审判活动中的违法情形,或者以检察建议书等形式要求人民法院更正法律文书中的差错。

(四)人民法院判处被告人死刑缓期二年执行的案件,具有下列情形之一,除原判决认定事实、适用法律有严重错误或者社会反响强烈的以外,一般不提出判处死刑立即执行的抗诉：

1. 被告人有自首、立功等法定从轻、减轻处罚情节的；

2. 定罪的证据确实、充分，但影响量刑的主要证据存有疑问的；

3. 因婚姻家庭、邻里纠纷等民间矛盾激化引发的案件，因被害方的过错行为引起的案件，案发后被告人真诚悔罪、积极赔偿被害方经济损失并取得被害方谅解的；

4. 罪犯被送交监狱执行刑罚后，认罪服法，狱中表现较好，且死缓考验期限将满的。

（五）原审判决或裁定适用的刑罚虽与法律规定有偏差，但符合罪刑相适应原则和社会认同的。

（六）未成年人轻微刑事犯罪案件量刑偏轻的。

第十八条　人民检察院应当严格落实对人民法院判决、裁定逐案审查工作机制。对提起公诉的案件，在收到人民法院第一审判决书或者裁定书后，应当及时审查，承办检察官应当填写刑事判决、裁定审查表，提出处理意见。

对于下级人民检察院在办理抗诉案件中遇到干扰的，上级人民检察院应当根据实际情况开展协调和排除干扰工作，以保证抗诉工作顺利开展。

第二十一条　办理职务犯罪抗诉案件，应当认真落实最高人民检察院公诉厅《关于加强对职务犯罪案件第一审判决法律监督的若干规定（试行）》和《关于对职务犯罪案件第一审判决进一步加强同步审查监督工作的通知》等要求，重点解决职务犯罪案件重罪轻判问题。

下级人民检察院审查职务犯罪案件第一审判决，认为应当抗诉的，应当在法定时限内依法提出抗诉，并且报告上一级人民检察院。

下级人民检察院收到人民法院第一审判决书后，应当在二日以内报送上一级人民检察院。上一级人民检察院认为应当抗诉的，应当及时通知下级人民检察院。下级人民检察院审查后认为不应当抗诉的，应当将不抗诉的意见报上一级人民检察院公诉部门。上一级人民检察院公诉部门不同意下级人民检察院不抗诉意见的，应当根据案件情况决定是否调卷审查。上一级人民检察院公诉部门经调卷审查认为确有抗诉必要的，应当报检察长决定或者检察委员会讨论决定。上一级人民检察院作出的抗诉决定，下级人民检察院应当执行。

上下两级人民检察院对人民法院作出的职务犯罪案件第一审判决已经同步审查的，上一级人民法院针对同一案件作出的第二审裁判，收到第二审裁判书的同级人民检察院依法按照审判监督程序及时审查，一般不再报其上一级人民检察院同步审查。

第三十条　提请上级人民检察院按照审判监督程序抗诉的案件，原则上应当自人民法院作出裁判之日起二个月以内作出决定；需要复核主要证据的，可以延长一个月。属于冤错可能等事实证据有重大变化的案件，可以不受上述期限限制。

对于高级人民法院判处死刑缓期二年执行的案件，省级人民检察院认为确有错误提请抗诉的，一般应当在收到生效判决、裁定后三个月以内提出，至迟不得超过六个月。

对于人民法院第一审宣判后人民检察院在法定期限内未提出抗诉，或者判决、裁定发生法律效力后六个月内未提出抗诉的案件,没有发现新的事实或者证据的,一般不得为加重被告人刑罚而依照审判监督程序提出抗诉,但被害人提出申诉或上级人民检察院指令抗诉的除外。

第三十三条 上级人民检察院审查审判监督程序抗诉案件,原则上应当自收案之日起一个半月以内作出决定;需要复核主要证据或者侦查卷宗在十五册以上的,可以延长一个月;需要征求其他单位意见或者召开专家论证会的,可以再延长半个月。

上级人民检察院审查下一级人民检察院提请抗诉的刑事申诉案件,应当自收案之日起三个月以内作出决定。

属于冤错可能等事实证据有重大变化的案件,可以不受上述期限限制。

有条件的地方,应当再自行缩短办案期限;对原判死缓而抗诉要求改判死刑立即执行的案件,原则上不得延长期限。

最高人民检察院指导性案例 检例第83号琚某忠盗窃案

(2020年11月24日)

【要旨】

对于犯罪事实清楚,证据确实、充分,被告人自愿认罪认罚,一审法院采纳从宽量刑建议判决的案件,因被告人无正当理由上诉而不再具有认罪认罚从宽的条件,检察机关可以依法提出抗诉,建议法院取消因认罪认罚给予被告人的从宽量刑。

最高人民检察院 《人民检察院办理死刑第二审案件和复核监督工作指引(试行)》(节录)

(2018年3月31日 高检发诉二字〔2018〕1号)

第九十六条 对于人民法院第一审判决改变起诉指控事实、罪名的死刑案件,人民检察院应当在收到判决书后三日以内,将审查报告、起诉书和判决书等案件材料报送上一级人民检察院备案审查。

上级人民检察院收到备案材料后,应当及时审查。认为应当抗诉的,应当及时通知下级人民检察院依法提出抗诉;对于判决有错误但无抗诉必要的,应当及时通知下级人民检察院依法提出纠正意见;对于具有被告人上诉等其他情形的,应当提前做好相应准备工作。

最高人民法院 《关于对人民法庭的判决不服而提起上诉的案件应否由基层法院审查和转送中级人民法院的批复》

(1956年12月24日 法研字第13122号)

甘肃省高级人民法院:

你院一九五六年九月十四日办秘字第233号请示收悉。关于对人民法庭的判决不服而提起上诉的案件,是否应由基层人民法院转送中级人民法院并由基层人民法院审查的问题,经本院审判委员会第十九次会议讨论决定:被告人对人民法院的判决不服而提起上诉的案件,基层人民法院不能改判。作为程序来说,这类案件不必经过基层人民法院审查。至于是否应经过基层人民法院转送,这不属于程序问题,各地人民法院可根据实际情况酌定。

最高人民法院、最高人民检察院《关于死刑第二审案件开庭审理工作有关问题的会谈纪要》

(2006年4月5日 法〔2006〕65号、高检会〔2006〕4号)

2006年1月10日和3月23日,最高人民法院副院长姜兴长、沈德咏、张军、熊选国和最高人民检察院副检察长邱学强等,就死刑第二审案件开庭审理工作的有关问题举行了两次会谈。双方认为,对死刑第二审案件依照法律和有关规定实行开庭审理,对于保证死刑案件审判质量,维护司法公正,加强人权保护,具有重要意义。双方交流、分析了人民法院和人民检察院在死刑第二审案件开庭审理工作中的情况及面临的困难和问题,就共同做好此项工作达成共识。现纪要如下:

(一)各高级人民法院开庭审理死刑第二审案件,同级人民检察院应当派员出庭。

(二)各高级人民法院开庭审理上诉、抗诉的死刑案件,应当重点审查上诉、抗诉理由以及人民法院认为需要查证的与定罪量刑有关的其他问题。在此基础上,严格依照刑事诉讼法的规定,对第一审判决认定事实和适用法律进行全面审查。

(三)开庭审理死刑第二审案件,下列情形的证人、鉴定人应当出庭:

1. 控辩双方对证人证言、鉴定结论有异议,该证言、鉴定结论对定罪量刑有重大影响的;

2. 其他人民法院认为应当出庭作证的。证人、鉴定人出庭由人民法院通知。

(四)各高级人民法院必须在开庭十日以前通知同级人民检察院查阅案卷。

(五)出席第二审法庭的检察人员在审查第一审案卷材料时,应当讯问原审被告人。各高级人民法院应当规范相关工作制度,保障检察人员及时讯提。

(六)各高级人民法院要严格按照有关规定,落实人民检察院派员列席审判委员会会议制度,并以书面形式及时通知检察机关。检察长、受检察长委托的副检察长,均可列席审判委员会讨论死刑案件的会议。检察长、受检察长委托的副检察长列席审判委员会会议,可以带检察人员作为助手。

(七)各高级人民法院要采取切实有效措施,维护庭审秩序,确保审判人员和出庭检察人员及证人、鉴定人在法庭内的人身安全。

(八)各高级人民法院要严格按照刑事诉讼法的规定,及时向检察机关送达裁判文书和相关诉讼文书。

(九)各高级人民法院应当商请省级财政部门,将证人、鉴定人出庭作证的有关费用列入地方财政预算。

(十)为解决办案人员不足问题,各高级人民法院及同级人民检察院可暂时分别从下级人民法院及人民检察院借调部分审判、检察人员帮助工作。借调的审、检察人员出席死刑第二审案件法庭前,各高级人民法院及同级人民检察院应当履行必要的任职手续。

(十一)最高人民法院、最高人民检察院和省级人民法院、人民检察院对在死刑第二审案件开庭审理工作中共同面临的人、财、物等保障问题,应当及时沟通,协调步骤,相互配合,必要时可以联合进行调研,联合向党委及有关部门提出报告。

双方商定,最高人民法院和最高人民检察院在已经建立的协调机制的基础上,就死刑第二审案件开庭审理问题以及涉及到的其他问题进行经常性的协调沟通。今年内,每季度的第一个月上旬举行一次会谈,两院领导轮流主持,有关庭、厅、室负责人参加。工作中的具体问题,两院有关庭、厅、室负责人可以随时沟通,分别向两院领导报告,以便及时研究,共同解决。为方便联系,最高人民法院确定刑一庭庭长黄尔梅、刑四庭庭长杨万明作为联系人,最高人民检察院确定公诉厅厅长张仲芳、副厅长聂建华作为联系人。各高级人民法院及同级人民检察院也应建立相应的协调机制。

最高人民法院研究室《关于二审开庭审理过程中检察员当庭提出发回重审建议后人民法院能否对案件继续审理问题的答复》

(2010年11月30日 法研〔2010〕207号)

青海省高级人民法院:

你院青刑他字〔2010〕1号《关于二审开庭审理过程中检察员当庭提出发回重审建议的人民法院能否对案件继续审理问题的请示》收悉。经研究,答复如下:

人民法院在第二审刑事案件开庭审理过程中,检察员当庭提出原判事实不清,建议发回原审人民法院重新审判的,应当继续审理并对检察员提出的有关事实不清、证据不足的问题进行重点审查,之后根据刑事诉讼法第一百八十九条的规定,依法作出裁判。

最高人民法院《关于对被判处死刑的被告人未提出上诉、共同犯罪的部分被告人或者附带民事诉讼原告人提出上诉的案件应适用何种程序审理的批复》

(2010年4月1日最高人民法院审判委员会第1485次会议通过,法释〔2010〕6号)

近来,有的高级人民法院请示,对于中级人民法院一审判处死刑的案件,被判处死刑的被告人未提出上诉,但共同犯罪的部分被告人或者附带民事诉讼原告人提出上诉的,应当适用何种程序审理。经研究,批复如下:

根据《中华人民共和国刑事诉讼法》第一百八十六条的规定,中级人民法院一审判处死刑的案件,被判处死刑的被告人未提出上诉,共同犯罪的其他被告人提出上诉的,高级人民法院应当适用第二审程序对全案进行审查,并对涉及死刑之罪的事实和适用法律依法开庭审理,一并处理。

根据《中华人民共和国刑事诉讼法》第二百条第一款的规定,中级人民法院一审判处死刑的案件,被判处死刑的被告人未提出上诉,仅附带民事诉讼原告人提出上诉的,高级人民法院应当适用第二审程序对附带民事诉讼依法审理,并由同一审判组织对未提出上诉的被告人的死刑判决进行复核,作出是否同意判处死刑的裁判。

最高人民法院、最高人民检察院《关于对死刑判决提出上诉的被告人在上诉期满后宣判前提出撤回上诉人民法院是否准许的批复》

(2010年7月6日最高人民法院审判委员会第1488次会议、2010年9月1日最高人民检察院第11届检察委员会第37次会议通过)

各省、自治区、直辖市高级人民法院、人民检察院,解放军军事法院、军事检察院,新疆维吾尔自治区高级人民法院生产建设兵团分院、新疆生产建设兵团人民检察院:

近来,有的高级人民法院、省级人民检察院请示,对第一审被判处死刑立即执行的被告人提出上诉后,在第二审开庭审理中又要求撤回上诉的,是否允许撤回上诉。经研究,批复如下:

第一审被判处死刑立即执行的被告人提出上诉,在上诉期满后第二审开庭以前申请撤回上诉的,依照《最高人民法院最高人民检察院关于死刑第二审案件开庭审理程序若干问题的规定(试行)》第四条的规定处理。在第二审开庭以后宣告裁判前申请撤回上诉的,第二审人民法院应当不准许撤回上诉,继续按照上诉程序审理。

最高人民法院、最高人民检察院以前发布的司法解释、规范性文件与本批复不一致的,以本批复为准。

最高人民法院研究室《关于第一审判处被告人有期徒刑后第二审法院发现被告人已怀孕应如何处理问题的电话答复》

(1989年2月15日)

云南省高级人民法院:

你院《关于第一审判处被告人有期徒刑后第二审法院发现被告人已怀孕应如何处理的请示》收悉。经研究,同意你院意见,在被告人王××上诉审期间,可对被告人采取取保候审的措施。如果终审判决仍判处被告人有期徒刑以上刑罚,可根据刑事诉讼法第一百五十七条第二项的规定,暂予监外执行,待监外执行的条件消除后再行收监执行。

最高人民法院《关于适用刑事诉讼法第二百二十五条第二款有关问题的批复》

(2016年6月6日最高人民法院审判委员会第1686次会议通过,自2016年6月24日起施行,法释〔2016〕13号)

河南省高级人民法院:

你院关于适用《中华人民共和国刑事诉讼法》第二百二十五条第二款有关问题的请示收悉。经研究,批复如下:

一、对于最高人民法院依据《中华人民共和国刑事诉讼法》第二百三十九条和《最高人民法院关于适用〈中华人民共和国刑事诉讼法〉的解释》第三百五十三条裁定不予核准死刑,发回第二审人民法院重新审判的案件,无论此前第二审人民法院是否曾以原判决事实不清楚或者证据不足为由发回重新审判,原则上不得再发回第一审人民法院重新审判;有特殊情况确需发回第一审人民法院重新审判的,需报请最高人民法院批准。

二、对于最高人民法院裁定不予核准死刑,发回第二审人民法院重新审判的案件,第二审人民法院根据案件特殊情况,又发回第一审人民法院重新审判的,第一审人民法院作出判决后,被告人提出上诉或者人民检察院提出抗诉的,第二审人民法院应当依法作出判决或者裁定,不得再发回重新审判。

中国人民银行、最高人民法院、最高人民检察院、公安部、司法部《关于查询、停止支付和没收个人在银行的存款以及存款人死亡后的存款过户或支付手续的联合通知》

(1980年11月22日 〔80〕银储字第18号)

各省、市、自治区高级人民法院,人民检察院、公安厅、司法厅、中国人民银行各省、市、自治区分行:

根据《中华人民共和国宪法》第九条规定:国家保护公民的合法收入、储蓄、房屋和其他生活资料的所有权。个人将合法收入存入银行的存款,归个人所有,不得侵犯;银行实行存款自愿,取款自由,为储户保密的原则。银行工作人员对储户的存款情况,应严守秘密,不得泄露,违反者视其情节轻重追究责任。

为了加强社会主义法制,依法保护公民储蓄,对法院、检察院、公安部门向银行查询、要求停止支付和没收个人在银行的存款以及存款人死亡后的存款过户或支付手续问题,现作如下规定:

一、关于查询、停止支付和没收个人存款

(一)人民法院、人民检察院和公安机关因侦查、起诉、审理案件,需要向银行查询与案件直接有关的个人存款时,必须向银行提出县级和县级以上法院、检察院或公安机关正式查询公函,并提供存款人的有关线索,如存款人的姓名、存款日期、金额等情况;经银行县、市支行或市分行区办一级核对,指定所属储蓄所提供资料。查询单位不能径自到储蓄所查阅账册;对银行提供的存款情况,应保守秘密。

(二)人民法院、人民检察院和公安机关在侦查、审理案件中,发现当事人存款与案件直接有关,要求停止支付存款时,必须向银行提出县级或县级以上人民法院、人民检察院或公安机关的正式通知,经银行县、市支行或市分行区办一级核对后,通知所属储蓄所办理暂停支付手续。

停止支付的期限最长不超过六个月。逾期自动撤销。有特殊原因需要延长的,应重新办理停止支付手续。

如存款户在停止支付期间因生活必需而需要提取用款时,银行应及时主动与要求停止支付的单位联系,并根据实际情况,具体处理。

(三)人民法院判决没收罪犯储蓄存款时,银行依据人民法院判决书办理。人民法院判处民事案件中有关储蓄存款的处理,执行时应由当事人交出存款单(折),银行、储蓄所凭存款单(折)办理;如当事人拒不交出存款单(折),须强制执行时,由人民法院通知人民银行,人民银行凭判决书或裁定书,由县、市支行或市分行区办一级核对后办理,当事人的原存款单(折)作废,将判决书或裁定书收入档案保存。

(四)查询、暂停支付华侨储蓄存款时,公安机关由地(市)以上的公安厅(局)、处按照上述手续办理;人民法院、人民检察院由对案件有法定管辖权的法院、检察院依照上述规定手续办理。

(五)为了严密制度、手续,特制定有关查询、停止支付个人储蓄存款的几种文书格式,随文附发。使用这些法律文书时,应统一编号,妥善保管。

二、关于存款人死亡后的存款过户或支付手续

存款人死亡后的存款提取、过户手续问题涉及的内容比较复杂,应慎重处理。

(一)存款人死亡后,合法继承人为证明自己的身份和有权提取该项存款,应向当地公证处(尚未设立公证处的地方向县、市人民法院,下同)申请办理继承权证明书,银行凭以办理过户或支付手续。如该项存款的继承权发生争执时,应由人民法院判处。银行凭人民法院的判决书、裁定书或调解书办理过户或支付手续。

(二)在国外的华侨、中国血统外籍人和港澳同胞在国内银行的存款或委托银行代为保管的存款,原存款人死亡,如其合法继承人在国内者,凭原存款人的死亡证(或其他可以证明存款人确实死亡的证明)向当地公证处申请办理继承权证明书,银行凭以办理存款的过户或支付手续。

(三)在我国定居的外侨(包括无国籍者)在我国银行的存款,其存款过户或提取手续,与我国公民存款处理手续相同,应按照上述规定办理。与我国订有双边领事协定的外国侨民应按协定的具体规定办理。

(四)继承人在国外者,可凭原存款人的死亡证明和经我驻在该国使、领馆认证的亲属证明,向我公证机关申请办理继承权证明书,银行凭以办理存款的过户或支付手续。

继承人所在国如系禁汇国家,按上述规定办理有困难时,可由当地侨团、友好社团和爱国侨领、友好人士提供证明,并由我驻所在国使、领馆认证后,向我公安机关申请办理继承权证明书,银行再凭以

办理过户或支付手续。

继承人所在国如未建交,应根据特殊情况,特殊办理。

居住国外的继承人继承在我国内银行的存款,能否汇出国外,应按我国外汇管理条例的有关规定办理。

(五)存款人死亡后,无法定继承人又无遗嘱的,经公证部门的证明,暂按财政部规定:全民所有制企业、事业、国家机关、群众团体的职工存款,上缴财政部门入库收归国有。集体所有制企、事业单位的职工,可转归集体所有。此项上缴国库或转归集体所有的存款都不计利息。

以上各项希研究执行,望将执行中的问题及时反映。

过去有关查询、停止支付和没收个人在银行的存款以及存款人死亡后的存款的过户或支付手续如与此规定相抵触时,以此文件为准。

中国人民银行、最高人民法院、最高人民检察院、公安部、司法部《关于没收储蓄存款缴库和公证处查询存款问题几点补充规定》

(1983年7月4日 〔83〕银发字第203号)

中国人民银行各省、市自治区分行,各省、市、自治区高级人民法院、人民检察院、公安厅、司法厅:

在办理经济领域中的违法犯罪案件中,涉及没收个人在银行的储蓄存款问题,除经人民法院判决的案件按照〔80〕储字第18号联合通知的规定办理外,现对人民检察院、公安机关直接处理的案件以及收到当事人以匿名或化名的方式交出的存款单(折),应如何处理等问题,补充规定如下:

一、人民检察院决定免予起诉、撤销案件或者不起诉的案件,被告人交出或者被人民检察院、公安机关查获的被告人的储蓄存款单(折),经查明确系被告人非法所得的赃款,人民检察院作出没收的决定之后,银行依据人民检察院的《免予起诉决定书》(附没收清单)或者由检察长签署的《没收通知书》和存款单(折),办理提款或者缴库手续。

二、对于收到以匿名或化名的方式交出的储蓄存款单(折),凡由人民检察院、公安机关受理的,经认真调查仍无法找到寄交人的,在收到该项存款单(折)半年以后,并经与银行核对确有该项存款的,根据县以上(含县)人民检察院检察长或者公安局局长签署的决定办理缴库手续。如属于其他单位接受的,由接受单位备函开具清单送交县以上人民检察院或公安机关办理缴库手续。

三、没收缴库的储蓄存款,银行采取转账方式支付,并均不计付利息。

四、没收的储蓄存款缴库后,如查出不该没收的,由原经办单位负责办理退库手续,并将款项退还当事人。上缴国库后一段时间应付储户的利息由财政上负担。

五、公证处在办理继承权公证的过程中,需要向银行核实有关储蓄存款情况时,须提供存款储蓄所的名称、户名、账号、日期、金额等线索,银行应协助办理。

以上各点希研究贯彻执行。

最高人民法院、最高人民检察院、公安部、国家计委《关于统一赃物估价工作的通知》

(1994年4月22日 法发〔1994〕9号)

各省、自治区、直辖市高级人民法院,人民检察院,公安厅(局),物价局(委员会):

为了进一步做好赃物估价工作,统一估价原则和估价标准,正确办理刑事案件,现就赃物估价工作的有关事项通知如下:

一、人民法院、人民检察院、公安机关在办理刑事案件过程中,对于价格不明或者价格难以确定的赃物应当估价。案件移送时,应附《赃物估价鉴定结论书》。

二、国家计委及地方各级政府物价管理部门是赃物估价的主管部门,其设立的价格事务所是指定的赃物估价机构。

三、人民法院、人民检察院、公安机关在办案中需要对赃物估价时,应当出具估价委托书,委托案件管辖地的同级物价管理部门设立的价格事务所进行估价。估价委托书一般应当载明赃物的品名、牌号、规格、数量、来源、购置时间,以及违法犯罪获得赃物的时间、地点等有关情况。

四、价格事务所应当参照最高人民法院、最高人民检察院1992年12月11日《关于办理盗窃案件具体应用法律的若干问题的解释》第三条的规定估价。价格事务所应当在接受估价委托后七日内作出估价鉴定结论,但另有约定的除外。

五、价格事务所对赃物估价后,应当出具统一制作的《赃物估价鉴定结论书》,由估价工作人员签名并加盖价格事务所印章。

六、委托估价的机关应当对《赃物估价鉴定结论书》进行审查。如果对同级价格事务所出具的《赃物估价鉴定结论书》提出异议,可退回价格事务所重新鉴定或者委托上一级价格事务所复核。经审查,确认无误的赃物估价鉴定结论,才能作为定案的根据。国家计委指定的直属价格事务所是赃物估价的最终复核裁定机构。

七、赃物估价是一项严肃的工作。各级政府价格主管部门及其价格事务所应积极配合人民法院、人民检察院、公安机关认真做好这项工作。一些尚未组建价格事务所的地区,赃物估价工作暂由物价管理部门承担。

八、关于赃物估价的具体规定和办法,另行制定。

本通知自下达之日起执行。

国家计划委员会、最高人民法院、最高人民检察院、公安部《扣押、追缴、没收物品估价管理办法》

(1997年4月22日 计办〔1997〕808号)

第一章 总 则

第一条 为了加强对扣押、追缴、没收物品估价管理,规范扣押、追缴、没收物品估价工作,保障刑事诉讼活动的顺利进行,依据国家有关法律和最高人民法院、最高人民检察院、公安部、国家计委有关规定,特制定本办法。

第二条 人民法院、人民检察院、公安机关各自管辖的刑事案件,对于价格不明或者价格难以确定的扣押、追缴、没收物品需要估价,应当委托指定的估价机构估价。案件移送时,应当附有《扣押、追缴、没收物品估价鉴定结论书》。

第三条 公安机关移送人民检察院审查起诉和人民检察院向人民法院提起公诉的案件,对估价结论有异议的,应当由提出异议的机关自行委托估价机构重新估价。

第四条 对于扣押、追缴、没收的珍贵文物,珍贵、濒危动物及其制品,珍稀植物及其制品,毒品、淫秽物品,枪支、弹药等不以价格数额作为定罪量刑标准的,不需要估价。

第五条 国务院及地方人民政府价格部门是扣押、追缴、没收物品估价工作的主管部门,其设立的价格事务所是各级人民法院、人民检察院、公安机关指定的扣押、追缴、没收物品估价机构,其他任何机构或者个人不得对扣押、追缴、没收物品估价。

第六条 价格事务所出具的扣押、追缴、没收物品估价鉴定结论,经人民法院、人民检察院、公安机关确认,可以作为办理案件的依据。

第二章 委托程序

第七条 各级人民法院、人民检察院、公安机关遇有本办法第二条所列情形时,应当委托同级价格部门设立的价格事务所进行估价。

第八条 委托机关在委托估价时,应当送交《扣押、追缴、没收物品估价委托书》。《扣押、追缴、没收物品估价委托书》应当包括以下内容:

(一)估价的理由和要求;

(二)扣押、追缴、没收物品的品名、牌号、规格、种类、数量、来源,以及购置、生产、使用时间;

(三)起获扣押、追缴、没收物品时被其使用、损坏程度的记录,重要的扣押、追缴、没收物品,应当附有照片;

(四)起获扣押、追缴、没收物品的时间、地点;

(五)其他需要说明的情况。

委托机关送交的《扣押、追缴、没收物品估价委托书》必须加盖单位公章。

第九条 价格事务所接到人民法院、人民检察院、公安机关《扣押、追缴、没收物品估价委托书》时,应当认真审核委托书的各项内容及要求,如委托书所提要求无法做到时,应当立即与委托机关协商。

第三章 估价程序

第十条 价格事务所在接受委托后,应当按照《扣押、追缴、没收物品估价委托书》载明的情况对实物进行查验,如发现差异,应立即与委托机关共同确认。

价格事务所一般不留存扣押、追缴、没收物品,如确需留存时,应当征得委托机关同意并严格办理交接手续。

第十一条 价格事务所估价确实需要时,可以提请委托机关协助查阅有关的账目、文件等资料。可以向与委托事项有关的单位和个人进行调查或索取证明材料。

第十二条 价格事务所应当在接受委托之日起七日内作出扣押、追缴、没收物品估价鉴定结论;另有约定的,在约定期限内作出。

第十三条 价格事务所办理的扣押、追缴、没收物品估价鉴定,应当由两名以上估价工作人员共同承办,出具的估价鉴定结论,必须经过内部审议。

价格事务所估价人员遇有下列情形

之一的,应当回避：

（一）与估价事项当事人有亲属关系或与该估价事项有利害关系的；

（二）与估价当事人有其他关系,可能影响对扣押、追缴、没收物品公正估价的。

第十四条　价格事务所在完成估价后,应当向委托机关出具《扣押、追缴、没收物品估价鉴定结论书》。《扣押、追缴、没收物品估价鉴定结论书》应当包括以下内容：

（一）估价范围和内容；

（二）估价依据；

（三）估价方法和过程要述；

（四）估价结论；

（五）其他需要说明的问题及有关材料；

（六）估价工作人员签名。

价格事务所出具的《扣押、追缴、没收物品估价鉴定结论书》必须加盖单位公章。

第十五条　委托机关对价格事务所出具的《扣押、追缴、没收物品估价鉴定结论书》有异议的,可以向原估价机构要求补充鉴定或者重新鉴定,也可以直接委托上级价格部门设立的价格事务所复核或者重新估价。

第十六条　接受委托的价格事务所认为必要时,在征得委托机关同意后,可以将委托事项转送上级价格设立的价格事务所进行估价,并将有关情况书面通知原委托估价机关。

第十七条　国家计划委员会直属价格事务所是扣押、追缴、没收物品估价的最终复核裁定机构。

第四章　估价的基本原则

第十八条　价格事务所必须按照国家的有关法律规定,以及最高人民法院、最高人民检察院制定的有关司法解释和各项价格法规,客观公正、准确及时地估定扣押、追缴、没收物品价格。

第十九条　扣押、追缴、没收物品估价的基准日除法律、法规和司法解释另有规定外,应当由委托机关根据案件实际情况确定。

第二十条　价格事务所对委托估价的文物、邮票、字画、贵重金银、珠宝及其制品等特殊物品,应当送有关专业部门作出技术、质量鉴定后,根据其提供的有关依据,作出估价结论。

第五章　组织管理

第二十一条　按照国家有关价格工作的管理规定,扣押、追缴、没收物品估价工作实行统一领导、分级管理。

第二十二条　国家计划委员会的主要职责：

（一）会同最高人民法院、最高人民检察院、公安部制定、解释扣押、追缴、没收物品估价工作的基本原则。

（二）确定划分国家和地方价格部门在扣押、追缴、没收物品估价工作中的主要职责。

（三）负责管理、指导、监督、检查全国扣押、追缴、没收物品估价工作。

（四）其设立的价格事务所办理最高人民法院、最高人民检察院、公安部委托的扣押、追缴、没收物品估价；协调或者办理跨地区(省、自治区、直辖市)、跨部门的扣押、追缴、没收物品估价业务；办理疑难、重大案件涉及的扣押、追缴、没收物品估价。

第二十三条　各省、自治区、直辖市价格部门的主要职责：

（一）贯彻执行最高人民法院、最高人民检察院、公安部和国家计委对估价工作制定的各项方针、政策和基本原则，会同同级司法机关制定本地区有关扣押、追缴、没收物品估价的具体规定。

（二）其设立的价格事务所办理同级人民法院、人民检察院、公安机关委托的扣押、追缴、没收物品估价；办理本地区内跨地（市）、县，有相当难度的扣押、追缴、没收物品估价及复核工作；协助上级价格部门设立的价格事务所进行扣押、追缴、没收物品估价工作。

第二十四条　地（市）县（市、区）价格部门的职责：

（一）贯彻执行估价工作的有关规定，协助上级价格部门做好扣押、追缴、没收物品估价工作。接受上级价格部门对扣押、追缴、没收物品估价工作的管理、指导、监督、检查。

（二）其设立的价格事务所办理同级人民法院、人民检察院、公安机关委托的扣押、追缴、没收物品估价，协助上级价格部门设立的价格事务所进行扣押、追缴、没收物品估价工作。

第六章　法律责任

第二十五条　严格估价人员虚假鉴定、徇私舞弊、玩忽职守、泄露涉案秘密。凡违反规定，造成估价失实，或者对办理案件造成不良影响的，对责任人员将视情节，给予处分；构成犯罪，依法追究刑事责任。

第二十六条　价格事务所和鉴定人对出具的《扣押、追缴、没收物品估价鉴定结论书》的内容分别承担相应法律责任。

第二十七条　价格事务所及其工作人员对估价工作中涉及的有关资料和情况负责保密。

第七章　附　则

第二十八条　其他涉案物品的估价，以及行政执法机关提请价格部门设立的价格事务所对扣押、追缴、没收物品的估价，可以参照本办法执行。

第二十九条　价格事务所在进行扣押、追缴、没收物品估价时，可以向委托估价机关收取合理的估价鉴定费。估价鉴定收费办法由国家计委会同最高人民法院、最高人民检察院、公安部并商有关部门另行制定。

第三十条　本办法自颁布之日起施行。

最高人民法院
《关于严格执行有关走私案件涉案财物处理规定的通知》

（2006年4月30日　法〔2006〕114号）

各省、自治区、直辖市高级人民法院，解放军军事法院，新疆维吾尔自治区高级人民法院生产建设兵团分院：

日前，据海关总署反映，有的地方法院在审理走私刑事案件中有不判或部分判决涉案赃款赃物的现象。对人民法院没有判决追缴、没收的涉案财物，海关多以行政处罚的方式予以没收或收缴，从而导致行政诉讼等不良后果。为严肃规范执法，现就有关规定重申如下：

关于刑事案件赃款赃物的处理问题，相关法律、司法解释已经规定的很明确。《海关法》第九十二条规定，"海关依法扣留的货物、物品、运输工具,在人民法院判决或者海关处罚决定作出之前,不得处理";"人民法院判决没收或者海关决定没收的走私货物、物品、违法所得、走私运输工具、特制设备,由海关依法统一处理,所得价款和海关决定处以的罚款,全部上缴中央国库。"《最高人民法院、最高人民检察院、海关总署关于办理走私刑事案件适用法律若干问题的意见》第二十三条规定,"人民法院在判决走私罪案件时,应当对随案清单、证明文件中载明的款、物审查确认并依法判决予以追缴、没收;海关根据人民法院的判决和海关法的有关规定予以处理,上缴中央国库。"

据此,地方各级人民法院在审理走私犯罪案件时,对涉案的款、物等,应当严格遵循并切实执行上述法律、司法解释的规定,依法作出追缴、没收的判决。对于在审理走私犯罪案件中遇到的新情况、新问题,要加强与海关等相关部门的联系和协调,对于遇到的适用法律的新问题,应及时报告最高人民法院。

国家发展和改革委员会、最高人民法院、最高人民检察院、公安部、财政部《关于扣押追缴没收及收缴财物价格鉴定管理的补充通知》

(2008年6月4日 发改厅〔2008〕1392号)

各省、自治区、直辖市发展改革委、物价局、高级人民法院、人民检察院、公安厅(局)、财政厅(局),解放军军事法院、军事检察院,新疆维吾尔自治区高级人民法院生产建设兵团分院、新疆生产建设兵团发展改革委、人民检察院:

为了进一步规范扣押、追缴、没收及收缴财物价格鉴定管理工作,现就相关事项补充通知如下:

一、各级政府价格部门设立的价格鉴证机构为国家机关指定的涉案财物价格鉴定的机构,名称统一为"价格认证中心"。原国家计委、最高人民法院、最高人民检察院、公安部制定的《扣押、追缴、没收物品估价管理办法》(计办〔1997〕808号)中涉及的"价格事务所"相应更改为"价格认证中心"。

二、各司法、行政执法机关在办理各自管辖刑事案件中,涉及价格不明或者价格有争议,需要对涉案财物或标的进行价格鉴定的,办案机关应委托同级政府价格部门设立的价格鉴定机构进行价格鉴定。

政府价格部门设立的价格鉴定机构可以接受办案机关的委托,对非刑事案件中涉案财物或标的进行价格鉴定。

三、各级政府价格主管部门设立的价格鉴证机构从事国家机关委托的刑事案件涉案财物价格鉴定不收费,该项鉴定费用由同级财政部门根据价格认证中心业务量大小,核定专项经费拨款或补贴。

最高人民法院指导案例188号 史广振等组织、领导、参加黑社会性质组织案

(2022年11月29日)

【裁判要点】

在涉黑社会性质组织犯罪案件审理中,应当对查封、扣押、冻结财物及其孳息

的权属进行调查,案外人对查封、扣押、冻结财物及其孳息提出权属异议的,人民法院应当听取其意见,确有必要的,人民法院可以通知其出庭,以查明相关财物权属。

(五)死刑复核程序

最高人民法院《关于判有死刑的共同犯罪案件被告人未上诉检察院未抗诉复核中发现判决确有错误的应如何制作法律文书问题的批复》

(1994年5月16日 法复〔1994〕9号)

四川省高级人民法院:

你院《关于判有死刑的共同犯罪案件,被告人未上诉、检察院未抗诉、复核中发现判决确有错误的应如何制作法律文书的请示》收悉。经研究,答复如下:

对中级人民法院报送核准的判有死刑的共同犯罪案件,全案各被告人均未提出上诉,检察院也未提出抗诉,高级人民法院在复核中同意原审判决对被告人判处死刑的,应制作刑事裁定书核准判处死刑;如果认为对被告人不应判处死刑的,可以用判决书直接改判。在复核中,如果认为原审判决对同案被判处无期徒刑以下刑罚的被告人量刑不当,应在核准判处死刑或者改变死刑判决的同时,依照《中华人民共和国刑事诉讼法》第一百四十九条第二款的规定,由高级人民法院提审或者指令下级人民法院再审,并另行制作刑事判决书或者刑事裁定书。

最高人民法院《关于报送复核被告人在死缓考验期内故意犯罪应当执行死刑案件时应当一并报送原审判处和核准被告人死缓案卷的通知》

(2004年6月15日 法〔2004〕115号)

各省、自治区、直辖市高级人民法院,解放军军事法院:

为贯彻我院2003年11月26日法〔2003〕177号《关于报送按照审判监督程序改判死刑和被告人在死缓考验期内故意犯罪应当执行死刑的复核案件的通知》,正确适用法律、确保死刑案件质量,对报送复核被告人在死缓考验期内故意犯罪,应当执行死刑案件的有关事项通知如下:

一、各高级人民法院在审核下级人民法院报送复核被告人在死缓考验期限内故意犯罪,应当执行死刑案件时,应当对原审判处和核准该被告人死刑缓期二年执行是否正确一并进行审查,并在报送我院的复核报告中写明结论。

二、各高级人民法院报请核准被告人在死缓考验期限内故意犯罪,应当执行死刑的案件,应当一案一报。报送的材料应当包括:报请核准执行死刑的报告,在死缓考验期限内故意犯罪应当执行死刑的综合报告和判决书各十五份;全部诉讼案卷和证据;原审判处和核准被告人死刑缓期二年执行,剥夺政治权利终身的全部诉讼案卷和证据。

最高人民法院
《关于统一行使死刑案件核准权有关问题的决定》

（2006年12月13日最高人民法院审判委员会第1409次会议通过，自2007年1月1日起施行，法释〔2006〕12号）

第十届全国人民代表大会常务委员会第二十四次会议通过了《关于修改〈中华人民共和国人民法院组织法〉的决定》，将人民法院组织法原第十三条修改为第十二条："死刑除依法由最高人民法院判决的以外，应当报请最高人民法院核准。"修改人民法院组织法的决定自2007年1月1日起施行。根据修改后的人民法院组织法第十二条的规定，现就有关问题决定如下：

（一）自2007年1月1日起，最高人民法院根据全国人民代表大会常务委员会有关决定和人民法院组织法原第十三条的规定发布的关于授权高级人民法院和解放军军事法院核准部分死刑案件的通知（见附件），一律予以废止。

（二）自2007年1月1日起，死刑除依法由最高人民法院判决的以外，各高级人民法院和解放军军事法院依法判决和裁定的，应当报请最高人民法院核准。

（三）2006年12月31日以前，各高级人民法院和解放军军事法院已经核准的死刑立即执行的判决、裁定，依法仍由各高级人民法院、解放军军事法院院长签发执行死刑的命令。

附件：最高人民法院发布的下列关于授权高级人民法院核准部分死刑案件自本通知施行之日起予以废止：

一、《最高人民法院关于对几类现行犯授权高级人民法院核准死刑的若干具体规定的通知》（发布日期：1980年3月18日）

二、《最高人民法院关于执行全国人民代表大会常务委员会〈关于死刑案件核准问题的决定〉的几项通知》（发布日期：1981年6月11日）

三、《最高人民法院关于授权高级人民法院核准部分死刑案件的通知》（发布日期：1983年9月7日）

四、《最高人民法院关于授权云南省高级人民法院核准部分毒品犯罪死刑案件的通知》（发布日期：1991年6月6日）

五、《最高人民法院关于授权广东省高级人民法院核准部分毒品犯罪死刑案件的通知》（发布日期：1993年8月18日）

六、《最高人民法院关于授权广西壮族自治区、四川省、甘肃省高级人民法院核准部分毒品犯罪死刑案件的通知》（发布日期：1996年3月19日）

七、《最高人民法院关于授权贵州省高级人民法院核准部分毒品犯罪死刑案件的通知》（发布日期：1997年6月23日）

八、《最高人民法院关于授权高级人民法院和解放军军事法院核准部分死刑案件的通知》（发布日期：1997年9月26日）

最高人民法院
《关于办理死刑复核案件听取辩护律师意见的办法》

（自2015年2月1日起施行　法〔2014〕346号）

为切实保障死刑复核案件被告人的辩护律师依法行使辩护权，确保死刑复核案件质量,根据《中华人民共和国刑事诉讼法》《中华人民共和国律师法》和有关法律规定,制定本办法。

第一条 死刑复核案件的辩护律师可以向最高人民法院立案庭查询立案信息。辩护律师查询时,应当提供本人姓名、律师事务所名称、被告人姓名、案由,以及报请复核的高级人民法院的名称及案号。

最高人民法院立案庭能够立即答复的,应当立即答复,不能立即答复的,应当在二个工作日内答复,答复内容为案件是否立案及承办案件的审判庭。

第二条 律师接受被告人、被告人近亲属的委托或者法律援助机构的指派,担任死刑复核案件辩护律师的,应当在接受委托或者指派之日起三个工作日内向最高人民法院相关审判庭提交有关手续。

辩护律师应当在接受委托或者指派之日起一个半月内提交辩护意见。

第三条 辩护律师提交委托手续、法律援助手续及辩护意见、证据等书面材料的,可以经高级人民法院同意后代收并随案移送,也可以寄送至最高人民法院承办案件的审判庭或者在当面反映意见时提交;对尚未立案的案件,辩护律师可以寄送至最高人民法院立案庭,由立案庭在立案后随案移送。

第四条 辩护律师可以到最高人民法院办公场所查阅、摘抄、复制案卷材料。但依法不公开的材料不得查阅、摘抄、复制。

第五条 辩护律师要求当面反映意见的,案件承办法官应当及时安排。

一般由案件承办法官与书记员当面听取辩护律师意见,也可以由合议庭其他成员或者全体成员与书记员当面听取。

第六条 当面听取辩护律师意见,应当在最高人民法院或者地方人民法院办公场所进行。辩护律师可以携律师助理参加。当面听取意见的人员应当核实辩护律师和律师助理的身份。

第七条 当面听取辩护律师意见时,应当制作笔录,由辩护律师签名后附卷。辩护律师提交相关材料的,应当接收并开列收取清单一式二份,一份交给辩护律师,另一份附卷。

第八条 当面听取辩护律师意见时,具备条件的人民法院应当指派工作人员全程录音、录像。其他在场人员不得自行录音、录像、拍照。

第九条 复核终结后,受委托进行宣判的人民法院应当在宣判后五个工作日内将最高人民法院裁判文书送达辩护律师。

第十条 本办法自 2015 年 2 月 1 日起施行。

最高人民法院
《关于死刑复核及执行程序中保障当事人合法权益的若干规定》

(2019 年 4 月 29 日由最高人民法院审判委员会第 1767 次会议通过,2019 年 8 月 8 日公布,自 2019 年 9 月 1 日起施行,法释〔2019〕12 号)

为规范死刑复核及执行程序,依法保障当事人合法权益,根据《中华人民共和国刑事诉讼法》和有关法律规定,结合司法实际,制定本规定。

第一条 高级人民法院在向被告人送达依法作出的死刑裁判文书时,应当告知其在最高人民法院复核死刑阶段有权委托辩护律师,并将告知情况记入宣判笔录;被告人提出由其近亲属代为委托辩护律师的,除因客观原因无法通知的以外,高级人民法院应当及时通知其近亲属,并将通知情况记录在案。

第二条 最高人民法院复核死刑案件,辩护律师应当自接受委托或者受指派之日起十日内向最高人民法院提交有关手续,并自接受委托或者指派之日起一个半月内提交辩护意见。

第三条 辩护律师提交相关手续、辩护意见及证据等材料的,可以经高级人民法院代收并随案移送,也可以寄送至最高人民法院。

第四条 最高人民法院复核裁定作出后,律师提交辩护意见及证据材料的,应当接收并出具接收清单;经审查,相关意见及证据材料可能影响死刑复核结果的,应当暂停交付执行或者停止执行,但不再办理接收委托辩护手续。

第五条 最高人民法院复核裁定下发后,受委托进行宣判的人民法院应当在宣判后五日内将裁判文书送达辩护师。

对被害人死亡的案件,被害人近亲属申请获取裁判文书的,受委托进行宣判的人民法院应当提供。

第六条 第一审人民法院在执行死刑前,应当告知罪犯可以申请会见其近亲属。

罪犯申请会见并提供具体联系方式的,人民法院应当通知其近亲属。对经查找确实无法与罪犯近亲属取得联系的,或者其近亲属拒绝会见的,应当告知罪犯。罪犯提出通过录音录像等方式留下遗言的,人民法院可以准许。

通知会见的相关情况,应当记录在案。

第七条 罪犯近亲属申请会见的,人民法院应当准许,并在执行死刑前及时安排,但罪犯拒绝会见的除外。

罪犯拒绝会见的情况,应当记录在案并及时告知其近亲属,必要时应当进行录音录像。

第八条 罪犯提出会见近亲属以外的亲友,经人民法院审查,确有正当理由的,可以在确保会见安全的情况下予以准许。

第九条 罪犯申请会见未成年子女的,应当经未成年子女的监护人同意;会见可能影响未成年人身心健康的,人民法院可以采取视频通话等适当方式安排会见,且监护人应当在场。

第十条 会见由人民法院负责安排,一般在罪犯羁押场所进行。

第十一条 会见罪犯的人员应当遵守羁押场所的规定。违反规定的,应当予以警告;不听警告的,人民法院可以终止会见。

实施威胁、侮辱司法工作人员,或者故意扰乱羁押场所秩序,妨碍执行公务等行为,情节严重的,依法追究法律责任。

第十二条 会见情况应当记录在案,附卷存档。

第十三条 本规定自2019年9月1日起施行。

最高人民法院以前发布的司法解释和规范性文件,与本规定不一致的,以本规定为准。

最高人民法院、司法部《关于为死刑复核案件被告人依法提供法律援助的规定(试行)》

(2021年12月30日 法〔2021〕348号)

为充分发挥辩护律师在死刑复核程

序中的作用,切实保障死刑复核案件被告人的诉讼权利,根据《中华人民共和国刑事诉讼法》《中华人民共和国律师法》《中华人民共和国法律援助法》《最高人民法院关于适用〈中华人民共和国刑事诉讼法〉的解释》等法律及司法解释,制定本规定。

第一条 最高人民法院复核死刑案件,被告人申请法律援助的,应当通知司法部法律援助中心指派律师为其提供辩护。

法律援助通知书应当写明被告人姓名、案由、提供法律援助的理由和依据、案件审判庭和联系方式,并附二审或者高级人民法院复核审裁判文书。

第二条 高级人民法院在向被告人送达依法作出的死刑裁判文书时,应当书面告知其在最高人民法院复核死刑阶段可以委托辩护律师,也可以申请法律援助;被告人申请法律援助的,应当在十日内提出,法律援助申请书应当随案移送。

第三条 司法部法律援助中心在接到最高人民法院法律援助通知书后,应当采取适当方式指派律师为被告人提供辩护。

第四条 司法部法律援助中心在接到最高人民法院法律援助通知书后,应当在三日内指派具有三年以上刑事辩护执业经历的律师担任被告人的辩护律师,并函告最高人民法院。

司法部法律援助中心出具的法律援助公函应当写明接受指派的辩护律师的姓名、所属律师事务所及联系方式。

第五条 最高人民法院应当告知或者委托高级人民法院告知被告人为其指派的辩护律师的情况。被告人拒绝指派的律师为其辩护的,最高人民法院应当准许。

第六条 被告人在死刑复核期间自行委托辩护律师的,司法部法律援助中心应当作出终止法律援助的决定,并及时函告最高人民法院。

最高人民法院在复核死刑案件过程中发现有前款规定情形的,应当及时函告司法部法律援助中心。司法部法律援助中心应当作出终止法律援助的决定。

第七条 辩护律师应当在接受指派之日起十日内,通过传真或者寄送等方式,将法律援助手续提交最高人民法院。

第八条 辩护律师依法行使辩护权,最高人民法院应当提供便利。

第九条 辩护律师在依法履行辩护职责中遇到困难和问题的,最高人民法院、司法部有关部门应当及时协调解决,切实保障辩护律师依法履行职责。

第十条 辩护律师应当在接受指派之日起一个半月内提交书面辩护意见或者当面反映辩护意见。辩护律师要求当面反映意见的,最高人民法院应当听取辩护律师的意见。

第十一条 死刑复核案件裁判文书应当写明辩护律师姓名及所属律师事务所,并表述辩护律师的辩护意见。受委托宣判的人民法院应当在宣判后五日内将最高人民法院生效裁判文书送达辩护律师。

第十二条 司法部指导、监督全国死刑复核案件法律援助工作,司法部法律援助中心负责具体组织和实施。

第十三条 本规定自 2022 年 1 月 1 日起施行。

(六)审判监督程序

最高人民法院《关于规范人民法院再审立案的若干意见(试行)》(节录)

(自2002年11月1日起施行 法发〔2002〕13号)

为加强审判监督,规范再审立案工作,根据《中华人民共和国刑事诉讼法》、《中华人民共和国民事诉讼法》和《中华人民共和国行政诉讼法》的有关规定,结合审判实际,制定本规定。

第一条 各级人民法院、专门人民法院对本院或者上级人民法院对下级人民法院作出的终审裁判,经复查认为符合再审立案条件的,应当决定或裁定再审。

人民检察院依照法律规定对人民法院作出的终审裁判提出抗诉的,应当再审立案。

第二条 地方各级人民法院、专门人民法院负责下列案件的再审立案:

(一)本院作出的终审裁判,符合再审立案条件的;

(二)下一级人民法院复查驳回或者再审改判,符合再审立案条件的;

(三)上级人民法院指令再审的;

(四)人民检察院依法提出抗诉的。

第三条 最高人民法院负责下列案件的再审立案:

(一)本院作出的终审裁判,符合再审立案条件的;

(二)高级人民法院复查驳回或者再审改判,符合再审立案条件的;

(三)最高人民检察院依法提出抗诉的;

(四)最高人民法院认为应由自己再审的。

第四条 上级人民法院对下级人民法院作出的终审裁判,认为确有必要的,可以直接立案复查,经复查认为符合再审立案条件的,可以决定或裁定再审。

第五条 再审申请人或申诉人向人民法院申请再审或申诉,应当提交以下材料:

(一)再审申请书或申诉状,应当载明当事人的基本情况、申请再审或申诉的事实与理由;

(二)原一、二审判决书、裁定书等法律文书,经过人民法院复查或再审的,应当附有驳回通知书、再审判决书或裁定书;

(三)以有新的证据证明原裁判认定的事实确有错误为由申请再审或申诉的,应当同时附有证据目录、证人名单和主要证据复印件或者照片;需要人民法院调查取证的,应当附有证据线索。

申请再审或申诉不符合前款规定的,人民法院不予审查。

第六条 申请再审或申诉一般由终审人民法院审查处理。

上一级人民法院对未经终审人民法院审查处理的申请再审或申诉,一般交终审人民法院审查;对经终审人民法院审查处理后仍坚持申请再审或申诉的,应当受理。

对未经终审人民法院及其上一级人民法院审查处理,直接向上级人民法院申请再审或申诉的,上级人民法院应当交下一级人民法院处理。

第七条 对终审刑事裁判的申诉,具备下列情形之一的,人民法院应当决定再审:

（一）有审判时未收集到的或者未被采信的证据，可能推翻原定罪量刑的；

（二）主要证据不充分或者不具有证明力的；

（三）原裁判的主要事实依据被依法变更或撤销的；

（四）据以定罪量刑的主要证据自相矛盾的；

（五）引用法律条文错误或者违反刑法第十二条的规定适用失效法律的；

（六）违反法律关于溯及力规定的；

（七）量刑明显不当的；

（八）审判程序不合法，影响案件公正裁判的；

（九）审判人员在审理案件时索贿受贿、徇私舞弊并导致枉法裁判的。

第十条　人民法院对刑事案件的申诉人在刑罚执行完毕后两年内提出的申诉，应当受理；超过两年提出申诉，具有下列情形之一的，应当受理：

（一）可能对原审被告人宣告无罪的；

（二）原审被告人在本条规定的期限内向人民法院提出申诉，人民法院未受理的；

（三）属于疑难、复杂、重大案件的。

不符合前款规定的，人民法院不予受理。

第十一条　人民法院对刑事附带民事案件中仅就民事部分提出申诉的，一般不予再审立案。但有证据证明民事部分明显失当且原审被告人有赔偿能力的除外。

第十二条　人民法院对民事、行政案件的再审申请人或申诉人超过两年提出再审申请或申诉的，不予受理。

第十三条　人民法院对不符合法定主体资格的再审申请或申诉，不予受理。

第十五条　上级人民法院对经终审法院的上一级人民法院依照审判监督程序审理后维持原判或者经两级人民法院依照审判监督程序复查均驳回的申请再审或申诉案件，一般不予受理。

但再审申请人或申诉人提出新的理由，且符合《中华人民共和国刑事诉讼法》第二百零四条、《中华人民共和国民事诉讼法》第一百七十九条、《中华人民共和国行政诉讼法》第六十二条及本规定第七、八、九条规定条件的，以及刑事案件的原审被告人可能被宣告无罪的除外。

第十六条　最高人民法院再审裁判或者复查驳回的案件，再审申请人或申诉人仍不服提出再审申请或申诉的，不予受理。

第十七条　本意见自 2002 年 11 月 1 日起施行。以前有关再审立案的规定与本意见不一致的，按本意见执行。

最高人民法院《关于审理人民检察院按照审判监督程序提出的刑事抗诉案件若干问题的规定》

（2011 年 4 月 18 日最高人民法院审判委员会第 1518 次会议通过，自 2012 年 1 月 1 日起施行，法释〔2011〕23 号）

为规范人民法院审理人民检察院按照审判监督程序提出的刑事抗诉案件，根据《中华人民共和国刑事诉讼法》及有关规定，结合审判工作实际，制定本规定。

第一条　人民法院收到人民检察院的抗诉书后，应在一个月内立案。经审查，具有下列情形之一的，应当决定退回人民检察院：

（一）不属于本院管辖的；

（二）按照抗诉书提供的住址无法向被提出抗诉的原审被告人送达抗诉书的；

（三）以有新证据为由提出抗诉，抗诉书未附有新的证据目录、证人名单和主要证据复印件或者照片的；

（四）以有新证据为由提出抗诉，但该证据并不是指向原起诉事实的。

人民法院决定退回的刑事抗诉案件，人民检察院经补充相关材料后再次提出抗诉，经审查符合受理条件的，人民法院应当予以受理。

第二条 人民检察院按照审判监督程序提出的刑事抗诉案件，接受抗诉的人民法院应当组成合议庭进行审理。涉及新证据需要指令下级人民法院再审的，接受抗诉的人民法院应当在接受抗诉之日起一个月以内作出决定，并将指令再审决定书送达提出抗诉的人民检察院。

第三条 本规定所指的新证据，是指具有下列情形之一，指向原起诉事实并可能改变原判决、裁定据以定罪量刑的事实的证据：

（一）原判决、裁定生效后新发现的证据；

（二）原判决、裁定生效前已经发现，但由于客观原因未予收集的证据；

（三）原判决、裁定生效前已经收集，但庭审中未予质证、认证的证据；

（四）原生效判决、裁定所依据的鉴定结论、勘验、检查笔录或其他证据被改变或者否定的。

第四条 对于原判决、裁定事实不清或者证据不足的案件，接受抗诉的人民法院进行重新审理后，应当按照下列情形分别处理：

（一）经审理能够查清事实的，应当在查清事实后依法裁判；

（二）经审理仍无法查清事实，证据不足，不能认定原审被告人有罪的，应当判决宣告原审被告人无罪；

（三）经审理发现有新证据且超过刑事诉讼法规定的指令再审期限的，可以裁定撤销原判，发回原审人民法院重新审判。

第五条 对于指令再审的案件，如果原来是第一审案件，接受抗诉的人民法院应当指令第一审人民法院依照第一审程序进行审判，所作的判决、裁定，可以上诉、抗诉；如果原来是第二审案件，接受抗诉的人民法院应当指令第二审人民法院依照第二审程序进行审判，所作的判决、裁定，是终审的判决、裁定。

第六条 在开庭审理前，人民检察院撤回抗诉的，人民法院应当裁定准许。

第七条 在送达抗诉书后被提出抗诉的原审被告人未到案的，人民法院应当裁定中止审理；原审被告人到案后，恢复审理。

第八条 被提出抗诉的原审被告人已经死亡或者在审理过程中死亡的，人民法院应当裁定终止审理，但对能够查清事实，确认原审被告人无罪的案件，应当予以改判。

第九条 人民法院作出裁判后，当庭宣告判决的，应当在五日内将裁判文书送达当事人、法定代理人、诉讼代理人、提出抗诉的人民检察院、辩护人和原审被告人的近亲属；定期宣告判决的，应当在判决宣告后立即将裁判文书送达当事人、法定代理人、诉讼代理人、提出抗诉的人民检察院、辩护人和原审被告人的近亲属。

第十条 以前发布的有关规定与本规定不一致的，以本规定为准。

最高人民法院
《关于再审改判案件几个问题的通知》

（1987年12月23日）

各省、自治区、直辖市高级人民法院，解放军军事法院：

最近，我院发现有些再审、改判案件，由于判决书写得不够清楚，又没有做好当事人和有关方面的工作，引起当事人对判决不服，到处申诉，影响不好。为此，特请注意：

一、在改判判决书中，应当写明案件事实和改判的理由，使当事人和有关人员能够了解法院改判的事实、法律根据。

二、案件改判后，要认真做好双方当事人的思想工作，进行法制教育。对不构成犯罪但确有一般违法行为和严重错误的，要严肃指出其错误的性质和危害，以防止其改判后翘尾巴。

三、在案件改判前后，要加强同有关单位联系，请他们协助做好双方当事人的工作。对宣告无罪但有一般违法行为或严重错误，需要给予党纪、政纪处分的，可建议有关党委和行政部门研究处理。

最高人民法院研究室
《关于对第二审终审的刑事案件第二审法院进行再审时可否加重刑罚不给上诉权问题的电话答复》

（1990年8月16日）

湖北省高级人民法院研究室：

你室鄂法研〔1990〕6号《关于对二审终审的刑事案件第二审法院进行再审时可否加重刑罚不给上诉权问题的请示报告》收悉，经研究答复如下：

"请示报告"所述：被告人李某某因故意伤害罪被判处有期徒刑十二年，上诉后中级人民法院维持原判。被告人亲属不服提出申诉，中级人民法院经审查认为原判量刑不当，需要改判加重刑罚。对于这种案件，我们认为，如果是需将原判有期徒刑十二年改判加重刑罚二、三年（最多只能加重到十五年），这说明原判量刑偏轻，而不是畸轻，因此可不必再审改判；如果确需将原判改为无期徒刑或者死刑，则中级人民法院应撤销原第一、二审判决、裁定，并根据刑事诉讼法第十五条的规定，由中级人民法院作为第一审，重新审判。对于重新审判后的判决，当事人可以上诉，同级人民检察院可以抗诉。

最高人民法院研究室
《关于罪犯在服刑期间又犯罪被服刑地法院以数罪并罚论处的现前罪改判应当由哪一个法院决定执行刑罚问题的电话答复》

（1991年6月18日）

福建省高级人民法院：

你院〔1991〕闽法刑二字第79号《关于罪犯在服刑期间又犯罪被服刑地法院以数罪并罚论处的，现前罪改判应当由哪一个法院决定执行刑罚问题的请示》收悉。经研究，答复如下：

这类问题，我们曾于1989年答复过

湖北省高级人民法院，答复意见是：对于再审改判前因犯新罪被加刑的罪犯，在对其前罪再审时，应当将罪犯后罪时判决中关于前罪与后罪并罚的内容撤销，并把经再审改判后的前罪没有执行完的刑罚和后罪已判处的刑罚，按照刑法第六十六条的规定实行数罪并罚。关于原前罪与后罪并罚的判决由哪个法院撤销，应当视具体情况确定：如果再审法院是对后罪作出判决的法院的上级法院，或者是对后罪作出判决的同一法院，可以由再审法院撤销，否则，应当由对后罪作出判决的法院撤销。

请你们按照上述意见办理。

最高人民法院研究室 《关于高级人民法院第二审判处无期徒刑的案件发现原判量刑不当需改判死刑应如何适用程序问题的电话答复》

（1991年7月1日）

江西省高级人民法院：

你院《关于高级人民法院第二审判处无期徒刑的案件发现原判量刑不当需改判死刑应如何适用程序的请示》收悉。经研究，我们认为：中级人民法院判处无期徒刑的第一审案件，被告人上诉，经高级人民法院第二审后，裁定维持原判，裁定即已发生法律效力。现高级人民法院发现原判在适用法律上确有错误，拟按审判监督程序改判死刑的，应当按照刑事诉讼法第一百五十条的规定，原来是第二审案件，仍应依照第二审程序进行审判。审理后，如果认为应当判处被告人死刑的，可参照刑事诉讼法第一百四十九条第一款的规定，由审判委员会决定，撤销原第一、二审判决、裁定，发回原第一审法院重新审判。

最高人民法院研究室 《关于对无期徒刑犯减刑后原审法院发现原判决有错误予以改判，原减刑裁定应如何适用法律条款予以撤销问题的答复》

（1994年11月7日）

江西省高级人民法院：

你院赣高法〔1994〕110号《关于撤销减刑裁定应当如何适用法律条款的请示》收悉。经研究，答复如下：

被判处无期徒刑的罪犯由服刑地的高级人民法院依法裁定减刑后，原审人民法院发现原判决确有错误并依照审判监督程序改判为有期徒刑的，应当依照我院法（研）复〔1989〕2号批复撤销原减刑裁定。鉴于原减刑裁定是在无期徒刑基础上的减刑，既然原判无期徒刑已被认定为错判，那么原减刑裁定在认定事实和适用法律上亦应视为确有错误。由此，由罪犯服刑地的高级人民法院根据刑事诉讼法第一百四十九条第一款的规定，按照审判监督程序撤销原减刑裁定是适宜的。

最高人民法院
《关于办理不服本院生效裁判案件的若干规定》

(2001年10月29日 法发〔2001〕20号)

根据《中华人民共和国刑事诉讼法》、《中华人民共和国民事诉讼法》和《中华人民共和国行政诉讼法》及《最高人民法院机关内设机构及新设事业单位职能》的有关规定,为规范审判监督工作,制定本规定。

一、立案庭对不服本院生效裁判案件经审查认为可能有错误,决定再审立案或者登记立案并移送审判监督庭后,审判监督庭应及时审理。

二、经立案庭审查立案的不服本院生效裁判案件,立案庭应将本案全部卷宗材料调齐,一并移送审判监督庭。

经立案庭登记立案、尚未归档的不服本院生效裁判案件,审判监督庭需要调阅有关案卷材料的,应向相关业务庭发出调卷通知。有关业务庭应在收到调卷通知十日内,将有关案件卷宗按规定装订齐,移送审判监督庭。

三、在办理不服本院生效裁判案件过程中,经庭领导同意,承办人可以就案件有关情况与原承办人或原合议庭交换意见;未经同意,承办人不得擅自与原承办人或原合议庭交换意见。

四、对立案庭登记立案的不服本院生效裁判案件,合议庭在审查过程中,认为对案件有关情况需要听取双方当事人陈述的,应报庭领导决定。

五、对本院生效裁判案件经审查认为应当再审的,或者已经进入再审程序、经审理认为应当改判的,由院长提交审判委员会讨论决定。

提交审判委员会讨论的案件审理报告应注明原承办人和原合议庭成员的姓名,并可附原合议庭对审判监督庭再审查结论的书面意见。

六、审判监督庭经审查驳回当事人申请再审的,或者经过再审程序审理结案的,应及时向本院有关部门通报案件处理结果。

七、审判监督庭在审理案件中,发现原办案人员有《人民法院审判人员违法审判责任追究办法(试行)》、《人民法院审判纪律处分办法(试行)》规定的违法违纪情况的,应移送纪检组(监察室)处理。

当事人在案件审查或审理过程中反映原办案人员有违法违纪问题或提交有关举报材料的,应告知其向本院纪检组(监察室)反映或提交;已收举报材料的,审判监督庭应及时移送纪检组(监察室)。

八、对不服本院执行工作办公室、赔偿委员会办公室办理的有关案件,按照本规定执行。

九、审判监督庭负责本院国家赔偿的确认工作,办理高级人民法院国家赔偿确认工作的请示,负责对全国法院赔偿确认工作的监督与指导。

十、地方各级人民法院、专门人民法院可根据本规定精神,制定具体规定。

最高人民检察院
《关于办理不服人民法院生效刑事裁判申诉案件若干问题的规定》

(2012年1月18日最高人民检察院第十一届检察委员会第七十次会议通

过,自 2012 年 1 月 19 日起施行,高检发〔2012〕1 号)

为进一步规范不服人民法院生效刑事裁判申诉案件的办理工作,加强内部监督制约,强化对人民法院生效刑事裁判的监督,根据《中华人民共和国刑事诉讼法》的有关规定,现就人民检察院办理不服人民法院生效刑事裁判申诉案件的有关问题作如下规定。

第一条 当事人及其法定代理人、近亲属认为人民法院已经发生法律效力的刑事判决、裁定确有错误,向人民检察院申诉的,由作出生效判决、裁定的人民法院的同级人民检察院刑事申诉检察部门受理,并依法办理。

当事人及其法定代理人、近亲属直接向上级人民检察院申诉的,上级人民检察院可以交由作出生效判决、裁定的人民法院的同级人民检察院受理;案情重大、疑难、复杂的,上级人民检察院可以直接受理。

第二条 当事人及其法定代理人、近亲属对人民法院已经发生法律效力的判决、裁定的申诉,经人民检察院复查决定不予抗诉后继续提出申诉的,上一级人民检察院应当受理。

第三条 对不服人民法院已经发生法律效力的刑事判决、裁定的申诉,经两级人民检察院办理且省级人民检察院已经复查的,如果没有新的事实和理由,人民检察院不再立案复查。但原审被告人可能被宣告无罪的除外。

第四条 人民检察院刑事申诉检察部门对已经发生法律效力的刑事判决、裁定的申诉复查后,认为需要提出抗诉的,报请检察长提交检察委员会讨论决定。

第五条 地方各级人民检察院对同级人民法院已经发生法律效力的刑事判决、裁定的申诉复查后,认为需要提出抗诉的,经检察委员会讨论决定,应当提请上一级人民检察院抗诉。

上级人民检察院刑事申诉检察部门对下一级人民检察院提请抗诉的申诉案件审查后,认为需要提出抗诉的,报请检察长提交检察委员会讨论决定。

第六条 最高人民检察院对不服各级人民法院已经发生法律效力的刑事判决、裁定的申诉,上级人民检察院对不服下级人民法院已经发生法律效力的刑事判决、裁定的申诉,经复查决定抗诉的,应当制作《刑事抗诉书》,按照审判监督程序向同级人民法院提出抗诉。人民法院开庭审理时,由同级人民检察院刑事申诉检察部门派员出庭支持抗诉。

第七条 对不服人民法院已经发生法律效力的刑事判决、裁定的申诉复查终结后,应当制作《刑事申诉复查通知书》,并在十日内送达申诉人。

第八条 本规定自发布之日起施行。本规定发布前有关不服人民法院生效刑事判决、裁定申诉案件办理的规定与本规定不一致的,以本规定为准。

最高人民法院
《关于刑事再审案件开庭审理
程序的具体规定(试行)》

(2001 年 10 月 18 日最高人民法院审判委员会 1196 次会议通过,自 2002 年 1 月 1 日起施行,法释〔2001〕31 号)

为了深化刑事庭审方式的改革,进

一步提高审理刑事再审案件的效率,确保审判质量,规范案件开庭审理的程序,根据《中华人民共和国刑事诉讼法》、最高人民法院《关于执行〈中华人民共和国刑事诉讼法〉若干问题的解释》的规定,制定本规定。

第一条 本规定适用依照第一审程序或第二审程序开庭审理的刑事再审案件。

第二条 人民法院在收到人民检察院按照审判监督程序提出抗诉的刑事抗诉书后,应当根据不同情况,分别处理:

(一)不属于本院管辖的,决定退回人民检察院;

(二)按照抗诉书提供的原审被告人(原审上诉人)住址无法找到原审被告人(原审上诉人)的,人民法院应当要求提出抗诉的人民检察院协助查找;经协助查找仍无法找到的,决定退回人民检察院;

(三)抗诉书没有写明原审被告人(原审上诉人)准确住址的,应当要求人民检察院在七日内补充,经补充后仍不明确或逾期不补的,裁定维持原判;

(四)以有新的证据证明原判决、裁定认定的事实确有错误为由提出抗诉,但抗诉书未附有新的证据目录、证人名单和主要证据复印件或者照片的,人民检察院应当在七日内补充;经补充后仍不完备或逾期不补的,裁定维持原判。

第三条 以有新的证据证明原判决、裁定认定的事实确有错误为由提出申诉的,应当同时附有新的证据目录、证人名单和主要证据复印件或者照片。需要申请人民法院调取证据的,应当附有证据线索。未附有的,应当在七日内补充;经补充后仍不完备或逾期不补的,应当决定不予受理。

第四条 参与过本案第一审、第二审、复核程序审判的合议庭组成人员,不得参与本案的再审程序的审判。

第五条 人民法院审理下列再审案件,应当依法开庭审理:

(一)依照第一审程序审理的;

(二)依照第二审程序需要对事实或者证据进行审理的;

(三)人民检察院按照审判监督程序提出抗诉的;

(四)可能对原审被告人(原审上诉人)加重刑罚的;

(五)有其他应当开庭审理情形的。

第六条 下列再审案件可以不开庭审理:

(一)原判决、裁定认定事实清楚,证据确实、充分,但适用法律错误,量刑畸重的;

(二)1979年《中华人民共和国刑事诉讼法》施行以前裁判的;

(三)原审被告人(原审上诉人)、原审自诉人已经死亡,或者丧失刑事责任能力的;

(四)原审被告人(原审上诉人)在交通十分不便的边远地区监狱服刑,提押到庭确有困难的。但人民检察院提出抗诉的,人民法院应征得人民检察院的同意;

(五)人民法院按照审判监督程序决定再审,按本规定第九条第(五)项规定,经两次通知,人民检察院不派员出庭的。

第七条 人民法院审理共同犯罪再审案件,如果人民法院再审决定书或者人民检察院抗诉书只对部分同案原审被告人(同案原审上诉人)提起再审,其他未涉及的同案原审被告人(同案原审上诉人)不出庭不影响案件审理的,可以不出庭参与诉讼；

部分同案原审被告人(同案原审上诉人)具有本规定第六条第(三)、(四)项规定情形不能出庭的,不影响案件的开庭审理。

第八条 除人民检察院抗诉的以外,再审一般不得加重原审被告人(原审上诉人)的刑罚。

根据本规定第六条第(二)、(三)、(四)、(五)、(六)项、第七条的规定,不具备开庭条件可以不开庭审理的,或者可以不出庭参加诉讼的,不得加重未出庭原审被告人(原审上诉人)、同案原审被告人(同案原审上诉人)的刑罚。

第九条 人民法院在开庭审理前,应当进行下列工作：

(一)确定合议庭的组成人员；

(二)将再审决定书、申诉书副本至迟在开庭三十日前,重大、疑难案件至迟在开庭六十日前送达同级人民检察院,并通知其查阅案卷和准备出庭；

(三)将再审决定书或抗诉书副本至迟在开庭三十日以前送达原审被告人(原审上诉人)告知其可以委托辩护人或者依法为其指定承担法律援助义务的律师担任辩护人；

(四)至迟在开庭十五日前,重大、疑难案件至迟在开庭六十日前,通知辩护人查阅案卷和准备出庭；

(五)将开庭的时间、地点在开庭七日以前通知人民检察院；

(六)传唤当事人,通知辩护人、诉讼代理人、证人、鉴定人和翻译人员,传票和通知书至迟在开庭七日以前送达；

(七)公开审判的案件,在开庭七日以前先期公布案由、原审被告人(原审上诉人)姓名、开庭时间和地点。

第十条 人民法院审理人民检察院提出抗诉的再审案件,对人民检察院接到出庭通知后未出庭的,应当裁定按人民检察院撤回抗诉处理,并通知诉讼参与人。

第十一条 人民法院决定再审或者受理抗诉书后,原审被告人(原审上诉人)正在服刑的,人民法院依据再审决定书或者抗诉书及提押票等文书办理提押；

原审被告人(原审上诉人)在押,再审可能改判宣告无罪的,人民法院裁定中止执行原裁决后,可以取保候审；

原审被告人(原审上诉人)不在押,确有必要采取强制措施并符合法律规定采取强制措施条件的,人民法院裁定中止执行原裁决后,依法采取强制措施。

第十二条 原审被告人(原审上诉人)收到再审决定书或者抗诉书后下落不明或者收到抗诉书后未到庭的,人民法院应当中止审理；原审被告人(原审上诉人)到案后,恢复审理；如果超过二年仍查无下落的,应当裁定终止审理。

第十三条 人民法院应当在开庭三十日前通知人民检察院、当事人或者辩护人查阅、复制双方提交的新证据目录及新证据复印件、照片。

人民法院应当在开庭十五日前通知控辩双方查阅、复制人民法院调取的新证据目录及新证据复印件、照片等证据。

第十四条 控辩双方收到再审决定书或抗诉书后,人民法院通知开庭之日前,可以提交新的证据。开庭后,除对原审被告人(原审上诉人)有利的外,人民法院不再接纳新证据。

第十五条 开庭审理前,合议庭应当核实原审被告人(原审上诉人)何时因何案被人民法院依法裁判,在服刑中有无重新犯罪,有无减刑、假释,何时刑满释放等情形。

第十六条 开庭审理前,原审被告人(原审上诉人)到达开庭地点后,合议庭应当查明原审被告人(原审上诉人)基本情况,告知原审被告人(原审上诉人)享有辩护权和最后陈述权,制作笔录后,分别由该合议庭成员和书记员签名。

第十七条 开庭审理时,审判长宣布合议庭组成人员及书记员,公诉人、辩护人、鉴定人和翻译人员的名单,并告知当事人、法定代理人享有申请回避的权利。

第十八条 人民法院决定再审的,由合议庭组成人员宣读再审决定书。

根据人民检察院提出抗诉进行再审的,由公诉人宣读抗诉书。

当事人及其法定代理人、近亲属提出申诉的,由原审被告人(原审上诉人)及其辩护人陈述申诉理由。

第十九条 在审判长主持下,控辩双方应就案件的事实、证据和适用法律等问题分别进行陈述。合议庭对控辩双方无争议和有争议的事实、证据及适用法律问题进行归纳,予以确认。

第二十条 在审判长主持下,就控辩双方有争议的问题,进行法庭调查和辩论。

第二十一条 在审判长主持下,控辩双方对提出的新证据或者有异议的原审据以定罪量刑的证据进行质证。

第二十二条 进入辩论阶段,原审被告人(原审上诉人)及其法定代理人、近亲属提出申诉的,先由原审被告人(原审上诉人)及其辩护人发表辩护意见,然后由公诉人发言,被害人及其代理人发言。

被害人及其法定代理人、近亲属申诉的,先由被害人及其代理人发言,公诉人发言,然后由原审被告人(原审上诉人)及其辩护人发表辩护意见。

人民检察院提出抗诉的,先由公诉人发言,被害人及其代理人发言,然后由原审被告人(原审上诉人)及其辩护人发表辩护意见。

既有申诉又有抗诉的,先由公诉人发言,后由申诉方当事人及其代理人或者辩护人发言或者发表辩护意见,然后由对方当事人及其代理人或辩护人发言或者发表辩护意见。

公诉人、当事人和辩护人、诉讼代理人经审判长许可,可以互相辩论。

第二十三条 合议庭根据控辩双方举证、质证和辩论情况,可以当庭宣布认证结果。

第二十四条 再审改判宣告无罪并依法享有申请国家赔偿权利的当事人,宣判时合议庭应当告知其该判决发生法律效力后即有申请国家赔偿的权利。

第二十五条 人民法院审理再审案件,应当在作出再审决定之日起三个月内审结。需要延长期限的,经本院院长批准,可以延长三个月。

自接到阅卷通知后的第二日起,人民检察院查阅案卷超过七日后的期限,不计入再审审理期限。

第二十六条 依照第一、二审程序审理的刑事自诉再审案件开庭审理程序,参照本规定执行。

第二十七条 本规定发布前最高人民法院有关再审案件开庭审理程序的规定,与本规定相抵触的,以本规定为准。

第二十八条 本规定自2002年1月1日起执行。

最高人民法院研究室《关于对刑罚已执行完毕,由于发现新的证据,又因同一事实被以新的罪名重新起诉的案件,应适用何种程序进行审理等问题的答复》

(2002年7月31日)

安徽省高级人民法院:

你院〔2001〕皖刑终字第610号《关于对刑罚已执行完毕的罪犯,又因同一案件被以新的罪名重新起诉,应适用何种程序进行审理及原服完的刑期在新刑罚中如何计算的请示》(以下简称《请示》)收悉。经研究,答复如下:

你院《请示》中涉及的案件是共同犯罪案件,因此,对于先行判决且刑罚已经执行完毕,由于同案犯归案发现新的证据,又因同一事实被以新的罪名重新起诉的被告人,原判人民法院应当按照审判监督程序撤销原判决、裁定,并将案件移送有管辖权的人民法院,按照第一审程序与其他同案被告人并案审理。

该被告人已经执行完毕的刑罚,由收案的人民法院在对被指控的新罪作出判决时依法折抵,被判处有期徒刑的,原执行完毕的刑期可以折抵刑期。

最高人民检察院《关于调整服刑人员刑事申诉案件管辖的通知》

(2003年4月11日 高检发刑申字〔2003〕1号)

各省、自治区、直辖市人民检察院,军事检察院,新疆生产建设兵团人民检察院:

为了进一步规范检察机关办理服刑人员及其法定代理人、近亲属刑事申诉案件工作,现就服刑人员刑事申诉案件管辖的有关问题通知如下:

一、原由检察机关监所检察部门负责办理的服刑人员及其法定代理人、近亲属的刑事申诉案件,划归刑事申诉检察部门办理(未单设刑事申诉检察部门的,由控告申诉检察部门负责办理)。

二、派驻监管单位的检察人员接到服刑人员及其法定代理人、近亲属向人民检察院提出的刑事申诉案件后,移送本院控告申诉检察部门统一受理,由该部门转原审人民法院所在地的人民检察院刑事申诉检察部门办理。

三、各级人民检察院应根据刑事申诉检察部门刑事申诉案件管辖范围扩大,业务量增加的实际情况,合理调配编制,以适应工作需要。

四、派出检察院仍负责办理其管辖内监狱服刑人员及其法定代理人、近亲属的刑事申诉案件。

五、对本《通知》下发前监所检察部门正在办理的服刑人员刑事申诉案件,可由监所检察部门继续办结。

最高人民检察院
《关于办理服刑人员刑事申诉案件有关问题的通知》

（2007年9月5日 高检发刑申字〔2007〕3号）

各省、自治区、直辖市人民检察院，军事检察院，新疆生产建设兵团人民检察院：

为贯彻落实《最高人民检察院关于加强和改进监所检察工作的决定》，进一步规范检察机关办理服刑人员及其法定代理人、近亲属刑事申诉案件工作，根据《人民检察院复查刑事申诉案件规定》和有关规定，现就办理服刑人员刑事申诉案件的有关问题通知如下：

一、人民检察院监所检察部门及派出检察院接到服刑人员及其法定代理人、近亲属提出的刑事申诉后，应当认真审查，提出审查意见，并分别情况予以处理：

（一）原审判决或者裁定正确，申诉理由不成立的，应当将审查结果答复申诉人，并做好息诉工作；

（二）原审判决或者裁定有错误可能，需要人民检察院立案复查的，应当将申诉材料及审查意见一并移送作出原生效判决或者裁定的人民法院的同级人民检察院，由刑事申诉检察部门办理；

（三）对于反映违法扣押当事人款物不还、刑期折抵有误以及不服刑罚执行变更决定的申诉，由监所检察部门依法处理。

二、接受移送的人民检察院刑事申诉检察部门对于本院管辖的服刑人员申诉，应当受理和办理，并在结案后十日内将审查或者复查结果通知移送的人民检察院。因案情复杂，在三个月内未办结的，应将审查或者复查情况通知移送的人民检察院。

在申诉案件办理过程中，接受移送的人民检察院刑事申诉检察部门需要进行提审服刑人员等调查活动的，移送的人民检察院应当予以协助配合。

三、移送的人民检察院收到审查或者复查结果后，应当及时答复申诉人。

四、本通知下发前派出检察院正在办理的服刑人员刑事申诉案件，由派出检察院办结。

五、本通知自发布之日起施行。本通知发布前有关服刑人员申诉案件管辖的规定，与本通知不一致的，以本通知为准。

最高人民检察院
《人民检察院办理刑事申诉案件规定》

（2020年5月19日最高人民检察院第十三届检察委员会第三十八次会议通过，2020年9月22日印发）

第一章 总 则

第一条 为依法履行法律监督职能，完善内部制约机制，规范刑事申诉案件办理程序，根据《中华人民共和国刑事诉讼法》《中华人民共和国人民检察院组织法》和有关法律规定，结合人民检察院办理刑事申诉案件工作实际，制定本规定。

第二条 本规定所称刑事申诉，是指对人民检察院诉讼终结的刑事处理决定或者人民法院已经发生法律效力的刑事判决、裁定不服,向人民检察院提出的申诉。

第三条　人民检察院通过办理刑事申诉案件,纠正错误的决定、判决和裁定,维护正确的决定、判决和裁定,保护当事人的合法权益,促进司法公正,维护社会和谐稳定,保障国家法律的统一正确实施。

第四条　人民检察院办理刑事申诉案件,应当遵循下列原则:

(一)原案办理与申诉办理相分离;

(二)全案复查,公开公正;

(三)实事求是,依法纠错;

(四)释法说理,化解矛盾。

第五条　人民检察院办理刑事申诉案件,应当根据案件具体情况进行审查和复查,繁简分流,规范有序,切实提高案件办理质效。

第六条　人民检察院办理刑事申诉案件,根据办案工作需要,可以采取公开听证、公开答复等方式,公开、公正处理案件。

第七条　人民检察院办理刑事申诉案件,应当依法保障律师执业权利。

第二章　管　辖

第八条　人民检察院管辖的下列刑事申诉,按照本规定办理:

(一)不服人民检察院因犯罪嫌疑人没有犯罪事实,或者符合《中华人民共和国刑事诉讼法》第十六条规定情形而作出的不批准逮捕决定的申诉;

(二)不服人民检察院不起诉决定的申诉;

(三)不服人民检察院撤销案件决定的申诉;

(四)不服人民检察院其他诉讼终结的刑事处理决定的申诉;

(五)不服人民法院已经发生法律效力的刑事判决、裁定的申诉。

上述情形之外的其他与人民检察院办理案件有关的申诉,不适用本规定,按照《人民检察院刑事诉讼规则》等规定办理。

第九条　不服人民检察院诉讼终结的刑事处理决定的申诉,由作出决定的人民检察院管辖,本规定另有规定的除外。

不服人民法院已经发生法律效力的刑事判决、裁定的申诉,由作出生效判决、裁定的人民法院的同级人民检察院管辖。

不服人民检察院刑事申诉案件审查或者复查结论的申诉,由上一级人民检察院管辖。

第十条　被害人及其法定代理人、近亲属不服人民检察院不起诉决定,在收到不起诉决定书后七日以内提出申诉的,由作出不起诉决定的人民检察院的上一级人民检察院管辖。

第十一条　上级人民检察院在必要时,可以将本院管辖的刑事申诉案件交下级人民检察院办理,也可以直接办理由下级人民检察院管辖的刑事申诉案件。

第三章　受　理

第十二条　人民检察院对符合下列条件的申诉,应当受理,本规定另有规定的除外:

(一)属于本规定第二条规定的刑事申诉;

(二)符合本规定第二章管辖规定;

(三)申诉人是原案的当事人及其法定代理人、近亲属;

(四)申诉材料符合受理要求。

申诉人委托律师代理申诉,且符合上

述条件的,应当受理。

第十三条 申诉人向人民检察院提出申诉时,应当递交申诉书、身份证明、相关法律文书及证据材料或者证据线索。

身份证明是指自然人的居民身份证、军官证、士兵证、护照等能够证明本人身份的有效证件;法人或者其他组织的营业执照副本和法定代表人或者主要负责人的身份证明等有效证件。申诉人系正在服刑的罪犯,有效证件由刑罚执行机关保存的,可以提供能够证明本人身份的有效证件的复印件。对身份证明,人民检察院经核对无误留存复印件。

相关法律文书是指人民检察院作出的决定书、刑事申诉审查、复查结论文书,或者人民法院作出的刑事判决书、裁定书等法律文书。

第十四条 申诉人递交的申诉书应当写明下列事项:

(一)申诉人的姓名、性别、出生日期、工作单位、住址、有效联系方式,法人或者其他组织的名称、所在地址和法定代表人或者主要负责人的姓名、职务、有效联系方式;

(二)申诉请求和所依据的事实与理由;

(三)申诉人签名、盖章或者捺指印及申诉时间。

申诉人不具备书写能力口头提出申诉的,应当制作笔录,并由申诉人签名或者捺指印。

第十五条 自诉案件当事人及其法定代理人、近亲属对人民法院已经发生法律效力的刑事判决、裁定不服提出的申诉,刑事附带民事诉讼当事人及其法定代理人、近亲属对人民法院已经发生法律效力的刑事附带民事判决、裁定不服提出的申诉,人民检察院应当受理,但是申诉人对人民法院因原案当事人及其法定代理人自愿放弃诉讼权利或者没有履行相应诉讼义务而作出的判决、裁定不服的申诉除外。

第十六条 刑事申诉由控告申诉检察部门统一接收。控告申诉检察部门对接收的刑事申诉应当在七个工作日以内分别情况予以处理并告知申诉人:

(一)属于本院管辖并符合受理条件的,予以受理;

(二)属于本院管辖的不服生效刑事判决、裁定的申诉,申诉人已向人民法院提出申诉,人民法院已经受理且正在办理程序中的,告知待人民法院处理完毕后如不服再提出申诉;

(三)属于人民检察院管辖但是不属于本院管辖的,移送有管辖权的人民检察院处理;

(四)不属于人民检察院管辖的,移送其他机关处理。

第四章 审 查

第十七条 对受理的刑事申诉案件,控告申诉检察部门应当进行审查。

审查刑事申诉案件,应当审查申诉材料、原案法律文书,可以调取相关人民检察院审查报告、案件讨论记录等材料,可以听取申诉人、原案承办人员意见。

对于首次向人民检察院提出的刑事申诉案件,应当调阅原案卷宗进行审查,并听取申诉人或者其委托代理律师意见。必要时可以采用公开听证方式进行审查。

第十八条 经审查,具有下列情形之一的,应当审查结案:

(一)原判决、裁定或者处理决定认

定事实清楚,证据确实充分,处理适当的;

(二)原案虽有瑕疵,但不足以影响原判决、裁定或者处理决定结论的;

(三)其他经审查认为原判决、裁定或者处理决定正确的。

对已经两级人民检察院审查或者复查,作出的结论正确,且已对申诉人提出的申诉理由作出合法合理答复,申诉人未提出新的理由的刑事申诉案件,可以审查结案。

第十九条 控告申诉检察部门经审查,具有下列情形之一的,应当移送刑事检察部门办理:

(一)原判决、裁定或者处理决定存在错误可能的;

(二)不服人民检察院诉讼终结的刑事处理决定首次提出申诉的;

(三)被害人及其法定代理人、近亲属、被不起诉人及其法定代理人、近亲属不服不起诉决定,在收到不起诉决定书后七日以内提出申诉的。

第二十条 原判决、裁定或者处理决定是否存在错误可能,应当从以下方面进行审查:

(一)原判决、裁定或者处理决定认定事实是否清楚、适用法律是否正确;

(二)据以定案的证据是否确实、充分,是否存在矛盾或者可能是非法证据;

(三)处理结论是否适当;

(四)是否存在严重违反诉讼程序的情形;

(五)申诉人是否提出了可能改变原处理结论的新的证据;

(六)办案人员在办理该案件过程中是否存在贪污受贿、徇私舞弊、枉法裁判行为。

第二十一条 对决定移送的刑事申诉案件,应当制作刑事申诉案件移送函,连同申诉书、原判决、裁定、处理决定、人民检察院审查、复查文书等申诉材料移送刑事检察部门。

刑事申诉案件移送函应当载明案件来源、受理时间、申诉理由、审查情况、移送理由等内容。

对决定移送的刑事申诉案件,控告申诉检察部门应当调取原案卷宗,一并移送刑事检察部门。

第二十二条 对移送的刑事申诉案件,刑事检察部门应当对原案卷宗进行审查。经审查,认为原判决、裁定或者处理决定正确的,经检察官联席会议讨论后决定审查结案;认为原判决、裁定或者处理决定存在错误可能的,决定进行复查。

对不服人民检察院诉讼终结的刑事处理决定首次提出申诉的,或者被害人及其法定代理人、近亲属、被不起诉人及其法定代理人、近亲属不服不起诉决定,在收到不起诉决定书后七日以内提出申诉的,应当决定进行复查。

第二十三条 控告申诉检察部门审查刑事申诉案件,应当自受理之日起三个月以内作出审查结案或者移送刑事检察部门办理的决定,并告知申诉人。

刑事检察部门对移送的刑事申诉案件,应当自收到案件之日起三个月以内作出审查结案或者进行复查的决定,并告知申诉人。

重大、疑难、复杂案件,报检察长决定,可以适当延长办理期限。

调取卷宗期间不计入办案期限。

第二十四条 经审查,具有下列情形之一的,上级人民检察院可以交由下级人民检察院重新办理:

(一)首次办理刑事申诉的人民检察

院应当调卷审查而未调卷的,或者应当进行复查而未复查的;

(二)对申诉人提出的申诉理由未进行审查,或者未作出合法合理答复的;

(三)其他办案质量不高,认为应当重新办理的。

接受交办的人民检察院应当将重新办理结果向交办的上级人民检察院报告。

第二十五条 审查刑事申诉案件应当制作刑事申诉审查报告。听取意见、释法说理、公开听证等活动应当制作笔录。

第五章 复　　查

第一节 一般规定

第二十六条 复查刑事申诉案件应当由检察官或者检察官办案组办理,原案承办人员和原申诉案件承办人员不应参与办理。

第二十七条 复查刑事申诉案件应当全面审查申诉材料和全部案卷。

第二十八条 经审查,具有下列情形之一,认为需要调查核实的,应当拟定调查提纲进行调查:

(一)原案事实不清、证据不足的;

(二)申诉人提供了新的事实、证据或者证据线索的;

(三)有其他问题需要调查核实的。

第二十九条 对与案件有关的勘验、检查、辨认、侦查实验等笔录和鉴定意见,认为需要复核的,可以进行复核,也可以对专门问题进行鉴定或者补充鉴定。

第三十条 复查刑事申诉案件可以询问原案当事人、证人和其他有关人员。

对原判决、裁定确有错误,认为需要提请抗诉、提出抗诉或者提出再审检察建议的,应当询问或者讯问原审被告人。

第三十一条 复查刑事申诉案件应当听取申诉人及其委托代理律师意见,核实相关问题。

第三十二条 复查刑事申诉案件可以听取原申诉案件办理部门或者原案承办人员、原案承办部门意见,全面了解案件办理情况。

第三十三条 复查刑事申诉案件过程中进行的询问、讯问等调查活动,应当制作调查笔录。调查笔录应当经被调查人确认无误后签名或者捺指印。

第三十四条 刑事申诉案件经复查,案件事实、证据、适用法律和诉讼程序以及其他可能影响案件公正处理的情形已经审查清楚,能够得出明确复查结论的,应当复查终结。

第三十五条 复查终结刑事申诉案件,承办检察官应当制作刑事申诉复查终结报告,在规定的职权范围作出决定;重大、疑难、复杂案件,报检察长或者检察委员会决定。

经检察委员会决定的案件,应当将检察委员会决定事项通知书及讨论记录附卷。

第三十六条 复查刑事申诉案件,应当自决定复查之日起三个月以内办结。三个月以内不能办结的,报检察长决定,可以延长三个月,并告知申诉人。

重大、疑难、复杂案件,在前款规定期限内仍不能办结,确需延长办理期限的,报检察长决定延长办理期限。

第三十七条 接受交办的人民检察院对上级人民检察院交办的刑事申诉案件应当依法办理并报告结果。对属于本院管辖的刑事申诉案件应当进行复查。

对交办的刑事申诉案件,应当自收到交办文书之日起三个月以内办结。确需延长办理期限的,应当报检察长决定,延长期限不得超过三个月。延期办理的,应当向交办的上级人民检察院书面说明情况。

第二节 不服人民检察院诉讼终结的刑事处理决定申诉案件的复查

第三十八条 被害人及其法定代理人、近亲属不服不起诉决定,在收到不起诉决定书后七日以内提出申诉的,由作出不起诉决定的人民检察院的上一级人民检察院进行复查。

第三十九条 被不起诉人及其法定代理人、近亲属不服不起诉决定,在收到不起诉决定书后七日以内提出申诉的,由作出不起诉决定的人民检察院进行复查。

第四十条 被害人及其法定代理人、近亲属、被不起诉人及其法定代理人、近亲属不服不起诉决定,在收到不起诉决定书后七日以内均提出申诉的,由作出不起诉决定的人民检察院的上一级人民检察院进行复查。

第四十一条 被害人及其法定代理人、近亲属、被不起诉人及其法定代理人、近亲属不服不起诉决定,在收到不起诉决定书后七日以内提出申诉的,控告申诉检察部门应当制作刑事申诉案件移送函,连同申诉材料移送刑事检察部门进行复查。

被害人及其法定代理人、近亲属向作出不起诉决定的人民检察院提出申诉的,作出决定的人民检察院刑事检察部门应当将申诉材料连同案卷一并报送上一级人民检察院刑事检察部门进行复查。

第四十二条 被害人及其法定代理人、近亲属、被不起诉人及其法定代理人、近亲属不服不起诉决定,在收到不起诉决定书七日以后提出申诉的,由作出不起诉决定的人民检察院控告申诉检察部门进行审查。经审查,认为不起诉决定正确的,应当审查结案;认为不起诉决定存在错误可能的,制作刑事申诉案件移送函,连同申诉材料移送刑事检察部门进行复查。

不服人民检察院其他诉讼终结的刑事处理决定的申诉案件,依照前款规定办理。

第四十三条 对不服人民检察院诉讼终结的刑事处理决定的申诉案件进行复查后,应当分别作出如下处理:

(一)原处理决定正确的,予以维持;

(二)原处理决定正确,但所认定的部分事实或者适用法律错误的,应当纠正错误的部分,维持原处理决定;

(三)原处理决定错误的,予以撤销;需要重新进入诉讼程序的,将案件移送有管辖权的人民检察院或者本院有关部门依法办理。

第三节 不服人民法院已经发生法律效力的刑事判决、裁定申诉案件的复查

第四十四条 最高人民检察院对不服各级人民法院已经发生法律效力的刑事判决、裁定的申诉,上级人民检察院对不服下级人民法院已经发生法律效力的刑事判决、裁定的申诉,经复查决定提出抗诉的,应当按照审判监督程序向同级人民法院提出抗诉,或者指令作出生效判决、裁定的人民法院的上一级人民检察院向同级人民法院提出抗诉。

第四十五条 经复查认为人民法院已经发生法律效力的刑事判决、裁定确有错误,具有下列情形之一的,应当按照审判监督程序向人民法院提出抗诉:

（一）原判决、裁定认定事实、适用法律确有错误致裁判不公或者原判决、裁定的主要事实依据被依法变更或者撤销的；

（二）认定罪名错误且明显影响量刑的；

（三）量刑明显不当的；

（四）据以定罪量刑的证据不确实、不充分，或者主要证据之间存在矛盾，或者依法应当予以排除的；

（五）有新的证据证明原判决、裁定认定的事实确有错误，可能影响定罪量刑的；

（六）违反法律关于追诉时效期限的规定的；

（七）违反法律规定的诉讼程序，可能影响公正审判的；

（八）审判人员在审理案件的时候有贪污受贿、徇私舞弊、枉法裁判行为的。

经复查认为人民法院已经发生法律效力的刑事判决、裁定，符合前款规定情形之一，经检察长决定，可以向人民法院提出再审检察建议。再审检察建议未被人民法院采纳的，可以提请上一级人民检察院抗诉。

第四十六条 经复查认为需要向同级人民法院提出抗诉或者提出再审检察建议的，承办检察官应当提出意见，报检察长决定。

第四十七条 地方各级人民检察院对不服同级人民法院已经发生法律效力的刑事判决、裁定的申诉案件复查后，认为需要提出抗诉的，承办检察官应当提出意见，报检察长决定后，提请上一级人民检察院抗诉。提请抗诉的案件，应当制作提请抗诉报告书，连同案卷报送上一级人民检察院。

上一级人民检察院对提请抗诉的案件审查后，承办检察官应当制作审查提请抗诉案件报告，提出处理意见，报检察长决定。对提请抗诉的案件作出决定后，承办检察官应当制作审查提请抗诉通知书，将审查结果通知提请抗诉的人民检察院。

第四十八条 人民检察院决定抗诉后，承办检察官应当制作刑事抗诉书，向同级人民法院提出抗诉。

以有新的证据证明原判决、裁定认定事实确有错误提出抗诉的，提出抗诉时应当随附相关证据材料。

第四十九条 上级人民检察院审查提请抗诉的案件，应当自收案之日起三个月以内作出决定。

对事实、证据有重大变化或者特别复杂的刑事申诉案件，可以不受前款规定期限限制。

对不服人民法院已经发生法律效力的死刑缓期二年执行判决、裁定的申诉案件，需要加重原审被告人刑罚的，一般应当在死刑缓期执行期限届满前作出决定。

第五十条 地方各级人民检察院经复查提请抗诉的案件，上级人民检察院审查提请抗诉案件的期限不计入提请抗诉的人民检察院的复查期限。

第五十一条 人民检察院办理按照审判监督程序抗诉的案件，认为需要对原审被告人采取强制措施的，按照《人民检察院刑事诉讼规则》相关规定办理。

第五十二条 对按照审判监督程序提出抗诉的刑事申诉案件，或者人民法院依据人民检察院再审检察建议决定再审的刑事申诉案件，人民法院开庭审理时，由同级人民检察院刑事检察部门派员出席法庭，并对人民法院再审活动实行法律监督。

第五十三条 对按照审判监督程序提出抗诉的刑事申诉案件，或者人民法院依据人民检察院再审检察建议决定再审的刑事申诉案件，人民法院经重新审理作出的判决、裁定，由派员出席法庭的人民检察院刑事检察部门审查并提出意见。

经审查认为人民法院作出的判决、裁定仍然确有错误，需要提出抗诉的，报检察长决定。如果案件是依照第一审程序审判的，同级人民检察院应当按照第二审程序向上一级人民法院提出抗诉；如果案件是依照第二审程序审判的，应当提请上一级人民检察院按照审判监督程序提出抗诉。

第六章 其他规定

第五十四条 人民检察院审查结案和复查终结的刑事申诉案件，应当制作刑事申诉结果通知书，于十日以内送达申诉人，并做好释法说理工作。

下级人民检察院应当协助上级人民检察院做好释法说理、息事息访工作。

对移送的刑事申诉案件，刑事检察部门应当将刑事申诉结果通知书抄送控告申诉检察部门。

第五十五条 对提请抗诉的案件，提请抗诉的人民检察院应当在上一级人民检察院作出是否抗诉的决定后制作刑事申诉结果通知书。

第五十六条 对不服人民检察院诉讼终结的刑事处理决定的申诉案件进行复查后，依照本规定第四十三条第二项、第三项规定变更原处理决定认定事实、适用法律或者撤销原处理决定的，应当将刑事申诉结果通知书抄送相关人民检察院。

第五十七条 对重大、疑难、复杂的刑事申诉案件，人民检察院可以进行公开听证，对涉案事实、证据、法律适用等有争议问题进行公开陈述、示证、论证和辩论，充分听取各方意见，依法公正处理案件。

第五十八条 申诉人对处理结论有异议的刑事申诉案件，人民检察院可以进行公开答复，做好解释、说明和教育工作，预防和化解社会矛盾。

第五十九条 人民检察院对具有下列情形之一的刑事申诉案件，可以中止办理：

（一）人民法院对原判决、裁定正在审查的；

（二）无法与申诉人及其代理人取得联系的；

（三）申诉的自然人死亡，需要等待其他申诉权利人表明是否继续申诉的；

（四）申诉的法人或者其他组织终止，尚未确定权利义务承继人的；

（五）由于其他原因，致使案件在较长时间内无法继续办理的。

决定中止办理的案件，应当制作刑事申诉中止办理通知书，通知申诉人；确实无法通知的，应当记录在案。

中止办理的事由消除后，应当立即恢复办理。中止办理的期间不计入办案期限。

第六十条 人民检察院对具有下列情形之一的刑事申诉案件，经检察长决定，应当终止办理：

（一）人民检察院因同一案件事实对撤销案件的犯罪嫌疑人重新立案侦查的，对不批准逮捕的犯罪嫌疑人重新作出批准逮捕决定的，或者对不起诉案件的被不起诉人重新起诉的；

（二）人民检察院收到人民法院受理被害人对被不起诉人起诉的通知的；

（三）人民法院决定再审的；

（四）申诉人自愿撤回申诉，且不损害国家利益、社会公共利益或者他人合法权益的；

（五）申诉的自然人死亡，没有其他申诉权利人或者申诉权利人明确表示放弃申诉的，但是有证据证明原案被告人是无罪的除外；

（六）申诉的法人或者其他组织终止，没有权利义务承继人或者权利义务承继人明确表示放弃申诉的，但是有证据证明原案被告人是无罪的除外；

（七）其他应当终止办理的情形。

决定终止办理的案件，应当制作刑事申诉终止办理通知书，通知申诉人；确实无法通知的，应当记录在案。

终止办理的事由消除后，申诉人再次提出申诉，符合刑事申诉受理条件的，应当予以受理。

第六十一条 办理刑事申诉案件中发现原案存在执法司法瑕疵等问题的，可以依照相关规定向原办案单位提出检察建议或者纠正意见。

第六十二条 办理刑事申诉案件中发现原案办理过程中有贪污贿赂、渎职等违法违纪行为的，应当移送有关机关处理。

第六十三条 办理刑事申诉案件中发现原案遗漏罪行或者同案犯罪嫌疑人的，应当移送有关机关处理。

第六十四条 刑事申诉案件相关法律文书应当在统一业务应用系统内制作。

第七章 附 则

第六十五条 本规定由最高人民检察院负责解释。

第六十六条 本规定自发布之日起施行。2014年10月27日发布的《人民检察院复查刑事申诉案件规定》（高检发〔2014〕18号）同时废止；本院此前发布的有关办理刑事申诉案件的其他规定与本规定不一致的，以本规定为准。

最高人民检察院
《人民检察院刑事申诉案件公开审查程序规定》

(2011年12月29日最高人民检察院第十一届检察委员会第六十九次会议通过，自2012年1月11日起施行)

第一章 总 则

第一条 为了进一步深化检务公开，增强办理刑事申诉案件透明度，接受社会监督，保证办案质量，促进社会矛盾化解，维护申诉人的合法权益，提高执法公信力，根据《中华人民共和国刑事诉讼法》、《人民检察院复查刑事申诉案件规定》等有关法律和规定，结合刑事申诉检察工作实际，制定本规定。

第二条 本规定所称公开审查是人民检察院在办理不服检察机关处理决定的刑事申诉案件过程中，根据办案工作需要，采取公开听证以及其他公开形式，依法公正处理案件的活动。

第三条 人民检察院公开审查刑事申诉案件应当遵循下列原则：

（一）依法、公开、公正；

（二）维护当事人合法权益；

（三）维护国家法制权威；

（四）方便申诉人及其他参加人。

第四条 人民检察院公开审查刑事

申诉案件包括公开听证、公开示证、公开论证和公开答复等形式。

同一案件可以采用一种公开形式,也可以多种公开形式并用。

第五条 对于案件事实、适用法律存在较大争议,或者有较大社会影响等刑事申诉案件,人民检察院可以适用公开审查程序,但下列情形除外:

(一)案件涉及国家秘密、商业秘密或者个人隐私的;

(二)申诉人不愿意进行公开审查的;

(三)未成年人犯罪的;

(四)具有其他不适合进行公开审查情形的。

第六条 刑事申诉案件公开审查程序应当公开进行,但应当为举报人保密。

第二章 公开审查的参加人员及责任

第七条 公开审查活动由承办案件的人民检察院组织并指定主持人。

第八条 人民检察院进行公开审查活动应当根据案件具体情况,邀请与案件没有利害关系的人大代表、政协委员、人民监督员、特约检察员、专家咨询委员、人民调解员或者申诉人所在单位、居住地的居民委员会、村民委员会人员以及专家、学者等其他社会人士参加。

接受人民检察院邀请参加公开审查活动的人员称为受邀人员,参加听证会的受邀人员称为听证员。

第九条 参加公开审查活动的人员包括:案件承办人、书记员、受邀人员、申诉人及其委托代理人、原案其他当事人及其委托代理人。

经人民检察院许可的其他人员,也可以参加公开审查活动。

第十条 原案承办人或者原复查案件承办人负责阐明原处理决定或者原复查决定认定的事实、证据和法律依据。

复查案件承办人负责阐明复查认定的事实和证据,并对相关问题进行解释和说明。

书记员负责记录公开审查的全部活动。

根据案件需要可以录音录像。

第十一条 申诉人、原案其他当事人及其委托代理人认为受邀人员与案件有利害关系,可能影响公正处理的,有权申请回避。申请回避的应当说明理由。

受邀人员的回避由分管检察长决定。

第十二条 申诉人、原案其他当事人及其委托代理人可以对原处理决定提出质疑或者维持的意见,可以陈述事实、理由和依据;经主持人许可,可以向案件承办人提问。

第十三条 受邀人员可以向参加公开审查活动的相关人员提问,对案件事实、证据、适用法律及处理发表意见。受邀人员参加公开审查活动应当客观公正。

第三章 公开审查的准备

第十四条 人民检察院征得申诉人同意,可以主动提起公开审查,也可以根据申诉人及其委托代理人的申请,决定进行公开审查。

第十五条 人民检察院拟进行公开审查的,复查案件承办人应当填写《提请公开审查审批表》,经部门负责人审核,报分管检察长批准。

第十六条 公开审查活动应当在人民检察院进行。为了方便申诉人及其他参加人,也可以在人民检察院指定的场所进行。

第十七条 进行公开审查活动前,应当做好下列准备工作：

（一）确定参加公开审查活动的受邀人员，将公开审查举行的时间、地点以及案件基本情况，在活动举行七日之前告知受邀人员，并为其熟悉案情提供便利。

（二）将公开审查举行的时间、地点和受邀人员在活动举行七日之前通知申诉人及其他参加人。

对未委托代理人的申诉人，告知其可以委托代理人。

（三）通知原案承办人或者原复查案件承办人，并为其重新熟悉案情提供便利。

（四）制定公开审查方案。

第四章　公开审查的程序

第十八条　人民检察院对于下列刑事申诉案件可以召开听证会，对涉案事实和证据进行公开陈述、示证和辩论，充分听取听证员的意见，依法公正处理案件：

（一）案情重大复杂疑难的；

（二）采用其他公开审查形式难以解决的；

（三）其他有必要召开听证会的。

第十九条　听证会应当在刑事申诉案件立案后、复查决定作出前举行。

第二十条　听证会应当邀请听证员，参加听证会的听证员为三人以上的单数。

第二十一条　听证会应当按照下列程序举行：

（一）主持人宣布听证会开始；宣布听证员和其他参加人员名单、申诉人及其委托代理人享有的权利和承担的义务、听证会纪律。

（二）主持人介绍案件基本情况以及听证会的议题。

（三）申诉人、原案其他当事人及其委托代理人陈述事实、理由和依据。

（四）原案承办人、原复查案件承办人阐述原处理决定、原复查决定认定的事实和法律依据，并出示相关证据。复查案件承办人出示补充调查获取的相关证据。

（五）申诉人、原案其他当事人及其委托代理人与案件承办人经主持人许可，可以相互发问或者作补充发言。对有争议的问题，可以进行辩论。

（六）听证员可以向案件承办人、申诉人、原案其他当事人提问，就案件的事实和证据发表意见。

（七）主持人宣布休会，听证员对案件进行评议。

听证员根据听证的事实、证据，发表对案件的处理意见并进行表决，形成听证评议意见。听证评议意见应当是听证员多数人的意见。

（八）由听证员代表宣布听证评议意见。

（九）申诉人、原案其他当事人及其委托代理人最后陈述意见。

（十）主持人宣布听证会结束。

第二十二条　听证记录经参加听证会的人员审阅后分别签名或者盖章。听证记录应当附卷。

第二十三条　复查案件承办人应当根据已经查明的案件事实和证据，结合听证评议意见，依法提出对案件的处理意见。经部门集体讨论，负责人审核后，报分管检察长决定。案件的处理意见与听证评议意见不一致时，应当提交检察委员会讨论。

第二十四条　人民检察院采取除公开听证以外的公开示证、公开论证和公开答复等形式公开审查刑事申诉案件的，可以参照公开听证的程序进行。

采取其他形式公开审查刑事申诉案件的,可以根据案件具体情况,简化程序,注重实效。

第二十五条 申诉人对案件事实和证据存在重大误解的刑事申诉案件,人民检察院可以进行公开示证,通过展示相关证据,消除申诉人的疑虑。

第二十六条 适用法律有争议的疑难刑事申诉案件,人民检察院可以进行公开论证,解决相关争议,以正确适用法律。

第二十七条 刑事申诉案件作出决定后,人民检察院可以进行公开答复,做好解释、说明和教育工作,预防和化解社会矛盾。

第五章 其他规定

第二十八条 公开审查刑事申诉案件应当在规定的办案期限内进行。

第二十九条 在公开审查刑事申诉案件过程中,出现致使公开审查无法进行的情形的,可以中止公开审查。

中止公开审查的原因消失后,人民检察院可以根据案件情况决定是否恢复公开审查活动。

第三十条 根据《人民检察院办理不起诉案件公开审查规则》举行过公开审查的,同一案件复查申诉时可以不再举行公开听证。

第三十一条 根据《人民检察院信访工作规定》举行过信访听证的,同一案件复查申诉时可以不再举行公开听证。

第三十二条 本规定下列用语的含意是:

(一)申诉人,是指当事人及其法定代理人、近亲属中提出申诉的人。

(二)原案其他当事人,是指原案中除申诉人以外的其他当事人。

(三)案件承办人包括原案承办人、原复查案件承办人和复查案件承办人。原案承办人,是指作出诉讼终结决定的案件承办人;原复查案件承办人,是指作出原复查决定的案件承办人;复查案件承办人,是指正在复查的案件承办人。

第六章 附 则

第三十三条 本规定自发布之日起施行,2000 年 5 月 24 日发布的《人民检察院刑事申诉案件公开审查程序规定(试行)》同时废止。

第三十四条 本规定由最高人民检察院负责解释。

最高人民检察院
《人民检察院刑事申诉案件
异地审查规定(试行)》

(2017 年 10 月 10 日最高人民检察院第十二届检察委员会第七十次会议通过)

第一条 为了进一步规范人民检察院办理刑事申诉案件异地审查工作,强化监督制约机制,保障当事人的合法权益,维护司法公正,根据相关法律规定,结合检察工作实际,制定本规定。

第二条 最高人民检察院发现省级人民检察院管辖的刑事申诉案件原处理决定、判决、裁定有错误可能,且具有下列情形之一的,经检察长或者检察委员会决定,可以指令由其他省级人民检察院进行审查:

(一)应当受理不予受理或者受理后经督促仍拖延办理的;

(二)办案中遇到较大阻力,可能影

响案件公正处理的;

(三)因存在回避等法定事由,当事人认为管辖地省级人民检察院不能依法公正办理的;

(四)申诉人长期申诉上访,可能影响案件公正处理的;

(五)其他不宜由管辖地省级人民检察院办理的情形。

第三条 省级人民检察院认为所办理的刑事申诉案件需要异地审查的,可以提请最高人民检察院指令异地审查。

第四条 申诉人可以向省级人民检察院或者最高人民检察院申请异地审查。

第五条 省级人民检察院拟提请或者最高人民检察院拟决定刑事申诉案件异地审查,申诉人未提出申请的,应当征得申诉人同意。

第六条 省级人民检察院决定提请最高人民检察院指令刑事申诉案件异地审查的,应当向最高人民检察院书面报告,阐明理由并附相关材料。

最高人民检察院经审查决定刑事申诉案件异地审查的,应当在十五日以内将案件指令其他省级人民检察院办理,同时通知管辖地省级人民检察院;决定不予异地审查的,应当在十日以内通知管辖地省级人民检察院继续办理。

第七条 最高人民检察院决定刑事申诉案件异地审查的,异地审查的省级人民检察院应当在收到异地审查指令后七日以内通知申诉人。

申诉人向省级人民检察院申请异地审查,省级人民检察院经审查决定不予提请,或者提请后最高人民检察院决定不予异地审查的,应当在作出不予提请决定或者收到不予异地审查的通知后五日以内通知申诉人。

申诉人向最高人民检察院申请异地审查,最高人民检察院经审查决定不予异地审查的,应当在作出决定后十五日以内通知申诉人。

第八条 异地审查的省级人民检察院应当依照《人民检察院复查刑事申诉案件规定》立案复查。审查期限自收到异地审查指令之日起重新计算。

第九条 对不服人民检察院诉讼终结刑事处理决定的申诉案件,异地审查的省级人民检察院复查终结后应当提出复查处理意见,经检察委员会审议决定后,报请最高人民检察院审查。

第十条 最高人民检察院对异地审查的省级人民检察院依据本规定第九条提出的复查意见,分别以下情况作出处理:

(一)同意维持人民检察院原处理决定的,指令管辖地省级人民检察院作出维持的处理决定;

(二)同意撤销或者变更人民检察院原处理决定的,指令管辖地省级人民检察院作出撤销或者变更的决定,也可以直接作出撤销或者变更的处理决定;

(三)不同意复查处理意见的,应当立案复查并书面通知申诉人、管辖地省级人民检察院和异地审查的省级人民检察院;

(四)认为复查意见认定事实不清或者意见不明确、理由不充分的,可以发回异地审查的省级人民检察院重新审查,也可以直接立案复查。

第十一条 对不服人民法院生效刑事判决、裁定的申诉案件,异地审查的省级人民检察院复查终结后,分别以下情况作出处理:

(一)认为需要提出抗诉的,应当经

检察委员会审议决定后提请最高人民检察院抗诉,在最高人民检察院作出是否抗诉的决定后制作刑事申诉复查通知书,并在十日以内送达申诉人,同时抄送管辖地省级人民检察院;

(二)认为不需要提出抗诉的,应当经检察委员会审议决定后制作刑事申诉复查通知书,在十日以内送达申诉人,同时抄送管辖地省级人民检察院,并报最高人民检察院。

第十二条 异地审查的省级人民检察院需要调阅案卷材料、补充调查或者送达法律文书的,管辖地省级人民检察院应当予以协助。

第十三条 异地审查的省级人民检察院刑事申诉检察部门应当在结案后十日以内,将刑事申诉复查终结报告、讨论案件记录等材料的复印件或者电子文档以及相关法律文书,报最高人民检察院刑事申诉检察厅备案。

第十四条 被害人不服地市级人民检察院作出的不起诉决定,在收到不起诉决定书后七日以内提出的申诉,依据刑事诉讼法及相关规定办理,不适用本规定。

第十五条 本规定由最高人民检察院负责解释。

第十六条 本规定自发布之日起试行。

最高人民检察院指导性
案例检例第 25 号于英生申诉案

(2016 年 5 月 31 日)

【要旨】

坚守防止冤假错案底线,是保障社会公平正义的重要方面。检察机关既要依法监督纠正确有错误的生效刑事裁判,又要注意在审查逮捕、审查起诉等环节有效发挥监督制约作用,努力从源头上防止冤假错案发生。在监督纠正冤错案件方面,要严格把握纠错标准,对于被告人供述反复,有罪供述前后矛盾,且有罪供述的关键情节与其他在案证据存在无法排除的重大矛盾,不能排除有其他人作案可能的,应当依法进行监督。

最高人民检察院指导性
案例检例第 26 号陈满申诉案

(2016 年 5 月 31 日)

【要旨】

证据是刑事诉讼的基石,认定案件事实,必须以证据为根据。证据未经当庭出示、辨认、质证等法庭调查程序查证属实,不能作为定案的根据。对于在案发现场提取的物证等实物证据,未经鉴定,且在诉讼过程中丢失或者毁灭,无法在庭审中出示、质证,有罪供述的主要情节又得不到其他证据印证,而原审裁判认定被告人有罪的,应当依法进行监督。

最高人民法院
《关于处理涉枪、涉爆申诉案件
有关问题的通知》

(2003 年 1 月 15 日 法〔2003〕8 号)

各省、自治区、直辖市高级人民法院,解放军军事法院,新疆维吾尔自治区高级人民

法院生产建设兵团分院：

我院于 2001 年 9 月 17 日发出《对执行〈关于审理非法制造、买卖、运输枪支、弹药、爆炸物等刑事案件具体应用法律若干问题的解释〉有关问题的通知》（以下简称《通知》）后，一些高级人民法院向我院请示，对于符合《通知》的要求，但是已经依照我院于 2001 年 5 月 16 日公布的《关于审理非法制造、买卖、运输枪支、弹药、爆炸物等刑事案件具体应用法律若干问题的解释》（以下简称《解释》）作出生效裁判的案件，当事人提出申诉的，人民法院能否根据《通知》精神再审改判等问题。为准确适用法律和司法解释，现就有关问题通知如下：

《解释》公布后，人民法院经审理并已作出生效裁判的非法制造、买卖、运输枪支、弹药、爆炸物等刑事案件，当事人依法提出申诉，经审查认为生效裁判不符合《通知》规定的，人民法院可以根据案件的具体情况，按照审判监督程序重新审理，并依照《通知》规定的精神予以改判。

最高人民法院研究室《关于在审理盗窃案件中有关适用法律问题的答复》

（2010 年 3 月 15 日　法研〔2010〕48 号）

青海省高级人民法院：

你院青刑再字〔2009〕7 号《关于在审理盗窃案件中有关适用法律问题的请示报告》收悉。经研究，同意你院审判委员会的第二种意见，即可按审判监督程序审理，加重原审被告人刑罚。理由如下：

1. 判决生效后追回的被盗物品与原判认定的被盗物品属于同一次盗窃行为所得，原审判决却仅涉及部分被盗物品，故可以认定事实不清、适用法律不当为由启动审判监督程序。

2. 本案属于检察院提出抗诉的案件，加重刑罚不受上诉不加刑的限制。

五、执　行

最高人民法院、最高人民检察院、公安部《关于严格控制在死刑执行现场进行拍摄和采访的通知》

（1990 年 7 月 16 日　公通字〔1990〕67 号）

各省、自治区、直辖市高级人民法院，人民检察院，公安厅、局：

最近，发现美国《新闻周刊》、法国《竞赛画报》、意大利《星期五画报》、西德《星》周刊和港、台的一些报刊连续刊登我国某市处决两名刑事犯的刑场照片十多张。经查，去年 7 月初，某市处决两名刑事犯时，除公安机关、检察院、法院分别派人到刑场拍摄外，还邀请了三个新闻单位的摄影记者到刑场拍照。现对刑场拍摄、采访问题通知如下：

一、死刑执行现场和处决后人犯的照相、录像由法院组织拍摄、随案卷存档，其他政法机关一般不要到现场进行拍摄。检察院、公安机关因工作需要死刑执行现场照片和录像时，可商请法院提供。

二、严禁新闻记者到刑场采访、拍照、录像，特殊案件确因宣传需要，新闻单位要求提供照片和录像资料的，由法院酌情提供，用完收回。新闻稿须经省级法院审核。

三、对刑场照片、底片、录像带等资料,法院要制定管理制度,严格控制,防止流入社会或流出境外、国外。对因违反制度造成不良后果的人员,要严肃处理。

最高人民法院、最高人民检察院、公安部、司法部、卫生部、民政部《关于利用死刑罪犯尸体或尸体器官的暂行规定》

(1984年10月9日)

各省、自治区、直辖市高级人民法院、人民检察院、公安厅(局)、司法厅(局)、卫生厅(局)、民政厅(局):

随着我国医学事业的发展,一些医疗、医学教育、医学科研单位为进行科学研究或做器官移植手术,提出了利用死刑罪犯尸体或尸体器官的要求。为了支持医学事业的发展,有利于移风易俗,在严格执行法律规定、注意政治影响的前提下,对利用死刑罪犯的尸体或尸体器官问题,特作规定如下:

一、对判处死刑立即执行的罪犯,必须按照刑法有关规定,"用枪决的方法执行"。执行完毕,经临场监督的检察员确认死亡后,尸体方可做其他处理。

二、死刑罪犯执行后的尸体或火化后的骨灰,可以允许其家属认领。

三、以下几种死刑罪犯尸体或尸体器官可供利用:

1. 无人收殓或家属拒绝收殓的;

2. 死刑罪犯自愿将尸体交医疗卫生单位利用的;

3. 经家属同意利用的。

四、利用死刑罪犯尸体或尸体器官,应按下列规定办理:

1. 利用单位必须具备医学科学研究或移植手续的技术水平和设备条件,经所在省、市、自治区卫生厅(局)审查批准发给《特许证》,并到本市或地区卫生局备案。

2. 尸体利用统一由市或地区卫生局负责安排,根据需要的轻重缓急和综合利用原则,分别同执行死刑的人民法院和利用单位进行联系。

3. 死刑执行命令下达后,遇有可以直接利用的尸体,人民法院应提前通知市或地区卫生局,由卫生局转告利用单位,并发给利用单位利用尸体的证明,将副本抄送负责执行死刑的人民法院和负责临场监督的人民检察院。利用单位应主动同人民法院联系,不得延误人民法院执行死刑的法定时限。

对需征得家属同意方可利用的尸体,由人民法院通知卫生部门同家属协商,并就尸体利用范围、利用后的处理方法和处理费用以及经济补偿等问题达成书面协议。市或地区卫生局根据协议发给利用单位利用尸体的证明,并抄送有关单位。

死刑罪犯自愿将尸体交医疗单位利用的,应有由死刑罪犯签名的正式书面证明或记载存人民法院备查。

4. 利用死刑罪犯尸体或尸体器官要严格保密,注意影响,一般应在利用单位内部进行。确有必要时,经执行死刑的人民法院同意,可以允许卫生部门的手术车开到刑场摘取器官,但不得使用有卫生部门标志的车辆,不准穿白大衣。摘取手术未完成时,不得解除刑场警戒。

5. 尸体被利用后,由火化场协助利

用单位及时火化;如需埋葬或做其他处理的,由利用单位负责;如有家属要求领取骨灰的,由人民法院通知家属前往火化场所领取。

五、在汉族地区原则上不利用少数民族死刑罪犯的尸体或尸体器官。

在少数民族聚居地区,执行本规定时,要尊重少数民族的丧葬习惯。

最高人民法院办公厅
《关于执行死刑命令盖院印问题的电话请示的复函》

(2003年4月14日　法办〔2003〕65号)

四川省高级人民法院:

根据你院"关于执行死刑命令盖院印问题"的电话请示,经研究,现答复如下:

根据1999年最高人民法院下发的《法院刑事诉讼文书样式65》规定,执行死刑命令的院印应在院长签名以下,压盖在日期之上,但不得压盖院长签名。

最高人民法院、最高人民检察院、公安部《关于办理罪犯在服刑期间又犯罪案件过程中,遇到被告刑期届满如何处理问题的批复》

[1982年10月25日　高检发(监)〔82〕17号]

黑龙江省人民检察院:

你院请示的关于办理罪犯在服刑期间又犯罪案件过程中,遇到被告原判刑期届满如何处理的问题,经共同研究,现答复如下:

办理罪犯在服刑期间又犯罪案件过程中,遇到被告原判刑期届满,如果所犯新罪的主要事实已经查清,可能判处徒刑以上刑罚,有逮捕必要的,仍应依照刑事诉讼法的规定,根据案件所处在的不同诉讼阶段,分别由公安机关、人民检察院、人民法院依法处理。即:尚在侦查的,由公安机关提请人民检察院批准逮捕;正在审查起诉的,由人民检察院办理逮捕;已经起诉到人民法院审判的,由人民法院决定逮捕。公安机关在执行逮捕时,可向被告宣布:前罪所判刑期已执行完毕,现根据所犯新罪,依法予以逮捕。

最高人民法院、最高人民检察院、公安部、外交部、司法部、财政部《关于强制外国人出境的执行办法的规定》

(1992年7月31日　公发〔1992〕18号)

各省、自治区、直辖市高级人民法院、人民检察院、公安厅(局)、人民政府外事办公室、司法厅(局)、财政厅(局):

兹对违法犯罪的外国人强制出境的执行问题,作如下规定:

一、适用范围

有下列情形之一需要强制出境的外国人,均按本规定执行:

(一)依据我国刑法的规定,由人民法院对犯罪的外国人判处独立适用或者附加适用驱逐出境刑罚的;

(二)依据《中华人民共和国外国人

入境出境管理法》的规定,由公安部对违法的外国人处以限期出境或者驱逐出境的;

(三)依据《中华人民共和国外国人入境出境管理法》以及其他有关法律的规定,由公安机关决定遣送出境或者缩短停留期限、取消居留资格的外国人,未在指定的期限内自动离境,需强制出境的;

(四)我国政府已按照国际条约或《中华人民共和国外交特权与豁免条例》的规定,对享有外交或领事特权和豁免的外国人宣布为不受欢迎的人或者不可接受并拒绝承认其外交或领事人员身份,责令限期出境的人,无正当理由逾期不自动出境的。

二、执行机关

执行和监视强制外国人出境的工作,由公安机关依据有关法律文书或者公文进行:

(一)对判处独立适用驱逐出境刑罚的外国人,人民法院应当自该判决生效之日起十五日内,将对该犯的刑事判决书、执行通知书的副本交付所在地省级公安机关,由省级公安机关指定的公安机关执行。

(二)被判处徒刑的外国人,其主刑执行期满后应执行驱逐出境附加刑的,应在主刑刑期届满的一个月前,由原羁押监狱的主管部门将该犯的原判决书、执行通知书副本或者复印本送交所在地省级公安机关,由省级公安机关指定的公安机关执行。

(三)被公安部处以驱逐出境、限期出境的外国人,凭公安部出入境管理处罚裁决书,由当地的公安机关执行。

(四)被公安机关决定遣送出境、缩短停留期限或者取消居留资格的外国人,由当地公安机关凭决定书执行。

被缩短停留期限或者取消居留资格的外国人,也可以由接待单位安排出境,公安机关凭决定书负责监督。

(五)我国政府已按照国际条约或《中华人民共和国外交特权与豁免条例》的规定,对享有外交或领事特权和豁免的外国人宣布为不受欢迎的人或者不可接受并拒绝承认其外交或领事人员身份,责令限期出境的人,无正当理由逾期不自动出境的,凭外交部公文由公安部指定的公安机关负责执行或者监督执行。

三、执行前的准备工作

(一)对被强制出境的外国人持有的准予在我国居留的证件,一律收缴。对护照上的签证应当缩短有效期,加盖不准延期章,或者予以注销。

(二)凡被驱逐出境的外国人,均须列入不准入境者名单,具体办法按照公安部制订的《关于通报不准外籍人入境者名单的具体办法》(〔1989〕公境字 87 号)执行。对其他强制出境的外国人,需要列入不准入境者名单的,按规定报批。

凡被列入不准入境者名单的外国人,执行的公安机关应当在执行前向其宣布不准入境年限。

(三)对被强制出境的外国人,执行机关必须查验其本人的有效护照或者其他替代护照的身份证件,以及过境国家或者地区的有效签证。

不具备上述签证或者证件的,应事先同其本国驻华使、领馆联系,由使、领馆负责办理。在华有接待单位的,由接待单位同使、领馆联系。没有接待单位的,由公安部出入境管理局或者领馆所在地公安机关同使、领馆联系。在华无使、领馆或者使、领馆不予配合的,应层报外交部或公安部,通过外交途径解决。

对与我毗邻国家的公民从边境口岸或者通道出境的,可以不办理对方的证件或者签证。

(四)被强制出境的外国人应当办妥离境的机票、车票、船票,费用由本人负担。本人负担不了的,也不属于按协议由我有关单位提供旅费的,须由其本国使、领馆负责解决(同使、领馆联系解决的办法,与前项相同)。对使、领馆拒绝承担费用或者在华无使、领馆的,由我国政府承担。

(五)对已被决定强制出境的外国人,事由和日期是否需要通知其驻华使、领馆,可由当地外事部门请示外交部决定。

(六)对有可能引起外交交涉或者纷争的案件,主管机关应及时将有关案情和商定的对外表态的口径等通知当地外事部门。需对外报道的,须经公安部、外交部批准。

四、执行期限

负责具体执行的公安机关,应当按照交付机关确定的期限立即执行。如有特殊情况,需要延期执行的,报省、自治区、直辖市公安厅、局核准。

五、出境口岸

(一)对被强制出境的外国人,其出境的口岸,应事先确定,就近安排。

(二)如果被强制出境的外国人前往与我国接壤的国家,也可以安排从边境口岸出境。

(三)执行机关应当事先与出境口岸公安机关和边防检查站联系,通报被强制出境人员的情况,抵达口岸时间、交通工具班次,出境乘用的航班号、车次、时间,以及其他与协助执行有关的事项。出境口岸公安机关和边防检查站应当协助安排有关出境事项。

(四)出境时间应当尽可能安排在抵达口岸的当天。无法在当天出境的,口岸所在地公安机关应当协助采取必要的监护措施。

六、执行方式及有关事项

(一)被人民法院判决独立适用驱逐出境和被公安部处以驱逐出境的外国人,由公安机关看守所武警和外事民警共同押送;对主刑执行期满后再驱逐出境的外国人由原羁押监狱的管教干警、看守武警和公安机关外事民警共同押送。对上述两类人员押送途中确有必要时,可以使用手铐。对其他被责令出境的外国人,需要押送的,由执行机关派外事民警押送;不需要押送的,可以在离境时派出外事民警,临场监督。

(二)执行人员的数量视具体情况而定,原则上应不少于2人。

(三)押送人员应提高警惕,保障安全,防止发生逃逸、行凶、自杀、自伤等事故。

(四)边防检查站凭对外国人强制出境的执行通知书、决定书或者裁决书以及被强制出境人的护照、证件安排放行。

(五)执行人员要监督被强制出境的外国人登上交通工具并离境后方可离开。从边境通道出境的,要监督其离开我国国境后方可离开。

(六)对被驱逐出境的外国人入出境交通工具等具体情况,应拍照,有条件的也可录像存查。

七、经费

执行强制外国人出境所需的费用(包括押送人员食宿、交通费,以及其本人无力承担费用而驻华使、领馆拒不承担或者在华没有使、领馆的外国人在中国境内的住宿、交通费、临时看押场所的租赁费、国际旅费等），应当按照现行财政体制，由办案地财政部门负责解决。

八、执行强制出境任务的人民警察和工作人员，要仪表庄重、忠于职守、讲究文明、遵守外事纪律。

今后有关强制外国人出境的执行工作，统一遵照本规定执行。

最高人民检察院《关于执行〈监狱法〉有关问题的通知》

（1995年7月20日　高检发监字〔1995〕1号）

各省、自治区、直辖市人民检察院，军事检察院：

《中华人民共和国监狱法》（以下简称《监狱法》）已于1994年12月29日颁布施行。为了正确执行《监狱法》，加强对监狱执行刑罚活动的法律监督，现就检察机关执行《监狱法》有关问题通知如下：

一、关于人民检察院对监狱执行刑罚活动的法律监督问题。对监狱执行刑罚的活动是否合法，依照法律实行监督，是检察机关的职权。它包括对监狱执行刑事案件判决、裁定，以及狱政管理、教育改造和生活卫生等活动是否合法实行监督。对于一般违法行为，可以口头提出纠正；对于严重违法行为，应当发纠正违法通知书，并要求告知纠正结果；对于构成犯罪的，依法追究刑事责任。

人民检察院派驻监狱的检察机构是对监狱执行刑罚活动依法实行监督的组织保障。各地要按照高检院的要求，在今年年底前对所有监狱落实派驻检察机构，并按照规定配备干部，以适应工作的需要。

二、关于对收押罪犯和释放刑满人员的法律监督问题。收押罪犯和释放刑满人员是监狱执行刑罚的重要活动。人民检察院要通过对监狱收押、释放活动的检察，保障监狱正确执行刑事案件判决、裁定。在工作中，要检察监狱收押的是不是被判处死刑缓期二年执行、无期徒刑和有期徒刑的罪犯；收押的法律文书是否齐全，手续是否完备；对刑满人员及依法应予释放的罪犯，监狱是否按期予以释放，并开具释放证明书。对应收押而不收押，不应收押而收押；应释放而不按期释放，不应释放而释放的，都应当依法提出纠正；情节严重的，应追究有关人员的法律责任。

三、关于对罪犯保外就医的法律监督问题。对具备法定条件的罪犯予以保外就医，是我国对罪犯实行人道主义的体现。人民检察院对监狱办理罪犯保外就医活动的监督，主要是检察被保外就医罪犯是否符合法定条件，保外就医的证明是否真实，办理保外就医的程序是否合法。对监狱办理罪犯保外就医活动的监督，可以通过向有关人员调查、调阅监狱有关资料、列席监狱有关会议等方式了解情况。对监狱将不符合法定条件的罪犯呈报保外就医的，要及时提出纠正意见；对于已经监狱管理机关批准不符合法定条件的罪犯保外就医的，应自接到通知之日起一个月内将书面纠正意见送交批准保外就医的机关（意见副本送监狱）。对利用办理保外就医的职权，收受贿赂或徇私舞弊的要追究有关人员的法律责任。

四、关于对罪犯减刑、假释的法律监督问题。减刑、假释工作是一项严肃的执法活动。人民检察院要把对减刑、假释的监督作为一项重要工作来抓。人民检察院对监狱办理罪犯减刑、假释工作的监督,重点是监狱提出减刑、假释建议的对象是否符合法定条件,证明材料是否真实,提出建议的程序是否符合规定。对监狱办理罪犯减刑、假释活动是否合法的监督,可以通过向有关人员调查、调阅有关资料、列席监狱有关会议等方式了解情况;发现监狱在办理罪犯减刑、假释活动中有违反法律或有关规定的情况,应当及时向监狱提出纠正意见。对人民法院减刑、假释的裁定,如认为确有错误,应当在刑事诉讼法规定的期间向人民法院提出抗诉。对于利用办理减刑、假释的职权索贿受贿或徇私舞弊的,要依法追究法律责任。

五、关于对罪犯在服刑期间死亡的法律监督问题。人民检察院接到监狱关于罪犯在服刑期间死亡的通知后,应即派员到现场进行检察,并根据罪犯死亡性质,分别作出以下处理:

(一)对罪犯因病死亡的,人民检察院应对监狱的医疗鉴定进行认真的检查,如有疑义,可以重新对死亡原因作出鉴定。死亡罪犯家属对监狱作出的医疗鉴定有疑义,并向人民检察院提出的,人民检察院应当认真地进行调查。经查,认为罪犯家属提出的意见无理的,应予驳回,并配合监狱做好说服教育工作;认为罪犯家属提出的意见有理的,可以重新对死亡原因作出鉴定。

(二)对罪犯非正常死亡的,人民检察院应在接到监狱通知后二十四小时内对尸体进行检验,对死亡原因作出鉴定。人民检察院对罪犯死亡原因的鉴定,由担负该罪犯所在监狱检察任务的人民检察院负责,如该人民检察院缺乏鉴定的专门技术,可请上一级人民检察院或聘请有关部门或具有法定资格的专门技术人员作出鉴定。

六、关于罪犯申诉、控告、检举的处理问题。申诉、控告、检举是罪犯的权利。罪犯不服生效的刑事判决向人民检察院提出的申诉,以及监狱在执行刑罚过程中,根据罪犯的申诉,认为判决可能有错误而提请人民检察院处理的申诉案件,人民检察院均应依照《人民检察院复查刑事申诉案件规定》处理;对监狱提请处理的申诉案件,应在收到监狱提请处理意见书之日起六个月内将结果通知监狱。罪犯向人民检察院提出或由监狱转送的罪犯控告、检举材料,应按案件管辖分工,自行查处或请有管辖权的机关处理。

七、关于监狱管理范围中发生的刑事案件处理问题。人民检察院办理监狱管理范围中发生的刑事案件主要包括如下几个方面:(一)直接受理监狱中发生的贪污、受贿、侵权、渎职的犯罪案件;(二)对罪犯在服刑期间又犯罪等案件负责批捕、起诉;(三)对罪犯及其家属向检察机关提出的申诉案件负责复查;(四)对人民法院错误的减刑、假释裁定提出抗诉。对人民法院减刑、假释裁定的抗诉,重点是因受贿、徇私或伪造罪犯的有关材料等违法犯罪行为导致错误的减刑、假释裁定的案件。

八、人民检察院对未成年犯管教所、拘役所和看守所对留所服刑罪犯执行刑罚活动的法律监督,参照上述原则办理。

司法部、总政治部
《关于军人判处刑罚后执行问题的联合通知》

(1998年8月14日　司发通〔1998〕113号)

各省、自治区、直辖市司法厅(局),各军区、各军兵种、各总部、军事科学院、国防大学、武警部队政治部,各军区、海军、空军、总直属队、武警部队军事法院:

公安部、总政治部1965年8月18日联合下发的《关于军人判处徒刑后执行问题的通知》,对军人被判处刑罚后的执行问题发挥了重要的指导作用。根据新形势下出现的新情况、新问题,现对军人判处刑罚后的执行问题重新作出规定,望遵照执行。

一、因犯罪被判处刑罚并开除军籍的现役军人(含离退休干部、在编职员干部、在编职工)均应在判决生效后,交其原籍或家庭居住地的地方监狱执行刑罚。

二、判处刑罚后,未开除军籍的罪犯和已被开除军籍但判处刑罚前担任副师职以上领导职务的(不含未担任领导职务的副师职以上机关干部和享受相应待遇的专业技术干部)罪犯,由军事监狱执行刑罚。

三、已被开除军籍的罪犯,犯罪前掌握过党、国家、军队的重要机密,不宜送交地方监狱执行刑罚的,仍由军事监狱执行;对其中有明确脱密期的,待脱密期过后再移交地方监狱执行。

四、向地方监狱移交被开除军籍的罪犯,一般应移送到罪犯原籍所在地的监狱。如罪犯的配偶子女所在地与原籍不属同一省、自治区、直辖市,也可由其配偶、子女所在地的地方监狱执行刑罚。向地方监狱移送罪犯,需经过拟移送地的省、自治区、直辖市监狱管理局办理,执行通知的发送由原判军事法院负责,罪犯的押送移交由罪犯原所在师以上单位保卫部门负责。

五、开除军籍后交地方监狱执行的罪犯,刑满后由所在监狱依法办理释放手续。

六、地方监狱在接收被开除军籍的罪犯时,不得收取任何费用。

七、需地方监狱代为管理的其他罪犯及其他有关事宜,由总政保卫部与司法部监狱管理局共同商定办理。

司法部、公安部
《关于将在北京违法犯罪的外省籍罪犯和劳教人员遣送原籍执行的通知》

(1998年10月30日　司发通〔1998〕136号)

省、自治区、直辖市司法厅(局)、公安厅(局),新疆生产建设兵团司法局、公安局、监狱管理局:

自1980年以来,根据公安部批转的北京市公安局《关于打击处理流窜犯罪的请示报告》的意见,北京市公安机关对在北京的外省籍违法犯罪人员判决或决定劳动教养后,均遣送原籍执行。各地司法、公安机关给予了积极的配合与支持,总的情况是好的。但是,近年来,在北京违法犯罪的外省籍人员逐年增多,遣送任务日趋繁重。为维护首都的稳定,加强遣送工作,北京市政府决定由北京市监狱管理局于 1995 年成立了北京市外地罪犯（劳教人员）遣送处，负责将在北京违法犯罪的外省籍罪犯和劳教人员遣送原籍执行。为保证今后遣送工作的顺利进行，现就有关问题通知如下：

一、北京市公安机关向北京市外地罪犯（劳教人员）遣送处移送罪犯、劳教人员时，应准确提供罪犯、劳教人员的户口所在地。

二、北京市外地罪犯（劳教人员）遣送处在执行遣送任务前，应事先与罪犯和劳教人员原籍的省、自治区、直辖市监狱、劳教管理机关联系，通报被遣送人员的情况，商定遣送的时间以及有关事宜；在遣送时，按有关法律规定同时送达刑事判决书（劳动教养决定书）、起诉书副本、执行通知书（劳动教养通知书）、结案登记表等法律文书；罪犯和劳教人员的随季被服和其他财物，应一并携带。各地监狱、劳教管理机关应予积极配合。

三、为确保集中遣送罪犯和劳教人员工作的安全，各地监狱、劳教管理机关应在交通便利的城市指定一、两所监狱、劳教所，分别接收被遣送的男犯、女犯、未成年犯和男、女劳教人员及少教人员。

四、对接收罪犯和劳教人员的省、自治区、直辖市监狱、劳教管理机关，北京市外地罪犯（劳教人员）遣送处应按北京市当年所确定的罪犯、劳教人员生活费标准一次性支付所送罪犯、劳教人员当年剩余月份的生活费用。

五、各地监狱、劳教管理机关对北京市遣送的有期徒刑、无期徒刑、死刑缓期二年执行的罪犯和劳教人员，应一律予以接收。

六、对被遣送的判处有期徒刑的罪犯和劳教人员中，属于保外就医范围的病、残犯和应予所外就医的劳教人员，可由接收省、自治区、直辖市监狱、劳教管理机关在接收后依法办理暂予监（所）外执行。对这类病、残罪犯（劳教人员），北京市外地罪犯（劳教人员）遣送处应向接收省、自治区、直辖市按每人 500 元标准支付医疗费用。

七、各地监狱、劳教管理机关接收被遣送的罪犯和劳教人员时，应当严格依法办事，不得附加其他条件。

八、在执行遣送任务中，北京市公安机关及沿途公安机关与铁路公安机关应积极配合，确保遣送工作的安全。

公安部
《看守所留所执行刑罚罪犯管理办法》
（节录）

（自 2013 年 11 月 23 日起施行　公安部令第 128 号）

第二章　刑罚的执行

第一节　收　押

第九条　看守所在收到交付执行的人民法院送达的人民检察院起诉书副本和人民法院判决书、裁定书、执行通知书、结案登记表的当日，应当办理罪犯收押手续，填写收押登记表，载明罪犯基本情况、收押日期等，并由民警签字后，将罪犯转入罪犯监区或者监室。

第十条　对于判决前未被羁押，判决后需要羁押执行刑罚的罪犯，看守所应当凭本办法第九条所列文书收押，并采集罪犯十指指纹信息。

第十一条　按照本办法第十条收押

罪犯时,看守所应当进行健康和人身、物品安全检查。对罪犯的非生活必需品,应当登记,通知其家属领回或者由看守所代为保管;对违禁品,应当予以没收。

对女性罪犯的人身检查,由女性人民警察进行。

第十二条 办理罪犯收押手续时应当建立罪犯档案。羁押服刑过程中的法律文书和管理材料存入档案。罪犯档案一人一档,分为正档和副档。正档包括收押凭证、暂予监外执行决定书、减刑、假释裁定书、释放证明书等法律文书;副档包括收押登记、谈话教育、罪犯考核、奖惩、疾病治疗、财物保管登记等管理记录。

第十三条 收押罪犯后,看守所应当在五日内向罪犯家属或者监护人发出罪犯执行刑罚地点通知书。对收押的外国籍罪犯,应当在二十四小时内报告所属公安机关。

第二节 对罪犯申诉、控告、检举的处理

第十四条 罪犯对已经发生法律效力的判决、裁定不服,提出申诉的,看守所应当及时将申诉材料转递给人民检察院和作出生效判决的人民法院。罪犯也可以委托其法定代理人、近亲属提出申诉。

第十五条 罪犯有权控告、检举违法犯罪行为。

看守所应当设置控告、检举信箱,接受罪犯的控告、检举材料。罪犯也可以直接向民警控告、检举。

第十六条 对罪犯向看守所提交的控告、检举材料,看守所应当自收到材料之日起十五日内作出处理;对罪犯向人民法院、人民检察院提交的控告、检举材料,看守所应当自收到材料之日起五日内予以转送。

看守所对控告、检举作出处理或者转送有关部门处理的,应当及时将有关情况或者处理结果通知具名控告、检举的罪犯。

第十七条 看守所在执行刑罚过程中,发现判决可能有错误的,应当提请人民检察院或者人民法院处理。

第三节 暂予监外执行

第十八条 罪犯符合《中华人民共和国刑事诉讼法》规定的暂予监外执行条件的,本人及其法定代理人、近亲属可以向看守所提出书面申请,管教民警或者看守所医生也可以提出书面意见。

第十九条 看守所接到暂予监外执行申请或者意见后,应当召开所务会研究,初审同意后根据不同情形对罪犯进行病情鉴定、生活不能自理鉴定或者妊娠检查,未通过初审的,应当向提出书面申请或者书面意见的人员告知原因。

所务会应当有书面记录,并由与会人员签名。

第二十条 对暂予监外执行罪犯的病情鉴定,应当到省级人民政府指定的医院进行;妊娠检查,应当到医院进行;生活不能自理鉴定,由看守所分管所领导、管教民警、看守所医生、驻所检察人员等组成鉴定小组进行;对正在哺乳自己婴儿的妇女,看守所应当通知罪犯户籍所在地或者居住地的公安机关出具相关证明。

生活不能自理,是指因病、伤残或者年老体弱致使日常生活中起床、用餐、行走、如厕等不能自行进行,必须在他人协助下才能完成。

对适用保外就医可能有社会危险性的罪犯,或者自伤自残的罪犯,不得保外

就医。

第二十一条 罪犯需要保外就医的,应当由罪犯或者罪犯家属提出保证人。保证人由看守所审查确定。

第二十二条 保证人应当具备下列条件:

(一)愿意承担保证人义务,具有完全民事行为能力;

(二)人身自由未受到限制,享有政治权利;

(三)有固定的住所和收入,有条件履行保证人义务;

(四)与被保证人共同居住或者居住在同一县级公安机关辖区。

第二十三条 保证人应当签署保外就医保证书。

第二十四条 罪犯保外就医期间,保证人应当履行下列义务:

(一)协助社区矫正机构监督被保证人遵守法律和有关规定;

(二)发现被保证人擅自离开居住的市、县,变更居住地,有违法犯罪行为,保外就医情形消失,或者被保证人死亡的,立即向社区矫正机构报告;

(三)为被保证人的治疗、护理、复查以及正常生活提供帮助;

(四)督促和协助被保证人按照规定定期复查病情和向执行机关报告。

第二十五条 对需要暂予监外执行的罪犯,看守所应当填写暂予监外执行审批表,并附病情鉴定、妊娠检查证明、生活不能自理鉴定,或者哺乳自己婴儿证明;需要保外就医的,应当同时附保外就医保证书。县级看守所应当将有关材料报经所属公安机关审核同意后,报设区的市一级以上公安机关批准;设区的市一级以上看守所应当将有关材料报所属公安机关审批。

看守所在报送审批材料的同时,应当将暂予监外执行审批表副本、病情鉴定或者妊娠检查诊断证明、生活不能自理鉴定、哺乳自己婴儿证明、保外就医保证书等有关材料的复印件抄送人民检察院驻所检察室。

批准暂予监外执行的公安机关接到人民检察院认为暂予监外执行不当的意见后,应当对暂予监外执行的决定进行重新核查。

第二十六条 看守所收到批准、决定机关暂予监外执行决定书后,应当办理罪犯出所手续,发给暂予监外执行决定书,并告知罪犯应当遵守的规定。

第二十七条 暂予监外执行罪犯服刑地和居住地不在同一省级或者设区的市一级以上公安机关辖区,需要回居住地暂予监外执行的,服刑地的省级公安机关监管部门或者设区的市一级以上公安机关监管部门应当书面通知居住地的同级公安机关监管部门,由居住地的公安机关监管部门指定看守所接收罪犯档案、负责办理收监或者刑满释放等手续。

第二十八条 看守所应当将暂予监外执行罪犯送交罪犯居住地,与县级司法行政机关办理交接手续。

第二十九条 公安机关对暂予监外执行罪犯决定收监执行的,由罪犯居住地看守所将罪犯收监执行。

看守所对人民法院决定暂予监外执行罪犯收监执行的,应当是交付执行刑罚前剩余刑期在三个月以下的罪犯。

第三十条 罪犯在暂予监外执行期间刑期届满的,看守所应当为其办理刑满释放手续。

第三十一条 罪犯暂予监外执行期

间死亡的,看守所应当将执行机关的书面通知归入罪犯档案,并在登记表中注明。

第四节 减刑、假释的提请

第三十二条 罪犯符合减刑、假释条件的,由管教民警提出建议,报看守所所务会研究决定。所务会应当有书面记录,并由与会人员签名。

第三十三条 看守所所务会研究同意后,应当将拟提请减刑、假释的罪犯名单以及减刑、假释意见在看守所内公示。公示期限为三个工作日。公示期内,如有民警或者罪犯对公示内容提出异议,看守所应当重新召开所务会复核,并告知复核结果。

第三十四条 公示完毕,看守所所长应当在罪犯减刑、假释审批表上签署意见,加盖看守所公章,制作提请减刑、假释建议书,经设区的市一级以上公安机关审查同意后,连同有关材料一起提请所在地中级以上人民法院裁定,并将建议书副本和相关材料抄送人民检察院。

第三十五条 看守所提请人民法院审理减刑、假释案件时,应当送交下列材料:

(一)提请减刑、假释建议书;

(二)终审人民法院的裁判文书、执行通知书、历次减刑裁定书的复制件;

(三)证明罪犯确有悔改、立功或者重大立功表现具体事实的书面材料;

(四)罪犯评审鉴定表、奖惩审批表等有关材料;

(五)根据案件情况需要移送的其他材料。

第三十六条 在人民法院作出减刑、假释裁定前,看守所发现罪犯不符合减刑、假释条件的,应当书面撤回提请减刑、假释建议书;在减刑、假释裁定生效后,看守所发现罪犯不符合减刑、假释条件的,应当书面向作出裁定的人民法院提出撤销裁定建议。

第三十七条 看守所收到人民法院假释裁定书后,应当办理罪犯出所手续,发给假释证明书,并于三日内将罪犯的有关材料寄送罪犯居住地的县级司法行政机关。

第三十八条 被假释的罪犯被人民法院裁定撤销假释的,看守所应当在收到撤销假释裁定后将罪犯收监。

第三十九条 罪犯在假释期间死亡的,看守所应当将执行机关的书面通知归入罪犯档案,并在登记表中注明。

第五节 释 放

第四十条 看守所应当在罪犯服刑期满前一个月内,将其在所内表现、综合评估意见、帮教建议等送至其户籍所在地县级公安机关和司法行政机关(安置帮教工作协调小组办公室)。

第四十一条 罪犯服刑期期满,看守所应当按期释放,发给刑满释放证明书,并告知其在规定期限内,持刑满释放证明书到原户籍所在地的公安派出所办理户籍登记手续;有代管钱物的,看守所应当如数发还。

刑满释放人员患有重病的,看守所应当通知其家属接回。

第四十二条 外国籍罪犯被判处附加驱逐出境的,看守所应当在罪犯服刑期满前十日通知所属公安机关出入境管理部门。

最高人民法院、最高人民检察院、教育部《关于落实从业禁止制度的意见》(节录)

(2022年11月10日印发,自2022年11月15日起施行)

五、教职员工犯罪的刑事案件,判决生效后,人民法院应当在三十日内将裁判文书送达被告人单位所在地的教育行政部门;必要时,教育行政部门应当将裁判文书转送有关主管部门。

因涉及未成年人隐私等原因,不宜送达裁判文书的,可以送达载明被告人的自然情况、罪名及刑期的相关证明材料。

七、人民检察院应当对从业禁止和禁止令执行落实情况进行监督。

八、人民法院、人民检察院发现有关单位未履行犯罪记录查询制度、从业禁止制度的,应当向该单位提出建议。

九、本意见所称教职员工,是指在学校、幼儿园等教育机构工作的教师、教育教学辅助人员、行政人员、勤杂人员、安保人员,以及校外培训机构的相关工作人员。

学校、幼儿园等教育机构、校外培训机构的举办者、实际控制人犯罪,参照本意见执行。

最高人民法院、最高人民检察院、公安部《关于对在押未决犯不采用保外就医办法的通知》

[1984年11月26日 〔1984〕高检发(三)27号]

各省、自治区、直辖市公安厅(局)、高级人民法院、人民检察院,总政保卫部、军事法院、军事检察院,铁路公安局、铁路运输高级法院、铁路运输检察院:

近来有些地方请示,对在押未决犯可否采用保外就医的办法,经我们研究确定:根据刑事诉讼法第四十条、第一百五十七条的规定,对在押未决犯不采用保外就医的办法。现将有关事项通知如下:

一、对应当逮捕而患有严重疾病的人犯,除有可能被判处死刑(含死刑缓期执行)以及其他重大案犯,不逮捕关押确有社会危险性或有串供、自杀可能的外,都应按照刑事诉讼法第四十条第二款的规定,采用取保候审或监视居住的办法。对此,公安机关、人民检察院和人民法院都要严格执行,注意把关。人民检察院的监所检察部门发现看守所收押了不应羁押的犯时,要及时提出纠正。

二、对于罪大恶极的重大案犯,不逮捕关押确有社会危险性或有串供、自杀可能的,虽患有严重疾病也应当逮捕关押。对这类人犯,看守所要给予积极治疗,病势严重的,可以在严密看管下就地住院治疗,承办案件单位要抓紧审理,尽快办结。

三、对患有严重疾病但已经逮捕,或逮捕后又患有严重疾病的在押未决犯,凡不属于本通知第二条规定的,均应当变更强制措施,采用取保候审或者监视居住的办法。变更的手续,由正在办理该案的单位负责办理,并通知批准或者决定逮捕的人民检察院或人民法院。

在本通知下达前,已经沿用保外就医办法的未决犯,除已进入第二审程序的要抓紧审结外,应即改用取保候审或者监视居住的办法,变更的手续,按照本条前款的规定办理。变更强制措施以前依法逮捕羁押的期间,包括保外就医的期间,仍予折抵刑期。

四、对于取保候审或者监视居住的未决犯,按照《全国人民代表大会常务委员会关于刑事案件办案期限的补充规定》第四条"取保候审或者监视居住期间,不计入刑事诉讼法规定的办案期限",不予折抵刑期。因被告人患有严重疾病,难以进行讯问或无法查实案情的案件,承办单位即应中止诉讼。

最高人民检察院、公安部、司法部《关于不允许暂予监外执行的罪犯外出经商问题的通知》

[1988年7月9日 高检会(研)字[88]第11号]

各省、自治区、直辖市人民检察院、公安厅(局)、司法厅(局):

据一些地方反映,近来发现有一些被准许暂予监外执行的罪犯擅自离开居住地外出经商,有的借此逃避监管,干扰了刑事判决的执行,并给社会治安管理工作带来了困难。为此,特通知如下:

一、对于暂予监外执行的罪犯,不允许离开所在住地域外出经商。被准许暂予监外执行的罪犯,因生活确有困难和谋生需要的,在不影响对其实行监督考察的情况下,经执行机关批准,可以在居住地自谋生计,家在农村的,可以就地从事一些农副业和小商品生产。

二、暂予监外执行的罪犯确因医治疾病或接受护理而离开居住地到本县、市以外地方的,必须经过执行机关批准;离开居住地到本县、市内其他地方的,由监督单位批准。经过批准外出的暂予监外执行罪犯,其外出期间应计入服刑期;对于未经批准,擅自离开居住地的,不能计入服刑期,情节严重的,要严肃处理。

三、对在押的罪犯需要准许暂予监外执行的,应当严格审查,依法办事。对暂予监外执行的罪犯,在其暂予监外执行条件消失时,应当及时收监执行。

中央社会治安综合治理委员会办公室、最高人民法院、最高人民检察院、公安部、司法部《关于加强和规范监外执行工作的意见》

(2009年6月25日)

为加强和规范被判处管制、剥夺政治权利、宣告缓刑、假释、暂予监外执行罪犯的交付执行、监督管理及其检察监督等工作,保证刑罚的正确执行,根据《中华人民共和国刑法》、《中华人民共和国刑事诉讼法》、《中华人民共和国监狱法》、《中华人民共和国治安管理处罚法》等有关规定,结合工作实际,提出如下意见:

一、加强和规范监外执行的交付执行

1. 人民法院对罪犯判处管制、单处剥夺政治权利、宣告缓刑的,应当在判决、裁定生效后五个工作日内,核实罪犯居住地后将判决书、裁定书、执行通知书送达罪犯居住地县级公安机关主管部门,并抄送罪犯居住地县级人民检察院监所检察部门。

2. 监狱管理机关、公安机关决定罪犯暂予监外执行的,交付执行的监狱、看守所应当将罪犯押送至居住地,与罪犯居住地县级公安机关办理移交手续,并将暂予监外执行决定书等法律文书抄送罪犯居住地县级公安机关主管部门、县级人民检察院监所检察部门。

3. 罪犯服刑地与居住地不在同一省、自治区、直辖市,需要回居住地暂予监外执行的,服刑地的省级监狱管理机关、公安机关监所管理部门应当书面通知罪犯居住地的同级监狱管理机关、公安机关监所管理部门,由其指定一所监狱、看守所接收罪犯档案,负责办理该罪犯暂予监外执行情形消失后的收监、刑满释放等手续,并通知罪犯居住地县级公安机关主管部门、县级人民检察院监所检察部门。

4. 人民法院决定暂予监外执行的罪犯,判决、裁定生效前已被羁押的,由公安机关依照有关规定办理移交。判决、裁定生效前未被羁押的,由人民法院通知罪犯居住地的县级公安机关执行。人民法院应当在作出暂予监外执行决定后五个工作日内,将暂予监外执行决定书和判决书、裁定书、执行通知书送达罪犯居住地县级公安机关主管部门,并抄送罪犯居住地县级人民检察院监所检察部门。

5. 对于裁定假释的,人民法院应当将假释裁定书送达提请假释的执行机关和承担监所检察任务的人民检察院。监狱、看守所应当核实罪犯居住地,并在释放罪犯后五个工作日内将假释证明书副本、判决书、裁定书等法律文书送达罪犯居住地县级公安机关主管部门,抄送罪犯居住地县级人民检察院监所检察部门。对主刑执行完毕后附加执行剥夺政治权利的罪犯,监狱、看守所应当核实罪犯居住地,并在释放罪犯前一个月将刑满释放通知书、执行剥夺政治权利附加刑所依据的判决书、裁定书等法律文书送达罪犯居住地县级公安机关主管部门,抄送罪犯居住地县级人民检察院监所检察部门。

6. 被判处管制、剥夺政治权利、缓刑罪犯的判决、裁定作出后,以及被假释罪犯、主刑执行完毕后附加执行剥夺政治权利罪犯出监时,人民法院、监狱、看守所应当书面告知其必须按时到居住地公安派出所报到,以及不按时报到应承担的法律责任,并由罪犯本人在告知书上签字。自人民法院判决、裁定生效之日起或者监狱、看守所释放罪犯之日起,在本省、自治区、直辖市裁判或者服刑、羁押的应当在十日内报到,在外省、自治区、直辖市裁判或者服刑、羁押的应当在二十日内报到。告知书一式三份,一份交监外执行罪犯本人,一份送达执行地县级公安机关,一份由告知机关存档。

7. 执行地公安机关收到人民法院、监狱、看守所送达的法律文书后,应当在五个工作日内送达回执。

二、加强和规范监外执行罪犯的监督管理

8. 监外执行罪犯未在规定时间内报到的,公安派出所应当上报县级公安机关主管部门,由县级公安机关通报作出判

决、裁定或者决定的机关。

9. 执行地公安机关认为罪犯暂予监外执行条件消失的，应当及时书面建议批准、决定暂予监外执行的机关或者接收该罪犯档案的监狱的上级主管机关收监执行。批准、决定机关或者接收该罪犯档案的监狱的上级主管机关审查后认为需要收监执行的，应当制作收监执行决定书，分别送达执行地公安机关和负责收监执行的监狱。执行地公安机关收到收监执行决定书后，应当立即将罪犯收押，并通知监狱到羁押地将罪犯收监执行。

对于公安机关批准的暂予监外执行罪犯，暂予监外执行条件消失的，执行地公安机关应当及时制作收监执行通知书，通知负责收监执行的看守所立即将罪犯收监执行。

10. 公安机关对暂予监外执行罪犯未经批准擅自离开所居住的市、县，经警告拒不改正，或者拒不报告行踪、下落不明的，可以按照有关程序上网追逃。

11. 人民法院决定暂予监外执行罪犯收监执行的，由罪犯居住地公安机关根据人民法院的决定，剩余刑期在一年以上的送交暂予监外执行地就近监狱执行，剩余刑期在一年以下的送交暂予监外执行地看守所代为执行。

12. 暂予监外执行罪犯未经批准擅自离开所居住的市、县，经警告拒不改正的，或者拒不报告行踪、下落不明的，或者采取自伤、自残、欺骗、贿赂等手段骗取、拖延暂予监外执行的，或者两次以上无正当理由不按时提交医疗、诊断病历材料的，批准、决定机关应当根据执行地公安机关建议，及时作出对其收监执行的决定。

对公安机关批准的暂予监外执行罪犯发生上述情形的，执行地公安机关应当及时作出对其收监执行的决定。

13. 公安机关应当建立对监外执行罪犯的考核奖惩制度，根据考核结果，对表现良好的应当给予表扬奖励；对符合法定减刑条件的，应当依法提出减刑建议，人民法院应当依法裁定。执行机关减刑建议书副本和人民法院减刑裁定书副本应当抄送同级人民检察院监所检察部门。

14. 监外执行罪犯在执行期、考验期内，违反法律、行政法规或者国务院公安部门有关监督管理规定的，由公安机关依照《中华人民共和国治安管理处罚法》第六十条的规定给予治安管理处罚。

15. 被宣告缓刑、假释的罪犯在缓刑、假释考验期间有下列情形之一的，由与原裁判人民法院同级的执行地公安机关提出撤销缓刑、假释的建议：

（1）人民法院、监狱、看守所已书面告知罪犯应当按时到执行地公安机关报到，罪犯未在规定的时间内报到，脱离监管三个月以上的；

（2）未经执行地公安机关批准擅自离开所居住的市、县或者迁居，脱离监管三个月以上的；

（3）未按照执行地公安机关的规定报告自己的活动情况或者不遵守执行机关关于会客等规定，经过三次教育仍然拒不改正的；

（4）有其他违反法律、行政法规或国务院公安部门有关缓刑、假释的监督管理规定行为，情节严重的。

16. 人民法院裁定撤销缓刑、假释后，执行地公安机关应当及时将罪犯送交监狱或者看守所收监执行。被撤销缓刑、假释并决定收监执行的罪犯下落不明的，公安机关可以按照有关程序上网追逃。

公安机关撤销缓刑、假释的建议书副

本和人民法院撤销缓刑、假释的裁定书副本应当抄送罪犯居住地人民检察院监所检察部门。

17. 监外执行罪犯在缓刑、假释、暂予监外执行、管制或者剥夺政治权利期间死亡的，公安机关应当核实情况后通报原作出判决、裁定的人民法院和原关押监狱、看守所，或者接收该罪犯档案的监狱、看守所，以及执行地县级人民检察院监所检察部门。

18. 被判处管制、剥夺政治权利的罪犯执行期满的，公安机关应当通知其本人，并向其所在单位或者居住地群众公开宣布解除管制或者恢复政治权利；被宣告缓刑的罪犯缓刑考验期满，原判刑罚不再执行的，公安机关应当向其本人和所在单位或者居住地群众宣布，并通报原判决的人民法院；被裁定假释的罪犯假释考验期满，原判刑罚执行完毕的，公安机关应当向其本人和所在单位或者居住地群众宣布，并通报原裁定的人民法院和原执行的监狱、看守所。

19. 暂予监外执行的罪犯刑期届满的，执行地公安机关应当及时通报原关押监狱、看守所或者接收该罪犯档案的监狱、看守所，按期办理释放手续。人民法院决定暂予监外执行的罪犯刑期届满的，由执行地公安机关向原判决人民法院和执行地县级人民检察院通报，并按期办理释放手续。

三、加强和规范监外执行的检察监督

20. 人民检察院对人民法院、公安机关、监狱、看守所交付监外执行活动和监督管理监外执行罪犯活动实行法律监督，发现违法违规行为的，应当及时提出纠正意见。

21. 县级人民检察院对人民法院、监狱、看守所交付本县(市、区、旗)辖区执行监外执行的罪犯应当逐一登记，建立罪犯监外执行情况检察台账。

22. 人民检察院在监外执行检察中，应当依照有关规定认真受理监外执行罪犯的申诉、控告，妥善处理他们反映的问题，依法维护其合法权益。

23. 人民检察院应当采取定期和不定期相结合的方法进行监外执行检察，并针对存在的问题，区别不同情况，发出纠正违法通知书、检察建议书或者提出口头纠正意见。交付执行机关和执行机关对人民检察院提出的纠正意见、检察建议无异议的，应当在十五日内纠正并告知纠正结果；对纠正意见、检察建议有异议的，应当在接到人民检察院纠正意见、检察建议后七日内向人民检察院提出，人民检察院应当复议，并在七日内作出复议决定；对复议结论仍然提出异议的，应当提请上一级人民检察院复核，上一级人民检察院应当在七日内作出复核决定。

24. 人民检察院发现有下列情形的，应当提出纠正意见：

(1) 人民法院、监狱、看守所没有依法送达监外执行法律文书，没有依法将罪犯交付执行，没有依法告知罪犯权利义务的；

(2) 人民法院收到有关机关对监外执行罪犯的撤销缓刑、假释、暂予监外执行的建议后，没有依法进行审查、裁定、决定的；

(3) 公安机关没有及时接收监外执行罪犯，对监外执行罪犯没有落实监管责任、监管措施的；

(4) 公安机关对违法的监外执行罪犯依法应当给予处罚而没有依法作出处罚或者建议处罚的；

(5)公安机关、监狱管理机关应当作出对罪犯收监执行决定而没有作出决定的；

(6)监狱、看守所应当将罪犯收监执行而没有收监执行的；

(7)对依法应当减刑的监外执行罪犯,公安机关没有提请减刑或者提请减刑不当的；

(8)对依法应当减刑的监外执行罪犯,人民法院没有裁定减刑或者减刑裁定不当的；

(9)监外执行罪犯刑期或者考验期满,公安机关、监狱、看守所未及时办理相关手续和履行相关程序的；

(10)人民法院、公安机关、监狱、看守所在监外执行罪犯交付执行、监督管理过程中侵犯罪犯合法权益的；

(11)监外执行罪犯出现脱管、漏管情况的；

(12)其他依法应当提出纠正意见的情形。

25.监外执行罪犯在监外执行期间涉嫌犯罪,公安机关依法应当立案而不立案的,人民检察院应当按照《中华人民共和国刑事诉讼法》第八十七条的规定办理。

四、加强监外执行的综合治理(略)

最高人民法院、最高人民检察院、公安部、司法部、国家卫生计生委《暂予监外执行规定》

(自2014年12月1日起施行 司发通〔2014〕112号)

第一条 为了规范暂予监外执行工作,严格依法适用暂予监外执行,根据刑事诉讼法、监狱法等有关规定,结合刑罚执行工作实际,制定本规定。

第二条 对罪犯适用暂予监外执行,分别由下列机关决定或者批准：

(一)在交付执行前,由人民法院决定；

(二)在监狱服刑的,由监狱审查同意后提请省级以上监狱管理机关批准；

(三)在看守所服刑的,由看守所审查同意后提请设区的市一级以上公安机关批准。

对有关职务犯罪罪犯适用暂予监外执行,还应当依照有关规定逐案报请备案审查。

第三条 对暂予监外执行的罪犯,依法实行社区矫正,由其居住地的社区矫正机构负责执行。

第四条 罪犯在暂予监外执行期间的生活、医疗和护理等费用自理。

罪犯在监狱、看守所服刑期间因参加劳动致伤、致残被暂予监外执行的,其出监、出所后的医疗补助、生活困难补助等费用,由其服刑所在的监狱、看守所按照国家有关规定办理。

第五条 对被判处有期徒刑、拘役或者已经减为有期徒刑的罪犯,有下列情形之一,可以暂予监外执行：

(一)患有属于本规定所附《保外就医严重疾病范围》的严重疾病,需要保外就医的；

(二)怀孕或者正在哺乳自己婴儿的妇女；

(三)生活不能自理的。

对被判处无期徒刑的罪犯,有前款第二项规定情形的,可以暂予监外执行。

第六条 对需要保外就医或者属于生活不能自理,但适用暂予监外执行可能有社会危险性,或者自伤自残,或者不配合治疗的罪犯,不得暂予监外执行。

对职务犯罪、破坏金融管理秩序和金融诈骗犯罪、组织(领导、参加、包庇、纵容)黑社会性质组织犯罪的罪犯适用保外就医应当从严审批,对患有高血压、糖尿病、心脏病等严重疾病,但经诊断短期内没有生命危险的,不得暂予监外执行。

对在暂予监外执行期间因违法违规被收监执行或者因重新犯罪被判刑的罪犯,需要再次适用暂予监外执行的,应当从严审批。

第七条 对需要保外就医或者属于生活不能自理的累犯以及故意杀人、强奸、抢劫、绑架、放火、爆炸、投放危险物质或者有组织的暴力性犯罪的罪犯,原被判处死刑缓期二年执行或者无期徒刑的,应当在减为有期徒刑后执行有期徒刑七年以上方可适用暂予监外执行;原被判处十年以上有期徒刑的,应当执行原判刑期三分之一以上方可适用暂予监外执行。

对未成年罪犯、六十五周岁以上的罪犯、残疾人罪犯,适用前款规定可以适度从宽。

对患有本规定所附《保外就医严重疾病范围》的严重疾病,短期内有生命危险的罪犯,可以不受本条第一款规定关于执行刑期的限制。

第八条 对在监狱、看守所服刑的罪犯需要暂予监外执行的,监狱、看守所应当组织对罪犯进行病情诊断、妊娠检查或者生活不能自理的鉴别。罪犯本人或者其亲属、监护人也可以向监狱、看守所提出书面申请。

监狱、看守所对拟提请暂予监外执行的罪犯,应当核实其居住地。需要调查其对所居住社区影响的,可以委托居住地县级司法行政机关进行调查。

监狱、看守所应当向人民检察院通报有关情况。人民检察院可以派员监督有关诊断、检查和鉴别活动。

第九条 对罪犯的病情诊断或者妊娠检查,应当委托省级人民政府指定的医院进行。医院出具的病情诊断或者检查证明文件,应当由两名具有副高以上专业技术职称的医师共同作出,经主管业务院长审核签名,加盖公章,并附化验单、影像学资料和病历等有关医疗文书复印件。

对罪犯生活不能自理情况的鉴别,由监狱、看守所组织有医疗专业人员参加的鉴别小组进行。鉴别意见由组织鉴别的监狱、看守所出具,参与鉴别的人员应当签名,监狱、看守所的负责人应当签名并加盖公章。

对罪犯进行病情诊断、妊娠检查或者生活不能自理的鉴别,与罪犯有亲属关系或者其他利害关系的医师、人员应当回避。

第十条 罪犯需要保外就医的,应当由罪犯本人或者其亲属、监护人提出保证人,保证人由监狱、看守所审查确定。

罪犯没有亲属、监护人的,可以由其居住地的村(居)民委员会、原所在单位或者社区矫正机构推荐保证人。

保证人应当向监狱、看守所提交保证书。

第十一条 保证人应当同时具备下列条件:

(一)具有完全民事行为能力,愿意承担保证人义务;

(二)人身自由未受到限制;

(三)有固定的住处和收入;

(四)能够与被保证人共同居住或者居住在同一市、县。

第十二条 罪犯在暂予监外执行期间,保证人应当履行下列义务:

(一)协助社区矫正机构监督被保证

人遵守法律和有关规定；

（二）发现被保证人擅自离开居住的市、县或者变更居住地，或者有违法犯罪行为，或者需要保外就医情形消失，或者被保证人死亡的，立即向社区矫正机构报告；

（三）为被保证人的治疗、护理、复查以及正常生活提供帮助；

（四）督促和协助被保证人按照规定履行定期复查病情和向社区矫正机构报告的义务。

第十三条　监狱、看守所应当就是否对罪犯提请暂予监外执行进行审议。经审议决定对罪犯提请暂予监外执行的，应当在监狱、看守所内进行公示。对病情严重必须立即保外就医的，可以不公示，但应当在保外就医后三个工作日以内在监狱、看守所内公告。

公示无异议或者经审查异议不成立的，监狱、看守所应当填写暂予监外执行审批表，连同有关诊断、检查、鉴别材料、保证人的保证书，提请省级以上监狱管理机关或者设区的市一级以上公安机关批准。已委托进行核实、调查的，还应当附县级司法行政机关出具的调查评估意见书。

监狱、看守所审议暂予监外执行前，应当将相关材料抄送人民检察院。决定提请暂予监外执行的，监狱、看守所应当将提请暂予监外执行书面意见的副本和相关材料抄送人民检察院。人民检察院可以向决定或者批准暂予监外执行的机关提出书面意见。

第十四条　批准机关应当自收到监狱、看守所提请暂予监外执行材料之日起十五个工作日以内作出决定。批准暂予监外执行的，应当在五个工作日以内将暂予监外执行决定书送达监狱、看守所，同时抄送同级人民检察院、原判人民法院和罪犯居住地社区矫正机构。暂予监外执行决定书应当上网公开。不予批准暂予监外执行的，应当在五个工作日以内将不予批准暂予监外执行决定书送达监狱、看守所。

第十五条　监狱、看守所应当向罪犯发放暂予监外执行决定书，及时为罪犯办理出监、出所相关手续。

在罪犯离开监狱、看守所之前，监狱、看守所应当核实其居住地，书面通知其居住地社区矫正机构，并对其进行出监、出所教育，书面告知其在暂予监外执行期间应当遵守的法律和有关监督管理规定。罪犯应当在告知书上签名。

第十六条　监狱、看守所应当派员持暂予监外执行决定书及有关文书材料，将罪犯押送至居住地，与社区矫正机构办理交接手续。监狱、看守所应当及时将罪犯交接情况通报人民检察院。

第十七条　对符合暂予监外执行条件的，被告人及其辩护人有权向人民法院提出暂予监外执行的申请，看守所可以将有关情况通报人民法院。对被告人、罪犯的病情诊断、妊娠检查或者生活不能自理的鉴别，由人民法院依照本规定程序组织进行。

第十八条　人民法院应当在执行刑罚的有关法律文书依法送达前，作出是否暂予监外执行的决定。

人民法院决定暂予监外执行的，应当制作暂予监外执行决定书，写明罪犯基本情况、判决确定的罪名和刑罚、决定暂予监外执行的原因、依据等，在判决生效后七日以内将暂予监外执行决定书送达看守所或者执行取保候审、监视居住的公安机关和罪犯居住地社区矫正机构，并抄送同级人民检察院。

人民法院决定不予暂予监外执行的,应当在执行刑罚的有关法律文书依法送达前,通知看守所或者执行取保候审、监视居住的公安机关,并告知同级人民检察院。监狱、看守所应当依法接收罪犯,执行刑罚。

人民法院在作出暂予监外执行决定前,应当征求人民检察院的意见。

第十九条 人民法院决定暂予监外执行,罪犯被羁押的,应当通知罪犯居住地社区矫正机构,社区矫正机构应当派员持暂予监外执行决定书及时与看守所办理交接手续,接收罪犯档案;罪犯被取保候审、监视居住的,由社区矫正机构与执行取保候审、监视居住的公安机关办理交接手续。

第二十条 罪犯原服刑地与居住地不在同一省、自治区、直辖市,需要回居住地暂予监外执行的,原服刑地的省级以上监狱管理机关或者设区的市一级以上公安机关监所管理部门应当书面通知罪犯居住地的监狱管理机关、公安机关监所管理部门,由其指定一所监狱、看守所接收罪犯档案,负责办理罪犯收监、刑满释放等手续,并及时书面通知罪犯居住地社区矫正机构。

第二十一条 社区矫正机构应当及时掌握暂予监外执行罪犯的身体状况以及疾病治疗等情况,每三个月审查保外就医罪犯的病情复查情况,并根据需要向批准、决定机关或者有关监狱、看守所反馈情况。

第二十二条 罪犯在暂予监外执行期间因犯新罪或者发现判决宣告以前还有其他罪没有判决的,侦查机关应当在对罪犯采取强制措施后二十四小时以内,将有关情况通知罪犯居住地社区矫正机构;人民法院应当在判决、裁定生效后,及时将判决、裁定的结果通知罪犯居住地社区矫正机构和罪犯原服刑或者接收其档案的监狱、看守所。

罪犯按前款规定被判处监禁刑罚后,应当由原服刑的监狱、看守所收监执行;原服刑的监狱、看守所与接收其档案的监狱、看守所不一致的,应当由接收其档案的监狱、看守所收监执行。

第二十三条 社区矫正机构发现暂予监外执行罪犯依法应予收监执行的,应当提出收监执行的建议,经县级司法行政机关审核同意后,报决定或者批准机关。决定或者批准机关应当进行审查,作出收监执行决定的,将有关的法律文书送达罪犯居住地县级司法行政机关和原服刑或者接收其档案的监狱、看守所,并抄送同级人民检察院、公安机关和原判人民法院。

人民检察院发现暂予监外执行罪犯依法应予收监执行而未收监执行的,由决定或者批准机关同级的人民检察院向决定或者批准机关提出收监执行的检察建议。

第二十四条 人民法院对暂予监外执行罪犯决定收监执行的,决定暂予监外执行时剩余刑期在三个月以下的,由居住地公安机关送交看守所收监执行;决定暂予监外执行时剩余刑期在三个月以上的,由居住地公安机关送交监狱收监执行。

监狱管理机关对暂予监外执行罪犯决定收监执行的,原服刑或者接收其档案的监狱应当立即赴羁押地将罪犯收监执行。

公安机关对暂予监外执行罪犯决定收监执行的,由罪犯居住地看守所将罪犯收监执行。

监狱、看守所将罪犯收监执行后,应当将收监执行的情况报告决定或者批准机关,并告知罪犯居住地县级人民检察院和原判人民法院。

第二十五条 被决定收监执行的罪犯在逃的，由罪犯居住地县级公安机关负责追捕。公安机关将罪犯抓捕后，依法送交监狱、看守所执行刑罚。

第二十六条 被收监执行的罪犯有法律规定的不计入执行刑期情形的，社区矫正机构应当在收监执行建议书中说明情况，并附有关证明材料。批准机关进行审核后，应当及时通知监狱、看守所向所在地的中级人民法院提出不计入执行刑期的建议书。人民法院应当自收到建议书之日起一个月以内依法对罪犯的刑期重新计算作出裁定。

人民法院决定暂予监外执行的，在决定收监执行的同时应当确定不计入刑期的期间。

人民法院应当将有关的法律文书送达监狱、看守所，同时抄送同级人民检察院。

第二十七条 罪犯暂予监外执行后，刑期即将届满的，社区矫正机构应当在罪犯刑期届满前一个月以内，书面通知罪犯原服刑或者接收其档案的监狱、看守所按期办理刑满释放手续。

人民法院决定暂予监外执行罪犯刑期届满的，社区矫正机构应当及时解除社区矫正，向其发放解除社区矫正证明书，并将有关情况通报原判人民法院。

第二十八条 罪犯在暂予监外执行期间死亡的，社区矫正机构应当自发现之日起五日以内，书面通知决定或者批准机关，并将有关死亡证明材料送达罪犯原服刑或者接收其档案的监狱、看守所，同时抄送罪犯居住地同级人民检察院。

第二十九条 人民检察院发现暂予监外执行的决定或者批准机关、监狱、看守所、社区矫正机构有违法情形的，应当依法提出纠正意见。

第三十条 人民检察院认为暂予监外执行不当的，应当自接到决定书之日起一个月以内将书面意见送交决定或者批准暂予监外执行的机关，决定或者批准暂予监外执行的机关接到人民检察院的书面意见后，应当立即对该决定进行重新核查。

第三十一条 人民检察院可以向有关机关、单位调阅有关材料、档案，可以调查、核实有关情况，有关机关、单位和人员应当予以配合。

人民检察院认为必要时，可以自行组织或者要求人民法院、监狱、看守所对罪犯重新组织进行诊断、检查或者鉴别。

第三十二条 在暂予监外执行执法工作中，司法工作人员或者从事诊断、检查、鉴别等工作的相关人员有玩忽职守、徇私舞弊、滥用职权等违法违纪行为的，依法给予相应的处分；构成犯罪的，依法追究刑事责任。

第三十三条 本规定所称生活不能自理，是指罪犯因患病、身体残疾或者年老体弱，日常生活行为需要他人协助才能完成的情形。

生活不能自理的鉴别参照《劳动能力鉴定——职工工伤与职业病致残等级分级》（GB/T16180—2006）执行。进食、翻身、大小便、穿衣洗漱、自主行动等五项日常生活行为中有三项需要他人协助才能完成，且经过六个月以上治疗、护理和观察，自理能力不能恢复的，可以认定为生活不能自理。六十五周岁以上的罪犯，上述五项日常生活行为有一项需要他人协助才能完成即可视为生活不能自理。

第三十四条 本规定自2014年12月1日起施行。最高人民检察院、公安部、司法部1990年12月31日发布的《罪犯保外就医执行办法》同时废止。

附件:保外就医严重疾病范围

罪犯有下列严重疾病之一,久治不愈,严重影响其身心健康的,属于适用保外就医的疾病范围:

一、严重传染病

1. 肺结核伴空洞并反复咯血;肺结核合并多脏器并发症;结核性脑膜炎。

2. 急性、亚急性或慢性重型病毒性肝炎。

3. 艾滋病病毒感染者和病人伴有需要住院治疗的机会性感染。

4. 其他传染病,如Ⅲ期梅毒并发主要脏器病变的,流行性出血热,狂犬病,流行性脑脊髓膜炎及新发传染病等监狱医院不具备治疗条件的。

二、反复发作的,无服刑能力的各种精神病,如脑器质性精神障碍、精神分裂症、心境障碍、偏执性精神障碍等,但有严重暴力行为或倾向,对社会安全构成潜在威胁的除外。

三、严重器质性心血管疾病

1. 心脏功能不全:心脏功能在 NYHA 三级以上,经规范治疗未见好转。(可由冠状动脉粥样硬化性心脏病、高血压性心脏病、风湿性心脏病、肺源性心脏病、先天性心脏病、心肌病、重度心肌炎、心包炎等引起。)

2. 严重心律失常:如频发多源室性期前收缩或有 R on T 表现、导致血流动力学改变的心房纤颤、二度以上房室传导阻滞、阵发性室性心动过速、病态窦房结综合征等。

3. 急性冠状动脉综合征(急性心肌梗死及重度不稳定型心绞痛),冠状动脉粥样硬化性心脏病有严重心绞痛反复发作,经规范治疗仍有严重冠状动脉供血不足表现。

4. 高血压病达到很高危程度的,合并靶器官受损。具体参见注释中靶器官受损相应条款。

5. 主动脉瘤、主动脉夹层动脉瘤等需要手术的心血管动脉瘤和粘液瘤等需要手术的心脏肿瘤;或者不需要、难以手术治疗,但病情严重危及生命或者存在严重并发症,且监狱医院不具备治疗条件的心血管疾病。

6. 急性肺栓塞。

四、严重呼吸系统疾病

1. 严重呼吸功能障碍:由支气管、肺、胸膜疾病引起的中度以上呼吸功能障碍,经规范治疗未见好转。

2. 支气管扩张反复咯血,经规范治疗未见好转。

3. 支气管哮喘持续状态,反复发作,动脉血氧分压低于 60 mmHg,经规范治疗未见好转。

五、严重消化系统疾病

1. 肝硬化失代偿期(肝硬化合并上消化道出血、腹水、肝性脑病、肝肾综合征等)。

2. 急性出血性坏死性胰腺炎。

3. 急性及亚急性肝衰竭、慢性肝衰竭加急性发作或慢性肝衰竭。

4. 消化道反复出血,经规范治疗未见好转且持续重度贫血。

5. 急性梗阻性化脓性胆管炎,经规范治疗未见好转。

6. 肠道疾病:如克隆病、肠伤寒合并肠穿孔、出血坏死性小肠炎、全结肠切除、小肠切除四分之三等危及生命的。

六、各种急、慢性肾脏疾病引起的肾功能不全失代偿期,如急性肾衰竭、慢性肾小球肾炎、慢性肾盂肾炎、肾结核、肾小动脉硬化、免疫性肾病等。

七、严重神经系统疾病及损伤

1. 严重脑血管疾病、颅内器质性疾病并有昏睡以上意识障碍、肢体瘫痪、视力障碍等经规范治疗未见好转。如脑出血、蛛网膜下腔出血、脑血栓形成、脑栓塞、脑脓肿、乙型脑炎、结核性脑膜炎、化脓性脑膜炎及严重的脑外伤等。

2. 各种脊髓疾病及周围神经疾病与损伤所致的肢体瘫痪、大小便失禁经规范治疗未见好转,生活难以自理。如脊髓炎、高位脊髓空洞症、脊髓压迫症、运动神经元疾病(包括肌萎缩侧索硬化、进行性脊肌萎缩症、原发性侧索硬化和进行性延髓麻痹)等;周围神经疾病,如多发性神经炎、周围神经损伤等;急性炎症性脱髓鞘性多发性神经病;慢性炎症性脱髓鞘性多发性神经病。

3. 癫痫大发作,经规范治疗未见好转,每月发作仍多于两次。

4. 重症肌无力或进行性肌营养不良等疾病,严重影响呼吸和吞咽功能。

5. 锥体外系疾病所致的肌张力障碍(肌张力过高或过低)和运动障碍(包括震颤、手足徐动、舞蹈样动作、扭转痉挛等出现生活难以自理)。如帕金森病及各类帕金森综合症、小舞蹈病、慢性进行性舞蹈病、肌紧张异常、秽语抽动综合症、迟发性运动障碍、投掷样舞动、阵发性手足徐动症、阵发性运动源性舞蹈手足徐动症、扭转痉挛等。

八、严重内分泌代谢性疾病合并重要脏器功能障碍,经规范治疗未见好转。如脑垂体瘤需要手术治疗、肢端肥大症、尿崩症、柯兴氏综合征、原发性醛固酮增多症、嗜铬细胞瘤、甲状腺机能亢进危象、甲状腺机能减退症出现严重心脏损害或出现粘液性水肿昏迷,甲状旁腺机能亢进及甲状旁腺机能减退症出现高钙危象或低钙血症。

糖尿病合并严重并发症:糖尿病并发心、脑、肾、眼等严重并发症或伴发症,或合并难以控制的严重继发感染、严重酮症酸中毒或高渗性昏迷,经规范治疗未见好转。

心:诊断明确的冠状动脉粥样硬化性心脏,并出现以下情形之一的:1. 有心绞痛反复发作,经规范治疗未见好转仍有明显的冠状动脉供血不足的表现;2. 心功能三级;3. 心律失常(频发或多型性室早、新发束支传导阻滞、交界性心动过速、心房纤颤、心房扑动、二度及以上房室传导阻滞、阵发性室性心动过速、窦性停搏等)。

脑:诊断明确的脑血管疾病,出现痴呆、失语、肢体肌力达Ⅳ级以下。

肾:诊断明确的糖尿病肾病,肌酐达到177 mmol/L以上水平。

眼:诊断明确的糖尿病视网膜病变,达到增殖以上。

九、严重血液系统疾病

1. 再生障碍性贫血。

2. 严重贫血并有贫血性心脏病、溶血危象、脾功能亢进其中一项,经规范治疗未见好转。

3. 白血病、骨髓增生异常综合征。

4. 恶性组织细胞病、嗜血细胞综合征。

5. 淋巴瘤、多发性骨髓瘤。

6. 严重出血性疾病,有重要器官、体腔出血的,如原发性血小板减少性紫癜、血友病等,经规范治疗未见好转。

十、严重脏器损伤和术后并发症,遗有严重功能障碍,经规范治疗未见好转

1. 脑、脊髓损伤治疗后遗有中度以上智能障碍,截瘫或偏瘫,大小便失禁,功

能难以恢复。

2. 胸、腹腔重要脏器及气管损伤或手术后,遗有严重功能障碍,胸腹腔内慢性感染、重度粘连性梗阻,肠瘘、胰瘘、胆瘘、肛瘘等内外瘘形成反复发作;严重循环或呼吸功能障碍,如外伤性湿肺不易控制。

3. 肺、肾、肾上腺等器官一侧切除,对侧仍有病变或有明显功能障碍。

十一、各种严重骨、关节疾病及损伤

1. 双上肢,双下肢,一侧上肢和一侧下肢因伤、病在腕或踝关节以上截肢或失去功能不能恢复。双手完全失去功能或伤、病致手指缺损6个以上,且6个缺损的手指中有半数以上在掌指关节处离断,且必须包括两个拇指缺失。

2. 脊柱并一个主要关节或两个以上主要关节(肩、膝、髋、肘)因伤、病发生强直畸形,经规范治疗未见好转,脊柱伸屈功能完全丧失。

3. 严重骨盆骨折合并尿道损伤,经治疗后遗有运动功能障碍或遗有尿道狭窄、闭塞或感染,经规范治疗未见好转。

4. 主要长骨的慢性化脓性骨髓炎,反复急性发作,病灶内出现大块死骨或合并病理性骨折,经规范治疗未见好转。

十二、五官伤、病后,出现严重的功能障碍,经规范治疗未见好转

1. 伤、病后双眼矫正视力<0.1,经影像检查证实患有白内障、眼外伤、视网膜剥离等需要手术治疗。内耳伤、病所致的严重前庭功能障碍、平衡失调,经规范治疗未见好转。

2. 咽、喉损伤后遗有严重疤痕挛缩,造成呼吸道梗阻受阻,严重影响呼吸功能和吞咽功能。

3. 上下颌伤、病经治疗后二度张口困难,严重咀嚼功能障碍。

十三、周围血管病经规范治疗未见好转,患肢有严重肌肉萎缩或干、湿性坏疽,如进展性脉管炎,高位深静脉栓塞等。

十四、非临床治愈期的各种恶性肿瘤。

十五、暂时难以确定性质的肿瘤,有下列情形之一的:

1. 严重影响机体功能而不能进行彻底治疗。

2. 身体状况进行性恶化。

3. 有严重后遗症,如偏瘫、截瘫、胃瘘、支气管食管瘘等。

十六、结缔组织疾病及其他风湿性疾病造成两个以上脏器严重功能障碍或单个脏器功能障碍失代偿,经规范治疗未见好转,如系统性红斑狼疮、硬皮病、皮肌炎、结节性多动脉炎等。

十七、寄生虫侵犯脑、肝、肺等重要器官或组织,造成继发性损害,伴有严重功能障碍者,经规范治疗未见好转。

十八、经职业病诊断机构确诊的以下职业病:

1. 尘肺病伴严重呼吸功能障碍,经规范治疗未见好转。

2. 职业中毒,伴有重要脏器功能障碍,经规范治疗未见好转。

3. 其他职业病并有瘫痪、中度智能障碍、双眼矫正视力<0.1、严重血液系统疾病、严重精神障碍等其中一项,经规范治疗未见好转。

十九、年龄在六十五周岁以上同时患有两种以上严重疾病,其中一种病情必须接近上述一项或几项疾病程度。

注释:

1. 本范围所列严重疾病诊断标准应符合省级以上卫生行政部门、中华医学会制定并下发的医学诊疗常规、诊断标准、规范和指南。

2. 凡是确定诊断和确定脏器、肢体功能障碍必须具有诊疗常规所明确规定的相应临床症状、体征和客观医技检查依据。

3. 本范围所称"经规范治疗未见好转",是指临床上经常规治疗至少半年后病情恶化或未见好转。

4. 本范围所称"反复发作",是指发作间隔时间小于一个月,且至少发作三次及以上。

5. 本范围所称"严重心律失常",是指临床上可引起严重血流动力学障碍,预示危及生命的心律失常。一般出现成对室性期前收缩、多形性室性期前收缩、阵发性室性心动过速、室性期前收缩有 R on T 现象、病态窦房结综合征、心室扑动或心室颤动等。

6. 本范围所称"意识障碍",是指各种原因导致的迁延性昏迷 1 个月以上和植物人状态。

7. 本范围所称"视力障碍",是指各种原因导致的患眼低视力 2 级。

8. 艾滋病和艾滋病机会性感染诊断依据应符合《艾滋病和艾滋病病毒感染诊断标准》(WS293—2008)、《艾滋病诊疗指南》(中华医学会感染病分会,2011 年)等技术规范。其中,艾滋病合并肺孢子菌肺炎、活动性结核病、巨细胞病毒视网膜炎、马尼菲青霉菌病、细菌性肺炎、新型隐球菌脑膜炎等六种艾滋病机会性感染的住院标准应符合《卫生部办公厅关于印发艾滋病合并肺孢子菌肺炎等六个艾滋病机会感染病种临床路径的通知》(卫办医政发〔2012〕107 号)。上述六种以外的艾滋病机会性感染住院标准可参考《艾滋病诊疗指南》(中华医学会感染病分会,2011 年)及《实用内科学》(第 13 版)等。

9. 精神病的危险性按照《卫生部关于印发〈重性精神疾病管理治疗工作规范(2012 年版)〉的通知》(卫疾控发〔2012〕20 号)进行评估。

10. 心功能判定:心功能不全,表现出心悸、心律失常、低血压、休克,甚至发生心搏骤停。按发生部位和发病过程分为左侧心功能不全(急性、慢性)、右侧心功能不全(急性、慢性)和全心功能不全(急性、慢性)。出现心功能不全症状后,其心功能可分为四级。

Ⅰ级:体力活动不受限制。

Ⅱ级:静息时无不适,但稍重于日常生活活动量即致乏力、心悸、气促或者心绞痛。

Ⅲ级:体力活动明显受限,静息时无不适,但低于日常活动量即致乏力、心悸、气促或心绞痛。

Ⅳ级:任何体力活动均引起症状,静息时亦可有心力衰竭或者心绞痛。

11. 高血压判定:按照《中国高血压防治指南 2010》执行。

血压水平分类和定义(mmHg)

分级	收缩压(SBP)		舒张压(DBP)
分级	收缩压(SBP)		舒张压(DBP)
正常血压	<120	和	<80
正常高值血压	120~139	和/或	80~89
高血压 1 级(轻度)	140~159	和/或	90~99
高血压 2 级(中度)	160~179	和/或	100~109
高血压 3 级(重度)	≥180	和/或	≥110
单纯性收缩期高血压	≥140	和	<90

高血压危险分层

其他危险因素和病史	血压(mmHg)		
	1级 SBP140—159 或 DBP90—99	2级 SBP160—179 或 DBP100—109	3级 SBP≥180 或 DBP≥110
无其他 CVD 危险因素	低危	中危	高危
1—2 个 CVD 危险因素	中危	中危	很高危
≥3 个 CVD 危险因素或靶器官损伤	高危	高危	很高危
临床并发症或合并糖尿病	很高危	很高危	很高危

注：* CVD 为心血管危险因素。

影响高血压患者心血管预后的重要因素

心血管危险因素	靶器官损害	伴临床疾患
• 高血压(1—3 级) • 男性>55 岁；女性>65 岁 • 吸烟 • 糖耐量受损(餐后 2 h 血糖 7.8—11.0 mmol/L)和(或)空腹血糖受损(6.1—6.9 mmol/L) • 血脂异常 TC≥5.7 mmol/L(220 mg/dl) 或 LDL_C>3.3 mmol/L(130 mg/dl) 或 HDL_C<1.0 mmol/L(4. mg/dl) • 早发心血管病家族史(一般亲属发病年龄男性〈55 岁；女性>65 岁) • 腹型肥胖(腰围：男性≥90 cm，女性≥85 cm) 或肥胖(BMI≥28 kg/m2) • 血同型半胱氨酸升高(≥10 μmol/L)	• 左心室肥厚心电图：Sokolow_Lyon〉38 mm 或 Cornell>2 440 mm·ms；超声心动图 LVMI：男≥125 g/m2，女≥120 g/m2 • 颈动脉超声 IMT≥0.9 mm 或动脉粥样斑块 • 颈—股动脉脉搏波速度≥12 m/s • 踝/臂血压指数<0.9 • eGFR 降低(eGFR<60 ml·min1·1.73 m2) 或血清肌酐轻度升高：男性 115—133 μmol/L(1.3—1.5 mg/dl)，女性 107—124 μmol/L(1.2—1.4 mg/dl) • 微量白蛋白尿：30—300 mg/24 h 或白蛋白/肌酐比：≥30 mg/g(3.5 mg/mmol)	• 脑血管病：脑出血，缺血性脑卒中短暂性脑缺血发作 • 心脏疾病：心肌梗死史，心绞痛，冠状动脉血重建史，慢性心力衰竭 • 肾脏疾病：糖尿病肾病，肾功能受损，血肌酐：男性≥133 μmol/L(1.5 mg/dl)，女性≥124 μmol/L(1.4 mg/dl)，蛋白尿(≥300 mg/24 h) • 外周血管疾病 • 视网膜病变：出血或渗出，视乳头水肿 • 糖尿病：空腹血糖≥7.0 mmol/L(126 mg/dl)，餐后 2 h 血糖≥11.1 mmol/L(200 mg/dl)，糖化血红蛋白≥6.5%

注：TC：总胆固醇；LDL_C：低密度脂蛋白胆固醇；HDL_C：高密度脂蛋白固醇；BMI：体质指数；LVMI：左心室质量指数；IMT：颈动脉内中膜厚度；eGFR：估算的肾小球滤过率。

12. 呼吸功能障碍判定：参照《道路交通事故受伤人员伤残评定》(GB 18667—2002)和《劳动能力鉴定——职工工伤与职业病致残程度鉴定标准》(GBT16180—2006)，结合医学实践执行。症状：自觉气短、胸闷不适、呼吸费力。体征：呼吸频率增快，幅度加深或者变浅，或者伴周期节律异常，鼻翼扇动，紫绀等。实验室检查提示肺功能损害。在保外就医诊断实践中，判定呼吸功能障碍必须综合产生呼吸功能障碍的病理基础、临床表现和相关医技检查结果如血气分析，全面分析。

呼吸困难分级

Ⅰ级(轻度)：平路快步行走、登山或上楼梯时气短明显。

Ⅱ级(中度)：一般速度平路步行 100

米即有气短,体力活动大部分受限。

Ⅲ级(重度):稍活动如穿衣、谈话即有气短,体力活动完全受限。

Ⅳ级(极重度):静息时亦有气短。

肺功能损伤分级

	FVC	FEV1	MVV	FEV1/FVC	RV/TLC	DLco
正常	>80	>80	>80	>70	<35	>80%
轻度损伤	60—79	60—79	60—79	55—69	36—45	60—79
中度损伤	40—59	40—59	40—59	35—54	46—55	45—59
重度损伤	<40	<40	<40	<35	>55	<45

注:FVC、FEV1、MVV、DLco 均为占预计值百分数,单位为%。

FVC:用力肺活量;FEV1:1秒钟用力呼气容积;MVV:分钟最大通气量;RV/TLC:残气量/肺总量;DLco:一氧化碳弥散量。

低氧血症分级

正常:Po2 为 13.3 kPa～10.6 kPa(100 mmHg～80 mmHg);

轻度:Po2 为 10.5 kPa～8.0 kPa(79 mmHg～60 mmHg);

中度:Po2 为 7.9 kPa～5.3 kPa(59 mmHg～40 mmHg);

重度:Po2<5.3 kPa(<40 mmHg)。

13. 肝功能损害程度判定

A. 肝功能损害分度

分度	中毒症状	血浆白蛋白	血内胆红质	腹水	脑症	凝血酶原时间	谷丙转氨酶
重度	重度	<2.5 g%	>10 mg%	顽固性	明显	明显延长	供参考
中度	中度	2.5—3.0 g%	5—10 mg%	无或者少量,治疗后消失	无或者轻度	延长	供参考
轻度	轻度	3.0—3.5 g%	1.5—5 mg%	无	无	稍延长(较对照组>3 s)	供参考

B. 肝衰竭:肝衰竭的临床诊断需要依据病史、临床表现和辅助检查等综合分析而确定,参照中华医学会《肝衰竭诊治指南(2012年版)》执行。

(1)急性肝衰竭(急性重型肝炎):急性起病,2周内出现Ⅱ度及以上肝性脑病并有以下表现:①极度乏力,并有明显厌食、腹胀、恶心、呕吐等严重消化道症状。②短期内黄疸进行性加深。③出血倾向明显,PTA≤40%,且排除其他原因。④肝脏进行性缩小。

(2)亚急性肝衰竭(亚急性重型肝炎):起病较急,15天~26周出现以下表现者:①极度乏力,有明显的消化道症状。②黄疸迅速加深,血清总胆红素大于正常值上限10倍或每日上升≥17.1 μmol/L。③凝血酶原时间明显延长,PTA≤40%并排除其他原因者。

（3）慢加急性（亚急性）肝衰竭（慢性重型肝炎）：在慢性肝病基础上，短期内发生急性肝功能失代偿的主要临床表现。

（4）慢性肝衰竭：在肝硬化基础上，肝功能进行性减退和失代偿。诊断要点为：①有腹水或其他门静脉高压表现。②可有肝性脑病。③血清总胆红素升高，白蛋白明显降低。④有凝血功能障碍，PTA≤40%。

C. 肝性脑病

肝性脑病 West-Haven 分级标准

肝性脑病分级	临床要点
0 级	没有能觉察的人格或行为变化
	无扑翼样震颤
1 级	轻度认知障碍
	欣快或抑郁
	注意时间缩短
	加法计算能力降低
	可引出扑翼样震颤
2 级	倦怠或淡漠
	轻度定向异常（时间和空间定向）
	轻微人格改变
	行为错乱，语言不清
	减法计算能力异常
	容易引出扑翼样震颤
3 级	嗜睡到半昏迷*，但是对语言刺激有反应
	意识模糊
	明显的定向障碍
	扑翼样震颤可能无法引出
4 级	昏迷**（对语言和强刺激无反应）

注：1—4 级即 I—IV 度。

按照意识障碍以觉醒度改变为主分类，* 半昏迷即中度昏迷，** 昏迷即深昏迷。

14. 急、慢性肾功能损害程度判定：参照《实用内科学》（第十三版）和《内科学》（第七版）进行综合判定。急性肾损伤的原因有肾前性、肾实质性及肾后性三类。每类又有少尿型和非少尿型两种。慢性肾脏病患者肾功能损害分期与病因、病变进展程度、部位、转归以及诊断时间有关。分期：

慢性肾脏病肾功能损害程度分期

CKD 分期	肾小球滤过率（GFR）或 eGFR	主要临床症状
I 期	≥90 毫升/分	无症状
II 期	60—89 毫升/分	基本无症状
III 期	30—59 毫升/分	乏力；轻度贫血；食欲减退
IV 期	15—29 毫升/分	贫血；代谢性酸中毒；水电解质紊乱
V 期	<15 毫升/分	严重酸中毒和全身各系统症状

注：eGFR：基于血肌酐估计的肾小球滤过率。

15. 肢体瘫痪的判定：参照《神经病学》（第 2 版）判定。肢体瘫，以肌力测定判断肢体瘫痪程度。在保外就医诊断实践中，判定肢体瘫痪须具备疾病的解剖（病理）基础，0 级、1 级、2 级肌力可认定为肢体瘫痪。

0%；0 级：肌肉完全瘫痪，毫无收缩。

10%；1 级：可看到或者触及肌肉轻微收缩，但不能产生动作。

25%；2 级：肌肉在不受重力影响下，可进行运动，即肢体能在床面上移动，但不能抬高。

50%；3 级：在和地心引力相反的方向中尚能完成其动作，但不能对抗外加的阻力。

75%；4 级：能对抗一定的阻力，但较正常人为低。

100%；5 级：正常肌力。

16. 生活难以自理的判定：参照《劳动能力鉴定——职工工伤与职业病致残程度鉴定标准》（GBT 16180—2006），结合医学实践执行。

17. 视力障碍判定：眼伤残鉴定依据为眼球或视神经器质性损伤所致的视力、视野、立体视功能障碍及其他解剖结构和功能的损伤或破坏。

（1）主观检查：凡损伤眼裸视或者加用矫正镜片（包括接触镜、针孔镜等）远视力<0.3 为视力障碍。

（2）客观检查：眼底照相、视觉电生理、眼底血管造影、眼科影像学检查如相干光断层成像（OCT）等以明确视力残疾实际情况，并确定对应的具体疾病状态。

视力障碍标准：

低视力：1级：矫正视力<0.3；2级：矫正视力<0.1。

盲：矫正视力<0.05。

最高人民法院《关于罪犯交付执行前暂予监外执行组织诊断工作有关问题的通知》

（2014年12月11日 法〔2014〕319号）

各省、自治区、直辖市高级人民法院，解放军军事法院，新疆维吾尔自治区高级人民法院生产建设兵团分院：

2014年4月24日，第十二届全国人民代表大会常务委员会第八次会议通过《关于〈中华人民共和国刑事诉讼法〉第二百五十四条第五款、第二百五十七条第二款的解释》，规定罪犯在被交付执行前，因有严重疾病、妇女怀孕或正在哺乳自己婴儿、生活不能自理等原因，依法提出暂予监外执行申请的，有关病情诊断、妊娠检查和生活不能自理的鉴别，由人民法院负责组织进行。最高人民法院、最高人民检察院、公安部、司法部、国家卫生计生委于同年10月24日联合发布的《暂予监外执行规定》第十七条规定，被告人及其辩护人提出暂予监外执行申请的，对其病情诊断、妊娠检查和生活不能处理的鉴别，由人民法院依照规定程序组织进行。为贯彻落实上述立法解释和司法解释的要求，现就有关问题通知如下：

一、要规范工作内容。罪犯交付执行前暂予监外执行组织诊断工作，包括对罪犯的病情诊断、妊娠检查和生活不能处理的鉴别。

二、要落实工作责任。中级人民法院司法技术部门负责本辖区罪犯交付执行前暂予监外执行组织诊断工作。高级人民法院司法技术部门负责本辖区罪犯交付执行前暂予监外执行组织诊断工作的监督执导和组织复核诊断工作。最高人民法院司法技术部门监督指导地方各级人民法院罪犯交付执行前暂予监外执行组织诊断工作。

三、要严格工作程序。罪犯交付执行前暂予监外执行组织诊断工作应当由法医人员进行或组织相关专业的临床医学人员和法医人员共同进行，临床医学人员应当具有副主任医师以上职称，法医人员应当具有副主任法医师以上职称。相关医学检查应当在省级人民政府指定的医院进行。

四、要加强工作监督。组织诊断应当采用合议的形式进行，按照少数服从多数的原则出具诊断意见。罪犯或利害关系人对诊断意见有异议的，可在接到诊断意见之日起十日内向本地高级人民法院申请复核诊断，高级人民法院复核诊断意见为最终意见。地方各级人民法院要加强调查研究，对工作中遇到的问题，应当逐级报最高人民法院,上级法院要加强工作的监督指导。

五、高级人民法院应当结合工作实际,制定具体实施细则,并报最高人民法院备案。

最高人民法院
《关于人民法院办理接收在台湾地区服刑的大陆居民回大陆服刑案件的规定》

(2015年6月2日最高人民法院审判委员会第1653次会议通过,自2016年5月1日起施行,法释〔2016〕11号)

为落实《海峡两岸共同打击犯罪及司法互助协议》,保障接收在台湾地区服刑的大陆居民回大陆服刑工作顺利进行,根据《中华人民共和国刑法》《中华人民共和国刑事诉讼法》等有关法律,制定本规定。

第一条 人民法院办理接收在台湾地区服刑的大陆居民(以下简称被判刑人)回大陆服刑案件(以下简称接收被判刑人案件),应当遵循一个中国原则,遵守国家法律的基本原则,秉持人道和互惠原则,不得违反社会公共利益。

第二条 接收被判刑人案件由最高人民法院指定的中级人民法院管辖。

第三条 申请机关向人民法院申请接收被判刑人回大陆服刑,应当同时提交以下材料:

(一)申请机关制作的接收被判刑人申请书,其中应当载明:

1. 台湾地区法院认定的被判刑人实施的犯罪行为及判决依据的具体条文内容;

2. 该行为在大陆依据刑法也构成犯罪、相应的刑法条文、罪名及该行为未进入大陆刑事诉讼程序的说明;

3. 建议转换的具体刑罚;

4. 其他需要说明的事项。

(二)被判刑人系大陆居民的身份证明;

(三)台湾地区法院对被判刑人定罪处刑的裁判文书、生效证明和执行文书;

(四)被判刑人或其法定代理人申请或者同意回大陆服刑的书面意见,且法定代理人与被判刑人的意思表示一致;

(五)被判刑人或其法定代理人所作的关于被判刑人在台湾地区接受公正审判的权利已获得保障的书面声明;

(六)两岸有关业务主管部门均同意被判刑人回大陆服刑的书面意见;

(七)台湾地区业务主管部门出具的有关刑罚执行情况的说明,包括被判刑人交付执行前的羁押期、已服刑期、剩余刑期,被判刑人服刑期间的表现、退赃退赔情况,被判刑人的健康状况、疾病与治疗情况;

(八)根据案件具体情况需要提交的其他材料。

申请机关提交材料齐全的,人民法院应当在七日内立案。提交材料不全的,应当通知申请机关在十五日内补送,至迟不能超过两个月;逾期未补送的,不予立案,并于七日内书面告知申请机关。

第四条 人民法院应当组成合议庭审理接收被判刑人案件。

第五条 人民法院应当在立案后一个月内就是否准予接收被判刑人作出裁定,情况复杂、特殊的,可以延长一个月。

人民法院裁定准予接收的,应当依据台湾地区法院判决认定的事实并参考其

所定罪名,根据刑法就相同或者最相似犯罪行为规定的法定刑,按照下列原则对台湾地区法院确定的无期徒刑或者有期徒刑予以转换:

(一)原判处刑罚未超过刑法规定的最高刑,包括原判处刑罚低于刑法规定的最低刑的,以原判处刑罚作为转换后的刑罚;

(二)原判处刑罚超过刑法规定的最高刑的,以刑法规定的最高刑作为转换后的刑罚;

(三)转换后的刑罚不附加适用剥夺政治权利。

前款所称的最高刑,如台湾地区法院认定的事实依据刑法应当认定为一个犯罪的,是指刑法对该犯罪规定的最高刑;如应当认定为多个犯罪的,是指刑法对数罪并罚规定的最高刑。

对人民法院立案前,台湾地区有关业务主管部门对被判刑人在服刑期间作出的减轻刑罚决定,人民法院应当一并予以转换,并就最终应当执行的刑罚作出裁定。

第六条 被判刑人被接收回大陆服刑前被实际羁押的期间,应当以一日折抵转换后的刑期一日。

第七条 被判刑人被接收回大陆前已在台湾地区被假释或保外就医的,或者被判刑人或其法定代理人在申请或者同意回大陆服刑的书面意见中同时申请暂予监外执行的,人民法院应当根据刑法、刑事诉讼法的规定一并审查,并作出是否假释或者暂予监外执行的决定。

第八条 人民法院作出裁定后,应在七日内送达申请机关。裁定一经送达,立即生效。

第九条 被判刑人回大陆服刑后,有关减刑、假释、暂予监外执行、赦免等事项,适用刑法、刑事诉讼法和相关司法解释的规定。

第十条 被判刑人回大陆服刑后,对其在台湾地区已被判处刑罚的行为,人民法院不再审理。

第十一条 本规定自 2016 年 5 月 1 日起施行。

司法部
《监狱暂予监外执行程序规定》

(2016 年 10 月 1 日)

第一章 总 则

第一条 为规范监狱办理暂予监外执行工作程序,根据《中华人民共和国刑事诉讼法》、《中华人民共和国监狱法》、《暂予监外执行规定》等有关规定,结合刑罚执行工作实际,制定本规定。

第二条 监狱办理暂予监外执行,应当遵循依法、公开、公平、公正的原则,严格实行办案责任制。

第三条 省、自治区、直辖市监狱管理局和监狱分别成立暂予监外执行评审委员会,由局长和监狱长任主任,分管暂予监外执行工作的副局长和副监狱长任副主任,刑罚执行、狱政管理、教育改造、狱内侦查、生活卫生、劳动改造等有关部门负责人为成员,监狱管理局、监狱暂予监外执行评审委员会成员不得少于 9 人。

监狱成立罪犯生活不能自理鉴别小组,由监狱长任组长,分管暂予监外执行工作的副监狱长任副组长,刑罚执行、狱政管理、生活卫生等部门负责人及 2 名以上医疗专业人员为成员,对因生活不能自理需要办理暂予监外执行的罪犯进行鉴别,鉴别小组成员不得少于7人。

第四条 监狱办理暂予监外执行,应当由监区人民警察集体研究,监区长办公会议审核,监狱刑罚执行部门审查,监狱暂予监外执行评审委员会评审,监狱长办公会议决定。

省、自治区、直辖市监狱管理局刑罚执行部门审查监狱依法定程序提请的暂予监外执行建议并出具意见,报请局长召集暂予监外执行评审委员会审核,必要时可以召开局长办公会议决定。

第五条 违反法律规定和本规定办理暂予监外执行,涉嫌违纪的,依照有关处分规定追究相关人员责任;涉嫌犯罪的,移送司法机关追究刑事责任。

第二章 暂予监外执行的诊断、检查、鉴别程序

第六条 对在监狱服刑的罪犯需要暂予监外执行的,监狱应当组织对罪犯进行病情诊断、妊娠检查或者生活不能自理的鉴别。罪犯本人或者其亲属、监护人也可以向监狱提出书面申请。

第七条 监狱组织诊断、检查或者鉴别,应当由监区提出意见,经监狱刑罚执行部门审查,报分管副监狱长批准后进行诊断、检查或者鉴别。

对于患有严重疾病或者怀孕需要暂予监外执行的罪犯,委托省级人民政府指定的医院进行病情诊断或者妊娠检查。

对于生活不能自理需要暂予监外执行的罪犯,由监狱罪犯生活不能自理鉴别小组进行鉴别。

第八条 对罪犯的病情诊断或妊娠检查证明文件,应当由两名具有副高以上专业技术职称的医师共同作出,经主管业务院长审核签名,加盖公章,并附化验单、影像学资料和病历等有关医疗文书复印件。

第九条 对于生活不能自理的鉴别,应当由监狱罪犯生活不能自理鉴别小组审查下列事项:

(一)调取并核查罪犯经六个月以上治疗、护理和观察,生活自理能力仍不能恢复的材料;

(二)查阅罪犯健康档案及相关材料;

(三)询问主管人民警察,并形成书面材料;

(四)询问护理人员及其同一监区2名以上罪犯,并形成询问笔录;

(五)对罪犯进行现场考察,观察其日常生活行为,并形成现场考察书面材料;

(六)其他能够证明罪犯生活不能自理的相关材料。

审查结束后,鉴别小组应当及时出具意见并填写《罪犯生活不能自理鉴别书》,经鉴别小组成员签名以后,报监狱长审核签名,加盖监狱公章。

第十条 监狱应当向人民检察院通报对罪犯进行病情诊断、妊娠检查和生活不能自理鉴别工作情况。人民检察院可以派员监督。

第三章 暂予监外执行的提请程序

第十一条 罪犯需要保外就医的,应当由罪犯本人或其亲属、监护人提出保证人。无亲属、监护人的,可以由罪犯居住地的村(居)委会、原所在单位或者县级司法行政机关社区矫正机构推荐保证人。监狱刑罚执行部门对保证人的资格进行审查,填写《保证人资格审查表》,并告知保证人在罪犯暂予监外执行期间应当履

行的义务，由保证人签署《暂予监外执行保证书》。

第十二条　对符合办理暂予监外执行条件的罪犯，监区人民警察应当集体研究，提出提请暂予监外执行建议，经监区长办公会议审核同意后，报送监狱刑罚执行部门审查。

第十三条　监区提出提请暂予监外执行建议的，应当报送下列材料：

（一）《暂予监外执行审批表》；

（二）终审法院裁判文书、执行通知书、历次刑罚变更执行法律文书；

（三）《罪犯病情诊断书》、《罪犯妊娠检查书》及相关诊断、检查的医疗文书复印件、《罪犯生活不能自理鉴别书》及有关证明罪犯生活不能自理的治疗、护理和现场考察、询问笔录等材料；

（四）监区长办公会议记录；

（五）《保证人资格审查表》、《暂予监外执行保证书》及相关材料。

第十四条　监狱刑罚执行部门收到监区对罪犯提请暂予监外执行的材料后，应当就下列事项进行审查：

（一）提交的材料是否齐全、完备、规范；

（二）罪犯是否符合法定暂予监外执行的条件；

（三）提请暂予监外执行的程序是否符合规定。

经审查，对材料不齐全或者不符合提请条件的，应当通知监区补充有关材料或者退回；对相关材料有疑义的，应当进行核查。对材料齐全、符合提请条件的，应当出具审查意见，由科室负责人在《暂予监外执行审批表》上签署意见，连同监区报送的材料一并提交监狱暂予监外执行评审委员会评审。

第十五条　监狱刑罚执行部门应当核实暂予监外执行罪犯拟居住地，对需要调查评估其对所居住社区影响或核实保证人具保条件的，填写《拟暂予监外执行罪犯调查评估委托函》，附带原刑事判决书、减刑裁定书复印件以及罪犯在服刑期间表现情况材料，委托居住地县级司法行政机关进行调查，并出具调查评估意见书。

第十六条　监狱暂予监外执行评审委员会应当召开会议，对刑罚执行部门审查提交的提请暂予监外执行意见进行评审，提出评审意见。

监狱可以邀请人民检察院派员列席监狱暂予监外执行评审委员会会议。

第十七条　监狱暂予监外执行评审委员会评审后同意对罪犯提请暂予监外执行的，应当在监狱内进行公示。公示内容应当包括罪犯的姓名、原判罪名及刑期、暂予监外执行依据等。

公示期限为三个工作日。公示期内，罪犯对公示内容提出异议的，监狱暂予监外执行评审委员会应当进行复核，并告知其复核结果。

对病情严重必须立即保外就医的，可以不公示，但应当在保外就医后三个工作日内在监狱公告。

第十八条　公示无异议或者经复核异议不成立的，监狱应当将提请暂予监外执行相关材料送人民检察院征求意见。

征求意见后，监狱刑罚执行部门应当将监狱暂予监外执行评审委员会暂予监外执行建议和评审意见连同人民检察院意见，一并报请监狱长办公会议审议。

监狱对人民检察院意见未予采纳的，应当予以回复，并说明理由。

第十九条　监狱长办公会议决定提请暂予监外执行的，由监狱长在《暂予监外执行审批表》上签署意见,加盖监狱公章,并将有关材料报送省、自治区、直辖市监狱管理局。

人民检察院对提请暂予监外执行提出的检察意见,监狱应当一并移送办理暂予监外执行的省、自治区、直辖市监狱管理局。

决定提请暂予监外执行的,监狱应当将提请暂予监外执行书面意见的副本和相关材料抄送人民检察院。

第二十条　监狱决定提请暂予监外执行的,应当向省、自治区、直辖市监狱管理局提交提请暂予监外执行书面意见及下列材料:

(一)《暂予监外执行审批表》;

(二)终审法院裁判文书、执行通知书、历次刑罚变更执行法律文书;

(三)《罪犯病情诊断书》、《罪犯妊娠检查书》及相关诊断、检查的医疗文书复印件,《罪犯生活不能自理鉴别书》及有关证明罪犯生活不能自理的治疗、护理和现场考察、询问笔录等材料;

(四)监区长办公会议、监狱评审委员会会议、监狱长办公会议记录;

(五)《保证人资格审查表》《暂予监外执行保证书》及相关材料;

(六)公示情况;

(七)根据案件情况需要提交的其他材料。

已委托县级司法行政机关进行核实、调查的,应当将调查评估意见书一并报送。

第四章　暂予监外执行的审批程序

第二十一条　省、自治区、直辖市监狱管理局收到监狱报送的提请暂予监外执行的材料后,应当进行审查。

对病情诊断、妊娠检查或者生活不能自理情况的鉴别是否符合暂予监外执行条件,由生活卫生部门进行审查;对上报材料是否符合法定条件、法定程序及材料的完整性等,由刑罚执行部门进行审查。

审查中发现监狱报送的材料不齐全或者有疑义的,刑罚执行部门应当通知监狱补交有关材料或者作出说明,必要时可派员进行核实;对诊断、检查、鉴别有疑义的,生活卫生部门应当组织进行补充鉴定或者重新鉴定。

审查无误后,应当由刑罚执行部门出具审查意见,报请局长召集评审委员会进行审核。

第二十二条　监狱管理局局长认为案件重大或者有其他特殊情况的,可以召开局长办公会议审议决定。

监狱管理局对罪犯办理暂予监外执行作出决定的,由局长在《暂予监外执行审批表》上签署意见,加盖监狱管理局公章。

第二十三条　对于病情严重需要立即保外就医的,省、自治区、直辖市监狱管理局收到监狱报送的提请暂予监外执行材料后,应当由刑罚执行部门、生活卫生部门审查,报经分管副局长审核后报局长决定,并在罪犯保外就医后三日内召开暂予监外执行评审委员会予以确认。

第二十四条　监狱管理局应当自收到监狱提请暂予监外执行材料之日起十五个工作日内作出决定。

批准暂予监外执行的,应当在五个工作日内,将《暂予监外执行决定书》送达监狱,同时抄送同级人民检察院、原判人民法院和罪犯居住地县级司法行政机关社区矫正机构。

不予批准暂予监外执行的,应当在五个工作日内将《不予批准暂予监外执行决定书》送达监狱。

人民检察院认为暂予监外执行不当提出书面意见的,监狱管理局应当在接到书面意见后十五日内对决定进行重新核查,并将核查结果书面回复人民检察院。

第二十五条 监狱管理局批准暂予监外执行的,应当在十个工作日内,将暂予监外执行决定上网公开。

第五章 暂予监外执行的交付程序

第二十六条 省、自治区、直辖市监狱管理局批准暂予监外执行后,监狱应当核实罪犯居住地,书面通知罪犯居住地县级司法行政机关社区矫正机构并协商确定交付时间,对罪犯进行出监教育,书面告知罪犯在暂予监外执行期间应当遵守的法律和有关监督管理规定。

罪犯应当在《暂予监外执行告知书》上签名,如果因特殊原因无法签名的,可由其保证人代为签名。

监狱将《暂予监外执行告知书》连同《暂予监外执行决定书》交予罪犯本人或保证人。

第二十七条 监狱应当派员持《暂予监外执行决定书》及有关文书材料,将罪犯押送至居住地,与县级司法行政机关社区矫正机构办理交接手续。

罪犯因病情严重需要送入居住地的医院救治的,监狱可与居住地县级司法行政机关协商确定在居住地的医院交付并办理交接手续,暂予监外执行罪犯的保证人应当到场。

罪犯交付执行后,监狱应当在五个工作日内将罪犯交接情况通报人民检察院。

第二十八条 罪犯原服刑地与居住地不在同一省、自治区、直辖市,需要回居住地暂予监外执行的,监狱应当及时办理出监手续并将交接情况通报罪犯居住地的监狱管理局,原服刑地的监狱管理局应当自批准暂予监外执行三个工作日内将《罪犯档案转递函》、《暂予监外执行决定书》以及罪犯档案等材料送达罪犯居住地的监狱管理局。

罪犯居住地的监狱管理局应当在十个工作日内指定一所监狱接收罪犯档案,负责办理该罪犯的收监、刑满释放等手续,并书面通知罪犯居住地县级司法行政机关社区矫正机构。

第六章 暂予监外执行的收监和释放程序

第二十九条 对经县级司法行政机关审核同意的社区矫正机构提出的收监建议,批准暂予监外执行的监狱管理局应当进行审查。

决定收监执行的,将《暂予监外执行收监决定书》送达罪犯居住地县级司法行政机关和原服刑或接收其档案的监狱,并抄送同级人民检察院、公安机关和原判人民法院。

第三十条 监狱收到《暂予监外执行收监决定书》后,应当立即赴羁押地将罪犯收监执行,并将《暂予监外执行收监决定书》交予罪犯本人。

罪犯收监后,监狱应当将收监执行的情况报告批准收监执行的监狱管理局,并告知罪犯居住地县级人民检察院和原判人民法院。

被决定收监执行的罪犯在逃的,由罪犯居住地县级司法行政机关通知罪犯居住地县级公安机关负责追捕。

第三十一条 被收监执行的罪犯有法律规定的不计入执行刑期情形的,县级司法行政机关社区矫正机构应当在收监执行建议书中说明情况,并附有关证明材料。

监狱管理局应当对前款材料进行审核,对材料不齐全的,应当通知县级司法行政机关社区矫正机构在五个工作日内补送;对不符合法律规定的不计入执行刑期情形的或者逾期未补送材料的,应当将结果告知县级司法行政机关社区矫正机构;对材料齐全、符合法律规定的不计入执行刑期情形的,应当通知监狱向所在地中级人民法院提出不计入刑期的建议书。

第三十二条 暂予监外执行罪犯刑期即将届满的,监狱收到县级司法行政机关社区矫正机构书面通知后,应当按期办理刑满释放手续。

第三十三条 罪犯在暂予监外执行期间死亡的,县级司法行政机关社区矫正机构应当自发现其死亡之日起五日以内,书面通知批准暂予监外执行的监狱管理局,并将有关死亡证明材料送达该罪犯原服刑或者接收其档案的监狱,同时抄送罪犯居住地同级人民检察院。

第七章 附 则

第三十四条 监区人民警察集体研究会议、监区长办公会议、监狱暂予监外执行评审委员会会议、监狱长办公会议、监狱管理局暂予监外执行评审委员会会议、监狱管理局局长办公会议的记录和本规定第二十条规定的材料,应当存入档案并永久保存。会议记录应当载明不同意见,并由与会人员签名。

第三十五条 监狱办理职务犯罪犯暂予监外执行案件,应当按照有关规定报请备案审查。

第三十六条 司法部直属监狱办理暂予监外执行工作程序,参照本规定办理。

第三十七条 本规定自2016年10月1日起施行。

最高人民法院
《罪犯生活不能自理鉴别标准》

(2016年7月26日 法〔2016〕305号)

前 言

根据《中华人民共和国刑事诉讼法》《全国人民代表大会常务委员会关于〈中华人民共和国刑事诉讼法〉第二百五十四条第五款、第二百五十七条第二款的解释》《暂予监外执行规定》制定本标准。

本标准参考了世界卫生组织《国际功能、残疾和健康分类》(International Classification of Functioning, Disability, and Health, ICF, 中文简称为《国际功能分类》)有关"自理"的国际分类以及《劳动能力鉴定 职工工伤与职业病致残等级》(GB/T16180—2014)、《残疾人残疾分类与分级》(GB/T26341—2010)、《人体损伤程度鉴定标准》等。

本标准主要起草人:李永良、孙欣、徐俊波、徐洪新、李路明、徐丽英、张冉、唐亚青、王连生、郑四龙、魏婵娟、李洁、王娟、邢东升。

罪犯生活不能自理鉴别标准

1 范围

1.1 本标准规定了罪犯生活不能自理鉴别的原则、方法和条款。

1.2 本标准适用于罪犯在被交付执行前生活不能自理的鉴别。

2 术语和定义

2.1 罪犯生活不能自理是指罪犯因疾病、残疾、年老体弱等原因造成身体机能下降不能自主处理自己的日常生活。

包括进食、大小便、穿衣洗漱、行动(翻身、自主行动)四项内容,其中一项完全不能自主完成或者三项以上大部分不能自主完成的可以认定为生活不能自理。

2.2 生活不能自理的鉴别是指对罪犯在被交付执行前生活自理能力作出的技术性判定意见。

3 总则

3.1 鉴别原则

依据罪犯在被交付执行前,因疾病、损伤治疗终结后遗留器官缺损、严重功能障碍或者年老体弱导致生活不能自理程度进行的综合鉴别。

3.2 生活自理范围主要包括下列四项:

1) 进食:拿取食物,放入口中,咀嚼,咽下。

2) 大、小便:到规定的地方,解系裤带,完成排便、排尿。用厕包括:a) 蹲(坐)起;b) 拭净;c) 冲洗(倒掉);d) 整理衣裤。

3) 穿衣:a) 穿脱上身衣服;b) 穿脱下身衣服。

洗漱:a) 洗(擦)脸;b) 刷牙;c) 梳头;d) 剃须。以上4项指使用放在身边的洗漱用具。e) 洗澡 进入浴室,完成洗澡。

4) 行动:包括翻身和自主行动。a) 床上翻身;b) 平地行走;c) 上楼梯;d) 下楼梯。

3.3 生活自理影响程度:

a) 完全不能自主完成:不能完成进食、大小便、穿衣洗漱、行动四项内容中任一项全过程。

b) 大部分不能自主完成:能够完成进食、大小便、穿衣洗漱、行动四项内容中任一项全过程,但十分困难。

c) 部分不能自主完成:完成进食、大小便、穿衣洗漱、行动四项内容中任一项全过程有困难。

4 生活不能自理鉴别条款

4.1 智力残疾二级以上;

4.2 精神残疾二级以上;

4.3 完全感觉性或混合性失语,完全性失用或失认;

4.4 不完全失写、失读、失认、失用具有三项以上者;

4.5 偏瘫或截瘫肌力≤3级;

4.6 双手全肌瘫肌力≤3级;

4.7 双手大部分肌瘫肌力≤2级(拇指均受累);

4.8 双足全肌瘫肌力≤2级;

4.9 中度运动障碍(非肢体瘫);

4.10 脊柱并两个以上主要关节(肩、肘、髋、膝)强直畸形,功能丧失;

4.11 手或足部分缺失及关节功能障碍累积分值〉150;

4.12 双手部分缺失以及关节功能障碍累积分值均〉40并伴双前足以上缺失;

4.13 一手或一足缺失,另一肢体两个以上大关节功能完全丧失或达不到功能位;

4.14 双手功能完全丧失;

4.15 肩、肘、髋、膝关节之一对称性非功能位僵直;

4.16 肩、肘、髋、膝中有三个关节功能丧失或达不到功能位;

4.17 双侧前庭功能丧失,不能并足站立,睁眼行走困难;

4.18 张口困难Ⅱ度以上;

4.19 无吞咽功能;

4.20 双侧上或下颌骨完全缺失;

4.21 一侧上颌骨及对侧下颌骨完全缺失;

4.22 一侧上或下颌骨缺失,伴对侧颌面部软组织缺损大于30平方厘米;

4.23 咽喉损伤、食管闭锁或者切除

术后,摄食依赖胃造口或者空肠造口;

4.24 食管重建术吻合口狭窄,仅能进流食者;

4.25 消化吸收功能丧失,完全依赖肠外营养;

4.26 肺功能中度损伤或中度低氧血症;

4.27 心功能三级以上;

4.28 大、小便失禁;

4.29 年老体弱生活不能自理;

4.30 上述条款未涉及的残疾,影响进食、大小便、穿衣洗漱、行动(翻身、自主行动)四项内容,其中一项完全不能自主完成或者三项以上大部分不能自主完成的可以认定为生活不能自理。

附录 A
生活不能自理程度鉴别技术基准和方法

A.1 智力残疾

智力显著低于一般人水平,并伴有适应行为的障碍。此类残疾是由于神经系统结构、功能障碍,使个体活动和参与受到限制,需要环境提供全面、广泛、有限和间歇的支持。

智力残疾包括在智力发育期间(18岁之前),由于各种有害因素导致的精神发育不全或智力迟滞;或者智力发育成熟以后,由于各种有害因素导致智力损害或智力明显衰退。

A.1.1 智力残疾分级

按0~6岁和7岁以上两个年龄段发育商、智商和适应行为分级。0~6岁儿童发育商小于72的直接按发育商分级,发育商在72~75之间的按适应行为分级。7岁及以上按智商、适应行为分级;当两者的分值不在同一级时,按适应行为分级。WHO-DAS Ⅱ分值反映的是18岁及以上各级智力残疾的活动与参与情况。智力残疾分级见下表。

智力残疾分级

级别	智力发育水平		社会适应能力	
	发育商(DQ)0~6岁	智商(IQ)7岁及以上	适应行为(AB)	WHO-DAS Ⅱ分值18岁及以上
一级	≤25	<20	极重度	≥116分
二级	26~39	20~34	重度	106~115分
三级	40~54	35~49	中度	96~105分
四级	55~75	50~69	轻度	52~95分

适应行为表现:

极重度——不能与人交流、不能自理、不能参与任何活动、身体移动能力很差;需要环境提供全面的支持,全部生活由他人照料。

重度——与人交往能力差、生活方面很难达到自理、运动能力发展较差;需要环境提供广泛的支持,大部分生活由他人照料。

中度——能以简单的方式与人交流、生活能部分自理、能做简单的家务劳动、能参与一些简单的社会活动;需要环境提供有限的支持,部分生活由他人照料。

轻度——能生活自理、能承担一般的家务劳动或工作、对周围环境有较好的辨别能力、能与人交流和交往、能比较正常地参与社会活动;需要环境提供间歇的支持,一般情况下生活不需要由他人照料。

A.2 精神残疾分级

18岁及以上的精神障碍患者依据WHO-DAS Ⅱ分值和适应行为表现分级,18岁以下精神障碍患者依据适应行为的表现分级。

A.2.1 精神残疾一级

WHO-DAS Ⅱ值大于等于116分,适应行为极重度障碍;生活完全不能自理,忽视自己的生理、心理的基本要求。不与人交往,无法从事工作,不能学习新事物。需要环境提供全面、广泛的支持,生活长期、全部需他人监护。

A.2.2　精神残疾二级

WHO-DAS Ⅱ值在106～115分之间,适应行为重度障碍;生活大部分不能自理,基本不与人交往,只与照顾者简单交往,能理解照顾者的简单指令,有一定学习能力。监护下能从事简单劳动。能表达自己的基本需求,偶尔被动参与社交活动。需要环境提供广泛的支持,大部分生活仍需他人照料。

A.2.3　精神残疾三级

WHO-DAS Ⅱ值在96～105分之间,适应行为中度障碍;生活上不能完全自理,可以与人进行简单交流,能表达自己的情感。能独立从事简单劳动,能学习新事物,但学习能力明显比一般人差。被动参与社交活动,偶尔能主动参与社交活动。需要环境提供部分的支持,即所需要的支持服务是经常性的、短时间的需求,部分生活需由他人照料。

A.2.4　精神残疾四级

WHO-DAS Ⅱ值在52～95分之间,适应行为轻度障碍;生活上基本自理,但自理能力比一般人差,有时忽略个人卫生。能与人交往,能表达自己的情感,体会他人情感的能力较差,能从事一般的工作,学习新事物的能力比一般人稍差。偶尔需要环境提供支持,一般情况下生活不需要由他人照料。

A.3　失语、失用、失写、失读、失认

指局灶性皮层功能障碍,内容包括失语、失用、失写、失认等,前三者即在没有精神障碍、感觉缺失和肌肉瘫痪的条件下,患者失去用言语或文字去理解或表达思想的能力(失语),或失去按意图利用物体来完成有意义的动作的能力(失用),或失去书写文字的能力(失写)。失读指患者看见文字符号的形象,读不出字音,不了解意义,就像文盲一样。失认指某一种特殊感觉的认知障碍,如视觉失认就是失读。

A.3.1　语言运动中枢

位于大脑主侧半球的额下回后部。这个中枢支配着人的说话,如果这个中枢损伤,会使患者丧失说话能力,不会说话。但能理解别人说话的意思,常用手势或点头来回答问题。根据病变的范围,可表现为完全性不能说话,称完全性失语。或只能讲单字、单词,说话不流利,称为不完全性失语。这种情况叫做运动性失语。

A.3.2　语言感觉中枢

位于大脑主侧半球颞上回后部,此中枢可以使人能够领悟别人说话的意思。如果这个中枢受损,则引起患者听不懂别人说话的内容,不理解问话。但这种人语言运动中枢完好,仍会说话,而且有时说起话来快而流利,但所答非所问,这种情况叫感觉性失语。

A.4　运动障碍

A.4.1　肢体瘫

以肌力作为分级标准。为判断肢体瘫痪程度,将肌力分级划分为0～5级。

0级:肌肉完全瘫痪,毫无收缩。

1级:可看到或触及肌肉轻微收缩,但不能产生动作。

2级:肌肉在不受重力影响下,可进行运动,即肢体能在床面上移动,但不能抬高。

3级:在和地心引力相反的方向中尚能完成其动作,但不能对抗外加的阻力。

4级:能对抗一定的阻力,但较正常人为低。

5级:正常肌力。

A.4.2 非肢体瘫的运动障碍包括肌张力增高、深感觉障碍和(或)小脑性共济失调、不自主运动或震颤等。根据其对生活自理的影响程度划分为轻、中、重三度。

a)重度:不能自行进食,大小便、洗漱和穿衣、行动。

b)中度:完成上述动作困难,但在他人帮助下可以完成。

c)轻度:完成上述动作虽有一些困难,但基本可以自理。

A.5 关节功能障碍

a)关节功能完全丧失

非功能位关节僵直、固定或关节周围其他原因导致关节连枷状或严重不稳,以致无法完成其功能活动。

b)关节功能重度障碍

关节僵直于功能位,或残留关节活动范围约占正常的三分之一,较难完成原有的活动并对日常生活有明显影响。

c)关节功能中度障碍

残留关节活动范围约占正常的三分之二,能基本完成原有的活动,对日常生活有一定影响。

d)关节功能轻度障碍

残留关节活动范围约占正常的三分之二以上,对日常生活无明显影响。

A.6 手、足功能丧失程度评定

A.6.1 手、足功能量化评分示意图(见图1、图2)

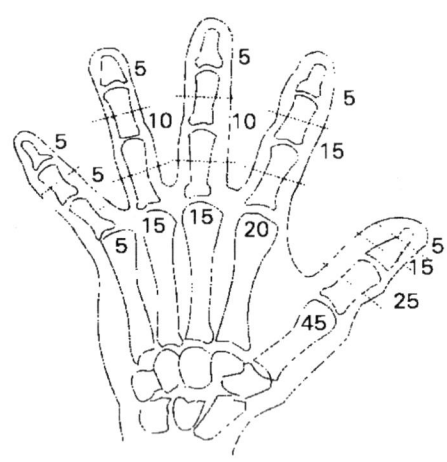

图1 手功能丧失示意图
图中数字示各手指缺失平面手功能丧失分值

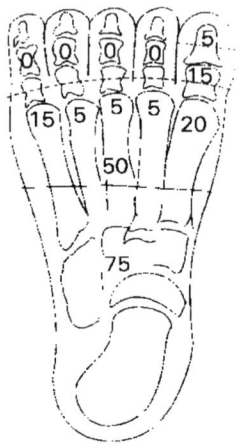

图2 足功能丧失示意图
图中数字示足缺失平面足功能丧失分值

A.6.2 指、趾关节功能障碍评定(见表)

表 指关节功能丧失值评定

		手功能丧失值(%)		
		僵直于非功能位	僵直于功能位或<1/2关节活动度	轻度功能障碍或>1/2关节活动度
拇指	第一掌腕/掌指/指间关节均受累	40	25	15
	掌指、指间关节均受累	30	20	10
	掌指、指间单一关节受累	20	15	5
食指	掌指、指间关节均受累	20	15	5
	掌指或近侧指间关节受累	15	10	0
	远侧指间关节均受累	5	5	0
中指	掌指、指间关节均受累	15	5	5
	掌指或近侧指间关节受累	10	5	0
	远侧指间关节均受累	5	0	0
环指	掌指、指间关节均受累	10	5	5
	掌指或近侧指间关节受累	5	5	0
	远侧指间关节均受累	5	5	0
小指	掌指、指间关节均受累	5	5	0
	掌指或近侧指间关节受累	5	5	0
	远侧指间关节均受累	0	0	0
腕关节	手功能大部分丧失时的腕关节受累	10	5	0
	单纯腕关节受累	40	30	20

注1:单手、单足部分缺失及关节功能障碍评定说明:只有在现有条文未能列举的致残程情形的情况下,可以参照本图表量化评估确定。(1)A.6.1图1中将每一手指划分为远、中、近三个区域,依据各部位功能重要性赋予不同分值。手部分缺失离断的各种情形可按不同区域分值累计相加。图2使用同图1。(2)A.6.2表中将手指各关节及腕关节功能障碍的不同程度分别给予不同占比分值,各种手功能障碍的情形或合并手部分缺失的致残程度情形均可按对应分值累计相加。

注2:双手部分缺失及功能障碍评定说明:双手功能损伤,按双手分值加权累计确定。设一手功能为100分,双手总分为200分。设分值较高一手分值为A,分值较低一手的分值为B,最终双手计分为:A+B×(200−A)/200。

注3:双足部分缺失及功能障碍评定说明:双足功能损伤,按双足分值加权累计确定。设一足功能为75分,双足总分为150分。设分值较高一足分值为A,分值较低一足的分值为B,最终双足计分为:A+B×(150−A)/150。

A.7 前庭功能检查

内耳前庭器损害导致人体平衡功能障碍。根据眩晕、平衡功能障碍症状,结合神经系统检查及影像学检查予以确定。常见的前庭功能检查有平衡检查、旋转试验、冷热水试验。

A.8 张口度的判定和测量方法

张口度判定及测量方法以被检测者自身的食指、中指、无名指并列垂直置入上、下中切牙切缘间测量。

a)正常张口度:张口时上述三指可垂直置入上、下切牙切缘间(相当于4.5 cm左右)。

b)张口困难Ⅰ度:大张口时,只能垂直置入食指和中指(相当于3 cm左右)。

c)张口困难Ⅱ度:大张口时,只能垂直置入食指(相当于1.7 cm左右)。

d)张口困难Ⅲ度:大张口时,上、下切牙间距小于食指之横径。

e)完全不能张口。

A.9 呼吸困难及呼吸功能损害

A.9.1 呼吸困难分级

Ⅰ级:与同龄健康者在平地一同步行无气短,但登山或上楼时呈现气短。

Ⅱ级:平路步行1000 m无气短,但不能与同龄健康者保持同样速度,平路快步行走呈现气短,登山或上楼时气短明显。

Ⅲ级:平路步行100 m即有气短。

Ⅳ级:稍活动(如穿衣、谈话)即气短。

A.9.2 肺功能损伤分级

损伤级别	FVC	FEV_1	MVV	FEV_1/FVC	RV/TLC	DLco
正常	>80	>80	>80	>70	<35	>80
轻度损伤	60—79	60—79	60—79	55—69	36—45	60—79
中度损伤	40—59	40—59	40—59	35—54	46—55	45—59
重度损伤	<40	<40	<40	<35	>55	<45

注:FVC、FEV_1、MVV、Dlco 为占预计值百分数,单位为%

FVC:用力肺活量;FEV1:1秒钟用力呼气容积;MVV:分钟最大通气量;RV/TLC:残气量/肺总量;DLco:一氧化碳弥散量。

A.9.3 低氧血症分级

a)正常:PO2为13.3 kPa~10.6 kPa(100 mmHg~80 mmHg);

b)轻度:PO2为10.5 kPa~8.0 kPa(79 mmHg~60 mmHg);

c)中度:PO2为7.9 kPa~5.3 kPa(59 mmHg~40 mmHg);

d)重度:PO2<5.3 kPa(~40 mmHg)。

A.10 心功能分级

Ⅰ级:体力活动不受限,日常活动不引起过度的乏力、呼吸困难或者心悸。即心功能代偿期。超声心动图检查示左心室EF值大于50%以上。

Ⅱ级:体力活动轻度受限,休息时无症状,日常活动即可引起乏力、心悸、呼吸困难或者心绞痛。亦称I度或者轻度心衰。超声心动图检查示左心室EF值41%~50%。

Ⅲ级:体力活动明显受限,休息时无症状,轻于日常的活动即可引起上述症状。亦称Ⅱ度或者中度心衰。超声心动图检查示左心室EF值31%~40%。

Ⅳ级:不能从事任何体力活动,休息时亦有充血性心衰或心绞痛症状,任何体力活动后加重。亦称Ⅲ度或者重度心衰。超声心动图检查示左心室 EF 值小于 30% 以上。

A.11 肛门失禁（大便失禁）

A.11.1 重度

a) 大便不能控制；

b) 肛门括约肌收缩力很弱或丧失；

c) 肛门括约肌收缩反射很弱或消失；

d) 直肠内压测定：采用肛门注水法测定时直肠内压应小于 1961 Pa（20 cm H_2O）。

A.11.2 轻度

a) 稀便不能控制；

b) 肛门括约肌收缩力较弱；

c) 肛门括约肌收缩反射较弱；

d) 直肠内压测定：采用肛门注水法测定时直肠内压应 1961 Pa～2942 Pa（20～30 cm H_2O）。

A.12 小便失禁

无法用意志去控制排尿（小便），尿液不由自主的从尿道流出。

A.13 年老体弱生活不能自理

年龄六十五周岁以上的罪犯，在进食、大小便、穿衣洗漱、行动（翻身、自主行动）四项中，有一项大部分不能自主完成。

最高人民法院、国家劳动总局《关于判处有期徒刑缓刑仍留在原单位工作的被告人在缓刑期间是否计算工龄问题的批复》

（1978年6月6日 〔78〕法办研字第11号 〔78〕中劳新字第20号）

福建省高级人民法院：

你院闽法〔1978〕22 号关于判处徒刑缓刑其缓刑期间可否计算工龄问题给最高人民法院的报告收悉。经我们研究，答复如下：

按照我国有关的政策法令的规定和司法工作实践，有期徒刑缓刑只适用于人民群众中犯普通刑事罪、情节不太严重、认罪态度较好、处刑较轻、宣告缓刑后放在社会上没有什么危险，群众又没有意见的被告人。缓刑本身不是一种刑罚，而是对被判刑人的一种考验期限；如果被判刑人在缓刑期限内，未再犯罪，缓刑期满，原判的徒刑就不再执行。国务院1956年12月对前司法部《关于机关干部被判处徒刑宣告缓刑在原机关工作的工资问题的请示》的批复中曾规定：“被宣告缓刑的被告人，如果未被剥夺政治权利，是可以叙职的。”据此，我们意见，人民群众中犯普通刑事罪、被判处有期徒刑缓刑、没有剥夺政治权利、仍在原工作单位留用叙职的，在缓刑期间，可以计算工龄。

最高人民法院、最高人民检察院、公安部、劳动人事部《关于被判处管制、剥夺政治权利和宣告缓刑、假释的犯罪分子能否外出经商等问题的通知》

（1986年11月8日 〔86〕高检会三字第2号）

各省、自治区、直辖市高级人民法院、人民检察院、公安厅（局）、劳动人事厅（局）：

近年来，不少地方对被判处管制、剥夺政治权利和宣告缓刑、假释的犯罪分子在监督改造或考察期间，能否外出经商，能否搞

承包或从事其他个体劳动,能否担任国营企事业或乡镇企业的领导职务等问题,屡有请示。对此,现特作如下通知:

(一)对被判处管制、剥夺政治权利和宣告缓刑、假释的犯罪分子,公安机关和有关单位要依法对其实行经常性的监督改造或考察。被管制、假释的犯罪分子,不能外出经商;被剥夺政治权利和宣告缓刑的犯罪分子,按现行规定,属于允许经商范围之内的,如外出经商,需事先经公安机关允许。

(二)犯罪分子在被管制、剥夺政治权利、缓刑、假释期间,若原所在单位确有特殊情况不能安排工作的,在不影响对其实行监督考察的情况下,经工商管理部门批准,可以在常住户口所在地自谋生计;家在农村的,亦可就地从事或承包一些农副业生产。

(三)犯罪分子在被管制、剥夺政治权利、缓刑、假释期间,不能担任国营或集体企事业单位的领导职务。

最高人民法院、最高人民检察院、公安部、司法部《关于对判处管制、宣告缓刑的犯罪分子适用禁止令有关问题的规定(试行)》(节录)

(自2011年5月1日起施行)

第九条 禁止令由司法行政机关指导管理的社区矫正机构负责执行。

第十条 人民检察院对社区矫正机构执行禁止令的活动实行监督。发现有违反法律规定的情况,应当通知社区矫正机构纠正。

第十一条 判处管制的犯罪分子违反禁止令,或者被宣告缓刑的犯罪分子违反禁止令尚不属情节严重的,由负责执行禁止令的社区矫正机构所在地的公安机关依照《中华人民共和国治安管理处罚法》第六十条的规定处罚。

第十二条 被宣告缓刑的犯罪分子违反禁止令,情节严重的,应当撤销缓刑,执行原判刑罚。原作出缓刑裁判的人民法院应当自收到当地社区矫正机构提出的撤销缓刑建议书之日起一个月内依法作出裁定。人民法院撤销缓刑的裁定一经作出,立即生效。

违反禁止令,具有下列情形之一的,应当认定为"情节严重":

(一)三次以上违反禁止令的;

(二)因违反禁止令被治安管理处罚后,再次违反禁止令的;

(三)违反禁止令,发生较为严重危害后果的;

(四)其他情节严重的情形。

第十三条 被宣告禁止令的犯罪分子被依法减刑时,禁止令的期限可以相应缩短,由人民法院在减刑裁定中确定新的禁止令期限。

最高人民法院、最高人民检察院、公安部、司法部《中华人民共和国社区矫正法实施办法》

(2020年6月18日印发　司发通〔2020〕59号)

第一条 为了推进和规范社区矫正工作,根据《中华人民共和国刑法》、《中华人民共和国刑事诉讼法》、《中华人民共和国社区矫正法》等有关法律规定，制定本办法。

第二条　社区矫正工作坚持党的绝对领导，实行党委政府统一领导、司法行政机关组织实施、相关部门密切配合、社会力量广泛参与、检察机关法律监督的领导体制和工作机制。

第三条　地方人民政府根据需要设立社区矫正委员会，负责统筹协调和指导本行政区域内的社区矫正工作。

司法行政机关向社区矫正委员会报告社区矫正工作开展情况，提请社区矫正委员会协调解决社区矫正工作中的问题。

第四条　司法行政机关依法履行以下职责：

（一）主管本行政区域内社区矫正工作；

（二）对本行政区域内设置和撤销社区矫正机构提出意见；

（三）拟定社区矫正工作发展规划和管理制度，监督检查社区矫正法律法规和政策的执行情况；

（四）推动社会力量参与社区矫正工作；

（五）指导支持社区矫正机构提高信息化水平；

（六）对在社区矫正工作中作出突出贡献的组织、个人，按照国家有关规定给予表彰、奖励；

（七）协调推进高素质社区矫正工作队伍建设；

（八）其他依法应当履行的职责。

第五条　人民法院依法履行以下职责：

（一）拟判处管制、宣告缓刑、决定暂予监外执行的，可以委托社区矫正机构或者有关社会组织对被告人或者罪犯的社会危险性和对所居住社区的影响，进行调查评估，提出意见，供决定社区矫正时参考；

（二）对执行机关报请假释的，审查执行机关移送的罪犯假释后对所居住社区影响的调查评估意见；

（三）核实并确定社区矫正执行地；

（四）对被告人或者罪犯依法判处管制、宣告缓刑、裁定假释、决定暂予监外执行；

（五）对社区矫正对象进行教育，及时通知并送达法律文书；

（六）对符合撤销缓刑、撤销假释或者暂予监外执行收监执行条件的社区矫正对象，作出判决、裁定和决定；

（七）对社区矫正机构提请逮捕的，及时作出是否逮捕的决定；

（八）根据社区矫正机构提出的减刑建议作出裁定；

（九）其他依法应当履行的职责。

第六条　人民检察院依法履行以下职责：

（一）对社区矫正决定机关、社区矫正机构或者有关社会组织的调查评估活动实行法律监督；

（二）对社区矫正决定机关判处管制、宣告缓刑、裁定假释、决定或者批准暂予监外执行活动实行法律监督；

（三）对社区矫正法律文书及社区矫正对象交付执行活动实行法律监督；

（四）对监督管理、教育帮扶社区矫正对象的活动实行法律监督；

（五）对变更刑事执行、解除矫正和终止矫正的活动实行法律监督；

（六）受理申诉、控告和举报，维护社

区矫正对象的合法权益；

（七）按照刑事诉讼法的规定，在对社区矫正实行法律监督中发现司法工作人员相关职务犯罪，可以立案侦查直接受理的案件；

（八）其他依法应当履行的职责。

第七条　公安机关依法履行以下职责：

（一）对看守所留所服刑罪犯拟暂予监外执行的，可以委托开展调查评估；

（二）对看守所留所服刑罪犯拟暂予监外执行的，核实并确定社区矫正执行地；对符合暂予监外执行条件的，批准暂予监外执行；对符合收监执行条件的，作出收监执行的决定；

（三）对看守所留所服刑罪犯批准暂予监外执行的，进行教育，及时通知并送达法律文书；依法将社区矫正对象交付执行；

（四）对社区矫正对象予以治安管理处罚；到场处置经社区矫正机构制止无效，正在实施违反监督管理规定或者违反人民法院禁止令等违法行为的社区矫正对象；协助社区矫正机构处置突发事件；

（五）协助社区矫正机构查找失去联系的社区矫正对象；执行人民法院作出的逮捕决定；被裁定撤销缓刑、撤销假释和被决定收监执行的社区矫正对象逃跑的，予以追捕；

（六）对裁定撤销缓刑、撤销假释，或者对人民法院、公安机关决定暂予监外执行收监的社区矫正对象，送交看守所或者监狱执行；

（七）执行限制社区矫正对象出境的措施；

（八）其他依法应当履行的职责。

第八条　监狱管理机关以及监狱依法履行以下职责：

（一）对监狱关押罪犯拟提请假释的，应当委托进行调查评估；对监狱关押罪犯拟暂予监外执行的，可以委托进行调查评估；

（二）对监狱关押罪犯拟暂予监外执行的，依法核实并确定社区矫正执行地；对符合暂予监外执行条件的，监狱管理机关作出暂予监外执行决定；

（三）对监狱关押罪犯批准暂予监外执行的，进行教育，及时通知并送达法律文书；依法将社区矫正对象交付执行；

（四）监狱管理机关对暂予监外执行罪犯决定收监执行的，原服刑或者接收其档案的监狱应当立即将罪犯收监执行；

（五）其他依法应当履行的职责。

第九条　社区矫正机构是县级以上地方人民政府根据需要设置的，负责社区矫正工作具体实施的执行机关。社区矫正机构依法履行以下职责：

（一）接受委托进行调查评估，提出评估意见；

（二）接收社区矫正对象，核对法律文书、核实身份、办理接收登记，建立档案；

（三）组织入矫和解矫宣告，办理入矫和解矫手续；

（四）建立矫正小组、组织矫正小组开展工作，制定和落实矫正方案；

（五）对社区矫正对象进行监督管理，实施考核奖惩；审批会客、外出、变更执行地等事项；了解掌握社区矫正对象的活动情况和行为表现；组织查找失去联系的社区矫正对象，查找后依情形作出处理；

（六）提出治安管理处罚建议，提出减刑、撤销缓刑、撤销假释、收监执行等变

更刑事执行建议,依法提请逮捕;

(七)对社区矫正对象进行教育帮扶,开展法治道德等教育,协调有关方面开展职业技能培训、就业指导,组织公益活动等事项;

(八)向有关机关通报社区矫正对象情况,送达法律文书;

(九)对社区矫正工作人员开展管理、监督、培训,落实职业保障;

(十)其他依法应当履行的职责。

设置和撤销社区矫正机构,由县级以上地方人民政府司法行政部门提出意见,按照规定的权限和程序审批。社区矫正日常工作由县级社区矫正机构具体承担;未设置县级社区矫正机构的,由上一级社区矫正机构具体承担。省、市两级社区矫正机构主要负责监督指导、跨区域执法的组织协调以及与同级社区矫正决定机关对接的案件办理工作。

第十条 司法所根据社区矫正机构的委托,承担社区矫正相关工作。

第十一条 社区矫正机构依法加强信息化建设,运用现代信息技术开展监督管理和教育帮扶。

社区矫正工作相关部门之间依法进行信息共享,人民法院、人民检察院、公安机关、司法行政机关依法建立完善社区矫正信息交换平台,实现业务协同、互联互通,运用现代信息技术及时准确传输交换有关法律文书,根据需要实时查询社区矫正对象交付接收、监督管理、教育帮扶、脱离监管、被治安管理处罚、被采取强制措施、变更刑事执行、办理再犯罪案件等情况,共享社区矫正工作动态信息,提高社区矫正信息化水平。

第十二条 对拟适用社区矫正的,社区矫正决定机关应当核实社区矫正对象的居住地。社区矫正对象在多个地方居住的,可以确定经常居住地为执行地。没有居住地,居住地、经常居住地无法确定或者不适宜执行社区矫正的,应当根据有利于社区矫正对象接受矫正、更好地融入社会的原则,确定社区矫正执行地。被确定为执行地的社区矫正机构应当及时接收。

社区矫正对象的居住地是指其实际居住的县(市、区)。社区矫正对象的经常居住地是指其经常居住的,有固定住所、固定生活来源的县(市、区)。

社区矫正对象应如实提供其居住、户籍等情况,并提供必要的证明材料。

第十三条 社区矫正决定机关对拟适用社区矫正的被告人、罪犯,需要调查其社会危险性和对所居住社区影响的,可以委托拟确定为执行地的社区矫正机构或者有关社会组织进行调查评估。社区矫正机构或者有关社会组织收到委托文书后应当及时通知执行地县级人民检察院。

第十四条 社区矫正机构、有关社会组织接受委托后,应当对被告人或者罪犯的居所情况、家庭和社会关系、犯罪行为的后果和影响、居住地村(居)民委员会和被害人意见、拟禁止的事项、社会危险性、对所居住社区的影响等情况进行调查了解,形成调查评估意见,与相关材料一起提交委托机关。调查评估时,相关单位、部门、村(居)民委员会等组织、个人应当依法为调查评估提供必要的协助。

社区矫正机构、有关社会组织应当自收到调查评估委托函及所附材料之日起十个工作日内完成调查评估,提交评估意见。对于适用刑事案件速裁程序的,应当在五个工作日内完成调查评估,提交评估意见。评估意见同时抄送执行地县级人民检察院。需要延长调查评估时限的,社区矫正机构、有关社会组织应当与委托机关协商,并在协商确定的期限内完成调查评估。因被告人或者罪犯的姓名、居住地不真实、身份不明等原因,社区矫正机构、有关社会组织无法进行调查评估的,应当及时向委托机关说明情况。社区矫正决定机关对调查评估意见的采信情况,应当在相关法律文书中说明。

对调查评估意见以及调查中涉及的国家秘密、商业秘密、个人隐私等信息,应当保密,不得泄露。

第十五条　社区矫正决定机关应当对社区矫正对象进行教育,书面告知其到执行地县级社区矫正机构报到的时间期限以及逾期报到或者未报到的后果,责令其按时报到。

第十六条　社区矫正决定机关应当自判决、裁定或者决定生效之日起五日内通知执行地县级社区矫正机构,并在十日内将判决书、裁定书、决定书、执行通知书等法律文书送达执行地县级社区矫正机构,同时抄送人民检察院。收到法律文书后,社区矫正机构应当在五日内送达回执。

社区矫正对象前来报到时,执行地县级社区矫正机构未收到法律文书或者法律文书不齐全,应当先记录在案,为其办理登记接收手续,并通知社区矫正决定机关在五日内送达或者补齐法律文书。

第十七条　被判处管制、宣告缓刑、裁定假释的社区矫正对象到执行地县级社区矫正机构报到时,社区矫正机构应当核对法律文书、核实身份,办理登记接收手续。对社区矫正对象存在因行动不便、自行报到确有困难等特殊情况的,社区矫正机构可以派员到其居住地等场所办理登记接收手续。

暂予监外执行的社区矫正对象,由公安机关、监狱或者看守所依法移送至执行地县级社区矫正机构,办理交付接收手续。罪犯原服刑地与居住地不在同一省、自治区、直辖市,需要回居住地暂予监外执行的,原服刑地的省级以上监狱管理机关或者设区的市一级以上公安机关应当书面通知罪犯居住地的监狱管理机关、公安机关,由其指定一所监狱、看守所接收社区矫正对象档案,负责办理其收监、刑满释放等手续。对看守所留所服刑罪犯暂予监外执行,原服刑地与居住地在同一省、自治区、直辖市的,可以不移交档案。

第十八条　执行地县级社区矫正机构接收社区矫正对象后,应当建立社区矫正档案,包括以下内容:

(一)适用社区矫正的法律文书;

(二)接收、监管审批、奖惩、收监执行、解除矫正、终止矫正等有关社区矫正执行活动的法律文书;

(三)进行社区矫正的工作记录;

(四)社区矫正对象接受社区矫正的其他相关材料。

接受委托对社区矫正对象进行日常管理的司法所应当建立工作档案。

第十九条　执行地县级社区矫正机构、受委托的司法所应当为社区矫正对象确定矫正小组,与矫正小组签订矫正责任书,明确矫正小组成员的责任和义务,负责落实矫正方案。

矫正小组主要开展下列工作:

(一)按照矫正方案,开展个案矫正工作;

(二)督促社区矫正对象遵纪守

法,遵守社区矫正规定;

（三）参与对社区矫正对象的考核评议和教育活动;

（四）对社区矫正对象走访谈话,了解其思想、工作和生活情况,及时向社区矫正机构或者司法所报告;

（五）协助对社区矫正对象进行监督管理和教育帮扶;

（六）协助社区矫正机构或者司法所开展其他工作。

第二十条　执行地县级社区矫正机构接收社区矫正对象后,应当组织或者委托司法所组织入矫宣告。

入矫宣告包括以下内容:

（一）判决书、裁定书、决定书、执行通知书等有关法律文书的主要内容;

（二）社区矫正期限;

（三）社区矫正对象应当遵守的规定、被剥夺或者限制行使的权利、被禁止的事项以及违反规定的法律后果;

（四）社区矫正对象依法享有的权利;

（五）矫正小组人员组成及职责;

（六）其他有关事项。

宣告由社区矫正机构或者司法所的工作人员主持,矫正小组成员及其他相关人员到场,按照规定程序进行。宣告后,社区矫正对象应当在书面材料上签字,确认已经了解所宣告的内容。

第二十一条　社区矫正机构应当根据社区矫正对象被判处管制、宣告缓刑、假释和暂予监外执行的不同裁判内容和犯罪类型、矫正阶段、再犯罪风险等情况,进行综合评估,划分不同类别,实施分类管理。

社区矫正机构应当把社区矫正对象的考核结果和奖惩情况作为分类管理的依据。

社区矫正机构对不同类别的社区矫正对象,在矫正措施和方法上应当有所区别,有针对性地开展监督管理和教育帮扶工作。

第二十二条　执行地县级社区矫正机构、受委托的司法所要根据社区矫正对象的性别、年龄、心理特点、健康状况、犯罪原因、悔罪表现等具体情况,制定矫正方案,有针对性地消除社区矫正对象可能重新犯罪的因素,帮助其成为守法公民。

矫正方案应当包括社区矫正对象基本情况、对社区矫正对象的综合评估结果、对社区矫正对象的心理状态和其他特殊情况的分析、拟采取的监督管理、教育帮扶措施等内容。

矫正方案应当根据分类管理的要求、实施效果以及社区矫正对象的表现等情况,相应调整。

第二十三条　执行地县级社区矫正机构、受委托的司法所应当根据社区矫正对象的个人生活、工作及所处社区的实际情况,有针对性地采取通信联络、信息化核查、实地查访等措施,了解掌握社区矫正对象的活动情况和行为表现。

第二十四条　社区矫正对象应当按照有关规定和社区矫正机构的要求,定期报告遵纪守法、接受监督管理、参加教育学习、公益活动和社会活动等情况。发生居所变化、工作变动、家庭重大变故以及接触对其矫正可能产生不利影响人员等情况时,应当及时报告。被宣告禁止令的社区矫正对象应当定期报告遵守禁止令的情况。

暂予监外执行的社区矫正对象应当每个月报告本人身体情况。保外就医的,应当到省级人民政府指定的医院检查,每三个月向执行地县级社区矫正机构、受委托的司法所提交病情复查情况。执行地县级社区矫正机构根据社区矫正对象的病情及保证人等情况,可以调整报告身体情况和提交复查情况的期限。延长一个月至三个月以下的,报上一级社区矫正机构批准;延长三个月以上的,逐级上报省级社区矫正机构批准。批准延长的,执行地县级社区矫正机构应当及时通报同级人民检察院。

社区矫正机构根据工作需要,可以协调对暂予监外执行的社区矫正对象进行病情诊断、妊娠检查或者生活不能自理的鉴别。

第二十五条 未经执行地县级社区矫正机构批准,社区矫正对象不得接触其犯罪案件中的被害人、控告人、举报人,不得接触同案犯等可能诱发其再犯罪的人。

第二十六条 社区矫正对象未经批准不得离开所居住市、县。确有正当理由需要离开的,应当经执行地县级社区矫正机构或者受委托的司法所批准。

社区矫正对象外出的正当理由是指就医、就学、参与诉讼、处理家庭或者工作重要事务等。

前款规定的市是指直辖市的城市市区、设区的市的城市市区和县级市的辖区。在设区的同一市内跨区活动的,不属于离开所居住的市、县。

第二十七条 社区矫正对象确需离开所居住的市、县的,一般应当提前三日提交书面申请,并如实提供诊断证明、单位证明、入学证明、法律文书等材料。

申请外出时间在七日内的,经执行地县级社区矫正机构委托,可以由司法所批准,并报执行地县级社区矫正机构备案;超过七日的,由执行地县级社区矫正机构批准。执行地县级社区矫正机构每次批准外出的时间不超过三十日。

因特殊情况确需外出超过三十日的,或者两个月内外出时间累计超过三十日的,应报上一级社区矫正机构审批。上一级社区矫正机构批准社区矫正对象外出的,执行地县级社区矫正机构应当及时通报同级人民检察院。

第二十八条 在社区矫正对象外出期间,执行地县级社区矫正机构、受委托的司法所应当通过电话通讯、实时视频等方式实施监督管理。

执行地县级社区矫正机构根据需要,可以协商外出目的地社区矫正机构协助监督管理,并要求社区矫正对象在到达和离开时向当地社区矫正机构报告,接受监督管理。外出目的地社区矫正机构在社区矫正对象报告后,可以通过电话通讯、实地查访等方式协助监督管理。

社区矫正对象应在外出期限届满前返回居住地,并向执行地县级社区矫正机构或者司法所报告,办理手续。因特殊原因无法按期返回的,应及时向社区矫正机构或者司法所报告情况。发现社区矫正对象违反外出管理规定的,社区矫正机构应当责令其立即返回,并视情节依法予以处理。

第二十九条 社区矫正对象确因正常工作和生活需要经常性跨市、县活动的,应当由本人提出书面申请,写明理由、经常性去往市县名称、时间、频次等,同时提供相应证明,由执行地县级社区矫正机构批准,批准一次的有效期为六个月。在批准的期限内,社区矫正对象到批准市、县活动的,可以通过电话、微信等方式报告活动情况。到期后,社区矫正对象仍需要经常性跨市、县活动的,应当重新提出申请。

第三十条 社区矫正对象因工作、居所变化等原因需要变更执行地的,一般应当提前一个月提出书面申请,并提供相应证明材料,由受委托的司法所签署意见后报执行地县级社区矫正机构审批。

执行地县级社区矫正机构收到申请后,应当在五日内书面征求新执行地县级社区矫正机构的意见。新执行地县级社区矫正机构接到征求意见函后,应当在五日内核实有关情况,作出是否同意接收的意见并书面回复。执行地县级社区矫正机构根据回复意见,作出决定。执行地县级社区矫正机构对新执行地县级社区矫正机构的回复意见有异议的,可以报上一级社区矫正机构协调解决。

经审核,执行地县级社区矫正机构不同意变更执行地的,应在决定作出之日起五日内告知社区矫正对象。同意变更执行地的,应对社区矫正对象进行教育,书面告知其到新执行地县级社区矫正机构报到的时间期限以及逾期报到或者未报到的后果,责令其按时报到。

第三十一条 同意变更执行地的,原执行地县级社区矫正机构应当在作出决定之日起五日内,将有关法律文书和档案材料移交新执行地县级社区矫正机构,并将有关法律文书抄送社区矫正决定机关和原执行地县级人民检察院、公安机关。新执行地县级社区矫正机构收到法律文书和档案材料后,在五日内送达回执,并将有关法律文书抄送所在地县级人民检察院、公安机关。

同意变更执行地的,社区矫正对象应当自收到变更执行地决定之日起七日内,到新执行地县级社区矫正机构报到。新执行地县级社区矫正机构应当核实身份、办理登记接收手续。发现社区矫正对象未按规定时间报到的,新执行地县级社区矫正机构应当立即通知原执行地县级社区矫正机构,由原执行地县级社区矫正机构组织查找。未及时办理交付接收,造成社区矫正对象脱管漏管的,原执行地社区矫正机构会同新执行地社区矫正机构妥善处置。

对公安机关、监狱管理机关批准暂予监外执行的社区矫正对象变更执行地的,公安机关、监狱管理机关在收到社区矫正机构送达的法律文书后,应与新执行地同级公安机关、监狱管理机关办理交接。新执行地的公安机关、监狱管理机关应指定一所看守所、监狱接收社区矫正对象档案,负责办理其收监、刑满释放等手续。看守所、监狱在接收档案之日起五日内,应当将有关情况通报新执行地县级社区矫正机构。对公安机关批准暂予监外执行的社区矫正对象在同一省、自治区、直辖市变更执行地的,可以不移交档案。

第三十二条 社区矫正机构应当根据有关法律法规、部门规章和其他规范性文件,建立内容全面、程序合理、易于操作的社区矫正对象考核奖惩制度。

社区矫正机构、受委托的司法所应当根据社区矫正对象认罪悔罪、遵守有关规定、服从监督管理、接受教育等情况,定期对其考核。对于符合表扬条件、具备训诫、警告情形的社区矫正对象,经执行地县级社区矫正机构决定,可以给予其相应奖励或者处罚,作出书面决定。对于涉嫌违反治安管理行为的社区矫正对象,执行地县级社区矫正机构可以向同级公安机关提出建议。社区矫正机构奖励或者处罚的书面决定应当抄送人民检察院。

社区矫正对象的考核结果与奖惩应

当书面通知其本人,定期公示,记入档案,做到准确及时、公开公平。社区矫正对象对考核奖惩提出异议的,执行地县级社区矫正机构应当及时处理,并将处理结果告知社区矫正对象。社区矫正对象对处理结果仍有异议的,可以向人民检察院提出。

第三十三条 社区矫正对象认罪悔罪、遵守法律法规、服从监督管理、接受教育表现突出的,应当给予表扬。

社区矫正对象接受社区矫正六个月以上并且同时符合下列条件的,执行地县级社区矫正机构可以给予表扬:

(一)服从人民法院判决,认罪悔罪;

(二)遵守法律法规;

(三)遵守关于报告、会客、外出、迁居等规定,服从社区矫正机构的管理;

(四)积极参加教育学习等活动,接受教育矫正的。

社区矫正对象接受社区矫正期间,有见义勇为、抢险救灾等突出表现,或者帮助他人、服务社会等突出事迹的,执行地县级社区矫正机构可以给予表扬。对于符合法定减刑条件的,由执行地县级社区矫正机构依照本办法第四十二条的规定,提出减刑建议。

第三十四条 社区矫正对象具有下列情形之一的,执行地县级社区矫正机构应当给予训诫:

(一)不按规定时间报到或者接受社区矫正期间脱离监管,未超过十日的;

(二)违反关于报告、会客、外出、迁居等规定,情节轻微的;

(三)不按规定参加教育学习等活动,经教育仍不改正的;

(四)其他违反监督管理规定,情节轻微的。

第三十五条 社区矫正对象具有下列情形之一的,执行地县级社区矫正机构应当给予警告:

(一)违反人民法院禁止令,情节轻微的;

(二)不按规定时间报到或者接受社区矫正期间脱离监管,超过十日的;

(三)违反关于报告、会客、外出、迁居等规定,情节较重的;

(四)保外就医的社区矫正对象无正当理由不按时提交病情复查情况,经教育仍不改正的;

(五)受到社区矫正机构两次训诫,仍不改正的;

(六)其他违反监督管理规定,情节较重的。

第三十六条 社区矫正对象违反监督管理规定或者人民法院禁止令,依法应予治安管理处罚的,执行地县级社区矫正机构应当及时提请同级公安机关依法给予处罚,并向执行地同级人民检察院抄送治安管理处罚建议书副本,及时通知处理结果。

第三十七条 电子定位装置是指运用卫星等定位技术,能对社区矫正对象进行定位等监管,并具有防拆、防爆、防水等性能的专门的电子设备,如电子定位腕带等,但不包括手机等设备。

对社区矫正对象采取电子定位装置进行监督管理的,应当告知社区矫正对象监管的期限、要求以及违反监管规定的后果。

第三十八条 发现社区矫正对象失去联系的,社区矫正机构应当立即组织查找,可以采取通信联络、信息化核查、实地查访等方式查找,查找时要做好记录,固定证据。查找不到的,社区矫正机构应当及时通知公安机关，公安机关应当协助查找。社区矫正机构应当及时将组织查找的情况通报人民检察院。

查找到社区矫正对象后，社区矫正机构应当根据其脱离监管的情形，给予相应处置。虽能查找到社区矫正对象下落但其拒绝接受监督管理的，社区矫正机构应当视情节依法提请公安机关予以治安管理处罚，或者依法提请撤销缓刑、撤销假释、对暂予监外执行的收监执行。

第三十九条 社区矫正机构根据执行禁止令的需要，可以协调有关的部门、单位、场所、个人协助配合执行禁止令。

对禁止令确定需经批准才能进入的特定区域或者场所，社区矫正对象确需进入的，应当经执行地县级社区矫正机构批准，并通知原审人民法院和执行地县级人民检察院。

第四十条 发现社区矫正对象有违反监督管理规定或者人民法院禁止令等违法情形的，执行地县级社区矫正机构应当调查核实情况，收集有关证据材料，提出处理意见。

社区矫正机构发现社区矫正对象有撤销缓刑、撤销假释或者暂予监外执行收监执行的法定情形的，应当组织开展调查取证工作，依法向社区矫正决定机关提出撤销缓刑、撤销假释或者暂予监外执行收监执行建议，并将建议书抄送同级人民检察院。

第四十一条 社区矫正对象被依法决定行政拘留、司法拘留、强制隔离戒毒等或者因涉嫌犯新罪、发现判决宣告前还有其他罪没有判决被采取强制措施的，决定机关应当自作出决定之日起三日内将有关情况通知执行地县级社区矫正机构和执行地县级人民检察院。

第四十二条 社区矫正对象符合法定减刑条件的，由执行地县级社区矫正机构提出减刑建议书并附相关证据材料，报经地（市）社区矫正机构审核同意后，由地（市）社区矫正机构提请执行地的中级人民法院裁定。

依法应由高级人民法院裁定的减刑案件，由执行地县级社区矫正机构提出减刑建议书并附相关证据材料，逐级上报省级社区矫正机构审核同意后，由省级社区矫正机构提请执行地的高级人民法院裁定。

人民法院应当自收到减刑建议书和相关证据材料之日起三十日内依法裁定。

社区矫正机构减刑建议书和人民法院减刑裁定书副本，应当同时抄送社区矫正执行地同级人民检察院、公安机关及罪犯原服刑或者接收其档案的监狱。

第四十三条 社区矫正机构、受委托的司法所应当充分利用地方人民政府及其有关部门提供的教育帮扶场所和有关条件，按照因人施教的原则，有针对性地对社区矫正对象开展教育矫正活动。

社区矫正机构、司法所应当根据社区矫正对象的矫正阶段、犯罪类型、现实表现等实际情况，对其实施分类教育；应当结合社区矫正对象的个体特征、日常表现等具体情况，进行个别教育。

社区矫正机构、司法所根据需要可以采用集中教育、网上培训、实地参观等多种形式开展集体教育；组织社区矫正对象参加法治、道德等方面的教育活动；根据社区矫正对象的心理健康状况，对其开展心理健康教育、实施心理辅导。

社区矫正机构、司法所可以通过公开择优购买服务或者委托社会组织执行项目等方式，对社区矫正对象开展教育活动。

第四十四条 执行地县级社区矫正机构、受委托的司法所按照符合社会公共利益的原则，可以根据社区矫正对象的劳动能力、健康状况等情况，组织社区矫正对象参加公益活动。

第四十五条 执行地县级社区矫正机构、受委托的司法所依法协调有关部门和单位，根据职责分工，对遇到暂时生活困难的社区矫正对象提供临时救助；对就业困难的社区矫正对象提供职业技能培训和就业指导；帮助符合条件的社区矫正对象落实社会保障措施；协助在就学、法律援助等方面遇到困难的社区矫正对象解决问题。

第四十六条 社区矫正对象在缓刑考验期内，有下列情形之一的，由执行地同级社区矫正机构提出撤销缓刑建议：

（一）违反禁止令，情节严重的；

（二）无正当理由不按规定时间报到或者接受社区矫正期间脱离监管，超过一个月的；

（三）因违反监督管理规定受到治安管理处罚，仍不改正的；

（四）受到社区矫正机构两次警告，仍不改正的；

（五）其他违反有关法律、行政法规和监督管理规定，情节严重的情形。

社区矫正机构一般向原审人民法院提出撤销缓刑建议。如果原审人民法院与执行地同级社区矫正机构不在同一省、自治区、直辖市的，可以向执行地人民法院提出建议，执行地人民法院作出裁定的，裁定书同时抄送原审人民法院。

社区矫正机构撤销缓刑建议书和人民法院的裁定书副本同时抄送社区矫正执行地同级人民检察院。

第四十七条 社区矫正对象在假释考验期内，有下列情形之一的，由执行地同级社区矫正机构提出撤销假释建议：

（一）无正当理由不按规定时间报到或者接受社区矫正期间脱离监管，超过一个月的；

（二）受到社区矫正机构两次警告，仍不改正的；

（三）其他违反有关法律、行政法规和监督管理规定，尚未构成新的犯罪的。

社区矫正机构一般向原审人民法院提出撤销假释建议。如果原审人民法院与执行地同级社区矫正机构不在同一省、自治区、直辖市的，可以向执行地人民法院提出建议，执行地人民法院作出裁定的，裁定书同时抄送原审人民法院。

社区矫正机构撤销假释的建议书和人民法院的裁定书副本同时抄送社区矫正执行地同级人民检察院、公安机关、罪犯原服刑或者接收其档案的监狱。

第四十八条 被提请撤销缓刑、撤销假释的社区矫正对象具备下列情形之一的，社区矫正机构在提出撤销缓刑、撤销假释建议书的同时，提请人民法院决定对其予以逮捕：

（一）可能逃跑的；

（二）具有危害国家安全、公共安全、社会秩序或者他人人身安全现实危险的；

（三）可能对被害人、举报人、控告人或者社区矫正机构工作人员等实施报复行为的；

（四）可能实施新的犯罪的。

社区矫正机构提请人民法院决定逮捕社区矫正对象时，应当提供相应证据，移送人民法院审查决定。

社区矫正机构提请逮捕，人民法院作出是否逮捕决定的法律文书，应当同时抄送执行地县级人民检察院。

第四十九条 暂予监外执行的社区矫正对象有下列情形之一的，由执行地县级社区矫正机构提出收监执行建议：

（一）不符合暂予监外执行条件的；

（二）未经社区矫正机构批准擅自离开居住的市、县，经警告拒不改正，或者拒不报告行踪，脱离监管的；

（三）因违反监督管理规定受到治安管理处罚，仍不改正的；

（四）受到社区矫正机构两次警告的；

（五）保外就医期间不按规定提交病情复查情况，经警告拒不改正的；

（六）暂予监外执行的情形消失后，刑期未满的；

（七）保证人丧失保证条件或者因不履行义务被取消保证人资格，不能在规定期限内提出新的保证人的；

（八）其他违反有关法律、行政法规和监督管理规定，情节严重的情形。

社区矫正机构一般向执行地社区矫正决定机关提出收监执行建议。如果原社区矫正决定机关与执行地县级社区矫正机构在同一省、自治区、直辖市的，可以向原社区矫正决定机关提出建议。

社区矫正机构的收监执行建议书和决定机关的决定书，应当同时抄送执行地县级人民检察院。

第五十条 人民法院裁定撤销缓刑、撤销假释或者决定暂予监外执行收监执行的，由执行地县级公安机关本着就近、便利、安全的原则，送交社区矫正对象执行地所属的省、自治区、直辖市管辖范围内的看守所或者监狱执行刑罚。

公安机关决定暂予监外执行收监执行的，由执行地县级公安机关送交存放或者接收罪犯档案的看守所收监执行。

监狱管理机关决定暂予监外执行收监执行的，由存放或者接收罪犯档案的监狱收监执行。

第五十一条 撤销缓刑、撤销假释的裁定和收监执行的决定生效后，社区矫正对象下落不明的，应当认定为在逃。

被裁定撤销缓刑、撤销假释和被决定收监执行的社区矫正对象在逃的，由执行地县级公安机关负责追捕。撤销缓刑、撤销假释裁定书和对暂予监外执行罪犯收监执行决定书，可以作为公安机关追逃依据。

第五十二条 社区矫正机构应当建立突发事件处置机制，发现社区矫正对象非正常死亡、涉嫌实施犯罪、参与群体性事件的，应当立即与公安机关等有关部门协调联动、妥善处置，并将有关情况及时报告上一级社区矫正机构，同时通报执行地人民检察院。

第五十三条 社区矫正对象矫正期限届满，且在社区矫正期间没有应当撤销缓刑、撤销假释或者暂予监外执行收监执行情形的，社区矫正机构依法办理解除矫正手续。

社区矫正对象一般应当在社区矫正期满三十日前，作出个人总结，执行地县级社区矫正机构应当根据其在接受社区矫正期间的表现等情况作出书面鉴定，与安置帮教工作部门做好衔接工作。

执行地县级社区矫正机构应当向社区矫正对象发放解除社区矫正证明书，并书面通知社区矫正决定机关，同时抄送执行地县级人民检察院和公安机关。

公安机关、监狱管理机关决定暂予监外执行的社区矫正对象刑期届满的，由看守所、监狱依法为其办理刑满释放手续。

社区矫正对象被赦免的,社区矫正机构应当向社区矫正对象发放解除社区矫正证明书,依法办理解除矫正手续。

第五十四条　社区矫正对象矫正期满,执行地县级社区矫正机构或者受委托的司法所可以组织解除矫正宣告。

解矫宣告包括以下内容:

(一)宣读对社区矫正对象的鉴定意见;

(二)宣布社区矫正期限届满,依法解除社区矫正;

(三)对判处管制的,宣布执行期满,解除管制;对宣告缓刑的,宣布缓刑考验期满,原判刑罚不再执行;对裁定假释的,宣布考验期满,原判刑罚执行完毕。

宣告由社区矫正机构或者司法所工作人员主持,矫正小组成员及其他相关人员到场,按照规定程序进行。

第五十五条　社区矫正机构、受委托的司法所应当根据未成年社区矫正对象的年龄、心理特点、发育需要、成长经历、犯罪原因、家庭监护教育条件等情况,制定适应未成年人特点的矫正方案,采取有益于其身心健康发展、融入正常社会生活的矫正措施。

社区矫正机构、司法所对未成年社区矫正对象的相关信息应当保密。对未成年社区矫正对象的考核奖惩和宣告不公开进行。对未成年社区矫正对象进行宣告或者处罚时,应通知其监护人到场。

社区矫正机构、司法所应当选任熟悉未成年人身心特点,具有法律、教育、心理等专业知识的人员负责未成年人社区矫正工作,并通过加强培训、管理,提高专业化水平。

第五十六条　社区矫正工作人员的人身安全和职业尊严受法律保护。

对任何干涉社区矫正工作人员执法的行为,社区矫正工作人员有权拒绝,并按照规定如实记录和报告。对于侵犯社区矫正工作人员权利的行为,社区矫正工作人员有权提出控告。

社区矫正工作人员因依法履行职责遭受不实举报、诬告陷害、侮辱诽谤,致使名誉受到损害的,有关部门或者个人应当及时澄清事实,消除不良影响,并依法追究相关单位或者个人的责任。

对社区矫正工作人员追究法律责任,应当根据其行为的危害程度、造成的后果、以及责任大小予以确定,实事求是,过罚相当。社区矫正工作人员依法履职的,不能仅因社区矫正对象再犯罪而追究其法律责任。

第五十七条　有关单位对人民检察院的书面纠正意见在规定的期限内没有回复纠正情况的,人民检察院应当督促回复。经督促被监督单位仍不回复或者没有正当理由不纠正的,人民检察院应当向上一级人民检察院报告。

有关单位对人民检察院的检察建议在规定的期限内经督促无正当理由不予整改或者整改不到位的,检察机关可以将相关情况报告上级人民检察院,通报被建议单位的上级机关、行政主管部门或者行业自律组织等,必要时可以报告同级党委、人大,通报同级政府、纪检监察机关。

第五十八条　本办法所称"以上"、"内",包括本数;"以下"、"超过"不包括本数。

第五十九条　本办法自 2020 年 7 月 1 日起施行。最高人民法院、最高人民检察院、公安部、司法部 2012 年 1 月 10 日印发的《社区矫正实施办法》(司发通〔2012〕12 号)同时废止。

最高人民法院、最高人民检察院、公安部、司法部《关于进一步加强社区矫正工作衔接配合管理的意见》

(2016年8月30日 司发通〔2016〕88号)

为进一步加强社区矫正工作衔接配合,确保社区矫正依法适用、规范运行,根据刑法、刑事诉讼法以及最高人民法院、最高人民检察院、公安部、司法部《社区矫正实施办法》等有关规定,结合工作实际,制定本意见。

一、加强社区矫正适用前的衔接配合管理

1. 人民法院、人民检察院、公安机关、监狱对拟适用或者提请适用社区矫正的被告人、犯罪嫌疑人或者罪犯,需要调查其对所居住社区影响的,可以委托其居住地县级司法行政机关调查评估。对罪犯提请假释的,应当委托其居住地县级司法行政机关调查评估。对拟适用社区矫正的被告人或者罪犯,裁定或者决定机关应当核实其居住地。

委托调查评估时,委托机关应当发出调查评估委托函,并附下列材料:

(1)人民法院委托时,应当附带起诉书或者自诉状;

(2)人民检察院委托时,应当附带起诉意见书;

(3)看守所、监狱委托时,应当附带判决书、裁定书、执行通知书、减刑裁定书复印件以及罪犯在服刑期间表现情况材料。

2. 调查评估委托函应当包括犯罪嫌疑人、被告人、罪犯及其家属等有关人员的姓名、住址、联系方式、案由以及委托机关的联系人、联系方式等内容。

调查评估委托函不得通过案件当事人、法定代理人、诉讼代理人或者其他利害关系人转交居住地县级司法行政机关。

3. 居住地县级司法行政机关应当自收到调查评估委托函及所附材料之日起10个工作日内完成调查评估,提交评估意见。对于适用刑事案件速裁程序的,居住地县级司法行政机关应当在5个工作日内完成调查评估,提交评估意见。评估意见同时抄送居住地县级人民检察院。

需要延长调查评估时限的,居住地县级司法行政机关应当与委托机关协商,并在协商确定的期限内完成调查评估。

调查评估意见应当客观公正反映被告人、犯罪嫌疑人、罪犯适用社区矫正对其所居住社区的影响。委托机关应当认真审查调查评估意见,作为依法适用或者提请适用社区矫正的参考。

4. 人民法院在作出暂予监外执行决定前征求人民检察院意见时,应当附罪犯的病情诊断、妊娠检查或者生活不能自理的鉴别意见等有关材料。

二、加强对社区服刑人员交付接收的衔接配合管理

5. 对于被判处管制、宣告缓刑、假释的罪犯,人民法院、看守所、监狱应当书面告知其到居住地县级司法行政机关报到的时间期限以及逾期报到的后果,并在规定期限内将有关法律文书送达居住地县级司法行政机关,同时抄送居住地县级人民检察院和公安机关。

社区服刑人员前来报到时,居住地县级司法行政机关未收到法律文书或者法律文书不齐全,可以先记录在案,并通知

人民法院、监狱或者看守所在5日内送达或者补齐法律文书。

6. 人民法院决定暂予监外执行或者公安机关、监狱管理机关批准暂予监外执行的,交付时应当将罪犯的病情诊断、妊娠检查或者生活不能自理的鉴别意见等有关材料复印件一并送达居住地县级司法行政机关。

7. 人民法院、公安机关、司法行政机关在社区服刑人员交付接收工作中衔接脱节,或者社区服刑人员逃避监管、未按规定时间期限报到,造成没有及时执行社区矫正的,属于漏管。

8. 居住地社区矫正机构发现社区服刑人员漏管,应当及时组织查找,并由居住地县级司法行政机关通知有关人民法院、公安机关、监狱、居住地县级人民检察院。

社区服刑人员逃避监管、不按规定时间期限报到导致漏管的,居住地县级司法行政机关应当给予警告;符合收监执行条件的,依法提出撤销缓刑、撤销假释或者对暂予监外执行收监执行的建议。

9. 人民检察院应当加强对社区矫正交付接收中有关机关履职情况的监督,发现有下列情形之一的,依法提出纠正意见:

(1)人民法院、公安机关、监狱未依法送达交付执行法律文书,或者未向社区服刑人员履行法定告知义务;

(2)居住地县级司法行政机关依法应当接收社区服刑人员而未接收;

(3)社区服刑人员未在规定时间期限报到,居住地社区矫正机构未及时组织查找;

(4)人民法院决定暂予监外执行,未通知居住地社区矫正机构与有关公安机关,致使未办理交接手续;

(5)公安机关、监狱管理机关批准罪犯暂予监外执行,罪犯服刑的看守所、监狱未按规定与居住地社区矫正机构办理交接手续;

(6)其他未履行法定交付接收职责的情形。

三、加强对社区服刑人员监督管理的衔接配合

10. 社区服刑人员在社区矫正期间脱离居住地社区矫正机构的监督管理下落不明,或者虽能查找到其下落但拒绝接受监督管理的,属于脱管。

11. 居住地社区矫正机构发现社区服刑人员脱管,应当及时采取联系本人、其家属亲友,走访有关单位和人员等方式组织追查,做好记录,并由县级司法行政机关视情形依法给予警告、提请治安管理处罚、提请撤销缓刑、撤销假释或者对暂予监外执行的提请收监执行。

12. 人民检察院应当加强对社区矫正监督管理活动的监督,发现有下列情形之一的,依法提出纠正意见:

(1)社区服刑人员报到后,居住地县级司法行政机关未向社区服刑人员履行法定告知义务,致使未按照有关规定接受监督管理;

(2)居住地社区矫正机构违反规定批准社区服刑人员离开所居住的市、县,或者违反人民法院禁止令的内容批准社区服刑人员进入特定区域或者场所;

(3)居住地县级司法行政机关对违反社区矫正规定的社区服刑人员,未依法给予警告、提请治安管理处罚;

(4)其他未履行法定监督管理职责的情形。

13. 司法行政机关应当会同人民法

院、人民检察院、公安机关健全完善联席会议制度、情况通报制度，每月通报核对社区服刑人员人数变动、漏管脱管等数据信息，及时协调解决工作中出现的问题。

14. 司法行政机关应当建立完善社区服刑人员的信息交换平台，推动与人民法院、人民检察院、公安机关互联互通，利用网络及时准确传输交换有关法律文书，根据需要查询社区服刑人员脱管漏管、被治安管理处罚、犯罪等情况，共享社区矫正工作动态信息，实现网上办案、网上监管、网上监督。对社区服刑人员采用电子定位方式实施监督，应当采用相应技术，防止发生人机分离，提高监督管理的有效性和安全性。

15. 社区服刑人员被依法决定行政拘留、司法拘留、收容教育、强制隔离戒毒等或者因涉嫌犯新罪、发现判决宣告前还有其他罪没有判决被采取强制措施的，决定机关应当自作出决定之日起3日内将有关情况通知居住地县级司法行政机关和居住地县级人民检察院。

四、加强对社区服刑人员收监执行的衔接配合管理

16. 社区服刑人员符合收监执行条件的，居住地社区矫正机构应当及时按照规定，向原裁判人民法院或者公安机关、监狱管理机关送达撤销缓刑、撤销假释建议书或者对暂予监外执行的收监执行建议书并附相关证明材料。人民法院、公安机关、监狱管理机关应当在规定期限内依法作出裁定或者决定，并将法律文书送达居住地县级司法行政机关，同时抄送居住地县级人民检察院、公安机关。

17. 社区服刑人员因违反监督管理规定被依法撤销缓刑、撤销假释或者暂予监外执行被决定收监执行的，应当本着就近、便利、安全的原则，送交其居住地所属的省（区、市）的看守所、监狱执行刑罚。

18. 社区服刑人员被裁定撤销缓刑的，居住地社区矫正机构应当向看守所、监狱移交撤销缓刑裁定书和执行通知书、撤销缓刑建议书以及原判决书、裁定书和执行通知书、起诉书副本、结案登记表以及社区矫正期间表现情况等文书材料。

社区服刑人员被裁定撤销假释的，居住地社区矫正机构应当向看守所、监狱移交撤销假释裁定书和执行通知书，撤销假释建议书、社区矫正期间表现情况材料，原判决书、裁定书和执行通知书、起诉书副本、结案登记表复印件等文书材料。罪犯收监后，居住地社区矫正机构通知罪犯原服刑看守所、监狱将罪犯假释前的档案材料移交撤销假释后的服刑看守所、监狱。

暂予监外执行社区服刑人员被人民法院决定收监执行的，居住地社区矫正机构应当向看守所、监狱移交收监执行决定书和执行通知书以及原判决书、裁定书和执行通知书、起诉书副本、结案登记表、社区矫正期间表现等文书材料。

暂予监外执行社区服刑人员被公安机关、监狱管理机关决定收监执行的，居住地社区矫正机构应当向看守所、监狱移交社区服刑人员在接受矫正期间的表现情况等文书材料。

19. 撤销缓刑、撤销假释裁定书或者对暂予监外执行罪犯收监执行决定书应当在居住地社区矫正机构教育场所公示。属于未成年或者犯罪的时候不满十八周岁被判处五年有期徒刑以下刑罚的社区服刑人员除外。

20. 被裁定、决定收监执行的社区服刑人员在逃的，居住地社区矫正机构应当在收到人民法院、公安机关、监狱管理机关的裁定、决定后，立即通知居住地县级公安机关，由其负责实施追捕。

撤销缓刑、撤销假释裁定书和对暂予监外执行罪犯收监执行决定书，可以作为公安机关网上追逃依据。公安机关根据案情决定是否实施网上追逃。

21. 社区服刑人员被行政拘留、司法拘留、收容教育、强制隔离戒毒等行政处罚或者强制措施期间，人民法院、公安机关、监狱管理机关依法作出对其撤销缓刑、撤销假释的裁定或者收监执行决定的，居住地社区矫正机构应当将人民法院、公安机关、监狱管理机关的裁定书、决定书送交作出上述决定的机关，由有关部门依法收监执行刑罚。

22. 人民检察院应当加强对社区矫正收监执行活动的监督，发现有下列情形之一的，依法提出纠正意见：

（1）居住地县级司法行政机关未依法向人民法院、公安机关、监狱管理机关提出撤销缓刑、撤销假释建议或者对暂予监外执行的收监执行建议的；

（2）人民法院、公安机关、监狱管理机关未依法作出裁定、决定，或者未依法送达；

（3）居住地县级司法行政机关、公安机关未依法将罪犯送交看守所、监狱，或者未依法移交被收监执行罪犯的文书材料的；

（4）看守所、监狱未依法收监执行；

（5）公安机关未依法协助送交收监执行罪犯，或者未依法对在逃的收监执行罪犯实施追捕；

（6）其他违反收监执行规定的情形。

23. 对社区服刑人员实行社区矫正，本意见未明确的程序和事项，按照有关法律法规以及最高人民法院、最高人民检察院、公安部、司法部《社区矫正实施办法》，最高人民法院、最高人民检察院、公安部、司法部、国家卫生计生委《暂予监外执行规定》等执行。

24. 本意见自发布之日起施行。

最高人民法院、最高人民检察院、公安部、司法部《关于对因犯罪在大陆受审的台湾居民依法适用缓刑实行社区矫正有关问题的意见》

（自 2017 年 1 月 1 日起施行　法发〔2016〕33 号）

为维护因犯罪在大陆受审的台湾居民的合法权益，保障缓刑的依法适用和执行，根据《中华人民共和国刑法》《中华人民共和国刑事诉讼法》和《社区矫正实施办法》等有关规定，结合工作实际，制定本意见。

第一条　对因犯罪被判处拘役、三年以下有期徒刑的台湾居民，如果其犯罪情节较轻、有悔罪表现、没有再犯罪的危险且宣告缓刑对所居住社区没有重大不良影响的，人民法院可以宣告缓刑，对其中不满十八周岁的人、怀孕的妇女和已满七十五周岁的人，应当宣告缓刑。

第二条　人民检察院建议对被告人宣告缓刑的，应当说明依据和理由。

被告人及其法定代理人、辩护人提出宣告缓刑的请求，应当说明理由，必要时需提交经过台湾地区公证机关公证的被告人在台湾地区无犯罪记录证明等相关材料。

第三条 公安机关、人民检察院、人民法院需要委托司法行政机关调查评估宣告缓刑对社区影响的，可以委托犯罪嫌疑人、被告人在大陆居住地的县级司法行政机关，也可以委托适合协助社区矫正的下列单位或者人员所在地的县级司法行政机关：

（一）犯罪嫌疑人、被告人在大陆的工作单位或者就读学校；

（二）台湾同胞投资企业协会、台湾同胞投资企业；

（三）其他愿意且有能力协助社区矫正的单位或者人员。

已经建立涉台社区矫正专门机构的地方，可以委托该机构所在地的县级司法行政机关调查评估。

根据前两款规定仍无法确定接受委托的调查评估机关的，可以委托办理案件的公安机关、人民检察院、人民法院所在地的县级司法行政机关。

第四条 司法行政机关收到委托后，一般应当在十个工作日内向委托机关提交调查评估报告；对提交调查评估报告的时间另有规定的，从其规定。

司法行政机关开展调查评估，可以请当地台湾同胞投资企业协会、台湾同胞投资企业以及犯罪嫌疑人、被告人在大陆的监护人、亲友等协助提供有关材料。

第五条 人民法院对被告人宣告缓刑时，应当核实其居住地或者本意见第三条规定的有关单位、人员所在地，书面告知被告人应当自判决、裁定生效后十日内到社区矫正执行地的县级司法行政机关报到，以及逾期报到的法律后果。

缓刑判决、裁定生效后，人民法院应当在十日内将判决书、裁定书、执行通知书等法律文书送达社区矫正执行地的县级司法行政机关，同时抄送该地县级人民检察院和公安机关。

第六条 对被告人宣告缓刑的，人民法院应当及时作出不准出境决定书，同时依照有关规定办理边控手续。

实施边控的期限为缓刑考验期限。

第七条 对缓刑犯的社区矫正，由其在大陆居住地的司法行政机关负责指导管理、组织实施；在大陆没有居住地的，由本意见第三条规定的有关司法行政机关负责。

第八条 为缓刑犯确定的社区矫正小组可以吸收下列人员参与：

（一）当地台湾同胞投资企业协会、台湾同胞投资企业的代表；

（二）在大陆居住或者工作的台湾同胞；

（三）缓刑犯在大陆的亲友；

（四）其他愿意且有能力参与社区矫正工作的人员。

第九条 根据社区矫正需要，司法行政机关可以会同相关部门，协调台湾同胞投资企业协会、台湾同胞投资企业等，为缓刑犯提供工作岗位、技能培训等帮助。

第十条 对于符合条件的缓刑犯，可以依据《海峡两岸共同打击犯罪及司法互助协议》，移交台湾地区执行。

第十一条 对因犯罪在大陆受审、执行刑罚的台湾居民判处管制、裁定假释、决定或者批准暂予监外执行，实行社区矫正的，可以参照适用本意见的有关规定。

第十二条 本意见自2017年1月1日起施行。

全国人大常委会法制工作委员会、最高人民法院、最高人民检察院公安部、司法部、民政部《关于正在服刑的罪犯和被羁押的人的选举权问题的联合通知》

(1984年3月24日)

各省、自治区、直辖市高级法院、检察院,公安、司法、民政厅(局):

全国县、乡两级人民代表大会代表的选举工作,正在逐步展开。在当前严厉打击严重危害社会治安的刑事犯罪活动的情况下,对于过去已判刑、但没有附加剥夺政治权利的严重刑事罪犯和被羁押正在受侦查、起诉、审判的人是否准许行使选举权问题,有些地方提出一些问题和意见,经研究后,现做如下通知,望遵照执行:

一、1983年3月全国人大常委会通过的《关于县级以下人民代表大会代表直接选举的若干规定》,对于已被判刑的罪犯和被羁押正在受侦查、起诉、审判的人的选举权问题已经作了规定。这一规定是根据宪法关于公民的选举权、被选举权的规定的原则确定的,是适当的,在这次县、乡直接选举工作中,仍应贯彻执行。

二、对这次严厉打击严重危害社会治安的刑事犯罪活动中因反革命案或者严重破坏社会秩序案被羁押正在侦查、起诉、审判的人,应当依照法律规定经人民检察院或者人民法院决定,在被羁押期间停止行使选举权利;其他未经人民检察院或者人民法院决定停止行使选举权利的,应准予行使选举权利。

三、对正在服刑的反革命罪犯和被判处死刑、无期徒刑的其他罪犯,凡是没有附加剥夺政治权利的,应当由人民法院依照审判监督程序,判处附加剥夺政治权利;被判处有期徒刑(包括原判死缓、无期徒刑后减为有期徒刑的)、现正在服刑的故意杀人、强奸、放火、爆炸、投毒、抢劫、流氓、盗窃(重大)等严重破坏社会秩序的罪犯,凡是需要剥夺选举权利的,也可由人民法院依照审判监督程序,判处附加剥夺政治权利。如果原来是第一审生效的案件,应当由上一级人民法院提审;如果原来是第二审生效的案件,应当由第二审人民法院再审。根据刑事诉讼法第一百五十条的规定,依照上述程序所做的判决、裁定,是终审的判决、裁定,不得上诉。

四、今后对于反革命罪犯和判处死刑、无期徒刑的其他罪犯,各级人民法院在审判时,应当依照刑法第五十二条、第五十三条的规定,一律同时判处附加剥夺政治权利;对于严重破坏社会秩序的罪犯,需要剥夺政治权利的,也应依照刑法第五十二条的规定,同时判处附加剥夺政治权利。

五、对准予行使选举权利的被羁押的人和正在服刑的罪犯,经选举委员会和执行羁押、监禁的机关共同决定,可以在原户口所在地参加选举,也可以在劳改场所参加选举;可以在流动票箱投票,也可以委托有选举权的亲属或者其他选民代为投票。

中国人民银行《关于对银行协助执行有关问题的复函》

（1997年6月20日 银条法〔1997〕36号）

中国人民银行广东省分行办公室：

你分行《关于银行协助执行过程中有关问题的请示》（粤银办发〔1997〕29号）收悉。经研究，答复如下：

一、修正后的《中华人民共和国刑事诉讼法》第一百一十七条规定："人民检察院、公安机关根据侦查犯罪的需要，可以依照规定查询、冻结犯罪嫌疑人的存款、汇款"，但未赋予其扣划上述款项的权力。据此，自1997年1月1日以后，金融机构不再协助人民检察院和公安机关扣划客户在金融机构存款。

二、《关于查询、冻结、扣划企业事业单位、机关、团体银行存款的通知》（银发〔1993〕356号）是由最高法院、最高检察院、公安部和中国人民银行四家联合发布的，各有关部门必须共同遵守。但是，《刑事诉讼法》颁布实施后，银发〔1993〕356号文中有关银行协助人民检察院、公安机关扣划客户存款的内容与刑事诉讼法发生抵触，应自动失效。

三、根据人民银行会计科目的规定和性质，商业银行在人民银行的存款只有准备金存款和备付金存款两类。商业银行通过人民银行的资金清算，均在备付金存款科目中核算。"0266汇出汇款"科目系核算人民银行办理银行汇票的签发和解付业务或代理兑付他行汇票，该科目内资金是人民银行的结算资金，不属于商业银行在人民银行存款范畴。

最高人民法院《关于适用财产刑若干问题的规定》（节录）

（2000年11月15日最高人民法院审判委员会第1139次会议通过，自2000年12月19日起施行，法释〔2000〕45号）

第九条 人民法院认为依法应当判处被告人财产刑的，可以在案件审理过程中，决定扣押或者冻结被告人的财产。

第十条 财产刑由第一审人民法院执行。

犯罪分子的财产在异地的，第一审人民法院可以委托财产所在地人民法院代为执行。

第十一条 自判决指定的期限届满第二日起，人民法院对于没有法定减免事由不缴纳罚金的，应当强制其缴纳。

对于隐藏、转移、变卖、损毁已被扣押、冻结财产情节严重的，依照刑法第三百一十四条的规定追究刑事责任。

最高人民法院《关于刑事裁判涉财产部分执行的若干规定》

（2014年9月1日最高人民法院审判委员会第1625次会议通过，自2014年11月6日起施行，法释〔2014〕13号）

为进一步规范刑事裁判涉财产部分的执行，维护当事人合法权益，根据《中华人民共和国刑法》《中华人民共和国刑事诉讼法》等法律规定，结合人民法院执行工作实际,制定本规定。

第一条　本规定所称刑事裁判涉财产部分的执行,是指发生法律效力的刑事裁判主文确定的下列事项的执行:

(一)罚金、没收财产;

(二)责令退赔;

(三)处置随案移送的赃款赃物;

(四)没收随案移送的供犯罪所用本人财物;

(五)其他应当由人民法院执行的相关事项。

刑事附带民事裁判的执行,适用民事执行的有关规定。

第二条　刑事裁判涉财产部分,由第一审人民法院执行。第一审人民法院可以委托财产所在地的同级人民法院执行。

第三条　人民法院办理刑事裁判涉财产部分执行案件的期限为六个月。有特殊情况需要延长的,经本院院长批准,可以延长。

第四条　人民法院刑事审判中可能判处被告人财产刑、责令退赔的,刑事审判部门应当依法对被告人的财产状况进行调查;发现可能隐匿、转移财产的,应当及时查封、扣押、冻结其相应财产。

第五条　刑事审判或者执行中,对于侦查机关已经采取的查封、扣押、冻结,人民法院应当在期限届满前及时续行查封、扣押、冻结。人民法院续行查封、扣押、冻结的顺位与侦查机关查封、扣押、冻结的顺位相同。

对侦查机关查封、扣押、冻结的财产,人民法院执行中可以直接裁定处置,无需侦查机关出具解除手续,但裁定中应当指明侦查机关查封、扣押、冻结的事实。

第六条　刑事裁判涉财产部分的裁判内容,应当明确、具体。涉案财物或者被害人人数较多,不宜在判决主文中详细列明的,可以概括叙明并另附清单。

判处没收部分财产的,应当明确没收的具体财物或者金额。

判处追缴或者责令退赔的,应当明确追缴或者退赔的金额或财物的名称、数量等相关情况。

第七条　由人民法院执行机构负责执行的刑事裁判涉财产部分,刑事审判部门应当及时移送立案部门审查立案。

移送立案应当提交生效裁判文书及其附件和其他相关材料,并填写《移送执行表》。《移送执行表》应当载明以下内容:

(一)被执行人、被害人的基本信息;

(二)已查明的财产状况或者财产线索;

(三)随案移送的财产和已经处置财产的情况;

(四)查封、扣押、冻结财产的情况;

(五)移送执行的时间;

(六)其他需要说明的情况。

人民法院立案部门经审查,认为属于移送范围且移送材料齐全的,应当在七日内立案,并移送执行机构。

第八条　人民法院可以向刑罚执行机关、社区矫正机构等有关单位调查被执行人的财产状况,并可以根据不同情形要求有关单位协助采取查封、扣押、冻结、划拨等执行措施。

第九条　判处没收财产的,应当执行刑事裁判生效时被执行人合法所有的财产。

执行没收财产或罚金刑,应当参照被扶养人住所地政府公布的上年度当地居民最低生活费标准,保留被执行人及其所扶养家属的生活必需费用。

第十条 对赃款赃物及其收益,人民法院应当一并追缴。

被执行人将赃款赃物投资或者置业,对因此形成的财产及其收益,人民法院应予追缴。

被执行人将赃款赃物与其他合法财产共同投资或者置业,对因此形成的财产中与赃款赃物对应的份额及其收益,人民法院应予追缴。

对于被害人的损失,应当按照刑事裁判认定的实际损失予以发还或者赔偿。

第十一条 被执行人将刑事裁判认定为赃款赃物的涉案财物用于清偿债务、转让或者设置其他权利负担,具有下列情形之一的,人民法院应予追缴:

(一)第三人明知是涉案财物而接受的;

(二)第三人无偿或者以明显低于市场的价格取得涉案财物的;

(三)第三人通过非法债务清偿或者违法犯罪活动取得涉案财物的;

(四)第三人通过其他恶意方式取得涉案财物的。

第三人善意取得涉案财物的,执行程序中不予追缴。作为原所有人的被害人对该涉案财物主张权利的,人民法院应当告知其通过诉讼程序处理。

第十二条 被执行财产需要变价的,人民法院执行机构应当依法采取拍卖、变卖等变价措施。

涉案财物最后一次拍卖未能成交,需要上缴国库的,人民法院应当通知有关财政机关以该次拍卖保留价予以接收;有关财政机关要求继续变价的,可以进行无保留价拍卖。需要退赔被害人的,以该次拍卖保留价以物退赔;被害人不同意以物退赔的,可以进行无保留价拍卖。

第十三条 被执行人在执行中同时承担刑事责任、民事责任,其财产不足以支付的,按照下列顺序执行:

(一)人身损害赔偿中的医疗费用;

(二)退赔被害人的损失;

(三)其他民事债务;

(四)罚金;

(五)没收财产。

债权人对执行标的依法享有优先受偿权,其主张优先受偿的,人民法院应当在前款第(一)项规定的医疗费用受偿后,予以支持。

第十四条 执行过程中,当事人、利害关系人认为执行行为违反法律规定,或者案外人对执行标的主张足以阻止执行的实体权利,向执行法院提出书面异议的,执行法院应当依照民事诉讼法第二百二十五条的规定处理。

人民法院审查案外人异议、复议,应当公开听证。

第十五条 执行过程中,案外人或被害人认为刑事裁判中对涉案财物是否属于赃款赃物认定错误或者应予认定而未认定,向执行法院提出书面异议,可以通过裁定补正的,执行机构应当将异议材料移送刑事审判部门处理;无法通过裁定补正的,应告知异议人通过审判监督程序处理。

第十六条 人民法院办理刑事裁判涉财产部分执行案件,刑法、刑事诉讼法及有关司法解释没有相应规定的,参照适用民事执行的有关规定。

第十七条 最高人民法院此前发布的司法解释与本规定不一致的,以本规定为准。

最高人民法院办公厅
《关于刑事裁判涉财产部分执行可否收取诉讼费意见的复函》

(2017年1月11日 法办函〔2017〕19号)

发展改革委办公厅：

你厅《关于商请人民法院可否收取刑事案件涉财产执行诉讼费有关问题的函》收悉。经研究，我院认为，刑事裁判涉财产部分执行不同于民事执行，人民法院办理刑事涉财产部分执行案件，不应收取诉讼费。

最高人民法院
《关于人民法院立案、审判与执行工作协调运行的意见》(节录)

(2018年5月28日 法发〔2018〕9号)

4. 立案部门在对刑事裁判涉财产部分移送执行立案审查时，重点审查《移送执行表》载明的以下内容：
（1）被执行人、被害人的基本信息；
（2）已查明的财产状况或者财产线索；
（3）随案移送的财产和已经处置财产的情况；
（4）查封、扣押、冻结财产的情况；
（5）移送执行的时间；
（6）其他需要说明的情况。
《移送执行表》信息存在缺漏的，应要求刑事审判部门及时补充完整。

13. 刑事裁判涉财产部分的裁判内容，应当明确、具体。涉案财物或者被害人人数较多，不宜在判决主文中详细列明的，可以概括叙明并另附清单。判处没收部分财产的，应当明确没收的具体财物或者金额。判处追缴或者责令退赔的，应当明确追缴或者退赔的金额或财物的名称、数量等有关情况。

15. 执行机构发现本院作出的生效法律文书执行内容不明确的，应书面征询审判部门的意见。审判部门应在15日内作出书面答复或者裁定予以补正。审判部门未及时答复或者不予答复的，执行机构可层报院长督促审判部门答复。

执行内容不明确的生效法律文书是上级法院作出的，执行法院的执行机构应当层报上级法院执行机构，由上级法院执行机构向审判部门征询意见。审判部门应在15日内作出书面答复或者裁定予以补正。上级法院的审判部门未及时答复或者不予答复的，上级法院执行机构层报院长督促审判部门答复。

执行内容不明确的生效法律文书是其他法院作出的，执行法院的执行机构可以向作出生效法律文书的法院执行机构发函，由该法院执行机构向审判部门征询意见。审判部门应在15日内作出书面答复或者裁定予以补正。审判部门未及时答复或者不予答复的，作出生效法律文书的法院执行机构层报院长督促审判部门答复。

最高人民检察院三厅
《关于发现减刑、假释的裁定确有错误应由哪一级人民检察院提出纠正意见问题的答复》

(1988年3月29日 〔88〕高检三厅字第28号)

湖南省人民检察院监所检察处：
〔88〕湘检监处字8号文收悉。

关于发现减刑、假释的裁定确有错误，应由哪一级人民检察院提出纠正意见的问题，我们基本同意你们的第二种意见。即：县（市、区）人民检察院（包括劳改检察派出院）发现基层人民法院减刑、假释裁定确有错误，可直接向基层人民法院提出纠正；发现中级人民法院减刑、假释裁定确有错误，应当报告分（州、市）人民检察院，由分（州、市）人民检察院向中级人民法院提出纠正意见；发现高级人民法院减刑、假释确有错误，应当层报省人民检察院，由省人民检察院向高级人民法院提出纠正意见。

中共中央政法委《关于严格规范减刑、假释、暂予监外执行切实防止司法腐败的意见》

（2014年1月21日 中政委〔2014〕5号文）

为严格规范减刑、假释、暂予监外执行，切实防止徇私舞弊、权钱交易等腐败行为，坚决杜绝社会反映强烈的"有权人"、"有钱人"被判刑后减刑快、假释及暂予监外执行比例高、实际服刑时间偏短等现象，确保司法公正，提高司法公信力，根据法律规定和刑事政策精神，结合实际，现提出如下意见。

一、从严把握减刑、假释、暂予监外执行的实体条件

1. 对职务犯罪、破坏金融管理秩序和金融诈骗犯罪、组织（领导、参加、包庇、纵容）黑社会性质组织犯罪等罪犯（以下简称三类罪犯）减刑、假释，必须从严把握法律规定的"确有悔改表现"、"立功表现"、"重大立功表现"的标准。

对三类罪犯"确有悔改表现"的认定，不仅应当考察其是否认罪悔罪，认真遵守法律法规及监规、接受教育改造，积极参加思想、文化、职业技术教育，积极参加劳动、努力完成劳动任务，而且应当考察其是否通过主动退赃、积极协助追缴境外赃款赃物、主动赔偿损失等方式，积极消除犯罪行为所产生的社会影响。对服刑期间利用个人影响力和社会关系等不正当手段企图获得减刑、假释机会的，不认定其"确有悔改表现"。

对三类罪犯拟按法律规定的"在生产、科研中进行技术革新，成绩突出"或者"对国家和社会有其他贡献"认定为"立功表现"的，该技术革新或者其他贡献必须是该罪犯在服刑期间独立完成，并经省级主管部门确认。

对三类罪犯拟按法律规定的"有发明创造或者重大技术革新"认定为"重大立功表现"的，该发明创造或者重大技术革新必须是该罪犯在服刑期间独立完成并经国家主管部门确认的发明专利，且不包括实用新型专利和外观设计专利；拟按法律规定的"对国家和社会有其他重大贡献"认定为"重大立功表现"的，该重大贡献必须是该罪犯在服刑期间独立完成并经国家主管部门确认的劳动成果。

2. 对三类罪犯与其他罪犯的计分考核应当平等、平衡。在三类罪犯计分考核项目和标准的设计上，不仅应当考虑对其他罪犯教育改造的普遍性要求，而且应当考虑对三类罪犯教育改造的特殊性要求，防止三类罪犯在考核中比其他罪犯容易得分。进一步限制、规范三类罪犯的加

分项目,严格控制加分总量。对利用个人影响力和社会关系、提供虚假证明材料、贿赂等不正当手段企图获得加分的,不但不能加分,还要扣分。司法部应当根据上述要求,抓紧修改罪犯的计分考核办法。

3. 对依法可以减刑的三类罪犯,必须从严把握减刑的起始时间、间隔时间和幅度。被判处十年以下有期徒刑的,执行二年以上方可减刑,一次减刑不超过一年有期徒刑,两次减刑之间应当间隔一年以上。被判处十年以上有期徒刑的,执行二年以上方可减刑,一次减刑不超过一年有期徒刑,两次减刑之间应当间隔一年六个月以上。被判处无期徒刑的,执行三年以上方可减刑,可以减为二十年以上二十二年以下有期徒刑;减为有期徒刑后,一次减刑不超过一年有期徒刑,两次减刑之间应当间隔二年以上。死刑缓期执行罪犯减为无期徒刑后,执行三年以上方可减刑,可以减为二十五年有期徒刑;减为有期徒刑后,一次减刑不超过一年有期徒刑,两次减刑之间应当间隔二年以上。

确有阻止或检举他人重大犯罪活动、舍己救人、发明创造或者重大技术革新、在抗御自然灾害或者排除重大事故中表现突出等重大立功表现的,可以不受上述减刑起始时间和间隔时间的限制。

4. 对三类罪犯适用保外就医,必须从严把握严重疾病范围和条件。虽然患有高血压、糖尿病、心脏病等疾病,但经诊断在短期内不致危及生命的,或者不积极配合刑罚执行机关安排的治疗的,或者适用保外就医可能有社会危险性的,或者自伤自残的,一律不得保外就医。

5. 从2014年1月开始,以省、自治区、直辖市和新疆生产建设兵团为单位,各地职务犯罪犯减刑、假释、暂予监外执行的比例,不得明显高于其他罪犯的相应比例。中央政法相关单位应当积极指导和督促本系统落实相关比例要求。

二、完善减刑、假释、暂予监外执行的程序规定

6. 对三类罪犯的计分考核、行政奖励、立功表现等信息,应当在罪犯服刑场所及时公开;拟提请减刑、假释的,一律提前予以公示。拟提请暂予监外执行的,除病情严重必须立即保外就医的,应当提前予以公示。减刑、假释裁定书及暂予监外执行决定书,一律上网公开。

7. 对三类罪犯中因重大立功而提请减刑、假释的案件,原县处级以上职务犯罪罪犯的减刑、假释案件,组织(领导、包庇、纵容)黑社会性质组织罪犯的减刑、假释案件,原判死刑缓期执行、无期徒刑的破坏金融管理秩序和金融诈骗犯罪罪犯的减刑、假释案件,一律开庭审理。

8. 健全检察机关对减刑、假释、暂予监外执行的同步监督制度。刑罚执行机关在决定提请减刑、假释、暂予监外执行前,审判机关在作出暂予监外执行决定前,应当征求检察机关意见。审判机关开庭审理减刑、假释案件,检察机关应当派员出庭并发表检察意见。刑罚执行机关、审判机关对检察机关提出的不同意见未予采纳的,应当予以回复或者在裁定书、决定书中说明理由。检察机关可以向有关单位和人员调查核实情况、调阅复制案卷材料、重新组织对病残罪犯的诊断鉴别,并依法作出处理。

9. 推进刑罚执行机关、审判机关、检察机关减刑、假释网上协同办案平台建设,对执法办案和考核奖惩中的重要事项、重点环节,实行网上录入、信息共享、"全程留痕",从制度和技术上确保监督到位。

10. 对原厅局级以上职务犯罪罪犯减刑、假释、暂予监外执行的，裁定、决定或者批准后十日内，由省级政法机关向相应中央政法机关逐案报请备案审查。对原县处级职务犯罪罪犯减刑、假释、暂予监外执行的，裁定、决定或者批准后十日内，由地市级政法机关向相应省级政法机关逐案报请备案审查（省级政法机关裁定、决定或者批准的除外）。中央和省级政法机关对报请备案审查的减刑、假释、暂予监外执行案件，应当认真审查，发现问题的，立即责令下级政法机关依法纠正。

三、强化减刑、假释、暂予监外执行各个环节的责任

11. 对减刑、假释、暂予监外执行各个环节的承办人、批准人等执法司法人员，实行"谁承办谁负责、谁主管谁负责、谁签字谁负责"制度，执法司法人员在职责范围内对执法办案质量终身负责。其中，执法司法人员因故意或者重大过失造成减刑、假释、暂予监外执行案件在认定事实或者适用法律上确有错误的，由该直接责任人员承担责任；经主管人员批准或者许可的，由该主管人员和有关直接责任人员承担责任；减刑、假释、暂予监外执行多个环节共同造成案件在认定事实或者适用法律上确有错误的，根据具体违法或过错情况分别追究责任；有关单位、部门集体讨论决定的减刑、假释、暂予监外执行案件确有错误的，由各相关单位、部门负责人承担责任。

12. 审判机关应当建立专门审理减刑、假释、暂予监外执行案件的审判庭。检察机关应当加强派驻监管场所检察室建设，明确派驻检察室人员配备标准，落实同步监督。刑罚执行机关应当充实机构人员，为实现减刑、假释、暂予监外执行逐人逐案依法常态化办理提供保障。

四、从严惩处减刑、假释、暂予监外执行中的腐败行为

13. 检察机关对减刑、假释、暂予监外执行中有关执法司法人员涉嫌违法犯罪的举报、控告和相关线索，应当依法严查，并根据情况，向有关单位提出纠正违法或者不当的建议，或者建议更换办案人，并对涉嫌违法犯罪的，建议依纪予以纪律处分或者依法追究刑事责任。

14. 对执法司法人员在减刑、假释、暂予监外执行中捏造事实、伪造材料、收受财物或者接受吃请的，一律清除出执法司法队伍；徇私舞弊、权钱交易、失职渎职构成犯罪的，一律依法从重追究刑事责任，且原则上不适用缓刑或者免予刑事处罚。

15. 对非执法司法单位和个人，为罪犯减刑、假释、暂予监外执行出具虚假病情诊断证明等材料，违法违规提供便利条件的，或者在罪犯减刑、假释、暂予监外执行中搞权钱交易的，执法司法机关应当建议主管部门依法依纪追究责任，并有针对性地加强管理、堵塞漏洞；对构成犯罪的，依法追究刑事责任。

16. 对任何单位和个人干预减刑、假释、暂予监外执行，或者施加压力要求执法司法人员违法违规办理减刑、假释、暂予监外执行的，执法司法机关及其工作人员应当坚决抵制，并向其上级机关报告。有关机关应当依法严肃追究有关单位和个人的违纪违法责任。

17. 最高人民法院、最高人民检察院、公安部、国家安全部、司法部根据本意见，对相关司法解释、部门规章或者规范性文件相应作出修改，并建立健全相关监督检查制度，确保本意见切实得到执行。

最高人民检察院
《关于对职务犯罪罪犯减刑、假释、暂予监外执行案件实行备案审查的规定》

（2014年6月23日 高检发监字〔2014〕5号）

第一条 为了强化对职务犯罪罪犯减刑、假释、暂予监外执行的法律监督，加强上级人民检察院对下级人民检察院办理刑罚变更执行案件工作的领导，根据《中华人民共和国刑法》、《中华人民共和国刑事诉讼法》和《中华人民共和国监狱法》等有关规定，结合检察工作实际，制定本规定。

第二条 人民检察院对职务犯罪罪犯减刑、假释、暂予监外执行案件实行备案审查，按照下列情形分别处理：

（一）对原厅局级以上职务犯罪罪犯减刑、假释、暂予监外执行的案件，人民检察院应当在收到减刑、假释裁定书或者暂予监外执行决定书后十日以内，逐案层报最高人民检察院备案审查；

（二）对原县处级职务犯罪罪犯减刑、假释、暂予监外执行的案件，人民检察院应当在收到减刑、假释裁定书或者暂予监外执行决定书后十日以内，逐案层报省级人民检察院备案审查。

第三条 人民检察院报请备案审查减刑、假释案件，应当填写备案审查登记表，并附下列材料的复印件：

（一）刑罚执行机关提请减刑、假释建议书；

（二）人民法院减刑、假释裁定书；

（三）人民检察院向刑罚执行机关、人民法院提出的书面意见；

罪犯有重大立功表现裁定减刑、假释的案件，还应当附重大立功表现相关证明材料的复印件。

第四条 人民检察院报请备案审查暂予监外执行案件，应当填写备案审查登记表，并附下列材料的复印件：

（一）刑罚执行机关提请暂予监外执行意见书或者审批表；

（二）决定或者批准机关暂予监外执行决定书；

（三）人民检察院向刑罚执行机关、暂予监外执行决定或者批准机关提出的书面意见；

（四）罪犯的病情诊断、鉴定意见以及相关证明材料。

第五条 上级人民检察院认为有必要的，可以要求下级人民检察院补报相关材料。下级人民检察院应当在收到通知后三日以内，按照要求报送。

第六条 最高人民检察院和省级人民检察院收到备案审查材料后，应当指定专人进行登记和审查，并在收到材料后十日以内，分别作出以下处理：

（一）对于职务犯罪罪犯减刑、假释、暂予监外执行不当的，应当通知下级人民检察院依法向有关单位提出纠正意见。其中，省级人民检察院认为高级人民法院作出的减刑、假释裁定或者省级监狱管理局、省级公安厅（局）作出的暂予监外执行决定不当的，应当依法提出纠正意见；

（二）对于职务犯罪罪犯减刑、假释、暂予监外执行存在疑点或者可能存在违法违规问题的，应当通知下级人民检察院依法进行调查核实。

第七条 下级人民检察院收到上级人民检察院对备案审查材料处理意见的

通知后,应当立即执行,并在收到通知后三十日以内,报告执行情况。

第八条 省级人民检察院应当将本年度原县处级以上职务犯罪罪犯减刑、假释、暂予监外执行的名单,以及本年度职务犯罪罪犯减刑、假释、暂予监外执行的数量和比例对比情况,与人民法院、公安机关、监狱管理机关等有关单位核对后,于次年一月底前,报送最高人民检察院。

第九条 对于职务犯罪罪犯减刑、假释、暂予监外执行的比例明显高于其他罪犯的相应比例的,人民检察院应当对职务犯罪罪犯减刑、假释、暂予监外执行案件进行逐案复查,查找和分析存在的问题,依法向有关单位提出意见或者建议。

第十条 最高人民检察院和省级人民检察院应当每年对职务犯罪罪犯减刑、假释、暂予监外执行情况进行分析和总结,指导和督促下级人民检察院落实有关要求。

第十一条 本规定中的职务犯罪,是指贪污贿赂犯罪,国家工作人员的渎职犯罪,国家机关工作人员利用职权实施的非法拘禁、非法搜查、刑讯逼供、暴力取证、虐待被监管人、报复陷害、破坏选举的侵犯公民人身权利、公民民主权利的犯罪。

第十二条 本规定自发布之日起施行。

附件:
1. 职务犯罪罪犯减刑、假释、暂予监外执行备案审查登记表(略)
2. 职务犯罪罪犯减刑、假释、暂予监外执行名单一览表(略)
3. 职务犯罪罪犯减刑、假释、暂予监外执行数量和比例情况对比表(略)

最高人民法院
《关于减刑、假释案件审理程序的规定》

(2014年4月10日最高人民法院审判委员会第1611次会议通过,自2014年6月1日起施行,法释〔2014〕5号)

为进一步规范减刑、假释案件的审理程序,确保减刑、假释案件审理的合法、公正,根据《中华人民共和国刑法》《中华人民共和国刑事诉讼法》有关规定,结合减刑、假释案件审理工作实际,制定本规定。

第一条 对减刑、假释案件,应当按照下列情形分别处理:

(一)对被判处死刑缓期执行的罪犯的减刑,由罪犯服刑地的高级人民法院在收到同级监狱管理机关审核同意的减刑建议书后一个月内作出裁定;

(二)对被判处无期徒刑的罪犯的减刑、假释,由罪犯服刑地的高级人民法院在收到同级监狱管理机关审核同意的减刑、假释建议书后一个月内作出裁定,案情复杂或者情况特殊的,可以延长一个月;

(三)对被判处有期徒刑和被减为有期徒刑的罪犯的减刑、假释,由罪犯服刑地的中级人民法院在收到执行机关提出的减刑、假释建议书后一个月内作出裁定,案情复杂或者情况特殊的,可以延长一个月;

(四)对被判处拘役、管制的罪犯的减刑,由罪犯服刑地中级人民法院在收到同级执行机关审核同意的减刑、假释建议书后一个月内作出裁定。

对暂予监外执行罪犯的减刑,应当根

据情况,分别适用前款的有关规定。

第二条　人民法院受理减刑、假释案件,应当审查执行机关移送的下列材料:

(一)减刑或者假释建议书;

(二)终审法院裁判文书、执行通知书、历次减刑裁定书的复印件;

(三)罪犯确有悔改或者立功、重大立功表现的具体事实的书面证明材料;

(四)罪犯评审鉴定表、奖惩审批表等;

(五)其他根据案件审理需要应予移送的材料。

报请假释的,应当附有社区矫正机构或者基层组织关于罪犯假释后对所居住社区影响的调查评估报告。

人民检察院对报请减刑、假释案件提出检察意见的,执行机关应当一并移送受理减刑、假释案件的人民法院。

经审查,材料齐备的,应当立案;材料不齐的,应当通知执行机关在三日内补送,逾期未补送的,不予立案。

第三条　人民法院审理减刑、假释案件,应当在立案后五日内将执行机关报请减刑、假释的建议书等材料依法向社会公示。

公示内容应当包括罪犯的个人情况、原判认定的罪名和刑期、罪犯历次减刑情况、执行机关的建议及依据。

公示应当写明公示期限和提出意见的方式。公示期限为五日。

第四条　人民法院审理减刑、假释案件,应当依法由审判员或者由审判员和人民陪审员组成合议庭进行。

第五条　人民法院审理减刑、假释案件,除应当审查罪犯在执行期间的一贯表现外,还应当综合考虑犯罪的具体情节、原判刑罚情况、财产刑执行情况、附带民事裁判履行情况、罪犯退赃退赔等情况。

人民法院审理假释案件,除应当审查第一款所列情形外,还应当综合考虑罪犯的年龄、身体状况、性格特征、假释后生活来源以及监管条件等影响再犯罪的因素。

执行机关以罪犯有立功表现或重大立功表现为由提出减刑的,应当审查立功或重大立功表现是否属实。涉及发明创造、技术革新或者其他贡献的,应当审查该成果是否系罪犯在执行期间独立完成,并经有关主管机关确认。

第六条　人民法院审理减刑、假释案件,可以采取开庭审理或者书面审理的方式。但下列减刑、假释案件,应当开庭审理:

(一)因罪犯有重大立功表现报请减刑的;

(二)报请减刑的起始时间、间隔时间或者减刑幅度不符合司法解释一般规定的;

(三)公示期间收到不同意见的;

(四)人民检察院有异议的;

(五)被报请减刑、假释罪犯系职务犯罪罪犯,组织(领导、参加、包庇、纵容)黑社会性质组织犯罪罪犯,破坏金融管理秩序和金融诈骗犯罪罪犯及其他在社会上有重大影响或社会关注度高的;

(六)人民法院认为其他应当开庭审理的。

第七条　人民法院开庭审理减刑、假释案件,应当通知人民检察院、执行机关及被报请减刑、假释罪犯参加庭审。

人民法院根据需要,可以通知证明罪犯确有悔改表现或者立功、重大立功表现的证人,公示期间提出不同意见的人,以及鉴定人、翻译人员等其他人员参加庭审。

第八条　开庭审理应当在罪犯刑罚执行场所或者人民法院确定的场所进行。

有条件的人民法院可以采取视频开庭的方式进行。

在社区执行刑罚的罪犯因重大立功被报请减刑的,可以在罪犯服刑地或者居住地开庭审理。

第九条 人民法院对于决定开庭审理的减刑、假释案件,应当在开庭三日前将开庭的时间、地点通知人民检察院、执行机关、被报请减刑、假释罪犯和有必要参加庭审的其他人员,并于开庭三日前进行公告。

第十条 减刑、假释案件的开庭审理由审判长主持,应当按照以下程序进行:

(一)审判长宣布开庭,核实被报请减刑、假释罪犯的基本情况;

(二)审判长宣布合议庭组成人员、检察人员、执行机关代表及其他庭审参加人;

(三)执行机关代表宣读减刑、假释建议书,并说明主要理由;

(四)检察人员发表检察意见;

(五)法庭对被报请减刑、假释罪犯确有悔改表现或立功表现、重大立功表现的事实以及其他影响减刑、假释的情况进行调查核实;

(六)被报请减刑、假释罪犯作最后陈述;

(七)审判长对庭审情况进行总结并宣布休庭评议。

第十一条 庭审过程中,合议庭人员对报请理由有疑问的,可以向被报请减刑、假释罪犯、证人、执行机关代表、检察人员提问。

庭审过程中,检察人员对报请理由有疑问的,在经审判长许可后,可以出示证据,申请证人到庭,向被报请减刑、假释罪犯及证人提问并发表意见。被报请减刑、假释罪犯对报请理由有疑问的,在经审判长许可后,可以出示证据,申请证人到庭,向证人提问并发表意见。

第十二条 庭审过程中,合议庭对证据有疑问需要进行调查核实,或者检察人员、执行机关代表提出申请的,可以宣布休庭。

第十三条 人民法院开庭审理减刑、假释案件,能够当庭宣判的应当当庭宣判;不能当庭宣判的,可以择期宣判。

第十四条 人民法院书面审理减刑、假释案件,可以就被报请减刑、假释罪犯是否符合减刑、假释条件进行调查核实或听取有关方面意见。

第十五条 人民法院书面审理减刑案件,可以提讯被报请减刑罪犯;书面审理假释案件,应当提讯被报请假释罪犯。

第十六条 人民法院审理减刑、假释案件,应当按照下列情形分别处理:

(一)被报请减刑、假释罪犯符合法律规定的减刑、假释条件的,作出予以减刑、假释的裁定;

(二)被报请减刑的罪犯符合法律规定的减刑条件,但执行机关报请的减刑幅度不适当的,对减刑幅度作出相应调整后作出予以减刑的裁定;

(三)被报请减刑、假释罪犯不符合法律规定的减刑、假释条件的,作出不予减刑、假释的裁定。

在人民法院作出减刑、假释裁定前,执行机关书面申请撤回减刑、假释建议的,是否准许,由人民法院决定。

第十七条 减刑、假释裁定书应当写明罪犯原判和历次减刑情况,确有悔改表现或者立功、重大立功表现的事实和理由,以及减刑、假释的法律依据。

裁定减刑的,应当注明刑期的起止时间;裁定假释的,应当注明假释考验期的起止时间。

裁定调整减刑幅度或者不予减刑、假释的,应当在裁定书中说明理由。

第十八条　人民法院作出减刑、假释裁定后,应当在七日内送达报请减刑、假释的执行机关、同级人民检察院以及罪犯本人。作出假释裁定的,还应当送达社区矫正机构或者基层组织。

第十九条　减刑、假释裁定书应当通过互联网依法向社会公布。

第二十条　人民检察院认为人民法院减刑、假释裁定不当,在法定期限内提出书面纠正意见的,人民法院应当在收到纠正意见后另行组成合议庭审理,并在一个月内作出裁定。

第二十一条　人民法院发现本院已经生效的减刑、假释裁定确有错误的,应当依法重新组成合议庭进行审理并作出裁定;上级人民法院发现下级人民法院已经生效的减刑、假释裁定确有错误的,应当指令下级人民法院另行组成合议庭审理,也可以自行依法组成合议庭进行审理并作出裁定。

第二十二条　最高人民法院以前发布的司法解释和规范性文件,与本规定不一致的,以本规定为准。

最高人民检察院《人民检察院办理减刑、假释案件规定》

(高检发监字〔2014〕8号　自2014年8月1日起施行)

第一条　为了进一步加强和规范减刑、假释法律监督工作,确保刑罚变更执行合法、公正,根据《中华人民共和国刑法》、《中华人民共和国刑事诉讼法》和《中华人民共和国监狱法》等有关规定,结合检察工作实际,制定本规定。

第二条　人民检察院依法对减刑、假释案件的提请、审理、裁定等活动是否合法实行法律监督。

第三条　人民检察院办理减刑、假释案件,应当按照下列情形分别处理:

(一)对减刑、假释案件提请活动的监督,由对执行机关承担检察职责的人民检察院负责;

(二)对减刑、假释案件审理、裁定活动的监督,由人民法院的同级人民检察院负责;同级人民检察院对执行机关不承担检察职责的,可以根据需要指定对执行机关承担检察职责的人民检察院派员出席法庭;下级人民检察院发现减刑、假释裁定不当的,应当及时向作出减刑、假释裁定的人民法院的同级人民检察院报告。

第四条　人民检察院办理减刑、假释案件,依照规定实行统一案件管理和办案责任制。

第五条　人民检察院收到执行机关移送的下列减刑、假释案件材料后,应当及时进行审查:

(一)执行机关拟提请减刑、假释意见;

(二)终审法院裁判文书、执行通知书、历次减刑裁定书;

(三)罪犯确有悔改表现、立功表现或者重大立功表现的证明材料;

(四)罪犯评审鉴定表、奖惩审批表;

(五)其他应当审查的案件材料。

对拟提请假释案件,还应当审查社区矫正机构或者基层组织关于罪犯假释后对所居住社区影响的调查评估报告。

第六条 具有下列情形之一的，人民检察院应当进行调查核实：

（一）拟提请减刑、假释罪犯系职务犯罪罪犯、破坏金融管理秩序和金融诈骗犯罪罪犯、黑社会性质组织犯罪罪犯、严重暴力恐怖犯罪罪犯，或者其他在社会上有重大影响、社会关注度高的罪犯；

（二）因罪犯有立功表现或者重大立功表现拟提请减刑的；

（三）拟提请减刑、假释罪犯的减刑幅度大、假释考验期长、起始时间早、间隔时间短或者实际执行刑期短的；

（四）拟提请减刑、假释罪犯的考核计分高、专项奖励多或者鉴定材料、奖惩记录有疑点的；

（五）收到控告、举报的；

（六）其他应当进行调查核实的。

第七条 人民检察院可以采取调阅复制有关材料、重新组织诊断鉴别、进行文证鉴定、召开座谈会、个别询问等方式，对下列情况进行调查核实：

（一）拟提请减刑、假释罪犯在服刑期间的表现情况；

（二）拟提请减刑、假释罪犯的财产刑执行、附带民事裁判履行、退赃退赔等情况；

（三）拟提请减刑罪犯的立功表现、重大立功表现是否属实，发明创造、技术革新是否系罪犯在服刑期间独立完成并经有关主管机关确认；

（四）拟提请假释罪犯的身体状况、性格特征、假释后生活来源和监管条件等影响再犯罪的因素；

（五）其他应当进行调查核实的情况。

第八条 人民检察院可以派员列席执行机关提请减刑、假释评审会议，了解案件有关情况，根据需要发表意见。

第九条 人民检察院发现罪犯符合减刑、假释条件，但是执行机关未提请减刑、假释的，可以建议执行机关提请减刑、假释。

第十条 人民检察院收到执行机关抄送的减刑、假释建议书副本后，应当逐案进行审查，可以向人民法院提出书面意见。发现减刑、假释建议不当或者提请减刑、假释违反法定程序的，应当在收到建议书副本后十日以内，依法向审理减刑、假释案件的人民法院提出书面意见，同时将检察意见书副本抄送执行机关。案情复杂或者情况特殊的，可以延长十日。

第十一条 人民法院开庭审理减刑、假释案件的，人民检察院应当指派检察人员出席法庭，发表检察意见，并对法庭审理活动是否合法进行监督。

第十二条 出席法庭的检察人员不得少于二人，其中至少一人具有检察官职务。

第十三条 检察人员应当在庭审前做好下列准备工作：

（一）全面熟悉案情，掌握证据情况，拟定法庭调查提纲和出庭意见；

（二）对执行机关提请减刑、假释有异议的案件，应当收集相关证据，可以建议人民法院通知相关证人出庭作证。

第十四条 庭审开始后，在执行机关代表宣读减刑、假释建议书并说明理由之后，检察人员应当发表检察意见。

第十五条 庭审过程中，检察人员对执行机关提请减刑、假释有疑问的，经审判长许可，可以出示证据，申请证人出庭作证，要求执行机关代表出示证据或者作出说明，向被提请减刑、假释的罪犯及证人提问并发表意见。

第十六条　法庭调查结束时,在被提请减刑、假释罪犯作最后陈述之前,经审判长许可,检察人员可以发表总结性意见。

第十七条　庭审过程中,检察人员认为需要进一步调查核实案件事实、证据,需要补充鉴定或者重新鉴定,或者需要通知新的证人到庭的,应当建议休庭。

第十八条　检察人员发现法庭审理活动违反法律规定的,应当在庭审后及时向本院检察长报告,依法向人民法院提出纠正意见。

第十九条　人民检察院收到人民法院减刑、假释裁定书副本后,应当及时审查下列内容:

(一)人民法院对罪犯裁定予以减刑、假释,以及起始时间、间隔时间、实际执行刑期、减刑幅度或者假释考验期是否符合有关规定;

(二)人民法院对罪犯裁定不予减刑、假释是否符合有关规定;

(三)人民法院审理、裁定减刑、假释的程序是否合法;

(四)按照有关规定应当开庭审理的减刑、假释案件,人民法院是否开庭审理;

(五)人民法院减刑、假释裁定书是否依法送达执行并向社会公布。

第二十条　人民检察院经审查认为人民法院减刑、假释裁定不当的,应当在收到裁定书副本后二十日以内,依法向作出减刑、假释裁定的人民法院提出书面纠正意见。

第二十一条　人民检察院对人民法院减刑、假释裁定提出纠正意见的,应当监督人民法院在收到纠正意见后一个月以内重新组成合议庭进行审理并作出最终裁定。

第二十二条　人民检察院发现人民法院已经生效的减刑、假释裁定确有错误的,应当向人民法院提出书面纠正意见,提请人民法院按照审判监督程序依法另行组成合议庭重新审理并作出裁定。

第二十三条　人民检察院收到控告、举报或者发现司法工作人员在办理减刑、假释案件中涉嫌违法的,应当依法进行调查,并根据情况,向有关单位提出纠正违法意见,建议更换办案人,或者建议予以纪律处分;构成犯罪的,依法追究刑事责任。

第二十四条　人民检察院办理职务犯罪罪犯减刑、假释案件,按照有关规定实行备案审查。

第二十五条　本规定自发布之日起施行。最高人民检察院以前发布的有关规定与本规定不一致的,以本规定为准。

司法部
《监狱提请减刑假释工作程序规定》

(自2014年12月1日起施行　司法部令第130号)

第一章　总　则

第一条　为规范监狱提请减刑、假释工作程序,根据《中华人民共和国刑法》、《中华人民共和国刑事诉讼法》、《中华人民共和国监狱法》等有关规定,结合刑罚执行工作实际,制定本规定。

第二条　监狱提请减刑、假释,应当根据法律规定的条件和程序进行,遵循公开、公平、公正的原则,严格实行办案责任制。

第三条 被判处有期徒刑和被减刑为有期徒刑的罪犯的减刑、假释，由监狱提出建议，提请罪犯服刑地的中级人民法院裁定。

第四条 被判处死刑缓期二年执行的罪犯的减刑，被判处无期徒刑的罪犯的减刑、假释，由监狱提出建议，经省、自治区、直辖市监狱管理局审核同意后，提请罪犯服刑地的高级人民法院裁定。

第五条 省、自治区、直辖市监狱管理局和监狱分别成立减刑假释评审委员会，由分管领导及刑罚执行、狱政管理、教育改造、狱内侦查、生活卫生、劳动改造、政工、监察等有关部门负责人组成，分管领导任主任。监狱管理局、监狱减刑假释评审委员会成员不得少于9人。

第六条 监狱提请减刑、假释，应当由分监区或者未设分监区的监区人民警察集体研究，监区长办公会议审核，监狱刑罚执行部门审查，监狱减刑假释评审委员会评审，监狱长办公会议决定。

省、自治区、直辖市监狱管理局刑罚执行部门审查监狱依法定程序提请的减刑、假释建议并出具意见，报请分管副局长召集减刑假释评审委员会审核后，报局长审定，必要时可以召开局长办公会议决定。

第二章 监狱提请减刑、假释的程序

第七条 提请减刑、假释，应当根据法律规定的条件，结合罪犯服刑表现，由分监区人民警察集体研究，提出提请减刑、假释建议，报经监区长办公会议审核同意后，由监区报送监狱刑罚执行部门审查。

直属分监区或者未设分监区的监区，由直属分监区或者监区人民警察集体研究，提出提请减刑、假释建议，报送监狱刑罚执行部门审查。

分监区、直属分监区或者未设分监区的监区人民警察集体研究以及监区长办公会议审核情况，应当有书面记录，并由与会人员签名。

第八条 监区或者直属分监区提请减刑、假释，应当报送下列材料：

（一）《罪犯减刑（假释）审核表》；

（二）监区长办公会议或者直属分监区、监区人民警察集体研究会议的记录；

（三）终审法院裁判文书、执行通知书、历次减刑裁定书的复印件；

（四）罪犯计分考核明细表、罪犯评审鉴定表、奖惩审批表和其他有关证明材料；

（五）罪犯确有悔改表现或者立功、重大立功表现的具体事实的书面证明材料。

第九条 监狱刑罚执行部门收到监区或者直属分监区对罪犯提请减刑、假释的材料后，应当就下列事项进行审查：

（一）需提交的材料是否齐全、完备、规范；

（二）罪犯确有悔改或者立功、重大立功表现的具体事实的书面证明材料是否来源合法；

（三）罪犯是否符合法定减刑、假释的条件；

（四）提请减刑、假释的建议是否适当。

经审查，对材料不齐全或者不符合提请条件的，应当通知监区或者直属分监区补充有关材料或者退回；对相关材料有疑义的，应当提讯罪犯进行核查；对材料齐全、符合提请条件的，应当出具审查意见,连同监区或者直属分监区报送的材料一并提交监狱减刑假释评审委员会评审。提请罪犯假释的,还应当委托县级司法行政机关对罪犯假释后对所居住社区影响进行调查评估,并将调查评估报告一并提交。

第十条　监狱减刑假释评审委员会应当召开会议,对刑罚执行部门审查提交的提请减刑、假释建议进行评审,提出评审意见。会议应当有书面记录,并由与会人员签名。

监狱可以邀请人民检察院派员列席减刑假释评审委员会会议。

第十一条　监狱减刑假释评审委员会经评审后,应当将提请减刑、假释的罪犯名单以及减刑、假释意见在监狱内公示。公示内容应当包括罪犯的个人情况、原判罪名及刑期、历次减刑情况、提请减刑假释的建议及依据等。公示期限为5个工作日。公示期内,如有监狱人民警察或者罪犯对公示内容提出异议,监狱减刑假释评审委员会应当进行复核,并告知复核结果。

第十二条　监狱应当在减刑假释评审委员会完成评审和公示程序后,将提请减刑、假释建议送人民检察院征求意见。征求意见后,监狱减刑假释评审委员会应当将提请减刑、假释建议和评审意见连同人民检察院意见,一并报请监狱长办公会议审议决定。监狱对人民检察院意见未予采纳的,应当予以回复,并说明理由。

第十三条　监狱长办公会议决定提请减刑、假释的,由监狱长在《罪犯减刑(假释)审核表》上签署意见,加盖监狱公章,并由监狱刑罚执行部门根据法律规定制作《提请减刑建议书》或者《提请假释建议书》,连同有关材料一并提请人民法院裁定。人民检察院对提请减刑、假释提出的检察意见,应当一并移送受理减刑、假释案件的人民法院。

对本规定第四条所列罪犯决定提请减刑、假释的,监狱应当将《罪犯减刑(假释)审核表》连同有关材料报送省、自治区、直辖市监狱管理局审核。

第十四条　监狱在向人民法院提请减刑、假释的同时,应当将提请减刑、假释的建议书副本抄送人民检察院。

第十五条　监狱提请人民法院裁定减刑、假释,应当提交下列材料:

(一)《提请减刑建议书》或者《提请假释建议书》;

(二)终审法院裁判文书、执行通知书、历次减刑裁定书的复印件;

(三)罪犯计分考核明细表、评审鉴定表、奖惩审批表;

(四)罪犯确有悔改或者立功、重大立功表现的具体事实的书面证明材料;

(五)提请假释的,应当附有县级司法行政机关关于罪犯假释后对所居住社区影响的调查评估报告;

(六)根据案件情况需要提交的其他材料。

对本规定第四条所列罪犯提请减刑、假释的,应当同时提交省、自治区、直辖市监狱管理局签署意见的《罪犯减刑(假释)审核表》。

第三章　监狱管理局审核提请减刑、假释建议的程序

第十六条　省、自治区、直辖市监狱管理局刑罚执行部门收到监狱报送的提请减刑、假释建议的材料后,应当进行审查。审查中发现监狱报送的材料不齐全或者有疑义的,应当通知监狱补充有关材

料或者作出说明。审查无误后,应当出具审查意见,报请分管副局长召集评审委员会进行审核。

第十七条 监狱管理局分管副局长主持完成审核后,应当将审核意见报请局长审定;分管副局长认为案件重大或者有其他特殊情况的,可以建议召开局长办公会议审议决定。

监狱管理局审核同意对罪犯提请减刑、假释的,由局长在《罪犯减刑(假释)审核表》上签署意见,加盖监狱管理局公章。

第四章 附 则

第十八条 人民法院开庭审理减刑、假释案件的,监狱应当派员参加庭审,宣读提请减刑、假释建议书并说明理由,配合法庭核实相关情况。

第十九条 分监区、直属分监区或者未设分监区的监区人民警察集体研究会议、监区长办公会议、监狱评审委员会会议、监狱长办公会议、监狱管理局评审委员会会议、监狱管理局局长办公会议的记录和本规定第十五条所列的材料,应当存入档案并永久保存。

第二十条 违反法律规定和本规定提请减刑、假释,涉嫌违纪的,依照有关处分规定追究相关人员责任;涉嫌犯罪的,移送司法机关依法追究刑事责任。

第二十一条 监狱办理职务犯罪罪犯减刑、假释案件,应当按照有关规定报请备案审查。

第二十二条 本规定自2014年12月1日起施行。

最高人民法院
《关于办理减刑、假释案件具体应用法律的规定》(节录)

(2016年9月19日最高人民法院审判委员会第1693次会议通过,自2017年1月1日起施行,法释〔2016〕23号)

第三十二条 人民法院按照审判监督程序重新审理的案件,裁定维持原判决、裁定的,原减刑、假释裁定继续有效。

再审裁判改变原判决、裁定的,原减刑、假释裁定自动失效,执行机关应当及时报请有管辖权的人民法院重新作出是否减刑、假释的裁定。重新作出减刑裁定时,不受本规定有关减刑起始时间、间隔时间和减刑幅度的限制。重新裁定时应综合考虑各方面因素,减刑幅度不得超过原裁定减去的刑期总和。

再审改判为死刑缓期执行或者无期徒刑的,在新判决减为有期徒刑之时,原判决已经实际执行的刑期一并扣减。

再审裁判宣告无罪的,原减刑、假释裁定自动失效。

第三十三条 罪犯被裁定减刑后,刑罚执行期间因故意犯罪而数罪并罚时,经减刑裁定减去的刑期不计入已经执行的刑期。原判死刑缓期执行减为无期徒刑、有期徒刑,或者无期徒刑减为有期徒刑的裁定继续有效。

第三十四条 罪犯被裁定减刑后,刑罚执行期间因发现漏罪而数罪并罚的,原减刑裁定自动失效。如漏罪系罪犯主动交代的,对其原减去的刑期,由执行机关报请有管辖权的人民法院重新作出减刑裁定,予以确认;如漏罪系有关机关发现或者他人检举揭发的,由执行机关报请有管辖权的人民法院,在原减刑裁定减去的刑期总和之内,酌情重新裁定。

第三十五条 被判处死刑缓期执行的罪犯,在死刑缓期执行期内被发现漏罪,依据刑法第七十条规定数罪并罚,决定执行死刑缓期执行的,死刑缓期执行期间自新判决确定之日起计算,已经执行的死刑缓期执行期间计入新判决的死刑缓期执行期间内,但漏罪被判处死刑缓期执行的除外。

第三十六条 被判处死刑缓期执行的罪犯,在死刑缓期执行期满后被发现漏罪,依据刑法第七十条规定数罪并罚,决定执行死刑缓期执行的,交付执行时对罪犯实际执行无期徒刑,死缓考验期不再执行,但漏罪被判处死刑缓期执行的除外。

在无期徒刑减为有期徒刑时,前罪死刑缓期执行减为无期徒刑之日起至新判决生效之日止已经实际执行的刑期,应当计算在减刑裁定决定执行的刑期以内。

原减刑裁定减去的刑期依照本规定第三十四条处理。

第三十七条 被判处无期徒刑的罪犯在减为有期徒刑后因发现漏罪,依据刑法第七十条规定数罪并罚,决定执行无期徒刑的,前罪无期徒刑生效之日起至新判决生效之日止已经实际执行的刑期,应当在新判决的无期徒刑减为有期徒刑时,在减刑裁定决定执行的刑期内扣减。

无期徒刑罪犯减为有期徒刑后因发现漏罪判处三年有期徒刑以下刑罚,数罪并罚决定执行无期徒刑的,在新判决生效后执行一年以上,符合减刑条件的,可以减为有期徒刑,减刑幅度依照本规定第八条、第九条的规定执行。

原减刑裁定减去的刑期依照本规定第三十四条处理。

第三十八条 人民法院作出的刑事判决、裁定发生法律效力后,在依照刑事诉讼法第二百五十三条、第二百五十四条的规定将罪犯交付执行刑罚时,如果生效裁判中有财产性判项,人民法院应当将反映财产性判项执行、履行情况的有关材料一并随案移送刑罚执行机关。罪犯在服刑期间本人履行或者其亲属代为履行生效裁判中财产性判项的,应当及时向刑罚执行机关报告。刑罚执行机关报请减刑时应随案移送以上材料。

人民法院办理减刑、假释案件时,可以向原一审人民法院核实罪犯履行财产性判项的情况。原一审人民法院应当出具相关证明。

刑罚执行期间,负责办理减刑、假释案件的人民法院可以协助原一审法院执行生效裁判中的财产性判项。

第三十九条 本规定所称"老年罪犯",是指报请减刑、假释时年满六十五周岁的罪犯。

本规定所称"患严重疾病罪犯",是指因患有重病,久治不愈,而不能正常生活、学习、劳动的罪犯。

本规定所称"身体残疾罪犯",是指因身体有肢体或者器官残缺、功能不全或者丧失功能,而基本丧失生活、学习、劳动能力的罪犯,但是罪犯犯罪后自伤致残的除外。

对刑罚执行机关提供的证明罪犯患有严重疾病或者有身体残疾的证明文件,人民法院应当审查,必要时可以委托有关单位重新诊断、鉴定。

第四十条 本规定所称"判决执行之日",是指罪犯实际送交刑罚执行机关之日。

本规定所称"减刑间隔时间",是指前一次减刑裁定送达之日起至本次减刑报请之日止的期间。

第四十一条 本规定所称"财产性判项"是指判决罪犯承担的附带民事赔偿义务判项,以及追缴、责令退赔、罚金、没收财产等判项。

第四十二条 本规定自2017年1月1日起施行。以前发布的司法解释与本规定不一致的,以本规定为准。

最高人民法院、最高人民检察院、公安部、司法部《关于加强减刑、假释案件实质化审理的意见》(节录)

(2021年12月1日 法发〔2021〕31号)

减刑、假释制度是我国刑罚执行制度的重要组成部分。依照我国法律规定,减刑、假释案件由刑罚执行机关提出建议书,报请人民法院审理裁定,人民检察院依法进行监督。为严格规范减刑、假释工作,确保案件审理公平、公正,现就加强减刑、假释案件实质化审理提出如下意见。

一、准确把握减刑、假释案件实质化审理的基本要求

1. 坚持全面依法审查。审理减刑、假释案件应当全面审查刑罚执行机关报送的材料,既要注重审查罪犯交付执行后的一贯表现,同时也要注重审查罪犯犯罪的性质、具体情节、社会危害程度、原判刑罚及生效裁判中财产性判项的履行情况等,依法作出公平、公正的裁定,切实防止将考核分数作为减刑、假释的唯一依据。

2. 坚持主客观改造表现并重。审理减刑、假释案件既要注重审查罪犯劳动改造、监管改造等客观方面的表现,也要注重审查罪犯思想改造等主观方面的表现,综合判断罪犯是否确有悔改表现。

3. 坚持严格审查证据材料。审理减刑、假释案件应当充分发挥审判职能作用,坚持以审判为中心,严格审查各项证据材料。认定罪犯是否符合减刑、假释法定条件,应当有相应证据予以证明;对于没有证据证实或者证据不确实、不充分的,不得裁定减刑、假释。

4. 坚持区别对待。审理减刑、假释案件应当切实贯彻宽严相济刑事政策,具体案件具体分析,区分不同情形,依法作出裁定,最大限度地发挥刑罚的功能,实现刑罚的目的。

二、严格审查减刑、假释案件的实体条件

5. 严格审查罪犯服刑期间改造表现的考核材料。对于罪犯的计分考核材料,应当认真审查考核分数的来源及其合理性等,如果存在考核分数与考核期不对应、加扣分与奖惩不对应、奖惩缺少相应事实和依据等情况,应当要求刑罚执行机关在规定期限内作出说明或者补充。对于在规定期限内不能作出合理解释的考核材料,不作为认定罪犯确有悔改表现的依据。

对于罪犯的认罪悔罪书、自我鉴定等自书材料,要结合罪犯的文化程度认真进行审查,对于无特殊原因非本人书写或者自书材料内容虚假的,不认定罪犯确有悔改表现。

对于罪犯存在违反监规纪律行为的,应当根据行为性质、情节等具体情况,综合分析判断罪犯的改造表现。罪犯服刑期间因违反监规纪律被处以警告、记

过或者禁闭处罚的,可以根据案件具体情况,认定罪犯是否确有悔改表现。

6. 严格审查罪犯立功、重大立功的证据材料,准确把握认定条件。对于检举、揭发监狱内外犯罪活动,或者提供重要破案线索的,应当注重审查线索的来源。对于揭发线索来源存疑的,应当进一步核查,如果查明线索系通过贿买、暴力、威胁或者违反监规等非法手段获取的,不认定罪犯具有立功或者重大立功表现。

对于技术革新、发明创造,应当注重审查罪犯是否具备该技术革新、发明创造的专业能力和条件,对于罪犯明显不具备相应专业能力及条件、不能说明技术革新或者发明创造原理及过程的,不认定罪犯具有立功或者重大立功表现。

对于阻止他人实施犯罪活动,协助司法机关抓捕其他犯罪嫌疑人,在日常生产、生活中舍己救人,在抗御自然灾害或者排除重大事故中有积极或者突出表现的,除应当审查有关部门出具的证明材料外,还应当注重审查能够证明上述行为的其他证据材料,对于罪犯明显不具备实施上述行为能力和条件的,不认定罪犯具有立功或者重大立功表现。

严格把握"较大贡献"或者"重大贡献"的认定条件。该"较大贡献"或者"重大贡献",是指对国家、社会具有积极影响,而非仅对个别人员、单位有贡献和帮助。对于罪犯在警示教育活动中现身说法的,不认定罪犯具有立功或者重大立功表现。

7. 严格审查罪犯履行财产性判项的能力。罪犯未履行或者未全部履行财产性判项,具有下列情形之一的,不认定罪犯确有悔改表现:

(1)拒不交代赃款、赃物去向;
(2)隐瞒、藏匿、转移财产;
(3)有可供履行的财产拒不履行。

对于前款罪犯,无特殊原因狱内消费明显超出规定额度标准的,一般不认定罪犯确有悔改表现。

8. 严格审查反映罪犯是否有再犯罪危险的材料。对于报请假释的罪犯,应当认真审查刑罚执行机关提供的反映罪犯服刑期间现实表现和生理、心理状况的材料,并认真审查司法行政机关或者有关社会组织出具的罪犯假释后对所居住社区影响的材料,同时结合罪犯犯罪的性质、具体情节、社会危害程度、原判刑罚及生效裁判中财产性判项的履行情况等,综合判断罪犯假释后是否具有再犯罪危险性。

9. 严格审查罪犯身份信息、患有严重疾病或者身体有残疾的证据材料。对于上述证据材料有疑问的,可以委托有关单位重新调查、诊断、鉴定。对原判适用《中华人民共和国刑事诉讼法》第一百六十条第二款规定判处刑罚的罪犯,在刑罚执行期间不真心悔罪,仍不讲真实姓名、住址,且无法调查核实清楚的,除具有重大立功表现等特殊情形外,一律不予减刑、假释。

10. 严格把握罪犯减刑后的实际服刑刑期。正确理解法律和司法解释规定的最低服刑期限,严格控制减刑起始时间、间隔时间及减刑幅度,并根据罪犯前期减刑情况和效果,对其后续减刑予以总体掌握。死刑缓期执行、无期徒刑罪犯减为有期徒刑后再减刑时,在减刑间隔时间及减刑幅度上,应当从严把握。

三、切实强化减刑、假释案件办理程序机制

11. 充分发挥庭审功能。人民法院

开庭审理减刑、假释案件,应当围绕罪犯实际服刑表现、财产性判项执行履行情况等,认真进行法庭调查。人民检察院应当派员出庭履行职务,并充分发表意见。人民法院对于有疑问的证据材料,要重点进行核查,必要时可以要求有关机关或者罪犯本人作出说明,有效发挥庭审在查明事实、公正裁判中的作用。

12. 健全证人出庭作证制度。人民法院审理减刑、假释案件,应当通知罪犯的管教干警、同监室罪犯、公示期间提出异议的人员以及其他了解情况的人员出庭作证。开庭审理前,刑罚执行机关应当提供前述证人名单,人民法院根据需要从名单中确定相应数量的证人出庭作证。证人到庭后,应当对其进行详细询问,全面了解被报请减刑、假释罪犯的改造表现等情况。

13. 有效行使庭外调查核实权。人民法院、人民检察院对于刑罚执行机关提供的罪犯确有悔改表现、立功表现等证据材料存有疑问的,根据案件具体情况,可以采取讯问罪犯、询问证人、调取相关材料、与监所人民警察座谈、听取派驻监所检察人员意见等方式,在庭外对相关证据材料进行调查核实。

14. 强化审判组织的职能作用。人民法院审理减刑、假释案件,合议庭成员应当对罪犯是否符合减刑或者假释条件、减刑幅度是否适当、财产性判项是否执行履行等情况,充分发表意见。对于重大、疑难、复杂的减刑、假释案件,合议庭必要时可以提请院长决定提交审判委员会讨论,但提请前应当先经专业法官会议研究。

15. 完善财产性判项执行衔接机制。人民法院刑事审判部门作出具有财产性判项内容的刑事裁判后,应当及时按照规定移送负责执行的部门执行。刑罚执行机关对罪犯报请减刑、假释时,可以向负责执行财产性判项的人民法院调取罪犯财产性判项执行情况的有关材料,负责执行的人民法院应当予以配合。刑罚执行机关提交的关于罪犯财产性判项执行情况的材料,可以作为人民法院认定罪犯财产性判项执行情况和判断罪犯是否具有履行能力的依据。

16. 提高信息化运用水平。(略)

四、大力加强减刑、假释案件监督指导及工作保障(略)

六、特别程序

(一)未成年人刑事案件诉讼程序

公安部
《关于公安机关办理未成年人违法犯罪案件的规定》

(1995年10月23日)

第一章 总 则

第一条 为了保护未成年人的合法权益,有利于教育、挽救违法犯罪的未成年人,严格依法办理未成年人违法犯罪案件,根据《中华人民共和国未成年人保护法》及其他有关法律规定,制定本规定。

第二条 办理未成年人违法犯罪案件,必须以事实为根据,以法律为准绳,贯彻教育、感化、挽救的方针,应当照顾未成年人的身心特点,尊重其人格尊严,保障其合法权益。

第三条 办理未成年人违法犯罪案件,应当对违法犯罪未成年人进行法制宣传教育,主动向其提供法律咨询和帮助,并明确告知其依法享有的权利和应当承担的义务。

第四条 办理未成年人违法犯罪案件,严禁使用威胁、恐吓、引诱、欺骗等手段获取证据。严禁刑讯逼供。

第五条 办理未成年人违法犯罪案件,应当保护未成年人的名誉,不得公开披露涉案未成年人的姓名、住所和影像。

第六条 公安机关应当设置专门机构或者专职人员承办未成年人违法犯罪案件。办理未成年人违法犯罪案件的人员应当具有心理学、犯罪学、教育学等专业基本知识和有关法律知识,并具有一定的办案经验。

第七条 本规定是办理未成年人违法犯罪案件的特别规定。规定中未涉及的事项,适用有关法律、法规的规定。

第二章 立案调查

第八条 未成年人违法犯罪案件是指:

(一)已满14岁不满18岁的人犯罪,需要追究刑事责任的案件;

(二)《中华人民共和国刑法》第14条第4款规定由政府收容教养的案件;

(三)已满16岁不满18岁的人予以劳动教养的案件;

(四)已满14岁不满18岁的人违反治安管理规定,予以治安处罚的案件;

(五)18岁以下未成年人的收容教育案件;

(六)18岁以下未成年人强制戒毒案件。

第九条 公安机关对被扭送、检举、控告或者投案自首的违法犯罪未成年人,必须立即审查,依法作出是否立案的决定。

第十条 对违法犯罪未成年人的讯问应当采取不同于成年人的方式。讯问前,除掌握案件情况和证据材料外,还应当了解其生活、学习环境、成长经历、性格特点、心理状态及社会交往等情况,有针对性地制作讯问提纲。

第十一条 讯问违法犯罪的未成年人时,根据调查案件的需要,除有碍侦查或者无法通知的情形外,应当通知其家长或者监护人或者教师到场。

第十二条 办理未成年人违法犯罪案件,不得少于二人。对违法犯罪未成年人的讯问可以在公安机关进行,也可以到未成年人的住所、单位或者学校进行。

第十三条 讯问违法犯罪的未成年人时,应当耐心细致地听取其陈述或者辩解,认真审核、查证与案件有关的证据和线索,并针对其思想顾虑、畏惧心理、抵触情绪进行疏导和教育。

第十四条 讯问应当如实记录。讯问笔录应当交被讯问人核对或者向其宣读。被讯问人对笔录内容有异议的,应当核实清楚,准予更正或者补充。必要时,可以在文字记录的同时使用录音、录像。

第三章 强制措施

第十五条 办理未成年人违法犯罪案件,应当严格限制和尽量减少使用强制措施。

严禁对违法犯罪的未成年人使用收容审查。

第十六条　对不符合拘留、逮捕条件,但其自身安全受到严重威胁的违法犯罪未成年人,经征得家长或者监护人同意,可以依法采取必要的人身保护措施。危险消除后,应当立即解除保护措施。

第十七条　对正在实施犯罪或者犯罪后有行凶、逃跑、自杀等紧急情况的未成年被告人,可以依法予以拘留。

第十八条　对惯犯、累犯,共同犯罪或者集团犯罪中的首犯、主犯、杀人、重伤、抢劫、放火等严重破坏社会秩序的未成年被告人,采取取保候审、监视居住等方法,尚不足以防止发生社会危险性,确有逮捕必要的,应当提请逮捕。

第十九条　拘留、逮捕后,应当在二十四小时内,将拘留、逮捕的原因和羁押的处所,通知其家长、监护人或者所在学校、单位。有碍侦查或者无法通知的情形除外。

第二十条　办理未成年人违法犯罪案件,对未成年在校学生的调查讯问不得影响其正常学习。

第二十一条　对于被羁押的未成年人应当与成年人犯分别关押、管理,并根据其生理和心理特点在生活和学习等方面给予照顾。

第二十二条　办理未成年人犯罪案件原则上不得使用戒具。对确有行凶、逃跑、自杀、自伤、自残等现实危险,必须使用戒具的,应当以避免和防止危害结果的发生为限度,现实危险消除后,应当立即停止使用。

办理未成年人违法案件严禁使用戒具。

第二十三条　看守所应当充分保障被关押的未成年人与其近亲属通信、会见的权利。对患病的应当及时予以治疗,并通知其家长或者监护人。

第二十四条　对未成年人违法犯罪案件,应当及时办理。对已采取刑事强制措施的未成年人,应尽量缩短羁押时间和办案时间。超过法定羁押期限不能结案的,对被羁押的被告人应当立即变更或者解除强制措施。

第四章　处　理

第二十五条　案件办理终结,应当对案情进行全面的分析,充分考虑未成年人的特点,从有利于教育、挽救未成年被告人出发,依法提出处理意见。

对违法犯罪未成年人的处理,应当比照成年人违法犯罪从轻、减轻或者免除处罚。

第二十六条　对移送人民检察院审查起诉的未成年人犯罪案件,应当同人民检察院的未成年人犯罪案件检察机构和人民法院的未成年人犯罪案件审判机构加强联系,介绍被告人在侦查阶段的思想变化、悔罪表现等情况,以保证准确适用法律。

第二十七条　对违反治安管理的未成年人,应当尽量避免使用治安拘留处罚。对在校学生,一般不得予以治安拘留。

第二十八条　未成年人违法犯罪需要送劳动教养、收容教养的,应当从严控制,凡是可以由其家长负责管教的,一律不送。

第五章　执　行

第二十九条　对在公安机关关押执行的违法犯罪未成年人,执行的公安机关应当进行法制教育和思想教育,做好挽救工作,坚持依法管理,文明管理,严禁打骂、虐待和侮辱人格。

执行的公安机关对表现突出或者有立功表现的被执行人,应当及时向原决定机关提出减轻处罚、提前予以释放的意见。

第三十条　对被管制、缓刑、假释、保外就医、劳动教养所外执行的违法犯罪未成年人员,执行的公安机关应当及时组成由派出所、被执行人所在学校、单位,街道居民委员会、村民委员会、监护人等参加的教育帮助小组,对其依法监督、帮教、考察,文明管理,并将其表现告诉原判决或者决定机关。对表现好的,应当及时提出减刑或者减少教养期限的意见。

第三十一条　执行的公安机关应当针对违法犯罪未成年人员的特点和违法犯罪性质制定监督管理措施,建立监督管理档案,并定期与原判决、决定机关及其所在学校或者单位联系,研究落实对其监督、帮教、考察的具体措施。

第三十二条　对于执行期满,具备就学或者就业条件的未成年人,执行的公安机关应当就其就学、就业等问题向有关部门介绍情况,提供资料,提出建议。

第六章　附　则

第三十三条　本规定自印发之日起施行。

最高人民法院
《关于审理未成年人刑事案件具体应用法律若干问题的解释》(节录)

(2005年12月12日最高人民法院审判委员会第1373次会议通过,自2006年1月23日起施行,法释〔2006〕1号)

第一条　本解释所称未成年人刑事案件,是指被告人实施被指控的犯罪时已满十四周岁不满十八周岁的案件。

第二条　刑法第十七条规定的"周岁",按照公历的年、月、日计算,从周岁生日的第二天起算。

第三条　审理未成年人刑事案件,应当查明被告人实施被指控的犯罪时的年龄。裁判文书中应当写明被告人出生的年、月、日。

第四条　对于没有充分证据证明被告人实施被指控的犯罪时已经达到法定刑事责任年龄且确实无法查明的,应当推定其没有达到相应法定刑事责任年龄。

相关证据足以证明被告人实施被指控的犯罪时已经达到法定刑事责任年龄,但是无法准确查明被告人具体出生日期的,应当认定其达到相应法定刑事责任年龄。

第十九条　刑事附带民事案件的未成年被告人有个人财产的,应当由本人承担民事赔偿责任,不足部分由监护人予以赔偿,但单位担任监护人的除外。

被告人对被害人物质损失的赔偿情况,可以作为量刑情节予以考虑。

最高人民检察院
《人民检察院办理未成年人刑事案件的规定》

(自2013年12月27日起施行　高检发研字〔2013〕7号)

第一章　总　则

第一条　为了切实保障未成年犯罪嫌疑人、被告人和未成年罪犯的合法权益,正确履行检察职责,根据《中华人民共和国刑法》、《中华人民共和国刑事诉讼法》、《中华人民共和国未成年人保护法》、《中华人民共和国预防未成年人犯罪法》、《人民检察院刑事诉讼规则(试行)》等有关规定,结合人民检察院办理未成年人刑事案件工作实际,制定本规定。

第二条 人民检察院办理未成年人刑事案件,实行教育、感化、挽救的方针,坚持教育为主、惩罚为辅和特殊保护的原则。在严格遵守法律规定的前提下,按照最有利于未成年人和适合未成年人身心特点的方式进行,充分保障未成年人合法权益。

第三条 人民检察院办理未成年人刑事案件,应当保障未成年人依法行使其诉讼权利,保障未成年人得到法律帮助。

第四条 人民检察院办理未成年人刑事案件,应当在依照法定程序和保证办案质量的前提下,快速办理,减少刑事诉讼对未成年人的不利影响。

第五条 人民检察院办理未成年人刑事案件,应当依法保护涉案未成年人的名誉,尊重其人格尊严,不得公开或者传播涉案未成年人的姓名、住所、照片、图像及可能推断出该未成年人的资料。

人民检察院办理刑事案件,应当依法保护未成年被害人、证人以及其他与案件有关的未成年人的合法权益。

第六条 人民检察院办理未成年人刑事案件,应当加强与公安机关、人民法院以及司法行政机关的联系,注意工作各环节的衔接和配合,共同做好涉案未成年人的教育、感化、挽救工作。

人民检察院应当加强同政府有关部门、共青团、妇联、工会等人民团体,学校、基层组织以及未成年人保护组织的联系和配合,加强对违法犯罪的未成年人的教育和挽救,共同做好未成年人犯罪预防工作。

第七条 人民检察院办理未成年人刑事案件,发现有关单位或者部门在预防未成年人违法犯罪等方面制度不落实、不健全,存在管理漏洞的,可以采取检察建议等方式向有关单位或者部门提出预防违法犯罪的意见和建议。

第八条 省级、地市级人民检察院和未成年人刑事案件较多的基层人民检察院,应当设立独立的未成年人刑事检察机构。地市级人民检察院也可以根据当地实际,指定一个基层人民检察院设立独立机构,统一办理辖区范围内的未成年人刑事案件;条件暂不具备的,应当成立专门办案组或者指定专人办理。对于专门办案组或者专人,应当保证其集中精力办理未成年人刑事案件,研究未成年人犯罪规律,落实对涉案未成年人的帮教措施等工作。

各级人民检察院应当选任经过专门培训、熟悉未成年人身心特点,具有犯罪学、社会学、心理学、教育学等方面知识的检察人员承办未成年人刑事案件,并加强对办案人员的培训和指导。

第九条 人民检察院根据情况可以对未成年犯罪嫌疑人的成长经历、犯罪原因、监护教育等情况进行调查,并制作社会调查报告,作为办案和教育的参考。

人民检察院开展社会调查,可以委托有关组织和机构进行。开展社会调查应当尊重和保护未成年人名誉,避免向不知情人员泄露未成年犯罪嫌疑人的涉罪信息。

人民检察院应当对公安机关移送的

社会调查报告进行审查,必要时可以进行补充调查。

提起公诉的案件,社会调查报告应当随案移送人民法院。

第十条 人民检察院办理未成年人刑事案件,可以应犯罪嫌疑人家属、被害人及其家属的要求,告知其审查逮捕、审查起诉的进展情况,并对有关情况予以说明和解释。

第十一条 人民检察院受理案件后,应当向未成年犯罪嫌疑人及其法定代理人了解其委托辩护人的情况,并告知其有权委托辩护人。

未成年犯罪嫌疑人没有委托辩护人的,人民检察院应当书面通知法律援助机构指派律师为其提供辩护。

第十二条 人民检察院办理未成年人刑事案件,应当注重矛盾化解,认真听取被害人的意见,做好释法说理工作。对于符合和解条件的,要发挥检调对接平台作用,积极促使双方当事人达成和解。

人民检察院应当充分维护未成年被害人的合法权益。对于符合条件的被害人,应当及时启动刑事被害人救助程序,对其进行救助。对于未成年被害人,可以适当放宽救助条件、扩大救助的案件范围。

人民检察院根据需要,可以对未成年犯罪嫌疑人、未成年被害人进行心理疏导。必要时,经未成年犯罪嫌疑人及其法定代理人同意,可以对未成年犯罪嫌疑人进行心理测评。

在办理未成年人刑事案件时,人民检察院应当加强办案风险评估预警工作,主动采取适当措施,积极回应和引导社会舆论,有效防范执法办案风险。

第二章 未成年人刑事案件的审查逮捕

第十三条 人民检察院办理未成年犯罪嫌疑人审查逮捕案件,应当根据未成年犯罪嫌疑人涉嫌犯罪的事实、主观恶性、有无监护与社会帮教条件等,综合衡量其社会危险性,严格限制适用逮捕措施,可捕可不捕的不捕。

第十四条 审查逮捕未成年犯罪嫌疑人,应当重点审查其是否已满十四、十六、十八周岁。

对犯罪嫌疑人实际年龄难以判断,影响对该犯罪嫌疑人是否应当负刑事责任认定的,应当不批准逮捕。需要补充侦查的,同时通知公安机关。

第十五条 审查逮捕未成年犯罪嫌疑人,应当审查公安机关依法提供的证据和社会调查报告等材料。公安机关没有提供社会调查报告的,人民检察院根据案件情况可以要求公安机关提供,也可以自行或者委托有关组织和机构进行调查。

第十六条 审查逮捕未成年犯罪嫌疑人,应当注意是否有被胁迫、引诱的情节,是否存在成年人教唆犯罪、传授犯罪方法或者利用未成年人实施犯罪的情况。

第十七条 人民检察院办理未成年犯罪嫌疑人审查逮捕案件,应当讯问未成年犯罪嫌疑人,听取辩护律师的意见,并制作笔录附卷。

讯问未成年犯罪嫌疑人,应当根据该未成年人的特点和案件情况,制定详细的讯问提纲,采取适宜该未成年人的方式进行,讯问用语应当准确易懂。

讯问未成年犯罪嫌疑人,应当告知其依法享有的诉讼权利,告知其如实供述案件事实的法律规定和意义,核实其是否有自首、立功、坦白等情节，听取其有罪的供述或者无罪、罪轻的辩解。

讯问未成年犯罪嫌疑人，应当通知其法定代理人到场，告知法定代理人依法享有的诉讼权利和应当履行的义务。无法通知、法定代理人不能到场或者法定代理人是共犯的，也可以通知未成年犯罪嫌疑人的其他成年亲属，所在学校、单位或者居住地的村民委员会、居民委员会、未成年人保护组织的代表等合适成年人到场，并将有关情况记录在案。到场的法定代理人可以代为行使未成年犯罪嫌疑人的诉讼权利，行使时不得侵犯未成年犯罪嫌疑人的合法权益。

未成年犯罪嫌疑人明确拒绝法定代理人以外的合适成年人到场，人民检察院可以准许，但应当另行通知其他合适成年人到场。

到场的法定代理人或者其他人员认为办案人员在讯问中侵犯未成年犯罪嫌疑人合法权益的，可以提出意见。讯问笔录应当交由到场的法定代理人或者其他人员阅读或者向其宣读，并由其在笔录上签字、盖章或者捺指印确认。

讯问女性未成年犯罪嫌疑人，应当有女性检察人员参加。

询问未成年被害人、证人，适用本条第四款至第七款的规定。

第十八条 讯问未成年犯罪嫌疑人一般不得使用械具。对于确有人身危险性，必须使用械具的，在现实危险消除后，应当立即停止使用。

第十九条 对于罪行较轻，具备有效监护条件或者社会帮教措施，没有社会危险性或者社会危险性较小，不逮捕不致妨害诉讼正常进行的未成年犯罪嫌疑人，应当不批准逮捕。

对于罪行比较严重，但主观恶性不大，有悔罪表现，具备有效监护条件或者社会帮教措施，具有下列情形之一，不逮捕不致妨害诉讼正常进行的未成年犯罪嫌疑人，可以不批准逮捕：

（一）初次犯罪、过失犯罪的；
（二）犯罪预备、中止、未遂的；
（三）有自首或者立功表现的；
（四）犯罪后如实交待罪行，真诚悔罪，积极退赃，尽力减少和赔偿损失，被害人谅解的；
（五）不属于共同犯罪的主犯或者集团犯罪中的首要分子的；
（六）属于已满十四周岁不满十六周岁的未成年人或者系在校学生的；
（七）其他可以不批准逮捕的情形。

对于不予批准逮捕的案件，应当说明理由，连同案卷材料送达公安机关执行。需要补充侦查的，应当同时通知公安机关。必要时可以向被害方作说明解释。

第二十条 适用本规定第十九条的规定，在作出不批准逮捕决定前，应当审查其监护情况，参考其法定代理人、学校、居住地公安派出所及居民委员会、村民委员会的意见，并在审查逮捕意见书中对未成年犯罪嫌疑人是否具备有效监护条件或者社会帮教措施进行具体说明。

第二十一条 对未成年犯罪嫌疑人作出批准逮捕决定后，应当依法进行羁押必要性审查。对不需要继续羁押的，应当及时建议予以释放或者变更强制措施。

第三章 未成年人刑事案件的审查起诉与出庭支持公诉

第一节 审　查

第二十二条 人民检察院审查起诉

未成年人刑事案件,自收到移送审查起诉的案件材料之日起三日以内,应当告知被害人及其法定代理人或者其近亲属、附带民事诉讼的当事人及其法定代理人有权委托诉讼代理人。

对未成年被害人或者其法定代理人提出聘请律师意向,但因经济困难或者其他原因没有委托诉讼代理人的,应当帮助其申请法律援助。

未成年犯罪嫌疑人被羁押的,人民检察院应当审查是否有必要继续羁押。对不需要继续羁押的,应当予以释放或者变更强制措施。

审查起诉未成年犯罪嫌疑人,应当听取其父母或者其他法定代理人、辩护人、被害人及其法定代理人的意见。

第二十三条 人民检察院审查起诉未成年人刑事案件,应当讯问未成年犯罪嫌疑人。讯问未成年犯罪嫌疑人适用本规定第十七条、第十八条的规定。

第二十四条 移送审查起诉的案件具备以下条件之一,且其法定代理人、近亲属等与本案无牵连的,经公安机关同意,检察人员可以安排在押的未成年犯罪嫌疑人与其法定代理人、近亲属等进行会见、通话:

(一)案件事实已基本查清,主要证据确实、充分,安排会见、通话不会影响诉讼活动正常进行;

(二)未成年犯罪嫌疑人有认罪、悔罪表现,或者虽尚未认罪、悔罪,但通过会见、通话有可能促使其转化,或者通过会见、通话有利于社会、家庭稳定;

(三)未成年犯罪嫌疑人的法定代理人、近亲属对其犯罪原因、社会危害性以及后果有一定的认识,并能配合司法机关进行教育。

第二十五条 在押的未成年犯罪嫌疑人同其法定代理人、近亲属等进行会见、通话时,检察人员应当告知其会见、通话不得有串供或者其他妨碍诉讼的内容。会见、通话时检察人员可以在场。会见、通话结束后,检察人员应当将有关内容及时整理并记录在案。

第二节 不 起 诉

第二十六条 对于犯罪情节轻微,具有下列情形之一,依照刑法规定不需要判处刑罚或者免除刑罚的未成年犯罪嫌疑人,一般应当依法作出不起诉决定:

(一)被胁迫参与犯罪的;

(二)犯罪预备、中止、未遂的;

(三)在共同犯罪中起次要或者辅助作用的;

(四)系又聋又哑的人或者盲人的;

(五)因防卫过当或者紧急避险过当构成犯罪的;

(六)有自首或者立功表现的;

(七)其他依照刑法规定不需要判处刑罚或者免除刑罚的情形。

第二十七条 对于未成年人实施的轻伤害案件、初次犯罪、过失犯罪、犯罪未遂的案件以及被诱骗或者被教唆实施的犯罪案件等,情节轻微,犯罪嫌疑人确有悔罪表现,当事人双方自愿就民事赔偿达成协议并切实履行或者经被害人同意并提供有效担保,符合刑法第三十七条规定的,人民检察院可以依照刑事诉讼法第一百七十三条第二款的规定作出不起诉决定,并可以根据案件的不同情况,予以训诫或者责令具结悔过、赔礼道歉、赔偿损失,或者由主管部门予以行政处罚。

第二十八条 不起诉决定书应当向被不起诉的未成年人及其法定代理人宣

布,并阐明不起诉的理由和法律依据。

不起诉决定书应当送达公安机关、被不起诉的未成年人及其法定代理人、辩护人、被害人或者其近亲属及其诉讼代理人。

送达时,应当告知被害人或者其近亲属及其诉讼代理人,如果对不起诉决定不服,可以自收到不起诉决定书后七日以内向上一级人民检察院申诉,也可以不经申诉,直接向人民法院起诉;告知被不起诉的未成年人及其法定代理人,如果对不起诉决定不服,可以自收到不起诉决定书后七日以内向人民检察院申诉。

第三节 附条件不起诉

第二十九条 对于犯罪时已满十四周岁不满十八周岁的未成年人,同时符合下列条件的,人民检察院可以作出附条件不起诉决定:

(一)涉嫌刑法分则第四章、第五章、第六章规定的犯罪;

(二)根据具体犯罪事实、情节,可能被判处一年有期徒刑以下刑罚;

(三)犯罪事实清楚,证据确实、充分,符合起诉条件;

(四)具有悔罪表现。

第三十条 人民检察院在作出附条件不起诉的决定以前,应当听取公安机关、被害人、未成年犯罪嫌疑人的法定代理人、辩护人的意见,并制作笔录附卷。被害人是未成年人的,还应当听取被害人的法定代理人、诉讼代理人的意见。

第三十一条 公安机关或者被害人对附条件不起诉有异议或争议较大的案件,人民检察院可以召集侦查人员、被害人及其法定代理人、诉讼代理人、未成年犯罪嫌疑人及其法定代理人、辩护人举行不公开听证会,充分听取各方的意见和理由。

对于决定附条件不起诉可能激化矛盾或者引发不稳定因素的,人民检察院应当慎重适用。

第三十二条 适用附条件不起诉的审查意见,应当由办案人员在审查起诉期限届满十五日前提出,并根据案件的具体情况拟定考验期限和考察方案,连同案件审查报告、社会调查报告等,经部门负责人审核,报检察长或者检察委员会决定。

第三十三条 人民检察院作出附条件不起诉的决定后,应当制作附条件不起诉决定书,并在三日以内送达公安机关、被害人或者其近亲属及其诉讼代理人、未成年犯罪嫌疑人及其法定代理人、辩护人。

送达时,应当告知被害人或者其近亲属及其诉讼代理人,如果对附条件不起诉决定不服,可以自收到附条件不起诉决定书后七日以内向上一级人民检察院申诉。

人民检察院应当当面向未成年犯罪嫌疑人及其法定代理人宣布附条件不起诉决定,告知考验期限、在考验期内应当遵守的规定和违反规定应负的法律责任,以及可以对附条件不起诉决定提出异议,并制作笔录附卷。

第三十四条 未成年犯罪嫌疑人在押的,作出附条件不起诉决定后,人民检察院应当作出释放或者变更强制措施的决定。

第三十五条 公安机关认为附条件不起诉决定有错误,要求复议的,人民检察院未成年人刑事检察机构应当另行指定检察人员进行审查并提出审查意见,经部门负责人审核,报请检察长或者检察委员会决定。

人民检察院应当在收到要求复议意

见书后的三十日以内作出复议决定,通知公安机关。

第三十六条 上一级人民检察院收到公安机关对附条件不起诉决定提请复核的意见书后,应当交由未成年人刑事检察机构办理。未成年人刑事检察机构应当指定检察人员进行审查并提出审查意见,经部门负责人审核,报请检察长或者检察委员会决定。

上一级人民检察院应当在收到提请复核意见书后的三十日以内作出决定,制作复核决定书送交提请复核的公安机关和下级人民检察院。经复核改变下级人民检察院附条件不起诉决定的,应当撤销下级人民检察院作出的附条件不起诉决定,交由下级人民检察院执行。

第三十七条 被害人不服附条件不起诉决定,在收到附条件不起诉决定书后七日以内申诉的,由作出附条件不起诉决定的人民检察院的上一级人民检察院未成年人刑事检察机构立案复查。

被害人向作出附条件不起诉决定的人民检察院提出申诉的,作出决定的人民检察院应当将申诉材料连同案卷一并报送上一级人民检察院受理。

被害人不服附条件不起诉决定,在收到附条件不起诉决定书七日后提出申诉的,由作出附条件不起诉决定的人民检察院未成年人刑事检察机构另行指定检察人员审查后决定是否立案复查。

未成年人刑事检察机构复查后应当提出复查意见,报请检察长决定。

复查决定书应当送达被害人、被附条件不起诉的未成年犯罪嫌疑人及其法定代理人和作出附条件不起诉决定的人民检察院。

上级人民检察院经复查作出起诉决定的,应当撤销下级人民检察院的附条件不起诉决定,由下级人民检察院提起公诉,并将复查决定抄送移送审查起诉的公安机关。

第三十八条 未成年犯罪嫌疑人及其法定代理人对人民检察院决定附条件不起诉有异议的,人民检察院应当作出起诉的决定。

第三十九条 人民检察院在作出附条件不起诉决定后,应当在十日内将附条件不起诉决定书报上级人民检察院主管部门备案。

上级人民检察院认为下级人民检察院作出的附条件不起诉决定不适当的,应当及时撤销下级人民检察院作出的附条件不起诉决定,下级人民检察院应当执行。

第四十条 人民检察院决定附条件不起诉的,应当确定考验期。考验期为六个月以上一年以下,从人民检察院作出附条件不起诉的决定之日起计算。考验期不计入案件审查起诉期限。

考验期的长短应当与未成年犯罪嫌疑人所犯罪行的轻重、主观恶性的大小和人身危险性的大小、一贯表现及帮教条件等相适应,根据未成年犯罪嫌疑人在考验期的表现,可以在法定期限范围内适当缩短或者延长。

第四十一条 被附条件不起诉的未成年犯罪嫌疑人,应当遵守下列规定:

(一)遵守法律法规,服从监督;

(二)按照考察机关的规定报告自己的活动情况;

(三)离开所居住的市、县或者迁居,应当报经考察机关批准;

(四)按照考察机关的要求接受矫治和教育。

第四十二条　人民检察院可以要求被附条件不起诉的未成年犯罪嫌疑人接受下列矫治和教育：
（一）完成戒瘾治疗、心理辅导或者其他适当的处遇措施；
（二）向社区或者公益团体提供公益劳动；
（三）不得进入特定场所，与特定的人员会见或者通信，从事特定的活动；
（四）向被害人赔偿损失、赔礼道歉等；
（五）接受相关教育；
（六）遵守其他保护被害人安全以及预防再犯的禁止性规定。

第四十三条　在附条件不起诉的考验期内，人民检察院应当对被附条件不起诉的未成年犯罪嫌疑人进行监督考察。未成年犯罪嫌疑人的监护人应当对未成年犯罪嫌疑人加强管教，配合人民检察院做好监督考察工作。

人民检察院可以会同未成年犯罪嫌疑人的监护人、所在学校、单位、居住地的村民委员会、居民委员会、未成年人保护组织等的有关人员定期对未成年犯罪嫌疑人进行考察、教育，实施跟踪帮教。

第四十四条　未成年犯罪嫌疑人经批准离开所居住的市、县或者迁居，作出附条件不起诉决定的人民检察院可以要求迁入地的人民检察院协助进行考察，并将考察结果函告作出附条件不起诉决定的人民检察院。

第四十五条　考验期届满，办案人员应当制作附条件不起诉考察意见书，提出起诉或者不起诉的意见，经部门负责人审核，报请检察长决定。

人民检察院应当在审查起诉期限内作出起诉或者不起诉的决定。

作出附条件不起诉决定的案件，审查起诉期限自人民检察院作出附条件不起诉决定之日起中止计算，自考验期限届满之日起或者人民检察院作出撤销附条件不起诉决定之日起恢复计算。

第四十六条　被附条件不起诉的未成年犯罪嫌疑人，在考验期内有下列情形之一的，人民检察院应当撤销附条件不起诉的决定，提起公诉：
（一）实施新的犯罪的；
（二）发现决定附条件不起诉以前还有其他犯罪需要追诉的；
（三）违反治安管理规定，造成严重后果，或者多次违反治安管理规定的；
（四）违反考察机关有关附条件不起诉的监督管理规定，造成严重后果，或者多次违反考察机关有关附条件不起诉的监督管理规定的。

第四十七条　对于未成年犯罪嫌疑人在考验期内实施新的犯罪或者在决定附条件不起诉以前还有其他犯罪需要追诉的，人民检察院应当移送侦查机关立案侦查。

第四十八条　被附条件不起诉的未成年犯罪嫌疑人，在考验期内没有本规定第四十六条规定的情形，考验期满的，人民检察院应当作出不起诉的决定。

第四十九条　对于附条件不起诉的案件，不起诉决定宣布后六个月内，办案人员可以对被不起诉的未成年人进行回访，巩固帮教效果，并做好相关记录。

第五十条　对人民检察院依照刑事诉讼法第一百七十三条第二款规定作出的不起诉决定和经附条件不起诉考验期满不起诉的，在向被不起诉的未成年人及其法定代理人宣布不起诉决定书时，应当充分阐明不起诉的理由和法律依据，并结合社会调查，围绕犯罪行为对被害人、对本人及家庭、对社会等造成的危害,导致犯罪行为发生的原因及应当吸取的教训等,对被不起诉的未成年人开展必要的教育。如果侦查人员、合适成年人、辩护人、社工等参加有利于教育被不起诉未成年人的,经被不起诉的未成年人及其法定代理人同意,可以邀请他们参加,但要严格控制参与人范围。

对于犯罪事实清楚,但因未达刑事责任年龄不起诉、年龄证据存疑而不起诉的未成年犯罪嫌疑人,参照上述规定举行不起诉宣布教育仪式。

第四节 提起公诉

第五十一条 人民检察院审查未成年人与成年人共同犯罪案件,一般应当将未成年人与成年人分案起诉。但是具有下列情形之一的,可以不分案起诉:

(一)未成年人系犯罪集团的组织者或者其他共同犯罪中的主犯的;

(二)案件重大、疑难、复杂,分案起诉可能妨碍案件审理的;

(三)涉及刑事附带民事诉讼,分案起诉妨碍附带民事诉讼部分审理的;

(四)具有其他不宜分案起诉情形的。

对分案起诉至同一人民法院的未成年人与成年人共同犯罪案件,由未成年人刑事检察机构一并办理更为适宜的,经检察长决定,可以由未成年人刑事检察机构一并办理。

分案起诉的未成年人与成年人共同犯罪案件,由不同机构分别办理的,应当相互了解案件情况,提出量刑建议时,注意全案的量刑平衡。

第五十二条 对于分案起诉的未成年人与成年人共同犯罪案件,一般应当同时移送人民法院。对于需要补充侦查的,如果补充侦查事项不涉及未成年犯罪嫌疑人所参与的犯罪事实,不影响对未成年犯罪嫌疑人提起公诉的,应当对未成年犯罪嫌疑人先予提起公诉。

第五十三条 对于分案起诉的未成年人与成年人共同犯罪案件,在审查起诉过程中可以根据全案情况制作一个审结报告,起诉书以及出庭预案等应当分别制作。

第五十四条 人民检察院对未成年人与成年人共同犯罪案件分别提起公诉后,在诉讼过程中出现不宜分案起诉情形的,可以建议人民法院并案审理。

第五十五条 对于符合适用简易程序审理条件的未成年人刑事案件,人民检察院应当在提起公诉时向人民法院提出适用简易程序审理的建议。

第五十六条 对提起公诉的未成年人刑事案件,应当认真做好下列出席法庭的准备工作:

(一)掌握未成年被告人的心理状态,并对其进行接受审判的教育,必要时,可以再次讯问被告人;

(二)与未成年被告人的法定代理人、合适成年人、辩护人交换意见,共同做好教育、感化工作;

(三)进一步熟悉案情,深入研究本案的有关法律政策问题,根据案件性质,结合社会调查情况,拟定讯问提纲、询问被害人、证人、鉴定人提纲、举证提纲、答辩提纲、公诉意见书和针对未成年被告人进行法制教育的书面材料。

第五十七条 公诉人出席未成年人刑事审判法庭,应当遵守公诉人出庭行为规范要求,发言时应当语调温和,并注意用语文明、准确,通俗易懂。

公诉人一般不提请未成年证人、被害

人出庭作证。确有必要出庭作证的,应当建议人民法院采取相应的保护措施。

第五十八条 在法庭审理过程中,公诉人的讯问、询问、辩论等活动,应当注意未成年人的身心特点。对于未成年被告人情绪严重不稳定,不宜继续接受审判的,公诉人可以建议法庭休庭。

第五十九条 对于具有下列情形之一,依法可能判处拘役、三年以下有期徒刑,有悔罪表现,宣告缓刑对所居住社区没有重大不良影响,具备有效监护条件或者社会帮教措施、适用缓刑确实不致再危害社会的未成年被告人,人民检察院应当建议人民法院适用缓刑:

(一)犯罪情节较轻,未造成严重后果的;

(二)主观恶性不大的初犯或者胁从犯、从犯;

(三)被害人同意和解或者被害人有明显过错的;

(四)其他可以适用缓刑的情节。

建议宣告缓刑,可以根据犯罪情况,同时建议禁止未成年被告人在缓刑考验期限内从事特定活动,进入特定区域、场所,接触特定的人。

人民检察院提出对未成年被告人适用缓刑建议的,应当将未成年被告人能够获得有效监护、帮教的书面材料于判决前移送人民法院。

第六十条 公诉人在依法指控犯罪的同时,要剖析未成年被告人犯罪的原因、社会危害性,适时进行法制教育,促使其深刻反省,吸取教训。

第六十一条 人民检察院派员出席未成年人刑事案件二审法庭适用本节的相关规定。

第六十二条 犯罪的时候不满十八周岁,被判处五年有期徒刑以下刑罚的,人民检察院应当在收到人民法院生效判决后,对犯罪记录予以封存。

对于二审案件,上级人民检察院封存犯罪记录时,应当通知下级人民检察院对相关犯罪记录予以封存。

第六十三条 人民检察院应当将拟封存的未成年人犯罪记录、卷宗等相关材料装订成册,加密保存,不予公开,并建立专门的未成年人犯罪档案库,执行严格的保管制度。

第六十四条 除司法机关为办案需要或者有关单位根据国家规定进行查询的以外,人民检察院不得向任何单位和个人提供封存的犯罪记录,并不得提供未成年人有犯罪记录的证明。

司法机关或者有关单位需要查询犯罪记录的,应当向封存犯罪记录的人民检察院提出书面申请,人民检察院应当在七日以内作出是否许可的决定。

第六十五条 对被封存犯罪记录的未成年人,符合下列条件之一的,应当对其犯罪记录解除封存:

(一)实施新的犯罪,且新罪与封存记录之罪数罪并罚后被决定执行五年有期徒刑以上刑罚的;

(二)发现漏罪,且漏罪与封存记录之罪数罪并罚后被决定执行五年有期徒刑以上刑罚的。

第六十六条 人民检察院对未成年犯罪嫌疑人作出不起诉决定后,应当对相关记录予以封存。具体程序参照本规定第六十二条至第六十五条规定办理。

第四章 未成年人刑事案件的法律监督

第六十七条 人民检察院审查批准逮捕、审查起诉未成年犯罪嫌疑人,应当

同时依法监督侦查活动是否合法,发现有下列违法行为的,应当提出纠正意见;构成犯罪的,依法追究刑事责任:

（一）违法对未成年犯罪嫌疑人采取强制措施或者采取强制措施不当的;

（二）未依法实行对未成年犯罪嫌疑人与成年犯罪嫌疑人分别关押、管理的;

（三）对未成年犯罪嫌疑人采取刑事拘留、逮捕措施后,在法定时限内未进行讯问,或者未通知其家属的;

（四）讯问未成年犯罪嫌疑人或者询问未成年被害人、证人时,未依法通知其法定代理人或者合适成年人到场的;

（五）讯问或者询问女性未成年人时,没有女性检察人员参加的;

（六）未依法告知未成年犯罪嫌疑人有权委托辩护人的;

（七）未依法通知法律援助机构指派律师为未成年犯罪嫌疑人提供辩护的;

（八）对未成年犯罪嫌疑人威胁、体罚、侮辱人格、游行示众,或者刑讯逼供、指供、诱供的;

（九）利用未成年人认知能力低而故意制造冤、假、错案的;

（十）对未成年被害人、证人以暴力、威胁、诱骗等非法手段收集证据或者侵害未成年被害人、证人的人格尊严及隐私权等合法权益的;

（十一）违反羁押和办案期限规定的;

（十二）已作出不批准逮捕、不起诉决定,公安机关不立即释放犯罪嫌疑人的;

（十三）在侦查中有其他侵害未成年人合法权益行为的。

第六十八条 对依法不应当公开审理的未成年人刑事案件公开审理的,人民检察院应当在开庭前提出纠正意见。

公诉人出庭支持公诉时,发现法庭审判有下列违反法律规定的诉讼程序的情形之一的,应当在休庭后及时向本院检察长报告,由人民检察院向人民法院提出纠正意见:

（一）开庭或者宣告判决时未通知未成年被告人的法定代理人到庭的;

（二）人民法院没有给聋、哑或者不通晓当地通用的语言文字的未成年被告人聘请或者指定翻译人员的;

（三）未成年被告人在审判时没有辩护人的;对未成年被告人及其法定代理人依照法律和有关规定拒绝辩护人为其辩护,合议庭未另行通知法律援助机构指派律师的;

（四）法庭未告知未成年被告人及其法定代理人依法享有的申请回避、辩护、提出新的证据、申请重新鉴定或者勘验、最后陈述、提出上诉等诉讼权利的;

（五）其他违反法律规定的诉讼程序的情形。

第六十九条 人民检察院发现有关机关对未成年人犯罪记录应当封存而未封存的,不应当允许查询而允许查询的或者不应当提供犯罪记录而提供的,应当依法提出纠正意见。

第七十条 人民检察院依法对未成年犯管教所实行驻所检察。在刑罚执行监督中,发现关押成年罪犯的监狱收押未成年罪犯的,未成年犯管教所违法收押成年罪犯的,或者对年满十八周岁时余刑在二年以上的罪犯留在未成年犯管教所执行剩余刑期的,应当依法提出纠正意见。

第七十一条 人民检察院在看守所检察中,发现没有对未成年犯罪嫌疑人、被告人与成年犯罪嫌疑人、被告人分别关押、管理或者对未成年犯所执行刑罚的,应当依法提出纠正意见。

第七十二条　人民检察院应当加强对未成年犯管教所、看守所监管未成年罪犯活动的监督,依法保障未成年罪犯的合法权益,维护监管改造秩序和教学、劳动、生活秩序。

人民检察院配合未成年犯管教所、看守所加强对未成年罪犯的政治、法律、文化教育,促进依法、科学、文明监管。

第七十三条　人民检察院依法对未成年人的社区矫正进行监督,发现有下列情形之一的,应当依法向公安机关、人民法院、监狱、社区矫正机构等有关部门提出纠正意见:

(一)没有将未成年人的社区矫正与成年人分开进行的;

(二)对实行社区矫正的未成年人脱管、漏管或者没有落实帮教措施的;

(三)没有对未成年社区矫正人员给予身份保护,其矫正宣告公开进行,矫正档案未进行保密,公开或者传播其姓名、住所、照片等可能推断出该未成年人的其他资料以及矫正资料等情形的;

(四)未成年社区矫正人员的矫正小组没有熟悉青少年成长特点的人员参加的;

(五)没有针对未成年人的年龄、心理特点和身心发育需要等特殊情况采取相应的监督管理和教育矫正措施的;

(六)其他违法情形。

第七十四条　人民检察院依法对未成年犯的减刑、假释、暂予监外执行等活动实行监督。对符合减刑、假释、暂予监外执行法定条件的,应当建议执行机关向人民法院、监狱管理机关或者公安机关提请;发现提请或者裁定、决定不当的,应当依法提出纠正意见;对徇私舞弊减刑、假释、暂予监外执行等构成犯罪的,依法追究刑事责任。

第五章　未成年人案件的

第七十五条　人民检察院依法受理未成年人及其法定代理人提出的刑事申诉案件和国家赔偿案件。

人民检察院对未成年人刑事申诉案件和国家赔偿案件,应当指定专人及时办理。

第七十六条　人民检察院复查未成年人刑事申诉案件,应当直接听取未成年人及其法定代理人的陈述或者辩解,认真审核、查证与案件有关的证据和线索,查清案件事实,依法作出处理。

案件复查终结作出处理决定后,应当向未成年人及其法定代理人当面送达法律文书,做好释法说理和教育工作。

第七十七条　对已复查纠正的未成年人刑事申诉案件,应当配合有关部门做好善后工作。

第七十八条　人民检察院办理未成年国家赔偿案件,应当充分听取未成年人及其法定代理人的意见,对于依法应当赔偿的案件,应当及时作出和执行赔偿决定。

第六章　附　　则

第七十九条　本规定所称未成年人刑事案件,是指犯罪嫌疑人、被告人实施涉嫌犯罪行为时已满十四周岁、未满十八周岁的刑事案件,但在有关未成年人诉讼权利和体现对未成年程序上特殊保护的条文中所称的未成年人,是指在诉讼过程中未满十八周岁的人。犯罪嫌疑人实施涉嫌犯罪行为时未满十八周岁,在诉讼过程中已满十八周岁的,人民检察院可以根据案件的具体情况适用本规定。

第八十条　实施犯罪行为的年龄,一律按公历的年、月、日计算。从周岁生日的第二天起,为已满××周岁。

第八十一条　未成年人刑事案件的法律文书和工作文书,应当注明未成年人的出生年月日、法定代理人或者到场的合适成年人、辩护人基本情况。

对未成年犯罪嫌疑人、被告人、未成年罪犯的有关情况和办案人员开展教育感化工作的情况,应当记录在卷,随案移送。

第八十二条　本规定由最高人民检察院负责解释。

第八十三条　本规定自发布之日起施行,最高人民检察院 2007 年 1 月 9 日发布的《人民检察院办理未成年人刑事案件的规定》同时废止。

最高人民检察院《未成年人刑事检察工作指引(试行)》(节录)

(2017 年 3 月 2 日　高检发未检字〔2017〕1 号)

第二条　人民检察院未检部门办理未成年人刑事案件和不宜分案办理的未成年人与成年人共同犯罪案件、侵害未成年人人身权利案件以及开展相关诉讼监督、帮教救助、犯罪预防等工作,适用本指引。

第三条　对于实施犯罪时未满十八周岁,但诉讼过程中已满十八周岁,实际由未检部门受理的,根据案件具体情况,可以参照本指引办理。

第四条　本指引所称未成年人刑事案件,是指犯罪嫌疑人实施涉嫌犯罪行为时不满十八周岁的刑事案件。

已满十四周岁不满十六周岁的未成年人,实施刑法第十七条第二款规定犯罪的,应当承担刑事责任,适用本指引。

第五条　本指引所称侵害未成年人身权利案件,是指由成年人实施、未成年人是被害人的刑法分则第四章"侵犯公民人身权利、民主权利罪"规定的犯罪以及其他章节规定的实际侵害未成年人身心健康的以危险方法危害公共安全(刑法第一百一十四条、第一百一十五条)、危险驾驶(刑法第一百三十三条之一)、教育设施重大安全事故(刑法第一百三十八条)、抢劫(刑法第二百六十三条)、向未成年人传授犯罪方法(刑法第二百九十五条)、引诱未成年人聚众淫乱(刑法第三百零一条)、非法组织、强迫未成年人出卖血液(刑法第三百三十三条)、强迫、引诱、教唆、欺骗、容留未成年人吸毒(刑法第三百五十三条、第三百五十四条)、组织、强迫、引诱、容留、介绍未成年人卖淫(刑法第三百五十八条、第三百五十九条)、向未成年人传播淫秽物品(刑法第三百六十四条)、组织未成年人进行淫秽表演(刑法第三百六十五条)等犯罪案件。

第四十六条　人民检察院办理涉及未成年人的刑事案件,应当依法通知未成年犯罪嫌疑人、被害人、证人的法定代理人在场,见证、监督整个讯问或者询问过程,维护未成年人合法权益。

对于法定代理人具有下列情形之一,不能或者不宜到场的,要保证未成年人的其他成年亲属,所在学校、单位或者

居住地的村民委员会、居民委员会、未成年人保护组织的代表等合适成年人到场,并将有关情况记录在案:

(一)与未成年犯罪嫌疑人构成共同犯罪的;

(二)已经死亡、宣告失踪或者无监护能力的;

(三)因身份、住址或联系方式不明无法通知的;

(四)因路途遥远或者其他原因无法及时到场的;

(五)经通知明确拒绝到场的;

(六)阻扰讯问或者询问活动正常进行,经劝阻不改的;

(七)未成年人有正当理由拒绝法定代理人到场的;

(八)到场可能影响未成年人真实陈述的;

(九)其他不能或者不宜到场的情形。

讯问、询问女性未成年人的,一般应当选择女性合适成年人到场。

通知到场的法定代理人或者合适成年人一般为一名。

法定代理人不能或者不宜到场的情形消失后,人民检察院应当及时通知法定代理人到场。

第五十一条　人民检察院应当对到场合适成年人的情况进行审查。有下列情形之一的,不得担任合适成年人:

(一)刑罚尚未执行完毕或者处于缓刑、假释考验期间的;

(二)依法被剥夺、限制人身自由的;

(三)无行为能力或者限制行为能力的;

(四)案件的诉讼代理人、辩护人、证人、鉴定人员、翻译人员以及公安机关、检察机关、法院、司法行政机关的工作人员;

(五)与案件处理结果有利害关系的;

(六)其他不适宜担任合适成年人的情形。

第六十七条　对于符合下列条件的未成年人刑事案件,一方当事人请求和解,或者未成年犯罪嫌疑人真诚悔罪的,人民检察院可以主动征求未成年犯罪嫌疑人及其法定代理人、被害人及其法定代理人适用和解程序的意见,告知其相关法律依据、法律后果以及当事人的权利、义务等,并记入笔录附卷:

(一)案件事实清楚、证据确实充分;

(二)涉嫌刑法分则第四章、第五章规定的犯罪,可能被判处三年有期徒刑以下刑罚;

(三)过失犯罪。

被害人死亡的,其法定代理人、近亲属可以与未成年犯罪嫌疑人和解。被害人系无行为能力或者限制行为能力人的,其法定代理人可以代为和解。

第七十一条　对于达成和解协议的未成年人刑事案件,人民检察院可以作出不批准逮捕的决定;已经逮捕的,应当进行羁押必要性审查,对于不需要继续羁押的,及时建议公安机关释放或者自行变更强制措施。

符合法律规定条件的,人民检察院可以决定不起诉或者附条件不起诉;依法提起公诉的,人民检察院应当向人民法院提出从轻、减轻或者免除处罚的量刑建议。

对案件审查终结前,和解协议未能全部履行完毕,且需要依法提起公诉的,人民检察院应当在量刑建议中向人民法院说明情况,将刑事和解协议及已履行部分的证明材料随案移送人民法院。

因客观原因无法履行和解协议或者加害方有和解意愿,但因客观原因无法达成和解协议的,可以参照上述规定执行。

第一百五十八条 对具有下列情形之一的未成年犯罪嫌疑人,应当作出不批准逮捕决定:

(一)未达刑事责任年龄的;

(二)不存在犯罪事实或者犯罪事实非其所为的;

(三)情节显著轻微、危害不大,不认为是犯罪的;

(四)犯罪已过追诉时效期限的;

(五)经特赦令免除刑罚的;

(六)依照刑法规定告诉才处理的犯罪,没有告诉或者撤回告诉的;

(七)其他法律规定免予追究刑事责任的情形。

第一百六十条 对于未成年犯罪嫌疑人可能被判处三年有期徒刑以下刑罚,具备有效监护条件或者社会帮教措施,不逮捕不致再危害社会和妨害诉讼正常进行的,人民检察院一般应当不批准逮捕。

对于罪行较重,但主观恶性不大,有悔罪表现,具备有效监护条件或者社会帮教措施,具有下列情形之一,不逮捕不致再危害社会和妨害诉讼正常进行的,可以不批准逮捕:

(一)初次犯罪、过失犯罪的;

(二)犯罪预备、中止、未遂的;

(三)防卫过当、避险过当的;

(四)犯罪后有自首或者立功表现的;

(五)犯罪后如实交待罪行,真诚悔罪,积极退赃,尽力减少和赔偿损失,与被害人达成和解的;

(六)不属于共同犯罪的主犯或者集团犯罪中的首要分子的;

(七)属于已满十四周岁不满十六周岁的未成年人或者系在校学生的;

(八)身体状况不适宜羁押的;

(九)系生活不能自理人的唯一扶养人的;

(十)其他可以不批准逮捕的情形。

对于罪行较轻,具备有效监护条件或者社会帮教措施,没有社会危险性或者社会危险性较小,不逮捕不致妨害诉讼正常进行的,应当不批准逮捕。

依据在案证据不能认定未成年犯罪嫌疑人符合逮捕社会危险性条件的,应当要求公安机关补充相关证据,公安机关没有补充移送的,应当作出不批准逮捕的决定。

第一百六十五条 未成年犯罪嫌疑人有下列违反监视居住、取保候审规定行为,人民检察院可以予以逮捕:

(一)故意实施新的犯罪的;

(二)企图自杀、自残的;

(三)毁灭、伪造证据、串供或者企图逃跑的;

(四)对被害人、证人、举报人、控告人及其他人员实施打击报复的。

未成年犯罪嫌疑人有下列违反取保候审、监视居住规定的行为,属于刑事诉讼法第七十九条第三款规定中的"情节严重",人民检察院可以予以逮捕:

(一)未经批准,擅自离开所居住的市、县或者执行监视居住的处所,造成严重后果的;

(二)两次未经批准,无正当理由擅自离开所居住的市、县或者执行监视居住的处所的;

(三)未经批准,擅自会见他人或者通信,造成严重后果的;

（四）经传讯无正当理由两次不到案的；

（五）经过批评教育后依然违反规定进入特定场所、从事特定活动，或者发现隐藏有关证件，严重妨碍诉讼程序正常进行的。

对于符合上述规定情形的，人民检察院应当核实原因，并结合帮教效果等有关情况慎重作出逮捕决定。

第一百七十四条 人民检察院经审查后，对于符合以下情形之一的未成年犯罪嫌疑人，经检察长或者检察委员会决定，应当对其作出不起诉决定：

（一）未达法定刑事责任年龄的；

（二）不存在犯罪事实或者犯罪事实非其所为的；

（三）情节显著轻微、危害不大，不认为是犯罪的；

（四）犯罪已过追诉时效期限的；

（五）经特赦令免除刑罚的；

（六）依照刑法规定告诉才处理的犯罪，没有告诉或者撤回告诉的；

（七）犯罪嫌疑人死亡的；

（八）其他法律规定免予追究刑事责任的情形。

发现犯罪事实并非未成年犯罪嫌疑人所为，需要重新侦查的，应当在作出不起诉决定后书面说明理由，将案卷材料退回公安机关并建议公安机关重新侦查。

第一百七十五条 人民检察院对于二次退回补充侦查的案件，仍然认为证据不足，不符合起诉条件的，经检察长或者检察委员会决定，应当作出不起诉决定。

人民检察院对于经过一次退回补充侦查的案件，认为证据不足，不符合起诉条件，且没有退回补充侦查必要的，可以作出不起诉决定。

第一百七十六条 对于犯罪情节轻微，具有下列情形之一，依照刑法规定不需要判处刑罚或者免除刑罚的未成年犯罪嫌疑人，一般应当依法作出不起诉决定：

（一）被胁迫参与犯罪的；

（二）犯罪预备、中止、未遂的；

（三）在共同犯罪中起次要或者辅助作用的；

（四）系又聋又哑的人或者盲人的；

（五）因防卫过当或者紧急避险过当构成犯罪的；

（六）有自首或者立功表现的；

（七）其他依照刑法规定不需要判处刑罚或者免除刑罚的情形。

对于未成年人轻伤害、初次犯罪、过失犯罪、犯罪未遂以及被诱骗或者被教唆实施犯罪等，情节轻微，确有悔罪表现，当事人双方自愿就民事赔偿达成协议并切实履行，或者经被害人同意并提供有效担保，符合刑法第三十七条规定的，人民检察院可以依照刑事诉讼法第一百七十三条第二款的规定作出不起诉决定，并根据案件的不同情况，予以训诫或者责令具结悔过、赔礼道歉、赔偿损失，或者由主管部门予以行政处罚。

第一百八十一条 对于符合以下条件的案件，人民检察院可以作出附条件不起诉的决定：

（一）犯罪嫌疑人实施犯罪行为时系未成年人的；

（二）涉嫌刑法分则第四章、第五章、第六章规定的犯罪的；

（三）可能被判处一年有期徒刑以下刑罚的；

（四）犯罪事实清楚，证据确实、充分，符合起诉条件的；

（五）犯罪嫌疑人具有悔罪表现的。

人民检察院可以参照《最高人民法院关于常见犯罪的量刑指导意见》并综合考虑全案情况和量刑情节，衡量是否"可能判处一年有期徒刑以下刑罚"。

具有下列情形之一的，一般认为具有悔罪表现：

（一）犯罪嫌疑人认罪认罚的；

（二）向被害人赔礼道歉、积极退赃、尽力减少或者赔偿损失的；

（三）取得被害人谅解的；

（四）具有自首或者立功表现的；

（五）犯罪中止的；

（六）其他具有悔罪表现的情形。

对于符合附条件不起诉条件，实施犯罪行为时未满十八周岁，但诉讼时已成年的犯罪嫌疑人，人民检察院可以作出附条件不起诉决定。

第一百八十六条 对于未成年犯罪嫌疑人及其法定代理人对附条件不起诉决定提出异议的，应当区别对待：

（一）未成年犯罪嫌疑人及其法定代理人对于犯罪事实认定、法律适用有异议并提出无罪意见或辩解的，人民检察院应当认真审查后依法提起公诉。

（二）未成年犯罪嫌疑人及其法定代理人对案件作附条件不起诉处理没有异议，仅对所附条件及考验期有异议的，人民检察院可以依法采纳其合理的意见，对考察的内容、方式、时间等进行调整。但其意见不利于对未成年犯罪嫌疑人帮教的，应当进行耐心的释法说理工作。经过理解释后，若未成年犯罪嫌疑人及其法定代理人仍有异议坚持要起诉的，应当提起公诉。

（三）未成年犯罪嫌疑人及其法定代理人对于适用附条件不起诉有异议的，应当审查后决定是否起诉。

人民检察院作出起诉决定前，未成年犯罪嫌疑人及其法定代理人可以撤回异议。撤回异议的，应当制作笔录附卷，由未成年犯罪嫌疑人及其法定代理人签字确认。

第一百九十一条 公安机关认为附条件不起诉决定有错误的，可以向同级人民检察院要求复议。人民检察院应当另行指定检察人员进行审查并提出审查意见，报请检察长或者检察委员会决定。人民检察院应当在收到要求复议意见书后的三十日内作出复议决定，并通知公安机关。

公安机关对人民检察院的复议结果不服的，可以向上一级人民检察院提请复核。上一级人民检察院收到公安机关对附条件不起诉决定提请复核的意见书后，应当交由未成年人检察部门办理。未成年人检察部门应当指定检察人员进行审查并提出审查意见，报请检察长或者检察委员会决定。上一级人民检察院应当在收到提请复核意见书后的三十日内作出决定，制作复核决定书送交提请复核的公安机关和下级人民检察院。经复核改变下级人民检察院附条件不起诉决定的，应当撤销下级人民检察院作出的附条件不起诉决定，交由下级人民检察院执行。

第一百九十二条 被害人不服附条件不起诉决定，在收到附条件不起诉决定书后七日以内申诉的，由作出附条件不起诉决定的人民检察院的上一级人民检察院立案复查。

被害人向作出附条件不起诉决定的人民检察院提出申诉的，作出决定的人民检察院应当将申诉材料连同案卷一并报送上一级人民检察院受理。

上述申诉的审查由未成年人检察部门负责。承办人员审查后应当提出意见,报请检察长决定后制作复查决定书。

复查决定书应当送达被害人、被附条件不起诉的未成年犯罪嫌疑人及其法定代理人和作出附条件不起诉决定的人民检察院。

被害人不服附条件不起诉决定,在收到附条件不起诉决定书七日后提出申诉的,由作出附条件不起诉决定的人民检察院未成年人检察部门另行指定检察人员审查后决定是否立案复查。

上级人民检察院经复查作出起诉决定的,应当撤销下级人民检察院的附条件不起诉决定,由下级人民检察院提起公诉,并将复查决定抄送移送审查起诉的公安机关。

被害人不能向人民法院提起自诉。

第一百九十三条　未成年犯罪嫌疑人在押的,作出附条件不起诉决定后,人民检察院应当作出释放或者变更强制措施的决定。

考验期未满、取保候审期限届满的,应当解除取保候审强制措施,继续进行监督考察。

第一百九十四条　附条件不起诉考验期为六个月以上一年以下,考验期的长短应当与未成年犯罪嫌疑人所犯罪行的性质、情节和主观恶性的大小相适应。可能判处的刑罚在六个月以下的,一般应当将考验期限确定为六个月;可能判处的刑罚在六个月以上的,可以参考未成年犯罪嫌疑人可能判处的刑期确定具体考察期限。

考验期从人民检察院作出附条件不起诉的决定之日起计算。考验期不计入审查起诉期限。

在考验期的前两个月要密切关注被附条件不起诉的未成年犯罪嫌疑人的表现,帮助、督促其改正不良行为,形成良好习惯。根据未成年犯罪嫌疑人在考验期内的表现和教育挽救的需要,人民检察院作出决定后可以在法定期限范围内适当缩短或延长考验期。

第一百九十五条　人民检察院对被附条件不起诉的未成年犯罪嫌疑人应当附下列条件:

(一)遵守法律法规,服从监督;

(二)按照考察机关的规定报告自己的活动情况;

(三)离开所居住的市、区(县)或者迁居,应当报经考察机关批准;

(四)按照考察机关的要求接受矫治和教育。

前款第四项"按照考察机关的要求接受矫治和教育"包括以下内容:

(一)完成戒瘾治疗、心理辅导或者其他适当的处遇措施;

(二)向社区或者公益团体提供公益劳动;

(三)不得进入特定场所、与特定的人员会见或者通信、从事特定的活动;

(四)向被害人赔偿损失、赔礼道歉等;

(五)接受相关教育;

(六)遵守其他保护被害人安全以及预防再犯的禁止性规定。

所附条件应当有针对性,注意考虑未成年犯罪嫌疑人的特殊需求,尤其避免对其就学、就业和正常生活造成负面影响。

第一百九十六条　在附条件不起诉的考验期内,人民检察院应当对被附条件不起诉的未成年犯罪嫌疑人进行监督考察。监督未成年犯罪嫌疑人履行义务、接受帮教的情况，并督促未成年犯罪嫌疑人的监护人对未成年犯罪嫌疑人加强管教，配合人民检察院做好监督考察工作。

人民检察院可以会同司法社工、社会观护基地、公益组织或者未成年犯罪嫌疑人所在学校、单位、居住地的村民委员会、居民委员会、未成年人保护组织等相关机构成立考察帮教小组，明确分工及职责，定期进行考察、教育，实施跟踪帮教。

考察帮教小组应当为考察对象制作个人帮教档案，对考察帮教活动情况及时、如实、全面记录，并在考察期届满后三个工作日内对考察对象进行综合评定，出具书面报告。

第二百零四条 在考验期内，发现被附条件不起诉的未成年犯罪嫌疑人有下列情形之一的，案件承办人应当制作附条件不起诉考察意见书，报请检察长或者检察委员会作出撤销附条件不起诉、提起公诉的决定：

（一）实施新的犯罪并经人民检察院查证属实的；

（二）发现决定附条件不起诉以前还有其他犯罪需要追诉并经人民检察院查证属实的；

（三）违反治安管理规定，造成严重后果，或者多次违反治安管理规定的；

（四）违反考察机关有关附条件不起诉的监督管理规定，造成严重后果，或者多次违反的。

未成年犯罪嫌疑人如实供述其他犯罪行为，但因证据不足不予认定，在被作出附条件不起诉决定后查证属实的，可以不作出撤销附条件不起诉、提起公诉的决定。

第二百零五条 人民检察院发现被附条件不起诉的未成年犯罪嫌疑人在考验期内实施新的犯罪或者在决定附条件不起诉以前还有其他犯罪需要追诉的，应当将案件线索依法移送有管辖权的公安机关立案侦查。

被附条件不起诉的未成年犯罪嫌疑人在考验期内实施新的犯罪或者在决定附条件不起诉以前还有其他犯罪，经查证属实的，人民检察院应当将案件退回公安机关补充侦查。原移送审查起诉的公安机关对新罪或者漏罪无管辖权的，应当通知其与有管辖权的公安机关协商，依法确定管辖权，并案侦查。

对于被附条件不起诉的未成年犯罪嫌疑人在考验期内因实施新的犯罪或者因决定附条件不起诉以前实施的其他犯罪被公安机关立案侦查，能够在审查起诉期间内将新罪、漏罪查清的，人民检察院可以一并提起公诉；不能查清的，应当对前罪作出不起诉处理，新罪、漏罪查清后另行起诉。

第二百零六条 人民检察院对于犯罪事实清楚，证据确实、充分，未成年犯罪嫌疑人可能被判处一年有期徒刑以上刑罚的，综合考虑犯罪的性质、情节、主观恶性及其成长经历、犯罪原因、监护教育等情况，认为起诉有利于对其矫治的；或者虽然未成年犯罪嫌疑人可能被判处一年有期徒刑以下刑罚，但不符合附条件不起诉条件或者未成年犯罪嫌疑人及其法定代理人不同意检察机关作出附条件不起诉决定的，人民检察院应当提起公诉。

第二百零八条 人民检察院审查未成年人与成年人共同犯罪案件，一般应当将未成年人与成年人分案起诉，并由同一个公诉人出庭。但是具有下列情形之一的，可以不分案起诉：

（一）未成年人系犯罪集团的组织者或者其他共同犯罪中的主犯的；

（二）案件重大、疑难、复杂，分案起诉可能妨碍案件审理的；

（三）涉及刑事附带民事诉讼，分案起诉妨碍附带民事诉讼部分审理的；

（四）具有其他不宜分案起诉的情形。

第二百零九条　共同犯罪的未成年人与成年人分别由不同级别的人民检察院审查起诉的，未成年人犯罪部分的承办人应当及时了解案件整体情况；提出量刑建议时，应当注意全案的量刑平衡。

第二百一十条　对于分案起诉的未成年人与成年人共同犯罪案件，一般应当同时移送人民法院。对于需要补充侦查的，如果补充侦查事项不涉及未成年犯罪嫌疑人所参与的犯罪事实，不影响对未成年犯罪嫌疑人提起公诉的，应当对未成年犯罪嫌疑人先予提起公诉。

第二百一十一条　对于分案起诉的未成年人与成年人共同犯罪案件，在审查起诉过程中可以根据全案情况制作一份审查报告，起诉书以及量刑建议书等应当分别制作。

第二百一十二条　人民检察院对未成年人与成年人共同犯罪案件分别提起公诉后，在诉讼过程中出现不宜分案起诉情形的，可以建议人民法院并案审理。

第二百一十三条　人民检察院对于符合下列条件的未成年人刑事案件，应当建议人民法院适用简易程序审理：

（一）案件事实清楚，证据确实、充分的；

（二）犯罪嫌疑人承认自己所犯罪行，对被指控的犯罪事实没有异议的；

（三）犯罪嫌疑人及其法定代理人或者合适成年人、辩护人对适用简易程序没有异议的。

第二百一十四条　对于具有下列情形之一，依法可能判处拘役、三年以下有期徒刑，有悔罪表现，宣告缓刑对所居住社区没有重大不良影响，具备有效监护条件或者社会帮教措施，适用缓刑确实不致再危害社会的未成年被告人，人民检察院应当建议人民法院适用缓刑：

（一）犯罪情节较轻，未造成严重后果的；

（二）主观恶性不大的初犯或者胁从犯、从犯；

（三）被害人同意和解或者被害人有明显过错的；

（四）其他可以适用缓刑的情形。

人民检察院提出对未成年被告人适用缓刑建议的，应当将未成年被告人能够获得有效监护、帮教的书面材料于判决前移送人民法院。

第二百一十五条　人民检察院根据未成年被告人的犯罪原因、犯罪性质、犯罪手段、犯罪后的认罪悔罪表现、个人一贯表现等情况，充分考虑与未成年被告人所犯罪行的关联程度，可以有针对性地建议人民法院判处未成年被告人在管制执行期间、缓刑考验期限内适用禁止令：

（一）禁止从事以下一项或者几项活动：

1. 因无监护人监管或监护人监管不力，经常夜不归宿的，禁止在未经社区矫正机构批准的情况下在外留宿过夜；

2. 因沉迷暴力、色情等网络游戏诱发犯罪的，禁止接触网络游戏；

3. 附带民事赔偿义务未履行完毕，违法所得未追缴、退赔到位，或者罚金尚未足额缴纳的，禁止进行高消费活动；

高消费的标准可根据当地居民人均收入和支出水平确定；

4. 其他确有必要禁止从事的活动。

（二）禁止进入以下一类或者几类区域、场所：

1. 因出入未成年人不宜进入的场所导致犯罪的，禁止进入夜总会、歌舞厅、酒吧、迪厅、营业性网吧、游戏机房、溜冰场等场所；

2. 经常以大欺小、以强凌弱进行寻衅滋事，在学校周边实施违法犯罪行为的，禁止进入中小学校区、幼儿园园区及周边地区。确因本人就学、居住等原因的除外；

3. 其他确有必要禁止进入的区域、场所。

（三）禁止接触以下一类或者几类人员：

1. 因受同案犯不良影响导致犯罪的，禁止除正常工作、学习外接触同案犯；

2. 为保护特定人员，禁止在未经对方同意的情况下接触被害人、证人、控告人、举报人及其近亲属；

3. 禁止接触其他可能遭受其侵害、滋扰的人或者可能诱发其再次危害社会的人。

建议适用禁止令，应当把握好禁止令的针对性、可行性和预防性，并向未成年被告人及其法定代理人阐明适用禁止令的理由，督促法定代理人协助司法机关加强监管，促进未成年被告人接受矫治和回归社会。

第二百一十六条 人民检察院对于符合下列条件之一的未成年人刑事案件，在提起公诉时，可以建议人民法院采取圆桌审判方式审理：

（一）适用简易程序的；

（二）十六周岁以下未成年人犯罪的；

（三）可能判处五年有期徒刑以下刑罚或者过失犯罪的；

（四）犯罪情节轻微，事实清楚，证据确实、充分，被告人对被指控的犯罪事实无异议的；

（五）犯罪性质较为严重，但被告人系初犯或者偶犯，平时表现较好，主观恶性不大的；

（六）其他适合的案件。

最高人民法院《关于加强新时代未成年人审判工作的意见》（节录）

（2020年12月24日 法发〔2020〕45号）

二、深化综合审判改革，全面加强未成年人权益司法保护

5. 深化涉及未成年人案件综合审判改革，将与未成年人权益保护和犯罪预防关系密切的涉及未成年人的刑事、民事及行政诉讼案件纳入少年法庭受案范围。少年法庭包括专门审理涉及未成年人刑事、民事、行政案件的审判庭、合议庭、审判团队以及法官。

有条件的人民法院，可以根据未成年人案件审判工作需要，在机构数量限额内设立专门审判庭，审理涉及未成年人刑事、民事、行政案件。不具备单独设立未成年人案件审判机构条件的法院，应当指定专门的合议庭、审判团队或者法官审理涉及未成年人案件。

6. 被告人实施被指控的犯罪时不满十八周岁且人民法院立案时不满二十岁的刑事案件，应当由少年法庭审理。

7. 下列刑事案件可以由少年法庭审理：

（1）人民法院立案时不满二十二周岁的在校学生犯罪案件；

（2）强奸、猥亵等性侵未成年人犯罪案件；

（3）杀害、伤害、绑架、拐卖、虐待、遗弃等严重侵犯未成年人人身权利的犯罪案件；

（4）上述刑事案件罪犯的减刑、假释、暂予监外执行、撤销缓刑等刑罚执行变更类案件；

（5）涉及未成年人，由少年法庭审理更为适宜的其他刑事案件。

未成年人与成年人共同犯罪案件，一般应当分案审理。

8. 下列民事案件由少年法庭审理：

（1）涉及未成年人抚养、监护、探望等事宜的婚姻家庭纠纷案件，以及适宜由少年法庭审理的离婚案件；

（2）一方或双方当事人为未成年人的人格权纠纷案件；

（3）侵权人为未成年人的侵权责任纠纷案件，以及被侵权人为未成年人、由少年法庭审理更为适宜的侵权责任纠纷案件；

（4）涉及未成年人的人身安全保护令案件；

（5）涉及未成年人权益保护的其他民事案件。

9. 当事人为未成年人的行政诉讼案件，有条件的法院，由少年法庭审理。

10. 人民法院审理涉及未成年人案件，应当根据案件情况开展好社会调查、社会观护、心理疏导、法庭教育、家庭教育、司法救助、回访帮教等延伸工作，提升案件办理的法律效果和社会效果。

最高人民检察院指导性案例检例第 103 号胡某某抢劫案

（2021 年 3 月 2 日）

【指导意义】

……

（二）对涉罪未成年在校学生适用附条件不起诉，应当最大限度减少对其学习、生活的影响。坚持最有利于未成年人健康成长原则，立足涉罪在校学生教育矫治和回归社会，应尽可能保障其正常学习和生活。在法律规定的办案期限内，检察机关可灵活掌握办案节奏和方式，利用假期和远程方式办案帮教，在心理疏导、隐私保护等方面提供充分保障，达到教育、管束和保护的有机统一。

（三）对于已确定的考验期限和考察帮教措施，经评估后认为不能适应教育矫治需求的，可以适时动态调整。对于在考验期中经历考试、升学、求职等角色转变的被附条件不起诉人，应当及时对考察帮教情况、效果进行评估，根据考察帮教的新情况和新变化，有针对性地调整考验期限和帮教措施，巩固提升帮教成效，促其早日顺利回归社会。考验期限和帮教措施在调整前，应当充分听取各方意见。

最高人民检察院指导性案例检例第 104 号庄某等人敲诈勒索案

（2021 年 3 月 2 日）

【要旨】

检察机关对共同犯罪的未成年人适用附条件不起诉时，应当遵循精准帮教的要求对每名涉罪未成年人设置个性化附带条件。监督考察时,要根据涉罪未成年人回归社会的不同需求,督促制定所附条件执行的具体计划,分阶段评估帮教效果,发现问题及时调整帮教方案,提升精准帮教实效。

【指导意义】

(一)附条件不起诉设定的附带条件,应根据社会调查情况合理设置,具有个性化、体现针对性。检察机关办理附条件不起诉案件,应当坚持因案而异,根据社会调查情况,针对涉罪未成年人的具体犯罪原因和回归社会的具体需求等设置附带条件。对共同犯罪未成年人既要针对其共同存在的问题,又要考虑每名涉罪未成年人的实际情况,设定符合个体特点的附带条件并制定合理的帮教计划,做到"对症下药",确保附条件不起诉制度教育矫治功能的实现。

(二)加强沟通,争取未成年犯罪嫌疑人及其法定代理人、学校的理解、配合和支持。检察机关应当就附带条件、考验期限等与未成年犯罪嫌疑人充分沟通,使其自觉遵守并切实执行。未成年犯罪嫌疑人的法定代理人和其所在学校是参与精准帮教的重要力量,检察机关应当通过释法说理、开展家庭教育指导等工作,与各方达成共识,形成帮教合力。

最高人民检察院指导性案例检例第105号李某诈骗、传授犯罪方法牛某等人诈骗案

(2021年3月2日)

【要旨】

对于一人犯数罪符合起诉条件,但根据其认罪认罚等情况,可能判处一年有期徒刑以下刑罚的,检察机关可以依法适用附条件不起诉。对于涉罪未成年人存在家庭教育缺位或者不当问题的,应当突出加强家庭教育指导,因案因人进行精准帮教。通过个案办理和法律监督,积极推进社会支持体系建设。

【指导意义】

(一)办理未成年人犯罪案件,对于涉嫌数罪但认罪认罚,可能判处一年有期徒刑以下刑罚的,也可以适用附条件不起诉。检察机关应当根据涉罪未成年人的犯罪行为性质、情节、后果,并结合犯罪原因、犯罪前后的表现等,综合评估可能判处的刑罚。"一年有期徒刑以下刑罚"是指将犯罪嫌疑人交付审判,法院对其可能判处的刑罚。目前刑法规定的量刑幅度均是以成年人犯罪为基准设计,检察机关对涉罪未成年人刑罚的预估要充分考虑"教育、感化、挽救"的需要及其量刑方面的特殊性。对于既可以附条件不起诉也可以起诉的,应当优先适用附条件不起诉。存在数罪情形时,要全面综合考量犯罪事实、性质和情节以及认罪认罚等情况,认为并罚后其刑期仍可能为一年有期徒刑以下刑罚的,可以依法适用附条件不起诉,以充分发挥附条件不起诉制度的特殊功能,促使涉罪未成年人及早摆脱致罪因素,顺利回归社会。

最高人民检察院指导性案例检例第106号牛某非法拘禁案

(2021年3月2日)

【要旨】

检察机关对于公安机关移送的社会

调查报告应当认真审查,报告内容不能全面反映未成年人成长经历、犯罪原因、监护教育等情况的,可以商公安机关补充调查,也可以自行或者委托其他有关组织、机构补充调查。对实施犯罪行为时系未成年人但诉讼过程中已满十八周岁的犯罪嫌疑人,符合条件的,可以适用附条件不起诉。对于外地户籍未成年犯罪嫌疑人,办案检察机关可以委托未成年人户籍所在地检察机关开展异地协作考察帮教,两地检察机关要各司其职,密切配合,确保帮教取得实效。

最高人民检察院指导性案例检例第 107 号唐某等人聚众斗殴案

(2021 年 3 月 2 日)

【要旨】

对于被附条件不起诉人在考验期内多次违反监督管理规定,逃避或脱离矫治和教育,经强化帮教措施后仍无悔改表现,附条件不起诉的挽救功能无法实现,符合"违反考察机关监督管理规定,情节严重"的,应当依法撤销附条件不起诉决定,提起公诉。

【指导意义】

……

(二)准确把握"违反考察机关监督管理规定"行为频次、具体情节、有无继续考察帮教必要等因素,依法认定"情节严重"。检察机关经调查核实、动态评估后发现被附条件不起诉人多次故意违反禁止性监督管理规定,或者进入特定场所后违反治安管理规定,或者违反指示性监督管理规定,经检察机关采取训诫提醒、心理疏导等多种措施后仍无悔改表现,脱离、拒绝帮教矫治,导致通过附条件不起诉促进涉罪未成年人悔过自新、回归社会的功能无法实现时,应当认定为刑事诉讼法第二百八十四条第一款第(二)项规定的"情节严重",依法撤销附条件不起诉决定,提起公诉。

最高人民检察院指导性案例检例第 171 号防止未成年人滥用药物综合司法保护案

(2023 年 2 月 24 日)

【要旨】

检察机关办理涉未成年人案件,应当统筹发挥多种检察职能,通过一体融合履职,加强未成年人综合司法保护。对有滥用药物问题的涉罪未成年人适用附条件不起诉时,可以细化戒瘾治疗措施,提升精准帮教的效果。针对个案中发现的社会治理问题,充分运用大数据分析,深挖类案线索,推动堵漏建制、源头保护,提升"个案办理—类案监督—系统治理"工作质效。

【指导意义】

(一)统筹运用多种检察职能,推动完善一体履职、全面保护、统分有序的未检融合履职模式,综合保护未成年人合法权益。检察机关应当充分发挥未检业务集中统一办理优势,强化系统审查意识和综合取证能力,在办理涉未成年人刑事案件过程中,一并审查未成年人相关公共利益等其他权益是否遭受损害。对经审查评估需要同步履行相关法律监督职责的案件,应当依法融合履职,综合运用法律赋予的监督手段,系统维护未成年人合法权益。

(二)附条件不起诉考验期监督管理规定的设定,应当以最有利于教育挽救未成年人为原则,体现帮教考察的个性化、精准性和有效性。检察机关对未成年人作出附条件不起诉决定时,应当考虑涉罪未成年人发案原因和个性需求,细化矫治教育措施。对共同犯罪的未成年人,既要考虑其共性问题,又要考虑每名涉罪未成年人的实际情况和个体特点,设置既有共性又有个性的监督管理规定和帮教措施,并督促落实。对存在滥用药物情形的涉罪未成年人,检察机关应当会同未成年人父母或其他监护人,要求其督促未成年人接受心理疏导和戒断治疗,并将相关情况纳入监督考察范围,提升精准帮教效果,落实附条件不起诉制度的教育矫治功能,帮助涉罪未成年人顺利回归社会。

最高人民检察院指导性案例检例第 173 号惩治组织未成年人进行违反治安管理活动犯罪综合司法保护案

(2023 年 2 月 24 日)

【要旨】

对组织未成年人在 KTV 等娱乐场所进行有偿陪侍的,检察机关应当以组织未成年人进行违反治安管理活动罪进行追诉,并可以从被组织人数、持续时间、组织手段、陪侍情节、危害后果等方面综合认定本罪的"情节严重"。检察机关应当针对案件背后的家庭监护缺失、监护不力问题开展督促监护工作,综合评估监护履责中存在的具体问题,制发个性化督促监护令,并跟踪落实。检察机关应当坚持未成年人保护治罪与治理并重,针对个案发生的原因开展诉源治理。

【指导意义】

……

(二)聚焦案件背后的问题,统筹使用督促监护令、检察建议等方式,以检察司法保护促进家庭、社会、政府等保护责任落实。在办理涉未成年人案件过程中,检察机关应当注重分析案件暴露出的家庭、社会等方面的问题,结合办案对未成年人的生活环境、家庭教育、监护人监护履责状况等进行调查评估,制定个性化督促监护方案,并跟踪落实,指导、帮助和监督监护人履行监护职责。检察机关应当依法能动履行法律监督职能,督促相关职能部门加强管理、落实责任。检察机关还可以加强与相关部门的协作联动,形成整体合力,积极促进区域未成年人保护制度完善和社会综合治理,更好保护未成年人合法权益和公共利益。

最高人民法院、最高人民检察院、公安部、司法部《关于未成年人犯罪记录封存的实施办法》

(2022 年 5 月 24 日)

第一条 为了贯彻对违法犯罪未成年人教育、感化、挽救的方针,加强对未成年人的特殊、优先保护,坚持最有利于未成年人原则,根据刑法、刑事诉讼法、未成年人保护法、预防未成年人犯罪法等有关法律规定,结合司法工作实际,制定本办法。

第二条 本办法所称未成年人犯罪记录,是指国家专门机关对未成年犯罪人员情况的客观记载。应当封存的未成年人犯罪记录,包括侦查、起诉、审判及刑事执行过程中形成的有关未成年人犯罪或者涉嫌犯罪的全部案卷材料与电子档案信息。

第三条 不予刑事处罚、不追究刑事责任、不起诉、采取刑事强制措施的记录,以及对涉罪未成年人进行社会调查、帮教考察、心理疏导、司法救助等工作的记录,按照本办法规定的内容和程序进行封存。

第四条 犯罪的时候不满十八周岁,被判处五年有期徒刑以下刑罚以及免予刑事处罚的未成年人犯罪记录,应当依法予以封存。

对在年满十八周岁前后实施数个行为,构成一罪或者一并处理的数罪,主要犯罪行为是在年满十八岁周岁前实施的,被判处或者决定执行五年有期徒刑以下刑罚以及免予刑事处罚的未成年人犯罪记录,应当对全案依法予以封存。

第五条 对于分案办理的未成年人与成年人共同犯罪案件,在封存未成年人案卷材料和信息的同时,应当在未封存的成年人卷宗封面标注"含犯罪记录封存信息"等明显标识,并对相关信息采取必要保密措施。对于未分案办理的未成年人与成年人共同犯罪案件,应当在全案卷宗封面标注"含犯罪记录封存信息"等明显标识,并对相关信息采取必要保密措施。

第六条 其他刑事、民事、行政及公益诉讼案件,因办案需要使用了被封存的未成年人犯罪记录信息的,应当在相关卷宗封面标明"含犯罪记录封存信息",并对相关信息采取必要保密措施。

第七条 未成年人因事实不清、证据不足被宣告无罪的案件,应当对涉罪记录予以封存;但未成年被告人及其法定代理人申请不予封存或者解除封存的,经人民法院同意,可以不予封存或者解除封存。

第八条 犯罪记录封存决定机关在作出案件处理决定时,应当同时向案件被告人或犯罪嫌疑人及其法定代理人或近亲属释明未成年人犯罪记录封存制度,并告知其相关权利义务。

第九条 未成年人犯罪记录封存应当贯彻及时、有效的原则。对于犯罪记录被封存的未成年人,在入伍、就业时免除犯罪记录的报告义务。

被封存犯罪记录的未成年人因涉嫌再次犯罪接受司法机关调查时,应当主动、如实地供述其犯罪记录情况,不得回避、隐瞒。

第十条 对于需要封存的未成年人犯罪记录,应当遵循《中华人民共和国个人信息保护法》不予公开,并建立专门的未成年人犯罪档案库,执行严格的保管制度。

对于电子信息系统中需要封存的未成年人犯罪记录数据,应当加设封存标记,未经法定查询程序,不得进行信息查询、共享及复用。

封存的未成年人犯罪记录数据不得向外部平台提供或对接。

第十一条 人民法院依法对犯罪时不满十八周岁的被告人判处五年有期徒刑以下刑罚以及免予刑事处罚的,判决生效后,应当将刑事裁判文书、《犯罪记录封存通知书》及时送达被告人,并同时送达同级人民检察院、公安机关,同级人民检察院、公安机关在收到上述文书后应当在三日内统筹相关各级检察机关、公安机关将涉案未成年人的犯罪记录整体封存。

第十二条 人民检察院依法对犯罪

时不满十八周岁的犯罪嫌疑人决定不起诉后,应当将《不起诉决定书》、《犯罪记录封存通知书》及时送达被不起诉人,并同时送达同级公安机关,同级公安机关收到上述文书后应当在三日内将涉案未成年人的犯罪记录封存。

第十三条　对于被判处管制、宣告缓刑、假释或者暂予监外执行的未成年罪犯,依法实行社区矫正,执行地社区矫正机构应当在刑事执行完毕后三日内将涉案未成年人的犯罪记录封存。

第十四条　公安机关、人民检察院、人民法院和司法行政机关分别负责受理、审核和处理各自职权范围内有关犯罪记录的封存、查询工作。

第十五条　被封存犯罪记录的未成年人本人或者其法定代理人申请为其出具无犯罪记录证明的,受理单位应当在三个工作日内出具无犯罪记录的证明。

第十六条　司法机关为办案需要或者有关单位根据国家规定查询犯罪记录的,应当向封存犯罪记录的司法机关提出书面申请,列明查询理由、依据和使用范围等,查询人员应当出示单位公函和身份证明等材料。

经审核符合查询条件的,受理单位应当在三个工作日内开具有/无犯罪记录证明。许可查询的,查询后,档案管理部门应当登记相关查询情况,并按照档案管理规定将有关申请、审批材料、保密承诺书等一同存入卷宗归档保存。依法不许可查询的,应当在三个工作日内向查询单位出具不许可查询决定书,并说明理由。

对司法机关为办理案件、开展重新犯罪预防工作需要申请查询的,封存机关可以依法允许其查阅、摘抄、复制相关案卷材料和电子信息。对司法机关以外的单位根据国家规定申请查询的,可以根据查询的用途、目的与实际需要告知被查询对象是否受过刑事处罚、被判处的罪名、刑期等信息,必要时,可以提供相关法律文书复印件。

第十七条　对于许可查询被封存的未成年人犯罪记录的,应当告知查询犯罪记录的单位及相关人员严格按照查询目的和使用范围使用有关信息,严格遵守保密义务,并要求其签署保密承诺书。不按规定使用所查询的犯罪记录或者违反规定泄露相关信息,情节严重或者造成严重后果的,应当依法追究相关人员的责任。

因工作原因获知未成年人封存信息的司法机关、教育行政部门、未成年人所在学校、社区等单位组织及其工作人员、诉讼参与人、社会调查员、合适成年人等,应当做好保密工作,不得泄露被封存的犯罪记录,不得向外界披露该未成年人的姓名、住所、照片,以及可能推断出该未成年人身份的其他资料。违反法律规定披露被封存信息的单位或个人,应当依法追究其法律责任。

第十八条　对被封存犯罪记录的未成年人,符合下列条件之一的,封存机关应当对其犯罪记录解除封存:

(一)在未成年时实施新的犯罪,且新罪与封存记录之罪数罪并罚后被决定执行刑罚超过五年有期徒刑的;

(二)发现未成年时实施的漏罪,且漏罪与封存记录之罪数罪并罚后被决定执行刑罚超过五年有期徒刑的;

(三)经审判监督程序改判五年有期徒刑以上刑罚的;

被封存犯罪记录的未成年人,成年后

又故意犯罪的,人民法院应当在裁判文书中载明其之前的犯罪记录。

第十九条 符合解除封存条件的案件,自解除封存条件成立之日起,不再受未成年人犯罪记录封存相关规定的限制。

第二十条 承担犯罪记录封存以及保护未成年人隐私、信息工作的公职人员,不当泄漏未成年人犯罪记录或者隐私、信息的,应当予以处分;造成严重后果,给国家、个人造成重大损失或者恶劣影响的,依法追究刑事责任。

第二十一条 涉案未成年人应当封存的信息被不当公开,造成未成年人在就学、就业、生活保障等方面未受到同等待遇的,未成年人及其法定代理人可以向相关机关、单位提出封存申请,或者向人民检察院申请监督。

第二十二条 人民检察院对犯罪记录封存工作进行法律监督。对犯罪记录应当封存而未封存,或者封存不当,或者未成年人及其法定代理人提出异议的,人民检察院应当进行审查,对确实存在错误的,应当及时通知有关单位予以纠正。

有关单位应当自收到人民检察院的纠正意见后及时审查处理。经审查无误的,应当向人民检察院说明理由;经审查确实有误的,应当及时纠正,并将纠正措施与结果告知人民检察院。

第二十三条 对于2012年12月31日以前办结的案件符合犯罪记录封存条件的,应当按照本办法的规定予以封存。

第二十四条 本办法所称"五年有期徒刑以下"含本数。

第二十五条 本办法由最高人民法院、最高人民检察院、公安部、司法部共同负责解释。

第二十六条 本办法自2022年5月30日起施行。

附件:1. 无犯罪记录证明(略)
2. 保密承诺书(略)

(二)当事人和解的公诉案件诉讼程序

最高人民检察院《关于办理当事人达成和解的轻微刑事案件的若干意见》

(2010年12月2日最高人民检察院第十一届检察委员会第五十次会议通过,自2011年1月29日起施行,高检发研字〔2011〕2号)

为了保证人民检察院在审查逮捕和公诉工作中依法正确办理当事人达成和解的轻微刑事案件,根据《中华人民共和国刑法》、《中华人民共和国刑事诉讼法》等有关法律规定,结合检察工作实际,提出如下意见:

一、指导思想和基本原则(略)
二、关于适用范围和条件

对于依法可能判处三年以下有期徒刑、拘役、管制或者单处罚金的刑事公诉案件,可以适用本意见。

上述范围内的刑事案件必须同时符合下列条件:

1. 属于侵害特定被害人的故意犯罪或者有直接被害人的过失犯罪;
2. 案件事实清楚,证据确实、充分;
3. 犯罪嫌疑人、被告人真诚认罪,并且已经切实履行和解协议。对于和解协

议不能即时履行的,已经提供有效担保或者调解协议经人民法院确认;

4. 当事人双方就赔偿损失、恢复原状、赔礼道歉、精神抚慰等事项达成和解;

5. 被害人及其法定代理人或者近亲属明确表示对犯罪嫌疑人、被告人予以谅解,要求或者同意对犯罪嫌疑人、被告人依法从宽处理。

以下案件不适用本意见:

1. 严重侵害国家、社会公共利益,严重危害公共安全或者危害社会公共秩序的犯罪案件;

2. 国家工作人员职务犯罪案件;

3. 侵害不特定多数人合法权益的犯罪案件。

三、关于当事人和解的内容

当事人双方可以就赔偿损失、恢复原状、赔礼道歉、精神抚慰等民事责任事项进行和解,并且可以就被害人及其法定代理人或者近亲属是否要求或者同意公安、司法机关对犯罪嫌疑人、被告人依法从宽处理达成一致,但不得对案件的事实认定、证据和法律适用、定罪量刑等依法属于公安、司法机关职权范围的事宜进行协商。

双方当事人或者其法定代理人有权达成和解,当事人的近亲属、聘请的律师以及其他受委托的人,可以代为进行协商和解等事宜。双方达成和解的,应当签订书面协议,并且必须得到当事人或者其法定代理人的确认。犯罪嫌疑人、被告人必须当面或者书面向被害人一方赔礼道歉、真诚悔罪。

和解协议中的损害赔偿一般应当与其承担的法律责任和对被害人造成的损害相适应,并且可以酌情考虑犯罪嫌疑人、被告人及其法定代理人的赔偿、补救能力。

四、关于当事人达成和解的途径与检调对接

当事人双方的和解,包括当事人双方自行达成和解,也包括经人民调解委员会、基层自治组织、当事人所在单位或者同事、亲友等组织或者个人调解后达成和解。

人民检察院应当与人民调解组织积极沟通、密切配合,建立工作衔接机制,及时告知双方当事人申请委托人民调解的权利、申请方法和操作程序以及达成调解协议后的案件处理方式,支持配合人民调解组织的工作。

人民检察院对于符合本意见适用范围和条件的下列案件,可以建议当事人进行和解,并告知相应的权利义务,必要时可以提供法律咨询:

1. 由公安机关立案侦查的刑事诉讼法第一百七十条第二项规定的案件;

2. 未成年人、在校学生犯罪的轻微刑事案件;

3. 七十周岁以上老年人犯罪的轻微刑事案件。

犯罪嫌疑人、被告人或者其亲友、辩护人以暴力、威胁、欺骗或者其他非法方法强迫、引诱被害人和解,或者在协议履行完毕之后威胁、报复被害人的,不适用有关不捕不诉的规定,已经作出不逮捕或者不起诉决定的,人民检察院应当撤销原决定,依法对犯罪嫌疑人、被告人逮捕或者提起公诉。

犯罪嫌疑人、被告人或者其亲友、辩护人实施前款行为情节严重的,依法追究其法律责任。

五、关于对当事人和解协议的审查

人民检察院对当事人双方达成的和

解协议,应当重点从以下几个方面进行审查:

1. 当事人双方是否自愿;
2. 加害方的经济赔偿数额与其所造成的损害是否相适应,是否酌情考虑其赔偿能力。犯罪嫌疑人、被告人是否真诚悔罪并且积极履行和解协议或者是否为协议履行提供有效担保或者调解协议经人民法院确认;
3. 被害人及其法定代理人或者近亲属是否明确表示对犯罪嫌疑人、被告人予以谅解;
4. 是否符合法律规定;
5. 是否损害国家、集体和社会公共利益或者他人的合法权益;
6. 是否符合社会公德。

审查时,应当当面听取当事人双方对和解的意见、告知被害人刑事案件可能从轻处理的法律后果和双方的权利义务,并记录在案。

六、关于检察机关对当事人达成和解案件的处理

对于公安机关提请批准逮捕的案件,符合本意见规定的适用范围和条件的,应当作为无逮捕必要的重要因素予以考虑,一般可以作出不批准逮捕的决定;已经批准逮捕,公安机关变更强制措施通知人民检察院的,应当依法实行监督;审查起诉阶段,在不妨碍诉讼顺利进行的前提下,可以依法变更强制措施。

对于公安机关立案侦查并移送审查起诉的刑事诉讼法第一百七十条第二项规定的轻微刑事案件,符合本意见规定的适用范围和条件的,一般可以决定不起诉。

对于其他轻微刑事案件,符合本意见规定的适用范围和条件的,作为犯罪情节轻微,不需要判处刑罚或者免除刑罚的重要因素予以考虑,一般可以决定不起诉。对于依法必须提起公诉的,可以向人民法院提出在法定幅度范围内从宽处理的量刑建议。

对被不起诉人需要给予行政处罚、行政处分或者需要没收其违法所得的,应当提出检察意见,移送有关主管机关处理。

对于当事人双方达成和解、决定不起诉的案件,在宣布不起诉决定前应当再次听取双方当事人对和解的意见,并且查明犯罪嫌疑人是否真诚悔罪、和解协议是否履行或者为协议履行提供有效担保或者调解协议经人民法院确认。

对于依法可能判处三年以上有期徒刑刑罚的案件,当事人双方达成和解协议的,在提起公诉时,可以向人民法院提出在法定幅度范围内从宽处理的量刑建议。对于情节特别恶劣,社会危害特别严重的犯罪,除了考虑和解因素,还应注重发挥刑法的教育和预防作用。

七、依法规范当事人达成和解案件的办理工作

人民检察院适用本意见办理案件,应当遵守《中华人民共和国刑事诉讼法》、《人民检察院刑事诉讼规则》等有关办案期限的规定。

根据本意见,拟对当事人达成和解的轻微刑事案件作出不批准逮捕或者不起诉决定的,应当由检察委员会讨论决定。

人民检察院应当加强对审查批捕、审查起诉工作中办理当事人达成和解案件的监督检查,发现违法违纪,情节轻微的,应当给予批评教育;情节严重的,应当根据有关规定给予组织处理或者纪律处分;构成犯罪的,依法追究刑事责任。

(三)犯罪嫌疑人、被告人逃匿、死亡案件违法所得的没收程序

最高人民法院、最高人民检察院《关于适用犯罪嫌疑人、被告人逃匿、死亡案件违法所得没收程序若干问题的规定》

(2016年12月26日最高人民法院审判委员会第1705次会议、最高人民检察院第十二届检察委员会第59次会议通过,自2017年1月5日起施行,法释〔2017〕1号)

为依法适用犯罪嫌疑人、被告人逃匿、死亡案件违法所得没收程序,根据《中华人民共和国刑事诉讼法》《中华人民共和国刑法》《中华人民共和国民事诉讼法》等法律规定,现就办理相关案件具体适用法律若干问题规定如下:

第一条 下列犯罪案件,应当认定为刑事诉讼法第二百八十条第一款规定的"犯罪案件":

(一)贪污、挪用公款、巨额财产来源不明、隐瞒境外存款、私分国有资产、私分罚没财物犯罪案件;

(二)受贿、单位受贿、利用影响力受贿、行贿、对有影响力的人行贿、对单位行贿、介绍贿赂、单位行贿犯罪案件;

(三)组织、领导、参加恐怖组织,帮助恐怖活动,准备实施恐怖活动,宣扬恐怖主义、极端主义、煽动实施恐怖活动,利用极端主义破坏法律实施,强制穿戴宣扬恐怖主义、极端主义服饰、标志,非法持有宣扬恐怖主义、极端主义物品犯罪案件;

(四)危害国家安全、走私、洗钱、金融诈骗、黑社会性质的组织、毒品犯罪案件。

电信诈骗、网络诈骗犯罪案件,依照前款规定的犯罪案件处理。

第二条 在省、自治区、直辖市或者全国范围内具有较大影响,或者犯罪嫌疑人、被告人逃匿境外的,应当认定为刑事诉讼法第二百八十条第一款规定的"重大"。

第三条 犯罪嫌疑人、被告人为逃避侦查和刑事追究潜逃、隐匿,或者在刑事诉讼过程中脱逃的,应当认定为刑事诉讼法第二百八十条第一款规定的"逃匿"。

犯罪嫌疑人、被告人因意外事故下落不明满二年,或者因意外事故下落不明,经有关机关证明其不可能生存的,依照前款规定处理。

第四条 犯罪嫌疑人、被告人死亡,依照刑法规定应当追缴其违法所得及其他涉案财产的,人民检察院可以向人民法院提出没收违法所得的申请。

第五条 公安机关发布通缉令或者公安部通过国际刑警组织发布红色国际通报,应当认定为刑事诉讼法第二百八十条第一款规定的"通缉"。

第六条 通过实施犯罪直接或者间接产生、获得的任何财产,应当认定为刑事诉讼法第二百八十条第一款规定的"违法所得"。

违法所得已经部分或者全部转变、转化为其他财产的,转变、转化后的财产应当视为前款规定的"违法所得"。

来自违法所得转变、转化后的财产收益,或者来自已经与违法所得相混合财产中违法所得相应部分的收益,应当视为第

一款规定的"违法所得"。

第七条 刑事诉讼法第二百八十一条第三款规定的"利害关系人"包括犯罪嫌疑人、被告人的近亲属和其他对申请没收的财产主张权利的自然人和单位。

刑事诉讼法第二百八十一条第二款、第二百八十二条第二款规定的"其他利害关系人"是指前款规定的"其他对申请没收的财产主张权利的自然人和单位"。

第八条 人民检察院向人民法院提出没收违法所得的申请,应当制作没收违法所得申请书。

没收违法所得申请书应当载明以下内容:

(一)犯罪嫌疑人、被告人的基本情况;

(二)案由及案件来源;

(三)犯罪嫌疑人、被告人涉嫌犯罪的事实及相关证据材料;

(四)犯罪嫌疑人、被告人逃匿、被通缉、脱逃、下落不明、死亡的情况;

(五)申请没收的财产的种类、数量、价值、所在地以及已查封、扣押、冻结财产清单和相关法律手续;

(六)申请没收的财产属于违法所得及其他涉案财产的相关事实及证据材料;

(七)提出没收违法所得申请的理由和法律依据;

(八)有无利害关系人以及利害关系人的姓名、身份、住址、联系方式;

(九)其他应当载明的内容。

上述材料需要翻译件的,人民检察院应当将翻译件随没收违法所得申请书一并移送人民法院。

第九条 对于没收违法所得的申请,人民法院应当在三十日内审查完毕,并根据以下情形分别处理:

(一)属于没收违法所得申请受案范围和本院管辖,且材料齐全、有证据证明有犯罪事实的,应当受理;

(二)不属于没收违法所得申请受案范围或者本院管辖的,应当退回人民检察院;

(三)对于没收违法所得申请不符合"有证据证明有犯罪事实"标准要求的,应当通知人民检察院撤回申请,人民检察院应当撤回;

(四)材料不全的,应当通知人民检察院在七日内补送,七日内不能补送的,应当退回人民检察院。

第十条 同时具备以下情形的,应当认定为本规定第九条规定的"有证据证明有犯罪事实":

(一)有证据证明发生了犯罪事实;

(二)有证据证明该犯罪事实是犯罪嫌疑人、被告人实施的;

(三)证明犯罪嫌疑人、被告人实施犯罪行为的证据真实、合法。

第十一条 人民法院受理没收违法所得的申请后,应当在十五日内发布公告,公告期为六个月。公告期间不适用中止、中断、延长的规定。

公告应当载明以下内容:

(一)案由、案件来源以及属于本院管辖;

(二)犯罪嫌疑人、被告人的基本情况;

(三)犯罪嫌疑人、被告人涉嫌犯罪的事实;

(四)犯罪嫌疑人、被告人逃匿、被通缉、脱逃、下落不明、死亡的情况;

(五)申请没收的财产的种类、数量、价值、所在地以及已查封、扣押、冻结财产的清单和相关法律手续;

(六)申请没收的财产属于违法所得及其他涉案财产的相关事实;

(七)申请没收的理由和法律依据;

(八)利害关系人申请参加诉讼的期限、方式以及未按照该期限、方式申请参加诉讼可能承担的不利法律后果;

(九)其他应当公告的情况。

第十二条 公告应当在全国公开发行的报纸、信息网络等媒体和最高人民法院的官方网站刊登、发布,并在人民法院公告栏张贴。必要时,公告可以在犯罪地、犯罪嫌疑人、被告人居住地或者被申请没收财产所在地张贴。公告最后被刊登、发布、张贴日期为公告日期。人民法院张贴公告的,应当采取拍照、录像等方式记录张贴过程。

人民法院已经掌握境内利害关系人联系方式的,应当直接送达含有公告内容的通知;直接送达有困难的,可以委托代为送达、邮寄送达。经受送达人同意的,可以采用传真、电子邮件等能够确认其收悉的方式告知其公告内容,并记录在案;人民法院已经掌握境外犯罪嫌疑人、被告人、利害关系人联系方式,经受送达人同意的,可以采用传真、电子邮件等能够确认其收悉的方式告知其公告内容,并记录在案;受送达人未作出同意意思表示,或者人民法院未掌握境外犯罪嫌疑人、被告人、利害关系人联系方式,其所在地国(区)主管机关明确提出应当向受送达人送达含有公告内容的通知的,受理没收违法所得申请案件的人民法院可以决定是否送达。决定送达的,应当将公告内容层报最高人民法院,由最高人民法院依照刑事司法协助条约、多边公约,或者按照对等互惠原则,请求受送达人所在地国(区)的主管机关协助送达。

第十三条 利害关系人申请参加诉讼的,应当在公告期间内提出,并提供与犯罪嫌疑人、被告人关系的证明材料或者证明其可以对违法所得及其他涉案财产主张权利的证据材料。

利害关系人可以委托诉讼代理人参加诉讼。利害关系人在境外委托的,应当委托具有中华人民共和国律师资格并依法取得执业证书的律师,依照《最高人民法院关于适用〈中华人民共和国刑事诉讼法〉的解释》第四百零三条的规定对授权委托进行公证、认证。

利害关系人在公告期满后申请参加诉讼,能够合理说明理由的,人民法院应当准许。

第十四条 人民法院在公告期满后由合议庭对没收违法所得申请案件进行审理。

利害关系人申请参加及委托诉讼代理人参加诉讼的,人民法院应当开庭审理。利害关系人及其诉讼代理人无正当理由拒不到庭,且无其他利害关系人和其他诉讼代理人参加诉讼的,人民法院可以不开庭审理。

人民法院对没收违法所得申请案件开庭审理的,人民检察院应当派员出席。

人民法院确定开庭日期后,应当将开庭的时间、地点通知人民检察院、利害关系人及其诉讼代理人、证人、鉴定人员、翻译人员。通知书应当依照本规定第十二条第二款规定的方式至迟在开庭审理三日前送达;受送达人在境外的,至迟在开庭审理三十日前送达。

第十五条 出庭的检察人员应当宣读没收违法所得申请书,并在法庭调查阶段就申请没收的财产属于违法所得及其他涉案财产等相关事实出示、宣读证据。

对于确有必要出示但可能妨碍正在或即将进行的刑事侦查的证据,针对该证据的法庭调查不公开进行。

利害关系人及其诉讼代理人对申请没收的财产属于违法所得及其他涉案财产等相关事实及证据有异议的,可以提出意见;对申请没收的财产主张权利的,应当出示相关证据。

第十六条 人民法院经审理认为,申请没收的财产属于违法所得及其他涉案财产的,除依法应当返还被害人的以外,应当予以没收;申请没收的财产不属于违法所得或者其他涉案财产的,应当裁定驳回申请,解除查封、扣押、冻结措施。

第十七条 申请没收的财产具有高度可能属于违法所得及其他涉案财产的,应当认定为本规定第十六条规定的"申请没收的财产属于违法所得及其他涉案财产"。

巨额财产来源不明犯罪案件中,没有利害关系人对违法所得及其他涉案财产主张权利,或者利害关系人对违法所得及其他涉案财产虽然主张权利但提供的相关证据没有达到相应证明标准的,应当视为本规定第十六条规定的"申请没收的财产属于违法所得及其他涉案财产"。

第十八条 利害关系人非因故意或者重大过失在第一审期间未参加诉讼,在第二审期间申请参加诉讼的,人民法院应当准许,并发回原审人民法院重新审判。

第十九条 犯罪嫌疑人、被告人逃匿境外,委托诉讼代理人申请参加诉讼,且违法所得或者其他涉案财产所在地国(区)主管机关明确提出意见予以支持的,人民法院可以准许。

人民法院准许参加诉讼的,犯罪嫌疑人、被告人的诉讼代理人依照本规定关于利害关系人的诉讼代理人的规定行使诉讼权利。

第二十条 人民检察院、利害关系人对第一审裁定认定的事实、证据没有争议的,第二审人民法院可以不开庭审理。

第二审人民法院决定开庭审理的,应当将开庭的时间、地点书面通知同级人民检察院和利害关系人。

第二审人民法院应当就上诉、抗诉请求的有关事实和适用法律进行审查。

第二十一条 第二审人民法院对不服第一审裁定的上诉、抗诉案件,经审理,应当按照下列情形分别处理:

(一)第一审裁定认定事实清楚和适用法律正确的,应当驳回上诉或者抗诉,维持原裁定;

(二)第一审裁定认定事实清楚,但适用法律有错误的,应当改变原裁定;

(三)第一审裁定认定事实不清的,可以在查清事实后改变原裁定,也可以撤销原裁定,发回原审人民法院重新审判;

(四)第一审裁定违反法定诉讼程序,可能影响公正审判的,应当撤销原裁定,发回原审人民法院重新审判。

第一审人民法院对于依照前款第三项规定发回重新审判的案件作出裁定后,第二审人民法院对不服第一审人民法院裁定的上诉、抗诉,应当依法作出裁定,不得再发回原审人民法院重新审判。

第二十二条 违法所得或者其他涉案财产在境外的,负责立案侦查的公安机关、人民检察院等侦查机关应当制作查封、扣押、冻结的法律文书以及协助执行查封、扣押、冻结的请求函,层报公安、检察院等各系统最高上级机关后,由公安、检察院等各系统最高上级机关依照刑事司法协助条约、多边公约，或者按照对等互惠原则，向违法所得或者其他涉案财产所在地国（区）的主管机关请求协助执行。

被请求国（区）的主管机关提出，查封、扣押、冻结法律文书的制发主体必须是法院的，负责立案侦查的公安机关、人民检察院等侦查机关可以向同级人民法院提出查封、扣押、冻结的申请，人民法院经审查同意后制作查封、扣押、冻结令以及协助执行查封、扣押、冻结令的请求函，层报最高人民法院后，由最高人民法院依照刑事司法协助条约、多边公约，或者按照对等互惠原则，向违法所得或者其他涉案财产所在地国（区）的主管机关请求协助执行。

请求函应当载明以下内容：

（一）案由以及查封、扣押、冻结法律文书的发布主体是否具有管辖权；

（二）犯罪嫌疑人、被告人涉嫌犯罪的事实及相关证据，但可能妨碍正在或者即将进行的刑事侦查的证据除外；

（三）已发布公告的，发布公告情况、通知利害关系人参加诉讼以及保障诉讼参与人依法行使诉讼权利等情况；

（四）请求查封、扣押、冻结的财产的种类、数量、价值、所在地等情况以及相关法律手续；

（五）请求查封、扣押、冻结的财产属于违法所得及其他涉案财产的相关事实及证据材料；

（六）请求查封、扣押、冻结财产的理由和法律依据；

（七）被请求国（区）要求载明的其他内容。

第二十三条　违法所得或者其他涉案财产在境外，受理没收违法所得申请案件的人民法院经审理裁定没收的，应当制作没收令以及协助执行没收令的请求函，层报最高人民法院后，由最高人民法院依照刑事司法协助条约、多边公约，或者按照对等互惠原则，向违法所得或者其他涉案财产所在地国（区）的主管机关请求协助执行。

请求函应当载明以下内容：

（一）案由以及没收令发布主体具有管辖权；

（二）属于生效裁定；

（三）犯罪嫌疑人、被告人涉嫌犯罪的事实及相关证据，但可能妨碍正在或者即将进行的刑事侦查的证据除外；

（四）犯罪嫌疑人、被告人逃匿、被通缉、脱逃、死亡的基本情况；

（五）发布公告情况、通知利害关系人参加诉讼以及保障诉讼参与人依法行使诉讼权利等情况；

（六）请求没收违法所得及其他涉案财产的种类、数量、价值、所在地等情况以及查封、扣押、冻结相关法律手续；

（七）请求没收的财产属于违法所得及其他涉案财产的相关事实及证据材料；

（八）请求没收财产的理由和法律依据；

（九）被请求国（区）要求载明的其他内容。

第二十四条　单位实施本规定第一条规定的犯罪后被撤销、注销，单位直接负责的主管人员和其他直接责任人员逃匿、死亡，导致案件无法适用刑事诉讼普通程序进行审理的，依照本规定第四条的规定处理。

第二十五条　本规定自 2017 年 1 月 5 日起施行。之前发布的司法解释与本规定不一致的，以本规定为准。

最高人民检察院指导性案例 检例第 127 号白静贪污违法所得没收案

（2021 年 12 月 9 日）

【要旨】

检察机关提出没收违法所得申请，应有证据证明申请没收的财产直接或者间接来源于犯罪所得，或者能够排除财产合法来源的可能性。人民检察院出席申请没收违法所得案件庭审，应当重点对于申请没收的财产属于违法所得进行举证。对于专业性较强的案件，可以申请鉴定人出庭。

【指导意义】

（一）准确把握认定违法所得的证明标准，依法提出没收申请。检察机关提出没收违法所得申请，应当有证据证明有犯罪事实。除因犯罪嫌疑人、被告人逃匿无法收集的证据外，其他能够证明犯罪事实的证据都应当收集在案。在案证据应能够证明申请没收的财产具有高度可能系直接或者间接来源于违法所得或者系犯罪嫌疑人、被告人非法持有的违禁品、供犯罪所用的本人财物。对于在案证据无法证明部分财产系犯罪嫌疑人、被告人违法所得及其他涉案财产的，则不应列入申请没收的财产范围。

（二）证明申请没收的财产属于违法所得，是检察机关庭审举证的重点。人民法院开庭审理申请没收违法所得案件，人民检察院应当派员出席法庭承担举证责任。针对犯罪嫌疑人、被告人实施了法律规定的重大犯罪出示相关证据后，应当着重针对申请没收的财产属于违法所得进行举证。对于涉及金融证券类等重大复杂、专业性强的案件，检察机关可以申请人民法院通知鉴定人出庭作证，以增强证明效果。

最高人民检察院指导性案例 检例第 128 号彭旭峰受贿， 贾斯语受贿、洗钱违法所得没收案

（2021 年 12 月 9 日）

【要旨】

对于跨境转移贪污贿赂所得的洗钱犯罪案件，检察机关应当依法适用特别程序追缴贪污贿赂违法所得。对于犯罪嫌疑人、被告人转移至境外的财产，如果有证据证明具有高度可能属于违法所得及其他涉案财产的，可以依法申请予以没收。对于共同犯罪的主犯逃匿境外，其他共同犯罪人已经在境内依照普通刑事诉讼程序处理的案件，应当充分考虑主犯应对全案事实负责以及国际刑事司法协助等因素，依法审慎适用特别程序追缴违法所得。

【指导意义】

（一）依法加大对跨境转移贪污贿赂所得的洗钱犯罪打击力度。犯罪嫌疑人、被告人逃匿境外的贪污贿赂犯罪案件，一般均已先期将巨额资产转移至境外，我国刑法第一百九十一条明确规定此类跨境转移资产行为属于洗钱犯罪。《最高人民法院、最高人民检察院关于适用犯罪嫌疑人、被告人逃匿、死亡案件违法所得没收程序若干问题的规定》明确规定对于洗钱犯罪案件，可以适用特别程序追缴违法所得及其他涉案财产。检察机关在

办理贪污贿赂犯罪案件中,应当加大对涉嫌洗钱犯罪线索的审查力度,对于符合法定条件的,应积极适用违法所得没收程序追缴违法所得。

(二)准确认定需要没收违法所得的境外财产。《最高人民法院、最高人民检察院关于适用犯罪嫌疑人、被告人逃匿、死亡案件违法所得没收程序若干问题的规定》明确规定对于适用违法所得没收程序案件,适用"具有高度可能"的证明标准。经审查,有证据证明犯罪嫌疑人、被告人将违法所得转移至境外,在境外购置财产的支出小于所转移的违法所得,且犯罪嫌疑人、被告人没有足以支付其在境外购置财产的其他收入来源的,可以认定其在境外购置的财产具有高度可能属于需要申请没收的违法所得。

(三)对于主犯逃匿境外的共同犯罪案件,依法审慎适用特别程序追缴违法所得。共同犯罪中,主犯对全部案件事实负责,犯罪后部分犯罪嫌疑人、被告人逃匿境外,部分犯罪嫌疑人、被告人在境内被司法机关依法查办的,如果境内境外均有涉案财产,且逃匿的犯罪嫌疑人、被告人是共同犯罪的主犯,依法适用特别程序追缴共同犯罪违法所得,有利于全面把握涉案事实,取得较好办案效果。

最高人民检察院指导性案例 检例第129号黄艳兰贪污违法 所得没收案

(2021年12月9日)

【要旨】

检察机关在适用违法所得没收程序中,应当承担证明有犯罪事实以及申请没收的财产属于违法所得及其他涉案财产的举证责任。利害关系人及其诉讼代理人参加诉讼并主张权利,但不能提供合法证据或者其主张明显与事实不符的,应当依法予以辩驳。善意第三方对申请没收财产享有合法权利的,应当依法予以保护。

【指导意义】

(一)利害关系人对申请没收财产提出异议或主张权利的,检察人员出庭时应当作为质证重点。根据《最高人民法院、最高人民检察院关于适用犯罪嫌疑人、被告人逃匿、死亡案件违法所得没收程序若干问题的规定》第十五条的规定,利害关系人在诉讼中对检察机关申请没收的财产属于违法所得及其他涉案财产等相关事实及证据有异议的,可以提出意见;对申请没收财产主张权利的,应当出示相关证据。对于其提供的证据不合法,或其异议明显与客观事实不符的,出庭检察人员应当围绕财产状态、财产来源、与违法犯罪的关系等内容,有针对性地予以驳斥,建议人民法院依法不予支持。

(二)善意第三方对申请没收财产享有合法权益的,应当依法保护。对申请没收财产因抵押而享有优先受偿权的债权人,或者享有其他合法权利的利害关系人,如果在案证据能够证明其在抵押权设定时对该财产系违法所得不知情,或者有理由相信该财产为合法财产,依法应当认定为善意第三方,对其享有的担保物权或其他合法权利,依法应当予以保护。

最高人民检察院指导性案例检例第 130 号任润厚受贿、巨额财产来源不明违法所得没收案

（2021 年 12 月 9 日）

【要旨】

涉嫌巨额财产来源不明犯罪的人在立案前死亡，依照刑法规定应当追缴其违法所得及其他涉案财产的，可以依法适用违法所得没收程序。对涉案的巨额财产，可以由其近亲属或其他利害关系人说明来源。没有近亲属或其他利害关系人主张权利或者说明来源，或者近亲属或其他利害关系人主张权利所提供的证据达不到相应证明标准，或说明的来源经查证不属实的，依法认定为违法所得予以申请没收。违法所得与合法财产混同并产生孳息的，可以按照违法所得占比计算孳息予以申请没收。

【指导意义】

（一）涉嫌贪污贿赂等重大犯罪的人立案前死亡的，依法可以适用违法所得没收程序。违法所得没收程序的目的在于解决违法所得及其他涉案财产的追缴问题，不是追究被申请人的刑事责任。涉嫌实施贪污贿赂等重大犯罪行为的人，依照刑法规定应当追缴其犯罪所得及其他涉案财产的，无论立案之前死亡或立案后作为犯罪嫌疑人、被告人在诉讼中死亡，都可以适用违法所得没收程序。

（二）巨额财产来源不明犯罪案件中，本人因死亡不能对财产来源作出说明的，应当结合其近亲属说明的来源，或者其他利害关系人主张权利以及提供的证据情况，依法认定是否属于违法所得。已死亡人员的近亲属或其他利害关系人主张权利或说明来源的，应要求其提供相关证据或线索，并进行调查核实。没有近亲属或其他利害关系人主张权利或说明来源，或者近亲属或其他利害关系人虽然主张权利但提供的证据没有达到相应证明标准，或者说明的来源经查证不属实的，应当依法认定为违法所得，予以申请没收。

（三）违法所得与合法财产混同并产生孳息的，可以按照比例计算违法所得孳息。在依法查封、扣押、冻结的犯罪嫌疑人财产中，对违法所得与合法财产混同后产生的孳息，可以按照全案中合法财产与违法所得的比例，计算违法所得的孳息数额，依法申请没收。对合法财产及其产生的孳息，及时予以返还。

（四）依法不负刑事责任的精神病人的强制医疗

最高人民检察院《人民检察院强制医疗执行检察办法（试行）》

（2016 年 6 月 2 日　高检发执检字〔2016〕9 号）

第一章　总　则

第一条　为了加强和规范强制医疗执行检察工作，根据《中华人民共和国刑法》、《中华人民共和国刑事诉讼法》等法律规定，结合检察工作实际，制定本办法。

第二条　人民检察院强制医疗执行

检察的任务,是保证国家法律法规在强制医疗执行活动中正确实施,维护被强制医疗人的合法权利,保障强制医疗执行活动依法进行。

第三条 人民检察院强制医疗执行检察的职责是:

(一)对人民法院、公安机关的交付执行活动是否合法实行监督;

(二)对强制医疗机构的收治、医疗、监管等活动是否合法实行监督;

(三)对强制医疗执行活动中发生的职务犯罪案件进行侦查,开展职务犯罪预防工作;

(四)受理被强制医疗人及其法定代理人、近亲属的控告、举报和申诉;

(五)其他依法应当履行的监督职责。

第四条 对人民法院、公安机关交付执行活动的监督,由同级人民检察院负责。

对强制医疗执行活动的监督,由人民检察院刑事执行检察部门负责。

第五条 人民检察院案件管理部门收到人民法院的强制医疗决定书副本后,应当在一个工作日内移送本院刑事执行检察部门。刑事执行检察部门应当及时填写《强制医疗交付执行告知表》,连同强制医疗决定书复印件一并送达承担强制医疗机构检察任务的人民检察院刑事执行检察部门。

第六条 对强制医疗所的强制医疗执行活动,人民检察院可以实行派驻检察或者巡回检察。对受政府指定临时履行强制医疗职能的精神卫生医疗机构的强制医疗执行活动,人民检察院应当实行巡回检察。

检察强制医疗执行活动时,检察人员不得少于二人,其中至少一人应当为检察官。

第二章 交付执行检察

第七条 人民法院作出强制医疗决定后,人民检察院应当对下列强制医疗交付执行活动实行监督:

(一)人民法院的交付执行活动是否符合有关法律规定;

(二)公安机关是否依法将被决定强制医疗的人送交强制医疗机构执行;

(三)强制医疗机构是否依法收治被决定强制医疗的人;

(四)其他应当检察的内容。

第八条 交付执行检察的方法:

(一)赴现场进行实地检察;

(二)审查强制医疗决定书、强制医疗执行通知书、证明被强制医疗人无刑事责任能力的鉴定意见书等相关法律文书;

(三)与有关人员谈话;

(四)其他方法。

第九条 人民法院、公安机关、强制医疗机构在交付执行活动中有下列情形之一的,人民检察院应当依法及时提出纠正意见:

(一)人民法院在作出强制医疗决定后五日以内未向公安机关送达强制医疗决定书和强制医疗执行通知书的;

(二)公安机关没有依法将被决定强制医疗的人送交强制医疗机构执行的;

(三)交付执行的相关法律文书及其他手续不完备的;

(四)强制医疗机构对被决定强制医疗的人拒绝收治的;

(五)强制医疗机构收治未被人民法院决定强制医疗的人的;

(六)其他违法情形。

第三章 医疗、监管活动检察

第十条 医疗、监管活动检察的内容：
（一）强制医疗机构的医疗、监管活动是否符合有关规定；
（二）强制医疗机构是否依法开展诊断评估等相关工作；
（三）被强制医疗人的合法权利是否得到保障；
（四）其他应当检察的内容。

第十一条 医疗、监管活动检察的方法：
（一）查阅被强制医疗人名册、有关法律文书、被强制医疗人的病历、诊断评估意见、会见、通信登记等材料；
（二）赴被强制医疗人的医疗、生活现场进行实地检察；
（三）与强制医疗机构工作人员谈话，了解情况，听取意见；
（四）与被强制医疗人或者其法定代理人、近亲属谈话，了解有关情况；
（五）其他方法。

第十二条 人民检察院发现强制医疗机构有下列情形之一的，应当依法及时提出纠正意见：
（一）强制医疗工作人员的配备以及医疗、监管安全设施、设备不符合有关规定的；
（二）没有依照法律法规对被强制医疗人实施必要的医疗的；
（三）没有依照规定保障被强制医疗人生活标准的；
（四）没有依照规定安排被强制医疗人与其法定代理人、近亲属会见、通信的；
（五）殴打、体罚、虐待或者变相体罚、虐待被强制医疗人，违反规定对被强制医疗人使用约束措施，或者有其他侵犯被强制医疗人合法权利行为的；
（六）没有依照规定定期对被强制医疗人进行诊断评估的；
（七）对被强制医疗人及其法定代理人、近亲属提出的解除强制医疗的申请，没有及时审查处理，或者没有及时转送作出强制医疗决定的人民法院的；
（八）其他违法情形。

第四章 解除强制医疗活动检察

第十三条 解除强制医疗活动检察的内容：
（一）对于已不具有人身危险性，不需要继续强制医疗的被强制医疗人，强制医疗机构是否依法及时提出解除意见，报送作出强制医疗决定的人民法院；
（二）强制医疗机构对被强制医疗人解除强制医疗的活动是否符合有关法律规定；
（三）被解除强制医疗的人离开强制医疗机构有无相关凭证；
（四）其他应当检察的内容。

第十四条 解除强制医疗活动检察的方法：
（一）查阅强制医疗机构解除强制医疗的法律文书和登记；
（二）与被解除强制医疗的人进行个别谈话，了解情况；
（三）其他方法。

第十五条 人民检察院发现强制医疗机构有下列情形之一的，应当依法及时提出纠正意见：
（一）对于不需要继续强制医疗的被强制医疗人，没有及时向作出强制医疗决定的人民法院提出解除意见，或者对需要继续强制医疗的被强制医疗人，不应当提出解除意见而向人民法院提出解除意见的；
（二）收到人民法院作出的解除强制

医疗决定书后,不立即解除强制医疗的;

(三)被解除强制医疗的人没有相关凭证或者凭证不全的;

(四)被解除强制医疗的人与相关凭证不符的;

(五)其他违法情形。

第五章 事故、死亡检察

第十六条 强制医疗事故检察的内容:

(一)被强制医疗人脱逃的;

(二)被强制医疗人发生群体性病疫的;

(三)被强制医疗人非正常死亡的;

(四)被强制医疗人伤残的;

(五)其他事故。

第十七条 强制医疗事故检察的方法:

(一)检察人员接到事故报告后,应当立即赶赴现场了解情况,并及时报告检察长和上一级人民检察院;

(二)深入现场,调查取证;

(三)与强制医疗机构共同分析事故原因,研究对策,完善医疗、监管措施。

第十八条 被强制医疗人在强制医疗期间死亡的,依照最高人民检察院关于监管场所被监管人死亡检察程序的规定进行检察。

第六章 受理控告、举报和申诉

第十九条 人民检察院应当依法受理被强制医疗人及其法定代理人、近亲属的控告、举报和申诉,并及时审查处理。人民检察院刑事执行检察部门应当自受理之日起十五个工作日以内将处理情况书面反馈控告人、举报人、申诉人。

人民检察院刑事执行检察部门对不服强制医疗决定的申诉,应当移送作出强制医疗决定的人民法院的同级人民检察院公诉部门办理,并跟踪督促办理情况和办理结果,及时将办理情况书面反馈控告人、举报人、申诉人。

第二十条 人民检察院应当在强制医疗机构设立检察官信箱,接收控告、举报、申诉等有关信件。检察人员应当定期开启检察官信箱。

检察人员应当及时与要求约见的被强制医疗人或者其法定代理人、近亲属等谈话,听取情况反映,受理控告、举报、申诉。

第二十一条 人民检察院收到被强制医疗人或者其法定代理人、近亲属提出的解除强制医疗的申请后,应当在三个工作日以内转交强制医疗机构审查,并监督强制医疗机构是否及时审查申请、诊断评估、提出解除意见等活动是否合法。

第二十二条 人民检察院在强制医疗执行监督中发现被强制医疗人不符合强制医疗条件,人民法院作出的强制医疗决定可能错误的,应当在五个工作日以内报经检察长批准,将有关材料转交作出强制医疗决定的人民法院的同级人民检察院。收到材料的人民检察院公诉部门应当在二十个工作日以内进行审查,并将审查情况和处理意见书面反馈负责强制医疗执行监督的人民检察院。

第七章 纠正违法和检察建议

第二十三条 人民检察院在强制医疗执行检察中,发现违法情形的,应当按照下列程序处理:

(一)检察人员发现轻微违法情况且被监督单位可以现场纠正的,可以当场提出口头纠正意见,并及时向刑事执行检察部门负责人或者检察长报告,填写《检察纠正违法情况登记表》;

(二)发现严重违法情况,或者在提出口头纠正意见后被监督单位在七日以内未予纠正且不说明理由的,应当报经检察长批准,及时发出纠正违法通知书,并将纠正违法通知书副本抄送被监督单位的上一级机关;

(三)人民检察院发出纠正违法通知书后十五日以内,被监督单位仍未纠正或者回复意见的,应当及时向上一级人民检察院报告,上一级人民检察院应当监督纠正。

对严重违法情况,刑事执行检察部门应当填写《严重违法情况登记表》,向上一级人民检察院刑事执行检察部门报告。

第二十四条 被监督单位对人民检察院的纠正违法意见书面提出异议的,人民检察院应当及时复议,并将复议决定通知被监督单位。

被监督单位对于复议结论仍然有异议的,可以向上一级人民检察院申请复核。上一级人民检察院应当及时作出复核决定,并通知被监督单位和下一级人民检察院。

人民检察院刑事执行检察部门具体承办复议、复核工作。

第二十五条 人民检察院发现强制医疗执行活动中存在执法不规范、安全隐患等问题的,应当报经检察长批准,向有关单位提出检察建议。

第二十六条 人民检察院发现公安机关、人民法院、强制医疗机构的工作人员在强制医疗活动中有违纪违法行为的,应当报请检察长决定后及时移送有关部门处理;构成犯罪的,应当依法追究刑事责任。

第八章 附 则

第二十七条 被强制医疗人是指被人民法院依照刑事诉讼法的规定决定强制医疗并送强制医疗机构执行的精神病人。

第二十八条 对2012年12月31日以前公安机关依据《中华人民共和国刑法》第十八条的规定决定强制医疗且2013年1月1日以后仍在强制医疗机构被执行强制医疗的精神病人,人民检察院应当对其被执行强制医疗的活动实行监督。

第二十九条 公安机关在强制医疗机构内对涉案精神病人采取临时保护性约束措施的,人民检察院参照本办法对临时保护性约束措施的执行活动实行监督,发现违法情形的,应当提出纠正意见。

第三十条 检察人员在强制医疗执行检察工作中有违纪违法行为的,应当按照有关规定追究违纪违法责任;构成犯罪的,应当依法追究刑事责任。

第三十一条 本办法自发布之日起试行。

最高人民法院指导案例63号 徐加富强制医疗案

(2016年6月30日)

【裁判要点】

审理强制医疗案件,对被申请人或者被告人是否"有继续危害社会可能",应当综合被申请人或者被告人所患精神病的种类、症状,案件审理时其病情是否已经好转,以及其家属或者监护人有无严加看管和自行送医治疗的意愿和能力等情况予以判定。必要时,可以委托相关机构或者专家进行评估。